Johann Arnd's sechs Bücher vom wahren Christenthum nebst dessen Paradiesgärtlein. Dritte, verbesserte Ausgabe. - Primary Source Edition

Johann Arndt

Nabu Public Domain Reprints:

You are holding a reproduction of an original work published before 1923 that is in the public domain in the United States of America, and possibly other countries. You may freely copy and distribute this work as no entity (individual or corporate) has a copyright on the body of the work. This book may contain prior copyright references, and library stamps (as most of these works were scanned from library copies). These have been scanned and retained as part of the historical artifact.

This book may have occasional imperfections such as missing or blurred pages, poor pictures, errant marks, etc. that were either part of the original artifact, or were introduced by the scanning process. We believe this work is culturally important, and despite the imperfections, have elected to bring it back into print as part of our continuing commitment to the preservation of printed works worldwide. We appreciate your understanding of the imperfections in the preservation process, and hope you enjoy this valuable book.

Johann Arnd,
General Superintendent des Fürstenthums Lüneburg.

Johann Arnd's,

gewesenen General-Superintendenten des Fürstenthums Lüneburg,

sechs Bücher

vom wahren Christenthum

nebst dessen

Paradiesgärtlein

und dem Bericht von dem Leben und Absterben des Verfassers.

Neu herausgegeben

von

Dr. Johann Friedrich von Meyer.

Dritte, verbesserte Ausgabe.

Frankfurt am Main.

Druck und Verlag von Heinrich Ludwig Brönner.

1845.

Vorrede
zu dieser neuen Ausgabe.

Arnd's unsterbliches Werk vom wahren Christenthum, wovon die Verlagshandlung zuletzt im Jahr 1779 eine Ausgabe mit theils neuen und gut abgefaßten Gebeten veranstaltet hatte, sollte hiernach wieder aufgelegt, jedoch der Text von Sprachfehlern, falscher Rechtschreibung und anstößig gewordenen Ausdrücken gereinigt, und in die öfters dunkle und verwahrloste Wortfügung Klarheit gebracht werden, ohne daß die Eigenthümlichkeit des Schriftstellers etwas dabei verlöre. Es wurde daher das Buch auch in den Formen der Schreibart und einzelnen Wörtern, sofern sie statthaft blieben, verständlich und würdig, und besonders der Bibelsprache gemäß waren, geschont, und ohne den edeln, alterthümlichen Charakter zu verwischen, für jetzige Zeit nur lesbarer gemacht. Frühere Herausgeber hatten schon öfters, aber nicht immer mit Glück, daran gekünstelt und zugesetzt; gegenwärtige Ausgabe ist in den Abhandlungen, auch mehrern Gebeten, Arnd's Original, nur als Erbauungsbuch dem allgemeinen Bedürfniß neu angepaßt. Sie unterscheidet sich hierin einerseits von der Hallischen, durch **Dr. Gotthilf August Francke** besorgten, andrerseits von der Umarbeitung von **Sintenis**, und man darf sagen, daß Arnd hier unverändert und doch nie in dieser Gestalt erschienen ist. Da Arnd ein Freund von Lateinischen Sentenzen, aus dem klassischen Alterthum, aus den Kirchenvätern u. s. w. war, solche aber in der vorigen Auflage nur Teutsch gegeben waren, so sind sie jetzt aus frühern Abdrücken zugleich Lateinisch unter den Text gesetzt, auch einiges Fehlende, was aus Versehen hinweggeblieben war, wieder hinzugethan und manche entstellende Druckfehler verbessert worden. Etliche eingeschaltete Lieder sind ebenfalls aufgefrischt. Die Sendschreiben, Testamente, überhaupt alles Urkundliche, ist unverändert **wiedergegeben**. Was die so häufig angeführten Bibelstellen betrifft, so ist zu merken, daß Arnd sie nicht immer buchstäblich und vollständig eingerückt, sondern oft nur nach dem Sinn und ihrer jedesmaligen Anwendung benutzt hat. Er ist auch zuweilen von Luther's Uebersetzung abgewichen, hat manchmal die Lateinische Vulgata gebraucht und in den Originalausgaben wörtlich angezogen, jedoch erstere im Ganzen zum Grunde gelegt. Ihm folgend, hat man hier die alte Lutherische Uebersetzung, besonders weil die berichtigte noch in zu wenigen Händen ist, gleichfalls stehen gelassen, und sich nur unumgänglich nöthige Aenderungen darin erlaubt. Den Lesern bleibt die eigene Vergleichung des berichtigten Bibel-Textes anheimgestellt und empfohlen. Die Verbesserungen haben aber nirgends den Inhalt des Werks angegriffen, selbst wo man damit nicht einverstanden wäre, wie z. B. mit dem im 4. Buch behaupteten scheinbaren Weltsystem. Nur Kleinigkeiten wird man zur Ehre des Autors berichtigt finden.

Daß der Name des Verfassers nicht Arndt, sondern Arnd zu schreiben sey, und er sich selbst so geschrieben, hat Sintenis bemerkt. Das Wort heißt eigentlich Arend, und bedeutet im Niedersächsischen einen Adler. Die spätere unnütze Buchstabenhäufung hat selbst Eigennamen entstellt. Uebrigens besteht das Werk ursprünglich nur aus vier Büchern, deren erstes anfangs allein erschien und viel Widerspruch erfuhr; es folgten jedoch die drei andern auf häufiges Verlangen, wurden hernach mit jenem zusammen gedruckt, und später noch ein fünftes und sechstes Buch hinzugefügt, welche theils weitere Ausführungen und Begründungen der vorgetragenen Lehre in einzelnen Tractaten, theils deren ausdrückliche Vertheidigung und einige Zugaben enthalten. Ob das im Anhang voranstehende Informatorium biblicum von Johann Arnd selbst oder von einem seiner Freunde herrühre, ist streitig, und nur so viel ist gewiß, daß es erst nach seinem Tode zu Straßburg 1625 unter dem Titel herausgekommen: „Geistliches Brodkörblein, darin die übrigen Brosamen der überschönen Meditationen Herrn Arnd's zu finden sind."

Ueber den Werth des Arndischen Werks hat die Zeit und der Geist Jesu Christi, der in ihm und in den Gläubigen wohnt, längst entschieden, und es bedarf keiner neuen Lobrede. Möge dieser höchst praktische Wegweiser zur Wiedergeburt und zum ewigen Leben durch gegenwärtige Bearbeitung neue Freunde finden, und der Herr solche zum Heil vieler Seelen mit seinem Segen begleiten.

M.

Inhalt sämmtlicher Bücher.

Das 1. Buch.
Das Buch der Schrift.

Wie in einem wahren Christen Adam täglich sterben, Christus aber in ihm leben soll; und wie er nach dem Bilde Gottes täglich erneuert werden, und in der neuen Geburt leben müsse. Cap. 1 — 42.

Das 2. Buch.
Das Buch des Lebens Christi.

Wie Christi Menschwerdung, Liebe, Demuth, Sanftmuth, Geduld, Leiden, Sterben, Kreuz, Schmach und Tod, unserer Seelen Arznei und Heilbrunnen, Spiegel, Regel und Buch unsers Lebens sey; und wie ein wahrer Christ Sünde, Tod, Teufel, Welt, Hölle und alle Trübsal durch Glauben, Gebet, Geduld, Gottes Wort und himmlischen Trost überwinden soll; und dasselbe Alles in Christo Jesu, durch dessen Kraft, Stärke und Sieg in uns. Cap. 1 — 58.

Das 3. Buch.
Das Buch des Gewissens.

Wie Gott den höchsten Schatz, sein Reich, in des Menschen Herz gelegt hat, als einen verborgenen Schatz im Acker, und als ein göttliches innerliches Licht der Seele, und wie dasselbe in uns zu erwecken und zu suchen sey. Cap. 1 — 23.

Das 4. Buch.
Das Buch der Natur.

Wie das große Weltbuch der Natur von Gott zeuget, und zu Gott führet; wie auch alle Menschen zur Liebe Gottes durch die Creaturen gereizt, und durch ihr eigenes Herz überzeugt werden. Dessen erster Theil von den sechs Tagewerken der Schöpfung überhaupt, Cap. 1 — 6, und der andere Theil von dem Menschen insonderheit, Cap. 1 — 40, handelt.

Das 5. Buch.
Drei Lehr- und Trostbüchlein.

Das erste Büchlein vom wahren Glauben und heiligen Leben. Cap. 1 — 11. Das andere Büchlein von der gnadenreichen Vereinigung der Gläubigen mit Christo Jesu, ihrem Haupt. Cap. 1 — 15. Das dritte Büchlein von der heiligen Dreieinigkeit, von der Person und dem Amt Jesu Christi, und von den Wohlthaten des heiligen Geistes. Cap. 1 — 3.

Das 6. Buch.

Der erste Theil.

Wiederholung und Verantwortung der Lehre vom wahren Christenthum.

Verantwortung des ersten Buchs, Cap. 1 — 42. Verantwortung des andern Buchs, Cap. 1 — 5. Verantwortung des dritten Buchs, Cap. 1 — 18.

Der andere Theil.

Johann Arnd's neun Sendschreiben über seine Bücher vom wahren Christenthum.

Der dritte Theil.

Johann Arnd's zweifaches Bedenken über Teutsche Theologie.

Anhang.

I. Johann Arnd's Informatorium biblicum. II. Kurzer Bericht von dem Leben und Absterben Johann Arnd's. III. Johann Arnd's doppeltes Testament.

Das erste Buch
vom
wahren Christenthum.

Vorrede.

Was für ein großer und schändlicher Mißbrauch des heiligen Evangelii in dieser letzten Welt sey, christlicher lieber Leser, bezeugt genugsam das gottlose, unbußfertige Leben deren, die sich Christi und seines Worts mit vollem Munde rühmen, und doch ein ganz unchristliches Leben führen, gleich als wenn sie nicht im Christenthum, sondern im Heidenthum lebeten. Solches gottlose Wesen hat mir zu diesem Büchlein Ursach gegeben, damit die Einfältigen sehen möchten, worin das wahre Christenthum bestehe, nämlich in Erweisung des wahren, lebendigen, thätigen Glaubens, durch rechtschaffene Gottseligkeit, durch Früchte der Gerechtigkeit; wie wir darum nach Christi Namen genannt sind, daß wir nicht allein an Christum glauben, sondern auch in Christo leben sollen, und Christus in uns; wie die wahre Buße aus dem innersten Grund des Herzens gehen müsse; wie Herz, Sinn und Muth müsse geändert werden, daß wir Christo und seinem heiligen Evangelio gleichförmig werden; wie wir durch das Wort Gottes müssen täglich erneuert werden zu neuen Creaturen; (denn gleichwie ein jeder Same seines Gleichen bringet, also muß das Wort Gottes in uns täglich neue geistliche Früchte bringen; und so wir durch den Glauben neue Creaturen geworden sind, so müssen wir auch in der neuen Geburt leben;) Summa, wie Adam in uns sterben, und Christus in uns leben soll. Es ist nicht genug, Gottes Wort wissen, sondern man muß auch dasselbe in die lebendige thätige Uebung bringen.

2. Viele meinen, die Theologie sey nur eine bloße Wissenschaft und Wortkunst, da sie doch eine lebendige Erfahrung und Uebung ist. Jedermann studirt jetzo, wie er hoch und berühmt in der Welt werden möge; aber fromm seyn will Niemand lernen. Jedermann sucht jetzo hochgelehrte Leute, von denen er Kunst, Sprachen und Weisheit lernen möge; aber von unserm einigen Lehrer, Jesu Christo, will Niemand lernen Sanftmuth und herzliche Demuth; da doch sein heiliges lebendiges Exempel die rechte Regel und Richtschnur unseres Lebens ist, ja die höchste Weisheit und Kunst, daß wir ja billig sagen können: Das Leben Christi kann uns Alles lehren. Jedermann wollte gern Christi Diener seyn; aber Christi Nachfolger will Niemand seyn. Er spricht aber bei Johannes Cap. 12, 26: „Wer mir dienen will, der folge mir nach." Darum muß ein rechter Diener und Liebhaber Christi auch ein Nachfolger Christi seyn. Wer Christum lieb hat, der hat auch lieb das Exempel seines heiligen Lebens, seine Demuth, Sanftmuth, Geduld, Kreuz, Schmach, Verachtung, ob es gleich dem Fleische wehe thut. Und ob wir gleich die Nachfolge des heiligen und edeln Lebens Christi in dieser Schwachheit nicht voll-

1

kömmlich erreichen können, dahin auch mein Büchlein nicht gemeinet ist: so sollen wirs doch lieb haben, und darnach seufzen. Denn also leben wir in Christo, und Christus in uns, wie St. Johannes 1 Epist. 2, 6 spricht: „Wer da saget, daß er in ihm bleibet, der soll auch wandeln, gleichwie er gewandelt hat." Jetzo ist die Welt also gesinnt, daß sie gern Alles wissen wollte; aber dasjenige, das besser ist, denn alles Wissen, nämlich, Christum lieb haben, Eph. 3, 19, will Niemand lernen. Es kann aber Christum Niemand lieb haben, er folge denn auch nach dem Exempel seines heiligen Lebens. Viele sind, ja die Meisten in der Welt, die sich des heiligen Exempels Christi schämen, nämlich seiner Demuth und Niedrigkeit; das heißt sich des Herrn Christi geschämet, davon der Herr sagt Marc. 8, 38: „Wer sich meiner schämet in dieser ehebrecherischen Welt" ic. Die Christen wollen jetzo einen stattlichen, prächtigen, reichen, weltförmigen Christum haben; aber den armen, sanftmüthigen, demüthigen, verachteten, niedrigen Christum will Niemand haben, noch bekennen, noch demselben folgen. Darum wird er einmal sagen: „Ich kenne euch nicht," Matth. 7, 23. Ihr habt mich nicht wollen kennen in meiner Demuth, darum kenne ich euch nicht in eurer Hoffart.

3. Nicht allein aber ist das gottlose Leben und Wesen Christo und dem wahren Christenthum ganz zuwider, sondern es häuft täglich Gottes Zorn und Strafe, also daß Gott alle Creaturen wider uns rüsten muß zur Rache, daß Himmel und Erde, Feuer und Wasser wider uns streiten müssen, ja die ganze Natur ängstet sich darüber und will brechen. Daher muß elende Zeit kommen, Krieg, Hunger und Pestilenz. Ja die letzten Plagen dringen so heftig und mit Gewalt herein, daß man fast vor keiner Creatur wird sicher seyn können. Denn gleichwie die gräulichsten Plagen die Egypter überfielen vor der Erlösung und dem Ausgang der Kinder Israel aus Egypten: also werden vor der endlichen Erlösung der Kinder Gottes schreckliche, gräuliche, unerhörte Plagen die Gottlosen und Unbußfertigen überfallen.

Darum hohe Zeit ist, Buße zu thun, und ein andres Leben anzufangen, sich von der Welt zu Christo zu bekehren, an ihn recht zu glauben, und in ihm christlich zu leben, auf daß wir unter dem Schirm des Höchsten und Schatten des Allmächtigen sicher seyn mögen. Ps. 91, 1. Dazu uns auch der Herr vermahnt Luc. 21, 36: „So seyd nun wacker allezeit, und betet, daß ihr würdig werden möget zu entfliehen diesem Allen." Solches bezeuget auch der 112. Psalm V. 7.

4. Dazu werden dir, lieber Christ, diese Büchlein Anleitung geben, wie du nicht allein durch den Glauben an Christum Vergebung deiner Sünden erlangen sollst, sondern auch, wie du die Gnade Gottes recht sollst gebrauchen zu einem heiligen Leben, und deinen Glauben mit einem christlichen Wandel zieren und beweisen. Denn das wahre Christenthum besteht nicht in Worten, oder im äußerlichen Schein, sondern im lebendigen Glauben, aus welchem rechtschaffene Früchte und allerlei christliche Tugenden entsprießen, als aus Christo selbst. Denn weil der Glaube menschlichen Augen verborgen und unsichtbar ist, so muß er durch die Früchte erwiesen werden, indem der Glaube aus Christo schöpft alles Gute, Gerechtigkeit und Seligkeit.

5. Wenn er nun beständig erwartet der verheißenen Güter, die dem Glauben versprochen sind, so entsprießt aus dem Glauben die Hoffnung. Denn was ist die Hoffnung anders, denn ein beständiges, beharrliches Erwarten der verheißenen Güter im Glauben? Wenn aber der Glaube dem Nächsten die empfangenen Güter mittheilt: jetzo entspringt aus dem Glauben die Liebe, und er thut dem Nächsten wieder also, wie ihm Gott gethan hat. Wenn aber der Glaube in der Probe des Kreuzes besteht, und sich dem Willen Gottes ergibt: jetzo wächst die Geduld aus dem Glauben. Wenn er aber im Kreuze seufzet, oder Gott für empfangene Wohlthaten dankt: jetzo wird das Gebet geboren. Wenn er Gottes Gewalt und des Menschen Elend zusammenfaßt, und sich unter Gott schmieget und bieget: jetzo wird die Demuth geboren. Wenn er sorgt, daß er nicht möge Gottes

Gnade verlieren, oder, wie St. Paulus Phil. 2, 12 spricht, mit Furcht und Zittern schaffet, daß er selig werde: jetzo ist die Gottesfurcht geboren.

6. Also siehst du, wie alle christliche Tugenden des Glaubens Kinder sind, und aus dem Glauben wachsen und entsprießen, und können nicht vom Glauben, als von ihrem Ursprung, getrennt werden, sollens anders wahrhaftige, lebendige, christliche Tugenden seyn, aus Gott, aus Christo, und aus dem heiligen Geist entsprossen. Darum kann kein Gott wohlgefälliges Werk ohne den Glauben an Christum seyn. Denn wie kann wahre Hoffnung, rechte Liebe, beständige Geduld, herzliches Gebet, christliche Demuth, kindliche Furcht Gottes, ohne Glauben seyn? Es muß Alles aus Christo, dem Heilbrunnen, durch den Glauben geschöpft werden, die Gerechtigkeit, und alle Früchte der Gerechtigkeit.

7. Du mußt dich aber wohl vorsehen, daß du ja deine Werke und anfangenden Tugenden oder Gaben des neuen Lebens nicht mengest in deine Rechtfertigung vor Gott. Denn da gilt keines Menschen Werk, Verdienst, Gabe oder Tugend, wie schön sie auch seyen, sondern das hohe vollkommene Verdienst Jesu Christi, durch den Glauben ergriffen; wie solches im 5., 19., 34. und 41. Capitel dieses Buchs, und in den drei ersten Capiteln des andern Buchs genugsam ausgeführt ist. Darum siehe dich vor, daß du die Gerechtigkeit des christlichen Lebens nicht in einander mengest, sondern wohl unterscheidest. Denn dieß ist das ganze Fundament unserer christlichen Religion.

8. Nichts desto weniger aber mußt du dir deine Buße lassen einen rechtschaffenen Ernst seyn, oder du hast keinen rechtschaffenen Glauben, welcher täglich das Herz reinigt, ändert und bessert. Du sollst auch wissen, daß der Trost des Evangelii nicht haften kann, wo nicht rechtschaffene wahre Reue und göttliche Traurigkeit vorhergeht, wodurch das Herz zerbrochen und zerschlagen wird; denn es heißt: „Den Armen wird das Evangelium geprediget," Matth. 11, 5. Und wie kann der Glaube das Herz lebendig machen, wenns nicht zuvor getödtet wird durch ernstliche Reue und Leid, und wahre Erkenntniß der Sünden? Darum sollst du nicht denken, daß die Buße so schlecht und leicht zugehe. Bedenke, wie ernste und scharfe Worte der Apostel Paulus gebraucht, da er gebeut, das Fleisch zu tödten und zu kreuzigen, sammt den Lüsten und Begierden, seinen Leib aufzuopfern, der Sünde abzusterben, der Welt gekreuziget zu werden. Wahrlich, dieß geschieht nicht mit Verzärtelung des Fleisches. Die heiligen Propheten malen auch die Buße nicht lieblich ab, wenn sie ein zerbrochen, zerschlagen Herz, und einen zerknirschten Geist fordern und sagen: „Zerreißet eure Herzen, heulet, klaget und weinet." Wo findet man jetzo solche Buße? Der Herr Christus nennet es: sich selbst hassen, verläugnen, absagen alle dem, was man hat, will man anders sein Jünger seyn. Solches geht wahrlich nicht mit lachendem Munde zu. Dessen Allen hast du ein lebendig Exempel und Abbild in den sieben Bußpsalmen. Die Schrift ist voll des göttlichen Eifers, dadurch die Buße nebst ihren Früchten erfordert wird, bei Verlust der ewigen Seligkeit. Darauf kann der Trost des Evangelii seine rechte natürliche Kraft erzeigen. Beides aber muß Gottes Geist durch das Wort in uns wirken.

9. Von solcher ernsten, wahrhaften, innerlichen Herzens-Buße, und von derselben Früchten, handelt dieß mein Büchlein, und von der Uebung des wahren Glaubens, auch wie ein Christ Alles in der Liebe thun soll. Denn was aus christlicher Liebe geschieht, das geht auch aus dem Glauben. Es sind aber in demselben, sonderlich im Frankfurtischen Druck *), etliche Reden nach Art der alten Scribenten, Taulers, Kempis und Anderer, mit eingemischt, die das Ansehen haben, als wenn sie menschlichem Vermögen und Werken zu viel zueignen (dawider doch mein ganzes Büchlein streitet). Darum soll der christliche Leser freundlich erinnert seyn, daß er fleißig sehe nach dem Zweck und Ziel des ganzen Büchleins, so wird er befinden, daß es vornehmlich dahin gerichtet ist, daß

---

*) Einer frühern Ausgabe.

wir den verborgenen angebornen Gräuel der Erbsünde erkennen, unser Elend und Nichtigkeit betrachten lernen, an uns selbst und an allem unserm Vermögen verzagen, uns selbst Alles nehmen, und Christo Alles geben, auf daß er Alles allein in uns sey, Alles in uns wirke, allein in uns lebe, Alles in uns schaffe, weil er unserer Bekehrung und Seligkeit Anfang, Mittel und Ende ist; wie solches deutlich und überflüssig an vielen Orten dieses Büchleins erklärt ist; dadurch der Papisten, Synergisten, Majoristen Lehre ausdrücklich widerlegt und verworfen wird. Auch ist der Artikel von der Rechtfertigung des Glaubens in diesem, sonderlich aber im andern Buch also geschärft und so hoch getrieben, als es immer möglich.

10. Doch damit aller Mißverstand aufgehoben werde, so habe ich dieselben in diesem jetzigen Druck corrigirt, und bitte den treuherzigen Leser, er wolle den Frankfurtischen Druck, und etliche gar wenige Braunschweigische Exemplare, nach dieser corrigirten Jenaischen Edition verstehen und beurtheilen. Ich protestire auch hiemit, daß ich dieß Büchlein, gleichwie in allen andern Artikeln und Puncten, also auch im Artikel vom freien Willen und der Rechtfertigung des armen Sünders vor Gott, nicht anders denn nach dem Verstande der symbolischen Bücher der Kirchen Augspurgischer Confession, als da sind die erste unveränderte Augspurgische Confession, Apologia, Schmalkaldische Artikel, beide Catechismi Lutheri und Formula Concordiä, will verstanden haben.

11. Gott erleuchte uns Alle mit seinem heiligen Geist, daß wir lauter und unanstößig seyen im Glauben und Leben, bis auf den Tag unsers Herrn Jesu Christi (welcher nahe vor der Thür ist), erfüllet mit Früchten der Gerechtigkeit, zu Lobe und Preise Gottes. Amen.

Das 1. Capitel.
Was das Bild Gottes im Menschen sey?

Ephes. 4, 23. 24. *Erneuert euch im Geist eures Gemüths, und ziehet den neuen Menschen an, der nach Gott geschaffen ist in rechtschaffener Gerechtigkeit und Heiligkeit.*

1. Das Bild Gottes im Menschen ist die Gleichförmigkeit der menschlichen Seele, des Verstandes, Geistes, Gemüths, Willens, und aller innerlichen und äußerlichen Leibes- und Seelenkräfte, mit Gott und der heiligen Dreieinigkeit, und mit allen ihren göttlichen Arten, Tugenden, Willen und Eigenschaften. Denn also lautet der Rathschlag des dreieinigen Gottes 1 Mos. 1, 26: „Lasset uns Menschen machen, ein Bild, das uns gleich sey, die da herrschen über die Fische im Meer, über die Vögel unter dem Himmel, über alles Vieh, und über die ganze Erde."

2. Daraus erscheint, daß sich die heilige Dreieinigkeit im Menschen abgebildet, auf daß in seiner Seele, Verstand, Willen und Herzen, ja in dem ganzen Leben und Wandel des Menschen, lauter göttliche Heiligkeit, Gerechtigkeit, Gütigkeit, erscheinen und leuchten sollte, gleichwie in den heiligen Engeln lauter göttliche Liebe, Kräfte und Reinigkeit ist. Daran wollte Gott seine Lust und Wohlgefallen haben, als an seinen Kindern. Denn gleichwie ein Vater sich selbst sieht und erfreuet in seinem Kinde, also hat auch Gott am Menschen seine Lust gehabt. Sprüchw. 8, 31. Denn obwohl Gott der Herr sein Wohlgefallen gehabt an allen seinen Werken, so hat er doch sonderlich seine Lust an dem Menschen gesehen, weil in demselben sein Bild in höchster Unschuld und Klarheit geleuchtet. Darum sind drei vornehme Kräfte der menschlichen Seele von Gott eingeschaffen: der Verstand, der Wille und das Gedächtniß. Dieselben zeuget und bewahret, heiliget und erleuchtet die heilige Dreieinigkeit, und schmücket und zieret dieselben mit ihren Gnaden, Werken und Gaben.

3. Denn ein Bild ist, darin man eine gleiche Form und Gestalt sieht, und es kann kein Bildniß seyn, es muß eine Gleichheit haben dessen, nach dem es gebildet ist. Als,

in einem Spiegel kann kein Bild erscheinen, es empfange denn das Gleichniß oder die gleiche Gestalt von einem andern. Und je heller der Spiegel, je reiner das Bild erscheint; also auch, je reiner und lauterer die menschliche Seele, je klärer Gottes Bild darin leuchtet.

4. Zu dem Ende hat Gott den Menschen rein, lauter, unbefleckt erschaffen, mit allen Leibes- und Seelenkräften, daß man Gottes Bild in ihm sehen sollte. Nicht zwar als einen todten Schatten im Spiegel, sondern als ein wahrhaftiges lebendiges Abbild und Gleichniß des unsichtbaren Gottes, und seiner überaus schönen, innerlichen, verborgenen Gestalt, das ist: ein Bild seiner göttlichen Weisheit im Verstande des Menschen; ein Bild seiner Gütigkeit, Langmuth, Sanftmuth, Geduld, in dem Gemüthe des Menschen; ein Bild seiner Liebe und Barmherzigkeit, in den Affecten des Herzens des Menschen; ein Bild seiner Gerechtigkeit, Heiligkeit, Lauterkeit und Reinigkeit, in dem Willen des Menschen; ein Bild der Freundlichkeit, Holdseligkeit, Lieblichkeit und Wahrheit, in allen Geberden und Worten des Menschen; ein Bild der Allmacht, in der gegebenen Herrschaft über den ganzen Erdboden und in der Furcht über alle Thiere; ein Bild der Ewigkeit, in der Unsterblichkeit des Menschen. Daraus sollte der Mensch Gott, seinen Schöpfer, und sich selbst erkennen. Den Schöpfer also, daß Gott Alles wäre, und das einige höchste Wesen, von welchem Alles sein Wesen hat, auch daß Gott Alles wesentlich wäre, dessen Bild der Mensch trüge. Denn weil der Mensch ein Bild der Gütigkeit Gottes ist, so muß Gott wesentlich das höchste Gut, und alles Gut seyn; er muß wesentlich die Liebe seyn; er muß wesentlich das Leben seyn; er muß wesentlich heilig seyn. Darum auch Gott alle Ehre, Lob, Ruhm, Preis, Herrlichkeit, Stärke, Gewalt und Kraft gebührt, und keiner Creatur; sondern allein Gott, der dieß Alles selbst wesentlich ist. Darum als Matth. 19, 17 Einer den Herrn fragte, der ihn für einen bloßen Menschen ansah: „Guter Meister, was muß ich thun, daß ich das ewige Leben ererbe?" antwortete der Herr: „Was heissest du mich gut? Niemand ist gut, denn der einige Gott;" das ist, Gott ist allein wesentlich gut, und ohne und außer ihm kann kein wahres Gut seyn.

5. Sich selbst sollte aber der Mensch aus seinem Bildniß also erkennen, daß ein Unterschied seyn sollte zwischen dem Menschen und zwischen Gott. Der Mensch sollte nicht Gott selbst seyn, sondern Gottes Bild, Gleichniß und Abdruck; in welchem allein sich Gott wollte sehen lassen; also daß nichts Anderes in dem Menschen sollte leben, leuchten, wirken, wollen, lieben, denken, reden, sich freuen, denn Gott selbst. Denn wo etwas Anderes in dem Menschen sollte gespürt werden, das nicht Gott selbst wirket und thut, so könnte der Mensch nicht Gottes Bild seyn, sondern dessen, der in ihm wirket, und sich in ihm sehen läßt. So gar sollte der Mensch Gott ergeben und gelassen seyn; welches ein bloß lauteres Leiden des göttlichen Willens ist, daß man Gott Alles in sich läßt wirken, und seinem eigenen Willen absagt. Und das heißt Gott ganz gelassen seyn, nämlich wenn der Mensch ein bloßes, lauteres, reines, heiliges Werkzeug Gottes und seines heiligen Willens ist, und aller göttlichen Werke, also daß der Mensch seinen eigenen Willen nicht thue, sondern sein Wille sollte Gottes Wille seyn; daß der Mensch keine eigene Liebe habe, Gott sollte seine Liebe seyn; keine eigene Ehre, Gott sollte seine Ehre seyn; er sollte keinen eigenen Reichthum haben, Gott sollte sein Besitz und Reichthum seyn, ohne alle Creatur- und Weltliebe. Also sollte nichts in ihm seyn, leben und wirken, denn Gott ganz allein. Und das ist die höchste Unschuld, Reinigkeit und Heiligkeit des Menschen. Denn dieses ist je die höchste Unschuld, wenn der Mensch nicht seinen eigenen Willen vollbringt, sondern läßt Gott Alles in ihm wirken und vollbringen; ja das ist die höchste Einfalt, wie man sieht an einem einfältigen Kinde, in dem keine eigene Ehre, keine eigene Liebe ist.

6. Also sollte Gott den Menschen gar besitzen von innen und außen, wie wir dessen ein Exempel haben an unserm Herrn Jesu Christo, welcher ein vollkommenes

Bild Gottes ist, indem er seinen Willen ganz aufgeopfert seinem himmlischen Vater, in höchstem Gehorsam, Demuth und Sanftmuth, ohne allen eigenen Nutz und Besitz, ohne alle eigene Lust und Freude; sondern er hat Gott Alles in ihm und durch ihn lassen wirken, was er gedacht, geredet und gethan. Summa, sein Wille war Gottes Wille und Wohlgefallen. Darum Gott vom Himmel gerufen: „Dieß ist mein lieber Sohn, an dem ich Wohlgefallen habe." Matth. 3, 17. Also ist er das rechte Bild Gottes, aus welchem nichts Anderes leuchtet, denn allein das, was Gott selbst ist, nämlich lauter Liebe und Barmherzigkeit, Langmuth, Geduld, Sanftmuth, Freundlichkeit, Heiligkeit, Trost, Leben und Seligkeit. Also wollte der unsichtbare Gott in Christo sichtbar und offenbar werden, und sich in ihm dem Menschen zu erkennen geben; wiewohl er auf eine viel höhere Weise Gottes Bild ist nach seiner Gottheit, nämlich Gott selbst, und Gottes wesentliches Ebenbild, und der Glanz seiner Herrlichkeit. Hebr. 1, 3. Davon wir für dießmal nicht reden, sondern allein wie er in seiner heiligen Menschheit gewandelt und gelebt hat.

7. Eine solche heilige Unschuld ist das Bild Gottes in Adam auch gewesen; und dasselbe sollte er in wahrer Demuth und Gehorsam bewahrt und erkannt haben, daß er nicht selbst das höchste Gut wäre, sondern daß er nur des höchsten Gutes Bild wäre, das sich in ihm hätte abgebildet. Da er es aber selbst seyn wollte, das ist, Gott selbst, da fiel er in die gräulichste und schrecklichste Sünde.

8. Fürs andere sollte der Mensch sich also selbst erkennen, daß er durch dieß Bildniß Gottes fähig wäre geworden der göttlichen, lieblichen, holdseligen Liebe, Freude, Friede, Lebens, Ruhe, Stärke, Kraft, Lichts, auf daß Gott Alles allein im Menschen wäre, allein in ihm lebete und wirkete; und also in dem Menschen nicht wäre eigener Wille, eigene Liebe, eigene Ehre und Ruhm, sondern daß Gott allein des Menschen Ruhm und Ehre wäre, und allein den Preis behielte. Denn ein Gleiches ist seines Gleichen fähig, und keines Widerwärtigen. Ein Gleiches freuet sich je seines Gleichen, und hat seine Lust in demselben; also wollte sich Gott ganz ausgießen in dem Menschen, mit aller seiner Gütigkeit. So ein ganz mittheilendes Gut ist Gott.

9. Und letztlich sollte der Mensch aus dem Bilde Gottes sich also erkennen, daß er dadurch mit Gott vereiniget wäre, und daß in dieser Vereinigung des Menschen höchste Ruhe, Friede, Freude, Leben und Seligkeit bestünde; wie im Gegentheil des Menschen höchste Unruhe und Unseligkeit nirgend anders her entstehen kann, als wenn er wider Gottes Bild handelt, sich von Gott abwendet, und des höchsten ewigen Gutes verlustig wird.

Gebet um die Erneuerung des göttlichen Ebenbildes.

Allerheiligster Gott, du hast Alles gut und herrlich erschaffen, und insbesondere uns Menschen dein Bild anvertraut, daß wir, als deine vernünftigen Creaturen auf Erden, in deiner lebendigen Erkenntniß und himmlischen Weisheit heilig, gerecht und wahrhaftig nach deinem Exempel seyn, und in der genauesten Vereinigung und Gemeinschaft mit dir einer ununterbrochenen Seligkeit genießen, auch dir zu Ehren unser ganzes Verhalten innerlich und äußerlich einrichten sollten. Gepriesen seyst du, o liebreicher Vater, für den großen Reichthum deiner Gnade, den du an uns überschwänglich bewiesen hast; denn du hast uns zum ewigen Leben gemacht, und hast deine Lust und Freude an uns ewig haben wollen, hast uns auch die Kräfte reichlich mitgetheilet, daß wir unser einziges Wohlgefallen zur Beförderung und Vermehrung unserer wahren Seelenruhe an dir allein haben und nach deinem heiligen Willen vollkommen einhergehen konnten. Aber, ach! lieber Gott, wir müssen uns schämen vor dir, und mit vieler Wehmuth bekennen, daß wir dein herrliches Ebenbild aus unserer eigenen Schuld verloren, und uns deiner Gemeinschaft und aller Seligkeiten verlustig gemacht haben. Ja nicht allein dieses müssen wir schmerzhaft beklagen, sondern die Erfahrung lehrt es, und dein wahrhaftiges Wort bezeugt es uns, daß wir, leider! dem Bilde des Satans, der zuerst wider dich gesündigt hat, und von welchem wir uns haben verführen lassen, gleichförmig geworden sind. Ach welche große Finsterniß findet sich bei uns! Ach wie thöricht sind alle unsere Handlungen, Neigungen und Ueberlegungen! O wie hat das Gift der Sünde uns durchdrungen! Welch ein Abgrund des Verderbens wird bei uns angetroffen! Wie feindselig sind wir gegen dich, unsern Schöpfer, gesinnt! wie untüchtig sind wir zu allem Guten! und welch eine Unruhe quält und martert unser armes Herz! Nichts von allem Guten, das du uns anerschaffen hast, ist mehr bei uns; hingegen Alles, was nur Böses mag genannt werden, findet sich an uns. Billig könntest du uns zum Abgrund der Hölle auf ewig verstoßen, und uns Rebellen mit dem ewigen Fluch belegen; aber dein Liebesherz ist ganz anders gesinnt, du willst nicht den Tod des Sünders, dein Herz bricht dir gegen uns verlorene Sünder. Darum hast du von Ewigkeit her dich über uns elende Menschen erbarmt, deinen allerliebsten Sohn, Jesum Christum, zu unserm Bürgen und Erlöser verordnet, ihn zu unserm Seligmacher in die Welt gesandt, und ihn uns zur Weisheit, Gerechtigkeit, Heiligung und Erlösung gemacht; damit wir durch ihn von Schuld, Strafe und Herrschaft der Sünden befreit und zu deinem Ebenbilde wiederum erneuert werden möchten. Ewig sey dein herrlicher Name dafür gepriesen! Versöhnter Vater, laß uns nicht in unserm Jammer liegen. Errette uns, deine Geschöpfe, von der Hand deiner und unserer Feinde. Wirke durch deinen Geist eine wahre Veränderung des Sinnes und Herzens in uns. Laß um Jesu willen alle unsere Sünden uns vergeben seyn, und kleide uns an mit seiner Gerechtigkeit, auf daß wir in derselben dir wieder angenehm seyn können. O göttliches Licht, erleuchte uns! o himmlische Weisheit, lehre uns! o göttliche Kraft, durchdringe uns, stärke uns, heilige uns, mache uns nach Gott gesinnet! Gott Vater, Sohn und heiliger Geist, gib uns wieder, was wir durch unsere Sünden verloren haben, und arbeite in uns, so lange wir in der Gnadenzeit leben, auf daß wir hier so zubereitet werden, wie du uns in der Ewigkeit vor deinem Thron haben willst; damit wir dereinst erwachen nach deinem Bilde, und völlig gesättiget werden, wenn wir in der frohen Ewigkeit ohne Sünde mit allen heiligen Engeln deinen Namen verherrlichen. Ach! Vater, erhöre uns um Jesu willen. Amen.

Das 2. Capitel.
Was der Fall Adams sey?

Röm. 5, 19. Wie durch Eines Menschen Ungehorsam viele Sünder geworden sind, also auch durch Eines Gehorsam werden viele Gerechte.

1. Der Fall Adams ist der Ungehorsam wider Gott, dadurch sich der Mensch von Gott abgewendet hat zu ihm selbst, und Gott die Ehre geraubt, indem er selbst Gott seyn wollen; dadurch er des heiligen Bildes Gottes beraubt, nämlich der vollkommenen Erbgerechtigkeit und Heiligkeit, im Verstande verblendet, im Willen ungehorsam und Gott widerspenstig, in allen Kräften des Herzens verkehrt und Gottes Feind geworden, welcher Gräuel auf alle Menschen durch fleischliche Geburt fortgepflanzt und fortgeerbt wird; dadurch der Mensch geistlich todt und gestorben, ein Kind des Zorns und der Verdammniß ist, wo er nicht durch Christum erlöset wird. Darum sollst du, einfältiger Christ, den Fall Adams für keine schlechte und geringe Sünde achten, als wäre derselbe nur ein bloßer Apfelbiß, sondern das ist sein Fall gewesen, daß er Gott selbst hat seyn wollen; und das war auch des Satans Fall. Das ist aber die schrecklichste und abscheulichste Sünde.

2. Dieser Fall ist erstlich in seinem Herzen geschehen, darnach durch den Apfelbiß herausgebrochen und offenbar geworden. Dieß kann man etlichermaßen abnehmen an dem Fall und der Sünde Absaloms, 2 Sam. 14, 25. Denn 1) war derselbe eines Königs Sohn; 2) der schönste Mensch, an welchem vom Haupt bis auf die Fußsohlen kein Fehl war; 3) war er seinem Vater ein sehr lieber Sohn, wie man an

den Thränen Davids steht. 2 Sam. 18, 33. An dieser Herrlichkeit wollte sich Absalom nicht genügen lassen, sondern wollte selbst König seyn, und raubte die königliche Ehre. Da er nun das in sein Herz nahm, da ward er seines Vaters abgesagter Feind, und trachtete ihm nach dem Leben, 2 Sam. 15. Also war Adam 1) Gottes Sohn; 2) der Schönste unter allen Creaturen, also daß kein Fehl an ihm war an Leib und Seele; und war auch 3) Gott ein liebes Kind. Als er sich nun an dieser Herrlichkeit nicht wollte begnügen lassen, sondern Gott selbst seyn, da ward er ein Feind Gottes, und wenn es möglich gewesen wäre, hätte er Gott vertilgt.

3. Wie konnte nun eine gräulichere und abscheulichere Sünde seyn? Daraus dieser Gräuel erfolgt: Erstlich, daß der Mensch dem Satan gleich geworden in seinem Herzen, denn sie haben beide gleiche Sünde begangen; und ist der Mensch aus Gottes Bilde des Satans Bild und sein Werkzeug geworden, fähig aller Bosheit des Satans. Darnach ist der Mensch aus einem göttlichen, geistlichen, himmlischen Bilde, gar irdisch, fleischlich, thierisch und viehisch geworden. Denn erstlich, damit der Satan sein teuflisches Bildniß im Menschen pflanzete, so hat er durch seine listigen, giftigen, verführerischen Worte und Betrug seinen Schlangensamen in den Menschen gesäet, welcher heißt eigene Ehre, eigene Liebe, eigener Wille, und Gott selbst seyn. Daher die Schrift alle die, so in eigener Liebe ertrunken sind, nennet Otterngezüchte, Matth. 3, 7, und Schlangensamen, die des Teufels Art an sich haben. 1 Mos. 3, 15: „Ich will Feindschaft setzen zwischen der Schlange Samen und des Weibes Samen."

4. Aus diesem Schlangensamen kann nun nichts anders wachsen, denn eine solche gräuliche Frucht, die da heißt des Satans Bild, Kinder Belials, des Teufels Kinder, Joh. 8, 44. Denn gleichwie ein natürlicher Same verborgener Weise in sich begreift des ganzen Gewächses Art und Eigenschaft, seine Größe, Dicke, Länge und Breite, seine Zweige, Blätter, Blüthe und Früchte, daß man sich billig verwundern muß, daß in einem kleinen Sämlein so ein großer Baum verborgen liegt, und so viel unzählige Früchte: also ist in dem giftigen bösen Schlangensamen, in dem Ungehorsam und der eigenen Liebe Adams, die auf alle Nachkommen durch fleischliche Geburt geerbt, so ein giftiger Baum verborgen, und so unzählige böse Früchte, daß in ihnen das Bild Satans mit aller Unart und Bosheit erscheint.

5. Denn sehet ein kleines Kind an, wie sich von Mutterleibe an die böse Unart in ihm regt, sonderlich aber der eigene Wille und Ungehorsam; und wenn es ein wenig erwächst, bricht hervor die angeborene eigene Liebe, eigene Ehre, eigen Lob, eigene Rache, Lügen und dergleichen. Bald bricht hervor Hoffart, Stolz, Hochmuth, Gotteslästerung, Fluchen, Schwören, Böseswünschen, Lügen und Trügen, Verachtung Gottes und seines Worts, Verachtung der Eltern und Obrigkeit. Es bricht hervor Zorn, Zank, Haß, Neid, Feindschaft, Rachgier, Blutvergießen und alle Gräuel; sonderlich wenn die äußerlichen Aergernisse dazu kommen, welche die Adamische fleischliche Unart im Menschen erwecken. Denn dadurch geht hervor Unzucht, Unreinigkeit, hurerische Phantasien und ehebrecherische Gedanken, unzüchtige Reden, schändliche Geberden, Worte und Werke, Lust zur Völlerei, zu Ueberfluß in Speise und Trank, in Kleidung, Leichtfertigkeit, Ueppigkeit, Fressen und Saufen. Es geht hervor Geiz, Wucher, Betrug, Vortheil, Ränke, List, Spitzfindigkeit, überhaupt alle Schande und Laster, alle Büberei und Schalkheit, auf so vielfältige, unerhörte, mancherlei Weise, daß es nicht möglich zu zählen; wie im Jerem. 17, 9 steht: „Wer kann des Menschen Herz ergründen?" Ja was noch mehr ist, so die ketzerischen, verführerischen Geister dazukommen, so geht heraus Verläugnung Gottes, Abgötterei, Verfolgung der Wahrheit, die Sünde wider den heiligen Geist, die Verfälschung des Glaubens, Verkehrung der Schrift, und alle Verführung aufs allerschrecklichste. Das sind alles die Früchte des Schlangensamens im Menschen, und das Bild des Satans.

6. Wer hätte nun anfänglich gemeint, daß in einem so kleinen, schwachen und blöden Kinde ein solcher Wust aller Laster, ein so verzweifelt böses Herz, ein solcher gräulicher Wurm und Basiliske verborgen gelegen wäre, wenn es der Mensch nicht selbst zum Vorschein brächte mit seinem Leben und Wandel, mit seinem bösen Dichten und Trachten von Jugend auf? 1 Mos. 6, 5. C. 8, 21.

7. Laß mir nun das eine böse Wurzel seyn, daraus so ein giftiger Baum wächst; einen bösen Schlangensamen und Ottergezüchte, daraus so ein scheußlich Bild hervorkommt! Denn da wächst ja alles von innen heraus, und wird mehrentheils durch die äußerlichen Aergernisse erweckt. Darum der Herr Christus die Aergernisse der Jugend halben so hart verboten, weil der Schlangensamen in den Kindern verborgen ist, in welchem so viel Schande und Laster heimlich versteckt liegen und ruhen, wie ein Gift im Wurm.

8. Darum, o Mensch, lerne den Fall Adams und die Erbsünde recht verstehen, denn die Verderbung ist nicht auszugründen. Lerne dich selbst erkennen, was du durch den Fall Adams geworden bist. Aus Gottes Bilde des Satans Bild, in welchem alle Unarten, Eigenschaften und Bosheiten des Satans begriffen sind. Gleichwie in Gottes Bild alle Arten, Eigenschaften und Tugenden Gottes begriffen waren, und gleichwie vor dem Fall der Mensch trug das Bild des Himmlischen, das ist, er war ganz himmlisch, geistlich, göttlich und englisch: so trägt er nun nach dem Fall das Bild des Irdischen, das ist, er ist inwendig ganz irdisch, fleischlich und bestialisch geworden. 1 Cor. 15, 49.

9. Denn siehe, ist dein Zorn und Grimm nicht Löwenart? Ist dein Neid und unersättlicher Geiz nicht Hundes- und Wolfsart? Ist deine Unreinigkeit, Unmäßigkeit nicht säuische Art? Ja du wirst in dir selbst eine ganze Welt voll böser Thiere finden, auch in dem kleinen Glied deiner Zunge allein, wie St. Jacobus C. 3, 6 sagt; einen ganzen Pfuhl voll böser Würmer; eine Behausung voll unreiner Geister und voll unreiner Vögel, wie Jesaias C. 13, 21 und Offenb. Joh. C. 18, 2 zeugen; daß auch oft kein wildes Thier so grimmig ist als ein Mensch, kein Hund so neidisch, kein Wolf so reißend und geizig, kein Fuchs so listig, kein Basiliske so giftig, keine Sau so unflätig. Um welcher thierischen und viehischen Unart willen der Herr Christus den Herodes einen Fuchs nennt, Luc. 13, 32, die Unreinen Hunde und Säue, welchen man das Heiligthum nicht geben noch die Perlen vorwerfen soll. Matth. 7, 6.

10. Wenn sich nun der Mensch von solcher Unart nicht bekehrt, und in Christo nicht erneuert wird, sondern also stirbt, so bleibt er ewiglich einer solchen hochmüthigen, stolzen, hoffärtigen, satanischen Art, ein grimmiger Löwe, ein neidischer Hund, ein reißender Wolf, ein giftiger Wurm und Basiliske; kann auch nimmermehr von solchem Gräuel erlediget werden, sondern muß des Satans Bild ewig tragen und behalten in der ewigen Finsterniß, zum Zeugniß, daß er nicht in Christo gelebt und nach dem Bilde Gottes erneuert worden; wie die Offenbarung Johannis saget: „Draußen sind die Hunde, die Abgöttischen und Zauberer, und Alle, die da lieb haben und thun die Lüge" ꝛc. Cap. 21, 8. C. 22, 15.

Gebet um die Erlösung von dem alten Menschen.

Großer Gott, zürne nicht, daß wir uns unterwinden, mit dir zu reden. Unser Schade ist unaussprechlich groß; die Sünde hat uns ganz verderbt, und unsere Unseligkeit kann mit Worten nicht ausgedrückt werden. Hier liegen wir in unserm Sündenblute vor deiner heiligen Majestät und du hättest Macht und Recht, uns dem ewigen Tode zu übergeben, und dein Gnadenangesicht von uns wegzuwenden. Dir, unserm gütigen Gott, sind wir ungehorsam gewesen; dich, die Quelle des Lebens, haben wir verlassen; von dir, dem allerhöchsten Gut, haben wir uns getrennt; wider dich, unsern höchsten Beherrscher, sind wir feindselig angegangen; dich, unsern größten und liebreichsten Wohlthäter, haben wir aus den Augen gesetzt; wir haben uns mehr denn dich geliebet, und dir gleich seyn wollen; wir sind der verführerischen Stimme des Teufels mehr gefolgt, als daß wir uns nach deiner heiligen und zu unserm ewigen Wohl abzielenden Vorschrift gerichtet hätten; wir sind mit unsern Begierden in die Creatur eingegangen, und haben uns von dir, dem allgenugsamen Gott, entfernt. Heiliger Gott, majestätischer König, deinen Zorn haben wir verdient. Willst du mit uns handeln nach unsern Sünden, so sind wir die allerunglückseligsten unter allen deinen Geschöpfen auf Erden, und werth mit dem Satan zur ewigen Finsterniß verstoßen zu werden. Ach Gott, was sollen wir sagen? wir, wir sind schuld daran, daß alle Kräfte der Seele und des Leibes so jämmerlich verderbt sind, und daß keine Willigkeit noch Tüchtigkeit zum Guten bei uns angetroffen wird. Als verfluchte und verdammnißwürdige Sünder kommen wir auf diese Welt, und all unser Dichten und Trachten ist nur böse von Jugend auf und immerdar. Unser Denken, Wollen, Reden, Thun und Lassen ist eitel Sünde. Ach wie häufen wir mit den Jahren das Maaß unserer Sünden und zugleich deines gerechten Zorns! Wo sollen wir hin mit allem Elende, das wir an uns haben? Willst du, heiliger Gott, großer Richter, unendlicher König, mit uns ins Gericht gehen, so müssen wir vor deiner Majestät erzittern, und wissen nichts zu unserer Entschuldigung vor dir, dem Herzenskündiger, zu sagen. Gnädiger Gott, unsere einzige Zuflucht ist deine Erbarmung und das theure Verdienst unsers Heilandes. Ach, blicke uns mit den Augen deiner Erbarmung an; ach, schone unser um des Verdienstes unsers Bürgen willen! Ist unsere Sünde groß, deine Erbarmung ist doch noch größer, und das Verdienst deines Sohnes überwiegt gar sehr alle unsere Uebertretungen. Allmächtiger Gott, laß uns die Wirkungen deines Geistes in unsern Seelen erfahren, verändre uns gründlich, schaffe in uns ein neues Herz, und laß uns durch deine Gotteskraft Geist aus Geist geboren werden. Siehe uns an in deinem allerliebsten Sohn, der dir gehorsam gewesen bis zum Tode, ja bis zum Tode am Kreuz. Fürwahr er hat unsere Krankheit getragen und unsere Schmerzen auf sich genommen. Um seinetwillen heile unsern Seelenschaden, und laß uns nicht in unsern Sünden ewig umkommen. Er ist für uns zur Sünde gemacht, und hat, als das Lamm Gottes, alle unsere Sünden getragen; laß uns in ihm werden die Gerechtigkeit, die vor dir gilt, und wirf alle unsere Sünden um seinetwillen in die Tiefe des Meeres. Haben wir in Adam gesündigt, ach! so laß uns in Christo Vergebung der Sünden erlangen. Sind wir in Adam alle des Todes gestorben: ach! so laß uns in Christo wiederum lebendig werden. Ja, Vater, wir bitten dich im Namen deines Sohnes, unsers Mittlers, reinige uns von aller Befleckung des Geistes und des Fleisches, und schaffe in uns, was vor dir gefällig ist, damit dein Liebeszweck durch deines Geistes Wirkung an uns Allen erreichet werde zu unserm ewigen Heil und zum immerwährenden Preise deines großen Namens. Amen.

Das 3. Capitel.
Wie der Mensch in Christo zum ewigen Leben wieder erneuert wird.

Gal. 6, 15. In Christo Jesu gilt weder Beschneidung noch Vorhaut etwas, sondern eine neue Creatur.

1. Die neue Geburt ist ein Werk Gottes des heiligen Geistes, dadurch ein Mensch aus einem Kinde des Zorns und der Verdammniß ein Kind der Gnade und Seligkeit wird; aus einem Sünder ein Gerechter, durch den Glauben, durch Wort und Sacrament; dadurch auch unser Herz, Sinn und Gemüth, Verstand, Wille und Affecte, erneuert, erleuchtet, geheiliget werden in und nach Christo Jesu, zu einer neuen Creatur. Denn die neue Geburt begreift zwei Hauptwohlthaten in sich, die Rechtfertigung, und die Heiligung oder Erneuerung. Tit. 3, 5.

2. Es gibt zweierlei Geburt eines Christenmenschen: die alte, fleischliche, sündliche, verfluchte und verdammte Geburt, so aus Adam geht, dadurch der Schlangensame, des Satans Bild, und die irdi-

sche, viehische Art des Menschen, fortgepflanzt wird; und die geistliche, heilige, selige, gebenedeiete, neue Geburt, so aus Christo geht, dadurch der Same Gottes, das Bild Gottes, und der himmlische gottförmige Mensch, geistlicher Weise wird fortgepflanzt.

3. Also hat jeder Christenmensch zweierlei Geburtslinien in sich, die fleischliche Linie Adams, und die geistliche Linie Christi, so aus dem Glauben geht. Denn gleichwie Adams alte Geburt in uns ist, also muß Christi neue Geburt auch in uns seyn. Und das heißt der alte und neue Mensch, die alte und neue Geburt, der alte und neue Adam, das irdische und himmlische Bild, das alte und neue Jerusalem, Fleisch und Geist, Adam und Christus in uns, der inwendige und der äußerliche Mensch.

4. Nun merket, wie wir denn aus Christo neu geboren werden. Gleichwie die alte Geburt fleischlicher Weise aus Adam fortgepflanzt wird, also ist die neue Geburt geistlicher Weise aus Christo; und das geschieht durch das Wort Gottes. Das Wort Gottes ist der Same der neuen Geburt. 1 Pet. 1, 23: „Ihr seyd wiederum geboren, nicht aus vergänglichem, sondern aus unvergänglichem Samen, nämlich aus dem lebendigen Worte Gottes, das da ewiglich bleibet." Und Jacobi 1, 18: „Er hat uns gezeuget durch das Wort der Wahrheit, daß wir wären Erstlinge seiner Creaturen." Dieß Wort erwecket den Glauben, und der Glaube hält sich an dieß Wort, und ergreift im Wort Jesum Christum, sammt dem heiligen Geist. Und durch des heiligen Geistes Kraft und Wirkung wird der Mensch neu geboren. So geschieht nun die neue Geburt erstlich durch den heiligen Geist, Joh. 3, 5. Und das nennt der Herr: aus dem Geist geboren werden. Zum andern, durch den Glauben. 1 Joh. 5, 1: „Wer da glaubet, daß Jesus sey Christus, der ist aus Gott geboren." Zum dritten, durch die heilige Taufe. Joh. 3, 5: „Es sey denn, daß Jemand neu geboren werde aus Wasser und Geist." Davon merket folgenden Bericht.

5. Aus Adam und von Adam hat der Mensch ererbt das höchste Uebel, als Sünde, Fluch, Zorn, Tod, Teufel, Hölle und Verdammniß; das sind die Früchte der alten Geburt; aus Christo aber ererbt der Mensch das höchste Gut durch den Glauben, nämlich Gerechtigkeit, Gnade, Segen, Leben und die ewige Seligkeit. Aus Adam hat der Mensch einen fleischlichen Geist und des bösen Geistes Herrschaft und Tyrannei ererbt; aus Christo aber den heiligen Geist mit seinen Gaben und seiner tröstlichen Regierung. Denn welcherlei Geist der Mensch hat, solcherlei Geburt, Art und Eigenschaft hat er an sich, wie der Herr Luc. 9, 55 spricht: „Wisset ihr nicht, welches Geistes Kinder ihr seyd?" Aus Adam hat der Mensch bekommen einen hoffärtigen, stolzen, hochmüthigen Geist, durch die fleischliche Geburt. Will er nun neu geboren und erneuert werden, so muß er aus Christo einen demüthigen, niedrigen, einfältigen Geist bekommen, durch den Glauben. Aus Adam hat der Mensch geerbt einen ungläubigen, gotteslästerlichen, undankbaren Geist; aus Christo muß er einen gläubigen, gottlobenden, dankbaren Geist bekommen, durch den Glauben. Aus Adam hat der Mensch bekommen einen ungehorsamen, frechen, freveln Geist; aus Christo aber muß er bekommen einen gehorsamen, sittigen, freundlichen Geist, durch den Glauben. Aus Adam hat der Mensch geerbt einen zornigen, feindseligen, rachgierigen, mörderischen Geist, durch die sündliche Geburt; aus Christo muß er ererben einen liebreichen, sanftmüthigen, langmüthigen Geist, durch den Glauben. Aus Adam hat der Mensch bekommen einen geizigen, unbarmherzigen, eigennützigen, räuberischen Geist; aus Christo muß er erlangen einen barmherzigen, milden, hülfreichen Geist, durch den Glauben. Aus Adam hat der Mensch ererbt einen unzüchtigen, unsaubern, unmäßigen Geist; aus Christo einen reinen, keuschen, mäßigen Geist. Aus Adam hat der Mensch einen lügenhaften, falschen, verläumderischen Geist; aus Christo einen wahrhaftigen, beständigen Geist. Aus Adam hat der Mensch einen irdischen, thierischen, viehischen Geist erlangt; aus Christo einen himmlischen, göttlichen Geist.

6. Darum hat Christus müssen Mensch werden, und vom heiligen Geist empfangen, auch mit dem heiligen Geist ohne alles Maaß gesalbt werden, ja darum ruhet auf ihm der Geist des Herrn, der Geist der Weisheit, des Verstandes, des Raths, der Stärke, der Erkenntniß, der Furcht Gottes, Jes. 11, 2; auf daß in ihm und durch ihn die menschliche Natur erneuert werde, und wir in ihm, aus ihm und durch ihn neu geboren und eine neue Creatur würden; auf daß wir von ihm den Geist der Weisheit und des Verstandes ererbten für den Geist der Thorheit; den Geist der Erkenntniß, für unsere angeborene Blindheit; den Geist der Furcht Gottes, für den Geist der Verachtung Gottes. Das ist das neue Leben, und die Frucht der neuen Geburt in uns.

7. Denn gleichwie wir in Adam alle geistlich gestorben waren, und nichts thun konnten denn todte Werke, Werke des Todes und der Finsterniß: also müssen wir in Christo wieder lebendig werden, und thun die Werke des Lichts, 1 Cor. 15, 22. Und wie wir durch die fleischliche Geburt die Sünde aus Adam geerbt haben, also müssen wir durch den Glauben die Gerechtigkeit erben aus Christo. Und gleichwie uns durch das Fleisch Adams Hoffart, Geiz, Wollust und alle Unreinigkeit angeboren wird, also muß durch den heiligen Geist unsere Natur erneuert, gereinigt und geheiligt werden, und alle Hoffart, Geiz, Wollust und Neid muß in uns sterben, und wir müssen aus Christo einen neuen Geist, ein neues Herz, neuen Sinn und Muth bekommen, gleichwie wir aus Adam das sündliche Fleisch empfangen haben.

8. Und wegen solcher neuen Geburt wird Christus unser ewiger Vater genannt, Jes. 9, 6. Und also werden wir in Christo zum ewigen Leben wieder erneuert, aus Christo neu geboren, und in Christo eine neue Creatur. Und alle unsere Werke, die Gott gefallen sollen, müssen aus der neuen Geburt gehen, aus Christo, aus dem heiligen Geist, und aus dem Glauben.

9. Also leben wir in der neuen Geburt, und die neue Geburt in uns. Also leben wir in Christo, und Christus in uns. Gal. 2, 20. Also leben wir im Geist, und der Geist Christi in uns. Diese neue Geburt und derselben Frucht heißt St. Paulus Ephes. 4, 23: „erneuert werden im Geist des Gemüths, den alten Menschen ausziehen, und den neuen anziehen;" 2 Cor. 3, 18: „in das Ebenbild Gottes verklärt werden;" Col. 3, 10: „verneuert werden zu der Erkenntniß, nach dem Ebenbilde deß, der uns geschaffen hat;" Tit. 3, 5: „die Wiedergeburt und Erneuerung des heiligen Geistes;" Ezech. 11, 19: „das steinerne Herz wegnehmen und ein fleischern Herz geben." Also entspringt die neue Geburt aus der Menschwerdung Christi. Denn weil der Mensch durch eigene Ehre, Hoffart und Ungehorsam, sich von Gott abgewandt hatte und gefallen war, so konnte dieser Fall nicht gebessert noch gebüßet werden, denn durch die allertiefste Demuth, Erniedrigung und Gehorsam des Sohnes Gottes. Und wie nun Christus seinen demüthigen Wandel auf Erden unter den Menschen geführt hat, also muß er auch in dir leben, und das Bild Gottes in dir erneuern.

10. Da siehe nun an den liebreichen, demüthigen, gehorsamen, geduldigen Christum, und lerne von ihm, das ist, lebe in ihm. Matthäus 11, 29. Siehe zum ersten, warum hat er also gelebt? Darum, daß er ein Spiegel und Regel wäre deines Lebens. Er ist die rechte Lebensregel. Nicht die Regel St. Benedicti ist die Regel unsers Lebens, oder andrer Menschentand, sondern Christi Exempel, darauf uns die Apostel weisen. Zum andern, siehe auch an sein Leiden, Tod und Auferstehung. Warum hat er solches Alles gelitten? warum ist er gestorben und auferstanden? Darum, daß du der Sünde mit ihm sollst absterben, und in ihm, mit ihm, und durch ihn geistlich wieder auferstehen, und in einem neuen Leben wandeln. Röm. 6, 3. Besiehe hievon ferner das 11. und 31. Capitel.

11. Deßwegen quillt und entspringt aus dem Heilbrunnen des Leidens, Todes und der Auferstehung Christi die neue Geburt. 1 Pet. 1, 3: „Wir sind neu geboren zu einer lebendigen Hoffnung, durch die

Auferstehung Christi." Darum auch die heiligen Apostel allezeit zum Grund der Buße und des neuen Lebens legen das heilige Leiden Christi, als zu den Röm. 6, 3 und 1 Pet. 1, 17. 18: "Führet einen guten Wandel, so lange ihr hie wallet, und wisset, daß ihr nicht mit vergänglichem Silber oder Gold erlöset seyd, sondern mit dem theuern Blut Christi, als eines unschuldigen und unbefleckten Lammes." Da setzt St. Petrus V. 19 die Ursache, warum wir einen heiligen Wandel führen sollen, nämlich darum, weil wir so theuer erlöset sind. Und abermal spricht er 1 Pet. 2, 24: "Christus hat unsere Sünden selbst geopfert an seinem Leibe auf dem Holz, auf daß wir, der Sünde abgestorben, der Gerechtigkeit leben, durch welches Wunden ihr seyd heil worden." So spricht auch der Herr Christus Luc. 24, 47: "Mußte nicht Christus solches leiden, und am dritten Tage auferstehen, und predigen lassen in seinem Namen Buße und Vergebung der Sünden?" Da hören wir, daß der Herr selbst beides, das Predigtamt und die Buße, als lebendige Ströme, herausleitet aus dem Brunnquell seines Leidens, Todes und seiner Auferstehung.

12. So ist nun das Leiden Christi beides, nämlich eine Bezahlung aller unserer Sünden, und eine Erneuerung des Menschen durch den Glauben; und beides gehört zu des Menschen Wiederbringung. Denn das ist die Frucht und Kraft des Leidens Christi, welches auch in uns wirkt die Erneuerung und Heiligung. 1 Cor. 1, 30. Und also kommt die neue Geburt aus Christo in uns, dazu auch das Mittel der heiligen Taufe geordnet ist, da wir in den Tod Christi getauft werden, daß wir mit Christo der Sünde sollen absterben, durch Kraft seines Todes, und wiederum von Sünden auferstehen, durch Kraft seiner Auferstehung.

Gebet um die neue Geburt.

O Gott aller Gnaden, du Vater aller Barmherzigkeit! was ist der Mensch, daß du sein gedenkest, und des Menschen Kind, daß du dich sein annimmst? Du findest an uns nichts Liebenswürdiges, weil dein anerschaffenes herrliches Bild in uns zerstört ist, und wir dem Bilde des Satans gleichförmig geworden sind; und dennoch hast du uns also geliebt, daß du deinen eingeborenen Sohn für uns Sünder in die Welt gesandt, und ihn zu unserm Mittler und Erlöser verordnet hast, daß wir in ihm und durch ihn deine Kinder und Lieblinge wiederum werden möchten. O wie unerforschlich und unbegreiflich ist der Reichthum deiner Barmherzigkeit! Je mehr wir deiner Liebe, die du uns durch die Sendung deines Sohnes in diese Welt erwiesen hast, nachdenken, je unergründlicher werden uns die Tiefen deiner Erbarmung, und wir müssen mit dem größten Erstaunen dein zartes Mitleiden gegen uns elende und verdammnißwürdige Menschen bewundern. Wie hast du, o allerhöchste Majestät, uns abtrünnige Creaturen, uns verlorene Adamskinder, so lieb! Vor Grundlegung der Welt hast du an uns gedacht, und durch deinen Sohn uns erwählet, daß wir heilig und unsträflich vor dir seyn sollen; ja durch Jesum Christum hast du uns verordnet zur Kindschaft gegen dich selbst, nach dem Wohlgefallen deines Willens, zu Lobe deiner herrlichen Gnade. Deine unaussprechliche Menschenliebe ist dadurch auf das deutlichste in der Zeit erschienen und geoffenbart worden, daß dein einiger Sohn darum ein Menschensohn geworden ist, daß er uns mit dir versöhnete, und uns das Recht erwürbe, daß wir um seinetwillen aus Kindern des Teufels deine begnadigten Kinder würden. Und noch jetzo streckst du deine Hände den ganzen Tag, die ganze Zeit unsers Lebens über, zu uns aus, die wir auf einem Wege wandeln, der nicht gut ist, damit du uns zu dir bekehren und unsere Füße auf die Wege des Friedens lenken mögest. Ach! ewiger Erbarmer, versöhnter Abba, liebreicher Gott! wir klagen dir mit vieler Wehmuth und bekennen vor dir unsern höchst jämmerlichen und höchst mühseligen Zustand, darein wir uns durch die Abweichung von dir und deinen Geboten gestürzt haben. Wir liegen im Gefängniß der Sünde, und sind gefesselt mit den Stricken des Teufels; unser Herz ist eine unreine und giftige Quelle, daraus alle Arten der Sünde fließen, wodurch deine göttliche Majestät beleidigt wird; unser Gewissen ist auf das ärgste verwundet, und läßt uns Tag und Nacht keine Ruhe; wir sind elend, jämmerlich, blind, nackt und bloß, und haben es verdient, mit den Teufeln zur ewigen Höllenpein verstoßen zu werden. Aber, ach gnädiger Gott, da du deines einigen Sohnes nicht verschonet, sondern ihn für uns Alle dahin gegeben hast, so laß um Christi willen uns verlornen Sündern deine Barmherzigkeit zu Theil werden. Nimm uns in deine allmächtigen Hände, und bearbeite uns durch deine göttliche Kraft, auf daß wir Gefäße deiner Erbarmung werden, die dich heilsam erkennen, dich und deine Liebe genießen, und dir zu Ehren ihr ganzes Leben einrichten. Großer Gott, laß uns, deine Geschöpfe, um Jesu willen nicht in unserm Verderben liegen; schaffe vielmehr in uns ein reines Herz, und gib uns einen neuen, gewissen Geist. Verwirf uns nicht von deinem Angesicht, und laß uns von deiner seligen Gemeinschaft nicht ewig getrennt bleiben. Mache uns zu neuen Creaturen, und laß uns deiner göttlichen Natur also theilhaftig werden, daß wir in dem neuen Wesen des Geistes dir dienen können alle Tage unserer Pilgrimschaft. In dieser Ordnung wirst du unser Gott ewig seyn, und um Christi willen wirst du uns Gutes und Barmherzigkeit nachfolgen lassen unser Leben lang, ja wir werden bleiben in deinem Hause immerdar. Deinem Namen sey Lob, Preis, Ehre und Herrlichkeit in die Ewigkeiten der Ewigkeiten. Amen.

Das 4. Capitel.
Was wahre Buße sey, und das rechte Kreuz und Joch Christi?

Gal. 5, 24. Die Christo angehören, die kreuzigen ihr Fleisch, sammt den Lüsten und Begierden.

1. Die Buße oder wahre Bekehrung ist ein Werk Gottes des heiligen Geistes, dadurch der Mensch aus dem Gesetz seine Sünde erkennt, und den Zorn Gottes wider die Sünde, dadurch Reue und Leid im Herzen erweckt wird; aus dem Evangelio aber Gottes Gnade erkennt, und durch den Glauben Vergebung der Sünden in Christo erlangt. Durch die Buße aber geschieht die Tödtung und Kreuzigung des Fleisches und aller fleischlichen Lüste und bösen Unart des Herzens, und die Lebendigmachung des Geistes, dadurch Adam und Alles, was seiner Unart ist, in uns stirbt, durch wahre Reue, und Christus in uns lebt, durch den Glauben. Gal. 2, 20. Denn es hängt beides an einander: auf die Tödtung des Fleisches folgt die Lebendigmachung und Erneuerung des Geistes, und auf die Erneuerung des Geistes die Tödtung des Fleisches. Wenn der alte Mensch getödtet wird, so wird der neue lebendig; und wenn der neue lebendig wird, so wird der alte getödtet. 2 Cor. 4, 16: „Ob unser alter Mensch verweset, so wird doch der innerliche von Tage zu Tage erneuert." Col. 3, 5: „Tödtet eure Glieder, so auf Erden sind." Röm. 6, 11: „Haltet euch dafür, daß ihr der Sünde gestorben seyd, und lebet Gott in Christo Jesu."

2. Warum aber die Tödtung des Fleisches durch wahre Buße geschehen müsse, das merket also. Wir haben droben gehört, daß der Mensch durch den Fall Adams ganz teuflisch, irdisch, fleischlich, gottlos und lieblos geworden ist, das ist, ohne Gott und ohne Liebe, abgekehrt von der Liebe Gottes zu der Liebe dieser Welt, und vornehmlich zu sich selbst und zu seiner Eigenliebe; also daß er in allen Dingen sich selbst suchet, liebet, ehret, und allen Fleiß anwendet, wie er hochgehalten werde von Jedermann. Das rührt Alles her aus dem Fall Adams, da er Gott selbst seyn wollte, welcher Gräuel allen Menschen angeboren wird. Diese verkehrte böse Unart des Menschen muß nun geändert oder gebessert werden durch wahre Buße, das ist, durch wahre göttliche Reue und durch den Glauben, welcher die Vergebung der Sünden ergreift, und durch die Tödtung deiner Eigenliebe, Hoffart und Wollust des Fleisches. Denn Buße ist nicht allein, wenn man den groben äußerlichen Sünden Urlaub gibt und davon abläßt, sondern wenn man in sich geht, den innersten Grund seines Herzens ändert und bessert, und sich

abwendet von seiner eigenen Liebe zu Gottes Liebe, von der Welt und allen weltlichen Lüsten zum geistlichen himmlischen Leben, und durch den Glauben des Verdienstes Christi theilhaftig wird.

3. Daraus folgt, daß der Mensch sich selbst muß verläugnen, Luc. 9, 23, das ist, seinen eigenen Willen brechen, sich Gottes Willen ganz ergeben, sich nicht selbst lieben, sondern sich für den unwürdigsten, elendesten Menschen halten; absagen alle dem, das er hat, Luc. 14, 26, das ist, die Welt verschmähen mit ihrer Ehre und Herrlichkeit, seine eigene Weisheit und Vermögen für nichts achten, sich auf nichts und auf keine Creatur verlassen, sondern bloß und allein auf Gott; sein eignes Leben hassen, das ist, die fleischlichen Lüste und Begierden, als Hoffart, Geiz, Wollust, Zorn, Neid, tödten, und kein Wohlgefallen an sich selbst haben, und alle sein Thun für nichts achten, sich keines Dinges rühmen, seinen Kräften nichts zuschreiben, sich selbst nichts zueignen, sondern sich selber mißfallen; der Welt absterben, das ist, der Augenlust, des Fleisches Lust, dem hoffärtigen Leben; der Welt gekreuzigt werden, Gal. 6, 14. Das ist die wahre Buße und Tödtung des Fleisches, ohne welche Niemand kann Christi Jünger seyn. Das heißt die wahre Bekehrung von der Welt, von sich selbst, ja vom Teufel, zu Gott, ohne welche Niemand kann Vergebung der Sünden erlangen noch selig werden. Apost. Gesch. 26, 18.

4. Die Buße und Bekehrung ist die Verläugnung sein selbst, und das ist das rechte Kreuz und das rechte Joch Christi, davon der Herr Matth. 11, 29 spricht: „Nehmet auf euch mein Joch und lernet von mir, denn ich bin sanftmüthig und von Herzen demüthig," das ist, durch herzliche, gründliche, innerliche Demuth sollst du deine eigene Liebe und Ehre dämpfen, und durch Sanftmuth deinen eigenen Zorn und Rachgier. Welches zwar dem neuen Menschen ein sanftes Joch, und eine leichte Last ist, aber dem Fleisch ein bitteres Kreuz. Denn das heißt sein Fleisch kreuzigen sammt den Lüsten und Begierden. Gal. 5, 24.

5. Es irren demnach diejenigen, die allein weltliche Trübsal und Widerwärtigkeit für Kreuz achten, und wissen nicht, daß die innerliche Buße und Tödtung des Fleisches das rechte Kreuz sey, das wir täglich Christo sollen nachtragen; das ist, in großer Geduld unsere Feinde tragen, in heiliger Sanftmuth unsere Lästerer, in herzlicher Demuth unserer Widerwärtigen Stolz und Uebermuth überwinden; wie uns Christus ist vorgegangen mit großer Sanftmuth, hat der Welt und Allem, was in der Welt ist, abgesagt, und ist der Welt abgestorben.

6. Dieß Joch Christi ist unser Kreuz, das wir tragen sollen, und das heißt der Welt absterben. Welches nicht ist, in ein Kloster laufen, sonderliche Orden und Regeln annehmen, und gleichwohl in seinem Herzen nichts denn eitel Welt bleiben, voll geistlicher Hoffart, pharisäischer Verachtung anderer Leute, voll Wollust, voll heimlichen Hasses und Neides. Denn das Absterben der Welt ist die Tödtung des Fleisches, und alles deß, dazu das Fleisch Lust hat; stetige, inwendige, verborgene Reue und Leid, dadurch man sich innerlich zu Gott von der Welt abwendet, und täglich im Herzen der Welt abstirbt, und in Christo lebt im Glauben, in herzlicher Demuth und Sanftmuth, und sich der Gnade in Christo tröstet.

7. Zu dieser Buße hat Christus uns berufen, nämlich zu der rechten innerlichen herzlichen Buße und Bekehrung des Herzens von der Welt zu Gott; und also hat er uns Vergebung der Sünden zugesagt, und die Zurechnung seiner Gerechtigkeit und seines heiligen Gehorsams, in Kraft des Glaubens. Denn ohne solche innerliche Buße ist Christus dem Menschen nichts nütze, das ist, er ist nicht theilhaftig seiner Gnade und der Frucht seines Verdienstes; welches mit reuigem, zerbrochenem, bußfertigem, gläubigem und demüthigem Herzen muß ergriffen werden. Denn das ist die Frucht des Todes Christi in uns, daß wir durch die Buße der Sünde absterben; und das ist die Frucht der Auferstehung Christi, daß Christus in uns lebe, und wir in ihm.

8. Das heißt denn eine neue Creatur in Christo, und die neue Geburt, die allein

vor Gott gilt. 2 Cor. 5, 17. Gal. 6, 15. Besiehe hievon ferner das 14. Capitel.

9. Derowegen lerne die Buße recht verstehen. Denn daran irren viele Leute, daß sie meinen, das sey rechte Buße, wenn sie von äußerlicher Abgötterei, Gotteslästerung, Todtschlag, Ehebruch, Unzucht, Dieberei, und andern groben äußerlichen Sünden abstehen. Das ist wohl äußerliche Buße, davon etliche Sprüche der Propheten lauten, Jes. 55, 7: „Der Gottlose bekehre sich vom Frevel seiner Hände;" und Ezech. 18, 27 und C. 33, 14. Aber die Propheten und Apostel haben viel tiefer gesehen, nämlich ins Herz hinein, und lehren uns eine viel höhere innerliche Buße, da der Mensch absterben soll der Hoffart, dem Geiz, der Wollust; sich selbst verläugnen und hassen, der Welt absagen, und alle dem, das der Mensch hat; sich Gott ergeben, sein Fleisch kreuzigen, täglich Gott das rechte Opfer bringen, ein zerbrochen, zerschlagen und erschrocken Herz und eine weinende Seele im Leibe tragen; wie in den Bußpsalmen solche innerliche Herzensbuße beschrieben ist. Ps. 51, 19.

10. Darum ist dieß die rechte Buße, wenn das Herz innerlich durch Reue und Leid zerbrochen, zerrissen, zerschlagen, und durch den Glauben und die Vergebung der Sünden geheilt, getröstet, gereinigt, geändert und gebessert wird, darauf auch die äußerliche Besserung des Lebens folgt.

11. Wenn nun gleich ein Mensch von außen Buße thut, und abläßt von den groben Lastern aus Furcht der Strafe, bleibt aber im Herzen unverändert, und fängt nicht das innere neue Leben in Christo an, so mag er gleichwohl verdammt werden, und wird ihm sein Herr! Herr! schreien nicht helfen, sondern das: Ich kenne euch nicht, wird darauf folgen. Denn „nicht Alle, die da sagen: Herr! Herr! werden ins Himmelreich kommen, sondern die den Willen thun meines Vaters im Himmel." Matth. 7, 21. Hierin sind aller Stände Personen, Gelehrte und Ungelehrte, begriffen. Denn die in ihrem Herzen nicht wahre Buße thun, und eine neue Creatur in Christo werden, die wird Christus nicht für die Seinen erkennen.

Gebet um wahre Buße.

O liebreicher Jesu, du bist in diese Welt gekommen, die Sünder zur Buße zu rufen und selig zu machen; du hast uns die Gnade zur Veränderung unserer Herzen erworben, und willst auch selber dein Gnadenwerk in uns haben, daß wir deinen Sinn erlangen, und deinem Bilde gleichförmig werden können. Wir preisen dich für deine große Sünderliebe, die du zu uns, deinen abtrünigen Creaturen, ja Feinden und Rebellen, trägst. Ach daß wir deine zarte Menschenliebe recht erkennen, und dieselbe heilsam anwenden könnten! Dir, dem Herzenskündiger, ist es bewußt, wie blind, thöricht, unwissend, verkehrt, widerspenstig und abgeneigt unsere Herzen sind. Dich, die lebendige Quelle haben wir verlassen, und suchen in der Creatur hie und da ausgehauene Brunnen, die löcherigt sind, die kein Wasser haben, und die den Durst unserer Seelen nicht stillen können. Wir suchen Ruhe, aber finden sie nicht. Die Träber dieser Welt können unsern unsterblichen Geist nicht sättigen. Es würde uns nichts helfen, wenn wir auch die ganze Welt hätten, weil das unendliche Verlangen unserer hohen und edlen Seele durch das Sichtbare und Vergängliche nicht befriedigt werden kann. Unser wahres Heil, unsere ewige Wohlfahrt ist allein bei dir, unserm unendlichen Gott und allerhöchsten Wohlthäter, anzutreffen. Was alle Welt uns nicht geben kann, das finden wir in deiner Vereinigung und Gemeinschaft in einem großen Ueberfluß. Und o! wie inbrünstig ist deine Barmherzigkeit, nach welcher du nicht allein uns den Zugang zu den Seligkeiten in dir eröffnet hast, sondern uns auch durch deinen Geist bearbeiten und in den Stand setzen willst, daß wir dein göttliches Heil wirklich überkommen, genießen und in uns erfahren können. Nun hier sind unsere Herzen, o liebreicher Gott und Heiland! voller Verderben, Unreinigkeit, Finsterniß und Untüchtigkeit uns selber zu bessern. Ach! laß uns deine Rührungen und Bewegungen nach deiner zuvorkommenden Gnade inne werden. Zermalme und zerknirsche unsern harten und unempfindlichen Sinn. Laß uns in dem Spiegel deines Gesetzes die Größe und Abscheulichkeit unserer Sünden recht einsehen, daß wir davor erschrecken und dieselben lernen groß achten, ja dieselben von Grund unserer Seele hassen, verfluchen und verabscheuen. Laß die Neigungen und Begierden unsers Herzens zu dir, unserm einzigen Seligmacher, hingerichtet seyn, daß wir dich als unsern Jesum in wahrem Glauben annehmen, deine Gerechtigkeit uns zueignen, den göttlichen Frieden in dir empfinden und eine wahre Ruhe erfahren. Stärke uns auch durch deine göttliche Kraft, daß Alles, was dir zuwider ist, in uns entkräftet, besiegt und unterdrückt werde, und wir die übrige Zeit unserer Pilgrimschaft nach deinem Herzen anwenden, und dir, unserm Erlöser, zu Ehren leben mögen. Dein Name soll dafür gepriesen werden in alle Ewigkeit. Amen.

Das 5. Capitel.
Was der wahre Glaube sey?

1 Joh. 5, 1. Wer da glaubet, daß Jesus sey der Christ, der ist aus Gott geboren.

1. Der Glaube ist eine herzliche Zuversicht und ungezweifeltes Vertrauen auf Gottes Gnade, in Christo verheißen, von Vergebung der Sünden und ewigem Leben, durch das Wort Gottes und den heiligen Geist angezündet. Durch diesen Glauben erlangen wir Vergebung der Sünden, ganz umsonst, ohne all unser Verdienst, aus lauter Gnade, Eph. 2, 8, um des Verdienstes Christi willen, auf daß unser Glaube einen gewissen Grund habe und nicht wanke. Und diese Vergebung der Sünden ist unsere Gerechtigkeit, die wahrhaftig, beständig und ewig ist vor Gott. Denn es ist nicht eines Engels Gerechtigkeit, sondern des Gehorsams, Verdienstes und Blutes Christi, und wird unser eigen durch den Glauben. Ob nun dieß wohl in großer Schwachheit zugeht, und wir noch mit vielen übrigen Sünden behaftet sind, dennoch werden dieselben zugedeckt aus Gnaden um Christi willen. Ps. 32, 2.

2. Durch diese herzliche Zuversicht und herzliches Vertrauen gibt der Mensch Gott sein Herz ganz und gar, ruhet allein in Gott, läßt sich ihm, hanget ihm allein an, vereinigt sich mit Gott, wird theilhaftig alles deß, was Gottes und Christi ist, wird Ein Geist mit Gott, empfängt aus ihm neue Kräfte, neues Leben, neuen Trost, Friede und Freude, Ruhe der Seele, Gerechtigkeit und Heiligkeit; und also wird der Mensch aus Gott durch den Glauben neu geboren. Denn wo der wahre Glaube ist, da ist Christus mit aller seiner Gerechtigkeit, Heiligkeit, Erlösung, Verdienst, Gnade, Vergebung der Sünden, Kindschaft Gottes, Erbe des ewigen Lebens. Das ist die neue Geburt, die da kommt aus dem Glauben an Christum. Daher die Epistel an die Hebräer am 11. B. 1, den Glauben eine Substanz (Hypostasis) nennet, oder eine unzweifelhafte, wahrhaftige Zuversicht derjenigen Dinge, die man hoffet, und eine Ueberzeugung deß, so man nicht siehet. Denn der Trost des lebendigen Glaubens wird dermaßen im Herzen kräftig, daß er das Herz überzeugt, indem man das himmlische Gut empfindet in der Seele, nämlich Ruhe und Friede in Gott, Röm. 5, 1, so gewiß und wahrhaftig, daß man auch darauf sterben kann mit freudigem Herzen. Das ist die Stärke im Geist an dem inwendigen Menschen, und die Freudigkeit des Glaubens oder Parrhesia, Eph. 3, 12. Phil. 1, 4. 1 Joh. 2, 28, und C. 3, 21; das ist die Freudigkeit in Gott, 1 Thess. 2, 2, und Plerophoria, die ganz ungezweifelte Gewißheit, 1 Thess. 1, 5.

3. Worauf ich nun sterben soll, das muß mich in meiner Seele stärken, und muß mich von innen durch den heiligen Geist versichern; das muß ein innerer, lebendiger, ewiger Trost seyn; das muß mich auch als eine übernatürliche, göttliche, himmlische Kraft stärken und erhalten, in mir den Tod und die Welt überwinden; und muß eine solche Versicherung und Vereinigung mit Christo seyn, die weder Tod noch Leben scheiden kann. 2 Tim. 1, 12. Röm. 8, 38. Darum St. Johannes 1 Joh. 5, 4 spricht: „Alles was aus Gott geboren ist, überwindet die Welt."

4. Aus Gott geboren seyn, ist wahrlich kein Schattenwerk, sondern ein rechtes Lebenswerk. Gott wird nicht eine todte Frucht, ein lebloses und kraftloses Werk gebären; sondern aus dem lebendigen Gott muß ja

ein lebendiger neuer Mensch geboren werden. Und „unser Glaube ist der Sieg, der die Welt überwindet." Was nun überwinden soll, das muß eine mächtige Kraft seyn; soll der Glaube der Sieg seyn über die Welt, so muß er eine lebendige, obsiegende, thätige, wirkliche, göttliche Kraft seyn, ja Christus muß Alles thun durch den Glauben. Durch diese Kraft Gottes werden wir wiederum in Gott gezogen, zu Gott geneigt, in Gott versetzt und eingepflanzt; aus Adam, als aus einem verfluchten Weinstock, in Christum, den gesegneten und lebendigen Weinstock, Joh. 15, 4; also daß wir in Christo besitzen alle seine Güter, und in ihm gerecht werden.

5. Gleichwie ein Pfropfreis, in einen guten Stamm eingepfropft, in demselben grünet, blühet und Frucht bringt, außer demselben aber verdorret: also ein Mensch außer Christo ist nichts denn ein verfluchter Weinstock, und alle seine Werke sind Sünde. 5 Mos. 32, 32. 33: „Ihre Trauben sind Galle, sie haben bittere Beeren; ihr Wein ist Drachengift." In Christo aber ist er gerecht und selig. Darum St. Paulus 2 Cor. 5, 21 spricht: „Gott hat den, der von keiner Sünde wußte, für uns zur Sünde gemacht, auf daß wir würden in ihm die Gerechtigkeit, die vor Gott gilt."

6. Daraus siehst du nun, daß dich die Werke nicht können gerecht machen. Denn du mußt zuvor in Christum versetzt seyn durch den Glauben, und in ihm gerecht seyn, ehe du ein einiges gutes Werk thun kannst, und siehest ja, daß deine Gerechtigkeit Gottes Gnade und Gabe ist, die allem deinem Verdienst zuvorkommt. Wie kann ein todter Mensch gehen, stehen und etwas Gutes thun, wenn man ihn nicht zuvor lebendig macht? Also weil du in Sünden todt und Gott abgestorben bist, kann ja kein Gott wohlgefällig Werk von dir geschehen, wenn du nicht zuvor in Christo wirst lebendig gemacht. Also kommt die Gerechtigkeit allein aus Christo, durch den Glauben. Denn der Glaube ist im Menschen als ein neugeborenes, kleines, nackendes und bloßes Kind, das stehet da bloß und unbekleidet vor seinem Erlöser und Seligmacher, und empfähet Alles von dem, der es geboren hat, nämlich die Gerechtigkeit, die Frömmigkeit, die Heiligung, die Gnade und den heiligen Geist.

7. Also wird dieß nackende, bloße Kindlein mit Gottes Barmherzigkeit bekleidet, hebt beide Hände auf, und empfähet Alles von Gott, die Gnade sammt aller Seligkeit und Frömmigkeit. Dieß Empfahen macht fromm, heilig und selig.

8. Darum kommt die Gerechtigkeit allein aus dem Glauben und nicht aus den Werken; ja der Glaube empfähet Christum gar, und macht denselben sich gar zu eigen, mit alle dem, was er ist und hat. Da muß weichen Sünde, Tod, Teufel und Hölle. Und wenn du auch gleich aller Welt Sünde allein auf dir hättest, kann sie dir nicht schaden; so stark, mächtig und lebendig ist Christus in dir mit seinem Verdienst durch den Glauben.

9. Und weil nun Christus durch den Glauben in dir wohnet und lebet, Eph. 3, 17, so ist ja seine Inwohnung nicht ein todtes Werk, sondern ein lebendiges Werk. Daher kommt die Erneuerung aus Christo durch den Glauben. Denn der Glaube thut in dir zwei Dinge: erstlich versetzt er dich in Christum, und macht dir ihn zu eigen; zum andern erneuert er dich in Christo, daß du in ihm grünest, blühest und lebest. Denn was soll das Pfropfreis im Stamm, wenn es nicht will grünen und Frucht bringen? Und gleichwie zuvor durch den Fall Adams, durch Verführung und Betrug des Teufels, in den Menschen gesäet ist der Schlangensame, das ist, die böse satanische Art, daraus eine so böse, giftige Frucht gewachsen: also wird durch Gottes Wort und den heiligen Geist der Glaube in den Menschen gesäet, als ein Same Gottes, in welchem alle göttliche Tugenden, Arten und Eigenschaften verborgener Weise begriffen sind, und herauswachsen zu einem schönen und neuen Bilde Gottes, zu einem schönen neuen Baum, darauf die Früchte sind Liebe, Geduld, Demuth, Sanftmuth, Friede, Keuschheit, Gerechtigkeit, der neue Mensch, und das ganze Reich Gottes. Denn der wahre seligmachende Glaube erneuert den ganzen Menschen, reinigt das Herz, vereinigt mit Gott, macht das Herz frei

von irdischen Dingen, hungert und dürstet nach der Gerechtigkeit, wirket die Liebe, gibt Friede, Freude, Geduld, Trost in allem Kreuz, überwindet die Welt, macht Gottes Kinder und Erben aller himmlischen ewigen Güter, und Miterben Christi. Befindet aber Jemand die Freudigkeit des Glaubens nicht an sich, sondern ist schwachgläubig und trostlos, der verzage darum nicht, sondern tröste sich der verheißenen Gnade in Christo; denn dieselbe bleibt allezeit fest, gewiß und ewig. Und ob wir gleich aus Schwachheit fallen und straucheln, so fällt doch Gottes Gnade nicht hin, wenn wir nur durch wahre Buße wieder aufstehen. Christus bleibt auch immer Christus und ein Seligmacher, er werde mit schwachem oder starkem Glauben ergriffen. Es hat auch der schwache Glaube so viel an Christo, als der starke; denn ein Jeder, er sey schwach= oder starkgläubig, hat Christum ganz zu eigen. Die verheißene Gnade ist allen Christen gemein, und ist ewig; darauf muß der Glaube ruhen, er sey schwach oder stark. Gott wird dir zu seiner Zeit den empfindlichen freudenreichen Trost wohl widerfahren lassen, ob er es gleich in deinem Herzen eine Zeit lang verbirgt. Ps. 37, 24. Ps. 77, 8. 9. 10. 11. Davon im 2. Buche.

Gebet um den wahren Glauben.

O Jesu, du Anfänger und Vollender des Glaubens! Es ist dein Werk, daß wir zu dir kommen und mit dir vereinigt werden; ziehe unsere Herzen ab von allem dem, was du nicht selber bist, und entzünde in uns einen Hunger und Durst nach dir und deinen uns erworbenen Heilsgütern. Laß uns deine wiedergebärende Kraft dergestalt erfahren, daß die Macht der Sünde, und besonders des Unglaubens, in uns besiegt, und das neue Wesen des Geistes in uns hervorgebracht werde. Gib daß wir dich in wahrem Glauben heilsam erkennen, dir unverrückt anhangen, in deiner Gerechtigkeit fröhlich seyen, durch dich die Welt und uns selbst, ja den listigen und mächtigen Fürsten der Finsterniß überwinden, und in dieser Ordnung einst dahin gelangen, wo wir dich von Angesicht schauen und deinen Namen ewig preisen werden, Amen.

Das 6. Capitel.
Wie Gottes Wort müsse im Menschen durch den Glauben seine Kraft erzeigen und lebendig werden*).

Luc. 17, 21. Sehet, das Reich Gottes ist inwendig in euch.

1. Dieweil Alles an der Wiedergeburt und Erneuerung des Menschen gelegen, so hat Gott alles das, was im Menschen geistlich im Glauben geschehen müsse, in die äußerliche Schrift verfaßt, und darin den ganzen neuen Menschen abgebildet. Denn weil Gottes Wort der Same Gottes in uns ist, so muß er je wachsen in eine geistliche Frucht, und muß das daraus werden durch den Glauben, was die Schrift äußerlich zeigt und lehrt, oder es ist ein todter Same und eine todte Geburt. Ich muß im Geist und Glauben tröstlich empfinden, daß dem also ist, wie die Schrift sagt.

2. Es hat auch Gott die heilige Schrift nicht darum geoffenbart, daß sie auswendig auf dem Papier als ein todter Buchstabe soll stehen bleiben; sondern sie soll in uns lebendig werden im Geist und Glauben, und soll ein ganz innerlicher neuer Mensch daraus werden, oder die Schrift ist uns nichts nütze. Es muß Alles im Menschen geschehen durch Christum, im Geist und Glauben, was die Schrift äußerlich lehrt. Als zum Exempel, besiehe die Historie Cains und Abels, so wirst du in ihren Arten und Eigenschaften finden dasjenige, was in dir ist, nämlich den alten und neuen Menschen mit allen ihren Werken. 1 Mos. 4, 8. Diese beiden sind in dir wider einander. Denn Cain will immer den Abel unterdrücken und erwürgen. Was ist das anders, denn der Streit zwischen dem Fleisch

---
*) Gottes Wort hat allezeit eine lebendigmachende Kraft in sich, Joh. 6, 63. Hebr. 4, 12; aber durch muthwillige Widerspenstigkeit wird diese lebendigmachende Kraft verhindert, und darum wird den Ungläubigen das Wort des Lebens ein Geruch des Todes. Apostelg. 13, 46. 2 Cor. 2, 16.

und Geist, und die Feindschaft des Schlangensamens und Weibessamens? Die Sündfluth muß in dir geschehen, und die böse Unart des Fleisches ersäufen. 1 Mos. 7, 21. Der gläubige Noah muß in dir erhalten werden. Gott muß einen neuen Bund mit dir machen, und du mit ihm. Das verworrene Babel, 1 Mos. 11, 9, muß in dir nicht aufgebaut werden in seiner Pracht. Du mußt mit Abraham ausgehen von aller deiner Freundschaft, Alles lassen, auch dein Leib und Leben, und allein in dem Willen Gottes wandeln, auf daß du den Segen erlangest, ins gelobte Land und ins Reich Gottes kommest. 1 Mos. 12, 1. Was ist das anders, denn was der Herr Luc. 14, 26 sagt: „Wer nicht verläßt Vater, Mutter, Kinder, Brüder, Schwestern, Haus, Aecker, Güter, ja sein Leben, der kann nicht mein Jünger seyn;" das ist, ehe er Christum wollte verläugnen. Du mußt mit Abraham streiten wider die fünf Könige, die in dir sind, nämlich Fleisch, Welt, Tod, Teufel und Sünde. 1 Mos. 14, 14. Du mußt mit Loth aus Sodom und Gomorra ausgehen, 1 Mos. 19, 17. 20. 26, das ist, das ungöttliche Leben der Welt verläugnen, und mit Loths Weibe nicht zurücksehen, wie der Herr Luc. 17, 32 spricht. Summa: Gott hat die ganze heilige Schrift in den Geist und Glauben gelegt, und es muß Alles in dir geistlich geschehen. Daher gehören alle Kriege der Israeliten wider die heidnischen Völker. 2 Mos. 17, 8. Was ist das anders, denn der Streit zwischen dem Fleisch und Geist? Daher gehört das ganze Mosaische äußerliche Priesterthum mit der Stiftshütte, mit der Lade des Bundes, mit dem Gnadenstuhl. Das muß Alles in dir geistlich seyn, durch den Glauben, mit dem Opfern, Räuchern, Beten. Dein Herr Christus muß das Alles in dir seyn. Er hats Alles zusammengefaßt in dem neuen Menschen, und in dem Geist, und wird Alles in dem Glauben vollbracht, ja oft in einem Seufzen. Denn die ganze Bibel fließt zusammen in Ein Centrum oder Mittelpunct in dem Menschen, gleichwie auch die ganze Natur.

3. Also auch, was ist das neue Testament dem Buchstaben nach anders, denn ein äußerliches Zeugniß, daß es Alles im Menschen also muß im Glauben geschehen? Denn das ganze neue Testament muß ganz und gar in uns seyn, und bringt auch mit Gewalt dahin, weil das Reich Gottes in uns ist. Luc. 17, 21. Denn wie Christus ist durch den heiligen Geist im Glauben von Maria leiblich empfangen und geboren, also muß er in mir geistlich empfangen und geboren werden, er muß in mir geistlich wachsen und zunehmen. Und weil ich aus Christo bin eine neue Creatur geschaffen, so muß ich auch in ihm leben und wandeln. Ich muß mit ihm und in ihm in der Fremde und im Elend seyn. Ich muß mit ihm in Demuth und Verschmähung der Welt, in Geduld und Sanftmuth, in der Liebe wandeln. Ich muß mit ihm meinen Feinden vergeben, barmherzig seyn, die Feinde lieben, den Willen des Vaters thun. Ich muß mit ihm vom Satan versucht werden, und auch überwinden. Ich muß mit ihm um der Wahrheit willen, die in mir ist, verspottet, verachtet, verhöhnet, angefeindet werden, und, so es seyn soll, auch den Tod um seinetwillen leiden, wie alle seine Heiligen, zum Zeugniß vor ihm und allen Auserwählten, daß er in mir und ich in ihm gewesen und gelebt habe durch den Glauben.

4. Das heißt recht, dem Bilde Christi ähnlich werden, nämlich mit ihm und in ihm geboren werden, Christum recht anziehen, mit ihm und in ihm wachsen und zunehmen, mit ihm im Elend wallen, mit seiner Taufe getauft werden, mit ihm verspottet werden, mit ihm gekreuzigt werden, mit ihm sterben und auferstehen, mit ihm auch herrschen und regieren; und dasselbe nicht allein durch das heilige Kreuz, sondern auch durch tägliche Buße und innerliche Reue und Leid über die Sünde.

5. Da mußt du täglich mit Christo sterben und dein Fleisch kreuzigen, Röm. 6, 5. 6. Gal. 5, 24; oder du kannst mit Christo, als deinem Haupt, nicht vereinigt bleiben; du hast ihn auch sonst nicht in dir, sondern außer dir, außer deinem Glauben, Herz und Geist. Und da wird er dir nicht helfen, sondern in dir will er lebendig seyn, trösten und selig machen.

6. Siehe, das thut der Glaube Alles; der macht das heilige Wort Gottes in dir lebendig, und ist in dir ein lebendiges Zeugniß alles dessen, davon die Schrift zeuget. Und das heißt, der Glaube ist eine Substanz, ein Wesen. Hebr. 11, 1.

7. Also ist hieraus genugsam offenbar, wie alle Predigten und Reden, so aus Christi, der Propheten und Apostel Munde gegangen, und die ganze heilige Schrift, stracks gerichtet sind auf den Menschen und auf einen Jeden unter uns. Alle Parabeln Christi gehen auf mich, und auf einen Jeden insonderheit, sammt allen Wunderwerken.

8. Und darum ists auch geschrieben, daß es in uns geistlich geschehe. Denn Christus hat Andern geholfen; er muß mir auch helfen, denn er ist in mir, er lebet in mir. Er hat Blinde sehend gemacht; ich bin auch geistlich blind, darum muß er mich auch sehend machen. Und also mit allen Wunderwerken. Matth. 11, 5. Da erkenne dich für einen Blinden, Lahmen, Krüppel, Tauben, Aussätzigen, so wird er dir helfen. Er hat Todte lebendig gemacht; ich bin auch todt in Sünden, er muß mich in ihm lebendig machen, auf daß ich Theil habe an der ersten Auferstehung.

9. Summa: der Glaube thut dieß Alles im Menschen, was die Schrift von außen zeuget. Sie beschreibt das Bild Gottes von außen; das muß in mir seyn durch den Glauben. Sie beschreibt das Reich Gottes äußerlich im Buchstaben; das muß in mir seyn durch den Glauben. Sie beschreibt Christum von außen; er muß in mir seyn durch den Glauben. Die Schrift beschreibt den Adam, seinen Fall und Wiederbringung; es muß Alles in mir seyn. Die Schrift beschreibt das neue Jerusalem; das muß in mir seyn, und ich muß es selbst seyn. Offenb. 21, 2. Die Schrift zeuget von außen von der neuen Geburt, von der neuen Creatur; das muß Alles in mir seyn, und ich muß es selbst seyn durch den Glauben, oder die Schrift ist mir nichts nütze. Das ist Alles der Glaube, und des Glaubens Werk in uns, ja Gottes Werk, und das Reich Gottes in unserm Herzen, ꝛc.

Gebet um die Liebe des göttlichen Wortes.

Deine Worte, o Jesu! sind Geist und Leben; und es ist dein Wille, daß wir lebendige Briefe werden, die mit dem Finger deines Geistes geschrieben sind. Dein Reich besteht nicht in Worten, sondern in der Kraft. Du selber willst, nach deiner theuern Zusage, dein Gesetz, deine geoffenbarten Zeugnisse, in unser Herz geben und in unsern Sinn schreiben; du willst deinen Geist in uns geben, und solche Leute aus uns machen, die in deinen Geboten *wandeln,* deine Rechte halten und darnach *thun.* Ach Jesu! wie deutlich ist auch hierin deine große Menschenliebe zu verspüren, daß du unser todtes und zu allem Guten erstorbenes Herz von uns nehmen, und uns ein neues Herz und einen neuen gewissen Geist schenken willst. O daß unser Leben deine Rechte mit allem Ernst hielte! O großer Lehrer! unterweise du selber uns, und lehre uns die Rechte deiner Gerechtigkeit. Gib uns das, was wir nicht haben, und wirke in und durch uns das, was uns aus unsern Naturkräften unmöglich ist. Bewahre uns vor aller Heuchelei, damit wir nicht dabei stehen bleiben, daß wir den Buchstaben deines Wortes wissen und Herr, Herr sagen; denn solche nahen sich nur mit dem Munde zu dir, und ihre Herzen sind ferne von dir, darum sie auch von dir selber aus dem Himmelreich ausgeschlossen werden. Mache uns rechtschaffen vor dir und in dir gesinnet, daß wir, als neue Creaturen, dir nachfolgen, uns selbst verläugnen, und also den Willen deines himmlischen Vaters thun. Schenke uns eine lebendige Erfahrung von dem, was in deinem Worte uns aufgezeichnet ist, auf daß wir die verheißenen Seligkeiten deines Evangelii in uns schmecken, und durch die Kraft deines Geistes auf deinen Wegen aufrichtig und beständig zu wandeln tüchtig gemacht werden. Laß also dein Reich, welches Gerechtigkeit, Friede und Freude in dem heiligen Geist ist, in uns seyn, so werden wir gewiß deine Reichsgenossen in alle Ewigkeit bleiben. Amen.

Das 7. Capitel.

Wie das Gesetz Gottes in aller Menschen Herzen geschrieben sey, welches sie überzeugt, auf daß sie an jenem Tage keine Entschuldigung haben.

Röm. 2, 14. 15. Indem die Heiden des Gesetzes Werke thun, beweisen sie, daß das Gesetz in ihrem Herzen geschrieben sey.

1. Als Gott der Herr den Menschen nach seinem Bilde schuf, in vollkommener Gerechtigkeit und Heiligkeit, und ihn mit hohen göttlichen Tugenden und Gaben zierte und schmückte, und als ein vollkommenes schönes Meisterstück ausarbeitete, als ein höchstes, edelstes Werk und Kunststück, hat er drei vornehme Eigenschaften dem menschlichen Gewissen so tief eingepflanzt, daß sie nimmermehr, ja ewiglich nicht können ausgetilgt werden. Zum 1) das natürliche Zeugniß, daß ein Gott ist. Zum 2) das Zeugniß des jüngsten Gerichts. Röm. 2, 15. Zum 3) das Gesetz der Natur, oder die natürliche Gerechtigkeit, dadurch Ehre und Schande unterschieden, Freude oder Traurigkeit empfunden wird.

2. Denn es ist nie ein Volk so wild und barbarisch gewesen, das da geläugnet hätte, daß ein Gott sey. Denn die Natur hat sie inwendig und auswendig überzeugt, ja sie haben aus ihrem Gewissen erkannt, daß nicht allein ein Gott sey, sondern daß er auch müsse ein gerechter Gott seyn, der das Böse strafe und das Gute belohne, weil sie in ihrem Gewissen entweder Schrecken oder Freude empfunden. Daraus haben sie ferner geschlossen, daß die Seele müsse unsterblich seyn, wie Plato davon so nachdrücklich handelt. Und letzlich haben sie aus dem Gesetze der Natur, das ist, aus der angebornen natürlichen Liebe, wohl gesehen, daß Gott ein Ursprung alles Guten sey in der Natur. Daher sie ferner geschlossen, daß demselben müsse mit der Tugend und reinem Herzen gedient werden. Darum sie in die Tugend das höchste Gut gesetzt haben, daher die Tugendschulen des Socrates und anderer weisen Philosophen entstanden sind. Daraus sehen wir nun, wie Gott ein Fünklein des natürlichen Lichts, oder eine Spur und Merkmahl des natürlichen Zeugnisses Gottes im Menschen, auch nach dem Fall hat lassen übrig bleiben, auf daß der Mensch seinen Ursprung sollte erkennen lernen, woher er gekommen, und demselben nachgehen. Wie auch etliche der Heiden solches gemerkt, und der Poet Aratus bezeuget, welchen St. Paulus anführt Apost. Gesch. 17, 28: „Wir sind Gottes Geschlecht;" und Manilius: „Es ist kein Zweifel, es wohnet Gott unter unserer Brust, und die Seelen kommen vom Himmel, und gehen wieder zum Himmel" *).

3. Weil nun die Heiden das natürliche Zeugniß Gottes wider ihr Gewissen verachtet, und also den Schöpfer selbst, werden sie durch ihre eigene Schuld verdammt werden, und keine Entschuldigung haben. Denn so schließt St. Paulus: Wer da weiß, daß ein Gott sey, und fragt nicht darnach, oder achtet nicht, wie er ihn recht erkennen und ihm dienen möge, der wird am Tage des Gerichts keine Entschuldigung haben. Röm. 1, 19. 20. Und schließt ferner: Weil die Heiden Gottes Gerechtigkeit erkannt haben, indem sie von Natur gewußt, daß, die Böses thun, des Todes werth sind, haben aber das Böse nicht allein gethan, sondern auch Gefallen daran gehabt: so haben sie sich selbst verurtheilet, V. 32. Deßgleichen Röm. 2, 15: Ihre Gedanken, die sich selbst unter einander verklagen oder entschuldigen, haben sie überzeugt des zukünftigen Gerichts. So nun die Heiden keine Entschuldigung haben, die nicht allein von Natur wissen, daß ein Gott ist, sondern auch, wider ihr Gewissen, Gott nicht gesucht haben; viel weniger werden die Entschuldigung haben, welchen Gott sein Wort geoffenbart hat, und sie durch Jesum Christum, seinen lieben Sohn, hat lassen zur Buße rufen, das ist, von Sünden abzustehen, sich von dem gottlosen Wesen abzuwenden, auf daß sie durch den Glauben des Verdienstes Christi möchten fähig und theilhaftig, und ewig selig werden.

---

*) An dubium habitare Deum sub pectore nostro,
In cælumque redire animas cæloque venire?

4. Darum wird ein jeder Mensch, der Christi Namen kennt, und sich nicht bekehrt hat, an jenem Tage zwei gewaltige Zeugen wider sich haben: zum 1) sein eigen Herz, sein Gewissen, und das Gesetz der Natur; zum 2) Gottes geoffenbartes Wort, welches ihn richten wird an jenem Tage. Joh. 12, 48. Darum auch ein schreckliches Urtheil und Verdammniß darauf erfolgen wird, wie der Herr spricht, daß es Sodoma und Gomorra an jenem Tage erträglicher wird ergehen, und die Königin von Mittag wird aufstehen und dieß Geschlecht verdammen. Matth. 11, 24. C. 12, 42.

5. Und daher wird die ewige Qual und Pein entstehen, weil Gott die Seele unsterblich erschaffen, und in der Seele das Gewissen, das immer und ewig Gottes eingedenk ist, und kann doch nimmermehr zu Gott kommen; welches ist die größte und ewige Pein der Seele.

6. Und solche innere ewigwährende Seelenpein wird desto größer seyn, so viel immer mehr und mehr durch Unbußfertigkeit Gottes Zorn gehäuft wird auf den Tag des Gerichts. Röm. 2, 5. Denn gleichwie Gott der Herr nach seinem gerechten Gerichte die Heiden in einen verkehrten Sinn gegeben, weil sie das innere Gesetz der Natur und eigene Gewissen, als Gottes Gerechtigkeit in ihr Herz geschrieben, verworfen und für nichts geachtet, sondern demselben als Gott selbst widerstrebt, durch welche Verblendung ihrer Sinne sie in die abscheulichen Sünden und Gräuel gerathen sind, dadurch sie Gottes gerechten Zorn gehäuft haben: also weil die, so Christen seyn wollen, beide das innere und äußerliche Wort und Zeugniß Gottes verwerfen, und nicht allein nicht wollen Buße thun, sondern dem heiligen Geist widerstreben und Gott lästern, gibt sie Gott dahin in einen verkehrten Sinn, daß sie ärger werden, denn die Heiden und Türken, „sendet ihnen kräftigen Irrthum, daß sie den Lügen glauben, auf daß gestraft werden Alle, so Lust haben an der Ungerechtigkeit." 2 Thess. 2, 11. 12.

7. Daher solche abscheuliche Laster bei den Christen im Schwange gehen, die nie erhöret sind; solche teuflische Hoffart und Pracht, so unersättlicher Geiz, schändliche Wollust, viehische Unzucht, und unmenschliche Thaten, welche alle aus Verblendung und Verstockung eines verkehrten Sinnes geschehen. Denn weil die Christen nicht wollen in ihrem Leben folgen dem niedrigen, armen, sanftmüthigen und demüthigen Christo, sondern ärgern sich an ihm, schämen sich seines heiligen Lebens, da ihnen doch Gott denselben zum Licht der Welt hat vorgestellt, daß sie sollen nachfolgen seinen Fußstapfen, Joh. 8, 12: so gibt sie Gott dahin, daß sie dem Satan folgen, und sein teuflisches Leben annehmen, durch allerlei Gräuel, Lügen und Unbarmherzigkeit, zu vollbringen die Werke der Finsterniß, weil man nicht will im Lichte wandeln, wie der Herr Joh. 12, 35 spricht: Liebe Kinder, wandelt im Lichte, weil ihrs habt, auf daß euch die Finsterniß nicht überfalle.

8. Und letzlich, weil Gott die Heiden mit so schrecklicher Blindheit und verkehrtem Sinn gestraft, weil sie dem kleinen innerlichen Lichtlein, so in ihnen von Natur ist, und ihrem eigenen Gewissen und dem Gesetz der Natur nicht haben Folge gethan, oder, wie St. Paulus redet Röm. 1, 28, nicht geachtet haben, daß sie Gott erkennen, also daß sie durch ihre eigene Schuld verlustig worden sind der ewigen Seligkeit; wie viel mehr werden die der ewigen Seligkeit beraubt werden, welchen nicht allein von Natur, sondern durch das geoffenbarte Wort Gottes, und durch den neuen Bund, Gottes Wort ins Herz geschrieben ist, und achten doch dieser großen Gnade und Seligkeit nicht? davon Jer. 31, 33 steht: „Das soll der neue Bund seyn: Ich will mein Gesetz in ihr Herz geben und in ihren Sinn schreiben, und soll Keiner den Andern lehren und sagen: Erkenne den Herrn; sondern sie sollen mich alle kennen, Groß und Klein, spricht der Herr. Denn ich will ihnen ihre Missethat vergeben, und ihrer Sünden nimmermehr gedenken."

9. „So wir nun," spricht die Epistel an die Hebräer am 10. V. 26. ff. „muthwillig sündigen, nachdem wir die Erkenntniß der Wahrheit empfangen haben, haben

wir fürder kein anderes Opfer mehr für die Sünde, sondern ein schreckliches Warten des Gerichts und des Feuereifers, der die Widerwärtigen verzehren wird. Denn so Jemand das Gesetz Mosis bricht, der muß sterben ohne Barmherzigkeit, durch zwei oder drei Zeugen. Wie viel ärgere Strafe wird der verdienen, der den Sohn Gottes mit Füßen tritt, und das Blut des Testaments unrein achtet, durch welches er geheiligt ist, und den Geist der Gnade schmähet? Denn wir wissen, daß er sagt: Die Rache ist mein, ich will vergelten, spricht der Herr. Schrecklich aber ist es, in die Hände des lebendigen Gottes zu fallen." Welcher Spruch nicht von denen, so aus Schwachheit, sondern die muthwillig wider die erkannte Wahrheit sündigen, und in Unbußfertigkeit verharren, zu verstehen ist.

Gebet um ein reines gutes Gewissen.

O heiliger und gütiger Gott! du lässest dich nicht unbezeugt an uns, sondern erinnerst uns täglich durch unser Gewissen und dein Wort, was dein Wille sey, und wie wir uns nach deinem Herzen verhalten sollen. Wie oft verspüren wir eine Unruhe und Beängstigung in uns, wenn wir wider dich sündigen! und wie nachdrücklich werden wir mehrmalen in unserm Inwendigen überzeugt von dem, was dein heiliges Gesetz von uns fordert! Deine Liebesabsicht ist hiebei, daß wir Alles vermeiden sollen, was dir zuwider und uns schädlich ist. Aber ach! wie blind und unverständig sind wir, daß wir nicht bedenken, was zu unserm Besten dient! Wie oft betäuben wir die anklagende und verdammende Stimme des Gewissens! Wie widerspenstig beweisen wir uns gegen dein geoffenbartes Wort! und wie boshaftig unterdrücken wir die Zucht, Bestrafung und Erinnerung deines Geistes! Gerechter und barmherziger Gott, bewahre uns in Gnaden davor, daß wir kein verstocktes Herz noch ein fühlloses und gebrandmarktes Gewissen bekommen. Höre nicht auf, durch dein Wort an uns zu arbeiten, damit unser Gewissen recht aufwache, und uns wegen unserer bisher bewiesenen Untreue nachdrücklich beunruhige. Reinige aber auch und heile unser beflecktes und verwundetes Gewissen durch das Blut und die Wunden unsers Erlösers, und setze uns durch deines Geistes kräftige Wirkungen in den Stand, daß wir in Heiligkeit und Gerechtigkeit dir dienen unser Leben lang, und in dieser Ordnung ein gutes Gewissen in Zukunft bewahren, damit wir dereinst Freudigkeit am Tage des Gerichts um Jesu willen vor dir haben können. Amen.

Das 8. Capitel.
Daß ohne wahre Buße sich Niemand Christi und seines Verdienstes zu trösten habe.

2 Mos. 12, 48. Kein Unbeschnittener (Unreiner) durfte das Passah essen.

1. Der Herr Jesus spricht Matth. 9, 12. 13: „Die Starken bedürfen des Arztes nicht, sondern die Kranken. Ich bin gekommen die Sünder zur Buße zu rufen, und nicht die Gerechten." Hiemit lehret uns der Herr, daß er zwar die Sünder ruft, aber zur Buße. Und daraus folgt, daß Niemand zum Herrn kommen kann, ohne wahre Buße und Bekehrung von Sünden, und ohne wahren Glauben.

2. Nun ist die Buße nichts anders, denn durch wahre Reue und Leid der Sünde absterben, und durch den Glauben Vergebung der Sünden erlangen, und der Gerechtigkeit leben in Christo. Und muß in der Buße vorhergehen die wahre göttliche Reue, dadurch das Herz zerbrochen und das Fleisch gekreuzigt wird. Und darum nennt es die Epistel an die Hebräer, C. 6, 1: die Buße der todten Werke, das ist, Unterlassung der Werke, die den Tod wirken.

3. Wo nun dieselben nicht gelassen werden, so ist Christus mit alle seinem Verdienst dem Menschen nichts nütze. Denn Christus unser Herr stellt sich uns selber vor als einen Arzt, und sein heiliges Blut als die köstlichste, heilsamste Sündenarzenei.

4. Nun kann auch die allerköstlichste Arzenei nichts helfen und nicht wirken, wenn der Patient das nicht will lassen, was ihm schädlich ist. Derohalben hilft Kei-

nem Christi Blut und Tod, wer nicht will von Sünden ablassen. Daher spricht St. Paulus Gal. 5, 21: "Die solches thun (verstehe die Werke des Fleisches), die werden das Reich Gottes nicht ererben," das ist, sie haben keinen Theil an Christo.

5. Ferner, soll Christus und sein heiliges Blut unsere Arzenei seyn, so müssen wir zuvor krank seyn. Denn "die Gesunden bedürfen des Arztes nicht, sondern die Kranken." Matth. 9, 12. Nun sind aber alle die nicht geistlich krank, die ohne wahre Buße sind, die ohne herzliche Reue über ihre Sünden sind, die kein zerbrochen und zerschlagen Herz haben und vor Gottes Zorn nicht erschrecken, die nicht fliehen wollen die weltlichen Lüste, die da trachten nach eitler Ehre, Reichthum und Wollust, sorgen aber nicht für ihre Sünden; diese, sage ich, sind nicht krank, darum bedürfen sie auch des Arztes nicht, das ist, Christus ist ihnen nichts nütze.

6. Darum merket dieß wohl: Christus ist gekommen die Sünder zu rufen, aber zur Buße. Matth. 9, 13. Warum? Denn allein ein bußfertiges, zerbrochenes, zerschlagenes, gläubiges Herz ist fähig des theuren Verdienstes, Blutes und Todes Jesu Christi.

7. Selig ist der Mensch, der diesen heiligen Beruf in seinem Herzen empfindet, das ist, "die göttliche Traurigkeit über die Sünde, die da wirket eine Reue zur Seligkeit, die Niemand gereuet." 2 Cor. 7, 10. Diese göttliche Traurigkeit wirkt der heilige Geist durch das Gesetz und durch ernstliche Betrachtung des heiligen Leidens Christi. Denn das Leiden Christi ist zugleich eine Bußpredigt, und der allererschrecklichste Spiegel des Zornes Gottes, und eine Gnadenpredigt. Denn bedenket die Ursache, warum unser lieber Herr den bittern Tod gelitten, nämlich um unserer Sünden willen. Bedenket auch die Liebe Gottes, daß er uns seinen Sohn geschenkt hat. Röm. 5, 8. Da sehen wir Gottes Gerechtigkeit und Barmherzigkeit.

8. Wie sollte nun Einer, der an Christum glaubt, zu denselbigen Sünden Lust haben, oder von denselben nicht wollen abstehen, welche Christus mit seinem Blut und Tod, mit seinem Leiden und Leben hat bezahlen müssen? Sehet, wie hat er unsere Hoffart und Ehrgeiz mit so tiefer Demuth und Verachtung büßen müssen; und du hast noch Lust zur Hoffart, und kannst der Ehre dieser Welt nicht satt werden? Wie hat Christus deinen Geiz mit so großer Armuth müssen büßen; und du hast nimmer genug, und kannst des Reichthums nimmer satt werden? Wie hat Christus mit so großer Angst und Todesschmerzen deines Fleisches Lust büßen müssen, Matth. 26, 38; und du hast alle deine Freude an des sterblichen Fleisches Lust? Wie kann doch das deine Lust seyn, das deinem Herrn Christo die höchste Pein gewesen ist? Wie kann doch das deine Freude seyn, das deinem Herrn Christo die höchste Traurigkeit gewesen bis in den Tod? Siehe, mit was tiefer Sanftmuth und hoher Geduld dein Herr gebüßet hat deinen Zorn, Haß, Feindschaft, Bitterkeit, Rachgier, Unversöhnlichkeit; und du zürnest so leichtlich, und es ist dir die Rachgier so süße, süßer denn dein Leben? Ist dir das so süße, darum der Herr einen so bittern Todeskelch trinken müssen?

9. Darum alle die, so sich Christen nennen, und von Sünden nicht ablassen, "die kreuzigen Christum aufs neue, und halten ihn für einen Spott," wie zu den Hebräern am 6. V. 6 geschrieben ist. Sie können auch des Leidens Christi nicht theilhaftig werden; denn sie "treten das Blut Christi mit Füßen," wie abermal zu den Hebräern am 10. V. 29 geschrieben ist; "achten das Blut des Testaments unrein," das ist, sie halten es für keine Reinigung ihrer Sünden, achten gar nicht darauf, daß es zur Bezahlung ihrer Sünden vergossen ist, und "schmähen den Geist der Gnade," das ist, verstoßen und verwerfen ihn, weil sie spotten und lästern die hohe, theure angebotene Gnade mit ihrem gottlosen Leben, also daß das Blut Christi, das auch für sie vergossen ist, Rache muß über sie schreien, und sie dem gerechten Gericht Gottes übergeben, davor wir billig erschrecken sollten. Denn es ist schrecklich, in die Hand und Rache des lebendigen Gottes zu fallen, wie auch an selbigem Orte steht, V. 31.

Denn unser Gott ist nicht ein ohnmächtiger, todter Götze, der sich wird immer spotten und seine Gnade schmähen lassen, sondern ein lebendiger Gott.

10. Und zwar unser eigen Herz überzeugt uns, daß eine große Rache und Zorn Gottes darauf erfolgen werde, wenn Einer nicht von Sünden abläßt, und hört doch, wie der ewige Sohn Gottes so einen schrecklichen Tod um der Sünde willen hat leiden müssen.

11. Das ist nun die Ursache, warum in der ganzen Welt ist Buße gepredigt worden, sobald der heilige Tod Christi geschehen war, nämlich zum 1) weil derselbe für der ganzen Welt Sünde geschehen war, 1. Joh. 2, 2; zum 2) daß alle Menschen an allen Enden Buße thäten, wie Apost. Gesch. 17, 30 geschrieben steht, und diese Arzenei mit glaubigen, reuigen, bußfertigen Herzen annähmen, auf daß dieß theure Gnadengeschenk Gottes am Menschen nicht verloren würde.

12. Und auf solche herzliche Buße sollte Vergebung der Sünden folgen. Denn wie kann doch die Sünde vergeben werden, die Einem nie leid gewesen, und da man noch immer Lust zu hat, davon man nicht will ablassen? Ist es nicht ein närrischer, verkehrter Handel, Vergebung der Sünden haben wollen, und doch von Sünden nicht wollen ablassen? sich des Leidens Christi trösten, und doch die Sünde nicht lassen, um welcher willen Christus hat sterben müssen?

13. Viele Leute sind, welche die Zeit ihres Lebens nie wahre Buße gethan, und wollen doch Vergebung der Sünden haben; die da nie haben abgelassen von ihrem Geiz, Hoffart, Zorn, Haß, Neid, Falschheit, Ungerechtigkeit, ja haben wohl noch darin zugenommen, und wollen sich Christi Verdienst zurechnen; haben sich selbst überredet, sie seyen gute Christen, weil sie wissen und glauben, Christus sey für ihre Sünden gestorben, und gedenken also selig zu werden. Ach du betrogener falscher Christ! das hat dich nie Gottes Wort gelehrt, daß du also sollst selig werden. So hat nie ein Prophet und Apostel gepredigt, sondern also predigen sie: Wenn du willst Vergebung der Sünden haben, so mußt du Buße thun und von Sünden ablassen, und dir deine Sünden lassen leid seyn, und an Christum glauben.

14. Wie sollten Einem aber die Sünden leid seyn, die er nicht zu lassen gedenkt? und wie sollte Einer die Sünde lassen, die ihm nie leid gewesen? Darum lehrt dich Christus, seine Propheten und Apostel: Du sollst der Sünde und der Welt absterben, das ist, deiner eigenen Hoffart, Geiz, Wollust, Zorn, Feindschaft, und dich zum Herrn bekehren und um Gnade bitten. Jetzo hast du Vergebung der Sünden, jetzo kommt der Arzt, der die zerbrochenen Herzen verbindet, und heilet ihre Schmerzen. Ps. 147, 3. Sonst ist dir Christus nichts nütze, und hilft dir nichts, daß du viel vom Glauben sagst. Denn der rechte Glaube verneuert den Menschen, und tödtet die Sünde im Menschen, macht den Menschen in Christo lebendig, das ist, daß er in Christo lebt, im Glauben, in seiner Liebe, Demuth, Sanftmuth, Geduld. Siehe, also ist dir Christus der Weg zum Leben, also bist du in ihm eine neue Creatur, 2 Cor. 5, 17. Wenn du aber in deinen Sünden verharrest, willst denselben nicht absterben, sondern lässest dir Alles gefallen, was dein alter Adam thut; wie kannst du eine neue Creatur seyn? Wie kannst du Christo angehören, weil du dein Fleisch nicht willst kreuzigen sammt den Lüsten und Begierden? Gal. 5, 24.

15. Wenn du nun gleich also zehn Predigten des Tags hörtest, beichtetest alle Monat, gingest zum Tische des Herrn, so hälfe es dir doch nicht, hättest doch nicht Vergebung der Sünden. Ursache, es ist kein bußfertig, zerbrochen, glaubig Herz da, welches fähig ist der heilsamen Arzenei. Gottes Wort und Sacramente sind wohl heilsame Arzeneien, sie helfen aber keinem Unbußfertigen, der kein stetig bereuendes, glaubiges Herz hat. Geuß den köstlichsten Balsam auf einen Stein; was wird ihm das helfen? es dient für ihn nicht. Säe den besten Weizen unter einen Haufen Dornen; er wird nicht Frucht bringen, du reutest denn zuvor die Dornen aus. Luc. 8, 7. Schließlich: der in seinen Sünden verhar-

ren will, dem ist Christus nichts nütze. Der mit Christo nicht will neu geboren werden, dem ist Christi Geburt nichts nütze. Der mit Christo nicht will der Sünde absterben, dem ist sein Tod nichts nütze. Röm. 6, 11. Der nicht will in Christo von Sünden auferstehen, dem ist seine Auferstehung nichts nütze. Der nicht im himmlischen Wesen und Leben will wandeln, dem ist Christi Himmelfahrt nichts nütze.

16. Wenn aber ein Mensch mit dem verlorenen Sohn umkehret, Luc. 15, 18, seine Sünde bereuet und beweinet, dieselbe meidet und hasset, Gott um Gnade bittet, und siehet im Glauben an den gekreuzigten Jesum und seine blutigen Wunden (wie die Israeliten die rothe kupferne Schlange, 4 Mos. 21, 8), und spricht: „Gott sey mir armen Sünder gnädig," Luc. 18, 13: jetzo ist Alles vergeben und vergessen, und wenn gleich ein Mensch der ganzen Welt Sünde allein gethan hätte.

17. So viel gilt das heilige Blut Christi, und sein heiliger Tod. Solche Vollkommenheit ist in der Erlösung, so durchs Blut Christi geschehen ist; und so wird einem bußfertigen Herzen das ganze Verdienst Christi vollkömmlich zugerechnet, durch den Glauben. Denn Gott will Buße annehmen für die Sünde, Weish. 12, 19; das ist, Gott vergibt den Bußfertigen vollkömmlich, aus lauter Gnade, um Christi willen. Ja es ist Gottes Lust und Freude, barmherzig zu seyn und die Sünde aus Gnaden zu vergeben. „Es bricht mir mein Herz, ich muß mich dein erbarmen," spricht er Jer. 31, 20. Hos. 11, 8; Ursache, es geht alsdann der Tod Christi in seine Frucht und Kraft; und dann ist Freude im Himmel vor den Engeln Gottes, daß an den armen Sündern das theure Blut Christi nicht verloren ist, um welcher willen es vergossen ist. Luc. 15, 7.

Gebet um wahre Buße.

Heiliger und gerechter Gott, die Sünde scheidet dich und uns von einander; denn du bist nicht ein Gott, dem gottloses Wesen gefällt, wer böse ist, der bleibt nicht vor dir. Wir unreinen Sünder haben es verdient, ewig von deinem Angesicht verstoßen zu werden, und deinen gerechten Zorn wegen unserer Uebertretungen und Missethaten zu unserer unaufhörlichen Pein zu empfinden. Da du aber deinen Sohn uns zum Erlöser gegeben hast, und bei deinem Leben schwörest, daß du nicht wollest den Tod des Sünders, sondern daß er sich bekehre und lebe: so erwecket dieses eine Ueberzeugung in uns, du werdest uns verlorenen Sündern deine Barmherzigkeit nicht versagen, zumal da du uns in der Gnadenzeit noch duldest, und uns bis hieher mit großem Verschonen und vieler Langmuth getragen hast. Wir beugen uns deßwegen in Erkenntniß und unter dem Gefühl unserer Ohnmacht vor deinem Gnadenthron, und rufen mit vieler Wehmuth und Bekümmerniß unserer Seelen: Bekehre du uns, Herr, so werden wir bekehret; hilf du uns, so ist uns geholfen! Du hast ja dein Kind Jesum darum erhöhet, um uns zu geben Buße und Vergebung der Sünden. Du lässest uns auch darum die Schätze des Evangelii anbieten, daß wir bußfertig und glaubig kommen und sie genießen sollen. Ja zu dem Ende streckest du deine Hände den ganzen Tag zu uns aus, stehest vor der Thür unserer Herzen und klopfest bei uns an, lässest uns auch die Rührungen und Bewegungen deines Geistes in unsern Seelen erfahren, daß wir uns zu dir hinwenden, und deinem Gnadenzug uns überlassen sollen, damit wir in dieser Ordnung zum Besitz der Seligkeit in dir um Jesu willen gelangen mögen. Ach, gütiger Gott! bewahre uns vor aller Sicherheit, damit wir deine Gnade nicht mißbrauchen, noch mit einem unbußfertigen Herzen des Verdienstes deines Sohnes uns getrösten wollen; denn dadurch würden wir deine Barmherzigkeit auf Muthwillen ziehen, und den Reichthum deiner Güte, Geduld und Langmuth, welcher uns zur Buße locket, verachten, mithin von deiner seligen Gemeinschaft ewig ausgeschlossen bleiben. Gib uns die Nothwendigkeit einer wahren Sinnesänderung nicht allein lebendig zu erkennen, sondern treibe uns auch durch dein Wort und deinen Geist kräftig dazu an, daß wir unser ganzes Leben in täglicher Buße zubringen, uns selber und unsern sündlichen Neigungen absterben, hingegen nach dir verlangen, und deinem heiligen Willen uns aufrichtig unterwerfen. In dieser Gemüthsfassung lässest du uns deine Freundlichkeit schmecken, und wir haben durch den Glauben Antheil an allen evangelischen Gnadengütern; in unsere Herzen fließt auch deine göttliche Kraft, und die Freude an dir, unserm Gott, wird unsere Stärke, daß wir in Heiligkeit und Gerechtigkeit dir dienen können unser Leben lang. Liebreicher Gott, uns fehlt es an Allem, was wir zu unserm Heil und Leben gebrauchen; ach! gib du uns, was uns mangelt, und wirke in uns, daß wir Gefäße deiner Barmherzigkeit werden und bleiben, zum Preise deines herrlichen Namens! Amen.

Das 9. Capitel.

Durch das jetzige unchristliche Leben wird Christus und der wahre Glaube verläugnet.

2 Tim. 3, 5. Sie haben den Schein eines gottseligen Wesens, aber seine Kraft verläugnen sie.

1. Weil sich Jedermann einen Christen nennt, und doch nichts Christliches thut, so wird Christus dadurch verläugnet, verachtet, verspottet, verlästert, gegeißelt, gekreuzigt, ausgerottet und getödtet; wie die Epistel an die Hebräer C. 6, 6 spricht, daß Etliche den Sohn Gottes wiederum kreuzigen und verspotten; imgleichen wie der heilige Prophet Daniel hat geweissagt, daß in den letzten Tagen Christus werde ausgerottet werden. Dan. 9, 26.

2. Welches ausgelegt wird von der Kreuzigung zu Jerusalem, da die Juden schrien: Weg, weg, kreuzige ihn! Matth. 27, 23. Ja wenn Christus nicht täglich gekreuzigt und also ausgerottet würde durch das unchristliche Leben, daß man ihn, das ist, sein heiliges edles Leben, fast nirgend mehr findet. Denn wo Christi Leben nicht ist, da ist Christus auch nicht, und wenn man noch so viel vom Glauben und von der Lehre rühmte. Denn was ist doch der christliche Glaube ohne ein christliches Leben? Ein Baum ohne Früchte, wie der heilige Apostel Judas V. 12 die falschen Apostel nennt kahle unfruchtbare Bäume, deren man jetzo die ganze Welt voll findet. Darum auch der Herr spricht Luc. 18, 8: „Wenn des Menschen Sohn kommen wird, meinest du auch, daß er werde Glauben finden auf Erden?"

3. Da hat der Herr wahrlich nicht einen solchen Glauben verstanden, den die Welt jetzo im Munde führt, und mit der That verläugnet, da man Christum mit der Zunge liebt, und nicht mit der That und Wahrheit; sondern er hat den ganzen neugeborenen Menschen verstanden, den Baum mit den Früchten, der durch den Glauben erneuert ist, in welchem Menschen Christus durch den Glauben wohnet und lebet. Eph. 3, 17. Solches Glaubens wird er wenig finden. Denn wo der wahre Glaube ist, da ist Christus und sein heiliges Leben. Und wo man Christo in seinem Leben nicht nachfolgt durch den Glauben, da ist weder Glaube noch Christus, sondern ist ausgerottet und verläugnet.

4. Nun spricht aber der Herr Luc. 12, 9: „Wer mich verläugnet vor den Menschen, den will ich wieder verläugnen vor Gott und seinen Engeln." Dieß Verläugnen geschieht nicht allein, wenn man den Glauben und Christum nur mit dem Munde verläugnet, sondern vielmehr mit der That und mit dem Leben, wenn man Christo und dem heiligen Geist muthwillig widerstrebt, wie St. Paulus sagt Tit. 1, 16: „Mit der That verläugnen sie es." Ja Christus wird mit dem gottlosen teuflischen Leben eben so hart verläugnet, als mit dem Munde, ja auch mit der Heuchelei und Scheinheiligkeit, wie die Parabel bezeugt von zween Söhnen Matth. 21, 28 — 31, zu welcher einem der Vater sprach: Mein Sohn, gehe hin und arbeite in meinem Weinberge; und er sprach: Ich wills nicht thun; und über eine kleine Weile gereuete es ihn, und ging hin. Zu dem andern sprach er: Gehe du auch hin und arbeite; er sprach Ja, und ging nicht hin. Welcher hat nun des Vaters Willen gethan? nämlich der Nein sagte, und ging doch hin. Und welcher hat den Vater verachtet? nämlich, der Ja sagte, und ging doch nicht hin.

5. Also sind jetzo die falschen Christen auch, die sagen: Ja, ja! Herr, Herr! und sind inwendig die boshaftigsten Menschen, und thun nicht, was der Vater befohlen hat. Matth. 7, 21. Von denen spricht St. Paulus 2 Tim. 3, 5: „Sie haben einen Schein der Gottseligkeit, aber ihre Kraft verläugnen sie." Was ist aber die Kraft der Gottseligkeit verläugnen anders, denn den Glauben an Christum verläugnen? ein Heide seyn unter dem christlichen Namen? Darum nennt sie St. Paulus Ephes. 2, 2 Kinder des Unglaubens, die keinen Glauben haben. Darum wird er die, so sich Christen genannt haben, und nichts Christliches gethan, wieder verläugnen und sprechen: „Ich kenne euch nicht, weichet von mir, ihr Uebelthäter." Matth. 7, 23.

Gebet um ein rechtschaffenes Christenthum.

Du Geist der Wahrheit, mache uns rechtschaffen gesinnet, damit wir durch Einbildung und ungegründete gute Meinungen, die wir von uns hegen, uns nicht jämmerlich betrügen. Unser Herz ist verzweifelt böse, und wir selber sind nicht vermögend, die tiefen Abgründe desselben zu erkennen. Darum, o allwissender Gott! prüfe und erforsche du uns, und laß uns in deinem Licht unsere innere Gestalt erblicken. Nimm von uns alle Tücke, Falschheit, Heuchelei, Verstellung, auch allen Selbstbetrug in dem wichtigen Werk unserer Seligkeit und Heiligung. Mache uns aufrichtig und redlich vor dir gesinnet, daß unsere Buße, Glaube, Liebe, Verläugnung und Hoffnung rechter Art sey, und bewahre uns davor in Gnaden, daß wir dir, unserm Gott, nicht mit solchem Herzen dienen. Ach Gott! wer kann die mannigfaltigen Abwege in dem Lauf zur Ewigkeit deutlich einsehen und gehörig vermeiden, wo du nicht selber unser Licht, Leiter und Führer bist? Nähere dich unsern Seelen; erinnere uns, bestrafe uns, unterweise uns, stärke uns, und erhalte uns auf dem schmalen Wege zum ewigen Leben. Laß uns durch deine Kraft dir im Geist und in der Wahrheit dienen. Laß uns mit wahrhaftigem Herzen zu dir nahen, wenn wir in dem Namen Jesu dich anrufen. Mache uns aufrichtig gegen dich und unsern Nächsten gesinnet, damit unser ganzer Wandel in göttlicher Einfalt und Lauterkeit vor deinen heiligen und allwissenden Augen geführt werde, und wir nach überstandener Mühseligkeit unter der Anzahl derer dereinst seyn mögen, welche du als deine treuen Diener um Jesu willen in deine Herrlichkeit einführest. Ach Gott! vollbringe deinen Liebeszweck an uns, und laß uns nicht von der rechten Bahn abweichen. Gib, erhalte und vermehre in uns Herzensredlichkeit, damit wir mit allen Auserwählten deinen großen Namen in Ewigkeit ohne Sünde besingen können. Amen.

Das 10. Capitel.

Das Leben der jetzigen Weltkinder ist gar wider Christum, darum ist es ein falsches Leben und ein falsches Christenthum.

Matth. 12, 30. Wer nicht mit mir ist, der ist wider mich.

1. Wenn man das Leben der jetzigen Welt gegen Christi Lehre und Leben hält, so befindet sich augenscheinlich, daß das Leben des meisten Theils der Welt gar wider Christum ist. Denn was ist aller Menschen Leben jetzo, denn Geiz, Sorge der Nahrung und Wucher, Fleischeslust, Augenlust, hoffärtiges Leben? Das ist das Meiste und Beste, so in der Welt ist: große Ehre auf Erden, groß Ansehen, großer Name, Ungehorsam, Zorn, Zank, Krieg, Uneinigkeit, Feindschaft, Rachgier in Worten und Werken, heimlicher Neid, Unversöhnlichkeit, Ungerechtigkeit, Unreinigkeit, Betrug, Falschheit, Verläumdung. Und in Summa, das ganze Leben der Weltkinder zu dieser Zeit ist nichts denn Weltliebe, eigene Ehre, Eigennutz.

2. Dagegen ist Christus und sein Leben nichts anders, denn eitel reine, lautere Gottes- und Menschenliebe, Freundlichkeit, Sanftmuth, Demuth, Geduld, Gehorsam bis zum Tode, Barmherzigkeit, Gerechtigkeit, Wahrheit, Reinigkeit, Heiligkeit, Verschmähung der Welt und aller weltlichen Ehre, Reichthums und Wollust,

Verläugnung sein selbst, ein stetig Kreuz, Leiden, Trübsal, ein stetig Sehnen und Seufzen nach dem Reich Gottes, und eine emsige Begierde, zu vollbringen den Willen Gottes.

3. Nun spricht Christus Luc. 11, 23: „Wer nicht mit mir ist, der ist wider mich." Das Leben aber der jetzigen Welt ist nicht mit Christo, es stimmt nicht mit ihm überein. Es ist fast Niemand Eines Herzens, Sinnes, Gemüths, Geistes mit Christo, wie es denn seyn soll. Und St. Paulus zeuget 1 Cor. 2, 16: „Wir haben Christi Sinn." Und abermal Phil. 2, 5 vermahnt er, daß „ein Jeglicher gesinnet sey, wie Christus." Derhalben sind alle Weltkinder wider Christum. Wer aber wider Christum ist, der ist ein Widerchrist. Ist er es nicht mit der Lehre, so ist er es mit dem Leben.

4. Wo will man nun wahre Christen finden? Es mag wohl diese Zahl eine kleine Heerde seyn, wie sie der Herr selbst nennt Luc. 12, 32. Oder wie der Prophet Jesaias Cap. 1, 8 die Kirche vergleicht einem Häuslein in den Weinbergen, einer Nachthütte in den Kürbisgärten, einer verheerten Stadt. Oder wie sie der Prophet Micha vergleicht am 7. Cap. V. 1: einem Träublein, so nach der Weinlese am Weinstock hangen geblieben, da er spricht: „Es gehet mir so übel, als Einem der nachliefet in den Weinbergen." Oder wie sie der liebe David vergleicht einer einsamen Turteltaube, Ps. 74, 19; einem einsamen verschüchterten Vogel auf dem Dache, der da wachet; einem Käutzlein in der Wüste und in den verstörten Städten. Ps. 102, 7.

5. Nun, die kennt Gott, wer und wo sie sind. Christus ist bei ihnen, ja in ihnen, alle Tage bis an der Welt Ende. Matth. 28, 20. Er wird sie nicht Waisen lassen. Joh. 14, 18. Denn „der feste Grund Gottes bestehet, und hat dieß Siegel: Der Herr kennet die Seinen." 2 Tim. 2, 19. Wer sind aber die Seinen? Das steht dabei: „Es treten ab von der Ungerechtigkeit Alle, die den Namen Christi nennen." Wer das nicht thun will, der lasse Christi Namen zufrieden, und nenne sich nach wem er will.

Gebet wider die verführerischen Geister und Aergernisse.

Allwissender Gott! die Anzahl rechtschaffener Christen ist sehr klein. Wenige finden den schmalen Weg, der zum Leben führt. Ach! laß uns nicht mit dem großen Haufen zur ewigen Verdammniß laufen. Laß uns nicht bloß den Namen der Christen führen, sondern mache uns zu deinem auserwählten Geschlecht, zu deinem heiligen Volk, zum Volk des Eigenthums. Errette uns durch deine allmächtige Kraft, von der Herrschaft der Finsterniß, und versetze uns in das Reich deines lieben Sohnes. Gehen die meisten sogenannten Christen in offenbarer Bosheit oder in Selbstgefälligkeit und Heuchelei immer weiter weg von dir, der Quelle des Lebens, und nähern sich im Unglauben und in Widerspenstigkeit ihrem ewigen Verderben: ach! so laß uns mit Ernst unserer ewigen Seligkeit wahrnehmen, daß wir im Glauben das Einige Nothwendige erwählen, die Weide für unsern edeln Geist in dir genießen und dir die ganze Zeit unserer Pilgrimschaft zu allem Wohlgefallen leben. Ach Gott! erbarme dich über deine ganze Christenheit, und vermehre die Zahl derer, die es rechtschaffen mit dir meinen. Gib deinem Worte Kraft, und laß es aller Orten ausrichten, wozu du es gesandt hast. Dein Name müsse auf dem ganzen Erdboden verherrlicht, dein Reich ausgebreitet und dein Wille vollbracht werden. Erhöre uns, um Jesu willen. Amen.

Das 11. Capitel.

Wer Christo in seinem Leben nicht folgt, der thut nicht wahre Buße, ist kein Christ, und ist nicht Gottes Kind; auch was die neue Geburt sey, und das Joch Christi.

1 Petr. 2, 21. Christus hat uns ein Vorbild gelassen, daß wir sollen nachfolgen seinen Fußstapfen.

1. Gott hat uns seinen lieben Sohn zu einem Propheten und Lehrer verordnet, und denselben durch eine Stimme vom Himmel empfohlen und zu hören geboten. Matth. 3, 17. Cap. 17, 5. Luc. 9, 35.

Dieß Lehramt hat der Sohn Gottes nicht allein geführt mit Worten, sondern auch mit Werken und schönen Exempeln seines allerheiligsten Lebens, wie einem rechtschaffenen Lehrer gebührt, davon St. Lucas Ap. Gesch. 1, 1 zeuget: „Die erste Rede habe ich zwar gethan, o Theophilus, von alle dem, das Jesus anfing, beide zu thun und zu lehren, bis auf den Tag, da er aufgenommen ward." Da setzt der Evangelist das Wörtlein **thun** der **Lehre** vor, anzudeuten, daß thun und lehren soll beisammen seyn. Ja, ein vollkommener Lehrer muß erst selbst thun, was er Andre lehrt. Also ist Christi Leben die rechte Lehre und das rechte Buch des Lebens.

2. Darum ist Gottes Sohn Mensch geworden, und hat auf Erden gewandelt unter den Menschen, Joh. 1, 14, auf daß er uns ein sichtbar lebendig Exempel zeigte eines göttlichen, unschuldigen, vollkommenen, heiligen Lebens, und auf daß wir ihm folgen sollten, als einem Licht in der Finsterniß. Darum nennt er sich das Licht der Welt, und wer ihm folgt, der wandelt nicht in Finsterniß, Joh. 8, 12.

3. Daraus ist nun offenbar, daß der im Finstern bleiben muß, der Christo im Glauben und heiligen Leben nicht nachfolgt, und kann nimmermehr das Licht des Lebens haben. Was ist aber Finsterniß? Nichts anders denn ein unbußfertiges Leben, welches St. Paulus nennt Werke der Finsterniß, die wir ablegen sollen, und anlegen die Waffen des Lichts, Röm. 13, 12; welches wir mit Einem Wort nennen, Buße thun.

4. Nun ist zwar droben genugsam gesagt, daß die göttliche Reue und der wahre Glaube den Menschen ändere, das Fleisch kreuzige, und ein neues Leben durch den heiligen Geist wirke. Damit es aber nicht allein bei den Worten bleibe, sondern wir auch ein lebendig augenscheinlich Exempel hätten des lebendig gemachten Geistes oder neuen Menschen, so stellt uns Gott seinen lieben Sohn vor unsere Augen, nicht allein als einen Heiland, sondern auch als einen Spiegel der Gottseligkeit, mit seinem heiligen Leben, als den rechten neuen Menschen, in welchem nicht das Adamische sündliche Fleisch geherrscht und gelebt hat, sondern Gott selbst; zu dem Ende, daß wir auch nach seinem Bilde täglich erneuert würden. Davon müssen wir folgenden Bericht merken.

5. Wir wissens und erfahrens leider täglich, wie unsere sündliche Natur, Fleisch und Blut, Leib und Seele mit so vieler Unreinigkeit, Bosheit, Sünde und Laster behaftet ist, welches Alles des Teufels Werk, Unart und Eigenschaft im fleischlichen natürlichen Menschen ist, sonderlich der böse Wille des Menschen. Denn aus dem bösen Willen kommt alle Sünde. Wäre kein böser Wille, es geschähe nimmermehr eine Sünde. Das ist aber der böse Wille, der sich von Gott und seinem Willen abwendet. Denn Alles was sich von Gott, als von dem ewigen Gut, abwendet, das ist und muß nothwendig böse seyn. Und dieß Abwenden ist des Teufels und des Menschen Fall; und daher ist die Sünde gekommen und auf alle Menschen geerbt und fortgepflanzt.

6. Daraus ist nun offenbar, daß unser Fleisch und Blut von Natur mit des Teufels Unart, und unser fleischlicher Wille mit des Satans Bosheit vergiftet ist; als mit Lügen, Hoffart, böser Lust, und aller Untugend, so wider Gott ist. Um welcher bösen Unart willen der Herr Christus die Pharisäer Teufelskinder nennt Joh. 8, 44, ja etliche seiner Apostel für Teufel schilt Joh. 6, 70; gleich als wäre Geiz, Lügen, Hoffart und alle böse Lust der Teufel selbst, damit der natürliche fleischliche Mensch behaftet ist.

7. Daraus denn folgt, daß alle die, so in Unbußfertigkeit leben, in Hoffart, Geiz, Wollust und Neid, die leben im Teufel, und sind mit des Teufels Unart behaftet. Sie schmücken sich auch von außen so schön, als sie immer wollen, so bleiben sie doch im Herzen Teufel; wie der Herr zu den Juden spricht. Und ob es wohl schrecklich ist, so ist es doch die Wahrheit.

8. Weil nun unsere elende, hochverderbte menschliche Natur mit so unaussprechlichem, erschrecklichem Jammer behaftet ist, so hat sie müssen gebessert und erneuert werden. Wie aber? Weil sie mit dem gräu-

lichsten Uebel ist verderbt worden, so hat sie mit dem höchsten Gut müssen verbessert und erneuert werden, nämlich mit Gott selbst. Darum hat Gott müssen Mensch werden.

9. Nun aber ist Gottes Sohn nicht um seinetwillen Mensch geworden, sondern um unsertwillen, auf daß er uns durch sich selbst mit Gott wieder vereinigte und des höchsten Gutes theilhaftig machte, und uns wieder reinigte und heiligte. Denn was soll geheiligt werden, das muß durch Gott und mit Gott geheiligt werden. Wie nun Gott in Christo ist persönlich, 2 Cor. 5, 19, also muß auch Gott mit uns durch den Glauben vereinigt werden, und muß der Mensch in Gott leben, und Gott in ihm; in Christo, und Christus in ihm. Gottes Wille muß im Menschen seyn, und der Mensch in Gottes Willen leben. Und muß also Christus Jesus unserer verderbten Natur Arzenei seyn. Je mehr nun Christus im Menschen lebt, je mehr die menschliche Natur gebessert wird.

10. Wäre das nun nicht ein edler Mensch, in welchem Christus Alles wirkete, dessen Wille Christi Wille wäre, seine Gedanken Christi Gedanken, sein Sinn Christi Sinn, (wie St. Paulus spricht: „Wir haben Christi Sinn," 1 Cor. 2, 16), seine Rede und Worte Christi Worte? Und es muß freilich also seyn. Christi Leben ist das neue Leben im Menschen, und der neue Mensch ist, der in Christo lebet nach dem Geist. Christi Sanftmuth muß des neuen Menschen Sanftmuth seyn; Christi Demuth ist des neuen Menschen Demuth; Christi Geduld ist des neuen Menschen Geduld, und also fort. Das ganze Leben Christi muß des neuen Menschen Leben werden. Das heißt denn eine neue Creatur, 2 Cor. 5, 17, und das edle Leben Christi in uns; wie St. Paulus spricht: „Ich lebe nicht, sondern Christus lebet in mir." Gal. 2, 20. Und das heißt denn recht Christo gefolgt, das heißt recht Buße gethan. Denn dadurch geht der alte Mensch gar unter, und das fleischliche Leben stirbt, und fähet an das geistliche himmlische Leben. Der ist denn ein wahrer Christ, nicht mit dem Titel und Namen, sondern mit der That und Wahrheit. Ja der ist ein wahres Kind Gottes, aus Gott und Christo geboren, in Christo erneuert und durch den Glauben lebendig gemacht.

11. Ob wir's nun wohl in dieser Schwachheit nicht können zur Vollkommenheit bringen, so sollen wir dennoch darnach streben, darnach seufzen, und dasselbe von Herzen wünschen, daß Christus, und nicht der Satan, in uns leben und sein Reich haben möge. 1 Joh. 3, 9. Ephes. 2, 5. Ja, wir sollen darob kämpfen, und durch tägliche Reue den alten Menschen tödten. Denn so viel ein Mensch ihm selber abstirbt, so viel lebet Christus in ihm. So viel die böse Natur durch den Geist Gottes abnimmt, so viel nimmt die Gnade im Menschen zu. So viel das Fleisch gekreuzigt wird, so viel wird der Geist lebendig gemacht. So viel die Werke der Finsterniß im Menschen gedämpft werden, so viel wird der Mensch je mehr und mehr erleuchtet. So viel der äußerliche Mensch verweset und getödtet wird, so viel wird der innere erneuert. 2 Cor. 4, 16. Col. 3, 5. So viel die eigenen Affecte und das ganze fleischliche Leben im Menschen stirbt, als eigene Liebe, eigene Ehre, Zorn, Geiz, Wollust: so viel lebet Christus in ihm. Je mehr die Welt vom Menschen ausgeht, als Augenlust, Fleischeslust, hoffärtiges Leben, 1 Joh. 2, 16: je mehr Gott, Christus und der heilige Geist in den Menschen eingehen und ihn besitzen. Und hinwieder: je mehr die Natur, das Fleisch, die Finsterniß, die Welt im Menschen herrschen, je weniger Gnade, Geist, Licht, Gott und Christus im Menschen ist.

12. Wenn nun das geschehen soll, so ist es dem Fleisch ein bitter Kreuz; denn dadurch wird es gedämpft, gekreuziget sammt den Lüsten und Begierden. Gal. 5, 24. Und das ist die rechte Kraft und Frucht der Buße; Fleisch und Blut wünscht sich lieber ein freies, ruchloses, sicheres Leben, nach seinen eigenen Lüsten und Willen: das ist dem Fleisch das allersüßeste und lustigste Leben. Christi Leben aber ist dem Fleisch und dem alten Menschen ein bitteres Kreuz, dem neuen geistlichen Menschen aber ein sanftes Joch, eine leichte Last, und eine liebliche Ruhe. Denn worin bestehet

die lieblichste Ruhe, als im Glauben an Christum, in seiner Sanftmuth, Demuth, Geduld und in der Liebe Christi? Matth. 11, 29: „So werdet ihr Ruhe finden für eure Seele." Ja, wer Christum recht lieb hat, dem ist auch der Tod um Christi willen die höchste Freude. Das ist das sanfte Joch Christi, das wir auf uns nehmen sollen, darin die wahre Ruhe der Seelen ist.

13. So wir nun das Joch Christi auf uns nehmen sollen, wie er befiehlt, das ist, sein heiliges edles Leben: so müssen wir des Teufels Joch fahren lassen, das ist, das fleischliche, sichere, ruchlose Leben; und müssen das Fleisch nicht herrschen lassen über den Geist, sondern es muß Alles, was im Menschen ist, unter das Joch Christi, und unter seinen Gehorsam: der Wille, der Verstand, die Vernunft, die Begierden, und alle Adamische fleischliche Lüste, Röm. 6, 12.

14. Es gefällt dem Fleische wohl, geehrt werden, hochgehalten und gerühmt werden, Reichthum, gute Tage und Wollust pflegen. Aber das Alles unter das Joch Christi zwingen, das ist, unter Christi Schmach, Verachtung und Armuth, ja sich dessen Allen nicht werth achten, sich dessen Allen verzeihen, was in der Welt hoch, herrlich, ansehnlich, prächtig und gewaltig ist: das ist das Kreuz Christi, welches dem Fleisch wehe thut und seine Kreuzigung ist. Das ist die wahre Demuth Christi, und sein edles Leben, und sein sanftes Joch, welches dem Geist eine leichte Last ist, Matth. 11, 30. Gleichwie er gekommen ist, nicht daß er ihm dienen lasse, sondern daß er uns diene, und gebe sein Leben zur Bezahlung für unsere Sünde, Matth. 20, 28. Denn was ist Christi Leben anders, denn heilige Armuth, äußerste Verachtung und höchste Schmerzen?

15. Ein fleischlicher Mensch ist, der nach Ehren trachtet und gern etwas seyn wollte. Ein geistlicher Mensch, der Demuth lieb hat in Christo, und der gerne nichts seyn wollte. Alle Menschen befleißigen sich Etwas zu seyn; aber Niemand will lernen Nichts seyn. Jenes ist Adams Leben, dieß ist Christi Leben. Ein fleischlicher Mensch, der noch nicht weiß, was Christus ist, nämlich lauter Demuth, Sanftmuth und Liebe, dem dünkt das Leben Christi eine große Thorheit zu seyn, und hält das freie, sichere, fleischliche Leben für große Weisheit, und aus großer Blindheit meint er, er habe das beste und lustigste Leben, und weiß nicht, daß er im Teufel lebt. Darum sind sie von diesem falschen Licht ihrer fleischlichen Weisheit betrogen, und betrügen Andere mit ihnen. Die aber mit dem ewigen wahren Licht erleuchtet sind, die erschrecken davor, wenn sie Pracht, Uebermuth, Stolz, Wollust, Zorn, Rachgier und dergleichen Früchte des fleischlichen Lebens sehen, und gedenken: Ach lieber Gott! wie weit ist der noch von Christo und seiner Erkenntniß, von wahrer Buße, vom wahren Christenthum, und von der Frucht der neuen Geburt der wahren Kinder Gottes! ja er lebt noch in Adam, und in der alten Geburt, ja im Teufel selbst. Denn muthwillig und wissentlich in Sünden leben, ist nichts anders, denn im Teufel leben. In welchem Menschen nun das Leben Christi nicht ist, in dem ist auch keine Buße, der ist auch kein wahrer Christ, vielweniger ein Kind Gottes; er kennt auch Christum nicht recht. Denn wer Christum recht kennen will als einen Heiland und Seligmacher, und als ein Exempel des Lebens, der muß wissen, daß er lauter Liebe, lauter Sanftmuth, Geduld und Demuth ist. Und diese Liebe und Sanftmuth Christi muß er in sich haben, ja im Herzen lieb haben und empfinden. Gleichwie man ein Gewächs an seinem Geruch und Geschmack erkennt: also muß Christus in dir erkannt werden, als das edelste Gewächs, davon deine Seele Leben, Kraft, Trost und Ruhe empfindet. So „schmekket man, wie freundlich der Herr ist," Ps. 34, 9; so erkennt man die Wahrheit; so empfindet man das höchste und ewige Gut. Da wird erkannt, daß Christi Leben das allerbeste, edelste, lieblichste Leben sey, und daß kein Leben so gut, so köstlich, so sanft, so ruhig, so frieden- und freudenreich, so holdselig, so ähnlich sey dem ewigen Leben, als das Leben Christi.

16. Und weil es nun das beste Leben ist, so soll es auch uns das liebste seyn. In

welchem Menschen aber das Leben Christi nicht ist, da wird auch die Ruhe und der Friede des ewigen Lebens nicht recht erkannt, noch das höchste Gut, noch die ewige Wahrheit, noch die rechte Freude, noch das rechte Licht, noch die wahre Liebe; welches Alles Christus selbst ist. Darum spricht St. Johannes 1 Joh. 4, 7. 8: „Wer lieb hat, der ist von Gott geboren, und erkennet Gott; wer aber nicht lieb hat, der erkennet Gott nicht, denn Gott ist die Liebe."

17. Daraus ist offenbar, daß die Früchte der neuen Geburt, so aus Gott ist, und das neue Leben, nicht bestehen in bloßen Worten, oder im äußerlichen Schein, sondern in der höchsten Tugend, die Gott selbst ist, nämlich in der Liebe. Denn woraus Jemand geboren ist, dessen Art, Eigenschaft und Gleichniß muß er haben. Ist er aus Gott geboren, so muß er die Liebe haben; denn Gott ist die Liebe, 1 Joh. 4, 16.

18. Also ist es auch mit der wahren Erkenntniß Gottes. Dieselbe besteht auch nicht in Worten oder in einer bloßen Wissenschaft, sondern in einem lebendigen, lieblichen, holdseligen, kräftigen Trost, daß man die Süßigkeit, Freundlichkeit, Lieblichkeit und Holdseligkeit Gottes im Herzen schmecke durch den Glauben. Jetzo ist es eine lebendige Erkenntniß Gottes, die im Herzen empfunden wird und lebt. Das ist es, was der 84. Psalm V. 3 spricht: „Mein Leib und Seele freuen sich in dem lebendigen Gott;" und der 63. Psalm V. 4: „Deine Güte ist besser denn Leben;" da die lebendige Freude und Süßigkeit Gottes im glaubigen Herzen beschrieben wird. Und also lebt der Mensch in Gott, und Gott in ihm; er kennt Gott in der Wahrheit, und wird von Gott erkannt.

Gebet um die Nachfolge Christi.

In dir, o Jesu! haben wir durch den Glauben Gerechtigkeit und Stärke. Du bist zu unserm Heil in die Welt gekommen, du gibst uns auch deinen Sinn, um dich, den Wahrhaftigen, zu unserer Seligkeit zu erkennen, und in dir, dem Wahrhaftigen, unsern Wandel nach deiner Vorschrift zu führen. Ach Jesu! verkläre dich durch deinen Geist in unsern Seelen. Sey unsere Weisheit, die uns erleuchtet, daß wir aus der Finsterniß zum Lichte gelangen. Sey unsere Gerechtigkeit, darin wir vor Gott bestehen und ihm angenehm sind. Sey unsere Heiligung, damit wir durch deine göttliche Kraft ein göttliches Leben führen, und in deine Fußstapfen treten, die du uns hinterlassen hast. Sey unsere Erlösung, und befreie uns endlich um deines Blutes willen von allem Uebel. Amen.

Das 12. Capitel.
Ein wahrer Christ muß ihm selbst und der Welt absterben, und in Christo leben.

2 Cor. 5, 15. Christus ist darum für uns gestorben, Einer für Alle, auf daß, die da leben, nicht ihnen selbst leben, sondern dem, der für sie gestorben und auferstanden ist.

1. Neben dem daß dieses ein ausbündiger Trostspruch ist, weil er deutlich bezeuget, daß Christus für Alle gestorben sey, so ist es auch ein schöner Lehrspruch vom heiligen Leben, wie wir uns nicht selbst leben sollen, sondern dem, der für uns gestorben ist. Sollen wir nun dem leben, so müssen wir zuvor uns und der Welt absterben. Denn es kann nicht anders seyn, wer in Christo leben will, der muß den weltlichen Lüsten absterben; und wer der bösen Welt und ihm selber leben will, der muß Christum fahren lassen.

2. Es sind dreierlei Tode: Erstlich ein geistlicher Tod, wenn der Mensch täglich ihm selbst, das ist, seines Fleisches Lüsten abstirbt, dem Geiz, der Hoffart, der Wollust, dem Zorn ꝛc. Der andere ist der natürliche Tod; und dann fürs dritte der ewige Tod.

3. Vom natürlichen Tode hat St. Paulus Philipp. 1, 21 geredet: „Christus ist mein Leben, Sterben ist mein Gewinn." Das ist: wenn ein Christ gleich des natürlichen Todes stirbt, so ist Christus sein Leben, und Sterben ist sein Gewinn. Das ist, er bekommt ein besseres Leben und wahren Reichthum, das Ewige für das Irdische. Und das ist sein Gewinn.

4. Wer aber diesen Spruch auch vom

geistlichen Sündentode versteht, thut nicht unrecht. Denn das ist eine selige Seele, deren Leben Christus ist, das ist, in welcher Seelen Christus lebt, oder wer das Leben Christi an sich nimmt, das ist, seine Demuth und Sanftmuth. Die meisten Leute haben des Teufels Leben an sich; denen der Teufel ihr Leben ist, Geiz, Hoffart, Wollust, Zorn, Lästerung ꝛc., das ist alles des Teufels Leben.

5. Darum habe wohl Achtung, wer in dir lebt. Selig ist der Mensch, der da von Herzen sagen kann: Christus ist mein Leben, nicht allein nach diesem Leben, sondern auch jetzo. Weil du noch allhier lebst, muß Christus dein Leben seyn, das ist, in dir leben; und also muß Sterben dein Gewinn seyn, das ist, wenn in dir stirbt Hoffart, Geiz, Wollust, Zorn und Feindschaft, wenn du dir selbst und der Welt abstirbst. O ein großer Gewinn! denn so lebt Christus in dir. Denn je mehr du der Welt abstirbst, je mehr Christus in dir lebt. Sollte das nicht ein großer Gewinn seyn? Lebe nun also, daß Christus in dir lebe in der Zeit, auf daß du mit ihm lebest nach der Zeit.

6. Wo viel Begierden dieser Welt sind, da kann keine Ruhe und Friede seyn. Denen muß man allen absterben, ehe man Christo leben kann. Dieß ist uns vorgebildet in vielen Geschichten und Exempeln des alten Testaments; als, in der betagten Sara. Da ihr alter Leib aller weiblichen Begierde erstorben war, da ward sie schwanger, und gebar den Isaak, das heißt, ein Gelächter. Nach der Tödtung ihres Leibes gebar sie den Sohn der Freien, 1 Mos. 18, 12. Cap. 21, 6. 7. Also wenn nicht die weltlichen Begierden in dir sterben, kannst du nicht die Freude des Geistes empfangen und gebären.

7. In Abraham ists auch vorgebildet; denn er bekam die Verheissung von Christo und den Bund der Beschneidung nicht eher, denn er war aus seinem Vaterland ausgegangen, 1 Mos. 12, 1. Cap. 17, 10, und hatte sein Erbe verlassen. Also so lange ein Mensch noch fest mit seinem Herzen an der Welt hängt, so lange kann er Christum in seinem Herzen nicht schmecken noch empfinden.

8. Und sobald Herodes gestorben war, kam Christus nach Judäa, Matth. 2, 19. 20. So lange der Fuchs Herodes in deinem Herzen ist mit seiner irdischen Weltlist, so lange kommt Christus nicht; wenn er aber in dir gestorben ist, so wird Christus kommen. Weil Adam in dir herrscht, kann Christus in dir nicht leben. Darum spricht St. Paulus Galat. 2, 20: „Ich lebe zwar, aber nicht ich, sondern Christus in mir." Und zu den Colossern C. 3, 3: „Ihr seyd gestorben" (und redet noch mit den Lebendigen) „und euer Leben ist verborgen in Christo."

9. Alsdann bist du aber recht gestorben, wann du aufhörst zu seyn, was du gewesen bist, das ist, wenn deine Sünde in dir stirbt. Röm. 6, 1 — 18: „So wir im Geist leben, so lasset uns auch im Geist wandeln," das ist, so wir uns rühmen des Glaubens und Geistes, so lasset uns auch Früchte des Geistes beweisen, Gal. 5, 25. Und abermal: „Wo ihr nach dem Fleisch lebet, so werdet ihr sterben, so ihr aber durch den Geist des Fleisches Geschäfte tödtet, so werdet ihr leben." Röm. 8, 13.

10. Saul warf den Agag, der Amalekiter König, ins Gefängniß, da er doch aus Gottes Befehl ihn hätte tödten sollen, 1 Sam. 15, 8. Also verbergen ihrer Viele ihre Begierden heimlich, die sie doch tödten sollten. Denn es ist nicht genug, daß du deine böse Lust verbirgst; du mußt sie tödten, oder du wirst darum vom Königreich verstoßen werden, wie Saul, das ist, aus dem ewigen Leben. Es geht die ganze heilige Schrift mit allen Historien, Bildern und Figuren auf Christum, dem wir im heiligen Leben folgen sollen; ja das große Weltbuch der Natur zeuget von Gott und seiner Liebe.

11. Viele Menschen sind wie die Bäume im Winter, welche zu derselben Zeit keine Blätter haben, aber auf den Frühling schlagen sie wieder aus. Also sind ihrer Viele: wenn der kalte Winter des Unglücks über sie geht, dämpfen sie die bösen Lüste; aber sobald die Sonne wieder scheint, und es ihnen wieder wohlgeht, schlagen die bösen Lüste mit Haufen aus. Das sind Heuchler. Ein Christ aber ist

fromm, beides in guten und bösen Tagen, und hat Gott gleich lieb, im Glück und Unglück, im Haben und Darben, im Mangel und Ueberfluß.

12. 1 Kön. 20, 42 lesen wir vom Achab, daß ihm Gott den König in Syrien in seine Hände gegeben hatte, daß er ihn sollte gefangen halten, zum Zeugniß, daß Gott stärker sey, denn alle Feinde, und ihn überwunden hätte, darum daß er den Herrn gelästert. Und da ihn Achab im Streite fing, nannte er ihn seinen Bruder, und ließ ihn ziehen. Aber es kam ein Prophet zu ihm, und sprach: „Darum daß du den Mann hast von dir gelassen, der des Todes werth ist, soll deine Seele für seine Seele seyn." Also nennen ihrer Viele die bösen Lüste ihre Brüder, und lassen sie leben, die sie tödten sollten; darum müssen sie ihre Seele dafür geben.

13. Ohne Tödtung des Fleisches kann nichts Geistliches im Menschen seyn, weder rechtes Gebet noch Andacht. Darum verbot Gott der Herr 2 Mos. 19, 13, daß kein Vieh sollte zu dem heiligen Berge Sinai sich nahen, oder es sollte getödtet werden. Also mußt du die viehischen Lüste tödten, willst du zum heiligen Berge Gottes nahen, beten, und Gottes Wort betrachten, oder du wirst ewig getödtet werden.

14. Wir lesen 1 Mos. 32, 28, daß Jacob einen andern Namen bekam, Israel, das ist, Gotteskämpfer oder Gottesfürst, da er in dem Kampf mit dem Engel Gottes Angesicht sah; daher er auch die Stätte Pniel nannte, das ist, Gottes Angesicht. Er mußte aber zuvor ein Jacob seyn, das ist, ein Untertreter. Also wo du nicht zuvor ein Jacob bist, das ist, ein Untertreter deiner bösen Lüste durch den heiligen Geist, so wirst du nicht Israel werden, das ist, Gottesfürst, und wirst nicht an die Stätte Pniel kommen, das ist, zu Gottes Angesicht.

15. 1 Mos. 29, 17 — 25 lesen wir: Da Jacob die Rahel, sein schönes Gemahl, haben wollte, da mußte er erst die Lea nehmen. Lea war blödes Angesichts; Rahel war hübsch und schön. Also, willst du die schönste Rahel haben, das ist, soll deine Seele das liebste Gemahl werden des Jacob, das ist, Christi, so mußt du erstlich die Lea nehmen, das ist, du mußt dir selbst mißfallen, du mußt dir selber häßlich, ungestalt werden, mußt dich selbst hassen und verläugnen. Ach wie Viele werden betrogen wie Jacob von ihrem eigenen Laban, das ist, von ihnen selbst, die da meinen, sie haben die schöne, hübsche Rahel, das ist, die da meinen, sie haben ein christlich Leben, das Gott lieb haben solle, und wenn sie zusehen, so ist es Lea, so ist ihr Leben häßlich und ungestalt vor Gottes Augen. Sey dir erstlich selbst unwerth in deinen Augen, wie die Lea, die die unwertheste war in ihres Vaters Hause; lerne erst Demuth, Sanftmuth, Geduld: so wirst du die schöne Rahel werden.

16. Siehe, wie treulich diente Jacob sieben Jahr um die Rahel, und es däuchte ihn, es wären einzelne Tage gewesen, so lieb hatte er sie. Also hat dein Herr Christus um deine Seele gedient drei und dreißig Jahre in dieser Welt, und hat einen harten Dienst um deinetwillen ausgestanden; wie Jacob sprach 1 Mos. 31, 38. 40: „Diese zwanzig Jahr habe ich dir gedienet; des Tages verschmachtete ich vor Hitze, und des Nachts vor Frost, und kam kein Schlaf in meine Augen." Siehe, so hat der Herr Christus um dich auch gedient, wie er spricht Matth. 20, 28: „Des Menschen Sohn ist nicht gekommen, daß er ihm dienen lasse, sondern daß er diene, und gebe sein Leben zur Bezahlung für Viele." Warum wolltest denn du nicht Christum lieb haben, und der Welt, seiner Feindin, absagen?

Gebet um die Absterbung der Welt.

O Jesu, du hast dich darum für uns in den Tod dahin gegeben, daß du uns erlösetest von aller Ungerechtigkeit, und reinigtest uns dir zum Volk des Eigenthums, das fleißig wäre zu guten Werken; gib, daß wir der Welt und allen sündlichen Lüsten, durch die Kraft deines Verdienstes und Geistes gänzlich absterben, und hingegen, als dein erkauftes Eigenthum, dir zu allem Wohlgefallen leben. Di=

Welt hat nichts, das unsere Seele wahrhaftig erquicken könnte. Bei dir ist allein unsere wahre Ruhe zu finden. Laß uns dieses mit wahrer Ueberzeugung gründlich einsehen, daß wir alles Irdische verläugnen, und nicht trachten nach dem, das auf Erden ist. Ziehe unsere Herzen kräftig zu dir hin, daß wir durch den Glauben beständig bei dir erfunden werden, in dir das Leben und volle Genüge genießen, durch dich die Scheingüter dieser Welt verläugnen, und in einem immerwährenden Verlangen nach dir bleiben. O liebreichster Heiland! deine süße Liebe erfreue uns, dein Gnadengeist stärke uns, deine Gotteskraft durchdringe uns, deine gnädige Gegenwart ermuntere und treibe uns alle Stunden und Augenblicke, daß unsere innere Gesinnung und ganzes Bezeigen deinem heiligen Willen gemäß seyn möge. Amen.

Das 13. Capitel.

Um der Liebe Christi willen, und um der ewigen zukünftigen Herrlichkeit willen, dazu wir erschaffen und erlöst sind, soll ein Christ ihm selber und auch der Welt gerne absterben.

2 Cor. 8, 9. Ihr wisset die Gnade unsers Herrn Jesu Christi, welcher, ob er wohl reich war, ist er doch arm um euertwillen geworden, auf daß ihr durch seine Armuth reich würdet.

1. Um deines Herrn Christi willen sollst du billig dir selber, deinen Sünden und der Welt absterben, Gutes thun, und ein göttlich heilig Leben führen, nicht zwar darum, daß du etwas damit verdienen wolltest (Christus hat dir Alles verdient), sondern nur aus lauter Liebe zu Christo, weil er für dich gestorben ist.

2. Hast du Christum lieb, so liebe ihn nicht mit der Zunge, sondern mit der That und Wahrheit. Hast du ihn lieb, so halte sein Wort. „Wer mich liebet," spricht der Herr, „der wird mein Wort halten, und mein Vater wird ihn lieben, und wir werden zu ihm kommen, und Wohnung bei ihm machen," Joh. 14, 23. „Und das ist die Liebe zu Gott, daß wir seine Gebote halten, und seine Gebote sind nicht schwer," sagt St. Joh. 1 Ep. 5, 3.

Und der Herr selbst spricht Matth. 11, 30: „Mein Joch ist sanft, und meine Last ist leicht," das ist, einem rechten wahren Liebhaber Christi ist es eine Lust und Freude, Gutes zu thun. Die Liebe macht Alles leicht. Wer aber Christum nicht recht lieb hat, der thut Alles mit Verdruß und Unmuth, und wird ihm schwer, Gutes zu thun. Einem rechten Liebhaber Christi ist auch der Tod um Christi willen eine Freude. Denn uns ist gegeben, nicht allein an Christum zu glauben, sondern auch mit ihm zu leiden und zu sterben, Phil. 1, 29.

3. Sehet Mosen an, von welchem die Epistel an die Hebräer am 11. V. 24. 25. 26 zeuget: „Durch den Glauben wollte Moses, da er groß ward, nicht mehr heißen ein Sohn der Tochter Pharao, und erwählete viel lieber mit dem Volk Gottes Ungemach zu leiden, denn die zeitliche Ergötzung der Sünde zu haben; und achtete die Schmach Christi für größern Reichthum, denn die Schätze Egyptens."

4. Sehet den Daniel an, Dan. 1, 8. Denselben erwählte der König zu Babel neben seinen Gesellen, unter den Gefangenen zu Babel, daß sie seine Diener werden sollten, und ließ sie von seinem Tische speisen, und gab ihnen von dem Wein, den er trank, ließ sie erziehen, bis daß sie tüchtig wurden zu des Königs Diensten. Aber Daniel und seine Gesellen baten des Königs Kämmerer, er wollte sie verschonen mit der köstlichen Speise von des Königs Tische, und wollte ihnen Zugemüse zu essen und Wasser zu trinken geben. Das thaten sie aus Liebe der Weisheit, auf daß die Weisheit von oben herab in ihre Seele käme. Also mußt du dich der Wollust des Fleisches entschlagen, die da ist wie eine niedliche Speise, soll Christus, die ewige Weisheit, in deine Seele kommen. Und gleichwie die Knaben schön wurden, da sie mäßig lebten, Zugemüse aßen und Wasser tranken: also wird deine Seele schöner werden vor Gott, ja der göttlichen Natur theilhaftig werden, wirst du die Sünde und die fleischlichen Lüste meiden, 2 Pet. 1, 4.

5. St. Paulus spricht Gal. 6, 14: „Durch Christum ist mir die Welt gekreu-

zigt, und ich der Welt," das ist, ich bin der Welt abgestorben, und die Welt ist mir wieder abgestorben. Also ist ein Christ wohl in der Welt, aber nicht von der Welt; er lebt wohl in der Welt, aber er liebt sie nicht. Der Welt Pracht, Ehre, Ansehen, Herrlichkeit, Augenlust, Fleischeslust, hoffärtiges Leben, ist den Christen als ein todtes Ding, ein Schatte, sie achten es nicht. Also ist ihnen die Welt gekreuzigt und gestorben, und sie sind der Welt wieder gekreuzigt und gestorben, das ist, sie begehren keiner weltlichen Ehre, Reichthum, Lust und Freude.

6. Das ist ein selig Herz, dem Gott diese Gnade gibt, daß es keiner weltlichen Ehre, Reichthum und Wollust begehrt. Und darum sollte ein jeder Christ täglich bitten, daß ihm Gott diese Gnade geben wollte, daß er keiner weltlichen Ehre, Reichthum und Wollust möge begehren.

7. Salomo, der weise König, spricht Sprüchw. 30, 7: „Zweierlei bitte ich von dir, die wollest du mir nicht weigern, ehe denn ich sterbe. Abgötterei und Lügen laß ferne von mir seyn; Armuth und Reichthum gib mir nicht, sondern laß mich mein bescheiden Theil dahin nehmen." Aber ein Christ soll auch also beten und sprechen: Zweierlei bitte ich von dir, daß ich mir selber möge absterben, und der Welt. Denn ohne diese beiden Stücke kann kein wahrer Christ seyn, sondern es ist falsches Werk solcher, zu denen der Herr sagen wird, Matth. 7, 23. Cap. 25, 12: „Ich kenne euch nicht."

8. Wiewohl nun dieses dem Fleisch ein bitter Kreuz ist, nämlich ihm selbst und der Welt absterben, sich der Welt verzeihen, auf daß man den Himmel ererbe, so überwindet es doch der Geist und die Liebe Christi alles; es wird dem Geist ein sanftes Joch und eine leichte Last. Und wiewohl die Welt solche Leute, die der Welt abgestorben sind, hasset, so liebet sie doch Gott. Denn der Welt Feindschaft ist Gottes Freundschaft; und hinwieder, der Welt Freundschaft ist Gottes Feindschaft. „Wer der Welt Freund seyn will, wird Gottes Feind seyn. Jac. 4, 4. Wie auch der Herr selbst spricht Joh. 15, 19: „Wäret ihr von der Welt, so hätte die Welt das Ihre lieb; nun ich euch aber von der Welt erwählet habe, so hasset euch die Welt."

9. Die Welt ist wie das Meer: dasselbe leidet nur in sich, was lebendig ist, Alles was todt und gestorben ist, wirft es aus. Also wer der Welt abgestorben ist, den wirft und stößt sie aus; die Andern, so ein ansehnlich, prächtig, herrlich Leben führen können, das sind der Welt liebe Kinder.

10. Summa, wer es dahin gebracht hat, daß in seinem Herzen alle Hoffart, Geiz, Wollust, Zorn, Rachgier gestorben ist, dem ist die Welt gestorben und er der Welt; und der fängt erst an, in Christo zu leben und Christus in ihm. Die erkennt Christus für die Seinen. Zu den Andern spricht er: Ich kenne euch nicht. Ursache, ihr kennet mich nicht; ihr habt euch in euerm Leben meiner geschämt, das ist, meiner Demuth, Sanftmuth, Geduld, darum schäme ich mich euer wieder, Marc. 8, 38. Summa, wer mit Christo hier nicht lebt in der Zeit, der wird mit ihm dort nicht leben in der Ewigkeit. In welchem Christus hier nicht lebt, in dem wird er dort auch nicht leben. Dessen Leben Christus hier nicht ist, dessen Seligkeit wird er dort auch nicht seyn.

11. Siehe darauf, mit wem sich hier dein Leben am meisten vergleicht und vereinigt, mit Christo oder mit dem Teufel; mit demselben wirst du auch vereinigt bleiben nach dem Tode in Ewigkeit.

12. Wer ihm nun selbst also abgestorben ist, der kann auch hernach leicht der Welt absterben. Der Welt aber absterben heißt, die Welt nicht lieb haben, noch Alles was in der Welt ist; wie St. Johannes spricht: „Wer die Welt lieb hat, ist nicht von Gott," 1 Joh. 2, 15. Denn was sollte dem die Welt, der in seinem Herzen der Welt abgestorben ist? Und wer die Welt lieb hat, wird leichtlich von der Welt überwunden, wie Simson von der Delila, Richt. 16, 6, und muß das Alles leiden, was die Welt für Herzeleid mit sich bringt.

13. So gehört auch die Weltliebe zu der alten Creatur, nicht zu der neuen Ge-

burt. Denn die Welt hat nichts denn Ehre, Reichthum und Wollust, oder Fleischeslust, Augenlust, hoffärtiges Leben; darin erfreuet sich der alte Mensch. Der neue Mensch aber hat seine Freude allein in Christo, der ist seine Ehre, Reichthum und Lust.

14. Gottes Bild, durch Christum erneuert, ist des Menschen höchste Zierde und Ehre; darnach sollen wir vornehmlich streben. Sollte dich der liebe Gott nicht baß erfreuen können, denn die verdorbene Creatur? sagt Tauler.

15. So befindet sich auch in Gottes Wort, daß nicht der Mensch um der Welt willen, sondern die Welt um des Menschen willen geschaffen sey; ja, daß der Mensch zu einem viel höhern Leben und Wohnung geschaffen sey; nicht um köstliches Essens und Trinkens willen, nicht um großen Reichthums, vieler Städte und Dörfer willen, nicht um viel Aecker und Wiesen willen, nicht um Pracht und köstlicher Kleidung willen, nicht um Gold und Silber, noch einiges vergänglichen zeitlichen Dinges willen, es scheine so gut und köstlich als es wolle, oder daß er ein Besitzer und Erbe des Erdbodens seyn solle, darauf seine Lust, Ergötzung, Freude und Paradies haben, und nichts mehr wissen und hoffen, denn was man mit den viehischen Augen sieht. Nein, traun! darum ist der Mensch nicht geschaffen, darum ist er nicht in der Welt; denn er muß wieder heraus, und kann nicht darin bleiben. Und ob wir schon mit Haufen in diese Welt geboren werden, so nimmt uns der Tod mit Haufen wiederum hinweg, und treibt uns heraus, läßt uns nicht ein Stäublein mitnehmen, ob wir noch so reich seyen.

16. Das ist ja ein großer, augenscheinlicher Beweis, daß wir zu diesem Leben nicht geschaffen sind, und diese Welt nicht sey der vornehmste Endzweck unserer Erschaffung; sonst würden wir wohl darin bleiben. Darum muß ja ein andrer, herrlicherer Endzweck unserer Erschaffung seyn. Das zeigt unser Ursprung an, welcher Gott selbst ist, und das göttliche Bildniß, welches wir tragen in Christo, und zu welchem wir erneuert sind. Denn dasselbe bezeuget, daß wir vornehmlich zu dem Reich Gottes geschaffen sind, und zum ewigen Leben. Dazu sind wir auch von Christo erlöst, und durch den heiligen Geist wiedergeboren.

17. Sollte nun ein Mensch sein Herz an diese Welt hängen, und seine edle Seele mit dem Zeitlichen beschweren, da doch eines Menschen Seele viel edler und besser ist, denn die ganze Welt? Denn der Mensch ist die edelste Creatur, weil er trägt das Bildniß Gottes in Christo und dazu erneuert ist. Darum, wie vor gesagt, der Mensch nicht um der Welt willen, sondern die Welt um des Menschen willen geschaffen ist, weil er trägt das Bildniß Gottes in Christo, welches so edel ist, daß die ganze Welt mit ihrem Reichthum, und alle Menschen mit allen ihren Kräften und Vermögen nicht vermocht haben, eine Seele wiederzubringen, noch wieder aufzurichten das Bild Gottes. Denn dafür hat Christus sterben müssen, auf daß im Menschen das verblichene und erstorbene Bild Gottes wiederum erneuert würde durch den heiligen Geist; damit der Mensch wiederum würde Gottes Haus und Wohnung in Ewigkeit.

18. Sollte ich nun meine Seele, die Christus so theuer erkauft hat, für eine Hand voll Gold und Silber geben, für dieser Welt Reichthum, Ehre und Lust? Das heißt wahrlich die Perle in den Koth und vor die Säue geworfen, Matth. 7, 6. Das meinet der Herr, da er spricht: „Was hälfe es dem Menschen, wenn er die ganze Welt hätte, und verlöre seine Seele?" das ist, sich selbst, Matth. 16, 26. Die ganze Welt kann mit aller ihrer Herrlichkeit nicht einer Seele helfen; denn die Seele ist unsterblich, die Welt aber ist vergänglich.

Gebet um den rechten Gebrauch der Welt.

Großer und mitleidiger Heiland! um unsertwillen hast du dich auf das tiefste erniedrigt, damit wir durch dich aus dem Koth und Schlamm der Sünden wiederum erhöhet, und in dir herrlich gemacht werden möchten. Laß uns den Zweck deiner Erlösung dergestalt heilsam und lebendig erwägen, daß wir mit den Neigungen und Begierden unserer edlen Seele an den nichtigen und vergänglichen Scheingütern dieser Erde nicht kleben bleiben. Denn was würde es uns helfen, wenn wir die ganze Welt hätten, und unser unsterblicher Geist müßte darunter schmachten und der wahren und ewigen Güter entbehren? Versetze uns mit dir in das himmlische Wesen, und mache uns deiner göttlichen Natur theilhaftig, damit wir beständig suchen, was droben ist, wo du, unser Jesus, bist. Laß uns durch die Salbungskräfte deines Geistes unsern Wandel im Himmel führen, auf daß wir vergessen, was auf Erden ist, und dem vorgesteckten Kleinod unverrückt nachjagen, welches uns deine himmlische Berufung vorhält. Bewahre uns, daß wir unsere Herzen mit der Creatur nicht beschweren, und durch dieselbe an unserm schnellen Lauf zur seligen Ewigkeit nicht verhindert werden. Wir sind in der Welt; aber, ach Jesu! verhüte in Gnaden, daß wir nicht von der Welt seyn mögen. Lässest du uns durch deine Segenshand bei treuer Abwartung unseres Berufs irdische Güter zufallen; brauchst du uns in der Welt, daß wir manche Vorzüge vor Andern erlangen, und daß wir, als deine Werkzeuge, Andern vorgesetzt sind: ach! so laß uns dabei nicht stolz und sicher seyn, denn wem du Vieles anvertrauest, von dem wirst du auch dereinst Vieles fordern. Laß uns in wahrer Verläugnung allezeit vor dir erfunden werden, und gib, daß wir in Demuth und tiefer Ehrerbietung vor deiner Allgegenwart unsern Wandel führen. Sind wir in armen und niedrigen Umständen, so laß uns wohl bedenken, daß in dir unser Reichthum und unsere Ehre anzutreffen sey. Ueberzeuge uns davon, daß es ein überschwänglich großer Gewinn sey, wenn wir in deiner Gemeinschaft ein vergnügtes Herz haben. Lehre uns, daß das Wenige, das ein Gerechter hat, viel besser sey, denn das große Gut vieler Gottlosen. Jesu, deine Armuth sey unser Reichthum, deine Erniedrigung unsere Hoheit, dein bitteres Leiden unsere Erquickung. Amen.

Das 14. Capitel.

Ein wahrer Christ muß sein eigenes Leben in dieser Welt hassen, und die Welt verschmähen lernen, nach dem Exempel Christi.

Luc. 14, 26. So Jemand zu mir kommt, und hasset nicht sich selbst, ja sein eigen Leben, der kann nicht mein Jünger seyn.

Joh. 12, 25. Wer sein Leben lieb hat, der wirds verlieren; und wer sein Leben in dieser Welt hasset, der wirds erhalten zum ewigen Leben.

1. Soll ein Mensch sich selbst hassen, so muß er erstlich sich selbst nicht lieben; zum andern muß er täglich der Sünde absterben; zum dritten muß er stetig mit sich selbst, das ist, mit seinem Fleische kämpfen.

2. Erstlich ist kein Ding auf Erden dem Menschen mehr schädlich an seiner Seligkeit, als sich selbst lieben; welches nicht von natürlicher Liebe und Erhaltung sein selbst, sondern von der fleischlichen unordentlichen Liebe, in diesem ganzen Buch zu verstehen. Denn es soll nichts geliebt werden, als Gott allein. Liebet sich nun der Mensch selbst, so macht er sich selbst zum Gott, und ist sein Selbstgott. Was ein Mensch liebet, darauf ruhet sein Herz, daran hänget sein Herz, ja das nimmt einen Menschen gefangen, und macht ihn zum Knecht, und beraubt ihn seiner edeln Freiheit. So viel irdischer Dinge du lieb hast, so vieler Dinge Knecht und Gefangener bist du. Ist nun deine Liebe lauter, rein und einfältig auf Gott gerichtet, so bleibst du von allen Dingen ungefangen, und behältst alle deine Freiheit. Du sollst nichts begehren, das dich hindern mag an der Liebe Gottes. Willst du Gott ganz haben, so mußt du dich ihm ganz geben. Liebst du dich selber, und hast an dir selber Gefallen, so wirst du viele Sorge, Furcht, Unruhe und Traurigkeit für dich selbst haben. Liebst du aber Gott, und hast dein Gefallen an ihm, und ergibst dich ihm ganz, so wird Gott für dich sorgen, und wird keine Furcht und Traurigkeit auf dich fallen. Ein Mensch, der sich selbst liebet, und in allen Dingen

sich selbst suchet, seinen Nutzen, Lob, Ehre, der hat nimmermehr keine Ruhe; denn er findet immer etwas, das ihm selbst zuwider ist, dadurch er beunruhigt wird. Derowegen nicht ein jeglich Ding, das zu deinem Nutzen, Lob und Ehre gereicht, dir gut ist; sondern das ist dir gut, so du es verschmähest, und die böse Wurzel ausrottest, denn es hindert dich an der Liebe Gottes.

3. Dein eigner Nutzen, Lob und Ehre ist alles mit der Welt vergänglich, Gottes Liebe aber ist ewig. Der Friede und die Ruhe, so aus der Liebe deiner selbst, und der zeitlichen Dinge kommt, besteht nicht; denn aus geringen Ursachen kann entstehen, was diese Ruhe zerstört. Wo aber das Herz allein in Gott und seiner Liebe ruht, da ist ewiger Friede. Alles was nicht aus Gott kommt, das muß vergehen, und ist umsonst. Darum merke eine kurze Regel: Verlaß alle Dinge, so findest du durch den Glauben alle Dinge. Denn Gott wird nicht gefunden von einem Liebhaber sein selbst oder der Welt.

4. Eigene unordentliche Liebe ist irdisch, und nicht aus Gott. Eigene Liebe hindert die himmlische Weisheit. Denn die wahre himmlische Weisheit hält nicht viel von ihr selbst, und suchet nicht, daß sie auf Erden gelobt werde. Darum ist sie ein schlecht und gering Ding, und ist schier in Vergessenheit gekommen, wiewohl viel von ihr geprediget wird; aber weil man mit dem Leben ferne davon ist, so bleibt dieß edle Perlein vor Vielen verborgen. Willst du sie aber haben, so mußt du menschliche Weisheit, eignes Wohlgefallen, und eigene unordentliche Liebe verlassen. Also kannst du für die hohe, köstliche, irdische, menschliche Weisheit die himmlische erlangen. Du bekommst für die hohe Weisheit dieser Welt ein gering und schlecht Ding vor der Welt, welches aber himmlisch und ewig ist.

5. Es kann Niemand Gott lieben, er muß sich selbst hassen, das ist, er muß an ihm selbst und seinen Sünden ein Mißfallen haben, seinen Willen tödten und hintansetzen. Und je mehr ein Mensch Gott liebet, je mehr er seinen bösen Willen und seine Affecte hasset, sein eigen Fleisch kreuzigt sammt den Lüsten und Begierden. Und so viel ein Mensch von ihm selbst und seiner Liebe ausgehen mag durch des heiligen Geistes Kraft, so viel mag er in Gott und seine Liebe eingehen durch den Glauben. Denn gleichwie auswendig nichts begehren, den innern Frieden macht: also kommt man zu Gott, so man inwendig Alles verläßt, und an keiner Creatur mit dem Herzen hanget, sondern allein an Gott.

6. Wer sich nun selbst will verläugnen, der muß nicht sich selbst und seinem Willen, sondern Christo folgen. „Ich bin der Weg, die Wahrheit und das Leben," spricht er Joh. 14, 6. Denn ohne Weg gehet man nicht, ohne Wahrheit erkennt man nicht, ohne Leben lebt man nicht. Ich bin der Weg, den du gehen sollst. Ich bin die Wahrheit, die du glauben sollst, und das Leben, das du leben und hoffen sollst. Ich bin der unvergängliche Weg, die untrügliche Wahrheit, und das unendliche, ewige Leben. Ich bin der richtigste Weg des ewigen Lebens in meinem Verdienst, die höchste Wahrheit in meinem Wort, und das ewige Leben in Kraft meines Todes. So du nun auf diesem Wege bleiben wirst, so wird dich die Wahrheit führen zum ewigen Leben. Willst du nun nicht irren, so folge mir; willst du die Wahrheit erkennen, so glaube mir; willst du das ewige Leben besitzen, so tröste dich meines Todes.

7. Was ist aber dieser sichere, richtige Weg, diese untrügliche Wahrheit, dieß edelste und beste Leben? Der Weg ist Christi heiliges und theures Verdienst; die Wahrheit ist Christi ewiges Wort; das Leben ist die Seligkeit. Willst du nun in den Himmel erhoben werden, so glaube an Christum, und bemüthige dich auf Erden, nach seinem Exempel; das ist der Weg. Willst du nicht betrogen werden von der Welt, so halte dich an sein Wort im Glauben, und folge demselben im heiligen Leben; das ist die Wahrheit. Willst du mit Christo leben, so mußt du mit ihm, in ihm und durch ihn der Sünde absterben, und eine neue Creatur werden; das ist das Leben. Also ist Christus der Weg, die Wahrheit und das Leben, beides in seinem Verdienst und mit seinem Exempel.

8. „Seyd Christi Nachfolger, als die lieben Kinder," sagt St. Paulus Ephes. 5, 1. Darum soll all unser Fleiß dahin gerichtet seyn, daß unser Leben dem Leben Christi ähnlich werde. Wenn sonst nichts anders wäre, die falschen Christen zu widerlegen, die nur mit dem Namen Christen sind, so wäre doch das Exempel Christi genug. Ein Christ soll sich schämen, in Wollust und Freude zu leben, da unser Herr Christus sein Leben in Jammer und Elend zugebracht hat. Kein rechter Kriegsmann kann seinen Obersten sehen kämpfen bis in den Tod, der nicht vergesse seiner Wollust. Wenn du siehest deinen Fürsten Schmach tragen, und du trachtest nach Ehren, ist es nicht ein großes Zeichen, daß du nicht unter seinem Fähnlein bist?

9. Wir wollen alle Christen seyn; und wenig sind ihrer, die Christi Leben nachfolgen. Wenn es einen guten Christen machte, nach Reichthum und eitler Ehre zu trachten, so hätte Christus nicht befohlen, dieselben gering zu achten gegen die ewigen Güter. Siehe an sein Leben und Lehre, so wirst du sehen, wie ungleich dieselben sind in dieser argen Welt. Seine Krippe, der Stall, die Windeln, sind alles Spiegel der Verschmähung dieser Welt. Nun ist er aber nicht gekommen, daß er dich mit seinem Exempel verführe; nein, sondern daß er dich auf den rechten Weg führe mit seinem Exempel und mit seiner Lehre. Darum spricht er, Er sey der Weg und die Wahrheit. Weil er erwählt hat, durch Schmach und Leiden in die Herrlichkeit einzugehen, so erwählest du ohne Zweifel, durch Ehre und große Pracht in die Hölle einzugehen. Darum kehre um von deinem breiten Wege, und gehe den Weg deß, der nicht irren kann; folge der Wahrheit, die nicht betrügen kann; lebe in dem, der das Leben selber ist. Dieser Weg ist die Wahrheit, und diese Wahrheit ist das Leben. O große Blindheit, daß ein armer Wurm auf Erden so groß seyn will, und der Herr der Herrlichkeit ist auf Erden so klein gewesen! Darum, du gläubige Seele, wenn du siehest deinen Bräutigam, den himmlischen Isaak, dir zu Fuße entgegengehen, so sollst du dich schämen, auf einem großen Kameel zu reiten. Wie Rebecca ihren Bräutigam Isaak sieht kommen, und sie saß auf einem Kameel, verhüllete sie ihr Angesicht, stieg eilend herunter, und ging zu Fuß zu ihm, 1 Mos. 24, 64. Darum steige du auch herunter von dem hohen Kameel deines Herzens, und gehe zu Fuß mit tiefer Demuth deinem Bräutigam entgegen, so wird er dich lieb haben, und mit Freuden aufnehmen.

10. „Gehe aus deinem Vaterlande und aus deines Vaters Hause," sprach Gott zu Abraham, „in ein Land, das ich dir zeigen werde," 1 Mos. 12, 1. Gehe du aus dem Lusthause deiner eigenen Liebe und deines eigenen Willens. Die eigene Liebe macht verkehrte Urtheile, verdunkelt die Vernunft, verfinstert den Verstand, verführt den Willen, befleckt das Gewissen, und schleußt zu die Pforte des Lebens; sie erkennt Gott nicht und den Nächsten, vertreibt alle Tugend, trachtet nach Ehre, Reichthum und Wollust, liebt die Welt mehr denn den Himmel. Wer also sein Leben liebet, der wirds verlieren, Joh. 12, 25; wer es aber verlieret, das ist, seiner eigenen Liebe absagt, der wirds zum ewigen Leben erhalten. Eigene unordentliche Liebe ist eine Wurzel der Unbußfertigkeit und des ewigen Verderbens. Denn die, so mit eigener Liebe und Ehre besessen, sind ohne Demuth und Erkenntniß der Sünde, darum sie keine Vergebung ihrer Sünde je erlangt, wiewohl sie dieselbe mit Thränen gesucht. Denn sie haben sich mehr bekümmert und Leid getragen um ihren eigenen Schaden, denn daß sie Gott beleidigt hatten. Es sind Thränen gewesen, nicht wegen des beleidigten Gottes, sondern wegen ihres eigenen Schadens.

11. Matth. 13, 45. 46 steht: „Das Himmelreich ist gleich einer Perle, um welcher willen ein Kaufmann Alles verkaufte, und kaufte dieselbige Perle." Das ist, es muß ein Mensch in seinem Herzen Alles verlassen, und sich selbst, will er die edle Perle haben, das ist, Gott selbst und das ewige Leben. Siehe deinen Herrn Christum an, der ist vom Himmel gekommen, nicht daß er sich selbst suchete, liebete, ihm selbst nützete, sondern dir, Luc. 19, 10.

Warum suchst du nicht auch den allein, der sein selbst vergessen hat, und sich selbst für dich gegeben?

12. Das ist eine rechtschaffene Braut, die Niemand gefallen will, denn ihrem Bräutigam. Warum willst du der Welt gefallen, da du doch Christi Braut bist? Die Seele ist eine reine Braut Christi, die sonst nichts liebet in der Welt denn Christum. Derowegen mußt du Alles, was in der Welt ist, gering achten, und in deinem Herzen verschmähen, auf daß du würdig werdest, von Christo, dem Bräutigam, geliebt zu werden. Die Liebe, die nicht Christum allein liebet und meinet in allen Dingen, die ist eine Ehebrecherin, und nicht eine reine Jungfrau. Die Liebe der Christen soll eine reine Jungfrau seyn.

13. Es ist im Gesetz Mosis geboten, daß die Priester sollen Jungfrauen nehmen, 3 Mos. 21, 14. Christus ist der rechte Hohepriester, der will eine Seele haben, die eine Jungfrau ist, die sonst nichts mehr lieb hat in der Welt, denn ihn allein, ja auch sich selbst nicht. Darum der Herr spricht: „Wer zu mir kommt, und hasset nicht sich selber, dazu sein eigen Leben, der kann mein Jünger nicht seyn." Luc. 14, 26.

14. Merket nun, was heißt, sich selbst hassen. Wir tragen den alten Menschen am Halse, und sind selbst der alte Mensch. Deß Art und Natur ist nichts anders, denn sündigen, sich selbst lieben, seine eigene Ehre und Nutzen suchen, dem Fleisch seine Lust büßen. Denn Fleisch und Blut läßt seine Unart nicht, es liebet sich selbst, ehret sich selbst, rühmet sich selbst, suchet sich selbst in allen Dingen, läßt sich bald erzürnen, ist neidisch, feindselig, rachgierig. Dieß Alles thust du selbst, ja du bist dieß Alles selbst. Es kommt aus deinem eigenen Herzen, und ist dein eigen Leben, das Leben des alten Menschen. Darum mußt du dich selbst hassen, und dein eigen Leben, willst du Christi Jünger seyn. Wer sich selbst liebt, der liebt seine eigene Untugend, seine Hoffart, Geiz, Zorn, Haß, Neid, seine Lügen, Falschheit, Ungerechtigkeit, seine bösen Lüste. Diese Dinge mußt du nicht lieben, entschuldigen, beschönen; sondern du mußt sie hassen, ihnen absagen und absterben, willst du ein Christ seyn.

Gebet um Verschmähung der Welt.

Allwissender Gott, du siehest es, wie die verkehrte Eigenliebe uns verblendet, und wie alle unsere Kräfte der Seele und des Leibes aufs äußerste verderbt sind. Wir suchen in allen Stücken nur uns selbst, und vergessen dir, unserm Gott, zu Ehren zu leben. Unser Dichten und Trachten geht nur darauf, daß wir in der Welt etwas bedeuten, einen großen Namen vor Andern erlangen, ein sinnliches Vergnügen in den nichtigen Dingen dieser Welt genießen, und vergängliche Schätze der Erden sammeln mögen. Ach wie groß ist unsere Blindheit! ach wie eitel sind alle unsere Neigungen! Gütiges Wesen, laß uns nicht in diesem Jammer liegen. Tödte, besiege, unterdrücke, entkräfte in uns Alles, was deinem heiligen Willen an uns mißfällig ist. Offenbare dich unsern Seelen in deiner Herrlichkeit. Zeige uns deine Menschenliebe und Freundlichkeit. Gib uns die Seligkeit in deiner Gemeinschaft zu schmecken. Entdecke uns die Häßlichkeit der Sünde. Laß uns Christi Kraft zur wahren Sinnesänderung erfahren. Pflanze in uns heilige Begierden, die auf dich, das allerhöchste Gut, unsern größten Wohlthäter, allein hingerichtet seyen. Laß uns täglich uns selbst und der Welt absterben, damit wir dir in Christo ein reines Opfer werden. Ach Vater! hilf, errette, stärke, vollbereite, und mache uns so, wie du uns in der Ewigkeit haben willst. Amen.

Das 15. Capitel.

In einem wahren Christen muß der alte Mensch täglich sterben, und der neue Mensch täglich erneuert werden; und was da heiße, sich selbst verläugnen, was auch das rechte Kreuz der Christen sey.

Luc. 9, 23. Wer mir folgen will, der verläugne sich selbst, und nehme sein Kreuz auf sich täglich, und folge mir nach.

1. Vom alten und neuen Menschen spricht St. Paulus zu den Ephes. am 4. V. 22. 23. 24: „So leget nun von euch ab, nach dem vorigen Wandel, den alten

Menschen, der durch Lüste in Irrthum sich verderbet. Erneuert euch aber im Geist eures Gemüths, und ziehet den neuen Menschen an, der nach Gott gebildet ist, in rechtschaffener Gerechtigkeit und Heiligkeit." Er setzt aber 1 Cor. 6, 19. 20 die Ursache: „Ihr seyd nicht euer selbst; denn ihr seyd theuer erkauft. Darum preiset Gott an eurem Leibe und an eurem Geiste, welche sind Gottes."

2. Nun ist aber der alte Mensch nichts denn Hoffart, Geiz, Wollust des Fleisches, Ungerechtigkeit, Zorn, Feindschaft, Haß, Neid ꝛc. Diese Dinge alle müssen in einem wahren Christen sterben, soll der neue Mensch hervorkommen und täglich erneuert werden.

3. Wenn nun dieser alte Mensch stirbt, so wird dagegen der neue Mensch lebendig. Als: so die Hoffart in dir stirbt, so wird dagegen die Demuth durch den Geist Gottes erweckt; so der Zorn stirbt, so wird dagegen die Sanftmuth gepflanzet; so der Geiz stirbt, so wird dagegen das Vertrauen auf Gott in dir vermehret; so die Weltliebe in dir stirbt, so wird dagegen Gottes Liebe aufgerichtet. Das ist nun der neue inwendige Mensch mit seinen Gliedern; es sind Früchte des heiligen Geistes; es ist der lebendige, thätige Glaube, Gal. 5, 6. 22. Es ist Christus in uns und sein edles Leben; es ist der neue Gehorsam, das neue Gebot Christi; es ist die Frucht der neuen Geburt in uns, in welcher du leben mußt, willst du ein Kind Gottes seyn. Denn die in der neuen Geburt leben, die sind allein Gottes Kinder.

4. Daher kommt es nun, daß ein Mensch sich selbst verläugnen muß, das ist, sich selbst verzeihen seiner Ehre, seines Willens, seiner eigenen Liebe und Wohlgefallens, seines eigenen Nutzens und Lobes, und was dessen mehr ist, ja sich selbst verzeihen seines Rechts, und sich aller Dinge unwürdig achten, auch seines Lebens. Denn ein wahrer Christ, in dem die Demuth Christi ist, erkennt wohl, daß ein Mensch zu keinem Ding, so von oben herrührt, Recht hat, weil er Alles aus Gnaden hat. Darum braucht er Alles mit Furcht und Zittern, als ein fremdes Gut, zur Nothdurft, und nicht zur Wollust, nicht zu seinem eigenen Nutzen, Lob und Ehre.

5. Zum Exempel, lasset uns gegen einander halten einen rechten, wahren Christen, der sich selbst verläugnet, und einen falschen Christen, der mit eigener unordentlicher Liebe besessen ist. Wenn ein solcher verachtet wird, so thut ihm die Verachtung sehr wehe, er wird zornig, ungedulbig, flucht, lästert wieder, will sich selbst rächen mit Worten und Werken, und darf dessen noch wohl einen Eid schwören. Das ist der alte Mensch, der ist ein solcher Tölpel, zürnet leicht, ist feindselig und rachgierig. Dagegen, der sich selbst verläugnet, ist sanftmüthig, geduldig, verzeihet sich aller Rache, achtet sich würdig und schuldig, Alles zu leiden. Das heißt sich selbst verläugnen.

6. In solcher hohen Geduld, Sanftmuth und Demuth ist der Herr Christus dir vorgegangen. Er hat sich selbst verläugnet, da er sprach Matth. 20, 28: „Des Menschen Sohn ist nicht gekommen, daß er ihm dienen lasse." Deßgleichen: „Ich bin mitten unter euch wie ein Diener," Luc. 22, 27. „Des Menschen Sohn hat nicht so viel, da er sein Haupt hinlege," Luc. 9, 58. „Ich bin ein Wurm und kein Mensch," Pf. 22, 7. Also verläugnete sich David selbst, als ihm Simei fluchte, und sprach, 2 Sam. 16, 10: „Der Herr hat es ihn geheißen." Als wollte er sprechen: Du bist vor Gott ein armer Wurm, und werth, daß du Alles leidest. Also auch die lieben Heiligen und Propheten haben sich selbst verläugnet, sich unwürdig geachtet Alles, was einem Menschen zu gut geschehen mag, darum haben sie Alles geduldet. Hat ihnen Jemand geflucht, sie haben ihn dafür gesegnet; hat sie Jemand verfolgt, sie haben Gott dafür gedankt, Ap. Gesch. 5, 40. 41. Hat sie Jemand getödtet, sie haben für ihn gebetet, Ap. Gesch. 7, 59; und sind also durch viele Trübsal ins Reich Gottes eingedrungen, Ap. Gesch. 14, 22.

7. Siehe, das heißt sich selbst verläugnen, sich nicht werth achten Alles, was uns möchte zu gut und Liebe geschehen, und hinwieder, sich wohl würdig halten alles deß, was uns zu Leide geschieht.

8. Dieß Verläugnen ist nun das Kreuz Christi, das wir auf uns nehmen sollen, wie der Herr spricht Luc. 9, 23: „Wer mein Jünger seyn will, der verläugne sich selbst, und nehme sein Kreuz auf sich, und folge mir nach." Das ist dem Fleisch ein bitter Kreuz, denn es wollte lieber sicher, frei, ruchlos nach seinen eigenen Lüsten leben, als daß es sollte leben in der Demuth, Sanftmuth und Geduld Christi, und das Leben Christi an sich nehmen. Denn dieß Leben Christi ist dem Fleisch ein bitter Kreuz, ja es ist sein Tod; denn der alte Mensch muß sterben.

9. Alles was dem Menschen von Adam angeboren ist, das muß in einem rechten Christen sterben. Denn wenn man will die Demuth Christi an sich nehmen, so muß die Hoffart sterben; will man die Armuth Christi an sich nehmen, so muß der Geiz sterben; will man die Schmach Christi tragen, so muß die Ehrsucht sterben; wenn man die Sanftmuth Christi an sich nehmen will, so muß die Rachgier sterben; will man die Geduld Christi an sich nehmen, so muß der Zorn sterben.

10. Siehe, dieß Alles heißt sich selbst verläugnen, sein Kreuz auf sich nehmen, und Christo folgen, und dieß Alles nicht um eigenen Verdienstes, Lohns, Nutzens, Ruhms und Ehre willen, sondern allein um der Liebe Christi willen, weil ers gethan hat, weil dieß sein edles Leben ist, und weil er uns ihm zu folgen befohlen hat. Denn das ist das Bildniß Gottes in Christo, und in uns, welches des Menschen höchste Ehre ist, daran sich ein Mensch billig soll genügen lassen, und zum emsigsten darnach streben.

11. Und was ist es, daß ein Mensch so sehr nach Ehren in dieser Welt strebt, da er doch dadurch vor Gott nicht besser wird, denn andre Leute? Das bezeugt die Stunde unserer Geburt, und die Stunde des Todes, Weish. 7, 5. 6. Der Allergrößte in der Welt hat eben einen Leib von Fleisch und Blut, wie der geringste Mensch; also ist kein Mensch um eines Haares breit besser denn der andre. Einer wird geboren wie der andre, einer stirbt wie der andre; noch plagt uns die Ehrsucht also. Das macht alles die eigene Liebe, die verboten ist, weil wir uns selbst hassen sollen. Nun ist das gewiß, wer sich selber also liebet, das ist, ihm selber wohlgefällt, Hoffart treibt und stolziret, Ruhm und Ehre sucht, der wendet seine Seele von Gott und Christo ab, auf sich selbst und auf die Welt. Da kömmt nun Christus und spricht: Willst du selig werden, so mußt du dich selbst hassen und verläugnen, und nicht so lieb haben, oder du wirst deine Seele verlieren. Das will nun der alte Adam nicht thun, sondern will immer etwas in der Welt seyn.

12. Ach wie wenig sind ihrer, die diese Adamische Unart in ihnen erkennen, und derselben widerstreben! Und weil uns dieselbe angeboren und mit uns geboren wird, so müssen wir auch derselben absterben. Ach wie wenig sind ihrer, die dieses thun! Alles was uns von Adam angeboren wird, das muß in Christo sterben. In der Demuth Christi stirbt unsere Hoffart, in der Armuth Christi stirbt unser Geiz, in dem bittern Leiden Christi stirbt unsere Wollust, in der Schmach Christi stirbt unsere Ehre, in der Geduld Christi stirbt unser Zorn.

13. Wer nun sich selber also abstirbt, der kann auch darnach leicht der Welt absterben, und dieselbe mit all ihrem Reichthum und Herrlichkeit verschmähen; also daß er keiner weltlichen Ehre, Reichthum und Wollust begehrt, sondern seine Ehre, Reichthum und Wollust allein an Gott hat. Gott ist seine Ehre, Reichthum und Wollust. Er ist ein rechter Gast und Fremdling in dieser Welt; er ist Gottes Gast, und Gott wird ihm bald das fröhliche Jubeljahr in seinem Herzen anrichten, und ihn voll geistlicher Freude machen, und dann dort das ewige Jubeljahr mit ihm halten.

Gebet um Verläugnung sein selbst.

Ach Gott! unser Inwendiges ist vor deinen allsehenden Augen entdeckt. Wie viele schädliche Irrthümer und viele unreine Lüste regen sich in unserm armen und ganz verderbten Herzen! Ist doch nichts denn Böses bei uns zu verspüren. O die Sünde hat uns ganz durchdrungen und vergiftet! Aus der unreinen Quelle unserer bösen Herzen kommt nichts, als was unrein ist, und was deine heilige Majestät verabscheuet. Wer will uns von diesem angebornen Uebel befreien? Ach! Niemand kann es thun, als allein du, o allmächtiges Wesen! Wir fallen dir zu Fuße, wir klagen uns vor dir an, wir schreien um Erbarmung. Ach Vater! wir sind die Erlöseten deines Sohnes, laß uns in dem Dienst der Sünde und des Teufels nicht länger gefangen, gefesselt und gebunden seyn. Die Seligkeit ist uns erworben; laß uns nicht länger in der elenden Sclaverei deiner und unserer Feinde gemartert werden. Rette an uns die Ehre deines Sohnes, unsers vollendeten Bürgen. Zerstöre in uns das Reich der Finsterniß, und mache uns zu neuen Creaturen in Christo Jesu. Ziehe uns gänzlich zu unserm Mittler hin, daß wir an ihm haben die Erlösung durch sein Blut, nämlich die Vergebung und die Tödtung der Sünden. Schenke uns seine Gerechtigkeit, daß wir darin dir gefallen können. Belebe, stärke und regiere uns mit deinem Geist, daß wir als deine gesalbten Knechte dir im Geist und in der Wahrheit dienen, und deinem Gottesbilde von Tage zu Tage gleichförmiger werden. Amen. Ach Gott, thue diese Barmherzigkeit an uns, um Jesu willen! Amen.

Das 16. Capitel.
In einem wahren Christen muß allezeit seyn der Streit des Geistes und des Fleisches.

Röm. 7, 23. Ich sehe ein ander Gesetz in meinen Gliedern, das da widerstrebet dem Gesetz in meinem Gemüthe.

1. In einem jeden wahren Christen sind zweierlei Menschen, ein innerlicher und ein äußerlicher. Diese zwei sind wohl bei einander, aber wider einander, also daß das Leben des einen des andern Tod ist. Lebet und herrschet der äußerliche Mensch, so stirbt der innerliche. Lebt der innere Mensch, so muß der äußerliche sterben, wie St. Paulus 2 Cor. 4, 16 sagt: „Ob unser äußerlicher Mensch verweset, so wird doch der innere täglich erneuert."

2. Diese beiden nennt St. Paulus zu den Röm. C. 7, 23 das Gesetz seines Gemüths, und das Gesetz seiner Glieder. Und Gal. 5, 17 nennt er diese zwei, Geist und Fleisch: „Das Fleisch gelüstet wider den Geist, und den Geist wider das Fleisch."

3. Ueberwindet nun der Geist, so lebt der Mensch in Christo und in Gott, und wird geistlich genannt, lebt in der neuen Geburt. Ueberwindet aber das Fleisch, so lebt der Mensch im Teufel, in der alten Geburt, gehört nicht ins Reich Gottes, und wird fleischlich genannt. „Fleischlich aber gesinnet seyn, ist der Tod," Röm. 8, 6. Darum von dem, der die Herrschaft im Menschen behält, hat der Mensch seinen Namen in der Schrift, daß er fleischlich oder geistlich heißt.

4. Wenn Einer nun in diesem Kampf überwindet die bösen Lüste, so ist das die Stärke des Geistes des innern Menschen. Wo aber nicht, so ist es des Glaubens und des Geistes Schwachheit. Denn Glaube und Geist ist eins, wie geschrieben steht 2 Cor. 4, 13: „Weil wir den Geist des Glaubens haben, so reden wir auch."

5. Es ist der viel stärker, der sich selbst überwindet und seine bösen Lüste, denn der die Feinde überwindet, wie in den Spr. Sal. 16, 32 geschrieben ist: „Ein Geduldiger ist besser denn ein Starker; und der seines Muths Herr ist, ist besser denn der Städte gewinnet." Willst du nun einen großen Sieg haben, so überwinde dich selbst, deinen Zorn, Hoffart, Geiz und böse Lust; so hast du das Reich des Satans überwunden; denn in diesen Dingen allen hat der Satan sein Reich. Es sind wohl viel Kriegsleute, die haben helfen Städte gewinnen, aber sich selbst haben sie nicht überwunden.

6. Hängst du dem Fleische allzusehr nach, so tödtest du die Seele. Nun aber ist es besser, daß die Seele überwinde, auf daß auch der Leib mit erhalten werde, denn daß der Leib überwinde, und Leib und Seele verloren werde. Und allhier heißt es: „Wer sein Leben lieb hat, der wirds verlieren, und wer sein Leben in dieser Welt hasset, der wirds zum ewigen Leben erhalten," Joh. 12, 25.

7. Nun ist es wohl ein schwerer Kampf, aber er gebieret einen herrlichen Sieg, und

erwirbt eine schöne Krone. „Sey getreu bis in den Tod, so will ich dir die Krone des Lebens geben," Offenb. 20, 2. Desgleichen: „Unser Glaube ist der Sieg, der die Welt überwindet," 1 Joh. 5, 4. Die Welt aber ist in deinem Herzen. Ueberwinde dich selbst, so hast du die Welt überwunden.

8. Nun möchte Einer sagen: Wie soll ich ihm denn thun, wenn mich die Sünde bisweilen wider meinen Willen überwindet? soll ich darum verdammt, oder kein Kind Gottes seyn? wie St. Joh. sagt: „Wer Sünde thut, der ist vom Teufel," Joh. 3, 8. Antwort: Wenn du den Streit des Geistes wider das Fleisch in dir befindest, und thust oft, das du nicht willst, wie St. Paulus spricht: so ist es eine Anzeige eines gläubigen Herzens, daß der Glaube und Geist wider das Fleisch kämpfen. Denn St. Paulus lehrt uns mit seinem eigenen Exempel, daß solcher Streit in den Frommen und Gläubigen sey, da er spricht Röm. 7, 23: er fühle ein ander Gesetz in seinen Gliedern, das widerstrebe dem Gesetz seines Gemüths, das ist, dem neuen inwendigen Menschen, und nehme ihn gefangen in der Sünde Gesetz, daß er thue, was er nicht wolle. Das Wollen habe er wohl, aber das Vollbringen nicht. Das Gute, das er wolle, das thue er nicht, und das Böse, das er nicht wolle, das thue er; und klagt darüber V. 24: „Ich elender Mensch, wer will mich erlösen von dem Leibe des Todes?" das ist, von dem Leibe, darin Sünde und Tod steckt, die mich so plagen. Es ist eben das, was der Herr spricht: „Der Geist ist willig, aber das Fleisch ist schwach," Matth. 26, 41. Marc. 14, 38.

9. So lange nun dieser Streit im Menschen währet, so lange herrscht die Sünde nicht im Menschen. Denn wider welchen man immer streitet, der kann nicht herrschen. Und weil sie im Menschen nicht herrschet, indem der Geist wider die Sünde streitet, so verdammt sie auch den Menschen nicht. Denn ob wohl alle Heiligen Sünde haben, wie St. Paulus spricht: „Ich weiß, daß in meinem Fleisch nichts Gutes wohnet," Röm. 7, 18, und St. Johannes: „So wir sagen, wir haben keine Sünde, so betrügen wir uns selbst," 1 Joh. 1, 8: so verdammt doch die inwohnende Sünde nicht, sondern die herrschende Sünde. Und weil der Mensch wider die Sünde streitet, und nicht darein willigt, so wird ihm die Sünde nicht zugerechnet; wie St. Paulus zu den Römern C. 8, 1 spricht: „Es ist nichts Verdammliches an denen, die in Christo Jesu sind, die nicht nach dem Fleische, sondern nach dem Geist leben," das ist, die das Fleisch nicht herrschen lassen. In denen aber solcher Streit nicht ist, die solchen Streit nicht fühlen, die sind nicht Wiedergeborene, die haben herrschende Sünde, sind überwunden, sind Knechte der Sünde und des Satans, und sind verdammt, so lange sie die Sünde in ihnen herrschen lassen.

10. Dieses hat uns Gott durch das Vorbild der Canaaniter vorgestellt, so im gelobten Lande wohnten, aber nicht herrschen durften. Gott läßt die Canaaniter unter Israel wohnen, Jos. 16, 10; aber sie sollten nicht herrschen, sondern Israel sollte Herr seyn, und nicht überbliebene Canaaniter. Also bleiben viele Sünden übrig in den Heiligen, aber sie sollen nicht herrschen. Der neue Mensch, der Israel heißt, Gottes Kämpfer, 1 Mos. 32, 28, der soll herrschen, der alte Mensch soll gedämpft werden.

11. Das beweiset, stärket und erhält den neuen Menschen, daß er einen steten Kampf führt wider den alten Menschen. Der Sieg und die Stärke des Geistes beweisen einen rechten Israeliten, einen neuen Menschen. Der Streit beweiset einen Christen. Das Land Canaan wird mit Streit und Kampf eingenommen und behauptet. Bekommt aber bisweilen der Canaaniter und das Fleisch die Herrschaft, so muß Israel und der neue Mensch nicht lange unterliegen, und die Sünde und den Canaaniter nicht lange herrschen lassen; sondern er muß sich durch die Gnade Gottes wieder stärken in Christo, durch wahre Buße und Vergebung der Sünde wieder aufstehen, und den rechten Josua, den Fürsten des Volks, anrufen, daß er ihn stärke und in ihm siege. So ist der vorige Fall zugedeckt, vergessen und vergeben, und ist

der Mensch wieder erneuert zum Leben, und in Christum versetzt. Und ob du gleich noch viel Schwachheit des Fleisches fühlest, und nicht Alles thun kannst, was du gern wolltest, so wird doch dir, als einem bußfertigen Menschen, das Verdienst Christi zugerechnet, und mit seinem vollkommenen Gehorsam deine Sünde zugedeckt. Und also hat in solcher täglichen Buße, wenn man von Sünden wieder auffsteht, die Zurechnung des Verdienstes Christi allezeit Raum und Statt. Denn daß ein gottloser unbußfertiger Mensch, der die Sünde weidlich in ihm herrschen läßt, und dem Fleisch seine Lust weidlich büßet, sich das Verdienst wollte zurechnen, ist umsonst und vergeblich. Denn was sollte dem Christi Blut nützen, der dasselbe mit Füßen tritt? Hebr. 10, 29.

Gebet um Sieg über das Fleisch und dessen Lüste.

Großer Gott, durch deine allmächtige Wirkung werden wir Geist aus Geist geboren, und erlangen das neue Wesen des Geistes in uns, daß wir an deinen Sohn Jesum glauben und dir aufrichtig dienen können. Gelobet seyst du dafür in alle Ewigkeit, daß du durch die Wiedergeburt aus verfluchten Sündern dir selige Kinder zubereitest, und aus elenden Sclaven des Teufels herrliche Unterthanen machst, die mit einem heiligen Schmuck bekleidet, und mit deinem Geist begnadigt, auch durch denselben zur Vollbringung deines Willens tüchtig gemacht werden. Aber, ach Gott! wenn auch diese wichtige Veränderung in uns vorgegangen ist, so klebt uns doch die verfluchte Sünde noch an, und reizt unsere Herzen, daß wir ihre Knechte wiederum werden sollen. Wir bekennen dir, daß wir diesem listigen und mächtigen Feinde nicht gewachsen sind; und käme es auf unsere Kräfte an, so würden wir von ihm gar bald hingerissen und wieder überwunden werden. Barmherziger Gott, hast du dein Werk in uns angefangen, ach so vollende es bis auf den Tag der Erscheinung deines Sohnes! Erhalte uns in der Wachsamkeit, stärke uns im Kampf, und schenke uns um Jesu willen Ueberwindungskraft. Befreie uns endlich ganz und gar von diesem Uebel, und laß uns dereinst unter der Anzahl der vollendeten Gerechten ohne Sünde vor deinem Thron ewig triumphiren. Amen.

Das 17. Capitel.

Daß der Christen Erbe und Güter nicht in dieser Welt seyen, darum sie des Zeitlichen als Fremdlinge gebrauchen sollen.

1 Tim. 6, 7. 8. Wir haben nichts in die Welt gebracht, darum offenbar ist, wir werden auch nichts hinaus bringen. Wenn wir aber Nahrung und Kleider haben, so lasset uns begnügen.

1. Alles was Gott geschaffen und dem Menschen gegeben hat an zeitlichen Gütern, das ist von Gott nur zur Leibes Nothdurft geschaffen; dazu wirs auch allein gebrauchen sollen, und Alles von Gott nehmen mit Danksagung, mit Furcht und Zittern. Ist etwas übrig, Gold und Silber, Speise und Trank, Kleidung ꝛc., so ist es Alles dem Menschen zur Probe vorgestellt, wie er sich damit erzeigen und damit umgehen will; ob er Gott wolle anhangen, und allein auf die unsichtbaren himmlischen Güter sehen, und sich in Gott erfreuen; oder ob er von Gott abfallen wolle, und sich in die zeitlichen Lüste und irdische Welt begeben, das irdische Paradies mehr lieben, denn das himmlische.

2. Darum hat Gott den Menschen der zeitlichen Dinge halben in eine freie Wahl gesetzt, und prüft ihn durch Reichthum, durch hohe Gaben, durch Ehre und Gunst, wie fest er an Gott halten wolle, ob er sich dadurch von Gott wolle lassen abwenden, ob er in Gott oder außer Gott, mit Gott oder wider Gott leben wolle, und alsdann nach seiner eigenen Wahl gerichtet würde, und keine Entschuldigung hätte; wie Moses spricht 5 Mos. 30, 19: „Siehe, ich nehme heut Himmel und Erde zu Zeugen, daß ich euch vorgelegt habe den Segen und den Fluch, das Leben und den Tod; daß ihr das Leben erwählen sollet, und den Segen überkommen."

3. Darum stehen alle Dinge in dieser Welt vor unsern Augen, nicht um Wollust

und Ergötzung willen, sondern als eine vorgestellte Probe, daran wir uns leicht vergreifen können, wo wir das höchste Gut fahren lassen. Denn das Alles ist der verbotene Baum mit seinen Früchten, davon wir nicht essen sollen, 1 Mos. 2, 16; das ist, uns nicht gelüsten lassen diese Welt also, daß wir unsers Herzens Lust und Freude daran haben. Wie denn jetzo die ganze Welt thut, die ihre Wollust im Zeitlichen sucht, zur Ergötzung ihres Fleisches, mit köstlicher Speise und Trank, mit köstlicher Kleidung und anderer irdischen Freude; welches die meisten Leute von Gott abwendet.

4. Dagegen die Christen sollen gedenken, daß sie hier Pilgrime und Gottes Gäste sind, darum sie nur sollen zur Nothdurft, und nicht zur Wollust, das Zeitliche gebrauchen. Gott soll allein unsere Lust und Freude seyn, und nicht die Welt. Ist es anders, so thun wir Sünde, und essen täglich mit der Eva von dem verbotenen Baum durch die bösen Lüste. Christen haben ihre Lust nicht an der irdischen Speise, sondern ihre inwendigen Augen sind gerichtet auf die ewige Speise. Christen prangen nicht mit den irdischen Kleidern, sondern sehnen sich nach der himmlischen Kleidung der Klarheit Gottes und der verklärten Leiber. In dieser Welt ist Alles den Christen ein Kreuz, eine Versuchung, eine Anreizung zum Bösen, ein Gift und Galle. Denn was ein Mensch mit Lust anrührt und gebraucht, zur Ergötzung des Fleisches, ohne Furcht Gottes, das ist der Seele ein Gift, ob es gleich dem Leibe eine Arznei und gut zu seyn scheint. Aber Niemand will den verbotenen Baum mit seinen Früchten kennen noch kennen, lernen; Jedermann greift mit großer Begierde nach der verbotenen Lust des Fleisches. Das ist der verbotene Baum.

5. Wer nun ein rechter, wahrer Christ ist, der gebraucht Alles mit Furcht, als ein Gast, und sieht sich wohl vor, daß er Gott, als den obersten Hausvater, mit Essen und Trinken, mit Kleidern und Wohnungen, oder mit dem Gebrauch anderer zeitlichen Dinge, nicht erzürne, und seine Mitgäste beleidige; hütet sich vor dem Mißbrauch, und sieht immer mit dem Glauben ins ewige, zukünftige und unsichtbare Wesen, da die rechten Güter sind. Denn was hilft es dem Leibe, wenn er lange seine Wollust in dieser Welt gepflogen, darnach fressen ihn die Würmer? Gedenket an den heiligen Hiob, da er sprach: „Ich bin nackend von meiner Mutter Leibe gekommen, nackend muß ich davon," Hiob 1, 21. Wir bringen nichts mit, denn einen nackenden, dürftigen, schwachen und blöden Leib. Also müssen wir wieder hinaus in jene Welt, müssen auch unsern Leib und Leben hinter uns lassen, können's nicht mitnehmen.

6. Was wir nun von der Stunde der Geburt an bis in die Stunde des Todes in dieser Welt empfangen haben, an Speise, Trank, Kleidung und Wohnung, ist Alles das Gnaden- und Schmerzensbrod gewesen, und die bloße Nothdurft des Leibes; müssen Alles dahinten lassen in der Stunde des Todes, und ärmer von hinnen scheiden, denn wir hereinkommen, 1 Tim. 6, 7. Denn ein Mensch stirbt ärmer, als er geboren wird. Wenn er in die Welt kommt, so bringt er ja noch Leib und Seele mit, und ist alsobald seine Decke, Speise und Wohnung da; aber wenn er stirbt, muß er nicht allein das lassen, sondern sein Leib und Leben dazu. Wer ist nun ärmer, wenn er stirbt, denn der Mensch? Ist er aber nicht reich in Gott, wie könnte eine ärmere Creatur sein?

7. Weil wir denn nun Fremdlinge und Gäste sind, und alles Zeitliche weiter nicht gehet, denn zur Erhaltung des sterblichen Leibes, was plagen und beschweren wir denn doch unsere arme Seele damit? denn nach dem Tode ist es uns ja nichts mehr nütze. Siehe, welch eine Thorheit ist es, so viel Güter für einen armen sterblichen Leib sammeln, welche du doch in der Welt lassen mußt? Luc. 12, 20. 21. Weißt du nicht, daß eine andere, bessere Welt ist, daß ein ander, besser Leib und Leben ist, denn dieser sterbliche Leib und das elende zeitliche Leben? Weißt du nicht, daß du ein Gast und Fremdling vor Gott bist? Pf. 39, 13. Vor mir, spricht der Herr, vor meinen Augen, wiewohl ihr's nicht gedenket und meinet. 3 Mos. 25, 23.

4

8. Weil denn nun der Herr sagt: Wir sind Gäste und Fremdlinge, so muß nothwendig anderswo unser Vaterland seyn. Das findet sich, wenn wir betrachten die Zeit und Ewigkeit, die sichtbare und unsichtbare Welt, die irdische und himmlische Wohnung, das sterbliche und unsterbliche Wesen, das vergängliche und unvergängliche, das zeitliche und ewige Wesen. Wenn wir diese Dinge gegen einander halten und betrachten, so wird unsere Seele geläutert, und wir sehen mit dem Glauben viel Dinge, die von allen denen unerkannt bleiben, die solche Betrachtung nicht haben; die füllen sich mit irdischem Koth dieser Welt, wälzen sich darin, vertiefen sich in ihren weltlichen Sorgen, Geiz und Wucher; die sind blind an ihren Seelen, ob sie wohl in zeitlichen Dingen noch so scharfsichtig sind. Denn sie meinen, es sey keine edlere und bessere Freude, kein edler und besser Leben und Wesen, denn in dieser Welt, die doch den wahren Christen nur ein Jammerthal ist, ja eine finstere Grube und tiefer Kerker.

9. Darum auch diejenigen, die diese Welt lieb haben, und ihr Paradies darin suchen, die kommen über den viehischen Verstand nicht, „fahren davon, wie ein Vieh," Ps. 49, 21, sind blind am innern Menschen, haben keine himmlischen Gedanken, können sich in Gott nicht erfreuen, freuen sich nur in dem Unflath dieser Welt, darin ist ihre Ruhe; wenn sie das haben, so ist ihnen wohl. Das sind rechte Viehmenschen. Ach die elenden, blinden Leute! sie sitzen in Finsterniß und Schatten des Todes, Luc. 1, 79, und fahren in die ewige Finsterniß.

10. Und damit wir ja wohl lernen mögen, daß wir Fremdlinge und Gäste in der Welt sind, sollen wir auf das Exempel Christi sehen, und ihm nachfolgen, seiner Lehre und Leben. Derselbe ist unser Vorgänger gewesen, unser Muster und Vorbild, dem sollen Christen begehren gleichförmig zu werden. Siehe die Lehre und das Leben Christi an; siehe, der war der edelste Mensch in der Welt. Was war aber sein Leben? Nichts anders, denn eitel Armuth und Verachtung der weltlichen Ehre, Lust und Güter, welche drei Stücke die Welt für ihren dreifachen Gott hält. Sagt er nicht selbst: „Des Menschen Sohn hat nicht so viel, da er sein Haupt hinlege?" Matth. 8, 20.

11. Siehe an den David, wie arm, verachtet und verfolgt er war, ehe er zum Königreich kam. Und als er König ward, hat er alle seine königliche Ehre und Würde so hoch nicht geachtet, als die Freude des ewigen Lebens; wie er im 84. Psalm V. 2 spricht: „Wie lieblich sind deine Wohnungen, Herr Zebaoth! Meine Seele verlanget und sehnet sich nach den Vorhöfen des Herrn. Mein Leib und Seele freuen sich in dem lebendigen Gott. Ein Tag in deinen Vorhöfen ist besser, denn sonst tausend," ꝛc. Ich habe ja Land und Leute, auch eine königliche Wohnung, die Burg Zion; aber es ist nichts gegen deine lieblichen Wohnungen. So that auch Hiob, da er sich seines Erlösers tröstete, Hiob 19, 25.

12. Siehe an einen Petrus, Paulus und alle Apostel, wie sie ihre Güter, ihren Reichthum, nicht in dieser, sondern in der zukünftigen Welt gesucht haben; wie sie das edle Leben Christi an sich genommen, gewandelt in seiner Liebe, Sanftmuth, Demuth und Geduld; wie sie diese Welt verschmähet haben. Hat ihnen Einer geflucht, sie haben ihn dafür gesegnet; hat sie Jemand geschmähet, sie haben ihm dafür gedankt, 1 Cor. 4, 12. Ap. Gesch. 5, 41; hat sie Jemand verfolgt, sie haben Gott dafür gedienet; hat sie Jemand gegeisselt, sie haben's mit Geduld gelitten, und gesagt: „Wir müssen durch viel Trübsal in das Reich Gottes eingehen," Apost. Gesch. 14, 22; und hat sie Jemand getödtet, sie haben für ihn gebeten, und mit ihrem Erlöser gesagt: Vater, vergib ihnen, Luc. 23, 34, rechne ihnen die Sünde nicht zu, Apost. Gesch. 7, 59. So gar sind sie abgestorben dem Zorn, der Rachgier und Bitterkeit, dem Ehrgeiz, der Hoffart, der Liebe dieser Welt und ihres eigenen Lebens, und haben gelebt in Christo, das ist, in seiner Liebe, Sanftmuth, Geduld und Demuth. Die sind recht in Christo lebendig worden im Glauben, die also leben.

13. Von diesem edeln Leben Christi

wissen die Weltkinder nicht viel. Denn die in Christo nicht leben, noch wissen, daß in Christo ein rechtschaffenes Wesen sey, Eph. 4, 21, die sind todt in Sünden, in ihrem Zorn, Haß, Neid, Geiz, Wucher, Hoffart und Rachgier. Und so lange ein Mensch darin bleibt, thut er nimmer Buße, wird nimmermehr in Christo lebendig durch den Glauben, er gebe es auch so gut vor, als er immer wolle. Die wahren Christen aber wissen, daß sie in die Fußstapfen ihres Erlösers treten müssen, 1 Pet. 2, 21; und sie haben sein Leben zum Vorbilde, und ihr Buch ist Christus selbst; sie lernen seine Lehre und Leben von ihm; da heißt es: In Christo ist ein rechtschaffenes Leben. Das Leben Christi kann uns Alles lehren. Die sprechen mit den Aposteln: „Wir sehen nicht auf das Sichtbare, sondern auf das Unsichtbare. Denn was sichtbar ist, das ist zeitlich; was aber unsichtbar ist, das ist ewig," 2 Cor. 4, 18. Und: „Wir haben hier keine bleibende Stätte, sondern die zukünftige suchen wir," Hebr. 13, 14.

14. So wir denn nun Fremdlinge und Gäste in dieser Welt sind, und hier keine bleibende Stätte haben, so muß je daraus folgen, daß wir nicht um dieser sichtbaren Welt willen erschaffen sind. Darum ist diese Welt nicht unser rechtes Vaterland und Eigenthum, wir wissen ein besseres und edleres, um welches willen wir lieber sollten zwei Welten verlieren, ja Leib und Leben, daß wir jenes behalten möchten. Darum freuet sich ein Christ dieser Erkenntniß, daß er reich möge in Gott werden, und daß er zum ewigen Leben erschaffen sey; sieht auch, wie elende verblendete Leute die Weltnarren sind, welche Thorheit sie in der Welt begehen, daß sie ihre edle Seele um des Zeitlichen willen beschweren, ja wohl gar verlieren.

Gebet um Verachtung des Zeitlichen und Liebe des Ewigen.

Herr, unser Gott, wir wünschen und es ist uns ein Verlangen, in Zeit und Ewigkeit selig zu seyn. Unser Heil ist allein in dir, unserm höchsten Gut, zu finden; denn außer dir ist lauter Jammer und Herzeleid. Die Scheingüter der Erde sind zu gering für unsern edeln Geist, und können das unendliche Begehren unserer unsterblichen Seele nicht befriedigen. Wenn wir aber dich haben, so besitzen und genießen wir solche Schätze, die uns wahrhaftig und ewig vergnügen. Liebreicher Gott, lehre uns diese Wahrheit recht erkennen, damit eine Geringschätzung aller zeitlichen und vergänglichen Dinge, und eine Hochachtung aller himmlischen und unendlichen Gnadengüter bei uns entstehe. Allmächtiger Gott, reiße unsere Herzen los von dem, das auf Erden ist, und mache uns himmlisch gesinnt. Laß uns deine Pilgrime und Bürger seyn, die nach dem ewigen Vaterlande sich beständig sehnen, und ihre Reise durch dieses Jammerthal also vollenden, daß wir dereinst in deiner Herrlichkeit ewig bei dir seyn mögen. Amen.

Das 18. Capitel.
Wie hoch Gott erzürnt werde, wenn man das Zeitliche dem Ewigen vorzieht, und wie und warum wir mit unsern Herzen nicht an den Creaturen hängen sollen.

4 Mos. 11, 1. Der Herr zündete ein Feuer unter ihnen an, das verzehrte die äußersten Lager.

1. Die Kinder Israel murreten wider Mosen, und sprachen: „Wer will uns Fleisch zu essen geben? Wir gedenken an die Fische und Kürbisse in Egypten." Dadurch werden uns vorgebildet die Leute, so bei dem Evangelio nur weltliche und fleischliche Dinge suchen, Reichthum, Ehre und Wollust, und mehr Fleiß anwenden, wie sie reich werden, denn wie sie selig werden mögen; „haben lieber die Ehre bei den Menschen, denn die Ehre bei Gott," Joh. 12, 43; suchen mehr des Fleisches Lust, denn des Geistes Armseligkeit und Zerschlagenheit. Dagegen ist die Probe eines wahren Christen, daß er mehr sorgt für seine Seele, denn für seinen Leib; sieht auf künftige Ehre und Herrlichkeit mehr, denn auf die zeitliche Ehre; er schaut mehr auf das Unsichtbare, das ewig ist, denn auf das Sichtbare, das vergänglich ist; er kreuzigt und tödtet sein Fleisch, auf daß der Geist lebe.

2. Und in Summa: das ist das ganze Christenthum, Christo unserm Herrn nachfolgen. Augustinus sagt: Die Religion besteht vornehmlich darin, daß du demselben nachfolgest, welchen du ehrest und dem du dienest. Und Plato hat's aus dem Lichte der Natur verstanden, und gesagt: Die Vollkommenheit des Menschen besteht in der Nachfolge Gottes. So soll nun Christus, unser Herr, unser Spiegel seyn, und die Richtschnur unsers ganzen Lebens, dahin unser Herz, Sinn und Gedanken sollen gewendet seyn, wie wir zu ihm kommen, durch ihn selig werden, und ewig mit ihm leben mögen, daß wir unsers Endes mit Freuden mögen warten.

3. Das muß uns also geschehen, daß alle unsere Arbeit, Handel, Wandel, Beruf, im Glauben geschehe, in der Liebe und Hoffnung des ewigen Lebens. Oder noch deutlicher, daß in allen Dingen, was man thut, des ewigen Lebens und der ewigen Seligkeit nicht vergessen werde.

4. Durch diese Gottesfurcht wächst in einem Menschen eine heilige Begierde des Ewigen, und wird die große unersättliche Begierde des Zeitlichen gedämpft. Das lehrt St. Paulus in dem schönen Spruch Col. 3, 17: „Alles, was ihr thut mit Worten oder mit Werken, das thut im Namen des Herrn Jesu, und danket Gott, dem Vater, durch ihn."

5. Nun heißt Gottes Name: Gottes Ehre, Ruhm, Lob und Preis. Psalm 48, 11: „Gott, wie dein Name ist, so ist auch dein Ruhm, bis an der Welt Ende." Wenn wir dahin all unser Thun und Leben richten, so ist es ins Ewige gerichtet, und sind die Werke, die in Gott gethan sind, Joh. 3, 21, und die uns nachfolgen nach unserm Tode, Offenb. Joh. 14, 13.

6. Summa: wir müssen Gott in allen Dingen suchen, das höchste Gut und das ewige Leben, wollen wir Gott und das ewige Leben nicht verlieren. Das lehrt uns auch St. Paulus 1 Tim. 6, 11, da er uns vor dem Geiz warnet, und spricht: „Du Gottesmensch, fleuch dasselbige." Er nennt den Christen einen Gottesmenschen, darum daß er aus Gott geboren, in Gott und nach Gott lebt, Gottes Kind und Erbe ist; wie ein Weltmensch ist, der nach der Welt lebt, und sein Theil in dieser Welt hat, dem Gott den Bauch füllet mit seinen Gütern, Ps. 17, 14. Das soll ein Christenmensch fliehen, und nachjagen dem Glauben, der Liebe, und ergreifen das ewige Leben, dazu er berufen ist.

7. Wo nun dieses nicht geschieht, da wird eine große Sünde begangen, die Gott mit dem ewigen höllischen Feuer bestrafen wird; welches uns die Historie vorbildet 4 Mos. 11, 1 f. Da die Kinder Israel die Bauchfülle suchten, zündete Gott ein Feuer unter ihnen an, welches ihre Lager verzehrte. Das ist ein wunderlich Feuer gewesen, ein Rachefeuer, und ist der Zorn Gottes und sein Eifer gewesen.

8. Wenn wir nun solche Strafen sehen, es sey Feuer, Wasser, Krieg, Hunger, Pestilenz, so sollen wir nur nicht anders gedenken, denn daß es Gottes Zorn sey, allein dadurch verursacht, daß man nur das Zeitliche sucht und das Ewige vergißt, das Zeitliche dem Ewigen vorzieht, mehr für den Leib als für die Seele sorgt. Welches die höchste Undankbarkeit und Verachtung Gottes ist, so er zeitlich und ewig strafen wird. Denn ein Jeder bedenke selbst, ob das nicht die höchste Undankbarkeit sey, den ewigen allmächtigen Gott, von dem er Leib und Seele hat, hintansetzen, und die ohnmächtigen Creaturen sich zum Abgott machen? Ist es nicht die höchste Verachtung Gottes, die Creaturen mehr lieben, denn den Schöpfer? dem Vergänglichen mehr anhangen, denn dem Unvergänglichen?

9. Es hat wohl Gott der Herr die Creaturen und alles Zeitliche geschaffen zu unserer Nothdurft, aber nicht zu dem Ende, daß wir daran hängen sollen mit unserer Liebe, sondern daß wir Gott in den zeitlichen Creaturen suchen und erkennen sollen, und dem Schöpfer mit unserer Liebe und Herzen anhangen. Das ist, die Creaturen sind allein Gottes Fußstapfen, Gottes Zeugen, die uns zu Gott führen sollen; so aber bleiben wir an denselbigen hangen.

10. Was wird aber endlich aus solcher Weltliebe, darin Gott nicht ist? Nichts

anders denn Feuer und Hölle; wie das Exempel von Sodom und Gomorra bezeugt, 1 Mos. 19, 24, und jenes Vorbild, daß der Herr ein Feuer unter ihnen anzündete, welches ein Spiegel ist des ewigen Feuers und der Verdammniß.

11. Es sind die Creaturen Gottes alle gut, wie sie Gott geschaffen; aber wenn des Menschen Herz daran hängt, und dieselbigen gleichsam zum Abgott macht, so sind sie dem Fluch unterworfen, und ein Gräuel vor Gott; wie die goldenen und silbernen Götzen, daran das Silber und Gold gut ist, aber der Gräuel, der daran hängt, macht es zum Fluch, und daraus wird das ewige Feuer und die ewige Pein.

12. Summa: ein Christ muß sein Herz, Liebe, Lust, Reichthum und Ehre, im Ewigen haben, darauf folgt das ewige Leben; denn „wo dein Schatz ist, da ist auch dein Herz," Luc. 12, 34. Matth. 6, 21. Aus der Liebe und Lust dieser Welt kann nichts anders kommen, denn ewige Verdammniß. Denn „die Welt vergeht mit ihrer Lust; wer aber den Willen Gottes thut, der bleibet in Ewigkeit," 1 Joh. 2, 17. Darum sagt Johannes 1 Epist. 2, 15: „Liebe Kindlein, habet nicht lieb die Welt, noch was in der Welt ist." Er lehret uns damit, daß Gott nicht haben will, daß wir einige Creatur lieben sollen. Ursache:

1) Die Liebe ist das ganze Herz des Menschen, und der edelste Trieb; darum gebührt dieselbe Gott allein, als dem edelsten und höchsten Gut.

2) So ist es auch eine große Thorheit, dasjenige lieben, so uns nicht kann wieder lieben. Das zeitliche, ohnmächtige, todte Ding hat keine Liebe zu uns, darum ist es vergeblich, daß wir es lieben. Vielmehr sollen wir Gott von Herzen über alle Creaturen lieben; denn er liebt uns also, daß er uns zum ewigen Leben geschaffen, erlöset und geheiliget hat.

3) Es ist natürlich, daß ein Jeglicher seines Gleichen liebt. Gott hat dich darum zu seinem Gleichniß und Bilde geschaffen, daß du ihn und deinen Nächsten lieben solltest.

4) Unsere Seele ist wie ein Wachs; was man hinein drückt, deß Bild behält es. Also soll man Gottes Bild in deiner Seele sehen, wie in einem Spiegel. Wo man ihn hinwendet, das sieht man darin. Wendest du einen Spiegel um gegen den Himmel, so siehst du den Himmel darin; wendest du ihn gegen die Erde, so siehst du die Erde darin. Also deine Seele, wohin du dieselbe wenden wirst, dessen Bild wird man darin sehen.

5) Da der Erzvater Jacob in fremden Landen war, in Mesopotamia, und diente vierzehn Jahr um seine Weiber und sechs Jahr um seinen Lohn, sind zwanzig Jahr, war doch immer sein Herz gesinnet, wiederum heimzuziehen in sein Vaterland; wie er auch endlich that, 1 Mos. 31, 17. Also, ob wir wohl in dieser Welt sind und leben müssen in unserm Amt und Beruf, soll doch unser Herz immer gerichtet seyn ins himmlische ewige Vaterland.

6) Alles was ein Mensch hat, es sey Böses oder Gutes, das hat er von dem, das er liebt. Liebet er Gott, so hat er alle Tugenden und alles Gute von Gott; liebet er die Welt, so hat er alle Laster und alles Böse von der Welt.

7) Da der König Nebucadnezar die Welt allzusehr liebte, verlor er das Bild des Menschen, und ward in eine Bestie verwandelt. Denn der Text sagt ausdrücklich: er sey wieder zu seiner vorigen Gestalt gekommen, Dan. 4, 33; folglich muß er sie verloren haben, oder eine unmenschliche Gestalt an sich gehabt haben. Also verlieren alle diejenigen das Bild Gottes aus ihrem Herzen, die die Welt allzusehr lieben, und werden inwendig Hunde, Löwen und Bären, werden gar ein Vieh.

8) Summa: was ein Mensch in seinem Herzen hat, das wird dort offenbar werden, und das wird er auch behalten, entweder Gott oder die Welt. Behält er die Welt, so wird daraus eitel Feuer werden; wie jenes Vorbild anzeigt.

Gebet um Befreiung von der Weltliebe.

Heiliger und gerechter Gott, du sagst selber in deinem Wort: Was die Albernen gelüstet, tödtet sie, und der Ruchlosen Glück bringet sie um. Ach bewahre uns vor der großen Blindheit und Thorheit, daß wir mit unsern Herzen an den

Creaturen nicht kleben bleiben! Denn was würde es uns helfen, wenn wir noch so viele Vortheile auf Erden erlangten, und müßten darüber unsers ewigen Erbtheils verlustig gehen? Der ist ja nicht selig, dem Alles in der Welt nach Wunsch von Statten geht, sondern unser ganzes Heil ist bei dir, unserm Gott, allein anzutreffen. Wer aber die Welt lieb hat, in dem kann deine Liebe nicht seyn. Leere uns aus von aller sündlichen Creaturliebe, damit deine Gottesliebe uns ganz erfüllen könne. Bei dir ist die lebendige Quelle. In dir ist das Leben und die volle Gnüge. Ach Gott, laß uns dein Eigenthum auf ewig seyn, und sey du unser liebreicher und treuer Gott ohne Ende. Amen.

Das 19. Capitel.

Der in seinem Herzen der Elendeste ist, der ist bei Gott der Liebste; und durch christliche Erkenntniß seines Elends sucht man Gottes Gnade.

Jes. 66, 2. Ich sehe an den Elenden, der zerbrochenes Herzens ist, und der sich fürchtet vor meinem Wort.

1. Diesen Spruch hat der gnädige und barmherzige Gott selbst durch den Propheten Jesaias ausgesprochen, unser betrübtes Herz zu trösten durch sein gnädiges Ansehen. Soll dich nun Gott gnädig ansehen, so mußt du in deinem Herzen bei dir selbst elend seyn, und dich nicht werth achten eines göttlichen oder menschlichen Trostes; sondern dich gar für Nichts achten, und allein im Glauben Christum anschauen.

2. Welcher Mensch sich noch für Etwas hält, der ist nicht elend in seinem Herzen, und den sieht auch Gott nicht an. Daher sagt Paulus Gal. 6, 3: „Wer sich dünken lässet, er sey etwas, da er doch nichts ist, der betrüget sich selbst." Ursache: Gott ist Alles allein. Und wenn du Gott willst lernen erkennen, so mußt du nicht allein wissen, daß er Alles allein sey; sondern du mußt es in deinem Herzen dafür halten, und an dir selbst beweisen.

3. Sollst du nun dasselbe mit der That beweisen, daß Gott Alles allein sey, so mußt du in deinem Herzen Nichts werden, so klein, so gering, als wärest du Nichts. Wie der liebe David; als ihn seine Michal verachtete, da er tanzte vor dem Gnadenstuhl, sprach er: „Ich will noch geringer werden in meinen Augen vor dem Herrn," 2 Sam. 6, 22.

4. Der Mensch, der Etwas seyn will, ist die Materie, daraus Gott Nichts macht, ja daraus er die Narren macht. Ein Mensch aber, der Nichts seyn will, und sich für Nichts hält, ist die Materie, daraus Gott Etwas macht, und herrliche weise Leute vor ihm. Ein Mensch, der sich vor Gott für den Geringsten achtet, für den Elendesten, ist bei Gott der Größte und Herrlichste; der sich für den größten Sünder hält, ist bei Gott der größte Heilige.

5. Siehe, das ist die Niedrigkeit, die Gott erhöhet, das Elend, das Gott ansieht, und die Nichtigkeit des Menschen, daraus Gott Etwas macht. Denn gleichwie Gott Himmel und Erde aus Nichts gemacht hat zu einem herrlichen und wunderbaren Gebäu, also will er den Menschen, der auch Nichts ist in seinem Herzen, zu etwas Herrlichem machen.

6. Sehet den David an, wie sah Gott sein Elend an, nahm seine Niedrigkeit, und machte so ein herrlich Werk daraus. Deßgleichen den Jacob, der da sprach: „Herr, ich bin viel zu gering aller der Wohlthaten, die die du mir erzeigt hast," 1 Mos. 32, 10.

7. Sehet den Herrn Jesum an, wie Gott aus seiner Niedrigkeit und aus seinem Elende, ja aus seiner Nichtigkeit, da er für uns ein Fluch und Wurm ward, Ps. 22, 7, der Geringste und Verachtetste unter den Menschenkindern, Jes. 53, 3, so große Herrlichkeit gemacht hat.

8. Sehet einen Künstler an: soll er ein Kunststück machen, so muß er gar eine neue Materie haben, daraus er's macht; es muß kein Anderer daran gesudelt haben. Also thut Gott auch. Soll er aus dem Menschen Etwas machen, so muß er Nichts seyn. Der aber sich selbst zu Etwas macht, und meinet, er sey Etwas, der ist nicht Gottes Materie, daran er Lust hat zu arbeiten. Denn Gottes Materie, daraus er Etwas macht, ist Nichts; ja,

Gott sieht ihn nicht an. Daher spricht die Jungfrau Maria: „Der Herr hat seine elende Magd angesehen. Siehe, von nun an werden mich selig preisen alle Kindeskinder," Luc. 1, 48.

9. Der ist nun in seinem Herzen elend, der sich so gering hält, daß er sich keiner Wohlthaten Gottes, sie seyen geistlich oder leiblich, werth achtet. Denn wer sich etwas werth achtet, der meint, er sey Etwas, da er doch Nichts ist, findet Gottes Gnade nicht, sondern verliert dieselbe. Denn Gottes Gnade bleibt bei keinem Menschen, der sich für Etwas hält. Denn wer sich eines Dinges würdig achtet, der empfängt nicht Alles von Gott aus Gnaden. Gnade ist es, und nicht Würdigkeit, was du um und um bist. Ein Mensch hat nichts, das sein ist, denn seine Sünde, sein Elend, Nichtigkeit und Schwachheit, das Andere ist alles Gottes.

10. Ein Mensch ist nichts anders denn ein Schatten. Siehe an den Schatten eines Baums, was ist er? Nichts. Regt sich der Baum, so bewegt sich der Schatten auch. Weß ist nun die Bewegung? Nicht des Schattens, sondern des Baums. Also, weß ist dein Leben? Nicht dein, sondern Gottes; wie geschrieben steht Apost. Gesch. 17, 28: „In ihm leben, weben und sind wir." Die Aepfel des Baums erscheinen auch wohl im Schatten; aber sie sind nicht des Schattens, sondern des Baums. Also, trägst du gute Früchte: sie sind nicht dein. Sie erscheinen wohl in dir, aber als ein Schatten, sie kommen aber aus dem ewigen Ursprung, welcher ist Gott; gleichwie ein Apfel nicht aus dem Holze wächst, wie die Unverständigen meinen, ob er wohl daran hängt, wie ein Kind an der Mutter Brüsten, sondern aus der grünenden Kraft, aus dem innersten Samen; sonst trügen auch die dürren Hölzer Aepfel.

11. Der Mensch aber ist von Natur ein dürrer Baum, Gott ist seine grünende Kraft; wie der 27. Psalm V. 1 spricht: „Der Herr ist meines Lebens Kraft." Und wie der Herr spricht Luc. 23, 31: „Geschieht das am grünen Holz, was will am dürren werden?" Darum sind alle Menschen dürre Hölzer, Gott ist ihre grünende Kraft. Hos. 14, 9: „Ich will seyn wie eine grünende Tanne, an mir soll man deine Frucht finden." Joh. 15, 5: „Werdet ihr in mir bleiben, so werdet ihr viel Früchte bringen."

12. Wenn nun ein Mensch in seinem Herzen elend, gering und Nichts ist, tröstet sich aber der lautern Gnade Gottes in Christo, so siehet ihn Gott an. Nun aber ist Gottes Ansehen nicht also zu verstehen, wie ein Mensch Einen ansieht, davon man keine Kraft empfindet; sondern Gottes Ansehen ist Kraft, Leben und Trost. Und eines solchen Ansehens ist ein elendes gläubiges Herz fähig. Und jemehr dasselbe Gottes Trost empfindet, je geringer und unwerther es sich dessen achtet. Welches uns in Jacob vorgebildet ist, der sich viel zu gering achtete aller Wohlthaten Gottes, und des leiblichen Segens, 1 Mos. 32, 10. Also achtet sich ein recht elend Herz nicht werth eines himmlischen ewigen Segens und Trostes, und spricht auch zu Gott: Ich bin zu gering der großen Liebe und Barmherzigkeit, so du mir in Christo erzeigt hast; ich bin nun zwei Heere geworden, indem du mir deinen Sohn geschenkt hast, und Alles mit ihm, die Güter der Gnade und Herrlichkeit. Und wenn ein Mensch so viel Thränen vergösse, als Wasser im Meer ist, so wäre er doch nicht werth eines himmlischen Trostes; denn es ist lauter unverdiente Gnade. Darum ist der Mensch keines Dings würdig, denn der Strafe und ewigen Verdammniß.

13. Siehe, wer das recht erkennt im Glauben, der erkennt sein Elend, und den wird Gott ansehen. Und ohne dieß Elend sieht Gott den Menschen nicht an, und ohne Erkenntniß solches Elendes findet ein Mensch nicht Gottes Gnade. „Darum," spricht St. Paulus 2 Cor. 12, 9, „will ich mich meiner Schwachheit rühmen, auf daß die Kraft Christi in mir wohne." Denn so gütig und barmherzig ist Gott, daß er sein Werk nicht will verderben lassen, sondern je schwächer es in sich selbst ist, je stärker Gottes Kraft in ihm ist; wie der Herr zu Paulo spricht:

"Meine Kraft ist in den Schwachen mächtig," 2 Cor. 12, 9.

14. Je elender nun ein Christenmensch in seinem Herzen ist, je mehr ihn Gott ansieht, auf daß er den Reichthum seiner Güte erzeige an den Gefäßen seiner Barmherzigkeit, Röm. 9, 23. Und darum begnadigt er den Menschen, ohne all sein Verdienst, mit dem himmlischen Trost, über alle menschliche Weise. Denn Gottes Trost ist mit der Menschen Trost nicht zu vergleichen. Und also siehet Gott den Elenden an mit seinem Trost.

15. Ein Mensch ist nicht darum elend, soll sich auch nicht darum elend achten, daß er arm ist, und in der Welt keinen Trost hat; sondern darum, daß er ein Sünder ist. Denn wäre keine Sünde, so wäre auch kein Elend. Einem Menschen kann noch so großes Elend widerfahren, er hat es noch größer verdient. Darum soll er nicht deßhalb trauern, daß ihm nicht große Wohlthaten widerfahren; er ist der allergeringsten nicht werth, auch seines eigenen Leibes nicht. Und wiewohl Fleisch und Blut das nicht gerne hören, dennoch soll um der Wahrheit willen ein Jeder seine Sünde selbst strafen, auf daß die Gnade Gottes bei ihm wohne.

16. Was soll sich nun ein Mensch rühmen? oder warum soll er seinen Mund aufthun? Das Beste, das ein Mensch mit seinem Mund reden kann, sind diese zwei Worte: Ich habe gesündiget, erbarme dich mein! Gott fordert nicht mehr von dem Menschen, denn diese zwei Worte, daß der Mensch seine Sünde bereue und beweine, und um Gnade bitte. Wer das versäumt, der hat das Beste in seinem Leben versäumt. Beweine nur nicht deinen Leib, daß er nackend und bloß, hungrig und durstig, verfolgt und gefangen, arm und krank ist; sondern beweine deine Seele, daß sie in dem sündlichen und sterblichen Leibe wohnen müsse. „Ich elender Mensch," sagt St. Paulus, „wer will mich erlösen aus dem Leibe dieses Todes?" Röm. 7, 24. Siehe, diese christliche Erkenntniß deines inneren Elends, diese gnadenhungrige Reue, und der Glaube, so allein Christo anhanget, thut die Thür der Gnade in Christo auf, dadurch Gott zu dir eingeht. Offenb. 3, 20: „So thue nun Buße. Siehe, ich stehe vor der Thür, und klopfe an. So Jemand meine Stimme hören wird, und die Thür aufthun, zu dem will ich eingehen, und mit ihm das Abendmahl halten, und er mit mir." Dieß Abendmahl ist Vergebung der Sünden, Trost, Leben und Seligkeit. In dieser Thür des Glaubens begegnet zu rechter Zeit der gnädigste Gott der elendesten Seele. Apost. Gesch. 14, 27. Hier wächst Treue auf Erden und Gerechtigkeit schauet vom Himmel; hier begegnen einander Güte und Wahrheit, Gerechtigkeit und Friede küssen einander, Ps. 85, 11. 12. Hier kommt die arme Sünderin Maria Magdalena, die weinende Seele des Menschen, und salbt dem Herrn seine Füße, wäscht sie mit Thränen, und trocknet sie mit den Haaren der herzlichen Demuth und Niedrigkeit, Luc. 7, 37. Hier kommt der geistliche Priester, Offenb. 1, 6, in seinem heiligen Schmuck des Glaubens, und bringt das rechte Opfer, ein zerbrochen und zerschlagen Herz, Ps. 51, 19, und den besten Weihrauch der herzlichen Reue. Dieß ist das rechte geheiligte Weihwasser, die Thränen über die Sünde, auf daß im Glauben und in Kraft des Blutes Christi die geistlichen Israeliten gewaschen und gereinigt werden.

17. Siehe, lieber Christ, also findest du durch christliche Erkenntniß deines Elendes, und durch den Glauben, Gottes Gnade. Je elender du in deinem Herzen bist, je lieber du Gott bist, je mehr und gnädiger dich Gott ansieht.

Gebet um Erkenntniß seines Elendes und der Gnade Gottes.

Ach Gott! du wohnest in der Höhe und im Heiligthum, und zugleich bei denen, die zerknirschtes und zerschlagenes Geistes sind: auf daß du erquickest den Geist der Gedemüthigten, und das Herz der Zerschlagenen. Laß uns in dem Licht deines Geistes unser Elend und deine Hoheit heilsam erkennen, damit wir uns tief vor dir beugen, in heiliger Ehrfurcht vor dir unsern ganzen Wandel führen, und deine

Barmherzigkeit zu unserm wahren und ewigen Heil sorgfältig anwenden. O wie hat das Gift der verkehrten Selbstliebe uns ganz durchdrungen! O wie regt sich die unordentliche Eigenliebe in unserm armen Herzen auf so mannigfaltige Weise! O wie werden alle unsere Neigungen, Gedanken, Worte und Werke dadurch befleckt! O wie großen Schaden verursachen wir uns dadurch selber, und verhindern dein Gnadenwerk in unsern Seelen! Großer Gott, führe uns recht tief in die Erkenntniß unserer selbst ein, damit wir vor uns erschrecken, und unsere Sünden lernen groß achten. Aber ach! barmherziger Vater, bei dem Gefühl unsers Jammers richte uns deine Gnade wieder auf. Und wenn unsere Sünde zu unserer Demüthigung mächtig bei uns geworden ist, so laß deine Barmherzigkeit zu unserm Trost und zu unserer Erquickung noch viel mächtiger seyn. Wir sind Nichts, ach Gott, sey du in Christo unser Alles. Lehre uns, daß und wie wir uns selber absterben sollen, damit dein Leben sich in uns offenbare, und wir, was wir leben, dir allein zu Ehren leben mögen. Amen.

Das 20. Capitel.

Durch christliche wahre Reue wird das Leben täglich gebessert, der Mensch zum Reiche Gottes geschickt und zum ewigen Leben befördert.

2 Cor. 7, 10. Die göttliche Traurigkeit wirket eine Reue zur Seligkeit, die Niemand gereuet; die Traurigkeit aber der Welt wirket den Tod.

1. Das wahre Christenthum besteht allein in reinem Glauben, in der Liebe und in heiligem Leben. Die Heiligkeit aber des Lebens kommt aus wahrer Buße und Reue, und aus Erkenntniß sein selbst, daß ein Mensch täglich seine Gebrechen erkennen lernt, dieselben täglich bessert, und durch den Glauben der Gerechtigkeit und Heiligkeit Christi theilhaftig wird, 1 Cor. 1, 30.

2. Soll nun dasselbe geschehen, so mußt du, lieber Christ, stets in kindlicher, unterthäniger Furcht Gottes leben, und in deinem Gemüthe nicht allzufrei seyn, zu thun, was deinem Fleische wohlgefällt. „Wir haben wohl Alles Macht," spricht St. Paulus, „aber es nützet nicht Alles," 1 Cor. 6, 12, das ist, „es bessert nicht Alles," 1 Cor. 10, 23. Gleichwie ein Kind im Hause nicht Alles thun muß aus eigener Freiheit, was ihm gut dünkt, sondern muß sich vor dem Vater fürchten, und ein Auge haben auf sein Wohlgefallen: also auch ein wahrer Christ und Kind Gottes muß bewahren seine Sinne in christlicher Zucht, nichts reden noch thun ohne Gottesfurcht; wie ein wohlgezogenes und furchtsames Kind zuvor den Vater ansieht, wenn es etwas reden oder thun will, und mit Furcht Alles thut.

3. Die meisten Leute ergeben sich der zeitlichen Freude ohne alle Gottesfurcht. Besser ist es, stete Furcht Gottes im Herzen haben, denn stete Weltfreude. Denn diese Furcht Gottes ist ein Ursprung vieler Andacht und vieler Weisheit; aber durch die leichtfertige Freude dieser Welt verliert man die göttliche Weisheit, alle Andacht, alle Furcht Gottes.

4. Durch tägliche Reue und Tödtung des Fleisches wird der Mensch täglich erneuert. 2 Cor. 4, 16: „Ob unser äußerlicher Mensch verweset, so wird doch der innerliche täglich erneuert;" und solches bringt göttliche, himmlische Freude mit sich, da hingegen der Welt Freude Traurigkeit gebiert, und einen bösen Wurm im Herzen. Wenn der Mensch wüßte den großen Schaden seiner Seele, und den großen Verlust der himmlischen Gaben, so ihm widerfährt durch Wollust des Fleisches und dieser Welt Freude, er würde sich fürchten und erschrecken vor aller Weltfreude.

5. Zwei Dinge sind, wenn ein Mensch die recht bedenken und in seinem Herzen betrachten möchte, so würde er von der Weltfreude nimmer fröhlich, und vom zeitlichen Unglück nimmermehr traurig werden. Das Erste ist die ewige Pein der Verdammten. So diese ewige Pein im Herzen recht betrachtet wird, so läßt sie einen Menschen nimmermehr fröhlich werden, und das darum, weil sie ewig ist. Das Andere ist die ewige Freude des ewigen Lebens. So das Herz

dieselbe recht begreift, so läßt sie den andächtigen Menschen von keinem Unglück dieser Welt betrübt werden, und das darum, weil sie ewig ist. Aber die Leichtfertigkeit unsers Herzens macht, daß wir dieser keines recht bedenken. Darum kommt selten weder heilsame Reue und Traurigkeit, noch heilsame himmlische Freude in unser Herz.

6. Ein Christ soll sich keines zeitlichen Dings allzusehr freuen, sondern Gottes und des ewigen Lebens. Er soll sich auch über kein zeitlich Ding allzusehr betrüben, aber um eine verlorene Seele, die ewig verloren ist, wohl sein Lebtage trauern. Denn das zeitliche Gut der Christen kann nicht verloren werden, man findet's tausendfältig im ewigen Leben wieder, Matth. 19, 29; aber eine verlorene Seele wird weder hier noch dort wiedergefunden.

7. Selig ist der Mensch, der also recht göttlich traurig und recht geistlich und himmlisch fröhlich seyn kann. Wir lachen oft leichtfertig und üppig, da wir billig weinen sollten. Es ist keine wahre Freiheit noch Freude, denn in der Furcht Gottes, mit einem guten Gewissen. Ein gutes Gewissen aber kann ohne den Glauben und ohne ein heiliges Leben nicht seyn. Der Glaube und die göttliche Reue durch den heiligen Geist bessern des Menschen Gebrechen täglich. Wer täglich seine Gebrechen nicht bessert, der versäumt das Allerbeste in diesem Leben, widerstrebt der neuen Geburt, hindert das Reich Gottes in ihm selbst, und kann von der Blindheit seines Herzens nicht erlöst werden.

8. Der ist ein weiser und kluger Mensch, der mit Fleiß Alles flieht und meidet, was da hindert die Besserung seiner Gebrechen, und das Zunehmen in den himmlischen Gaben. Selig ist der Mensch, der vermeiden lernt, nicht allein was seinem Leib und Gut schädlich ist, sondern vielmehr, was seiner Seele schädlich ist und dieselbe beschweret.

9. Lerne männlich streiten. Denn eine lange und böse Gewohnheit kann überwunden werden mit einer guten Gewohnheit. St. Paulus spricht zu den Römern am 12. V. 21: „Laß dich nicht das Böse überwinden, sondern überwinde das Böse mit Gutem." Der Mensch kann wohl gebessert werden, wenn er nur seine Augen und Gedanken auf sich selbst wendet, auf seine eigenen Gebrechen, und nicht auf andere Leute, Sir. 18, 21. Siehe dich allemal immer selbst an, ehe du über Andere urtheilest, und vermahne dich selbst, ehe du Andere, ja deine liebsten Freunde strafest.

10. Lebst du nun in göttlicher Traurigkeit und steter Reue, und wirst darüber verachtet, hast nicht viel Gunst unter den Leuten: traure nicht darum; sondern darum traure, daß du ein Christ genannt bist, und kannst nicht so christlich leben, als du solltest; daß du Christi Namen trägst, und thust doch nicht viel christlicher Werke. Es ist dir gut und heilsam, daß dich die Welt betrübt, denn so erfreuet dich Gott. „Ich, der Herr, wohne im Himmel, im Heiligthum, und bei denen, die zerbrochenes Herzens sind, daß ich ihren Geist erquicke." Jes. 57, 15.

11. Gottes Freude und der Welt Freude sind gar wider einander, und können zugleich auf einmal in dem Herzen schwerlich seyn, ja es ist unmöglich, denn sie haben ungleichen Ursprung. Der Welt Freude wird in guten Tagen geboren, und die himmlische Freude in der Trübsal.

12. Es ist nicht natürlich, daß sich ein Mensch in der Trübsal freuen könne; wie St. Paulus spricht 2 Cor. 6, 9. 10: „Als die Traurigen, und doch allezeit fröhlich; als die Sterbenden, und doch nicht ertödtet; als die Armen, und die doch Viele reich machen." Aber die Gnade Gottes bessert die Natur. Darum freueten sich die Apostel, daß sie würdig wurden, etwas zu leiden um des Namens Jesu willen. Ap. Gesch. 5, 41.

13. Ein Christ ist eine neue Creatur, der Trübsal eine Freude ist. „Wir rühmen uns der Trübsal," Röm. 5, 3. Den alten Menschen betrübt die Trübsal, den neuen Menschen erfreuet sie. Die himmlische Freude ist viel edler denn die irdische Freude. Die Schmach und Verachtung Christi ist einem Christen eine Freude. Wir aber sind selbst Schuld daran, daß wir die himmlische

Freude so selten empfinden, weil wir so sehr an der Weltfreude hängen.

14. Ein recht demüthiger Mensch achtet sich würdig vieles Leidens und Betrübnisses, aber Gottes Trostes achtet er sich nicht werth, Luc. 18, 13. Je mehr er aber sich dessen mit demüthigem, zerbrochenem Herzen unwürdig achtet, je mehr ihn Gott seines Trostes würdigt. Je mehr ein Mensch seine Sünde bereut, je weniger Trost hat er an der Welt, ja je bitterer und schwerer ihm die ganze Welt wird und ist.

15. Wenn ein Mensch sich selbst ansieht, so findet er mehr Ursache zu trauern, denn sich zu freuen. Und wenn er anderer Leute Leben recht ansieht, so findet er mehr Ursache, über sie zu weinen, denn sie zu beneiden. Warum weinte der Herr über Jerusalem, die ihn doch verfolgte und tödtete? Luc. 19, 41. Ihre Sünde und Blindheit war die Ursache seines Weinens. Also die größte Ursache zu weinen soll unsere Sünde seyn, und die Unbußfertigkeit der Leute.

16. Gedächte ein Mensch so oft an seinen Tod, und wie er vor Gericht muß, als er an sein Leben gedenkt, daß er das erhalten möge: er wäre mehr traurig, und würde sich ernstlicher bessern. Bedächte ein Mensch die Höllenpein: es würde ihm alle Lust dieser Welt vergehen und in eine große Bitterkeit verwandelt werden; und gegen die ewige Pein würde ihm das größte Leiden in dieser Welt süß werden. Weil wir aber die Schmeichelung des Fleisches so lieb haben, so werden wir nicht mit solcher brünstigen Andacht entzündet.

17. In Summa, das muß ein Christ lernen: Ist seinem Leibe wohl, und lebt derselbe in Freuden, das ist des Geistes Tod. Kreuzigt er aber den Leib sammt den Lüsten und Begierden, Gal. 5, 24, so lebt der Geist. Eins ist hier des Andern Tod. Soll der Geist leben, so muß der Leib geistlich sterben und geopfert werden zu einem lebendigen Opfer, Röm. 12, 1.

18. Alle Heiligen haben von Anfang also gelebt. Sie haben mit Danksagung ihr Thränenbrod gegessen, und mit Freuden ihren Thränentrank getrunken; wie David spricht im 80. Psalm V. 6: „Du speisest mich mit Thränenbrod, und tränkest mich mit großem Maaß voll Thränen." Deßgleichen Ps. 42, 4: „Meine Thränen sind meine Speise Tag und Nacht; daß ich auch vergesse mein Brod zu essen." Ps. 102, 5.

19. Solch Thränenbrod macht der Glaube süß, und solcher Thränentrank wird gepreßt aus der zarten Weintraube der andächtigen Herzen durch wahre Buße. Und das ist die Reue zur Seligkeit, die Niemand gereuet.

20. Dagegen wirkt die Traurigkeit dieser Welt den Tod, spricht St. Paulus 2 Cor. 7, 10. Dieser Welt Traurigkeit kommt her aus Verlust zeitlicher Ehre und zeitlicher Güter, darüber viele Leute in solche Traurigkeit gerathen, daß sie sich selbst erhenken und erstechen. Der Exempel sind sehr viele geschehen unter den Heiden. Christen aber sollten's ja besser wissen. Was? sollte der Verlust zeitlicher Güter einen Menschen um das Leben bringen, da doch das Leben besser ist, denn alle Güter der Welt?

21. Traure nicht um den Verlust zeitlicher Güter, sondern um den Verlust des ewigen Guts. Die zeitlichen Güter besitzen wir doch nur eine kleine Weile, und im Tode werden wir all derselben beraubt werden. Im Tode werden wir Alle gleich arm, und „unsere Herrlichkeit fähret uns nicht nach," Ps. 49, 18. Die Schmach des Todes tragen wir Alle am Halse. Es muß eines Königs Leib sowohl verfaulen und verwesen, als eines armen Bettlers Leib. Da ist ein lebendiger Hund besser, denn ein todter Löwe, sagt Salomo in seinem Prediger Cap. 9, 4. Aber Gott wird die Todesschmach einmal aufheben von seinem Volk, und „die Hülle, damit alle Völker verhüllet sind." Er wird „den Tod verschlingen ewiglich, und alle Thränen von unsern Augen abwischen," Jes. 25, 7. 8. Offenb. 7, 17.

22. Darum betrübe dich nicht so sehr um des Zeitlichen willen. Die ganze Welt ist nicht so viel werth als deine Seele, für welche Christus gestorben ist. Liebe auch das Zeitliche nicht allzusehr, daß es dich nicht bis in den Tod betrübe, wenn du es verlierst. Denn was man allzusehr lieb hat,

das betrübt allzusehr, wenn man es verliert. Du mußt es doch endlich im Tode verlieren. „Die Arbeit des Narren wird ihm sauer und betrübet ihn," spricht der Prediger Salomo Cap. 10, 15.

23. Ein Weltkind erwirbt seine Güter mit großer Arbeit, besitzt sie mit großer Furcht, und verläßt sie mit großen Schmerzen. Das ist der Welt Traurigkeit, die den Tod wirket.

24. Offenb. 14, 11 steht: „Die das Thier angebetet haben, die haben keine Ruhe." Also auch, die das große schöne Thier des weltlichen Reichthums und ihren viehischen Geiz anbeten, können keine Ruhe haben, sondern viel Plagen. Sie sind gleich den Kameelen und Maulthieren, mit welchen man über die hohen Gebirge köstliche Seidenwaaren, Edelsteine, Gewürz und köstliche Weine führt; und dieselben haben viel Trabanten, die auf sie warten, und bei ihnen herlaufen, weil sie die Kleinode tragen. Aber wenn sie in die Herberge kommen, werden die schönen bunten Decken und köstlichen Dinge von ihnen genommen, und sie haben nichts mehr davon, als Schläge und Striemen, und daß sie müde sind, und werden im Stall allein gelassen. Also hat Einer in dieser Welt, der Seide und Kronen getragen hat, auf den Abend seines Abschieds nichts mehr davon, denn Striemen und Schläge seiner Sünde, die er gethan hat durch den Mißbrauch seines Reichthums, und wenn er noch so ein herrlicher Mensch gewesen.

25. Darum lerne die Welt verlassen, ehe sie dich verläßt, sie wird dich sonst schrecklich betrüben. Wer in seinem Leben in seiner Seele die Welt verläßt, ehe er sie mit seinem Leben verlassen muß, der stirbt fröhlich, und es kann ihn das Zeitliche nicht betrüben. Da die Kinder Israel jetzt wollten aus Egypten gehen, legte ihnen Pharao immer mehr und mehr unerträgliche Last auf, und meinte sie zu vertilgen, 2 Mos. 5, 9. Also gibt auch der höllische Pharao, der Teufel, uns in das Herz, daß, je näher unser Ende ist, wir uns desto mehr mit dem Zeitlichen beschweren, daß er uns ewig unterdrücke und vertilge.

26. Man kann ja aus dem irdischen Reich nichts mitnehmen in das himmlische Reich; auch unsern eigenen Leib müssen wir hinter uns lassen, bis zur fröhlichen Auferstehung. Es ist ein gar schmaler Weg zum Leben, der Alles der Seele abstreift, was irdisch ist. Matth. 7, 14: „Der Weg ist eng und schmal, der zum Leben führt, und wenig ist ihrer, die ihn finden." Gleichwie man auf der Tenne Weizen und Spreu scheidet, also geschieht's im Tode. Dem Weizen der glaubigen Seele werden erst durch den Tod alle Hülsen dieser Welt abgeklopft, und die zeitlichen Güter und Ehren sind wie Spreu, die der Wind zerstreut, Ps. 1, 4. Gedenke nun an St. Paulum: „Die Traurigkeit dieser Welt wirket den Tod; die göttliche Traurigkeit aber wirket zur Seligkeit eine Reue, die Niemand gereuet," 2 Cor. 7, 10.

Gebet um Verschmähung der Weltlust.

Hoher und erhabener Gott, werde uns in deiner Herrlichkeit so bekannt, daß wir mit der allertiefsten Ehrfurcht vor dir beständig erfunden werden. Nimm alle Leichtsinnigkeit von uns weg, und gib uns ein gesammeltes Herz, damit wir deine Gegenwart nie aus den Augen setzen, sondern mit Furcht und Zittern unsere Seligkeit schaffen. Erquicke unsere Seelen mit deiner göttlichen Liebe, und laß uns in Christo durch den Glauben dein erbarmendes Vaterherz erblicken; damit wir durch den Geschmack deiner Freundlichkeit und Leutseligkeit gedrungen werden, uns selbst und die Welt gründlich zu verläugnen. Stelle uns täglich die bevorstehende Ewigkeit und den allgemeinen Gerichtstag dergestalt vor Augen, daß wir Alles vermeiden, was uns an der wichtigen Zubereitung zu einem seligen Tode hinderlich seyn kann. Lehre uns, daß wir hier Pilgrime und Fremdlinge sind, damit wir mit einem unverletzten Gewissen durch dieses Jammerthal so hindurch eilen, daß wir unsere Seele erretten, und Freudigkeit bei der Zukunft deines Sohnes vor dir haben können. Die Welt vergeht mit ihrer Lust; ach, reiße uns los von allen irdischen Dingen dieser Welt, damit das Himmlische unser Ziel allein sey und bleibe, darnach wir ohne Unterlaß trachten. Zu dem Ende laß uns in täglicher Buße vor dir erfunden werden, damit wir durch die Wirkungen deines Geistes uns selber absterben, und dir, unserm Gott, in Christo zu allem Wohlgefallen leben. Amen.

Das 21. Capitel.
Vom wahren Gottesdienst.

3 Mos. 10, 1. 2. *Die Söhne Aarons brachten fremdes Feuer vor den Herrn. Da fuhr Feuer aus von dem Herrn, und verzehrete sie.*

1. Dieß fremde Feuer bedeutet einen falschen Gottesdienst. Denn es war nicht von dem Feuer, so stets auf dem Altar brannte; das allein hatte Gott befohlen zu gebrauchen zur Anzündung der Opfer. Weil nun die Söhne Aarons wider Gottes Befehl thaten, so strafte sie Gott mit einem Rachefeuer, welches sie verbrannte.

2. Da sehen wir den Ernst Gottes, den er geübt hat um des fremden Feuers willen; und will uns damit vorbilden den falschen Gottesdienst aus eigner Andacht und selbsterwählter Heiligkeit und Geistlichkeit, welche Gott nicht geboten noch befohlen, damit ihm auch nicht gedient wird; sondern sie erregt nur seinen Eifer, Zorn und Rache, welche sind ein verzehrendes Feuer, 5 Mos. 6, 15.

3. Nun ist vonnöthen, daß wir wissen, was der rechte Gottesdienst sey, auf daß uns nicht das Gleiche widerfahre. Denn daß Gott den falschen Gottesdienst im alten Testament gestraft hat mit zeitlichem Feuer, ist eine Bedeutung in das neue Testament, daß Gott daselbst den falschen Gottesdienst mit ewigem Feuer strafen wolle, und auch zeitlich mit Blutvergießen, Verwüstung von Land und Leuten, welches ein schreckliches Feuer ist, durch den Zorn Gottes angezündet.

4. Wenn wir aber nun verstehen wollen, welches der rechte Gottesdienst sey, so müssen wir das alte und neue Testament gegen einander halten, so wird sich's aus der Vergleichung finden. Jener äußerliche, figürliche Gottesdienst war ein Vorbild und Zeugniß des Messias in den Ceremonien, welche sie verrichten mußten nach dem klaren Buchstaben des Gesetzes. In welchen wunderlichen Bildern und Figuren die glaubigen Juden den Messias gleichsam von ferne gesehen, an ihn geglaubt, und nach der Verheißung durch ihn selig geworden sind. Unser Gottesdienst im neuen Testament ist nicht mehr äußerlich, in figürlichen Ceremonien, Satzungen und Zwang, sondern innerlich, im Geist und in der Wahrheit, das ist, im Glauben an Christum; weil durch ihn das ganze moralische und ceremonialische Gesetz erfüllt ist, Tempel, Altar, Opfer, Gnadenstuhl und Priesterthum. Dadurch wir auch in die christliche Freiheit gesetzt sind, erlöset von dem Fluch des Gesetzes, Gal. 3, 13, von allen Jüdischen Gebräuchen, Gal. 5, 1, daß wir durch die Inwohnung des heiligen Geistes Gott mit freiwilligem Herzen und Geist dienen können, Jer. 31, 33. Röm. 8, 14, und unser Gewissen und Glaube an keine Menschensatzungen gebunden ist.

5. Es gehören aber zum wahren, geistlichen, innerlichen, christlichen Gottesdienst drei Stücke. Erstlich, rechte Erkenntniß Gottes; 2) wahre Erkenntniß der Sünde, und Buße; 3) Erkenntniß der Gnade und Vergebung der Sünde. Und die drei sind eins. Gleichwie Gott einig und dreifaltig ist, also besteht auch der wahre Gottesdienst in Einem und Dreien, oder in drei Stücken, die eins sind. Denn in der einigen Erkenntniß besteht Buße und Vergebung der Sünden.

6. Nun besteht Gottes Erkenntniß im Glauben, welcher Christum ergreift, und in ihm und durch ihn Gott erkennt, Gottes Allmacht, Gottes Liebe und Barmherzigkeit, Gottes Gerechtigkeit, Wahrheit und Weisheit. Und das Alles ist Gott selbst. Was ist Gott? Nichts denn lauter Allmacht; nichts denn lauter Liebe und Barmherzigkeit; nichts denn lauter Gerechtigkeit, Wahrheit und Weisheit. Und also auch von Christo und dem heiligen Geist.

7. Nun ist aber Gott nicht allein für sich also, sondern in seinem gnädigen Willen in Christo gegen mich ist er auch also. Er ist mein allmächtiger Gott; er ist mein barmherziger Gott; er ist mir die ewige

Liebe, und meine ewige Gerechtigkeit in seiner Gnade gegen mich, und in Vergebung meiner Sünde; er ist mir die ewige Wahrheit und Weisheit. Also auch Christus, mein Herr, ist mir die ewige Allmacht, mein allmächtiges Haupt und mein Fürst des Lebens; er ist mein barmherziger Heiland, und mir die ewige Liebe; er ist meine ewige Gerechtigkeit, Wahrheit und Weisheit. Denn „Christus ist uns gemacht von Gott zur Gerechtigkeit, Weisheit, Heiligung und Erlösung," 1 Cor. 1, 30. Und also auch vom heiligen Geist. Er ist meine ewige Liebe, Gerechtigkeit, Wahrheit und Weisheit, ꝛc.

8. Dieß ist nun Gottes Erkenntniß, die im Glauben besteht; und ist nicht ein bloßes Wissen, sondern eine fröhliche, freudige, lebendige Zuversicht, dadurch ich Gottes Allmacht an mir kräftig und tröstlich empfinde, wie er mich hält und trägt, wie ich in ihm lebe, webe und bin, Ap. Gesch. 17, 28; daß ich auch seine Liebe und Barmherzigkeit an mir fühle und empfinde. Ist's nicht lauter Liebe, was Gott der Vater, Christus und der heilige Geist an dir, mir und an uns Allen thut? Siehe, ist das nicht lauter Gerechtigkeit, was Gott an uns beweiset, daß er uns errettet von Sünde, Tod, Hölle und Teufel? Ist's nicht auch lauter Wahrheit und Weisheit?

9. Siehe, das ist der Glaube, so in lebendiger tröstlicher Zuversicht besteht; nicht im bloßen Schall und Wort. Und in dieser Erkenntniß Gottes, oder in diesem Glauben, müssen wir nun täglich als Kinder Gottes wachsen, daß wir immer völliger darin werden, 1 Thess. 4, 1. Darum St. Paulus diesen Wunsch thut: daß wir nur möchten die Liebe Christi erkennen, die alle Erkenntniß übertrifft, Eph. 3, 19. Als wollte er sprechen: An diesem einigen Stück, an der Liebe Christi, hätten wir wohl unser Leben lang zu lernen. Nicht daß wir dahin allein sehen sollen, daß es bei der bloßen Wissenschaft der Liebe Christi bleibe, so über die ganze Welt geht; sondern daß wir auch derselben Süßigkeit, Kraft und Leben in unsern Herzen, im Wort und Glauben schmecken, fühlen und empfinden. Denn wer kann die Liebe Christi recht erkennen, der sie nicht geschmeckt hat? Wer kann wissen, was sie sey, der sie nie empfunden hat? wie die Epistel an die Hebräer am 6. V. 4. 5 spricht: „Die geschmeckt haben die himmlischen Gaben, das gütige Wort Gottes und die Kräfte der zukünftigen Welt;" welches Alles durch's Wort im Glauben geschieht. Und das ist das Ausgießen der Liebe Gottes in unser Herz durch den heiligen Geist, Röm. 5. 5, welches ist die Frucht und Kraft des Wortes Gottes. Und das ist die rechte Erkenntniß Gottes, die aus Erfahrung geht, und im lebendigen Glauben steht. Darum die Epistel an die Hebräer den Glauben eine Substanz nennt, ein Wesen und eine unläugbare Ueberzeugung, Cap. 11, 1. Und das ist ein Stück von dem innerlichen geistlichen Gottesdienst, die Erkenntniß Gottes, die da steht im lebendigen Glauben. Und der Glaube ist eine geistliche, lebendige, himmlische Gabe, ein Licht und eine Kraft Gottes.

10. Wenn nun diese wahre Erkenntniß Gottes vorhergeht, durch welche sich Gott unserer Seele gleichsam zu kosten und zu schmecken gibt, wie der 34. Psalm V. 9 spricht: „Schmecket und sehet, wie freundlich der Herr ist:" so kann's nicht fehlen, es folgt wahre Buße darauf, das ist, Aenderung und Erneuerung des Gemüths und Besserung des Lebens. Denn wenn Einer Gottes Allmacht recht gefühlt und erkannt hat in seinem Herzen, so folgt Demuth daraus, daß man sich unter die gewaltige Hand Gottes demüthigt, 1 Petr. 5, 6. Wenn Einer Gottes Barmherzigkeit recht gekostet und erkannt hat, so folgt Liebe daraus gegen den Nächsten. Denn es kann Niemand unbarmherzig seyn, der Gottes Barmherzigkeit recht erkennt. Wer kann seinem Nächsten etwas versagen, wenn sich ihm Gott aus Barmherzigkeit selbst mittheilt? Aus Gottes Erbarmung folgt die hohe Geduld gegen den Nächsten; daß, wenn ein rechter Christ des Tags siebenmal ermordet würde, und würde siebenmal wieder lebendig, er es doch seinem Feinde vergäbe um der großen Barmherzigkeit Gottes willen. Aus Gottes Gerechtigkeit fließt Erkenntniß der Sünden,

daß wir mit dem Propheten sagen: „Herr, du bist gerecht, wir aber müssen uns schämen," Dan. 9, 7. „Gehe nicht in das Gericht mit deinem Knecht, denn vor dir ist kein Lebendiger gerecht," Psalm 143, 2. „Herr, wenn du willst Sünde zurechnen, wer kann bestehen?" Ps. 130, 3. Aus der Erkenntniß der Wahrheit Gottes fließt Treue gegen den Nächsten, und sie vertreibt alle Falschheit, Betrug und Lüge; daß ein Christ denkt: Siehe, handelst du unrecht mit deinem Nächsten, so beleidigst du die ewige Wahrheit Gottes, die Gott selbst ist. Darum weil Gott treulich und wahrhaftig mit dir handelt, so handle mit deinem Nächsten auch also. Aus der Erkenntniß der ewigen Weisheit Gottes fließt Gottesfurcht. Denn weil du weißt, daß Gott ein Herzenskündiger ist und in das Verborgene sieht, so fürchtest du dich billig vor den Augen seiner heiligen Majestät. Denn „der das Ohr gepflanzt hat, sollte der nicht hören? und der das Auge gemacht hat, sollte der nicht sehen?" Ps. 94, 9. „Wehe denen, die vor dem Herrn verborgen seyn wollen, ihr Thun zu verhehlen im Finstern! Wie seyd ihr so verkehrt! Gleich als wenn ein Thon zu seinem Meister spräche: Er kennet mich nicht; und ein Topf zum Töpfer: Er hat mich nicht gemacht," Jes. 29, 15. 16. Siehe auch Jer. 23, 24. Cap. 32, 19.

11. Dieß ist nun die rechte Erkenntniß Gottes, darin die Buße besteht in Aenderung des Gemüths, und die Erneuerung des Gemüths in Besserung des Lebens. Und das ist das andere Stück des innerlichen wahren Gottesdienstes, und ist das rechte Feuer, das man zum Opfer bringen muß; sonst kommt der Zorn Gottes und das Rachefeuer über uns.

12. Dieß ist auch dadurch bedeutet, daß die Priester mußten keinen Wein oder stark Getränk trinken, wenn sie in die Hütte des Stifts gingen, 3 Mos. 10, 9. Das ist, wer in die ewige Hütte Gottes eingehen will zum ewigen Leben, der muß sich dieser Welt Wollust, Fleischeslust, und alles dessen, dadurch das Fleisch den Geist überwindet, enthalten, daß das Fleisch dem Geist nicht zu stark werde, und ihn überwinde. Denn die Weltliebe, Wollust, Hoffart c. ist der starke süße Wein, damit die Seele überwunden wird. Gleichwie Noah und Loth durch den Wein überwunden wurden, daß sie sich entblößten, 1 Mos. 9, 21. Cap. 19, 33: also ist große Ehre, Wollust und Reichthum ein starker Wein, der die Seele und den Geist überwindet, daß man nicht kommen kann in die Wohnung Gottes, zu Gottes Erkenntniß und Heiligthum. Und so kann man nicht unterscheiden, was heilig oder unheilig, rein oder unrein ist, das ist, man versteht nichts von göttlichen, himmlischen Sachen; und kann sein Volk nicht recht lehren, das ist, Verstand und Gedanken werden vom ewigen Licht nicht erleuchtet, sondern man ist vom Wein dieser Welt überwunden, und fährt in die ewige Finsterniß. Auf diese Buße, das ist, auf herzliche Reue und Leid über die Sünde, und auf den wahren Glauben an Christum folgt dann auch Vergebung der Sünden, die allein besteht in dem Verdienst Jesu Christi; und des Verdienstes kann Niemand genießen ohne Buße. Darum geschieht ohne Buße keine Vergebung der Sünden. Sehet den Schächer am Kreuz an. Sollte er Vergebung der Sünden haben, und mit Christo im Paradiese seyn, so mußte er am Kreuz Buße thun. Und das geschah mit bereuendem und glaubigem Herzen, als er sprach zu seinem Gesellen: „Und du fürchtest dich auch nicht vor Gottes Zorn? wir empfahen, was unsere Thaten werth sind." Und sprach zu Jesu: „Herr, gedenke an mich, wenn du in dein Reich kommst," Luc. 23, 40. 42. Da sehen wir ein reuiges und glaubiges Herz.

13. Die gnädige Vergebung der Sünden, so das reuige Herz im wahren Glauben ergreift und empfäht, erstattet Alles vor Gott, was wir nicht können oder vermögen wiederzubringen. Da ist denn Christus mit seinem Tod und Blut, und erstattet Alles. Jetzt ist's so vollkömmlich vergeben, als wenn es nie geschehen wäre; ja die Bezahlung ist größer denn die Schuld. Daher sagt David Ps. 51, 9: Nicht allein daß ich von meinen Sünden gereinigt, also daß ich schneeweiß werde;

sondern weißer denn der Schnee; weil Christi Bezahlung größer ist, denn alle meine Sünde.

14. Daher kommt es nun, daß Gott aller Sünde nicht mehr gedenken will, wenn sich der Sünder bekehrt, Ezech. 18, 22. Cap. 33, 11. Denn was vollkömmlich und überflüssig bezahlt, ja ganz und gar getilgt ist, wie Jes. 43, 25 steht, das muß auch vergessen werden. Aber das Bekehren muß vorhergehen; wie der Prophet spricht Jes. 1, 16. 18: „Waschet, reiniget euch; und dann kommt, so wollen wir mit einander rechten. Wenn eure Sünde blutroth wäre, soll sie schneeweiß werden." Als wollte er sagen: Ihr wollt Vergebung der Sünden haben. Ist recht; ich hab's euch zugesagt. Aber kommt her, spricht er, wir wollen mit einander rechten. Habe ich euch nicht Buße predigen lassen, darnach Vergebung der Sünden? wo ist eure Buße? wo ist der wahre lebendige Glaube? Ist das da: wohlan, so ist hier die Vergebung der Sünden. Und wenn deine Sünde blutroth wäre, das ist, so tief gefärbt und so groß, daß weder Himmel noch Erde sie tilgen könnte: so soll sie doch schneeweiß werden. Buße, Buße ist die rechte Beichte. Hast du die in deinem Herzen, nämlich wahre Reue und den Glauben: so spricht dich Christi Blut und Tod von allen deinen Sünden rein. Denn das ist das Schreien des vergossenen Blutes Jesu Christi zu Gott im Himmel; das ist die rechte Absolution.

15. Das ist auch die rechte Flucht zu den Freistätten, da man vor dem Bluträcher sicher ist; wie Moses den Kindern Israel aussonderte drei Freistätten, 5 Mos. 4, 41. 42. 43, Bezer, Ramoth und Golan, daß dahin flöhe, wer seinen Nächsten unversehens hatte todtgeschlagen; und wenn er dahin kam, war er vor dem Bluträcher sicher.

16. Aber, o Gott! wie oft schlagen wir unsern Nächsten unversehens todt mit der Zunge, mit den Gedanken, mit Haß und Neid, mit Zorn, Rachgier und Unbarmherzigkeit! Lasset uns fliehen durch die Flucht der göttlichen Reue und des Glaubens, zu den Freistätten der Gnade und Barmherzigkeit Gottes, und zu dem heiligen Kreuz des Herrn, zu seinem theuern Verdienst. Da werden wir die rechte Freistatt finden, daß uns der Bluträcher nicht ergreife, und uns mit dem Maaß wieder messe, damit wir gemessen haben. Denn Christus ist durch jene Freistätten bedeutet worden; denn Bezer heißt ein fester Thurm. Christus ist der rechte Bezer, ein fester Thurm. „Der Name des Herrn ist ein festes Schloß; der Gerechte läuft dahin, und wird beschirmet," Spr. Sal. 18, 10. Das ist der Name Jesus. Ramoth heißt hoch erhaben. Christus ist auch der rechte Ramoth, hoch erhaben, Jes. 52, 13, der Allerhöchste, Cap. 57, 15. „In seinem Namen beugen sich alle Knie im Himmel und auf Erden und unter der Erde," Phil. 2, 10. Golan heißt ein Haufe oder Menge. Christus ist auch der rechte Golan, überhäuft mit viel Gnade und Vergebung, Pf. 130, 7, reich und barmherzig über Alle, die seinen Namen anrufen, Röm 10, 12.

17. Und dieß ist das dritte Stück des rechten innerlichen, geistlichen, wahren Gottesdienstes, der da fließt aus der Erkenntniß Gottes, und aus der wahren Erkenntniß Gottes Buße, und aus der Buße die Vergebung der Sünden. Dieß sind wohl Drei, aber in Wahrheit Eins; denn dieß ist die einige wahre Erkenntniß Gottes.

18. Und solch drittes Stück ist darin abgebildet, daß die Priester haben vom Opfer essen müssen: das ist das Annehmen des Todes und Blutes Christi durch den Glauben; und daß es an heiliger Stätte hat müssen gegessen werden, 3 Mos. 6, 16. Cap. 10, 13: das ist die Buße. Denn der Glaube, in Kraft des Blutes Christi, macht dich vor Gott so heilig, als wenn du nie eine Sünde gethan hättest; das ist die heilige Stätte, wie der Prophet spricht: „Wenn sich der Gottlose bekehret, so soll's ihm nicht schaden, daß er gottlos gewesen, und aller seiner vorigen Sünden soll nicht mehr gedacht werden," Ezech. 18, 22. Cap. 33, 16.

19. Siehe, also ist Mosis Gesetz nun in den Geist und in ein innerliches, heiliges, neues Leben verwandelt, und Mosis Opfer in die wahre Buße, dadurch wir Gott Leib und Seele opfern, auch ihm ein

schuldiges Dankopfer bringen, und ihm allein die Ehre geben, für seine geoffenbarte Erkenntniß, für die Bekehrung, Rechtfertigung, Vergebung der Sünden; auf daß Gott Alles allein bleibe, seine Gnade recht erkannt und mit dankbarem Herzen und Munde gelobt und gepriesen werde in Ewigkeit. Und das ist der rechte, wahre Gottesdienst, Mich. 6, 8: „Es ist dir gesagt, Mensch, was gut ist, und was der Herr von dir fordert; nämlich Gottes Wort halten, Liebe üben, und demüthig seyn vor dem Herrn, deinem Gott." Ach wann wollen wir nun Buße thun, auf daß wir zur Vergebung der Sünden kommen mögen? denn zur Vergebung der Sünden kann man nicht kommen ohne Buße. Wie kann doch Sünde vergeben werden, wenn nicht göttliche, gnadenhungrige Reue über die Sünde da ist? Wie kann aber Reue über die Sünde bei dem seyn, der die Sünde nicht lassen will und sein Leben ändern? Gott bekehre uns Alle, um Christi willen!

20. Also verstehst du nun, daß der wahre Gottesdienst stehet im Herzen, in Erkenntniß Gottes, in wahrer Buße, dadurch das Fleisch getödtet und der Mensch zum Bilde Gottes wieder erneuert wird. Denn dadurch wird der Mensch zum heiligen Tempel Gottes, in welchem der innerliche Gottesdienst durch den heiligen Geist verrichtet wird, Glaube, Liebe, Hoffnung, Geduld, Gebet, Danksagung, Lob und Preis Gottes.

21. Nicht aber heißt es darum ein Gottesdienst, daß Gott unsers Dienstes bedürfte, oder daß er Nutzen davon hätte; sondern so barmherzig und gütig ist er, daß er sich selbst mit all seinem Gut uns gern mittheilen wollte, in uns leben, wirken und wohnen, wenn wir ihn durch seine Erkenntniß, durch Glauben und wahre Buße aufnehmen wollten, daß er seine Werkstatt in uns haben möchte.

22. Denn es gefallen ihm keine Werke, die er nicht selbst in uns wirket. Darum hat er uns befohlen, Buße zu thun, zu glauben, zu beten, zu fasten, auf daß wir, und nicht er, Nutzen davon hätten. Denn Gott kann Niemand geben oder nehmen, frommen oder schaden. Sind wir fromm, der Nutzen ist unser; sind wir böse, der Schaden ist unser. Wenn du gleich sündigest, was willst du Gott damit schaden?

23. Daß uns Gott ihm dienen heißt, das thut er nicht seinetwegen, sondern unsertwegen. Denn weil Gott selbst die Liebe ist, 1 Joh. 4, 16, so thut man ihm einen Dienst daran, und gefällt ihm wohl, wenn er Viele findet, die seiner Liebe genießen mögen, denen er sich kann mittheilen. Gleichwie ein Kindlein der Mutter einen Dienst daran thut, wenn es ihr die Milch aussaugt; und das ganz aus Liebe. Viel milder begnadet Gott seine Liebhaber.

Gebet um den rechten Gottesdienst.

Majestätischer König, großer Beherrscher! Niemand kann Jesum einen Herrn heißen, ohne durch den heiligen Geist; und Niemand kann dir im Geist und in der Wahrheit dienen, wo nicht dein Geist in ihm geschäftig ist, und ihn dazu tüchtig macht. Wir erkennen unsere Verbindlichkeit, alle Kräfte unserer Seelen und alle Glieder unserer Leiber nach deiner allerheiligsten Vorschrift, zu deinen Ehren einzig und allein anzuwenden; aber, ach Gott, wie unvermögend sind wir hierzu! Aus unserm verderbten Herzen quillt lauter Böses, das dir zuwider ist, und dir zur Schande gereicht. Allmächtiger Gott, offenbare an uns deine Schöpfungskraft, daß wir dein Werk werden, geschaffen in Christo Jesu zu guten Werken. Dein Reich ist Gerechtigkeit, Friede und Freude in dem heiligen Geist; wer darin dir dienet, der ist dir gefällig. Bewahre uns vor Heuchelei und Scheinwerk, damit unser vermeinter Dienst nicht vergeblich noch dir mißfällig sey. Laß uns Geist aus Geist geboren werden. Schreibe dein Gesetz in unsere Herzen. Vereinige uns durch den Glauben mit Jesu. Laß uns in ihm unverrückt erfunden werden. Schenke dein Heil, um Christi willen, unsern Seelen, damit die Freude in ihm unsere Stärke werde. Gib uns deinen Geist der Kindschaft, der unserm Geist Zeugniß gebe, daß wir deine Kinder sind, und uns täglich von aller Befleckung des Geistes und des Fleisches reinige, auch zu allem Guten kräftig antreibe. Hieraus wird die Willigkeit und das Vermögen bei uns entstehen, daß wir aufrichtig unser Leben lang, ohne knechtische Furcht, mit heiliger Ehrerbietung, im kindlichen und zuversichtlichen Wesen, uns dir, unserm Herrn, mit Allem, was wir sind und haben, gänzlich aufopfern, in deinem Dienst beständig bleiben, und im Guten täglich wachsen und zunehmen, zur Verherrlichung deines großen Namens. Ach Gott, dazu hilf uns, um Jesu willen, durch deinen heiligen Geist. Amen.

Das 22. Capitel.
Ein wahrer Christ kann nirgend erkannt werden, denn an der Liebe und täglichen Besserung seines Lebens, wie ein Baum an seinen Früchten.

Psalm 92, 13. 14. 15. 16. Der Gerechte wird grünen, wie ein Palmbaum; er wird wachsen wie eine Ceder auf dem Libanon. Die gepflanzt sind in dem Hause des Herrn, werden in den Vorhöfen unsers Gottes grünen. Und wenn sie gleich alt werden, werden sie dennoch blühen, fruchtbar und frisch seyn; daß sie verkündigen, daß der Herr so fromm ist, mein Hort, und ist kein Unrecht an ihm.

1. Nicht der Name, sondern ein christliches Leben beweiset einen wahren Christen; und wer ein rechter Christ seyn will, soll sich befleißigen, daß man Christum selbst in ihm sehe, an seiner Liebe, Demuth und Freundlichkeit. Denn Niemand kann ein Christ seyn, in welchem Christus nicht lebt. Ein solch Leben muß von innen aus dem Herzen und Geist gehen, wie ein Apfel aus der innerlichen grünenden Kraft des Baums. Denn der Geist Christi muß das Leben regieren und Christo gleichförmig machen; wie St. Paulus Röm. 8, 14 spricht: „Welche der Geist Gottes treibet, die sind Gottes Kinder; wer den Geist Gottes nicht hat, der ist nicht sein," V. 9. Was nun für ein Geist den Menschen inwendig treibt und bewegt, so lebt er auswendig. Darum zu einem rechten christlichen Leben der heilige Geist hoch vonnöthen ist. Denn ein jegliches Leben geht aus dem Geist, es sey gut oder böse. Darum hat uns der Herr befohlen, um den heiligen Geist zu bitten, und er hat uns denselben verheißen, Luc. 11, 13. Und er ist der Geist der neuen Geburt, der uns in Christo lebendig macht zu einem neuen, geistlichen, himmlischen Leben, Tit. 3, 5. Aus demselben immer grünenden, lebendigen Geist Gottes müssen hervorblühen die christlichen Tugenden, daß der Gerechte grünet wie ein Palmbaum, und wächset wie eine Ceder auf dem Libanon, die der Herr gepflanzt hat, Ps. 92, 13.

2. Darum muß der Mensch zuerst inwendig erneuert werden in dem Geist seines Gemüths nach Gottes Bilde, und seine innerlichen Begierden und Affecte müssen Christo gleichförmig werden, welches St. Paulus nennt, nach Gott gebildet werden, Eph. 4, 23; auf daß sein äußerlich Leben aus dem Grunde seines Herzens gehe, und er von innen also sey, wie er von außen vor den Menschen ist. Und billig soll inwendig im Menschen viel mehr seyn, denn auswendig gespürt wird. Denn Gott siehet ins Verborgene, und prüfet Herzen und Nieren, Psalm 7, 10.

3. Und ob wir wohl inwendig nicht so rein sind als die Engel, so sollen wir doch darnach seufzen. Und dieß gläubige Seufzen nimmt Gott an, uns zu reinigen. Denn „der heilige Geist hilft unserer Schwachheit, und vertritt uns bei Gott mit unaussprechlichem Seufzen," Röm. 8, 26. Ja, „das Blut Christi reinigt uns also durch den Glauben," Apost. Gesch. 15, 9, daß keine Runzel oder Flecken an uns ist, Eph. 5, 27. Und was noch mehr ist, unsere Reinigkeit, Heiligkeit, Gerechtigkeit, ist nicht eines Engels Reinigkeit, sondern sie ist Christi Reinigkeit, Christi Heiligkeit, Christi Gerechtigkeit, ja Christus selbst, 1 Cor. 1, 30.

4. Darum wir unsere Heiligkeit weit über aller Engel Reinigkeit und Heiligkeit setzen sollen; denn sie ist Christus selbst, Jer. 33, 16. Und diese empfangene, unverdiente, aus Gnaden geschenkte Gerechtigkeit, Reinigkeit und Heiligung, soll billig Leib, Seele und Geist erneuern, und ein heiliges Leben wirken. Darum müssen wir seyn in unserm Christenthum wie ein junges Palmbäumlein, das immer grünt,

fortwächst und größer wird; also müssen wir wachsen und zunehmen in Christo. So viel wächst aber ein Mensch in Christo, so viel er am Glauben und an Tugenden und christlichem Leben zunimmt, und sich täglich bessert, und so viel Christus in ihm lebt. Und das heißt grünen wie ein Palmbaum.

5. Ein Christ muß sich täglich erneuern, Eph. 4, 23. Col. 3, 12, und aufsprießen wie ein Palmbaum, und sich vorsetzen, seinem Namen genug zu thun, als ob er heut erst wäre ein Christ geworden; und soll täglich darnach seufzen, daß er nicht ein falscher Christ seyn möge. Wie ein Jeglicher, der berufen ist zu einem Amt, sich befleißigen muß, seinem Berufe genug zu thun: also wir, die wir berufen sind zu Christo mit einem heiligen Beruf, Eph. 4, 1. Und wo ein solcher heiliger Vorsatz nicht ist, da ist auch keine Besserung und Grünen oder Zunehmen in Christo; ja der lebendigmachende Geist Christi ist nicht da. Denn ein solcher Vorsatz, Gutes zu thun, kommt aus dem heiligen Geist, und ist die vorlaufende Gnade Gottes, die alle Menschen locket, reizet und treibet. Wohl dem, der ihr Statt und Raum gibt, und die Stimme der Weisheit Gottes höret, die auf der Gasse ruft, Spr. Sal. 1, 20. Alles was ein Mensch ansieht, ist eine Erinnerung seines Schöpfers; dadurch ruft ihn Gott, und will ihn zu sich ziehen.

6. Und so oft wir nun das merken, daß wir gerufen und gelocket werden, sollen wir bald anfangen, Gutes zu thun; denn das ist die rechte Zeit, da wir nicht verhindert werden. Es wird bald eine andere Zeit kommen, da wir verhindert werden, Gutes zu denken, zu hören, zu reden und zu thun. Darum sieht solches die ewige Weisheit Gottes zuvor, und ruft uns an allen Orten, daß wir die Zeit nicht versäumen.

7. Siehe einen Baum an, der steht immer, und wartet auf den Sonnenschein und gute Einflüsse des Himmels, und ist immer bereit, dieselben zu empfangen, Ps. 1, 3. Also scheint die Gnade Gottes und himmlische Einflüsse auf dich; würdest du nur nicht von der Welt verhindert, dieselben zu empfangen.

8. Bedenke die kurze Zeit deines Lebens, wie viel Uebungen christlicher Tugenden du versäumt hast. Die halbe Zeit deines Lebens hast du geschlafen, die andre Hälfte hast du mit Essen und Trinken zugebracht; und wenn du nun sterben sollst, hast du kaum angefangen, recht zu leben und Gutes zu thun.

9. Wie ein Mensch zu sterben begehrt, so soll er auch leben. Du wolltest ja nicht gerne sterben als ein Gottloser; ei, so sollst du auch nicht leben als ein Gottloser. Willst du sterben als ein Christ, so mußt du leben als ein Christ. Der lebt aber als ein Christ, der also lebt, als wenn er heute sterben sollte. Ein Knecht muß immer bereit seyn, vor seinem Herrn zu erscheinen, wenn er ihn ruft; nun ruft Gott einen Jeglichen durch den Tod.

10. „Selig ist der Knecht, den der Herr wachend findet, wenn er kommt; er wird ihn über alle seine Güter setzen," Luc. 12, 37. 44. Wer ist aber, der da wachet? Der sich die Welt, und die nach der Welt leben, nicht läßt verführen. Die Aergernisse sind die bösen Pfropfreiser, die oft einen guten Baum verderben, daß er nicht grünen und blühen kann.

Gebet um die wahre Liebe.

Du Liebhaber der Menschen, wir bewundern den unerforschlichen Reichthum deiner Barmherzigkeit, welchen du an uns Elenden, ohne all unser Verdienst und Würdigkeit, beweisest. Da du deinen allerliebsten Sohn uns geschenkt hast, so willst du mit ihm uns Alles schenken. Wir sind Zeugen deiner unbeschreiblich großen Menschenliebe. Denn von Kindesbeinen an bis auf gegenwärtigen Augenblick hast du große Dinge an uns gethan. Und dein sehnliches Verlangen ist darauf gerichtet, daß du einen ewigen Bund des Friedens mit uns machen, und nie ablassen willst, uns wohl zu thun. Ach! gütiger Vater, wir werfen uns in den Abgrund deiner Erbarmung, und übergeben uns deinen treuen Liebeshänden. Vollbringe an uns deinen Liebeszweck, und laß uns erfahren, daß deine Wege lauter Güte und Wahrheit sind. Sey uns ja nicht schrecklich zur

Zeit der Noth. Tröste uns durch den Genuß deiner Liebe in unserm Inwendigen, wenn die Wellen der Trübsal über uns zusammenschlagen, und errette uns zu rechter Zeit aus allen Nöthen; damit wir aus der Erfahrung lernen, daß du den Gedanken des Friedens über uns und ein gnädiges Aufsehen auf uns habest. Laß aber auch deine inbrünstige Liebe ein Feuer der göttlichen und reinen Liebe in uns anzünden, daß wir dich, unsern liebreichen Vater, von ganzem Herzen lieb gewinnen, dir allein anhangen, an deiner Herrlichkeit uns vergnügen, unsere Seelenruhe in dir genießen, und um beinetwillen Alles verläugnen. Stärke uns durch deinen Geist der Liebe, daß wir auch unsern Nächsten in der Wahrheit lieben, und Alles vermeiden, was demselben schädlich seyn kann. In dieser Ordnung bereite uns zu, daß wir einmal an den Ort kommen, wo wir dich ohne Sünde lieben, und mit allen vollendeten Gerechten in der innigsten Gemeinschaft dich ewig verherrlichen können. Amen.

Das 23. Capitel.
Ein Mensch, der in Christo will wachsen und zunehmen, muß sich vieler weltlichen Gesellschaft entschlagen.

Psalm 84, 2. 3. Wie lieblich sind deine Wohnungen, Herr Zebaoth! Mein Leib und Seele freuen sich in dem lebendigen Gott.

1. Allzuvieler und öfterer weltlichen Gesellschaft mußt du dich entäußern und entziehen. Denn gleichwie dem menschlichen Leibe nicht besser ist, denn wenn er in seinem Hause ist: also ist der Seele nicht besser, als wenn sie in ihrem eigenen Hause ist, das ist, in Gott ruhet, daraus sie geflossen ist; da muß sie wieder einfließen, soll ihr wohl seyn.

2. Eine Creatur ruht nicht besser als in dem, daraus sie geworden ist; ein Fisch im Wasser, ein Vogel in der Luft, und ein Baum im Erdreich: also die Seele in Gott; wie der 84. Psalm V. 4 spricht: „Der Vogel hat ein Haus gefunden, und die Schwalbe ihr Nest" ꝛc. Und wie es nicht gut ist, daß man die Jungfrauen und Kinder viel spazieren gehen läßt, 1 Mos. 34, 1: also ist's nicht gut, daß du deine Gedanken und Worte viel lässest unter andere Leute spazieren gehen. Behalte sie im Hause deines Herzens, so werden sie nicht von den Leuten geärgert.

3. In den Vorhöfen unsers Gottes grünen die Pflanzen des Herrn, wie die Cedern auf dem Libanon, Psalm 92, 14. Was sind die Vorhöfe unsers Gottes? Es sind die innerlichen, geistlichen Feiertage des Herzens, der innerliche, geistliche Sabbath, und der blühende Libanus in der Wüste, in der Einsamkeit des Geistes, Hohel. 3, 1. Suche denselben, so kannst du dich selbst erforschen, und Gottes Wunder und Wohlthaten betrachten.

4. Mancher hat Lust, klug und spitzig Ding zu lesen und zu erforschen, dadurch doch das Herz mehr geärgert als gebessert wird. Was nicht Ruhe des Herzens und Besserung mit sich bringt, das soll nicht gehört, geredet, gelesen oder gedacht werden. Denn die Bäume des Herrn sollen immerdar wachsen und zunehmen in Christo. St. Paulus hat sich gehalten als Einer, der nichts mehr wüßte, als Jesum Christum, den Gekreuzigten, 1 Cor. 2, 2. Darum die Heiligen Gottes sich immer beflissen haben, in der Stille mit inniger Andacht göttlich zu leben, den himmlischen Gemüthern gleich zu werden, und in Gott zu ruhen. Das ist die höchste Ruhe der Seele. Darum einer von denselben gesagt: So oft ich unter den Menschen bin, komme ich minder denn ein Mensch wieder heim. Denn die Menschheit steht in dem Gleichniß Gottes. Darum Gott den Menschen also beschrieben, daß ein Mensch sey ein Bild, das Ihm gleich sey, 1 Mos. 1, 26. Je ungleicher Gott, je minder Mensch. Je mehr sich aber der Mensch zu Gott wendet, je gleicher er Gott wird. Soll sich aber der Mensch zu Gott wenden, so muß er sich von der Welt abwenden. Ein jeglich Sämlein bringt eine Frucht, die ihm gleich ist. Also, ist der Same Gottes in dir, der heilige Geist und das Wort Gottes: so wirst du seyn ein Baum der Gerechtigkeit, eine Pflanze zum Lob und Preis Gottes, Jesai. 61, 3.

5. Manchmal wird ein Wort geredet, oder man redet's selbst, das Einem ein Stachel wird im Herzen, welcher die Seele verwundet. Darum ist Niemand sicherer und ruhiger, denn so er daheim ist, und auch seine Gedanken, Worte und Sinne in Hause seines Herzens behält. Man liest von dem Philosophen Diogenes, daß ihn Einer genecket hat mit dieser Schlußrede: „Was ich bin, das bist du nicht. Ich bin ein Mensch, darum bist du kein Mensch." Darauf hat er gesagt: „Der Schluß ist nicht recht; fange von mir an, so ist er recht."

6. Will Einer wohl reden lernen, so lerne er zuvor wohl schweigen. Denn viel waschen, heißt nicht wohl reden. Will Einer wohl regieren, der lerne zuvor wohl unterthänig seyn; denn Niemand kann wohl regieren, der Gott nicht selbst unterthänig und gehorsam ist. Will Einer Ruhe und Friede im Herzen haben, so bewahre er seinen Mund wohl, und befleißige sich eines guten Gewissens; denn ein böses Gewissen ist die größte Unruhe. Doch findet auch ein böses Gewissen seine Ruhe in Christo durch Wiederkehr und Buße. Gleichwie das Täublein Noah nirgends fand, da es möchte ruhen, ohne in der Arche; darum kam es wieder, 1 Mos. 8, 9. Die Arche ist Christus und seine Christenheit, die nur Eine Thür und Fenster hat, das ist die Buße, dadurch man zu Christo eingeht. Und wie das Täublein bald wiederkommt zu der Arche, also mußt du bald wieder einkehren in dein Herz zu Christo, von den vielen Wassern der Welt, oder du wirst keine Ruhe finden.

7. Bist du nun unter den Leuten, und mußt der Welt gebrauchen: thue es mit Furcht und Demuth, ohne Sicherheit, und sey wie ein junges Bäumlein, an den Stab der Demuth und Gottesfurcht gebunden, daß nicht ein Sturmwind aufstehe und dich zerbreche. Wie oft wird Mancher betrogen, der allzu sicher die Welt gebraucht! Wie dem Meer nicht zu trauen ist, also ist der Welt auch nicht zu trauen. Denn auswendige Ergötzlichkeit und Trost der Welt kann bald in ein Ungestüm verkehrt werden, und die Weltfreude kann bald ein böses Gewissen machen.

8. O wie ein gut Gewissen behielte der, der keine vergängliche Freude suchte, und sich nimmer um diese Welt bekümmerte! O wie ein ruhig und friedsam Gewissen hätte der, der allein göttliche Dinge betrachtete, und alle seine Hoffnung auf Gott setzte! O wie großen und süßen Trost würde der von Gott haben, der sich nicht auf der Welt Trost verließe! Wie mancher Mensch würde oft seine Bekehrung, Besserung und heilige Andacht bei ihm selbst finden, die er bei andern Leuten verliert. Denn in deinem Herzen findest du das, was du außer demselben verlierst. Ein Bäumlein wächst nicht besser, denn in seinem eigenen Grunde und Erdreich; also, der innere Mensch wächst nicht besser, denn im innern Grund des Herzens, da Christus ist.

9. Freude und Traurigkeit ist des Menschen Gewissen. Brauchst du es zu göttlichen, innerlichen Dingen, so wird dein Gewissen deine inwendige Freude. Brauchst du es zu äußerlichen, weltlichen Dingen, so wird es deine inwendige Traurigkeit und Herzeleid, 2 Cor. 7, 10.

10. So oft sich eine andächtige Seele um der Sünden willen betrübt, so oft beweint sie sich heimlich. Da findet sie den Thränenbrunn und die Thränenquellen, mit denen sie sich alle Nacht im Glauben und Geist durch den Namen Jesu wäscht und reinigt, 1 Cor. 6, 11, auf daß sie heilig und würdig sey, einzugehen in das verborgene Allerheiligste, da Gott heimlich mit ihr reden kann.

11. Und weil Gott ein verborgener Gott ist, Jes. 43, 15, so muß ihm die Seele heimlich werden, mit welcher er reden soll. Psalm 85, 9: „Ach daß ich hören sollte, daß Gott der Herr redete!" Psalm 34, 5. 7: „Da ich den Herrn suchte, antwortete er mir, und errettete mich aus aller meiner Furcht. Da dieser Elende rief, hörete der Herr, und half ihm aus allen seinen Nöthen." Ps. 5, 4: „Herr, frühe wollest du meine Stimme hören; frühe will ich mich zu dir schicken, und darauf merken." Sie wird aber so viel heimlicher, so viel sie von der Welt abgeschieden ist. Wie der Erzvater Jacob: da

er von seinen Kindern und Freunden abzog, redeten Gott und die Engel mit ihm, 1 Mos. 32, 24 ff. Denn Gott und die Engel lieben eine heilige Seele über die Maße, und lassen sie nicht allein.

Gebet um Bewahrung vor der Befleckung der Welt.

Ach Gott! du hast uns aufrichtig erschaffen; wir suchen aber viele Künste. In dir allein ist unser wahres und ewiges Heil. Und darum hast du uns zu deinem Ebenbilde gemacht, daß wir in der seligsten Gemeinschaft mit dir eines beständigen Vergnügens theilhaftig werden sollten. Aber ach! wie weit haben wir uns von dir getrennt, und wie begierig suchen wir, aber vergebens, unsern Trost in der Creatur. Wie mannigfaltigen Zerstreuungen sind wir unterworfen, und wie so gar leicht schweift unser armes Herz aus, daß wir uns von dir, der Quelle des Lebens, immer weiter entfernen. Wir suchen Ruhe, aber finden sie nirgends auf der ganzen Welt. Gütiger Gott, ziehe uns kräftig zu dir hin. Gib uns ein vor dir gesammeltes Herz, und laß das unendliche Verlangen unserer Seelen zu dir beständig hingerichtet seyn. Erfülle unsere Herzen mit deiner Liebe, und laß uns in Jesu deine Freundlichkeit schmecken, damit wir dich über Alles hochschätzen, und in Jesu unsern ganzen Wandel in Heiligkeit und Gerechtigkeit vor dir führen. Mache uns zu Kindern des Lichts, damit wir die Werke der Finsterniß vermeiden. Laß uns unserm äußern Beruf mit einem Herzen, das sich nach dir ohne Unterlaß sehnet, treulich abwarten. Treibe uns dazu an durch deinen Geist, daß wir die Zeit, die uns von unserer Berufsarbeit übrig bleibt, sorgfältig auskaufen, und in der stillen Unterredung mit dir zubringen. Gib uns den Sinn, daß wir allen sündlichen Umgang mit Weltmenschen vermeiden; und wenn wir mit ihnen zu thun haben müssen, so erinnere uns dessen ohne Unterlaß durch deinen Geist, daß wir uns dieser bösen Welt nicht gleich stellen, noch in ihr wüstes und unordentliches Wesen einwilligen, damit wir ein gutes und unbeflecktes Gewissen bewahren. Schenke uns einen verborgenen, inwendigen und geistlichen Menschen des Herzens unverrückt, mit stillem und sanftem Geiste, welcher köstlich vor dir ist. Unser ganzes Leben müsse mit Christo in dir, unserm Gott, verborgen seyn, damit, wenn Christus in seiner Herrlichkeit sich offenbart, auch wir mit ihm in seiner Herrlichkeit offenbar werden, und als deine Auserwählten dich ewig preisen mögen. Amen.

Das 24. Capitel.

Von der Liebe Gottes und des Nächsten.

1 Tim. 1, 5. Die Summa aller Gebote ist: Liebe von reinem Herzen, von gutem Gewissen, und von ungefärbtem Glauben.

1. In diesem Spruch lehrt uns der Apostel die höchste und edelste Tugend der Liebe, und berichtet uns viererlei. Erstlich, spricht er, ist sie eine Summa aller Gebote. Denn die Liebe ist des Gesetzes Erfüllung, Röm. 13, 10, in welcher alle Gebote begriffen sind, ohne welche auch alle Gaben und Tugenden fruchtlos und untüchtig sind.

2. Darnach spricht er: Die wahre Liebe soll gehen von reinem Herzen. Dieß Wort begreift in sich die Liebe gegen Gott, daß das Herz rein sey von aller Weltliebe; davor uns St. Johannes warnt, 1 Joh. 2, 15. 17: „Liebe Kinder, habt nicht lieb die Welt, noch was in der Welt ist, als da ist Augenlust, Fleischeslust, hoffärtiges Leben. Und die Welt vergehet mit ihrer Lust; wer aber den Willen Gottes thut, der bleibet in Ewigkeit." Wer nun ein von aller Creaturliebe reines Herz hat, also daß er sich auf kein zeitlich Ding, es habe Namen, wie es wolle, verläßt, oder einige Ruhe des Herzens darein setzt, sondern allein in Gott (wie David im 73. Psalm V. 25. 26 spricht: „Herr, wenn ich nur dich habe, so frage ich nichts nach Himmel und Erde. Und wenn mir gleich Leib und Seele verschmachten, so bist du doch, Gott, allezeit meines Herzens Trost und mein Theil"), dessen Liebe geht von reinem Herzen. Es muß aber auch mit Lust und Freude geschehen; wie im 18. Psalm V. 2. 3 eine solche reine Liebe Gottes beschrieben ist: „Herzlich lieb habe

ich dich, Herr, Herr, meine Stärke, mein Fels, mein Erretter, meine Burg, mein Hort, mein Gott, auf den ich traue, mein Schild und Horn meines Heils, und mein Schutz."

3. Zum dritten lehrt uns der Apostel, daß die Liebe seyn soll von gutem Gewissen. Dieß geht nun die Liebe des Nächsten an, daß man den Nächsten nicht liebe um Genießens oder Nutzens willen (denn das ist eine falsche Liebe, von bösem Gewissen), auch wissentlich seinen Nächsten nicht beleidige mit Worten oder Werken, ihn nicht heimlich oder öffentlich anfeinde, hasse, neide, Zorn und Groll im Herzen trage, daß uns unser Gewissen nicht anklage im Gebet vor Gott.

4. Zum vierten soll die Liebe seyn von ungefärbtem Glauben, daß man wider seinen Glauben und Christenthum nicht handle, Gott verläugne heimlich oder öffentlich, im Kreuz oder in guten Tagen, im Unglück oder Glück. Und das ist die Summa dieses Sprüchleins. Wir wollen nun jedes Theil nach einander besehen.

I.

5. Erstlich spricht der heilige Apostel Paulus: „Die Liebe sey die Summa aller Gebote;" das ist, die Liebe, so aus wahrem Glauben geht, ist das alleredelste, beste und höchste Werk des Glaubens, das als dessen Frucht ein Mensch thun kann, und das Gott am besten gefällt. Denn Gott fordert nicht große, hohe und schwere Werke von uns, ihm damit zu dienen, sondern hat den schweren Gottesdienst des alten Testaments, und die vielen Gebote, in Glauben und Liebe verwandelt, und uns dazu den heiligen Geist gegeben; wie Röm. 5, 5 steht: „Gott hat seine Liebe durch den heiligen Geist in unsere Herzen ausgegossen." Da hören wir den rechten Ursprung dieser Tugend.

6. Darum ist nun die Liebe nicht ein schweres Werk, sondern einem frommen, glaubigen Menschen leicht. „Seine Gebote sind nicht schwer," spricht St. Johannes 1 Ep. 5, 3; verstehe, einem erleuchteten Christen; denn der heilige Geist macht ein freiwilliges, gütiges Herz. Gott fordert auch nicht große Kunst und Geschicklichkeit von uns, sondern allein die Liebe. Wenn dieselbe brünstig und herzlich ist, ohne Falsch, da ist Gottes Wohlgefallen, darin sich Gott mehr belustigt und erfreut, und sie ihm baß gefallen läßt, denn alle Kunst und Weisheit der Welt. Und zwar, wo die Liebe nicht ist, bei aller Weisheit, Kunst, Werken oder Gaben, da ist Alles untüchtig und ungültig, ja todt; wie der Leib ohne Leben, 1 Cor. 13, 1 ff.

7. Große Geschicklichkeit ist gemein den Heiden und Christen; große Werke sind gemein den Glaubigen und Unglaubigen; allein die Liebe ist die rechte Probe eines Christen, und scheidet das Falsche von dem Guten. Denn wo keine Liebe bei ist, da ist nichts Gutes bei, und wenn's noch so köstlich und groß scheint. Ursache, Gott ist nicht dabei. Denn „Gott ist die Liebe; und wer in der Liebe bleibet, der bleibet in Gott, und Gott in ihm," 1 Joh. 4, 16.

8. Die Liebe ist auch lieblich beide Gott und Menschen, und dem, der sie übt. Denn alle andere Künste, Geschicklichkeit und Weisheit, wenn man denselben nachgründet, verzehren den Leib, machen Sorge, Mühe und Arbeit, die des Leibes Plage und Pein sind. Allein die Liebe bessert, erquickt, erhält beides Leib und Seele, und ist Niemand schädlich, sondern bringt ihre reichen Früchte. Denn wer liebet, dem wird Liebe zu Lohn. Die Tugend ist ihr Selbstlohn; Sünde und Schande lohnet übel.

9. Alle Kräfte des Leibes und der Seele nehmen sonst ab, und werden müde. Aber die rechte Liebe wird nicht müde, und höret nimmermehr auf, da sonst alle Erkenntniß, Sprachen, auch der Glaube selbst aufhören wird, 1 Cor. 13, 8.

10. Alles was Gott gefallen soll in unserm Thun, das muß aus Gott gehen. Denn Gott gefällt nichts, was er nicht selbst in uns wirket. Gott aber ist selbst die Liebe. Darum muß Alles aus dem Glauben gehen, was Gott gefallen soll; aus der Liebe aber, was dem Menschen nützlich und dienstlich seyn soll, ohne alle eigene Ehre und Nutzen. Also muß auch das Gebet aus herzlicher Liebe gehen. Ge-

denke nun, was für ein Gebet aus einem solchen Herzen geht, das voller Zorn und Feindschaft ist? Und wenn ein Solcher den ganzen Psalter alle Tage betete, so ist's Alles vor Gott ein Gräuel. Das wahre Anbeten besteht im Geist, im Glauben, in der Liebe, und nicht in den Worten, Joh. 4, 23. 24. Gedenke an den Herrn Christum, der mit erbarmendem Herzen sprach: „Vater, vergib ihnen," Luc. 23, 34. Wer Gott nicht liebt, der betet auch nicht; wer aber Gott herzlich liebt, dem ist Beten eine Freude. Wer Gott liebt, der dient ihm von Herzen; wer ihn nicht liebt, der dient ihm auch nicht, und wenn er auch einen Berg auf den andern trüge.

11. Darum mag dem Menschen nichts Nützlicheres und Besseres geschehen, denn wenn Gottes Liebe in ihm erweckt wird.

12. Der Glaube soll in einem Christen Alles, was er thut, durch die Liebe thun, wie die Seele Alles thut durch den Leib. Die Seele sieht, schmeckt, redet durch den Leib; also soll die Liebe Alles in dir thun. Du issest, trinkest, hörest, redest, strafest, lobest, laß es Alles in der Liebe geschehen, gleichwie es in Christo war; er that es Alles in der Liebe. Siehst du deinen Nächsten an, so sieh ihn mit erbarmender Liebe an; hörst du ihn, höre ihn mit Liebe; redest du mit ihm, so rede mit Erbarmung.

13. Behalte die Wurzel der Liebe allezeit in dir durch den Glauben, so mag nichts denn Gutes aus dir gehen, und wirst anfangen, die Gebote Gottes zu erfüllen, die alle in der Liebe beschlossen sind, 1 Cor. 16, 14. Darum ein heiliger Lehrer spricht: „O du Liebe Gottes im heiligen Geist, Süßigkeit der Seele, und einziges göttliches Leben der Menschen! Wer dich nicht hat, der ist lebendig todt; wer dich hat, der stirbt vor Gott nimmer. Wo du nicht bist, da ist des Menschen Leben ein stetig Sterben; wo du bist, da ist des Menschen Leben ein Vorschmack des ewigen Lebens. Sehet, also ist die Liebe die Summa aller Gebote.

II.

14. Wie der Mensch Gott lieben soll von reinem Herzen. Das Herz soll rein seyn von aller Weltliebe. Gott soll des Menschen höchstes und bestes Gut seyn. Ps. 16, 5: „Der Herr ist mein Gut und mein Theil; du erhältst mein Erbtheil." Ps. 37, 4. 18: „Der Herr kennet die Tage der Frommen, und ihr Gut wird ewiglich bleiben. Habe deine Lust an dem Herrn, der wird dir geben, was dein Herz wünschet." An Gott soll der Mensch seines Herzens Lust und Freude haben.

15. Darum soll Gott unserer Seele das Liebste seyn, weil er das höchste und beste Gut ist, weil er alles Gut und alle Tugend selbst ist. Denn Gott ist nichts denn lauter Gnade, Liebe, Freundlichkeit, Geduld, Treue, Wahrheit, Trost, Friede, Freude, Leben und Seligkeit. Und das hat er Alles in Christum gelegt. Wer den hat, der hat dieses Alles. Und wer Gott lieb hat, der hat Gottes Wahrheit, Barmherzigkeit, Gütigkeit und alle Tugend lieb.

16. Denn ein rechter Liebhaber Gottes hat alles das lieb, was Gott lieb hat, und hat einen Verdruß an alle dem, das Gott verdrießt. Darum soll man die Gerechtigkeit lieb haben, denn Gott ist selbst die Gerechtigkeit. Darum soll man die Wahrheit lieb haben, denn Gott ist selbst die Wahrheit. Darum soll man lieb haben die Barmherzigkeit, weil Gott selbst die Barmherzigkeit ist. Darum soll man die Sanftmuth und Demuth lieb haben, um des sanftmüthigen und demüthigen Herzens Christi willen. Dagegen hasset ein wahrer Liebhaber Gottes alle Untugend; denn sie ist Gott zuwider, und Gottes Feindin, und ein Werk des Teufels. Darum hasset ein Liebhaber Gottes die Lüge, denn der Teufel ist ein Lügner. Und also mit allen Lastern. Und ein jeglicher Mensch, der die Laster liebt, als Lügen und Ungerechtigkeit, der ist ein Teufelskind; wie Joh. 8, 44 steht. Und ein jeglicher Mensch, der Christum als einen Heiland und Seligmacher lieb hat, der hat auch das Exempel des heiligen Lebens Christi lieb, seine Demuth, Sanftmuth, Geduld ꝛc. Und der ist ein Kind Gottes.

17. Und eine solche Liebe von reinem Herzen mußt du von Gott erbitten, daß er sie in dir anzünde durch die Liebe

Christi. Und Gott zündet gern diese Liebesflamme an in deinem Herzen, wenn du ihn nur darum bittest, und ihm nur dein Herz dazu leihest, und dasselbe alle Tage, ja alle Stunden und Augenblicke. Ist die Liebe schwach und kalt, ja verlischt sie bisweilen in dir, und du strauchelst: o! so stehe wieder auf, zünde wieder an, es ist darum das ewige Licht (die Liebe Gottes) nicht verloschen; er wird dich wieder erleuchten. Doch sollst du Gott täglich bitten, daß er die göttliche Liebesflamme nimmermehr in deinem Herzen verlöschen lasse. Das ist nun die Liebe von reinem Herzen, das rein ist von aller Welt- und Creaturliebe.

III.

18. Liebe von gutem Gewissen ist des Nächsten Liebe. Die Liebe Gottes und des Nächsten ist einig, und muß nicht getrennt werden. Die wahre göttliche Liebe kann nicht besser gemerkt und geprüft werden, denn an der Liebe des Nächsten. Denn „wer spricht, er liebe Gott, und hasset seinen Bruder, der ist ein Lügner. Denn wer seinen Bruder nicht liebet, den er siehet, wie sollte er Gott lieben, den er nicht siehet? Und dieß Gebot haben wir von ihm, daß, wer Gott liebet, auch seinen Bruder liebe," 1 Joh. 4, 20. 21; das ist, die Liebe Gottes kann nicht wohnen bei einem Menschenfeinde, oder in einem feindseligen Herzen. Wenn du keine Barmherzigkeit übest an deinem Bruder, den du siehest, und der deiner Barmherzigkeit bedarf, wie solltest du Gott lieben, der deiner nicht bedarf?

19. a) Der Glaube vereinigt mit Gott; die Liebe mit Menschen. 1 Joh. 4, 16: „Wer in der Liebe bleibet, der bleibet in Gott, und Gott in ihm." Gleichwie Leib und Seele einen Menschen machen, also beweiset der Glaube und Gottes- und Menschenliebe einen wahren Christen. Gott meint es mit allen Menschen herzlich gut. Wer das auch thut, der ist Eines Herzens und Sinnes mit Gott. Wer es nicht thut, der ist wider Gott, und Gottes Feind, weil er des Nächsten Feind ist.

20. b) Es ist aber der Liebe Art, daß sie sich vornehmlich über die Gebrechen des Nächsten erbarmt, Gal. 6, 1. Und zwar die Gebrechen deines Nächsten sind dein Spiegel, daß du auch deine Schwachheit an ihm erkennen solltest, und lernen, daß du auch ein Mensch seyst. Darum sollst du seine Schwachheit und Last mit Geduld, Demuth und Sanftmuth helfen tragen, Röm. 15, 7.

21. c) Und solche Leute, die nicht aus muthwilliger Bosheit straucheln, sondern also übereilt werden, kommen bald wieder zurecht, strafen sich selbst, und geben sich schuldig. Mit denen soll man bald Mitleiden haben, und sich über sie erbarmen. Die solches nicht thun, haben nichts vom sanftmüthigen Geist Christi. Denn wenn man des Nächsten Gebrechen geschwind aburtheilt, ohne Mitleiden, das ist ein gewisses Zeichen, daß ein solcher Mensch der erbarmenden Liebe Gottes und des heiligen Geistes ermangelt, und hat Gott nicht bei sich. Denn ein rechter Christ, der mit dem Geist Christi gesalbt ist, der verträgt alle Menschen in einer mitleidenden Erbarmung und in einer erbarmenden Liebe; gleichwie Christus gethan, und uns mit seinem Exempel vorgegangen. Und daran prüfe sich ein jeder Christ. Denn wer die Liebe des Nächsten nicht bei sich findet, von dem ist auch die Liebe Gottes gewichen, ja Gott selbst. Davor soll er erschrecken, und von Herzen Buße thun, sich mit seinem Nächsten versöhnen; so wird Gott mit seiner Liebe wieder zu ihm kommen. Alsdann ist Alles, was der Mensch thut, im Glauben und in der Liebe, wieder gut, heilig und göttlich. Dann übt ein Mensch Gottes Liebe und Barmherzigkeit mit Freuden, um der inwohnenden Liebe Gottes willen; und ist ihm eine Freude, Gutes zu thun, wie Gott im Propheten spricht, Jer. 32, 41.

22. d) Außer der Liebe ist Alles teuflisch, was am Menschen ist, und Alles grundböse. Und das ist die Ursache, warum der Satan nichts Gutes thun kann; denn es ist keine Liebe bei ihm, weder Gottes noch der Menschen, darum ist auch Alles grundböse, was er thut. Denn er sucht und meinet nichts anders in allem seinem

Thun, denn Gottes Unehre und des Menschen Verderben. Und auf daß er seine Feindschaft wider Gott und Menschen vollbringen möge, darum sucht er solche feindselige Herzen, durch welche er seinen Neid und Zorn übt. Daran prüfe man, welche Gottes und des Satans Kinder sind, 1 Joh. 3, 10.

IV.

23. Liebe von ungefärbtem Glauben; das heißt, Gott gleich lieb haben im Glück und Unglück. Wer Gott herzlich lieb hat, der läßt sich wohlgefallen Alles, was Gott wohlgefällt. Wer Gott lieb hat, der muß auch sein Kreuz lieb haben, das ihm Gott zuschickt; wie wir sehen an Christo, unserm Herrn, wie willig er sein Kreuz auf sich nahm, denn es war Gottes Wille. „Ich muß mit einer Taufe getauft werden, und wie ist mir so bange, ehe ich's vollbringe," spricht er Luc. 12, 50. Darum haben alle heiligen Märtyrer ihr Kreuz mit Freuden getragen.

24. Denen, die Gott herzlich lieb haben, ist auch ihr Kreuz nicht schwer zu tragen, denn ihr Kreuz ist Christi Joch, Matth. 11, 29. Zieht der Magnet ein schweres Eisen nach sich: sollte nicht der himmlische Magnet, die Liebe Gottes, nach sich ziehen die Last unsers Kreuzes, daß sie leicht und sanft würde, wo sie ein menschlich Herz berührt? Und macht der Zucker ein bitteres Kraut süße: wie sollte die Süßigkeit der göttlichen Liebe nicht das bittere Kreuz süße machen? Daher ist die hohe Geduld und große Freudigkeit der heiligen Märtyrer gekommen; denn Gott hat sie in seiner Liebe trunken gemacht.

Gebet um die Liebe Gottes und des Nächsten.

O Jesu! deine Liebe hat dich bewogen, daß du für uns das Werk unserer Erlösung vollendet hast. Und da du zur Rechten der Majestät Gottes erhöhet bist, so gedenkest du mit vieler Erbarmung an uns, bittest für uns, und theilest uns deinen hohepriesterlichen Segen mit. Du bist die ewige Liebe, und machst dir eine Freude daraus, wenn du uns wohlthun kannst, und wir deiner kräftigen und thätigen Liebe Raum in unsern Herzen geben. O du ewige Liebe, verkläre dich in uns! Räume Alles aus dem Wege, was deinen Liebeszweck bei uns verhindert. Mache uns gläubig durch deine Gnadenwirkungen, daß wir in dieser Ordnung deine Jesusliebe in uns genießen. Bereite uns zu Gefäßen deiner Barmherzigkeit, damit du die Ströme deiner Liebe auf uns fließen lassen könnest. Gib uns deinen Liebessinn, damit wir dich, der du uns zuerst geliebet hast, wieder lieben, und Jedermann daran erkenne, daß wir deine Kinder sind, wenn wir durch deine Liebe gedrungen werden, auch unsern Nächsten aufrichtig lieb zu haben. Rotte aus unsern Herzen aus alle Feindschaft. Nimm weg alle Trägheit. Vertreibe allen Argwohn. Tödte Alles, was von dem alten Menschen sich in uns regt. Jesu, dein Bild erneuere in uns; so sind wir deine Begnadigten in der Wahrheit, und beweisen uns als deine Kinder und Knechte nach deinem Herzen. Deine Liebe belebe, erquicke, reinige, ermuntere und stärke uns; so wandeln wir in der Liebe, und thun, was vor dir gefällig ist. Amen.

Das 25. Capitel.
Von der Liebe des Nächsten insonderheit.

2 Petr. 2, 19. Von welchem Jemand überwunden ist, dessen Knecht ist er.

1. Es ist keine schwerere und härtere Dienstbarkeit, als wenn man den sündlichen Affecten dienet, und sonderlich der Feindseligkeit; denn dieselbe bindet und belästigt alle Leibes- und Seelenkräfte, und läßt dem Menschen keine Gedanken frei. Wer aber die Liebe übt, der ist recht frei in seinem Herzen, der ist kein Knecht und Leibeigener des Zorns, des Neides, des Geizes, Wuchers und Mammons, der Hoffart, Lüge und Verläumdung. Die Liebe macht ihn alles dessen frei, und läßt sich also nicht überwinden von jenen schändlichen Lastern. Der ist ein rechter Freier in Christo durch den Geist der Freiheit; denn wo der Geist ist, da ist Freiheit, 2 Cor. 3, 17. Ein solcher Mensch, der in

der Liebe Christi wandelt, der ist kein Sündenknecht und Leibeigener der fleischlichen Affecte und Begierden mehr; denn der Geist der Liebe Gottes hat ihn befreit und gereinigt von fleischlichen Lüsten. Nun sehen wir, wie die Liebe Gottes sich über alle Menschen erstreckt, welches er nicht allein in seinem Wort, sondern auch in der ganzen Natur bezeugt. Denn er hat den Menschen den Himmel insgemein gegeben, der bedeckt sie alle, der ist mein und meines Nächsten. Also auch die Sonne ist mein und meines Bruders; es muß der Höchste sowohl als der Niedrigste von der allgemeinen Sonne, Luft, Erde und Wasser leben, Matth. 5, 45. Wie es nun Gott mit uns meint, so sollen wir es auch mit unsern Nebenmenschen meinen. Denn Gott hat selbst sich hiemit uns zu einem Exempel vorgestellt, daß er gegen uns Alle gleich gesinnet sey, Keinen mehr oder weniger liebe, denn den Andern. Das ist, er hat uns Alle in Christo gleich lieb, sieht keine Person, Würdigkeit oder Verdienst an. Und wie er gegen uns gesinnet ist, also sollen wir auch gegen unsern Nächsten gesinnet seyn. Und wie wir uns gegen unsern Nächsten verhalten werden, also will er sich auch gegen uns verhalten. Er hat es uns also in unser Herz gelegt, uns damit zu überzeugen, wie er gegen uns gesinnet ist; und so sollen wir auch gegen unsern Nächsten gesinnet seyn.

2. Darum liegt nun die Probe in unserm Herzen und Gewissen; da sollen wir eingehen, und uns selber fragen, wie wir mit unserm Nächsten stehen, wohl oder übel? Wie wir uns nun hierin befinden, also stehen wir auch mit Gott. Denn wie wir unserm Nächsten thun, also will uns Gott auch thun. Das heißt, Ps. 18, 26. 27: „Bei den Heiligen bist du heilig, und bei den Verkehrten bist du verkehrt;" das ist, hast du ein verkehrtes Herz gegen deinen Bruder, so ist dir Gott auch zuwider. Darum ist uns nun unser Bruder zur Probe gesetzt der Liebe Gottes; das ist, an unserm Nächsten will uns Gott probiren, ob unsere Liebe gegen ihn rechtschaffen sey? Denn Gott bedarf unsers Dienstes nicht ein Stäublein, sondern der Nächste.

3. Darum hat es Gott so genau auf den Nächsten gerichtet, und auf unser Gewissen gelegt, daß wir in allen Dingen uns nach ihm richten sollen, und allemal, ja alle Stunden, also gegen unsern Nächsten gesinnet seyn, wie Gott gegen uns. Denn unser Keiner kann ohne seines Nächsten Versöhnung bei Gott in Gnaden bleiben. Gottes halben hat's keine Noth. Der ganzen Welt Sünden sind auf einmal aufgehoben, und vollkommene Vergebung erlangt worden durch den Tod Jesu Christi. Denn wir Alle sind der Knecht, welchem der König alle seine Schulden aus Gnaden schenkte, da er nicht hatte zu bezahlen. Aber hernach, als der Knecht mit seinem Bruder so unbarmherzig handelte, hob der König seine Vergebung wieder auf, und ward also der Schalksknecht um seines Bruders willen verdammt, und der Beschluß darauf gegeben: „Also wird euch mein himmlischer Vater auch thun, so ihr nicht vergebet von euerm Herzen ein jeglicher seinem Bruder seine Fehle," Matth. 18, 26—35. Und: „Eben mit dem Maaß, da ihr mit messet, wird man euch wieder messen," Luc. 6, 38.

4. Also ist allemal ein jeder Mensch nicht von sein selbst wegen allein da, sondern auch von seines Nächsten wegen. Denn so stark ist das Gebot von der Liebe des Nächsten, daß, wenn es gebrochen wird, Gottes Liebe von uns hintan weichet, und der Mensch stracks von der strengen Gerechtigkeit Gottes gerichtet und verdammt wird.

5. Wenn wir das bedächten, so würde nimmermehr ein Mensch mit dem andern zürnen, und die Sonne über seinem Zorn nicht lassen untergehen, Eph. 4, 26. Denn obwohl Christus mit seinem Tode am Kreuz aller Welt Sünde einmal ganz und vollkommen gebüßt und bezahlt, und also der ewige König uns Allen unsere großen Sünden aus Gnaden geschenkt und vergeben hat; dennoch, so wir unsern Bruder hassen, ihn nicht lieben und ihm nicht vergeben, soll das ganze Verdienst Christi an uns verloren und umsonst seyn, so uns doch zuvor die ewige Seligkeit erworben war durch Christum.

6. So gar hat Gott uns an die Liebe des Nächsten gebunden, daß er nicht will von uns geliebt werden ohne unsern Nächsten. Versehen wir's nun da, so haben wir's bei Gott auch versehen. Und eben darum hat Gott nicht einen Menschen besser schaffen wollen, denn den andern, damit wir nicht Ursache hätten, einander zu verachten, und uns über einander zu erheben, sondern unter einander, als Kinder Eines Vaters, in Friede und Einigkeit leben, und ein ruhiges Gewissen haben sollten.

7. Hassest du nun deinen Bruder, so hassest du Gott, der dir solches verboten hat; und so hasset dich Gott wieder. Und das ist dein Gericht und deine Verdammniß, und du verlierst auf einmal die Vergebung der Sünde, das theure Verdienst Christi und seine Erlösung.

8. Denn es ist unmöglich, des Blutes Christi, welches aus Liebe vergossen ist, mit feindseligem Herzen fruchtbar theilhaftig zu werden. Ja wir sehen aus dem Gleichniß Matth. 18, 35, daß Gott nicht so sehr zürnet über die große Schuld der zehn tausend Pfund, als über die Unbarmherzigkeit. Die Schuld kann er vergessen, aber die Unbarmherzigkeit nicht. Darum sollen wir an den göttlichen Schluß denken: „Also wird euch mein himmlischer Vater auch thun."

Gebet um die wahre Liebe gegen den Nächsten.

Du Gott der Liebe, schenke uns deinen Liebessinn, und laß uns deine Gütigkeit in Christo dergestalt erfahren, daß wir dadurch zur wahren Liebe gegen unsern Nächsten angetrieben werden. Nimm allen Verdacht und Argwohn, alle Lieblosigkeit und Geringschätzung gegen Andere weg aus unsern Herzen; denn dadurch vermehren wir unsere Unruhe. Laß uns als Kinder eines gnädigen und barmherzigen Vaters dir nachfolgen in der Liebe, barmherzig seyn, wie du barmherzig bist, vergeben, wie du uns täglich vergibst. Haß und Feindschaft rührt von dem Bösewicht, dem Satan her, und er quält durch diese unordentlichen und teuflischen Begierden diejenigen, welche unter ihm gefangen liegen. Ach Gott! mache uns los von seinen Stricken und Banden, und laß uns gegen keinen Menschen auf Erden einen Groll in unsern Herzen hegen, noch weniger aber laß zu, daß wir durch offenbare Unversöhnlichkeit und Rachbegierde uns deiner Vaterliebe verlustig machen. Dein Kind Jesus hat uns Alle mit seinem theuern Blute erkauft, und ist für uns Gottlose gestorben; mache uns zu wahren Nachfolgern deines Sohnes, damit wir um seinetwillen und durch seine Kraft gegen alle Menschen, sie mögen Freunde oder Feinde heißen, uns liebreich erweisen. Denn wer seinen Bruder hasset, der ist ein Todtschläger, und wir wissen, daß ein solcher nicht hat das ewige Leben bei ihm bleibend. Es soll auch bereinst ein unbarmherziges Gericht ergehen über den, der nicht Barmherzigkeit in dieser Gnadenzeit geübt hat. Dieß laß uns wohl erwägen, damit wir allen lieblosen Werken des Fleisches absagen, und unsern Glauben durch eine wahre Liebe bei aller Gelegenheit thätig erzeigen. Dieß ist das Kennzeichen, daß wir Jesu Unterthanen sind, und als deine Kinder deines gnädigen Wohlgefallens gewürdigt werden. Ach Gott! wirke und erhalte deinen Sinn in uns, um Jesu willen. Amen.

Das 26. Capitel.
Warum der Nächste zu lieben sey?

Röm. 13, 8. Seyd Niemand etwas schuldig, denn daß ihr euch unter einander liebet; denn wer den Andern liebet, der hat das Gesetz erfüllet.

1. Im Propheten Micha C. 6, V. 6 lesen wir diese Frage und Antwort: „Womit soll ich den Herrn versöhnen? mit Bücken vor dem hohen Gott? Soll ich ihn mit Brandopfern und jährigen Kälbern versöhnen? Meinest du, der Herr habe Gefallen an viel tausend Widdern, oder am Oel, wenn's gleich große Ströme wären? Oder soll ich meinen ersten Sohn für meine Uebertretung geben? oder meines Leibes Frucht für die Sünde meiner Seele? Es ist dir gesagt, Mensch, was gut ist, und was der Herr von dir fordert; nämlich Gottes Wort halten, Liebe üben, und demüthig seyn vor deinem Gott."

2. In dieser Frage und Antwort lehrt uns der Prophet, worin der wahre Gottesdienst besteht, nämlich nicht in äußerlichen Ceremonien oder Opfern. Denn was kann ein Mensch Gott geben? Ist doch zuvor Alles sein, und er bedarf unser gar nicht. Er wird auch nicht versöhnt, wenn man gleich Menschen opfern wollte. Denn das hat er nicht befohlen, und ist ihm ein Gräuel, und gereicht zur Schmach dem einigen Versöhnopfer, so durch Christum allein geschehen ist, welchen Gott dazu verordnet hat, daß er der Welt Sünde tragen sollte, Joh. 1, 29. Sondern der rechte Gottesdienst, der Gott gefällt, besteht inwendig im reinen Glauben, welches der Prophet hier nennt Gottes Wort halten; in Uebung des Glaubens, der Liebe und Barmherzigkeit, und nicht im Opfer, aber in wahrer Demuth, wie David im 51. Psalm V. 19 spricht: „Die Opfer, die Gott gefallen, sind ein geängsteter Geist; ein geängstetes und zerschlagenes Herz wirst du, Gott, nicht verachten."

3. Also muß der wahre Gottesdienst aus dem Grunde des Herzens gehen, aus Glauben, Liebe und Demuth. Dazu vermahnt uns auch der Apostel Paulus zu den Röm. am 13., V. 8. 9. 10., welcher Spruch ein Lob der Liebe als einer immerwährenden Pflicht gegen den Nächsten ist. Damit können wir Gott recht dienen. Ursache: man kann Gott nirgend mit dienen, denn mit dem, was er selbst wirkt in unsern Herzen. Denn Gott dienen ist nichts, als dem Nächsten dienen mit Liebe und Wohlthat.

4. Zu solcher Liebe will uns der Apostel vermahnen, und gebraucht ein feines, liebliches Argument, welches denen anmuthig ist, so die christliche Tugend lieb haben; er spricht, die Liebe sey eine so herrliche Tugend, daß darin alle Tugenden begriffen seyen, und sey des Gesetzes Erfüllung, Röm. 13, 10. Welches Argument der Apostel nicht darum gebraucht, daß wir mit unserer Liebe das Gesetz auch vollkömmlich erfüllen und dadurch die Seligkeit und ewiges Leben verdienen könnten (welches zwar geschähe, wenn unsere Liebe vollkommen wäre), sondern daß er uns die Vortrefflichkeit und Würdigkeit dieser Tugend einbilde, uns auch derselben zu befleißigen. Unsere Gerechtigkeit und Seligkeit ist auf Jesum Christum gegründet, und auf sein Verdienst, welches wir uns zueignen durch den Glauben.

5. Aus derselben Gerechtigkeit quillt nun die Liebe gegen den Nächsten mit allen andern Tugenden, und sie heißen Früchte der Gerechtigkeit, zu Lob und Preise Gottes, Phil. 1, 11. Weil es nun die herrlichste und größte Tugend ist, so wollen wir noch weiter davon handeln, und noch etliche Gründe mehr hören, uns in der Liebe zu erbauen.

6. I) Der beweglichste dieser Gründe ist 1 Joh. 4, 16: „Gott ist die Liebe, und wer in der Liebe bleibet, der bleibet in Gott, und Gott in ihm." Wer wollte nicht gern in Gott seyn und bleiben? und wer wollte nicht gern, daß Gott in ihm sey und bleibe? Im Gegentheil, wer wollte gern, daß der Satan in ihm wäre, und er im Satan? Das geschieht aber, wenn die Liebe nicht da ist, sondern Feindseligkeit. Denn der Teufel ist ein Menschenfeind, Gott aber ist ein Liebhaber der Menschen. Hieher gehört, was St. Johannes am ermeldeten Ort ferner spricht, V. 7: „Wer lieb hat, der ist aus Gott geboren, und kennet Gott. Daran werden offenbar die Kinder Gottes, und die Kinder des Satans," 1 Joh. 3, 10. Ist das nun nicht tröstlich, ein Kind Gottes seyn, und aus Gott geboren seyn, und Gott recht erkennen? Denn wer die Liebe nicht im Herzen hat, und hat nie erfahren ihre Kraft, ihr Leben, ihre Wohlthat, ihre Gütigkeit, ihre Freundlichkeit, Langmuth und Gebuld ꝛc., der kennt freilich Gott nicht, der lauter Liebe ist. Denn die Erkenntniß Gottes muß aus der Erfahrung und Empfindung gehen. Wer kann Christum recht kennen, der von der Liebe nichts weiß? Denn Christus ist ja lauter Liebe und Sanftmuth. Wer diese Tugend hat und übet, der kennt Christum recht. Wie St. Petrus 2 Epistel 1, 8 spricht: Wenn ihr die Liebe üben werdet, die wird euch nicht unfruchtbar seyn lassen in der Erkenntniß Christi.

7. II) Der Herr spricht Joh. 13, 35: „Daran wird Jedermann erkennen, daß

ihr meine Jünger seyd, so ihr euch unter einander liebet, wie ich euch geliebet habe." Nun heißt Christi Jünger seyn, nicht allein mit dem Namen ein Christ seyn, und ihn mit dem Mund allein bekennen; sondern es heißt an Christum glauben, ihn lieb haben, Christo folgen und in ihm leben, Christo wahrhaftig angehören, von ihm herzlich geliebt werden, ewig Theil an ihm haben, und aller seiner Wohlthaten genießen. Wer nun die Liebe Christi nicht hat, der gehört Christo nicht an, und hat kein Theil an ihm. Denn er hat keinen Glauben, darum wird ihn Christus für den Seinen nicht erkennen. Gleichwie man einen Apfel am Geschmack und eine Blume an ihrem Geruch kennt, also einen Christen an der Liebe.

8. III) St. Paulus spricht 1 Cor. 13, 2, daß alle hohe Gaben ohne die Liebe nichts seyen. Viel Sprachen können, Wunder thun, viel Geheimnisse wissen ꝛc., beweist keinen Christen, sondern der Glaube, der durch die Liebe thätig ist. Gott hat uns auch nicht große, schwere Dinge befohlen, Wunderzeichen zu thun und dergleichen, sondern die Liebe und Demuth. Und Gott wird an jenem Tage nicht fragen, wie gelehrt du gewesen bist in Künsten, Sprachen und vielen Wissenschaften, sondern wie du durch den Glauben die Liebe geübt hast. „Ich bin hungrig gewesen, und ihr habt mich gespeiset," ꝛc. Matth. 25, 35 ff. Darum St. Paulus Gal. 5, 6 spricht, daß in Christo weder Beschneidung noch Vorhaut gilt, das ist, kein Vorzug, keine Gaben, kein Ansehen der Personen, sondern der Glaube, der durch die Liebe thätig ist.

9. IV) So spricht St. Johannes, 1 Joh. 4, 20. 21: „So Jemand sagt, ich liebe Gott und hasset seinen Bruder, der ist ein Lügner. Denn wer seinen Bruder nicht liebet, den er siehet, wie kann er Gott lieben, den er nicht siehet? Denn dieß Gebot haben wir von ihm, daß, wer Gott liebet, auch seinen Bruder liebe;" das ist, es kann Gottes Liebe ohne des Nächsten Liebe nicht seyn. Wer seinen Nächsten nicht liebet, der ist ein Feind Gottes. Denn ein Menschenfeind ist Gottes Feind, darum weil Gott ein Liebhaber der Menschen ist.

10. V) So ist die Liebe das Gesetz der Natur, aus welchem dem menschlichen Geschlecht alles Gute entsteht, und ohne welche das menschliche Geschlecht vergehen müßte. Denn Alles, was dem Menschen Gutes geschieht, das quillt und entspringt aus der Liebe. Darum St. Paulus die Liebe nennt das Band der Vollkommenheit, Col. 3, 14. Denn was für herrliche Früchte aus der Liebe wachsen, beschreibt er Röm. 12, 9. Daher der Herr Matth. 7, 12 spricht: „Alles was ihr wollet, daß euch die Leute thun sollen, das thut ihr ihnen auch; das ist das Gesetz und die Propheten." Und die Heiden haben aus der Natur gelernt: Was du nicht willst, daß dir geschehe, das thue einem Andern auch nicht. Diesen Spruch hat der Kaiser Severus, welcher auch sonst mit herrlichen Tugenden begabt war, stets im Munde geführt, und in die geschriebenen Rechte setzen lassen.

11. VI) So ist die Liebe ein schönes Bild und Vorschmack des ewigen Lebens. Denn was daselbst für ein seliger Zustand seyn wird, wenn die Auserwählten sich unter einander lieben werden, Eins des Andern sich freuen, in ewiger Freundlichkeit und Leutseligkeit bei einander wohnen, und sich Eins an dem Andern ergötzen werden, das ist nicht auszudenken. Solches Alles wird in der Liebe geschehen. Darum wer des ewigen Lebens Bild anschauen, ja desselben einen Vorschmack haben will, der wird reichlich dadurch ergötzt und erfreut werden, und viel Ruhe und Friede im Herzen haben.

12. VII) Je reiner, brünstiger und herzlicher nun die Liebe ist, je näher der göttlichen Art und Natur; denn in Gott, in Christo und im heiligen Geist ist die allerreinste, zarteste, brünstigste, edelste und herzlichste Liebe. Rein ist die Liebe, wenn man nicht um eigenes Nutzens und Genießens willen liebt, sondern allein um der Liebe Gottes willen, weil uns Gott so rein und lauter liebt, umsonst und ohne allen Nutzen. Darum wer um seines Nutzens willen den Nächsten liebt, der hat keine reine Liebe und keine göttliche Liebe. Und das ist der Unterschied unter der heidnischen

Liebe und unter der christlichen Liebe. Ein Christ liebt seinen Nächsten in Gott, in Christo, ganz umsonst, und hat alle Menschen in Gott und in Christo lieb. Davon haben die Heiden nichts gewußt, sondern haben alle ihre Tugenden mit eitler Ehre und Eigennutz befleckt. Herzlich lieben wir den Nächsten, wenn es ohne Heuchelei geschieht, ohne alle Falschheit, wenn die Liebe aus dem Herzen geht, und nicht aus dem Munde, dadurch Mancher betrogen wird. Brünstig ist die Liebe, wenn eine herzliche Barmherzigkeit und Mitleiden da ist, daß man sich des Nächsten Noth annimmt, als seiner eigenen, ja wenn's möglich wäre, daß man dem Nächsten sein Leben mittheile, ja sein Leben für die Brüder lasse, 1 Joh. 3, 16; wie Moses und Paulus, die da wollten verbannet seyn für die Brüder, 2 Mos. 32, 32. Röm. 9, 3.

13. VIII) Daraus folgt, daß wir unsere Feinde lieben sollen und müssen. Matth. 5, 44. Luc. 6, 35: „Liebet eure Feinde, thut Gutes denen, die euch beleidigen, segnet, die euch verfolgen; so werdet ihr Kinder eures Vaters seyn. Denn wenn ihr Gutes thut denen, die euch Gutes thun, und liebet die, so euch lieben, was thut ihr mehr denn die Heiden? denn das thun sie auch." Darin besteht der Vorzug, die Präeminenz und Herrlichkeit der Christen: die Natur unter sich zu zwingen, zu herrschen über Fleisch und Blut, die Welt und alles Böse in der Welt mit Gutem und mit Tugend zu überwinden, Röm. 12, 21. Das ist der Christen Adel. 2 Mos. 23, 5 befiehlt Gott: „Wenn du deines Feindes Ochsen oder Esel siehst irren, oder unter der Last liegen, hilf ihm auf, bringe ihn zurecht;" welches St. Paulus 1 Cor. 9, 9 anzieht und spricht: „Sorget Gott für das Vieh? thut er's nicht vielmehr uns?" Darum er zu den Röm. 12, 20 spricht: „Hungert deinen Feind, so speise ihn; dürstet ihn, so tränke ihn" ꝛc. Es ist demnach nicht genug, daß du dem Menschen nichts Leides thust, ja auch deinem Feinde nicht; du mußt ihm Gutes thun, oder du bist nicht ein Kind Gottes, denn du liebest deinen Nächsten nicht.

14. IX) Wer sich nicht der christlichen Liebe befleißigt, der trennt sich von dem geistlichen Leibe Christi, der Kirche, und wird verlustig aller Wohlthaten Christi, Eph. 4, 5: „Ein Glaube, Eine Taufe, Ein Gott, Ein Herr" ꝛc. Denn gleichwie die Glieder, so vom Haupt getrennt sind, nicht können des Hauptes Kraft und Leben empfinden, sondern sind todt: also Alle, die nicht in der Liebe leben, trennen sich von dem einigen Haupte Christo, und können seiner Lebens-Bewegung und Fülle nicht theilhaftig werden. Darum spricht St. Johannes: „Wer den Bruder nicht liebt, der bleibt im Tode," er ist lebendig todt, 1 Joh. 3, 14.

15. X) Alle gute Gaben und alles Gedeihen muß von Gott erbeten werden, und ohne Gebet geschieht keine Hülfe, kein Trost und Errettung, kann auch kein Segen und Wohlfahrt zu uns kommen; es kann aber kein Gebet erhört werden und zu Gott kommen, wenn es nicht aus dem Glauben und aus der Liebe, und in der Liebe geschieht. Darum der Herr sagt: „Wo ihrer Zwei oder Drei eins werden in meinem Namen, was sie bitten werden, das will ich ihnen geben, und soll ihnen widerfahren von meinem Vater," Matth. 18, 19.

So sollen wir nun in der Liebe leben, denn da ist Friede und Einigkeit. Wo aber Friede ist, da ist der Gott des Friedens, Röm. 15, 13. 33. Und wo der Gott des Friedens ist, daselbst hat der Herr verheißen Segen und Leben immer und ewiglich, Ps. 133, 3.

Gebet um ein liebreich gesinntes Herz gegen den Nächsten.

O allwissender Gott! du prüfest Herzen und Nieren, deine Augen sehen nach dem wahren Herzensglauben, und nach der innern Gesinnung unserer Seelen; du findest an uns viele Gräuel, Unarten und Bosheiten, an welchen du, heiliges Wesen, einen großen Abscheu trägst. Wir können uns aber aus eigenen Kräften nicht besser machen, noch unser böses Herz gründlich verändern. Wir wenden uns um deßwillen zu dir, unserm Gott, und bitten dich in Erkenntniß unserer Sünden, und unter dem Gefühl unserer eigenen Ohnmacht:

ach Gott! mache uns nach deinem Herzen gesinnt. Du bist die Liebe; ach! laß uns deiner göttlichen Liebesnatur dergestalt theilhaftig werden, daß, wie wir deine Freundlichkeit durch den Glauben in uns schmecken, also auch durch deinen Geist kräftig angetrieben werden, dich über Alles, und unsern Nächsten als uns selbst zu lieben. Besiege und tödte in uns alle Macht der Feindschaft und Lieblosigkeit; und da Niemand dich wahrhaftig lieben kann, es sey denn, daß er zugleich liebreich gegen seinen Nächsten gesinnt ist: so laß durch deinen Geist uns dergestalt mit Früchten der Gerechtigkeit erfüllet werden, daß wir insbesondere an unserer Liebe gegen Andere ein untrügliches Kennzeichen haben, daß wir gewiß zur Anzahl deiner Kinder gehören. Ohne wahre Liebe sind wir ein tönend Erz oder eine klingende Schelle; und wenn wir auch viele schöne Naturgaben besitzen, haben aber die Liebe nicht, so sind wir dennoch kahle und unfruchtbare Bäume, denen es an der Wurzel des wahren Glaubens fehlt. Darum, o Gott! pflanze in uns deine göttliche Liebe, damit wir vermittelst derselben fruchtbare Bäume der Gerechtigkeit werden, die durch deine Kraft und nach deinem Sinn dir in Christo zu allem Gefallen leben, und in wahrer, aufrichtiger, reiner und inbrünstiger Liebe gegen alle Menschen vor dir erfunden werden. Auf solche Weise wird dein Liebeszweck an uns erreicht, wir wandeln im Licht, und gehen mit gutem Gewissen der seligen Ewigkeit entgegen, wo wir dich ohne Sünde schauen, und deinen Namen mit allen Auserwählten ewig preisen werden. Amen.

Das 27. Capitel.
Warum die Feinde zu lieben?

Matth. 5, 44. 45. Liebet eure Feinde, segnet, die euch fluchen, thut wohl denen, die euch hassen, bittet für die, so euch beleidigen und verfolgen; auf daß ihr Kinder seyet eures Vaters im Himmel.

1. a) Der erste Grund ist Gottes Gebot, so hier steht: „Liebet eure Feinde"; und es setzt der Herr keine andre Ursache dazu denn diese: „auf daß ihr Kinder seyet eures Vaters im Himmel." Denn er hat uns geliebet, da wir seine Feinde waren, Röm. 5, 10. So viel will nun der Herr sagen: Wenn ihr eure Feinde nicht liebet, so könnt ihr eures Vaters Kinder nicht seyn. Wer nun Gottes Kind nicht ist, weß Kind ist er denn? Ach wie haben wir noch so viel zu lernen! wie weit sind wir noch von den Früchten der Kindschaft Gottes! weil in einem wahren Kinde Gottes soll die Liebe seyn, so die Feinde liebt.

2. b) „Wer den Bruder nicht liebet, der bleibet im Tode," 1 Joh. 3, 14. Warum? Er hat das rechte Leben nicht aus Christo. Das geistliche, himmlische Leben steht im Glauben gegen Gott, und in der Liebe gegen den Nächsten; wie St. Johannes sagt: „Wir wissen, daß wir aus dem Tode in das Leben gekommen sind, denn wir lieben die Brüder." Das ist die Frucht und das Zeugniß der Lebendigmachung in Christo. Demnach ist die Feindschaft wider den Nächsten der ewige Tod. Denn wer in Feindschaft stirbt, der ist des ewigen Todes gestorben; dawider der Herr Christus so treulich warnet.

3. c) Wenn ein Mensch seinen Nächsten hasset, so sind alle seine guten Werke, Gottesdienst und Gebet verloren; wie St. Paulus sagt: „Und wenn ich alle meine Habe den Armen gäbe, und ließe meinen Leib brennen, und hätte der Liebe nicht, so wäre mir's nicht nütze," 1 Cor. 13, 3.

4. d) So ist es eines hohen, adeligen, göttlichen Gemüths, Beleidigung zu vergeben. Denn sehet Gott an, wie langmüthig ist er? wie bald läßt er sich versöhnen? Psalm 103, 8. Sehet den Herrn Jesum an in seinem Leiden, wie ein geduldiges Lamm war er? wie that er seinen Mund nicht auf? Jes. 53, 7. Sehet Gott den heiligen Geist an, warum hat er sich in Taubengestalt geoffenbart? Matth. 3, 16. Ohne Zweifel wegen der Gelindigkeit und Sanftmuth. Sehet Mosen an, mit was großer Geduld hat er die Lästerung und Schmähung des Volks getragen? Die Schrift im 4. B. Mos. 12, 3 sagt: „Er war ein sehr geplagter Mann

über alle Menschen auf Erden." Sehet den heiligen David an, wie er den Regentenschänder Simei duldet, 2 Sam. 16, 10.

Je größer der Held,
Je eher sein Zorn fällt;
Je edler Herz und Muth,
Je eher man's versöhnen thut.[1]
Dem Feind obsiegen, ist ein großes Werk;
Sich selbst überwinden, ist größre Stärk'.[2]
Den Kleinen Gnade, den Stolzen Krieg,
Ist großen Leuten ein großer Sieg.[3]

5. Die wahre Liebe zürnet mit Niemand leichtlich, als mit sich selbst.[4] Der wahre Friede besteht nicht in großem Glück, sondern in demüthigem Leiden der Widerwärtigkeit. Ein edles Gemüth ist für keine Lästerung empfänglich.[5] Wenn du großmüthig bist, so wirst du nie dafür halten, daß dir eine Schmach widerfahre.[6] Wenn Einer die Sonne schälte und spräche, sie wäre nichts denn Finsterniß, davon würde sie nicht finster werden; also gedenke du auch. Es ist eine große Rache, bald vergeben.[7] Solche herrliche, weise Regeln des Lebens haben vortreffliche Leute ausgeübt. Als Pericles, ein griechischer Redner, einen Lästerer den ganzen Tag erduldet hatte, ließ er ihn den Abend in sein Haus begleiten, damit er nicht Schaden nähme, und sagte: Es ist keine Kunst, die Tugend schelten, sondern ihr folgen. Phocion, ein Athenienfischer Feldherr, wurde, nachdem er viel herrliche Thaten gethan, aus Neid zum Tode verdammt. Und als er gefragt ward, ob er noch etwas seinem Sohne befehlen wollte? hat er geantwortet: Gar nichts, außer daß er diese Gewaltthätigkeit ja an seinem Vaterlande nicht rächen wolle. Als Kaiser Titus in Erfahrung brachte, daß zween Brüder in Rom nach dem Kaiserthum trachteten, und sich zusammen verschworen, den Kaiser zu erwürgen, hat er sie auf den Abend zu Gast geladen und am Morgen mit sich auf den Schauplatz genommen, wo er dem Spiel zusah, und sie lassen neben sich sitzen, und hat mit hoher Gnade ihre Bosheit überwunden. Als sich Cato, der weise Rathsherr zu Rom, erstochen hatte, hat Julius Cäsar gesagt: Nun ist mir mein höchster Sieg genommen; denn ich gedachte dem Cato alle Unbilden, womit er mich beleidigt hat, zu vergeben.

6. e) Aber wer durch die große Geduld und Demuth des Sohnes Gottes nicht bewogen werden kann zur Sanftmuth gegen Feinde, der wird nimmermehr durch eines Heiligen Exempel bewogen werden, vielweniger durch ein heidnisches Exempel. Denn sehet, was ist doch größere Gewalt und Bosheit, denn daß Menschenkinder gegen den einigen, unschuldigen, gerechten Sohn Gottes, die Krone seines Herzens, so erbärmlich gehandelt haben, ihn verspottet, geschlagen, mit Dornen gekrönet, verspeiet, an's Kreuz geheftet, und die höchste Grausamkeit an ihm vollbracht? Noch hat's Gott aus Gnaden alles vergeben, und der Herr hat gebeten: „Vater, vergib ihnen," Luc. 23, 34.

7. f) Zu dem Ende hat dir dein Erlöser und Seligmacher sein Exempel vor Augen gestellt, nämlich daß er deines ganzen Lebens kräftige Arznei sey: eine solche Arznei, die Alles, was in dir hoch ist, soll niederdrücken; Alles, was verschmachtet ist, erquicken; Alles, was untüchtig ist, abschneiden; Alles, was verderbt ist, verbessern. Wie kann die Hoffart in einem Menschen so groß seyn, daß sie nicht geheilt werden möchte mit der tiefsten Niedrigkeit und Demuth des Sohnes Gottes? Hebr. 5, 8. Wie kann der Geiz im Menschen so überhand nehmen, daß er nicht durch die heilige Armuth Christi könnte geheilt werden? Wie kann der Zorn des Menschen so heftig seyn, daß er nicht mit der gelindesten Sanftmuth Christi

---

[1] Quo quis est major, magis est placabilis ira,
    Et faciles motus mens generosa capit.
[2] Ardua res vicisse alios; victoria major
    Est, animi fluctus composuisse suos.
        Mantuanus.
[3] Parcere subjectis et debellare superbos,
    Hæc est in magnis gloria magna viris.
[4] Vera charitas nulli novit indignari quam sibi.
[5] *Publius:* Ingenuitas non recipit contumeliam.
[6] *Seneca:* Si magnanimus fueris, numquam judicabis, tibi contumeliam fieri.
[7] Genus magnum vindictæ est, ignoscere.

könnte geheilt werden? Wie könnte die Rachgier im Menschen so bitter seyn, daß sie nicht sollte durch die hohe Geduld des Sohnes Gottes geheilt werden? Wie könnte doch ein Mensch so gar lieblos seyn, daß er nicht durch die große Liebe Christi und seine Wohlthaten könnte mit Liebe entzündet werden? Joh. 11, 35. 36. Wie könnte doch so ein hartes Herz seyn, das Christus mit seinen Thränen nicht erweichen sollte?

8. g) Wer wollte auch nicht gern Gott dem Vater, und seinem lieben Sohn Jesu Christo, und Gott dem heiligen Geist gleich werden, und das Bild der heiligen Dreieinigkeit tragen, welches vornehmlich stehet in der Liebe und Vergebung? Denn es ist die höchste Eigenschaft Gottes, sich erbarmen, verschonen, gnädig seyn, vergeben. Wer wollte nicht sagen, daß das die schönste Tugend sey, wodurch man dem höchsten Gott kann gleich werden, und den allertugendhaftesten, höchsten Leuten in der Welt?

9. h) Endlich so ist es auch der höchste Grad der Tugend, sich selbst überwinden, vergeben, vergessen, und Zorn in Gnade verwandeln.

Es ist, sich selbst bezwingen, der allergrößte Sieg;
Niemals in schweren Dingen die Tugend höher stieg. *)

Es ist eben das, was Spr. Sal. 16, 32 steht: „Ein Geduldiger ist besser denn ein Starker, und der seines Muthes Herr ist, denn der große Städte gewinnt." Höher kann die Tugend nicht steigen; sie hat keine höhere Staffel oder Grad. Denn so ruht sie in Gott, und endet sich in Gott, und ist in Gott vollendet.

Gebet um die Liebe gegen Feinde.

Mitleidiger Hoherpriester, Jesus Christus, du bist für uns, deine Feinde, gestorben, und hast alle Schmach, die dir von deinen Widersachern zugefügt wurde, mit großer Geduld getragen. Du schaltst nicht wieder, da du gescholten wurdest, du draueteft nicht, da du littest; vielmehr hast du am Kreuz unter den heftigsten Schmerzen für die, welche aus Bosheit dich lästerten, schmäheten und peinigten, aus einem liebreich gesinnten Herzen gebeten, und für ihre Sünden dein theures Blut vergossen. Ach! Jesu, du verlangest von uns, daß wir auch in diesem Stück dir gleich gesinnet seyn und deinem Exempel nachfolgen sollen; du setzest auch dieses zum Kennzeichen derer, die in der Wahrheit Kinder deines Vaters im Himmel sind, wenn wir unsere Feinde lieben, diejenigen segnen, die uns fluchen, denen wohl thun, die uns hassen, und für diejenigen bitten, die uns beleidigen und verfolgen. Wir bekennen und beklagen es vor dir, daß es uns an dieser aufrichtigen Liebe gegen unsere Feinde noch gar sehr fehlt. Unser eigenliebiges Herz ist ungemein empfindlich, wenn uns nach unserer Meinung auch nur im Geringsten etwas zu Leide geschieht; wir gehen gar zu leicht in eine Widrigkeit gegen diejenigen ein, von welchen wir auch nur muthmaßen, daß sie uns Unrecht thun; wir sind ungeduldig, neidisch, gehässig, widrig gesinnt, zanksüchtig und rachgierig, wenn Andere entweder unvorsichtig oder auch boshaftig uns Kränkungen zufügen. O geduldiger Heiland, vergib uns die schwere Sünde um deiner Sanftmuth willen, die du gegen deine ärgsten Feinde bewiesen hast. Mache aber auch uns dir gleich gesinnt. Nimm alles gehässige und lieblose Wesen weg aus unsern Herzen. Pflanze deine Demuth und Sanftmuth in uns. Gib, daß wir es scharf und genau mit uns selber nehmen, hingegen mitleidig, barmherzig und freundlich gegen Andere uns erzeigen. Bewahre uns, daß wir Niemanden Anlaß zur Feindschaft gegen uns geben. Müssen wir aber ohne Verschuldung von Andern etwas leiden, so laß uns dieses großmüthig ertragen, und in deiner Gemeinschaft unser Kreuz willig auf uns nehmen. Denn wir werden dort mit dir zur Herrlichkeit erhoben, wenn wir hier mit dir leiden. Mache uns tüchtig durch den Genuß deiner Liebe und den Trieb deines Geistes, daß wir unsern Schuld-

---

*) Fortior est, qui se, quam qui fortissima vincit
Moenia, nec virtus altius ire potest.

nern gerne vergeben, wie du, unser Erbarmer, uns unsere Schulden täglich erlässest. In dieser Ordnung haben wir das Kennzeichen, daß wir hier Kinder Gottes sind, und dort deine Miterben in alle Ewigkeit seyn sollen. Amen.

Das 28. Capitel.

Wie und warum die Liebe des Schöpfers aller Creaturliebe soll vorgezogen werden, und wie der Nächste in Gott soll geliebt werden.

1 Joh. 2, 15. Wer die Welt lieb hat, in dem ist die Liebe des Vaters nicht.

1. Des Menschen Herz ist also von Gott geschaffen, daß es ohne Liebe nicht leben kann; es muß etwas lieben, es sey Gott, oder die Welt, oder sich selber. Weil nun der Mensch etwas lieben muß, so soll er das Allerbeste lieb haben, welches ist Gott selbst; und soll diesen Affect, welchen Gott in das Herz gepflanzt und durch den heiligen Geist angezündet hat, Gott wiedergeben, und bitten, daß er seine Liebe in ihm je mehr und mehr anzünde. Denn Gott liebt dich zuerst, und entzündet deine Liebe mit seiner Liebe. Liebst du ihn aber wieder, so wirst du von ihm geliebt werden. „Wer mich liebet, der wird von meinem Vater geliebt werden," Joh. 14, 21.

2. Ist nun Gottes Liebe in Einem, so kann er's mit keinem Menschen böse meinen; denn Gottes Liebe meint es mit keinem Menschen böse, und kann keinem übel wollen. Wer nun keinem Menschen übel will, aus Art und Kraft der Liebe Gottes, der wird auch keinen Menschen betrügen noch beleidigen mit Worten und Werken. Sehet, das wirkt die Liebe Gottes in uns.

3. Es sind viele, ja die meisten Leute von der Weltliebe also besessen, daß Gottes Liebe nie in ihr Herz gekommen ist, welches sie mit der falschen Liebe gegen ihren Nächsten bezeugen, mit Vortheil und Betrug c. Die Welt und Alles, was in der Welt ist, soll nicht also geliebt werden, daß Gottes Liebe dadurch beleidigt oder verhindert werde. Denn was ist doch die Nichtigkeit und Eitelkeit dieser Welt zu rechnen gegen die Hoheit und Vortrefflichkeit Gottes? Denn gleichwie Gott in unendlicher Weise übertrifft alle seine Creaturen, also ist auch seine heilige Liebe überschwänglich, ohne alle Vergleichung edler und köstlicher, denn alle andere Liebe, damit die Creaturen geliebt werden. Darum sind alle Creaturen viel zu nichtig und zu gering, daß um ihret- und ihrer Liebe willen Gottes Liebe sollte beleidigt werden.

4. St. Paulus spricht 1 Cor. 9, 7: „Weß ist die Frucht des Baums, ohne deß, der ihn gepflanzt hat? Wer pflanzet einen Weinberg, und isset nicht von seinen Früchten?" Also wen solltest du mehr lieben, als den, der die Liebe in das Herz gepflanzt hat, durch dessen Liebe du lebst? Durch die Liebe Gottes in Christo leben wir Alle. An dieselbe Liebe sollen wir uns halten in unserm ganzen Leben, es gehe uns, wie es wolle. Und gleichwie die Schiffleute in großem Ungestüm des Meers Anker auswerfen, daran sich das Schiff hält: also, wenn diese Welt, welche ein ungestümes Meer ist, das Schifflein unsers Herzens bewegt durch die Wellen der mannigfaltigen Laster, Hoffart, Zorn, Ungeduld, Geiz, fleischliche Wollust c., sollen wir uns an die Liebe Gottes und Christi halten, als an einen Anker, und uns nicht so bald von der Liebe Christi lassen abreißen, Röm. 8, 38. 39. Also auch in geistlichen Nöthen, wenn Sünde, Tod, Teufel und Hölle, Trübsal und Elend wider uns streiten wie Meereswogen, sollen wir uns an Gottes und Christi Liebe halten. Denn das ist der Berg, der dem Lot gezeigt ward, als er aus dem Feuer zu Sodom ging, darauf er seine Seele erretten sollte, 1 Mos. 19, 17.

5. Also muß ein Christ das Sodom dieser Welt fliehen, und sich an die Liebe Gottes halten, will er nicht in die Strafe der weltlichen Lüste fallen, welche ärger sind, denn das Feuer zu Sodom. Die Liebe und Furcht Gottes ist's, die einen Menschen behütet vor der Welt, wie den Joseph vor Potiphars Weibe, 1 Mos. 39, 9.

6. Daß ein Mensch diese Welt so lieb hat, kommt nur daher, daß er nie geschmeckt hat die Liebe Gottes. Daß ein

Mensch seinen Nächsten hasset, neidet, betrügt, vervortheilt, kommt nur daher, daß er die Liebe Gottes nicht hat. Woher kommt so viel Sorgen und Grämen? nur daher, daß man Gott nicht herzlich lieb hat. Denn die Liebe Gottes ist so lieblich und süß, daß sie einen Menschen in allen Trübsalen, auch mitten im Tode, freudig und getrost macht.

7. Der Liebe Art ist, daß sie das allein groß achtet, was sie lieb hat, und vergißt Alles, auf daß sie nur das Geliebte möge erlangen. Warum vergißt denn ein Mensch nicht Alles, was in der Welt ist, Ehre, Wollust und Reichthum, auf daß er Gott allein haben möge, weil er spricht, er liebe Gott? Das haben vor Zeiten gethan die Heiligen Gottes, welche der Liebe Gottes und ihrer Süßigkeit so sehr nachgetrachtet haben, daß sie der Welt und ihrer selbst darüber vergaßen. Deßwegen sie in der Welt für Narren geachtet worden, und sie sind doch die Weisesten gewesen. Denn wer ist der Weiseste? Der das ewige Gut über Alles liebt und sucht. Darum sind das die größten Weltnarren gewesen, welche solche heilige Leute für Narren gehalten haben, 1 Cor. 3, 19. Cap. 4, 10.

8. Ein rechter Liebhaber Gottes sucht und liebet Gott so, als wenn sonst nichts unter dem Himmel wäre, denn Gott; und also findet er in Gott Alles, was er je in der Welt lieben könnte. Denn Gott ist Alles; er ist die rechte Ehre und Freude, Friede und Lust, Reichthum und Herrlichkeit; das Alles wirst du in Gott besser finden, denn in der Welt. Liebst du etwas Schönes: warum liebst du Gott nicht, der aller Schönheit Ursprung ist? Liebst du etwas Gutes: warum liebst du Gott nicht, der das ewige Gut ist? und ist Niemand gut als Gott, Matth. 19, 17; der ist das höchste Gut in seinem Wesen. Alle Creaturen sind gut, 1 Tim. 4, 4, darum daß sie ein kleines Fünklein und Tröpflein von der Gütigkeit Gottes empfangen haben, und ist doch solches mit vielen Unvollkommenheiten umgeben.

9. Warum liebst du nun Gott nicht vielmehr, den Ursprung und Brunnen und die höchste Vollkommenheit alles Guten, der wesentlich gut ist, und alles Guten in allen Dingen Ursprung ist? Je weniger von der Erde oder irdischen Schwere ein Ding an sich hat, je leichter es ist, und je eher es sich in die Höhe erhebt. Also je mehr ein menschlich Herz mit irdischen Dingen beschwert ist, je weniger es sich empor heben kann, und in der Liebe Gottes sich erfreuen. Je weniger Weltliebe, je mehr Gottesliebe, je mehr Liebe des Nächsten. Diese sind nicht geschieden.

10. Daraus folgt, daß, wer Gott liebt, der liebt auch den Nächsten; und wer Gott beleidigt, der beleidigt auch den Nächsten.

Gebet um die Liebe Gottes und des Nächsten.

Du ewige Liebe, laß uns deine wirkende und erquickende Gnade dergestalt in unsern Seelen erfahren, daß wir deinem Liebessinn gleichförmig werden. Nimm von uns alle Blindheit und Verkehrtheit unserer Herzen, daß wir dich, das höchste Gut, lebendig erkennen, dich allen andern Dingen vorziehen, und mit unsern Neigungen unverrückt an dir hangen. Ach wie selig sind wir in dem Genuß deiner göttlichen Liebe! Ach wie wohl ist uns, wenn wir in deinen Liebesarmen ruhen! Ach wie unaussprechliches Vergnügen empfinden wir in dem beständigen Anhangen an dir und in dem ununterbrochenen Umgang mit dir! Deine süße Liebe erquicket, belebet, stärket, erhält und tröstet. Ach es müsse doch unser armes Herz ohne Unterlaß nach dir dürsten! Ach es müsse unsere Seele deinem göttlichen Liebeseinfluß nie verschlossen seyn! Mache uns zu Gefäßen deiner Barmherzigkeit, und laß deine Gottesliebe durch deinen Geist, in Christo, deinem Sohn der Liebe, reichlich über uns ausgegossen werden. Denn in dieser Ordnung werden wir dich durch deinen Liebestrieb inbrünstig lieb haben, deiner göttlichen Liebesnatur theilhaftig seyn, und als deine Auserwählten, Heiligen und Geliebten herzliches Erbarmen, Freundlichkeit, Demuth, Sanftmuth und Geduld anziehen; Einer wird den Andern vertragen, und wir werden uns unter einander vergeben, gleichwie du uns um Christi willen alle unsere Sünden täglich und reichlich vergibst. Wir werden bei dem Geschmack deiner Freundlichkeit die Liebe als unser Kleid anlegen, und dein göttlicher Friede wird in unsern Herzen regieren, daß wir durch deine Erbarmung immer tüchtiger werden zum Erbtheil der Heiligen im Licht. Ach Gott, setze uns in diese Gemüthsfassung um Jesu willen! Amen.

Das 29. Capitel.
Von der Versöhnung des Nächsten, ohne welche Gott seine Gnade widerruft.

4 Mos. 5, 6. Wenn Jemand eine Sünde wider einen Menschen thut, der versündigt sich an dem Herrn.

1. Dieß sind denkwürdige Worte, denn sie binden zusammen Gott und den Menschen, Gottes Liebe und des Menschen Liebe, Gottes Beleidigung und des Menschen Beleidigung. Denn Moses spricht hier ausdrücklich: Wer eine Sünde wider einen Menschen thut, der habe sich an dem Herrn versündigt.

2. Daraus folgt nun unwidersprechlich: Wer sich mit Gott versöhnen will, der muß sich auch mit seinem Nächsten versöhnen. Denn Gott wird beleidigt, wenn der Mensch beleidigt wird. Darum kann sich auch ein Mensch, der Gott und Menschen beleidigt hat, mit Gott nicht wieder versöhnen, er habe sich denn mit seinem Nächsten versöhnt; wie solches auch Christus klar bezeugt, Matth. 5, 23.

3. Hier müssen wir nun nothwendig abermal etwas sagen von der Liebe Gottes und des Nächsten, wie dieselbe an einander hängen und nicht können geschieden werden; daraus denn nothwendig die wahre brüderliche Liebe fließt.

4. 1 Joh. 4, 20. 21: „Wer da sagt, er liebe Gott, und hasset seinen Bruder, der ist ein Lügner. Denn wer seinen Bruder nicht liebet, den er siehet, wie sollte er Gott lieben, den er nicht siehet? Und dieß Gebot haben wir von ihm, daß, wer Gott liebet, auch seinen Bruder liebe." So kann nun Gottes Liebe ohne des Nächsten Liebe nicht seyn. Ist Gottes Liebe recht und rein, ohne Falsch bei einem Menschen, so ist auch des Nächsten Liebe rein und unverfälscht. Und hinwieder: ist Gottes Liebe nicht rein bei einem Menschen, so hat derselbe Mensch auch nur eine falsche Liebe gegen seinen Nächsten. Also ist die Liebe des Nächsten eine Probe der Liebe Gottes, und ob dieselbe bei einem Menschen rein sey, oder nicht.

5. Aus diesem Grunde kann man nun recht betrachten die Liebe des Nächsten, und dessen brüderliche Versöhnung. Zwei Ziele sind dem Menschen gesetzt, nach welchen er den Lauf seines ganzen Lebens richten soll: Gottes und des Nächsten Liebe. Deren soll er sich befleißigen, daß er demselben Ziel immer näher und näher komme, und in Gottes und des Nächsten Liebe immer vollkommener werde. Denn zu dem Ende sind alle Menschen geschaffen, erlöst und geheiligt. Ja Christus, unser Herr, ist das Ziel, darnach wir Alle laufen sollen. Je näher nun der Liebe, je näher dem Herrn Christo in seinem Leben.

6. Darum ist Gott Mensch geworden, auf daß uns Gott vor Augen stellete ein lieblich, sichtbar Abbild seiner Liebe, wie Gott wesentlich die Liebe selbst in seinem unerforschlichen, unbegreiflichen, unendlichen, göttlichen Wesen sey, auf daß die Menschen diesem Ebenbilde Gottes, welches ist Christus, ähnlich und gleichförmig würden in der Liebe.

7. Wie aber nun in Christo zusammengefaßt ist Gott und Mensch durch ein unauflöslich Band, also faßt die Liebe Gottes in sich die Liebe des Nächsten. Und wie göttliche und menschliche Natur in Christo nicht können getrennt werden, also auch Gottes und des Nächsten Liebe. Wie man die Menschheit Christi nicht kann beleidigen, man muß auch Gott beleidigen: also kann man, ohne Gott zu beleidigen, keinen Menschen beleidigen. Darum kann sich kein Mensch trennen mit seiner Liebe von seinem Nächsten, er muß sich auch von Gott trennen. Es kann Niemand zürnen mit seinem Nächsten, er muß auch mit Gott zürnen. Es kann Niemand Menschen beleidigen, er muß auch Gott beleidigen.

8. Nehmet ein natürliches Gleichniß.

Wenn Einer einen Zirkel macht, und in der Mitte einen Punct, und zieht den Zirkel voller Linien: so kommen sie alle in dem einigen Punct zusammen, und rühren einander an, und das eine Pünctlein faßt alle Linien zusammen, und kann keine Linie geschieden werden von der andern, sie werden auch zugleich vom Mittelpunct mit abgeschnitten, in welchem alle Linien zusammenkommen. Also ist Gott der Punct. Scheidet Jemand die Linien seiner Liebe von seinem Nächsten, so scheidet er sie auch zugleich von Gott. Und weil alle Linien des Zirkels im Mittelpunct einander anrühren, so rührt das Leiden und die Trübsal des einen Menschen einen andern auch an, daß er Mitleiden mit ihm hat, ist er anders in Gott, als dem einigen Punct, mitbegriffen und zusammengefasset.

9. Deß haben wir auch eine feine geistliche Andeutung in der Historie Hiobs. Da Hiob hörte, daß ihm sein Hab und Gut genommen war, sprach er: „Der Herr hat's gegeben, der Herr hat's genommen, der Name des Herrrn sey gebenedeiet," Hiob 1, 21; und betrübte sich nicht so gar hart. Da er aber hörte, daß seine Kinder waren umgekommen, zerriß er seine Kleider, und stellte sich viel kläglicher, V. 20. Die Kinder bedeuten eines jeden Menschen Nächsten. Wenn er hört, daß es seinem Nächsten übel geht, soll es ihm mehr zu Herzen gehen, als wenn er sein eigen Gut verlöre. Denn das ist der Liebe Art, daß sie sich um ihr eigen Unglück nicht so sehr bekümmert, als über des Nächsten Schaden. Ach wie ein selig Leben wäre auf Erden, wenn wir Alle in der Liebe wandelten! Da würde Niemand den Andern betrügen, vervortheilen und beleidigen.

10. Darum hat Gott in der Schöpfung nicht mehr denn Einen Menschen geschaffen, und die Eva hernach aus demselben erbaut, 1 Mos. 1, 27; von welcher einigen Wurzel hernach so viele Menschen entsprossen sind, auf daß, weil alle Menschen von Einer Wurzel entsprossen, sie sich auch desto mehr unter einander liebten. Das ist die Ursache, warum Gott anfänglich nicht viele Menschen geschaffen, sondern nur Einen; da er doch viele Thiere, viele Kräuter, viele Blume geschaffen, aber nur Einen Menschen, auf daß sie, als Zweiglein Eines Baums, sich desto mehr hernach lieben sollten.

11. Die Liebe, so Gott befohlen hat, ist lieblich zu üben, und beschwert des Menschen Leib und Seele nicht, sondern macht dem Menschen ein fein ruhig Leben, und ist unserer Natur bequem und nicht zuwider. Wenn aber Gott befohlen hätte, daß du deinen Nächsten hassen solltest, so hätte er dir etwas viel Schwereres geboten, denn daß du deinen Nächsten lieben sollst. Denn Haß und Feindschaft ist Herzen und Seelen eine große Last und Pein, verzehrt Leib und Seele; aber die Liebe stärkt, erfreut, erhält Leib und Seele, zerstört und zerbricht nicht, wie Haß und Neid thut. Denen, die Gott lieben, ist's auch eine Lust, den Nächsten zu lieben. Denen, die Gott nicht lieben, ist's auch zuwider, daß sie den Nächsten lieben sollen.

12. Kommt dich's nun deiner verderbten Natur halber schwer an, den Menschen zu lieben: so gedenke, daß es noch viel schwerer seyn wird, in der Hölle zu brennen. Es ist ein unseliger Mensch, der lieber ewig will in der Hölle brennen, denn seinen Nächsten allhier lieben, und sich mit ihm versöhnen. Ja es fühlt es ein Mensch auch an seiner Seele, daß, wie der Glaube Friede mit Gott bringt, wie Paulus Röm. 5, 1 spricht, also Liebe und Versöhnung Friede mit den Menschen und eine große Linderung und Ruhe dem Herzen. Hingegen Feindschaft und Unversöhnlichkeit bringt der Seele Pein.

13. Summa, eine jede Tugend belohnt den, der sie hat, und jedes Laster peinigt den, der es hat. Eine jegliche Tugend ehret den, der sie hat; ein jegliches Laster schändet den, der es hat.

14. So zeigt auch die Schrift, auf welche Weise die Versöhnung geschehen soll. 1) Soll der Schuldige seine Sünde bekennen, verstehe: seinem Nächsten, den er beleidigt hat, und soll's ihm abbitten. 2) Soll er wiedergeben das, darum er ihn betrogen hat, die ganze Hauptsumme, und noch den fünften Theil darüben. 3) Ist Niemand mehr da, dem er es bezahlen

könnte, so soll er es dem Herrn geben, 4 Mos. 5, 7. 8.

15. Hier ist nun wohl zu merken, daß Gott der Herr gebeut, 4 Mos. 5, 7, man soll dasjenige, darum man den Nächsten betrogen hat, wieder erstatten. Dieß gehört zur wahren Buße, und ist der wahren Buße Eigenschaft. Daher St. Augustinus spricht: Die Sünde wird nicht vergeben, wo nicht das gestohlene und unrechte Gut wiedergegeben wird, Luc. 19, 8. Welches er bald darauf erklärt und spricht: Wenn man das fremde und gestohlene Gut, welches kann wiedergegeben werden, nicht wiedergibt, so wird die Buße nicht recht gethan, sondern nur gedichtet *).

16. Die rechte, wahre Buße, die einen Menschen zu Gott bekehrt, setzt alles Zeitliche hintan, und achtet's wie Koth gegen die überschwängliche Gnade Gottes; dessen wir ein herrlich Exempel an Zachäus haben, Luc. 19, 8. Solche Leute findet man jetzo selten, die also Buße thun. Denn die wahre Bekehrung zu Gott reinigt das Herz und Gewissen durch den Glauben, mit Erstattung des unrechten Guts, auf daß das Herz vor Gott und Menschen rein sey. Denn es bleibt doch Einer ein Dieb in seinem Herzen und Gewissen vor Gott, so lang er das Gestohlene behält, und nicht wiedergibt, ob er gleich nicht mehr stiehlt. Darum, soll die Buße recht und das Gewissen rein seyn: so muß die Erstattung geschehen, so sie möglich ist. Ist sie nicht möglich, so bitte Gott in herzlicher Reue und Leid um Erstattung: so erstattet Gott an deiner Statt.

17. Die Ursache aber, warum die Erstattung geschehen muß in der Buße, diesen Handel betreffend, ist, daß man hier mit zwo Personen zu thun hat, mit Gott und mit Menschen. Soll nun die Buße recht seyn, so mußt du dich auch mit beiden versöhnen; denn Gott nimmt die Buße nicht an, wofern du dich nicht auch mit deinem Nächsten gründlich versöhnest. Es gilt derowegen nicht, wenn du gleich zu Gott sprächest: Lieber Gott, an Diesem oder Jenem habe ich unrecht gethan, ihn betrogen, ihn vervortheilt, mit unbilligem Wucher beschwert, ich habe nicht also mit ihm gehandelt, wie ich wollte, daß er mit mir handeln sollte; darum habe ich unrecht gethan; vergib mir's um deines lieben Sohnes willen 2c. So spricht Gott: Gib ihm wieder, um was du ihn betrogen hast, und komm dann, so will ich dir vergeben; Matth. 6, 14. Nicht daß ein Mensch Gott dem Herrn die Vergebung damit abverdiente; nein, mit nichten; er ist dieses Alles seinem Nächsten allbereit zuvor schuldig, und viel mehr dazu; wie sollte er denn etwas damit verdienen? Aber so hat's Gott beschlossen: Wie du mit deinem Nächsten handelst, so wird Gott auch mit dir handeln, und dir mit dem Maaß wieder messen, wo du nicht Buße thust, Luc. 6, 38.

18. Dahin gehören die Sprüche, Matth. 5, 24: „Versöhne dich mit deinem Bruder, und alsdann komm und opfere deine Gabe." Jes. 1, 16. 17. 18: „Waschet, reiniget euch, thut euer böses Wesen von meinen Augen; lasset ab vom Bösen, lernet Gutes thun, trachtet nach Recht. Helfet den Bedrückten, schaffet den Waisen Recht, und helfet der Witwen Sache. So kommt denn, und lasset uns mit einander rechten, spricht der Herr. Wenn eure Sünde gleich blutroth ist, so soll sie doch schneeweiß werden, und wenn sie gleich ist wie Rosinfarbe, soll sie doch wie Wolle werden." Jes. 58, 6. 7. 8: „Das ist ein Fasten, das ich erwähle: laß los, welche du mit Unrecht gebunden hast; laß ledig, welche du beschwerest; gib frei, welche du drängest; reiß weg allerlei Last. Brich dem Hungrigen dein Brod, und die, so im Elende sind, führe ins Haus. So du einen Nackenden siehst, so kleide ihn, und entzeuch dich nicht von deinem Fleisch. Alsdann wird dein Licht hervorbrechen wie die Morgenröthe, und deine Besserung wird schnell wachsen, und deine Gerechtigkeit wird vor dir hergehen, und die Herrlichkeit des Herrn wird dich zu sich nehmen."

19. Da steht es ausdrücklich, daß Gott keine Buße und Gebet annehmen wolle, wo man sich nicht erstlich mit seinem Nächsten versöhnet habe.

---

*) Quum res aliena, quæ reddi potest, non redditur, non agitur, sed fingitur pœnitentia.

Gebet um die Versöhnung mit dem Nächsten.

Du großer Heiland bist darum in die Welt gekommen, um eine vollkommene und ewige Versöhnung zwischen Gott und uns zu stiften. Ach laß uns deiner Erlösung zu unserm Heil also theilhaftig werden, daß wir in dir und um deinetwillen in einer beständigen Freundschaft mit Gott stehen, seinen Frieden genießen, und die Freude in dem heiligen Geist in uns erfahren. Und wie du, o liebreicher Jesu, uns Sünder begnadigest, alle unsere Sünden in die Tiefe des Meeres wirfst, und ihrer nicht mehr gedenkest: also laß auch uns durch deinen Geist der Liebe allen denen von Herzen vergeben, die sich an uns versündigen. Tödte alle Bitterkeit, allen Haß, alle Feindschaft in uns; nimm weg aus unsern Herzen alle Unversöhnlichkeit und Rachbegierde, damit wir durch unsere herzliche Liebe, aufrichtige Gesinnung und rechtschaffenes Bezeigen an den Tag legen, daß dein Sinn in uns gewirket worden sey. Unversöhnlichkeit, Bitterkeit und schadenfrohes Wesen beunruhigt, befleckt und verwundet den unsterblichen Geist. Hingegen aufrichtige Versöhnung, demüthiges Verhalten gegen Andere, und liebreiche Gesinnung gegen den Nächsten verursacht ein gutes und freudiges Gewissen, und fördert unsern Lauf zur seligen Ewigkeit. Jesu, durch deine Kraft laß uns vermeiden, was uns schädlich ist, und erwählen, was uns in deiner seligen Gemeinschaft zur wahren und ewigen Wohlfahrt gereichen kann. Gib es uns um deiner vollendeten Versöhnung willen. Amen.

Das 30. Capitel.
Von den Früchten der Liebe.

1 Cor. 13, 4 ff. Die Liebe ist langmüthig und freundlich, die Liebe eifert nicht, die Liebe treibt nicht Muthwillen, sie blähet sich nicht, sie stellet sich nicht ungeberdig, sie suchet nicht das Ihre, sie läßt sich nicht erbittern, sie trachtet nicht nach Schaden; sie freuet sich nicht, wenn's unrecht zugehet, sie freuet sich aber, wenn's recht zugehet; sie verträgt Alles, sie glaubet Alles, sie hoffet Alles, sie duldet Alles.

1. Gleichwie der Baum des Lebens mitten im Paradiese stand, und solche Früchte trug, daß, wer davon gegessen, ewiglich gelebt hätte, wie Gott der Herr 1 Mos. 3, 22 spricht: „Nun aber, daß der Mensch nicht ausstrecke seine Hand, und breche von dem Baum des Lebens, und esse und lebe ewiglich;" und V. 23: „Da ließ ihn Gott aus dem Garten, daß er das Feld bauete": also hat Gott in das Paradiesgärtlein der christlichen Kirche Christum Jesum in das Mittel gesetzt, auf daß alle Gläubige von ihm ihr Leben und ihre Kraft empfingen. Denn das ganze Christenthum steht im Glauben und in der Liebe. Um des Glaubens willen an Christum gefällt das ganze Leben eines Christen Gott wohl. Soll aber dem Nächsten gedient werden, so muß es in der Liebe geschehen; denn alle Tugenden sind ohne die Liebe todt, und gelten nichts, auch der Glaube selbst, Jac. 2, 17. 20. Denn obwohl der Glaube allein gerecht macht, weil er allein Christi Verdienst ergreift, und in der Rechtfertigung nicht ansieht einige vorhergehende, gegenwärtige oder nachfolgende Werke, sondern allein Christum; dennoch, wo die Liebe nicht folgt, so ist der Glaube gewißlich nicht recht, sondern Heuchelei, und wenn er gleich Wunder thäte. Gleichwie der Leib todt ist ohne die Seele, also ist der innerliche, geistliche Mensch, dessen Glieder alle Tugenden sind, auch todt ohne die Liebe, und alle Glieder der Tugenden sind todt ohne die Liebe. Darum St. Paulus des Glaubens Probe setzt, und einen solchen Glauben erfordert, der durch die Liebe thätig ist, Gal. 5, 6. In der Rechtfertigung geht der Glaube durchaus mit keinen Werken um, Röm. 4, 6; aber wenn er mit Menschen handelt, in der Liebe, muß er mit Werken umgehen, und dem Nächsten dienen durch die Liebe, das ist seine Probe. Darum heißt er ein liebethätiger Glaube, Gal. 5, 6. Was nun dieser schöne Baum für edle Früchte trägt, zeigt uns St. Paulus 1 Cor. 13, 4 ff., und zählt derselben vierzehn.

2. I) „Die Liebe ist langmüthig." Langmuth ist die erste Frucht der Liebe, die können wir nirgend besser erkennen, denn in Christo Jesu, unserm Herrn. In Christo

müssen wir nicht allein diese Frucht suchen, als am Baume des Lebens, sondern auch seiner edlen Früchte essen, ja in unser Leben verwandeln. Sehet den Herrn Christum an, mit wie großer Langmuth hat er der Welt Bosheit getragen und dadurch die Sünder zur Buße gelockt! Röm. 2, 4. Das thue du auch, so lebt der sanftmüthige Christus in dir, und du wirst mit ihm, als ein Glied mit seinem Haupte, vereinigt bleiben.

3. II) „Freundlich." Siehe an die Freundlichkeit deines Erlösers; wo hat man holdseligere Lippen gehört? Pf. 45, 3. Jedermann hat sich verwundert der Holdseligkeit, so aus seinem Munde gegangen ist, Luc. 4, 22. So thue du auch, so redet Christus durch deinen Mund, und du bleibst mit ihm vereinigt; allein daß es aus herzlicher Liebe gehe.

4. III) „Die Liebe eifert nicht," das ist, sie ist nicht rachgierig, sondern vergibt und vergißt, wie Gott der Herr thut. Pf. 103, 9. 10: „Er wird nicht immer hadern, noch ewiglich Zorn halten. Er handelt nicht mit uns nach unsern Sünden, und vergilt uns nicht nach unsrer Missethat." Ezech. 18, 21. 22: „Wo sich aber der Gottlose bekehret von allen seinen Sünden, die er gethan hat, so soll er leben und nicht sterben; es soll aller seiner Uebertretungen, so er begangen hat, nicht gedacht werden." Jer. 31, 5. 20. 34: „Ich habe dich je und je geliebt, darum habe ich dich zu mir gezogen aus lauter Güte. Darum bricht mir mein Herz gegen ihn, daß ich mich seiner erbarmen muß. Ich will ihnen ihre Missethat vergeben, und ihrer Sünde nimmermehr gedenken." Jes. 43, 25: „Ich tilge deine Uebertretung um meinetwillen, und gedenke deiner Sünden nicht." So thue du auch. Vergib und vergiß, so wird Gott deiner Sünden auch vergessen. So hast du des Herrn Christi Sinn, und bleibest mit ihm vereinigt.

5. IV) „Die Liebe treibt nicht Muthwillen" oder Schalkheit, das ist, die wahre Liebe reißt dem Nächsten keine Schalkspossen, ihn zu beschimpfen, zu verspotten oder zu beleidigen. Solche heimliche Tücke hat die Liebe nicht an sich, sondern ist frei, offenbar, aufrichtigen Gemüths. Sehet den Herrn Jesum an. Er hat sein Herz Feinden und Freunden geoffenbart, und es mit allen Menschen gründlich gut gemeint, und aller Heil von Herzen gesucht. So thue du auch, so ist die Gütigkeit und Treuherzigkeit Christi in dir. Wie uns Christus gemeint hat von Herzen, so sollen wir unter einander auch thun, oder wir sind mit Christo nicht vereinigt, als Glieder mit dem Haupt.

6. V) „Sie blähet sich nicht," das ist, sie ist nicht ruhmredig, schwülstig und aufgeblasen. Siehe deinen Herrn Jesum an. Als ein Weib ihre Stimme erhob unter dem Volk und sprach, Luc. 11, 27. 28: „Selig ist der Leib, der dich getragen hat, und die Brüste, die dich gesäugt haben!" „Ja," spricht der Herr: „selig ist, der Gottes Wort höret und bewahret." Und wendete also das Lob, so ihm doch gebührte, demüthig von sich ab, und gab's den Liebhabern Gottes. So thue du auch, so lebt der demüthige Christus in dir, und du in ihm. Das ist die rechte Liebe, die das Lob von sich abwendet und gibt's Andern.

7. VI) „Sie stellet sich nicht ungeberbig," wie die störrigen, ungehaltenen Köpfe; sondern läßt die Freundlichkeit aus den Augen leuchten. Siehe deinen Herrn Jesum an, das holdselige Bild. Er wird nicht mürrisch noch gräulich seyn, spricht der Prophet Jesaias, Cap. 42, 4. Er hat mit erbarmenden Augen Jedermann angesehen. Das thue du auch, so hast du dich in Christi Angesicht verbildet, und bist mit ihm vereinigt.

8. VII) „Sie suchet nicht das Ihre." Das ist der wahren Liebe Freude, wenn sie ganz umsonst Andern dienen mag, ohne allen Eigennutz, daß sie ihrer nur viel genießen mögen. So thut Gott: er gibt uns Alles umsonst; er hat keinen Nutzen davon. Daß du Gott dienest, davon hat Gott keinen Nutzen, sondern du selbst. Darum hat dir Gott befohlen, fromm zu seyn, Gott zu fürchten, auf daß du seiner Liebe genießen und den Segen davon haben könnest. Siehe deinen Herrn Jesum an, er hat im Geringsten das Seine nicht gesucht, sondern Alles, was zu unserm Heil dient,

Matth. 20, 28. Er hat aber keinen Nutzen davon. Wie ein Baum, der gibt seine Früchte Jedermann, ohne Ansehen der Person, und er hat keinen Nutzen davon, sondern gibt's, so gut es ihm Gott gegeben hat. Hätte er's besser, so gäbe er's besser, ohne allen Neid. Also hat sich Christus uns selbst zu eigen gegeben, ja Gott selbst gibt sich uns in Christo zu eigen, auf daß Alles in Christo unser werde, auch Gott selbst. Er ist das beste und höchste Gut, und theilt sich selber mit. So thue du auch; so wirst du seyn ein Baum der Gerechtigkeit zu Gottes Lobe, Jes. 61, 3. So grünet und blühet Christus in dir, der lebendige Weinstock und immergrünende Palmbaum, Ps. 92, 13.

9. VIII) „Sie läßt sich nicht erbittern," wie wenn der Zorn so überhand nimmt in seinem höchsten Grad, daß er durch den Mund heraus Flüche wider den Nächsten und alles Gift ausschüttet, ihn vermaledeiet und verfluchet. Dagegen siehe deinen Herrn Jesum an, es ist keine Bitterkeit aus seinem Munde gegangen, sondern Segen und Leben, Jes. 11, 3. Cap. 42, 2. Und ob er gleich die Städte Chorazim, Capernaum, Bethsaida verflucht, über dieselben und über die Pharisäer das Wehe schreit, Luc. 10, 13. Cap. 11, 42 ff.: so ist doch dasselbe keine boshafte Erbitterung, sondern eine Bußpredigt, dadurch gründliche Besserung gesucht wird. „Darum sehet zu," spricht die Epistel an die Hebräer am 12., V. 15, „daß nicht etwa eine bittere Wurzel aufwachse, die Unfriede anrichte, dadurch ihrer Viele verunreinigt werden."

10. IX) „Sie trachtet nicht nach Schaden," oder sie gedenket nichts Arges. Sehet den lieben Gott an, und sein Vaterherz. Wie spricht er Jer. 29, 11. 13. 14: „Ich weiß wohl, was ich für Gedanken über dich habe, nämlich Gedanken des Friedens, und nicht des Leides, daß ich euch gebe das Ende, das ihr hoffet. Und wo ihr mich von ganzem Herzen suchet, so will ich mich von euch finden lassen, spricht der Herr." Wer Friedensgedanken über seinen Nächsten hat, der hat Gottes Herz und Christi Sinn, und ist mit ihm vereinigt, als ein Glied mit seinem Haupte.

11. X) „Sie freuet sich nicht der Ungerechtigkeit," und lacht nicht in die Faust, wenn den Frommen Gewalt und Unrecht geschieht; wie Simei that, als David vor Absalom floh, 2 Sam. 16, 6. Sehet den Herrn Jesum an, welch ein herzlich Mitleiden hatte er mit Petro, nachdem er gefallen! wie sah er ihn so kläglich an! Luc. 22, 61. Mit diesem Ansehen hat er ihn wieder aufgerichtet. Ps. 146, 8: „Der Herr hält Alle, die da fallen, und richtet auf die, so niedergeschlagen sind." Wie beweint der Herr Christus das Verderben der Menschen und den Untergang der Juden! Luc. 19, 41. Wie sucht und locket er die armen Schäflein! Luc. 15, 4. Also, wenn du eines Menschen Fall siehst, so betraure ihn, und erbarme dich über ihn; hilf ihm seine Last tragen, so wirst du das Gesetz Christi erfüllen, Gal. 6, 2. Denn er hat unser Aller Last getragen. So bist du sein wahres Glied, und sein Leben ist in dir; und das Leben des Hauptes muß die Glieder lebendig machen.

12. XI) „Sie freuet sich aber der Wahrheit," und wenn es recht zugeht. Siehe an deinen Erlöser, wie er sich freuet im Geist, da die Siebenzig wiederkehren, und wie er seinen Vater preiset, Luc. 10, 21. Siehe die heiligen Engel an, von welchen der Herr sagt, daß sie sich über unsere Buße freuen, Cap. 15, 10. Thust du das auch, so hast du ein englisches, ja göttliches Gemüth.

13. XII) „Sie verträgt Alles," damit das Band des Friedens nicht zerrissen werde. Darum trägt sie des Nächsten Gebrechen mit Geduld; wie St. Paulus sagt: „Den Schwachen bin ich schwach geworden, auf daß ich die Schwachen gewinne. Ich bin Jedermann Alles geworden, auf daß ich ja Etliche selig mache," 1 Cor. 9, 22. „Sie glaubet Alles," das ist, sie versieht sich zu dem Nächsten nichts Böses. „Sie hoffet Alles," das ist, sie wünscht, daß am Nächsten alles Gute erfüllet werde. „Sie duldet Alles," damit dem Nächsten viel gedient und gefrommt werde. Sehet den Herrn Jesum an, er hat um unserer Sünden willen Alles ertragen und erduldet, die höchste Schmach, Schmerzen, und

die größte Armuth, daß wir in ihm und durch ihn Ehre und Freude hätten.

14. XIII) „Die Liebe wird nicht müde, höret nimmer auf." Sehet den lieben Gott an, „seine Barmherzigkeit währet für und für, bei denen, die ihn fürchten," Luc. 1, 50. Pf. 103, 17. „Er wartet, daß er uns gnädig sey, und hat sich aufgemacht, daß er sich unser erbarme," Jef. 30, 18. „Es kann uns von Gottes Liebe nichts scheiden," Röm. 8, 39. „Seine Liebe ist stärker denn der Tod, und können sie viele Wasser nicht auslöschen, Hohel. 8, 6. 7. „Er erbarmet sich unser mit ewiger Gnade," Jef. 54, 8. Und obwohl der Herr, Jer. 15, 6 spricht: „Ich bin des Erbarmens müde"; so ist doch solches von denen zu verstehen, die Gottes Barmherzigkeit muthwillig von sich stoßen, Gottes Gnade verachten und auf Muthwillen ziehen, Epist. Jud. V. 4. Sonst wird seine Liebe nicht müde, sondern bleibt ewig über Allen, die ihn fürchten; wie er sagt Jef. 54, 10: „Ob Berge weichen, und Hügel hinfallen, so soll doch meine Gnade nicht von dir weichen, und der Bund des Friedens nicht hinfallen, spricht der Herr, dein Erbarmer." Also soll unsere Liebe auch nicht müde werden, auch über unsere Feinde, sondern wir sollen aus erbarmender immerwährender Liebe sagen: „Vater, vergib ihnen," Luc. 23, 34. So lebet und betet Christus in dir.

15. XIV) „Die Liebe ist die größte unter allen Tugenden"; denn Gott ist die Liebe selbst, 1 Joh. 4, 16. So ist sie auch eine Erfüllung des Gesetzes, und alle Gebote sind in derselben beschlossen, Röm. 13, 10. Sie ist auch ewig, wenn Glaube, Hoffnung und Sprachen ꝛc. aufhören werden, wenn des Glaubens Ende, die Seligkeit, erlangt ist. Es sind auch alle Tugenden und Wohlthaten, so dem Nächsten geschehen, und alle Gaben ohne die Liebe untüchtig und falsch. Sie wird uns auch ein ewiges Zeugniß geben, daß wir durch den Glauben an Christum die Seligkeit ererbt haben. Darum soll ein Christ nach keinen Gaben oder keiner Kunst so sehr streben, als nach der Liebe. Eph. 3, 19: „Christum lieb haben, ist viel besser, denn

alles Wissen; auf daß ihr erfüllet werdet mit allerlei Gottesfülle," mit allen Früchten der Liebe.

Gebet um die Früchte der Liebe.

O Jesu, pflanze uns als Zweige in dich, den Baum des Lebens, und laß uns mit dir wie die Reben mit ihrem Weinstock verbunden seyn. Denn so erlangen wir allerlei göttliche Kraft, was wir brauchen zum göttlichen Leben und Wandel, und werden erfüllt mit Früchten der Gerechtigkeit, die durch dich in uns geschehen zum Lobe und Preise deines göttlichen Namens. Deine Augen, die nach dem Glauben sehen, blicken auch auf die wahren Früchte des rechtschaffenen Glaubens, die du durch deinen Geist in uns wirkest. Ach, so gib Gnade, daß unser Glaube rechter Art sey, dadurch wir uns mit dir auf das Innigste verbinden, der aber auch durch die Liebe sich thätig erzeige. Schenke uns einen solchen göttlichen Sinn, daß wir, so viel an uns ist, mit Jedermann Friede halten, gegen Jedermann eine wahre Hochachtung tragen, und selbst gründlich verläugnen, und nach deinem Vorbilde gegen alle Menschen uns weislich, vorsichtig, liebreich und demüthig beweisen, hingegen alles stolze, hochmüthige, eigenliebige und feindselige Wesen aus unserm Herzen verbannen. Jesu, diesen Sinn haben wir nicht von Natur. Deine göttliche Kraft muß denselben in uns wirken, erhalten und vermehren. Schenke ihn uns um dein selbst willen. Amen.

Das 31. Capitel.
Daß eigene Liebe und eigene Ehre auch die höchsten und schönsten Gaben des Menschen verderben und zu nichte machen.

1 Cor. 3, 1 ff. Wenn ich mit Menschen- und mit Engelzungen redete, und hätte der Liebe nicht, so wäre ich wie ein tönend Erz oder eine klingende Schelle.

1. Daß St. Paulus die Liebe so hoch erhebt, geschieht darum, weil Gott selbst die Liebe ist. So hoch nun Gott zu loben ist, so hoch ist auch die Liebe in Gott zu loben.

Denn es ist keine größere Tugend, weder in Gott noch im Menschen, denn die Liebe.

2. Es ist aber zweierlei Liebe des Menschen, eine wahre, lebendige, reine, lautere, unbefleckte Liebe, und eine falsche, unreine, befleckte Liebe. Die reine, lautere Liebe ist also, wie St. Paulus sie allhier beschreibt, mit vielen Eigenschaften und Früchten, wie wir jetzt gehört. Die falsche, unreine, befleckte Liebe ist, die in allen Dingen, in Worten, in Werken und Gaben ihren eigenen Ruhm, Ehre und Nutzen sucht, und hat wohl den äußerlichen Schein, als wenn Gott und Menschen damit gedient würde, aber im innern Grunde ist nichts denn eigener Ruhm, eigene Ehre, eigener Nutzen, eigene Liebe. Und was aus demselben Grunde geht, das geht nicht aus Gott, sondern aus dem Teufel, und ist ein Gift, das alle gute Werke und alle gute Gaben verderbt.

3. Gleichwie eine Blume, wenn sie noch so schön ist von Farben, von Geruch und Geschmack, aber ein verborgenes Gift darin steckt, wie man derselben etliche findet: so ist doch ihre schöne Farbe, Geruch und süßer Geschmack dem Menschen nicht allein nichts nütze, sondern auch höchst schädlich. Also auch ein Mensch, wenn er noch so schöne Gaben hat, und wenn's englische Gaben wären, und ist voller Hoffart, eigener Ehre und Liebe, so sind dieselben nicht allein nichts nütze, sondern auch höchst schädlich, Jac. 2, 17. Denn Alles, was gut seyn soll, das muß lauter und rein aus Gott gehen, und aus Gott kommen, und sich in Gott enden. Hat's einen andern Ursprung und Ende, so kann's nicht gut seyn; denn Gott ist der Ursprung alles Guten. Was gut ist, das kann sonst nirgend herkommen, denn aus Gott. Dasjenige, was Gott allein in deinem Herzen wirkt, das ist allein gut. Was aber deine eigene Liebe, deine eigene Ehre, dein eigener Ruhm, dein eigener Nutzen in dir wirkt, und wozu er dich bewegt, das kann nicht gut seyn, denn es kommt nicht aus Gott. Gott ist allein gut, Matth. 19, 17. Gott ist aber die Liebe, darum kommt dem Nächsten aus der Liebe lauter Gutes, wie auch Gott selbst ist.

4. Darum hat ein heiliger Mann gewünscht, daß er dem lieben Gott das seyn möge, was ihm seine Hand ist; das ist, wie unsere Hand etwas zu sich nimmt, und wieder weggibt, eignet sich darum keinen Ruhm oder Ehre zu, denn sie ist ein bloßes Instrument oder Werkzeug, hinzunehmen und wegzugeben: also soll ein Mensch in großer Einfalt dem lieben Gott seyn, wie seine Hand; und was er von Gott empfangen, das soll er in großer Einfalt, ohne eigenen Ruhm und Ehre, aus reiner lauterer Liebe und Gütigkeit wiedergeben. Denn er hat's auch von Gott empfangen, darum er sich auch nicht rühmen kann. Der Ruhm aber ist allein deß, von welchem er es empfangen hat. Das ist, Gottes ist die Ehre allein; wir sind nur bloße Werkzeuge Gottes, von Gott zu empfahen seine Gaben, und dieselben wieder auszutheilen.

5. Wer nun eine solche lautere und reine Liebe nicht hat, der ist Nichts mit allen seinen Gaben; und wenn er gleich mit Engelzungen reden könnte, alle Geheimnisse und Erkenntnisse wüßte, den wunderthätigen Glauben hätte, und alle seine Habe den Armen, ja gar sein Leib und Leben dahin gäbe.

6. Denn alle eigene Liebe, eigener Ruhm, Ehre und Nutzen ist aus dem Teufel, und ist des Teufels Fall, dadurch er vom Himmel verstoßen ist. Denn nachdem Gott den Lucifer zum schönen Engel geschaffen, ihn mit besondern hohen Gaben, Schönheit, Weisheit, Licht und Herrlichkeit begabt, hat er sich in seinen eigenen Gaben gespiegelt, wie ein Pfau in seinen Federn, und angefangen, sich selbst zu lieben, zu rühmen. Das ist der Anfang seines Falls, daß er die Ehre nicht Gott, sondern ihm selbst gegeben, seine Liebe von Gott abgewandt zu sich selber; da hat ihn Gott verstoßen mit seinen Engeln, die er verführt hat mit seiner Hoffart. Denn der Lucifer hat ein Fürstenthum unter den Engeln gehabt, wie St. Judas sagt, Epist. V. 6: „Die Engel, die ihr Fürstenthum nicht behalten;" und St. Paulus Coloss. 2, 15: „Er hat ausgezogen die Fürstenthümer und Gewaltigen, sie öffentlich zur Schau getragen, und einen Triumph aus ihnen gemacht."

7. Daburch nun der Satan gefallen, dadurch hat er den Menschen auch gefället, hat ihn von Gottes Liebe und Ehre abgewandt zu ihm selbst, daß im Menschen entstanden eigene Liebe und eigene Ehre, daß er Gott hat wollen gleich seyn. Dadurch ward er aus dem Paradies gestoßen, wie Lucifer aus dem Himmel, 1 Mos. 3, 24. Und so haben uns unsere ersten Eltern die eigene Liebe und eigene Ehre angeerbt. Das ist der Fall Adams, welchen noch alle Menschen thun, und das wird uns Allen durch Fleisch und Blut angeboren.

8. Soll nun dieser Fall wiedergebracht und gebessert werden, so muß es geschehen durch das theure Verdienst Christi, im Glauben ergriffen, durch welchen wir auch in Christo erneuert werden und das Fleisch kreuzigen; also daß dafür, daß sonst ein Mensch sich selbst liebt, er dagegen sich selbst lernt hassen, Luc. 14, 26, das ist, kein Gefallen an ihm selbst haben; dafür, daß ein Mensch sich selbst ehrt, muß er lernen sich selbst verläugnen, Luc. 9, 23, das ist, für Nichts halten; dafür, daß ein Mensch seinen eigenen Ruhm und Nutzen sucht, muß er lernen absagen Allem, das er hat, Luc. 14, 33, nicht das geringste Vertrauen und Trost in etwas Irdisches setzen, und mit seinem eigenen Fleisch und Blut stets kämpfen, oder er kann des Herrn Jünger nicht seyn. So gar muß durch Christum, durch wahre herzliche Buße, die verkehrte böse Unart des menschlichen Herzens geändert werden.

9. Und weil nun dieß im menschlichen Vermögen nicht stand (denn von Natur kann der Mensch nichts anders, denn sich selbst lieben, ehren, rühmen und seinen eigenen Nutzen in allen Dingen suchen, das ist, er kann nichts denn sündigen, das ist ihm angeboren): so mußte Gott selbst den Anfang zu unserer Wiederbringung machen, ja das Mittel und Ende, und mußte Gottes Sohn Mensch werden, auf daß durch ihn die menschliche Natur erneuert würde, und wir durch ihn, in ihm und aus ihm neu geboren und neue Creaturen würden. Denn gleichwie wir in Adam leiblich und auch geistlich gestorben sind, also müssen wir in Christo geistlich wieder lebendig werden, 1 Cor. 15, 22. Und wie wir durch die fleischliche Geburt die Sünde aus Adam geerbt haben, also müssen wir in Christo, durch die geistliche Geburt, durch den Glauben, die Gerechtigkeit erben. Denn gleichwie uns durch die fleischliche Geburt aus Adam die Sünde, eigene Liebe, eigene Ehre und eigener Ruhm angeboren wird: also muß aus Christo, durch den Glauben und heiligen Geist, unsere Natur erneuert, gereinigt und geheiligt werden, und alle eigene Liebe, Ehre und Ruhm in uns sterben, und wir müssen ein neues Herz und einen neuen Geist aus Christo bekommen, wie wir aus Adam das sündliche Fleisch empfangen. Wegen solcher neuen Geburt wird Christus, der Herr, genannt ewiger Vater, Jes. 9, 6.

10. So müssen nun aller Christen Werke, die Gott gefallen sollen, und alle Gaben aus der neuen Geburt kommen, das ist, aus dem Glauben, aus Christo, aus dem heiligen Geist, sonst taugen die höchsten Gaben vor Gott nicht, und wenn's auch Wunderwerke wären. Und wir müssen gegen unsern Nächsten Alles in der Liebe thun, 1 Cor. 14, 1. C. 16, 14, ohne allen eigenen Nutzen und Ruhm. Darum hat Gott uns seinen lieben Sohn zum Exempel vorgestellt, Joh. 13, 15. 1 Joh. 4, 16. In dem ist keine eigene Liebe, keine eigene Ehre, kein Eigennutz, kein eigener Ruhm gewesen, sondern reine, lautere Liebe und Demuth, die von Herzen gegangen. Er ist uns aber nicht zu einem solchen Exempel vorgestellt, wie andre Heilige, deren Exempel wir von außen ansehen; sondern zu einem lebendigen Exempel, daß er in uns leben solle und müsse durch den Glauben. So geht denn all unser Thun, Reden, Erkenntniß und Werk aus Christo, als aus dem lebendigen Grund und Ursprung. Wo das nicht geschieht, so ist all unser Thun nichts, und wenn's auch englische Gaben und Werke wären. Denn wo eigene Liebe ist, da ist Gottes Feindschaft; wo eigene Ehre und Ruhm ist, da ist Gottes Verachtung; wie können denn die Werke, so daraus geschehen, Gott gefallen?

11. Darum bitte Gott um den Glau-

hen und um die reine, ungefärbte Liebe, die nicht befleckt ist mit eigener Ehre, Nutzen und Ruhm, sondern daß sie von Herzen gehe; so werden nicht allein große Gaben und Werke in solchem Glauben Gott wohlgefallen, sondern auch die allerkleinsten und geringsten, und wenn's nur ein Trunk kaltes Wasser wäre, Matth. 10, 42. Denn ein geringes Werk, so aus lauter Liebe und Demuth geschieht, ist besser und größer, denn ein großes Werk, so aus Hoffart und eigenem Ruhm geschieht.

Gebet um die geistliche Reinigung.

O heiliger Gott, du hast uns rein, gut und vollkommen erschaffen, und forderst mit Recht von uns, daß wir heilig seyn sollen, gleichwie du, unser Gott, heilig bist; es wäre auch unsere größte Seligkeit, wenn wir ohne Sünde dir dienen könnten, und vollkommen wären, wie du, unser Vater im Himmel, vollkommen bist; allein dir, dem allwissenden Gott, ist die Unreinigkeit unserer Seelen, die alle unsere Gedanken, Neigungen, Begierden und Handlungen befleckt, besser bekannt, als wir sie dir entdecken können. Die Quelle ist vergiftet, und Alles, was daraus entspringt, ist böse und ein Gräuel vor dir. Ach ändere unsere verderbten Herzen durch deine allmächtige Kraft, und mache uns gläubig an unsern Jesum, der für uns zur Sünde geworden ist, und in welchem wir erlangen die Gerechtigkeit, die vor dir gilt; auf daß in dieser Ordnung an uns, die wir sind in Christo Jesu, keine Verdammniß sich befinde. Und da dir, dem Herzenskündiger, wohl bewußt ist, wie sehr die Sünde uns noch anklebt, wenn wir an Jesu die Erlösung durch sein Blut, nämlich die Vergebung der Sünden, bereits erlangt haben: ach so reinige uns täglich von aller Befleckung des Fleisches und des Geistes, und verleihe Gnade, daß wir mit der Heiligung in deiner Furcht beständig und ernstlich zunehmen. Laß uns nie träge werden noch ermüden, der Heiligung mit großem Ernst nachzujagen. Da wir aber in diesem Leben die Reizungen und Lockungen der Sünde nicht gänzlich aus unsern Herzen tilgen können, und un-

vollkommene Menschen bleiben: ach so decke alle unsere Mängel mit dem Verdienste Christi zu, und laß uns in dessen vollkommner Gerechtigkeit, Unschuld und Heiligkeit dir angenehm und wohlgefällig seyn; und um dieses unsers vollendeten Bürgen willen erlöse uns in der Stunde des Todes und am Tage des Gerichts von allem Uebel, damit wir in alle Ewigkeit ohne Sünde und Unvollkommenheit deinen Namen mit allen heiligen Engeln und vollendeten Gerechten verherrlichen können. Gib es uns, o ewiger Erbarmer, um Jesu willen. Amen.

Das 32. Capitel.
Große Gaben beweisen keinen Christen und Gott wohlgefälligen Menschen, sondern der Glaube, der durch die Liebe thätig ist.

1 Cor. 4, 20. Das Reich Gottes stehet nicht in Worten, sondern in der Kraft.

1. Wenn St. Paulus einen Christen beschreiben will, wie er soll geartet seyn, spricht er 1 Tim. 1, 5: „Die Hauptsumma aller Gebote ist: Liebe von reinem Herzen, von gutem Gewissen, und von ungefärbtem Glauben." Als wollte er sagen: daß Einer ein Christ und Gott wohlgefälliger Mensch sey, dazu werden nicht viel große und hohe Dinge von ihm erfordert, viel Kunst und Geschicklichkeit, hohe Gaben, daß er ein Prophet sey, ein Redner, ein Sprachkundiger, ein Wunderthäter, sondern daß er gläubig sey, und Alles in der Liebe thue, daß er gottgelassen sey, und sich den heiligen Geist regieren lasse.

2. Darum ist nicht darauf zu sehen, wie gelehrt Einer in Sprachen sey, oder wie wohl er reden kann, sondern wie er seinen Glauben durch die Liebe beweise, und durch die Tödtung seines Fleisches. „Denn die Christo angehören, kreuzigen ihr Fleisch sammt den Lüsten und Begierden," Gal. 5, 24, das ist, eigene Ehre, Liebe, Ruhm, Nutzen, Lob und Alles, was fleischlich ist. Darum St. Paulus spricht 1 Cor. 4, 20: „Das Reich Gottes stehet nicht in Worten," das ist, in Künsten und Gaben, „sondern in der Kraft," das ist, in leben-

biger Uebung der Tugenden, des Glaubens, der Liebe, Sanftmuth, Geduld und Demuth.

3. Derowegen Niemand um höherer Gaben willen desto mehr vor Gott gilt, oder darum selig wird, sondern darum, daß er in Christo erfunden wird durch den Glauben, und in Christo lebt als eine neue Creatur, 2 Cor. 5, 17. Gal. 6, 15. Und wenn der allerbegabteste Mensch nicht in täglicher Buße lebt, und in Christo erneuert wird, der Welt absagt, und alle dem, das er hat an Gaben, sich selbst verläugnet, sich selbst hasset, und lauter und bloß an Gottes Gnade hanget, wie ein Kind an der Mutter Brust: so kann er nicht selig werden, sondern wird mit aller seiner Kunst verdammt.

4. Darum nicht die Gaben gegeben werden, daß Einer dadurch vor Gott groß oder selig werde, sondern wegen der Erbauung der Kirche. Denn als, Luc. 10, 20, die siebenzig Jünger wiederkamen, und sprachen: „Herr, es sind uns auch die Teufel unterthänig gewesen in deinem Namen," sprach der Herr: „Freuet euch dessen nicht," die großen Wunder und Gaben werden euch nicht selig machen, „freuet euch aber, daß eure Namen im Himmel angeschrieben sind," das ist, daß ihr glaubet und mich kennet. Die Wunder, die Moses gethan, haben ihn nicht selig gemacht, sondern sein Glaube. Aaron's Beredtsamkeit machte ihn nicht angenehmer bei Gott. Mirjam, Mosis Schwester, war eine Prophetin, durch welche der Geist Gottes redete, Gott aber schlug sie mit Aussatz, 4 Mos. 12, 10. Die Wunder und mancherlei Sprachen haben die Apostel nicht selig gemacht, sondern der Glaube.

5. Es muß Alles, vom höchsten Menschen bis auf den niedrigsten, in den Glauben und in die Demuth, in die Buße, in die Kreuzigung und Tödtung des Fleisches, in die neue Creatur, die in Christo im Glauben lebt und in der Liebe, und Christus in ihr. Wo das nicht geschieht, so wird Christus Keinen für den Seinen erkennen.

6. Die christliche Liebe ist das rechte neue Leben im Menschen, ja Christi Leben in den Gläubigen, und die kräftige und thätige Beiwohnung Gottes, des heiligen Geistes, welche uns St. Paulus Eph. 3, 19 wünscht, „daß wir erfüllet werden mit allerlei Gottesfülle." Und St. Johannes 1 Ep. 4, 16: „Gott ist die Liebe, und wer in der Liebe bleibet, der bleibet in Gott, und Gott in ihm." Darum, wer die Liebe in seinem Herzen fühlt, der empfindet Gott in ihm. Auf daß wir aber dessen eine gewisse Probe hätten, und nicht durch eine falsche, eigene Liebe betrogen würden, so malet sie St. Paulus fein ab, als einen schönen Baum mit ausgebreiteten Zweigen, 1 Cor. 13, 4: „Die Liebe ist langmüthig, geduldig" ec., welches des neuen Menschen ganzes Leben ist.

7. Summa, Gott der Vater ist die Liebe, Gott der Sohn ist die Liebe, Gott der heilige Geist ist die Liebe. Der ganze geistliche Leib Christi, die Christenheit, ist durch das Band der Liebe zusammengebunden, Ein Gott, Ein Christus, Ein Geist, Eine Taufe, Ein Glaube, Eph. 4, 5, und das zukünftige ewige Leben ist nichts denn ewige Liebe.

8. Wer nun in der Liebe nicht lebt, der ist ein todtes Glied am Leibe Christi. Wie ein todtes Glied am natürlichen Leibe nicht erwärmt wird durch die natürliche Wärme, und deßwegen kein Leben an sich hat: also, wer nicht in der Liebe lebt, der hat das geistliche Leben Christi nicht, und ist todt, Gott und Christo abgestorben, denn er hat keinen Glauben, ist wie eine verdorrte Rebe am Weinstock, Joh 15, 6, hat auch kein Theil an Gott, Christo und dem heiligen Geist, an der heiligen christlichen Kirche und am ewigen Leben, kann auch nimmermehr dahin kommen, da Gott ist, als der die Liebe selbst ist.

Gebet um den liebethätigen Glauben.

Wahrhaftiger Gott und liebreicher Heiland, nach deinem selbsteigenen Ausspruch kommen nicht Alle, die Herr, Herr sagen, in dein Himmelreich, sondern nur diejenigen werden deines Heils in Zeit und Ewigkeit theilhaftig, die den Willen deines Vaters thun. Ach bewahre uns vor aller Einbildung und nimm weg von uns alle Heuchelei und verkehrte Eigenliebe, damit wir in dem wichtigen Werk unserer ewigen Seligkeit uns selbst nicht jämmerlich betrügen. Dein Reich besteht nicht in Worten, sondern in der Kraft; laß uns deine allmächtige Kraft erfahren, daß unsere Buße, unser Glaube, unsere Liebe und Hoffnung Wahrheit und rechtschaffen sey, und wir in dem neuen Wesen des Geistes dir redlich und aufrichtig dienen mögen, so wie es deinem Vater in dir, unserm Mittler, durch die Wirkungen deines Geistes angenehm seyn kann. Erhöre uns um sein selbst willen. Amen.

Das 33. Capitel.
Gott sieht die Werke oder Person nicht an, sondern wie eines Jeden Herz ist, so werden die Werke beurtheilt.

Sprüchw. Sal. 21, 2. Einem Jeden dünket sein Weg recht zu seyn; der Herr aber macht die Herzen gewiß.

1. Im 1 B. Sam. 16, 7 lesen wir, als Gott der Herr den Propheten Samuel sandte in das Haus Isai, David zum König zu salben, und der Prophet den Erstgebornen salben wollte, sprach der Herr: „Siehe nicht an seine schöne Gestalt, noch seine große Person. Denn es gehet nicht, wie ein Mensch siehet. Ein Mensch siehet, was vor Augen ist, der Herr aber siehet das Herz an."

2. Mit welchem Exempel uns Gott der Herr lehren will, daß er die Person des Menschen nicht achte, wie hoch sie auch vor der Welt ist, wenn das Herz nicht fromm, liebreich, gläubig und demüthig ist. Nicht allein aber die Person, sondern alle Werke richtet Gott nach dem inwendigen Geist, Gemüth und Sinn, wie Salomo spricht Sprüchw. 21, 2. Ja auch alle Gaben des Menschen, wie hoch sie auch immer seyen, wie gewaltig, herrlich, löblich, prächtig vor der Welt dieselbigen seyen, wenn sie nicht gehen aus reinem Herzen, allein zu Gottes Ehren und des Nächsten Nutz und Besserung, ohne alle Hoffart, eigene Liebe, Ehre, Nutzen, Lob und Ruhm, so taugen sie alle vor Gott nicht. Obgleich ein Mensch die höchsten Gaben von Gott hätte, er aber suchte damit eigen Lob, Ruhm, Ehre, eigenen Nutzen und Liebe, und nicht bloß und lauter allein Gott und Gottes Ehre, und seines Nächsten Besserung, so würden alle solche Gaben vor Gott ein Gräuel, und würden dem Menschen zur Sünde. Denn alle Gaben werden gegeben allein zu Gottes Ehre und des Nächsten Besserung.

3. Sehet den Lucifer an. Kein schönerer und herrlicherer Engel war im Himmel. Da er aber seine Gaben zu eigener Ehre, Liebe und Lob brauchte, und nicht lauter zu Gottes Liebe und Lob: so bald ward aus ihm ein Teufel, und ward von Gott verstoßen.

4. Darum wenn etwas vor Gott gelten soll, so muß es aus dem Glauben kommen, und muß in demselben Werk die reine, lautere Liebe seyn gegen Gott und Menschen, ohne eigene Ehre, Liebe, Nutzen und Lob, so viel einem Menschen in dieser Schwachheit aus Gnaden möglich. Darum spricht St. Paulus 1 Cor. 13, 1: „Wenn ich mit Engel- und Menschenzungen reden könnte, und hätte der Liebe nicht, so wäre ich ein tönend Erz und eine klingende Schelle," das ist, ein unnützes Ding, darin kein Nutzen, Frucht und Kraft ist. Gott sieht nicht auf den wohlredenden Mund, sondern auf das demüthige Herz. Gott sieht nicht auf große Kunst, Erkenntniß und Wissenschaft der Menschen, sondern er erwägt und prüft den Geist des Menschen, ob er seine eigene Liebe und Ehre oder Gottes Ehre und des Nächsten Nutzen sucht. Gott sieht auch nicht an einen großen wunderthätigen Glauben, der Berge versetzt, und großes Ansehen hat vor der Welt, wenn er eigene Ehre damit sucht; sondern „er siehet an den Elenden, der zerbrochenes Geistes ist, und sich fürchtet vor seinem Wort," Jes. 66, 2. Gott sieht auch nicht auf große Almosen, wenn sie aus eigenem Ruhm geschehen; ja auch nicht, wenn Einer sich einen Namen dadurch machen wollte, daß er seinen Leib brennen ließe; sondern Gott siehet allein das Herz an, wie und warum dieß also geschehe.

5. Dieß können wir nun nicht besser denn aus Exempeln verstehen. Kain und Abel brachten beide ein Opfer; die Herzen aber waren ungleich; darum nahm Gott

Abel's Opfer an, das andere verwarf er. 1 Mos. 4, 4. 5. Saul und David brachten beide ein Opfer, 1 Sam. 13, 9. 10. 2 Sam. 24, 25; eines ward angenommen, das andere verworfen. Das machten ihre ungleichen Herzen.

6. David, Manasse, Nebucadnezar, Petrus fanden Gnade bei Gott, da sie wahre Buße thaten; Saul, Pharao, Judas nicht. Warum? Das machten ihre ungleichen Herzen. Pharao und Saul sagen: Ich habe gesündigt, 2 Mos. 9, 27. 1 Sam. 15, 24. Manasse sagt auch also, Geb. Man. V. 12. Wie ungleichen Lohn aber tragen sie davon!

7. Judith und Esther schmückten sich schön, Judith 10, 3. Esth. 5, 1. Die Töchter Israel auch, Jes. 3, 16. Jene werden gelobt, diese übel gescholten.

8. Hiskia, Josua, Gideon fordern Zeichen vom Himmel, und werden gelobt, 2 Kön. 20, 10. Jes. 10, 12. Richt. 6, 37. Die Pharisäer fordern auch ein Zeichen vom Himmel, Matth. 12, 38, und werden gescholten.

9. Der Zöllner und der Pharisäer beten beide im Tempel, Luc. 18, 10, aber sie bekommen ein ungleiches Urtheil.

10. Die Niniviter fasten, Jon. 3, 6. Die Juden und Pharisäer auch, Matth. 6, 16. Jenes sieht Gott an, dieses nicht, wie sie sagen: „Warum fasten wir, und du siehest es nicht?" Jes. 58, 3.

11. Die Wittwe, so ein Scherflein in den Gotteskasten gab, ward gelobt; die Andern nicht, die doch mehr gaben, Luc. 21, 2 ff.

12. Herodes wird froh, daß er Christum zu sehen bekommt, Luc. 23, 8. Zachäus wird auch froh, Luc. 19, 3. Aber welchen ungleichen Lohn bekommen sie!

13. Das macht Alles das Herz, das Gott ansieht, ob ein Werk aus reinem Glauben, reiner Liebe und lauterer Demuth geschieht. Denn wo die Werke mit eigener Ehre, Liebe, Lob und Nutzen befleckt sind, taugt es nicht vor Gott, und wenn die höchsten Gaben dabei wären.

14. Die heiligen Märtyrer haben sich erwürgen lassen um Christi willen; Ahas und Manasse haben auch ihre eigenen Kinder erwürgt und geopfert, 2 Kön. 16, 3. C. 21, 6. Jenes waren Gott angenehme Opfer, diese waren ihm ein Gräuel.

Gebet um ein gläubiges Herz.

Du Herzenskündiger, deine Augen sehen nach dem Glauben. Ohne Glauben ist es unmöglich, dir zu gefallen; denn Alles, was nicht aus dem Glauben geschieht, das ist Sünde. Ach bewahre uns, daß unsere Gottesfurcht nicht Heuchelei sey, und wir dir nicht dienen mögen mit falschen Herzen. Mache du uns selber voll Glaubens und heiligen Geistes, damit unsere Liebe zu dir und unserm Nächsten herkomme aus reinem Herzen, gutem Gewissen und ungefärbtem Glauben. Gib uns den Sinn, daß alle innere und äußere Werke im Namen deines Sohnes von uns geschehen, und wir uns den Trieben deines Geistes zur wahren und ungeheuchelten Gottseligkeit gänzlich überlassen. Erhalte uns in der wahren Armuth des Geistes, damit wir, was wir leben, nicht uns, sondern in Christo, unserm Versöhner, dir zu Ehren unverrückt leben mögen. Ach Vater, siehe uns in deinem Sohne, unserm Bürgen, mit den Augen deiner Erbarmung an, und führe uns durch dieses Jammerthal so hindurch, daß wir ein gutes Gewissen bewahren, und dereinst das Ende unsers Glaubens, nämlich der Seelen Seligkeit, aus Gnaden davontragen. Wir hoffen darauf, daß du so gnädig bist, und unser Herz freuet sich, daß du deinen Armen so gern und herrlich hilfst. Amen.

Das 34. Capitel.

Ein Mensch kann zu seiner Seligkeit nichts thun, Gott thut's alles allein; wenn sich nur der Mensch Gott durch seine Gnade ergibt, und ihn mit sich handeln läßt als einen Arzt mit dem Kranken. Und wie ohne Buße Christi Verdienst nicht zugerechnet werde.

1 Cor. 1, 30. Christus ist uns von Gott gemacht zur Weisheit, zur Gerechtigkeit, zur Heiligung und zur Erlösung.

1. Mit diesem gewaltigen Spruch lehrt uns der heilige Apostel, daß Jesus Christus, unser Herr, Alles verdient habe, was zu unserer Seligkeit gehört. Da wir

nichts wußten von dem Wege des Lebens, ist er unsere Weisheit geworden. Da wir Sünder waren, ist er unsere Gerechtigkeit geworden. Da wir vor Gott ein Gräuel waren, ist er unsere Heiligung geworden. Da wir verdammt waren, ist er unsere Erlösung geworden.

2. Hiezu kann aller Menschen Verdienst, Vermögen und freier Wille nicht eines Stäubleins werth bringen, nicht so viel hinzuthun, als ein Stäublein werth ist, das in der Sonne fliegt, weder im Anfang, Mittel, noch Ende. Sündigen hat der Mensch wohl können, aber sich selbst nicht wiederum gerecht machen. Verlieren hat er sich selbst wohl können, aber nicht selbst wieder finden. Tödten hat er sich selbst wohl können, aber nicht selbst wieder lebendig machen. Dem Teufel hat er sich können unterwürfig machen, aber vom Teufel erretten hat er sich selbst nicht gekonnt. Denn wie ein todter Leib sich nicht selbst kann lebendig machen, also alle Menschen, die todt in Sünden sind, wie St. Paulus sagt Eph. 2, 1. 5, können sich selbst nicht helfen.

3. Gleichwie wir nichts haben thun können zu unserer Schöpfung, denn wir haben uns selbst nicht schaffen können: also können wir auch nichts thun zu unserer Erlösung, Heiligung und neuen Geburt; denn die Erlösung ist mehr als die Schöpfung. Könnten wir uns selbst gerecht machen, wir thäten mehr, als wenn wir uns selbst schafften.

4. Darum ist nun Gottes Sohn Mensch geworden, daß er Alles wiederbrächte, was in Adam verloren war, und Alles wieder lebendig machte, was in Adam gestorben war.

5. Dieß geht nun also zu, wie das Gleichniß ausweist, Luc. 10, 30 ff., von dem verwundeten Menschen, der unter die Mörder gefallen war, und sich selbst nicht helfen konnte. Der getreue Samariter mußte ihm seine Wunden verbinden, ihn aufheben, in die Herberge führen, und mit ihm handeln wie ein Arzt mit einem Kranken. Gleichwie aber nun der Verwundete mit sich handeln ließ, wie es seinem Arzt, dem Samariter, gefiel: also müssen wir auch thun, wollen wir anders selig werden. Hier müssen wir Christum allein mit uns handeln lassen, und ihm still halten, unsere Wunden reinigen und verbinden lassen, darein lassen gießen Oel und Wein, uns ganz und gar seinem Willen überlassen und ergeben; so wird er uns wohl helfen.

6. Sobald nun ein Mensch Buße thut, sich durch Gottes Gnade zu Gott wendet und bekehret, sich die Sünde läßt leid seyn, sich die Sündenwunden läßt waschen und reinigen durch den scharfen Wein des Gesetzes und das süße Oel des Trostes: sobald wirkt Christus mit seiner Gnade in ihm den Glauben, alle Früchte des Glaubens, Gerechtigkeit, Leben, Friede, Freude, Trost und Seligkeit, und erneuert ihn, „wirket in ihm das Wollen und das Vollbringen nach seinem Wohlgefallen," Phil. 2, 13.

7. Nun aber steht es auch nicht in des Menschen natürlichen Kräften, die Sünde zu lassen. Denn die Schrift nennt den natürlichen Menschen der Sünde Knecht, Joh. 8, 34, unter die Sünde verkauft, Röm. 7, 14, der nichts anders thun könne von Natur, denn sündigen, wie der Prophet spricht: „Wie könnet ihr Gutes thun, die ihr des Bösen gewohnt seyd? Kann auch ein Parder seine Flecken wandeln, und ein Mohr seine Haut ändern?" Jer. 13, 23. Aber die heilsame Gnade Gottes, die allen Menschen erschienen ist durch das Evangelium, so allen Creaturen geprediget wird, die züchtiget uns, sagt St. Paulus, Tit. 2, 11. 12, daß wir verläugnen sollen das ungöttliche Wesen; das ist, durch das Wort Gottes kommt diese Gnade zu uns, und diese Gnade züchtiget uns, sagt Paulus, das ist, erinnert, lehrt, lockt, reizt, bewegt und ermahnt den Menschen, von Sünden abzustehen und abzulassen. Und diese Ermahnung der Gnade Gottes im Wort stimmt denn überein mit dem innerlichen Zeugniß des Gewissens, und überzeugt den Menschen äußerlich und innerlich, daß er unrecht thue, und die Sünden lassen müsse, wolle er selig werden, weil sie wider Gott und das Gewissen seyen.

8. Folgt nun der Mensch dieser Züchtigung und Ermahnung der Gnade Gottes, gibt dem Worte Statt, fängt an, ab-

zulassen von Sünden: so wirkt die Gnade Gottes Alles im Menschen, den Glauben, die Liebe und alle Früchte des Glaubens. Denn es ist, als wenn ein Licht anfinge zu leuchten in der Finsterniß. So wenig sich aber die Finsterniß selbst erleuchten kann, so wenig auch ein Mensch; wie der 18. Ps. V. 29 spricht: „Du erleuchtest meine Leuchte, der Herr machet meine Finsterniß Licht." Es möchte Einer lange die Augen aufsperren, um zu sehen, wenn ihm die Sonne nicht leuchtete. Also ist nun die Gnade Gottes und Christus selbst, das helle Licht, erschienen allen Menschen, die da in Finsterniß und Schatten des Todes sitzen, Luc. 1, 79, und erleuchtet alle Menschen, die in diese Welt kommen, Joh. 1, 9, das ist, offenbart sich Allen, beut Allen Gnade an, und läßt sie Allen erscheinen. Er ist ein Licht der ganzen Welt. Er weist Allen den Weg zum Leben, er leuchtet Allen vor, geht als der rechte Hirte vor den Schafen her, Joh. 10, 4, zeigt ihnen den Weg, den sie gehen sollen. Er hat uns Alle als die verlorenen Schafe gesucht, sucht und lockt uns noch täglich, Luc. 15, 4. Er läuft uns nach, buhlet und wirbt um uns, wie ein Bräutigam um seine liebe Braut; wenn wir nur seine Liebe wollten annehmen, wenn wir nur die Finsterniß und die Sünde nicht zu lieb hätten.

9. Wie nun ein Arzt zu einem Kranken spricht: Siehe, du mußt das nicht thun, oder du wirst sterben, du hinderst die Arznei, und kannst nicht gesund werden: also spricht der rechte Arzt, Christus Jesus, unser Herr, erstlich zu uns: Siehe, liebes Kind, du mußt Buße thun und von Sünden ablassen, von deiner Hoffart, Geiz, Fleischeslust, Zorn, Rachgier und dergleichen, oder du wirst sterben, und die köstliche Arznei meines Blutes und Verdienstes kann dir nicht helfen, denn du verhinderst es, daß es in dir nicht kann Frucht schaffen.

10. Das ist die Ursache, warum der Herr Christus den Aposteln befohlen hat, zu allererst Buße zu predigen, Luc. 24, 47, und darum hat der Herr die Sünder zur Buße berufen, Matth. 9, 13. Denn kein unbußfertiges Herz ist fähig des Verdienstes Christi.

11. Wenn wir nun dieß Wort hören, daß da müsse von Sünden abgelassen seyn, oder ewig verdammt und verloren seyn: so fehlt es nicht, es denket ein Mensch zurück, und Gottes wahrhaftiges Wort und sein Gewissen überzeugt ihn, daß es also sey. Denn es hat wohl Gott Vergebung der Sünden zugesagt Allen aus Gnaden umsonst, allein dieß steht dabei: wenn wir uns zu Gott bekehren; wie der Prophet spricht Ezech. 18, 21: „Wenn sich der Gottlose bekehret, so soll er leben, und nicht sterben, und aller seiner Sünden soll nicht mehr gedacht werden." Da steht Vergebung der Sünden und die Buße bei einander.

12. Es spricht wohl der ewige Sohn Gottes: „Wer an mich glaubet, soll das ewige Leben haben," Joh. 3, 16. Aber der Glaube widerstrebt dem alten Menschen täglich, zwingt das Fleisch, macht es dem Geist unterthan und gehorsam, das ist, bekehret den Menschen, tilgt und dämpfet die Sünde, reinigt das Herz. Denn das ist der Glaube, der sich von der Welt, von Sünden, vom Teufel zu Christo wendet und kehret, und wider die große, unzählbare Schuld der Sünden Ruhe und Erquickung der Seele sucht allein in dem Blute, Tode und Verdienst Christi, ohne aller Menschen Werk. Wer aber anders glaubt, nämlich daß ihm Gott seine Sünden vergeben wolle, wenn er gleich nicht von Sünden ablasse, der hat einen betrogenen, falschen Glauben, und kann nimmermehr selig werden, so lange er nicht von seinen Sünden absteht.

13. Sehet an das Exempel des Zöllners Zachäus, Luc. 19, 8. Der verstand die Lehre vom Glauben und von der Bekehrung recht, daß nämlich das der rechte Glaube wäre, durch den wir von Sünden zu Gott bekehrt würden; und wer von Christo Vergebung der Sünden haben wolle, und seines theuern Verdienstes genießen, der müsse von Sünden ablassen, und in herzlichem Vertrauen und Zuversicht auf Gottes Gnade sich an Christum halten. Denn also verstand er die Predigt des Herrn Christi, Marc. 1, 15: „Thut Buße, und glaubet dem Evangelio," das ist, lasset ab von Sünden, tröstet euch mei-

nes Verdienstes, und suchet bei mir allein der Sünden Vergebung. Darum spricht er zum Herrn: „Siehe, Herr, die Hälfte meiner Güter gebe ich den Armen, und so ich Jemand betrogen habe, dem gebe ich's vierfältig wieder." Da rühmt er nicht seine Werke, sondern die Gnade, dadurch er erkannt hatte, wie er Buße thun sollte; als wollte er sprechen: Herr, es ist mir so leid, daß ich Jemand betrogen habe, daß ich's ihm auch vierfach wiedergebe, dazu die Hälfte meiner Güter den Armen; und weil ich nun meine Sünden erkenne, und davon abzustehen gänzlich beschlossen, und an dich glaube, so bitte ich dich, du wollest mich aus Gnaden annehmen. Da kam der Arzt, und sprach: „Heute ist diesem Hause Heil widerfahren. Denn des Menschen Sohn ist gekommen, zu suchen und selig zu machen, das verloren ist," Luc. 19, 9. 10.

14. Das ist nun die wahre Buße und Bekehrung durch den Glauben, den Gott wirkt. Gott ist unserer Seligkeit Anfang, Mittel und Ende; wenn wir nur Gott dem heiligen Geiste nicht muthwillig widerstreben, wie die halsstarrigen Juden (Ap. Gesch. 7, 51 und Cap. 13, 46: „Nun ihr das Wort von euch stoßet, und euch selbst nicht werth achtet des ewigen Lebens, so wenden wir uns zu den Heiden"), sondern mit uns handeln lassen, wie ein Arzt handelt mit einem Patienten. Der sagt ihm erstlich seine Krankheit; also offenbart uns Gott unsere Sünde. Der Arzt sagt dem Kranken, was er lassen soll, so werde die Arznei wohl wirken; also sagt uns Gott, was wir lassen sollen, so werde das theure Blut Christi auch in uns wirken; sonst ist uns diese köstliche Arznei nichts nütze.

15. Sobald nun ein Mensch durch des heiligen Geistes Kraft von Sünden abläßt, sobald fängt Gottes Gnade an, in ihm zu wirken auch neue Gaben. Sonst ist der Mensch nicht tüchtig, etwas Gutes von ihm selbst zu denken, 2 Cor. 3, 5, geschweige denn zu thun. Und so ist alles Gute, so in uns gewirkt wird, nicht unser, sondern der Gnade Gottes, wie St. Paulus spricht: „Nicht ich, sondern Gottes Gnade, die in mir ist," 1 Cor. 15, 10. Es wird uns aber zugerechnet aus Gnaden, ja das ganze Verdienst Christi wird den Bußfertigen zugerechnet, und der ganze Gehorsam Christi, als wenn es ein Mensch selbst gethan hätte; nicht aber den Unbußfertigen.

16. Darum geht die Zurechnung die unbußfertigen Verächter Gottes und seines Worts nicht an; auch wirkt Christus allein in den Bußfertigen, in den Andern nicht. Gleich als wenn ein Schulmeister einem Kinde, das da schreiben lernt, die Hand führt, und spricht: Das Kind hat eine gute Schrift gemacht; also ist all unser Vermögen von Gott. „Ohne mich könnet ihr nichts (verstehe Gutes) thun," spricht der Herr, Joh. 15, 5. Böses mögen wir wohl ohne ihn thun, denn das ist unser eigen. Aber Gutes mögen wir ohne ihn nicht thun, denn das ist Gottes eigen, Jes. 10, 15. Darum hat sich kein Fleisch zu rühmen, es ist lauter Gnade, Röm. 3, 24. Eph. 2, 9.

17. Selig ist der Mensch, der von Sünden abläßt, und seinen Willen Gott ergibt, wie eine Braut einwilligt, den Bräutigam zu nehmen. Christus, unser Bräutigam, befleißigt sich auch, den guten Willen zu machen, indem er uns so freundlich zuspricht im Wort und in unsern Herzen, suchet uns, locket uns, buhlet und wirbt um uns, ehe wir an ihn denken; Alles zu dem Ende, daß wir von Sünden ablassen sollen, auf daß sein theures Blut an uns nicht verloren werde.

Gebet um geistliche Hülfe an der Seele.

Ach Jesu, unser Licht, unsere Weisheit, unsere Wahrheit, erleuchte unser verfinstertes Herz, daß wir uns in unserm Verderben, und dich in deiner Herrlichkeit lebendig erkennen. Wir sind todt, und sehen weder die Größe und Menge unserer Sünden, noch die entsetzliche Gefahr ein, in die wir uns selber durch unsern Ungehorsam wider dich gestürzt haben. Wir sind blind, und vernehmen nicht, was des Geistes Gottes ist, ja dein seliges Evangelium ist uns verdeckt, und wir können dasselbe aus eigenen Kräften nicht heilsam verstehen. Du selber bist uns unbekannt, und wir können dich ohne die Wirkungen deines Geistes nicht unsern Heiland und Herrn nennen. Ach Jesu, laß uns nicht im Todesschlaf liegen bleiben. Gehe in uns auf, o Sonne der Gerechtigkeit, und überzeuge uns davon, wie unentbehrlich du uns seyst, damit wir das Lager der Sünden, die Werke der Finsterniß, den Dienst der Ungerechtigkeit verlassen, uns selbst und die Welt gründlich verläugnen, dich von ganzem Herzen mit inbrünstigem Verlangen suchen, und uns deiner weisen Führung und gnädigen Regierung gänzlich anvertrauen. Ach Jesu, unsere Gerechtigkeit, wir liegen vor dir nackt und bloß, wir ermangeln des Ruhms, den wir bei Gott haben sollten, unsere eigene Gerechtigkeit ist ein beflecktes Kleid. Du bist ja für uns zur Sünde geworden, daß wir in dir werden können die Gerechtigkeit, die vor Gott gilt. Jesu, dein Blut und deine Gerechtigkeit sey und bleibe unser ewiger Schmuck. Ziehe uns aus unser Sündenkleid, tilge alle unsere Uebertretungen, und wirf sie in die Tiefe des Meeres. Lege uns an deine Unschuld, deine Unsträflichkeit, deine Vollkommenheit, daß wir darin dir, unserm holden Bräutigam, angenehm, und als deine auserwählte Braut, um dein selbst willen, dir wohlgefällig seyn können. Ach Jesu, unsere Heiligung, durchdringe uns mit deiner göttlichen Kraft, daß unser ganzer Geist, sammt Seele und Leib, unsträflich gemacht und erhalten werde bis zu deiner Zukunft, damit wir in der Stunde des Todes und am Tage des Gerichts als die Deinen, die mit deinem Geist versiegelt und durch denselben geheiligt worden sind, vor dir erfunden werden. Ach Jesu, unsere Erlösung, sey bei uns zur Zeit der Noth; laß uns deinen Trost und deine Hülfe erfahren, und errette uns endlich aus allem Uebel, ja nimm uns auf in deine Herrlichkeit, wo wir ohne Sünde deinen Namen ewig preisen wollen. Amen.

Das 35. Capitel.

Ohne ein heiliges, christliches Leben ist alle Weisheit, Kunst und Erkenntniß umsonst, ja auch die Wissenschaft der ganzen heiligen Schrift vergeblich.

Matth. 7, 21. Es werden nicht Alle, die zu mir sagen: Herr, Herr! in das Himmelreich kommen, sondern die den Willen thun meines Vaters im Himmel.

1. Der heilige Apostel Paulus 1 Cor. 13, 1 u. ff. versteht durch die Liebe das ganze heilige, christliche Leben. Denn es ist Alles in die Liebe verfasset, was zum christlichen Leben gehört. Und Christi Leben ist nichts anders, denn eitel reine, lautere, herzliche Liebe.

2. Der rechten Liebe Art aber ist, daß sie Gott allein in allen Dingen meint und sucht, und nicht im Geringsten das Ihre sucht, oder sich selber liebet, meinet, ehret, rühmet, auch keinen Nutzen oder Lohn, Ruhm oder Ehre sucht in Allem, was sie thut; sondern thut Alles frei aus lauter Liebe Gottes und der Menschen, ohne Hoffnung des Lohns und eigener Ehre, und liebet Gott und den Nächsten frei umsonst, nur darum, weil Gott das höchste und edelste Gut ist.

3. Wer nun diese Liebe nicht hat, der ist ein Heuchler, denn er meint und sucht in all seinem Thun sich selber, und nicht lauter und allein Gott; darum ist es eine falsche Liebe. Daher wenn gleich ein Solcher die ganze heilige Schrift auswendig wüßte, und könnte mit Engelzungen davon reden, so wäre es doch nur ein bloßer Schall ohne Kraft. Denn Gottes Wort soll in das Leben verwandelt werden, sonst ist es nichts nütze. Gleichwie eine natürliche Speise dem Leibe nichts hilft, wenn sie nicht in Fleisch und Blut verwandelt wird: also hilft auch Gottes Wort und Sacrament nicht, wenn's nicht in ein heiliges Leben verwandelt wird, wenn nicht ein heiliger, bekehrter, neugeborener, liebreicher Mensch daraus wird.

4. Darum spricht St. Paulus 1 Cor. 13, 2: „Wenn ich weissagen könnte, und wüßte alle Geheimnisse und alle Erkenntniß ꝛc., und hätte der Liebe nicht, so wäre ich Nichts," das ist, wenn ich meine Ehre

damit suchte, und nicht lauter und allein Gott und den Menschen damit meinete, so wäre es vor Gott ein Gräuel, und ihm nicht angenehm.

5. Daher werden die falschen Propheten sagen an jenem Tage, Matth. 7, 22: „Herr, Herr, haben wir nicht in deinem Namen geweissagt? haben wir nicht in deinem Namen Teufel ausgetrieben und Thaten gethan?" Da wird er sagen: „Ich kenne euch nicht," ihr habt mich nicht lauter gemeinet, sondern euch selbst.

6. „Ja," spricht St. Paulus 1 Cor. 13, 3, „wenn ich alle meine Habe den Armen gäbe, und hätte der Liebe nicht, so wäre mir's nichts nütze." Wie so, lieber Paulus? kann denn Einer wohl alle seine Habe den Armen geben, und der Liebe nicht haben? Ja freilich, wenn man hierin nicht lauter und allein Gott meinet, sondern sich selber, will Lohn, Ruhm und Ehre davon haben. Wie die Pharisäer viel Opfer stifteten, und Andere beredeten, ihre Güter zum Tempel und zum Opfer zu geben, davon sie Ruhm und Ehre hatten, und vergaßen der Barmherzigkeit an den Armen, denen sie aus lauterer, freier Liebe Barmherzigkeit erzeigen sollten. Welches der Herr den Pharisäern aufrückt, und spricht Matth. 23, 14: „Sie fressen der Wittwen Häuser, und wenden lange Gebete vor," wollen dafür beten. Wie denn auch zu unsern Zeiten viel Leute alle ihre Güter zu Stiftern und Klöstern gegeben haben, daß die Pfaffen und Mönche sollten für ihre Sünden opfern und beten; welches Alles eine falsche und betrogene Liebe ist, die sich selbst suchet und meinet. Denn wenn man zusteht, so ist hiemit der Menschen Ehre gesucht, und nicht Gottes.

7. „Der Gerechte wird seines Glaubens leben," Hab. 2, 4. Du mußt wahre Buße thun, und selbst ein Opfer Gottes werden, Röm. 12, 1, durch Tödtung und Kreuzigung des Fleisches, und alle Werke der Liebe frei, lauter und umsonst thun, und nicht um dein selbst willen, aus eigener Liebe, Nutzen und Ehre; sondern aus freier, reiner, lauterer Liebe zu Gott, oder es ist dir Alles nichts nütze. Ja, wenn du deinen Leib brennen ließest, und hättest eine solche reine, lautere, freie Liebe nicht, die allein Gott und seine Ehre meint, so wäre dir's nichts nütze. Denn was ist's, daß Etliche ihren Leib geißeln, sich Maale brennen, und ihrem Leibe wehe und übel thun, wie der Prophet spricht, Jes. 58, 3. Was suchen sie hiemit, denn sich selbst? Zach. 7, 5. 6; wollen sonderliche Heiligkeit damit bezeugen, selbsterwählte Geistlichkeit, welches doch Alles Gott zu Ehren nicht geschieht, sondern ihnen ein Ansehn dadurch zu machen. Ja, Etliche gerathen in solche Verblendung und in solche kräftige Irrthümer, daß sie sich darauf brennen lassen, wollen Christi Märtyrer seyn, da sie doch Christum nicht suchen, sondern sich selbst, ihren gefaßten Irrthum damit zu bestätigen; haben sich vorgesetzt, nicht davon abzustehen, und sollte es sie das Leben kosten. Das nennt St. Paulus Wirkungen des Satans und kräftige Irrthümer, 2 Thess. 2, 9. 11. Die Ursache macht einen Märtyrer, nicht die Marter.

8. Sehet an, wohin der Teufel die Heiden gebracht hat, unter welchen er Etliche so verblendet, daß sie sich willig haben lassen schlachten, tödten und opfern, ihre falsche heidnische Religion und ihren Teufelsdienst damit zu bestätigen. Was ist's Wunder, daß es noch geschieht, sonderlich nun unter dem Schein des christlichen Glaubens? Die Heiden haben viel gethan mit Verlust ihres Lebens, um sich einen unsterblichen Namen zu machen. Hat nicht auch zu unsern Zeiten die falsche eigene Liebe und eigene Ehre Mönche und andere Leute bethört, Könige und weltliche Potentaten zu erstechen, um die katholische Religion, wie sie sie nennen, damit fortzupflanzen, die auch ihr Leben haben müssen lassen und daran wenden? Welches nicht um Christi willen geschehen ist, sondern um des Papsts willen, und um eigenes Lobes, Ruhms und unsterblichen Namens willen. Dieß ist die falsche, betrogene Liebe, von einem falschen Licht betrogen.

9. Darum ist nun Alles, was ein Mensch weiß, es sey große Kunst, Weisheit und Erkenntniß, als es immer wolle, und wenn er auch Salomo gleich wäre, ja die ganze

Wissenschaft der ganzen heiligen Schrift, auch Alles, was ein Mensch thut, und wenn er auch Leib und Leben dahingäbe, ohne die rechte Liebe Gottes und des Nächsten, und ohne ein rechtes heiliges, christliches Leben, lauter Nichts. Ja, Gottes Wort haben, wissen, und nicht darnach leben, macht die Verdammniß größer; wie der Herr, Joh. 15, 22 spricht: „Wenn ich nicht gekommen wäre, und hätte es ihnen gesagt, so hätten sie keine Sünde; nun aber haben sie nichts vorzuwenden, ihre Sünde zu entschuldigen."

Gebet um wahre Weisheit.

Ach Gott, was hilft uns Alles in der Welt, wenn wir dich nicht haben? Reichthum, Ehre und Wollust kann uns kein wahres und ewiges Vergnügen geben. Die Welt vergeht mit ihrer Lust, und alle Scheingüter derselben sind zu schlecht, als daß sie unsern edeln Geist befriedigen könnten. Hingegen wenn wir dich haben, so mangelt uns nichts. In dir besitzen wir alle Schätze, in dir haben wir eine fortdauernde Herrlichkeit, und in dir genießen wir einer himmlischen Erquickung. Du bist Sonne und Schild. Du gibst Gnade und Ehre. Wer dich findet, der hat das ewige Leben. Ach! laß uns die Nichtigkeit, Eitelkeit und Vergänglichkeit alles Irdischen gründlich einsehen, und verkläre dich durch deinen Geist in unsern Seelen, damit wir gegen deine überschwängliche Erkenntniß alles Andere für Schaden und Koth achten, und mit unsern Herzen an dir, dem einigen Nothwendigen, unverrückt hangen mögen. So beweisen wir uns als Kinder der Weisheit, und es wird uns in deiner Gemeinschaft ewig wohl ergehen. Amen.

Das 36. Capitel.

Wer nicht in Christo lebt, sondern sein Herz an die Welt hängt, der hat nur den äußerlichen Buchstaben der Schrift, aber er schmeckt nicht die Kraft und ihr verborgenes Manna.

Offenb. Joh. 2, 17. Wer überwindet, dem will ich zu essen geben von dem verborgenen Manna, und will ihm geben ein gut Zeugniß, und mit dem Zeugniß einen neuen Namen geschrieben, welchen Niemand kennet, denn der ihn empfähet.

1. Mit diesem Spruch werden wir gelehret, daß die allein die Süßigkeit des himmlischen Trostes und der Freude in dem Worte Gottes schmecken, die da überwinden; verstehe, ihr Fleisch, die Welt mit aller Ehre und Herrlichkeit, und den Teufel. Denn welche ihr Fleisch durch tägliche Reue und Buße kreuzigen sammt den Lüsten und Begierden, Gal. 5, 24, die der Welt und sich selbst täglich absterben, denen ihr ganzes Leben ein bitteres Kreuz ist, die werden von oben herab von Gott innerlich gespeiset mit der Süßigkeit des himmlischen Manna, und getränket mit dem Freudenwein des Paradieses. Die Andern aber, so ihren Trost in der Welt haben, können nicht schmecken das verborgene Manna. Ursache, ein jegliches Ding vereinigt sich mit seines Gleichen; widerwärtige Dinge nehmen einander nicht an. Gottes Wort ist geistlich, darum vereinigt sich's nicht mit einem weltlichen Herzen. Gleichwie von der Speise, die der Magen nicht annimmt, der Leib keine Kraft empfängt: also schmeckt die Seele nicht die Kraft des göttlichen Wortes oder Himmelsbrodes, wenn sie nicht dasselbe ganz und gar in sich verwandelt, das ist, in's Leben.

2. Und wie dem Menschen Alles bitter schmeckt, wenn er das Fieber hat: also denen, die am Fieber dieser Welt krank liegen, an der Weltsucht, an Geiz, Hoffart und Wollust, schmeckt Gottes Wort bitter, ja ihnen ekelt davor, wie den Fieberkranken. Welche aber den Geist Gottes haben, die finden darin das verborgne Himmelsbrod. Welche den Geist dieser Welt haben, die schmecken's nicht; denn Keines nimmt das Andre an.

3. Daher kommt's, daß viele Menschen wenig Lust, Freude und geistliche Begierde empfinden aus dem heiligen Evangelio, ob sie es gleich täglich hören. Denn sie haben den Geist Gottes nicht; sie haben nicht himmlische Gemüther, sondern irdische Herzen. Wer aber das Wort Gottes recht verstehen will, und dessen Kraft empfinden, und von dem Himmelsbrod essen,

der muß sich befleißigen, mit seinem Leben gleichförmig zu werden dem Worte Gottes und dem Leben Christi. So speiset er die Demüthigen mit seiner Gnade, 1 Petr. 5, 5, die Sanftmüthigen mit seiner Liebe, die Geduldigen mit seinem Trost, und macht ihnen sein Joch süße, und seine Last leicht, Matth. 11, 30. Die Süßigkeit des Himmelsbrodes wird geschmeckt unter dem Joch Christi; und da heißt es: „Die Hungrigen füllet er mit Gütern, und lässet die Reichen leer," Luc. 1, 53.

4. „Meine Worte sind Geist und Leben," sagt der Herr, Joh. 6, 63. So sie nun Geist und Leben sind, so können sie von keinem ungeistlichen, fleischlichen, üppigen Herzen und Sinn empfunden werden, sondern im Geist, in der Stille, in Verschwiegenheit, mit tiefer Demuth und heiliger großer Begierde muß man's annehmen, und in's Leben verwandeln. Sonst hat man vom Wort Gottes nicht mehr, denn den äußerlichen Schall und Buchstaben. Gleichwie wenn man den Ton einer Harfe hört, versteht aber nicht, was es ist, so hat man keine Freude davon: also empfindet man nichts von der Kraft des göttlichen Wortes, wenn's nicht in's Leben verwandelt wird.

5. Darum spricht St. Johannes, Offenb. 2, 17: „Ich will ihm ein gut Zeugniß geben, und mit dem Zeugniß einen neuen Namen, welchen Niemand kennet, denn der ihn empfähet."

6. Dieß ist das Zeugniß des verborgenen Geistes, welcher dem Wort Gottes Zeugniß gibt, und hinwiederum der Geist des Wortes Gottes gibt Zeugniß unserm Geist, Röm. 8, 16, und stimmen die beiden überein, vereinigen sich mit einander, und werden Ein Geist, 1 Cor. 6, 17. Und dieß ist der neue Name, welchen Niemand kennet, denn der ihn empfähet. Denn gleichwie Niemand die Süßigkeit des Honigs empfindet, denn der ihn kostet: also kennt Niemand den neuen Namen des Zeugnisses Gottes im Herzen, denn wer es empfindet. Der kennt allein den Trost Gottes, der ihn empfindet. Das ist das neue Zeugniß und der neue Name, den Niemand kennet, denn der ihn empfähet, und ist neu, weil er aus der neuen Geburt geht, so von oben herab kommt.

7. Selig ist der Mensch, welchem Gott sich also in seinem Herzen zu schmecken gibt. Also hat Gott die Propheten von Anfang mit seinem süßen Himmelsbrod gespeiset durch die Rede seines ewigen Wortes, welches zu ihnen geschehen ist; davon haben sie reden können, denn sie haben's empfunden. Und daher ist die heilige Schrift gekommen.

8. Und auf den heutigen Tag läßt er nicht nach, mit allen Menschen zu reden, und sie mit seinem Wort zu speisen inwendig in ihren Seelen. Aber die meisten Menschen sind für seine Stimme gar zu harthörig und zu taub, und hören lieber die Welt, denn Gott; lieber folgen sie ihren Lüsten, denn dem Geist Gottes. Darum können sie nicht essen das verborgene Manna, sie essen lieber von dem verbotenen Baum des Todes und ihrer fleischlichen Lüste, denn von dem Baum des Lebens, 1 Mos. 3, 6.

9. Es ist daher eine große Blindheit und Thorheit, daß die Menschen nicht verstehen wollen, daß in Gott größere Lust und Süßigkeit ist, denn in der Welt. Wer einmal Gottes Gütigkeit geschmeckt hat, dem ist die Welt mit aller ihrer Lust die höchste Bitterkeit. Unsere ersten Eltern haben sich die Welt bethören lassen, und von den verbotenen Früchten gegessen, und haben daran den bittern Tod gegessen. Noch sind wir so blind und thöricht, und essen von den verbotenen Lüsten unseres Fleisches, davon wir doch sterben, Röm. 8, 13.

10. „Wer von mir isset," spricht der Herr Christus, der Baum und das Brod des Lebens, „der wird leben in Ewigkeit," Joh. 6, 51. Von ihm essen, heißt an ihn glauben, und seines Herzens Lust, Freude, Liebe, Trost und Wohlgefallen an ihm haben, Sir. 24, 28. 29. Die Welt gibt doch so klein, gering, zeitlich Ding, und wird ihr gleichwohl dafür mit großer Begierde gedient. Gott gibt große, hohe, ewige Güter, und doch sind dafür so faul und träge der sterblichen Menschen Herzen. Wo findet man doch Jemand, der

Gott mit so großem Gehorsam und Sorge dient, als dem Mammon und der Welt? Um wenigen Geldes willen wird oft ein großer Weg gelaufen, aber um des ewigen Lebens willen wird kaum ein Fuß von der Erde aufgehoben.

11. Die Propheten werfen den großen Kaufstädten Tyrus und Sidon vor, daß sie über Meer ihr Kaufmannsgut geholt und gesucht haben, und um das ewige Gut haben sie nicht einen Fuß aufgehoben, Jes. 23, 1. Jer. 47, 4. Ezech. 27, 12. 13.

12. In allen Ständen wird die Welt mehr gesucht und geliebt, denn Gott. Mancher Gelehrte studirt Tag und Nacht, daß er in der Welt zu Ehren kommen möge, aber um der ewigen Ehre und Herrlichkeit willen nimmt er sich oft nicht die Weile, ein Vater-Unser zu beten. Mancher befleißigt sich im Kriege, Adel und Ritterschaft zu erlangen, aber mit einer einigen Untugend seines Fleisches will er nicht kriegen, dadurch man den ewigen himmlischen Adel erlangt. Mancher ist ein Ueberwinder vieler Länder und Völker, und weiß sich selbst nicht zu überwinden. Wie viel sind ihrer, die das Zeitliche suchen, und darüber sich selbst und ihre Seele und Seligkeit verlieren! Und Alle, die das thun, haben nicht gekostet das verborgene Manna des göttlichen Wortes. Denn die überwinden nicht, sondern lassen sich von der Welt überwinden. Denn wer das Manna schmecken will, der muß um Gottes Liebe willen die Welt verschmähen und überwinden. Wer das thun kann, der wird den allersüßesten Trost des heiligen Geistes empfinden, welchen Niemand kennt, denn der ihn empfähet.

13. Es muß ja erst der Baum des Lebens in uns gepflanzt werden, sollen wir von seinen Früchten essen. Es muß ja erst das Herz von der Welt zu Gott gewandt werden, sollst du den himmlischen Trost empfinden. Du lässest dir der Welt Trost eine große Freude seyn, und denkest nicht, daß Gottes Trost mehr erfreuen kann, denn die ganze Welt. Was Gott thut, ist allezeit edler, als was die Creaturen thun. Die Lehre, so von oben herabkommt, durch die Einsprache des heiligen Geistes, ist viel edler, denn die vom Menschenverstande durch große Arbeit erlernt wird. Ein Apfel und eine Lilie, so die Natur macht, ist viel edler und besser, denn die ein Künstler von lauterm Golde macht; also auch, der allerkleinste Anblick und Funken des Trostes Gottes ist edler und besser, denn ein großes Meer voll Freude dieser Welt.

14. Willst du nun den edeln Trost Gottes haben, so mußt du der Welt Trost und Freude verschmähen. Willst du mich recht hören, so mußt du dein Ohr zu mir wenden. Willst du mich verstehen, so mußt du dein Herz zu mir wenden. Willst du mich sehen, so mußt du deine Augen zu mir wenden. Also wende zu Gott dein ganzes Herz, alle deine Sinne: so wirst du ihn sehen, hören und verstehen, schmekken und empfinden. Denn so steht Jer. 29, 13: „So ihr mich von ganzem Herzen suchen werdet, so will ich mich von euch finden lassen, spricht der Herr."

15. Man spricht jetzt: Hilf Gott, wie reich, mächtig, weise und gelehrt ist der Mann! aber wie sanftmüthig, demüthig, geduldig, andächtig er sey, davon sagt man nicht. Also sieht man jetzo den Menschen nur von außen an, aber das Inwendige, so das Beste und Edelste ist, sieht man nicht an. Man spricht: Dieser Mann hat viel Länder und Städte gesehen. Ach! wer Gott gesehen hätte, das wäre das Beste. Man sagt: Dieser Mann hat Kaiser, Könige, Fürsten, Herren gehört und ihnen gedient. Ja, wer Gott recht hören könnte in seinem Herzen, und ihm recht dienen, der hätte wohl gedient und etwas gehört. Viele sagen aus lauter Weltliebe: Es ist jetzt eine gelehrte Welt, eine geschickte und kunstreiche Zeit; und wissen nicht, daß die rechte Kunst, Christum lieb haben, welches besser ist, denn alles Wissen, sammt dem Glauben, gar erloschen, Eph. 3, 19. Luc. 18, 8, und daß wenig sind der rechten Gottesgelehrten, Jes. 54, 13, und derer, die von Christo das rechte demüthige und sanftmüthige Leben lernen wollen, Matth. 11, 29. Ja die Allerklügsten sind oft entfremdet von dem Leben,

das aus Gott ist, und haben noch nie gelernt, daß in Christo ein rechtschaffen Wesen sey, Eph. 4, 18. 21. Sie meinen, es sey Alles an den Wortkünsteleien gelegen, da doch die rechte Gelehrsamkeit und Geschicklichkeit nicht stehet in Worten, sondern in der That und wahren, ewigen Weisheit; davon in dem Tractat von der alten Philosophie weiter. Wenn man aber sagte, es sey jetzt eine gottlose Welt, das wäre der Wahrheit und Gottes Wort ähnlicher.

16. Man sagt: Dieser Mann hat einen stattlichen Tisch und gute Küche. Ach! wem Gottes Wort wohl schmeckt, wer das verborgene Manna kostet, das ewigwährende, lebendige Himmelsbrod, Joh. 6, 35, der hat einen herrlichen Tisch, den Gott bereitet hat, Ps. 24, 5.

17. Wem Gott und sein Wort wohl schmecken, dem mag nichts übel schmecken, und wem Gott und sein Wort nicht wohl schmecken, was mag der für Freude haben? Gott selbst ist die Freude, die alle erschaffene Freude übertrifft. Er ist das ewige Licht, das alle erschaffene Lichter übertrifft. Er wolle mit seinem verborgenen Freudenschein unsere Herzen durchdringen, unsern Geist und alle Kräfte reinigen, erleuchten, erfreuen, verklären und lebendig machen. Wann wird die Stunde kommen, da uns Gott mit seiner Gegenwart, und mit Allem, was er ist, ersättigen wird? Jes. 55, 1. 2.

18. So lange solches nun nicht geschieht, wird in uns keine vollkommene Freude. Wir müssen deßwegen mit den Brosamen seines Trostes vorlieb nehmen, die von unsers Herrn Tische fallen, bis die rechte Freude des ewigen Lebens angeht, Matth, 15, 27.

19. „Siehe, ich stehe vor der Thür," spricht der Herr, Offenb. 3, 20, „und klopfe an. Wer meine Stimme hören wird, und mir aufthun, zu dem will ich eingehen, und das Abendmahl mit ihm halten, und er mit mir." Höre, lieber Mensch, es kommt dir ein edler Gast; willst du ihn lassen draußen stehen? Es ist eine große Schande, einen Freund lange lassen draußen stehen und vor der Thür warten. Größere Schande ist es, deinen Gott lassen draußen stehen, der dein Gast will werden. Du darfst ihn nicht speisen, er speiset dich; du sollst mit ihm sein Himmelsbrod und verborgenes Manna essen. Bringt nicht ein großer Herr seine Küche mit, wenn er zu seinen armen Freunden einkehrt?

20. Der Herr spricht: „Höre meine Stimme, und thue mir auf." Aber wie in einem Hause, da ein Weltgetümmel ist, keine liebliche Musik kann gehört werden: also kann Gott in einem weltlichen Herzen nicht gehört werden. Denn es wird Gott nicht aufgethan, es läßt ihn auch nicht ein; darum kann ein solch irdisch Herz das himmlische Manna nicht schmecken. Wenn das Getümmel der Welt im Herzen still wird, so kommt Gott, und klopfet an, und läßt sich hören. So kannst du sagen mit dem Propheten Samuel: „Rede, Herr, denn dein Knecht höret," 1 Sam. 3, 10.

21. Die Epistel an die Hebräer am 6., V. 4 redet auch von diesem inwendigen geistlichen und himmlischen Abendmahl, und sagt, daß die, so erleuchtet und theilhaftig worden sind des heiligen Geistes, geschmeckt haben die himmlischen Gaben, das gütige Wort Gottes, und die Kräfte der zukünftigen Welt. Da hören wir: wo der heilige Geist im Menschen ist, und nicht verhindert wird, so speiset er täglich die Seele mit dem verborgenen Manna des gütigen, lebendigen Wortes Gottes, so aus Gottes Munde geht, und von welchem wir leben, Matth. 4, 4.

22. Dieses hat der königliche Prophet David durch den heiligen Geist auch in seinem Herzen und in seiner Seele empfunden, wie er im 16. Ps. B. 11 spricht: „Vor dir ist Freude und Fülle, und liebliches Wesen zu deiner Rechten ewiglich." Und im 34. Ps. V. 9: „Schmecket und sehet, wie freundlich der Herr ist; wohl Allen, die auf ihn trauen." Ps. 23, 5: „Du bereitest vor mir einen Tisch gegen meine Feinde, du salbest mein Haupt mit Oel, und schenkest mir voll ein." Psalm 63, 4: „Deine Güte ist besser, denn Leben; meine Lippen preisen dich." Und im

22. Psalm V. 8. 9. 10: „Wie theuer ist deine Güte, Gott, daß Menschenkinder unter dem Schatten deiner Flügel trauen! Sie werden trunken von den reichen Gütern deines Hauses, und du tränkest sie mit Wollust, als mit einem Strom; denn bei dir ist die lebendige Quelle, und in deinem Licht sehen wir das Licht." Und im 70. Psalm V. 5. 6: „Freuen und fröhlich müssen seyn, die nach dir fragen, und die dein Heil lieben, müssen immer sagen: Hochgelobet sey Gott! Ich aber bin elend und arm; Gott eile zu mir, denn du bist mein Helfer und Erretter; mein Gott, verzeuch nicht." Wo zugleich beschrieben ist, was das für Leute seyen, die da innerlich mit dem gütigen Worte Gottes gespeiset werden; nämlich die in Geist und Seele arm und elend sind, und nur an Gottes Trost hangen, die sind würdig zu schmecken die himmlischen Gaben, davon der ganze 84. Psalm redet: „Wie lieblich sind deine Wohnungen, Herr Zebaoth, mein Leib und Seele freuen sich in dem lebendigen Gott" ꝛc. Daher lehrt uns David, daß die geringste Lieblichkeit des ewigen Lebens übertreffe die größte Freude dieser Welt also, daß dort Ein Tag besser sey, denn hier tausend Jahre. Und wer das einmal recht geschmeckt hat, dem ist dagegen Alles bitter, was in der Welt ist, der wird der Welt müde und überdrüssig, denn er hat etwas Besseres und Lieblicheres empfunden.

23. Daher die ewige Weisheit im Buch Sirach am 24., V. 27. 28 spricht: „Ich bin viel süßer, denn Honig und Honigseim. Wer von mir isset, den hungert immer nach mir" ꝛc.

24. Das ist ein heiliger Hunger und Durst, welchen keine Creatur sättigen kann, nur Gott selbst mit seiner Liebe. Und so werden die Heiligen Gottes in der Liebe Gottes trunken. Davon das Hohelied Salomonis spricht Cap. 5, 1: „Esset, meine Lieben, und trinket, meine Freunde, und werdet trunken."

25. Das läßt nun Gott seinen Geliebten widerfahren, auf daß er sie zu sich ziehen möge, damit sie das Irdische vergessen. Geschieht aber das in diesem Leben, da wir ein kleines Brosamlein des verborgenen Manna essen, und ein kleines Tröpflein des himmlischen Weinstocks kosten: was wird denn dort geschehen im ewigen Leben, da wir den Brunnen selbst haben werden?

26. Da der Herr am Kreuze spricht: „Mich dürstet," Joh. 19, 28, da hat ihn darnach gedürstet, daß er in uns einen heiligen, geistlichen, himmlischen Durst erweckte und fände. Denn gleichwie er selbst unsern geistlichen Hunger und Durst sättiget und löschet, also sind wir diejenigen, so seinen Hunger und Durst sättigen. Denn ihn hungert und dürstet mehr nach uns, als uns nach ihm, wie er bei St. Johannes am 4., V. 34 spricht: „Meine Speise ist, daß ich Gottes Willen thue." Gottes Wille aber ist die Seligkeit der Menschen. Und wenn uns so sehr nach ihm dürstete, als ihn nach uns, so würde er uns mit seinem Geist so mild und süß tränken, daß von unserm Leibe Ströme des lebendigen Wassers flössen, Joh. 7, 38. Das ist, es würde Alles an uns geistlich, holdselig, liebreich und tröstlich seyn; ja er würde uns mit einem großen Strom seiner Gütigkeit tränken, daß unser Leib und Seele, und alle Kräfte sich in Gott erfreueten, als ergösse sich in unserer Seele ein großer Wasserstrom himmlischer Freude. Denn es ist nichts so groß, als des Menschen Seele in ihrer Freudigkeit und Freiheit, welche Gott, Himmel und Erde begreift. Es ist nichts so klein, als des Menschen Seele in ihrer Niedrigkeit und Demuth, wenn sie sich vor Gott unter alle Creaturen demüthigt.

Gebet um die Kraft des Wortes Gottes in der Seele.

Liebreicher Jesu, deine Worte sind Geist und Leben; gib uns eine rechte Lust zur heilsamen Betrachtung derselben. Laß uns dein Wort nicht nur lesen, hören, betrachten, und buchstäblich erkennen, sondern wirke durch dasselbe kräftig in unsern Seelen, und setze uns in eine solche Gemüthsfassung, daß wir die Gefäße werden, die deine verheißenen evangelischen Gnadengüter besitzen und genießen. Mache uns aber auch zu allem Guten tüchtig, daß wir, als deine gehorsamen Unterthanen, nach deiner göttlichen Vorschrift unser ganzes Leben einrichten. Dein Wort sey unser Same zur Wiedergeburt, unser Licht zu unserer Erleuchtung, unsere Speise und Trank zu unserer Sättigung, unser Manna zu unserer Erquickung und Stärkung, unsere Leuchte auf dem Wege des Lebens, unser Stecken und Stab in Versuchungen und Anfechtungen, unser Trost auf unserm Todbette. Ach Jesu, laß uns so glauben und leben, wie es in deinem Worte geschrieben steht. So sind wir dein, und du bist unser auf ewig. Amen.

Das 37. Capitel.

Wer Christo im Glauben, heiligen Leben und steter Buße nicht folgt, der kann von der Blindheit seines Herzens nicht erlöst werden, sondern muß in der ewigen Finsterniß bleiben, kann auch Christum nicht recht erkennen, noch Gemeinschaft und Theil an ihm haben.

1 Joh. 1, 5. 6. 7. Gott ist ein Licht, und in ihm ist keine Finsterniß. So wir sagen, daß wir Gemeinschaft mit ihm haben, und wandeln in der Finsterniß, so lügen wir, und thun nicht die Wahrheit. So wir aber in dem Lichte wandeln, wie er im Lichte ist, so haben wir Gemeinschaft unter einander.

1. Licht und Finsterniß recht zu verstehen, müssen wir Acht haben auf die Beschreibung des Apostels.

2. Gott ist ein Licht, spricht St. Johannes. Was ist aber Gott? Gott ist ein geistlich, ewig, unendlich Wesen, allmächtig, barmherzig, gnädig, gerecht, heilig, wahrhaftig, allein weise, unaussprechlicher Liebe und Treue; Gott Vater, Sohn und heiliger Geist, einig im Wesen, dreifaltig in Personen, und ist das höchste Gut und alles Gut wesentlich, und das ist das rechte ewige Licht. Derhalben wer sich von Gott, von seiner Liebe, Barmherzigkeit, Gerechtigkeit, Wahrheit abwendet, der wendet sich von dem Licht ab, und fällt in die Finsterniß. Denn ohne Gott ist eitel und ewige Finsterniß. Im Gegentheil, ist Gott ein Licht, so muß der Teufel Finsterniß seyn. Und ist Gott die Liebe, so ist der Teufel eitel grimmiger Zorn, Feindschaft, Haß und Neid, Sünde und Laster. Wer sich nun zur Sünde wendet, der wendet sich zur Finsterniß und zum Teufel, und kann nicht davon erlöst werden, bis er sich abkehrt von der Finsterniß zum Licht, von Sünden zur Gerechtigkeit, von den Lastern zur Tugend, von dem Teufel zu Gott, Ap. Gesch. 26, 18. Das ist nun des wahren, lebendigen Glaubens Werk, daß er das Herz reinigt, Ap. Gesch. 15, 9. Denn wer an Christum glaubt, thut täglich Buße, und wendet sich von Sünden, das ist, von dem Teufel zu Christo. Denn gleichwie sich Adam durch die Sünde von Gott abwandte zum Teufel, also muß man durch wahre Buße und Ablassung von Sünden sich von dem Teufel wieder abwenden zu Gott.

3. Darum folgt nun, daß der Mensch ohne Bekehrung von Sünden zu Gott nicht kann erleuchtet werden. Denn I) „was hat das Licht für Gemeinschaft mit der Finsterniß?" 2 Cor. 6 14. Unbußfertigkeit ist Finsterniß; darum hat das Licht der wahren Erkenntniß Christi mit derselben keine Gemeinschaft. Es ist demnach unmöglich, daß diejenigen mit dem Geist und Licht der ewigen Wahrheit können erleuchtet werden, die in der Finsterniß der Unbußfertigkeit leben. Darum auch St. Paulus von den Juden spricht 2 Cor. 3, 16: „Wenn sie sich zum Herrn bekehreten, so würde die Decke weggethan," das ist, die Finsterniß, Blindheit und der Unverstand, und sie würden in Christo erleuchtet.

4. Die größte Blindheit und Finsterniß des menschlichen Herzens ist der Unglaube mit seinen Früchten, als Hoffart, Geiz, fleischliche Lüste, Zorn ꝛc. Wer damit besessen ist, der kann Christum, das wahre Licht, nicht erkennen, viel weniger recht an ihn glauben, ihm vertrauen und durch ihn selig werden.

5. Denn II) wie kann doch der das demüthige Herz Christi erkennen, der voll stinkender Hoffart ist? wie kann doch der das sanftmüthige Herz Christi erkennen, der voll Grimmes, Zorns und Neides ist? wie kann doch der die hohe Geduld Christi erkennen, der voll Rachgier und Ungestüm ist? Wer die Sanftmuth, Demuth und

Gebuld Christi nicht kennt, der hat Christum noch nicht recht im Glauben erkannt. Willst du Christum recht erkennen, so mußt du durch den Glauben ein solches Herz haben, wie Er hat. Du mußt seine Sanftmuth, Demuth, Geduld in deinem Herzen schmecken. Alsdann weißt du, wer Christus ist. Willst du eine gute Frucht oder ein gutes Kraut erkennen, koste es und schmecke es, so weißt du es; also Christum auch, den Baum des Lebens. Schmeckest und kostest du im Glauben seine Demuth, Sanftmuth, Geduld, so issest du von seiner Frucht, so wirst du Ruhe finden für deine Seele, und wirst fähig des göttlichen Trostes, der göttlichen Gnade; sonst ist keine Ruhe der Seele zu finden. Denn Gottes Gnade und Trost kann nicht einleuchten in ein glaubensloses Herz, darin Christi Sanftmuth und Demuth nicht ist; denn „den Demüthigen gibt er Gnade." 1 Petr. 5, 5.

6. III) Was ist dem Menschen Christus nütze, der keine Gemeinschaft mit ihm haben will? Nun aber haben die, so in der Finsterniß der Sünde leben, keine Gemeinschaft mit dem Licht, welches ist Christus; darum ist er ihnen nichts nütze. Denn also spricht St. Johannes im ermeldeten Spruch, 1 Joh. 1, 6. 7: „So wir sagen, daß wir Gemeinschaft mit ihm haben, und wandeln in der Finsterniß, so lügen wir, und thun nicht die Wahrheit. So wir aber im Lichte wandeln, wie er im Lichte ist, so haben wir Gemeinschaft mit ihm." Das erklärt er ferner im folgenden Cap. 2, V. 8 ff.: „Die Finsterniß ist vergangen, und das wahre Licht scheinet jetzt. Wer da sagt, er sey im Licht, und hasset seinen Bruder, der ist noch in der Finsterniß. Wer aber seinen Bruder liebet, der bleibet im Licht, und ist kein Aergerniß bei ihm; wer aber seinen Bruder hasset, der ist in der Finsterniß, und wandelt in der Finsterniß, und weiß nicht, wo er hingeht; denn die Finsterniß hat seine Augen verblendet."

7. IV) So lange nun ein Mensch bleibt in solchen Sünden, als in einer schrecklichen Finsterniß, so lange kann er nicht von Christo, dem wahren Licht, erleuchtet werden, und zur rechten Erkenntniß Gottes kommen. Denn wenn man Gott und Christum recht erkennen will, so muß man wissen, daß Gott lauter Gnade und Liebe ist. Es kann aber Niemand wissen, was Liebe sey, als wer sie selbst hat und thut. Und also geht die Erkenntniß eines jeglichen Dings aus der Erfahrung, aus der That und Empfindung, aus den Werken der Wahrheit. Wer nun die Liebe nicht übt, der weiß nicht, was Liebe ist, ob er gleich viel davon redet. Christus ist lauter Liebe, Demuth, Sanftmuth, Geduld und lauter Tugend. Wer nun dieselbe nicht übt, der weiß nicht, wer Christus ist, und kennet ihn nicht recht, wenn er gleich viel von ihm redet und seinen Namen trägt. Gottes Wort ist lauter Geist. Wer nun nicht im Geiste lebt und wandelt, der weiß nicht, was Gottes Wort ist, ob er gleich viel davon redet. Wer kann wissen, was Liebe ist, der nie Liebe geübt hat? denn wissen und kennen geht aus der Erfahrung. Wie kann Einer wissen, was das Licht ist, der sein Lebtag im finstern Thurm gesessen und das Licht nie gesehen hat? Nun ist eben der Glaube und die christliche Liebe im Menschen das Licht; wie der Herr spricht Matth. 5, 16: „Lasset euer Licht leuchten vor den Menschen, auf daß sie eure guten Werke sehen, und euern Vater im Himmel preisen."

8. Wenn wir nun das heilige Leben Christi betrachten, so ist es lauter Liebe. Lernen wir nun von ihm im wahren Glauben seine Liebe, Demuth, Sanftmuth, Geduld, wie er uns befohlen hat: jetzo werden wir in sein Bild verklärt und erleuchtet mit diesem Licht, als mit Christo selbst, welcher ist das wahrhaftige ewige Licht; wie St. Paulus spricht Eph. 5, 14: „Wache auf, der du schläfest" (verstehe, in Sünden und Wollust des Fleisches), „so wird dich Christus erleuchten."

9. Derhalben, die nicht aufwachen vom Sündenschlaf dieser Welt, Augenlust, Fleischeslust, hoffärtigem Leben, die können von Christo nicht erleuchtet werden.

10. V) Deßwegen ist derjenige erleuchtet, der das edle Leben Christi an sich nimmt, und demselben folgt im Glauben. Und wer Christo im Leben nicht folgt, der liebt die Finsterniß mehr denn das Licht. Darum

kann er auch nicht erleuchtet werden; wie Christus spricht Joh. 8, 12: „Ich bin das Licht der Welt; wer mir nachfolget (verstehe im Glauben, in Liebe, Hoffnung, Geduld, Sanftmuth, Demuth, Gottesfurcht, Gebet ꝛc.), der wird nicht wandeln in der Finsterniß, sondern wird das Licht des Lebens haben." Darum haben die wahren Nachfolger Christi allein das Licht des Lebens, das ist, die wahre Erleuchtung und das Licht der Erkenntniß Jesu Christi. Und wegen des christlichen Glaubens und Lebens nennt St. Paulus die Gläubigen ein Licht, wie er zu den Eph. 5, 8 spricht: „Ihr waret weiland Finsterniß, nun aber seyd ihr ein Licht in dem Herrn." Das hat St. Paulus von dem Glauben und andern christlichen Tugenden verstanden. Deßgleichen 1 Th. 5, 5. 8: „Ihr seyd Kinder des Lichts und Kinder des Tages, angethan mit dem Panzer des Glaubens und der Liebe, und mit dem Helm der Hoffnung zur Seligkeit."

11. Im Buch der Weisheit heißt es C. 1, 5. C. 7, 27: „Der heilige Geist fleucht die Ruchlosen; für und für aber gibt er sich in die heiligen Seelen, und macht Propheten und Gottes Freunde." So er nun die Gottlosen fleucht, wie können sie erleuchtet werden? Ja der Herr spricht Joh. 14, 17: „Die Welt kann den heiligen Geist nicht empfangen," das ist, fleischliche, unbußfertige Leute.

12. VI) Damit aber die Menschen ein vollkommnes Exempel hätten aller Tugenden, so ist Gottes Sohn Mensch geworden, und mit seinem heiligen, tugendhaften Leben ein Licht der Welt geworden, daß ihm alle Menschen folgen sollten, und an ihn glauben, auf daß sie erleuchtet würden. Die Heiden, welche die Tugend so lieb gehabt, beschämen die Christen, indem diese wissen, daß Christus lauter vollkommene Tugend ist, und folgen ihm doch nicht im Leben. Denn Plato, Aristoteles, Cicero, Seneca, die weisesten Heiden haben gesagt: Wenn man die Tugend sehen könnte, so würde sie heller leuchten, denn der Morgenstern. Die aber Christum gesehen haben im Glauben, die haben diesen schönen Morgenstern gesehen, ja das Wort des Lebens selbst, und haben es mit ihren Händen betastet, 1 Joh. 1, 1. Haben aber die Heiden die Tugend lieb gehabt, und dieselbe begehrt zu sehen, wie vielmehr sollen Christen dieselbe lieb haben; denn Christus ist lauter Tugend, lauter Liebe und Sanftmuth, ja Gott selbst.

13. VII) „Christum lieb haben," spricht St. Paulus Eph. 3, 19, „ist besser, denn alles Wissen." Wer ihn nun lieb hat, der hat auch seine Demuth und Sanftmuth lieb, und nimmt dieselbe gern an sich aus Liebe gegen Christum. Da wird er denn erleuchtet und täglich verklärt in das Bild Christi, 2 Cor. 3, 18. „Den Demüthigen gibt Gott Gnade," spricht St. Petrus 1 Epist. 5, 5. Daher St. Bernhard spricht: „Die Ströme der Gnade fließen unter sich, nicht über sich" *). Wie sollte denn die Gnade des Lichts und der Erkenntniß Gottes zu den Menschen kommen, die nicht in dem heiligen Leben Christi wandeln, sondern in den Wegen Lucifers? Denn Glaube und Glaubensfrüchte lassen uns nicht unfruchtbar seyn in der Erkenntniß Christi, 2 Petr. 1, 8. In den Demüthigen lebt Christus. Da ruht denn über ihnen der Geist der Weisheit und des Verstandes, des Raths und der Erkenntniß, der Kraft und Stärke, und der Furcht Gottes, wie über Christo selbst. Denn Christus ist in einem solchen Menschen, in dem sein Leben und Licht ist; denn dies Alles ist er selbst. Und darum ruhen die Gaben des heiligen Geistes über einem solchen Menschen, wie über Christo selbst, wie Jesaias Cap. 11, 2 davon geweissagt hat.

14. VIII) Darum spricht St. Petrus Ap. Gesch. 2, 38: „Thut Buße, so werdet ihr empfahen die Gaben des heiligen Geistes." Derhalben ruht der Geist Gottes, der die Herzen erleuchtet, allein über den Bußfertigen und Gläubigen.

15. IX) Wer nun von der Blindheit seines Herzens will erlöst seyn, und von der ewigen Finsterniß, ja von dem Teufel selbst, der folge Christo nach im Glauben, in wahrer Bekehrung und Besserung. Je näher Christo, je näher dem ewigen Licht. Je näher dem Unglauben, je näher dem

---

*) Flumina gratiae deorsum, non sursum fluunt.

Teufel und der Finsterniß. Denn dieß hängt alles an einander, der Glaube, Christus und alle Tugenden; der Unglaube, der Teufel und alle Sünden.

16. X) Die heiligen Apostel folgten Christo im Glauben, verschmäheten die Welt, verläugneten sich selbst, sagten ab Allem, das sie hatten, lebten in Einigkeit. Da wurden sie von oben herab erleuchtet, und empfingen den heiligen Geist, Ap. Gesch. 2, 1 ff. Das wollte der reiche Jüngling, Luc. 16, 23, nicht thun, darum blieb er in der Finsterniß dieser Welt, und ward nicht zum ewigen Leben erleuchtet. Denn „wer die Welt lieb hat, in dem ist die Liebe des Vaters nicht," 1 Joh. 2, 15.

17. Darum sagt St. Johannes der Evangelist ferner 1 Ep. am 2., V. 11: „Wer nicht liebet, der bleibet in der Finsterniß, und weiß nicht, wo er hingeht; denn die Finsterniß hat seine Augen verblendet." Und dahin geht Tauler in allen seinen Predigten, daß ohne rechtschaffene Uebung des Glaubens, ohne das Absterben, Absagen, Verläugnen sein selbst, ohne das Einkehren zu seinem Herzen, ohne den inwendigen stillen Sabbath der Seele, kein Mensch das göttliche Licht in sich selbst empfinden möge.

18. Summa, so viel die Werke der Finsterniß durch den Geist Gottes im Menschen gedämpft werden, so viel wird der Mensch erleuchtet. Und hinwieder, je mehr die böse Natur, Fleisch und Welt im Menschen herrschen, als Augenlust, Fleischeslust und hoffärtiges Leben: je mehr Finsterniß im Menschen, und je weniger Gnade, Licht, Geist, Gott und Christus im Menschen ist. Darum kann er ohne wahre Buße nicht erleuchtet werden.

19. XI) Wer Einer Sünde nicht steuern will, der gibt Ursache zu vielen Sünden. Denn es kommt immer eine Sünde aus der andern, ja es wächst eine aus der andern, und wuchert wie das Unkraut. Und gleichwie die Finsterniß immer wächst und zunimmt, je weiter die Sonne hinwegläuft: also je weiter das edle Leben Christi von uns ist, je mehr die Sünde und Finsterniß in uns wächst, bis ein Mensch in die ewige Finsterniß geräth.

Hinwiederum wer durch Gottes Gnade an Einer Tugend anfängt, der wächst und nimmt zu in Tugenden; denn sie hängen alle an einander, wie St. Petrus in der 2 Epist. am 1., V. 5 ff. eine feine goldene Kette macht, da er spricht: „Daß wir üben sollen den Glauben, und in dem Glauben Tugend, und in der Tugend Bescheidenheit, und in der Bescheidenheit Mäßigkeit, und in der Mäßigkeit Geduld, und in der Geduld Gottseligkeit, und in der Gottseligkeit brüderliche Liebe, und in der brüderlichen Liebe gemeine Liebe. Denn wo solches reichlich bei euch ist, wird's euch nicht faul noch unfruchtbar seyn lassen in der Erkenntniß Jesu Christi;" das ist, wer diese Tugend nicht übet, kennt Christum nicht, wer er ist. Wer in der Tugend wächst durch den Glauben, der wächst in Christo. Wer zornig, geizig, hoffärtig, ungeduldig ist, der hat nicht viel in Christo zugenommen, sondern im Satan.

20. Wir sollen wachsen zu einem vollkommenen Mann, Eph. 4, 13. Das ist, wie ein Kind an der Größe des Leibes zunimmt, also Christen im Glauben und tugendhaften Leben, bis sie in Christo zu einem vollkommenen Mann werden. „Wer aber solches nicht hat, der ist blind, und tappet mit der Hand, und vergißt der Reinigung seiner vorigen Sünden," 2 Petr. 1, 9. Das ist, Christus hat mit seinem Blut und Tod alle unsere Sünden hinweggenommen und getilgt. Aber darum sollen wir nicht in Sünden fortfahren, sondern der Tod Christi soll in uns fruchtbar seyn, daß wir der Sünde absterben, und in Christo leben, sonst ist uns die Reinigung und Bezahlung unserer vorigen Sünden nichts nütze. So wir von Sünden abstehen, Buße thun und an Christum glauben, so sind uns die vorigen Sünden alle vergeben und vergessen. So wir aber von Einer Sünde nicht wollen abstehen, so behalten wir die vorigen alle, und müssen sie alle büßen in der ewigen Verdammniß, und können doch in Ewigkeit nicht bezahlen. Also kann ein Mensch um des einigen Zorns willen verdammt werden, und wenn er denselben ließe, würden ihm alle seine Sünden um Jesu Christi willen

vergeben. Weil er aber solches nicht thut, spricht St. Petrus, so ist er blind, und vergißt der Reinigung seiner vorigen Sünden, 2 Petr. 1, 9.

21. Dieß ist nun eine wichtige Ursache, warum wir Buße thun und von Sünden ablassen sollen. Denn obgleich Christus für unsere Sünden gestorben, und dieselben alle vollkömmlich bezahlt hat, so werden wir doch dieses Verdienstes nicht theilhaftig, und es ist uns nichts nütze, wenn wir nicht Buße thun. Und obgleich ein Mensch durch das Verdienst Christi Vergebung aller seiner Sünden hat, so ist doch die Vergebung der Sünden nicht den Unbußfertigen verheißen, sondern denen, die von Sünden ablassen. Und die Sünden, die man nicht lassen will und zu lassen gedenkt, die werden auch nicht vergeben, sondern die allein, darüber man herzliche Reue und Leid trägt. Da heißt es Matth. 11, 5: „Den Armen wird das Evangelium geprediget," das ist, Vergebung der Sünden. Als zum Exempel: Es hätte Einer viel Jahre her im Geiz und Wucher gelebt, wie Zachäus, in Unzucht, wie Maria Magdalena, in Zorn und Rachgier, wie Esau; er hätte aber gehört, er müßte von diesen Sünden ablassen, oder der Tod und das Blut Christi würde ihm nichts nütze seyn, und käme dann, und spräche: Ach Gott, es reuet mich! und ließe ab, bäte Gott um Gnade, und glaubete an Christum: so werden ihm alle diese vorigen Sünden verziehen und vergeben aus lauter Gnade, ohne Verdienst, und um des heiligen Blutes und Todes Christi willen, der dafür geschehen ist. Wer aber nicht gedenkt von seinem Geiz, Zorn, Wucher, Unzucht, Hoffart ꝛc. abzulassen, und will gleichwohl Vergebung der Sünden haben, der erlangt sie nicht, und muß alle seine Sünden selbst in der Hölle büßen, und kann doch in Ewigkeit nicht bezahlen, denn er hat keinen wahren Glauben, der das Herz reinigt und bessert. Darum St. Paulus klar und deutlich spricht: „Die solches thun, werden das Reich Gottes nicht ererben," Gal. 5, 21. Es muß abgelassen oder ewig verdammt und verloren seyn.

22. Ist nun wahre Bekehrung zu Gott und der wahre Glaube da, so ist auch Vergebung der Sünden und Gottes Gnade da. Ist Gottes Gnade da, so ist Christus da; denn außer ihm ist keine Gnade. Ist Christus da, so ist sein theures Verdienst auch da. Ist die Bezahlung für unsere Sünden da, so ist Gerechtigkeit da. Ist die Gerechtigkeit da, so ist Friede und ein fröhlich Gewissen da; denn Gerechtigkeit und Friede küssen einander, Ps. 85, 11. Ist nun ein fröhlich Gewissen da, so ist der heilige Geist da. Ist der heilige Geist da, so ist auch Freude da; denn er ist ein freudiger Geist, Ps. 51, 14. Ist aber Freude da, so ist das ewige Leben auch da; denn das ewige Leben ist ewige Freude.

23. Sehet, dieses ist das Licht des ewigen Lebens derer, so in Christo leben und in wahrer täglicher Buße. Die ist der Anfang, und der Tod Christi das Fundament. Und hingegen, ist keine Buße da, so ist auch keine Vergebung der Sünden da. Ist keine wahre heilsame Reue und Leid da, so ist auch keine Gnade da. Ist keine Gnade da, so ist auch Christus nicht da. Ist Christus nicht da, so ist auch sein theures Verdienst nicht da. Ist sein theures Verdienst nicht da, so ist auch keine Bezahlung für die Sünde da. Ist die Bezahlung unserer Sünde nicht da, so ist auch keine Gerechtigkeit da. Ist keine Gerechtigkeit da, so ist kein Friede und fröhlich Gewissen da. Ist kein fröhlich Gewissen da, so ist kein Trost da. Ist kein Trost da, so ist auch der heilige Geist nicht da. Ist der heilige Geist nicht da, so ist keine Freude des Herzens und Gewissens da. Ist keine Freude da, so ist das ewige Leben auch nicht da, sondern Tod, Hölle, Verdammniß und ewige Finsterniß.

24. Sehet, das ist es: wer Christo im Leben nicht folgt durch wahre Buße, der kann von der Blindheit seines Herzens, ja von der ewigen Finsterniß nicht erlöst werden.

Gebet um Errettung aus der Finsterniß.

Du allerheiligstes und allerseligstes Wesen, du bist ein Licht, und in dir ist keine Finsterniß. Du bist auch als das Licht in diese Welt gekommen, um uns, die wir ssen in Finsterniß und Schatten des Todes, zu erleuchten, und unsere Füße zu richten auf die Wege des Friedens, damit, wer an dich glaubet, nicht in Finsterniß bleibe, und wer dir nachfolgt, das Licht des Lebens habe. O du Anfang aus der Höhe! o du Sonne der Gerechtigkeit! bestrahle unsere Herzen mit deinem göttlichen Gnadenlicht, auf daß wir unsere Unseligkeit außer dir einsehen, und das Heil in dir lebendig erkennen, damit hieraus ein inniger Abscheu gegen alle Sünden und ein inbrünstiges Verlangen nach dir entstehe. Offenbare dich dergestalt unsern Seelen, daß deine Herrlichkeit sich in uns spiegle mit aufgedecktem Angesicht, und wir in dein Bild verklärt werden von einer Klarheit zur andern. In dieser Ordnung sind wir Kinder des Lichts, die dein Gottesbild wieder erlangt haben, und mit göttlicher Weisheit und himmlischer Erkenntniß, mit wahrer Heiligkeit und Gerechtigkeit von dir begabt und in deiner Gemeinschaft selig geworden sind. Laß uns in diesem begnadigten Stande hassen den befleckten Rock der Sünden; gib, daß wir uns reinigen von aller Befleckung des Fleisches und des Geistes, und mit der Heiligung in der wahren Furcht vor dir unausgesetzt fortfahren. Sind wir aus der Finsterniß zum Lichte gebracht worden, ach so erhalte und stärke uns, daß wir im Lichte mit allem Ernst und großer Billigkeit wandeln, gleich wie du, unser Gott, im Lichte bist. Da dir aber, o allwissender Gott, unser inwendiges Verderben und die uns anklebende Sünde besser bekannt ist, als wir unsern Jammer mit Worten dir entdecken und klagen können: ach so gehe um deßwillen nicht mit uns in's Gericht, und handle nicht mit uns nach unsern Sünden; denn vor dir ist kein Lebendiger gerecht, in Ansehung seiner eigenen Heiligkeit und Frömmigkeit, wenn er es auch noch so weit im Christenthum gebracht hätte. Siehe uns an, o liebreicher Vater, in der Gerechtigkeit unsers Erlösers, und reinige uns täglich durch das Blut deines Sohnes Jesu Christi, daß wir in demselben dir angenehm seyn, in ihm der ewigen Verdammniß entgehen, durch ihn in dem Lauf der Heiligung gefördert, und um seinetwillen in die ewige Herrlichkeit dereinst eingeführt werden mögen. Ach Gott, erzeige uns deine Barmherzigkeit, vollbereite, stärke, kräftige und gründe uns, und mache uns um Jesu willen ewig selig. Amen.

Das 38. Capitel.
Das unchristliche Leben ist eine Ursache der falschen und verführerischen Lehre, Verstockung und Verblendung. Und von der ewigen Gnadenwahl.

Joh. 12, 35. Es ist das Licht noch eine kleine Zeit bei euch; wandelt im Licht, dieweil ihr das Licht habt, daß euch die Finsterniß nicht überfalle.

1. Weil Christus und der Glaube mit dem ungöttlichen Leben verläugnet und fast ausgerottet wird, was soll uns denn seine Lehre? Denn seine Lehre, sein Wort und Sacrament wird uns darum gegeben, daß die Lehre in ein heiliges Leben soll verwandelt werden, und daß aus dem Wort und Sacrament ein neugeborener, heiliger, geistlicher Mensch werden soll, als eine gute Frucht aus einem edeln Samen. Und der heißt dann ein Christ, der aus dem Geist, Wort und Sacrament neu geboren ist, als aus Christo, der an Christum glaubt, und in Christo lebt. Denn wie ein Kind aus seinem Vater geboren wird, also ein Christ aus Gott und Christo durch den Glauben.

2. Dieweil wir aber nicht wollen Christi Lehre in's Leben verwandeln, sondern mit dem Leben dawider seyn, wie können wir denn aus Gott geboren seyn, und was soll uns denn seine Lehre? Was soll uns denn sein Licht, so wir in der Finsterniß wandeln wollen? Darum weicht das Licht hinweg, und dann muß Finsterniß kommen, falsche Lehre, Irrthum und Verführung. Davor hat uns der Herr gewarnt, da er spricht: „Liebe Kindlein, wandelt im Licht, dieweil ihr es habt, daß euch die Finsterniß nicht überfalle," das ist, Irrthum, Verführung, Verstockung und Verblendung. Wie solche Verstockung überfallen hat den Pharao, die Juden, den

Julianus, welcher dennoch zuletzt durch seine Strafe in seinem Gewissen überzeugt ward, daß der gekreuzigte Christus noch lebe und wahrer Gott sey. Darum sprach er: Du hast endlich überwunden, du Galiläer!*) Besser wäre es gewesen, er hätte gesagt: Erbarme dich!**) Aber das konnte er nicht sagen, wegen seiner Verstockung. Er hatte Christi Gnade verachtet und verläugnet, darum ward sie ihm nicht.

3. Solche Verstockung ist die rechte Finsterniß, so diejenigen endlich überfällt, die im dem Licht nicht wandeln wollen, und ist eine gerechte Strafe derer, die die Wahrheit lästern; wie Pharao that: „Wer ist der Herr, deß Stimme ich gehorchen muß? ich weiß nichts von dem Herrn," 2 Mos. 5, 2. Darum mußte er desselben Gewalt fühlen, und Gott bewies seine Macht und Stärke an ihm, zeigte an ihm ein Exempel, machte ihn zum Schauspiel vor der ganzen Welt, auf daß man erfahren sollte, was ein Mensch gegen Gott vermöge.

4. Also auch, da die Juden nicht hören wollten, schlug sie Gott mit Blindheit und Verstockung; wie ihnen Moses lang zuvor geweissagt hatte, daß es ihnen also gehen würde, 5 Mos. 28, 28 und Cap. 32, 20: „Wirst du meiner Stimme nicht gehorchen, so will ich dich mit Blindheit und Rasen des Herzens schlagen." Das wird hernach in das Werk gesetzt, Jes. 6, 9. Daraus wir sehen, daß solche Verstockung eine gerechte Strafe sey des Unglaubens und der Verachtung Gottes und seiner Wahrheit; wie St. Paulus 2 Thess. 2, 10. 11. 12 ausdrücklich bezeugt, da er spricht: „Darum, daß sie die Liebe zur Wahrheit nicht haben wollen annehmen, daß sie selig würden, wird ihnen Gott kräftige Irrthümer senden, daß sie den Lügen glauben; auf daß gerichtet werden Alle, die der Wahrheit nicht glauben, sondern Lust haben zur Ungerechtigkeit." Da hören wir, aus was Ursachen solche Verblendung und Verführung verhängt werden.

5. Und zwar, wem Gott seine angebotene Gnade entzieht, der ist genug geschlagen, und kann nicht wieder aufkommen. So ging es dem Pharao und Julian. Wem Gott sein Licht entzieht, der muß wohl in der Finsterniß bleiben. Er entzieht aber Niemand sein Licht, ohne denen, die nicht im Lichte wandeln wollen. Er entzieht Niemand seine Gnade, ohne denen, so dieselbe von sich stoßen.

6. Daher freilich St. Paulus zu den Röm. am 9., V. 18 spricht: „Er erbarmet sich welcher er will, und verstocket welche er will." Er will sich aber über Alle erbarmen, die seine Barmherzigkeit annehmen, und will die verstocken, welche die angebotene Gnade lästern und von sich stoßen; wie St. Paulus ausdrücklich zu den Juden spricht, Ap. Gesch. 13, 46. 48: „Weil ihr das Wort Gottes von euch stoßet, und euch selbst nicht werth achtet des ewigen Lebens, so wenden wir uns zu den Heiden. Die Heiden aber wurden froh, priesen das Wort, und wurden gläubig, so viel ihrer zum ewigen Leben verordnet waren," das ist, so viel ihrer das Wort der Gnade, als das Mittel zum Glauben, nicht von sich stießen. Denn weil das die Juden thaten, so haben sie nicht können gläubig werden. Denn Gott hat Niemand zum Leben verordnet, der sein Wort von sich stößt.

7. Die Gnadenwahl und Verordnung zum Leben ist in Christo geschehen, mit diesem Anhang, daß Gott seine Gnade Allen anbiete durch das Evangelium, und welche dasselbe annehmen, die sind zum ewigen Leben verordnet. Die es aber von sich stoßen, die achten sich selbst nicht werth des ewigen Lebens, spricht Paulus, Ap. Gesch. 13, 46; das ist, sie machen selber, daß sie nicht werth sind des ewigen Lebens, und schließen sich aus der allgemeinen Gnade aus, tilgen ihre Namen aus dem Buch des Lebens, das ist, aus Christo, durch ihre Halsstarrigkeit, dadurch sie das Wort Gottes von sich wegstoßen; darum können sie nicht gläubig werden.

8. Nun aber stoßen die nicht allein Gottes Wort von sich, so die Lehre von Christo nicht wollen annehmen, wie die Juden

---

*) Vicisti tandem, Galilaee!
**) Miserere!

und Türken; sondern auch die, so nicht in Christi Fußstapfen wollen wandeln, und sein heiliges Leben nicht annehmen, und im Licht nicht wandeln wollen; sondern in der Finsterniß. Darum entzieht ihnen Gott auch das Licht seines Wortes und der reinen Lehre. Denn er spricht Joh. 8, 12: „Ich bin das Licht der Welt, wer mir nachfolget, der wird nicht wandeln in der Finsterniß, sondern wird das Licht des Lebens haben."

9. Daraus fließt nun: wer Christo in seinem Leben nicht folgt, der muß in der Finsterniß wandeln, das ist, in Irrthum gerathen, verführt, verstockt und verblendet werden. Sehet die Hoffärtigsten, Prächtigsten, Herrlichsten, Weisesten, Gelehrtesten, Mächtigsten dieser Welt an, wie sie in Irrthum gerathen, verführt und verblendet werden. Was ist die Ursache? Sie leben nicht in Christo, folgen ihm nicht im Leben, darum können sie das Licht des Lebens nicht haben.

10. Und das ist die Ursache so vieler Verführung und Irrthümer, welche St. Paulus 2 Thess. 2, 9 nennet Wirkung des Satans und lügenhaftige Kräfte. Deren werden noch immer mehr und mehr kommen, weil die ganze Welt Christo nicht folgt im Leben. Denn „was hat das Licht für Gemeinschaft mit der Finsterniß? wie stimmet Christus mit Belial?" 2 Cor. 6, 15. Das ist, die reine Lehre und das Licht der Erkenntniß Gottes bleibt nicht bei denen, die im Teufel leben, in Finsterniß, in Hoffart, Geiz und Wollust. Denn wie sollte die reine göttliche Lehre da bleiben, wo so ein unreines ungöttliches Leben geführt wird? Reine Lehre und ein unreines Leben stimmen nicht zusammen, haben keine Gemeinschaft.

11. Wollen wir nun die Lehre erhalten, so müssen wir einen andern Weg gehen, und das unchristliche Leben fahren lassen, dem Herrn Christo nachfolgen, aufwachen von Sünden, so wird uns Christus erleuchten mit dem Lichte des wahren Glaubens, Eph. 5, 14. Derowegen wer nicht in die Fußstapfen Christi tritt, in seine Liebe, Demuth, Sanftmuth, Geduld, Furcht Gottes, der muß verführt werden; denn er geht nicht auf dem Wege, der zur Wahrheit führt.

12. Wenn wir allein Christo lebten, und wandelten in der Liebe und Demuth, und unsern ganzen Fleiß und alle Theologie dahin richteten, wie wir das Fleisch tödteten und in Christo lebten; wie Adam in uns sterben und Christus in uns leben sollte, wie wir uns selbst überwinden sollten, und dem Fleisch, dem Teufel und der Welt obsiegen möchten: so wäre viel Gezänks nicht in der Lehre, und fielen alle Ketzereien von selbst.

13. Was war die Ursache, daß vierhundert falsche Propheten den Ahab verführten, und überredeten ihn, in Krieg zu ziehen? 1 Kön. 22, 6. Antwort: sein gottloses, tyrannisches Leben. Auf ein solch Leben folgte ein solch falsches Licht, daß er der Lüge glauben mußte zu seinem eigenen Verderben. Der wahre Prophet Micha sagte ihm die Wahrheit, er würde im Kriege umkommen, B. 19; das wollte er nicht glauben. Die falschen Propheten sagten, er würde mit Frieden wiederkommen; das waren Lügen, denen glaubte er. Er kam aber so wieder, daß die Hunde das Blut leckten, wie er verdient hatte, V. 38.

14. Das mag heißen, wie St. Paulus 2 Cor. 4, 4 spricht: „daß der Gott dieser Welt der Ungläubigen Sinne verblendet, daß sie nicht sehen können das helle Licht des Evangelii." Ja was ist das anders, daß Gott Jes. 29, 13. 14. 1 Cor. 1, 19 dräuet allen Heuchlern, die Christum und seine Lehre im Munde führen, und mit der That verläugnen; denn daß ihnen Gott falsche Propheten verhängen wolle, wie über Ahab? Denn er spricht deutlich genug: „Darum daß sich dieses Volk mit dem Munde zu mir nahet, und mit den Lippen mich ehret, aber im Herzen weit von mir ist, so soll die Weisheit ihrer Weisen untergehen, und der Verstand ihrer Klugen verblendet werden." Ihre Propheten und Seher wolle er verblenden, daß ihnen Gottes Wort seyn sollte, wie ein versiegeltes Buch, oder wie Einem, der nicht lesen könne, V. 11. 12. Und von den Juden spricht St. Paulus 2 Cor. 3, 16, daß ihnen eine Decke vor ihren Augen

hänge, daß sie in ihren eigenen Propheten ihren Messias nicht finden oder sehen können; wenn sie sich aber zum Herrn bekehreten, würde die Decke hinweg genommen.

Gebet um wahre Erleuchtung.

O Jesu, du bist das wahrhaftige Licht, und wie du dich für uns Alle in den Tod zu unserer Erlösung dahin gegeben hast, also willst du auch, daß uns Allen zur ewigen Seligkeit geholfen werde, und wir zur heilsamen Erkenntniß deiner göttlichen Wahrheit gelangen. Beweise dich an uns als das Leben und das Licht der Menschen, damit wir nicht im geistlichen Tode bleiben, noch als Kinder der Finsterniß der ewigen Finsterniß entgegen eilen. Nimm von uns alle Unempfindlichkeit, Härte, Fühllosigkeit, Widerspenstigkeit gegen dein Gnadenwerk, welches du in unsern Seelen vermittelst deines Wortes gerne vornehmen willst. Laß uns zu dem Ende dein Wort recht lieb gewinnen, und darauf achten, als auf ein Licht, das da scheint in dem dunkeln Ort unserer Herzen, damit der Tag in uns anbreche, und der Morgenstern in uns aufgehe. Ueberzeuge uns von dem unseligen Dienst, den wir als Unbekehrte dem Fürsten der Finsterniß leisten, und gib uns lebendig zu erkennen, wie gut und selig es deine begnadigten Unterthanen haben. Errette uns aber auch durch deine allmächtige Kraft von der Herrschaft der Finsterniß, und versetze uns in dein Gnadenreich, daß wir als dein Volk dir willig dienen im heiligen Schmuck. Ach, entziehe uns wegen unserer bisherigen Untreue nicht dein Gnadenlicht, und stoße den Leuchter deines Evangelii nicht weg. Gib uns auch, ob wir es gleich wohl verdient haben, nicht hin in verkehrten Sinn, und laß uns nicht in das erschreckliche Gericht der Verblendung gerathen. Handle mit uns fernerhin nach dem unerforschlichen Reichthum deiner großen Barmherzigkeit, damit wir durch dein Licht erleuchtet, durch dein Blut gereinigt, durch deinen Geist geheiligt, und in dieser Ordnung zum ewigen Leben zubereitet werden mögen. Amen.

Das 39. Capitel.

Daß die Lauterkeit der Lehre und des göttlichen Worts nicht allein mit Disputiren und vielen Büchern erhalten werde, sondern auch mit wahrer Buße und heiligem Leben.

2 Tim. 1, 13. 14. Halte an dem Vorbilde der heilsamen Worte, die du von mir gehöret hast, von dem Glauben, und von der Liebe in Christo Jesu. Diese gute Beilage bewahre durch den heiligen Geist, der in uns wohnet.

1. Die reine Lehre und Wahrheit des heiligen christlichen Glaubens muß nothwendig wider die Rotten und Ketzer verantwortet und vertheidigt werden, nach dem Exempel der heiligen Propheten, welche wider die falschen und abgöttischen Propheten im alten Testament heftig gepredigt haben, ja nach dem Exempel des Sohnes Gottes, welcher wider die Pharisäer und Schriftgelehrten zu Jerusalem ernstlich disputirt; deßgleichen nach dem Exempel Johannis des Evangelisten, welcher sein Evangelium wider die Ketzer Ebion und Cerinthus, und seine Offenbarung wider die falsche Kirche der Nicolaiten und andere geschrieben.

2. So sehen wir auch, wie St. Paulus den Artikel von der Rechtfertigung des Glaubens, Röm. 3, 21 ff. Cap. 4, 1 ff., von den guten Werken, 2 Cor. 9, 8 ff., von der Auferstehung der Todten, 1 Cor. 15, 1 ff., von der christlichen Freiheit, Gal. 5, 1 ff. und dergleichen, so heftig vertheidigt wider die falschen Apostel; welchem Exempel auch die heiligen Bischöfe und Väter der ersten Kirche emsig nachgekommen und gefolgt, und wider die heidnische abgöttische Religion und wider Ketzer, so aus ihnen selbst aufgestanden waren, viele und wohlgegründete Streitbücher geschrieben. Zu dem Ende wurden auch die Hauptconcilia von den christlichen Kaisern angeordnet, wider die Erzketzer Arius, Macedonius, Nestorius und Eutyches. Was auch zu unserer Zeit dem Papstthum und andern Secten durch des theuern Mannes Doctor Martin Luther Streitschriften für Abbruch gethan worden, ist der ganzen Welt bekannt.

3. Es bleibt demnach billig dabei, daß man wider die Ketzer und Rotten schrei-

ben, predigen und disputiren muß, zur Erhaltung der reinen Lehre und wahren Religion; wie der Apostel Paulus befiehlt, daß man strafen und überwinden solle die Widersprecher, Tit. 1, 9. Allein dasselbe ist zu unserer Zeit gar in einen Mißbrauch gerathen, also daß über dem vielen heftigen Disputiren, den Streitpredigten, dem Schreiben und Wiederschreiben, des christlichen Lebens, der wahren Buße, der Gottseligkeit und der christlichen Liebe gar vergessen ist; gleich als bestünde das Christenthum nur im Disputiren und in Vermehrung der Streitbücher, und nicht vielmehr darin, daß das heilige Evangelium und die Lehre Christi in ein heiliges Leben verwandelt werde.

4. I) Denn sehet an das Exempel der heiligen Propheten und Apostel, ja des Sohnes Gottes selbst. Sie haben nicht allein wider die falschen Propheten, falschen Apostel und die Abgötterei heftig gestritten, sondern sie haben auch heftig auf die Buße und auf ein christliches Leben gedrungen, und mit gewaltigen Strafpredigten dargethan, daß durch die Unbußfertigkeit und das gottlose Leben die Religion und der Gottesdienst zerstört, die Kirche verwüstet, Land und Völker mit Hunger, Krieg und Pestilenz gestraft werden; wie die Erfahrung bezeugt hat. Was predigt der Prophet Jesaias am 5., V. 6 anders? Weil in dem Weinberge des Herrn keine Trauben zu finden, sondern eitel Heerlinge, so wollte Gott der Herr den Weinberg wüste liegen lassen. Das ist ja eine ernste Drohung, daß die Gottlosigkeit eine Ursache sey, daß Gott sein Wort von uns nehme. Was predigt der Herr Christus anders Joh. 12, 35: „Wandelt im Licht, dieweil ihr's habt, auf daß euch die Finsterniß nicht überfalle?" Was ist im Licht wandeln anders, denn Christo im Leben nachfolgen? Und was ist mit der Finsterniß überfallen werden anders, denn die reine Lehre des Evangelii verlieren? Daraus ist auch offenbar, daß Niemand ohne wahre Buße und heiliges Leben kann mit dem Licht der Wahrheit erleuchtet werden. Denn der heilige Geist, der die Herzen erleuchtet, flieht die Gottlosen; für und für aber gibt er sich in die heiligen Seelen, und macht Propheten und Gottesfreunde, Buch der Weish. 1, 5. Cap. 7, 27. „Die Furcht des Herrn ist der Weisheit Anfang," sagt der 111. Ps. V. 10. Derhalben ist die Gottlosigkeit der Thorheit und Blindheit Anfang.

5. II) So besteht die wahre Erkenntniß und das wahre Bekenntniß Christi und seiner Lehre nicht allein in Worten, sondern in der That und in heiligem Leben, wie St. Paulus sagt Tit. 1, 16: „Sie sagen, sie erkennen Gott, aber mit den Werken verläugnen sie es; sintemal sie sind, an welchen Gott einen Gräuel hat, und gehorchen nicht, und sind zu allen guten Werken untüchtig." Da hören wir, daß Christus und sein Wort mit dem gottlosen Leben ja so hart verläugnet wird, als mit Worten. Wie abermal St. Paulus spricht 2 Tim. 3, 5: „Sie haben einen Schein der Gottseligkeit, aber die Kraft verläugnen sie." Und was kann doch das für eine wahre Erkenntniß Christi seyn, welche man nie mit der That erwiesen hat? Wer Christi Demuth, Sanftmuth, Geduld und Liebe nie im Herzen empfunden und geschmeckt hat, der kennt Christum nicht recht. Wie sollte er ihn denn in der Noth bekennen? Wer Christi Lehre bekennt, und sein Leben nicht, der bekennt Christum nur halb. Und wer Christi Lehre predigt, und sein Leben nicht, der predigt Christum nur halb. Viel ist von der Lehre geschrieben und gestritten, aber wenig von dem Leben. Und obwohl mit den Streitbüchern der Lehre möchte gedient seyn, so ist doch der wahren Buße und christlichem Leben wenig damit gedient worden. Denn Lehre ohne Leben, was ist's? ein Baum ohne Früchte. Wahrlich, wer Christo im Leben nicht folgt, der folgt ihm auch in der Lehre nicht. Denn das Hauptstück der Lehre Christi ist: „Liebe von reinem Herzen, von gutem Gewissen und von ungefärbtem Glauben," 1 Tim. 1, 5. Daher kommt es nun, daß Mancher so artig weiß von streitigen Artikeln zu reden und zu disputiren, daß es groß Ansehen hat, im Herzen aber ist er ein böser Mensch, voll Hoffart, Neid und Geiz,

daß kein Basilisk ärger seyn kann. St. Paulus setzt wahrlich nicht ohne Ursache Glauben und Liebe zusammen, 2 Tim. 1, 13, sondern will damit anzeigen, daß Lehre und Leben sollen übereinstimmen.

6. III) Ob wir gleich nicht sagen, daß durch Vermögen und Frömmigkeit die Seligkeit erhalten werde; denn wir werden durch Gottes Macht bewahret zur Seligkeit, 1 Petr. 1, 5; so ist doch offenbar, daß durch ein gottloses Leben der heilige Geist ausgestoßen werde, sammt allen seinen Gaben, unter welchen die Gaben des Glaubens, der Erkenntniß, des Verstandes und der Weisheit nicht die geringsten sind. Wie kann denn ohne ein heiliges Leben die Wahrheit der reinen Lehre erhalten werden? Darum freilich die Gottlosen, so Christo nicht folgen, nicht können mit dem rechten Licht erleuchtet werden. Dagegen die im Licht wandeln, das ist, Christo im Leben folgen, die erleuchtet auch das wahre Licht, Joh. 1, 9, welches ist Christus, und bewahrt sie vor allem Irrthum. Daher der alte, heilige und geistreiche Lehrer Tauler sagt: „Wenn ein Mensch sich Gott ergibt und überläßt, sagt ab seinem Willen und Fleisch, so fängt der heilige Geist an, ihn zu erleuchten und recht zu lehren, weil er Gott in seinem Herzen den rechten Sabbath und Ruhetag hält, und feiert von seinen bösen Lüsten, Willen und Werken." Dieß soll nun verstanden werden vom Stande nach der Bekehrung und von der täglichen Erleuchtung und Vermehrung der neuen Gaben nach der Bekehrung.

7. IV) Nicht ohne Ursache spricht auch der Herr, Joh. 14, 6: „Ich bin der Weg, die Wahrheit und das Leben." Er nennt sich erstlich den Weg, darum daß er uns den Weg gezeigt hat. Wie aber? Nicht allein mit seiner heiligen Lehre, sondern auch mit seinem unschuldigen Leben. Dieses sein Leben ist nun nichts anders denn wahre Buße und Bekehrung zu Gott, die uns zur Wahrheit und zum Leben führt, darin das ganze Christenthum besteht, darin alle Bücher und Gebote begriffen sind; an welchem Buch des Lebens Christi wir unser Leben lang zu studiren haben, nämlich an wahrer Buße, am lebendigen, thätigen Glauben, an der Liebe, an Hoffnung, Sanftmuth, Geduld, Demuth, Gebet und Gottesfurcht, am rechten Weg zur Wahrheit und zum Leben, welches Alles Christus selbst ist. Es ist aber der schmale Weg und die enge Pforte, Matth. 7, 14, die ihrer Wenige finden, und das einige Buch des Lebens, welches ihrer Wenige studiren. Und ist doch Alles darin begriffen, was einem Christen noth ist, also daß wir sonst kein Buch mehr zu unserer Seligkeit bedürfen. Darum ist auch die heilige Schrift in wenig Büchern verfaßt, auf daß wir sehen sollen, daß das Christenthum nicht in unzähligen Büchern bestehe, sondern im lebendigen Glauben und in der Nachfolge des Herrn Christi. Davon auch der Prediger Salomo am 12., B. 12. 13 spricht: „Bücherschreibens ist weder Maaß noch Ende. Die Summa aller Lehre ist: Fürchte Gott, und halte seine Gebote."

8. V) Was ist es auch, daß der Feind Unkraut säet unter den Weizen, da die Leute schliefen? Matth. 13, 25. Nichts anders als, weil sie in Unbußfertigkeit und Sicherheit einen Sündenschlaf halten, und in der Liebe dieser Welt ersoffen sind, mehr auf das Zeitliche denn auf das Ewige achten: so streut der Feind allgemach den Samen der falschen Lehre aus. Ja, auf den Acker der Hoffart säet der Feind Rotten, Secten und Spaltungen. Denn durch Hoffart haben beide, Engel und Menschen, das wahre Licht verloren, Jes. 14, 10 ff. 1 Mos. 3, 6 ff. Aus der Hoffart hat aller Irrthum seinen Ursprung. Wäre der Satan und Adam in dem demüthigen Leben Christi geblieben, es wäre nie Verführung in die Welt gekommen. Darum St. Paulus wohl sagen mag Eph. 5, 14: „Wache auf, der du schläfest, so wird dich Christus erleuchten;" anzudeuten, daß die Erleuchtung nicht geschehen kann, es sey denn, daß man dem Sündenschlaf Urlaub gebe, das ist, der Unbußfertigkeit, Sicherheit und Gottlosigkeit. Darum steht Ap. Gesch. 2, 38: „Thut Buße, so werdet ihr empfahen die Gabe des heiligen Geistes." Und Joh. 14,

17: „Die Welt kann den heiligen Geist nicht empfahen." Was ist aber die Welt anders, denn eitel gottloses Leben?

9. VI) Was ist's auch, daß der Herr spricht Matth. 7, 20: „An ihren Früchten sollt ihr sie erkennen?" Nichts anders, denn daß aus den Früchten des Lebens müssen wahre und falsche Christen erkannt werden; nicht aus vielem Herr, Herr! schreien. Denn mit dem Schein der reinen Lehre bedecken sich die falschen Christen als mit einem Schafpelz, da sie doch im Herzen nichts weniger denn wahre Christen sind. Wiewohl Niemand aus dem bösen Leben urtheilen soll von der Lehre, gleich als müßte die Lehre auch falsch und böse seyn, weil das Leben böse ist, wie die Wiedertäufer und Papisten von unserer Lehre urtheilen, welches unrecht ist; denn es folgt keineswegs, daß die Lehre müsse unrecht seyn, obgleich die Leute dawider handeln mit ihrem gottlosen Leben, sonst müßte Christus und die Apostel auch unrecht gelehrt haben, weil auch viel böser Leute zu ihrer Zeit waren. Daher ist das böse Leben keine Probe der Lehre, sondern der Person, ob Einer ein falscher oder wahrer Christ sey, der anders lehrt, als er lebt, der da recht glaubt, und wider den Glauben handelt. Dazu sagt der Herr Christus: nein, es sind falsche Christen, es sind böse, unfruchtbare Bäume, darum sie in's Feuer gehören, Matth. 7, 19.

10. VII) Und endlich, so ist das der wahre Glaube, der durch die Liebe thätig ist, Gal. 5, 6, dadurch der Mensch eine neue Creatur wird, dadurch er neu geboren wird, dadurch er mit Gott vereinigt wird, dadurch Christus in uns wohnet, Eph. 3, 17, in uns lebt und wirkt; dadurch das Reich Gottes in uns angerichtet wird, dadurch der heilige Geist unser Herz reinigt und erleuchtet, Eph. 4, 23. Davon viel herrliche Sprüche zeugen, 1 Cor. 6, 17: „Wer dem Herrn anhanget, der wird Ein Geist mit ihm." Was heißt Ein Geist mit Christo werden, als, gleiches Sinnes, Herzens und Gemüths mit Christo seyn? Das ist ja das neue, heilige, edle Leben Christi in uns. Ferner 2 Cor. 5, 17: „Ist Jemand in Christo, der ist eine neue Creatur." Was heißt in Christo seyn? nämlich, nicht allein an ihn glauben, sondern auch in ihm leben. Ferner Hos. 2, 19: „Ich will mich mit dir verloben in Ewigkeit, ja im Glauben will ich mich mit dir vertrauen." Was ist dieß anders, denn daß ein Mensch mit Christo ganz geistlich vereinigt wird; also daß, wo der Glaube ist, da ist Christus; wo Christus ist, da ist ein heiliges Leben im Menschen; wo Christi Leben ist, da ist seine Liebe; wo die Liebe ist, da ist Gott selbst (denn Gott ist die Liebe), da ist auch der heilige Geist. Da muß nothwendig Alles beisammen seyn, und hängt an einander, wie ein Haupt mit den Gliedern, und wie eine Ursache, daraus die Wirkung und Früchte folgen müssen. Wie solche Einigkeit des christlichen Glaubens und Lebens St. Petrus beschreibt in der 2. Epistel am 1., V. 5 ff.: „Reichet dar in euerm Glauben die Tugend, in der Tugend Bescheidenheit, in der Bescheidenheit Mäßigkeit, in der Mäßigkeit Geduld, in der Geduld Gottseligkeit, in der Gottseligkeit brüderliche Liebe, in der brüderlichen Liebe gemeine Liebe. Wo solches reichlich bei euch ist, wird's euch nicht faul noch unfruchtbar lassen in der Erkenntniß unsers Herrn Jesu Christi. Welcher aber solches nicht hat, der ist blind, und tappet mit der Hand, und vergißt der Reinigung der vorigen Sünden." Da sagt St. Petrus ausdrücklich, bei welchem solche Einigkeit christlichen Glaubens und Lebens nicht ist, der kennt Christum nicht recht, der hat den Glauben verloren, und wandelt in der Finsterniß. Denn das ist der rechte Glaube, durch welchen der ganze Mensch in Christo lebendig und erneuert wird, daß er in Christo lebet und bleibet, und Christus in ihm.

Gebet um Ausrüstung zum Lehramt.

Du großer Erzhirte und treuer Bischof unserer Seelen, wir bitten dich, der du zur Rechten der Majestät Gottes erhöhet bist, und alle Gewalt im Himmel und auf Erden erlangt hast: Sey in Gnaden deiner Kirche auf Erden eingedenk, und bereite durch deinen Geist dir viele rechtschaffene und treue Arbeiter zu, die du in deinem Weinberg nach deinem Herzen zum Heil der unsterblichen und von dir so theuer erlöseten Seelen gebrauchen könnest. Laß es deinem evangelischen Zion nie fehlen an gesalbten Lehrern, die durch deinen Geist in alle Wahrheit geführt werden, bei deinem Worte unverrückt bleiben, und ein heiliges und gottseliges Leben führen. Ach Herr, es ist ein Zeichen deines gerechten Zorns, wenn Gemeinden mit trüglichen Arbeitern und verführerischen Männern gestraft werden. Wir müssen noch immer klagen, wie du ehedem selber in den Tagen deiner Erniedrigung gethan hast, daß die Ernte groß, und die Anzahl der rechtschaffenen Lehrer gering sey. Erwecke doch Männer nach deinem Herzen, die bei dem Vorbilde der heilsamen Lehre in ihrem Vortrag bleiben, und ein Vorbild der Heerde in ihrem ganzen Wandel sind. Begleite die Arbeit deiner Knechte an allen Orten mit vielem Segen, und laß dein Wort, das sie in deinem Namen verkündigen, das ausrichten, wozu du es predigen lässest. Herr, der Jammer in deiner Kirche ist sehr groß; steure dem Verderben; errette, was noch zu erretten ist, und laß die Anzahl der wahren Christen groß seyn, die deinen großen Namen in alle Ewigkeit verherrlichen. Amen.

Das 40. Capitel.
Etliche Regeln eines christlichen Lebens.

1 Tim. 4, 7. 8. Uebe dich stets in der Gottseligkeit. Denn die Gottseligkeit ist zu allen Dingen nütze, und hat die Verheißung dieses und des zukünftigen Lebens.

1. Dieser Spruch ist eine Beschreibung eines christlichen Lebens, und lehrt uns, womit vornehmlich ein Christ sein Leben zubringen soll, nämlich mit der Gottseligkeit, welche alle christliche Tugenden in sich begreift. Hier setzt der Apostel zwei wichtige Beweggründe: 1. Sie ist zu allen Dingen nütze. Wenn in allem Wandel, allen Worten und Werken des Menschen Gottseligkeit ist, da macht sie Alles gut und tüchtig, und segnet Alles. 2. Sie hat ihre Belohnung in diesem Leben, wie an Joseph, Daniel ꝛc. zu ersehen, und dann dort im ewigen Leben, da wir ernten werden ohne Aufhören, Gal. 6, 9.

I. Regel.

2. Ob du gleich nicht also vollkommen leben kannst, wie es Gottes Wort fordert, und wie du gern wolltest, so sollst du es doch wünschen. Denn solche heilige Begierden gefallen Gott wohl, und Gott nimmt sie an für die That; denn er sieht das Herz an, und nicht die Werke. Doch sollst du allezeit dein Fleisch kreuzigen und nicht herrschen lassen.

II. Regel.

3. In allen Dingen, die du denkest oder thust, siehe zu, daß du die Reinigkeit des Herzens bewahrest, und dich nicht verunreinigest mit hoffärtigen Gedanken, Worten und Werken, mit Zorn und dergleichen fleischlichen und teuflischen Werken; denn dadurch wird dein Herz dem Satan aufgethan und Gott zugeschlossen.

III. Regel.

4. Die Freiheit deiner Seele befleißige dich zu erhalten, daß du dieselbe nicht durch unordentliche Begierden des Zeitlichen zum Knecht und Leibeigenen der irdischen Dinge machest. Deine Seele ist ja edler, denn die ganze Welt; wie solltest du doch dieselbe den unedlen, nichtigen, zeitlichen Dingen unterwerfen und verkaufen, und dein Herz an das Nichtige hängen?

IV. Regel.

5. Die Traurigkeit dieser Welt vermeide, denn sie wirket den Tod, und entsteht aus Geiz, Neid, aus Sorge der Nahrung, aus Unglauben und Ungeduld. Die göttliche Traurigkeit, so aus Erkenntniß der Sünden kommt, und aus Betrachtung der ewigen Höllenpein, ist heilsam, und wirket eine Reue zur Seligkeit, die Niemand gereuet, und gebieret Freude und Friede in Gott, 2 Cor. 7, 10. Es soll ein Mensch um keines zeitlichen Dinges willen so traurig sein, als wegen seiner Sünden.

V. Regel.

6. Wenn du nicht kannst dein Kreuz mit Freuden aufnehmen, wie sich's denn wohl gebühret, so nimm's zum wenigsten mit Geduld und Demuth auf, und laß die göttliche Vorsehung und den gnädigen Willen Gottes allezeit deinen Trost sein. Denn Gottes Wille ist allezeit gut, und sucht in allen Dingen unser Bestes und unsere Seligkeit. Will dich Gott traurig oder fröhlich haben, im Geist arm oder reich, niedrig oder hoch, geehrt oder ungeehrt: so wisse, daß dir's Alles gut ist, und daß es also sein Wohlgefallen ist. Und Gottes Wohlgefallen soll auch dein Wohlgefallen, ja dein Trost seyn, daß Gott mit dir handelt, wie es ihm wohlgefällt, und daß er dadurch deine Seligkeit sucht. Sir. 39, 21: „Alle Werke des Herrn sind sehr gut." Ps. 145, 17: „Der Herr ist gerecht in allen seinen Werken, und heilig in allen seinen Wegen." Es ist allezeit besser, du lässest Gott seinen Willen in dir und an dir vollbringen, der allezeit zum Guten gerichtet ist, denn daß du deinen Willen in dir vollbringest, der allezeit zum Bösen geneigt ist.

VI. Regel.

7. Wenn dir Gott himmlischen Trost und Freude verleiht, so nimm dieselbe mit demüthigem Dank an. Entzieht dir aber Gott seinen Trost: so wisse, daß dir die Tödtung des Fleisches besser sey, denn die Freude des Geistes. Denn was Schmerzen und Trauern macht, das ist dem sündlichen Menschen viel heilsamer, als was Freude und Belustigung macht. Denn ihrer Viele gerathen durch überflüssige geistliche Freude in geistliche Hoffart. Gott weiß wohl, welche er durch einen Weg voll himmlischen Trostes und Lichts in's ewige Leben führen soll, und welche er durch einen unlieblichen, traurigen, steinigten, rauhen Weg führen soll. Es ist dir viel besser, daß du also in's Leben eingehest, wie es die göttliche Weisheit ordnet, denn wie es dein eigener Wille und Wohlgefallen fordert, Pred. Sal. 7, 4. 5: „Es ist Trauern besser denn Lachen; denn durch Trauern wird das Herz gebessert. Das Herz der Weisen ist im Klaghause, und das Herz der Narren ist in dem Hause der Freude."

VII. Regel.

8. Wenn du deinem lieben Gott nicht kannst so große und viele Opfer bringen, Andacht, Gebet, Danksagung ꝛc., so bringe ihm, was du hast und vermagst, und dazu einen guten Willen und heilige Begierde, und wünsche, daß ihm dein Gottesdienst wohlgefallen möge. Denn ein solches heiliges Verlangen haben, ja haben wollen, ist nicht eine kleine Gabe oder Opfer, welches Gott auch wohlgefällt. Denn so groß, als wir gerne wollten, daß unsere Andacht und heilige Begierde, Gebet und Danksagung seyn sollten vor Gott, so groß sind sie bei ihm. Denn Gott fordert nicht mehr von dir, denn so viel seine Gnade in dir wirkt, und du kannst ihm nicht mehr geben, als er dir gegeben hat. Bitte aber deinen Herrn Christum Jesum, daß er alle deine Opfer und Gaben wolle vollkommen machen mit seinem vollkommenen Opfer; denn in ihm ist unsere Vollkommenheit, in uns ist Stückwerk; und sprich: Lieber Gott und Vater, nimm meine Andacht, Glauben, Gebet, Danksagung an, in deinem lieben Sohn, und siehe dieselben nicht an, wie sie an sich selbst sind, sondern in Christo, so werden sie dir wohlgefallen als vollkommene Werke. Mein Herr Christus wird vollkommen erstatten, was mir mangelt. Siehe, so erlangt dann unsere Andacht, Gebet und Danksagung, ob sie wohl an sich selbst schwach, dunkel und mangelhaft sind, eine große Würdigkeit, einen großen Glanz und Herrlichkeit aus dem Verdienst Christi. Gleichwie ein bloßes, elendes Kind, wenn es nackend und unsauber ist, so ist's unlieblich; aber wenn man's schmückt und weiß anzieht, so gefällt es gar wohl: also ist alle dein Thun an sich selbst nichts; aber wenn es mit Christi Vollkommenheit geschmückt wird, so gefallen alle deine Werke Gott wohl. Gleichwie es köstlich steht, wenn man Aepfel in einer goldenen Schüssel aufträgt; die Aepfel sind an sich selbst so groß nicht geachtet, aber sie werden desto lieblicher, wenn sie in einer gol-

benen Schale aufgetragen werden: also ist auch unser Gebet, unsere Andacht und Danksagung in Christo. Eph. 1, 6: „Er hat uns geliebt und angenehm gemacht in dem Geliebten."

VIII. Regel.

9. Deiner Sünden und vielfältigen Gebrechen halben sollst du zwar hoch betrübt seyn, aber nicht verzagen. Ist ihrer viel: so wisse, daß viel mehr Gnade bei Gott ist und viel Erbarmung, Ps. 130, 7. Sind sie groß: so gedenke, daß Christi Verdienst noch größer sey. Ps. 51, 2: „Sey mir gnädig nach deiner großen Barmherzigkeit." Wenn dich aber durch göttliche Gnade der Sünden gereuet, und du im Glauben Christum ansiehst, so gereuet auch Gott der Strafe. Ezech. 33, 11. C. 18, 23. Und auf diese göttliche heilsame Reue folgt der Sünden Vergebung; das geschieht, so bald und so oft der Sünder seufzet. Gleich als wie der aussätzige Mann im Augenblick gereinigt ward, der zum Herrn sprach, Matth. 8, 2. 3: „Herr, so du willst, kannst du mich wohl reinigen;" denn so bald sprach der Herr: „Ich will's thun, sey gereinigt": sobald reinigt dich auch Gott inwendig, und spricht: „Sey getrost, mein Sohn, deine Sünden sind dir vergeben," Matth. 9, 2. Das ist ein Bild und Spiegel der inwendigen Reinigung und Vergebung der Sünden. Welche große Barmherzigkeit Gottes den Menschen nicht soll Ursache geben, mehr zu sündigen, sondern Gott mehr und herzlicher zu lieben. Ps. 103, 1: „Lobe den Herrn, meine Seele."

IX. Regel.

10. Die äußerliche Verachtung, Schmach und Lästerung sollst du nicht mit Unmuth, Zorn und Rachgier aufnehmen, sondern gedenken, es sey eine Probe deines Herzens, dadurch Gott offenbaren will, was in dir verborgen liegt, ob Sanftmuth und Demuth, oder ob Hoffart und Zorn bei dir sind. Wie ein Jeder bei sich im Verborgenen ist, das beweist die angethane Schmach *). Ist Sanftmuth und Demuth bei dir: so wirst du alle Verachtung mit Sanftmuth überwinden. (1) Ja du wirst es für eine Züchtigung des Allmächtigen halten; wie David spricht, als ihn Simei lästert: „Vielleicht hat es ihn der Herr geheißen: Fluche David," 2 Sam. 16, 10. (2) So ist die Verachtung ein großes Stück der Schmach Christi, so die wahren Glieder Christi auch tragen müssen; wie die Epistel an die Hebräer spricht, C. 13, 13: „Lasset uns zu ihm hinausgehen, und seine Schmach tragen." Sehet, mit wie sanftmüthigem Herzen hat Christus seine Schmach getragen. Um des geduldigen Herzens willen sollen wir auch unsere Schmach tragen mit Sanftmuth. Sprich nicht: Ach sollte ich das von dem Menschen leiden? ꝛc. Ach um der Sanftmuth und des geduldigen Herzens Christi willen sollst du es leiden! (3) So ist Gott so gütig und getreu, daß er für eine unverschuldete Lästerung viel mehr Ehre und Gnade gibt. Wie König David es für ein gewisses Zeichen hielt, daß ihn Gott bald wieder ehren würde für die Lästerung Simei; welches auch geschah. Denn er sprach: „Gott läßt es geschehen, auf daß er mir wieder Gutes vergelte für sein Schelten," 2 Sam. 16, 12. Darum soll dich das nicht betrüben, was Menschen von dir reden, sondern du sollst dich freuen, daß über den Verachteten und Verschmäheten der Geist der Herrlichkeit ruht, wie St. Petrus spricht, 1 Petr. 4, 14.

X. Regel.

11. Alle deine Feinde und Lästerer sollst du lernen mit Wohlthat und Gütigkeit überwinden und versöhnen. Denn mit Rachgier, Zorn und Wiederschelten gewinnt man keinen Feind, aus Ursache: In der Tugend ist der Sieg, nicht in dem Laster *). Zorn, Rachgier und Wiederschelten ist Sünde und Laster, und dadurch wird man nicht überwinden, sondern durch Tugend. Gleichwie kein Teufel den andern austreibt, so wird auch kein Laster das andere vertreiben, und keine Rachgier und kein Schelten deinen Lästerer überwinden, sondern immer ärger machen. Wenn Einer einen Menschen sähe, der voll Schwären

---

*) Qualis quisque apud se latet, illata contumelia probat.

*) In virtute est victoria, non in vitio.

wäre, und voll böser Blattern, und er wollte denselben mit Fäusten schlagen, würde er ihn auch heilen? mit nichten. Also ist ein böser, giftiger Mensch voller Schwären; darum muß man ihn mit Gelindigkeit heilen. Sehet, was Gott der Herr selbst für eine Art hat, uns zu überwinden. Ueberwindet er nicht unsere Bosheit mit Gütigkeit, unsern Zorn mit Liebe? Locket uns nicht seine Gütigkeit zur Buße? Röm. 2, 4. Diesen Weg hat uns St. Paulus vorgeschrieben Röm. 12, 21: „Lasset euch nicht das Böse überwinden, sondern überwindet das Böse mit Gutem." Das ist der Sieg.

XI. Regel.

12. Wenn du siehst, daß ein Anderer von Gott eine Gabe hat, die du nicht hast, so neide ihn darum nicht, und mißgönne es ihm nicht, sondern freue dich deß, und danke Gott dafür. Denn die Gläubigen und Auserwählten sind Ein Leib, und die Gabe und Zierde eines gläubigen Gliedes gereicht dem ganzen Leibe zu Ehren. Dagegen wenn du eines Andern Elend siehst, so sollst du es für dein eignes Elend achten und darüber trauern. Denn es ist ein allgemeines menschlicher Jammer, dem alles Fleisch unterworfen ist. Und in welchem Menschen kein Mitleiden und keine Barmherzigkeit ist, der ist auch kein Glied des Leibes Christi. Hat nicht Christus unser Elend für sein eignes Elend gehalten, und dadurch uns von unserm Elend erlöst? Darum St. Paulus spricht: „Einer trage des Andern Last, so werdet ihr das Gesetz Christi erfüllen," Gal. 6, 2.

XII. Regel.

13. Von der Liebe und von dem Haß des Nächsten sollst du diesen Unterschied merken: daß du zwar die Sünde und das Laster in dem Menschen hassen sollst, als ein Werk des Teufels; aber den Menschen an ihm selbst sollst du nicht hassen, sondern dich über ihn erbarmen, daß solche Laster in ihm wohnen, und Gott für ihn bitten, wie der Herr Christus am Kreuz für die Uebelthäter gebetet hat, Luc. 23, 34. Auch sollst du wissen, daß kein Mensch Gott wohlgefallen kann, der seinen Nächsten an ihm selbst hasset. Denn Gottes Wohlgefallen ist, daß allen Menschen geholfen werde, 1 Tim. 2, 4. Wenn du nun eines Menschen Verderben suchst, das ist wider Gott und wider Gottes Wohlgefallen. Darum kann kein Mensch Gott wohlgefallen, der des Andern Verderben sucht. „Des Menschen Sohn ist nicht gekommen, den Menschen zu verderben, sondern zu erhalten," Luc. 9, 56.

XIII. Regel.

14. Ob du gleich wohl weißt, daß alle Menschen Sünder sind und sehr gebrechlich, so sollst du dich doch für den allerschwächsten und gebrechlichsten Menschen, und für den größten Sünder halten *). Denn 1) alle Menschen sind bei Gott in gleicher Verdammniß, und ist bei Gott kein Unterschied. „Wir haben Alle gesündigt, und mangeln des Ruhms, den wir vor Gott haben sollen," Röm. 3, 23. 2) Ist dein Nächster gleich ein großer und schrecklicher Sünder, so denke nicht, daß du darum vor Gott besser bist. „Wer sich läßt dünken, er stehe, mag wohl zusehen, daß er nicht falle," 1 Cor. 10, 12. Wirst du dich aber unter alle Menschen erniedrigen und demüthigen, so wird dich Gottes Gnade erhalten. 3) Du bedarfst ja so wohl Gnade und Barmherzigkeit, als der größte Sünder. Und wo viel Demuth ist, da ist viel Gnade. Darum hat St. Paulus sich für den größten und vornehmsten Sünder gehalten. „Und darum ist mir," spricht er 1 Tim. 1, 15. 16, „Barmherzigkeit widerfahren, und der Herr hat große Geduld an mir erwiesen." Und abermal: „Ich will mich am allerliebsten meiner Schwachheit rühmen, auf daß die Kraft Christi bei mir wohne," 2 Cor. 12, 9.

XIV. Regel.

15. Die wahre Erleuchtung bringt mit sich die Verschmähung der Welt. Denn gleichwie die Kinder dieser Welt ihr Erbe auf Erden haben, zeitliche Ehre, vergänglichen Reichthum, irdische Herrlichkeit,

---

*) Omnes homines fragiles puta, te autem fragiliorem neminem.

welches sie für große Schätze halten: also sind der Kinder Gottes Schätze auf Erden Armuth, Verachtung, Verfolgung, Schmach, Kreuz, Tod, Marter und Pein. Gleichwie Moses die Schmach Christi höher achtete, denn die Schätze Egyptens, Hebr. 11, 29. Das ist die rechte Erleuchtung.

XV. Regel.

16. Der rechte Name der Christen, so im Himmel geschrieben, Luc. 10, 20, ist die wahre Erkenntniß Jesu Christi im Glauben, durch welchen wir Christo eingepflanzt, ja in Christum geschrieben sind, als in das Buch des Lebens. Daher die lebendigen Tugenden entsprießen, welche Gott an jenem Tage rühmen wird, Matth. 25, 34 ff., und alle Schätze, so im Himmel gesammelt sind, hervor bringen, 1 Tim. 6, 19, und als Werke, so in Gott gethan, an's Licht bringen wird, Joh. 3, 21. Man findet keinen Heiligen, er ist durch eine sonderbare Tugend berühmt, und derselben Tugend wird nimmermehr vergessen, Ps. 112, 6. Das ist der angeschriebene Name, Offenb. 2, 17. Cap. 3, 12; Glaube, Liebe, Barmherzigkeit, Geduld und dergleichen. Diese geübten Tugenden beweisen rechte Heilige und ewige Namen im Himmel. Davon im andern Buch weitläufiger.

Gebet um Gnade, in allen Stücken ein rechtschaffenes Christenthum zu führen.

Ach Jesu, Gnade und Wahrheit ist durch dich geworden. In dir erlangen wir das Leben und die volle Genüge, und durch deine Erkenntniß wird uns allerlei göttliche Kraft mitgetheilt, die wir brauchen zum göttlichen Leben und Wandel. Du bist der wahrhaftige Weinstock, und wenn wir, als deine Reben, durch den Glauben mit dir verbunden sind, so erfahren wir deine erquickende Gnade, und werden durch deinen Liebeseinfluß mit Früchten der Gerechtigkeit erfüllt. Gesegneter Heiland, laß deinen Segen auf uns fließen, und laß deine Kraft uns durchdringen. Ohne dich sind wir todt, und können nichts thun. In dir ist das Leben, und durch dich vermögen wir Alles. Ach Jesu, wir möchten gerne nach deinem Herzen gesinnet seyn, und in allen Umständen unsers Lebens uns so beweisen, wie du es in deinem Worte von uns forderst. Ach gib hiezu deinen Geist in unsere Herzen, und mache solche Leute aus uns, die in deinen Geboten unverrückt wandeln. Laß unsere Liebe zu dir brennend seyn. Gib uns wahre Aufrichtigkeit und Herzensredlichkeit. Tödte in uns alle unordentliche Begierde unserer Seelen, und laß uns in dir allein unsere Gemüthsruhe suchen und finden. Gib uns einen geduldigen und gelassenen Sinn in allen Widerwärtigkeiten; denn alles Leiden in dieser Welt muß nach deiner weisen Regierung doch zuletzt zu unserm wahren Besten dienen. Dein göttlicher Friede erfülle uns, daß die Freude an dem Herrn unsere Stärke seyn möge. Gib uns ein demüthiges, gläubiges und zufriedenes Herz, und vermehre täglich in uns die Hoffnung des ewigen Lebens. Herr Jesu, deine Treue und Güte sey über uns, wie wir auf dich hoffen. Amen.

Das 41. Capitel.

Richtige Wiederholung des ersten Buchs.

Das ganze Christenthum besteht in der Wiederaufrichtung des Bildes Gottes im Menschen, und in Austilgung des Bildes des Satans.

2 Cor. 3, 18. Nun aber spiegelt sich in uns Allen des Herrn Klarheit mit aufgedecktem Angesicht; und wir werden verklärt in dasselbige Bild, von einer Klarheit zur andern, als vom Geist des Herrn.

1. In der wahrhaftigen Erkenntniß Christi, seiner Person, seines Amts, seiner Wohlthaten, seiner himmlischen, ewigen Güter, besteht das ewige Leben, Joh. 17, 3, welches Alles der heilige Geist in unsern Herzen anzündet, als ein neues Licht, das immer heller und klarer wird, wie ein polirtes Erz oder ein Spiegel, oder wie ein kleines Kind täglich am Leibe wächst und zunimmt. Denn der Mensch wird in seiner Bekehrung neu geboren, wenn ihm durch den Glauben Christi Gerechtigkeit geschenkt wird, wird auch nach dem Ebenbild Gottes täglich erneuert; ist aber nicht ein vollkommner Mann, Eph. 4, 13, sondern ein

Kind, das hernach vom heiligen Geist auferzogen, und Christo Jesu von Tage zu Tage gleichförmiger wird.

2. Denn das ganze christliche Leben auf Erden ist und muß nichts anders seyn, denn eine Aufrichtung des Ebenbildes Gottes in einem glaubigen Menschen, also daß er stets in der neuen Geburt lebe, und die alte Geburt täglich in ihm dämpfe und tödte, Röm. 6, 4. Und das muß hier, in diesem Leben angefangen werden, in jenem Leben aber wird's vollkommen werden. Und in wem es nicht vor dem jüngsten Tage und vor seinem Tode angefangen wird, in dem wird's auch nimmermehr in Ewigkeit aufgerichtet werden. Darum will ich nun zum Beschluß und zum Ueberfluß wiederholen, wie das Bild Gottes, 1 Mos. 1, 26, und das Bild des Satans beschaffen sey; denn in diesen beiden Stücken steht das ganze Christenthum, und sie erklären viele Artikel der Schrift, als von der Erbsünde, vom freien Willen, von der Buße, vom Glauben, von der Rechtfertigung, vom Gebet, von der neuen Geburt, Erneuerung, Heiligung, vom neuen Leben und Gehorsam. Davon merke nun folgenden Bericht.

3. Die Seele des Menschen ist ein unsterblicher Geist, von Gott begabt mit herrlichen Kräften, mit Verstand und Willen, mit Gedächtniß und mit andern Bewegungen und Begierden.

4. Dieselbe halte nun gegen Gott, und entwirf in ihr das Bild Gottes, also daß Gott als in einem Spiegel in der Seele des Menschen erkannt und gesehen werde. Denn das meint St. Paulus, wenn er sagt, daß sich die Klarheit des Herrn in dem erneuerten Bilde Gottes spiegele, 2 Cor. 3, 18.

5. Gleichwie nun Gottes Substanz und Wesen gut und heilig ist, also ist auch die Substanz und das Wesen der Seele anfänglich und ursprünglich gut und heilig gewesen. Wie in Gottes Wesen nichts Böses ist, also ist auch nichts Böses gewesen in des Menschen Seele. Wie Alles, was in Gott ist, nur gut ist, 5 Mos. 32, 4. Ps. 92, 16: also ist auch Alles, was in der Seele gewesen ist, gut gewesen. Wie Gott verständig und weise ist, also ist des Menschen Seele auch verständig und weise gewesen, voll Erkenntniß Gottes, voll geistlicher, himmlischer, ewiger Weisheit. Wie die göttliche Weisheit alle Dinge in Zahl, Gewicht, Maaß und Ordnung gesetzt hat, Weish. 11, 12, und alle himmlische und irdische Kräfte aller Creaturen weiß, also hat dieß Licht auch geleuchtet in des Menschen Gemüthe.

6. Wie nun der Verstand in der Seele gewesen ist, also ist auch der Wille gewesen, heilig, und in allen Dingen Gottes Willen gleichförmig. Wie Gott gerecht, gütig, barmherzig, langmüthig, geduldig, freundlich, sanftmüthig, wahrhaftig, keusch ist, 2 Mos. 34, 6. Ps. 103, 8. Joel 2, 13. Jon. 4, 2: also ist die menschliche Seele auch gewesen. Wie der Wille des Menschen Gottes Willen gleichförmig gewesen: also auch alle Affecte, Begierden, Lüste und Bewegungen des Herzens sind heilig und dem göttlichen ewigen Gemüthe und seinen Bewegungen vollkommen gleichförmig gewesen. Wie Gott die Liebe ist: also sind alle menschliche Affecte und Bewegungen nichts denn lauter Liebe gewesen. Wie Gott Vater, Sohn und heiliger Geist mit unaussprechlicher ewiger Liebe gegen einander verbunden und vereinigt sind, Joh. 10, 30. Cap. 17, 11: also sind alle Affecte, Bewegungen, Begierden der menschlichen Seele mit ganz vollkommener, reiner, lauterer, brünstiger Liebe entzündet gewesen, „von ganzer Seele und von allen Kräften," 5 Mos. 6, 5. 1 Cor. 13, 4. Da hat der Mensch Gott und seine Ehre lieber gehabt, denn sich selbst.

7. Und wie in der Seele Gottes Ebenbild gewesen und geleuchtet: also ist auch der Leib der Seele Ebenbild gewesen mit allen lebendigen Leibeskräften, heilig, keusch, ohne alle unordentliche Bewegungen und Lüste, schön, lieblich und herrlich, allezeit gesund und frisch, unsterblich, mit allen seinen inwendigen und auswendigen Kräften und Sinnen, ohne allen Verdruß, Leiden, Schmerzen, Beschwerung, Krankheit, Alter und Tod. Summa, der ganze Mensch ist vollkommen gewesen an Leib und Seele, heilig, gerecht, Gott ganz wohlgefällig.

Denn der Leib muß auch heilig und Gott ähnlich seyn, soll der Mensch Gottes Ebenbild seyn; wie St. Paulus spricht 1 Theff. 5, 23: „Euer Leib, Geist und Seele sollen heilig seyn." Denn Leib und Seele zusammen sind Ein Mensch, der seine Werke geistlich und leiblich zugleich thut. Und so die heilige, gerechte Seele durch den Leib und in dem Leib wirken soll, so muß sie ein heiliges Werkzeug haben, das ihr nicht widerstrebe. Wie die Seele in reiner Liebe Gottes entzündet gewesen: also ist des Leibes Leben und Kraft in Gottes und des Nächsten Liebe entzündet gewesen. Wie die Seele aus allen ihren Kräften barmherzig gewesen: also ist der Leib auch in allen Kräften zur Barmherzigkeit mit bewegt gewesen. Wie in der Seele göttliche Keuschheit gewesen ist: also ist auch der ganze Leib sammt allen innerlichen und äußerlichen Kräften und Sinnen in vollkommener Reinigkeit und Keuschheit mit entzündet gewesen, 1 Cor. 6, 19. Und also fortan ist der Leib in allen Tugenden der Seele gleichförmig gewesen, als ein heilig mitwirkendes Werkzeug. Und also hat der erste Mensch in seiner Unschuld Gott lieben können von ganzem Herzen, von allen Kräften, und seinen Nächsten als sich selbst, 5 Mos. 6, 5. Matth. 22, 37. Wenn Gott das Herz fordert, so fordert er den ganzen Menschen mit Leib und Seele und allen Kräften. Und also mußt du das Wörtlein Herz in der Schrift verstehen von allen Seelenkräften, Verstand, Willen, Affecten und Begierden. Wenn auch Gott die Seele fordert, so fordert er den ganzen Menschen mit seinem ganzen Wesen, Leben und allen Kräften. Derselbe muß Gott gleich seyn, und in Christo erneuert werden. Und also müssen wir im neuen geistlichen Leben und im Geist wandeln, Gal. 5, 16. Eph. 4, 23.

8. Wie nun der Mensch vollkommene Heiligkeit, Gerechtigkeit und Liebe gehabt hat, so hat er auch Gottes vollkommene Freude in seiner Seele und seinen Lebenskräften gehabt. Denn wo göttliche Heiligkeit ist, da ist auch göttliche Freude. Diese beiden sind ewig bei einander, und sind das Ebenbild Gottes. Weil wir nun die Heiligkeit und Gerechtigkeit Gottes nicht vollkommen haben in diesem Leben, so müssen wir auch seiner vollkommenen Freude entbehren. Doch weil die Gerechtigkeit Christi in allen Gläubigen hier angefangen wird, so wird diese geistliche Freude auch wahrhaftig in ihnen angefangen, und von Andächtigen und Geübten im Reiche Gottes empfunden. So groß als nun ein jeder Christ Gottes Liebe in sich hat, so groß hat er auch Gottes geistliche Freude, Phil. 4, 4. Ps. 63, 12. Ps. 84, 2. 3. Und weil die Liebe an jenem Tage wird vollkommen werden, so wird auch die Freude vollkommen werden, wie der Herr Christus, Joh. 16, 22 spricht. Denn die Liebe ist Leben und Freude allein. Wo keine Liebe ist, da ist auch keine Freude noch Leben, sondern eitel Tod, in welchem alle Teufel und unbußfertige, verstockte Menschen ewiglich bleiben werden. Woraus empfindet ein Vater Freude? aus der Liebe seiner Kinder. Woraus hat ein Bräutigam Freude? aus der Liebe gegen seine Braut, Jes. 62, 5. Viel mehr aber kommt unaussprechliche Freude aus der Liebe gegen den Schöpfer, Ps. 18, 2. 3; der uns mit seines Mundes Kuß, das ist, in Christo, auf's lieblichste küsset, Hohel. 1, 1, und in ihm und durch die Liebe des heiligen Geistes zu uns kommt, und Wohnung bei uns macht, Joh. 14, 23. Dieß Bild Gottes, welches in der Gleichförmigkeit mit Gott besteht, sollst du nicht also verstehen, als wäre der Mensch allerdinge Gott gleich, an so großer Heiligkeit und Gerechtigkeit, wie in Gott selbst ist. Denn Gott ist unbegreiflich, unermeßlich, unendlich in seinem Wesen, Tugenden und Eigenschaften. Darum der Mensch nur Gottes Bild getragen, wie in diesem 1. Buch im 1. Cap. der Unterschied deutlich bestimmt ist.

9. Dieser Bericht von dem Ebenbilde Gottes ist klar, gewiß und wahrhaftig. Gott hat den Menschen zu seinem klaren, hellen Spiegel gemacht, daß, wenn der Mensch hätte wissen wollen, was Gott wäre, so hätte er sich selbst angesehen, und Gott als in einem Spiegel in ihm selbst gesehen, ja er hätte Gottes Ebenbild in seinem Herzen empfunden.

10. Dieses Bild Gottes ist des Menschen Leben und Seligkeit gewesen. Das

hat ihm aber der leidige Satan mißgönnt, und die allergrößte List und Geschwindigkeit gebraucht, das Bild Gottes im Menschen zu zerstören durch Ungehorsam und Feindschaft wider Gott, 1 Mos. 3, 4. Keine größere Geschwindigkeit ist je gebraucht worden, und wird auch nimmermehr gebraucht werden, als der Teufel allda gebraucht hat. Denn es hat ihm und dem ganzen menschlichen Geschlecht ihr allerhöchstes Gut gegolten, wer des Andern Herr sollte seyn und bleiben ewiglich. Und er hat nach seiner großen List und Geschwindigkeit nichts Höheres finden können, womit er den Menschen betrügen und von Gott reißen könnte, denn wodurch er selbst gefallen war, und sich selbst betrogen hatte. Solche Begierde bildete er unserer ersten Mutter ein durch das schönste und lieblichste Thier im Paradies, auf's freundlichste und gütigste. Was kann für ein besserer, höherer und weiserer Rath seyn, denn wie ein Mensch Gott selbst werde? Dadurch aber war das Bild Gottes im Menschen zerstört, und des Satans Bild eingedrückt, welches nichts anders ist, als Gott selbst seyn wollen.

11. Da nun diese Begierde und allergrößte Hoffart dem Menschen eingebildet war, da folgte der Fall, der Ungehorsam und die Uebertretung des Gebotes Gottes an dem verbotenen Baum, Sir. 10, 14. Da ist das Bild Gottes erloschen, der heilige Geist vom Menschen gewichen, und das Bild des Satans eingedrückt worden. Dadurch sind sie Satans Leibeigene und Gehorsame, und er ihr Herr geworden, und hat in ihrer Seele gewüthet, wie ein zorniger Riese über ein armes Kindlein wüthet; ihren Verstand verfinstert und geblendet, ihren Willen von Gott abgewandt durch den höchsten Ungehorsam, alle Kräfte des Herzens Gott widerspenstig gemacht, und mit höchster Bosheit vergiftet; Summa, das ganze Bild Gottes in ihnen getödtet, und dagegen sein Ebenbild in sie gepflanzt, sie mit seiner bösen Art besamet, und sie also zu seinen Kindern nach seinem Bilde geboren, mit aller Sünde und Feindschaft Gottes angesteckt. Also sind sie des ewigen Todes gestorben. Denn gleich-

wie das Bild Gottes das ewige Leben und die Seligkeit des Menschen gewesen ist, also ist die Beraubung des Bildes Gottes der ewige Tod und die ewige Verdammniß geworden, Eph. 2, 1. Col. 2, 13.

12. Diesen Tod verstehen am besten die betrübten Herzen, so die hohen geistlichen Anfechtungen leiden müssen, und des Teufels Tyrannei, Wüthen und Toben wider die arme Seele erfahren, über die gewöhnliche Macht der Sünde. Wenn da der heilige Geist unter dem Kreuze still hält, und sie nicht tröstet und mit lebendigem Trost erquickt: so kommt der Satan über sie, tödtet sie mit diesem Tode, und quält ihre Seele mit Höllenangst. Da verschmachtet der ganze Leib, das Herz verwelkt, das Mark verschwindet, wie im 6. und 38. Psalm steht. Da sind dem Menschen alle Worte Gottes todt, und er findet kein Leben darin, fühlt keine Andacht und kein geistliches Leben in sich. Das ist der rechte geistliche Tod. Da liegt im Koth aller Menschen Heiligkeit, Gerechtigkeit, Würdigkeit, Stärke, Vermögen, Ruhm, Ehre, Kunst und Weisheit. Hier kann nichts helfen, denn Gottes Gnade.

13. Da lerne nun, o lieber Mensch! was die Erbsünde für ein Gräuel über alle Gräuel sey, nämlich der Mangel der erblichen Gerechtigkeit Gottes, und die erbliche Ungerechtigkeit, von dem Teufel dem Menschen eingepflanzt, um welcher willen der Sünder von Gott verworfen und verdammt ist zum ewigen Tode; darin er auch bleiben müßte, wenn er nicht Vergebung der Sünden um Christi willen durch den Glauben erlangte.

14. Damit du es aber besser verstehen mögest, will ich dir diesen Gräuel, womit dein Leib und Seele behaftet ist, näher entdecken. Bitte auch und ermahne jeden Menschen um Gottes und seiner Seligkeit willen, daß er diesen Artikel wohl lerne und täglich betrachte, damit er seinen Jammer und Elend recht verstehen lerne, und die Erbsünde in ihm so wohl kennen lerne, als sein Angesicht im Spiegel, und täglich darüber seufze und jammere.

15. Denn das ganze christliche Leben ist und muß nichts anders seyn, als ein

geistlicher Kampf wider die Erbsünde, und eine Austegung derselben durch den heiligen Geist und durch wahre Buße. Denn je mehr du die Erbsünde dämpfest, je mehr wirst du von Tag zu Tag erneuert zum Bilde Gottes. Und die sich inwendig durch den heiligen Geist nicht tödten, sind Heuchler, wie heilig sie auch äußerlich vor der Welt sind. Denn zum Himmelreich ist Alles untüchtig, was nicht sich selbst gestorben und wieder durch den heiligen Geist erneuert ist nach dem Bilde Gottes.

16. Daraus siehst du nun, wie hochnöthig die neue Geburt und Erneuerung sey; welches du Alles besser verstehen wirst, wenn du das Bild des Satans betrachtest nach dem Gesetz Gottes. Denn erstlich, wie der Teufel Gott nicht liebt, sondern ihm von Herzen feind ist, also hat er die Seele vergiftet, und seine ganze Feindschaft wider Gott in dieselbe eingegossen, daß sie Gott nicht liebt, ehrt, anruft, noch ihm vertraut, sondern ihm feind ist und vor ihm flieht. Wie der Teufel in Blindheit ohne Gott hinlebt, und gedenkt seines Willens nicht, also hat er des Menschen Seele auch geblendet, daß sie ohne Gott hinlebt, und gedenkt seines Willens nicht. Diese Finsterniß im Gemüthe des Menschen ist eine grausame, schreckliche Zerstörung des Lichts und Bildes Gottes, und eine grausame Sünde, so daß der Mensch spricht, es sey kein Gott, Pf. 14, 1. Um welcher Blindheit willen das ganze menschliche Geschlecht ein Gräuel ist vor Gott in seinem Wesen.

17. Es ist zwar im menschlichen Verstande ein kleines Fünklein des natürlichen Lichts geblieben, also daß ein Mensch aus dem Lichte der Natur schließt, daß ein Gott sey, Röm. 1, 19, weiß auch, daß er ein gerechter Gott sey, wie alle heidnische Philosophen bezeugen; aber das geistliche Leben nach Gott und seiner Gerechtigkeit ist im Menschen ganz gestorben. Denn das Gewissen, welches ist das Gesetz Gottes, allen Menschen in's Herz geschrieben in der Schöpfung, sagt einem Jeden, was recht ist. Als, ein unzüchtiger Mensch denkt bisweilen: Es ist ein Gott, und derselbe ist keusch, also solltest du auch seyn; Unzucht ist ein Gräuel vor Gott. Aber dieser Gedanke, der recht und gut ist, und ein kleines Lichtlein ist, wird bald verdunkelt, wie ein kleiner Funke vom Wasser ausgelöscht und gedämpft wird. Die böse Lust und Brunst des Fleisches behält die Ueberhand. Ein Verläumder und Mörder denkt bisweilen gleichfalls: Es ist ein Gott, der wahrhaftig ist, und den Menschen nicht will getödtet, sondern erhalten haben. Aber dieß Fünklein währt nicht lange, sondern wird durch teuflischen Zorn und Rachgier überwunden; und so ist das geistliche Leben in der Liebe und Wahrheit ganz todt und gestorben in einem fleischlichen Menschen.

18. Die weisen Heiden schließen wohl aus dem Lichte der Natur, es sey ein Gott, der das menschliche Geschlecht regiere; aber wie bald werden sie von der Blindheit ihres Herzens überwunden, daß sie zweifeln an Gottes Vorsehung! wie ihre Bücher bezeugen. Aus dieser Erbblindheit und angeborenen Finsterniß quillt der Unglaube und Zweifel, in welchem alle Menschen von Natur stecken, und deßwegen vor Gott ein Gräuel sind; denn sie leben nicht im Glauben und herzlichen Vertrauen auf Gott. Von diesem geistlichen Leben und seinen Werken weiß der natürliche Mensch gar nichts, ruft auch Gott nicht an, sondern verläßt sich auf sich selbst, auf seine Weisheit, Vermögen und Stärke, welches die größte Blindheit ist.

19. Aus dieser Blindheit quillt Verachtung Gottes und Sicherheit. Denn wie der Teufel sich vor Gott nicht bemüthigt, sondern wider ihn hoffärtig bleibt: also hat er mit diesen Lastern, der Verachtung Gottes, Sicherheit und Hoffart, die Seele auch vergiftet, daß sie sich vor Gott nicht bemüthigt, sondern in ihrer Hoffart bleibt, und inwendig Alles thut nach ihrem Muthwillen, ohne alle Scheu vor Gott. Wie der Teufel sich auf seine Weisheit und Macht verläßt, und sich selbst regiert: also hat er des Menschen Seele auch vergiftet, daß sie sich auf ihre Weisheit und Macht verläßt, und sich selbst regieren will. Wie der Teufel seine eigene Ehre

sucht, also auch der Mensch, und fragt nichts nach Gottes Ehre. Wie der Teufel wider Gott wüthet, also hat er die Seele mit Ungeduld wider Gott besamet. Wie der Teufel Gottes Namen lästert, und undankbar ist gegen seinen Schöpfer, wie er unbarmherzig, zornig, rachgierig ist, so hat er die Seele des Menschen mit solchem Gift auch verderbt. Wie der Teufel gern über die Menschen herrscht und sich selbst ehret, also hat er auch die menschliche Seele verderbt, daß ein Hoffärtiger seinen Nächsten für einen Narren in seinem Herzen achtet, für einen heillosen, nichtigen Menschen, mit großen Sünden besudelt, und begehrt ihn zum Fußschemel zu haben. Wie der Teufel ein Mörder ist, also hat er auch die Seele zur Mörderin gemacht. Und hiemit will ich dir's tausendmal gesagt haben, daß Gott allezeit die Seele anspricht und anklagt, und nicht die äußerlichen Glieder. Das Herz, die Seele ist der Mörder, der Lügner, und nicht die Hände oder das Maul. Wenn Gott spricht: „Rufe mich an in der Noth," Pf. 50, 15, so gebeut er der Seele, nicht dem Maul. Wer das nicht merkt, der bleibt ein Narr in der heiligen Schrift, und versteht nimmermehr die Erbsünde, die Buße, die neue Geburt, ja keinen Artikel recht.

20. Wir sehen täglich diese gräuliche Bosheit, schreckliche Hoffart, Haß und Neid wider den Nächsten, daß die Menschen lieber sterben wollen, ehe sie dem Nächsten sein Leben gönnen und lassen. Er soll unter uns seyn, oder nichts seyn, nach unserer boshaftigen, zornigen Seele. Mit solchem grausamen Neid hat der Teufel die menschliche Seele besamet, und um solches großen Grimmes, Zornes, Hasses, Neides, Feindschaft willen ist der Mensch des Satans Bild. So hat er sich in des Menschen Seele abgebildet und hineingespiegelt.

21. Gott hat dem Menschen eingepflanzt eine reine, keusche, züchtige, eheliche Liebe, Kinder zu zeugen, nach dem Ebenbilde Gottes. Und ist keine heiligere Lust und Liebe gewesen, denn das Ebenbild Gottes fortzupflanzen, und das menschliche Geschlecht zu vermehren, zu Gottes Ehre und der Menschen ewigen Seligkeit. Ja, wenn ein Mensch in der Unschuld hunderttausend Kinder zeugen, und das Ebenbild Gottes und seine Ehre hätte fortpflanzen können, das wäre seine heiligste, höchste Lust und Freude gewesen; denn das wäre Alles aus Liebe gegen Gott und das menschliche Geschlecht, als das Ebenbild Gottes, geschehen. Denn wie Gott den Menschen in heiliger und herzlicher Wollust und Wohlgefallen geschaffen, und seine Freude und Wonne an ihm gehabt, als an seinem Bilde: also hätte auch der Mensch in heiliger Wollust seines Gleichen gezeugt, Freude und Wonne an ihm gehabt, als an Gottes Ebenbilde. Wie aber der Satan diese reine, keusche, eheliche Liebesflamme verunreinigt mit seiner Unsauberkeit, bedarf keiner langen Predigt. Der Mensch zeugt nur seines Gleichen, 1 Mos. 5, 3, wie ein unvernünftiges Vieh, in seiner Blindheit und Brunst. Wie ist doch von dem unsaubern Geist die heilige Ehe mit so unordentlichen Lastern verwüstet!

22. Wie der Satan ungerecht, ein Dieb und Räuber ist, so hat er die menschliche Seele mit seiner diebischen Art besamet. Wie der Teufel ein Verläumder, Sophist, Lästerer, Schänder Gottes und des Menschen ist, verkehret Gott und dem Menschen sein Wort und seine Werke; wie er that, da er unsere ersten Eltern betrog, 1 Mos. 3, 1 ff.: also hat er auch die Seele des Menschen mit seiner giftigen, verkehrten, lügenhaften Unart besamet, und die teuflische Art fortgepflanzt, wie er ist, das ist, Lügner, Lästerer, Verläumder, Joh. 8, 44. Dieses Gift ist in des Menschen Seele so unaussprechlich, auf so viel tausenderlei Art vorhanden, daß man nicht Worte finden kann, es auszureden; wie der 5. Pf., V. 10, die Epistel an die Römer am 3., V. 13, und St. Jacobus C. 3, V. 5. 6, die böse, giftige Unart des Lügenmauls und der falschen Zunge beschreibt, wo du nichts anders verstehen sollst, denn dieses teuflische Gift in der Seele. Denn Gott klagt in seinem Gesetz nicht allein das Maul, die Zunge, die Hände und Füße an, sondern den ganzen Menschen, sein Herz und seine Seele,

den Brunnen alles Bösen; wie er solches in den beiden letzten Geboten von den bösen Lüsten genugsam zu verstehen gibt, 2 Mos. 20, 17. 18. Das lerne nun wohl.

23. Dieß ist das Bild des Satans, so der Teufel der menschlichen Seele anstatt des Bildes Gottes eingedrückt und eingepflanzt, daß solche böse Unart, zu sündigen, zu verläumden, den Nächsten zu vernichten, des Menschen größte Lust und Freude ist. Wie denn Mancher, der doch ein guter Christ seyn will, oft Ursache sucht, sein Gift wider seinen Nächsten auszuspeien. Und wenn das geschehen, sagen sie: Nun bin ich wohl zufrieden, ich habe es ihm lange nachgetragen; es ist mir nun ein Mühlstein vom Herzen gefallen; ich bin nun, als wäre ich neu geboren. Ach du elender Mensch, erkennst du nicht, wer dich zu einem solchen Lästerer und Teufel geboren hat? Siehst du nicht, weß Bild du trägst? Also drücken uns auch alle andere Arten und Samenkörner des Teufels in unserer Seele, als Hoffart, Ehrgeiz, Unzucht; welches die tägliche Erfahrung genugsam bezeugt.

24. Siehe, du elender Mensch, dieß Bild des Satans, welches die Erbsünde ist, mußt du in deinem Herzen kennen lernen, wie nämlich die Seele mit des Teufels Bild und Unart besamet und ganz gräulich verwüstet ist, so böse, daß Niemand des Menschen Herz ergründen kann, Jer. 17, 9. Und kannst du auch selbst nicht genugsam ausdenken und ausreden, was für ein Gräuel in deinem Herzen ist. Das, bitte ich, wolltest du dir tausend und aber tausendmal lassen gesagt seyn, daß nämlich diese Vergiftung so groß, so tief, so heillos ist, daß keiner Creatur möglich, weder Engeln noch Menschen, die Sünde aus der Natur des Menschen auszutilgen, auszurotten und auszufegen. Solches ist allen Menschen unmöglich, mit allen ihren Kräften. Denn wie kann Einer ihm selbst mit seinen eigenen Kräften helfen, die ganz verdorben und geistlich gestorben sind? Der Mensch muß ewig in solchem Verderben bleiben, wo nicht ein mächtiger Sündentilger kommt, der über Sünde und Tod Herr ist, welcher auch die Natur des Menschen ändern, erneuern und reinigen kann, Jer. 31, 18. Ezech. 11, 19.

25. Da siehst du, daß die Rechtfertigung kein Menschenwerk ist, siehst auch, wie hochnöthig die neue Geburt ist; denn es kann die Seele inwendig aus ihren eigenen Kräften nicht anders leben, denn in dieser ihrer eigenen Schwachheit, eingepflanzten Unart und Bosheit, in allen Sünden wider alle Gebote Gottes, und sonderlich der ersten Tafel, welche Uebertretung die rechte Feindschaft Gottes ist. Da ist Verstand und Wille gefangen, ganz gestorben, und kann Gott von Natur nicht fürchten, lieben, ihm vertrauen, ihn anrufen, ehren, loben und preisen, noch sich zu ihm bekehren. Was aber die andere Tafel anlangt, da ist noch ein Fünklein des freien Willens in der Seele übrig geblieben; aber derselbe herrscht nur über die äußerlichen Werke der andern Tafel, wiewohl auch ganz schwach und kraftlos, und kann zwar etlichermaßen die Begierden und bösen Lüste zähmen und über sie herrschen, daß die äußerlichen Werke nicht vollbracht werden, wie man an den tugendhaften Heiden sieht; aber das Herz ändern, zu Gott wenden, von bösen Lüsten reinigen, ist ihm unmöglich; da gehört göttliche Kraft zu. Denn die inwendige giftige Wurzel bleibt, und ist gleich als wenn man ein Feuer dämpfet, daß die Flamme nicht ausschlägt, und doch inwendig immer glimmend und ewig ungelöscht bleibt.

26. Wenn dieser freie Wille in dem natürlichen äußerlichen Leben und Wesen nicht wäre, so könnte das menschliche Geschlecht bei einander nicht leben. Darum hat gleichwohl Gott der Herr den Satan nicht alle natürliche Kräfte und Affecte aus des Menschen Seele reißen lassen. Es ist gleichwohl noch übrig geblieben das Gesetz der Natur, die eheliche, natürliche Liebe zwischen Gatten, Eltern und Kindern; sonst könnte das menschliche Geschlecht nicht bestehen. Denn wer alle seine bösen Lüste und Begierden, seiner bösen Natur nach, äußerlich vollbringen will, der zerrüttet die menschliche

Gesellschaft, und stößt seinen Leib in das weltliche Schwert. So hat auch Gott das natürliche Liebesflämmlein darum lassen überbleiben, daß wir daraus erkennen und spüren sollten, welch ein hohes Gut und schönes Bild Gottes die vollkommene Liebe Gottes sey, und was wir für ein hohes Gut verloren. Sonst in geistlichen Sachen, die Seligkeit und das Reich Gottes betreffend, bleibt es wohl ewig wahr, was St. Paulus, 1 Cor. 2, 14, spricht: „Der natürliche Mensch versteht nichts vom Geist Gottes, es ist ihm eine Thorheit, und er kann es nicht begreifen," das ist, er hat kein Fünklein des geistlichen Lichts, sondern ist stockblind in dem ganzen göttlichen, geistlichen Leben, zu welchem allein der Mensch geschaffen ist, daß er nämlich im geistlichen Lichte Gottes Gegenwart und seine herzliche Liebe gegen ihn mit inwendigen Augen der Seele ansehe, ewig vor und mit ihm wandle, und sich von ihm regieren lasse in diesem Leben.

27. Dieses geistlichen Lichts im Reiche Gottes hat der natürliche Mensch nicht das geringste Fünklein. In dieser Blindheit sind und müssen alle Menschen natürlich bleiben, wo sie Gott nicht erleuchtet. Das ist die rechte geistliche Erbblindheit, in Sachen das Reich Gottes betreffend. Dazu kommt auch oft die natürliche Blindheit, wenn die Bosheit des Menschen überhand nimmt, dämpft und verfinstert auch noch das kleine natürliche Licht der Tugend und Ehrbarkeit, so in's äußerliche Leben gehört. Also ist die ganze Seele mit Blindheit geschlagen und verfinstert, und hätte ewig also bleiben müssen, wo sie Christus nicht erleuchtet hätte.

28. Siehe nun, lieber Mensch, was bist du, wo dich Christus durch seinen Geist nicht neu gebiert, zu einer neuen Creatur macht, zu Gottes Ebenbild wieder erneuert? Welches Alles aber doch in dieser Welt nur angefangen wird in großer Schwachheit. Denn siehe dich selbst an, der du des heiligen Geistes neue Creatur bist. Wie schwach und gering ist das Bild Gottes in dir! wie schwach ist in dir die Furcht und Liebe Gottes, der Glaube und die Hoffnung! wie gering ist die Demuth! wie groß dagegen das Mißtrauen, die Hoffart und Ungeduld! wie kalt und schwach ist dein Gebet! wie schwach ist deine Liebe gegen deinen Nächsten! wie ein geringes Fünklein der reinen geistlichen Keuschheit ist in deinem Herzen! wie große Flammen fleischlicher Unzucht! wie groß ist deine Eigenliebe, dein Eigennutz, das Suchen deiner eigenen Ehre, und die Brunst der bösen Lust! Da hast du nun durch den Geist Gottes zu kämpfen und zu streiten mit deinem alten Adam, mit dem Bilde des Satans in dir, bis in deine Grube. Da bete, flehe, seufze, suche, klopfe an, so wird dir der heilige Geist gegeben, der in dir täglich das Bild Gottes erneuert, und das Bild des Satans dämpfet.

29. Also lernest du, nicht auf dich selbst, sondern auf Gottes Gnade trauen und bauen, und daß Gottes Gnade Alles in dir thun müsse. Also lernest du durch den Glauben, von und aus Christo Alles suchen, bitten, erlangen: göttliche Erkenntniß und Weisheit, wider deine Blindheit; Christi Gerechtigkeit, wider alle deine Sünde; Christi Heiligung, wider alle deine Unreinigkeit; Christi Erlösung, Kraft, Sieg, Stärke, wider Tod, Hölle und Teufel, und Vergebung aller deiner Sünden, wider das ganze Reich der Sünde und des Teufels; die ewige Seligkeit, wider allen deinen geistlichen und leiblichen Jammer und Elend, und in Christo allein das ewige Leben. Davon im 2. Buche weiter.

Gebet um die Erneuerung des göttlichen Ebenbildes.

Großer Gott, allmächtiger König, wir legen uns vor deinem Gnadenthron mit tiefster Beschämung unserer Seelen nieder, und beugen uns, als Staub und Erde, ja als Feinde und Rebellen, vor deiner Majestät und Herrlichkeit. Ach Herr, wie jämmerlich sind wir durch die Sünde zugerichtet worden! und wie weit sind wir entfernt von dem Bilde, das du uns angeschaffen hast! In uns ist kein Vermögen, uns zu erneuern und deinem Gottesbilde wiederum gleichförmig zu werden. Ach Gott! du hast uns deinen Sohn zur

Weisheit, Gerechtigkeit, Heiligung und Erlösung gemacht; um deines Sohnes willen laß dein Gnadenangesicht mit vieler Erbarmung auf uns gerichtet seyn. Fange dein Gnadenwerk in unsern Seelen an, und vollführe es bis an's Ende unsers Lebens, damit, wenn dein Sohn kommt, wir als Neuerschaffene und durch deinen Geist Geheiligte vor ihm erfunden werden. Gib uns erleuchtete Augen unsers Verständnisses, dich in Jesu durch die Wirkungen deines Geistes lebendig und heilsam zu erkennen, und durch die Weisheit von oben das zu bedenken und zu erwählen, was zu unserm wahren und ewigen Frieden dient. Nimm alle Tücke, Falschheit, Unlauterkeit und Bosheit von uns weg, und mache uns zu neuen Creaturen, die in dem neuen Wesen des Geistes dir dienen in Heiligkeit und Gerechtigkeit, die vor dir gefällig ist. Du Gott des Friedens, heilige uns durch und durch, damit unser ganzer Geist, sammt Seele und Leib, unsträflich gemacht und erhalten werden auf die Zukunft unsers Herrn Jesu Christi. Du bist ein treuer Gott, du wirst es thun um dein selbst willen. Amen.

Das 42. Capitel.

Beschluß und wichtige Ursachen der Ordnung des ersten Buchs. Wie man sich auch vor geistlicher Hoffart hüten soll; und wie keine wahrhaftige geistliche Gaben ohne Gebet können erlangt werden.

1 Cor. 4, 7. Was hast du, Mensch, das du nicht empfangen hast? Hast du es aber empfangen, was rühmest du dich, als hättest du es nicht empfangen?

1. Zum Beschluß des ersten Buchs muß ich dich noch an etliche nothwendige Puncte erinnern.

2. I) Daß in diesem Buch die Buße mit ihren Früchten aus sonderlichen Ursachen weitläufig und auf mancherlei Art beschrieben und vor Augen gestellt ist. Denn die meisten Capitel dieses ersten Buchs sind nichts anders, denn Früchte der Buße, nämlich die Erneuerung in Christo, die tägliche Kreuzigung und Tödtung des Fleisches, die Verläugnung sein selbst, die Verschmähung der Welt, die Uebung der Liebe, und so fort. Und solches habe ich dir aus besondern Ursachen also unterschiedlich und deutlich vor die Augen gestellt. Denn erstlich ist das der Anfang und Grund des wahren Christenthums, heiligen Lebens und Wandels, ja der Anfang unserer Seligkeit, durch wahren Glauben. So kann auch nimmermehr in eines Menschen Herzen wahrer, beständiger Trost haften und saften, wenn er zuvor die Erbsünde, das grauliche, erschreckliche, tödtliche, höllische, teuflische Gift und Uebel (ach, man kann es nicht gräulich genug beklagen!) mit ihren Früchten nicht recht und genugsam erkennt. Und es sind wahrhaftig alle Trostbücher umsonst und vergeblich, wo das Fundament zuvor nicht gelegt ist, und du deinen Jammer und Elend zuvor nicht recht erkennen wirst, sonderlich was für ein Gräuel die Erbsünde sey. Denn das ist unserer zarten, schmeichelsüchtigen Natur Art, daß sie immer eher will getröstet seyn, ehe sie ihre Sünde, Unart und Bosheit erkennt.

3. Das ist aber eine verkehrte Art und Weise, und dem Grunde der ganzen Schrift zuwider. Denn „die Starken bedürfen des Arztes nicht, sondern die Kranken," Matth. 9, 12. Christus, der wahre Arzt, und seine Arznei und aller Trost, ist dir ohne Erkenntniß deiner Krankheit nichts nütze. Denn eines wahren Christen Leben ist nichts anders, und muß nichts anders seyn, als eine stete Kreuzigung seines Fleisches. Das laß dir abermal und einmal für tausendmal gesagt seyn. Denn dieß sind allein die Leute, so Christo angehören, Gal. 5, 24. Die aber Christo angehören, die wird er nimmermehr ohne Trost lassen. Und solche Erkenntniß deiner eigenen Schwachheit durch den heiligen Geist und Betrachtung des Evangelii trägt den Trost mit sich auf dem Rücken, und führt dich zu Christo. Du wollest dich auch an das unzeitige Richten und Vernichten der jetzigen Welt nicht kehren, sondern wisse, daß solche Richter und Vernichter elende, blinde Leute sind, die ihren eigenen Jammer und Elend nicht erkennen, auch nicht verstehen, was Adam und Christus sey, wie Adam

in uns sterben und Christus in uns leben müsse. Wer das nicht lernen will, der bleibt in seiner Blindheit und Finsterniß, und versteht nicht, was wahre Buße, Glaube und neue Geburt sey, darin doch das ganze Christenthum besteht.

4. II) Sollst du auch gewarnt seyn vor geistlicher Hoffart, wenn unser lieber Gott durch seine Gnade in dir anfängt zu wirken geistliche Gaben, neue Tugenden und Erkenntniß, daß du 1) dieselben dir und deinen Kräften ja nicht zuschreibest, sondern der Gnade Gottes; 2) viel weniger deine angefangenen Tugenden für deine Gerechtigkeit vor Gott haltest, denn es ist Stückwerk; 3) dieselben auch ja nicht zu deinem eigenen Lob und Ruhm gebrauchest, sondern in der demüthigen Furcht Gottes, Gott allein die Ehre gebest, und nicht dir selbst; auch nicht in deinem Herzen gedenkest: Ich habe nun einen gewaltigen Glauben, ich habe viel Erkenntniß, und dergleichen. Hüte dich, das ist des Teufels Unkraut, welches er zwischen den guten Weizen säet. Denn 1) so sind alle Gaben nicht dein, sondern Gottes, und ohne Gottes Erleuchtung bleibst du ein todter, unsauberer Erdklumpen. Und wenn Gott seine Gaben nicht in dich legt, so bleibst du ein leeres Gefäß. Gleichwie die Kleinode, die man in ein Kästlein legt, nicht des elenden bloßen Kästleins sind, sondern dessen, der sie hinein gelegt hat: also sind die Gaben nicht dein, du bist nur ein bloßes Kästlein dazu. Sollte das elende Gefäß stolziren wegen des fremden Gutes? wie du ferner im andern Buche sehen wirst. 2) Wie ein Herr Macht hat, alle Stunden sein Gut aus dem Kästlein zu nehmen, und dasselbe in ein anderes zu legen, oder gar bei sich zu behalten: siehe, so kann Gott alle Stunden dir seine Gaben wieder nehmen. „Darum sey nicht stolz, sondern fürchte dich," Röm. 11, 20. 3) Mußt du von solchen Gütern schwere Rechnung geben deinem Herrn. 4) Gedenke auch nicht, wenn du noch so schöne Gaben hast, du habest Alles hinweg. Ach lieber Christ, es ist kaum der Anfang, es mangelt dir noch viel. 5) So sollst du wissen, daß du keine dergleichen vollkommene gute Gaben ohne Gebet von Gott erlangen wirst, Jac. 1, 17; sondern was du hast, ist als ein Schatten und dummes Korn, das keine Frucht bringt, und verwelkt, ehe es reif wird; wie du solches in meinem Gebetbüchlein sehen wirst, wie nämlich solche himmlische Gaben von Gott müssen erbeten werden, und ohne Gebet in kein Herz kommen. Damit du aber dessen einen kleinen Vorschmack haben mögest, so lies das Tractätlein vom Gebet im folgenden Buche.

Auf zwei Dinge mußt du sehen im Gebet. Erstlich, daß das Bild des Satans in dir zerstört werde, Unglaube, Hoffart, Geiz, Wollust, Zorn, ꝛc. Darnach, daß das Bild Gottes in dir möge aufgerichtet werden, Glaube, Liebe, Hoffnung, Demuth, Geduld, Gottesfurcht. Siehe das heilige Gebet des Herrn, das Vater-Unser an: dasselbe geht wider dich, und für dich. Soll Gottes Name allein geheiligt werden, so muß dein Name und Hoffart untergehen. Soll Gottes Reich kommen, so muß des Satans Reich in dir zerstört werden. Soll Gottes Wille geschehen, so muß dein Wille zunichte werden. Siehe, das sind zwei Theile eines nützlichen Gebetbüchleins, welches nach Ordnung des Vater-Unsers die himmlischen ewigen Güter und Gaben, so in demselben Gebet des Herrn begriffen, von Gott suchen und erbitten lehrt. Denn im Vater-Unser sind alle Seelen- und Leibesschätze und Güter als in einer Summa verfaßt, so wir zeitlich und ewig bedürfen. Darum wird auch Gott der Herr, unser lieber Vater, willig seyn, uns zu geben, was uns sein lieber Sohn hat befohlen von ihm zu bitten. Davon zur andern Zeit an seinem Ort.

Gebet um Vermeidung geistlicher Hoffart.

Allwissender Gott, wer kann merken, wie oft er fehle? verzeihe uns auch die verborgenen Fehler. Du prüfest Herzen und Nieren, und kennst den innern Grund unserer Seelen besser, als wir es dir klagen können. Hast du uns gleich durch deine Barmherzigkeit zum Volke deines Eigenthums gemacht und mit dem Blute deines Sohnes in der Rechtfertigung von unsern Sünden gewaschen, und vor deinem Richterstuhl davon losgesprochen: so klebt uns dennoch dieses Uebel noch beständig an, und wir finden so viele unordentliche Gedanken, Neigungen und Begierden in uns, ja wir werden mehrmals von diesem grausamen und mächtigen Feind, auch wider unsern Willen, hingerissen und übervortheilt. Gerechter Gott, wenn du wolltest mit uns in's Gericht gehen, so könnten wir dir auf Tausend nicht Eins antworten. Wir sind unnütze Knechte, und verdienen stündlich und augenblicklich die ewige Verdammniß. Besonders bekennen wir dir, daß die sündliche Eigenliebe alle unsere Handlungen, wenn sie auch noch so gut scheinen, befleckt und verunreinigt, dadurch wir deine Ehre rauben, und mehr auf unsern Nutzen, auf unsere Ehre, auf unsern Vortheil sehen, als auf die Verherrlichung deines großen Namens. Herr, handle nicht mit uns nach unsern Sünden, und vergilt uns nicht nach unsern Missethaten. Jesu Gerechtigkeit ist es allein, in welcher wir dir angenehm und wohlgefällig seyn können. Versöhnter Vater, vergib uns unsere Sünden um Jesu Blutes willen, und heilige uns täglich durch deinen Geist. Reinige uns von aller Befleckung des Geistes und des Fleisches, und mache uns täglich redlicher, lauterer, aufrichtiger und rechtschaffener vor dir. Du Gott aller Gnaden, du Vater aller Barmherzigkeit, wir bitten dich um Jesu willen, vollbereite, stärke, kräftige und gründe uns, damit wir das vorgesteckte Ziel und Kleinod, welches uns deine himmlische Berufung vorhält, erreichen. Erhalte uns in der Wachsamkeit; gib uns Ernst im Streit, und schenke uns aus Jesu Wunden Ueberwindungskraft, damit wir, als Ueberwinder, vor deinem Thron dereinst ewig prangen können. Amen.

Das andere Buch
vom
wahren Christenthum.

Vorrede.

1. Gleichwie in der Natur, christlicher lieber Leser, eines Dinges Untergang des andern Anfang ist: also geht es auch zu im wahren christlichen Leben. Denn der alte fleischliche Mensch muß zuvor untergehen, soll der neue geistliche Mensch hervorkommen. Und weil unser fleischliches Leben dem heiligen Leben Christi gar zuwider ist, wie im ersten Buch genugsam erklärt worden: so müssen wir ja nothwendig unser fleischliches Leben verläugnen, ehe wir das geistliche Leben Christi anfangen oder demselben nachfolgen können. Als zum Exempel: Du mußt zuvor aufhören, hoffärtig zu seyn, ehe du anfängst, demüthig zu werden. Darum muß das geistliche christliche Leben nothwendig von der Buße angefangen werden. Um dieser Ursache willen ist das erste Buch also verfaßt, wie aus der Ordnung der Capitel desselben und aus dem Beschluß zu vernehmen.

2. Da aber in diesem andern Buch die Lehre von der Buße in etlichen Capiteln wiederholt wird, so muß ich dessen Ursache, nebst der Ordnung dieses Buchs, kürzlich andeuten. Weil das Hauptstück des ersten Buchs beruht in Erkenntniß des abscheulichen, tödtlichen und verdammlichen Giftes der Erbsünde, welches nicht genug kann erkannt werden: so muß nothwendig dieß andere Buch anfangen mit unserm ewigen Heilbrunnen, Jesu Christo, in welchem wir wider gedachtes gräuliche Gift der angebornen Sünde und allen daraus quellenden Jammer und Elend Arznei und Hülfe durch den Glauben finden. Solches ist in den drei ersten Capiteln dieses andern Buchs begriffen. Weil aber der Glaube, welcher solche Güter aus dem Gnadenbrunnen Christo Jesu schöpft, lebendige Früchte bringen muß: so sind dieselben in den drei folgenden Capiteln beschrieben (im 4. 5. 6.). Sollen aber die Früchte der Gerechtigkeit und des Geistes in uns wachsen, so müssen die Früchte des Fleisches untergehen. Und das ist die tägliche wahre, wirkliche, rechtschaffene Buße, darin ein Christ stets leben und sich üben muß, soll anders das Fleisch getödtet werden und der Geist in uns herrschen. Dazu ist vonnöthen ein klarer Bericht vom Unterschied des Fleisches und Geistes, und von den Eigenschaften der täglichen Buße. Darauf gehen die vier folgenden Capitel (das 7. 8. 9. 10.). Weil aber aus solcher täglichen Buße und Tödtung des alten Menschen (denn eines wahren Christen Leben soll nichts anders seyn, als eine stete Kreuzigung des Fleisches) täglich ein neuer Mensch hervorkommen soll: so kann man keine bessere Ordnung hiezu finden, denn wie uns Christus, unser Herr, mit seinem Exempel vorgegangen ist. Darum folgt ferner, wie Christi Leben unser Spiegel seyn soll, und wir beginnen

billig bei seiner Armuth, Schmach, Verachtung, Traurigkeit, Kreuz, Leiden, Tod; welches heilige Leben Christi unsers Fleisches Kreuzigung ist. Dazu gehört Gebet, Liebe und Demuth. Solches ist in den folgenden fünfzehn Capiteln begriffen (C. 11 bis 25).

3. An dieser Niedrigkeit und Demuth unsers Herrn Jesu Christi steigen wir auf, als an der rechten Himmelsleiter, in das Herz Gottes, unsers lieben Vaters, und ruhen in seiner Liebe. Denn an Christi Menschheit müssen wir anfangen, und aufsteigen in seine Gottheit. Da schauen wir in Christo das Herz unsers lieben Vaters im Himmel an; wir schauen Gott an als das höchste, ewige, wesentliche, unendliche Gut, als die unermeßliche Allmacht, als die abgründliche Barmherzigkeit, als die unerforschliche Weisheit, als die lauterste Heiligkeit, als die unsträfliche und untadelige Gerechtigkeit, als die süßeste Gütigkeit, als die edelste Schönheit, als die lieblichste Holdseligkeit und holdseligste Lieblichkeit, als die freudenreichste Seligkeit. Welches die vornehmsten Stücke sind des beschaulichen Lebens. Dazu gehören die acht folgenden Capitel (das 26. bis 33.). Weil aber solche Betrachtungen ohne Gebet nicht geschehen können, so folgen hernach zehn Capitel vom Gebet und Lobe Gottes (das 34. bis 43.). Und endlich, weil solche Gottseligkeit in Christo Jesu Verfolgung leiden muß, so folgen fünfzehn Capitel von Geduld im Kreuz, von hohen geistlichen Anfechtungen, und wie dieselben zu überwinden (das 44. bis 58.). Gott helfe uns, daß wir Alle getreue Nachfolger Christi seyen, und uns seines heiligen Lebens nicht schämen, sondern dem Lamme Gottes nachfolgen, wo es hingeht, daß es uns leite zu dem lebendigen Wasserbrunnen, und alle unsere Thränen von unsern Augen abwische. Amen.

Johann Arnd,
General-Superintendent des Fürstenthums Lüneburg.

Das 1. Capitel.
Jesus Christus, Gottes Sohn, ist uns von unserm himmlischen Vater gegeben zu einem Arzt und Heilbrunnen, wider das tödtliche und verdammliche Gift der Erbsünde sammt ihren Früchten, und wider allen Jammer und Elend des Leibes und der Seele.

Jes. 12, 3. Ihr werdet mit Freuden Wasser schöpfen aus dem Heilbrunnen.

1. Weil unsere Krankheit überaus groß, tödtlich und verdammlich, und allen Creaturen zu heilen unmöglich ist: so müssen wir auch eine große, hohe, göttliche, ewige Hülfe und Arznei haben, welche aus lauter Erbarmung Gottes herfließen muß; gleichwie unser tödtlicher Erbschade hergekommen ist aus dem grimmigen Zorn, Haß und Neid des Teufels, B. der Weish. 2, 24. 1 Mos. 3, 1 ff. Darum denn der allmächtige Gott die tödtliche Wunde unserer Sünde mit seiner gnädigen Erbarmung heilet. Und weil der Satan seine höchste Weisheit, Kunst und Geschwindigkeit gebraucht hat, daß er uns vergifte, tödte und verdamme: so hat auch Gott hinwieder seine höchste Weisheit gebraucht, durch seinen lieben Sohn, daß er uns heile, lebendig und selig mache. Darum hat er das göttliche Blut Christi zu unserer Arznei und zur Reinigung unserer Sünden gemacht; sein lebendigmachendes Fleisch zum Brod des Lebens; seine heiligen Wunden zu unserer Wundarznei; seinen heiligen Tod zur Wegnahme unsers zeitlichen und ewigen Todes, 1 Joh. 1, 7. Ap. Gesch. 20, 28. Joh. 6, 35. Jes. 53, 5. C. 25, 8.

2. Diese köstliche Arznei können wir nun aus eigenen Kräften und Vermögen nicht annehmen; denn wir sind gar zu krank. Wir widerstreben dieser himmlischen Cur von Natur. — Darum darfst du, o getreuer und heilsamer Arzt, nicht auf mich warten, sonst werde ich nimmermehr gesund; sondern zeuch mich jetzo zu dir. Reiß mich von mir gar hinweg, und nimm mich ganz an, so du mich ganz heilen willst (Hohel. 1, 4). Lässest du mich in meiner Krankheit liegen, so muß ich ewig verderben. Darum bekehre mich, Herr, so werde ich bekehret (Jer. 31, 18). Heile mich, Herr, so werde ich heil. Hilf mir, so wird

mir geholfen; denn du bist mein Ruhm (Cap. 17, 14). So lange du deine Barmherzigkeit aufschiebst, so lange bleibe ich in meiner Krankheit und meinem Tod, Ps. 30, 3. So lange du verzeuchst, mich lebendig zu machen, so lange halten mich die Bande des Todes. Darum schreit David: Eile, mir zu helfen; du bist mein Helfer und Erretter, mein Gott, verzeuch nicht (Ps. 70, 6).

3. Ach lieber Herr, sollte deine Barmherzigkeit nicht so stark seyn, mich armen kranken Menschen aufzurichten, weil ich mich selbst nicht kann aufrichten? Solltest du nicht so freundlich seyn, zu mir zu kommen, weil ich durch mich selbst zu dir nicht kommen kann? Hast du mich doch geliebt, ehe ich dich geliebt habe (1 Joh. 4, 19). Ist doch deine Barmherzigkeit so stark, daß sie dich selbst überwunden hat; sie hat dich selbst an's Kreuz geheftet und in den Tod gesenkt. Wer ist so stark, der dich Starken überwinden kann, außer deine Barmherzigkeit? Wer hat doch so große Macht gehabt, dich zu fangen, dich zu binden, zu kreuzigen, zu tödten, als deine Liebe, damit du uns geliebt hast, da wir noch todt in Sünden waren? (Eph. 2, 1.) Denn du hast lieber den Tod leiden wollen, ehe wir im Tode und in der Hölle ewig bleiben sollten.

4. Deine Barmherzigkeit hat dich uns ganz zu eigen gemacht. Uns bist du geboren, da du ein Kind wurdest; uns bist du gegeben (Jes. 9, 6), da du ein Opfer wurdest, da dich Gott als ein Lamm für uns Alle dahin gab, und uns Alles mit dir schenkte. O der großen Gabe! Du bist ein geschenktes Gut und unser Eigenthum. — Siehe aber allhier, lieber Christ, die Weisheit Gottes. Gott hat sich durch das geschenkte ewige Gut uns zu eigen gemacht, daß er uns dadurch ihm hinwieder zu eigen machte, 1 Cor. 6, 19. 20. Denn wer so ein hohes geschenktes Gut annimmt, der macht sich dadurch dem Geber zu eigen. Hinwieder, wer ein eigenes Gut hat, der macht sich dasselbe zu Nutz, so viel er kann. Also ist Christus unser geworden, daß wir ihn zu unserer Seligkeit gebrauchen können, wie wir wollen. Darum siehe, lieber Christ, du kannst ihn gebrauchen zu einer Arznei deiner Seele; zu deiner Speise und deinem Trank, dich damit zu erquicken; zu deinem Brunnen des Lebens, wider deiner Seele Durst; zu deinem Licht in der Finsterniß, zu deiner Freude in Traurigkeit, zu deinem Beistand und Fürsprecher wider deine Ankläger; zur Weisheit wider deine Thorheit; zur Gerechtigkeit wider deine Sünde; zur Heiligung wider deine Unwürdigkeit; zur Erlösung wider dein Gefängniß; zum Gnadenstuhl wider das Gericht; zur Lossprechung wider das letzte Urtheil; zu deinem Frieden und deiner Ruhe wider dein böses Gewissen; zu deinem Sieg wider alle deine Feinde; zu deinem Kämpfer wider deine Verfolger; zu deinem Bräutigam für deine Seele; zu deinem Mittler wider Gottes Zorn; zu deinem Opfer für deine Missethat; zu deiner Stärke wider deine Schwachheit; zu deinem Wege wider dein Irrsal; zu deiner Wahrheit wider die Lüge; zu deinem Leben wider den Tod; zu deinem Rath, wenn du keinen Rath weißt; zu deiner Kraft, wenn du kraftlos bist; zu deinem ewigen Vater, wenn du verlassen bist; zu deinem Friedefürsten gegen deine Widersacher; zu deinem Lösegeld für deine Schuld; zu deiner Ehrenkrone wider deine Verachtung; zu deinem Lehrer wider deine Unwissenheit; zu deinem Richter wider deine Beleidiger; zu deinem Könige wider des Teufels Reich; zu deinem ewigen Hohenpriester, der für dich bitte.

5. Siehe, lieber Christ! dazu ist dir Christus geschenkt und gegeben. Bitte du nur täglich, daß du ihn also gebrauchen mögest, und daß er sein heilsames Amt also erfüllen möge. Denn wenn er deine Arznei ist, so wirst du gesund. Wenn er dein Brod ist, so wird deine Seele nicht hungern. Ist er dein Brunn des Lebens, so wirst du nicht dürsten. Ist er dein Licht, so wirst du nicht in Finsterniß bleiben. Ist er deine Freude, wer wird dich betrüben? Ist er dein Beistand, wer will dir abgewinnen? Ist er deine Wahrheit, wer will dich verführen? Ist er dein Weg, wer will dich irre leiten? Ist er dein Leben, wer will dich tödten? Ist er deine Weisheit, wer will dich be-

trügen? Ist er deine Gerechtigkeit, wer will dich verdammen? Ist er deine Heiligung, wer will dich verwerfen? Ist er deine Erlösung, wer will dich gefangen halten? Ist er dein Friede, wer kann dich unruhig machen? Ist er dein Gnadenthron, wer will dich richten? Ist er deine Lossprechung, wer will dich verurtheilen? Ist er dein Kämpfer und Vorfechter, wer will dich schlagen? Ist er dein Bräutigam, wer will dich ihm entführen? Ist er dein Lösegeld, wer will dich in den Schuldthurm werfen? Ist er deine Ehrenkrone, wer will dich verachten? Ist er dein Lehrer, wer will dich strafen? Ist er dein Richter, wer will dich beleidigen? Ist er deine Versöhnung, wer will dich in Gottes Ungnade bringen? Ist er dein Mittler, wer will dir Gott zuwider machen? Ist er dein Fürsprecher, wer will dich verklagen? Ist er dein Imanuel, wer will wider dich seyn? Ist er dein König, wer will dich aus seinem Reiche stoßen? Ist er dein Hoherpriester, wer will sein Opfer und seine Fürbitte verwerfen? Ist er dein Seligmacher, wer will dich unselig machen? Wie kannst du ein größeres Geschenk haben? Das Geschenk ist größer und mehr werth, denn du, alle Menschen, alle Welt, und aller Welt Sünde, Jammer und Elend. Denn Christus ist ganz unser mit seiner Gottheit und Menschheit. Denn wir hatten durch die Sünde unsern höchsten Schatz verloren, das höchste ewige Gut, welches Gott selbst ist. Denselben hat uns Gott in Christo wiedergegeben, und in ihm sich selbst. Darum heißt er Imanuel, Jes. 7, 14, auf daß wir an Christo hätten beides, einen Gott und einen Bruder. Siehe, lieber Christ, welch ein großes, unendliches Gut hast du an Christo, wider all deinen Jammer und Elend! Wirst du das recht verstehen lernen, so wird dir kein Unglück zu groß seyn, kein Kreuz zu schwer. Denn Christus ist dir Alles, und in ihm Alles dein. Denn er ist selbst dein, nicht allein der gekreuzigte Christus, sondern auch der herrliche Christus, mit aller seiner Herrlichkeit. 1 Cor. 3, 22: „Es ist Alles euer, es sey Paulus oder Apollos, es sey Kephas oder die Welt, es sey das Leben oder der Tod, es sey das Gegenwärtige oder das Zukünftige: Alles ist euer; ihr aber seyd Christi, Christus aber ist Gottes." O wir armen, elenden, verworfenen, verfluchten, verdammten Sünder, wie kommen wir zu einem solchen großen Geschenk!

6. Denn du, Herr Jesu, bist uns der Gott unserer Gerechtigkeit, ein Mittler zwischen Gott und Menschen, unser ewiger Hoherpriester, der Gesalbte des Herrn, ein unbeflecktes Lamm, unser Versöhnopfer, die Erfüllung des Gesetzes, das Verlangen der Patriarchen, der Eingeber der Propheten, der Meister der Apostel, der Lehrer der Evangelisten, das Licht der Bekenner, die Krone der Märtyrer, das Lob der Heiligen, die Auferstehung der Todten, der Erstgeborene von den Todten, der Seelen Herrlichkeit, der Engel Freude, der Traurigen Tröster, der Sünder Gerechtigkeit, der Trübseligen Hoffnung, der Elenden Zuflucht, der Fremdlinge Hüter, der Pilgrime Gefährte, der Irrenden Weg, der Verlassenen Hülfe, der Schwachen Kraft, der Einfältigen Beschirmer, der Aufgerichteten Stärke, der Gerechten Lohn, eine Entzündung der Liebe, ein Anfänger des Glaubens, ein Anker der Hoffnung, eine Blume der Demuth, eine Rose der Sanftmuth, eine Wurzel der Tugenden, ein Spiegel der Geduld, des Gebets Entzündung, ein Baum der Gesundheit, ein Brunn der Seligkeit, das Brod des Lebens, das Haupt der Kirche, ein Bräutigam der Seelen, eine köstliche Perle, ein Fels des Heils, ein lebendiger Eckstein, ein Erbe über Alles, ein König der Ehren, das Heil der Welt, ein Ueberwinder der Hölle, ein Fürst des Friedens, ein starker Löwe, ein ewiger Vater, ein Führer in's ewige Vaterland, die Sonne der Gerechtigkeit, ein heller Morgenstern, ein unauslöschliches Licht des himmlischen Jerusalems, die Klarheit des ewigen Lichts, ein unbefleckter Spiegel, ein Glanz der göttlichen Majestät, das Ebenbild der väterlichen Gütigkeit, ein Schatz der Weisheit, ein Abgrund der Ewigkeit, ein Anfang ohne Anfang, das ewige Wort, das Alles trägt; eine Weite, die Alles begreift; ein Leben, das Alles lebendig macht; ein Licht,

das Alles erleuchtet; die Wahrheit, die Alles richtet; ein Rath, der Alles regiert; eine Richtschnur, die Alles eben macht; die Liebe, die Alles erhält, und der ganze Inbegriff alles vollkommenen Gutes. — Siehe, o Christ, das ist das große, unendliche Geschenk, das Gott dem sterblichen Menschen gegeben hat.

Gebet um wahre Zueignung Christi.

O ewiger Erbarmer, du hast in deinem Sohn die Fülle deiner Gnade uns eröffnet, und es ist dein ernster Wille, daß wir aus Jesu, unserm Heiland, Gnade um Gnade nehmen. Du lädst uns auf das liebreichste ein, wir sollen kommen, und verheißest uns alle himmlische Gnadengüter, wodurch unser unsterblicher Geist erquickt, gesättigt und gestärkt werden kann. An dir liegt es also nicht, wenn wir in unserm Sündentode elend, jämmerlich, blind, nackend und bloß bleiben. Denn wen da dürstet, der darf kommen, und wer da will, der darf nehmen das Wasser des Lebens umsonst. O liebreicher Gott, entdecke uns unsern großen Mangel, und bringe uns zum schmerzhaften Gefühl desselben. Laß uns durch die Wirkungen deines Geistes über unsere Unseligkeit von Herzen betrübt, zerknirscht und zerschlagen werden. Lehre uns aber auch heilsam verstehen, daß allen unsern Mängeln, Gebrechen und Nöthen durch deinen Sohn, unsern Heiland, wahrhaftig könne abgeholfen werden, und wir in ihm einen reichen und bleibenden Trost erlangen können. Laß aus dieser Ueberzeugung ein inbrünstiges Verlangen nach unserm Seligmacher in uns entstehen; und wenn die Sünde in uns mächtig geworden ist, daß sie uns anklagt, verflucht und verdammt, so laß doch deine Gnade in Christo noch viel mächtiger seyn, daß wir dadurch vor deinem Richterstuhle losgesprochen, gesegnet und selig gemacht werden. Majestätischer Gott! wir sind sehr beschämt und tief gebeugt vor dir, wegen unserer vielen Sünden. Weil du aber unser in Christo versöhnter Vater bist, so trauen wir dir zu, du werdest uns gewiß zu Jesu ziehen und um Jesu willen deine Vaterliebe zu unserm ewigen Heil an uns offenbaren. Deinem Namen sey Preis, Ehre und Herrlichkeit, jetzt und immerdar. Amen.

Das 2. Capitel.
Wie ein jeder Christ diesen Trost auf sich ziehen und sich zueignen soll.

Luc. 19, 10. Des Menschen Sohn ist gekommen, zu suchen und selig zu machen, das verloren ist.

1. Der erste Hauptgrund, daß ein jeder Christ der Vergebung der Sünden und Christi Verdienstes sich zu trösten habe, sind I) die allgemeinen Verheißungen; unter denen nicht die geringste ist dieser Spruch Luc. 19, 10. Denn so Christus gekommen ist, die Verlorenen zu suchen, so wird er dich auch suchen; denn du bist derselben einer. So er gekommen ist, die Verdammten selig zu machen, so wird er dich auch selig machen. Ap. Gesch. 17, 30: „Gott hat befohlen allen Menschen an allen Enden, Buße zu thun; darum daß er einen Tag verordnet hat, an welchem er richten will den Kreis des Erdbodens." Dieß ist eine tröstliche Schlußrede: Christus wird den ganzen Erdkreis richten; darum gebeut Gott, daß alle Menschen Buße thun sollen, daß sie dem schrecklichen Urtheil der Verdammniß entgehen mögen. Welches auch St. Petrus wiederholt in der 2. Epistel Cap. 3, 9: „Gott will nicht, daß Jemand verloren werde, sondern daß sich Jedermann zur Buße kehre." Da hast du den allgemeinen gnädigen Willen Gottes gegen dich, dessen der große Sünder Manasse sich tröstet in seinem Gebet, da er V. 7. 8 spricht: „Du hast nach deiner großen Güte Buße verheißen zur Vergebung der Sünden, und hast die Buße nicht den Gerechten gesetzt, sondern den Sündern." Siehe, was dieser thut, das thue du auch. Denn Gott hat mit solchen Exempeln bezeugt, daß er wolle Buße annehmen für die Sünde. B. der Weish. 12, 19.

2. II) Der andre Grund ist sein theurer Eid. Denn damit du an dem gnädigen Willen Gottes gegen dich nicht zweifeln solltest, hat er seinen Willen und seine allgemeine Verheißung mit einem theuren

Eide bekräftigt, Ezech. 33, 11: „So wahr ich lebe, will ich nicht den Tod des Sünders, sondern daß sich der Sünder bekehre, und lebe. Meinest du, daß ich an dem Tode des Gottlosen ein Wohlgefallen habe?" Als wollte er sprechen: Wie kann der am Tode Lust haben, der das Leben selbst ist? Wenn sich der Gottlose bekehrt, so soll er leben. „Es soll ihm nicht schaden, daß er ist gottlos gewesen, und aller seiner Sünden, die er gethan hat, soll nimmermehr gedacht werden," V. 12. 15. 16. Siehe, Gott will die Gottlosen, die Sünder bekehrt haben. Bist du nicht ein Sünder? Diesen Eid erklärt St. Paulus, 1 Tim. 1, 15: „Es ist ein theures, werthes Wort, daß Jesus Christus in die Welt gekommen ist, die Sünder selig zu machen." Ist nun Christus gekommen, die Sünder selig zu machen, so bist du auch einer von denen, um welcher willen Christus gekommen ist.

3. Daß Gott der Sünden nicht mehr gedenken will, verheißt er dreimal. Einmal Jes. 43, 25: „Ich tilge deine Uebertretung um meinetwillen, und gedenke deiner Sünden nicht." Das andre Mal Jer. 31, 34: „Das soll der Bund seyn: Ich will ihnen ihre Sünden vergeben, und derselben nicht gedenken." Das dritte Mal Ezech. 18, 21. 22: „Wo sich der Gottlose bekehret von seinen Sünden, so soll er leben und nicht sterben. Es soll aller seiner Uebertretung, die er begangen hat, nicht gedacht werden."

4. Die Ursache aber, warum Gott der Sünden nicht mehr gedenken will, ist die vollkommene Bezahlung und Versöhnung. Denn was vollkömmlich, ja überflüssig bezahlt ist, das muß auch vergessen seyn. Und weil Gott gründlich versöhnet, ausgesöhnet, durchsöhnet ist, durch das allerheiligste Opfer Christi, so kann er ja nicht mehr mit uns zürnen, noch der Sünden ewig gedenken.

5. Diesen Eid wiederholt Gott der Herr, Jes. 45, 22. 23: „Wendet euch zu mir, so werdet ihr selig, aller Welt Enden. Ich schwöre bei mir selbst, und ein Wort der Gerechtigkeit gehet aus meinem Munde." Diesen Eid erklärt die Epistel an die Hebräer am 6., V. 17. 18: „Gott, da er wollte den Erben der Verheißung überschwänglich beweisen, daß sein Rath nicht wanket, hat einen Eid dazu gethan, auf daß wir durch zwei Stücke, die nicht wanken (denn es ist unmöglich, daß Gott lüge), einen starken Trost haben, und halten an der angebotenen Hoffnung, welche wir haben als einen sichern und festen Anker unserer Seelen." Das ist, durch Gottes Rath oder Verheißung, und durch seinen Eid hat er seinen gnädigen Willen versiegelt und bekräftigt.

6. III) Der dritte Grund ist der ewige Gnadenbund, welcher besteht in Vergebung der Sünden. Jer. 31, 34: „Das soll der Bund seyn, ich will ihnen ihre Sünde vergeben." Dieser Bund, dieses Testament ist durch Christi Tod bestätigt; darum ist er ewig. Daher spricht Jesaias Cap. 54, 10: „Der Bund des Friedens soll nicht hinfallen, spricht der Herr, dein Erbarmer." Jes. 55, 3: „Ich will mit euch einen ewigen Bund machen, die gewisse Gnade Davids," das ist, Christi. 5 Mos. 4, 31: „Der Herr, dein Gott, ist ein barmherziger Gott; er wird dich nicht lassen verderben, noch vergessen seines Bundes." Ps. 111, 5: „Er gedenket ewiglich an seinen Bund." Und damit du dich dieses ewigen Bundes trösten kannst, daß dich Gott auch in denselben eingeschlossen: so hat er denselben mit dir insonderheit wiederholt, und dir insonderheit auf's neue denselben bestätigt in der heiligen Taufe. Daher St. Petrus die Taufe nennt einen Bund eines guten Gewissens mit Gott, 1 Pet. 3, 21. Darum hat sich Christus auch taufen lassen im Jordan, und ist mit dir in den Bund getreten, Matth. 3, 13.

7. IV) Der vierte Grund ist der Tod Christi, dadurch der Bund und das Testament Gottes bestätigt ist. Da bedenke nun, für wen der Tod Christi geschehen? St. Paulus antwortet dir, 2 Cor. 5, 14: „Einer ist für Alle gestorben." St. Johannes spricht: „Er ist die Versöhnung für der ganzen Welt Sünden." 1 Joh. 2, 2. St. Johannes der Täufer spricht: „Siehe, das ist Gottes Lamm, das der Welt Sünde trägt," Joh. 1, 29. Welches St. Paulus tröstlich erklärt: „Wie durch Eines Men-

schen Sünde die Verdammniß über alle Menschen gekommen ist, also ist durch Eines Gerechtigkeit die Rechtfertigung des Lebens über alle Menschen gekommen," Röm. 5, 18, wo St. Paulus gegen einander hält Adam und Christum. Sollte Adams Sünde kräftig seyn über alle Menschen, und Christi Gerechtigkeit sollte nicht viel kräftiger und mächtiger seyn? „Ist die Sünde mächtig, so ist die Gnade noch mächtiger," V. 20. Darum, auf daß St. Paulus beweise, daß Christi Verdienst allgemein sey, und alle Menschen angehe, setzt er eine herrliche Schlußrede, 1 Tim. 2, 5: „Es ist Ein Mittler zwischen Gott und den Menschen, der Mensch Christus Jesus, der sich selbst gegeben hat für Alle zur Erlösung." Derhalben „will auch Gott, daß allen Menschen geholfen werde, und sie zur Erkenntniß der Wahrheit kommen," weil Christus sich für alle gegeben hat zur Erlösung. Und das nennt St. Paulus, Col. 1, 20: „daß durch Christum Alles versöhnt ist, was im Himmel und auf Erden ist." Welches er auch bezeugt Röm. 8, 32: „Gott hat seines eigenen Sohnes nicht verschonet, sondern ihn für uns Alle dahin gegeben." Siehe, in dieser Zahl bist du auch. „Denn bei Gott ist kein Ansehen der Person," Ap. Gesch. 10, 34. Sage mir, für wen ist Christus gestorben? Für die Sünder. Ist er nun für die Sünder gestorben, so ist er auch für dich gestorben, weil du auch ein Sünder bist.

8. V) Der fünfte Grund ist der allgemeine Beruf, welcher fließt aus dem allgemeinen Verdienst Christi. Denn weil dasselbe für aller Welt Sünde geschehen, so ist auch dasselbe „geprediget worden allen Creaturen," Marc. 16, 15. Der Herr spricht, Matth. 9, 13: „Ich bin gekommen, die Sünder zur Buße zu rufen, und nicht die Gerechten." Siehe, du bist ein Sünder, darum hat dich der Herr gerufen. Wozu? Zur Buße. Warum? Daß du Vergebung der Sünden erlangen sollst durch den Glauben. Darum hat er „predigen lassen in aller Welt Buße und Vergebung der Sünden," Luc. 24, 47. Darum spricht St. Paulus, Col. 1, 23: „Das Evangelium ist geprediget allen Creaturen, die unter dem Himmel sind." Warum hat aber Gott das Evangelium predigen lassen? Den Glauben aufzurichten und anzuzünden, wie zu den Röm. 10, 14 tröstlich geschrieben ist: „Wie sollen sie anrufen, an den sie nicht glauben? wie sollen sie glauben, von dem sie nicht gehöret haben?" Nun läßt dich aber Gott nicht vergeblich rufen. Er ist kein Heuchler, es ist ihm ein rechter Ernst. Er will, du sollst seinem göttlichen Berufe folgen, zürnt auch mit Ernst über die, so seine Mahlzeit und Hochzeit verachten, Matth. 22, 7. Luc. 14, 21. Denen aber, die durch den Glauben diesen Beruf annehmen, hat er die tröstliche Verheißung gegeben, und dieselbe an den Glauben gebunden, „daß Alle, die an ihn glauben, nicht sollen verloren werden, sondern das ewige Leben haben," Joh. 3, 16; ja daß er auch denselben Glauben bis an's Ende erhalten wolle, bis des Glaubens Ende, die Seligkeit, darauf erfolgt, Phil. 1, 6. 1 Petr. 1, 9.

9. VI) Der sechste Grund ist das innerliche Zeugniß des heiligen Geistes, der in dir seufzet nach der Gerechtigkeit, mit welchem du versiegelt bist, Röm. 8, 16. Eph. 4, 30. Dieser Geist bewegt ohne Unterlaß dein Gewissen, und läßt dir keine Ruhe, straft dich ohne Unterlaß, stellt dir deine Sünden vor Augen, treibt dich zur Buße, ruft dir inwendig, und überzeugt dich, wollte dich gern von Sünden abhalten und bekehren. Und wenn du das gleich verbergen wolltest, so kannst du es nicht. Dieser Zeuge Christi in dir schweigt nicht. Wenn du gleich die Ohren zustopfest, so hörst du ihn doch inwendig. Und wenn du das gleich nicht verstehen willst, so mußt du ihn doch empfinden und leiden. Welches ja ein unwidersprechliches, kräftiges, thätiges, lebendiges Zeugniß ist, daß dich Gott gern wollte selig haben.

10. VII) So hast du so viel Exempel, daß Gott die Sünder hat angenommen, die sich zu ihm bekehrt haben. Es ist ja kein Gerechter unter allen Menschen, sie sind alle Sünder; nicht allein David, Manasse, Petrus, Paulus, Maria Magdalena, Zachäus, sondern alle Menschen. „Denn

es ist kein Unterschied, wir haben Alle gesündigt, und mangeln Alle des Ruhms, den wir vor Gott haben sollen," Röm. 3, 23. „Vor ihm ist Niemand unschuldig," 2 Mos. 34, 7. Wie er nun Einen Sünder hat angenommen, also nimmt er alle Sünder an; denn bei ihm ist kein Ansehen der Person, es ist keiner besser vor ihm, denn der andere, Ap. Gesch. 10, 34. Wir werden Alle aus Gnaden, ohne Verdienst gerecht, und bedürfen Alle Vergebung der Sünden, Eph. 2, 8. Pf. 32, 6. „Wenn er will Sünden zurechnen, wer wird vor ihm bestehen?" Pf. 130, 3. „Denn vor ihm ist kein Lebendiger gerecht," wenn er mit uns will in's Gericht gehen, Pf. 143, 2.

11. VIII) So ist auch Christi Verdienst nicht allein genug, sondern übergenug für aller Menschen Sünden, sie seyen so groß, so viel und schrecklich, als sie wollen. Christi Verdienst ist nicht allein eine genugsame, gleichgeltende Bezahlung und Lösegeld, sondern eine übergeltende, überwichtige, weit vollkommnere und größere Bezahlung, denn aller Welt Sünden. Warum wolltest du dich denn selbst ausschließen und diese Bezahlung nicht annehmen? Du bist ja auch ein Mensch. Nun spricht der Herr: „Des Menschen Sohn ist nicht gekommen, die Seelen der Menschen zu verderben, sondern zu erhalten," Luc. 9, 56. Du bist ja auch in der Welt. Nun spricht St. Paulus: „Gott hat die Welt in Christo versöhnet," 2 Cor. 5, 19. Und St. Johannes spricht: „Er ist die Versöhnung für der ganzen Welt Sünden," 1 Joh. 2, 2, das ist, für alle Sünden eines jeden Menschen.

12. IX) So ist Christi Verdienst eine unendliche, ewige Bezahlung, die keine Zahl, kein Maaß, kein Ende hat, wegen der hohen Person, so für uns gelitten, die Gott und Mensch ist. Warum wolltest du denn diesem hohen Verdienst eine Zahl, ein Maaß, ein Ende setzen, daß es eben an dir sollte aufhören, und dich und deine Sünden nicht mit begreifen? Ja, wenn ein jeder Mensch aller Welt Sünden allein auf sich hätte, und so viel Welten voll Sünde wären, so viel Menschen sind: so wäre doch Christi Verdienst und Gerechtigkeit größer. Warum wolltest du denn dir dasselbe nicht auch zueignen? Das ist die Tiefe des Meers, darein Gott unsere Sünden geworfen, Mich. 7, 19. Das ist's, was der 103. Pf., V. 11 spricht: „So hoch der Himmel über der Erde ist, lässet Gott seine Gnade walten über Alle, die ihn fürchten. So weit der Abend vom Morgen ist, lässet er unsere Uebertretung von uns seyn." Das ist die ewige Erlösung, davon die Epistel an die Hebräer am 9., V. 12 sagt. Das ist's, was St. Paulus sagt: „Wer will verdammen? Christus ist hier, der gestorben ist; Gott ist hier, der gerecht macht," Röm. 8, 33. 34.

13. X) So ist Christi Gehorsam vollkommen, weil er dem Willen seines Vaters und dem Gesetz in allen Puncten hat genug gethan, allen Ungehorsam aller Menschen zu versöhnen. Denn so Eines Menschen Sünde und Ungehorsam durch ihn nicht wäre hinweggenommen, so wäre sein Gehorsam nicht vollkommen, so wäre Adams Ungehorsam kräftiger und mächtiger zur Sünde, denn Christi Gehorsam zur Gerechtigkeit. Welches aber nicht seyn kann, wie St. Paulus zu den Römern am 5., V. 18 spricht. Warum wolltest du dich denn aus dem vollkommenen Gehorsam Christi selbst ausschließen, und dir denselben nicht zueignen? Bedenke, warum Christus so einen tiefen Gehorsam und eine Erniedrigung bis zum Tode des Kreuzes, Phil. 2, 8, das ist, bis in den ewigen Fluch, seinem himmlischen Vater geleistet, „auf daß er die, so unter dem Fluch des Gesetzes waren, erlösete," Gal. 4, 5. Siehe, unter diesem Haufen bist du auch. Und diese allertiefste Erniedrigung hat darum geschehen müssen, weil unsere ersten Eltern die Ehre der allerhöchsten Gottheit begehrt und angetastet haben. Das hat Christus mit der allertiefsten Schmach und Erniedrigung büßen müssen, und ein Fluch werden, damit auf Alle, so in Adam verflucht sind, der Segen kommen möchte, Gal. 3, 13.

14. XI) So geht Christi königlicher Sieg, Triumph und Ueberwindung über alle Macht der Sünden, über alle Menge der Sünden, über alle Größe der Sün-

ben, über alle Gewalt des Teufels, des Todes, der Hölle. Wie sollte denn Christi Sieg und Ueberwindung nicht über deine Sünden gehen? Sollte denn deine Sünde allein stärker seyn, denn Christus, der allmächtige König? Hat er alle seine Feinde zum Schemel seiner Füße gelegt, Ps. 110, 1, wie sollten denn deine Sünden allein über Christum herrschen? wie solltest du dich von diesem gewaltigen Sieg und Triumph Christi allein ausschließen?

15. XII) So ist Christi königliches Hohepriesterthum ewig, Ps. 110, 2. 4. Hebr. 4, 14. Cap. 5, 6. Er vergibt Allen die Sünde, die ihn darum bitten. Er gibt Allen den heiligen Geist, die ihn darum bitten. Er versagt Niemand sein Amt, er kann's auch nicht thun, denn er ist ein Heiland der Welt, ein Mittler zwischen Gott und den Menschen. Wenn er nur Einem Menschen, der ihn anliefe, sein Amt versagte, so wäre er kein Mittler. Und wie sollte er sein hohepriesterliches Mittleramt einem Menschen versagen? Beut er's doch allen Menschen an, und allen Sündern: „Kommet her zu mir, Alle, die ihr mühselig und beladen seyd," Matth. 11, 28. „Alle, die ihr durstig seyd, kommet her zum Wasser des Lebens," Jes. 55, 1. Läßt uns doch der Herr bitten durch seine Botschafter, wir sollen uns mit Gott versöhnen lassen, und beut uns sein Versöhnamt an, 2 Cor. 5, 20. Er suchet ja die verlorenen Schafe, er nimmt ja den verlorenen Sohn an, Ezech. 34, 15. Luc. 15, 20. Siehe, du bist ja auch ein Mensch, warum wolltest du denn das Mittleramt Christi zwischen dir armen Menschen und zwischen Gott ausschlagen und selbst verwerfen, und dich selbst von dem hohen, tröstlichen, hohepriesterlichen Mittleramt ausschließen?

Gebet um Vergebung der Sünden.

Gepriesen sey dein herrlicher Name, o Jesus Christus! daß du ein Heiland der Sünder geworden bist. Du hast gemacht die Reinigung unserer Sünden durch dich selbst; und nachdem du mit deinem Blute einmal in das Allerheiligste eingegangen bist, so hast du für alle verlorene Adamskinder eine ewige Erlösung erfunden. Dein Jesusblut redet für uns bei deinem Vater, und um deines vergossenen Blutes willen rufst du alle Sünder zu dir; ja, nachdem du für uns bist erhöhet worden, willst du uns auch Alle zu dir ziehen. Noch keinen Sünder hast du von dir hinausgestoßen, wenn er sich deinem Liebeszug überlassen hat. An vielen Tausenden hast du bis auf diesen Augenblick den Reichthum deiner Herrlichkeit bewiesen, und aus verfluchten Sclaven des Teufels selige Kinder Gottes gemacht. O wie inbrünstig liebst du uns Menschen! Wahrlich, du hast kein Gefallen an dem Tode des Sünders, sondern willst vielmehr, daß er sich bekehre, und lebe. Erhabener Heiland! wir werfen uns in Erkenntniß unserer vielen Sünden mit gebeugten Herzen vor deinem Gnadenthron nieder. Wir sind nicht werth, daß du dein Gnadenangesicht auf uns richtest. Wir haben es verdient, daß du uns dem Gerichte der ewigen Verdammniß übergibst. Allein, holder Menschenfreund! wir wissen aus deinem Worte, daß das je gewißlich wahr und ein theuer werthes Wort ist, daß du gekommen bist in die Welt, die Sünder selig zu machen. Jesu, ach Jesu! setze uns unter die Anzahl deiner Begnadigten. Laß uns hören dein süßes Wort, daß wir leben und nicht sterben sollen. Reinige unser Gewissen von den todten Werken, und versichere uns davon durch deinen Geist, daß alle unsere Sünden getilgt, daß alle unsere Uebertretungen in die Tiefe des Meeres geworfen sind, und daß ihrer in Ewigkeit nicht mehr gedacht werden soll. Liebster Heiland, unser Mund wird hierüber voll Jauchzens, und unser Herz voll Rühmens werden; ja, wir werden dich darüber in alle Ewigkeit preisen, daß wir deinem blutigen Verdienst unsere ganze Seligkeit zu danken haben. Jesu, dein Blut komme über uns zu unserm ewigen Segen. Amen.

Das 3. Capitel.

Daß unsere Gerechtigkeit vor Gott allein bestehe in dem vollkommenen Gehorsam und Verdienst Jesu Christi, und in Vergebung der Sünden, welche der Glaube ergreift.

Röm. 5, 19. Wie durch Eines Menschen Ungehorsam viel Sünder geworden sind: also sind durch Eines Menschen Gehorsam viel Gerechte geworden.

1. Gleichwie ein guter Baumeister, wenn er ein hohes Gebäu aufrichten will, zuvor einen tiefen, beständigen Grund legen muß: also der gnädige und barmherzige Gott, als er wollte das hohe, ewige Gebäu unserer Seligkeit und Gerechtigkeit aufführen, legte den Grund in die Tiefe seiner Barmherzigkeit, auf den ewigen und beständigen Grund der Person und des Amts seines lieben Sohnes, unsers Herrn Jesu Christi, als auf den rechten Felsen des Heils, der nicht wanket; wie er solches durch den Propheten Jesajas am 28., V. 16 verheissen hat: „Siehe, ich lege einen Grundstein in Zion, einen bewährten Stein, einen köstlichen Eckstein, der wohl gegründet ist; wer glaubet, der fleucht nicht." Welchen Grund und Fels der Herr St. Petro zeigt und andeutet, darauf er seine Gemeinde bauen wolle, so fest und gewiß, daß sie auch die Pforten der Hölle nicht überwältigen sollten, Matth. 16, 18. Welchen Grund auch St. Paulus und Petrus predigen, 2 Tim. 1, 9. 1 Petr. 2, 4. Und der 118. Psalm, V. 22 gründet sich auf diesen wunderbaren Eckstein. Auf diesen Grund hat Gott unsere Gerechtigkeit, Seligkeit und den Glauben erbauet.

2. Gleichwie aber unser gnädiger, lieber, himmlischer Vater den Grund unserer Seligkeit und Gerechtigkeit in den tiefen Abgrund seiner Barmherzigkeit gelegt hat, in seine ewige Liebe, in seinen lieben Sohn, in sein allerfreundlichstes Vaterherz: also hat er auch denselben gelegt in die Tiefe unsers Herzens, in den innersten Grund unserer Seele; auf daß durch das neue göttliche Licht und die Kraft des Glaubens, den er in uns durch den heiligen Geist wirket, allein Christi Gerechtigkeit ergriffen, und uns aus Gnaden, allein durch denselben Glauben, zugerechnet und geschenkt werde, ohne alle unsere vorhergehenden und nachfolgenden Werke; und zwar

3. I) Auf daß er den Menschen von innen heraus rechtfertige, aus dem Grunde der Seele, gleichwie der Mensch in den innersten Kräften der Seele abgründlich tief vergiftet ist durch den Satan.

4. II) Muß unsere Gerechtigkeit allein aus dem Glauben kommen, weil denselben Gott wirkt, auf daß er bestehe allein in Gottes Werk, und nicht in äußerlichen Menschenwerken oder Heuchelei, wie die pharisäische Gerechtigkeit, die nur auswendig war, und nicht im Herzensgrund, Matth. 5, 20.

5. III) Auf daß unser Herz, Geist und Seele sich wieder abwendete von allen eigenen menschlichen Kräften und Vermögen, zu welchen sie sich durch des Teufels Verführung geneigt hatte, durch eigene Ehre, Liebe und Hoffart; und dagegen sich bloß wendete zu Christo, zu seinem theuern Verdienst und seiner Genugthuung, woraus allein Vergebung aller unserer Sünden aus Gnaden herfließt, darum daß Christus Jesus allein für der Welt Sünden genug gethan und den Vater versöhnt hat.

6. IV) Auf daß Christi Gerechtigkeit unser eigen würde durch den Glauben. Darum er auch durch sein Wort und seinen Geist in unsern Herzen den Glauben wirken und anzünden läßt, auf daß wir durch denselben dieses unaussprechlichen Schatzes theilhaftig werden können. Denn dieß ist der höchste, unausdenkliche und unaussprechliche Trost, daß unsere Gerechtigkeit nicht eines Menschen, nicht eines großen Herrn, nicht eines Engels Gerechtigkeit ist, sondern Christi Gerechtigkeit, Gottes Gerechtigkeit. „Gott ist hier, der gerecht macht," Röm. 8, 33. Darum, wenn eines Menschen Sünde die ganze Welt erfüllete, so ist doch Christi Verdienst größer; denn er ist der Gott, der unsere Gerechtigkeit ist, Jer. 33, 16. Sollte wohl die Sünde mächtiger seyn, denn Gott? Es ist, gleich als wenn man einen Gulden schuldig wäre, und man be-

zahlete den Schuldherrn mit tausendmal tausend Centnern Goldes. So ist Christi Blut, welches St. Paulus Gottes Blut nennt, Ap. Gesch. 20, 28, zu rechnen gegen unsere Sünde. So groß ist Christi Gerechtigkeit, die er uns schenkt durch den Glauben; also daß wir nicht allein durch ihn gerecht werden, sondern daß wir in ihm werden die Gerechtigkeit selbst, 2 Cor. 5, 21. Denn gleichwie es nicht genug ist, daß man ein armes kleines Kind wäscht und reinigt von seiner Unsauberkeit, und läßt es darnach nackend liegen; sondern man muß es auch wieder anziehen, mit weißem, reinen Hemdlein und reinen Tüchern bekleiden, Ezech. 16, 10: also hat uns Christus, unser Herr, nicht allein rein gewaschen mit seinem Blute, sondern auch mit dem Kleide des Heils und mit dem Rock der Gerechtigkeit bekleidet. Denn wir haben Zweifältiges empfangen von der Hand des Herrn, Jes. 40, 2. Welches Kleid der Prophet Jesaias am 61., V. 19 nennt ein priesterliches Kleid, das ist, ein heiliges Kleid, und der 29. Psalm V. 2 einen heiligen Schmuck, und Offenb. 19, 8 weiße Leinwand, welches ist die Gerechtigkeit der Heiligen. Der Prophet Amos C. 5, 24 nennt es Ströme der Gerechtigkeit, St. Paulus Röm. 5, 20 eine mächtige überfließende Gnade; Eph. 2, 7 den überschwänglichen Reichthum der Gnade. Das ist, so eine große Gerechtigkeit, daß sie kein Mensch ausdenken kann, so groß als Gott selbst. Denn obwohl unsere ersten Eltern in ihrer Unschuld eine vollkommene Gerechtigkeit gehabt, so haben sie doch nicht eine so hohe, überfließende Gerechtigkeit gehabt, als wir jetzo in Christo haben. Denn Christi Gerechtigkeit und Heiligkeit, die er uns schenkt durch den Glauben, ist viel größer, denn die uns Adam hätte können anerben, wenn er schon nicht gefallen, sondern in der Unschuld geblieben wäre. So ist auch Christus mit einer höhern Demuth und Gehorsam Gott gefällig gewesen, denn Adam in seiner Unschuld; denn er ist mehr denn tausend Adam in seiner Unschuld. Und ob uns gleich Adam die Erbgerechtigkeit hätte in der Unschuld angeerbt, und uns mit derselben vereiniget: so ist doch die Vereinigung, so wir mit Gott haben in Christo, viel größer, indem Christus Mensch geworden, unsere menschliche Natur angenommen, und dieselbe so hoch gereiniget hat in ihm selbst, ja viel höher, als sie immer in Adam gewesen ist; bleibt auch mit derselben einmal angenommenen menschlichen Natur ewig vereiniget, und in derselben alle Gläubige mit ihm. Denn Christus ist ganz unser, und wir sind ganz sein. Und so rein, als er nun seine menschliche Natur gemacht hat in seiner Person, so rein hat er unsere Natur auch vor Gott gemacht; welches wir in der Verklärung an jenem Tage erfahren werden, wenn unsere sterblichen Leiber ähnlich geworden sind seinem verklärten Leibe, Phil. 3, 21. Hier heißt es im Glauben: „Siehe, meine Freundin, du bist schön, schön bist du," Hohel. 1, 15. Und Eph. 5, 27: „Herrlich, ohne Runzel und Makel." Und im 45. Pf. V. 14: „inwendig schön mit güldenen Stücken geschmückt." Summa, unsere Gerechtigkeit ist so groß in Christo, als Gott selbst, daß wir sie in Ewigkeit nicht werden ergründen können, so wenig als Gott selbst. Darüber alle Creaturen erstarren müssen, und können wider den Menschen nichts aufbringen, sondern müssen sagen: Wer will den Menschen verdammen? Röm. 8, 34. Ist doch Gottes Sohn selbst seine Gerechtigkeit. Siehe, das ist des Glaubens Gerechtigkeit, darauf wir so fest bauen, als auf einen ewigen Grund; deren wir uns freuen und rühmen in Zeit und Ewigkeit; dadurch wir siegen und triumphiren über Welt, Sünde, Tod, Teufel und Hölle; dadurch wir auf Löwen und Ottern gehen, und treten auf junge Löwen und Drachen, Pf. 91, 13. Luc. 10, 19.

7. V) Unsere Gerechtigkeit kann auf keinen Engel gebaut werden, denn es ist kein Engel für uns gestorben; viel weniger auf einen Menschen, denn wie bald wanket ein Mensch mit seiner Gerechtigkeit, wie bald fällt er dahin? so liegt denn darnieder im Koth alle seine Gerechtigkeit; und so er fällt, wird seiner Gerechtigkeit nicht mehr gedacht, Ezech. 18, 24.

C. 33, 13. Darum muß unsere Gerechtigkeit einen andern, festen, beständigen und ewigen Grund haben, der nicht hinfällt, wenn gleich Berge und Hügel hinfallen, Jes. 54, 10; der da bleibet, wenn Alles vergeht. Es wird eine ewige Gerechtigkeit herzugebracht werden, Dan. 9, 24. „Mein Heil bleibet ewiglich, und meine Gerechtigkeit wird nicht verzagen," Jes. 51, 6. Es muß fürwahr das allerhöchste, ewige, unendliche Gut seyn, das uns durch eine ewige Person, durch die höchste Person, durch eine unendliche, höchste Bezahlung erworben ist.

8. VI) Hat Gott unsere Gerechtigkeit durch den Glauben zu ergreifen verordnet, weil derselbe auf Gottes Wahrheit und Verheißung gebaut und daran gebunden ist, durch welche Gott die Gerechtigkeit dem Abraham und allem seinem gläubigen Samen verheißen und zugesagt hat. „Darum," schließt St. Paulus zu den Römern 4, 16, „muß die Gerechtigkeit aus dem Glauben kommen; auf daß sie sey aus Gnaden, und die Verheißung fest bleibe." Auf diese Verheißung der Gnade, so in Christo erfüllt ist, hat Gott unsere Gerechtigkeit und Seligkeit erbaut; wie der Apostel ferner zu den Galatern 3, 6 ff. bezeugt: „Gleichwie Abraham hat Gott geglaubet, und es ist ihm zugerechnet zur Gerechtigkeit. So erkennet ihr nun, daß, die des Glaubens sind, die sind Abrahams Kinder. Die Schrift aber hat es zuvor ersehen, daß Gott die Heiden durch den Glauben gerecht mache; darum verkündiget sie dem Abraham: In dir sollen alle Heiden gesegnet werden (1 Mos. 12, 3). Also werden nun, die des Glaubens sind, gesegnet mit dem gläubigen Abraham." Diese Gnade und Wahrheit ist uns durch Jesum Christum geworden, Joh. 1, 17.

9. Und endlich zum VII) so hat auch Gott der Herr unsere Gerechtigkeit auf seine Gnade und Christi Verdienst gegründet, Jes. 45, 22. 23. 24. C. 53, 11, auf daß Christus, unser Herr, allein die Ehre behalte. Denn aus ihm allein kommt unser Heil, Hos. 13, 9. Er ist unserer Gerechtigkeit und Seligkeit Anfang, Mittel und Ende, „auf daß Aller Mund verstopft werde," spricht St. Paulus Röm. 3, 19; und Ephes. 2, 8. 9: „Gottes Gnade ist es, nicht aus den Werken, auf daß sich kein Fleisch rühme." Wenn aber unsere Gerechtigkeit auf uns selbst, auf unsere Werke und Verdienst gegründet wäre, so wäre die Gnade nichts, wir bedürften auch keiner Gnade und Barmherzigkeit und keiner Vergebung der Sünden, darum doch alle Heiligen Gott bitten, Ps. 32, 6; es wäre auch die Demuth und Furcht Gottes, der Glaube und das Gebet aufgehoben; wir bedürften auch keines Mittlers, Erlösers, Heilandes, Seligmachers; und Christus wäre umsonst gestorben; wir wären auch schuldig, das ganze Gesetz mit vollkommenem innerlichen und äußerlichen Gehorsam zu erfüllen; wären auch unter dem Fluch und aus der Gnade gefallen, und hätten Christum verloren, wie St. Paulus Gal. 3. 4 und 5 nachdrücklich bezeugt. So gar ist die Lehre von der Gerechtigkeit der Werke vor Gott dem Fundament der ganzen Schrift alten und neuen Testaments und dem heiligen christlichen Glauben zuwider.

10. Daß aber unsere Gerechtigkeit und Seligkeit auf Gottes ewige Gnade, auf Christi ewige Person und Amt erbaut und gegründet ist, und wir in Christo ewig gerecht, fromm, heilig, lebendig, selig, Gottes Kinder und Erben sind, ja daß Christi Gerechtigkeit unsere Gerechtigkeit, Christi Frömmigkeit unsere Frömmigkeit, Christi Heiligkeit unsere Heiligkeit, Christi Leben unser Leben, Christi Seligkeit unsere Seligkeit, Christi Kindschaft und Erbe unser Erbe ist, ja daß Christus ganz unser ist nach seiner Gottheit und Menschheit (denn Gott hat uns den ganzen Christum geschenkt zu einem Erlöser und Seligmacher, daß er ganz unser eigen sey, mit seiner Person, Amt, Gnade, Herrlichkeit und Seligkeit): das ist unser höchster Trost, Ehre, Ruhm, Preis, Liebe, Freude, Friede, vor Gott, den Engeln und Auserwählten, unsere höchste Weisheit und Kunst, Stärke, Kraft, Sieg, Trotz, wider Sünde, Tod, Teufel, Hölle, Verdammniß, Welt und alle Feinde. Dafür sey Gott gelobet in Ewigkeit! Amen.

Gebet um die Gerechtigkeit des Glaubens.

Allertheuerster Heiland! wir bewundern deine Liebe und Treue, die du gegen uns, deine Rebellen, so überschwänglich bewiesen hast. Du bist das Lamm Gottes, das alle unsere Sünden getragen hat, ja du bist für uns zur Sünde geworden, daß wir nun in dir werden können die Gerechtigkeit, die vor Gott gilt. Dein Vater hat uns dich vorgestellt zu einem Gnadenstuhl durch den Glauben in deinem Blute, und bietet uns in dir dar die Gerechtigkeit, in welcher wir vor seinem strengen Richterstuhle bestehen und ihm angenehm und wohlgefällig seyn können. Wir ermangeln des Ruhms, der uns anerschaffen worden ist, und sind ein Gräuel und Abscheu vor den Augen eines heiligen Gottes. Es stehet auch nicht in unsern Kräften, einen erzürnten Richter zu versöhnen, für unsere Sünden zu büßen, und uns selbst wahrhaftig zu bessern. Du aber hast die Versöhnung zwischen Gott und uns gestiftet, und hast der göttlichen Gerechtigkeit an unserer Statt vollkommen genug gethan; in dir haben wir Gerechtigkeit und Stärke. Ach Jesu! wir liegen vor dir in unserm Sündenblute; der schwere Fluch des Gesetzes drückt uns; der wohlverdiente Zorn eines gerechten Richters verursacht uns unaussprechliche Schmerzen; unser Gewissen klagt uns an, und verdammt uns; unser Gewissensbuch zeigt uns eine unaussprechliche Menge unserer Sündenschulden; wir sind werth, in den Abgrund der Hölle gestürzt zu werden. Ach Jesu! ach Erbarmer! laß um deiner Versöhnung willen uns Gnade widerfahren. Gehe nicht mit uns in's Gericht; verstoße uns, deine Erlöseten, nicht; nimm uns auf in deine Gemeinschaft; rede für uns bei deinem Vater, und laß uns deine Gerechtigkeit zu Theil werden. Du hast ja das Gesetz für uns erfüllet; laß uns nicht unter dem Fluch desselben liegen. Du hast Gottes Zorn für uns empfunden; laß uns nicht Kinder des Zorns bleiben. Du hast unsere Schulden bezahlt; laß mit deinem Blute unser Schuldenregister durchstrichen werden. Du hast die Strafen unserer Sünden für uns erduldet; ach laß uns nicht verloren werden! Jesu! wir nehmen im Glauben deine Gerechtigkeit an. Jesu! dein Gehorsam ist unser Gehorsam. Jesu! dein blutiges Verdienst kommt uns zu Gute. Ach Jesu! gib uns die Ueberzeugung davon in unserm Inwendigen, daß wir in dir gerecht sind, und durch dich Fried mit Gott erlangt haben; so wollen wir, als dein Volk, dir dienen unser Leben lang im heiligen Schmuck und mit einem willigen Geist. Amen.

Das 4. Capitel.

Daß der seligmachende Glaube in einem wahren Christen wirke allerlei Früchte der Gerechtigkeit, so aus dem innersten Grunde des Herzens gehen müssen, ohne Heuchelei; daß auch Gott alle äußerliche Werke nach dem Grunde des Herzens beurtheile.

Phil. 1, 9. 10. 11. Darum bete ich, daß ihr seyet lauter und unanstößig, bis auf den Tag Christi, erfüllet mit Früchten der Gerechtigkeit, die durch Jesum Christum kommen, zur Ehre und zum Lobe Gottes.

1. Ein wahrer Christ wird nicht allein durch den Glauben an Christum gerecht, sondern wird auch durch den Glauben eine Wohnung und ein Tempel Christi und des heiligen Geistes. Dazu hat er dein Herz gereinigt durch den Glauben, 1 Cor. 6, 19. Eph. 3, 17. Ap. Gesch. 15, 9. Darum mußt du nun deinen Herrn Christum in dir leben und herrschen lassen, nämlich seine Liebe, Demuth und Sanftmuth. Dazu gibt dir dein Herr und Erlöser seinen heiligen Geist, welcher dir ein neues, freiwilliges Herz macht, zu thun, was Gott gefällt, ohne allen Zwang, aus freiem Geist, Jer. 31, 32. 33. Hebr. 10, 16. Und dieser neue heilige Gehorsam kommt nicht aus dem Gesetz, Gebot oder Zwang, sondern aus dem lebendigen Glauben. Also ist dem Gerechten kein Gesetz gegeben, 1 Timoth. 1, 9; das ist, kein Noth- oder Zwanggesetz, wiewohl es eine schöne Regel ist eines christlichen Lebens. Denn der wahre lebendige Glaube thut Alles freiwillig, erneuert den Menschen, reinigt das Herz, liebt den Nächsten mit

Lust, hoffet und siehet auf das Zukünftige; er betet, lobet, bekennet, fürchtet Gott; ist demüthig, geduldig, barmherzig, freundlich, sanftmüthig, versöhnlich, mitleidig, friedfertig, vergibt gerne, hungert und dürstet nach der Gerechtigkeit, ergreift Gott mit aller seiner Gnade, Christum mit allem seinem Verdienst und der Vergebung aller Sünden. Und wo du Christum nicht also durch den Glauben in dir lässest leben, auch die Früchte des Geistes nicht also empfindest, sollst du darum bitten, seufzen, trauern. Das sollst du aber nicht also verstehen, daß ein Christ in diesem Leben müßte oder könnte vollkommen heilig seyn. Denn es befinden auch die Heiligsten ihre Schwachheit, wie der ganze Psalter und das Vater-Unser bezeugt, Matth. 6, 12. Aber gleichwie unser lieber Gott darum unsere Gerechtigkeit, dadurch wir vor ihm bestehen, durch den Glauben ergriffen haben will, und dieselbe in den innersten Grund des Herzens gelegt hat, auf daß sie keine Heuchelei sey: also müssen alle Früchte des Glaubens und der Gerechtigkeit aus dem Grunde des Herzens gehen, darnach sie auch Gott beurtheilt, sollen sie anders keine Heuchelei seyn.

2. Ich rede hier von keiner Vollkommenheit, sondern daß nur unser neues Leben und unsere guten Werke keine Heuchelei seyen. Die Früchte der Gerechtigkeit und des Geistes, wie sie Gal. 5, 22 beschrieben sind, müssen sich ja in denen ereignen, die den heiligen Geist haben, und muß ja der gute Baum an seinen Früchten erkannt werden, ob sie gleich nicht vollkommen und englisch sind, sondern mit vielen Gebrechen und Schwachheiten befleckt und verdunkelt. Indessen aber müssen es doch keine Heuchel- und Lügenfrüchte seyn. Das Christenthum ist zwar ein Haus und Spital voller schwachen und kranken Leute, ja beides voller Sünder und Heiligen; und geht zu, wie mit den Kindern, die erst an den Bänken gehen lernen, die muß man gängeln, heben, tragen, aufrichten, dulden. Also muß in der Christenheit Einer des Andern Last tragen, Gal. 6, 2, auch nicht bald einen schwachen Christen richten und verurtheilen, Röm. 14, 1 ff., sondern mit sanftmüthigem Geist wieder zurechtbringen, und aus desselben Exempel seine Schwachheit erkennen lernen. Aber unterdessen müssen sie auch in Christo wachsen und zunehmen, und nicht immer unverständige Kinder bleiben, ob sie wohl schwer das Fleisch tödten und überwinden können, 1 Cor. 14, 20; müssen sich auch befleißigen der Liebe von reinem Herzen, von gutem Gewissen und von ungefärbtem Glauben, 1 Tim. 1, 5, und lernen, daß Gott alle äußerliche Werke nach dem Grunde des Herzens beurtheile. Ist das Herz gut, so ist Alles gut, was du thust. Ist das Herz böse, unrein, feindselig, so sind alle deine Werke feindselig und böse vor Gott. Wie du inwendig bist, so bist du vor Gott; so ist dein Gebet vor Gott, dein Kirchengehen, dein Almosen, dein Sacramentgebrauch.

3. Darum, willst du dich und deinen Glauben recht prüfen, so nimm die zehn Gebote vor dich, und beurtheile selbst alle deine Werke nach deinem Herzen, so wirst du selbst Richter seyn können, und prüfen, ob du in deinem Thun Gott gefällst oder nicht, und ob du rechtschaffene Früchte der innerlichen Glaubensgerechtigkeit hast, Phil. 1, 11. Du treibst keine äußerliche Abgötterei. Ist recht; siehe nur zu, ob auch der Grund des Herzens dabei ist; ob du auch keinen Götzen im Herzen sitzen hast; ob du auch inwendig so bist, wie auswendig. Hängt dein Herz nicht an der Welt, am Geiz, an Hoffart: so gefällt dein äußerliches Werk Gott wohl. Ist's aber anders, so ist dein auswendiges Werk nichts vor Gott. Du betest, lobest, dankest Gott äußerlich mit dem Munde; siehe aber, daß du nicht mit dem Munde betest, und im Herzen fluchest. Forsche des Herzens Grund, wie es da steht. Ist's da nicht auch also, so ist dein Beten und Loben nichts. Du heiligest den Feiertag äußerlich. Ist recht; siehe des Herzens Grund an, wie es da steht. Hast du auch den rechten Sabbath im Herzen? Ruhest und feierst du auch da von deinen bösen Gedanken und deinem bösen Willen, und er-

gibst Gott dein Herz, daß er in dir wirke? Bringst du auch einen hoffärtigen, giftigen Wurm mit in die Kirche? Ist dem also, so ist dein Kirchengehen nichts. Du leistest den äußerlichen Gehorsam. Ist recht; siehe, ob's im Herzen auch so ist? Hast du ein gehorsames Herz, aus Liebe, nicht aus Zwang? Wo nicht, so ist's Heuchelei. Du tödtest Niemand mit der Faust. Ist recht; siehe, ob's im Herzen auch so ist? Ist Zorn da, so ist's ein innerlicher Todtschlag, und bist des Gerichts schuldig, Matth. 5, 22. Du mußt darum vor Gericht. Siehe, wie der innerliche Zorn deine Geberde verstellt, und dadurch aus dem Herzen als ein Feuer lodert. Dadurch sagst du zu deinem Bruder: Racha! und bist des Raths schuldig. Du bist eines verdammlichen, peinlichen Urtheils werth. Siehe, wenn der Zorn durch Scheltworte ausbricht, daß du sagst mit giftigen Worten: Du Narr! siehe, so bist du des höllischen Feuers schuldig. Was hilft dich's nun, daß du mit der Faust Niemand tödtest, aber im Herzen ein Mörder bist? Was hilft es, die Hände stille halten, und dagegen mit feindseligen Geberden, wie ein Basilisk mit den Augen, den Nächsten tödten? Was hilft's, das Schwert nicht zucken, und doch ein bloßes Schwert im Munde haben, und den Nächsten mit der Zunge todtschlagen? Jer. 18, 18. Im Herzen sitzt der Mörder, der Ehebrecher, der Dieb, der Lügner und die böse Bestie, die böse Lust und Wurzel alles Uebels. Siehe, wenn dieser böse Wurm im Herzen nicht getödtet wird durch wahre, herzliche Buße, Reue und Leid, durch den Glauben und das Blut Christi, so ist's unmöglich, daß du Gott dem Herrn ein einig angenehmes Werk thun könnest. Denn Gott beurtheilt Alles nach dem Herzen.

4. Dessen gibt dir der Herr selbst ein Exempel aus dem fünften Gebot, und spricht Matth. 5, 23 ff.: „Wenn du deine Gabe auf dem Altar opferst, und wirst allda eingedenk, daß dein Bruder etwas wider dich habe: so gehe zuvor hin, und versöhne dich mit ihm," oder es wird dein Gebet, Opfer, Gottesdienst, Sacrament= brauchen dir nichts helfen, ja vielmehr zur Sünde werden; denn Gott sieht das Herz an. Darum befiehlt St. Paulus 1 Tim. 2, 8, daß wir heilige Hände aufheben sollen im Gebet, ohne Zorn und Zweifel. Und den Eheleuten befiehlt St. Petrus, 1 Epist. am 3., V. 7, daß sie sich vor Zorn hüten sollen, auf daß ihr Gebet nicht verhindert werde. Darauf thut der Herr Jesus, Matth. 5, 25. 26, eine treuherzige Vermahnung zur brüderlichen Versöhnung, und braucht folgende drei Gründe.

1) Sey willfertig deinem Widersacher bald, weil du noch bei ihm auf dem Wege bist; das ist, du gehst alle Stunden auf dem Wege des Todes. Unser ganzes Leben ist nichts anders, denn ein steter Gang zum Tode und zum Grabe. Stirbst du im Zorn, so behältst du ewig ein feindseliges Herz. Und wirst du des Zorns in diesem Leben nicht los: so bleibst du ewig in deiner Seele mit dem Zorn vereinigt, ja mit dem Teufel selbst.

2) Daß dich der Widersacher nicht überantworte dem Richter. Schrecklich ist's, Einen vor Gottes Gericht fordern, und mit seinem Widersacher stehen vor dem strengen Gericht Gottes, und des Urtheils erwarten. Darum was hier vergeben, vergessen und versöhnt ist, das ist auch dort ewig vergeben, vergessen und ausgesöhnt. So hoch ist bei Gott die Liebe angesehen, daß er seine Liebe und des Nächsten Liebe bei einander haben will, ungeschieden; und will kurzum ohne des Nächsten Liebe von uns nicht geliebt seyn, 1 Joh. 4, 16. Er will seine Liebe und des Nächsten Liebe nicht getheilt haben. Denn er ist die Liebe selbst, und hat den Menschen so lieb als seine Seele.

3) Wer nicht vergeben will, wird in den Kerker geworfen, da er den letzten Heller bezahlen muß. Das ist, Gottes Gerechtigkeit ist, daß er so mit uns handle, wie wir mit unserm Nächsten handeln, und uns mit eben dem Maaß messe, damit wir Andern gemessen haben, Luc. 6, 38. Vergibst du nun deinem Nächsten nicht, so ist Gottes Urtheil, daß er dir auch nicht vergeben will; so bleibt alle deine Sünde

über dir; die mußt du denn selbst von der größten bis auf die kleinste in der ewigen Pein büßen, und kannst doch in Ewigkeit nicht bezahlen.

5. Siehe, wie dir nun der Sohn Gottes ein Exempel gegeben hat, deine äußerlichen Werke aus deinem Herzen zu beurtheilen: so beurtheile nun dein ganzes Christenthum aus deinem Herzen. Du sprichst: Ich bin ein Christ, bin getauft, habe Gottes Wort rein, höre dasselbe, gebrauche das heilige Sacrament des Abendmahls, ich glaube und bekenne auch alle Artikel des christlichen Glaubens. Darum kann mir's nicht mangeln, mein Thun muß Gott gefallen, und ich muß selig werden. So schließt jetzt alle Welt, und hält auch dafür, darin bestehe die Gerechtigkeit. Das ist wohl ein guter, rechter Schluß, wenn des Herzens Grund dabei ist; wo nicht, so ist Alles vergeblich. Prüfe dich nur aus deinem eigenen Herzen; die Probe liegt im Herzen.

Erstlich sprichst du: Ich bin ein Christ. Ist recht. Besiehe des Herzens Grund; wie ist's da? Bist du denn auch in deinem Herzen ein Christ, mit der That also, wie mit dem Namen? Ist die Salbung des Geistes auch in dir, 1 Joh. 2, 27, und des heiligen Geistes Früchte, die einen wahren Christen beweisen? Wo nicht, so bist du ein falscher Christ. Die Probe liegt im Herzen. Du sprichst 2) auch: Ich bin getauft. Ist recht. Besiehe deines Herzens Grund. Lebst du auch in der neuen Geburt, in steter Buße und Tödtung des alten Adams? Du hast die Taufe empfangen; wo sind die Früchte deiner Taufe? Du hast wohl die neue Geburt empfangen; aber du lebst nicht darin. Du sprichst 3): Ich habe Gottes Wort rein, und höre dasselbe. Ist Alles recht. Besiehe deines Herzens Grund. Ist auch Gottes Wort in dein Leben verwandelt worden, wie eine Speise in Fleisch und Blut? Denn also muß die edle Speise göttlichen Worts in dein Leben verwandelt werden, oder es ist vergeblich gehört; wie der Herr andeutet Matth. 13, 33 und Luc. 13, 21, vom Sauerteig, dadurch der ganze Teig durchsäuert wird. Bist du auch frömmer dadurch geworden? Spricht nicht der Herr: „Es werden nicht Alle, die zu mir sagen, Herr, Herr, in's Himmelreich kommen?" Matth. 7, 21. Du streitest und eiferst über und für die reine Lehre. Ist recht. Siehe dein Herz an. Hast du auch aus der reinen Lehre ein reines Herz bekommen? Ist's nicht wahr, daß Mancher bei dem Eifer über der reinen Lehre der unreinste Mensch ist, voll Hoffart, Feindseligkeit und Wucher? „Ach Gott, der theure Name dein, muß ihrer Schalkheit Deckel seyn" ꝛc. Du sprichst 4): Ich gebrauche das heilige Abendmahl. Ist recht. Siehe deines Herzens Grund an. Du hast Christi Fleisch und Blut im Abendmahl oft empfangen. Warum lässest du denn Adams Fleisch und Blut in dir herrschen und leben, und nicht vielmehr das edle Leben Christi, das ist, Liebe, Sanftmuth und Demuth? Du empfängst Christum im Sacrament, und verläugnest ihn in deinem Leben. Bist du auch in ihn verwandelt durch das heilige Abendmahl? wie St. Augustinus sagt: „Du sollst mich nicht in dich, sondern ich will dich in mich verwandeln." Du sprichst 5): Ich glaube und bekenne alle Artikel des christlichen Glaubens. Ist recht. Besiehe deines Herzens Grund. Das ist der wahre Glaube, der dich mit Gott und Gott mit dir vereinigt. Glaubst du an Gott, so muß Gott in dir seyn, in dir leben und wirken; oder dein Glaube ist falsch, und hat dich mit Gott nicht vereinigt; du bist von Gott geschieden. Ich rede allhier nicht von dem schwachen Glauben, der oft nicht empfunden wird, und als ein glimmender Tocht ist, und gleichwohl Gott anhanget, wie schwach er auch ist, und seine Früchte auch bringt in seiner Schwachheit; sondern ich rede von der allgemeinen Probe und Frucht des Glaubens. Glaubst du an Christum, so muß Christus in dir seyn und in dir leben, Gal. 2, B. 20, oder dein Glaube ist falsch. Glaubst du, daß Christus für deine Sünden gestorben ist, so mußt du mit ihm der Sünde und der Welt absterben, Röm. 6, 2, sonderlich der Hoffart und dem Geiz. Wo nicht, so glaubst du nicht an Christum. Glaubst du, daß Christus gekreuzigt ist für die Sünden der

Welt, so mußt du mit ihm der Welt gekreuzigt werden, oder du bist mit deinem Herrn Christo nicht vereinigt durch den Glauben als ein wahres Glied. Glaubst du, daß Christus auferstanden ist, so mußt du mit ihm, als mit deinem Haupt, vereinigt bleiben. Summa, Christi Geburt, Kreuz, Tod, Leiden, Auferstehung, Himmelfahrt, muß Alles in dir seyn, oder es ist nichts mit deinem Glauben. Glaubst du an den heiligen Geist, so muß der heilige Geist in dir seyn, dich regieren, erleuchten und heiligen. Denn „die der Geist Gottes treibet, die sind Gottes Kinder," Röm. 8, 14.

6. Siehe nun, mein lieber Christ, laß dein Christenthum inwendig seyn, nicht auswendig, aus dem innersten Grunde deines Herzens gehen, aus dem wahren, lebendigen, thätigen Glauben, aus wahrer, innerlicher, herzlicher, steter Buße, oder dein ganzes Christenthum ist falsch, und du kannst mit allem deinem Thun vor Gott nicht bestehen, es wird dir auch nicht helfen an jenem Tage. Denn Gott wird alle Dinge, was du gethan hast, nach deinem Herzen richten. Befindest du aber hier Mangel und Unreinigkeit deines Herzens, so laufe zu dem Heilbrunnen der Gnade Gottes, trinke, schöpfe, bitte, suche, schreie: Erbarme dich! Jetzo wird dein Herz geheilt, deine Sünde bedeckt, und deine Missethat zugesiegelt.

Gebet um Fruchtbarkeit in guten Werken.

O Jesu! laß uns erfüllt werden mit Früchten der Gerechtigkeit, die durch dich selbst in uns entstehen zur Verherrlichung deines großen Namens. Belebe uns mit deiner Kraft, stärke uns durch deinen Geist, und mache uns zu fruchtbaren Reben an dir, dem wahren Weinstock, die durch den Glauben mit dir so verbunden seyen, daß wir nicht allein dein Heil zu unserer Seelen Beruhigung in uns genießen, sondern auch deinen Lebenseinfluß dergestalt erfahren, daß wir durch dich zu allem Guten tüchtig gemacht werden. Vermehre dein Gnadenwerk täglich in uns, auf daß wir, als dein Volk, im heiligen Schmuck dir williglich dienen, und in der Gottseligkeit, Liebe, Sanftmuth, Geduld, Keuschheit, Demuth und andern dir wohlgefälligen Tugenden, täglich wachsen und zunehmen. O Herr! mache uns recht lauter und unsträflich vor dir, damit wir nicht nur den Namen von Christen führen, sondern uns auch als dein Eigenthum, durch die Salbungskräfte deines Geistes, bei aller Gelegenheit beweisen. Erinnere uns täglich daran, daß wir hier in einer Saatzeit leben, damit wir reichlich auf den Geist ausstreuen, und hievon eine reiche Ernte dereinst in der Ewigkeit vor uns finden. Es ist dein Werk, o Jesu! daß du uns vollbereitest, stärkest, kräftigest, gründest. Dein soll auch dafür alle Ehre seyn in Ewigkeit. Amen.

Das 5. Capitel.

Daß nicht Wissenschaft und Gehör des göttlichen Worts einen wahren Christen beweise, sondern Gottes Wort in's Leben verwandeln, und Gott von ganzem Herzen anrufen, daß sein Wort in uns Frucht schaffe, und lebendig werde, als Gottes Same.

B. der Weish. 6, 18 ff. Wer sich gern läßet weisen, da ist gewißlich der Weisheit Anfang. Wer sie aber achtet, der lässet sich gern weisen. Wer sich gern weisen läßet, der hält ihre Gebote. Wo man aber die Gebote hält, da ist ein heilig Leben gewiß. Wer aber ein heilig Leben führet, der ist Gott nahe.

1. Dieser schöne Spruch lehrt uns, wie wir die rechte Weißheit erlangen sollen, dadurch wir Gottes Freunde werden, nämlich wenn wir von Herzen Buße thun, und unser Leben nach Gottes Wort anstellen. Darauf folgt die rechte Erleuchtung und Vermehrung aller Gnadengaben Gottes, und Gottes sonderliche nahe Verwandtniß, daß wir auch der göttlichen Natur theilhaftig werden, so wir fliehen die fleischlichen Lüste, wie St. Petrus 2 Epist. 1, 4 sagt. Dessen wir ein Exempel haben an Henoch, dem Siebenten von Adam; weil er ein heilig Leben führte, ward er weggenommen gen Himmel, und ward nicht mehr gefunden auf Erden, 1 Mos. 5, 24. Nach einem solchen heiligen Leben verlangte David. Darum betet er

auf's heftigste im 119. Psalm V. 145. 146, und setzt zwei Mittel zu einem heiligen Leben: 1) das emsige Gebet, 2) emsigen Fleiß, sich in Gottes Wort zu üben, und spricht: „Ich rufe von ganzem Herzen, erhöre mich, daß ich deine Rechte halte. Ich rufe zu dir, hilf mir, daß ich deine Zeugnisse halte."

2. Hier lehrt uns der heilige Prophet, wie schwer es sey, ein guter, rechtschaffener Christ zu seyn, und Gottes Wort mit der That und mit heiligem Leben zu halten. Denn 1) Fleisch und Blut widerstrebt von Natur dem Worte Gottes. 2) So ist es zu schwach, läßt sich zu bald und zu oft zurücktreiben. 3) So ist der böse Feind stets fertig, und verhindert uns zur Rechten und zur Linken. 4) Böse Leute feiern auch nicht mit Aergernissen und Verfolgungen. Dawider muß man sich legen mit allen Kräften der Seele, wie hier David 1) spricht: Ich rufe von ganzem Herzen. Das ist sein Bitten und Begehren, daß er möge ein heiliges Leben führen, Gottes Wort in's Leben verwandeln, und Gottes Willen vollbringen, auf daß er Gottes Gnade nicht möge verlieren. Daran soll uns auch am meisten gelegen seyn, und mehr, denn an Allem, was in der Welt ist. Wer Gott zum Freunde hat, dem kann aller Welt Feindschaft nicht schaden. Von ganzem Herzen beten, ist der erste Grad. Das andere Mittel zu einem heiligen Leben ist, daß er 2) spricht: „Ich komme früh und schreie, auf dein Wort hoffe ich. Ich wache früh auf" (vor Tage, ehe die Nachtwache aus ist), „daß ich rede von deinem Wort," daß ich dasselbe betrachte, Ps. 119, 147. 148. Diese Worte sind beide von einem sonderbaren Fleiß und Emsigkeit zu verstehen, und von einem sonderbaren Ernst und Liebe zu Gottes Wort, und dann auch von der nächtlichen Zeit und den Frühstunden, in welchen man sonderlich scharf und tief nachdenken kann; besonders aber, wenn man mit hohen Anfechtungen und geistlicher Traurigkeit geplagt wird, da man des Trostes wartet von einer Morgenwache bis zur andern, Ps. 130, 6; da Gott der Herr Einem die Augen hält, daß man muß wachen und hoffen, Ps. 77) 5; da man ist wie ein einsamer Vogel auf dem Dache, wie ein Käuzlein in den verstörten Einöden, Ps. 102, 7. 8, das allein sitzet und girret; da unser lieber Gott Einen so müde macht von Seufzen, daß man kaum Odem holen kann, Psalm 6, 7.

3. Sehet, das ist die rechte Kreuzschule aller Heiligen. Wer in diese Schule nicht gekommen ist, weiß nicht viel von Gottes Wort. Gott zerbricht uns alle Leibes- und Seelenkräfte, auf daß er allein unsere Kraft sey. Er will uns durch solch Kreuz das fleischliche Leben nehmen, auf daß er in uns lebe, und wollte gern sein Wort in uns lebendig machen. Denn dahin soll unser Leben und Christenthum gerichtet seyn, daß wir das vollbringen mögen und thun, was wir aus Gottes Wort hören.

4. Darum lerne nun hier diese Lehre mit allem Fleiß, was einen rechten Christen beweiset: nicht Gottes Wort wissen und hören, sondern thun. Denn erstlich ist uns Gottes Wort sonst nichts nütze, weil es uns nicht darum gegeben ist, daß wir's blos hören sollen, sondern daß wir's thun sollen. Denn gleichwie eine Arznei nicht hilft, wenn sie der Patient nur ansieht, und davon reden hört, wenn er sie nicht auch zu sich nimmt: also, weil Gottes Wort unserer verderbten Natur Arznei seyn soll, so wird sie dich nicht viel bessern und aus dem Tode lebendig machen, wenn du nicht willst dein Leben darnach richten. Dazu gehört ein emsiges Gebet Tag und Nacht, daß du thun mögest, was du hörest aus Gottes Wort, wie hier David betet. 2) Was hilft's einem Künstler, daß er seine Kunst weiß, und gebraucht sie nicht? muß er nicht darüber verderben? Also was hilft dir's, daß du Gottes Willen weißt, und thust ihn nicht? Der Knecht, der seines Herrn Willen weiß, und thut ihn nicht, wird mit vielen Streichen geschlagen werden, Luc. 12, 47. St. Petrus sagt: „Es wäre besser, du hättest den Weg der Wahrheit nicht erkannt," 2 Petr. 2, 21. 3) Hält auch ein Vater seinen Sohn, der ihm in allen Dingen widerstrebet, für sein Kind? Mit nichten; sondern er spricht: Willst du meinen Willen nicht thun, so

sollst du mein Kind nicht seyn. Also beweisen die bloßen Worte kein Kind Gottes, sondern wenn wir als Kinder Gottes leben; wie der Herr sagt Joh. 8, 39: „Wäret ihr Abrahams Kinder, so thätet ihr Abrahams Werke;" weil ihr aber des Satans Werke thut, und trachtet, mich zu tödten, so seyd ihr von eurem Vater, dem Teufel. Das ist eine gewisse Probe: wessen Werke Einer thut, dessen Kind ist er, dessen Natur hat er. 4) Was ist ein Baum im Garten nütze, wenn er keine Früchte trägt? Er gehört in's Feuer, es ist Feuerholz, wie Luc. am 13., V. 6. 7 von dem Feigenbaum, der das Land hinderte und keine Früchte brachte, geschrieben ist. 5) Wenn dich Einer überreden wollte, daß ein Rabe ein Schwan wäre, und spräche zu dir: Siehe, welch ein schöner weißer Schwan ist das: würdest du nicht lachen und sprechen, er wäre toll? denn du siehst weder Farbe noch Gestalt eines Schwans an einem Raben. Also wenn Jemand auf das jetzige Leben der Welt zeigt, und spricht: Siehe, das ist ein Christ, und die sind Alle Christen! mag Einer nicht unbillig denselben für toll achten. Es gilt hier nicht Ueberredens, es gilt Beweisens. „Das Reich Gottes bestehet nicht in Worten, sondern in der Kraft," 1 Cor. 4, 20. Denn man sieht ja keine christlichen Werke an den Meisten, die sich Christen nennen. Wie zu Rom Laurentius Valla gesagt hat, da er das Evangelium Matth. 5, V. 7 ff. gelesen: „Selig sind die Barmherzigen, die Friedfertigen" 2c.: „Gewiß, entweder dieses ist nicht wahr, oder wir sind keine Christen" *). 6) Viele Thiere und Vögel übertreffen die Menschen mit Tugenden; die Taube mit Einfalt; die Ameise mit Fleiß und Arbeit, Sprüchw. Sal. 6, 6; der Storch mit Ernährung seiner Eltern; ein Kranich mit Wachen; der Hund mit Liebe und Treue; der Ochs und Esel mit Erkenntniß seines Herrn, Jes. 1, 3; das Schaf mit Sanftmuth; der Löwe mit Tapferkeit und Verschonung der kleinen Thiere; der Hahn mit Wackerkeit; die Schlange mit Klugheit. Aber der natürliche Mensch übertrifft alle Thiere mit Bosheit. Er ist unbarmherziger denn ein Wolf; arglistiger denn ein Fuchs; hoffärtiger denn ein Pfau; gefräßiger denn ein Schwein; giftiger denn eine Otter; grimmiger denn ein Bär. Wie denn der Herr Christus selbst den Herodes einen Fuchs nennt, Luc. 13, 32; St. Johannes die Pharisäer Otterngezüchte, Matth. 3, 7; St. Paulus den Nero einen Löwen, 2 Tim. 4, 17. Ja, die Laster und Untugenden, die man an Einem Thier insonderheit findet, die findet man alle an einem natürlichen Menschen. Daß wohl St. Paulus den menschlichen Leib mit Recht einen Leib der Sünde nennt, Röm. 6, 6, der mit vielen Sünden behaftet und erfüllt ist. Zudem ist kein Thier so böse, es ist noch etwa wozu gut; der Fuchs und Wolf zu Pelzen, und so fortan. Aber, Lieber, siehe, was ist doch von Natur Gutes am Menschen, da alles Dichten und Trachten des menschlichen Herzens nur böse ist von Jugend auf und immerdar? 1 Mos. 6, 5. Die Vernunft gebraucht er zum Betrügen; den Leib zur Hoffart und Unzucht; inwendig und auswendig ist er verdorben; denn alle seine Glieder sind Waffen der Ungerechtigkeit, Röm. 6, 13. 7) Gottes Wort beschreibt nicht ohne Ursache unsere verderbte Natur so schrecklich, und stellt uns unser Abbild vor die Augen, Röm. 3, 10 — 18: „Da ist nicht, der gerecht sey, auch nicht Einer; da ist Niemand, der nach Gott frage. Sie sind Alle abgewichen, und allesammt untüchtig worden. Da ist Niemand, der Gutes thue, auch nicht Einer (Ps. 14, 3). Ihr Schlund ist ein offenes Grab; mit ihren Zungen heucheln sie; Otterngift ist unter ihren Lippen. Ihr Mund ist voll Fluchens und Bitterkeit. In ihren Wegen ist lauter Unfall und Herzeleid, und den Weg des Friedens wissen sie nicht. Ihre Füße eilen, Blut zu vergießen. Es ist keine Gottesfurcht vor ihren Augen."

5. Sehet, das ist das natürliche Bild eines Menschen. Dieser Gräuel ist allen Menschen von Natur angeboren. Da sagt mir nun, wie kann ein Mensch das Reich

---

*) Certe, aut hæc non sunt vera, aut nos non sumus Christiani.

Gottes sehen, wenn er also bleibt, wenn er nicht neu geboren wird? Darum uns auch St. Paulus befiehlt Eph. 4, 23, und Col. 3, 10, und spricht: „Erneuert euch im Geist eures Gemüths. Ziehet den alten Menschen mit seinen Lüsten aus, und ziehet den neuen Menschen an, der nach Gott geschaffen ist, in rechtschaffener Gerechtigkeit." Ja er spricht: „Ihr habt Christum nicht also gelernet; so ihr anders wisset, daß in Christo ein rechtschaffen Wesen ist," Eph. 4, 20. 21. Ja er spricht: „Die Christo angehören, die kreuzigen ihr Fleisch sammt den Lüsten und Begierden," Gal. 5, 24. Ach lieber Gott, gehören wir nun Christo nicht an, wenn wir in solchem sündlichen Leben bleiben, und die Glieder der Bosheit nicht tödten: so kann's ja anders nicht seyn, denn daß solche Leute müssen dem Teufel angehören, und werden demnach das Reich Gottes nicht erben, die ihr Fleisch nicht kreuzigen. Wir müssen eine neue Creatur werden in Christo, sollen wir vor Gott bestehen, 2 Cor. 5, 17. Denn in Christo gilt weder Vorhaut noch Beschneidung, oder einiges Ansehen der Person, sondern eine neue Creatur, Gal. 6, 15. Darum soll das unsere größte und ernsteste Sorge seyn, wie wir täglich die Sünde in unserm sterblichen Leibe dämpfen mögen, daß wir Christo mögen angehören, und nicht dem Satan; wie Gottes Wort in uns möge geschehen und lebendig werden; wie unser Leben Gott möge wohlgefallen, daß wir ja Gottes Gnade mögen behalten, und Gefäße seyn seiner Barmherzigkeit, und nicht seines Zorns, Röm. 9, 23.

6. Das ist nun die Ursache, warum der heilige David so herzlich sich ein heiliges Leben wünscht, daß er möge Gottes Wort halten; wie er spricht Ps. 119, 145: „Ich rufe von ganzem Herzen; erhöre mich, Gott, daß ich deine Rechte halte." Wir müssen um ein heilig Leben bitten. Denn die Bekehrung kommt von oben herab. „Heile mich, Herr, so werde ich heil; bekehre mich, so werde ich bekehret; hilf mir, so wird mir geholfen; denn du bist mein Ruhm," Jer. 17, 14. C. 31, 18. Darum spricht David ferner V. 146: „Ich rufe zu dir, hilf mir, daß ich deine Zeugnisse halte." Gott muß uns freilich helfen und stärken, denn die Sünde und des Teufels Reich ist sonst zu mächtig in dem Menschen.

7. So sollen wir's nun an unserm Fleiß nicht mangeln lassen, die Faulheit und Sicherheit uns aus den Augen wischen; wie er ferner V. 147. 148 spricht: „Ich komme früh und schreie, auf dein Wort hoffe ich. Ich wache früh auf, daß ich rede von deinem Wort." Davon steht ein schöner Spruch in dem Propheten Jes. 50, 4, der wohl zu merken: „Der Herr wecket mich alle Morgen, er wecket mir das Ohr, daß ich höre, wie ein Jünger." Und im Hohenlied Sal. 5, 2: „Ich schlafe, aber mein Herz wachet, und höret die Stimme meines Freundes, der anklopfet" 2c.

8. Mit diesen Worten werden wir auch erinnert der väterlichen Vorsorge und Freundseligkeit des freundlichen, gnädigen Gottes; wie gern er mit den Menschen umgehe, mit ihnen handle und wandle, mit ihnen rede, sie unterweise und lehre. Darum er uns seinen Sohn zum himmlischen Lehrmeister verordnet hat. Dieses ist uns fein vorgebildet in dem schönen Exempel, da das Kind Jesus im Tempel zu Jerusalem lehrt, Luc. 2, 46. Das ist nicht geschehen um des Jüdischen Tempels willen allein, der nun zerstört ist; sondern es ist geschehen, erstlich um des geistlichen Jerusalems willen, welches ist die heilige christliche Kirche, da will er allein Lehrer seyn durch sein Wort und seinen Geist; und dann, um des Tempels willen unsers Herzens, darin will er auch lehren, trösten, erleuchten, heiligen, beten, fragen, antworten, reden, durch heilige Gedanken und herzliche Andacht. Und das ist sein Lehramt in unserm Herzen. Darum er ganz tröstlich spricht zu seiner Mutter, Luc. 2, 49: „Was ist's, daß ihr mich gesucht habt? Wisset ihr nicht, daß ich seyn muß in dem, das meines Vaters ist?" das ist, in dem Beruf und Amt, welches mir mein Vater befohlen hat. Solch Amt hat er ja noch, und verrichtet es noch zur rechten Hand Gottes, als unser einiger Hoherpriester. Er verrichtet aber auf Erden durch

sein Wort, dadurch er auch inwendig in unserm Herzen predigt durch den heiligen Geist und gnädige Erleuchtung, ohne welche die äußerliche Predigt kraftlos und unfruchtbar ist, wie St. Paulus sagt: „Ich habe gepflanzet, Apollos hat begossen, Gott aber hat das Gedeihen dazu gegeben. So ist nun, der da pflanzet und der da begeußt, nichts; sondern Gott, der das Gedeihen gibt," 1 Cor. 3, 6. 7.

Gebet um das Wort Gottes.

Dein Wort, o Jesu! ist Geist und Leben. Ach räume selber alle Hindernisse aus dem Wege, die daran schuld sind, daß wir die Kraft desselben an unsern Herzen nicht erfahren. Was hilft es denn, daß wir Herr, Herr sagen, wenn wir deinen erkannten Willen nicht thun? Dein Reich besteht nicht in Worten, sondern in der Kraft. Ach! öffne uns unsere Augen, daß wir in deinem Licht aus deinem Worte dich lebendig erkennen. Schenke uns einen rechten Hunger und Durst nach den Gnadengütern, die du uns verheißen hast, damit wir sie durch den Glauben annehmen, und die Seligkeit derselben in uns genießen. Salbe uns mit deinem Geist, damit wir seine inwohnende Gnade in uns verspüren, in ihm unsers Gnadenstandes göttlich gewiß seyen, und durch seinen mächtigen Trieb deinem Exempel beständig nachfolgen. Gründe uns in der Hoffnung des ewigen Lebens, daß wir uns dessen mit göttlicher Ueberzeugung getrösten, daß wir deine Miterben in alle Ewigkeit seyn sollen. Laß uns laufen mit Geduld in dem Kampf, der uns verordnet ist, damit wir das Ziel immer vor Augen haben, darauf uns dein Wort weiset. Und endlich laß uns das Ende des Glaubens, nämlich der Seelen Seligkeit davontragen, um dein selbst willen. Amen.

Das 6. Capitel.

In der Vereinigung mit Christo durch den Glauben besteht des Menschen Vollkommenheit und Seligkeit; dazu der Mensch nichts thun kann, sondern hindert sich vielmehr an Gottes Gnade durch seinen bösen Willen, Christus aber thut es allein in uns.

Joh. 15, 5. Ohne mich könnet ihr nichts thun.

1. Gleichwie der Mensch durch den Abfall von Gott, das ist durch eigene Liebe und eigene Ehre, von Gott abgerissen worden, und seine angeschaffene Vollkommenheit verloren hat: also muß er durch die Vereinigung mit Gott wieder zu seiner vollkommenen Ruhe und Seligkeit kommen. Denn des Menschen Vollkommenheit besteht in der Vereinigung mit Gott. Darum mußte Gottes Sohn Mensch werden, auf daß die menschliche Natur wieder mit Gott vereinigt und also wieder zu ihrer Vollkommenheit gebracht würde. Denn gleichwie die göttliche und menschliche Natur in Christo persönlich vereinigt ist: also müssen wir Alle mit Christo, als dem höchsten ewigen Gute, durch den Glauben aus Gnaden vereinigt werden, auf daß die tiefe Verderbung unserer sündlichen Natur verbessert werde. Darum spricht der Sohn Gottes, Hos. 2,19: „Ich will mich mit dir verloben in Ewigkeit, in Gnade und Barmherzigkeit." Denn es konnte unsere Natur, weil sie mit dem unendlichen Uebel der Sünde vergiftet und verdorben war, nicht hergestellt und verbessert werden, denn mit dem höchsten Gute, welches Gott selbst ist.

2. Und wie nun die Vereinigung göttlicher und menschlicher Natur in Christo ewig ist, unzertrennlich, unaufhörlich, daß auch der Tod dieß Band der Vereinigung der Naturen in Christo nicht hat trennen noch zerreißen können: also muß Christus, unser Haupt, mit uns, seinen gläubigen Gliedern, also vereinigt werden, daß uns weder Leben noch Tod von Christo scheiden kann. Darum spricht der Prophet Hoseas in der Person Christi: „Ich will mich mit dir verloben in Ewigkeit."

3. Solche Vereinigung muß nothwendig geschehen durch den Glauben, weil die

Sünde uns und unsern Gott von einander scheidet, Jes. 59, 2. Sonst bleiben wir außer Gott, ohne Gott, ohne Leben, ohne Seligkeit, wo Christus in uns nicht lebet, wohnet und ist durch den Glauben. Wir könnten auch sonst nichts Gutes thun, wo es Christus in uns nicht wirkte. Wie St. Paulus spricht: „Nicht ich, sondern Gottes Gnade," 1 Cor. 15, 10. Und Christus Joh. 15, 5: „Ohne mich könnet ihr nichts thun." Welches er durch ein schönes Gleichniß erklärt vom Reben und Weinstock. So bleibt Alles, was wir Gutes sind und Gutes thun, Gottes allein, Jes. 26, 12: „Alles, was wir ausrichten, das hast du uns gegeben." Hos. 14, 9: „Ich will seyn wie eine grünende Tanne; an mir soll man deine Früchte finden."

4. Siehe nun, lieber Mensch, was du bist, und was du vermagst. Was hast du zu deiner Wiederbringung und zur Erneuerung deiner verderbten Natur thun können? Gar nichts. Gleichwie du zu deiner leiblichen Geburt nichts hast thun können, und dich nicht selbst schaffen: also kannst du auch zu deiner neuen Geburt nichts thun. Verderben hast du dich wohl können, verlieren und tödten; aber erneuern, wiederbringen, heilen, gerecht und lebendig machen hast du dich nicht können. Was hast du dazu thun können, daß Gott ist Mensch geworden? Gar nichts. Also hast du dir überall nichts zuzurechnen, oder deinen Kräften etwas zuzuschreiben. Ja, je mehr ein Mensch seinem eigenen Willen, Kräften und Vermögen zuschreibt, je mehr hindert er sich selbst an der Gnade Gottes und an der Erneuerung seiner verderbten Natur. Darum mußt du allen deinen eigenen Kräften und Vermögen ganz absterben, deiner eigenen Weisheit, deinem eigenen Willen, deiner eigenen Liebe, und mußt Gott allein Alles in dir wirken lassen; ja es muß nichts in dir seyn, das Gottes Willen und Werk verhindere, oder demselben widerstrebe.

5. Und so lange du das nicht thun willst, und nicht bei dir ein blos lauteres Leiden ist, also daß Gott Alles allein in dir thue und wirke, du aber leidest ihn und sein Werk und seinen Willen in dir: so lange hinderst du Gott, daß er sich mit deiner Seele nicht vereinigen, sein Bild in dir nicht erneuern, und deine verderbte Natur nicht bessern kann. Dein eigner Wille, deine eigene Liebe, eigene Ehre, eigene Weisheit, und Alles, was du dir selber zuschreibst, das hindert Gott, daß er nicht Alles allein in dir ohne Hinderniß wirken kann. Denn des Menschen Wille verderbt den Menschen immer weiter und weiter; Gottes Wille aber bessert immer mehr und mehr.

6. Davon sagt Bonaventura: „Die Vollkommenheit der christlichen Religion besteht in Absagung des eigenen Willens" [1]). Und Augustinus: „Wenn Gott lieben des Menschen höchstes Gut ist, so muß des Menschen höchstes Verderben seyn, sich selbst lieben" [2]). Deßgleichen: „Wenn das die Eigenschaft des Guten ist, daß es sich ausbreitet und Andern mittheilt: so muß die eigene Liebe ein großes Uebel seyn, die ihre und anderer Leute Güter und Gaben allein an sich reißt, und Niemand davon mittheilt" [3]). Welches auch Seneca, ein weiser Mann, verstanden, da er spricht: „So viel wirst du an Tugenden zunehmen, so viel du an deinem eigenen Willen wirst abnehmen" [4]). Ebenderselbe: „Wirst du von dir selbst nicht ausgehen, so wirst du zu Gott, der über dir ist, nicht eingehen" [5]).

7. Der Eigenwille ist nichts anders, denn der Abfall von Gott. Und derselbe Fall ist zwar leicht und lustig, die Wiederbringung aber sauer, bitter und schwer, ja allen Creaturen unmöglich. Denn der Mensch kann nicht von sich selbst wieder aufstehen, und vermag sich selbst nicht zu

---
[1]) Tota religionis perfectio in voluntatis propriæ abdicatione consistit.
[2]) Si totum hominis bonum est, amare Deum: totum hominis malum sit necesse est, amare se ipsum.
[3]) Si ea est conditio boni, ut sese effundat et propaget: non potest non esse magnum malum amor proprius, qui bona sua et aliorum ad se totum trahit, nec quidquam de eis communicat.
[4]) Hoc solum virtuti adjeceris, quod propriæ voluntati subtraxeris.
[5]) Nisi a te ipso defeceris, ad Deum, qui supra te est, non adpropinquabis.

helfen, weder mit Willen noch mit Werken. Der Wille ist gefangen, die Werke sind todt. Es muß Christus allein helfen im Anfang, Mittel und Ende. Er zeigt dir, ja er gibt dir zwei Mittel: Gesetz und Evangelium, Buße und Vergebung der Sünde. Durch's Gesetz mußt du erst mit Christo sterben durch wahre Reue und Leid, deinen Willen aufopfern, in dir selbst zunichte werden, und dich Christo allein überlassen. So kommt dann die Gnade Gottes und Vergebung der Sünden durch's Evangelium, und macht diesen Todten lebendig, durch den Glauben. Also kann durch eigene Kraft und Vermögen Niemand bekehrt werden oder aufstehen. Denn man muß sich ja selbst hassen, verläugnen, verlieren, an sich selber zunichte werden und sterben, auf Gott allein hoffen und warten, seiner Gnade leben.

8. Aber solch Hassen, Verläugnen sein selbst, geistlich Sterben, steht auch nicht in unserm Willen und Vermögen; sonst läge es an Jemandes Wollen oder Laufen, und nicht an Gottes Erbarmen, Röm. 9, 16. Darum muß Gott selbst solches Alles in uns wirken, durch seine göttliche Gnade und die Kraft seines Geistes. Und also bleibt unsere Rechtfertigung allein in Gottes Hand, als ein Werk und eine Gabe Gottes, und nicht in der Gewalt der Creaturen. Denn was uns anlangt, so sind wir selbst unsere ärgsten und größten Feinde, und mögen wohl bitten, daß uns Gott von uns selbst erlöse, uns ganz und gar nehme, was unser ist, und gebe uns, was sein ist. Denn aus eigenen Kräften können wir nichts Gutes thun, wo es Gott selbst durch seine Gnade, auch nach der Bekehrung, nicht in uns wirkt. Er ist die Liebe, und muß sie in uns wirken; er ist die Barmherzigkeit, und muß sie in uns wirken. Und also von allem Guten, so wir thun sollen. So hilft nun Christus hier allein; Menschenhülfe ist hier kein nütze. So tief aber der Mensch in Adam gefallen und verdorben ist, so hoch und viel höher ist er in Christo wieder erhöhet und wieder gut gemacht; wie im 11. Capitel hernach folgt.

Gebet um Vereinigung mit Gott.

O wie unaussprechlich groß ist die Herrlichkeit, daß du, majestätischer König, dich mit uns armen Menschen auf ewig verbinden und uns in deine selige Gemeinschaft versetzen willst! Du findest nichts Liebenswürdiges an uns; vielmehr hättest du Ursache genug, uns ewig zu verabscheuen. Deine Erbarmung ist es, daß du mit unserer Natur dich persönlich vereinigt, und in der angenommenen Menschheit den Grund zu unserer geistlichen Verbindung mit dir gelegt hast. Deine Liebe hat dich gedrungen, für uns zu sterben, und aus deiner eröffneten Seite Blut und Wasser zu unserer Versöhnung und Reinigung fließen zu lassen. Deine Gnade reizt dich, daß du uns Abtrünnigen nachgehst, um uns wirbst, uns den Antrag zur Vermählung mit dir thust, und unzählige Mal uns darzu aufforderst, daß wir zu dir kommen und uns dir ergeben sollen. Deine Menschenliebe ist es, nach welcher du uns reinigst von dem Unflath unserer Sünden, mit deiner Gerechtigkeit uns bekleidest, und neue Creaturen aus uns machst. Nach deiner großen Freundlichkeit und Leutseligkeit näherst du dich unsern Herzen, wohnest in uns, erquickest uns, bewahrest uns, leitest uns, erhältst und stärkest, ja vollendest uns, und führst uns zu deiner ewigen Herrlichkeit. Was ist der Mensch, daß du sein so liebreich gedenkest? und des Menschen Kind, daß du dich sein so treulich annimmst? Ach Jesu! wir wollen deinem Gnadenruf nicht länger ungehorsam seyn. Treuer Seelenfreund! wir wollen deine liebreiche Anwerbung nicht länger in den Wind schlagen. Es ist lange genug, daß wir, aus unserer Schuld, von dir, unserm einzigen Seligmacher, uns getrennt haben. Wir übergeben uns dir, wie wir sind. Reinige uns von dem Unflath der Sünden. Wasche uns mit deinem Blut. Schenke uns den Rock der Gerechtigkeit und die Kleider des Heils. Offenbare dich unsern Seelen in deiner Liebe. Ziehe uns ganz zu dir hin. Wir verfluchen Alles, was dir zuwider ist, und wünschen in deiner Liebesgemeinschaft ewig erfunden zu werden. Ach Jesu! gib, erhalte, stärke und vermehre diesen Sinn täglich in uns, um dein selbst willen. Amen.

Das 7. Capitel.

Die Buße recht zu verstehen, ist noth zu wissen den Unterschied des alten und neuen Menschen; oder, wie Adam in uns sterben, und Christus in uns leben soll; oder, wie der alte Mensch in uns sterben, und der neue leben soll.

Röm. 6, 6. Wir wissen, daß unser alter Mensch mit Christo gekreuzigt ist, daß der sündliche Leib aufhöre, daß wir hinfort der Sünde nicht mehr dienen.

1. Ein jeder Christ ist zweifach, und es befinden sich in ihm zweierlei widerwärtige Menschen mit ihren Früchten; wie aus folgender Tabelle zu ersehen:

Adam.	Christus.
Alter Mensch.	Neuer Mensch.
Aeußerlicher Mensch.	Innerlicher Mensch.
Alte Geburt.	Neue Geburt.
Fleisch.	Geist.
Natur.	Gnade.
Vernunft.	Glaube.
Finsterniß.	Licht.
Baum des Todes.	Baum des Lebens.
Böse Früchte.	Gute Früchte.
Sünde.	Gerechtigkeit.
Verdammniß.	Seligkeit.
Tod.	Leben.
Altes Jerusalem.	Neues Jerusalem.
Reich des Teufels.	Reich Gottes.
Schlangensame.	Gottes Same.
Natürlicher Mensch.	Geistlicher Mensch.
Irdisches Bild.	Himmlisches Bild.

Dieß bezeugt erstlich die heilige Schrift, darnach die Erfahrung. Die heilige Schrift redet vielfältig vom alten und neuen, vom innerlichen und äußerlichen Menschen, Eph. 4, 22. 24. Col. 3, 9. 10. 2 Cor. 4, 16; deßgleichen, daß der Geist Gottes in uns sey, Röm. 8, 11. 1 Cor. 3, 16. Cap. 6, 19. 2 Cor. 5, 5. Eph. 1, 13; deßgleichen, daß Christus in uns sey, Gal. 2, 20. 2 Cor. 13, 5. Zum andern bezeugt es die Erfahrung, nämlich der Kampf des Fleisches und des Geistes, auch in den Heiligen, Röm. 7, 23, und die Früchte des Fleisches und Geistes, Gal. 5, 19. 22. Weßwegen hieran im geringsten nicht zu zweifeln ist, vielweniger bei Christen einiger Streit darüber seyn soll. Denn dieß ist das Fundament der ganzen Schrift, und die rechte Erkenntniß des Menschen. Hierauf ist die Buße gegründet, daß Adam in uns sterben, und Christus in uns leben soll. Denn wenn Adam in uns stirbt, so stirbt und geht mit unter Alles, was aus Adam ist: der alte Mensch, der äußerliche Mensch, die alte Geburt, Fleisch, Natur, Vernunft, Finsterniß, Baum des Todes, böse Früchte, Sünde, Tod, Verdammniß, Schlangensame, natürlicher Mensch, irdisches Bild, altes Jerusalem, Reich des Teufels. Wenn aber Adam in uns lebt, so lebt und herrscht im Menschen der alte Mensch, die alte Geburt, Fleisch, Natur, Vernunft, Finsterniß, Baum des Todes, die bösen Früchte, die Sünde, das alte Jerusalem, und das Reich des Teufels. Das gehört Alles in die Verdammniß und unter den ewigen Fluch. Lebt aber Christus in uns, so lebt und herrscht in uns der neue Mensch, der innerliche Mensch, die neue Geburt, Geist, Gnade, Glaube, Licht, Baum des Lebens, gute Früchte, Gerechtigkeit, Leben, Seligkeit, Gottes Same, geistlicher Mensch, himmlisches Bild, neues Jerusalem, und das Reich Gottes. Das gehört Alles unter den Segen und in die Seligkeit. Da hat nun ein jeder Mensch mit ihm selbst genug zu thun, weil er lebet, daß er den alten Adam nicht lasse in ihm leben und herrschen, sondern den neuen Adam, welcher ist Christus.

2. Da gilt es wachen, fasten, beten, kämpfen, streiten, und wie St. Paulus spricht, sich selbst prüfen und versuchen, ob Christus in uns sey, 2 Cor. 13, 5: ja daß wir mit Furcht und Zittern schaffen, daß wir selig werden, Phil. 2, 12; daß wir durch die enge Pforte eingehen, und den schmalen Weg in Christo wandeln, Matth. 7, 13; welcher ist, sich selbst hassen, verläugnen, absagen alle dem, das man hat, Luc. 9, 23. Cap. 14, 26, und der Sünde absterben, Röm. 6, 2. Welches nicht mit lachendem Munde und Verzärtelung des Fleisches zugeht, wie die zarten Heiligen meinen; sondern mit innerlicher Traurigkeit, Reue und Leid, mit innerlichem Heu-

ten und Weinen; wie der 6., 38. und andere Bußpsalmen bezeugen. Welches St. Paulus nennt das Fleisch kreuzigen sammt den Lüsten und Begierden, Gal. 5, 24.

3. Wenn dieß geschieht, so lebt Christus in dir, und du in Christo; so herrscht und siegt Christus in dir durch den Glauben, Gal. 2, 20. Darum St. Johannes spricht: „Der Glaube ist der Sieg, der die Welt überwindet," 1 Joh. 5, 4. Du mußt aber die Welt nicht außer dir, sondern in dir überwinden; denn die Welt ist nicht außer dir, sondern in dir. Was ist die Welt anders, denn Augenlust, Fleischeslust und hoffärtiges Leben? 1 Joh. 2, 16. Das ist in dir. Darum ist die Welt in dir, und du mußt dieselbe in dir überwinden. So heißest du alsdann und bist ein Kind Gottes. Denn „Alles, was aus Gott geboren ist, überwindet die Welt," 1 Joh. 5, 4. So bist du ein Kind des Lichts, ein Glied Christi, ein Tempel des heiligen Geistes, ein Schäflein Christi, ein guter Baum, der von sich selbst, ohne Gebot, ohne Gesetz, ohne Zwang, mit Lust, Liebe und Freude, gute Früchte bringt, Eph. 5, 9. 30. 1 Cor. 6, 19. Joh. 10, 27. Matth. 12, 33. Cap. 7, 17.

4. Lebst du aber in Adam, und herrscht Adam in dir, so bist du nicht ein Kind Gottes, noch aus Gott neugeboren; sondern, indem du von der Welt überwunden bist, und der Fürst dieser Welt in dir herrscht durch Hoffart, eigene Ehre, Eigenliebe, bist du ein Kind des Teufels, Joh. 8, 44. „Denn welche der Geist Gottes treibet, die sind Gottes Kinder," Röm. 8, 14. Also auch, die der Satan treibt, die sind des Satans Kinder, ja Glieder des Teufels, Kinder der Finsterniß, Behausungen der bösen Geister, eine scheußliche Babylon, voller unreiner, abscheulicher Thiere. Wie solches Jes. 13, 21. Offenb. 18, 2. Ezech. 8, 10. 11 vorgebildet ist, da der Prophet Ezechiel im Geist in den Tempel zu Jerusalem eingeführt wird, und unter andern zweierlei denkwürdige Sachen sieht: 1) Allerlei Gestalt kriechender Würmer und abscheulicher Thiere, und allerlei Götzen und Gräuel des Hauses Israel, gemalt an der Wand rings umher. 2) Darnach, welches noch ärger, siebenzig Männer aus den Aeltesten von Israel, welche diesen Bildern und Thieren geräuchert und geopfert haben.

5. Siehe, o Mensch, da ist dein altes Adamisches, thierisches, viehisches Herz abgemalt. Denn wenn du in den Tempel deines Herzens gehen wirst, so wirst du erstlich sehen eine große Menge abscheulicher Thiere, Bilder und Götzen, welche in deinen Adamischen Gedanken und deinem Gedächtniß geschrieben und abgemalt stehen. Darnach, welches ärger ist, da solche Gräuel aus deinem Herzen billig sollten vertrieben, und von dir heiße Thränen darüber vergossen werden, daß du ein solch unreines Haus voll böser Würmer bist, die du durch die Buße und Tödtung des Fleisches erwürgen solltest: so liebst du dieselben noch, dienest ihnen, opferst ihnen, belustigst dich mit denselben, und denkst nicht, daß dein Herr Christus durch solche Gräuel aus deinem Herzen vertrieben wird und keine Statt in dir haben kann, und du dich also des höchsten, ewigen Gottes selbst beraubest, des heiligen Geistes und aller seiner Gaben. Du trauerst, wenn du etwas thust, daraus dir ein großes Unheil entsteht, oder wenn du etwas Liebes verlierst; warum trauerst du denn nicht, wenn du Christum aus deinem Herzen verlierst und vertreibst, und dein Leib und Seele eine Behausung der bösen Geister wird?

6. Aus diesem Allen verstehst du nun, was Adam und Christus sey, wie dieselben beide in dir sind und leben. Dazu gehört auch diese Erkenntniß: 1) Daß wir von Natur in Adam Alle gleich sind, Keiner besser denn der Andere. Denn wir sind Alle gleich durch und durch verdorben und vergiftet an Leib und Seele; wie St. Paulus spricht Röm. 3, 23: „Es ist hie kein Unterschied," nicht allein unter Juden und Heiden, sondern auch unter allen Menschen. Es ist Keiner unter uns besser vor Gott, denn der ärgste Mensch und Uebelthäter. Obgleich die Bosheit nicht bei Allen ausbricht, so richtet doch Gott alle Menschen nach dem Herzen und vergifteten Brunnen. Es ist auch eine Sünde so groß, die ein Mensch nicht beginge von

Natur, wenn ihn Gottes Gnade nicht erhielte. Denn von Natur können wir nichts anders, denn auf das allerschrecklichste sündigen, Jer. 13, 23. Daß wir's aber nicht thun, das haben wir nicht unsern Kräften oder unserer Klugheit zu danken, sondern der Gnade Gottes, die uns vor Sünden bewahrt, 1 Mos. 20, 6. Das soll uns dienen zur Demuth und Gottesfurcht, daß Keiner den Andern verachte, und Niemand sicher sey. 2) Gleichwie wir aber in Adam von Natur alle gleich böse sind, und kein Unterschied ist, was die verderbte Natur anlangt: also sind wir auch in Christo gleich gut und fromm gemacht. Denn es hat vor Gott Keiner eine andere oder bessere Gerechtigkeit, denn der Andere. Christus ist unser Aller Frömmigkeit, Gerechtigkeit, Heiligung und Erlösung, 1 Cor. 1, 30. Cap. 6, 11, und ist in Christo Keiner besser denn der Andere, gleichwie auch in Adam. Denn gleichwie wir in Adam von Natur alle Ein Mensch und Ein Leib sind, auf's höchste vergiftet und verdorben: also sind alle Gläubige in Christo Ein Mensch, Ein Leib, auf's höchste geheiligt und gereinigt, durch den Glauben und das Blut Christi.

7. Dieß ist eine Arzney wider die geistliche Hoffart, daß sich Keiner vor Gott höher und besser halte, denn der Andere, ob er gleich mehr Gaben hat. Denn gleichwie die Gerechtigkeit und Seligkeit lauter Gnade ist, so sind auch alle Gaben lauter Gnade und ein fremdes Gut. Diesen Grund der Gnade Gottes erkenne, so wird dich die Gnade nicht lassen stolz seyn oder stolz machen, sondern wird dich geistlich arm machen, und du wirst dich selbst in deiner Armuth und deinem Elend, und Christum in dem großen Reichthum seiner Gnade über alle Menschen recht erkennen.

Gebet um ein neues Leben.

O Jesu, du Sohn Gottes! du bist gekommen in die Welt, uns einen neuen Sinn zu geben, zu erkennen dich, den Wahrhaftigen, und zu seyn in dir, dem Wahrhaftigen, der du bist der wahrhaftige Gott und das ewige Leben. Wir bekennen vor dir, daß eine Zuneigung zu allem Bösen, und eine Abgeneigtheit von allem Guten sich bei uns befindet. In unserm Vermögen steht es nicht, uns selbst zu verändern, die sündlichen Lüste, Neigungen und Begierden zu unterdrücken, und das, was mit deinem Willen übereinkommt, zu verlangen, zu suchen und zu begehren. Daher wenden wir uns, als todte Sünder, als verdammnißwürdige Creaturen, ja als deine abgesagten Feinde und Rebellen, mit zerknirschtem und zerschlagenem Gemüthe, und unter dem Gefühle unserer äußersten Ohnmacht, zu dir, unserm Erlöser, Erretter und Seligmacher, der du als das Licht der Welt erschienen bist, und dein Leben für uns in den Tod dahingegeben hast. Du hast ja Macht über alles Fleisch bekommen; in deinen Händen steht es, die Macht der Sünden in uns zu besiegen, und ein neues Wesen des Geistes in uns anzurichten. Ach Jesu, du unser Liebenswürdiger! laß uns, deine Erlöseten, unter der Gewalt und Botmäßigkeit der Sünde und des Teufels nicht länger gequält und gemartert werden. Rette an uns deines Leidens Ehre, da du uns mit deinem theuern Blute dir zum Eigenthum erkauft hast. Belebe uns mit deines Geistes Kräften. Erleuchte uns mit deinem himmlischen Licht. Mache uns gläubig durch die überschwängliche Größe deiner Kraft. Ziehe uns ganz zu dir hin. Reinige uns mit deinem Blute. Theile uns das Vermögen mit, daß wir nicht mehr in Unwissenheit nach den Lüsten leben, sondern heilig seyen, wie du, unser Gott und Seligmacher, heilig bist. Laß uns einhergehen in deiner Kraft, daß wir stark seyen in der Macht deiner Stärke. Wir erneuern hiermit unsern Bund vor deinem Angesicht, und sagen der Sünde, dem Teufel, der Welt, auf ewig ab. Hingegen widmen und verschreiben wir uns dir mit Leib und Seele, dein zu bleiben auf ewig. Amen. Herr Jesu, dir wollen wir leben, dir wollen wir sterben, dein wollen wir seyn auf ewig. Amen.

Das 8. Capitel.

Wie freundlich uns Gott zur Buße locke, und warum die Buße nicht zu versäumen.

Luc. 15, 10. Also, sage ich euch, wird Freude seyn vor den Engeln Gottes über einen Sünder, der Buße thut.

1. Es hat der vielgetreue und gnädige Gott die Bekehrung der Menschen und die wahre Buße auf mancherlei Art und Weise uns in seinem Worte vorgebildet, unsere harten und steinernen Herzen dadurch zu erweichen, uns zu bekehren von der Welt, von uns selbst, vom Satan zu Gott, Ap. Gesch. 26, 18.

2. Unter andern aber sind die beiden Gleichnisse, Luc. 15, 4. 11 ff. vom verlorenen Schaf und vom verlorenen Sohn so tröstlich und so herzergreifend, daß sie nicht wohl ohne Thränen können betrachtet werden. Denn der Herr Jesus malet darin dreierlei Herzen ab:

1) Das unbekehrte Herz des Sünders;
2) Das bereuende Herz des bußfertigen Sünders;
3) Das erbarmende Vaterherz Gottes.

3. Erstlich das unbekehrte Herz des Sünders malt er ab in dem Bilde eines ungerathenen Sohns, der sein Gut und Erbtheil verbracht hat, und endlich anfängt zu darben, und mit den Säuen die Träber zu fressen. Welches nichts anders bedeutet, denn uns ungerathene Kinder und sündige Menschen, die wir unser himmlisches Erbgut durch die Sünde verloren hatten, nämlich Gerechtigkeit, Heiligkeit, Unschuld und das schöne Bild Gottes, nach welchen wir geschaffen waren, Eph. 4, 24; dadurch wir in die schwere Dienstbarkeit der Sünde, des Teufels und Todes gerathen sind, auch in allen Menschenwerken und Gesetzen, so durch die Träber bedeutet sind, weder Ruhe, Hülfe noch Trost finden können, sondern ewigen Hungers sterben müßten, wo wir nicht zurückdächten an die Gnade des Vaters.

4. 2) Das bereuende, bußfertige Herz aber hat er in diesen Worten abgemalt: „Wie viel Taglöhner hat mein Vater, die Brod die Fülle haben, und ich verderbe im Hunger! Ich will mich aufmachen, und zu meinem Vater gehen, und zu ihm sagen: Vater, ich habe gesündigt im Himmel und vor dir." In diesen Worten ist herrlich dargestellt die wahre Buße. (1) Die göttliche Reue. Er schlug in sich; er betrachtete sein Elend, daß er aus einem Kinde Gottes irdisch, thierisch, ja ein unfläthiges Vieh geworden; er erinnert sich aber seines Ursprungs, woher er gekommen, gedenkt an seinen Vater, und es reut ihn; er bekennt seine Sünde und spricht: „Vater, ich habe gesündigt im Himmel und vor dir;" ich habe Gott und Menschen beleidigt. Er erkennt auch seine Unwürdigkeit: „Ich bin nicht werth, daß ich dein Sohn heiße." (2) Der Glaube, als das andere Stück der Buße, ist darin vorgestellt, daß er sich aufmacht, und zum Vater geht; und hat die Zuversicht, wenn ihn ja der Vater nicht wollte als seinen Sohn annehmen, so werde er ihn gewiß als einen Knecht oder Taglöhner halten. Denn er spricht: „Ich bin nicht werth, daß ich dein Sohn heiße; mache mich zu deinem Taglöhner." Und hofft gewiß, der Vater werde ihm solches nicht versagen, sondern aus Gnaden sich über ihn erbarmen.

5. 3) Das Vaterherz ist also abgemalt. (1) Da er noch ferne von dannen war, sah ihn der Vater. Ach! die gnädigen Augen des Vaters, wie sehen sie nach den verlorenen Kindern! Das ist die zuvorkommende und vorlaufende Gnade, Ps. 79, 8. Jes. 30, 18. 19. Ps. 32, 8. (2) Er jammert ihn. Ist die erwartende Gnade. (3) Er läuft, und fällt ihm um den Hals. Ist die aufnehmende Gnade. (4) Küsset ihn. Ist die tröstende Gnade, Jes. 66, 13. Ps. 103, 13. (5) Bringt das beste Kleid her. Das ist Christus und seine Gerechtigkeit. Ist die rechtfertigende Gnade, Röm. 8, 33. (6) Einen Fingerreif an seine Hand. Ist der heilige Geist, der Trauring, der Ring der Kindschaft, die vermählende Gnade, Gal. 4, 6. Eph. 1, 5. (7) Schuhe an seine Füße. Ist ein neuer heiliger Wandel in Christo durch den heiligen Geist, und Gottes Kraft und Macht. Das ist die erhaltende Gnade, Phil. 1, 27. 1 Petr.

1, 5. (8) Bringt ein gemästetes Kalb her ꝛc. Ist das Gastmahl und die Freude der Engel. Das ist die erfreuende, lebendig machende und krönende Gnade, Jes. 65, 13. 14. Cap. 66, 13. Pf. 63, 4. Pf. 84, 12. Pf. 103, 4.

6. Wie könnte uns doch Gott freundlicher zur Buße locken? Wir wollen demnach die vornehmsten Ursachen, die uns zur Buße bewegen sollen, betrachten. Deren sind vornehmlich sieben:

1) Die große Barmherzigkeit Gottes.
2) Christi Freundlichkeit und theures Verdienst.
3) Die schreckliche Strafe und Drohung.
4) Der Tod.
5) Das jüngste Gericht.
6) Die Hölle.
7) Die ewige Freude.

1) Gottes Barmherzigkeit.

7. 5 Mos. 4, 29 ff. „Wenn du den Herrn, deinen Gott, suchen wirst, so wirst du ihn finden, wo du ihn wirst von ganzem Herzen und von ganzer Seele suchen. Wenn du geängstigt seyn wirst, und dich treffen werden alle diese Dinge in den letzten Tagen, so wirst du dich bekehren zu dem Herrn, deinem Gott, und seiner Stimme gehorchen. Denn der Herr, dein Gott, ist ein barmherziger Gott. Er wird dich nicht lassen noch verderben, wird auch nicht vergessen des Bundes, den er deinen Vätern geschworen hat." Ach, dieß gnädige Vaterherz soll uns billig zur Buße locken! Unsere Sünden können so viel nicht seyn, es ist viel mehr Gnade bei dem Herrn, wie der 130. Pf. V. 7. 8 spricht: „Bei dem Herrn ist die Gnade und viel Vergebung bei ihm, und er wird Israel erlösen aus allen seinen Sünden." Die Sünde kann so groß nicht seyn, Gottes Barmherzigkeit ist noch größer. Pf. 51, 3: „Tilge meine Sünden nach deiner großen Barmherzigkeit." Unsere Sünden können so gräulich nicht seyn, Gott kann sie schneeweiß machen. Jes. 1, 18: „Wenn eure Sünden gleich blutroth wären, sollen sie schneeweiß werden." Pf. 51, 9: „Besprenge mich mit Ysop, daß ich rein werde; wasche mich, daß ich schneeweiß werde." Unsere Sünden können so mancherlei nicht seyn, der Reichthum der Gnade Gottes ist noch überschwänglicher, Eph. 2, 7; denn „er ist barmherzig, gnädig, geduldig, von großer Gnade und Treue, und vergibt Uebertretung, Missethat und Sünde," 2 Mos. 34, 6. 7. Unsere Sünde kann so mächtig und stark nicht seyn, Gott kann sie dämpfen, und in die Tiefe des Meeres werfen, wie den Pharao mit allem seinem Heer, Mich. 7, 19. Unsere Sünde kann so schädlich und giftig nicht seyn, Gott kann sie heilen. Ezech. 33, 12: „Wenn sich der Gottlose bekehret, soll's ihm nicht schaden, daß er ist gottlos gewesen."

2) Christi Freundlichkeit.

8. Wie freundlich auch unser Herr Jesus Christus die Sünder aufgenommen, bezeugt er Matth. 9, 12. 13, da er spricht: „Die Starken bedürfen des Arztes nicht, sondern die Kranken. Ich bin gekommen, die Sünder zur Buße zu rufen, und nicht die Gerechten." Und Luc. 19, 10: „Des Menschen Sohn ist gekommen, zu suchen und selig zu machen, das verloren ist." Von dieser holdseligen Freundlichkeit haben die Propheten geweissagt. Ezech. 34, 2. 11. 12. 16: „Wehe euch Hirten, die ihr das Verlorene nicht suchet, sondern streng und hart über sie herrschet. Meine Schafe sind zerstreut, als die keinen Hirten haben. Siehe, ich will mich meiner Heerde selbst annehmen, und sie suchen, wie ein Hirt seine Schafe sucht, wenn sie von der Heerde verirrt sind. Ich will das Verlorene suchen, und das Verirrte wiederbringen, das Verwundete heilen, des Schwachen warten." Jes. 40, 11: „Er wird seine Heerde weiden, wie ein Hirte; er wird die Lämmer in seine Arme sammeln und in seinem Busen tragen." Nicht allein aber Christi Freundlichkeit lockt dich zur Buße, sondern auch seine herzliche Traurigkeit, und sein heiliges vergossenes Blut rufet dir. 1) Bedenke, wie er sein Leben nicht hat gegeben für den Himmel, noch für die Erde, sondern für deine Seele; und du willst durch

deine Unbußfertigkeit muthwillig diesen edeln Schatz verlieren? 2) Bedenke, daß du mit keinem andern Lösegeld hast können erlöst werden, denn durch das Blut Christi, 1 Petr. 1, 19; warum willst du dich dieser höchsten und theuersten Bezahlung verlustig machen? 3) Bedenke doch, wovon dich dein Herr Christus erlöst hat, nämlich vom Teufel, von der argen, bösen Welt, von deinen Sünden; noch hast du Lust, dem Teufel immer ferner zu dienen. 4) Bedenke doch, daß dir Christi Verdienst ohne Buße nichts nütze ist, ja daß du Christi Blut mit Füßen trittst, und den Geist der Gnade schmähest, Hebr. 10, 29. 5) Bedenke, wie sauer du deinem Erlöser geworden bist, wie er geweint, getrauert, gezittert, gezaget, Hebr. 5, 7, wie schrecklich er um deiner Sünden willen verwundet, Jes. 53, 4, wie er ein Wurm, Psalm 22, 7, und ein Fluch am Holz geworden, Gal. 3, 13. O ein sehr trauriges Schauspiel, und ein kläglicher Bußspiegel!

3) Die Drohung der zeitlichen Strafe.

9. Psalm 7, 12. 13. 14: „Gott ist ein rechter Richter, und ein Gott, der täglich dräuet. Will man sich nicht bekehren, so hat er sein Schwert gewetzet, und seinen Bogen gespannt, und zielet, und hat darauf gelegt tödtliche Geschosse, seine Pfeile hat er zugerichtet zu verderben."

10. Denn dem Zorn und der Rache Gottes kann kein Mensch entfliehen. Amos 9, 2. 3. 8: „Wenn sie gleich in den Himmel fliegen, will ich sie herabstürzen. Wenn sie sich gleich verbärgen im Grunde des Meeres, will ich doch den Schlangen befehlen, die sollen sie daselbst stechen. Siehe, die Augen des Herrn sehen auf ein sündiges Königreich, daß ich's vom Erdboden vertilge." Zeph. 1, 17. 18: „Ihr Blut soll vergossen werden wie Staub, und ihr Leib soll werden wie Koth. Denn ihr Silber und Gold soll sie nicht erretten am Tage meines Zorns, sondern das ganze Land soll durch das Feuer meines Eifers verzehrt werden." Solche schreckliche Drohungen sollen uns zur Buße treiben. Buße wendet große Landstrafen ab, ja den Untergang eines Volks, einer Stadt und eines Landes, wie zu Ninive, Jonas 3, 5. Jer. 18, 7. 8: „Plötzlich rede ich wider ein Volk, daß ich's ausrotten und vertilgen will. Wenn sich's aber bekehret, so soll mich auch gereuen der Strafe."

4) Der Tod.

11. Darum hat Gott die Stunde des Todes verborgen, daß wir täglich und alle Stunden Buße thun, und eine jede Stunde für die letzte achten sollen. Bernhard sagt: Das ganze Leben des Menschen ist ihm zur Buße gegeben *); und ist nichts anders, denn ein tägliches Kreuz und eine Pein, wie im 38. Ps. V. 18 steht: „Siehe, ich bin zu Leiden gemacht;" „und meine Plage ist alle Morgen da," Ps. 73, 14. Gott hat dir seine Gnade verheißen, aber den morgenden Tag hat er dir nicht zugesagt. „Es ist dem Menschen gesetzt, einmal zu sterben, und darnach das Gericht," Hebr. 9, 27. Sir. 7, 40: „Bedenke das Ende, so wirst du nimmermehr sündigen." Denn wie dich Gott findet, so wird er dich richten. Darum sollst du in deinem Leben also seyn, wie du wünschest zu seyn in deinem Tode. Bedenke, wo die sind, die vor wenig Jahren in fleischlichen Lüsten und Freuden gelebt. Jetzo sind sie an ihrem Ort, und erwarten des letzten Urtheils. Darum „gehet aus von ihnen, mein Volk, daß ihr nicht theilhaftig werdet ihrer Sünden, auf daß ihr nicht empfahet etwas von ihren Plagen," Offenb. 18, 4.

5) Das jüngste Gericht.

12. Denn nach dem Tode wird keine Zeit oder Raum zur Buße seyn. Hier, in diesem Leben, wird entweder das Leben ewig verloren, oder ewig behalten. Die Bußfertigen kommen nicht in's Gericht, über die Unbußfertigen aber wird das schreckliche Urtheil ergehen: „Gehet hin, ihr Verfluchten, in das ewige Feuer," Matth. 25, 41. „Jetzo ist der Tag des Heils," 2 Cor. 6, 2; dort der Tag des

*) Tota hominis vita ipsi ad poenitentiam data.

Gerichts. Pf. 95, 7. 8: „Heute, heute, so ihr meine Stimme höret, so verstocket euer Herz nicht, daß ich nicht schwöre in meinem Zorn: sie sollen nimmermehr zu meiner Ruhe kommen," Hebr. 3, 7. 8. 11. 2 Cor. 5, 10: „Wir müssen Alle offenbar werden vor dem Richterstuhl unsers Herrn Jesu Christi, auf daß ein Jeder empfahe, wie er gehandelt hat bei Leibes Leben, es sey Böses oder Gutes." Den Bußfertigen aber werden ihre Sünden zugedeckt, Pf. 32, 2, und gar vergessen, Ezech. 33, 16. Darum erkenne du deine Sünden, auf daß sie Gott vergebe und vergesse.

6) Die ewige höllische Pein.

13. Da wird alle Barmherzigkeit Gottes aufhören, und wird heißen: „Gedenke, Sohn, daß du dein Gutes empfangen hast in deinem Leben," Luc. 16, 25. Jetzo lebst du nun nicht mehr, sondern bist ewig todt, und Gott ewig abgestorben. Aus der Hölle ist keine Erlösung, Pf. 49, 15. Wie kann dem Gutes oder einiger Trost widerfahren, der ewig gestorben ist? Hier ist allein die Gnadenzeit, dort werden die Verdammten also sterben, daß sie doch allezeit leben, und also leben, daß sie doch allezeit und ewig sterben. Alle Sinne werden da gequält werden: Sehen, durch die ewige Finsterniß; Hören, durch Zähnklappern und Heulen; Riechen, durch Schwefelgestank; Schmecken, durch des ewigen Todes Bitterkeit; Empfinden, durch die ewige Qual.

7) Die Freude des ewigen Lebens.

14. Sollte der Mensch eine so kleine, nichtige Freude nehmen für die ewige Freude? Kein Ungerechter wird da hinein gehen, der sich nicht mit vielen heißen Thränen im Glauben gereinigt und gewaschen, und seine Kleider helle gemacht hat im Blute des Lammes, Offenb. 7, 13. 14. „Draußen sind die Unreinen, die Hunde, die Zauberer, die Todtschläger, und die da lieb haben und thun die Lüge," Cap. 22, 15. Der Verächter keiner wird dieß Abendmahl schmecken, Luc. 14, 24. Die höchste Freude des ewigen Lebens ist, Gott sehen, 1 Joh. 3, 2. Das Anschauen Gottes ist Alles und ewiger Lohn*). Die Freude der Auserwählten ist, Christum sehen: „Ihr werdet mich wiedersehen, und euer Herz wird sich freuen," Joh. 16, 22. Das Anschauen des Angesichts Gottes ist der Engel Freude und Leben, das Engelbrod, davon die Engel leben, ihre unsichtbare Speise, wie der Engel Raphael zu Tobia spricht: „Ich esse unsichtbare Speise, die kein Mensch sehen kann," Tob. 12, 19. Gleichwie nun Gott sehen, alle Freude ist, so ist Gott nimmer sehen, die größte, höchste, ewige und alle Pein und Qual.

Gebet um wahre Bekehrung.

Liebreicher Gott und Vater, es ist dein ganzer Ernst, daß du uns Sünder begnadigest, und in Christo Jesu segnest mit allerlei geistlichem Segen in himmlischen Gütern. Du reckest deine Hand den ganzen Tag zu uns aus, und rufst uns auf's liebreichste zu, daß wir uns zu dir wenden sollen. Und da du wohl weißt, daß wir nicht aus eigener Vernunft und Kraft zu dir kommen können, so willst du durch deine allmächtige Kraft uns zu Christo ziehen, und um Christi willen in deine Gemeinschaft aufnehmen. Du hast in deinem Gnadenreich einen Tisch für uns bereitet, und lässest uns sagen, daß wir kommen, und essen, und trinken, und fröhlich seyn sollen. Wahrlich, du bist nicht Schuld daran, wenn wir von deiner Gemeinschaft getrennt bleiben, und in dem Dienst des Teufels gemartert und gequält werden. Denn so wahr du lebest, willst du nicht, daß der Sünder sterbe, sondern vielmehr um Christi willen ewig lebe. Ach wie oft rührest und bewegst du unsere Herzen! wie liebreich gehst du uns verlorenen Sündern nach! wie unermüdet suchest du uns! welch einen Reichthum der Güte, Geduld und Langmüthigkeit beweisest du an uns! Du legst uns vor den Segen und den Fluch, den Himmel und die Hölle, und es ist dein gnädiges Wohlgefallen, daß wir den Segen und den Himmel erwählen, hingegen dem Fluch und der Hölle ent-

---

*) Visio Dei tota merces.

gehen sollen. Ach barmherziger Gott! laß deine Güte uns zur Buße locken. Zerschlage, zermalme, zerknirsche unsere steinharten Herzen. Bringe uns zum schmerzhaften Gefühl unsers großen Elendes, und gib uns den Sinn, daß wir alle Sünden, als die Ursache unserer Unseligkeit, hassen und verabscheuen. Laß uns in dem Lichte deines Geistes beständig einsehen, wie unentbehrlich uns Jesu Christi blutiges Verdienst und dessen uns erworbene Gerechtigkeit sey, damit in uns ein sehnliches Verlangen nach diesem unserm Heiland entstehe, und wir mit heilsbegierigen Herzen dessen Versöhnungsblut im wahren Glauben uns zueignen. Tilge um Jesu willen alle unsere Sünden, und laß uns die Rechtfertigung in seinem Blute heilsam erfahren. Rüste uns aber auch aus mit Kraft aus der Höhe, damit unser ganzes zukünftiges Leben nach deiner Vorschrift möge geführt werden. Bekehre du uns, Herr, so werden wir bekehrt. Hilf du uns, so ist uns geholfen. Amen.

Das 9. Capitel.

Was Buße thun heiße, wie sie geschehen müsse, und wie uns Gottes Güte zur Buße leite.

Joel 2, 12. 13. So spricht der Herr: Bekehret euch zu mir von ganzem Herzen, mit Fasten, mit Weinen, mit Klagen. Zerreißet eure Herzen, und nicht eure Kleider, und bekehret euch zum Herrn, eurem Gott. Denn er ist gnädig, barmherzig, geduldig und von großer Güte, und gereuet ihn bald der Strafe.

1. Der vielgetreue und gnädige Gott, der nicht will noch sucht unser Verderben, sondern unser ewiges Heil und Seligkeit, der am besten unsere Noth und Elend kennt und sieht, und uns gern daraus erretten wollte, lockt und reizt uns auf mancherlei Weise zur Buße. Denn durch wahre Buße und Bekehrung will er uns helfen und heilen, Jer. 17, 14.

2. Er lockt uns einmal durch scharfe Drohungen; als Jer. 6, 19: „Ich will ein Unglück über dieß Volk bringen, nämlich ihren verdienten Lohn, darum daß sie auf meine Worte nicht achten, und meine Gesetze verwerfen." Und im 7. Cap. V. 13. 14: „Weil ihr denn alle solche Stücke treibet, spricht der Herr, und ich euch stets predigen lasse, und ihr wollt nicht hören: so will ich euch auch von meinem Angesicht verwerfen." Vor diesen schrecklichen Drohworten sollten wir billig erschrecken, darin zeitliche und ewige Strafe gedroht wird. Denn die göttlichen Drohungen sind nicht ein leerer und todter Schall, sondern haben einen mächtigen Nachdruck, sind Gottes Eifer, und gehen endlich in ihre Kraft. Und wir erfahren ja, was uns Gott der Herr für Unglück und Herzeleid zuschickt, daß wir deß alle Winkel voll haben. Und wo wir nicht Buße thun, wird Gottes Zorn durch Krieg, Hunger, Pestilenz, Feuer und Wasser dermaßen anbrennen, daß solches Feuer auch die Grundfesten verzehren wird, wie zu Jerusalem, Klagl. Jer. 4, 11.

3. Wollen wir uns aber durch Gottes Zorn und Drohungen nicht lassen zur Buße locken, so sollen wir uns durch seine Gnade bewegen lassen, dadurch er uns so freundlich lockt. Wie er spricht Jer. 3, 12. 13: „Kehre doch wieder zu mir, du abtrünniges Israel, so will ich mein Antlitz nicht gegen euch verstellen. Denn ich bin barmherzig, spricht der Herr, und will nicht ewig zürnen; allein erkenne deine Missethat, daß du wider den Herrn, deinen Gott, gesündiget hast." Da beut uns Gott seine Gnade an, ja er flehet und bittet, wir sollen doch wieder zu ihm kommen, so wolle er Buße annehmen für die Sünde; wie Weish. 12, 18. 19 steht: „Du gewaltiger Herrscher richtest mit Gelindigkeit, und regierest uns mit vielem Verschonen, und lehrest deine Kinder, daß du wollest Buße annehmen für die Sünde, und wir auf deine Barmherzigkeit trauen sollen."

4. Ein solcher freundlicher Spruch ist dieser auch, Joel 2, 12. 13, mit welchem uns Gott durch seine Gnade, Barmherzigkeit, Geduld, große Güte, und daß ihn bald der Strafe gereuet, zur Buße locken will. Es ist demnach aus vorangezogenem Spruch dreierlei zu merken: 1) was Buße thun heißt, nämlich sich zum Herrn bekehren; 2) wie wir sollen Buße thun, nämlich mit Fasten, Heulen und Weinen;

3) wie uns Gottes Güte zur Buße locke: "denn ich bin gnädig" ꝛc. 1) Buße thun und sich zum Herrn bekehren, heißt: aus dem Gesetz Gottes seines Herzens angeborene Blindheit, innerliche Bosheit, abscheuliche Unreinigkeit und große Gottlosigkeit erkennen, als den inwendigen Gräuel und vergifteten Brunnen aller Sünde, dadurch wir uns von Gott, dem höchsten ewigen Gut, abgewendet, und seinen Zorn, die Hölle und Verdammniß, auch allerlei zeitliche Strafen, wohl recht und billig verdient haben; und darüber recht innige, herzliche Reue und Leid tragen, nicht wegen der Strafe, sondern vielmehr darum, daß wir Gott den Herrn, der die ewige Liebe selbst und unser lieber Vater ist, so hoch beleidigt haben; durch's Evangelium aber sich wieder aufrichten, und sich trösten der Gnade Gottes und Vergebung der Sünden, in Christo verheißen; sein Leben auch ernstlich bessern, das böse Herz durch den Glauben reinigen, die bösen Lüste dämpfen, den verkehrten und widerspenstigen Sinn ändern, dem eigenen Willen, der allezeit dem Willen Gottes widerstrebt, absterben, und in Christo ein neues, Gott wohlgefälliges Leben anfangen, und rechtschaffene Früchte der Buße bringen. Jes. 1, 16. 18: "Waschet euch, reiniget euch. Wenn denn eure Sünden blutroth wären, sollen sie schneeweiß werden."

5. Das ist bald gesagt, aber schwer zu thun. Denn Niemand will den inwendigen Gräuel seines Herzens recht erkennen, und sich selbst hassen lernen. Jedermann schmeichelt und liebkoset seinem alten Adam und dem boshaftigen Fleisch und Blut, und es ist selten ein Mensch, der recht gründlich sein böses Herz erforschet; sondern Jedermann hat ein Gefallen an ihm selbst, und will den Gräuel seines Herzens nicht recht angreifen, achtet auch nicht groß der hohen, theuern Gnade in Christo, und versäumt dieselbe muthwillig.

6. Solches erfordert aber der Prophet Joel mit den Worten: "sich zum Herrn bekehren von ganzem Herzen, mit Fasten, Weinen und Klagen;" womit er uns erinnert, daß wir uns von Gott abgekehrt und die lebendige Quelle verlassen haben, Jer. 2, 13, und können kein Leben noch Seligkeit haben, wo wir uns nicht wieder zu ihm wenden und bekehren. Jer. 3, 22: "So kehret nun wieder, ihr abtrünnigen Kinder, so will ich euch heilen von euerm Ungehorsam." Gott will, daß wir unser Elend erkennen sollen, so will er sich über unser Elend erbarmen.

7. Weil wir aber von Natur so blind sind, und unser Elend von uns selbst nicht erkennen, so hat Gott Mittel dazu verordnet, sein heiliges Wort und Sacrament, dabei allezeit seine Gnade und sein Geist ist; dadurch zieht, lockt und ruft uns Gott, als die verlorenen Schafe. Denn gleichwie ein verirrtes Schaf von sich selbst nicht wiederkommen kann, der Hirte muß es suchen und wiederbringen: also, wenn uns Gott nicht suchte, liefen wir ewig in der Irre; welches die Exempel St. Petri und Pauli nachdrücklich bezeugen. Darum der Prophet spricht, Jer. 31, 18: "Bekehre mich, Herr, so werde ich bekehret; denn du bist mein Gott. Heile mich, Herr, so werde ich heil. Hilf mir, so wird mir geholfen; denn du bist mein Ruhm," Jer. 17, 14. Ach "Gott ist's, der in uns wirket beide, das Wollen und Vollbringen, nach seinem Wohlgefallen," Phil. 2, 13.

8. Wenn uns nun Gott der Herr also durch die Mittel, als durch seine Gnadenhand, aufrichtet und zur Buße lockt, so sollen wir seiner Gnade und dem Geist nicht widerstreben (wie der 95. Psalm V. 7. 8 spricht: "Heute, heute, so ihr meine Stimme höret, so verstocket euer Herz nicht"), sondern die Sünde, so an uns gestraft wird, für Sünde erkennen, und Gottes Gnade, so uns angeboten wird, nicht verachten; so wird Gott gnädig seyn, wie Jes. 55, 7 steht: "Der Gottlose bekehre sich zum Herrn, so wird er sich sein erbarmen; und zu unserm Gott, denn bei ihm ist viel Vergebung."

9. Also wird die Bekehrung uns zugeschrieben, ob es wohl ein lauteres Gnadenwerk Gottes ist, wenn wir uns nur Gott durch seine Gnade überlassen, dem heiligen Geist nicht muthwillig widerstreben, die Gnade nicht verachten und von uns stoßen,

Ap. Gesch. 13, 46, die Ohren nicht verstopfen, wie die Juden, Ap. Gesch. 7, 56; sondern unsere Krankheit aus dem Gesetz erkennen, und nach dem Evangelio uns heilen und mit uns handeln lassen, wie ein Arzt mit einem Kranken handelt.

10. Sehet ein Schäflein an; wenn es verlassen ist und in der Irre läuft, und hört von ferne des Hirten Stimme, so kehrt es auf der Stelle von dem Irrweg wieder um, und läuft zurück, nach der Stimme des Hirten zu. Warum thun wir das nicht auch? Sind wir denn unverständiger, denn das dumme Vieh? Und zwar der Prophet Jesajas klagt darüber: „Ein Ochse kennet seinen Herrn, und ein Esel die Krippe seines Herrn; aber Israel kennet mich nicht," Jes. 1, 3. Und der Prophet Jeremias: „Wer ist doch, der da fällt, der nicht gerne wieder aufstünde? Wer ist, der da irre gehet, der nicht gerne wieder zurechtkäme? Ein Storch und Schwalbe wissen die Zeit, wann sie sollen wiederkommen, aber mein Volk will's nicht wissen," Jer. 8, 4. 7.

11. Darum sollen wir stets zu Gott seufzen, daß er ja seine Gnadenhand nicht wolle von uns abziehen, daß wir nicht irren. Denn die Sünde und der alte Adam stecken stets in unserm verderbten Fleisch und Blut; weßwegen wir stets Gottes Gnade bedürfen, dadurch die Sünde in uns gedämpft werde, daß sie nicht herrsche. Ja stündlich, augenblicklich bedürfen wir Gottes Gnade, die uns erhalte; denn dieselbe ist unserer Seele Leben, gleichwie die Seele des Leibes Leben ist. Und wie unser Leib nicht einen Augenblick der Luft entbehren kann, also unsere Seele der Gnade Gottes. 1 Kön. 8, 57. 58 betet Salomo: „Der Herr, unser Gott, sey mit uns, und verlasse uns nicht, und ziehe seine Hand nicht von uns ab, zu neigen unser Herz zu ihm, daß wir wandeln in seinen Wegen."

12. Dieses sollen wir uns nicht allein insgemein lassen gesagt seyn, sondern ein Jeder insonderheit soll's zu Herzen nehmen, und ihm lassen gesagt seyn. Ein Jeder sehe auf sich selbst, und bessere sich, so werden wir Alle gebessert. Bedenkt die tröstliche Ermahnung und Verheißung Gottes, Jes. 55, 6: „Suchet den Herrn, weil er zu finden ist; rufet ihn an, weil er nahe ist." Jer. 29, 13: „Wenn ihr mich von Herzen suchet, so will ich mich von euch finden lassen."

13. Es ist aber das nicht allein Buße, wenn man von äußerlichen groben Sünden abläßt, sondern in wahrer Buße muß das Herz geändert, die inwendige Hoffart, Geiz, Wollust, böse Affecte gedämpft werden. Denn wenn das Herz nicht geändert und gebessert wird, sondern es bleibt darin die alte Adamische Unart, inwendige Bosheit, Zorn, Feindschaft, Rachgier, Lügen, Falschheit 2c., so ist's keine rechtschaffene Buße, sondern Heuchelei. Denn Gott will ein neues Herz haben, eine neue Creatur in Christo Jesu, 2 Cor. 5, 17. Darum Keiner so fromm, so heilig, so rein ist, er hat täglich an seinem bösen Herzen zu bessern. Jer. 6, 7: „Wie ein Brunn seyn Wasser quillet, so quillet eure Bosheit." Das ist das Erste, was die Buße sey, und wie wir dazu kommen; wie auch im ersten Buch deutlich erklärt ist.

14. II) Wie sollen wir uns denn zum Herrn bekehren? Von ganzem Herzen, mit Fasten, Weinen und Heulen. Um zeitliche Dinge weinen wir, aber die arme Seele will Niemand beweinen, wie David im 6. und 38. Psalm thut. Damit lehrt uns der Prophet, daß unsere Buße keine Heuchelei seyn solle, sondern sie soll von Herzen gehen. „Denn Gott siehet das Herz an, er prüfet Herz und Nieren," 1 Sam. 16, 7. Psf. 7, 10.

15. Mit Fasten. Dieß ist ein allgemeines Fasten des ganzen Volks, welches der Prophet hier befiehlt, da die ganze Gemeine öffentlich vor Gott sich demüthigt, Buße thut, ihre Sünden öffentlich bekennt, bereuet, beweinet, daneben fastet, und mit nüchternem Leib und Seele Gott um Vergebung der Sünde und um Abwendung allgemeiner Strafe anrufet und bittet. Ein solch allgemeines Fasten, Buße, wahrhaftige Reue und Leid, Glaube, Gebet, Bekenntniß, Abbitte ist sehr kräftig und gewaltig, Gottes Zorn und große Landplagen abzuwenden; wie wir lesen im

B. der Richt. 20, 26, da die Stämme Israel von dem Stamm Benjamin geschlagen worden, und verloren dreißig tausend Mann; da kam alles Volk zum Hause Gottes, weineten, und blieben daselbst vor dem Herrn, und fasteten denselben Tag bis auf den Abend. Wir haben das gewaltige Exempel des Ninivitischen Fastens, Jon. 3, 10. Deßgleichen lesen wir 1 Chron. 11, 12: da die Kinder Israel von den Philistern geschlagen wurden, Saul und Jonathan umkamen, haben sie sieben Tage gefastet.

16. Solch Bußfasten ist auch in der ersten Kirche gebräuchlich gewesen, da die ganze Gemeine in großen allgemeinen Nöthen hat Buße gethan; nicht um mit diesen bloßen Werken Vergebung der Sünden zu verdienen, sondern mit reuigen, nüchternen, demüthigen Herzen Gott die allgemeine Strafe abzubitten; und so sollte es billig noch gehalten werden.

17. Solches Bußfasten wäre unsere rechte Vestung und Mauer wider den Türken und alle unsere Feinde, ein großer Segen in theurer Zeit, eine allgemeine Arznei in Sterbensläuften, ein Schutz aller unserer Güter; wie wir von dem heiligen Hiob im 1. Capitel lesen, wie er seine Kinder mit Opfer, Gebet und Fasten bei Gott vertreten, so oft sie Wohlleben gehalten ec., und wie er sein Haus mit dem Gebet verzäunet und verwahret hatte, daß ihm der Teufel keinen Eingriff thun konnte.

18. Und in den allgemeinen großen Landstrafen sieht sich Gott der Herr um nach solchen Leuten, die seinen Zorn als eine Mauer aufhalten. Ezech. 22, 30. 31: „Ich sah mich um, ich suchte unter ihnen, ob sich Jemand zur Mauer machte, und wider den Riß stünde gegen mich für das Land, daß ich's nicht verderbte; aber ich fand Keinen. Darum schüttete ich meinen Zorn über sie, und mit dem Feuer meines Grimms machte ich's ein Ende, und gab ihnen ihr Verdienst auf ihren Kopf."

19. Eine solche Mauer ist der Prophet Daniel gewesen, da er des ganzen Volks Sünden bekannte, Dan. 9, 3. Ein solch Bußfasten beschreibt der Prophet Joel allhier, da er spricht: „Blaset mit Posaunen zu Zion, heiliget ein Fasten, rufet die Gemeine zusammen, sammelt die Aeltesten, heiliget das Volk, bringet zusammen die jungen Kinder und Säuglinge. Der Bräutigam gehe aus seiner Kammer, und die Braut aus ihrem Gemach. Lasset die Priester, des Herrn Diener, weinen und sagen: Herr, schone deines Volks, und laß dein Erbe nicht zu Schanden werden," Joel 2, 15. 16. 17.

20. Solches Fasten soll dem ganzen Volk ein großer Ernst seyn, ohne alle Heuchelei. Denn Gott will die Sünden bekannt haben von Jedermann; er will wahre Demuth und Buße von uns haben, und daß wir uns von ganzem Herzen sollen zu ihm bekehren. Darum spricht der Prophet von solcher ernsten Buße: „Zerreisset eure Herzen, und nicht eure Kleider." Die Juden hatten im Brauch, wenn sie etwas Schreckliches hörten oder sahen, daß sie ihre Kleider zerrissen, und thaten's oft zum Schein, aus Heuchelei, gingen in zerrissenen Kleidern zum Schein, fasteten auch oft zum Schein; wie solches der Prophet Jesaias Cap. 58, 5 ff. straft, da er spricht: „Sollte das ein Fasten seyn, das ich erwählen soll, daß ein Mensch seinem Leben übel thut, oder seinen Kopf hänget wie ein Schilf, oder auf einem Sack und in der Asche lieget? Wollt ihr das ein Fasten nennen, und einen Tag dem Herrn angenehm? Das ist aber ein Fasten, das ich erwähle: Laß los, welchen du mit Unrecht bindest; laß ledig, welchen du beschwerest; gib frei, welchen du bedrängest; reiß weg allerlei Last; brich den Hungrigen dein Brod; siehst du Einen nackend, so kleide ihn, und entzeuch dich nicht von deinem Fleisch."

21. Da hören wir, was das rechte Fasten sey, nämlich, wenn man von Sünden abläßt, die bösen Lüste des Fleisches dämpft, den alten Adam tödtet, Liebe, Geduld, Barmherzigkeit übt, und solches Alles mit reuigem, bußfertigem, zerbrochenem Herzen. Darum der Prophet allhier spricht: „Zerreisset eure Herzen." Denn gleichwie ein verwundetes Herz wehe thut, und große Schmerzen macht: also wehe soll uns unsere Sünde thun, als wenn das Herz gar

zerknirscht wäre; wie David im 51. Ps. B. 19 von dem rechten Opfer eines zerschlagenen, zerbrochenen, zerknirschten Herzens und Geistes zeugt. Ein solches Herz ist dem lieben Gott das angenehmste Opfer. Ein solches Herz ist fähig durch den Glauben der Gnade Gottes, des Trostes des heiligen Geistes, des theuern Verdienstes und Blutes Jesu Christi. Denn gleichwie ein harter Fels, der nicht verwundet ist, der nicht zerschlagen und mürbe ist, nicht in sich trinken kann das Oel und Wasser, so man darauf gießt; wenn aber der Stein mürbe und zermalmt ist, so durchdringt ihn das Oel: also auch durchdringt das Oel der Gnade und des Trostes Gottes ein solch mürbes und zerschlagenes Herz, auf daß es durch den Glauben des Verdienstes Christi theilhaftig werde. Denn „die Starken bedürfen des Arztes nicht, sondern die Kranken," Matth. 9, 12. Es darf Niemand denken, daß er Christo angehöre, der nicht sein Fleisch kreuzigt, sammt den Lüsten und Begierden, Gal. 5, 24. Denn soll dir Christi Blut helfen, so mußt du es mit reuigem, zerschlagenem, bußfertigem, demüthigem, gläubigem Herzen aufnehmen, oder du wirst nimmermehr desselben fähig.

22. III) Erinnert uns auch der Prophet der Ursachen, die uns zur Buße führen und leiten sollen, und spricht: „Bekehret euch zum Herrn; denn unser Gott ist gnädig, barmherzig, geduldig, von großer Güte, und gereuet ihn bald der Strafe." In diesem Spruch steckt eine herrliche Gradation; als wollte Gott der Herr sagen: Ist es zu wenig, gnädig seyn, so bin ich auch barmherzig; ist dieß zu wenig, so bin ich geduldig; ist dieß auch zu wenig, so bin ich auch von großer Güte; ist dieß noch zu wenig, so gereuet mich auch bald der Strafe, das ist, wenn ich schon angefangen habe, zu strafen, so ist noch Zeit zur Buße, mitten in der Strafe.

23. (a) Spricht er: „Unser Gott ist gnädig," Ps. 103, 8. Gnädig seyn heißt, sich leicht und bald versöhnen lassen, sich bald erbitten lassen, Zorn und Ungnade bald sinken und fallen lassen, die Sünde vergeben und nicht zürnen, nicht handeln mit Einem nach Verdienst und nach der strengen Gerechtigkeit. Das thut Gott der Herr Alles an uns, und das soll uns auch zur Buße bewegen. Denn wir haben viel schöner Verheißung von Gottes Gnade, 2 Mos. 22, 27: „Wird der Beleidigte zu mir schreien, so werde ich ihn erhören, denn ich bin gnädig." Jes. 30, 18. 19: „Er wird dir gnädig seyn, wenn du rufest; er wird dir antworten, sobald er es hören wird. Darum harret der Herr, daß er euch gnädig sey," das ist, der Herr wartet auf euch. Gott ist reich von Gnaden. Denn es ist bei ihm 1) eine erwartende Gnade. Wenn wir uns zu ihm bekehren, will er uns mit Gnaden aufnehmen. 2) Ist eine vorlaufende Gnade. „Erbarme dich unser bald," Ps. 79, 8. 3) Ist eine aufnehmende Gnade. Ps. 32, 10: „Die auf den Herrn hoffen, wird die Güte umfahen." 4) Eine erhaltende Gnade. Ps. 23, 6: „Gutes und Barmherzigkeit werden mir folgen mein Leben lang," wie im vorigen Capitel mit Exempeln bewiesen. Ps. 130, 7: „Bei dem Herrn ist die Gnade, und eitel Erlösung bei ihm." Darum laß dich die holdselige Gnade Gottes zur Buße bewegen.

24. (b) Er ist auch barmherzig. Barmherzig seyn heißt, wenn Einem eines Andern Elend zu Herzen geht, ja das Herz rühret, daß es ihm wehe thut; wie es geschieht dem väterlichen und mütterlichen Herzen, die ihre Kinder nicht allein von Grund des Herzens lieb haben, sondern sich über ihre Schwachheit, über ihr Elend und Gebrechen herzlich erbarmen, und ein solch Mitleiden mit ihnen haben, daß sie lieber für ihre Kinder sterben wollten; wie David klagt: „Absalom, mein Sohn, wollte Gott, ich müßte für dich sterben," 2 Sam. 18, 33. Das hat Gott Alles an uns gethan. Darum Gottes Sohn selbst für uns gelitten, und mit seiner Barmherzigkeit hat er väterliche und mütterliche Barmherzigkeit übertroffen, wie Jes. 49, 15 steht: „Kann auch eine Mutter ihres Kindleins vergessen" 2c. Solche herzliche Barmherzigkeit wird auch beschrieben Jer. 31, 20: „Ist nicht Ephraim mein theurer Sohn und mein trautes Kind? Darum bricht mir mein Herz gegen ihn, daß ich mich sein

erbarmen muß." 5 Mos. 4, 31: „Dein Gott ist ein barmherziger Gott, er wird dich nicht lassen verderben, noch vergessen des Bundes, den er den Vätern geschworen hat." Ps. 103, 8: „Barmherzig und gnädig ist der Herr." Deß tröstete sich David, als ihm die Wahl der Strafe gegeben ward, aus dreien eine zu erwählen, 2 Sam. 24, 14: „Ich will lieber in die Hand des Herrn fallen" ⁊c. Ach laß dich doch die väterliche Barmherzigkeit Gottes zur Buße bringen! „Ich ermahne euch," sagt St. Paulus, „durch die Barmherzigkeit Gottes," Röm. 12, 1.

25. (c) Geduldig. Geduldig seyn heißt, sich nicht bald zum Zorn bewegen lassen, viel Gebrechen tragen, leiden und zu gut halten, Zeit zur Buße und Bekehrung geben. Das hat Gott reichlich an uns bewiesen. Denn er ist die Liebe selbst, die da langmüthig und freundlich ist, die Alles hofft, verträgt und duldet, 1 Cor. 13, 4; wie ein Vater und Mutter große Geduld mit ihren Kindern haben. Daher St. Petrus spricht: „Gott hat Geduld mit uns, und will nicht, daß Jemand soll verloren werden, sondern daß sich Jedermann zur Buße kehre und lebe," 2 Petr. 3, 9. Deßgl. V. 15: „Die Geduld unsers Herrn Jesu Christi achtet für eure Seligkeit." Röm. 2, 4: „Weißt du nicht, daß dich die Gütigkeit Gottes zur Buße leitet?" Also gab Gott der ersten Welt Zeit hundert und zwanzig Jahre, 1 Mos. 6, 3. Und wie lange hat er uns Zeit zur Buße gegeben? Darüber ihrer Viele die Gnade Gottes auf Muthwillen ziehen, und auf Gnade sündigen, Epist. Jud. V. 4. Aber die Strafe kommt darnach desto schneller und häufiger. Wenn ihrer so Viele wären, die uns beleidigen, als deren sind, die Gott beleidigten, und käme jetzt Einer, bald der Andere, bald der Dritte, und so fort, so würde kein Mensch auf Erden so große Geduld haben, daß er nicht allein Allen vergeben, sondern ihnen noch alles Gute thun könnte. Nun thut's aber Gott. Sehet, wie geduldig muß er seyn. Ach laß dich doch die hohe Geduld Gottes zur Buße locken!

26. (d) Von großer Güte. Ist deine Sünde groß, so ist auch seine Barmherzigkeit groß. Gott ist so wesentlich und gründlich gut, daß er gern sich selbst allen Menschen mittheilt, möchten sie ihn nur ergreifen und annehmen. Ja er kann nicht anders, denn gütig seyn, das ist seine Natur, daran hat er seine Freude; wie er im Propheten sagt: „Es soll ihm eine Lust seyn, daß er uns Gutes thun möge," Jer. 32, 41. „Seine Barmherzigkeit ist so groß, als er selbst ist," Sir. 2, 23, das ist, unendlich, „und gehet über alle Menschen," Sir. 18, 12. Seine väterliche Barmherzigkeit ist nicht so enge gespannt, sondern er ist reich von Barmherzigkeit über Alle ⁊c. Röm. 10, 12. „Seine Gnade reichet, so weit der Himmel ist," Ps. 36, 6. Solch eine hohe und tiefe Barmherzigkeit ist Gottes Barmherzigkeit, so hoch der Himmel über der Erde, Ps. 103, 11. „Die Güte des Herrn ist's, daß wir nicht gar aus sind; seine Barmherzigkeit hat noch kein Ende, sie ist alle Morgen neu, und seine Treue ist groß," Klagl. 3, 22. Ach laß dich doch die Freundlichkeit Gottes und seine große Güte zur Buße locken!

27. (e) „Und gereuet ihn bald der Strafe;" das ist: Er straft ungern, und wenn er straft, so thut er's nicht zu unserm Verderben, sondern zu unserer Besserung und Seligkeit. 1 Cor. 11, 32: „Wenn wir von dem Herrn gerichtet werden, so werden wir gezüchtigt, auf daß wir nicht mit der gottlosen Welt verdammt werden." Jes. 28, 21: „Gott thut seine Arbeit auf eine andere Weise;" Gott thut ein fremdes Werk, daß er sein eigenes thue. So gereuete ihn bald der Strafe zu Ninive, Jon. 3, 10. „Das ist ein köstlich Ding, geduldig seyn, und auf die Hülfe des Herrn hoffen. Denn der Herr verstößt nicht ewiglich, sondern er betrübet wohl, und erbarmet sich wieder nach seiner großen Güte; denn er nicht von Herzen die Menschen plaget und betrübet," Klagl. 3, 26. 31 ff. Darum laß dich doch gereuen deine Sünde!

28. Sobald dich deine Sünde gereuet, und du im wahren Glauben Gott dieselbe abbittest, so bald gereuet Gott die Strafe. Wie? sagt Gott der Herr zu Jona, Jon. 4, 10. 11: „Jammert dich des Kürbisses? sollte mich denn nicht jammern der großen

Stadt?" Da schließt Gott der Herr: Du hast ja an dem Kürbis nicht gearbeitet, hast nichts daran gewandt, er kostet dich ja nichts, noch jammert er dich. Was, meinest du, habe ich an die große Stadt Ninive gewandt? so viel tausend Menschen erschaffen, bisher ernährt, und sollte sie also lassen untergehen? Solch ein erbarmendes Herz hat Gott noch, und behält's gegen uns in Ewigkeit, wenn wir nur ein bußfertiges Herz haben und zu ihm bringen. Darum laß dich das erbarmende Herz Gottes zur Buße bewegen!

Gebet um wahre Buße.

O Jesu! wir haben dir Arbeit gemacht mit unsern Sünden, und Mühe gemacht mit unsern Missethaten. Um deiner großen Arbeit und vielen Mühe willen laß uns nicht in unserm Verderben und in unserm Jammer liegen. Du bist der treue Hirte, der das Verlorene sucht, und das Verirrete wieder zurechtbringt. Du bist der treue Arzt, der die Verwundeten heilet, und die Kranken gesund macht. Ach! suche auch uns Verlorene; bringe uns Verirrete zurecht, heile unsere Seelenwunden, und mache uns gesund im Glauben. Herr! du bist gnädig, barmherzig, geduldig, von großer Güte, und reuet dich bald der Strafen. Wir haben Zorn, Fluch und Verdammniß verdient, du wirst aber um deines theuern Blutes willen, das du für uns vergossen hast, nicht mit uns in's Gericht gehen, du wirst nicht gedenken unserer vielen Sünden, womit wir dich beleidigt haben; vielmehr trauen wir es deiner Güte zu, du wirst uns zu deinem Volk und zu Schafen deiner Weide machen, damit an uns, deinen Begnadigten, dein Jesusname in alle Ewigkeit verherrlicht werden könne. Amen.

Das 10. Capitel.
Von vier Eigenschaften der wahren Buße.

Pf. 102, 10 ff. Ich esse Asche wie Brod, und mische meinen Trank mit Weinen vor deinem Dräuen und Zorn, daß du mich aufgehoben und zu Boden gestoßen hast. Meine Tage sind sind dahin wie ein Schatten, und ich verdorre wie Gras. Du aber, Herr, bleibest ewiglich, und dein Gedächtniß für und für.

1. Hierin werden uns vier Eigenschaften der wahren Buße vorgehalten, die wir auch üben müssen. Die erste Eigenschaft der wahren Buße ist, daß sich ein bußfertiges Herz aller Wohlthaten Gottes unwürdig achtet. Davon sagt der Psalm: „Ich esse Asche wie Brod, und mische meinen Trank mit Weinen," das ist, es ist mir alle Lust und Freude vergangen, ich achte mich unwürdig, einen niedlichen Bissen zu essen; da sich andere Leute erquicken mit niedlicher Speise, schmeckt mir's wie Asche. Solche Unwürdigkeit legt der Herr Christus also aus, Luc. 9, 23: „Wer mein Jünger seyn will, der verläugne sich selbst, und nehme sein Kreuz auf sich, und folge mir nach." Deßgl. Luc. 14, 26: „So Jemand zu mir kommt, und hasset sich nicht selbst, ja sein eigen Leben, der kann nicht mein Jünger seyn." In diesem Spruch beschreibt der Herr, wie ein wahrer Christ seine Unwürdigkeit erkennen soll, mit drei Dingen:

2. (a) Sich selbst verläugnen, das ist, absterben seinem eigenen Willen, seiner eigenen Liebe, seiner eigenen Ehre, und sich aller Wohlthaten Gottes, so einem Menschen widerfahren mögen, nicht werth achten; sich zu gering achten aller Barmherzigkeit Gottes, 1 Mos. 23, 10, sich nicht allein unter alle Menschen erniedrigen, sondern unter alle Creaturen; wie der Herr sagt: „Ich bin ein Wurm und kein Mensch," Pf. 22, 7. Das heißt sich selbst verläugnen, das ist, für Nichts achten.

3. (b) Sich selbst hassen, das ist, Alles, was dem Fleische sanft thut, und was das Fleisch will, als Ehre, Wollust, Rachgier, Zorn, Geiz, und was solch fleischlich Ding mehr ist, an sich selbst strafen, das Fleisch kreuzigen sammt den Lüsten und Begier-

ben, und daſſelbe Alles für Teufelswerk und Schlangenſamen an ſich ſelbſt achten und halten, und ſich ſelbſt anklagen als einen Höllenbrand und des ewigen Todes Würdigen.

4. (c) Sein Kreuz auf ſich nehmen und dem Herrn nachfolgen, das iſt, ohne alle Widerrede und Unmuth in der Stille allerlei Trübſal willig auf ſich nehmen; ſich nicht allein alles Leidens werth achten, ſondern immer gedenken, man habe ein viel größeres verdient, und darum ſein Kreuz tragen im Stilleſeyn und Hoffen, Jeſ. 30, 15, wie der Herr Chriſtus. Das heißt ihm gefolgt.

5. Aus dieſem Allen iſt zu ſehen, daß ein recht demüthig und bußfertig Herz ſich aller Wohlthaten Gottes unwürdig achtet, auch nicht würdig eines Biſſen Brods, oder einer niedlichen Speiſe oder Labetrunks. Wie denn der Herr Chriſtus am Kreuz in ſeinem großen Durſt den bittern vermyrrheten Eſſig eingenommen, und nichts dawider geſagt hat, als allein: „Es iſt vollbracht!" Joh. 19, 29. 30. Daher iſt's nun gekommen, daß die im alten Teſtament, wenn ſie Buße gethan, ſich nicht werth geachtet haben einer Gutthat, ſondern haben Säcke angethan über die bloße Haut, haben ſich in die Aſche geſetzt, trocken Brod gegeſſen, daſſelbe in die Aſche gelegt, und alſo gegeſſen, als die nicht werth wären, reines Brod zu eſſen, und einen lautern Trank zu trinken, ſondern haben die Thränen, ſo ſie unter dem Eſſen und Trinken vergoſſen, mit eingegeſſen und getrunken.

6. Die Urſache aber, warum ſie ſich ſo unwerth geachtet, iſt, daß ſie erkannt haben, daß ſie mit ihren Sünden den ewigen Fluch und die Hölle verdient, und ſich dadurch verluſtig gemacht aller Gnade und Barmherzigkeit Gottes an Leib und Seele, alſo daß ſie auch der allergeringſten Wohlthaten Gottes nicht werth ſeyen. Das iſt bedeutet durch den Mephiboſeth, den Sohn Jonathans, 2 Sam. 9, 8 ff. Als David an's Regiment kam, ließ er fragen im Lande, ob Jemand vom Geſchlechte Jonathan noch übrig wäre, daß er Barmherzigkeit an ihm thäte, darum daß Jonathan ſein liebſter Freund geweſen, und ihn errettet aus der Hand ſeines Vaters Saul. Da ward gefunden ein armer lahmer Mann, mit Namen Mephiboſeth; zu dem ſprach David: „Du ſollſt täglich an meinem Tiſche eſſen, um deines Vaters Jonathan willen." Da antwortete er: „Wer bin ich? ein todter Hund, daß ich über des Königs Tiſch eſſen ſollte?" 2 Sam. 9, 8. Das iſt ein Bild aller demüthigen, bußfertigen Herzen, die ſich nicht werth achten aller Wohlthaten Gottes. So möchten wir auch wohl ſagen zu Gott dem Herrn, wenn er uns mit ſeinen Wohlthaten ſättigt an ſeinem Tiſch, und im heiligen Abendmahl mit ſeinem Leib und Blut ſpeiſet und tränket.

7. Deßgleichen leſen wir vom verlorenen Sohn, Luc. 15, 19. Da er Buße that, achtete er ſich nicht werth, daß er ſeines Vaters Sohn heißen ſollte, ſondern wollte gern ein Knecht und Taglöhner ſeines Vaters ſeyn. Alſo auch das Kananäiſche Weib wollte gern ein Hündlein ſeyn, und die Broſamen eſſen, ſo die Kinder fallen laſſen, Matth. 15, 27. Petrus ſpricht: „Herr, gehe von mir hinaus, ich bin ein ſündiger Menſch," nicht werth, daß du bei mir geheſt oder ſteheſt, Luc. 5, 8. Der Hauptmann zu Capernaum: „Herr, ich ich bin nicht werth, daß du unter mein Dach geheſt," Matth. 8, 8. St. Paulus ſagt, er habe ſein Leben nicht ſo lieb, daß er's mit Freuden vollenden ſollte, Ap. Geſch. 20, 24. Er achtet ſich ſelbſt nicht werth, daß er ein Apoſtel heiße, 1 Cor. 15, 9. Alſo auch der heilige David achtet ſich nicht werth, daß er Brod eſſe; ſondern ich eſſe Aſche wie Brod, ſagt er, ſo gar achte ich mich nicht werth einer Gutthat, Pſ. 102, 10. Wenn ein Chriſt ein ſolches Herz hat, ſo iſt's recht, ſo iſt's zerbrochen und zerſchlagen, und ein lebendiges Opfer Gottes, Pſ. 51, 19.

8. Die andere Eigenſchaft iſt, daß der Bußfertigen höchſter Schmerz und Traurigkeit iſt, daß ſie Gott erzürnt und beleidigt haben. Davon ſagt David: „Vor deinem Zorn und Dräuen, daß du mich aufgehoben und zu Boden geworfen haſt;" das iſt, es thut mir all mein Unglück und Schmerz ſo wehe nicht, als daß ich dich,

einen so herrlichen, heiligen und gerechten Gott, erzürnt, oder wider dich gehandelt habe.

9. Weil Gott lauter Liebe, Gnade, Gerechtigkeit, Gütigkeit und Barmherzigkeit, ja alle Tugend ist, so beleidigt man mit einer jeden Sünde Gott. Als: mit Ungerechtigkeit beleidigt man Gottes Gerechtigkeit, denn Gott ist die Gerechtigkeit selbst; mit Lügen, denn Gott ist die Wahrheit selbst; mit Haß, denn Gott ist die Liebe selbst. Gott ist das höchste ewige Gut aller Tugend, und die höchste Liebe. Nun ist's ja eine große teuflische Bosheit, den beleidigen, der die höchste Liebe, ja die Liebe selbst ist. Wenn uns Gott etwas zu Leide gethan hätte, so wäre es so groß Wunder nicht, daß wir ihn hasseten und ihm widerstrebten. Nun gibt er uns ja aber alles Gute, Leib und Leben, speiset und kleidet uns, gibt uns Arznei, wenn wir krank sind; vergibt uns unsere Sünde, so oft wir seufzen, und ist bereit, allezeit uns aufzunehmen, wenn wir uns bekehren; hat uns seinen lieben Sohn geschenkt, und den heiligen Geist, und gibt sich selbst uns zu eigen; ist unser Vater, und nimmt uns zu Kindern an: dennoch erzürnen wir ihn, widerstreben ihm, und hassen ihn. Wäre das nicht eine große Bosheit, wenn du den tödtetest, der dir das Leben gäbe? wenn du den schlügest, der dich in seinen Armen trüge und in seinem Schoos hielte? wenn du den verachtetest, von dem du alle deine Ehre hättest? wenn du den verläugnetest, der dich als sein Kind aufgenommen hätte? Siehe, das thust du Gott, deinem Vater, selbst. Siehe, welch ein heiliger und gerechter Gott ist der, den du beleidigst, welchen alle Engel Gottes anbeten, sich vor ihm fürchten, ihm das Heilig! singen, Jes. 6, 3; und du bist Erde und Asche, und beleidigst ihn. Wenn das ein bußfertiges Herz bedenkt, so wird in ihm gewirkt eine sehr große Traurigkeit und schmerzliche Reue, die so wehe thut, als die tiefste Wunde, und macht eine sehr große Furcht vor Gottes Gerechtigkeit und Gericht, die dem Menschen sehr schrecklich dräuen, inwendig und auswendig; inwendig im Gewissen, auswendig durch zeitliche Plagen. Davor hat der Mensch nicht Friede noch Ruhe, wie Hiob klagt, C. 6, 1, und vergeht ihm alle Freude, so in der Welt ist, daß er weder essen noch trinken kann. Wie solches Dräuen im 38. Psalm V. 3. beschrieben ist: „Deine Pfeile stecken in mir, und deine Hand drücket mich." Gleichwie eine Wunde, darin ein Pfeil steckt, sehr wehe thut, der Schmerz auch so lange zunimmt, als der Pfeil darin steckt: also, so lange die Furcht im Gewissen steckt, ist da keine Ruhe, sondern eitel Dräuen. Und dieß Dräuen ist nichts anders, denn das lebendige Urtheil der Gerechtigkeit Gottes in unserm Gewissen, und eine große Furcht der Verstoßung in die Hölle. Darum spricht David: „daß du mich aufgehoben und zu Boden gestoßen hast," Psalm 102, 11; gleich als wenn Einer von einem hohen Ort in eine große Tiefe fiele, und so zerquetscht würde, daß er kein ganzes Glied behielte.

10. Dennoch aber ist in diesem großen Dräuen und Schrecken Gottes noch ein Trost. Denn der Prophet spricht: Es ist Gottes Dräuen, Schrecken und Pfeile. Der Gott, der das Herz verwundet mit seinen Pfeilen, der wird's auch heilen; der da tödtet, der wird's auch lebendig machen; der Gott, der zu Boden stößt, und in die Hölle führt, der kann auch wieder heraus führen, Ps. 146, 8. 1 Sam. 2, 6.

11. Wenn nun das ein bußfertiges Herz an sich befindet, daß ihm nichts so schmerzlich wehe thut, als daß es Gott, das höchste Gut und die höchste Liebe, erzürnt habe, so ist's recht mit ihm. So that David: „An dir allein habe ich gesündigt," Psalm 51, 6. Ach, will er sagen, wenn ich dich nur nicht beleidigt hätte! So that Daniel: „Du bist gerecht, aber wir müssen uns schämen," Dan. 9, 7, daß wir nämlich einen so gerechten Gott beleidigt haben.

12. Die dritte Eigenschaft ist, daß David spricht: „Meine Tage sind dahin wie ein Schatten, und ich verdorre wie Gras." Das ist: ein bußfertiges Herz verzagt an allen seinen Kräften, und weiß, daß es so wenig Kraft hat, als ein Schatten, und so wenig Saft, als ein dürres Gras. So steht auch im 39. Psalm V. 6. 7: „Siehe, meine Tage sind einer Hand breit bei dir, und

mein Leben ist wie Nichts vor dir. Wie gar nichts sind alle Menschen, die doch so sicher leben! Sie gehen daher wie ein Schemen" ꝛc.

13. O wie ist das eine so große Weisheit, wenn ein Mensch sein eigen Nichts erkennt! Der Mensch ist nichts, gleich wie ein Schatten nichts ist. Denn ein Schatten ist ein lebloses, todtes, ohnmächtiges Ding, das keinen Leib, Leben, noch Bewegung von sich selbst hat, und vergehet, wenn die Sonne hinweg ist; also auch der Mensch, wenn Gott das Licht des Lebens entzieht. Und dieß ist ein Wunder: je näher die Sonne, je kleiner der Schatten; also auch, je näher Gott mit seinen Gaben, je kleiner ein frommer, gottesfürchtiger Mensch ist in seinen Augen und vor der Welt. Und je weiter die Sonne von uns, je größer der Schatten; also auch, je weiter der Mensch von Gott ist, je größer er wird in seinem Herzen und innerlicher Hoffart. Und hinwieder, je größer der Mensch ist in seinem Herzen, je weiter er von Gott ist. Und gleichwie die großen Schatten bald vergehen und verschwinden: also, die groß und hoch sind in ihrem Herzen, vergehen auch bald. Denn der Schatten muß darum verschwinden, weil ihm die Sonne entgeht; also, wenn der Schattenmensch groß wird in seinem Herzen, so entgeht ihm die göttliche Sonne, so muß er vergehen. Wie auch der Schatten von sich selbst kein Leben hat, sondern hat seine Bewegung von der Sonne, und geht mit derselben: also ist der Mensch von sich selbst nichts, sondern todt und leblos. Gott ist seine Bewegung und Leben. Gleich als wie man sieht einen großen Baum, der wirft von sich einen großen Schatten. Der Schatten lebt und bewegt sich nicht von sich selbst, sondern wenn sich der Baum regt, so regt sich der Schatten auch; also der Mensch lebet und webet in Gott, Ap. Gesch. 17, 28. Im Tode erfahren wir's, daß unsere Tage dahin sind wie ein Schatten, und wir wie Gras verdorren, Ps. 102, 12, welches der Tod mit der Sichel und Sense abgehauen, Ps. 39, 6 und 90, 5, deßgl. 103, 15.

14. Wenn nun der Mensch dieß Alles gründlich in seinem Herzen empfindet durch wahre Demuth, daß er nichts ist, und einem todten Schatten gleich, so ist sein Herz recht vor Gott, und richtig in der Buße. Denn wie wir natürlich und leiblich sterben müssen, also müssen wir auch geistlich täglich sterben, auf daß wir einmal wohl sterben lernen. Denn was man stets übt, das kann man am besten.

15. Die vierte Eigenschaft der Buße ist die Vereinigung mit Gott, wie der Psalm hier spricht: „Du aber bleibest ewiglich, und dein Gedächtniß für und für," Ps. 102, 13. Als wollte er sprechen: Ob ich gleich bin wie ein Schatten, und verdorre wie Gras hier zeitlich: so weiß ich doch, daß ich in dir ewig bleiben werde, wie du ewig bist. Gleichwie der Mensch durch die Sünde von Gott geschieden wird, also wird er durch wahre Bekehrung wieder mit Gott vereinigt. Gleichwie die Person Christi nicht kann getrennt werden, sondern die ewige Gottheit hat die menschliche Natur in Christo also mit sich vereinigt durch ein unauflösliches Band, daß auch der Tod diese Vereinigung nicht hat trennen können, und es bleibt die menschliche Natur Christi ewig mit der Gottheit vereinigt, und mit Gottes Herlichkeit erfüllt: also werden in der Bekehrung zu Gott, durch den Glauben und herzliches Vertrauen die gläubigen Seelen also mit Gott vereinigt, daß sie weder Leben noch Tod scheiden kann, Röm. 8, 38. Denn die dem Herrn anhangen, die werden Ein Geist mit ihm; und Gott hat sich in Ewigkeit mit uns verlobet, 1 Cor. 6, 17. Hos. 2, 19. Ja Christus Jesus, unser Herr, ist uns ewiger Zeuge, und unser Buch des Lebens, darin wir sehen und lernen, daß, wie seine menschliche Natur mit Gott vereinigt ist, also auch alle Gläubige. Gleichwie nun Gott und Christus ewig ist, so werden auch seine Verheißungen ewig seyn, durch welche er mit uns einen ewigen Gnadenbund gemacht hat, Ps. 111, 5; der wird nicht aufhören, wenn uns gleich die Welt verläßt, Sünde, Tod, Teufel und Hölle plagen; ja, wenn uns gleich Leib und Seele verschmachtet, so ist doch Gott unsers Herzens Trost und unser Theil, Ps. 73, 26.

Gebet um die rechte Eigenschaft der wahren Buße.

Ach Herr! es steht nicht in unserm Vermögen, daß wir uns rechtschaffen zu dir bekehren können; darum fallen wir dir zu Fuße, und bitten dich demüthigst: verändere du unsere Herzen, und gib uns deine göttliche Kraft dazu, daß wir uns selbst absterben, unsere sündlichen Neigungen hassen und unterdrücken, deinem Bilde ähnlich werden, und dir nachfolgen, wie du uns ein Exempel und Vorbild hinterlassen hast. Bewahre uns vor aller Sicherheit und Hartigkeit des Herzens, und wirke in uns einen zerknirschten und zerschlagenen Geist. Laß uns aber auch hören Freude und Wonne, damit die Gebeine wiederum fröhlich werden, die du zerschlagen hast. Starker, allmächtiger Gott! nimm uns in deine Hände, und bereite uns zu Gefäßen deiner Barmherzigkeit. Wir hassen, verfluchen und verabscheuen alle Sünden, hingegen wünschen und verlangen wir, dein Eigenthum auf ewig zu seyn. Amen.

Das 11. Capitel.

Die Frucht der wahren Bekehrung ist die neue Creatur. Und was ein Christ sey nach dem Glauben, nämlich ein Herr über Alles; und was er sey nach der Liebe, nämlich ein Knecht unter Allen. Und wie Christi Leben unser Spiegel sey.

2 Cor. 5, 17. Ist Jemand in Christo, der ist eine neue Creatur.

1. Alle, die in Christo sind durch den Glauben, die sind neue Creaturen, das ist, sie sind Kinder Gottes, sind gerecht vor Gott, haben Vergebung der Sünden, haben den heiligen Geist, sind der göttlichen Natur theilhaftig, 2 Petr. 1, 4; sind Erben des ewigen Lebens, sind frei im Gewissen, von Gesetz, Fluch, Tod, Teufel, Hölle und Verdammniß, sind an keine Zeit, Ort und Gesetz gebunden. Denn sie empfangen Alles von Christo aus Gnaden, ganz umsonst, durch den Glauben, was zur Seligkeit gehört; daran sie weder Zeit noch Ort, weder Gesetz noch Gebot oder Ceremonien hindern.

Sie sind in Christo vollkommen, weil sie in ihm haben die Erfüllung des Gesetzes durch den Glauben, Röm. 20, 4.

2. Darum ein gläubiger Christ seyn, ist ein hoher Name über alle Namen in der Welt, und über alle Stände und Aemter, über alle Zeit, Ort, Gesetz, und über die ganze Welt. Wiederum aber, ein wahrer Christ seyn im Leben, ist der allerniedrigste Name unter allen Namen in der Welt. So hoch nun der Glaube einen Christen über Alles erhöhet, so tief erniedrigt die Liebe einen Christen unter Alles.

3. Welches du verstehen kannst, wenn du das heilige Leben Christi betrachtest, Phil. 2, 5. 8, als einen hellen Spiegel der Liebe und aller Tugend in vollkommenem Grad. Siehe, wie ist Christus unser Aller Knecht und Diener geworden; wie demüthigen Herzens, wie sanftmüthigen Geistes, wie freundlich in Worten, wie holdselig in Geberden, wie barmherzig gegen die Armen, wie mitleidig gegen die Elenden, wie geduldig gegen die Lästerer, wie gelinde in seiner Antwort, wie gnädig gegen die Sünder! Wie hat er sogar Niemanden verachtet noch verschmäht; wie hat er sich an Niemanden gerächt; wie hat er aller Menschen Seligkeit so herzlich gesucht; wie hat er für seine Feinde gebeten, Luc. 23, 34; wie hat er unser Aller Sünde, Krankheit, Schmerzen, Schmach, Schläge, Strafe getragen! Und ist also ein vollkommnes Exempel der Liebe, der Demuth, der Geduld und aller Tugenden, welches wir immer anschauen sollten in unsern Herzen, sonderlich wenn wir allein sind; denn dasselbe ist besser als alle Kunst und Weisheit dieser Welt. Darum wir dieses Siegel der Liebe Christi in unser Herz drücken sollen, Hohel. 8, 6, nämlich sein Bild, sein Leben, seine Liebe, seine Demuth, seine Geduld, sein Kreuz, seine Schmach, seinen Tod. Das wird ein Licht in unserm Herzen seyn, dadurch wir werden erneuert und in sein Bild verklärt werden. Wie nun Christus unter allen Menschen, ja unter allen Creaturen gewesen ist im Stande seiner Niedrigkeit in dieser Welt, aber im Stande seiner Herrlichkeit ein Herr über Alles: also ist auch ein Christ nach seinem Glauben ein Herr über Alles, Nichts

ausgenommen, denn Gott selbst; nach seinem Leben aber ist er unter allen Dingen.

Gebet um ein neues Herz.

Ach Gott! da in Christo Nichts gilt, denn eine neue Creatur, so entzünde in uns den wahren und lebendigen Glauben, dadurch wir mit Christo auf's innigste verbunden werden, und in ihm ein neues Wesen des Geistes erlangen, um in Heiligkeit und Gerechtigkeit unsern ganzen Wandel vor dir zu führen. Schenke uns deines Geistes Kräfte, daß wir ablegen den alten Menschen, der durch Lüste im Irrthum sich verderbt, und erneuert werden im Geist unsers Gemüths, damit alle Kräfte der Seele und des Leibes dir, unserm Gott, gänzlich aufgeopfert seyn mögen. Was von dem alten Menschen sich noch in uns regt, das laß durch deinen Geist geschwächt und getödtet werden. Gib uns täglich neuen Ernst, neuen Muth, neue Entschließungen, unserm Ziel unverrückt entgegen zu eilen, damit wir endlich dahin kommen, wo Alles neu, und das alte Sündenwesen gänzlich von uns genommen seyn wird. O Herr! dieß ist dein Werk; und wir werden in alle Ewigkeit dich preisen, daß du Alles neu an uns gemacht hast, zu unserm Heil und zur Verherrlichung deines Namens. Amen.

Das 12. Capitel.

Wie Christus der rechte Weg und Zweck sey der wahren Gottseligkeit. Und wo Gott den Menschen nicht leitet und führet, so irret er.

Ps. 86, 11. Weise mir, Herr, deinen Weg, daß ich wandle in deiner Wahrheit. Erhalte mein Herz bei dem Einigen, daß ich deinen Namen fürchte.

1. Dieser Weg ist Christus, Joh. 14, 6: „Ich bin der Weg." Wie komme ich zu ihm? Durch den Glauben; denn der Glaube vereinigt uns mit Christo, die Liebe verbindet, die Hoffnung erhält; und ist doch Alles, Glaube, Liebe und Hoffnung, aus Christo, und Christi Werk in uns. Dieser Weg geht aus ihm und wieder zu ihm.

2. Der Glaube ergreift Christi Person und sein Amt; die Liebe folgt ihm in seinem Leben; die Hoffnung ergreift die zukünftige Herrlichkeit. Der Glaube muß keinen andern Christum, Heiland, Seligmacher, Mittler und Weg zum Leben haben, denn Christum Jesum; die Liebe hat das einige Leben Christi vor sich; die Hoffnung erwartet nichts anders, denn die ewige Herrlichkeit. Und das ist der rechte Weg; das ist die Wahrheit, darin wir wandeln; das ist das Einige, die Gottesfurcht, darin Gott unser Herz erhalten wolle.

3. Diese drei Haupttugenden, Glaube, Liebe, Hoffnung, sind nun befreundet mit drei andern Tugenden. Der Glaube ist befreundet mit der Demuth, die Liebe mit der Geduld, die Hoffnung mit dem Gebet. Denn wer glaubt, der demüthigt sich; wer liebt, der ist geduldig; wer hofft, der betet. Ach, das ist ein recht schöner Weg Gottes! O Herr, weise uns denselben! Das ist die Wahrheit, darin wir wandeln sollen; das ist die rechte Furcht Gottes, das Einige, darum David im 27. Psalm Vers 4 bittet. Das heißt Christo nachfolgen in Demuth, in Liebe, in Geduld, und in seinem Herzen tödten den giftigen Wurm, die Hoffart, durch die Demuth Christi. Bedenke, daß Christus ein Wurm für dich geworden ist, Ps. 22, 7; und du bist so hoffärtig! Tödte in deinem Herzen den Geiz durch die Armuth Christi. Siehe, er hat nicht so viel gehabt, da er sein Haupt hinlege, Matth. 8, 20; und du willst Alles haben, und hast nimmermehr genug? Siehe, er hat dir dein Leben gegeben; und du gönnest deinem Nächsten nicht einen Bissen Brod? Tödte in deinem Herzen die Rachgier durch die Sanftmuth Christi. Siehe, er hat für seine Feinde gebeten, Luc. 23, 34; und du bittest für deine Freunde nicht? Sein Angesicht ward mit Fäusten geschlagen und angespeit, er hat's erduldet; und du kannst nicht erdulden, so du sauer angesehen wirst? Tödte die thierische Wollust in deinem Herzen durch die Schmerzen des heiligen Leibes Christi. Siehe, ob Jemandes Schmerz gleich sey seinen Schmerzen, Klagl. Jer. 1, 12; und du willst immer in Wollust leben? Er hat eine Dornenkrone getragen; und du willst eine goldene Krone tragen? Er hat um frem-

der Sünden willen geweint; und du weinest nicht um deine eigenen Sünden?

4. O lieber Herr Christus, wie viel Menschen sind noch auf diesem Wege nicht! Weise mir, Herr, deinen Weg, daß ich wandle in deiner Wahrheit. Gib mir ein Herz, das dich fürchte; einen Glauben, der dich ergreife; Liebe, die dir nachfolge; Hoffnung, die deine Herrlichkeit sehe; ein Gemüth, das dich liebe; einen Sinn, der dich erkenne; Ohren, die dich hören rufen und schreien am Kreuz in deinem Leiden; Augen, die dich sehen in deiner Demuth; einen Mund, der mit dir bete für die Feinde. Wo du, Herr, mir diesen Weg nicht zeigst, mich darauf führest und leitest: so ist mein Weg eitel Irrthum, und mein Licht Finsterniß. O du ewiges Licht! welches den alten Tobias erleuchtete, da er sein Gesicht verloren; den Isaak, da seine Augen dunkel geworden; den Jakob, da er seinen Söhnen zukünftige Dinge verkündigte; den alten Simeon, da er seinen Heiland sah: erleuchte uns auch, daß wir in Christo die schönen Tugenden leuchten sehen, und mit denselben erleuchtet und gezieret werden. — In der Schöpfung war es finster auf der Tiefe; also ist's in der Tiefe unsers Herzens finster, bis Gott spricht: Es werde Licht! und bis der Geist Gottes schwebet auf dem Wasser unsers Herzens. Die Erde war wüste und leer; also unser Herz, wo es Gottes Gnade nicht erfüllt. Das Wort, dadurch Licht und Finsterniß geschieden ist, wolle auch in unsern Herzen, als in einer neuen Welt und Schöpfung, die Finsterniß scheiden, und sprechen: Es werde Licht! denn dieß Wort ist selbst das Licht, und ist in Christo, und Christus selbst. Und das Licht ist die Wahrheit, ohne welche Alles, was im Menschen ist, Lüge ist, und des Teufels Reich; ohne welches Licht, welches Christus ist, eitel Finsterniß im Menschen ist; ohne welchen Weg eitel Irrthum ist; ohne welches tugendhafte Leben eitel Laster im Menschen sind, und der ewige bittere Tod.

5. Dieß ist nun der Weg, dieß ist die Wahrheit, dieß ist das Leben, dieß ist die Furcht des Herrn, das Einige, darum David bittet. Gott und Christum stets in seinem Herzen haben durch den Glauben; Christo in der Liebe folgen, in der Demuth und Sanftmuth; Christum stets als Weg und Spiegel vor Augen haben; in der Hoffnung seine Herrlichkeit stets anschauen. Das ist die Furcht des Herrn, die den Menschen behütet, das Herz fromm macht, und der Sünde wehret. Denn wer ohne Furcht verfährt, der kann Gott nicht gefallen, und seine eigene Frechheit wird ihn stürzen. Ohne die Furcht des Herrn ist Alles nichts werth, weder Kunst noch Reichthum, weder Schönheit noch Stärke, weder Weisheit noch Beredtsamkeit. Denn der Natur Gaben sind Frommen und Bösen gemein; die Furcht des Herrn aber ist eine sonderbare Gabe, ein sonderbares Licht, welches Gottes Freunde, ja Gottes Kinder macht, die in kindlicher Furcht durch den Glauben Gott gefallen. Denn Gott hat kein Gefallen an Weisheit, Kunst, Verstand, Beredtsamkeit, Reichthum und Schönheit, wenn keine Furcht Gottes dabei ist. Reichthum ohne Liebe, Kunst ohne Gnade, Schönheit ohne Furcht Gottes ist wie ein Schatten ohne Leib, Spreu ohne Weizen, Hülsen ohne Korn, Rauch ohne Feuer. Die Furcht Gottes ist die Zierde aller Gaben. Die Furcht Gottes ist der Reichen Krone, der Weisen Rathgeber, der Schönen Huld, der Starken Sieg, der Fürsten Ehre, der Kinder Zuchtmeister. Die hat den Daniel, den Joseph, die Susanna behütet. Ohne Furcht Gottes ist der Mensch ein dürrer Baum, ein unnützer Feuerbrand, eine zerbrochene Scherbe, die man hinauswirft. „Fürsten und Könige sind in großen Ehren; aber so groß sind sie nicht, als der Gott fürchtet," Sir. 10, 27.

Gebet um den rechten Weg der Gottseligkeit.

Treuer Jesu, du bist nicht allein als der Anfang aus der Höhe erschienen, uns, die wir sitzen in Finsterniß und Schatten des Todes, damit du unsere Füße richtetest auf die Wege des Friedens; sondern du, unser Erbarmer, bist auch unser Leiter und Führer, der uns beständig den Weg zeigt, den wir wandeln sollen, und uns Vermögen schenkt, daß wir dem vorgesteckten Kleinod immer näher kommen können. Sei herzlich gelobt, daß du dich um unsertwillen so ernstlich und liebreich bemühest. Herr Jesu! wir könnten den Weg zum Leben nie finden, wenn er uns von dir nicht gezeigt würde. Wir könnten nach deiner Vorschrift nie einhergehen, wenn du uns nicht stärktest. O sey unser Licht und unsere Kraft, so lange wir hier wallen! Sey unsere Wolken= und Feuersäule, und führe uns durch die Wüstenei dieses Lebens zum himmlischen Canaan. Laß uns unverrückt in dir und vor dir bleiben, so wird uns Gutes und Barmherzigkeit nachfolgen unser Leben lang, und wir werden als deine Diener dereinst in alle Ewigkeit bei dir, unserm Jesu, einer ununterbrochenen Seligkeit genießen. Amen.

Das 13. Capitel.

Wie Jesus Christus das rechte Buch des Lebens sey, und wie er uns durch seine Armuth lehrt der Welt Herrlichkeit verschmähen.

2 Cor. 8, 9. Ihr wisset die Gnade unsers Herrn Jesu Christi, daß, ob er wohl reich ist, ward er doch arm um euretwillen, auf daß ihr durch seine Armuth reich würdet.

1. Alle, die an Jesum Christum, den Sohn Gottes, glauben, sind in das Buch des Lebens geschrieben, ihr Name ist im Himmel geschrieben, Luc. 10, 20, und wird an jenem Tage offenbart werden, wenn Gott aller Gläubigen Namen vor allen heiligen Engeln bekennen wird, Offenb. 3, 5. Es ist aber unser Herr Jesus Christus auch ein lebendiger Spiegel eines heiligen christlichen Lebens, weil er ist das ewige Wort und die Weisheit des Vaters, darum in die Welt gekommen und Mensch geworden, auf daß er durch seine heilvolle Lehre, durch sein Leben und Tod uns unterweise, und durch sein heiliges Exempel uns vorleuchtete.

2. Nun ist aber sein ganzes Leben, von Mutterleibe an bis in seinen Tod, nichts anders gewesen, denn ein stetes Kreuz, welches in diesen drei Stücken bestand, die nimmer in seinem Leben in dieser Welt von ihm wichen. Das erste ist große Armuth; das andre noch größere Verachtung; das dritte die allergrößten Schmerzen und Pein. Das hat mit seinem Leben angefangen, und mit seinem Tode geendigt.

3. Seine heilige Armuth hat wieder drei Grade: erstlich, daß er klagt: „Die Vögel unter dem Himmel haben ihre Nester, die Füchse ihre Löcher, aber des Menschen Sohn hat nicht so viel, da er sein Haupt hinleget," Matth. 8, 20.

4. Für's andre ist er arm gewesen von Freunden. Er hat von einer armen Mutter wollen geboren werden in großer Armuth, Luc. 2, 7, und keines Reichen, Herrlichen und Gewaltigen in dieser Welt Freundschaft gesucht. Lazarus zu Bethanien ist sein Freund gewesen, Joh. 11, 11, welchen er aber nicht zum Freunde erwählt um seines Reichthums willen, sondern um seines Glaubens willen, daß er glaubte, er wäre der Messias.

5. Der dritte Grad seiner Armuth ist, daß er sich seiner göttlichen Gewalt und Herrlichkeit entäußert hat, Phil. 2, 7, und sich ganz und gar in unser Elend versenkt, ist schwach und müde geworden, wie andre Menschen, sonderlich von der großen Menge der Kranken, die er geheilt, die er sich so hart hat lassen angelegen seyn, daß die Jünger gemeint, er würde von Sinnen kommen, Marc. 3, 21, und sie haben daran gedacht, daß geschrieben steht: „Er trug unsere Krankheit," Matth. 8, 17. Jes. 53, 4. Er hat keinem Ungemach, keiner Armuth, keinem Uebel widerstanden. Da ihm sonst wohl alle Creaturen hätten dienen müssen, und alle Engel auf ihn warten: so hat er doch Alles von Allen geduldig erlitten, und dagegen seine Gewalt über alle Creaturen nicht gebraucht. Er hat zugelassen, daß ihm die Dornen sein Haupt zerstochen und verwundet; hat seine Hände binden lassen, seinen heiligen Leib geißeln, seine Hände und Füße durchgraben, seine Seite öffnen lassen. Welches Alles er mit einem Worte hätte hindern, ja mit einem Wink allen Creaturen gebieten können, ihm kein Leid zuzufügen.

6. Summa: Er hat sich allen Creaturen unterworfen um unsertwillen, auf daß er uns die Herrschaft über Alles, die wir verloren hatten, wieder erwürbe, und daß er uns durch seinen Sieg und durch seine Auferstehung unüberwindlich machte. Ja, was noch mehr ist, er hat dem Satan zugelassen,

ihn zu versuchen, umherzuführen, Matth. 4, 1. 8, und des Teufels Werkzeugen, den Juden, verhängt, ihn zu peinigen und an's Kreuz zu schlagen, Matth. 27, auf daß er dadurch den Menschen von der Gewalt des Teufels und aller seiner Werkzeuge erlösete.

7. Also ist der Allerstärkste schwach geworden, der Allergroßmächtigste ohnmächtig, der Allerherrlichste der Allerverachtetste, der Allerschönste der Allerabscheulichste; unterworfen allen Plagen, Schmerzen und Leiden, auf daß er uns beschämte, die wir so zart und weichlich sind, daß wir auch nicht gern ein kleines Ungemach und Kreuz um Gottes und unsers Nächsten willen auf uns nehmen, sondern wider das Kreuz, so Gott zu unserer Besserung und zu seinen Ehren uns zuschickt, murren.

8. Nicht allein aber hat er sich seiner göttlichen Gewalt entäußert, sondern auch seiner göttlichen Weisheit. Denn er hat in der höchsten Einfalt gewandelt, als ein Unwissender; nicht als ein hochgelahrter, ansehnlicher Meister, der mit großer Kunst und Weisheit daherprangt, sondern in der Stille, in der Wahrheit göttlicher Kraft, in Unschuld, in Heiligkeit, in der Liebe, Sanftmuth und Demuth, und mit schlichten, einfältigen Worten hat er den Weg Gottes gelehrt, Matth. 22, 16. Darüber ist er von den Stolzen verachtet und als ein Unweiser gehalten worden, da er doch die ewige Weisheit ist, der durch die Propheten geredet, und ein Licht und Erleuchter ist der Menschen, uns zur Lehre, wie wir uns unserer Gaben nicht überheben sollen, sondern dieselben in Demuth und Einfalt gebrauchen.

9. Er hat sich auch entäußert des Ansehens großer Herrlichkeit. Darum ist er mit den Sündern umgegangen, hat mit ihnen gegessen, getrunken, daß er sein Amt verrichtete, das Verlorene wieder suchte und selig machte, Luc. 19, 10. Daher er zum Namen bekommen: der Zöllner und Sünder Geselle, ein Weinsäufer, Luc. 7, 34, ein Samariter, Joh. 8, 48. Ja endlich hat er sich, als der größte Uebelthäter, zwischen zween Mördern aufhängen lassen, damit er unsere Missethat trüge, Matth. 27, 38.

10. Er hätte sich wohl können mit seiner Heiligkeit und Unschuld einen größern Namen machen, denn Johannes der Täufer, das scheinende Licht, Joh. 5, 35; aber er hat sich solches Namens entäußert, auf daß er zu nichte machte unsere Heuchelei, die wir oft für große Heilige angesehen seyn wollen, da es im Grunde nichts mit uns ist, denn ein Schein der Gottseligkeit.

11. Summa: Er hat sich alles dessen entäußert, was in der Welt ist. Er war ein König, und ist den Königen und Herrschaften unterthan gewesen, ja seiner armen Mutter und seinem Pflegvater, Luc. 2, 51. Er war ein Herr, und ist der ärmste und geringste Knecht geworden auf Erden, Matth. 20, 28. Er war der allerweiseste Prophet, und erwählte arme, unweise Leute zu seinen Jüngern. Er hätte sich ja billig der Herrschaft über seine Jünger sollen anmaßen; aber er spricht: „Ich bin mitten unter euch wie ein Diener," Luc. 22, 27. Er war zwar ihr Herr und Meister, aber nicht ein Meister der Herrschaft über sie in dieser Welt, sondern ein Meister der Lehre und des Lebens, also daß er sie mit seinem Exempel lehrte den Gehorsam, die Demuth, die Unterthänigkeit. Darum trug er zuvörderst, als das Haupt, Verachtung und Schmach, Armuth und Elend, diente seinen Jüngern, wusch ihnen die Füße, Joh. 13, 5. Also war er ihr Meister und Herr, sie mit seinem Exempel zu lehren.

12. Ach unserer großen Thorheit, die wir nach Ehre und Herrlichkeit trachten, Nichts leiden wollen, Niemanden unterthan und gehorsam seyn wollen, eitel Freiheit suchen, und nach unserm eigenen Willen leben wollen! da doch unser Herr Christus nicht also gelebt hat, sondern mit seinem heiligen Exempel, als mit dem Buche des Lebens, uns viel anders gelehret.

13. Siehe nun, wie fern der Weg ist, den du wandelst, von dem Wege deines Herrn Christi. Denn du wandelst nicht den Weg Christi, deines Herrn, sondern den Weg dieser Welt, der zum Verderben führt. Das ist das erste Stück des trübseligen Lebens Christi.

12*

Gebet um Verschmähung der Welt und ihrer Herrlichkeit.

Großer Heiland, in dir allein ist die wahre und ewige Ruhe für unsern unsterblichen Geist zu finden. Du allein bist es, der die müden Seelen erquickt, und die bekümmerten Seelen sättigt. Denn darum hast du dich selbst verläugnet, und hast unsere Schwachheiten an dich genommen, damit du uns in dir herrlich und vollkommen selig machen könntest. Ach! verkläre dich in unsern Seelen, daß wir in dem Lichte deines Geistes gründlich verstehen können, was wir an dir und in dir haben. Sehen wir im Glauben deine Herrlichkeit, so werden wir gewiß gegen deine überschwängliche Erkenntniß alles Andere für Schaden und Koth achten. Du unendliches Wesen kannst allein das unendliche Verlangen unsers Geistes sättigen. Die Creatur ist zu schlecht, uns die Güter zu geben, die das Sehnen unserer edeln Seele stillen könnten. Daher, wenn wir dich haben, so fragen wir nichts nach Himmel und Erde, und wenn uns gleich Leib und Seele verschmachtet, so bist du doch unsers Herzens Trost und unser Theil. Jesu! bist du unser Schatz, so ist unser Herz bei dir. Wir entsagen alle dem, was die Vereinigung und Gemeinschaft zwischen dir und uns bisher verhindert hat. Dieß soll in Zukunft unsere Freude seyn, daß wir uns zu dir halten, daß wir trachten nach dem, das droben ist, wo du, unser Jesus, bist, der du sitzest zur Rechten Gottes. Laß nur dein Gnadenangesicht auf uns Arme und Elende gerichtet seyn. Laß deinen hohepriesterlichen Segen auf uns, deine Erlöseten, kommen. Laß deinen Geist der Liebe und der Kraft auf uns reichlich ausgegossen werden. Denn so sind wir willig und auch tüchtig, die Welt zu verläugnen, dich über Alles hochzuschätzen, und mit einem guten und freudigen Gewissen durch die Welt zum himmlischen Vaterlande hinzueilen. Ach Jesu! wir wollen gerne der Welt gekreuzigt seyn, und die Welt soll uns gekreuzigt seyn, bleibe du nur unser Alles auf ewig. Amen.

Das 14. Capitel.

Wie uns Christus durch seine Schmach, Verachtung und Verläugnung sein selbst, der Welt Ehre und Ruhm verschmähen lehrt.

Jes. 53, 3. Er war der Allerverachtetste und Unwertheste, voller Schmerzen und Krankheit.

1. Das andre Stück der Trübsal Christi ist Verachtung. Wenn du nun in dem Buch des Lebens Christi besehen hast seine Armuth, so besieh auch ferner seine gründliche, wahrhaftige Demuth. Er hat sich keiner zeitlichen Ehre und Ruhms angemaßt, sondern Allen, die ihn ehren, loben und rühmen wollten, widersprochen mit Worten und Werken; denn er hat allezeit geflohen die Ehre dieser Welt, auch nicht den geringsten Anlaß dazu gegeben, Joh. 6, 15. Ja, er hat in großer Demuth über sich ergehen lassen die größte Verachtung und Lästerung, da ihn die Juden schalten für einen Samariter, der den Teufel hätte, und durch Kraft des Satans seine Wunder thäte, Joh. 8, 48. Seine göttliche Lehre hat man für Gotteslästerung gehalten. Er ist mit vielen Lügen, mörderischer List und Verläumbung beschwert worden; endlich verrathen, verkauft, verläugnet, in's Angesicht geschlagen, verspeiet, mit Dornen gekrönt, verspottet, gegeißelt, verwundet, verworfen, verurtheilt, verdammt, von Gott und Menschen verlassen, als ein Uebelthäter entblößt, ja als ein Fluch aufgehenkt worden, Gal. 3, 13; da Jedermann sein gespottet, seines Gebets gelacht, um seine Kleider geloset, ihn mit Galle und Essig in Todesnoth getränkt, Joh. 13, 29. Letzlich ist er am Holz in der allergrößten Schmach und Verachtung gestorben, sein todter Leichnam am Kreuz durchstochen, endlich begraben wie ein Gottloser, Jes. 53, 9, ja auch nach seinem unschuldigen Tode ein Verführer gescholten worden, Matth. 27, 63. Seiner Auferstehung ward auch widersprochen; und er ist also im Leben und Tode und nach dem Tode voller Verachtung gewesen.

2. In diesem Allen ist uns der Sohn Gottes nicht allein als der Schatz unserer Erlösung vorgestellt, sondern als unser Meister, Prophet, Hirte, Lehrer, Licht, daß wir durch seine Schmach der Welt Herrlichkeit

sollen fliehen lernen, wollen wir anders mit ihm, als unserm Haupt, vereinigt bleiben, seine wahren Glieder seyn, und durch die Liebe in ihm eingewurzelt und gegründet bleiben, Eph. 3, 17. Cap. 4, 15.

3. Weil wir aber das Gegenspiel thun, und in allem unserm Thun, Worten und Werken unsere Ehre, und nicht Gottes Ehre suchen, so bezeugen wir damit, daß Christus noch nicht in uns lebt, sondern der Fürst dieser Welt; daß wir noch nicht der Welt Liebe ausgezogen und die Welt überwunden haben, wie St. Johannes sagt: „Alles, was von Gott geboren ist, überwindet die Welt," 1 Joh. 5, 4. Es ist ein großes Zeichen, daß wir Christum noch nicht recht lieb gewonnen haben; denn in welchem die Liebe der Welt ist, in dem ist die Liebe des Vaters nicht, 1 Joh. 2, 15, also auch nicht die Liebe Christi. Denn das ganze Leben Christi lehrt uns, wie wir der Welt sollen absterben. Darum siehe an den Anfang, das Mittel und Ende des Lebens Christi; es ist lauter Demuth und lauter Verachtung, welche ihm von allen denen widerfahren ist, die die Welt lieb haben.

Gebet um die Verschmähung der weltlichen Ehre.

Treuer Jesu! wir haben in dir die höchste Würde; denn du gibst uns Macht, Gottes Kinder zu werden, machst uns der göttlichen Natur theilhaftig, ja verlobest dich mit uns, und lässest uns deine Bräutigamsliebe zur unaussprechlichen Freude unserer Seelen erfahren. Laß uns diese Hoheit, welcher du uns in deiner Gemeinschaft würdigst, jederzeit so beherzigen, daß wir Alles vermeiden, was uns verächtlich und strafbar in deinen heiligen Augen machen kann. Müssen wir bei der Herrlichkeit, die wir in dir besitzen, in diesem Jammerthal erfahren, daß die Welt uns schmähet, kränkt, betrübt und unterdrückt: so laß uns wohl bedenken, daß unser Leben mit dir, unserm Jesu, in Gott verborgen sey, und daß, wenn du, unser Leben, dich offenbaren wirst, wir auch mit dir in deiner Herrlichkeit offenbar werden sollen. Gib uns den Sinn, daß wir redlich und rechtschaffen vor dir unsern Wandel führen, und gegen Jedermann uns gewissenhaft beweisen; denn bei einer solchen Gemüthsfassung ist dies unser Trost, daß wir in dir selig sind, wenn gleich Andere uns schmähen und allerlei Uebels von uns reden. Dein Gerichtstag wird es zeigen, daß sie daran gelogen haben, und du wirst deinen verschmäheten Kindern den versprochenen Gnadenlohn ganz gewiß austheilen. Müssen wir also gleich durch gute und böse Gerichte gehen, so ist dieses doch der Grund unserer Freudigkeit, daß du uns kennest, und uns, als die Deinigen, dereinst ewig ehren willst. Amen.

Das 15. Capitel.
Wie wir durch Christum die Trübsal und Verachtung der Welt tragen und überwinden sollen.

Hebr. 12, 3. Gedenket an den, der ein solches Widersprechen von den Sündern wider sich erduldet hat, daß ihr nicht in eurem Herzen matt werdet.

1. Im 119. Psalm Vers 25 ff. klagt der Messias: „Ich muß ihr Spott seyn; wenn sie mich sehen, schütteln sie ihren Kopf. Stehe mir bei, Herr, mein Gott, nach deiner Gnade, daß sie inne werden, daß dieß sey deine Hand, daß du, Herr, solches thust. Fluchen sie, so segne du; setzen sie sich wider mich, so müssen sie zu Schanden werden, aber dein Knecht müsse sich freuen. Meine Widersacher müssen mit Schmach angezogen werden, und mit ihrer Schande bekleidet werden, wie mit einem Rock. Ich will dem Herrn sehr danken mit meinem Munde, und ihn rühmen unter Vielen; denn er stehet dem Armen zur Rechten, daß er ihm helfe von denen, so sein Leben verurtheilen."

2. Diese Klage des Herrn, unsers Erlösers, soll uns billig zu Herzen gehen, und wir sollen uns oft in des Herrn Christi und aller Heiligen Kreuz besehen. Darum wird es fast in allen Psalmen wiederholt, auf daß wir auch lernen mit ihnen durch viel Trübsal zum Reiche Gottes eingehen, Ap. Gesch. 14, 22, und wie seine Verachtung und Schmach eine Arznei seyn soll unserer Verachtung. Deßgleichen daß wir lernen seinem verschmäheten Bilde gern ähnlich zu werden,

auf daß wir ihm helfen seine Schmach tragen, damit wir auch seinem verklärten Bilde mögen ähnlich werden in der Herrlichkeit, Röm. 8, 29. Phil. 3, 21.

3. Wie nun der 109. Psalm ein Gebet Christi ist in seinem Leiden, also klagt er zu Ende des Psalms noch über dreierlei Leiden, so er empfunden.

4. (1) Klagt er über große Herzensangst und Traurigkeit: „Ich bin arm und elend, mein Herz ist zerschlagen in mir," V. 22. Sehet diese hohe und heilige Person an, warum klagt er so? Auf daß wir hören sollen, was er unserthalben gelitten. Er sagt: Ich bin arm; und du kannst Reichthums nicht satt werden? Er sagt: Ich bin elend; und du willst bei Jedermann herrlich seyn? Er klagt: Mein Herz ist zerschlagen in mir; und du willst immer in Freuden leben, ein freudig, ein fröhlich und unbetrübt Herz haben? Lieber, gedenke doch, daß deinem Herrn Christo auch nicht allezeit wohl gewesen, sondern sein Herz ist ihm in seinem Leibe als mit einem Stecken zerschlagen und zermalmt gewesen. Gedenke doch, was du bist gegen eine solche hohe, heilige Person! Wenn du in der höchsten Herzensangst bist, so gedenke: Siehe, so ist meinem Herrn Christo auch gewesen, sein Herz hat viel höhere Traurigkeit und Angst erlitten. Wie aber unser Herr Christus durch Leiden in die Freude gegangen ist, durch Schande in die Ehre, durch den Tod in's Leben, durch die Hölle in den Himmel: also soll und muß uns auch unser Kreuz zu unserer Seligkeit befördern, und ein Eingang seyn zum ewigen Vaterlande.

5. (2) Klagt er V. 23. 24 über leibliche Schwachheit: „Ich fahre dahin, wie ein Schatten vertrieben wird, und werde verjagt wie Heuschrecken. Meine Kniee sind schwach von Fasten, mein Fleisch ist mager, und hat kein Fett." Mit diesen Worten lehrt uns der Herr, was wir sind in der Welt. Ein Schatten ist nichts, und hat kein Leben und Kraft. Vergleicht sich der Herr Christus einem Schatten, der doch das Licht und Leben selber ist (welches er aber im Stande seiner äußersten Erniedrigung gesagt und davon verstanden haben will, sonst nennt er sich das Leben selbst): wie viel mehr sollen wir uns für einen Schatten und für Nichts halten, und Demuth von dem Sohne Gottes lernen? Er sagt, er sey vertrieben und verjagt, wie Heuschrecken; und wir wollen hier unsern ewigen Sitz haben? Einer Heuschrecke vergleicht sich der Herr; denn eine Heuschrecke hat kein Haus, ist furchtsam und flüchtig. So ist der Herr auch gewesen in dieser Welt, auf daß er uns mit seinem Exempel lehrete, ein ander Vaterland zu suchen. Wie auch seine Kniee schwach und sein Fleisch mager sey, das hat er wohl erfahren in seinem Leiden, da alle seine Kräfte vertrocknet sind wie eine Scherbe, Ps. 22, 16. Daran sollen wir gedenken in unsern leiblichen Krankheiten. Es ist an leiblicher Stärke nichts gelegen, wenn nur unsere Seele durch den süßen Trost Gottes stark und in himmlischer Wolluft fett ist, wie Jes. 55, 2 steht, und durch Christi Kraft gestärkt und erhalten wird, Eph. 6, 10.

6. (3) Klagt der Herr über die große Verachtung, so er in dieser Welt gelitten. Siehe, er hat große Verachtung erlitten; und du willst immer in Ehren seyn? „Ich muß ihr Spott seyn," sagt er; „wenn sie mich sehen, schütteln sie den Kopf." Wie könnte es Einem ärger in der Welt gehen? Er hat aber solche Schmach unserthalben gelitten, auf daß er uns von der ewigen Schmach und Schande erlösete. Der Mensch ist ein Berächter Gottes geworden, darum mußte Christus unsere Sünde büßen durch seine äußerste Verachtung. Die Mittel aber und Trostgründe wider die Verachtung der Welt sind diese:

7. 1) Du trägst Christi Bild, und folgst deinem Haupt und Meister nach, Röm. 8, 17.

8. 2) Durch die Verachtung der Welt lernst du wahre Demuth, welche bei Gott Gnade findet. Denn den Demüthigen gibt er Gnade, den Hoffärtigen aber widerstehet er, 1 Petr. 5, 5.

9. 3) Bist du in der Zahl der Heiligen, die allewege ein Fluch und Fegefeuer der Welt gewesen sind, 1 Cor. 4, 13.

10. 4) Wird dir im Himmel von Gott Lob widerfahren vor allen heiligen Engeln, 1 Cor. 4, 8. Offenb. Joh. 7, 15.

11. 5) Weil du an jenem Tage nicht sollst auferstehen zur ewigen Schmach und Schande, Dan. 12, 2, davon dich Christus erlöst hat, so laß dich die zeitliche Verachtung nicht hart betrüben oder anfechten.

12. 6) Daß dir auch Gott in dieser Welt seine Gnade nicht versagen wolle. Ob du nun gleich keines Menschen Huld hast, so hast du dennoch Gottes Huld. Darum sagt der Psalm: „Stehe mir bei, Herr, mein Gott! hilf mir nach deiner Gnade, daß sie inne werden, daß dieß sey deine Hand, daß du, Herr, solches thust," Ps. 109, 26. 27. Das ist: Gleichwie Gott der Herr seinen Sohn aus der Schmach und Schande gerissen, und ihn in die himmlische Ehre eingesetzt durch seine gewaltige Hand, also wird er es dir auch thun, der du seine Schmach trägst, daß Jedermann erkennen wird, daß es Gottes Werk sey.

13. 7) Gleichwie Gott der Herr seinem lieben Sohn seine Schmach auferlegt hat, wie er im 69. Psalm V. 8 spricht: „Um deinetwillen trage ich Schmach, und mein Angesicht ist voller Schande;" deßgleichen: „Ich muß um deinetwillen leiden," Ps. 16, 2; also hat er dir dein Kreuz auferlegt, dich zu prüfen.

14. 8) Daß Gott einen solchen unverdienten Fluch will in Segen verwandeln, und die Verächter zu seiner Zeit wieder zu Schanden machen. Darum spricht er hier: „Fluchen sie, so segne du; setzen sie sich wider dich, so müssen sie zu Schanden werden, aber dein Knecht müsse sich freuen." Welchen Gott segnen will, wider den hilft kein Fluchen, Spr. Sal. 26, 2; wie das Exempel Bileams bezeugt, 4 Mos. 23, 8. Die aber segnet Gott, die ihn fürchten. Sir. 1, 13: „Wer den Herrn fürchtet, dem wird's wohl gehen in der letzten Noth, und wird endlich den Segen behalten." Das verheißt auch Gott Abraham und allen Gläubigen, 1 Mos. 12, 3: „Ich will segnen, der dich segnet, und fluchen, der dich verflucht." Darauf vertröstet uns auch Gott, Jes. 51, 7: „Fürchtet euch nicht, wenn euch die Leute schmähen," ꝛc. Matth. 5, 11: „Selig seyd ihr, so euch die Leute schmähen," ꝛc. 1 Petr. 4, 14: „Selig seyd ihr, wenn ihr geschmähet werdet über den Namen Christi, denn der Geist der Herrlichkeit ruhet auf euch."

15. 9) „Ich will dem Herrn sehr danken mit meinem Munde, und ihn rühmen unter Vielen," V. 30. Christus danket seinem himmlischen Vater für seine Schmach und sein Kreuz; also ist aller christlichen Herzen Art, daß sie ihr Kreuz und ihre Verachtung mit Danksagung aufnehmen. Unser lieber Gott macht es doch immer so, daß wir ihm zu danken haben. Aus dem Kreuz wächst die Danksagung; denn wer die Verachtung mit Geduld trägt um der Liebe Christi willen, denselben ehrt Gott wieder, beides in diesem und jenem Leben. Ps. 113, 7: „Der den Geringen aufrichtet aus dem Staube, und erhöhet den Armen aus dem Koth, daß er ihn setze neben die Fürsten seines Volks." Ach! es ist eine große Tugend, alle Verachtung mit Geduld in der Stille tragen, um der Liebe Christi willen.

16. 10) „Denn er steht dem Armen zur Rechten, daß er ihm helfe von denen, die sein Leben verurtheilen." Das ist ein herrlicher Trost wider die Verachtung und Lästerung. Nicht, sagt er, steht er den Gewaltigen, Herrlichen und Verfolgern der Unschuldigen zur Rechten, sondern dem armen Verlassenen, der keinen Beistand hat. Denn er gedenkt und fragt nach ihrem Blut, Ps. 9, 13. Tertullianus spricht: „Wenn wir von der Welt verdammt werden, so werden wir von Gott losgesprochen" *). Ps. 37, 32. 33: „Der Gottlose lauert auf den Gerechten, und gedenket ihn zu tödten, aber der Herr lässet ihn nicht in seinen Händen, und verdammt ihn nicht, wenn er verurtheilet wird." Siehe, dafür wirst du ihm noch danken, und unter Vielen seinen Namen rühmen, daß er dich so wunderlich errettet hat. Ps. 27, 13. 14: „Ich hoffe aber doch, daß ich sehen werde das Gute des Herrn, im Lande der Lebendigen. Harre des Herrn, sey getrost und unverzagt, und harre des Herrn." 1 Cor. 4, 5: „Richtet nicht vor der Zeit, bis der Herr komme, welcher hervorbringen wird, was im Finstern verborgen ist, und den Rath der Herzen offenbaren. Alsdann wird einem Jeden von Gott sein Lob widerfahren."

---

*) Cum damnamur a mundo, absolvimur a Deo.

Gebet um geduldige Ertragung der Verachtung der Welt.

Ach liebreicher Jesu! du hast für uns gelitten, und uns ein Vorbild gelassen, daß wir deinen Fußstapfen nachfolgen sollen. Da du gestraft und gemartert wurdest, thatest du deinen Mund nicht auf, wie ein Lamm, das zur Schlachtbank geführet wird, und wie ein Schaf, das verstummet vor seinem Scherer, und seinen Mund nicht aufthut. Ach Jesu! gib uns deinen Lammessinn, und mache uns still und gelassen, wenn wir durch viele Trübsale gehen, und als deine Nachfolger das Kreuz dir nachtragen müssen. Nimm alles ungeduldige, mürrische, verdrießliche, empfindliche und rachgierige Wesen von uns, und lehre uns in deiner Schule die wahre Sanftmuth. Weil du uns von der Welt erwählet hast, darum hasset uns die Welt, und wir müssen ihre Widrigkeit auf mannichfaltige Weise erfahren. Aber was schadet es uns? wenn wir nur deine Liebe und deine immerwährende Treue in unserm ganzen Leben verspüren, so finden wir Trost genug bei allen Feindseligkeiten, die wir um deines Namens willen erdulden müssen. Du bist unser Schirm und unser Schild, auf dich verlassen wir uns von ganzem Herzen. Du wirst uns gewiß von allem Uebel völlig erlösen, und uns aushelfen zu deinem himmlischen Reiche. Dir sey Ehre in alle Ewigkeit. Amen.

Das 16. Capitel.

Wie die Christen sollen ihre Ehre und ihren Ruhm bei Christo im Himmel suchen und haben.

Psalm 109, 1. Gott, mein Ruhm, schweige nicht!

1. Dieß ist ein Gebot des ewigen Sohnes Gottes, und will so viel sagen: Mein himmlischer Vater! du weißt, wie ich in dieser Welt nicht meine Ehre gesucht habe, sondern deines heiligen Namens Ehre und aller Menschen Seligkeit. Dafür werde ich so bitterlich verfolgt, gelästert, verachtet und verschmäht. Dagegen ist das mein Trost, daß du mein Vater bist, daß ich dein eingeborener Sohn bin; das ist mein Ruhm im Himmel bei dir. Und diese meine Herrlichkeit wirst du zu seiner Zeit einmal offenbaren und an's Licht bringen, und mich also verklären, daß die Welt sehe, wen sie verfolgt und gelästert habe, Joh. 12, 28.

2. Hier sollen wir lernen, daß die den größten Ruhm im Himmel haben, die unschuldig in der Welt verfolgt werden. Dieß sollen wir lernen an dem Exempel unsers Herrn Jesu Christi. Denn an ihm und aus ihm lernen wir die rechte Weisheit, als aus dem rechten Buch des Lebens. Er ist mit seinem Exempel und heiligen Leben unser Buch des Lebens. Als (1) hat er nie auf Erden einen einigen Ruhm gesucht, sondern sich daran begnügen lassen, daß Gott sein Ruhm ist.

Ach Gott, gib uns auch ein solches Herz, daß wir unsern Ruhm allein an dir haben, und nicht an uns selbst; daß wir unsern Ruhm allein im Himmel haben, und nicht auf Erden!

3. (2) So ist das des Herrn Christi höchster Ruhm, daß er Gottes eingeborener Sohn ist. Darüber hat ihn die Welt verfolgt und gelästert.

Gib uns auch, lieber Vater, daß das unser höchster Ruhm und die Freude unsers Herzens sey, daß wir deine Kinder sind, deiner väterlichen Liebe und Treue ewig genießen mögen, und durch die Kindschaft das ewige Erbe besitzen, ob uns gleich die Welt hasset, neidet, schmähet und verfolget, wie sie deinem lieben Kinde Jesu auch gethan.

4. (3) Ist das des Herrn Christi Ruhm, daß er so viel göttliche Wunderwerke gethan hat, und den Menschen aus höchster Liebe und Treue Gutes gethan, wiewohl er dafür den größten Undank erlangt hat.

Ach lieber Gott, gib uns auch ein solch getreues Herz, daß wir vielen Leuten mögen Gutes thun, und uns den großen Undank der Welt nicht mögen lassen abschrecken, daß wir nicht uns, sondern deinem Namen die Ehre geben in allem unserm Thun!

5. (4) Ist das des Herrn Christi höchster Ruhm, daß er aus Liebe für uns gestorben, und uns mit seinem Blut erkauft hat; daß er seinem Vater gehorsam geworden bis zum Tode am Kreuz; daß er in so

heiliger Demuth gewandelt; daß er mit so großer Sanftmuth die höchste Schmach erduldet; daß er mit so hoher Geduld die Pein des Kreuzes erlitten.

Ach Gott, unser Ruhm, hilf, daß wir auch unsere Feinde mit Liebe überwinden, unser Fleisch mit göttlichem Gehorsam bezwingen, durch die Demuth und Sanftmuth Christi die Schmach der Welt ertragen, durch Geduld im Kreuze siegen, und im Herrn stark seyen!

6. (5) Der höchste Ruhm des Herrn Christi ist auch seine Erhöhung zur rechten Hand Gottes, und sein Name, der über alle Namen ist, daß alle Kniee im Himmel und auf Erden in seinem Namen sich beugen müssen, und alle Zungen ihn für einen Herrn bekennen, Phil. 2, 9. 10. 11.

Ach lieber Gott, hilf, daß wir das für unsern höchsten Ruhm achten, wenn wir mit Christo offenbar werden in der Herrlichkeit, darüber aber der Welt Schmach und Spott gern erbulden, und erwarten die Freudenzeit, wenn einem Jeden von Gott Lob widerfahren wird! 1 Cor. 4, 5. 2 Cor. 4, 17.

7. (6) Des Herrn Christi Ruhm ist, daß er ist ein einiges Haupt seiner Kirche und aller Glieder derselben, ein herrlicher König seines Volks, ein ewiger Hoherpriester.

Hilf, lieber Gott, daß dieß unser höchster Ruhm sey, daß wir Christi Glieder sind, Unterthanen seines Reichs, und unsers ewigen Hohenpriesters Fürbitte, Opfers und Segens ewig genießen mögen!

8. (7) So ist das Christi höchster Ruhm, daß Gott seinen Namen in aller Welt geoffenbaret hat, und den Glauben an seinen Namen unter so vielen Völkern aufgerichtet, wider alle seine Feinde, Lästerer und Verfolger, die ihn nicht hatten für Gottes Sohn erkennen wollen. Obwohl Gott eine Zeit lang stille schwieg, und diesen Ruhm verbarg unter dem Kreuz im Leiden Christi, dennoch ist einmal dieser Ruhm hervorgebrochen, wie die helle Sonne, Psalm 50, 2. 3: „Aus Zion bricht an der schöne Glanz Gottes; unser Gott kommt, und schweiget nicht." Also, obgleich Gott, unser Ruhm, bisweilen schweigt in unserer Verfolgung, dennoch wird er einmal, wenn die Prüfungsstunde aus ist, seinen Mund aufthun, und uns von unserer Schmach erretten, Ps. 39, 10. 1 Joh. 3, 2: „Es ist noch nicht erschienen, was wir seyn werden."

9. Sehet, das heißt nun: Gott, mein Ruhm; nicht Welt, Geld, Gut mein Ruhm, sondern Gott, mein Ruhm. Darum sagt Gott, Jer. 9, 23. 24: „Ein Weiser rühme sich nicht seiner Weisheit, ein Starker rühme sich nicht seiner Stärke, ein Reicher rühme sich nicht seines Reichthums; sondern wer sich rühmen will, der rühme sich deß, daß er mich wisse und kenne, daß ich der Herr bin."

Gebet um die Verherrlichung der Gläubigen.

Du kannst, o Erbarmer! deine Begnadigten nicht ewig in Unruhe lassen. Wir sind mit vielen Feinden in dieser streitenden Kirche umgeben, die uns von allen Seiten drängen. Und uns wird oft sehr bange, wie wir durch so viele Trübseligkeiten hindurch kommen wollen. Wir verlassen uns aber auf dich, unsern allmächtigen Gott, und fassen bei allen Drangsalen, die uns angethan werden, den festen Vorsatz, daß wir unverrückt bei dir bleiben wollen. Denn du hältst uns bei unserer rechten Hand, du leitest uns nach deinem Rath, und nimmst uns endlich mit Ehren an. Ach ja, endlich, endlich wird die frohe Zeit kommen, da wir dich in deiner Herrlichkeit schauen, da wir, als Gekrönte, vor deinem Thron prangen, und da wir, als Ueberwinder, mit dir auf dem Stuhl deiner Herrlichkeit sitzen. Jesu! verherrliche dich an uns und durch uns, und laß um deines Namens willen deine Armen und Elenden Gnade erlangen und Barmherzigkeit finden zu aller Zeit, wenn ihnen Hülfe noth ist. Wir hoffen darauf, daß du so gnädig bist, und unser Herz freuet sich, daß du so gerne hilfst. Halleluja! Amen.

Das 17. Capitel.

Wie wir durch Christum und aller Heiligen Exempel die Verläumdung böser Mäuler und falscher Zungen überwinden sollen.

Psalm 102, 9. Täglich schmähen mich meine Feinde, und die mich verspotten, schwören bei mir.

1. Unter anderm Kreuz und Trübsalen der Christen ist nicht das geringste: böse Mäuler und falsche Zungen; wie solches der Herr Christus selbst mit seinem Exempel bezeugt. Wie ihn denn sonderlich die pharisäischen Schlangen und Ottern mit ihren vergifteten Zungen, beides im Leben und Tode gestochen.

2. Das ist ein gewaltiges Zeugniß, daß kein Christ vor denselben sicher seyn kann. Je gleichförmiger Christo ein Mensch ist, und je fleißiger ein Nachfolger Christi, je mehr ihn falsche Zungen verfolgen. Das sehen wir auch am heiligen David. Wie ist der Mann von bösen Mäulern geplagt worden, darüber er im 3. 4. 5. 10. 12. 15. 31. 50. 52. 55. 58. 64. 69. 120. und 140. Psalm so schmerzlich klagt! Ja es ist kein Prophet, der diese Mordpfeile nicht erfahren; wie der Prophet Jeremias Cap. 9, 8 spricht: „Ihre falschen Zungen sind mörderische Pfeile; mit ihrem Munde reden sie freundlich mit ihrem Nächsten, aber im Herzen lauern sie auf denselbigen." Es sollen sich auch alle fromme Herzen vor den Verläumdern hüten. Denn gleichwie ein aussätziger, giftiger Odem Einen vergiftet: also auch eine solche giftige Zunge vergiftet die, so sie gern hören.

3. Weil nun Niemand vor den bösen Mäulern gesichert ist, aber Wiederschelten verboten und dem christlichen Glauben ungemäß: so ist dawider kein anderer Rath, denn daß man gewissen Trost aus Gottes Wort fasse.

4. (1) Laß den ersten Trost seyn Christi und aller Heiligen Exempel. Denn diese sind es, die uns am ersten und leichtesten begegnen und einfallen, wenn wir gelästert und verläumdet werden. Denn so ist's dem Herrn Christo, unserm Haupt, selbst ergangen. Da ist kein Unglück in der Welt so groß, man hat es ihm gewünscht, und ihn desselben tausendfältig würdig geachtet. Wie ist's Mosi gegangen, dem großen Propheten, von dem geschrieben steht, er sey ein sehr geplagter Mensch gewesen, über alle Menschen auf Erden? 4 Mos. 12, 3. Was wollen wir von David sagen? Der ist zu seiner Zeit ein Ziel gewesen, nach welchem alle falsche Zungen im Lande ihre Mordpfeile geschossen haben. Ps. 102, 9: „Täglich schmähen mich meine Feinde, und die mich verspotten, schwören bei mir." Das ist, sie werfen mir mein Unglück vor, und wem sie Uebels gönnen, wünschen sie, daß es ihm so gehe, wie mir; oder, daß es mir so gehen solle, wie dem allerärgsten und verfluchtesten Menschen. Wie plagten den lieben Hiob seine Freunde mit ihren Zungen? Daniel, der heilige Prophet, fiel durch falsche Mäuler in die Löwengrube hinunter, als in ein offenes Grab. Siehe an diese Exempel; gedenke daran in deiner Verfolgung. Das ist der nächste Trost, den man am ersten ergreifen kann in solchem Unglück. Siehe, diesen Weg der Trübsal sind viele Heilige vor dir hingegangen, Ap. Gesch. 14, 22. Siehe, da geht dein Herr Christus vor dir hin; der Pharisäer flucht hinter ihm her. Siehe, da geht Moses vor dir hin; die Rotte Korah, Dathan und Abiram lästert hinter ihm her, haben Steine in ihren Händen, 4 Mos. 16, 1 ff. Siehe, da geht David vor dir hin; Simei flucht hinter ihm her, 2 Sam. 16, 5 ff., und so fortan.

5. (2) So muß man der Heiligen Exempel nicht bloß obenhin ansehen, sondern also, daß man in solcher Trübsal von ihnen Geduld und Sanftmuth lerne. Denn, Lieber, sage mir, wie wüßte man, was Geduld und Sanftmuth sey, wenn man keine Verfolger hätte? Darum soll man sein Kreuz geduldig auf sich nehmen, und dem Herrn Christo nachfolgen. Das ist recht christlich und dem Glauben gemäß; nicht sich selbst rächen und wiederschelten, sondern es dem heimstellen, der da recht richtet, 1 Petr. 2, 23. Da werden die bösen Mäuler von jeglichem unnützen Wort Rechenschaft geben müssen, Matth. 12, 36; darüber wird ihnen bange genug werden. Darum gebührt Gott die Rache, 5 Mos. 32, 35; denn er

kann es am besten; er weiß einem Jeden recht zu vergelten. Gedenke an den Herrn, der seinen Mund nicht aufthat, wie ein Lamm, das zur Schlachtbank geführt wird, Jes. 53, 7.

6. (3) Haben wir an der Heiligen Exempel zu lernen, was sie für sonderliche Arznei wider böse Mäuler gebraucht haben, nämlich sie haben gebetet. „Fluchen sie, so segne du," Luc. 6, 28. Pf. 109, 28. Sehet den ganzen Psalter an. Wie hat David mit dem Gebet sich vor falschen Mäulern bewahrt, als mit einer eisernen Mauer! Wenn man dawider einen Pfeil schießt, so prallt er zurück, und verletzt den närrischen Schützen selbst. Also fallen die Lügen und Lästerungen dem wieder auf den Kopf, der sie ausspeiet; wie der 37. Psalm V. 15 spricht: „Ihr Schwert wird in ihr Herz gehen, und ihr Bogen wird zerbrechen." Das Alles kann mit dem Gebet ausgerichtet werden. Denn wenn Einer wider ein Lügenmaul betet, so ist's so viel, als wenn man mit ihm ränge und kämpfte, wie David mit Goliath, 1 Sam. 17, 48. 49; oder wie Mosis Stab mit den Egyptischen Zauberern, 2 Mos. 7, 12. Denn hier kämpfen zwei Geister mit einander: das gläubige Gebet, so aus dem heiligen Geist geht, und die Lügen, so aus dem Teufel gehen. Und werden doch endlich die teuflischen Schlangen Egyptens verschlungen von Mosis Stabe, das ist, durch's Gebet.

7. (4) Ist das auch ein vornehmer Trost wider falsche Mäuler, daß, wenn ein frommes Herz also von des Teufels Jagdhunden, den falschen Zungen, gehetzt wird, wie ein Hirsch, daß es läuft zum kühlen Brunnen des heiligen göttlichen Worts, Psalm 42, 1, und daselbst sich erquicket. Denn daselbst redet Gott freundlich mit uns. Denn der Herr spricht, Matth. 5, 11. 12: „Selig seyd ihr, wenn euch die Menschen hassen, um meinetwillen schmähen und verfolgen, und reden allerlei Uebels wider euch, so sie daran lügen. Seyd fröhlich und getrost, es soll euch im Himmel wohl belohnet werden." Da steht dreierlei Trost: Selig, fröhlich und belohnt werden. Wer wollte doch um dieser Herrlichkeit willen nicht zeitlichen Spott und Verachtung leiden?

1 Pet. 4, 14: „Selig seyd ihr, wenn ihr geschmähet werdet über den Namen Christi. Der Geist der Herrlichkeit ruhet auf euch." Klagl. 3, 27 ff.: „Es ist ein köstlich Ding einem Manne, daß er das Joch in seiner Jugend trage; daß ein Verlassener geduldig sey, wenn ihn etwas überfällt, und seinen Mund in den Staub stecke, und der Hoffnung erwarte; und lasse sich auf den Backen schlagen, und ihm viel Schmach anlegen. Denn der Herr verstößet nicht ewiglich."

8. (5) So mußt du lernen, daß solche Verläumdungen ein höllisches Ungewitter sind, das Einen plötzlich treffen kann. Denn wie ein Pilgrim und Wandersmann sich immer muß des Regens und Ungewitters versehen, also auch wer in der Welt ist und darin wallet, muß sich befahren eines solchen Ungewitters, wie Jes. 54, 11 die Kirche beklagt wird: „Du Elende und Trostlose, über die alle Wetter gehen." Was ist's Wunder, daß ein Wandersmann bisweilen einen Platzregen bekommt? Heute ist's an dir, morgen an einem Andern. Die Welt muß doch etwas haben, daran sie ihr Affenspiel treibt. Heute legt sie diesem eine Narrenkappe an, morgen einem Andern. Da läuft denn Jedermann zu, und trägt denselben Menschen auf dem Lügenmarkt umher, bis sie ihr Müthlein gekühlt und sich müde gelogen haben; alsdann nehmen sie einen Andern vor. Wer sich nun mit allen Kräften dawider legt, und von der Welt gar nichts leiden will, der thut gleich als Einer, den eine Biene stäche, und er liefe hin und stieße den ganzen Bienenkorb um. Ich meine, er sollte zur Einsicht kommen, daß eine jede ihren Stachel in ihn stäche. Also will Mancher ein kleine böse Rede nicht dulden, und richtet darnach großen Zank und Herzeleid an. Eine böse Zunge ist jener Wasserschlange gleich, welche man Hydra nennt. Haut man derselben einen Kopf ab, so wachsen ihr sieben wieder. Also, wirst du dich mit Gewalt wider eine böse Zunge auflehnen, so wirst du sieben Lügen erregen. Wer nun diese Kunst lernt, und es versucht, sich dazu gewöhnt, daß er nicht auf alle Rede antwortet, nicht bald ungeduldig wird, wenn ihn eine Schmeißfliege sticht, oder ein Hund

anbellt: der wird durch diese Geduld an Leib und Seele ruhig werden; sonst macht man sich eine Unruhe über die andere. Das ist die rechte Art, die Feinde zu überwinden; sonst müßte man wohl nimmermehr sein Schwert in der Scheide haben.

9. (6) So hat's auch sonderliche Ursachen, warum Gott böse Mäuler über uns verhängt. Wie David sprach von Simei: „Vielleicht hat's ihn der Herr geheißen, fluche David," 2 Sam. 16, 10. Warum thut das Gott? Antwort: Damit man sich der Gaben, so Gott mitgetheilt hat, nicht überhebe, sondern lerne in der Demuth wandeln, gütig und freundlich seyn gegen einander. Es sind wahrlich zwei denkwürdige Worte, daß David spricht: „Der Herr hat's Simei geheißen;" und daß Hiob sagt: „Gott schüttet Verachtung auf die Fürsten," Hiob 12, 21. Lieber Gott! wer kann deine unerforschlichen Gerichte ergründen? Es thut wohl Fleisch und Blute weh, wenn man uns verachtet, schmähet und schändet. Es ist uns Allen angeboren, daß wir gern hoch sind, viel von uns selbst halten, Ehre bei den Leuten haben wollen. Und das ist die eigene Liebe, die uns bethört; es ist Lucifers und Adams Fall. Diese haben beide durch eigene Liebe und Ehre Gottes Liebe und das ewige Leben verloren. Da denkt denn Gott der Herr: Ich will eine verlogene Zunge über dich verhängen, wie den Satan über Hiob und Paulus, die soll deine Geißel und Peitsche seyn, und dein Teufel, der dich mit Fäusten schlage, auf daß du lernest demüthig seyn, 2 Cor. 12, 7. Denn Gott muß es auf mancherlei Weise versuchen, daß er uns in der Demuth erhalte, und die Hoffart in uns dämpfe und tödte, und wir nicht in Lucifers Gesellschaft gerathen.

10. (7) Ist Gott der Herr so getreu, daß er alles Uebel und Unglück, so uns böse Zungen gedenken zuzurichten, zu allem Guten wendet. Die böse Welt vermeint uns damit Schaden zu thun; so wendet's Gott zu unserm Heil, wie die Viper, ob sie noch ein so großes Gift hat, dennoch muß sie eine Arznei werden. Wie St. Paulus Röm. 8, 28 spricht: „Es müssen denen, die Gott lieben, alle Dinge zum Besten gedeihen." Dadurch lehrt uns denn Gott das hohe edle Werk der Liebe üben, nämlich für die Feinde beten, Matth. 5, 44. Wer das recht thun kann, der ist sehr gewachsen in der Liebe, und hat fast den höchsten Grad der Liebe erreicht; und hat Christi Herz, Muth und Sinn bekommen, der da sprach: „Vater, vergib ihnen, denn sie wissen nicht, was sie thun," Luc. 23, 34. Also soll ein jeder Christ in erbarmender Liebe für seine Feinde bitten: Vater, vergib ihnen! Denn die rechte Liebe erbarmt sich auch über Feinde; dieweil man weiß, daß solche Leute ferne von Gott und Christo sind, und der Teufel in ihnen ist. Darum, wenn man solche Mäuler sieht oder hört, soll man sich vielmehr über sie erbarmen; denn sie sind nicht aus Gott, sondern aus ihrem Vater, dem Teufel. Das ist die Ursache, warum man für die Feinde bitten soll, auf daß sie nicht in Ewigkeit des Teufels leibeigene Knechte bleiben mögen. Ja, Gott der Herr gebraucht oft einer bösen Zunge Gift den Seinen zur Arznei. Sehet den Joseph an. Hätte ihn die böse Zunge des unzüchtigen Weibes nicht in's Gefängniß gebracht, er wäre nimmermehr erhöht worden, 1 Mos. 39, 17. Cap. 41, 40. Hätten diese Mäuler Mosen nicht verfolgt, daß er aus Egypten in Midian fliehen mußte vor Pharao: so wäre ihm Gott nicht erschienen im feurigen Busch, da er der Schafe hütete am Berge Horeb, 2 Mos. 2, 15. Cap. 3, 1. 2. Hätte die böse Zunge des Doeg den David nicht so verfolgt, er hätte so viel herrliche Psalmen nicht gemacht, 1 Sam. 22, 9. Ps. 52, 1. Also war Doegs giftige Zunge Davids Arznei. Also mußten die bösen Mäuler der Hofräthe des Königs in Persien den Daniel in die Löwengrube bringen, auf daß Gott seine Allmacht an ihm bewiese, Dan. 6, 12 ff. 22. Die bösen Zungen waren Daniels Erhöhung. Also ging's mit dem Mardochäus. Denselben wollte Haman mit seiner Zunge gar todt schlagen, und an den Galgen bringen, und erhöhete ihn damit beim Könige, und Haman mußte hängen, Esth. 7, 10. „Darum sey stille dem Herrn; er wird deine Gerechtigkeit an's Licht bringen, wie die Sonne, und dein Recht, wie den hellen Mittag," Ps. 37, 6. Siehe nur

zu, daß du Gott zum Freunde habest. Denn "wenn Jemandes Wege dem Herrn wohlgefallen, so macht er auch seine Feinde mit ihm zufrieden," Spr. Sal. 16, 7. Nimmt dir nun die Welt deine Ehre: gedulde dich, Gott wird sie dir wiedergeben. Pf. 91, 15: "Ich will ihn herausreißen und zu Ehren machen." Pf. 84, 12: "Der Herr gibt Gnade und Ehre."

11. (8) So ist auch das ein Trost, daß Gott aller Menschen Herzen in seinen Händen hat. Pf. 33, 14.: "Von seinem festen Thron schauet er auf Alle, die auf Erden wohnen. Er lenket ihnen Allen das Herz, und hat Acht auf alle ihre Werke." Und Pf. 41, 3: "Gott wird dich nicht geben in den Willen deiner Feinde." Mancher ist oft bitter und böse, lästert, lügt und trügt, und dräuet seinem Nächsten; in einer Stunde ist sein Herz schon umgewandt und viel anders geworden. Ja, es begibt sich bisweilen, wenn der Böse zum Frommen kommt, kann er ihm nicht ein Härlein krümmen, und muß ihm noch gute Worte dazu geben. Da thut Gott, wie wir an Jakob und Laban sehen. Da Laban bitter und böse war auf Jakob, sprach Gott zu ihm: "Hüte dich, daß du nicht anders denn freundlich mit Jakob redest," 1 Mos. 31, 24. Also auch Esau und Jakob: Esau küssete Jakob, und weinte an seinem Halse, Cap. 33, 4.

12. (9) Letztlich ist zwar der falschen Zunge Art, daß sie bald über sich steigt, bald ein groß Ansehen gewinnt, also daß sich Jedermann darüber verwundert und zuläuft; aber sie treibt es nicht lange, sie wird bald zu Schanden und schamroth. Und wenn sie anfängt zu fallen, so geht sie plötzlich zu Grunde. Sie ist wie ein Feuer, das hoch in die Höhe lodert, bald aber wieder fällt und verlischt. Ursache: Gott ist der Lüge überaus feind, weil er die ewige Wahrheit ist, und kann sie in die Länge nicht dulden. Wenn sie meint, sie habe es auf's Höchste gebracht, und es müsse sich Jedermann vor ihr fürchten, so kommt Gottes Gericht wunderlich; wie im 31. Psalm V. 19 steht: "Verstummen müssen alle falschen Mäuler, die da reden wider den Gerechten, stolz, steif und höhnisch." Merke diese drei Eigenschaften der bösen Mäuler: stolz, steif, höhnisch. Jes. 33, 1: "Wehe dir, du Verächter! wenn du des Verachtens hast ein Ende gemacht, wirst du wieder verachtet werden." Summa: "Das Scepter der Gottlosen wird nicht bleiben über dem Häuflein der Gerechten, daß sie ihre Hand nicht ausstrecken zur Ungerechtigkeit." Pf. 125, 3. "Ein böses Maul wird kein Glück haben auf Erden. Ein freveler, böser Mensch wird verjagt und gestürzt werden." Pf. 140, 12.

Trost wider die Feinde und bösen Mäuler, aus den Psalmen.

13. Psalm 3, 4. 8: Aber du, Herr, bist der Schild für mich, der mich zu Ehren setzet und mein Haupt aufrichtet. Auf, Herr, und hilf mir, mein Gott; denn du schlägst alle meine Feinde auf den Backen, und zerschmetterst der Gottlosen Zähne. Psalm 4, 3. 4: Liebe Herren, wie lange soll meine Ehre geschändet werden? Wie habt ihr das Eitle so lieb, und die Lügen so gern? Erkennet doch, daß der Herr seine Heiligen wunderlich führet. Der Herr höret, wenn ich ihn anrufe.

14. Psalm 5, 7 ff.: Du bringest die Lügner um; der Herr hat einen Gräuel an den Blutgierigen und Falschen. In ihrem Munde ist nichts Gewisses, ihr Inwendiges ist Herzeleid, ihr Rachen ist ein offenes Grab, mit ihren Zungen heucheln sie. Schuldige sie, Gott, daß sie fallen von ihrem Vornehmen. Laß sich freuen Alle, die auf dich trauen; ewiglich laß sie rühmen; fröhlich laß seyn in dir, die deinen Namen lieben. Denn du, Herr, segnest die Gerechten; du krönest sie mit Gnade, wie mit einem Schilde.

15. Psalm 6, 11: Es müssen alle meine Feinde zu Schanden werden und sehr erschrecken, sich zurück kehren, und zu Schanden werden plötzlich.

16. Psalm 7, 1 ff.: Auf dich, Herr, traue ich, mein Gott, hilf mir von allen meinen Verfolgern, und errette mich, daß sie nicht wie Löwen meine Seele erhaschen und zerreißen, weil kein Erretter da ist. V. 15 ff.: Siehe, der hat Böses im Sinn, mit Unglück ist er schwanger; er wird aber

einen Fehl gebären. Er hat eine Grube gegraben und ausgeführt, und ist in die Grube gefallen, die er gemacht hat. Sein Unglück wird auf seinen Kopf kommen, und sein Frevel auf seinen Scheitel fallen.

17. Psalm 17, 8. 9: Behüte mich, wie einen Augapfel im Auge; beschirme mich unter dem Schatten deiner Flügel vor den Gottlosen, die mich verstören, vor den Feinden, die um und um nach meiner Seele stehen.

18. Psalm 18, 4. 7: Ich will den Herrn loben und anrufen, so werde ich von meinen Feinden erlöset. Wenn mir angst ist, so rufe ich den Herrn an; ich schreie zu meinem Gott, so erhöret er meine Stimme von seinem Tempel, und mein Geschrei kommt vor ihn zu seinen Ohren.

19. Psalm 27, 1 ff.: Der Herr ist mein Licht und mein Heil; vor wem sollte ich mich fürchten? Der Herr ist meines Lebens Kraft; vor wem sollte mir grauen? Darum, so die Bösen, meine Widersacher und Feinde, an mich wollen, mein Fleisch zu fressen, müssen sie anlaufen und fallen. Wenn sich schon ein Heer wider mich leget, so fürchtet sich dennoch mein Herz nicht. Wenn sich Krieg wider mich erhebet, so verlasse ich mich auf ihn. Denn er bedecket mich in seiner Hütte zur bösen Zeit; er verbirgt mich heimlich in seinem Gezelt, und erhöhet mich auf einem hohen Felsen. Herr, weise mir deine Wege, und leite mich auf richtiger Bahn, um meiner Feinde willen. Gib mich nicht in den Willen meiner Feinde; denn es stehen falsche Zeugen wider mich, und thun mir Unrecht ohne Scheu. Ich glaube aber doch, daß ich sehen werde das Gute des Herrn im Lande der Lebendigen. Harre des Herrn, sey getrost und unverzagt, und harre des Herrn.

20. Psalm 31, 15 ff.: Ich aber, Herr, hoffe auf dich, und spreche: Du bist mein Gott; meine Zeit steht in deinen Händen. Errette mich von der Hand meiner Feinde, und von denen, die mich verfolgen. V. 19 ff.: Verstummen müssen falsche Mäuler, die da reden wider den Gerechten, steif, stolz und höhnisch. Wie groß ist deine Güte, die du verborgen hast denen, die dich fürchten, und erzeigest denen, die vor den Leuten auf dich trauen. Du verbirgst sie heimlich bei dir vor Jedermanns Trotz. Du verdeckest sie in der Hütte vor den zänkischen Zungen.

21. Psalm 35, 5. 6: Sie müssen werden wie Spreu vor dem Winde, und der Engel des Herrn stoße sie weg. Ihr Weg müsse finster und schlüpferig werden, und der Engel verfolge sie.

22. Psalm 37, 1. 2: Erzürne dich nicht über die Bösen, sey nicht neidisch über die Uebelthäter. Denn wie das Gras werden sie bald abgehauen, und wie das grüne Kraut werden sie verwelken. V. 12 ff. Der Gottlose dräuet den Gerechten, und beißet seine Zähne zusammen über ihn; aber der Herr lachet sein, denn er siehet, daß sein Tag kommt. Die Gottlosen ziehen das Schwert aus, und spannen ihren Bogen, daß sie fällen die Elenden und Armen, und schlachten die Frommen. Aber ihr Schwert wird in ihr Herz gehen, und ihr Bogen wird zerbrechen. V. 32. 33: Der Gottlose lauert auf den Gerechten, und gedenket ihn zu tödten, aber der Herr läßt ihn nicht in seinen Händen, und verdammt ihn nicht, wenn er verurtheilt wird. V. 35. 36: Ich habe gesehen einen Gottlosen, der war trotzig, und breitete sich aus, und grünete wie ein Lorbeerbaum. Da man vorüberging, siehe, da war er dahin; ich fragte nach ihm, da ward er nirgend gefunden.

23. Psalm 38, 14. 15: Ich aber muß seyn wie ein Tauber, der nicht höret, und wie ein Stummer, der seinen Mund nicht aufthut, und muß seyn wie Einer, der nicht höret, und der keine Widerrede in seinem Munde hat. V. 18: Denn ich bin zu Leiden gemacht, und mein Schmerz ist immer vor mir.

24. Psalm 39, 3. 10. 13: Ich bin verstummet und stille, und schweige der Freuden, und muß mein Leid in mich fressen. Ich will schweigen, und meinen Mund nicht aufthun, du wirst's wohl machen. Denn ich bin beides, dein Pilgrim und Bürger, wie alle meine Väter.

25. Psalm 55, 23. 24: Wirf dein Anliegen auf den Herrn, der wird dich versorgen, und wird den Gerechten nicht ewiglich in Unruhe lassen. Aber Gott, du wirst sie hinunterstoßen in die tiefe Grube. Die

Blutgierigen und Falschen werden ihr Leben nicht zur Hälfte bringen. Ich aber hoffe auf dich.

26. Psalm 57, 2 ff.: Sey mir gnädig, Gott, sey mir gnädig, denn auf dich trauet meine Seele, und unter dem Schatten deiner Flügel habe ich Zuflucht, bis das Unglück vorübergehe. Ich rufe zu Gott, dem Allerhöchsten, zu Gott, der meines Jammers ein Ende macht. Er sendet vom Himmel, und hilft mir von der Schmach meines Versenkers, Sela. Gott sendet seine Güte und Treue. Ich liege mit meiner Seele unter den Löwen. Menschenkinder sind Feuerflammen, ihre Zähne sind Spieße und Pfeile, und ihre Zungen scharfe Schwerter. Erhebe dich, Gott, über den Himmel, und deine Ehre über alle Welt. Sie stellen meinem Gange Netze, und drücken meine Seele nieder; sie graben vor mir eine Grube, und fallen selbst darein, Sela. Mein Herz ist bereit, Gott, mein Herz ist bereit, daß ich singe und lobe. Wache auf, meine Ehre; wache auf, Psalter und Harfe; frühe will ich aufwachen. Herr, ich will dir danken unter den Völkern, ich will dir lobsingen unter den Leuten. Denn deine Güte ist, so weit der Himmel ist, und deine Wahrheit, so weit die Wolken gehen. Erhebe dich, Gott, über den Himmel, und deine Ehre über alle Welt.

27. Psalm 64, 2 ff.: Behüte mein Leben vor den grausamen Feinden, denn sie schärfen ihre Zungen wie ein Schwert; mit ihren giftigen Worten zielen sie wie mit Pfeilen, daß sie heimlich schießen den Frommen, plötzlich schießen sie auf ihn ohne alle Scheu. V. 8. 9: Aber Gott wird sie plötzlich schießen, daß ihnen wehe thun wird. Ihre eigene Zunge wird sie fällen, daß ihrer spotten wird, wer sie siehet.

28. Psalm 71, 10. 11. 16 ff.: Meine Feinde reden wider mich, und die auf meine Seele halten, berathen sich mit einander, und sprechen: Gott hat ihn verlassen; jaget nach und ergreifet ihn, denn da ist kein Erretter. Ich gehe einher in der Kraft des Herrn, ich preise deine Gerechtigkeit allein. Gott, du hast mich von Jugend auf gelehret, darum verkündige ich deine Wunder. Auch verlaß mich nicht, Gott, im Alter, wenn ich grau werde, bis ich deinen Arm verkündige Kindeskindern, und deine Kraft Allen, die noch kommen sollen. V. 20. 21: Denn du lässest mich erfahren viel und große Angst, und machest mich wieder lebendig, und holest mich wieder aus der Tiefe der Erde herauf, du machest mich sehr groß, und tröstest mich wieder.

29. Psalm 121, 1 ff.: Ich hebe meine Augen auf zu den Bergen, von welchen mir Hülfe kommt. Meine Hülfe kommt vom Herrn, der Himmel und Erde gemacht hat. Er wird deinen Fuß nicht gleiten lassen, und der dich behütet, schläfet nicht. Siehe, der Hüter Israel schläfet nicht, noch schlummert er. Der Herr behütet dich, der Herr ist dein Schatten über deiner rechten Hand, daß dich des Tags die Sonne nicht steche, noch der Mond des Nachts. Der Herr behütet dich vor allem Uebel, er behüte deine Seele. Der Herr behüte deinen Ausgang und Eingang von nun an bis in Ewigkeit.

30. Psalm 140, 1 ff.: Errette mich, Herr, von den bösen Menschen; behüte mich vor den freveln Leuten, die Böses gedenken in ihrem Herzen, und täglich Krieg erregen. Sie schärfen ihre Zunge wie eine Schlange; Otterngift ist unter ihren Lippen, Sela. Bewahre mich, Herr, vor der Hand der Gottlosen; behüte mich vor den freveln Leuten, die meinen Gang gedenken umzustoßen. Die Hoffärtigen legen mir Stricke, und breiten mir Seile aus zum Netze, und stellen mir Fallen an den Weg. Ich aber sage zum Herrn: Du bist mein Gott; Herr, vernimm die Stimme meines Flehens; Herr, Herr, meine starke Hülfe, du beschirmest mein Haupt zur Zeit des Streits. Herr, laß dem Gottlosen seine Begierde nicht, stärke seinen Muthwillen nicht; sie möchten sich erheben, Sela. Das Unglück, davon meine Feinde rathschlagen, müsse auf ihren Kopf fallen. Er wird Strahlen über sie schütten, er wird sie mit Feuer tief in die Erde schlagen, daß sie nimmermehr aufstehen. Ein böses Maul wird kein Glück haben auf Erden, ein freveler, böser Mensch wird verjagt und gestürzt werden; denn ich weiß, daß der Herr wird des Elenden Sache und der Armen Recht ausführen. Auch werden die Gerechten deinem Namen danken,

und die Frommen werden vor deinem Angesicht bleiben.

31. Psalm 142, 1 ff.: Ich schreie zum Herrn mit meiner Stimme; ich flehe dem Herr mit meiner Stimme; ich schütte meine Rede vor ihm aus, und zeige an vor ihm meine Noth. Wenn mein Geist in Aengsten ist, so nimmst du dich meiner an. Sie legen mir Stricke auf dem Wege, da ich gehe. Schaue zur Rechten, und siehe, da will mich Niemand kennen; ich kann nicht entfliehen, Niemand nimmt sich meiner Seele an. Herr, zu dir schreie ich, und sage: Du bist meine Zuversicht, mein Theil im Lande der Lebendigen. Merke auf meine Klage, denn ich werde sehr geplagt. Errette mich von meinen Verfolgern, denn sie sind mir zu mächtig. Die Gerechten werden sich zu mir sammeln, wenn du mir wohl thust.

Gebet wegen der Lästerer und Lügenmäuler.

Heiliger Jesu, du hast viele Schmach und Lästerung erduldet, ob du gleich unsträflich auf Erden gewandelt; mache uns dir gleich gesinnt, daß wir deinem Exempel in Heiligkeit und Gerechtigkeit nachfolgen, und Niemanden einen Anstoß und Aergerniß geben. Müssen wir sodann unschuldig leiden, und manche böse Gerüchte von den Kindern der Finsterniß und den Heuchlern ausstehen: so laß dieses unsern Trost seyn, daß du uns kennest, und unsere Namen im Buche des Lebens angeschrieben stehen, du uns auch als die Deinen in der Ewigkeit offenbaren und alle Verläumder zu Schanden machen wirst. Gib uns wahre Sanftmuth gegen Alle, die uns anfeinden; und je mehr Andere auf uns Achtung geben, desto vorsichtiger laß uns unsern Wandel führen, damit wir auch allen bösen Schein vermeiden mögen. Fördere ohne Unterlaß unsern Lauf zur seligen Ewigkeit, und laß uns weder durch die Liebkosungen noch durch die Verspottungen der Welt in dem ernsten Trachten nach dem einigen Nothwendigen aufgehalten werden. Bleibe du uns nur gewogen, und laß uns um dein selbst willen dir angenehm und wohlgefällig seyn, so haben wir Alles, was unser edler Geist sich wünschen mag. Amen.

Das 18. Kapitel.

Wie wir durch die Traurigkeit und Schmerzen Christi sollen lernen die Wollust des Fleisches dämpfen.

Matth. 26, 38. Meine Seele ist betrübt bis in den Tod.

1. Das dritte Stück der Trübsal und des Kreuzes Christi ist seine große unaussprechliche Traurigkeit und Schmerzen, welche bei ihm von Mutterleibe angefangen. Denn weil seine allerheiligste menschliche Seele mit dem Licht göttlicher Erkenntniß und Weisheit durch die persönliche Vereinigung erfüllt und erleuchtet war: so hat sie auch alles Zukünftige, das ihr begegnen sollte, als gegenwärtig gesehen, darüber sie auch mit höchster Traurigkeit und innigem Leiden von Anfang erfüllt worden. Denn sie hat zuvorgesehen ihre undenkliche und unsägliche Seelenangst und ihre unaussprechlichen Leibesschmerzen. Denn je zärter, reiner, unschuldiger die menschliche Natur in Christo ist, je größere Angst, Schmerzen und Pein sie erlitten hat, welches man sieht an aller innerlichen, geistlichen Seelenangst. Denn je edler die Seele ist, als der Leib, wegen ihrer Unsterblichkeit, je größere Schmerzen sie auch leidet gegen den sterblichen Leib. Darum ist der Herr Christus nicht froh geworden für sich selbst oder seinethalben, sondern seine Freude ist gewesen, daß sein himmlischer Vater von den Menschen möchte recht erkannt, geehrt, und die Werke Gottes offenbar werden. Darum freute er sich im Geist, da die siebenzig Jünger wiederkamen, Luc. 10, 21. Weil er wußte Alles, was ihm begegnen würde, und von wem, nämlich von seinem eigenen Volk: so hat es nicht anders seyn können, denn daß er in steter Traurigkeit und Schmerzen gewesen, und je näher sein Leiden, je trauriger; wie er spricht: „Ich muß mit einer Taufe getauft werden, und wie ist mir so bange, ehe ich's vollbringe!" Luc. 12, 50. Da nun die Zeit kam, sprach er: „Meine Seele ist betrübt bis in den Tod," Matth. 26, 38; wo er die allerhöchste Traurigkeit und Seelenangst erlitten, darüber er auch blutigen Schweiß geschwitzt, Luc. 22, 44.

2. Seine Seelenängst und Leibesschmerzen, so er am Kreuz erlitten, kann keines Menschen Zunge ausreden: Erstlich, weil die Sünde so ein unendlich und unaussprechlich Uebel ist. Denn es hat die vollkommene Bezahlung und Strafe der Sünde dem Sohn Gottes an Leib und Seele unaussprechliche, und keinem bloßen Menschen erträgliche Angst und Schmerzen gemacht.

3. (2) Weil er die Sünde der Welt getragen, das ist, er hat nicht allein für die Sünde gelitten, so vom Anfang der Welt geschehen, sondern auch für die, so bis an's Ende der Welt geschehen sollte. So viel nur alle und jede Menschen Sünde gehabt, so viel Schmerzen hat Christus gelitten, ja um Einer Sünde willen unzählige Schmerzen, und die größten Schmerzen und Pein. Darum bittet er am Oelberge: „Vater, willst du, so nimm diesen Kelch von mir," Matth. 26, 39.

4. (3) So ist auch sonst noch ein hoher und unaussprechlicher Schmerz Christi, den er empfunden wegen seiner vollkommenen Liebe. Denn je größer die Liebe, je größer der Schmerz. Denn was man nicht liebt, macht keine Schmerzen. Weil aber Christus seinen himmlischen Vater vollkömmlich liebte, so hat's ihm an seiner Seele auch vollkömmlich und unausforschlicher Weise wehe gethan, daß Gott, sein himmlischer Vater, so hoch beleidigt worden durch die Sünde. Und haben ihm unsere Sünden mit aller ihrer Strafe so wehe nicht gethan, als daß Gott, der die Liebe selbst ist, durch die Sünde so hoch beleidigt wird. Und um der Liebe willen des Vaters, die billig von keiner Creatur sollte beleidigt werden, hat Christus den allerschmählichsten Tod und die allergrößten Schmerzen und Pein auf sich genommen, uns armen Menschen die Liebe und Gnade des Vaters wieder zu erwerben; auf daß, so hoch die Liebe des Vaters durch Menschen beleidigt wäre, er dieselbe so hoch wieder versöhnete.

5. (4) Hat auch Christus die höchsten Schmerzen erlitten wegen der vollkommenen Liebe des ganzen menschlichen Geschlechts. Denn gleichwie er für Alle gestorben, und Aller Sünde getragen: so wollte er auch gerne, daß sie Alle selig würden. Und ist also der Menschen Unbußfertigkeit ihm das höchste Leiden gewesen. Denn das war seiner Liebe zuwider, sonderlich deren Verderben und Verdammniß, von denen er zuvor gesehen, daß sie nicht würden Buße thun; zu geschweigen, daß ihm an seiner liebreichen Seele wehe gethan der große Haß und Neid, die Feindschaft und Lästerungen derer, die er doch wollte selig machen. Daher spricht er: „Die Schmach bricht mir mein Herz, und kränket mich," Ps. 69, 21. Welches er nicht seinethalben allein klagt und bedauert, sondern vielmehr dererhalben, die solche Schmach an ihm übten.

6. (5) So ist das auch sein größter Schmerz und Pein gewesen, daß er, als Gottes Sohn, dennoch von Gott verlassen gewesen. Gott konnte ihn zwar nicht verlassen, denn er war ja selbst Gott, ja er war und blieb Gott, da er am Kreuze hing, da er starb, da er begraben ward; und klagt dennoch, Gott habe ihn verlassen, Ps. 22, 2. Matth. 27, 46. Aber er hat mit seinem kläglichen Geschrei anzeigen wollen, daß ihm Gott, als einem Menschen, seinen Trost entzogen, sich vor ihm verborgen, und uns sein großes Elend durch sein klägliches Geschrei offenbaren.

7. (6) Ist auch Christi Schmerz und Pein unaussprechlich gewesen wegen seiner Person; denn er war wahrer Gott. Darum alle Schmach und Lästerung, so ihm widerfahren, ein unendlich Uebel war, weil es der ganzen Person widerfuhr, die Gott und Mensch war, und also Gott selbst; welches der Seele Christi ein hohes und unaussprechliches Leiden gewesen ist.

8. (7) Was die leibliche Pein und Marter dem unschuldigsten, heiligsten, jungfräulichen, zärtesten Leibe des Herrn für Schmerzen gemacht, wer kann das ausdenken? Einen so unschuldigen, zarten, edelen, reinen Leib, von dem heiligen Geist empfangen, mit der ewigen Gottheit persönlich vereinigt, mit dem heiligen Geist und aller Fülle der Gottheit erfüllt, schlagen, geißeln, verwunden, zerstechen, kreuzigen, tödten lassen, das ist ein Leiden über alles Leiden auf Erden. Keine Creatur

kann es aussprechen. Was ist dagegen all unser Leiden und Kreuz, die wir Sünder sind, und ewigen Tod und Verdammniß verdient haben? Und wir fliehen davor, murren dawider, da es doch so eine heilsame Arznei ist.

9. Wahrlich, eine Seele, die Christum lieb hat, soll kein ander Leben und Stand in dieser Welt wünschen, denn einen solchen, wie Christus unser Herr gehabt. Das soll man für den größten Gewinn achten in dieser Welt, und dessen soll sich eine liebende Seele freuen, daß sie würdig ist, mit Christo zu leiden. Und weil wir wissen, daß Trübsal uns muß begegnen auf dem Wege zum Himmelreich, dadurch wir zu einer so großen, unaussprechlichen Herrlichkeit kommen, Ap. Gesch. 14, 22: warum wandeln wir denselben Weg nicht mit Freuden? Ja auch darum, weil der Sohn Gottes diesen Weg gegangen, und ihn mit seinem heiligen Exempel geheiliget, und in sein Reich nicht anders wollen eingehen, denn durch Leiden, Luc. 24, 26. Ja auch darum, weil auf so kurzes Leiden solche immerwährende Freude folgt.

10. Gleichwie nun Christus aus Liebe gegen uns sein selbst in keinem Dinge verschont hat, sondern Alles willig um unsertwillen erlitten: also sollen wir auch ihn hinwieder lieben, und nicht müde werden in einiger Trübsal.

Gebet um Dämpfung der fleischlichen Wollüste.

Laß, o Jesu, deine Seelenangst und deine empfindlichen Schmerzen, die du an deinem heiligen Leibe für uns ausgestanden hast, uns täglich und stündlich vor Augen und im Andenken seyn, damit dadurch alle sündliche Lüste in uns besiegt, entkräftet und getödtet werden. Deine Liebe, nach welcher du dich für uns so jämmerlich hast martern lassen, gib uns durch deinen heiligen Geist lebendig zu erkennen; so werden wir dadurch kräftig angetrieben werden, alle sündliche Freude aus unsern Seelen zu verbannen, und hingegen, als deine Erlöseten, in Reinigkeit und Keuschheit unsern ganzen Wandel vor dir zu führen. Dazu hilf uns, o Jesu, um deiner blutigen Wunden willen. Amen.

Das 19. Capitel.

Wie wir in dem gekreuzigten Christo, als in dem Buch des Lebens, anschauen sollen unsere Sünde, Gottes Zorn, Gottes Liebe, Gerechtigkeit und Weisheit.

Offenb. Joh. 5, 1. Ich sah in der rechten Hand deß, der auf dem Stuhl saß, ein Buch inwendig und auswendig beschrieben.

1. Den gekreuzigten Christum stellt uns Gott vor die Augen als ein Buch des Lebens, an welchem wir die allerheiligste Weisheit lernen und studiren sollen. Denn in ihm ist die Schrift, alle Propheten und das ganze Gesetz vollkömmlich erfüllt, durch vollkommenen Gehorsam bis in den Tod, durch Erleidung der schrecklichen Strafe und des Fluchs für die Sünden der Welt. Das ist das Buch, so auswendig und inwendig beschrieben ist, nämlich vollkommener, inwendiger und auswendiger Gehorsam, vollkommenes, innerliches und äußerliches Leiden.

2. Darum zeigt uns (a) der gekreuzigte Christus unsere Sünden, derselben Größe und Menge. Er offenbart uns durch sein Jammergeschrei seiner Seele Angst, dadurch er die heimliche, verborgene Sünde unsers Herzens gebüßt hat. Er zeigt uns seinen verwundeten, blutigen, kläglichen Leib voller Schmerzen und Krankheit, daß wir in demselben, als in einem Buche, lesen und verstehen sollen unsere Sünden, die wir mit allen unsern Gliedern vollbracht haben.

3. Es sieht die andächtige Seele in dem gekreuzigten Christo (b) Gottes Gerechtigkeit, daß durch kein ander Mittel unsere Sünde, und die Strafe unserer Sünde, hat können hinweggeräumt werden, als durch eine solche hohe, vollkommene Bezahlung, ja daß wahrhaftig die Sünde nicht könne ungestraft bleiben. Es mußte der Vater seinen allerliebsten Sohn dahingeben, Röm. 4, 25. C. 8, 32, auf daß die Sünde des menschlichen Geschlechts nicht ungestraft bliebe.

4. Wir sehen in dem gekreuzigten Christo (c) die große Liebe und Barmherzigkeit des Vaters: wie er ein so väterliches Mitleiden mit uns gehabt, daß, ehe wir sollten

im Tode, in Marter und Höllenpein ewig bleiben, sein lieber Sohn für uns hat müssen genug thun, weil wir dasselbe nicht hätten thun können mit allen unsern und aller Creaturen Kräften und Vermögen.

5. Wir sehen in dem gekreuzigten Christo, als in dem Buch des Lebens, (d) den allergnädigsten Willen Gottes und die väterliche Fürsorge, uns selig zu machen, daß ihm nichts zu schwer und verdrießlich gewesen, bis er durch seinen Sohn Alles verrichtet, was zu unserer Seligkeit gehört. Daran hat er nichts gespart und geschont, daß wir nur möchten die ewige Freude ererben.

6. Wir sehen auch in dem gekreuzigten Christo (e) die höchste Weisheit Gottes, indem er ein solch Mittel unserer Erlösung erfunden, das allen Creaturen zu erfinden unmöglich war, dadurch zugleich seine Gerechtigkeit und seine Barmherzigkeit erfüllt würde. Denn er hat seiner Barmherzigkeit also gebraucht in der Erlösung des menschlichen Geschlechts, daß seiner Gerechtigkeit kein Abbruch geschehen. Denn also hat Christus, unser Herr, durch seinen Tod unsere Sünde bezahlt, nach der strengen Gerechtigkeit Gottes, daß zugleich die größte Barmherzigkeit an uns erfüllt ist. Und gleichwie durch den verbotenen Baum der erste Adam den Fluch über uns gebracht, 1 Mos. 3, 1: also hat Gott weislich verordnet, daß durch das Holz des Kreuzes der Fluch hinweggenommen und der Segen wiedergebracht würde, 1 Petr. 2, 24. Ja die Weisheit Gottes hat wunderbar verordnet, daß durch den Tod Christi Alles lebendig gemacht und der Tod hinweggenommen würde, und daß er uns durch seine Schmerzen und Pein die himmlische ewige Wollust, durch seine Schmach die Herrlichkeit, und durch seine Traurigkeit die ewige Freude erwürbe. So wunderbar hat es die ewige Weisheit Gottes verordnet, daß durch ein solches Werk, so vor der Welt die höchste Thorheit scheint, der Welt Weisheit zu nichte gemacht, und durch seine Thorheit die höchste Weisheit geübt würde, 1 Cor. 1, 23.

7. In dem gekreuzigten Christo sehen wir, als in einem Buch und Spiegel, (f) die höchste Geduld und Sanftmuth, daß er so gar keine Rache geübt, daß er auch für seine Kreuziger und Lästerer gebeten, ja für sie und ihre Sünde gestorben.

8. Die glaubige Seele sieht auch in dem gekreuzigten Christo (g) die allergrößte und tiefste Demuth, die nicht größer und tiefer hat seyn können, denn daß der Herr der Herrlichkeit einen so schmählichen Tod willig ohne Widerrede und Ungeduld erlitten hat. Die glaubige Seele sieht auch in dem gekreuzigten Christo, daß sein Leiden und Tod zugleich sey eine Erlösung aus der Hölle, und eine Eröffnung des Paradieses, die höchste Versöhnung Gottes und die Ueberwindung des grimmigen Teufels, die vollkommene Bezahlung der Sünde, und die vollkommene Wiederbringung der Gerechtigkeit.

9. Also sieht nun die glaubige Seele, daß der gekreuzigte Christus sey das rechte Buch des Lebens und der ewigen untrüglichen Wahrheit Gottes, daraus wir recht glauben und recht christlich leben lernen, wollen wir anders wahre, lebendige, und nicht todte Glieder seyn an dem Leibe unsers Erlösers, ja, wollen wir anders, daß sein Leben und Tod in uns wirken und lebendige Früchte bringen sollen.

Gebet um Vermeidung der Sünden.

Dein Kreuz, o Jesu, ist eine göttliche Weisheit und Kraft denen, in welchen du durch deinen Geist dich verkläret, und welche unter der Last der Sünden zu dir ihre Zuflucht nehmen. Ueberzeuge du uns davon, daß du um unserer Missethat willen verwundet, und um unserer Sünde willen so jämmerlich gemartert worden bist; damit wir Alles, was dir zuwider ist, verabscheuen, und durch muthwillige Sünden deine göttliche Majestät nicht mehr beleidigen. Ziehe uns kräftig zu dir hin, daß wir deiner Erlösung im Glauben theilhaftig werden, und in dir die Gerechtigkeit, die vor Gott gilt, erlangen. Bringe uns zum Genuß der Liebe deines durch dich versöhnten Gottes, unsers in dir liebreich gesinnten Vaters, damit dadurch alle sündliche Creaturliebe in uns ausgelöscht werde, und wir in der seligen Gemeinschaft mit

Gott eine wahre und ewige Ruhe für unsern unsterblichen Geist besitzen mögen. Mache uns tüchtig, Gottes Willen zu vollbringen, damit wir deinem Bilde immer ähnlicher werden, und als deine Erlöseten dir zu allem Gefallen leben. Jesu, du unsere gekreuzigte Liebe, sey im Leben, Leiden und Sterben, ja nach dem Tode unser höchstes Gut auf ewig, und versichere uns davon durch deinen Geist, daß wir an dir haben die Erlösung durch dein Blut, nämlich die Vergebung der Sünden; laß es uns aber auch nie mangeln an göttlicher Kraft, damit Alles, was wir sind und haben, nur dir gewidmet werde. Amen.

Das 20. Capitel.

Von der Kraft und Nothwendigkeit des Gebets in diesen göttlichen Betrachtungen.

Hohel. Sal. 3, 2. Ich will suchen, den meine Seele liebet.

1. Weil die lebendige Erkenntniß Gottes, und auch des gekreuzigten Christi, nicht kann erlangt werden, man lese denn täglich und ohne Unterlaß in dem Buche des unschuldigen und heiligen Lebens Christi Jesu, unsers Herrn; aber dieselbe Betrachtung und Erhebung des Gemüths zu Gott nicht kann geschehen ohne ein andächtiges, glaubiges, demüthiges und fleißiges Gebet, welches nicht allein ein Gespräch des Mundes, sondern vielmehr des glaubigen Herzens und Gemüths, und aller Kräfte der Seele Erhebung ist, Ps. 19, 15: so ist vonnöthen, daß man die Art und Tugend des Gebets verstehen lerne. Denn ohne Gebet findet man Gott nicht; das Gebet ist ein solches Mittel, dadurch man Gott suchet und findet, Matth. 7, 7. 8.

2. Dasselbe ist nun dreierlei: Mündlich, innerlich, und übernatürlich; wie St. Paulus sagt: „Ich will im Geiste beten und mit dem Gemüthe," 1 Cor. 14, 15.

3. Das mündliche Gebet ist eine feine demüthige, äußerliche Uebung, welche zu dem innerlichen Gebet führt, ja welche den Menschen in sein eignes Herz führt; sonderlich wenn man im Glauben andächtig betrachtet die Worte, so man betet. Denn dieselben bewegen und erheben den Geist und die Seele zu Gott, daß man ein glaubig Gespräch in kindlicher Zuversicht mit Gott hält.

4. Das innerliche Gebet geschieht ohne Unterlaß im Glauben, Geist und Gemüthe; wie Joh. 4, 23 unser lieber Herr sagt: „Die wahren Anbeter werden den Vater im Geist und in der Wahrheit anrufen." Und der 19. Psalm V. 15: „Laß dir wohlgefallen das Gespräch meines Herzens vor dir." Deßgleichen Ps. 77, 7: „Mein Herz redet, mein Geist muß forschen." Deßgleichen Röm. 8, 15: „Durch welchen wir rufen: Abba, lieber Vater." Durch ein solch innerliches Gebet wird man denn geführt zu dem übernatürlichen Gebet, welches geschieht, wie Tauler sagt, durch wahre Vereinigung mit Gott durch den Glauben; da unser erschaffener Geist verschmelzet und versenket wird in den unerschaffenen Geist Gottes; da Alles in einem Augenblick geschieht, was sonst von allen Heiligen mit Worten und Werken von Anfang der Welt her geschehen. Und so klein ein Heller ist gegen tausend Mark Goldes, so viel besser ist dieses Gebet gegen das auswendige. Denn hier wird das Gemüth durch wahren Glauben also mit Gottes Liebe erfüllt, daß es nichts anders gedenken kann, denn Gott; und wenn ein andrer Gedanke in's Herz und Gemüth fällt, so ist's der Seele leid. Ein solches Gemüth läßt die Zunge nicht reden, Ps. 37, 7, oder sehr wenig; seufzet immer zu Gott, dürstet nach Gott, Ps. 42, 3 und 63, 2, hat seine eigene Lust und Liebe an Gott, und schließt die ganze Welt aus, und Alles, was in der Welt ist, und wird immer mehr und mehr mit Gottes Erkenntniß, Liebe und Freude erfüllt, Ps. 84, 3; welches die Zunge nicht ausreden kann. Denn was die Seele alsdann erkennt, ist unaussprechlich; und wenn sie in solcher Andacht gefragt würde: Was erkennest du? würde sie antworten: Ein Gut, das alles Gut ist. Was siehest du? Eine Schönheit, die alle Schönheit übertrifft. Was empfindest du? Eine Freude über alle Freude. Was schmeckest du? Eine Freundlichkeit über alle Freundlichkeit. Ja,

sie würde sprechen: Alle Worte, die ich davon rede, sind nur ein Schatten; denn das Köstliche, das ich in meiner Seele empfinde, kann ich nicht ausreden. Das ist des ewigen Wortes Stimme und Rede zu der liebenden Seele, wie Joh. 14, 21 geschrieben ist: „Wer mich liebet, dem will ich mich offenbaren." Und was man alsdann sieht und empfindet, ist über die Natur. Da hört man unaussprechliche Worte und Stimmen, welche heißen: das Wort oder die Stimme des Verstandes und des Gemüths *).

5. Da lernt denn die Seele Gott recht erkennen und schmecken. Und indem sie Gott erkennt, liebt sie ihn; und indem sie ihn liebt, begehrt sie ihn ganz zu haben. Und das ist das rechte Zeichen der Liebe, daß sie das Geliebte ganz haben, sich mit demselben vereinigen, und sich in dasselbe verwandeln will.

6. Dieß wird oft in der Seele des Menschen empfunden, als in einem Blick, der bald vergeht. So sucht denn die Seele emsig, ob sie diesen himmlischen Blick und Geschmack könne wieder bekommen, daß sie sich mit dem Geliebten möge vereinigen; und fängt denn an zu beten mündlich und innerlich, denn sie sieht wohl, daß man solche himmlische Lust und Erquickung durch's Gebet wieder suchen muß. Denn also hat's die göttliche Weisheit verordnet, und dieselbe thut nichts ohne die allerschönste Ordnung, und gibt auch allen Dingen ihre Ordnung.

7. Darum hat sie es also geordnet, daß Niemand ohne das mündliche Gebet kommen kann zu dem Gebet des Gemüths, und ohne dasselbe kann Niemand kommen zum übernatürlichen Gebet und zur Vereinigung mit dem höchsten und lieblichsten Gut, welches man zwar empfindet, aber nicht ausreden kann.

8. Darum hat Gott das Gebet so ernstlich, so oft und theuerlich befohlen, Pf. 50, 15, weil das Gebet ist ein Pfand und ein Band, dadurch uns Gott zu sich zieht, dadurch er uns desto öfter und länger bei sich behalten will, dadurch wir auch desto näher zu ihm kommen könnten, und uns mit ihm, als dem Ursprung alles Guten, vereinigen, und sein in allen Dingen nicht vergessen sollen. Sonst dächten wir selten an ihn, und würden seiner Güter nicht theilhaftig.

9. Wenn du nun recht beten willst, so mußt du mit ganzem und nicht mit halbem Herzen beten. Und gehört große Uebung und großer Fleiß dazu, sonst wirst du die Frucht des Gebets nicht erlangen. Im Gegentheil, wenn du andre, äußerliche Dinge thust, so mußt du sie also thun, daß du nicht mit ganzem Herzen daran hangest. Als, wenn du issest und trinkest, oder andre äußerliche Dinge thust, da muß nicht dein ganzes Herz dran seyn, sondern dein Herz soll ganz in Gott seyn, daß du durch das innerliche Gebet stetiglich an Gott hangest. Und je mehr du also beten wirst, je mehr du wirst erleuchtet werden. Je klarer du nun wirst Gott erkennen, je lieblicher du das höchste Gut empfinden wirst, und je mehr du wirst in der Liebe Gottes angezündet und fähig werden des höchsten Gutes, welches du übernatürlich in deiner Seele, als das Allerköstlichste, so nicht auszureden ist, schmecken wirst.

10. Dieses dreierlei Gebets Exempel, Lehre, Art und Weise haben wir an unserm Herrn Jesu Christo, wenn wir seine Weise zu beten recht ansehen. Denn er hat oft etliche Tage und Nächte im Gebet verharret, Luc. 6, 12, und mit allen Kräften gebetet, Cap. 22, 44, und sich im Gebet und im Geist erfreut, C. 10, 21. Darum er uns mit Worten und Werken, oder mit seinem Exempel, hat lehren beten, Matth. 6, 9; wie er sprach zu seinen Jüngern: „Wachet und betet, daß ihr nicht in Anfechtung fallet," C. 26, 41. Und wie sehr oft vermahnt er uns zum Gebet, zu bezeugen, daß ihm nichts lieber und angenehmer sey, denn unser Gebet, und daß er uns wahrhaftig also lieb habe, daß wir durch's Gebet das edelste und köstlichste Gut der Seele erlangen möchten.

11. Und damit wir keine Entschuldigung hätten, als könnten wir diese edle, hohe Frucht des Gebets nicht erlangen, so hat er nicht allein gesagt: „Bittet, so werdet ihr nehmen, daß eure Freude vollkommen

---

*) Vox intellectualis et mentalis.

sey," Joh. 16, 24; sondern er hat mit seinem Exempel uns zum Gebet bewegen wollen, indem er für uns gebetet in seinem Leiden; wie der Evangelist sagt: „Es kam aber, daß er mit dem Tode rang, und betete heftiger. Es war aber sein Schweiß wie Blutstropfen, die fielen auf die Erde." Luc. 22, 44.

12. Setze diesen Betspiegel vor deine Augen, und lerne im Gebet verharren. Und ob du schwach bist im Gebet, so siehe deinen Herrn Jesum an. Denn er hat nicht für sich, sondern für dich gebetet, und dadurch dein Gebet geheiligt, gesegnet und kräftig gemacht. Siehest du, daß dein Erlöser, ob er gleich als wahrer Gott Alles hatte, doch, als ein Mensch, Alles durch's Gebet von seinem himmlischen Vater erlangt und erbetet hat um deinetwillen? Darum sein ganzes Leben nichts anders gewesen ist, denn ein stetes Gebet und Seufzen, den Willen Gottes zu thun. Darum er auch sein Leben am Kreuz mit Gebet beschlossen hat, Luc. 23, 46.

13. So nun der Herr Christus um deinetwillen so heftig gebetet, und erhört worden ist, ach! so wird er dich ja auch nicht umsonst beten lassen. Und so dein Herr und Erlöser durch's Gebet Alles erlangt hat, dir zu gut, meinst du denn, daß du ohne Gebet etwas erlangen wirst? Du weißt ja, daß ohne Gottes Gnade, Licht, Erkenntniß und Glauben Niemand kann selig werden. Willst du aber Gottes Gnade, Licht und Erkenntniß haben, so mußt du beten. Denn ohne Gebet wirst du es nicht erlangen. Bitte um den Glauben, um die Liebe, um die Hoffnung, um Demuth, um Geduld, um den heiligen Geist, um alle christliche Tugenden, sie werden dir gegeben und vermehrt werden durch den, der sie hat. Denn der sie nicht hat, der kann sie nicht geben. Der sie dir aber geben kann und will, von dem mußt du sie erbitten.

14. Du kannst aber nimmer brünstiger und andächtiger beten, du setzest dir denn den Spiegel des demüthigen, sanftmüthigen Lebens Christi vor deine Augen, seine Armuth, Verachtung, Schmerzen und seinen schmählichen Tod. Wenn du in dieß Betbüchlein siehst, so wird dein Herz und Gemüth angezündet werden mit innigem, brünstigem, feurigem Seufzen, und werden dir zwar viel Anfechtungen des Teufels und deines Fleisches begegnen, aber du wirst sie durch Beten überwinden.

15. Durch das Anschauen des gekreuzigten Christi wird das Gebet erweckt und wird stark. Dadurch wird auch das Herz gereinigt, ohne welche Reinigung des Herzens durch den Glauben kein rechtes Gebet geschehen kann. Und durch solch Gebet kommt der heilige Geist zu dir, und wie am Pfingsttage über die Apostel, als sie beteten, Apost. Gesch. 2, 2.

16. In deinen Anfechtungen aber über deinem Gebet thue, wie der Herr Jesus that: je heftiger er angefochten ward in seinem Gebet am Oelberge, je heftiger er betete, Luc. 22, 44; so wirst du auch durch's Gebet überwinden. Durch's Gebet offenbart sich Gott dem Menschen, durch's Gebet wird die Demuth recht geübt. Da kommt denn zusammen das Höchste und Niedrigste, das demüthigste Herz und der höchste Gott. Und durch solche Demuth wird viel Gnade in des Menschen Seele eingegossen. Denn je mehr die Gnade Gottes den Menschen demüthigt, je mehr in solcher Demuth die Gnade Gottes wächst und zunimmt. Und je mehr Gottes Gnade im Menschen zunimmt, je mehr sich die Seele demüthigt.

17. Die größte Anfechtung und Hinderung aber des Gebets ist, wenn Gott die Gnade der Andacht und Inbrünstigkeit entzieht. Und dann sollst du am meisten beten. Denn obwohl Gott ein inbrünstiges Gebet sehr lieb ist, so ist ihm doch das Gebet viel lieber, welches du in solcher deiner Seelennoth, in deiner Anfechtung, Betrübniß und Traurigkeit thust. Denn gleichwie es einen natürlichen Vater viel mehr jammert, wenn ihn ein krankes Kind mit kläglicher Stimme anwinselt, als wenn ihn ein starkes, gesundes Kind mit vollem Munde anruft: also ist dem lieben Gott eines kleinmüthigen, schwachglaubigen, trostlosen, geistarmen Menschen innerlich heimliches Leiden und Seufzen viel lieber, denn eines Starkglaubigen Gebet, der voller Freude ist. Gott wird dir seine Gnade

Gebet wider die Nachläſſigkeit im Gebet, und um Erhörung des Gebets.

Du Geiſt aus Gott, mache uns zu wahrhaftigen Anbetern, die Gott im Geiſt und in der Wahrheit anrufen. Nimm alle Trägheit und Nachläſſigkeit im Gebet von uns und entzünde unſere Herzen mit deinem Liebesfeuer, daß wir mit ſehnendem und brünſtigem Verlangen uns zu Gott hinwenden können. Lehre uns, wie wir ohne Unterlaß mit Gott umgehen ſollen, damit eine beſtändige Erhebung des Herzens zu Gott bei uns angetroffen werde. Vertritt du ſelber uns mit unausſprechlichem Seufzen, und rufe in uns: Abba, lieber Vater! damit wir zuverſichtlich und kindlich unſer Anliegen Gott entdecken, und von ſeiner Vaterliebe um Jeſu willen mit Freudigkeit Alles erwarten und annehmen, was uns nützlich und heilſam iſt. Du biſt ja ein Geiſt der Gnade und des Gebets; wir wünſchen dich als einen ſolchen in uns zu erfahren, denn alsdann iſt uns die Gnade unſers Gottes tröſtlich, und wir haben in Chriſto einen Zugang zu der göttlichen Gnade, wiſſen auch, daß Alles, was wir durch deinen Trieb im Namen Jeſu bitten, Ja und Amen ſey. Laß uns in deinem Lichte den Nutzen des Gebets dergeſtalt erkennen, daß wir es als eine überſchwänglich große Wohlthat anſehen, daß wir Erlaubniß haben, mit Gott zu reden, und gib uns eine lebendige Erfahrung davon, daß unſer Gebet gewiß erhört werde; ſo wird unſere Seele täglich ermuntert und geſtärkt, im Gebet und Umgange mit Gott zu bleiben, und wir gehen endlich als Betende in die ſelige Ewigkeit über, wo wir den dreieinigen Gott ohne Sünde unermüdet anbeten und verherrlichen wollen. Amen.

Das 21. Capitel.
Von der Kraft der edeln Tugend der Demuth.

Judith 9, 13. Es haben dir die Hoffärtigen noch nie gefallen, aber allezeit hat dir gefallen der Elenden und Demüthigen Gebet.

1. Ohne wahre Demuth iſt alles Gebet umſonſt. Dieſe Tugend können wir am allerbeſten von unſerm Herrn Jeſu Chriſto lernen, welcher iſt ein vollkommener Spiegel aller Tugenden. Denn ſiehe an ſein Leben, es iſt lauter Liebe und Demuth. Siehe an ſeine Lehre, ſie iſt lauter Weisheit und Wahrheit, welche nicht beſteht in Worten, ſondern in lebendiger Kraft und in der That ſelbſt.

2. Und daß wir ja dieſe Tugend recht von ihm lernen ſollten, ſo hat er uns dieſelbe nicht allein in Worten, ſondern mit der That und heiligem Exempel gelehrt, indem er ſich ſelbſt erniedriget bis zum Tode am Kreuz, Phil. 2, 8. Darum ſiehe, wo dieſe Tugend ihr Fundament und ihren höchſten Grund hat: nicht in einem Engel, nicht in einem Apoſtel oder andern Heiligen, ſondern in Chriſto Jeſu ſelbſt. Darum ſpricht er: „Lernet von mir," Matth. 11, 29. Als wollte er ſagen: Sehet mich an, wie ich mich unter Alles hinunterlaſſe, da ich doch über Alles bin. So viel niedriger iſt meine Demuth, ſo viel höher meine Majeſtät iſt. Und ſo viel lieber ſoll euch dieſe Tugend ſeyn, weil ich, euer Herr und Gott, euch dieſelbe mit meinem Leben vorbilde. Er ſpricht: „Lernet von mir," nicht große Dinge und Wunder thun, oder andre große Werke der Schöpfung, ſondern demüthig und ſanftmüthig ſeyn. Und wo ich euch nicht ſelbſt mit meinem Exempel dieſelbe lehre, ſo ſollt ihr mir nicht glauben, daß dieſes eine ſo hohe, edle Tugend ſey.

3. Zu dem Ende übte der Herr das demüthige Werk, und wuſch ſeinen Jüngern die Füße, Joh. 13, 4. 5. 12; auf daß er dieſe Tugend durch ſein Exempel uns Allen in's Herz pflanzte, wie er ſpricht: „Wiſſet ihr, was ich euch gethan habe?" Als wollte er ſagen: Wo ihr meiner Demuth vergeſſen werdet, ſo werdet ihr ein vornehmes Stück vergeſſen meiner Lehre und meines Exempels. Darum laſſet dieß mein Beiſpiel eine Regel und Richtſchnur ſeyn eures ganzen Lebens, und laſſet euch dieß Bild der Demuth vor euren Augen ſtehen.

4. Damit wir nun zu unſerm Vornehmen kommen, wie das Gebet, gleichwie

ohne Glauben, also auch ohne Demuth nichts sey, so wisset, daß die Demuth im Herzen ein schönes Licht der Erkenntniß ist, dadurch erkannt wird die Nichtigkeit des Menschen, und die hohe Majestät und überschwängliche Güte Gottes. Je mehr man nun diese erkennt, je mehr man in der Erkenntniß seiner eigenen Nichtigkeit zunimmt. Und wenn ein Mensch sieht seine Eitelkeit, daß er ganz leer ist alles Guten, so fängt er an, desto brünstiger zu beten um die Gnade und Barmherzigkeit Gottes, und fängt an, Gott als den Ursprung alles Guten recht zu erkennen, zu loben und zu preisen, und sieht in solcher Demuth Gottes Herrlichkeit und überschwängliche Liebe und Gnade. Dann fangen an die Gnadenströme herabzufließen in eine solche glaubige und demüthige Seele durch's Gebet. Durch solche Gnade Gottes wird auch der heilige Geist über uns mehr und mehr ausgegossen, und seine Gaben vermehrt, und durch den heiligen Geist die Liebe Gottes in unser Herz gepflanzt, Röm. 5, 5. Denn wenn eine glaubige Seele sieht ihre Nichtigkeit, und daß gleichwohl Gottes Sohn sich selbst so tief heruntergelassen, und nicht allein Mensch geworden, sondern um so elender Creatur willen ein so schweres, hartes, unaussprechliches Kreuz erlitten: so wird in dieser Demuth solches edle Flämmlein der Liebe Gottes vermehrt, und die Liebe durch den Glauben in Gott gezogen, also daß sie in Gott und Christo alle Menschen liebt, um der großen Liebe Gottes willen; denn sie sieht, wie hoch sie selbst und alle Menschen in Christo geliebt werden. Und weil sie in Gott gezogen und in Gottes Liebe beschlossen ist, so liebt sie auch Alles, was Gott liebt.

5. Daher folgt, daß die Liebe sich freuet über alles Gute, so dem Nächsten widerfährt, und trauert über alles Unheil, so ihm begegnet. Und weil sie freundlich und gütig ist gegen den Nächsten, richtet und verurtheilt sie ihn nicht bald, wenn sie sein Elend sieht, viel weniger wird sie aufgeblasen und stolz, ihn zu verachten, 1 Cor. 13, 4 ff. Denn in wahrer Demuth sieht sie ihr selbsteignes Elend und ihre Nichtigkeit, und daß sie in gleichem Unglück und Sünden, und noch wohl größern stecke. So sie siehet, so erkennt sie wohl, daß sie von sich selbst und durch sich selbst nicht habe bestehen können, sondern sey durch Gottes Gnade erhalten.

6. Die demüthige Liebe richtet und verurtheilt sich allezeit selbst, ehe sie andere Leute verurtheilt; und geht in sich selbst, wenn sie sieht des Menschen Unglück, und bedauert sich selbst. Denn sie sieht in des Nächsten Fall ihre eigenen Gebrechen, ihre Sünde, Jammer und Elend.

7. Durch Demuth wird auch ein Mensch in der Erkenntniß Gottes gestärkt, und in der Hoffnung. Denn wenn ein Mensch anschaut seine eigene Unwissenheit, Blindheit und Thorheit in Gottes Sachen, so dankt er Gott für die Offenbarung seines Wortes, und nimmt es desto mehr zu Herzen. Und wenn er betrachtet, daß all sein Vermögen und seine Kraft nichts ist, so wird er in der Hoffnung gestärkt, daß er dieselbe allein auf Gott setzt.

8. Durch die Demuth wird auch ein Mensch lieblich und angenehm in seinem äußerlichen Leben. Denn diese Tugend läßt einen Menschen nicht zanksüchtig, haberhaftig seyn, sondern gelinde und freundlich. Ja sie macht einen Menschen dem Herrn Christo gleich, der da spricht im Psalm: „Ich muß seyn wie ein Tauber, der nicht höret, und wie ein Stummer, der seinen Mund nicht aufthut, und muß seyn, wie Einer, der nicht höret, und der keine Widerrede in seinem Munde hat," Pf. 38, 14. 15. So ist dann ein solcher glaubiger, demüthiger Mensch ein lebendiges Glied Christi, in welchem Christus lebt.

9. Die Demuth schafft auch einen rechten innerlichen Herzensfrieden, und macht, daß eine solche Seele durch kein Unglück und Kreuz beunruhigt und allzuhoch betrübt werde, sondern spricht mit St. Paulo: „Wer will uns scheiden von der Liebe Gottes?" Röm. 8, 35. „Laß dir an meiner Gnade genügen," 2 Cor. 12, 9.

10. Die Demuth wirkt auch Verschwiegenheit; denn sie erkennt ihre eigene Unwissenheit und Thorheit, und untersteht sich nicht, viel zu reden und zu lehren.

11. Summa: Es ist nicht auszureden, was für ein hohes, geistliches Gut und edler himmlischer Schatz in dieser Tugend, als in einer geistlichen Schatzkammer, verborgen ist. Darum nicht ohne Ursache der Sohn Gottes, unser Licht, Leben, Schatz und Heil, dieselbe von ihm zu lernen befohlen. Und wollte Gott, es erfülleten alle Christen den heiligen Wunsch des Herrn, und lerneten diese Tugend von ihm!

12. Wodurch aber, durch welches Mittel, durch welchen Weg kommen wir zu diesem edeln Schatz, der so viel Gnadengaben mit sich bringt? Durch zwei Wege: 1) durch ein inbrünstiges, andächtiges, herzliches Gebet; 2) durch Anschauung des gekreuzigten Christi, nämlich durch Betrachtung seines Leidens und seines Todes, in welchem, als in einem Buche des heiligen Lebens, wir so lange studiren und meditiren müssen, bis in unserm Herzen von Tag zu Tag diese Wurzel wachse, und in derselben, als in einem guten bereiteten Grund und Acker, alle Tugenden.

Gebet um wahre Demuth.

Majestätischer Gott, du bist würdig zu nehmen Preis und Ehre. Deine Herrlichkeit macht uns ehrerbietig, und unsere Unvollkommenheit erweckt in uns eine tiefe Bewegung vor dir. Wir sind todeswürdige Creaturen, du bist der selige Gott. Unsere Wohlfahrt ist verscherzt, du offenbarst an uns einen Reichthum deiner Herrlichkeit, und gibst uns ohne unser Verdienst und Würdigkeit ein ewiges Leben. Ach! wo ist solch ein hoher Gott, wie du? wo ist solch ein barmherziges Wesen, wie du? Ach möchten wir unsern Jammer recht einsehen! ach möchte uns die Größe deiner Erbarmung recht bekannt werden! Großer Gott, laß uns in heiliger Ehrfurcht vor dir beständig bleiben. Liebreicher Vater, laß uns in dir und durch dich belebt, erquickt und gestärkt werden, und regiere uns mit deinem heiligen Geist, damit wir in wahrer Armuth des Geistes auf dem schmalen Weg zur seligen Ewigkeit unverrückt einhergehen. Deine freie Gnade in Christo Jesu sey unser Trost, wie wir auf dich hoffen. Amen.

Das 22. Capitel.

Alle Werke eines wahren Christen sollen in Demuth geschehen, oder es werden eitel Gräuel und Abgötterei daraus.

Luc. 16, 15. Alles, was vor der Welt hoch ist, das ist vor Gott ein Gräuel.

1. Alle Werke, so Gott gefallen und ihm ein angenehmes Opfer seyn sollen, müssen aus einem wahrhaftigen Glauben gehen, welcher im Herzen die christliche Demuth wirkt, daß ein Mensch erkennt, daß Gott Alles, was gut und tüchtig ist, in ihm wirkt durch seine Gnade; wie St. Paulus spricht: „Nicht ich habe solches gethan, sondern Gottes Gnade, die in mir ist," 1 Cor. 15, 10. Wer nun dieses nicht thut, der begeht eine doppelte Sünde. Erstlich einen Abfall von Gott, daß er sich von Gott abwendet zu ihm selbst, das ist, von dem höchsten Wesen zu dem, das Nichts ist. Darnach einen Gottesraub, indem er sich die Ehre zueignet, die Gott allein gebührt, weil nämlich Alles, was gut ist und heißt, Gottes allein ist, und nicht des Menschen. Denn Gott der Herr spricht: „Ich will meine Ehre keinem Andern geben, noch meinen Ruhm den Götzen," Jes. 42, 8. Das meint er also, daß Ehre und Ruhm Niemand gebühre, denn Gott allein.

2. Wer sich nun etwas zuschreibt, daß er viel wisse, vermöge und thun könne oder gethan habe, der eignet sich selbst Ruhm und Ehre zu, die doch allein Gottes ist, und also macht der Mensch aus sich selbst einen Götzen. Deßwegen ist eigene Ehre, eigene Liebe, eigener Ruhm die allergräulichste Abgötterei. Und daher will auch der Teufel angebetet seyn.

3. Einen solchen Teufel, der von Jedermann will angebetet seyn, hat jeder Hoffärtige und Ehrsüchtige im Herzen. Siehe zu, daß du diesen Abgott in deinem Herzen bestürmest und niederwerfest. Viele Leute sind so heilig, daß sie kein äußerliches Bild ansehen wollen, auf daß sie nicht verunreinigt werden, und erkennen den großen Abgott nicht, den sie im Herzen tragen, der sie auch also verunreinigt, daß sie ein Gräuel vor Gott werden. Denn „Alles, was vor der Welt hoch ist" (verstehe aus

eigener Ehre und Liebe), „das ist vor Gott ein Gräuel," Luc. 16, 15. Alle Menschen, die an sich selbst, an ihren eigenen Ehren, Kräften und Vermögen hangen, sind abgöttisch. Und also ist die ganze Welt voll Abgötterei, und alle Häuser voll lebendiger Götzen.

4. Die Abgötterei kommt von innen heraus, die dich verunreinigt. Denn wohin sich dein Herz neigt, woran es hängt, worauf es ruht, was es liebet, als zeitliches Glück, Reichthum, Gewalt, Ehre, langes Leben, das ist Alles Götzenwerk und Abgötterei. Derowegen ist die Abgötterei nicht äußerlich, sondern innerlich, geistlich, und quillt von innen heraus. Denn Gott richtet Alles nach dem Herzen, welches Gott allein anschauet und prüfet, Ps. 7, 10, und beurtheilt dich nach deinem Glauben oder Unglauben. Darum spricht der Herr: „Wo dein Herz ist, da ist dein Schatz," Matth. 6, 21, das ist, dein Gott, deine Ruhe, dein Friede, deine Zuversicht, deine Lust, dein Paradies, dein Himmel und Alles. Merke nur auf dein Herz, worauf es ruhe mit Lust und Liebe, das ist gewiß dein Gott, es sey, was es immer wolle. Beruht dein Herz allein in Gott, so ist Gott dein Gott, und du bist selig. Denn „selig ist der, deß der Herr sein Gott ist," Ps. 144, 15. Und: „Habe deine Lust an dem Herrn, der wird dir geben, was dein Herz wünschet," Ps. 37, 4. Hängt dein Herz an der Welt, so ist die Welt dein Gott. Und so mit Allem, daran du hängest.

5. Daraus siehst du, „daß in der Wahrheit kein Götze in der Welt ist," 1 Cor. 8, 4, ohne den, welchen des Menschen Herz dazu macht. Darum wird auch der Teufel ein Gott dieser Welt genannt, 2 Cor. 4, 4, weil ihm die Gottlosen folgen, seine Werke thun, die Finsterniß lieben, Gefallen haben an des Teufels Werken. Denn also machen die Leute selbst den Satan zu ihrem Gott.

6. Vor den hölzernen Götzen ist sich leicht zu hüten, hüte dich vor den goldenen. Vor den todten Götzen ist sich auch leicht zu hüten, hüte dich vor den lebendigen, und vor dir selbst. Denn sobald du dir Ehre, Ruhm, Kunst, Gewalt zuschreibst, sobald machst du aus dir selbst einen Götzen. Und das hat Gott eigentlich mit den Worten verboten, daß er seinen Ruhm den Götzen nicht geben wolle, Jes. 42, 8. Denn Alles, was Ehre und Ruhm ist und heißt, das gebührt Niemand denn dem, der der Allerhöchste und Heiligste ist, und dem, der das ewige und höchste Gut ist. Darum lerne allhier, daß du dir keine Ehre und Ruhm zuschreibest, willst du anders nicht aus dir selbst einen Abgott, und alle deine Werke zu lauter Gräuel machen. Lerne auch hier, was wahre Demuth sey. Wahre Demuth ist, keine Ehre begehren, und sich aller Ehre unwürdig achten. Das ist denn und heißt der Welt absterben, wenn nämlich alle eigene Liebe und eigene Ehre im Herzen stirbt. Das heißt denn ein solcher Mensch, in dem das edle Leben Christi ist, welches der Herr beschreibt mit den Worten Matth. 11, 29: „von Herzen demüthig und sanftmüthig seyn." Im Gegentheil ist der Mensch noch fleischlich, und lebt noch nach dem Fleisch und in der alten Geburt, der da will geehrt, hoch und werth gehalten seyn. Denn solches Alles gefällt dem Fleische wohl. Denn ein fleischlicher Mensch und ein fleischliches Herz ist, das gern Etwas, ja Alles seyn will. Ein geistliches, christliches Herz ist, das gern Nichts seyn wollte. Wo will man doch rechte Christen finden, nämlich solche Leute, die gern Nichts seyn wollen? Das heißt auch sich selbst verläugnen, sich selbst hassen und absagen allem dem, das ein Mensch hat. Die sind rechte Christen und Christi Jünger, Luc. 9, 23.

7. Nun möchtest du sagen: Wie soll ihm denn ein Christ thun, wenn ihm Gott Gnade und Ehre gibt, wie der 84. Psalm V. 12 spricht, weil auch Gott selbst Unterschied macht der Personen mit seinen Gaben, und durch mancherlei Aemter und Stände, die er verordnet? Antwort: Thue ihm also, gib Gott alle Ehre wieder, die dir gegeben wird, und eigne dir nichts zu. Denn es ist ein fremdes Gut, und Gottes allein.

8. Darum sobald dir Ehre gegeben wird, so gib sie Gott wieder durch Demuth, und behalte sie nicht, sonst wirst du Gottes Gnade verlieren, und ein Gottesdieb werden. Als zum Exempel: bist du geist- und

kunstreich, weise, verständig, reich und herrlich vor Andern, laß die Ehre nicht dein seyn, sondern Gottes, und gib sie ihm in deinem Herzen wieder; welches du thust, so du dich keines Dinges rühmest. Und das meint der Prophet Jerem. C. 9, 23. 24: „Ein Weiser rühme sich nicht seiner Weisheit; ein Starker rühme sich nicht seiner Stärke; ein Reicher rühme sich nicht seines Reichthums, sondern wer sich rühmen will, der rühme sich deß, daß er mich wisse und kenne, daß ich der Herr sey, der Barmherzigkeit, Gericht und Gerechtigkeit übet auf Erden. Denn solches gefällt mir wohl, spricht der Herr."

Gebet wider die Hoffart und geistliche Abgötterei.

Allwissender Gott, du erkennst die innern Gräuel unserer Seelen, und wir sind beschämt vor deinen heiligen Augen, daß die verkehrte Selbstliebe, als eine Quelle, woraus alles Böse entspringt, in uns angetroffen wird. Wir suchen mehr uns selbst, unsere Ehre, unsern Nutzen, unsere Gemächlichkeit, als daß wir dir, dem höchsten Gut, zu allem Gefallen leben. O wie sehr verderbt sind wir, daß wir dich, das allervollkommenste Wesen, in dessen Gemeinschaft unsere wahre Ehre, wahrer Reichthum und wahres Vergnügen allein zu finden ist, verlassen, und in der Creatur, ja in uns selbst unsere Wohlfahrt suchen, wo sie doch nicht zu finden ist. Ach, ewiger Erbarmer, reinige uns von diesem Unflath durch Jesu Blut und Geist! Tödte in uns alle unordentliche Neigungen und Begierden. Gib, daß wir uns selbst und die Welt gründlich verläugnen, und dir, unserm Gott, allein anhangen. Werde und bleibe du unser Alles, und lehre uns, wie wir in wahrer Demuth vor deiner hohen Majestät unsern ganzen Wandel führen sollen. Dir ergeben wir uns. Du kannst uns verändern, reinigen und stärken; du wirst es auch thun um Jesu willen. Amen.

Das 23. Capitel.

Ein Mensch, der seine eigene Nichtigkeit nicht erkennt, und nicht alle Ehre Gott gibt, begeht die größte Sünde und des Teufels Fall.

Ps. 39, 6. Wie gar nichts sind alle Menschen, die doch so sicher leben.

1. Daß der Mensch seine Nichtigkeit recht erkennen solle, darum vergleicht ihn der 39. Psalm V. 7 einem Schatten, und spricht: „Sie gehen dahin wie ein Schatten." Und der 90. Ps. V. 5 vergleicht den Menschen einem Traum: „Sie sind wie ein Schlaf." Was ist nun ein Schatten? Es ist eine todte, leblose Gestalt des Dinges, daran er hängt, und hat für sich selbst kein Wesen und Leben, sondern ist Nichts; also hat auch der Mensch von ihm selbst weder Leben noch Wesen, weder Kraft noch Vermögen, sondern hängt an Gott, als ein Schatten am Leibe, als der Schein an der Sonne; ist von ihm selbst leblos und kraftlos, und gar nichts; hat auch nichts, das er für sein Eigenthum rühmen könnte. Denn was hat ein Schatten, das sein ist? Ist er doch selbst nichts; wie kann er Etwas haben, das sein ist? Was ist aber ein Traum? nichts denn Eitelkeit, Sir. 34, 2.

2. Wenn nun ein Mensch das vergißt, daß er als ein Schatten an Gott hängt, an dem, der Alles allein ist, und meint, er sey Etwas, da er doch Nichts ist, der betrügt sich schändlich, Gal. 6, 3; denn er fällt ab von dem wahren Wesen, das Alles allein ist, in sein eignes Nichts. Von dem wahren, ewigen, höchsten Wesen fällt er in das, so Nichts ist; von dem unbeweglichen Gut in Eitelkeit, und von der Wahrheit in die Lüge.

3. Das ist nicht allein die größte Sünde, sondern auch die größte Strafe. Denn je mehr ein Mensch sich von Gott abwendet zu ihm selbst, zu seiner eigenen Liebe und Ehre, Kraft und Vermögen: je mehr er sich wendet und kehret zu seinem größten Jammer und Elend. Und das ist seine Strafe und des Menschen eigene Schuld. Dann aber wendet sich der Mensch von Gott ab, und verläßt den Fels seines Heils, 5 Mos. 32, 15, wenn er sich selbst große Kraft, Künste und Vermögen, Weisheit,

Ehre und Würdigkeit zuschreibt, dadurch der Mensch etwas seyn will, da doch dieß Alles nicht des Menschen oder einiger Creatur ist, sondern allein Gottes. Denn Alles, was Leben, Kraft, Vermögen, Stärke, Weisheit, Ehre und Würdigkeit heißt, das ist Alles Gottes, und gebührt keiner Creatur. Denn alle Creatur ist ein bloßer Schatten, und nichts von ihr selbst; und ihr Leben, Wesen, Vermögen, Weisheit, Kraft und Stärke ist Alles Gottes, und nicht der Creatur.

4. Eignet nun ein Mensch dieses Alles, oder dessen etwas ihm selbst zu: so ist's ein Abfall von Gott. Denn das war des Satans Fall, daß er nicht blieb in der Art und Eigenschaft einer Creatur, welche ihr Leben, Wesen und Kraft in Gott hat und haben soll, wie ein Schatten seine Bewegung vom Leibe hat; sondern maßete sich dessen an, das Gottes ist, wollte eigene Ehre haben, eigenen Ruhm, Weisheit und Herrlichkeit; da doch dieses keiner Creatur gebührt, sondern allein Gott, weil Alles Gottes ist. Darum ließ ihn Gott fallen, und seine Gnade erhielt ihn nicht mehr. So geht es auch allen Menschen, die aus Hoffart und Ehrgeiz ihnen etwas zuschreiben, das Gottes ist; die müssen fallen. Denn Gottes Gnade erhält sie nicht, weil sie sich von Gott abwenden, ja eben das seyn wollen, das Gott ist. Gott ist allein Alles; Gott ist allein gut, und alles Gut wesentlich. Darum Alles, was gut ist, soll sich keine Creatur zuschreiben. Darum spricht der Herr: „Niemand ist gut, denn Gott allein," Matth. 19, 17; das ist, er ist das wesentliche Gut, und alles Gut allein.

5. Darum wollte auch unser Herr nicht aus eigener Ehre im Stande seiner Niedrigkeit ihm das zueignen, das Gottes allein ist, weil er für einen bloßen Menschen gehalten und angesehen ward. Damit will uns der Herr lehren, daß kein Mensch sich selbst zueignen soll, was Gottes ist, und die Ehre annehmen soll, die allein Gottes ist. Thut es aber ein Mensch, so begeht er die rechte Hauptsünde, und raubet Gott, was sein ist, ja will selbst Gott seyn; und dadurch wendet sich der Mensch von Gott ab, zu ihm selbst. Darum sucht auch ein solcher elender Mensch seine Hülfe, Rath und Trost nicht bei Gott allein, sondern bei den Creaturen, ja oft bei dem Teufel selbst; welches die höchste Verblendung ist und die größte Thorheit: nämlich Gutes suchen bei dem Bösen, das Leben bei dem Tode, die Seligkeit bei den Verdammten, Hülfe bei den Verderbten, den Segen bei den Verfluchten, das Licht bei der Finsterniß. Im Gegentheil ist die höchste Weisheit, das Gute suchen bei dem Brunnen und Ursprung alles Guten, das Leben bei dem Ursprung und Brunnen des Lebens, die Seligkeit bei dem Ursprung des Heils, die Hülfe bei dem, der Alles vermag, dem kein Ding unmöglich ist, Luc. 1, 37.

Gebet um die Vernichtung unserer selbst.

Nicht uns, Herr, nicht uns, Herr, sondern dir gebühret Preis und Ehre. Wir sind Staub und Asche, und darum mit einem unsterblichen Geist von dir begabt worden, daß wir dich in deiner Herrlichkeit erkennen, und deinen Namen verherrlichen sollen. Ach, gnädiger Gott, gib, daß wir dich und uns lebendig erkennen, damit wir täglich uns selbst verläugnen, unserer sündlichen Ehrsucht absterben, und in unserm ganzen Leben deine Ehre den einzigen Zweck alles unsers Thuns und Lassens seyn lassen. Verkläre dich durch deinen Geist in uns, so wird unser Wandel in heiliger Ehrerbietung und wahrer Demuth vor dir geführt werden. Amen.

Das 24. Capitel.
Von der edeln Tugend der Liebe, und ihrer Kraft, Lauterkeit und Reinigkeit.

1 Joh. 4, 8. Wer nicht lieb hat, der kennet Gott nicht; denn Gott ist die Liebe.

1. Die Liebe ist die größte unter allen Tugenden, sagt St. Paulus, 1 Cor. 13, 13, und ohne dieselbe sind alle Gaben untüchtig. Darum spricht er: „Alle eure Dinge lasset in der Liebe geschehen," 1 Cor. 16, 14. Also sollen wir auch in der Liebe beten; wie unser Herr spricht: „Wenn du deine Gabe auf dem Altar opferst, und wirst allda eingedenk, daß dein Bruder et-

was wider dich hat: so gehe hin, und versöhne dich mit deinem Bruder," Matth. 5, 23. Und im Gebet des Herrn ist des Nächsten Vergebung an Gottes Vergebung gebunden, und hinwieder Matth. 6, 12.

2. Es ist aber die Liebe eine solche wunderbare Tugend, daß darin ein Mensch so leicht irren kann, als in keinem andern Ding. Darum soll man Nichts so verdächtig halten, als die Liebe. Denn Nichts ist, das das Gemüth so kräftig neigt, zwingt und hindert, und so gar durchbringt, als die Liebe. Darum wo die Liebe nicht vom wahren Licht, dem heiligen Geist, regiert wird, so stürzt sie die Seele in tausenderlei Unglück.

3. Und das sage ich nicht von der Liebe des Bösen, indem diese von allen Christen soll geflohen und vermieden werden, als ein teuflisches Ding; sondern ich rede von der Liebe, die da ist zwischen Gott und dem Menschen und seinem Nächsten. Denn die Liebe, wenn sie nicht durch göttliche Weisheit regiert wird, kann leicht betrogen, verführt, und aus ihrer rechten Ordnung getrieben werden, also daß sie nicht das rechte Ende erreicht. Viele meinen, sie haben Gottes Liebe, und haben doch der Welt Liebe oder ihre eigene Liebe, ja wohl des Satans.

4. Dessen nehmt ein Exempel: Wenn Jemand Gott den Herrn nur um zeitlichen Dinges willen liebt, daß er ihn vor zeitlichem Unglück bewahren soll, der liebt sich mehr denn Gott, und setzt seine eigene Wohlfahrt Gott vor. Das heißt eine unordentliche Liebe. Denn er sollte Gott mehr lieben, als sich selbst, ja über Alles, und sollte alle Dinge lieben um Gottes willen, Glück und Unglück.

5. Weil aber der Mensch sich selbst der Liebe Gottes vorzieht: so macht er sich selbst zum Gott, indem er sich selbst mehr liebt, denn Gott. Und indem er Gott nicht liebt als Gott, um sein selbst willen, sondern um seines eigenen Nutzens willen: so hat er eine falsche, betrogene Liebe. Denn der eine solche Liebe hat, der liebt Alles um seinetwillen, und um seines Nutzens willen, und um der Ehre willen, so er davon hat. Er liebt auch heilige Leute, ja auch Gottes Wort, nur darum, daß es ihm einen Schein und Namen der Heiligkeit gebe, und nicht um des edeln Gutes willen, das darin verborgen ist.

6. Und weil solche Liebe eine unreine Liebe ist, so bringt sie auch unreine Früchte, die nichts anders sind, denn Eigennutz, Eigenehre, Eigenlust; welches Alles fleischliche, geistliche Früchte sind. Also liebt Mancher große Kunst, daß er Andern vorgezogen werde und über sie herrsche; nicht aus Gottes und des Nächsten Liebe, sondern aus eigener Liebe, große Ehre zu erjagen.

7. Es sind auch Andre, die Gott darum lieben, daß er ihrer Sünden schone, und sie nicht schrecklich strafe, ja darum, daß er ihnen soll zeitlich Gutes thun; aber dieses ist eine sehr schwache Liebe. Denn sie lieben auch Gott um ihres eigenen Nutzens willen, und nicht um sein selbst willen, darum daß er das edelste und höchste Gut ist.

8. Andre lieben Gott darum, daß er ihnen viel Gaben gebe an Verstand und Weisheit, dadurch sie mögen gerühmt werden.

9. Etliche lieben auch die Tugend, nicht um der Tugend selbst willen, sondern daß sie einen großen Namen haben mögen, und für edle, tugendhafte Leute gehalten werden. Das Alles ist nicht die rechte Liebe; denn sie geht nicht zum rechten Ende.

10. Es entsteht auch oft eine Liebe zwischen etlichen Personen, welche sie also mit einander vereinigt, und in ihnen so hoch wächst und steigt, daß sie sich Alles gefallen lassen, was derjenige thut, den sie lieb haben. Denn die Liebe folgt ihrem Geliebten, weil sie ganz und gar an demselben hanget. Und dadurch wird man oft mit hingerissen zum Bösen, oder der Liebhaber reizt seinen Geliebten selbst dazu, weil er weiß, daß es ihm also gefällt, und wird durch solche falsche, betrogene Liebe abgehalten vom Gebet und allen andern Tugenden.

11. Darum ist hoch vonnöthen, daß unsere Liebe durch den heiligen Geist geführet und regieret werde, und durch Betrachtung des ganzen Lebens Christi und seines heiligen Leidens, aus welchem nichts anders denn lauter reine Liebe leuchtet. Er hat Gott lauter und rein über Alles geliebt,

und nicht sich selbst. Er hat den Menschen mit reiner unbefleckter Liebe geliebt, und nicht sich selbst. Er hat nicht um seinetwillen, sondern um unsertwillen Alles gethan und geredet. Alles, was er gethan und geredet hat, ist uns zu gute geschehen. Er hat keinen Nutzen davon, sondern wir. Alle seine Mühe und Arbeit, ja seine höchste Marter und Pein ist ihm nicht zu schwer gewesen, daß wir nur allein Nutzen davon hätten, und dadurch selig würden; ja, daß er Gottes Willen vollbringen möchte, ist ihm sein Kreuz eine Freude gewesen.

12. Dieß ist eine reine, unbefleckte Liebe, der Nichts zu schwer ist, die über Nichts klagt, ja die ihrer selbst nicht schont, sondern sich selbst dahin gibt um des Geliebten willen, auch in den Tod. Diese Liebe nimmt auch Alles für gut, was ihr Gott für Kreuz und Leiden zuschickt. Denn weil sie sieht, daß es Gottes Wille ist, so wollte sie lieber viel mehr leiden wegen des heiligen Willens Gottes; und ist mit Allem dem wohl zufrieden, was Gott will. Denn sie weiß, daß Gott Alles recht und wohl ordnet.

13. Und weil die Liebe sich vereinigt mit dem Geliebten, so lernt sie auch desselben Sitten, und folgt ihm auch um seiner Liebe willen, thut, was ihm wohlgefällt. Also wer Christum recht lieb hat, der lernt sein Leben und seine Tugend von ihm; denn er weiß, daß das ihm wohlgefällt, und wird seinem Bilde ähnlich, bleibt die ganze Zeit seines Lebens unter dem Joch und Kreuze Christi; wie Christus in seinem ganzen Leben das Kreuz der Armuth, Verachtung und Schmerzen getragen hat. Ob nun wohl kein Mensch in dieser Schwachheit die vollkommene Liebe erreichen kann: so soll sich doch ein jeder Christ befleißigen, daß seine Liebe nicht falsch, sondern rein sey, so viel möglich; wie St. Paulus sagt, 1 Tim. 1, 5: „Liebe von reinem Herzen, von gutem Gewissen, und von ungefärbtem Glauben."

14. Diese reine Liebe, so aus Christo und dem heiligen Geist entsteht, wirkt denn auch im Menschen alles Gute, und ist gar nicht müßig, und ist ihr eine Freude, wenn sie soll Gutes thun; denn anders kann sie nicht; gleichwie Gott der Herr spricht:

„Es soll meine Lust seyn, daß ich euch Gutes thue," Jer. 32, 41. Warum? weil Gott die Liebe selbst ist, die nichts anders thun kann, denn was sie selbst ist. Und das ist ein Zeichen der reinen, rechten Liebe. Denn diese Liebe sagt nicht: Ich bin dieß oder das nicht schuldig zu thun; sondern wo kein Gesetz ist, da macht sie ihr selbst ein Gesetz, auf daß sie nur viel Gutes thun möge; denn sonst bliebe die Liebe nicht Liebe.

15. Daraus ist nun offenbar, wie doch Gott, der Allmächtige, nicht müde wird, Gutes zu thun; und warum er das unendliche Gut ist, so nimmer aufhört. Denn er ist die ewige Liebe, die nicht aufhören kann, Gutes zu thun; sonst hörte Gott auf, die Liebe zu seyn. Darum wenn auch Gott straft und züchtigt, so macht er doch aus dem Bösen alles Gute, und richtet's zum guten Ende und unserer Seligkeit; Alles aus lauter Liebe.

16. Diese reine Liebe Gottes macht denn rechtschaffen beten. Denn gleichwie ein Freund seines Freundes mächtig ist zu allen Dingen, also ist ein solcher Liebhaber Gottes ein Freund Gottes, und erlangt von Gott, was er bittet. Daher weil Lazari Schwester wußte, daß der Herr Jesus nicht allein Gottes Freund, sondern der liebste Sohn Gottes war, sprach sie: „Ich weiß, was du bitten wirst, das wird dir Gott geben," Joh. 11, 22. Und weil Maria Jesum lieb hatte, so ward sie auch erhört von dem Herrn, und er gab ihr ihren Bruder wieder. Von solcher Liebe, die von Gott Alles erlangt, sagt der heilige David: „Habe deine Lust an dem Herrn, der wird dir geben, was dein Herz wünschet," Ps. 37, 4.

17. Damit du aber ein Zeichen dieser Liebe haben mögest, so merke diese vier Eigenschaften der wahren Liebe. 1) So unterwirft sich die Liebe dem Willen des Geliebten. 2) So verläßt die wahre Liebe alle andere Freundschaft, welche ihrem Geliebten zuwider ist. 3) So offenbart ein Freund dem andern sein Herz. 4) So befleißigt sich auch der rechte Liebhaber, seinem Geliebten gleich zu werden mit Sitten und mit seinem ganzen Leben. Also ist der

Geliebte arm, so wird der Liebhaber mit ihm arm; ist der Geliebte verachtet, so trägt auch der Liebhaber seine Verachtung; ist er krank, so ist der Liebhaber auch krank. Also macht die Liebe eine Gleichheit unter ihnen, daß sie einerlei Glück und Unglück haben. Denn es muß zwischen dem Liebhaber und Geliebten eine solche Gemeinschaft seyn, da Einer des Andern Glücks und Unglücks theilhaftig wird. Das ist denn nicht allein eine Gemeinschaft, sondern eine Vereinigung zweier gleichen Gemüther, und mit nichten ungleicher Herzen.

18. Auf diese Weise ist nun unser Herr Jesus Christus unser Freund geworden. Denn seine Liebe hat sich 1) dem Willen des Menschen unterworfen, und ist gehorsam worden bis zum Kreuz, Phil. 2, 8; ja er hat seinen Willen Jedermann, auch den Feinden unterworfen, um des Menschen willen. 2) Hat er alle andre Freundschaft hintangesetzt, so er in der Welt hätte haben können, ja er hat sein selbst vergessen, und seines eigenen Leibes und Lebens nicht geschonet um unsertwillen. 3) Hat er uns sein Herz geoffenbart in seinem Evangelio, darum spricht er: „Ich will euch nicht meine Knechte heißen, sondern meine Freunde," denen ich mein Herz offenbaren will, Joh. 15, 15. 4) Ist er uns gleich geworden in Allem, ausgenommen die Sünde, Phil. 2, 7. Er ist arm geworden, wie wir; sterblich, wie wir.

19. Wenn wir nun seine rechten Liebhaber seyn wollen, so müssen wir dieß Alles auch thun. Weil er aber in allen Dingen, in allem unserm Elend uns ist gleich geworden, warum wollten wir uns denn nicht befleißigen, ihm gleich zu werden? Werden wir ihn also lieb haben, so werden wir durch's Gebet Alles von ihm erlangen; wie er spricht: „Wer mich lieb hat, dem will ich mich offenbaren," Joh. 14, 21. O der freundlichen, holdseligen, lieblichen Offenbarung im Herzen, durch Empfindung himmlischer Freude, Trostes, Weisheit und Erkenntniß! Und hier ist die rechte hohe Schule, und der einige wahrhaftige Weg, Verstand und Weisheit zu erlangen; welches so hoch gerühmt wird von dem Könige Salomo, im Buch der Weisheit und in den Sprüchwörtern. Dieselbe, spricht er, habe er allein durch's Gebet erlangt. „Ich bat, und es kam mir der Geist der Weisheit," Weish. 7, 7.

20. Darum beschließen wir, daß ohne Liebe kein rechtes Gebet geschehen kann.

Gebet um herzliche, inbrünstige Liebe.

Du Gott aller Gnaden und Vater aller Barmherzigkeit, geuß deine Liebe reichlich über uns aus, daß wir sie in uns schmecken und genießen, und dadurch kräftig angetrieben werden, dich aus reinem Herzen, gutem Gewissen und ungefärbtem Glauben lieb zu haben. Laß unser Verlangen nach dir inbrünstig seyn, und lehre uns, wie wir in einem unverrückten Umgange mit dir bleiben, unsere Seelenruhe in dir finden, und deinem Willen in allen Umständen uns aufrichtig und gelassen unterwerfen können. Wenn deine Gnade unsere Herzen erfüllt, so werden wir mit aller Einfalt und Redlichkeit dir, unserm Gott, zu allem Gefallen leben, und du wirst deinen Liebeszweck an uns erreichen, zum Preise deines Namens. Amen.

Das 25. Capitel.

Von etlichen Zeichen, dabei man merken kann, ob die wahre Liebe Christi in uns sey?

1 Joh. 2, 15. So Jemand die Welt lieb hat, in dem ist die Liebe des Vaters nicht.

1. Das erste Zeichen der Liebe Christi in uns ist die Vermeidung der Weltliebe. Denn wenn du Christum ansiehst, in seiner heiligen Armuth, wie so gar ledig er gewesen von der Liebe des Zeitlichen: so wird dich seine Liebe auch bewegen, daß du lernest auszuziehen die Weltliebe, und die Welt verschmähen, also daß du nichts in der Welt begehren wirst zu besitzen, denn deinen Herrn Christum, wirst auch deine Hoffnung nicht setzen auf einige Creatur und irdische Hülfe.

2. 2) Wirst du gern um Christi willen der Welt Schmach und Verachtung tragen, um seiner heiligen Schmach willen, ja du wirst dieselbe mit St. Paulo für deine Ehre achten, und dich derselben

freuen, Eph. 3, 13; wirst auch nicht darum doch betrübt werden, wenn du in der Welt nicht groß geachtet wirst, denn solches ist deines Herrn und Erlösers Leben in dieser Welt gewesen. Dir soll daran wohl genügen, daß Christus deine Ehre, Ruhm, Herrlichkeit, Licht, Stärke, Sieg und Kraft, Weisheit und Kunst sey. Denn Christo nachfolgen, ist die höchste Weisheit.

3. 3) Weil Christus an seinem heiligen Leibe und seiner Seele Schmerzen und Traurigkeit erlitten bis in seinen Tod: so wirst du um seiner Liebe willen nicht allein mit Geduld, sondern auch mit Freuden erleiden Betrübniß, Verfolgung, Traurigkeit und Leid, ja Marter und Pein bis in den Tod.

4. 4) Und wie Christus an keinem Menschen und an keiner Creatur Trost und Freude gehabt, sondern allein an Gott, wie der 22. Pf. B. 12 spricht: so wirst du es auch geduldig ertragen, wenn dich der Welt Trost verläßt; denn du weißt, daß dich Gott endlich mit seinem ewigen Trost erfreuen wird. Davon St. Paulus ein herrlich Register beschreibt, 2 Cor. 6, 4 ff.: „Lasset uns beweisen als die Diener Gottes, in großer Geduld, in Trübsal, in Nöthen, in Aengsten, in Schlägen, in Gefängnissen, in Aufruhren, in Arbeit, in Wachen, in Fasten, in Keuschheit, in Erkenntniß, in Langmuth, in Freundlichkeit, in dem heiligen Geist, in ungefärbter Liebe, in dem Wort der Wahrheit, in der Kraft Gottes, durch Waffen der Gerechtigkeit zur Rechten und zur Linken, durch Ehre und Schande, durch böse Gerüchte und gute Gerüchte; als die Verführer, und doch wahrhaftig; als die Unbekannten, und doch bekannt; als die Sterbenden, und siehe, wir leben; als die Gezüchtigten, und doch nicht ertödtet; als die Traurigen, aber allezeit fröhlich; als die Armen, aber die doch Viele reich machen; als die nichts inne haben, und doch Alles haben."

5. 5) Sollst du das Kreuz Christi für das allerhöchste Gut halten, über alle Schätze der Welt. Denn wenn's nicht also wäre, so würde Christus mit seinem Leben und Exempel dich solches nicht gelehrt und dir vor Augen gestellt haben. Nun kannst du wohl denken, daß dich der Sohn Gottes mit seinem Exempel nicht hat verführen wollen, sondern dich zum höchsten Gut, zur höchsten Weisheit, zur höchsten himmlischen Freude führen, obwohl der Weg schmal und enge ist. Du siehst aber, daß er diesen schmalen Weg selbst gegangen ist. Und weil ihrer Wenige sind, die ihm folgen, darum spricht er: „Ihrer sind wenig, die diesen Weg finden," Matth. 7, 14. Denn es kostet viel, sich selbst zu überwinden, sich selbst zu verläugnen, sich selbst abzusterben, der Welt abzusagen, und alle dem, was ein Mensch hat. Dieß ist der schmale Weg, und ihrer sind Wenige, die ihn finden.

6. 6) Das sechste Zeichen der Liebe Christi ist, daß man den geliebten Jesum nimmer aus seinem Gedächtniß und Gedanken läßt, und seine Liebeswerke stets beherzigt.

7. (a) Seine Menschwerdung, in welcher wir, als in einem Buche des Lebens, zweierlei Wohlthaten vornehmlich sehen: (1) daß er uns dadurch mit seiner Liebe erfüllt; (2) daß er uns gewiß macht unsers ewigen Heils und unserer Seligkeit. Ach! eine unaussprechliche Liebe ist's, daß Gott Mensch geworden, und dem Menschen gleich, Phil. 2, 7, auf daß er die Menschen Gott gleich machte! O große Liebe, er hat Knechtsgestalt an sich genommen, auf daß er uns zu Königen machte, und uns mit königlichen Kronen schmückte! O große Liebe, daß der unbegreifliche Gott, der unsichtbare Gott, greiflich und sichtbar geworden! Wer kann den tiefen Abgrund dieser Liebe erforschen? O wie große, unaussprechliche Weisheit, daß du, Herr, aus dem großen Uebel, nämlich aus der Sünde, so ein großes, unendliches Gut hast hervorgebracht, daß du dadurch den tiefen Abgrund deiner Liebe hast aufgedeckt! O großer Trost! daß ich weiß, du seyst mir zu gut geboren, deine menschliche Geburt sey meine göttliche Geburt, und wider den Sündenbrunn ein Heilbrunn!

8. (b) Seine heilige Lehre, darin ewige Weisheit, Wahrheit, Licht, Leben und Seligkeit ist; und sein heiliges Leben, dadurch er uns die Weise und Art, recht christlich

und göttlich zu leben, gezeigt. Denn das Exempel seines heiligen Lebens ist das allerschönste Licht, welches uns nicht wird lassen in Finsterniß wandeln.

9. (c) Das dritte ist das Geheimniß des unschuldigen Todes Christi, in welchem siebenerlei zu betrachten. Das erste ist die Erfüllung der Gerechtigkeit Gottes und des göttlichen Urtheils. (2) Die Bezahlung aller unserer Sünden. (3) Die Versöhnung mit Gott; denn Gott ist durch den Tod seines Sohnes versöhnt, Röm. 5,
10. (4) Die Offenbarung der überschwänglichen Liebe Gottes, durch den Tod unsers Erlösers. (5) Die ewige Wahrheit Gottes, daß er uns seinen Sohn geschenkt, und damit bezeugt, daß er wahrhaftig unser Vater sey. (6) Der Sieg über alle Feinde. (7) Die Erwerbung der ewigen Seligkeit und des ewigen Lebens.

10. (d) Das vierte, die Auferstehung, die uns die ganz gewisse Hoffnung macht der leiblichen Auferstehung unsers Leibes; und der geistlichen Auferstehung, daß wir durch Gottes Gnade und durch die Kraft des Lebens Christi, aus geistlich Todten geistlich Lebendige werden in Christo, Röm. 6, 4.

11. (e) Das fünfte, die Himmelfahrt, welche ist eine Vollendung unsers ewigen Heils, unserer Gerechtigkeit und Seligkeit.

12. Diese fünf Geheimnisse und Liebeswerke Christi sind die rechte christliche Schule, darin wir studiren und dieselbe nimmermehr aus unsern Gedanken sollen kommen lassen.

Gebet um die wahre Liebe Christi.

Allerliebster Jesu, deine Liebe hat dich bewogen, unser Bruder und Blutsfreund zu werden, und zu unserm Heil dich auf das tiefste zu erniedrigen, ja für uns den schmählichsten Kreuzestod auszustehen. Gib deinen Geist der Liebe in unsere Herzen, daß wir durch dessen Kraft alles dasjenige uns gläubig zueignen, was du für uns gethan und gelitten hast; damit wir in dir eine wahre und ewige Seligkeit besitzen, und durch den Genuß derselben angetrieben werden, die unordentliche Weltliebe zu vermeiden, das Kreuz dir willig nachzutragen, in allen Leiden geduldig auszuhalten, dir beständig anzuhangen, und in unserm ganzen Leben dich immer vor Augen und im Herzen zu haben. Zeuch uns täglich mit deinen Liebesarmen zu dir hin, so laufen wir die Wege deiner Gebote, führen einen himmlischen Wandel, und kommen endlich an den Ort, wo wir dich sammt dem Vater und heiligen Geist ohne alle Unvollkommenheit ewig lieben und loben werden. Amen.

Das 26. Capitel.

Fünferlei Liebeswerke, darin Gottes Gnade und Güte vornehmlich leuchtet.

Ps. 87, 2. Der Herr liebet die Thore Zions über alle Wohnungen Jacobs.

1. Es sind vornehmlich fünf Beweisthümer der Liebe Gottes: 1) Christi Menschwerdung. 2) Christi Leiden. 3) Gottes Inwohnung. 4) Wie Gottes Liebe aus den Creaturen leuchte. 5) Wie lieblich Gott sey in seinem Wesen, und wie er mit seiner Lieblichkeit alle erschaffene Dinge übertreffe.

2. 1) Wo Liebe ist, da ist Vereinigung; denn der Liebe Art ist, sich mit dem Geliebten zu vereinigen. Dieweil nun Gott den Menschen so sehr liebte, so konnte es nicht anders seyn, Gott mußte sich mit dem Menschen wiederum nach dem Fall aus lauter Liebe und Barmherzigkeit vereinigen und ein Mensch werden. „Ach! was ist der Mensch, daß du sein gedenkest, und des Menschen Kind, daß du dich sein annimmst?" Ps. 8, 5. Des Menschen Seele wird von Gott so sehr geliebt, daß, gleichwie Christus Gott und Mensch ist, und sich mit menschlicher Natur vereinigt hat, mit unserm Leib und unserer Seele: also sehr liebt Gott unsere Seele, daß er Lust hat, sich ganz und gar zu ergießen in unsere Seele, wenn sie möchte vollkommen gereinigt seyn, und ihm der Mensch nicht widerstrebte; denn es ist eine unendliche Liebe in Gott, die unaussprechlich ist. So ist nun das einer von den allergrößten Beweisen der Liebe Gottes, daß Gott Mensch

geworden ist, sich als ein rechter Liebhaber der Menschen bezeigt, indem er an sich genommen, was menschlich ist, auf daß er uns gebe, was göttlich ist. Er wird eines Menschen Kind, auf daß er uns zu Gottes Kindern mache. Er kommt zu uns auf Erden, auf daß er uns in den Himmel bringe. O ein edler Tausch und Wechsel! Alles zu dem Ende, auf daß wir in ihm von Gott geliebt würden. Es ist, gleich als wenn Gott vom Himmel herab riefe: O ihr Menschen! sehet an meinen lieben Sohn, denselben habe ich lassen Mensch werden, auf daß er ein lebendiges Exempel und ein Zeuge sey meiner herzlichen Liebe gegen euch, daß er euch Alle mit sich zu mir brächte, und ihr Alle durch ihn meine Kinder und Erben würdet. Darum nennt sich der Herr stets selbst des Menschen Sohn im Evangelio, Matth. 20, 28, aus herzlicher Liebe gegen uns. Wir lesen selten, daß er sich Gottes Sohn nennt, sondern stets des Menschen Sohn, aus herzlicher Demuth und Liebe.

3. 2) Wiewohl nun seine heilige Menschwerdung ein sehr großer Beweis ist seiner Liebe gegen uns, so ist doch sein heiliger Tod, Leiden und Sterben für unsere Sünden, noch ein größerer Beweis. Denn Niemand hat größere Liebe, als wer sein Leben für einen Andern läßt, Joh. 15, 13. „Daran haben wir erkannt die Liebe Gottes," sagt St. Johannes, „daß Gott seinen Sohn dahingegeben zur Versöhnung für unsere Sünde," 1 Joh. 4, 9 ff. Das ist die höchste, vollkommenste Liebe. Gott hätte nach seiner unbegreiflichen Allmacht wohl ein anderes Mittel finden können, uns zu erlösen; wie der Herr Christus selbst darum bittet in der Passion: „Abba, mein Vater, es ist dir Alles möglich, überhebe mich dieses Kelchs," Marc. 14, 36; aber es wäre nicht die höchste Liebe gewesen, die uns Gott erzeigt hätte. Auf daß nun Gott die allerhöchste Liebe an uns bewiese, und wir nicht sagen könnten, Gott hätte etwas so lieb, das er uns nicht geben wollte: so hat er uns seinen lieben Sohn geschenkt, und zwar nicht so blos geschenkt, sondern zur Bezahlung für unsere Sünden; darum hat uns Gott keine größere Liebe erzeigen können. „Darin preiset er seine Liebe gegen uns," Röm. 5, 8. „Welcher auch seines einigen Sohnes nicht hat verschonet, sondern hat ihn für uns Alle dahingegeben, wie sollte er uns mit ihm nicht Alles schenken?" Röm. 8, 32. Hat er uns das Größte geschenkt, er wird uns das Kleine auch geben. Im ewigen Leben soll Alles unser seyn, was Gottes ist; Offenb. 21, 7: „Wer überwindet, soll Alles erben."

4. 3) Unterdessen beweist Gott seine Liebe gegen uns durch seine tröstliche Beiwohnung unter uns und in uns. Ach, wie ist das ein so großer Trost, daß Gott unser Herz zu seiner Wohnung geheiliget und geweihet hat! Vor Zeiten im alten Testament, als die Wohnung und das Heiligthum fertig war, mußte es Moses weihen und heiligen, und mit Blut des Opfers besprengen, denn es mußte Alles durch Blut geheiligt werden, Hebr. 9, 21. Darauf kam die Herrlichkeit Gottes vom Himmel, und erfüllte die Wohnung und Hütte des Stifts, 2 Mos. 40, 34. Also, nachdem Christus für unsere Sünde gestorben, und wir nun durch sein Blut geheiligt sind, kommt Gott zu uns, und macht Wohnung bei uns.

5. Wenn man Einen lieb hat, bei dem ist man gern. Gott hat den Menschen sehr lieb, darum ist er gern bei den Menschen, und hat seine Wohnung bei ihnen. Jes. 57, 15: „Ich, der Herr, wohne in der Höhe, und in dem Heiligthum, und in den zerbrochenen Herzen, daß ich ihren Geist erquicke." Und hinwieder, bei dem man gern ist, den hat man sehr lieb. Gott ist gern bei den Menschen, darum hat er die Menschen sehr lieb; wie der 16. Psalm, V. 3 spricht: „An den Heiligen, die auf Erden sind, und an den Herrlichen habe ich all mein Gefallen." Dieß soll uns nun trösten in aller unserer Trübsal, in Armuth, in Krankheit, in Verfolgung, in Verachtung, daß uns Gott lieb habe und bei uns sey. Ja, sprichst du, hat er denn die lieb, die er in so viel Kreuz läßt gerathen? Antwort: Ja, auf daß er sie durch's Kreuz herrlich mache. Weil sie hier viel Trübsal haben, sollen sie dort reichlich ge-

tröstet werden, 2 Cor. 1, 4. Je größere Trübsal auf Erden, je größere Freude und Herrlichkeit im Himmel, 2 Cor. 4, 17.

6. Und das ist die Ursache, warum Gott viel elender und betrübter Leute macht: nämlich, daß er in ihren Herzen wohne; denn er wohnt nirgends lieber, denn in den zerbrochenen Herzen, Ps. 34, 19. Jes. 66, 2. Gott erfüllt uns hier darum mit seiner Gnade, auf daß er uns dort mit seiner Herrlichkeit, als das himmlische Jerusalem, erleuchten und erfüllen möge, Offb. Joh. 21, 23.

7. 4) So leuchtet auch Gottes Liebe aus den Creaturen. Als St. Paulus das Allerbeste, Höchste und Herrlichste seinen Ephesern wünschen wollte, wünschte er ihnen, daß sie die Liebe Gottes möchten erkennen, und begreifen mit allen Heiligen, welches da sey die Breite und die Länge, die Tiefe und die Höhe der Liebe Gottes, Eph. 3, 18. Das will so viel sagen: daß Gottes Liebe höher sey denn der Himmel, tiefer denn das Meer, breiter denn der Erdboden, länger denn der Abend vom Morgen, wie der 103. Psalm, V. 11 sagt. Und in Summa: Himmel und Erde sind voll der Liebe Gottes; denn Alles, was Gott geschaffen hat, es sey sichtbar oder unsichtbar, das hat er zu dem Ende geschaffen, daß seine unaussprechliche Güte und Liebe offenbar würde. Und darum hat er dem Menschen seine innerlichen und äußerlichen Sinne angeschaffen und eingepflanzt, daß er mit denselben Gottes Güte und Liebe empfinden soll. Denn was der Mensch mit seinem Verstande, Gedanken, Gemüth und Vernunft begreifen kann, das zeugt Alles von der Liebe Gottes, sowohl als das, was er mit den äußerlichen Sinnen begreift. Denn Alles, was der Mensch hat, ist ein Zeugniß der Liebe Gottes, ja es sind alle Creaturen, sichtbare und unsichtbare, gleich als Gesandte und Boten Gottes, die uns Gottes Liebe verkündigen, durch welche Gott gleichsam mit uns redet; als spräche er: Sehet Himmel und Erde an, und alle Creaturen, das habe ich Alles aus Liebe des Menschen erschaffen. Und so wir die Lieblichkeit der Creaturen empfinden, so empfinden wir Gottes Gü-

tigkeit, daß wir beide mit innerlichen und äußerlichen Sinnen schmecken und sehen können, wie freundlich der Herr ist, wie der 34. Psalm, V. 9 spricht.

8. Die Sonne redet mit uns durch ihren Schein, Licht und Wärme, Sir. 43, 5 ff.; als wollte sie sprechen: Sehet mich an, ich bin die größte und helleste Creatur unter den sichtbaren Geschöpfen, es muß ein großer Herr seyn, der mich geschaffen hat, Ps. 19, 1 ff. Ja, nicht allein durch die schönen Creaturen redet Gott also mit uns, sondern auch durch die abscheulichsten Würmer auf Erden; als spräche er zu dir: Siehe, du hast's mir, deinem Schöpfer, zu danken, daß ich dich zu einem Menschen und nicht zu einem Wurm geschaffen. Der Gott, der dich zu einem Wurm hätte machen können, hat dich aus Erbarmung zu einem Menschen gemacht. Gedenke hier an den, der gesagt hat: „Ich bin ein Wurm, und kein Mensch," Ps. 22, 7. Also redet Gott durch alle Creaturen mit dem Menschen, und verkündigt ihm seine Liebe, reizet, treibet, locket, führet und ziehet uns zu sich. Das ist die Weisheit Gottes, so an allen Orten, auf allen Gassen ruft, Spr. Sal. 1, 20; und die da spielet auf dem Erdboden, und hast Lust, bei den Menschenkindern zu wohnen, Cap. 8, 31.

9. Ja, wenn es ein Mensch recht bedenkt, so sind wir in Gottes Liebe eingeschlossen, gleichwie wir Alle unter dem Himmel eingeschlossen sind; indem wir in Gott leben, weben und sind, Ap. G. 17, 28. Denn gleichwie ein Mensch nirgend hinlaufen kann, der Himmel ist doch allenthalben um ihn, über ihm, unter ihm, zur Rechten, zur Linken: also kann ein Mensch nirgend hinlaufen, die Liebe und Gütigkeit Gottes folgt ihm doch nach, und ruft ihm durch alle Creaturen, ja durch sein eignes Herz und Gewissen, und spricht: Du liebes Kind, wo willst du denn hinlaufen? wo willst du doch hinfliehen, da Ich nicht wäre? Führest du gen Himmel, so bin ich da; führest du in die Hölle, so bin ich auch da; nähmest du Flügel der Morgenröthe, und bliebest am äußersten Meer, so würde dich doch meine Hand daselbst finden, Ps. 139, 7 ff. Darum komme zu mir; erkenne

meine Liebe und Gnade, damit ich dir in allen Creaturen begegne. Hast du gesündigt, bei mir ist viel Gnade; hast du mich verlassen, so hat dich doch meine Liebe und Treue noch nicht verlassen und verstoßen, sondern ist dir immer nachgelaufen, hat dich gesucht, hat dich gerufen, hat dich, als ein verirrtes Schäflein, wieder gesucht. Und wenn du den großen Zeugnissen aller Creaturen nicht glauben willst, so glaube den Zeugnissen meines lieben Sohnes, wie ich in ihm die Welt geliebt habe, Joh. 3, 16. Du kannst sonst nirgends Ruhe finden für deine Seele; wende dich hin, wo du willst, du mußt in meiner Liebe und Gnade ruhen. Ach ein seliges Herz ist, das dieß versteht, wie Himmel und Erde voll sind der Liebe Gottes, und wie er so viel Zeugen seiner Liebe habe, so viel Geschöpfe und Creaturen sind! Der größte und höchste Zeuge aber der Liebe Gottes ist Gottes Sohn.

10. 5) So erkennen wir auch die Liebe Gottes aus seinem lieblichen Wesen. Denn aus den Gesichten der Propheten und der Offenbarung Johannis können wir merken, daß der allmächtige Gott so schön und lieblich ist, daß er unaussprechlicher Weise übertreffe alle Schönheit und Lieblichkeit in der Welt. Er ist aller schönen Dinge Schönheit, aller lieblichen Dinge Lieblichkeit, aller Lebendigen Leben; er ist Alles. Es hat ein alter Lehrer gesagt: Gott sey so lieblich und schön, daß, wenn ein Mensch in einem glühenden Ofen säße, und sähe Gott in seiner Schönheit und Herrlichkeit nur einen Augenblick, so würde ihm die größte Marter die größte Freude werden; wie dem heiligen Stephanus geschah, da er die Herrlichkeit Gottes sah, und sprach: „Siehe, ich sehe den Himmel offen, und des Menschen Sohn zur Rechten Gottes stehen," Ap. Gesch. 7, 55. Gott ist so lieblich und schön, daß, wenn ihn ein Mensch tausend Jahre sähe, würde es ihn nur eine Stunde dünken; denn in dem Anschauen der Lieblichkeit und Herrlichkeit Gottes verliert sich alle Zeit, und wird Ewigkeit daraus, daß, je mehr man Gott sieht, je mehr man ihn sehen will; je mehr man ihn liebt, je mehr man ihn lieben will; und je mehr man ihn lobt, je mehr man ihn loben will; wie ein alter Lehrer, Xystus, gesagt hat: „Die heiligen Seelen sind unersättlich der Liebe und des Lobes Gottes."*) Und das stimmt mit dem Sirach überein, da er von der Weisheit Gottes redet, Cap. 24, 28. 29: „Wer von mir isset, den hungert immer nach mir; und wer von mir trinket, den dürstet immer nach mir." Und wiewohl die heiligen Engel Gott von Anbeginn, da sie erschaffen sind, gesehen haben, so haben sie ihn doch nicht genug gesehen; wiewohl sie ihn von Anbeginn gelobt, so haben sie ihn doch nicht genug gelobt. Gott ist löblicher, denn aller Creaturen Lob; lieblicher, denn aller Creaturen Liebe. Denn Gott ist unendlich mit seiner Lieblichkeit, Schönheit und Herrlichkeit; darum kann ihn keine erschaffene Creatur genug lieben und loben. Gott ist so lieblich, daß, je mehr man ihn liebt, je mehr man ihn begehrt zu lieben; so löblich zu loben, daß man das Ende seines Lobes nicht erreichen kann; so freundlich anzuschauen, daß man seines Anschauens nicht müde wird; so tröstlich zu hören, daß man ihn nicht kann satt hören. Tauler spricht: Wenn Einer ein Tröpflein der vollkommenen Liebe Gottes schmecken möchte, so würde ihm alle Freude und Wollust dieser Welt verwandelt in die höchste Bitterkeit. Um der Liebe Gottes willen haben die Heiligen die größte Marter gelitten, ihren Leib und ihr Leben dahingegeben. Und wenn Einer tausend Leiber hätte, die sollte er wagen, daß er die Liebe Gottes behalten möchte; wie der 63. Psalm, V. 4 spricht: „Herr, deine Güte ist besser denn Leben; meine Lippen preisen dich." Gott ist ein so hohes, edles, lauteres Gut; je mehr man ihn kennt, je mehr man ihn liebt. Er ist eine zarte, auserwählte Süßigkeit; je mehr man ihn schmeckt, je süßer er wird; je mehr man ihn liebt, je lieblicher er wird. Selig ist das Herz, das erfättigt wird mit Gottes Liebe! Es wird in seiner Seele eine solche Lieblichkeit empfinden, die man in der Zeit nicht findet unter den geschaffenen Wesen.

*) Piorum animæ insatiabiles amoris et laudis Dei.

11. Sehet nun, alle Menschenkinder, wie seyd ihr so betrogen von der Weltliebe! Was haben alle Menschen von der Liebe des Zeitlichen, denn Sorge, Bekümmerniß, verlorene Zeit, vergebliche, unnütze Worte, dafür sie müssen Rechnung geben, Hader, Zank, Krieg, Streit und beschwertes Gewissen? Es wird noch alle Menschenkinder gereuen, daß sie die Welt und das Zeitliche so lieb gehabt haben. Wie denn St. Johannes davor warnt: „Liebe Kindlein, habt nicht lieb die Welt, noch Alles, was in der Welt ist, als Augenlust, Fleischeslust, hoffärtiges Leben; welches Alles nicht ist vom Vater, sondern von der Welt. Und die Welt vergehet mit ihrer Lust; wer aber den Willen Gottes thut, der bleibet in Ewigkeit," 1 Joh. 2, 15 ff. Darum soll ein jeder Mensch sein Leben lang darum trauern, daß er etwas Anderes mehr geliebt hat, denn Gott allein. Gibt dir Gott seine Liebe über alle Dinge in dein Herz, so hat er dir das Beste gegeben, das er hat, das ist, sich selbst.

Gebet um die Inwohnung und Vereinigung Gottes.

Komme zu uns, o dreieiniger Gott! wohne in uns, offenbare und verkläre dich in unsern Seelen, als unsern gütigen Vater, liebreichen Erlöser und himmlischen Tröster. Wir übergeben uns dir ganz zu deinem Eigenthum, und wünschen in deiner Vereinigung und Gemeinschaft zu leben, zu leiden und zu sterben, mithin deine Kinder und Bundesgenossen ewig zu bleiben. Amen.

Das 27. Capitel.

Wie sich der Herr Jesus der liebenden Seele offenbart und zu erkennen gibt, als die höchste Liebe und das höchste Gut.

Joh. 14, 21. Wer mich liebet, dem will ich mich offenbaren.

1. Wenn du den gekreuzigten Christum recht wirst anschauen, so wirst du nichts denn reine, vollkommene, unaussprechliche Liebe in ihm sehen; und er wird dir sein Herz zeigen, und sprechen: Siehe, in diesem Herzen ist kein Betrug, keine Lüge, Jes. 53, 9, sondern die höchste Treue und Wahrheit. Neige dein Haupt her, und ruhe auf meinem Herzen; reiche deinen Mund her, und trinke aus meinen Wunden die allersüßeste Liebe, welche aus meines Vaters Herzen durch mich entspringt und quillt.

2. So du nun diese Liebe schmecken wirst, so wirst du die ganze Welt darüber vergessen und vor dieser überschwänglichen Liebe verschmähen, und nichts mehr denn diese Liebe wünschen, und zu deinem Herrn sagen: Ach Herr, gib mir nichts mehr denn die Süßigkeit deiner Liebe; ja wenn du mir gleich die ganze Welt geben wolltest, so will und begehre ich doch nichts Anderes, denn dich allein und deine Liebe.

3. O selig ist die Seele, die diese Liebe empfindet! Denn in derselben Seele wird Christus recht erkannt und offenbart, daß er nichts Anderes sey, denn lauter reine Liebe, und daß er sey die Liebe der Seele. Welche Worte einen hohen Verstand und große Erfahrung in sich begreifen; denn daß Christus die Liebe unserer Seele sey, offenbart er durch seine geistliche Zukunft und liebliche Erquickung der Seele; und wenn davon unsere Seele einen kleinen Tropfen oder Blick empfindet, so ist sie zum höchsten erfüllt mit Freuden. Denn die unendliche Liebe ist so groß, daß sie unser Herz nicht fassen noch begreifen kann. Solches erkannte der heilige Märtyrer Ignatius, der den Herrn Jesum allezeit seine Liebe genannt, und gesagt hat: „Meine Liebe ist gekreuzigt."

4. In dieser Liebe Christi sollen alle unsere Werke geschehen, 1 Cor. 16, 14; so gehen sie aus Christo und aus dem wahren Glauben, und gefallen Gott wohl, wir essen oder trinken, oder schlafen, oder verrichten die Werke unsers Berufs. Es wird Alles lieblich vor Gott und Menschen, was aus der gläubigen Liebe geht; denn das geschieht in Gott, und wird in Gott gethan, Joh. 3, 21.

5. Ob nun wohl diese Liebe Christi das allerhöchste Gut ist im Himmel und auf Erden (denn in dieser Liebe ist alles Gut begriffen): dennoch ist Gott so willig und be-

reit, uns dieß hohe Gut zu geben, daß er auch seinen lieben Sohn in dieß Elend gesandt, uns durch ihn dieses unaussprechlichen Schatzes theilhaftig zu machen durch den Glauben; und er ist viel williger, uns dieß hohe Gut zu geben, als wir bereit sind, dasselbe zu empfangen.

6. Diese Liebe, so durch den heiligen Geist ausgegossen wird in unser Herz, Röm. 5, 5, wenn sie empfunden wird, erfreuet mehr denn die ganze Welt; und wenn alle Creaturen da gegenwärtig stünden, so ließe eine gläubige, liebende Seele dieselben fahren, und sähe sich nicht darnach um, um der überschwänglichen Süßigkeit willen der Liebe Gottes; und wenn alle Creaturen anfingen zu reden, so wäre doch die Stimme der Liebe Gottes stärker und lieblicher, als aller Creaturen Stimme; denn diese Liebe bindet das Gemüth, und vereinigt es mit Christo, und erfüllt es mit allem Gut, höher und besser, denn alle Creaturen vermögen; welches hohe Gut zwar im Geist erkannt, gesehen und geschmeckt wird, aber es kann mit keinen Worten ausgeredet werden. Denn alle Worte sind viel zu wenig, nur den Schatten anzuzeigen, weil keines Menschen leibliche Zunge das köstliche und liebliche Gut, so der Geist des Menschen empfindet, erreichen kann. Daher auch St. Paulus im Paradies Worte gehört hat, die kein Mensch ausreden kann, unaussprechliche Worte, 2 Cor. 12, 4.

7. Und wenn solch ein köstliches Gut sich der Seele entzieht, da ist größer Leid, als wenn die ganze Welt verloren wäre. Da ruft man: O du holdselige Liebe, ich habe dich kaum recht geschmeckt: warum verlässest du mich? Meiner Seele geht's wie einem Kinde, das von der Mutter Brüsten abgesetzt ist, sagt der 131. Psalm, V. 2. Ach, deine Güte ist besser, denn Leben, Ps. 63, 4, laß mich dieselbe empfinden. Meine Seele dürstet allein nach dir, Ps. 43, 2, sonst kann mich nichts sättigen noch erfreuen.

8. Diese holdselige Liebe macht auch, daß ohne dieselbe der gläubigen, liebenden Seele das ganze Leben bitter wird, und für einen lautern Tod und Elend geachtet wird, ja um dieser Liebe willen begehrt ein Mensch zu sterben, und die irdische Hülle abzulegen, und wollte gern daheim seyn bei dem Herrn; wie St. Paulus spricht 2 Cor. 5, 8.

Gebet um die Offenbarung Christi in der Seele.

O süßer Seelenfreund, wie reichlich erquickest du, wenn deine Jesusliebe in unsern Herzen empfunden wird! Mache uns zu Gefäßen deiner Barmherzigkeit, und laß aus dir, dem Heilsbrunnen, das Wasser des Lebens auf uns fließen, damit unser edler Geist dadurch dergestalt gelabt und erfreuet werde, daß wir nach den Scheingütern der Erde nicht mehr dürsten, und in dem Besitz deiner Liebe zur ewigen Herrlichkeit unausgesetzt fortgeführt werden. Amen.

Das 28. Capitel.

Wie das höchste Gut erkannt und in der Seele geschmeckt wird.

Ps. 34, 9. Schmecket und sehet, wie freundlich der Herr ist.

1. Gott ist ein ewiges, vollkommenes, unendliches, lieb- und freudenreiches, wesentliches, mittheilendes Gut, und will, daß er also im lebendigen Glauben, im Geist und in der Wahrheit erkannt werde. Solches aber kann nicht geschehen, es muß ein Mensch Gottes Gütigkeit, Süßigkeit, Freundlichkeit und Trost wahrhaftig im Herzen schmecken und empfinden.

2. Sollte nun das geschehen, so mußte etwas im Menschen seyn, das sich mit Gott verglich, auf daß der Mensch fähig würde des höchsten Guts. Das ist des Menschen Seele, darin wollte Gott seine Gütigkeit ausgießen, ja selbst darin wohnen, und sich derselben immer mehr und mehr offenbaren und zu erkennen geben.

3. Weil aber durch die Sünde der Mensch dieses hohen Guts verlustig worden, und dagegen den Teufel zum Einwohner und Besitzer bekommen, der sein Werk übt im Menschen, als Hoffart, Geiz, Wollust, Zorn, Neid, welches Alles des Teufels Werk im Menschen ist: so muß der Mensch

durch den Glauben, den Gott wirket, Col. 2, 12, zu Gott wieder bekehrt werden, von der Welt, ja vom Teufel zu Christo Jesu, Ap. Gesch. 26, 18, und muß der Satan mit seinen Werken heraus. Denn so lange des Satans Werke im Menschen sind, so lange wirkt Gott nicht in ihm, und so lange wird Gottes Werk verhindert, daß die Seele nicht empfinden kann, wie freundlich Gott ist. Derowegen sind wenige Leute, die Gott recht erkennen, weil in den meisten die Werke der Finsterniß und des Satans herrschen; die meisten hangen an der Welt, an den Creaturen, und an ihnen selbst.

4. Die aber Gott recht erkennen und schmecken wollen, die müssen dem Herrn anhangen, und Ein Geist mit ihm werden, 1 Cor. 6, 17. Und je mehr das geschieht, je mehr sich Gott in der gläubigen, liebenden Seele offenbart: je mehr das Herz von der Welt abgewendet wird zu Gott, je mehr sich Gott mit der Seele vereinigt; denn alle Weltliebe und Creaturliebe muß ausgehen, soll Gottes Liebe eingehen. 1 Joh. 2, 15: „In wem die Liebe der Welt ist, in dem ist die Liebe des Vaters nicht." Und wo Gott eine Seele findet, die leer ist von der Welt, die erfüllt er mit dem Himmel, mit ihm selber, und mit aller seiner Gütigkeit. Je leerer das Herz von der Weltliebe, je mehr es Gott mit seinem Licht und Trost erfüllt. Darum, sagt ein alter Lehrer, läßt sich's in einer leeren, stillen, ruhigen Seele mehr empfinden, denn aussprechen, was Gott ist.

5. Soll nun ein Mensch wahrhaftig wissen, daß Gott gut ist, und das höchste Gut: so muß er seine Gütigkeit im Herzen schmecken. Die Schrift zeugt davon äußerlich; aber das Herz muß es innerlich empfinden, und das lebendige Wort schmecken. Hebr. 6, 5: „Die geschmeckt haben das gütige Wort und die Kraft der zukünftigen Welt." Daß Gott freundlich sey, kannst du nicht besser verstehen, denn wenn du seinen Trost schmeckst. Daß er ein freudenreiches Wesen sey, kann dich Niemand besser lehren, denn Gott selbst, wenn er sich in dir freuet; also mit Allem, das Gott ist. Wo er's nicht Alles selbst in dir thut und wirkt, so wirst du nimmer seine lebendige Erkenntniß haben. Denn „Gott erkennen ohne Gott, ist unmöglich," sagt St. Augustinus. Darum wem sich Gott nicht selbst offenbart und zu erkennen gibt, der wird nimmermehr recht wissen können, was Gott ist. Wenn aber ein Herz das lebendige Wort Gottes empfindet, so erkennt es, daß Gott Alles sey, und alles Gut, und das rechte vollkommene, ewige Gut, und besser denn Alles, was ein Herz wünschen und erdenken möchte; denn über dies ewige, höchste Gut kann keine Creatur etwas Besseres denken oder wünschen.

6. So nun dasselbe erkannt und in der Seele geschmeckt wird, wie im 84. Psalm, V. 11. 12 und im 63. Psalm, V. 4 steht: „Herr, deine Güte ist besser denn Leben;" alsdann fängt die gläubige Seele an, die Welt zu verschmähen mit ihrer Freude und Lust. Denn sie hat an Gott Genüge und volle Genüge, und in Summa, Alles. Denn die Welt mit all ihrem Reichthum ist eitel Stückwerk, unvollkommen und unbeständig, Gott aber ist das rechte vollkommene, beständige und ewige Gut.

7. Aus diesem Grunde spricht David im 73. Psalm, V. 25: „Herr, wenn ich nur dich habe, so frage ich nichts nach Himmel und Erde." Das ist eine solche Seele, die das vollkommene Gut geschmeckt hat, in welcher alle Creatur- und Weltliebe verschwindet, und die keine Lust noch Freude hat an den Creaturen, am Irdischen, an der Welt, sondern allein an Gott, dem höchsten Gut. Und das ist die rechte empfindliche Erkenntniß Gottes, ja die rechte Liebe Gottes über Alles, so im Herzen geschmeckt wird; denn wenn Gott recht erkannt wird, so wird er auch über alle Dinge geliebt, gelobt und geehrt.

8. Wenn man nun das ewige vollkommene Gut hat, in dem alles Gut ist, und welches Alles allein ist, warum wollte man denn das Unvollkommene lieb haben? Denn wenn das rechte vollkommene Gut erkannt wird, da wird's auch geliebt über alles Unvollkommene, das ist, über alle Creaturen in der ganzen Welt.

9. Also tilgt nun die lebendige Erkenntniß Gottes aus die Liebe der Welt, und so

fängt ein Mensch an, die Welt zu verschmähen mit ihrer Eitelkeit, und spricht mit dem Könige Salomo, Pred. 1, 2: „Es ist Alles eitel und nichtig," ja eitel Jammer, was unter dem Himmel ist. Also wird die Weltliebe im Herzen zu nichte, und bleibt allein Gottes Liebe, und das ewige Gut, das ewig bleibt.

Gebet um lebendige Erkenntniß Gottes.

Dich, o Gott, in dem Lichte deines Geistes erkennen, ist die wahre Weisheit und eine Wurzel des ewigen Lebens. Du hast dich als die ewige Liebe in deinem Sohne uns geoffenbart, und die Gnadenarbeit deines Geistes zielt dahin ab, daß du deine Freundlichkeit uns in unsern Seelen willst schmecken und empfinden lassen. Thue hinweg die Sündendecke von unsern Augen, erscheine uns in deiner Herrlichkeit, und laß uns in deinem Lichte vor dir wandeln. O herrlicher Gott! o liebreicher Vater! lehre uns, wie wir ehrerbietig und kindlich mit dir umgehen sollen. Dein Geist der Weisheit und der Offenbarung sey in uns, so können wir in deinem Lichte dich, das wahrhaftige Licht, erkennen, in dir fröhlich seyn, und deinem heiligen Namen zu Ehren leben. Amen.

Das 29. Capitel.
Wie die liebende Seele Gott in seinen Wohlthaten anschaut als die mildeste Gütigkeit.

1 Joh. 4, 9. 10. Daran ist erschienen die Liebe Gottes gegen uns, daß Gott seinen eingebornen Sohn gesandt hat in die Welt, daß wir in ihm leben sollen. Darin stehet die Liebe, nicht, daß wir Gott geliebet, sondern daß er uns geliebet hat, und gesandt seinen Sohn zur Versöhnung für unsere Sünden.

1. Alles, was Gott der Herr mit dem Menschen handelt und vornimmt, es seyen Wohlthaten oder Strafen, das thut er Alles zu dem Ende, daß er den Menschen, der von ihm abgewendet ist, wieder zu sich wende und bekehre.

2. Der Mensch aber ist närrisch und dumm, wie das Vieh, Pf. 32, 9, und versteht nicht die Ursache, warum ihm Gott große Wohlthaten erzeigt, nämlich daß er ihn damit zu sich locke, daß er Gott lieben soll, bedenket auch nicht, warum ihn Gott strafe, nämlich daß er ihn zu sich bekehre und zu sich wende.

3. Wir wollen aber erstlich die leiblichen Wohlthaten betrachten, darnach die geistlichen und ewigen.

4. 1) Gott hat nichts geschaffen, das dem Menschen nicht diene, es sey sichtbar oder unsichtbar. Die Unsichtbaren, die uns dienen, sind die heiligen Engel, deren Weisheit, Stärke, fleißige Hut und Wache über uns die göttliche Schrift an vielen Orten rühmt und offenbart, also daß viel Engel auf einen Menschen warten müssen, wie die Historia des Erzvaters Jacob und des Elisa bezeugt, 1 Mos. 32, 1. 2. 2 Kön. 6, 17. Weil auch viel böse Geister auf einen Menschen lauern, ihn zu verderben, so sind dagegen viel heilige Wächter von Gott verordnet. Wie sie sich auch freuen über unsere Buße und Gebet, lehrt der Herr, Luc. 15, 10. Diese Wohlthat, weil sie unsichtbar ist, und unsichtbarer Weise geschieht, achten viele Leute für gering. Aber ein Weiser, der nicht allein die sichtbare Welt anschaut, sondern auch die unsichtbare, der versteht wohl, daß im unsichtbaren Wesen, darin Gott wohnt, viel größere Herrlichkeit, ein viel größeres Volk und Kriegsheer, viel größere Herrschaften und Fürstenthümer seyn müssen, denn in dieser sichtbaren Welt. Und weil uns Gott seine eigenen Diener zu Wächtern und Hütern gibt, seine Fürsten und Herrschaften, so sieht man ja wohl, wie dieses eine überaus große Wohlthat ist. Gleich als wie ein Fürst durch seine eigenen Diener Einen begleiten und beschützen läßt, der etwa durch eine Wildniß reisen soll, oder durch der Feinde Lande.

5. Schaue den Himmel an, wie Gott denselben zu deinem Dienst verordnet hat. Siehe an den wunderlichen Lauf der Sonne und des Mondes: warum laufen sie so unverdrossen Tag und Nacht, und stehen nicht einen Augenblick still? 1 Mos. 1, 16. Pf. 19, 7. Sind sie nicht fleißige und emsige Diener des Menschen? Denn Gott bedarf ihres Dienstes nicht, er bedarf ihrer

Wirkung, ihres Lichts nicht, der Mensch aber bedarf's. Die Sonne dient dir als ein unverdrossener Knecht, der frühe aufsteht alle Tage, und das Licht und schöne Fackel vor dir her trägt, erinnert dich des ewigen Lichts, welches ist Christus und sein göttlich Wort; das soll deiner Seele Licht und Leuchte seyn, daß du sollst als ein Kind des Lichtes wandeln. Die Nacht deckt dich zu mit ihrem Schatten, als mit einem Bette, bringt dir Ruhe, lehrt dich unter dem Schatten des Höchsten bleiben und wohnen, Pf. 91, 1. Der Mond ist wie eine unverdrossene Magd, die holt Wasser und befeuchtet die Erde. Ja, es ist kein Sternlein, es hat seinen Segen dem Menschen zu gut empfangen, und leuchtet um des Menschen willen.

6. Siehe an die Luft und Winde, wie schön und klar machen sie den Himmel, vertreiben die Wolken, und treiben die Wolken zusammen, als große Wasserfässer und Schläuche, Pf. 33, 7, und gießen's hernach aus auf die Erde. Und ist hoch zu verwundern, daß Gott das Wasser in den Wolken unter dem Himmel zusammenhält, als in einem Schlauch, und die Luft muß es tragen und halten. Und sind die Wolken nichts denn ein feuchter Dunst, welcher sich darnach auflöst in Tröpflein, Hiob 26, 8. Cap. 36, 27. Auch dient uns der starke Donner, Blitz, Hagel ꝛc., Hiob 37, 3, daß wir Gottes Gewalt darin erkennen, beten und Gott danken, wenn er uns errettet hat im schrecklichen Wetter; wie der 18. Psalm, V. 8 ff. lehrt.

7. Siehe die mancherlei Art der Winde an, die regieren die Schifffahrt, und wo ein Wind hinstreicht, da fährt das Schiff mit wie ein Vogel, der durch die Luft fleugt. Dadurch können alle Oerter und Heimlichkeiten der Welt besucht werden, auf daß nichts verborgen bleibe, was Gott dem Menschen zu gut geschaffen, Psalm 135, 7.

8. Siehe die mancherlei Art der Fische im Meer an, 1 Mof. 1, 20. 21. Pf. 104, 25. Die haben ihre Zeit und Monde; wenn sie kommen, so melden sie sich an, begeben sich aus der Tiefe hervor in die Höhe, stehen da wie eine Heerde Schafe, ja so dick als das Getreide auf dem Felde, als sprächen sie: Jetzo ist unsere Zeit, jetzo ist die Ernte des Meers, greift zu, ihr Menschen. Also ist's auch mit den Vögeln: wenn ihre Zeit ist, fliegen sie bei Haufen, und zeigen sich den Menschen.

9. Siehe die Erde an, die große Speise- und Schatzkammer Gottes, die gibt hervor Speise und Trank, Arznei und Kleidung, Häuser und Wohnung, und die mancherlei Metalle, Gold und Silber. Ein jeder Monat gibt seine Blümlein, die treten hervor, als sprächen sie: Hier sind wir, und bringen unsere Gaben und Geschenk, und verehren es euch, so gut als wir's von unserm Schöpfer empfangen haben. Ja, siehe den Wald an, welcher eine Behausung ist des Wildes; das hat Gott den Menschen in ihre Hand gegeben, und sie zu Herren darüber gesetzt. Und wenn man alle leiblichen Wohlthaten Gottes zählen sollte, so wäre es ja unmöglich, eines einigen Landes Wohlthaten alle zu zählen. Denn es ist ja nicht der geringste Apfel oder sonst eine Frucht, es ist eine Wohlthat Gottes; die zähle nun Einer, ist er so geschickt. Und wir sollten den wohlthätigen und gütigen Gott nicht daraus lernen erkennen? Pf. 65, 10. 11. Wenn ein großer Potentat und Herr sein ganzes Reich, alle seine Herrschaft, Ritterschaft und Gewaltigen, ja alle seine Unterthanen dir dienstbar machte, und geböte, daß sie dich behüten, bewahren, kleiden, arzneien, speisen, tränken sollen, und bei Leibesstrafe zusehen, daß dir nichts mangele: wolltest du ihn darum nicht lieb haben, und für einen wohlthätigen, liebreichen Herrn halten? Ein Narr müßte es seyn, der das nicht thäte. Wie, kannst du denn Gott, deinen Herrn, nicht lieben, der dir Alles, was im Himmel und vom Himmel ist, was auf Erden und allenthalben ist, zu deinem Dienst verordnet hat, und sich nichts vorbehalten? Denn er bedarf keiner Creaturen für sich, und hat nichts ausgenommen aus allen Heerschaaren der heiligen Engel, unter den Sternen und allen seinen Geschöpfen, das dir nicht dienen sollte. Wenn wir nur wollen, stehen sie uns zu Dienst; ja auch die Hölle muß uns dienen, darin daß

sie uns Furcht und Schrecken einjagt, damit wir nicht sündigen, ja indem sie alle Gottlose und unsere Feinde straft und peinigt, mehr denn ein Mensch wünschen möchte.

10. 2) Lasset uns nun an der Leiter der Creaturen zu Gott, dem Schöpfer, hinaufsteigen, und die geistlichen Wohlthaten betrachten. Hat nicht die heilige Dreieinigkeit, eine jede Person insonderheit, dem Menschen große Gnade und Wohlthat erzeigt? Der Vater hat uns seinen Sohn geschenkt, wie sollte er uns nicht Alles mit ihm schenken? Röm. 8, 32. Hat sich nicht Gott der Sohn uns selbst gegeben, mit Allem, was er ist und was er hat? Röm. 5, 8: „Darum preiset Gott seine Liebe gegen uns, daß Christus für uns gestorben ist, da wir noch Sünder waren" ꝛc. Ist nicht der heilige Geist in uns, der unsere Seele erleuchtet, heiliget, reiniget, lehret, tröstet, schmücket und zieret mit seinen Gaben? Röm. 8, 16: „Er gibt Zeugniß unserm Geist, daß wir Gottes Kinder sind."

11. Summa: Gottes Barmherzigkeit gießt sich gar über uns aus, und unterläßt nichts, dadurch sie den Menschen zur Liebe Gottes bewegen kann. So viel Wohlthaten als uns Gott erzeigt, so viel Boten sendet er uns, wir sollen zu ihm kommen und seiner Liebe genießen. Wenn du Gottes Wort, Engel, alle Propheten, Apostel und alle Heiligen Gottes fragst, ja alle Creaturen fragen wirst: Wo kommt ihr her? so werden sie sagen: Wir sind Boten der Barmherzigkeit Gottes, wir tragen Feuer und Flammen, damit des Menschen Herz, so mit einer tödtlichen Kälte erfroren und übereiset ist, möchte in Gottes Liebe wieder erwärmt werden. Dennoch vermögen so viel feuriger und flammender Boten Gottes nicht, das todtkalte und erfrorene Herz zu erwärmen. Und ist demnach dieses das höchste Wunderwerk des Teufels, das er kann, daß er ein menschlich Herz so eiskalt macht, daß es so viele Flammen der Liebe Gottes nicht erwärmen können.

12. Darum merke auf, du menschlich Herz, und siehe, wohin dich dein Schöpfer gesetzt hat. Mitten unter so viel feurige Wohlthaten, da die leuchtenden Engel um dich her gehen mit ihrer feurigen Liebe, da so viel Creaturen und Boten Gottes sind, die dir alle seine Liebe ankündigen. Was hat nun der allmächtige Gott wider dich gesündigt? womit hat er es verschuldet, daß du ihn nicht lieben und loben willst oder kannst? Ist's zu wenig, das er gethan hat: siehe, so erbeut er sich, noch mehr zu thun. Er will dir noch einen neuen Himmel und eine neue Erde schaffen, und eine neue, schöne, himmlische Stadt erbauen, welche seine Herrlichkeit erleuchten soll, ja, er will dich mit seiner Herrlichkeit und seinem Licht erleuchten, Offenb. 21, 10 ff. Sage mir, wie könnte ein junges Weib so erkaltet seyn, daß sie nicht lieben sollte einen schönen jungen Bräutigam, dessen Schönheit und Frömmigkeit sie Tag und Nacht hörete rühmen, ja der sie vom Tode errettete, und sie schön schmückte über allen Schmuck? Wäre sie nicht eine große Närrin, wenn sie denselben nicht wollte lieben? Darum erkenne, du menschliche Seele, wie du vom Teufel erkältet bist, daß du gar nicht kannst in der Liebe Gottes erwärmt werden.

13. Und dieweil ja Gott allen menschlichen Herzen die Liebe eingepflanzt hat, so sage mir, wenn deine Liebe zu kaufen wäre, wem wolltest du sie lieber verkaufen, denn Gott, deinem Herrn? Meinst du aber, Gott habe dir deine Liebe nicht theuer genug abgekauft und bezahlt? Hat er dir nicht seinen lieben Sohn dafür gegeben, und Himmel und Erde dazu? Denn Alles, was du von der Welt hoffest und erwartest, daß sie dir für deine Liebe geben sollte, ist nichts dagegen, was dir Gott gegeben hat, und was er künftig bereitet hat denen, die ihn lieb haben, 1 Cor. 2, 9. Jes. 64, 4. Die Welt gibt dir etwa eine Hand voll Ehre und Reichthum, und damit viel Schmerzen, dennoch liebst du sie. Warum liebst du Gott nicht viel mehr, der das ewige Gut ist? Ist aber deine Liebe umsonst zu erlangen, wie kann ihr etwas besser anstehen, denn daß sie das höchste, ewige und schönste Gut liebe? Denn ein jedes Ding, das wir lieben, das ist unsere Schönheit und unser Schmuck. Wirst du Gott lieben, so wirst du

keine bessere Schönheit und bessern Schmuck haben können.

14. Und letztlich ist ja billig, daß wir den lieben, der uns zuerst geliebt hat, 1 Joh. 4, 19. Rechne alle Wohlthaten Gottes zusammen, so wirst du finden, daß alle Creaturen voll sind der Liebe Gottes. Dieselbe geht dir nach, und umgibt dich, daß du dich ihrer gar nicht erwehren kannst, und kannst dich nicht vor ihr verbergen, sie ist zu stark, sie überwindet dich, du mußt ihrer genießen, es wäre denn, daß du nicht leben wolltest. Nun lieben ja alle Thiere die, von welchen sie geliebt werden. Wolltest du denn ärger seyn, denn ein Thier, und deinen Liebhaber hassen, in dessen Liebe du lebest und webest, stehest und gehest, schläfest und wachest?

15. Gleichwie man aber dasjenige, was man anzünden und anbrennen will, so lange zum Feuer halten muß, bis es brennend wird: also mußt du auch dein Herz so lange halten zu dem Feuer der Liebe Gottes, bis es in derselben entzündet und brennend werde, welches geschieht durch stete Betrachtung der Wohlthaten Gottes. Wie vor Zeiten die Priester mit heiligem Feuer die Opfer mußten anzünden, 4 Mos. 3, 12: also muß der ewige Hohepriester Christus Jesus durch das Feuer seines heiligen Geistes das Opfer deines Herzens anzünden. Und es hat dieß heilige Feuer seiner Liebe von Ewigkeit her gegen uns gebrannt, denn wir sind vor der Welt Grund in Christo geliebt. Es hat sich aber darnach herrlich ereignet in des Herrn Menschwerdung und Geburt, und sonderlich in seinem heiligen Leiden und Sterben, dadurch er uns die höchste Liebe erzeigt, und es wird das Feuer seiner Liebesflamme auch in Ewigkeit gegen uns nicht erlöschen. Zu demselben Feuer halte dein kaltes Herz, daß du erwärmt und mit der Liebe Christi entzündet und vereiniget werdest.

Gebet um rechte Erkenntniß der Wohlthaten Gottes.

Ach Herr, wir sind viel zu gering aller Barmherzigkeit und Treue, die du täglich an uns thust. Wer ist der Mensch, daß du sein gedenkest? und des Menschen Kind, daß du dich sein so herzlich und väterlich annimmst? Deiner Wohlthaten ist eine unzählige Menge; in dir ist eine unergründliche Tiefe der Erbarmung. Ach es beugt uns tief vor dir, daß wir den Reichthum deiner Güte nicht immer vor Augen haben, woraus so große Trägheit und Kaltsinnigkeit in der Liebe zu dir bei uns entsteht. Du ewige Liebe, werde uns recht bekannt in deiner Menschenliebe, und überzeuge uns davon, was du täglich und stündlich an uns thust; damit, was wir sind und haben, deinem Dienst gänzlich gewidmet werde, und wir mit dankbarem Gemüthe deinen herrlichen Namen ewig preisen mögen. Amen.

Das 30. Capitel.

Wie sich Gott der liebenden Seele offenbart als die höchste Schönheit.

Ps. 104, 1. 2. Herr, mein Gott, du bist herrlich und schön geschmückt; Licht ist dein Kleid, das du anhast.

1. Gleichwie der liebenden Seele nichts Liebreicheres ist, denn Christus, und kein höheres und köstlicheres Gut, denn Gott selbst: also ist auch derselben nichts Schöneres denn Gott; denn sie sieht Gott als die höchste Schönheit, der nichts im Himmel und auf Erden zu vergleichen, also daß alle heilige Engel von Ewigkeit zu Ewigkeit die Schönheit Gottes nicht genugsam loben können. Denn wenn alle heilige Engel in ihrem Glanz, und alle Auserwählte in ihrer Verklärung da auf einem Haufen stünden: so würde man doch sehen, daß alle ihre Schönheit und Klarheit von Gott und aus Gott, als aus der ewigen Klarheit und Schönheit, aus dem ewigen, unendlichen Licht und Glanz, ihren Ursprung haben. Denn gleichwie Gott alles Gut und das höchste Gut ist, also ist er auch alle Schönheit, Zierde und Schmuck.

2. Und wenn man Gottes Herrlichkeit im Geist anschaut, so vergißt man aller Creaturen, ja aller Engel Schönheit, und trauert über nichts so sehr, denn daß ein Mensch ein solches hohes Gut mit seiner

Bosheit, und eine so ewige, unendliche Schönheit und Klarheit mit seiner Unreinigkeit beleidigt hat.

3. Weil aber Gottes Sohn, der Glanz der Herrlichkeit Gottes (Hebr. 1, 3), ist Mensch geworden, so hat er die Menschen seiner göttlichen Natur und Schönheit theilhaftig gemacht, 2 Petr. 1, 4, also daß Alle, die durch den Glauben in Christo sind, schön und herrlich sind vor Gott, Ps. 16, 3, und Gott gedenkt an unsern Mangel und unsere Unreinigkeit nicht mehr, Eph. 5, 27. Ob es wohl seine Augen sehen, so deckt es doch zu der Glanz der Herrlichkeit und Liebe Christi.

4. Plato, der weise Heide, als er die Schönheit der Creaturen betrachtete, der himmlischen Lichter, der Blumen auf dem Felde, der Metalle und Thiere, hat aus der Vernunft geschlossen: Gott müsse ein ewiges, überaus schönes Wesen seyn, denn es müsse in demselben aller Creaturen Schönheit beschlossen seyn. Wir aber sagen und bekennen aus Gottes Wort und aus dem heiligen Evangelisten Johannes, 1 Joh. 3, 2, „weil es noch nicht erschienen ist, was wir seyn werden; wir wissen aber, wenn es erscheinen wird, daß wir ihm (Gott) gleich seyn werden, denn wir werden ihn sehen, wie er ist," nämlich daß wir alsdann nach dem Ebenbilde Gottes vollkömmlich erneuert, wahrhaftig ein solches Bild seyn werden, das Gott gleich ist, daraus Gottes Schönheit, Klarheit und Herrlichkeit leuchten wird; aus Christo Jesu aber, unserm Herrn, die höchste Klarheit und Schönheit über Alles. Denn in ihm ist alle Fülle, und so hat's Gott beschlossen, „daß in ihm alle Fülle wohnen sollte," Col. 1, 19, und „daß in ihm Alles zusammengefaßt würde, was im Himmel und auf Erden ist," Eph. 1, 10, welches keine endliche Creatur ausdenken kann.

5. Darum sich Engel und Menschen über die Verklärung und Schönheit Christi verwundern werden, sonderlich die auserwählten Kinder Gottes, „daß ihre nichtigen Leiber also verklärt sind, daß sie ähnlich sind dem verklärten Leibe unsers Herrn Jesu Christi," Phil. 3, 21. Und das ist's, „daß die Heiligen leuchten werden, wie die Sterne und wie des Himmels Glanz immer und ewiglich," Dan. 12, 3. Und weil der 104. Psalm, V. 2 von Gott spricht: „Licht ist dein Kleid, das du anhast," so wird unser Kleid auch nichts Anderes seyn, denn Licht und Klarheit.

Gebet um rechte Betrachtung der Schönheit Gottes.

Allerhöchstes und allervollkommenstes Wesen, offenbare dich unsern Seelen in deiner unaussprechlich großen Herrlichkeit, und laß uns dich besonders in deinem Sohne, Jesu Christo, unserm Mittler und Erlöser, durch das übernatürliche Licht deines heiligen Geistes dergestalt heilsam und lebendig erkennen, daß wir mit der allertiefsten Ehrerbietung an dich beständig denken, deine unendliche Majestät und den unerforschlichen Reichthum deiner Menschenliebe bei aller Gelegenheit rühmen und ausbreiten, dich, das allerhöchste Gut, und unsern größten Wohlthäter über Alles lieben, hochschätzen, und um deinetwillen uns selbst und alle Dinge dieser Welt aufrichtig und willig verläugnen. Ach Herr, laß uns in deiner Gemeinschaft eine wahre Seelenruhe genießen, und arbeite durch deinen Geist kräftig an unsern Seelen, daß wir durch den Glauben in Christo vor dir herrlich erfunden, und deinem göttlichen Bilde von Tage zu Tage gleichförmiger werden. Wir wollen deinen hohen Namen dafür preisen in alle Ewigkeit. Amen.

Das 31. Capitel.
Wie sich Gott der liebenden Seele offenbart als eine unendliche Allmacht.

Ps. 89, 9. Herr Gott, wer ist, wie du, ein allmächtiger Gott? Und deine Wahrheit ist um dich her.

1. Die Liebe Gottes will, daß die liebende Seele allen Menschen Gutes thue, und nütze sey Feinden und Freunden, und dasselbe um keines Nutzens oder Ehre willen, sondern allein um der Liebe Gottes willen, welche macht, daß die unendliche Allmacht Gottes bewogen wird, sich her-

unter zu uns zu lassen, die auch aus ihrem unendlichen Schatz uns Allen gibt, zu dem Ende, daß wir's wiedergeben sollen aus Liebe, was uns Gott aus Liebe aus dem Schatz seiner Allmacht gibt.

2. Darum siehe zu, lieber Mensch, daß du dir's nicht zuschreibest, sondern Alles der Allmacht Gottes wiedergebest, welcher auch Alles ist, was du hast und was du bist. Keine Creatur kann dir etwas geben oder nehmen, die Allmacht Gottes thut's allein. Keine Creatur kann dich auch trösten, die Liebe Gottes thut's allein.

3. In solcher Liebe sieht die liebende Seele die Fülle der unbegreiflichen Allmacht Gottes, die da Himmel und Erde, Meer und Trocknes in sich begreift, sie aber kann von nichts begriffen werden. Denn die ganze Welt ist gegen Gottes Allmacht als ein Stäublein und als ein Tröpflein Wassers, Jes. 40, 15. Weish. 11, 23.

4. Und aus derselben Fülle der Allmacht Gottes gehen alle Kräfte aller Engel, Menschen und aller Creaturen hervor. In derselben besteht die Veste des Himmels, aus derselben geht die Bewegung des Meers, die Kräfte der Erde; also daß Himmel und Erde ist voll Gottes, voll göttlicher Kraft und Wirkung, „voll Geistes des Herrn," Weish. 1, 7. Gottes Gewalt begreift und beschließt Alles, und erfüllt Alles, wird aber von Niemand begriffen, Pf. 139, 2 u. ff.

5. So hoch nun Gott über Alles ist, so tief ist er in Allem, und alle Dinge in ihm; wie St. Paulus sagt: „Von ihm, in ihm, und durch ihn sind alle Dinge," Röm. 11, 36. Deßgleichen: „Welcher ist über euch Alle, in euch Allen, und durch euch Alle," Eph. 4, 6.

6. Weil nun Gott so groß ist über Alles, so kann ihm ja Niemand gleich seyn. Und wer ihm gleich seyn will, der macht sich selbst zum Gott, und begeht die größte Sünde, und fällt in die Tiefe des Verderbens. Und weil Gott Alles ist, so muß ja Alles, was außer Gott ist, nichts seyn. Darum aus der Allmacht Gottes erkennt der Mensch seine Nichtigkeit, und lernt Gott fürchten; daher der Herr allein an denen sein Gefallen hat, die sich unter seine gewaltige Hand bemüthigen, 1 Petr. 5, 6.

7. So groß und hoch nun Gott in seiner Allmacht ist, so klein und niedrig macht ihn seine Liebe. Sehet unsern Herrn Jesum Christum an, den lebendigen Sohn Gottes, den gewaltigen Arm Gottes, durch welchen Alles geschaffen ist, in welchem Alles bestehet, Col. 1, 16. 17: wie hat er sich heruntergelassen, und sich unter alle Creaturen erniedrigt und gedemüthigt?

8. Darum gleichwie wir die Allmacht Gottes nicht aussprechen und ergründen können: also können wir auch Christi Demuth und Niedrigkeit nicht ausdenken. So tief als er heruntergestiegen, so hoch ist er erhoben über Alles, Eph. 4, 40. Ihm sey Ehre und Preis in Ewigkeit! Amen.

O Gott, o Jesu, o werther Geist, du unveränderliches Gemüth, du unauslöschliches Licht, du Friede, der nicht kann beunruhigt werden, du unzertheilte Einigkeit, du unbetrügliche Wahrheit, du unaussprechliche Freundlichkeit, du unermeßliche Macht, du unendliche Weisheit, du unbegreifliche Gütigkeit, du allgegenwärtige Ewigkeit, du Einfältigkeit, die Alles erfüllt, du Anfang, der Alles regiert, du Beständigkeit, die Alles bewegt, du Leben der Lebendigen, du Sinn und Verstand Aller, die Sinne haben, du Wirkung aller Wirkenden, erleuchte mich, heilige mich, und mache mich lebendig.

Gebet um die wirkende Allmacht Gottes.

Ach Gott, du beweisest an uns eine überschwängliche Größe deiner Kraft, und offenbarst in uns eine Wirkung deiner mächtigen Stärke, dadurch du uns zum Glauben bringest, und in deiner seligen Gemeinschaft bis an's Ende unsers Lebens bewahrest. Wir preisen dich dafür aus dem innersten Grunde unserer Seelen, und unter dem Gefühl unserer eigenen Ohnmacht übergeben wir uns gänzlich deinen allmächtigen Liebeshänden. Schaffe du, o Gott, in uns, was dir gefällig ist; mache uns lauter und rechtschaffen vor deinem allerheiligsten Angesicht, stärke uns in allen Kampfes- und Versuchungsstunden, damit wir durch dich überwinden, und aus allem Jammer durch deine allmächtige Hülfe errettet werden; vollbereite, kräftige und gründe uns dergestalt in deiner Gemeinschaft, daß uns weder Gegenwärtiges noch Zukünftiges, weder Hohes noch Niedriges, weder Engel noch Fürstenthum, noch irgend eine Creatur von deiner Liebe wiederum trennen könne. Du, Herr, bist unsere Stärke, darum hilf deinem Volke, segne dein Erbe, weide uns, und erhöhe uns ewiglich. Amen.

Das 32. Capitel.
Wie die liebende Seele Gott erkennt als die höchste Gerechtigkeit und Heiligkeit.

Pf. 36, 7. Deine Gerechtigkeit stehet wie die Berge Gottes, und dein Recht wie eine große Tiefe.

1. Alle Seelen, die Gott lieb haben, erkennen ihn als die höchste und allerheiligste Gerechtigkeit; dieselbe geht durch Alles und über Alles. In Gott ist's der allerheiligste Wille Gottes, in den Engeln der heilige Gehorsam, im Menschen das Zeugniß des Gewissens, in allen Creaturen ist's die Ordnung der Natur, dadurch Gott Alles in gewisse Zahl, Gewicht und Maaß gesetzt hat, Weish. 11, 22. Was dawider geschieht, ist wider die Natur und wider Gott.

2. Darum geschehen alle Sünden in der Welt wider Gottes Gerechtigkeit, 1 Joh. 3, 4; und darin beleidigt der Sünder alle Creaturen, und macht sie ihm zuwider, auch alle Engel im Himmel und sein eigenes Gewissen. Denn wenn Gott beleidigt und erzürnt wird, so werden alle Creaturen beleidigt und erzürnt. Wenn auch Gott versöhnt wird, so werden alle Creaturen mit versöhnt, und freuen sich über einen solchen Menschen. Und aus diesem Grunde spricht St. Paulus, Col. 1, 20: „Es sey durch Christum Alles versöhnt, was im Himmel und auf Erden ist;" und dasselbe darum, weil Gott durch ihn versöhnt ist. Und daher spricht der Herr, Luc. 15, 10: „Es wird Freude seyn vor den Engeln Gottes über einen Sünder, der Buße thut." Die Engel Gottes freuen sich des Menschen halben.

3. Wo aber Gott nicht mit dem Menschen versöhnt wird, so üben alle Creaturen, Engel und die ganze Natur Rache an einem solchen Menschen. Daher so erschreckliche Urtheile Gottes kommen, daß alle Elemente einem Solchen zuwider sind. Und ist unmöglich, solche Rache und Urtheile aufzuhalten, daß auch das Erdreich davor erschrickt und stille wird. Pf. 76, 8: „Du bist schrecklich; wer kann bestehen, wenn du zürnest?" Dergleichen sehen wir an den Egyptischen Plagen, wie alle Creaturen an den Ungerechten Rache geübt haben; wie dieß nach der Länge das Buch der Weisheit beschreibt, C. 5, 18 ff.

4. Aus der Beleidigung der allerheiligsten Gerechtigkeit Gottes kommt auch her der Fluch; wie der Mann Gottes Moses zeugt von der Uebertretung des Gesetzes Gottes, 5 Mos. 27, 15 ff.

5. Ein Fluch aber ist, wenn Gottes Gerechtigkeit solche Rache übt, daß einem Verfluchten nichts Gutes widerfahren kann, weder von Gott, noch von einiger Creatur; daß er allem Fleisch und allen Creaturen ein Gräuel wird, Jes. 66, 24. Ein Fluch ist eine Bindung und Verdammung zum ewigen Elend. Darum ist ein Fluch allen Creaturen abscheulich und gräulich, und sie können denselben bei sich nicht dulden. Und das ist die höchste Rache der Gerechtigkeit Gottes.

6. Aus dieser allerheiligsten Gerechtigkeit Gottes folgen auch die wunderlichen, unerforschlichen, heimlichen, schrecklichen Gerichte Gottes, davon der 36. Pfalm, V. 7 sagt: „Gottes Gerichte sind eine große Tiefe." Und St. Paulus: „Wie gar unbegreiflich sind seine Gerichte, und unerforschlich seine Wege," Röm. 11, 33.

7. Wenn man nun dieselben ansieht, so sieht man darin Gottes Gerechtigkeit; davon der Mann Gottes Moses sagt, 5 Mos. 32, 35. 41. 43: „Die Rache ist mein, ich will vergelten, spricht der Herr. Wenn ich den Blitz meines Schwertes wetzen werde, und meine Hand zur Strafe greifen wird, so will ich mich wieder rächen an meinen

Feinden, und denen, die mich haffen, vergelten. Jauchzet Alle, die ihr sein Volk seyd, denn er wird das Blut seiner Knechte rächen, und gnädig seyn dem Lande seines Volks."

8. Allhier verkündigt Moses Gottes Rache über alle Gottlose, so der Gerechtigkeit Gottes widerstreben. Wider dieselben wird Gott den Blitz seines Schwertes wetzen; das ist nichts Anderes, denn sein schreckliches Gericht und Urtheil, davor, als vor einem Blitz, der Erdboden erschrickt, Pf. 76, 9, und kann demselben keine Creatur widerstehen. Es kann auch einem Solchen, an welchem Gott seine Rache und Gericht übt, die ganze Welt nicht helfen; wie der 94. Psalm, V. 1. 2 spricht: „Herr Gott, deß die Rache ist, Gott, deß die Rache ist, erscheine. Erhebe dich, du Richter der Welt, vergilt den Hoffärtigen, was sie verdienen." Wo wir hören, obwohl Gott der Herr ein gnädiger, liebreicher, freundlicher, leutseliger, barmherziger, langmüthiger, geduldiger Gott ist, Allen denen, die ihn fürchten: so ist er dennoch ein gerechter Richter nach seiner Gerechtigkeit, gegen alle Gottlose, so wider seine Gerechtigkeit handeln.

9. Darum stellt er uns nicht allein in seinem Wort die Exempel seiner Gnade und Barmherzigkeit vor, sondern auch die Exempel seiner Gerechtigkeit und Rache, als: in der Sündfluth, an Sodom und Gomorra, an Pharao in Egypten bei'm rothen Meer, an Kora, Dathan und Abiram; an Saul, Ahitophel, Achab, Jesabel, Nebucadnezar, Belsazer, Sanherib, Antiochus; und im neuen Testament an Herodes, Nero, Valens, Julian, Diocletian ꝛc., an welchen Allen wir Gottes wunderliches Gericht und Rache sehen. Darum heißt er ein Gott der Rache, der sich allein die Rache vorbehält, darum daß er der allerheiligste und gerechteste Gott ist, ja die Gerechtigkeit selbst. Darum die heiligen Seelen, Offenb. 6, 10, Gottes Gerechtigkeit anrufen: „Herr, du Heiliger und Gerechter, wie lange rächest du unser Blut nicht?"

10. Solche Gerichte Gottes geschehen täglich, und werden allein von den Gläubigen und Heiligen recht erkännt; wie der 91. Psalm, V. 8 sagt: „Ja du wirst mit deinen Augen deine Lust sehen, und schauen, wie es den Gottlosen vergolten wird." Welchen Spruch wir nicht nach fleischlichen Affecten und Urtheil verstehen und ansehen sollen, sondern nach dem Geist, daß man Gott dem Herrn das Lob der Gerechtigkeit geben soll, und mit dem 119. Psalm, V. 137 sprechen: „Herr, du bist gerecht, und deine Gerichte sind auch gerecht." Und Psalm 145, 17: „Der Herr ist gerecht in allen seinen Werken, und heilig in allen seinen Wegen." Also sehen die Heiligen und Gläubigen ihre Lust an den wunderbaren Gerichten Gottes, nicht nach dem Fleisch, daß sie frohlocken sollten über den Untergang und das Verderben der Gottlosen, welches aus eigener Rache herkommt; sondern nach dem Geist sehen sie ihre Lust, das ist, sie erkennen und rühmen Gottes Gerechtigkeit, daß er sein Wort erfüllt, und ein gerechter Gott ist. Unterdessen beklagen und beweinen sie der Gottlosen Verderben; wie der Herr weint über Jerusalem, Luc. 19, 41, und David über Absalom, 2 Sam. 18, 33.

11. Also muß man hier zweierlei Rücksicht oder Absehen haben, auf Gott und auf Menschen. Wenn man auf das Verderben der Menschen sieht, so geht es Einem billig zu Herzen; wenn man aber auf Gott sieht, so muß man seine Gerechtigkeit preisen, denn er thut Niemand Unrecht, Pf. 92, 12.

Gebet über die Gerechtigkeit Gottes.

Dir, unserm Gott, gebührt allein die Ehre. Du bist ein Fels. Deine Werke sind unsträflich, denn Alles, was du thust, ist recht. Treu bist du, unser Gott, und kein Böses ist an dir. Gerecht und fromm bist du, und vergiltst einem Jeden nach seinen Werken. Was uns hier von deinen gerechten Belohnungen und Bestrafungen noch verborgen bleibt, das wird uns die Ewigkeit deutlich offenbaren, wenn wir vor Christi Richterstuhl erscheinen, und du einem Jeden geben wirst, nachdem er gehandelt hat bei Leibes Leben, es sey gut oder böse. Ach laß uns in dieser Gnadenzeit ein gutes Gewissen bewahren, mit der

Heiligung in deiner Furcht fortfahren, und Alles vermeiden, was unsere Freudigkeit am Tage des Gerichts niederschlagen kann; damit wir, wenn du in deiner Herrlichkeit erscheinst, die Krone der Herrlichkeit von deiner Liebeshand empfangen mögen. Amen.

Das 33. Capitel.
Wie die liebende Seele Gott sieht als die ewige Weisheit.

Apost. Gesch. 15, 18. Gott sind alle seine Werke von Ewigkeit her bekannt.

1. Gott ordnet, regieret, beweget, lenket Alles nach seiner unerforschlichen Weisheit, wie Jes. 45, 4 ff. geschrieben ist: „Ich rief dich bei deinem Namen, und nannte dich, da du mich noch nicht kanntest. Ich bin der Herr, und sonst Keiner mehr; kein Gott ist ohne ich; der ich das Licht mache, und schaffe die Finsterniß, der ich Frieden gebe, und schaffe das Uebel. Ich bin der Herr, der solches Alles thut. Wehe dem, der mit seinem Schöpfer hadert, nämlich die Scherbe mit dem Töpfer des Thons. Spricht auch der Thon zu seinem Töpfer: Was machst du? du beweisest deine Hände nicht an deinem Werk. Wehe dem, der zum Vater sagt: Warum hast du mich gezeuget? und zum Weibe: Warum gebierest du? So spricht der Herr, der Heilige in Israel, und ihr Meister: Fordert von mir die Zeichen, und weiset meine Kinder und das Werk meiner Hände zu mir. Ich habe die Erde gemacht und den Menschen darauf geschaffen. Ich bin's, deß Hände den Himmel ausgebreitet, und alle seinem Heer geboten."

2. Dieß ist ein gewaltiges Zeugniß von der ewigen Weisheit, wunderlichen und unbegreiflichen Regierung des allmächtigen Gottes, welche zu spüren ist erstlich in dem, daß er einen Jeden unter uns bei seinem Namen genannt und gerufen hat, da wir ihn nicht kannten, da wir nicht waren, Jes. 45, 4. Unser Name aber, damit uns Gott rufet, ist unser Glaube und Amtsberuf, und der ganze Lauf unsers Lebens. Da sind wir mit unserm ganzen Leben, Anfang, Mittel und Ende, mit unserm Eingang und Ausgang, wie es der 121. Psalm, V. 8 nennt, in Gottes ewiger Weisheit und Vorsehung eingeschlossen. Pf. 139, 16: „Er zählet die Sterne und nennet sie alle mit Namen," Pf. 147, 4, das ist, gibt ihnen ihren Lauf, Kraft und Wirkung; wie viel mehr den Menschen? „Gott macht Licht und Finsterniß, er gibt Frieden und schaffet Krieg," Jes. 45, 7. Das ist die gerechte Strafe der Sünden, die schafft er, und läßt sie zu, ja er darf dem Schwert rufen und ihm Befehl thun, Jer. 49, 2.

3. Summa: er ordnet Alles weislich, sieht Alles zuvor, und hört Alles, wie der 94. Psalm, V. 8. 9. 10 spricht: „Merket doch, ihr Thoren, wann wollt ihr klug werden? Der das Ohr gepflanzet hat, sollte der nicht hören? Der das Auge gemacht hat, sollte der nicht sehen? Der die Heiden züchtiget, sollte der nicht strafen? der die Menschen lehret, was sie wissen."

4. Da lehrt uns der liebe David, daß Gott einen Spiegel seiner Allwissenheit und ewigen Weisheit in den Menschen gelegt habe, in das hörende Ohr und in das sehende Auge, welches zwei wunderbare sinnliche Kräfte sind am menschlichen Leibe.

5. Gleichwie es nun einem Menschen heftig verdrießt, wenn er etwas Unbilliges sieht und hört: sollte Gott, der ein allsehendes Auge, ein allhörendes Ohr hat, nicht viel mehr verdrießen der Menschen Undankbarkeit? da er doch durch seine Weisheit Alles geordnet hat, daß es dem Menschen dienen soll. Die Sonne hat er durch seine Weisheit gemacht, daß sie uns leuchten soll, nicht ihr selbst; das Wasser tränket nicht sich selbst, sondern uns; die Erde gibt ihre Früchte nicht ihr selbst, sondern uns; das Feuer wärmt sich nicht selbst, sondern uns; die Luft gibt nicht sich selbst Odem, sondern uns; das Brod speiset sich nicht selbst, sondern uns; ein Kraut heilet sich nicht selbst, sondern uns.

6. Die ewige Weisheit Gottes hat so viel Kräfte in die Creaturen gelegt, und so weislich ausgetheilt, daß dieselben nichts Anderes sind, denn eitel Hände, dadurch die Weisheit und Gütigkeit Gottes uns ihre Schätze austheilt; wie Hiob, Cap. 12, 9. 10

spricht: „Wer weiß solches nicht, daß des Herrn Hand Alles gemacht hat, und daß in seiner Hand ist die Seele alles dessen, das da lebet, und der Geist alles Fleisches?" V. 7. 8: „Frage das Vieh, das wird dir's sagen, oder rede mit der Erde und mit den Fischen des Meers, die werden dir's erzählen, daß bei Gott ist Recht, Gewalt, Weisheit. Siehe, wenn er zerbricht, so hilft kein Bauen; wenn er zuschleußt, so kann Niemand aufthun." Cap. 26, 7. 8: „Er fasset die Wasser zusammen, wie in einen Schlauch, in seine Wolken, und die Wolken zerreißen darunter nicht. Er breitet aus die Mitternacht nirgend an, und hänget die Erde an nichts."

7. Weil nun Gott der Herr alle Dinge ordnet durch seine Weisheit, so hat er auch unser Kreuz versehen; darum wir auch nicht murren sollen, sondern Gottes Weisheit preisen und Geduld lernen. Denn es kann nicht anders gehen, als wie es Gott ordnet und versehen hat. Nicht allein aber das, was uns insonderheit widerfährt, ist die allerweislichste Ordnung Gottes, sondern auch alle große Landplagen, Hunger, Krieg, Pestilenz, Veränderung der Reiche. Also wenn wir gedenken, es sey lauter Zerrüttung, Verderben und Untergang, so ist's die allerweislichste Ordnung Gottes. Welches wir aus den biblischen Historien abnehmen können, da Hunger, Krieg, Pestilenz, Zerstörung der Reiche, Untergang des jüdischen Reichs und der Königthümer beschrieben sind, die Gefangenschaften und viel Anderes mehr. Pred. Sal. 3, 14: „Ich merke, daß Alles, was Gott thut, das bestehet immer, man kann nichts dazu noch abthun; und das thut Gott, daß man sich vor ihm fürchten soll." Deßgleichen Pred. Sal. 7, 14: „Siehe an die Werke des Herrn, wer kann das schlecht machen, das er krümmet?"

8. Wenn wir nun solches recht ansehen, so müssen wir bekennen, Gott hätte es nicht weislicher machen können. Also ist's mit den Verfolgungen im neuen Testament, mit unserm Herrn Jesu Christo, mit dem heiligen Evangelio, mit den heiligen Märtyrern und allen andern Dingen. Das däucht uns Allen widersinnig und thöricht, und ist doch die höchste Weisheit Gottes.

9. Wie wir nun sollen in den wunderlichen Gerichten Gottes dem lieben Gott das Lob der Gerechtigkeit geben, so wollen wir ihm auch in der wunderlichen Veränderung der Welt und in allem unserm Kreuz und Leiden das Lob der Weisheit geben, daß er auch alles Böse zum guten Ende richten, und aus Bösem Gutes machen kann; daß also in allen Dingen seine Weisheit leuchtet, wie verwirrt sie uns auch dünken, gleichwie aus allen seinen Gerichten seine Gerechtigkeit.

10. Sonderlich aber sieht die liebende Seele Gottes Weisheit in der Wiederbringung und Erlösung des menschlichen Geschlechts und in der Erneuerung der menschlichen Seele und ihrer Kräfte. Denn so hat es der Weisheit Gottes gefallen, daß das verderbte Bild Gottes im Menschen durch das göttliche wesentliche Ebenbild Gottes, das ist, durch Christum erneuert würde.

11. Denn nachdem der Mensch erstlich die selige Weisheit, das schöne Licht des Verstandes, durch die Sünde verloren hatte, dadurch er Gott recht erkannte, und in die äußerste Blindheit, ja in die ewige Finsterniß gerathen war, und auch darin hätte bleiben müssen, ist Gottes Sohn, welcher ist die ewige Weisheit des Vaters, Mensch, und den Menschen ein Licht des Lebens geworden, daß er die Irrenden wieder zurechtbrächte, die Unwissenden lehrete, die Sünder zu sich lockete, und das Licht der Erkenntniß Gottes durch den Glauben und den heiligen Geist wieder anzündete, ja sich selbst mit des Menschen Seele vereinigte und darin leuchtete.

12. Für's andre, nachdem des Menschen Wille ganz von Gott abgewandt und verkehrt, ja in lauter Ungehorsam verwandelt war, und Gott in allen Dingen widerstrebte, ist Gottes Sohn Mensch geworden, auf daß er uns ein Exempel des vollkommenen Gehorsams würde, und unsern bösen Willen heilete, seinen guten Willen in unser Herz pflanzete, und unsern Willen durch seinen heiligen Geist erneuerte, auch uns seines heiligen Gehor-

sams durch den Glauben theilhaftig machte, wie zu den Gal. 3, 14 geschrieben ist: „Daß wir den verheissenen Geist durch den Glauben empfingen," ja sich mit uns vereinigte, und in uns lebte, daß unser Wille auch Gott gleichförmig würde.

13. Für's dritte, weil die Affecte unsers Herzens und aller Kräfte Gott widerstrebten, und alles Dichten und Trachten des menschlichen Herzens immer böse ist von Jugend auf, 1 Mos. 6, 5: so ist Gottes Sohn, der die Liebe selbst ist, Mensch geworden, auf daß er uns ein ganz neues Herz machte, Gottes Liebe einpflanzte, herzliche Demuth und Sanftmuth, und das alte fleischliche Herz hinwegnähme, und sich mit uns vereinigte, daß wir mit ihm Eines Herzens, Gemüths, Sinnes und Geistes würden, welches lauter Früchte sind seiner allerheiligsten Menschwerdung in uns.

14. Und das ist die höchste Weisheit Gottes, daß er durch seinen lieben Sohn den Menschen also erneuert. Denn gleichwie Gott durch seine Weisheit den Menschen erschaffen zu seinem vollkommenen Bilde: also hat er ihn durch seinen lieben Sohn, welcher ist die ewige Weisheit, indem er Mensch geworden, neu geschaffen und wiedergeboren zum neuen Bilde Gottes, darin seine Weisheit, Herrlichkeit und Gerechtigkeit ewig leuchten sollte. Denn darin besteht vornehmlich das Bild Gottes.

15. Also ist das verdorbene Bild Gottes im Menschen durch das wesentliche Ebenbild Gottes wieder erneuert, durch Christum.

Gebet um die Erkenntniß der Weisheit Gottes.

Fürwahr, du bist ein verborgener Gott, du Gott Israels, der Welt Heiland. Dein Rath ist wunderbar, du führest aber Alles herrlich hinaus. Deiner weisen Regierung überlassen wir uns gänzlich. Mache es mit uns im Innern und Aeußern, wie du es uns gut erkennst. Wir trauen deinen Wunderwegen, daß sie sich in lauter Segen endigen werden. Und darum bleiben wir stets bei dir. Denn du hältst uns bei unserer rechten Hand, und leitest uns nach deinem Rath, und nimmst uns endlich mit Ehren an. Deinem Namen sey dafür Preis und Ehre gegeben in alle Ewigkeit. Amen.

Das 34. Capitel.

Wie ein Mensch durch's Gebet die Weisheit Gottes suchen soll. Dabei ein nützlicher Unterricht vom Gebet, wie das Herz dazu zu erwecken und in einem stillen Sabbath zu bringen, daß Gott das Gebet in uns wirke.

Begreift zwölf Capitel *).

Capitel I.

Was wir in Adam verloren haben, finden wir ganz und vollkommen in Christo wieder.

Coloss. 2, 3. In Christo sind alle Schätze der Weisheit und Erkenntniß verborgen.

1. Der Mensch ist von Gott aus einem Erdenkloß geschaffen und gebildet, und durch den lebendigen Odem mit einer lebendigen, unsterblichen Seele begabt, 1 Mos. 2, 7, welche geziert worden mit vollkommener Weisheit, Gerechtigkeit, Heiligkeit und Seligkeit, als mit dem Bilde Gottes. Denn wo die Weisheit Gottes ist, da ist auch die Seligkeit, und wo die Seligkeit ist, da ist auch die Weisheit Gottes. B. der Weish. 7, 28: „Es gefällt Gott Niemand, er bleibe denn in der Weisheit." Also hat dem Menschen nichts gemangelt im Paradies. Aber nachdem er sich durch Verführung der Schlange von Gott abgewandt und in die Sünde gefallen, ist dieß Bildniß Gottes im Menschen verblichen, und er ist solcher Weisheit beraubt worden, daneben auch in die Gewalt des Teufels, Todes und alles Elendes gerathen. Denn indem durch solche Uebertretung das göttliche Bild ganz verdorben war, sah und befand der Mensch nach dem Fall nichts mehr, denn seinen eigenen Schaden, Trübsal, Blindheit und Verdammniß.

2. Damit aber Adam, das ist, alle Menschen in Adam, nicht ganz verdürben, ward Gott selber Mensch, das ist, er ließ seinen

---

*) Von diesen zwölf Capiteln kann man nachlesen, was der selige Arnd im sechsten Buch vom wahren Christenthum, in der Verantwortung des 2. Buchs im 5. Capitel, selber davon sagt.

Sohn Mensch geboren werden von einer Jungfrau. Derselbe Sohn hat uns wiederum den Weg der Seligkeit und Weisheit gezeigt mit seiner Lehre und Leben, als mit einem Vorbilde und einer Form, welcher wir sollen nachfolgen. Denn indem er durch seinen bittern Tod uns erlöset hat von allen Sünden, befiehlt er auch daneben, „daß wir wandeln sollen, gleichwie er gewandelt hat," 1 Joh. 2, 6.

3. Also werden wir durch den Glauben aus ihm wiedergeboren zu Kindern Gottes, und werden Söhne und Kinder in dem Sohn und mit dem Sohn. Denn „gleichwie er ist, also sind auch wir in dieser Welt," 1 Joh. 4, 17.

4. In diesem Sohne sind verborgen alle Schätze der Weisheit Gottes," Col. 2, 3. Denn was wir in Adam verlieren, finden wir in Christo ganz vollkömmlich wieder, Röm. 5, 18.

5. Wollen wir aber in dieser Zeit den Anfang solcher Schätze schmecken, und die Weisheit besitzen, so muß es durch Beten, Suchen, emsiges Anklopfen geschehen. Denn Niemand mag in das Reich Gottes kommen, er wandle denn in der neuen Geburt, und bitte darum. Niemand mag von Sünden los, vom Teufel errettet werden, er thue denn Buße, und bete im Namen Christi. Denn obschon alle Güter durch Christum zuvor erlangt und erworben sind, so mag doch Keiner derselben theilhaftig werden, ohne durch den Glauben, durch welchen er auch muß beten, suchen und anklopfen. Summa, es muß Alles von oben herab durch's Gebet erlangt werden, Jac. 1, 17.

Gebet um die Erlangung der verlorenen Güter.

Du unerschöpfliche Gnadenquelle, Jesus Christus, laß uns aus deiner Fülle nehmen Gnade um Gnade, damit wir durch deine Barmherzigkeit wieder erlangen, was wir aus unserer Schuld verloren haben. Ach Jesu, deine Liebe laß uns reichlich zu Theil werden, so mangelt uns nichts, und wir sind in dir ewig selig. Amen.

Capitel II.
Wie großer Schade entspringt und folgt, so man das Beten unterläßt.

Jac. 4, 2. Ihr habt nichts, darum daß ihr nicht betet.

1. Wo man das Beten unterläßt, wird 1) Gottes und des Herrn Christi Befehl übertreten. Der gebeut, ohne Unterlaß zu beten, Matth. 7, 7. Luc. 18, 1 ff.; nicht seinethalben, denn er weiß ohne das, was wir bedürfen, Matth. 6, 32, sondern unserthalben, damit wir gewahr werden des Schatzes und Erbtheils von Gott. Nicht beten, ist eine große Sünde wider das erste und andere Gebot; gleichwie Gott lästern, fluchen ꝛc. so große Sünde ist, wo nicht größere, als sich selber tödten.

2. 2) Ist's eine Verachtung der theuern Verheissung Gottes, die er an seinen Befehl hängt: „Rufe mich an, so will ich dich erretten," Ps. 50, 15. „Bittet, so werdet ihr nehmen," Joh. 16, 24. Und wird Gott also für einen nichtigen, losen Mann gehalten, der zusagt, und nicht halte, dessen Güter nichts werth seyen.

3. 3) Wenn das nicht ohne Unterlaß geübt wird, so nimmt der Glaube ab, und verliert sich allgemach, welcher doch eine Kraft und Stärke seyn muß des Menschen. Denn mit Waffen und Leibesstärke können wir Sünde, Tod und Teufel nicht überwinden, sondern durch den Glauben in Christo, 1 Joh. 5, 4. Das Gebet ist eine Nahrung des Glaubens, dadurch müssen wir die Kraft des Glaubens üben. Das ist die Weisheit und das ewige Leben, die wir suchen sollen.

4. 4) Der Herr Jesus weicht von denen, die nicht beten, damit werden sie blind, wandeln in der Finsterniß, erkennen sich selbst nicht, noch Gott; Gottes Wille bleibt ihnen unerkannt. Sie berauben sich selbst Gottes und seines Reichs, und weil sie kein Licht haben, Gottes Willen zu erkennen, müssen sie in der Anfechtung große Stöße leiden, oftmals wohl gar verzweifeln. Wo aber der heilige Geist und der Glaube ist, da wird auch die Welt überwunden.

5. 5) Folgt hieraus ein sicheres und

freches Leben in allen Sünden und Schanden, und es geräth der Mensch aus einem Laster in's andere. Denn ein Nichtbetender fühlt nicht, wie tief er in Sünden steckt, thut dem Teufel Thür und Fenster auf. Die Güter der Welt, so ihm Gott mittheilt, Gesundheit, Reichthum, meint er, fallen ihm von ohngefähr zu, oder er bekomme es durch eignen Fleiß und Arbeit ohne Gott, und wird also seinem Schöpfer undankbar.

6. 6) Weil der Mensch nach dem Fall in Gefahr des Leibes und der Seele lebt, so wirft er sich auch in die Gewalt des Teufels, der bösen Geister und aller bösen Menschen, die, dem Teufel gleich, auch den Frommen nachstellen öffentlich und heimlich, sie zu verderben. Wer nun ohne Gebet lebt, der wird von solchem Unglück getrieben, wie ein Schiff von Wellen des Meers, hat keinen Schutz, Hülfe noch Trost wider solche Gefahr.

7. Ein solcher ist der Unglückseligste in seinem Wandel und Leben, steht immer in Angst und Furcht, ist ungewiß und zweifelhaftig, wie sein Vorhaben einen Ausgang gewinnen werde; mit Mühe und Arbeit sucht er, und findet Stückwerk, zuletzt kann es doch nie wohl gerathen. Es sagt wohl die Schrift, es gehe den Gottlosen wohl, sie grünen und blühen eine Zeit lang; aber ehe du dich umsiehst, sind sie nimmer da, Psalm 37, 35. 36. „Wie ein Pfeil durch die Luft fährt, und man siehet seinen Weg nicht, oder ein Vogel über die Stadt fleugt," B. d. Weish. 5, 11. 12. „Wie der Rauch verschwindet," Pf. 37, 20, „wie die Spreu verweht wird," also sind die Gottlosen, Psalm 1, 4. Aber die da beten, „grünen wie ein Palmbaum an den Wasserbächen," 2c. V. 3. „Der Gerechte muß viel leiden," Pf. 34, 20; aber der Gottlose siebenmal, ja hundertmal mehr, die Hölle zu erlangen, als die Frommen den Himmel, 3 Mos. 26, 18.

Gebet um Aufmunterung zum Gebet.

O Gott, laß es uns als eine große Wohlthat erkennen, daß wir die Erlaubniß haben, mit dir im Gebet zu reden, und unser Anliegen dir zu entdecken. Gib uns aber auch den Geist der Gnade und des Gebets, damit wir durch denselben tüchtig und willig gemacht werden, dich im Geist und in der Wahrheit anzurufen. Amen.

Capitel. III.
Daß der Mensch großen Nutzen und Frommen habe von steter Uebung des Gebets.

Joh. 16, 24. Bittet, so werdet ihr nehmen, daß eure Freude vollkommen sey.

1. Der Mensch nach dem Fall ist faul und ungehorsam geworden zu allen göttlichen Sachen. Daß er nun darin nicht bleibe noch verderbe, soll er sich zum Gebet aufmuntern und erwecken durch mancherlei Betrachtungen; und erstlich bedenken den großen Nutzen, Trost und Frommen des heiligen Gebets, daß er nämlich den ewigen, wahren, lebendigen Gott bekenne, ehre, anbete, und keine fremde Götter dichte und anrufe, sondern den einigen und wahren Gott. Desselben Befehl und Gebot hat er in Acht, als ein gehorsames Kind, bittet, suchet, klopfet, rufet, preiset seinen Schöpfer, Vater und Seligmacher 2c.

2. 2) Zudem verachtet er nicht die Zusage Gottes, sondern gibt mit seinem Gebet zu erkennen, daß sie hoch zu achten, und der wahrhaftige Gott nicht wolle noch könne lügen.

3. 3) Zum dritten nimmt der Glaube zu, und wächset täglich, wie ein Baum. Denn im Glauben besteht alle unsere Kraft, Trost und Stärke wider alle Feinde und Widerwärtigkeit, ja er ist der Sieg, der die Welt überwindet, 1 Joh. 5, 4, auch die Ungläubigen, die uns Uebels wünschen.

4. 4) Ueber das empfahen wir den heiligen Geist, Luc. 11, 13. Zach. 12, 10, das ist, wir geben ihm Raum und Statt zu herrschen, er bleibt und macht Wohnung bei uns, Joh. 14, 23. Wir werden erweckt zu dem wahrhaftigen Lichte der Erkenntniß Gottes, daß wir seinen Willen recht verstehen und bleiben im Reiche Gottes theilhaftig aller himmlischen Güter.

5. 5) Auch verhüten wir hierdurch

Sicherheit, fechten wider Sünde, Fleisch und Blut, wandeln mit fröhlichem Gewissen, „üben eine selige Ritterschaft, behalten den Glauben und gutes Gewissen," 1 Tim. 1, 19.

6. 6) Deßgleichen widerstehen wir großer Anfechtung, Gefahr und Elend, dem Teufel und bösen Menschen. Denn das Gebet ist ein starker Thurm wider alle Feinde, eine feste Burg Gottes, zu der wir durch's Gebet fliehen, Ephes. 6, 17. Spr. Sal. 18, 10. Pf. 31, 3. Und ob der Teufel oder böse Menschen einen Eingriff thun, muß es doch den Frommen zum Besten gereichen.

7. 7) Letztlich kann ein stets betender Mensch sich immer freuen im heiligen Geist mit Dankbarkeit, nach der Lehre St. Pauli, 1 Thess. 5, 16. 17: „Freuet euch allezeit, betet ohne Unterlaß, seyd dankbar in allen Dingen." Keine Angst, keine Unlust, Bekümmerniß, Traurigkeit entsteht aus dem Gebet, sondern Freude, Wonne, Lust, wegen des lieblichen Gesprächs mit Gott, dem ewigen Könige. Und nach dem Gebet wird man gewiß, unsere Sachen werden einen glückseligen Ausgang gewinnen. „Alle Sorge werfet auf den Herrn," 1 Petr. 5, 7. „Gott ist nahe, sorget nicht," Phil. 4, 6. „Befiehl dem Herrn deine Wege" ꝛc. Pf. 35, 7. Alle Kümmerniß entsteht aus dem Mißtrauen gegen Gott. Das Mißtrauen kommt von Unterlassung des Gebets. Der Glaube und das Gebet trauen Gott, vertreiben alle Sorge ꝛc.

Gebet um Aufmunterung zum Gebet.

Der kindliche Umgang mit dir, unserm himmlischen Vater, gibt Licht, Heil, Erquickung und Stärke, und wir werden in allem Guten mächtig gefördert. Ach laß uns durch deinen Geist dazu kräftig angetrieben werden, daß wir im Namen Jesu ohne Unterlaß zu dir beten, und deiner Gnadengüter in reichem Maaße theilhaftig werden. Amen.

Capitel IV.
Daß ein wahrer Christ viel lieber will den schmalen Weg in Christo wandeln, als den breiten in Adam.

Röm. 5, 5. Wir rühmen uns der Trübsal.

1. Die Schrift sagt, Adam sey gesetzt in das Paradies, und Gott habe ihm gezeigt den Baum des Lebens und des Todes, und ihn vor dem Baum des Todes gewarnt, 1 Mos. 2, 8 ff. Da ist er gesetzt worden zwischen Zeit und Ewigkeit, daß er möge nach dem Ewigen über sich trachten in dem engen Wege. Also ward ihm vorgelegt Leben und Tod, Licht und Finsterniß, 5 Mos. 30, 15. Wie es nun mit Adam zuging, also ist es noch. Denn nach dem Fall kommt Christus, weist uns von Adam aus dem breiten Wege zu sich selber in den engen Weg, ohne allen Nothzwang. Denn er will Keinen zwingen zur Verdammniß, noch zur Seligkeit. Er zeigt dir den Weg durch die vorlaufende Gnade, die keinen Menschen versäumt, er sey jung oder alt. Nun spricht Christus: „Gehet ein durch die enge Pforte; denn die Pforte ist weit, und der Weg ist breit, der zur Verdammniß abführet, und ihrer sind viel, die darauf wandeln. Und die Pforte ist enge, und der Weg ist schmal, der zum Leben führet, und wenig sind ihrer, die ihn finden," Matth. 7, 13. 14.

2. Hieraus sieht man klar zwei Wege; einen der Welt, darauf Viele wandeln: Ursache, sie bleiben in Adam, und wollen des Herrn Christi nicht. Den andern, Gottes, in welchem Wenige wandeln, weil sie den breiten Weg in Adam lieber haben. Gehe aber, welchen Weg du willst, so mußt du etwas dulden; es wird dir sauer werden. Lebst du nach der Welt, so mußt du viel leiden, und kommst nicht zum Grunde der Wahrheit, hast endlich ewige Verdammniß. Gehst du in dem Wege Gottes durch Christum, übst dich im Gebet: so mußt du zwar auch mit Christo von der bösen Welt viel leiden; aber du erkennst den Grund der Wahrheit, und kommst endlich in das ewige Leben, 2 Tim. 2, 11. 12. Cap. 3, 12.

3. Wer da betet, streitet wider sich sel-

ber und den Teufel, überwindet sich selber, den alten Adam und alle seine Feinde, und kommt endlich in die ewige Ruhe mit Christo, seinem Feldhauptmann.

4. Wer nicht betet, der streitet auch nicht wider seine Feinde, sondern ist in ihrer Gewalt; muß dennoch in der Welt viel leiden, und fährt endlich mit dem Fürsten der Finsterniß in die ewige Verdammniß.

5. Es ist viel besser, kämpfen, und hernach als ein Siegesmann eingehen in die ewige Freude, denn nicht streiten und doch viel leiden, und hernach als ein Gefangener in das ewige höllische Gefängniß geworfen werden.

Gebet um die Gnade, auf dem engen Weg zu gehen.

Deine Wege, o Gott, sind eitel Güte und Wahrheit denen, die deinen Bund und Zeugniß halten. Ach! zeige uns deine Wege, lehre uns deine Steige, und leite uns in deiner Wahrheit, damit wir uns selbst absterben, und deinem Willen in allen Stücken uns aufrichtig unterwerfen. Amen.

Capitel V.

Was ein Mensch vornehmlich bedenken soll, damit sein Herz über sich zu Gott gerichtet werde.

Jerem. 23, 23. Bin ich nicht ein Gott, der nahe ist, und nicht ein Gott, der ferne ist? spricht der Herr.

1. Auf daß wir einfältige Menschen und Anfänger zum innigen Gebet im Geist und in der Wahrheit kommen mögen, welches Gott allein erfordert und haben will: so wollen wir erklären etliche nöthige Puncte, dadurch wir zum Gebet erweckt und bereitet werden.

2. 1) Daß Gott Alles zuvor besser wisse, was uns noth sey, ehe denn wir beten, Matth. 6, 8.

3. 2) Daß Gott alle Menschen locke, reize, treibe und vermahne zum Gebet, und auch gewisse Erhörung zusage, Ps. 50, 15.

4. 3) Daß Gott kein Anseher der Person sey, sondern er habe Alle gleich lieb, Ap. Gesch. 10, 34.

5. 4) Daß es eben so große Sünde sey, beten wegen eigener Frömmigkeit, Wür-digkeit, Heiligkeit, als sein Gebet unterlassen wegen der Unwürdigkeit und vorbegangenen Sünde, Luc. 18, 11.

6. 5) Daß man Gott nicht weit dürfe nachlaufen an einen gewissen Ort, sondern ihn finde allenthalben, Joh. 4, 21.

7. 6) Daß Gott in seiner Ewigkeit unwandelbar bleibe, und eine Zeit so wohl höre, als die andere, und mit nichten an gewisse Zeit gebunden sey, Hebr. 13, 8. 1 Thess. 5, 17.

8. 7) Daß Gott lange zuvorkomme und herausgebe alle natürliche und übernatürliche Güter, und doch Keiner dieselben erlange noch genieße, er bete denn darum.

9. Wer diese Stücke täglich betrachtet und übt, deß Herz und Gemüth wird erneuert und erweckt vom Schlaf, Eph. 5, 14, gereiniget und geläutert von Irrthum und Blindheit, bestätigt und befestigt im Grunde der Wahrheit, aufgerichtet zu Gott, angezündet zum Gebet. Denn daraus folgen diese Lehren:

10. 1) Daß Gott heiße, treibe und vermahne zum Gebet; nicht seinethalben, als wüßte er unser Anliegen nicht, sondern unsertwegen, daß wir durch's Gebet erweckt werden, auch solches erkennen und wissen.

11. 2) Daß Gott unsers Gebets und langer Erzählung nicht bedürfe, sondern komme uns zuvor mit seiner gegenwärtigen Allwissenheit, Ps. 139, 2. Jes. 65, 24.

12. 3) Daß Gott durch unser Geschrei, Fasten und Wachen nicht erweckt werde, weil er allezeit ein wachendes Auge ist, Ps. 33, 18; 34, 16; sondern der Mensch müsse durch solche Uebungen vom Schlaf der Sünden erweckt werden.

13. 4) Daß Gott tausendmal bereiter sey, zu hören und zu geben, denn der Mensch, zu nehmen, Jer. 32, 41.

14. 5) Er sey unermeßlicher Güte und Barmherzigkeit gegen den Menschen, Ps. 103, 13, der Mensch aber unmäßiger Faulheit und Nachlässigkeit im Beten, Suchen und Anklopfen, Matth. 7, 7.

15. 6) Daß Gott unpartheiisch gerecht bleibe in allen seinen Werken, und keine Ursache unserer Blindheit, Unwissenheit,

Mangels oder Elends sey; sondern der verkehrte Mensch selber, der nicht bitten noch suchen will, 5 Mos. 32, 5. Ps. 92, 7.

16. 7) Ein wahrer Anbeter hat an allen Orten und zu allen Zeiten einen freien Zutritt zum Vater in Christo, im Geist und in der Wahrheit mit Gott zu handeln, sofern er sich selber nicht aufhält, Joh. 4, 23. Luc. 18, 1.

17. 8) Ein Fauler und Berächter des Gebets beraubt sich selbst des lieblichen Gesprächs mit Gott, Ps. 19, 15; also straft ein jeder Sünder sich selbst.

18. 9) Ein fleißiger Anbeter frommet und nützet ihm selber; nicht von sich selbst, sondern durch die göttliche vorlaufende Gnade, welche allen Menschen zuvorkommt ohne Unterschied.

19. Wem dies fünfte Capitel unbekannt, der ist noch weit von Christo, hat die Wahrheit noch wenig geschmeckt. Wer es aber weiß, und nicht glaubt, der thut sehr unrecht. Wer es glaubt und übt es nicht, erweckt sich nicht, lebt in den Tag hinein, gleich als zweifelte er daran, der ist ein großer Sünder, und muß desto mehr Streiche leiden, denn der Unwissende, Luc. 12, 47. Darum mag ein solcher wohl zusehen, daß er sich bekehre, sonst wird er in Sünden umkommen.

Gebet, daß man ein rechter Anbeter seyn möge.

Du Geist aus Gott, lehre uns, wie wir den Vater im Namen Jesu erhörlich anrufen sollen; ja vertritt du selber uns bei Gott, so wird Alles, was wir durch dich, nach Gottes Willen, im Namen unsers Mittlers, von unserm versöhnten Vater verlangen, Ja und Amen seyn.

Capitel VI.
Daß der allwissende Gott Alles wisse und höre, was wir bedürfen, ehe denn wir anfangen zu beten.

Ps. 139, 2. Du verstehest meine Gedanken von ferne.

1. Solches ist gegründet Matth. 6, 8: „Euer himmlischer Vater weiß, was ihr bedürfet, ehe denn ihr bittet." Ps. 94, 9: „Der das Ohr gepflanzet hat, sollte der nicht hören?" Hebr. 4, 12: „Er ist ein Richter der Sinne und Gedanken." Man darf Gott nicht mit langen Worten unser Anliegen vortragen, wie einem sterblichen Menschen; denn vor seinen Augen sind alle Zeiten nur Eine Zeit oder Ein Blick, in welchem er alle vergangene und zukünftige Dinge gegenwärtig sieht. Darum hat er unsere Haare gezählt, ehe wir geboren waren, weiß alle unsere Gedanken, ehe wir beten. Summa, seinen Augen ist Alles offen. Also müssen Einfältige, Anhebende sich erwecken zum Gebet dadurch, daß sie Sprüche haben der heiligen Schrift, den Nutzen derselben betrachten und sie in kurze Gebete fassen; die Geübten aber sehen es selbst.

2. Wenn ich im flachen Felde gehe am Tageslicht, so umgreift mich solches Licht ganz. Wäre es nicht leiblich, sondern geistlich, so durchdränge es auch meinen Geist. Also sind alle Geschöpfe, sichtbare und unsichtbare, vor den Augen Gottes, er durchdringt und umgreift alle Dinge; es hindert ihn nichts. „Die Finsterniß muß vor ihm Licht seyn, wie der Tag," wie im 139. Psalm, V. 12 steht. Wie ein lauterer, schöner Krystall oder eine Wasserblase in meiner Hand, darin auch vor meinen leiblichen Augen das geringste Härlein oder Stäublein nicht kann verborgen bleiben: also und noch weit offenbarer sind alle Geschöpfe und alle Gedanken vor dem Geist Gottes, welcher das Auge selber ist; sonst hat er kein anderes Auge. Weish. 1, 6.

3. Das ist den Ungeübten auch nütze, damit sie ihre Herzen reinigen vom großen, dicken Nebel der Blindheit und Unwissenheit. Es macht sie auch wacker zum wahren Gebet, dadurch wir ermuntert und erweckt werden, zu sehen und zu erkennen, was wir zuvor noch nie gesehen noch erkannt haben. Viele meinen, was sie nicht sehen noch wissen, das sehe und wisse auch Gott nicht; welches eine große Blindheit und Unwissenheit ist, zur Rache über den, der sie hat, Ps. 7, 10.

Gebet um Gelassenheit im Gebet.

Du bist der Herr, der Alles erkennt, und am besten versteht, was uns gut oder heilsam ist; thue in Allem mit uns, wie es dir beliebt, und gib uns einen gelassenen Sinn, damit wir kindlich in deinen Wegen und Führungen ruhen, Alles, was uns begegnet, von deiner Liebeshand annehmen, und es dir gläubig zutrauen, du werdest Alles wohl machen. Ach Herr, dein Wille geschehe! Amen.

Capitel VII.
Gott reizet, locket, vermahnet, treibet alle Menschen zum Gebet, sagt allen gewisse Erhörung zu.

Joel 3, 5. Wer den Namen des Herrn wird anrufen, der soll errettet werden.

1. Dieß soll vor allen Dingen betrachtet werden. Denn wissen, daß Gott alle Dinge zuvor weiß, ist nicht genug, man muß auch wissen, daß Gott das Beten fordert und Erhörung zusagt, Joh. 16, 23: „So ihr den Vater etwas bitten werdet in meinem Namen, so wird er's euch geben." Matth. 7, 8: „Wer da bittet, der empfähet; wer da suchet, der findet, und wer da anklopfet, dem wird aufgethan." Luc. 18, 1: „Man muß allezeit beten und nicht müde werden." Jac. 1, 5: „So Jemand unter euch Weisheit mangelt, der bitte von Gott, der da gibt einfältig Jedermann, und rückt es Niemand auf; so wird sie ihm gegeben werden." 1 Joh. 5, 4: „So wir etwas bitten nach seinem Willen, so erhöret er uns." Matth. 21, 22: „Was ihr bitten werdet, so ihr glaubet, so werdet ihr es empfahen." Da steht der Befehl und die Zusage. Wer hiedurch nicht bewogen wird, muß ein steinernes Herz haben. Wer's nicht glaubt, hat ein heilloses Herz, ist nicht werth, daß er Mensch heiße. Dieß ist nicht unbekannt; warum glauben wir's aber nicht? oder warum beten wir nicht? warum werden wir nicht erhört? warum erlangen wir den heiligen Geist nicht? Darum, daß wir nicht im rechten Glauben beten, und Gott still halten und auswarten. Denn der rechte Glaube hält Gott still in ganzer Gelassenheit. Wer aber zweifelt, ist treulos, macht erst sein Gebet selbst zunichte; denn Gott kann ihm nichts geben; zum Andern hält er Gott für einen Lügner und ohnmächtigen Gott, der entweder nicht wolle oder nicht könne geben, was uns mangelt. Das sind zwei böse Stücke.

2. Der Glaube aber hält das Herz stille, macht es fähig göttlicher Gnade. Gott fordert nichts mehr von dem Menschen, denn den Sabbath, Ruhe von allen seinen Werken, 1 Mos. 2, 2, von ihm selbst vornehmlich. Unser Geist und Gemüth ist wie Wasser, darüber der Geist Gottes ohne Unterlaß schwebt, Cap. 2, 2. Sobald es stille und von keinem Winde der zeitlichen Gedanken hin und her bewegt wird, bleibt Gott darin, spricht sein kräftiges Wort in solch stilles Wasser. Dieser Blick ist besser und edler, denn die ganze Welt. (Besiehe das 8. Capitel der teutschen Theologie, und Doctor Tauler an vielen Orten.) Stille Wasser werden von der Sonne leichtlich erwärmt; die schnellen, rauschenden Flüsse selten oder gar nicht. Der Unglaube raubt Gott seine Ehre und den Namen der Treue und Wahrheit. Dadurch wird ein Christ gar zum Heiden und Verläugner Gottes. Wo er darin bleibt, so ist er gewißlich ewig verdammt.

Gebet um wahren Glauben.

Dein Wort, o Gott, ist gewiß, und was du zusagst, das wird von dir unfehlbar erhört. Ach! daß dein Geist, als ein Geist des Glaubens, in uns geschäftig seyn, deine evangelischen Verheißungen uns zueignen, unsere Seelen stille und gesammelt vor dir machen, und uns die kräftigste Ueberzeugung geben möchte, daß du den Reichthum deiner Güte, Weisheit und Wahrheit an uns offenbaren, und durch dieses Jammerthal uns so durchführen werdest, daß wir dereinst dein Angesicht schauen, und von den reichen Gütern deines Hauses gesättigt werden sollen in alle Ewigkeit. Amen.

Capitel VIII.
Gott ist kein Anseher der Person, sondern hat Alle gleich lieb.

Ps. 86, 5. Du, Herr, bist gut und gnädig, und von großer Güte Allen, die dich anrufen.

1. Ich weiß nun, daß Gott mein Anliegen besser weiß, denn ich's ihm kann vorbringen. Er hat das Beten befohlen

und Erhörung zugesagt; ich zweifle aber daran, ob er mich auch heiße beten, und mich erhören wolle. Da lerne, daß Gott kein Anseher der Person sey; obwohl die blinden Leiter aus etlichen Sprüchen, als Röm. 9, 13. Mal. 1, 2, und dergleichen, Gott wollen partheiisch und zum Menschenfeind machen, wider die klaren, unwidersprechlichen Zeugnisse der Schrift, die wir uns wohl einbilden, und uns davon in keinem Wege abtreiben lassen sollen. Apost. Gesch. 10, 34: „Nun erfahre ich in der Wahrheit, daß Gott die Person nicht ansieht, sondern aus allerlei Volk, wer ihn fürchtet und recht thut, der ist ihm angenehm." 5 Mos. 10, 17: „Der Herr, euer Gott, ist ein Gott aller Götter und ein Herr aller Herren, ein großer Gott, mächtig und schrecklich, der keine Person achtet, auch kein Geschenk nimmt, und schaffet Recht den Waisen und Wittwen, und hat die Fremdlinge lieb, daß er ihnen Speise und Kleider gebe." Gal. 2, 8: „Gott achtet das Ansehen der Menschen nicht." Col. 3, 25: „Bei Gott gilt kein Ansehen der Person." Weish. 6, 8: „Der, so Aller Herr ist, wird Keines Person fürchten, noch die Macht scheuen; er hat beide, die Kleinen und Großen, gemacht, und sorget für Alle gleich." Ezech. 33, 11. 12: „So wahr ich lebe, spricht der Herr, ich habe kein Gefallen am Tode des Gottlosen, sondern daß sich der Gottlose bekehre und lebe. Wenn ein Gottloser fromm wird, soll's ihm nicht schaden, daß er ist gottlos gewesen, und aller seiner Sünde, die er gethan hat, soll nicht gedacht werden." 1 Tim. 1, 15. 16: „Das ist je gewißlich wahr, und ein theuer werthes Wort, daß Christus Jesus gekommen ist in die Welt, die Sünder selig zu machen, unter welchen ich der Vornehmste bin. Aber darum ist mir Barmherzigkeit widerfahren, auf daß an mir vornehmlich Jesus Christus erzeigte alle Geduld, zum Exempel denen, die an ihn glauben sollten zum ewigen Leben." 1 Tim. 2, 4: „Gott will, daß allen Menschen geholfen werde, und sie zur Erkenntniß der Wahrheit kommen." 2 Petr. 3, 9: Gott will nicht, daß Jemand verloren werde, sondern daß sich Jedermann zur Buße bekehre." Solche und dergleichen Zeugnisse mache sich ein Jeder bekannt, damit er wisse, wie Gott Keinen vor dem Andern lieb habe, sondern Alle gleich, ohne Unterschied. Denn er hat sie Alle gleich geschaffen zu seinem Bildniß, und durch Christum wieder erlöst. Er hat bei sich selbst geschworen, daß er keinen Sünder will verderben lassen. Gott kommt uns Allen zuvor mit seiner Gnade. Er wartet nicht, bis wir würdig werden, denn ehe wir zu ihm kommen, kommt er zu uns; ehe wir ihn kennen, kennt er uns; ehe wir ihn lieben, liebt er uns. Er hat uns geliebet, da wir noch seine Feinde waren, Röm. 5, 10. Blind und gottlos ist der Mensch, der da sagen darf: Gott hat Einen lieber als den Andern. Ein solcher schmäht die göttliche Majestät, macht Gott stracks partheiisch, zum Anseher der Person.

2. Daß aber gesagt wird, Gott habe Jacob lieb, und Esau hasse er, Röm. 9, 13, ist nicht zu verstehen von ihrem menschlichen Wesen, oder vom bloßen Haß, sondern von der Ausschließung des Erbtheils im gelobten Lande; nicht von dem Haß der verweigerten Seligkeit, sondern des verweigerten irdischen Segens. Und ob wir gleich Alle Sünder sind, dennoch liebt Gott die, so ihn lieben, vor denen, so in Sünden und Blindheit stecken bleiben, und Gott nicht wollen für ihren Vater erkennen, noch Buße thun. Daran aber trägt Gott kein Gefallen, sondern wollte viel lieber, daß alle Menschen selig würden. Ferner Röm. 9, 18: „Er erbarmet sich, weß er will, und verstocket, wen er will." Ist recht. Er will aber Keinen verstocken, denn der sich selbst verstockt durch seinen Unglauben und seine Unbußfertigkeit. Solche läßt er, wiewohl ungern, fahren; so sind sie genug und allzusehr verstockt. Ferner V. 16: „Es liegt nicht an Jemands Laufen, sondern an Gottes Erbarmen." Denn Gott läuft uns zuvor, erwählt uns, und nicht wir selbst. Darum ist Alles Gottes Gabe und Gnade. Nichts soll uns zugeschrieben werden, ob wir gleich etwas Gutes thun.

3. Dieß ist die rechte Erklärung solcher Sprüche; aber die eigensinnigen Köpfe

drehen sie nach ihrer Vernunft, machen den Haufen der Verdammten groß aus Gottes Ordnung und Vorsehung, aus Gott einen Menschenfeind, einen neidischen Saturnus, der seine eigenen Kinder fresse und hasse. Daher nichts folgt, denn Zerstörung des Glaubens, Verzweiflung, ein rohes, wildes, epikurisches Leben, wie vor Augen ist. Gott behüte uns vor solchen Stricken des leidigen Satans! Amen.

Gebet um Erkenntniß der allgemeinen Liebe Gottes.

Du willst, o Gott, daß allen Menschen zur Seligkeit geholfen werde, und sie zur heilsamen und lebendigen Erkenntniß deiner geoffenbarten Wahrheit kommen, und dadurch das ewige Leben erlangen. Laß uns Alle dein Heil genießen, das du uns von Ewigkeit zugedacht und durch deinen Sohn uns zubereitet hast. Dein Geist mache uns zu Gefäßen deiner Barmherzigkeit, auf daß wir mit deinen himmlischen Gütern erfüllt werden, und als deine Begnadigten dich ewig verherrlichen mögen. Amen.

Capitel IX.

Beten wegen eigner Würdigkeit, ist so große Sünde, als gar nicht beten wegen vorbegangener Sünde.

Luc. 15, 21. Vater, ich habe gesündigt im Himmel und vor dir, und bin nicht werth, daß ich dein Sohn heiße.

1. So Einer betet wegen seiner Frömmigkeit oder Heiligkeit, so bleibt er nicht in der Mitte und in der Einfalt, wie ein Kind, sondern lenkt sich zur Rechten, läuft vor Christo her, wie ein Dieb und Mörder, stiehlt ihm seine gebührliche Ehre (weil Er allein unsere Gerechtigkeit, Würdigkeit und Frömmigkeit seyn soll, 1 Cor. 1, 30), und schreibt es seinen nichtigen Werken zu, als verdiene es der Mensch, und nicht Christus allein, als erhöre Gott das Gebet wegen menschlicher Werke, und nicht um seines Sohnes willen, da doch geschrieben steht: „Bei dir gilt nichts, denn Gnade und Gunst." Ps. 130, 4. 7. So wenig der Mensch hilft dem Sonnenschein, so wenig helfen unsere Werke der Gnade Gottes. Abraham, Isaak, Jacob, Elias ꝛc. sind alle aus Gnaden selig geworden, haben alle sagen müssen: „Gehe nicht in's Gericht mit deinem Knechte!" Ps. 143, 2.

2. Unterläßt aber Jemand das Gebet wegen seiner vorbegangenen Sünden, achtet sich deßwegen unwürdig und unheilig: der fällt aus der Mitte zur linken Hand in Elend und Jammer, nämlich in die Lästerung des Sohnes Gottes; und so er darin verharrt, fällt er endlich in Verzweiflung, gleich als wäre Christi Leiden und Tod nicht genug für die Sünden der ganzen Welt. Dawider soll man sich aufrichten mit diesen Sprüchen: „Ob bei uns ist der Sünden viel, bei Gott ist viel mehr Gnade" ꝛc. „Wo die Sünde mächtig ist, da ist die Gnade viel mächtiger," Röm. 5, 20. Unser Elend ruft an Gottes Barmherzigkeit, unsere Schwachheit Gottes Stärke, unsere Unwürdigkeit Gottes Gerechtigkeit. „Es ist ein theures, werthes Wort, daß Christus gekommen ist in die Welt, die Sünder selig zu machen," 1 Tim. 1, 15. „So wahr, als ich lebe, spricht der Herr, Herr, ich habe kein Gefallen an dem Tode des Gottlosen, sondern daß sich der Gottlose bekehre von seinem Wesen und lebe," Ezech. 33, 11. „Es ist nichts Verdammliches an denen, die in Christo Jesu sind, die nicht nach dem Fleische wandeln, sondern nach dem Geiste," Röm. 8, 1. „Es soll dem Bekehrten nicht schaden, daß er gottlos gewesen ist," Ezech. 33, 12. „Darum" (um die Vergebung der Sünden) „werden dich bitten alle Heilige," Ps. 32, 6. „Sey nicht allzu gerecht und allzu weise, daß du dich nicht verderbest. Sey nicht allzu gottlos und narre nicht, daß du nicht sterbest zur Unzeit," Pred. Sal. 7, 17. 18. „Werden wir unsere Sünden bekennen, so ist Gott treu und gerecht, daß er uns die Sünden vergibt, und reiniget uns von aller Untugend," 1 Joh. 1, 9. „Seine Gerechtigkeit siehet vom Himmel," Ps. 85, 12.

3. Sollte ich nicht eher beten, ich finde mich denn würdig oder tüchtig: so müßte ich nimmermehr beten. Sollte mir Gott nicht eher zu Hülfe kommen, oder etwas geben, ich wäre denn heilig oder gerecht von mir selber: so müßte er mir nimmer-

mehr etwas geben. Lieber Mensch! was willst du dem geben, der deines Gutes nicht bedarf? Röm. 11, 35. Was wolltest du mit deinen nichtigen Werken oder Frömmigkeit von Gott erwerben? Röm. 3, 24. Nichts. Es müssen sich davonheben alle Werkheilige, und vor ihm schweigen alle Creaturen. Deine Würdigkeit hilft nichts; deine Unwürdigkeit schadet nichts; Christus hat sie zugedeckt und vergeben, Ps. 32, 1. Derowegen sage ich dir also: Wie ein Tröpflein Wassers vom Meere verschluckt wird, also sind meine Sünden gegen die unbegreifliche Gnade Jesu Christi.

Gebet wider eigene Vermessenheit und wider Verzweiflung.

Heiliger Gott, wir schämen uns, unsere Augen vor dir aufzuheben, denn wir sind durch die Sünde verunreinigt und zu einem Gräuel geworden. Da du aber Christum uns zum Gnadenstuhl vorgestellt hast, und nicht willst den Tod des Sünders: so wenden wir uns, unter dem Gefühl unsers tiefen Verderbens, in deinem Sohne, unserm Mittler, zu dir, unserm barmherzigen Gott und versöhnten Vater hin, und bitten dich flehentlich: Ach Gott, erhalte uns durch deinen Geist in der wahren Demuth, und laß uns gläubig und zuversichtlich aus Jesu Fülle nehmen, was wir zu unserm Heil gebrauchen! Treibe uns auch kräftig dazu an, daß wir in Heiligkeit und Gerechtigkeit unser Leben lang dir dienen, und unsern ganzen Wandel kindlich und ehrerbietig vor dir führen, zum Preise deines Namens. Amen.

Capitel X.

Ein wahrer Anbeter darf nicht zu Gott laufen an einen gewissen Ort, sondern er findet ihn allenthalben im Geist und in der Wahrheit.

Joh. 4, 21. 23. Es kommt die Zeit, da ihr weder auf diesem Berge noch zu Jerusalem anbeten werdet. Denn die wahren Anrufer werden den Vater anbeten im Geist und in der Wahrheit.

1. Wo finde ich nun Gott? Jer. 23, 23. Bei St. Jacob? am Ende der Erde? zu Jerusalem? auf dem Berge Thabor? Antwort, Joh. 4, 23: „Im Geist und in der Wahrheit." Zu Fürsten und Herren muß man weit reisen, seine Noth vorzubringen; aber Gott ist überall. Er füllet Himmel und Erde, Jer. 23, 24, ist allen Creaturen näher, denn sie ihnen selbst sind; ist in und außer allen, durch alle, Eph. 4, 6. Alle Oerter sind vor ihm ein einiger Ort, alle Zeiten Eine Zeit, Ps. 139, 7. Wenn Einer am Tage im flachen Felde wandelt, so ist es licht um ihn, er sehe oder sey blind; also und näher ist Gott allen Creaturen. Denn sie sind das Wasser, darüber Gott schwebt; der durchdringt alle Geister, wie rein, klar und lauter sie seyen, Weish. 7, 23. Gott ist uns Allen gegenwärtig, aber wir sind ihm nicht Alle gegenwärtig, das ist, wir befinden seine Gegenwart nicht, gleichwie ein Blinder das Tageslicht nicht sieht. Gott wendet sich nicht von uns, wir aber wenden uns von ihm. Dadurch fallen wir in Blindheit, daß wir sagen, Gott habe sich auch von uns gewandt, er sey zornig, ungnädig. Solche Aenderung geschieht nur in uns und in unsern Herzen; da befinden wir's also, und reden davon, wie wir's befinden. Also straft und quält sich ein jeder Sünder selbst durch seine Abwendung von Gott. Er aber bleibt immer, wie er ist, gütig und unwandelbar, gerecht in seinen Werken, Ps. 145, 8, obschon der blinde, abgekehrte Mensch ihn für zornig, ungerecht und ungnädig achtet.

2. Hieraus werden recht verstanden die Sprüche vom Reiche Gottes, wie dasselbe nicht außer, sondern in uns sey :c. Luc. 17, 21. Deßgleichen: „Was gehen mich die draußen an?" 1 Cor. 5, 12. Dieß ist nicht zu verstehen vom äußerlichen Ort, sondern nach dem Glauben vom Geist oder innern Menschen. Sonst, wo man das Reich Gottes an einen äußerlichen Ort bindet, ist es antichristlich; wie der Herr geweissagt hat, daß man sagen werde: „Siehe, hier ist Christus, da ist Christus," Matth. 24, 23. Ort oder Stelle macht weder selig noch verdammt; sonst wäre Lucifer kein Teufel im Himmel geworden, an einem seligen Orte; auch wäre Adam im Paradis nicht in Sünde gefallen :c. Und so der Ort sollte verdammen, würde kein Mensch selig,

denn wir sind Alle in der Welt unter des Teufels Reich, der ein Fürst der Welt ist. Also kann ein Mensch im Reiche Gottes seyn auch in der Tiefe des Meers, wie Jonas, so er nur glaubet. Dagegen kann Einer in des Teufels Reich seyn durch den Unglauben, ob er schon mitten in der Kirche wäre, Predigt hörte, und Sacrament gebrauchte. Ein solcher ist dennoch vor den Augen Gottes draußen.

Gebet um Erkenntniß der Allgegenwart Gottes.

Jmanuel, du bist bei uns alle Tage, bis an der Welt Ende. Ach! laß unsere Herzen auch beständig zu dir gerichtet seyn, damit wir deine Gnadengegenwart zu unserer Seligkeit erfahren, und durch Betrachtung derselben gereizt werden, vor deinen allwissenden Augen mit heiliger Ehrerbietung zu wandeln. Dein hohepriesterlicher Segen ruhe auf uns. Deine Hirtentreue begleite uns. Deine Jesusliebe verfolge uns. Deine allmächtige Kraft stärke uns. Dein Friede bewahre unsere Herzen zum ewigen Leben. Amen.

Capitel XI.
Man darf Gott nicht zu gewissen Zeiten anbeten, sondern mag ihn alle Stunden ansprechen, wofern sich der Mensch nicht selber verhindert.

Jes. 49, 8. C. 55, 6. 2 Cor. 6, 2. Jetzt ist die angenehme Zeit, jetzt ist der Tag des Heils. Suchet den Herrn, weil er zu finden ist; rufet ihn an, weil er nahe ist.

1. Daß wir etwas vom Ort wiederholen: wie selig ist der Mensch, der im Reiche Gottes ist! denn er hat den Schatz in ihm, er sey, an welchem Orte der Welt er wolle. Wer aber wegen Unglaubens nicht im Reiche Gottes ist, der bleibet ausgeschlossen, ob er schon mit andern Christen Predigt hörte und Sacrament gebrauchte. Denn der Ort beseligt und verdammt Keinen, sondern Glaube oder Unglaube; welches im Herzen der Menschen, im Geist vollbracht wird. Ein Christ sey, wo er wolle, so hat er die Gnade, Absolution und Vergebung der Sünden bei sich; denn Christus ist in ihm. Aber dieß ist nicht so zu verstehen, daß man das mündliche Predigtamt verachte; sondern zum Trost aller frommen Herzen, daß sie in Noth, Krankheit, an fremden Orten, in Christo sind, aber nicht draußen. Deßgleichen wird es gesagt zum Schrecken der Gottlosen und Unbußfertigen: ob sie schon mitten in der Versammlung der Christen sind, dennoch sind sie ausgeschlossen vor Gottes Augen. Denn ein jeder Ungläubige schließt sich selber aus, und beraubt sich des Schatzes in ihm. Also hilft einem gottlosen, ungläubigen Kranken gar nicht Sacrament, Priester, Papst, wenn er gleich mitten in der Kirche ist, so er nicht glaubt. Glaubt er aber, so schadet ihm nichts, ob er in der Türkei, in der Tiefe des Meers, ohne Priester und Sacrament stirbt. Denn er hat Christum, den rechten Priester, das Reich Gottes in sich; wie solches Christus genug bezeugt, Joh. 4, 21. Luc. 7, 21. Matth. 24, 23. O elende Leute, die ihre Seligkeit suchen bei sterblichen Menschen, sie an einen leiblichen Ort binden, auf das Auswendige sehen! Wie viel Tausende thun das, und verlieren darüber den Schatz in ihnen! Aeußerliche Dinge sind nur Mittel, die man nicht verachten soll; aber sie sind nicht der Schatz selber, sondern Christus und Gott; der kann auch ohne Mittel kommen, wenn wir die nicht haben können. Wir kommen Alle an einem gewissen Orte zusammen in der Kirche, damit wir uns einmüthig ermahnen und erinnern der Gegenwärtigkeit Gottes, rufen ihn an für gemeine Anliegen und Noth, üben uns in andern göttlichen Sachen; Alles unserthalben, daß wir arme, blinde Menschen erweckt, sehen und verstehen lernen, wie Gott an keinem Orte verschlossen sey, „den die Himmel nicht begreifen können," 1 B. d. Kön. 8, 27. „Der höher denn die Himmel, tiefer denn die Hölle, breiter als die Erde ist," wie Hiob C. 11, V. 8 sagt.

2. Wie sich's nun verhält mit dem Orte, also auch mit der Zeit, an welche Gott mit seiner Ewigkeit nicht gebunden ist, weil er immer unwandelbar bleibt, und hört eine Zeit wie die andere. Ein irdischer Herr hört nicht allewege, ja gar selten; jetzt schläft er, dann jagt er, oder hat etwas Anderes zu thun, wird oft verhindert. Unsern Gott aber hindert die Welt nicht, er

sieht alle Dinge in Einem Blick; hört, weiß Alles, auch deine Gedanken, ehe du geboren bist, Ps. 139, 2; zählt die Haare deines Hauptes, Matth. 10, 30. Tausend Jahre sind vor ihm wie Ein Tag, und hinwieder, Ps. 90, 4. Er nimmt weder zu noch ab, hat weder Zeit noch Ort, ist immer bereit, zu helfen und zu geben, steht alle Augenblicke vor unserer Thür, wartet, wann ihm aufgethan wird, Offenb. 3, 20; seine Zeit ist allezeit; aber unsere Zeit ist nicht allezeit. Halten wir still im Glauben, so werden wir bald erhört. „Ach Herr Gott, wie reich tröstest du, die gänzlich sind verlassen! der Gnaden Thür geht nimmer zu, Vernunft kann das nicht fassen ꝛc." Zeitliche Dinge bringen Veränderung in unserm Gemüthe, halten uns ab vom innigen Gebet; darum müssen wir vergessen Zeit, Ort und alle Creaturen; das ist, was die teutsche Theologie C. 30 sagt: „Du mußt verlassen hie und da, dieß und das, heut und morgen, und ganz in einen Stillstand kommen aller deiner Kräfte und deines Gemüths, wenn du betest." So bricht solcher Sabbath an in deinem Herzen; du ruhest von allen zeitlichen Sorgen und Gedanken, und Gott kommt alsdann mit seinem Wort aus der Höhe; da wirst du gewahr und schmeckest die Treue, Güte und Wahrheit Gottes, wie sie lange zuvor auf dich wartete, ehe du ihn kanntest. Da mußt du bei dir mit Mose, 2 Mos. 34, 6, sagen: „Ach Herr, du bist treu, gnädig, barmherzig, langmüthig, voll großer Güte," kommst Allen zuvor, ehe sie bitten. Da wirst du dich verwundern, daß du aus eigener Blindheit deinem lieben Gott eine solche Unvollkommenheit angedichtet hast, als müßte er durch Ceremonien, Geschrei und Gebet erst ermuntert und erweckt werden, oder als bedürfte Gott deines Gebets und langer Worte, so er doch dein Herz gesehen und alle Gedanken gemerkt, ehe du geboren warst, Ps. 139, 2.

Gebet um Erkenntniß, daß man Gott an allen Orten und zu allen Zeiten anbeten könne.

Laß deine Herrlichkeit, o Gott, in uns offenbar werden, und uns deine Freundlichkeit dergestalt schmecken, daß wir uns an dir ohne Unterlaß ergötzen, und daß das Verlangen unserer Herzen beständig zu dir hingerichtet seyn möge. Deine verordneten Gnadenmittel laß an unsern Seelen also kräftig seyn, daß wir bei dem Gebrauch derselben immer näher zu dir hingezogen und immer genauer mit dir verbunden werden. Sey und bleibe an allen Orten und zu aller Zeit unser höchstes Gut, in welchem unser unsterblicher Geist eine ununterbrochene Ruhe genießt, auf daß wir mit einem gesammelten Herzen vor dir bleiben, und unsere Gemüthsruhe durch nichts in der Welt gestört werde. Amen.

Capitel XII.
Durch obige Betrachtungen wird nicht allein das Herz zum wahren Gebet bereitet, sondern es folgen auch daraus andere schöne Lehren.

Jes. 65, 24. *Ehe sie rufen, will ich hören; und wenn sie noch reden, will ich antworten.*

1. Wir lernen hieraus: 1) daß Gott nicht seinethalben das Beten gebiete, weil er Alles zuvor weiß; sondern daß wir dadurch erweckt, erkennen, wie er zuvor Alles wisse. Denn so sorgfältig ist Gott für uns, daß er ein Ding nicht eher will wissen, wir haben es denn auch erfahren in uns, daß er Alles wisse. Darum wenn wir nicht fleißig beten, dünket uns gleich, als wüßte es Gott nicht. Wenn wir uns aber im Gebet üben, so lernen wir bald, daß Gott Alles wisse, was uns anliegt; daß auch die Haare unsers Hauptes gezählt sind, ehe wir geboren waren. Das Alles bleibt den Verächtern des Gebets verborgen.

2. 2) Daß Gott nicht bedürfe langer Erzählung, wie ein Mensch, sondern wir bedürfen täglicher Uebung, damit der inwendige Mensch einkehre in das Reich Gottes.

3. 3) Daß Gott tausendmal begieriger sey (wie Doctor Tauler sagt), zu geben, als wir, zu nehmen durch Gebet und Hoffnung.

4. 4) Daß Gott nicht bedürfe unsere Ceremonien, Wachen, Fasten, Schreien,

damit er erwache, der nimmermehr schläft, Ps. 121, 4, und zuvorkommt, ehe wir beten, ja ehe wir ihn kennen, Jer. 1, 5; sondern daß der faule, schlafende Mensch durch diese Dinge müsse geleitet, geführt, gereizt, ermuntert und erweckt werden, daß er inne werde, wie treulich der himmlische Vater für alle Menschen sorge.

5. 5) Wir lernen die unermeßliche Güte, Treue und Barmherzigkeit Gottes gegen alle Menschen, Sir. 18, 12, dagegen des Menschen Blindheit, Unglauben, Faulheit und unsägliche Nachlässigkeit; indem er solche Treue nicht achtet, sondern vielmehr das Beten, Suchen und Anklopfen verachtet.

6. 6) Daß Gott gerecht bleibe in allen seinen Werken, Ps. 145, 17, und nicht die Ursache sey unsers Mangels, unserer Blindheit und Unwissenheit, sondern wir selber, die wir nicht nach seinem Befehl beten, suchen, anklopfen. Also rächt sich die Bosheit und Faulheit selbst. Ein jeder Sünder plagt sich selbst; der unpartheiische Gott bleibt gerecht in seinen Werken.

7. 7) Daß Gott weder an Zeit noch Ort gebunden sey, sondern darüber erhoben, und wolle allewege, allezeit, allenthalben im Geist und in der Wahrheit angebetet werden, Joh. 4, 21. 23.

8. Diese Betrachtungen entledigen den Menschen von vielen Irrthümern, und thun ihm gleich die Augen auf, zu erkennen, was ihm sonst unbekannt bliebe. Denn solches nicht wissen, ist einem Christen eine große Schande; wissen aber, und nicht üben, ist noch größere Schande.

Gebet um Erweckung zum Reich Gottes.

Ermuntere du selber unsere träge Seele, o du Liebhaber des Lebens! damit wir am ersten trachten nach deinem Reiche und nach deiner Gerechtigkeit. Wecke uns auf aus unserm Sündenschlafe, daß wir unserer Seelen Heil mit Ernst wahrnehmen, und stärke uns durch deine göttliche Kraft, daß wir das einige Nothwendige nicht versäumen. Zeuch du selber uns nach dir, so laufen wir die Wege deiner Gebote, und kommen durch Christum in deine ewige Herrlichkeit. Amen.

Das 35. Capitel.

Eines wahren Christen, das ist, Gesalbten des Herrn, Eigenschaft und Kennzeichen ist das Gebet.

Psalm 86, 1. Herr, neige deine Ohren, und erhöre mich; denn ich bin elend und arm.

1. Hier haben wir eine herrliche Lehre, daß das Beten eines wahren Christen Kennzeichen und Eigenschaft sey, und daß Trübsal das Gebet erweckt. Denn

2. 1) Wer ein Christ ist, der ist mit dem heiligen Geist gesalbt und getauft, 1 Joh. 2, 20. Wenn nun ein Mensch der Salbung und dem heiligen Geist Raum und Statt gibt, denselben nicht betrübt noch verhindert: so thut der heilige Geist nichts anders in des Menschen Herz, denn daß er ohne Unterlaß seufzet, und den Geist des Menschen erhebt zu Gott, und mit sich von der Erde aufführt, Röm. 8, 26. Gleichwie ein kräftiges, subtiles Wasser oder Spiritus aus einem Brünnlein die Kraft an sich nimmt und mit aufführt: also ist der Mensch Gottes Blume, die der Herr gepflanzt hat, eine Pflanze im Hause des Herrn, Jes. 61, 3. Ps. 92, 14; die muß der heilige Geist bereiten, und derselben Geruch mit aufführen. Nun versuche es ein frommer Mensch, er halte dem heiligen Geist ein wenig stille, und verhindere ihn nicht; es wird nicht lange währen, es wird ein Seufzer aufsteigen, daß der Mensch sagen wird: Ach lieber Gott, du getreuer Gott, erbarme dich über mich! Sobald man Weihrauch, Myrrhen und andere Kräuter in's Feuer legt, so steigt ein Rauch auf, und gibt einen lieblichen Geruch, welches ohne Feuer nicht geschieht: also auch, sobald das Feuer des heiligen Geistes unser Herz berührt, und er nicht verhindert wird, sobald steigt ein Geruch eines Seufzers und des Gebets auf. Das sind die goldenen Rauchschalen der Engel, und ihr geistlicher Weihrauch, damit sie räuchern, Offf. 5, 8. Deßwegen ist ein andächtiges Seufzen und Beten eine gewisse Probe, ob der Geist Gottes im Menschen ist.

3. 2) Dieß bezeugt auch die Eigenschaft der Wohnungen und Tempel Gottes, des heiligen Geistes. Was kann da anders seyn, wo der heilige Geist seine Wohnung

und Werkstatt hat, denn Beten? Ursache, der heilige Geist ist ein Geist der Gnade und des Gebets, Zach. 12, 10. Darum ist ja das Gebet ein gewisses Kennzeichen des heiligen Geistes, wenn es von Grund des Herzens geht. Vom heuchlerischen Gebet rede ich jetzt nicht; davon sagt Gott, Jes. 29, 13: „Dieß Volk nahet sich zu mir mit ihren Lippen, aber ihr Herz ist ferne von mir." Ein rechtes Gebet, das der heilige Geist wirkt, fließt aus der Tiefe des Herzens; gleichwie die wasserreichen und frischen Brunnen tiefe Quellen haben, und je tiefer man die Wasserquelle sucht, je höher steigt das Wasser durch die Röhre. Christus ist der wasserreiche Brunn des Heils. „Wohlan Alle, die ihr durstig seyd, kommet her zum Wasser, und trinket," Jes. 55, 1. Sehet, welch eine tiefe Quelle dieser Brunn hat, die ewige Gottheit. „Und wer an ihn glaubet," spricht er, „von deß Leibe werden Ströme des lebendigen Wassers fließen," Joh. 7, 38; das ist, Gebet und Gaben des heiligen Geistes.

4. 3) Solches bezeugt auch des heiligen Geistes Amt. Er soll unser Lehrer und Tröster seyn, Joh. 16, 13. Soll er ein Lehrer und Tröster seyn, so muß er reden; soll er reden, so muß er eine Kirche oder einen Tempel haben, darin er redet. Seine Kirche ist des Menschen Herz; seine Rede ist das Seufzen des Herzens, so er wirket. Er hat eine verborgene und himmlische Stimme. Unser Herz empfindet es; denn „er gibt Zeugniß unserm Geist, daß wir Gottes Kinder sind; durch welchen wir rufen: Abba, lieber Vater!" Röm. 8, 15. 16. Soll er trösten, so muß er ein Herz haben, das seines Trostes fähig ist, ein zerbrochenes und zerschlagenes Herz, Ps. 51, 19; da ein Gleichniß genommen wird von einem zerbrochenen Gliede, Arm oder Bein, von einem Leibe voller Weh geschlagen. Ach wie sanft thut doch einem zerbrochenen Glied ein köstliches Wundöl, das die Schmerzen lindert! da werden die Glieder wieder zur Ruhe gebracht, als wenn sie sanft schliefen. Also, wenn das Herz durch Traurigkeit verwundet, durch Trübsal zerbrochen und zerknirscht ist: alsdann kann der heilige Geist sein Trostamt nützlich gebrauchen, und seinen himmlischen Balsam hineingießen. „Er heilet, die zerbrochenen Herzens sind, und verbindet ihre Schmerzen," Ps. 147, 3. „Heile du mich, Herr, so werde ich heil; hilf du mir, so wird mir geholfen. Denn du bist mein Ruhm." Jer. 17, 14.

5. 4) Da sehen wir nun auch den Nutzen des heiligen Kreuzes. „Die Starken bedürfen des Arztes nicht, sondern die Kranken," Matth. 9, 2. O komme, du himmlischer Arzt, wir bedürfen dein Alle! „Herr, neige deine Ohren, und erhöre mich, denn ich bin elend und arm," Ps. 86, 1; arm von Gerechtigkeit. Ach, es ist ein Mensch so arm; wenn ihn Gottes Barmherzigkeit nicht bekleidete, und die Gerechtigkeit Christi nicht zudeckte, er müßte nackend und bloß stehen vor Gottes Gericht, und vor allen heiligen Engeln zu Schanden werden! Hier sind alle Menschen von Natur so arm, daß keine ärmere Creatur seyn möchte. Offenb. 3, 17: „Du weißt nicht, wie arm, elend, blind und bloß du bist."

6. Auch elend, spricht der Psalm. Das ist eine Wirkung der Armuth. Wer arm wird, der wird auch wohl elend. Was heißt denn elend? Antwort: der nirgends eine bleibende Statt hat, nirgends hin weiß, und ist von allen Menschen verlassen, aller menschlichen Hülfe beraubt. Ach wie elend sind alle Menschen von Natur! Wo sollen wir hin? wo sollen wir bleiben? „Haben wir keine andere Hoffnung, denn dieß Leben, so sind wir die elendesten unter den Creaturen," 1 Cor. 15, 19. Hier sollen wir all unser geistliches Elend und Armuth erkennen lernen. Wenn das geschieht, alsdann ist der himmlische Tröster da, und lehrt dich in deiner Armuth seufzen nach dem Reichthum der Barmherzigkeit und Herrlichkeit Gottes, und in deinem geistlichen Elend und deiner Pilgerschaft die Augen aufheben zu Gott, der im Himmel wohnt. Davon der Herr spricht: „In meines Vaters Hause sind viele Wohnungen," Joh. 14, 2. „Vater und Mutter verlassen mich, aber der Herr nimmt mich auf," Ps. 27, 10. Bist du nun elend und in der

Pilgrimschaft: im Himmel ist dein Vaterland. Bist du arm, nackend und bloß: Christi Gerechtigkeit ist dein Kleid und Rock des Heils, Jes. 61, 10. Darum halte dein Kleid fest, daß du nicht bloß erfunden werdest, und man nicht deine Schande sehe. Offenb. 16, 15.

Gebet um den Geist des Gebets.

O Jesu, du hast durch dein Blut uns einen neuen und lebendigen Weg zum Eingang in das Allerheiligste eröffnet. Gib uns deinen Geist der Gnade und des Gebets, damit wir von deiner zarten Liebe gegen uns überzeugt werden, und mit Freudigkeit zu deinem Gnadenstuhl hinzutreten, auf daß wir Barmherzigkeit erlangen und Gnade finden zu aller Zeit, wann uns Hülfe noth ist. Laß uns empfinden das unaussprechliche Seufzen deines Geistes, und versichere uns davon, daß Alles, was wir in deinem Namen und durch deinen Geist von dir verlangen, gewiß erhört werde. Amen.

Das 36. Capitel.

Von dem Nutzen, der Frucht und Kraft des Gebets; und was unser Gebet müsse für Grund haben.

Hebr. 4, 16. Darum lasset uns hinzutreten mit Freudigkeit zu dem Gnadenstuhl, auf daß wir Barmherzigkeit empfahen und Gnade finden auf die Zeit, wenn uns Hülfe noth seyn wird.

1. „Höre meine Stimme nach deiner Gnade," Ps. 119, 149. Das ist das erste Fundament unsers Gebets, Gottes Gnade. Dieselbe aber ist in Christo, unserm Herrn, der ist voll Gnade und Wahrheit, und von seiner Fülle müssen wir Alle nehmen, Joh. 1, 16. Darum ist er unser Gnadenthron, Röm. 3, 25, dahin wir das Angesicht unsers Glaubens wenden sollen in unserm Gebet, gleichwie die Kinder Israel ihr Angesicht im Gebet nach dem Gnadenstuhl wenden mußten. Darum hat uns der Herr in seinem heiligen Namen Erhörung zugesagt, Joh. 16, 23; wie auch die heiligen Propheten also gebetet haben. Dan. 9, 17: „Erhöre uns, Herr, um des Herrn willen."

2. 1) Der heilsame Nutzen aber unsers Gebets ist, wie der heilige David sagt, Ps. 119, 149: „Erquicke mich nach deinen Rechten;" oder, wie es in seiner Sprache lautet: „Mache mich lebendig." Denn aus Gottes Gnade kommt freilich das Leben. Ohne Gottes Gnade ist ein Mensch lebendig todt. Denn ohne sie müßten wir ewig unter dem Zorne Gottes bleiben. Was hilft uns unser Leben ohne Gottes Gnade? Daher der 63. Psalm, V. 4 spricht: „Herr, deine Güte ist besser denn Leben." Dieselbe lebendigmachende Kraft kommt auch zu uns durch Christum. Darum ist er Mensch geworden, und hat unser Fleisch und Blut an sich genommen, daß durch sein lebendigmachendes Fleisch auch wir lebendig gemacht würden. Solche Lebenskraft empfinden wir im Gebet und durch das Gebet; gleichwie alle die gesund wurden, die den Herrn Christum anrührten; „denn es ging eine lebendigmachende Kraft von ihm aus, und heilte sie Alle," sagt der Evangelist Lucas, C. 6, 19: also, wenn unsere Seele krank, traurig und betrübt ist, und wir rühren den Herrn Christum an mit unserm Gebet und Glauben, so geht eine Lebenskraft von ihm aus, die uns erquickt; wie manche betrübte Seele empfindet.

3. Lernet demnach hier: 1) daß kein betrübtes Herz kann erquickt, getröstet und erfreuet werden ohne das Gebet; wie wir auch an dem Herrn Christo selbst sehen in der heiligen Passion, Matth. 26, 39. Darum wir Gott zu danken haben, daß er uns das liebe Gebet zur Arznei unsers traurigen Herzens gegeben hat. Darum uns auch der Herr selbst hat beten gelehrt, Matth. 6, 9. 2) Und weil der heilige David spricht: „Erhöre mich nach deiner Gnade," Ps. 119, 149, so erinnert er uns, daß das liebe Gebet ein Mittel sey, dadurch viel Gaben der Gnade Gottes zu uns kommen; als: Vermehrung des Glaubens, der Liebe, der Geduld, der Erkenntniß Gottes, der Andacht, Friede und Freude des Herzens; welches Alles herrliche Gnadengaben sind, himmlische Kräfte und Schätze, besser denn Himmel und Erde; ferner: Stärke, Kraft und Sieg wider die Welt, den Teufel und alle unsere Feinde; welche geistliche Stärke

allein im Gebet steht, dadurch David und alle Heilige ihre Feinde überwunden haben; wie wir sehen an Mose, Elia, Josaphat und Andern, daß sie ihre Stärke und Sieg im Glauben und im Gebet geführt haben. 3) Es hat auch ein Jeder des lieben Gebets hoch vonnöthen in seinem Beruf, Amt und Stande, demselben recht vorzustehen, daß es glücklich hinausgehe; und in Summa, daß er Gott um seinen heiligen Geist, Trost und Beistand in allen Nöthen anrufe, weil wir auf dem wilden Meer dieses Lebens täglich in Gefahr schweben. Darum spricht David ferner:

4. 2) „Meine boshaftigen Verfolger wollen mir zu," das ist, streiten wider mich, „und sind ferne von deinem Gesetz," Ps. 119, 150. Da ist nun Beten vonnöthen. Denn was der Satan selbst nicht thun kann, dazu gebraucht er seine Werkzeuge, boshaftige Leute, die Tag und Nacht darauf denken, wie sie Andern mögen beikommen. Vor solchen boshaftigen Leuten ist Keiner sicher. Dawider ist die beste Arznei, ein Lobpsalm zu Gott gesungen; wie im 18. Ps., V. 4 steht: „Ich will den Herrn loben und anrufen; so werde ich von allen meinen Feinden errettet." Und Ps. 25, 1. 2: „Nach dir, Herr, verlanget mich. Mein Gott, laß mich nicht zu Schanden werden, daß sich meine Feinde nicht freuen über mich. Denn Keiner wird zu Schanden werden, der dein harret; aber zu Schanden müssen sie werden, die losen Verächter."

5. Es ist aber wohl zu merken, daß der heilige David spricht: „Sie sind ferne von deinem Gesetz." Das sind Alle, die andre Leute verfolgen; sie sind ferne von Gottes Wort, und von der heiligen Furcht Gottes. Sind sie aber ferne von Gottes Wort: so ist auch Gott ferne von ihnen. Darum ist ihr Fall nahe, und ihr Unglück wird plötzlich kommen. Ein gläubiges, gottesfürchtiges Herz aber nahet sich zu Gott durch's Gebet.

6. 1) Und indem wir unsere Herzen täglich zu Gott erheben, und also täglich mit ihm umgehen, kommen wir Gott immer näher, vergessen allgemach der Erde und der Welt, und werden aus irdischen Menschen geistlich und himmlisch; wie vorzeiten Moses, da er mit Gott vierzig Tage und Nächte Gespräch hielt, überkam er ein glänzendes Angesicht, 2. Mos. 34, 29. 2) Und gleichwie wir die Sitten und Tugenden lernen dessen, mit dem wir stets umgehen, und haben mit Niemand mehr Lust umzugehen, denn dessen wir gewohnt sind: also durch's tägliche stete Gebet lernen wir die Sitten und Sprache des Himmels, und werden mehr und mehr in der Liebe Gottes angezündet. 3) Ja das liebe Gebet wehrt vielen Sünden, und ist ein Präservativ wider zukünftiges Unglück und Anfechtung, wie der Herr sagt: „Wachet und betet, daß ihr nicht in Anfechtung fallet," Matth. 26, 41. Und wenn uns denn etwas begegnet, so wissen wir, daß es eine Schickung sey des Allmächtigen, und lassen gerne seinen Willen an uns vollbringen in aller Geduld, und bitten um Linderung des Kreuzes.

7. „Herr, du bist nahe, und deine Gebote sind eitel Wahrheit," Ps. 119, 151. Hier setzt der heilige David den andern und dritten Grund unsers Gebets: Gottes Gegenwart und Gottes Wahrheit.

8. 1) Gottes Gegenwart tröstet uns in unsern höchsten Nöthen. Jes. 41, 10: „Fürchte dich nicht, ich bin mit dir, weiche nicht, ich bin dein Gott" 2c. Darum können wir ihn auch an allen Orten getrost anrufen. Es spricht wohl der Herr: „Wenn du beten willst, so gehe in dein Kämmerlein, und schleuß die Thür nach dir zu, und bete zu deinem Vater im Verborgenen; und dein Vater, der in's Verborgene siehet, wird dir's vergelten öffentlich," Matth. 6, 6. Aber damit bindet er das Gebet an keinen gewissen Ort, sondern er redet es nur wider die Heuchler, die bloß zum Schein öffentlich beten.

9. Vom heiligen Erzvater Isaak lesen wir, daß er gegen Abend auf's Feld gegangen sey, zu beten, 1 Mos. 24, 63. Ja vom Herrn Christo selbst lesen wir, daß er allein auf einen Berg gegangen sey, zu beten, und die ganze Nacht im Gebet verharret, Luc. 6, 12. Also können wir auch an allen Orten und zu allen Zeiten beten,

16

sonderlich wenn wir allein und von menschlichem Gespräch müßig sind. Und soll uns dieses eine Anmahnung seyn, daß wir mit Gott ein Gespräch anstellen, und stets daran denken, was David sagt: „Herr, du bist nahe." Ist denn der Herr nahe, so können wir ja nichts Besseres thun, denn mit ihm reden. Jes. 55, 6: „Rufet ihn an, weil er nahe ist;" Psalm 145, 18: „Der Herr ist nahe Allen, die ihn anrufen."

10. 2) So stärkt auch Gottes Wahrheit unser Gebet mächtig. Denn wir wissen 1) Gott hat's befohlen, Ps. 50, 15: „Rufe mich an." Er hat 2) Erhörung zugesagt, Jes. 65, 24: „Ehe sie rufen, will ich hören; wenn sie noch reden, will ich antworten." Er hat's 3) auch in der That geleistet. Er hat's befohlen, verheißen und geleistet. Sehet an die Exempel Mosis, Samuels, Davids, Josuä, des Cornelius in der Apostelgeschichte; dessen Gebet und Almosen sind vor Gott gekommen, Apost. Gesch. 10, 4.

11. Der Exempel ist die Schrift voll. Und wenn du gleich denken möchtest: Ja, wenn ich Moses, Elias, David, Josua wäre! Antwort: Es sind gleichwohl Menschen gewesen, wie Jacobus sagt C. 5, 17.

12. Wer ist Cornelius in der Apostelgeschichte? Ein Heide. Wer ist Manasse? Der größte Sünder. Gott hat den Elenden Erhörung zugesagt, Ps. 34, 7: „Da dieser Elende rief, hörte der Herr." Ps. 102, 18: „Er wendet sich zum Gebet der Verlassenen, und verschmähet ihr Gebet nicht." Ps. 9, 19: „Die Hoffnung der Elenden wird nicht verloren seyn ewiglich."

13. „Zuvor weiß ich, daß du deine Zeugnisse ewiglich gegründet hast," Ps. 119, 152. Dieß ist ein gewaltiger Spruch, und stärkt mächtig unser Gebet und unsern Glauben, und ist der vierte unbewegliche Grund unsers Gebets. Gottes Wort und Verheißung hat einen ewigen Grund, nämlich Gott selbst und seinen lieben Sohn Jesum Christum: auf denselben ist Gottes Wort und unsere Seligkeit gegründet, ehe der Welt Grund gelegt ist, Eph. 1, 4. Was einen ewigen Grund hat, das kann nichts Zeitliches umstoßen. Dahin St. Paulus Röm. 8, 38 sieht, wenn er spricht: „daß weder Hohes, noch Tiefes, weder Gegenwärtiges, noch Zukünftiges, weder Engel noch Fürstenthum uns von der Liebe Gottes scheiden kann."

14. Ist das nun nicht ein großer Trost, daß unser Glaube, unser Gebet einen ewigen Grund, ja einen ewigen Ursprung hat? Das soll uns erfreuen, so oft wir daran gedenken, wie der Prophet Jesaias C. 28, 16 spricht: „Siehe, ich lege in Zion einen Grundstein, einen köstlichen Eckstein, der wohl gegründet ist. Wer glaubet, der fleucht nicht." Oder wie es St. Petrus auslegt: „der wird nicht zu Schanden werden," 1 Petr. 2, 6. Und St. Paulus 1 Cor. 3, 11: „Es kann kein andrer Grund gelegt werden, denn welcher gelegt ist, Jesus Christus." Und abermal: „Der feste Grund Gottes bestehet, und hat dieß Siegel: Gott kennet die Seinen," 2 Tim. 2, 19.

15. Diesen Grund werden die Pforten der Hölle nicht überwältigen, Matth. 16, 18. Das ist die Grundveste unsers Heils, unserer Seligkeit und unsers Glaubens, fester denn Himmel und Erde.

Von den Früchten und der Kraft des Gebets.

16. Denn das Gebet ist ein Gespräch mit Gott, ein Himmelsschlüssel, eine Blume des Paradieses, ein freier Zugang zu Gott, ein Hausgenosse Gottes, ein Erkenner der Heimlichkeiten Gottes, ein Offenbarer der Geheimnisse, ein Erwerber der Gaben Gottes, ein geistliches Wohlleben, eine himmlische Lieblichkeit, ein Honigseim der Lippen, ein Ernährer der Tugenden, ein Ueberwinder der Laster, eine Abbittung der Schuld, eine Arznei der Seele, eine Hülfe der Schwachheit, ein Gegengift der Sünde, eine Säule der Welt, eine Versöhnung des Volks, ein Same des Segens, ein Garten der Glückseligkeit, ein Baum der Anmuth, eine Mehrung des Glaubens, eine Stütze der Hoffnung, eine Mutter der Liebe, ein Steig der Gerechtigkeit, ein Erhalter der Beständigkeit, ein Spiegel der Klugheit, ein Meister der Mäßigkeit, eine Stärke der Keuschheit, eine Zierde der

Heiligkeit, eine Entzündung der Gottseligkeit, ein Licht der Wissenschaft, eine Kammer der Weisheit, eine Zuversicht des Gemüths, eine Heilung der Kleinmüthigkeit, ein Fundament des Friedens, eine Freude des Herzens, ein Jauchzen des Geistes, ein treuer Gefährte dieser Pilgrimschaft, ein Schild des christlichen Ritters, eine Richtschnur der Demuth, ein Vorgänger der Ehrbarkeit, eine Nahrung der Geduld, ein Hüter des Gehorsams, ein Brunn der Stille, ein Nachfolger der Engel, ein Vertreiber der Teufel, der Traurigen Trost, der Gerechten Freudigkeit, der Heiligen Lust, der Unterdrückten Helfer, der Elenden Erquicker, der Müden Ruhe, des Gewissens Schmuck, der Gnade Wachsthum, ein Geruch des Dankopfers, ein Antrieb der Gütigkeit, der Mühseligkeit Linderung, des Todes Versüßung, der Seligkeit Vorschmack, ein Verlangen des ewigen Heils.

Gebet um Gottes Gnade und Barmherzigkeit, welches ist das Fundament unsers Gebets.

Du selbst, unser in Christo versöhnter Vater, hast uns lieb, und bist williger, uns zu geben, als wir willig sind, von deiner Liebeshand deine Gaben in Empfang zu nehmen. Denn du machst mit uns einen ewigen Bund, daß du nicht ablassen willst, uns Gutes zu thun. Laß uns deiner inbrünstigen Liebe versichert werden durch deinen Geist der Liebe, damit wir unter der Last der Sünden und unter dem Gefühl unsers Elendes nicht muthlos noch zaghaft werden. Gieß deine Gnadenströme reichlich über uns aus, damit wir von dem Genuß deiner Liebe kräftig angetrieben werden, zuversichtlich und kindlich mit dir umzugehen, und es dir zuzutrauen, du werdest in allen Umständen unserer Pilgrimschaft dich als einen Gott aller Gnade und als einen Vater aller Barmherzigkeit an uns beweisen; daß wir endlich aus allem Uebel erlöst, und in die ewige Ruhe, die dem Volke Gottes noch bevorsteht, um Jesu willen eingeführt werden. Amen.

Das 37. Capitel.
Grund und Ursache, daß Gott unser Gebet gewiß und gnädig erhöre.

Ps. 86, 5. 6. 7. Denn du, Herr, bist gut und gnädig, von großer Güte Allen, die dich anrufen. Vernimm, Herr, mein Gebet, und merke auf die Stimme meines Flehens. In der Noth rufe ich dich an, du wollest mich erhören.

1. Es sagt der Prophet Jeremias in seinen Klagliedern im 3. Capitel, V. 22 ff.: „Die Güte des Herrn ist's, daß wir nicht gar aus sind. Seine Barmherzigkeit hat noch kein Ende, sondern sie ist alle Morgen neu, und deine Treue ist groß. Der Herr ist mein Theil, spricht meine Seele, darum will ich auf ihn hoffen."

2. Hier tröstet uns der heilige Geist in unserm Kreuz, daß uns Gottes Güte und Barmherzigkeit erhalte, sonst würden wir bald aus seyn. Wie Gott eine Abwechselung des Lichts und der Finsterniß im natürlichen Leben gemacht hat, also auch im geistlichen Leben. Da ist Finsterniß und Licht, Traurigkeit und Freude, wie in der Natur. Also muß „das Licht immer wieder aufgehen in der Finsterniß, und Freude den frommen Herzen," Pf. 97, 11. Denn die Güte Gottes ist's, die alle Menschen im Leben und im Gedeihen erhält. Denn „in Gott leben, weben und sind wir," Ap. Gesch. 17, 28. Gott ist der Ursprung und Brunn des Lebens und alles Guten, das beweisen seine Werke. Denn eine jede Wirkung beweist ihre Ursache. Weil Gott alle lebendige Dinge gemacht hat, so muß er selbst das Leben seyn. Weil er alle Dinge gut gemacht hat, so muß er selbst das höchste Gut seyn. Weil er alle Dinge lieblich gemacht hat, so muß er selbst die Liebe seyn. Darum er genannt wird ein lebendiger Gott: („Du bist Christus, des lebendigen Gottes Sohn," sagt St. Petrus, Matth. 16, 16) nicht allein nach dem Wesen, darum daß er für sich lebe, sondern nach der Wirkung, daß er alle Dinge lebendig mache und im Leben erhalte, „allen Dingen Leben und Odem gebe," Ap. Gesch. 17, 25. Pf. 104, 27. Dan. 5, 23: „Du hast die todten Götzen gelobt, aber den Gott, der deinen Odem und alle deine Wege in seiner Hand hat, hast du nicht geehret." Jer.

2, 13: „Mich, die lebendige Quelle, verlassen sie, und graben hie und da Brunnen, die kein Wasser geben." 5 Mos. 30, 20: „Ich bin dein Leben, und die Länge deiner Tage." Ps. 27, 1: „Der Herr ist meines Lebens Kraft." Daraus folgt, daß Gott aller lebendigen Dinge Leben ist, wirkender Weise; so daß er das Leben in allen wirkt und erhält, und es aus Gott fließt, wie die Wärme aus der Sonne, davon nicht allein der Mensch, sondern auch alle Creaturen leben; wie St. Paulus spricht, Röm. 11, 36: „Von ihm, in ihm, und durch ihn sind alle Dinge; ihm sey Ehre und Macht in Ewigkeit, Amen." Col. 3, 11: „Alles und in Allen Christus."

3. Wiewohl nun alle Creaturen aus Gott ihr Leben nehmen, so hat's doch der Mensch in einem höhern Grad. Der Mensch hat das edelste Leben unter allen Creaturen, wegen der vernünftigen Seele, so in ihm wohnt. Darnach der Engel Leben ist noch edler und in höherm Grad, als der Menschen, weil Gottes Herrlichkeit in ihnen leuchtet. Daher sie genannt werden Engel seiner Kraft, 2 Thess. 1, 7. Denn sie sind keiner Eitelkeit und Veränderung unterworfen, wie der Mensch. Darnach Christus, unser Herr, der hat das alleredelste Leben, dieweil er wahrer Gott und das Leben selbst ist. „Er ist der wahrhaftige Gott und das ewige Leben," 1 Joh. 5, 20, und hat das Leben im höchsten Grad. „Gott von Gott, Licht vom Licht, wahrer Gott von dem wahren Gott" *).

4. Wie nun das Leben aus Gott ist, also alle Gütigkeit und Güte ist in Gott und aus Gott. Denn er ist das ewige Gut. Und Alles, was gut ist und gut heißt, ist aus diesem Brunn geflossen. Darum haben alle Creaturen ein Tröpflein der Gütigkeit Gottes, damit sie ihren Schöpfer bezeugen; gleich als redeten sie mit uns, und, zum Exempel, als spräche der Weinstock zu uns: Siehe, Mensch, die Süßigkeit habe ich von meinem Schöpfer, damit ich dein Herz erfreue. Und das Brod spräche zu uns: Sehet, diese Kraft, zu sättigen, habe ich von meinem und eurem Schöpfer, 2c. Das

---

*) Deus de Deo, lumen de lumine, Deus verus de vero Deo. Symb. Nicaen.

höchste Gut hat alle Creaturen mit Tröpflein seiner Gütigkeit besprengt, sagt St. Augustinus zu dem Ende, daß es dem Menschen sollte zu gut kommen. Ps. 65, 12: „Du krönest das Jahr mit deinem Gut, und deine Fußstapfen triefen von Fett."

5. Was nun in der Natur Gottes Gütigkeit heißt, die Gütigkeit der Natur, das heißt in der Schrift Gottes Gnade. Jenes geht den Leib an, dieses die Seele. Wie nun Gott in dem großen Buche der Natur auf tausenderlei Weise seine Gütigkeit geoffenbart und dem Menschen zu erkennen gegeben: also in dem Buche der heiligen Schrift hat er unzähliger Weise seine Gnade und Liebe geoffenbart; welches Alles in Christo Jesu erfüllet ist. Denn in Christo ist zusammengefaßt alle Güte und Liebe im Himmel und auf Erden.

6. Was nun gut und übergut ist, das theilt sich gern selbst mit; sonst könnte es nicht gut seyn. Denn wie wüßte man sonst, ob's gut wäre, wenn sich's nicht zu erkennen gäbe? Was wüßte man von dem Weinstock, daß er gut wäre, wenn er seine Trauben nicht gäbe? Also hätte Niemand gewußt, wie gut und gnädig Gott wäre, wenn er seine Güte und Gnade nicht geoffenbart und mitgetheilt hätte. Wer hätte gewußt, wer Christus wäre, wenn er seine Liebe nicht an uns bewiesen?

7. Warum hat sich aber Gott geoffenbart, daß er gut, gnädig und barmherzig sey? Darum, daß wir an ihn glauben, ihn über alle Dinge lieben, und ihn in allen Nöthen anrufen sollen. Und durch die Offenbarung hat er unser Gebet erweckt und uns in's Herz pflanzen wollen. Denn wie soll man anrufen, den man nicht kennet? Röm. 10, 14. Nehmet auch ein Exempel von Mose, 2 Mos. 33, 19. 20. 21, als er wollte Gottes Angesicht sehen; darauf sprach der Herr: „Mein Angesicht kann kein Mensch sehen, und lebendig bleiben," das ist, in meinem unbegreiflichen Wesen. Aber das will ich thun, „ich will dich auf einen Felsen stellen, und vor dir übergehen, und vor mir hergehen lassen alle meine Güte" (nicht ein Tröpflein meiner Güte, oder eine Partikel davon, wie du in allen Creaturen siehest, sondern alle meine Güte

sollst du sehen und empfinden), "so wirst du mir hinten nachsehen;" das ist, du wirst aus meinen Werken mich erkennen lernen. Als nun Gott der Herr in den Wolken herniederkam, und alle seine Güte und Herrlichkeit vor Mose herging, rief Moses: "Herr, Herr Gott, barmherzig und gnädig, geduldig, von großer Güte und Treue, der du die Missethat und Sünde vergibst, und barmherzig bist bis in's tausendste Glied, vor welchem Niemand unschuldig ist," 2 Mos. 34, 6. Sehet, sobald nur Moses die Güte Gottes empfand, schrie und betete er also.

8. So hat nun der allmächtige Gott seine Güte, Gnade, Liebe und Treue den Menschen geoffenbart, und eben so wohl vor uns lassen übergehen, wie vor Mose, auf daß wir auch also rufen und beten sollen, wie Moses. Ja, sprichst du, wie ist denn solches geschehen? wenn sich Gott mir auch also offenbarete, wie Mosi. Antwort: Es ist in Christo geschehen, in demselben hat Gott alle seine Güte lassen vor uns übergehen sichtbarlich. Denn "wir sahen seine Herrlichkeit, eine Herrlichkeit als des eingebornen Sohnes vom Vater, voller Gnade und Wahrheit," Joh. 1, 14.

9. Wenn wir nun das bedenken, was Christus für uns gethan, so möchten wir wohl rufen: "Herr, Herr Gott, barmherzig und gnädig, geduldig und von großer Gnade und Treue!"

10. Da sehen wir, wie das Vorbild erfüllt ist, wie Gott in den Wolken vom Himmel gekommen, und seine Güte vor uns lassen übergehen in Christo bei seiner heiligen Menschwerdung.

11. Als Paulus und Barnabas zu Athen unter den Heiden große Wunder thaten, sprachen die Leute unter einander: "Die Götter sind vom Himmel gekommen, und Menschen geworden," Ap. Gesch. 14, 11. Das war ihr Urtheil. Also ist alle Güte und Gnade Gottes in Christo von ihm zu uns auf die Erde gekommen, zu dem Ende, daß uns Gott zu sich locke, unsern Glauben und unser Gebet erwecke; denn Gott theilt uns seine Güte und Gnade mit durch's Gebet.

12. Hiebei sollen wir nun etliche Hauptgründe merken, daß Gott unser Gebet gewiß erhöre.

13. 1) So ist das Gebet einer solchen Art, daß es einen gütigen Menschen leicht bewegt, ja einer solchen Art, daß es auch oft einen harten Menschen bewegt; wie Luc. 18, 5 von der Wittwe und dem ungerechten Richter geschrieben ist. Da bewegt die Wittwe endlich den harten Richter durch ihr öfteres Gebet. Denn das Gebet, weil es aus dem Geist kommt, ist eine Stärke der Seele, dadurch Manchem das Herz oft eingenommen und bewegen wird. Dieweil denn nun Gott nicht ein harter Gott ist, sondern die höchste Gelindigkeit, die zärteste Freundlichkeit, die höchste Geduld, die edelste Sanftmuth, die brünstigste Liebe, und in Summa, alle Tugend im höchsten Grad: so kann's nicht fehlen, ja es ist unmöglich, daß er nicht sollte durch ein herzliches Gebet bewogen werden. Denn wenn das nicht geschähe, so wäre er nicht die höchste Freundlichkeit und die edelste Gütigkeit. Darum, so wahrhaftig als Gott die höchste Gütigkeit und Freundlichkeit ist, so wahr wird er auch durch ein herzliches Gebet am allerbesten bewogen.

14. Tauler spricht: "Gott ist ja so jach nach uns, und eilet so sehr nach uns, und thut, gleich als wollte ihm sein göttlich Wesen gar zerbrechen und zunichte werden an ihm selber, daß er uns offenbare allen Abgrund seiner Gottheit, und die Fülle seines Wesens und seiner Natur. Da eilet Gott zu, daß es also unser eigen sey, wie es sein eigen ist." Ferner: "Wir sind zu unermeßlichen, großen und ewigen Dingen geschaffen, berufen und geladen, und nimmt das Gott sehr übel von uns an, daß wir uns an kleinen, nichtigen, vergänglichen Dingen begnügen lassen; denn er ist bereit, uns Alles zu geben, auch sich selbst." Ferner: "Gott will und mag von rechter Liebe wegen uns nichts abschlagen noch versagen, ja er kommt zuvor unserm Gebet, und gehet uns entgegen, und bittet, daß wir seine Freunde seyn sollen, und ist tausendmal williger, zu geben, denn wir zu nehmen; bereiter zu geben, denn wir zu bitten.

15. 2) So erfordert's Gottes Wahr-

heit und theure Verheißung, Pſ. 50, 15: „Rufe mich an, ſo will ich dich erhören;" Pſ. 86, 5: „Der Herr iſt gut und gnädig, von großer Güte Allen, die ihn anrufen;" Pſ. 145, 18: „Der Herr iſt nahe Allen, die ihn mit Ernſt anrufen." Der Herr iſt gut! Iſt's zu wenig: ſo iſt er gnädig. Iſt's noch zu wenig: ſo iſt er von großer Güte. Gegen wen? Gegen Alle, die ihn anrufen. „Er thut, was die Gottesfürchtigen begehren, und höret ihr Schreien, und hilft ihnen." Jeſ. 65, 24. Joh. 16, 23. Matth. 7, 7. 8: „Bittet!" Laſſet's dabei nicht bleiben: „Suchet!" Laſſet's dabei nicht bewenden: „Klopfet an! Denn wer da bittet, der empfähet, und wer da ſuchet, der findet, und wer da anklopfet, dem wird aufgethan." Marc. 11, 24: „Alles, was ihr bitten werdet in euerm Gebet, glaubet nur, daß ihr's empfangen werdet, ſo wird's euch werden." Luc. 11, 9 ff. Dieß muß Gott halten, oder er wäre nicht der, der ſich in ſeinem Wort geoffenbart hat. Und damit uns Gott erhören und ſeine Güte uns vielfältig mittheilen möge, ſo hat er uns befohlen, viel und oft, ja ohne Unterlaß zu beten, Luc. 18, 1. 1 Theſſ. 5, 17.

16. 3) So bekräftigt es auch das allerfreundlichſte Vaterherz Gottes, Luc. 11, 11. 13: „Wo iſt ein Kind oder Sohn, der den Vater bittet um's Brod, der ihm einen Stein dafür biete? So denn ihr, die ihr arg ſeyd, könnet euern Kindern gute Gaben geben: vielmehr wird der Vater im Himmel den heiligen Geiſt geben denen, die ihn darum bitten." Iſt er nicht „der rechte Vater über Alles, das Kinder heißt im Himmel und auf Erden?" Eph. 3, 15. Und 2 Cor. 1, 3 nennt St. Paulus Gott den Herrn einen Vater der Barmherzigkeit und einen Gott alles Troſtes. Sollte ein Menſch barmherzig ſeyn, und der, der ein barmherziges Herz gemacht hat, ſollte ſelbſt unbarmherzig ſeyn? Sollte Gott ein Vaterherz geſchaffen haben, und ſollte ſelbſt kein Vaterherz haben? Warum hätte ſich Gott dieſen Namen gegeben, wenn er nicht ein gnädiges Vaterherz hätte? So muß er nun gnädiglich erhören, oder muß ſeinen Namen Vater verlieren. Jeſ. 63, 16: „Du biſt ja unſer Vater, von Alters her iſt das dein Name." Jer. 31, 9: „Ich bin Israels Vater, ſo iſt Ephraim mein erſtgeborener Sohn." Ja, das Mutterherz iſt alſo geſchaffen, „daß es ſich über den Sohn ihres Leibes erbarmet," Jeſ. 49, 15. Wie ſollte er ſelbſt nicht ein erbarmendes Herz haben? Wie ſollte er ſich unſer nicht erbarmen, und unſer Gebet erhören, wenn wir ſo kläglich rufen und ſchreien? Sehet, wenn die Kinder krank ſind und weinen, wie bricht der Mutter das Herz? Eben alſo und vielmehr Gott dem Herrn auch; wie er ſelbſt ſpricht Jer. 31, 20: „Darum bricht mir mein Herz gegen ihm, ich muß mich ſein erbarmen."

17. 4) Beſtätigt es auch die Fürbitte unſers Herrn Jeſu Chriſti. Wie hat der Herr in den Tagen ſeines Wandels auf Erden für ſeine Kirche und für alle Gläubige gebeten! Wie befiehlt er ſie dem himmliſchen Vater! Joh. 17, 1 ff.

18. Er ſpricht: 1) „Heiliger Vater, erhalte ſie in deinem Namen, die du mir gegeben haſt, daß ſie Eins ſeyen, gleich wie wir," V. 11. 2) „Heilige ſie in deiner Wahrheit, dein Wort iſt die Wahrheit," V. 17. 3) „Ich bitte, daß du ſie, weil ſie in der Wahrheit ſind, vor allem Uebel bewahreſt," V. 15. 4) „Ich bitte für ſie, und für Alle, die durch ihr Wort an mich glauben werden," V. 20. 5) „Vater, ich will, daß, wo ich bin, auch die bei mir ſeyen, die du mir gegeben haſt," V. 24. 6) „Ich bitte für ſie, daß die Liebe, damit du mich liebeſt, ſey in ihnen, und ich in ihnen," V. 26. Nicht allein in dieſer Welt hat er für uns gebetet, ſondern thut es auch jetzo zur rechten Hand Gottes, Röm. 8, 34. Hebr. 4, 14. 16. C. 7, 26. C. 9, 11: „Weil wir denn einen Hohenprieſter haben, Jeſum, den Sohn Gottes, der gen Himmel gefahren iſt, ſo laſſet uns hinzutreten mit Freudigkeit zu dem Gnadenſtuhl, auf daß wir Barmherzigkeit empfahen, und Gnade finden auf die Zeit, wenn uns Hülfe noth ſeyn wird."

19. 5) Beſtätigt es auch das Zeugniß des heiligen Geiſtes, „der unſerm Geiſt Zeugniß gibt, daß wir Gottes Kinder ſind," Röm. 8, 16. Es iſt unmöglich, daß das Zeugniß des heiligen Geiſtes in

unsern Herzen könne umsonst und verloren seyn.

20. 6) Weil Gott und Christus bei uns sind, ja durch den Glauben in uns wohnen, wie sollte er denn unser Seufzen nicht wissen? Ps. 139, 4: „Es ist kein Wort auf meiner Zunge, das du, Herr, nicht alles wissest; du verstehest meine Gedanken von ferne." Du darfst nicht denken, Gott sey viel tausend Meilen Weges von dir, und höre dein Gebet nicht. Er ist in dir, und du in ihm, Joh. 17, 23; Gott lebet und webet in dir, Ap. Gesch. 17, 28; wie sollte er denn dein Gebet nicht hören? Ps. 38, 10: „Gott, vor dir ist alle meine Begierde, und mein Seufzen ist dir nicht verborgen." Ps. 19, 15: „Laß dir wohlgefallen die Rede meines Mundes und das Gespräch meines Herzens vor dir."

21. 7) Weil der heilige Geist, welcher wahrer Gott ist, unser Gebet selbst in uns wirkt. Der heilige Geist ist ein Geist des Gebets, Zach. 12, 10. Ja er seufzet in uns, Röm. 8, 26. Wie sollte nun Gott nicht hören, wissen und sehen, was er selbst thut und wirkt? Darum ist es unmöglich, daß das leiseste Seufzen sollte verloren seyn, das aus dem heiligen Geist kommt, und zu Gott geht. Es kommt von Gott, und geht zu Gott. In Gott kann nichts verloren werden. Die Werke sind in Gott gethan, und kommen ans Licht, Joh. 3, 21.

22. 8) So ist Gott nicht ein vergeßlicher Gott, wie ein Mensch. Wie Gott alle Wohlthaten behält, als einen Siegelring, und ein jeder Gläubige vor ihm ist wie ein Denkzettel, Mal. 3, 16: also vergißt er auch des Gebets nicht. Bei Gott ist keine Vergessenheit des Guten, sondern eine Vergessenheit unserer Sünden. Gottes Gnade ist so groß, so überflüssig, daß sie unsere Sünde überwiegt und tilgt, daß er ihrer nimmermehr gedenkt. Aber das Gute, das von ihm herkommt, das kann er nicht vergessen, oder er müßte seines Werks und sein selbst vergessen. Nun kommt unser Gebet von dem heiligen Geist her. Sollte denn der heilige Geist vergessen das Gebet und Seufzen, so er selbst in uns gewirkt hat? Es ist unmöglich, er wird ja seines eigenen Werks nicht vergessen, das er in uns gewirkt hat. Gott kann ja seines Worts und seiner Zusage nicht vergessen. „Ich denke noch wohl daran, was ich ihm geredet habe," Jer. 31, 20. Darum sagt der 56. Psalm, V. 9, daß er unsere Thränen zähle. Ps. 111, 9: „Er verheißet, daß sein Bund ewiglich bleiben soll." Was ist sein Bund? Die Vergebung der Sünden, mit Christi Tod bestätigt, mit dem heiligen Geist versiegelt, Eph. 1, 13.

23. Ja, sprichst du, ist das wahr, warum erhört mich denn Gott nicht, und gibt mir nicht meine Bitte? Ich habe auch oft gebeten, gerufen und geseufzet, werde gleichwohl nicht erhört. Und das sieht man vielfältig vor Augen, daß Einer oft lange um ein Ding bittet, bekommt's gleichwohl nicht, wird unserm Ansehen nach nicht erhört. Wo bleiben da diese Gründe der gewissen Erhörung? Und dieß ist eine schwere Anfechtung, die oft manches arme Herz kränkt und irre macht.

24. Aber merke darauf diese beständige Antwort: Das Gebet wird (1) allewege erhört, und es ist unmöglich, daß es nicht sollte erhört werden, aus vorerzählten Hauptgründen, welche sind wahrhaftig, fest und gewiß. 1) So gewiß, als Gott ein freundlicher Gott ist. 2) So gewiß, als Gott wahrhaftig in seinen Verheißungen, ja die ewige Wahrheit selbst ist. 3) So gewiß, als Gott das barmherzigste Vaterherz hat. 4) So gewiß, als Christus unser Mittler ist. 5) So gewiß, als Gott und Christus in uns wohnen. Daran soll kein gläubiges Herz zweifeln.

25. Daß aber Gott uns nicht alsbald gibt, was wir bitten und haben wollen, weßhalb uns bedünket, wir werden nicht erhört: das kommt (2) daher, 1) daß uns Gott nicht allezeit erhört nach unserm Willen, sondern nach unserer Seligkeit. 2) Daß Gott sich hat vorbehalten, ob er uns dasjenige, darum wir bitten, will geben an unserm Leibe, oder an unserer Seele. Wenn wir nun um ein zeitlich Gut bitten, Gott der Herr aber erkennt, daß es uns nicht nützlich noch selig sey: so gibt er's uns nicht am Leibe und an zeitlichen Gütern, sondern an der Seele und an geistlichen Gütern. Wir bekommen also gleichwohl

das, was wir bitten, geistlich an der Seele, ja mehr denn wir bitten. Denn so viel die Seele edler und besser ist denn der Leib, und die geistlichen Güter denn die irdischen: so viel besser ist's auch, wenn uns Gott dasjenige, was wir äußerlich und leiblich bitten, an der Seele und geistlichen Gütern zulegt. Gott erfüllt unser Gebet an dem, daran am meisten gelegen ist, nämlich an der Seele. Ist doch am Leibe nicht das Meiste gelegen, wenn nur der Seele geholfen wird.

26. Legt dir Gott eine leibliche Krankheit auf, und du bittest, Gott wolle dich gesund machen: das Gebet ist erhört und fehlet nicht. Gibt er dir nicht Gesundheit des Leibes, so gibt er dir Gesundheit der Seele, die besser ist. Wolltest du nicht lieber eine gesunde Seele haben, denn einen gesunden Leib? Was hülfe dir ein gesunder Leib, wenn die Seele ungesund, das ist, ungläubig wäre, und müßte des ewigen Todes sterben? Ist aber die Seele gesund, so können wir mit David sagen: „Herr, wenn ich nur dich habe, so frage ich nichts nach Himmel und Erde, wenn mir gleich Leib und Seele verschmachtet," Ps. 73, 25. Und mit dem kranken Hiob: „Ich weiß, daß mein Erlöser lebt," Hiob 19, 25. Damit war der Seele geholfen. Darum achtet der liebe David die himmlischen Güter höher, denn alles Zeitliche. Ps. 119, 72: „Dein Wort ist mir lieber denn viel tausend Stück Gold und Silber."

27. Ja, sprichst du, ich wollte gern beides haben, gesunden Leib und gesunde Seele, zeitliche und ewige Güter. „Ei," spricht Gott der Herr, „laß dir an meiner Gnade genügen," 2 Cor. 12, 9. St. Paulus wollte auch gern, aber er bekam diese Antwort. Summa, alles gläubige Gebet wird erhört und erfüllt, wo nicht am Leibe, dennoch an der Seele.

28. Zudem (3) so hat ihm Gott auch das vorbehalten, ob er unser Gebet erfüllen wolle in diesem oder in jenem Leben. Wenn du nun hier nicht bekommst, was du bittest, so denke, es ist dir nicht nütze und selig; Gott spart dir's aber bis in jenes Leben. Ist doch an diesem Leben nicht Alles gelegen. Was dir Gott hier nicht gibt, das wird er dir dort reichlich und tausendfältig geben. Denn wie es unmöglich ist, daß Gott unser Gebet vergessen sollte: so ist's auch unmöglich, daß er es nicht sollte aus Gnaden belohnen. Geschieht's nicht in diesem Leben, so wird's gewiß geschehen im ewigen Leben. So manches Gebet, so manche Gabe im ewigen Leben; denn „da werden wir ernten ohne Aufhören," Gal. 6, 9. Da wird er zu einer jeden gläubigen Seele sagen: Siehe, da hast du dein Gebet, das du zu mir geschickt hast, und da hast du das, darum du gebeten hast; für dein Gebet tausendfältige Gaben. Das sollen wir mit Geduld erwarten.

29. Es wäre ein närrischer Ackermann, welcher jetzo gesäet hätte, und wollte alsobald die Frucht haben, ginge und weinete: Ach! ich habe gesäet, und meine Augen sehen nichts wieder! Du Narr, kannst du die Zeit der Ernte nicht abwarten? alsdann wirst du deinen Saamen und viele Früchte wiederbekommen. Also spricht Mancher: Ach! ich habe nun so lange und viel gebetet, ich sehe gleichwohl nicht, daß etwas draus werde, Gott will mich nicht erhören. Du Narr, du hast kaum gesäet, und willst allbereit ernten; kannst du nicht der Zeit der großen Ernte, des ewigen Lebens erwarten? „Was der Mensch hier säet, das wird er dort ernten," Galat. 6, 7. Säest du hier viel Gebet und Thränen, einen edlen Saamen: o du wirst dort mit Freuden tausendfach einernten! Ps. 126, 5. Das muß erfüllt werden, Gott hat's geredet. Erfüllt er's nun hier nicht, so muß es im ewigen Leben erfüllt werden. Also Mancher, dem seine Kinder, Weib, gute Freunde sterben, weinet und heulet, ꝛc. Ach lieber Freund, weißt du nicht, daß dieß deine Saamenzeit ist? Du mußt ja erst säen und pflanzen deine guten Freunde, ja deinen eigenen Leib, ehe du erntest. Warte bis zur Zeit der großen Ernte, da werden die Schnitter, die heiligen Engel deine Garben sammeln und in die ewigen Scheunen tragen, Matth. 13, 30. Die Ernte ist nahe, und eilet herzu. Da werden wir unser Gebet, Seufzen und Thränen, so wir vielfältig zu Gott geschickt haben, reichlich finden; denn da werden wir an Gott Alles

haben, was wir immer hätten bitten, wünschen und begehren können. Und werden also alle Verheißungen Gottes und diese unfehlbaren Hauptgründe in Ewigkeit in Christo Jesu wahr seyn und bleiben, und an jedem Gläubigen, zu seiner ewigen Freude und Seligkeit, überaus reichlich erfüllt werden, daß wir Gott dafür ewig rühmen und preisen werden.

Gebet und Aufmunterung der Seele zum Trost, wegen gewisser Erhörung.

Lieber Vater, es bricht dir dein Herz gegen uns, daß du dich unser erbarmen mußt. Hast du uns deinen Sohn geschenkt, so willst du uns mit ihm Alles schenken. Dein Wort ist wahrhaftig, und was du zusagst, das hältst du gewiß. Deine Hand ist auch noch nicht zu kurz geworden, uns zu helfen, und deine Liebesquelle vertrocknet nie, uns zu segnen, und allerlei Gutes, wie wir es brauchen, uns mitzutheilen. Du weißt Mittel und Wege, uns aus den allerverworrensten Umständen zu erretten, kennest auch uns Alle, und es ist dir bekannt, was wir brauchen und uns heilsam ist. Wir beten dich an, loben, preisen und verherrlichen deinen göttlichen Namen, daß du hoher und erhabener Gott schauest auf uns Elende und Nothleidende, auch uns die Erlaubniß gibst, daß wir in Christo zu dir kommen, unser Anliegen dir entdecken, Gnade und Hülfe von dir annehmen, und uns deines gnädigen und mächtigen Beistandes zuversichtlich trösten dürfen. Wir erkennen dieses als eine der größten Wohlthaten, die du uns erzeigst, und fassen durch deine Barmherzigkeit den festen Vorsatz, öfter, kindlicher und freudiger in Zukunft unsere Herzen vor dir auszuschütten, und im Gebet mit dir, unserm Vater, umzugehen. Denn du bist freundlich denen, die nach dir fragen, und lässest dich gnädig finden von denen, die dich suchen. Keiner wird zu Schanden, der dein harret. Wir verlassen uns auf dich, unsern Gott, immer und ewiglich, und uns ist durch deine Barmherzigkeit geholfen in Zeit und Ewigkeit. Halleluja! Amen.

Das 38. Capitel.
Sieben Gehülfen und Stützen unsers schwachen Gebets.

Röm. 8, 26. 27. Desselbigen gleichen auch der Geist hilft unserer Schwachheit. Denn wir wissen nicht, was wir beten sollen, wie sich's gebühret, sondern der Geist vertritt uns auf's beste, mit unaussprechlichem Seufzen. Der aber die Herzen forschet, der weiß, was des Geistes Sinn ist; denn er vertritt die Heiligen, nachdem es Gott gefällt.

1. Weil es denn leider an dem ist, daß unser Gebet sehr kalt und schwach ist, so wollen wir forschen, was uns Gott in seinem Wort für Gehülfen beim Gebet gezeigt hat, an welche wir in unserm Gebet gedenken sollen.

2. 1) Der erste Gehülfe ist unser einiger Mittler und Fürsprecher, der Sohn Gottes, Jesus Christus, 1 Joh. 2, 2; der ist unser Wortführer bei Gott, wenn unsere Zunge nicht so kann und vermag zu reden, wie wir gern wollten und es von Herzen wünschen. Darum heißt er das ewige Wort des Vaters, daß Gott durch ihn seinen Rath uns offenbaret, und daß er unser Wort bei Gott redet; darum ist er unser Mittler. Dieß ist uns fein vorgebildet in Mose, dem Mittler des alten Testaments, da das Volk floh vor Gott am Berge Sinai, und sprach: „Rede du mit Gott für uns," 2 Mos. 20, 19. Ferner da sich Moses entschuldigte, er könnte nicht wohl reden, als er vor Pharao gehen sollte, er hätte eine schwere Zunge, da antwortete ihm Gott: „Aaron, dein Bruder ist beredt, er soll dein Mund seyn," 2 Mos. 4, 10. 11. 14. 16. Also haben wir alle eine schwere Sprache, wenn wir beten sollen; der himmlische Aaron ist unser Mund. Das lehrt uns auch das Vorbild des Gnadenstuhls, 2 Mos. 25, 17. Darum hat uns auch der Herr befohlen, in seinem Namen zu beten, Joh. 16, 23. Darum ist er unser ewiger Hoherpriester, der ein unvergängliches Priesterthum hat, Hebr. 7, 21. 24, und vertritt uns, Röm. 8, 34. „Durch ihn haben wir einen freudigen Zugang zum Vater, mit aller Zuversicht," Eph. 3, 12.

3. 2) Der andre Gehülfe ist Gott der heilige Geist. Zach. 12, 10: „Ueber das Haus Juda und über die Bürger zu Jeru-

salem will ich ausgießen den Geist der Gnade und des Gebets;" der uns der Gnade Gottes versichert, und uns aus Gnade gegeben wird, als ein Zeuge der Kindschaft. 1 Joh. 4, 13.: „Daran erkennen wir, daß wir von Gott sind, daß er uns von seinem Geist gegeben hat." Röm. 8, 15: „Wir haben nicht einen knechtischen Geist empfangen, sondern einen kindlichen Geist, durch welchen wir rufen: Abba, lieber Vater! Derselbe Geist gibt Zeugniß unserm Geist." Dieses ist durch die Salbung der Priester im alten Testament bedeutet, 2 Mos. 28, 41. Cap. 29, 7. Also hat uns Gott mit dem Geist Christi gesalbt, 1 Joh. 2, 20, Gott täglich Opfer zu bringen, „Farren der Lippen," Ps. 69, 31. 32. Dieser Geist Gottes erweckt in uns Seufzer, wie bei Dan. 9, 19: „Ach Herr höre! ach Herr, sey gnädig! ach Herr! merke auf, und thue es!"

4. 3) So stärkt unser Gebet kräftig Gottes Verheißung. Ps. 50, 15: „Rufe mich an." Ps. 91, 14: „Er begehret mein, so will ich ihm aushelfen." Ps. 145, 19. Luc. 11, 11. 13: „Wo ist ein Sohn, der den Vater bittet um's Brod, der ihm einen Stein dafür biete? So denn ihr, die ihr arg seid, könnet euern Kindern gute Gaben geben, vielmehr wird der Vater im Himmel den heiligen Geist geben denen, die ihn darum bitten." Luc. 18, 6. 7: „Höret, was der ungerechte Richter sagt. Sollte aber Gott nicht auch retten seine Auserwählten, die zu ihm Tag und Nacht rufen? Ich sage euch, er wird sie erretten in einer Kürze." Jes. 65, 24: „Ehe sie rufen, will ich antworten; wenn sie noch reden, will ich hören." Ps. 34, 16: „Die Augen des Herrn merken auf die Gerechten, und seine Ohren auf ihr Schreien." Joel 3, 15: „Wer den Namen des Herrn wird anrufen, der soll errettet werden." Matth. 7, 7: Suchet, bittet, klopfet an." Röm. 10, 12: „Gott ist reich von Barmherzigkeit."

5. 4) Die Exempel der Heiligen, so Gott erhört hat. Sehet an die Exempel der Alten. So wird unser Gebet kräftig gestärkt, und hat einen großen Gehülfen, wenn man sich erinnert der vorigen gnädigen Hülfe und Erlösung des allmächtigen Gottes. Darauf haben alle Propheten ihr Gebet gegründet. Moses, 2 Mos. 32, 10. 11. Da die Kinder Israel sich hart versündigt hatten mit dem abgöttischen goldenen Kalb, also daß Gott zu Mose sagte: „Laß mich, daß mein Zorn über sie ergrimme, und sie auffresse;" da hielt Moses, sein Auserwählter, den Riß auf, sagt der 105. Psalm, V. 23, flehete, und hielt an mit starkem Gebet; in welchem er Gott auch seiner vorigen Hülfe erinnert und spricht: „Ach Herr, warum will dein Zorn ergrimmen über dein Volk, das du mit starker Hand aus Egypten geführet hast? Warum sollen die Egypter sagen und sprechen: Er hat sie zu ihrem Unglück ausgeführet, daß er sie erwürge im Gebirge, und vertilge sie vom Erdboden? Kehre dich vom Grimm deines Zorns, und sey gnädig der Bosheit deines Volks, ec. Da gereuete den Herrn das Uebel, das er dem Volk gedräuet hatte," V. 14.

6. David hat dieß Meisterstück wohl gelernt, wie er denn fast in allen Psalmen Gott seiner vorigen Gnade, Güte und Treue erinnert. Im 25. Psalm, V. 6: „Gedenke, Herr, an deine Barmherzigkeit," und im 77. Psalm; V. 6. 8: „Ich gedenke der alten Zeit, der vorigen Jahre. Wird denn der Herr ewiglich verstoßen?" Psalm 85, 3 ff.: „Herr, der du bist vormals gnädig gewesen beinem Lande, und hast die Gefangenen Jacob erlöset, der du vormals die Missethat vergeben hast beinem Volke, und alle ihre Sünden bedecket, der du vormals allen deinen Zorn aufgehoben: tröste uns, Gott, unser Heiland, und laß ab von deiner Ungnade über uns. Willst du denn ewiglich über uns zürnen? willst du uns denn nicht wieder erquicken, daß sich dein Volk über dich freuen möge?"

7. Mit was für herrlichen Worten erinnert der Prophet Jesajas im C. 63, V. 11 ff. Gott den Herrn seiner vorigen Gnade, und schließt damit auf den wunderbaren Schatz der Barmherzigkeit Gottes: „Wo ist denn nun, der sein Volk aus dem Meer führete, sammt dem Hirten seiner Heerde? Wo ist, der seinen heiligen Geist unter sie gab? der Mosen bei der rechten Hand führete durch seinen heiligen

Arm; der die Wasser trennete vor ihnen her, daß er ihm einen ewigen Namen machte; der sie führete durch die Tiefe? Wie die Rosse in der Wüste, die nicht straucheln; wie das Vieh, so ins Feld hinab gehet, welches der Odem des Herrn treibet: also hast du auch dein Volk geführet, auf daß du dir einen herrlichen Namen machtest. So schaue nun vom Himmel, und siehe von deiner herrlichen Wohnung. Wo ist nun dein Eifer, deine Macht? Deine herzliche Barmherzigkeit hält sich so hart gegen uns. Bist du doch unser Vater; denn Abraham weiß uns nicht, Israel kennet uns nicht. Du aber, Herr, bist unser Vater und unser Erlöser; von Alters her ist das dein Name."

8. Darin sind diese Gründe: 1) Herr, deine Gnade ist ewig, darum wird sie an mir auch nicht aufhören. 2) Ich bin zwar ein Sünder, aber du hast auch vormals den Sündern Gnade erzeigt, die Buße gethan. Ps. 25, 7: „Gedenke nicht der Sünden meiner Jugend." 3) Meine Sünde ist zwar groß; o so laß deine Barmherzigkeit auch groß werden! 4) Gedenke, daß ich dein Geschöpf bin. Hiob 10, 9. 12: „Gedenke, daß du mich aus Leimen gemacht hast, und wirst mich wieder zur Erde machen. Dein Aufsehen bewahrete meinen Odem."

9. 5) So hilft unserm Gebet die große Freundlichkeit und Leutseligkeit Gottes, die tröstliche Verheißung, daß Gott die Elenden ansieht. „Siehe an meinen Jammer und Elend, und vergib mir alle meine Sünde," Ps. 25, 18. „Da dieser Elende rief, hörete der Herr, und errettete ihn aus aller seiner Furcht," Ps. 34, 7. So haben wir Verheißung, daß Gott die Elenden nicht verachtet, wie wohl die stolzen Menschen thun. Denn Gott ist nicht menschlich gesinnt, hat auch nicht fleischliche Augen, daß er sähe, wie ein Mensch siehet und richtet, Hiob 10, 4. Je elender sonst ein Mensch ist, je weiter sich Andere von ihm abthun. Gott aber ist nicht also gesinnt. Je elender ein Mensch ist, je mehr will er bei demselben seyn. Ps. 34, 19: „Der Herr ist nahe bei denen, die zerschlagene Gemüther haben." Psalm 10, 14: „Du siehest ja und schauest an Elend und Jammer. Es stehet in deinen Händen; die Armen befehlen es dir. Du bist der Waisen Helfer." Da findet der Herr Stoff und Gelegenheit genug, seine Barmherzigkeit zu beweisen. Und damit kein Elender verzage, faßt er im 146. Ps., V. 7 ff. viele Elende zusammen: „Der Herr schaffet Recht denen, die Gewalt leiden; er speiset die Hungrigen. Der Herr löset die Gefangenen; er macht die Blinden sehend. Der Herr hilft auf denen, die niedergeschlagen sind. Der Herr liebet die Gerechten. Der Herr behütet die Fremdlinge und Waisen, und erhält die Wittwen." Jes. 66, 2: „Ich sehe an den Elenden, der zerbrochenen Geistes ist, und sich fürchtet vor meinem Wort." Psalm 102, 18: „Er wendet sich zum Gebet der Elenden, und verschmähet ihr Gebet nicht." Ps. 9, 11. 19: „Die Hoffnung des Elenden wird nicht verloren seyn ewiglich."

10. 6) So stärket unser Gebet kräftig die Betrachtung der unaussprechlich großen Barmherzigkeit Gottes. Er nimmt unser Gebet besser auf, denn wir es ihm können vorbringen. Er verstehet unsere Noth besser, denn wir sie ihm klagen können. Beten wir nicht recht, so hält er uns manche Thorheit zu gut; wie Abraham spricht, 1 Mos. 18, 27: „Ach Herr, zürne nicht mit mir. Siehe, ich habe mich unterwunden, mit Gott zu reden." Daher St. Paulus, 2 Cor. 1, 3 spricht: „Gelobet sey Gott, der Vater aller Barmherzigkeit und Gott alles Trostes, der uns tröstet in aller Trübsal." Ps. 103, 8. Um dieser Barmherzigkeit willen kann kein Gebet vergeblich seyn. „Gott zählet unsere Seufzer und Thränen," Ps. 56, 9, um der allerheiligsten Thränen Christi willen, welcher am Tage seines Leidens mit starkem Geschrei seine Thränen für uns milde geopfert hat, Hebr. 5, 7.

11. 7) So stärkt es unser Gebet mächtig, wenn wir uns erinnern des Gnadenbundes, den Gott mit uns gemacht hat. Jes. 31, 33: „Das soll der Bund seyn," 2c. Jer. 54, 10: „Der Bund des Friedens soll nicht hinfallen, spricht der Herr, dein Erbarmer." Jes. 55, 1. 3: „Wohlan, Alle, die ihr durstig seyd, kommt her; denn ich

will mit euch einen ewigen Bund machen." In diesem Gnadenbund ist die Erhörung mit eingeschlossen: „Suchet den Herrn, weil er zu finden ist; rufet ihn an, weil er nahe ist," V. 6.

12. Dessen Allen haben wir ein herrlich Exempel in dem Gebet des Propheten Daniel, C. 9, 4 ff.: „Ach lieber Herr, du großer und schrecklicher Gott, der du Bund und Gnade hältst denen, die dich lieben und deine Gebote halten. Herr, unser Gott, der du dein Volk aus Egypten geführet hast mit starker Hand, und dir einen ewigen Namen gemacht." (Das ist die Erinnerung der vorigen Hülfe.) „Herr, erhöre unser Gebet, und siehe gnädiglich an dein Heiligthum, so verstöret ist, um des Herrn willen." (Das ist der Messias und sein Name.) „Ach Herr, höre es! Ach Herr, hilf! Ach Herr, sey gnädig!" (Das sind Seufzer des heiligen Geistes.) „Neige deine Ohren, mein Gott und Herr; thue die Augen auf, und siehe." (Das ist die Verheißung.) „Siehe an dein Heiligthum, das verstöret ist. Denn um unserer Missethat willen trägt Jerusalem Schmach." (Das ist die Erkenntniß der Sünde und die Betrachtung des Elendes und Jammers.) „Denn wir liegen vor dir mit unserm Gebet, nicht auf unsere Gerechtigkeit, sondern auf deine große Barmherzigkeit." (Das ist die Erkenntniß unsers Unvermögens und unserer Unwürdigkeit, und die Betrachtung der Barmherzigkeit Gottes. Letzlich der Bund:) „Denn dein Volk und deine Stadt ist nach deinem Namen genannt."

Gebet um brünstige Andacht und um die Gabe des Gebets.

Es ist ein Gnadengeschenk, daß wir uns von dir, unserm Gott, ausbitten, daß wir brünstig im Geiste seyn, und dich im Geist und in der Wahrheit anbeten können. Wir sind wegen unserer Sünden blöde und schüchtern vor dir; ach, reinige und ermuntere uns. Wir fliehen vor dir; ach, zeuch uns nach dir. Wir sind schläfrig zum Gebet; ach erwecke, belebe und stärke uns. Dein Geist lehre uns beten. Jesu Fürbitte komme uns zu Statten. Deine Vaterliebe erquicke uns. Dein Evangelium tröste uns. Du bist unser Gott, laß uns gerne mit dir umgehen, und laß uns in Zeit und Ewigkeit nimmer von dir geschieden werden. Amen.

Das 39. Capitel.
Ein Gespräch der glaubigen Seele mit Gott.

Ps. 85, 6. 7. 8. Willst du denn ewiglich über uns zürnen, und deinen Zorn gehen lassen für und für? Willst du uns denn nicht wieder erquicken, daß sich dein Volk über dir freuen möge? Herr, erzeige uns deine Gnade, und hilf uns!

1. Dieß ist ein freundliches Gespräch der glaubigen Seele mit Gott. Denn mit welchem Fürsten oder Könige hätte wohl ein Mensch Macht also zu reden? Wenn der Fürst oder König zornig ist, darf man ihn auch also ansprechen? Ich meine es nicht. Aber Gott hat die glaubige Seele also lieb, die ist gleich als Gottes Kammerdienerin, sie darf zu Gott hineingehen ohne Anklopfen. Sobald sie kommt, spricht Gott: Was willst du? Komm herein, und fürchte dich nicht. Es ist bedeutet durch die Bathseba, 1 Kön. 1, 15: die ging zu David in seine Kammer, neigte sich, und betete den König an; und der König schwor ihr rc.; deßgleichen durch die Esther, die zum König Ahasverus hineinging, und er reichte sein Scepter zu ihr hin, Esth. 5, 2.

2. Wenn hohe Personen mit ihren armen Unterthanen reden, achtet man solches für eine besondere, hohe, große Gnade, Herrlichkeit und Leutseligkeit, und es gereicht denselben zu besonderm Lob. Daher man liest, weil Titus, der römische Kaiser, so leutselig gewesen, haben seine Unterthanen ihn nicht höher wissen zu rühmen, denn daß sie ihn die Liebe und Wollust des menschlichen Geschlechts *) genannt haben, weil die Leute an ihm ihre Lust und Freude gehabt. Viel größere Herrlichkeit, Lust und Freude ist's, daß Gott, ein Herr aller Herren und König aller Könige, von dem der 47. Psalm, V. 3 spricht, daß er der Allerhöchste sey, erschrecklich, ein großer Kö-

*) Amor et deliciae generis humani.

nig über den ganzen Erdboden, mit den armen Menschen redet, die nicht allein Staub und Asche sind, wie Abraham spricht: „Siehe, ich habe mich unterwunden, mit dem Herrn zu reden, wiewohl ich Erde und Asche bin," 1 Mos. 18, 27; sondern daß er auch mit den Menschen, als armen Sündern, welche durch die Sünde von ihm abgeschieden sind, Jes. 59, 2, ein freundliches Gespräch hält. Denn wenn ein christlich Herz die Majestät und Hoheit Gottes, auch seine und des menschlichen Geschlechts niedrige Ankunft in die Welt, elenden Zustand und sündliche Unwürdigkeit betrachtet, so ist kein Zweifel, es werde mit David aus dem 8. Ps., V. 5 ausrufen: „Herr, was ist der Mensch, daß du sein gedenkest, und des Menschen Kind, daß du es so achtest?" indem ein jeder Mensch bekennen muß, daß er unwürdig sey, mit Gott zu reden, wie hoch und heilig er auch ist. Welches der fromme Abraham auch beherzigt, da er für die Sodomiter bat, und damit Gott seine Rede nicht ungnädig aufnehme, spricht er: „Ach Herr, zürne nicht, daß ich noch einmal rede," 1 Mos. 18, 30. 32. So oft nun Abraham redet, so oft antwortet ihm der Herr. Das ist ein herrlicher Spiegel des Gesprächs Gottes mit der glaubigen Seele, denn Abraham ist ein Vater aller Glaubigen.

3. Deßwegen ist gar gewiß und unzweifelhaft, so oft ein glaubiges Herz Gott anruft, so oft antwortet ihm Gott der Herr durch wahren Trost. Nehmet euch dessen ein Exempel aus dem 85. Ps., V. 1 ff. Da redet David Gott den Herrn also an: „Herr, der du bist vormals gnädig gewesen deinem Volk, der du die Missethat vormals vergeben, und allen deinen Zorn aufgehoben hast, tröste uns. Willst du uns denn nicht wieder erquicken? Ach daß ich hören sollte, daß der Herr redete," ꝛc. Darauf hat er eine Antwort in seinem Herzen bekommen. Darum spricht er: „Doch ist ja seine Hülfe nicht ferne." Hier spricht er: „Ach daß ich hören sollte, daß der Herr redete!" Und im 50. Ps., V. 7 antwortet Gott: „Höre, mein Volk, laß mich reden." Im 6. Ps., V. 1 redet die betrübte Seele: „Ach Herr, strafe mich nicht in deinem Zorn;" darauf antwortet der 103. Ps., V. 8: „Barmherzig und gnädig ist der Herr, geduldig und von großer Güte." Im 139. Ps., V. 7: „Herr, wo soll ich hinfliehen vor deinem Angesicht?" Darauf antwortet der Herr, Matth. 11, 28: „Kommt her zu mir Alle, die ihr mühselig und beladen seyd, ich will euch erquicken." Jer. 10, 23: „Ich weiß, daß des Menschen Thun stehet nicht in seiner Gewalt, und stehet in Niemandes Macht, wie er wandle und seinen Gang richte." Darauf antwortet der Herr, Ps. 32, 8: „Ich will dich unterweisen, und dir den Weg zeigen, den du wandeln sollst, ich will dich mit meinen Augen leiten." Im 86. Ps., V. 11 spricht die glaubige Seele: „Weise mir, Herr, deinen Weg, daß ich wandle in deiner Wahrheit." Darauf antwortet der Herr, Joh. 14, 6: „Ich bin der Weg, die Wahrheit und das Leben." Willst du nicht irre gehen, ich bin der Weg; willst du nicht verführt werden, ich bin die Wahrheit; willst du nicht im ewigen Tode bleiben, ich bin das Leben. Im 38. Ps., V. 4. 6 klagt die glaubige Seele: „Es ist nichts Gesundes an meinem Leibe vor deinem Dräuen, und ist kein Friede in meinen Gebeinen vor meiner Sünde. Meine Wunden stinken und eitern vor meiner Thorheit." Darauf antwortet Gott, Jes. 53, 5: „Die Strafe liegt auf ihm, auf daß wir Friede hätten, und durch seine Wunden sind wir geheilet." Jer. 17, 14 spricht die glaubige Seele: „Heile du mich, Herr, so werde ich heil; hilf mir, so ist mir geholfen." Darauf antwortet der 103. Ps., V. 3: „Der dir alle deine Sünden vergibt, und heilet alle deine Gebrechen." Mit Manasse klagt die glaubige Seele: „Meiste Sünden sind groß und viel, wie Sand am Meer." Geb. Man., V. 9. Darauf antwortet Gott, Jes. 43, 25. C. 44, 22: „Ich tilge deine Sünde, wie eine Wolke, und deine Missethat, wie den Nebel, und gedenke deiner Sünden nimmermehr." Ach! ich bin ein großer Sünder, spricht die Seele. Darauf antwortet Christus, Matth. 9, 13: „Ich bin gekommen, die Sünder zur Buße zu rufen, und nicht die Gerechten." Ps. 25, 7 spricht die glaubige Seele: „Gedenke nicht der Sün-

den meiner Jugend, noch meiner Uebertretungen." Darauf antwortete Gott, Ezech. 18, 22: „Wenn sich der Gottlose bekehret, so soll er leben, und nicht sterben; aller seiner Sünden soll nicht gedacht werden." Ps. 51, 4: „Wasche mich wohl von meiner Missethat, und reinige mich von meiner Sünde." Antwort Jes. 18: „Ob eure Sünde gleich blutroth ist, wie Rosinfarbe, soll sie doch wie Wolle werden." Ps. 143, 2: „Herr gehe nicht ins Gericht mit deinem Knecht, denn vor dir ist kein Lebendiger gerecht." Antwort Joh. 3, 17: „Gott hat seinen Sohn nicht gesandt in die Welt, daß er die Welt richten soll, sondern daß die Welt durch ihn selig werde. Wer an ihn glaubet, der wird nicht gerichtet, und kommt nicht ins Gericht." Ps. 51, 12: „Schaffe in mir, Gott, ein reines Herz, und gib mir einen neuen, gewissen Geist." Antwort Ezech. 36, 26: „Ich will ihnen ein neues Herz und einen neuen Geist geben, daß sie in meinen Geboten wandeln sollen." Ps. 38, 7: „Ich bin elend, den ganzen Tag gehe ich traurig." Antwort Jes. 61, 2: „Der Herr hat mich gesandt, zu trösten alle Traurige." Ps. 25, 18: „Siehe an meinen Jammer und Elend." Antwort Jes. 66, 2: „Ich sehe an den Elenden, und der zerbrochenen Geistes ist." Ps. 56, 9: „Zähle meine Flucht." Antwort Matth. 10, 30: „Alle eure Haare auf dem Haupte sind gezählet." Ps. 42, 3: „Wann werde ich dahin kommen, daß ich Gottes Angesicht schaue?" Antwort Joh. 12, 26: „Wo ich bin, da soll mein Diener auch seyn." Ps. 13, 2. 3: „Ach Herr, wie lange verbirgst du dein Antlitz vor mir? Wie lange soll ich sorgen in meiner Seele, und mich ängsten in meinem Herzen täglich? Wie lange soll sich mein Feind über mich erheben?" Antwort Jes. 54, 7. 8: „Ich habe dich einen kleinen Augenblick verlassen, aber mit ewiger Gnade will ich mich dein erbarmen." Halte gegen einander dein Leiden und die ewige Gnade. „Und ob die Verheißung verzeucht, so harre ihrer, sie wird gewißlich kommen und nicht außbleiben," Habac. 2, 3. Ps. 22, 12: „Sey nicht ferne von mir, denn Angst ist nahe, und ist hier kein Helfer." Antwort Ps. 91,

15: „Ich bin bei ihm in der Noth, ich will ihn herausreißen und zu Ehren machen." Ps. 13, 4: „Erleuchte meine Augen, daß ich nicht im Tode entschlafe." Antwort Hos. 13, 14: „Ich will sie aus der Hölle erlösen, und vom Tode erretten." Phil. 1, 23: „Ich begehre aufgelöset zu werden, und bei Christo zu seyn." Antwort Luc. 23, 43: „Heute wirst du mit mir im Paradiese seyn."

4. Summa, die ganze heilige Schrift ist nichts anders, denn ein Gespräch der glaubigen Seele mit Gott. Und so oft ein glaubiges Herz Gott seine Noth klagt oder zu Gott seufzet, so oft antwortet ihm Gott darauf durch innerlichen Trost, oder durch den Trost seines göttlichen Worts.

Gebet um beständige Gnade mit Gott Gespräch zu halten.

Du bist unser gnädiger Gott, der Keinen hinausstößt, wer nur zu dir kommt, und Allen Hülfe erzeigt, die ihre Zuflucht zu dir nehmen. Herr, es soll dieß unsere Freude seyn, daß wir uns zu dir, dem allgegenwärtigen Gott, beständig halten, und unser Vertrauen auf dich setzen. Ach Herr, laß uns deine Gnadengegenwart dergestalt erfahren, daß wir ohne Unterlaß bei dir bleiben, und unsern ganzen Wandel in Heiligkeit und Gerechtigkeit vor dir führen. Amen.

Das 40. Capitel.

Ein Gespräch des Glaubens mit der Barmherzigkeit Gottes.

Psalm 85, 11. Daß Güte und Treue einander begegnen, Gerechtigkeit und Friede sich küssen.

1. Gottes Güte begegnet uns durch das innerliche Gespräch unsers Glaubens. Denn die Güte des Herrn umfähet uns, Psalm 32, 10, und spricht aus dem Propheten Jer. 3, 12. 13: „Kehre wieder zu mir, so will ich nicht ewig mit dir zürnen, denn ich bin barmherzig; allein erkenne deine Missethat, daß du wider den Herrn, deinen Gott, gesündiget hast." Der Glaube antwortet aus dem 51. Psalm, V. 3: „Gott, sey mir gnädig nach deiner Güte, und tilge meine Sünden nach deiner großen Barm-

herzigkeit." Die Barmherzigkeit Gottes begegnet uns, Joh. 6, 37: „Wer zu mir kommt, den werde ich nicht hinausstoßen." Der Glaube spricht, Hohel. 1, 4: „Ach Herr, hilf mir, daß ich zu dir komme; zeuch uns nach dir, so laufen wir." Die Barmherzigkeit Gottes begegnet uns, und spricht, Jes. 61, 1: „Der Herr hat mich gesandt, den Elenden zu predigen, die zerbrochenen Herzen zu verbinden, zu trösten alle Traurige." Der Glaube spricht, Ps. 51, 14: „Tröste mich wieder mit deiner Hülfe, und der freudige Geist erhalte mich." Die Barmherzigkeit Gottes spricht, Jes. 43, 25. C. 44, 22: „Ich tilge deine Sünden wie die Wolken, und deine Missethat wie den Nebel." Der Glaube spricht, Ps. 25, 18: „Siehe an meinen Jammer und Elend, und vergib mir alle meine Sünden." Die Barmherzigkeit Gottes tröstet uns und spricht, Ps. 103, 13: „Wie sich ein Vater über Kinder erbarmet, so erbarmet sich der Herr über die, so ihn fürchten." Der Glaube spricht, Jes. 63, 16: „Du bist unser Vater, von Alters her ist das dein Name." Die Barmherzigkeit Gottes spricht, Matth. 11, 28: „Kommt her zu mir." Der Glaube spricht, Ps. 25, 1: „Nach dir, Herr, verlanget mich." Die Barmherzigkeit spricht, Jer. 3, 1: „Du bist von mir abgewichen, bist von mir gelaufen, und hast mit vielen Buhlen gebuhlet; doch komm wieder zu mir, spricht der Herr." Der Glaube spricht, Luc. 15, 18: „Ich will wieder umkehren, und zu meinem Vater gehen, und sprechen: Vater, ich habe gesündiget im Himmel und vor dir, und bin fort nicht mehr werth, daß ich dein Sohn heiße, mache mich zum Tagelöhner in deinem Hause." Die Barmherzigkeit Gottes begegnet uns und spricht, V. 24: „Dieser mein Sohn war verloren, und ist wieder gefunden. Er war todt, und ist wieder lebendig worden." Der Glaube spricht, Ps. 13, 6: „Ich hoffe aber darauf, daß du so gnädig bist, mein Herz freuet sich, daß du so gerne hilfst." Die Barmherzigkeit begegnet uns und spricht, Jes. 55, 1: „Wohlan, Alle, die ihr durstig seyd, kommt her zum Wasser und trinket." Der Glaube spricht, Ps. 42, 2. 3: „Wie der Hirsch schreiet nach frischem Wasser, so schreiet meine Seele, Gott, zu dir. Meine Seele dürstet nach Gott, nach dem lebendigen Gott; wann werde ich dahin kommen, daß ich Gottes Angesicht schaue?" Die Barmherzigkeit spricht, Ps. 103, 3: „Der dir alle deine Sünden vergibt, und heilet alle deine Gebrechen." Der Glaube spricht, Ps. 143, 2: „Herr, gehe nicht in's Gericht mit deinem Knecht." Die Barmherzigkeit spricht, Joh. 14, 6: „Ich bin der Weg, die Wahrheit und das Leben." Der Glaube spricht, Ps. 25, 4. 5: „Herr, zeige mir deine Wege, und lehre mich deine Steige. Leite mich in deiner Wahrheit, und lehre mich." Die Barmherzigkeit spricht, Hos. 13, 14: „Ich will mein Volk aus der Hölle erlösen und vom Tod erretten. Tod, ich will dir ein Gift seyn; Hölle, ich will dir eine Pestilenz seyn." Der Glaube spricht, Ps. 68, 21: „Wir haben einen Gott, der da hilft, und einen Herrn Herrn, der vom Tode errettet." Die Barmherzigkeit spricht, Joh. 11, 25: „Ich bin die Auferstehung und das Leben, wer an mich glaubt, der wird leben, ob er gleich stürbe." Der Glaube spricht, Hiob 19, 25: „Ich weiß, daß mein Erlöser lebt, und er wird mich hernach aus der Erde auferwecken." Die Barmherzigkeit Gottes begegnet uns und spricht, Jes. 41, 10. C. 49, 16: „Fürchte dich nicht, in meine Hände habe ich dich gezeichnet. Du bist mein; Niemand soll dich aus meiner Hand reißen," Joh. 10, 18: Der Glaube antwortet und spricht, Ps. 31, 6: „In deine Hände befehle ich meinen Geist; du hast mich erlöset, Herr, du getreuer Gott."

Gebet um Aufmunterung, mit Gott oft und überall zu reden.

Ehe wir rufen, willst du, o liebreicher Vater, antworten, und wenn wir noch reden, willst du hören. Wir preisen dich für dein gnädiges Aufsehen über uns, und für deine Barmherzigkeit, die du um Jesu willen täglich an uns beweisest. Wir bitten: du gibst uns. Wir suchen: du lässest dich finden. Wir klopfen an: du thust uns auf. Du weißt das Verlangen der Elenden, und unser Herz ist gewiß, daß dein Ohr auf das Schreien unserer Seelen merket. Ach, treuer Gott, setze uns in eine solche Gemüthsfassung, daß wir ohne Unterlaß beten, und aus deiner Fülle Gnade um Gnade täglich nehmen. Bewahre uns vor allen Zerstreuungen unserer Seelen, und erhalte uns bei dem Einigen, daß wir deinen Namen fürchten, unsere Sorge auf dich werfen, und dessen vergewissert seyen, daß du für uns sorgest, und uns gibst, was unser Herz nach deinem Willen zu unserm wahren und ewigen Heil wünschet. Amen.

Das 41. Capitel.
Von dem heilsamen Nutzen und der heilsamen Kraft des Lobes Gottes und der Lobgesänge.

Ps. 77, 4. 7. Wenn ich betrübt bin, so denke ich an Gott; wenn mein Herz in Aengsten ist, so rede ich. Ich denke des Nachts an mein Saitenspiel, und rede mit meinem Herzen.

1. Dieser Spruch ist eine schöne Regel unsers Lebens, wie wir uns in Kreuz und Traurigkeit verhalten sollen. Denn gleichwie Gottes Wort eine Regel und Richtschnur unsers Lebens seyn soll, wenn es uns wohl geht, wie der 32. Psalm, V. 8 spricht: „Ich will dir den Weg zeigen, den du wandeln sollst, ich will dich mit meinen Augen leiten;" Ps. 73, 24: „Du leitest mich nach deinem Rath, und nimmst mich endlich mit Ehren an;" ja, wie Gottes Wort eine Regel und Richtschnur seyn soll unsers Glaubens; Ps. 119, 105: „Dein Wort ist meiner Füße Leuchte, und ein Licht auf meinen Fußsteigen;" deßgleichen Ps. 17, 5: „Erhalte meinen Gang auf deinen Fußsteigen, daß meine Tritte nicht gleiten:" also soll auch Gottes Wort seyn eine Regel unsers Kreuzes und Trübsals, laut dieses Spruches: „Wenn ich betrübt bin, so denke ich an Gott," das ist, ich forsche um die Ursache meines Kreuzes, und wo es mir herkommt, nämlich von dem lieben Gott, bei dem ich auch Rath suchen soll in meiner Noth.

2. Da lerne nun, lieber Christ, in deinem Kreuze deine Gedanken zu Gott richten, und nicht bald hierhin, bald dahin fallen, ꝛc. „Wenn mein Herz in Aengsten ist, so rede ich," so bete ich, so singe ich. Denn dadurch wird die Traurigkeit des Herzens vertrieben, der traurige Geist und die Schwermuth. Denn gleichwie das Herz leichter wird und gleichsam eine große Bürde ablegt, wenn man einem guten Freunde seine Noth klagt: also wird das Herz leichter, wenn es in Aengsten mit Gott redet und einen Psalm singt. Darum spricht David, Ps. 77, 7: Ich denke des Nachts an mein Saitenspiel, und rede in meinem Herzen," das ist, es verlanget mich, bis es Tag wird, daß ich in der Morgenstunde meinen Gott loben möge, und meine Traurigkeit durch einen Lobgesang vertreiben. Unterdessen rede ich in meinem Herzen, und bete im Verborgenen, und der Gott, der die Rede meines Herzens und Geistes versteht, und der die Seufzer erhört, tröstet, erquicket und erfreuet mich.

3. Aus diesem schönen Spruch aber lernen wir auch unter andern, was da sey der Nutzen, die Kraft und heilsame Frucht der Lobgesänge und des schönen Lobes Gottes. Denn es kann nicht fehlen, es muß Gottes Lob, wenn es von Herzen geht, große Kraft haben.

4. Denn zum 1) lehrt es uns die Natur. 2) Bezeugt es auch die Kraft des Gebets. 3) Die Exempel des alten Testaments. 4) Die Exempel des neuen Testaments. 5) Die Exempel, daß durch das Lob Gottes die Heiligen voll des heiligen Geistes geworden sind im alten und neuen Testament. 6) Die sonderliche Art und Eigenschaft der Psalmen. 7) Daß in sonderlichen Nothfällen bei den Alten die lieben Psalmen gebraucht worden. Aus diesen Gründen ist offenbar, daß Gottes Lob und die Lobgesänge müssen besondern Nutzen und Kraft haben. Welches aber Niemand also verstehen soll, daß den bloßen Worten an sich selbst, ohne allen Glauben und Andacht, solche Kraft zugeschrieben werde, um des bloßen Lautes willen; sondern daß die Lobgesänge, mit gläubigem Herzen gesungen und gesprochen, solche besondere Kraft haben; wovon dießmal ein kurzer Bericht geschehen soll.

5. 1) Den ersten Beweis von dem Nutzen und der heilsamen Kraft des Lobes Gottes gibt uns die Natur; denn das ist der Endzweck aller Creaturen. Sehet erstlich an die engelische Kirche, Jes. 6, 3, und in der Offenbarung Johannis hin und wieder. Der 148. Psalm, V. 2 ff. hat das Lob Gottes, dazu alle Creaturen geschaffen sind, artig beschrieben, und fängt erstlich von den Engeln an: „Lobet den Herrn, alle seine Engel; lobet ihn, alle sein Heer." Aus der Engelwelt steigt er herab in die himmlische Welt: „Lobet den Herrn, Sonne und Mond; lobet ihn, alle leuchtende Sterne." Hiob 38, 7: „Da mich die Morgensterne lobten." Darnach steigt der Psalmist herunter, und kommt auf's Meer: „Lobet den Herrn, ihr Wallfische und alle Tiefen." Darnach in die Luft: „Feuer, Hagel, Schnee, Dampf, Sturmwinde, die ihr sein Wort ausrichtet." Darnach kommt er auf die Erde: „Berge, Hügel, fruchtbare Bäume und alle Cedern." Darnach auf die Thiere: „Vieh, Gewürm und alle Vögel." Darnach auf die Menschen, und fängt wieder von oben an: „Könige, Fürsten, Richter, Völker auf Erden, Gesellen, Jungfrauen, Alte und Junge." Darnach kommt er auf die Kirche Gottes: „Das Volk, das ihm dienet, und alle Heilige auf Erden, lobet den Herrn."

6. 2) So bezeugt es die Kraft des Gebets. Denn was das glaubige Gebet für große Kraft habe, bezeugt Gottes Wort, die Exempel der Heiligen und die tägliche Erfahrung. Denn dahin sehen alle Verheißungen, daß kein Gebet, kein Seufzen, keine Thräne soll verloren seyn. Psalm 6, 10; 56, 9: „Zähle meine Thränen." Ps. 126, 5: „Die mit Thränen säen, werden mit Freuden ernten," ꝛc. Ps. 145, 18: „Der Herr ist nahe Allen, die ihn anrufen," ꝛc. Es kann auch keine gedeihliche Wohlfahrt auf Erden seyn ohne Gebet. Denn alle rechtschaffene, vollkommene Gaben müssen von Gott erbeten werden. Mit dem Gebet müssen wir unser Leben anfangen und selig beschließen. Weil nun Gottes Lob nichts anders ist, denn ein freudenreiches Gebet, darin die Heiligen Gottes die größten, denkwürdigsten Wohlthaten und Wunder Gottes zum Gedächtniß verfaßt haben: so kann's nicht fehlen, es muß das Lob Gottes sonderbaren Nutzen und heilsame Kraft haben.

7. 3) Bezeugen's die Exempel des alten Testaments, 2 Mos. 15. 5 Mos. 32. 1 Sam. 3. Jes. 12. Cap. 26. Cap. 38. Cap. 63. Jon. 2. Habac. 4, und der ganze Psalter.

8. 4) Bezeugen's die Exempel des neuen Testaments, sonderlich die schönen Lobgesänge, der Lobgesang Zachariä und der Lobgesang Mariä, Luc. 1, 46. 68, welche die christliche Kirche verordnet hat, einen des Morgens, den andern des Abends täglich zu singen, als ein Morgen- und Abendopfer; anzudeuten, daß wir den Tag mit Gottes Lobe sollen anfangen und beschließen; wie der 92. Psalm, V. 2. 3 vermahnt: „Das ist ein köstlich Ding, dem Herrn danken, und deinem Namen lobsingen, du Allerhöchster; des Morgens deine Gnade, und des Nachts deine Wahrheit verkündigen." Warum: „des Morgens deine Gnade?" Weil seine Gnade alle Morgen neu ist, Klagl. Jer. 3, 23. Warum: „des Nachts deine Wahrheit?" Weil Gott des Nachts unser Hüter ist, und der dich behütet, schläfet nicht ꝛc. Ps. 121, 4. So wissen wir auch, daß der Herr im letzten Abendmahl mit seinen Jüngern den Lobgesang gesprochen habe, Matth. 26, 30. Und St. Paulus spricht, Eph. 5, 18. 19: „Werdet voll Geistes; redet unter einander von Psalmen und geistlichen Liedern; singet und spielet dem Herrn in euerm Herzen." Col. 3, 16. 17: „Lasset das Wort Gottes reichlich unter euch wohnen in aller Weisheit. Lehret und ermahnet euch selbst mit Psalmen und geistlichen lieblichen Liedern; singet und spielet dem Herrn in euerm Herzen; und Alles, was ihr thut, mit Worten oder mit Werken, das thut Alles in dem Namen des Herrn Jesu, und danket Gott, dem Vater, durch ihn." Daß St. Paulus hier spricht: „lieblichen Liedern," dabei sieht er auf die Worte Davids, 2 Sam. 23, 1: „Es sagt der Mann, lieblich mit Psalmen Israels," das ist, der viel liebliche Psalmen vom Messias gesungen hat. St. Jacobus sagt: „So Jemand leidet, der

bete; ist Jemand gutes Muths, der singe Psalmen," Jac. 5, 13.

9. (5) Durch das Lob Gottes sind die Heiligen im alten und neuen Testament des heiligen Geistes voll geworden. 1 Sam. 10, 5. 6; Cap. 19, 24, haben wir zwei Exempel: 1) Da Saul von Samuel zum Könige gesalbt war, gab er ihm ein Zeichen: „Es wird dir ein Chor Propheten begegnen, da wird der Geist Gottes über dich kommen, und wirst ein andrer Mann werden." 2) Da Saul Boten sandte gen Rama, und wollte David holen lassen, begegneten den Boten Saul's zu unterschiedenen Malen Chöre der Propheten. Da die Boten Saul's das hörten, weissagten sie, und zuletzt auch Saul. Da Elisa hörte den Spielmann Psalmen spielen, weissagte er, 2 Kön. 3, 15.

10. Im alten Testament sind unterschiedene Chöre der Sänger gewesen. Etliche haben Gott gelobt mit Posaunen, etliche mit Psaltern und Harfen, etliche mit Cymbeln und andern musicalischen Instrumenten; daher Einige meinen, daß die Psalmen im höhern Chor gekommen seyen. Denn sie haben nicht einen jeden Psalm auf einerlei Instrument gespielt; sondern wie traurige und freudige Psalmen gewesen sind, also haben sie auch solche Arten Instrumente gehabt. Diese unterschiedlichen Chöre und die Instrumente, darauf im alten Testamente unterschiedliche Psalmen gespielet wurden, weil es ein Stück vom äußerlichen ceremonialischen Gottesdienst gewesen, sind nun vergangen, und ist nun unser Herz, Geist, Seele, Gemüth und Mund Gottes Posaune, Psalter, Harfe und Cymbel geworden. Daher St. Paulus spricht, Coloss. 3, 16: „Singet und spielet dem Herrn in euerm Herzen." Welches nicht also zu verstehen, als sollte man nun Gott in der Versammlung oder daheim nicht mit lauter Stimme loben, oder mit andern musicalischen Instrumenten; nein, sondern St. Pauli Meinung ist, daß es Alles fein andächtig, geistlich und aus dem Grunde des Herzens gehen solle, und nicht bloß ein äußerlicher Schall oder Gepränge seyn.

11. 6) So bezeugt es auch die schöne Ordnung und der Unterschied der Psalmen. Denn etliche sind Betpsalmen; etliche sind Trostpsalmen; etliche sind Bußpsalmen; etliche Lehrpsalmen; etliche Weissagungen; aus welchen allen das menschliche Herz unterschiedlichen Nutzen und Kraft empfindet.

12. (7) So ergeben die Exempel Mosis und Davids, daß sie die Lobgesänge insbesondere in etlichen sonderlichen Nöthen und Fällen gebraucht haben. Als 1) zum Schutz wider die Feinde; und das sind Schutzpsalmen, wie der 68., welchen Moses gebetet wider die Feinde, wenn die Lager aufbrachen: „Es stehe Gott auf, daß seine Feinde zerstreuet werden, und die ihn hassen, vor ihm fliehen." Und Einige meinen, daß der 91. Ps. in der großen Pest von David gemacht sey, da in drei Tagen siebenzig tausend starben, 2 Sam. 24, 15. Es ist auch kein Zweifel, daß dieser Psalm in großem Landsterben manchen Menschen errettet hat. 2) Zum Sieg wider die Feinde; und das sind Siegspsalmen. Denn als David an die sechs Siege erhalten, hat er den 18. Psalm gesungen, 2 Sam. 22, 1 ff. Und wie der König Josaphat mit einem Lobpsalm den Sieg wider die Moabiter erhalten, ist geschrieben 2 Chronica 20, 21 ff. Das war eine wunderliche Schlachtordnung: die Priester gingen mit Loben vorne an. 3) Sind Psalmen gesungen worden in großen Nöthen; wie wir lesen 2 Sam. 21, 13; da David seine Geberden verstellte vor Achis, hat er den 34. Psalm gesungen, wie der Titel bezeugt. Deßgleichen den 3., als er floh vor Absalom. Und als die Apostel, Ap. Gesch. 4, 31, in ihren großen Nöthen den 2. Psalm beteten, bewegte sich die Erde. Das sind Nothpsalmen. 4) Sind Freudenpsalmen. Nach 1 Chron. 17, 7 hat David den 105. Psalm gesungen bei der Lade des Bundes. 5) Sind Trauerpsalmen, als der 102., wie der Titel lautet; und wider die Verläumder: als der 4., 7. und 52; auch wider Krankheit: als der 30. Psalm.

13. Also haben wir sattsame und genügende Gründe von der heilsamen Kraft des schönen Lobes Gottes; daraus wir vernommen haben, daß, wie einem christgläubigen Menschen gebührt, täglich zu beten,

ihm auch gebührt, täglich Gott zu loben. Denn 1) so ist's eine Vereinigung der menschlichen Kirche mit der englischen Kirche im Himmel, und ist eine rechte engelische Eigenschaft, täglich Gott loben. Darum wir im Vater-Unser bitten: „Dein Wille geschehe, wie im Himmel, also auch auf Erden." Demnach wenn du eine Betstunde hältst, und gehst in dein Kämmerlein, im Verborgenen zu beten, so singe auch deinem lieben Gott einen Lobpsalm mit. 2) So wäre es ganz christlich, daß wir die Kinder von Jugend auf gewöhnten, Gott zu loben durch schöne Psalmen, nach dem 8. Psalm, V. 3: „Aus dem Mund der jungen Kinder hast du dir ein Lob und eine Macht zugerichtet." Und steht alsbald die Frucht und Kraft dabei: „Daß du vertilgest den Feind und den Rachgierigen." 3) So sollte es geschehen um der gnädigen Beiwohnung Gottes willen. Ps. 22, 4: „Herr, du bist heilig, der du wohnest unter dem Lob Israels." 4) So gibt's die Erfahrung, daß Gottes Lob in unsern Herzen erweckt sonderliche Andacht, geistliche Freude, lebendigen Trost, Friede und Ruhe in Gott.

Gebet um Gnade, Gott recht zu loben und zu preisen.

O daß unser Herz voll deines Lobes, o heiliger Gott! wäre, und unser Mund, ja ganzer Wandel davon überfließen und zeugen möchte! Herr, verherrliche dich in uns durch deinen Geist, daß wir dich lebendig erkennen, ehrerbietig lieben, und gegen deine Befehle einen aufrichtigen Gehorsam beweisen. Wir verabscheuen Alles, wodurch dein herrlicher Name geschändet werden kann; wir ermuntern uns, dir zu Ehren zu leben. Ach Gott, stärke uns, und verschmähe unser armes Lob nicht, das wir dir in unserer Schwachheit bringen. Du wirst uns endlich dahin verhelfen, wo wir ohne Sünde dich ewig preisen können. Auf die Zeit freuen wir uns; inzwischen aber, so lange wir hier wallen, bleibt dieß unser Vorsatz, daß wir Alles, was wir thun, zu deines Namens Ehre willig thun wollen. Amen.

Das 42. Capitel.
Was den Menschen zum täglichen Lobe Gottes anmahnen und treiben soll.

Ps. 106. 107. 118. Danket dem Herrn, denn er ist freundlich, und seine Güte währet ewiglich.

1. Es spricht der heilige David im 119. Psalm, V. 164: „Ich lobe dich des Tages siebenmal, um der Rechte willen deiner Gerechtigkeit." Das ist: Ich singe des Tages oft zu Ehren deinem Namen. Er lehrt uns damit, daß kein Mensch sein Leben besser anlegen könne, als wenn er des Tags etwa einmal sich in sein Kämmerlein verschließt, und daselbst Gott in der Stille lobet; wie David spricht, Ps. 65, 2: „Gott, man lobet dich in der Stille zu Zion." Oder wenn der Mensch in seiner Arbeit, überhaupt aber in der Stille seines Herzens, er sey an welchem Ort er wolle, Gott lobt. Denn ein wahrer Christ ist mit seinem Gebet sonst nicht an Zeit und Ort gebunden, sondern es steht im Geist und in der Wahrheit, Joh. 4, 23. Der Geist aber ist an keine Zeit und Ort gebunden. Darum St. Paulus, Col. 3, 16, spricht: „Singet und spielet dem Herrn in euerm Herzen." Das ist der rechte Ort des Lobes Gottes.

2. Weil wir aber von Natur träg und faul sind zu Gottes Lobe, wie wir solches wohl an uns befinden: so hat uns der liebe Gott in seinem Worte viel Mittel gezeigt, dadurch wir zu Gottes Lobe angemahnt werden.

3. 1) So ist's Gottes ernster Befehl. Er will es von uns, als seinen Creaturen und Knechten, haben, die er dazu erschaffen hat, daß sie ihn sollen loben; wie Einer einen Knecht und Diener zu einem gewissen Dienst annimmt. Wer nun Gott nicht täglich lobt, den hat Gott vergeblich erschaffen, der ist auch Gottes Knecht und Diener nicht. Darum wird in Gottes Wort dieser Befehl so oft wiederholt. „Lobet den Herrn, lobet ihr Knechte des Herrn," Ps. 113, 1. „Danket dem Herrn," Ps. 118, 1. „Du sollst mich preisen," 2c. Ps. 50, 15; anzuzeigen, daß sey der vornehmste Gottesdienst, daß man Gott täglich lobet; darin sind die andern Gottesdienste alle begriffen, ja das wird in jenem Leben unser höchster

Gottesdienst seyn. Darum soll das unsere höchste Ehre, Lust und Freude seyn, Gott täglich zu loben. David spricht, Ps. 63, 6: „Das soll meines Herzens Lust und Freude seyn, wenn ich dich mit fröhlichem Munde loben sollte." Und Ps. 37, 4: „Habe deine Lust an dem Herrn, der wird dir geben, was dein Herz wünschet." Selig ist, der in seinem Gottesdienste so hoch gekommen ist, daß er seine Lust am Herrn hat, und ihn täglich lobet: „der hat reichen Trost von seinem heiligen Tempel," Ps. 65, 5. Was kann für eine größere Ehre eines Menschen seyn, als daß er, als ein nichtiger Staub und Sünder, so einem mächtigen, ja dem allermächtigsten und höchsten Herrn dienen soll? Wie freut sich ein Mensch, wenn er einem großen Herrn in dieser Welt dienen mag; vielmehr hier! Dieß sollte einem Christen zur täglichen Aufmunterung genug seyn.

4. 2) So gereicht solches Lob Gottes nur uns zum Besten. Gott hat unsers Lobes nicht vonnöthen, er wird dadurch nicht geringer noch größer. Dazu ist unser Lob unrein, wir sind von unreinen Lippen, Jes. 6, 5. Sondern uns gereicht es zum Besten, daß wir dadurch viel Gutes und Gottes Segen zu uns ziehen. Ein dankbares Herz ist ein Gefäß, das Gott mit vielen Gnaden und mancherlei Segen füllt. Ja dadurch ziehen wir Gott zu uns, werden sein Tempel und Heiligthum, darin er wohnt. Wo nun Gott ist und wohnt, da muß auch aller Segen und alles Gute seyn. Ja wir treten durch tägliches Lob Gottes in die Gesellschaft der himmlischen und triumphirenden Kirche. Denn was thun die Engel Gottes und Auserwählten anders im Himmel, denn daß sie Gott mit unaufhörlicher Stimme loben und preisen? Wir erhalten dadurch in diesem Leben einen Sieg über den andern, Ps. 48, 8 und 18, 30. Und endlich werden wir durch tägliches Lob Gottes in unserm Herzen versichert, daß wir bei Gott endlich ewig seyn und bleiben werden. Denn er hat zugesagt: „Wo ich bin, da soll mein Diener auch seyn," Joh. 12, 26. Wollte Gott, wir arme Menschen bedächten solches, und könnten's in's Werk richten, und ohne Unterlaß in unsern Herzen, Sinnen und Gedanken Gott loben, so würde unser Herz ein rechtes Bethaus seyn.

5. 3) Soll uns zum täglichen Lobe Gottes anreizen Gottes Freundlichkeit, Liebe und Güte, so ewig währet. Denn solche Ursache des Lobes Gottes wird zum öftern in den Psalmen wiederholt; anzuzeigen, daß dieß der rechte Grund sey des wahren Lobes Gottes und herzlicher Danksagung, nämlich Gottes Freundlichkeit, Güte und Barmherzigkeit, so ewig währet. Und solches kann keines Menschen Zunge ausreden, ja kein Herz fassen, was das sey, daß, der ein so mächtiger, großer Herr ist, sich gegen die Menschen, so Erde und Staub, ja große Sünder und Gottes Feinde sind, so freundlich und gütig erzeigt, und nicht müde noch verdrossen wird, uns unwürdigen und undankbaren Sündern Gutes zu thun, sondern ewig ein freundliches, gütiges Herz gegen die Menschen behält, so jezo leben und künftig leben werden in alle Ewigkeit.

6. Es empfinden aber alle Menschen Gottes Freundlichkeit und Güte, sonderlich 1) an ihnen selbst. Siehe dich an, wer du bist. Ein großer Sünder. Gott der Herr aber ist langmüthigen und geduldigen Herzens, daß er nicht so bald, so schnell und so eilend die Sünde straft und die Missethat heimsucht, auch nicht so schrecklich und hart uns arme Menschen straft, wie wir's wohl verdienen. Und hierin übertrifft er alle Menschen; denn kein Mensch hat solche innerliche, gründliche, wesentliche Langmuth, Güte und Freundlichkeit, als Gott. Darum würde kein Mensch mit der Strafe so lange harren, er würde auch tausendmal härter strafen als Gott. Denn wir müssen alle bekennen und sagen, wenn Gott straft, so ist noch allewege Gnade und Freundlichkeit dabei, und Gottes Strafen sind noch allewege geringer denn unsere Sünden. Darum muß Gott innerlich, gründlich, wesentlich die höchste Güte, Treue und Freundlichkeit seyn. Das erfährt ein Jeglicher an sich selbst.

7. Gott redet 2) in seinem Wort so freundlich mit uns, und hat sich so holdselig abgebildet, daß kein Vater und Mut-

ter ihre weinenden Kinder freundlicher und liebkosender anreden könnte. „Bist du nicht mein liebes Kind und mein trauter Sohn? Darum bricht mir mein Herz, ich muß mich dein erbarmen, spricht unser Gott." Jer. 31, 20.

8. Was hat er uns 3) für große Liebeswerke und Freundlichkeit erzeigt an Leib und Seele! „Es soll mir eine Lust seyn, daß ich ihnen Gutes thue," spricht Gott, Jer. 32, 41. So gütig und so liebreich ist Gott, daß er sich freuet, daß er Einen findet, der seiner Gütigkeit genieße. Das ist der Liebe Art. Ja, wenn er nicht so gütig wäre, wer könnte denn leben? Denn aus seiner Güte kommt das Leben, ja, „seine Güte ist besser denn Leben," Pf. 63, 4. „Die den Herrn fürchten, die wird die Güte umfahen," Pf. 32, 10. Gleichwie eine Mutter ihr Kind herzet, so herzet uns Gottes Güte, denn sie umfähet uns.

9. Wir sehen auch die Freundlichkeit und Güte Gottes 4) an allen Creaturen, als welche sind Fußstapfen und Spiegel der göttlichen Gütigkeit. Ist doch die Erde voll seiner Güte, Pf. 104, 24. Bedenke es ein Jeder: wem hat Gott geschaffen alles das Gute, das Himmel und Erde in sich begreift? Um seinetwillen hat er's nicht geschaffen, denn er bedarf's nicht, er bedarf keiner Creatur; er ist, der an sich selbst genug hat. Sonne, Mond und Sterne leuchten ihm nicht, sondern uns. Feuer, Luft, Wasser, Erde nützen ihm nicht, sondern uns. Wenn er unser Herz mit Speisen und Freuden erfüllt, Ap. Gesch. 14, 17, so sehen und schmecken wir ja Gottes Freundlichkeit und Gütigkeit. Hat nicht ein jeder Mensch an seinem Leibe mehr Güter und Gaben Gottes, denn er zählen kann? Er gibt gesunden Leib und Glieder: wer wollte solches für ein Kaiserthum geben? Mit welchem Gute könnte man das einige Element, das Wasser, bezahlen, wenn's uns Gott nähme, und in Blut verwandelte, wie in Egypten? 2 Mos. 7, 20. Oder welcher Fürst könnte mit alle seinem Reichthum des Tages Licht bezahlen, wenn Gott Finsterniß kommen ließe, wie in Egypten? 2 Mos. 10, 22. Wenn wir einen Augenblick sollten der Luft entbehren, was hülfen alle Schätze der Welt? Siehe, das sind die größten Güter und die verachtetsten, dafür Gott Niemand dankt. Wenn wir die Freundlichkeit und Güte Gottes bedenken, so er uns 5) im Werke der Erlösung und Heiligung bezeigt, da werden wir unser Leben lang, ja in Ewigkeit genug zu preisen und zu loben haben. Denn es ist ein viel größeres Werk, die Welt erlösen, als die Welt erschaffen; den Menschen neu lassen geboren werden geistlich, als leiblich lassen geboren werden. Und in Summa: wenn wir 6) Gottes wunderbare Vorsehung bedenken, so sehen wir allenthalben Gottes Güte.

10. Und weil wir ja so schwerfällig und eines so vergessenen, undankbaren Herzens sind, daß wir das nicht wollen merken, so muß uns Gott der Herr bisweilen 7) durch Kreuz und Entziehung seiner Güter erinnern, und uns zu erkennen geben, von wem wir Alles haben, auf daß wir ihm danken, und den Ursprung alles Guten erkennen lernen; wie Gott klagt im Propheten: „Muthwillig wollen sie nicht wissen, daß ich der Herr bin, der ihnen gebe Korn, Oel, Wolle, Gold, Silber; darum will ich's ihnen entwenden," Hof. 2, 8. Darum ist das heilige Kreuz gleich als ein Licht, dabei wir Gottes Wohlthaten sehen, greifen und erkennen lernen. Denn die Undankbarkeit ist eine große Blindheit des Herzens. Sie ist die höchste Unehre Gottes, da doch der Ehre Gottes alle Welt voll ist; vielmehr aber soll derselben des Menschen Herz voll seyn.

11. Ja es ist hoch zu verwundern, und Gottes Freundlichkeit und Güte 8) daraus zu erkennen, daß er dieselbe auch seinen Feinden und den Bösen mittheilt. Denn er läßt seine Sonne aufgehen und scheinen über Gute und Böse, Matth. 5, 45.

12. Endlich ist seine Freundlichkeit und Güte auch 9) daraus zu spüren, daß, ob wir wohl so undankbar und so sehr böse sind, daß aus unserm Herzen täglich die Bosheit quillet wie ein Brunn, Jer. 6, 7, dennoch Gott so gütig und so fromm und freundlich ist, daß er mit Güte unsere Bosheit überwindet, und nicht aufhört, gütig zu

seyn. Darum der 136. Psalm spricht: "Seine Güte währet ewiglich." Des Menschen Herz ist ein Abgrund alles Bösen, Jer. 17, 9. Dagegen Gott der Herr ist ein Abgrund aller Güte, und läßt sich durch unsere Undankbarkeit nicht abwenden von seiner Gütigkeit. Das ist eine sehr große, gründliche Gütigkeit. Ein Mensch vermag solche Güte nicht, es ist menschlicher Natur zu schwer, Gutes zu thun, und eitel Böses dafür zu empfangen. So geht es aber Gott. Darum muß seine Gütigkeit gründlich und sehr groß seyn.

13. Und ob wir ihn durch unsere Bosheit gleich oft zum Zorn bewegen, daß es sich ansehen läßt, als habe er vergessen, gnädig zu seyn, und seine Barmherzigkeit vor Zorn verschlossen, Ps. 77, 10: so ist's doch ein Vaterzorn, in welchem kein Verderben ist; es ist doch allezeit Gnade dabei. Ja seine Güte ist doch allezeit größer, denn sein Zorn. Psalm 89, 31. 33. 34: "Wenn meine Kinder mein Gesetz verlassen, so will ich sie mit Ruthen heimsuchen; aber meine Gnade will ich nicht von ihnen nehmen." Habac. 4, 2: "Wenn Trübsal da ist, so gedenket er der Barmherzigkeit." Klagl. Jer. 3, 33: "Er plaget die Leute nicht von Herzen;" es ist gleichsam wider seine Natur und wesentliche Gütigkeit. Denn obwohl die Schrift sagt, daß Gott zürne, so redet sie doch erstlich von Gott nach menschlicher Weise, um unsers wenigen Verstandes willen. Für's andere, so zürnt Gott nicht mit den Gläubigen, ob er sie wohl züchtigt, sondern er straft sie aus Liebe. Mit den Unbußfertigen aber zürnt er, und straft sie im Zorn; "der Zorn Gottes bleibet über ihnen," Joh. 3, 36. Darum bittet David: "Herr, strafe mich nicht in deinem Zorn," Ps. 6, 1; als wollte er sagen: sondern aus Liebe, wie ein Vater. Darum, so wenig als eine trübe Wolke die Sonne kann unterdrücken und gar auslöschen, sie bricht doch endlich durch: so wenig kann auch die Wolke der Trübsal Gottes Güte und Gnade tilgen und dämpfen. Und so wenig als das Meer kann ausgeschöpft werden: so wenig kann auch Gottes Gnadenmeer ausgeschöpft werden; "denn seine Güte währet ewiglich," Ps. 136, 1. Und dieß ist auch die Ursache, warum er sich so leicht versöhnen und zur Vergebung bewegen läßt, und dasselbe nicht einmal, nicht einen oder zwei Tage, sondern er hat eine immerwährende Gütigkeit, ja eine solche Natur und Wesen, so nichts denn eitel Gütigkeit sind. Darum kann ein Mensch nicht so oft, nicht so brünstig seufzen, Gott vergibt viel öfter, viel brünstiger die Sünde. Ja, er ist viel geneigter, uns zu vergeben, als wir sind, ihn um Vergebung zu bitten.

14. Läßt nun Gott seine Güte jetzo so reichlich über uns walten, daß wir sie sehen und anrufen: was wird denn 10) dort geschehen im ewigen Leben, da wir erfahren werden, daß seine Güte ewig ist? Erzeigt er uns so viel Gutes in dieser Welt, daß wir in seiner Güte leben, weben und sind, Ap. Gesch. 17, 28, da wir noch diesen sündlichen Leib tragen: was wird dort geschehen, wenn wir nun der Sünde gänzlich los und ganz ohne Sünden seyn werden?

15. 4) So ist dieß aller Heiligen vornehmstes Thun und Werk gewesen, daß sie Gott gelobt. Es ist fast kein Prophet des alten Testaments, er hat seinen eigenen Lobgesang. Moses, 2 Mos. 15; 5 Mos. 32; Hanna, 1 Sam. 2; Josaphat, 2 Chron. 20; Jesajas, Jes. 12; Hiskias, Jes. 38; Jeremias, Klagl. 3 ꝛc. Sonderlich kann David in vielen Psalmen Gottes Lob nicht genugsam rühmen, und bittet, daß es nimmer möge aus seinem Munde kommen, Ps. 43, 1. Die drei Männer im Feuerofen. Also auch im neuen Testament Maria und Zacharias, Luc. 1, 47. 68; und St. Paulus und Petrus in allen ihren Episteln. Damit sie genugsam zu verstehen geben, daß sie Gottes Lob für das herrlichste Werk geachtet haben, so ein Mensch in diesem Jammerthal thun kann. Wollen wir nun von der Gemeinschaft der Heiligen nicht ausgeschlossen seyn, so müssen wir uns stets des Lobes Gottes befleißigen.

16. 5) So mahnen uns alle Creaturen zu Gottes Lob. Denn so redet David alle Creaturen an, Ps. 103, 22: "Lobet den Herrn, alle seine Werke, an allen Orten seiner Herrschaft." Alle Werke Gottes loben

ihren Meister auf ihre Weise. Gott hat sein Lob in alle Creaturen mit seinem Finger geschrieben, und es kann auch keine Creatur Gottes Lob verschweigen. Ps. 19, 1: „Die Himmel erzählen die Ehre Gottes, und die Veste verkündiget seiner Hände Werk." Hiob 38, 7: „Wo warst du, da mich die Morgensterne lobten?" Sonne, Mond und Sterne loben Gott mit ihrem Licht. „Es muß ein großer Herr seyn, der sie gemacht hat," Sir. 43, 5. Die Erde lobt Gott, wenn sie grünet und blühet. Die Kräuter und Blumen loben ihren Schöpfer, und verkündigen seine Allmacht und Weisheit mit ihrem Geruch, ihrer Schönheit und Farbe; die Vögel unter dem Himmel mit ihrem Gesang. Die Bäume loben Gott durch Früchte; das Meer durch so viel Fische und Meerwunder, Ps. 104, 25. Und in Summa, alle Creaturen loben Gott, indem sie seinen Befehl ausrichten, Ps. 148, 1 ff. Alle Creaturen reden mit uns, durch ihre von Gott eingepflanzte Kraft, und offenbaren uns den Schöpfer, und mahnen uns, denselben zu loben. Alles, was man ansieht, das bezeugt Gottes Lob. Gott hat das große Buch der Schöpfung voll geschrieben seines Lobes. Weil aber Gott keiner Creatur so große Barmherzigkeit erzeigt, als dem Menschen, so ist er auch schuldig, Gott öfter und mehr zu loben, denn alle Creaturen.

17. 6) So ist unser und aller Creaturen Lob zu gering. Gott ist größer, denn aller Creaturen Lob; er ist herrlicher, denn aller Creaturen Ehre, die sie ihm geben; er ist löblicher, denn aller Creaturen Ruhm und Preis. Niemand wird sein Lob erreichen können, Sir. 43, 34. Wenn wir ohne Unterlaß Gott loben, so ist's doch noch zu gering, er ist noch größer. Denn wer kann die großen Thaten des Herrn ausreden, und alle seine löblichen Werke preisen? Darum, wenn die Heiligen Gottes Gott loben wollen, verwundern sie sich mehr, als daß sie Gottes Lob erreichen sollten. Sie haben wohl den Willen und Vorsatz, aber sie können's nicht erreichen. Wie gewaltig redet der heilige David davon in vielen Psalmen, und redet sich selbst und seine Seele an, Gott zu loben! Moses, 2 Mos. 15, 2: „Der Herr ist meine Stärke und mein Heil. Das ist mein Gott, ich will ihn preisen; er ist meines Vaters Gott, ich will ihn erheben." Er spricht: Gott ist meine Stärke. Wenn Gottes Stärke und Kraft nicht bei uns wäre, in uns, über uns, und wir in Gottes Kraft nicht eingeschlossen wären, so zerfielen wir wie ein Staub, und verschwänden wie ein Schatten. Darum sagt der 39. Ps., V. 6: „Wie gar nichts sind doch alle Menschen, die so sicher leben!" Der Herr ist mein Heil: er ist meine Gerechtigkeit wider die Sünde, meine Stärke in Schwachheit, meine Zuflucht in Verfolgung, meine Freude in der Traurigkeit, mein Leben im Tode.

18. Wo will man nun einen solchen Gott finden, bei welchem solch großes Heil ist? der so mächtig ist, daß er Himmel und Erde hält und trägt? Jes. 40, 12. Der so heilig ist, daß ihn alle Engel anbeten? Jes. 6, 3. Der so schrecklich ist, daß Himmel, Erde und Hölle vor ihm zittern? 2 Mos. 15, 11. Der so löblich ist, daß Alles, was er geschaffen hat, Lobens werth ist? Von deß Ehre voll ist Himmel und Erde, und Alles, was lebet, lobet seinen Schöpfer? Der so wunderthätig ist, daß er aus Nichts Etwas, aus Finsterniß Licht, aus der Sünde Gerechtigkeit, und aus dem Tode das Leben machen kann? Wer kann das große Werk der Erlösung ausreden? Er läßt seinen lieben Sohn ein Menschenkind werden, auf daß wir Gottes Kinder würden. Er läßt ihn die größten Schmerzen leiden, auf daß wir die ewige Freude ererben. Er läßt ihn den Verachtetsten werden unter allen Menschenkindern, auf daß wir möchten zu Ehren kommen. Er läßt ihn für uns sterben, auf daß wir leben sollen. Sind das nicht große Werke? Wer kann die genugsam preisen? Ist das nicht ein großes Werk, daß Gott in uns wohnt, den sonst aller Himmel Himmel nicht können begreifen? 1 Kön. 8, 27. Daß er unsere Seele unsterblich gemacht hat, und nach dem Tode zu sich nimmt? Daß er unsern Leib aus dem Staub der Erde wird auferwecken zum ewigen Leben? Freilich ist's ein großes Werk, daß das Sterbliche anziehen soll die

Unsterblichkeit, 1 Cor. 15, 54. Darum lobe nun, meine Seele, den Herrn.

19. Wer nicht will umsonst geschaffen seyn, und als ein undankbares Geschöpf Gottes unter allen Creaturen gefunden werden; wer da will ein Christ seyn, und gedenkt nach diesem Leben in den Himmel zu kommen, unter die Gesellschaft der heiligen Engel und aller Auserwählten, und endlich bei Gott in ewiger Freude zu leben: deß Seele lobe den Herrn, und bitte Gott, daß er sein Lob in unsern Herzen ja nimmermehr erlöschen lasse. Was wir aber in dieser Welt nicht genugsam können ausreden und preisen, das wird dort geschehen, wo wir werden vollkommen seyn, und das Stückwerk aufhören wird. Denn wir sehen hier Gott in einem dunkeln Spiegel, dort aber von Angesicht zu Angesicht, 2 Cor. 13, 12. Das helfe uns Gott!

Ein Lob der Herrlichkeit, Majestät und Freundlichkeit Gottes.

Du, o Gott, bist würdig, zu nehmen Lob, und Preis, und Ehre, und Herrlichkeit; denn du hast uns deine hohe Majestät im Reiche der Natur und der Gnade auf das deutlichste geoffenbart. Bereite uns selber zu, daß dein Lob immerdar in unserm Herzen und Munde seyn möge, und unser ganzes Leben davon zeuge, daß wir dich heilsam erkennen, und deinen Namen fürchten. Amen.

Das 43. Capitel.
Gott loben ist des Menschen höchste und engelische Herrlichkeit.

Ps. 92, 4 ff. Auf den zehen Saiten und Psalter, mit Spielen auf der Harfe. Denn, Herr, du lässest mich fröhlich singen von deinen Werken, und ich rühme die Geschäfte deiner Hände. Herr, wie sind deine Werke so groß! Deine Gedanken sind so sehr tief. Ein Thörichter glaubet das nicht, und ein Narr achtet solches nicht.

1. Es haben sechs Psalmen den Titel: güldenes Kleinod; als der 16., und vom 56. bis auf den 60.; anzudeuten, daß Gottes Lob und Gebet des gläubigen Herzens geistliches, himmlisches Kleinod ist. Daß aber des Menschen Herrlichkeit sey, Gott loben, ist daraus abzunehmen: 1) daß man mit aller Freudigkeit darf vor Gott treten, und ihn loben. Ps. 96, 6: „Es stehet herrlich und prächtig vor ihm, und gehet gewaltig und löblich zu in seinem Heiligthum." Darum ist nun das eine große Herrlichkeit eines Gott lobenden Menschen, daß er täglich vor Gott treten kann, und Gott loben. Denn auch die heiligen Engel achten dieß für eine große Herrlichkeit. Luc. 1, 19: „Ich bin Gabriel, der vor Gott stehet."

2. 2) Ist darum Gottes Lob des Menschen größte Herrlichkeit und Kleinod, weil wir dadurch den Engeln Gottes gleich werden. Als der Herr Christus des Menschen zukünftige Herrlichkeit beschreiben will, Matth. 22, 30; Luc. 20, 36, spricht er: „Sie werden den Engeln Gottes gleich seyn." Nun ist zwar solches zu verstehen von der Herrlichkeit unserer verklärten Leiber in jener Welt, und der herrlichen engelischen Gaben, damit Gott die Auserwählten zieren und schmücken wird, daß sie nicht allein den Engeln, sondern dem verklärten Leibe Christi ähnlich werden, Phil. 3, 21. Und 1 Joh. 3, 2: „Es ist noch nicht erschienen, was wir seyn werden; wir wissen aber, wenn es erscheinen wird, daß wir werden Gott gleich seyn, denn wir werden ihn sehen, wie er ist." Doch wie Niemand Christo wird ähnlich werden, er werde ihm denn gleich in diesem Leben, das ist, er glaube an ihn, er lebe in Christo, er folge seiner Demuth und Sanftmuth, er werde hier dem Ebenbilde des sanftmüthigen, demüthigen, niedrigen, gekreuzigten Christi ähnlich, auf daß er auch dem Ebenbilde des herrlichen, erhöheten, verklärten Christi gleich werde: also wird auch Niemand den Engeln gleich werden an jenem Tage, er werde denn auch in dieser Welt den Engeln gleich. Das kann nun nicht besser geschehen, denn durch tägliches andächtiges Lob Gottes. Denn das ist der Engel Amt, wie es Jes. 6, 3 und Psalm 103, 20 beschrieben ist, daß sie ohne Unterlaß Gott loben. Wer nun dasselbe thut, der vollbringt das Amt eines Engels, und wird in die Zahl der Engel

gerechnet. Daraus folgt, daß Gott loben des Menschen größte Herrlichkeit und Kleinod sey; und das kann inwendig im Herzen, mit andächtigen, heiligen Gedanken ohne Unterlaß geschehen. Denn das rechte Lob Gottes geht vornehmlich aus dem Herzen. Col. 3, 16: „Singet und spielet dem Herrn in euerm Herzen."

3. 3) Ist darum Gottes Lob des Menschen größte Herrlichkeit und Kleinod, weil der Mensch dadurch Gottes Werkzeug, Gottes Saitenspiel und Harfe wird, welche den allerlieblichsten Laut und Ton von sich gibt, durch welche der heilige Geist Gottes Lob ausbreitet. Welches fein abgebildet ist Offenb. Joh. 14, 2, da der Evangelist gesehen hat eine Schaar, die dem Lämmlein Gottes nachfolgten in weißen Kleidern, und ihr Getön war als ein Getön vieler tausend Harfenschläger. Und das haben vorzeiten im alten Testament die mancherlei wunderlichen, lieblichen, musicalischen Instrumente bedeutet, deren David im 150. Psalm gedenkt; welche nichts anders bedeuten, denn die mancherlei Gaben des heiligen Geistes, dadurch Gottes Name, Lob, Ehre, Erkenntniß, Werk, Wohlthaten und Wunder ausgebreitet werden. Darum sie auch vergangen sind, auf daß die geistlichen Harfen und Psalter des Lobes Gottes an ihre Statt kommen sollten. Und gleichwie ein musicalisches Instrument des Menschen Werkzeug ist, darauf zu spielen: also ist des Menschen Seele des heiligen Geistes Werkzeug, durch welches und in welchem er Gottes Lob wirkt. Ps. 8, 2: „Aus dem Munde der jungen Kinder und Säuglinge hast du dir ein Lob zugerichtet." Wie kann nun des Menschen Herz, Mund und Seele eine größere Herrlichkeit haben, denn wenn sie des heiligen Geistes Werkzeug sind? David sagt in seinen letzten Worten: „Der Geist des Herrn hat durch mich geredet, und seine Rede ist durch meinen Mund geschehen," 2 Sam. 23, 2. Eph. 5, 18, 19: „Werdet voll Geistes, singet und spielet dem Herrn in euern Herzen."

4. 4) So ist Gottes Lob darum des Menschen größte Herrlichkeit und Kleinod, weil in Gottes Lob die höchste geistliche Freude ist; davon der 92. Psalm, V. 5 spricht: „Du, Herr, lässest mich fröhlich singen von deinen Werken, und ich rühme die Geschäfte deiner Hände." Nun ist aber Gottes Freude ein herrliches Stück des ewigen Lebens, und des Reichs Gottes in uns, welches ist Friede und Freude im heiligen Geist, Röm. 14, 17. Wer nun täglich die himmlische Freude des ewigen Lebens und des Paradieses schmecken will, der kann's täglich thun durch Gottes Lob. Wenn es herzlich ist, so erfreut es Leib und Seele; wie solches der 63. und 84. Psalm augenscheinlich bezeugen. Was ist das Paradies anders, denn eitel Freude und Wonne, da man „schmecken und sehen kann, wie freundlich der Herr sey," Ps. 34, 9, und was das ewige Leben sey, nämlich „Freude die Fülle und liebliches Wesen zu seiner Rechten ewiglich," Ps. 16, 11.

5. 5) So ist darum Gottes Lob des Menschen größte Herrlichkeit und köstlichstes Kleinod, weil man in demselben die größten Werke Gottes betrachtet, und die höchste Weisheit Gottes, und dadurch von der menschlichen Thorheit und Blindheit erlöst wird; wie der 92. Psalm, V. 6. 7 spricht: „Herr, wie sind deine Werke so groß, und deine Gedanken so sehr tief; ein Thörichter glaubet das nicht, und ein Narr achtet solches nicht." St. Paulus spricht: „Der Geist erforschet alle Dinge, auch die Tiefen der Gottheit," 1 Cor. 2, 10. Je mehr nun ein Mensch Gottes Erkenntniß hat, je mehr er ihn lobt, und je mehr er Gott lobt, je mehr er wächst in Gottes Erkenntniß, so daß man gleich in eine Tiefe der Weisheit Gottes geräth, und keinen Grund finden kann, und Gott über alle Dinge lobt und fürchtet. Denn je höher Einer im Lobe Gottes kommt, je tiefer geräth er in Gedanken, die in Gott versenkt werden. Nicht daß Einer aus Vorwitz unerforschliche Dinge, die ihm zu schwer sind, ergründen soll; sondern daß oft Gott den Reichthum seiner Weisheit einen Gott lobenden und Gott liebenden Menschen sehen läßt, darüber er verstummt, und kann's nicht ausreden. Denn hat der König Salomo der Königin aus dem reichen Arabien in seiner Schatzkammer, und in

Eröffnung seiner Weisheit solchen Glanz seines Reichthums zeigen können, darüber sie erstarrte, und lobte ihn, und sprach: „Deine Weisheit ist größer denn dein Gerücht. Selig sind deine Knechte, die täglich vor deinem Tische stehen, und deine Weisheit hören," 1 Kön. 10, 7. 8: so thut es Gott viel mehr, der seinen Liebhabern und Lobern oft im Augenblick einen solchen Schatz seiner Weisheit zeigt, daß ein Mensch erstarrt, und mit David ausrufen muß: „Herr, wie sind deine Werke so groß, und deine Gedanken so sehr tief!" Ps. 92, 6. „Das Geheimniß des Herrn ist bei denen, die ihn fürchten," Ps. 25, 14; und Ps. 51, 8: „Du lässest mich wissen die heimliche Weisheit." Denn gleichwie die Königin aus Arabia spricht: „Selig sind deine Knechte, die vor deinem Tische stehen, und täglich deine Weisheit hören": also sind die, so Gott loben, die Knechte Gottes, die vor seinem Tische stehen, und Gottes Weisheit im Geiste glauben, und Gottes Wort hören. Aus diesem Brunnen fließt denn die rechte Weisheit; wie ein Altvater geschrieben hat vom tiefen Meer der Weisheit Gottes. „Aber," sagt der Psalm, „ein Thörichter glaubet das nicht, und ein Narr achtet solches nicht." Summa: je mehr man sich mit Gottes Lob zu Gott nahet, und mit Gottes Lob umgeht, je mehr Gott den Schatz und Reichthum seiner Weisheit und seiner Gedanken eröffnet, die vor den Narren und Thoren wohl ewig versiegelt bleiben.

6. 6) So ist Gottes Lob darum des Menschen höchstes Kleinod, weil in Gottes Lob der wahre Sieg ist über alle unsere Feinde, über Teufel und Menschen, Ps. 8, 3. Ps. 18, 4. Ps. 118, 15. Ein herrlich Exempel haben wir am König Josaphat, der mit einem Lobgesang eine große Schlacht geliefert hat ohne allen Schwertschlag, 2 Chronica 20, 21. 22. Solcher Siegpsalmen sind viel, als der 18., 46., 76., ꝛc.

Gebet.

Heilig, heilig, heilig ist Gott der Herr! Alle Lande und unsere Herzen müssen seiner Ehre voll werden, Halleluja! Amen.

Das 44. Capitel.

Von der Geduld, dadurch alles Kreuz überwunden, und die verheißene Herrlichkeit erwartet wird.

Hebr. 10, 36. Wir bedürfen der Geduld stets, daß wir den Willen Gottes thun, und daß wir die Verheißung erlangen.

1. Die wahre christliche Geduld ist eine solche Tugend, da man in allerlei Trübsal und Leiden, denen man durch keine ordentliche Mittel entfliehen mag, sich in den gnädigen Willen Gottes ergibt, und denselben willig an sich vollbringen läßt, und eher Alles leidet, ehe man wider Gott murren und von ihm abfallen wollte.

2. Die Hauptursache aber dieser Tugend ist: 1) Der gnädige Wille und Rath Gottes, dadurch wir zu Kreuz und Leiden verordnet und versehen sind; wie Röm. 8, 29 steht: „Die er versehen hat, die hat er verordnet, daß sie sollen ähnlich werden dem Ebenbilde seines Sohnes." Gleichwie nun Gott seinen lieben Sohn zu Kreuz und Leiden verordnet und versehen hat, daß er ihn wolle durch das Kreuz herrlich machen: also hat er alle wahre Glieder Christi zum Kreuz verordnet; denn sonst könnten sie sein geistlicher Leib nicht seyn. Denen hat er ihr Kreuz zuvor verordnet, gezählt und gemessen, wie viel sie leiden sollen. Diesem Allen kann nun Niemand entfliehen, viel weniger es mit Ungeduld abwenden. Mit Gehorsam aber und mit Geduld kann man's lindern, und durch Christum überwinden.

3. 2) Das herzunahende Ende der Welt, da die Ungerechtigkeit überhand nimmt, und die Liebe erkaltet, Matth. 24, 12; dadurch viel Leiden, Verfolgung, Kreuz, Gewalt und Tod wird angelegt werden den Gottseligen. 2 Tim. 3, 12: „Alle die, so in Christo Jesu wollen gottselig leben, müssen Verfolgung leiden." Und der Herr Jesus weissagt, Joh. 15, 20 und Cap. 16, 2, daß die Seinen um der Wahrheit und Gerechtigkeit willen müssen verfolgt und angefochten werden. Und die ganze Offenbarung Johannis bezeugt, daß der Antichrist die Kirche Christi bis zu der letzten Zukunft des Herrn verfolgen werde, da der Streit endlich aufgehoben, und der

Drache neben den falschen Aposteln in den höllischen feurigen Pfuhl geworfen werden wird. Darum soll Niemand sich selbst goldene Träume machen, und Besserung hoffen, sondern sich zur Geduld schicken und bereiten.

4. 3) Soll unsere Geduld gestärkt werden durch die Hoffnung der zukünftigen Wiederbringung aller Dinge und der ewigen Seligkeit. Denn gleichwie ein Ackersmann mit Geduld wartet auf die Ernte, und sieht alle seine Arbeit nicht an, hofft aber, es werde ihm alle seine Mühe und Arbeit reichlich mit großem Gewinn erstattet werden, Jac. 5, 7: also soll ein Christ seine Seele mit Geduld fassen, Luc. 21, 19, und gewiß glauben, daß die große Ernte des lieben jüngsten Tages Alles wiederbringen wird, was hier verloren, ja nicht verloren, sondern gesäet und gepflanzet wird. Denn gleichwie ein Bauersmann seinen Samen darum nicht verliert, ob er ihn gleich in die Erde wirft, sondern säet und pflanzet ihn auf Hoffnung: also, was du hier säest und pflanzest, Leib, Gut und Ehre, denke nur nicht, daß du es wirst verlieren, sondern du säest und pflanzest es auf Hoffnung der künftigen großen, reichen Ernte, „da wir ernten werden ohne Aufhören." Darum der 126. Ps., V. 5. 6 unser Kreuz und Elend einer Samenzeit vergleicht, da er spricht: „Die mit Thränen säen, werden mit Freuden ernten. Sie gehen hin und weinen, und tragen edeln Samen; und kommen mit Freuden, und bringen ihre Garben."

5. 4) Soll unsere Geduld stärken die Zukunft unsers Herrn Jesu Christi, da all unser Leid wird ein Ende nehmen, ja in Freude wird verwandelt werden, Joh. 16, 20; da Gottes gerechtes Urtheil und Gericht ergehen wird über alle unsere Feinde; da einem Jeden von Gott Ruhm und Lob widerfahren wird, 1 Cor. 4, 5. Und derselbe Tag ist nahe. „Der Richter ist vor der Thür", sagt St. Jacobus, C. 5, 8. Und St. Paulus, Röm. 12, 19: „Die Rache ist mein." Wir leiden eine kurze Zeit, aber eine ewige Freude wird darauf folgen. Es kann ja nicht lange mehr währen.

6. 5) Soll auch Gottes Verheißung und ewige Wahrheit unsere Geduld stärken, und unser Herz befestigen, daß es nicht wanke, wie St. Jacobus, C. 5, V. 8 spricht. Denn wie man ein kleines Bäumlein an einen Stecken bindet, daß es der Wind nicht zerbreche, oder im Ungestüm des Meeres Anker auswirft, daran sich das Schiff halte: also müssen wir unser wankendes Herz an den Stab des göttlichen Worts und der göttlichen Wahrheit binden, und das sinkende Schifflein des Herzens mit dem Anker der Hoffnung befestigen, daß es nicht versinke, Hebr. 6, 19. Wie viel Verheißungen haben wir, daß uns Gott erretten wolle! Wie viel Exempel wunderbarer Erlösung sehen wir vor Augen! Wie viel tausend Mittel hat Gott dazu! Wie oft hat Gott in großen Krankheiten geholfen, aus großer Theurung erlöst, 2 Kön. 6, 25. C. 7, 17, aus großen Kriegsnöthen errettet! 2 Chron. 20, 22. Cap. 14, 12. Gott kann beide Theile im Krieg zum Frieden lenken. Wie oft steuert Gott dem Feinde! Wie uns denn solches in dem Kindlein Jesu genugsam ist vorgebildet, Matth. 2, 20: „Sie sind gestorben, die dem Kindlein nach dem Leben trachteten." Gott kann auch die Verfolger und Feinde bekehren, wie Paulum, Ap. Gesch. 9, 3. Wie oft verhindert Gott blutdürstige Anschläge! Saul wollte David gar fressen, und hatte ihn umringt, daß er nicht entfliehen konnte; aber Gott rief ihn zurück durch einen Boten, der verkündigte, die Philister wären ihm in's Land gefallen, 1 Sam. 23, 27. Und Joh. 7, 32. 44 gaben die Hohenpriester ihren Dienern Befehl, sie sollten den Herrn Jesum greifen und gefangen bringen; aber die Diener, da sie Christum hörten predigen, erstarrten gar, und konnten's nicht thun, V. 46. Bisweilen verblendet Gott die Feinde, und schlägt sie mit Blindheit, wie in der Historie Elisä, 2 Kön. 6, 18, Lots, 1 Mos. 19, 11, und Athanasii zu sehen ist. So hat ja auch Gott so viel Legionen Engel, die auf die Christen warten, durch welche sie oft wunderlich erlöst werden, wie St. Petro geschah, Ap. Gesch. 5, 19 und Cap. 12, 7. Wie wunderbar ist oft der Apostel Paulus erlöst worden, daß der böse Rathschlag

wider ihn offenbar geworden ist! Ap. Gesch. 23, 16. Endlich erlöset Gott der Herr die Seinen durch den zeitlichen Tod; da hat aller Jammer ein Ende.

7. 6) Wie werden aber die Gläubigen ihres Leides so herzlich ergötzt werden in jener Welt, daß sie für ihr Leiden nicht alle Herrlichkeit der jetzigen Welt nähmen! Röm. 8, 18. Matth. 5, 4: „Selig sind, die da Leid tragen, denn sie sollen getröstet werden." In der Offenbarung Johannis, C. 21, 4 und Jes. 25, 8 steht, daß Gott alle unsere Thränen werde von unsern Augen abwischen. Wie soll sie aber Gott abwischen, wenn du nie herzlich geweint hast?

8. 7) Wir sollen auch ansehen die Exempel der Heiligen, Abels, Noä, Lots, Abrahams, Isaacs, Jacobs, Josephs, Davids, Hiobs; sonderlich den Mann Gottes Mosen, von dem die Schrift zeugt, daß er ein sehr geplagter Mensch über alle Menschen auf Erden gewesen sey, 4 Mos. 12, 3. Wie oft murrete die Gemeine wider ihn, zankte mit ihm, wollte ihn steinigen! Dagegen war er sanftmüthig, redete das Beste mit ihnen, betete für sie, und wünschte aus dem Buch der Lebendigen getilgt zu seyn, 2 Mos. 32, 32; sonst hätte Gott sie vertilgt. Elias, ob er wohl auf's äußerste verfolgt ward, dennoch brachte er den Regen wieder dem ganzen Lande, 1 Kön. 18, 45. Micha ward von den falschen Propheten vor den Königen Ahab und Josaphat geschlagen und in's Gefängniß gelegt, da er doch den König warnte vor seinem Schaden, 2 Chron. 18, 23. 1 Kön. 22, 24. Jesajas ward für seine treuen Dienste mit einer Säge von einander geschnitten*). Welch ein geplagter Mann ist Jeremias gewesen! Jer. 15, 10. Daniel mußte in die Löwengrube, Dan. 6, 16. Wie ist's Johannes dem Täufer ergangen! Matth. 14, 10. Sehet St. Paulum an, was derselbe hat erlitten, 2 Corinth. 11, 13 ff., und alle heilige Märtyrer, und alle Apostel. Besiehe die Epistel an die Hebräer, C. 11, 35 ff. Wenn du diese Alle fragen wirst, durch welchen Weg sie in's Reich Gottes eingegangen sind, so werden sie antworten: Durch den Weg der Trübsal, Ap. Gesch. 14, 22. Diesen Weg ist unser Herr Jesus Christus selbst gewandelt in seine Herrlichkeit; davon St. Petrus, 1 Epistel 2, V. 21. 23 sagt: „Christus hat für uns gelitten, und uns ein Vorbild gelassen, daß wir sollen seinen Fußstapfen nachfolgen; welcher nicht wieder schalt, da er gescholten ward, nicht dräuete, da er litt; er stellete es aber dem heim, der da recht richtet." Deines Erlösers Geduld ist so groß gewesen, daß, obwohl in seinem Leiden die Sonne verfinstert ward, und ein solch großes Elend nicht mochte ansehen, davor die Erde bebte und die Felsen zerrissen, Luc. 23, 44 ff., er dennoch nicht am Kreuz gemurret hat wider seine Feinde, oder sich eines einigen ungeduldigen Worts oder Geberde merken lassen, ja, daß er noch für seine Feinde gebetet, und gerne wollen durch sein Blut diejenigen lebendig machen, die sein Blut vergossen haben. So Gott „einen jeden Sohn züchtigt, den er lieb hat und aufnimmt": so muß er entweder gezüchtigt seyn, oder kein Kind seyn, Hebr. 12, 6. Darum wollte auch Gott nicht, daß sein eingeborener Sohn sollte ohne Ruthe seyn, wiewohl er ohne Sünde war. Da er nun seinen einigen wahren Sohn, der ohne Sünde war, gezüchtigt hat: meinest du, daß du wirst ohne Züchtigung bleiben können, der du so viel Sünde hast, und zum Kind erwählt bist? Sehet doch, wie große Geduld hat Gott mit unsern Sünden: sollten wir denn nicht Geduld haben mit seiner Züchtigung, dadurch er uns bekehren will? Summa: wir sollen uns freuen, wie St. Petrus spricht, 1 Epist. 4, 13, „so wir mit Christo leiden, auf daß wir auch in der Offenbarung seiner Herrlichkeit Freude und Wonne haben mögen."

9. 8) Daraus denn dieser Trost folgt, welcher uns in Geduld erhalten soll, daß Christus mit seinem Leiden unser Leiden geheiligt und gesegnet habe, daß es uns nicht zum Verderben gereichen soll, sondern zum Segen, zum Leben, zur Herrlichkeit. Gleichwie Christi Leiden ist zur Herrlichkeit geworden, Luc. 24, 26, also auch aller Christen Leiden in Christo.

---

*) Nach der Tradition. Vergl. Hebr. 11, 37.

10. 9) Sehet an die herrliche Belohnung derer, so das Kreuz geduldig erlitten. Obwohl viele heilige Märtyrer mit unerhört grausamer, unmenschlicher Marter sind hingerichtet, etliche den wilden Thieren vorgeworfen, etliche in Oel gebraten, etliche in heißem Blei gesotten worden: so ist doch Niemand unter uns so gottlos und verrucht, der nicht lieber an ihrer Statt jetzo seyn wollte, denn an deren Statt, die sie ermordet haben. Wer wollte jetzo nicht lieber an des armen Lazarus Statt seyn, denn an des reichen Mannes? Luc. 16, 25. Lieber, willst du solcher Heiligen Herrlichkeit haben, so mußt du auch ihren Weg der Trübsal und der Geduld wandeln. Und das meint der Herr, da er spricht, Matth. 5, 11. 12: „Selig seyd ihr, so euch die Menschen schmähen, verfolgen, und alles Uebel wider euch reden um meinetwillen. Seyd fröhlich und getrost, es soll euch wohl belohnt werden im Himmel." Röm. 8, 17: „So wir mit Christo leiden, so werden wir auch mit ihm zur Herrlichkeit erhoben werden." Deßgleichen V. 18: „Dieser Zeit Leiden ist nicht werth der Herrlichkeit, die an uns soll geoffenbaret werden."

11. 10) Soll unsere Geduld stärken die herzliche Barmherzigkeit Gottes, daß Gott unser endlich nicht wird vergessen können, so wenig als eine Mutter ihres Kindes vergessen kann, Jes. 49, 15: und daß Gott sein Herz breche vor Liebe, er muß sich unser erbarmen, Jer. 31, 20; daß er auch getreu ist, der uns nicht über unser Vermögen versuchen wird, 1 Cor. 10, 13; und daß er uns nicht züchtigt zu unserm Verderben, sondern zu unserer Seligkeit. Denn „wenn wir gerichtet werden, so werden wir vom Herrn gezüchtigt, auf daß wir nicht mit der gottlosen Welt verdammt werden," 1 Cor. 11, 32. Denn ist das Kreuz eitel Liebe, was wolltest du lieber: immer in Freuden leben, wie der reiche Mann, und darnach verdammt werden, oder im Kreuz leben, und selig werden?

12. Dieß Alles erklärt uns die Epistel an die Hebräer, im 12. C., V. 1 u. ff. herrlich: „Lasset uns laufen durch Geduld in dem Kampf, der uns verordnet ist, und aufsehen auf Jesum, den Anfänger und Vollender des Glaubens. Welcher, da er wohl hätte mögen Freude haben, erduldete das Kreuz, und achtete der Schande nicht, und ist gesessen zur Rechten auf dem Stuhl Gottes. Gedenket an den, der ein solches Widersprechen von den Sündern wider sich erduldet hat, daß ihr nicht in euerm Muth matt werdet und ablasset. Denn ihr habt noch nicht bis auf's Blut widerstanden über dem Kampf wider die Sünde, und habt bereits vergessen des Trostes, der zu euch redet, als zu Kindern: Mein Sohn, achte nicht gering die Züchtigung des Herrn, und verzage nicht, wenn du von ihm gestraft wirst. Denn welchen der Herr lieb hat, den züchtiget er; er stäupet aber einen jeglichen Sohn, den er aufnimmt. So ihr Züchtigung erduldet, so erbeut sich euch Gott als Kindern; denn wo ist ein Sohn, den der Vater nicht züchtiget? Seyd ihr aber ohne Züchtigung, welcher sie Alle sind theilhaftig worden, so seyd ihr Bastarde, und nicht Kinder. Auch so wir haben unsere leiblichen Väter zu Züchtigern gehabt, und sie gescheuet: sollten wir denn nicht vielmehr unterthan seyn dem geistlichen Vater, daß wir leben? Und jene zwar haben uns gezüchtiget wenige Tage nach ihrem Dünken; dieser aber zu Nutz, auf daß wir seine Heiligung erlangen. Alle Züchtigung aber, wenn sie da ist, dünket uns nicht Freude, sondern Traurigkeit zu seyn; aber darnach wird sie geben eine friedsame Frucht der Gerechtigkeit denen, die dadurch geübt sind."

Gebet um christliche Geduld.

Es ist dein weiser Rath, o gütiger Vater, daß wir durch viele Trübsal in's Reich deiner Herrlichkeit eingehen. Du meinst es aber unter allen Leidensproben herzlich gut mit uns. Wir unterwerfen uns deinem Liebeswillen. Du bist der Herr; thue in Allem mit uns, wie es dir gefällt. Wir küssen deine Kreuzesruthe; denn du, unser liebreicher Vater, wendest Alles zum Besten. Wir beugen uns unter der Last, die uns drückt, und wissen gewiß, du legst uns nicht mehr auf, als wir ertragen können. Endlich kommt die frohe Zeit, da du uns erlösest aus allem Uebel, und uns aushilfst zu deinem himmlischen Reich. Wir preisen dich für alle Kreuzeswege. Laß uns deinen göttlichen Trost empfinden, und gib uns in allen Versuchungsstunden Ueberwindungskraft, um Jesu willen. Amen.

Das 45. Capitel.
Gottes Trost in Trübsal wirkt in unsern Herzen Geduld.

Jacobi 1, 12. Selig ist der Mann, der die Anfechtung erduldet; denn nachdem er bewähret ist, wird er die Krone des Lebens empfahen, welche Gott verheißen hat denen, die ihn lieb haben.

1. Gleichwie uns Gott des Leibes Arznei geschaffen hat in der Natur, also der Seele Arznei im Wort. Weil kein Mensch in diesem Jammer- und Thränenthal ohne Kreuz, Trübsal und Widerwärtigkeit seyn kann, so thun wir weislich daran, daß wir etliche gewisse Punkte wahren, beständigen Trostes uns bekannt machen und zu Herzen nehmen, die wir unsern Anfechtungen entgegen halten, und unsere Trübsal damit lindern können.

2. 1) Der erste Trost ist, daß alle Trübsal von Gott herkomme, 1 Sam. 2, 6: „Der Herr tödtet, und macht lebendig." Sir. 11, 14: „Es kommt Alles von Gott, Glück und Unglück." Hiob 1, 21: „Der Herr hat's gegeben, der Herr hat's genommen," ꝛc. Matth. 10, 29: „Es fällt kein Sperling auf die Erde, ohne euern Vater." Jes. 45, 7: „Der ich das Licht mache, und schaffe die Finsterniß; der ich Frieden gebe, und schaffe das Uebel." Hiob 5, 17. 18: „Selig ist der Mensch, den Gott straft. Darum weigere dich des Allmächtigen Züchtigung nicht; denn er verletzet und verbindet, er zerschmeißet und seine Hand heilet." Darum ist's närrisch, wider diesen oder jenen zu murren. „Wie murren die Leute im Leben also? ein Jeder murre wider seine Sünde," Klagl. Jer. 3, 39. Buße will Gott haben, und nicht Murren.

3. 2) Der andere Trost ist, daß Gott der Herr nicht aus Zorn und Ungnade uns das liebe Kreuz zuschicke, sondern aus väterlicher Liebe, auf daß er uns selig mache. Denn daß wir in großem Glück und allerlei guten Tagen und Wollust die Seligkeit leicht verlieren können, das bezeugt nicht allein der reiche Mann, Luc. 16, 25, mit seinem schrecklichen Exempel, sondern es bezeugen's auch unsere ersten Eltern im Paradies, daß sie solche Herrlichkeit und Wollust nicht haben ertragen können, sondern durch den leidigen Satan sich von ihrem Schöpfer abwendig machen lassen, 1 Mos. 3; wie noch heut zu Tage großes Glück und gute Tage das menschliche Herz von Gott abwenden. Und ob nun wohl Gott der Herr nach seiner strengen Gerechtigkeit den Menschen hätte können zur ewigen Verdammniß verurtheilen und verstoßen, dennoch hat er sich sein erbarmt, Mittel und Wege erfunden, den Menschen zur Seligkeit zu befördern. Unter denen ist auch das heilige Kreuz. Darum trieb Gott der Herr den Menschen aus dem Paradies, aus dem Garten der Freude und Wollust, in's Elend, daß er im Schweiß seines Angesichts sein Brod esse, 1 Mos. 3, 19. 24, und durch Kreuz und Trübsal zur Buße bewogen werde. Also handelt er auch mit einem Jeden unter uns. Ob wir wohl auf tausenderlei Weise ihn beleidigen, so ist er doch so gnädig, und versucht alle Mittel an uns, daß er uns bekehren möge. Darum hat er nach seinem allein weisen Rath einem jeden Menschen sein Kreuz versehen und verordnet, damit er ihn in wahrer Buße und in seiner göttlichen Furcht erhalte. Aus diesem Grunde spricht nun Sirach, C. 30, 1; Salomo, Sprüchw. 3, 11, 12; C. 13, 24; die Epistel an die Hebräer, C. 12, 6, und St. Paulus, 1 Cor. 11, 32: „Welchen der Herr lieb hat, den züchtiget er, auf daß wir nicht mit der gottlosen, bösen Welt verdammt werden."

4. 3) So bedenke in deinem Kreuz deine Sünde, ob du es nicht sehr wohl verdient hast. Das mußt du ja selbst bekennen. Darum so erfordert ja Gottes Gerechtigkeit, daß die Sünde gestraft werde, soll anders Gott ein gerechter Gott seyn. Soll und muß nun die Sünde gestraft werden, so ist's ja viel besser, sie werde hier gestraft, denn dort; denn diese Strafe ist zeitlich, jene aber ist ewig. Hier tröstet

Gott im Kreuz, dort ist in Ewigkeit kein Trost. Hier erbarmt sich Gott, dort ist in Ewigkeit keine Erbarmung. Gedenke an den reichen Mann, wie er rief: „Erbarme dich mein!" Luc. 16, 24. Darum ist auch das ein Trost mitten im Kreuz, daß Gott die ewige Strafe von dir genommen, und in eine kleine zeitliche Ruthe verwandelt hat.

5. 4) So bedenke in deinem Kreuz, was Christus, dein Herr und Seligmacher, für dich gelitten; ob er nicht die größte Armuth deinethalben gelitten, daß er nicht so viel gehabt, da er sein Haupt hat hinlegen können? Matth. 8, 20. Er hat auch die höchste Schmach und Verachtung deinethalben gelitten, daß er auch der Allerunwertheste und Verachtetste unter allen Menschen geworden, Jes. 53, 3. 4, ein Spott der Leute und Verachtung des Volks, ein Wurm, Ps. 22, 7; dergleichen kein Mensch je gelitten hat noch leiden wird. Hat auch die größten Schmerzen, Angst und Traurigkeit gelitten, die nicht auszudenken ist. Er ist voll Schmerzen und Krankheit gewesen, weil er aller Menschen Jammer, Krankheit und Schmerzen hat tragen müssen, daß auch Sonne und Mond schwarz davor geworden, die Erde gezittert und die Felsen zerrissen sind. Doch hat er Alles mit so hoher Geduld, tiefer Demuth, heiliger Sanftmuth gelitten, daß er seinen Mund nicht aufgethan, wie ein Lamm, und hat Alles unschuldig gelitten; ja seiner ärgsten Feinde halber, aus lauter unergründlicher Liebe und Treue. Und ob wir ihn wohl täglich mit unzähligen Sünden beleidigen, so bleibt er doch getreu, und ist bereit, so oft wir Buße thun, uns wieder zu Gnaden anzunehmen, Jer. 3, 12. Ja wenn es vonnöthen und seine einmal geschehene Erlösung nicht eine ewige Erlösung wäre: so ist seine Liebe so groß, daß er noch einmal für uns sterben wollte. Darum hat er Geduld mit uns, und wartet Tag und Nacht auf uns, bis wir wiederkehren. Denn seine Liebe ist so brünstig, so feurig, daß sie durch keine Sünde und Undankbarkeit kann ausgelöscht werden, wenn wir nur Buße thun. Seine Liebe ist höher denn der Himmel, tiefer denn das Meer, und ist nicht zu ergründen. Allein Buße thun, das will er haben. Darum hat er Allen gerufen, Matth. 11, 28: „Kommet her zu mir Alle, die ihr mühselig und beladen seyd, ich will euch erquicken;" Cap. 23, 37: „O Jerusalem, Jerusalem, wie oft habe ich deine Kinder versammeln wollen, wie eine Henne versammelt ihre Küchlein unter ihre Flügel!" Joh. 7, 37: „Wen da dürstet, der komme zu mir und trinke." So ruft er täglich in seinem Wort. Siehe, wie sollte dich nun Gott in deiner Trübsal verlassen, der doch so viel um deinetwillen gethan hat? Darum hat er sich auch deinen Vater genannt, Eph. 3, 15; Matth. 6, 9. Ein Vater hört viel lieber, und erbarmt sich auch eher, denn ein Herr, und will haben, daß du ihn liebest, nicht fürchtest als deinen Feind. Darum nennt er sich deinen Vater. Was dir nun dein lieber Vater zuschickt, das leide mit Geduld, und gedenke, es kommt von lieber Hand. Achte Gottes Barmherzigkeit für deine Seligkeit, und daß dir dein Vater nichts werde zuschicken, das nicht zu deinem Besten und zu deiner Seligkeit gedeihen möge.

6. 5) Bedenke auch die tröstliche Verheißung deines Erlösers, Joh. 16, 20: „Wahrlich, wahrlich, ich sage euch: Ihr werdet weinen und heulen, aber die Welt wird sich freuen, ihr aber werdet traurig seyn. Aber eure Traurigkeit soll in Freude verwandelt werden." Gleichwie aus einem kleinen Sämlein viel Körner wachsen: also aus Einer Trübsal wird viel Freude werden. Ps. 126, 5. 6: „Die mit Thränen säen, werden mit Freuden ernten. Sie gehen hin und weinen, und tragen edeln Samen, und kommen mit Freuden, und bringen ihre Garben." Bedenke dieses: wenn unser lieber Gott zu dir käme, und verhieße dir, er wolle alle deine Steine in deinem Hofe zu lauter Gold und Perlen machen, wie rein würdest du die Steinlein zusammen lesen, und würdest sie lieb haben? Also sollst du auch dein Kreuz, Trübsal und Elend lieb haben; denn Gott will eitel Freude und Herrlichkeit daraus machen, Weish. 5, 17: „Eine herrliche schöne Krone," ꝛc. Deßgleichen: „Dieser Zeit Leiden ist nicht werth der Herrlichkeit, die an

uns soll geoffenbaret werden," Röm. 8, 18.

7. 6) Bedenke auch die Exempel der Heiligen. Wo ist doch wohl ein Heiliger, ja ein allerliebstes Kind Gottes gewesen, das ohne Kreuz gewesen wäre? Frage sie Alle, die je gelebt haben, sie werden dir antworten: Wir sind durch viel Trübsal in's Himmelreich eingegangen, Ap. Gesch. 14, 22. Frage die heiligen Engel: Wer sind diese? so werden sie antworten: „Diese sind, die gekommen sind aus großer Trübsal," Offenb. Joh. 7, 14. Frage Abraham, Isaac, Jacob, Joseph, Mose, Aaron, David, Daniel, Elias, den heiligen Hiob, alle Propheten und Apostel: sie haben alle aus dem Kreuzbecher und Kelch des Herrn getrunken, Ps. 116, 13. Wenn man allein betrachtet den Jammer und das Elend der heiligen Märtyrer, so muß man davor erschrecken, und doch hat man sie mit keiner Marter und Pein von Christo abwenden können. Was ist dagegen unser Kreuz? Es erreicht nicht den zehnten Theil der Trübsale der heiligen Märtyrer. „Wir haben noch nicht bis auf's Blut widerstanden," Hebr. 12, 4. Können wir doch um Christi willen nicht ein böses Wort oder eine einzige Schmach leiden; da im Gegentheil die heiligen Märtyrer so schmählichen Todes haben sterben müssen. Einer ist geköpft, der andere gebraten, der dritte gekreuzigt, der vierte ertränkt, der fünfte enthauptet, der sechste gesteinigt, der siebente erhenkt, der achte mit Pfeilen durchschossen worden. Etliche haben müssen mit bloßen Füßen auf glühenden Kohlen gehen, als die um Christi willen die glühenden Kohlen lieb gehabt, und gesagt, sie gehen auf Rosen.

8. 7) So soll uns trösten Gottes Gegenwart in unserm Kreuz. Wir finden nicht, daß Gott gesagt habe, er wohne in den Fröhlichen, sondern in den Betrübten und Traurigen. Jes. 57, 15: „Ich wohne im Himmel, und bei denen, so zerschlagenen und demüthigen Geistes sind, auf daß ich erquicke den Geist der Gedemüthigten und das Herz der Zerschlagenen." Jes. 41, 10; Cap. 43, 2: „Fürchte dich nicht, ich bin mit dir; wenn du durch's Feuer und Wasser gehest," 2c. Ps. 91, 14. 15: „Er begehret mein, so will ich ihm aushelfen; ich bin bei ihm in der Noth, ich will ihn herausreißen und zu Ehren machen." Ps. 34, 19: „Der Herr ist nahe bei denen, die zerbrochenen Herzens sind, und hilft denen, die zerschlagenes Gemüth haben." Daher sind die heiligen Märtyrer so muthig und freudig geworden, als sie Gottes Gegenwart und süßen Trost empfunden, daß sie der Tyrannen in ihrer größten Marter gespottet, wie St. Laurentius. St. Vincentius, da er mit bloßen Füßen auf glühenden Kohlen gehen müssen, hat gesagt, er ginge auf wohlriechenden Rosen. Babylas hat gebeten, ihn mit seiner Kette zu begraben, damit er gebunden war, auf daß er seines Schmucks nicht beraubt würde. St. Ignatius wünschte ein reines Weizenkörnlein zu seyn, und durch die wilden Thiere gemahlen zu werden, damit er ein reines Brod dem Heilande werde. Dieß ist nicht Menschen-, sondern Gottes Kraft und Freudigkeit; wie vom St. Stephano geschrieben ist, daß er eines Engels Gestalt gehabt in seiner Verklagung, Ap. Gesch. 6, 15. Da heißt es denn: „Ich hatte viel Bekümmerniß und Traurigkeit in meinem Herzen, aber deine Tröstungen erquickten meine Seele," Ps. 94, 19.

Gebet um göttlichen Trost in Trübsal.

Wir sollen, o Jesu, mit dir zur Herrlichkeit erhoben werden, so wir anders mit leiden, unser Kreuz täglich auf uns nehmen, und es dir nachtragen. Lehre uns in dem Lichte deines Geistes heilsam verstehen, daß denen, die dich lieben, alle Dinge zum Besten dienen; auch, daß dieser Zeit Leiden nicht werth sey der Herrlichkeit, die an uns einmal geoffenbart werden soll. Gib daß wir in aller Widerwärtigkeit, die uns um deines Namens willen und in deiner Nachfolge begegnet, in stiller Gelassenheit aushalten, in gläubiger Zuversicht auf dich sehen, in lebendiger Hoffnung uns dessen getrösten, daß unsere Trübsal, die zeitlich und leicht ist, schaffe eine ewige und über alle Maßen wichtige Herrlichkeit. Ach ja, du treuer Heiland, wenn die Freudenernte nach der für alles Leiden deinen Namen in Ewigkeit preisen. Amen.

Das 46. Capitel.
Bewegende Ursachen zur Geduld, und Nutzen des heiligen Kreuzes.

Jacobi 5, 7. *Seyd geduldig, liebe Brüder, bis auf die Zukunft des Herrn. Siehe, ein Ackersmann wartet auf die köstliche Frucht der Erde, und ist geduldig darüber, bis er empfahe den Morgen- und Abendregen.*

1. Die Geduld ist, wenn man Gott im Kreuz gehorsamlich ausharrt, und seiner göttlichen Allmacht und Weisheit Alles anheimstellt, nicht Ziel, Zeit, Maaß, Weise und Ort vorschreibt, und sich dem gnädigen Willen Gottes ergibt. Dazu sollen uns bewegen folgende Ursachen.

2. 1) Daß unser Kreuz und Trübsal von Gott herkomme: Hunger, Krieg, Pestilenz. Denn obwohl die Trübsale durch den Teufel und seine Werkzeuge uns zugefügt werden, so kommen sie doch nicht von ungefähr; sie kommen doch aus Gottes Verhängniß. Jes. 45, 7: „Der ich das Licht schaffe, und mache die Finsterniß; der ich Frieden gebe, und schaffe das Uebel. Ich bin der Herr, der solches Alles thut." 1 Sam. 2, 6: „Der Herr tödtet und machet lebendig, führet in die Hölle und wieder heraus." Was willst du denn nun daraus machen? Willst du denn wider Gott streiten und kriegen?

3. 2) Weil wir die Strafe und alles Kreuz wohl verdient haben, ja noch viel größere. Denn unsere Sünde ist allezeit größer denn Gottes Strafe, und die Strafe allezeit geringer denn unsere Sünde und Missethat; wie die kluge und beherzte Judith sagt, C. 8, 22. Du mußt auch bekennen, daß dir der liebe Gott mehr Liebes denn Leides, mehr Gutes denn Böses von Mutterleibe an erzeigt hat. Warum wolltest du denn ihm zum schuldigen Gehorsam für so viel Gutthaten nicht eine väterliche Züchtigung zu gut halten, die er doch allezeit zu deinem Besten richtet und schickt?

4. 3) Weil wir nun die Strafe wohl verdient haben, so müssen wir ja mit Daniel, im 9. Cap. V. 7, bekennen, daß uns Gott nicht Unrecht thut. Sollte dich denn Gott gar nicht strafen um deiner Sünden willen, weder hier noch dort? Das wäre ja unrecht, und du mußt es selbst bekennen. Warum wolltest du denn nicht geduldig seyn, und wider Gottes Gerechtigkeit murren? Es ist ja besser, daß dich Gott hier zeitlich züchtigt, denn dort ewig. 2 Cor. 11, 32: „Wenn wir gerichtet werden, so werden wir von dem Herrn gezüchtiget, auf daß wir nicht sammt der Welt verdammt werden." Bist du aber ungeduldig wider Gott, und murrst wider ihn: so hältst du ihn für einen ungerechten Gott, gleich als wenn seine Gerichte und Werke nicht recht wären. Psalm 145, 17: „Der Herr ist gerecht in allen seinen Wegen, und heilig in allen seinen Werken." Ps. 119, 137: „Herr, du bist gerecht, und dein Gericht ist gerecht."

5. 4) Wolltest du nicht Geduld tragen mit deinem lieben Gott, und auf ihn harren und warten? Hat er doch so große Geduld mit dir, und trägt dich mit großer Langmuth und Geduld; daß es auch St. Paulus, Röm. 2, 4; C. 9, 23; C. 11, 33, nennt den Reichthum seiner Geduld, Gütigkeit und Langmuth, daß er dich dadurch zur Buße locke.

6. 5) Siehe an die Geduld unsers Herrn Jesu Christi. Wie hätte er alle seine Feinde und Lästerer im Augenblick zerschmettern können! Aber er duldet sie, er bittet für sie, und ist doch unschuldig. Vielmehr sollen wir geduldig seyn, die wir alle Strafen, ja das höllische Feuer wohl verdient haben. Christus hat aus Liebe gegen uns Alles geduldig erlitten. Wie Jacob sieben Jahre um Rahel gedienet, 1 Mos. 29, 18: also Christus um uns drei und dreißig Jahre. Sollten wir denn nicht um seinetwillen eine kleine Zeit leiden? Siehe an die Geduld aller Heiligen: Josephs, Mosis, da er für sein Volk bat, und wollte lieber sterben für das Volk, 2 Mos. 32, 32; Davids, da er sprach, 2 Sam. 15, 25. 26: „Werde ich Gnade finden vor dem Herrn, so wird er mich wieder holen. Spricht er

aber: Ich habe nicht Lust zu David: siehe, hier bin ich, er mache es mit mir, wie es ihm wohlgefällt;" Hiobs, der heiligen Apostel und der heiligen Märtyrer.

7. 6) Die großen, hohen Wohlthaten Gottes sollen uns zur Geduld bewegen. Denn erstlich so weißt du ja, daß du durch Christum mit Gott versöhnet bist. Derowegen kann dir kein Mensch, kein Feind Gottes Huld und Gnade nehmen, und wenn alle Welt wider dich wüthet und tobet. Denn „Gottes Gnade währet ewiglich über Alle, die ihn fürchten;" Ps. 103, 17. Röm. 8, 38. 39: „Es kann uns nichts scheiden von der Liebe Gottes, die in Christo Jesu ist, unserm Herrn." Du weißt auch, daß dich Christus zum ewigen Leben erkauft hat, welches dir auch keine Creatur nehmen kann. Weil dir nun keine Creatur Gottes Liebe noch das ewige Gut nehmen kann, so kannst du wohl alle weltliche Feinde, Tyrannen und Verfolger, mit allem ihrem Thun, Freude und Wollust, verachten und verspotten, wie die heiligen Märtyrer mit Freudigkeit gethan haben.

8. 7) So soll uns auch Gottes ewige Wahrheit und seine treue Verheißung in Geduld erhalten. Jes. 30, 18: „Der Herr harret, daß er euch gnädig sey. Er hat sich aufgemacht, daß er sich euer erbarme. Denn der Herr ist ein Gott des Gerichts. Wohl Allen, die sein harren!" Ps. 25, 3; Sir. 2, 12; Klagl. Jer. 3, 25; Jac. 1, 12: „Selig ist der Mann, der die Anfechtung erduldet; denn nachdem er bewähret ist, wird er die Krone des Lebens empfahen."

9. 8) Um der Ehre Gottes willen. Die drei Männer im feurigen Ofen breiten Gottes Erkenntniß aus, Daniel in der Löwengrube, Joseph im Gefängniß, David in der Vertreibung.

10. (9) Um unsers eigenen Nutzens willen. Denn 1) hat unser Herz und Seele Nutzen davon; denn so lernt man viel durch Geduld im Kreuz. Röm. 5, 4: „Geduld bringt Erfahrung." 2) So wird das Kreuz durch Geduld leichter, Matth. 11, 29; sie bringt der Seele Ruhe, wogegen Ungeduld große Unruhe bringt, und man richtet doch nichts damit aus, und macht den Schaden immer größer; ja, es geräth oft ein Mensch durch Ungeduld in den zeitlichen und ewigen Tod. Also wurden wegen der Ungeduld die Israeliten, da sie wider Gott murreten, durch die feurigen Schlangen umgebracht, 4 Mos. 21, 6.

11. 10) Geduld wird hoch belohnt. Denn Hiob bekam seine Güter, die er verloren hatte, zwiefältig wieder, Hiob 42, 10. Denn „selig sind die Sanftmüthigen, sie werden das Erdreich besitzen," Matth. 5, 5. Unselig sind die Ungeduldigen; sie werden das Erdreich verlieren.

12. 11) Was auch in allen Ständen die Geduld für großen Nutzen bringt, ist nicht auszusagen. Im geistlichen Regiment ist's eine große Tugend, wenn Einer Verfolgung erduldet; im weltlichen, wenn Einer seine Lästerer kann tragen. Denn wir lesen in Historien, daß durch Ungeduld und Rachgier ganze Regimente zerrüttet und verwüstet worden sind. Was Geduld im Hausregiment für Nutzen schafft, erfahren die Eheleute. Spr. Sal. 16, 32: „Ein Geduldiger ist besser denn ein Starker."

13. 12) So hat uns Christus alle unsere Trübsal unschädlich gemacht, daß sie uns nicht soll schaden an unserer Seligkeit. Denn er hat ja alle unsere Sünden durch sein bitteres Leiden und Sterben bezahlt, und alle Strafe der Sünde auf sich genommen, und dieselbe kraftlos gemacht. Und um dieser Ursache willen müssen uns alle Trübsale zur Seligkeit dienen, weil Christus durch sein Leiden all unser Leiden geheiligt und in die beste, köstlichste Arznei verwandelt hat. Darum St. Paulus, Röm. 8, 28, spricht: „Es müssen denen, die Gott lieben, alle Dinge zum Besten gedeihen."

14. 13) Letzlich so bedenke, was doch dieser Zeit Leiden ist gegen die ewige Herrlichkeit, Röm. 8, 18: „nicht werth der Herrlichkeit." Darum ist's eine große Barmherzigkeit, daß uns Gott hier züchtigt in dieser Zeit, welche ja eine kleine Zeit ist gegen die Ewigkeit; dagegen er uns doch die Freude geben wird, die ewig ist. Sollte doch ein Mensch wünschen und darum bitten, daß Gott hier seiner nicht verschonete, auf daß er seiner dort ewig

verschonete! Darum spricht St. Petrus: „Die ihr jetzt eine kleine Zeit leidet, werdet euch freuen mit unaussprechlicher, ewiger Freude," 1 Petri 1, 6. 8.

Von des heiligen Kreuzes Nutzen.

15. Das liebe Kreuz ist der enge und schmale Weg, der zum Leben führt; eine Ruthe der göttlichen Züchtigung, so vom Todesschlaf aufweckt; eine väterliche Strafe; der Morgenstern, der vor der Sonne des Trostes hergeht; ein Zeichen der göttlichen Versöhnung gleich dem Regenbogen; macht Christo ähnlich; zieht die Waffen der Finsterniß aus, zieht die Waffen des Lichtes an; eine balsamische Frucht; eine unverwesliche Myrrhe; ein heilsames Kraut; ein heilender Trank; ein Kelch des Heils; eine Probe des Glaubens; eine Erbauung des Nächsten; eine Gebärerin der Liebe; ein Geselle der Hoffnung; ein Vorgänger der Gnade; eine Arznei der Seele; ein Schutzmittel vor Sünden; ein Tilger des fleischlichen Lebens; ein Erwecker des geistlichen Lebens; ein Verwandler des irdischen Sinnes; ein Verlasser der Welt; ein Erwerber der Freundschaft Gottes; ein Vermehrer der himmlischen Gaben; ein Zähmer der Hoffart; eine Säugamme der Demuth; ein Lehrer der Geduld; ein Erneuerer des Geistes; ein Befestiger der Tugend; ein Zuchtmeister des Leibes; ein Beleber des Gemüths; eine Mutter der Weisheit; ein Pfleger der Sanftmuth; ein Anreizer des Gebets; ein Meister der Geduld; ein Hüter der Keuschheit; eine Klarheit des Gewissens; ein Reichthum innerlicher Freuden; ein Karfunkel, der da leuchtet an den goldenen Kleinoden der Heiligen; ein glänzendes Edelgestein der Gläubigen; eine wohlriechende Rose des Paradieses; eine Krone der Märtyrer; eine Zierde der Auserwählten.

Gebet um christliche Geduld.

Es ist deine Gnade, o Gott, daß wir in bösen Tagen geduldig sind, und auf deine mächtige Hülfe warten. Nimm alle Empfindlichkeit, die sich im Kreuz bei uns

reget, hinweg, und gib uns eine ruhige Gemüthsfassung, daß wir gebeugt und gläubig vor dir bleiben, und von deiner allmächtigen Liebeshand einen Ausgang aus allen unsern Leiden geduldig erwarten. Ja, Herr, du hilfst deinen Elenden herrlich, und die dir vertrauen, finden reichen Trost. Gelobet sey dein Name! denn Keiner wird zu Schanden, der dein harret. Halleluja! Amen.

Das 47. Capitel.
Sprüche, Exempel der Geduld, und Trost.

Apost. Gesch. 14, 22. Wir müssen durch viel Trübsal ins Reich Gottes eingehen.

1. Weil eines Christen Leben in dieser Welt nichts anders ist, denn Kreuz und Trübsal, dadurch wir müssen ins Reich Gottes eingehen: so ist uns vonnöthen, daß wir uns auf Geduld schicken, und dieselbe von Gott erbitten. Nicht schicke dich auf gute Tage, sondern auf viel Leiden und Geduld. Davon wollen wir nachfolgende drei Punkte merken, als: 1. Sprüche und Zeugnisse der Schrift; 2. Exempel; 3. Trost.

1. Sprüche und Zeugnisse der Schrift.

2. Geduld ist eine solche Tugend, die mit sanftmüthigem, stillem, demüthigem, gehorsamem Herzen sich dem lieben Kreuz unterwirft, und allerlei Widerwärtigkeit, Trübsal und Verfolgung, sie sey geistlich oder leiblich, als Christi Kreuz und Joch auf sich nimmt, und Christo nachfolgt, wider Gott nicht murret, sondern im Glauben erkennt, daß wir einen gnädigen Gott in Christo haben; welche auch durch Hoffnung der Erlösung das Kreuz lindert, und Sanftmuth schenket gegen die, so uns beleidigen und verfolgen; befiehlt Gott die Rache, und kommt nicht her aus der Vernunft, oder aus Fleisch und Blut, sondern ist eine besondere Gabe des heiligen Geistes, und eine Frucht des wahren Glaubens.

3. Diese Beschreibung hat folgende

Stücke in sich: 1. Gehorsam. 2. Nachfolge. 3. Nicht murren. 4. Den gnädigen Gott in Christo ansehen. 5. Durch Hoffnung das Kreuz lindern. 6. Sanftmüthig seyn gegen die Verfolger. 7. Nicht Rache üben. Sie begreift Glauben, Liebe, Hoffnung, Demuth, Sanftmuth, Gehorsam.

4. Diese Tugend müssen lernen und studiren Alle, die Christo angehören, die zum Himmel und ewigen Leben erkauft sind. Denn wider dieselben streitet der Teufel, der große Drache und die alte Schlange, und die ganze Welt. Offenb. Joh. 12, 17: „Der Drache ging aus, zu streiten mit den Uebrigen ihres Samens, die da Gottes Gebot halten, und haben das Zeugniß Jesu."

5. Davon sollen wir nachstehende Sprüche merken. Matth. 16, 24 ff.: „Wer mir nachfolgen will, der verläugne sich selbst, und nehme sein Kreuz auf sich, und folge mir nach. Denn wer seine Seele erhalten will, der wird sie verlieren; und wer seine Seele um meinetwillen verlieret, der wird sie wiederfinden." Das ist: wer das Kreuz um Christi willen nicht tragen, und dasselbe fliehen will, der wird seine Seele darüber verlieren. Marc. 13, 13: „Ihr werdet gehasset werden von Jedermann, um meines Namens willen." Das ist wahrlich ein schweres Kreuz, von Jedermann gehasset werden; doch weil es um Christi willen geschieht, so ist's ein großer Trost.

6. Von den geistlichen Verfolgungen weissagt ferner der Herr, Luc. 21, 12. 19: „Sie werden euch verfolgen und überantworten in ihre Synagoge, werden euch in's Gefängniß werfen, vor Könige und Fürsten führen, um meines Namens willen. Darum fasset eure Seele mit Geduld;" gleich als wenn man etwas zusammenbindet, oder zur Ruhe bringt.

7. Joh. 15, 18. 19. 20: „So euch die Welt hasset, so wisset, daß sie mich vor euch gehasset hat. Wäret ihr von der Welt, so hätte die Welt das Ihre lieb; weil ich euch aber von der Welt erwählet habe, darum hasset euch die Welt. Haben sie mich verfolget: sie werden euch auch verfolgen."

8. Joh. 16, 2: „Sie werden euch in den Bann thun, und es kommt die Zeit, daß, wer euch tödten wird, wird meinen, er thue Gott einen Dienst daran."

9. Ap. Gesch. 14, 22. Als St. Paulus zu Lystra gesteiniget ward, und ihn die Jünger erquickten, hat sie St. Paulus ermahnt, im Glauben beständig zu bleiben, „und daß wir durch viel Trübsal müssen ins Reich Gottes eingehen."

10. 2 Cor. 4, 8 u. ff.: „Wir haben allenthalben (wo wir hinkommen) Trübsal, aber wir verderben nicht. Wir haben Angst, aber wir verzagen nicht. Wir leiden Verfolgung, aber wir werden nicht verlassen. Wir werden unterdrückt, aber wir kommen nicht um. Wir tragen allezeit das Sterben Jesu Christi an unserm Leibe, daß auch das Leben Jesu an unserm Leibe erscheine. Denn wir, die wir leben, werden immerdar in den Tod gegeben, um Jesu willen: auf daß auch das Leben Jesu offenbar werde an unserm sterblichen Fleische."

11. 2 Timoth. 2, 3. 5. 12: „Du sollst dich gedulden, als ein guter Ritter Christi. Keiner wird gekrönt, er kämpfe denn recht. Dulden wir mit ihm, so werden wir auch mit ihm herrschen." 2 Tim. 3, 22: „Alle, die da wollen gottselig leben in Christo Jesu, die müssen Verfolgung leiden."

12. Hebr. 10, 36: „Geduld ist euch vonnöthen, auf daß ihr den Willen Gottes thuet, und die Verheißung empfahet."

13. Hebr. 12, 1. 2. 3: „Lasset uns laufen mit Geduld im vorgestellten Kampf, und aufsehen auf Jesum, den Anfänger und Vollender des Glaubens; welcher, da er wohl hätte mögen Freude haben, erduldete das Kreuz, und achtete der Schande nicht; und ist gesessen zur Rechten auf dem Thron Gottes. Gedenket an den, der ein solch Widersprechen wider sich von den Sündern erduldet hat."

14. 1 Petr. 1, 6. 7: „Die ihr eine kleine Weile traurig seyd in mancherlei Anfechtungen, auf daß euer Glaube viel köstlicher erfunden werde, denn das vergängliche Gold vom Feuer bewähret."

15. Offenb. Joh. 3, 10: „Dieweil du hast behalten das Wort meiner Geduld, so will ich dich auch behalten vor der Stunde der Versuchung, die kommen wird über den Erdkreis." Cap. 2, 10: „Sey getreu bis

in den Tod, so will ich dir die Krone des Lebens geben."

2. Exempel der Geduld.

16. Abraham hat viel von den Chaldäern, Canaanitern und Egyptern leiden müssen. Ap. Gesch. 7, 4. 5. 6: „Abraham ging aus der Chaldäer Land, und wohnete in Haran. Gott gab ihm keine Erbschaft darinnen, auch nicht eines Fußes breit, und sprach: Dein Same wird ein Fremdling seyn in einem fremden Lande, und sie werden sie zu Knechten machen und übel halten." Hebr. 11, 8. 9: „Im Glauben war Abraham gehorsam, und ging in ein Land, und wußte nicht, wo er hinkam. Im Glauben ist er ein Frembling gewesen, und wohnete in Hütten, und hoffete auf die Stadt, die einen Grund hat, welcher Baumeister Gott ist." 2 Petr. 2, 7. 9: „Gott hat erlöset den gerechten Lot, welches gerechte Seele die bösen Leute quäleten mit ihren ungerechten Werken. Der Herr weiß die Gottseligen aus der Trübsal zu erlösen, die Ungerechten aber zu behalten am Tage des Gerichts, sie zu peinigen."

17. 1 Mos. 22, 9: Isaac wollte sich geduldig opfern lassen. 1 Mos. 32, 10: Jacob hat viel erdulden müssen; mußte vor Esau fliehen; hatte nicht mehr denn einen Stab, da er über den Jordan ging. Hos. 12, 3. 4. 5: „Jacob hat in seiner Angst mit Gott gerungen, er hat gekämpfet mit dem Engel, und gesieget, denn er hat geweinet und gebeten." 1 Mos. 47, 9 spricht er zum Könige Pharao: „Die Zeit meiner Wallfahrt ist hundert und dreißig Jahr, wenig und böse ist die Zeit meines Lebens."

18. Jac. 5, 11: „Ihr habt die Geduld Hiobs gehöret, und das Ende des Herrn habt ihr gesehen." Moses „war der allersanftmüthigste und geplagteste Mensch, über alle Menschen auf Erden." 4 Mos. 12, 3; Hebr. 11, 25: „Er erwählet lieber mit seinem Volk Ungemach zu leiden, denn die zeitliche Ergötzlichkeit der Sünde zu haben."

19. David, ein Bild Christi, was hat er gelitten! Ps. 7, 2: „Auf dich traue ich, Herr, mein Gott, hilf mir von allen meinen Verfolgern, und errette mich." Ps. 10, 17: „Das Verlangen der Elenden hörest du, Herr." Salomo, Sprüchw. 15, 33: „Die Furcht des Herrn ist die Züchtigung der Weisheit, und ehe man zu Ehren kommt, muß man viel leiden;" verstehe: vor der künftigen Herrlichkeit. Sir. 2, 1: „Mein Kind, willst du Gottes Diener seyn, so schicke dich zur Anfechtung." Was haben die drei Männer im feurigen Ofen für Geduld geübt! Dan. 3, 21. Also alle heilige Apostel und Märtyrer.

20. Des Herrn Christi Exempel übertrifft aller Heiligen Geduld. 1) Ist er der Allergehorsamste gewesen im Kreuz. 2) Hat er wider Gott nicht gemurret; dagegen Hiob, Jeremias und Moses gemurret haben. 3) Hat er den stärksten Glauben gehabt. Denn ob er wohl von Gott verlassen war, dennoch nennt er Gott seinen Gott, Matth. 27, 46. 4) Hat er herzlich für seine Feinde gebeten, und sich nicht gerächt, ob er es gleich hätte thun können.

3. Trost.

21. Matth. 5, 4: „Selig sind, die da Leid tragen, denn sie sollen getröstet werden." Matth. 11, 28. 29. 30: „Kommt her zu mir Alle, die ihr mühselig und beladen seyd, ich will euch erquicken. Nehmet auf euch mein Joch, und lernet von mir, denn ich bin sanftmüthig und von Herzen demüthig. So werdet ihr Ruhe finden für eure Seelen; denn mein Joch ist sanft und meine Last ist leicht." Da steht fünferlei Trost: 1) Zu Christo kommen, 2) erquikken, 3) mein Joch, 4) Ruhe der Seelen, 5) mein Joch ist sanft. Weil es um Christi willen geschieht, so erquickt es. Darum spricht St. Paulus, Röm. 5, 3. 4. 5: „Wir rühmen uns der Trübsal. Denn wir wissen, daß Trübsal Geduld bringt; Geduld bringet Erfahrung; Erfahrung bringet Hoffnung; Hoffnung aber lässet nicht zu Schanden werden. Denn die Liebe Gottes ist ausgegossen in unsere Herzen durch den heiligen Geist."

22. Jacobi 1, 12: „Selig ist der Mann, der die Anfechtung erduldet; denn nachdem er bewähret ist, wird er die Krone

des Lebens empfahen, welche Gott verheißen hat denen, die ihn lieb haben." Joh. 16, 33: „In der Welt habt ihr Angst; aber seyd getrost, ich habe die Welt überwunden." Röm. 8, 35: „Wer will uns scheiden von der Liebe Gottes?" ꝛc. „Es müssen denen, die Gott lieben, alle Dinge zum Besten gedeihen," V. 28. 2 Tim. 4, 7: „Ich habe einen guten Kampf gekämpft."

Gebet um wahre Geduld.

O Gott! sey du uns nur nicht schrecklich zur Zeit der Noth. Laß leuchten über uns dein Antlitz, so genesen wir. Stärke uns mit deinem Geist, und versichere uns durch denselben deiner Gnade, so können wir in allen Widerwärtigkeiten uns leicht zufrieden geben. Du bist unser versöhnter Vater. Wir ruhen, als deine Kinder, in deinem Liebesschooß. Du trägst uns durch das Jammerthal, und bringst uns endlich zum himmlischen Vaterland, wo keine Noth uns mehr berühren wird. Darauf freuen wir uns, und preisen dich, daß du uns ewig wohl thust. Amen.

Das 48. Capitel.

Es ist keine Trübsal so groß, Gott hat Trost dagegen verordnet; denn Gottes Trost ist allezeit größer als unser Elend. Das soll die Geduld erhalten und stärken.

1. Der heilige Apostel Paulus, als er betrachtet die große Freundlichkeit und Leutseligkeit Gottes, unsers lieben Vaters im Himmel, wie er sein Vaterherz gegen alle elende und trübselige Leute geöffnet habe, preiset den lieben Gott hoch, und spricht, 2 Cor. 1, 3 ff.: „Gelobet sey Gott und der Vater unsers Herrn Jesu Christi, der Vater der Barmherzigkeit und Gott alles Trostes, der uns tröstet in aller unserer Trübsal, daß wir auch trösten können, die da sind in allerlei Trübsal, mit dem Trost, damit wir getröstet werden von Gott. Denn gleichwie wir des Leidens Christi viel haben: also werden wir auch reichlich getröstet durch Christum. Wir wissen, daß, wie ihr des Leidens theilhaftig seyd, so werdet ihr auch des Trostes theilhaftig seyn." Mit welchen holdseligen Worten der werthe Apostel Gott dem Herrn dankt für seinen göttlichen, himmlischen Trost; denn derselbe allein ist die höchste Arznei wider so vielfältigen Jammer und Elend dieser Welt; und lehrt uns zugleich, daß kein Kreuz und Trübsal so groß sey, dagegen uns Gott nicht hätte himmlischen Trost verordnet; ja daß Gottes Trost größer sey, denn aller Menschen Elend. Und das beweist er mit sieben gewaltigen Gründen, die er nach einander setzet.

2. 1) Der erste Grund ist, daß Gott ein Vater der Barmherzigkeit ist. Diese Worte sind so trostreich, daß sie nicht genugsam können ergründet werden.

3. Denn es stellt sich Gott allen betrübten Herzen vor als einen Vater, der nicht den bloßen Namen allein hat, sondern in der That und Wahrheit unser Vater ist. Denn worin besteht die Eigenschaft eines Vaters? Darin, daß ein Vater seine Kinder 1) liebe, 2) für sie sorge, 3) sie ernähre, 4) sie schütze, 5) sie züchtige und unterweise, 6) Mitleiden habe mit ihrer Schwachheit, 7) sich über sie erbarme, 8) ihnen das Erbe bescheide. Wenn Einer das recht bedenkt, so wird er bekennen müssen, daß in dem einigen Wort Vater ein vollkommener Trost sey, so allein genug wider allerlei Trübsal, und daß dieser Trost größer sey, denn alles Elend. Und damit wir ihn recht kennen lernen, was er für ein Vater sey, so nennt ihn Paulus einen Vater der Barmherzigkeit; von welchem alle väterliche Barmherzigkeit ihren Ursprung hat, und zwar einen ewigen Ursprung. Denn aller Barmherzigkeit, die in so viel tausendmal tausend väterlichen Herzen gepflanzt ist, deren ist Gott ein Ursprung und Vater. Daraus folgt, daß keinem Kinde Gottes auf Erden so viel Leids widerfahren kann, wogegen bei dem Vater der Barmherzigkeit nicht viel mehr Trostes zu finden wäre.

4. 2) Der andere Grund ist, daß Gott ein Gott alles Trostes sey. In diesen Worten ist abermal ein ewiger, unendlicher Trost begriffen. Gott ist das ewige, unendliche, höchste Gut. Was kann nun anders aus dem ewigen Gute kommen und ent-

springen, denn aller Trost wider alles Elend? und zwar ein größerer Trost, denn das Kreuz ist. Aus Ursache: das Kreuz ist zeitlich und endlich, aber Gottes Trost ist ewig und unendlich. Daraus sehen wir abermal, daß Gottes Trost größer sey, denn unser Kreuz.

5. 3) Der dritte Grund ist, daß sich Paulus neben allen Heiligen uns zum Exempel vorstellt, indem er spricht: Gott tröstet uns in aller unserer Trübsal. Wenn wir nun die vielfältigen Exempel der Heiligen bedenken, was sie gelitten, wie sie Gott getröstet, und mitten im Kreuz erhalten, so ist unser Leiden dagegen nichts, und es übertreffen die Exempel der heiligen Märtyrer mit ihrem Trost all unser Kreuz. Wer hat so viel gelitten als Hiob? Hiob 1 und 2. Wer ist so hoch betrübt gewesen, als Jeremias? Jer. 20, 7 ff. Wer ist in so hohen Anfechtungen je befangen gewesen, als David? Psalm 88, 2 ff. Ja was ist unser Leiden gegen des Herrn Christi Leiden? Sind nicht alle heilige Märtyrer heilige Kinder Gottes gewesen? Warum stellt sie uns Gott vor die Augen? Auf daß wir lernen sollen, daß das heilige Kreuz sey 1) der wahren Christen Heiligthum; 2) ihre geistliche, himmlische Ehre; 3) ihr Sieg über Teufel und Welt; 4) eine Vorbereitung zum Himmelreich; 5) denn ohne Kreuz kann kein Christ ins Reich Gottes eingehen. 6) Es ist das heilige Ebenbild Christi. 7) Summa: das liebe Kreuz ist ein hohes, großes Geheimniß, darin die höchste Weisheit und der höchste Rath Gottes verborgen liegt; welches Fleisch und Blut nicht verstehen kann, auch nicht schmecken kann das himmlische Manna in Gottes Wort, ohne Kreuz. Darum ist Gottes Trost allemal größer, denn aller Menschen Trübsal.

6. 4) Den vierten Grund setzt St. Paulus in diesen Worten: „Daß wir auch trösten können, die da sind in allerlei Trübsal, mit dem Trost, damit wir getröstet werden von Gott." Womit tröstet aber Gott die lieben Apostel? Und womit trösten die lieben Apostel uns wieder? Mit dem lieben Worte Gottes, mit den theuren Verheißungen Gottes; wie Röm. 15, 4 steht: „Was zuvor geschrieben ist, das ist uns zur Lehre geschrieben, auf daß wir durch Geduld und Trost der Schrift Hoffnung haben." Wenn wir nun Gottes Wort recht ansehen, wie freundlich uns Gott zuspricht, wie große Gnade, große himmlische und ewige Güter er uns darin verheißt: so müssen wir gewißlich bekennen und sagen, daß derselbe Trost weit übertrifft aller Menschen Elend. Es hat ja wohl Sirach im 40. Cap., V. 1. 2 ein rechtes Bild des menschlichen Lebens beschrieben, da er spricht: „daß es sey ein elend, jämmerlich Ding um aller Menschen Leben, von Mutterleibe an, bis sie in die Erde begraben werden, die unser Aller Mutter ist. Da ist immer Sorge, Furcht, Hoffnung, und zuletzt der Tod." Aber dagegen muß man halten das himmlische, ewige Leben mit seiner Herrlichkeit und Klarheit, 2 Cor. 4, 17: so werden wir sehen, daß der Jammer dieses Lebens weit übertroffen wird durch die Herrlichkeit des ewigen Lebens, die uns in Gottes Wort verheißen wird. Es ist wohl die Sünde ein gräulich und erschrecklich Uebel, die wir täglich am Halse tragen, und um welcher willen wir so vielem Jammer und Elend unterworfen sind. Aber wenn wir dagegen bedenken, daß Christus unsere Gerechtigkeit sey, so ist der Trost größer als die Last der Sünde; denn in Christo ist mehr Gerechtigkeit zu finden, denn in uns Sünde. Summa: Gottes Wort ist so reich an Trost, daß unsere Herzen nicht genug sind, denselben all zu fassen; wie das Oelkrüglein der armen Wittwe von Gott so reichlich gesegnet ward durch den Propheten Elisa, daß es mehr Oels gab, denn Gefäße vorhanden waren, 2 Kön. 4, 6. Ja, es ist oft Ein Wörtlein in der Schrift, das mehr trösten kann, denn der Teufel und die ganze Welt betrüben können. Pf. 65, 10: „Gottes Brünnlein hat Wassers die Fülle," das wirst du nicht ausschöpfen können. Darum sich Gott nennt, Jerem. 2, 13: die lebendige Quelle. Pf. 36, 10: „Herr, bei dir ist die lebendige Quelle, und in deinem Licht sehen wir das Licht." Sollte nun die sündliche Todesquelle mehr Trübsal geben, denn die lebendige Quelle Trostes?

7. 5) Der fünfte Trostgrund ist, daß St. Paulus der glaubigen Christen Kreuz nennt das Leiden Christi. Denn er spricht: „Wie wir des Leidens Christi viel haben." Nämlich 1) weil alle Glaubige des Herrn Christi geistliche Glieder sind. Gleichwie nun das Haupt die Schmerzen empfindet, wegen der Einigkeit des Haupts und der Glieder: also empfindet Christus, unser Haupt, das Leiden und die Trübsal seiner Glieder. 2) Weil Christus in seinen Glaubigen wohnt und lebt, und sich mit ihnen vereinigt hat, so leidet er in seinen Gliedern, wird in denselben verjagt und verfolgt; wie der Herr vom Himmel rief: „Saul, Saul, was verfolgest du mich?" Ap. Gesch. 9, 4. 3) Weil wir aus Christo neu geboren sind, und er unser ewiger Vater ist, Jes. 9, 6. Was nun das Kind leidet, das empfindet der Vater an seinem Herzen. Darum ist aller Glaubigen Leiden auch des Herrn Christi Leiden. Wie kann nun dein Leiden und Kreuz so groß seyn als dieser Trost, daß Christus dein Haupt ist, und du sein Glied? daß er mit dir vereinigt ist, in dir wohnt, in dir leidet, und all dein Kreuz für sein eigen achtet? daß er dein ewiger Vater ist, und an seinem heiligen Herzen dein Leiden empfindet?

8. 6) Den sechsten Grund nimmt St. Paulus von dem Ursprung und Grund all unsers Trostes, welcher ist Christus, indem er spricht: „So werden wir auch reichlich getröstet durch Christum." Aller unserer Trübsal Ursprung ist die Sünde; dagegen aber ist der Ursprung alles unsers Trostes Jesus Christus, Gottes Sohn. Nun aber ist Christus mächtiger, denn die Sünde; daher ist auch Christi Trost mächtiger und größer, denn alles Elend, so aus der Sünde kommt; wie St. Paulus sagt, Röm. 5, 20: „Wo die Sünde mächtig ist, da ist die Gnade viel mächtiger." Denn es hat Gott wohlgefallen, daß in Christo alle Fülle und Reichthum seiner Gnade wohnen sollte, Col. 1, 19. Darum hat ihn Gott gesandt, alle Traurige zu trösten, Jes. 61, 1. Darum so ist keine Traurigkeit und Kreuz so groß, in Christo ist größerer Trost dagegen.

9. 7) Der letzte Grund, den St. Paulus setzt, ist Christi Herrlichkeit. „Wir wissen, wie ihr des Leidens theilhaftig seyd, so werdet ihr auch des Trostes theilhaftig seyn." Nun wissen wir den unaussprechlichen Reichthum seiner Herrlichkeit, daß er nicht allein seiner Person halben herrlich ist, also daß seine Gemeine an derselben Herrlichkeit nicht Theil oder Gemeinschaft haben würde; sondern Christus ist zu seiner Herrlichkeit erhöhet als das Haupt seiner Gemeine, zu dem Ende, daß alle seine Glieder dieser Herrlichkeit sollen genießen. Darum spricht St. Paulus, er sey das Haupt der Gemeine, und die Fülle seines geistlichen Leibes, daß er Alles in Allem erfülle, Eph. 1, 22. 23. Wie könnte nun ein Kreuz und Leiden dieser Zeit so groß seyn, daß wir dagegen nicht aus der künftigen Herrlichkeit größern Trost hätten? Darum St. Paulus dieser Zeit Leiden nicht werth achtet der Herrlichkeit, so an uns geoffenbaret werden soll, Röm. 8, 18.

10. Wie werden wir nun dieses Trostes theilhaftig? Hiezu gehören fünf Stücke.

11. 1) Wahre Buße und Erkenntniß der Sünde; denn ohne Erkenntniß der Sünde kann das Herz nicht getröstet werden. „Die Starken bedürfen des Arztes nicht, sondern die Kranken," Matth. 9, 12. In der Erkenntniß der Sünde sieht der Mensch, daß er sich selbst durch die Sünde in solchen Jammer und Elend gestürzt hat; darum darf er im Kreuz nicht wider Gott murren, sondern wider seine Sünde, Klagl. Jer. 3, 39; sieht und erkennt auch, daß ihm Gott nicht Unrecht thut. Denn gleichwie die Sünde ein allgemeines Uebel ist, dadurch alle Menschen vergiftet sind: also trifft auch der Jammer und die Trübsal, so aus der Sünde kommt, alle Menschen. Wer aber das von Herzen bekennt mit Daniel, Cap. 9, 7, dem wird auch Gott den Trost vom Himmel senden, als einen Engel, wie dem Propheten Daniel, V. 21.

12. 2) Der Glaube, der an Christo hängt, wie ein Kind an der Mutter Brüsten. Denn der Glaube ist's, der da ergreift und sich hält an das Vaterherz Gottes, an den Gott alles Trostes. Er ergreift Christum, und hält ihn fest, wie Jacob, 1 Mos. 32, 26: „Ich lasse dich nicht, du segnest

mich denn." Und in Christo siegt der Glaube über Sünde, Tod, Teufel, Welt und alles Unglück. Denn „alle Dinge sind möglich dem, der da glaubet," Marc. 9, 23. Und „wer glaubet, wird die Herrlichkeit Gottes sehen," Joh. 11, 40.

13. 3) Das Gebet, welches ist ein Gespräch mit Gott. Gleichwie wir Trost und Erleichterung unsers Herzens empfinden, wenn wir einem treuen Freunde unsere Noth und Anliegen klagen: also viel mehr wird unser Herz getröstet in dem Gespräch mit Gott; wie David sagt, Ps. 138, 3: „Wenn ich dich anrufe, so erhörest du mich, und gibst meiner Seele große Kraft." Das Gebet im Namen Jesu ist gleich wie die Himmelsleiter, 1 Mos. 28, 12, darauf wir zu Gott steigen. Es steigt kein Gebet gen Himmel, es steigt ein Engel mit herab, das ist, ein Trost Gottes. Welches uns vorgebildet ist in dem Leiden Christi, da der Herr heftiger betete, und es kam ein Engel und stärkte ihn, Luc. 22, 43. Denn Gottes theure Verheißungen, darin er uns Erhörung zusagt, können nicht verloren seyn.

14. 4) Daß wir des Trostes Gottes fähig werden, dazu gehört das heilige Lob Gottes. In allem Lob Gottes ist eine geistliche Freude. Wer täglich Gott lobt, der verrichtet eines Engels Amt. Nun wissen wir, daß die heiligen Engel Gott ohne Unterlaß loben, und das Angesicht unsers Vaters im Himmel sehen, Matth. 18, 10. Das ist ihre höchste Freude, ihr Engelbrod, das sie essen. Es kann demnach kein Lob Gottes seyn ohne Freude und Trost. Daher der 34. Psalm, V. 2. 3 spricht: „Ich will den Herrn loben allezeit, sein Lob soll immerdar in meinem Munde seyn. Meine Seele soll sich rühmen, daß es die Elenden hören und sich freuen." Da setzt der liebe David Gottes Lob zusammen, und lehrt uns, daß eins aus dem andern herkomme und an einander hange.

15. 5) Endlich ist auch das rechte, wahrhaftige Mittel, Trost zu erlangen, wenn man fleißig Gottes Wort liest, hört und betrachtet, und auf den Mund des Herrn Achtung gibt. Denn zu dem Ende ist uns Gottes Wort geoffenbart, daß wir durch Geduld und Trost der Schrift Hoffnung haben, Röm. 15, 4.

16. Und alle vorbenannte Stücke, nämlich wahren, beständigen Trost in allerlei Trübsal, und wie wir denselben durch wahre Buße, rechten Glauben, herzliches Gebet und Lob Gottes sollen suchen und zu uns nehmen, müssen wir allein aus Gottes Wort, als dem rechten Trostbrunnen, schöpfen und nehmen.

Gebet um Erkenntniß des wahren Trostes.

Wenn du, o Gott, unser Herz tröstest, so laufen wir die Wege deiner Gebote. Ach! verlaß uns nicht, wenn uns um Trost bange ist. Sprich du zu unserer Seele: Ich bin deine Hülfe. Errette uns, wenn die Wellen der Trübsal auf uns stürmen. Sey unsere Burg, wenn nirgend Sicherheit zu finden ist. Breite deine Gnadenflügel über uns, wenn die Noth uns ganz umgibt. Wir trauen auf dich, und uns ist geholfen. Amen.

Das 49. Capitel.
Gottes unfehlbare Wahrheit und Verheißung, die nicht trügen kann, soll in unsern Herzen Geduld wirken.

Mich. 7, 7 ff. Ich will auf den Herrn schauen, und des Gottes meines Heils erwarten. Mein Gott wird mich hören. Freue dich nicht, meine Feindin, daß ich niederliege. Ich werde wieder aufkommen. Und so ich im Finstern sitze, so ist doch der Herr mein Licht. Ich will des Herrn Zorn tragen (denn ich habe wider ihn gesündigt), bis er meine Sache ausführe, und mir Recht schaffe. Er wird mich an's Licht bringen, daß ich meine Lust an seiner Gnade sehe. Meine Feindin wird's sehen müssen, und mit aller Schande bestehen, die jetzo zu mir sagt: Wo ist der Herr, dein Gott?

1. Wir lesen im Propheten Jeremia, Cap. 9, 4 ff., daß vor dem Babylonischen Gefängniß, ehe Jerusalem zum erstenmal zerstört, das Land verwüstet, und die Juden gefänglich gen Babylon geführt waren, neben der Sünde der Abgötterei, damit sie diese Strafe verdient hatten, auch mächtig im Schwange gegangen sey Untreue, Lüge, Falschheit, Feindschaft, Haß, Neid, und daß alle Liebe erkaltet und erloschen gewesen. Denn wenn das geschieht, so ist Gott aus

einem Lande und aus einer Stadt hinweg, ja aus der Menschen Herzen; und darauf folgt der Untergang. Denn so spricht der Prophet Jeremias, im 9. Cap., V. 4 ff.: „Ein Jeglicher hüte sich vor seinem Freunde, und vertraue auch seinem Bruder nicht. Denn ein Bruder unterdrücket den andern, und ein Freund verräth den andern. Ein Freund täuschet den andern, und sie reden kein wahr Wort. Sie befleißigen sich, wie Einer den Andern betrüge, und ist ihnen leid, daß sie es nicht ärger machen können. Ihre falschen Zungen sind mörderische Pfeile. Mit ihrem Munde reden sie freundlich gegen den Nächsten, aber im Herzen lauern sie auf denselben."

2. Da hören wir, wie es in der Stadt Jerusalem zugegangen ist vor ihrer ersten Zerstörung; nämlich solche Untreue ist in der Stadt gewesen, daß kein Mensch dem andern hat trauen dürfen. Sie haben sich nur beflissen, wie Einer den Andern hat mögen belügen und betrügen. Darauf haben sie in ihrem Herzen gelauert; und das ist ihr Verderben und Untergang gewesen.

3. Der Prophet Micha klagt im 7. Cap., V. 1 ff. auch darüber: „Ach! es gehet mir, wie Einem, der im Weinberge nachlieset, da man keine Trauben findet zu essen, und wollte doch gern der besten Früchte haben. Die frommen Leute sind weg aus diesem Lande, und die Gerechten sind nicht mehr unter den Leuten. Sie lauern alle auf's Blut. Ein Jeglicher jaget den Andern, daß er ihn verderbe, und meinen, sie thun wohl daran, wenn sie Böses thun." Wohlan, wo es so zugeht, da arbeitet und gräbt man stark an der Grube des Verderbens, in die man muthwillig will hineinfallen. Und sehe sich nur ein Jeglicher ein wenig um, ob's nicht heutiges Tages auch so zugeht. Darum sehen wir auch unser Verderben vor Augen, denn dieses unser Verderben kommt aus uns selbst. Wollte Gott, wir erkenneten es, und ließen ab von unsern bösen Gedanken, und änderten das böse, feindselige Herz, und liebeten Wahrheit und Friede! Geschieht das nicht, so kann uns nicht geholfen werden.

4. Immittelst aber, damit gleichwohl noch fromme Leute in dieser betrübten Zeit nicht ohne Trost seyn mögen, müssen wir uns umsehen, womit sich betrübte Herzen, die vor uns gelebt, in dergleichen Fällen und Unglück getröstet haben. Da zeigt uns der Prophet Micha, im 7. Cap., V. 7 ff., als mit einem Finger, den rechten Haupttrost, und spricht: „Ich aber will auf den Herrn schauen, und des Gottes meines Heils erwarten." Das ist der erste Trost. Der andere: „Mein Gott wird mich hören." Der dritte: „Freue dich nicht, meine Feindin, daß ich niederliege, ich werde wieder aufkommen." Der vierte: „Und so ich im Finstern sitze, so ist doch der Herr mein Licht." Der fünfte: „Ich will des Herrn Zorn tragen, denn ich habe wider ihn gesündigt, bis er meine Sache ausführe, und mir Recht schaffe." Der sechste: „Er wird mich an's Licht bringen, daß ich meine Lust an seiner Gnade sehe." Der siebente: „Meine Feindin wird's sehen müssen, und mit Schanden bestehen."

5. 1) Der erste Trost: Ich will auf den Herrn schauen, und des Gottes meines Heils erwarten. Da haben wir die Lehre vom Glauben und von der Hoffnung, wie dieselben als zwei wackere und wachende Augen auf Gott sehen sollen in allerlei Trübsal, auch im äußersten Elend. Je größer die Noth wird, je stärker der Glaube und die Hoffnung zu Gott werden soll. Denn da sollen wir uns erinnern unsers christlichen Glaubens: „Ich glaube an Gott den Vater, allmächtigen Schöpfers Himmels und der Erde." Das ist: Ich glaube, daß keine Noth so groß sey, Gott will und kann mich daraus erretten. Darum sollen wir allhier lernen die Augen abwenden von der zeitlichen Trübsal, und nicht dieselbe allein anschauen, sondern Gott den Herrn, der alle Hülfe thut, so im Himmel und auf Erden geschieht, Ps. 74, 12. Wie uns solches der heilige David lehrt, Ps. 123, 1 ff.: „Ich hebe meine Augen auf zu dir, der du im Himmel sitzest. Siehe, wie die Augen der Knechte auf die Hände ihrer Herren sehen; wie die Augen der Mägde auf die Hände ihrer Frauen sehen: also sehen unsere Augen auf den Herrn, unsern Gott, bis er uns gnädig werde. Sey uns gnädig, Herr, sey uns gnädig, denn wir

sind sehr voll Verachtung. Sehr voll ist unsere Seele von der Stolzen Spott, und der Hoffärtigen Verachtung."

6. Und nachdem Gottes Weise ist, daß er hilft zu seiner Zeit, und nicht, wann und wie wir's gerne hätten, so muß neben dem, daß der Prophet spricht: „Ich will auf den Herrn schauen," auch dieß dabei seyn: „und des Gottes meines Heils erwarten." Das ist, Glaube, Hoffnung und Geduld muß bei einander seyn, wie uns der heilige David, im 27. Psalm, V. 1 und 13, lehrt. Nachdem er anfänglich durch den Glauben es auf Gott waget und spricht: „Der Herr ist mein Licht und mein Heil, vor wem sollte ich mich fürchten? der Herr ist meines Lebens Kraft, vor wem sollte mir grauen?" beschließt er endlich mit Hoffnung, und spricht: „Ich glaube aber, daß ich sehen werde das Gute des Herrn im Lande der Lebendigen. Harret des Herrn, seyd getrost und unverzagt Alle, die ihr des Herrn harret." Und Psalm 130, 5: „Ich harre des Herrn, meine Seele harret, und ich hoffe auf sein Wort. Meine Seele wartet auf den Herrn, von einer Morgenwache bis zur andern." Habac. 2, 3: „Die Weissagung," das ist, die Verheißung, „wird ja noch erfüllet werden zu seiner Zeit, und wird endlich frei an den Tag kommen, und nicht lügen. Ob sie aber verzeucht, so harre ihrer, sie wird gewiß kommen, und nicht ausbleiben." Ja, spricht manche Seele, es währt mir zu lange. Antwort: Es muß also seyn, auf daß Glaube, Hoffnung und Geduld geprobt werde. Das gefällt Gott besser, denn alle Herrlichkeit dieser Welt. Weil nun Gott ein Gefallen daran hat, warum wolltest du denn nicht mit Geduld auswarten? Es hat ein jeglich Ding seinen Anfang und sein Ende, und wenn man das Ende nicht abwartet, so wird nichts daraus. Mancher saure Wind geht über die Früchte auf dem Felde, ehe sie reif werden; wenn sie denn das Ende abwarten, werden sie gar süß. So ist's auch mit dem Kreuz. Erwartet man das Ende mit Geduld, so wird es eine süße, friedsame Frucht der Gerechtigkeit bringen, Hebr. 12, 11. Denn St. Paulus sagt, Röm. 5, 5: „Die Hoffnung läßt nicht zu Schanden werden." Warum? Sie ist auf Gottes Wort gegründet, als auf einen Felsen; darum besteht sie wider alles Unglück. Psalm 25, 3: „Keiner wird zu Schanden, der sein harret." Pf. 34, 6: „Welche ihn ansehen und anlaufen, deren Angesicht wird nicht zu Schanden." Psalm 31, 1: „Herr, auf dich traue ich, laß mich nimmermehr zu Schanden werden." Sir. 2, 11: „Wer ist jemals zu Schanden worden, der auf ihn gehoffet hat? Wer ist jemals verlassen, der in der Furcht Gottes geblieben ist? Wen hat er jemals verschmähet, der ihn hat angerufen? Denn der Herr ist gnädig und barmherzig, vergibt die Sünde, und hilft in der Noth." Psalm 9, 19: „Die Hoffnung der Elenden wird nicht verloren sein ewiglich."

7. Der andere Trost. Mein Gott wird mich anhören. Dieß ist ein großer Trost in Trübsal, wir wissen und sind gewiß, daß Gott unser Gebet erhört. Pf. 6, 9. 10: „Der Herr höret mein Weinen, der Herr höret mein Flehen, mein Gebet nimmt der Herr an." Pf. 18, 7: „Wenn mir angst ist, so rufe ich den Herrn an, und schreie zu meinem Gott, so erhöret er meine Stimme von seinem Tempel, und mein Geschrei kommt vor ihn zu seinen Ohren." Pf. 34, 7. 16: „Da dieser Elende rief, hörete der Herr, und half ihm aus aller seiner Noth. Die Augen des Herrn merken auf die Gerechten, und seine Ohren auf ihr Schreien." Pf. 91, 14. 15: „Er begehret mein, so will ich ihm aushelfen; er kennet meinen Namen, darum will ich ihn schützen; er rufet mich an, so will ich ihn erhören." Pf. 65, 2. 6: „Du erhörest Gebet, darum kommt alles Fleisch zu dir. Erhöre uns nach deiner wunderlichen Gerechtigkeit, Gott, unser Heil, der du bist die Zuversicht Aller auf Erden und ferne am Meer." Da steht, Gott sey aller deren Zuversicht, die auf Erden und ferne am Meer wohnen. Ja, sprichst du, das sind heilige Leute gewesen; was bin ich? Antwort: Alle Menschen sind Sünder, und mangeln des Ruhms, den sie bei Gott haben sollen, Röm. 3, 23. Gott hat sie aus Gnaden erhört, wenn sie haben Buße gethan und Gott gefürchtet. Psalm 145,

18. 19: „Der Herr ist nahe Allen, die ihn anrufen, Allen, die ihn mit Ernst anrufen. Er thut, was die Gottesfürchtigen begehren, und höret ihr Schreien, und hilft ihnen." Psalm 102, 18: „Er wendet sich zum Gebet der Elenden, und verschmähet ihr Gebet nicht. Das werde geschrieben auf die Nachkommen."

8. Der dritte Trost: Freue dich nicht, meine Feindin, daß ich niederliege, ich werde wieder aufkommen. Obwohl die schalkhafte, arge Welt sich freuet, wenn's den Frommen übel geht, und frohlocket über ihre Trübsal, Joh. 16, 20: so soll doch ihre Feindin zunichte und zu Schanden werden. Klagl. Jer. 3, 31. 32. 33: „Gott verstößet nicht ewiglich. Er betrübet wohl, aber er erbarmet sich auch wieder nach seiner großen Güte; denn er nicht von Herzen die Menschen plaget noch betrübet." 1 Cor. 10, 13: „Gott ist getreu, der euch nicht lässet versuchen über euer Vermögen, sondern macht, daß die Versuchung so ein Ende gewinne, daß ihr's könnet ertragen." Psalm 68, 20. 21: „Gott leget uns eine Last auf, aber er hilft uns auch. Wir haben einen Gott, der da hilft, und einen Herrn Herrn, der vom Tode errettet." Ps. 30, 12: „Der Herr hat meine Klage verwandelt in einen Reigen. Er hat meinen Sack ausgezogen, und mich mit Freude gegürtet." Tob. 3, 22: „Nach der Anfechtung tröstet er, und nach der Züchtigung erzeigt er Gnade." Psalm 145, 14: „Der Herr erhält Alle, die da fallen, und richtet auf, die niedergeschlagen sind." Jes. 54, 8: „Ich habe im Augenblick des Zorns mein Angesicht ein wenig vor dir verborgen, aber mit ewiger Gnade will ich mich über dich erbarmen." Klagl. Jer. 3, 22: „Die Barmherzigkeit des Herrn ist's, daß wir nicht gar aus sind. Seine Gnade hat kein Ende, und ist alle Morgen neu."

9. Der vierte Trost: Ob ich gleich im Finstern sitze, so ist doch der Herr mein Licht. Wenn Trübsal dahergeht, so ist's, als wenn Einen eine große Finsterniß überfiele. Da kennen ihn auch die Freunde nicht mehr, da verlischt aller Trost der Welt, da sitzt man unter dem Schatten des Todes, da ist Verachtung und Verläumbung. In solcher Finsterniß regen sich alle wilde Thiere, Löwen und Bären, böse Geister und böse Menschen. Ei, so wird doch der Herr deren Licht seyn, die in solchen Trauerschatten sitzen! Denn Gott läßt dann am ersten sein Gnadenlicht leuchten in solcher Finsterniß, und erfreuet mitten in Trübsal, daß man Gottes gnädige Gegenwart mitten im Kreuz spüret; wie der 79. Psalm, V. 11 spricht: „Den Gerechten muß das Licht immer wieder aufgehen in der Finsterniß, und Freude den frommen Herzen." Deßgleichen der 112. Ps., V. 4: „Den Frommen gehet das Licht auf in der Finsterniß von dem Gnädigen, Barmherzigen und Gerechten."

10. Der fünfte Trost: „Ich will des Herrn Zorn tragen, denn ich habe wider ihn gesündiget, bis er meine Sache ausführe, und mir Recht schaffe. Haben wir's gleich nicht gegen diejenigen verschuldet, die uns Leid thun, so haben wir's doch gegen Gott verschuldet. Der ist es auch, durch dessen Verhängniß uns Alles begegnet; darum es hier des Herrn Zorn genannt wird. Darum Alles, was die bösen Leute thun, gedenke, es ist des Herrn Zorn. Darum selig ist, der in Trübsal geduldig ist, und sie also aufnimmt, als komme sie vom Herrn. Ps. 94, 12: „Wohl dem, den du, Herr, züchtigest, und lehrest ihn durch dein Gesetz, daß er Geduld habe, wenn's übel gehet, bis dem Gottlosen die Grube bereitet werde." Klagl. Jer. 3, 26 ff.: „Es ist ein köstlich Ding, geduldig seyn, und auf die Hülfe des Herrn hoffen, seinen Mund in den Staub stecken, der Hoffnung erwarten, sich auf den Backen schlagen und viel Schmach anlegen lassen." Dessen ist David ein merkwürdiges Erempel, 2 Sam. 15, 25; Cap. 16, 6. Der hat sich dieser drei Stücke erinnert: Ich will des Herrn Zorn tragen, denn ich habe wider ihn gesündiget ꝛc. Denn er hat erkannt, daß Gott die Schmach, so ihm Simei angelegt, über ihn verhängt habe. „Wird sich der Herr über mich erbarmen, so wird er mich wieder holen" zum Regiment. „Wird er aber sagen: Ich habe nicht Lust zu David: siehe, hier bin ich." Ps. 73, 1. 7.: „Erzürne dich nicht; sey stille dem Herrn, und warte auf ihn."

11. Der sechste Trost: Er wird mich an's Licht bringen, daß ich meine Lust an seiner Gnade sehe. Das ist ein Gleichniß, genommen von Einem, der gar im Finstern sitzt, dessen man vergißt, wie eines Todten, den man aus einem tiefen Kerker hervorbringt an's Licht. Und wie nun derselbe zuvor nichts gesehen hat, denn eitel Traurigkeit und Finsterniß: also sieht er nun seine Lust an dem schönen Himmel, und an dem Licht der Sonne. Also geht es auch im Unglück und Kreuz zu. Wenn dasselbe vorbei ist, so bricht dann der schöne Glanz Gottes, der Glanz des himmlischen Trostes hervor, Ps. 50, 2, daß man seine Lust siehet an Gottes Hülfe und Gnade. So ist's dem Joseph ergangen, 1 Mos. 41, 38 ff. Wie ein herrlich Licht ist er geworden, da die Finsterniß seiner Trübsal vorüber war! Deßgleichen David, welch ein herrlicher König war er, nachdem seine Finsterniß ein Ende hatte! Wie herrlich brachte ihn Gott an's Licht! So wird's auch gehen am jüngsten Tage, wenn uns Gott aus der Finsterniß der Todten wird wieder herausreißen und an's Licht bringen. Da werden wir unsere Lust an seiner Gnade sehen.

12. Der siebente Trost: Meine Feindin wird's sehen, und mit Schanden bestehen. Da haben alle böse Leute, die sich Anderer Unglück freuen, ihren Lohn: mit Schanden werden sie bestehen. Endlich müssen sich doch noch solche Lästerer und Schänder schämen; denn ihr eigen Herz überzeugt sie, daß sie unrecht gethan. Wie mußte sich Simei endlich schämen vor David und Salomo! 2 Sam. 19, 19; 1 Kön. 2, 44. „Spotte des Betrübten nicht, denn es ist Einer, der kann beides, erniedrigen und erhöhen," Sirach 7, 12; und Cap. 27, 32: „Die sich freuen, wenn's den Frommen übel gehet, werden im Strick gefangen, und das Herzeleid wird sie verzehren, ehe sie sterben." Wurden nicht die Philister an Simson zu Schanden, da sie sein spotteten, und das Haus erschlug sie? Richt. 16, 23. 24. 30; Weish. 5, 1: „Alsdann wird der Gerechte stehen mit großer Freudigkeit." 2 Thess. 1, 6: „Es ist recht bei Gott, zu vergelten Trübsal denen, die euch Trübsal anlegen; euch aber, die ihr Trübsal leidet, Ruhe mit uns." Hiob 31, 29: „Habe ich mich gefreuet, wenn's meinem Feinde übel ging? und habe ich mich erhoben, daß ihn Unglück betreten hatte? Denn ich ließ meinen Mund nicht sündigen, daß er wünschete einen Fluch seiner Seele." Matth. 5, 44. 45: „Liebet eure Feinde, thut Gutes denen, die euch hassen; segnet, die euch verfolgen, auf daß ihr Kinder seyet eures Vaters im Himmel, der die Sonne lässet scheinen über Gute und Böse, und lässet regnen über Gerechte und Ungerechte" rc.

Gebet um gläubiges Vertrauen auf die göttliche Wahrheit.

Gefällt es dir, o Gott, uns durch's finstere Thal der Leiden und des Todes zu führen, so fürchten wir doch kein Unglück, denn du bist bei uns; dein Stecken und Stab tröstet uns. Unsere Seele ist stille, denn du bist unser Fels, unsere Burg, unser Gott; wir werden unsere Freude an deiner Hülfe sehen. Denn du verlässest nicht, die ihr Vertrauen auf dich setzen. Vollbringe nur an uns in allen Umständen deinen Liebeszweck, und fördere unsern Lauf zur seligen Ewigkeit. Laß deine Gnade in Widerwärtigkeiten unsern Trost seyn, und sey du uns nur nicht schrecklich zur Zeit der Noth: so wollen wir durch die Wirkungen deines Geistes gerne zufrieden seyn, weil wir wissen, daß denen, die dich lieben, alle Dinge zum Besten dienen. Amen.

Das 50. Capitel.

Von der Hoffnung: wie und warum dieselbige nicht läßt zu Schanden werden; wie sie geprüft wird in leiblichen und geistlichen Anfechtungen.

Jes. 49, 23. Du sollst erfahren, daß ich der Herr bin, an welchem nicht zu Schanden werden Alle, die auf mich harren.

1. Gleichwie der Glaube nichts anders ist, denn eine gewisse, unbezweifelte Zuversicht (Hebr. 11, 1) auf Gottes Gnade, in Christo verheißen, dadurch das ganze Herz und Gemüth Gott anhanget: also ist die

Hoffnung eine geduldige, beharrliche Auswartung und beständige Zuverlässigkeit dessen, das man glaubt, oder daß man mit Geduld erwarte, was man glaubt; und ist nichts anders, denn der geduldige, beständige, wartende Glaube bis an's Ende.

2. Von dieser Hoffnung sagt St. Paulus, Röm. 5, 5, „daß sie nicht läßt zu Schanden werden." Ursache: sie hat einen unbeweglichen Grund, wie der Glaube, nämlich Gott selbst. Darum kann sie nicht zu Schanden werden, denn ihr Grund und Fundament ist fest, ewig und unbeweglich. Darum ist auch ihr Friede, ihre Freude und Ruhe, ihr Ruhm und Trost ewig; und es kann sie Niemand so hoch betrüben, sie ergreift dagegen genugsamen Trost und Frieden aus ihrem unbeweglichen Felsen. Wenn gleich Ungewitter und Sturmwinde kommen, fürchtet sie sich nicht, „denn ihr Haus ist auf einen Felsen gebauet," Matth. 7, 25.

3. Und weil die Hoffnung einen gewissen und unbeweglichen Grund haben muß, der nicht wanket, aber alles Zeitliche unbeständig ist: so suchet die Hoffnung nicht zeitliches Glück, Freude, Ehre, Ruhm, sondern sie ruhet allein in Gott, und rühmet sich des Herrn. Da findet sich beständig Ruhe und Friede, wie der 125. Psalm, V. 1. 2 spricht: „Die auf den Herrn hoffen, die werden nicht fallen, sondern ewiglich bleiben, wie der Berg Zion. Um Jerusalem her sind Berge, aber der Herr ist um sein Volk her."

4. Die aber zeitliche Dinge zum Grund ihrer Hoffnung legen, Ehre, Reichthum, Glück, Freude, die müssen in steter Furcht, Sorge und Angst leben; müssen der Welt unter den Füßen liegen, und mit dem unbeständigen Glück, als auf dem Meer, auf und ab fahren, und können nicht länger Ruhe und Friede haben, denn die Welt und ihre Nachbarn wollen.

5. Dieses muß im Kreuz geprobt werden. Denn die Anfechtung macht Alles offenbar, was eines Jeden Hoffnung und Zuversicht sey. Da befindet sich's oft, daß wir nicht auf Gott selbst, sondern allein auf seine Gaben und das Glück gehofft haben, und auf den Sand gebaut, ja die Creaturen zu unserm Gott gemacht haben. Denn so verkehrt ist die blinde Natur, daß sie an den Creaturen hängen bleibt, durch welche sie doch zu dem Schöpfer sollte geführt werden. Denn Gott gibt darum dem Menschen Glück und Heil, daß er dadurch werde über sich gezogen, durch die Gaben zum Geber; ja daß wir lernen Gott kennen, lieben, fürchten, ehren, und auf ihn allein hoffen. Aber die Natur ist also verkehrt, daß sie auf die Gaben fällt, wie eine Sau auf einen Koth, und des Gebers gar nicht achtet.

6. Darum muß uns Gott Kreuz und Trübsal zuschicken, und uns die Creaturen wieder nehmen, daß wir auf ihn hoffen lernen, ihn erkennen, loben und preisen. Ja, dieweil wir unsere Hoffnung setzen auf uns selbst, auf unser Vermögen, Kräfte und Gaben, so muß uns Gott oft zerbrechen und zunichte machen, demüthigen, gar ausleeren, und uns gar selbst nehmen, auf daß er sich selbst uns möge zu eigen geben. Das kann nun nicht geschehen, bis daß er das Vertrauen auf uns selbst, welches seiner Gnade am meisten entgegen ist, gar hinwegnimmt und zunichte macht.

7. Darum ist die Hoffnung eine kämpfende Tugend, die da streitet mit dem Vertrauen auf sich selbst, auf eigene Gaben, Verdienst, Frömmigkeit, Herrlichkeit, Glück, Ehre und Reichthum. Mit diesen Teufelslarven muß sie kämpfen, und sich davon losreißen, sich allein in Gott verbergen, und auf ihm ruhen.

8. Darum hat die Hoffnung sowohl, als der Glaube und die Liebe, allein Gott zum Gegenwurf. Denn wenn Jemand auf etwas anders, oder auf etwas neben Gott hoffet, denn auf den bloßen Gott: der hoffet nichts; denn alle Dinge sind außer Gott nichts, und also ist die Hoffnung verloren. Darum sind diese drei Tugenden, Glaube, Liebe, Hoffnung, ganz geistlich, und ist nichts Irdisches in ihnen, und sind auf's Unsichtbare gerichtet; sie haben Gott allein zum Grund, und sind allein auf Gott gerichtet. Darum spricht St. Paulus, Röm. 8, 24: „Die Hoffnung, die man siehet, ist nicht Hoffnung; denn wie kann man das hoffen, das man siehet?" Der

nun auf sichtbare Dinge seine Hoffnung setzt, hat nicht den unsichtbaren Gott zum Grunde, sondern nur einen Schatten; darum muß seine Hoffnung mit der Welt vergehen und zu Schanden werden.

9. Darum muß der Mensch durch Vergleichung der Zeit und Ewigkeit geführt werden zu der rechten seligen Hoffnung und zur beständigen Ruhe. Die Ewigkeit ist unwandelbar, denn in ihr ist keine Verwandlung von Einem in das Andere; aber in der Zeit ist Wandelung, als: vom Tage in die Nacht, von Woche in Monat, von Monat in Jahr, vom Winter in den Sommer. Und wie sich die Zeit verwandelt, so verwandelt sich auch die Eigenschaft aller Elemente und Geschöpfe; ich geschweige, daß der Himmel keinen Augenblick stille steht, und alle unteren Dinge beweget. Daraus folgt, daß keine bleibende Ruhe seyn kann in zeitlichen Dingen, sondern mit der Zeit gehen alle Dinge hin, und muß Alles, so unter der Zeit ist, vergehen; darum ist Alles eitel, Pred. Sal. 1, 2. In der Ewigkeit aber ist die Ruhe, und nicht in der Zeit. Böse und Gute jammern und laufen nach der ewigen Ruhe, aber Niemand erlangt sie, als die in Christo sich wissen zu lassen und zu verlieren, der die ewige Ruhe ist. Dasselbe erlangt man nicht mit Werken und vieler Arbeit, sondern mit geduldiger Hoffnung, „durch Stilleseyn und Hoffen," Jes. 30, 15, und in einem stillen Sabbath.

10. Nun muß nicht allein die Hoffnung durch Entziehung zeitlichen Glücks geprüft werden, sondern auch durch Entziehung der Gnade in hohen Anfechtungen. Denn es müssen uns alle Dinge entzogen werden in der Probe der Hoffnung, also daß uns auch die allerbesten Gaben Gottes entzogen werden, darauf wir fußen möchten, auf daß also unsere Hoffnung ganz rein, lauter und bloß auf Gott stehe. In solcher Probe muß man hoffen, da nichts zu hoffen ist, und muß hoffen wider die Hoffnung, wie von Abraham, Röm. 4, 18, gesagt ist. Ja, da muß man mit Christo bloß ausgezogen, von Jedermann, auch von Gott verlassen werden; und das heißt dann recht, dem Bilde Christi ähnlich werden,

Röm. 8, 29. Da wird die Hoffnung recht geprüft.

11. In andern Trübsalen wird allein Geduld, Demuth, Gebet, Liebe geprobt, aber in den Anfechtungen des Gewissens wird die Hoffnung geprobt und angefochten. Da wird denn ein Mensch wohl aller seiner Gnade beraubt, aber dennoch gekrönet mit der Hoffnung, die nicht läßt zu Schanden werden. Denn obwohl in solchen hohen Nöthen oft mit einfällt Murren, Ungeduld, Lästerung: dennoch erweckt Gott ein kleines Seufzen, das denselben widerspricht; so ist's dann auch vergeben und zugedeckt, und so ist der Mensch als ein Brand aus dem Feuer errettet, Zach. 3, 2, und als ein Ohrläpplein aus des Wolfs Rachen erlöset, Amos 3, 12. Denn das heißt keine Verzweiflung, die wider unsern Willen geschieht, und welcher mit einem unaussprechlichen Seufzen widersprochen wird; sondern es ist die allerschwerste Probe und Anfechtung der Hoffnung. Dieß sind die unaussprechlichen Seufzer, davon St. Paulus, Röm. 8, 26, redet.

12. Solche Leute sind die größten Heiligen, und sind Gott näher denn die stolzen Geister, die ihre Hoffnung auf sich selbst setzen; denn diese sind die größten Gotteslästerer, mit all ihrem Ruhm und ihren Ehren. Jene sind die liebsten Kinder Gottes, wie an Hiob und David zu sehen; denn sie werden recht gereinigt und geläutert, wie Gold, und von ihren eigenen Gaben und ihrem eigenen Ruhm entsetzt und in Gott versetzt, wie ein glänzendes Edelgestein in Gold versetzt wird, auf daß nichts überbleibe, darin sich der stolze Mensch rühmen könne.

13. In dieser Entblößung lernt der Mensch auf kein ander Ding hoffen, denn allein auf Gott. Denn wenn durch Trübsal Alles hinweggenommen wird, so kann uns doch Gott nicht genommen werden. Trübsal kann uns Gott nicht nehmen, sondern bringt uns zu Gott, und gibt uns Gott wieder, und Gott uns. Also muß uns die bloße Hoffnung im Kreuze erhalten, und darum läßt sie nicht zu Schanden werden, Röm. 5, 5. Darum gleichwie die Seele bloß aus Gott gekommen ist, also muß sie

wieder bloß in Gott kommen, ohne Creaturliebe. Denn wer aus ihm selber und aus allen Creaturen fällt, wo sollte der hinfallen, denn in Gottes Hand, die Alles umgreift, und die ganze Welt umspannet? Jes. 40, 12. Wer nun durch die Welt fällt, und rein ist von allen Creaturen und ihrer Liebe, das ist, der mit dem Herzen an nichts hanget, sondern frei ist und frei bleibt, stehet Gott gelassen, läßt sich geben und nehmen, nach Gottes Wohlgefallen: derselbe fällt in Gott und in seine Hand. Die aber in den Creaturen bleiben, und in sich selbst, das ist, die den freien Willen eigen machen, und nicht mit Gottes Wohlgefallen zufrieden sind, die müssen in sich selbst verderben.

Gebet um wahre beständige Hoffnung.

Wir müssen, o treuer Vater, nach deinem weisen Liebesrath durch viele Trübsal in das Reich deiner Herrlichkeit eingehen. Du aber bleibst unser Freund, und lässest uns nicht umkommen noch verderben. Unsere Hoffnung stehet fest auf dich. Kein Mensch kann uns trösten und erretten; aber die dir vertrauen, die erfahren, daß du Bund und Zusage gewiß hältst, und die dir in der Liebe treu sind, die lässest du dir nicht nehmen. Ach Herr! gib uns Treue. Ach Herr! richte uns auf, wenn wir niedergeschlagen sind. Ach Herr! erlöse uns endlich aus allem Uebel, und versetze uns in dein ewiges Reich, wo Schmerzen und Seufzen hinweg seyn, und eine ewige Freude über unsern Häuptern schweben wird. Laß uns deine Barmherzigkeit widerfahren, daß wir leben, und dich ewig preisen. Amen.

Das 51. Capitel.
Trost wider die Schwachheit des Glaubens.

Jes. 42, 3. Das zerstoßene Rohr wird er nicht zerbrechen, und den glimmenden Docht wird er nicht auslöschen.

1. Dieß ist ein überaus schöner Trost wider die Schwachheit des Glaubens, welchen der Prophet faßt in zwei Gleichnisse. Das erste nimmt er von einem zerbrochenen Rohr, welches man muß gelinde und säuberlich angreifen, daß man's nicht vollends zerbreche: so thut Gott auch mit unserer Schwachheit und unserm schwachen Glauben. Und gleichwie ein glimmender Docht, wenn er ein Fünklein Feuer gefangen hat, nicht mit starkem Winde muß angeblasen werden, sonst bläst man es gar hinweg: also auch Christus, unser Herr, bläst das kleine Fünklein unsers Glaubens mit der Gelindigkeit seines Geistes und mit sanftem Odem seines Mundes an, und läßt einen sanftmüthigen Geist von seinem Angesichte wehen, damit er uns in unserer Schwachheit nicht erschrecke, sondern erquicke, Jes. 57, 15. Und weil diese Kleinmüthigkeit und Schwachheit des Glaubens eine schwere Anfechtung ist, womit alle Christen genug zu thun haben; wiewohl es mit Einem schwerer hergeht, als mit dem Andern: so hat der heilige Geist uns in Gottes Wort gewaltigen, reichen Trost dawider aufzeichnen lassen, den wir fleißig merken sollen, damit wir denselben zur Zeit der traurigen Kampfesstunde selig gebrauchen können.

2. 1) Sollen wir nun mit allem Fleiß merken, daß der Glaube nicht ist unser Thun und Werk, sondern Gottes Werk. Joh. 6, 29. 44: „Das ist Gottes Werk, daß ihr an den glaubet, den er gesandt hat. Es kann Niemand zu mir kommen, es sey denn, daß ihn ziehe der Vater, der mich gesandt hat." Eph. 1, 19: „Die wir glauben nach der Wirkung seiner mächtigen Stärke." Eph. 2, 8: „Aus Gnaden seyd ihr selig worden durch den Glauben, und dasselbe nicht aus euch, Gottes Gabe ist es, und nicht aus den Werken." Hebr. 12, 1. 2: „Lasset uns laufen in dem Kampf, der uns verordnet ist, durch Geduld, und aufsehen auf Jesum, den Anfänger und Vollender des Glaubens." Röm. 5, 5: „Die Liebe Gottes ist ausgegossen in unsere Herzen durch den heiligen Geist, der uns gegeben ist." Röm. 8, 23: „Die wir haben des Geistes Erstlinge, welcher aufhilft unserer Schwachheit," V. 26. Weil nun der Glaube Gottes Werk, und nicht unser Werk ist in uns, so steht es ja nicht bei uns, oder in unserm Vermögen, wie

stark oder schwach unser Glaube seyn soll. Wie uns nun Gott hat zugesagt, daß er uns durch den Glauben wolle selig machen, so weiß er auch, wie stark unser Glaube seyn müsse, dadurch wir die Seligkeit ergreifen; und so viel will uns Gott geben. Darum heißt es, wie Gott zu Paulo sagt: „Laß dir an meiner Gnade genügen," 2 Cor. 12, 19; denn Niemand kann sich etwas nehmen, es werde ihm denn von oben herab gegeben, Joh. 3, 27.

3. 2) So können wir in diesem Leben die Vollkommenheit nicht erlangen, es bleibt mit uns Stückwerk. Das ist Gottes Wille, wegen unserer tiefen Verderbniß und Blindheit, damit auch der Sicherheit und leidigen Hoffart in uns gesteuert werde. Spricht doch St. Paulus, Phil. 3, 12: „Nicht daß ich's schon ergriffen habe, oder schon vollkommen sey; ich jage ihm aber nach, ob ich's ergreifen möchte, nachdem ich von Christo Jesu ergriffen bin." Ob ich gleich nicht einen so vollkommenen Glauben habe, daß ich ihn so stark und mächtig ergreife, als ich wohl sollte: so bin ich doch von ihm ergriffen, das ist, ich bin in Christo Jesu durch den Glauben. Ergreife ich ihn nicht so stark als ich sollte, so hat er mich ergriffen. Darum sollen wir mit unserer Schwachheit zufrieden seyn, bis wir zur Vollkommenheit gelangen.

4. 3) So will Gott unsern schwachen Glauben nicht verwerfen, sondern gnädig ansehen, stärken, vermehren und zum seligen Ende führen. Davon merke die herrlichen goldenen Sprüche. Jes. 42, 3: „Das zerstoßene Rohr wird er nicht zerbrechen, und den glimmenden Tocht wird er nicht auslöschen." Jes. 25, 4: „Du bist der Geringen Stärke, der Armen Stärke in Trübsal, eine Zuflucht vor dem Ungewitter, ein Schatten vor der Hitze." Jes. 53, 3. 4: „Stärket die müden Hände, erquicket die strauchelnden Knie, saget den verzagten Herzen: Seyd getrost, fürchtet euch nicht; sehet, euer Gott kommt, und wird euch helfen." Jes. 40, 29. 31: „Er gibt den Müden Kraft, und Stärke genug den Unvermögenden. Die auf den Herrn hoffen, kriegen neue Kraft." Jes. 50, 4: „Der Herr hat mir eine gelehrte Zunge gegeben, daß ich wisse mit den Müden zu rechter Zeit zu reden." Jes. 57, 15. 16: „Ich erquicke den Geist der Demüthigen und das Herz der Zerschlagenen. Von meinem Angesicht soll ein Geist wehen, und ich will Odem machen." Jes. 61, 1: „Er hat mich gesandt, den Elenden zu predigen, die zerbrochenen Herzen zu verbinden, zu trösten alle Traurige." 2 Mos. 34, 26 stehet: „Du sollst das Böcklein in seiner Mutter Milch nicht kochen," das ist, den zarten, anfangenden Milchglauben sollst du nicht ärgern noch betrüben. Der starke Glaube kann wohl allerlei vertragen, daß man ihn siede und brate, er besteht in Feuer und Wasser; aber den schwachen Milchglauben muß man säuberlich angreifen, wie ein zerbrochenes Rohr, damit man es nicht vollends zerbreche. Jer. 13, 15: „Ich will die müden Seelen erquicken, und die bekümmerten Seelen sättigen." Die sich für Schwachgläubige erkennen, die sind die Geistarmen. Matth. 5, 3: „Selig sind, die geistlich arm sind." Die Schwachgläubigen sind, die geistlich krank sind. Die tröstet der Herr, Matth. 9, 12: „Die Starken bedürfen des Arztes nicht, sondern die Kranken." Röm. 14, 1: „Die Schwachen im Glauben nehmet auf, und verwirret die Gewissen nicht." 1 Cor. 9, 22: „Den Schwachen bin ich geworden als ein Schwacher, auf daß ich auch die Schwachen gewinne." Ezech. 34, 16: „Ich will das Verwundete verbinden, und des Schwachen warten." Joh. 6, 37. „Wer zu mir kommt, den will ich nicht von mir hinausstoßen." In diese tröstlichen Verheißungen sollen sich alle Schwachgläubige einschließen, und wissen, daß der getreu ist, der es verheißen hat, der wird's auch thun, 1 Thess. 5, 24. Denn sein Wort ist wahrhaftig, und seine Zusage gewiß, Ps. 33, 44. Sehet die Exempel der Schwachgläubigen an. Des armen Mannes, Marc. 9, 23. 24, zu dem der Herr sprach: „Wenn du glauben könntest!" Er aber sprach mit Weinen: „Ich glaube, Herr, hilf meinem Unglauben!" Des Königischen, Joh. 4, 47 ff. Der Jünger im Schiff, Matth. 8, 24 ff. Der Herr reicht

die Hand dem sinkenden Petrus auf dem Meer, Matth. 14, 31. Darum ermahnt St. Paulus, 1 Thess. 5, 14: „Tröstet die Kleinmüthigen, traget die Schwachen, seyd geduldig gegen Jedermann."

5. 4) Ja der Schwachgläubigen will sich Gott am meisten annehmen; denn die Starken bedürfen des Arztes nicht, sondern die Kranken, Matth. 9, 12. Er läßt die neun und neunzig in der Wüste, und geht hin nach dem Verlorenen, bis er's finde, Luc. 15, 4. Wie eine fromme Mutter der kranken Kinder am meisten pflegt, und auf sie wartet: also Gott der Schwachgläubigen.

6. 5) Ja, sprichst du: Ich fühle fast keinen Glauben in mir. So frage ich dich, ob du auch gerne wolltest glauben? Wenn du das fühlst, das ist ein Glaube, denn Gott muß auch das Wollen in uns wirken. Wenn du mithin gerne wolltest glauben, so fühlst du Gottes Wirkung in dir, und hast die tröstliche Hoffnung, daß, der das Wollen in dir wirket, der werde auch das Vollbringen wirken, Phil. 1, 6; C. 2, 13.

7. 6) Gott sieht der Gläubigen Begierde also gnädig an, daß keines elenden Herzens Verlangen soll verloren seyn ewiglich, Psalm 9, 19. „Das Verlangen der Elenden hörest du, Herr; ihr Herz ist gewiß, daß dein Ohr darauf merket," Ps. 10, 17. Darum so groß du gerne wolltest, daß dein Glaube vor Gott seyn sollte, so groß ist er vor Gott. Dein Gott sieht das Herz an; er wäget die Geister, Sprüchw. 16, 2, prüfet Herzen und Nieren, Ps. 7, 10. „Er begehret mein, darum will ich ihm aushelfen," Ps. 91, 14.

8. 7) So ist's viel besser, daß wir uns unsers schwachen Glaubens rühmen, denn des starken; denn also hat's Gott verordnet, damit wir nicht in geistliche Hoffart gerathen. 2 Cor. 12, 9: „Meine Kraft ist in den Schwachen mächtig." „Darum," spricht St. Paulus, „will ich mich am liebsten meiner Schwachheit rühmen, auf daß die Kraft Christi bei mir wohne." Deß tröste dich, du Schwachgläubiger.

9. 8) So ist der schwache Glaube auch ein Glaube. Denn es stehet unsere Seligkeit nicht auf der Würdigkeit unsers Glaubens, wie stark oder schwach derselbe sey, sondern auf Christo, welchen der Glaube faßt und ergreift. Gleichwie nun ein kleines, schwaches Kindlein ein Kleinod und eine Perle mit seiner schwachen Hand eben so wohl faßt und hält, als ein starker Mann: also hält und faßt der schwache Glaube Christum, den edeln Schatz, mit all seinem Verdienst eben so wohl, als der starke Glaube, und es hat der Schwachgläubige in ihm und durch ihn eben die Gerechtigkeit und Seligkeit, die der Starkgläubige hat. Und gleichwie der Augapfel, der ein kleines, verächtliches Ding ist, dennoch der Sonne Licht und Schein, wenn sie gleich zum höchsten am Himmel steht, ja auch die Sonne selbst, welche doch vielmal größer denn die Erde ist, erreichen kann: also kann auch das Auge des Glaubens, ob es schon klein und schwach ist, dennoch die Sonne der Gerechtigkeit, Jesum Christum, mit ihrem völligen Schein und andern unaussprechlichen Gütern und Gaben fassen und ergreifen.

10. 9) So ist auch das des Glaubens Art, daß er nicht allezeit gleich stark, sondern zuweilen ganz schwach ist, daß es sich ansehen läßt, als sey das Licht des Glaubens in uns ganz erloschen, wie denn die Exempel aller Heiligen, sonderlich Davids, bezeugen; deßgleichen Abrahams, der doch ein Vater aller Gläubigen genannt wird, wie wir 1 Mos. 12, 11 lesen, da er besorgte, die Egypter möchten ihn erwürgen um Sara willen, als er doch bereits die Verheißung empfangen hatte; ferner Mosis, da er zweifelte am Haderwasser, 4 Mos. 20, 11. David ist mit seinem Glauben so stark, daß er bald im Himmel ist, bald so schwach, daß er in der Hölle ist, daß er klagt, er sey von Gottes Angesicht verstoßen, Ps. 31, 28. Darum ist aus dem schwachen Glauben nicht zu schließen, als wenn gar kein Glaube da wäre, und solche Leute ganz von Gott verlassen wären. Denn gleichwie wir nicht urtheilen und schließen, daß in der Asche kein Feuer sey, weil es keinen Schein oder Hitze von sich gibt, oder in den Bäumen kein Leben, weil sie im Winter nackend und bloß da-

stehen: also sollen wir auch nicht schließen, daß darum kein Glaube da ist, weil er sich nicht allezeit sehen läßt. Denn der Geist Gottes bläset wie ein Wind, wenn und wohin er will, Joh. 3, 8.

11. 10) Wenn man über den schwachen Glauben klagt, so merkt man, daß ein kämpfender Glaube da ist, und das ist eben der rechte Glaube. Denn es ist ein steter Kampf des Glaubens und Unglaubens im Menschen. Der Glaube muß hier stehen unter vielen Schwertern der Anfechtung. Denn es ist ein schweres Ding und macht viel zu thun, daß das irdische Herz mit Christo, und der böse Acker mit dem himmlischen Samen, durch den Glauben könne vereinigt werden, und die Finsterniß des Lichts fähig werde. Da will immer das Fleisch den Holzweg, und über den Geist herrschen, und die Finsterniß will immer überhand nehmen. Ueber diesen Kampf haben die Heiligen Gottes geklagt. Und das ist ein gewisses Anzeichen, daß der rechte Glaube da ist. Denn die gar keinen Glauben haben, fühlen diesen Kampf nicht. Und dabei ist der Trost, daß uns Gott in solchem Kampf nicht verlassen wolle, auch nicht über Vermögen lassen versucht werden, sondern ihm einen solchen Ausgang geben, daß wir's können ertragen, 1 Cor. 10, 13. „Der Herr gibt den Müden Kraft, und den Unvermögenden Stärke genug," Jes. 40, 29.

12. 11) Wenn wir in unserer Schwachheit nur noch an Christum gedenken, so ist er wahrhaftig bei uns, ja wohnet in uns durch den Glauben. Denn er spricht: „Wo man meines Namens gedenken wird, da will ich zu dir kommen und dich segnen," 2 Mos. 20, 24. Ja wir können ohne Gott an Gott nicht denken. So sind wir auch in ihm, als den lebendigen Weinstock, eingepflanzt, Joh. 15, 1, also daß wir Leben und Saft aus ihm empfangen; ja, wir leben in Christo, und das Leben und die Kraft unsers Glaubens ist in Christo verborgen, Col. 3, 3. Der heilige Geist zeuget von ihm in unsern Herzen, durch Friede, Freude und Trost, Röm. 8, 16. Gleichwie kein Prophet im alten Testamente gewesen, der nicht Gott in ihm hat hören reden: also ist kein Christ im neuen Testament, der nicht Christum in seinem Herzen hätte reden hören, und die Salbung des Geistes nicht in ihm geschmeckt hätte. Und dieß ist solch eine starke Vereinigung mit Christo und unserm Glauben, daß sie vom Tod und Teufel nicht kann aufgelöst werden, weil Christus, dessen Leben er in ihm hat, unsterblich ist. Ob du das gleich nicht allezeit in deinem Herzen empfindest, so ist doch, der in dir ist, größer, denn der in der Welt ist, 1 Joh. 4, 4.

13. 12) So sollen wir in der Schwachheit unsers Glaubens unsern Erlöser und ewigen Hohenpriester Jesum Christum anschauen, der sich selbst für uns am Kreuz hat aufgeopfert, und bittet für unsern Glauben; wie er sagt zu Petro: „Ich habe für dich gebeten, daß dein Glaube nicht aufhöre, Luc. 22, 32; und reichte ihm seine allmächtige, hülfreiche Gnadenhand auf dem Meer, da er sinken wollte, Matth. 14, 31. Und Joh. 17, 11. 20 bittet er: „Heiliger Vater, erhalte sie in deiner Wahrheit! Ich bitte nicht allein für sie," die Apostel, „sondern für Alle, die durch sie an deinen Namen glauben werden." Darum sagt auch die Epistel an die Hebräer, im 2.Cap., V. 17, und C. 4, 15: „Wir haben nicht einen solchen Hohenpriester, der mit unserer Schwachheit nicht könnte Mitleiden haben, sondern der versucht ist allenthalben, wie wir; welcher ist zur Rechten Gottes und vertritt uns." Dieser Fürbitte haben sich alle Schwachgläubige zu trösten, und werden auch derselben gewiß genießen.

14. 13) Wir sollen uns auch in unserer Schwachheit trösten der Barmherzigkeit Gottes. Die ist unaussprechlich groß, ja so groß, als er selbst ist. Daran soll Niemand verzagen, denn es ist eine vorlaufende, erwartende, aufnehmende und in Ewigkeit währende Barmherzigkeit. Gott hat Niemand jemals seine Barmherzigkeit versagt. In die barmherzigen Arme Gottes sollen sich auch alle Schwachgläubige einschließen.

15. 14) Sollen wir uns deß trösten, daß Gott, der den Glauben in uns angefangen hat aus Gnaden, auch hat zugesagt, daß er's auch in uns vollführen wolle, bis auf den Tag Jesu Christi, Phil. 1, 6.

19*

Er wird uns vollbereiten, stärken, kräftigen, gründen, 1 Petr. 5, 10. Wir werden aus Gottes Macht durch den Glauben bewahret zur Seligkeit, daß wir das Ende unsers Glaubens davonbringen, welches ist der Seelen Seligkeit, 1 Petr. 1, 5. 9. Auf das Ende hat Gott gesehen, da er den Glauben in uns angefangen hat. Das ist nun Gottes Kraft, der kann uns zur Vollkommenheit führen. Darum nennt die Epistel an die Hebräer, C. 12, 2, Jesum nicht allein den Anfänger, sondern auch den Vollender unsers Glaubens. Und Christus sagt, Joh. 10, 27: „Meine Schafe soll Niemand aus meiner Hand reißen."

16. 15) Darum hat er auch so viel Mittel verordnet, dadurch der Glaube in uns gestärkt und erhalten werde, nämlich sein Wort, die Sacramente, das Gebet. „Herr, vermehre uns den Glauben," Luc. 17, 5. „Komm zu Hülfe unserm Unglauben," Marc. 9, 24. So hat Gott verheißen, den heiligen Geist zu geben denen, die ihn darum bitten, Luc. 11, 13. Röm. 5, 5. Cap. 8, 26: „Der Geist hilft unserer Schwachheit auf." Ja unser ganzes Christenthum ist dahin gerichtet, daß wir im Glauben gestärkt und erhalten werden.

17. 16) So ist auch unser Glaube in der ewigen Wahl Gottes gegründet. Röm. 8, 30: „Welche er versehen hat, die hat er auch gerecht gemacht." Wir werden aber allein durch den Glauben an Christum gerecht, Röm. 3, 24. Er hat uns erwählet im Glauben der Wahrheit, 2 Thess. 2, 13. Darum laß dich die Schwachheit deines Glaubens nicht allzuhoch betrüben. Wenn du meinst, du habest gar keinen Glauben, so ist dir Christus näher, denn du meinest. Wie er den Jüngern nahe war, da sie Noth litten auf dem Meer, Matth. 8, 25: also auch, wenn dein Glaube am meisten Noth leidet, so ist er bei dir.

Gebet um den wahren seligmachenden Glauben.

Du, o Gott, beweisest an uns eine überschwängliche Größe deiner Kraft, und eine mächtige Wirkung deiner Stärke, wenn du uns zum Glauben bringst; und durch dich allein wird unser Glaube erhalten, gestärkt und vermehrt. Ach! offenbare dich unsern Seelen als einen Anfänger und Vollender des Glaubens. Besiege in uns die Macht des Unglaubens. Laß dein göttliches Licht uns erleuchten, und deine göttliche Kraft uns erfüllen, daß, was wir leben, wir solches im Glauben deines Sohnes leben mögen. Amen.

Das 52. Capitel.
Trost und Bericht, wie man sich in hohe geistliche Anfechtung schicken soll.

Jes. 48, 10. Ich will dich auserwählt machen im Ofen des Elendes.

1. Erstlich soll man gewiß dafür halten, daß der Seele Traurigkeit von Gott herkommt. Denn so steht 1) geschrieben 1 Sam. 2, 6. 7: „Der Herr tödtet, und machet lebendig; er erniedriget, und erhöhet; er machet arm, und machet reich; er führet in die Hölle, und wieder heraus." Diese Hölle, da Gott den Menschen hineinführt, ist die geistliche Traurigkeit, welche keinen Trost zuläßt. Denn gleichwie in der Hölle kein Trost ist, also ist auch in dieser geistlichen Hölle kein Trost. Es dünkt die Seele in dieser Noth, daß sie gar sterbe und verschmachte, daß alle Creaturen sie anklagen und ihr zuwider seyen. In dieser Angst spricht ein Mensch mit David: „Meine Seele will sich nicht trösten lassen," Ps. 77, 3. Es wird ihm Alles entzogen, beides die Schrift und Gott selbst. Und das ist die Hölle, darein Gott selbst führt. Da gehört nichts zu, denn schweigen und leiden, und im Herzensgrund mit einem unaussprechlichen Seufzen darüber heulen und klagen. Ja ein Mensch kann vor dieser Angst und Pein nicht an Gott oder an die Schrift gedenken; denn alle Kräfte des Glaubens verschwinden, und es verschmachtet der Mensch wie eine Schnecke, Ps. 38, 8. 9; Ps. 102, 24. Wenn nun Gott durch sein verborgenes Wort und Kraft den Menschen nicht erhielte, so müßte er von Stunde an vergehen und zunichte werden.

2. In dieser Hölle ist Christus Jesus, unser Herr, auch gewesen, da er anfing zu trauern, zu zittern und zu zagen, Matth.

26, 37, da er mit dem Tode rang, und Blut schwitzte, Luc. 22, 44. Diese Hölle ist viel größere Angst als der Tod, ja der Mensch wünscht sich in solcher Angst den Tod; denn derselbe wäre seine Freude und Erlösung. Wie oft wünschte sich Hiob den Tod! Hiob 7, 15. Christus, unser Herr, schwitzte Blut in dieser Angst, aber am Kreuz in Todesnoth nicht. In dieser Höllenangst rief Christus, unser Herr, Matth. 27, 46: „Mein Gott, mein Gott! warum hast du mich verlassen?" Da war aller Trost hinweg. Nichtsdestoweniger aber war in dieser Höllenangst Gott bei ihm, und erhielt ihn. Ja, ist das nicht ein großes Wunder, daß der Herr Christus in seiner Höllenangst keinen Trost hat erlangen können, und war doch mit Gott vereinigt? denn er war ja Gott und Mensch; und dennoch hat sich Gott mit seinem Troste so tief vor ihm verborgen, daß er keinen Trost nach seiner Menschheit hörte oder sah. Ist nun das dem Herrn Christo widerfahren, der mit der ewigen Gottheit vereinigt war, und mit dem höchsten Freudenöl gesalbt, und ist gleichwohl in solche Traurigkeit gerathen, was ist's denn Wunder, daß oft einen armen Menschen solche Betrübniß überfällt?

3. Darum Alles, was uns widerfährt, das ist zuvor unserm Herrn Jesu Christo auch widerfahren, als unserm Haupt, und ist demnach nicht unrecht, daß die Glieder des Haupts Schmerzen empfinden. Daran erkennt man nun, daß du ein wahres Glied Christi bist, und ein Mitgenosse seiner Trübsale, Offenb. 1, 9.

4. Denn in dieser Hölle hat auch gesteckt der fromme König Hiskias, da er sprach: „Ich winselte wie ein Kranich, und girrete wie eine Taube," Jes. 38, 14. Und der heilige Hiob, als er sprach: „Wenn ich schon Gott frage, so antwortet er mir nicht. Rufe ich schon, so erhöret er mich nicht." Hiob 30, 20. Und Cap. 9, 16: „Wenn ich ihn schon anrufe, so glaube ich doch nicht, daß er meine Stimme höre." Und David klagt auch sehr darüber im 6., 13., 38. und 88. Psalm; da man Wunder sieht, wie die Heiligen Gottes mit der Hölle gerungen und gekämpft haben. Das zeigen an die wunderlichen Affecte in Hiob und David. Bald verzagen sie, und glauben nicht, daß es möglich sey, daß sie Gott erlösen könne, bald hoffen sie auf den Erlöser, der noch lebet, als Hiob, C. 19, 25. Darum fleischliche Menschen solche Worte und Affecte nicht verstehen können, wie man's an Hiobs Freunden sieht. Denen mußte der arme Mann immer unrecht geredet haben; aber sie verstanden die Wasserwogen nicht, die über seine Seele gingen. Denn es wird ein Mensch in dieser Noth so tief in den Unglauben gestürzt, daß er seines Glaubens nicht kann gewahr werden. Es zieht sich alle Kraft des Glaubens in einen Punct, und in ein unaussprechliches Seufzen, darin noch der Glaube ihm unwissend verborgen ist. Und dieser verborgene Glaube ist denn sein Unglaube, und ist seine Hölle und Marter. Er kann in dieser Hölle nicht glauben, daß ihm Gott gnädig sey, und spricht: Ach wie gern wollte ich glauben, wenn mir Gott die Gnade gäbe! Die Schrift kann ihn auch nicht trösten, bis daß das Ungewitter vorüber ist. Da läßt denn Gott den Menschen seine Nichtigkeit sehen, was er an sich selber sey, damit er gar zunichte werde an allen seinen Kräften. Aber gleichwohl läßt sich Gott noch in dem verborgenen unaussprechlichen Seufzen gleich als von ferne sehen; und dadurch wird der Mensch erhalten.

5. Ob nun wohl ein Mensch in dieser Angst, Marter und Zagen oft ungeduldig ist, ja auch lästert, so rechnet's ihm Gott doch nicht zu. Denn es geschieht wider den Willen des Menschen, und ist seine höchste Probe, dadurch ihn Gott läutert, und die Sünde ausfegt; ja es sind keine größere Heilige und Kinder Gottes, denn eben diese, die solche Probe und Züchtigung aushalten, wie wir an Hiob, C. 42, 2 ff., David und Jeremia, Jer. 20, 12 ff. sehen. Denn diese lernen den Glauben in der rechten Schule. Die zarten, kreuzflüchtigen Heiligen meinen, sie wollen den Glauben auf Polstern ohne Kreuz lernen.

6. 2) Bedenke den herrlichen Spruch in den Klagl. Jer. 3, 31. 32. 33: „Der Herr betrübet wohl, aber er verstößet nicht

ewiglich; sondern er erbarmet sich wieder nach seiner großen Güte, denn er nicht von Herzen die Menschen plaget und betrübet." Daraus lerne nun erstlich, daß dich der Herr betrübet habe, aber er wird dich darum nicht ewig verstoßen. Und ob du gleich sagen möchtest: Solche Gedanken, die ich leiden muß, die sind nicht von Gott, sondern vom Satan; das ist recht, der Satan aber kann nichts thun ohne Gottes Verhängniß. Da nimm nun abermal deinen Herrn Christum Jesum vor dich. Gott verhängte dem Satan, daß er den Herrn Christum versuchen mußte, Matth. 4, 1 ff. Die Worte und feurigen Pfeile, die der Satan redete wider Christum, die waren freilich nicht von Gott, sondern vom Satan; aber es hatte ihm es gleichwohl Gott erlaubt und verhängt. Und obwohl Christus, unser Herr, das Alles leiden und ausstehen mußte, so war er doch Gottes liebstes Kind, und konnte ihm der Satan mit seinen feurigen Pfeilen nichts schaden, ob er gleich Christum mit sich führte. Also werden dir des Teufels feurige Pfeile nichts schaden an deiner Seligkeit. Siehe den Hiob an, wie ihn der Satan aus Gottes Verhängniß plagte und ängstete, auswendig an seinem Leibe, und inwendig an seiner Seele, daß er den Tag seiner Geburt verfluchte; dennoch war Gott bei ihm, und erhielt ihn. Darum spricht er, C. 10, 13: „Ob du solches gleich in deinem Herzen verbirgst, so weiß ich doch, daß du daran gedenkest."

7. Wenn du nun des rechten Ursprungs deiner Traurigkeit gewiß bist, so mußt du denn auch zweitens lernen die Ursachen, warum es geschieht.

8. 1) So ist's wahr, wenn Gottes Wort in unsern Herzen recht geschmeckt wird, so befinden wir unaussprechlichen Trost, Friede und Freude in uns, und übertrifft solcher göttliche Trost weit aller Welt Freude und Herrlichkeit, ja, solcher Trost ist ein Vorschmack des ewigen Lebens. Denn die wahre lebendige Erkenntniß zeigt uns Gottes Vaterherz und die allerfeurigste, brünstigste, holdseligste Liebe Gottes, die nimmermehr verlischt, sondern ewig ist wie Gott selbst. Wenn wir nun solchen Trost oft empfinden, so kann unsere verderbte Natur solche hohe himmlische Gaben aus Schwachheit nicht ertragen, fängt an, viel von sich selbst zu halten, als wären wir allein vor allen Andern solche selige Leute, die Gott so hoch begabt hätte, dagegen andre Leute nichts seyen; fallen in geistliche Hoffart, ja verlassen den rechten Ursprung dieser himmlischen Gaben, und fallen auf uns selbst. Solche verkehrte Unart kann Gott an uns nicht leiden, weil sie uns sehr schädlich und hinderlich ist an unserer Seligkeit und an der wahren Buße, darum entzieht er uns den himmlischen Trost, und Alles, daran wir viel Lust und Freude haben, und verbirgt sich so tief vor uns, daß wir ihn weder sehen, noch hören, noch empfinden in unsern Herzen. Läßt uns also zwischen Himmel und Hölle schweben, daß wir selbst vor großer Angst nicht wissen, wo aus oder ein, ob wir glauben oder nicht glauben, ob wir Hoffnung haben oder gar keine haben, ob wir einen gnädigen oder zornigen Gott haben, ob wir im Leben oder im Tode sind. Dieß heißt denn die Entziehung dieses göttlichen Trostes, welches im 88. Psalm, V. 3 beschrieben ist. Und im 31. Psalm, V. 23 spricht David: „Ich sprach in meinem Zagen: ich bin von deinen Augen verstoßen; dennoch hörtest du die Stimme meines Flehens, da ich zu dir schrie."

9. Diese Entziehung ist uns Menschen nützlicher, denn alle Herrlichkeit dieser Welt, ob's gleich unserer Natur sehr schwer und lang wird, Gottes eine Zeit lang zu mangeln und zu entbehren, ja ihn ganz und gar nicht zu fühlen und zu empfinden; denn dieß ist ein Leiden über alles Leiden. Dennoch aber lernt man in dieser Feuerprobe die wahre Demuth, die wahre Buße, die Verschmähung der Welt, daß man sich abwende von allen Creaturen, von allen vergänglichen Dingen, weil man sieht, daß darin kein wahrhaftiger Trost der Seele ist. Und obwohl das Herz mit höllischer Angst und Traurigkeit geschlagen wird, daß es sich zu Gott nicht wohl erheben kann, dennoch ist immer ein heiliges, verborgenes Jammern, Seufzen und Weh-

klagen nach Gott und seiner Gnade: daraus wir lernen, welch ein hohes Gut Gott ist, daß außer ihm kein wahrer beständiger Trost ist. Dieß kann man nicht lernen, ohne in dieser Schule, und ist doch das Höchste, das wir in dieser Zeit lernen sollen und müssen; denn wer das nicht weiß, der weiß nicht, was Gott und Christus ist.

10. O wollte Gott, daß wir diese Entziehung des himmlischen Trostes und diese Goldprobe, Gott zu Ehren und uns zum unaussprechlichen Nutzen, williglich aufnähmen und auswarteten; so würden wir Wunder über Wunder sehen! Denn ein Mensch, der in solcher Probe geläutert ist, ist hernach das feine Gold, dem kein Feuer, kein Wasser, kein Unglück schaden kann, weder Teufel noch Tod; denn er wird sich hernach recht wissen zu verhalten im Glück und Unglück, wird im Kreuz nicht verzagen, und im Glück sich nicht erheben, nicht an sich selbst und an seinen Gaben Gefallen tragen, sondern in allen Dingen auf den Ursprung alles Guten, Gott selbst, sehen, und des Herrn Willen allein (es schmecke gleich süß oder sauer) für sein höchstes Glück und Himmelreich halten, und also im Glück und Unglück seine einige Freude, Friede und Lust an Gott selbst blos und lauter allein haben.

11. 2) So ist deßwegen hoch noth, daß wir elende Würmlein in diesem Schmelz- und Probirofen mehr um Geduld und Stillhalten, als um Errettung bitten. Denn wenn wir einmal die Schlacken unserer Bosheit recht abbrennen lassen, Hoffart, Wollust, Geiz, Neid, so können wir hernach in allem Kreuzfeuer desto besser bestehen, und werden unsern eigenen Willen in Gottes Willen ganz verlieren. Aber weil wir arme Menschen gar zu schwach sind, und die Probe nicht gern ausstehen, so begehren wir oft Errettung, ehe wir recht warm geworden und geläutert sind. Und wenn uns Gott nicht wider unsern Willen in diesem Ofen des Elendes fest hielte, so würden wir ihm aus der Probe entlaufen, und nichts darnach fragen, ob wir recht geläutert und gereinigt seyen oder nicht; wie die Kinder, die da immer aus dem Bade entlaufen wollen, ob sie gleich noch nicht rein sind. Gott aber sieht besser, was uns nütze und gut ist, denn wir selbst; darum hat er über uns das Kreuzstündlein beschlossen, wie lange es währen soll, bis er seinen Willen an uns vollbracht. Darum sollen wir mehr um Geduld, denn um Errettung bitten.

12. 3) Ist gewisse Erlösung zu hoffen und zu glauben. Denn das ist ja Gottes Wort und ewige Wahrheit: „Der Herr betrübet wohl, aber er verstößet nicht ewiglich, sondern er erbarmet sich auch wieder nach seiner großen Barmherzigkeit." Klagl. Jer. 3, 31. 32. Diese Worte sollst du oft in deinem Herzen wiederholen, und ist nicht daran gelegen, daß du viele Sprüche lernst; sondern daran ist gelegen, daß du Einen Spruch wohl fassest und zu Herzen nehmest. Denn wenn du erstlich Einem glaubst, so glaubst du sie darnach alle, und wenn du erstlich aus Einem kannst Trost fassen, so hast du darnach aus allen Trost. Bete auch oft den 88. Psalm, da wirst du sehen, wie dein Herz darin abgemalt ist. Daraus du lernen und vernehmen kannst, daß vor dir auch Leute gewesen sind, die mit solcher Seelenangst sind beladen gewesen; Gott hat ihnen aber gleichwohl wieder geholfen und sie wieder erfreut. Wie denn alsbald der 89. Psalm darauf folgt: „Ich will singen von der Gnade des Herrn." Das wird an dir auch wahr werden, das glaube nur gewiß. Denn der herzplagende unruhige Geist hat nie geruht mit seinen feurigen Pfeilen von Anfang her, sondern allezeit, als der rechte Seelenfeind, die Herzen geplagt und gequält, mit Furcht, Schrecken, Angst, Ungeduld, verborgener innerlicher Lästerung, Zweifel, Unglauben, bösen Geistern, die im Herzen aufsteigen, wie das ungestüme Meer, so immer eine Welle nach der andern aufwirft, daß hier eine Tiefe und da eine Tiefe brauset, Ps. 42, 8; bald Furcht, bald Schrecken, bald Traurigkeit erregt, und oft so große Traurigkeit, daß keine Creatur in der Welt ist, die ein solch betrübtes Herz erfreuen kann; ja was andere Leute erfreut, das betrübt einen solchen angefochtenen Menschen, also daß ihm die ganze Welt mit ihrer Lust ein bitteres Kreuz ist, ja daß ihm Gott selbst zuwider

und schwer ist, wie Hiob spricht, Cap. 7, 14, sonderlich wenn dein eigen Gewissen zu dir sagt: „Du hast keine Hülfe bei Gott," Ps. 3, 2.

13. Dawider kannst du drittens keine bessere Arznei finden, denn daß du es also machest, wie Hiob, David und alle Heilige. 1) Daß du diese Traurigkeit so lange leiden mußt, bis sie Gott von dir nimmt; du mußt dieß Wetter lassen über dich gehen, Jes. 54, 11. Mich. 7, 9: „Ich will des Herrn Zorn tragen, denn ich habe wider ihn gesündiget, bis ich wieder meine Lust an seiner Gnade sehe." Denn es steht in keiner Creatur Gewalt, Einen zu erfreuen, welchen Gott betrübt. Denn wer verwundet, der muß auch heilen; der in die Hölle führt, der muß auch wieder heraus führen; der tödtet, der muß auch wieder lebendig machen, 1 Sam. 2, 6.

14. 2) So mußt du in deiner Seelennoth nicht hören das Urtheil der Welt, wie Hiob that, da ihn seine Freunde also verurtheilten; auch nicht, was der trostlose Geist, der Teufel, sagt; auch nicht, was dein eigen Herz, Gewissen, Fleisch und Blut sagt. Denn so dich dein eigen Herz verdammt, spricht St. Johannes, 1. Epistel 3, 20, so ist doch Gott größer denn dein eigen Herz, ja größer denn die Welt und alle Teufel. Sondern du mußt hören, was Gott von solchen elenden Leuten sagt, Jes. 66, 2: „Ich sehe an den Elenden, und der betrübten Geistes ist." Jes. 48, 10: „Ich will dich auserwählt machen in dem Ofen des Elendes."

15. 3) Du mußt auch hören, was dir die Erempel der Heiligen sagen. Siehe dich um, ob auch vor dir solche elende Leute gewesen, und ob ihnen auch Gott geholfen? Wie klagt David im 13. Psalm, B. 1: „Wie lange willst du meiner so gar vergessen?" Siehe aber, ob ihn Gott in solcher Noth gelassen? Nein. Denn er spricht, V. 6:„Ich hoffe aber darauf, daß du so gnädig bist; mein Herz freuet sich, daß du so gerne hilfst." Psalm 77, 8. 11 klagt er: „Hat denn der Herr vergessen, gnädig zu seyn?" Ließ ihn aber Gott in solchem Kreuz? Nein. Denn er spricht: „Ich muß das leiden, denn die rechte Hand des Herrn kann Alles ändern." Jerem. 17, 17 kam Gott dem Propheten schrecklich vor, da er sprach: „Sey du mir nur nicht schrecklich." Ließ denn Gott den Propheten in diesem Schrecken? Nein. Denn er sprach: „Meine Zuversicht in der Noth." Rief nicht der Herr Christus: „Mein Gott, warum hast du mich verlassen?" Ps. 22, 2. Ließ ihn aber Gott in solcher Noth? Nein. Denn er spricht: „Ich will deinen Namen predigen meinen Brüdern," V. 23. Und im 18. Psalm, V. 17: „Ich werde nicht sterben, sondern leben, und des Herrn Werk verkündigen."

16. Also mußt du mit Christo vermyrrheten Wein trinken und mit Galle gespeist werden, Matth. 27, 34, auf daß du mit über seinem Tische im Himmel den ewigen Freudenwein trinken mögest, Jes. 65, 13. Lerne seine Schmach tragen, Hebr. 13, 13, so wirst du auch seine Herrlichkeit tragen. Lerne dem gekreuzigten Christo gleich werden, so wirst du auch dem verklärten Christo gleich werden, Röm. 8, 29. Phil. 3, 21.

Gebet um göttlichen Trost in Traurigkeit.

Ach Jesu, das zerstoßene Rohr willst du nicht gar zerbrechen, und den glimmenden Tocht willst du nicht auslöschen. Bei unserer empfindlichen Seelenangst nehmen wir unsere Zuflucht zu dir. Keine Creatur kann uns trösten. Du aber bist es, der die müden Seelen erquickt, und die bekümmerten Herzen sättiget und aufrichtet. Beweise dich an uns als einen Seligmacher, hilf uns in allen Nöthen, und erfreue unsere Herzen mit deiner Gnadengegenwart, auf daß wir mit fröhlichem Munde deinen Namen verherrlichen können. Du bist unsere Stärke und unser Schild. Auf dich hoffet unser Herz, und uns ist geholfen. Du hilfst deinem Volke, und segnest dein Erbe, und weidest uns mit deinem süßen Evangelio. Dir sey Preis in Ewigkeit! Amen.

Das 53. Capitel.
Trost wider die hohen geistlichen Anfechtungen.

Jes. 41, 17. Die Elenden und Armen suchen Wasser, und ist nichts da; ihre Zunge ist verdorret vor Durst. Aber ich, der Herr, will sie erhören; ich der Gott Israel, will sie nicht verlassen.

1. In diesem Spruche tröstet der heilige Geist alle hochbetrübte, traurige und angefochtene Herzen, die nach Trost dürsten, und denen nicht anders zu Sinne ist, als müßten sie gar verzagen, Gott habe sie gar verlassen und verstoßen, wie der 88. Psalm, V. 4. spricht: „Meine Seele ist voll Jammers, und mein Leben ist nahe bei der Hölle." Dieselben sollen in ihren hohen geistlichen Anfechtungen folgende Hauptgründe des Trostes merken und zu Herzen nehmen.

2. 1) Daß die hohen, schweren Anfechtungen, traurigen, schwermüthigen Gedanken, Schrecken der Seele, Angst des Gewissens, uns nicht widerfahren ohne Gottes sonderbaren Rath und gnädigen Willen, wie hart auch der Satan dem Menschen zusetzt. Denn Gottes Wort bezeugt, daß der Satan über keine Creatur, auch über die geringste nicht, einige Gewalt habe, auch nicht über ein Härlein, Matth. 10, 30, oder über einen Strohhalm; denn alle Creaturen sind in Gottes Hand, und nicht in des Teufels Gewalt, Hebr. 1, 3. Viel weniger hat er Gewalt über einen Menschen, es werde ihm denn von Gott erlaubt und zugelassen; wie die gergesenische Historie, Matth. 8, 32, und das Exempel Hiobs bezeugen, Hiob 1, 12.

3. Dieweil er nun nicht Macht hat über ein einiges Glied oder Haar des Menschen, so hat er sie viel weniger über seine Seele, daß er dieselbe also ängste, quäle und peinige, ohne Gottes sonderlichen Rath und Willen. Darum der 43. Psalm, V. 8 spricht: „Der Engel des Herrn lagert sich um die her, die ihn fürchten, und hilft ihnen aus." Zach. 2, 5: „Ich will eine feurige Mauer um dich her seyn." Pf. 17, 8: „Behüte mich, wie einen Augapfel im Auge." Daher auch der 88. Pf., V. 7. 8 Gott dem Herrn solche hohe Anfechtungen zuschreibt, da er spricht: „Du hast mich in die Grube hinunter gelegt, in die Finsterniß und in die Tiefe. Dein Grimm drücket mich, du drängest mich mit allen deinen Fluthen. Ich leide deine Schrecken, daß ich schier verzage." Wie auch der 71. Psalm, V. 20 solche Seelenangst Gott dem Herrn zuschreibt: „Du lässest mich erfahren viel und große Angst, und machest mich wieder lebendig, und holest mich wieder aus der Tiefe der Erde heraus." Und die Prophetin Hanna, 1 Sam. 2, 6, schreibt Alles Gott dem Herrn zu: „Der Herr tödtet, und machet wieder lebendig; er führet in die Hölle, und wieder heraus." Denn wie Gottes Sohn erstlich in die Hölle mußte, ehe er gen Himmel fuhr, also macht es auch Gott mit seinen Gliedern, den wahren Christen. Und geschieht also. Wenn Gott dem Menschen seine Sünde in seinem Gewissen offenbart, und ihn empfinden läßt die Kraft und Macht der Sünde, den Stachel des Todes, den Fluch des Gesetzes, die feurigen Pfeile des Satans: so wird des Menschen Seele so hoch betrübt, und fällt in so große Traurigkeit, daß sie alles menschlichen Trostes beraubt wird, und will sich auch nicht trösten lassen; wie David sagt, Pf. 77, 3. Ihr dünket, es seyen ihr alle Creaturen zuwider. Es kann sie auch nichts erfreuen, sie achtet sich alles Trostes unwürdig, ringt mit der Verzweiflung, und kämpft mit der Hölle, fühlt der Hölle Angst. Das ist der rechte Höllenstich, ja die Hölle selbst, die keinen Trost zuläßt; sondern da ist eitel Angst, Zittern und Zagen. Da hat denn Gott wahrlich einen solchen Menschen recht in die Hölle geführt, nicht zwar leiblich, sondern geistlich nach der Seele, und geht ihm gleich wie dem Herrn Christo am Oelberge, da er anfing zu trauern, zu zittern und zu zagen, ja mit dem Tode zu ringen, Luc. 22, 44. Marc. 14, 33.

4. Warum aber Gott solches bisweilen zuläßt, daß seine gläubigen Kinder, die auf Christum getauft, Vergebung der Sünden haben, durch den Glauben sind gerecht gemacht, und zum ewigen Leben aufgenommen, vom leidigen Teufel so kläglich und jämmerlich mit schweren höllischen Gedan-

ken angefochten, gequält und zu geistlichen Märtyrern gemacht werden, so ist's unnöthig, daß wir darnach forschen. Es soll uns genug seyn, daß wir aus Gottes Wort versichert sind, Gott selbst habe uns diese Anfechtung zugeschickt. Was nun von Gott kommt, das gereicht dem Menschen nicht zum Verderben, sondern zur Seligkeit, dazu denn Alles dienen muß, was denen widerfährt, die Gott lieben, Röm. 8, 28. Doch sind auch etliche Ursachen geoffenbart, warum der gnädige und treue Gott seinen lieben Kindern solche hohe Anfechtungen widerfahren läßt.

5. (1) Daß wir die Kraft der Sünde, welche ist der Stachel des Todes (wie St. Paulus spricht: „Der Stachel des Todes ist die Sünde, die Kraft aber der Sünde ist das Gesetz," 1 Cor. 15, 46) recht verstehen lernen, den Fluch des Gesetzes, den Zorn Gottes wider die Sünde, und sein strenges Gericht und seine Gerechtigkeit, und die große Tyrannei des Teufels; denn das hängt Alles an einander. Darüber der König Hiskia klagt, Jes. 38, 14, da er winselte wie ein Kranich, und girrete wie eine Taube, da ihm um Trost sehr bange war.

6. (2) Daß wir dadurch die Hoheit und Würdigkeit des Leidens Christi, und seine großen Wohlthaten der theuern Erlösung erkennen lernen, daß er uns von der ewiger Höllenangst und Pein erlöset durch seine Seelenangst, Ps. 22, 2.

7. (3) Daß wir dem Ebenbild Christi ähnlich werden, Röm. 8, 29.

8. (4) Daß wir die Kraft des Wortes Gottes und den göttlichen Trost darin schmecken lernen. Jes. 28, 19: „Die Anfechtung lehret auf's Wort merken."

9. (5) Daß wir Glaube, Liebe, Hoffnung, Demuth, Geduld, Gebet üben lernen, „auf daß unser Glaube köstlicher erfunden werde, denn das vergängliche Gold, durch's Feuer bewähret," 1 Petr. 1, 7.

10. (6) Auf daß wir hernach desto kräftiger getröstet werden; wie St. Paulus spricht: „Wie wir des Leidens Christi viel haben, so werden wir auch desto reichlicher getröstet werden," 2 Cor. 1, 5.

11. (7) Auf daß wir im ewigen Leben desto herrlicher werden, Röm 8, 17: „Doch daß wir mit leiden, auf daß wir auch mit zur Herrlichkeit erhoben werden."

12. Und wenn wir gleich diesen hohen Nutzen nicht wüßten, noch Gottes Rath verstünden: so sollen wir uns daran genügen lassen, daß wir wissen, es sey also Gottes Wille, daß wir also versucht werden. Denn, sind unsere Haare auf dem Haupte gezählet, Matth. 10, 30: wie viel mehr will Gott der Herr unsere Seele behüten, daß dieselbe nicht durch den Teufel in Verzweiflung gestürzt werde. Daraus verstehen wir nun wohl, daß aus diesen Anfechtungen Niemand erretten kann, denn Gott allein durch Christum, der den Satan und die Welt überwunden, Joh. 12, 31; C. 16, 11. Darum allein bei Christo, und sonst bei keiner Creatur, Hülfe, Rath und Trost in diesen Nöthen zu suchen ist.

13. 2) Sollen wir die hohen Anfechtungen nicht ansehen als Zeichen des Zornes Gottes, sondern als Zeichen der Gnade; weil uns Gott in die Zahl derjenigen bringen und aufnehmen will, die er in dieser Welt so hoch versucht hat. Als da ist der heilige David, der im 18. Psalm, V. 5 klagt: „Des Todes Bande umfingen mich." Und im ganzen 88. Psalm klagt er über Seelen- und Höllenangst. Der Prophet Jeremias am 20., V. 17 wünscht, daß seiner Mutter Leib sein Grab gewesen wäre, und er nicht lebendig an's Licht wäre gekommen, so dürfte er solch Unglück nicht sehen. Deßgleichen der heilige Hiob, der da spricht, C. 6, 2: „Wenn man meinen Jammer auf einer Wage wägen möchte, so würde er schwerer seyn, denn der Sand am Meer." Cap. 7, 15: „Meine Seele wünschet erhangen zu seyn." Und St. Paulus, welchen des Satans Engel mit Fäusten geschlagen, 2 Corinth. 12, 7. Ja der Sohn Gottes selbst, wie zittert sein heiliger Leib, wie zagt seine Seele! wie ruft er: „Mein Gott, mein Gott! warum hast du mich verlassen?" Matth. 27, 46.

14. Aus diesen Exempeln lernen wir, daß wir nicht die Ersten sind, die mit so hohen Anfechtungen versucht und gequält

worden, sondern daß es auch zuvor den höchsten Heiligen widerfahren sey. Daraus wir den Trost schöpfen sollen, daß, wie jene in dieser Todesnoth und Höllenangst nicht sind verlassen worden, also werde Gott uns auch erretten. Und wenn leibliche Krankheiten, Verfolgungen und dergleichen, Zeichen der Liebe Gottes sind, dadurch uns Gott seinem Sohn ähnlich machen will, und wir also solch leiblich Kreuz Christi geduldig nachtragen müssen: wie viel mehr muß es ein Zeichen der Gnade seyn, und einer großen zukünftigen Herrlichkeit, wenn er nicht allein unserm Leibe, sondern auch der Seele ihr Kreuz auflegt, dieselbe läßt kämpfen und weidlich schwitzen, auf daß der Mensch an Leib und Seele leide, und seinem Herrn Christo desto ähnlicher werde. Denn gleichwie der heilige Leib Christi in seinem Leiden voller Schmerzen und Krankheit war vom Haupt bis auf die Fußsohlen, und seine allerheiligste Seele voll Jammers, Trauerns und Zagens: also muß sein geistlicher Leib, alle seine geistlichen Glieder und Gläubigen, dieses Schmerzes innerlich und äusserlich theilhaftig werden, auf daß auch sein ganzer geistlicher Leib voller Schmerzen werde, gleichwie er war in seinem Leiden. Und das meint St. Paulus, als er spricht, Col. 1, 24: „Ich erstatte an meinem Fleisch, was noch mangelt an den Trübsalen des Leibes Christi." Bist du nun ein wahres Glied an dem geistlichen Leibe Christi, so mußt du die Schmerzen mit tragen, auf daß erstattet werde, was noch mangelt an den Trübsalen, auf daß sie voll werden. Darum wir uns der Trübsale freuen sollen, weil „dieser Zeit Leiden nicht werth ist der Herrlichkeit, die an uns soll geoffenbaret werden," Röm. 8, 18. Wir sollen deßwegen in solchen hohen Anfechtungen den väterlichen Zorn Gottes lernen mit Geduld tragen, Mich. 7, 9, und der Hülfe Gottes erwarten, mit Gebet nicht müde werden, sondern gedenken: Dies ist die Zeit des Zorns, wie es sich ansehen läßt; die Gnadenzeit wird auch kommen, wenn der Zorn aus ist, Jes. 54, 7.

15. 3) Soll uns das herzlich trösten, daß in solchem schweren Seelenkampf und Streit der Herr Christus uns den Sieg hat verheißen und zugesagt, ob es wohl hart zugeht; wie der Herr spricht, Joh. 14, 30: „Siehe, es kommt der Fürst dieser Welt, und hat nichts an mir." C. 16, 33: „Seyd getrost, ich habe die Welt überwunden." Denn gleichwie David's Sieg wider den Goliath des ganzen Israels Sieg war, 1 Sam. 17, 51, also ist Christi Sieg aller Gläubigen Sieg. Offenb. 12, 10. 11: „Nun ist das Heil, und die Macht, und das Reich unsers Gottes seines Christus geworden, weil der verworfen ist, der sie verklagete Tag und Nacht vor Gott. Und sie haben ihn überwunden durch des Lammes Blut, und durch das Wort ihres Zeugnisses." Und obwohl der Teufel, der Satan die Angefochtenen mit diesen feurigen Pfeilen schießt, und ihnen einbläst: Du bist verdammt und verloren, Gott hat dich verstoßen, du bist mein, höre auf, zu hoffen, zu glauben, zu beten, es ist aus; so sprich: Höre, Teufel, du hast nicht Macht, mich zu verdammen, das Gericht ist dir nicht befohlen, oder das Urtheil zu sprechen, wer verloren oder verdammt seyn solle; sondern die Gläubigen sollen die Welt und die Teufel am jüngsten Tage richten, 1 Cor. 6, 3. Ja der Sohn Gottes hat den Fürsten dieser Welt schon gerichtet, Jes. 16, 11.

16. 4) Ob man wohl der gräulichen Lästerung des Satans sich nicht erwehren kann, welches man nennt den Lästergeist; dennoch, weil es erstlich wider des Menschen Willen geschieht, und zum andern, der Mensch zwar dawider strebt mit Seufzen, Gedanken, Beten, mit Herzen und Mund sich wehrt, kann aber nicht, und muß die Lästerung leiden: so soll er diesen Trost merken, daß ihm Gott diese Lästerung nicht zurechnet. Weil es wider seinen Willen geschieht, so sind die Lästerungen nicht sein, sondern des Teufels. Er muß es nur leiden; wie David klagt im 77. Psalm, V. 11: „Ich muß das leiden, die rechte Hand des Herrn kann Alles ändern." Denn solche Lästerung ist ein Leiden der Seele, nicht ein Werk der Seele; darum rechnet's Gott nicht zu. Denn es geht, gleich als wenn die Feinde vor der Stadt

Feuer hinein schießen; das kann man ihnen nicht wehren, man muß sie ihren Muthwillen treiben lassen, aber dem Feuer wehren, wie man kann. Und wie Hiskias dem Rabsake nicht wehren konnte seine Lästerung, Jes. 36, 11: also kann man auch dem Satan nicht wehren, daß er nicht ausspeie solche höllische Funken. Das laß deine Seele leiden mit Schmerzen und Seufzen, rede aber die Lästerung nicht aus, sondern halte deinen Mund zu, wie Jeremias, Klagl. 3, 29, und dämpfe das inwendige Feuer, daß es nicht ausschlage. Ja, weil solche Anfechtungen wider deinen Willen geschehen, so ist noch vorhanden der kämpfende Glaube, der wider die Anfechtungen streitet.

17. 5) So ist das ein großer Trost, wenn noch ein Seufzer im Herzen ist, der nach Gott seufzet, und noch ein Wörtlein oder Sprüchlein aus Gottes Wort vorhanden ist. Denn das ist noch der kleine Funke des Glaubens und des Geistes, so da ist als ein glimmender Tocht; den wird Gott nicht auslöschen lassen, Jes. 42, 3, sondern in der größten Schwachheit erhalten. Das ist eine gewisse Probe, daß der heilige Geist noch da ist, wiewohl tief, tief verborgen. Darum soll man nicht alsbald verzagen. Denn gleichwie der Leib noch nicht todt ist, wenn sich Herz und Odem noch regt: also ist der Geist Gottes und der Glaube noch nicht gänzlich hinweg, wenn nur noch ein kleiner dunkler Seufzer und ein Wort Gottes vorhanden ist. Denn das ist noch das geistliche innerliche Leben der Seele, die noch nicht gänzlich todt ist. Und damit muß man so lange vorlieb nehmen, bis der freudige Geist wiederkommt, und die Seele wieder gänzlich gesund wird. Denn ich setze den Fall, es könnte ein Mensch nicht mehr beten, ja nicht mehr seufzen, ja auch nicht mehr an's Gebet denken: da scheint es wohl, als wäre Alles aus. Dennoch, wenn ihm angst und bange darnach ist, er wollte gern beten, kann aber nicht, es thut ihm wehe in seinem Herzen, und ist seine größte Plage und Angst, daß er's nicht kann: so betet er doch damit, daß er klagt, er könne es nicht, und daß es ihm innerlich wehe thut, daß er nicht beten kann, und daß es ihm herzlich leid ist. Eben damit betet er am heftigsten. Und das ist das unaussprechliche Seufzen des Geistes, Röm. 8, 26. Und da wird wahr, was Jesajas gesagt hat, C. 41, 17: „Die Armen und Elenden suchen Wasser, und ist nichts da; ihre Zunge ist verdorret vor Durst; aber ich, der Herr, will sie erhören; ich, der Gott Israel, will sie nicht verlassen."

18. 6) Obgleich ein Herz noch so hart angefochten und elend ist, so bezeugt doch Gottes Wort, daß Gott in ihm wohne, und nicht der Satan. Der Satan ist draußen, darum bestürmet er, als ein Feind, dein Herz mit seinen listigen Anläufen. 1 Joh. 4, 4: „Der in uns ist, ist größer, denn der draußen in der Welt ist." Jes. 41, 10: „Fürchte dich nicht, ich bin bei dir." Weil nun diese Seelennoth das allergrößte Elend ist, das einem Menschen widerfahren kann, Gott aber verheißen hat, daß er die Elenden ansehe, ja bei ihnen wohne, und Christum gesandt habe, den Elenden zu predigen, und alle Traurige zu trösten, Jes. 57, 15; Cap. 61, 2; Cap. 66, 2, und auch der Sohn Gottes, Matth. 11, 28, solche Elende zu sich ruft: so soll keiner in solchem Elend verzagen, denn solche Leute hat Gott befohlen zu trösten. Jes. 35, 3. 4: „Stärket die müden Hände, erquicket die strauchelnden Kniee, saget den verzagten Herzen: Seyd getrost, fürchtet euch nicht." Und Gott hat gesagt, 2 Cor. 12, 9: „Meine Kraft ist in den Schwachen mächtig." Und Paulus sagt, V. 10: „Wenn ich schwach bin, so bin ich stark." Ja, es ist doch noch Gottes Gnade bei dem Menschen, wenn ihn gleich des Satans Engel mit Fäusten schlägt, 2 Cor. 12, 7. Denn eben zu der Zeit sprach Gott zu Paulo: „Laß dir an meiner Gnade genügen," V. 9.

19. 7) So hat man kein Exempel, daß Gott jemals einen Menschen in solchem Elend und hohen Anfechtungen hätte verlassen, sondern vielmehr Zeugniß, daß, wenn Gott einen Heiligen im Ofen des Elends wohl geläutert und geschmolzen, Jes. 48, 10, die Erlösung gewiß darauf erfolgt ist. Und das ist ein großer Trost,

daß, wenn die Prüfungsstunde aus ist, und der Mensch die Probe ausgehalten, gewiß die Erlösung kommen wird. Denn wenn die Zeit der Trübsal ein Ende hat, so kommt die Freude überschwänglich. Hiob 5, 17 ff. „Selig ist der Mensch, den Gott strafet. Darum weigere dich der Züchtigung des Allmächtigen nicht; denn er verletzet, und verbindet; er zerschmeißt, und seine Hand heilet. Aus sechs Trübsalen wird er dich erlösen, und in der siebenten wird dich kein Uebel rühren. Er führet in die Hölle, und wieder heraus." Darum soll kein Mensch verzagen in seinen hohen Anfechtungen, sondern eine kleine Zeit lernen des Herrn Zorn tragen, Mich. 7, 9, bis die Sonne der Gnade wieder aufgeht. Denn „den Gerechten gehet immer das Licht wieder auf in der Finsterniß, und Freude den frommen Herzen," Ps. 112, 4. Ps. 97, 11.

20. 8) Tauler zählt die hohen Anfechtungen unter die sonderbaren Gaben Gottes, und beschreibt sie also: „In großen Anfechtungen nimmt Gott Alles dem Menschen, was er ihm zuvor gegeben hat, und will den Menschen recht in sich selbst zum Grunde weisen, und will, daß der Mensch sehe und erkenne, was er von ihm selbst habe und vermöge, und wie er sich in dieser Entziehung seiner Gnade halten wolle. Hier wird recht der Mensch vom Grunde gelassen, daß er nicht weiß von Gott, noch von Gnade, noch von Trost, noch von Allem, das er je zuvor gehabt; denn es wird ihm Alles entzogen, verborgen und genommen, daß der Mensch denn nicht weiß, wo er sich hinwenden oder kehren soll. In dieser Entziehung ist dem Menschen hoch vonnöthen, daß er sich könne halten, als es Gott von ihm haben will, daß er sich könne lassen dem freien Willen Gottes und seinem Urtheil. Es ist wohl ein Großes, daß die heiligen Märtyrer ihr Leben durch Gottes Willen gelassen haben, denn sie hatten Gottes Trost von innen, daß sie alle Marter für ein Gespött hielten, und fröhlich starben; aber es ist kein Leiden diesem gleich, wenn man Gottes und seines Trostes entbehren muß, denn das geht über alle Dinge. Denn hier steht im Menschen wieder auf alles Unglück und Gebrechen, und alle Anfechtung, die der Mensch zuvor überwunden hat; die fechten den Menschen wieder an, in der allerschwersten Weise, viel mehr denn da der Mensch in Sünden lag. Hier sollte sich der Mensch demüthiglich leiten lassen, und sich dem göttlichen Willen überlassen, so lange als es Gott von dem Menschen haben wollte." Solche Leute nennt auch Tauler die geistlichen Märtyrer; denn sie werden alles geistlichen Trostes beraubt, daß sie nicht wissen, wohin sie sich kehren sollen; und werden sehr gepeinigt inwendig, wenn sie sehen, daß andere Menschen Gnade und Gaben des Trostes haben, die sie nicht haben, und meinen allezeit, es sey ihre Schuld, daß sie die Gnade nicht auch haben. Und ob sie gleich mehr Fleiß dazu thun, so werden sie doch inwendig immer dürrer, und auswendig härter denn ein Stein, und können unterweilen keine Geduld haben, und werden also immer mehr mißtröstig und gepeinigt, und ihnen dünket, sie erzürnen Gott in allen Dingen; und das ist ihnen von Herzen leid. Endlich begeben sie sich in die Geduld, wiewohl es ihnen schwer wird, und leiten sich, bis es Gott wandelt; denn sie sehen wohl, daß sie nicht fürder mögen kommen. Und dadurch werden sie den Heiligen gleich, in einer viel edlern Weise; denn so werden sie Christo ähnlicher, dessen Leben voll war des Leidens. Diese geistlichen Märtyrer sind die Aermsten unter Allen, so da leben, nach ihren Gedanken, aber vor Gott sind sie die Reichsten. Sie sind die Allerfernsten von Gott, nach ihren Gedanken, und sind doch Gott am allernächsten. Sie sind nach ihren Gedanken die Allerverworfensten von Gott, und sind doch die Allerauserkohrensten. Sie sind nach ihrem Empfinden Gott die Allerungetreuesten, wiewohl sie ihm die Allergetreuesten und Ernsthaftesten sind, seine Ehre zu befördern und seine Unehre zu hindern; denn darum leiden sie. Sie befinden sich angefochten mit mancherlei Dingen, darein sie nicht willigen wollen, welches ihnen ein schwereres Leiden anthut, denn daß sie des natürlichen Todes sterben sollen; denn sie wollen gern ihr Gebrechen überwinden, und die Tugend üben, und

können doch nicht. Das macht ihnen ein großes Leiden, und inwendige Bekümmerniß, als ob sie höllische Pein litten; und das kommt ihnen von großer Treue und Liebe, so sie zu Gott tragen; wiewohl sie dasselbe an ihnen selbst nicht wissen. Sie halten sich für die allerbösesten Menschen, die in der Welt sind, und sind die allerreinsten vor Gott.

21. Darum sollen sie in stiller Geduld und Sanftmuth auswarten; denn leiden sie es nicht geduldig aus, so verlängern sie es. Denn nach dieser finstern Nacht kommt ein klares Licht, welches sie hoch erfreut in der Liebe Gottes, daß sie es nicht aussprechen können, gleichwie sie zuvor ihre Traurigkeit nicht haben können aussprechen.

Gebet und Fürbitte zu Gott für Angefochtene.

Mitleidiger Hohepriester, Jesus Christus, du weißt aus der Erfahrung, wie den Versuchten und Angefochtenen zu Muthe ist: erbarme dich über deine Elenden; habe ein gnädiges Aufsehen auf Alle, die unter der schweren Last des Kreuzes muthlos und zaghaft werden wollen; tröste, erquicke und ermuntere sie durch deinen Geist, daß sie keinen Schaden an ihrer Seele nehmen, und hilf ihnen zu rechter Zeit aus allen Aengsten, daß sie mit fröhlichem Herzen und Munde deinen Namen preisen können. Ach Herr, wenn aller menschliche Trost verschwindet, und nirgend Erlinderung ihrer Seelenpein anzutreffen ist, so sey und bleibe du ihres Herzens Trost und Theil, daß sie in deinen Wunden die wahre Ruhe finden, und aus dir Kraft erlangen in allen Versuchungsstunden, Sünde, Hölle, Welt und Teufel zu besiegen. Amen.

Das 54. Capitel.

Trost wider die innerliche, heimliche Anfechtung des Satans, durch böse, lästerliche, herzplagende, unruhige, ängstliche Gedanken.

Luc. 22, 31. 32. Siehe, der Satan hat euer begehret, daß er euch möchte sichten, wie den Weizen; ich aber habe für dich gebeten, daß dein Glaube nicht aufhöre. Und wenn du dermaleins bekehret wirst, so stärke deine Brüder.

1. Was der Satan für ein grimmiger, abgesagter Menschenfeind sey, bezeugt nicht allein Gottes Wort an vielen Orten, als 1 Petr. 5, 8: „Seyd nüchtern und wachet, denn euer Widersacher, der Teufel, gehet umher wie ein brüllender Löwe, und suchet, welchen er verschlinge"; Eph. 6, 12, und Offenb. 12, 12: „Wehe euch, die ihr auf Erden wohnet, und auf dem Meer; denn der Teufel kommt zu euch hinab, und hat einen großen Zorn, und weiß, daß er wenig Zeit hat"; und die Historie des heiligen Hiob; sondern die tägliche Erfahrung stellt es einem Jeden vor Augen in so vielen schrecklichen und erbärmlichen Exempeln und Fällen, ja in so mancherlei hohen und gefährlichen Anfechtungen, mit welchen manches fromme Herz geängstet und gequält wird, auf so wunderliche und unerhörte Weise, daß sich Niemand davor hüten kann. Bald versucht er unsern Glauben, bald unsern Beruf, bald ficht er unser Gebet an; welches uns Alles vorgebildet wird in der Versuchung Christi, Matth. 4, 3 ff. Daraus wir abnehmen können, daß es der Satan nicht läßt, er versucht alle Menschen, keinen ausgenommen. Denn so er unser Haupt, den Herrn Christum, nicht unversucht gelassen, wie sollte er doch einen einzigen Menschen unversucht lassen? Davor uns der Herr warnet: „Wachet und betet, daß ihr nicht in Versuchung fallet," Matth. 26, 41.

2. Unter andern Anfechtungen aber hat der Satan auch diese, daß er den Menschen mit bösen, lästerlichen, schändlichen, unruhigen Gedanken plagt, dadurch er das Herz ängstet, martert und quält, daß es nimmer froh kann werden. Und solche böse Gedanken sind so geschwind, so heftig und giftig, daß man nicht einen Augenblick

davor Friede hat; darum sie St. Paulus nennt feurige Pfeile des Bösewichts, Eph. 6, 16. Das ist, gleichwie ein öffentlicher Feind eine Stadt mit Feuer ängstet: also ängstet der Satan das Herz mit höllischen Gedanken. Und gleichwie ein vergifteter Pfeil Einem schmerzhafte Wunden macht, und unleidliche Wehetage: also machen die feurigen Pfeile des Teufels solche Angst und heimliche Schmerzen der Seele, die kein Mensch ausreden kann, dagegen alle Leibesschmerzen, ja alles Unglück nichts zu rechnen ist. Wider solche heimliche, innerliche Anfechtungen, daraus große Seelenangst entsteht, wollen wir nun etliche Trostgründe aus Gottes Wort anhören. Erstlich so spricht der Herr diese Worte: „Siehe, der Satan hat euer begehret," gar pathetisch aus, das ist, durch ein herzlich Mitleiden, und beklagt dadurch unser Elend mitleidentlich. Darum ist das gewiß, daß solche Anfechtungen keine Zeichen sind des Zornes Gottes und seiner Ungnade über den Menschen, als ob uns Gott dadurch wolle verderben lassen, und dem Satan zum Raub hinwerfen, sondern es ist eine scharfe Zuchtruthe, dadurch Gott der Herr den Menschen demüthigt; wie das Exempel St. Petri bezeugt, daß seine Vermessenheit zu seiner schweren Versuchung und seinem Fall Ursache gegeben. Und St. Paulus spricht, 2 Cor. 12, 7 ff.: „Damit ich mich nicht überhebe, ist mir gegeben ein Pfahl ins Fleisch, nämlich des Satans Engel, der mich mit Fäusten schlägt. Dafür ich dreimal dem Herrn geflehet, daß er von mir wiche. Aber er hat zu mir gesagt: Laß dir an meiner Gnade genügen, denn meine Kraft ist in den Schwachen mächtig." Dieser Spruch St. Pauli lehrt uns dreierlei: 1) daß St. Paulus, und alle die, so also angefochten werden, durch solche Schläge des Satans gedemüthigt werden. 2) Daß es durch Gottes Rath geschehe. 3) Daß gleichwohl ein solcher angefochtener Mensch bei Gott in Gnaden sey, ob ihn gleich der Teufel noch so sehr anficht; wie der Herr hier spricht: Laß dir an meiner Gnade genügen.

3. Den andern Trost gibt uns der Herr mit diesen Worten: „Der Satan hat euer begehret." Da hören wir, daß der böse Feind wohl begehrt, seine feurigen Pfeile mit Haufen wider uns auszuschießen, aber er darf nicht, es wird ihm nicht allerwege zugelassen, er muß erst Gott darum fragen. Und wenn's ihm gleich Gott erlaubt, so setzt er ihm doch ein Ziel, und hält ihn wie einen Kettenhund. Darum St. Paulus sagt, 1 Cor. 10, 13: „Gott ist getreu, der euch nicht lässet versuchen über euer Vermögen." Da spricht St. Paulus: Gott läßt es dem Satan nicht zu; er ist getreu. Solches bezeugt das Exempel Hiobs, da der Satan sprach: „Erlaube mir." Gott setzte ihm aber ein gewisses Ziel, Hiob 1, 12.

4. Den dritten Trost gibt uns der Herr, da er spricht: „Ich aber habe für dich gebeten, daß dein Glaube nicht aufhöre." Wie der Herr für uns gebeten habe, bezeugt das 17. Capitel Johannis, da er seine Gläubigen hoch und theuer seinem himmlischen Vater befiehlt, V. 15: daß er sie bewahre vor dem Argen, und daß der Vater in ihnen, und sie in ihm bleiben mögen, daß er ja keinen möge verlieren von denen, so ihm Gott gegeben hat. Dieß Gebet wird alle angefochtene, betrübte Herzen erhalten, daß sie durch den Glauben in Christo bleiben, und Christus in ihnen, auch durch den Glauben den Sieg behalten und überwinden.

5. Den vierten Trost gibt uns der schöne Spruch Joh. 17, 21, wie der Herr für uns gebeten, und was er von Gott erbeten, nämlich daß wir in Christo und Christus in uns bleiben möge. Nun spricht St. Johannes, 1 Epist. 4, 4: „Der in euch ist, ist größer, denn der in der Welt ist." In einem jeden Christen wohnt Christus durch den Glauben. Dieser herrliche Gast ist gleichwohl bei dir, und wohnt in deiner Seele, wenn dich gleich der Satan noch so heftig anficht. Mußte doch der Herr Christus selbst leiden, daß er vom Teufel versucht wurde; und war doch Gott in ihm, das ist, die ganze Fülle der Gottheit wohnte in ihm leibhaftig und persönlich, Col. 2, 9. Derhalben darfst du nicht gedenken, daß darum der Herr Christus nicht in dir sey, ob du gleich versucht wirst. Hast du nun den Herrn Christum bei dir,

so laß den Satan immerhin stürmen, Christus wird sein Haus und seine Wohnung wohl erhalten. So ist ja auch der heilige Geist bei dir, welcher deiner Schwachheit hilft, und vertritt dich bei Gott mit unaußsprechlichem Seufzen, Röm. 8, 26. Welches Seufzen du ja in deinem Herzen empfindest, und damit überzeugt wirst, daß der heilige Geist in dir ist, der auch nicht von dir weichen wird; wie der Herr spricht, Joh. 14, 16: „Ich will euch einen andern Tröster geben, der bei euch bleiben soll ewiglich." So hat auch Gott gesagt, daß er in den betrübten Herzen wohne. Kein betrübteres Herz kann auf Erden seyn, denn ein solches Herz, das vom Teufel angefochten wird. „Ich sehe auf den Elenden," spricht Gott der Herr, Jes. 57, 15. Das ist aber ein rechter Elender.

6. Den fünften Trost gibt uns das Wort: „Daß dein Glaube nicht aufhöre." Ach wie ist uns das ein großer Trost, daß uns der Herr hier vertröstet, unser Glaube solle nicht aufhören, es solle allezeit noch ein Fünklein des Glaubens bleiben, der glimmende Tocht solle nicht gar verlöschen! Jes. 42, 3. Ob es gleich in noch so großer Schwachheit zugeht, daß wir oft denken, der Glaube sey gar erloschen, weil wir keinen Trost empfinden können: dennoch soll der Glaube nicht aufhören, spricht der Herr. Ja, sprichst du, wobei soll ich das merken? 1) An deinem Verlangen nach dem Glauben; denn gerne wollen glauben, und ein Verlangen haben nach dem Glauben, das ist das wahrhaftige lebendige Fünklein des Glaubens. 2) Merkest du, daß du in deinen hohen Anfechtungen den Glauben noch hast, an deinem Kampf und Streit mit den Anfechtungen, wenn du mit ihm kämpfest. Denn wo Kampf und Streit ist, da ist Glaube. Den Kampf aber und Streit merkest du dabei, daß dir solche Anfechtungen und böse, lästerliche Gedanken gegen deinen Willen widerfahren, und thut dir so wehe, als wenn man dich mit Fäusten schlüge. Was nun wider des Menschen Willen geschieht, das ist der Kampf des Glaubens, das rechnet dir Gott nicht zur Sünde. Denn das ist allein verdammliche Sünde, darein der Mensch willigt; der böse Wille befleckt des Menschen Seele. Hätte Adam nicht gewilligt in des Teufels Eingeben, so wäre er rein geblieben von allen Sünden; sobald er aber seinen Willen in des Teufels Willen gab, da fiel er in die Sünde. Also ist das keine Sünde, was der Mensch wider seinen Willen leiden muß. Wenn der Feind, so vor der Stadt liegt, Feuer hineinschießt, das muß man zwar leiden, aber gleichwohl zusehen, daß man's lösche, so viel man kann. Also können wir arme Menschen dem Satan nicht wehren, daß er nicht seine feurigen Pfeile in unser Herz schießt; aber weil wir nicht darein willigen, sondern widerstreben denselben, so müssen sie endlich verlöschen, und können uns nicht schaden. Da sehen wir denn, daß unser Glaube nicht aufhöre.

7. So nun unser Glaube nicht soll aufhören, so muß endlich der Sieg folgen. Derselbe gibt uns den sechsten Trost, nach dem herrlichen Spruche Johannis 14, 10: „Siehe, es kommt der Fürst dieser Welt, und hat nichts an mir." C. 16, 33: „Seyd getrost, ich habe die Welt überwunden." Alles, was Christus gethan hat, das hat er uns zu gute gethan; denn er ist unser mit allem seinem Verdienste und seinen Wohlthaten. Darum, weil er den Satan überwunden hat, so hat er ihn nicht allein für seine Person überwunden, sondern für uns Alle; wie solches das Vorbild des Streites Davids mit dem Goliath bezeugt, 1 Sam. 17, 1 ff. Welcher Streit zu dem Ende angefangen war, daß, wenn Goliath den Sieg erhalten und David schlagen würde, so sollten alle Kinder Israel der Philister Knechte seyn; würde aber David den Goliath schlagen, so sollten alle Philister Israels Knechte seyn. Gleichwie nun Davids Sieg für das ganze Volk galt, also gilt Christi Sieg und Ueberwindung allen Gläubigen. Darum ist Christi Sieg unser Sieg; wie St. Paulus spricht, Eph. 6, 10: „Seyd stark in dem Herrn und in der Macht seiner Stärke," rc. Und 1 Cor. 15, 57: „Gott sey Dank, der uns den Sieg gegeben hat durch unsern Herrn Jesum Christum."

8. Den siebenten Trost geben uns die

Exempel der Heiligen, die auch heftig vom Teufel angefochten worden, davon der Herr hier spricht: „Und wenn du dermaleinst bekehret wirst, so stärke deine Brüder." Damit weist uns der Herr auf die Exempel unserer Mitbrüder, so auch vom Satan angefochten werden. Darum sagt St. Paulus, 1 Petr. 5, 9: „Wisset, daß eure Brüder in der Welt eben dasselbe Leiden haben."

9. Und letztlich, das Exempel unsers Herrn Jesu Christi soll uns billig trösten, Matth. 4, 1 ff. Der war Gottes liebstes Kind, dennoch ließ ihn Gott auf's höchste vom Satan versucht werden, also, daß ihn auch der Satan mit sich geführt, und nach seinem Muthwillen mit ihm gehandelt; welches kein Mensch begreifen kann, daß der Satan so viel Gewalt haben soll. Aber es ist der Stand der Erniedrigung Christi gewesen, da er sich seiner göttlichen Majestät entäußert, auf daß er als ein Mensch könnte versucht und seinen Brüdern gleich werden. Das Exempel Hiobs, das Exempel St. Pauli sollen uns auch trösten.

Gebet wider die Anfechtung des Satans.

Du großer Siegesfürst hast dem die Macht genommen, der des Todes Gewalt hatte, das ist, dem Teufel, und erlöset die, so durch Furcht des Todes im ganzen Leben Knechte seyn mußten. Wir nehmen unsere Zuflucht zu dir, da wir in einem Jammerthal und in einer versuchungsvollen Welt leben. Wir sind ohnmächtig, und können den listigen und mächtigen Anfechtungen unserer vielen Feinde nicht gehörigen Widerstand thun. Ach Jesu, verlaß uns nicht. Ach stärke uns durch deine allmächtige Kraft, daß wir bei so mannichfaltigen Anfällen von innen und außen nicht um die Krone des Lebens gebracht werden. Dir, dem Herzog unserer Seligkeit, übergeben wir uns gänzlich, und wünschen, in deiner Kraft auf unserer Pilgrimsreise beständig einherzugehen, damit wir dereinst vor deinem Throne mit allen vollendeten Gerechten unser Triumphlied anstimmen und zur Verherrlichung deines Namens anstufen können: Gott sey Dank, der uns ben Sieg gegeben hat durch unsern Herrn, Jesum Christum. Halleluja! Amen.

Das 55. Capitel.
Vom Verzug der göttlichen Hülfe.

Habac. 2, 3. 4. Die Weissagung wird ja noch erfüllet werden zu seiner Zeit, und wird endlich frei an Tag kommen, und nicht lügen. Ob sie aber verzeucht, so harre ihrer, sie wird gewißlich kommen, und nicht ausbleiben. Siehe, wer halsstarrig ist, der wird keine Ruhe in seinem Herzen haben; denn der Gerechte lebet seines Glaubens.

1. In diesem Spruche tröstet uns der heilige Geist wider den Verzug göttlicher Hülfe, welcher uns zwar ein Verzug däucht, aber 1) bei Gott ist kein Verzug, sondern ein stetiges Eilen zur Hülfe. Denn dieweil der mächtige Gott nach seinem unerforschlichen, allein weisen Rath einem jeden Menschen sein Kreuz abgezählt, abgewogen und gemessen hat, wie viel er leiden soll, so läßt Gott der Herr immer eins nach dem andern ergehen, und eilet, damit die Zahl der Trübsale erfüllt werde, und hilft immer eines nach dem andern überwinden, bis an's Ende. Und dasselbe däucht uns denn ein Verzug göttlicher Hülfe; aber wir wissen nicht, wie sehr Gott damit eilet, bis die beschlossenen Trübsale erfüllt werden. Darum, was bei uns ein Verzug ist, das ist bei Gott ein stetiges Eilen zur Erlösung.

2. Wer aber halsstarrig ist, das ist, im Kreuz ungehorsam, ungeduldig, der wird keine Ruhe im Herzen haben. Denn die Geduld sänftiget und stillet das Herz, macht es fein ruhig. Die Ungeduld bringt große Unruhe, ja ist die Unruhe selbst. Darum spricht der Herr Christus, Matth. 11, 29: „Lernet von mir, denn ich bin sanftmüthig und von Herzen demüthig, so werdet ihr Ruhe finden für eure Seele." Daß aber der Prophet ferner spricht: „Der Gerechte lebet seines Glaubens," da sieht er auf die Verheißung der Gnade Gottes, welche der Glaube ergreift. Und von diesem Trost lebt die Seele, und wird dadurch erquickt; wie der König Hiskias spricht: „Herr, davon lebet man, und das Leben

meines Geistes stehet ganz und gar in demselben," Jes. 38, 16. Aus dem Unglauben aber kommt Ungeduld, aus der Ungeduld Unruhe, aus der Unruhe Verzweiflung, aus der Verzweiflung der ewige Tod. Darum wird freilich der Gerechte seines Glaubens leben, das ist, der Gnade Gottes leben, und mit Geduld der Hülfe erwarten.

3. 2) Denn „es hat ein Jegliches" (wie der Prediger Salomo, im 3. C., B. 1 spricht) „seine Zeit, und alles Vornehmen unter dem Himmel hat seine Stunde." Da wir hören, wie wir unser Kreuz und Trübsal anschauen sollen: nicht also, als ob's uns von ungefähr zugeschickt würde, sondern daß eben die Zeit von Gott versehen und verordnet sey, darin wir leiden sollen. Daher wir in unserm Kreuz unsere Augen aufheben sollen zu dem, der Alles in seiner Hand hat, Glück und Unglück, Armuth und Reichthum, Leben und Tod, welches Alles von Gott kommt, wie Sir. 11, 14 spricht; ja, der auch die Zeit und Stunde der Trübsal in seiner Hand hat. Nehmt euch dessen ein Exempel an Joseph, 1 Mos. 37, 36; Cap. 41, 1 ff. Gott verhängte sein Kreuz über ihn in seiner Jugend, und ließ ihn darin stecken dreizehn Jahre, „bis Gott sein Wort sandte, und ihn durchläuterte und erlösete," wie der 105. Ps., B. 19 spricht. Da wir sehen, wie ihm dieser Verzug hat zu großem Nutzen und Ehre dienen müssen. Denn da er verkauft ward, ist er siebenzehn Jahre alt gewesen, und da ihn Gott aus dem Gefängniß erlösete, war er dreißig Jahre alt, tüchtig zum Regiment, und durch's Kreuz wohl bewährt und herrlich gemacht. In dieser Herrlichkeit hat er achtzig Jahre gelebt, und ist ihm das dreizehnjährige Kreuz wohl belohnt worden, daß er hernach bald siebenmal dreizehn Jahre in großer Herrlichkeit gelebt hat; denn er ist hundert und zehn Jahre alt geworden. Also, obwohl mancher fromme Christ im Kerker der Verfolgung Schmach und Krankheit leidet: so soll er doch wissen, daß ihm von der ewigen Weisheit Gottes eine Stunde der Erlösung verordnet ist, gleichwie ihm die Zeit der Trübsal von dem allein weisen Gott versehen ist. Denn gleichwie ein weiser Baumeister oder Hausvater, der seinem Gesinde Arbeit auferlegt, weiß, zu welcher Zeit und zu welcher Stunde sie mit der Arbeit können fertig werden: also hat der allein weise Gott einem Jeden sein Kreuz zugemessen, daß er auch gewiß weiß die Stunde, in welcher es sich ändern soll. Und dann muß dem betrübten Herzen die Hülfe zu der von Gottes Barmherzigkeit verordneten Stunde gewiß widerfahren.

4. 3) Wie nun Gott der Allmächtige sich die Zahl unserer Trübsale vorbehalten, also hat er sich auch die Stunde unserer Erlösung vorbehalten. Und daran sollen wir uns begnügen lassen, daß wir solches wissen, und eingedenk seyn des Spruchs des Herrn, welchen er gesagt hat zu seinen Jüngern, Apost. Gesch. 1, 7: „Es gebühret euch nicht, zu wissen Stunde oder Zeit, welche der Vater seiner Macht vorbehalten hat." Als Gott der Herr den Kindern Israel ihre zukünftige Strafe des babylonischen Gefängnisses durch Mosen verkündigen ließ, sprach er: „Ist nicht solches bei mir verborgen, und versiegelt in meinen Schätzen?" 5 Mos. 32, 34. Da wir hören, mit welch großer, unerforschlicher Weisheit Gott die Menschen regiere, strafe und züchtige. Wie auch St. Paulus, Apost. Gesch. 17, 26 sagt: „Gott hat gemacht, daß von Einem Blutstropfen aller Menschen Geschlecht auf dem Erdboden wohnet, und hat Ziel gesetzt, und zuvor gesehen, wie lange und weit sie wohnen sollen." Da hören wir, wie Gott den Menschen ihres Lebens Ziel gesetzt hat, wie lange und wo sie auf dem Erdboden wohnen sollen. Wie nun die Zeit, die man leben soll, von Gott kommt, also ist auch der Ort von Gott versehen, da man leben soll. Diese von Gott versehene Zeit und Ort bringt aber einem Jeden sein Kreuz und Trübsal mit sich.

5. 4) Wie nun Gott der Herr eines jeden Gläubigen Kreuz und Trübsal ihr Ziel, Zeit und Ort gesetzt hat, also hat er allen muthwilligen Menschen, so die Unschuldigen beleidigen, drücken, lästern, schmähen, verfolgen, auch ihre Zeit, Ziel

und Maaß gesetzt. Wenn sie nun verschäumt und ihren Grimm alle ausgegossen haben, so wird der Gott, deß die Rache ist, einmal aufwachen, wie 5 Mos. 32, 35 steht: „Die Rache ist mein, ich will vergelten; zu seiner Zeit soll ihr Fuß gleiten. Denn die Zeit ihres Unglücks ist nahe, und ihr Künftiges eilet herzu." Es ist wohl eher die Kirche Gottes von den Ketzern und Tyrannen gräulich bis auf's äußerste verfolgt worden, und es hat Gott der Herr den Satan eine lange Zeit wohl ausbrüllen und ausschäumen lassen; aber da ihre Zeit aus gewesen, hat sie Gott also gestürzt, daß alle Welt mit Furcht und Zittern die Gerichte Gottes anschauen müssen. „So seyd nun geduldig, liebe Brüder, und stärket eure Herzen," spricht St. Jacobus, im 5. C., V. 8. 9, „denn die Zukunft des Herrn ist nahe. Seufzet nicht wider einander, auf daß ihr nicht verdammt werdet. Siehe der Richter ist vor der Thür."

Gebet im Kreuz, wenn Gott die Hülfe lange verzeucht.

Du lieber Vater meinest es allezeit recht herzlich gut mit uns, wenn du uns durch große Leiden und schwere Trübsale demüthigst, unsere Herzen von der Creatur losreißest, die sündlichen Lüste in uns tödtest, uns deinem Bilde ähnlicher machst und näher zu dir ziehst. Nur wir verstehen deine heilsamen Kreuzeswege nicht, und sind zu blind, deine heilsamen Absichten gehörig einzusehen. Ach sey uns nahe mit deinem Gnadenlicht, wenn wir im finstern Thal der Leiden wandeln, und überzeuge uns davon, daß denen, die dich lieben, alle Dinge zum Besten dienen; damit wir unter allen widrigen Begebenheiten geduldig aushalten, deine Hülfe gelassen erwarten, und wenn du uns errettest, deinen Namen mit Ehrerbietung preisen. Amen.

Das 56. Capitel.

Daß man in währendem Kreuze das Exempel der hohen Geduld Christi soll anschauen, und die künftige ewige Herrlichkeit, dadurch alles Kreuz gelindert werden kann, wie groß es auch ist.

Luc. 24, 26. Mußte nicht Christus solches leiden, und zu seiner Herrlichkeit eingehen?

1. Der ewige Sohn Gottes hat durch seine heilige Menschwerdung allen menschlichen Jammer und Elend an sich genommen, nicht gezwungen oder aus Noth, sondern aus Liebe, auf daß er uns mit seinem eigenen Exempel die Geduld lehrete, und die goldne Kunst, das Kreuz zu tragen und die Trübsal zu überwinden. Da er je ein Mensch werden wollte, so mußte er auch annehmen, was menschlich ist, das ist, menschliches Elend. Und weil er allen Menschen zu gut sollte Mensch werden, so mußte er auch aller Menschen Jammer an sich nehmen. Darum von der Stunde seiner Geburt an, bis in seinen Tod am Kreuz, ist er nicht ohne Trübsal, Schmerzen und Jammer gewesen. Er hat alles menschliche Elend erlitten. Große Armuth, wie er Matth. 8, 20 spricht: „Die Vögel unter dem Himmel haben ihre Nester, die Füchse haben ihre Löcher, aber des Menschen Sohn hat nicht so viel, da er sein Haupt hinlege." Er hat große Verfolgung erlitten in seinem Amte; es hat ihn Jedermann gehaßt, belogen, verläumdet, geläftert. In seinem Leiden ist ihm die höchste Schmach widerfahren, er ist der verachtetste unter allen Menschen gewesen, Jes. 53, 3. Warum wollten wir nicht auch Verachtung und Schmach tragen? Er hat für seine größten Wohlthaten den größten Undank bekommen, für seine herrlichen Wunderwerke Scheltworte, für seine getreue Lehre Verläumdung.

2. Also ist Christus vor uns hergegangen, und hat uns den Weg zum Himmel gezeigt. In seine Fußstapfen müssen wir nun treten, 1 Petr. 2, 21. Sein Leben ist unser Exempel. Durch die heilige Geduld wandeln wir ihm nach. Darum ist er uns vorangegangen, auf daß wir ihm folgen sollen. Wie fern und weit bleiben die dahin-

ten, die dieß Ebenbild nicht anschauen, noch demselben folgen! Wie wandeln die in so großer Finsterniß, die diesem Licht nicht folgen! Joh. 8, 12 spricht der Herr: „Ich bin das Licht der Welt; wer mir nachfolget, wandelt nicht in der Finsterniß, sondern wird das Licht des Lebens haben."

3. Es sollte ein Mensch um der künftigen Herrlichkeit und um des ewigen Lebens willen allen Jammer dieser Welt leiden; denn die zeitliche Trübsal vergeht ja, die ewige Herrlichkeit bleibet, 2 Cor. 4, 17. 18. Klein und kurz ist Alles, was mit der Zeit vergeht, und des Ewigen nicht werth; das Ewige ist eines viel größern Streits und Kampfes werth. Möchtest du einen Augenblick sehen die Krone der Herrlichkeit, und die ewige Freude derer, die in diesem Leben Trübsal und Elend erlitten haben, die vor den Menschen nicht werth waren, daß sie leben sollten, du würdest dich unter alle Menschen demüthigen, dein Kreuz mit Freuden tragen, und dir nicht viel fröhliche Tage in der Welt wünschen; du würdest die Trübsal für einen großen Gewinn achten.

4. Darum hebe deine Augen auf gen Himmel, und stehe mit dem Evangelisten Johannes in seiner Offenbarung die große Schaar, die dem Lämmlein Gottes nachfolgen, angethan mit weißen Kleidern, da der Evangelist fragt: „Wer sind diese?" und ihm wird geantwortet: „Diese sind's, die gekommen sind aus großer Trübsal, und haben ihre Kleider gewaschen und helle gemacht in dem Blute des Lammes Gottes; darum sind sie bei ihm, und folgen dem Lamm nach, wo es hingeht," Offenb. Joh. 7, 14; Cap. 14, 4. Dieses haben die Heiligen Gottes angeschaut, wie von Mose geschrieben steht, Hebr. 11, 24. 25. 26: „Durch den Glauben wollte Moses, da er groß ward, nicht mehr ein Sohn heißen der Tochter Pharao, sondern erwählte vielmehr, mit dem Volk Gottes Ungemach zu leiden, denn die zeitliche Ergötzung der Sünde zu haben; und achtete die Schmach Christi für größern Reichthum, denn die Schätze Egyptens; denn er sah an die Belohnung."

5. Da hören wir, daß der Heiligen Schätze und Reichthum ihr Kreuz sey gewesen, und die Schmach Christi. Es gehört Niemand unter die Zahl der Heiligen, der nicht unter der Kreuzesfahne Christi gestritten hat. Wie würden uns die andern Heiligen im Himmel anschauen, wenn wir das Zeichen des Kreuzes nicht mitbrächten? Sie würden uns nicht kennen, und wir würden Fremdlinge unter ihnen seyn. „Wer überwindet," spricht der Herr, Offenb. Joh. 3, 5, „der soll mit weißen Kleidern angethan werden, und ich will seinen Namen nicht austilgen aus dem Buch des Lebens." Und St. Paulus spricht, 2 Tim. 4, 7. 8: „Ich habe meinen Lauf vollendet, ich habe einen guten Kampf gekämpft, ich habe Glauben gehalten. Hinfort ist mir beigelegt die Krone der Gerechtigkeit, welche mir der gerechte Richter, Jesus Christus, geben wird, nicht aber mir allein, sondern auch Allen, die seine Erscheinung lieb haben."

Gebet um Geduld in großem Kreuz.

Beruhige und besänftige, o Gott, unser beklemmtes, ausschweifendes, ungeduldiges und zaghaftes Gemüth, wenn wir durch das Wasser der äußern Trübsale und durch das Feuer der innern Leiden gehen müssen. Sprich du zu unserer Seele: Ich bin deine Hülfe. Sey uns nahe mit deiner Gnade, wenn uns angst und bange ist, und wir keinen Ausgang der Noth vor uns sehen. Laß dein Gnadenangesicht auf uns leuchten, damit wir genesen, und verherrliche dich an uns durch deine mächtige Hülfe, daß wir aus der Erfahrung lernen, wie Keiner zu Schanden wird, der dein harret. Amen.

Das 57. Capitel.

Trost wider den zeitlichen Tod.

2 Tim. 1, 10. Christus hat dem Tode die Macht genommen, und hat das Leben und ein unvergängliches Wesen an's Licht gebracht.

1. Dieser Spruch begreift in sich die höchste Arznei und den kräftigsten Trost wider den zeitlichen Tod. Denn so dem Tode die Macht genommen ist, so sollen

wir billig nicht vor ihm erschrecken, und so das Leben und unvergängliches Wesen wiedergebracht ist, so sollen wir uns billig freuen, das unvergängliche Leben und Wesen nach dem zeitlichen Tode zu besitzen. Weil aber kein Mensch in dieser Welt so heilig gewesen ist, der sich nicht vor dem Tode gefürchtet hätte, so wollen wir die vornehmsten Trostgründe wider den Tod betrachten, und dieselben in zwei Theile abfassen. Die ersten Hauptgründe des Trostes sind genommen aus dem Tode und der Auferstehung Christi und aus deren Frucht. Der andre Theil begreift die Trostgründe, so aus der Welt Eitelkeit genommen sind. Ein jeder Theil begreift sieben Trostgründe.

2. 1) Der erste und höchste Trost wider den zeitlichen Tod ist der heiligste und unschuldigste Tod unsers Herrn Jesu Christi, dadurch er den Tod überwunden, und demselben die Macht genommen hat. Des Todes Macht aber ist immerwährende Furcht, Schrecken, Angst, Zittern und Zagen vor dem strengen Gerichte Gottes, damit die Seele des Menschen gequält wird, daß sie immer stirbt, und doch nimmermehr stirbt, weil sie unsterblich ist. Das ist die Macht des Todes, ja der andere Tod, und der ewige Tod. Diesen Tod macht der Teufel immer schrecklicher; darum die Epistel an die Hebräer, C. 2, 14 spricht, daß der Teufel des Todes Gewalt habe, das ist, er ängstet und peinigt die Gewissen mit höllischer Furcht und Schrecken, Zittern und Zagen. Darüber der heilige David, im 55. Psalm, V. 5. 6 klagt: „Angst und Zittern ist mir angekommen, und des Todes Furcht ist auf mich gefallen." Ps. 18, 5. 6: „Der Hölle Bande umfingen mich, und des Todes Stricke überwältigten mich. Die Bäche Belial erschreckten mich." Das ist die Macht des Todes; welche Macht der Herr Christus dem Tode genommen hat, und hat ihn verwandelt in einen sanften Schlaf, in eine Friedefahrt, in eine selige Ruhe des Leibes und der Seele. Wenn die Seele ruhig ist, so schläft der Leib sanft, denn der Seele Friede ist des Leibes sanfte Ruhe und Schlaf. Also empfindet kein wahrer, gläubiger Christ den rechten Tod, wie Joh. 8, 51 steht: „Wahrlich, wahrlich, ich sage euch: wer mein Wort wird halten, der wird den Tod nicht schmecken ewiglich."

3. 2) Der andre Haupttrost ist die Auferstehung unserer Leiber. Denn also hat der Herr Christus dem Tode die Macht genommen, daß er nicht allein unsere Seelen nicht ängste, sondern daß er auch unsere Leiber nicht ewig behalten kann. Denn wie der Tod Christi in uns kräftig ist, daß wir des Todes Bitterkeit nicht schmecken: also muß auch die Auferstehung Christi in uns kräftig seyn, daß unsere sterblichen Leiber durch ihn lebendig werden müssen.

4. (1) Der erste Grund unserer Auferstehung ist die Auferstehung Christi, wie er spricht, Joh. 14, 19: „Ich lebe, und ihr sollt auch leben." Joh. 11, 25: „Ich bin die Auferstehung und das Leben; wer an mich glaubet, der wird leben, ob er gleich stürbe. Und wer da lebet und glaubet an mich, der wird nimmermehr sterben." Hiob 19, 25: „Ich weiß, daß mein Erlöser lebt, und er wird mich hernach aus der Erde auferwecken, und ich werde mit dieser meiner Haut umgeben werden." 1 Corinth. 25, 21. 22: „Durch Einen Menschen ist der Tod gekommen in die Welt, und durch Einen Menschen die Auferstehung der Todten. Denn wie sie in Adam alle sterben, also werden sie in Christo alle lebendig gemacht werden."

5. (2) Der andre Grund ist Gottes Wahrheit. Jes. 26, 19: „Aber deine Todten werden leben, und mit dem Leichnam auferstehen." Ezech. 37, 5. 12: „So spricht der Herr von diesen Todtenbeinen: Siehe, ich will einen Odem in euch bringen, daß ihr sollt lebendig werden, 2c. Ich will eure Gräber aufthun, und euch, mein Volk, aus denselben herausholen." Dan. 12, 2: „Viele, so unter der Erde schlafen liegen, werden aufwachen: Etliche zum ewigen Leben, Etliche zur ewigen Schmach und Schande." Joh. 5, 25. 28. 29: „Wahrlich, wahrlich, ich sage euch, es kommt die Stunde, und ist schon jetzt, daß die Todten werden die Stimme des Sohnes Gottes hören, und die sie hören, die werden leben. Es kommt die Stunde, in

welcher Alle, die in den Gräbern sind, werden seine Stimme hören, und werden hervorgehen, die da Gutes gethan haben, zur Auferstehung des Lebens, die aber Uebels gethan haben, zur Auferstehung des Gerichts." Offenb. 20, 12: „Und ich sah die Todten, beide groß und klein, stehen vor Gott."

6. (3) Der dritte Grund ist des Herrn Christi Allmacht und Herrlichkeit. Denn gleichwie er verklärt ward in der Auferweckung Lazari, als er rief: „Lazarus, komme heraus," Joh. 12, 43: also wird er am jüngsten Tage seine Herrlichkeit und Allmacht offenbaren, „daß er über Todte und Lebendige Herr sey," Röm. 14, 9. Hos. 13, 14: „Ich will sie aus der Hölle erlösen, und vom Tode erretten; Tod, ich will dir ein Gift seyn, Hölle, ich will dir eine Pestilenz seyn."

7. (4) Gottes Gerechtigkeit. Denn gleichwie Gottes Gerechtigkeit erfüllt ist in dem Urtheil: „Du sollst des Todes sterben," 1 Mos. 2, 17: also muß Gottes Gerechtigkeit erfüllt werden in dem, daß er uns wieder lebendig mache, weil die Sünde vollkömmlich bezahlt ist. Denn wo die Sünde hinweg ist, da muß auch der Sünde Sold aufhören. Und das erfordert Gottes Gerechtigkeit.

8. (5) Die Exempel derer, die in diesem Leben von den Todten erweckt wurden: der Wittwe Sohn, 1 Kön. 17, 22. Der Sunamitin Sohn, 2 Kön. 4, 35. Der Todte, so vom Anrühren der Gebeine Elisa wieder lebendig ward, 2 Kön. 13, 21. Jairi Tochter, Matth. 9, 25. Der Wittwe Sohn zu Nain, Luc. 7, 15. Lazarus, Joh. 11, 44. Die Tabitha, Apost. Gesch. 9, 41.

9. (6) Christus hat Leib und Seele zum ewigen Leben erkauft und erlöst.

10. (7) Die schönen Gleichnisse aus der Natur genommen, vom Weizenkorn, Joh. 12, 24. 1 Cor. 15, 36: „Du Narr, das du säest, wird nicht lebendig gemacht, es sterbe denn zuvor," ꝛc. Darum werden die Begräbnisse Gottes Aecker genannt.

11. 3) Der dritte Haupttrost ist die Frucht der Auferstehung Christi, das ewige Leben und das unvergängliche Wesen, das der Herr Christus hat wiedergebracht. Denn gleichwie alle Menschen dem Tode unterworfen sind, wegen der Sünde des ersten Adams, also werden auch alle Menschen durch den andern Adam in das Leben und unvergängliche Wesen versetzt werden. Offenb. Joh. 21, 5: „Siehe, ich mache es Alles neu." In dem neuen, unvergänglichen Wesen wird keine Sünde, kein Tod, kein Leid mehr seyn, sondern lauter Gerechtigkeit, Leben und Freude. Darum heißt die Freude und das liebliche Wesen das Paradies. Ps. 16, 11: „Freude die Fülle und liebliches Wesen zu seiner Rechten ewiglich." Soll es ein Paradies seyn, so muß kein Leid, kein Geschrei, kein Klagen, keine Betrübniß, kein Elend, kein Hunger noch Durst, Frost noch Hitze, kein Unglück noch Jammer da seyn; denn das Alles gehört zu diesem vergänglichen Wesen. Darum wird das ewige Leben ein unvergängliches, unbeflecktes, unverwelkliches Erbe genannt, 1 Petr. 1, 4. Das ist die herrliche Frucht der Auferstehung Christi. Denn durch ihn ist Alles wiedergebracht, und Alles neu gemacht. Das Vergängliche ist verwandelt in's Unvergängliche, das Verwesliche in's Unverwesliche, das Befleckte in's Unbefleckte, das Zeitliche in's Ewige, alles Leid in Fröhlichkeit, alle Traurigkeit in Freude, die Sünde in Gerechtigkeit, der Zorn in Gnade, der Fluch in Segen, die Armuth in Reichthum, die Krankheit in ewige Gesundheit, die Verachtung in himmlische Ehre, die Schmach in Herrlichkeit, die Unruhe in ewige Erquickung, alle Mühe und Arbeit in volle Genüge, der Tod in's Leben. In dieß unvergängliche Wesen kommen wir durch den Tod. Der Tod ist die Thür zum Leben und zu diesen ewigen Gütern.

12. 4) Der vierte Haupttrost wider den Tod ist das Gebet. Denn wir sehen, wie heftig der Sohn Gottes in seinem heiligen Todeskampf gebetet hat; wie die Schrift sagt: „Es kam aber, daß er mit dem Tode rang, und betete heftiger," Luc. 22, 44. Und Hebr. 5, 7: „Er hat am Tage seines Fleisches Gebet und Flehen mit starkem Geschrei und Thränen geopfert zu dem, der ihm vom Tode konnte

aushelfen, und ist auch erhört worden." Eines Sterbenden Gebet geht von Grund des Herzens, und durchdringt die Wolken. Da ist's ein rechter Ernst, und da ist Gott nicht fern, Ps. 145, 18: „Der Herr ist nahe bei denen, die ihn mit Ernst anrufen." Ps. 91, 15: „Ich bin bei ihm in der Noth, ich will ihn herausreißen." Jes. 41, 10: „Fürchte dich nicht, ich helfe dir, ich stärke dich, ich errette dich."

13. 5) Die Verklärung unserer Leiber. Phil. 3, 20. 21: „Unser Wandel ist im Himmel, von dannen wir auch warten des Heilandes Jesu Christi, des Herrn, welcher unsern nichtigen Leib verklären wird, daß er ähnlich werde seinem verklärten Leibe, nach der Wirkung, damit er kann auch alle Dinge ihm unterthänig machen." Laß mir das eine große Herrlichkeit seyn, daß unser Leib nicht allein den Engeln Gottes wird gleich seyn, sondern auch dem verklärten Leibe Jesu Christi. Darum hat sich der Sohn Gottes uns zum Trost auf dem Berg Thabor in seinem verklärten Leibe geoffenbart und sehen lassen, Matth. 17, 2; Marc. 9, 2. 3, daß er in unsern Herzen ein Verlangen erweckte nach der Verklärung unserer Leiber. O welch ein herrlicher Tempel Gottes wird dann unser Leib seyn! wie die heiligen goldenen Gefäße im Hause Gottes, wie der königliche und priesterliche Schmuck.

14. 6) Die Gegenwart der heiligen Engel, so unsere Seele in Abrahams Schooß tragen. Unsere Seele kommt in die Gesellschaft der heiligen Engel, und zur ewigen Ruhe, welche heißt Abrahams Schooß, Luc. 16, 22. Die Ruhe ist, daß sie keine Qual des Todes anrühre, Weish. Sal. 3, 1. Daher der 116. Psalm, V. 7. 8. 9 sagt: „Kehre, meine Seele, wieder um in deine Ruhe, denn der Herr thut dir Gutes. Er hat meine Seele vom Tode errettet, meine Augen von den Thränen, meinen Fuß vom Gleiten. Ich will wandeln vor dem Herrn im Lande der Lebendigen immer und ewiglich." Da wird die Seele recht frei vom Joch des Leibes, wird, wie ein Gefangener, erlöst aus dem Kerker des tödtlichen Leibes.

15. 7) Die künftige ewige Herrlichkeit.

Weish. Sal. 5, 16. 17: „Die Gerechten werden ewig leben, denn der Herr ist ihr Lohn, und der Höchste sorget für sie. Darum werden sie empfahen ein herrliches Reich, und eine schöne Krone von der Hand des Herrn." Offenb. Joh. 7, 16. 17: „Sie wird nicht mehr hungern noch dürsten, es wird auch nicht mehr über sie fallen die Sonne oder irgend eine Hitze. Denn das Lamm, das mitten im Stuhl ist, wird sie weiden und leiten zu den lebendigen Wasserbrunnen, und Gott wird alle Thränen von ihren Augen abwischen." Jes. 32, 17. 18: „Es wird allda ewige Stille und Sicherheit seyn, daß mein Volk wird in Häusern des Friedens wohnen, und in stolzer Ruhe." Jes. 66, 12. 13: „Ich breite aus den Frieden bei ihr, wie einen Strom. Ich will euch trösten, wie Einen seine Mutter tröstet. Ihr werdet es sehen, und euer Herz wird sich freuen." Jes. 65, 13: „Meine Knechte sollen essen, trinken und fröhlich seyn, und vor gutem Muth jauchzen." Dieß Essen und Trinken ist die liebliche Anschauung Gottes. 1 Cor. 13, 12: „Hier sehen wir es im dunkeln Spiegel, dort aber von Angesicht zu Angesicht." 1 Joh. 3, 2: „Wir werden ihn sehen, wie er ist." Ps. 17, 15: „Ich will schauen dein Antlitz in Gerechtigkeit; ich will satt werden, wenn ich erwache nach deinem Bilde." O des freudenreichen Tages, wenn wir Gott sehen werden! Wie verlangt David darnach, Psalm 42, 3: „Wann werde ich dahin kommen, daß ich Gottes Angesicht schaue?"

16. Es wird deßwegen die Freude des ewigen Lebens darin bestehen: 1) Daß wir Gottes Angesicht sehen werden. 2) Daß wir Christum Jesum, unsern Herrn und Erlöser, in seiner Herrlichkeit sehen werden, Joh. 17, 24: „Vater, ich will, daß, wo ich bin, auch die bei mir seyen, die du mir gegeben hast, daß sie meine Herrlichkeit sehen, die du mir gegeben hast." 3) Daß wir alle Gaben und Süßigkeiten des Trostes des heiligen Geistes schmecken, als die lebendige Quelle, Ps. 36, 10. 4) Die liebliche Gesellschaft genießen aller Auserwählten, Patriarchen, Propheten, Apostel, Märtyrer. Jes. 35, 10: „Alsdann

werden die Erlöseten des Herrn wiederkommen, und gen Zion kommen mit Jauchzen. Ewige Freude wird über ihrem Haupt seyn, Freude und Wonne werden sie ergreifen, und Schmerz und Seufzen wird weg müssen."

17. Und das ist der erste Theil der Trostgründe wider den Tod, aus Christo genommen. Der andre Theil der Trostgründe wider den Tod ist aus dieser Welt Eitelkeit genommen. Deren sind auch sieben.

18. 1) Dieß Leben ist ein elendes Leben. Sirach 40, 1: „Es ist ein elend, jämmerlich Ding um aller Menschen Leben, von Mutterleibe an, bis sie in die Erde begraben werden, die unser Aller Mutter ist." Wir sterben ja täglich, 1 Cor. 15, 31. Denn die Zeit nimmt täglich ein Stück von unserm Leben hinweg. Und indem wir an Jahren zunehmen, indem nimmt unser Leben ab. Ja eben diesen Tag, den wir jetzt leben, müssen wir mit dem Tode theilen. Mit wie viel elenden, erbärmlichen Krankheiten ist unser sterblicher Leib geplagt, die unsern Leib auffressen wie Gift, bis er endlich dahinfällt! Mit wie viel Sorgen, Angst, Mühe und Arbeit bringen wir unser Leben zu! daß wohl der Prediger Salomo sagen mag, Cap. 7, 2: „Der Tag des Todes ist besser, denn der Tag der Geburt." Hiob 7, 1. 2. 3: „Muß nicht der Mensch immer im Streit seyn auf Erden? und seine Tage sind wie eines Taglöhners. Wie ein Knecht sich sehnet nach dem Schatten, und ein Taglöhner, daß seine Arbeit aus sey: also habe ich wohl ganzer Monden gearbeitet, und elender Nächte sind mir viel geworden." Hiob 14, 1: „Der Mensch, vom Weibe geboren, lebt kurze Zeit, und ist voll Unruhe." Wenn nun der Mensch selig stirbt, so stirbt all sein Elend mit ihm.

19. 2) So ist auch das zeitliche Leben mit vielen Sünden und vieler Bosheit behaftet. Nicht eher können wir von der Sünde gänzlich erlöst und befreit werden, als wenn wir selig sterben. Röm. 7, 23. 24 klagt St. Paulus: „Ich sehe ein ander Gesetz in meinen Gliedern, das da widerstrebet dem Gesetz in meinem Gemüthe, und nimmt mich gefangen in der Sünde Gesetz, welches ist in meinen Gliedern. Ich elender Mensch, wer wird mich erlösen von dem Leibe des Todes?" Was thun wir in dieser Welt anders, denn daß wir sündigen? Darum jener Altvater bat, und sprach: „Ach Herr, laß mich sterben, daß ich einmal aufhöre zu sündigen!" Alle Creaturen sehnen sich ängstlich nach der Freiheit der Kinder Gottes, daß sie von der Sünde Dienst möchten los seyn, Röm. 8, 21. 22; wie viel mehr wir? Wie voller Aergernisse ist die Welt! Die müssen wir ansehen und dulden wider unsern Willen. Aus denselben werden wir erlöst durch den zeitlichen Tod. Weish. Sal. 4, 7. 10: „Der Gerechte, ob er gleich zeitlich stirbt, ist er doch in der Ruhe. Denn er gefällt Gott wohl, und ist ihm lieb. Darum wird er weggenommen aus dem Leben unter den Sündern, und wird hingerücket, daß die Bosheit seinen Verstand nicht verkehre, noch falsche Lehre seine Seele betrüge," ꝛc. V. 14: „Seine Seele gefällt Gott wohl, darum eilet er mit ihm aus diesem bösen Leben." Und in den letzten Tagen werden die Aergernisse so überhand nehmen, daß die gerechten Seelen dadurch werden gequält werden, wie Lot zu Sodom, 2 Petr. 2, 8. Pred. Sal. 4, 1. 2. 3: „Ich wandte mich, und sah an Alle, die Unrecht litten unter der Sonne; und siehe, da waren Thränen derer, die Unrecht litten, und hatten keinen Tröster. Da lobete ich die Todten, die schon gestorben waren, mehr denn die Lebendigen; denn sie werden des Bösen nicht inne, so unter der Sonne geschieht." Welche gräuliche Irrthümer und Ketzereien sind in Glaubenssachen, wie mancherlei Religionen, falsche Propheten, und falsche Christen, „daß verführt möchten werden in Irrthum, wo es möglich wäre, auch die Auserwählten!" Matth. 24, 24. Darum eilt Gott mit den Seinen hinweg aus diesem bösen Leben. Wie viel unerhörte, schreckliche, erbärmliche Fälle geschehen! wie viel Krieg und Blutvergießen, schrecklicher Hunger und Pestilenz! Welchen Jammer kein Christ zu sehen und zu erleben wünschen soll.

20. 3) Daß der Tod allen Menschen

gemein sey. Röm. 5, 12: „Der Tod ist zu allen Menschen hindurch gedrungen, dieweil sie alle Sünder sind." Sind so viel herrliche und heilige Leute vor dir hingegangen, alle Erzväter, Propheten und viel tausend Gläubige: warum wolltest du ihnen nicht folgen? „Ich bin nicht besser, denn meine Väter," sagt der Prophet Elias, „nimm meine Seele von mir," 1 Kön. 19, 4. Hebr. 9, 27: „Es ist allen Menschen gesetzt, einmal zu sterben, darnach das Gericht." Jes. 40, 6. 7: „Alles Fleisch ist Heu, und alle seine Güte ist wie eine Blume auf dem Felde. Das Heu verdorret, und die Blume verwelket, denn des Herrn Geist bläset drein." Ps. 39, 13: „Ich bin beides, dein Pilgrim und dein Bürger, wie alle meine Väter."

21. 4) Stirbt ja kein Mensch von ohngefähr. Gott ist ein Herr deines Lebens. Er hat deinem Leben Zeit und Stunde bestimmt. Hiob 14, 5: „Er hat seine bestimmte Zeit, die Zahl seiner Monden stehet bei dir. Du hast ihm ein Ziel gesetzt, das wird er nicht übergehen." Ps. 90, 3: „Der du die Menschen lässest sterben, und sprichst: Kommet wieder, Menschenkinder." Psalm 139, 16: „Es waren alle meine Tage auf dein Buch geschrieben, die noch werden sollten, und deren keiner da war." Matth. 10, 30: „Alle eure Haare auf dem Haupte sind gezählt." 5 Mos. 30, 20: „Der Herr ist dein Leben, und die Länge deiner Tage."

22. 5) So ist der Tod ein großer Gewinn, Phil. 1, 21. Wir gewinnen im Tode mehr, denn wir verlieren: für die Sünde Gerechtigkeit; für Elend Herrlichkeit; für zeitlichen Reichthum ewige Güter; für zeitliche Freundschaft, Brüder und Schwestern ewige Freundschaft und Brüderschaft im Himmel; für den sterblichen, kranken, ungestalten Leib einen himmlischen, verklärten Leib; für dieß Elend das rechte Vaterland; für Unruhe Friede; für die Welt das Paradies. Summa: was ist in dieser Welt, das nicht tausendmal besser ist im ewigen Leben? Willst du Reichthum, Ehre, Herrlichkeit, Freundschaft, Lust, Friede? Dort wirst du Alles besser finden.

23. 6) Der Mensch wäre die elendeste Creatur unter allen, so er ewig in diesem Jammerthal bleiben sollte. 1 Cor. 15, 19: „Hoffen wir allein in diesem Leben auf Christum, so sind wir die elendesten unter allen Creaturen." Darum sind wir zu einem bessern und herrlichern Leben erschaffen. Deßwegen thut Gott der Herr durch den Tod große Barmherzigkeit an uns, daß er uns von dem Jammer dieser Welt erlöst, und nicht ewig in der Welt Unruhe läßt. Jes. 57, 1. 2: „Die Gerechten werden weggerafft vor dem Unglück, und die richtig vor sich gewandelt haben, kommen zum Frieden, und ruhen in ihren Kammern." Offenb. Joh. 14, 13: „Selig sind die Todten, die in dem Herrn sterben, von nun an; denn sie ruhen von aller ihrer Arbeit."

24. 7) Mit diesen sündlichen und tödtlichen Augen können wir Gottes Herrlichkeit nicht sehen, noch mit dem sterblichen Leibe den neuen Himmel und die neue Erde besitzen, darin Gerechtigkeit wohnet, 2 Petr. 3, 13. Darum sollen wir diese irdische Hütte gern ablegen, auf daß wir mit einem himmlischen Körper und geistlichen Leibe angezogen werden. Denn nichts Tödtliches kann in der Ewigkeit wohnen, nichts Sündliches bei der ewigen Gerechtigkeit. Darum ist's abermal eine große Barmherzigkeit Gottes, daß er uns dieß sündliche, besudelte Kleid auszieht, und dagegen uns anlegt ein schönes Ehrenkleid, denn da wird die ewige Hochzeit seyn; ein schönes Feierkleid, denn da wird seyn der ewige Sabbath; ein schönes priesterliches Kleid, denn da ist das Allerheiligste, in welches wir eingehen müssen, geschmückt mit heiligem Schmuck.

Gebet um einen seligen Tod.

Herr Jesu, sey du unser Leben, damit Sterben unser Gewinn werde. Stelle uns die wichtige Veränderung, die im Tode mit uns vorgeht, dergestalt vor Augen, daß unser ganzes Leben eine Zubereitung zur seligen Ewigkeit seyn möge. Du lebest: laß uns in dir durch den Glauben leben, und Alles vermeiden, was unsere Freudigkeit am Tage des Gerichts verhindern kann. Besprenge uns mit deinem Blut, versiegle uns mit deinem Geist, und laß uns, als deine Begnadigten, dir im Leben, im Tode und nach dem Tode auf ewig empfohlen seyn. Amen.

Das 58. Capitel.

Daß der natürliche Himmel und die ganze Welt mit allen natürlichen Kräften dem Glauben und Gebet eines Christen unterworfen sind.

Jer. 10, 2. Ihr sollt euch nicht fürchten vor den Zeichen des Himmels, wie die Heiden.

1. Es haben viel vortreffliche Leute, Philosophen und Theologen, wider die Astrologie oder Sternprophezeihung geschrieben, und wollen nicht zugeben, daß das Gestirn im Menschen etwas wirken sollte, sein Leben, Wandel und Geschäfte betreffend; haben viel scheinbare Argumente in großer Menge zusammengetragen, und vermeinen, es geschehe dadurch ein großer Abbruch der Allmacht, Vorsehung und Regierung Gottes, sonderlich weil die Sternseher von Propheten gestraft, und den Juden ernstlich verboten worden, dieselben um Rath zu fragen; wie solcher Sprüche viel in der Schrift sind. Nun halte ich auch gewißlich dafür, wenn diese Kunst gemißbraucht wird zur Abgötterei, zum Aberglauben, zur Leichtfertigkeit und zum Vorwitz, zukünftige Dinge zu erforschen, welches Alles vom Glauben und der Gottesfurcht abführt, daß solcher Mißbrauch hochsträflich und nicht zu dulden sey. Denn daher ist's gekommen, daß die heiligen Propheten nicht allein die Sternseher strafen, sondern ihrer auch spotten, weil die Juden zu ihnen liefen, und wollten sich von ihrem zukünftigen Glück weissagen lassen aus der Natur und dem Himmelslauf, da doch Gott dieß Volk erwählt hatte, daß er sie wunderbarlich führen wollte, über, ja wider die Natur, wie er auch gethan. Darum kein natürlicher Sternseher den Juden hat können weissagen, weder Böses noch Gutes; sondern aus dem Munde der Propheten, als aus dem Munde Gottes, sollten sie es hören, und den Herrn fürchten, und sich Gott dem Herrn befehlen, sich nach seinem Wort und Zeugniß richten. Und also soll's auch seyn im neuen Testament bei den Christen. Denn Christus, unser Herr, will seine Gläubigen selbst regieren, und ihr neuer Himmel seyn, sie kräftig incliniren, bewegen, leiten und führen; wie der 4. Psalm, V. 4 spricht: „Erkennet doch, daß der Herr seine Heiligen wunderlich führet." Von welcher wunderlichen Regierung Gottes der 139. Psalm herrlich redet. Denn eines Christen Leben und Wandel soll allein aus Gott und aus der neuen Geburt gehen, und von Gott regiert und geführt werden.

2. Daß aber darum der Himmel und das Gestirn natürlicher Weise keine Wirkung haben sollten im menschlichen Leben, Wandel und Geschäfte, weiß ich nicht, ob man das so gar verneinen könne, und ob eben dadurch der Vorsehung und Regierung Gottes ein Abbruch geschehe; indem erstlich der allmächtige Gott durch die Natur, als durch Mittel, wirkt. Denn durch den Lauf des Himmels ordnet er Zeit und Jahr, 1 Mos. 1, 14, und hat alle unsere Dinge in gewisse Zeit und Zahl gefaßt und gesetzt, Weish. Sal. 11, 22. Daher der Prediger Salomo spricht, C. 3, 1: „Alles hat seine Zeit, und alles Vornehmen unter dem Himmel hat seine Stunde;" ja „es liegt Alles an der Zeit," C. 9, 11. Nun ist die Zeit eine vorzügliche und besondere Wirkung des Himmels, und wir empfinden, daß nicht alle Zeit gleich ist; es gehen die menschlichen Geschäfte nicht allemal und zu aller Zeit gleich wohl fort; welches auch der Herr Christus selbst andeutet, da er spricht: „Sind nicht des Tages zwölf Stunden?" Joh. 11, 9; als wollte er sprechen: Was zu Einer Stunde nicht fort will, gefährlich oder schädlich gewesen, kann sich leicht zur andern Stunde ändern. Gott hat's also geordnet, daß alle Dinge zu seiner Zeit geschehen müssen; wohl dem, der die Zeit trifft. Hätten die Juden die Zeit des Messias und ihrer Heimsuchung aus den Propheten und Predigten Christi erkannt, so stünde es wohl um sie, Luc. 19, 44. Diese weisliche Erforschung der Zeit bestätigt vielmehr Gottes Weisheit, Vorsehung und Regierung, denn daß sie derselben sollte

Abbruch thun. Die Offenbarung Johannis hat viel mit der Zeit und mit der Zahl zu thun, und darin liegen die größten Geheimnisse.

3. Zum andern weist uns Christus Jesus, unser Herr, selbst auf die Zeichen des Himmels, der Sonne, des Monds und der Sterne, Luc. 21, 25. Denn der Himmel ist ein Spiegel der großen Welt, darin ein Verständiger sehen kann, was auf Erden geschehen soll. Denn der Himmel trauert und gibt Zeichen, wenn große Strafen auf Erden kommen sollen, wie der Prophet Jesajas, Cap. 13, 10 spricht: „Die Sterne am Himmel und sein Orion scheinen nicht helle. Die Sonne gehet finster auf, der Mond scheinet dunkel." Ezech. 32, 7. 8: „Ich will den Himmel verhüllen, und seine Sterne verfinstern, die Sonne mit Wolken überziehen; der Mond soll nicht scheinen, alle Lichter am Himmel will ich über dir laffen dunkel werden." Joel 2, 10: „Sonne und Mond werden finster, und die Sterne verhalten ihren Schein." Daher spricht Gott der Herr, Jer. 10, 2: „Ihr sollt euch nicht fürchten vor den Zeichen des Himmels," verstehe, so ihr fromm seyd, und in meiner Furcht lebet. Denn denen, so aus Gott geboren sind, und in der neuen Geburt leben, kann der Himmel und die ganze Natur nicht schaden. Darum sich dieselben vor den Zeichen des Himmels nicht zu fürchten haben, wie der 112. Psalm, V. 7 spricht: „Wenn eine Plage kommen will, fürchtet sich der Gerechte nicht; sein Herz hoffet unverzagt auf den Herrn." Und hier heißt es: Der gottweise Mensch herrschet über das Gestirn [1]). Denn die aus der neuen Geburt sind, sind über die natürlichen Himmel mit ihrem Wandel, und sind nicht mehr Söhne des Saturnus, Jupiter, Mars, oder Kinder der Sonne, des Mercurius, des Mondes, sondern sind Gottes Kinder, Joh. 1, 13, und leben im Glauben, dadurch sie sich den Kräften und Impressionen des natürlichen Himmels entziehen. Die aber nicht in der neuen Geburt leben, sondern nach dem Fleisch, die haben sich zu fürchten; denn sie müssen des Himmels Streiche leiden, weil sie heidnisch leben.

4. Zum dritten, so ist ganz unläugbar, was die Finsternisse der großen Lichter am Himmel und die Cometen für große Veränderungen auf Erden mit sich bringen; nicht allein an einzelnen hohen Personen, wegen ihres tödtlichen Abgangs, sondern auch an Veränderung der Reiche und Herrschaften, auch andern großen Landstrafen. Daher aus der Erfahrung gesagt wird: Es ist kein Comet am Himmel erschienen, daß nicht was Böses darauf erfolgt wäre [1]), und sind derselbigen Exempel alle Historien voll. Es ist wohl bekannt des Julius Cäsar Exempel, daß ihn ein Sternkundiger gewarnt vor dem Tage, an welchem er auf dem Rathhause zu Rom ist erstochen worden. Und da derselbe Tag gekommen war, hat er den Sternseher genecket und gesagt: Siehe, der Tag ist nun gekommen! Darauf der Sternkundige gesagt: Aber der Tag ist noch nicht vergangen [2]). Er geht also in den Rath, und wird jämmerlich ermordet.

5. Zum vierten so rührt der größte Theil menschlicher Krankheiten vom Gestirn her, wie die wahren Aerzte wissen, denen die Gestirnkrankheiten (morbi astrales) bekannt sind, mit ihren Ursachen und mit ihrer Cur. Was sind Mondkrankheiten (morbi lunatici), die sich nach dem Einfluß des Mondes richten, und mit demselben zu- und abnehmen, als etliche Arten der fallenden Sucht, auch die Pest und viele andere mercurialische und arsenicalische Krankheiten? Was dieselben im menschlichen Leben, Wandel und Geschäften für Veränderung bringen, gibt die Erfahrung. Daher ein berühmter Arzt die Astronomie zur vierten Säule der Medicin macht, wie sie denn auch ist. Matth. 17, 15. Marc. 9, 17.

6. Zum fünften schreibt ein gelehrter Mann: „Es ist ungereimt, dafür zu halten, daß so große himmlische Körper, welche größer sind als die ganze Erde, keine Kraft

---

[1]) Sapiens dominabitur astris.

[1]) In sacris nunquam spectati impune cometae.

[2]) Ecce venerunt idus Martii! — Sed nondum praeterierunt.

noch Wirkung haben; nachdem ja, wie jener Philosoph sagt, je vollkommener die Formen der Dinge sind, je edlere Wirkungen die Dinge selbst haben, deren Formen sie sind. Der Mensch ist der Mittelpunkt der größern Welt, auf welchen alle Strahlen zielen und zusammenlaufen."

7. Zudem, wie kann so gar verneint werden, daß das Firmament nicht seine Wirkung im Menschen habe? da doch 6) das Firmament im Menschen ist, und das Firmament der kleinen Welt mit dem Firmament der großen Welt eine sehr geheime und große Uebereinstimmung hat, wie die rechten Philosophen wohl wissen. Ich rede nicht von der Wirkung der Sterne, welche die vermeinten Sternseher dem Gestirn andichten, und darauf ihre Wahrsagerei gründen, dawider fast alle Theologen zu unserer Zeit geschrieben und dieselbe verworfen haben; sondern ich rede von natürlichen Kräften des Himmels und der Sterne, daß derselben Wirkung im Menschen, als in der kleinen Welt, nicht könne verneint werden darum, daß die Sternseher so ungewisse Dinge weissagen. Was können die Sterne dazu, daß die Sternseher ihre Wirkungen und Kräfte nicht besser verstehen? Und wenn man unsere jetzige Medicin und Astrologie auf die Goldwage legen wollte, so würde sich's befinden, daß die Aerzte auch oft in ihren Curen fehlen, sowohl als die Sternseher in ihrem Prognosticiren. Sollte man darum der Kräuter Wirkung läugnen? Was können die Kräuter dazu, daß man ihre Kräfte nicht besser versteht? Es ist auch in Auslegung und Anziehung der Zeugnisse der Schrift, Jesajas 41, 22; C. 47, 13 ec., so wider die Sternseherei und Weissagerei zukünftiger Dinge von den Propheten geredet sind, ein Unterschied zu machen unter den Werken Gottes, die Gott unmittelbar thut, und unter den Werken der Natur. Die Juden wollten Gottes unerforschliche Werke aus der Natur erforschen, welches unmöglich ist; darum wurden sie mit den Sternsehern zu Schanden, und wurden verspottet. Pharao in Egypten und Nebucad-Nezar zu Babel wollten von den egyptischen und babylonischen Weisen die übernatürlichen Werke Gottes erforschen, nämlich ihre Träume und derselben Deutung, welche übernatürlich waren; und das war in derselben Weisen Vermögen nicht, 1 Mos. 41, 8. Dan. 2, 27. Es gehörte eine höhere Weisheit dazu, nämlich der Geist Gottes, „der da Alles erforschet, auch die Tiefen der Gottheit," 1 Cor. 2, 20. Darum entschuldigte sich Daniel vor den Könige, und bat für sie, daß sie der König nicht tödtete. Er aber sagte dem Könige seinen Traum, und die rechte Deutung, durch den heiligen Geist; gleichwie auch Joseph dem Pharao. Dahin sieht auch Salomo in seinem Prediger, C. 8, 17: „daß man die Werke Gottes nicht erforschen kann," verstehe aus der Natur, aber wohl durch den heiligen Geist. Darum heben solche Sprüche die Wirkungen des Firmaments nicht auf.

8. Es seyen aber solche Wirkungen des Himmels so mächtig, so stark, so geschwind, wie sie wollen: so sind dieselben und alle natürlichen Kräfte des Himmels und aller Elemente dem Glauben und dem Gebet unterworfen. Denn ein Gläubiger ist in Christo ein Herr über die ganze Natur; welches Off. Joh. 12, 1 vorgebildet ist durch das Weib mit der Sonne bekleidet, und den Mond unter ihren Füßen. Das ist, der Gläubige ist in Christo über Alles erhaben, und in ihn versetzt, mit Christo bekleidet und theilhaftig seiner Herrlichkeit und seines Lichtes, und hat die ganze Natur unter seinen Füßen. Ein Gläubiger ist in Christo eine neue Creatur, 2 Cor. 5, 17, und überwindet in Christo Alles. Denn „Alles, was aus Gott geboren ist, überwindet die Welt," und Alles, was in der Welt ist, 1 Joh. 5, 4. „Alle Dinge sind möglich dem, der da glaubet," Marc. 9, 23. „Siehe, ich habe euch Macht gegeben über Schlangen und Scorpionen, und über alle Macht des Feindes," Luc. 10, 19. „Ob tausend fallen zu deiner Seite, und zehn tausend zu deiner Rechten, so wird's dich doch nicht treffen. Auf Löwen und Ottern wirst du gehen, und treten auf junge Löwen und Drachen," Ps. 91, 7. 13. „Er decket mich in seiner Hütte zur bösen Zeit, und verbirgt mich heimlich in seinem Gezelt, und erhöhet mich auf einen Felsen," Ps. 27, 5.

"Wenn du durch's Feuer und Wasser gehest, bin ich bei dir, daß dich die Fluth nicht ersäufe, noch die Flamme anzünde," Jes. 43, 1 ff. "Seyd getrost, ich habe die Welt überwunden," Joh. 16, 33. "Siehe, es kommt der Fürst dieser Welt, und hat nichts an mir," Joh. 14, 30. "Gott sey Dank, der uns den Sieg gegeben hat in Christo Jesu," 1 Cor. 15, 57. "Wer will uns scheiden von der Liebe Gottes? Trübsal, Angst, Verfolgung, Hunger, Schwert, Frost oder Blöße? Ich bin gewiß, daß weder Leben noch Tod, weder Engel noch Fürstenthum, weder Hohes noch Tiefes ꝛc. uns scheiden kann von der Liebe Gottes in Christo Jesu. Wir überwinden Alles um deß willen, der uns geliebet hat," Röm. 8, 35. 37. 38. Durch den Glauben haben die Heiligen den Himmel auf- und zugeschlossen, des Feuers Gluth ausgelöscht, Sonne und Mond heißen stille stehen, Jos. 10, 12. 13, der Löwen Rachen zugehalten, Hebr. 11, 33.

9. Nicht allein die Natur ist dem Glauben unterworfen, sondern alle höllische Macht und die Pforten der Hölle, Sünde, Tod und Teufel. Denn Christi Sieg ist unser. In ihm siegen wir, und er in uns. Darum sprechen die siebenzig Jünger: „Herr, es sind uns auch die Teufel unterthan in deinem Namen." Darauf der Herr spricht: „Freuet euch dessen nicht, daß euch die bösen Geister unterthan sind, sondern freuet euch, daß eure Namen im Himmel geschrieben sind," Luc. 10, 17. 20. Das ist euer Sieg, das ist eure Stärke, eure Herrlichkeit, eure Seligkeit, euer Ruhm. Durch mich seyd ihr Kinder Gottes, Erben und Herren über Alles. Und also sind aller Gläubigen Namen im Himmel angeschrieben, daß sie durch den Glauben in Christo gerecht, selig und sieghaft sind, auch Erben und Herren mit Christo über Alles. Darnach richte, beurtheile, meistre ein jeder Verständige und Gläubige seine natürliche Nativität, und wisse, daß er ein Herr sey des Himmels, und über das Gestirn herrsche.

Gebet um den rechten Gebrauch des Gestirns.

Du Herr der Heerschaaren, Alles steht unter deinem Gebiet, und du gebrauchst deine Creaturen zum Schrecken deiner Feinde, und zum Besten deiner Kinder. Wir verherrlichen deinen Namen, den du auch durch die Vortrefflichkeit und den Glanz der Sterne am Himmel uns deutlich geoffenbart hast. Wir freuen uns, daß wir um Jesu willen in deinem Schooß dereinst leuchten sollen wie die Sterne, immer und ewiglich. Heilig, heilig, heilig bist du, unser Gott, Herr Zebaoth! Alle Lande und auch unsere Herzen müssen deiner Ehre voll werden. Halleluja! Amen.

Beschluß des andern Buchs.

Luc. 21, 36. So seyd nun wacker allezeit, und betet, daß ihr würdig werdet, zu entfliehen diesem Allen, und zu stehen vor des Menschen Sohn.

1. Zum Beschluß muß ich den christliebenden Leser noch etlicher Puncte freundlich erinnern. Daß ich keinen andern Zweck habe und suche in diesen meinen Büchern, denn daß, neben und mit unserer reinen Religion und unserm Glaubensbekenntniß, so in den Kirchen der Augspurgischen Confession schallet, und in der Formula Concordiä wiederholt ist (zu welcher ich mich auch mit Herz und Mund bekenne, will auch, daß diese meine Schriften nicht anders denn nach derselben sollen verstanden werden) auch das heilige christliche Leben möge fortgepflanzt werden. Denn es hilft die reine Lehre denen nichts, welche nicht zieret ein heiliges Leben. Die Reinigkeit der Lehre ist mit wachenden Augen zu bewahren; aber die Heiligkeit des Lebens ist mit größerm Ernst fortzupflanzen. Was hilft große Kunst ohne Gottseligkeit? Es ist viel besser vor Gott, einen gottesfürchtigen Menschen zu erziehen, denn einen Gelehrten. Die Lehre Christi treiben ihrer Viele mit großem Ernst, aber das Leben Christi üben ihrer Wenige. Hievon wolle auch der christliche Leser die Vorrede des 1. Buchs und den Beschluß des 4. Buchs besehen.

2. Ob auch Jemand sagen würde, ich hätte die Lehre vom christlichen Leben zu weitläufig beschrieben: dem gebe ich zur

Antwort, daß auch unser böses Leben weitläufig sey. Unser Schade ist ja groß und heillos, so ist auch unsere Erlösung ein großes Werk und tiefes Meer, so ist auch unser Kreuz mannichfaltig. Doch wer es ja will kürzer haben, der lese nur, was im ersten, andern und dritten Buch von der Buße, vom Glauben, von der Liebe, Demuth, Sanftmuth, Geduld und vom Kreuz in gewisse Capitel verfaßt ist: so wird er das ganze christliche Leben kurz haben und finden. Wirst du aber das ganze Werk lesen, so wird dir es Zeit und Arbeit reichlich belohnen.

*Dem großen Gott allein
Soll alle Ehre seyn!*

Das dritte Buch
vom
wahren Christenthum.

Vorrede.

1. Gleichwie unser natürliches Leben seine Stufen hat, seine Kindheit, Mannheit und Alter: also ist's auch beschaffen mit unserm geistlichen und christlichen Leben. Denn dasselbe hat seinen Anfang in der Buße, dadurch der Mensch sich täglich bessert; darauf folgt eine größere Erleuchtung, als das mittlere Alter, durch göttlicher Dinge Betrachtung, durch's Gebet, durch's Kreuz; durch welches Alles die Gaben Gottes vermehrt werden. Letztlich kommt das vollkommene Alter, so da steht in der gänzlichen Vereinigung durch die Liebe, welches St. Paulus das vollkommene Alter Christi nennt, und einen vollkommenen Namen in Christo, Eph. 4, 13.

2. Solche Ordnung habe ich in diesen drei Büchern, so viel es leiden wollen, in Acht genommen, und halte dafür, es sey das ganze Christenthum (so das Gebetbüchlein dazu kommt) hierin nach Nothdurft beschrieben, obgleich nicht Alles vollkommen oder also, daß nichts vermißt werden könnte, ausgeführt ist. Das vierte Buch aber habe ich darum hinzuthun wollen, daß man sehe, wie Schrift, Christus, Mensch und ganze Natur übereinstimme, und wie Alles in den einigen, ewigen, lebendigen Ursprung, welcher Gott selbst ist, wieder einfließe und zu demselben leite.

3. Damit du mich aber in diesem dritten Buche recht verstehest, so wisse, daß es dahin gerichtet ist, wie du das Reich Gottes in dir suchen und finden mögest, Luc. 17, 21; und wo dieses geschehen soll, so mußt du Gott dein ganzes Herz und deine Seele geben, nicht allein den Verstand, sondern auch den Willen und die herzliche Liebe. Ihrer Viele meinen, es sey gar genug und überflüssig zu ihrem Christenthum, wenn sie Christum ergreifen mit ihrem Verstande, durch Lesen und Disputiren, welches jetzt das gemeine Studium theologicum ist, und in bloßer Theorie und Wissenschaft besteht; und bedenken nicht, daß die andere vornehme Kraft der Seele, nämlich der Wille und die herzliche Liebe, auch dazu gehöre. Beide mußt du Gott und Christo geben, so hast du ihm deine ganze Seele gegeben. Denn es ist ein großer Unterschied unter dem Verstand, womit man Christum erkennt, und unter dem Willen, womit man ihn liebet. Denn wir erkennen Christum, so viel wir können; wir lieben ihn aber, wie er ist. Christum durch bloße Wissenschaft erkennen, und nicht lieb haben, ist nichts nütze. Es ist demnach tausendmal besser, Christum lieb haben, denn viel von ihm reden und disputiren können, Eph. 19. Derhalben sollen wir Christum mit unserm Verstande also suchen, daß wir ihn auch mit herzlichem Willen und Wohlgefallen lieben. Denn aus der wahren Erkenntniß Christi kommt auch die Liebe Christi. Thun

wir das nicht, so finden wir ihn zwar, aber mit unserm großen Schaden. Denn dieß ist eben das, was der Herr sagt, Matth. 7, 21: „Es werden nicht Alle, die zu mir sagen: Herr Herr, ins Himmelreich kommen." So sind auch zweierlei Wege, Weisheit und Erkenntniß zu erlangen: der erste durch viel Lesen und Disputiren, und die ihn gehen, heißt man Gelehrte; der andere durch's Gebet und die Liebe, und die ihn gehen, heißt man Heilige. Zwischen diesen ist ein großer Unterschied. Jene, wo sie nur Gelehrte und nicht Liebhaber sind, sind stolz und aufgeblasen, diese niedrig und demüthig. Durch den ersten Weg wirst du deinen inwendigen Schatz nicht finden, durch den andern Weg aber findest du denselben in dir. Darauf geht nun das ganze dritte Buch.

4. Wie herrlich, köstlich und lieblich ist's nun, daß unser höchster und bester Schatz, das Reich Gottes, nicht ein auswendiges, sondern ein inwendiges Gut ist, welches wir stets bei uns tragen, verborgen vor aller Welt und vor dem Teufel selbst; welches uns auch weder Welt noch Teufel nehmen kann; dazu wir auch keiner großen Kunst, vieler Sprachen oder Bücher bedürfen, sondern ein gelassenes, Gott ergebenes Herz. Lasset uns demnach Fleiß anwenden, einzukehren zu diesem unserm inwendigen, verborgenen, himmlischen und ewigen Gut und Reichthum. Was suchen wir auswendig in der Welt, während wir inwendig in uns Alles haben, und das ganze Reich Gottes mit allen seinen Gütern? In unsern Herzen und Seelen ist die rechte Schule des heiligen Geistes, die rechte Werkstatt der heiligen Dreieinigkeit, der rechte Tempel Gottes, das rechte Bethaus im Geist und in der Wahrheit, Joh. 4, 23. Denn obwohl Gott durch seine allgemeine Gegenwart in allen Dingen ist, nicht eingeschlossen, sondern unbegreiflicher Weise, dadurch er Himmel und Erde erfüllt: so ist er doch sonderlich und eigentlich in des Menschen erleuchteter Seele, darin er wohnt und seinen Sitz hat, 1 Cor. 6, 19. Jes. 66, 2, als in seinem eigenen Bilde und Gleichniß. Da wirkt er solche Werke, wie er selbst ist; da antwortet er im Herzen allezeit auf unser Seufzen. Denn wie ist's möglich, daß er sich demjenigen versagen kann, bei dem er seine Wohnung hat, ja welchen er selbst beweget und träget? indem ihm nichts lieber und angenehmer ist, als daß er sich Allen mittheile, die ihn suchen.

5. Dazu gehört nun eine feine, stille, ruhige Seele. Dann wird aber die Seele ruhig und stille, wenn sie sich von der Welt abwendet. Daher auch die Heiden gesagt haben, dann werde unsere Seele weise und klug, wenn sie ruhig und stille werde [1]). Davon der heilige Cyprianus herrlich redet: „Das ist, spricht er, die beständige Ruhe und Sicherheit, wenn man von den ungestümen Sturmwinden dieser Welt erlöset wird, und seine Augen und sein Herz zu Gott erhebt von der Erde, und sich mit dem Gemüthe zu Gott nahet; versteht auch, daß Alles, was unter menschlichen Dingen für hoch und köstlich gehalten wird, in seinem Herzen und Gemüth verborgen liegt, also daß man nichts von der Welt wünschet und begehret, weil ein solches Gemüth über die Welt ist, und mehr ist, als die Welt. O welch ein himmlischer Schatz ist das, von den Banden und Stricken dieser Welt erlöst zu seyn! Welch ein hohes und großes Gut! dazu man nicht große Arbeit, Fürbitte an hohe Leute, oder viel Umlaufens vonnöthen hat, sondern es ist ein Gnadengeschenk Gottes. Denn gleichwie die Sonne von ihr selbst scheint, der Tag von ihm selbst leuchtet, der Brunn von ihm selbst quillt, der Regen von ihm selbst fließt und feuchtet: also gießt sich der heilige Geist in eine solche Seele, die sich von der Welt zu Gott erhebt."

6. In diesen Worten ist große Weisheit, und hierin besteht die ganze Summa dieses dritten Buchs. Alsdann zeigt sich oft, wiewohl in einem Augenblick, der verborgene Schatz in unserer Seele. Dieser Augenblick ist besser, denn Himmel und Erde und aller Creaturen Lieblichkeit; wie St. Bernhard sagt: „Welche Seele einmal recht gelernt hat, in sich selbst ein-

---

[1]) Animam nostram tum demum fieri sapientem, quum quieta et tranquilla sit.

zukehren, und Gottes Angesicht zu suchen, und die Gegenwart Gottes in ihrem Inwendigen zu schmecken: ich weiß nicht, ob dieselbe Seele für peinlicher und schmerzhafter achte, eine Zeit lang die Hölle zu leiden, oder daß sie, nach erkannter und empfundener Süßigkeit dieser heiligen Uebung, wiederum ausgehen solle zur Wolluft oder vielmehr zur Unlust und Beschwerde der Welt und des Fleisches, und zur unersättlichen Begierlichkeit und Unruhe der Sinne." Bis hieher Bernhardus. Denn eine solche Seele findet nicht allein das höchste Gut in ihr selbst, wenn sie zu Gott einkehrt, sondern auch das höchste Elend in ihr selbst, wenn sie Gott verliert. Sie merkt wohl, daß sie in Gott lebt, als in dem Ursprung des Lebens, wenn sie der Welt abstirbt; und hinwieder, je mehr sie der Welt lebt, je mehr sie Gott abstirbt. Eine solche Seele, die der Welt abgestorben ist, lebt recht in Gott, und ist Gottes Lust und Freude, eine süße und reife Weintraube im Weingarten Christi; wie das Hohelied Salomonis singt, Cap. 5, 10. Die andern, weltsüchtigen Herzen sind bittere, unreife Trauben.

7. Die Zeichen aber einer solchen Seele, die der Welt abgestorben ist, sind diese: wenn ein Mensch in allen Dingen Gottes Willen seinem Willen vorzieht, die eigene Liebe dämpft, des Fleisches Begierden tödtet, die Wollust der Welt flieht, sich für den geringsten Menschen achtet, seinen Nächsten nicht leicht richtet und verurtheilt, Gott das Urtheil und Gericht befiehlt, sich nicht erhebt, wenn er gelobt wird, sich auch nicht betrübt, wenn er gescholten wird, Alles geduldig leidet, und über Niemand klagt. Ein Exempel solches aufgeopferten Willens haben wir am König David, 2 Sam. 23, 15. Als er so heftig begehrte, des Wassers zu trinken aus dem Brunn zu Bethlehem, und die drei Helden durch die Feinde hindurchrissen, und dem Könige desselben Wassers holten: goß er es aus vor dem Herrn, das ist, er verzieh sich seines eigenen Willens, weil die drei Helden ihr Leben durch seinen Willen gewagt hatten.

8. Siehe, hierin besteht die rechte Vollkommenheit eines christlichen Lebens. Denn die Vollkommenheit ist nicht, wie Etliche meinen, eine hohe, große, geistliche, himmlische Freude und Andacht, sondern sie ist die Verläugnung deines eigenen Willens, deiner Liebe und Ehre, und die Erkenntniß deiner eigenen Nichtigkeit, eine stete Vollbringung des Willens Gottes, inbrünstige Liebe des Nächsten, herzliches Mitleiden, und in Summa, eine solche Liebe, die nichts begehrt, gedenket, sucht, denn Gott allein, so viel in der Schwachheit dieses Lebens möglich ist. Darin besteht auch die rechte christliche Tugend, die wahre Freiheit und der wahre Friede, in Ueberwindung des Fleisches und der fleischlichen Affecte. Solches wirst du in diesem dritten Buche weiter lesen, und in der Uebung richtig befinden. Dazu ich dir und mir die Gnade des heiligen Geistes wünsche, die Alles in uns anfangen, mitteln und vollenden muß, zu Gottes Ehre, Lob und Preis. Amen.

Ps. 37, 4. 5. Habe deine Lust an dem Herrn, der wird dir geben, was dein Herz wünschet. Befiehl dem Herrn deine Wege, und hoffe auf ihn, er wird's wohl machen.

Das 1. Capitel.
Von dem großen inwendigen Schatz eines erleuchteten Menschen.

1 Cor. 6, 19. Wisset ihr nicht, daß euer Leib ein Tempel ist des heiligen Geistes, der in euch ist, welchen ihr habt von Gott?

1. Daß die gläubigen Herzen Wohnungen sind der heiligen Dreieinigkeit, bezeugt die heilige Schrift an vielen Orten, als: 3 Mos. 26, 11. Jes. 44, 3; Cap. 57, 15. Joel 2, 27. Joh. 14, 23; Cap. 17, 23. Röm. 15, 18. 1 Cor. 2, 11; Cap. 3, 16; Cap. 6, 19. 2 Cor. 6, 16. Gal. 2, 20. Ephes. 3, 17; Cap. 4, 24. Col. 3, 10. 1 Joh. 4, 15. Wer ist aber unter den Christen, der diesen Schatz in ihm erkennt, groß achtet und sucht? Auf daß nun ein wahrer Christ seine eigene himmlische und geistliche Würde erkenne lerne, und seinen höchsten Schatz in ihm selbst suche und finde, so wird hiezu in

diesem dritten Buch genugsame Anleitung gegeben. Dazu ist auch zuvor im ersten Buch, im 5. Capitel, das Fundament gelegt: nämlich wie Gottes Wort müsse im Menschen durch den Glauben lebendig werden. Im andern Buch aber, vom 27. bis auf's 34. Capitel, wie sich Gott der liebenden Seele zu erkennen gebe als die höchste Liebe, Gütigkeit, Schönheit, Heiligkeit und Weisheit, 2c.

2. Weil aber solcher große Schatz im Herzen nicht kann erkannt und gesucht werden, ohne einen stillen und innerlichen Sabbath des Herzens, da der heilige Geist inwendig lehrt durch Betrachtung des Worts, da er erleuchtet, lebendig macht, da der Geist Alles erforschet, auch die Tiefen der Gottheit, 1 Cor. 2, 10: so ist vonnöthen, zu wissen, wie das Herz in einen solchen stillen Sabbath zu bringen ist; dazu im andern Buch, in der Abhandlung vom Gebet, abermal der Grund gelegt ist. Hier aber, in diesem dritten Buch, wird's weiter ausgeführt: nämlich wie der verborgene Schatz und die Perle im Acker des Herzens zu suchen ist, Matth: 13, 44. 45, durch Einkehren in sich selbst, ja in Gott. Denn das ist der innerliche Herzenssabbath eines solchen Herzens, so durch den Glauben gereinigt, Ap. Gesch. 15, 9, und durch den heiligen Geist erleuchtet ist. Aus diesem Schatz des Geistes und des Reichs Gottes, so im glaubigen Herzen verborgen liegt, ist alle Weisheit entsprungen der hocherleuchteten Männer Gottes, so je gelebt haben, auch der heiligen Propheten und Apostel. Diese Perle ist zu suchen, dieser Acker ist zu bauen, diese Gabe des Geistes und der Gnade Gottes ist zu erwecken, als ein Fünklein Feuer, so man aufbläset: wie St. Paulus sagt, 2 Tim. 1, 6.

3. Damit du aber im Eingang dieses Buchs, welches ganz auf den innern Menschen gerichtet ist, einen einfachen, doch gründlichen Bericht haben mögest, wie die Kinder Gottes vom äußern Menschen abzuführen zu dem innern, das ist, in den Grund des Herzens, denselben zu erforschen, zu erkennen, zu reinigen, zu ändern, und in demselben ihrem Herzensgrunde Gottes und des Himmelreichs wahrzunehmen: so will ich davon in diesem ersten Capitel einen kurzen Bericht insgemein und insonderheit thun, und dann in den folgenden des geistreichen Mannes Johannes Tauler Theologie einführen, dessen Worte ich auch in diesem Buch, so viel immer möglich, und unsere jetzige teutsche Sprache erleiden will, beibehalten habe. Davon merket nun Folgendes. Weil die ganze heilige Schrift auf das Herz des Menschen siehet und bringet, so ist die ganze Theologie oder Lehre Taulers auf den inwendigen Menschen gerichtet, und auf den innern Grund des Herzens oder der Seele. Daher sagt er oft vom innern Grunde, daß man Gott und das Reich Gottes in demselben lauter haben, suchen und finden müsse; das ist: Was die heilige Schrift und rechtmäßige Erklärung derselben auswendig behandelt, das soll im Herzensgrunde, in der That und Wahrheit also befunden werden. Dazu ist vonnöthen das Einkehren zu seinem eigenen Grunde. Und je mehr man nun von der Welt ausgeht in sich selbst, je mehr geht man zu Gott ein in seinen ewigen Ursprung. Und je mehr dasselbe ein wahrer Christ thut, je mehr sich das Reich Gottes und der verborgene Schatz in ihm erzeiget. Wer nun diese inwendige Frucht des Geistes, oder des neuen Menschen, nicht davonbringt, der wird vor Gott wenig gelten mit seiner hohen Profession, sondern ist unter dem Urtheil des Herrn begriffen, Matth. 7, 22: „Herr, haben wir nicht in deinem Namen geweissagt?" Denn vor Gott gilt nichts Aeußerliches, sondern das Innerliche; nicht was im Buchstaben besteht, sondern was aus dem Geist geht und im Geist besteht. Darum ist (wie auch in der Vorrede gemeldet) ein großer Unterschied unter einem Weltgelehrten und Gottesgelehrten, oder unter einem Gelehrten und Heiligen. Der Gelehrte lernt von außen aus dem Buchstaben, der Heilige lernt aus Gott, inwendig aus dem heiligen Geist, aus der „Salbung, die uns Alles lehret," 1 Joh. 2, 27. Der Gelehrte hat seine Kunst in Worten, der Heilige in der Kraft. „Denn das Reich

Gottes stehet nicht in Worten, sondern in der Kraft," 1 Cor. 4, 20.

4. Damit wir aber nicht bei den gemeinen Worten bleiben, sondern insonderheit den Einfältigen zu ihrem Grunde helfen, bis sie es besser begreifen können: so sollen sie Acht haben auf die fünf Hauptstücke ihres Catechismus, wie dieselben nicht außer ihnen, sondern in ihnen seyn müssen. Und erstlich: Du glaubest, Gott habe sein Gesetz gegeben auf dem Berge Sinai, in zwei steinerne Tafeln geschrieben, und daß Gesetz sey der heilige Wille Gottes, nach dem du leben sollst. Du glaubest recht. Es ist dir aber nichts nütze, wenn Gott mit dem Finger seines Geistes das Gesetz nicht in dein Herz schreibt, Jer. 31, 33, und seinen göttlichen Willen in dir selbst vollbringt. Soll aber Gott solches thun, und zu diesem seinem edeln Zweck in dir gelangen: so mußt du ihm, weil du nun ein Christ geworden bist, dein ganzes Herz geben, und ihm deinen Willen aufopfern; alsdann geschieht sein Wille in dir. Und weil dieß ein hohes und edles Werk Gottes in uns ist, so bittet der königliche Prophet David so emsig darum, sonderlich im 119. Psalm (denn dahin geht dieser ganze lange Psalm), daß ihn Gott nach seinem Gesetz und Zeugniß leiten, führen und lehren wolle, damit dieß hohe, heilige Werk Gottes in ihm nicht möge verhindert werden. 2) Ferner: Du glaubest, Christus sey deine Gerechtigkeit, Leben und Seligkeit, 1 Cor. 1, 30. Du glaubest recht; denn „es kann kein andrer Grund gelegt werden, denn welcher gelegt ist, Jesus Christus," 1 Cor. 3, 11. „Und ist in keinem Andern Heil, ist auch kein anderer Name den Menschen gegeben, darin sie sollen selig werden," Ap. Gesch. 4, 12. Aber du mußt Christum in dir haben, das ist, inwendig mit dem Glauben fassen, daß er dein eigen werde, mit seiner Person und mit seinem Amt. Siehe, wenn nun Christus dein ist, so ist Alles dein, was Gottes ist. Und wenn er tausend Himmelreiche hätte, und aber tausend Himmel voll Gerechtigkeit und Seligkeit, so ist Alles dein. Denn Christus mit seiner Gerechtigkeit ist mehr und größer, denn tausend Himmel voll Gerechtigkeit und Seligkeit. Und so schadet dir auch deine Sünde nicht, und wenn tausend Welten voller Sünde auf deinem Halse lägen. Also mußt du den Schatz in dir haben, nicht außer dir. „Sehet, das Reich Gottes ist inwendig in euch," Luc. 17, 21, das ist, „Gerechtigkeit, Friede und Freude im heiligen Geist," Röm. 14, 17. Du glaubest, daß Christus das ewige Wort des Vaters ist, das wahre Licht und Leben der Menschen, Joh. 1, 4. Du glaubest recht. Siehe aber zu, daß dieß Wort in dir rede, daß dieß Licht in dir leuchte, daß dieß Leben in dir lebe, oder es ist dir nichts nütze; du mußt diesen Schatz in dir haben. Du mußt mit Christo durch den Glauben vereinigt seyn. 3) Du glaubst und weißt, daß ein köstlich Ding sey, beten, dem Herrn danken, und deinen Namen loben, du Allerhöchster, Ps. 92, 1. 2. Du glaubest recht. Wenn aber nicht Christus in dir betet, und der heilige Geist in dir seufzet, Röm. 8, 26, welcher ist ein Geist der Gnade und des Gebets, Zach. 12, 10, und du im rechten Tempel des Geistes und der Wahrheit, Joh. 4, 23, im Grunde deines Herzens nicht betest, so wird dir's nicht viel nützen. 4) Du glaubest, daß dir in der Taufe Vergebung der Sünden, die neue Geburt, die Kindschaft Gottes gegeben werde. Du glaubest recht. Aber wenn du die Frucht der Taufe, die neue Geburt, die Salbung des Geistes, die wahre Erleuchtung nicht in dir hast, was wird dir's helfen? 5) Du glaubest, daß du im äußerlichen Sacrament des Abendmahls den wahren, wesentlichen Leib und das Blut Christi empfängst. Du glaubest recht, laut der Worte des Herrn, Matth. 26, 26. Aber ist die innerliche, geistliche Genießung nicht dabei, so wirst du nicht allein keinen Nutzen und Frucht davonbringen, sondern überdies noch das Gericht essen und trinken, 1 Cor. 11, 29. Du glaubest, Christus sey das am Kreuz geschlachtete und aufgeopferte Lamm Gottes, Joh. 1, 29. Du glaubest recht. Ist er aber nicht deine tägliche innerliche Speise, 1 Cor. 5, 7, was wird er dir nützen? Also siehest du, wie dein Schatz in dir zu suchen

ist, wie er in dir seyn muß, nicht außer dir.

Gebet um die gnädige Einwohnung Gottes.

Dreieiniger Gott, wohne in uns, daß wir deine Liebe schmecken, deine Kraft erfahren und deinen Trost empfinden. Nimm uns ganz zu deinem Eigenthum hin, damit unser ganzes Leben durch dich regiert werde, und wir dir zu allem Wohlgefallen unsern ganzen Wandel führen mögen. Amen.

Das 2. Capitel.

Durch was für Mittel ein Mensch zu seinem inwendigen Schatz kommen soll, nämlich durch den wahren, lebendigen Glauben und durch Einkehren in sich selbst.

Jes. 46, 8. Ihr Uebertreter, gehet in euer Herz.

1. Der wahrhafte Weg, einzukehren zu seinem inwendigen Schatz und höchsten Gut, ist der wahre, lebendige Glaube. Wiewohl nun derselbe im ersten und andern Buch genugsam mit seiner Kraft und Eigenschaft, wie er allein Christo anhanget, und sich allein auf denselben gründet, erklärt ist: so ist doch von demselben noch Eins hoch in Acht zu nehmen; nämlich dasjenige, was uns jetzo zu unserm Vornehmen dient. Es ist demnach des wahren, lebendigen Glaubens Eigenschaft, Gott von ganzem Herzen getreulich anhangen, seine ganze Zuversicht auf Gott setzen, ihm von Herzen vertrauen, sich ihm ganz ergeben, seiner Barmherzigkeit sich überlassen, mit Gott sich vereinigen, Eins mit Gott seyn und bleiben, allein in Gott ruhen und seinen innerlichen Sabbath halten; Gott allein lassen seine höchste Begierde, Wunsch und Verlangen, Lust und Freude seyn, alle Creaturen ausgeschlossen; nichts wünschen, nichts begehren, denn Gott allein, als das höchste, ewige, unendliche, vollkommene Gut, das alles Gut ist, ohne welches kein wahres Gut seyn kann im Himmel und auf Erden, in Zeit und Ewigkeit; und das Alles in und durch Jesum Christum, unsern Herrn, welcher ist der Anfänger und Vollender des Glaubens, Hebr. 12, 2. Dieser Glaube ist's, der uns zu unserm inwendigen Schatz und höchsten Gut führt.

2. Deß nehmet ein Exempel an Assaph. Derselbe hatte eben einen solchen Glauben, als er sprach: „Herr, wenn ich nur dich habe, so frage ich nichts nach Himmel und Erde," Psalm 73, 25. Einen solchen Glauben bewies Maria, Lazari Schwester, da sie sich setzte zu den Füßen des Herrn, und sein Wort hörte, Luc. 10, 39. Denn dieser Glaube wirkt den rechten Herzenssabbath, in Gott zu ruhen, in welchem inwendigen Sabbath sich Gott offenbart. Darum sprach der Herr zu Martha: „Martha, Martha, du hast viel zu schaffen; Eins ist noth. Maria hat das beste Theil erwählet; das wird nicht von ihr genommen werden," Luc. 10, 41. 42. Welches ist aber das beste Theil? Ohne Zweifel Gott allein in Christo Jesu. Denn durch diesen Glauben, welcher Gott allein im Herzen Statt und Raum gibt, erwählt man das beste Theil. Durch diesen Glauben besitzt Gott des Menschen Herz, und wohnt Christus in uns, sammt dem heiligen Geist, und die heilige Dreieinigkeit, Eph. 3, 17. Joh. 14, 23. Das ist das beste Theil, so ein Mensch erwählen kann, das ist die Seligkeit und das ewige Leben.

3. In diesem Einigen ist Alles begriffen, was zum wahren Christenthum gehört. Daraus fließt die Liebe und alle Tugend. Denn wer glaubt, der liebt; wer liebt, der hofft; wer hofft, der ist geduldig; wer geduldig ist, ist sanftmüthig; wer sanftmüthig ist, ist demüthig; wer demüthig ist, der fürchtet Gott; wer Gott fürchtet, der betet, der kreuzigt sein Fleisch, Gal. 5, 24, verläugnet sich selbst, hasset sein Leben, verschmähet die Welt, Matth. 16, 24. Weßwegen St. Johannes, 1 Epistel 5, 4, den Glauben nennt den Sieg über die Welt. Auf dieß einige Eins weiset der Herr den reichen Jüngling, Luc. 18, 22, welcher ihn fragte: „Guter Meister, was muß ich thun, daß ich das ewige Leben ererbe?" Und da ihn der Herr auf's Gesetz wies, sprach er: „Das habe ich Alles gehalten von Jugend auf." Der Herr antwortete: „Es fehlet dir noch Eins: verkaufe Alles, was du hast, und folge mir,

so wirst du einen Schatz im Himmel haben." Da lehrt ihn der Herr das Einige, nämlich das beste Theil erwählen durch den Glauben, und in seinen Ursprung einkehren, in Gott, durch den innerlichen Sabbath des Herzens. Aus diesem Einigen quillt heraus das ganze christliche Leben, und alle Gebote, so man erdenken kann, von sich selbst, wie Wasser aus einem Brunnen; nicht aus Noth oder Gesetz, sondern aus Liebe und Freiheit des Geistes. Denn Gott wirkt solches Alles selbst in uns nach seinem Wohlgefallen, Phil. 2, 13, und was er selbst in uns wirkt, das erkennt er nicht für das Seine. Darum bedarf man hier keines Dranggesetzes, Gebots oder Verbots; denn der Glaube thut Alles, was zu thun ist, aus freiem Geist, das ist, er überläßt sich Gott, der Alles aus Gnaden in uns wirkt. Und das ist's auch, davon Jesaias predigt, daß wir zum Herrn kommen sollen, ihm zuhören, und umsonst kaufen beide, Wein und Milch, Jes. 55, 1.

4. So ist nun das Mittel, zu unserm inwendigen Schatz zu kommen, der Glaube, der Gott einen stillen Sabbath hält, und den Menschen macht einkehren in sich selbst. Denn gleichwie des Himmels Lauf darum der alleredelste und vollkommenste ist, weil er stets in sich selbst wiederkehrt, in seinen Ursprung, aus welchem sein Lauf den Anfang genommen hat: also ist des Menschen Lauf der alleredelste und vollkommenste, wenn er wiederkehrt in seinen Ursprung, welcher ist Gott. Das kann aber nicht geschehen, als wenn ein Mensch in sich selbst geht mit allen seinen Kräften, und seinen Verstand, Willen und Gedächtniß erledigt von der Welt und von allen fleischlichen Dingen, und seine Seele mit allen ihren Begierden zu Gott wendet durch den heiligen Geist, ruhet und feiert von der Welt, durch einen stillen Sabbath; alsdann fängt Gott an, in ihm zu wirken. Denn auf diesen Herzenssabbath wartet Gott, und ist seine höchste Freude, daß er sein Werk in uns wirken möge. Denn Gott ist so jach nach uns, und eilet so sehr, und thut nicht anders, als ob ihm sein göttlich Wesen wollte zerbrechen und zunichte werden an ihm selbst, daß er uns offenbare allen Abgrund seiner Gottheit, und die Fülle seines Wesens und seiner Natur. Da eilet Gott zu, daß er unser eigen sey. Nichts mag der Mensch Gott Lieberes thun, denn ruhig seyn, und diesen Sabbath halten. Gott bedarf nicht mehr zu seinem Werk, denn daß man ihm ein demüthig und ruhig Herz gebe, so wirkt er solche Werke in der Seele, dazu kein Mensch kommen kann. Die ewige Weisheit Gottes ist so zart in ihrem Werk, daß sie nicht leiden mag, daß da eine Creatur zusehe.

5. So viel nun die Seele ruhet in Gott, so viel ruhet Gott in ihr. Ruht sie ganz in Gott, so ruht auch Gott ganz in ihr. Brauchst du aber deinen eigenen Willen, deinen Verstand, Gedächtniß und Begierde nach deinem Gefallen: so kann sie Gott nicht brauchen, noch sein Werk in dir haben. Denn wenn Zwei eins sollen werden, so muß das Eine ruhen und leiden, das Andere muß wirken. Nun ist aber Gott eine unendliche, stetig wirkende Kraft, und lauter Bewegung, und ruht nicht, sondern wirkt in dir, wofern er zu seinem Werke kommen kann, und du ihn nicht hinderst. Welches durch dieß Gleichniß besser kann verstanden werden: Wenn dein Auge sehen soll, und ein Bild empfangen, so muß es blos und ledig seyn aller Bilder und Formen. Denn so es ein Bild und Formen in ihm hätte, so könnte es nicht sehen, oder ein Bild fassen. Also auch die Seele und ihre Kräfte, Verstand, Wille, Gedächtniß, Begierde, können Gott nicht fassen, wenn sie voll sind der Welt und der irdischen Dinge. Gleichwie das Ohr leer seyn muß von allem Getön, wenn es soll ein gutes Saitenspiel hören, also auch deine Seele muß leer seyn von der Welt, soll sie Gottes Lieblichkeit hören. Je mehr sich nun die Seele abzieht von irdischen Dingen, je himmlischer sie wird; je mehr sie sich der fleischlichen Lüste entschlägt, je mehr sie theilhaftig wird göttlicher Natur, 2 Petri 1, 4.

6. Die Natur leidet keine leere Statt, sie erfüllt alle Dinge mit ihr selbst. Es müßte eher die Natur brechen, ehe etwas Leeres in ihr seyn und bleiben sollte. Und durch dieß Principium und Mittel sind

große Künste erfunden worden. Also, wenn der Mensch sein Herz gar ausleert von der Weltliebe, eigenem Willen, Lüsten und Begierden, und steht alles dessen ledig: so kann es Gott nicht lassen, er muß die leere Statt mit seiner göttlichen Gnade, Liebe, Weisheit und Erkenntniß erfüllen. Willst du aber voll seyn dieser Welt, so bist du leer der himmlischen Dinge. Da Abraham ausging aus seinem Vaterlande und von seiner Freundschaft, aus Gottes Befehl, da ward er von Gott erleuchtet, 1 Mos. 12, 1; C. 13, 1. Unsere fleischlichen Affecte, eigene Liebe, eigener Wille, eigene Weisheit, eigene Ehre, eigene Lust, sind unsere nächsten Freunde. Es thut dem Fleische weh, dieselben zu verlassen und von ihnen auszugehen. Aber wie dem sey, so ist dieß der Anfang zu dem verborgenen Schatz im Acker, und zu der köstlichen Perle, wie unser Herr, Matth. 13, 46, sagt: „Ein Mensch verkaufe Alles, daß er die Perle finden möchte." Was ist das anders, denn daß der Herr sagt, Marc. 10, 29: „Wer um meinetwillen lässet Vater und Mutter, Brüder, Schwestern, Häuser, Aecker, der wird es hundertfältig finden, und dazu das ewige Leben." Unsere fleischlichen Affecte, Wille und Lüste sind unsere Brüder und Schwestern, die wir lassen sollen. Gleichwie die Jungfrau Maria eine reine, unbefleckte Jungfrau war, als sie Christum leiblich empfing, Luc. 1, 27 (und bleibet in Ewigkeit): also unsere Seele soll seyn wie eine reine, unbefleckte Jungfrau, das ist, sie soll nicht mit der Weltliebe befleckt seyn, so wird sie Christum geistlich empfangen, so hat sie den höchsten Schatz in ihr, so ist sie des Königs Tochter, inwendig geschmückt, Pf. 45, 14, und trägt ihren Schatz in ihr verborgen. Ist sie aber mit der Welt vermählt, wie kann sie mit Gott vermählt werden?

7. Es spricht unser Herr Christus, Luc. 12, 49: „Ich bin gekommen, ein Feuer anzuzünden, und wie wollte ich, es brennete schon!" Wollte Gott, daß in dem Feuer der göttlichen Liebe alle unsere Affecte, unser fleischlicher Wille und unsere Lüste verbrenneten, daß allein Gottes Wille und Wohlgefallen in uns vollbracht würde!

Er spricht, V. 51: „Ihr sollt nicht meinen, daß ich gekommen bin, Friede zu bringen, sondern Krieg und Schwert." Wollte Gott, es würden durch den Geist Gottes alle deine fleischlichen Sinne und Begierden getödtet und erwürgt, auf daß Gott in dir leben und wirken möchte! So dich aber dein Amt und Beruf hindert, daß du nicht in dein Herz gehen kannst, so sollst du allezeit, bei Tag oder Nacht, eine Stätte suchen, oder eine Zeit erwählen, einzukehren in den Grund deines Herzens, auf was Weise du kannst und magst, und mit St. Augustino sagen: „Ach lieber Herr, ich will ein Geding mit dir machen: Ich will recht in mir sterben, auf daß du in mir lebest; ich will selber ganz in mir schweigen, auf daß du in mir redest; ich will auch selber in mir ruhen, auf daß du in mir wirkest."

Gebet um die Ruhe der Seele in Christo.

Du Geist Gottes, sammle unsere zerstreuten Gedanken und Begierden, daß sie auf das einige Nothwendige beständig hingerichtet seyen. Jesu, laß uns deine Seligkeit genießen, und in dir Ruhe finden, damit wir um deinetwillen alles Andere verläugnen. Gott Vater, laß uns deine Kinder werden und bleiben, und das göttliche Zeugniß davon in unserm Herzen tragen, daß wir dir angehören; damit ein Ekel und Abscheu vor Allem, was du nicht bist, in unsern Seelen angetroffen werde, und wir alle unsere Lust nur an dir haben mögen. Amen.

Das 3. Capitel.

Im Glauben ist der ganze Schatz des inwendigen Menschen, nämlich Gott, Christus, der heilige Geist und das Reich Gottes.

Ephes. 3, 16. 17. Gott gebe euch Kraft, nach dem Reichthum seiner Herrlichkeit, stark zu werden durch seinen Geist an dem inwendigen Menschen, daß Christus wohne durch den Glauben in euern Herzen, und ihr in der Liebe eingewurzelt und gegründet werdet.

1. Eines Christen vornehmstes Werk und Sorge soll seyn, daß er den Glauben

wohl lerne verstehen und üben. Denn im Glauben ist Christus und das ganze Reich Gottes und alle Seligkeit. Darum auch die Epistel an die Hebräer, im 11. C., V. 1, den Glauben nennt eine Substanz oder ein Wesen. Denn das ganze geistliche Leben und Wesen besteht im Glauben; nicht in einer bloßen Wissenschaft, nicht in einem Schein- und Schattenwerk, sondern in lebendiger, thätiger Kraft. Summa: der Glaube bringt alle Seligkeit, und benimmt alle Unseligkeit. Darum gleich im Anfang unsers Christenthums, in der heiligen Taufe, dadurch wir, als durch eine Thür, in die Christenheit eingehen, der Glaube vornan steht: „Wer da glaubet und getauft wird, der wird selig werden." Marc. 16, 16. Und St. Paulus, Röm. 10, 9. 10: „Das ist das Wort des Glaubens, so wir predigen. Denn so du mit deinem Herzen glaubest, so bist du gerecht," rc. Wir können aber den Glauben nicht besser verstehen und üben lernen, denn durch seine Eigenschaften. Deren wollen wir acht nach einander hören.

2. 1) Die erste ist die geistliche Freiheit von Sünde, Tod, Teufel und Hölle, Fluch des Gesetzes, von allen mosaischen figürlichen Ceremonien, und von allen Menschensatzungen und Geboten. Denn gleichwie der Seele keine größere Plage und Angst widerfahren mag, und keine größere Seelenpein seyn kann, als wenn sie leiden muß die feurigen Pfeile des Teufels, und die Tyrannei des Antichrists, dadurch die Gewissen mit Menschengeboten gefangen, bestrickt und geängstigt werden: also ist hinwiederum keine größere Ruhe, größerer Friede, Trost und Freude der Seele, denn die wahrhaftige Freiheit des Gewissens von der Gewalt des Teufels und der Sünde, und von allen Menschensatzungen; welche Freiheit des Gewissens wahrhaftig nichts anders ist, denn der wahre, seligmachende Glaube. Ursache: Der Glaube ergreift Christum, den Sohn Gottes, mit allen seinen himmlischen Gnadenschätzen, sonderlich die Versöhnung mit Gott, Vergebung der Sünden, den heiligen Geist, und Alles, was Gottes ist, und das ewige Leben. Da können nicht Sünde, Tod, Teufel, Hölle oder Welt einem solchen Menschen schaden, denn er hat Christum in ihm und bei ihm wohnend, der seine Gerechtigkeit ist wider die Sünde, sein Leben wider den Tod, seine Stärke wider den Teufel, sein Himmelreich wider die Hölle, sein Sieg wider die Welt, sein Segen wider aller Welt Fluch, seine Seligkeit wider alle Unseligkeit dieser Welt, seine Freiheit wider alle Menschensatzungen. Welches der Herr, Joh. 8, 36, in dem kurzen Sprüchlein begreift: „So euch der Sohn frei macht, so seyd ihr recht frei." Also ist Christus dem Glauben Alles, und er bedarf nichts mehr zur Seligkeit, denn Christum allein. Derowegen gibt der Glaube der Seele und dem Gewissen Ruhe, Friede, Freiheit, und vertreibt alle Furcht, Angst und Schrecken, und macht das Herz in Gott getrost und freudig.

3. 2) So vereinigt der Glaube unsere Seele mit Christo, als eine Braut mit ihrem Bräutigam, Hos. 2, 19. 20: „Ich will mich mit dir verloben in Ewigkeit, ja im Glauben will ich mich mit dir vertrauen." Alsdann haben diese beiden ihre Güter mit einander gemein, auch ihr Kreuz und Leid. Denn was Christus hat, wird der gläubigen Seele eigen, und was die Seele hat, wird Christi eigen. Nun hat aber Christus alle himmlische und ewige Güter, Weisheit, Gerechtigkeit, Heiligung, Erlösung, und alle Seligkeit und ewiges Leben, 1 Cor. 1, 30; ja, er ist das ewige Leben selbst: das wird Alles der Seele eigen Gut. Unsere Seele hat dagegen Sünde, Unreinigkeit, Jammer, Elend, Fluch und Tod: das wird Christi eigen. Unser Elend hält er für sein Elend. Seine Güter schenkt er uns; unsere Armuth und unser Elend nimmt er an sich. Dieweil aber Christi Güter ewig sind, unüberwindlich, ja allmächtig: so überwinden, verschlingen und vertilgen sie alle unsere Sünden und den Tod. Denn Christi ewige und unüberwindliche Gerechtigkeit ist der Sünde zu stark, daß sie muß weichen, verschlungen und vertilgt werden. Also wird unsere Seele frei von Sünden, und dagegen mit Christi Gerechtigkeit bekleidet, Jes. 61, 10. Das ist ein schöner und wunderlicher Wechsel, für Sünde, Tod, Fluch, Verdammniß zu

bekommen Gerechtigkeit, Leben, Segen und Seligkeit. Demnach ist's unmöglich, daß die Sünde einen Gläubigen verdammen kann, denn die Sünde ist in Christo verschlungen, erwürgt und getödtet. „Der Tod ist verschlungen in den Sieg," 1 Cor. 15, 55. Ist der Tod verschlungen, so ist auch die Sünde verschlungen und getilgt.

4. 3) Daraus folgt für's dritte, daß der Glaube unsere Seele und unser Gewissen versichert und gewiß macht der ewigen Seligkeit. „Ich bin gewiß," sagt St. Paulus, „daß uns nichts scheiden kann von der Liebe Gottes," Röm. 8, 38. „Siehe, ich lege in Zion einen köstlichen Eckstein; wer glaubet, fleucht nicht," Jes. 28, 16. „Ich will mit euch einen ewigen Bund machen. Meine Gnade soll nicht von dir weichen, und der Bund des Friedens soll nicht hinfallen, spricht der Herr, dein Erbarmer," Jes. 54, 10; C. 55, 3.

5. 4) Daraus folgt nun der Sieg des Glaubens über Sünde, Tod, Teufel, Hölle und Welt, 1 Joh. 5, 4. 5: „Alles, was von Gott geboren ist, überwindet die Welt. Wer ist aber, der die Welt überwindet, ohne der da glaubet, daß Jesus Gottes Sohn ist?" Da zugleich des Glaubens Ursprung angedeutet wird, daß er nicht aus eigenen natürlichen, menschlichen Kräften gewirkt werde, sondern der Glaube ist Gottes Werk in uns, Joh. 6, 29, und die neue Geburt ist ein göttlich übernatürliches Werk. „Deine Kinder werden dir geboren, wie der Thau aus der Morgenröthe," Ps. 110, 3. Weil nun diese neue Geburt über die Natur ist, so kann ihr auch die ganze Welt nicht schaden. Denn obgleich ein Christ der Welt Fluch seyn muß, so ist er doch in Christo ein Siegesfürst, ganz unüberwindlich. In ihm überwinden wir Alles, um deß willen, der uns geliebet hat, Röm. 8, 37.

6. 5) Daraus folgt des Glaubens Herrlichkeit. Dieselbe ist zweifach: die eine die geistliche, verborgene, die andre die zukünftige, sichtbare, offenbare Herrlichkeit im ewigen Leben. Beider Herrlichkeiten Christi macht uns der Glaube theilhaftig. Christi Herrlichkeit besteht in seinem Königreich und Hohenpriesterthum. Er hat uns aber auch zu Priestern und Königen gemacht vor Gott, Offb. Joh. 1, 6; welches St. Petrus nicht hoch genug rühmen kann: „Ihr seyd das auserwählte Geschlecht, das heilige Volk, das Volk des Eigenthums, das königliche Priesterthum," 1 Petr. 2, 9. Die Herrlichkeit aber des Königreichs Christi ist, daß es ein ewiges Reich ist, und alle seine Güter sind ewig: ewige Gnade, ewige Gerechtigkeit, ewiger Trost, ewiges Leben, ewige Freude, ewiger Friede, ewige Seligkeit. Was wäre uns mit einem weltlichen Könige gedient? Die Güter der weltlichen Reiche vergehen mit der Welt, und der weltlichen Herren Gnade stirbt mit ihnen. Christus aber ist ewig, so auch seine Gnade, Gerechtigkeit und Heil.

7. Darum besteht nun das geistliche Königreich eines Christen darin, daß er durch den Glauben über Alles erhaben ist, geistlicher Weise, daß ihm kein Ding schaden kann zur Seligkeit. Er ist ein Herr über all dasselbe, ja es müssen ihm alle Dinge unterworfen seyn und helfen zur Seligkeit. Denn „denen, so Gott lieben, müssen alle Dinge zum Besten gedeihen," Röm. 8, 28, es sey Leben, Sterben, Tod, Teufel, Hölle, Welt. Das ist eine gar hohe, herrliche, geistliche Herrschaft und königliche Würdigkeit, da kein Ding so gut oder böse ist, es muß einem Gläubigen dienen zur Seligkeit, weil er Christum hat und besitzt, und Christus ihn. Also bedarf ein Christ nichts mehr zur Seligkeit, denn Christum allein durch den Glauben. Christus ist mir genug. Das laß mir eine köstliche Freiheit und Gewalt der Christen seyn nach dem inwendigen Menschen. Denn das ist gewiß, daß kein äußerlich Ding, außer Gottes Wort und Befehl, einen Christen kann fromm und selig machen; denn die Frömmigkeit, Seligkeit, Freiheit der Christen sind nicht äußerliche, leibliche Dinge, gleichwie auch ihre Gebrechen, ihr Gefängniß und Elend nicht äußerlich sind. Darum hilft auch der Seele kein äußerlich, leiblich Ding, von Menschen erdacht. Ja, was hilft das der Seele, wenn der Leib gleich frei, frisch und gesund ist, trinket und isset? 2c. Wiederum, was scha-

det das der Seele, wenn der Leib gefangen, krank und matt ist, Hunger und Durst leidet? ꝛc. Diese Dinge gehen all die Seele nicht an, sie frei zu machen oder gefangen, fromm oder böse zu machen. Summa: der gläubigen Seele schadet nichts Aeußerliches, sie bleibt in ihrer edeln königlichen Freiheit und Herrschaft.

8. Also kann auch kein äußerlich Ding der Seele an ihrem geistlichen Priesterthum schaden oder sie hindern. Denn ihr Opfer, Gebet, Seufzen, Andacht geschehen geistlich im Glauben, ohne Hinderung aller äußerlichen Dinge, es sey Zeit, Ort, Speise, Kleidung, Kirche, Tempel. Hinwieder hilft's auch der Seele nicht, wenn gleich alle äußerliche Dinge auf einem Haufen da stünden, heilige Kleider, Kirchen, auch das leibliche Fasten, mündliche Beten, und alle äußerliche Werke. Es muß ein Anderes seyn, das die Seele fromm und frei macht. Denn es kann auch ein böser Mensch, ein Gleißner und Heuchler erwählte äußerliche Werke thun, hilft ihm aber nichts an der Seele. Denn es hat die Seele kein ander Ding, weder im Himmel noch auf Erden, darin sie lebe, fromm, frei, selig und fröhlich seyn könne, denn Christum, in welchem die Seele ruht durch den Glauben. „Ich bin der Weg, die Wahrheit und das Leben," Joh. 14, 6. „Kommet zu mir, so werdet ihr Ruhe finden für eure Seelen," Matth. 11, 28. Wenn der Glaube den Herrn Jesum hat, so bedarf er keines Dings mehr, er hat an Christo Alles und genug, Joh. 10, 11: Speise, Freude, Friede, Licht, Kunst, Gerechtigkeit, Wahrheit, Weisheit, Freiheit, Trost, Seligkeit, Leben, Erhörung des Gebets und Alles. „Alles und in Allem Christus," Col. 3, 11. Muß man aber mit äußerlichen Ceremonien, um guter Zucht und Ordnung willen, umgehen: wohlan, „den Reinen ist Alles rein," Tit. 1, 15. „Ihr seyd rein um des Worts willen," Joh. 15, 3. Also kann die Seele nichts beflecken, denn der Unglaube und seine Früchte.

9. 6) Es erneuert auch der Glaube den ganzen Menschen, wirkt in ihm Liebe und alle christliche Tugenden, und Werke der Barmherzigkeit; nicht daß er damit etwas bei Gott verdiene, sondern daß er dankbar sey. „Opfre Gott Dank, und bezahle dem Höchsten deine Gelübde," Ps. 50, 14. Da fängt denn der Glaube das neue Leben an im Menschen zu gebären, und Gottes Wort lebendig zu machen; denn im Glauben ist die ganze heilige Schrift begriffen. Wie nun Gottes Wort ist heilig, wahrhaftig, gerecht, lebendig, geistlich, frei und alles Guten voll: also macht es auch die, so es im wahren Glauben annehmen, heilig, gerecht, lebendig, wahrhaftig, frei, zu Kindern Gottes und alles Guten voll.

10. 7) Ob nun wohl der seligmachende Glaube ein Ueberwinder und Sieg ist über alle Welt und Teufel: dennoch hat er auch die Art, daß er sich Jedermann zum Knechte macht durch die Liebe, weil ihm Gott umsonst Christum und Alles mit ihm geschenkt hat; also daß er zu seiner Seligkeit nichts mehr bedarf von Allem, das in der Welt ist, daß ihn auch Nichts von Gottes Liebe scheiden kann, Röm. 8, 39, auch nichts in der Welt ist, das ihm schaden kann. Darum denkt er auch also: Ich will aus schuldiger Dankbarkeit, meinem lieben Gott zu Ehren, meinem Nächsten wieder also werden, wie mir Christus geworden ist. Alle meine Gaben, Weisheit, Verstand, Reichthum, Trost soll wieder meines Nächsten werden, gleichwie Christi Güter mein geworden sind.

11. 8) Ist des Glaubens Art, daß er Alles Kreuz lindert und überwindet, und sich des Kreuzes rühmt. Denn in Christo haben wir ja viel mehr Güter, denn wir in der Welt lassen müssen. In Christo haben wir viel größere Ehre, ob uns gleich alle Menschen verachten. In Christo haben wir viel größere Liebe, ob uns gleich die ganze Welt hasset. In Christo haben wir ja viel mehr Segen, ob uns gleich alle Welt verflucht. In Christo haben wir ja viel mehr Freude, wenn uns gleich alle Welt betrübt. Und wenn's möglich wäre, daß unser Leib tausendmal in der Welt erwürgt und getödtet würde, so bleibt doch Christus, unser Herr, unser ewiges Leben, welches Leben ja unendlich besser ist, denn unser zeitliches Leben.

Gebet um den wahren Glauben, und um die Erkenntniß der Herrlichkeit desselben.

O Herr Jesu, gib, stärke und vermehre uns den Glauben, damit, was wir leben, wir solches im Glauben deines Namens leben mögen. Im Glauben sind wir dein, und du bist unser. Wir ruhen in dir, und du verherrlichst dich in uns. Durch den Glauben sind wir selig, und haben in dir das ewige Leben; überwinden auch die Welt und Alles, was die Vereinigung zwischen dir und uns hindern kann. O Jesu, dieser Seligkeit und Kraft mache uns theilhaftig, so geht es uns wohl in Zeit und Ewigkeit. Amen.

Das 4. Capitel.

Wie eine gläubige Seele Gott inwendig in ihr selbst suchen soll; und von der Schönheit und Seligkeit der Seele, so mit Gott vereinigt ist.

Joh. 17, 26. Ich habe ihnen deinen Namen kund gethan, auf daß die Liebe, damit du mich liebest, sey in ihnen, und ich in ihnen.

1. Gott wird auf zweierlei Weise gesucht: die eine ist auswendig, die andere inwendig. Die erste geschieht in wirkender Weise, so der Mensch Gott sucht, die andere in leidender Weise, so der Mensch von Gott gesucht wird. Die auswendige Suchung geschieht durch mancherlei Uebung der christlichen Werke: mit Fasten, Beten, Stille, Sanftmuth; wie denn ein Christ von Gott angetrieben oder durch gottesfürchtige Leute geführt wird. Die andre geschieht, wenn der Mensch eingeht in den Grund seines Herzens, und daselbst wahrnimmt des Reichs Gottes, welches in uns ist, Luc. 17, 21. Denn so das Reich Gottes in uns ist, so ist Gott selbst in uns mit aller seiner Güter. Daselbst ist Gott der Seele näher und inwendiger, denn die Seele ihr selbst ist. Daselbst muß der Grund der Seele gesucht werden; welches geschieht, wenn ein Mensch leidender Weise in allen auswendigen und inwendigen Dingen mit ihm handeln läßt, wie es Gott gefällt, und überläßt sich Gott ganz, läßt sich allein an Gottes Willen begnügen; wie ihn Gott haben will, arm oder reich, fröhlich oder traurig, geistreich oder trostlos. Denn dadurch wird das Herz gereinigt von den Creaturen, und von Allem dem, was die Sinne und die Vernunft von außen haben eingetragen, was nicht Gott selbst ist. Wenn die Seele also entblößt wird von allen vernünftigen, sinnlichen, creatürlichen Dingen, die Gott nicht selbst sind: so kommt man in den Grund, da man Gott ganz lauter findet, mit seinem Licht und Wesen. Summa: es muß Alles gelassen seyn, wenn du diesen Grund finden willst. Und die denselben finden, werden die allerlieblichsten Menschen, kommen auch über die Natur; denn sie kleben nicht mehr an den Creaturen, wie die natürlichen Menschen, sondern sind in Gott und mit Gott vereinigt, und Gott mit ihnen.

2. Wer nun eine solche Seele sehen könnte, der sähe die allerschönste Creatur, und das göttliche Licht in ihr leuchten; denn sie ist mit Gott vereinigt, und ist göttlich, nicht von Natur, sondern aus Gnaden. Und eine solche Seele begehrt nichts in Zeit und Ewigkeit, denn Gott allein, ja bloß und lauter begehrt sie Gott allein, und nichts des Ihren, weder im Geist noch in der Natur. Und hinwieder, wer eine Seele sehen könnte, die mit aller ihrer Liebe an den Creaturen hängt, an Fleischeslust, Augenlust und hoffärtigem Leben, und hat mit ihrer Liebe der Creaturen Form und Bild in sich gezogen und sich damit vereinigt, der sähe ein gräulich Ungeheuer vor aller Heiligen Augen, scheußlicher und gräulicher als der Teufel selbst. Und weil nun an jenem Tage eines jeden Menschen Herz und Gewissen wird offenbar, 1 Cor. 4, 5, und das inwendige Auge aufgethan werden, damit eine jede Seele sich selbst erkennt: so wird alsdann eine solche unreine Seele ihren verborgenen Gräuel sehen, und wird und muß denselben ewig sehen, ohne Ende, und allen Jammer, Herzeleid, Angst und Pein in ihr selbst haben. Aber die lautere, göttliche Seele wird Gott und das Reich Gottes in ihr selbst anschauen, und wird Gott ewiglich sehen in seinem Wesen, als Gott, und dasselbe in ihr selbst, und wird also

ihre Seligkeit in ihr selbst haben und besitzen, um der Vereinigung willen mit Gott. Wer nun diese Vereinigung der Seele mit Gott versteht und betrachtet, der wird verstehen, was St. Paulus, Röm. 8, 39, spricht: „daß uns weder Hohes noch Tiefes kann von der Liebe Gottes scheiden." Also auch, wenn es möglich wäre, daß eine solche göttliche Seele in der Hölle wäre, so hätte sie doch das Reich Gottes und ihre Seligkeit in ihr selbst. Und wenn's möglich wäre, daß ein Verdammter, ja der Teufel selbst, im Paradies und im Himmel wäre, so hätte er doch seine Hölle und Pein in ihm selbst.

Gebet um Gnade, Gott für den höchsten Schatz und das höchste Gut zu halten.

Verherrliche dich, o Gott, an unsern Herzen, daß wir dich in Christo als unser Gut und Theil erkennen, unsere Seelenruhe in dir genießen, dich über Alles hochschätzen, und in deiner seligen Gemeinschaft ewig erfunden werden. Allein mit dir vergnügt seyn, wenn aller himmlische und irdische Trost verschwindet, wenn in dem verschmachteten Leibe die geplagte Seele sich ängstet, ist deines Geistes Wirkung in deinen in der Welt gekreuzigten Gläubigen. Ach, daß du mein Herz in der That und Wahrheit so finden möchtest! Bereite es denn dazu, daß es dich stets für seinen höchsten und einzigen Schatz achte, dich einzig trachte zu haben und unverrückt zu besitzen. Du bist genug den Seelen, die dich kennen. Darum lege ich mich in deine gnädigen Hände; dieselben haben mich gemacht, dieselben laß auch ferner an mir schaffen, was dir wohlgefällig ist, damit ich hier und dort mit dir vereinigt seyn und bleiben möge, durch Jesum Christum, unsern Herrn. Amen.

Das 5. Capitel.

Wie ein Mensch kann in Gott gezogen werden. Deßgleichen was geistliche Armuth sey, und von den Graden und Staffeln der Demuth.

Luc. 18, 14. Wer sich selbst erniedriget, der wird erhöhet werden.

1. Viele Menschen suchen viel Mittel, mit Gott vereinigt zu werden, mit auswendigem Lesen und anderer Andacht. Aber in Wahrheit ist, nächst dem wahren, lebendigen Glauben, welcher das Herz reinigt von der Creaturliebe, wie oben gelehrt, und im folgenden 9. Capitel weiter erklärt wird, kein besserer und leichterer Weg dazu, denn die wahre, gründliche Demuth. Dieselbe aber muß nicht bestehen in Worten oder äußerlichem Schein, sondern im Grunde des Herzens, daß der Mensch wahrhaftig sich für Nichts halte in allen Dingen, es sey in geistlichen oder natürlichen Gaben, also daß er inwendig recht geistlich arm sey, Matth. 5, 3, und daß er kein Ding in der Welt so lieb habe, es sey Gut, Ehre, Leib oder Seele, Friede oder Ruhe, wenn Gott ein Anderes von ihm haben wollte, daß er nicht Alles gern, willig und fröhlich, Gott zu Lob und Liebe, nach seinem göttlichen, väterlichen Willen, verlasse; ja, wenn er auch der Hölle Pein leiden sollte, daß er sich derselben wohl werth achte, den Willen Gottes lobe, und lasse sich denselben wohlgefallen. Dieß ist die wahre geistliche Armuth, die bereit ist, alle Dinge durch Gott fröhlich und willig zu lassen und zu leiden, wie es der liebe Gott will; wie unser Herr Jesus that, da er bereit war, den Willen Gottes zu leiden, Matth. 26, 39, und zu thun, ein Fluch und Wurm zu werden, und den Tod des Kreuzes zu erdulden. „Darum hat ihn auch Gott erhöhet," Phil. 2, 9.

2. Wer nun eine solche Erniedrigung des Herzens hat, der ist recht geistlich arm. Und wenn er gleich ein Königreich hätte, so verhindert's ihn doch nicht an der Einigkeit mit Gott. Das ist der rechte Elende und Arme, der da schreiet, wie im 34. Psalm, V. 7 geschrieben ist: „Da dieser Elende rief, hörete der Herr." Und wenn dieser elende Mensch über hundert tausend

Meilen Wegs, wenn's möglich wäre, von Gott abwesend wäre, Gott müßte ihn zu sich ziehen, wegen seiner überschwänglichen Erbarmung und Gütigkeit. Denn der Reichthum göttlicher Gnade versenkt sich in des Menschen Elend, und kann sich vor demselben nicht verbergen, so wenig als ein Vaterherz sich vor seinem elenden Kinde verbergen kann. Derhalben als das cananäische Weiblein sich so unwerth hielt in ihrem Herzen als einen Hund, ja als ein „Hündlein," da ward sie vom Herrn gewürdigt seiner Hülfe, Matth. 15, 27. 28. Denn es kommt Niemand zu der lebendigen Wahrheit, als durch diesen Weg, nämlich durch Erkenntniß seines eigenen Nichts. Wer diesen Grund versteht, dem ist nicht unlieb seine Verachtung, Schmach und Kreuz, sondern hat dieselben lieb, und freut sich der Trübsal mit den heiligen Aposteln, Ap. Gesch. 5, 41, auf daß sich Gott mit seiner Herrlichkeit in sein Elend senke. Darum ist nun kein besserer Weg, dadurch man zu Gott und in Gott gezogen werde, denn gründliche Demuth des Herzens und geistliche wesentliche Armuth des Geistes.

3. Solches ist fein abgebildet in dem goldenen Thron oder Stuhl Salomonis, 1 Kön. 10, 19, welcher sechs Stufen hatte, auf welchen man hinaufstieg, und auf der siebenten fand man den Sitz und Thron des Friedens. Also sind sechs Staffeln der Demuth; wenn man dieselben aufsteigt, so findet man den himmlischen Friedenskönig Salomo in seinem Thron, und den rechten Frieden des Herzens. 1) Der erste Grad ist, sich in seinem Herzen geringer halten, denn andre Leute, und gern gering seyn. 2) Niemand verachten oder richten, sondern allezeit auf sich selbst sehen. Andre mögen thun, was sie wollen, sey du nur selbst deiner eingedenk [1]). 3) Angebotene Ehre fliehen und meiden, und wenn man dieselbe haben muß, darüber trauern. 4) Verachtung geduldig leiden, und sich darüber freuen. 5) Mit geringern Leuten gern umgehen, und sich nicht besser achten, denn sie, ja sich für den elendesten Menschen und größten Sünder halten. 6) Gern und willig gehorsam seyn, nicht allein den Großen, sondern auch den Geringsten. Durch diese Staffeln steigen wir auf bis zur siebenten in den Thron Salomonis, und zum wahren Frieden. Augustinus sagt: „Der Weg ist niedrig, aber das Vaterland hoch; so du nun das Vaterland verlangst, so mußt du diesen Weg wandeln [2])."

Gebet um rechte Demuth des Herzens.

Je größer du, o majestätischer Gott, in unsern Glaubensaugen bist, je kleiner und niedriger werden wir. Du bist Alles, wir sind Nichts. Wir haben Alles von dir, und sind verbunden, dich über Alles zu erheben. Ach gib, daß wir dich und uns lebendig erkennen, so werden wir in wahrer Armuth des Geistes vor dir bleiben, und in dem Thal der Niedrigkeit die Ströme deiner Gnade zu unserm Heil genießen und empfinden.

Das 6. Capitel.
Wie sich das höchste und ewige Gut oft in unserer Seele erzeigt in einem Augenblick; und wo die Statt und der Sitz Gottes sey in der Seele.

Hoh. L. Salom. 5, 17. Wo ist dein Freund hingegangen, o du schönste unter den Weibern?

1. Unser Freund ist allezeit bei uns, aber er läßt sich nicht allezeit merken, außer wenn das Herz stille ist, wenn alle Sinne hineingekehrt, zur Ruhe gebracht, und in Gott gesammelt sind. Wenn im Verstand kein irdisch Ding scheinet, sondern die thierische Weisheit untergegangen, und in eine Nacht oder göttliche Finsterniß verwandelt ist: so geht dann das göttliche Licht auf, und gibt einen Blick und Strahl von sich, und scheinet in der Finsterniß. Das ist das Dunkel, darin der Herr wohnt, und die Nacht, in welcher der Wille schläft und mit Gott vereinigt ist, darin das Gedächtniß vergessen hat der Welt und der

---

[1]) Quidquid agant alii, sis memor ipse tui.

[2]) Est humilis via, sed excelsa patria; si patriam desideras, viam hanc ambules.

Zeit. So bewegt alsdann in einem Augenblick das göttliche Licht den Verstand, die himmlische Begierde den Willen, und die ewige Freude das Gedächtniß, und es kann's doch weder Verstand, noch Wille oder Gedächtniß begreifen noch behalten; denn es bleibt nicht in den Kräften der Seele, sondern ist verborgen im innersten Grund und Wesen der Seele. Es kann aber wohl erweckt werden durch das Wort, daß wir im Herzen rufen mit der heiligen Monica: „Lasset uns weg fliegen, lasset uns weg fliegen zur ewigen Freude [1])!"

2. Daher kommen alle Seufzer der Heiligen, die auch unaussprechlich sind. Als St. Paulus diese Süßigkeit geschmeckt hatte, sprach er: „Ich bin gewiß, daß uns weder Leben, noch Tod, noch einige Creatur scheiden kann von der Liebe Gottes," Röm. 8, 38; verstehe, damit mich Gott liebet, die ich in mir empfunden habe. Daher St. Augustinus spricht: „Ich befinde oft eine Bewegung in mir; wenn dieselbe immer in mir bliebe, so könnte sie nichts anders seyn, denn das ewige Leben." Diese ist es, die unsere Seele gerne wollte füllen und nach sich ziehen, und daraus lernen wir schmecken, was das ewige Leben sey; denn solcher Lieblichkeit und Freude wird die Seele ewig voll seyn. Daher die liebende Seele im Hohen Lied Salomonis spricht, C. 5, 8: „Meine Seele ist gar zerflossen und zerschmolzen," das ist: Meine Seele jammert und seufzt immer darnach, daß sie diesen ihren lieblichen Bräutigam möchte finden, und sich in seiner Liebe sättigen, ihren rechten himmlischen Adel wieder erlangen, welcher besteht in der Vereinigung mit Christo, daß sie nicht ihre Lust und Freude am Nichtigen, Vergänglichen, viel weniger an der Sünde und Fleischeslust haben möge.

3. Von diesem Adel der Seele wissen nicht viele Leute, auch die Weisen und Klugen dieser Welt nicht. Die, so von der Seele und ihren Kräften geschrieben haben, sind nie auf den rechten Grund gekommen. Christus ist der Seele rechte Kraft, ihr Verstand, ihr Wille, ihr Gedächtniß: das ist, ihr Licht im Verstand, ihre Lust im Willen, ihre Freude im Gedächtniß. Also ist auch Christus die rechte Heiligung, Zierde und Schmuck der Seele, daß ein Mensch wegen dieser Liebe Christi, die er empfindet, nicht mag sündigen; wie St. Johannes in der Epistel 3, 6. 9 sagt: „Wer in ihm bleibet, sündiget nicht, und wer aus Gott geboren ist, der thut nicht Sünde, denn sein Same bleibet in ihm, und kann nicht sündigen." Ja aus dieser Liebe Christi entspringt oft Freude und Wonne, wenn du um Christi willen Kreuz und Schmach leiden sollst, Apost. Gesch. 5, 41. Alsdann wird Leiden die höchste Freude. Und die entspringt im Grunde deiner Seele aus Gott. Denn Gott hat ihm selbst im Menschen eine Statt geheiliget, und also gefreiet und geeignet, daß weder Engel noch Menschen, noch irgend eine Creatur darein kommen kann. Das ist das edle lautere Wesen der Seele. Dieselbe Statt will der ewige Gott für sich allein haben, und will sie mit keinem Andern gemein haben; denn der ewige Gott wohnt mit großer Lust in der reinen, lautern Seele, wie er spricht: „Meine Lust ist bei den Menschenkindern," Spr. Sal. 8, 31. Und was das für eine Lust sey, kann Niemand aussprechen, denn der es empfindet, und kann doch Niemand vollkömmlich davon reden.

Gebet um Gottes gnädige Gegenwart in der Seele.

Deine Lust, o Gott, ist bei den Menschenkindern. Hier sind unsere Herzen. Reinige uns durch Jesu Blut. Heilige uns durch Jesu Geist. Komme zu uns. Wohne in uns. Laß uns deine Liebe zu unserer Seligkeit genießen, und deine Kraft zur wahren Herrlichkeit erfahren. Amen.

Lied über die Worte des Hohen Lieds Cap. 7, 11. 12:

„Komm, mein Freund, laß uns auf's Feld hinaus gehen, und auf den Dörfern bleiben; da will ich dir meine Liebe geben."

1. Ach, was mach' ich in den Städten, da nur Tück' und Unruh' ist? Liebster Freund, komm', laß uns treten auf das

---

[1]) Evolemus, evolemus ad aeterna gaudia!

Feld, da ohne List, ohne Sorgen, Müh' und Pein wir des Lebens uns erfreu'n.

2. Findet sich gleich größer Prangen in der Stadt, als auf dem Feld: dennoch hab' ich kein Verlangen nach der Schönheit dieser Welt. Draußen schmeck' ich deinen Kuß ohne Mühe und Verdruß.

3. Sollt' ich deinen Kuß empfangen in der Stadt vor Jedermann, und an deinen Lippen hangen, daß der Feind es schaute an: würde meine Liebespein nur genannt ein Heuchelschein.

4. Fleisch und Blut hat nie erfahren, wie der Herr so freundlich ist. Sehen dann die Lästerschaaren, daß man geistlich trunken ist von dem Strom der Süßigkeit: wandeln sie ihn bald in Leid.

5. Wie ein Bräutigam zu küssen wünscht verborgen seine Braut, läßt es Niemand gerne wissen, wenn sich ihr sein Herz vertraut: so gibst du, wenn wir allein, deiner Liebe süßen Wein.

6. Zünden deine Liebesflammen, süßer Jesu, jetzt mich an; jauchzen Seel' und Leib zusammen: nennt's der Weltsinn Trug und Wahn. Alles wird verlacht, verhöhnt, was mein Mund von Liebe tönt.

7. Drum, mein Freund, komm', laß uns reisen auf das Feld, da wir allein; in der Liebe holden Weisen, in der Ruhe Sonnenschein sing' ich dort und küsse dich, und du, Trauter, küssest mich.

8. Du wirst sprechen: Meine Taube, komm' in meine Felsenkluft, daß dich mir kein Feind mehr raube, bis des Morgens Wächter ruft. Und ich lieg' in deinem Arm, sicher vor des Neides Harm.

9. Auch im Schlaf wacht meine Seele, und hat ihre Lust an dir. Tret' ich aus der Schlummerhöhle; sprichst du wieder neu zu mir: Ich bin dein, und du bist mein; ewig soll die Liebe seyn.

10. Hört's, ihr Blumen auf den Auen! hört's, ihr Hinden auf der Flur! Liebe soll mich ihm vertrauen, meinem süßen Jesu nur. Ich bin sein, und er ist mein; ewig soll die Liebe seyn.

Das 7. Capitel.

Von der Seele Würdigkeit, von wahrer Reue, und vom gnädigen Willen und Erbarmen Gottes.

Jes. 56, 7. Matth. 21, 13. Luc. 19, 46. Mein Haus ist ein Bethaus.

1. Der Seele Würdigkeit ist, daß sie ein Haus und eine Wohnung Gottes ist, darin Gott lieber wohnt, denn im Himmel und auf Erden. Und die gläubige Seele hat mehr Gottes in ihr, denn alle Himmel, und alle leibliche Tempel, und Alles, was Gott je geschaffen hat. Denn das Herz und Wohlgefallen Gottes ist in der Seele, mit aller seiner Gnade und Liebe, mit aller seiner Lust und Freude. Denn durch alle Creaturen sucht Gott nichts anders, als wie er die Seele des Menschen ehre, würdige und selig mache. Und weil Gott mit aller seiner Liebe und Meinung auf die Seele gekehrt ist, so ist Gott eigentlicher in der Seele, denn in dem Himmel, oder in allen leiblichen Tempeln. Denn Gott wirkt alle seine Werke in der Seele, und gibt sie der Seele.

2. Die Seele ist edler, denn alle Creaturen. Gott hat sie aber darum so edel gemacht, auf daß er sich der Seele geben möchte. Denn so er ihr etwas anders gäbe, als sich selbst, so achtete sie es nicht, und wäre ihr viel zu gering. Es spricht St. Paulus, Eph. 1, 4: „Wir sind von Ewigkeit her erwählet in dem Sohn Gottes." Und darum sollen wir nimmer ruhen, bis wir dazu kommen, daß wir das werden, was wir ewiglich in ihm gewesen sind. Und weil die Seele soll eine Braut seyn des Sohnes Gottes, so ist nichts unter allen Creaturen, das Gott so lieb hat, als die Seele. Und darum ist Gottes Sohn ausgegangen von dem Allerhöchsten, auf daß er hole seine Freundin, die ihm der Vater ewiglich vermählt hatte, daß er sie wiederbrächte in das Allerhöchste, daraus sie gekommen ist.

3. Darum sollte nun der Mensch hinwieder alle seine Lust und Genüge an Gott haben und suchen, weil Gott eine so überaus große Liebe hat zu des Menschen Seele. Es sollte demnach dem Menschen leid seyn,

daß er an irgend einer Creatur mit seiner Lust und Freude hängen wollte, und nicht allein an Gott; denn das ist Gott zuwider. Es ist solch eine Lieblichkeit und Schönheit in Gott; möchte ihn unsere Seele nur einen Augenblick sehen von ferne, wie in einer Wolke, sie kehrete sich von Gott nicht um alle diese Welt. Darum sollte es nun dem Menschen leid seyn, daß er seine Seele, die Gott so lieb hat, an eine Creatur hängen sollte; denn hiemit thut er Gott zuwider. Darüber sollte man trauern. Und das ist die rechte, wahre Reue, Leid darüber zu haben, so man gethan, was Gott zuwider ist, so man Gott nicht alle Creaturen vorgezogen, so man Gottes Ehre nicht in allen Dingen gesucht, ihn nicht über Alles geliebt, sondern die Creaturen und sich selbst. Eine jede Creatur liebt Gott von Natur mehr, denn sich selbst, indem sie Gottes Gebot ausrichtet, und sich selbst darüber verzehrt; allein der elende Sünder liebt sich mehr denn Gott. Darum, wenn du Reue und Leid hast um deinen eigenen Schaden, und nicht vielmehr, daß du wider Gott gethan, und ihn erzürnt und entehrt hast, so hast du noch keine wahre Reue. Und wenn gleich weder Hölle noch Himmel wäre, soll es dir nichts desto minder leid seyn, daß du wider Gott gethan und ihn erzürnt hast. Denn Gott ist dir Himmel genug, so ist dir auch sein Zorn Hölle genug.

4. Hast du aber solche Reue, wie jetzo beschrieben, und wahren Glauben an Christum: o! so vergibt dir Gott von Herzen Alles, was du wider ihn gethan hast. Denn es ist Gott eine größere Ehre, daß er die Sünde vergebe, denn daß er sie strafe. Denn die Gerechtigkeit zwingt auch Gott dazu, daß er barmherzig seyn muß; denn er ist unser Vater und wir seine Kinder. So er denn unser Vater ist, so vollbringt er seinen väterlichen Willen an uns, beides nach seiner Gerechtigkeit und nach seiner Barmherzigkeit. Und so sollen wir uns auch in den Willen unsers Vaters ergeben; denn wem der Wille Gottes freundlich schmeckt, dem gefällt Alles wohl, was Gott thut, beides nach seiner Gerechtigkeit und nach seiner Barmherzigkeit. Einem recht liebhabenden Menschen gefällt alles das wohl, was Gott thut und will, es sey Liebe oder Leid, an ihm selber und an allen Creaturen. Ist es Gottes Wille, so laß es auch deinen Willen seyn. Ich will lieber in der Hölle seyn und Gott haben, denn im Himmel und Gott nicht haben.

Gebet um gnädige Einwohnung Gottes.

Allerliebster Gott, du bist unserer Seele Alles, was nur zu wünschen und zu hoffen ist. O verkläre dich in uns! Laß uns deine Herrlichkeit im Glauben erblicken. Laß uns deine Freundlichkeit schmecken. Ja laß uns deinen Tempel auf ewig seyn. Wir wollen und begehren nichts, als nur deiner theilhaftig zu werden. Denn wenn wir dich haben, so mangelt uns nichts. Bei dir ist die lebendige Quelle, und in dir haben wir das Leben und die volle Genüge. O Jesu! wie wohl ist uns, wenn wir mit dir verbunden sind. Dieses Band soll nimmer getrennt werden. Durch deine Gnade sind wir dein, und du bist unser im Leben, im Tode, und nach dem Tode. Halleluja! Amen.

Das 8. Capitel.

Gottes Beruf ist herzlich und gründlich, und leitet uns zu ihm selbst.

Ps. 50, 4. Gott rufet Himmel und Erde, daß er sein Volk richte.

2 Tim. 1, 9. Gott hat uns berufen mit einem heiligen Ruf.

1. Gott, der himmlische Vater, ruft uns mit Allem, das er ist, das er hat, und das er vermag; das Alles ruft, leitet und locket uns zu ihm und in ihn. Denn Gott hat ein so wahrhaftiges und brünstiges Verlangen nach uns, als ob alle sein Wesen und seine Seligkeit an uns gelegen wäre. Denn Alles, was er geschaffen hat im Himmel und auf Erden, mit aller seiner Weisheit und Güte, und Alles, was er jederzeit wirkt und thut, das thut er, und hat Alles darum gethan, daß er uns dadurch rufe und lade in unsern Ursprung, und wiederbringe in sich. Und alle seine Worte und Werke sind ein lauteres Rufen zu unserm Ursprung, daß er die Seele wiederbringe, daß sie seine

Stimme hören soll, und ihn lieb haben, gleichwie sie zuvor des Satans Stimme gehört, und von Gottes Liebe abgewichen.

2. Er hat uns aber berufen, an seinen lieben Sohn zu glauben, und dessen Fußstapfen nachzufolgen, in Sanftmuth und Geduld. Denn dadurch ruft und zieht er uns in sich selbst, wie er den Elias rief und vor ihm überging im Feuer und starken Winde, der die Felsen zerriß; aber im sanften Sausen war und kam der Herr, 1 Kön. 19, 11. 12. Also senkt er sich in ein stilles, sanftmüthiges, demüthiges Herz. Gleichwie der König Ahasverus die Esther umfing, da sie vor ihm niedersank, Esther 5, 2; C. 8, 4: also geschieht auch dem Menschen, wenn er an allen seinen Kräften und Vermögen verzagt, und niedersinkt in sein eigen Nichts. Wenn er denn von den Armen der göttlichen Kraft nicht erhalten wird, so däucht ihm, er müsse zu einem lautern Nichts werden. Alsdann dünkt den Menschen, er sey geringer in allem seinem Verstand und Vermögen, denn alle Creaturen. So nun unser Himmels- und Gnadenkönig das sieht, so stärkt er die blöde und demüthige Seele, und gibt ihr seinen göttlichen Kuß. Das rühret her von der gründlichen, wahren Demuth; denn je niedriger, je höher. Denn Gottes Hoheit sieht eigentlich in das tiefe Thal der menschlichen Demuth. So du aber von außen wegen deiner Niedrigkeit verachtet wirst, so wirst du noch tiefer in dein Nichts versenkt, alsdann wird es mit dir gar gut. Denn darin wird der Geist des Friedens geboren, der alle Vernunft übertrifft, Phil. 4, 7. Darum ruft dich Gott wunderlich durch mancherlei Kreuz und Verachtung, daß er dich bereite. Denn du mußt in der That und Wahrheit bereitet werden, wieder in Gott einzukehren, und er zu dir und in dich; welches denn nicht geschieht mit Gedanken oder mit Worten, sondern durch viel Leiden. Denn daß ein Mensch oft gedenkt und redet von der Demuth, darum wird er nicht demüthig, und hilft ihm gar nicht, wenn er nicht von Menschen unterdrückt und verschmähet wird. Deßgleichen, wenn du oft und viel redest von der Geduld, so ist es doch nichts, du werdest denn stark angefochten von allen Creaturen; sonst ist es gar nichts, und du erlangst nicht das Wesen der Tugend, sondern es fällt Alles wieder ab, wie es ein- und zugefallen ist. Darum wäre billig, daß du einem solchen Menschen, der dich schmäht und verachtet, einen sonderlichen Liebesdienst erzeigtest; denn diese zwei edeln Tugenden, Sanftmuth und Geduld, müssen durch große, bittere, harte Widerwärtigkeit erstritten werden. Denn wo du keine Widerwärtigkeit hättest, wie wolltest du diese edle Tugend in Uebung und Erfahrung bringen? Denn die Sanftmuth geht auf den inwendigen Grund des Gemüths, welchen du vielleicht nie geprüft noch erforscht hast; die Geduld aber auf den auswendigen Menschen, welcher mit Christo hinausgehen, und seine Schmach tragen muß, Hebr. 13, 13. Und so vergleicht man sich dem unschuldigen, heiligen Leben unsers Herrn Jesu Christi. Dadurch lebt Christus in dir, und sein bitteres Leiden und Sterben ist in dir.

3. So ist auch eine Art des innerlichen Berufs Gottes, wenn Gott seine Liebe im Menschen anzündet. Denn dadurch gibt er sich dem Menschen selbst, weil er selbst die Liebe ist. Denn es ist ja so unmöglich, daß der Mensch Gott habe ohne die Liebe, als es unmöglich ist, daß der Mensch lebe ohne Seele. Denn daß Christus durch den Glauben in unsern Herzen wohnt, Eph. 3, 17, wird durch die Liebe bezeugt und offenbar, 1 Joh. 4, 16. Es kann aber diese Liebe Gottes in uns nicht Raum oder Statt finden, wo die Weltliebe nicht ausgetrieben, und Gott nicht lauter gemeint wird in allen Dingen, 1 Joh. 2, 15. Darum sehe ein jeglicher Mensch oft in seinen inwendigen Grund, und erforsche da mit Fleiß, was in ihm am allermeisten geliebt und gemeint werde, ob es Gott sey, oder er selber, oder die Creaturen, Leben oder Tod, was dein Herz und deine Seele am meisten besitzt, und worauf deine Begierde und Lust haftet. Denn ist dein Grund etwas anders, das da gemeint und geliebt wird, das nicht wahrhaftig und lauter Gott ist, und dessen Gott nicht eine wahre Ursache ist: so kommt Gott nicht in deine Seele;

und weinetest du so viel Zähren, als Tropfen im Meer sind, es hilft dir nicht, und du mußt ihn entbehren in Ewigkeit. O ihr armen Menschen, womit geht ihr um? Wie lasset ihr euch die listige Natur also betrügen durch die Creaturliebe, die euch so heimlich und verborgen besitzt, an der innersten Stätte eurer Seele, da Gott allein sitzen sollte? Denn darum sind wir in der Welt, daß wir durch Absterben unsers Willens und durch Absagen der Welt und der Creaturen wieder in Gott und zu Gott kommen, mit Gott vereinigt werden, daß wir am Ende wieder zu unserm Ursprung kommen; und wie der Leib in die Erde begraben wird, also die Seele in die grundlose Gottheit. Und so wir das hier versäumen, so ist's ewiglich versäumt. Denn mit wem du dich freuest, und mit wem du dich betrübest, mit dem sollst du geurtheilt werden.

4. Ein Ding sollst du wissen und zu Herzen nehmen, nämlich dieses: Wärest du ganz ledig der Bilder der Creaturen, du würdest Gott ohne Unterlaß haben und besitzen; denn er möchte sich nicht enthalten, könnte nicht zurückbleiben, weder im Himmel noch auf Erden, er müßte in dich kehren, er müßte deine Seele erfüllen, so er sie ledig fände. Darum kehre es und wende es, wie du willst: so lange als die Creaturen in dir sind, so lange mußt du Gottes entbehren. Denn so viel ein Mensch Rast und Ruhe in den Creaturen und in allem Ding nimmt, das Gott nicht selbst ist, so viel scheidet er sich von Gott. Wie ein hartes Kreuz nun das sey, das man also tragen muß, ist wohl zu denken. Aber nicht mit Wohlseyn, sondern mit Kreuz erlangt man Gott.

Gebet um Gnade, dem göttlichen Beruf zu folgen.

Ewiger Erbarmer, du gibst dir um uns unaussprechlich viel Mühe, und willst uns gerne zum Genuß deines Heils bringen. Ach vollbringe deinen Liebeszweck an uns, mache uns frei von der unordentlichen Creaturliebe, und laß uns in dir allein Ruhe suchen und finden. Stärke uns auch durch deine Kraft, daß, wenn du uns einmal zu dir gezogen hast, wir dir bis ans Ende unsers Lebens treu bleiben, damit wir bereinst von deiner Segenshand die Krone des Lebens empfangen. Amen.

Das 9. Capitel
Wie der wahre lebendige Glaube das Herz reinigt von den Creaturen, von bösen Zuneigungen und von Ungeduld, dagegen aber Liebe und Geduld pflanzet ins Kreuz.

Apost. Gesch. 15, 9. Gott reinigte ihre Herzen durch den Glauben.

1. Des Glaubens Eigenschaft ist, daß er das Herz reinigt. Nun merke, wovon er soll das Herz reinigen? Antwort: 1) Von der Welt, und von aller Zuneigung zu dem, was irdisch, eitel, nichtig und vergänglich ist, und von Allem, daran die Natur mit voller Lust und Genüge haftet und darauf ruht, es sey Reichthum, Ehre oder Wollust. Denn der Glaube hängt allein am Unsichtbaren und Ewigen. Und so die Hindernisse hinweg sind, so folgt die Vereinigung; denn ein Gleiches vereinigt sich mit seines Gleichen, und nicht mit einem Ungleichen.

2. Merke aber, daß Gott eine lautere Wirkung ist; und wo er eine leere Statt findet, da wirkt er aus Erbarmung solche Werke, deren das elende Herz, das sein begehrt und ihm anhanget, bedürftig ist. Daher ist's gekommen, daß der Herr sprach zu den elenden Leuten im Evangelio: „Dein Glaube hat dir geholfen," Matth. 9, 22; C. 15, 28. Luc. 18, 42. Nicht daß es des Glaubens Vermögen wäre, sondern daß der Glaube das Herz selbst gereinigt hatte, daß er Gott ganz ergeben und in Gott gezogen, und dasselbe leer gemacht von allen Dingen, die nicht Gott sind, auf daß Gott darin wirken und seine Werkstatt haben möchte. Darum konnte unser Herr zu Nazareth kein Wunder thun, Marc. 6, 5, weil er solche Herzen nicht fand, in welchen seine göttliche Kraft wirken möchte. Denn soll Gott hinein, so muß die Creatur heraus. Eins ist hier des Andern Hinderung. Es kann kein Herz Gottes Hülfe so sehr und herzlich begehren,

Gott hülfe ihm tausendmal lieber, wenn ihm nur das Herz gründlich anhangen und sich ihm ganz ergeben wollte. Denn wie Gott ein solch Herz willig erfüllt mit Licht, Trost, Gnade und Kraft, also wird auch ein solch Herz leicht über sich gezogen; also daß dem Feuer nicht so leicht ist zu brennen, und einem Vogel zu fliegen, als einem ledigen Gemüthe einzugehen in Gott. Daselbst findet denn Gott seine rechte Werkstatt, zu wirken solche Dinge, daran er ein solch Wohlgefallen hat, wie er hatte an Christo, unserm Herrn, darum daß Gott allein in ihm wirkte ohne Hinderniß. Denn es gefallen Gott die Werke nicht, deren er nicht Anfang und Ende ist.

3. Und weil Gott eine so große Liebe hat zu dem Menschen, in ihm zu wirken, weil das seine Natur ist, so wartet er allezeit auf uns, und ist mehr bereit, dem Menschen zu geben, denn der Mensch bereit ist, von Gott zu begehren. Darum so versäume diese Zeit nicht. Denn nach dieser Zeit wird ein Jeder empfangen, wie er gelebt hat, und wozu sein Herz geneigt gewesen, es sey Böses oder Gutes, Gott oder die Creatur. Und wenn nach der Zeit alle Heilige Gottes für einen Menschen beteten, und Blut weineten, würde es ihm doch gar nicht helfen, ihm wird weder zu- noch abgelegt, sondern wozu er sein Herz geneigt, und womit er dasselbe vereinigt hat, das wird ihm bleiben.

4. Gleichwie nun der wahre, lebendige Glaube das Herz reinigt von der Weltliebe, so reinigt er dasselbe auch 2) von den unordentlichen Affecten und Neigungen, als von Zorn, Ungeduld, und pflanzt dagegen Sanftmuth und Geduld gegen den Nächsten. Denn Gott kann nichts anders wirken in der Gläubigen Herzen, als was seine Natur ist. Nun ist Gott nichts anders denn Liebe, Sanftmuth und Geduld, wie wir sehen an unserm Herrn Jesu Christo. Die Liebe Gottes aber geht über alle Menschen, und erbarmt sich über alle; darum wirkt er auch eine solche Liebe in den Gläubigen, die Niemand ausschließt in dieser Zeit, weder Feind noch Freund, und ist allezeit vereinigt mit allen Menschen, gleich als mit Gott.

5. Es freut sich auch die Liebe alles des Guten, das Gott dem Menschen gibt, und der mancherlei Gaben der Glieder Christi, und dient denselben mit Ehrerbietung. Denn gleichwie den edelsten Gliedern alle andere Glieder dienen, als: die Hand dienet dem Haupt, den Augen, dem Herzen: also soll eine solche Vereinigung seyn der Glieder des geistlichen Leibes Christi. Und wenn wir unter denselben wüßten ein edler Glied, denn wofür wir uns selbst erkennen, das sollten wir viel lieber haben denn uns selbst, und sollten uns dessen so viel mehr freuen, so viel mehr dasselbe von seinem edeln Haupt, Jesu Christo, Gaben empfangen hat. Denn solches ist ein gemein Gut eines gemeinen Leibes, so herabfließt von unserm allgemeinen Haupte, Christo; und desselben kann man nicht genießen, denn durch die Liebe; denn die Liebe macht es unser eigen, und Alles, was ich in Gott liebe, das ist mein, und ich genieße desselben. Alle Gaben, so Gott einem frommen Menschen mittheilt, die sind sowohl mein als sein, wenn ich sie in Gott liebe; denn die Liebe macht es unser eigen. Ja, wenn ein Mensch seiner empfangenen Gaben halben sich nicht erhebt, wie es denn seyn soll, sondern sich und seine Gaben für klein und nichts hält, ich liebe sie aber in Gott, so sind sie eigentlicher mein denn sein. Und also werde ich geistlich reich in Gott, und theilhaftig aller Güter im Himmel und auf Erden, und an allen GottesFreuden, in dem einigen Haupt, Jesu Christo. Es muß wirklich und wesentlich Alles in mich fließen, was dieß Haupt in seinen Gliedern hat, im Himmel und auf Erden, in Engeln und Menschen.

6. Aus solcher innerlichen Liebe quillt auch heraus die Geduld, dadurch man alles Kreuz willig aufnimmt, als eine Bereitung zu besondern hohen Gnaden Gottes. Denn kein Kreuz ist, es bringt eine besondre Gnade mit sich. Daher ein heiliger Mann sagt: „Gott grüße dich, lauter bitter Leiden voller Gnaden!" Denn St. Petrus spricht: „So ihr um Christi willen das Uebel vertraget, und leidet das Unrecht, das ist Gnade bei Gott," 1 Petr. 2, 19. Und um der Liebe des Kreuzes Christi

willen sein Kreuz willig tragen, bringt dem Herzen endlich große Freude und Friede. Darum, wer in seinem auswendigen oder inwendigen Kreuz geduldig leidet, ohne Klage, obgleich sein Herz sehr verwundet wird, und leidet das den heiligen Wunden Christi zu Liebe, demselben werden seine Wunden und Schmerzen innerliche Freude bringen. Denn wer sich Gott also im Kreuz überläßt, dem wird Gott endlich selbst zum Trost und zum Frieden. Und dieser Friede ist ein recht göttliches Kleinod und Süßigkeit, so der inwendige Mensch schmeckt; von welchem Frieden Niemand sagen oder denselben verstehen kann, denn der ihn selbst hat. Und das ist der Friede, der höher ist, denn alle Vernunft, davon St. Paulus sagt, Phil. 4, 7.

Gebet um Stärkung und Ausübung des Glaubens.

In dir, o Jesu, gilt nichts denn der Glaube, der durch die Liebe thätig ist. Wir umfassen dich mit unsern Glaubensarmen, und nehmen dich an als unsern Seligmacher. Dein Heil erquickt uns und stärkt uns, und unser Glaube ist der Sieg, der die Welt überwindet. Amen.

Das 10. Capitel.

Wie das natürliche Licht in uns muß untergehen, und das Gnadenlicht aufgehen.

2 Cor. 4, 6. Gott, der da hieß das Licht hervorleuchten aus der Finsterniß, hat einen hellen Schein in unsere Herzen gegeben.

1. Das natürliche Licht und das Gnadenlicht zu unterscheiden, ist zu merken der Unterschied der Seele und ihrer Kräfte, nämlich der vernünftigen Kraft und des Willens, und der sinnlichen Kräfte, und dann der lautern, bloßen Substanz oder des Wesens der Seele. Davon im 21. Capitel weiter. In den ersten, nämlich in den Kräften der Vernunft, des Willens und der Sinne, ist das natürliche Licht. Und so lange dieselben des Menschen Seele gefangen halten, kann das Gnadenlicht die lautere bloße Seele nicht erleuchten. Darum, wo das Gnadenlicht soll scheinen, da muß das natürliche Licht untergehen. Denn die Erleuchtung des Gnadenlichts ist über alle Sinne und Vernunft, ja es wird durch die natürlichen Sinne und fleischliche Vernunft verhindert. Da siehst du, was der natürliche Mensch in göttlichen Dingen vermag: Lauter Nichts.

2. Wie aber das Gnadenlicht gemeiner Ordnung nach in der Seele aufgehe, da merke: Gott hat ein Gnadenwort, das läßt er verkündigen, und wirkt durch dasselbe, und dasselbe Wort ist Geist und Leben, Joh. 6, 63. Wiewohl nun Gott in allen Dingen ist mit seiner Gewalt, Wirkung und Leben, so hat er doch nirgend seine eigene Werkstatt, seine Gnade zu wirken, und das Gnadenlicht anzuzünden, denn in der Seele des Menschen. Darum das göttliche Licht und die Erleuchtung der Seele nirgend anders her kommt oder kommen kann, weder aus Sinnen noch Vernunft, noch aus allen andern natürlichen Kräften, als allein aus der Wirkung der Gnade Gottes in der Seele des Menschen. Hieraus fließt aller Trost und Friede der Seele, alle Wahrheit, Weisheit und Leben. Dieß besteht ewiglich, denn es ist das ewige Gut der Seele. Alles Andere aber, was von außen Sinne und Vernunft begreifen, das verdirbt alles, als ein dummes Korn, und läßt keine Frucht hinter sich. Dieß ist allein der Seele Gut, nämlich die Vereinigung Gottes, und seine Gnadenwirkung. Derselben können andre Creaturen nicht theilhaftig seyn, in denen das Bild Gottes nicht ist; denn sein Bild allein zieret und schmücket Gott mit Licht, Weisheit und Gnade.

3. Aus diesem Licht kommen der Seele ihre rechten geistlichen Kräfte wieder, nämlich Verstand, Weisheit und Erkenntniß, davon sie zuvor nicht gewußt, auch im Willen ein Geschmack der göttlichen Liebe, so zart und lieblich, daß einer solchen erleuchteten Seele Alles verdrießlich und zuwider ist, was nicht göttlich ist. Viel guter Bewegung und Antreibung spüret man, davon du wohl merkest, daß sie von innen aus deinem Herzen kommen, und von keiner Creatur. Es mag wohl die

Creatur Einen bewegen zur Lust, Verwunderung und Freude, aber das kommt von außen. Der Unterschied aber ist hier wohl zu merken, daß der innerste Grund der Seele über alle Sinne und Vernunft durch dieß Gnadenlicht berührt wird. Und je mehr du lebig bist von auswendigen Creaturen, je öfter und lauterer es geschieht, daß du Licht und Wahrheit empfindest. Aus diesem Licht geht nun die Erkenntniß der Wahrheit. Und wenn man diesen Grund verläßt, und sich in die auswendigen Phantasieen begibt, so kommt daher Irrthum. Denn Wahrheit ist inwendig im Grunde der Seele, und nicht auswendig. Aus diesem Licht der Seele steigt oft auf ein solcher heller Schein und Glanz, das ist, eine solche Erkenntniß, daß der Mensch oft mehr weiß und erkennt, denn ihn Jemand lehren kann. Und welcher Mensch des göttlichen Lichts in ihm gewahr wird einen Augenblick, der wird also getröstet und erfreut, daß diese Wonne und Freude tausendmal alle Wonne, Freude und Trost übertrifft, die alle Welt mit einander leisten mag; denn es gehört dieß Alles den niedersten Kräften der Seele.

4. Aus diesem Grund hat der königliche Prophet David geredet, Psalm 119, 98 u. ff.: „Du machest mich mit deinem Gebot weiser denn meine Feinde; denn es ist ewiglich mein Schatz. Ich bin gelehrter denn alle meine Lehrer, ich bin klüger denn die Alten; denn ich halte deinen Befehl. Dein Wort macht mich klug, darum hasse ich falsche Wege." Und auf denselben Grund ist dieser ganze lange Psalm erbaut, da David bittet, daß in ihm möge das göttliche Licht leuchten, daß in ihm möge das göttliche Wort reden, daß er möge diesen Schatz in ihm durch Gottesfurcht und Haltung der Gebote Gottes bewahren und ja nicht verlieren. Darum ist ihm das edle Wort und Gesetz Gottes lieber, denn viel tausend Stücke Goldes und Silbers, V. 72. Summa: wenn die Seele dieß hohe Gut in ihr befindet, und diesen himmlischen Schatz, so achtet sie aller Welt Gut und Herrlichkeit für Koth, und sagt mit dem König Salomo: „Es ist Alles eitel," Pred. Sal. 1, 2. Weil nun dieß Licht nicht leuchten kann in den Gottlosen (denn was hat das Licht für Gemeinschaft mit der Finsterniß? 2 Cor. 6, 14) dieß Licht aber der höchste Schatz der Seele ist: so bittet der liebe David so heftig, so fleißig, so emsig im 119. Psalm, mit solchem bewundernswerthen Reichthum der Worte, daß ihn Gott wolle vor der Finsterniß der Sünde bewahren, und in seiner Furcht erhalten, V. 18. 34.

5. Ja es ist dieß Gnadenlicht so überschwänglich gut und groß, daß es auch oft als ein Strahl in der Gottlosen Herz schlägt, und sie warnt vor ihrem Verderben; welches nirgends anders herkommt, denn von dieser Erleuchtung. Also scheint dieß Licht oft in der Finsterniß, aber die Finsterniß kann es nicht begreifen, Joh. 1, 5. Warum aber dieß Licht den innersten Grund der Seele nicht berühre, dessen ist alsdann die Ursache, daß die Kräfte der Seele zerstreut sind in die äußerlichen Sinne, da keine Ruhe ist. Denn da ist keine Ruhe, wo das Ohr alle Dinge hören, das Auge alle Dinge sehen, das Herz alle Dinge bedenken will, Pred. Sal. 1, 8. Denn da ist eine unruhige und zerstreute Seele mit ihren Kräften. Dieß Licht aber sucht und begehrt einen stillen Sabbath des Herzens, auf daß der Mensch von innen erleuchtet werde, daß seine Sinne, Vernunft, Verstand, Wille und Gedächtniß von innen aus dem Grunde der Seele erleuchtet werden.

6. Da hört der Mensch anders als zuvor, redet anders als zuvor, sieht anders als zuvor. Das sind dann nicht schlechte, gemeine Worte, sondern kräftige Worte des Geistes. Da schaut die erleuchtete Seele im Geist die Herrlichkeit Gottes, und seufzt nach ihm, und spricht: Ach Gott, du bist meinen Augen der Allerschönste, meinem Munde der Allersüßeste, meinen Ohren der Allerlieblichste, meinem Herzen der Allerliebste! So ist denn des Menschen Thun nicht sein, sondern es ist Gottes Werk in uns. Und so viel Gott edler ist, denn alle Creaturen, so viel ist auch Gottes Werk edler, denn der Menschen Werk. Darum liegt auch unsere Seligkeit nicht an unsern Werken, sondern

an Gottes Gnade. Also ist auch unsere Seele viel seliger durch Gottes Werk, wenn sie Gott leidet und in ihr wirken läßt, denn wenn sie ihr eigen Werk thut. Denn also thut die Seele nichts ohne Gott und außer Gott, in allen Werken.

Gebet um wahre Erleuchtung und Erkenntniß der Wahrheit.

Du Geist der Weisheit und der Offenbarung, gib uns erleuchtete Augen unseres Verständnisses, daß wir Gott heilsam erkennen. In deinem Lichte sehen wir Gott, das wahrhaftige Licht. Durch deine Kraft erlangen wir die wahre Weisheit, und durch deine Wirkungen werden wir tüchtig gemacht, Gott von Herzen zu lieben. Du bist der Geist der Wahrheit, leite uns in alle Wahrheit, so werden wir gewiß das Ziel erreichen, und einmal gewürdiget werden, Gott von Angesicht zu schauen. Amen.

Das 11. Capitel.

Gott ist allein der Seele Licht, und leuchtet von innen heraus, in christlichen Tugenden und Werken gegen den Nächsten, sonderlich im Richten und Urtheilen.

1 Joh. 1, 5. Gott ist ein Licht, und ist keine Finsterniß in ihm.

1. Gott ist das höchste, lauterste, reinste, subtilste, klarste und schönste Licht, und hat eine unermeßliche Liebe zu des Menschen Seele, sie zu erleuchten, und sich mit ihr zu vereinigen, wird aber verhindert durch die Finsterniß, welche die Menschen mehr lieben, denn das Licht, Joh. 1, 5; Cap. 3, 19. Die Finsterniß aber der Seele ist die Liebe dieser Welt, und die eigene Liebe; dieselben hindern Gott und sein edles göttliches Werk im Menschen. Soll nun die Seele das göttliche Licht empfangen, so muß sie sich nicht selbst mit den Creaturen verfinstern, mit Geiz, mit Zorn, mit eigener Liebe, mit Hoffart, mit Fleischeslust; denn solches ist die Finsterniß, darin der Gott dieser Welt herrschet, 2 Cor. 4, 4. Darum muß der Mensch ablassen von alle dem, das Gott nicht selbst ist, von sich selber und von allen Creaturen; denn das heißt absagen alle dem, das er hat, Luc. 14, 33. Einem solchen Menschen schmeckt allein Gott, und nichts anders, und derselbe wird in der Wahrheit erleuchtet. Und so er mit der Welt muß umgehen, so gebraucht er Alles in demüthiger Furcht, und behält den Grund seiner Seele rein von den Creaturen und von der Welt. So erleuchtet denn Gott von innen; denn es muß Alles von innen aus hervorquellen aus Gott.

2. Dieß innerliche Licht leuchtet dann auswendig in den Werken, und was du dann thust, oder redest, oder leidest, das ist nicht dein oder der Natur, sondern deines Gottes, dem du dich gelassen hast. Denn, sage mir, wessen ist das Werk: deß, der es thut, oder der es leidet? Es ist freilich dessen, der es thut. Womit dich Gott nun bewegt, es sey heilige Begierde, gute Meinung, Gebet oder Dankbarkeit, so ist es Alles sein und nicht dein. Darum laß Gott in dir wirken, und seinen Willen in dir haben; also thust du Alles in ihm, durch ihn, und er in dir. Also muß Alles in Gott gehen, und in Gott geschehen, Joh. 3, 21; daß wir in ihm leben, beten und Alles thun. Und das Allergeringste von Gott gethan ist besser, denn aller Creaturen Werk. Daher kommen die rechten Tugenden; denn die Tugend ist nicht Tugend, sie komme denn von Gott oder durch Gott, oder gehe zu Gott oder in Gott. Je größer aber die Lust der Creaturen und die Weltliebe in dir ist, je ferner dir Gott ist; je näher dir aber Gott ist im innern Grunde deiner Seele, je mehr seine Liebe und Barmherzigkeit gegen den Nächsten in deinen Werken hervorleuchtet. Denn unser lieber Herr spricht: „Ich bin das Licht der Welt," Joh. 8, 12. Darum sollen wir haften an der wahren Liebe unsers Hauptes, so werden wir erleuchtet in Christo.

3. Denn alle unsere Werke sind nur Licht, wenn sie aus Gott gehen, und sollen leuchten in der Finsterniß unsers Nächsten, in Geduld, in Sanftmuth, in Demuth, in Trösten und Mitleiden, in Besserung, und sonderlich in geduldmüthiger Strafe

und Urtheil. Denn vom übermüthigen Urtheil des Menschen über seinen Nächsten entsteht eigenes Wohlgefallen seiner selbst, und aufgeblasene Hoffart, Verachtung und Vernichtung des Nächsten. Solches ist eine böse Wurzel vieler Sünden und des Teufels selbst, die aus dem Samen der Hoffart gewachsen, und daselbst ist der heilige Geist nicht mit seinem Licht. Wo er aber ist, da urtheilt er den Menschen nicht, denn aus hoher Nothdurft, mit großer Gelindigkeit, und erwartet der Zeit und des Orts, da es sich wohl füget, auf daß man nicht zehn Wunden schlage, ehe man eine heilet. Man soll auch den Menschen in seinem Urtheilen nicht verkleinern und vernichten in eines andern Menschen Herzen, es sey geistlich oder weltlich; sondern es soll gehen aus lauterer Liebe, Freundlichkeit und Sanftmuth. So bleibt der Mensch selbst in Demuth und Armuth seines Geistes, und wandelt seinem Herrn nach, wird sanftmüthig, als ein Lämmlein, gegen die, so ihm zuwider sind. Die urtheilenden Menschen aber sind wie die Schlangen, so die alte Schlange, der Teufel, ausgebrütet hat; diese schleicht und gießt ihr Gift in sie, dasselbe gießen sie dann wieder aus, mit Verkleinerung und Vernichtung des Nächsten. Sie erkennen und sehen nicht, wer sie selber sind, und wollen Andere richten. O Mensch, nimm dieses deines falschen Grundes wahr, und richte dich selbst, und sonst Niemand, Luc. 6, 37. Denn das falsche natürliche Licht betrügt dich, und scheinet auswendig in Hoffart und eigenem Wohlgefallen, in eigenem Ruhm und Urtheil über andre Menschen. Darum wisse, daß dieß nicht ist Gottes Licht in dir, sondern des Satans Finsterniß.

4. Aber das wahrhaftige göttliche Licht, das erniedrigt sich, und hält sich klein und gering in allen Dingen. Es pranget nicht äußerlich, sondern es sucht den inwendigen Grund, daraus es geboren ist, nämlich Gott. Da eilt es wieder hin mit allen Kräften, und wer es hat, der dünkt sich der Geringste, Schnödeste, Kränkste und Blindeste. Denn ist etwas Besseres da, das ist Gottes und nicht sein. Darum siehe vor allen Dingen auf dich selbst, und nicht auf andere Leute, sonderlich auf ihre Sünden, damit du nicht selbst zum Mißfallen in Bitterkeit des Gemüths deinen Nächsten urtheilest. Denn das thut so großen Schaden in des Menschen Seele, daß es zum Erbarmen ist. Darum kehre dich davon, so lieb als dir Gott selbst ist, und kehre dich zu dir selbst, und besiehe, ob du die Gebrechen nicht auch in dir findest, daß du sie entweder in vergangener Zeit gehabt oder jetzo habest. Findest du sie in dir, so gedenke, daß es Gott also gefügt hat, daß du dieselben an einem Andern siehst, daß du dadurch kommen solltest zur Erkenntniß und Reue darüber, und zur Besserung deines Lebens. Alsdann bitte für ihn, daß ihm Gott Erkenntniß und Besserung verleihe, nach seinem Willen. Also wird ein gutes Herz gebessert von anderer Leute Gebrechen, und vor allem feindseligen Urtheil gegen den Nächsten behütet.

Gebet um Vermeidung unchristlichen Richtens.

Herr Jesu, laß uns täglich in der Erkenntniß unserer selbst wachsen, damit wir in wahrer Armuth des Geistes unsere Gerechtigkeit in dir allein suchen und besitzen; so werden wir mitleidig gegen unsern Nächsten bleiben, alles lieblose Richten desselben vermeiden, und mit sanftmüthigem Geiste die Irrenden und Strauchelnden zurecht weisen, auch uns über Andre nie erheben. Diesen Sinn schenke, erhalte und vermehre in uns, um dein selbst willen. Amen.

Das 12. Capitel.

Ein Christ soll zum wenigsten des Tages einmal von allen äußerlichen Dingen sich abwenden, und in den Grund seines Herzens einkehren; und was er davon für großen Nutzen habe.

Pf. 116, 7. Sey nun wieder zufrieden, meine Seele (oder: kehre wieder in deine Ruhe), denn der Herr thut dir Gutes.

1. Die Seele des Menschen, die sich in den äußern Dingen so weit ausbreitet, und den Creaturen allein anhängt, ist gar verirrt, wie ein verirrtes Schaf. Daran legt nun Gott der Herr all seinen Fleiß,

daß er eine solche Seele wieder sammle, dieselbe von den Creaturen erledige, in sich selbst einkehre, auf daß er sein edles göttliches Werk in ihr vollbringen möge. Daher der heilige königliche Prophet seinen langen 119. Psalm, V. 176 mit den Worten beschließt: „Ich bin wie ein verirrtes Schaf; suche deinen Knecht." Welcher Beschluß einem fleischlichen Menschen närrisch däucht, aber einem Gottweisen zeigt er das ganze Werk der Erleuchtung und himmlischen Weisheit. Denn die Seele des Menschen ist gesetzt zwischen Zeit und Ewigkeit. Wendet sie sich zu der Zeit, so vergißt sie der Ewigkeit, und es werden ihr alle Dinge fern, die Gott zugehören. Wendet sie sich aber zu der Ewigkeit, so vergißt sie der Creaturen, erlangt ihre Freiheit, und wird Gott nahe. So zieht sie Gott zu sich, und das ist seine höchste Freude, daß er sein Werk in des Menschen Seele haben mag. Da empfindet denn die Seele ihre rechte Ruhe, ihre rechte Speise, ihr rechtes Leben, die Früchte der Salbung, davon du ein Christ genannt bist.

2. Siehe, sollte nun ein wahrer Christ nicht täglich zum wenigsten einmal die himmlische Seelenspeise, welche Gott selber ist, genießen, der Seele ihre rechte Ruhe geben, und ihr rechtes, wahres Leben? Verstündest du das, du würdest tausendmal mehr laufen nach dem Ewigen, als nach dem Zeitlichen. Und wenn du denn gleich ein ganzes Königreich hättest, wie David, es würde dir nicht schaden, würde dich auch nicht verhindern oder aufhalten. Denn die Creaturen schaden dir nicht, wenn sie nur die Seele nicht gefangen halten, oder wie der 62. Ps., V. 11 sagt, wenn du dein Herz nicht daran hängest; denn dasselbe soll allein an Gott hangen.

3. Aus diesem Grund spricht David im 73. Psalm, V. 25: „Herr, wenn ich nur dich habe, so frage ich nichts nach Himmel und Erde." Wenn die süße Begierde und Liebe Gottes die Seele berührt, so vergessen solche Gott liebende Seelen in solcher süßen Liebe Gottes alles Leidens, achten es klein und gering, bekümmern sich nicht, ob man sie liebe oder hasse. Denn sie haben steten Frieden in Gott mit allen Creaturen, mit Feinden und Freunden; und diesen Menschen ist allezeit des Herrn Christi Joch süß, Matth. 11, 30. Denn sie sind in Christo, und Christus in ihnen; Christus trägt sein Joch in ihnen, und sie in Christo. Seine Bürde macht er ihnen leicht, denn er trägt sie in ihnen, und sie in ihm. Darum sagen sie mit St. Paulo, Phil. 4, 13: „Wir vermögen Alles durch Christum."

4. Siehe nun, wie hochnöthig einem Christen ist, und wie heilsam und nützlich, täglich zum wenigsten einmal einzukehren in sein eigen Herz, in Gott und Christum, um der Ruhe willen seiner edeln Seele, um des rechten Gebrauchs willen des Zeitlichen; welches Zeitliche dir Gott wohl gönnt und erlaubt, so du in Demuth und Gottesfurcht wandelst, und in Gott täglich wieder einkehrst; ja auch um deiner Armuth willen, denn eine solche Seele verläßt Gott nicht, es müßten ihr eher alle Creaturen dienen; und endlich um deines täglichen Kreuzes und deiner Bürde willen, daß es dir in Christo süß und leicht werde. So erinnert dich dessen auch der Geist Gottes, der in dir ist, daß du wünschest und seufzest, daß du Gott lauter allein lieben mögest, und wenn du daran verhindert wirst, so ist dir's leid. Und das ist dann der rechte innerliche Beruf des heiligen Geistes, oder das Anklopfen deines Bräutigams an die Thür deines Herzens, Offenb. Joh. 3, 20, zum lebendigen Zeugniß, daß dein Herz soll seine eigene Brautkammer seyn.

Gebet um rechten Gebrauch der Creaturen.

Sammle, o Gott, unsere Herzen, daß wir unausgesetzt dir allein ergeben seyn mögen. Laß uns oft in der Stille und im Verborgenen mit Fleiß betrachten, was wir an dir haben. Erfülle uns mit deinen Gnadengütern, daß wir alle Creatur, die du uns gibst, in dir nach deinem Willen gebrauchen, und dadurch immer näher zu dir, dem Schöpfer und Erhalter aller Dinge, als zu unserm in Christo versöhnten Vater, hingezogen werden. Du bist und bleibst unsers Herzens Trost und Theil, und uns ist innig und ewig wohl in deiner seligen Gemeinschaft. Amen.

Das 13. Capitel.
Wenn die Liebe der Creaturen ausgeht, so geht Gottes Liebe ein; und von den herrlichen Wirkungen der göttlichen Liebe in uns.

1 Joh. 2, 15. So Jemand die Welt lieb hat, in dem ist die Liebe des Vaters nicht.

1. So der Mensch Gottes will fähig werden, seine Wohnung und Tempel seyn, so muß er die Weltliebe ausziehen, und sich in der göttlichen Liebe üben. Denn er kann zur lautern göttlichen Liebe nicht kommen, er lasse denn die Liebe der Welt fahren, und vereinige sie mit Gottes Liebe. Gott muß uns aber mit seiner göttlichen Liebe berühren, sollen wir mit ihm recht gründlich vereinigt werden, gleichwie ein Magnetstein das Eisen berührt und nach sich zieht.

2. Nun ist Gottes Liebe gegen die menschliche Seele so groß, daß sie überall leuchtet und scheinet, größer denn die Sonne am Himmel, ja gegen die Sonne zu rechnen, als wenn der große Himmel überall lauter Sonne wäre. Und hat also der ewige Gott, der die Liebe selber ist, keine Schuld; aber sein Licht und seine Gaben werden von den Menschen verhindert. Denn so er kommt mit seiner milden, zarten und edeln Liebe, so findet er der Menschen Herz voll Weltliebe und voll böser Geister, das ist, voll Hoffart, Geiz und Wollust, Haß und Neid, und voll böser Gedanken; alsdann muß der gütige Gott mit seiner Liebe und Gnade wieder zurückkehren. Denn des Menschen Seele ist allbereits durch den Magnet dieser Welt, ja mit dem höllischen Magnet berührt, welcher ihn nicht zu dem Himmel, sondern zu der Hölle zieht, da doch der liebe Gott bereit ist, wie die Sonne am Himmel, allezeit zu geben seinen Gnadenschein einem jeglichen Menschen, wenn er sein Herz fein lauter und rein behalten könnte von der Creaturliebe. Darum ist die Schuld unser, und nicht Gottes.

3. Dawider dient nun die Bewahrung von der Weltliebe, die Bekehrung von der Welt zu dem lebendigen Gott, und ein emsiges Gebet, daß wir die göttliche Liebe, die uns mit Gott vereinigt, suchen in Christo, und an die Thür seiner heiligen Wunden klopfen, in ihm unsere Seligkeit suchen, so wird er uns aufthun und eingehen lassen in die Liebe der Vereinigung mit Gott. Dadurch nahet der Mensch zu Gott, und verläßt die Welt; so berührt ihn dann Gott mit seiner Liebe, und erfreut ihn je mehr und mehr. Denn sollte dich der liebe Gott nicht besser ergötzen mögen, als die elende, nothdürftige und verderbte Creatur?

4. Der Mensch, der nun Gott lieb hat, wird von allen Heiligen und von allen Engeln unermeßlich geliebt, also daß alle Liebe, die man erdenken kann, dieser Liebe nicht gleich ist. Und wenn ich Gott liebe, so haben mich Alle lieb, die im Himmel sind, über alle Maaßen und über alle Liebe auf Erden. Denn das ist ein ungleich Ding, was die wollen, wünschen und lieben, so im Himmel sind, und was die wünschen, so auf Erden sind. Ja alle Heilige und alle Engel haben an unserer Gottesfurcht und guten Werken eine so große Freude, daß sie kein Mund aussprechen kann; denn sie haben Gott unaussprechlich lieb, also daß seine Ehre ihnen lieber ist, denn ihre Seligkeit.

5. Dieser Liebe Gottes Zeichen aber ist, daß sie der Creaturen mit Furcht und Demuth gebraucht. Denn Gott berührt den Menschen also mit Furcht und Demuth Tag und Nacht, er esse oder trinke, daß er Alles in kindlicher Furcht gebraucht. Darauf folgt denn ein himmlisch Seufzen und Jammern nach Christo, und nach der Erlösung von dieser Welt, weil der Mensch in seiner verderbten Natur so viele Sünde und Unflath verborgen findet, die Gottes Licht und Gnade in ihm hindert. Darüber seufzt er mit St. Paulo, Röm. 7, 24: „Ich elender Mensch, wer will mich erlösen von dem Leibe dieses Todes?" Und eben darum muß man seufzen um Gnade, damit man gestärket werde, diesen Jammer desto besser zu tragen, damit man nicht zu krank werde in diesem Elende. Darum

haben alle Heilige gejammert und geseufzet, wegen der angeborenen Eitelkeit und fleischlichen Liebe. Denn ohne Zweifel mag kein Mensch der göttlichen Gnade empfindlich seyn, dessen Herz mit den Creaturen besessen ist. Denn wer Gott sucht, und sucht etwas mit ihm, der findet ihn nicht. Wer aber Gott allein sucht in der Wahrheit, der findet Gott und Alles, was Gottes ist, und was Gott je geben und leisten kann. Denn wer nichts anders suchet und meinet, denn blos Gott, dem entdecket Gott und gibt ihm Alles, was er verborgen hat in seinem göttlichen Herzen, daß es ihm so eigen ist, als es Gott eigen ist.

Gebet um Vermeidung der Weltliebe.

Du, o Herr, bist unser Gut; darum mangelt uns nichts. Wenn wir dich haben, so fragen wir nichts nach Himmel und Erde. In dir genießen wir eine unaussprechlich große Seligkeit, die alle Welt uns nicht verschaffen kann. Ach! laß uns in dir unverrückt erfunden werden, so werden wir alles Andere um deinetwillen gerne verläugnen, und zufrieden seyn, wie du, unser himmlischer Vater, es im Innern und Aeußern mit uns fügest. Amen.

Das 14. Capitel.

Eine jede christliche Seele, die eine Wohnung Gottes seyn soll, muß mit großer Geduld bereitet werden, und die Liebe Gottes behalten; und was die Liebe sey und wirke.

Jes. 53, 7. *Christus ist wie ein Lamm, das zur Schlachtbank geführt wird.*

1. Wer sein Herz recht will bereiten, daß er mit Christo vereinigt bleibe, der muß Christi Sinn und Gemüth haben, und muß ein Lamm seyn, wie er ist, d. i. geduldig und sanftmüthig, wie Christus. Mache es nun, wie du willst, wende dich hin und her, du mußt ein Schäflein und ein Lämmlein seyn, willst du deinem Herrn nachfolgen. Denn der Herr spricht, Matth. 10, 16: „Siehe, ich sende euch wie Schafe mitten unter die Wölfe." Darum mache es, wie du willst, du mußt unter die Wölfe, die werden dich zausen, mit List um dich hergehen und dich zerreißen. Dawider hast du aber keinen bessern Sieg, denn Geduld, Stilligkeit, Sanftmuth und williges Leiden, wie du solches an dem Lämmlein Gottes siehst. Gleichwie nun Gott ein Wohlgefallen hat an Christo, dem sanftmüthigen Lämmlein: also gefällt ihm deine Geduld wohl, und er will deine Geduld üben. Darum lasse dich seinem Willen, in was Weise und Wegen er dich auch üben will, durch wen, und zu welcher Zeit, es sey durch sich selbst, oder durch Menschen, oder durch den Feind, oder durch alle Creaturen im Himmel und auf Erden, durch Scheltworte oder Verachtung, oder was es sey; daß du alsdann stille schweigest und leidest. Siehe, so kommt denn der getreue Herr, und sucht dieß Schäflein, und trägt's auf seinem Rücken, Luc. 15, 5. Und so wird eine solche Seele über alle Creaturen geführt zu Gott, denn Christus führt nirgends anders hin, denn zum Vater. Kommt aber das blinde fleischliche Urtheil, und spricht: Warum willst du dich also verachten und unterdrücken lassen? so laß die Sanftmuth antworten, und nicht die Rache, und siehe an das Vorbild des gekreuzigten Lämmleins Gottes.

2. Siehe zu, daß du ein Lämmlein bleibest, das ist, die Geduld und Sanftmuth behaltest, und vor allen Dingen die Liebe Gottes; denn bei dem Zorn kann die Liebe nicht stehen. O du glaubiges Herz, lerne, was Liebe sey! Du meinst, das sey Liebe, wenn du inwendig große Süßigkeit und Lieblichkeit empfindest. Nein, das ist die Liebe nicht in ihrem Wesen, sondern es ist nur ein Schein, wie vom Feuer, und eine Blüthe oder ein Glast der Liebe. Das Wesen aber der Liebe ist, wenn man sich Gott also läßt, aufopfert und seinem Willen ergibt, daß man Alles aufnimmt, als von Gott selbst, wie Hiob den Verlust seiner Kinder, Güter, Gesundheit und Ehre als von der Hand des Herrn aufnahm und Gott pries, Hiob 1, 21; wie auch der König David die Scheltworte Simei aufnahm, als vom Herrn, und blieb in der Liebe und Geduld, ohne alle Rache, 2 Sam. 16, 10.

3. So bleibt das Wesen, die Flamme,

der Grund und die Quelle der Liebe rein und unbeweglich, und ein solcher Mensch ist mit Gott wohl zufrieden, er mache es mit ihm, wie er wolle. Und so ihn auch Gott mit Christo in die Hölle führen wollte, so wäre ihm daselbst wohl, und er ruhete in dem Willen Gottes, welcher Niemand verderbet oder verderben läßt. In dieser Liebe ist großer Friede des Herzens, wenn man nämlich in Gott Alles lieb hat, auch das Kreuz, es sey, was es sey, auch die Feinde. Denn die wahre Liebe schließt Niemand aus hier in dieser Zeit, und ist allezeit vereinigt in Gott mit allen Menschen. Niemand glaubt es, welche Stilligkeit und Ruhe diese Liebe dem Herzen bringt; denn da ruht man in Gott selbst.

Gebet um christliche Geduld im Kreuz und Leiden.

O stilles Gotteslamm, schenke uns deinen gelassenen und Gott ganz ergebenen Sinn, damit wir in allen Leiden auf Gott sehen, alles Widrige von dessen Liebeshand annehmen, unter dem Kreuz geduldig aushalten, und mit gänzlicher Unterwerfung unter die göttliche Regierung unserm lieben versöhnten Vater zutrauen, daß er es in allen Umständen mit uns wohl machen werde. Amen.

Das 15. Capitel.

Daß Jesus Christus, das ewige Wort des Vaters, in den glaubigen Herzen sein Werk verrichtet durch inwendiges Einsprechen und Reden; und wie solches durch das Mittel der Liebe geschehe, auch wie er sich in der Demuth offenbart und zu erkennen gibt.

2 Cor. 13, 5. Prüfet euch selbst, ob Jesus Christus in euch sey.

1. Gleichwie man des bösen Feindes Einsprechen und Einraunen oft wider seinen Willen leiden muß, also empfindet eine glaubige Seele hinwieder auch den göttlichen Trost, so das ewige Wort in uns redet. Davon Tauler sagt: „Wisset, daß das ewige Wort uns also unaussprechlich nahe ist, inwendig in unserm Grunde, daß der Mensch ihm selber, noch seine eigene Natur und Gedanken, noch Alles, das man sagen und verstehen kann, ihm nicht so nahe und so inwendig ist, als das ewige Wort im Menschen ist, und spricht ohne Unterlaß in dem Menschen. Und der Mensch hört das Alles nicht, wegen der großen Taubheit seines Herzens, welche vom Teufel herrührt; denn der böse Feind ertäubet den Menschen durch sein Einraunen, durch Weltliebe und durch alles das, so an der Welt hanget." Denn der Teufel versucht auch jetzo alle Menschen, durch Alles, was der Natur liebkoset und schmeichelt. Wie er die Eva versuchte, 1 Mos. 3, 4, also thut er noch täglich, durch Gut, Ehre, Freundschaft, durch deine eigene Natur, oder was er dir einbildet, durch Liebe und Gunst der Creaturen; dadurch treibt er sein Einraunen. Denn er ist allezeit bei dem Menschen, und merkt, wozu der Mensch Lust hat, inwendig und auswendig, mit Liebe oder Leid; damit ficht er ihn an, und bildet's ihm ins Herz, daß er davor, was Gott durch seinen heiligen Geist und sein Wort in ihm redet, nicht hören kann. Solchem teuflischen Einsprechen mußt du widerstreben. Denn so viel du deine inwendigen Ohren dazu leihest, so viel bist du allbereits überwunden; kehrst du dich aber schnell zu deinem Herzen, und wendest deine Ohren ab, so hast du überwunden. Gleichwie nun die Liebe und Freundschaft zwischen frommen Menschen ein Gespräch verursacht unter ihnen selbst, also, so du Gott herzlich lieb hast, wirst du seine Stimme in dir hören. Denn wer mich liebt, spricht der Herr, Joh. 14, 23, der wird mein Wort hören und darauf merken, nicht allein in äußerlichen Versammlungen der Kirche, sondern in dem rechten Tempel des Herzens. Denn wenn es daselbst nicht gehört wird, wird das Auswendige nicht viel Frucht schaffen. Darum ist's nun daran gelegen, daß du Gott liebest, auf daß du ihn hörest in deinem Herzen mit deiner Seele reden.

2. „Willst du aber wissen," sagt St. Gregorius, „ob du Gott liebest, so merke, ob du auch alles Kreuz und Leiden, Trübsal und Elend mit Geduld von Gott aufnimmst, ohne alle Ungeduld in Worten und Werken oder Geberden. Thust du das, so

ist kein Zweifel, du liebest Gott. Ist's anders, so liebst du Gott nicht rein, sondern liebst mehr das Deine denn Gott. Wiewohl nichts dein ist, als deine Sünde, das Andre ist Gottes." Darum siehe zu, daß du die Gaben nicht mehr liebest, als Gott selbst. Wirst du ihn nun herzlich lieb haben, so wirst du manches süße Wort in deinem Herzen von ihm haben und hören. Denn er spricht ja: "Wer mich liebet, dem will ich mich offenbaren," Joh. 14, 21. Diese Offenbarung geschieht durch Eröffnung des Verständnisses, durch Erleuchtung des Herzens, durch den Geist der Weisheit, der Erkenntniß, der Stärke, der Kraft, des Verstandes und der Furcht Gottes, Jes. 11, 2, sonderlich aber durch Eröffnung der inwendigen Augen, Eph. 1, 18, damit du Christum sehest und kennest.

3. Wie aber der Teufel durch sein Einraunen die inwendigen Ohren verstopft, wie oben gemeldet: also verblendet er auch die inwendigen Augen mit eigener Liebe, mit der Liebe der Welt und der Creaturen, und durch deine inwendige und auswendige Hoffart. Denn gleichwie du in herzlicher und inniger Liebe Christum mußt hören in dir reden: also mußt du Christum recht sehen lernen im Glauben und in der wahren Demuth, dadurch dein Herz gereinigt und geläutert wird von dem hoffärtigen Leben. Denn es sagt der Herr nicht ohne Ursache, Matth. 5, 8: "Selig sind, die reines Herzens sind, sie werden Gott sehen." Darum läßt Gott so manch hartes und schweres Kreuz auf dich fallen, daß du in den Grund der lautern Demuth versinken sollst, welches Alles dir zum Besten geschieht, und ist dir tausendmal besser, denn daß du in guten, fröhlichen Tagen und großer Herrlichkeit lebest. Laß auf dich fallen Himmel und Erde, ja alle Teufel in der Hölle, davon wird dir das beste Theil werden; denn es versenkt dich in die lautere Demuth, darin du Christum recht sehen lernst.

4. Siehe, Christus ist der Allerhöchste und Gewaltigste, der Himmel und Erde gemacht, und wieder zunichte machen kann, und hat doch so viel leiden und gleichsam zunichte werden wollen, wegen seiner armen Creatur. Darum schäme dich, du sterblicher Mensch, daß du die Hoffart und eitle Ehre und anderer Leute Urtheil hast in dein Herz kommen lassen. Unterwirf dich aber dem Kreuz, wo es auch herkommt, inwendig und auswendig, und beuge dein hoffärtiges Gemüth unter die Dornenkrone Christi, und folge nach dem gekreuzigten Gott mit niedrigem Gemüthe, in wahrer Verkleinerung deiner selbst, inwendig und auswendig, und wende Fleiß an, daß du mit geduldigem Leiden und demüthigem Wandel in sein heiliges Leiden dich verbildest, so wirst du Christum recht sehen und erkennen lernen. Denn was ist's, daß du an das heilige Leiden deines Herrn gedenkest in einer erloschenen, blinden Liebe? Bringst du aber Christi Leiden nicht in die Uebung, sondern lässest es nur in bloßen Gedanken hangen, und willst im geringsten deiner Hoffart, Ehre und Gemächlichkeit nicht entbehren: so wirst du Christum nimmermehr recht sehen können, noch seine Wirkung in dir recht empfinden. Denn gleichwie die Sonne und der Himmel in der Tiefe der Erde wirken, also Christus in der Tiefe der Demuth; wie er denn auch selber in seiner Niedrigkeit die höchsten Werke gewirkt hat. Das ist aber die Lauterkeit der Demuth, daß ein Mensch von ihm nichts halte, noch von alle dem, das er gethan hat, oder hinfort thun mag. Denn ist etwas Gutes in deinen Werken, das ist Gottes, und nicht des Menschen.

5. In diesen Grund der Demuth mußt du kommen, sollst du die seligen Augen haben, die Christum sehen. Denn den kleinen, demüthigen Menschen offenbart der himmlische Vater die Geheimnisse von Christo, und die verborgene Weisheit, Psalm 51, 8; und verbirgt sie den Großen, Klugen und Weisen dieser Welt, Matth. 11, 25. 1 Cor. 1, 20. Denn in dieser bloßen Niedrigkeit und Kleinheit ist allein das Verständniß und die Erkenntniß der bloßen, lautern göttlichen Wahrheit, darin das Wesen der ewigen Seligkeit verborgen liegt. Daselbst offenbart sich die Hoheit der Majestät Gottes. Und je mehr die Hoheit Gottes dem Menschen geoffenbart wird, je mehr wird ihm bekannt seine

Nichtigkeit. Und daran soll man erkennen die Wahrheit der göttlichen Erleuchtung. Denn dieselbe versenkt einen Menschen immer tiefer in seine eigene Nichtigkeit, auf daß der Mensch nicht sey ein Liebhaber seiner selbst. Denn daher ist alle Finsterniß, Blindheit und Irrthum gekommen. Welche aber das rechte göttliche Licht empfinden, die dürstet immer nach Leiden und Verkleinerung ihrer selbst, und nachzufolgen der Lehre und dem Exempel ihres Herrn Jesu Christi. Wie denn solcher Durst der Gottseligkeit im 119. Psalm beschrieben ist. Denn der heilige König David hat wohl verstanden, daß ohne dieselbe kein göttliches Licht und keine Weisheit, auch keine göttliche Antwort und kein Einsprechen in des Menschen Seele hineinleuchten kann; und das ist der rechte Verstand jenes langen Psalms.

6. Diese Niedrigkeit und Demuth des menschlichen Gemüths ist die rechte Werkstatt Gottes, darin Gott Alles wirkt mit seiner Gnade. Einem solchen gottesfürchtigen Menschen bleibt allezeit eine Seele voll Gottes, und ein Leichnam voll Leidens. Dieweil er sich auch alles Dinges unwürdig achtet, gebraucht Alles mit Furcht, nicht zur Wollust, sondern ist wie ein Knecht, der vor seines Herrn Tische steht, und ihn ansieht, was er wolle von ihm gethan haben. Denselben läßt der Herr nimmermehr ohne Gnade und freundliches Gespräch.

Gebet um das Einsprechen und die Offenbarung Christi in der Seele.

Offenbare du, o Herr, dich unsern Seelen; rede durch dein Wort und deinen Geist in uns, und gib uns ein gehorsames Herz, den Bewegungen und Regierungen deines Geistes zu folgen. Du ewiges Wort des Vaters, rede, daß wir, deine Knechte, hören; erleuchte unsere Augen, daß wir nicht im Tode entschlafen, sondern dich in deiner Demuth anschauen, lieben, und dir folgen. Schreibe dein Leiden so in unser Herz, daß dadurch in uns getödtet werde alle Eigenliebe, Weltliebe, Hoffart und Eigensucht, und wir in herzlicher Demuth dir folgen, wo du hingehest, und dein Kreuz willig auf uns nehmen. Amen.

Das 16. Capitel.
Wie der heilige Geist empfangen werde; und wie er unverhindert in unsern Seelen wirke.

Jes. 44, 3. Ich will Wasser gießen auf das Durstige, und Ströme auf die Dürre.

1. Wenn es ginge wie zu Eliä Zeiten, 1 Kön. 17, 1; Cap. 18, 45, daß es drei Jahre und sechs Monden nicht regnete, und man weder pflügen noch säen könnte, und es käme dann ein sanfter und fruchtbarer Regen, davon alles Erdreich erquickt würde, aber Eines Menschen Acker würde nicht befeuchtet, sondern bliebe allein trocken und dürre: der möchte wohl von Unglück sagen, ja von Gottes Ungnade, und blutige Thränen weinen. Tausendmal mehr aber mögen diejenigen heiße und blutige Thränen weinen, welche den heiligen Geist in dem Grunde ihres Herzens nicht empfinden, sondern glaubenslos und lieblos bleiben, als ein dürrer, steinichter Acker, daß sie auch des überschwänglichen Trostes des heiligen Geistes nicht theilhaftig worden.

2. Die Schuld aber ist nicht Gottes, der sich erbeut, seinen heiligen Geist über alles Fleisch auszugießen, Joel 2, 28, sondern des Menschen, der den Grund seines Herzens nicht bereitet. Die größte Bereitung aber, den heiligen Geist zu empfangen, ist, wenn das Herz von der Welt durch Glauben und Gebet zu Gott gewendet wird, wie der Apostel Herz am Pfingsttage (Apost. Gesch. 2), wenn es ausgeleert wird von den Creaturen. Ach fände Gott ein solches leeres Herz, er gösse den heiligen Geist mit allen seinen Gaben hinein. Ist aber das Herz der Welt voll, so kann es nicht voll Gottes und nicht voll Geistes werden. Soll Gott hinein, so muß die Creatur heraus, gleicher Weise, wie es in der Natur ist. Die Natur leidet keine leere noch ledige Statt, sie füllt solche aus, oder die Natur muß brechen und zerfallen; und wäre etwas leer oder ledig auf Erden, der Himmel zöge es entweder zu

sich, oder neigte sich kräftig herunter, und erfüllete es mit ihm selber. Darum laß dein Herz ja nicht an den Creaturen hangen, weder auswendig noch inwendig, weder an deiner eigenen Liebe, noch an deinem eigenen Willen, sondern blos an Gott, so hast du das allergrößte und nützlichste Werk vollbracht, und laß dich ja deine eigene Liebe und Lust nicht hindern. Denn solches ist gleich als wenn ein großer Meister ein großes Werk anfinge, und es käme ein Kind, und verderbte es ihm alles. So ist der Mensch, wenn er sich zueignet, was Gottes ist, und seine Lust und Freude darin sucht. Denn so verderbt er dem heiligen Geist sein Werk, und treibt sein eigen Werk, und meint dann, es sey Alles Gottes Werk in ihm, und ist doch sein eigen Werk und Gutdünken. Wir wissen aber, daß wir in allem unserm Thun unnütze Knechte sind, Luc. 17, 20; und ein unnützer Knecht thut unnütze Werke. So viel nun Gott besser ist, denn alle Creaturen: so viel ist auch sein Werk besser, denn aller Menschen Werk und Satzung. Darum, soll Gott eigentlich und edel in dir wirken, so ist vonnöthen, daß du ihm Statt und Raum gebest, und daß deine Affecte ruhen und du Gott leidest. Soll Gott in dir reden, so müssen alle Dinge in dir schweigen. Darum, lieber Mensch, es ist nicht Alles Gottes Werk, was in dir wirkt, sondern es ist deines Fleisches und Blutes Werk. Siehe zu, daß du dieses wohl zu unterscheiden lernest, und nicht des Teufels Werke Gott zuschreibest.

3. Willst du aber, daß der heilige Geist in dir wirken soll, so mußt du diese zwei Regeln in Acht nehmen: 1) Mußt du dein Herz von der Welt und den Creaturen, und von dir selbst, und von allem deinem Willen und deinen Affecten abwenden und abziehen, so bleibt des heiligen Geistes Werk ungehindert in dir. 2) Daß du alle Zufälle des Kreuzes und der Trübsale, wo sie auch herkommen, und was es sey, inwendig oder auswendig, als von Gott dir zugeschickt, ohne alle Mittel annehmest, und nicht anders annehmest, als daß dich Gott dadurch bereiten will zu ihm selber und zu seinen großen Gaben. Wenn du nun in einem göttlichen Werk bist, und es käme dir dein liebster Freund und betrübte dich mit harten Scheltworten, und du nähmest das Alles mit Geduld an, in Schweigen und Leiden: so wisse, daß es des heiligen Geistes Werk ist in dir, dadurch er dich zu seinen Gaben wohl bereiten will. So aber der böse Geist dir böse Gedanken eingibt: so wisse, daß sie dir nicht mögen schaden, denn sie geschehen wider deinen Willen. So du auch mit deinen äußerlichen Amtswerken mußt umgehen, so sollst du Alles in der Liebe thun, zu Gottes Lob und Ehre, und des Nächsten Nutzen; so thust du es in Gott und in dem heiligen Geist.

Gebet um des heiligen Geistes Wirkung in uns.

O Herr Gott, heiliger Geist, hier bringen wir dir unser armes Herz; ach, bereite es durch deine Gnade zu deiner Wohnung, und reinige es von alle dem, was dir, in dasselbe einzukehren, zuwider ist. Mache es würdig, dich zu empfangen, dich zu haben, dich zu behalten, und deiner Wirkung je und allezeit zu genießen. Amen.

Das 17. Capitel.
Woran man merken kann, daß der heilige Geist in unserer Seele sey.

Joh. 16, 8. Der heilige Geist wird die Welt strafen.

1. Wenn der heilige Geist in unsere Seele kommt, das ist, seine Gegenwart durch seine Werke erzeigt, so straft er 1) Alles in uns, was nicht göttlich ist, und was die Welt ist, als Augenlust, Fleischeslust und hoffärtiges Leben, und erweckt dawider einen Verdruß in uns. Und wer dieses Weltleben in ihm hat, ohne inwendige Strafe des heiligen Geistes, der soll wissen, daß der heilige Geist noch nicht in den Grund seiner Seele gekommen ist; denn es ist des heiligen Geistes Art, daß er den Menschen zu allen Zeiten ermahnet, treibet, locket und ziehet in ein geordnetes Leben; das thut er allen denen, die sein warten und ihm Statt geben. So straft der heilige Geist die Sünde

im Menschen. Die Sünde aber ist Alles, was wider Gottes heiligen Willen geschieht, nämlich der Ungehorsam wider Gott. Diese heimlich verborgene Sünde offenbart und straft der heilige Geist, wenn er zu dem Menschen kommt.

2. Daraus entsteht 2) ein inwendig Herzeleid, Traurigkeit, Angst und Pein der Seele, ja oft eine höllische Pein; davon die Weltmenschen, so nach der Natur leben, wenig wissen. Das ist der wahrsten Zeichen eines von der Gegenwart des heiligen Geistes. Die aber außer solcher göttlichen Traurigkeit sind, und haben an all ihrem Thun und Lassen keine Traurigkeit, sondern eitel Lust und Wohlgefallen, die sind in einem gefährlichen Stande, ohne Geist Gottes. Hierbei merke nun das andre Zeichen des gegenwärtigen heiligen Geistes.

3. Das dritte Zeichen ist, wenn er uns allen Ruhm unsers eigenen Verdienstes und unserer Gerechtigkeit benimmt, und solchen vor Gottes Gericht welk macht, wie eine Blume, welche abfällt, und wie Heu, so verdorret, wenn der Geist des Herrn darein bläst, Jes. 40, 6. Denn der Geist Christi zeigt uns allein den festen, unbefleckten und unbeweglichen Grund der Gerechtigkeit und des Verdienstes Jesu Christi, und der Barmherzigkeit Gottes, Jes. 45, 24. Denn „wehe all unserer Gerechtigkeit," sagt Augustinus, „so sie ohne Barmherzigkeit von Gott soll geurtheilt werden. Denn alle unsere Gerechtigkeit ist wie Unflath vor Gottes Augen." Jes. 64, 6.

4. Das vierte Zeichen der Gegenwart des heiligen Geistes ist, wenn ein Mensch seinen Nächsten mit erbarmender Liebe mit allen seinen Gebrechen trägt, und nicht leicht urtheilt und richtet. Denn solch hochmüthig Richten ist ein Same und eine Wurzel des Teufels, das ist, Hoffart und Verschmähung des Nächsten, und ein Wohlgefallen an sich selbst; welches Alles eine Anzeige ist, daß der heilige Geist nicht da ist. Wo aber derselbe ist, da beweist er sich unter andern also: 1) Er straft, wenn's hoch noth ist. 2) Er erwartet der Stunde und des Orts, da es sich wohl fügt, zu strafen, wie man an Christo sieht. 3) Er straft nicht mit allzu harten Worten, sondern mit Erbarmung. 4) Verachtet er den Nächsten nicht, noch verkleinert er ihn in eines Andern Herzen; sondern er thut Alles in lauter Liebe und Sanftmuth. Siehe, das merke, so bleibst du in wahrer Demuth, und in der Gnade des heiligen Geistes, und derselbe in dir.

Gebet um rechte Annahme der innerlichen Bestrafung.

O du Geist des Herrn, entdecke uns täglich unsere Gebrechen; laß uns göttliche Traurigkeit darüber empfinden, erhalte uns in wahrer Armuth des Geistes und gründlicher Verläugnung unserer selbst, und treibe uns kräftig zur Ausübung einer erbarmenden Liebe gegen unsern Nächsten. Erfahren wir solche Gnadenwirkungen in uns, so wissen wir, daß wir Gottes Kinder sind, und können unser Herz vor ihm stillen, wenn es uns auch anklagen und verdammen will. Ach du Geist der Gnaden, weiche du nicht von uns; so bleiben wir ein Eigenthum Gottes immerdar. Amen.

Das 18. Capitel.
Die Welt mit ihrer Kurzweil treibt aus den heiligen Geist, und führt ein den Weltgeist, welcher die Seele ihrer edeln und höchsten Ruhe beraubt.

1 Petr. 2, 11. Enthaltet euch von den fleischlichen Lüsten, welche wider die Seele streiten.

1. Die Weltkinder suchen Lust und Freude dieser Welt, die Kinder Gottes aber fürchten sich davor, als vor der Lockspeise des Teufels, dadurch sie von Gott, ihrem höchsten Gut, abgerissen werden. Willst du nun diesen edeln Schatz in deinem Herzen behalten, so hüte dich vor den Ursachen und Gelegenheiten, dadurch du dieses höchsten Gutes beraubt wirst; nämlich, vor der Gesellschaft und Kurzweil der Welt, so sie treiben in Worten und Werken, ja vor allem Werk, darin Gottes Lob und Ehre nicht ist. Mußt du aber ja Noth halben wider deinen Willen dabei seyn, so siehe zu, daß du allezeit bei dir selbst blei-

best, mit einem wahren Einkehren in dein Herz zu Gott; so behältst du allezeit den heiligen Geist, Friede und Freude, wo du dich hinkehrst. Und so mag dir die Welt mit ihrer Ueppigkeit nicht schaden. Also war die Königin Esther inwendig von Herzen bemüthig, ob sie wohl auswendig mit königlichem Schmuck geziert war, Esther 5, 8. Also ward David klein in seinem Herzen bei seinem großen Reichthum, 2 Sam. 6, 22. Joseph hatte ein keusches Herz in dem wollüstigen Hause seines Herrn, 1 Mos. 39, 9.

2. Also gibt der heilige Geist allezeit den Seinen die göttliche Furcht, die sie vor der Welt und ihrer Ueppigkeit behütet, auf daß sie den innerlichen, geistlichen Frieden nicht verlieren, noch die Ruhe ihrer Seele. Das ist die Furcht Gottes, die der Weisheit Anfang ist, Ps. 111, 10. Sir. 1, 16. Darum kehrt sich ein gottesfürchtiges Herz nicht zu der Welt, sondern wendet sich von der Welt zu Gott, und sucht seine Lust, Ruhe, Friede und Freude allein in Gott. Denn das ist die Frucht der wahren Reue, nämlich ein Abkehren von Allem, das nicht lauter Gott ist, oder dessen Gott nicht eine Ursache ist, und ein wahres Einkehren zu dem lautern und wahren Gut, welches Gott ist und heißt. Denn so wir das nicht gethan haben, sondern unser Leben in der Welt Ueppigkeit verzehrt haben, das soll uns unser Lebtage gereuen. So aber ein Mensch dasselbe thut, und wäre er ein noch so großer Sünder gewesen, so freut sich Gott über ihn, und will nicht ansehen seine Sünde, sondern seinen Glauben, wie er begehrt, gegen Gott zu seyn, von Grund seines Herzens. So eine große Begierde hat Gott zu des Menschen Heil, welchem doch so oft widerstanden wird, damit, daß sie sich zu der Welt von Gott abwenden, und treiben also mit Gewalt Gott aus ihrem Herzen, der sie doch mit seiner süßen Gegenwart zu besitzen begehrt.

3. Darum so muß ein Mensch der Welt absterben, will er Gott leben. Dabei befindet sich's, daß der meiste Theil der Welt Gottes Feind sey. Ach wie sind wir Gott so manchen Tod schuldig, bis die böse Natur sterbe, inwendig und auswendig, bis daß ein göttliches edles Leben folge! Diese Tödtung geschieht durch mancherlei Kreuz und Anfechtung, inwendig und auswendig; welche unserer vergifteten Natur Arznei sind, dieselbe von ihrem bösen Gift zu heilen, auf daß ein göttlich Leben in uns angefangen werde. Darum diese Anfechtungen hoch nöthig und nützlich sind; und wenn sie vorüber und ausgestanden wären, sollten wir sie billig alle wieder rufen, und bitten, daß sie möchten wiederkommen, auf daß das Böse in uns getödtet und Gottes Werk in uns gepflanzt würde. So lernst du das alleredelste Werk, nämlich der Welt absterben, in Liebe und Leid, und dasselbe in Stillschweigen und Hoffen, heimlich, inwendig, ohne alle Klage. Denn die dabei klagen mit Ungeduld, die bezeugen, daß sie der Welt nicht wollen absterben, das ist, daß sie wenig Gutes in ihnen haben, und wenig göttliches Licht in ihrer Seele. Denn Gott kann im Menschen nicht leben, so er nicht der Welt abstirbt, weil, je mehr man der verderbten Natur lebt und ihrer Lust, je weniger man Gott lebt und seinem Willen, und je weniger man der Natur lebt und ihrer Lust, je mehr man Gott lebt und seinem Willen. Summa: je mehr ihr dem Geist wollt leben, je mehr ihr der Natur und dem Fleisch müsset sterben.

Gebet und Danksagung für die Sendung des heiligen Geistes.

Habe Dank, o himmlischer Vater, daß du deinen Geist in uns gibst, und solche Leute aus uns machst, die in deinen Geboten wandeln, deine Rechte halten und darnach thun. Ach nimm deinen Geist nicht von uns, denn ohne ihn sind wir todt. Dein Geist erleuchte, heilige und regiere uns; so sind wir dir in Christo angenehm, und werden, als deine Versiegelten, um Christi Erlösung willen in deine Herrlichkeit eingeführt. Amen.

Das 19. Capitel.

Vom inwendigen Gebet des Herzens, und vom rechten Verstand des Vater-Unsers.

Röm. 8, 15. Wir haben einen kindlichen Geist empfangen, durch welchen wir rufen: Abba, lieber Vater!

1. Gleichwie Gott große Dinge in den demüthigen Herzen wirkt, also auch der heilige Geist das kindliche Gebet. Denn ohne den heiligen Geist geschieht kein wahres Gebet, denn der heilige Geist ruft und seufzet in unserer Seele, und ist unserer Seele Sprache und Geschrei, ja unser Leben, Röm. 8, 26. Gal. 4, 6. Denn gleichwie die Seele das Leben ist unsers Leibes: also lebt die Seele von dem heiligen Geist, und er ist unserer Seele Leben. Nun ist aber der heilige Geist ein Zeuge göttlicher Kindschaft und der himmlischen Geburt aus Gott. Wer dieselbe weiß recht zu gebrauchen, im Glauben an Christum, in der Liebe des heiligen Geistes, auf die Gütigkeit des milden und ewigen Vaters, der wird große und himmlische Güter von ihm erbitten. Denn unser Gott ist so gütig und freundlich, daß, wer es recht verstünde, er bäte ihm Alles ab; denn er ist ganz leicht zu erbitten von seinen Kindern, die sich gründlich zu ihm kehren.

2. Aber dieß gründliche Zukehren zu Gott muß Gott selber wirken, darum sollen ihn seine Kinder täglich bitten. Daher kommt das rechte inwendige Gebet des Herzens, durch die rechte Zuneigung zu Gott. Dieß inwendige Gebet dringt durch den Himmel, indem man den lieblichen Fußstapfen unsers Herrn Jesu Christi nachfolgt aus großer Liebe; nicht aus Zwang, wie Simon von Cyrene, den man zwingen mußte, dem Herrn sein Kreuz nachzutragen, Matth. 27, 32. Denn so barmherzig ist Gott, daß er nicht warten mag, bis wir ihn bitten. Er geht uns entgegen, und bittet uns, daß wir seine Freunde seyn wollen. Denn er begehrt von uns, daß wir wollen, daß er uns vergebe, und wie er thut, daß wir auch also unserm Nächsten thun. Selig ist, der diese Liebe Gottes erkennt und versteht, und dieselbe in dem gekreuzigten Christo recht lernt anschauen; derselbe betet in seinem Herzen mehr, denn alle auswendige Stimmen auf Erden. Wahrhaftig, ein einziger eindringender Gedanke an die Wunden unsers Herrn Jesu Christi im Glauben, in Liebe und Andacht ist Gott lieber, denn alle Orgeln, Glocken, Gesänge, Musik und Saitenspiel. Ein Christ soll in seinem ganzen Leben aus Liebe Alles thun, und sich in den gekreuzigten Christum verbilden. Was möchte einem solchen gehorsamen Kinde Gott versagen, das er ihm nicht gäbe?

3. Darum, auf daß wir wissen möchten, wie wir sollen bitten, hat uns unser Herr das Vater-Unser gelehrt. Dasselbe ist so edel und köstlich mit seinen Gütern, daß wir nichts Köstlicheres bitten können; denn sonst wüßten wir nicht, was wir für große Güter bitten sollten. Denn ist nicht Gottes Reich ein überaus großes Gut? Nun ist Gott selbst sein Reich, und in demselben Reiche reicht er in alle vernünftige Creaturen, und darum ist das, um was wir bitten, wahrhaftig Gott selbst mit allem seinem Reichthum. In demselben Reich wird ja Gott unser Vater, und beweist seine väterliche Liebe und Treue darin, daß er in uns sein Reich erbaut, auf daß er in uns Statt und Raum finde, zu wirken sein edles Werk, das ist, die Heiligung seines Namens, daß er als groß und herrlich in uns erkannt werde. In diesem seinem Reich in uns wirkt er auch seinen edeln Willen ohne alles Hinderniß. Also geschieht sein Wille auf Erden, das ist, in uns, wie im Himmel, das ist, in ihm selbst. Also siehst du, was uns Gott geben will, wenn wir beten, nämlich sich selbst. Er beut den Menschen nichts Geringeres an, denn sich selbst; wie er zu Abraham sagt, 1 Mos. 15, 1: „Ich bin dein Schild und dein sehr großer Lohn." So gibt uns unser Vater auch das tägliche Brod, das ist, er gibt uns alle seine Creaturen zu Dienst, und in denselben seine Gütigkeit und Mildigkeit. Denn ein recht Gott ergebenes Herz, darin Gott seinen Willen wirkt, ist fähig aller Gaben Gottes, und aller Tugenden, die Gott je gab oder geben will. Denn Gott will und kann uns wegen seiner großen Liebe und

Erbarmung nichts versagen, was uns nütze und noth ist, leiblich oder geistlich, als dem am besten bewußt und bekannt ist unser Elend.

4. Darum hat er uns auch zu erkennen gegeben unser Elend und unsere Sünde, um unsers Besten willen, und gelehrt, wie sich der Mensch vor Gott demüthigen soll, und sich vor Gottes Füße legen und sprechen: „Vergib uns unsere Schuld, gleichwie wir unsern Schuldigern vergeben." Denn so barmherzig ist Gott, daß er uns die Vergebung anbeut, und lehrt uns, wie wir von Herzen begehren und wollen sollen, daß er uns vergebe; anzudeuten, er sey aus grundloser Liebe und Gnade eher uns mehr zu vergeben geneigt, als wir geneigt sind, ihn zu bitten; ja auf daß er uns auch lehre, daß seine Liebe von uns erfordere, unserm Nächsten auch also zu thun, und ein solches Herz gegen ihn zu haben, wie er gegen uns. Denn ein wahres Kind Gottes schließt Niemand aus von seiner Liebe, noch von der Liebe Gottes. Ja, die Kinder Gottes werden also sanftmüthig und gütig, daß, möchten sie das edle Reich Gottes allen Menschen mittheilen, das ihre Freude wäre, und möchten sie alle Menschen selig machen, sie es gern thäten. Aus solcher Erkenntniß und Abbitte der Sünde erkennt der Mensch, daß er außer Gott und seinem Reich trostlos, arm und elend ist, wegen der großen Schwachheit und Gebrechlichkeit der Natur. Darum hat uns der Herr ferner befohlen, zu bitten: daß uns Gott nicht wolle lassen fallen in Versuchung, dadurch uns der böse Feind von Gottes Reich, heiligem Willen und heiligen Namen abzuführen sich untersteht, sondern daß er uns von dem Bösen erlösen wolle, das ist, von unserm eigenen Willen, der bösen, hochverderbten Natur, welche in uns das Reich und den Willen Gottes hindert, und die Ehre, so allein dem Namen Gottes gebührt. Denn das Reich ist sein, und soll sein bleiben; die Kraft ist sein, und bleibt sein; die Herrlichkeit ist auch sein, und soll und wird in Ewigkeit allein sein bleiben. Und indem wir sie ihm allein geben, indem bleibt sie uns auch. Geben wir sie ihm nicht allein, so verlieren wir sein Reich, seine Kraft und Herrlichkeit; denn wir heiligen seinen Namen nicht recht, thun auch seinen Willen nicht recht. So bleiben wir denn auch außer seinem Reich, haben keine Vergebung der Sünden und keine Erlösung von allem Bösen.

Gebet nach dem Vater=Unser.

Abba, lieber Vater, verherrliche dich durch deinen Geist in uns und auf dem ganzen Erdboden. Erhalte und vermehre die Anzahl derer, die dir im Geist und in der Wahrheit dienen. Vollbringe, was du von Ewigkeit beschlossen hast, und heilige deine Kinder, daß sie dir zu allem Wohlgefallen leben, und mit allen Auserwählten und heiligen Engeln dich preisen. Für unsere leibliche Wohlfahrt wirst du väterlich sorgen. Durchstreiche unser Schuldverzeichniß mit Jesu Blut, und mache uns mitleidig gegen die gesinnt, die uns beleidigen. In allen Versuchungsstunden gib uns Ueberwindungskraft, und mache alles Leidens ein seliges Ende. Dir, unserm Gott, gebührt alle Ehre in Ewigkeit. Amen.

Das 20. Capitel.

Die Demuth muß in den Grund des Herzens gelegt werden, darauf alle Werke des Menschen erbaut werden müssen, oder es fällt Alles darnieder, was der Mensch in seinem ganzen Leben erbaut hat. Und wie durch Demuth der Satan überwunden werde, wie in der Demuth wahre Buße sey, wie Demuth das Kreuz willig trage, und das Herz in der Ruhe erhalte.

1 Petr. 5, 5. Haltet fest an der Demuth.

1. Das Werk, das bestehen soll, muß auf den Grund der Demuth erbaut werden; denn der Mensch vermag von ihm selbst nichts. Darum, wenn du Etwas anfangen willst, so falle nieder vor dem Brunnen der überfließenden Gnade Gottes, und bitte ihn demüthig, daß seine göttliche Ehre, Lob und Preis in deinem Werke möge gesucht werden. Denn außer Gottes Gnade ist all dein Thun Sünde

und Verdammniß. Wer nun dieß thun kann, und allein des liebsten Willen Gottes erwarten, in der Stille, in höchster Demuth, und seine eigene Nichtigkeit ansehen, sich in höchster Liebe Gott ergeben kann: in demselben wirkt Gott solche Werke, die nicht auszusprechen sind; wie im Gegentheil die leidige Hoffart alle Dinge vor Gott unwerth und zu einem Gräuel macht, und alle Werke des Menschen verderbt und befleckt, und zu Grunde reißet.

2. Darum haben wir viel mehr Ursache, uns zu bemüthigen, denn stolz zu thun. Denn wir sind ja 1) gekommen aus einem lautern Nichts, und werden wieder zu einem lautern Nichts, und sind weniger, denn ein Schatten, der verschwindet. Wir befinden auch die große Vergiftung und Verderbung unserer Natur, daß wir Alle zu großen Sünden geneigt sind. Denn so uns Gottes Gnade und Barmherzigkeit nicht erhielte, so fielen wir täglich in die allergrößten Sünden und in die ewige Verdammniß, würden allen Teufeln in der Hölle ewig zu Theil. So kannst du 2) auch den bösen Geist nicht besser überwinden, denn durch Demuth. Denn der böse Geist ist hoffärtig, und will nicht mit Hoffart überwunden seyn, sondern mit Demuth. Durch Hoffart wird er gestärkt, denn die Hoffart ist eine Wurzel des Satans. Wenn du dich aber in lauterer Demuth zu Gott wendest von allen Sünden, alsdann überwindest du den Teufel, daß er mit Schanden davonfliehen muß. Es ist ein erbärmlich Ding, daß sich ein Mensch also vom Teufel überwinden läßt, da doch ein Christ mit Gottes Wort, Geist und Kraft gerüstet ist. Es ist gleich als wenn ein wohlgerüsteter Mann sich niederlegte vor einer Fliege, und ließe sich zu Tode stechen und beißen. Denn bei den Demüthigen ist die Gnade Gottes so stark und mächtig, daß ein Mensch dadurch wahrhaftig den Satan überwinden kann, wenn er ihm männlich durch Gottes Kraft und Gnade widersteht; und so kann ihm auch der Satan nichts anhaben. Denn wahrhaftig, so ihr dem bösen Feind nicht habt widerstanden, und ihn durch Gottes Kraft überwunden, sondern euch überwinden lassen, so werdet ihr der Teufel Spott seyn an jenem Tage in Ewigkeit, daß ihr dem Satan gefolgt habt. Also lernet die Furcht und Gnade der Demuth verstehen.

3. So wird auch 3) in demüthigen Seelen ein stetiger Hunger und Durst nach Gottes Gnade erweckt; denn das ist der Demuth Eigenschaft, und so kann's denn Gott nicht lassen, er muß diesen Hunger sättigen. Er kann ihn aber mit Nichts sättigen, denn mit ihm selber; denn es kann in Ewigkeit der Hunger und Durst der Seele nicht gesättigt und gelöscht werden, denn mit Gott selber. Solch einen heftigen Durst hat die erleuchtete Seele in ihr nach Gott. In dieser Demuth ist 4) die wahre Buße gegründet, da der Mensch von Herzen die Sünde bereut, seine grundlose Unreinigkeit, verborgene Bosheit und das tiefe Verderben seines Herzens sieht, und im Glauben sich an Gottes unverdiente Gnade hält; und fängt an, Gott herzlich zu lieben, sich dem Willen Gottes zu lassen und sich ihm ganz zu ergeben, also daß, was Gott will, er auch will. Einem solchen Menschen vergibt Gott mildiglich, will auch von dessen Sünde nicht wissen, sondern will sie vergessen und ihrer nicht mehr gedenken. Denn er hat sich von Sünden zu Gott bekehrt; so hat sich auch Gott zu ihm gekehrt, und will seine Sünden nicht mehr wissen.

4. So nimmt auch 5) die wahre Demuth alles Kreuz von Gott willig auf, als ein solches Mittel, dadurch uns Gott zu vielen Gnaden bereitet; und nimmt es nicht auf als von Menschen, es komme, woher es wolle, sondern allein als von Gott, und spricht: Sey willkommen, mein lieber Freund; ob ich mich gleich deiner hier nicht versehen hätte, so kommst du mir doch nicht zur Unzeit, Gott will einen Heiligen aus mir machen, und einen gelassenen Menschen. Letzlich 6) so behält die wahre Demuth den Menschen allezeit im Frieden, auch bei großem Glück oder Unglück, als Gaben Gottes. Gott gebe oder nehme, so bleibt er gleich, und nimmt alle Dinge von Gott gleich, Liebe und Leid, Sauer und Süß. Also fängt denn Gottes Gnade an, große Dinge zu wirken in den

Demüthigen; denn zuvor haben sie ihre eigenen Werke gethan, aus ihnen selbst, aber nun trägt sie Gott, und wirkt alle ihre Werke, ja seine Werke in ihnen und durch sie.

Gebet um Aufmunterung zur wahren Demuth.

Wer ist, wie der Herr, unser Gott, der sich so hoch gesetzt hat, und auf das Niedrige sieht im Himmel und auf Erden? Dir, Herr, ist Niemand gleich, du bist groß, und dein Name ist groß, und du kannst es mit der That beweisen. Wer sollte dich nicht fürchten? Du widerstehest den Hoffärtigen, aber den Demüthigen gibst du Gnade. Ach, so lasset uns anbeten, knien und niederfallen vor dem Herrn, der uns gemacht, erlöset und geheiliget hat. Lasset uns mit Allem, was wir sind und haben, uns ihm zum Füßen legen und von Herzen sagen: Herr, du bist Alles, wir sind Nichts; du bist Gott, wir sind arme Würmer; von deiner Gnade sind wir Alles, was wir sind, von uns selbst gar nichts. Deinem allerheiligsten Namen sey ewig Lob und Preis. Amen.

Das 21. Capitel.

Ein Mensch soll seine Lust und Freude nicht haben an den Gaben, sondern an Gott selbst; und von Verläugnung sein selbst.

Psalm 32, 11. Freuet euch des Herrn, seyd fröhlich, ihr Gerechten, und rühmet alle ihr Frommen.

1. Die wahre Liebe Gottes suchet und meinet Gott lauter allein in allen Dingen, und nicht sich selbst, belustigt sich allein in Gott, in dem höchsten, ewigen, unerschaffenen Gut, und nicht in den Creaturen; und solches innerlich im Grunde der Seele, da das Reich Gottes ist. Denn die Seele hat über die natürlichen Kräfte, so dem Leibe Leben und Bewegung geben, ein verborgenes, innerliches, bloßes, lauteres Wesen, welches mit der Zeit und mit der Welt nichts zu thun hat. Da ist der Sitz und die Stadt Gottes, abgeschieden von allen äußerlichen, irdischen Dingen; da wirkt der heilige Geist seine Gaben, und treibt dieselben aus in die Kräfte der Seele, in Weisheit, Verstand, Sprachen und Erkenntniß. Darein fällt denn die listige Natur, und erfreut sich der Gaben mehr als Gottes, beflecht sie mit eigenem Wohlgefallen und falscher Lust, liebt die Gaben mehr als den, der sie gegeben hat; welches eine betrügliche Freude und Liebe ist. Denn die Gaben Gottes sind nicht Gott selbst, darum soll deine Lust allein an Gott seyn, und nicht an den Gaben.

2. Wenn ein Mensch die Gaben empfangen hat, so ruht er darin, und hat seine Lust daran; es sey, was es wolle, Erkenntniß, Licht oder Süßigkeit Gottes, so meint er, es sey Alles genug; aber mit nichten, es mangelt noch viel, denn das ist noch nicht Gott selbst. Denn wir sind zu unermeßlich großen Dingen geschaffen und berufen, nämlich Gottes selbst theilhaftig zu werden. Darum nimmt das Gott höchlich übel, daß wir uns an kleinen Dingen begnügen lassen; denn er ist nichts so willig und bereit uns zu geben, als sich selbst, und das in höchster, edelster Weise. Und wenn er es besser hätte, denn sich selbst, so gäbe er es uns, weil wir Gottes Begierde sind. Denn Gott begehrt nichts so hoch als uns, deßwegen soll Gott hinwieder unsere höchste Begierde seyn. Demnach sollen wir nicht in den Gaben ruhen, sondern in Gott, und sollen uns an nichts begnügen lassen, denn an Gott selbst. Denn welche Gabe wäre demselben zu groß zu geben, der sich selbst gänzlich gegeben hat und geben will?

3. Die böse Natur aber ist so sehr auf sich selbst geneigt, mit eigener Liebe und Ehre, daß sie sich allezeit zueignet, was ihr nicht gebührt, und darin Lust und Freude sucht, was doch ein fremdes Gut ist, und im Augenblick wieder kann genommen werden, wie der Kürbis Jonä, Jona 4, 6; befleckt auch die guten Gaben Gottes, und hindert Gott an seinen Werken. Denn die elende menschliche Natur ist durch die Erbsünde so hoch und tief durch und durch vergiftet, daß der tausendste Mensch die verborgene Bosheit seines Herzens nicht erkennt oder versteht,

wie der 19. Psalm, V. 13 spricht. Und wegen solcher Vergiftung liebt sich der Mensch mehr, denn Gott, seine Engel, und was er je geschaffen hat.

4. Diesen tiefen Abgrund des Verderbens menschlicher Natur können alle erfahrene Leute nicht genugsam ausreden. Es kostet demnach viel Mühe, diesen falschen Grund im Herzen umzustoßen und auszureuten. Denn dieß ist die rechte Verläugnung sein selbst, davon uns unser Herr prediget und sie üben heißt, wollen wir anders seine Jünger seyn, Matth. 16, 24. Und es kann eher ein Mensch alles Zeitliche verlassen, Gold, Silber, Häuser und Schlösser, als er sich selbst verlassen und verläugnen kann; so tief ist dieß Gift eingewurzelt in der Natur! Zu dieser Verläugnung muß uns Gott durch mancherlei Kreuz zwingen, und alles Kreuz ist nach diesem Ende gerichtet; und was daher dem Menschen widerfähret äußerlich oder innerlich, leiblich oder geistlich, das ist von Gott hiezu verordnet, ja von Gott ewig dazu versehen.

Gebet um Gnade, Gott allein anzuhangen und sich selbst zu verläugnen.

Ach Herr, unser Verderben ist überaus groß; wir lieben uns selber unordentlich und sind zu allem Guten erstorben. Aber deine Kraft ist noch stärker, und deine Gnade mächtiger, als unsere Sünde. Darum bitten wir dich, um aller deiner Erbarmung willen, unterlasse nicht, deine Gnade uns Elenden, Gnadebedürftigen und Gnadehungrigen zu schenken. Gib uns ein göttliches Vermögen, dich über Alles zu lieben, und in dir, als dem einigen und höchsten Gut, zu ruhen. Heilige alles Kreuz und Leiden, das du nach deinem Rath über uns verhängest, dazu, daß wir, von allen Creaturen abgewandt, zu dir einkehren und in dir ewig bleiben mögen, durch Christum Jesum, unsern Herrn. Amen.

Das 22. Capitel.

Wie unsere Werke Gott gefallen; wie wir bei Gott Gnade erlangen mögen und gerecht werden; auch wie ein Mensch seine Gaben, so er von Gott empfangen, leichtlich mißbrauchen und seine Seele schändlich beflecken kann, und wie er seine Gaben recht gebrauchen soll.

Ps. 37, 4. Habe deine Lust an dem Herrn, der wird dir geben, was dein Herz wünschet.

1. Weil der Mensch von Natur unter Gottes Zorn ist, so sind auch alle seine natürlichen Werke unter Gottes Zorn, er thue so hohe Werke vor der Welt, als er immer wolle. Denn er kann außer der Gnade Gottes nichts thun, das Gott wohlgefalle. Ist er aber in Gnaden, so sind alle seine Werke in Gnaden, und gefallen Gott wohl; denn Gottes Gnade wirkt dieselben in ihm.

2. Daraus folgt nun, daß du mit St. Paulo alle deine Gaben der Gnade Gottes sollst zuschreiben, und nicht dir selbst, 1 Cor. 15, 10; auch nicht darin deine Gerechtigkeit und Seligkeit suchen. Denn hätte ein Mensch alle die Marter gelitten, die alle Heilige gelitten haben, und Alles gethan, was alle Christen je gethan haben oder immer thun mögen bis an's Ende der Welt; und wenn du dich alle Tage ließest tödten, und wieder lebendig machen, und Steine und Dornen äßest: dennoch könntest du damit keine Gaben erlangen aus dir selbst. Sondern senke dich durch den Glauben in die tiefste, grundlose Barmherzigkeit Gottes in Christo, mit einem demüthigen, gelassenen Willen, unter Gott und alle Creaturen: so wird dir's Christus allein geben aus großer Mildigkeit und freier, reiner Liebe und Barmherzigkeit; wie unser lieber Herr spricht: „So ihr Alles thut, so sprechet: Wir sind unnütze Knechte gewesen," Luc. 17, 10. Ach, barmherziger Gott, wie ist unsere Gerechtigkeit an uns selbst so ein armes, schnödes Ding vor den Augen Gottes! ein Unflath, wie Jesajas sagt, Cap. 64, 6. Denn alle Werke, die alle Menschen und Creaturen wirken oder wirken mögen, bis an das Ende der Welt, die taugen alle zu unserer Gerechtigkeit ganz und gar nichts.

3. Gehe aber durch die sicherste Pforte in das Erbe, und opfere Christi unschuldiges Leiden für dein verschuldetes Leiden, seine unschuldigen Gedanken für deine schuldigen Gedanken, seine heiligen Worte für deine schuldigen Worte, und also alle seine Werke, seine Armuth, Geduld, Sanftmuth und Liebe, für alles das, so dein ist und dir gebührt, auswendig und inwendig; und siehe allezeit Christum an, so du bei Gott willst Gnade haben, und kehre zu ihm, wie der verlorene Sohn that: so wird er dich mit Freuden aufnehmen, Luc. 15, 20. Er wird ohne Zweifel sein Wesen nach seiner gewöhnlichen Gütigkeit, um deiner großen Sünden willen, so sie dir leid sind, nicht ändern. Es ist doch sein eigener milder Schatz, den er Allen anbeut aus lauter Güte, und ist ihm ein Geringes, dir deine Schuld zu vergeben, wenn du es ihm nur zutraust. Denn seine Hand ist nicht verkürzt, daß sie dir nicht helfen könnte, Jes. 59, 1. Und so viel ärmer und elender du in deinen eigenen Augen vor ihn kommst, so viel angenehmer du ihm bist, und um so mehr er dich von seinem Gut selbst herrlich begaben und reich machen will. Denn gleichwie ein Tropfen gegen das Meer, also sind aller Menschen Sünden gegen die grundlose Güte Gottes. So du nun in Gnaden bist, so sind alle deine Werke in Gnaden; und Alles, was Gott gefällt, das gefällt ihm in seinem eingeborenen Sohn; und Alles, was Gott lieb hat, das hat er lieb in seinem eingeborenen Sohn. Darum soll der Mensch also leben, daß er eins sey durch den Glauben mit dem eingeborenen Sohne Gottes: so ist er und alles das Seine bei Gott in Gnaden.

4. Hier mußt du aber merken: so dir Gott, als seinem Gnadenkinde, Gaben gibt, daß du dich nicht an denselben sollst belustigen, sondern allein an Gott, deinem Vater. Am Herrn sollst du, wie der 37. Psalm, V. 4 sagt, deine Lust haben, und nicht an seinen Gaben. Nicht sollst du deine Lust und Ergötzung suchen in den Gaben, sondern allein in Gottes Lob und Ehre; daß allein sein göttlicher Wille an dir und durch dich möge vollbracht werden, und an allen Creaturen. Gleichwie ein Wasser ausfließt und wieder einfließt in seinen Ursprung: also trage deine Gaben wieder in ihren Ursprung, in Gott, daraus sie geflossen sind. Darum, willst du deine Gaben recht gebrauchen, so merke folgende Regel. Wenn du alle göttliche Gaben hättest im Himmel und auf Erden, und aller Heiligen gute Werke: sobald du dich daran belustigest, und deine eigene Lust und Freude darin suchst, sobald ist dieß Gut alles befleckt mit Untugend und Abgötterei. Denn du sollst an keinem Dinge Lust, Ruhe und Freude haben, weder im Himmel noch auf Erden, denn bloß und lauter an Gott allein. Und so du das thust, so ist Gott selbst deine Freude, Lust, Ruhe, Genüge, Schatz, Reichthum, Aufenthalt, innerlich und äußerlich; welches tausendmal besser ist, denn alle deine Gaben. Auf diese Weise wirst du würdig, ein Werkzeug und Gefäß zu seyn der Gnadengaben Gottes. Denn Gott will nicht durch hoffärtige Geister wirken; denn dieselben sind Werkzeuge und Glieder des Lucifers. „Den Demüthigen aber gibt er Gnade," sagt St. Petrus, 1 Epist. 5, 5; in sie legt er seinen Schatz. Die inwendige Hoffart ist die große Wurzel aller Untugend; dadurch besitzt der Teufel die Statt, die allein der ewige Gott mit seiner Gnade besitzen sollte.

5. Gleichwie ein Weinstock auswendig ungestalt und unansehnlich ist, und wenn er dem Menschen nicht bekannt wäre, würde es ihn dünken, er wäre zu nichts nütze und gut, denn in's Feuer; aber in diesem seinem Holz sind die lebendigen Adern, daraus die edelste Süßigkeit entspringt: also sind alle göttliche Leute, durch welche Gott wirkt, auswendig als ein schwarzes, verdorbenes, unnützes Holz; denn sie sind demüthig, unachtbar, weder von großen Worten noch äußerlichen Scheinwerken; aber inwendig sind die lebendigen Adern, da ihr Theil Gott selbst ist. Welche aber mit ihren Gaben stolziren, und mit ihren milden Almosen prangen, machen Fenster und Altäre in die Kirchen, und zeichnen dieselben mit Schild und Wappen, und wollen, daß es alle Menschen wissen sollen: die haben ihren Lohn dahin, und damit hat der Mensch alle seine Werke verdor-

ben. Es ist auch närrisch, daß sie für sich bitten lassen mit großem Schein; denn die Almosen, so aus demüthigem, einfältigem, Gott ergebenem Herzen gegeben werden, bitten mehr denn alle Menschen, denen die Almosen wissend und bekannt sind, daß sie zum Schein gegeben sind.

6. Willst du nun, daß alle deine Werke tauglich und nicht wurmstichig seyn sollen, so merke diese vier Regeln: 1) Daß du von allen deinen Werken nichts haltest, nicht dich suchest und meinest, sondern Gott allein. 2) Sollst du ein demüthiges Herz haben, das sich gern erniedrigt unter Gott und alle Menschen, in dem Kleinsten sowohl als in dem Größten; dich soll dünken, alle Menschen seyen gerechter denn du. 3) Sollst du all dein Thun für unnütz und für nichtig halten. 4) Sollst du dich immer fürchten vor dem verborgenen Urtheil Gottes: nicht als ein Zweifler, sondern als ein Liebhaber Gottes; wie sich ein Freund fürchtet, daß sein Freund nicht mit ihm zürne. Wer in diesen vier Stücken sein Werk nicht thut, der verderbt alle seine Werke, und wenn sie lauter Gold wären, und thäte er auch so viel Werke, als die ganze Welt thun kann. Wer aber seine Werke also thut, der ist ein rechter guter Baum, an welchem allein die rechte Frucht hängt. Die andern Werke sind alle wurmstichig und faule Aepfel.

7. Auch sollst du wissen: 1) daß nie ein so kleines oder geringes Werk und Amt ist, so es dem Nächsten zu Nutz geschieht, es ist Gott angenehm. Und wer sein Pfund nicht anlegt, den Menschen damit zu dienen, der muß schwere Rechnung dafür geben. Denn darum hat er es von Gott empfangen als eine Gabe, daß er's wiedergeben soll, seinem Nächsten zu Nutz. Denn es ist nie ein so kleines Werk und Künstlein, es kommt von Gott, und ist dem Menschen zu Nutz gegeben. Darum sagt unser Herr, Joh. 3, 21, von den Werken, die in Gott gethan sind: das sind die, so im Glauben, in herzlicher Liebe, zu Gottes Ehre, aus reiner, lauterer Meinung, ohne alle eigene Ehre und Nutzen, dem Nächsten zum Besten gethan werden, wie einen Jeden solches sein eigen Gewissen lehrt. Darum habe Acht, was dich zu deinem Werk jagt oder treibt, damit du dein eignes Werk nicht verderbest. So du aber mit deinen Gaben deinem Nächsten nicht dienen willst, so wird dir's gehen, wie jenem faulen Knecht, der sein Pfund vergraben hatte; der Herr aber, der es ihm gegeben, nahm es ihm wieder, und gab's einem Andern, der es besser zu gebrauchen wußte, Matth. 25, 26. Also bleibst du leer, beides der Gaben und der Gnade dazu. 2) So ist's auch große Thorheit, ein Ding unternehmen, das uns Gott nicht gegeben hat; oder von Etwas zierliche Reden führen, das man nie geübt oder erfahren hat. Und wenn auch Einer vorgäbe, daß die heilige Dreieinigkeit solches wirkte, so halte nichts davon, er habe es denn erfahren und geübt, inwendig und auswendig.

8. 3) So sollst du auch wissen, daß alle Werke, so ein Mensch thut, die nur zum Schein dienen, oder daß man gesehen oder groß gehalten werde, daß alle diese Werke Gott nicht gefallen, wie groß und hoch dieselben auch sind oder scheinen. Denn wer des Werks Ursache ist, oder wer die Geburt gebiert, deß ist sie, und keines Andern. Darum ist der ein Heuchler und Gleißner, der in allen Dingen sich selbst meint, und sein Thun ist gleich als ein übergüldetes Werk, das inwendig nichts taugt, und so man die Vergoldung abschabt, so ist das Bleibende nichts werth. Also ist in solchen Heuchelwerken keine reine Liebe und Ehre Gottes, sondern eine blinde fleischliche Liebe, die der ehrsüchtigen Natur lustig und lieblich ist.

9. 4) Auch sollst du wissen, daß alle gute Werke, die der Mensch auf etwas Anderes richtet, denn auf Gott, eitel Lügen und Abgötterei sind. Denn alle Dinge sind denen ein Abgott, die Gott nicht zum Ziel setzen. Darum mögen wir wohl Gaben gebrauchen, aber nicht daran hängen mit Lust, weil solches ohne Abgötterei nicht geschehen kann.

Gebet um Gnade, im Glauben und in Demuth gute Werke zu thun.

Heiliger Gott, was von uns selbst kommt, ist Sünde, und was du in uns wirkest, beflecken wir. Getreuer Vater, laß uns durch wahren Glauben stets in Jesu erfunden werden. Siehe uns an in ihm, als mit seiner Gerechtigkeit begnadiget, und laß um seinetwillen uns dir wohlgefällig seyn. Laß deinen Geist ohne Unterlaß Gutes in und durch uns vollbringen. Dabei aber erhalte uns in herzlicher Demuth. Laß uns nicht seyn ein übertünchtes Grab, das auswendig schön scheinet, aber inwendig voll Todtengebeine ist. Erfülle du selber uns mit Früchten der Gerechtigkeit, die durch Jesum Christum in uns entstehen zu deinem Lobe. Es wird eines Jeglichen Werk offenbar werden, dein künftiger großer Tag wird es offenbar machen. Gib uns Kraft, solche Werke hier zu thun, die da bleiben, auf daß wir hier ein geheiligtes Werkzeug deiner Gnade seyen, und dort dich ewig preisen, durch Jesum Christum, deinen Sohn, unsern Herrn. Amen.

Das 23. Capitel.
Vom Geheimniß des Kreuzes, wie wir dadurch zu Gott gezogen werden.

Matth. 10, 28. Wer nicht sein Kreuz auf sich nimmt, und folget mir nach, der ist mein nicht werth.

1. Alle, die wahre Jünger, Liebhaber und Nachfolger Christi seyn wollen, die müssen ihr Kreuz tragen in dieser Zeit, es sey, welcherlei es wolle. Denn fliehet man eins, so fällt man in's andre. Fleuch, wohin du willst, und thue, was du willst: es muß gelitten seyn. Es ist so klein oder groß Kreuz nicht, Gott legt seine Hand unter, und trägt die Bürde am schwersten Theil. Dadurch wird der Mensch so fröhlich, und ihm das Kreuz so leicht gemacht, daß ihn nicht dünket, daß er je gelitten habe. Sobald aber Gott unter der Bürde weggeht, so bleibt die Bürde des Leidens in ihrer Schwere und Bitterkeit. Darum hat der Sohn Gottes, Christus Jesus, das schwerste Kreuz getragen in der allerschwersten Weise, und es haben's ihm Alle nachgetragen, die seine liebsten Freunde gewesen sind. Denn Niemand mag mit Worten aussprechen, wie ein wichtiges Gut im Leiden verborgen ist, indem Gott aus lauter Liebe und Treue das Kreuz auflegt, daß er dadurch seine Freunde zu sich ziehe, Christo gleich mache, und sie ihrer Seligkeit nicht beraubt werden, Röm. 8, 29.

2. Es sollen dich aber lehren dein Kreuz recht tragen die heiligen fünf Wunden unsers Herrn Jesu Christi; dieselben sollen dein Lehr- und Kreuzbüchlein seyn. Die Wunden seiner heiligen Füße sollen dich lehren meiden und leiden: meiden alle Lust; leiden Alles, was über dich kommt, inwendig und auswendig. Diese beiden Kräfte sauge aus den Wunden der Füße Christi. Die heiligen Wunden seiner milden Hände sollen dich lehren schweigen, und alle zeitliche Dinge verachten. Die Wunde seiner heiligen Seite soll dich lehren, dich selbst verlaugnen, und allein in Christo alle deine Herzenslust und Wonne suchen. Der heilige bloße Leichnam deines Herrn am Kreuz soll dich lehren, dich zu entblößen von allen Creaturen. Denn gleichwie unser Herr bloß an's Kreuz geschlagen ward, daß nicht ein Fädlein an seinem Leibe blieb, und seine Kleider wurden dazu verspielt vor seinen göttlichen Augen, Psalm 22, 19; Matth. 27, 35: also sollst du wissen in der Wahrheit, willst du zu deiner Vollkommenheit kommen, so mußt du also bloß werden alles dessen, das Gott nicht ist, daß du nicht einen Faden an dir behaltest; und dasselbe muß dennoch vor deinen Augen verspielt werden, vernichtet, und von allen Menschen für ein Gespött und Thorheit und Ketzerei geachtet und geschätzt werden.

3. Es fällt nichts so klein auf uns, es ist Alles von Gott zuvor versehen, daß es also seyn soll, und nicht anders; und dafür soll man Gott danken. Denn Gott verhängt das allergrößte und schwerste Leiden über die, so ihm lieb sind. Der böse Feind legt dem Menschen auch viel heimliche und verborgene Stricke, daß er ihn in guten Tagen stürze. Darum will unser lieber Gott seine Auserwählten aus großer Liebe und Erbarmung in dieser Zeit ohne Unterlaß kreuzigen, in mancher verborgenen, fremden Weise, die uns oft unbekannt ist; und will ihnen keinerlei Ding in der Welt lassen zu lieb werden, auf daß die bösen Geister keine Gewalt über sie haben, sie zu betrügen und von Gott abzuführen.

O wüßten wir, wie das Kreuz uns zu Gott führt, und was für große Ehre darauf folgen wird, und wie behende es den bösen Geist von uns treibt, wir liefen viele Meilen Weges dem Kreuz entgegen. Denn Leiden und Kreuz ist so edel und nütze, daß unser lieber Gott alle seine Freunde nicht ohne Leiden lassen will.

4. Verstünden wir den Adel des Kreuzes, wir achteten uns desselben unwürdig. So eine große Gnade Gottes ist es, Christi Bilde gleich zu werden. Christus hat der Welt nie gefallen, darum hat ihn auch die Welt verschmäht. Unter tausend Christen findet man kaum einen, der zu dieser Vollkommenheit gelangt ist, daß er nicht begehre, der Welt zu gefallen. Denn wer der Welt gefallen will, kann Gott nicht gefallen, und wer der Welt voll ist, der ist Gottes leer. Denn so viel ein Mensch der Welt und ihm selbst stirbt und davon ausgeht, also viel geht unser Herr Gott wieder ein, der das Leben ist. Kein Mensch gefällt Gott besser, denn an dem Gott seinen Willen vollbringt. Wäre ein König, dem ich gerne wollte gefallen, und ich wüßte gewiß, daß ich demselben besser gefiele in einem grauen Rock, denn in einem andern, wie gut er auch wäre: so ist kein Zweifel, mir wäre das graue Kleid lustiger und lieber, denn ein anderes, es möchte so gut seyn, als es wollte. Also, weil du weißt, daß dein Kreuz Gottes Wohlgefallen ist, so soll dir's lieber seyn, denn gute Tage.

5. Willst du recht wissen, ob dein Leiden Gottes sey oder dein, das sollst du daran merken. Leidest du um dein selbst willen, in welcher Weise es sey, so thut dir das Leiden wehe, und ist dir schwer zu tragen. Leidest du aber um Gott allein, so thut dir das Leiden nicht wehe, und ist dir auch nicht schwer, denn Gott trägt die Last. Legt dir nun Gott einen Centner auf, und trägt ihn selbst: eben so mehr möchte er hundert auflegen für einen; denn daselbst macht Gott die Last leicht und das Joch süß, Matth. 11, 30. Darum lege auf, lieber Gott, was du willst, und wie viel du willst, und hilf tragen: so trage ich's nicht, sondern du.

6. So mußt du auch lernen, daß alle rechtschaffene Gaben Gottes müssen durch Leiden kommen. Kommen sie aber vor dem Leiden, so müssen sie doch mit dem Leiden bewährt werden. Und dieweil das Leiden der Seele sehr nütze und fruchtbar ist, darum hat Gott allen seinen lieben Heiligen und Freunden, und sonderlich seinem eingebornen Sohn, großes Leiden hier in dieser Zeit auferlegt. Darum, so leide auch du um Gottes willen, wegen derselben Fruchtbarkeit. Die gottseligen Leute ergeben sich Gott ganz und gar, und nehmen Süß und Sauer zugleich von ihm an; so müssen sie in der Demuth bleiben. Denn die höllischen Hunde lassen nicht ab, sondern versuchen allezeit, ob sie den Menschen von der Gottseligkeit abreißen mögen. Der himmlische Vater sandte seinen eingebornen Sohn, in menschlicher Natur zu leiden; so wollten wir gern alle Leiden fliehen. Aber ich sage euch fürwahr, wollen wir den sichersten Weg gehen, und durchbrechen, so mag es nicht anders seyn, wir müssen dem wahren Bilde unsers Herrn Jesu Christi in etwas durch Leiden nachfolgen. Alle Leiden eines Christen, sie seyen so gering, als sie wollen, kommen von Gott, und aus seiner unaussprechlichen Liebe, und gereichen dem Menschen zu Nutz. Es ist nimmer ein so klein Leiden auf dich gekommen, Gott hat es zuvor ewiglich angesehen, und das geliebet ihm, und er hat sein Wohlgefallen daran. Wenn alle Teufel, die in der Hölle sind, und alle Menschen, die auf Erden sind, zusammen geschworen hätten, so könnten sie doch alle Einem glaubigen Menschen und einem Geliebten Gottes nicht schaden, und je mehr sie sich befleißigen, zu schaden, je mehr er erhöhet wird von Gott. Und wenn ein solcher Mensch gleich in die Hölle gezogen würde, so müßte er doch darin Gott, sein Himmelreich und seine Seligkeit haben.

7. Die Jäger, welche einen Hirsch im Thiergarten hetzen, wenn sie sehen, daß der Hirsch so müde ist, weil sie wissen, daß sie seiner im Garten gewiß sind, halten die Hunde ein wenig, und lassen den Hirsch im Thiergarten ein wenig spazieren gehen, daß er etwas dadurch gestärkt werde, damit er das Jagen darnach desto besser aus-

stehen möge. Also thut Gott dem Menschen auch. Wenn er sieht, daß ihm das Jagen will zu viel werden, und die Anfechtung zu groß ist, so hält er ein wenig ein, tröstet, labet und erquicket den Menschen, daß ihm deucht, er habe seine Noth nun ganz und gar überwunden. Dieß ist darnach eine Stärkung zu einer neuen Jagd. Und wenn der Hirsch am wenigsten darauf denkt, so sind ihm die Hunde wieder auf dem Halse, und setzen ihm mehr zu denn zuvor. Und das thut Gott aus großer Treue und Liebe. Denn durch die Anfechtung wird der Mensch zu Gott gejagt mit begierlichem Durst und fröhlichem Herzen, als zu dem Brunnen, da alle Wonne, Friede und Freude ist, also daß ihm der Trunk, den er bekommt auf den Durst, desto süßer, lustiger und angenehmer werde, hier in dieser Zeit, darnach im ewigen Leben, da man den süßen Brunnen trinken wird mit voller Lust, aus seinem eigenen Ursprung, das ist, aus dem väterlichen Herzen. Das können die Klugen dieser Welt nicht begreifen, die davon nichts wissen, was der heilige Geist für Wunder wirkt in seinen Heiligen.

8. Gott thut wie ein kluger Hausvater, der viel guten, edeln Wein hat, geht hinweg, legt sich schlafen: so gehen denn seine Kinder hin, und trinken des guten Weins so viel, daß sie trunken werden. Und wenn der Hausvater aufsteht, und das gewahr wird, so macht er eine Ruthe, und stäupt die Kinder wohl, daß sie darnach so traurig werden, als sie zuvor fröhlich gewesen sind, und gibt ihnen darnach so viel Wasser zu trinken, daß sie davon wieder nüchtern werden. Also thut Gott seinen auserwählten Kindern. Er thut, gleich als wenn er entschlafen wäre, und läßt seine Kinder zuvor seinen süßen Wein trinken, mit vollem Munde und ganzer Lust, wie sie es begehren. Aber wenn er sieht, daß es ihnen zu viel und nicht nützlich seyn will, so entzieht er ihnen den guten Wein, und macht sie so traurig, als sie zuvor fröhlich gewesen, damit sie nach ihm dürsten und er sie zu sich bringe, und daß sie sehen, was sie sind, und was sie aus eigenen Kräften vermögen, wenn Gott seine Gnade von ihnen abzieht, und daß sie gedemüthigt werden. Da sie zuvor gedachten, sie wollten wohl mehr leiden um Gottes willen, so sehen sie, daß sie nichts vermögen, und daß sie nicht ein kleines Werk oder Wörtlein um Gottes willen leiden und vertragen mögen.

9. Wir sehen, wie uns Christus vorgegangen ist, in Armuth, Elend, Verschmähung, bis in den Tod: also müssen wir denselben Weg auch gehen, wollen wir anders mit ihm in den Himmel kommen. Da uns Gott sonst nicht kann demüthigen, so läßt er uns oft in Schande und Trübsal fallen, daß es vor Jedermann erbärmlich ist, auf daß wir in uns selbst geniedrigt werden. Denn in der Anfechtung lernt der Mensch sich selber kennen, wie er ist, oder was er ist. Denn mancher Mensch ist in dieser Welt verdorben, dem nichts anders gefehlt, als die Anfechtung. Wenn du es recht bedächtest, so solltest du dich von Herzen freuen, und dich unwürdig dünken, daß man dich verschmäht und dir Leid anthut, es um Gottes willen zu leiden. Denn wem Gott die Ehre und die Seligkeit gönnt, daß er das Kleid des Leidens um seinetwillen hier in dieser Zeit an sich tragen soll, es sey auswendig oder inwendig: das ist ein lauteres Zeichen der Liebe Gottes, und führt den Menschen zu seinem eigenen Grunde, daß er sich selbst für nichts hält, mehr denn ihn Jemand halten mag.

10. Welcher Mensch unserm Herrn Jesu Christo nachfolgen will, der muß der Natur und ihrer verkehrten Lust Urlaub geben. Man findet der Leute viel, die Gott gerne nachfolgten ohne Leiden und Arbeit, und suchen in ihnen selbst Trost, Friede und Freude; daraus wird denn nichts. Christus mußte leiden und sterben, und also in seine Herrlichkeit eingehen, Luc. 24, 26. Demselben Herzog unsers Lebens sollen wir allezeit nachfolgen, der uns das Panier des bittern Leidens so treulich hat vorgetragen, mit so großer Geduld inwendig und auswendig. Darum sollen alle wahre Nachfolger Christi demüthig auf sich nehmen das Kreuz ihres Leidens, und dasselbe geduldig und fröhlich tragen um Christi willen, von welchem es auch her-

kommt, es sey verschuldet oder unverschuldet, inwendig oder auswendig: so geht man mit Christo durch sein Leiden in die Herrlichkeit. Wir sehen ja, daß mancher Mensch der Welt dient und nachfolgt um ein wenig vergänglicher Ehre und Ruhms willen, und sich fröhlich sein selbst verzeiht und des Seinigen, und wagt sich in ein fremdes Land und in den Krieg, um zeitlicher Ehre und Guts willen. Sollten wir um die ewige Krone nicht desto williger fechten und streiten? Es ist im Kreuz ein großer Sieg, wie du an deinem Herrn Christo siehest.

11. Gott ist auch im Kreuz; denn Gott gibt sich dem Menschen ja sowohl durch harte, schwere Anfechtung, als durch Süßigkeit und Gütigkeit. Im Kreuz ist Gottes Wohlgefallen mehr, denn in guten Tagen. Denn so wenig das Fleisch erhalten werden mag ohne Salz, daß es nicht faul werde, so wenig möchte der Mensch Gott wohlgefallen ohne Leiden und Anfechtungen. Ja, je mehr der Mensch durch's Kreuz gesenkt wird in den Grund der wahren Demuth, je mehr er gesenkt wird in den Grund des göttlichen Wesens. Denn wenn sich der Mensch recht gründlich demüthigt, so kann sich Gott nicht enthalten wegen seiner großen Gütigkeit, er muß sich senken und gießen in den demüthigen Menschen. Darum braucht Gott mancherlei Mittel, den Menschen zu demüthigen, und in die Erkenntniß seiner Nichtigkeit zu bringen, auf daß er des Menschen Willen zu nichte mache, daß er Gott diene ohne eignen Willen; welches denn Gott sonderlich lieb ist. Es ist auch offenbar aus vielen Exempeln der Heiligen, daß sie mit harten Anfechtungen geplagt gewesen, und nicht haben können erlöst werden, bis sie sich gänzlich und gründlich dem Willen Gottes ergeben und seiner gnädigen Vorsehung, und sich gänzlich verläugnet und aufgeopfert, also daß sie sich ergeben, die Zeit ihres Lebens solch Kreuz zu tragen, wo es Gott gefiele. Und dadurch sind sie bald erlöst worden, nämlich durch solche Demuth, Gehorsam und Aufopferung ihres eigenen Willens. Denn da hat Gott erlangt im Menschen, was er wollte, nämlich die Verläugnung sein selbst, um welcher willen der Mensch das Kreuz leiden mußte.

12. Letzlich hast du auch aus dem lieben Kreuz diese Lehre, daß du wissen sollst, daß dich Niemand beleidigen kann, wo du dich nicht selbst beleidigst durch Ungeduld und Zorn. Du irrst, wenn du meinest, du seist von Diesem oder Jenem beleidigt. Denn was kann dich anderer Leute Spott, oder Verachtung, oder Verläumbung beleidigen, wenn du in der Stille, ruhig und geduldig bleibst? Glaube mir, die ganze Welt kann dich nicht beleidigen, wenn du ohne Ungeduld und Zorn bleibst. Schweig stille wie ein Todter im Grabe, und siehe, was dir die ganze Welt thun kann. Wahrlich, sie thut nichts anders, denn daß sie dir eine Krone bereitet deines Lobes bei Gott. O! welche schöne drei Stufen hat die Geduld, in welchen der rechte Sieg besteht: 1) Leiden ohne Murren. 2) Nicht allein Trübsal leiden, sondern dieselbe um der Liebe Christi willen begehren. 3) Sich in der Trübsal freuen. Das ist der allermächtigste und stärkste Sieg.

Gebet um Erkenntniß des Geheimnisses des Kreuzes.

Mein Gott, wir müssen durch viel Trübsal in dein Reich eingehen; aber du weißt, wie Fleisch und Blut sich sperrt, diesen Weg zu betreten. Ach getreuer Vater, lehre du uns recht erkennen die Geheimnisse des Kreuzes Christi, damit wir alles Leiden in stiller Gelassenheit ertragen, auf dich im Glauben schauen, und uns dessen getrösten, daß unsere Trübsal, die zeitlich und leicht ist, schaffe eine ewige und über alle Maaßen wichtige Herrlichkeit. Dein sind wir, o Gott! Wie du es nöthig findest, so thue mit uns. Laß uns nur unsere Seele zur Beute davontragen, so genüget uns. Amen.

Dem großen Gott allein
Soll alle Ehre seyn!

Das vierte Buch vom wahren Christenthum.

Vorrede.

Die Creaturen sind Hände und Boten Gottes, die uns zu Gott führen sollen.

Col. 1, 16. 17. Durch ihn ist Alles erschaffen, was im Himmel und auf Erden ist, das Sichtbare und Unsichtbare, die Throne, und Fürstenthümer, und Herrschaften, und Obrigkeiten. Es ist Alles durch ihn und in ihm geschaffen. Und er ist vor Allem, und es bestehet Alles in ihm.

1. Der große Prophet Moses hält uns im Buch der Schöpfung zweierlei gewaltige Zeugen Gottes vor: erstlich die große Welt, und dann die kleine Welt, das ist, den Menschen. Von diesen beiden nimmt die heilige Schrift herrliche Zeugnisse an vielen Orten, beides aus der großen Welt und aus des Menschen Herzen, durch welche uns der Schöpfer und Erhalter aller Dinge geoffenbart und in unser Herz gebildet wird.

2. Wir wollen demnach in diesem Buch solche beide Zeugnisse, erstlich der großen Welt, darnach auch der kleinen Welt [1]), einführen, und lernen, wie die Creaturen gleichsam Hände oder Handleiter und Boten Gottes sind, so uns, christlicher Erklärung nach, zu Gott und Christo führen.

3. Ich achte deßwegen unnöthig, zu beweisen, daß auch dieß Buch zum wahren Christenthum gehöre, wie sich Etliche möchten dawider träumen lassen. Wollen sie aber je Beweis haben, so nehmen sie denselben aus obgesetztem Spruch, Col. 1, und aus dem Eingang des Evangelii Johannis, und andern sehr vielen Orten alten und neuen Testaments; bedenken auch, was der königliche Prophet David im 19., im 104. und 139. Psalm singt; desgleichen was St. Paulus zu den Röm., im 8. Cap., V. 22 von der Angst der Creaturen schreibt, und 1 Cor. 15, 52 von der Auferstehung der Todten: so werden sie mir geneigter seyn, werden's auch unserm Erlöser Jesu Christo zu gut halten, daß er aus dem großen Weltbuch der Natur durch so viel tröstliche Gleichnisse das wahre Christenthum und das Himmelreich erklärt und seinen Kindern vor Augen stellt. Sie mögen auch die heiligen Sacramente aufheben mit ihren Substantialien, so zu Zeugen und Siegeln der Gnade Gottes verordnet und aus dem großen Weltbuch der Natur genommen und geheiligt sind. So werden ihnen auch antworten die heiligen Väter, Ambrosius, Basilius, Theodoretus und Andere, die von den sechs Tagewerken der Schöpfung herrliche Bücher verfaßt haben.

4. Wir lassen demnach denselben hiemit auf's kürzeste, aber mit sattsamem Grunde geantwortet seyn, und sagen, daß ein wahrer Christ die Creaturen Gottes gebrauchen soll zur Erkenntniß, zum Lob und Preis Gottes, auf daß in allen Dingen Gott gepriesen werde durch Christum Jesum, unsern Herrn.

5. Wie uns aber die Creaturen zu Gott führen, das merke also. Gott thut, gleich als ein liebreicher Vater, der ein Kind zu sich ruft und gewöhnt mit süßen Worten. Will es denn nicht bald kommen, so wirft er ihm einen Apfel oder eine Birne zu,

---

[1]) Macrocosmi et microcosmi.

oder einen schönen bunten Rock, wie Israel seinem Sohn Joseph, 1 Mos. 37, 3; nicht aber darum, daß das Kind den Apfel oder das schöne Kleid so lieb haben soll, daß es an der Gabe hangen und kleben bleibe; sondern es soll an der Liebe des Vaters hangen und des Gebers. Also läßt es unser lieber Vater im Himmel dabei nicht bleiben, daß er uns mit so holdseligen und freundlichen Worten durch die Propheten und Apostel zu sich ruft, sondern gibt und wirft uns auch noch viel gute Gaben zu, viel fruchtbare Zeiten vom Himmel, und erfüllet unsere Herzen mit Speise und Freude, Ap. Gesch. 14, 17; welches lauter Hände und Boten Gottes sind, die uns sollen zu Gott führen, und uns seine Liebe bezeugen und einbilden, auf daß wir den Geber selbst in den Creaturen und Gaben empfangen sollen.

6. Aber siehe nun, wie übel du thust, du elender Mensch, daß du an der Gabe kleben bleibst, an einer Hand voll Gold und Silber, an Häusern und Aeckern, weltlicher Ehre und Lust, welche doch vor Gottes Augen nichts anders sind, denn ein Apfel oder eine Birne, dadurch dich Gott will zu sich ziehen und locken, und wenn's auch ein Königreich wäre. Ja eben darum hat Gott den Menschen so mangelhaft, so dürftig, so elend geschaffen, nackt und bloß, hungrig und durstig auf diese Welt lassen geboren werden, auf daß ihn Gott mit so vielen Wohlthaten, Gaben und Geschenken zu sich zöge; auf daß der Mensch Gottes Liebe in allen Dingen schmecken möchte; auf daß er in den sterblichen Creaturen den unsterblichen Gott finden möchte; auf daß der Mensch lernen sollte, daß der ewige, unsterbliche Gott besser erfreuen, trösten, stärken, erhalten könne, denn die vergänglichen und sterblichen Creaturen.

7. Der größte Bote und Gesandte Gottes aber, und das größte Geschenk und die stärkste Hand Gottes, die uns zu Gott führen soll, ist Jesus Christus, Gottes Sohn. In dem ist Alles und alle Fülle; der streckt seine Hand aus in alle Creaturen. Denn „alle Dinge sind durch ihn gemacht," Joh. 1, 3. „Es besteht Alles in ihm," Col. 1, 17. „Er hält und trägt Alles," Hebr. 1, 3.

8. Darauf beginnen wir nun den ersten Theil dieses Buchs, nämlich die sechs Tagewerke der Schöpfung Gottes insgemein zu beschreiben, zur Erkenntniß, zum Lob und Preis des Schöpfers. Vom Menschen aber insonderheit soll im andern Theil hernach folgen.

9. Und damit Niemand zu geschwind urtheile, will ich ihn gewiesen haben auf den Beschluß, der zu Ende des andern Buchs ist angeheftet; indem ich diese meine Schriften nach den symbolischen Büchern der Kirche der Augspurgischen Confession, und nicht anders, will verstanden haben.

Der erste Theil.

Von den sechs Tagewerken der Schöpfung Gottes insgemein.

Das 1. Capitel.

Vom ersten Tagewerk Gottes, dem Licht.

1 Mos. 1, 3: Gott sprach: Es werde Licht! und es ward Licht. Ps. 104, 2: Licht ist dein Kleid, das du anhast. 1 Joh. 1, 5: Gott ist ein Licht, und ist keine Finsterniß in ihm.

1. Obwohl der heilige Hiob, Cap. 38, 19 spricht: „Welches ist der Weg, da das Licht wohnet, und durch welchen Weg theilet sich das Licht? Hast du gesehen die Thore der Finsterniß?" mit welchen Worten der heilige Mann andeutet, daß nicht wohl zu erkennen noch zu beschreiben sey, was das Licht sey, und daß der Ursprung des Lichts aller Vernunft unbegreiflich sey; und ob wir gleich durch den Augenschein wenig davon wissen, und ist nur ein geringes Wörtlein, das wir davon vernommen haben, Hiob 26, 14: dennoch sollen wir das geringe Wörtlein zu Gottes Ehre gebrauchen.

2. Wir sagen demnach also: Das Licht ist der edelste, subtilste, reinste, weißeste Schein (candor) oder Klarheit, so in der Schöpfung von der Finsterniß der großen Welt geschieden worden, indem der Schöpfer das Licht hat heißen hervorleuchten aus

der Finsterniß, 2 Cor. 4, 6; dadurch die Welt erleuchtet, erfreuet, unterschiedlich erkannt, und ganz weißlich und wunderbarlich geoffenbart, ja dadurch das Licht des Lebens, nach Etlicher Meinung, auf die große Welt influirt und allen Creaturen einverleibt worden. Aus welchem weißen Schein die höchste Klarheit und Erleuchtungskraft in die Kugel der Sonne, als in das rechte Tageslicht, zusammengefaßt ist, den Tag zu erleuchten und zu regieren, Jer. 31, 35. Darum auch der allmächtige Schöpfer das Licht den Tag genannt hat, 1 Mos. 1, 5.

3. Weil nun einem Christen gebührt, die Creaturen Gottes mit geistigen Augen also anzuschauen, daß er Gott, seinen Schöpfer, darin sehe, und aus den Werken den Werkmeister preise: so wollen wir uns damit belustigen, wie das Licht oder die Sonne ein Zeuge Gottes und Christi sey.

4. Wir schließen demnach 1) also: Hat Gott ein so schönes, anmuthiges, erfreuendes, lebendigmachendes, klares, hellscheinendes, glänzendes Licht geschaffen: ein wie viel schöneres, herrlicher erfreuendes und lebendigmachendes Licht muß er selbst seyn? Darum fragt der Ausleger des heil. Dionysius: warum Gott das Licht zuerst erschaffen? und antwortet: „Weil von dem göttlichen und überverständlichen Licht selbst alsbald das Licht entspringt, so unter Allem Gott am gleichsten [1])." Darum nennt er das Licht ein Bildniß der göttlichen Gütigkeit [2]), und sagt, ein überverständliches oder unbegreifliches Licht sey in Gott, ein verständliches Licht in Engeln und Menschen, ein sichtbares Licht in der Sonne [3]).

5. Und weil Gott das Licht zu dem Ende geschaffen, daß dadurch alle Creaturen in ihrer eigenen äußerlichen Form, Gestalt, Zierlichkeit und Lieblichkeit erkannt und unterschieden werden: so ist daraus 2) zu schließen, daß ein andres, verborgenes Licht seyn müsse, dadurch alle innerliche Formen und Gestalten aller Creaturen erkannt werden, vor welchem Licht sich nichts bergen kann, es sey so heimlich, als es wolle. Und dasselbe ist die ewige Weisheit Gottes, welche nach rechter Art des natürlichen erschaffenen Lichts genannt wird ein Glanz des ewigen Lichts, Weish. 7, 26.

6. Davon sagt St. Dionysius: „Gleichwie das geschaffene Licht die sichtbare Welt verwaltet, ordnet, regiert und erfüllt: also das überverständliche Licht erfüllt und erleuchtet alle überhimmlische Geister mit dem geistlichen Licht, reinigt auch alle Seelen, und gibt ihnen die Gemeinschaft des Lichts, vertreibt die Finsterniß, theilt mit erstlich den Anfang eines geringen Lichts; darnach, wenn sie das Licht schmecken und erkennen, und mit großer Begierde entzündet werden, ergießt sich's mehr in sie, nachdem sie viel und große Lust und Liebe dazu gewinnen, und wie viel sie fassen können. Das überverständliche Licht übertrifft daher alles Licht, als der erste Strahl und Lichtausfluß, und erleuchtet alle Geister von der Fülle seines Lichts, und begreift in sich, als der Ursprung alles Lichts, alles geistige, engelische, vernünftige und natürliche Licht, und macht unsterblich. Denn gleichwie die Unwissenheit diejenigen, so verführt sind, scheidet von dem Licht: also die Gegenwart des überverständlichen Lichts sammelt, vereinigt, macht vollkommen, und erledigt von Unwissenheit und Irrthum Alle, so erleuchtet werden, und wendet sie zu dem, das wahrhaftig ist, und bringt die mancherlei Phantasien in eine einige lautere Wissenschaft, und erfüllt sie mit einem einigen und vereinigenden Lichte." So weit Dionysius.

7. 3) So leuchtet auch aus der Sonne Licht eitel reine, innige, heiße und brünstige Liebe Gottes. Denn wem hat Gott die Sonne geschaffen? Nicht ihm selbst. Er bedarf keiner Sonne und keines erschaffenen Lichts. Er ist selbst das ewige, unendliche Licht. Darum hat er die Sonne uns geschaffen. Sie leuchtet uns. Darum leuchtet Gottes Liebe aus der Sonne.

8. Und weil die ewige Weisheit Gottes

---

[1]) Quia ab ipsa divina luce plus quam intelligibili statim emanat lux omnium simillima Deo.
[2]) Imaginem bonitatis Dei.
[3]) Lux superintelligibilis — intelligibilis — visibilis.

eine solche Sonne ist, die uns in allen Dingen Gottes Liebe und Güte zeigt, so wird dieselbe nach Art und Eigenschaft der natürlichen Sonne und ihres Lichts genannt ein Bild der göttlichen Gütigkeit, Weish. Sal. 7, 26.

9. Das Licht gibt allen Dingen Ordnung, Zeit, Ziel, Maaß und Unterschied; denn ohne das Licht wäre eitel Unordnung und Verwirrung in allen Dingen. Darum ist das Licht ein Bild der Weisheit Gottes.

10. Das Licht wendet alle Dinge zu sich durch seinen Glanz und seine Schönheit; also zieht Gottes Güte Alles nach sich und zu sich, als in den ersten Ursprung, da alle Dinge ihre Ruhe finden und ihre Erhaltung.

11. Sehet, wie rein ist das Licht der Sonne, und kann nicht befleckt werden. Unendlich reiner und unbefleckter ist Gottes Liebe gegen uns. Darum, weil die Weisheit Gottes ein solch unbeflecktes Licht ist, so wird sie nach Art der Sonne genannt ein unbefleckter Spiegel der göttlichen Kraft, Weish. Sal. 7, 26.

12. Sehet, wie das Licht so reichlich, mildiglich, überflüssig ausfließt aus der Sonne; also ergeht Gottes Liebe überflüssiger, ja unendlicher Weise über uns. Die Sonne ist unparteiisch, sie mißgönnt keinem Menschen ihr Licht; also ergeht Gottes Liebe über alle Welt. Sehet, wie innig das Licht der Sonne ist, und geht aus dem inwendigsten Wesen der Sonne; also innig und herzlich ist Gottes Liebe.

13. 4) Ferner ist zu betrachten, weil der allmächtige Gott der großen Welt und den leiblichen Dingen ein äußerliches Licht geschaffen, ob er denn nicht auch ein geistliches, innerliches Licht der Seele verordnet habe? Denn es ist wohl natürlich, zu schließen: Hat Gott den leiblichen Dingen, oder dem Leibe des Menschen, ein so schönes Licht verordnet, so hat er vielmehr ein innerliches Licht der Seele verordnet. Dieß Licht der Seele ist Gott selbst, unser Herr Jesus Christus und der heilige Geist, von welchem unser Verstand durch Gottes Erkenntniß im Glauben erleuchtet wird. „Mache dich auf, werde Licht; denn dein Licht kommt, und die Herrlichkeit des Herrn gehet auf über dir," Jes. 60, 1.

14. Gleichwie nun die Sonne die Welt erleuchtet, also erleuchtet Christus unsere Seele. „Dieß ist das wahrhaftige Licht, welches alle Menschen erleuchtet, so in diese Welt kommen," Joh. 1, 9. Darum wird er von dem Propheten Malachia die Sonne der Gerechtigkeit genannt, Cap. 4, 2. Und Gott wird von St. Jacobo, im 1. C., V. 17 genannt ein Vater des Lichts. Und der heilige Geist ist in einer Feuerflamme über den Aposteln erschienen, in Gestalt feuriger Zungen, Ap. Gesch. 2, 3. Aus diesem ewigen Licht kommt nun das Licht der Gnade, das Licht der Weisheit und Erkenntniß Gottes, das Licht der Wahrheit und des Lebens, das Licht der Freude, das Licht des Trostes, das Licht der Herrlichkeit Gottes, das Licht des Glaubens und aller christlichen Tugenden.

15. Das Licht ist die höchste Zierde und Herrlichkeit der Creaturen. Darum steht geschrieben: Licht ist dein Kleid, das du anhast," Psalm. 104, 2. Und der heiligen Engel Zierde und Schmuck ist die Klarheit des Herrn, Luc. 2, 9. Im ewigen Leben wird der Auserwählten höchster Schmuck seyn die Klarheit und das Licht. „Die Gerechten werden leuchten wie die Sonne, in ihres Vaters Reich," Matth. 13, 43; Dan. 12, 3. Welches in der Offenbarung Johannis vorgebildet ist durch das Weib mit der Sonne bekleidet, Offenb. 12, 1. Ja, gleichwie das Licht die schönste Zierde ist dieser vergänglichen Welt, also wird das ewige Licht die höchste Zierde und Herrlichkeit seyn der zukünftigen Welt, des himmlischen Jerusalems, Offenb. Joh. 21, 11.

16. Je mehr Licht, je edler das Geschöpf; wie wir sehen an Engeln, an Sonne, Mond und Sternen, an Edelgesteinen, an Metallen. Also ist auch die Tugend ein schönes Licht, und alle Gaben der Auserwählten werden aus ihnen leuchten im ewigen Leben. Darum dieselben einander übertreffen werden, wie die Sonne und die Sterne einander übertreffen in ihrer Klarheit, 1 Cor. 15, 41.

17. Das Licht erfreut und bringt Freude

mit sich. Was wird aber das ewige Licht für Freude mit sich bringen, wenn der Tag des ewigen Lichts wird anbrechen? Sollte uns das ewige Licht nicht mehr erfreuen können, denn das vergängliche Licht, welches viel Trübsal auf Erden bescheinen muß?

18. Das Licht erweckt die Schlafenden; also Christus, unser Licht, weckt uns auf vom Schlaf der Sünden. „Wache auf, der du schläfest, so wird dich Christus erleuchten," Eph. 5, 14.

19. Das Licht zeigt uns den Weg. Also spricht Christus, unser Herr: „Ich bin das Licht der Welt; wer mir nachfolget, wird nicht im Finstern wandeln, sondern das Licht des Lebens haben," Joh. 8, 12; Cap. 12, 46.

20. Das Licht führt mit sich eine verborgene Lebenskraft. Also ist Christus, unser Herr, ein solches Licht, „in welchem war das Leben, und das Leben ist das Licht der Menschen," Joh. 1, 4. „Der Herr ist mein Licht und mein Heil, und meines Lebens Kraft," Ps. 27, 1.

21. Das Licht kann man ohne das Licht nicht sehen. Also kann man Gott ohne Gott, ohne Christum, ohne den heiligen Geist, nicht erkennen. „In deinem Lichte sehen wir das Licht," Ps. 36, 10.

22. Das Licht vertreibt die Finsterniß und die Geister der Finsterniß. Also vertreibt Gottes Licht in uns, das ist Christus, den Unglauben und alle Werke der Finsterniß und des Satans. Gott muß auch in uns sprechen: „Es werde Licht!" wie im Werke der Schöpfung. Darum sagt der 18. Psalm, V. 29: „Du erleuchtest meine Leuchte. Der Herr, mein Gott, machet meine Finsterniß Licht." „Auf daß er erscheine denen, die da sitzen in Finsterniß und Schatten des Todes," Luc. 1, 79. „Ich sah einen Engel vom Himmel herabsteigen, von welches Klarheit die Erde erleuchtet ward," Offenb. Joh. 18, 1.

23. Wenn des Tages Licht hinweg weicht, so geht die Nacht und Finsterniß an, und geht das finstere Licht, der Mond, auf, als das Nachtlicht. Also ist außer Christo eitel Finsterniß, und das rechte Nachtlicht der Vernunft verfinstert den Verstand.

24. Gleichwie nun diejenigen närrisch thun, die mehr von dem Mond erleuchtet werden wollen, als von der Sonne: also thun die viel närrischer, die mehr wollen erleuchtet werden von der Weltweisheit, als von Christo, der göttlichen, ewigen Weisheit. So närrisch es ist, wenn Einer des Tages bei einem Licht besser sehen wollte, als bei der Sonne: also närrisch ist's, wenn Einer durch die Weltweisheit besser sehen und klüger seyn wollte, als durch die Weisheit Gottes, welche ist Christus. O Thorheit, wenn Einer meint, mehr erleuchtet zu werden durch die Creatur, als durch den Schöpfer! Wer mich hier recht versteht, der hat den Anfang zu der göttlichen, ewigen, himmlischen Weisheit, welche der 119. Psalm so emsig sucht, und das Buch der Weisheit Salomonis.

25. Die Sonne ist eine Zierde des Himmels; also Christus, der Herr, ist eine Zierde seiner Kirche und des neuen Himmels und der neuen Erde in der zukünftigen Herrlichkeit, da offenbar wird werden vor aller Auserwählten Augen, wie er ist der Glanz der Herrlichkeit seines Vaters, Coloss. 1, 15, und das Ebenbild seines göttlichen Wesens, Hebr. 1, 3.

26. Das Licht gibt und macht eine liebliche Wohnung. Also wohnt Gott in einem Licht, 1 Tim. 6, 16. Also hat er auch das himmlische Jerusalem zu einer lieblichen Wohnung gemacht. „Die Stadt bedarf keiner Sonne und keines Mondes, sondern die Herrlichkeit des Herrn ist ihr Licht, und das Lämmlein Gottes erleuchtet sie," Offenb. Joh. 21, 23.

27. Das Licht offenbart Alles; also kann sich nichts vor dem unendlichen Lichte Gottes verbergen, was im Himmel und auf Erden ist, auch was in allen Geistern, in allen Seelen der Menschen verborgen ist; also daß sich auch der geringste Gedanke des menschlichen Herzens vor Gott nicht verbergen kann, Hebr. 4, 12, 13. „Unsere unerkannten Sünden stellest du vor dich ins Licht vor dein Angesicht," Ps. 90, 8. „Du verstehest meine Gedanken von ferne," Ps. 139, 2. „Die Weisheit Gottes gehet durch alle Geister, wie scharf sie sind," Weish. Sal. 7, 23.

28. Das Licht theilt sich allen Creaturen mit, und ergießt sich über die ganze Welt; also theilt sich Gott allen Creaturen mit, sonderlich aber den Menschen, und ist seine Freude und Lust, den Menschen Gutes zu thun.

29. Das Licht und die Sonne ist auch endlich 5) ein Zeuge der Verklärung unsers Leibes und unserer Seele in der Auferstehung. Es geschieht zwar die Verklärung unserer Seelen zum Theil in diesem Leben durch den heiligen Geist. „Nun aber spiegelt sich in uns Allen des Herrn Klarheit mit aufgedecktem Angesicht, und wir werden verkläret in dasselbe Bild von einer Klarheit in die andere, als vom Geist des Herrn," 2 Cor. 3, 18. Aber es ist nur ein geringer Anfang, und ist ganz unvollkommen. Dort aber wird Leib und Seele verklärt werden mit ewiger, unaufhörlicher Klarheit und Herrlichkeit; wie St. Paulus sagt: „Eine andere Klarheit hat die Sonne, eine andere der Mond, eine andere die Sterne; also wird's auch seyn in der Auferstehung der Gerechten," 1 Cor. 15, 41. „Die Lehrer werden leuchten wie des Himmels Glanz, und wie die Sterne immer und ewiglich," Dan. 12, 3. „Die Gerechten werden leuchten wie die Sonne, in ihres Vaters Reich," Matth. 13, 43.

30. Dessen Bild ist die Verklärung Christi: da sein Antlitz leuchtete wie die Sonne, und sein Kleid weiß ward, wie der Schnee, Matth. 17, 2. Das war der himmlische, übernatürliche Candor oder das weiße Licht der ewigen Sonne. Also glänzte und leuchtete das Angesicht Mosis viel heller, denn die Sonne, so daß es die Kinder Israel nicht ansehen konnten um der Klarheit willen, und das daher, weil Gott mit ihm geredet hatte, 2 Mos. 34, 29; 2 Cor. 3, 7; und war doch Moses nur wenig Tage bei dem Herrn gewesen. Was wird denn für eine Klarheit aus uns leuchten, wenn wir Gott ewig werden beiwohnen und bei ihm seyn allezeit? Mosis Angesicht leuchtete schrecklich, Christi Angesicht aber lieblich in seiner Verklärung.

31. Ferner Offenb. Joh. 1, 16 leuchtete das Angesicht dessen, der die sieben Sterne in seiner Hand hatte, wie die Sonne. Und also wird uns das ewige Licht, welches ist Christus, an jenem Tage verklären, daß der ganze Leib wird erleuchtet werden wie der Blitz, Matth. 6, 22; Luc. 11, 36.

32. Zum Beschluß ist auch zu wissen, daß der gütige Schöpfer ein reines, schönes und anmuthiges Licht allen Dingen eingeschlossen habe, wie die wissen, so die natürliche Absonderung verstehen, und die Reinigkeit aller Dinge recht philosophisch scheiden können von der Unreinigkeit und Finsterniß. Und also können alle Dinge natürlich in ihre Klarheit gebracht werden. Denn das ist ihre natürliche Verklärung, und ein herrlich, augenscheinlich Zeugniß der Verklärung unserer Leiber am jüngsten Tage, wenn alle Unsauberkeit von Leib und Seele wird geschieden seyn.

Gebet um rechten Gebrauch der Sonne, und um das innere Licht der Seele.

Allmächtiger Gott und Vater, ich preise dich, daß du hast wollen das Licht scheiden von der Finsterniß, und durch dasselbe deine Geschöpfe sichtbar machen. Du hast nach deiner heiligen Weisheit das Licht der untern Welt in die Sonne zusammengefaßt; aus derselben fließt es ohne Unterlaß in die irdischen Creaturen, wird aber in ihnen mit vieler Finsterniß verdeckt, daher es darin nur Wenige sehen, welchen du die Augen dafür öffnest. Wie soll ich dich aber, o ewiger Vater, genugsam preisen, daß du meine Seele nicht hast wollen in der Finsterniß lassen, sondern ihr lassen aufgehen die Sonne der Gerechtigkeit, Jesum Christum, deinen Sohn, und ihn gesandt, daß er, als das Licht der Welt, gebe der Welt das Leben. Aber leider! die Finsterniß begreift dieses Licht nicht, oder bedeckt und verhindert es so, daß schier das Licht in uns Finsterniß wird. Ach Herr, unser Gott, verleihe uns, daß wir licht werden, und auch des natürlichen Sonnenlichts recht gebrauchen mögen zu deinem Dienst und Ehre, und dabei uns stets der herrlichen Klarheit, in welcher deine Gläubigen einmal leuchten werden, erinnern, und nach selbiger mit allem Ernst ringen. Laß auch in unserer Seele aufgehen die Sonne der Gerechtigkeit, Christum Jesum, und in derselben eine

Gestalt gewinnen, daraus zu vertreiben alle Liebe und Werke der Finsterniß. In der Natur wickelt sich nach und nach das himmlische Licht aus der irdischen Finsterniß hervor, wirft dieselbe durch eine natürliche Scheidung von sich, und erfreut mit seinem wunderbaren Glanz deine verborgenen Freunde. Ach laß das, was ich in der Natur sehe, in mir geistlich geschehen! Laß deinen Geist in mir erwecken die Gabe Gottes, die in allen Gläubigen ist, laß ihn alles Unreine von mir scheiden, mich durch Abtödtung meines sündlichen Fleisches zu einem bessern Leben erneuern, mit dir vereinigen, und endlich herrlich verklären, durch Jesum Christum, deinen Sohn, unsern Herrn. Amen.

Das 2. Capitel.
Vom andern Tagewerk Gottes, dem Himmel. Wie der Himmel ein Zeuge Gottes ist, und der schönen Wohnung der Seligen.

1 Mos. 1, 6. 8: Und Gott sprach: Es werde eine Veste zwischen den Wassern. Und Gott nannte die Veste Himmel. Ps. 104, 3: Du wölbest es oben mit Wasser, du fährest auf den Wolken, als auf einem Wagen, und gehest auf den Fittigen des Windes. Ps. 19, 1: Die Himmel erzählen die Ehre Gottes, und die Veste verkündiget seiner Hände Werk.

1. Obwohl viel Disputirens ist unter den Theologen und Philosophen von der Materie und Substanz des Himmels, so wollen wir uns doch daran genügen lassen, daß Gott, der Herr, spricht: "Es sey eine Veste zwischen den Wassern," 1 Mos. 1, 6. 8; welches im Buch Hiob erklärt wird: "Wirst du den Himmel mit ihm ausbreiten, der fest ist, wie ein gegossener Spiegel?" Hiob 37, 18.

2. Daraus nicht unfüglich könnte geschlossen werden, daß die Veste zwischen den Wassern, das ist, der Himmel, aus Wasser gemacht sey, welches das Wort Schamajim andeutet [1]). Doch wollen wir hier mit Niemand zanken, und sagen, daß uns die Ordnung der Elemente zu erkennen gibt, daß der Himmel sey das allerbeständigste, reinste, subtilste, klarste, lauterste Wesen der großen Welt, oder des Wassers und der Luft, geschieden von aller elementischen Grobheit, ein durchscheinender, klarer, unvergänglicher Körper, welcher wegen seiner Reinigkeit keiner Verderbniß unterworfen ist. Denn er ist von derselben abgeschieden, darum kann keine Verderbniß darein fallen, und er kann sich mit der Unreinigkeit nimmermehr vermengen. Denn es sind zwei widerwärtige Naturen. Er ist voll wunderbarer Kräfte, alle untern Dinge zu regieren, und durch die Hand des Allmächtigen gestellt in die allerzierlichste, geräumigste Form der unbegreiflichen Runde; auf daß nicht allein in dieser Cirkelrunde die weite Ausbreitung der Luft, auch die Wasser- und Erdkugel beschlossen und gehalten werde, also daß kein Element von seiner Statt weichen mag (um welcher Ursache willen der Himmel das Firmament oder die Veste genannt wird), sondern daß er auch allen Elementen seinen Einfluß durch die Runde gleich austheilen könne.

3. Darum, was das Wesen des Himmels anlangt, so siehe die Erde an, wie schwarz, grob, dick sie ist, daß nichts Gröberes seyn kann. Darnach siehe das Wasser an, wie viel subtiler, lauterer, klarer, reiner es ist, denn die Erde. Denn je weniger Erde damit vermischt, je reiner es ist, also daß man etliche Ellen tief hinein sehen mag. Siehe die Luft an, die ist abermals mehr geklärt und geläutert, denn das Wasser, und ist gar durchsichtig, unbegreiflicher denn das Wasser, so lauter und pur, daß man gar nichts in ihr sieht. Jetzt gedenke, wie ungleich diese Körper gegen einander sind, die Erde gegen das Wasser, und das Wasser gegen die Luft, wie ein großer Unterschied ist zwischen ihnen des Wesens halben. Bedenke nun den Körper des Himmels, der ist über die Luft, und das klarste, lauterste Wesen; und je reineres Wesen, je geistiger und je mehr Kraft da ist.

4. Sollte nun dieß wunderschöne, reine, lautere Wesen des Himmels mit allen seinen Eigenschaften nicht 1) ein herrlicher Zeuge Gottes seyn? "Was ist der Himmel und die Zierde der ganzen Creatur," sagt ein alter Scribent, "anders, denn ein Spie-

---

[1]) So viel wie Asch-majim, d. i. Feuer-Wasser.

gel, in welchem wiederleuchtet des höchsten Werkmeisters Meisterstück [1]?"

5. Denn so Gott, der Allmächtige, ein so reines, lauteres, beständiges Wesen geschaffen, welches wir doch in dieser Blödigkeit unsers Verstandes nicht ergründen können: was muß er denn selbst für ein reines, lauteres, ewiges, geistliches, unerforschliches, unausdenkliches, unaussprechliches Wesen seyn! Und so er den sterblichen Creaturen einen so schönen Himmel geschaffen, in welchem sie eingeschlossen und erhalten werden: was wird er denn den unsterblichen Creaturen für ein schönes Haus zur Wohnung erbaut haben! „Wir wissen, so unser irdisches Haus dieser Hütte zerbrochen wird, daß wir einen Bau haben, von Gott erbauet, ein Haus, nicht mit Händen gemacht, das ewig ist im Himmel, und wir sehnen uns nach unserer Wohnung, die vom Himmel ist," 2 Cor. 5, 1. 2.

6. Was bedeutet die große Höhe und Weite des Himmels, dagegen die Erde ein Pünctlein ist, anders als die unausdenkliche, unermeßliche Gewalt und Weisheit Gottes? „So viel höher der Himmel ist, denn die Erde, so viel sind meine Gedanken höher, denn eure Gedanken, und meine Wege höher, denn eure Wege," Jes. 55, 9. Davon im 4. Cap. weitläufiger.

7. Was bedeutet die große Cirkelrunde des Himmels mehr, denn die Ewigkeit Gottes? Denn wie in einem Cirkel weder Anfang noch Ende ist, also ist auch in Gott weder Anfang noch Ende.

8. Was bedeutet die unaussprechlich große Runde des Himmels anders, denn die Allgegenwart Gottes? Denn so der Himmel Alles beschließt, und mit unermeßlicher Weite Alles hält, hebt und trägt: wie sollte Gott nicht Alles beschließen, halten, heben und tragen? „Wer mißt die Wasser mit der Faust, und faßt den Himmel mit der Spanne, und begreift die Erde mit einem Dreiling, und wägt die Berge mit einem Gewicht, und die Hügel mit einer Wage?" Jes. 40, 12.

9. In einem Cirkel ist Nichts unten noch oben, sondern Alles zugleich unten und oben; also erfüllt Gott zugleich Alles. Er erfüllt Himmel und Erde, und ist nicht weit von einem Jeglichen unter uns. „Denn in ihm leben, weben und sind wir," Ap. Gesch. 17, 28. Und obgleich unter uns auch Menschen und viele andere Creaturen Gottes sind, wie die Runde der Erde bezeugt: so hat's doch Gott, der Herr, also geordnet, daß allenthalben der Himmel oben ist, und Alles muß gegen den Himmel über sich sehen und stehen; welches die unermeßliche Weite des cirkelrunden Himmels macht. Sirach, C. 43, V. 13 spricht von der Runde des Himmels: „Er hat den Himmel fein rund gemacht, und seine Hände haben ihn ausgebreitet."

10. Was ist die Veste des Himmels anders, denn die ewige, beständige Wahrheit Gottes und seines Worts? Denn wer hält den Himmel, daß er nicht falle? Welches sind die Säulen, die ihn tragen? Oder woran hängt er? An nichts, denn an der Gewalt des Wortes Gottes. „Die Säulen des Himmels zittern, und entsetzen sich vor seinem Schelten. Er hält seinen Stuhl, und breitet die Wolken davor," Hiob 26, 9. 11.

11. Siehe, kann Gottes Wort den Himmel also befestigen, und er sollte dir seine Zusage nicht halten? Hält und trägt Gott den Himmel durch sein kräftiges Wort, Hebr. 1, 3, und er sollte dich nicht können erhalten, heben und tragen?

12. Es soll dich aber dieser vergängliche Himmel höher führen [2] zu dem verborgenen Himmel, 1 Kön. 8, 27, da das lieblichste Wesen, da Freude ist die Fülle, Pf. 16, 11; welches St. Paulus das Paradies und den dritten Himmel nennt, 2 Cor. 12, 2, und die Herrlichkeit, in welche unser Herr Jesus Christus aufgenommen ist, 1 Tim. 3, 16; und welches der Herr nennt seines Vaters Haus, da er uns die Stätte bereitet, Joh. 14, 2; welcher auch genannt wird aller Himmel Himmel, 1 Kön. 8, 27.

13. Ja, es soll dich dieser vergängliche äußerliche Himmel [3] in dich selbst führen; in dein eigen Herz und deine Seele. Da hat Gott auch seinen Himmel, in welchem er wohnt. „So spricht der Hohe und Er-

---

[1] Quid est caelum et totius naturae decor aliud, quam quoddam speculum, in quo summi opificis relucet magisterium?

habende, der ewig wohnet, deß Name heilig ist: Der ich wohne in der Höhe, und im Heiligthum, und in denen, so zerschlagenen und demüthigen Geistes sind; auf daß ich erquicke das Herz der Gedemüthigten und den Geist der Zerschlagenen," Jes. 57, 15. Siehe, da ist Gott mit seinem ganzen Reich in dir; wie davon genugsam im 3. Buch gemeldet ist.

14. 4) Letztlich, so soll dich dieser äußerliche Himmel führen zu dem neuen Himmel, von welchem St. Petrus spricht: „Wir warten eines neuen Himmels und einer neuen Erde, nach seiner Verheißung, in welchen Gerechtigkeit wohnet," 2 Petr. 3, 13. Denn obgleich der Himmel so pur und rein von Gott gemacht ist, daß keine Verderbniß darein fallen kann, dennoch sind die Himmel vor Gott nicht rein, sagt der heilige Hiob, C. 15, V. 15. Darum auch endlich die Himmel vergehen werden, wie St. Petrus sagt, 2 Epist. 3, 10. Und der 102. Psalm, V. 27 spricht: „Die Himmel werden vergehen und alle veralten, wie ein Gewand, sie werden verwandelt werden, wie ein Kleid, wenn du sie verwandeln wirst." Darum spricht St. Johannes: „Ich sah einen neuen Himmel und eine neue Erde; denn der erste Himmel und die erste Erde verging. Und der auf dem Stuhl saß, sprach: Siehe, ich mache Alles neu," Offenb. Joh. 21, 1. Und der Prophet spricht: „Siehe, ich will einen neuen Himmel und eine neue Erde schaffen, daß man der vorigen nicht mehr gedenken soll," Jes. 65, 17. Was wird das für eine schöne Stadt Gottes seyn, das himmlische Jerusalem, deren Baumeister Gott ist! Wer will's uns sagen, während es „kein Auge gesehen, kein Ohr gehöret, und in keines Menschen Herz gekommen, was Gott bereitet hat denen, so ihn lieb haben?" 1 Cor. 2, 9. Darum der heilige Evangelist Johannes das neue himmlische Jerusalem beschreibt durch solche Dinge, die in der Natur die köstlichsten sind; da er sagt, Offenb. Joh. 21, 11 ff., die Stadt sey als ein durchscheinend Gold, der Grund von Edelgesteinen, die Thore von Perlen, und sey voll Licht, Klarheit und Herrlichkeit Gottes, die sie erleuchte anstatt der Sonne und des Lichts. In diesem neuen Himmel wird Gott Alles in Allem seyn, 1 Cor. 15, 28.

Gebet um himmlischen Sinn und um den seligen Himmel.

Gib uns, o getreuer Vater, daß wir durch Anschauung des Himmels im Glauben und Vertrauen auf deine Allmacht und Regierung in aller Noth gestärkt werden. Und wie du uns hast durch Christum ins himmlische Wesen versetzt, so laß uns auch himmlisch gesinnet seyn, daß wir von der Erde nach dem Himmel uns beständig sehnen. Laß uns stets betrachten die Herrlichkeit des uns in Christo versprochenen ewigen Erbes, da wir, über die Sterne und den sichtbaren Himmel erhöht, eine Wohnung haben werden in unsers Vaters Hause. Laß uns unserm vorgesteckten Ziel immer näher kommen, daß wir vergessen, was dahinten ist, und uns strecken nach dem, das vor uns ist. Und nimm uns endlich nach überstandener Beschwerlichkeit dieser Pilgrimschaft auf in das himmlische Vaterland. Wir haben Lust, abzuscheiden, und bei dir, unserm Jesu, zu seyn. So lange wir aber hier noch wallen, bleiben wir bei dir, unserm Imanuel. Du hältst uns bei unserer rechten Hand, du leitest uns nach deinem Rath, und nimmst uns endlich mit Ehren an. Amen.

Das 3. Capitel.
Vom dritten Tagewerk Gottes, nämlich von der Scheidung der Wasser von der Erde.

Der Erdkreis, so unter dem Himmel mitten in der Welt schwebt, ist ein Zeuge der Allmacht und Weisheit Gottes, und eine Schatzkammer der überreichen Mildigkeit des gütigen Schöpfers.

1 Mos. 1, 9: Gott sprach: Es sammle sich das Wasser unter dem Himmel an besondere Oerter, daß man das Trockne sehe. Und Gott nannte das Trockne Erde. Ps. 33, 5 und Ps. 104, 24: Die Erde ist voll der Güte des Herrn.

1. Die Erde ist die größte, schwerste körperliche Substanz der ganzen Welt, geschieden von den Wassern, und gesetzt durch die Gewalt Gottes in den Mittelpunct der großen Welt, unbeweglich [1]), zu einem

[1]) Nach dem scheinbaren oder geocentrischen System.

Receptakel oder Behältniß aller himmlischen Einflüsse; darum sie auch wegen der Runde des Himmels in eine Kugel gefaßt ist, die Wirkung des Himmels allenthalben zu empfangen, und macht mit dem Wasser Einen Globus oder runde Kugel, und besteht im Wasser. Und es wird diese Erd- und Wasserkugel von der Gewalt der Luft getragen, durch die Kraft des allmächtigen Worts, voll lebendigen, verborgenen, unsichtbaren Samens aller sichtbaren Gewächse und Früchte.

2. Da laßt uns nun bedenken, wie dieß wunderliche Gebäude der Erde mit seinem Grund und Fundament uns die Allmacht Gottes begreiflich vor die Augen stelle. Denn worauf steht die Erde? Was sind ihre Säulen?

3. Hier disputiren die Gelehrten: ob die Erde auf dem Wasser stehe, oder ob sie, als das gröbste und schwerste Element, das unterste sey, und das Fundament des Wassers, also daß die Erde den Wassern untergebreitet sey?

4. Die dafür halten, daß die Erde auf dem Wasser stehe, haben diese Sprüche für sich: „Er hat ihn an die Meere gegründet, und an den Wassern bereitet" (oder eigentlich: auf Meere gegründet und auf Ströme befestigt), Pf. 24, 2. „Der die Erde ausbreitet auf das Wasser," Pf. 136, 6. Und der heilige Chrysostomus schreibt: „Die Erde ist von Gott also gegründet, daß sie unter sich das Wasser habe."

5. Die Andern, die da wollen, die Erde sey der Grund und Boden des Wassers, haben diese Gründe. 1) Weil die Erde das schwerste Element ist, so habe es sich gesetzt an die unterste Stelle, und sey das Centrum oder der Mittelpunct geworden der Welt; da sie denn natürlich und unbeweglich ruhe, und könne von dannen nicht bewegt werden, ohne mit Gewalt. Es wäre demnach wider die Natur und ein Wunderwerk, wenn sie anderswohin fallen sollte. Denn ein jeglicher Ort, der außer dem Centro ist, ist höher, denn das Centrum oder der Mittelpunct. Darum, wohin auch die Erde bewegt würde, so müßte sie über sich steigen, und müßte demnach die Erde, wo sie fallen wollte, über sich fallen, welches unmöglich ist. Das hat auch der 104. Pfalm, V. 5 andeuten wollen: „Der du die Erde gründest auf ihren Boden, daß sie bleibet immer und ewiglich," das ist, die Erde ruht im Centro unbeweglich, daraus sie nicht fallen kann. Zum 2) führen sie auch diesen Beweis: daß die Schiffleute durch den Bleiwurf den Grund und die Tiefe des Meeres suchen und finden; und erklären 3) die Sprüche der Psalmen von der Scheidung des Wassers von dem Trockenen, wie Moses schreibt 1 Mos. 1, 9.

6. Es soll uns aber der heilige Apostel Petrus diesen Streit entscheiden, da er spricht: „Die Erde ist aus dem Wasser und in dem Wasser" oder durch Wasser „bestanden" (wie es in seiner Sprache lautet) „durch Gottes Wort," 2 Petr. 3, 5. Da bezeugt der heilige Apostel, daß die Erde im Wasser bestehe, und mache also mit dem Wasser Einen Globus oder Kugel, daß sie auch im Wasser und durch Wasser befestigt sey.

7. Diese schrecklich große Wasser- und Erdkugel, woran hängt sie? wer trägt sie? welches sind ihre Säulen? Höret, wie der heilige Hiob spricht: „Er hänget die Erde an nichts," Hiob 26, 7. Das sagt er darum, weil die große, ungeheure Wasser- und Erdkugel im Mittel der Welt schwebt, in der Luft unter dem Himmel, und wird von der Luft in der großen Expansion getragen, weil die Erde gleichsam in die Wasser eingewickelt ist; wie der 104. Pfalm, V. 6 sagt: „Mit der Tiefe deckest du es, als mit einem Kleide;" und weil die Luft und das Wasser eine nahe Verwandtschaft haben, daß sie einander tragen, wie wir sehen an den Wolken, was für eine große Last Wasser dieselben in sich halten, und werden gleichwohl von der Luft getragen, daß sie nicht herabfallen. Denn eine solche hebende und tragende Kraft ist der Luft Eigenschaft. „Er fasset das Wasser zusammen in seinen Wolken, und die Wolken zerreißen darunter nicht," Hiob 26, 8.

8. Ist's nicht ein großes Wunder, daß durch die Ausbreitung des Himmels die Welt also befestigt und umschlossen ist, daß die vier Elemente also zusammengehalten und in einander gefügt sind, daß keines

zurückweichen kann? Als, daß ich ein einfältiges Gleichniß gebe: In einem Ei ist erstlich das Klare, in der Mitte hängt die runde Kugel des Dotters, und die beiden sind mit einem Häutlein überzogen, und auswendig ist's mit einer Schale befestigt, daß nichts weichen kann. Also hängen die Elemente in einander, und eins hält und trägt das andere. Der Himmel befestigt Alles, und läßt nichts von seiner Statt weichen, darum daß die Natur keine leere Statt leidet. Darum schweben die schweren Regenwolken in der Luft, und fallen nicht.

9. Diese Befestigung des Erdbodens im Wasser und durch's Wasser, in der Mitte der großen, weiten Luft, ist 1) ein überaus großer Zeuge der Allmacht Gottes; welches uns der heilige Hiob, Cap. 38, 4 zu Gemüth führt: „Wo warst du, da ich die Erde gründete? Weißt du, wer ihr das Maaß gesetzt hat? Und wer hat ihr den Eckstein gelegt?" da wir hören, daß dieß Fundament des Erdbodens keine Vernunft erforschen mag, sondern solches der Gewalt und Allmacht Gottes zuschreiben muß. Denn es ist ein gar großes, unbegreifliches Wunder, daß die große Erdkugel also im Wasser besteht, und doch nicht in die Tiefe hineinsinkt und untergeht. Davon sagt der 46. Psalm, V. 3: „Darum fürchten wir uns nicht, wenn gleich die Welt unterginge, und die Berge mitten ins Meer sänken; wenn gleich das Meer wüthete und wallete, und von seinem Ungestüm die Berge einfielen."

10. Daraus ist unter andern abzunehmen, was für ein großes Wunder und Gewalt, auch große Weisheit Gottes sey, daß die Erde fest gegründet ist, und befestigt im Wasser. Darum spricht die Weisheit Gottes: „Da er den Grund der Erde legte, da war ich der Werkmeister bei ihm, und da er die Berge einsenkte," Spr. Sal. 8, 29. 30.

11. Dieß ist nun der Erdboden, über welchen der allmächtige Gott den Adam mit seinen Nachkommen gesetzt hat, Pf. 115, 16: „Die Erde hat er den Menschenkindern gegeben." Und obwohl die Erde auswendig ungestalt, grob, hart, dick, finster, todt, dürr und kalt ist: so ist sie doch 2) inwendig ein edles lebendiges Element, von dem Schöpfer mit vielem Segen, unaufhörlicher Fruchtbarkeit und Samenkräften erfüllt, die nimmer ruhen, sondern als verborgene lebendige Gestirne immer arbeiten, und keine Ruhe haben, bis sie ihre lieblichen Früchte hervortreiben, und auf das allerzierlichste ausarbeiten, mit Form, Proportion, Kleidung, Geruch, Geschmack und Farben, dadurch sie dem Menschen ihre inwendige Kraft und Vermögen anzeigen.

12. Da treten die Erdgewächse hervor aus der Erde, als aus ihrer Schlafkammer, und haben abgelegt den alten Leib, und einen neuen angenommen, der zart, jung, blühend ist; denn der alte ist verfault und gestorben. Sie haben den alten Rock ausgezogen, und ein neues Kleid angelegt; denn das alte war zerrissen, verweset, ungestalt und häßlich geworden, hatte Farbe, Gestalt und Geruch verloren.

13. Alsdann fangen sie an, durch ihre schöne verneuerte Gestalt, durch edeln Geruch und Farbe mit uns zu reden, denn das ist ihre Sprache, als wollten sie sagen: Sehet, ihr Menschenkinder, ihr Ungläubigen, wir waren todt, und sind lebendig worden; wir haben unsern alten Leib und unsere Kleider abgelegt, und sind neue Creaturen geworden. Wir haben uns erneuert in unserm Ursprung. Ziehet ihr auch euren alten Menschen aus, und ziehet den neuen Menschen an, Eph. 4, 23. 24. Erneuert euch auch in euerm ewigen Ursprung, welcher ist Gott, euer Schöpfer, nach welchem ihr gebildet seyd. Und so ihr das thut, werdet ihr in dem großen Sommer des jüngsten Tages, nachdem ihr euern alten verweslichen Leib abgelegt, wieder hervorgehen aus der Erde, gleichwie wir, mit neuern Leibern, mit schönen Kleidern der Verklärung, 1 Cor. 15, 42 ff., welche schöner leuchten werden, denn unsere Farben, die wir jetzo mitgebracht haben. Unterdessen weil ihr in diesem elenden Leben wallet, „sorget nicht für euren Leib," Matth. 6, 25. Sehet, wie schön hat uns unser Schöpfer auf's neue gekleidet, mit wie schönen Farben, und hat uns nun so viel tausend Jahre her seit der ersten Schöpfung

alle Jahre einen neuen Leib und ein neues Kleid gegeben, zum Zeugniß seiner Gütigkeit. Sehet, wir geben euch alle unsere Kräfte; denn unsere Kraft dienet uns nicht selbst, sondern euch. Wir blühen uns nicht selbst, sondern euch; ja Gottes Gütigkeit blühet auch in uns, und ihr möget wohl sagen, daß Gottes Güte in uns blühet, und euch mit ihrem Geruch durch uns erquicket.

14. Wer sieht nun nicht allhier unter den Erdgewächsen viel tausend Zeugen der Liebe, Güte und Allmacht Gottes? Da hat Gott zugerüstet eine große Apothek und ein großes Kräuterbuch, ganz wunderlich und vollkommlich geschrieben. Das ist ein lebendiges Buch, nicht wie man die Kräuter in Büchern beschreibt und als einen todten Schatten abmalt; sondern in Gottes Buch sind lebendige Buchstaben, welchen allen Menschen, groß und klein, gelehrt und ungelehrt, vor Augen gestellt werden; nur daß sie nicht von Jedermann recht gelesen werden können, weil sie die schöne, herrliche Signatur und Zeichnung der Kräuter nicht kennen. Dieselbe muß man zuvor wissen, so kann man diese herrlichen, schönen, lebendigen Buchstaben lesen und zusammensetzen.

15. Bedenke allhier die Weisheit und Gütigkeit Gottes. Du wirst an jedem Kraut und Blümlein sonderliche Zeichen finden, welche sind die lebendige Handschrift und Aufschrift Gottes, damit er jedes Kraut gezeichnet hat nach seiner verborgenen Kraft, so künstlich, so wunderlich, so zierlich, daß sie kein Künstler wird so eigentlich nachmalen können. Ja mit der äußerlichen Form und Proportion zeigen sie oft ihre verborgene Kraft an. Denn eins hat die Gestalt eines Haupts, ein anderes die Gestalt und Signatur der Augen, das dritte der Zähne, das vierte der Zunge, das fünfte der Hände und Füße, das sechste des Herzens, der Leber, der Blase, der Nieren, der Wunden und dergleichen. Und das liegt da vor deinen Augen allenthalben. Sobald du auf einen grünen Rasen trittst, so hast du unter deinen Füßen deine Speise und Arznei. Denn in dem allergeringsten Gräslein und Sämlein, welches du gar gering und unnütz achtest, ist größere Weisheit Gottes, Kraft und Wirkung, als du ergründen kannst. Denn Gott hat nichts Unnützes geschaffen. Darum siehe zu, daß du Gott in seinen Werken nicht verachtest. Ich sage dir, es ist der tausendste Theil von der Kräuter Kraft noch nie ergründet.

16. Wo du nun nicht allein die äußerliche Form und Signatur erkennest, sondern die innerliche verborgene Form, und dieselbe offenbar machst durch die Kunst der Scheidung, daß du herausziehst die Kraft, in welcher die Arznei liegt, diese lautere Essenz, und dieß helle Licht aus ihrem Schalengehäuse und Kästlein, darein sie Gott, der Herr, gelegt hat: so wirst du erst die Güte deines Schöpfers schmecken in seinem Werk, und ihn von Herzen preisen, daß er dem blöden, elenden Menschen in seinen Gebrechen und schmerzlichen Krankheiten solche Linderung, Hülfe und Gütigkeit geschaffen hat.

17. Siehe, wie hat der gütige Schöpfer allen Vögeln unter dem Himmel, allen Thieren, die einen lebendigen Odem haben, so wunderbar mancherlei Speise verordnet, daß sie zu essen haben auf dem Erdboden. Da siehe, wie Gott Speise gibt allem Fleisch, Ps. 136, 25; Ps. 145, 15. „Der Herr lässet Gras wachsen für das Vieh, und Saat zu Nutz dem Menschen, daß er Brod aus der Erde bringe," Ps. 104, 14. Also ist die Erde eine große Schatz- und Speisekammer Gottes, darin ein großer Segen und Vorrath für Menschen und Vieh liegt; daß der 33. Psalm, V. 5 wohl sagen mag: „Die Erde ist voll der Güte des Herrn."

18. Ein großes Wunderwerk der Gütigkeit Gottes ist, daß das Brod den ganzen Leib speiset, also daß in einem Bissen Brod aller Glieder des ganzen äußerlichen Leibes Speisen sind, und sich die Kraft eines Bissens Brod in den ganzen Leib austheilt, da sonst alle andere Gewächse und Kräuter bloß particular sind, für dieß oder jenes Glied des menschlichen Leibes, entweder zur Erhaltung der Gesundheit, oder die Krankheit zu vertreiben verordnet, die oft einem Gliede dienen, dem an-

dern nicht. Allein das Brod ist eine Universalspeise. Darum der ewige Sohn Gottes sich selbst das lebendige Brod nennt, Joh. 6, 35, den ganzen Menschen an Leib, Seele und Geist zu speisen und zu erhalten.

19. Ein großes Wunder ist's, daß in einem kleinen Sämlein ein so großes Gewächs, ja ein großer Baum verborgen liegt, mit Wurzel, Stamm, Aesten, Blättern, Samen, Früchten; da ein jeder eine besondere Kraft hat, und den Menschen besondere Arznei und Speise gibt; ja daß alle Jahre solche Samen und Früchte wiederkommen. Das liegt Alles in dem verborgenen Geist des Samens. Da liegen so mancherlei Kräfte, die sich austheilen in so vielfältige Größe, Breite, Höhe und Länge. Merke hier, was ein Geist für Kräfte habe.

20. Siehe an, wie Gras und Kraut, so das Vieh und die Vögel fressen, deine Speise werden durch Milch und Fleisch der Thiere; ja, wie dein Kleid und Bette aus der Erde wächst, wenn Thiere und Vögel durch Gras und Kraut gespeist werden; wie dem Schaf seine Wolle wächst durch grüne Weide, und den Vögeln ihre Federn.

21. Insonderheit von Kräutern und Bäumen zu reden, ist hier unser Vornehmen nicht; sonst könnte von dem Feigenbaum gesagt werden, wie denselben der Herr verflucht hat, Matth. 21, 19; von dem Oelbaum und Oelblatt, so die Taube Noäh mit in die Arche brachte, 1 Mos. 8, 11; vom immer grünenden Palmbaum, Ps. 92, 13: „Der Gerechte wird grünen wie ein Palmbaum;" von Cedern; von Gewürzen, daraus Moses das heilige Räucherwerk machte, 2 Mos. 30, 23; von dem edeln, köstlichen Balsam, welcher uns den heiligen Geist vorbildet, und die Auferstehung der Todten, weil er die Todtenkörper erhält; vom Wein und Weinstock, und von allen andern Gewächsen: davon der heilige Geist Gleichnisse nimmt und einführt, uns damit das Himmelreich vorzubilden.

22. Von der Fruchtbarkeit der Erde sagt der 65. Psalm, V. 10 ff., herrlich: „Du suchest das Land heim, und wässerst es. Gottes Brünnlein hat Wassers die Fülle. Du machest die Erde voll Früchte, die du schaffest, und feuchtest ihre Furchen. Du netzest sein Gepflügtes, mit Regen machest du es weich, und segnest sein Gewächs. Du krönest das Jahr mit deinem Gut, und deine Fußstapfen triefen vom Fett;" das ist, es bringt ein jeder Monat seine eigenen Früchte aus der großen Speisekammer Gottes, der gütigen Erde, hervor.

23. Die Erde ist unfruchtbar geworden durch den Fluch des Allmächtigen. Aus dem Fluch wächst das Unkraut, so die guten Erdgewächse verderbet. „Verflucht sey der Acker um deinetwillen, Dornen und Disteln soll er dir tragen," 1 Mos. 3, 17. Darum von Gott Fruchtbarkeit und Gedeihen zu erbitten ist, sonst hilft kein Pflügen, kein Säen, kein Bauen noch Pflanzen. Gott muß das Gedeihen dazu geben. Und der Psalm spricht: „Daß ein fruchtbar Land nicht trägt um der Sünde willen derer, die darauf wohnen," Ps. 107, 34.

24. Es soll uns aber die wunderliche, unaussprechliche Fruchtbarkeit der Erde erinnern der neuen Erde, welcher wir warten, 2 Petr. 3, 13; da der Fluch nicht wird seyn, wie in dieser vergänglichen Erde, die dem Fluch unterworfen ist, sondern da der rechte Segen wird offenbar werden mit unzähligen, ewigen, himmlischen Lebenskräften; da die neue Erde wird das neue Paradies seyn, voll himmlischer Anmuth, Lust und Freude. Da werden wir sagen: „Die Blumen sind hervorgekommen in unserm Lande," Hoh. L. Sal. 2, 12. O liebliche, himmlische Freudenblumen!

25. Es ist auch 3) eine sonderbar herrliche Zierde der Erde, daß sie Gott mit mancherlei hohen, lustigen Bergen geschmückt hat. Davon sagt der Psalm: „Die Berge gehen hoch hervor, und die Breiten setzen sich herunter zu dem Ort, den du ihnen gegründet hast," Ps. 104, 8.

26. Die Berge sind Gottes Schatzkammern, darin allerlei Metall durch die Natur bereitet wird. Denn sie sind wie natürliche Destillilröfen, darin Gott alle metallische, mineralische Dinge kocht und zeitigt. Und es sind in die Berge eingeschlossen die

vier Elemente, Feuer und Dampf, Luft und Dunst, Wasser und Erde. Und die Erde, darin die metallischen Dinge wachsen, sind die Steine, und das Gestirn ist der Metalle Wurzel und Samen.

27. Es müssen aber die Berge natürlicher Weise hoch über der Erde gen Himmel stehen, weil der natürliche Einfluß des Himmels und der Sterne sonderlich in den hohen Gebirgen seine Wirkung hat, im Kochen und Zeitigen der Metalle. Ja es lehrt die Erfahrung, daß die kräftigsten Kräuter auf den hohen Gebirgen wachsen, wegen der Influenz des Himmels; auch also, daß wenn solche Kräuter von hohen Gebirgen in die Gärten gepflanzt werden, sie ihre Kräfte verlieren; denn der Einfluß des Himmels entgeht ihnen. Daher vom Hippocrates geschrieben ist, daß er alle seine Kräuter, womit er curirt hat, auf den hohen Gebirgen gesammelt habe.

28. Daher kommt es nun, daß etliche Gebirge sonderliche Gewächse bringen, inwendig und auswendig eigner Art, nachdem der Einfluß des Himmels ist; und ist gewiß, wo etwa eine sonderliche nutzbare Gütigkeit des himmlischen Einflusses ist, unter solchem Gestirn liegt etwa ein solcher Berg, der diese Einflüsse an sich zieht. Darum die Berge nicht von ohngefähr hier und dahin zerstreut liegen, wie etwa die Kinder hier und dahin Steinhaufen zusammentragen; sondern durch sonderbare Ordnung und Austheilung Gottes liegen die Berge unter einer gewissen Influenz und Wirkung des Himmels. Darum steht im Psalm: „Daß die Berge hoch hervorgehen, und die Breiten sich dahin setzen zum Ort, den ihnen Gott gegründet hat," Psalm 104, 8.

29. Hiebei sollen wir uns erinnern der Berge Gottes, das ist, des Schutzes Gottes. „Ich hebe meine Augen auf zu den Bergen, von welchen mir Hülfe kommt," Ps. 121, 1; und der Kirche Gottes: „Laß die Berge den Frieden bringen, und die Hügel die Gerechtigkeit," Jes. 45, 8; Ps. 72, 3. Das sind zwei schöne Berge Gottes.

30. 4) So ist's auch eine sonderliche große Lieblichkeit und Zierde der Erde, daß Gott in den Gründen läßt Brunnen quellen, daß die Wasser zwischen den Bergen hinfließen. Und obwohl die Beschreibung der Brunnen eigentlich nicht hieher, sondern zum fünften Tagewerk gehört: so setzet doch in diesem 104. Psalm, V. 10, der königliche Prophet Berge und Brunnen zusammen, weil aus den Bergen die Brunnen und Wasserflüsse entspringen, und der Himmel eine sonderliche Vereinigung hat mit den Bergen und Brunnen.

31. Vom Ursprung der Brunnen und Wasserquellen, daraus denn große Flüsse werden, sind viel sinnreiche Meinungen. Etliche schreiben, daß die Wasserquellen ihren sonderlichen verborgenen Samen haben, daraus sie wachsen, wie ein Baum aus einem Kern, oder aus der Wurzel, der sich hernach in viele Zweige austheilt; also eine Wasserquelle theilt sich aus in viele Ströme. Man findet auch Oerter, da vor Zeiten, vor etlichen hundert Jahren, große Wasserflüsse hergeflossen sind, die jetzo nicht mehr da sind, und wie ein Baum in seiner Wurzel ausgedorret. Die Ursache ist diese, daß die Brunnen eine große Verwandtschaft haben mit dem Gestirn; da hängt Alles verborgener Weise an einander, als an einer unsichtbaren Kette. Daher kommt's, daß, wo wasserreiche Quellen sind, da ist ein gütiges Gestirn und ein fruchtbares Land. Wenn aber der Himmel seine Influenz wieder zurückzieht, und die Wassersterne nicht wirken, die wässerichten und regnichten Sterne [1]), so vertrocknen die Brunnen. Wie man sieht in großer dürrer Zeit: wenn's lange nicht regnet, so vertrocknen auch die wasserreichsten Quellen, ja große Wasserströme. Darum ist eine wunderliche Consonanz und Verwandtniß des Himmels und der Erde. Das hat man leider im Jahre 1601 erfahren, da in Friesland und Holland so dürre Zeit gewesen, weil es so lange nicht geregnet, daß kein Gras gewachsen und die Brunnen ausgetrocknet, also daß das Vieh die Wurzeln des Grases aus der Erde gefressen und

[1]) Stellae aquosae et pluviales, wie der Poet sagt: Hyades signum pluviale capellae.

begehrt, sich mit der Erde zu sättigen. Darauf gemeiniglich böse Zeit erfolgt.

32. Der Prediger Salomo spricht: „Alle Wasser laufen in's Meer, noch wird das Meer nicht voller. An dem Ort, da sie herfließen, da fließen sie wieder hin," Cap. 1, 7. Obwohl die Wasser aus dem Meere durch die Erde dringen, und dadurch sich reinigen und destilliren von ihrer Salzigkeit, dennoch brechen sie nicht an allen Orten aus, und werden nicht Brunnen an allen Orten; sondern an den Orten, da Gott will, da Gott die Samen der Brunnen und die himmlischen Einflüsse hin geordnet und gelegt hat. Darum steht im 104. Psalm, B. 10: „Du lässest Brunnen quellen." Und ihr Ausbruch und stetiger, immerwährender Ausfluß ist eine große Gabe Gottes, ein großes Wunder und Bild des ewigen Lebens [1]).

33. Ist's nicht ein großes Wunder, daß man Brunnen findet, die so heißes Wasser geben, daß man Hühner und Gänse darin brühen kann? Wie viele köstliche Arzneibrunnen sind hin und wieder, die man warme Bäder nennt? So sind auch Sauerbrunnen, Salzbrunnen, Bitterbrunnen und dergleichen. Bei den Garamanten findet man Brunnen, die des Nachts so heiß sind, daß man sie nicht kann anrühren, und des Tags so kalt, daß man das Wasser nicht trinken kann. Also hat Gott Arzneibrunnen und Speisebrunnen geschaffen. Darum spricht der Psalm ferner: „Daß alle Thiere auf dem Felde trinken und das Wild seinen Durst lösche," Ps. 104, 11.

34. Es führt aber der Prophet darum das Wild ein, dem zu Gute Gott die Brunnen geschaffen, daß wir gedenken sollen: Sorget Gott für das Vieh, viel mehr für uns. Der Prophet Joel spricht, C. 1, 20: „Es schreien auch die wilden Thiere zu dir, denn die Wasserbäche sind ausgetrocknet." Viel mehr sollen wir zu Gott rufen in unserer Noth.

35. Und weil es lustige Oerter sind, da die Brunnen und Bächlein fließen, so sitzen auch daselbst gern die Vögel des Himmels, und singen unter den Zweigen, Psalm 104, 12. Das ist eine schöne Musik, die hat sich Gott, der Herr, im grünen Wald zugerichtet, auf daß sein Lob an allen Orten erschalle, und die Erde desselben voll werde, auf daß auch wir Menschen von den Creaturen lernen sollen, daß alle Creaturen, sonderlich aber der Mensch, zu Gottes Lob erschaffen sey.

36. Hierbei sollen wir uns auch erinnern des Gnadenbrunnens, des Heilbrunnens der lebendigen Quelle, welche ist Christus. „Ihr werdet mit Freuden Wasser schöpfen aus dem Heilbrunnen," Jes. 12, 3. „Bei dir ist die lebendige Quelle, und in deinem Lichte sehen wir das Licht," Ps. 36, 10. „Wohlan, Alle, die ihr durstig seyd, kommet her zum Wasser" ıc. Jesaias 55, 1. „Das Lämmlein Gottes wird sie führen zum lebendigen Wasserbrunnen, und alle ihre Thränen abwischen," Offenb. Joh. 7, 17.

37. Es gibt uns auch oft angezogener Psalm, welcher so herrlich von diesem dritten Tagewerk Gottes, von der Erde, zeugt, zu betrachten siebenerlei edle Geschöpfe Gottes, so aus der Erde kommen, die auch ihre geistige Bedeutung haben. Denn für's erste redet der Prophet von der Erde insgemein, wie sie Gott gegründet, mit Wasser bekleidet, mit Bergen geziert, mit Brunnen erfüllt und geschmückt habe. Darnach kommt er insonderheit auf die Früchte der Erde, deren zählt er siebenerlei. 1) Den Thau, damit Gott die Erde befeuchtet, wiewohl dieß eine Frucht der Morgenröthe ist. 2) Das Gras. 3) Das Brod. 4) Den Wein. 5) Oel oder Balsam. 6) Die Baumfrüchte. 7) Die Waldvögel und Thiere, so auf den hohen Bergen wohnen.

38. Denn so sagt der 104. Psalm, V. 13: 1) „Du feuchtest die Berge von oben herab. Du machest das Land voll Früchte, die du schaffest." Man sieht oft mit Verwunderung an, wie die Wolken über den Bergen hängen, und gleichsam die Berge anrühren und bedecken, da die Wolken gleichsam wie in einem Schlauch die Wasser halten, wie Hiob sagt, Cap. 38, 37, daß auch Wasser über den Bergen stehen. Da sieht man auch, wie die Wolken an

---

[1]) Perpetui fontes, vitaeque perennis imago.

den Bergen herstreichen und ziehen, wie ein großes Heer. Da feuchtet Gott die Berge von oben herab, ja auch mit dem lieblichen Thau, welcher eine besondere Verwandtniß hat mit den Bergen, und daselbst häufig fällt; wie auf dem Hermon im jüdischen Lande, der immer voll Thau ist, und die Berge Gilboa, worauf Jonathan und Saul gefallen. Darum spricht David: „Es soll weder Regen noch Thau auf sie fallen," 2 Sam. 1, 21.

39. Nun ist 1) des Thaues Ursprung und Wirkung zu betrachten. Aus dem Bauch der Morgenröthe wird der Thau geboren, Ps. 110, 3. Und die Morgenröthe ist nichts anders, als ein Glanz der Sonne, der die subtilen, hellen, klaren Wolken erleuchtet und durchschimmert, gleich als wenn man ein Licht hinter ein helles Glas voll klaren Wassers setzt, so gibt das Wasser einen hellen Glanz von sich, dabei man heller sehen kann, als vom Licht selber. In denselben subtilen, klaren Wolken wird durch der Sonne Glanz der Thau geboren, und fällt auf die Erde; davon der Psalm ein Gleichniß nimmt: „Deine Kinder werden dir geboren, wie der Thau aus der Morgenröthe."

40. Etliche ziehen es auf die Geburt Christi, daß, gleichwie der Glanz der Sonne, wenn er die lichthellen, klaren Wolken erleuchtet, die Morgenröthe gebiert, also der Glanz der Herrlichkeit, der Sohn Gottes, Christus Jesus, sich mit der klaren, reinen Wolke menschlicher Natur im jungfräulichen Leibe vereinigt habe und Mensch geworden. Und also werden noch heutiges Tages durch den Glauben und heiligen Geist Gottes Kinder geboren, ja durch's Wasser der heiligen Taufe und den heiligen Geist. Das geht unbegreiflicher Weise zu, wie der Thau aus der Morgenröthe geboren wird; ja also müssen wir aus Gott geboren werden.

41. Das ist nun des Thaues Ursprung. 2) Seine Wirkung und sein Nutzen aber ist, wie hier der Psalm spricht: „Du machest das Land voll Früchte, die du schaffest," Ps. 104, 13. Der Thau macht die Erde sehr fruchtbar, erquickt die verwelkten Blumen, so die Sonnenhitze hat ausgemattet, wenn sie ihr Haupt niederhängen. Und sonderlich ist der Thau der Blumen Freude und Leben; denn wenn Blumen und Thau zusammen vereinigt werden, daraus machen die Bienen ihren Honig, den wissen sie zu temperiren und zu digeriren. Ja es fällt oft der Honigthau auf die Blätter, wie vor Zeiten das Manna. Also wird der geistige Honig, das Evangelium, aus dem Himmelsthau des heiligen Geistes und aus der edeln Blume, welche ist Christus, gemacht. Also müssen die Früchte der Erde auch ihr Leben und ihre Freude vom Himmel haben. Der Regen erquickt die Wurzeln, der Thau die Blumen, der Reif die Blätter, und macht die Kochkräuter milde, süß und lieblich.

42. In Gottes Wort wird der liebe Friede dem Thau verglichen, Ps. 133, 3. Denn gleichwie der Thau aus der Morgenröthe geboren wird, also muß der Friede aus Christo kommen. Und wo Christus lobet, regieret, wirket, da ist eitel Friede, und ist das Reich Gottes, Gerechtigkeit, Friede und Freude im heiligen Geist, Röm. 14, 17. „Selig sind die Friedfertigen, denn sie werden Gottes Kinder heißen," Matth. 5, 9. Denn sie sind aus Gott geboren, wie der Thau aus der Morgenröthe. Darum müssen wir den Friedefürsten um dieß edelste Kleinod herzlich anrufen. Und wie vom Thau die Erde fruchtbar wird, grünet und blühet, also blühet Alles unter dem Frieden.

43. Letzlich ist das Wort allhier in Acht zu nehmen: „Du machest die Erde voll Früchte, die du schaffest," daß das Wort des Schöpfers, Gottes, noch kräftig sey, als Gott sprach: „Die Erde lasse aufgehen Gras, Kraut, fruchtbare Bäume." Aus dem Wort Gottes, als aus der Wurzel des Segens Gottes, die nicht faulet, wächst heut zu Tage noch Alles. Und dieß Brünnlein Gottes hat Wassers die Fülle, Psalm 65, 10. Die Erde ist die große Speisekammer Gottes, da ein großer Vorrath ist für alle Menschen und alles Vieh.

44. 2) „Du lässest Gras wachsen für das Vieh," Ps. 104, 14. Mancher möchte denken: was ist das, daß der Psalm vom Gras sagt? Ist das ein so großes Wunder? O lieber Mensch, das Gras auf dem

Felde ist ein herrliches Geschöpf und eine große Wohlthat Gottes. Denn wer wollte sonst so viele tausend Häupter Vieh ernähren? Es müßte ja das Vieh und Wild verschmachten. Welch ein Jammer würde werden, wenn Gott einen einzigen Sommer kein Gras wachsen ließe! Ja, es bezeugt die Erfahrung, wenn manches dürre Jahr einfällt, daß man meint, es könne das Land so viel Vieh nicht tragen, noch weiden; dennoch muß das Vieh erhalten werden, daß man nicht anders denken kann, denn was das Vieh des Tages hinwegfrißt, das müsse ja des Nachts wieder wachsen. Denn auf den Morgen findet es doch noch etwas wieder, und immer neues; daß die Heiden wohl gesagt haben: „Wie viel den langen Tag über das Vieh abfrißt, so viel ersetzt der kühle Thau in der kurzen Nacht wieder [1]." Darum wir die große Gütigkeit Gottes sollen bedenken lernen, und nicht wie jenes einfältige Weib meinen, die fetten Ochsen und Kühe steigen aus dem Meer, wie die fetten Fische, oder wie Pharao in seinem Traum gesehen hat, 1 Mos. 41, 2. Darum können wir Gott, dem Herrn, für das Gras auf dem Felde nicht genugsam danken, das doch anzusehen ist für die geringste Creatur Gottes. Ja, die geringste Wohlthat Gottes übertrifft aller Menschen Danksagung. Die kleinste Wohlthat Gottes ist größer, denn aller Menschen Dankbarkeit.

45. So erinnert uns das Gras auf dem Felde 1) der göttlichen Vorsehung. „So denn Gott das Gras auf dem Felde also bekleidet, viel mehr uns," Matth. 6, 30. 2) Unserer Eitelkeit und Nichtigkeit: „Alles Fleisch ist wie Heu, und alle seine Güte ist wie eine Blume auf dem Felde," Jes. 40, 6. 3) Muß das Gras auf dem Felde unser Trost seyn: „Erzürne dich nicht über die Uebelthäter, und sey nicht neidisch über die Gottlosen. Denn wie das grüne Gras werden sie abgehauen, und wie das grüne Kraut werden sie verwelken" ⁊c. Pf. 37, 1. 2.

46. 3) „Und Saat zu Nutz dem Menschen, daß du Brod aus der Erde bringest, und das Brod des Menschen Herz stärke," Pf. 104, 14. 15. Aus diesem einzigen Geschöpf Gottes, dem lieben täglichen Brod, haben wir viele und große Wohlthaten Gottes zu erkennen und zu lernen.

47. Erstlich lerne hier erkennen Gottes Vaterherz. Denn ein Vater muß ja seine Kinder speisen, und thut's gern, es ist seine Natur. Denn wo ist ein Vater, den das Kind um ein Stück Brod bittet, und er gäbe ihm einen Stein dafür? Luc. 11, 11. Auf daß wir nun nimmermehr vergessen sollen, daß Gott unser Vater ist, darum hat er den Menschen hungrig und durstig geschaffen, und nicht wie einen Engel, der ohne Speise lebt. Auch unser natürlicher Hunger und Durst soll unser Prediger seyn, und uns zu Gott führen. Darum, so oft du einen Bissen Brod issest, so issest du deines himmlischen Vaters Liebe und Barmherzigkeit.

48. Für's andre lerne hier betrachten die wunderbare Vorsehung Gottes, wie Gott, der Herr, einem jeden Menschen seinen Bissen Brod zutheilt, und ihn mit Wohlgefallen sättigt. Lieber Gott, es ist ein großes Wunder, wenn man die Menge des Volks auf Erden bedenkt; es bekommt ja ein Jeglicher so viel, daß er satt wird. Gott misset einem Jeglichen sein Mäßlein zu, wie den Juden das Himmelsbrod, und ein jeglicher Mensch auf Erden hat seinen Segen und sein Theil. Gott hat keinen vergessen, noch versäumt, Hebr. 13, 5. Es muß einem Jeglichen das Seine werden.

49. Für's dritte lernen wir an dem lieben Brod die große Weisheit Gottes. Denn hier steht: „Gott gibt Saat zu Nutz dem Menschen, daß er das Brod aus der Erde bringe." Unser Brod, das wir essen, ist erst ein grünes Gras, daraus endlich das Körnlein wächst, daraus das Brod kommt, welches endlich in unser Fleisch und Blut verwandelt wird, wenn wir's essen. Da bedenkt Gottes Wunder, die er an uns thut, und lernet hier das Werk eurer Schöpfung verstehen, wie Gott, der Herr, noch heut zu Tage des Menschen Fleisch und Blut aus der Erde macht. Ist das nicht ein großes Wunder, daß wir sagen mögen:

---

[1] Et quantum longis carpunt armenta diebus,
  Exiguus tantum gelidus ros nocte reponit.

„Die Erde ist unser Aller Mutter," Sir. 40, 1. Daraus formirt Gott durch seine Allmacht unsern Leib, Fleisch und Blut noch heut zu Tage, daß wir wohl sagen mögen: „In Gott leben, weben und sind wir," Ap. Gesch. 17, 28. Die nährende Kraft ist Gottes Wort im Brod. Darum lebet der Mensch nicht allein vom Brod, Matth. 4, 4; 5 Mos. 8, 3. Denn nimmt Gott die nährende Kraft vom Brod, so verschwindet unser Fleisch und Blut, verwelkt wie eine Blume, verdorret wie Heu.

50. Zum vierten sagt der Psalm: „daß das Brod des Menschen Herz stärke." Hier haben wir die rechte Eigenschaft des Brods. Denn aller Speise wird die Natur müde und überdrüssig, so man dieselbe täglich genießt; aber des lieben Brods nicht. Die Ursache ist, daß das Brod eine allgemeine Speise ist, darin aller Speise Kraft liegt, und daraus alle Speise ihre Kraft nimmt, gleichwie die Sonne ein allgemeines Licht ist, daraus alle Sterne ihre Kräfte nehmen und empfangen. Darum hat Gott dem Brod aller Speisen Eigenschaften und Kraft eingeschaffen, auf daß die Natur des Menschen mit einem kleinen Bißlein Brod könnte gesättigt werden. Gleich als wenn man in ein kleines Bißlein oder eine geringe Masse vieler Kräuter Kräfte einschlösse: also ist in einem Bißlein Brod die ganze Natur eingeschlossen. Denn der Mensch ist die kleine Welt, und der ganzen Natur der großen Welt Geschöpf und Eigenschaft ist im Menschen beschlossen. Weil nun der Mensch mit einem kleinen Bissen Brod kann gespeist werden, so muß in einem Bissen Brod die ganze Natur eingeschlossen seyn, daraus der Mensch gemacht und geschaffen ist. Denn wir werden aus eben demselben ernährt, woraus wir bestehen. Summa: wir essen und trinken lauter Wunder Gottes, seine Liebe, Weisheit und Gerechtigkeit.

51. Letzlich erinnert uns das herzstärkende Brod des Brods des Lebens, welches ist Christus. „Ich bin das Brod des Lebens; wer an mich glaubet, den wird nimmermehr hungern, und wer zu mir kommt, den wird nimmermehr dürsten," Joh. 6, 35. In diesem Brod des Lebens sind alle Kräfte des Himmels und der Erde, ja Gottes Kräfte zusammengefaßt. „Denn es hat Gott wohlgefallen, daß in ihm alle Fülle wohnen sollte," Col. 1, 19, und daß wir, „von seiner Fülle Alles nehmen sollten, Gnade um Gnade," Joh. 1, 16, und durch ihn „mit aller Gottesfülle erfüllt werden," Eph. 3, 19. Selig ist der Mensch, der von diesem Brod isset. Ob wir gleich von dem irdischen Brod essen, so müssen wir doch endlich sterben; wer aber von dem Brod des Lebens, Jesu Christo, isset, wird nimmermehr sterben.

52. 4) „Und daß der Wein erfreue des Menschen Herz," Ps. 104, 15. Durch dieß herrliche Geschöpf Gottes erinnert uns Gott, der Herr, vieler Gütigkeit, so er uns zu bezeigen Lust hat, daß wir seine Freundlichkeit daraus erkennen sollen.

53. Erstlich hat Gott den traurigen und betrübten Herzen zu Gute den Wein geschaffen. „Gib Wein zu trinken den Traurigen, daß sie ihres Leides vergessen," Spr. Sal. 31, 6. Da hören wir die Leutseligkeit und Freundlichkeit Gottes, wie er will den traurigen Menschen auch natürlich erfreuen. Die traurige Seele aber erfreut und tröstet er übernatürlich mit dem Freudenwein des heiligen Geistes und himmlischen Trostes, der da herquillt aus dem lebendigen Weinstock, welcher ist Christus. Von diesem weissagt das Hohe Lied Salomonis, Cap. 2, 4. 5: „Mein Freund führet mich in seinen Weinkeller; er labet mich mit Aepfeln, und erquicket mich mit Blumen." Diesen Wein haben die heiligen Propheten getrunken. Jesajas spricht: „Ich freue mich im Herrn, und meine Seele ist fröhlich in meinem Gott," 2c. Jes. 61, 10. Und David freute sich auch im Herrn, Ps. 34, 1.

54. Für's andre hat Gott den Kranken den Wein zur Stärkung geschaffen. Denn im Wein ist ein solcher Spiritus, welcher eine natürliche Wärme und Stärke den Lebensgeistern im Herzen gibt. Da sehen wir abermal die Gütigkeit Gottes und seine väterliche Fürsorge. Dabei wir uns auch erinnern sollen, wie Gott unserer kranken Seele einen süßen Wein geschaf-

sen, nämlich das edle Traubenblut aus dem verwundeten lebendigen Weinstock, welcher ist Christus. „Er wird sein Kleid in Wein waschen, und seinen Mantel in Weinbeerblut," 1 Mos. 49, 11.

55. Endlich hat Gott auch alten Leuten zu Gute den Wein geschaffen, deren Lebenslicht verlöschen will, auf daß sie es damit wieder ein wenig anzünden und erhalten. Dabei wir uns erinnern sollen des geistigen Alters der Kirche, die alt und schwach wird. Gleichwie ein natürlicher Mensch, dem das Gesicht vergeht, das Gehör abnimmt, die Kräfte verlöschen: also verlischt der Glaube, erkaltet die Liebe, verschwindet die Hoffnung, und nimmt der geistliche Leib der christlichen Kirche immer mehr und mehr ab. „Wenn des Menschen Sohn kommen wird, meinest du auch, daß er werde Glauben finden?" Luc. 18, 8. Jes. 40, 29 ff. hat Gott durch den Propheten verheißen, den Gläubigen neue Kräfte zu geben, wie den Adlern, und wolle sie heben und tragen bis in's Alter, bis sie grau werden, Jes. 64, 4. „Wenn sie gleich alt werden, so werden sie doch fruchtbar und frisch seyn," Ps. 91, 15.

56. 5) „Und daß seine Gestalt schön werde vom Oele," Ps. 104, 15. Dieß ist von dem köstlichen jüdischen Balsam oder Nardenwasser zu verstehen, damit die Juden und orientalischen Völker sich gesalbt. Wenn sie haben wollen fröhlich seyn, und wenn sie ihre Gäste haben wollen ehren, so haben sie dieselben damit bestrichen, davon alle Kräfte des Leibes frisch wurden, daß der Mensch geblüht wie eine Rose. Davon sagt David: „Du salbest mein Haupt mit Oel," Ps. 23, 5. Also ist der Herr Christus in Simons Hause als ein lieber Gast gesalbt worden, Matth. 26, 7. Und dem andern Simon, dem Pharisäer, wirft's der Herr vor, Luc. 7, 44. 46: „Ich bin in dein Haus gekommen, du hast mein Haupt nicht mit Oel gesalbet; diese aber hat meine Füße mit Balsam oder mit Salben gesalbet." Ja, dieser Balsam ist so kräftig, daß er die todten Körper viele hundert Jahre unverweslich erhält, wie zur Zeit des Kaisers Augustus des großen Alexanders Leichnam gefunden worden in Egypten, welcher dreihundert Jahre im Grabe gelegen, und noch so frisch gewesen, als wenn er erst gestern gestorben. Wir werden dabei erinnert des rechten Freudenöls, mit welchem der Sohn Gottes nach seiner menschlichen Natur ohne alle Maaßen gesalbt war. „Darum hat dich, o Gott, dein Gott gesalbt mit Freudenöl, über deine Mitgenossen," Ps. 45, 8. Und von seinem Geist haben wir nun auch Alle empfangen, Joh. 1, 16; welches ist die Salbung, die uns Alles lehrt, wie St. Johannes spricht, 1 Epist. 2, 10. Davon wird unsere Seele schön vor Gott, mit Gaben des heiligen Geistes geziert, wenn nun das Sterbliche anziehen wird die Unsterblichkeit, und die Unehre die Herrlichkeit, 1 Cor. 15, 53.

57. 6) „Daß die Bäume des Herrn voll Safts stehen, die Cedern Libanons, die der Herr gepflanzet hat," Psalm 104, 16. An den Bäumen haben wir viel natürliche Wunder zu bedenken, deren zwei in diesem Buch beschrieben sind. 1) Daß sie voll Safts stehen, und dasselbe zu gewisser Zeit, im Frühling, da sie im Winter stehen, als wenn sie todt wären. Aus welchem Saft hernach die grünen Blätter werden, und dann die Früchte; welches hoch zu verwundern ist. Denn welcher Künstler könnte aus dem Saft eines Baums einen Apfel formiren, oder aus einem Saft des Weinstocks eine Traube machen? Die Birken geben im Frühling eine solche Menge Safts, daß man ihn herauszapfen kann, als aus einem Faß. In Westindien ist eine Insel, darin kein Brunnen und kein Wasser zu finden ist, aber ein Baum gibt so viel Wassers, das aus den Blättern träufelt, daß damit die ganze Insel getränkt wird [1]). 2) Steht hier: „Der Herr hat sie gepflanzet," verstehe, durch's Wort in der ersten Schöpfung, 1 Mos. 1, 12. Und dadurch wachsen noch heut zu Tage neue Bäume, ob man gleich die alten mit der Wurzel ausreutet. Denn die Erde behält diesen Segen, so lange sie währt, und Gottes Wort ist der allererste Same aller Erdgewächse. Es erinnern uns auch die

---

[1]) Nepenthes destillatoria enthält Wasser in einer Art von Kännchen.

Bäume mit ihren Früchten der Liebe Gottes. Denn wie sie hervorgeben das Allerbeste, was sie haben, hätten sie es besser, so gäben sie es besser, ohne allen Neid: also sollen wir auch unter einander gesinnet seyn gegen Gott und Menschen, als fruchtbare Bäume, Pflanzen des Herrn, zu Lob und Preis Gottes, Ps. 92, 13; Jes. 61, 3. Letzlich werden wir auch dabei erinnert des Baums des Lebens, mit seinen edeln Früchten, welcher ist der gekreuzigte Jesus. Wer von dieser Frucht isset, wird ewig leben, Offenb. Joh. 22, 3.

58. 7) Die siebente Frucht der Erde, oder damit Gott die Erde ziert, sind die Waldvögel; wiewohl sie ihren Ursprung aus dem Wasser haben, so nisten sie doch auf Bäumen, vermehren sich dem Menschen zum Besten und zur Speise; und die Thiere, so auf den hohen Bergen wohnen. „Daselbst nisten die Vögel, und die Reiher wohnen auf den Tannen. Die hohen Berge sind der Gemsen Zuflucht, und die Steinklüfte der Kaninchen," Ps. 104, 17. 18. „Weißt du die Zeit, wann die Gemsen auf dem Felde gebären? Wer hat das Wild so frei gehen lassen, und die Bande des Wildes aufgelöset? denn ich das Feld zum Hause gegeben habe, und die Wüste zur Wohnung. Der Strauß fähret hoch auf, und verlachet Roß und Mann. Fleucht der Habicht durch deinen Verstand? Fleucht der Adler aus deinem Befehl so hoch, und machet sein Nest in die Höhe? Hiob 39, 1 ff.

59. Da sollen wir lernen, daß Gott den Erdboden nicht leer haben will, sondern die wilden Wüsten voller Vögel und Thiere geschaffen, da sie ihre Wohnung haben, auf daß Gottes Gütigkeit gegen den Menschen erkannt werde, sein Reichthum an der Menge der Creaturen, und seine Allmacht in seinen Werken, seine Weisheit aber in vielen Eigenschaften und Nutzbarkeiten der mancherlei Thiere. „Alle Thiere im Walde sind mein, und alles Vieh auf den Bergen, da sie bei tausend gehen. Ich kenne alle Vögel auf den Bergen, und allerlei Thier auf dem Felde ist vor mir. Wo mich hungerte, wollte ich dir nichts davon sagen, denn der Erdboden ist mein, und Alles, was darinnen ist. Meinest du, daß ich Ochsenfleisch essen wolle, oder Bocksblut trinken?" Ps. 50, 19 ff. Was ist denn deine Speise, lieber Gott? Was sind die rechten Opfer? „Opfere Gott Dank, und bezahle dem Höchsten deine Gelübde, und rufe mich an in der Zeit der Noth: so will ich dich erretten, und du sollst mich preisen," V. 14. 15.

Paul Gerhard's Frühlingslied.

Mel. Den Herren meine Seel' erhebt; oder: Kommt her zu mir, spricht Gottes Sohn.

1. Geh' aus, mein Herz, und suche Freud' in dieser lieben Sommerzeit, an deines Gottes Gaben. Schau' an der schönen Gärten Zier, und siehe, wie sie mir und dir sich ausgeschmücket haben.

2. Die Bäume stehen voller Laub, das Erdreich decket seinen Staub mit einem grünen Kleide. Narcissenblum' und Tulpan' hat schönern Zierrath angethan, als Salomons Geschmeide.

3. Die Lerche schwingt sich in die Luft, das Täublein fleugt aus seiner Kluft, und flattert in die Wälder. Die hochbegabte Nachtigall ergötzt und füllt mit ihrem Schall Berg, Hügel, Thal und Felder.

4. Die Glucke führt ihr Küchlein aus, der Storch baut und bewohnt sein Haus, das Schwälblein speist die Jungen. Der schnelle Hirsch, das leichte Reh ist froh, und kömmt von seiner Höh' in's tiefe Gras gesprungen.

5. Die Bächlein rauschen in den Sand, und kränzen sich an ihrem Rand mit schattenreichen Myrthen. Die Wiesen tränken sich dabei, und klingen ganz vom Lustgeschrei der Schaf' und ihrer Hirten.

6. Die unverdroß'ne Bienenschaar fleugt hin und her, sucht immerdar die edle Honigspeise. Des süßen Weinstocks frischer Saft wirkt täglich neue Stärk' und Kraft in seinem schwachen Reise.

7. Der Weizen wächset mit Gewalt; darüber jauchzet Jung und Alt, und rühmt die große Güte, die uns so überflüssig labt, und mit so manchem Glück begabt das menschliche Gemüthe.

8. Ich selber kann und mag nicht ruh'n, des großen Schöpfers großes Thun erweckt mir alle Sinne. Ich singe mit, wenn Alles singt, daß, was des Höchsten würdig klingt, aus meinem Herzen rinne.

9. Ach, denk' ich, ist es hier so schön, und läßt du uns so lieblich geh'n hienieden schon auf auf Erden: was will's doch wohl nach dieser Welt, dort in dem goldnen Himmelszelt und seinen Auen werden?

10. Welch hohe Lust, welch heller Schein wird einst in Christi Garten seyn! wie muß es da wohl klingen, wo so viel tausend Seraphim mit unvergleichlich hehrer Stimm' ihr Halleluja! singen.

11. O wär' ich da, o stünd' ich schon, ach süßer Gott, vor deinem Thron, und trüge meine Palmen! so wollt' ich nach der Engel Weis' erhöhen deines Namens Preis mit bessern Freudenpsalmen.

12. Doch gleichwohl will ich, weil ich noch hier trage dieses Leibes Joch, auch nicht undankbar schweigen. Mein Herze soll sich fort und fort an diesem und an allem Ort zu deinem Lobe neigen.

13. Hilf mir, und segne meinen Geist mit Segen, der vom Himmel fleußt, daß ich dir stetig blühe. Gib, daß der Sommer deiner Gnad' in meiner Seele früh und spat viel Glaubensfrücht' erziehe.

14. Mach' in mir deinem Geiste Raum, daß ich dir werd' ein guter Baum, und laß mich Zweige treiben. Verleihe, daß zu deinem Ruhm ich deines Gartens schöne Blum' und Pflanze möge bleiben.

15. Erwähle mich zum Paradies, und laß mich, gleich der Frühlingswies', an Leib und Seele grünen: so will ich dir und deiner Ehr' allein, und keinem Andern mehr, hier und dort ewig dienen.

Das 4. Capitel.

Von dem vierten Tagewerk Gottes, Sonne, Mond und Sternen des Himmels.

1 Mos. 1, 14: Es werden Lichter an der Veste des Himmels, und scheiden Tag und Nacht, und geben Zeichen, Zeiten, Tage und Jahre. Ps. 104, 19: Du machest den Mond, das Jahr darnach zu theilen; die Sonne weiß ihren Niedergang. Sir. 43, 2. 5: Die Sonne ist ein Wunderwerk des Höchsten; es muß ein großer Herr seyn, der sie gemacht, und hat sie heißen so schnell laufen.

1. Die Sterne sind himmlische Körper und Lichter, einer himmlischen Essenz, durch das allmächtige Wort Gottes an die Veste des Himmels gesetzt, die Erde zu erleuchten, Tag und Nacht zu scheiden, zu geben Zeichen, Zeiten, Tage und Jahre, und den ganzen Himmel zu zieren; und geben Naturzeichen, Zornzeichen und Gnadenzeichen.

2. Nun spricht Gott, der Herr, Jes. 40, 26: „Erhebet eure Augen in die Höhe, und sehet, wer diese Dinge geschaffen hat, der das Heer nach der Zahl herausführet, und nennet sie alle mit Namen." Es ist deßwegen billig, daß wir nach Gottes Befehl die Höhe des Himmels anschauen, und die Allmacht und Weisheit des Schöpfers daraus erkennen. Denn „die Himmel erzählen die Ehre Gottes, und die Veste verkündiget seiner Hände Werk," Ps. 19, 2.

3. Es ist aber an den Sternen hoch zu verwundern, erstlich die Größe, darnach der Lauf, und dann die Wirkung. 1) Basilius Magnus, in seiner 6. Predigt über die sechs Tagewerke Gottes, schreibt von der Größe der Sonne und des Mondes also: „Ich halte dafür, daß Sonne und Mond nicht darum allein große Lichter von Gott durch Mosen genannt sind, daß sie die andern kleinen Sterne an Größe übertreffen, sondern darum, daß sie groß sind in ihrem Umfang, daß sie den ganzen Himmel mit ihrem Licht nicht allein erfüllen können, sondern auch die Erde und das Meer. Denn Sonne und Mond werden allezeit in gleicher Größe angesehen, im Aufgang und Niedergang. Das ist ein heller Beweis, daß diese Körper von einer unglaublichen Größe seyn müssen, weil die Breite des Erdkreises nicht hindert, daß sie können an

allen Orten gleich groß gesehen werden." Bis daher Basilius.

4. Bedenke nun hier dieß große Wunderwerk. Wenn du auf Erden solltest sehen herumlaufen eine feurige Kugel, die größer wäre, denn der größte und höchste Berg in der Welt, oder sähest vor dir über deinem Haupt in der Luft schweben die allergrößte Stadt, so in der Welt ist, und sie wäre lauter Licht und Klarheit durch und durch: würdest du dich nicht verwundern, ja davor entsetzen und verstummen? Nun ist aber die Sonne hundert und sechs und sechszig mal größer denn der Erdkreis. Da bedenke nun, was für einen großen und unausdenklichen Raum die Sonne allein am Himmel einnimmt, nicht allein mit ihrer Größe, sondern vielmehr mit ihrem Lauf. Ja, der allerkleinste Stern in der achten Sphäre, an der Veste des Himmels, ist so groß, daß er etliche hundert teutsche Meilen Wegs in der Runde beschließt, und größer ist, denn der ganze Erdkreis. Und sind solcher Sterne viel tausendmal tausend am Himmel, die mit unsern Augen nicht mögen ersehen werden. Bedenke nun die Größe des Himmels, wie viel tausendmal tausend muß er größer seyn, denn die Erde? Denn ein jeder Planet hat seinen eigenen Himmel und Cirkel, in welchem er läuft, immer einer über dem andern, und höher denn der andere. Bedenke nun die Größe eines jeden Planeten, und den Umkreis und Cirkel eines jeden, in welchem solche große Körper laufen, die viel größer sind, denn der Erdboden.

5. Hier muß menschliche Vernunft aufhören, zu denken. Es ist die Höhe und Größe des Himmels unausdenklich, und der Vernunft unbegreiflich. Und darum, auf daß uns die große Barmherzigkeit Gottes wohl eingebildet würde, wird dieselbe im 103. Ps., V. 11 aus der Natur nach der Höhe des Himmels beschrieben: „So hoch der Himmel über der Erde ist, lässet Gott seine Gnade walten über Alle, die ihn fürchten. So fern der Abend ist vom Morgen, lässet er unsere Uebertretung von uns seyn." Die Erde ist viel zu klein, die Barmherzigkeit Gottes mit ihrem Umkreis vorzubilden; wiewohl sie auch voll der Güte des Herrn ist, Ps. 33, 5. Darum zeigt uns der heilige Geist die Höhe und Größe des Himmels, daran so viele große Körper der Sterne hangen, die größer sind, denn der Erdkreis, da ein jeder voll der Güte des Herrn ist; denn die Sterne sind viel größere Schatzkammern Gottes, als die Erde. Aus welchen wunderbaren Schätzen Gott, der Allmächtige, so viel Segen und Güter hervorbringt, daß sie nicht alle zu zählen sind, und kann auch der tausendste Theil nicht beschrieben werden. Davon hernach weiter.

6. Es ist aber nicht allein die gewaltige Größe der himmlischen Körper ein großes Wunder und Zeugniß der unaussprechlichen Gewalt Gottes, sondern auch 2) ihr beständiger und gewisser Lauf. Bedenke, wie wunderbar das sey, daß solche erschrecklich große Körper nicht allein an der Veste des Himmels hängen, sondern daß sie auch daran laufen, und was für einen unermeßlich weiten Raum solche große Körper zu ihrem Lauf haben müssen, sonderlich weil ein jeder seinen eigenen Himmel und Cirkel hat, seinen besondern, abgemessenen Weg am Himmel, welchen er wider Gottes Ordnung nicht überschreitet, damit keiner den andern hindere. Darum David wohl sagt: „Der die Himmel ordentlich gemacht hat," Ps. 136, 5. Das muß fürwahr eine große Weisheit seyn, ein so großes Heer der Sterne alle in ihrer Ordnung und ihrem eigenen Lauf herauszuführen und mit Namen zu nennen. Hier ist ein großes Geheimniß verborgen, und es ist davon etwas angedeutet in der Offenbarung Johannis, daß ein Stern vom Himmel gefallen, und desselbigen Sterns Name hieß Wermuth, Offenb. Johannis 8, 10. 11.

7. Hoch ist's zu verwundern, daß solche große lichthelle Kugeln ihre lebendige Bewegung in ihnen selbst haben, also daß sie nicht einen Augenblick natürlicher Weise können still stehen, auch nicht ruhen, sondern immer fort und fort ihre unaufhörliche Bewegung und Arbeit treiben. Denn so das geschähe, so würde die ganze Ordnung des Himmels gestört und verwirrt, ja die Sterne verlören alsdann ihr Leben,

wenn sie ihre Bewegung nicht hätten, und wären, als wären sie todt; wie ein Mensch, der keine Bewegung hat durch den lebendigen Odem. Also ruht kein Sternlein am Himmel, es bewegt und regt sich Alles mit solcher Geschwindigkeit, daß es kein Mensch begreifen kann. Denn die Sonne, ob sie gleich über hundertmal größer ist denn der Erdkreis, noch läuft sie alle Tage um den Himmel, vom Aufgang bis zum Niedergang; da sie doch, wenn sie auf der Erdkugel umlaufen sollte, alle Stunden zweihundert und fünfundzwanzig Meilen Weges laufen müßte. Da bedenke, was die Erde sey gegen die Höhe und Runde des unbegreiflichen Himmels.

8. Ist nun der eigenen Sonne Lauf ein solch großes Wunder, was wollen wir denn sagen von der unzähligen Menge der Sterne, welche alle ihre Bewegung und Lauf haben? Wer da möchte nur eine Viertelstunde aller Sterne Bewegung am Himmel sehen, wie sie sich regen, bewegen und gehen, der würde von großen Wundern dazu sagen wissen, wie lebendig der ganze Himmel sey.

9. Es soll uns aber der Lauf der Sterne und ihre große Menge höher führen, nämlich zu den unsichtbaren hochleuchtenden Sternen, den heiligen Engeln, den himmlischen Geistern; wie uns solches bezeugt die Offenbarung Johannis, da der Sohn Gottes sich vorbildet, da er in seiner Hand sieben Sterne hat, Offenb. Joh. 1, 16. Und das sind die sieben Geister oder Engel, in alle Lande ausgesandt; mit welcher Figur die rechte, wahre, übernatürliche Astronomie verdeckter Weise beschrieben wird, davon wir auch lesen im Buche Hiobs: „Wo warst du, da mich die Morgensterne lobeten, und jauchzeten alle Kinder Gottes?" Hiob 38, 4. 7. Da uns gleichfalls der heilige Hiob von den Sternen höher führt, nämlich zu den heiligen Engeln. Denn so Gott eine so große Menge und ein solches Heer der Sterne erschaffen, was wird denn für eine große Menge seyn der himmlischen Heerscharen, die Gott ohne Unterlaß loben. „Es loben ihn Sonne und Mond und alle leuchtende Sterne," Ps. 148, 3.

10. Was uns aber der gütige und allein weise Gott für große Wohlthaten erzeigt durch den Lauf der Sonne und des Mondes, und wie wir dieselben auch geistlich gebrauchen sollen, wollen wir bis zuletzt sparen. Denn jetzo eilen wir, die drei Punkte von den Sternen, nämlich die Größe, den Lauf und die Wirkung, kürzlich zu erzählen.

11. 3) Von der Wirkung aber der Sterne sollt ihr wissen, daß sie große Schatzkammern sind Gottes, des Allmächtigen, aus welchen er wunderbar seine zeitlichen Güter und Gaben austheilt, beide den Menschen und der großen Welt. Und allhier muß ich einführen die Meinung des vortrefflichen teutschen Philosophen Paracelsus, wie er die Astronomie versteht, und wofür er dieselbe hält, und lasse das Urtheil dem christlichen Leser. Das ist aber seine Meinung: daß in den Sternen allerlei natürliche Weisheit, Kunst und Geschicklichkeit begriffen sey, die ein Mensch auf Erden empfinden und üben mag. Daher kommen, spricht er, die großen Künstler und natürlichen Meister in allerlei Künsten und Erfindungen. Denn die Natur treibt die Gemüther solcher Leute, den Künsten mit heftigem Nachsinnen und Arbeiten obzuliegen, auf daß Gottes Werke offenbar und hervorgebracht werden, zu Gottes Ehren und dem Menschen zu Nutz. Denn so hat's Gott geordnet, und in den Himmel solche natürliche Schätze gelegt, als in seine verborgenen Schatzkammern, auf daß er zu seiner Zeit solches Alles an den Tag und an's Licht brächte durch den Menschen; und theilt dieselben aus, wann, wo, wie und wem er will.

12. Und auf diese Weise, nämlich durch die wunderbare Wirkung und Impression, erzählen auch die Himmel die Ehre Gottes, und die Veste verkündigt seiner Hände Werk, Psalm 19, 2. Welches, sagt er, nicht allein geschieht durch die Größe des Himmels und durch die Ordnung und den gewissen Lauf der Sterne, sondern vornehmlich durch ihre Wirkung. Daher sind die Erfinder der Dinge entsprungen; nicht daß sie Erfinder wären, sondern Werkzeuge, durch welche der Himmel seine von

Gott eingepflanzte Wirkung vollbracht, und aus den verborgenen Schätzen Gottes die Künste an's Licht hervorgetrieben, gleichwie ein Baum zu seiner Zeit seine Frucht gibt. Denn also sollt ihr auch die Sterne in ihren Wirkungen verstehen, und nicht anders: sie haben ihre Zeit in Hervorbringung ihrer Früchte. Und wer nun ein guter Sternseher ist, der sich mehr auf die Sterne versteht, denn auf die Rechenkunst, der weiß, wo, wie und wann ein solcher Baum am Himmel blühet, und seine Frucht geben wird. Siehe, also erzählen die Himmel die Ehre Gottes, und die Veste verkündiget seiner Hände Werk.

13. Siehe, welch ein großer Irrthum ist's nun, daß man Menschen hat gesetzt zu Erfindern der Dinge, da sie nur Werkzeuge waren. So thut's auch der Himmel nicht für sich selbst, sondern es sind nur Schätze Gottes, Schatzkasten am Himmel, in welche Gott, der oberste Schatzmeister und Herr, seine Schätze gelegt hat, theilt sie hernach aus, denen so es werth sind, und die er dazu versehen hat. Siehe, also kommen alle gute Gaben und alle vollkommene Gaben auch mittelbar von oben herab, vom Vater des Lichtes, Jac. 1, 17. „Alle Weisheit ist von Gott, und bei ihm ewiglich," Sir. 1, 1. Er theilt sie aber entweder mittelbar und natürlicher Weise, oder unmittelbar, übernatürlicher Weise aus.

14. Daher kommt nun alle natürliche Weisheit; daher kommt Verstand in allen natürlichen Dingen, weltliche Gerechtigkeit, Kunst der Arznei. Daher kommen anmuthige Poeten, liebliche Musici, kluge Redner, künstliche Werkmeister in allerlei Arbeit, in Holz, in Metallen, in Steinen. Daher kommen weltliche Regenten, Kriegsleute; und in Summa, daher kommen einem Jeden seine natürlichen Gaben, wie sie ihm Gott austheilt. Die aber Gott, der Herr, mit dem Geist der Weisheit übernatürlicher Weise erfüllt, als die Künstler des alten Testaments, als die klugen Regenten und Kriegshelden, deren in der Schrift gedacht wird, dahin auch Salomonis Weisheit gehört: die haben mit dem natürlichen Himmel nichts zu thun. Daher kommt's, daß ein jeder Mensch natürlich begehrt, ein Ding zu wissen und zu erforschen, und ist Manchem so bange darnach, hat eine solche hitzige Begierde nach Künsten, daß er nicht davor ruhen kann. Denn gleicher Weise als der Leib des Menschen aus den untersten Elementen gespeist und erhalten wird, nämlich aus der Erde und dem Wasser, und kann ohne dieselben nicht leben: also die Sinne, Gedanken und der Geist des Menschen haben ihre Speise vom Gestirn. Denn alle sinnreiche Menschen haben ihren Einfluß und ihre Einfälle vom Gestirn, und ist gleichsam ihre Speise; welches eine gewaltige Probe der Astronomie ist. Denn sollte der Mensch von den untern Elementen nur als ein Vieh gespeist werden, und seine Sinne und Gedanken sollten ihre Speise nicht auch haben?

15. Und so denn zu diesem natürlichen Licht die Erleuchtung von oben herab kommt durch den heiligen Geist und die Wiedergeburt: alsdann erreichen die natürlichen Gaben einen viel höhern Grad zu ihrer Vollkommenheit. Sie bekommen dann einen neuen Himmel, der sie viel höher inclinirt.

16. Die nun aus der neuen Geburt sind, aus Gott geboren, deren Himmel und Inclination oder Neigung ist Gott selbst, und die heiligen Engel sind ihre Sterne, wie die Offenbarung St. Johannis bezeugt. Sie haben mit dem natürlichen Himmel nichts zu thun, sie sind über demselben, und ihre Werke haben einen höhern Ursprung, nämlich aus Gott selbst. Solche Leute sind gewesen die heiligen Erzväter und Propheten; wie von Joseph, Daniel und Salomo geschrieben ist, daß ihre Weisheit übertroffen habe alle Weisheit derer in Egypten und in Persien und im ganzen Orient (1 Kön. 4, 30). Denn diese haben nur die natürliche Weisheit des natürlichen Himmels gehabt; Moses aber, Joseph, Daniel, David, Salomo haben über dieselbe auch die übernatürliche Weisheit gehabt. Die heiligen Apostel sind mit dem heiligen Geist, mit Licht und Kraft aus der Höhe angezogen gewesen, Ap. Gesch. 1, 8. Denn sie sollten nicht natürliche Weisheit und Kunst

verkündigen und natürliche Meister und Lichter der Welt seyn, sondern sie sollten die ewige, himmlische Weisheit verkündigen, welche die Weisen dieser Welt nicht erkannt haben, 1 Cor. 2, 8.

17. Dieß ist des obgedachten Philosophen Meinung, welche auf des Autors Verantwortung und Beweis beruhen mag. Ob wir nun wohl die unnütze Weissagerei der Astrologen verwerfen, sonderlich so in Absehen auf gewisse Personen und Punkte geschieht: so sind doch andre nöthige Punkte dieser Kunst in Acht zu nehmen. 1) Die Ordnung und Revolution oder Veränderung der Zeit. 2) Die natürlichen und unnatürlichen Zeichen des Himmels. 3) Die natürlichen und unnatürlichen Wirkungen des Himmels. Von jedem wollen wir ganz kurzen Bericht thun.

18. Erstlich ist nöthig, zu wissen, daß durch den wunderbaren Lauf des Himmels die Zeit der Welt ganz weislich von dem allein weisen Schöpfer geordnet ist; daraus Gottes wunderbare Vorsehung, Regierung und Weisheit klärlich abzunehmen; besonders wenn wir, durch weisliche Erforschung der Zeit, die Gleichstimmigkeit der Propheten mit den Historien und der Natur augenscheinlich spüren, als: die Jahre der Welt mit ihren hundertjährigen Zeiten, die Alter der Welt, die Zeit der Monarchien, die siebenzigjährige babylonische Gefangenschaft, die siebenzig Jahrwochen Daniels, die Zeit des Messias, die bestimmten Zeiten der Reiche, die Zeit des Antichrists im Daniel und der Offenbarung Johannis, und dergleichen; welches Alles die Vorsehung Gottes und seine wunderbare Regierung und Weisheit gewaltig bezeugt und bestätigt. Und obwohl unser lieber Herr Jesus Christus Ap. Gesch. 1, 7 spricht: „Es gebühret euch nicht, zu wissen Zeit oder Stunde, welche der Vater seiner Macht vorbehalten hat: so redet doch der Herr von solcher Zeit, deren Wissenschaft weder zu der Apostel Amt, noch zur Erbauung der Kirche und Fortpflanzung des Evangelii nöthig und nützlich ist; auch daß man Christo zur Aufrichtung seines Reichs weder Zeit noch Ort setzen soll. Er weiß, wie, wo und wann er sein Reich und seine Kirche pflanzen wolle; wir sollen nur seine Zeugen seyn, und unser Amt thun, und ihm Zeit und Stunde befehlen. Zu dem verstunden auch die Jünger das Reich Christi noch nicht recht; denn sie verstanden es vom irdischen, weltlichen Reich; welches der Herr straft. Was sonsten Zeit und Stunde in weltlichen Geschäften anlangt, die fügt, ordnet, schickt und gibt Gott auch. Wenn wir fleißig beten, und dem Herrn unsere Wege befehlen, so wird er's wohl machen; wie die Historie des Knechts Abrahams bezeugt, da er betete, Gott wolle ihm heute begegnen, 1 Mos. 24, 12.

19. Zum andern ist zu wissen, daß der Himmel und die ganze Natur ihre natürlichen Zeichen haben, und nichts thun ohne Zeichen. Daher auch der Herr Christus einen Beweis nimmt aus den allgemeinen natürlichen Zeichen des Himmels, welche im gemeinen Leben bestätigt sind, Matth. 16, 2 und Luc. 12, 54. Dadurch er die Juden höher führen und ihnen Anlaß geben will, auch die Zeichen des Messias in Acht zu nehmen und zu beurtheilen.

20. Denn also schließt er, Matth. 16, 2: „Des Abends sprecht ihr: Es wird ein schöner Tag werden, denn der Himmel ist roth; und des Morgens sprecht ihr: Es wird ein Ungewitter seyn, denn der Himmel ist roth und trübe. Ihr Heuchler, des Himmels Gestalt könnet ihr urtheilen: könnet ihr denn nicht auch die Zeichen dieser Zeit urtheilen?" Das ist des Herrn Schluß: So ihr aus der Gestalt des Himmels vom Gewitter recht urtheilen könnt: warum urtheilt ihr nicht vielmehr aus den jetzigen Zeichen die Zeit des gegenwärtigen Messias?

21. Und Luc. 12, 54: „Wenn ihr eine Wolke sehet aufgehen vom Abend, so sprecht ihr bald: Es kommt ein Regen; und es geschieht also. Und wenn ihr sehet den Südwind wehen, so sprecht ihr: Es wird heiß; und es geschieht also. Ihr Heuchler, die Gestalt des Himmels und der Erde könnet ihr prüfen: wie prüfet ihr aber diese Zeit nicht?" Es schließt demnach der Herr also: Gleichwie ihr aus den Zeichen des Himmels recht schließt und

urtheilet vom Ungewitter: also solltet ihr vielmehr aus den Zeichen und Wunderwerken, so ihr jetzo vor Augen sehet, von der Gegenwart des Messias urtheilen. Aber ihr seyd Heuchler: Eins sehet ihr, das Andre wollet ihr nicht sehen, daran doch vielmehr gelegen ist. Darum so billigt Christus die natürlichen Zeichen.

22. Es gibt aber auch der Himmel seine unnatürlichen Warnungszeichen. Denn unser lieber Gott straft nicht plötzlich, sondern warnt zuvor durch Zeichen; wie an allen großen Landstrafen zu sehen. Darum dieselben mit nichten aus Sicherheit zu verachten, sondern als Vorboten künftiger Strafe anzuschauen sind. Es hat sich aber ein gläubiger Christ vor denselben nicht zu fürchten, wie Gott, der Herr, Jer. 10, 2 gebeut; sondern er soll wissen, daß er unter dem Schirm des Höchsten und Schatten des Allmächtigen sicher ist, Ps. 91, 1, und in Christo über die Natur herrschet.

23. Zum dritten, von den Wirkungen des Himmels soll man Folgendes wissen. Erstlich von den übernatürlichen: daß nicht der Himmel und das Gestirn etwas thun von sich selbst, und so böse sind für und an sich selbst, als sie die Sterndeuter machen; sondern die Sünden, Laster und Bosheiten der Menschen sind die Ursachen, daß Gott die Creaturen zur Rache rüstet, Weish. Sal. 5, 18, und zur Strafe gebraucht wider die Gottlosen. Denn also strafte Gott die Sünden der ersten Welt mit einem vierzigtägigen Regen, daraus die Sündfluth ward, 1 Mos. 7, 11. 12; und die Bosheit der Sodomiter verursachte den feurigen Schwefelregen, 1 Mos. 19, 24.

24. Also werden solcher Plagen täglich viel verursacht, nämlich unnatürliche Hitze und Kälte, unnatürliche Nässe und Dürre, unnatürlicher Donner, Hagel und Feuer, viel Geschmeiß und Gift in der Luft, welche alle wie das Feuer zu Sodom vom Himmel fallen. Dieß aber soll alles den Kindern Gottes nicht schaden, wenn sie in Gottesfurcht und im Glauben leben, gleichwie die egyptischen Plagen den Kindern Israel nicht schadeten, 2 Mos. 8, 22. Denn das ist die Meinung des 121. Psalms,

V. 5. 6: „Der Herr ist dein Schatten über deiner rechten Hand, daß dich des Tages die Sonne nicht steche, noch der Mond des Nachts;" welcher Spruch nicht so einfältig zu verstehen ist, als daß man sich vor der bloßen Hitze und Kälte der Sonne und des Monds bewahren solle; sondern es ist zu verstehen von den Plagen, Strafen und unnatürlichen schädlichen Wirkungen, so Gott durch das Gestirn, als durch seine Ruthe, übt, und ausgießt über die Bosheit der Welt. Wider welche Plagen und Strafen wir fleißig beten müssen, wie uns der Psalm ermahnt, unsere Augen aufzuheben zu den Bergen, von welchen uns Hülfe kommt, daß wir durch Hülfe des Allmächtigen denselben entfliehen mögen, weil allein durch Buße und Gebet solche Strafen und Plagen können abgewendet werden. Und also legen auch Etliche den Text der Offenb. Joh. 16, 1 ff. aus, da die Engel ihre Schalen mit den letzten Plagen der Welt ausgießen.

25. Wie nun unser lieber Gott das Firmament und die Sterne zur Rache und Strafe gebraucht: also gebraucht er's auch zur Hülfe, zum Schutz und zur Rettung der Frommen und Gläubigen, wie im B. d. Richt. 5, 20 steht: „Vom Himmel ward wider sie gestritten, die Sterne in den Läuften stritten wider Sissera." So ist bekannt die Historie vom Kaiser Theodosius, wie ein Wind und Wetter seine Feinde geschlagen; davon der Poet Claudianus sagt: „O wie gar lieb bist du, Gott, für welchen der Himmel streitet, und welchem die Winde zu Hülfe im Streit kommen [1]!"

26. Von den natürlichen Wirkungen aber des Himmels sollt ihr merken, daß das Firmament der großen Welt und dem äußerlichen Leben des Menschen täglich und ohne Unterlaß seine Früchte gibt. Hier laß dich die heidnischen Scribenten nicht irren mit ihren Schülern ꝛc., sondern wisse, daß alle Meteore, wie sie hernach folgen, Früchte und Wirkungen der Sterne sind.

27. Erstlich bringen die Sterne hervor

---

[1] O nimium dilecte Deo, cui militat aether, Et conjurati veniunt ad proelia venti!

die Wolken; davon Sirach sagt, C. 43, 15: „Durch Gottes Gebot werden aufgethan seine Schätze, und die Wolken fliegen wie die Vögel. In seiner Macht hat er die Wolken gesetzt."

28. Zur andern Zeit bringen sie hervor die Nebel, so durch's Gestirn gewirkt und von der Erde aufgezogen werden. „Sobald der Herr seine Stimme hören läßt, so ist groß Wasser am Himmel, und er zeucht die Nebel auf vom Ende der Erde," Jer. 10, 13. Er bedecket auch oft den Himmel damit, Pf. 147, 8. „Der Herr bedecket das Angesicht seines Stuhls, und breitet seine Wolken darüber," Hiob 26, 9.

29. Zu seiner Zeit bringen sie hervor den Schnee. „Gott, der Herr, macht durch sein Gebot den Schnee fallen," Sir. 43, 14. „Er spricht zum Schnee, so ist er bald da; und zum Platzregen, so ist er da mit Macht," Hiob 37, 6; Pf. 148, 8.

30. Darnach bringen sie hervor Kälte und Frost. „Vom Mittag kommt das Wetter, und von Mitternacht Kälte; vom Odem Gottes kommt der Frost," Hiob 37, 9. 10.

31. Darnach bringen sie hervor das Eis. „Aus weß Leibe ist das Eis gegangen? und wer hat den Reif unter dem Himmel gezeugt?" Hiob 38, 29.

32. Zur andern Zeit bringen sie hervor Hagel und Schnee. „Bist du gegangen zu den Schätzen des Schnees? oder hast du gesehen den Schatz oder Ursprung des Hagels? die ich bereitet habe auf den Tag des Streits und Kriegs," Hiob 38, 22. 23. Gott rüstet auch die Creatur zur Rache wider seine Feinde, Weish. Sal. 5, 18. „Die Creatur, so dir, als dem Schöpfer, dienet, ist heftig zur Plage über die Ungerechten, und thut gemach zur Wohlthat über die, so dir trauen," Weish. Sal. 16, 24. „Die Geschosse der Blitze werden gleich zutreffen, und werden aus den Wolken, als von einem hochgespannten Bogen, fahren zum Ziel. Und wird dicker Hagel fallen aus dem Zorn der Donnerschläge," Cap. 5, 22. 23. „Ich will über Gog und Magog regnen lassen Platzregen und Hagelsteine," Ezech. 38, 22. Dergleichen lesen wir im Mose und Josua, 2 Mos. 9, 23; Jos. 10, 11.

33. Zu seiner Zeit bringen sie hervor Feuerflammen und Hitze, Donner, Blitz, Donnerschlag, Hiob 37, 4. „Kannst du deinen Donner in den Wolken hoch herführen? Kannst du die Blitze auslassen, daß sie hinfahren und sprechen: Hie sind wir." Hiob. 38, 34. 35. „Feuer geht vor ihm her, und zündet an umher seine Feinde. Seine Blitze leuchten auf dem Erdboden; das Erdreich siehet's und erschrickt. Berge zerschmelzen wie Wachs vor dem Herrn, vor dem Herrscher des ganzen Erdbodens," Pf. 97, 3. 4. „Die Sonne macht heißer denn viel Oefen, und brennt die Berge, und bläst eitel Hitze von sich," Sirach. 43, 4. Da wird die Sonne beschrieben als ein Feuer, das alle Dinge zeitigt und kocht. Wo wollte man solch Feuer nehmen, das die Welt erwärmete und Alles reif machte?

34. Zur andern Zeit bringen sie den Regen, ohne welchen das Erdreich nicht grünen kann. „Der Herr wird seinen Schatz aufthun am Himmel, daß er deinem Lande Regen gebe zu seiner Zeit," 5 Mos. 28, 12. Da hören wir, daß Gott allein den Schlüssel zu diesem Schatzkasten habe, daß er Regen hervorgebe, wenn er will, und wenn wir ihm den Regen abbitten, Pf. 147, 8. Er allein hat die Tropfen des Regens gezählt. Sind auch unter den Heiden Götter, die Regen machen können? oder geben die Himmel Regen, wenn du nicht willst? Jerem. 14, 22. „Durch seine Weisheit sind die Tiefen aufgebrochen, und die Wolken triefen mit Thau," Spr. Sal. 3, 20. „Wer ist des Regens Vater? Wer hat die Tropfen des Thaues gezeugt?" Hiob 38, 28. „Werdet ihr in meinen Geboten wandeln, so will ich euch Regen geben zu seiner Zeit, und das Land soll sein Gewächs geben, und die Bäume auf dem Felde sollen voll Früchte werden," 3 Mos. 26, 4. „Lasset uns doch Gott fürchten, der uns Früh- und Spatregen gibt zu seiner Zeit, und uns die Ernte treulich und jährlich behütet," Jer. 5, 24. „Ich will die Fenster des Himmels aufthun, und Segen herabschütten die Fülle," Mal.

3, 10. „Kannst du die Wasserschläuche am Himmel verstopfen?" Hiob 38, 37.

35. Darnach den Regenbogen. „Siehe an den Regenbogen, und lobe den, der ihn gemacht hat. Fast schön ist er in seinem Schein, den Himmel umgibt er in seiner Klarheit. Die Hand des Allerhöchsten hat ihn gemacht und ausgespannet. Er leuchtet gar lieblich in seinen Wolken," Sir. 43, 22. 23; C. 50, 7. Der Regenbogen ist Gottes Zeuge in den Wolken, ein Gnadenzeichen, ein Siegel des Bundes Gottes, mit den Menschen und allen lebendigen Thieren aufgerichtet, Ps. 89, 38; 1 Mos. 9, 13 ff. Ein Regenbogen ist um den Stuhl Gottes wie ein Smaragd, Offenb. Joh. 4, 3; C. 10, 1.

36. Zu seiner Zeit den Thau. Der Thau erfreut das Gras, kühlt die Hitze, Sir. 18, 16. Vom Thau blühen die Rosen, Hos. 14, 6. „Der Himmel hat euch seinen Thau verhalten, und die Erde ihr Gewächs," Hagg. 1, 10; Joel 1, 17. Mehlthau ist eine große Strafe. „Ich schlage euch mit Dürre, Mehlthau und Hagel an aller eurer Arbeit," Hagg. 2, 18. Davon lesen wir auch im 5 B. Mos. 28, 16, und in dem Propheten Amos, C. 4, 9.

37. Zu seiner Zeit bringen sie hervor den Wind. Gott hat dem Winde sein Gewicht gemacht, und dem Wasser sein gewisses Maaß gesetzet," Hiob 28, 25. „Der den Wind hervorbringt aus heimlichen Oertern, aus seinen Schätzen," Ps. 135, 7. Der Herr aber hat diese seine Schätze der Winde gar wohl geordnet, und dieselben an die heimlichen Oerter der vier Ecken der Welt gelegt. Ueber diese Schätze der Winde hat Gott, der Herr, seine Schatzmeister verordnet; aber also, daß sie nicht für sich selbst, sondern aus seinem Befehl die Winde müssen auslassen und hervorbringen. Und auf diese Weise ist von allen solchen natürlichen Schätzen des Himmels zu halten. Aus welchem Grunde der Prophet Zacharias, C. 6, 5, gleichnißweise redet von den vier Wagen, welche der Engel auslegt von den vier Winden unter dem Himmel; welches der Prophet nach prophetischer Art geistlich gebraucht. Dergleichen lesen wir in der Offenb. Joh.,

C. 7, 1: daß Johannes sah die vier Engel stehen auf den vier Ecken der Erde, auf daß kein Wind über die Erde wehete, noch über das Meer, noch über einen Baum. Welches der Evangelist aus der Natur nimmt, und zur prophetischen Weissagung gebraucht. „Er wird seine Engel senden, und wird versammeln seine Auserwählten von den vier Winden, vom Ende der Erde," Marc. 13, 27; Matth. 24, 31.

38. Die vier Winde haben in der Schrift ihre besondern Namen. Vom Morgen kommt der Ostwind, heiß und trocken, durch welchen Gott den Grund des rothen Meeres getrocknet, 2 Mos. 14, 21. Hos. 13, 15: „Der Herr wird einen Ostwind von der Wüste heraufbringen, und wird die Brunnquellen austrocknen." Der Südwind kommt von Mittag, warm und feucht. „Sind deine Kleider nicht warm, wenn das Land durchwehet wird vom Mittagswinde?" Hiob 37, 17. „Wenn ihr sehet den Mittagswind wehen, so sprecht ihr: Es wird heiß werden; und es geschieht also," Luc. 12, 55. Der Westwind kommt von der Sonne Niedergang, kalt und feucht. „Da wendete der Herr einen sehr starken Westwind, und hob die Heuschrecken auf, und warf sie in's Meer," 2 Mos. 10, 19. Der Nordwind kommt von Mitternacht, ist kalt und trocken. „So der kalte Nordwind wehet, so wird aus dem Wasser ein heller Crystall," Sir. 43, 22.

39. Dieß sind nun die Früchte des Himmels, so Gott, der Herr, aus seinen Schätzen zu seiner Zeit hervorbringt, und es können die untern Elemente derselben gar nicht entrathen. Darum hat es der getreue Schöpfer also verordnet, daß die untern der obern Kräfte und Einfluß empfangen müssen. Und es hängt die ganze Natur an einander, als an einer Kette; wie solche goldene Kette der Natur und göttlichen Fürsorge der Prophet Hoseas beschreibt, C. 2, 21. 22: „Ich will den Himmel erhören, spricht der Herr, und der Himmel soll die Erde erhören, und die Erde soll Korn, Most und Oel erhören, und dieselben sollen Israel erhören." Hier redet Gott, der Herr, von der sehr weisen Ordnung der Natur, und fängt

von oben an: „Ich will den Himmel erhören;" das ist: Wenn in großer Dürre der Himmel vor Hitze brennt, und die Sterne ihre Wirkung nicht haben, daß sie fruchtbare Zeiten geben können: da will ich den Himmel erhören, und denselben mit Wolken bedecken, und die Sterne ihre natürliche Wirkung vollbringen lassen. Denn wenn Sonne und Mond verfinstert werden, so geben sie unnatürliches Wetter. „Und der Himmel soll die Erde erhören," das ist die andre Ordnung der Natur. Denn die untersten Kräfte der Erde hängen alle an den obern Kräften des Himmels. Wenn der Himmel in seiner Wirkung verhindert wird, und nicht gütig ist, so kann auf Erden nichts wachsen. So ruft die Erde in ihrer Angst und durch dieselbe den Himmel an in dürrer Zeit, wenn sie ihren Mund aufthut, sich von einander spaltet, und nach Regen dürstet. „Und die Erde soll Korn, Most und Oel erhören," das ist: Die Erdgewächse müssen aus der Erde ihre grünende Kraft und ihren Saft saugen und an sich ziehen; wenn denn die Erde ohne Saft ist, so wollen die Gewächse gerne zu trinken haben von ihrer Mutter, das ist, von der Erde, wie ein Kind nach der Mutter schreit, wenn es durstig ist.

40. Nun lasset uns zweitens auch die Wohlthaten, so uns Gott, der Herr, durch den Lauf der Sonne und des Mondes erzeigt hat, ein wenig in der Furcht Gottes betrachten, und dabei erinnern, wie wir dieselben leiblich und geistlich gebrauchen sollen.

41. Es spricht Gott, der Herr, zu Hiob, mit welchem er damals selbst redete: „Hast du gesehen die Thür der Finsterniß? Weißt du den Weg, da das Licht wohnet? Kannst du die Bande der sieben Sterne zusammenbinden und das Band des Orions auflösen? Kannst du den Morgenstern hervorbringen zu seiner Zeit, oder den Wagen am Himmel über seine Kinder führen? Weißt du, wie der Himmel zu regieren ist, oder kannst du ihn meistern auf Erden? Kannst du den Donner in Wolken hoch herführen, und die Blitze auslassen, und die Wasserschläuche am Himmel verstopfen?" Hiob 38, 19. 31 ff. Mit diesen Worten gibt der liebe Gott seine großmächtige Gewalt und Weisheit zu vernehmen, also daß kein Mensch seine Weisheit ergründen und die Ursachen seiner Werke ausdenken, viel weniger nachthun kann. Denn ein Mensch kann nicht ein grünes Gräslein machen, geschweige denn Licht oder Finsterniß. Wir müssen ihm demnach die Ehre geben, unsern Mund zuhalten und uns vor seiner Allmacht demüthigen, Gott in seinen Werken loben und preisen; wie David thut, da er spricht: „Du machest den Mond, das Jahr darnach zu theilen; die Sonne weiß ihren Niedergang, Ps. 104, 19. Hier kommt der Prophet auf dieß vierte Tagewerk Gottes, da Gott sprach: „Es werden Lichter an der Veste des Himmels, und scheiden Tag und Nacht, und geben Zeichen, Zeiten, Tage und Jahre. Und Gott machte zwei große Lichter; ein großes Licht, das den Tag regiere, und ein kleines Licht, das die Nacht regiere, und dazu Sterne," 1 Mos. 1, 14. 16.

42. Man hat sich nun billig hoch zu verwundern über das Licht des Mondes, daß es ab= und zunimmt, und seine gewisse Zeit hält, und ist bald, als wenn's gar verloschen wäre am Himmel, bald nimmt es wieder zu, und wächst, und wird größer, wie andre Gewächse. Das hat Gott darum also geordnet: a) auf daß man nach dem Mondschein das Jahr theilen und die Zeiten gewiß unterscheiden könne, und die weltlichen Geschäfte ordentlich in menschlicher Gesellschaft können verrichtet und unterschieden werden, ohne welche gewisse unterschiedene Monden und Tage keine richtige Ordnung in der Kirche Gottes, in den weltlichen Regimenten und Gerichten, auch im Hausstande seyn könnte. Was würde das für eine gräuliche Finsterniß, Unordnung und Verwirrung in der Welt unter allen Ständen geben, wenn kein Unterschied der Monden, Wochen und Tage wäre!

43. Darum lernet nun hier die Weisheit Gottes erkennen in dem gewissen Lauf des Mondes und der Abtheilung der Zeiten. Das Allerweiseste, das in allen Ständen ist, ist gute Ordnung halten und die rechte Zeit treffen. Wer das thun kann,

der mag sich billig für einen guten Regenten und Hausvater achten; denn es ist Alles an der Zeit gelegen. Was zur Unzeit geschieht, verderbt Alles; denn Gott hat alle Dinge in gewisse Zeit, Maaß und Gewicht beschlossen, Weish. Sal. 11, 22, und es bringt eine jegliche rechte Zeit ihren Segen und glücklichen Fortgang mit. „Es hat Alles seine Zeit, und alles Vornehmen unter dem Himmel hat seine Stunde," Pred. Sal. 3, 1. Wohl dem, der es treffen kann. Darum muß man Gott bitten.

44. Die andere Ursache, b) warum Gott das Licht des Mondes wandelbar geschaffen, daß es ab- und zunimmt, ist, daß durch solche Veränderungen die untern Dinge und Creaturen regiert würden. Denn alle Monden hat man durch's ganze Jahr fast etwas Neues; dieser Mond bringt dieß, der andre ein Anderes. Eine andre Gabe Gottes bringt der März, eine andre der Mai, eine andre der Brachmonat, eine andre der Heumonat, eine andre der Herbstmonat, eine andre der Augustmonat. Es hat ein jeder Monat seine eigenen Erdgewächse, seine eigenen Kräuter, seine eigenen Früchte, seine eigenen Fische, seine eigenen Vögel, sein eigenes Wetter, seine eigenen Winde ꝛc. Summa: es ist eine so weise Ordnung Gottes, daß man's nicht genug ausdenken kann.

45. Es gibt uns auch der königliche Prophet mit diesen Worten: „Die Sonne weiß ihren Niedergang," Ps. 104, 19, zu betrachten den geschwinden Lauf der Sonne, dadurch die Tage unterschieden, verlängert und verkürzt werden; wie auch der Sonnenlauf unterscheidet die vier Jahreszeiten, den Sommer, den Frühling, den Herbst und den Winter; welches Alles dem Menschen zu besonderm Nutzen gereicht.

46. Da haben sich nun alle Menschen billig zu verwundern über den gewissen Lauf der Sonne, daraus auch die Heiden erkannt haben, es müsse ein Gott seyn, ein ewiges Gemüth, voller Weisheit, das solchen Lauf der Sonne geordnet. Denn die Sonne hält ihren Lauf gewiß, und geht nicht weiter, oder über das Ziel, das ihr Gott gesetzt hat; nicht höher, nicht niedriger; sie hat ihren gewissen Weg am Himmel, welchen man nennt die Sonnenstraße oder Ekliptik. In dem Wege bleibt sie gewiß. Sie geht nicht weiter gegen Mittag, denn in den ersten Punkt des himmlischen Steinbocks. Da macht sie den Winter; dann kehrt sie wieder. Sie geht nicht weiter gegen Mitternacht, denn in den ersten Punkt des Krebses. Da macht sie den Sommer; dann kehrt sie wieder. Und das hält sie so gewiß, daß es nicht um eine Minute fehlt. Wenn sie die zwölf himmlischen Zeichen einmal durchlaufen hat, so ist's ein solarisches oder Sonnen-Jahr. Wenn aber der Mond zwölfmal dieselben durchlaufen, so macht es ein lunarisches oder Mondenjahr.

47. Das ist nun der Sonne jährlicher Lauf, dadurch sie das Jahr macht. Ihr täglicher Lauf aber, dadurch sie den Tag macht, ist von einer solchen Geschwindigkeit, daß es keine menschlichen Sinne ausrechnen können. Denn alle vierundzwanzig Stunden umläuft sie den ganzen Himmel. Denket nun, welch eine Größe des Himmels sey, dagegen die Erde wie ein Punkt zu rechnen. Sie läuft alle Jahr dreihundertundsechzig Grad. Ein Grad aber hat am Himmel fünfhundertundsiebenzig mal tausend, fünfhundertundeinundachtzig Meilen Weges. Hier ist kein Mensch, der dieß ausrechnen kann.

48. Wer wollte sich nun darüber nicht billig verwundern und die Weisheit des Schöpfers preisen? Ja, dadurch sind auch die Heiden bewogen worden, die Sonne als einen Gott anzubeten, weil es die größte und schönste Creatur ist, die mit ihrem Licht die Welt erleuchtet, und mit ihrem Lauf und ihrer Kraft Alles regiert. Aber dieß ist menschliche Blindheit und Thorheit. Denn die Creaturen sind ja wie ein Spiegel Gottes, daraus wir den Schöpfer sollen erkennen lernen, wie Sirach sagt, C. 43, 2. 6: „Sehet die Sonne an, wie groß und schön sie ist. Es muß ein großer Herr seyn, der sie gemacht hat." Von einem indianischen Könige liest man, als er hat predigen hören von Christo, unserm Herrn, daß er um unserer Sünden willen gestorben sey, und daß man an ihn glauben müsse, daß er gesagt: „Ei, sollte

ich an den glauben, der gestorben ist? vielmehr glaube ich an die Sonne, die noch nie gestorben." Da seht ihr die menschliche Blindheit. Derowegen, auf daß der Mensch durch die Größe und durch die Schönheit der Sonne nicht betrogen würde, befiehlt Gott, und spricht: "Hüte dich, daß du deine Augen nicht aufhebest, und sehest die Sonne und den Mond an, und betest sie an; denn die hat Gott, der Herr, geschaffen, zum Dienst aller Völker unter dem Himmel," 5 Mos. 4, 19.

49. So sollen wir auch nicht meinen, daß Sonne, Mond und Sterne nur allein in der Größe geschaffen sind, wie sie von uns gesehen werden. Denn es sind sehr große Lichter und Körper, wie oben gemeldet; und es ist der Mond und die andern Sterne zwar kleiner denn die Erde, aber die Sonne, sagen die Sternseher, sey hundertundsechsundsechszig mal größer denn die Erde, welches sie mit gewissen augenscheinlichen Nachweisungen bewähren können. Daß uns aber die Sonne so klein scheint, macht die gewaltige Höhe, und die Geschwindigkeit ihres Laufs, wie der Augenschein bezeugt. Je höher und weiter etwas ist, je kleiner scheint es. Aber das lassen wir den gelehrten Sternkündigern. Ob ihr's gleich nicht verstehen könnt, so lernet euch doch darüber verwundern.

50. Hiebei aber ist erstlich zu betrachten die Allmacht und Weisheit Gottes. Wie weislich und zierlich hat's Gott gemacht, daß er dem Tage sein Licht gemacht hat, die Sonne, und der Nacht ihr Licht, den Mond; denn Licht ist die höchste Zierde und Schönheit aller Dinge. Wir verwundern uns, wenn Einer etwa ein schönes Haus baut, und es zieret mit Bildern, Gemälden, schönen leuchtenden Farben; vielmehr sollen wir uns verwundern über das gewaltige Gebäu des Himmels, welches mit so großen, schönen und vielen Lichtern gezieret ist. Denn Licht ist die höchste Zierde aller Creaturen.

51. Für's andre ist seine Weisheit auch darin zu erkennen, daß, wie der heilige Prophet sagt, "er zählet die Sterne, und nennet sie alle mit Namen. Groß ist der Herr, groß ist seine Macht, und seiner Weisheit ist keine Zahl," Ps. 147, 4. 5. Wenn wir nun das wissen, so sollen wir auch Gott in allen Dingen das Lob der Weisheit geben, ob er uns gleich befiehlt, zu thun und zu glauben, was wir nicht begreifen können, ja was uns däucht thöricht zu seyn. "Denn die göttliche Thorheit ist klüger, denn aller Menschen Weisheit," 1 Cor. 1, 25.

52. Für's dritte, so lehrt uns auch Sonne und Mond mit ihrem gewissen Lauf betrachten die Wahrheit Gottes und die Gewißheit seiner Verheißung. Denn wie gewiß hat Gott zu jeder Zeit seine Verheißung erfüllt! In der Sendung des Messias, in den Veränderungen der Monarchien und andern Erlösungen des menschlichen Geschlechts. Daher er spricht: "Wenn meine Ordnung aufhöret mit Tag und Nacht, so soll mein Bund mit David auch aufhören," Jer. 33, 25. 26. Das ist, so gewiß soll der Messias von ihm kommen, so gewiß Sonne und Mond sind.

53. Für's vierte sind Sonne und Mond, wenn sie verfinstert werden, auch Spiegel des Zornes Gottes, und Zeichen des jüngsten Tags, Luc. 21, 25, und großer Veränderungen der Welt; Bußpredigten, dadurch uns Gott unserer Sünden erinnert.

54. Wiewohl nun die Finsternisse der großen himmlischen Lichter natürliche Ursachen haben, also daß auch etliche Theologen die Finsternisse der Sonne und des Mondes, so Zeichen des jüngsten Tages seyn sollen, Luc. 21, 25, nicht von natürlichen, sondern übernatürlichen Finsternissen verstehen, wie die Sonnenfinsterniß gewesen im Leiden unsers Herrn, und die egyptische Finsterniß; welches wir denn nicht in Abrede stellen wollen, daß kurz vor dem Ende der Welt solche übernatürliche Finsternisse seyn werden, also daß auch die Sterne vom Himmel fallen werden: so hindert doch nichts, daß auch die natürlichen Finsternisse nicht sollten Zeichen seyn, die uns den jüngsten Tag verkündigen. Denn alle Finsternisse sind wider die Natur und Eigenschaft der himmlischen Lichter. Denn zu Lichtern sind sie geschaffen, daß sie leuchten sollen. Wenn nun ihr Licht verhindert wird, das ist wider die Natur,

und ist ihr Leiden. Welches auch die Heiden verstanden, und gesagt: Die Finsternisse sind Leiden der Sonne und des Mondes [1]). Denn unser Herr spricht: „Die Kräfte des Himmels werden sich bewegen," Matth. 24, 29. Die Sterne aber sind die Kräfte des Himmels, denn sie geben alle Kräfte und Wirkungen des Himmels durch ihren Lauf. Sie gehen frei am Himmel in ihrer Kraft, wie der Mensch. Derselbe ist mit den Füßen nicht an die Erde gebunden. Wenn er keine Kraft hat, so fällt er; also werden auch die Kräfte des Himmels geschwächt werden. Die Finsternisse verkündigen und bringen allerlei Jammer auf Erden, Hunger, Krieg und Pestilenz; welches Alles die Menschen verursachen. Denn alle Creaturen und die ganze Natur ängstet sich, und hat ihr Leiden und ihre Angst; welches Leiden der großen Welt hernach auch im Menschen vollbracht wird. Was dem Menschen widerfahren soll, das leidet zuvor die Natur und die große Welt. Denn aller Creaturen Leiden, Gutes und Böses, ist auf den Menschen gerichtet, als auf ein Centrum, darin alle Linien des Cirkels zusammenschießen. Denn was der Mensch verschuldet, das muß zuvor die Natur leiden und sich ängsten, Röm. 8, 19. 22. Weil nun die Bosheit der Menschen immer größer wird, so kann die Welt die schwere Last der Sünden nicht mehr tragen, sie muß vergehen. Die Bosheit steigt gen Himmel, und fällt hernach als ein Gift wieder herab auf den Menschen, das ist seine Strafe. Und so gießen die Engel ihre Schalen aus, auf's Meer und Trockene, auf Menschen und Vieh und alle Gewächse, Offenb. Joh. 16, 1 ff.

55. Wenn der Sonne ihr Licht verhindert wird, das empfinden alle Sterne, ja alle Creaturen, die ihre Kraft von der Sonne haben. Darum spricht unser Herr, Luc. 21, 25, es werden auch Zeichen an den Sternen geschehen, sie werden auch ihre Angst und ihr Leiden haben, darum sie auch endlich vom Himmel fallen werden. Denn das Licht ist ihr Leben. Ist nun ihr Leben geschwächt, so müssen sie fallen, wie ein Mensch, der keine Kraft mehr hat, zu Boden fällt. Sterne sind Lichter, und das Licht schwebt natürlich gern oben in der Höhe. Wenn aber ihr Licht geschwächt wird, so muß ihre Kugel fallen, ja so muß das ganze Gebäu des Himmels fallen, wenn seine Kräfte bewegt werden und verzehrt sind; wie ein kraftloser Mensch zu Boden fällt.

56. Wenn man nun eine Finsterniß der Sonne oder des Mondes anschaut, so soll man denken, es sey eine Verhinderung ihrer natürlichen Wirkung und Kräfte. Denn es ist wider ihre Natur, und sie verkündigen uns eine große vollbrachte Bosheit auf Erden, und deren Strafe. Hiob 20, 27: „Der Himmel wird seine Bosheit eröffnen, und die Erde wird sich wider ihn setzen;" wie die Finsterniß beim Leiden Christi verkündigte der ganzen Welt den Tod Christi, und große Bosheit und Lästerung wider Christum, Matth. 27, 45. Denn Sonne und Mond sind gleich als Siegel der großen Welt, darin man der Menschen Bosheit und zukünftige Strafe anschauen soll, und die Sünde, so gen Himmel gestiegen ist; wie das Geschrei zu Sodom, so hinaufkam vor Gott, 1. Mos. 18, 20. Alle Sonnenfinsternisse bedeuten eine inwendige Finsterniß des Unglaubens in den Herzen der Menschen. Dasselbe verkündigt uns der Himmel, gleich als spräche er zu uns: Sehet ihr's, ihr Menschen, so seyd ihr inwendig in euern Herzen. Und wenn der Himmel also brennt, und die Sonne blutroth ist, will er zu uns sagen: Sehet ihr's, so werde ich einmal im Feuer vergehen. Auf diese Weise reden alle Elemente mit uns, verkündigen uns unsere Bosheit und Strafe. Was ist der schreckliche Donner anders, denn eine gewaltige Stimme des Himmels, davor die Erde zittert, dadurch uns Gott warnt? Was ist das Erdbeben anders, denn eine schreckliche Sprache der Erde, die ihren Mund aufthut, und große Veränderung verkündigt? Also auch die reißenden und tobenden Sturmwinde und das Brausen des Meers.

57. Zum fünften sollen wir auch an Sonne, Mond und Sternen Gottes Gütig-

---

[1]) Defectus solis lunaeque labores.

keit erkennen, daß ein ewiges Licht ist, das uns erleuchtet, tröstet, erfreut. Denn weil sonst Gott unsichtbar und unbegreiflich ist, sollen wir aus den schönen und natürlichen Lichtern seine Natur erkennen lernen. Denn durch die lieblichen Lichter will er uns reizen, ihn zu lieben. Wie man das Licht lieb hat, als die schönste Creatur: also sollen wir Gott, das ewige Licht, herzlich lieb haben, uns zu ihm wenden, und von der Finsterniß der Sünde abkehren, und im Licht wandeln. „Denn was hat das Licht für Gemeinschaft mit der Finsterniß, und die Gerechtigkeit mit der Ungerechtigkeit? Oder was hat Christus, das wahre Licht, für Gemeinschaft mit dem Belial?" 2 Cor. 6, 14.

58. Letztlich haben wir auch eine geistliche und ewige Sonne, welche ist die Sonne der Gerechtigkeit, Christus Jesus, Mal. 4, 2. Sie scheint mit ihrem Gnadenlicht allen Menschen, und mißgönnt keinem Menschen ihr Licht. Wie die natürliche Sonne allen Menschen scheint, also beut sich Christus in seinem Wort Jedermann an. „Ich bin das Licht der Welt. Wer mir nachfolget, wandelt nicht in Finsterniß, sondern wird das Licht des Lebens haben," Joh. 8, 12.

Gebet um Gnade, Gott aus Sonne, Mond und Sternen zu erkennen.

Großer und majestätischer Gott, du Schöpfer und Erhalter der unbegreiflich großen himmlischen Körper! wenn wir betrachten, wie du mit deinem unermeßlichen Wesen und deiner Herrlichkeit dieselben alle erfüllest: so erbeben wir billig vor deiner heiligen Majestät, welche zu begreifen uns weniger möglich ist, als den Himmel mit der Spanne zu fassen, und die Erde zu begreifen mit einem Dreiling. O wie groß ist die Gnade, daß ein elender Wurm zu einem so großen Gott einen Zugang hat, ja daß er denselben in Christo Vater nennen darf! Wie groß ist die Thorheit, daß die arme Erde und Asche sich erhebt, mit ihrem Schöpfer hadert, und wider denselben frevelt! O wie groß ist deine Langmuth, Herr, die uns bisher geduldet hat! Ach gib, daß, so oft wir die Sonne, den Mond und die Sterne ansehen, wir dadurch zur wahren Demuth, Dankbarkeit, kindlichen Furcht und zum Gehorsam gegen dich angeführt werden. Wie du den Lauf von Sonne, Mond und Sternen ordnest, so wünschen wir durch deines Geistes Regierung geführt, nach deinem Rath geleitet zu werden, und als von deiner Vaterhand Alles, was uns begegnet, es sey Freude oder Leid, anzunehmen. Du hast, o Gott, deine Gläubigen deiner Gnade so gewiß versichert, als du den Bund mit Tag und Nacht, die Ordnung des Himmels und der Erde hältst. Verleihe uns, daß wir, so oft die Sonne den Tag, der Mond und die Sterne die Nacht bringen, dadurch unsern Glauben an dich stärken, und aus lebendiger Erfahrung des Morgens deine Gnade, und des Nachts deine Wahrheit verkündigen mögen. Bedecke du uns wider die Hitze aller Trübsal, daß wir darin nicht matt werden. Sey du unsere Sonne und Schild, und versetze uns endlich dahin, da nicht mehr auf uns fallen wird die Sonne oder irgend eine Hitze, da keine Nacht mehr seyn wird, und man nicht bedarf einer Leuchte oder des Lichts der Sonne; da du, o Herr, deine Gläubigen wirst erleuchten, und sie mit dir regieren werden in alle Ewigkeit. Wann werden wir, o Herr, dahin kommen? Beschleunige unsern Lauf dahin, durch Jesum Christum, unsern Herrn. Amen.

Das 5. Capitel.
Von dem fünften Tagewerk Gottes, von dem Meer und den Wassern, und von den Früchten des Meers und der Wasser.

1 Mos. 4, 20. 22: Und Gott sprach: Es rege sich das Wasser mit lebendigen und webenden Thieren, und mit Gevögel, das auf Erden unter der Veste des Himmels fleugt. Und Gott sprach: Seyd fruchtbar, und mehret euch, und erfüllet das Wasser im Meer. Ps. 104, 25: Das Meer, das so groß und so weit ist, da wimmelt's ohne Zahl, beide große und kleine Thiere.

1. Das Wasser ist ein feuchtes, fließendes und netzendes Element, geschieden von

den andern Elementen, nämlich von der Erde, von der Luft und von dem Firmament oder Feuer, daß es sey ein sonderliches, feuchtes und fließendes Element, größer denn die Erde, mit sonderlichen Samen begabt, geschieden von den Samenkräften der andern Elemente, zu gebären sonderliche Früchte. Und begreift in sich die erste Materie oder den Samen der Vögel, der Fische, der Steine, der Gemmen oder Edelgesteine, der Metalle, Mineralien und Salze.

2. I. Es ist aber vor allen Dingen bei diesem Element des Wassers erstlich zu bedenken seine Stätte und sein Ort; darnach wie es seine Früchte gebiert, deren unzählig viele sind; und dann wie es seine Zweige und Früchte als ein Wasserbaum austheilt, durch die ganze Kugel der Erde, beides an Wasserflüssen, Mineralien und Metallen.

3. Belangend nun 1) seine Stätte und Ort, so ist es gesetzt in den untern Theil der Kugel, also, daß es in der Erde seine grausigen Höhlen hat, darin es liegt. Und ist verordnet, daß es tragen muß mit sammt der Erde den Menschen, daß er auf ihm wandern mag, und sein gebrauchen. Und geht rings um die Kugel der Erde, und fällt nicht aus seiner Stätte, also daß der Theil, der unter uns ist, gleich so wohl über sich steht, als wir, und doch unter sich hängt. Und ist so wunderlich geschaffen, daß die Grube des rechten Elements, da es sein Centrum hat, und seine Exaltation oder Erhöhung, gar ohne Boden ist, also daß es von der Erde keinen Halt hat, darauf es stehe, sondern frei wie ein Ei in ihm selbst steht, und nicht aus der Schale fällt; also hat das Element des Wassers ein solch wunderbares Enthältniß auch, und ist ein großes Wunderwerk Gottes.

4. Es gebiert aber 2) das Element des Wassers seine Früchte in der Erde, zu gleicher Weise, wie die Erdfrüchte ihren Samen und ihre Wurzel in der Erde haben, aber nur in der Luft vollkommen und reif werden. Denn die Erde treibt es heraus, und es bleibt nicht in der Erde, sondern scheidet sich von der Erde. Also geht auch vom Wasser aus sein Gewächs, Metalle, Mineralien, Salze, Edelgesteine, Steine, als von der Mutter des Elements, des Wassers, in eine andere Mutter, das ist, in die Erde, da vollendet es seine Operation; es hat aber seine Wurzel im Wasser, wie Bäume und Kräuter ihre Wurzel in der Erde. Auf Erden aber werden sie vollkommen, und gehen in ihre äußerste Materie, welches denn in der Luft geschieht; also geschieht's in der Erde bei dem, was vom Wasser wächst.

5. Darum laß dich nicht irren die Weltweisen, welche solche Wasserfrüchte, Metalle und Mineralien, Gemmen und Steine, der Erde zuschreiben. Denn es sind nicht Früchte der Erde, ob sie wohl in der Erde wachsen, wie in der Schrift steht, Hiob 28, 1 ff., sondern sie haben ihren Samen. Denn gleichwie es unrecht wäre, wenn du sagen wolltest, die Bäume und Kräuter wachsen aus der Luft, weil sie über der Erde in der Luft wachsen; denn ihre Wurzeln werden in der Erde gefunden, weil sie von der Erde ihren Ursprung nehmen, und wachsen in ihre Vollkommenheit in der Luft: also ist's unrecht, daß man dafür hält, Mineralien und Metalle wachsen aus der Erde, weil sie in der Erde wachsen.

6. Darum mußt du zuvor lernen und wissen, was ein Element sey, nämlich ein Brunn und Ursprung sonderlicher, unterschiedlicher Samen und Kräfte, die sonderliche, unterschiedliche Früchte bringen, ein jedes Element nach seiner Art, wie es von Gott begabt ist, mit sonderlichen, verborgenen, lebendigen Samenkräften nach seiner Art.

7. Die Erde ist von Gott begabt mit den Samenkräften der Bäume, Kräuter, Blumen und des Grases; das sind die Früchte der Erde, und weiter nichts; wie Gott, der Herr, sprach: „Die Erde lasse aufgehen Gras und Kraut und fruchtbare Bäume," 1 Mos. 1, 11. Siehe, welch ein großer Unterschied ist zwischen diesen Erdgewächsen, so man Vegetabilien nennt, und zwischen den Metallen; denn ein jedes hat seinen besondern Ursprung und sein Element.

8. Also wissen die wahren Naturkündiger, daß die Gewächse der Mineralien

und Metalle alle Wasser sind, und ihre erste Materie oder ihren Samen im Wasser haben. Also mußt du recht erkennen und unterscheiden die Elemente mit ihren Früchten, auf daß die Wunderwerke Gottes erkannt und ergründet werden.

9. Darum soll nun diese Philosophie Statt haben und fortgepflanzt werden, welche allein die Werke Gottes zu erkennen gibt, die ein jeder Mensch aus schuldiger Dankbarkeit und Liebe Gottes zu erkennen schuldig ist, auf daß er wisse, was sein Schöpfer seinetwegen geschaffen habe. Hingegen sollen die Vernunftklüglinge zusehen, daß sie nicht ihr Leben lang mit unnöthigen Subtilitäten umgehen, und der Werke Gottes vergessen.

10. Siehe aber hier, und bedenke die wunderbare Freundschaft, Verwandtschaft und Einigkeit der Elemente, wie eins seine Früchte in des andern Schooß gebiert, und dem Menschen zu Nutz hervortreibt. Wie manche schöne Früchte gebiert das Firmament in der Luft, und gibt uns herab durch die Luft Regen und Thau, liebliche Wärme und Kühle, warme Winde, und dergleichen! Die Erde treibt ihre Früchte hervor in der Luft, da grünen, blühen und reifen sie; denen gibt die Luft ihre Frucht, und umfängt sie gleichsam mit ihren Armen und Flügeln, daß ihr Leben nicht in ihnen ersticke und sterbe; denn ohne die Luft ersticken und sterben sie.

11. Darum nimmt die Luft die Erdgewächse auf in ihren Schooß, und erzieht sie aus Liebe, ob es wohl fremde Kinder sind. Und die Erde und das Wasser nehmen die Früchte der Luft wieder auf, nämlich ihre Lebenskraft, so sie verborgener Weise mit sich führt. Denn sie durchgeht alle Elemente, und gibt ihnen das Leben. Denn ohne Luft brennt kein Feuer, sondern erlischt. Ohne Luft fault und stirbt das Wasser, und alles Erdgewächs erstickt. Also gebiert das Wasser seine Früchte in den Bauch und Schooß der Erde. Da theilt sie dieselben den Menschen mit auf manche wunderliche Art, wie ein Baum seine Früchte immer einem Lande und Volk mehr denn dem andern.

12. Und 3) vor allen Dingen gibt das Element des Wassers hervor die Wasserflüsse; diesem Lande den Rhein, dem andern die Donau, dem dritten die Elbe, dem vierten den Nil; welche alle nicht für sich selbst das Element des Wassers sind, sondern nur als Aeste und Zweige eines großen, wunderbaren, lebendigen Baums, welcher auch viel kleinere Aeste und Zweige hat, nämlich die kleinen Wasser. Und gleichwie an einem Zweige eines großen fruchtbaren Baums viel Früchte hängen, also hängen an einem Ast und Zweige des Wasserbaums, des Wasserelements, nämlich an dem Rhein und der Donau, und andern großen und kleinen Wassern, viel herrliche und mancherlei Früchte. Und also geht heraus aus dem Element des Wassers bald ein fließender Bach, bald ein Brunnen; wie denn die Zweige und Aeste des Baums durch die ganze Erde ausgetheilt sind, und ist doch alles Ein Baum, Ein Ursprung, Eine Wurzel von Einem Stamm, und alle Bäche, Ströme und Brunnen, so da sind an der ganzen Kugel der Erde, sind Aeste dieses Stamms und von diesem Baum.

13. Also sind nun alle Wasserströme und Bäche eine Frucht ihres Elements, aber das Element selbst nicht. In dem äußersten Meer ist das Element, aus dem sie alle wachsen, und in das sie wieder müssen; wie geschrieben steht: „Alle Wasser fließen in's Meer, und das Meer wird doch nicht voller. An den Ort, da sie herfließen, fließen sie wieder hin," Pred. Sal. 1, 7. Warum aber das Meer nicht voller wird, und warum es gesalzen ist, darüber wirst du bei einem vortrefflichen teutschen Philosophen gründlichen Bescheid finden, weil nicht allein alle Salzwasser in's Meer fließen, sondern auch das Meer selbst die Samen der Salze in sich hat. Denn es ist doch gar zu elend, was Etliche von den Ursachen der Salzigkeit des Meers schreiben, welches wir den Naturkündigern befehlen, und davon hernach weiter Bericht folgen wird.

14. Wie nun von den Wasserflüssen geredet ist, welche sind Aeste und Zweige des Wasserelements: also sollt ihr's auch verstehen von den Metallen, von den Mi-

neralien, von Gold, Silber, Kupfer, Eisen, Zinn, Blei, auch von den Edelgesteinen, Smaragden, Sapphiren, Corallen, Granaten 2c.; ferner von den Salzen, Alaun, Vitriol; ferner von den Brunnen, sauer, süß, kalt, warm 2c.; ferner von den Steinklüften und Brüchen, und dergleichen; deren aller Austheilung durch die ganze Erde geht, aus dem Element des Wassers. Und dieselben alle haben ihren Samen, Wurzel und Stamm in den Wassern. Und ist nicht anders zu verstehen, denn wie aus der Erde mancherlei unterschiedliche Bäume wachsen, da ein jeder seine eigene Frucht hat: also ist's mit dem Element des Wassers auch, das treibt hervor seine Bäume und metallischen Früchte in die Erdgänge und Klüfte. Und sobald sie in die Erde kommen, so geschieht die Coagulation und Härtung, und wird ein metallischer und mineralischer Baum geboren, der seine Aeste weit ausbreitet in die Erde, also daß sich ein Ast oft über zwanzig, vierzig, sechszig, ja mehr Meilen Weges erstreckt. So denn die Früchte gar ausgeschüttet sind, so verdorrt derselbe Baum, und stirbt ab an ihm selbst, und es verlieren sich die Bergwerke, gehen in ihre Endschaft und Consummation, womit alle Geschöpfe beschließen. Unterdessen ereignet sich an einem andern Orte ein Neues, wie denn der allein weise Schöpfer Alles auf seine Zeit und zu seinem Ende verordnet hat.

15. Bedenke nun hier, lobe und preise die Weisheit, Gütigkeit und Allmacht deines Schöpfers, wie wunderbar er diese Wasserfrüchte geschaffen, wie weislich er dieselben unterschieden, wie gütig und milde er dieselben austheilt, wie große Lieblichkeit und Anmuth er denselben eingepflanzt, nicht allein was Gold und Silber anlangt, sondern auch die Corallen, Perlen, Achatsteine, Ambra und Edelgesteine, Ezech. 28, 13; welche alle nicht um Hoffart und Pracht willen geschaffen sind, sondern um der Gesundheit willen der Menschen, und dadurch die Wunder Gottes zu erforschen, Offenb. Joh. 21, 19; Jes. 54, 12. Bedenke, was die zwölf Edelgesteine in des Hohenpriesters Kleinod bedeuten, was Gott, der Allmächtige, dadurch hat wollen vorbilden, 2 Mos. 28, 17. Welche mancherlei wunderbare Arten der Wasserbrunnen gibt Gott, der Herr! Es sind Steinbrunnen, Salzbrunnen, warme Wasser, die alle arzneiische Kräfte in sich fühlen. Gleichwie die Erde gibt mancherlei Art von sauern, süßen, bittern Früchten, also gibt sie das Wasser auch.

16. Belangend die Thiere, Vögel und Fische, so aus dem Meer kommen, deren ist unzählig viel. Denn Gott hat eine sonderliche große Fruchtbarkeit dem Meer eingeschaffen, daß es erfüllt werde mit lebendigen Thieren, weil es so weit und groß ist, und daß der Mensch seine Speise habe. Denn aus der großen Speisekammer des Meers gehen zu seiner Zeit hervor die Menge Fische, und geben sich aus den verborgenen Oertern an den Tag, also daß ein jeder Monat seine eigene Fischernte hat. Sonst sind die Fische im Meer mit solcher Art und Eigenschaft begabt, daß sie nicht können gefangen werden, wo ihre Zeit nicht ist.

17. Und hiebei ist sonderlich zu merken, daß das Meer und Alles, was darin ist, seine von Gott eingepflanzte Ordnung, Zeit und Bewegung hat, gleichwie alle andere Elemente. Am Himmel sind die Gestirne, die ihre Ordnung, Zeit und Bewegung, ihren Auf- und Untergang haben. In der Erde haben alle Früchte ihre Ordnung, Zeit und Bewegungen, und kommen zu ihrer gewissen Zeit hervor. Also ist die Erde in steter Bewegung, da ruht nichts, bis alle ihre Früchte heraus sind. Auf diese Weise geschieht die Bewegung der Erde, nicht, wie Etliche gesagt, daß die Erde umlaufe [1]). Also hat das Meer auch seine eingeschaffenen Gesetze und Bewegungen, daß es nicht allein für sich selbst sich bewegt, ab- und zufließt, sondern es treibt alle seine Früchte durch seine verborgenen, innerlichen, lebendigen Bewegungen zu seiner Zeit und in seiner Ordnung hervor, also daß Nichts im Meer kann und

---

[1]) Welches ungeachtet des Scheins, nach welchem auch die heilige Schrift um unsertwillen redet, dennoch die Wahrheit ist. 1 Thess. 5, 21.

darf verborgen bleiben, es muß sich dem Menschen in die Hände geben.

18. Es ist viel Disputirens von der Bewegung, dem Ab- und Zulaufen des Meers. Etliche schreiben es der Sonne zu, Etliche dem Monde, nachdem der Mond ab- und zunimmt. Aber wer die Bewegung der ganzen Natur versteht, und was ein Element sey, was es für eine lebendige, angeborene, eingepflanzte, allgemeine und besondere bewegende Kraft habe, dadurch es sich selbst bewegt, und Alles, was es in sich begreift, hervortreibt, der versteht die Bewegung des Meers am besten.

19. Denn wie sollte Gott, der Herr, allen Elementen ihr Leben und ihre Bewegungen allgemein und sonderlich eingeschaffen haben, und sollte das Meer nicht vielmehr, das so groß und weit ist, mit einem lebendigen Geist und Bewegung begabt haben, sondern sollte es todt und ohne Bewegung geschaffen haben? Hat er dem Himmel seine Gestirne gegeben, die ihre gewisse Zeit halten, der Luft ihre Bewegungen, der Erde ihre gewisse Zeit, zu grünen und zu blühen und ihre Früchte hervorzutreiben: so hat er vielmehr dem großen, weiten Meer, da Gottes Wunder besonders erkannt werden, auch seine Bewegungen, eingeschaffenen Gesetze der Zeit und Ordnung gegeben. Und das sind die unsichtbaren Gestirne des Meers, die das Meer treiben. Daher bewegen sich alle Wasser, daher fließen und laufen sie ohne Aufenthalt, daher läuft das Meer täglich einmal ab und zu, daher bewegt sich und wächst das Mittelmeer, nimmt ab und zu, wiewohl nicht so augenscheinlich; daher läuft der Euripus und die Wasser in Euböa oder Negroponte alle Tage siebenmal auf und ab, und es hat ja der Euripus mit seinem Lauf deßfalls keine Vergleichung mit dem Mond, wiewohl die Verwandtschaft des Himmels, sonderlich der Wassersterne, mit dem Meer, nicht geläugnet wird, aber in einem viel andern Verstande.

20. Man muß hier unterscheiden unter der Uebereinstimmung und Ursache (concordantia et caussa). Denn obwohl der Mond eine Uebereinstimmung und Vergleichung hat mit dem Ab- und Zulaufen des Meers, so will darum nicht schlechterdings folgen, daß dieser großen wunderlichen Bewegung des Meers der Mond allein Ursache sey, sondern das folgt daraus, daß das Meer eine solche natürliche, verborgene, eingepflanzte, bewegliche Kraft habe, oder eine bewegende Ursache, so sich mit den obern Bewegungen vergleicht. Denn wenn keine Vergleichung der obern und untern Kräfte wäre, so könnte keine Bewegung geschehen. Nehmt dessen ein Exempel an vielen geringen Dingen. Wer wendet den Magnet nach dem Polarstern? Wer wendet die Sonnnen- und Ringelblumen nach der Sonne? Thut's nicht der inwendige Beweger? und so der erlischt, so wendet sich's nicht mehr, sondern ist todt. Derowegen muß eines jeden Dinges, sonderlich eines jeden Elements, ursprüngliche, lebendige, bewegliche Kraft in ihm selbst seyn, und nicht in einem Andern. Der Verwandtschaft halber, so die Elemente haben, und sonderlich der Mond mit den Wassern, ist kein Streit.

21. Rosellus schreibt von dieser Sache also: „Albumasar hat mit einem gewissen Experiment gefunden, daß der Ab- und Zulauf des Meers nicht allezeit nach dem Lauf des Mondes sich richte. Daher lehrt er, daß die Wasser eine doppelte Kraft haben: eine himmlische und eine elementarische. Durch die elementarische Kraft werde es unterwärts bewegt, durch die himmlische Kraft aber, bei ordentlicher Hitze, werde es von sechs Stunden zu sechs Stunden bewegt. Sonst aber geschehe die Bewegung anders, nach Proportion und Maaß einer jeden Kraft."

22. Wilhelm Anoponymus bringt diese Ursache vor: „Wenn das Meer bis zum Niedergang kommt, so macht es daselbst zween Rückgänge, deren einer nach Mittag, der andre nach Mitternacht zu an der Seite der Erde geht. Gleichergestalt macht es zween Rückgänge nach Mittag und Mitternacht zu, wenn es bis zum Morgen kommt. Wenn denn nun jener Rückfluß vom Niedergang und dieser vom Morgen, so beide nach Mitternacht zu gehen, einander begegnen und an einander

stoßen, so wird das Meer von der Zurückprallung hinter sich geschwemmt, und daher entsteht derselbe bekannte Zu= und Abfluß des Meers. Gleichergestalt ist es auch bewandt, wenn die andern beiden Zurückflüsse im Mittag sich begegnen. Jedoch sind Etliche, welche sagen, daß die im Meer verborgenen Berge eine Ursache sind des Zu= und Abflusses des großen Weltmeers. Denn wenn es bis an dieselben Berge kommt, so fällt es zurück, und wird überschwemmt. Und da wird der Strom hinter sich voll, aber vor sich leer, und wenn das Meer wieder zurückgeht, so wird es hinter sich leer, aber vor sich voll. Andre sagen, daß der Auf= und Untergang des Mondes dessen Ursache sey. Daher solcher Ab= und Zufluß des Meers an einem natürlichen Tag nur zweimal und nicht mehr geschieht. Aber weil der Mond nicht alle Tage zu einer Stunde, sondern immer anders auf= und untergeht, so geschieht auch der Ab= und Zufluß des Meers zu unterschiedlichen Stunden. Andre sagen, wenn die Hitze und der Spiritus von dem Grund des Meers ausgehe, so werde das Meer hoch und groß."

23. Es ist auch daher abzunehmen, daß Gott, der Herr, dem Meer diese wunderlichen Bewegungen eingepflanzt habe, weil dasselbe nicht allein seine gewisse Zeit und Stunden hat, sondern es auch sein gewisses Ziel auf dem Lande nicht überschreitet. Denn es hat eine gewisse Grenze, da es natürlich wiederkehrt und zurückweicht: daraus abzunehmen ist, daß es ein gewisses, eingeschaffenes Gesetz und Ordnung habe von Gott, wie weit es laufen soll.

24. So ist auch sein inwendiger Beweger daran wohl zu merken, daß es in sich selbst mitten auf der Tiefe sich von innen heraus erhebt, und aus der Tiefe in die Höhe steigt und sich aufbäumt, gleich als wenn es von einem innern Geist oder einer Hitze aufgetrieben würde, wie das Wasser, wenn's vom Feuer siedet. Und weil man augenscheinlich merkt, daß es von innen heraufgetrieben wird, ist Franciscus Valesius endlich auf die Meinung gerathen, daß in den Höhlen der Erde Dünste wachsen, so das Meer aufschwellen, und dieselben sollen die nächsten Ursachen der Bewegungen des Meers seyn, nach seiner Meinung. Die Dünste aber, sagt er, machen die obern Gestirne, und wenn derselbe starke Dunst heraus sey, so solle sich das Meer wieder setzen. Wenn das wahr ist, so haben die Naturkündiger dem Mond allzugroße Arbeit aufgelegt, nicht allein das Meer auf= und abzuführen, sondern auch noch die Dünste im Meer zu machen. Denn was wollte er mit dem Euripo allein zu thun haben? Wo wollten auch die andern Wasser bleiben, so die Zeit nicht halten, wie das Meer, sondern zu widerwärtiger Zeit reciprociren, das ist, ab= und zufließen? Wer bewegt dieselben, und führt sie an ihren Ort? Was treibt die Brunnen aus der Erde?

25. Darum ist nun nicht allein die Astronomie oder Gestirnwissenschaft des Himmels zu erkennen, sondern auch der andern Elemente, nämlich die Sternwissenschaft der Luft, der Erde und des Meers, und dann die Uebereinstimmung, Harmonie und Verwandtschaft derselben unter einander. Daher kommen auch die Prognostica oder natürlichen Weissagungen des Ungewitters, daß etliche Meerthiere sind, so Ungestüm und Sturm auf dem Meer verkündigen. Das macht ihre natürliche Verwandtschaft mit dem himmlischen Gestirn. Etliche verkündigen Ungewitter auf dem Lande, wie dergleichen unter den Vögeln sind. Solcher Wunder der Natur sind viel, deren der heilige Basilius in seiner siebenten Oration über die sechs Tagewerke Gottes gedenkt.

26. II. Laßt uns nun ferner Gottes Allmacht, Weisheit und Wunder aus dem Meer erkennen lernen, und was es geistlich bedeute. Gott, der Herr, spricht zu Hiob, Cap. 38, 8 ff.: „Wer hat das Meer mit seinen Thüren verschlossen, da es herausbrach, wie aus Mutterleibe? da ich's mit Wolken kleidete, und in Dunkel einwickelte, wie in Windeln? da ich ihm den Lauf brach mit meinem Damm, und setzte ihm Riegel und Thüre, und sprach: Bis hieher sollst du kommen, und nicht weiter; hier sollen sich legen deine stolzen Wellen! Bist du in den Grund des Meers gekom-

men und hast in den Fußstapfen der Tiefe gewandelt?" Mit diesen merkwürdigen Worten will der allmächtige Gott uns zu Gemüth führen seine große, unaussprechliche Gewalt, die wir aus dem großen, weiten und erschrecklichen Meer erkennen sollen, davon Niemand besser reden kann, denn der es gesehen hat. Es ist freilich ein großes Wunder, daß Gott mit seinem Wort, als mit einer Thür, einem Riegel und Damm, das Meer verschlossen hat, da sonst auf Erden keine Gewalt wäre, die das Meer halten könnte, wenn es durch Gottes Ordnung nicht wieder zurückliefe. Darum ist das Ab- und Zulaufen des Meers ein überaus großes Wunderwerk. Denn es flieht das Wasser und das Meer gleichsam von der Erde, nämlich vor der Gewalt und Kraft des Wortes Gottes, dadurch Gott dem Meer geboten hat; dadurch wendet sich's, und flieht, und zerreißt vor der Erde, wie der Jordan vor dem Gnadenstuhl, Jos. 3, 16, und wie das rothe Meer zerriß und floh vor dem Herrn, Psalm 114, 3. Und der 33. Psalm sagt V. 7: „Er hält das Wasser im Meer zusammen, als in einem Schlauch." Sir. 43, 25: „Durch sein Wort wehret er dem Meer, daß es nicht ausreiße, und hat die Inseln darein gesäet." So ist auch dieß ein großes Wunder, daß das Meer höher ist, denn die Erde. Denn als man versucht hat, eine Schifffahrt zu machen aus dem Nil in's rothe Meer, hat sich befunden, daß das rothe Meer drei Ellen höher ist, als der Nil in Egypten.

27. Es ist auch denkwürdig, daß Gott, der Herr, hier spricht, er habe das Meer mit Wolken bekleidet, und in Dunkel eingewickelt, wie in Windeln. Denn Gott, der Herr, bedeckt oft das Meer mit Wolken, wenn sich die Wellen des Meers bis an den Himmel erheben, und die dicken Wolken auf dem Meer daherziehen, daß es davon dunkel und finster wird, also daß Wolken und Meer Ein Ding sind. Da sieht man denn die rechten großen Wunder und die Gewalt Gottes, davor man zittern und erschrecken muß, wie im 107. Psalm, V. 25 ff. dasselbe abgemalt und beschrieben wird.

28. Von diesem fünften Tagewerk Gottes, dem Meer, zeugen auch herrlich diese Worte David's, da er spricht: „Das Meer, das so groß und weit ist, da wimmelt's ohne Zahl, beide kleine und große Thiere. Daselbst gehen die Schiffe, da sind die Wallfische, die du gemacht hast, daß sie darin scherzen," Ps. 104, 25. 26.

29. Es halten uns dieselben vier Eigenschaften des Meers vor: 1) Die Größe und Weite des Meers. 2) Die unzählige Menge der Meerfische und Meerwunder. 3) Die Schifffahrten. 4) Die Wallfische insonderheit. Die müssen wir wohl beherzigen.

30. Und erstlich sollen wir uns billig verwundern über die grausige Größe des Meers. Denn wenn wir bedenken, wie eine mächtig große Menge Wassers alle Tage in's Meer fließt von allen Orten der Welt, und wird davon doch nicht voller, ob es gleich so viel hundert Jahre gewährt hat; ja, wenn es gleich bisweilen seine Wellen erhebt bis an den Himmel, über alle Berge, so setzt es sich doch wieder, und bleibt in seinem Cirkel: so müssen wir dabei Gottes Allmacht greifen und sehen. Ein teutscher Philosoph schreibt: das Meer sey aller Wasser Tod; wenn sie in's Meer kommen, so sterben sie darin und verwesen, wie die menschlichen Leiber in der Erde. Daher werde das Meer nicht voller. Denn es ist eine gewaltige Fäule im Meerwasser, und sobald süßes Wasser in's Meer kommt, wird es salzig, und stirbt gleichsam, und ist für ein todtes Wasser gegen ein lebendiges süßes Wasser zu rechnen. Und daher kommt's, daß das Meer salzig ist, denn die letzte Materie aller Dinge ist Salz. Und es ist kein Wasser so rein und lauter, es führt ein verborgenes Salz mit sich. Das kommt denn alles im Meer zusammen, und durch die Fäulung im Meer wird das Salz offenbar, und wegen des Salzes leidet das Meer keinen Todten, sondern es wirft alle todte Körper aus, es seyen Menschen oder Thiere.

31. Anoponymus schreibt: „Das Meer liegt unter dem heißen Himmelsgürtel, und wird durch die Hitze dick gemacht, und wird salzig. Denn das Wasser geht durch

die Hitze in's Salz." Ferner: „Die Hitze, welche sehr häufig ist im Grunde des Meers, zündet die Erde unter sich an, welche angezündete Erde, mit dem Meer vermischt, das Meer salzig macht."

32. Wenn man aber die Größe und Weite des Meers will bedenken, so muß man die Iseln des Meers betrachten. Das ist ein großes Wunder, daß mitten im Meer so große, gewaltige, volkreiche Länder und Königreiche liegen, so viel, als wenn sie in's Meer gepflanzt oder gesäet wären. Da man sich billig verwundern muß 1) über den Grund und Boden der Inseln, worauf sie stehen müssen, daß sie das Meer nicht abwäscht und hinwegflößt. Es sind aber die Inseln gemeiniglich mit hohen, großen Steinfelsen und Klippen umgeben, die aus dem Meer gewachsen sind; darauf, meinen Etliche, stehen sie auch. So ist sich auch zu verwundern 2) über die Fruchtbarkeit der Inseln, über den Ackerbau und die lieblichen Früchte, die darauf wachsen; ja 3) über die Menschen und Völker, die darin wohnen, wie sie doch da anfänglich hinein gekommen sind. Denn es wohnen ja so viel Menschen im Meer, als auf der Erde. Da lasset uns Gottes Wunder bedenken. Dieweil das Meer größer ist, denn die Erde, so hat Gott nicht gewollt, daß ein so großer Theil der Welt ohne Menschen seyn sollte. Darum hat er die Inseln mitten in's Meer gesenkt und gegründet, auf daß alle Wohlthaten und Gaben Gottes in dem Meer offenbar würden. Und hat auch den Leuten, so im Meer wohnen, sein göttliches Wort und Evangelium geoffenbart und predigen lassen durch die heiligen Apostel. Und hat „das Meer und das Trockene bewegt, nachdem gekommen ist aller Heiden Trost," Hagg. 2, 7. 8.

33. Für's andre sollen wir uns billig verwundern über die große Menge der Meerthiere. Denn man schreibt, daß so viel und mancherlei Thiere im Meer sind, als auf Erden. Sonderlich ist das hoch zu verwundern, daß zu gewisser Zeit die große Menge der Fische sich aus der Tiefe hervorthut, und bei großen Haufen, wie eine Heerde Schafe, sehen läßt, und sich den Menschen in die Hände gibt und zur Speise darbeut. Ja, das Meer ist eine große, wunderbare Speisekammer Gottes, daraus er den größten Theil der Welt speiset, ja, daraus die edelsten Früchte und Gewürze kommen. Daher kommen die Perlen, der Achatstein oder Bernstein, die Corallen. Ovidius: „Also auch die Coralle, sobald sie Luft bekommt, wird mit der Zeit hart, da sie zuvor unter dem Wasser ein weiches Kraut gewesen" [1]).

34. Zum dritten müssen wir die Schifffahrten betrachten. Daß Gott der erste Erfinder der Schifffahrt sey, bezeugt die Historie Noäh. Denn er hat demselben befohlen, das wunderliche Schiff, die Arche zu bauen, und mit Pech inwendig und auswendig zu begießen, 1 Mos. 6, 14. Und ist denkwürdig, daß geschrieben steht, Gott habe die Thür hinter ihm zugeschlossen, sobald Noah und die Seinen in den Kasten gegangen, 1 Mos. 7, 16. Hierüber gibt uns das Buch der Weisheit eine feine Erklärung, Cap. 14, 2 ff.: „Das Schiff ist erfunden, Nahrung zu suchen, und der Meister hat's mit Kunst zubereitet; aber deine Vorsichtigkeit, o Vater, regieret es. Denn du gibst im Meer Wege, und mitten unter den Wellen sichern Lauf, damit du beweisest, wie du an allen Enden helfen kannst, ob auch Jemand ohne Schiff sich in's Meer begäbe. Doch weil du nicht willst, daß ledig liege, was du durch deine Weisheit geschaffen hast, so geschieht's, daß die Menschen ihr Leben auch einem geringen Holz vertrauen, und behalten werden im Schiff, damit sie durch des Meeres Wellen fahren. Denn auch vor Alters, da die hochmüthigen Riesen umgebracht wurden, flohen die, an welchen Hoffnung blieb, die Welt zu mehren, in ein Schiff, welches deine Hand regierte, und ließen also der Welt Samen hinter sich. Denn solch Holz ist Segens wohl werth, damit man recht handelt."

35. Von den großen Schifffahrten, so bei Menschen Gedenken in die allerweite-

---

[1]) Sic et coralium, quam primum concipit auras,
Tempore durescit, mollis fuit herba sub undis.

ſten Oerter gegen Abend und Morgen geſchehen ſind, wird Wunder geſchrieben, daß man auch dieſelben Bücher ohne großes Erſtaunen nicht leſen kann. Und dieſe großen, weiten Schifffahrten und gewaltigen Thaten werden zuwege gebracht durch Kunſt und Hülfe des Magneten, welches ſonſt ein unachtbarer Stein iſt, und kann doch auf dem Meer ſo große Dinge ausrichten, und den Schiffleuten den rechten, gewiſſen Weg zeigen, wie ſie ihre Schifffahrt regieren ſollen, ohne welchen Magneten die Schiffleute auf dem Meer nicht wüßten, wo ſie wären, oder wohin ſie ſollten. Denn der Magnet wendet ſich allerwege gegen Mitternacht, aus eingepflanzter himmliſcher Eigenſchaft; daraus haben ſie ihre Nachrichtung. Von denſelben wunderlichen Schifffahrten, und was für Länder und Inſeln, Völker und Königreiche dadurch gefunden worden, ſind viele Bücher geſchrieben, wovon hier zu lang zu erzählen wäre.

36. Letztlich gedenkt David inſonderheit der Wallfiſche, da er ſpricht: „Da ſind Wallfiſche, daß ſie darin ſcherzen," Pſ. 104, 26. Dieſer Fiſch ſtellt uns ſonderlich die große und ſchreckliche Gewalt Gottes vor die Augen; dazu denn auch Gott, der Herr, ſelbſt das Exempel des Wallfiſches einführt, da er zu Hiob alſo redet, Cap. 40, 13. 14. 18.; Cap. 41, 9. 11. 16. 22: „Seine Knochen ſind feſt wie Erz, ſeine Gebeine wie eiſerne Stäbe. Er iſt der Anfang der Wege Gottes. Er verſchlucket in ſich den Strom, und achtet's nicht groß, und läſſet ſich dünken, er wolle den Jordan mit ſeinem Munde ausſchöpfen. Seine Naſe glänzet wie ein Licht, ſeine Augen ſind wie die Augen der Morgenröthe. Aus ſeiner Naſe gehet ein Rauch wie von heißen Keſſeln. Wenn er ſich erhebet, ſo entſetzen ſich die Starken, und wenn er daherbricht, ſo iſt keine Gnade da. Er macht, daß das tiefe Meer ſiedet wie ein Topf, und rühret's unter einander, wie man eine Salbe menget."

37. Aus dieſem Allen ſollen wir nun erkennen lernen Gottes Allmacht, in der Größe des Meers („Wer miſſet die Waſſer mit ſeiner Fauſt?" Jeſ. 40, 12. „Unſer Gott im Himmel kann thun, was er will, im Himmel und auf Erden, im Meer und in allen Tiefen," Pſ. 135, 6); Gottes Weisheit, in den großen Wundern des Meers; Gottes Gütigkeit, in den mancherlei Geſchöpfen, Gütern und Gaben des Meers; Gottes Reichthum, in der großen Menge der Thiere im Meer, und ihn in allen ſeinen Werken loben, ehren und preiſen.

38. III. So haben wir uns auch hiebei zu erinnern, daß wir in Gottes Wort zweierlei Meer haben: ein Angſtmeer, oder ein Meer der Trübſal, und ein Gnadenmeer. 1) Die Welt und unſer elendes Leben iſt nichts anders, denn ein ungeſtümes Meer. Denn gleichwie das Meer nimmer ſtill iſt, ſondern allezeit von Winden und Wellen bewegt wird: alſo iſt die Welt auch, und unſer Leben. Wenn man meint, man will die beſte Ruhe haben, ehe man ſich's verſieht, kommt ein Sturmwind, der das ganze Leben, Leib und Seele unruhig macht. Gleichwie auch das Meer ab- und zuläuft, und nimmer ſtille ſteht; bald fließt es zurück, bald kommt es wieder, und iſt in ſteter Bewegung: alſo iſt's mit dem Zeitlichen auch, bald kommt's, bald fährt's wieder hin, und iſt in ſtetem Ab- und Zufluß. Und wie des Meers Ab- und Zufluß eine beſondere Urſache hat: alſo kommt alle Veränderung des menſchlichen Zuſtandes aus verborgenem Rath Gottes; wie der Prophet ſagt: „Ich, der Herr, der ich das Meer bewege," Jeſ. 51, 10; Jer. 31, 35. „Wenn er ſprach, und einen Sturmwind erregte," Pſ. 107, 25. „Es kommt Alles von Gott, Glück und Unglück, Armuth und Reichthum, Leben und Tod," Sir. 11, 14. Wie wir auch ſehen, daß alle ſüße Waſſer, wenn ſie in's Meer fließen, bitter und ſalzig werden: alſo alle Süßigkeit, Lieblichkeit, Herrlichkeit, Wolluſt, Ehre, Reichthum dieſer Welt, ob's einem Menſchen noch ſo ſüßes Waſſer iſt, wird ihm doch endlich bitter und ſalzig. Und die ſich allzuſehr darauf verlaſſen, verlieren ihren ſüßen himmliſchen Troſt, und erſaufen in der Bitterkeit der Furcht und Traurigkeit dieſer Welt. Wie auch im Meer ſind große Sandberge, daran oft die Schiffe zu Stücken

laufen: also laufen viele Leute mit vollem Segel hinein in den Geiz und sandigen Reichthum, daß sie darin stecken bleiben, und nicht können loskommen, bis sie ertrinken. Gleichwie auch das Meer alle todte Körper auswirft, und keinen behält, also speiet uns endlich die Welt auch aus. Sie kann und will uns auf die Länge nicht behalten, darum sollen wir bei Zeiten einen sichern Hafen und Anfahrt suchen am Lande der Lebendigen. Wie man auch auf dem Meer ohne Magnet irre fährt, und keinen gewissen Weg treffen kann, und der Magnet sich allezeit gegen einen Punct am Himmel wendet: also ist unser Magnet Christus Jesus, unser Herr, der unsere Herzen zu sich wendet und zieht gen Himmel, auf daß wir nicht irre fahren auf diesem Meer der Welt. Wie auch eine unglaubliche Tiefe des Meers ist, die kein Mensch ergründen kann, wie der Herr bei Hiob sagt, Cap. 38, 16: „Bist du in die Tiefe des Meeres gekommen, und hast in den Fußstapfen der Tiefe gewandelt?" also ist eine unglaubliche Tiefe unserer Sünde, unsers Jammers und Elends. „Aus der Tiefe, Herr, rufe ich zu dir," Ps. 103, 1; und: „Deine Fluth rauschet daher, daß hie eine Tiefe und da eine Tiefe brauset. Allein deine Wasserwogen und Wellen gehen über mich," Ps. 42, 8. Also haben wir nichts denn ein Angstmeer und ein Meer der Trübsal.

39. Wider dieses tiefe Meer unserer Sünden, unsers Jammers und Elends haben wir nun 2) das Gnadenmeer, und viererlei Trost.

40. Der erste Trost ist, daß Gott dawider die große Tiefe seiner Gnade und Barmherzigkeit eröffnet hat; wie der Prophet spricht: „Er wird sich unser erbarmen, und unsere Sünden in die Tiefe des Meers werfen," Mich. 7, 19. Und wie die Egypter alle im rothen Meer ersoffen, 2 Mos. 14, 28: also sollen alle unsere Sünden in dem Meer des Blutes Christi ersaufen, und soll keine übrig bleiben. Denn ist das Sündenmeer grundlos und tief, so ist Gottes Gnade und Christi Verdienst noch tiefer und grundloser.

41. Der andere Trost ist, daß Gott allewege die größten Wunder der Errettung im Wasser gethan hat, und daß der Herr Christus allewege seinen Jüngern, da sie Noth litten auf dem Meer, zu Hülfe gekommen, als Matth. 8, 26, und da der Herr in der Nacht auf dem Meer wandelte, und dem sinkenden Petrus die Hand reichte, Matth. 14, 31. Also erscheint Christus nicht lieber, denn auf dem Meer der Trübsal, da offenbart er sich im Kreuz, da läßt er seine Gegenwart, seine Hülfe und seinen Trost sehen, und bezeugt sich als ein Nothhelfer. „Wenn du durch's Wasser gehest, will ich bei dir seyn, daß dich die Fluth nicht ersäufe," Jes. 43, 2. Es soll dich das Wasser der Trübsal nicht überwältigen.

42. Der dritte Trost wird vom Propheten Zacharia, Cap. 14, V. 8 mit diesen Worten beschrieben: „Zu der Zeit werden frische Wasser aus Jerusalem in's Meer fließen, gegen Morgen und Mittag." Und der Prophet Ezechiel, Cap. 47, 8, sieht ein Gesicht, daß aus dem Tempel neben dem Altar ein Wasser fließe in's Meer, und von einem Meer in's andere, und davon werden die Wasser im Meer gesund; ja Alles, was darin lebet und webet, dahin diese Ströme kommen, das soll leben. Dieß bedeutet, daß Gottes Gnaden- und Trostbrunn durch seinen heiligen Geist überfließen werde, in Verkündigung des Evangelii, und werde das bittere Meer des Kreuzes aller betrübten Herzen süß und gut machen, daß das liebe Kreuz ein heilsames Wasser des Lebens, nicht ein todtes, bitteres Meer seyn soll. Daher David spricht: „Ich hatte viel Bekümmerniß in meinem Herzen, aber deine Tröstungen erquickten meine Seele," Ps. 94, 19.

43. Der vierte Trost wider das ungestüme Meer dieser Welt besteht in diesen Worten, Ps. 65, 8: „Der du stillest das Brausen des Meers, das Brausen seiner Wellen," wenn sie sich erheben, „und das Toben der Völker," wenn die Völker unruhig werden, blutdürstig, und brausen wie ein ungestümes Meer. Ist allenthalben Furcht und Schrecken vor Krieg und Verwüstung, so kann es Gott mit Einem Wort stillen, wie der Herr Christus, da er Wind und Meer bedräuete, Matth. 8, 26. „Herr,

die Wasserwogen brausen sehr, und sind groß; aber der Herr ist noch größer in der Höhe," Ps. 93, 34.

Danksagung, daß Gott Wasser und Meer geschaffen, und Gebet vom Meer.

Lobe den Herrn, meine Seele! Herr, mein Gott, du bist sehr herrlich in deinen Werken, du wölbest es oben mit Wasser, du lässest Wasser stehen über den Bergen. Und weil dieß Element bequem ist, zu gehen in das Inwendige aller Körper, legst du darein den Samen, die Nahrung und den Wachsthum aller Dinge; so daß die Erde, und was sie in sich hält oder trägt, aus Wasser oder im Wasser bestehet durch dein Wort. Das lebendige Wasser ist voller Geheimnisse, aber so gering geschätzt, daß ein Thörichter es nicht glaubet, und ein Narr solches nicht achtet. Das Wasser reinigt alle Dinge, und wir müßten ohne dasselbe in unserm Unflath vergehen. Es macht durch deinen Segen reich ohne Mühe. Es wimmelt von den Geschöpfen, die zu unserer Nahrung und Nothdurft dienen. Es überzeugt uns deiner herrlichen Allmacht und Regierung, da du den Sand dem Meer zum Ufer setzest, darin es allezeit bleiben, darüber es nicht gehen muß. Und ob es schon wallet, so vermag's doch nichts; und ob seine Wellen schon toben, so müssen sie doch nicht darüber fahren. Oeffne uns, o Herr, die Augen, daß wir sehen mögen deine Wunder in der Natur, und dadurch zu dir geführt werden. Du offenbarst dich in deinem Wort als eine lebendige Quelle. Ach, erweise dich also unserer dürren, fruchtlosen und schmachtenden Seele; gehe in unser Inwendiges, stärke, nähre und vereinige uns mit dir. Du befiehlst zu bitten, und verheißest zu geben lebendiges Wasser. Wir bitten, o Herr; gib du nun das Wasser, daß uns ewiglich nicht dürste, sondern in uns werde ein Brunn des Wassers, das in's ewige Leben quillt. Sprenge du über uns das verheißene reine Wasser, daß wir rein werden von aller Unreinigkeit, und gereinigt von allen unsern Sünden. Wenn, o Herr, deine Wasserwogen und Wellen der Trübsal über uns gehen; wenn die Wasserströme der Verfolgung ihre brausenden Wellen emporheben, groß sind und gräulich brausen: so erweise du dich, daß du noch größer seyst in der Höhe. Wenn das Weltmeer wüthet und wallet, und von seinem Ungestüm die Berge einfallen: so laß deine Wohnung, die Herzen deiner Gläubigen, darin du bist, fein lustig bleiben in dir; hilf du ihr frühe. Wenn unsre Sünden uns drängen, so erbarme dich unser. Tilge unsere Missethat, und wirf sie in die Tiefe deines unergründlichen Gnadenmeers. Und endlich laß bald erscheinen zur gänzlichen Errettung deiner seufzenden Gläubigen den Trost aller deiner Begnadigten, Christum Jesum, unsern Herrn, hochgelobt über Alles in Ewigkeit. Amen.

Das 6. Capitel.
Vom dem sechsten Tagewerk Gottes, den Thieren.

1 Mos. 1, 24. Die Erde bringe hervor lebendige Thiere, Vieh und Gewürm, ein jegliches nach seiner Art. Ps. 104, 21. Die jungen Löwen brüllen nach dem Raub, und suchen ihre Speise von Gott.

1. Es rühmt sich Salomo im Buch der Weisheit, Cap. 7, 20, daß er wisse die Art der zahmen und wilden Thiere, und sagt, daß der Geist der Weisheit ihn solches gelehrt habe; woraus abzunehmen ist, daß solche gründliche Erkenntniß I. aller Thiere ein besondres Stück der natürlichen Weisheit sey. Derhalben 1) „Da Gott, der Allmächtige, gemacht hatte von der Erde allerlei Thiere auf dem Felde, und allerlei Vögel unter dem Himmel, brachte er sie zu dem Menschen, daß er sähe, wie er sie nennete; denn wie der Mensch allerlei lebendige Thiere nennen würde, so sollten sie heißen. Und der Mensch gab einem jeglichen Vieh und Vogel unter dem Himmel und Thier auf dem Felde seinen Namen," 1 Mos. 2, 19 ff.

2. Hier hat nun der Mensch müssen seine angeschaffene Weisheit hervor an's Licht bringen, zu Ehren seines Schöpfers, und erstlich in den mancherlei lebendigen Thieren anschauen die Weisheit und Allmacht Gottes, wie Gott, der Herr, ein jedes

Thier und Vogel unter dem Himmel mit sonderlicher, unterschiedlicher Gestalt, Proportion, Bildung, Farben und dergleichen geschaffen. Welche Merkzeichen und Signatur Adam aus eingeschaffener Weisheit alle wohl verstanden, nämlich die natürliche Zeichnung aller lebendigen Thiere, daraus er ihre eingepflanzte Art, Natur und Eigenschaft erkannt, und dieselben ihrer unterschiedlichen Art nach mit ihrem eigentlichen, natürlichen Namen genannt hat; welcher Name eines jeden Thieres Art, Natur und Eigenschaft in sich begriffen hat. Darum er auch seine Eva nennt Männin, „weil sie vom Manne genommen ist," 1 Mos. 2, 19. 23. Solches erkannte und wußte Adam, obgleich Gott, der Allmächtige, hatte lassen einen tiefen Schlaf auf ihn fallen, da er die Eva aus seiner Rippe erbaute. Hernach nannte er sie Eva, darum daß sie eine Mutter sollte seyn aller Lebendigen," 1 Mos. 3, 20.

3. Solche Eigenschaften der Thiere hält uns Gottes Wort vor, die Allmacht und Weisheit Gottes daraus zu erkennen, und stellt sie uns auch vor unsere Augen, wie dem Adam. Denn so steht geschrieben Hiob 12, 7: „Frage das Vieh, das wird dich's lehren, und die Vögel unter dem Himmel werden dir's sagen. Oder rede mit der Erde, die wird dich's lehren, und die Fische im Meer werden dir's erzählen." Der heilige Hiob führt uns auch in den großen Thiergarten, und stellt uns an den Thieren solche Werke Gottes vor Augen, darob wir uns Alle verwundern müssen, Cap. 39, 1 ff. Der heilige Prophet Jeremias weist uns auf die Turteltaube, den Storch und die Schwalbe, die ihre Zeit wissen, wiederzukommen, Jer. 8, 7. Jesajas weist uns auf die Ochsen und Esel, die ihren Herrn kennen, Jes. 1, 3; David und Hiob auf die jungen Raben, die den Herrn anrufen, Ps. 147, 9; Hiob 39, 3. David zeigt uns die Ottern und Schlangen, die ihre Ohren verstopfen, Ps. 58, 5. Jesajas spricht von den Basilisken und Schlangeneiern, Jes. 59, 5, und Jeremias von den Drachen, die ihren Jungen ihre Brüste reichen, Klagl. 4, 3. Der Strauß wohnt in der Wildniß, und ist unbarmherzig gegen seine Jungen, Jes. 43, 20; Jer. 50, 39. Das Hohe Lied Salomonis singt von dem jungen Reh, von der Taube und Turteltaube, von den Füchsen, Cap. 2, 9. 14. 15; David von dem Hirsch, der nach frischem Wasser dürstet, Ps. 42, 2, und von der Hindin, die frühe gejagt wird, Ps. 22, 1. Salomo weist uns auf die Ameise, Sprüchw. 6, 6. David zeigt uns die Erneuerung oder Verjüngung des Adlers, Ps. 103, 5, wie auch Jesajas, C. 40, 31: „Die auf den Herrn hoffen" ꝛc. Habacuc und Jeremias zeugen von den Wölfen, Pardern und Löwen zur Strafe, Habac. 1, 8; Jer. 5, 6.

4. Im neuen Testament zeigt uns der Herr die Sperlinge, deren keiner auf die Erde fällt ohne Gottes Willen, Matth. 10, 29. Er spricht auch von der Klugheit der Schlangen und Einfalt der Tauben, V. 16; ferner von der Gluckhenne, die ihre Küchlein versammelt unter ihre Flügel, C. 23, 37; ferner vom Adler, der nach dem Aas fliegt, C. 24, 28; ferner vom Hündlein, welches die Brosamen aufliest, die von seines Herrn Tische fallen, Cap. 15, 27; ferner werden die Schafe Christi mit ihren Eigenschaften beschrieben, Joh. 10, 27. 28. Es gedenkt auch der Herr einer Schlange und eines Scorpions, die kein Vater seinem Kinde gibt für einen Fisch oder für ein Ei, Luc. 11, 11. 12.

5. Allhier lerne bedenken, warum dein Herr und Erlöser einem Lämmlein verglichen wird, Jes. 53, 7, nämlich wegen seiner Geduld und Sanftmuth; warum der heilige Geist in Taubengestalt über Christo erschienen, Matth. 3, 16; gleichwie Hiskias sagt: „Ich girrete wie eine Taube," Jes. 38, 14: also seufzt der heilige Geist in den Gläubigen; warum die vier Thiere im Ezechiel, Cap. 1, 10, und in der Offenb. Johannis, Cap. 4, 7, die Gestalt haben eines Menschen, eines Ochsen, eines Löwen, eines Adlers. Denn dadurch sind die vier hohen Amtswerke Christi bedeutet, seine Menschwerdung, sein Opfer, seine Auferstehung und seine Himmelfahrt. Von der Löwin sagt man, daß sie ihre Jungen todt gebäre, und mit einem starken Geschrei erwecke und lebendig mache. Also werden wir alle geistlich todt geboren,

nämlich todt in Sünden; aber der Löwe vom Stamm Juda, der überwunden hat, Offenb. Joh. 5, 5, macht uns durch das starke Geschrei seines heiligen Worts geistlich lebendig, und am jüngsten Tage wird seine Stimme erschallen, dadurch alle Todten werden lebendig werden und aus den Gräbern hervorgehen.

6. Lasset uns auch allhier betrachten 2) die wunderbare Vorsehung Gottes, dadurch er alle Creaturen erhält, ernährt, und für sie sorgt. Es spricht der heilige David: „Du erhörest Gebet, darum kommt alles Fleisch zu dir. Erhöre uns nach deiner wunderlichen Gerechtigkeit, Gott, unser Heil, der du bist die Zuversicht Aller auf Erden, und ferne am Meer. Du machest fröhlich, was da lebet, beide des Morgens und des Abends. Gottes Brünnlein hat Wassers die Fülle," Pf. 65, 3. 6. 9. 10.

7. Mit diesen tröstlichen Sprüchen preist der heilige Prophet 1) die väterliche Barmherzigkeit Gottes, daß er sich über alles Fleisch erbarme, und wie er am andern Orte sagt: „Herr, du hilfst beiden, Menschen und Vieh," Pf. 36, 7. Darum wir ihn auch getrost anrufen sollen, und durch unser Gebet zu ihm kommen. Und es erinnert der Prophet durch das Wort Fleisch Gott, den Herrn, unserer Dürftigkeit, unsers Hungers und Dursts, und aller menschlichen Blödigkeit, über welche sich Gott wolle erbarmen; uns aber unserer Nichtigkeit: „Alles Fleisch ist wie Heu" ꝛc. Jes. 40, 6. Darnach 2) so tröstet uns der Prophet, daß kein Mensch bei Gott so verachtet und verlassen sey, auf welchen Gott nicht ein gnädiges Auge hätte. Denn er spricht: Gott sey eine Zuversicht Aller, die auf Erden sind, und ferne am Meer. Gott hat alle Menschen in seine väterliche Fürsorge eingeschlossen, sie seyen, wo sie wollen, auf Erden oder auf dem Meer. So spricht er 3) auch: Gott macht fröhlich Alles, was da lebet, beide des Morgens und Abends. Das ist, Gott speist und sättigt Alles, was lebet, und dadurch macht er es fröhlich. Wie auch St. Paulus sagt, Ap. Gesch. 14, 17: „Gott erfüllt mit Speise und Freude unser Herz." Ach, wie ist das eine große Gabe, wenn Gott gibt seine Speise mit Freuden zu genießen, daß man des Morgens mit Freuden und Gottes Lob den Tag und seine Arbeit anfängt, und des Abends seine Ruhe mit Danksagung. Letztlich 4) setzt er die Ursache hinzu, und spricht: Gottes Brünnlein hat Wassers die Fülle; der Brunn der Gütigkeit, Liebe, Mildigkeit Gottes ergießt sich in Alles, daß Jedermann, ja alle Creaturen, ihren Lebens- und Freudentrank daraus schöpfen.

8. Es zeugt 3) auch hiervon der 104. Psalm, V. 27. 28. 29, da er (1) spricht, V. 27: „Es wartet Alles auf dich, daß du ihnen Speise gebest zu seiner Zeit." Wie so denn, lieber David? verstehen denn die unvernünftigen Thiere, daß sie Gott speist und ernährt? „Wenn die jungen Löwen nach Raub brüllen, so suchen sie ihre Speise von Gott," das ist, Gott sieht auch die Angst der Natur, und das ängstliche Sehnen und Harren der Natur, Röm. 8, 19, dadurch auch Gott als ein Erhalter der Natur bewegt wird. Denn wenn die Natur Noth leidet, so bewegt es den Erhalter der Natur. Und das ist ihr Warten, wie hier steht.

9. Nun bedenke man, wie unzählig viel und mancherlei Creaturen in der Luft, auf Erden und im Meer sind. Denen allen hat Gott nicht allein Speise zur Nothdurft und zur Freude und Wohlgefallen geschaffen, sondern auch einem jeden sonderliche Speise nach seiner Art und Eigenschaft, und das Alles durch seine väterliche Fürsorge; und hat also keines einzigen Thierleins vergessen; wie sollte er des Menschen, seines Bildes, vergessen haben und vergessen können? Es sind ja der Thiere auf Erden, in der Luft, im Meer, im Walde, viel mehr denn Menschen auf Erden sind; dennoch hat er auch des geringsten Thierleins nicht vergessen: wie sollte er doch können eines Menschen vergessen? Wie sollte doch Gott dessen vergessen können, der in ihm lebet, webet und ist, der von Gottes Kraft und Odem lebt? In Gott aber leben, weben und sind alle Menschen, Ap. Gesch. 17, 28. Darum ist es nicht möglich, daß Gott eines Menschen sollte vergessen. Wie sollte doch Gott dessen vergessen können, das durch seine Kraft

erhalten wird? „Er hält und trägt Alles durch sein kräftiges Wort," Hebr. 1, 3. Wie sollte er dessen vergessen können, das seine Hand gemacht hat? „Wir sind Thon, du unser Töpfer; und wir sind alle deiner Hände Werk," Jes. 64, 8. Wie sollte Gott dessen vergessen, den er durch den Tod seines Sohnes hat erlösen lassen? Wie sollte er deren vergessen, die er mit seinem heiligen Geiste versiegelt hat? Gott müßte seiner selbst vergessen, wenn er sollte unser vergessen. Darum warten wir, Herr, auf dich, daß du uns Speise gebest.

10. Ferner (2) spricht der angezogene 104. Psalm, V. 28: „Wenn du ihnen gibst, so sammeln sie. Wenn du deine Hand aufthust, so werden sie mit Güte gesättigt." Hier ist beschrieben a) die erhaltende Kraft der Creaturen, daß Gott einer jeden Creatur eingenaturt und eingepflanzt hat die Erhaltung und die Art der Speise zu suchen. Das hat Gott darum gethan, auf daß er erquicke und erfreue mit Speise Alles, was da lebt; daß Gottes Gütigkeit offenbar werde, wie er ein erfreuender Gott sey, ein Liebhaber des Lebens, der seine Creaturen nicht allein schaffe, sondern auch erfreue. Erfreut nun Gott Alles, was lebet und webet: ach, so wird er uns ja nicht zu immerwährender Traurigkeit erschaffen haben, sondern uns auch bisweilen eine Tischfreude in der Furcht des Herrn vergönnen. Er wird ja nicht immer mit uns zürnen, sondern, wie David spricht, Ps. 90, 15: „Erfreue uns nun wieder, nachdem du uns so lange plagest, und nachdem wir so lange Unglück leiden. Und der Herr, unser Gott, sey uns freundlich," der freundliche und leutselige Gott. Ja, er hat uns doch zugesagt, daß seine Knechte essen und vor Freuden jauchzen werden, Jes. 65, 13.

11. So wird uns auch hier zu betrachten gegeben b) die reiche Mildigkeit Gottes, daß er seine Creaturen nicht kärglich speiset, sondern milde und überflüssig, ja also, daß seine Fußstapfen von Fett triefen, Ps. 65, 12. Welches wir augenscheinlich daran sehen, daß alle Creaturen ihre Zeit haben; wenn sie Gott milde gespeist und gemästet hat, wenn die Vögel in der Luft feist, die Thiere im Walde gemästet sind, das Vieh auf dem Felde, die Schafe auf den Auen, die Fische im Meer in ihrer Feistigkeit gehen, da triefen Gottes Fußstapfen von Fett. Das ist alles ihre Zeit, wenn sie Gott in unsere Hände gibt. Sehet, das ist die Vorsichtigkeit des weisen Hausvaters! Das ist ein kluger Schaffner! So sorgt Gott für seine hungrigen Kinder!

12. Endlich (3) spricht auch derselbe 104. Psalm, V. 29: „Verbirgst du dein Antlitz, so erschrecken sie. Du nimmst weg ihren Odem, so vergehen sie, und werden wieder zu Staub. Du lässest aus deinen Odem, so werden sie geschaffen, und du erneuerst die Gestalt der Erde." Hier hören wir, was unser und aller Creaturen Leben ist, nämlich Gottes Odem, das ist, Gottes Geist und lebendigmachende und erhaltende Kraft, die in allen Dingen ist. Wie das Buch der Weisheit spricht, C. 11, 27: „Du Liebhaber des Lebens! und dein unvergänglicher Geist ist in Allem," das ist, deine erhaltende, lebendigmachende Kraft; dadurch in der ersten Schöpfung nicht allein Alles geschaffen worden, sondern auf den heutigen Tag erhalten wird. „Der Himmel ist durch's Wort des Herrn gemacht, und alle sein Heer durch den Geist seines Mundes," Pf. 33, 6. Und eben die lebendigmachende Kraft Gottes ist das Wort, dadurch Gott Alles geschaffen hat. Dieß Wort, so Gott geredet hat, ist nicht verschwunden, oder ein bloßer Schall gewesen, sondern ist das Leben geworden aller Creaturen, also daß es von den Geschöpfen Gottes nicht gewichen, sondern dabei geblieben ist. Und ist eben die erhaltende Kraft aller Dinge, davon St. Paulus spricht, Hebr. 1, 3: „Der Herr hält und trägt Alles durch sein kräftiges Wort." Wie ein Schatten am Baum hängt, also hängt unser Leben an Gott.

13. Wenn nun Gott von den Creaturen dieß sein Lebenswort und seine Kraft wieder hinwegnimmt, so vergehen sie, und werden wieder zu Staub, fallen wieder in ihr eignes Nichts. Es ist gleich, als wenn Einer den Kern wegnähme, und ließe dir die Hülsen. Wie ein Faß zerfällt, wenn die Reife abgehauen werden, also zerfällt

das Gefäß aller Creaturen ohne Gottes Wort: Gottes ist die ganze Welt voll, Röm. 11, 36. „Gott, der da ist über euch Alle, und durch euch Alle, und in euch Allen," Eph. 4, 6. Der ist unser Leben, Pf. 42, 9, und unsers Lebens Kraft, Pf. 27, 1. „Ich bin dein Leben, und deiner Tage Länge," 5 Mos. 30, 20. Gleich als wenn Einer eine wahrhaftige Lebenskraft empfindet aus Gottes Wort, wenn er traurig ist (wie solches in meiner Auslegung über den Psalter an vielen Orten erklärt ist): also ist eine solche Lebenskraft in allen Creaturen. Und das ist das Wort der Schöpfung. Wird dasselbe weggenommen, so ist das aller Creaturen Tod. Dieß Wort ist der Segen und die Vermehrung aller Creaturen, dadurch Gott die Gestalt der Erde jährlich erneuert, in Wiederbringung jährlicher Früchte und Thiere, daß Gott durch die Erneuerung aller Dinge gleichsam jährlich eine neue Welt schafft. „So lange die Erde stehet, soll nicht aufhören Samen und Ernte, Frost und Hitze, Sommer und Winter, Tag und Nacht," 1 Mos. 8, 22. Von dem Segen Noah essen wir noch alle heut zu Tage.

14. Daraus lernen wir nun 1) die wunderbare allgemeine Vorsehung Gottes über alle Creaturen. Dieselbe besteht vornehmlich in drei Dingen. Erstlich in der Wissenschaft Gottes. Gott sind alle seine Werke von Ewigkeit her bekannt gewesen, Ap. Gesch. 15, 18. Durch diese seine unbegreifliche, unendliche Weisheit weiß, sieht und hört er Alles. Darum er in der Schrift genannt wird der Sehende und Lebendige, 1 Mos. 16, 13. 14. Also ist keine Creatur vor ihm verborgen, sondern alle Dinge sind bloß, lauter und offenbar vor seinen Augen. So ist er auch der rechte Lebendige, nicht allein, daß er von Ewigkeit zu Ewigkeit von ihm selbst lebt, sondern auch, daß er alle Dinge lebendig macht.

15. Für's andre beruht diese Lehre auf der väterlichen Güte Gottes, dadurch er für alle Dinge sorgt, auch für die Vögel unter dem Himmel, Matth. 6, 26. Ja, er lässet auch die Sonne aufgehen über Gute und Böse, Cap. 5, 45. Welche große Unehre thun wir nun diesem unserm allergnädigsten Vater, wenn wir an seiner Vorsehung zweifeln, ob er auch für uns sorge, da er doch für die geringsten Creaturen sorgt, ja sogar für die Bösen. Dieß ist uns sonderlich ein großer Trost in Kreuz und Trübsal, weil wir wissen, daß nichts in der Welt geschieht ohne Gottes Ordnung und Vorsehung, daß wir lernen geduldig seyn, und nicht wider Gott murren, sondern glauben, er sorge für uns, und habe solches Alles nach seinem unerforschlichen Rath und Gericht zu unserm Besten und zu seiner Ehre über uns versehen. In der Schrift wird's genannt des Herrn Zorn, 2c. Mich. 7, 9. Kommt auch Glück, Ehre und Gnade: wohlan, es kommt vom Herrn, dem danke, und sage mit Hiob: „Der Herr hat's gegeben, der Herr hat's genommen," Hiob 1, 21. Dieser heilige Mann dankt Gott, dem Herrn, sowohl für sein Kreuz als für sein Glück, und rechnet sich mit Paulo der Trübsal würdig. Das Glück schadet mehr als das Unglück [1]).

16. Endlich beruht diese Lehre von der allgemeinen Vorsehung Gottes über alle Creaturen auf Gottes Allmacht, dadurch er allgegenwärtig ist bei allen Creaturen, dieselben erhält und regiert, aller Menschen Herzen in seiner Hand hat, daß er sie lenken und beugen kann, wie er will, Pf. 33, 15, wie wir ein Klümplein Wachs mit unsern Fingern formiren. Weßhalb wir uns Alle vor seiner göttlichen Gegenwart, Angesicht, Augen, Gewalt fürchten und scheuen sollen, in Gedanken, Worten und Werken. Denn wir sind in Gottes Hand, wie der Thon in der Hand des Töpfers, Jer. 18, 1 ff. „Gehe hinab in des Töpfers Haus. Und als er hinab kam, siehe, da arbeitete er eben auf der Scheibe, und der Topf mißrieth ihm in seinen Händen. Da zerbrach er ihn, und machte einen andern," 2c. Also, ob uns Gott gleich zerbricht, er kann uns wieder machen.

17. Ferner 2) haben wir hier den Trost, (1) weil Gott gegenwärtig Alles erhält und regiert, daß er durch seine sonderliche Vorsehung ein sonderliches Auge habe auf die Seinen, so genau, daß ohne seinen Wil-

---

[1]) Plus nocent prospera quam adversa.

len nicht ein Härlein von ihrem Haupte fallen kann, Matth. 10, 30. So erhält er uns, und behütet uns mitten unter unsern Feinden, wie es David in den Psalmen bezeugt, Pf. 23, 4; Pf. 121, 5; Pf. 27, 1.

18. So haben wir auch hier den Trost, (2) daß, wenn wir oft in unserer Trübsal weder Hülfe noch Rath wissen, und keine Mittel der Hülfe sehen, wir uns damit trösten, daß der Gott, der das Kreuz versehen und verhängt hat, auch wird Rath finden, „der groß von Rath und mächtig von That ist," Jer. 32, 19. „Besiehl dem Herrn deine Wege" 2c. Pf. 37, 5. Wie Abraham, da er seinen Sohn opfern sollte, Gott rathen ließ, wie er seine Zusage und Verheißung erfüllen wolle, 1 Mos. 22, 8; Röm. 4, 18 ff.; Hebr. 11, 19.

19. Letzlich 3) erweckt die Vorsehung Gottes in unserm Herzen Glauben, Hoffnung und Geduld. Nehmt ein Erempel an David, an Hiob, an Christo, unserm Herrn selbst. Er wußte, daß von Gott versehen war, er sollte sterben, darum war er in seinem ganzen Leiden geduldig bis in den Tod, Phil. 2, 8, und bis ihn Gott wieder auferweckte. Also that David auch, er erlitt zehnjähriges Elend, erduldete Hohn und Spott, Armuth und Verachtung. Denn er wußte, was Gott über ihn versehen hatte, wie er spricht: „Du bist der Schild für mich; der mich zu Ehren setzet, und mein Haupt aufrichtet," Pf. 3, 4. Wir wollen mit diesem Spruch beschließen: „Der Herr macht arm und reich; er tödtet und macht lebendig; er erniedriget und erhöhet; er führet in die Hölle und wieder heraus," 1 Sam. 2, 6.

20. Zum Beschluß müssen wir auch nothwendig etwas vom letzten Geschöpf Gottes, II. vom Menschen reden, von der Vortrefflichkeit menschlicher Natur, und daß der Mensch die schönste Creatur sey, an welcher Gott seine größte Lust haben wollen, Spr. Sal. 8, 31. Weil er alle Dinge um des Menschen willen geschaffen, ja der Mensch das Ende ist aller erschaffenen Dinge: so ist daraus leicht abzunehmen, daß der Mensch die vortrefflichste und schönste Creatur sey. Ja, weil er ist die kleine Welt, und aller Creaturen Beschluß und Inbegriff: so folgt nothwendig, daß er aller Dinge Vollkommenheit in sich begreife. Denn es gibt's die Vernunft, daß dasjenige vortrefflicher und vollkommener sey, das da ist der andern Dinge Ende und derselben Vollkommenheit. Schön sind die Brunnen und die grünen Auen und Wiesen, so mit mancherlei Blümlein und Gewächs geziert sind. Lustig sind die Bäume anzusehen in ihrer Blüthe und mit ihren Früchten, und die Wälder, so damit geschmückt sind. Schön ist der Himmel mit Sonne und Mond und so unzählig vielen leuchtenden Sternen geziert. Aber weil solche Schönheit alle um des Menschen willen geschaffen ist, so muß gewißlich der Mensch viel schöner und herrlicher seyn, daß auch der Sonne Schönheit mit demselben nicht zu vergleichen ist. Denn gleichwie der geringsten Blume Schönheit übertrifft den schönen Schmuck des Königs Salomo, auch in seiner großen Herrlichkeit, wie unser lieber Herr spricht, Matth. 6, 29: also übertrifft die Schönheit und Gestalt des Menschen nicht allein Salomo's äußerliche Herrlichkeit, sondern auch aller Blumen auf dem Felde, ja auch die Schönheit der Sonne am Himmel, sonderlich wenn man die Seele des Menschen betrachtet.

21. Denn es kann auch der Seele Schönheit aus der schönen Gestalt menschlichen Leibes erkannt werden, weil der Leib ist ein Haus und eine Wohnung der Seele. Derowegen weil das Haus so schön ist, welches wir augenscheinlich sehen, wenn wir einen schönen, wohlgestalten Menschen anschauen: wie schön wird denn seyn die Seele, so in selbigem Hause wohnt? Denn einem schönen Gast hat auch der Schöpfer ein schönes Haus erbaut. Wir sehen auch, daß die Gestalt eines schönen Menschen aller Augen auf sich wendet, welche Kraft doch der äußerliche Leib von der inwohnenden Seele erlangt. Es kann auch die Schönheit menschlicher Natur bewiesen werden von dem Ort, in welchen der Schöpfer den Menschen gesetzt hat, nämlich von dem Paradies, welches ist ein Garten aller Lust und Freude, wogegen die jetzige Welt mit ihrer Schönheit für nichts zu achten ist. Derowegen so der Ort, dahin

der Mensch von Gott gesetzt war, schön und lieblich ist: wie viel schöner und lieblicher muß der seyn, um deßwillen derselbe Ort geschaffen und gepflanzt ist? Man kann auch die Würdigkeit der menschlichen Natur daraus abnehmen, weil die heiligen Engel zu Dienst und Wache der Menschen geordnet sind, Hebr. 1, 14.

22. Ja es erscheint solches vornehmlich aus des Menschen Schöpfung. Denn er ist aus sonderlichem Rath Gottes, der hochgelobten Dreieinigkeit, geschaffen. Denn „Gott sprach: Lasset uns Menschen machen, ein Bild, das uns gleich sey," 1 Mos. 1, 26. Nun ist's zwar ein Großes, aus sonderlichem Rath Gottes geschaffen seyn; aber ein viel Größeres ist's, nach dem Bilde des Schöpfers, der heiligen Dreieinigkeit, gemacht seyn. Gott hat geschaffen die Elemente, den Himmel, die Sterne, den Mond und die ganze große Welt, aber „er sprach, und es geschah." Da es aber kam zu des Menschen Schaffung, als zu dem allergrößten und herrlichsten Werk Gottes, da ward gesagt: „Lasset uns Menschen machen." O wie ein heiliger Rathschlag! o wie große Würdigkeit, Vortrefflichkeit und Adel hat die menschliche Natur, darüber man sich billig verwundern muß! Sonne, Mond und Sterne und die ganze Welt ist ohne Berathschlagung, wiewohl nicht ohne sonderliche Weisheit und Allmacht geschaffen; der Mensch aber beides, mit besonderem Rath und göttlicher Weisheit. Es war vonnöthen einer großen Berathschlagung, da etwas Großes zu machen war, nämlich der Mensch, welcher ein Bild und Gleichniß seyn sollte des Schöpfers. Alle Creaturen sind nur Gottes Spur und Fußstapfen, der Mensch aber ist Gottes Bild, welcher den Schöpfer sollte vor Augen stellen. Die heilige Dreieinigkeit spricht nicht: Lasset uns Menschen machen, ein Bild, das gleich sey der Sonne, oder dem Mond, oder den Engeln; sondern: ein Bild, das uns gleich sey, auf daß unser Bild im Menschen ausgedrückt werde.

23. Darum bedenke nun die Schönheit der menschlichen Seele, die da trägt das Bild und Gleichniß Gottes. Bedenke, welch eine Schönheit sey der göttlichen Majestät, so wirst du erkennen die Schönheit und Würdigkeit der menschlichen Seele und Natur. Denn wer wollte dieselbe Creatur nicht für die schönste halten, welche aus besonderm Rathschlag Gottes gemacht ist? welche nach dem Bilde des höchsten und allerschönsten Künstlers gebildet, und ihrem Schöpfer gleich ist? Daraus genugsam zu erkennen, wie fleißig der Mensch sich hüten soll vor aller Unsauberkeit, daß er das schöne Bild Gottes, des Schöpfers, nicht beflecke, weil solche Befleckung nicht geschehen kann ohne große Verachtung des Schöpfers und Beleidigung der hohen Majestät Gottes. Denn weil Gott den Menschen durch sein Bild in die höchste Ehre und Würdigkeit gesetzt und zum höchsten Adel erhoben hat: so ist's dem Menschen eine große Schande, daß er sich durch fleischliche Unreinigkeit seiner Ehre und Würde entsetzt. Es ist ein großes Lob, wenn ein Bild von dem höchsten und größten Künstler gemacht ist; und wenn ein solches Bild Verstand hätte, es thäte seinem Künstler nichts zuwider, damit es nur seine Schönheit behielte, zu Lob seines Künstlers und Werkmeisters. Gedenkst du denn nicht, o Mensch, wer dich zu einem solchen schönen Bilde Gottes gemacht? Warum beraubst du denn deinen Künstler, der dich so schön gemacht hat, seines Lobes, und befleckest dich mit Unreinigkeit?

24. Es hat auch Plato recht gesagt, daß die Tugend und Gottseligkeit sey der Seele Schönheit. Wenn wir aber bedenken die Vereinigung unserer Seele mit Gott und Christo, damit unsere Seele, als mit einem Kleide des Heils und mit dem Rock der Gerechtigkeit bekleidet ist, Jes. 61, 10: so verstehen wir die rechte innerliche Schönheit unserer Seele. Denn unsere Seele hat alle ihre Schönheit von Christo Jesu. Und wer wollte denjenigen nicht für schön halten, der seine Schönheit von dem, der die unendliche Schönheit selbst ist, empfängt, welcher mit der unendlichen Schönheit vereinigt und mit derselben Ein Geist geworden ist? Daher der Prophet Ezechiel spricht, Cap. 16, 14: „Dein Ruhm erscholl unter den Heiden, deiner Schönheit halben, welche ganz vollkommen war, durch

den Schmuck, den ich an dich gelegt habe. In meinem Schmuck warst du schön." Und so die Kinder ihrer Eltern Schönheit erlangen durch die natürliche Geburt: wie sollte unsere Seele durch die geistliche Wiedergeburt nicht die geistliche Schönheit durch Christum haben und von ihm erben?

25. Wer wollte auch nicht sagen, daß das die schönste Creatur sey, welche sich der Sohn Gottes zu seiner Braut erwählt hat, und mit seinem göttlichen Licht und Schmuck zieret? Daher auch billig die glaubige Seele eine Königin genannt wird, und des Königs Tochter, inwendig schön geschmückt mit goldenen Stücken, Psalm 45, 14. Und so ein unedles Weib, einem Edeln vermählt, edel wird, und auf's allerschönste geschmückt werden kann: wie sollte unsere Seele nicht schön und edel werden, welche mit dem alleredelsten und schönsten Bräutigam vermählt wird? Derowegen der heilige Irenäus gar weislich gesagt hat, Gott sey des Menschen Herrlichkeit und Schönheit, der Mensch aber sey ein Gefäß und Werkzeug der Werke, Weisheit und Kraft Gottes. Und so Gott, der Allerhöchste, in des Menschen Seele am allerliebsten wohnt, und dieselbe zu seinem Tempel geheiligt hat, daß sie seyn soll eine Wohnung des Vaters, eine Brautkammer des Sohns, des allerhöchsten Bräutigams, und ein Tempel des heiligen Geistes: so folgt unwiderleglich, daß die Seele sehr schön seyn muß, und die schönste unter allen Creaturen. Und so Gott im Ezechiel sagt, daß er unsere Seele schmücke, also daß sie schön sey in seinem Schmuck, Ezech. 16, 14: o was wird das für ein überaus schöner Schmuck seyn! was werden das für schöne Edelgesteine seyn, für Kleinode, für goldene Kronen, welche ein so gewaltiger, herrlicher, reicher und schöner Bräutigam seiner Braut gibt! O der wunderbaren Gnade und Freundlichkeit Gottes gegen unsere Seele! O der großen Schönheit! wenn sie mit leiblichen Augen könnte ersehen werden, wie würde sie uns zu sich ziehen! Diese Schönheit wird immer vermehrt durch das Gebet und tägliche Gespräch mit Gott, also daß wir von einer Klarheit in die andere verklärt werden, als vom Geist des Herrn, 2 Cor. 3, 18. Denn so Mosis Angesicht glänzte vom Gespräch, so er mit Gott nur wenige Tage hielt, 2 Mos. 34, 35: sollte nicht unsere Seele, die ohne Unterlaß mit Gott redet, viel mehr und größere geistliche Klarheit und Schönheit empfangen? Davon weiter im folgenden und andern Theil dieses vierten Buchs, vom Menschen insonderheit.

Gebet um festes Vertrauen auf Gottes Fürsorge.

Deine Augen, o Gott, durchschauen alle Lande, daß du stärkest Alle, die von ganzem Herzen an dir sind. Gib uns Herzensredlichkeit, daß wir es rechtschaffen mit dir meinen, und ein lauteres Auge durch unser ganzes Leben bewahren. Beweise an uns den Reichthum deiner Güte, vergilt uns nicht nach unsern Missethaten, vergib uns unsere Sünden, und hilf uns in der Noth. Du bist unser Gott; du wirst mit uns seyn, und bei unsern innern und äußern Führungen Alles wohl machen, um Jesu blutigen Verdienstes willen, zum Preise seines Namens. Amen.

Der andere Theil des vierten Buchs.
Von dem Menschen insonderheit.

Das 1. Capitel.

Aus der Schöpfung aller Dinge wird geschlossen, daß Gott ein ewiges Wesen sey, ohne Anfang und Ende; daß er unendlich sey; daß er allmächtig sey; daß er eines unendlichen Verstandes und unendlicher Weisheit sey.

Jer. 32, 17—19: Siehe, du hast Himmel und Erde gemacht durch deine große Kraft und durch deinen ausgestreckten Arm; und ist vor dir kein Ding unmöglich. Herr Zebaoth ist dein Name, groß von Rath und mächtig von That. B. der Weish. 1, 14: Gott hat Alles geschaffen, daß es im Wesen seyn sollte.

1. Gott ist der Ursprung des Wesens und Lebens aller Creaturen, und hat denselben allen ihr Wesen und Leben gegeben und erschaffen. Derhalben ist er von dem Anfang aller Creaturen gewesen, ein ewiges Wesen und Leben; denn sonst hätte

er nicht das Wesen und Leben allen Creaturen geben können. Daraus folgt nun, daß Gott das ewige Leben selbst ist. Insonderheit aber wird aus des Menschen Gemüth und Gedanken geschlossen, daß Gott unendlich ist. Denn es begreift des Menschen Gemüth im Augenblick Himmel und Erde. Die Sonne hat zwar einen so geschwinden Lauf, daß sie den großen Himmel in vierundzwanzig Stunden umläuft; des Menschen Gemüth aber thut es im Augenblick, und begreift alle Creaturen in sich. Daraus folgt nun, daß Gott vielmehr alle Dinge begreift und umschließt, und demnach unendlich ist.

2. Was nun Gott ist, das ist er wesentlich. Er ist unendlich, darum ist er ein unendliches Wesen, und ist auch ein unendliches Leben. Denn sein Wesen und Leben sind nicht geschieden. Weil aber Gott auch der Menschen Seelen mit Verstand und Weisheit geschmückt hat, so muß er vielmehr einer unermeßlichen Weisheit und Verstandes seyn. Und nachdem Alles in Gott wesentlich und ewig ist, so muß auch sein Verstand und seine Weisheit ewig und unendlich seyn. Denn seine Weisheit ist nicht geschieden von seinem unendlichen Wesen, weil Alles in Gott die höchste, unzertrennliche Einigkeit ist. Derhalben muß seine Weisheit eben so wohl unendlich und ewig sein, als sein Wesen und Leben.

3. Weil nun seine Weisheit ewig und unendlich ist, so hat er auch Alles von Ewigkeit her gewußt. Und gleichwie sein Wesen unwandelbar ist und unbeweglich, und bedarf nicht von einem Ort zum andern bewegt zu werden: also ist auch sein Verstand; derselbe darf nicht von einer Creatur zur andern laufen und umherschweifen, wie wir Menschen mit unserm Verstande. Darum versteht und weiß Gott alle Dinge auf einmal zugleich, und es ist in seinem Verstande weder Vergangenes, noch Zukünftiges, sondern Alles ein Gegenwärtiges. Denn wie Gott nichts bedarf zu seinem Wesen, also bedarf er keiner Creatur zu seinem Verstande. Denn wie er von sich selbst ist, also versteht er auch von sich selbst. Und wie er Alles in seinem unendlichen Wesen beschließt, also begreift er Alles mit seinem unendlichen Verstande zugleich auf einmal. Darum ist ihm unverborgen, wie viel Sand im Meer, wie viel Tropfen im Regen, Sir. 1, 2. Darum kann kein Vogel auf die Erde, kein Haar von unserm Haupt fallen ohne ihn, Matth. 10, 29. 30. Er weiß die Tage der Welt, alle Stunden und Augenblicke der Zeit und ihre Aenderung, und ist ihm nichts verborgen, was in der Zeit unter dem Himmel beschlossen ist. Denn was durch seine Allmacht erschaffen ist, das ist in seinem unendlichen Verstande begriffen, auch alle Worte und Gedanken der Menschen, und alle ihre Werke, Pf. 139, 2 ff.

4. Also ist's auch mit seiner Macht und Gewalt. Wie sein Wesen, sein Leben, seine Weisheit unendlich und ewig ist: also auch seine Macht und Gewalt. Und gleichwie man nichts zu seinem Wesen thun kann, also auch nichts zu seiner Allmacht. Und gleichwie man sein unendliches Wesen nicht kann theilen, also kann man auch nichts von seiner Allmacht hinwegnehmen. Und weil auch seine Gewalt keine Creatur hindern kann, darum ist er allmächtig. Und das Alles darum, weil sein Wesen, Leben, Weisheit, Gewalt nicht können geschieden werden.

Gebet um rechte Erkenntniß Gottes.

Herr, unser Gott, dich erkennen, ist die die wahre Weisheit, und dich in Christo anschauen, ist das ewige Leben. Komme und verkläre dich durch deinen Geist in uns, daß die wahre Weisheit in uns wieder hergestellt werde, und wir um Jesu willen zum Besitz und Genuß des ewigen Lebens gelangen mögen. Amen.

Das 2. Capitel.
Aus der Schöpfung aller Dinge wird geschlossen, daß Gott das höchste Gut sey.

Röm. 11, 36. Von ihm, in ihm und durch ihn sind alle Dinge.

1. Wenn alles Gut, so im Himmel und auf Erden und in allen Creaturen ist, in einem Einigen ist: so ist derselbe das höchste Gut und alles Gut. In Gott, dem Schöp-

fer aller Dinge, ist alles Gut, so in allen Geschöpfen ist, in Himmel und Erde; denn es entspringt Alles aus ihm. Denn von ihm, in ihm und durch ihn sind alle Dinge. Darum ist Gott das höchste Gut und alles Gut.

2. Was in allen Dingen stückweise ist, das ist in Gott ganz ungetheilt und ganz vollkommen. Darum wer sich zu den Creaturen wendet, und an denselben hängen bleibt, der wendet sich zu dem unvollkommenen Stückwerk, ist allezeit arm, dürftig, mangelhaft und unruhig. Wer sich aber von ganzem Herzen zu Gott wendet, der wendet sich zum höchsten, vollkommenen Gut, und erlangt dasselbe auch; ja er erlangt in demselben seine höchste Vollkommenheit, ist allezeit reich in Gott, ruhig und selig. Hängt aber ein Mensch den Creaturen an, so wird er nimmer in denselben das vollkommene höchste Gut erlangen. Derhalben sind alle die, so die Welt lieb haben, unruhig und unselig in ihrem Leben und in ihrem Tode; denn sie haben nicht das vollkommene Gut, darin die Seele ruht.

Gebet um Erwählung des höchsten Guts.

O Herr, du einiges, ewiges und höchstes Gut, vergib uns, daß wir dich, die lebendige Quelle des Guten, verlassen, und uns mehr um die Creaturen, als dich zu haben, bemühen. Ach, nimm uns wieder zu Gnaden auf, und theile dich selbst uns mit, auf daß wir dich, das höchste Gut, hier und dort ewig besitzen mögen, durch Jesum Christum, unsern Herrn. Amen.

Das 3. Capitel.

Der Mensch ist die edelste Creatur, weil alle Creaturen dem Menschen zu dienen geschaffen sind, der Mensch aber geschaffen ist, Gott zu dienen.

Pf. 100, 3. Erkennet, daß der Herr Gott ist. Er hat uns gemacht, und nicht wir selbst, zu seinem Volk und zu Schafen seiner Weide.

1. Alle Creaturen, wiewohl sie wunderbar unterschieden sind, sind sie doch zu einem einigen Ende und Ziel verordnet, nämlich dem Menschen zu dienen. Denn wir sehen, wie die obersten Körper in die untern wirken. Die Elemente geben den Früchten ihre Nahrung, die Früchte den Thieren, die Thiere den Menschen. Also erhält Eins das Andere. Eins hilft dem Andern. Die obern Kräfte dienen den untern, und gehen alle in einer schönen Consonanz und Ordnung zu einem einigen Ende, in die Einigkeit und Freundschaft des Menschen.

2. Daraus erkennt man, daß der Mensch die edelste Creatur sey, weil alle Creaturen dem einigen Menschen zu dienen von dem Schöpfer aller Dinge verordnet sind. Dadurch wirst du aber, lieber Mensch, ermahnt und gelehrt, dem einigen Gott zu dienen, und zwar mit allem Vermögen, gleichwie dir die Creaturen mit ihrem ganzen und höchsten Vermögen dienen. Ja, dadurch wirst du ermahnt, dich zu dem zu wenden, der dir alle Creaturen zum Dienst verordnet hat.

3. Wenn die Creaturen all ihr Vermögen dem Menschen gegeben haben, daß der Mensch ihrer genießen kann, von den obern bis auf die untersten: so haben sie ihr Ende und höchstes Ziel erreicht, und es ruhen alle ihre Werke in dem einigen Menschen, als in dem höchsten und edelsten Geschöpf. Siehe, also soll der Mensch mit allen seinen Werken in dem einigen Gott ruhen, und all sein Vermögen dahin wenden, dem einigen Gott zu dienen, wie alle Creaturen all ihr Vermögen anwenden, dem einigen Menschen zu dienen. Denn weil alle Creaturen keine Ruhe haben, sondern eilen, der alleredelsten Creatur unter ihnen zu dienen: so wäre es wider die ganze Natur und wider alle Creaturen, daß der Mensch, der die edelste Creatur ist, nicht sollte dem einigen Gott dienen, als Einem, der viel höher und edler ist, denn der Mensch.

Gebet um Gnade, Gott allein recht zu dienen.

Allmächtiger Schöpfer, du hast in den Menschen das überflüssig gelegt, dadurch er ein Herr ist über Alles, und nichts bedarf als deiner Gnade. So lehre uns, o Herr, unsere Herrlichkeit in diesem Stück recht erkennen, damit wir, los von dem Dienst der Creaturen, unsere einige und höchste Sorge seyn lassen, nach deinem Reich und dessen Gerechtigkeit zu trachten, und in solchem Gnadenreich dir hier zu dienen, bis wir im Reich der Herrlichkeit dich preisen können ewiglich, durch Jesum Christum, deinen Sohn, unsern Herrn. Amen.

Das 4. Capitel.

Daß Gott den Menschen darum zu seinem Bilde geschaffen, daß er seine Lust und sein Wohlgefallen an ihm habe.

Sprüchw. Sal. 8, 31: Meine Lust ist an den Menschenkindern. Psalm 104, 31: Der Herr hat Wohlgefallen an seinen Werken.

1. Ein jeglicher Werkmeister liebt sein Werk, und hat an demselben ein Wohlgefallen. Denn hätte er an demselben sein Wohlgefallen nicht, sondern hassete es, so würde er's nicht machen. „Gott sah an Alles, was er gemacht hatte, und siehe da, es war Alles sehr gut," 1 Mos. 1, 31. Weil aber Gott sein Wohlgefallen hatte an seinen Werken, die er doch nicht nach seinem Bilde geschaffen: so hat er vielmehr am Menschen sein Wohlgefallen, welchen er nach seinem Bilde geschaffen hat.

2. Denn erstlich: je gleicher Einem etwas ist, je größeres Wohlgefallen er daran hat. Ein Vater erfreut sich mehr über sein Kind, das seines Wesens ist, denn über sein Werk, als: so er etwa ein Haus baut.

3. Dieweil nun das höchste Wohlgefallen Gottes ist an dem Werk und Bilde, das ihm gleich ist, aber unter allen seinen Creaturen keine sein Bild war: darum schuf er den Menschen zu seinem Bilde, auf daß er sein höchstes Wohlgefallen am Menschen haben möchte.

4. Für's andere: weil unter Gleichen eine Gesellschaft und Gemeinschaft entsteht, indem natürlich Gleiches zu Gleichem sich gesellt, Gott aber den Menschen zu seinem Gleichniß geschaffen: so ist vernünftig daraus abzunehmen, daß Gott an der Gesellschaft des Menschen habe ein Wohlgefallen gehabt, also daß der Mensch sich zu Gott halten, sich zu ihm gesellen, mit Gott Gemeinschaft und seine Lust am Herrn haben solle, gleichwie Gott sein Wohlgefallen am Menschen, als an seinem Bilde, hat.

5. Für's dritte: weil Gott die höchste Liebe ist, so hat er sich gern mittheilen wollen mit allen seinen Gütern. Sollte er sich aber mittheilen, so mußte er seines Gleichen haben, der ihn aufnähme. Denn ein Gleiches nimmt seines Gleichen an, und nicht ein Ungleiches. So konnte er auch mit keiner Creatur Gemeinschaft haben, ohne mit der, so ihm am nächsten verwandt, und derselben, und keiner andern, konnte er auch sich selbst und seine Liebe mittheilen. So wollte er sich auch einer solchen Creatur mittheilen, die ihn dafür mit keiner, herzlicher Gegenliebe aufnehmen und wieder lieben könnte. Darum hat er den Menschen nach seinem Bilde geschaffen, welches vornehmlich besteht in der vollkommenen Liebe.

6. Zum vierten: es ist natürlich, daß zwischen einem Geber und Nehmer eine Liebe entstehe, die da entspringt aus dem Geber zu dem Nehmenden, und hinwiederum aus dem Nehmer zu dem Gebenden; und also ist da ein Ausgang der Liebe von Einem zum Andern. Darum soll der Mensch in großer Liebe Gottes Güter, ja Gott selbst empfangen, weil sich ihm Gott mit allen seinen Gütern aus großer Liebe gibt.

Gebet um Erneuerung des göttlichen Ebenbildes.

Heiliger Vater, du hast uns also geliebt, daß du uns zu deinem Bilde erschaffen, und selbiges in uns wieder aufzurichten, uns deinen Sohn, auch in ihm die Herrlichkeit deiner Kindschaft gegeben hast. Wir sind oft ein Schandfleck deiner Schöpfung gewesen, und nicht werth, daß wir deine Kinder heißen, daher du an unsern Werken kein Gefallen haben kannst. Ach! wasche uns von unsern Sünden und erneuere dein Bild in uns. Laß uns haben unsere Lust an dir, und laß uns sammt unserem Thun dir angenehm seyn in dem Geliebten, deinem Sohn, Christo Jesu, unserm Herrn. Amen.

Das 5. Capitel.

Daß sich Gott durch seine Liebe uns selbst gibt.

1 Joh. 4, 16. Gott ist die Liebe.

1. Gleichwie ein Mensch durch seine Liebe, damit er Gott liebt, sich Gott ganz ergibt: also gibt sich Gott uns selbst, durch seine Liebe, damit er uns liebet. Denn seine Liebe ist vollkommen, darum gibt er sich uns ganz und gar durch seine Liebe. Derowegen hat's nicht anders seyn können, er hat uns müssen nach seiner großen Liebe seinen Sohn geben. Denn die allerhöchste Liebe im höchsten Grad gibt sich dem Geliebten selbst. Gott hat uns geliebet im höchsten Grad, darum hat er sich uns selbst gegeben, und dasselbe in seinem lieben Sohn.

2. Aus diesem Grunde kommt die Menschwerdung, das Leiden und der Tod des Sohnes Gottes. Darum ist das der allerheiligste, lieblichste und tröstlichste Schluß der himmlischen Weisheit: „Also hat Gott die Welt geliebt, daß er seinen eingebornen Sohn gab," Joh. 3, 16; das ist, Gott hat die Welt auf's höchste geliebt, darum hat er ihr seinen Sohn gegeben. Ferner, die ewige Liebe ist ein Ursprung des ewigen Lebens. Die ewige Liebe Gottes aber ist in und durch Christum zu uns gekommen, darum haben wir in Christo das ewige Leben. Darum schließt der Herr selbst also: „Auf daß Alle, die an ihn glauben, nicht verloren werden, sondern das ewige Leben haben."

Gebet um Gnade, sich Gott ganz und gar zu ergeben.

Gott, der du die Liebe bist, reinige uns durch das Blut Jesu von aller Unreinigkeit, die uns von dir scheidet, und ergeuß dich in unsere Herzen, daß wir, uns selbst und der Welt entrissen, dir einzig im Glauben, in Liebe und Geduld, uns beständig ergeben, und ewig dein Eigenthum bleiben, durch Jesum Christum, deinen Sohn, unsern Herrn. Amen.

Das 6. Capitel.

Wie der Mensch dem ewigen Gott, seinem Liebhaber, verpflichtet sey.

1 Joh. 4, 19. Lasset uns ihn lieben, denn er hat uns zuerst geliebet.

1. Alle Wohlthaten bestehen in dreyen: in dem Geber, in dem Nehmer und in der Gabe. Dieweil nun aus dem Geben und Nehmen eine natürliche Verpflichtung und Verbindlichkeit entsteht zwischen dem Geber und Nehmer: so lernt der Mensch allhier erkennen, wie hoch er Gott verpflichtet sey, nämlich so hoch, so viel er von Gott empfangen hat. Nun hat er Alles von Gott empfangen, und kann dessen nicht entrathen, darum ist er Gott auf's höchste verpflichtet.

2. Dieweil aber der Mensch von Gott Leib und Seele hat, so hat Gott auch alle Creaturen dahin verordnet, daß sie dem Menschen an Leib und Seele dienen sollen. Dem Leibe dienen die Elemente und Alles, was in denselben ist, ohne welches der Leib nicht leben könnte.

3. Für diese Wohlthaten, so der Schöpfer durch die Creaturen dem Menschen leistet, ist der Mensch seinem Schöpfer auf's höchste verpflichtet. Darum ruft die ganze Creatur dem Menschen zu: Nimm hin die Wohlthaten deines Schöpfers, die er dir durch uns gibt; diene und danke ihm täglich dafür. Der Himmel spricht: Ich gebe dir mein Tageslicht, zu arbeiten, und die Finsterniß zu Schlaf und Ruhe. Ich gebe dir den lieblichen Frühling, den warmen Sommer, den fruchtbaren Herbst und den kalten Winter, Alles zu deinem Besten. Die Luft spricht: Ich gebe dir den Odem und die wunderlichen Arten der mancherlei Vögel. Das Wasser spricht: Ich gebe dir deinen Trank, reinige dich, und gebe dir mancherlei Art der Fische. Die Erde spricht: Ich trage dich, ich ernähre dich, gebe dir Brod, Wein, Fleisch. Siehe, wie lieb dich der hat, der dich geschaffen und mich dir zu gut gemacht hat! So viel Wohlthaten du empfängst, so viel bist du mit Dank verpflichtet dem Schöpfer.

Gebet um Gnade, Gott mit Leib und Seele zu preisen.

O Gott, wir sind nicht unser selbst, sondern was wir sind und haben, das ist dein; wir haben Alles von dir, und sind verbunden, Alles deinem Dienst zu widmen. Da wir Alles durch die Sünde verloren haben, so sind wir durch das Blut deines Sohnes dir zum Eigenthum wieder theuer erkauft. Ach verleihe uns, daß wir dich an unserm Leibe und Geiste, welche dein sind, preisen, hier zeitlich und nachmals ewiglich, durch Jesum Christum. Amen.

Das 7. Capitel.

Welche Dinge der Seele dienen und die Seele entweder erfreuen oder belehren.

Hiob 12, 7. Frage das Vieh, das wird dich's lehren, und die Vögel unter dem Himmel werden dir's sagen, oder rede mit der Erde, die wird dich's lehren.

1. Nicht allein aber ist die Welt dem Menschen zu Dienst seines Leibes geschaffen, sondern vielmehr zur Belehrung seiner Seele. Denn es ist keine Creatur, die den Menschen nicht etwas Sonderliches lehrete, oder aus welcher der Mensch nicht eine sonderliche Lehre schöpfen könnte zu seinem Besten. Daher alle Creaturen dem Menschen dienen zur Lehre und Freude. Wir wollen erstlich sehen, wie die Creaturen dem Menschen zur Freude dienen.

2. Der Mensch allein ist also von Gott geschaffen, daß er sich dessen freue, was er hat. Das können andre Creaturen nicht thun, denn sie verstehen ihr eigen Gut nicht. Gold und Silber freuen sich nicht ihres eigenthümlichen Guts, denn sie haben deß keinen Verstand. Weil es nun der Mensch versteht, so freut er sich, daß Gott ihm zu gut so schöne Creaturen geschaffen hat. Ist das nun nicht ein großes Wunder und eine große Gütigkeit des Schöpfers, daß Alles, was die Creaturen haben, des Menschen Freude seyn soll, und nicht der Creaturen selbst? Denn Gott hat den Creaturen alle ihre Freude genommen über ihrem Gut, auf daß sie der Mensch allein habe. Alle Freude, so das Wasser haben sollte, wegen seiner Süßigkeit, Klarheit und inwohnenden Güte, die hat das Wasser nicht, sondern der Mensch. Und alle Freude, so eine Rose haben sollte, wegen ihres Geruchs, die hat sie selbst nicht, sondern der Mensch. Und alle Freude, so die Sonne haben sollte, wegen ihrer Schönheit und ihres Lichts, die hat der Mensch. Daher ist offenbar, daß alle Freude, die die Creaturen an ihnen selbst haben sollten, die hat der Mensch, und nicht sie selbst. Ja, der Mensch hätte keine Freude, wenn die Creaturen nicht wären; denn er wüßte nicht, daß er die edelste Creatur sey, wenn keine andren Geschöpfe wären. Aus den Vergleichungen aber andrer Dinge versteht der Mensch wohl, daß er die edelste Natur habe unter allen; und darum versteht er auch wohl, daß ihn Gott über alle Creaturen liebe. Denn aus lauter Güte hat Gott den Menschen über alle Creaturen so erhoben und allen vorgezogen. Es besehe nur der Mensch die Statur seines Leibes, und halte sie gegen andre Creaturen, so wird er seinen Adel vor den andern wohl erkennen. Denn alle andre Thiere sehen unterwärts auf die Erde, allein der Mensch hat ein aufgerichtetes Angesicht gen Himmel, und man sieht, wie wohl es dem Menschen ansteht, wenn er gen Himmel sieht. Ja der Mensch besehe seine Seele, so wird er seinen Adel über alle Creaturen wohl erkennen. Denn die Seele des Menschen ist nach Gottes Bilde geschaffen, und sonst keine sichtbare Creatur mehr. Wenn nun der Mensch sich selbst recht erkennt, das ist eine große Weisheit; sich selbst aber nicht erkennen, ist die höchste Thorheit.

3. Wie nun alle Creaturen dem Menschen zur Freude erschaffen sind, also auch zur Lehre. Denn der Mensch sieht ja wohl aus den Creaturen, daß sein unendliches, höchstes Gut nicht bestehe in irdischen und greiflichen Dingen, und in Belustigung des Leibes, als in Essen, Trinken und Wollust; denn dasselbe haben die Thiere auch. Daher sollte ja der Mensch erkennen, daß er andre Güter haben müsse, welche übertreffen die, so auch den Thieren

gemein sind. Weil der Mensch das Vieh weit übertrifft, deßwegen muß ja in dem nicht die höchste Glückseligkeit seyn, das auch andre Thiere haben, als Essen, Trinken ꝛc. Darum muß ein edleres Essen, Trinken und Freude seyn, davon die Thiere nicht wissen, weil der Mensch edler ist, denn alle Thiere. Ja der Mensch hat den meisten Theil der Weisheit aus den Creaturen erlernt. Denn die Kunst der Arznei entspringt ja aus den Creaturen; die Astronomie lernt man aus dem Gestirn; die Musik haben die Philosophen aus dem Klang der Metalle erfunden, und so fort. Derowegen ist die ganze Creatur dem Menschen zur Freude und zur Lehre geschaffen. Daher folgt auch, weil der Mensch so viele Gutthaten aus den Geschöpfen Gottes empfängt, zu seines Leibes Nutzen und zur Lehre seiner Seele, daß er Gott vor allen Creaturen zum höchsten verpflichtet ist; denn er empfängt von allen Creaturen Wohlthaten. Diese Verpflichtung ist das erste Band, womit der Mensch Gott verbunden ist, und so ist der Mensch Gottes Schuldner. Das ist die Wurzel und der Grund der Verpflichtung des Menschen gegen Gott.

Gebet um Bewahrung vor Mißbrauch der Freude an den Creaturen.

Gütiger Gott, wie unaussprechlich groß ist deine Liebe gegen uns Menschen, daß du die Creaturen zu unserm Dienst erschaffen hast! Laß uns aus Betrachtung und Genießung der Geschöpfe dich, unsern liebreichen Wohlthäter, heilsam erkennen, und bewahre uns durch deines Geistes Kraft, daß wir ja mit unsern Herzen an der Creatur nicht kleben; ermuntere uns vielmehr, und stärke uns um Jesu willen, daß wir an dir, unserm höchsten Gut, alle unsere Lust und Freude haben mögen. Amen.

Das 8. Capitel.
Wie groß die Verbindlichkeit sey, damit der Mensch Gott verpflichtet ist.

Ps. 92, 6. 7. Wie sind deine Werke so groß, deine Gedanken so sehr tief! Ein Narr achtet's nicht, und ein Thörichter glaubet's nicht.

1. So groß ist die Verbindlichkeit, so groß und viel der empfangenen Wohlthaten sind; so groß und viel ist der Mensch Gott verpflichtet, so viel die ganze Welt und alle Creaturen werth sind, denn sie sind ja um des Menschen willen geschaffen. Alles, was Himmel, Erde, Luft und Wasser für Güter haben, dafür ist der Mensch Gott schuldig und verpflichtet; denn sie selbst verstehen ihr Gut nicht, genießen's auch nicht selbst, sondern der Mensch; darum ist ja der Mensch dafür Gott verpflichtet. Es ist, gleich als wenn in einem Hause eitel unverständige Kinder wären, denen ein König alle seine Güter schenkte, sie aber verstünden's nicht; es wäre aber Ein Verständiger darunter: wäre nun der nicht schuldig, dem Könige zu danken wegen der andern alle? oder es würde dem Einigen alle Schuld gegeben, und die Undankbarkeit zugerechnet. Also ist die Welt auch. Die Creaturen sind unverständige, unmündige Kinder, die verstehen ihr eigen Gut nicht. Weil es nun der Mensch versteht, so ist er ja schuldig, solches zu erkennen, Gott zu danken, und der andern Wort zu führen. Und wenn das nicht geschieht, so wird die Undankbarkeit dem Menschen allein zugerechnet. Darum ist der Mensch schuldig, für alle Creaturen Gott zu danken.

2. Zudem so haben die Creaturen nicht ihrer selbst wegen empfangen, was sie haben, sondern um des Menschen willen. Sollte denn der Mensch dafür Gott nicht verpflichtet seyn? Und je besser und edler die Creaturen sind, je mehr und mehr der Mensch Gott dafür verpflichtet ist. Wenn nun der Mensch nicht mehr empfangen hätte, denn die Gutthaten der Creaturen, so wäre er doch Gott mehr denn genug schuldig.

Gebet um ein dankbares Herz.

Getreuer Gott, deine Barmherzigkeit ist alle Morgen neu über uns, deine Treue ist groß, und deine Wohlthaten sind unzählig. Gib uns ein dankbares Herz, das nimmer seiner Pflicht vergesse, sondern dich in Glauben, Geduld und Gehorsam preise, durch Christum Jesum, unsern Herrn. Amen.

Das 9. Capitel.

Daß der Mensch Gott mehr schuldig ist für dasjenige, was er in sich selbst hat, denn für Alles, was in der Welt ist; und wird hier bewiesen die Unsterblichkeit der Seele.

B. der Weish. 11, 27. Cap. 12, 1. Du Liebhaber des Lebens, dein unvergänglicher Geist ist in Allen. 1 Mos. 9, 2. Eure Furcht sey über alle Thiere. Weish. Sal. 2, 23. Gott hat den Menschen geschaffen zum ewigen Leben, und hat ihn gemacht zum Bilde, daß er gleich seyn sollte, wie Er ist.

1. Weil der Mensch erkennt, daß er die edelste Creatur ist unter allen, so ist er Gott viel mehr für sich selbst schuldig und verpflichtet, denn für die ganze Welt. Denn weil Alles um des Menschen willen geschaffen ist, so muß ja der Mensch mehr werth seyn, denn die ganze Welt und alle Creaturen. Denn obwohl viel herrliche Creaturen in der Welt sind, als: die Elemente, die himmlischen Körper, und sonderlich die Sonne: dennoch, weil sie alle um des Menschen willen geschaffen sind, und ihm dienen, so ist leicht zu erachten, daß des Menschen Natur höher seyn muß, weil ihm so viel herrliche, große, gewaltige, mächtige Creaturen dienen. Durch diesen ihren Dienst aber lehren uns die gewaltigen und herrlichen Creaturen Gottes, daß im Menschen etwas Untödtliches, Unsterbliches und Ewiges seyn müsse. Denn es sind ja auch die himmlischen Körper der Verderbniß nicht unterworfen, sondern währen immer ohne Abnehmen. Wie sollte nun das zugehen, daß die Creaturen, die so herrlich sind, daß sie keiner Corruption und Zerstörung unterworfen, dem Menschen dienen sollten, wenn nichts Unsterbliches und Ewiges im Menschen wäre? Derhalben muß im Menschen etwas Unsterbliches seyn. Dieses aber ist nicht der Leib, weil derselbe stirbt; darum muß etwas Anderes im Menschen seyn, das unsterblich ist, welches die Seele genannt wird. Darum weil der, der da dient, nicht größer seyn kann, noch muß, denn dem er dient: so muß im Menschen etwas seyn, das größer, herrlicher, unvergänglicher, unsterblicher ist, denn alle himmlische Körper. Sonst wäre es eine gar widerwärtige Ordnung, ja es wäre keine Ordnung, sondern ganz umgekehrt, und wäre wider die ganze Natur, wenn die himmlischen Körper, die nach ihrer Art untödtlich sind, einem tödtlichen Menschen dienen müßten, in dem keine unsterbliche Seele wäre.

2. Dieweil die Seele nun unsterblich ist, so soll sie auch keine Gemeinschaft haben mit den tödtlichen Dingen, so unter dem Himmel beschlossen sind. Denn es kann doch kein tödtlich Ding sich vereinigen mit einem unsterblichen; darum sollen allein die unsterblichen Dinge mit der Seele vereinigt seyn, vornehmlich aber Gott. Mit dem Leibe des Menschen haben alle tödtliche Dinge Gemeinschaft, denn der Leib genießt ihrer; aber mit der Seele soll allein der unsterbliche Gott Gemeinschaft haben. Also ist und soll Gott allein, als der König, in der Seele des Menschen seinen Sitz haben. Siehe, also ist die Seele im Menschen Gottes Stuhl. Das ist der höchste Adel des Menschen, zu welchem Gott keine Creatur in der Welt erhoben hat. Also ist die gläubige Seele des Menschen Gottes Bild und Wohnung; höher kann keine Creatur gewürdigt werden. Darum ist der Mensch über alle Creaturen. Derowegen ist der Mensch Gott mehr schuldig für das, so in ihm ist, denn für Alles, was in der Welt ist.

Gebet um Willigkeit, Gott zu dienen.

O großer Gott, wie hoch hast du uns Menschen geadelt, daß alle Creaturen uns zum Dienste seyn sollen. Wir sind dessen ganz unwerth, und es ist deine freie Erbarmung, daß du uns so herrlich erschaffen und mit Jesu Blut so theuer erlösest hast. Herr, unser Gott, gib uns einen freudigen Geist, daß wir uns dir gänzlich aufopfern, und als vernünftige und erlose Geschöpfe deinem majestätischen Namen zu Ehren leben. Amen.

Das 10. Capitel.
Wie weislich und künstlich Gott den Menschen erschaffen.

Pf. 104, 24. Du hast Alles weislich geordnet.

1. Es sind drei unterschiedliche Stände im Menschen, als in einem natürlichen Reich. Der unterste Stand ist die nährende Kraft: das sind die Ackersleute, Kaufleute, Arbeitsleute, die dem Leibe die Speise künstlich im Magen bereiten, kochen, zurichten, Appetit machen, an sich ziehen, behalten, austreiben, subtil machen, künstlicher denn ein Künstler. Diese untersten Kräfte dienen den obern, und arbeiten ohne Unterlaß Tag und Nacht, auf daß die obern erhalten werden. Denn wenn eins seine Arbeit nicht thut, so liegt das ganze Werk, und die obern Kräfte werden geschwächt. Diese Kräfte aber sind mit dem Leibe verbunden, und fast leiblich; darum sind sie unedler denn die obern.

2. Darauf folgt der andre Stand, das sind die sinnlichen Kräfte, und sind edler denn die untern, als: Sehen, Hören, Schmecken, Riechen, Fühlen. Und unter denselben ist eins edler denn das andre. Das Sehen ist edler denn das Hören; denn wir können weiter sehen, denn hören. Das Gehör übertrifft den Geruch; denn wir können weiter hören, denn riechen. Der Geruch übertrifft den Geschmack; denn wir können weiter riechen, denn schmecken. Das Fühlen ist das unterste, und durch den ganzen Leib ausgestreckt oder ausgestreut.

3. Der oberste und edelste Stand ist die Vernunft, der Wille und das Gedächtniß, und ist der Regimentstand; denn dieser regiert die andern alle. Und sie haben ihre unterschiedenen Aemter, und sind nicht leiblich, sondern ganz geistig, darum auch ganz edel, geschwind und subtil; und die kann Niemand zwingen, wie die untersten. Denn wer kann den Willen zwingen? Ein gezwungener Wille ist kein Wille, denn der Wille ist ganz frei, läßt sich nicht zwingen; denn was er will, das will er frei. Dieß sind die Rathsherren im Menschen, welche beschließen und vollziehen. Der oberste Stand im Menschen ist nun mit vielen Tugenden geschmückt, die sein Kleid sind, als: mit der Gerechtigkeit ist geschmückt der Wille, der Verstand mit der Weisheit, das Gedächtniß mit Beredtsamkeit und mit viel andern mehr. Das ist die Obrigkeit im Menschen und das natürliche Reich, so Gott dem Menschen eingepflanzt hat.

Danksagung für unsere Erschaffung.

Wunderbarlich hast du uns erschaffen, o allerweisester Gott! Alle Kräfte der Seele, alle Sinne und Glieder des Leibes sind uns von dir anvertraut. O Herr, heilige uns verderbte Creaturen, damit Geist, Seele und Leib unsträflich gemacht und erhalten, folglich deinem Dienste ganz gewidmet werden mögen bis auf den Tag der Erscheinung Christi. Amen.

Das 11. Capitel.
Wie hoch der Mensch Gott verpflichtet sey wegen seiner Liebe und wegen der empfangenen Gaben.

1 Cor. 4, 7. Was hast du, Mensch, das du nicht empfangen hast?

1. Zweierlei allgemeine Gaben sind, dafür der Mensch Gott hoch verpflichtet ist. Die eine ist greiflich und sichtbar, und ist die ganze Welt; die andre ist verborgen und unsichtbar, und ist Gottes Liebe.

2. Die Liebe ist die erste Gabe Gottes. Weil sie aber unsichtbar ist, so wird sie für keine Gabe geachtet, und ist doch das Fundament und die Wurzel aller Gaben. Denn alle Gaben entspringen aus dieser Wurzel, diesem Brunnen, und sind nichts anders denn Zeichen der Liebe, in welchen die unsichtbare Liebe leuchtet. Der Mensch aber ist so närrisch, und achtet das sichtbare Ding für eine große Gabe, und denkt nicht, daß die verborgene Liebe, so darunter ist, viel größer und herrlicher sey. Denn gleichwie der Rauch ein gewisses Zeichen des

Feuers ist, also sind die Gaben Gottes ein gewisses Zeichen seiner Liebe. Denn wenn er uns nicht geliebt hätte, so hätte er uns auch nichts gegeben. Derowegen sind die Gaben Gottes ein Weg und Leiter, zu Gott zu kommen und Gott zu finden. So groß nun die Gabe ist, so groß ist Gottes Liebe. Weil nun Gott die ganze Welt und alle Creaturen um des Menschen willen geschaffen hat, so ist leicht zu denken, wie groß Gottes Liebe gegen den Menschen sey; denn um des Menschen willen liebt er die Creaturen, ja in allen Creaturen liebt er nichts denn den Menschen. Und weil er den Menschen über alle Creaturen erhoben und gezieret hat, darum liebt er auch den Menschen über alle Geschöpfe.

3. Dieweil auch die Liebe Gottes die allerreinste, wahrhafteste, sicherste, unverfälschteste, höchste, mildeste Gabe ist, indem er den Menschen nicht um etwas geliebt, daß er Nutzen von ihm hätte, sondern aus lauter göttlicher Güte ist er dem Menschen zuvorgekommen, und hat ihn ganz umsonst geliebt, freiwillig, ungezwungen: so ist auch der Mensch Gott viel mehr schuldig für seine herzliche Liebe, denn für alle andere Gaben, weil Gottes Liebe besser ist, denn alle Creaturen. Derowegen ist in allen Dingen zweierlei zu betrachten: die Liebe, die vorhergeht, und dann die Gabe, die viel geringer ist denn die Liebe. Denn die Liebe ist so edel, wie der selber ist, der da liebt. Und weil nichts Höheres und Besseres ist, denn Gott: so ist auch nichts Edleres und Besseres, denn Gottes Liebe. Darum ist der Mensch Gott höher verpflichtet für seine Liebe, denn für seine Gaben. Und weil aus unvermeidlicher Noth der Mensch Gottes Wohlthaten genießen muß, er könnte sonst nicht einen Augenblick leben, so folgt daraus eine unvermeidliche Verpflichtung oder Verbindlichkeit. Und weil Niemand, denn Gott allein, dem Menschen geben kann Leben und Odem: so ist auch der Mensch Gott über alle Dinge dafür verpflichtet.

Gebet um rechte Gegenliebe zu Gott.

Du liebenswürdigstes Wesen, ach! daß wir dich in deiner Herrlichkeit gehörig erkenneten. Du allertreuester Wohlthäter, ach! daß wir den Reichthum deiner Güte recht anwendeten. Großer Gott, siehe uns in Christo an mit den Augen deiner Erbarmung. Sey durch deinen Geist in uns geschäftig. Zeuch uns zu dir hin. Laß uns deine Liebe und Freundlichkeit im Glauben schmecken, und entzünde in uns eine brünstige Liebe, damit wir dich über Alles hochschätzen, und deine Liebe uns besser denn unser Leben seyn möge. Amen.

Das 12. Capitel.

Womit der Mensch seiner Verpflichtung gegen Gott genug thun könne.

Psalm 18, 2. Herzlich lieb habe ich dich, Herr, Herr, meine Stärke!

1. Dieweil Gott dem Menschen freiwillig, ungezwungen alles Gute thut, und sich damit den Menschen verpflichtet hat: so folgt nothwendig, daß etwas im Menschen seyn müsse, das er Gott wieder zu geben schuldig sey. Und dasselbe muß eine solche Gabe seyn, die nicht außer dem Menschen ist, damit sie ihm Niemand wehren und entwenden könne wider seinen Willen. Denn Alles, was außer dem Menschen ist, kann ihm genommen werden wider seinen Willen; deßwegen ist's nicht wahrhaftig sein, und er kann auch mit solchen äußerlichen Dingen Gott keine schuldige dankbare Ehre anthun. Denn sein Leib und Leben kann ihm genommen werden wider seinen Willen, und deßwegen ist dasselbe nicht in seiner Gewalt. Weil nun Gott sein Höchstes und Bestes dem Menschen umsonst gibt, nämlich seine Liebe: so ist der Mensch pflichtig, dasselbe wiederum zu thun. Es ist aber im Menschen nichts Besseres, Höheres, Edleres, denn seine Liebe; diese ist der ganze Schatz des Menschen. Wem er seine Liebe gibt, dem gibt er sich selbst. Wem soll nun der Mensch diesen Schatz billiger geben, denn Gott allein, vollkömmlich, über alle Dinge, aus natürlichem Recht und Verbindlichkeit, auf daß Liebe mit Liebe vergolten werde?

2. Also, wie Gott seine höchste Liebe dem Menschen gibt im höchsten Grad: also

ist der Mensch hinwieder Gott seine Liebe schuldig im höchsten Grad, „von ganzem Herzen, von ganzer Seele und aus allen Kräften," 5 Mos. 6, 5; welches uns die Vernunft und die Natur lehrt. Denn die Vernunft lehrt uns ja, daß, wer im höchsten Grad liebt, der solle und müsse auch im höchsten Grad wiederum geliebt werden, oder man sey der bezeigten Liebe nicht werth. Und dieß ist die höchste Klage Gottes über den Menschen: Siehe, wie lieb habe ich euch, und ihr wollt mich nicht wieder lieben? Wie nun die höchste Wohlthat Gottes seine Liebe ist, also ist die höchste Wiedervergeltung des Menschen Liebe; sonst begehrt Gott nichts.

3. So ist auch die Liebe an ihr selbst lieblich, anmuthig, angenehm, süß und holdselig, und es ist ohne die Liebe nichts angenehm und lieblich. Denn was ist die Furcht ohne Liebe, Ehre ohne Liebe, oder alle Gaben? Die Liebe ist allezeit angenehm, sie gefällt allezeit wohl. Kein Reicher und Gewaltiger, der sonst Alles hat, ist jemals gewesen, der eines Menschen Liebe und Gunst verworfen hätte; denn er will ja gern von Jedermann geliebt werden. Also auch Gott; während er der Höchste, Reichste, Gewaltigste ist, so verschmäht er doch keines Menschen Liebe, sondern sie ist ihm angenehm. Und dieweil nun die Liebe der höchste Schatz des Menschen ist, so ist er billig dieselbe Gott schuldig, weil auch Gott seinen höchsten Schatz, nämlich seine Liebe, dem Menschen gegeben hat.

4. Dieß Capitel ist nicht also zu verstehen, daß die Liebe nach dem Fall in unsern eigenen Kräften stehe, oder daß wir durch die Liebe unserer Pflicht gegen Gott könnten genug thun, oder die Liebe und Wohlthaten Gottes dadurch vergelten; sondern wir werden nur erinnert und überzeugt in unserm Gewissen, daß wir Gott wieder zu lieben schuldig seyen. Nicht allein Gottes Wort, sondern auch das Licht der Natur überzeugt uns davon.

Gebet um Entzündung der Liebe gegen Gott.

Du süße Liebe, wenn du uns deine Gunst schenkst, so empfinden wir eine Brunst der Gegenliebe in uns. Laß das Feuer deiner göttlichen Liebe uns durchdringen, damit dadurch eine brennende Liebe zu dir, unserm Gott und Heiland, in uns entzündet werde. Du liebest uns; ach daß wir dich wiederum von ganzem Herzen lieben könnten! Es ist deine Gnade, daß wir nach dir gesinnet werden. Herr, hilf uns dazu, um deiner Menschenliebe willen. Amen.

Das 13. Capitel.

Gottes Liebe ist in allen seinen Werken, auch in dem, wenn er den Menschen straft.

Weish. Sal. 12, 28. Du gewaltiger Herrscher richtest mit Gelindigkeit, und regierest uns mit eitel Verschonen.

1. Wir haben zuvor gehört, daß Gottes Liebe sey eine Anfängerin und eine Wurzel aller Werke und Wohlthaten Gottes gegen den Menschen. Dieweil nun dem also ist, die Züchtigung aber, so Gott dem Menschen zuschickt, auch Gottes Werk ist: so kann dasselbe nicht ohne Gottes Liebe seyn. Denn aller Werke Gottes Anfang ist die Liebe; hätte er nicht geliebt, so hätte er keine Werke gethan.

2. Will nun der Mensch Gottes Liebe antworten, so muß er auch die Züchtigung in der Liebe aufnehmen. Derowegen so Gott zürnet über den Menschen, so soll der Mensch nicht wieder zürnen; denn Gott hat das nicht verursacht, sondern der Mensch. Wenn Gott den Menschen straft und schilt, so soll der Mensch Gott nicht wieder schelten; sondern wie Gott in der Strafe seine Liebe behält, so soll der Mensch im Aufnehmen der Strafe auch seine Liebe behalten gegen Gott. Darum, wenn Gott den Menschen richtet, so soll der Mensch Gott nicht wieder richten; denn er findet in Gott keine Ursache des Richtens, wie Gott wohl am Menschen findet. Und das ist die rechte Liebe, die der Mensch Gott schuldig ist, und das ist ihre rechte Probe.

3. Darum, wiewohl der Mensch Gott, dem Herrn, nicht kann gleiche Liebe bezeigen (denn Gottes Liebe gegen den Menschen ist unendlich und vollkommen; ja, wenn der Mensch schon selbst zu lauter

Liebe würde mit Leib und Seele, so wäre es doch nichts gegen Gottes Liebe): so soll doch der Mensch von ganzem Herzen und allen Kräften sich befleißigen, daß er täglich zum höchsten Grad der Liebe kommen möge. Und das ist er Gott schuldig, daß seine Liebe sey heilig, züchtig, rein, ohne Falsch, und die nicht müde werde, im Kreuz nicht aufhöre, wie Gottes Liebe auch im Kreuz nicht aufhört, sondern herzlich, brünstig, rein, ohne Heuchelei, immerwährend ist. Denn es wäre ja dem Menschen eine große Schande, daß er Gott für seine allerheiligste, reinste, herzlichste Liebe gäbe eine unreine Liebe, eine falsche Liebe, eine Heuchelliebe, da doch solches keine Creatur thut, die viel unedler ist, denn der Mensch.

Gebet um Gnade, Gott auch in der Züchtigung zu lieben.

Auch unter dem Leiden, o Gott, das du deinen Kindern zuschickst, bleibst du die Liebe. Nur wir sind zu blind, daß wir deine Liebesabsicht auf dem Kreuzeswege nicht verstehen. Oeffne unsere Augen, und lehre uns, wie durch deine Erbarmung auch alle Widerwärtigkeiten zu unserm Besten dienen, damit wir unter der Trübsal auf dich sehen, deinen Trost in uns erfahren, und einen seligen Ausgang aller Leiden von deiner Liebeshand in Geduld erwarten. Amen.

Das 14. Capitel.

Wie und auf welche Weise der Mensch verpflichtet ist, Gott zu lieben.

Hoh. L. Sal. 8, 7. *Wenn Einer all sein Gut in seinem Hause um die Liebe geben wollte, so gälte es alles nicht.*

1. Dieweil wir nun gehandelt haben von denen Dingen insonderheit, die der Mensch Gott schuldig ist, und diese ganze Erkenntniß gegründet ist in der Verbindlichkeit oder Verpflichtung, so da herrührt aus dem Geben und Nehmen, indem eine natürliche Verpflichtung entsteht zwischen dem Geber und Nehmer; denn diese Verbindlichkeit ist der Grund und Ursprung der Schuld, ja ein unauslöschliches natürliches Licht, dabei erkannt mag werden, was der Mensch Gott schuldig sey; und dieweil Gott allein Alles gibt, der Mensch aber Alles von Gott umsonst empfängt; ja, so Gott nichts gäbe, so empfinge der Mensch nichts, weßwegen auch keine Verbindlichkeit seyn könnte; ja es könnte kein gewisses Maaß, keine Ordnung und Weise seyn, was und wie der Mensch Gott wieder zu geben schuldig wäre: so entspringt demnach aus dem obigen Grund die Ordnung und Weise, wie der Mensch Gott wieder zu geben schuldig ist, was er empfangen hat.

2. Gleichwie nun die erste Gabe, so der Mensch von Gott empfangen hat, Gottes Liebe ist; denn Gott hat den Menschen geliebt, indem er ihn geschaffen: so ist der Mensch auch schuldig, Gott wieder zu lieben. Was der Mensch Gutes hat, das hat er von Gott, darum daß ihn Gott geliebt hat. Und der Mensch hat nichts von ihm selbst, noch etwas von einem Andern ursprünglich. Darum ist er auch Niemand anders so hoch zu lieben verpflichtet, als Gott. Ja er ist sich selbst nicht verpflichtet, denn er hat nichts von sich selbst, sondern Alles von Gott. Daraus folgt, daß der Mensch seine erste und höchste Liebe Gott geben soll, und nicht sich selbst. Und dieweil er Alles allein von Gott hat, so soll er seine ganze, vollkommene Liebe Gott geben, und nicht ein Theil derselben einem Andern. Denn er hat von keinem Andern die allererste und höchste Liebe, sondern von Gott; darum soll auch hinwieder seine höchste Liebe Gott seyn.

3. Ja dieweil der Mensch ohne Unterlaß und jeden Augenblick von Gott erhalten wird, unaufhörliche Wohlthaten von Gott empfängt, und ohne Gott nicht leben kann; ja dieweil es Gott verordnet hat, daß alle Creaturen dem Menschen dienen müssen, ohne und außer welchen der Mensch nicht einen Augenblick leben könnte: so folgt, daß auch der Mensch vollkömmlich, ohne Unterlaß, unaufhörlich, alle Augenblicke Gott zu lieben schuldig ist. Und das ist die Weise, die Art und das Maaß der pflichtmäßigen Liebe Gottes.

Gebet um Gnade, Gott ohne Unterlaß zu lieben.

O daß unsere Herzen zu dir, unserm Gott, ohne Unterlaß hingerichtet wären! O daß wir in einem beständigen Umgang mit dir blieben! wie selig würden wir seyn! Gib uns diese gesegnete Gemüthsfassung, o lieber Vater, um Jesu willen. Amen.

Das 15. Capitel.
Daß alle Creaturen den Menschen unaufhörlich ermahnen, Gott zu lieben.

Sprüchw. Sal. 8, 1. Rufet nicht die Weisheit, und die Klugheit läßt sich hören? Oeffentlich am Wege und an der Straße stehet sie.

1. Nicht allein aber ruft und schreit die immerwährende und unaufhörliche Liebe Gottes, und ermahnt den Menschen, Gott wieder zu lieben von ganzem Herzen, wie er immer kann; indem Gott den Menschen erstlich geliebt vollkömmlich, ja unter allen Creaturen der Welt den Menschen am höchsten geliebt, ja in der ganzen Welt den Menschen nur allein geliebt, dieweil er alle Creaturen um des Menschen willen geschaffen hat, daraus denn folgt, daß Gott den Menschen einzig und allein in der Welt geliebt hat: nicht allein, sage ich, ermahnt diese immerwährende Liebe Gottes den Menschen, seinen Schöpfer zu lieben, sondern auch alle Creaturen und die ganze Welt ruft dem Menschen unaufhörlich zu, daß er Gott lieben soll. Denn alle Creaturen und die ganze Welt erzeigen alle ihre Dienste dem Menschen aus Gottes Befehl, so hoch und gut sie vermögen, oder aus allem ihrem Vermögen; und was sie Liebes und Gutes vermögen, geben sie dem Menschen; und das hat ihnen Gott geboten. Damit ermahnen sie nun den Menschen, daß er hinwieder das Beste, das er hat und vermag, Gott, ihrem Schöpfer, wiedergebe, aus dem Grunde der natürlichen Verpflichtung oder Verbindlichkeit. Das Beste aber, das der Mensch hat, ist die Liebe; darum schreien alle Creaturen, der Mensch solle doch seinen Liebhaber wieder lieben, so freiwillig und gern, als die Creaturen dem Menschen dienen aus Gottes Gebot.

2. Und weil die Creaturen dem Menschen keine falschen Dienste erzeigen, sondern wahrhaftig, ohne alle Heuchelei und Betrügerei; denn Gott hat keine falschen und betrüglichen Dienste den Creaturen eingeschaffen: so ist auch der Mensch schuldig, seinem Schöpfer keine falsche Liebe zu bezeigen, sondern eine reine, ungefärbte Liebe, ohne Heuchelei. Und weil die Creaturen aus allen Kräften dem Menschen dienen: so ist der Mensch auch schuldig, aus allen Kräften Gott zu lieben, ja Tag und Nacht, wie die Creaturen dem Menschen Tag und Nacht dienen. Wie auch die Creaturen dem Menschen allein dienen, also soll auch der Mensch Gott allein dienen, und keinem Andern. Denn die Creaturen sind zu nichts anders geschaffen, und haben kein ander Absehen, denn dem Menschen zu dienen; also soll auch der Mensch seinen ganzen Willen und sein Absehen dahin richten, daß er Gott diene. Wie aber auch der Creaturen Dienst dem Menschen angenehm ist, und er sein Wohlgefallen daran hat: also auch Gott am Dienst des Menschen. Und der allerangenehmste Gottesdienst des Menschen ist die Liebe, so sie aus dem Glauben an Christum und aus freiwilligem Geist geht. Nichts aber ist freier und ungezwungener, denn die Liebe. Dazu ermahnen uns nun alle Creaturen: 1) Gott aus allen Kräften zu lieben; 2) willig, gerne; 3) von ganzem Herzen, ohne Heuchelei, und 4) Gott allein, und keinen Andern.

Gebet um Gnade, Gott aufrichtig und ohne Heuchelei zu lieben.

Du Herzenskündiger, mache uns selber durch deinen Geist, wie du uns haben willst, damit in unserm Geiste kein Falsch sey, und wir in Christo dir redlich und aufrichtig dienen, auch dir von ganzem Herzen anhangen und ergeben seyn mögen. Amen.

Das 16. Capitel.

Eine allgemeine Regel und Lehre, wie und welchergestalt der Mensch Gott geben soll, was er ihm schuldig ist.

Hoh. L. Sal. 4, 17. Mein Freund komme in seinen Garten, und esse seiner edeln Früchte.

1. Der Mensch ist schuldig, gleichermaßen Gott zu lieben, wie die Creaturen von Gott geordnet sind, dem Menschen zu dienen, und es hat also Gott die Creaturen zu unsern Lehrmeistern verordnet. Sehet einen Baum an, der gibt nicht allein seine Früchte dem Menschen, sondern er gibt sie ihm auch 1) wohl reif, zeitig, süß, wohlschmeckend, vollkommen und angenehm, sonst nähme sie der Mensch nicht an, wenn sie unzeitig, bitter, verdorben wären, und so hätten die Bäume vergeblich gearbeitet. Also soll der Mensch Gott nicht allein seine Dienste bezeigen, als: Liebe, Furcht, Ehre; sondern es soll auch eine wohlreife, vollkommene, süße, angenehme Frucht seyn. Sie wird aber lieblich und angenehm durch Christum und in Christo, durch den heiligen Geist, der alle gute Früchte in uns wirkt. Und daran soll er höchsten Vermögens arbeiten mit seinem Glauben und Gebet, daß seine Frucht angenehm sey; gleichwie ein Baum aus allen Kräften durch die vier Jahreszeiten daran arbeitet, daß seine Frucht angenehm und lieblich sey dem Menschen. Denn Gott will so wenig eine bittere, faule, unreife Frucht vom Menschen haben, als der Mensch von einem Baum, oder alle Arbeit des Menschen ist verloren.

2. Und wie die Bäume dem Menschen dienen 2) ohne allen Betrug und List, sondern in höchster Einfalt, wissen selbst nicht, was sie machen, und ihre Natur ist, daß sie den Menschen erfreuen, und der Mensch seine Lust an Bäumen, wie auch an Blumen und Thieren sehe: also soll der Mensch aus lauter Einfalt, ohne allen Eigennutz und Verdienst, ohne allen Betrug und List, ohne alle Eigenehre Gott dienen aus reinem Herzen, gutem Gewissen und ungefärbtem Glauben, nur daß er seinen Schöpfer erfreue. Und das ist die allgemeine Regel und Lehre aus der Natur, wie und welchergestalt der Mensch Gott dienen soll: nämlich, daß er nicht aufhören soll, so lange bis seine Frucht Gott angenehm sey. Und also kann der Mensch aus der Natur erkennen, daß aller erdichtete Gottesdienst, auch Alles, was List und Betrug ist, Gott nicht gefalle, sondern bei ihm, als eine verdorbene Frucht, ganz bitter und verwerflich sey.

Gebet um Gnade, ein fruchtbarer Liebesbaum zu seyn.

O Jesu, du Baum des Lebens, pflanze uns in dich, damit wir deine Lebenssäfte in uns erfahren, und laß uns Alles, was wir thun, in deinem Namen verrichten: so werden wir in dir dem Vater angenehm, und durch dich erfüllet mit Früchten der Gerechtigkeit, die um deinetwillen dem Vater wohlgefällig sind. Jesu, in dir ist unsere Vollkommenheit; laß uns auf's genaueste mit dir auf ewig verbunden seyn. Amen.

Das 17. Capitel.

Daß ein Christ keine Entschuldigung habe, daß er Gott nicht geliebt, entweder aus Unvermögen, oder daß es zu schwere Arbeit sey.

Weish. Sal. 13, 9. Haben sie so viel mögen erkennen, daß sie die Creaturen hoch achteten, warum haben sie nicht viel eher den Herrn derselben gefunden? 1 Joh. 5, 3. Das ist die Liebe zu Gott, daß wir seine Gebote halten, und seine Gebote sind nicht schwer.

1. Gott hat allen Menschen einen Willen eingeschaffen, und in demselben die Liebe. Denn kein Mensch ist ohne Willen und ohne Liebe, und kann auch kein Wille ohne Liebe seyn. Denn was ich liebe, das will ich, und was ich nicht will, das liebe ich nicht. Weil aber der Mensch auch von Natur verstehen kann, daß er das Allerbeste lieben soll, und weil Gott das allerbeste und höchste Gut ist: so erkennt der Mensch natürlich, daß er Gott zu lieben schuldig ist, versteht auch die Ursache, warum er Gott lieben soll, nämlich weil er von Gott Alles hat, daher die natürliche Verbindlichkeit entspringt.

2. So ist nun kein Mensch entschuldigt, daß er Gott nicht geliebt hat. Denn so ein Hündlein und unvernünftige Thiere

die lieben, so ihnen Gutes thun: sollte denn der Mensch allein so verstockt seyn, daß er den höchsten Wohlthäter nicht lieben sollte? Röm. 12, 9. Ferner, weil die Liebe so lieblich ist, daß sie nicht müde wird, daß ihr die Arbeit nicht schwer wird, und keine Traurigkeit und Schmerz in der Liebe seyn kann, sonst wäre es nicht Liebe, sondern Haß; ja, es kann kein Ueberdruß in der Liebe seyn, sonst hörte sie auf, 1 Cor. 13, 4 ff.; ja die Liebe treibt hinweg alle Schmerzen, Pein und Angst; ja die Liebe macht alle Arbeit leichter, ob sie noch so schwer ist, denn lieben ist süß, anmuthig, voll Freude und Wonne: derhalben ist hier kein Mensch entschuldigt, sondern wir werden alle überzeugt, daß wir Gott zu lieben schuldig sind, auch mit Lust und Freude, weil die Liebe das allersüßeste, lieblichste und anmuthigste Werk ist, das ein Mensch thun kann. Und daraus erkennen wir Gottes Freundlichkeit, daß er den Menschen nicht hat wollen verpflichten zu einem unerträglichen, schweren, schmerzhaften Gottesdienst, davon der Mensch krank, matt und müde würde, sondern zu einem lieblichen, süßen Gottesdienst, welcher allein in Gottes Liebe besteht. So ist folglich kein Mensch entschuldigt, wenn er Gott nicht liebt.

3. Dieß Capitel ist nicht also zu verstehen, als könnte der Mensch von Natur nach dem Fall aus eigenen Kräften Gott lieben; sondern es überzeugt uns nur in unserm Herzen und Gewissen, daß ein Mensch ärger sey denn ein unvernünftig Thier, wenn er Gott, seinen Liebhaber, nicht liebt, und was der Liebe Art sey; auf daß wir, als Christen, dadurch erweckt werden, die Freundlichkeit und Süßigkeit der Liebe zu erkennen, und dieselbe zu üben, dazu uns nicht allein Gottes Wort, sondern auch die Natur ermahnt.

Gebet um Gnade, Gott herzlich zu lieben.

O wie inniglich wohl ist uns, wenn wir, ewiger Erbarmer, in deinen Liebeshänden ruhen! Nimm Alles weg aus unsern Herzen, was die Liebesgemeinschaft mit dir trennt, und erfülle uns mit deinem Geist der Liebe, daß wir in dir, bei dir und vor dir unverrückt bleiben. Was alle Welt uns nicht geben kann, das erlangen wir in dir. Und wenn du unser Einziges und Alles bist, so haben wir unsern Himmel auf Erden, schmecken die Kräfte der zukünftigen Welt, und bleiben auch im Tode und nach dem Tode von dir ungeschieden. Amen.

Das 18. Capitel.

Daß alle Pflicht und aller Dienst, so der Mensch Gott schuldig ist, dem Menschen allein zu Nutz und Frommen gereichen.

Ps. 19, 12. *Auch wird dein Knecht durch deine Gebote erfreuet; und wer sie hält, der hat großen Lohn.*

1. Dieweil oben im ersten und zweiten Capitel unwidersprechlich bewiesen ist, daß Gott ein unendliches, vollkommenes, überflüssiges Gut sey, und keines andern Dinges bedürftig; denn er hat alle Vollkommenheit in ihm selbst, und es ist unmöglich, daß ihm etwas mangeln sollte, oder er einiges andern Dienstes bedürfen, Nutz oder Frommen davon haben: derhalben so bedarf Gott keines Menschen Dienst; dient aber der Mensch Gott, so kommt's dem Menschen zu Nutz und zu merklichem Frommen. Und damit aller Creaturen Dienst nicht vergeblich sey, dieweil ihrer Gott auch nicht bedarf: so muß all ihr Dienst dem Menschen zu gut und Nutzen gereichen. Also kommt nun aller Creaturen Dienst sowohl, als des Menschen Gottesdienst, Niemand anders, denn dem Menschen selbst zu großem Nutzen und Frommen. Und darum soll auch der Mensch desto fleißiger und von ganzem Herzen und allen Kräften Gott dienen; denn es ist sein eigen Frommen.

2. Gott hat nichts davon, sondern er ist dem Menschen so gütig, daß er ihm den Weg der Liebe gezeigt hat, auf daß er dadurch viel Gutes aus dem Brunnen des ewigen Guts schöpfen möge, wenn er Gott herzlich liebt. O der überschwänglichen Gütigkeit Gottes gegen den Menschen! daß er nichts zu seinem eigenen Nutz und Frommen geschaffen und verordnet hat, sondern Alles zu Nutz des Menschen, auch

wenn er Gott dient und ihn liebt. So viel Gutes wird nun der Mensch aus dem ewigen Gut schöpfen, so viel er dasselbe liebt.

3. Dieß Capitel ist nicht so zu verstehen, als könnte der Mensch Gott, dem Herrn, etwas abverdienen; sondern Gott belohnt aus Gnaden alle Frömmigkeit und Gottesfurcht, in diesem und jenem Leben. So ist's aber zu verstehen: Bist du fromm, so hat Gott keinen Nutzen davon, sondern du selbst, Gott bedarf deiner nicht; bist du böse, so hat Gott keinen Schaden davon, sondern du selbst. Denn die Tugend ist ihr selbst der allerschönste Lohn; das Laster ist auch ihm selbst die allerschändlichste Strafe[1]).

Gebet um Gnade, Gott recht zu dienen.

Ach daß wir's wüßten, was zu unserem Frieden dienet! Alle deine Gebote, o Gott, sind Wohlthaten. Du forderst nichts von uns, als was zu unserm wahren und ewigen Heil gereicht. Herr, gib uns Licht und Kraft, daß wir dich heilsam erkennen, und unser ganzes Leben dir aufopfern. Setze unsere Füße auf die Wege des Friedens, und laß die Freude an dir unsere Stärke seyn, damit wir unermüdet laufen die Wege deiner Gebote. Amen.

Das 19. Capitel.

Vergleichung der zweierlei Dienste: der Creaturen gegen den Menschen, und des Menschen gegen Gott.

Sprüchw. Sal. 3, 21. Mein Kind, laß die Weisheit nicht von deinen Augen weichen, so wirst du glückselig und klug seyn; das wird deiner Seele Leben seyn.

1. Dieweil nun zweierlei Dienste sind, der Menschendienst der Creaturen und der Gottesdienst des Menschen, alle beide aber dem Menschen zu Nutz kommen: so müssen wir sehen, worin sich diese beiden Dienste mit einander vergleichen, und worin sie unterschieden sind. Der Mensch kann der Creaturen Dienst nicht belohnen, denn er hat nichts, womit er sie belohnen könnte, weil Alles, was er hat, Gottes ist; und ist auch nicht vonnöthen, weil aller Creaturen Gütigkeit ein Ausfluß ist von Gott. Darum nicht den Creaturen die Liebe und der Dank gebührt, sondern Gott, dem Ursprung und Ausfluß alles Guten. Der Mensch bedarf täglich der Creaturen Dienst zu seinem Leben und seiner Nothdurft; aber darum soll er nicht die Creaturen lieben, sondern den Schöpfer. Denn Gott macht durch die Creaturen sich den Menschen verpflichtet. Der Creaturen Dienst macht, daß der Mensch lebt, und ohne ihren Dienst könnte der Mensch nicht eine Stunde leben. Aber dadurch will Gott den Menschen reizen, daß er hinwider Gott diene und Gott liebe. Denn was hilft leben durch Hülfe der Creaturen, wenn man nicht auch Gott lebt?

2. Darum will Gott so viel zu uns sagen: Siehe, du lebst durch der Creaturen Dienst, und hast durch sie das natürliche Leben, auf daß du an ihnen lernen sollst, mir zu dienen und mir zu leben. Denn sobald der Creaturen Dienst aufhört, und der Mensch nicht mehr ihrer Hülfe gebraucht, als: der Luft und des Odems rc., so bald stirbt der Mensch, und verliert sein natürliches Leben. Also, sobald der Mensch aufhört, Gott zu dienen und zu leben in Christo, so stirbt er Gott ab, und ist lebendig todt. Und gleichwie es dem Menschen nichts nütze ist, daß er lebe, wenn er nicht auch gottselig lebt: also ist's ihm auch nichts nütze, daß ihm die Creaturen dienen, wenn er nicht auch Gott dient. Und gleichwie es besser und größer ist, gottselig zu leben, denn natürlich zu leben: also ist's viel besser und größer, daß der Mensch Gott diene, denn daß ihm alle Creaturen dienen.

3. Ja der Mensch, der Gott nicht dient, ist nicht werth, daß ihm einige Creatur diene. Denn gleichwie die Creaturen darum leben, daß sie dem Menschen dienen: also lebt der Mensch darum, daß er Gott diene. Derowegen dienen alle Creaturen dem Menschen darum, daß der Mensch Gott wieder dienen soll; und wenn das nicht geschieht, so ist aller Creaturen Dienst

---

[1]) Ipsa etenim virtus sibimet pulcherrima merces;
Ipsum etiam vitium sibimet deterrima poena.

vergeblich geschehen und verloren, und so hat denn ein Mensch alle Creaturen, die ihm gedient haben, schändlich betrogen, und derselben mißbraucht. Wie es nun verordnet ist, daß alle Creaturen dem Menschen dienen zum natürlichen Leben: also hat Gott den Menschen dadurch lehren wollen, daß er schuldig sey, Gott zu dienen und gottselig zu leben. Siehe, das ist die Vergleichung der zweierlei Dienste, der Creaturen gegen den Menschen und des Menschen gegen Gott.

Gebet um Vergebung, daß man die Creaturen gemißbraucht.

Herr, unser Gott, die Eigenliebe und Creaturliebe sind in uns ganz verderbt. Wir werden dadurch an deinem Dienst gehindert, in unserm Gewissen befleckt, und unserer wahren Seligkeit beraubt. Ach! ziehe unsere Herzen ab von der Erde, laß uns durch deines Geistes Bearbeitung uns selbst und der Welt absterben, reinige uns durch Jesu Blut, und stärke uns, daß wir nicht lieb haben das, was irdisch und vergänglich ist, sondern die Neigungen und Begierden zu dir hingerichtet seyn lassen, damit wir deine Liebe in uns schmecken, und durch deine Wirkung deinem Bilde gleichförmig werden. Amen.

Das 20. Capitel.
Durch der Creaturen Dienst kann der Mensch augenscheinlich sehen, daß Gott nothwendig alle Dinge in seiner Hand und Gewalt habe und erhalte.

Weish. Sal. 11, 26. Wie könnte etwas bleiben, wenn du nicht wolltest? oder wie könnte erhalten werden, das du nicht gerufen hättest?

1. Dieweil der Mensch ohne der Creaturen Dienst nicht einen Augenblick leben kann, selbst aber die edelste Creatur ist, und die andern Geschöpfe viel geringer sind: so folgt daraus, daß ein Gott seyn müsse, der auch die Creaturen erhalte. Denn wenn Niemand wäre, der sie erhielte, so wären sie besser und edler als der Mensch, weil der Mensch ihrer bedarf, sie aber keines Erhalters bedürften. Weil sie aber viel geringer sind, denn der Mensch, der Mensch aber eines Erhalters bedarf: so muß folgen, daß sie viel mehr eines Erhalters bedürfen. Denn so der Mensch, die edelste Creatur, eines Erhalters bedarf; so bedürfen viel mehr die geringen Creaturen eines Erhalters.

2. Dieweil aber der Mensch, die edelste Creatur, die andern Geschöpfe nicht erhält, sondern wird vielmehr durch sie erhalten im natürlichen Leben: so muß folgen, daß eine noch edlere Natur seyn müsse, denn der Mensch, dadurch die Creaturen erhalten werden um des Menschen willen. Denn eben der, der die Creaturen erhält, der erhält folglich auch durch die Creaturen den Menschen; und das kann Niemand anders seyn, denn der, von welchem der Mensch und alle Creaturen ihren Ursprung haben; denn von dem etwas seinen Ursprung hat, von dem wird's auch erhalten. Darum so erhält nun Gott alle Creaturen um des Menschen willen, den Menschen aber um seinetwillen. Also erkennt nun der Mensch aus seiner Erhaltung, daß ein Erhalter aller Dinge seyn müsse.

Danksagung für die Erhaltung der Creaturen.

In dir, o Gott, leben, weben und sind wir. Dein Aufsehen bewahret unsern Odem. Sey gelobt, daß du dich um uns bekümmerst, und so treulich für uns sorgest. Sey gelobt, daß du alles Geschöpf uns zum Dienste verordnet hast, und es erhältst zu unserm Bedarf. Die Fußstapfen deiner gnädigen Vorsehung erblicken wir in unserm ganzen Leben. Gütiger Vater, du wirst dich ferner unser annehmen. Dir übergeben wir uns, und trösten uns dessen, du werdest uns nicht verlassen. Amen.

Das 21. Capitel.

Daß durch die zweierlei Dienste, der Creaturen und des Menschen, die ganze Welt wunderbarlich mit Gott und Menschen vereinigt sey.

Jer. 10, 6. Aber Herr, dir ist Niemand gleich; du bist groß, und dein Name ist groß, und du kannst es mit der That beweisen. Wer sollte dich nicht fürchten, du König der Heiden? Mal. 1, 6. Bin ich euer Vater, wo ist meine Ehre? Bin ich euer Herr, wo ist meine Furcht?

1. Siehe doch, welch eine wunderbare Ordnung und Vereinigung sey der ganzen Creatur mit Gott durch die zweierlei Dienste. Denn alle Creaturen dienen dem Menschen, und sind um des Menschen willen geschaffen, und durch ihren Dienst sind sie mit dem Menschen verbunden und vereinigt. Und also verbindet der Dienst der Creaturen dieselben mit dem Menschen, der Mensch aber wird verbunden mit Gott durch seinen Gottesdienst. Aus Liebe hat Gott anfänglich Alles dem Menschen zu gut geordnet, und aus lauter Liebe zieht Gott den Menschen zu sich. Darum hat's Gott also geordnet, daß alle Creaturen dem Menschen dienen und ihn lieben. Wenn nun der Mensch Gott nicht allein dient und ihn liebt, so ist aller Creaturen Dienst und Liebe nichtig und vergeblich.

2. Da soll nun der Mensch erkennen, daß beide Dienste, der Creaturen Dienst und der Gottesdienst, zu des Menschen Nutz und Frommen gereichen. Denn die Creaturen haben keinen Nutzen davon, daß sie dem Menschen dienen; der Nutzen ist des Menschen; nur daß die Creaturen dadurch edler werden, so je eine die andere in ihrem Dienst übertrifft. Denn je kräftiger eine Creatur den Menschen erhält, je edler sie ist. Also auch, je emsiger ein Mensch Gott dient, je edler er ist, und je mehr Nutz und Frommen er davon hat. Denn Gott hat keinen Nutzen von des Menschen Dienst, nur der Mensch empfängt den Nutzen.

3. Siehe nun, wie durch diese beiden Dienste die Creaturen mit dem Menschen und der Mensch mit Gott verbunden ist. O wollte Gott, daß das Band der Einigkeit und des treuen Dienstes des Menschen gegen Gott so fest und unauflöslich wäre, als der Creaturen Dienst gegen den Menschen! Denn dasselbe Band reißt nicht, Gott hat's zu fest verbunden, daß die Creaturen dem Menschen dienen müssen ohne Unterlaß, also daß sie nichts anders können, denn dem Menschen dienen. Aber der elende Mensch zerreißt das Band seines Gottesdienstes und seiner Liebe oft und viel, und macht sich darin geringer denn alle Creaturen, da er doch edler ist. Steht es nun fein, daß die untern Creaturen dem Menschen dienen, als ihrem Herrn: wie viel schöner steht's, und wie viel edler ist's, daß der Mensch Gott diene? Ist der leibliche, äußerliche Dienst der Creaturen schön: wie viel schöner ist der innerliche, geistige Gottesdienst, der in der Seele ist? Denn so viel besser die Seele ist, denn der Leib, so viel besser und edler ist auch der Seele Dienst, denn des Leibes. Also werden durch den Menschen und seinen Gottesdienst alle Creaturen mit Gott verbunden, und in der Liebe vollendet, auf daß sie nicht vergeblich geschaffen seyen.

Gebet um Gnade, Gott emsig zu dienen.

O daß unser Leben deine Rechte, o Gott, mit allem Ernst halten möchte! Lehre du selber, o Herr, uns thun nach deinem Wohlgefallen, und laß durch deinen Geist uns immerdar auf ebener Bahn geführt werden. Wir sind verbunden, dich mit allen Kräften der Seele und des Leibes zu preisen; denn wir sind deine Geschöpfe, und durch Jesu Blut dir zum Dienst theuer erkauft worden. Gib deinen Geist in uns, und mache solche Leute aus uns, die in deinen Wegen unausgesetzt wandeln. Amen.

Das 22. Capitel.

Daß aus der ersten Liebe, die wir Gott schuldig sind, noch eine andere Liebe gegen den Menschen entspringe.

1 Joh. 4, 21. Dieß Gebot haben wir von ihm, daß, wer Gott liebet, auch seinen Bruder liebe.

1. Dieweil wir oben bewiesen haben, daß der Mensch seine ganze Liebe vollkömmlich Gott schuldig ist, und daß die Liebe die erste Pflicht sey, so Gott gebühre: so folgt, daß es unrecht sey, und wider die Gerechtigkeit, dieselbe Liebe einem Andern zu geben. Denn weil Gott dem Menschen seine vollkommene Liebe schenkt, so ist der Mensch solches Gott wieder schuldig, nicht, daß er seine Liebe theile, und Gott die Hälfte und einem Andern die Hälfte gebe. Denn obwohl die Creaturen dem Menschen Gutes thun, so thun sie es doch nicht, sondern Gott durch sie, der sie erhält und dem Menschen zu dienen verordnet hat. Und weil auch der Mensch eine Creatur ist, von Gott verordnet, andern Nebenmenschen zu dienen: so folgt daraus, daß er sich selbst nichts zuschreiben soll, so er Andern etwas Gutes erzeigt, sondern Gott; soll auch dafür weder Liebe noch Ehre begehren, denn das gebührt allein Gott.

2. Dieweil aber der Mensch schuldig ist, Gott zu lieben über Alles: so muß er auch zugleich dasjenige mit lieben, was Gott unter seinen Creaturen am liebsten hat, oder er ist mit seiner Liebe Gott zuwider, und kann mit Gott nicht eins seyn. Nun liebt aber Gott über alle seine Creaturen den Menschen, darum auch der Mensch nach Gottes Bild geschaffen ist; derhalben ist auch der, so Gott liebt, schuldig, den Menschen, als der nach Gottes Bild geschaffen ist, zu lieben. Deßwegen kann der nicht recht Gott lieben, der sein Bild im Menschen nicht liebt; denn nächst Gott soll die Liebe auf seinem Ebenbilde ruhen. Daß aber der Mensch Gottes Bild sey, sagt und ruft die ganze Creatur.

Gebet um Liebe zu Gott und dem Nächsten.

Liebreicher Gott, geuß aus in unser Herz den Geist der Liebe, damit wir dich über Alles, und um deinetwillen unsern Nächsten herzlich und ohne alle Eigensucht lieben, und zu desselben Dienst, auch ohne Hoffnung einiges Danks oder Vergeltung, willig seyen, durch Jesum Christum, unsern Herrn. Amen.

Das 23. Capitel.

Aus der Ordnung der Creaturen lernen wir, daß der Mensch Gottes Ebenbild sey.

1 Mos. 1, 26. Gott sprach: Lasset uns Menschen machen, ein Bild, das uns gleich sey.

1. Es ist eine gewisse Ordnung in den Creaturen, und viel unterschiedliche Grade, dadurch sie Gott etlichermaßen nachfolgen und nachahmen, eine mehr, die andre minder. Die lebendigen Creaturen und die empfindlichen oder fühlenden Creaturen ahmen Gott mehr nach, denn die unempfindlichen; die vernünftigen mehr, denn die unvernünftigen. Weil wir nun augenscheinlich sehen, daß eine Ordnung unter den Creaturen ist, da immer eine Gott mehr nachahmt, denn die andre, von der geringsten Creatur bis zu der edelsten, der Mensch aber die edelste Creatur ist: so muß auch im Menschen der höchste Grad liegen, Gott gleich zu seyn; denn im Menschen ist das Ende aller Creaturen.

2. Derowegen muß auch der Mensch anfänglich ein vollkommenes Gleichniß oder Ebenbild Gottes gewesen seyn, denn sonst wäre die Ordnung der Creaturen vergeblich, da immer eine die andre in der Nahahmung Gottes übertrifft. Denn Gott hat allen Creaturen ein Zeichen eingebildet, oder eine Fußstapfe, daraus man den Schöpfer spüren mag. Gleichwie man ein Siegel in Wachs drückt, also hat Gott etwas in allen Creaturen gelassen, daran man seine Fußstapfen spüren mag, wiewohl unvollkommen. Im Menschen aber hat er anfänglich sein ganzes Siegel rein ausgedrückt, daß man sein Bild ganz gesehen und noch sieht, welches man nicht sieht in andern Creaturen, sondern nur etwas davon. Darum lehrt uns nun die Ordnung der Creaturen, daß der Mensch

nach Gottes Ebenbild ganz vollkommen geschaffen sey. Dieweil aber Gott geistig ist, und ein verständiges Gemüth, gerecht und heilig: deßwegen muß auch sein Bild im Menschen also seyn. Daraus folgt, daß der Mensch muß eine geistige Seele und ein verständiges Gemüth haben, darin anfänglich Gottes Ebenbild geleuchtet.

Gebet um Erneuerung des göttlichen Ebenbildes.

Heiliger Gott, der du uns nach deinem Bilde heilig und vollkommen erschaffen, erneuere dieß verlorene Bild in uns durch Christum, in Kraft des heiligen Geistes. Amen.

Das 24. Capitel.

Daß ein jeglicher Mensch schuldig ist, einen jeglichen andern Menschen zu lieben als sich selbst; und daß auch dieselbe Liebe dem Menschen zu seinem eigenen Besten gereiche.

1 Joh. 4, 8. Wer nicht lieb hat, der kennet Gott nicht; denn Gott ist die Liebe.

1. Dieweil alle Menschen nach Gottes Bilde geschaffen sind, und Gott aus herzlicher Liebe gern wollte durch seinen heiligen Geist sein Bild in allen Menschen erneuern, und so viel an ihm ist, sie durch Christum selig machen: so sollen alle Menschen einander lieben als sich selbst, als die, so Einer Natur und Eines Geschlechts sind; und soll ein jeglicher den andern achten und halten als sich selbst, nicht als sey er weit von dem andern unterschieden. Denn es ist ein allgemeiner Gott, von dem alle Menschen ihr Leben und Wesen empfangen haben. Derowegen was ein Mensch ihm selber will und wünscht, soll er dem andern auch wünschen, damit dem kein Leid geschehe, den Gott zu seinem Bilde geschaffen und durch Christum hat erlösen lassen. Darum soll auch unter den Menschen das stärkste Band der Einigkeit und des Friedens seyn, und alle Menschen sollen seyn als Ein Mensch; denn sie sind alle nach dem Bilde Gottes geschaffen, und haben Einen Erlöser und Heiland. Und gleichwie die erste Liebe von Rechts wegen dem Schöpfer gebührt: also gebührt aus Recht der Natur die andre Liebe dem, der nach Gottes Bild geschaffen ist. Denn weil der Mensch vornehmlich nach seiner Seele zu Gottes Bild geschaffen ist, so folgt, daß ein jeder Mensch eines andern Seele so lieb haben soll, als seine eigene Seele.

2. Also sind zwei Bande der Liebe im Menschen. Durch das erste ist er mit Gott verbunden, durch das andere mit seinem Nächsten. Und das andre entspringt aus dem ersten; denn wäre das erste nicht, so wäre das andre auch nicht. Denn bedenke die wunderbare Ordnung: Gott hat die Menschen anfänglich geliebt, und liebt sie unaufhörlich, die Creaturen aber offenbaren die unaufhörliche Liebe Gottes mit ihrem täglichen Dienst gegen die Menschen. Also zieht Gott die Menschen nach sich durch seine Liebe, und überzeugt sie damit, daß sie hinwieder schuldig sind, ihn zu lieben; und will nun, daß auch die Menschen einander unaufhörlich lieben nach seinem Exempel; und darum hat er allen anfänglich sein Bild eingepflanzt.

3. Die Liebe aber der Menschen gereicht ihnen selbst zu ihrem eigenen Frommen und Besten. Nachdem oben erwiesen ist, daß die erste Liebe des Menschen, so Gott gebührt, und der Gottesdienst, allein dem Menschen zum Besten gereiche: so folgt nothwendig, daß die andre Liebe, so den Menschen gebührt, auch allein dem Menschen zum Besten gereichen müsse; denn die andre Liebe folgt aus der ersten. Denn daß die Menschen Gottes Bild sind, das ist ja der Menschen Nutz und Frommen, und nicht Gottes. Und weil Gott und Menschen zu lieben, die erste Pflicht ist, die ein Mensch üben soll: so folgt daraus, daß dieselbe Liebe das vornehmste Hauptgut des Menschen seyn muß. Was aber ein Mensch für Gut, Frommen und Nutzen haben soll, das muß eine Wurzel haben, daraus es entspringt; diese Wurzel ist nun die Liebe. Was nun aus derselben nicht entspringt, das kann kein wahrhaftiges Gut und Frommen des Menschen seyn. Daraus folgt, so viel zunimmt die Liebe Gottes und des Nächsten, so viel nimmt auch zu des Menschen Hauptgut.

Gebet um Liebe gegen den Nächsten.

Herr, der du Jedermann Leben und Odem allenthalben gibst, und bezeugst unaufhörlich durch den Dienst der Creaturen deine Liebe gegen alle Menschen, mache uns hierin deinem Bilde ähnlich, daß wir auch dein edelstes Geschöpf, unsern Nebenmenschen, um deinetwillen und nach deinem Exempel unermüdet lieben, und was die Liebe erfordert, ihm erweisen mögen, durch Jesum Christum, unsern Herrn. Amen.

Das 25. Capitel.

Weil alle Creaturen allen Menschen ohne Unterlaß dienen, so lehren sie uns, daß alle Menschen sich unter einander für Einen Menschen halten sollen.

Malach. 2, 10. Haben wir nicht alle Einen Vater, und hat uns nicht alle Ein Gott geschaffen? Warum verachtet denn Einer den Andern?

1. Gott hat die Creaturen also verordnet, daß sie allen Menschen ohne Unterschied dienen; und so viel an ihnen ist, dienen sie keinem mehr oder minder, denn dem andern. Das Feuer brennt dem Armen wie dem Reichen; also alle Creaturen, sie machen keinen Unterschied, achten Keinen höher denn den Andern, unterscheiden keinen Bürger oder Bauer. Die Erde dient dem Bauer sowohl, als dem Edelmann. Also Luft, Wasser, Brunnen und Thiere. Und das sieht man vornehmlich an der Sonne, der schönsten Creatur, die dient allen Menschen gleich.

2. Warum geschieht das nun, daß alle Creaturen dem Menschen ohne Unterlaß dienen nach Gottes Willen und Ordnung? Darum daß Gott will, daß alle Menschen sich unter einander halten sollen für Einen Menschen. Ja, darum hat Gott allen Creaturen geboten, dem Menschen zu dienen, und den Menschen zu ehren, weil der Mensch nach Gottes Bild geschaffen ist. Darum soll auch der Mensch mit Danksagung der Creaturen Dienst aufnehmen, sonst ist er nicht werth, daß ihm einige Creatur diene. Denn was meinest du, lieber Mensch, warum Gott verordnet hat, daß dir so viel herrliche Creaturen dienen, deren die ganze Welt voll ist? warum hat sie Gott geordnet, dir zu dienen? Ohne Zweifel darum, daß du erkennen sollst, du seyst Gottes Bild, und sollest leben als Gottes Bild. Und wärest du nicht nach Gottes Bild geschaffen, so denke nur nicht, daß dir einige Creatur dienen würde. Dieweil nun die unvernünftigen Creaturen dir darum dienen und dich ehren, daß du nach Gottes Bilde geschaffen bist, so sollst du vielmehr deinem Nächsten dienen und ihn ehren, weil er auch nach Gottes Bilde geschaffen ist. Also lehren dich die Creaturen, warum du deinem Nächsten dienen und ihn lieben sollst; und wie alle Menschen ihnen Ein Mensch sind, also seyen sie es dir auch.

3. Schließlich, weil die Menschen der Gemeinschaft und der Liebe eines einigen Gottes theilhaftig sind, der da ewig lebt, und ein jeglicher Mensch nach des einigen Gottes Ebenbilde geschaffen, und eine allgemeine Liebe Gottes gegen alle Menschen ist, weil er ihnen allen sein Bild anfänglich gegeben hat; es sind auch die Wohlthaten Gottes allgemein, ist auch eine allgemeine Nothdurft aller Menschen, so alle Gottes bedürfen; sie sind auch alle gleich verpflichtet, Gott zu lieben wegen empfangener allgemeiner Wohlthaten, auch einem einigen Herrn schuldig, alle zu dienen; es ist auch eine allgemeine Erhaltung aller Menschen, ja eine allgemeine Natur, ein allgemeiner Name, daß wir Menschen sind und heißen; denen auch alle Creaturen ohne Ansehen der Person und ohne Unterschied dienen; die auch alle Einem Ende, dem Tode, unterworfen sind: so sollen alle Menschen unter einander sich für Einen Menschen achten, und unter einander die größte Einigkeit und Frieden halten.

4. Und aus diesem Allen entspringt die zweifache Brüderschaft der Menschen; erstlich eine allgemeine Brüderschaft, dieweil wir alle Gottes Creaturen sind, und das Wesen von Gott haben, wie alle andere Creaturen. Zum andern eine sonderliche nähere Brüderschaft und Verwandtniß, dadurch die Menschen von andern Creaturen unterschieden werden; denn sie sind alle nach dem Bilde Gottes geschaffen.

Dieß lehrt uns also die Natur aus dem Artikel der Schöpfung. Aber das Evangelium lehrt uns eine viel höhere Bruderschaft in Christo Jesu, da wir Alle eins sind in Christo Jesu, da wir Alle unter einander Glieder sind unter Einem Haupt, von welchem der geistige Leib Christi alle Fülle empfängt.

Gebet um Gnade, in der Erneuerung den Nächsten zu lieben.

Gütiger Gott und Vater, weil Alles uns darum dient, daß du zu deinem Ebenbilde uns erschaffen hast, so heilige uns den Dienst der Creaturen dazu, daß sie uns antreiben, erneuert zu werden nach dem Bilde dessen, der uns erschaffen hat, und in solcher Erneuerung unserm auch nach deinem Bilde erschaffenen Nächsten zu dienen und ihn zu lieben, durch Christum Jesum, unsern Herrn. Amen.

Das 26. Capitel.

Daß aus der Einigkeit, welche aus Pflicht der Natur unter den Menschen seyn soll, die höchste unüberwindliche Stärke entsteht.

Ephes. 4, 3. Seyd fleißig, zu halten die Einigkeit des Geistes durch das Band des Friedens.

1. Dieweil die höchste Stärke aus der Einigkeit kommt, die Schwachheit aber aus der Spaltung: so folgt, daß, je größere Einigkeit ist, je größer ist die Stärke. Damit aber die Einigkeit unter den Christen groß werde, so muß dieselbe ihren Ursprung nehmen aus der Einigkeit mit Gott. Je mehr nun ein Christ mit Gott vereinigt ist durch die Liebe, je größer auch die Einigkeit unter den Christen wird. Denn wer mit Gott vereinigt ist durch die Liebe, oder wer Gott herzlich liebt, der wird auch mit seinem Nächsten nicht veruneinigt bleiben; denn es ist unmöglich, daß Einer sollte Gott lieben, und sollte den hassen, welchen Gott so herzlich liebt. Ja, je mehr er Gott liebt, je mehr wird er auch den lieben, den Gott liebt.

2. Je mehr nun ein Mensch den andern liebt, je mehr wird er mit ihm vereinigt. Diese Einigkeit wird so lange währen, so lange die Liebe währt. Die Liebe aber kann und muß immer währen: so bleibt die Einigkeit auch. Und je mehr die Liebe zunimmt, je stärker die Einigkeit wird. Daraus entsteht denn eine unüberwindliche Stärke. Und hier sieht man ausdrücklich, wenn die Menschen Gott lieben, so lieben sie sich daher auch unter einander selbst, und durch diese Liebe werden sie stark und unüberwindlich. Wenn aber die Menschen allein auf sich sehen, und nicht Gott anschauen, sondern ein jeder auf sich allein sieht: so werden sie zertheilt, werden getrennt, und werden gar schwach. Derhalben ist die Einigkeit ein großes Gut der Menschen, und ihre größte Stärke; und so lange die Einigkeit währt, so lange währt das Gut der Menschen; deß können sie alle genießen. Wenn sie sich aber trennen, so kann keiner des gemeinen Guts genießen, sondern es verliert ein jeglicher insonderheit, was sie alle insgemein hätten behalten mögen. Wenn nun die Menschen die Einigkeit erhielten, und sie wären darin standhaft, so könnte sie keine Gewalt verderben. Ein solches großes Gut kommt aus der Liebe Gottes und des Menschen.

3. Also sind wir nun von den untersten Creaturen hinauf gestiegen, als an einer Leiter, zu Gott, zu Gottes Erkenntniß, zu seiner Liebe, als zum höchsten Gut, zur höchsten Weisheit, höchsten Gewalt, zum höchsten Anfang aller Dinge, und es haben uns die Creaturen überzeugt, daß wir verpflichtet sind, Gott zu lieben. Darnach sind wir wieder herunter gestiegen, von dem Schöpfer zu den Creaturen, von der Liebe des Schöpfers zur Liebe des Menschen. Das ist das natürliche Auf- und Absteigen.

Gebet um christliche Einigkeit.

Heiliger Erlöser, der du die Einigkeit des Geistes so hoch geschätzt, daß du verheißen, wo Zween eins werden auf Erden, warum es ist, daß sie bitten wollen, das soll ihnen widerfahren von deinem Vater im Himmel: steure dem Satan, dem Zerstörer der Einigkeit, kräftig, damit nicht sein Reich durch deiner Christen Uneinigkeit wachse, und dein Reich geschwächt werde, um deines Namens und deiner Ehre willen. Amen.

Das 27. Capitel.
Von der Natur, Eigenschaft und Frucht der Liebe.

Luc. 11, 35. Schaue darauf, daß nicht das Licht in dir Finsterniß sey.

1. Das ist gewiß, daß wir nichts haben, das wahrhaftig unser und in unserer Gewalt ist, denn die Liebe. Derhalben ist die gute Liebe unser einiger Schatz, unser ganzes Gut, und die böse Liebe ist unser ganzes Uebel. Denn weil wir nichts haben, das wahrhaftig unser ist, denn die Liebe: so folgt daraus: ist die Liebe nicht gut, so ist alles das nicht gut, was wir haben. Deßwegen, so die Liebe gut ist, so sind wir gut und fromm; ist aber eine böse Liebe in uns, so sind wir auch böse. Denn allein die Liebe beweist, daß der Mensch gut oder böse sey. Und wie nichts Besseres in uns seyn kann, denn gute Liebe: also kann nichts Ueblers im Menschen seyn, denn böse Liebe.

2. Und weil wir nichts haben, das recht unser ist, denn die Liebe: derhalben, wenn wir Jemand unsere Liebe geben, so haben wir ihm all das Unsere gegeben. Und wenn wir auch unsere Liebe verloren haben, das ist, auf böse Dinge gewandt: so haben wir Alles verloren, was wir haben, das ist, uns selbst. Dann verlieren wir aber unsere Liebe, wenn wir sie dem geben, dem sie nicht gebährt. Und weil unser ganzes Gut ist die gute Liebe, und unser höchstes Uebel die böse Liebe: so folgt daraus, daß die Tugend nichts anders sey, denn die gute Liebe, und die Laster seyen die böse Liebe. Derhalben, wer die Eigenschaft der Liebe recht kennt, der kennt sein höchstes Gut recht, und kennt auch sein höchstes Uebel.

Gebet um gute Liebe.

Ewiger Gott, du Quelle und Urheber der Liebe, kehre unsere Liebe ab von aller Eitelkeit, und richte sie zu dir und dem, was gut ist, auf daß wir ganz der Welt entnommen, ganz dein eigen seyen, durch Jesum Christum, unsern Herrn. Amen.

Das 28. Capitel.
Die erste Eigenschaft der Liebe ist, daß sie den Liebhaber mit dem Geliebten vereinigt, und den Liebenden in das Geliebte verwandelt.

1 Joh. 4, 16. Gott ist die Liebe; wer in der Liebe bleibet, der bleibet in Gott, und Gott in ihm.

1. Die Ursache, warum sich die Liebe mit dem Geliebten vereinigt, ist diese, weil der Liebe Natur und Wesen ist, daß sie sich selbst mittheilt, austheilt und schenkt. Darum läßt sich die rechte Liebe nicht halten; sie gibt sich selbst, und theilt sich selbst mit. Und weil die Liebe nicht kann gezwungen werden, denn es kann Niemand Einen zwingen, zu lieben: derhalben ist sie eine freiwillige Gabe, die sich selbst von ihr selbst gibt und mittheilt. Was nun einem Andern gegeben ist, das ist in seiner Gewalt. So ist nun die Liebe dessen, dem sie gegeben wird, und wird dessen, den man liebt. Weil nun der Mensch nichts mehr Eigenes hat, denn seine Liebe: derhalben, wem er seine Liebe gibt, dem gibt er sich selbst. Und auf diese Weise wird der Liebende mit dem Geliebten vereinigt, und wird Ein Ding mit ihm, und aus zweien eins in's andere verwandelt. Und diese Verwandlung ist nicht genöthigt noch gezwungen, hat nicht Pein oder Furcht, sondern ist freiwillig, lieblich und süß, und verwandelt den Liebenden in das Geliebte, also daß die Liebe ihren Namen von dem Geliebten bekommt. Denn so man irdisches Ding liebt, so heißt's eine irdische Liebe; liebt man etwas Todtes, so heißt's eine todte Liebe; liebt man ein viehisches Ding, so heißt's eine viehische Liebe; liebt man Menschen, so heißt's eine Menschenliebe; liebt man Gott, so heißt's eine göttliche Liebe. Also kann der Mensch verwandelt werden durch Liebe in ein edleres und unedleres Ding, von ihm selbst und freiwillig.

2. Weil es auch offenbar ist, daß auch die Liebe den Willen verwandelt, eine jegliche Verwandlung aber geschehen soll in

ein Besseres und Edleres: deßwegen sollen wir unsere Liebe nicht geben einem Geringen, sondern dem Alleredelsten, Höchsten und Würdigsten, nämlich Gott allein; sonst wird unsere Liebe und unser Wille unedel und nichtig. Denn das lehrt uns die Natur, indem allerwege die geringen Dinge der Natur in ein Edleres und Besseres verwandelt werden. Denn die Elemente, als da sind Erde, Wasser, Luft, werden in Kräuter und Bäume verwandelt, die Kräuter aber in die Natur der Thiere, die Thiere aber in des Menschen Fleisch und Blut. Also soll unser Wille in unsere Liebe in Gott verwandelt werden, sonst wäre es wider die ganze Natur. Darum schreit und ruft die ganze Natur, daß Gott das Erste und Beste und Edelste sey, das von uns soll geliebt werden, weil er besser ist denn alle Creaturen.

Gebet um die Liebe Gottes, als des höchsten Guts.

Getreuer Gott und Vater, du hast dem Menschen eine natürliche Neigung eingepflanzt, nach welcher er das, was er gut zu seyn achtet, liebet. Da aber diese natürliche Neigung ganz verderbt ist, so verändre uns gründlich, und bewahre uns, daß Satan uns nicht verführe, das Eitle unter dem Schein des Guten zu lieben. Und weil du bist das höchste Gut, so laß auch unsere höchste und einige Liebe zu dir gerichtet seyn, durch Jesum Christum, unsern Herrn. Amen.

Das 29. Capitel.

Es ist kein Ding in der Welt, das würdig wäre unserer Liebe, ohne das uns wieder lieben kann, und unsere Liebe kann edler und besser machen.

1 Joh. 2, 15. Liebe Kindlein, habt nicht lieb die Welt, noch was in der Welt ist.

1. Dieweil unsere Liebe ist die edelste und würdigste Gabe, und unsern Willen in die Natur und Art des Geliebten verwandelt, also daß dasjenige, was wir zu allererst lieben, über unsern Willen herrscht; und weil es weder billig noch recht ist, 1) daß ein geringes und unwürdiges Ding habe die Herrschaft eines edlern, unser Wille aber geistig ist, und demnach edler, denn Alles, was leiblich ist: derhalben ist kein leibliches Ding würdig unserer Liebe; weßwegen weder unser eigener Leib, noch die Thiere, weder Gold noch Silber, weder Sonne noch Mond, weder Bäume noch Elemente, oder Häuser, oder Aecker unserer freien Liebe würdig sind. Weil es aber recht und billig ist, daß, was edler, höher und besser ist, herrsche über ein Unedleres und Geringeres, Gott aber der Höchste und Edelste ist: derhalben ist Gott allein würdig, daß er von uns geliebt werde. Und also erzwingt die Art und Eigenschaft der Liebe, daß Gott allein von uns geliebt werde im höchsten Grad, und sonst nichts.

2. Ferner weil es unbillig ist, 2) dasjenige zu lieben, von dem man nicht kann wieder geliebt werden, welches auch nicht versteht, was die Liebe sey, nämlich des Menschen höchster Schatz: derhalben sollen wir unsere Liebe nicht den todten Creaturen geben, die uns nicht allein nicht wieder lieben können, sondern unsere Liebe verderben, dieselbe irdisch, viehisch und zu einer todten Liebe machen. Weil uns aber Gott über alle Creaturen liebt, so sollen wir billig denselben wieder über alle Creaturen lieben; denn er verderbt unsere Liebe nicht, sondern macht sie edel, und gibt uns die alleredelste Liebe wieder, welche unsere Liebe weit übertrifft; denn seine Liebe ist ewig und unerschaffen.

Gebet um die Liebe Gottes.

Herr, du bist ja allein würdig, zu nehmen Preis und Ehre und Kraft, und unsere Liebe können wir nicht besser anwenden, als an dir. Ach hilf uns wählen, was das Beste ist, damit wir nicht den Tod, sondern dich, das wahre Leben, herzlich, beständig und über Alles lieben. Amen.

Das 30. Capitel.

Die erste Liebe des Menschen soll billig vor allen andern Dingen Gott, dem Herrn, als dem Ersten und Letzten, dem Anfang aller Dinge, gegeben werden.

5 Mos. 32, 4. 5. Treu ist Gott, und kein Böses an ihm, gerecht und fromm ist er. Die verkehrte böse Art fällt von ihm ab.

1. Die ganze Natur bezeugt neben dem Gewissen des Menschen, daß Gott, dem Herrn, die erste und höchste Liebe gebühre: 1) weil er das höchste und ewige Gut ist; 2) weil der Mensch und alle Creaturen aus Gott ihren Ursprung haben; 3) weil Gottes Liebe und Güte durch alle Creaturen zu dem Menschen gelangt und einfließt. Derhalben hat Gottes Liebe von Rechts und der Natur wegen, auch wegen natürlicher Verbindlichkeit, billig den Vorzug und den ersten Sitz im Menschen. Denn es ist nichts so würdig unserer Liebe, als Gott selbst; und das ist die erste, rechte, wahrhaftige, billigste, ordentlichste Liebe, und die erste Gerechtigkeit und Billigkeit, Schuld und Dankbarkeit in uns, und die rechte Einrichtung unsers Willens.

2. Wenn aber die eigene Liebe den Vorzug hat, und der Mensch ist selbst das Ding, das der Mensch zuerst und am meisten liebt: so ist's nach Recht der Natur eine unordentliche, ungerechte, falsche, unrechtmäßige Liebe, wider Gott und die Ordnung der Natur, und die erste Ungerechtigkeit im Menschen, die erste Unordnung, die erste Beleidigung Gottes, das erste Uebel und Laster. Derhalben wenn ich mir die erste Liebe gebe, die nicht mir, sondern Gott gebührt: so thue ich Gott zum höchsten Unrecht, und lege ihm die höchste Verachtung an. Und darum, wenn ich mich zuerst liebe, und nicht Gott: so ist das auf zweierlei Weise wider Gott; erstlich weil ich Gott nicht so würdig achte, und so lieb und hoch, als mich selbst. Zum andern so nehme ich Gott, dem Herrn, das, so ihm gehört vor allen Creaturen, und gebe es seinem Geschöpfe, welches das höchste Unrecht ist, und wider die ganze Natur.

Gebet um Gnade, Gott über alle Dinge zuerst zu lieben.

Liebreicher Gott und Vater, lieber Abba, schenke uns einen kindlichen Sinn, daß wir dich lieben, wie die lieben Kinder ihren lieben Vater lieben. Sey uns innig nahe mit deiner süßen Vaterliebe, damit wir durch den seligen Genuß derselben kräftig angetrieben werden, nach dir ohne Unterlaß zu verlangen, und Alles zu meiden, was deinen Gnadeneinfluß in uns verhindern kann. Erhöre uns, treuer Vater, um Jesu willen. Amen.

Das 31. Capitel.

Daß der Mensch, der sich selbst zuerst liebt, sich selbst zu Gott macht, und sich selbst Gott vorzieht.

Dan. 9, 7. Du, Herr, bist gerecht, wir aber müssen uns schämen. Ps. 115, 1. Nicht uns, Herr, nicht uns, sondern deinem Namen gib die Ehre.

1. Dieweil Gott ist der Anfang und das Ende alles Dings, so gebührt ihm billig die erste Liebe des Menschen. Und wenn nun der Mensch sich selbst, oder etwas Anderes eher liebt, denn Gott: so macht er solches, oder auch sich selbst, zu Gott; welches die größte Feindschaft gegen Gott ist, indem der Mensch sich, oder etwas Anderes, höher, werther und lieber hält, denn Gott. Und weil die Liebe verwandelt wird in das Geliebte, so wird dadurch der Mensch gar von Gott abgewendet. Und weil der Mensch zu allererst sich selbst liebt, so liebt er dann alle Dinge um sein selbst willen, und in ihm selbst, da er sonst alle Dinge um Gottes willen und in Gott lieben sollte. Also hat der Mensch sein ganzes Herz und den Grund seiner Liebe in ihm selbst, die er billig in Gott haben sollte.

2. Und weil der Mensch sich selbst liebt, so folgt er auch allein seinem Willen, und nicht Gottes Willen. Denn aus eigener Liebe entsteht auch eigener Wille, und eigene Ehre und Ruhm; so nimmt dann der Mensch, was Gottes ist, und gibt's ihm selbst. Gleich als wenn Einer einem

Könige seine Krone nähme, und setzte sie sich selbst auf: so will dann der Mensch selbst Gott und König seyn, und fängt ein eigenes Reich an wider Gott, und streitet immer wider Gott. Also macht die eigene Liebe, daß der Mensch Gottes abgesagter Feind wird.

Gebet um Vermeidung der eigenen Liebe.

Ach Gott, wenn wir den bösen Trieben unserer unordentlichen Selbstliebe folgen, so hassen wir uns, und verursachen uns selber den allergrößten Schaden. Erleuchte unsern Verstand und heilige unsern Willen, daß wir die nichtigen Scheingüter recht beurtheilen lernen, unser Fleisch sammt den Lüsten und Begierden kreuzigen, und deinem heiligen Willen von Herzen gehorsam werden. Amen.

Das 32. Capitel.

Gleichwie die Liebe Gottes, wenn dieselbe die erste ist und den Vorzug hat, die erste Wurzel, der Ursprung und Brunnen alles Guten ist: also ist deine eigene Liebe, wenn dieselbe den Vorzug hat, ein Ursprung und eine Wurzel alles Bösen.

Hos. 13, 9. O Israel, dein Heil stehet allein bei mir; du aber bringest dich in alles Unglück.

1. Die Liebe ist eine Ursache aller Dinge, und durch die Liebe geschehen alle Dinge. Und weil diese zwei, Gottes und die eigene Liebe, abgesagte Feinde von einander sind, so muß die eine sehr gut seyn, und die andre böse. Weil aber die Liebe Gottes soll billig die erste seyn, so folgt daraus, daß dieselbe allein sehr gut sey. Denn die Liebe Gottes ist ein göttlicher Same in uns, daraus alles Gute wächst, und es kann aus der göttlichen Liebe nichts Böses wachsen. Denn die Liebe vereinigt sich mit dem Geliebten, das ist, mit Gott, dem höchsten Gut; sie bleibt und ruht in Gott, und Gott in ihr; sie freut sich in Gott, und Gott in ihr; denn Freude wird aus der Liebe geboren, Ps. 18, 2. Sie breitet sich aus über alle Menschen, und theilt sich Jedermann mit, gleichwie Gott. Ja die Liebe Gottes bedarf keiner Creaturen, denn sie hat an Gott all ihr Genüge, ihre höchste Liebe und Freude.

2. Gleichwie nun aus Gottes Liebe nichts Böses in uns wachsen kann, sondern alles Gute: also ist die eigene Liebe die Wurzel alles Bösen in uns, daher alles Böse entspringt. Daher kommt alle Ungerechtigkeit, Sünde, Laster, Blindheit, Unwissenheit, Schmerzen; und so macht der Mensch seinen Willen zum falschen Gott. Und wie der rechte, wahre Gott ist ein Ursprung alles Guten: so ist der falsche Gott, des Menschen eigener Wille, ein Ursprung alles Bösen. Und weil die Creatur, so man zuerst liebt, aus Nichts gemacht ist, und nicht in ihr hat eine Beständigkeit und Gewißheit, sondern eilet allezeit zu ihrem Nichts von Natur, und ist allezeit nothdürftig, ferner die Liebe auch verwandelt wird in das Geliebte: so kann der Mensch in ihm selbst keine Beständigkeit und Gewißheit haben, sondern wankt allezeit hin und her, ist immer dürftig, kann nimmer ruhen, denn er hat sich durch die Liebe in das Vergängliche verwandelt. Und weil die Creatur in ihr selbst ist Nichtigkeit und Eitelkeit, so verwandelt sich der Mensch auch selbst in solche Nichtigkeit und Eitelkeit. Und weil der Mensch der Creaturen bedarf, so liebt er sie auch wegen seiner Dürftigkeit, und ist ihnen unterworfen. Und weil die Creaturen verderben, verwandelt werden und vergehen, so ist der Mensch in steten Sorgen und Aengsten, der sie liebt. Also macht die eigene Liebe, so sie im Menschen die erste ist, alle Menschen zu Gottes Feinden, und erfüllt den Menschen mit allerlei Uebel, und macht ihn unterwürfig den Creaturen.

3. Und gleichwie Gottes Liebe macht den Willen des Menschen allgemein, und mittheilig Allen: also macht die eigene Liebe den Willen des Menschen unmittheilig, daß er Niemand geneigt ist, sondern macht den Willen ungerecht, böse, verkehrt, hoffärtig, geizig rc. Und wie die Liebe Gottes den Willen macht ruhig, friedsam, lieblich: also macht die eigene Liebe den Willen des Menschen unruhig, unfriedsam, unfreundlich. Die Liebe Got-

tes macht den Willen frei, daß er an nichts gebunden ist; aber die Creaturliebe macht den Willen des Menschen unfrei, allen Creaturen zum Knecht unterworfen. Die Liebe Gottes macht den Willen des Menschen fest, gewiß, beständig in Gott; aber die eigene Liebe macht den Menschen ungewiß, unbeständig und wandelbar. Die Liebe Gottes macht den Menschen gelinde, stark, reich; eigene Liebe macht den Menschen störrig, schwach, arm. Die Liebe Gottes macht den Menschen Allen angenehm; die eigene Liebe macht den Menschen Jedermann zuwider, gehässig und feindselig.

Gebet um Austilgung der Eigenliebe.

Gütiger Gott, barmherziger Vater, hier bringen wir unsere armen Herzen, welche sich mit der giftigen Wurzel der Selbstliebe noch immer quälen müssen, die wir ohne deine Gnade und Hülfe nicht auszureuten vermögen. Ach befreie uns davon, und tilge sie aus unsern Herzen, damit der Same deiner göttlichen Liebe in uns möge wachsen und Frucht bringen, und wir dessen heilsam genießen können. Amen.

Das 33. Capitel.

Gottes Liebe und die eigene Liebe sind zwei Thüren und Lichter der Erkenntniß des Menschen.

Röm. 8, 7. Fleischlich gesinnet seyn, ist eine Feindschaft wider Gott.

1. Weil nun von derselben zweifachen Liebe Alles geschieht, Alles kommt, Alles regiert wird, was des Menschen Wille thut, und sie ein Ursprung aller andern Liebe sind: so folgt, daß an ihnen hänge alle Erkenntniß anderer Dinge, es sey Gutes oder Böses. Denn Gottes Liebe ist ein Anfang, zu erkennen Alles, was gut ist am Menschen, und eigene Liebe ist ein Ursprung, zu erkennen Alles, was böse ist am Menschen. Und wer Gottes Liebe nicht kennt oder weiß, der weiß auch nicht das Gute, so im Menschen ist, und wer seine eigene Liebe nicht kennt, der kennt alles das Böse nicht, so im Menschen ist. Denn wer die Wurzel und den Ursprung des Guten und Bösen nicht kennt, der weiß nicht, was böse oder gut ist. Die Liebe Gottes ist ein erleuchtendes Licht, darum gibt sie zu erkennen sich selbst und ihr Gegentheil, nämlich die eigene Liebe. Und die eigene Liebe ist eine Finsterniß, welche die Menschen verblendet, daß sie sich selbst nicht sehen, noch erkennen können, was gut oder böse ist in ihnen selbst. Also haben wir zwei Wurzeln, des Guten und Bösen, und zwei Thüren zu denselben; wer dieselben nicht weiß, der kennt auch die zwei Stätten nicht, nämlich die Stätte des Bösen und des Guten.

2. Denn weil der Mensch zwei Theile hat, Leib und Seele: so entsteht daher zweierlei unterschiedliche Liebe: eine wegen der Seele, die andre wegen des Leibes. Aus der Seele entspringt die Liebe der Hoheit oder Vortrefflichkeit; aus dem Leibe entspringt die Liebe der Wollust. Derhalben wer zuerst sich selber liebt, der liebt alsobald seine eigene Ehre und Hoheit, oder liebt die Wollust des Fleisches; und diese zwei Dinge liebt er als zwei seiner großen und hohen Güter. Und aus dieser zweifachen Liebe wachsen darnach viele andere, nämlich alles dessen, was zu Erhaltung eigener Ehre und des Leibes Wollust dient. Alle Dinge müssen dann nothwendig geliebt werden um der eigenen Ehre und Wollust willen. Daher kommt die Liebe des Geldes und Reichthums, die Liebe der Künste und Würden; welche alle die eigene Ehre erhalten. Derhalben entspringen aus der eigenen Liebe drei andre, welche sind drei Laster: 1) Hoffart, welche ist die Liebe der eigenen Ehre und Vortrefflichkeit; 2) Unkeuschheit und Fraß, welche sind die Liebe der fleischlichen Wollust; und dann 3) der Geiz, welcher ist eine unordentliche Liebe der zeitlichen Dinge und des Geldes. Wer nun die eigene Liebe lieb hat, der ist allem demjenigen feind, was die eigene Liebe zerstören kann. Daher kommt Zorn und Rachgier, daher entspringt auch der Neid, welcher ist ein Haß des Guten, so eines Andern ist, welches unsere eigene Ehre kann verkleinern. Daher entspringt auch die Faulheit und Meidung der Arbeit, die der

fleischlichen Wollust zuwider ist. Und also kommen alle Laster aus der eigenen Liebe.

Gebet um rechte Gottesliebe und Vermeidung der Eigenliebe.

Herr, unser Gott, weil ohne das Licht und die Erkenntniß deiner Liebe der Mensch nicht weiß, was gut oder böse in ihm ist, sondern durch die Eigenliebe verblendet wird, und leicht auf allerhand Irr- und Lasterwege gerathen kann: ach so verleihe uns, Herr, deine Gnade, daß wir, mit dem Glanz deiner Liebe durchleuchtet, uns selbst erkennen, und in deiner Liebe einzig und allein unsere Ruhe suchen und finden mögen. Amen.

Das 34. Capitel.

Daß allein Gottes Liebe, wenn sie die erste ist im Menschen, eine Ursache ist der Einigkeit unter den Menschen, und allein die eigene Liebe eine Ursache des Zanks und der Uneinigkeit.

Col. 3, 14. Vor allen Dingen ziehet an die Liebe, welche ist das Band der Vollkommenheit.

1. Wenn ein einiges Gut von allen Menschen gleich geliebt würde, so wäre alle Liebe der Menschen gleichförmig und einträchtig, und so müßten nothwendig dieselben Liebhaber unter einander eins seyn; denn sie hätten alle Eine Liebe. Wenn nun alle Menschen Gott gleich lieb hätten, so müßten sie nothwendig einig seyn, und sich unter einander lieben; so wäre Gottes Liebe eine Ursache der Einigkeit unter den Menschen.

2. Weil aber das nicht geschieht, sondern ein Jeder sich selbst und seinen eigenen Willen liebt: so wird die Liebe getrennt. Und wer seine eigene Ehre liebt und sucht, der liebt eines Andern Ehre nicht, sondern hasset sie; daher entsteht die Uneinigkeit unter den Menschen, denn ein Jeder zieht seine eigene Ehre der Ehre Anderer vor. Und wer seinen eigenen Willen und seine eigene Ehre liebt, der macht sich zum Gott. Also sind so viel Götzen in der Welt, so viel Eigenehre und Eigenliebe da ist. Daher kommt denn Zank, Haß, Neid, Krieg; denn ein Jeder will seine eigene Ehre vertheidigen. Also ist die eigene Liebe allein eine Wurzel aller Uneinigkeit in der Welt, Gottes Liebe aber ein Ursprung alles Friedens und aller Einigkeit.

Gebet um Austilgung der unordentlichen Eigenliebe.

O Gott, erbarme dich unser, und rette uns von uns selbst und der unordentlichen Eigenliebe. Entdecke uns unsere Nichtigkeit und unser Unvermögen, daß wir aufhören, unserm verderbten Herzen zu folgen, hingegen anfangen, von Herzen uns selbst zu hassen und zu verläugnen, dich aber und deine Ehre allein zu lieben und zu suchen, durch Jesum Christum, unsern Herrn. Amen.

Das 35. Capitel.

Daß ein Jeglicher aus seiner eigenen Liebe erkennen kann, was er Gott zu thun schuldig sey.

1 Tim. 1, 5. Die Hauptsumma des Gebots ist: Liebe von reinem Herzen, von gutem Gewissen und von ungefärbtem Glauben.

1. Ein jeder Mensch kann nicht besser überzeugt werden, denn durch sich selbst, und es ist der allergewisseste Beweis, was aus des Menschen eigenem Gewissen kommt. Und wenn er in sich selbst sieht, als in einem Spiegel, was er thun soll: so bedarf er nichts mehr zum Beweis, denn sich selbst, und keine andren Zeugen. Nun ist oben erwiesen, daß aus natürlichem Recht Gott vor allen andern Dingen soll geliebt werden, und wer sich selbst vor allen andern Dingen liebt, der mache sich selbst zum Abgott. Wenn Einer nun wissen will, was er Gott soll geben, so sehe er an, was er sich wollte geben. Weil du dich aber vor allen Dingen willst geliebt haben, so lerne hier, daß du dasselbe Gott zu thun schuldig bist. So setze nun Gott an deine Statt, und nicht dich selbst an Gottes Statt, und gib ihm die erste Liebe vor allen, die du dir gibst.

2. Denn erstlich liebst du deinen eigenen

Willen, und folgest ihm. Das kehre um: weil du Gott vor allen Dingen lieben sollst, so liebe auch seinen Willen, und folge ihm und keinem andern. 2) So liebst du deine eigene Ehre, und wolltest, daß Jedermann dieselbe hülfe erhalten und befördern: siehe, das thue Gott, dem Herrn, und bitte, daß alle Menschen seine Ehre befördern und groß machen mögen. 3) Hinwieder, wie du denen feind bist, und mit ihnen zürnest, die deine Ehre verkleinern: so sollst du billig allen denen feind seyn, die Gottes Ehre verhindern. 4) Weil du dich selbst liebst, so liebst du dein eigen Lob, willst auch von Jedermann gern gelobt seyn, daß Jedermann von dir Gutes rede; dasselbige bist du Gott auch schuldig, und sollst wünschen, daß er von Jedermann gelobt und gepriesen werde, und daß kein Mensch auf Erden seinen Namen verunehre. Denn wenn ich mir solches gönne, tausendmal mehr soll ich's Gott gönnen. 5) Du willst, daß dir Jedermann glaube, und dich kein Mensch für einen Lügner halte; das sollst du auch wünschen, daß es deinem lieben Gott geschehe, und alle Menschen auf ihn trauen. Also ist offenbar, daß ein jeglicher Mensch in ihm selbst trägt einen klaren, untrüglichen Spiegel, darin er sehen kann, was er Gott zu thun schuldig ist; wenn er nämlich sich von der Statt und dem Stuhl Gottes herab setzt, und Gott daselbst sitzen läßt. Und dieses ist ein so gewisses Zeugniß, daß es alle Menschen ohne Schrift und Bücher überzeugt.

Gebet um Erkenntniß seiner Schuldigkeit gegen Gott.

Ach Herr, durch deine Barmherzigkeit schaffe in uns ein neues Herz, und mache uns tüchtig zu deinem Dienst. Nimm von uns das todte Wesen, und laß uns als neue Creaturen in Christo Jesu, und Alles, was wir für uns selbst verlangen und uns Gutes zu Theil wird, dein ganzes Opfer auf ewig seyn. Mache uns willig, dir zu geben, was nicht uns, sondern dir allein gebührt. Amen.

Das 36. Capitel.
Von der Frucht der Liebe Gottes, nämlich der Freude in Gott.

Ps. 5, 12. Fröhlich laß seyn in dir, die deinen Namen lieben.

1. Aller Dinge Ende ist ihre Frucht. Unterschiedliche Samen aber bringen unterschiedliche Früchte. Weil nun im Menschen zwei unterschiedliche Samen und Wurzeln sind, nämlich Gottes Liebe und eigene Liebe, so ist aufzumerken, was ein jeder Same für Frucht bringe. Und weil diese zwei Samen im Menschen wider einander sind, so folgt daraus, daß sie auch widerwärtige Früchte bringen. Alles, was der Mensch thut, dessen Ende und Frucht ist entweder Freude oder Traurigkeit; das ist des Menschen Gewinn oder Frucht in aller seiner Arbeit. Weil nun die Freude eine gute Frucht ist, lieblich und angenehm: so muß dieselbe aus einem guten Samen oder einer guten Wurzel hersprießen. Und weil die Traurigkeit eine böse Frucht ist, so muß sie auch von einem bösen Samen herkommen. Demnach ist's gewiß, daß die wahre Freude, dadurch wir uns in diesem Leben in Gott freuen, herkommt und entsprießet von der herzlichen Liebe Gottes, und die Traurigkeit und Pein des Gewissens von der eigenen Liebe. Denn wo keine Liebe ist, da kann auch keine Freude seyn; denn die Freude wird aus der Liebe geboren. Wie aber die Liebe ist, so muß auch nothwendig die Freude seyn. Ist nun die Liebe göttlich, so ist auch die Freude göttlich. Ist die Liebe irdisch, und hängt am Irdischen, so ist auch die Freude irdisch. Hängt die Liebe Gott allezeit an, so wird sie sich allezeit in Gott erfreuen, und das ist ein Vorschmack des ewigen Lebens.

2. Wäre die Liebe vollkommen in diesem Leben, so wäre da auch eine vollkommene Freude. Weil sie aber in jenem Leben wird vollkommen seyn, so wird auch im ewigen Leben vollkommene Freude seyn. Und wie wir Gott ewig lieben werden, so wird auch die Freude ewig seyn. Und wie die Liebe dort wird vollkommen seyn, so wird sie auch haben allezeit ein vollkommenes Gut, dem nichts gebricht; das da ist unsterblich,

unendlich, unwandelbar, unmangelhaft. Deßwegen wird auch die Liebe seyn unsterblich, ewig, beständig, wahrhaftig, unbeweglich, lebendig, makellos. Weil nun die Liebe in jenem Leben wird seyn, rein, unbefleckt, göttlich, so wird auch die Frucht also seyn, nämlich eine reine, göttliche, unbefleckte Freude, die allerbeste und köstlichste Freude; und wird in sich begreifen die höchste Lieblichkeit, den höchsten Frieden, die höchste Ruhe des Herzens, das fröhlichste Jauchzen und Jubeln der Seele, die höchste Süßigkeit und Genügsamkeit, Sättigung im höchsten Grad, und das seligste Leben, ja das ewige Leben. Denn das ewige Leben ist nichts anders denn ewige Freude; davon die glaubige, liebhabende Seele bisweilen ein kleines Fünklein empfindet, und ein kleines Tröpflein schmeckt; davon das Hohe Lied Sal. 2, 4. singt: „Mein Freund führet mich in seinen Weinkeller, er labet mich mit Aepfeln, und erquicket mich mit Blumen." Und im 100. Psalm, V. 1. heißt es: „Jauchzet dem Herrn, alle Welt." Und abermal Psalm 89, 16: „Wohl dem Volk, das jauchzen kann."

3. Wer nun diese Freude hat, der hat Alles, was er wünschen und begehren mag, und über dieselbe Freude kann er nichts mehr wünschen. Und weil dieselbe Freude entspringt aus der wahren Liebe Gottes, so aus dem Glauben an unsern Herrn Jesum Christum kommt: so folgt, wenn wir dieß hohe Gut haben und ein Tröpflein davon schmecken wollen in diesem Leben, ja, wenn wir in uns ein lebendiges Zeugniß haben wollen des ewigen Lebens, daß wir im Glauben nach der ewigen Liebe Gottes trachten und uns derselben ergeben müssen. Daher St. Paulus sagt, Eph. 3, 19: „Christum lieb haben, ist besser denn alles Wissen." Und weil diese Liebe in uns ist, und nicht außer uns, wiewohl unvollkommen: so folgt, daß wir diesen Schatz in unserer Seele haben, und bedürfen nichts Auswendiges dazu, weder Gold noch Silber, weder Ehre noch Würde, weder Kunst noch Hoheit, weder Sprachen noch Ansehen, weder Speise noch Trank, noch etwas Zeitliches, sondern in der einigen Liebe Gottes ist das Alles begriffen. Und weil die Liebe dort wird vollkommen und ewig seyn, so wird auch ewiger Friede und Freude seyn. Und diesen Schatz und Reichthum wird der Mensch haben in ihm selbst, und wird ihm denselben Niemand stehlen können; und er wird auch seine Freude stets in ihm selber haben, dazu er weder Gold noch Silber bedarf, weder Ehre noch äußerliche Herrlichkeit; denn Gottes Liebe ist ihm alle Herrlichkeit. Und diesen Reichthum weiß und kennt Niemand, denn der ihn hat. Wer ihn aber in ihm selber hat, der wird nichts Auswendiges begehren, und wird Niemand etwas mißgönnen; denn er ist voll und satt, seines eigenen Guts, seiner eigenen Freude, und begehrt nichts denn die Liebe Gottes, darin seine Freude und sein Leben ist.

4. Und solches Schatzes Anfang können alle Glaubige haben. Denn Gottes Liebe wird dadurch nicht verringert, sondern mehret sich, und theilt sich unendlich aus, und es hindert darin kein Gläubiger den andern, sondern sie machen vielmehr solche Gaben in ihnen wachsen und zunehmen. Denn je mehr ein Mensch Gott liebt, je mehr er sich in Gott erfreut. Und wie Gott seine Liebe den Menschen austheilt, so theilt er auch seine Freude aus, so offenbart sich auch Gott seinen Liebhabern, nachdem sie ihn lieben. Und so hat Gottes Liebe und Freude und Erkenntniß in allen Menschen ihre Grade, und hindert hierin keiner den andern. Woraus abzunehmen ist, wie groß die ewige Freude im ewigen Leben seyn wird, weil Gott seine Liebe und Freude in alle Auserwählte ganz ausgießen und sie damit erfüllen wird, wann er wird Alles in Allem seyn, 1 Cor. 15, 28.

Gebet um die wahre Liebe Gottes.

Bei dir, o Herr, ist Freude die Fülle, und liebliches Wesen; außer dir ist lauter Pein und Bitterkeit. Ach schenke uns deine wahre Liebe, damit wir dich in allen Dingen, und Alles in dir suchen und finden, auch in dir allein hier zeitlich und dort ewig erfreuet werden mögen, durch Jesum Christum, unsern Herrn. Amen.

Das 37. Capitel.

Von der Frucht der eigenen Liebe, daß aus derselben keine wahre Freude erwachsen kann, sondern eine falsche Freude, so ewige Traurigkeit gebiert.

Jacobi 4, 9. Seyd elend, und traget Leid, und weinet! Euer Lachen verkehre sich in Weinen, und eure Freude in Traurigkeit.

1. Gleichwie aus der wahrhaftigen, göttlichen Liebe wahrhaftige, göttliche Freude folgt: also aus der falschen, eigenen Liebe kommt her eine falsche, nichtige Freude. Denn die eigene Liebe liebt ihren eigenen Willen, ihr eigen Lob, ihre eigene Ehre, ihre eigene Wollust und alle Lüste des Fleisches. Und demnach liebt die falsche Liebe Alles, was da dient, eigene Ehre und Wollust zu erhalten, als: zeitliches Gut und Reichthum, Würde und Gunst, und dergleichen. Weil aber solches Alles unbeständig ist und verloren werden kann, so muß sich der Mensch immer fürchten, und sorgen, wie er's erhalte; und dagegen muß er dasjenige hassen und meiden, was ihm sein Gut, daran er mit seiner Liebe hängt, verderben und nehmen kann. So folgt nun daraus, daß er sich nicht recht in seiner eigenen Liebe freuen kann, sondern diese Freude ist mit Furcht und Traurigkeit vermischt, und wird endlich in Traurigkeit verwandelt. Darum ist's eine falsche und nichtige Freude; denn wie der Same ist, so ist auch die Frucht.

2. Wir haben aber oben bewiesen, daß die eigene Liebe unordentlich ist, unbillig, falsch, unrein, verderbt, voller Laster, boshaftig, schändlich, wider die ganze Natur und Creatur, und demnach eine Wurzel aller Untugend und alles Bösen; ein Gift, ein Tod; Finsterniß, Irrthum, Blindheit, Lüge, die Wurzel aller Laster, und die erste Ungerechtigkeit. Derhalben gebiert auch ein solcher böser Same eine böse Frucht, nämlich eine falsche Freude, eine unreine, boshaftige, schändliche Freude wider Gott und den Nächsten; dieselbe freut sich wider Gott und alle Gerechtigkeit, freut sich in allen Lastern und Sünden, in aller Verachtung Gottes, und ist Gott höchst zuwider. Es kann aber dem Menschen nichts verdammlicher seyn, als sich wider Gott in aller Bosheit freuen und belustigen. Denn ist es böse, etwas zu lieben wider Gott: viel ärger ist's, sich zu freuen dessen, das wider Gott ist. Denn solche Freude ist wider die ganze Natur und alle Creaturen, außer Gott, ohne Gott, wider Gott. Daraus denn nichts anders werden kann, denn der ewige Tod, die ewige Traurigkeit und Finsterniß.

3. Denn gleichwie die göttliche Freude den Menschen immer näher und näher zu und in Gott führt: also führt die fleischliche Liebe den Menschen immer weiter und weiter von Gott. Die göttliche Freude vermehrt die göttliche Freundschaft; die falsche Freude vermehrt die Feindschaft wider Gott. Die göttliche Freude sättigt und befestigt den Willen in Gottes Liebe, und macht das Gewissen freudig, fröhlich, süß und holdselig; aber die fleischliche Freude macht Herz und Willen unbeständig, unruhig, bitter und feindselig. Die göttliche Freude kann man haben ohne Arbeit, Unkosten und ohne andrer Leute Hülfe und Schaden; aber die fleischliche Freude kann man nicht haben, denn mit großer Mühe und Arbeit, Unkosten, mit andrer Leute Schaden und Verderben, und mit vieles zeitlichen Dinges Vorrath und Ueberfluß. Die göttliche Freude macht, vermehrt und erhält Friede und Freundschaft, Einigkeit und alles Gute unter den Menschen: die falsche Freude macht Unfriede, Feindschaft, Uneinigkeit, und stiftet viel Verderben und Unglück. Aus der göttlichen Freude kann nichts Böses kommen, und kein Aergerniß; aber aus der falschen Freude kann nichts erwachsen, denn alles Böse und viel Aergerniß. Die göttliche Freude erweckt den Menschen zu allem Guten; die falsche Freude erweckt den Menschen zu allem Bösen. Die göttliche Freude ist lebendig, heilsam, löblich, lieblich, herrlich, ehrbar; die fleischliche Liebe und Freude ist schändlich, lasterhaft, unehrbar. Die göttliche Freude ist Gott, dem Herrn, angenehm und wohlgefällig; die falsche Freude hasset Gott, der Herr, auf's höchste. Die göttliche Freude vermehrt die göttliche Begierde, und macht Verlangen nach Gott und allem Guten; die falsche

Freude vermehrt die Begierde alles Bösen. Die göttliche Freude erleuchtet Herz und Verstand, erfüllt mit Weisheit und göttlicher Erkenntniß; aber die falsche Freude verfinstert und verblendet den Verstand, und erfüllt das Herz mit aller Thorheit und Eitelkeit. Die göttliche Freude ist wahrhaftig, und betrügt Niemand; die fleischliche Freude ist lügenhaft, und nichts denn lauter Betrug und Verführung.

Gebet um Vermeidung der Weltfreude.

Herr, unser Gott, wie heilig ist deine Regierung, daß keine wahre Ruhe und Zufriedenheit der Seele zu finden ist außer dir. Gib du uns die Klugheit der Gerechten, daß wir die göttliche Traurigkeit der eiteln Weltfreude stets vorziehen, und lieber ohne alle Freude seyen, als uns darüber freuen, was uns ewig betrüben kann. Laß uns, deine Reichsgenossen, deine Gerechtigkeit, deinen Frieden, deine Freude in dem heiligen Geist besitzen, und auf diese Weise deinem Dienst gewidmet und deiner Erbarmung auf ewig empfohlen seyn, durch Jesum Christum, deinen Sohn, unsern Herrn. Amen.

Das 38. Capitel.

Von der endlichen und letzten Frucht, so da wächst aus der eigenen Liebe und falschen Freude, welche ist die ewige Traurigkeit und der ewige Tod.

Röm. 8, 13. So ihr nach dem Fleische lebet, so werdet ihr sterben.

1. Oben ist angezeigt, daß aus der göttlichen, ewigen Liebe wachse und entspringe ewige Freude. Daraus folgt: wo die Liebe Gottes nicht ist, da kann auch nicht seyn die ewige Freude, und all das Gute, so zu der ewigen Freude gehört; sondern da ist und muß seyn eine ewige Beraubung aller Freude und alles Guten. Und darum kann daselbst nichts anders seyn, denn eitel Traurigkeit und Herzeleid. Denn die Seele des Menschen wird dann in in sich selbst gekehrt werden, und in ihr selbst befinden, daß sie des ewigen und höchsten Guts beraubt ist; dazu sie nimmermehr in Ewigkeit wieder kommen kann, und dasselbe durch ihre eigene Schuld. Und ob sie wohl solches sehnlich und mit großem Heulen begehren wird: so wird sie es doch nimmer in Ewigkeit erlangen. Daraus nichts denn Herzeleid, Angst und Pein inwendig in der Seele entstehen kann.

2. Und weil der Mensch nimmermehr in Ewigkeit der schmerzlichen Reue über das verlorene Gut los werden kann, so wird er immer wünschen, daß er gar zu nichte würde, daß er nichts mehr wäre. Welches denn auch nimmermehr geschehen kann, sondern er muß also bleiben, und die Verdammniß in Ewigkeit leiden. Daraus nichts anders werden kann, denn ein ewiger Haß seiner selbst, und daß ein Verdammter sich ewig verfluchen muß; sonderlich weil er sehen muß seine Schande, seine Häßlichkeit, seine Abscheulichkeit; dadurch er sich selbst nicht wird ertragen, dulden und leiden können, und doch in Ewigkeit wird ertragen müssen. Also wird anstatt der eigenen Liebe kommen eigener Haß und Vermaledeiung.

Gebet um den Haß seiner selbst.

Wer sich selbst hasset um deinetwillen, o Jesu, und in gründlicher Verläugnung seiner selbst steht, dem offenbarst du dich in deiner Liebe, und er hat in dir eine reine Wollust, eine wahre Ehre, und ewig bleibende Güter. Herr Jesu, laß uns meiden alle Finsterniß, und dir, dem Lichte, nachfolgen: so umgibt uns das Licht des Lebens, und wir haben in dir volle Genüge. Amen.

Das 39. Capitel.

Wie wir Gott, unserm Schöpfer, Alles geben und ihn allein ehren sollen.

Pf. 95, 6. Kommt, laßt uns anbeten, und knien, und niederfallen vor dem Herrn, der uns gemacht hat.

1. Weil wir wissen, daß Gott unser Schöpfer, Erhalter und Liebhaber, ja unser Vater ist: wem wollten wir billiger alle Ehre und Ehrerbietung geben, denn

unserm Schöpfer und Erhalter? Wen wollten wir billiger anrufen, bitten, flehen, ehren, loben und preisen, denn den, der uns geschaffen hat? Wem wollten wir vertrauen? Auf wen wollten wir unsere Hoffnung setzen? Wen wollten wir billiger lieben? In wem wollten wir uns billiger freuen? An wem wollten wir unser höchstes Wohlgefallen haben, und unsern höchsten Trost? Wen wollten wir anders lieben, denn den, der uns zu seinem Bilde geschaffen? Wen wollten wir ehren, denn den, der uns so hoch über alle Creaturen geehret hat? Wem wollten wir uns doch ganz ergeben, denn dem, der sich uns ganz ergeben durch seine Liebe, der uns also geschaffen, daß wir mit ihm ewig leben und bei ihm ewig bleiben sollen, und uns mit ihm ewiglich freuen? Wen wollten wir doch billiger lieben und ehren, denn den, der uns zu seinen Kindern angenommen und sich uns zum Vater gegeben hat?

2. Darum bedenke, o Mensch, warum dich Gott zu einem vernünftigen Menschen erschaffen hat, daß du ihm nämlich alle deine Sinne und Seelenkräfte geben sollst. Weil dich Gott also geschaffen hat, daß du lieben kannst, so sollst du Gott lieben; weil du etwas erkennen kannst, so sollst du Gott erkennen; weil du etwas fürchten kannst, so sollst du Gott fürchten; weil du etwas ehren kannst, so sollst du Gott ehren; weil du beten kannst, so sollst du Gott anbeten; weil du loben und preisen kannst, so sollst du Gott loben und preisen; weil du dich verwundern kannst, so sollst du dich über deinen Schöpfer und Vater verwundern; weil du glauben, vertrauen und hoffen kannst, so sollst du Gott glauben, vertrauen und auf ihn hoffen; und weil du dich freuen und belustigen kannst, so sollst du dich in Gott freuen und belustigen. Und weil in Gott Alles ist, und er vermag Alles unendlicher Weise: so kannst du Alles bei Gott und in Gott finden, und thun, was dein Herz wünschet, so du deine Lust an Gott hast, Pf. 37, 4.

3. Daraus folgt denn die rechte, wahrhaftige Ehre Gottes. Denn wer Gott liebt, der ehrt ihn; wer ihn aber nicht liebt, der verunehrt ihn. Wer Gott fürchtet, der ehrt ihn; und wer ihn nicht fürchtet, verunehrt ihn. Also ist's mit allen Tugenden und Lastern. Mit Gehorsam ehrt man Gott; mit Ungehorsam verunehrt man ihn. Also ist's mit dem Glauben, mit Hoffnung, mit Lob und Preis, mit Dankbarkeit.

4. Daraus ist nun offenbar, daß nichts Besseres, Herrlicheres, Löblicheres, Nützlicheres dem Menschen ist, denn Gott ehren; und daß nichts Schändlicheres, Abscheulicheres, Gräulicheres ist, denn Gott verunehren.

Gebet um Gnade, Gott recht zu ehren.

O daß unser Herz deines Lobes, o Gott, recht voll wäre, und unser Mund davon überfließen möchte! Großer Gott, verherrliche dich an uns, und mache uns selber dazu tüchtig, daß wir dir zu Ehren leben, und dein Name durch uns gepriesen werde in Zeit und Ewigkeit. Amen.

Das 40. Capitel.

Von eigener Ehre, welche der Ehre Gottes zuwider ist, und ihr abgesagter Feind.

Pf. 113, 1. Nicht uns, Herr, nicht uns, sondern deinem Namen gib die Ehre.

1. Wenn ein Mensch nicht in allen Dingen Gottes Ehre sucht, dieselbe hilft ausbreiten und vermehren: so handelt er nicht als ein Geschöpf Gottes, noch als ein Werk seiner Hände; sondern er handelt wider Gott, und wider die ganze Ordnung der Creaturen, die Gott zu seinen Ehren geschaffen hat. Viel ärger aber handelt ein Mensch, wenn er Alles thut zu seinen eigenen Ehren, zu seinem eigenen Lob, sich einen großen Namen zu machen, und denselben auszubreiten. Denn dadurch raubt der Mensch Gott seine Ehre, die ihm allein gebührt, und setzt sich auf den Stuhl Gottes, wie Lucifer; und da muß er herunter gestürzt werden. Dadurch wird er ein heftiger Feind Gottes. Ein solcher Mensch erfüllt sein Herz mit eigener Ehre und Ruhm, darnach er Tag und Nacht

trachtet, und vertreibt also Gottes Ehre aus seinem Herzen. Denn sein Herz soll der Ehre Gottes voll seyn, so aber ist's voll seiner eigenen Ehre, und es findet demnach Gottes Ehre keine Statt in dieses Menschen Herzen.

2. Nicht allein aber hat er sein eignes Herz also vergiftet, sondern er will auch andrer Leute Herzen (welche ein Sitz und Haus der Ehre Gottes seyn sollen) mit seiner eigenen Ehre erfüllen, daß er von ihnen hoch gehalten werde. Und also vertreibt er Gott von seinem Stuhl aus der Menschen Herzen, und setzt sich selbst mit seiner Ehre hinein. Wie könnte nun ein größerer Feind Gottes seyn? Darum, willst du kein Feind Gottes seyn, so siehe zu, daß du bald aus deinem Herzen austilgest und tödtest die eigene Liebe und eigene Ehre. Darum mußt du dich selber hassen und verläugnen, willst du Gottes Freund seyn. Denn durch eigene Liebe und Ehre wirst du Gottes Feind. Dadurch wird ein solcher Mensch aus dem Himmel verstoßen, das ist, von Gott, von seinem Angesicht, in's ewige Verderben, in die ewige Schmach und Schande. Das ist die Frucht, so aus der eigenen Ehre wächst.

3. Darum gehe wieder zurück, thue Buße, glaube an Christum, und lebe in ihm als eine neue Creatur, so wird er dich für den Seinen erkennen. Zu den Andern, die nicht Buße gethan, sondern nach dem Fleisch gelebt haben in Adam, ja im Teufel, zu denen wird er sagen: „Ich habe euch noch nie erkannt, weichet alle von mir, ihr Uebelthäter," Matth. 7, 23. So ist auch die eigene Ehre der Liebe Christi gar zuwider, und vertilgt sie aus deinem Herzen. Darum weil unser höchstes Gut, unsere Weisheit und Kunst die Liebe Christi ist: so laß die eigene Ehre und Weltliebe von deinem Herzen ausgehen, auf daß die Liebe Christi eingehe; denn sie können nicht bei einander stehen. Und in der Liebe Christi wird unser wahres Christenthum vollendet; mit welcher Gott unsere Seele ewiglich wolle erfreuen, sättigen und erfüllen. Amen.

Gebet um Vermeidung eigener Ehre.

Heiliger Gott, tödte in uns den Götzen der Selbstgefälligkeit, damit wir in wahrer Demuth vor dir erfunden werden, in Jesu Gerechtigkeit unser Heil und Leben suchen, und durch deines Geistes Wirkungen dir zu Ehren leben. Amen.

Beschluß.

1. Diese vier Bücher haben darum den Titel vom wahren Christenthum, weil der wahre Glaube an unsern Herrn Jesum Christum und die Gerechtigkeit des Glaubens das Fundament sind, woraus das ganze christliche Leben herfließen soll. Demnach habe ich nicht den Heiden geschrieben, sondern den Christen, die zwar den christlichen Glauben angenommen, aber ganz unchristlich leben, und die Kraft des Glaubens verläugnen oder nicht verstehen wollen, 2 Tim. 3, 5. Ich habe nicht geschrieben den Ungläubigen, sondern den Gläubigen; nicht denen, die noch erst sollen gerechtfertigt werden, sondern denen, die da schon gerechtfertigt sind. Darum das ganze Werk von täglicher Buße und christlicher Liebe nicht anders verstanden werden soll, denn daß der Glaube vorleuchte und das Fundament sey; damit Niemand gedenke, daß allhier unserm fleischlichen freien Willen oder unsern guten Werken etwas zugeschrieben werde. Mit nichten; sondern weil du ein Christ bist, und mit dem Geist Gottes gesalbt: so sollst du Christum lassen in dir leben, in dir herrschen, und den heiligen Geist dich regieren, damit dein Christenthum nicht Heuchelei sey.

2. So soll auch der andre Theil dieses vierten Buchs nicht also verstanden werden, daß wir aus fleischlichem Willen könnten Gott lieben; denn die Liebe ist eine Frucht des heiligen Geistes; sondern dahin geht derselbe Theil, daß wir neben dem Wort Gottes und dem Buch der heiligen Schrift auch können überzeugt werden in unserm Herzen und Gewissen, aus dem Buch der Natur, und aus dem Licht der

Natur, daß wir Gott zu lieben schuldig sind, wegen seiner großen Liebe, die er uns durch alle Creaturen erzeigt und beweist. Und solches Argument aus der Natur überzeugt alle Menschen, es sey Einer Heide oder Christ, glaubig oder unglaubig, und kann es auch kein Mensch widerlegen. Gott erzeigt und beweist uns durch alle seine Creaturen Liebe, und wir nehmen seine Wohlthaten an; darum machen wir uns verbindlich, unsern Liebhaber wieder zu lieben. Ja, darum ruft und reizt uns Gott durch alle Creaturen zu seiner Liebe, deren alle Menschen im gemeinen Leben genießen, Böse und Gute. Weßhalb Gottes Liebe allerdings auch aus dem Buche der Natur zu erkennen ist, und es können damit auch die Heiden überzeugt werden. „Groß sind die Werke des Herrn," sagt der 111. Psalm, V. 2, „wer ihrer achtet, der hat eitel Lust daran." Und der 92. Psalm, V. 5: „Du lässest mich fröhlich singen von deinen Werken, und ich rühme die Geschäfte deiner Hände." Wie können sie aber besser gerühmt werden, denn auf solche Weise? Gott gebe uns Verstand und Weisheit, daß wir's erkennen, und Gott in allen seinen Werken preisen, hier und dort ewiglich. Amen.

Dem großen Gott allein
Soll alle Ehre seyn.

Johann Arnd's

Fortsetzung seiner vier Bücher vom wahren Christenthum,
nebst zubehörigen Schriften
oder
fünftes und sechstes Buch.

Das fünfte Buch
vom
wahren Christenthum,
enthaltend

drei Lehr- und Trostbüchlein, zum wahren Christenthum gehörig:

I. Vom wahren Glauben und heiligen Leben.
II. Von der Vereinigung der Gläubigen mit Christo Jesu, ihrem Haupte.
III. Von der heiligen Dreieinigkeit, von der Person und dem Amte Christi, und von den Wohlthaten des heiligen Geistes.

Erstes Büchlein.

Vom wahren Glauben und heiligen Leben.

Das 1. Capitel.

Von der Unvollkommenheit des christlichen Lebens und den übrigen Gebrechen der Gläubigen.

1. Gleichwie es über alle Maaße schwer ist, falsche Lehre und Abgötterei umzustoßen und aus den Herzen der Menschen zu treiben, und dagegen die seligmachende Lehre des Evangelii zu pflanzen: also ist es auch ein überaus schweres Werk, das unchristliche, ungöttliche Leben zu verstören, und die wahre Buße und Bekehrung aufzurichten.

2. Wider beide wüthet und tobt der Teufel, die Welt und das Fleisch. Etliche schwärmen und sagen, sie seien schon vollkommen, und können nicht mehr sündigen, mißbrauchen dazu die heilige Schrift und andre erbauliche Bücher, wie der Satan, welcher auch Gottes Wort mißbraucht, und sich in einen Engel des Lichts verstellen kann, 2 Cor. 11, 14. Andre sagen, es sey unmöglich, also zu leben. Das sind die Gottlosen, so die Buße hassen und nicht leiden können. Die Dritten lästern es aus lauter Bosheit und Neid, wie die Pharisäer Christum lästerten, damit ja seine Lehre und sein heiliges Leben von dem Volk nicht angenommen, sondern in Verdacht gezogen und verworfen würde.

3. Die Ersten sind Schwärmer und unleidliche Phantasten, welche der Teufel in diesen letzten Zeiten erweckt, die wahre Buße zu verhindern, welche sich durch's ganze Leben eines Christen erstreckt, bis in den Tod hinein; alsdann ist er gerechtfertigt von der Sünde, wenn er nämlich das sündliche Fleisch abgelegt hat. Daher

sich nie ein Heiliger Gottes gerühmt, daß er vollkommen sey und nicht mehr sündigen könne.

4. Zwar in Christo sind wir Alle vollkommen, wenn er uns seine Heiligkeit durch den Glauben zurechnet und schenkt; aber was der Gläubigen Leben angeht, da mangelt es weit. Denn auch in den Gläubigen und Wiedergeborenen werden noch viel überbleibende Sünden, Gebrechen und Mängel gefunden, darüber sie täglich seufzen, dieselben bereuen und Gott abbitten. Ps. 19, 13: „Wer kann merken, wie oft er fehlet? Verzeihe uns die verborgenen Fehler." Denn ob wir wohl die neue Geburt und tröstliche Kindschaft Gottes empfangen haben durch den Glauben, so geschieht doch die Erneuerung nicht gänzlich auf einmal; sondern der heilige Geist reinigt, erneuert und heiligt sein Haus von Tag zu Tage, und schmückt das Gnadenkind Gottes täglich je mehr und mehr mit seinen Gaben, und heilet seine Gebrechen. Darum St. Paulus befiehlt, daß die, so durch den Glauben sind gerecht worden, die Sünde nicht sollen herrschen lassen in ihrem sterblichen Leibe, Röm. 6, 12; klagt auch darüber, daß die Sünde noch in ihm wohne, und nehme ihn oft gefangen, widerstrebe dem Gesetze seines Gemüths, Röm. 7, 18. 23; warnt auch die Gläubigen, wo sie nach dem Fleische lebten, so würden sie sterben: wo sie aber die fleischlichen Lüste durch den Geist Gottes dämpften, so würden sie leben, Röm. 8, 13. Und daselbst spricht er V. 1, es sey nichts Verdammliches an denen, die in Christo Jesu sind, die nicht nach dem Fleische wandeln, sondern nach dem Geist. Da bekennt er, daß in den Gläubigen beides sey, Fleisch und Geist, das ist, fleischliche Lüste und Begierden, so die Wiedergeborenen plagen. Ja es ermahnt der Apostel die Corinther, und spricht: „Lasset uns von aller Befleckung des Fleisches und des Geistes uns reinigen, und fortfahren mit der Heiligung in der Furcht Gottes," 2 Cor. 7, 1. Und Gal. 5, 17 beschreibt er den Streit des Fleisches und des Geistes, wie diese beiden wider einander seyen. Davon auch St. Petrus sagt, 1 Epist. 2, 11: „Enthaltet euch von den fleischlichen Lüsten, so wider die Seele streiten."

5. Was sagt der wiedergeborene heilige David? „Herr, so du willst Sünde zurechnen, wer wird vor dir bestehen?" Psalm 103, 3. „Herr, gehe nicht ins Gericht mit deinem Knecht, denn vor dir ist kein Lebendiger gerecht," Ps. 143, 2. „Der Gerechte fällt siebenmal," sagt der weiseste König, Spr. Sal. 24, 16. Und der Herr zu Petro: „Wenn dein Bruder des Tages siebenmal an dir sündiget" rc. Luc. 17, 4. Und der Evangelist Johannes, 1 Epist. 1, 8: „So wir sagen, wir haben keine Sünde, so betrügen wir uns selbst, und die Wahrheit ist nicht in uns." Daher spricht St. Paulus, Phil. 3, 12: „Nicht daß ich's schon ergriffen habe, oder schon vollkommen sey." Diese Lehre von der Unvollkommenheit christlichen Lebens habe ich vielfältig abgehandelt in meinem ersten Buche vom wahren Christenthum, als: in der Vorrede und im 16. Capitel, deßgleichen C. 11. Das 19. von der Erkenntniß menschlichen Elends streitet ganz wider die Vollkommenheit. Das 40. Capitel hat viel herrlicher Lehren davon. Lies das ganze 41. Capitel, da wirst du Bericht genug finden wider die Schwärmer.

6. Es ist demnach die tägliche Buße und die stetige Kreuzigung des Fleisches sowohl, als der tägliche Streit des Fleisches und Geistes, welchen die heilige Schrift von den Gläubigen fordert, diesen Schwärmern ganz zuwider. Diese Lehre von der Unvollkommenheit gibt Ursache, andächtig zu beten wider Teufel, Welt und Fleisch; wie der Herr seine Jünger und uns Alle lehrt: „Wachet und betet, daß ihr nicht in Anfechtung fallet; denn der Geist ist willig, aber das Fleisch ist schwach," Matth. 26, 41. Ja, was sagt Paulus, 2 Cor. 11, 29: „Wer ist schwach, und ich werde nicht schwach? Wer wird geärgert, und ich brenne nicht? So ich mich ja rühmen will, so will ich mich meiner Schwachheit rühmen."

7. Eine große, vermessene Sicherheit ist es, sich der Vollkommenheit zu rühmen, und ohne Sünde seyn zu wollen, da doch vor Gott Niemand unschuldig ist, wie Moses sagt, 2 Mos. 34, 7. Und der Pre-

diger, Cap. 7, 21: „Es ist kein Mensch auf Erden, der nicht sündiget." Darum spricht der 32. Pf., V. 6: „Herr, darum" (um Vergebung der Uebertretung und Zudeckung der Sünden, um Nichtzurechnung der Missethat) „werden dich alle Heiligen bitten zu rechter Zeit."

8. Daß aber St. Johannes, 1 Epistel 3, 9. 10 spricht: „Wer aus Gott geboren ist, der thut nicht Sünde, denn sein Same bleibt bei ihm, und er kann nicht sündigen, denn er ist von Gott geboren; daran wird's offenbar, welches die Kinder Gottes und die Kinder des Teufels sind:" da macht er einen Unterschied unter Gottes und des Teufels Kindern. Diese haben Lust zu allen Sünden, das ist ihre Freude und Kurzweil. Gottes Kinder aber haben keine Lust zur Sünde, sondern hüten sich davor, beten dawider, und wenn sie aus Schwachheit straucheln, gereut es sie von Herzen; denn Gottes Same ist in ihnen, Gottes Wort und Geist, der läßt sie nicht in Sünden verharren.

9. Die Andern, so sich die Unmöglichkeit lassen abschrecken, haben keine wahre Erkenntniß Christi, verstehen das Leiden, Sterben und die Auferstehung Christi nicht recht; lassen's dabei allein bewenden, daß Christus für ihre Sünden gestorben sey, wollen aber nicht wissen, daß die Frucht des heiligen Todes und der Auferstehung Christi in uns wirken müsse, daß wir der Sünde sollen absterben, und in Kraft der Auferstehung Christi von Sünden auferstehen, wie diese Lehre vom Apostel Paulo gewaltig getrieben wird, Röm. 6, 7. 8. 12. 13. 14; beßgleichen an die Galater und Ephefer. Sie verstehen auch das Reich Christi nicht, welches er aufrichtet und bauet in der Gläubigen Herzen. Er führt ein Reich, nicht wie irdische Könige, welche äußerlicher Weise mit sichtbarer Gewalt über Land und Leute herrschen, sondern Christus herrscht, regiert, siegt, lebt in seinen gläubigen Gliedern; da hat er seine Herrschaft im Geist und Glauben, und ist das Haupt seiner Gemeine, welche er, als seinen geistigen Leib, mit allerlei geistiger Fülle, Kraft, Licht und Leben erfüllt.

10. Sollte nun das Haupt in seinen Gliedern nicht wirken? Sollten wir von seiner Fülle nichts empfangen? St. Paulus wünscht ja, Ephes. 3, 19: „daß wir mögen erfüllet werden mit allerlei GottesFülle;" welches er Phil. 1, 11 also ausdrückt: „Erfüllet mit Früchten der Gerechtigkeit." Wer nun Christum Jesum will recht erkennen lernen, der muß ihn auch erkennen als einen regierenden, herrschenden König, der sein Reich in seinen gläubigen Gliedern hat. Und das macht den Unterschied unter Heiden und Christen; wie dasselbe St. Paulus deutlich erklärt, Eph. 4, 17. 18: „So sage ich nun und zeuge in dem Herrn, daß ihr nicht mehr wandelt, wie die andern Heiden wandelten in der Eitelkeit ihres Sinnes, deren Verstand verfinstert ist, und sind entfremdet von dem Leben, das aus Gott ist. Ihr aber habt Christum nicht also gelernet, so ihr anders von ihm gehöret habt, und in ihm gelehret seyd, wie in Jesu ein rechtschaffen Wesen ist." Darum ist nun „die Gnade Gottes erschienen allen Menschen, und züchtiget uns, daß wir sollen verläugnen das ungöttliche Wesen und die fleischlichen Lüste, und züchtig, gerecht und gottselig leben in dieser Welt," Tit. 2, 11. 12.

11. Und was bedarf's viel Worte? Bedenke doch, wie der Teufel „sein Werk hat in den Kindern des Unglaubens," und hat sein Reich in seinen Gliedern, dawider wir täglich beten und streiten. Sollte nun Christi Reich in den Gläubigen nicht vielmehr sein und herrschen im Glauben, in Liebe, Hoffnung, Demuth, Geduld, Gebet, Gottesfurcht? dazu uns unser ewiger König seinen Geist gegeben hat, „der unserer Schwachheit aufhilft, und vertritt uns mit unaussprechlichem Seufzen," Röm. 8, 26. Hier wird zugleich der Vollkommenheit und der Unmöglichkeit widersprochen.

12. Daß aber St. Paulus zu den Ephesern, Cap. 4, V. 13 schreibt: „daß wir Alle hinan kommen sollen zu einerlei Glauben und Erkenntniß des Sohnes Gottes, und ein vollkommener Mann werden," ist nicht vom Leben zu verstehen, sondern von der vollkommenen Lehre, so uns zur Seligkeit führt; daß uns nichts verhalten ist, son-

dern aller Rath Gottes geoffenbart, wie wir sollen selig werden, auf daß wir uns nicht verführen lassen, wie sich der Apostel selbst erklärt, „daß wir nicht mehr Kinder seyn sollen, und uns wiegen lassen von allerlei Wind der Lehre." So spricht er auch Col. 1, 28: „Wir ermahnen alle Menschen mit aller Weisheit, auf daß wir darstellen einen jeglichen Menschen vollkommen in Christo Jesu." Das ist, wir lehren, wie allein in Christo Jesu die vollkommene Gerechtigkeit, der vollkommene Weg zur Seligkeit sey. Deßgleichen 2 Tim. 3, 16. 17: „Alle Schrift von Gott eingegeben, ist nütze zur Lehre, zur Strafe, zur Besserung, zur Züchtigung in der Gerechtigkeit, daß ein Mensch Gottes sey vollkommen, zu allen guten Werken geschickt;" das ist: Gottes Werk ist eine vollkommene Lehre und ein vollkommener Weg zur Seligkeit, und macht den Menschen geschickt zu allen guten Werken, so Gott gefallen, daß man keine neue Lehre oder Werke dazu erdenken oder dazu thun darf.

13. Die Dritten, so diese Lehre von wahrer Buße und christlichem Wandel aus lauter Bosheit und Muthwillen lästern und verachten, die lästern das heilige Leiden Christi, und schmähen den Geist der Gnade und Nachfolge des Exempels Christi, und mögen sich bedenken, was sie dem Herrn Christo antworten wollen, da er spricht: „Wer mir folgen will, der verläugne sich selbst, und nehme sein Kreuz auf sich täglich, und folge mir nach," Luc. 9, 23. Und: „Wer zu mir kommt, und hasset nicht sein eigen Leben, der kann mein Jünger nicht seyn," Luc. 14, 26. Und: „Lernet von mir, ich bin sanftmüthig und von Herzen demüthig," Matth. 11, 29. Auch was sie dem Apostel Petrus wollen antworten, da er spricht: „Christus hat uns ein Exempel gelassen, daß wir sollen nachfolgen seinen Fußstapfen," 1 Petr. 2, 21. Auch dem Evangelisten Johannes, da er spricht: „Wer da saget, daß er in ihm bleibe, der soll auch wandeln, gleichwie er gewandelt hat," 1 Joh. 2, 6. Gefällt ihnen nun dieß nicht, so wird ihnen am Tage des Gerichts das gefallen müssen: „Ich habe euch noch nie erkannt, weichet alle von mir, ihr Uebelthäter," Matth. 7, 23.

Gebet um reine Lehre und heiliges Leben.

Du, o Jesu, bist das Licht der Welt; wer dir nachfolgt, der wird nicht wandeln in Finsterniß, sondern wird das Licht des Lebens haben. Ach, leite du uns durch deinen Geist der Wahrheit in alle Wahrheit, und laß uns so glauben und leben, wie es mit deinem geoffenbarten heiligen Wort übereinstimmt. Dein Wort sey unserer Füße Leuchte, und ein Licht auf unserm Wege: so irren wir nicht, und gehen durch deine Kraft dem vorgesteckten Ziel entgegen, welches uns deine himmlische Berufung vorhält. Ach Jesu, unser Licht und Leben, hilf uns, und errette uns, daß wir in deiner Herrlichkeit um dich und bei dir ewig seyn mögen. Amen.

Das 2. Capitel.
Von dem inwendigen neuen Menschen.

1. Ich habe mich nicht genugsam verwundern können, von der Zeit an, da ich meine geringen Büchlein vom wahren Christenthum geschrieben habe, daß Leute im Christenthum seyn sollten, welchen die Lehre vom innerlichen Menschen so gar fremd vorkommen sollte. Diese Leute müssen sich ja selbst nicht erkennen, ob sie Heiden oder Christen sind, gläubig oder ungläubig, auch nicht wissen, was St. Paulus erinnert, 2 Cor. 13, 5: „Versuchet euch selbst, ob ihr im Glauben seyd, prüfet euch selbst; oder erkennet ihr euch selbst nicht, daß Jesus Christus in euch sey? es sey denn, daß ihr untüchtig seyd." Derhalben ist es eine große Ungeschicklichkeit und Untüchtigkeit zum Reich Gottes, den inwendigen neuen Menschen nicht zu kennen.

2. Wenn kein inwendiger neuer Mensch ist, wozu ist denn das große, treffliche Geheimniß der neuen Geburt nütze? Gebiert denn die neue Geburt nicht einen neuen Menschen? Und derselbe neue Mensch ist ja inwendig, nicht auswendig, er ist das erneuerte Bild Gottes in uns, welches

St. Paulus, Eph. 4, 22. 23. 24 also beschreibt: „So leget nun von euch ab nach dem vorigen Wandel den alten Menschen, der durch Lüste im Irrthum sich verderbet; erneuert euch aber im Geist eueres Gemüths, und ziehet den neuen Menschen an, der nach Gott geschaffen ist," das ist, gebildet ist, „in rechtschaffener Gerechtigkeit." Derohalben ist die Erneuerung des Geistes und Gemüths der inwendige Mensch, der nach dem Bilde Gottes erneuert ist. Welches zu den Coloss., Cap. 3, V. 9 auch erklärt wird: „Ziehet den alten Menschen mit seinen Werken aus, und ziehet den neuen an, der da verneuert wird zu der Erkenntniß, nach dem Ebenbilde deß, der ihn geschaffen hat." Diese Verneuerung zu der Erkenntniß Gottes nach seinem Ebenbilde ist der inwendige Mensch, in welchem die Erkenntniß Gottes verneuert ist, gleichwie sie in Adam vor dem Fall in seinem Verstand und Gemüth vollkömmlich geleuchtet hat, nach dem Fall aber erloschen, verblichen, verfinstert, verloren ist, nun aber durch den heiligen Geist wieder angezündet und erneuert wird, wie 2 Cor. 3, 18 geschrieben ist: „Nun aber spiegelt sich in uns Allen" (nämlich in den Gläubigen) „des Herrn Klarheit" (das ist, Gottes Erkenntniß, in welcher das Bild Gottes stehet) „mit aufgedecktem Angesicht, und wir werden verkläret in dasselbige Bild, von einer Klarheit zur andern, als vom Geist des Herrn." Das ist: das Bild Gottes oder der neue inwendige Mensch wächst täglich, und nimmt zu in uns, und der heilige Geist baut täglich daran, und erneuert es von Tage zu Tage, daß wir immer wachsen und zunehmen in der Erkenntniß Gottes, Phil. 1, 9. Darum auch St. Paulus wünscht und bittet, Eph. 3, 16. 19: daß die Gläubigen mögen „stark werden durch den Geist Gottes am inwendigen Menschen, und erfüllet werden mit aller Gottesfülle," das ist, stark werden im Glauben, in der Liebe, Hoffnung, Geduld, Sanftmuth, Demuth, daß wir Sünde, Welt und Fleisch überwinden mögen. Und das ist das rechte geistige Leben des neuen Menschen, davon St. Paulus sagt zu den Galatern, Cap. 6, V. 1: „So wir im Geist leben," das ist, im Glauben und in der Erkenntniß Gottes, in Christo gerechtfertigt, „so laßt uns auch im Geist wandeln;" das ist, laßt uns das fleischliche Leben ablegen, und das geistige neue Leben annehmen, welches ist ein sanftmüthiger Geist. Also beschreibt auch St. Petrus den inwendigen neuen Menschen in den heiligen, tugendsamen Weibern, in seiner 1 Epist. 3, 4, da er ihn nennt den „verborgenen Menschen des Herzens mit sanftem und stillem Geist; solches ist der köstliche Schmuck vor Gott."

3. Dieser neue inwendige Mensch ist das neue Herz, davon der Prophet Ezechiel, Cap. 36, V. 26 geweissagt hat: „Ich will euch ein neues Herz und einen neuen Geist geben, und will solche Leute aus euch machen, die in meinen Geboten wandeln." Wie auch der Prophet Jeremias spricht, C. 31, 33: „Ich will mein Gesetz in ihr Herz geben und in ihren Sinn schreiben." Welche Wohlthat St. Paulus mit seinem eigenen Exempel bestätigt, an die Römer, Cap. 7, 22: „Ich habe Lust an dem Gesetze Gottes nach dem inwendigen Menschen;" das ist, des inwendigen neuen Menschen Lust und Freude ist, Gottes Willen zu thun. Das ist die neue Creatur in Christo Jesu, aus ihm geboren, welche Christi Geist und Sinn hat, und nach Christo gesinnet ist, Phil. 2, 5; welche aus Gott geboren ist, und die Welt überwindet, 1 Joh. 4, 7. Das ist das reine Herz, darum David bittet, Psalm 51, 12, und der neue gewisse Geist. Es ist nichts anders, als die erleuchtete, gläubige Seele, auch nichts anders, als der lebendige Glaube, der durch die Liebe thätig ist, Gal. 5, 6. Denn der wahre Glaube ist das ganze Wesen des neuen Lebens, darum er eine Substanz genannt wird, Hebr. 11, 1, weil er Alles im wiedergeborenen Menschen thut, also daß auch Christus durch den Glauben in unsern Herzen wohnt, Eph. 3, 17. Und dieser neue inwendige Mensch ist nicht vollkommen, sondern er wird täglich durch den Geist Gottes erbaut und erneuert, ja auch durch das heilige Kreuz, wie St. Paulus sagt, 2 Cor. 4, 16: „Ob unser äußerlicher Mensch verweset, so wird doch der innerliche von Tag

zu Tag erneuert." Und endlich so ist der neue inwendige Mensch nichts anders, als das Leben Christi in uns, welches durch das Kreuz offenbar wird, wie St. Paulus 2 Cor. 4, 10 spricht: „Wir tragen um allezeit das Sterben des Herrn Jesu an unserm Leibe, auf daß auch das Leben des Herrn Jesu an unserm Leibe offenbar werde." Und abermal daselbst, V. 11: „Wir werden immer in den Tod gegeben um Jesu willen, auf daß auch das Leben Jesu offenbar werde an unserm sterblichen Leibe." Denn dieser neue Mensch ergibt sich ganz dem gnädigen Willen Gottes, trägt sein Kreuz in großer Geduld, weil er weiß, daß er dadurch dem Ebenbilde Christi gleich und ähnlich wird, Röm. 8, 29, und sieht auf die künftige Herrlichkeit. Wie St. Paulus spricht, Röm. 5, 2. 3: „Wir rühmen uns der Hoffnung der zukünftigen Herrlichkeit; nicht allein aber das, sondern wir rühmen uns auch der Trübsale." Daher freueten sich die Apostel, daß sie würdig wären, Schmach zu leiden, um des Namens Jesu willen, Apost. Gesch. 5, 41. Darum spricht der Herr, Matth. 11, 30: „Mein Joch ist sanft, und meine Last ist leicht;" verstehe, dem neuen Menschen, welchem um Christi willen zu sterben eine Freude und Ehre ist. Denn „ob wir gleich," sagt St. Paulus, Röm. 8, 36. 37, „um deinetwillen erwürgt werden täglich, und sind geachtet wie Schlachtschafe, so überwinden wir doch um deß willen, der uns geliebet hat, und sind gewiß, daß uns nichts von der Liebe Gottes scheiden kann."

4. Dieser neue Mensch dient Gott mit Freuden, und es sind ihm des Herrn Gebote vom Glauben und von der Liebe nicht schwer, wie 1 Joh. 5, 3 geschrieben ist. Denn er thut Gott ein freiwilliges Opfer, als im Glauben und in der Liebe; wie der 110. Psalm, V. 3 spricht: „Nach deinem Sieg wird dir dein Volk williglich opfern im heiligen Schmuck." Bedenke nun, was das für Christen sind, die den inwendigen neuen Menschen nicht kennen. Denn er ist's, der da glaubet, liebet, hoffet, leidet, duldet, betet, seufzet, Gott fürchtet, ehret, bekennet, und die Welt überwindet.

Gebet um die Nachfolge Christi.

O Jesu, schenke uns deinen göttlichen Sinn, daß deine Weisheit, Heiligkeit, Gerechtigkeit, Wahrheit, Keuschheit, Demuth, Sanftmuth in uns angetroffen werde, und wir als deine Kinder dir nachfolgen, und uns als die Deinigen bei aller Gelegenheit beweisen. Amen.

Das 3. Capitel.
Von den geistigen Uebungen des neuen inwendigen Menschen.

1. Des neuen Menschen innerliche und geistige Uebungen bestehen vornehmlich in der wahren, lebendigen Erkenntniß Gottes, in der Liebe Jesu Christi, in der Betrachtung seines allerheiligsten Verdienstes, in des heiligen Geistes süßem und lieblichem Trost, in der Betrachtung der Liebe und Gnadenwerke Gottes, so uns in der Schöpfung und Erhaltung aller Creaturen vor Augen gestellt werden, daraus Gottes Allmacht, Weisheit und Liebe leuchtet. Es betrachtet die glaubige Seele die Freundlichkeit Gottes, so seine göttliche Allmacht uns erzeigt in Anordnung des starken Schutzes und der holdseligen Beiwohnung der heiligen Engel, bittet Gott darum, und danket ihm. Sie bedenkt oft die hohe Weisheit und Vorsichtigkeit Gottes, dadurch er alle Dinge regiert; dankt Gott, daß er sie aus Gnaden zu seinem Kinde in Christo erwählet hat; bedenkt oft die Schönheit des Bildes Gottes, darnach der Mensch anfänglich geschaffen ist, und dazu er nun durch den heiligen Geist täglich erneuert wird; betrachtet oft die Abscheulichkeit der Erbsünde, darin wir empfangen und geboren sind, und bittet, Gott wolle sie davon reinigen und vor Sünden behüten; bedenkt auch oft der menschlichen Kräfte Unvermögen und ihre eigene Nichtigkeit, daß sie völlig nichts ist außer Gottes Gnade. Sie fürchtet sich aber auch vor den Drohungen Gottes in seinem Wort und heiligen Gesetz, tröstet sich aber wieder mit den gnädigen Verheißungen des heiligen Evangelii von der Vergebung der Sünden,

durch das Blut und den Tod Christi erworben. Ein solcher Mensch lebt auch in steter Reue und Leid über die Sünde, thut von Herzen Buße, freut sich der Gerechtigkeit in Christo durch den Glauben, übt Liebe und Barmherzigkeit gegen seinen Nächsten, übt sich in allen guten Werken, zu Gottes Ehre und des Nächsten Wohlfahrt. Er bedenkt oft den Gnadenbund, so Gott mit uns in der heiligen Taufe gemacht hat; gebrauchet oft das heilige Abendmahl, gedenkt des heiligen Todes des Herrn, und dankt ihm für den theuren Schatz seines Leibes und Blutes im Abendmahl, dadurch er uns seiner Liebe und unserer Erlösung versichert. Er freut sich der Gemeinschaft der heiligen christlichen Kirche, über welche der Herr zum Haupte gesetzt ist, von dessen Fülle alle seine Glieder empfangen; hört fleißig und andächtig Gottes Wort, und übt sich darin; ruft Gott an im Namen Christi Jesu, danket und lobet seinen Namen. Er bittet Gott stets um Vergebung der Sünden, um Vermehrung des Glaubens, um Geduld im Kreuz, um Demuth, um die göttliche Liebe, um Abwendung allerlei wohlverdienter Strafe, um Beistand in allen Anfechtungen, um die gnädige Beiwohnung Gottes, um Trost, Friede und Freude des Herzens, um das ewige Leben und die zukünftige Herrlichkeit. Dieses Alles erfordert ein andächtiges, Gott ergebenes Herz, welches sanft in Christo und des heiligen Geistes Trost ruhet. Und es kann demnach nicht fehlen, ein solches Herz muß viel geistige Gaben empfangen, Erleuchtung, Gnade, Trost, Leben, Stärke, Kraft, Friede und Freude; wie St. Paulus zu den Ephesern, Cap. 1, V. 3 Gott herzlich dankt, daß er die Gläubigen gesegnet habe mit allerlei geistigem Segen in himmlischen Gütern, nach dem Reichthum seiner Gnade, welche uns reichlich widerfahren ist, in allerlei Weisheit und Klugheit.

2. Es soll aber Niemand gedenken, daß solche Uebung ein Gesetz, Zwang oder mühselige Arbeit seyn müsse; sondern es ist den Gläubigen eine Lust und Freude, und es begreift oft eine einzige Andacht und Ein Seufzer alle solche Stücke in sich, und führt sie zu Gott, und der heilige Geist, der himmlische Lehrmeister, lehrt es uns ohne alle Mühe und Arbeit, und erinnert uns alles dessen in einem Blick, und erleuchtet unsern Verstand ganz schnell ohne alle Mühe; wie 2 Cor. 4, 6 geschrieben ist: „Gott, der da hieß das Licht aus der Finsterniß hervorleuchten, hat einen hellen Schein in unser Herz gegeben, daß durch uns" (durch die Predigt des Evangelii) „entstünde die Erleuchtung von der Erkenntniß der Klarheit in dem Angesicht Jesu Christi." Das ist, gleichwie Mosis Angesicht, welches schrecklich leuchtete, 2 Cor. 3, 13, Furcht brachte: also bringt das Angesicht Christi Freude und Erleuchtung in der Klarheit der Erkenntniß Gottes. Dieß ist die himmlische Salbung, die uns ohne Mühe Alles lehrt, 1 Joh. 2, 27. Und dieß ist so leicht, daß eine jede gläubige Seele, die nur ihre Andacht zu Gott ernstlich wendet, solches empfinden, sehen und schmecken kann, wie freundlich der Herr ist, Ps. 34, 9. „Wie theuer ist deine Güte," sagt der 36. Psalm, V. 8, „daß Menschenkinder unter dem Schatten deiner Flügel trauen! Sie werden trunken von den reichen Gütern deines Hauses, du tränkest sie mit Wollust, als mit einem Strom. Denn bei dir ist die lebendige Quelle, und in deinem Lichte sehen wir das Licht." Von dieser geistigen Speise und Trank des neuen Menschen wollen wir weiter im fünften Capitel reden, wenn wir zuvor vom Wort Gottes geredet haben.

Gebet um die geistige Erfahrung.

Mache, o Gott, unsere Herzen zu deiner Wohnung, daß wir deine Gnade, dein Heil, deine Kraft in uns erfahren. Bereite uns zu Gefäßen deiner Barmherzigkeit, daß du die reichen Güter deines Hauses uns mittheilen könnest, und wir im Gefühl des Kreuzes wie der Seligkeiten vor dir unsern Wandel in der Erkenntniß und in der Furcht führen. Schenke uns ein reiches Maaß der Salbungskräfte deines Geistes, damit wir im Geist und in der Wahrheit dir aufrichtig dienen. Amen.

Das 4. Capitel.

Vom Wort Gottes, aus welchem der neue inwendige Mensch, als aus einem göttlichen Samen, geboren wird.

1. Der Apostel Petrus spricht in der ersten Epistel, C. 1, 23: „Ihr seyd wiederum geboren, nicht aus vergänglichem, sondern aus unvergänglichem Samen, nämlich aus dem lebendigen Wort Gottes, das da ewig bleibet." Und St. Jacobus 1, 18: „Er hat uns gezeuget nach seinem Willen, durch das Wort der Wahrheit, auf daß wir wären Erstlinge seiner Creaturen." Hier ist der Ursprung und Same des neuen Menschen beschrieben, dazu der heilige Geist, als die wirkende Ursache, und das Mittel der heiligen Taufe gehört. Wir wollen aber jetzt allein vom Wort Gottes reden, als vom Samen Gottes, welcher in unser Herz gepflanzt und gesäet wird, unser Herz zu erneuern und zu reinigen von den Lügen des Satans, so er in uns als einen teuflischen Samen gesäet hat; darum es auch 1) das Wort der Wahrheit genannt wird. Denn des Teufels Lüge ist der erste Same und der Ursprung der Sünde und Verführung, 1 Mos. 3, 1. Weßwegen Gott, der Allmächtige, nach seinem allein weisen Rath sein göttliches Wort, als die ewige Wahrheit, wider des Satans Lügen, List, Betrug und Verblendung uns geoffenbaret hat, auf daß er uns von diesen abwende, und uns durch das Wort einen andern Geist in's Herz pflanze. Denn was ein Mensch für ein Wort in's Herz faßt, solch einen Geist bekommt er. Und es ist der Schaden und die Verderbung der Menschen nicht genugsam zu beklagen, so da entsteht aus dem Lesen so vieler heidnischen, losen, leichtfertigen Bücher und Schriften; aus welchen die, so sich darauf legen, einen heidnischen Geist und Sinn schöpfen, wo sie nicht mit rechtem Verstand und christlichem Herzen dieselben lesen. Es hat uns unser lieber Herr nicht umsonst gesagt, Joh. 17, 17: „Heiliger Vater, heilige sie in deiner Wahrheit; dein Wort ist die Wahrheit." Er lehrt uns hiemit, daß unsere Gemüther durch das Wort geändert und geheiligt werden. Folglich werden sie durch solche Bücher verunheiligt, welche die Wahrheit nicht vertragen. Denn gleichwie der Geist der Wahrheit und des Lichts bei dem Wort der Wahrheit ist: also der Geist der Finsterniß bei dem Wort der Lüge. „Die Wege des Herrn sind eitel Güte und Wahrheit," sagt der 25. Psalm, V. 10. Und abermal heißt es im 119. Psalm, V. 160: „Herr, dein Wort ist nichts denn eitel Wahrheit." Derohalben reinigt Gottes Wort das Herz von den Lügen des Satans, vom falschen Gottesdienst und von dem Unheil der falschen Lehre und des Aberglaubens; wie der Herr, Joh. 15, 3 spricht: „Ihr seyd rein um des Worts willen." Darum wird unser Herz durch Gottes Wort gleichsam neu geboren, als durch Gottes Samen, welcher die fleischlichen Lüste ändert, und macht neue geistige Bewegungen und Gedanken, gibt einen neuen Geist, welcher unsere Gemüther nach dem Bilde Gottes erneuert.

2. Das ist die Ursache, daß Gottes Wort 2) der lebendige Same Gottes genannt wird, 1 Petr. 1, 23; denn daraus wächst die wahre Erkenntniß Gottes, Gottes Liebe und der Glaube, Gebet, Gottesfurcht und der ganze inwendige neue Mensch, mit allen seinen Gliedern, Sitten und Tugenden, mit allerlei geistiger Weisheit, heilsamer Lehre und kräftigem Trost. Das ist der Baum am Wasser des Lebens gepflanzt, dessen Blätter nicht verwelken; und was er macht, das geräth wohl, Ps. 1, 3. Das ist der fruchtbare geistige Regen und Thau, so vom Himmel fällt, und nicht leer wieder zu Gott kommt, Jes. 55, 10. Darum spricht Moses im 5 B. 32, 1. 2. 3: „Merket auf, ihr Himmel, ich will reden, und die Erde höre die Rede meines Mundes. Meine Lehre triefe wie der Regen, und meine Rede fließe wie der Thau; wie der Regen auf das Gras, und wie die Tropfen auf das Kraut." Denn das alte, unwiedergeborne Herz kann ohne Gottes Wort nichts tragen, als lauter unnützes Gewächs, Dornen und Disteln, Thorheit und Irrthum; darum uns Gott sein Wort 3) als den Samen der ewigen Weisheit geoffenbart und gegeben hat, und hat es selbst geredet durch den Mund seiner heiligen

Propheten, durch den Mund seines lieben Sohnes, durch den Mund der heiligen Apostel, durch welche der Geist Gottes mit feurigen Zungen geredet hat, dadurch sich der verborgene Gott, der in einem Licht wohnet, da Niemand zu kommen kann, geoffenbart hat; welchen Niemand jemals gesehen, welchen aller menschliche Witz nicht erforschen kann, und die Klugen dieser Welt nicht erkannt haben, 1 Cor. 2, 6. 8. Weßwegen Gottes Wort ein Brunn aller Weisheit ist, welchen noch Niemand ausgeschöpft hat, und ist ein Spiegel des unsichtbaren Gottes, ein Schauplatz der heiligen Engel und der Heerschaaren Gottes, ein Abbild des wahren Gottesdienstes, eine Richtschnur unsers Glaubens, eine Regel der Gottseligkeit. Es ist der vollkommene Rath Gottes von unserer Seligkeit, ein Regierer unsers ganzen Lebens, ein kräftiger Trost im Sterben und ein gewisser, unbefleckter Weg zum ewigen Leben.

3. Darum, o Mensch, sollst du Gottes Wort nicht für ein ohnmächtiges Wort oder für Menschenwort halten und achten; denn Gottes Wort ist 4) „lebendig und kräftig, und schärfer denn ein zweischneidig Schwert, und durchdringet, bis daß es scheide Seele und Geist, auch Mark und Bein, und ist ein Richter der Gedanken und Sinne des Herzens. Und ist keine Creatur vor ihm unsichtbar; es ist aber Alles bloß und entdeckt vor seinen Augen," Hebr. 4, 12. 13. Gottes Wort ist ein kräftiges Wort, ja die Kraft Gottes, Röm. 1, 16, von dem mächtigsten Herrn ausgegangen; es ist heilig, von dem Allerheiligsten; wahrhaftig, von der ewigen Wahrheit entsprossen; ewig, von dem Ewigen; unüberwindlich, von dem Unüberwindlichsten; gerecht, von dem Gerechten; ein Richter aller Dinge, von dem, der aller Welt Richter ist. „Ist nicht mein Wort ein Feuer und ein Hammer, der die Felsen zerschlägt?" Jer. 23, 29. „Die Stimme des Herrn gehet mit Macht, die Stimme des Herrn gehet herrlich, die Stimme des Herrn zerbricht die Cedern, hauet wie Feuerflammen," Ps. 29, 5. 7. Das ist, Gottes Wort richtet, verdammt, verwirft Alles, was sich wider Gott, wider Christum und sein Reich auflehnt, und richtet alle Welt mit ihrer Weisheit, Vernunft, Hoheit, Ansehen und Herrlichkeit, Reichthum und Ehre, und bezeugt, daß solches Alles vor Gott nichts gelte. „Denn alles Fleisch ist wie Heu, und alle seine Herrlichkeit wie eine Blume auf dem Felde; denn der Geist Gottes bläset drein," Jes. 40, 6. Damit werden die Heiligen gewappnet und gerüstet zum Streit wider den Satan und die Welt; wie solche geistige Rüstung Ephes. 6, 13 beschrieben ist. Und 2 Cor. 10, 4. 5. spricht St. Paulus: „Die Waffen unserer Ritterschaft sind nicht fleischlich, sondern mächtig vor Gott, zu zerstören die Befestigungen; damit wir zerstören die Anschläge, und alle Höhe, die sich erhebt wider die Erkenntniß Gottes; und nehmen gefangen alle Vernunft unter den Gehorsam Christi." Es ist aber auch Gottes Wort „freundlich den Frommen," Mich. 2, 7. „Es ist ohne Wandel, und erquicket die Seele; es ist gewiß, und macht die Albernen weise; es ist richtig, und erfreuet das Herz; es ist lauter, und erleuchtet die Augen; es ist rein, wahrhaftig und ewig, köstlicher denn Gold, süßer denn Honig und Honigseim," Ps. 19, 8 ff. Daher ist es unserer Seelen Speise, Matth. 4, 4; unser Leben, so aus dem Munde Gottes geht; das himmlische Manna, welches mit dem Thau des heiligen Geistes in unser Herz fällt, 2 Mos. 16, 14. Alsdann wird im Wort empfunden und geschmeckt Gottes Freundlichkeit, Gnade, Liebe, Trost, Güte und Wahrheit. 5) Gottes Wort vereinigt uns mit Gott, vermählt unsere Seele mit Christo durch den Glauben, macht unser Herz zur Wohnung, zum Tempel und zur Werkstatt des heiligen Geistes; mehrt den Glauben, entzündet die Liebe, stärkt die Hoffnung, gebiert Geduld, macht kräftig das Gebet, erweckt die Andacht, lindert die Trübsal, heilt die geistigen Schmerzen, tröstet die Traurigkeit, sänftigt die Betrübniß, erweicht die Härtigkeit des Herzens, bewegt zum Mitleiden, verschmäht der Welt Eitelkeit, wirkt Demuth, entdeckt dem Menschen seine eigene Schwachheit, streitet wider die Anfechtung, offenbart göttliche Geheimnisse, preist die Werke

Gottes, mildert das menschliche Elend, bessert das ganze Leben, lockt herzu die heiligen Engel, gibt einen Vorschmack des ewigen Lebens, und gibt das Geleit in's ewige Vaterland.

4. Daher ist Gottes Wort 6) unserer Seele Licht, welches unsere geistige Finsterniß vertreibt, und „scheinet in einem dunkeln Ort, bis der Tag anbricht, und der Morgenstern aufgeht in unsern Herzen," 2 Petr. 1, 19. Dieser Morgenstern ist Christus Jesus, unser ewiges und wahres Licht, wider allen Irrthum, Abgötterei und Verführung. In ihm haben wir ein Gnadenlicht, ein Freudenlicht, ein Trostlicht, ein Licht des Lebens, Joh. 1, 9.

5. Und damit wir diese hohen Früchte des göttlichen Worts und Lichts genießen mögen, müssen wir 7) Gottes Wort mit reinem und glaubigem Herzen aufnehmen, und mit heiliger Andacht lesen und betrachten, und es dafür halten, als rede Gott selbst mit uns in seinem Wort; wie wir denn auch Gott selbst hören reden im Wort. Denn Gott will nun nicht mehr, weil seine Gnade im Evangelio geoffenbart ist, so schrecklich mit uns reden aus dem Feuer, wie am Berge Sinai geschehen, 2 Mos. 20, 19; oder wie Gott, der Herr, durch Mosen, dessen Angesicht schrecklich leuchtete, mit den Kindern Israel geredet hat, 2 Mos. 34, 30; sondern durch ein schönes Licht, wie die Verklärung des Herrn auf dem Berge Thabor, Matth. 17, 2, und die liebliche Flamme, so aus dem Munde der Apostel geleuchtet hat, Apost. Gesch. 2, 3, bezeugt. Zwar wir sollen dafür halten, wenn Gott, der Herr, drohet, daß er mit uns aus dem Feuer seines Eifers redet, wie der 7. Psalm, V. 13 spricht: „Will man sich nicht bekehren, so hat er sein Schwert gewetzt" 2c., sollen uns auch vor seinem Drohen fürchten. Wenn er aber von seiner Gnade predigt, wie im 103. Psalm, V. 8, sollen wir gewiß dafür halten, wir hören unsern lieben Vater mit uns reden, und sehen das liebliche, leuchtende Angesicht Christi in seiner Verklärung, und die leuchtenden feurigen Zungen und Flammen des heiligen Geistes.

6. Wir sollen auch bedenken die Weisheit und Allmacht dessen, der in Gottes Wort mit uns redet, und Gottes Wort nicht nach der Vernunft beurtheilen; denn er sagt es, dem Alles möglich ist, dessen Worte eitel Werke sind, dessen Weisheit ohne Zahl ist, dessen Werke, Wege, heilige Gedanken unbegreiflich sind. „Denn so viel höher der Himmel ist, als die Erde, so viel höher sind seine Gedanken, als unsere Gedanken, und seine Wege höher, als unsere Wege," Jes. 55, 9; der „überschwänglich thun kann über Alles, das wir bitten und verstehen," Ephes. 3, 20. Denn es ist keine Vergleichung unsers Verstandes mit dem unendlichen, unbegreiflichen, allweisen und allmächtigen göttlichen Wesen. Sehet an, mit welch großer Furcht der Mann Gottes, Moses, redet, 2 Mos. 3. 5 ff., als ihm Gott erschien in einem feurigen Busch. Gott befahl ihm, die Schuhe auszuziehen, denn das Land, darauf er stünde, wäre heilig; das ist, wer das heilige Feuer der göttlichen Rede zu empfinden begehrt, muß den fleischlichen Sinn ablegen. Denn Gottes Wort ist nicht fleischlich, sondern geistig, darum es auch nicht mit irdischen Sinnen, sondern mit geistigem Gemüth ergriffen wird. Das heilige Land bedeutet die Gegenwart und Offenbarung des Sohnes Gottes und seiner Fußstapfen, und der brennende Busch bedeutet unter andern das glaubige Herz, mit Gottes Liebe und Furcht entzündet; welches zwar brennet, aber nicht mit verzehrendem Feuer, sondern mit einem lebendigen Feuer, dessen Bild sind die feurigen Zungen der heiligen Apostel, Ap. Gesch. 2, 3. Da redet Gott selbst. Und wenn du solche Kraft im Worte empfindest, so verhülle dein Angesicht, wie Moses; denn mit äußerlichen, fleischlichen Sinnen kannst du Gott im Wort nicht anschauen, sondern mit innerlichen Augen des Geistes und Glaubens; und gehe in dein Herz durch innerliche Andacht, wenn du Gottes Wort liesest, hörest, betrachtest; da wird Gott in dir von Herzen mit dir reden, dich lehren, erleuchten, trösten, lebendig machen, und mit dem Finger seines heiligen Geistes sein Wort in die Tafeln deines Herzens schreiben, wie der Prophet Jeremias, C. 31, 33 weissagt: „Ich will

mein Gesetz in ihr Herz und in ihren Sinn schreiben." Und das ist das inwendige Zeugniß der Kindschaft Gottes, welches der heilige Geist gibt unserm Geist, wie St. Paulus, Röm. 8, 16, tröstlich lehrt.

7. Das ist nun der lebendige Same und Ursprung des inwendigen neuen Menschen, welcher aber nicht vollkommen ist, sondern wie ein kleines Kind, wie St. Petrus, 1 Epist. 2, 2. 3, redet: „Seyd begierig nach der vernünftigen, lautern Milch, als die jetzt geborenen Kindlein, auf daß ihr durch dieselbe zunehmet; so ihr anders geschmeckt habt, daß der Herr freundlich ist, zu welchem ihr gekommen seyd." Ist nun Gottes Wort ein Wort der Wahrheit, so muß es uns ja billig lehren; ist es Gottes lebendiger Same, so muß es ja in uns wachsen; ist es Gottes Weisheit, so muß es uns ja die Erkenntniß Gottes geben; ist es lebendig und mächtig, so muß es ja in uns wirken; ist es das Mittel, dadurch wir zu Gott kommen, so muß es uns ja mit Gott vereinigen; ist es ein Licht, so muß es ja unsere Seele erleuchten; ist es geistig, so muß es ja mit dem Geist des Glaubens aufgenommen werden. Daraus wächst nun der neue inwendige Mensch, und nimmt von Tag zu Tag zu.

8. Die aber vom inwendigen neuen Menschen nichts wissen wollen, die wollen ein solches Wort haben, welches ihr Herz nicht lehrt; einen dummen Samen, der nicht wächst; eine Weisheit, die nicht zur Erkenntniß führt; ein ohnmächtiges Wort, das nichts wirkt; ein Wort, das mit Gott nicht vereinigt; ein Licht, das nicht in ihnen leuchtet; ein fleischliches Wort, das den Geist nicht erworben. So haben sie denn ein solches Wort, aus welchem kein neuer Mensch kann geboren werden, und behalten den alten, unwiedergeborenen Menschen, der in ihnen lebt und herrscht durch Geiz und Hoffart; sind kahle, unfruchtbare Bäume, die nur Blätter tragen ohne Frucht, haben nur den Schein der Gottseligkeit, aber die Kraft verläugnen sie, 2 Tim. 3, 5; haben einen todten Glauben bis an ihr Ende, und in die Hölle hinein, wo sie nicht den neuen Menschen anziehen.

Gebet um die Liebe des göttlichen Worts.

Dein göttliches Wort, o Herr, sey unser Licht, das uns erleuchte; der Same, dadurch wir geistig lebendig werden; das Manna, das uns speiset; der Wein, der uns erfreuet. Ja, laß dein Wort uns lieber seyn, denn viel tausend Stück Goldes und Silbers. Hilf uns diesen Schatz bewahren, und laß uns im Glauben, in der Liebe, in der Geduld, in der Hoffnung, nach dem Inhalt deines Worts, recht gegründet, befestigt und gestärkt werden zum ewigen Leben. Amen.

Das 5. Capitel.
Von des innerlichen Menschen Speise und Nahrung.

1. Daß unser lieber Herr Christus in seinem heiligen Evangelio und in den Sacramenten unsere Seelenspeise sey, hat der Herr verdeckt damit wollen zu verstehen geben, daß er in der Wüste einmal mit sieben Broden viertausend Mann, und mit fünf Broden fünftausend Mann gespeiset, Marc. 8, 5 ff.; Joh. 6, 10 ff. Denn er will uns mit solchen Wunderwerken viel höher führen, zu dem, das viel mehr betrifft, als die leibliche Speise und die Sättigung unsers leiblichen Hungers; wie der Herr, Joh. 6, 27, sein Wunderwerk selbst also auslegt. Da er fünftausend Mann mit fünf Gerstenbroden in der Wüste gespeist hatte, sprach er: „Wirket" oder suchet „Speise, die in's ewige Leben speiset."

2. Damit wir aber die Seelenspeise recht verstehen, so müssen wir erstlich den Seelenhunger und Durst erkennen lernen. 1) Wo Gottes Gnade, Liebe und Barmherzigkeit nicht gefunden wird, da ist die Seele arm, dürftig, mangelhaft, hungrig, durstig und verschmachtet, sucht hie und da Hülfe und Rath, und findet nichts, bis sich Gottes Gnade wieder zu ihr wendet. Welches sich angefangen hat, sobald der Mensch vom verbotenen Baum gegessen. Da ist Gott mit seiner Gnade, heiligen Geist, Liebe und Beiwohnung vom Menschen abgewichen, und da hat der Mensch seine Seele ledig und leer empfunden, die

zuvor voll Gottes und voll Geistes, voll Liebe und Freude Gottes gewesen war, und es ist dagegen eine große Furcht und Widerwärtigkeit gegen Gott in der Seele entstanden, daß sie Gottes Ungnade gefürchtet hat, wie die Historie des leidigen Sündenfalls unserer ersten Eltern bezeugt. Solches findet sich noch auf den heutigen Tag in allen Adamskindern, wenn die Sünde offenbar wird im Gewissen. Da steht jetzo der Baum der Erkenntniß des Guten und Bösen in unserm Gewissen, da ruft Gott: Hast du nicht gegessen von der verbotenen Frucht? Da macht uns denn die tödtliche, giftige Speise so angst und bang, macht uns so hitzig und durstig, wie einen Hirsch, welcher ein Unkraut gefressen, und schreiet nach frischem Wasser, Ps. 42, 1. So heißt es denn: „Wir sind Alle verwelket, wie Blätter; wir verschmachten in unsern Sünden, die führen uns dahin, wie ein Wind," Jes. 64, 6. So geht es uns, wie dem verlorenen Sohn, welcher in so großen Hunger gerieth, daß er begehrte, seinen Bauch zu füllen mit Trebern, so die Säue fraßen, Luc. 15, 16. Und wie im 102. Psalm, V. 10 steht: „Ich esse Asche, wie Brod, und mische meinen Trank mit Thränen." So heißt es: „Meine Seele dürstet nach Gott, nach dem lebendigen Gott, als ein dürres Land," Ps. 63, 2.

3. 2) Zum andern entsteht der Seelenhunger daher, wenn Gott sein Wort und dessen Trost entzieht, und falsche Lehre überhand nimmt, Amos 8, 11. Wie sind die Leute im Pabstthum gelaufen hungrig und durstig nach dem Ablaß!

4. 3) Zum dritten, wenn Gott Kreuz und Verfolgung zuschickt. Ps. 42, 4: „Meine Thränen sind meine Speise Tag und Nacht." Und im 80. Psalm, V. 6: „Du speisest uns mit Thränenbrod, und tränkest uns mit großem Maaß voll Thränen." Davon spricht Hiskias: „Siehe, um Trost war mir sehr bange, aber du hast dich meiner Seele herzlich angenommen, daß sie nicht verdürbe; du wirfst alle meine Sünden hinter dich zurück," Jes. 38, 17.

5. Damit wir nun solchen Seelenhunger und Durst nicht ewig leiden dürften, so hat uns (1) Gott seine Gnadenverheißung verkündigt und verkündigen lassen, und solches sein Wort zu unserer Seelenspeise gemacht, weil Gottes Gnade und Liebe im Wort und durch das Wort unserer Seele vorgetragen und eingeflößt wird. Denn wenn die Seele der Gnade Gottes nicht versichert ist, so kann sie nicht gesättigt werden, sondern bleibt immer und ewig hungrig und durstig. Darum ruft Gott, der Herr, im Propheten Jesajas, C. 55, 1: „Wohlan, Alle die ihr durstig seyd, kommt her zum Wasser; und die ihr nicht Geld habt, kommt her, kaufet und esset umsonst, beide Wein und Milch." Da sagt der Prophet, sie sollen Gottes Gnade annehmen umsonst, Gott wolle seine Barmherzigkeit zu ihnen wenden, und einen ewigen Bund mit ihnen machen, die gewisse Gnade Davids, V. 3. Wenn nun unsere Seele das empfindet, so tröstet der Herr Christus, und spricht: „Selig sind, die da hungert und dürstet nach der Gerechtigkeit, denn sie sollen satt werden, Matth. 5, 6. (2) Damit nun Gott selbst unsere Seele sättige und speise, so hat er sich in's Wort verwickelt mit aller seiner Gnade und Liebe. Sonst, wenn es nur bloßes Wort wäre, ohne Gottes Kraft und Leben, könnte es unsere Seelenspeise nicht seyn. Weil aber Gott im Wort ist, so speiset er die Seele, erquickt sie, macht sie lebendig. Jes. 44, 3: „Ich will Wasser gießen auf die Durstigen, ich will meinen Geist ausgießen." Da hören wir, daß Gottes Geist selbst unser Erquickwasser seyn müsse.

6. (3) Ja, damit Gott selbst unsere Seelenspeise würde, ist Gottes Sohn Mensch geworden, auf daß er uns mit vollkommener Liebe und Gnade speisete und sättigte; wie er Joh. 6, 35 spricht: „Ich bin das Brod des Lebens." Solches ist durch das Manna oder Himmelsbrod bedeutet, welches eine übernatürliche Speise war. Christus spricht: „Ich bin das Manna oder das lebendige Brod, das vom Himmel gekommen ist." Darum haben sich die Juden so hoch versündigt, daß sie das Himmelsbrod verworfen, darüber sie sterben mußten, 4 Mos. 21, 5, anzudeuten: wer Christum verwirft, muß des ewigen Hun-

gers sterben. Darum spricht er: „Kommet her zu mir, ich will euch erquicken," Matth. 11, 28; als wollte er sprechen: Außer mir ist in keiner Seele rechte, wahre Erquickung und Sättigung.

7. (4) Ja, damit der Herr Christus unsere rechte Seelenspeise und Trank würde, und unser Brod des Lebens, hat er sich am Kreuz aufopfern lassen für unsere Sünden. Und, o Gott! wie ist die Bezahlung und Genugthuung für alle unsere Sünden so ein süßes Brod unserer Seele, daß Gott seines eigenen Sohnes nicht verschont hat! Wie ist unsere Versöhnung mit Gott so ein süßes Seelenbrod! Röm. 5, 10. „Denn so uns Gott versöhnt hat durch den Tod seines Sohnes, so will er nicht mehr mit uns zürnen. Wie ist die Vergebung der Sünden so ein süßes Seelenbrod! „Bekehret euch zu dem Herrn, denn er ist barmherzig, und zu unserm Gott, denn es ist viel Vergebung bei ihm," Jes. 55, 7. Wie ist das ein wohlschmeckendes Seelenbrod, daß wir wissen, wir sind frei von der Anklage vor dem strengen Gerichte Gottes! „Wer will die Auserwählten Gottes beschuldigen? Gott ist hier, der gerecht macht," Röm. 8, 33. Und das ist, was Gott, der Herr, spricht, Jer. 31, 25: „Ich will die müden Seelen erquicken, und die bekümmerten Seelen sättigen, darum bin ich aufgewacht, und habe so sanft geschlafen." Das ist, gleichwie man bei einem säugenden Kinde, welches Tag und Nacht Speise bedarf, sanft schlafen muß, deßgleichen bei einem Kranken: also schläft Gott leise (wiewohl er nicht schläft, sondern es ist nur ein Gleichniß), und unsere hungrige Seele weckt ihn bald auf. Wie spricht der Herr, Joh. 4, 14? „Wer bittet mich, so will ich ihm Wasser des Lebens geben; das soll in ihm ein Brünnlein werden, das in's ewige Leben quillt." Joh. 7, 37: „Wen da dürstet, der komme zu mir." Denn Christi Leiden und Sterben ist eine so reiche Quelle, welche überflüssig genug ist, alle durstige Seelen zu tränken. Sir. 24, 28: „Wer von mir isset, den hungert immer nach mir; und wer von mir trinket, den dürstet immer nach mir."

8. (5) Was hat der Herr Christus mit der Stiftung seines heiligen Nachtmahls anders bestätigen wollen, denn daß sein heiliger Leib, welchen er uns gibt, das rechte Brod sey, und sein Blut der rechte Trank; nicht bedeutungsweise, oder abwesend, sondern des Herrn Leib und Blut selbst gegenwärtig; nicht mit dem Glauben allein zu genießen, sondern auch mit leiblichem Munde, auf daß es dem ganzen gläubigen Menschen wahre Speise und wahrhaftiger Trank sey; nicht figürlicher Weise, sondern wesentlich, sonst könnte er unsere wahrhaftige Speise nicht seyn, dadurch die Gläubigen wahrhaftig gespeist werden zur Unsterblichkeit vor Gott, und zur Auferstehung in das ewige Leben. „Denn wir sind Glieder seines Leibes, von seinem Fleisch und von seinem Gebeine," Eph. 5, 30. „Er hat ein Gedächtniß gestiftet seiner Wunder, der gnädige und barmherzige Herr. Er gibt Speise denen, die ihn fürchten," Ps. 111, 4. 5. „Schmecket und sehet, wie freundlich der Herr ist," Ps. 34, 9.

9. (6) Was thut unser lieber Gott anders, wenn er unsere Seele tröstet und erfreut durch seinen heiligen Geist, als daß er unsere Seele speiset, erquicket und sättiget? „Mein Freund führet mich in seinen Weinkeller; er labet mich mit Aepfeln, und erquicket mich mit Blumen," spricht das Hohe Lied, Cap. 2, 4. 5; dieß entgegengesetzt dem tödtlichen Apfel, an welchem unsere ersten Eltern den Tod gegessen haben, 1 Mos. 3, 6. Und Hoh. Lied 5, 1: „Ich komme, meine Braut; ich habe meine Myrrhen sammt meinen Würzen abgebrochen; ich habe meines Seims sammt meinem Honig gegessen; ich habe meines Weins sammt meiner Milch getrunken. Esset, meine Lieben, und trinket, meine Freunde, und werdet trunken." Ps. 63, 8: „Wie theuer ist deine Güte, o Gott, daß Menschenkinder unter dem Schatten deiner Flügel trauen! Sie werden trunken von den reichen Gütern deines Hauses, du tränkest sie mit Wollust, als mit einem Strom." Ps. 23, 5: „Du bereitest vor mir einen Tisch gegen meine Feinde, du salbest mein Haupt mit Oel, und schenkest

mir voll ein." Offenb. Joh. 2, 7: „Wer überwindet, dem will ich zu essen geben von dem Holz des Lebens, das im Paradies Gottes ist, und von dem verborgenen Manna."

10. (7) Was wird das ewige Leben anders seyn, als ein stetes Wohlleben und steter Geschmack und Genuß der Freude Gottes? Jes. 65, 13: „Siehe, spricht der Herr, Herr, meine Knechte sollen essen, trinken, jauchzen und fröhlich seyn." Und Offenb. Joh. 7, 17: „Das Lämmlein Gottes wird sie weiden, und führen zu den lebendigen Wasserquellen; sie wird nicht mehr hungern und dürsten, und Gott wird abwischen alle Thränen von ihren Augen."

Gebet um die Seelenspeise.

Du guter Hirte, Jesu Christe, weide unsere Seelen auf der grünen Aue deines Evangelii; führe uns zum frischen Wasser deiner tröstlichen Verheißungen. Erquicke uns mit dir selber, und führe uns auf rechter Straße deines seligmachenden Worts. Bereite vor uns einen Tisch, daß wir essen, trinken, in dir fröhlich seyen, und vor gutem Muth dir zum Preise jauchzen. Ja du thust es, lieber Heiland, und wir preisen dich, daß du selber unser Brod und Wasser des Lebens in alle Ewigkeit bist. Amen.

Das 6. Capitel.

Vom wahren, seligmachenden Glauben.

1. Des Glaubens Same ist Gottes Wort, aus welchem der Glaube wächst und seinen Ursprung nimmt (wie die erste Verheißung im Paradies den Glauben gewirkt hat), wie der Herr spricht, Joh. 17, 20: „Ich bitte nicht allein für sie, sondern auch für die, so durch ihr Wort an mich glauben werden." Und Röm. 10, 14: „Wie sollen sie glauben, von dem sie nichts gehöret haben?"

2. Daher die Epistel an die Hebräer, C. 12, 2, den Herrn Jesum nennt den Anfänger und Vollender des Glaubens. Und St. Paulus nennt den Glauben eine Frucht des heiligen Geistes, Gal. 5, 22. Und der Herr, Joh. 6, 29, ein Werk Gottes in uns, dadurch unser Herz, Verstand und Wille kräftig zu Gott geneigt und gezogen wird, ihn recht zu erkennen, zu lieben, zu ehren, anzubeten und zu preisen.

3. Vor allen Dingen aber erkennt und bekennt der wahre Glaube den einigen wahren Gott in drei unterschiedenen Personen, und die heilige Dreifaltigkeit in einem einigen göttlichen Wesen, ohne welche Erkenntniß kein wahrer Glaube seyn kann, und ergibt sich gar der Gnade und Barmherzigkeit des Vaters, der herzlichen, getreuen Liebe des Sohnes, und der gnädigen Regierung des heiligen Geistes; hält sich an Gottes Verheißung, Wahrheit und Allmacht, wider und über alle Vernunft.

4. Der Glaube schließt alle Creaturen aus (denn er hängt an keinen sichtbaren Dingen), und reinigt die Seele von allem irdischen, vergänglichen Wesen, und führt sie über alle Vernunft, Natur und Creatur, daß sie daran nicht hängen bleibe; sonst kann sie nicht selig werden, weil in allen irdischen, vergänglichen Creaturen keine Seligkeit ist. Hinwieder aber, weil die Seligkeit allein aus Gott kommt, so muß auch die Seele an keiner Creatur hängen, sondern bloß und allein an Gott. Darum schließt der Glaube Alles aus, was Gott nicht selbst ist. Daher bekennen wir, daß wir allein durch den Glauben selig werden, Röm. 3, 28.

5. Darum hat uns der allmächtige, gnädige, himmlische Vater seinen eingebornen Sohn zu einem Seligmacher gegeben, und ihn darum lassen Mensch werden, und ihm den Namen Jesus gegeben, „daß er sein Volk sollte selig machen von ihren Sünden," Matth. 1, 21; und „hat seines eigenen Sohnes nicht verschonet, sondern denselben für uns Alle dahin gegeben," Röm. 8, 32, daß wir durch seinen Tod erlöset und versöhnet, und durch seine Auferstehung gerecht würden, weil Sünde, Tod, Teufel, Hölle, Fluch und Verdammniß durch ihn überwunden und von uns weggenommen sind; und es hat uns der himmlische Vater befohlen, an denselben,

seinen Sohn, unsern Seligmacher, zu glauben, Matth. 17, 5, weil sonst „in keinem Andern Heil ist, auch kein andrer Name den Menschen gegeben ist, in welchem sie sollten selig werden," Ap. Gesch. 4, 12. Darum ist das des Glaubens Art und Eigenschaft, daß er die Seligkeit bei Niemand anders sucht, denn allein bei dem Seligmacher Christo Jesu.

6. Diese unsere Seligkeit wird durch den Namen Jesus beschrieben, daß er uns von Sünden selig mache. Deßhalb erlangt der Glaube allein in Christo, aus seinem heiligen Verdienst und seiner Bezahlung, Vergebung der Sünden, sucht auch dieselbe bei keinem Andern im Himmel und auf Erden, weil kein Andrer für unsere Sünde gestorben ist, und weil sein Tod eine vollkommene Bezahlung, Lösegeld und Versöhnung ist für aller Welt Sünden. Daher Gott, der himmlische Vater, alle seine Gnade und Barmherzigkeit gegen uns arme Sünder in unsern Herrn Jesum Christum gelegt hat, und denselben allen armen Sündern „vorgestellt zu einem Gnadenthron durch den Glauben in seinem Blute," Röm. 3, 25. Er ist allein der Sitz und Thron der Gnade. Darum ist der Glaube ein freudiger Zutritt zu dem Gnadenstuhl, „auf daß wir Barmherzigkeit empfahen und Gnade finden," Hebr. 4, 16. Darum ist er eine starke Zuversicht und Herzhaftigkeit, wie der Herr spricht zu dem Gichtbrüchigen: „Sey getrost, mein Sohn!" Matth. 9, 2.

7. Daher macht auch der Glaube gerecht, weil er Christum ergreift in seiner ganzen Person, ganzen Amt, Verdienst, Erlösung, Gerechtigkeit und Heiligkeit, macht sich denselben zu eigen, zieht ihn an als „ein Kleid des Heils und einen Rock der Gerechtigkeit," Jes. 61, 10. Denn er ist uns „von Gott gemacht zur Weisheit, zur Gerechtigkeit, zur Heiligung und zur Erlösung," 1 Cor. 1, 30. Und auf diese Weise macht der Glaube gerecht in Christo, und so werden wir in Christo nicht allein gerecht, sondern die Gerechtigkeit selbst, 2 Cor. 5, 21, das ist, vollkommen gerecht, weil Christi Gerechtigkeit vollkommen ist; sein Verdienst ist vollkommen, die Bezahlung ist vollkommen; die Erlösung ist vollkommen und ist ewig; die Versöhnung ist vollkommen, und ist Alles unser durch den Glauben, weil diese vollkommene Gerechtigkeit dem Glauben zugerechnet wird, Phil. 3, 9; Röm. 4, 6.

8. Darum ist auch der Glaube ein sanfter Seelenfriede und eine sanfte Ruhe, ruht allein in Christi Verdienst und seinen heiligen Wunden; stillt das böse Gewissen, welches die Sünde beunruhigt, Matth. 11, 28. Röm. 5, 1; vertreibt alle Furcht und Angst, und macht die Seele frei von der Anklage des Gesetzes und des Teufels, weil der Satan überwunden, und dem anklagenden Gesetze genug geschehen ist; erledigt die Seele von allen Menschensatzungen, weil allein in Christo alle Seligkeit ist, und Christus den Gläubigen Alles ist. Denn „wenn uns der Sohn frei gemacht hat, so sind wir recht frei" von Sünden, Tod, Teufel, Hölle und Welt, und es können solche den Gläubigen nicht schaden, Joh. 8, 36.

9. Daher ist nun der Glaube der Sieg über die Welt; denn „Alles, was aus Gott geboren ist, überwindet die Welt, und unser Glaube ist der Sieg, der die Welt überwunden hat," 1 Joh. 5, 4. „Seyd getrost," spricht unser Erlöser, Joh. 16, 33, „ich habe die Welt überwunden." Diese Ueberwindung, dieser Sieg über Sünde, Tod, Teufel, Hölle und Welt ist unser eigen durch den Glauben; wie St. Paulus sagt, 1 Corinth. 15, 57: „Gott sey Dank, der uns den Sieg gegeben hat in Christo Jesu, unserm Herrn." Darum kann einem Gläubigen die ganze Welt nicht schaden mit aller ihrer Macht, Gewalt und List, und muß ihn in Christo, seinem Siegesfürsten, vorüberziehen lassen; denn er ist aus Gott geboren, und ist über alle Welt. „Denn wer da glaubet, daß Jesus Christus Gottes Sohn ist, der ist aus Gott geboren, und überwindet die Welt," hat die Welt unter seinen Füßen, und tritt in Christo der alten Schlange auf den Kopf, geht auf Löwen und Ottern, Ps. 91, 13, auf Schlangen und Scorpionen, und hat Gewalt über alle Macht des Feindes, Luc. 10, 19. „Siehe,

es kommt der Fürst dieser Welt, und hat nichts an mir," Joh. 14, 30. „Wir überwinden Alles in dem, der uns geliebet hat," Röm. 8, 37.

10. Denn der Glaube vereinigt die glaubige Seele mit Christo; Hos. 2, 20: „Im Glauben will ich mich mit dir vertrauen." Und 1 Cor. 6, 17: „Wer dem Herrn anhanget, wird Ein Geist mit ihm," ja Ein Leib, Ein Fleisch und Blut, Eph. 5, 23. 30. Alsdann vermag der Glaube Alles in Christo, und den Glaubigen sind alle Dinge möglich, Marc. 9, 23; und alle himmlische und ewige Güter werden durch den Glauben und das hohe Verbündniß der glaubigen Seele mit Christo, des christglaubigen Menschen eigen, und er hat sie mit Christo gemein. Darum lebet, herrschet, überwindet Christus in seinen Gläubigen. Obwohl Sünde, Teufel und Welt wider einen Glaubigen streiten, so heißt es doch: „Seyd stark in dem Herrn, und in der Macht seiner Stärke. Ziehet an den Harnisch Gottes; ergreift den Schild des Glaubens," ꝛc. Eph. 6, 10. 11. 16. Denn „der in uns ist, ist größer, denn der in der Welt ist," 1 Joh. 4, 4.

11. Darum ist der Glaube eine Substanz oder ein Wesen, Hebr. 11, 1, weil er alle Gnadengüter in Christo besitzt und gewiß hat, und bereits ein unzweifelhafter Erbe ist der künftigen Güter der Herrlichkeit. Denn er hat die Kindschaft Gottes in Christo ererbt, Eph. 1, 5. „Sind wir denn Kinder, so sind wir auch Erben, nämlich Gottes Erben und Miterben Christi," Röm. 8, 17, und, 1 Petr. 1, 4, „neugeboren zu einem unbefleckten, unverwelklichen, unvergänglichen Erbe."

12. Daraus sehen wir, daß uns der Glaube unserer Seligkeit gewiß macht. So gewiß als Christus Jesus für unsere Sünde gestorben, auferstanden, gen Himmel gefahren ist, und zur rechten Hand Gottes sitzt, ein Herr über Alles: so gewiß hat er uns auch selig, gerecht, heilig gemacht, und alle himmlische Güter erworben; sonst wäre er umsonst gestorben und auferstanden. Röm. 8, 38: „Ich bin gewiß, daß uns weder Leben noch Tod scheiden kann von der Liebe Gottes."

13. Das ist nun der Segen, in welchem alle Völker auf Erden gesegnet werden. So kommt der Segen Abrahams zu Allen und auf Alle, die da glauben. Röm. 4, 16; 1 Mos. 22, 18. „Gelobet sey Gott, der uns gesegnet hat mit allerlei geistigem Segen, in himmlischen Gütern," ꝛc. Eph. 1, 3. Darum kann der ganzen Welt Haß, Neid, Verfolgung und Fluch einem Glaubigen nicht schaden; denn er ist ein Gesegneter des Herrn, und der Segen Gottes ruht auf ihm.

14. Hieraus ist offenbar, daß der Glaube den ganzen Menschen erneuert; denn er wirkt Liebe, Hoffnung, Sanftmuth, Demuth, Geduld, Andacht, Gottesfurcht, und ein ganzes neues Leben; welches neue Leben wir aus Christo schöpfen, weil wir in ihn gepfropft sind, Joh. 15, 2. Der Glaube bringt ein stetes Seufzen nach Christo, hungert und dürstet nach ihm, verschmäht die Welt; denn er hat das beste Theil erwählt, und der Mensch wird durch den Glauben eine neue Creatur. Denn er erneuert das Ebenbild Gottes in uns, schmückt die Seele schön mit allen göttlichen Tugenden und himmlischen Kräften. Er gibt sich auch dem Nächsten ganz zu eigen, wie sich ihm Christus zu eigen gegeben hat, und spricht: Ich will meinem Nächsten wieder also werden, wie mir Christus geworden ist, weil wir in Christo Ein Leib sind, und alle zusammen Glieder Eines Hauptes. Röm. 12, 5; 1 Cor. 12, 27. Dieß ist aber nicht unsere Gerechtigkeit vor Gott, sondern der Gerechtigkeit Frucht. Man muß den Baum erst pflanzen, ehe er Frucht trägt.

15. Ob nun wohl der Glaube erst schwach wird, und anfänglich blöde ist, wie ein schwaches Kind: so ist doch der schwache Glaube gar lieb und angenehm, weil er Christo, unserm Herrn, anhängt. Darum sieht Gott seine Schwachheit nicht an, beurtheilt ihn auch nicht nach seiner Schwachheit, sondern nach Christo, an den er glaubt; um welches willen er ihn gnädig ansieht, und ihm alle Schätze Christi mittheilt, reicht ihm die Hand, wie dem sinkenden Petrus. Der Glaube wird auch gestärkt und vermehrt, wächst und nimmt zu in

Christo, wie ein Kindlein, wenn es wohl ernährt wird.

16. Es tröstet der Glaube unsere betrübte Seele in allem Kreuz und Trübsal. Denn ein gläubiger Christ ist vor Gott theuer und werth, weil er theuer erkauft ist, ob er gleich in der Welt viel leiden muß, Ps. 16, 2. 3; 1 Petr. 1, 6. 7. Christus hat ihm sein Reich beschieden, himmlische Ehre wider alle Verachtung der Welt, ewige Güter für zeitliche, ewigen Segen für den Fluch dieser Welt, ewige Freude für die Traurigkeit dieser Welt, ewiges Leben für den zeitlichen Tod, einen himmlischen, verklärten Leib für den sündlichen, sterblichen Leib, ewige Herrlichkeit für die Verachtung dieser Welt.

17. Endlich, weil der Glaube allein an Christo hanget, so beschützt er die Seele vor aller falschen Lehre, Ketzerei und falschen Propheten, bewahrt die Seele vor allen unrichtigen Meinungen, als das allerköstlichste Präservativ, so vor allem Gift bewahrt, und widerlegt und verdammt alles Widerwärtige, so dem Glauben und Gottes Wort nicht ähnlich ist.

Gebet um den seligmachenden Glauben.

Du Geist des Glaubens, lehre uns Jesum heilsam erkennen, erwecke in uns ein Verlangen nach seiner Gerechtigkeit, laß uns in ihm beständig erfunden werden, daß wir seine Gnadengüter gewinnen, und seine Kraft zur täglichen Heiligung in uns erfahren. Amen.

Das 7. Capitel.
Von gnädiger Vergebung der Sünden.

1. Der Artikel von der Vergebung der Sünden ist der höchste Trost, so ein Mensch in dieser Welt haben kann, dadurch er sein Gewissen heilen und stillen, des Teufels listige Anläufe abwenden, der Verzweiflung wehren, seine Seele vor falscher Lehre und Verführung bewahren, und der Welt Verfolgung und Verachtung überwinden kann. Denn was fragst du nach dem Teufel und der ganzen Welt, wenn du bei Gott in Gnaden bist, und Vergebung der Sünden hast?

2. 1) Es muß aber vorhergehen wahre Buße und Erkenntniß der Sünden, wie der Prophet Jesajas lehrt, C. 1, 16: „Waschet euch, reiniget euch," ꝛc. Ezech. 18, 21: „Wenn sich der Sünder bekehret von allen seinen Sünden, die er gethan hat," ꝛc. Ps. 38, 5: „Meine Sünden gehen über mein Haupt." Dazu denn gehört der Sünden Bekenntniß, Ps. 32, 5; Ps. 51, 3; 1 Joh. 1, 9. Luc. 24, 47: „Buße und Vergebung der Sünden."

3. 2) Vergebung der Sünden muß man suchen durch das Gebet, durch innerliches herzliches Seufzen zu Gott, mit zerbrochenem und zerschlagenem Herzen und Geist, wie in den sieben Bußpsalmen zu sehen. Auch mit Thränen, wie David im 6. Psalm, V. 7, Petrus und Maria Magdalena, Matth. 26, 75; Luc. 7, 38.

4. 3) Man muß sie aber allein bei Christo Jesu, unserm Herrn und Sündenbüßer, suchen, welcher die Sünden der Welt getragen und hingenommen, „an welchem wir haben die Erlösung durch sein Blut, nämlich die Vergebung der Sünden," Col. 1, 14. Jes. 53, 5: „Die Strafe liegt auf ihm, auf daß wir Friede hätten, und durch seine Wunden sind wir geheilet." So schließt St. Paulus: Wo die Erlösung ist, da ist auch die Vergebung. Bei Christo allein ist die Erlösung, darum ist auch bei ihm allein die Vergebung.

5. 4) Man muß seinen Glauben gründen auf die Verheißung, und dieselbe im Herzen bewegen, aus dem alten und neuen Testament. Jes. 43, 25: „Ich tilge deine Sünden." Jer. 31, 33. 34: „Das soll der Bund seyn, ꝛc. Ich will ihnen ihre Missethat vergeben, und ihrer Sünde nimmermehr gedenken." Ezech. 33, 14. 16: „Wenn sich der Gottlose bekehret von seiner Sünde, so soll er leben und nicht sterben, und aller seiner Sünden, die er gethan hat, soll nicht gedacht werden." Jer. 3, 12: „Komme wieder zu mir, kehre um, du Abtrünnige: so will ich mein Antlitz nicht gegen euch verstellen." Matth. 9, 12: „Die Starken bedürfen des Arztes nicht, sondern die Kranken." 1 Joh.

2, 1: „Meine Kindlein, ob Jemand sündigt, so haben wir einen Fürsprecher," ꝛc.

6. 5) Man muß und soll in diesem Artikel die Hoheit, Würdigkeit und Wichtigkeit des gehorsamen Verdienstes, Blutes und Todes Christi erwägen, und was für eine Person für unsere Sünde gelitten; seine Heiligkeit, Unschuld und Gerechtigkeit, welche genugsam ist, alle Sünden zu tilgen und hinzunehmen, sie haben Namen, wie sie wollen, heimlich oder öffentlich, wissentlich oder unwissentlich, vergangene, oder gegenwärtige, oder zukünftige. Ja, ob ein Mensch alle Sünden der ganzen Welt allein gethan und auf sich hätte, so ist des Herrn Christi Leiden und Tod so wichtig, stark, kräftig und mächtig, daß es alle Sünden hinnimmt und tilgt, und sollen dem Gläubigen, welcher Vergebung der Sünden in Christi Tod sucht, solche vergeben seyn und nimmermehr zugerechnet werden. Denn Christi Tod ist nicht allein für etliche Sünden, für diese oder jene, sondern für alle Sünden genugsam, Ps. 103, 3; Ps. 130, 8. 1 Tim. 2, 6: „zur Erlösung für Alle."

7. 6) So faßt auch der Glaube, der um Vergebung der Sünden bittet, nicht allein eine oder etliche Sünden, sondern alle Sünden in sich, und bringt sie dem Arzte Christo vor, und bittet um vollkommene Heilung des ganzen bösen Herzens, in welchem der Quellbrunn ist alles Bösen. Denn gleichwie der Mann, Matth. 8, 3, der voll Aussatz war, und vor dem Herrn niederfiel, nicht allein bat um Reinigung seines Hauptes, sondern um die Reinigung des ganzen Leibes: also begreift der Glaube die ganze vergiftete, verderbte menschliche Natur in sich, mit Leib und Seele, und bringt sie zu dem Arzt, es sey das Uebel inwendig oder äußerlich, groß oder klein, Gedanken, Worte oder Werke, gegenwärtig oder zukünftig. Wie der 103. Psalm, V. 3 spricht: „Der dir alle deine Sünden vergibt, und heilet alle deine Gebrechen; und wie der heilige Prophet Jesajas, C. 1, 5. 6, spricht: „Das ganze Haupt ist krank, das ganze Herz ist matt, von den Fußsohlen bis auf's Haupt ist nichts Gesundes an ihm, sondern Wunden, Striemen und Eiterbeulen, die nicht geheftet, noch verbunden, noch mit Oel gelindert sind." Es wäscht aber Christus unsere Sünden also, daß sie schneeweiß werden, und noch weißer als Schnee; da bleibt keine Sünde übrig, die Sünde wird wie Wolle; das heißt entsündigen, Psalm 51, 9; die Sünde gar hinweggenommen, wie der Prophet Nathan sagt zu David: „Der Herr hat deine Sünde von dir genommen," 2 Sam. 12, 13. Und Hiskia: „Du wirfst alle meine Sünden hinter dich zurück," Jes. 38, 17.

8. 7) Darum muß man diesen Artikel nicht also verstehen oder gebrauchen, daß man allein auf eine oder wenige Sünden sehe, oder auf die vergangenen Sünden; sondern dieser Artikel und die Kraft des Blutes Christi erstreckt sich auf das ganze sündliche Leben des Menschen, von der Sünde der Empfängniß an, die in Sünden geschehen, bis auf den letzten Odem, über Leib und Seele, Gegenwärtiges und Zukünftiges. Und ist nicht also zu verstehen, als wenn heute eine Sünde vergeben, morgen wieder zugerechnet würde; nein, mit nichten, sondern wer stetig in wahrer Buße, Reue und Leid, in wahrem Glauben an Christum lebt, der hat Vergebung der Sünden, so vollkömmlich, als Christus vollkömmlich die Sünden bezahlt hat durch seinen Tod, also daß sie ihm in Ewigkeit nicht zugerechnet werden, sondern vergeben, vergessen, vertilgt, zugesiegelt und in die Tiefe des Meers geworfen sind, wie die Schrift sagt, Jes. 43, 25; Dan. 9, 24; Mich. 7, 19, die Missethat versiegelt und eine ewige Gerechtigkeit wiedergebracht. Denn es ist eine ewige Erlösung und Versöhnung, Hebr. 9, 12, welche nicht heute währt und morgen aufhört, sondern ewig, fest und gewiß bleibt. Denn dieß ist der ewige Bund Gottes in Christo, mit allen Gläubigen gemacht, und durch den Tod Christi bestätigt.

9. 8) So ist auch in diesem Artikel hoch zu bedenken, daß wir Vergebung der Sünden haben aus Gnaden, ohne Verdienst, ganz umsonst, durch die Barmherzigkeit Gottes, um des Verdienstes und heiligen Todes Christi willen, welcher gestorben ist

um unserer Sünden willen, und wieder auferstanden um unserer Gerechtigkeit willen, Röm. 4, 25; dessen Blut uns reiniget von allen unsern Sünden, 1 Joh. 1, 7. Denn so die Vergebung der Sünden in unserm Verdienste stände, so hätten wir nimmer ein gutes Gewissen, hätten keinen Frieden im Herzen, müßten stets in Zweifel und Unruhe leben und sterben, und es wäre uns Christi Verdienst nicht heilsam und nichts nütze; denn es befriedigte das Herz nicht, und wäre kein Trost der Seele. Denn darum heißt es Vergebung der Sünden, daß die schweren und großen Schulden aus Gnaden und Erbarmung vergeben werden, weil wir nicht haben zu bezahlen. Darum preist David den Menschen selig, „dem die Uebertretung vergeben, dem die Sünde bedecket ist, dem der Herr die Missethat nicht zurechnet," Psalm 32, 1. Ist es nun vergeben, so ist's nicht verdient; ist's bedeckt, so ist es aus Gnaden zugedeckt; wird es nicht zugerechnet, so ist es ewiglich vergessen. Daher wird Gottes Barmherzigkeit im 2. Buch Mos. 34, 6 von Mose so hoch gepriesen, indem er spricht: „Herr, Herr, Gott, barmherzig und gnädig." Und im 103. Pf., V. 8 und Jes. 55, 1 ist dieser Punkt stark begründet, daß wir ganz umsonst Vergebung haben. Das gibt dem Herzen gewissen Frieden und Trost; Ursache: Gottes Gnade ist ewig, und fällt nicht hin, Pf. 103, 17; Jes. 54, 8. Luc. 1, 77: „Und Erkenntniß des Heils gebest seinem Volk, die da ist in Vergebung ihrer Sünden, durch die herzliche Barmherzigkeit unsers Gottes."

10. 9) So ist auch dieß in diesem Artikel zu bedenken, daß wir der Vergebung der Sünden können gewiß sein: (1) aus dem theuren Eide Gottes, Ezech. 33, 11; (2) aus dem Amte Christi. „Er ist gekommen, die Sünder selig zu machen," 1 Tim. 1, 15. „Des Menschen Sohn ist gekommen, zu suchen und selig zu machen, das verloren ist," Luc. 19, 10. (3) Er hat für die „Sünden der ganzen Welt" genug gethan, 1 Joh. 2, 2. (4) Er hat alle Sünder zu sich gerufen, und macht keinen Unterschied. (5) Röm. 5, 20: „Wo die Sünde mächtig geworden ist, da ist die Gnade Gottes noch viel mächtiger." (6) „Gott will, daß allen Menschen geholfen werde," 1 Tim. 2, 4, und „will nicht, daß Jemand verloren werde," 2 Petr. 3, 9. (7) Die heilige Taufe; denn darin ist der neue Gnadenbund wiederholt, welcher ewig ist.

11. 10) So ist auch in diesem Artikel auf die Frucht der Vergebung der Sünden Acht zu haben, welche ist Friede des Herzens, Röm. 5, 1, und C. 8, 33: „Gott ist hier, der gerecht macht." Wenn aber dieser Herzensfriede so bald nicht kommt, so behalte nur im Gedächtniß Christum und sein Verdienst für der ganzen Welt Sünden, so wird gewiß der Friede kommen. Siehe allezeit Christum im Glauben an, wie die Israeliten die eherne Schlange, so wird der feurige Biß des bösen Gewissens geheilt. Du mußt auch darum bitten, wie im 51. Psalm, V. 13 steht: „Verwirf mich nicht von deinem Angesicht."

12. 11) Strauchelst du aber, oder fällst wieder: so habe deine Zuflucht zu dem Gnadenstuhl, Christo Jesu, unserm Herrn, Hebr. 4, 16: „Auf daß wir Barmherzigkeit erlangen am Tage, wenn's uns Noth seyn wird;" und dann ist's uns Noth. Gott wird dich wieder rufen, wie den Adam, 1 Mos. 3, 9. Der Herr spricht: „Wenn dein Bruder des Tages siebenmal wider dich sündigte, und käme zu dir, und spräche: vergib mir, so sollst du ihm vergeben," Luc. 17, 4. Auch viel mehr wird's Gott thun, Jer. 3, 12: „Kommt wieder zu mir." Darum gehört dieß auch zu unserer Lehre, daß uns Gottes Gnade wieder aufrichtet, Pf. 146, 8, und läßt uns nicht in unsern Sünden verderben, wie Manasse sagt, Geb. Man. V. 14.

13. 12) Wider die bösen Lüste des Herzens aber mußt du beten, kämpfen, klagen, mit St. Paulo auch lernen streiten durch den heiligen Geist, der unserer Schwachheit aufhilft, Röm. 8, 26. Alsdann können uns unsere Sünden nicht schaden noch verdammen, weil du wider dieselben kämpfest, und sie nicht lässest herrschen, Röm. 6, 12. Sie werden dir auch nicht zugerechnet, wenn du bittest, Gott wolle dich vor Sünden behüten, und dir Kraft geben, Sünde, Fleisch, Teufel und Welt zu überwinden.

14. 13) Endlich mußt du zusehen, daß du mit deinem Nächsten in Frieden und Versöhnlichkeit lebest, gern vergebest, wie dir Christus vergeben hat. Also hast du diesen Artikel, und kannst ihn dir heilsam zu Nutz machen.

Gebet um Vergebung der Sünden.

Herr Jesu, um aller Mühe und Arbeit willen, die du für uns übernommen hast, tilge alle unsere Sünden, und wirf sie in das tiefe Meer der Vergessenheit. Du Lamm Gottes, das alle unsere Sünden getragen hat, erbarme dich über uns, sprich uns los vor deinem Richterstuhl, und versichere uns davon durch deinen Geist, daß wir an dir haben die Erlösung durch dein Blut, nämlich die Vergebung der Sünden. Christus Jesus, dein Blut komme über uns zur Reinigung, Heiligung und zum ewigen Segen. Amen.

Das 8. Capitel.
Von der Gerechtigkeit des Glaubens.

1. Daß der Mensch aus Gnaden, allein durch den Glauben an Christum Jesum vor Gott gerecht und selig werde, bezeugt 1) die grundlose, unerforschliche, tiefe Verderbung menschlicher Natur, welcher keine Creatur im Himmel und auf Erden helfen kann, ohne Gottes Erbarmung, Jes. 1, 5; Ezech. 16, 1 ff. Von welchem abscheulichen Aussatz die verderbte Natur nichts reinigen kann, ohne das Blut Christi. 2) Derohalben klagt das heilige Gesetz Gottes den Menschen an, erfordert vollkommenen Gehorsam, oder verflucht ihn, 5 Mos. 27, 26; Gal. 3, 40. 3) Wenn nun alle menschliche Kräfte solches nicht vermögen (denn der Mensch ist todt in Sünden, Eph. 2, 1, und kann ihm selber nicht helfen, Jer. 17, 14): 4) so hat Gott die Verheißung der Gnade geoffenbaret, und dieselbe dem Glauben vorgestellt, und den Gnadenbund gestiftet und aufgerichtet mit den Vätern, daß in dem Samen Abrahams alle Völker sollen gesegnet werden, 1 Mos. 22, 18. Derohalben kommt der Segen aus Gnaden. 5) Diesen Bund hat Gott erfüllt in seinem lieben Sohn Christo Jesu, und denselben zu einem Mittler, Heiland, Seligmacher und Erlöser des menschlichen Geschlechts verordnet, welcher dieß hohe Amt willig und vollkömmlich verrichtet; dadurch er dem Gesetz für uns genug gethan, den Fluch auf sich genommen, uns mit Gott versöhnet, Vergebung der Sünden erworben, uns erlöset von Sünden, Tod, Teufel und Hölle, und dadurch die ewige Gerechtigkeit wiedergebracht hat, Röm. 5, 10; Col. 1, 20. 6) Deß haben sich alle Heilige von Anfang her getröstet, wie das Exempel Mosis, 2 Mos. 34, 6, und Hiskiä bezeugt, Jes. 38, 17; Röm. 8, 4. 5. 7) Darum auch die ganze heilige Schrift diese Lehre von der Gerechtigkeit des Glaubens und von gnädiger Vergebung der Sünden mächtig bekräftigt, 1 Mos. 15, 6. Cap. 22, 18. Ps. 32, 1, und in andern Bußpsalmen, Jes. 53, 12. Cap. 45, 24. C. 55, 7. C. 64, 6. Jer. 2, 12. C. 31, 34. C. 33, 16. Ezech. 18, 21. Dan. 9, 24. Hos. 2, 19. Joel 2, 13. Mich. 7, 18. Ap. Gesch. 19, 43. C. 15, 11. Luc. 1, 31 ff. C. 2, 11. Joh. 3, 10. C. 20, 31. Röm. 3, 24. 25. 26. Gal. 2, 3. 4. 5. Eph. 2, 8. Phil. 3, 8. 9. 1 Joh. 2, 1. 2. 8) Solches bezeugen auch die Exempel der Gläubigen von Anfang, die im Glauben gestorben, Hebr. 11, 4 ff. 9) Es bezeugen es uns auch die Exempel der bekehrten Sünder: Manasse, Davids, Petri, Pauli, Mariä Magdalenä, die Zöllner und Sünder, Luc. 7, 38; C. 15, 1 u. C. 19, 10, auch der Schächer am Kreuz, Luc. 23, 43. 10) So nun die Gerechtigkeit aus den Werken kommt, so wird die Gnade aufgehoben, die Verheißung ist vergeblich, Gehorsam und Verdienst Christi nichtig; wie Gal. 5, 4 steht: „Ihr seyd aus der Gnade gefallen, die ihr durch's Gesetz wollet gerecht werden, und habt Christum verloren;" ja ihr seyd noch unter dem Fluch, Gal. 3, 10. 11. 11) So würde auch Gott, dem Allmächtigen, seine Ehre genommen, und dem Menschen gegeben; welchen Ruhm aber der Prophet Jeremias, Cap. 9, 24, und der Apostel Paulus, Eph. 2, 9, allen Menschen benimmt und abschneidet. 12) Und endlich bedürften wir keiner Gnade, keines Mitt-

lers, keiner Vergebung der Sünden, keines Glaubens, auch keines Gebets, und wäre auf einmal das ganze Evangelium aufgehoben und zunichte gemacht.

2. Wir wollen aber jetzo das Amt Christi und sein hochheiliges Verdienst etwas weiter bedenken, und 1) die Genugthuung der hohen, strengen Gerechtigkeit Gottes, im Gesetz erfordert, betrachten. Diese hohe Gerechtigkeit hat der Herr Christus erfüllt auf zweierlei Weise: wirkender und leidender Weise. Deren keine konnte ein Mensch büßen; darum trat Christus an unsere Statt, und erfüllte Gottes Gerechtigkeit, im Gesetz erfordert, mit seiner Unschuld und Heiligkeit, als der Allerheiligste, Dan. 9, 24, und Jes. 53, 9: „Welcher keine Sünde gethan hatte, ist auch kein Betrug in seinem Munde erfunden." Darum Gott, der Herr, spricht: „Dieß ist mein Knecht, der Gerechte, mein Auserwählter, an welchem meine Seele Gefallen hat," Jes. 42, 1. „Mein lieber Sohn, an welchem ich Wohlgefallen habe," Matth. 3, 17. Darnach hat der Herr Christus der Gerechtigkeit Gottes im Gesetz genug gethan durch sein Leiden und seinen unschuldigen Tod, und ist an unsere Statt getreten, hat die Strafe der Sünden und den Fluch von uns auf sich genommen. Und weil nun beides uns zu Gute geschehen, daß der Herr Christus durch seine wirkliche Genugthung, nämlich durch seine Heiligkeit und Unschuld, das Gesetz erfüllt, und darnach durch seinen heiligen Gehorsam, Leiden und Tod auch dem Gesetz und der Gerechtigkeit Gottes im Gesetz genug gethan für uns: so schenkt er uns beides, und macht es unser eigen durch den Glauben. Davon der heilige Prophet Jeremias, Cap. 23, 6, geweissagt hat: „Man wird ihn nennen, Herr, unsere Gerechtigkeit." Und St. Paulus, 1 Cor. 1, 30: „Christus ist uns von Gott gemacht zur Gerechtigkeit." Daher er sich auch tröstet der „Gerechtigkeit Christi, die von Gott dem Glauben zugerechnet wird," Phil. 3, 9. Und Röm. 5, 19 spricht er: „Wie durch Eines Menschen Ungehorsam viel Sünder geworden: also sind durch Eines Menschen Gehorsam viel Gerechte geworden." Und im 8. Cap., V. 32: „Gott hat seines eigenen Sohnes nicht verschonet, sondern hat ihn für uns Alle dahin gegeben." Das Wörtlein uns macht uns das ganze Verdienst Christi zu eigen; darum ist sein Gehorsam unsere Gerechtigkeit.

3. 2) Daraus folgt die Versöhnung mit Gott, welche durch die Versöhnopfer des alten Testaments tröstlich bezeugt wird. Weil aber dieselben Gott nicht versöhnen konnten, hat sich der Herr Christus, das unbefleckte Lamm Gottes, opfern lassen für uns, „Gott zu einem süßen Geruch," Eph. 5, 2; das ist, zur Versöhnung, wie Hebr. 10, 9. 10. 14 geschrieben ist. Da der wahre, ewige, rechte Hohepriester kam, sprach er: „Opfer und Brandopfer gefallen dir nicht; siehe, ich komme." Da hebt er die alten Opfer auf, und setzt ein neues ein. „In welchem Willen wir sind geheiliget, einmal geschehen durch das Opfer des Leibes und Blutes Jesu Christi;" denn mit Einem Opfer hat er vollendet in Ewigkeit, die geheiliget werden."

4. 3) Aus der Versöhnung folgt Vergebung der Sünden. Vergebung aber ist, daß uns Gott unsere Sünden nicht zurechnet, Ps. 32, 2: „Selig sind die, welchen der Herr ihre Missethat nicht zurechnet." 2 Cor. 5, 19: „Gott war in Christo, und versöhnete die Welt mit ihm selber, und rechnete ihnen ihre Sünden nicht zu, und hat unter uns aufgerichtet das Wort der Versöhnung." Dagegen rechnet uns Gott zu die Gerechtigkeit Jesu Christi; denn um seines heiligen, vollkommenen Gehorsams willen sind wir vor Gott gerecht, Röm. 5, 18; Phil. 3, 9; 1 Mos. 15, 6. So nun die Sünde um Christi willen vergeben ist, und nicht soll zugerechnet werden: so muß sie ausgetilgt und vergessen seyn, auch ihrer nicht mehr gedacht werden ewiglich; denn so mächtig und kräftig ist das Blut Christi vor Gott. Darum spricht der Prophet Jesaias, C. 43, 25: „Ich tilge deine Sünden, und gedenke derselben nimmermehr." Deßgleichen Ezech. 18, 22 und Jer. 31, 34.

5. 4) So nun die Sünde also vergeben ist, daß sie ewiglich soll vergessen seyn: so muß auch die Strafe der Sünde aufhören, nämlich Fluch, Tod, Teufel und Hölle.

Denn „die Strafe liegt auf ihm," spricht Jesajas im 53. Capitel, V. 5, „auf daß wir Friede hätten, und durch seine Wunden sind wir geheilet." Daher kommt die Freiheit unsers Gewissens, daß wir los sind von aller Furcht, Angst, Schrecken, Anklage des Teufels und des bösen Gewissens, und das ist der Friede des Herzens. „So wir durch den Glauben sind gerecht worden, so haben wir Friede mit Gott," Röm. 5, 1.

6. 5) Daraus fließt die ewige Erlösung. Denn wer eines Andern Schuld und Strafe auf sich nimmt, der erlöst ihn davon. Wir können uns aber selbst nicht erlösen, darum können wir uns auch selbst nicht gerecht oder selig machen. Christus ist uns von Gott gemacht zur Erlösung. Hos. 13, 14: „Ich will sie vom Tode erretten, und aus der Hölle erlösen." Röm. 3, 24: „Durch die Erlösung, so durch Jesum Christum geschehen ist." Das ist auch des heiligen Hiobs Glauben gewesen: „Ich weiß, daß mein Erlöser lebt," Cap. 19, 25. Jes. 49, 24: „Kann man auch dem Riesen den Raub nehmen, und einem Starken seine Gefangenen los machen? Nun sollen aber dem Starken seine Gefangenen genommen werden, und der Raub des Riesen soll los werden, spricht der Herr."

7. 6) Solches vortreffliche Amt des Messias ist zusammengefaßt in dem hochheiligen Namen Jesu; denn darum heißt er Jesus, „daß er sein Volk selig mache von ihren Sünden," Matth. 1, 21. Welches St. Paulus nennt „ein theuer werthes Wort, daß Jesus Christus gekommen ist in die Welt, die Sünder selig zu machen," 1 Tim. 1, 15. Weil wir nun einen solchen Seligmacher haben, so müssen wir auch in ihm allein und bei keinem Andern unsere Gerechtigkeit und Seligkeit suchen.

8. 7) Solches geschieht aber allein durch den Glauben, welcher uns Christum zu eigen macht, wie St. Paulus sagt, Röm. 3, 25: „Gott hat uns Christum zu einem Gnadenstuhl vorgestellet durch den Glauben an sein Blut." Darum wird dem Glauben allein die Gerechtigkeit Christi zugerechnet; wie St. Paulus sagt, Röm. 3,

22: „Ich sage aber von solcher Gerechtigkeit vor Gott, die da kommt durch den Glauben." Gal. 2, 16: „Wir glauben an Christum Jesum, auf daß wir gerecht werden durch den Glauben an Christum, und nicht durch des Gesetzes Werke." Hos. 2, 19: „Ich will mich mit dir verloben in Gerechtigkeit, ja im Glauben will ich mich mit dir vertrauen." Jes. 26, 2: „Thut die Thore weit auf, daß hinein gehe das gerechte Volk, das den Glauben bewahret." Die Epistel an die Hebräer, Cap. 11, beschreibt ein langes Register der heiligen Väter, so durch den Glauben Gott gefallen und gerecht worden, welche alle im Glauben selig gestorben sind.

9. 8) Darum aber schreibt Gottes Wort die Gerechtigkeit dem Glauben zu, weil sie ist eine Gnadengerechtigkeit, die mit dem Glauben muß ergriffen werden, damit Gottes Gnadenverheißung gewiß und fest bleibe; wie St. Paulus, Röm. 4, 16, spricht: „Darum muß die Gerechtigkeit durch den Glauben kommen, auf daß sie sey aus Gnaden, und die Verheißung fest bleibe." Denn ohne Gottes Gnade und Verheißung können wir keinen gewissen und beständigen Trost haben in unserm Gewissen wider unsere Sünden. Denn wenn unser Gewissen aufwacht und uns anklagt, oder in unserm letzten Ende uns also anspricht: Siehe, nun mußt du davon; wie hast du dein Leben zugebracht? so kann unser Glaube antworten: Meine Gerechtigkeit und Seligkeit ist nicht gegründet auf meine Werke, sondern auf die Gnade in Christo Jesu, unserm Herrn, Eph. 2, 8. Jes. 55, 7: „Bei unserm Gott ist viel Erbarmung," nämlich bei dem Vater unsers Herrn Jesu Christi. Ps. 130, 7: „Bei dem Herrn ist viel Gnade, und viel Erbarmung bei ihm."

10. 9) Daher ist auch unsere Gerechtigkeit gewiß und unbezweifelt; denn Gottes Gnade, in Christo verheißen, „währet von Ewigkeit zu Ewigkeit bei denen, die ihn fürchten," Ps. 103, 17. Wie auch der theure Eid Gottes bezeugt, Ezech. 18, 23; Jes. 54, 8. 10; C. 55, 3. Der ist getreu, der es verheißen hat. Röm. 8, 33: „Wer will die Auserwählten Gottes beschuldi-

gen? Gott ist hier, der gerecht macht. Wer will verdammen? Wer will uns scheiden von der Liebe Gottes?"

11. 10) Damit aber unsere Gerechtigkeit gewiß und unbezweifelt sey, so bezeugt die Schrift, daß sie ewig sey. Dan. 9, 24: „Es soll eine ewige Gerechtigkeit wiedergebracht werden." Und das ist ein großer Trost, wenn wir etwa straucheln oder sündigen, daß wir nicht gedenken, es sey nun mit uns gar aus und verloren, unsere Gerechtigkeit sey nun dahin, sey umgestoßen und höre auf. Nein, mit nichten; denn der Prophet Jesajas sagt, C. 54, 10: „Meine Gnade soll nicht von dir weichen, und der Bund des Friedens soll nicht hinfallen, spricht der Herr, dein Erbarmer." Ps. 111, 5: „Er gedenket ewiglich an seinen Bund." Und abermal spricht er, Jes. 54, 8: „Mit ewiger Gnade will ich mich über dich erbarmen." Denn obwohl Ezech. 33, 12 gedrohet wird: „Wenn der Gerechte Böses thut, soll's ihm nicht helfen, daß er fromm gewesen ist, und aller seiner Gerechtigkeit soll nicht mehr gedacht werden:" so ist doch dieser Spruch zu verstehen von der Unbußfertigkeit, wenn man in Sünden verharret. Denn also erklärt sich der Mann Gottes, Moses, 5 Mos. 4, 25. 29. 31: „Wenn ihr den Herrn erzürnen werdet, so werdet ihr umkommen. Wenn du aber den Herrn, deinen Gott, suchen wirst, so wirst du ihn finden, wo du ihn wirst von ganzem Herzen und von ganzer Seele suchen. Denn der Herr, dein Gott, ist ein barmherziger Gott, er wird dich nicht lassen verderben, wird auch nicht vergessen des Bundes, so er deinen Vätern geschworen hat." Es bezeugt auch der König David, 2 Sam. 7, 16, daß Gott einen ewigen Bund in Christo mit uns gemacht habe. Und der Prophet Hoseas, C. 2, 19, sagt: Ich will mich mit dir verloben in Ewigkeit, in Gnade und Barmherzigkeit." Welche ewige Gnade Gottes uns wieder aufrichtet, wenn wir fallen, Ps. 146, 8: „Der Herr hält, die da fallen, und richtet auf, die da niedergeschlagen sind."

12. 11) Diese Gerechtigkeit, die wir in Christo haben, ist vollkommen, und mangelt nichts daran; wie geschrieben ist Eph. 5, 26. 27: „Christus hat seine Gemeine geliebet, und sie gereiniget durch das Wasserbad im Wort, auf daß er ihm selber darstellete eine Gemeine, die herrlich sey, die nicht habe einen Flecken oder Runzel, sondern daß sie heilig sey und unsträflich." Daher St. Paulus sagt, 2 Cor. 5, 21, daß wir in Christo nicht allein gerecht, sondern die Gerechtigkeit selbst seyen, das ist, vollkommen gerecht; weil uns die vollkommene Gerechtigkeit Christi zugerechnet wird. Das sind die Kleider des Heils und der Rock der Gerechtigkeit, Jes. 61, 10. Und das heißt Christum anziehen, Gal. 3, 27. Das heißt: „Du bist ganz schön," Hoh. L. Sal. 1, 15. Das ist der vollkommene, geistige, inwendige Schmuck, mit köstlichem Golde, wie Ezechiel 16, 10 beschrieben ist.

13. 12) Diese unsere Gerechtigkeit ist nun versiegelt mit dem heiligen Geist, Eph. 1, 13; 2 Cor. 1, 22, und mit den beiden hochwürdigen Sacramenten, als Siegeln Gottes, dadurch wir der Vergebung unserer Sünden und der Gerechtigkeit vor Gott versichert werden.

Gebet um die Glaubensgerechtigkeit.

Herr Jesu, wir sind arme, verlorene Sünder, und mangeln des Ruhms, den wir bei Gott haben sollten; wir werden ohne Verdienst gerecht, aus Gottes Gnade, durch die Erlösung, so durch dich, unsern Bürgen, geschehen ist. Zu dir, unserm vollendeten Hohenpriester, nehmen wir unsere glaubige Zuflucht, und eignen uns deinen thätigen und leidenden Gehorsam zu. Und da du unsere Gerechtigkeit vor Gott bist, so haben wir durch den Glauben in dir die Gerechtigkeit, die vor Gott gilt. Lieber Heiland, laß uns in deiner Gerechtigkeit erfunden werden, so lange wir hier wallen: so werden wir auch in derselben vor deinem Thron dereinst ewig prangen. Amen.

Das 9. Capitel.

Vom neuen Leben, den Früchten der Gerechtigkeit und guten Werken.

1. Nachdem ein Mensch gläubig geworden, und mit dem heiligen Geist begabt und versiegelt ist, und durch den Glauben an Christum Vergebung der Sünden und die Gerechtigkeit erlangt hat, und durch den heiligen Geist geheiligt ist: so ist er nun 1) eine neue Creatur geworden, und neu geboren zum Kinde Gottes, ist im Geist seines Gemüths erneuert zum Ebenbilde Gottes; so fängt er auch ein anderes, neues, gottseliges und christliches Leben an, und läßt fahren das alte, ungöttliche, adamische, viehische, sündliche und gottlose Leben und Wesen. Denn er ist nun ein neuer Mensch geworden, und hat einen neuen Geist bekommen, welcher in ihm wirket und lebet, und es ist der böse Geist, welcher zu allem Bösen treibt, ausgetrieben. Es läßt demnach ein solcher neuer Mensch sich nicht mehr von dem bösen Geist treiben, sondern widerstrebt demselben; wie St. Paulus sagt, Eph. 2, 3. 4. 5. 10: „Ihr habt weiland in Sünden gewandelt nach dem Lauf dieser Welt, nach dem Fürsten, der in der Luft herrschet, nach dem Geist, der sein Werk hat in den Kindern des Unglaubens, in den Lüsten des Fleisches, und thatet den Willen des Fleisches und der Vernunft. Aber Gott, der da reich ist von Barmherzigkeit, durch seine große Liebe, dadurch er uns geliebet hat, da wir todt waren in Sünden, hat uns sammt Christo lebendig gemacht. Denn wir sind sein Werk, geschaffen in Christo Jesu zu guten Werken, zu welchen uns Gott vorbereitet hat, daß wir darin wandeln sollen." In diesem Spruch unterscheidet St. Paulus das alte Leben von dem neuen, und spricht: Das alte Leben wirkt der böse Geist in den Ungläubigen, das neue Leben aber wirkt Gott in uns. Und Tit. 2, 14 spricht St. Paulus: „Der Herr Christus hat sich selbst für uns gegeben, auf daß er uns erlösete von aller Ungerechtigkeit, und reinigte ihm selbst ein Volk zum Eigenthum, das da fleißig wäre zu guten Werken." Da hören wir, warum und wozu wir erlöst sind, was da seyn soll die Frucht unserer Erlösung, nämlich ein neues Leben. Und abermal: „Einer ist gestorben für Alle, auf daß, die da leben, nicht ihnen selbst leben, sondern dem, der für sie gestorben und auferstanden ist," 2 Cor. 5, 15.

2. 2) So lernet nun das Fundament, den Anfang und Ursprung eines neuen Lebens, daß es sey die Erlösung Christi, sein heiliger Tod und seine Auferstehung, wie Röm. 6, 4 steht: „Gleichwie Christus ist auferstanden von den Todten, also sollen wir auch in einem neuen Leben wandeln." Wer nun das nicht thut, der lästert und verläugnet den heiligen Tod und die Auferstehung Christi, und läßt dieselben an ihm unfruchtbar und kraftlos seyn. So ist nun das neue Leben nichts anders, denn eine Wirkung und Frucht der Auferstehung Christi in den Gläubigen. Denn Christus lebt in ihnen, wie St. Paulus sagt, Gal. 2, 20: „Was ich jetzo lebe, das lebe ich im Glauben des Sohnes Gottes. Ich lebe, doch nicht ich, sondern Christus lebet in mir." Da unterscheidet er sein eigen Leben, und Christi Leben in ihm. Solches wiederholt er auch 2 Cor. 13, 5: „Versuchet euch selbst, ob ihr im Glauben seyd, prüfet euch selbst; oder erkennet ihr euch selbst nicht, daß Jesus Christus in euch ist? es sey denn, daß ihr untüchtig seyd." Allhier hören wir, daß das neue Leben sey ein Leben des Glaubens, durch welchen Christus in uns lebet und wohnet.

3. 3) Weil wir auch, da wir gläubig geworden, mit dem heiligen Geist versiegelt sind, so ist derselbe auch kräftig in uns, denn er ist „das Pfand unsers Erbes," Eph. 1, 14, und erinnert uns stets unserer Hoffnung und unsers Berufs zur ewigen Herrlichkeit, „gibt auch Zeugniß unserm Geist, daß wir Gottes Kinder sind," Röm. 8, 16. Denn er ist ein Geist der Kindschaft, ein Geist des Sohnes Gottes. Darum lehrt er uns rufen: „Abba, lieber Vater! Wer nun den Geist Christi nicht hat, der ist nicht sein. Darum sind die Gottes Kinder, die der Geist Gottes treibet." Und die erste Bewegung und Trieb

des Geistes Gottes ist das Gebet; ob dieses wohl anfänglich schwach ist, „so hilft doch der heilige Geist unserer Schwachheit, und vertritt uns bei Gott mit unaussprechlichem Seufzen." Darauf folgen denn „die Früchte des Geistes, Liebe, Freude, Friede, Geduld, Freundlichkeit, Gütigkeit, Glaube, Sanftmuth, Keuschheit," ꝛc. Gal. 5, 22. Dieses sind beides innerliche und äußerliche Werke des heiligen Geistes, nach der ersten und andern Tafel des Gesetzes Gottes.

4. 4) Und also richtet der heilige Geist das Gesetz Gottes wieder auf in uns, und schreibt dasselbe wiederum, als Gottes Finger, in die Tafeln unsers Herzens; nicht mit Zwang und Furcht, wie Moses, sondern in Gnade und Liebe. Darum sind das allein gute Werke, die ohne Zwang im Glauben und in der Liebe geschehen, wie 1 Cor. 16, 14 geschrieben steht: „Lasset Alles in der Liebe geschehen;" und abermal Col. 3, 17: „Alles, was ihr thut, das thut Alles im Namen unsers Herrn Jesu Christi, und danket Gott und dem Vater durch ihn." Da befiehlt St. Paulus, daß alle unsere Werke im Glauben geschehen sollen, frei, aus lauter Liebe, ohne eigen Gesuch, Ruhm oder Nutzen.

5. 5) So lehrt uns auch St. Paulus, Eph. 1, 22. 23, „daß Christus das Haupt ist der Gemeine, welche ist sein Leib, nämlich die Fülle deß, der Alles in Allem erfüllet." Das ist, gleichwie das Haupt den ganzen Leib regiert, mit Leben und Stärke erfüllt: also Christus alle Gläubige. Darum wirkt nun das Haupt in den Gliedern, und erfüllt dieselben mit Gnade, Trost, Licht, Leben, Kraft, Friede, Freude, Erkenntniß, Liebe, Glaube, Geduld, Barmherzigkeit, Sanftmuth, Demuth, Hoffnung, Beständigkeit, Gehorsam, Weisheit, Wahrheit, Mäßigkeit; also daß ein gläubiges Herz und wahres Glied Christi nicht lange fragen darf, was es thun soll, sondern der Geist Gottes und die Liebe Christi sagt's ihm und lehrt's ihn; wie St. Paulus spricht, Tit. 2, 11. 12: „Es ist erschienen die heilsame Gnade Gottes allen Menschen, und züchtiget uns, daß wir sollen verläugnen das ungöttliche Wesen und die fleischlichen Lüste, und züchtig, gerecht und gottselig leben in dieser Welt."

6. 6) Dieß geht nun alle Gläubige an, so mit Christi Namen genannt sind, welche dem Herrn Christo durch den Glauben und die heilige Taufe einverleibt sind, daß sie in Christo leben und wandeln sollen, hohe und niedrige Personen, Große und Kleine, Gelehrte und Ungelehrte, Mann und Weib, Alt und Jung. Ja Gott gibt oft einfältigen Leuten, so dem heiligen Geist nicht widerstreben, sondern sich fürchten vor Gottes Wort, mehr Gnade, christlich zu leben, denn großen, ansehnlichen Leuten vor der Welt, die der Untugend, Hoffart, Geiz, Wollust, Vermessenheit, Zorn, Rachgier, Ungeduld, weltlicher Klugheit, Spitzfindigkeit, großer Kunst, eigener Ehre und Ruhmes voll sind, und die Einfältigen verachten.

7. 7) Wenn nun ein frommer Christ zu allem Guten durch den Geist Gottes angetrieben wird, so kann er bald merken den Unterschied zwischen den Bewegungen des heiligen Geistes und des bösen Geistes, des alten und neuen Menschen, des Geistes dieser Welt und des Geistes, der aus Gott ist; wie St. Paulus sagt, 1 Cor. 2, 12: „Wir haben nicht empfangen den Geist dieser Welt, sondern den Geist aus Gott, daß wir wissen können, was uns von Gott gegeben ist." Und zwar gebührt es einem jeden Christen, diesen Unterschied zu merken, auf daß er Gottes Werk und Gnade in ihm selbst erkenne, Gott dafür danke, um Vermehrung und Erhaltung der Gaben Gottes in aller Demuth bitte, daß ihm „Gott wolle Kraft geben, stark zu werden am inwendigen Menschen, und er durch die Liebe eingewurzelt und gegründet werde, und erfüllet werde mit allerlei Gottesfülle," Eph. 3, 16. 17.

8. 8) Daraus folgt denn, daß sich kein Christgläubiger seiner Gaben und seiner Werke überhebt, sich derselben nicht rühmt, kein Verdienst in denselben sucht; denn er weiß, daß es Alles lauter Gnade Gottes ist, und Alles, was er thut, Gnadenwerke Gottes in ihm sind. Darum gebührt ihm keine Ehre davon, sondern Gott allein die Ehre; wie St. Paulus sagt, 1 Cor. 15,

10: "Nicht ich, sondern Gottes Gnade, die in mir ist;" die hat es gemacht, will er sagen, daß ich viel mehr gearbeitet habe. Wie uns auch der Herr selber lehrt, Luc. 17, 9. 10: "Wenn ein Herr seinem Knechte etwas befiehlt, danket er auch demselben Knechte, daß er gethan hat, was ihm befohlen war? Ich meine es nicht. Also auch ihr, wenn ihr Alles gethan habt, was euch befohlen ist, so sprecht: Wir sind unnütze Knechte, wir haben gethan, was wir zu thun schuldig waren." Da ist alles Vertrauen und aller Ruhm des Verdienstes den Werken abgeschnitten. Denn wir sind vorhin mehr schuldig, was können wir denn verdienen? So ist auch das Vermögen nicht unser, sondern Gottes. Denn gleichwie eine Rebe am Weinstock ihre Kraft und Saft aus dem Weinstock an sich zieht, so sie grünen und Frucht tragen soll, und wenn sie abgeschnitten wird, so verdorret sie: "also auch ihr," spricht der Herr, "könnet keine Frucht bringen, ihr bleibet denn in mir; denn ohne mich könnet ihr nichts thun," Joh. 15, 4. 5. Darum soll und muß alles Gute, so je durch uns geschieht, Gott allein zugeschrieben und ihm allein die Ehre gegeben werden. Ps. 115, 1: "Nicht uns, Herr, nicht uns, sondern deinem Namen gib die Ehre." 1 Chron. 30, 14: "Alles, was wir haben ausgerichtet, das hast du uns gegeben." Und St. Paulus, 1 Cor. 15, 10: "Von Gottes Gnaden bin ich, was ich bin." Phil. 2, 13: "Gott ist's, der da wirket beide, das Wollen und Vollbringen, nach seinem Wohlgefallen." Phil. 1, 6: "Der in uns hat angefangen das gute Werk, der wird's auch vollführen."

9. 9) So wir denn nichts verdienen können, warum haben denn die Werke die Verheißung der Belohnung? Antwort: die Bezahlung ist reich und groß, wie Gott, der Herr, sagt zu Abraham, 1 Mos. 15, 1: "Ich bin dein Schild und dein sehr großer Lohn. Ich bin der allmächtige Gott: wandle vor mir, und sey fromm." Weil aber der liebe Gott mit seiner Gnade Alles in uns wirkt, was wir Gutes thun, so schenkt er uns aus Gnaden, was er in uns wirkt, und belohnt es, als hätten wir es gethan. Der Gläubige aber erkennt solches wohl, und gibt Gott die Ehre und den Ruhm wieder, und nicht sich selber. Darum bittet St. Paulus, Phil. 1, 11: "daß sie mögen erfüllet werden mit Früchten der Gerechtigkeit, die durch Jesum Christum entstehen in euch, zur Ehre und zum Lobe Gottes." Und Matth. 5, 16 lehrt uns Christus, daß durch unsere guten Werke Gott, unser Vater im Himmel, gepriesen werde, und nennt es ein Licht, so wir sollen leuchten lassen vor den Menschen. Darum auch Gott, der Herr, durch den Propheten Jeremias, C. 9, 23. 24 allen eigenen Ruhm verboten hat, es sey Ruhm der Weisheit, des Reichthums oder der Stärke; "wer sich aber rühmen will, der rühme sich deß, daß er mich kenne, daß ich der Herr bin, der Barmherzigkeit, Recht und Gütigkeit übet auf Erden; denn solches gefällt mir, spricht der Herr." Von den Almosen spricht der Herr, Matth. 6, 3, daß wir sie mit so einfältigem Herzen, ohne alle eigene Ehre und Ruhm geben sollen, daß auch die linke Hand nicht wissen soll, was die rechte thut. So hat sich auch kein Mensch seiner Gaben zu rühmen, denn sie sind nicht sein eigen, sondern er hat sie von Gott empfangen, und dieselben "wirket der einige Geist Gottes, und theilet einem Jeden das Seine zu, nachdem er will," 1 Cor. 12, 11.

10. 10) Von den Belohnungen aber aller guten Werke sollen wir lernen, daß sie um des Herrn Christi willen, an welchen wir glauben, belohnt werden (so wohl gefällt Gott, dem Herrn, der Glaube); und dann, weil solche zu Gottes Ehre geschehen. Es sind aber zweierlei gute Werke, die Verheißung der Belohnung haben. Die innerlichen guten Werke sind Gottseligkeit, davon St. Paulus sagt, 1 Tim. 4, 8: "Die Gottseligkeit ist zu allen Dingen nütze, und hat die Verheißung dieses und des ewigen Lebens; das ist, sie wird zeitlich und ewig belohnt. Welch schöne Verheißung hat die Furcht Gottes! Ps. 111, 10; Sir. 1, 16. Welchen schönen Lohn der Verheißung haben die Barmherzigen, Friedfertigen, Sanftmüthigen! ꝛc. Matth. 5, 5. 7. 9. Welch schönen Lohn hat der

wahre Gottesdienst! Pf. 27, 4; Pf. 84, 2. Welch schöne Verheißung hat das Gebet! Pf. 50, 15; Pf. 145, 18; Joh. 60, 23; Luc. 11, 9. Welch schöne Verheißung hat das öffentliche Bekenntniß des Namens Christi! Matth. 10, 32: „Wer mich bekennet vor den Menschen, den will ich auch bekennen vor meinem himmlischen Vater." Welch schöne Verheißung haben die, so um Christi willen verfolgt werden! Matth. 5, 10. St. Paulus sagt, 2 Tim. 4, 8: „Ihm sey die Krone der Gerechtigkeit beigelegt." Matth. 19, 29: „Wer um meines Namens willen verläßt Häuser, Aecker, Brüder, Schwestern ꝛc., der wird's hundertfältig nehmen, und das ewige Leben ererben." 2 Tim. 2, 11: „Sterben wir mit ihm, so werden wir mit ihm leben." Röm. 8, 18: „Dieser Zeit Leiden ist nicht werth der Herrlichkeit, die an uns soll offenbar werden.

11. Die äußerlichen guten Werke aber haben die Verheißung, Matth. 10, 42: „Wer diese Geringsten mit einem Becher kalten Wassers tränkt, wahrlich, ich sage euch, es wird ihm nicht unbelohnt bleiben." Pf. 41, 1; Jes. 58, 8; Dan. 4, 24. Und Matth. 25, 21 wird zu dem Knechte, der sein Pfund wohl hatte angelegt, und damit gewuchert, das ist, Gutes gethan hatte, gesagt: „Du frommer und getreuer Knecht, du bist im Geringsten getreu gewesen," das ist, du hast meine Güter wohl ausgetheilt, „ich will dich über viel setzen; gehe ein zu deines Herrn Freude." Gal. 6, 9: „Zu seiner Zeit werden wir auch ernten ohne Aufhören." 2 Cor. 9, 6: „Wer kärglich säet, wird kärglich einernten; wer im Segen säet, wird im Segen einernten," das ist, reichlich. Luc. 14, 13. 14: „Lade die Armen, die dich nicht wieder laden können; es wird dir vergolten werden in der Auferstehung der Gerechten." Matth. 25, 35: „Ich bin hungrig gewesen, und ihr habt mich gespeiset" ꝛc.

12. 11) Hierher gehört das Kreuz Christi, welches ist die Verläugnung seiner selbst, der Haß seines eigenen Lebens, der angeborenen Untugend, Luc. 14, 16. Das ist die Kreuzigung seines eigenen Fleisches, ohne welche Niemand Christo angehört, Gal. 5, 24, ohne welche auch der neue Mensch nicht kann hervorkommen.

Gebet um die Früchte des Glaubens.

Mache uns, o Jesu, gleich einem guten Baum, der gute Früchte trägt. Pflanze uns zu dem Ende in dich, den Baum des Lebens, so werden die Früchte des Geistes sich an uns reichlich finden. Was Gutes von uns geschieht, das kommt von dir. Ohne dich können wir nichts thun. O du wahrhaftiges Leben! belebe uns mit deiner Gnade und Kraft: so grünen und blühen wir und sind fruchtbar. Dir soll dafür aller Ruhm bleiben in Ewigkeit. Amen.

Das 10. Capitel.
Vom Gebet.

1. Das Gebet ist ein Gespräch mit Gott, ein Stück des innerlichen, geistigen, himmlischen Lebens; eines christgläubigen Herzens Eigenschaft und Kennzeichen; eine stete Bewegung des heiligen Geistes, denn er ist ein Geist der Gnade und des Gebets, Zach. 12, 10; eine Wirkung der göttlichen Salbung. Denn gleichwie das natürliche Leben den Leib bewegt, also der heilige Geist die Seele durch's Gebet, durch Seufzen, durch heilige Andacht, durch herzliche Klage über des Menschen Elend, durch Abbitte der Sünden und deren Strafe, durch Fürbitte für alle Menschen, für die Obrigkeit, durch Bitte um den heiligen Geist, um Erkenntniß und Erleuchtung, um Trost, um Linderung des Kreuzes, um Erhaltung, um Stärkung des Glaubens, um Geduld, um allerlei Nothdurft, durch Danksagung für alle Wohlthaten Gottes, dadurch Gott geehrt, gelobt und gepriesen wird in allen seinen Werken und Erweisungen, es geschehe heimlich in unserm Kämmerlein, in unserm Herzen, an allen Orten, in aller Arbeit, oder es geschehe öffentlich in der Gemeine, zum Bekenntniß des Glaubens, zur Ehre des heiligen Namens Gottes und Danksagung für alle Wohlthaten.

2. Das Alles muß im Geist und in der

Wahrheit geschehen, von Herzensgrund, ohne Heuchelei, vor Gott, nicht vor den Menschen, außer wo es das öffentliche Lob Gottes und die Danksagung in der Gemeine erfordert; wie der 22. Psalm, V. 26 sagt: „Ich will dich preisen in der großen Gemeine." Und wenn dieß Gebet im Geist geschieht, so kann es ohne Unterlaß geschehen, auch an allen Orten, und ist das tägliche Opfer, davon der Prophet Malachias Cap. 3, 4 weissagt, und der 141. Psalm, V. 2.

3. Es ist demnach das Gebet ein Kennzeichen eines wahren, gläubigen Christen, ein kräftiges, lebendiges Zeugniß des heiligen Geistes, ein Kennzeichen der wahren Kinder Gottes und des kindlichen Geistes Christi. „Denn dieweil wir Gottes Kinder sind, so hat Gott gesandt den Geist seines Sohnes in unser Herz, durch welchen wir rufen: Abba, lieber Vater!" Gal. 4, 6. Mit diesem Spruch hat St. Paulus Gott, unsern lieben Vater, Gott, den Sohn, und Gott, den heiligen Geist zusammengesetzt und in's Gebet eingeschlossen. Wo nun das Gebet nicht ist, da ist keine Erkenntniß Gottes, kein Glaube, kein heiliger Geist.

4. Daraus abzunehmen, welch ein köstliches Werk das Gebet sey. „Das ist ein köstlich Ding, dem Herrn danken, und deinen Namen loben, du Allerhöchster," Ps. 92, 2. Denn es ist die höchste Ehre Gottes, die er keinem Andern geben will, noch seinen Ruhm den Götzen, Jes. 42, 8. Darum die wahren Anbeter den Vater durch den Sohn im heiligen Geiste anbeten, und diese göttliche Ehre keinem Andern geben. Denn das ist wider den ganzen heiligen christlichen Glauben, welcher allein Gott anhanget, und keiner Creatur, allein Gott vertraut, und sich auf keine Creatur verläßt; denn da hört der rechte Glaube alsbald auf, und wird ein Aberglaube. Zu dem Ende ist der Mensch von Gott erschaffen, erlöst und geheiligt, daß er Gott erkennen, anrufen, ehren, loben und preisen soll.

5. Es wird aber das Gebet ganz kräftig und feurig, wenn man in der Liebe betet. Denn wenn die Liebesflamme gegen Gott inbrünstig ist, und man Gott mit inniglicher Liebe umfähet, das ist ein recht kindliches Gebet, und erlanget, was es bittet. „Wer mich liebet," spricht der Herr, Joh. 14, 21, „dem will ich mich offenbaren;" und Cap. 16, 27: „Der Vater hat euch lieb, darum daß ihr mich liebet." Je brünstiger nun die Liebe, je kräftiger das Gebet. Derhalben, wie wir um Vermehrung des Glaubens bitten müssen, also auch um Vermehrung der Liebe Gottes. Und es ist eine sonderliche trostreiche Verheißung, daß Gott „seine Liebe durch den heiligen Geist in unser Herz ausgegossen hat," Röm. 5, 5.

6. So macht auch die Freudigkeit des Herzens und Gewissens das Gebet vor Gott kräftiger. Denn wenn wir nicht mit Verdruß, sondern mit Freuden beten, das ist die lebendige Hoffnung, daß uns nicht wird abgeschlagen, was wir bitten, und ist ein lebendiges Zeugniß der Erhörung. Daher sagt die Epistel an die Hebräer, C. 4, 16: „Lasset uns mit aller Freudigkeit hinzutreten zu dem Gnadenstuhl;" und St. Johannes sagt: „Das ist die Freudigkeit, die wir haben zu Gott, daß wir von ihm nehmen, was wir bitten," in der ersten Epistel Joh. 3, 22. Diese Freudigkeit ist die Danksagung für alle Wohlthat, wie der 100. Psalm solches schön beschreibt: „Kommet vor sein Angesicht mit Frohlocken, dienet dem Herrn mit Freuden, gehet zu seinen Thoren ein mit Danken, zu seinen Vorhöfen mit Loben, danket ihm und lobet seinen Namen." Ps. 54, 8: „So will ich dir ein Freudenopfer thun, und deinem Namen danken, daß er so tröstlich ist."

7. Wenn nun das Gebet also geschieht im Glauben, in Liebe, Hoffnung und Freudigkeit: so ergibt sich das Herz ganz und lauter dem gnädigen Willen Gottes und der göttlichen Liebe, stellt Gott Alles anheim, opfert sich ganz Gott auf mit Allem, was es hat und ist, und läßt sich wohlgefallen, was Gott gefällt. Ihm ist daran genug und wohl, daß es Gott zum Vater hat und Gottes Kind ist, betet auch nicht um seines Nutzens willen, sondern aus Liebe und dem lieben Vater zu Ehren und

Wohlgefallen. Und weil ein solches Herz Gottes Liebe und Freude im Gebet empfunden und geschmeckt hat, so betet es auch ohne allen Zweifel, und wanket nicht, wie St. Jacobus sagt, C. 1, 6, und der Herr selbst: „Wenn ihr betet, so zweifelt nicht, sondern glaubet, so werdet ihr's empfahen," Matth. 21, 21. Denn Gott sieht das Herz an, und erhört nach dem Herzen, nicht nach dem Mund, sieht den Glauben an, und das innerliche herzliche Seufzen und Verlangen.

8. Das Gebet stärkt mächtig, weil der Herr, den wir anrufen, nicht ferne, sondern nahe ist. Ps. 145, 18: „Der Herr ist nahe denen, die ihn anrufen, Allen, die ihn mit Ernst anrufen." Denn gleichwie Alle, die den Herrn anrührten, durch eine Kraft, so von ihm ausging, gesund wurden, der Herr auch den Aussätzigen, der ihn um die Reinigung bat, anrührte: also rührt unser Gebet den Herrn an durch die Verheißung. Ps. 27, 8: „Mein Herz hält dir vor dein Wort: Ihr sollt mein Antlitz suchen; darum suche ich auch, Herr, dein Antlitz;" darum verbirg es auch nicht vor mir. Herr, das hast du gesagt und verheißen, auf solches dein Wort bitte ich. Das ist Gott anrühren. Herr Christus, du hast gesagt: „Was ihr den Vater in meinem Namen bitten werdet, das wird er euch geben," Jes. 16, 23. Hier steht das kranke Weib, Luc. 8, 44, und rührt seines Kleides Saum an, durch und in seiner Verheißung.

9. Gleichwie nun die Kranken die Kraft Christi durch's Gebet an sich gezogen, welche sie heilt: also zieht die Kraft Christi Alle, so im Geist und in der Wahrheit beten, an sich, und vereinigt sich mit ihnen. Denn Glaube, Liebe, Hoffnung, Gebet sind göttliche, geistige Bande, so uns mit Gott vereinigen. Gott anrufen ist, ihn in sein Herz rufen. Daraus wir sehen die Kraft und Würdigkeit des Gebets, welch ein köstliches Werk es sey. Und weil beten und Gott loben ein englisches Werk und Amt ist, so haben die Betenden Gemeinschaft mit den heiligen Engeln, obwohl dasselbe noch nicht erscheint und offenbar ist.

10. Dieweil aber unser Fleisch und Blut schwach ist, so haben wir drei mächtige Gehülfen in unserm Gebet. 1) Die Fürbitte unsers einigen Mittlers und ewigen Hohenpriesters, welcher ein ewiges Hohespriesterthum hat, und bittet für uns, Hebr. 6, 7. 2) Den heiligen Geist, der unserer Schwachheit hilft, und vertritt uns bei Gott mit unaussprechlichem Seufzen, Röm. 8, 26. 3) Die heilige christliche Kirche, die für alle wahre Glieder Christi bittet, Eph. 6, 8.

11. Der Satan untersteht sich auch, unser Gebet zu verhindern durch mancherlei unvermuthete Mittel und Wege, durch Störung der Andacht, Verwirrung der Gedanken, Anfechtung der Nichterhörung, der Unwürdigkeit, Vorhaltung der Sünden und mancherlei Gebrechen. Da müssen wir ihm lernen begegnen: 1) mit Gottes Befehl. Gott hat befohlen, zu beten: „Rufe mich an in der Zeit der Noth,"Ps. 50, 15. 2) Mit der Verheißung der gnädigen Erhörung, Jes. 65, 24: „Ehe sie rufen, will ich antworten," ꝛc. Ps. 145, 28. 3) Mit dem Mittler- und Hohenpriesteramt Jesu Christi. 4) Mit dem Gnadenstuhl, welchen uns Gott hat vorgestellt durch den Glauben an sein Blut, Röm. 3, 25. 5) Daß Gott keines armen, bußfertigen Sünders Gebet verwirft. Ps. 66, 20. Ps. 102, 18. 19: „Gelobet sey der Herr, der mein Gebet nicht verschmähet, noch seine Gnade von mir wendet; das werde geschrieben auf die Nachkommen." 6) Daß der Herr befohlen hat, mit dem Gebet anzuhalten, und nicht müde zu werden, Luc. 18, 1. Und Matth. 7, 7: „Bittet, suchet, klopfet an." 7) Gott hat uns durch seinen Befehl, seine Verheißung und durch Christi Verdienst und Fürbitte würdig gemacht zum Gebet, und zu geistigen Priestern gemacht, Offenb. Joh. 1, 6, zu opfern Farren oder Früchte der Lippen, Hebr. 13, 15.

12. Verzieht Gott mit Hülfe und Trost, so harre des Herrn. „Sey getrost und unverzagt, und harre des Herrn," Ps. 27, 14. Wie sagt der heilige David? Ps. 40, 1: „Ich harrete des Herrn, und er neigete sich zu mir, und hörete mein Schreien, und zog mich aus der grausamen Grube." Gott hat Zeit, Ort und Mittel in seiner Hand. Der

allein weise Gott hat viel Mittel; der wahrhaftige Gott weiß die Zeit; der allmächtige Gott hat Gewalt. Gründe du dich auf seine Allmacht, Barmherzigkeit, Wahrheit und Weisheit. Danke ihm nur dafür, daß er dir die Verheißung der gnädigen Erhörung gegeben hat, und glaube und traue ihm, er wird seine Zusage halten. Denn was er zusagt, das hält er gewiß. „Er ist nicht ein Mensch, daß er lüge, und ein Menschenkind, daß ihn seine Zusage gereue," 4 Mos. 23, 19; 1 Sam. 15, 29.

Gebet um Gottes Gnade und Barmherzigkeit, als den Grund unsers Gebets.

Barmherziger Gott, versöhnter Vater in Christo! es bricht dir dein Herz gegen uns, daß du dich unser erbarmen mußt. Wir liegen vor dir, nicht auf unsere Gerechtigkeit, sondern auf deine große Barmherzigkeit. Ach Herr, schone, und handle nicht mit uns nach unsern Sünden. Ach Herr, hilf, und vergilt uns nicht nach unserer Missethat. Sey uns gnädig, und errette uns aus aller unserer Noth: so wollen wir deinen Namen preisen, daß du so freundlich bist, und dir lobsingen, daß du so gerne hilfst. Amen.

Das 11. Capitel.
Von Kreuz und Verfolgung des heiligen christlichen Lebens.

1. Gleichwie die reine evangelische Lehre, der wahre Glaube und dessen Bekenntniß viel Verfolgung hat von der falschen Kirche: also auch das christliche Leben. St. Paulus sagt, 2 Tim. 3, 12: „Alle, die gottselig leben wollen in Christo Jesu, müssen Verfolgung leiden." Darum auch der Herr Christus die Nachfolge seines heiligen Lebens eines jeden Christen Kreuz nennt. „Wer mir folgen will, der nehme sein Kreuz auf sich, und folge mir nach," Matth. 16, 24. „Willst du Gottes Diener seyn," sagt der weise Mann, Sirach C. 2, 1, „so schicke dich zur Anfechtung." Und du sollst 1) wissen, daß das gottselige Leben im Glauben und in der Liebe Christi der wahre innerliche Gottesdienst ist, durch den heiligen Geist erweckt, welchen der Satan gern zerstören wollte. Und so er anders nicht kann, so lästert er die, so da gottselig leben, und thut, wie sein Name lautet, denn er heißt ein Lästerer, und Alles, was Christo, unserm Herrn, gefällt, das mißfällt ihm, und er widerstrebt demselben; darum heißt er Satan, ein Widersacher. „Selig seyd ihr, wenn ihr geschmähet werdet über dem Namen Christi; denn der Geist, der ein Geist der Herrlichkeit und Gottes ist, ruhet auf euch; bei ihnen ist er verlästert, bei euch aber ist er gepriesen," 1 Petr. 4, 14. Als der heilige Prophet Daniel täglich seinen Gottesdienst verrichtete durch's Gebet, und der Satan mit seinen Werkzeugen dem frommen Manne durch kein Mittel Schaden thun, und seinen Neid und Grimm wider ihn ausgießen konnte, weil er ein gerechtes, aufrichtiges, unsträfliches Leben führte: so gedachte er ihn durch Verhinderung seines Gottesdienstes, den er durch tägliches Gebet übte, um's Leben zu bringen; aber der Gott, dem er diente in seinem Herzen, half ihm mächtig, Dan. 6, 10 ff. Also gedenkt der Satan, alle die, so gottselig leben, den Löwen vorzuwerfen. Der Herr aber spricht, Joh. 12, 26: „Wer mir dienet, den wird mein Vater ehren; und wo ich bin, da soll mein Diener auch seyn." Ist es nun nicht besser, von Gott geehrt werden vor allen heiligen Engeln, um der Gottseligkeit willen, als von der Welt geehrt werden, um der Gottlosigkeit willen?

2. 2) Das gottselige Leben ist das edle Leben Christi in seinen glaubigen Gliedern, und eine Frucht des heiligen Geistes, ob es gleich von hoffärtigen, stolzen und wollüstigen Weltkindern verachtet, geschmähet und verfolgt wird; und so nun ein solches christliches Leben gehaßt und verfolgt wird, so wird Christus in seinen gottseligen Gliedern gehaßt und verfolgt. Das betrübt wohl den auswendigen Menschen; aber „es ist Gnade vor Gott," spricht St. Petrus. „Die Lästerer aber werden Rechenschaft geben dem, der bereit ist, zu richten die Lebendigen und die Todten," 1 Petr. 4, 5.

3. 3) Das christliche gottselige Leben macht einen Unterschied zwischen den Kin-

bern Gottes und den Kindern des Satans, zwischen denen, die Christo angehören, und die ihm nicht angehören, 1 Joh. 3, 10 und Gal. 5, 22 ff. Ob nun wohl dieser Unterschied noch nicht offenbar ist vor den Menschen, so ist er doch vor Gott, dem Herrn, bekannt. Der wird ihn zu seiner Zeit offenbar machen, wie der Prophet Malachias C. 3, 14 ff. spricht: „Die Gottlosen sprechen: Es ist umsonst, daß man Gott dienet, und was nützet es, daß wir seine Gebote halten, und hartes Leben führen vor dem Herrn Zebaoth?" (den gottlosen, fleischlichen Leuten däucht es ein hartes Leben zu seyn, aber den Gottliebenden ist es leicht und süß.) „Darum preisen wir die Verächter, denn die Gottlosen nehmen zu, sie versuchen Gott, und geht ihnen Alles wohl hinaus. Aber die Gottesfürchtigen trösten sich unter einander also: Der Herr merkt's und höret's, und ist vor ihm ein Denkzettel geschrieben für die, so den Herrn fürchten und an seinen Namen gedenken. Sie sollen, spricht der Herr Zebaoth, des Tages, den ich machen will, mein Eigenthum seyn, und ich will ihrer schonen, wie ein Mann seines Sohnes schonet, der ihm dienet, und sollen dagegen wiederum sehen, was für ein Unterschied sey zwischen dem Gerechten und dem Gottlosen, zwischen dem, der Gott dienet, und dem, der ihm nicht dienet."

4. 4) Die heilige Schrift hält alle die für Gottlose, die nach dem Fleisch leben, und spricht ihnen das Reich Gottes ab. Derhalben muß nothwendig das fleischliche Leben abgelegt und ein geistiges Leben angenommen werden, welches dem fleischlichen Leben ganz zuwider seyn muß, das da ist die Augenlust, des Fleisches Lust und das hoffärtige Leben; sonst können wir für Christi Glieder nicht erkannt werden. Denn „die den Geist Christi nicht haben, die sind nicht sein," Röm. 8, 9. Wo aber der Geist Christi ist, da sind auch die Früchte des Geistes. Und das sind allein die Kinder Gottes, die der Geist Gottes treibt, und die „gehören Christo an, die ihr Fleisch kreuzigen sammt den Lüsten und Begierden," Gal. 5, 24.

5. 5) Und eben dieses ist die enge Pforte, dadurch wir zum Leben eingehen müssen, und der schmale Weg, der zum Leben führt, „und wenig sind ihrer, die ihn finden," Matth. 7, 13. 14. Die ihn aber finden und darauf wandeln, sind, die wahrhaftig an den Sohn Gottes glauben, und allein in ihm ihre Gerechtigkeit suchen, und die Früchte der Gerechtigkeit und des Glaubens in sich walten und herrschen lassen, darüber auch Alles leiden, was Gott, der Herr, verhängt. Denn „wir müssen durch viel Trübsal in das Reich Gottes eingehen," Ap. Gesch. 14, 22. Wir haben aber die Verheißung: „So wir mit Christo leiden, so werden wir auch mit ihm zur Herrlichkeit erhoben werden," Röm. 8, 17; 2 Tim. 2, 10. 12. Und Röm. 2, 7: „Preis, Ehre und unvergängliches Wesen denen, die mit Geduld in guten Werken trachten nach dem ewigen Leben;" welches aber Niemand ohne den wahrhaftigen Glauben thun wird oder kann. Darum ist die Summa aller Gebote: „Liebe von reinem Herzen, von gutem Gewissen und von ungefärbtem Glauben," 1 Tim. 1, 5.

6. 6) Ist nicht Christus, unser Herr, also vor uns hingegangen? und sind nicht alle Heiligen Gottes mit ihrem Kreuz also nachgefolgt? Was sind es für Leute gewesen? Sind es Weltkinder gewesen? und sind sie nach ihrer Buße im fleischlichen, gottlosen Wesen und Leben geblieben? Haben sie nach ihrer Bekehrung auf dem breiten Weg der Verdammniß gewandelt? Sind sie nicht in die demüthigen, heiligen Fußstapfen Christi getreten, und sind seinem heiligen Exempel nachgefolgt in ihrem Leben, in großer Geduld? Haben sie nicht das Kreuz Christi, sein Joch und seine Last, welche um Christi willen süß, leicht und sanft sind, auf sich genommen und dem Herrn nachgetragen? Matth. 10, 38; Cap. 11, 29. 30. Sind sie nicht dem Ebenbilde Gottes gleich geworden durch das Kreuz? Meinest du, daß dieses ein Scherz und todter Glaube gewesen ist? Was soll's denn nun seyn, daß diese hochnöthige Lehre von den überklugen, spitzfindigen und hochsinnigen, gelehrten und ungelehrten Stolzen verachtet und gelästert wird? da doch allenthalben der wahrhaftige, lebendige

Glaube und die neue Geburt zum Grund und Fundament gelegt wird, ohne welche Grundveste kein heiliges und christliches Leben seyn kann oder mag. Und ich sage in der Wahrheit, daß diese Leute nicht wissen, was sie lästern. Sie haben den Glauben nie recht verstanden, aus welchem der Mensch neu geboren wird; verstehen die Kindschaft Gottes nicht; das geistige Reich Christi, so in den Gläubigen ist, haben sie nie erkannt, noch das hohe Geheimniß des Haupts der Kirche, und die Fülle seiner Gemeine, welche ist sein Leib; auch nicht des heiligen Geistes Regiment und Wohnung in den Gläubigen. Saget mir, was ist die Kirche Gottes? Ist's nicht die geistige Ernte und der Weinberg Gottes? Matth. 13, 24; C. 20, 1. Wo sind denn die Früchte? Soll's eitel dummes, ersticktes Brandkorn seyn, da das lebendige Unkraut und der Windhafer überhand nehmen? Sollen's eitel Heerlinge seyn, die der Weinberg tragen soll? Jes. 5, 1 ff. Was ist das Amt? Soll's des Fleisches oder des Geistes Amt seyn? „Sehet auf die faulen Arbeiter," Phil. 3, 2.

7. Wie es nun hoch Noth ist, zu bitten, daß der Lauf des heiligen Evangelii und des Glaubens nicht verhindert werde durch Rotten und Secten und Tyrannen: also ist's hoch Noth, zu bitten, daß der Lauf der Gottseligkeit und des christlichen Lebens nicht verhindert werde durch Unbußfertigkeit, Weltliebe, Heuchelei und Aergerniß, damit der Tag des Herrn uns nicht in unsern Sünden übereile, und ein strenges Urtheil darauf folge.

Danksagung für die gnädige Offenbarung des Wortes Gottes, und Gebet um Gnade, recht christlich darnach zu leben.

Barmherziger Gott und Vater, wir danken dir von Grund der Seele für die gnädige Offenbarung deines Worts, darin du uns nicht allein die Lehre vom wahren, seligmachenden Glauben klar vor Augen gestellt, wie wir zu dir, unserm gütigen Gott, in aller Noth und Anliegen einzig und allein unsere Zuflucht in herzlichem Vertrauen und kindlicher Zuversicht auf deine Verheißungen nehmen, und das theure Verdienst unsers werthesten Erlösers und Seligmachers, Christi Jesu, zu unserer Seligkeit, in Kraft des heiligen Geistes, heilsam ergreifen sollen; sondern wir werden auch aus diesem deinem geoffenbarten Wort unterwiesen zu einem heiligen und dir, Gott, wohlgefälligen Leben, wie wir verläugnen müssen das ungöttliche Wesen und die weltlichen Lüste, und heilig, gerecht und gottselig leben in dieser Welt. Ach! verleihe uns hiezu deines Geistes Gnade, und wirke den Glauben, als dein Werk, selbst in uns, dadurch unser Herz, Verstand und Wille kräftig zu dir geneigt und gezogen werde, dich recht zu erkennen, zu lieben, zu ehren, anzubeten und zu preisen, Christum, unsern einzigen Erlöser und Heiland, mit seiner Gerechtigkeit und seinem vollkommenen Verdienst wider Sünde, Tod, Teufel, Hölle und Welt zu ergreifen, und zu unserer Seligkeit zu gebrauchen. Ach, so kann es uns durch diese deine Gnade nicht fehlen, unser Glaube wird nicht ein todter Scheinglaube seyn, sondern wir werden die Früchte des Geistes überkommen, als da sind Liebe, Freude, Friede, Geduld, Freundlichkeit, Gütigkeit, Glaube, Sanftmuth, Keuschheit, und es wird in unsern Herzen durch deinen Geist bezeugt werden, daß wir Gottes Kinder sind. Dafür wollen wir dich auch, o Vater, preisen und dir danken in alle Ewigkeit. Amen.

Des fünften Buchs
anderer Theil, oder Büchlein
von der
wundervollen, gnadenreichen Vereinigung der Christgläubigen mit dem allmächtigen, unsterblichen und unüberwindlichen Kirchenhaupt, Christo Jesu.

Das 1. Capitel.
Der erste Grund und Beweis der Vereinigung Gottes mit dem Menschen ist die Erschaffung und Wiederbringung des Menschen.

1. Es ist die ganze Natur und Creatur einzig und allein zu Lob und Ehre des ein-

zigen, wahren, allmächtigen Gottes erschaffen, derhalben auch alle Geschöpfe und Werke Gottes insgemein die Herrlichkeit und Gütigkeit ihres Schöpfers preisen und verkündigen. Denn es ist Alles von dem obersten Werk- und Kunstmeister so vollkommen, gut, herrlich und schön gemacht, daß der Schöpfer selbst an seinen Werken, wenn er ihre vollkommene Güte und mannichfaltige Schönheit und Wahrheit angeschaut, sich erfreuet hat.

2. Weil aber unter allen seinen Werken noch kein sichtbares Ebenbild des unsichtbaren Gottes, welches seinem Schöpfer gleich wäre, vorhanden war, hat aus sonderlichem und wunderbarem Rath der heiligen Dreieinigkeit Gott den Menschen zu seinem Ebenbilde erschaffen, das ist, er hat ein lebendiges Bild und Gleichniß seiner Gütigkeit, Heiligkeit und Gerechtigkeit in dem Menschen abgedrückt, und denselben zum vollkommenen Beschlußwerk und zur Vollendung aller seiner Werke gemacht; daher denn in dem einigen Menschen, als in einem kurzen Auszug, der ganzen Creatur Würdigkeit, Gütigkeit, Schönheit und Vortrefflichkeit zusammengefaßt ist. Denn was sollte wohl Gott in sein Bild nicht eingeschaffen haben, daran der Schöpfer selber seine Lust, Liebe und Wohlgefallen haben wollte? Dieses Ebenbild Gottes in dem Menschen hat durch die Gleichheit der Gerechtigkeit und Heiligkeit Gott und Menschen auf's nächste und festeste vereinigt und verbunden. Daher denn auch der Herr in den einigen Menschen seinen Stuhl und seine Wohnung gesetzt; wie er sagt, daß seine Lust sey bei den Menschenkindern, Sprüchw. Sal. 8, 3.

3. Nach dem Fall aber des Menschen, durch welchen diese Vereinigung getrennt und aufgelöst worden ist, hat die ewige Barmherzigkeit Gottes, des himmlischen Vaters, dieselbe wieder aufrichten wollen mit Wiederbringung seines Bildes im Menschen, durch das lebendigmachende Wort, durch den Glauben an die Verheissung, durch die Menschwerdung seines eingeborenen wesentlichen Sohns, durch die Wiedergeburt des Menschen und durch die Geheimnisse der heiligen Sacramente; durch welche Mittel er den Menschen von Neuem mit ihm selbst wiederum verbunden, zur Wohnung und zum Sitz seines heiligen Geistes gemacht, und also mit ihm selbst vereinigt, auch mit seiner gnadenreichen Gegenwart und Einwohnung wiederum beseligt hat. O der unaussprechlichen Gnade und Gütigkeit der allerhöchsten Majestät Gottes! O des wunderbaren und in alle Ewigkeit lobwürdigen Raths der Wiederbringung des menschlichen Geschlechts!

4. Der einige, allein mächtige, größte, gütigste, allein seligste, weiseste und allein ewige Gott hat in dem Menschen, der zu seinem Bilde erschaffen, der zum Genusse des höchsten Guts und zur Seligkeit wiedergebracht, zu der unsterblichen Herrlichkeit wiedergeboren und zu einem Vorschmack der ewigen Weisheit erleuchtet war, seinen Sitz und seine Wohnung stiften, und in ihm seine Ruhe haben wollen.

5. Denn warum hat Gott geruhet, da er den Menschen erschaffen hatte? 1 Mos. 2, 2. Darum weil der Mensch Gottes Ruhe seyn sollte. Darum hat er den Menschen zum Beschluß seiner ganzen Creatur und Schöpfung gemacht, daß er in dem einigen Menschen ruhen wollte. Denn also sagt der ewige und allerheiligste Gott selbst von dieser seiner Wohnung, Jes. 57, 15: „Also spricht der Hohe und Erhabene, der ewiglich wohnet, deß Name heilig ist, der ich in der Höhe und im Heiligthum wohne, und bei denen, so zerschlagenen und demüthigen Geistes sind; auf daß ich erquicke den Geist des Gedemüthigten und das Herz des Zerschlagenen." Allhier vereinbart unser allergnädigster Einwohner selbst seine göttliche Hoheit, Majestät, Herrlichkeit und Heiligkeit mit des Menschen Nichtigkeit, und hat den demüthigen und zerschlagenen Geist zu seiner Wohnung und Himmel gemacht und verordnet. Es wird zwar auch anderswo gesagt, daß Gott über den Cherubim sitze, Ps. 80, 2; aber von dem Menschen darf der Apostel rühmen: „Ihr seyd ein Tempel des allmächtigen, lebendigen Gottes," 2 Cor. 6, 16. Ja er schreitet noch näher zu dieser innigen

Vereinigung, da er sagt: „Wer dem Herrn anhanget, der ist mit ihm Ein Geist," 1 Cor. 6, 17. Was könnte herrlicher und göttlicher seyn, als mit Gott Ein Geist werden? Was könnte seliger seyn, als in Gott seyn und bleiben? wie der Evangelist Johannes sagt: „Ihr werdet beides, im Sohn und Vater bleiben," 1 Joh. 2, 24. Welches unser Seligmacher selbst bestätigt, indem er diese vom Vater empfangene Vereinigung seine Klarheit nennt, und sagt, Joh. 17, 22: „Die Klarheit, so du mir gegeben hast, habe ich ihnen gegeben, daß sie eins seyen, gleichwie auch wir eins sind, ich in ihnen, und du in mir." Daher vergleicht er sich auch einem Weinstock, und uns den Reben an dem Weinstock, Joh. 15, 2; auf daß wir aus ihm den lebendigmachenden Saft und die Kraft saugen und schöpfen mögen, die wir sonst von und durch uns selber nimmermehr recht und wahrhaftig leben würden, so wir nicht in Christo leben. Welches der Apostel von sich bezeugt, Gal. 2, 20: „Ich lebe, doch nun nicht ich, sondern Christus in mir;" welches auch uns Alle der Apostel zu proben ermahnt, da er spricht, 2 Cor. 13, 5: „Prüfet euch selbst, ob Christus in euch sey."

6. Es ist eine große Würde und Herrlichkeit der vornehmsten Churfürsten und Herren des Römischen Reichs, daß sie des Reichs Schwert-, Apfel- und Scepterträger sind. Wie viel größere Würde und Herrlichkeit ist es, daß die Christen Gottes- und Christträger sind und heißen, und also mit der heiligen Dreieinigkeit eins sind, daß sie Gott, den Ueberwinder der Welt, in ihnen tragen. Denn, wie der Evangelist sagt, „der in uns ist, ist größer, als der in der Welt ist," 1 Joh. 4, 4.

Gebet um Erkenntniß der hohen Würde eines Menschen in der Vereinigung mit Gott.

O Herr, da deine Lust ist bei den Menschen, und du in Christo ein Wohlgefallen an uns hast, so laß uns deine Herrlichkeit im Glauben erblicken; wohne in uns, und belebe uns dergestalt mit deinem Geist, daß wir durch deine Gnade Alles vermeiden, was uns entweihen und unsere Se- ligkeit in deiner Gemeinschaft verhindern kann, und daß wir als solche, die deinen Sinn erlangt haben, und deiner göttlichen Natur theilhaftig geworden sind, deinen majestätischen Namen in alle Ewigkeit verherrlichen. Amen.

Das 2. Capitel.
Die Vereinigung Gottes mit dem Menschen wird bewiesen durch das Bild Gottes im Menschen.

1. Das Bild Gottes im Menschen ist die Gleichförmigkeit mit Gott, darin das Gleichniß des unsichtbaren Gottes eigentlich und lebendig abgedrückt ist und leuchtet; nämlich ein Gleichniß der Gütigkeit, Gerechtigkeit, Heiligkeit, Unsterblichkeit, Weisheit, Barmherzigkeit, Macht und Gewalt, und der Glaube ꝛc. Weil diese Eigenschaften alle zusammen in Gott wesentlich und unendlich sind, hat er selbst in dem Menschen davon ein lebendiges Bildniß ausdrücken wollen. Ein jegliches Gleichniß aber gebiert die Liebe, die Liebe aber die Zusammenfügung und Vereinigung. Was sollte nun Gott sich besser und fester mit Liebe verbinden und vereinigen, als sein Ebenbild und Gleichniß? Wo sollte Gott lieber wohnen, als in seinem Ebenbilde? Mit wem sollte er sich liebreicher vereinigen, als mit dem, den er zu seinem Bilde und Gleichniß geschaffen hat? Gott, der Vater, ist in seinem eingeborenen Sohn, welcher Sohn Gottes ist das ewige und wesentliche Ebenbild Gottes, des ewigen Vaters. Daher die wesentliche Vereinigung des Vaters und seines Ebenbildes klar erscheint. Zu einem Gleichniß aber dieser Vereinigung, und derselben nachzuahmen, hat der liebe Gott auch mit dem erschaffenen Menschen durch die gnadenreiche Einwohnung wollen vereinigt seyn. Deßhalb hat er das Licht der wahrhaftigen und vollkommenen Erkenntniß Gottes in des Menschen Verstand angezündet, auf daß Gott selbst mit dem Glanz und den Strahlen seiner göttlichen Weisheit in dem Menschen leuchten möchte. Den Affect der reinsten und vollkommensten Liebe hat er in des Menschen

Herz gepflanzt, auf daß Gott, welcher die Liebe selbst ist, durch die Liebe des Menschen kräftig und thätig seyn könnte. Die vollkommene Gerechtigkeit, Heiligkeit und Wahrheit hat er in des Menschen Willen gelegt, daß er selbst seine Gerechtigkeit, Heiligkeit und Wahrheit durch den Menschen üben und erzeigen möchte.

2. Dieß aber hat ohne die Einwohnung und Vereinigung Gottes mit dem Menschen keineswegs geschehen können, weßhalb Gott durch sein Bild und Gleichniß mit dem Menschen sich vereinigen wollte. Wie überaus gütig, herrlich und liebreich ist deßwegen der Rath der heiligen Dreieinigkeit, da er beschlossen und gesagt hat: „Lasset uns Menschen machen, ein Bild, das uns gleich sey," 1 Mos. 1, 26; welches eben so viel ist, als: Lasset uns Menschen machen, die ein lebendiger Spiegel seyen unsers göttlichen Lichts und unserer Weisheit, unserer Liebe und Güte, unserer Gerechtigkeit und Heiligkeit, unserer Wahrheit und Unsterblichkeit, unserer Macht und Herrlichkeit, daß wir in dem Menschen, als in unserm lebendigen Ebenbilde, hervorleuchten und geschaut werden mögen.

3. Was ist demnach Gottes Bild im Menschen anders, als ein klarer und wiederscheinender, hell leuchtender Glanz der unaussprechlichen Gütigkeit Gottes? Welche Gütigkeit zwar in Gott ursprünglich und wesentlich ist, in dem Menschen aber eine schöne göttliche Zierde und ein Gnadenschmuck, aus welchem die große göttliche Güte und Herrlichkeit hervorleuchtet und scheinet. Denn so das wesentliche Ebenbild, der Sohn Gottes, der Glanz der Herrlichkeit genannt wird, Hebr. 1, 3, darum daß in diesem wesentlichen Ebenbilde Gottes, des Vaters, Herrlichkeit hervorleuchtet, als die Herrlichkeit des eingeborenen Sohns vom Vater: warum sollte denn nicht auch das Gnadenbild Gottes in dem Menschen ein heller, wiederscheinender Glanz der göttlichen Gütigkeit billig genannt werden? O der unaussprechlichen Liebe und Leutseligkeit Gottes, die mit keines Menschen Verstand zu begreifen ist! Was werden die Auserwählten alsdann wohl seyn, wenn sie Gott gleich sind, und ihn selbst, wie er ist, sehen werden? 1 Joh. 3, 2; welches denn endlich die vollkommene Vereinigung mit Gott seyn wird, da die Gleichförmigkeit mit Gott vollkommen seyn wird. Denn je größer und vollkommener auch in diesem Leben das Bild Gottes in uns erscheint, je größer ist auch die Vereinigung mit Gott. Darum wird durch das vollkommenste Ebenbild und Gleichniß die vollkommenste Vereinigung vollbracht und vollzogen werden, nämlich alsdann, wenn wir ihn, wie er ist, sehen werden.

4. Derhalben ist die Vollkommenheit und volle Genüge des Menschen seine Vereinigung mit Gott; die Vereinigung aber mit Gott ist die höchste Seligkeit, die Abscheidung aber und Absonderung von Gott ist die höchste Unseligkeit und das äußerste Elend.

Gebet um Erneuerung des Ebenbildes Gottes in uns.

O Gott, zerstöre in uns das Bild des Teufels, und mache uns dir gleichförmig, daß wir dich in deinem Licht erkennen, dich, die wahre Weisheit, besitzen, und in rechtschaffener Heiligkeit und Gerechtigkeit dir dienen mögen unser Leben lang. Mache uns in solcher Ordnung tüchtig zu dem Erbtheil der Heiligen im Licht, und laß uns dereinst schauen dein Antlitz in Gerechtigkeit, und völlig gesättigt werden, wenn wir erwachen nach deinem Bilde. Amen.

Das 3. Capitel.
Durch das Wort Gottes wird eine Vereinigung Gottes und der Menschen gestiftet.

1. Daß das göttliche geoffenbarte Wort ein Band der Vereinigung Gottes und des Menschen sey, bezeugt das allererste Gebot, dem Menschen im Paradies gegeben, damit Gott, der Herr, sich selbst den Menschen auf's festeste verbunden hat. Denn wie dasselbe durch den Ungehorsam übertreten war, so ist alsbald die Auflösung und Trennung der allerseligsten Vereinigung

darauf erfolgt, und das Bild Gottes verloren gewesen; über welches denn nichts Betrübteres, nichts Schrecklicheres oder Gräulicheres seyn noch genannt werden mag. Denn wie der Mensch das Bild Gottes verloren, hat er sich selbst verloren, und ist gefallen vom Licht in die Finsterniß, von der Wahrheit in die Lüge, von der Gerechtigkeit in die Ungerechtigkeit, von der Heiligkeit in allerhand Schande und Laster, aus dem herrlichen und schönen Schmuck in eine abscheuliche, häßliche Blöße, aus der Freiheit in die schwerste Dienstbarkeit und Gewalt des Teufels, aus dem Leben in den Tod, aus dem Himmel in die Hölle, aus dem Paradies in das äußerste Elend, aus der Gesundheit in so vielfältige und mancherlei Krankheiten, aus dem größten Reichthum in die äußerste Armuth, aus der seligen Ruhe in die härteste und schwerste Arbeit, aus der süßesten Wollust und Freude in allerlei Trübsal, Angst und Schmerzen; und, was das Allerkläglichste ist, in dem Fall selbst hat sich angefangen die allerbetrübteste Abscheidung von Gott, Flucht vor dem Angesicht Gottes, eine knechtische Furcht und Schaam, eine dicke Finsterniß in des Menschen Vernunft und Verstande, eine Abkehrung des Willens von Gott, eine Halsstarrigkeit und Härtigkeit des Herzens, und eine Feindschaft wider Gott, so daß nicht unbillig der Prophet darüber klagt und ruft: „Eure Sünden scheiden euch und euern Gott von einander," Jes. 59, 2.

2. Daher wäre auch in alle Ewigkeit diese allerkläglichste Abscheidung und Absonderung von Gott geblieben, wo nicht das Wort dazwischen gekommen wäre, und die Vereinigung wieder aufgerichtet und gestiftet hätte. Derhalben ruft Gott den Menschen durch das Wort von der Flucht wiederum zu sich, von der Finsterniß zum Licht, von der Lüge zur Wahrheit, vom Tode zum Leben, von der Verzweiflung zur Gnade. Der Mensch scheut sich, und bekennt seine häßliche Blöße. Die Ursache zeigt Gott an: darum daß er habe seine Gebote übertreten; fordert die Schlange vor sich, und verflucht dieselbe; nimmt den Menschen wiederum zu Gnaden an, und verheißt den Mittler, der solches rächen soll, welchen er des Weibes Samen zur Schmach der Schlange nennt, 1 Mos. 3, 15. Auf diese Weise hat Gott, unser allergnädigster Vater, durch das Wort den Menschen, der das Wort übertreten, wieder angenommen und mit sich vereinigt. Derhalben ist die Fortpflanzung des seligmachenden Worts von Anfang nichts anders, als eine Verbindung und Vereinigung der Menschen mit Gott. Also werden denn der Menschen Seelen und Gemüther, welche durch die Sünde von Gott geschieden waren, mit ihm vereinigt, daß der Allerhöchste wiederum seinen Sitz und seine Wohnung darin erbauet und aufrichtet. Das Wort Gottes ist der Wagen, darauf Gott fährt, wie Ezech. 1, 15 zu sehen ist, und Zach. 6, 1. Aus dem Munde Gottes geht dasselbe Wort, mit dem heiligen Geist vereinigt, Jes. 59, 21; und so es verachtet und weggestoßen wird, so geht Gott selbst den Menschen vorbei, und verläßt ihn, 1 Sam. 15, 23: „Weil du mein Wort verworfen, habe ich dich auch verworfen," sagt der, so das Wort gegeben hat. An das Wort bindet sich Gott, der Herr, selbst, da er sagt: „Ich bin mit euch. Nach dem Wort, da ich mit euch einen Bund machte, soll mein Geist unter euch bleiben," Hagg. 2, 5. 6. Wie könnte die Vereinigung mit Gott durch's Wort klarer angedeutet werden? Ja, das Gedächtniß Gottes, die Ehre und der Dienst, so ihm geleistet wird, verbindet Gott mit uns, wie 2 Mos. 20, 24 geschrieben steht: „An allem Ort, da ich meines Namens Gedächtniß stiften werde, da will ich zu dir kommen, und dich segnen." Im Wort aber und in den heiligen Sacramenten ist das rechte Gedächtniß des Namens Gottes gestiftet, darum wird er auch durch das Wort und die Sacramente mit uns vereinigt; welches unser Heiland mit dem schönen und lieblichen Spruch bekräftigt: „Wer mich liebet, der wird mein Wort halten, und mein Vater wird ihn lieben, und wir werden zu ihm kommen, und Wohnung bei ihm machen," Joh. 14, 23.

3. Daher wird es ein Wort genannt, welches unsere Augen erleuchtet, Ps. 19, 9.

Gott aber ist es, der uns erleuchtet, wie David singt, Ps. 118, 27: „Der Herr ist Gott, der uns erleuchtet." Daher wird es genannt ein Wort des Heils, Ap. Gesch. 13, 26. Gott aber ist unser Heil, Ps. 27, 1. Daher heißt es ein lebendigmachendes Wort, Joh. 6, 63. Gott aber ist unser Leben. Daher unser Seligmacher sagt: „Die Worte, so ich zu euch rede, sind Geist und Leben." Daher heißt es auch ein Wort der Wahrheit, weil Christus ist die Wahrheit und das Leben, Joh. 14, 6. Daher wird es genannt ein unvergänglicher Same Gottes, dadurch wir wiedergeboren werden, 1 Petr. 1, 23. Daher heißt auch das Evangelium eine Kraft Gottes, Röm. 1, 16. Gott aber ist es, der in uns die Kraft wirkt. Wahrlich, Gottes Gegenwart selbst, seine Wirkung und Vereinigung gehört dazu, daß wir erleuchtet, lebendig und wiedergeboren werden. So nun solches durch's Wort geschieht, so muß Gott selber nothwendig in und mit dem Worte gegenwärtig seyn.

4. Dazu kommen denn auch die gnädigen Verheißungen Gottes, welche Gott und Menschen mit einander vereinigen und verbinden. „Fürchte dich nicht," spricht der Herr, Jes. 41, 10, „denn ich bin mit dir; weiche nicht und erschrecke nicht, denn ich bin dein Gott; ich stärke dich, und helfe dir, ich erhalte dich auch." Und abermals Cap. 43, 2: „Wenn du durch's Feuer und Wasser gehen wirst, will ich bei dir seyn." Mit welchen lieblichen, tröstlichen Verheißungen Gott selbst sich in unsere Herzen hineinsenkt. Ueberdies ist auch der Eid, welchen er uns Menschen geschworen hat, ein festes Band der Vereinigung Gottes mit dem Menschen. „Ich habe bei mir selbst geschworen," spricht der Herr, Jes. 45, 23. 24. 25, „und ein Wort der Gerechtigkeit ist aus meinem Munde gegangen, da soll es bei bleiben; mir sollen sich alle Kniee beugen und alle Zungen schwören, und sagen: Im Herrn habe ich Gerechtigkeit und Stärke. Und solche werden auch zu ihm kommen. Denn im Herrn werden gerecht aller Same Israel, und sich sein rühmen." Und abermals Jes. 54, 9. 10: „Also habe ich geschworen, daß ich nicht über dich zürnen, noch dich schelten will. Denn es sollen wohl Berge weichen, und Hügel hinfallen, aber meine Gnade soll nicht von dir weichen, und der Bund des Friedens soll nicht hinfallen, spricht der Herr, dein Erbarmer."

5. Hieher gehört auch die Gabe der Prophezeihung, und die Offenbarung des Worts, durch die Propheten und Apostel geschehen, 1 Petr. 1, 10. 11; Ap. Gesch. 2, 4; Cap. 9, 17. Daher es heißt Gottes Wort, und eine Rede von Gott selbst eingegeben, weil es der Geist Gottes durch den Mund der Propheten geredet hat; und „die heiligen Menschen Gottes haben geredet, getrieben von dem heiligen Geist," 1 Petr. 1, 21. Welches denn ohne sonderliche Vereinigung Gottes und der Menschen nicht hat geschehen können; wie auch dasselbe kräftig darthut und beweist, da geschrieben steht, daß die heiligen Propheten und Apostel mit dem heiligen Geist seyen erfüllt worden, das Wort Gottes zu verkündigen, Luc. 1, 70. Ueberdies gehört auch zum wahren Trost, dadurch betrübte und zerschlagene Herzen aufgerichtet und lebendig gemacht werden, Gottes Hülfe und Gegenwart selber, welches der Prophet bezeugt, der sagt, Jes. 57, 15: „Ich, der Herr, der ich wohne bei denen, die zerschlagenen und demüthigen Geistes sind, auf daß ich erquicke den Geist der Gedemüthigten und das Herz der Zerschlagenen. Ich will nicht immer hadern, und nicht ewiglich zürnen; sondern es soll von meinem Angesicht ein Geist wehen, und ich will Odem machen." Daher kann der königliche Prophet David mit keinem Trost zufrieden seyn, so er Gott selbst nicht hat und besitzt. „Was soll mir," sagt er, „der Himmel ohne dich?" Ps. 73, 25. Die Seelen der Gottesfürchtigen werden mit keinem Gut, als mit Gott selbst, gesättigt. Daher er im 34. Psalm, V. 9 sagt: „Schmecket und sehet, wie freundlich der Herr ist."

Gebet um die innere Erfahrung der Kraft des göttlichen Worts.

Deine Worte, o Jesu, sind Geist und Leben. Mache uns so, wie du uns haben willst, und laß uns deine seligmachende und heiligende Kraft in unsern Herzen erfahren, auf daß wir mit deinen evangelischen Heilsgütern erfüllt, und mit deinem Geist zur aufrichtigen Vollbringung deines heiligen Willens ausgerüstet werden. So sind wir Gefäße deiner Barmherzigkeit, die dein Heil haben, besitzen, genießen, und lebendige Briefe, die vor Jedermanns Augen offenbar und entdeckt sind, und so leben, wie es mit deiner göttlichen Vorschrift übereinstimmt. O Herr, hilf uns dazu, um dein selbst willen. Amen.

Das 4. Capitel.

Die Menschwerdung des Sohnes Gottes ist der vornehmste Grund und Beweis der Vereinigung mit Gott.

1. Der Sohn Gottes ist oftmals vor seiner Menschwerdung in menschlicher Gestalt den Vätern erschienen, damit er ihren Glauben und ihre Hoffnung von der zukünftigen Menschwerdung stärkte und bestätigte, 1 Mos. 18, 1 ff. Ist aber nun nicht die Vereinigung der göttlichen und menschlichen Natur ein gar gewisses Kennzeichen und eine unfehlbare Anzeige der Vereinigung Gottes mit dem Menschen? Es bezeugt solches der liebliche und trostreiche Name Immanuel, Jes. 7, 14, welcher nicht allein eine Beiwohnung, sondern auch eine Einwohnung bedeutet. „Ich bin in euch, und ihr in mir," sagt unser Seligmacher, Joh. 17, 26, „auf daß die Liebe, damit du mich liebest, sey in ihnen, und ich in ihnen;" und Joh. 15, 4. 5: „Bleibet in mir, und ich in euch. Wer in mir bleibet, und ich in ihm, der wird viel Früchte bringen." Darum wohnt Christus in seinen Gliedern, Eph. 3, 17, macht sie lebendig, und schafft in ihnen das geistige Leben; wie der Apostel Paulus, Röm. 8, 10 bezeugt: „So Christus in euch ist, so ist der Leib zwar todt um der Sünde willen, der Geist aber ist Leben um der Gerechtigkeit willen." Derhalben fordert der Apostel von uns, daß wir diese Einwohnung an uns proben und versuchen sollen, 2 Cor. 13, 5: „Versuchet euch selbst, ob ihr im Glauben seyd, prüfet euch selbst; oder erkennet ihr euch selbst nicht, daß Jesus Christus in euch ist? NB. es sey denn, daß ihr untüchtig seid." Ja er setzt diese Einwohnung Christi in uns zu einem gewissen Zeichen der zukünftigen Herrlichkeit, da er Col. 1, 27 spricht: „welches ist Christus in euch, der da ist die Hoffnung der Herrlichkeit."

2. Gleichwie nun der heilige Leib des Herrn ist der allerheiligste Tempel und die Wohnung, worin die ganze Fülle der Gottheit wohnt leibhaftig, Col. 2, 9: also hat Gott die Herzen der Gläubigen zu seinem Heiligthum und zu seiner Wohnung gemacht; wie der Apostel bezeugt, Eph. 2, 22: „Auf welchen auch ihr mit erbauet werdet zu einer Behausung Gottes im Geist." Welches der Sohn Gottes zuvor hatte verkündigt, Joh. 14, 20: „An dem Tage werdet ihr erkennen, daß ich im Vater, und ihr in mir, und ich in euch sey." O der wunderbaren Würdigkeit der Gläubigen, der lieblichen Gesellschaft der Seligkeit, so über Alles ist!

Gebet um die Vereinigung mit Gott.

O Jesu, der du dich persönlich mit unserer Natur vereinigt und das Werk der Erlösung vollendet hast, laß uns durch den Glauben geistig mit dir vereinigt werden, damit, was wir leben, wir solches im Glauben deines Namens leben. Immanuel, sey mit uns alle Tage bis an's Ende unsers Lebens, und laß unsere Herzen beständig zu dir hingerichtet seyn, so sind wir in dir selig, und haben in dir göttliche Kraft zum göttlichen Wandel. Seelenbräutigam, deine Liebe erquicke, regiere und stärke uns zum ewigen Leben. Amen.

Das 5. Capitel.

Von der Einwohnung des heiligen Geistes.

1. Was für eine große Verwandtschaft, Gemeinschaft und Vereinigung der allerhöchste und ewige Gott mit dem Menschen gestiftet, bezeugen klar die drei vor-

nehmsten Werke der Gnade, als 1) die Erschaffung der Menschen zu seinem Bilde: „Lasset uns Menschen machen, ein Bild, das uns gleich sey," 1 Mos. 1, 26. 2) Die Menschwerdung des Sohnes Gottes. 3) Die Sendung des heiligen Geistes; durch welche große Werke Gott, der Herr, offenbar gemacht und bezeugt hat, wozu der Mensch erschaffen, erlöst und geheiligt sey; nämlich darum, daß er der Gemeinschaft mit Gott genöße, darin denn des Menschen höchste und einzige Seligkeit bestehet.

2. Darum ist das Wort Fleisch geworden, daß es in uns wohnete, Joh. 1, 14. Darum ist der heilige Geist vom Himmel herabgesandt, daß er diese Gemeinschaft und Vereinigung Gottes mit dem Menschen stiften sollte. 1) Wir hatten des Geistes Gottes hoch vonnöthen, damit wir von dem Geist der Welt entledigt und befreit würden. Wir hatten vonnöthen des Geistes der Weisheit, Jes. 11, 2, damit wir das höchste Gut lieben möchten. Es war uns vonnöthen der Geist des Verstandes, damit wir die Geschäfte unsers Berufs weislich verrichten könnten; der Geist des Raths, das Kreuz geduldig zu tragen; der Geist der Stärke und der Kraft, die Welt und den Teufel zu überwinden; der Geist der Erkenntniß, die Laster und Untugenden zu meiden; der Geist der kindlichen Furcht, damit wir Gott gefallen möchten; der Geist der Gnade und des Gebets, daß wir Gott in allen Nöthen anrufen, und in allen seinen Werken seine Gnade und Güte preisen könnten, Zach. 12, 10.

3. 2) Weil wir auch in Christo Jesu zur Kindschaft Gottes erwählet waren, wie der Apostel, Röm. 8, 16 und Eph. 1, 13 bezeugt, hat Gott, unser lieber Vater, diese große Gnade mit seinem eigenen Geist bekräftigen wollen, welcher auch ein Geist Gottes, des Sohnes, ist, daß er uns der göttlichen Natur theilhaftig machte, als seine rechten und wahren Kinder, die aus Gott geboren sind, und in Gott bleiben, wie 1 Joh. 4, 13 geschrieben steht: „Daran erkennen wir, daß wir in ihm bleiben, und er in uns; denn von seinem Geist hat er uns Allen gegeben." Denn gleichwie ein rechter natürlicher Sohn nicht allein das Fleisch und Blut seiner Eltern an sich hat, sondern auch mit derselben Art und Gemüth begabt ist: also müssen auch die, so aus Gott geboren sind, mit Gottes Geist begabt seyn, und etwas Göttliches in sich tragen; wie Gal. 4, 6 geschrieben ist: „Weil ihr Gottes Kinder seyd, hat Gott den Geist seines Sohnes in eure Herzen gesandt."

4. 3) Weil uns aber Gott zu seinen Kindern wegen seines eingebornen Sohnes angenommen hat, so hat er uns auch zu seinen Erben und zu Miterben seines Sohnes Christi Jesu gesetzt. Derhalben hat er uns den Geist, das Pfand der künftigen Erbschaft, gegeben, mit welchem er uns auch versiegelt hat zum Leben seiner Herrlichkeit, Eph. 1, 13.

5. 4) Auch hat er uns mit seinem Geist gesalbt, zum Zeugniß der empfangenen, aber noch verborgenen königlichen Würde und Herrlichkeit, Pf. 45, 8. Und auf daß wir mit Weisheit, Lehre und Erkenntniß des ewigen Heils unterwiesen und begabt würden, haben wir die Salbung des Geistes empfangen, 1 Joh. 2, 20.

6. 5) Wir sind auch mit diesem Freudenöl wider der Welt und des Teufels Wüthen und Toben gesalbt. Und damit wir durch das liebe Kreuz nicht gar zu überdrüssig und müde würden, hat der himmlische Vater seine Liebe durch den heiligen Geist in unsere Herzen ausgegossen, Röm. 5, 5.

7. 6) Weil wir auch von unsers Fleisches Unreinigkeit oft befleckt und besudelt werden, hat er uns mit dem Geist der Heiligung begabt, daß wir stets wiederum abgewaschen und gereinigt würden; wie der Apostel bezeugt, 1 Cor. 6, 11: „Ihr seyd abgewaschen, ihr seyd geheiliget, ihr seyd gerechtfertiget durch den Namen Jesu und durch den Geist unsers Gottes." Röm. 8, 9: „Ihr seyd geistig, so anders Gottes Geist in euch wohnet."

8. 7) Endlich, weil wir gegen den Tod einen lebendigmachenden Geist haben müssen, so hat Gott, unser Vater, unsere Leiber zu Tempeln und Wohnungen des

heiligen Geistes geheiligt; wie der Apostel, 1 Cor. 6, 19 lehrt: „Wisset ihr nicht, daß eure Leiber Tempel sind des heiligen Geistes, der in euch ist, welchen ihr von Gott habt?" Und abermals Röm. 8, 11: „So wird nun der Geist deß, der Jesum von den Todten auferwecket hat, eure sterblichen Leiber lebendig machen, um deß willen, daß sein Geist in euch wohnet."

Gebet um die Einwohnung des heiligen Geistes.

Du Geist aus Gott, nimm unsere Herzen zu deinem Tempel ein, verkläre Jesum in uns, versichere uns unsers Gnadenstandes, gib Zeugniß unserm Geist, daß wir Gottes Kinder sind, mache uns der göttlichen Natur theilhaftig, richte uns auf unter allen Mühseligkeiten dieses Lebens, gründe und befestige in uns die Hoffnung des ewigen Lebens, und führe uns endlich durch's finstere Todesthal in die ewige Herrlichkeit. Amen.

Das 6. Capitel.

Durch das Mittel der heilsamen Buße oder Bekehrung zu Gott, als wahrer Reue und Leides über die Sünde, und durch den Glauben, geschieht die Vereinigung Gottes mit dem Menschen.

1. „Kehre wieder, du abtrünniges Israel, spricht der Herr, so will ich mein Antlitz nicht gegen euch verstellen; denn ich bin barmherzig, spricht der Herr, und will nicht ewiglich zürnen. Allein erkenne deine Missethat, daß du wider den Herrn, deinen Gott, gesündiget hast rc. Bekehret euch, ihr abtrünnigen Kinder, spricht der Herr; denn ich will euch mir vertrauen, und will euch holen," rc. Jer. 3, 12 ff. „Wenn sich ein Mann von seinem Weibe scheiden lässet, und sie zeucht vom ihm, und nimmt einen andern Mann, darf er sie auch wieder annehmen? Ist's nicht also, daß das Land verunreiniget würde? Du aber hast mit vielen Buhlern gehuret; doch komme wieder zu mir, spricht der Herr," Jer. 3, 1. Mit welchen freundlichen und lieblichen Sprüchen Gott, unser himmlischer Vater, selbst bittet, und will, daß die Menschen sollen wiederum zu ihm kehren, und mit ihm selbst vereinigt werden. Denn gleichwie durch den Ehebruch die eheliche Vereinigung getrennt und aufgelöst wird, welche sonst macht, daß Zwei Ein Fleisch sind, Matth. 19, 5. 6: also macht die Sünde und Missethat zwischen Gott und Menschen eine solche geistige Ehescheidung. Die heilsame Buße aber bringt die geistige Verehelichung wiederum mit sich. Darum bricht unser barmherziger Gott und Vater, der nicht ewiglich über uns zürnt, in diese Worte aus: „Bekehret euch zu mir, denn ich bin euer Mann, ich will euch mir vertrauen. Du hast mit vielen Buhlern gehuret; doch komme wieder, spricht der Herr."

2. Der Anfang der Bekehrung ist „die göttliche Traurigkeit, welche da wirket eine Reue zur Seligkeit, die Niemand gereuet," 2 Cor. 7, 10. Derhalben ist Gott selbst der Anfänger und die Ursache zu dieser heilsamen Traurigkeit. Dahin auch der Ausspruch des Propheten Jesajas, Cap. 40, 6 deutet: „Das Heu verdorret, die Blume verwelket, denn des Herrn Geist bläset darein." Durch diese Traurigkeit, so durch den Geist Gottes erweckt wird, wird der Anfang der heilsamen Bekehrung und Wiederkunft zu Gott gemacht, und durch den Glauben wird die Vereinigung vollzogen und vollendet.

3. Lasset uns das Exempel des verlorenen Sohns besehen, der wieder umkehrt zu seinem Vater, Luc. 15, 20 ff. Lieber, was bedeutet allda das herzliche Umfangen, der Kuß und das herrliche neue Kleid? was bedeutet der Ring und die neuen Schuhe anders, als die inbrünstige Barmherzigkeit, Wiederschenkung der verlorenen Güter und Gaben und die liebliche Vereinigung?

4. Lasset uns anschauen die heißen Thränen der armen Sünderin, mit welchen sie ihrem hochverdienten Heiland seine Füße wusch; deßgleichen wie sie ihn salbt, wie sie seine Füße küsset, Luc. 7, 38. Ist all ihr Thun bei dem Herrn Christo etwas anders, denn eitel Einverleibung und eitel köstliche Bande, dadurch sie die Vereinigung mit Gott auf's neue wiederum festschließe und binde?

5. Der Herr Christus ist die einzige Ruhe und Erquickung unserer Seelen. Darum ruft er auf's freundlichste zu sich Alle, die beladen sind, Matth. 11, 28; nicht nur darum, daß er sie von außen mit seiner liebreichen Freundlichkeit und Holdseligkeit etwas labe und erquicke, sondern daß er sie innerlich tröste, und seine Gegenwart mit süßer Gnade und Gunst auch in ihre Herzen gieße; ja vielmehr darum, daß er in ihren zerknirschten und demüthigen Herzen wohne. Denn er nimmt nicht allein die Bußfertigen wahrhaftig auf, sondern er weihet und heiliget auch ihre Herzen, daß sie seine Tempel und Wohnungen seyn sollen.

6. An solcher göttlichen Gewogenheit und Freundlichkeit hält sich der Glaube fest, ruht auf derselben, und tritt zu dem himmlischen Vater mit großem Vertrauen, in Kraft des Verdienstes Christi, ergreift ihn auf's lieblichste, hält ihn und läßt ihn nicht, bis er mit ihm vereinigt werde, und in Gott getröstet sich zufrieden gebe. Denn das ist des Glaubens höchste Eigenschaft, daß er alle Creaturen bei Seite setzt und ausschließt, und allein Gott unzertrennlich anhängt, allein Gottes Gnade fruchtbar genießt, allein Gott, den Herrn, unaufhörlich sucht; auf daß alle Creatur nichts mehr sey, und Gott allein bleibe der glaubigen Seele eigene Ersättigung, Freude und höchstes Gut. Wie solches ohne die gemeldete Vereinigung geschehen könne, ist unmöglich zu erweisen. Denn der Glaube schöpft aus dem Brunnen des Heils, unserm Seligmacher, unglaubliche Kräfte der Seele: nämlich Heil, Gerechtigkeit und Heiligkeit, also daß er Alles, was des Herrn Christi ist, sich zueignet, als wenn es sein selbst eigen wäre. Darnach so schöpft auch der Glaube aus dem Heilbrunnen Gesundheit des Leibes, wie der Evangelist von dem blutflüssigen Weibe bezeugt, Luc. 8, 43; Matth. 9, 20, welches den Saum des Kleides ihres hochverdienten Heilandes angerührt, ja durch den Glauben geistiger Weise dermaßen festgehalten, daß eine Kraft aus dem heiligen Tempel seines Leibes ausgegangen, welche ihre vieljährige Krankheit weggenommen und sie wieder frisch und gesund gemacht habe.

7. Daher ist klar abzunehmen, daß die Kraft des Glaubens stärker sey als ein Magnet, wie solches unser Heiland bestätigt: „Sey getrost, meine Tochter, dein Glaube hat dir geholfen, gehe hin mit Frieden." Denn gleichermaßen wie die lieblichen, wohlriechenden Blumen ihren Geruch unsichtbarer Weise von sich geben, welcher durch den Sinn des Geruchs angezogen wird, und wird dennoch der Blume nichts entzogen, noch genommen, wenn schon etliche tausend Menschen dieses Geruchs theilhaftig würden: also gibt unsere Paradiesblume, der Herr Christus, einen Geruch des Lebens von sich, so reichlich und überflüssig, daß er durch den Geruch des Glaubens von allen glaubigen Menschen angezogen wird, und geht ihm dennoch nichts ab, er verliert nichts davon. Und gleichwie von einem einzigen Licht andere tausend können angezündet werden, und bleibt gleichwohl das Licht ganz: also wird das Licht des Glaubens von dem einzigen Licht, dem Herrn Christo, angezündet und erleuchtet, und bleibt gleichwohl dieses ewige Licht ganz und unversehrt.

Gebet um ein bußfertiges und glaubiges Herz.

Ach Vater, da Niemand zu deinem Sohn kommen kann, es sey denn, daß du ihn ziehest: so mache uns frei von dem Dienst der Eitelkeit, und zünde in uns ein sehnliches Verlangen nach Jesu an, daß wir, mit Verabscheuung aller Sünden, ihn zuversichtlich ergreifen, sein Verdienst uns zueignen, und in ihm unverrückt erfunden werden, zum Preise deines Namens. Amen.

Das 7. Capitel.

Durch die geistige Ehe und Vermählung geschieht die Vereinigung des Herrn Christi mit der glaubigen Seele.

1. Wenn der Bräutigam kommt, so freut sich die heilige Seele, und gibt genau und fleißig Achtung auf seine Gegenwart. Denn durch seine fröhliche, herzerquickende und heilige Ankunft vertreibt er die Finsterniß und die Nacht; das Herz

hat süße Freude, es fließen die Wasser der Andacht, die Seele schmilzt vor Liebe, der Geist freut sich, die Affecte und Begierden werden inbrünstig, die Liebe wird entzündet, das Gemüth jauchzet, der Mund lobet und preiset, man thut Gelübde, und alle Kräfte der Seele freuen sich in und wegen des Bräutigams. Sie freut sich, sage ich, daß sie den gefunden hat, welcher sie liebt, und daß der sie zur Braut auf- und angenommen, welchen sie ehrt. O welch eine Liebe! o welch ein feuriges Verlangen! o welche liebreiche Gespräche! o welch ein keuscher Kuß, wenn der heilige Geist herabkommt, wenn der Tröster überschattet, wenn der Höchste erleuchtet, wenn das Wort des Vaters da ist, die Weisheit redet, und die Liebe freundlich umfängt!

2. Denn zur selbigen Zeit wird die Seele gemacht zum Tempel Gottes, zum Sitz der Weisheit, zur Wohnung der Keuschheit, zur Lade des Bundes, zur Hütte der Heiligkeit, zur Kammer des Bräutigams, zum geistigen Himmel, zu einem gesegneten Acker, zu einem Hause der Geheimnisse, zu einer geliebten Braut, zu einem lieblichen Garten, zu einem Gemach der Hochzeit, und zu einem wohlriechenden und mit schönen Tugendblumen besäeten Paradiesgarten; zu welchem der Herr aller Engel und der König der Ehren geht, auf daß er sich die herzgeliebte Braut vermähle, so vor Liebe krank ist, mit den Blümlein des heiligen Verlangens und mit den Granatäpfeln der Tugend geschmückt, und auf ihren Herzgeliebten wartet, wenn er in seiner Zierlichkeit daherkommt. Denn weil sie mit der Krone eines reinen Gewissens glänzet, mit dem schneeweißen Kleide der Keuschheit angethan, und mit den köstlichen, edeln Perlen der guten Werke gezieret ist, so fürchtet sie sich keineswegs vor ihm, als vor eines gestrengen Richters Anblick, sondern ihr einziges und herzliches Verlangen ist, daß sie das viel und oft gewünschte Angesicht des Herrn, ihres Bräutigams, darnach sie sich so lange gesehnt (welches auch die seligen Heerschaaren und Frongeister[1]),

[1]) Fron bedeutet hehr, heilig, auch herrlich.

die heiligen Engel im Himmel, für die höchste Herrlichkeit achten), sehen und anschauen möge.

3. Nachdem sie aber seiner keuschen Beiwohnung genießt, so kann keine Creatur wissen, was für Freude sie daraus habe, und was sie im Herzen fühle, wie inbrünstig sie werde, wie sie vor Liebe jauchze und frohlocke, auf was für liebreiche und herzliche Worte und Gespräche sie komme. Niemand, sage ich, kann solches wissen, denn die Seele allein, welche solches erfährt. Fühlen und merken mag man's zwar, aber auszusprechen ist's unmöglich; denn es sind geistige, geheime und göttliche Sachen, welche man nicht ausreden darf, damit der Bräutigam kein Mißfallen daran trage, welchem geheim und in der Stille des Herzens zu wohnen beliebt.

4. Insonderheit aber hat dieser Bräutigam große Lust, in den niedrigen und demüthigen Herzen zu wohnen, deren Ehre ist ein Schatz großer und vieler Gnaden, ein tägliches Zunehmen und Wachsthum der Gaben, der Friede des Gewissens, das Licht der Erkenntniß, ein geistiges Jauchzen, ein reines Gebet, ein rechtschaffenes Herz und Gemüth, ein beständiger Glaube, die Kraft des Mitleidens, eine starke Hoffnung, eine brennende Liebe, ein Geschmack der göttlichen Süßigkeit, ein Verlangen zu lernen, ein Durst der Tugenden. Dieses sind der Demüthigen große Schätze, die kein Dieb rauben noch stehlen kann, ihre köstlichen Edelgesteine, ihr unaufhörlicher Reichthum, ihre hohe Ehre, ihre vortrefflichen Herrlichkeiten, ihre geheimen Wollüste, ihre Bräutigams-Geschenke, ihre hochzeitlichen Zierden, und die geistigen Weinkeller der Braut, in welche nicht eingehen die Hoffärtigen, noch die Faulen und Unreinen eingelassen werden. Aber durch dieses Alles, als durch geistige Thüren, kommt der Bräutigam hinein zu der Braut, lehret und unterrichtet sie, und theilt ihr seine Gegenwart mit, nicht durch leibliche Gestalt, sondern durch das Licht des Glaubens, durch den Schein des Verstandes, durch den Geschmack der Andacht, durch das Jubelgeschrei des Entzückens, durch das Hüpfen der Liebe, durch den

Kuß des Friedens, durch das Umfahen der Treue. Denn zu derselben Zeit nahet sich der Widersacher nicht herzu, wegen der Gegenwart des Bräutigams, und kein Fremder darf sich einmengen; denn die Seele ist mit viel tausend heiligen Engeln, welche Wache halten, umringt.

5. Da ist die demüthige Seele geworden ein Tempel Gottes, ein Sitz der Weisheit, ein Thron des Worts, ein Haus des Trösters, eine Kammer des Bräutigams, eine Lade des Bundes, ein goldener Gnadenthron, eine Hütte der Heiligkeit, ein Ort der heiligen Ruhe, ein Paradies der Wolluft, ein verschlossener Garten, ein versiegelter Brunn, ein irdischer Himmel, eine himmlische Wohnung. Es verwundern sich zwar die himmlischen seligen Geister selber dieser großen Würde, so dem Menschen von Gott widerfährt, und über die Liebe des Bräutigams, welcher zum Trost der Braut gleichsam den Glanz seiner Gottheit ablegt und der ewigen Ehre sich entblößt, sich herabläßt und sich neigt, zu wohnen in einem gebrechlichen Gefäße; nicht als ein mächtiger König, noch wie ein Herr über Alles, auch nicht wie ein Richter über Lebendige und über Todte, sondern wie ein Schwacher mit einer Schwachen, wie ein Niedriger mit einer Niedrigen, wie ein Demüthiger mit einer Verachteten, und wie ein Dürftiger mit einer armen Braut. Siehe, sprechen die heiligen Engel unter einander, was ist das für eine Ungleichheit zwischen Gott und dem Menschen? zwischen dem Schöpfer und dem Geschöpf? zwischen dem Herrn und der Magd? zwischen Tag und Nacht? zwischen Weisheit und Unwissenheit? zwischen dem Wort und der Seele? Diese geistige Vermählung übertrifft weit allen menschlichen Verstand, allen eigenen Willen, alles eheliche Leben. Denn es ist ein himmlisches Geschenk, ein Gnadenwerk des Erlösers, ein geneigter Wille des Bräutigams, ein Vorzug der Liebe, ein sonderliches Vorrecht der vornehmsten Liebe, welches gegeben wird denen, so von Herzen demüthig sind, sich wahrhaftig erkennen, sich selber für nichts achten, und sich gleichsam für unfruchtbare Bäume, für geringe und schlechte Knechte, für unnütze Gefäße, ja für einen Auswurf halten. Die Seele, zu welcher unser Herr so dienstwillig, so demüthig, so fröhlich eingegangen ist, wo sie nicht mit der Tugend der Demuth geziert wäre, mit dem Glanz der Reinigkeit bekleidet, mit den Flammen des himmlischen Verlangens entzündet, mit stetem Gebet erleuchtet, und unaufhörlich darauf beflissen gewesen, daß sie ein reines Herz bewahren wolle, so wäre sie mit nichten dieser geistigen und geheimen Ehe und Vermählung des Sohnes Gottes würdig gewesen.

6. Sie ist aber dem Bräutigam vertraut. Sie hört, wie er ihr innerlich zuruft: „Stehe auf, meine Freundin, meine Schöne, und komme her. Meine Taube in den Felslöchern und in den Steinritzen, laß mich hören deine Stimme, denn deine Stimme ist süß, und deine Gestalt lieblich," Hoh. L. Sal. 2, 13. 14. Die Braut aber, die über dem herzergreifenden lieblichen Gespräch krank geworden ist, spricht vor Liebe: „Meine Seele schmolz mir gleichsam im Leibe, da mein lieber Buhle redete. Mein Freund ist mir ein Büschel Myrrhen, das zwischen meinen Brüsten hänget. Mein Freund ist mir eine Copher-Traube in den Weingärten Engeddi," Cap. 1, 13. 14. Der Bräutigam aber wiederholt das Lob der Braut, damit er sie weiter in der Liebe entzünde, und spricht: „Deine Lippen, meine Braut, sind wie ein triefender Honigseim, Honig und Milch ist unter deiner Zunge, und deiner Kleider Geruch ist wie der Geruch Libanons. Meine Schwester, liebe Braut, du bist ein verschlossener Garten, eine verschlossene Quelle, ein versiegelter Brunn. Dein Gewächs ist wie ein Lustgarten von Granatäpfeln," Cap. 4, 11. 12. 13. Sie aber, die Braut, die voll süßer Liebe ist, antwortet: „Mein Freund ist weiß und roth, auserkoren unter viel Tausenden. Ich halte ihn, und will ihn nicht lassen," Cap. 5, 10. In dieser allerheiligsten Umfahung werden viele heilige Liebesküsse gegeben, und freudenreiche Gespräche gehalten, welche keines Menschen Ohr gehört, keines Hochmüthigen Auge gesehen, und in keines fleischlich gesinnten Menschen Herz

gekommen. Es sind nur solche Wollüste, welche für die Demüthigen gehören. Es ist ein verborgenes Manna, es ist Honig im Honigseim, und ist Wein mit Milch vermischt. Wenn das genossen wird, so werden die Herzen erfreut und erquickt, daß ihnen die Mühe und Arbeit dieser Wanderschaft desto leichter werde. Denn sie würden leichtlich auf dem Wege verschmachten, wenn sie nicht bisweilen mit geistiger Speise erquickt, mit Milch gespeist, mit Besuchung gestärkt, mit Gespräch unterrichtet, und mit lieblichen Banden der Liebe und Gegenliebe verbunden würden; denn da kommen sie zum Verstand, und schmecken, wie viel und mancherlei die Süßigkeit des Herrn sey, welche verborgen ist den Erwählten, und verheißen den Demüthigen, und die Gott von reinem Herzen lieben.

7. Dieses ist ein Vorschmack des ewigen Lebens, welches ist das höchste Gut, die ewige Freude, eine unaussprechliche Wonne, eine vollkommene Sattsamkeit, ein ungestörter Friede, eine wahre Freiheit, eine sichere Genießung, eine unaufhörliche Erquickung, ein stetes Jauchzen, ein unendliches Loben, welches kein Unfall zerstört, kein Feind raubt, keine Zeit ändert noch benimmt; denn es ist fest, beständig und ewig. Denn welcher Mensch des Herrn Lieblichkeit ist theilhaftig worden, der hat nichts, davor er sich fürchte, das ihn schmerze, daran er zweifle, und darauf er ferner hoffe; denn er genießt allezeit der Gegenwart dessen, den er liebt, welchen er lobt, welchen er ehrt, welchen er erkennt. Denn seine Erkenntniß ist das ewige Leben, sein Kuß ist die höchste Seligkeit, seine Liebe ist die höchste Herrlichkeit, sein Lob ist die unaussprechlichste Freude, und seine Gegenwart ist der stärkste Besitz aller Güter. Wer da hineinkommt, der geht auf die grüne Weide, welche nicht verwelket; er kommt zur lieblichen Wollust, die nimmermehr aufhört; zu den Schätzen der Weisheit, die nicht verderben; zu dem Glanz der Wahrheit, welcher nimmermehr verdunkelt wird; zu dem Lande der Lebendigen, welche Gott unaufhörlich loben; zu der Stadt Jerusalem, welche von dem Schein der ewigen Sonne hell glänzet, und auf den heiligen Berg Zion, der mit tausendmal tausend heiligen Engeln und mit dem Chor aller Heiligen geschmückt ist, welche alle zugleich mit einhelliger Stimme, gleichem Gesang, einerlei Gedanken, inbrünstigen Begierden, so viel sie vermögen, unsern Gott loben, und sprechen: „Heil und Preis, Ehre und Kraft sey Gott, unserm Herrn, von Ewigkeit zu Ewigkeit! Amen." Offenb. Joh. 19, 1.

8. Sie legen ein jeder seine Krone vor seinen majestätischen Ehrenthron, Offenb. Joh. 4, 10. Denn die Ehre, das Lob, die Ehrerbietung, so sie ihrem Schöpfer bringen werden, ist voll lauterer Liebe, auf Demuth gegründet, mit Verwunderung vermischt, und von begierigem Genießen des höchsten Gutes feurig und brünstig. Denn sie trinken zwar, und dürsten doch immer gleich; sie werden satt, und sind doch hungrig; sie haben Alles die Fülle, und begehren erfüllt zu werden. Denn sie werden von dem Ueberfluß der ewigen Wollust trunken gemacht, indem sie nach Lust weislich und mäßig schöpfen von dem Brunnen des Lebens den Trank der göttlichen Süßigkeit, und von dem Licht der seligmachenden Anschauung das unauslöschliche Licht; wie der Prophet bezeugt, der da spricht: „Sie werden trunken von den reichen Gütern deines Hauses, und du tränkest sie mit Wollust, als mit einem Strom. Denn bei dir ist die lebendige Quelle, und in deinem Lichte sehen wir das Licht," Ps. 36, 9. 10. O selige Trunkenheit, welche voller Nüchternheit ist, deren Geschmack und Ueberfluß den, der sie genießt, zu Gott erhebt, und vereinigt ihn mit Gott, daß sie eins werden! O Brunn des Lebens, der bei Gott ist, von welchem Alle, die zum himmlischen Gastmahl ersehen sind, ohne einigen Abbruch dieses Brunnens trinken, zur seligen, vollkommenen Genüge!

9. Nach diesem Brunnen hatte der König David ein sehnliches Verlangen, da er sagt, Psalm 42, 3: „Meine Seele dürstet nach Gott, nach dem lebendigen Gott; wann werde ich dahin kommen, daß ich Gottes Angesicht schaue?" Denn daselbst ist Alles löblich, lieblich, anmuthig; da ist

die Fülle der Güte, die kein Ende hat, und Alles begreift; da ist die Weisheit, welche Alles erforscht; da ist die Hoheit, erhaben über allen Irrthum. Wer diesen Brunnen erkennt, der hat das ewige Leben; wer ihn liebt, der hat unaussprechliche Freude.

Gebet um die geistige Vermählung mit Jesu.

O süßer Seelenfreund, offenbare dich unsern Seelen in deiner Liebe! Laß uns deine Jesusliebe schmecken und deine Bräutigamstreue erfahren, daß wir Alles außer dir vergessen, und mit reiner Liebe dir beständig anhangen. Vermähle dich mit uns, daß wir nicht zweifeln können, du seyst uns innig und ewig verbunden.

Das 8. Capitel.

Durch Liebe und Gegenliebe entsteht die Vereinigung Gottes mit dem Menschen.

1. „Gott ist die Liebe, und wer in der Liebe bleibet, der bleibet in Gott, und Gott in ihm," 1 Joh. 4, 16. Darum ist die Liebe selbst Mensch geworden, daß sie wäre das Band unserer ewigen Vereinigung mit Gott. O selige Vereinigung! o heilige Gemeinschaft! welche den frommen Herzen den Wohlschmack der Liebe und die Süßigkeit der Gunst mittheilt. Durchdringe, o süßer Herr Jesu, unsere Herzen mit den feurigen Pfeilen deiner Liebe; brich hindurch in die verschlossene und innerste Kammer der Seelen und Herzen, und erleuchte dieselbe gnädig mit deinem Glanz; auf daß wir, die wir von dir verwundet und erleuchtet worden, in dir haben mögen unsere Wohnung, unsern Frieden, unsere Freude, unser Genüge, unsere Hoffnung, unsere Liebe, unser Jauchzen, unser Leben, unsere Erquickung, unser Licht, unsere Ruhe, unser Vertrauen und alle unsere Güter.

2. Denn was ist süßer, als deine Liebe? Was ist heilsamer als deine Gunst? Was ist lieblicher, als dein Gedächtniß? O ewige Liebe! ohne dich wird nichts Besseres gesucht, nichts Köstlicheres gefunden, nichts fester zusammengebunden, nichts inbrünstiger begriffen, nichts Lieblicheres besessen; das wissen die, die dich lieben. Denn deine Liebe ist ein Ursprung der Unsterblichkeit, ein Brunn der Weisheit, ein Strom der Wollust, ein Leben der Gläubigen, ein Abgrund der Güte, ein Paradies der Ergötzung, ein Trost derer, die in diesem Pilgrimsthal wandern, ein Lohn der Seligen, eine Speise der Liebe, eine Wurzel der Tugend, eine Wage der Werke, eine Stärke der Streitenden, ein Band der Vereinigung, und ein beständiger Grund unserer ganzen Heiligkeit. „Wen da dürstet, der komme zu dir, so wird er mit dem Wasser des Lebens getränkt werden," Joh. 7, 37; C. 4, 14. Wer da müde ist, der komme zu dir, so wird er mit deiner Liebe erquickt werden. Wer da angefochten ist, der komme zu dir, so wird er durch deine Liebe überwinden und den Sieg behalten. Von deiner Fülle, o Herr, haben wir Alles empfangen, Joh. 1, 16.

Gebet um die Liebe zu Jesu.

O du ewige Liebe, ergieße dich reichlich über unsere Seelen, damit wir deine Süßigkeit und Kraft in uns empfinden. Mache uns inbrünstig, und laß das Feuer einer reinen Liebe ohne Unterlaß in unsern Herzen brennen. Dein sind wir, o Jesu, dein wollen wir bleiben in alle Ewigkeit. Amen.

Das 9. Capitel.

Wegen des geistigen Leibes und seiner Gaben ist die christliche Kirche mit ihrem Haupt Christo Jesu vereinigt.

1. „Gleichwie Ein Leib ist, und hat doch viel Glieder, aber alle Glieder Eines Leibes, wiewohl ihrer viele sind, sind sie doch Ein Leib: also auch wir in Christo; denn wir sind durch Einen Geist alle zu Einem Leibe getaufet," 1 Cor. 12, 12. Diese Glieder seines geistigen Leibes ziert unser höchstes und einiges Haupt mit mancherlei Gaben der Gnade und des Geistes; er lehrt sie mit mancherlei Gaben, welche doch der eigene Geist in ihnen wirkt. Also lebt und wirkt der Herr Christus in allen Gliedern seines geistigen Leibes, daß von

seiner Fülle ein Jeglicher empfähet, Joh. 1, 16. Denn er, als das Haupt, hat alle Fülle aller und jeder Gaben.

2. Darum hat er sich wollen in einen Jeden überformen und verkleiden, auf daß er durch das Band der Liebe einen Jeden in sich umformte und erneuerte, und ihm selbst gleich formte und ähnlich machte. Wie nun der Schmerz des Hauptes den Gliedmaßen zuzuschreiben ist: also sind die Tugenden der Glieder dem Haupte zuzuschreiben; auf daß, wer sich der Tugend rühmet, der rühme sich des Hauptes, und wer da leidet an Gliedern, der trage es mit Geduld, und tröste sich des Hauptes. Bei eigener Schmach sey ein Jeder eingedenk der Schmach des Hauptes, so wird der Schmerz sich lindern, und die Bitterkeit wird süß werden, wenn sie dem Leiden des Hauptes verglichen wird. Das ganze Leben deines unschuldigen Hauptes ist voller Kreuz gewesen, und voller Trübsal über alle andere sterbliche Menschen. Wenn du demnach unschuldig leidest, so beweisest du, daß du Christi Glied bist. Er hat sich gemacht wie dich, auf daß er dich machte wie sich.

3. Du bist ein Glied seines Leibes; er ist des Leibes Leben. Ohne dich ist der Leib gesund und frisch, und bleibet; ohne das Haupt aber lebt der Leib mit nichten, denn er lebt von dem Geist des Hauptes, und hat durch das Wort sein Leben. Das Haupt macht den ganzen Leib lebendig, es macht alle Glieder lebendig. Die Glieder werden an dem Leibe erhöhet, der Leib aber wird an dem Haupte geehret. Die Ehre des Hauptes aber fließt herab in die Glieder, und theilt den Gliedern mit das Leben, den Geist und die Gaben der Gnade, auf daß der Leib genieße der ganzen Fülle des Hauptes. Also sammelt unser Haupt die Glieder seiner christlichen Kirche, indem er ihnen mittheilt die Kraft des Geistes. Er will zwar durch die Predigt der menschlichen Stimme eine Kirche sammeln, aber dennoch also, daß ein Jeder den Herrn Christum in sich reden höre; welches der Apostel bekräftigt, da er spricht, 2 Cor. 13, 3: „Ihr suchet, daß ihr einmal gewahr werdet, daß Christus in mir redet;" und wiederum: „Ich dürfte mich nicht unterstehen, etwas zu reden, wo es der Herr Jesus Christus nicht in mir wirkete," Röm. 15, 18. Der Herr Christus redet inwendig, und unterweist das Herz der Lehrer, auf daß er ihre Predigten kräftig mache. Der Herr Christus redet inwendig zu den Herzen der Zuhörer, auf daß sie die Predigten der Lehrer verstehen; denn er öffnet die Herzen der Zuhörer, und macht die Rede in dem Munde der Lehrer kräftig. „Thue deinen Mund weit auf," spricht Gott durch den Propheten, „laß mich ihn füllen," Pf. 81, 11.

4. Denn wer wollte dafür halten, daß er ohne Regierung und Führung des Geistes der Weisheit mit Nutzen lehren und predigen könne? Der Geist der Weisheit, welcher in dem Menschen wohnt, der redet durch den Menschen die Geheimnisse. Darum höre ich Paulum nicht wegen Pauli; ich glaube auch nicht Paulo, weil er Paulus ist; ich gehorche auch nicht einem Menschen um des Menschen willen; sondern ich gehorche dem Menschen um des Herrn Christi willen, und höre den Herrn Christum reden durch Paulum. Darum spricht unser Heiland: „Wer euch höret, der höret mich, und wer euch verachtet, der verachtet mich," Luc. 10, 16. „Ihr seyd es nicht, die da reden, sondern der Geist Gottes in euch," Matth. 10, 20.

5. Weiter so ist nicht allein der Ursache halben der Leib mit dem Haupt vereinigt worden, daß der Leib aus den Schätzen des Hauptes reich gemacht würde; sondern es ist auch darum geschehen, auf daß die Schmerzen unter ihnen gemein und getheilt würden. Denn das ist die rechte Eigenschaft der Vereinigung, daß, wenn das Haupt geehrt wird, auch die andern Glieder geehret werden, und was der Leib leidet, das leidet auch das Haupt; wie er selber spricht: „Ich bin hungrig gewesen, ich bin durstig gewesen, ich bin ein Gast gewesen, ich bin nackend gewesen, und was ihr gethan habt einem unter diesen meinen geringsten Brüdern, das habt ihr mir gethan," Matth. 25, 35. O unermeßliche Güte, o unzertrennliche Verbindung der Liebe! Der Schöpfer des Himmels, der

König der Engel, der Herr der Erzengel, der Preis der Heiligen, der Schöpfer aller Dinge und die Freude der Seligen will in einem Hungrigen gesättigt, in einem Durstigen getränkt, in einem Fremden aufgenommen, in einem Nackenden bekleidet, in einem Kranken besucht, in einem Gefangenen getröstet, in einem Todten begraben werden. Das sind doch überaus holdselige Zeugnisse der Vereinigung der glaubigen Gliedmaßen mit dem Haupte Christo.

Gebet um die Gemeinschaft mit Jesu.

O Jesu, sey unser Alles, und theile dich unsern Seelen in deiner Gnadenfülle mit, auf daß wir in dir das Leben und das volle Genüge besitzen. Nimm uns aber auch ganz zu deinem Eigenthum hin, damit alle Kräfte unserer Seele und alle Glieder unseres Leibes dir einzig und allein gewidmet seyn mögen. Amen.

Das 10. Capitel.

Durch die Begierde des höchsten Gutes und durch das sehnliche Verlangen nach dem himmlischen Wandel geschieht die Vereinigung Gottes mit dem Menschen.

1. Gleichwie der Glanz der Sonne alle andre himmlische Lichter übertrifft, also übertrifft der Geschmack der göttlichen Süßigkeit alle Lieblichkeit, welche aus den Creaturen entsteht. Daß das Geschöpf so schön, zierlich und lieblich ist, das erfreut zwar des Menschen Herz, mit nichten aber sättigt es dasselbe. Die Welt mit ihren mancherlei Gütern beliebt zwar dem Herzen, aber zufrieden stellt sie es nicht. Denn je mehr der Mensch, welcher dem Irdischen sich ergeben hat, vor sich sieht, je mehr begehrt er zu sehen. Es kann demnach billig alles dasjenige, was nicht Gott ist, seinem Liebhaber die Genüge nicht verschaffen, und die vollkommene Ruhe nicht geben; denn des Menschen Affect und Begierde steigt allezeit natürlicher Weise hinauf zu demjenigen, das da höher ist, so lange bis sie dasjenige erreicht, was das allerbeste und höchste Gut ist. Ihrer Viele haben Reichthum, viel Ehre, viel Wollüste, viel Künste mit großer Mühe und Arbeit gesucht, aber ihrer keiner ergreift das, was er sucht, so viel, daß er dadurch gesättigt würde und sich begnügen ließe. Denn wenn gleich Einer die Wissenschaft aller Dinge dieser Welt erlangte, und alle Wollüste dieses Lebens bekäme: so findet er dennoch, daß sein Gemüth noch dürftig und unersättigt ist. Denn es mangelt ihm an dem einzigen und höchsten Gut, in welchem die Lieblichkeit aller Wollüste und die Fülle aller Künste und Wissenschaften gleichsam überfließt. Es können zwar die Creaturen ihren Liebhabern eine zeitliche und augenblickliche Lust bringen, aber die Begierden können sie mit nichten sättigen. Denn gleicher Weise, wie ein Gefäß keinen andern Saft denen, so daraus schöpfen, geben kann, denn nur den, welcher darin ist: also geben auch die Creaturen, welche selber dürftig sind, ihren Liebhabern nur einen solchen Saft, womit sie durchaus nicht zufrieden noch begnügt seyn können. Und gleichwie das Auge nicht satt wird durch das Sehen, und das Ohr durch das Hören, Pred. Sal. 1, 8: also wird auch des Menschen Herz nicht satt durch den Affect und die Begierde der Erkenntniß und all seines Verlangens. Es sucht mit Aengsten, daß es möge finden dasjenige, worin es fröhlich ruhen könne. Wenn aber des Menschen Herz Gott ergreift, alsdann freut sich der Geist, welcher nun in Gott satt geworden ist, und spricht: „Herr, wenn ich nur dich habe, so frage ich nichts nach Himmel und Erden, Pf. 73, 25; und: „Das ist das ewige Leben, daß sie dich, den allein wahren Gott, und den du gesandt hast, Jesum Christum, erkennen," Joh. 17, 3. In dieser Erkenntniß besteht endlich die rechte Ruhe der Seele, die Genüge des Herzens und das ewige Leben.

2. Daher rührt der schöne Spruch: „Bei dir ist die lebendige Quelle, und in deinem Lichte sehen wir das Licht," Psalm 36, 10. „Ich will anschauen dein Antlitz in Gerechtigkeit, ich will satt werden, wenn ich erwache nach deinem Bilde," Pf. 17, 15. Darum hoffe ich allein auf dich, der du bist das Ende all meines Wunsches und

meiner Begierde; du bist mein Genüge, mein Erbe, meine Freude, mein Lohn, mein Licht, mein Friede. Du bist das unaufhörliche Licht, du bist das ewige Wort, die Weisheit des Vaters, die Zierde der Engel, der helle Spiegel, die unauslöschliche Leuchte, der Seele Bräutigam, der Brunn des ewigen Lebens, von dessen Ueberfluß wir hier und dort gesättigt werden; dort, auf daß wir die reiche Fülle des Lebens, Genüge des Lichts, Einigkeit, Ruhe, Friede, Unsterblichkeit, Preis und die ewige Krone erlangen; hier aber, daß du den christlichen Rittern verleihest zum Streit Stärke, den Beladenen Hülfe, den Betrübten Linderung, den Fremblingen Hoffnung, den Gefallenen Rath, den Elenden Trost, den Demüthigen Gnade, den Zweifelhaften Glauben, den Predigern das Wort, den Kämpfern Kraft, denen, so beisammen wohnen, Einigkeit, den Gläubigen Freude, den Lehrern Weisheit, den Durstigen das Wasser des Lebens, den Hungrigen den Geschmack der ewigen Süßigkeit.

3. Also kommst du nach eines Jeden Raum in die Herzen der Gläubigen, und offenbarest dich mit der Lieblichkeit deiner Gnade. Wenn du dich dem Menschen nicht mittheiltest, und der Mensch hätte keine Vereinigung mit deiner Gegenwart, so geschähe deren keines. Denn durch deine freudenreiche Gegenwart verjagst du die Finsterniß, vertreibest die Nacht und die bösen Geister in der Luft; das Herz wird durchsüßet, das Gemüth schmilzt vor Liebe, die Thränen fließen vor Freude, der Geist frohlocket, die Begierden brennen, die Seele jauchzet, und alle Kräfte freuen sich in dir. Denn er wird dich erquicken mit Süßigkeit, erfüllen mit Weisheit, erleuchten mit Glanz, entzünden in der Liebe, speisen mit Andacht, erfreuen in der Hoffnung, stärken im Glauben, begaben mit Tugenden, erhöhen in der Demuth. Du wirst fühlen und finden, daß er mit dir gehet, mit dir stehet, mit dir redet, dich bewahret, dich lehret, dich liebet, und dich mit keuscher Liebe umfängt. Du wirst es erfahren, daß es wahr sey, was er sagt: „Meine Lust ist bei den Menschenkindern," Sprüchw. Sal. 8, 31.

Gebet um wahre Verläugnung der Dinge dieser Welt.

Du allein, o allerhöchstes Gut, kannst die müden Seelen erquicken, und die bekümmerten Herzen laben. Zu dir wenden wir uns mit unsern Neigungen und Begierden. Dich wünschen wir, deiner begehren wir. O! laß dich von uns finden, damit wir die wahre Seelenruhe in dir genießen. Gegen deine Erkenntniß achten wir Alles für Schaden. Und wenn wir dich haben, so fragen wir nichts nach Himmel und Erde. Bei dir ist wahres Vergnügen, bleibende Ehre, und ein unvergleichlicher Schatz. Die Scheingüter der Erde sind eitel. Sie können uns nicht selig machen. Du kannst es, du thust es. Und darum wollen wir gern unsere Herzen von allen irdischen Dingen abziehen, und das unsere Freude seyn lassen, daß wir uns beständig zu dir halten, und unser Vertrauen auf dich setzen. Amen.

Das 11. Capitel.

Die heilige Taufe ist eine herrliche Befestigung der Vereinigung mit Gott.

1. In der heiligen Taufe geschieht 1) die geistige Zusage und das Verlöbniß. Denn gleichermaßen, wie im Ehestande Zwei sind Ein Fleisch, also ist auch Christus und die Kirche Eins. Das ist ein großes Geheimniß, spricht Paulus, Eph. 5, 32: „Ich sage aber von Christo und der Gemeine." Gleichwie aber ein Mann sein Weib als sein eigenes Fleisch liebt, „er nähret es und pfleget sein: also auch der Herr Christus seine Gemeine," oder die christliche Kirche. „Denn wir sind Glieder seines Leibes, von seinem Fleisch und von seinen Beinen."

2. Durch die heilige Taufe werden wir 2) Christo einverleibt und eingepfropft, wie ein Reis dem Baume, welches mit dem Baum Eines Wesens wird, und mit ihm vereinigt wächset. Denn der Baum macht lebendig und nährt das eingepfropfte Reis, daß es grünet, blühet und Früchte trägt: also erhält der Herr Christus seine Glieder mit seinem lebendigmachenden

Geist, macht sie lebendig und stärkt sie, daß sie blühen und Früchte tragen, Joh. 15, 4.

3. Der heilige Apostel Paulus bezeugt, 1 Cor. 12, 13, daß die christliche Kirche oder Gemeine sey Ein Leib vermittelst der heiligen Taufe, da er spricht: „Wir sind durch Einen Geist alle zu Einem Leibe getauft. Ihr aber seyd der Leib Christi und Glieder seines Leibes," V. 27. Und darum hat sich auch der Herr Christus taufen lassen, Matth. 3, 13, daß er mit der christlichen Gemeine Ein Leib würde.

4. Wer aber Christi Glied will werden, der muß durch die Wiedergeburt dazu kommen. Darum ist die Taufe 3) ein Bad der Wiedergeburt, Tit. 3, 5, in welchem die Glieder der Kirche gereinigt werden durch das Wasserbad im Wort, in welchem alle Flecken und Runzeln ausgetilgt werden; „auf daß er ihm darstellete eine Gemeine, die da wäre heilig und unsträflich," Eph. 5, 25 ff. Und das ist die rechte Wiedergeburt und die neue Creatur, welche vor Gottes Angesicht erscheint rein und heilig, ohne einigen Flecken, gesäubert und gereinigt durch das Blut Christi und den heiligen Geist. So vollkommen ist diese Abwaschung im Blute Christi, daß der Bräutigam sagt: „Du bist allerdings schön, meine Freundin," Hoh. L. Sal. 1, 15. Darum nimmt sie der Bräutigam, und vermählt sie sich mit einem ewigen Verbündniß, und verknüpft sie sich mit einem viel festern Bande, als ein Ehemann seinem Weibe thun kann. Diese Zusage des Verlöbnisses, da der Bräutigam seine Braut sich vertrauet, ist stärker als irgend eine Versprechung. Denn er hat sie also geliebt, daß er sich selbst für sie in den Tod gegeben. Darum so geschieht dieses Verlöbniß, diese Trauung und Verbindung in dem Namen des Vaters, das ist in der Liebe des Vaters, in dem Glauben an den Sohn Gottes, und in der Kraft und Wahrheit des heiligen Geistes, 1 Petr. 3, 21; Hos. 2, 19.

5. Das heißt 4) Christum anziehen, Gal. 3, 27, geziert und geschmückt seyn mit des Herrn Christi eigener Gerechtigkeit, mit seinem Gehorsam und seiner Heiligkeit; von welchem Ehrenschmuck Wunderdinge zu lesen sind, Ezech. 16, 10; Ps. 45, 14; Jes. 61, 10, und hin und wieder im Hohen Lied Salomonis.

6. Gleichwie der Mann an seinem Weibe hanget, also hält der Herr Christus auch fest bei seiner Gemeine, und verläßt dieselbe nimmermehr; sondern er liebt sie herzlich, er hat sie in seinem Schooß, also daß sie „von seinem Bissen isset, aus seinem Becher trinket, in seinem Schooße schläft, und wird von ihm gehalten wie seine Tochter," 2 Sam. 12, 3. O eine vortreffliche Frucht der Taufe, o eine unaussprechliche, ehrliche und herrliche Ehe!

7. Was ist es 5) anders, in dem Namen Gottes, des Vaters, Sohnes und heiligen Geistes taufen, als zu den Kindern und Erben Gottes auf- und annehmen, zur Wohnung der hochgelobten und heiligen Dreieinigkeit bereiten, heiligen, schmücken und zieren? Dieß ist die Vortrefflichkeit, Würdigkeit und Ehre, der Preis und Ruhm unserer heiligen Taufe.

Gebet um tägliche Erneuerung des Taufbundes.

Dreieiniger Gott, laß uns nie vergessen deiner unaussprechlichen großen Gnade, die du uns durch die heilige Taufe erwiesen hast. Wir sind deine Kinder geworden; gib, daß wir in kindlichem Vertrauen dir anhangen, und mit kindlicher Ehrerbietung vor dir unsern ganzen Wandel führen. Wir sind mit dir verlobt, und du hast uns zu deinem Eigenthum angenommen; laß uns als deine Verlobte durch unser ganzes Leben dir empfohlen seyn, und in jungfräulicher Reinigkeit deinem heiligen Vorbilde nachfolgen. Unsere Herzen hast du dir zu deinem Tempel erwählt; ach! laß uns deine erquickende und stärkende Kraft in unserm Inwendigen dergestalt erfahren, daß wir unter deiner Gnadenregierung willig und getrost unserm vorgesteckten Ziel entgegeneilen. Amen.

Das 12. Capitel.

Die Vereinigung des Herrn Christi mit den Gläubigen bestätigt das geistige, sacramentliche Essen im heiligen Abendmahl.

1. Damit der Herr Christus, unser hochverdienter Heiland und Seligmacher, diese hochwunderbare Vereinigung mit seinen Gläubigen bestätigen möchte, so hat er sein letztes Abendmahl eingesetzt, daß es ein Testament oder Zeugniß sey seiner Vereinigung mit den Gläubigen. Denn als er kurz vorher diese Vereinigung mit inbrünstigem Gebet von seinem himmlischen Vater erbeten, und seinen letzten Wunsch für dieselbe gethan hatte, Joh. 17, 22, und dieselbe mit einem schönen Spruch erklärt, Joh. 9, 56: „Wer mein Fleisch isset, und trinket mein Blut, der bleibet in mir, und ich in ihm": da hat er endlich, als er sterben wollte, im Sacrament diese Vereinigung mit seinem eigenen und wahren Leib und Blut unzweifelhaft bestätigen wollen, Matth. 26, 26. Denn was ist die Darreichung seines eigenen Leibes, welcher für uns in den Tod gegeben, und seines eigenen Blutes, welches für uns vergossen ist, anders, als daß wir mit Christo zu Einem Leib vereinigt werden? Wir werden zwar durch den Glauben und Geist mit dem Herrn Christo ein geistiger Leib; es hat aber unserm Heiland in Gnaden gefallen, auch ein Band derselben Vereinigung uns zu geben durch seinen letzten Willen, nämlich seinen Leib und Blut, das Lösegeld unserer Erlösung, welches uns, kraft des Glaubens und des Geistes, mit dem Herrn Christo aus rechtem, innerlichem Affect der Liebe zusammen verbinde und vereinige. Zwar der Geist des Herrn Christi, Gottes Sohnes, verbindet und vereinigt uns mit unserm Haupte und mit allen seinen geistigen Gliedern mit und durch das geistige Band; aber der eigene Leib des Herrn Christi, welcher für uns auf dem Altar des Kreuzes geopfert worden, und sein eigenes Blut, welches zur Vergebung unserer Sünden vergossen ist, und im Abendmahl wahrhaftig und wesentlich gereicht wird, ist ein herrliches und kräftiges Pfand der wahren Vereinigung mit Christo, und derselben gewisse Bestätigung. Darum hat der Herr Christus diese Weise, seinen Leib und Blut zu essen und zu trinken, über alle Weise, nach seiner Allmacht verordnet und eingesetzt, auf daß alle seine Glieder seines Leibes und Blutes mit der That theilhaftig würden; damit die, welche durch seinen Geist mit ihm verbunden worden, auch durch den Gebrauch und Genuß seines wesentlichen Leibes und Blutes mit ihm vereinigt würden.

2. Denn was ist die Gemeinschaft des Leibes und Blutes Christi, davon Paulus schreibt, 1 Cor. 10, 16, anders, als eine Vereinigung mit dem Haupte Christo? Darum wird allhier nicht eine Gemeinschaft des bloßen Brods und des bloßen Weins gesetzt, sondern eine Gemeinschaft des Leibes und Blutes Christi durch Brod und Wein, als durch Mittel; durch welches Leibes und Blutes wesentliche und wirkliche Darreichung die wirkliche, wahre und geheimste Vereinigung vollzogen und vollbracht wird. Ein einziges Versöhnopfer am Stamm des Kreuzes ist durch den Leib und das Blut Christi vollbracht worden, dadurch wir von Sünden gereinigt und mit Gott ausgesöhnt sind; dasselbe hat unser Hoherpriester, vermittelst Brod und Wein, zur geistigen Speise und Trank geweihet und geheiligt, auf daß dasjenige, was er dem himmlischen Vater zur Versöhnung aufgeopfert hat, uns zur Erquickung und zur Gemeinschaft mit ihm möchte gedeihen; damit sein Fleisch und Blut, wodurch wir wahrhaftig erlöst worden sind, uns zu einer wahrhaftigen Speise und Trank würde.

3. Der Satan, der Feind des menschlichen Geschlechts, hat, als ein Affe Gottes, abscheuliche Opfer bei den Heiden gestiftet, daß das Volk essen sollte von dem Opfer, welches den Teufeln geopfert würde, auf daß Alle hiedurch in des Teufels Gemeinschaft kämen, und Ein Leib mit dem Teufel würden, die desselben Opfers genössen; wie es der heilige Apostel Paulus erklärt, 1 Cor. 10, 20. Weil nun dieses ein gräuliches und abscheuliches Werk ist, so schreckt er diejenigen, welche des Herrn Christi Glieder sind, von dem Gebrauch der teuf-

lischen Opfer ab, und beweist dagegen, daß wir mit dem Herrn Christo Ein Leib werden, die wir nach seiner Einsetzung vermittelst Brods und Weins seinen wahren Leib essen, welcher für uns gegeben, und sein Blut trinken, welches für uns vergossen ist, und daß wir demnach nicht zugleich des Herrn Tisches und des Teufels Tisches theilhaftig werden.

4. Denn der Herr Christus hat wahrhaftig in der Einsetzung des letzten Abendmahls gesehen auf die Vereinigung und deren Bestätigung. Denn warum erklärt er Joh. 6, 56, daß die Gläubigen in ihm und er in den Gläubigen bleiben wolle durch das Essen seines Fleisches und durch das Trinken seines Blutes, da doch die Vereinigung mit Christo durch den Glauben geschieht? Der Grund der Weisheit und Wahrheit redet auf's allerdeutlichste: „Wer mein Fleisch isset und trinket mein Blut, der bleibet in mir, und ich in ihm." Warum sagt er nicht: Wer an mich glaubet, der bleibet in mir? Darum, daß wir die Sache desto ernstlicher betrachten, und die Größe der Sache aus der Hochwichtigkeit der Worte schätzen sollen; daß er nämlich durch das Essen seines lebendigmachenden Fleisches sich mit uns wolle vereinigen. Und obwohl diese Vereinigung durch den Glauben geistiger Weise geschehen kann, so bezeugt er doch klar, daß er, unser Heiland und Seligmacher, gesehen und gleichsam mit dem Finger gezeigt habe auf das sacramentliche Essen, welches er hernach im letzten Abendmahl eingesetzt hat; indem er sich nicht allein nennt das lebendige Brod, Joh. 6, 35. 51, daß, wer zu ihm komme, nicht hungern solle, und wer an ihn glaube, nicht dürsten solle, sondern auch ausdrücklich das Brod, welches er geben werde, sein Fleisch nennt, welches er geben werde für das Leben der Welt, und daß solches sein Fleisch sey die rechte Speise, und daß sein Blut sey der rechte Trank, welche Speise und Trank er zu geben zugesagt und verheißen. Daher erscheint, daß unser Heiland und Seligmacher zugleich gesehen habe auf das heilige Abendmahl, welches bald hernach sollte eingesetzt werden. Darum redet er allhier sowohl von dem geistigen, außer dem Abendmahl, als von dem sacramentlichen Genießen, und zwar von dem heilsamen Gebrauch und Essen seines Leibes und Blutes im Abendmahl, welches zur selbigen Zeit aber noch sollte eingesetzt werden. Mit welcher Erwägung der Worte ich keineswegs abweiche von der Meinung unserer Lehrer von dem geistigen Genuß, welcher im 6. Capitel Johannis beschrieben ist; sondern ich achte und halte dafür, daß die Emphasis und Wichtigkeit der Worte unsers Heilands andeute, er habe auch zugleich auf das heilige Abendmahl hiemit gesehen. Traun! was da für das Leben der Welt gegeben wird, das betrifft den ganzen Menschen. Wer wollte denn sagen, daß die Leiber der Gläubigen nicht sollten zur Gemeinschaft des Leibes und Blutes Christi kommen? zumal da der Apostel Paulus sagt, Eph. 5, 30: „Wir sind Glieder seines Leibes, von seinem Fleische, von seinem Gebeine;" und da er 1 Cor. 6, 19 schreibt, daß die Leiber der Gläubigen Tempel des heiligen Geistes seyen, welcher in ihnen wohne, und daß sie demnach nicht befleckt, sondern dem Herrn geweihet und geheiligt seyn und bleiben sollen.

5. Welche demnach mit dem Herrn Christo, ihrem Haupte, vereinigt werden, die freuen sich, und kommen mit herrlicher innerer Bewegung zum Tische des Herrn, setzen diese Vereinigung mit herzlicher Freude fort, bestätigen und bekennen sie öffentlich. Welche aber fremd sind von Christo, und Glieder des Teufels, und den Herrn Christum aus Haß lästern und schänden, die werden schuldig an seinem Leibe und köstlichen Blut, so er vergossen hat, und haben gar gewiß seine gerechte Strafe und Rache zu erwarten.

Gebet um würdige Genießung des heiligen Abendmahls.

Du hast, o ewiger Erbarmer! ein Gedächtniß deiner Liebe im heiligen Abendmahl gestiftet; ach laß uns die Hoheit und Würde dieses Sacraments dergestalt erwägen, daß wir uns desselben mit begierigen, demüthigen, gläubigen und dankbaren Herzen öfters bedienen, deine Jesusliebe in unsern Seelen schmecken, immer genauer mit dir verbunden, und durch deinen Geist zur seligen Ewigkeit mehr und mehr gefördert werden. Amen.

Das 13. Capitel.

Durch Anrufung, Gebet und Lob Gottes wird der Mensch mit Gott verbunden, und mit dem heiligen Geist erfüllt.

1. Ein andächtiger Mensch, der gern betet, der schauet und rufet die göttliche Majestät an; durch das Anschauen liebt er dieselbe, und durch die Kraft der Liebe wird er mit derselben verbunden und vereinigt. Mit solcher heftigen Liebe wird er bisweilen außer sich geführt zu dem, welchen er liebt, dergestalt, daß er vielmehr außer sich als in ihm selber lebt. Bisweilen wird er auch mit einem solchen geistigen Geschmack und solcher Wollust erfüllt, daß seine Seele wünscht, davonzuziehen und zu dem lebendigen Gott einzugehen. Ein andächtiger Mensch wird Gottes Freund, so daß er stets vor sein Angesicht kommt, und in sein Heiligthum geht ohne Hinderniß, und mit Gott gar freundlich umgeht. Ich muß hieher ziehen unsers Heilandes tröstlichen Spruch, Joh. 10, 9: „Ich bin die Thür; so Jemand durch mich eingehet, der wird selig werden, und wird ein- und ausgehen, und Weide finden." Was bedeutet das Ein- und Ausgehen anders, als eine sonderliche und die allergrößte Freundschaft? „Siehe, ich stehe vor der Thür, und klopfe an; so Jemand meine Stimme hören wird, und die Thür aufthun, zu dem werde ich eingehen und das Abendmahl mit ihm halten, und er mit mir," Offenb. Joh. 3, 20. Denn weil der Mensch also mit Gott in Freundschaft steht, so pflegt sich unser Gott oftmals zu seinem Freund zu begeben. O du liebliche Güte und Freundlichkeit Gottes!

2. Darum stehet im 1. B. Sam. 3, 10, daß Gott, der Herr, bei der Nacht den Samuel dreimal bei seinem Namen gerufen, und er geantwortet habe: „Rede, Herr, denn dein Knecht höret." Und darum spricht auch Gott, der Herr, durch Hoseas, C. 2, 14: „Ich will sie locken, und will sie in eine Wüste führen, und freundlich mit ihr reden." Daher schreibt Augustinus und spricht: Gott anrufen ist so viel, als Gott in sein Herz rufen. Als der Herr zu Abraham kam, sprach dieser: „Ach siehe, ich habe mich unterwunden, zu reden mit dem Herrn, wiewohl ich Erde und Asche bin," 1 Mos. 18, 27. Als aber der Herr sieht, wie sich Abraham im Gebet bemühtigt und erniedrigt, so macht sich derselbe bei ihm desto beliebter, und er unterredet sich desto freundlicher mit ihm. Er spricht, Jes. 66, 2: „Ich sehe an den Elenden, und der zerbrochenen Geistes ist, und der sich fürchtet vor meinem Wort."

3. Durch solches Gespräch des gegenwärtigen Gottes sind die gottesfürchtigen Christen so höchlich erfreut worden, daß sie auf keine Sache mehr Mühe und Fleiß verwendet haben, als darauf, daß sie durch das liebe Gebet mit Gott möchten Gemeinschaft und Freundschaft haben. Denn dasselbe verbindet wahrhaftig mit Gott, bringt Freude und Friede dem Herzen, und führt mitten unter das Chor der heiligen Engel. Alle menschliche Gespräche, Unterhaltungen und Freundschaften sind für nichts zu achten, wenn sie mit diesem Gottesgespräch verglichen werden. Wie lieblich und freundlich ist Gott, der Herr, mit den Propheten und Aposteln umgegangen, durch deren Mund er geredet hat! Welch eine Würdigkeit hat der gehabt, welcher spricht: „Der Geist des Herrn hat durch mich geredet, und seine Rede ist durch meinen Mund geschehen!" 2 Sam. 32, 2. Welch eine Herrlichkeit hat der gehabt, von welchem der Herr sagt: „Mündlich rede ich mit ihm, und er siehet den Herrn in seiner Gestalt, nicht durch dunkle Worte und Gleichnisse." 4 Mos. 12, 8. „Es ist ein köstliches Ding," spricht David, „dem Herrn danken, und deinem Namen lobsingen, du Allerhöchster," Ps. 92, 2. Eine andächtige Seele spürt und merkt, daß das ein köstliches Ding sey, aber mit Worten kann es nicht ausgesprochen werden. Das Gebet ist köstlich vor Gottes Angesicht, denn der himmlische Vater bringt und

gibt schöne Gaben, die edler und köstlicher sind, als Perlen und Gold. Er gibt ein englisches Leben, er gießt in's Herz den Geschmack der ewigen Seligkeit, und richtet zu eine Bereitschaft zur Gesellschaft des ewigen Lebens.

Gebet um die Gnade eines beständigen Umgangs mit Gott.

Allgegenwärtiger Gott, deine Lust ist bei den Menschenkindern; ach verkläre dich so unsern Seelen, daß wir deine Herrlichkeit im Glauben sehen, in Jesu zu deinem Gnadenthron nahen, und mit dir, als unserm versöhnten Vater und liebreichen Abba, in einem ununterbrochenen Umgange beständig bleiben. Du bist der allmächtige und allgenugsame Gott; setze uns in eine solche Gemüthsfassung, daß wir vor dir wandeln und der Aufrichtigkeit uns befleißigen. Amen.

Das 14. Capitel.

Des Menschen höchste Seligkeit und Ziel ist, mit Gott vereinigt zu werden.

1. Daß die Seelen der Gottesfürchtigen nicht können ersättigt werden, sie haben denn Gott selbst, bezeugt David, Ps. 17, 15: „Ich will satt werden, wenn ich erwache nach deinem Bilde." Und daß weder Himmel noch Erde nütze sey, wo die Seele Gott, den Herrn, nicht selbst besitzt, singt David, Ps. 73, 25: „Wenn ich nur dich habe" ꝛc. Ob wir nun zwar nur einen geringen Anfang dieser Seligkeit in diesem Leben erfahren, so ist es doch ein feiner Beweis unserer Vereinigung mit dem höchsten Gut. Hievon zeugt die geistige Freude und der Geschmack der göttlichen Süßigkeit, welcher hin und wieder in den Psalmen und Propheten beschrieben und gerühmt wird.

2. Wahrlich, es schmeckt den andächtigen Herzen, welche sich Gott ergeben haben, außer Gott nichts; es ist ihnen ohne Gott Alles unschmackhaft, bitter und todt. Darum haben die heiligen Seelen ein Verlangen nach den lebendigen Brunnen, die in das ewige Leben fließen, nach der grünen Weide, welche außer Christo nirgend und an keinem Ort gefunden wird. Dieses ist ein Bild, ja ein Anfang des ewigen Lebens, in welchem Gott Alles in Allem seyn wird, 1 Cor. 15, 28. Er wird seyn unsere Wohnung, unsere Speise, unser Genüge, unser Kleid, unsere Liebe, unsere Ergötzung, unsere Lieblichkeit, unsere Ruhe, unsere Weisheit, unsere Ehre, unser Ruhm, unser Leben. Alsdann wird offenbar werden die Herrlichkeit der Kinder Gottes, die jetzt verborgen ist; „denn wir werden den Herrn sehen, wie er ist," spricht der Apostel, 1 Joh. 3, 2. Wer will aber erzählen das Wesen Gottes, oder die wesentliche Güte Gottes, welche ist alle und unendliche Gütigkeit? Das Sehen Gottes ist die Genießung Gottes. Gott sehen, wie er ist, heißt, der ganzen Fülle der Gottheit theilhaftig werden, und erfüllt werden mit der unermeßlichen und unendlichen Gütigkeit Gottes, welche Fülle wir in dem Herrn Christo erkennen und umfahen, schmecken, und mit allen Auserwählten und heiligen Engeln preisen werden, erfüllt mit der Herrlichkeit Christi, und mit der Freude des heiligen Geistes in alle Ewigkeit. Aber hievon haben wir genugsam geredet oben im 7. Capitel.

3. Darum, liebe Seele, bereite dich, daß dein Herz sey Gottes Wohnung; vereinige dich mit Gott in diesem Leben; „laß deine Augen nicht schlafen, noch deine Augenlider schlummern, bis du eine Stätte findest für den Herrn, deinen Gott," Ps. 132, 4. 5. Denn wer durch wahrhaftige Bekehrung zu Gott vereinigt wird mit Gott in diesem sterblichen Leben, bis die Seele abscheidet, der wird vereinigt bleiben mit Gott im unsterblichen Leben in alle Ewigkeit. Denn Gott wird selber in den Auserwählten und Seligen wohnen, und sie mit ewiger Seligkeit und ungetrenntem Licht, Glanz und Herrlichkeit erfüllen. In Summa: die Seele, die vom Leibe abscheidet, wenn sie mit Gott vereinigt worden, die wird in alle Ewigkeit mit Gott vereinigt bleiben.

32*

Gebet um die unzertrennliche Vereinigung mit Gott.

O Jesu, außer dir ist kein Heil, in dir aber ist das Leben und volles Genüge. Wir umfassen dich im Glauben, und bitten dich demüthigst: laß uns von deiner Liebesgemeinschaft nie wiederum getrennt werden. Beweise dich an uns als den Herzog unserer Seligkeit; vollbereite, stärke, kräftige, gründe und erhalte uns zur ewigen Seligkeit. Dein sind wir, o Imanuel, dein bleiben wir, o Seelenfreund, in Zeit und Ewigkeit. Amen.

Das 15. Capitel.

Das größte und höchste Elend des Menschen ist, ewig von Gott geschieden zu werden.

1. Welche Menschen der Hoffart, dem Geiz und der Wollust dieser Welt sich ergeben, und gar in diesen Lastern ertrunken sind, und sich nicht bekehren, dieselben wenden sich nicht allein von Gott ab, und verschließen dem heiligen Geist allen Eingang, sondern werden auch mit dem Teufel vereinigt. Denn die dem Teufel anhangen, sind nicht allein Herbergen des Teufels, sondern werden auch mit ihm vereinigt. Denn ihre Seele ist von Gott abgewandt, vom wahren Licht, von der wahren Ruhe und Freude.

2. Die verdammte Seele wird zwar das Licht wünschen; aber außer Gott ist kein Licht, sondern daselbst sind und werden bleiben gräuliche und ewige Finsternisse. Sie wird zwar die Ruhe wünschen; aber außer Gott ist keine Ruhe der Seele, sondern eitel Schrecken und Grausen. Sie wird Freude wünschen; aber außer Gott ist ewige Traurigkeit. Sie wird Erquickung wünschen; aber außer Gott ist keine Erquickung, sondern Angst und Betrübniß. Sie wird Trost wünschen; aber außer Gott ist kein Trost, sondern stete Marter und Pein, und unaufhörliche Höllennoth. Die Teufel werden in den Gottlosen wohnen, und sie erfüllen mit aller teuflischen Fülle, mit Marter, Lästerung, Unsinnigkeit, Schrecken, Grausen, Gespenstern, Schlangenstichen, Angst, Schmerzen, Finsterniß, Schande und ewiger Verzweiflung. Darum, wenn des Menschen Seele, so mit dem Teufel vereinigt ist, vom Leibe abscheidet, so wird sie mit ihm vereinigt bleiben in alle Ewigkeit; denn die Teufel werden in den Verdammten wohnen.

3. Es wird aber die Seele vom Teufel erlöst durch die Buße und Bekehrung in diesem Leben. Nach dem Tode ist keine Erlösung und Scheidung vom Teufel. In Summa: die Seele, welche vom Leibe abscheidet, und mit dem Teufel vereinigt ist, wird in alle Ewigkeit mit dem Teufel vereinigt bleiben. Wessen Seele aber vom Teufel und der Welt nicht verblendet ist, der Wille nicht verkehrt, das Gedächtniß nicht befleckt, die bereitet Gott, dem Herrn, eine würdige Wohnung.

Gebet um einen seligen Tod.

Du hast, o Lebensfürst! dem Tode die Macht genommen, und das Leben und ein unvergängliches Wesen an's Licht gebracht; mache uns tüchtig zu der uns erworbenen ewigen Herrlichkeit. Zu dem Ende laß uns der Sünde absterben, und dir im wahren Glauben anhangen, auch unsern ganzen Wandel in deiner Furcht führen, damit, wenn wir sterben, wir nicht sterben, sondern um deinetwillen durch den Tod zum ewigen Freudenleben übergehen. Amen.

Des fünften Buchs dritter Theil, oder Büchlein von der

heiligen Dreieinigkeit, von der Menschwerdung des Sohnes Gottes, Jesu Christi, und dem heiligen Geist, seinen Gaben und Wohlthaten.

Das 1. Capitel.

Von der heiligen Dreieinigkeit.

Der wahre christliche Glaube erkennt, ruft an und ehrt den einigen wahren Gott, welcher ist Vater, Sohn und heiliger Geist, drei unterschiedene Personen, Eines göttlichen Wesens, gleicher Ewigkeit, Majestät und Herrlichkeit.

1) Denn wir haben erkannt im Glauben, daß Gott, der Vater, von Ewigkeit erzeugt hat seinen eingeborenen Sohn gleichen Wesens.

2) Wir haben im wahren Glauben erkannt, daß der Sohn, vom Vater von Ewigkeit geboren, sey das wesentliche Ebenbild des Vaters, der Glanz der Herrlichkeit des Vaters, ein Licht vom Licht, ein wahrer Gott vom wahren Gott, und daß derselbe sey in der Zeit Mensch geworden, und habe die menschliche Natur an sich genommen, aus und von der Jungfrau Maria, daß er sey ein Heiland der Menschen.

3) Wir haben im Glauben erkannt, daß der heilige Geist wahrer Gott sey, vom Vater und Sohn ausgehe, und sey ein Tröster der Menschen.

4) Wir glauben, daß wir „einen Vater haben, von welchem alle Dinge sind, und wir in ihm; und einen Herrn, Jesum Christum, durch welchen alle Dinge sind, und wir durch ihn," 1 Cor. 8, 6.

5) Wir glauben, daß „der Himmel durch das Wort des Herrn gemacht sey, und durch den Geist seines Mundes all sein Heer," Pf. 33, 6.

6) Wir haben im Glauben erkannt, daß der Vater durch seinen Sohn Alles wirke (durch welchen er auch die Welt gemacht hat, durch welchen alle Dinge geschaffen sind, die sichtlichen und die unsichtlichen, in welchem Alles besteht), beide aber durch den heiligen Geist. Denn Alles, „was der Vater thut, das thut auch der Sohn; und wie der Vater lebendig macht, also auch der Sohn; und wie der Vater das Leben hat in ihm selber, also hat er auch dem Sohn gegeben, das Leben zu haben in ihm selber," Joh. 5, 19. 21. 26.

7) Wir glauben, daß „Drei sind im Himmel, die da zeugen: der Vater, das Wort und der heilige Geist, und daß diese Drei Eins sind," 1 Joh. 5, 7.

8) Wir glauben, daß der Antichrist sey, welcher verläugnet den Vater und Sohn. „Denn wer den Sohn verläugnet, der hat auch den Vater nicht," 1 Joh. 2, 22. 23.

9) Wir glauben, daß Gott, der Vater, gesalbt hat seinen Sohn mit Freudenöl des heiligen Geistes, zu predigen den Betrübten, Pf. 45, 7.

10) Wir glauben, daß der Vater mit uns rede durch den Sohn, beide aber durch den heiligen Geist, Hebr. 1, 2.

11) Wir glauben, daß Gott, der Vater, in unsern Herzen wirke und anzünde den Glauben an seinen Sohn, durch den heiligen Geist.

12) Wir glauben, daß Niemand zum Sohn könne kommen, wenn ihn der Vater nicht zieht durch seinen Geist, Joh. 6, 44.

13) Wir glauben, daß Niemand zum Vater kommen könne, denn durch den Sohn, und daß Niemand zum Sohn kommen könne, denn durch den heiligen Geist, Joh. 14, 6.

14) Wir glauben, daß der Vater nicht könne erkannt werden, denn durch den Sohn, und daß der Sohn nicht könne erkannt werden, denn durch den heiligen Geist.

15) Wir glauben, daß die Gnade des Vaters nicht könne erlangt werden, denn in dem Sohn, welcher ist der Gnadenthron; die Gnade aber nicht könne angenommen werden, denn durch den heiligen Geist.

16) Wir glauben, daß von dem Vater aller Gnade und Barmherzigkeit aller Trost zu uns komme, in und durch den Sohn, unsern Mittler und Fürbitter, durch den heiligen Geist.

17) Wir glauben, daß der Vater des Lichts uns erleuchte und heilige in dem Sohn, welcher unser Licht ist, und in dem, der unsere Heiligung ist, durch den heiligen Geist.

18) Wir glauben, daß uns der Vater herzlich lieb habe in seinem geliebten Sohn, durch den heiligen Geist aber seine Liebe in unsere Herzen ausgieße.

19) Wir glauben, daß wir mit Gott, dem Vater, Sohn und heiligen Geist das höchste Verbündniß in der Taufe aufrichten, und angenommen werden zu Kindern des ewigen Vaters, zu Gliedmaßen des Sohnes Gottes, und zu Tempeln

und Wohnungen des heiligen Geistes geweiht werden.

20) Wir glauben, daß die Gnade unsers Herrn Jesu Christi, des Sohnes Gottes, die Liebe des Vaters, und die Gemeinschaft des heiligen Geistes allezeit bei uns sey, 2 Cor. 13, 13.

21) Wir glauben, daß uns der Vater angenommen habe zu Kindern in seinem geliebten Sohn, die Kindschaft aber durch den heiligen Geist versiegelt habe, Eph. 1, 5. 6.

22) Wir glauben, daß der Vater in seinem Sohn uns erwählt habe zu Erben des ewigen Lebens, diese Erbschaft aber durch das Pfand und den Mahlschatz des heiligen Geistes bekräftigt und bestätigt habe.

23) Wir glauben, daß Gott, der Vater, „den Geist seines Sohnes gesandt in unsere Herzen, welcher rufet: Abba, lieber Vater; auf daß er Zeugniß gebe unserm Geist, daß wir Gottes Kinder sind," Gal. 4, 6; Röm. 8, 16.

24) Wir glauben, daß der Vater in Christo sey, und der Sohn im Vater, und daß sie beide durch den heiligen Geist mit uns vereinigt werden und in unsern Herzen wohnen, Joh. 17, 21.

25) Wir glauben, daß der Sohn den heiligen Geist sende vom Vater, auf daß er uns in alle Wahrheit leite, und von Christo zeuge, und ihn verkläre, Joh. 15, 26; Cap. 16, 13. 14.

26) Wir glauben, daß wir durch den Sohn einen Zutritt haben, in Einem Geist, zum Vater.

27) Wir glauben dem wahrhaftigen Wort unsers Seligmachers, da er spricht: „Wie viel mehr wird mein himmlischer Vater den heiligen Geist geben denen, die ihn bitten?" Luc. 11, 13.

28) Wir haben erkannt im Glauben, und glauben, daß der Vater ohne den Sohn, und beide ohne den heiligen Geist, nicht recht und wahrhaftig geehrt und angerufen werden können.

29) Wir glauben ganz festiglich, daß der Vater anders nicht, denn durch den Sohn, im heiligen Geist, anzubeten sey.

30) Wir haben im Glauben erkannt, daß eine jede Person in der heiligen Dreieinigkeit, Gott, der Vater, Sohn und heilige Geist, für sich selbst anzurufen sey; denn sie sind einerlei göttlichen Wesens, Majestät, Allmacht und Ehre.

31) Wir glauben, daß der Name Gottes, des Vaters, und Gottes, des Sohnes, unsers Herrn Jesu Christi, und Gottes, des heiligen Geistes, sey der höchste Segen aller unserer Werke, und daß wir in demselben einigen Namen, in welchem wir getauft sind und Gott geheiligt, unser Leben selig schließen müssen.

32) Wir glauben, wenn wir mit dem Tode ringen, daß Gott, der himmlische Vater, unsere Seelen, die durch den Sohn erlöst und durch den heiligen Geist geheiligt sind, aufnehme, und daß der heilige Geist, der Tröster, nimmermehr, auch im Tode nicht, von unsern Seelen weiche.

33) Wir glauben festiglich, daß Gott, der Vater, durch die Stimme seines Sohnes unsere Leiber auferwecken und mit seinem Geist verklären werde.

34) Wir glauben standhaft, daß der Vater in dem Sohn, der Sohn im Vater, durch den heiligen Geist, im ewigen Leben den Auserwählten werde Alles in Allem seyn.

35) Darum sey dir, dem dreieinigen Gott, dem wahren Gott, der du bist ewig, lebendig, unendlich, unermeßlich, allmächtig, das höchste Gut, der Allerheiligste, Allerweiseste, der Gerechteste, der Wahrhaftigste, der Brunn der Barmherzigkeit, der Schöpfer aller Dinge, der sichtbaren und unsichtbaren, der gnädigste und gütigste Erhalter aller Creaturen, dir, Gott, dem Vater, Gott, dem Sohn, Gott, dem heiligen Geist, Ehre, Lob und Preis, von Ewigkeit zu Ewigkeit! Amen.

O heilige Dreifaltigkeit,
Würdig des Anrufs jederzeit!
O wunderbare Einigkeit,
Geehrt von aller Ewigkeit!
O unbegriffne Majestät!
O unumschränkte Gottheit!
O unzertheilte Dreiheit!

O unauflösliche Einigkeit!
O unaussprechliche Gütigkeit!
O unbetrügliche Wahrheit!
O Wesen hoch und ungeschätzt!
O Macht, der nirgends Ziel gesetzt!
O Klarheit, die ohn' Dunkel ist!
O Licht, das unauslöschlich ist!
Erbarm' dich unser stetiglich,
Regier' und schütz' uns gnädiglich.
Amen, Amen, Amen.

Gebet um Uebergabe unserer selbst an den dreieinigen Gott.

Ja, dir, dem dreieinigen Gott, übergeben wir uns ganz und auf ewig. Gott Vater, Sohn und heiliger Geist, was du erschaffen, erlöset und geheiliget hast, das empfehlen wir dir in deine Hände. Deine Gnade erfreue uns, deine Allmacht bearbeite uns, dein Blut reinige uns, deine Liebe tröste uns, deine Weisheit regiere uns, deine Kraft stärke uns. Wir bewundern dich, unbegreifliches Wesen! Wir beten dich an, und verehren deinen majestätischen Namen. O welch eine Tiefe erblickt unser schwacher Verstand! Sey gepriesen, dreieiniger Gott! laß deine Vaterliebe uns in Christo durch den heiligen Geist täglich genießen, und bereite uns zu, daß wir dereinst ohne Sünde dich ewig verherrlichen können. Amen.

Das 2. Capitel.

Von dem wunderbaren Geheimniß der Menschwerdung des Sohnes Gottes.

1. Als der himmlische Vater dem menschlichen Geschlechte zu gut seinen Sohn von Ewigkeit her zum Heiland und Seligmacher verordnet hatte, da hat er solche Verheißung des Heils nicht an die Gottheit seines Sohnes allein gebunden, sondern an den Samen des Weibes, welcher der Schlange den Kopf zertreten sollte, 1 B. Mos. 3, 15, und an den Samen Abrahams, in welchm alle Völker sollten gesegnet werden, C. 12, 3. Darum haben die Erzväter, die unter dem alten Testament gelebt, den Sohn Gottes, welcher künftig Mensch werden sollte, im Glauben ergriffen, und haben in seinem Tode die Genugthuung für die Sünde und die Erlösung von dem ewigen Tod gesucht, und sind erhalten worden. Denn der Glaube macht die zukünftigen Verheißungen Gottes, wegen der Gewißheit, gegenwärtig, und genießt der verheißenen Güter, als wenn sie gegenwärtig wären. Also hat Abraham den Tag des Herrn gesehen, und hat sich gefreuet, Joh. 8, 56; das ist, er hat der Früchte und der gegenwärtigen Freude der künftigen Menschwerdung des Sohnes Gottes genossen, welche über viele hundert Jahre hernach die Engel verkündigt haben. Darum ist des himmlischen Vaters Rath gewesen, daß sein Sohn, welcher von Ewigkeit her geboren war, auf die bestimmte Zeit Mensch würde. Diese Person, so zugleich wahrer Gott und vollkommener Mensch ist, hat Gott, der ewige Vater, zu einem Heiland und Seligmacher des menschlichen Geschlechts verordnet. Darum soll ein gottseliges Herz diesen allerweisesten und geheimen Rath Gottes, des Vaters, wohl bedenken, und bei sich betrachten:

2. 1) Daß Gott, der Vater, diese Person zu unserm Heiland und Seligmacher verordnet hat, nicht nur seine göttliche, auch nicht nur seine menschliche Natur, sondern die göttliche, welche mit unserm Fleisch vereiniget worden, auf daß er durch sein Fleisch uns eine Arznei zubrächte, und durch seine Seele unsern Seelen einen Trost einflößete. Unser Seligmacher ist Gott, daß du getrost seyst; er ist ein Mensch, daß du dich nicht fürchtest.

3. 2) Diese Person hat Gott, der Vater, zu einem Mittler verordnet zwischen Gott und dem Menschen, und darum hat er beide Naturen haben müssen. Demnach hat Gott aus dem Menschen müssen geboren werden, auf daß eben der, der da Gott ist, auch ein wahrer Mensch sey, und wahrhaftig des Menschen Sohn; und daß eben der, der da Mensch ist, auch wahrer Gott sey, und wahrhaftig Gottes Sohn; „auf daß wir glauben, Jesus sey Christus, der Sohn Gottes, und daß wir durch den Glauben das ewige Leben haben in seinem Namen," Joh. 20, 31.

4. Darum ergreifen wir diese Person mit wahrem Glauben, und trennen die Gottheit nicht von der Menschheit; denn Gott ist Mensch geworden. Schauet die Herrlichkeit des Fleisches des Sohnes Gottes, welchen wir in Einigkeit der Person anrufen. Denn wir glauben an die Person, welche Gott und Mensch ist. Denn „das Heilige, das von dir geboren wird," spricht der Engel, „wird Gottes Sohn genannt werden," Luc. 1, 35. Wir trennen auch nicht die Menschheit von der Gottheit, denn dieser Mensch ist Gott, welcher in Einigkeit der Person für uns gelitten, gekreuzigt, gestorben und begraben ist. Darum soll ein christliches Herz erwägen, wie theuer und werth, wie kräftig und heilsam dieses Leiden und dieser Tod sey; welcher nicht ist eines bloßen Menschen Leiden und Tod, sondern einer solchen Person, welche Gott und Mensch ist, auf daß es ein vollkommenes und genügsames Lösegeld für die Sünden der ganzen Welt würde. Darum hat Gott seines Sohnes nicht verschont, sondern ihn für uns Alle in den Tod gegeben. Ist das nicht ein wunderbares Geheimniß, daß eine solche Person hat gelitten Schmach, Kreuz, Tod und den ganzen Fluch? daß Gott gelitten im Fleisch, und mit seinem eigenen Blut seine Kirche oder Gemeine erlöset? daß der Herr der Herrlichkeit ist gekreuzigt? Ist das nicht ein unaussprechliches Geheimniß, daß diese persönliche Vereinigung auch mitten in dem bittern Tode nicht hat können aufgelöst werden? Denn der Apostel spricht, es sey unmöglich gewesen, daß Christus von dem Tode habe können gehalten werden, Ap. Gesch. 2, 24.

5. 3) Der himmlische Vater hat diese Person zu unserm Erlöser verordnet, auf daß der gefallene Mensch durch den Menschen, welcher zugleich Gott ist, erlöst würde von dem ewigen Tod, und daß der Weibessame der Schlange den Kopf zerträfe, welche den Menschen mit List und Lügen betrogen hatte. Das ist traun eine gerechte und wunderbare Rache!

6. 4) Der himmlische Vater hat aus Barmherzigkeit diese Person uns verordnet zu einem Arzt, auf daß wir durch sein Blut von dem Unflath der Sünden gereinigt, durch seine Striemen und Wunden geheilt, durch seinen Tod vom Tode zum vorigen Leben wieder erlöst, und wiederum zum vollkommenen Ehrenstand und zur Gleichförmigkeit des Ebenbildes Gottes erneuert würden.

7. 5) Der allergnädigste Vater hat diese Person uns verordnet zur Gerechtigkeit, daß er uns sollte gerecht machen, auf daß wir wider das unendliche Uebel der Sünde eine unendliche Arznei und Hülfsmittel durch sein Verdienst hätten, und wider die Strenge der ewigen Gerechtigkeit eine vollkommene Genugthuung in und durch seinen Tod, auch wider die Anklage des Gesetzes und des Teufels eine völlige Lossprechung von der Verdammniß hätten.

8. 6) Der allerliebste Vater hat diese Person verordnet zu einem Haupt, auf daß er seine Glieder versammelte, durch seinen heiligen Geist lebendig machte und heiligte, und sie seiner Fülle theilhaftig machte.

9. 7) Der himmlische Vater hat diese Person zum Hohenpriester verordnet, auf daß er durch das allerheiligste Opfer seines Leibes, für uns gegeben, uns reinigte, durch seine Fürbitte uns versöhnte, als das Wort des Lebens uns unterrichtete und lehrete.

10. 8) Gott, der heilige Vater, hat diese Person uns verordnet zu einem Gnadenstuhl, auf daß er uns brächte Vergebung der Sünden, welche wir durch den Glauben ergreifen, kraft des Verdienstes und der Erlösung durch sein Blut.

11. 9) Gott, der himmlische Vater, hat diese Person verordnet zu unserm König, auf daß er in unsern Herzen ein Reich der Gnade aufrichtete, unsere Herzen reinigte, Sünde und Tod zerstörete, des Teufels Reich vertilgete, allen Creaturen mächtig und gegenwärtig geböte, und seine Gläubigen in das Reich seiner Ehre und Herrlichkeit einführete.

12. 10) Es hat Gott, dem himmlischen Vater, gefallen, daß in diesem seinem Sohn alle Fülle wohnen sollte, auf daß wir nicht anderswohin fliehen, noch bei einem Andern suchen dürften Heil, Segen, Leben,

Gnade, Vergebung der Sünden, Versöhnung, Linderung der Strafen, Fürbitte bei dem Vater, Arznei und den Arzt selber, die Erkenntniß unserer wahren und rechten Weisheit, die rechte Erleuchtung durch den Glauben, und endlich das ewige Leben.

13. Dieß hochheilige Geheimniß der Menschwerdung müssen wir heilig beilegen und verwahren, wie die göttliche Natur durch die unauflösliche und unaussprechliche Vereinigung das menschliche Fleisch zur Mittheilung und Gemeinschaft der göttlichen Werke und Herrlichkeit an sich genommen hat. Denn wir haben „seine Herrlichkeit gesehen, eine Herrlichkeit, als des eingeborenen Sohnes vom Vater, voller Gnade und Wahrheit," Joh. 1, 14. Darum ist es unnöthig, daß wir die Naturen gleich halten oder vermengen, so wir glauben, daß die Werke Gott und Mensch thue, das ist, so wir dem Worte Gottes gemäß dafür halten, daß beider Naturen Wirkungen auf eine einige Wirkung zusammenkommen, in Einigkeit der Person; welches Eutyches geläugnet hat. Es ist auch unnöthig, daß wir die Person trennen und die Naturen von einander reißen, wenn wir die Gemeinschaft der Naturen und Eigenschaften glauben; welche Nestorius geläugnet hat. Es bezeugen diese Einigung und Gemeinschaft der Naturen und Eigenschaften die Wunderwerke und die gottmenschlichen Werke (wenn man also sagen darf). Es bezeugen es die lebendigmachenden Worte, welche in menschlicher Stimme ausgesprochen worden, mit welchen Krankheiten geheilt, Teufel ausgetrieben und Todte lebendig gemacht worden sind. Es bezeugt's sein lebendigmachendes Fleisch, welches ist das Brod des Lebens, das er für das Leben der Welt zu geben in Gnaden versprochen hat. Es bezeugt's die Abwaschung und Reinigung von Sünden durch sein Blut. Es bezeugt's die Versöhnung durch seinen Tod, die Heilung durch seine Wunden. Es bezeugt's alle Gewalt im Himmel und auf Erden, welche ihm nach dem Fleisch gegeben ist. Es bezeugt's die Gewalt über alle Creaturen, über den Wind und das Meer, über den Teufel und Tod. Es bezeugen's alle Schätze der Weisheit, so in ihm verborgen sind, Col. 2, 3. Es bezeugt's das allgemeine Gericht, „welches ihm gegeben, weil er des Menschen Sohn ist," Joh. 5, 27. Es bezeugt's seine Verklärung auf dem Berge, da an seinem heiligen Leibe die Ehre und Herrlichkeit der göttlichen Majestät sich hat sehen lassen, als er diesen Tempel, von Gott gebaut, mit der Herrlichkeit Gottes erfüllet und die himmlische umherleuchtende Freude die gottesfürchtigen Herzen gleichsam entzündet hat, da die Stimme des Vaters aus einer hellen Wolke erschollen: „Das ist mein lieber Sohn!" Matth. 17, 5; da der Sohn vom Vater Ehre und Herrlichkeit empfangen hat, als des Vaters wirkliches Zeugniß, durch die Verklärung und Erscheinung der Majestät, daß er sey verordnet zur Person des Mittlers, und durch die Ankündigung seines Amts, welches durch die Stimme des Vaters genehmigt und bestätigt worden.

14. Es bezeugt's der Stand der Erniedrigung oder Demuth, welchen der Apostel beschreibt, Phil. 2, 8. Denn wovon hat er sich selbst entäußert? Von dem Gebrauch der unendlichen Gaben, welche die Menschheit Christi durch die persönliche Vereinigung empfangen hat. Denn weil das Fleisch Christi mit der Gottheit persönlich vereinigt, und mit der Gottheit Eine Person geworden ist, was sollten es denn für Gaben seyn, die es nicht empfangen hätte? Warum sollte es nicht unendliche, unermeßliche und allen Creaturen unaussprechliche Gaben in dieser und jener Welt haben, wie der Apostel bezeugt? Welcher Unmöglichkeit oder Ohnmacht sollte es unterworfen seyn? Welcher Herrlichkeit sollte das Fleisch nicht theilhaftig seyn, welches der unendlichen Gottheit durch die Vereinigung theilhaftig ist? Aus welchem Grunde der persönlichen Vereinigung der Apostel Paulus einen solchen Schluß macht, und spricht: „Welcher, ob er wohl in göttlicher Gestalt war, hielt er's nicht für einen Raub, Gott gleich zu seyn, sondern entäußerte sich selbst." Darum ist es nöthig, daß wir die Grade und Unterschiede dieser Erniedrigung erwägen.

1) Er hat Knechtsgestalt an sich genommen, da er war ein Herr der Ehren, Matth. 20, 28: „Des Menschen Sohn ist nicht gekommen, daß er sich dienen lasse, sondern daß er uns diene."

2) Die Knechte und Leibeigenen müssen arbeiten; der Herr Christus hat mit seiner Seele und mit seinem Leibe die schwerste Arbeit ausgestanden.

3) Ein Knecht ist der Armuth unterworfen; der Herr Christus hat auch nicht das kleinste Eigenthum gehabt, da er sein Haupt hinlegte, Matth. 8, 20. Ein Knecht muß Schläge und Wunden leiden; der unschuldige Herr Christus ist geschlagen und verwundet worden um fremder Sünden willen.

4) Der Herr Christus ist „häßlicher geworden, denn andere Leute, und sein Ansehen, denn der Menschenkinder; er ist der Allverachteste und Unwertheste geworden," Jes. 53, 3, da er doch der allerheiligste und allerschönste Mensch ist.

5) Der Herr Christus ist ein Spott der Leute geworden, Psalm 22, 7, da er doch ist die Weisheit des Vaters.

6) Der Herr Christus ist gelästert worden, da er doch der Unschuldigste und Gerechteste ist.

7) Der Herr Christus ist am Kreuz ein Wurm geworden, da er doch mit Ehre und Schmuck ist gekrönt worden, Ps. 22, 7 und Psalm 8, 6.

8) Der Herr Christus, als er am Holz gehangen, ist ein Fluch geworden, Gal. 3, 13, von welchem doch alle Völker den Segen schöpfen und empfangen.

9) Der Herr Christus ist trostlos gelassen worden, da er doch mit Freudenöl gesalbt ist, Ps. 45, 8.

10) Der Herr Christus stirbt in äußerster Schmach und Spott, da er doch ist der Glanz der Herrlichkeit des Vaters, der Brunn und Stifter des Lebens, das Leben selbst, und das Licht der Menschen, Hebr. 1, 3; Joh. 1, 4.

Diese tiefen Grade und Unterschiede der Erniedrigung kann keines Menschen Verstand begreifen, und sie machen das Werk der Erlösung sehr herrlich.

15. Wir müssen aber auch die Erhöhung des Herrn Christi nach dem Fleisch in gleicher Gottesfurcht betrachten.

1) Die Herrlichkeit und Ehre der persönlichen Vereinigung ist so groß, daß sie kein Mensch erreichen kann. Er ist die allerdurchlauchtigste Person, in welcher alle Fülle der Gottheit leibhaftig wohnet, Col. 2, 9.

2) Wie ein großes Geheimniß ist das, daß die menschliche Natur mit Gott Eine Person ist, und die andere Person in der heiligen Dreifaltigkeit!

3) Welch eine unaussprechliche Gewalt und Macht ist, daß der Herr Christus, nachdem er den Tod überwunden, mit unbegreiflicher Majestät zur Hölle gefahren, dieselbe zerstört, und die Pforte der Hölle zerbrochen hat!

16. 4) Wie vortrefflich, hoch und groß ist die Verklärung, daß der Herr Christus, nachdem er von den Todten auferstanden, den Sieg erhalten hat über Sünde, Tod, Teufel und Hölle, und hat den Sieg uns erworben und geschenkt, zu einem unzweifelhaften Zeugniß, daß er die ganze Sünde abgethan, und den Teufel, welcher die Macht und Gewalt des Todes hatte, überwunden, ja auch den Tod im Sieg verschlungen habe, Hebr. 2, 14; 1 Cor. 15, 54.

5) Wie unaussprechlich groß ist seine Erhöhung, daß er gen Himmel gefahren, und triumphirt hat über seine Feinde, die er gefangen geführt und erlegt, und ihnen alle Macht und Gewalt ausgezogen hat, Col. 2, 15.

6) Welch eine Majestät ist zu ersehen in seiner Erhöhung, daß er sitzet zur Rechten Gottes, des Vaters, welche ist eine Rechte der Kraft, nämlich eine Macht zu herrschen, und eine Regierung über alle Creaturen, unsichtbare und sichtbare; wie Paulus bezeugt, Eph., 1, 20: „Der Vater hat Christum von den Todten auferwecket, und gesetzet zu seiner Rechten im Himmel, über alle Fürstenthümer, Gewalt, Macht, Herrschaft, und Alles, was genannt mag werden, nicht allein in dieser Welt, sondern auch in der zukünftigen." Von welcher Hoheit über alle unsichtbare Creaturen der heilige Apostel Petrus, 1 Epist. 3, 22 sagt:

"Welcher ist zur Rechten aufgefahren gen Himmel, und sind ihm unterthan die Engel, die Gewaltigen und die Kräfte." Von den sichtbaren Creaturen bezeugt's der 8. Psalm, V. 7, und erklärt's der Apostel, an die Hebräer C. 2, 8: daß der Vater ihm Alles unter die Füße gethan habe; darum sey nichts ausgenommen, das ihm nicht unterworfen wäre. Das ist der Herr, welcher im Himmel seinen Stuhl festgesetzt hat, dessen königliche Gewalt sich über alle Creaturen erstreckt. Das ist der Herr über alle Herren, der alle seine Feinde zum Schemel seiner Füße gelegt hat, Ps. 101, 1.

17. 7) Wie herrlich ist die Erhöhung, daß ihn der Vater „gesetzt hat zum Haupt über Alles, und über die Gemeine, welche ist sein Leib, die Fülle deß, der Alles in Allem erfüllet!" Eph. 1, 22. 23. Denn er herrschet zur Rechten des Vaters, daß er sey die Fülle seines Leibes, daß er Alles in seinen Gliedern gegenwärtig wirke, was zu dem geistigen Leben, zur Seligkeit und zum ewigen Leben gehört; nämlich Glaube, Liebe, Hoffnung, Andacht, gottselige Gedanken, Seufzen, Demuth, Anrufung, Geduld, Stärke, Furcht, Friede, Freude, Beständigkeit, Sieg, Trost, Licht, Weisheit, Lehre; und ist das Licht der Propheten, die Rede der Prediger, die Erleuchtung der Lehrer, der Sieg der Apostel, die Krone der Märtyrer. Dieses Alles verrichtet er, als das Haupt, durch seinen Geist, und flößt alle seine Fülle in seine Glieder durch seine heilige Salbung, als der Hohepriester, durch die geistige Wirkung, als unser König, vom Vater gesetzt auf den heiligen Berg Zion, Ps. 2, 6.

8) Welch eine Herrlichkeit dieser Erhöhung ist es, daß er seinen heiligen Geist über die Apostel ausgegossen hat! Denn „nachdem er zur Rechten Gottes erhöht ist, und empfangen hat die Verheißung des heiligen Geistes vom Vater, hat er ausgegossen, das ihr jetzt höret und sehet," spricht der heilige Apostel, Ap. Gesch. 2, 33.

9) Wie hoch ist die Erhöhung, daß des Menschen Sohn gesetzt ist zur Rechten der Majestät, und auf den Thron der Herrlichkeit, und wird angebetet von den Engeln und von den Heeren, den himmlischen, irdischen und höllischen; darum daß ihm der Vater „einen Namen gegeben hat, welcher über alle Namen ist, in welchem alle Kniee sich beugen müssen, derer, die im Himmel, auf Erden und unter der Erde sind, und daß alle Zungen bekennen müssen, daß Jesus Christus der Herr sey, zur Ehre Gottes, des Vaters," wie Paulus schreibt, Phil. 2, 9. Und darum hat der Apostel gehört viel tausend mal Tausend, welche mit lauter Stimme gerufen: „Das Lamm, das erwürget ist, ist würdig, zu nehmen Kraft, und Reichthum, und Weisheit und Stärke, und Ehre, Preis und Lob!" Und alle Creatur, die im Himmel ist und auf Erden, und unter der Erde, und im Meer, und Alles, was darinnen ist, hat er hören sagen zu dem, der auf dem Stuhl gesessen, und zu dem Lamm: „Lob und Ehre, und Preis und Gewalt, von Ewigkeit zu Ewigkeit," Offenb. Joh. 5, 12. 13.

18. 10) Welch eine Gewalt und Macht ist das, daß er der oberste Vorsitzer und Richter ist an dem allgemeinen Gerichtstag! Denn er ist vom Vater verordnet und gesetzt als ein Richter der Lebendigen und Todten. Darum wird des Menschen Sohn kommen, und sitzen auf dem Stuhl der Herrlichkeit, Matth. 25, 31, wird von Jedermann gesehen werden, in menschlicher Gestalt, ein Richter aller Menschen, weil er des Menschen Sohn ist; und „es werden ihn alle Augen sehen, und schauen, in welchen sie gestochen haben," Offenb. Joh. 1, 7.

11) Welch eine Herrlichkeit ist es, daß er gesetzt ist zu einem Herrn über Lebendige und Todte, daß er mit seiner Stimme die Todten auferwecken wird, und aus dem Grabe hervorrufen, und die Seinen in einem Augenblick verklären! Wer diesen Glauben hat, der ist nicht mehr unterworfen der Sünde, dem Fluch, dem Zorn Gottes, dem Tode, dem Teufel und der Welt. Denn der Herr Christus ist von dem Vater gesandt, „den Elenden zu predigen, den Gefangenen eine Erledigung, und den Gebundenen eine Oeffnung," Jes. 61, 1. Dieser Glaube überwindet die Welt, 1 Joh. 5, 4, und tritt unter die Füße,

was sich wider Christum erhöhet, oder sich dem Herrn gleich macht, oder außer Christo Heil suchet, oder setzt ihm etwas zu, was zur Seligkeit gehörig sey. „Denn es ist in keinem Andern Heil, es ist auch kein anderer Name den Menschen gegeben, darin wir selig werden sollen," Ap. Gesch. 4, 12. Diesen allein hat der Vater gesendet, diesen allein hat er gesalbt, daß er sey ein König, das Haupt und unser Heil. Darum erkennt der wahre Glaube keinen andern Heiland, als den eingeborenen Sohn Gottes, Jesum Christum, „welcher uns gemacht ist von Gott zur Weisheit, zur Gerechtigkeit, zur Heiligung und zur Erlösung," 1 Cor. 1, 30. Darum ist er allein unser Heil, der wahre Gott und das ewige Leben.

Gebet.

Das ist die Herrlichkeit und der Triumph unseres Glaubens. O Jesu, unsere Liebe, unser Wunsch, Ursprung alles Guten, Brunn des Heils, Strom der Barmherzigkeit, Thron der Gnaden, unsere Zuflucht, unser Licht, Ruhe unserer Seelen, unsere Seligkeit und unser ewiges Leben! Lobet den Herrn, alle seine Engel! Lobet ihn, all sein Heer! Lobet ihn, Sonne und Mond! Lobet ihn, alle leuchtende Sterne! Ps. 148, 2. 3. Lobet den Herrn, alle seine Heerscharen, die ihr sein Wort ausrichtet! Lobet den Herrn, alle seine Werke, an allen Orten seiner Herrschaft! Lobe den Herrn auch, meine Seele, und aller Glaubigen Seelen loben unsern Herrn Jesum Christum, in alle Ewigkeit, Amen. P. 103, 21. 22.

Das 3. Capitel.

Von dem heiligen Geist, dem wahren Gott, von seinen Gaben und Wohlthaten.

1. Der heilige Geist ist wahrer Gott, die dritte Person in der heiligen Dreieinigkeit, welcher vom Vater und Sohn ausgeht und gesandt wird; der da gibt Zeugniß von dem Herrn Christo, dem Sohne Gottes, dem wahren Messias, und rühmt ihn herrlich, und erhebet und preiset seine Person und seine Wohlthaten.

2. Der heilige Geist sammelt eine Gemeine unter dem einigen Haupt Christo; er erneuert sie mit seinen Gaben, theilt ihnen Trost mit aus dem Verdienst des Herrn Christi, macht die Glieder des Herrn Christi lebendig, stärkt sie mit seiner Kraft, gebiert sie wieder, und bestätigt das geistige Reich des Herrn Christi in den Herzen der Glaubigen; er erleuchtet das Gemüth, reinigt die Herzen, und Alles, was der Herr Christus im Fleisch unserthalben verrichtet hat, das schreibt er in unsere Herzen, damit nicht außer uns bleibe, was uns inwendig im Herzen erfreuen und erquicken soll.

3. Darum wird der heilige Geist in unsere Herzen ausgegossen, daß er in dieselben gießen möge des Herrn Christi Liebe, Verdienst, Wohlthaten und Leben. Darum ist er Christi Geist, auf daß er Alles, was Christi ist, uns zu eigen mache. Darum ist er des Vaters Geist, daß er Zeugniß gebe unserm Geist, daß wir Gottes Kinder sind, wegen des eingeborenen Sohnes Gottes. Darum ist er ein Geist der Kindschaft, ein Pfand und Mahlschatz der Kinder Gottes und seiner Erben, und die Salbung, so von oben herab aus dem Himmel von Christo, unserm Haupt, gesandt ist, welcher alle Fülle des Geistes, nach dem Fleisch, von dem Vater empfangen hat, auf daß aus seiner Fülle die Glieder Christi derselben theilhaftig würden, nach eines jeden Maaß, wie es der heilige Geist, des Herrn Christi Haushalter, spendet und austheilt.

4. Diese Salbung ist der Christen gewisses Merkzeichen; denn „wer den Geist Christi nicht hat, der ist nicht sein." Es sind aber die Gaben und Wohlthaten des heiligen Geistes mancherlei. 1) Allgemeine Gaben; denn er ist ein Geist des Glaubens, der Weisheit, des Verstandes, des Raths, der Erkenntniß, der Stärke, der Kraft, der Furcht Gottes, der Liebe, der Hoffnung, der Gottesfurcht, der Sanftmuth, der Demuth, der Keuschheit, der Geduld, der Heiligung, der Gnade und des Gebets, durch welchen wir rufen:

Abba, lieber Vater! welcher aufhilft unserer Schwachheit, uns mit unaufhörlichem Seufzen vertritt. Er ist ein Geist der Wahrheit, der Beständigkeit, des Trostes. Er ist ein lebendiger und getreuer Zeuge Jesu Christi, ein Schatzmeister der Reichthümer Christi, ein Erneuerer des Ebenbildes Gottes, als durch den Finger Gottes. Er ist auch der Schlüssel und Ausleger der heiligen Schrift und der göttlichen Geheimnisse; er vergewissert uns, daß Gott wohne und bleibe in unsern Herzen.

5. Es ist aber auch nöthig und nützlich, daß wir diese Wirkungen und Bewegungen des heiligen Geistes mit innerlichen Gedanken des Herzens wohl erwägen. Denn er widersteht den fleischlichen Begierden, sobald er sich in uns regt; er straft Alles, was weltlich und fleischlich ist, und erweckt Ekel und Grauen vor solcher Eitelkeit; er wirkt auch eine heimliche, jedoch selige Traurigkeit wegen der begangenen Sünden; er benimmt insonderheit alles Vertrauen und Ruhm der eigenen Werke, und legt es Alles auf unsern einigen Heiland und Seligmacher. Er löscht aus die unordentliche Liebe, da man die Welt und sich selbst liebt, er drückt zu Boden die Hoffart, macht uns eingedenk unserer eigenen Schwachheit, und gibt nicht leicht zu, daß wir die Schwachheit unsers Nächsten fälschlich richten und übel auslegen; er seufzt unaufhörlich in uns, und sehnt sich nach dem Himmlischen und Göttlichen, und erneuert uns immerdar zur Gleichförmigkeit des Ebenbildes unsers Herrn Jesu Christi. Denn gleichermaßen wie die Seele ist das Leben des Leibes, also ist der heilige Geist das Leben unserer Seele. Dieß sind allgemeine Gaben und Werke des heiligen Geistes in den Herzen der Gläubigen, welche er ohne Ansehen der Person mittheilt den Gläubigen, nach seinem Gefallen.

6. 2) Die sonderlichen Gaben aber beschreibt der Apostel Paulus, 1 Cor. 12, 8 ff., welche er nennt die Austheilung der Gnadengaben und Wirkungen, deßgleichen die Offenbarung des Geistes, welche geschieht durch sonderliche Kraft des Geistes, als da sind die prophetischen Gaben, die verborgene Weisheit, die lebendige Wohlredenheit, die Gabe der mancherlei Sprachen, die Prüfung der Geister, die Wirkung sonderlicher Heldentugenden, des Wunderglaubens, die Gabe der Gesundmachung. Und diesen Unterschied hat der Apostel gemacht, da er spricht, 1 Cor. 12, 28 ff. Eph. 4, 11: „Er hat in der Gemeine Etliche erstlich zu Aposteln gesetzt; zum andern Etliche zu Propheten; zum dritten Etliche zu Evangelisten, zu Hirten und zu Lehrern." Darnach gedenkt er, wie der heilige Geist gebe und austheile „Kraft der Gesundmachung, Hülfe, mancherlei Sprachen, Auslegung der Sprachen. Sind sie Alle Propheten? sind sie Alle Lehrer? sind sie allzumal Kräfte? haben sie Alle die Gnade, Kranke zu heilen? reden sie Alle mit Zungen? legen sie Alle die Schrift aus? Und ein Jeder trachte nach den besten Gaben."

7. Das sind aber die besten Gaben, wenn der heilige Geist die süße Liebe Christi und die geistige Freude in die Herzen der Gläubigen ausgießt, lebendigen und kräftigen Trost darein senkt, einen Geschmack der göttlichen Süßigkeit gibt; macht, daß wir das Wort, welches Gott zu unsern Herzen redet, innerlich fassen und begreifen können; davon der Prophet Jesaias, C. 55, 2 sagt: „Höret mir doch zu, und esset das Gute: so wird eure Seele in Wollust fett werden," das ist, im Ueberfluß des Trostes. Das ist die Lebendigmachung der zerknirschten und demüthigen Herzen, welche geschieht durch den Geist, der da ausgeht von Gottes Angesicht, und Odem macht. „Ich mache einen solchen Bund mit ihnen, spricht der Herr: Mein Geist, der bei dir ist, und meine Worte, die ich in deinen Mund gelegt habe, sollen von deinem Munde nicht weichen, noch von dem Munde deines Samens und Kindeskindes," Jes. 59, 21.

8. Nun ist noch übrig, daß wir den Lehrer der Wahrheit, den heiligen Geist, recht erkennen, und seine innerliche Lehre vernehmen, derer Grund ist „die Salbung, die Alles lehrt," 1 Joh. 2, 20. Diese begreift die innerliche Erleuchtung, das Zeugniß, welches „der heilige Geist unserm

Geist gibt, daß wir Gottes Kinder sind." Insonderheit aber gibt er uns zu betrachten die große Liebe des Herrn Christi, und die Größe seines Verdienstes. Er bestätigt auch den wunderbaren und beständigen Rathschluß unserer Wahl, welche in Christo geschehen ist, deßgleichen die Versiegelung der Wahl, welche in Christo geschehen durch das Pfand und den Mahlschatz des Geistes Gottes und Christi. Er führt uns auch aus, daß wir beschauen sollen die erschaffenen Creaturen; daß wir ansehen sollen die dienstbare Bestallung der heiligen Engel und himmlischen Wächter; daß wir betrachten sollen die wunderliche Weisheit seiner Vorsehung; daß wir erwägen sollen die Schönheit des göttlichen Ebenbildes; daß wir die Häßlichkeit der Sünde beweinen, die Schwachheit unserer menschlichen Kräfte erkennen, die scharfe Anklage des Gesetzes uns zu Gemüth führen, die evangelischen Gnadenverheißungen festiglich glauben, die vollkommene Genugthuung für unsere Sünden wohl beherzigen sollen.

9. Er treibt uns an zur Uebung der Buße, zur Betrachtung der vollkommenen Rechtfertigung in Christo. Er bewegt uns zur Freiwilligkeit der guten Werke, zur Betrachtung des Gnadenbundes, welcher mit uns in der Taufe ist aufgerichtet. Er nöthigt und beruft uns zu der allersüßesten und lebendigmachenden Speise des Abendmahls des Herrn, zur lieblichen Gemeinschaft der Kirche, zum süßen Gespräch des Gebets und der Danksagung, zur Erkenntniß der unermeßlichen Gnade Gottes, zur Erkenntniß und Verläugnung unserer selbst. Er erweckt den Kampf zwischen Fleisch und Geist; er macht, daß wir beweinen unsere Schwachheit und das Elend des menschlichen Lebens. Er erweckt die Demuth und Armuth des Geistes, er erhält die Liebe, er vermehrt den Glauben, er stärkt die Hoffnung, er gibt Kraft der Geduld, er unterstützt die Stärke, zu tragen die Last des Kreuzes, er stößt die Anfechtung um, er reinigt die Herzen, er vereinigt mit Christo, er erneuert das Ebenbild Gottes, er gebiert Herz und Sinne wieder, er erweckt neue Bewegungen, er gießt in das Herz ein sehnliches, freudiges Verlangen nach dem ewigen Leben, er verhütet den Betrug und die List des Teufels, er zwingt das Fleisch, er tröstet die Betrübten, er mäßigt die Traurigkeit, er lindert das Kreuz, er heilt die Schmerzen, er erweicht das harte Herz, er lehrt die Eitelkeit der Welt verachten, er eignet uns zu die Gnade Gottes, er gibt einen Vorschmack des ewigen Lebens, er ist ein gewisser und ungeschiedener Geleitsmann in das himmlische Vaterland.

10. Damit wir nun diese Lehre mit der That und in der Wirklichkeit befinden mögen, so schafft der heilige Geist eine gütige Einwilligung und Beipflichtung des Willens, ein andächtiges Herz, welches sich Gott ergibt, und allein in Gott und in dem Herrn Christo ruhet. Das aber sind rechte Gottesgelehrte, welche empfangen haben die Salbung, die Alles lehrt. Darum bedürfen sie keines Disputirens, denn sie besitzen das Wesen der Wahrheit, und verstehen, was der Seligmacher spricht, Matth. 23, 8: „Einer ist euer Meister." Denn sie schöpfen von dem Herrn Christo allein, als aus dem Brunnen und Haupt aller göttlichen Fülle, Gaben, Kräfte, lebendige Lehre, wahre Erleuchtung, Trost, Beständigkeit, Freude und alle geistige Reichthümer. Diese Schule des heiligen Geistes heckt keine falsche Lehre aus, sondern gebiert einen geistigen Leib, dessen Haupt der Herr Christus allein ist, eine einige Braut und einen Geliebten, welcher aus Christo und seinem Geist wiedergeboren ist, mit der Gerechtigkeit und Heiligkeit Christi gezieret, mit lebendiger Lehre und heilsamer Weisheit durch den Geist Christi unterrichtet, einen unbezweifelten Erben des ewigen Lebens. Aus dieser Schule kommt Heiligkeit des Lebens, Werke, die Gott lieb und dem Nächsten heilsam sind, welche vergeblich von den Menschen, die mit dieser lebendigmachenden Erkenntniß nicht begabt sind, erzwungen werden; nämlich gute, süße Früchte von Waldbäumen, die noch nie neu gepfropft und zahm geworden sind [1]). Gott dem heiligen

---

[1]) D. i. von freien Zöglingen des heil. Geistes, die nach Gottes Wort von Gott gelehrt sind,

Geist, welcher ist unser bester Tröster, der lieblichste Lebendigmacher, der weiseste Regierer unsers Lebens, der treue Erleuchter, der künstliche Baumeister des göttlichen Ebenbildes, unser gewisser Mahlschatz und Pfand, unser freundlicher Wiedergebärer, unser treuer Lehrer der Wahrheit, unser allerheiligster Fürbitter, unser süßester Tröster, unser freigebiger Geber der himmlischen Gaben, unser allersüßester Seelengast, dem sey Preis, Lob und Ehre in alle Ewigkeit! Amen.

und nicht von Menschen oder menschlicher Schule.

Dem großen Gott allein
Soll alle Ehre sein!

Das sechste Buch
vom
wahren Christenthum,

darin

I. Die Wiederholung und Verantwortung vom wahren Christenthum.
II. Neun Sendschreiben an Freunde, die Bücher vom wahren Christenthum betreffend.
III. Zwei Bedenken über die teutsche Theologie, was deren Kern und Inhalt, und wie hoch solches Büchlein zu halten sey.

Vorrede
an den christlichen Leser.

1. Nachdem, freundlicher lieber Leser, nun in die hundert Jahre unser heiliger christlicher Glaube, und die reine evangelische Lehre, nach der Richtschnur des heiligen göttlichen Worts erläutert, gereinigt und genugsam erklärt, auch durch die beiden öffentlichen, herrlichen und löblichen Bekenntnisse der Augsburgischen Confession und Formula Concordiä von vielen Irrthümern gesäubert ist, zu welchen ich mich auch jederzeit bekannt habe, und noch bekenne; aber dabei oft beklagt habe das gottlose Leben der jetzigen Welt, bei welchem der christliche Glaube nicht bestehen kann: als habe ich vor etlichen Jahren vier Büchlein vom wahren Christenthum geschrieben, in welchen ich das innerliche und auch das äußerliche christliche Leben geschildert habe.

2. Denn obwohl das vornehmste Stück des wahren Christenthums die reine Lehre ist, so habe ich doch dieselbe nicht hauptsächlich abhandeln wollen, wie solches reichlich und zum Ueberfluß durch Andere geschehen ist, und noch täglich geschieht; sondern ich habe nur das christliche Leben vorgenommen. Dieweil aber dasselbe von innen aus dem Herzen fließen muß, so habe ich nothwendig das böse Herz angreifen und berichten müssen, wie dasselbe erkannt und geändert werden müsse, auf daß aus dem guten Schatz des Herzens etwas Gutes möge hervorgebracht werden.

3. Das haben Etliche unrecht aufgenommen, 1) als wenn die Rechtfertigung des armen Sünders darauf gebaut wäre. 2) Weil wir nichts Gutes thun können, es wirke es denn Gott in uns, wie St. Paulus sagt: „Daß wir etwas taugen, das ist von Gott:" so sind Etliche auf die inwohnende angefangene Gerechtigkeit gefallen, als wäre Christi Verdienst nicht genug zu unserer Gerechtigkeit. 3) Weil gesagt ist, Christus müsse in uns leben, wie St. Paulus spricht: so sind Etliche auf die wesentliche Gerechtigkeit Gottes in uns gefallen. 4) Weil Gott im Menschen müsse seine Wohnung haben und ihn bewegen: so sind Etliche auf Enthusiasterei gefallen. 5) Weil die Nachfolge des heiligen Lebens

Christi ist erfordert worden, so sind Etliche auf die Vollkommenheit gefallen. 6) Weil diese Büchlein nicht den Ungläubigen, sondern den Gläubigen geschrieben sind: so haben Etliche sich eingebildet, als würden die Mittel verworfen. 7) Weil die neue Geburt und der inwendige neue geistige Mensch dem alten Menschen muß entgegengesetzt werden: so haben Etliche eitel Geist daraus machen wollen, wie vor Zeiten etliche Schwärmer gethan; und was der unartigen Calumnien mehr sind.

4. Dawider habe ich mich nothwendig erklären und beweisen müssen: daß, obwohl diese Punkte alle, und noch viel mehr, zu einem christlichen Leben gehören, man doch dieselben recht verstehen und unterscheiden müsse. Zu dem Ende habe ich zwei Büchlein geschrieben, unter welchen das erste ist das Lehr- und Trostbüchlein vom Glauben und heiligen Leben, in welchem ich die Unvollkommenheit des christlichen Lebens, den neuen Menschen, des neuen Menschen geistige Speise, den Glauben, die Vergebung der Sünden, die Gerechtigkeit vor Gott und deren Früchte, das Gebet, die Vereinigung mit Gott, das Geheimniß der heiligen Dreieinigkeit und deren Gnadenwirkungen in den Gläubigen beschrieben habe.

5. In diesem andern Büchlein aber habe ich nothwendig eine ganze Recapitulation oder Wiederholung der Bücher vom wahren Christenthum zu machen, und die Nothwendigkeit derselben Lehre beweisen, bestätigen und wider die Verläumbungen vertheidigen und retten müssen. Wollest du hiemit, gutherziger Leser, vorlieb nehmen, und dich nicht lassen irre machen. Der Herr, aller Herzen Kündiger, wird einen Jeden nach seinem Herzen richten und ihm vergelten.

Erster Theil.
REPETITIO APOLOGETICA,
oder
Wiederholung und Verantwortung der Lehre vom wahren Christenthum.

Verantwortung des ersten Buchs vom wahren Christenthum.

Das 1. Capitel.
Gottes Bild.

Das Fundament und der Grund des wahren Christenthums ist die wahre Erkenntniß unsers Herrn Jesu Christi nach seiner heiligen Person und seinem Mittleramt, in welchem er uns „von Gott gemacht ist zur Weisheit, zur Gerechtigkeit, zur Heiligung und zur Erlösung," 1 Cor. 1, 30. Außer diesem Grund kann kein anderer Grund der Seligkeit gelegt werden, C. 3, 11. Darum ist uns Christus in dem heiligen Wort Gottes klar geoffenbart, daß wir ihn als in einem klaren Spiegel und hellen Licht sehen und hören können, und ihn durch Gottes Gnade und Geist (so allezeit bei dem Worte Gottes sind) mit dem Glauben ergreifen und in unser Herz fassen können. Also muß ein wahrer Christ seinen Herrn Jesum Christum allezeit in seinem Herzen haben und behalten mit allen seinen Wohlthaten, so hat und behält er auch den Vater und den heiligen Geist, und also kommt die heilige Dreieinigkeit durch das Wort Gottes zu uns, und macht Wohnung bei uns, und also wird der Mensch wiederum Gottes Bild. Denn wir wissen den Rathschlag der heiligen Dreieinigkeit über die Erschaffung des Menschen: „Lasset uns Menschen machen, ein Bild, das uns gleich sey," 1 B. Mos. 1, 26. Was nun dasselbe Bild für ein herrlicher und heiliger Schmuck muß gewesen seyn, was für eine hohe Weisheit, Gerechtigkeit und Heiligkeit, ist nicht auszudenken. Was auch Gott, der Allmächtige, für Lust und Freude, Wohlgefallen und Lieblichkeit an den Menschen muß gehabt haben, ist wohl abzunehmen aus dem Spruch Spr. Sal.

8, 31: „Meine Lust", oder Lieblichkeit „ist bei den Menschenkindern." Wie gerne wollte aber Gott, der Herr, den Menschen zu solcher Heiligkeit wiederbringen! Wie hat er seines einigen Sohnes darum nicht verschonet! Wie freundlich spricht er unsern Seelen zu in seinem Wort! Denn durch dasselbe sein Wort handelt er vornehmlich mit unsern Seelen, auf daß er sich selbst durch's Wort unsern Herzen und Seelen eingebe; wie von dem heiligen Geist geschrieben steht, Weish. Sal. 7, 27, daß er sich vornehmlich in die heiligen Seelen gebe, und mache Propheten und Gottes-Freunde. Darum der 27. Psalm lehrt, daß der Herr selbst unser Licht und Heil, und unsers Lebens Kraft sey, und ist nichts Gemeineres im Worte Gottes.

Das 2. Capitel.

Abfall.

Der böse Feind aber, der Satan, hat aus Neid und Feindschaft sich an den Menschen gemacht, und sich unterstanden, denselben von Gott abzuwenden; und hat erstlich des Menschen Herz und Seele angegriffen, und so lange an derselben mit Lügen, List und Betrug gearbeitet, daß er ihr Gottes Wort, den Glauben, die Liebe und den Gehorsam Gottes aus dem Herzen gerissen, sie beraubt des schönen Bildes Gottes, Herz, Seele und Gewissen vergiftet mit aller teuflischen Unart, so listig, so verborgen, so tief, so abgründlich, daß die Schrift nicht genugsam darüber klagen kann; indem die ganze menschliche Natur so sehr verderbt ist, daß sie Gott, dem Herrn, geistig abgestorben und vor Gott geistig todt ist, nach dem strengen und eifrigen Urtheil Gottes: „Welches Tages du von dem Baum der Erkenntniß des Guten und Bösen essen wirst, sollst du des Todes sterben," 1 B. Mos. 2, 17.

Das 3. Capitel.

Christus.

1. Darauf ist alsbald das heilige göttliche Wort geoffenbaret worden durch Gott, den Herrn, selbst, von der Wiederbringung des gefallenen, verlorenen und geistig gestorbenen Menschen; welches Wort Gottes vornehmlich gerichtet ist auf des Menschen Herz und Seele. Und weil dieselbe von Gott abgewichen war, so rief sie Gott, der Herr, wieder zu sich, und durch sein Wort erweckte Gott, der Herr, den Glauben im Herzen der gefallenen Menschen an den verheißenen Weibessamen, welcher der Schlange sollte den Kopf zertreten, 1 B. Mos. 3, 15. Dahin geht die ganze heilige Schrift, nämlich auf des Menschen Herz, Gewissen, Seele und Gemüth, auf daß sie Christum in's Herz bringe und einpflanze durch den Glauben. Daher ist gekommen die mancherlei Art zu reden, vom Glauben, von des Glaubens Wirkung, der vornehmlich in des Menschen Herz, Geist und Seele seinen Sitz, seine Wurzel, seine Kraft und sein Leben hat.

2. Darum legen wir allhier gleich anfänglich den Grund unserer Seligkeit in das Wort der Gnade Gottes und der Verheißung von Christo Jesu, unserm Herrn, welcher im Wort der Gnade, im Herzen, in unserer Seele, im Geist muß ergriffen werden. Es ist demnach der Glaube nicht ein Menschenwerk, sondern ein Werk Gottes, durch das kräftige Wort Gottes, durch den heiligen Geist und die heiligen Sacramente im Herzen und in der Seele gewirkt und angezündet; ist auch nicht ein fleischlicher, menschlicher Wahn, oder eine bloße Wissenschaft menschlicher, natürlichen Verstandes, sondern eine Gabe Gottes, eine Frucht des heiligen Geistes, ein lebendiges, geschäftiges, thätiges, kräftiges Werk; wie die Epistel an die Hebräer im 11. Capitel des Glaubens Kräfte herrlich beschreibt, und Luther in der Vorrede über die Epistel an die Römer.

3. Dieser Glaube macht uns die Verheißung und das Wort der Gnade, und Christum im Wort, ganz zu eigen, mit

seiner ganzen Person, mit seinem ganzen Amt, mit seiner heiligen Menschwerdung, mit seinem ganzen Evangelio, mit seinem Leiden und Sterben, Auferstehung, Himmelfahrt und Herrlichkeit, mit seinem ganzen heiligen Verdienst, mit all seiner göttlichen Weisheit, Gerechtigkeit, Heiligkeit, Erlösung, Leben und Seligkeit. Damit aber ein jeder Christ dieser Wohlthaten seines Erlösers möge genießen und theilhaftig werden, so erbietet sich Gott aus lauter Gnade und Barmherzigkeit, den heiligen Geist zu geben Allen, die ihn darum bitten, und denselben durch's Wort. Deren beider Frucht ist der Glaube, auf daß ein Jeglicher durch seinen eigenen Glauben die hohen Wohlthaten Christi ergreife; denn „der Gerechte wird seines Glaubens leben," Habac. 2, 4.

4. Durch diesen Glauben werden wir allein vor Gott gerecht, und durch keines Menschen Werk; wie das Exempel unserer ersten Eltern klar bezeugt, welche in ihrer Bekehrung und Rechtfertigung sich allein an das Wort der Gnade, als verlorene Menschen, ohne alle Werke haben halten müssen. Dadurch haben dieselben auch ein anderes, neues Herz bekommen; ein glaubiges Herz für das unglaubige; ein gehorsames Herz für das ungehorsame; ein bekehrtes Herz zu Gott für das abgekehrte Herz von Gott; ein kindliches Herz für das furchtsame, knechtische Herz; und also sind sie wieder neu geboren worden durch den Glauben, durch das Wort der Gnade und durch den heiligen Geist. Dieß heißt eigentlich die neue Geburt, darum daß wir durch den Glauben Gottes Kinder werden. Dazu unser Erlöser und Seligmacher im neuen Testament das Mittel der heiligen Taufe verordnet und eingesetzt hat, wodurch wir in den ewigen Gnadenbund aufgenommen werden, welcher ewig ist und nicht hinfällt, ob wir gleich hinfallen, sondern uns vielmehr wiederum aufrichtet durch den Glauben, Jes. 54, 10 und Ps. 146, 8: „Der Herr richtet auf, die niedergeschlagen sind." Diese neue Geburt macht uns zu neuen Creaturen, daher wir nicht in der alten adamischen, fleischlichen, sündlichen, unreinen Geburt leben sollen, sondern in einem neuen, geistigen, heiligen Leben.

5. Dieß neue geistige Leben nimmt seinen Ursprung aus dem wahren, lebendigen Glauben, und aus dem heiligen Geist, welcher ist der Geist Jesu Christi, unsers Herrn, welchen wir von ihm, als dem Gesalbten des Herrn und unserm ewigen Hohenpriester, empfangen, dadurch ein Unterschied gemacht wird zwischen Gläubigen und Ungläubigen; denn „wer den Geist Christi nicht hat, der ist nicht sein," Röm. 8, 9. Gleichwie wir nun des bösen Geistes Unart und Wirkung durch die fleischliche, sündliche Geburt empfangen haben: also müssen wir auch aus Christo einen neuen, gewissen Geist und ein neues Herz empfangen, den Geist des Glaubens, der Liebe, der Hoffnung, der Gnade und des Gebets, den Geist der Demuth, der Sanftmuth, der Geduld, der Langmuth, der Barmherzigkeit, der Dankbarkeit, des Lobes Gottes, den Geist des Friedens, des Gehorsams, der Freundlichkeit, der Gütigkeit, der Mildigkeit, den Geist der Keuschheit, der Mäßigkeit, der Wahrheit, der Aufrichtigkeit, der Beständigkeit; wie St. Paulus die Früchte des Geistes beschreibt, Gal. 5, 22. Dieß ist das neue geistige, christliche Leben in uns, ist aber nicht unsere Gerechtigkeit vor Gott, weil es unvollkommen ist, und mit vielen Gebrechen behaftet. Darum bleibt Christus allein unsere Gerechtigkeit mit seinem heiligen Verdienst.

Das 4. Capitel.

Buße.

Dieß ist nun Grund und Ursache, warum die ganze heilige Schrift auf den inwendigen neuen Menschen gerichtet ist, nämlich denselben aufzurichten, und den alten Menschen zu zerstören und abzuschaffen. Darum für's vierte die wahre Buße hierauf nothwendig folgen muß, dereren Wirkung ist die Tödtung des alten Menschen, auf daß der neue lebe. Und hier muß der innerste Grund des Herzens angegriffen werden, das tief verborgene, abgründliche

Uebel der Erbsünde, und es muß derselbe Gräuel insonderheit klar werden, oder es kann nimmermehr eine wahre, gründliche Buße geschehen. Und weil die ganze menschliche Natur so ganz durch und durch vergiftet und verderbt ist, daß sie von sich nichts kann, denn Böses denken und wollen, und Lust dazu hat, ja so kräftig zum Bösen geneigt ist: so muß diese boshafte Natur also gedämpft und geändert werden, daß der Herr sagt, Luc. 9, 23, daß wir uns selbst verläugnen müssen, und daselbst im 14. Cap., V. 26. 33, daß wir unser eignes Leben hassen müssen, und absagen Allem, das wir haben, oder wir können des Herrn Jünger nicht seyn. Im Gegentheil aber müssen die, so wahre Buße thun wollen, des Herrn Sanftmuth und Demuth an und auf sich nehmen, als des Herrn Joch. Was ist des Herrn Christi Joch tragen anders, als seinem heiligen Exempel folgen, und seine Sanftmuth und Demuth auf sich nehmen? Denn Hoffart und Zorn ist des Teufels Joch, welches tausendmal schwerer zu tragen ist, als Christi Demuth und Sanftmuth. Wer dieß nicht weiß oder versteht, wird nimmermehr auf den rechten Grund kommen, wird auch nimmermehr ein menschliches Herz recht bekehren. Siehe hier, ob dieß Weigelisch ist.

Das 5. Capitel.

Glaube.

Soll aber die Buße heilsam seyn, so muß nothwendig der Glaube dabei seyn, dadurch Gott das Herz erleuchtet, bewegt und rühret. Da hast du ja wiederum ein unwiderlegliches Zeugniß, daß Gott mit dem inwendigen Menschen und mit der menschlichen Seele handelt. Und weil die heilige Schrift ein Wort des Glaubens ist, wie soll sie denn anders womit, als mit des Menschen Seele, Geist, Herz, Sinn und Gemüth handeln, die Seele auf Gott zu richten, daß sie Gott anhange, aus Gott ihr Leben, Trost, Heil und Seligkeit schöpfe, und sich mit Gott vereinige; auf daß der elende Mensch nicht mehr den Lügen des Satans glaube und folge, wie anfänglich, auch nicht der Welt und dem Fleische mehr anhange, und davon verblendet werde, sondern von dem ewigen Licht erleuchtet werde, im Geist und Glauben zur Seligkeit.

Das 6. Capitel.

Das Reich Gottes.

1. Darauf folgt nothwendig und unwidersprechlich, weil der Glaube aus dem Wort Gottes seinen Ursprung hat, und in den Herzen der Menschen gewirkt wird, daß Gottes Wort im menschlichen Herzen muß seine Lebenskraft erzeigen, und im Menschen erfüllt werden; wie kann es sonst den Glauben wirken? wie kann sonst das Reich Gottes zu uns kommen, welches in uns ist, so das Wort Gottes nicht in uns haftet und saftet, wirket und lebet?

2. Darum, auf daß es das Herz fassen könne durch den Glauben, hat Gott, der Herr, sein heiliges Wort also geoffenbart, daß es nicht eine schlechte, bloße Historie seyn soll, sondern aller gläubigen Christen Leben und Wandel, Kreuz und Verfolgung, Glauben und Hoffnung in der heiligen Schrift dermaßen abgebildet, daß es der Glaube bald annimmt, als wäre es von ihm allein gesagt; daß gleichsam der gläubige Mensch sein eignes Herz in den Exempeln der Heiligen sieht, deßgleichen sein Kreuz, auch seinen Trost, seine Hülfe und Errettung. Daher kommt es, daß der Glaube die Trostsprüche des alten und neuen Testaments ergreift, sich dieselben zueignet und zu Nutze macht, so daß gewißlich lebendige Freude und Trost im Herzen daraus wird. Wie sollte denn Gottes Wort nicht im menschlichen Herzen leben? Ist denn der Geist Gottes im menschlichen Herzen todt und leblos? Sind nicht des Herrn Worte Geist und Leben? Joh. 6, 63. Oder meinest du, daß es außerhalb deines Herzens, ohne Glauben, seine Kraft erzeigen und erfüllen werde? Ja, Gottes Wort wird täglich erfüllt, beides an und in den Gläubigen und Gottlosen; jenen zu Trotz, Schutz, Sieg, Erret-

tung und Seligkeit, diesen zur Rache und Strafe; und wenn man die Augen wird aufthun, so wird sich's also befinden. Siehe hier, ob dieß Weigelisch sey. Wie oft erinnert uns der heilige Geist eines Trostspruchs in unserm Herzen, in welchem wir viel Weisheit, Lehre und Trost empfinden? Was ist die Weissagung Jer. 31, 33: „Ich will ihnen mein Gesetz in ihr Herz und in ihren Sinn schreiben?" Was dünket dich, ob das nicht eine hohe Gabe Gottes gewesen sey, als der Herr den Aposteln die Schrift geöffnet? Du aber hast sie lange mit Haut und Haar gegessen.

3. Was meinest du, ob es nicht hoch vonnöthen, daß Gott, der Herr, zu deinem finstern Herzen spreche: Es werde Licht! Was siehst du in dem Opfer Abels, in der Sündfluth, in dem Rauchwerk Noäh, in den reinen und unreinen Thieren, in der Taube und in dem Raben? Hast du nicht auch den Thurm zu Babel in dir aufgebaut? Kennst du auch den Melchisedek? Sind Abrahams Gäste wohl auch bei dir gewesen, und haben Mahlzeit mit dir gehalten? Hast du wohl auch an Lots Weib gedacht? Bist du der Sara oder Hagar Sohn? Hast du auch die geistige Beschneidung angenommen? Hast du auch Abrahams Versuchung mit seinem eigenen Sohn erfahren? Weißt du auch den Unterschied unter Jacobs und Esaus Segen? Ist auch in dir der Esau dem Jacob gram? Hast du auch einmal die Himmelsleiter gesehen? Kennst du auch Jacobs bunte Stäbe und bunte Schafe? Sind dir nicht einmal die Mahanaim begegnet? Hast du auch einmal den Kampf Jacobs erfahren? Ist bir deine Tochter Dina nicht ehemals zur Hure geworden? Bist du nicht auch einst ein Benjamin gewesen? Haben dich deine falschen Brüder nicht einst nach Egypten verkauft? Hat dich dein Bruder Joseph nicht ehedem in deinem Seelenhunger gespeiset? Hat er dich nicht ehemals aus seinem Becher getränkt? Hat dich Joseph nicht erst geprüft, ehe er dich über seinen Tisch setzte? Glaubst du auch, daß dich Joseph werde auf seinem Wagen zu sich holen lassen, und sagen: Komme zu mir, und siehe deinen Vorrath nicht an, ich will dich und deine Kinder versorgen? Bist du nicht mit Israel aus dem egyptischen Diensthause durch's Angstmeer gegangen? Hast du nicht auch mit Israel am rothen Meer ein Siegeslied gesungen? Bist du nicht auch mit dem geistigen Israel bei den zwölf Wasserbrunnen gewesen, und bei den siebenzig Palmbäumen? Hast du nicht mit Israel Himmelsbrod gegessen, und von dem Felsen getrunken? Hast du nicht einst den Donner und Blitz des Gesetzes empfunden? Bist du nicht gekommen zur Besprengung des heiligen Blutes? Hast du nicht vor dem Gnadenstuhl gebetet und die Cherubim gesehen? den Vorhang, den goldenen Altar, den goldenen Leuchter, das Brustschildlein des Hohenpriesters, das süße Rauchwerk, die heiligen Opfer? Sind nicht in die heiligen Tafeln deines Herzens Gesetz und Evangelium geschrieben worden? Hast du nicht vordem das goldene Kalb angebetet? Hast du nicht die weisen Baumeister gesehen, die am Heiligthum Gottes arbeiten? Hast du des Hohenpriesters Segen nicht gehört? Bist du auch zu Jerusalem auf dem Jubelfest gewesen? Hast du auch von der Weintraube aus dem gelobten Lande gegessen? Hast du auch den großen Goliath in dir erlegt? Hast du auch die eherne Schlange angesehen? Und was soll man sagen? die Zeit würde es nicht ertragen, darin weiter zu handeln. Sollte ich auch die Anwendung der prophetischen und apostolischen Sprüche und das Exempel unsers Erlösers vornehmen: so würde eine große Schrift daraus werden.

4. Gehe nun hin, und sage, die Schrift müsse nicht in uns erfüllt werden. Wird das nicht geschehen in dir, so wird dir Christi Menschwerdung, Evangelium, Wunderwerke, Leiden und Sterben, Auferstehung, Himmelfahrt und Herrlichkeit nichts nütze seyn, und du wirst derselben nimmermehr theilhaftig werden.

————

Das 7. Capitel.

Gottes Wort im Gewissen und im Herzen.

Hierauf muß nothwendig folgen, daß es müsse ein sehr grober, tölpischer Unverstand, ja ein großer Irrthum seyn, wer nicht versteht und weiß, ja noch wohl läugnen darf, daß Gottes Wort in der Menschen Herzen, Geist und Seele müsse erfüllt werden nach seiner Art, oder kräftig empfunden oder geschmeckt werden, wie man es denn auch mag ausreden.

Was ist das angeschaffene Bild Gottes anfänglich anders gewesen, als was Gott in seinem Gesetz fordert? Und von der Predigt der Gnade spricht St. Paulus, 2 Cor. 3, 3: „Ihr seyd ein Brief Christi, durch's Predigtamt zubereitet, und durch uns geschrieben, nicht mit Tinte, sondern mit dem Geist des lebendigen Gottes, nicht in steinerne Tafeln, sondern in fleischerne Tafeln eures Herzens." Wenn nun der heilige Geist dieß innerliche Buch nicht bereitet, da bleibt Gottes Wort wohl draußen. Wo es aber durch den Geist Gottes in's Herz geschrieben wird, da wird es auch bewahrt, daß es Frucht bringe in Geduld, da wird auch die Wahrheit gar bald erkannt, da ist das lebendige Zeugniß des Geistes, da ist die rechte grüne, wohlschmeckende Weide der Schäflein Christi, da wird als in einem goldenen Gefäß das Himmelsbrod aufgehoben, und mit in's gelobte Land des ewigen Lebens gebracht. Gehe nun abermal hin, und sage, Gottes Wort müsse nicht in uns erfüllt werden.

Das 8. Capitel.

Bußfertiges Herz.

Hieraus siehst du nun, was für Herzen dieses großen Schatzes theilhaftig werden, und aller Wohlthaten, so im Wort begriffen sind, sonderlich des Verdienstes Christi und der Vergebung der Sünden, nämlich allein die bußfertigen Herzen. Bedenke, was für Sünder gewesen sind, die der Herr Jesus hat aufgenommen; bedenke, warum die Buße in der ganzen Welt gepredigt ist, neben der Vergebung der Sünden; bedenke auch, daß uns der Sohn Gottes beides zur Erlösung, als zu einem theuern Geschenk von Gott gegeben ist, und auch zu einem Exempel und einer Regel unsers Lebens, auch mit was für einem Herzen und Gemüthe wir in die Fußstapfen Christi treten müssen; nicht mit stolzem, hoffärtigem Gemüthe.

Das 9. Capitel.

Glaube verläugnet.

Darauf folgt, daß ein wahrer Christ das Leben der jetzigen Welt untersuchen muß, ob es dem Exempel Christi ähnlich oder zuwider ist. Ist nun Jemand ein wahrer Christ, der wird christliche Werke thun. Ist er ein Kind des Glaubens, so wird er des Glaubens Früchte wirken, durch den heiligen Geist. Ist er ein Kind des Unglaubens, so wird der Satan sein Werk in ihm haben. „Daran," spricht der Evangelist, „werden offenbar die Kinder Gottes, und die Kinder des Satans," 1 Joh. 3, 10. Wie die Frucht ist, so ist auch der Baum.

Das 10. Capitel.

Falsches Christenthum.

Daraus folgt ja unwidersprechlich, weil Alles dem Glauben und der Liebe, und also Christo zuwider gehandelt und gelebet wird, und gleichwohl unter dem Namen Christi geschieht, daß ein solches Leben ein falsches Christenthum seyn muß. Dawider um der Ehre Christi willen streiten, kämpfen, lehren, ermahnen, strafen, eifern, beten und wehren, ja weinen soll, wer Christum lieb hat, und die armen Seelen erretten will.

Das 11. Capitel.

Das Haupt wirkt in den Gliedern.

1. Unwidersprechlich folgt hieraus, daß der kein wahrer Christ ist, der nicht christ-

lich lebt; ist auch nicht Gottes Kind, denn er ist nicht aus Gott geboren.

2. Ursache: in einem neugebornen Menschen lebet, regieret, wirket Christus selbst; und es ist ein grober Irrthum, daß man meint, ein Mensch, so er etwas Gutes thut, thue es selbst, da doch der Herr Christus sagt: „Ohne mich könnet ihr nichts thun," Joh. 15, 5. So verstehen auch ihrer Viele nicht die Ursachen der Menschwerdung Christi, und warum ihn Gott zum Hohenpriester und zum Haupt seiner Gemeine gesalbt und gesetzt hat.

3. Freilich ist das unter andern eine hochwichtige Ursache, warum der Sohn Gottes unser Fleisch und Blut an sich genommen, nämlich weil dasselbe von Gott durch die Sünde abgerissen war, und er es wiederum auf's genaueste in seiner hohen Person mit Gott vereinigte, in ihm selbst heiligte und reinigte, und in seiner heiligen Menschheit durch sein Leiden machte die Reinigung unserer Sünden. Da ist dem höchsten Uebel das höchste Gute entgegengesetzt worden, und er ist in unserm angenommenen Fleisch von Gott gesetzt zum Haupt der Kirche, zur rechten Hand der Kraft Gottes, auf daß er in seinen gläubigen Gliedern auf Erden lebete, wirkete, herrschete, dieselben erleuchtete, heiligte, stärkete, tröstete, segnete, und Alles verrichtete, was zur ganzen Fülle seines geistigen Leibes gehört, und Alles in Allem wirkete und erfüllete. Darum spricht St. Paulus, Phil. 4, 13: „Ich vermag Alles in dem, der mich mächtig macht;" und ist der nicht in uns, der da wirket Alles in Allem? 1 Cor. 12, 6.

4. Dazu gehört vornehmlich, daß St. Petrus spricht: „Er sitzet zur Rechten Gottes im Himmel, zu geben Israel Buße und Vergebung der Sünden," Ap. Gesch. 5, 31. Da bedenke nun ein jeder Christ, was dieß für ein gewaltiges Werk und Amt sey unsers einigen Hauptes zur rechten Hand Gottes. Er tilgt durch seine Lebenskraft und Herrschaft, und durch den heiligen Geist, in unserm sterblichen Leibe die Sünden, als die Werke des Satans; denn er herrscht über Sünde und Teufel. Und diese Herrschaft führt er in seinen gläubigen Gliedern auf Erden, wehret und zerbricht den bösen Willen, reinigt das Herz täglich durch den Glauben, vertreibt die Finsterniß und den Irrthum des Herzens, stößt zu Boden Alles, was sich wider ihn erhebt, es sey menschliche Vernunft, Weisheit oder Gewalt, demüthigt auch durch's Kreuz, so er zuschickt, und macht gar andre Menschen aus denen, die er bekehrt, zu dem Ende, daß er in ihnen lebe und kräftig sey, ihnen auch hierauf gebe den Trost der Gnade, der Vergebung der Sünden, der Gerechtigkeit, und viel Gaben des heiligen Geistes; auf daß der bekehrte Mensch hernach nicht in ihm selber, sondern in Christo lebe, und Christus in ihm; das ist, des Herrn Christi Herz, Sinn, Geist, Affecte, Gedanken, Geduld, Demuth, Sanftmuth wirken und leben in ihm, ob es gleich in großer Schwachheit geschieht, und dem Fleisch zuwider ist, und sich ein Kampf erregt; denn der Geist Gottes hilft unserer Schwachheit. Und dieselbe Anfechtung ist unser innerliches Kreuz, durch welches das Fleisch gedämpft, der alte Mensch gekreuzigt wird mit allen seinen bösen Gliedern, und der neue Mensch, nach Gott gebildet, wieder auferstehen und lebendig werden soll mit seinen schönen Gliedern. Wer nun nicht also lebt, der lebt wahrlich nicht in Christo, und kann mit St. Paulo nicht sagen: „Ich lebe nicht, sondern Christus in mir," Gal. 2, 20; und mache darauf die Rechnung, in wem er lebe, und wer in ihm lebe, ob er ein wahrer Christ sey, die wahre Buße recht verstehe, ein Kind Gottes sey, und wem er angehöre?

Das 12. Capitel.

Der Welt absterben.

Hieraus folgt nun unwidersprechlich: Wer ein wahrer Christ seyn will, muß in Christo leben, und Christus in ihm, ihm selber und der Welt absterben. Denn hier muß aus dem Leben des Menschen, als aus einer Frucht, der Baum erprobt werden. Denn wo die Werke des Satans herrschen, da ist ja nicht Christus, da lebt man ja nicht in Christo, sondern im Satan, und der Satan in dem Menschen; und es verdrießt die Welt, das hoffärtige Fleisch und den Teufel selbst, daß man solches so scharf anrührt, und aus den Wirkungen die Ursache zeigt. Dieß ist genugsam mit Gleichnissen und Exempeln der Schrift erwiesen, und wird nimmermehr können umgestoßen werden.

Das 13. Capitel.
Ursache des geistigen Todes.

Daraus abermals gewißlich folgt, daß ein Christ ihm selber und der bösen Welt gerne soll absterben: erstlich um unserer Erlösung willen von unsern Sünden, darnach um der Liebe Christi willen, und endlich um der künftigen ewigen Herrlichkeit willen.

NB. Hier aber wird nicht die Rechtfertigung beschrieben, sondern die Früchte der Gerechtigkeit. Dieß ist allhier mit Gleichnissen der Schrift erklärt, und ist eine große Gottlosigkeit, dieß zu läugnen.

Das 14. Capitel.
Das alte Leben hassen.

Hieraus muß nothwendig folgen, weil ein Christ ein neues geistiges Leben führen muß, daß er das alte Leben muß ablegen, und das fleischliche Leben ausziehen. Welches aber nicht geschehen kann, oder man muß das alte Leben hassen, und die Welt, welche nichts anders ist, als das fleischliche Leben und die weltlichen Lüste, meiden und verschmähen. Dieß erscheint am allerbesten aus dem Exempel unsers Herrn Jesu Christi, in welchem kein unordentlicher Affect, keine eigene Liebe, keine eigene Ehre war; sondern es war Alles in ihm, sein Herz, Geist und Wille, dem himmlischen Vater aufgeopfert. Da war kein Ungehorsam, sondern lauter Gehorsam; kein Zorn, sondern lauter Sanftmuth; keine Rache, sondern lauter Vergebung; kein Wiederschelten, sondern lauter Geduld; kein Dräuen, sondern lauter Gelindigkeit. Auf welches Exempel uns die heiligen Apostel verweisen.

Das 15. Capitel.
Tödtung des Fleisches, unser Kreuz.

An diesem hängt nun für's fünfzehnte die Tödtung des alten Menschen. Denn soll diesem Exempel Christi gefolgt werden, so muß der alte Mensch täglich in uns sterben. Daher denn kommt die Verläugnung seiner selbst, welches dem Fleisch ein bitteres Kreuz ist; wie der Herr spricht: „Will mir Jemand folgen, der verläugne sich selbst, und nehme sein Kreuz auf sich," Luc. 9, 23. Womit uns der Herr lehrt, daß seine Nachfolge sey unser Kreuz.

Das 16. Capitel.
Streit.

Daraus entsteht nun für's sechszehnte der Streit des Geistes und Fleisches, darüber auch St. Paulus, Röm. 7, klagt; auch beschreibt er diesen Kampf Gal. 5, 17. Und St. Petrus sagt, daß die fleischlichen Lüste wider die Seele streiten, 1 Petr. 2, 11. Ach Herr Gott! dieser Streit gilt der armen Seele. Siehe wohl zu, o Christ, daß deine Seele überwinde und erhalten werde.

Das 17. Capitel.
Ein Christ, ein Pilger.

Weil nun die fleischlichen Begierden, so an zeitlicher Ehre, Reichthum und Wollust hängen, sollen überwunden werden durch den Geist, und ein Christ zu viel höhern Gütern, Ehren und Herrlichkeiten erlöst ist: so muß er auch seinen wahren und besten Reichthum nicht in dieser Welt haben, sondern dieses Zeitlichen als eines fremden Guts gebrauchen, als ein Pilgrim in dieser Welt wallen, bis er zum ewigen, unbefleckten, unvergänglichen, unverweslichen Erbe, das im Himmel aufgehoben wird, gelangt, 1 Petr. 1, 4.

Das 18. Capitel.

Undankbarkeit.

Daraus abermals folgt, daß Gott hoch erzürnt werde, wenn man mit dem Herzen am Zeitlichen hängt, und dasselbe mehr liebt, als die himmlischen und ewigen Schätze. Welches die höchste Undankbarkeit ist wider die Liebe Gottes, daß er uns so hoch, so theuer, so überköstlich hat erlösen lassen durch den Tod seines lieben Sohnes, und uns die ewigen, himmlischen Schätze so theuer hat erkaufen lassen, und wir achten's so gering. Ach Gott, gib allen erlöseten Christen solches zu bedenken!

Das 19. Capitel.

Menschliches Elend.

Daraus folgt abermals, daß ein Mensch wegen zeitlichen Reichthums und Ehre nicht zu stolziren hat, sondern soll sich in seinem Herzen demüthigen, sein Elend erkennen, in seinem Herzen geistig arm werden, so wird ihn Gott mit himmlischen Gütern erfüllen. Und je tiefer sich ein menschliches Herz in sein Elend senkt, je mehr und tiefer sich Gott mit seiner Gnade in seine Seele versenkt.

Das 20. Capitel.

Geistige Traurigkeit.

Solches kann nun ohne innerliche göttliche Traurigkeit nicht geschehen; denn Gott muß selbst das Herz also bereiten zum Himmelreich, und dasselbe von der Welt abwenden. Da gereut es denn einen Christen schmerzlich, daß er Gott je beleidigt, die Welt je geliebt hat, ja daß er so hoch von Gott geliebt sey, und habe ihm so wenig gedankt und ihn dafür wieder geliebt, weinet bitterlich darüber, daß er gegen das Leiden Christi so undankbar, so gottlos sich verhalten habe, und bittet um Entzündung der Liebe Gottes.

Das 21. Capitel.

Gottesdienst.

Daraus folgt der wahre Gottesdienst, welcher stehet im Geist und in der Wahrheit, im Glauben, in der Liebe, in Erkenntniß der Gnade Gottes und Vergebung der Sünden, in der Gerechtigkeit und Heiligkeit Jesu Christi, und in den Früchten der Gerechtigkeit, so in uns durch Jesum Christum erwachsen, zum Lobe und Preise Gottes.

Das 22. Capitel.

Probe.

Daraus folgt, daß ein wahrer Christ an seinem Glauben und seiner Liebe muß erkannt werden, wie ein Baum an seinen Früchten. Und das muß keine Heuchelei seyn, sondern von innen aus dem Herzen muß solches hervorblühen, aus dem Geist Christi. Gleichwie eine Frucht von innen aus dem Saft und der Kraft des Baumes hervorwächst, nicht in der Form der Blätter, sondern in wahrer, guter, wesentlicher Frucht: also muß eines Christen Leben seyn. Ja er muß leuchten wie ein Licht, daß man sehe die guten Werke, auf daß Gott im Himmel dadurch gepriesen werde; mit welchen Worten der Herr Christus seine Gläubigen unterrichtet, daß sie sich nicht selber die Ehre geben, sondern der Gnade Gottes Alles zuschreiben sollen.

Das 23. Capitel.

Gemeinschaft der Welt ist schädlich.

Daraus folgt nun, weil die böse Welt die Gläubigen mit ihren Aergernissen hindert an allem Guten; daß sie der Gemeinschaft der Welt und der Gottlosen sich enthalten müssen, auch alles dessen, was das Herz ärgert und nicht bessert, es sey in Reden, in Gedanken, Worten oder Werken, im Sehen, Lesen oder Hören, und vielmehr ihr Herz, Sinn, Gedanken und Gemüth beisammen behalten, und in Gott sammeln, mit Gott durch's Gebet reden,

Gottes Trost und Freude im Herzen schmecken lernen, den Frieden und die Ruhe des Herzens in Gott empfinden. Denn das ist die liebliche und freundliche Antwort Gottes in uns, davon fast der ganze Psalter redet; wodurch aber das heilige Predigtamt mit nichten ausgeschlossen wird, sondern es ist die innerliche Praxis der Gottseligkeit, dazu auch das äußerliche, gehörte Wort Gottes dient. Obwohl die Unerfahrnen solche Lehre für enthusiastisch halten, zu ihrem eigenen Zeugniß, daß sie niemals mit Gott, dem Allmächtigen, ein andächtiges Gespräch gehalten, auch niemals geschmeckt, wie freundlich der Herr ist; daher sie in die wahre Uebung der heiligen Theologie niemals gelangt noch gekommen sind.

Das 24. Capitel.

Liebe.

Darauf folgt nun die Summe eines christlichen Lebens, wie sie St. Paulus beschreibt, 1 Tim. 1, 5: „Die Summe aller Gebote ist: Liebe von reinem Herzen, von gutem Gewissen und von ungefärbtem Glauben;" wo wir hören, daß Gott, der Herr, nicht von uns fordert große Wunderwerke, spitzfindige Künste, geschwinde Sophisterei, sondern die Liebe des höchsten Guts, nämlich Gottes, welches das allerliebste, süßeste, holdseligste, freudenreichste Werk ist, da keine Unlust und Beschwerung dabei ist. Denn das höchste Gut lieben, bringt die höchste Lust und Freude. Welches hernach mit großer Lust auch dem Nächsten mitgetheilt wird aus Liebe der ewigen Liebe, welche Gott selbst ist.

Das 25. Capitel.

Gottes Liebe in uns.

Daraus folgt, daß die Liebe des Nächsten muß rein seyn, ohne Falsch und Heuchelei; denn sonst ist nicht Gottes Liebe in uns; denn Gott hat keine falsche Liebe. Aus der großen, reinen, lautern Liebe Gottes fließt die Erbarmung, die Vergebung, die Versöhnung, das Mitleiden, der Trost, die Hülfe über Feinde und Freunde. Ist deine Liebe nicht also, so ist sie nur eine falsche, und ist nicht Gottes Liebe in dir; wie St. Johannes sagt: „Wie bleibt die Liebe Gottes bei ihm?" 1 Joh. 3, 17.

Das 26. Capitel.

Ursachen der Liebe.

Darum müssen hierauf alsbald betrachtet werden die Ursachen, warum der Nächste zu lieben sey. Denn weil Gott die Liebe selbst ist, so kann derjenige kein Kind Gottes seyn, aus Gott geboren, in welchem die Liebe Gottes nicht ist. Er kann auch Christi Jünger und Glied nicht seyn, denn Christus ist lauter Liebe. Er kann auch des heiligen Geistes Werkzeug nicht seyn, denn Gott hat seine Liebe in der Gläubigen Herzen ausgegossen durch den heiligen Geist. Er kann auch in der heiligen christlichen Kirche Gemeinschaft nicht seyn, denn er befleißigt sich nicht, zu halten die Einigkeit durch das Band des Friedens, da wo Ein Geist, Ein Glaube seyn soll, Eph. 4, 3. 4. Er kann auch in der heiligen Engel Gesellschaft nicht seyn, denn Zorn und Falschheit, Haß und Neid ist nicht englisch, sondern teuflisch.

Das 27. Capitel.

Probe der Kinder Gottes.

Der höchste Grad aber der Liebe ist, die „Feinde zu lieben, zu segnen, die uns fluchen, wohlzuthun denen, die uns hassen, zu bitten für die, so uns beleidigen und verfolgen; auf daß wir Kinder unsers Vaters im Himmel seyen," Matth. 5, 44. 45. Das ist nun die höchste Kunst der Christen, der höchste Adel der christlichen Tugend, der höchste Sieg, der sich selbst überwindet, die rechte Nachfolge des Exempels Christi.

Das 28. Capitel.

Probe der Liebe Gottes.

Das ist nun die Probe der Liebe Gottes,

nämlich, ob Gottes Liebe auch in uns ist, ob wir auch die Kraft, Freundlichkeit und Süßigkeit der Liebe Gottes je geschmeckt haben: (1) wenn wir auf obige Weise die Liebe üben; (2) wenn wir die Liebe Gottes aller Creaturliebe vorziehen. Denn „wer die Welt lieb hat, in dem ist die Liebe des Vaters nicht," 1 Joh. 2, 15. Weil nun Gott selbst die Liebe ist, und auch die Liebe in uns wirkt: so ist ja unserer Liebe Niemand mehr und besser würdig, als Gott selbst, und sind demnach alle irdische Creaturen unserer Liebe zu gering. Gott ist ewig und unsterblich. Bleibt nun unsere Liebe in ihm, so ist dieselbe auch ewig und unvergänglich. Hängen wir aber mit unserer Liebe an den sterblichen Creaturen, so fällt sie mit ihnen dahin und vergehet. Die Liebe der Creaturen reizt uns zu vielen Sünden; Gottes Liebe aber bewahret uns vor vielen großen Sünden. Die Liebe der Creaturen macht unserm Herzen viel Beschwerung und Unruhe; aber Gottes Liebe gibt Friede und Freude, ist holdselig und lieblich.

Das 29. Capitel.
Versöhnung.

Darauf folgt die andere Probe der Liebe, nämlich die Versöhnung des Nächsten. Denn Gott, der Herr, wird selbst beleidigt durch die Feindschaft oder Ungerechtigkeit wider den Nächsten, und es kann des Menschen Gewissen den Frieden Gottes nicht haben, auch keine Seelenruhe, wo er sich nicht mit dem Nächsten versöhnt und demselben vergibt. Da soll uns die Versöhnung mit Gott, durch den Tod Christi geschehen, immer vor unsern Augen stehen, daß wir uns „unter einander aufnehmen, gleichwie uns Christus aufgenommen hat zum Lobe Gottes, Röm. 15, 7.

Das 30. Capitel.
Wahrer Liebe Eigenschaft.

Und weil ein Ding aus seinen Eigenschaften muß erkannt werden, so beschreibt St. Paulus, 1 Cor. 13, 4 ff., der Liebe Eigenschaften, welche alle gerichtet sind wider die bösen Affecte des Herzens, die wider die Liebe streiten; auf daß wir für die wahre, gründliche Liebe keine falsche Liebe üben, sondern wie St. Paulus sagt, 1 Tim. 1, 5: „Liebe von reinem Herzen, von gutem Gewissen und von ungefärbtem Glauben."

Das 31. Capitel.
Große Gaben sind ohne Liebe nichts.

Daraus folgt nothwendig, gleichwie die Liebe Gott allein anhangen und den Nächsten mit einschließen muß: also muß sie auch die von Gott empfangenen Gaben mäßigen, zieren, regieren; also daß der Mensch mit seinen Gaben nicht seine Ehre suche, sondern allein Gottes Ehre und des Nächsten Erbauung, oder er verderbt und macht zu nichte alle seine Gaben vor Gott und Menschen, und wird nichts Fruchtbares damit ausrichten.

Das 32. Capitel.
Gott sieht keine Kunst an.

Man muß deßwegen sich wohl fürchten und hüten vor falschen Vorurtheilen, daß man die äußerlichen und scheinbaren Gaben der Menschen nicht vorzieht dem Glauben, der Liebe, der Furcht Gottes, der Frömmigkeit, der Wahrheit, der Aufrichtigkeit und Treuherzigkeit. Denn Gott sieht große Kunst und Gaben nicht an, oder Beredtsamkeit, oder Wissenschaft; sondern den Glauben, und es „gilt vor ihm allein die neue Creatur in Christo," Gal. 6, 15.

Das 33. Capitel.
Gott sieht das Herz an.

Darum richtet Gott Alles nach dem inwendigen Grunde des Herzens. Derhalben hat der König Hiskias, als ihm Gott seinen Abschied ließ ankündigen, ihm flehentlich vorgestellt, er wolle doch ansehen, wie er mit einfältigem, kindlichem, aufrichtigem Herzen vor ihm gewandelt hätte, Jes. 38, 3. Darin bestand aber nicht des Hiskias Gerechtigkeit vor Gott, sondern es diente nur für die zeitliche Wohlfahrt und Verlängerung seines Lebens. Also richtet Gott alle Werke nach dem Herzen, welches Gott allein ansieht, prüft, richtet, erwäget. Und es hilft hier kein Ansehen der Person und der Gaben, sondern es heißt: „Man hat dich auf einer Wage gewogen, und zu leicht befunden;" und wird nicht helfen, daß man sagt: Herr, Herr! Dan. 5, 27; Matth. 7, 21.

Das 34. Capitel.
Gerechtigkeit ist allein Gottes Werk.

Daraus unwidersprechlich folgt, daß die Gerechtigkeit und Seligkeit eine viel höhere Gabe, Geschenk, und allein ein Werk Gottes ist, welches in keines Menschen Thun und Lassen besteht oder bestehen kann. Die Sünde und den Teufel, Hölle, Fluch, Verdammniß hinwegzunehmen, ist allen menschlichen Kräften unmöglich. Daraus folgt, daß auch die Gerechtigkeit wiederzubringen allen Menschen unmöglich ist. Daher muß hier aller Mund verstopft werden, und Christus allein mit seinem Verdienst walten, herrschen, regieren, siegen, überwinden. Der Mensch aber muß zum Kreuz kriechen, Buße thun, an Christum glauben, um Vergebung bitten, und alle seine Gerechtigkeit und Seligkeit aus dem Heilbrunnen des Leidens Christi schöpfen, und hernach auch aus demselben ein neues heiliges Leben durch des heiligen Geistes Regierung anfangen.

Das 35. Capitel.
Gute Werke, keine Heuchelei.

Wie nun der Glaube aus dem hohen göttlichen Werk unserer Rechtfertigung alle Menschenwerke ausschließt, also muß auch die Frucht der Gerechtigkeit, welche ist das neue christliche Leben, ausschließen alle Heuchelei, und muß die Aenderung und Besserung des Lebens That und Wahrheit seyn; denn der wahrhaftige Glaube bringt keine falsche Frucht. Darum, ob man gleich alle Schrift wüßte, alle Werke thäte, ja ein Märtyrer würde, aus falschem Schein, aus eigener Ehre und Ruhm, so gilt Alles vor Gott nicht, sondern ist ein Gräuel vor Gott.

Das 36. Capitel.
Gott ergebenes Herz genießt der Lieblichkeit Gottes.

Hieraus folgt unwidersprechlich, wenn der Mensch, im Glauben erleuchtet, anfängt, in Christo zu leben, ihn zu suchen, herzlich zu lieben: so wird ihm der Herr Christus immer süßer, lieblicher, holdseliger, freundlicher. Dahin ist gerichtet das ganze Hohe Lied Salomonis, wie die gläubige Seele ihren Bräutigam sucht, findet, liebet, küsset, herzet, flehet, sich mit dem Geliebten vereinigt, und an seinem Halse weinet. Da redet der Bräutigam in's Herz. Da spricht er: „Komme, meine Taube, meine Liebe," Cap. 2, 13. 14. Da speiset und tränket er die Seele mit dem verborgenen Manna. Da heißt es denn: „Wer von mir isset, den hungert und dürstet immer nach mir," Sir. 24, 28. 29. Denn die Seele muß Gott allein sättigen. Das ist der durstige Hirsch, der nach dem frischen Wasser schreiet, Ps. 42, 2. Da ist ein solches Herz, das da spricht: „Wie lieblich sind deine Wohnungen, Herr Zebaoth! Mein Leib und Seele freuet sich in dem lebendigen Gott," Ps. 84, 3. Und abermals: „Meine Seele dürstet nach Gott, als ein dürres Land," ꝛc. Ps. 143, 6. Da heißt es, Joh. 6, 27: „Wirket Speise, die da bleibe in's ewige Leben." Da sind die, von deren Leibe Ströme des lebendigen Wassers fließen, Joh. 7, 38; die da schmecken und sehen, wie freundlich der Herr ist, Ps. 34, 9. Da heißt es: „Die Liebe Gottes ist ausgegossen in unser Herz durch den heiligen Geist," Röm. 5, 5. Sehet zu, ihr Verleumder, ob das Enthusiasterei sey? Ihr elenden Leute, wann wollt ihr lernen, daß die Theologie nicht eine menschliche Wortkunst sey, sondern eine himmlische, göttliche Weisheit und Erleuchtung, durch den heiligen Geist und das Wort Gottes angezündet? eine lebendige Erkenntniß Gottes und ein Zeugniß des heiligen Geistes, dadurch die Kraft des Worts bekannt und geschmeckt wird durch den Glauben; wie St. Johannes sagt: „Wer an den Sohn Gottes glaubt, der hat dieß Zeugniß bei ihm," 1 Joh. 5, 10. Es ist demnach das menschliche Herz die einzige Werkstatt des göttlichen Worts, darin der heilige Geist seine Kraft erzeigt, durch die Gabe der Weisheit, der Erkenntniß, des Verstandes, des Raths, der Kraft, der Furcht Gottes, der Andacht und des Gebets, Jes. 11, 2. Dieß edle Werk des Geistes Gottes wirst du, Unverständiger, nicht zur Enthusiasterei machen. Woher soll Glaube, Liebe, Hoffnung, Geduld, Demuth, Sanftmuth kommen, wenn es nicht durch das Wort und den Geist im Herzen gewirkt wird? Das sind nicht bloße Worte, die der Geist Gottes wirkt, sondern es sind lebendige Bewegungen und Kräfte. Das ist das himmlische Manna, welches süßer denn Honig und Honigseim ist, welches die Hoffärtigen, Ruchlosen, Gottlosen nie geschmeckt haben, auch nie schmecken können oder werden.

Das 37. Capitel.

Ohne Buße lauter Finsterniß.

Hieraus folgt abermals unwidersprechlich, daß das eine große Blindheit sey in geistigen Sachen, wenn man dieß nicht erkennt, versteht, glaubt und sieht, nämlich, daß die Frucht des Wortes Gottes und des Glaubens sey Leben und Licht, Erleuchtung, Trost und Kraft, und allerlei geistige Gaben. Und diese Blindheit kommt daher, daß man sich nicht von der Finsterniß bekehrt und abwendet zum wahren Licht durch wahre Buße und tägliches Absterben von der Sünde. Lehrt es ja doch die innerliche Erfahrung, wie das Herz erfreut wird mit himmlischer Freude, wenn man dasselbe abwendet von der Welt zur göttlichen Betrachtung; wie man solches in den Psalmen und prophetischen Lobliedern merkt, und in den Lobgesängen des neuen Testaments. Welch eine sanfte, süße Ruhe ist in der wahren Liebe Gottes und des Nächsten! Welch eine Freudigkeit ist in Uebung des wahren Glaubens! Welch ein kräftiger Trost ist im Gebet! Woher kommen sonst die geistigen Ausrufungen und Freudenworte der heiligen Schrift, auch anderer andächtigen, heiligen Leute in ihren Meditationen und Betrachtungen? Das ist das verborgene Manna, das ist die himmlische Mahlzeit, welche der Männer keiner, so die Welt lieb gewonnen haben, jemals schmecken wird, Luc. 14, 24. Wer nun selber nie geschmeckt hat, wie kann er es Andre lehren? Summa: die himmlischen Schätze und Gaben des heiligen Geistes, Erleuchtung und andre Früchte des Glaubens und der Erkenntniß Gottes müssen mit himmlischen Gemüthern und nicht mit irdischen Herzen ergriffen werden. Der Friede des Herzens ist ein großes himmlisches Gut, „höher denn alle menschliche Vernunft, und bewahret Herz und Sinn in Christo Jesu." „Der Gottlose aber hat keinen Frieden, spricht mein Gott," Phil. 4, 7; Jes. 57, 21.

Das 38. Capitel.

Größte Strafe der Gottlosigkeit.

Daraus folgt unwidersprechlich, daß zuletzt das gottlose, unbußfertige, unchristliche Leben mit falscher Lehre, vielen Irrthümern und Ketzereien muß gestraft werden; weßwegen wir täglich bitten sollen, daß unser lieber Gott um unserer großen Sünden und Unbußfertigkeit willen sein Wort und die reine apostolische Lehre nicht wolle von uns nehmen. Wie betet der Prophet Jeremias im 14. Capitel, V. 7: „Ach Herr, unsere Missethaten haben's ja verdienet; aber hilf doch um deines Namens willen; denn unser Ungehorsam ist groß, damit wir wider dich gesündiget haben." Da klagt der Prophet über den Ungehorsam wider Gottes Wort. Und im 15. Capitel, V. 16 spricht er: „Indeß erhalte uns, Herr, dein Wort, wenn wir's bekommen; denn es ist unsers Herzens Freude und Trost." Wenn man predigt wider die Verachtung des göttlichen Worts, so verstehen's die albernen Leute von dem Gehör des Worts. Ach du Elender, vom Ungehorsam wider Gottes Wort ist die Verachtung zu verstehen, daß Niemand nach Gottes Wort lebt, daß kein Glaube, keine Treue, keine Liebe, keine Gottesfurcht, keine Andacht, kein Gebet, keine Ehre gegen Gott und Menschen unter den Leuten ist, sondern alle Bosheit im höchsten Grad hat überhand genommen. Das ist, du Blinder, die Verachtung Gottes und seines Worts, das ist das Unkraut, welches der Feind säet unter den Weizen, nämlich die Kinder der Bosheit. Da säet der Teufel Abgötterei, Irrthum, Ketzerei, durch hoffärtige, ehrgeizige, fleischliche, weltsüchtige Leute; auf daß gestraft werden Alle, die Lust haben an der Ungerechtigkeit, 2 Thess. 2, 11. 12.

Das 39. Capitel.
Heilige Lehre ist heilig zu bewahren.

Daraus folgt ja unwidersprechlich abermals, daß auch mit heiligem, gottseligem Leben, neben dem öffentlichen Widerspruch gegen die falsche Lehre, die reine Lehre erhalten werde. Erstlich darum, weil der heilige Geist, der Geist der Wahrheit, bei den Frommen und Gottesfürchtigen bleibt, die Gottlosen und Ruchlosen aber flieht, und der Satan die Hoffärtigen, Stolzen und Vernunftgelehrten verblendet und verfinstert. (2) Ist's nicht genug, daß man festhalte an dem Vorbilde der heilsamen Worte vom Glauben, sondern man muß auch bleiben an dem Wort von der Liebe in Christo Jesu, welches hochnöthig ist, Aergerniß abzuwenden, auf daß der Name Gottes nicht verlästert werde. 1 Tim. 6, 3. 4.: „So Jemand nicht bleibet bei dem heilsamen Wort unsers Herrn Jesu Christi, und bei der Lehre von der Gottseligkeit, der ist verdüstert, und weiß nichts, sondern ist zänkisch in Fragen und Wortkriegen." (3) So fallen die, die allzu hoch steigen in ihren Disputationen und Speculationen, gemeiniglich herab in große Irrthümer, oder grübeln Subtilitäten aus, die keinem Menschen nützlich oder besserlich sind. Darum St. Paulus die Corinther von den hohen Gaben der Sprachen und andern Sachen herunter in die Liebe weist, und spricht: „Ich will euch einen bessern Weg zeigen," 1 Cor. 12, 31. (4) So darf auch Niemand gedenken, daß der Glaube rein und wahrhaftig sey, der durch die Liebe nicht thätig ist. Wie kann denn die Lauterkeit des göttlichen Worts durch einen unthätigen und fruchtlosen Glauben erhalten werden? Denn die Schrift stellt uns zwischen Gott und den Menschen, daß wir beiden Theilen gerechte Gebühr geben sollen durch den Glauben und durch die Liebe.

Das 40. Capitel.
Regeln des christlichen Lebens.

Hierauf ist nun sehr förderlich zur Gottseligkeit, daß man andächtige, tröstliche Vorschriften und Regeln vor Augen hat, die man sonderlich in's Gedächtniß fasse, und oft daran gedenke. Das aber sind rechtschaffene Vorschriften und Regeln des christlichen Lebens, die dem Menschen seine eigene Nichtigkeit und Schwachheit zu erkennen geben, die einen Christen darin recht unterrichten und trösten, die die Liebe pflanzen, die Geduld erwecken, die Andacht befördern, die Danksagung stärken, die Sünde dämpfen, die Demuth anzünden, und vor allen Dingen den Glauben bewahren.

Das 41. und 42. Capitel.

Darauf folgt nun der Beschluß und die Wiederholung des ganzen ersten Buchs, und hat diesen Grund. Gottes Wort in der heiligen Schrift ist eine göttliche Lehre, dadurch Gott, der Herr, mit des Menschen Herz und Seele, Geist und Gemüth handelt, solche erleuchtet und bewegt durch den heiligen Geist, welcher in den Herzen der Menschen den Glauben wirkt, und im Anfang vor allen Dingen die inwendige Bosheit und Unreinigkeit des Herzens, aus dem kläglichen Sündenfall herrührend, angreift; nicht wie die ehrbare und sittliche Weltzucht, so die äußerlichen Laster und

Untugenden beschreibt und straft, sondern der Geist Gottes greift viel tiefer in den Abgrund des Herzens hinein, durchforscht alle heimliche, verborgene Unart, die Gott zuwider ist, und die unerkannte Unreinigkeit, welche die Vernunft nicht für Sünde achtet; und stellet dieselbe in's Licht vor Gottes Angesicht, Psalm 90, 8, deren so viel ist, wie Sand am Meer, daß wohl die Schrift sagt, das Herz des Menschen sey unergründlich und unerforschlich böse, Jerem. 17, 9. Dagegen aber fordert Gottes Wort die neue Geburt, welche nicht mehr wirkt ein fleischliches Leben, sondern ein neues, geistiges Leben; nicht auf die Weise, wie die Philosophia moralis ein äußerliches, sittliches, ehrbares Leben erfordert, sondern ein innerliches heiliges Leben, welches stehet in wahrer täglicher Buße, und im lebendigen Glauben, und in der Regierung des heiligen Geistes, in Tödtung des Fleisches, im Absterben von der Welt, in Verläugnung seiner selbst und der bösen Lust, und hinwieder im wahren, lebendigen Trost der Gnade Gottes, der Vergebung der Sünden, der Gerechtigkeit Christi, des geistigen Seelenfriedens, der lebendigen Freude im heiligen Geist. Dies ist das neue geistige Leben, welches weit übertrifft das äußerliche ehrbare Leben der Vernunft. Denn es ist ein Leben, das aus Gott ist, nämlich ein innerliches, geistiges, göttliches Leben, mit seinen geistigen Gliedern. Denn da ist gleich anfänglich eine göttliche Erkenntniß, eine göttliche Traurigkeit, ein göttlicher, ewiger, himmlischer Trost, eine göttliche, geschenkte und nicht menschliche Gerechtigkeit, welche aus Christo, dem Sohne Gottes, durch den Glauben an uns gelangt, ein göttlicher Friede, eine göttliche Freude, eine göttliche Weisheit, welche die Weisen dieser Welt nicht erkannt haben.

NB. Wenn dir's aber Gott hat zu erkennen gegeben, so siehe zu, daß sich dein Herz nicht erhebe, sondern bleibe in Demuth und Gottesfurcht, sonst wirst du deine Gaben verlieren und verderben, daß sie weder dir noch deinem Nächsten zu Nutz kommen können.

SYLLOGISMUS APOLOGETICUS,

oder

Schutzschluß wider die Lästerer.

1. Wer Jesum Christum in seinen Schriften zum einigen Zweck und Ziel setzt mit seiner Person und Amt;

2. Alles auf ihn beziehet, was im alten und neuen Testament geschrieben ist, beides mystisch und typisch, das ist, figürlicher oder offenbarlicher Weise;

3. Insonderheit aber den hohen Artikel von unserer Rechtfertigung vor Gott, so aus dem Verdienst Christi, als aus einer lebendigen Quelle entspringt, welche so hell und klar seyn muß, daß nicht ein Stäublein menschlicher Werke darin muß gespürt werden, rein behandelt;

4. Die Mittel zu unserer Seligkeit, Gottes Wort und Geist, den Glauben und die heiligen Sacramente, rein behält und lehret;

5. Die Früchte der Gerechtigkeit, die Erneuerung und Heiligung, ernstlich fordert, nämlich den Baum mit den Früchten;

6. Das falsche Christenthum und die Heuchelei auf's heftigste straft, weil solche gar überhand genommen, und der Tausendste nicht erkennt noch versteht, was das christliche Leben sey, und seyn muß und soll;

7. In allen Punkten die Augsburgische Confession und Formula Concordiae unterschreibt und ihr gemäß lehret:

Demselben thut man Gewalt und Unrecht, daß man ihn lästert, verleumdet, für Osiandrisch, Schwenkfeldisch, Weigelisch, Päbstlich ausschreiet.

Diese Punkte alle wird man in allen meinen Büchern deutlich, klar, öffentlich finden, also daß allen Calumnianten sey Trotz geboten, daß sie in ihren Schriften derselben Artikel einen klarer, ernstlicher und heilsamer zeigen. Denn „darauf Jemand kühn ist, darauf bin ich durch Gottes Gnade auch kühn," 2 Cor. 11, 21. Und versuche es einer meiner Lästerer, ob er des menschlichen Herzens verborgene Bosheit, darnach dessen Unvermögen, Nichtigkeit und Elend; hinwieder aber Gottes Gnade, Liebe und Gerechtigkeit in

Christo, gründlicher und höher kann beschreiben und rühmen: so will ich ihm mit Freuden danken. Zu dieser Thorheit verursachen mich die Lästerer und Verleumder. Darum thut man mir vor Gott und seiner Kirche Gewalt und Unrecht; und Gott wird zu seiner Zeit solche Lästerung richten, und die Lästerer zerschmeißen.

Verantwortung des andern Buchs vom wahren Christenthum.

Das 1. Capitel.
Von Christo.

1. Gleichwie das erste Buch den Ursprung und Brunnen menschlichen Elends zeigt, und wie tief die verderbte menschliche Natur müsse wiederum gereinigt, erneuert, geheiligt und das sündliche Fleisch gedämpft werden mittelst wahrer, herzgründlicher Buße und Wiederaufrichtung des Bildes Gottes durch Glauben und Liebe: also zeigt das andere Buch (1) den Arzt und die Arznei, die uns von solchem Elend und solcher Unreinigkeit reinigt.

2. (2) Wer nun will geheilt werden, muß sich mit einschließen in die Cur, und Christum ganz anziehen, ja durch den Glauben an sich ziehen, sich zu eigen machen; (3) allein in Christo Jesu seine Gerechtigkeit suchen durch den Glauben, welcher uns Christum ganz gibt, mit seinem Verdienst, Gehorsam, Versöhnung und allen Wohlthaten. (4) Aus welchem lebendigen Grunde wahrhaftige Früchte der Gerechtigkeit wachsen; nicht zum Schein, aus Heuchelei, sondern, wie die Erlösung durch das Blut Christi wahrhaftig, gewiß, kräftig ist, also müssen auch die Früchte der Gerechtigkeit und Dankbarkeit wahrhaftig, gewiß und lebendig seyn in der That und Wahrheit. (5) Darum ist es nicht genug, daß man Gottes Wort weiß, sondern man muß es also wissen, daß es in uns lebt, und gleichsam unser Leben wird; wie im 119. Psalm mit so vielen Seufzern solches beschrieben und darum gebeten wird.

3. (6) Dieweil aber unsere verderbte Natur dazu viel zu schwach ist, so hat uns unser Erlöser und Heiligmacher seine und seines heiligen Geistes gnädige Beiwohnung verheißen; ja er hat uns zugesagt seine tröstliche, liebliche, freundliche, holdselige Vereinigung mit uns, und hat für uns kräftig gebeten, Joh. 17, 11: „Daß sie Eins seyen, gleichwie wir Eins sind," daß wir mit ihm mögen vereinigt seyn und bleiben; wie er spricht: „Ich in ihnen, und du in mir, auf daß die Liebe, damit du mich liebest, sey in ihnen, und ich in ihnen," V. 26.

Das 2. Capitel.
Die Vereinigung mit Christo ist die höchste Würdigkeit der Christen.

Diese Vereinigung ist die große Würdigkeit der Gläubigen, die Verbesserung, Zurechtbringung (oder wie man es nennen kann) der menschlichen Natur, die Hülfe und Stärkung im neuen geistigen Leben, welches Christus in uns wirkt. Dieweil er uns durch sein Blut hat gerecht gemacht, geheiligt und gereinigt, so hat er uns auch mit dieser geistigen Herrlichkeit und Seligkeit begnaden und begaben wollen, daß er sich als unser Haupt mit seinen Gliedern hat vereinigen wollen; welches ist eine hohe Frucht der Gerechtigkeit des Glaubens, dadurch Christus selbst in uns wohnt. Und das nennt der Herr selbst unsere Vollkommenheit; verstehe, da uns nichts mangelt an Gaben, an Trost, an himmlischen Gütern. Denn so lauten des Herrn Worte, Joh. 17, 22. 23: „Ich habe ihnen gegeben ꝛc. Ich in ihnen, und du in mir, auf daß sie vollkommen seyen in Eins." Als wollte er sagen: wenn zwischen mir und ihnen nicht eine Vereinigung wäre, wie zwischen mir und dir, so wären sie nicht vollkommen in Eins; denn in der Vereinigung ist die Vollkommenheit. Darum sollen fromme Christen diese ihre hohe Würdigkeit wohl erkennen lernen, und sich also in ihrem Leben, ihrer Andacht und Gebet verhalten, daß sie die Vereinigung nicht trennen; denn der liebe Herr verheißt uns, er wolle mit seinem Vater und dem heiligen Geist „Wohnung bei uns machen," Joh. 14, 23. Ein frommes Herz bedenke dieß Wort, was es heiße, und eigentlich sey, „Wohnung bei uns machen." Ist das nicht eine große Seligkeit und Gnade, ein Haus und eine Wohnung der heiligen Dreieinigkeit zu seyn?

2. Von dieser unserer großen Herrlichkeit steht eine schöne Stelle in der Kirchenpostille Luthers am Pfingsttage, welche man, als eine edle Blume, in den Lustgarten seines Herzens pflanzen soll, da er also spricht: „Das muß eine große Herrlichkeit und Gnade seyn der Menschen, so da werth geachtet werden, zu seyn eine solche herrliche Wohnung, Schloß und Saal, ja Paradies und Himmelreich, da Gott auf Erden wohnet; welche doch sind solche arme, betrübte, schüchterne Herzen und Gewissen, die nichts an ihnen, denn Sünde und Tod fühlen, und vor Gottes Zorn beben und zittern, meinen, Gott sey von ihnen am weitesten, und der Teufel am nächsten. Aber die sind's, denen solches verheißen ist, und fröhlich sich deß trösten mögen, daß sie sind das rechte Gotteshaus und Kirche, da Gott Lust hat zu ruhen und zu bleiben, wie der Prophet Jesajas, Cap. 66, 1 spricht von solchen, wider die stolzen, aufgeblasenen Heiligen: Was wollt ihr mir für ein Haus bauen, und welches soll die Stätte seyn, da ich ruhen soll? Hat nicht meine Hand Alles gemacht, was da ist? Ich sehe aber an den Elenden, und der zerbrochenen Geistes ist, und der sich fürchtet vor meinem Wort. Und wo sollte auch Gott sonst wohnen? Er findet sonst keine Herberge auf Erden. Die andern trefflichen, hohen, großen, selbstgewachsenen Heiligen sind ihm viel zu stolz, viel zu hochmüthig, weise, klug und heilig, dazu weit durch und oben über den Himmel hinausgefahren, daß sie sollten seine Wohnung auf Erden seyn. So ist er auch wiederum viel zu edel und ekel, daß er nicht will noch kann bei solchen hoffärtigen, ruhmredigen Heiligen seyn und wohnen, welche ihrem Abgott, dem Teufel nach, wollen Gott gleich sitzen, und mit ihm von ihrer Heiligkeit pochen, und achtet sie der Ehre nicht werth, daß er sie mit all ihrer Pracht, Ruhm und Schmuck ihrer schönen selbstgemachten Herrlichkeit ansehe, findet sich dieweil in die armen, geringen Hütten der Armen, Verachteten, so Christi Wort hören und glauben, und gern Christen wollen seyn, halten sich aber selbst für gar unheilige, unwürdige Sünder. Das ist ja eine tröstliche, schöne und, wie St. Petrus sagt, der theueren und allergrößten Verheißungen eine, uns armen, elenden Sündern geschenkt, daß wir auch göttlicher Natur theilhaftig werden sollen, und so hoch geadelt, daß wir nicht allein durch Christum sollen von Gott geliebt werden, seine Gunst und Gnade, als das höchste, theuerste Heiligthum halten, sondern ihn, den Herrn selbst, ganz in uns wohnen haben."

Und ferner: „Siehe nun, welch ein groß Ding sey der Mensch, der da ein Christ ist. Ein rechter Wundermensch auf Erden, der vor Gott mehr gilt denn Himmel und Erde, ja ein Licht und Heiland der ganzen Welt, in dem Gott Alles vermag und thut; aber vor der Welt gar hoch und tief verborgen und unbekannt, welche auch nicht werth ist, solche Leute zu erkennen, sondern muß sie halten für ihre Fußtücher."

Ebendas. S. 118: „Das ist die überschwängliche Herrlichkeit der Christen, daß sich Gott ihnen so tief herunter gibt, und so nahe zu ihnen thut, daß er nirgend anders, denn in ihnen und durch ihr Wort und Werke, Hand und Mund sich erzeigen, sehen und hören lassen will; und damit einen großen Unterschied machet zwischen ihnen und allen andern Menschen, daß auch ein einzelner Christ, wie gering er ist, ein ganz andrer Mann, und vor Gott höher geehret ist, denn alle Könige, Kaiser, Fürsten und alle Welt auf einem Haufen, welche von diesem Ruhm und Ehre nichts haben noch wissen." So weit Luther.

3. Ach Herr! „Was ist der Mensch, daß du sein gedenkest, und des Menschen Kind, daß du dich seiner annimmst?" Ps. 8, 5. Sehet, „wie hat Gott die Menschen so lieb!" 5. B. Mos. 33, 3. „Wo ist ein Volk, zu welchem sich Gott so nahe thut, als der Herr, unser Gott, so oft wir ihn anrufen?" Cap. 4, 7. Lasse sich demnach kein frommer Christ dieser seiner Herrlich-

keit durch verlogene Mäuler berauben. Es ist Schande und zu beklagen, daß der Mensch, geschweige ein Christ, solche tröstliche Lehre anfeinden, lästern und verketzern soll, da es doch die Heiden besser verstanden und gesagt: Est Deus in nobis, agitante calescimus illo: „Gott ist in uns, durch ihn werden wir entzündet;" und: An dubium est, habitare Deum sub pectore nostro? das ist: „Ist es bei dir noch im Zweifel, daß Gott in unsern Herzen wohnet? Ja der heilige Apostel Petrus sagt wohl mehr: nämlich daß wir „der göttlichen Natur theilhaftig werden," 2 Petr. 1, 4. Und der Apostel Paulus zieht den heidnischen Poeten Aratus an, da er spricht: „Wir sind Gottes Geschlecht," Apost. Gesch. 17, 28; ja freilich, aus Gott geboren durch's Wort und die heiligen Sacramente. Summa: wer das verläugnet und verketzert, der verkehrt die ganze heilige Schrift. Denn Gottes Wort und der heilige Geist wirkt nicht außer uns, sondern in uns. Da lehrt er, da tröstet er, da erleuchtet er, da sind die rechten Gottesgelehrten, davon die Weissagung Jesajä lautet, Cap. 54, 13: „Deine Kinder sollen alle von Gott gelehrt werden;" nicht enthusiastischer Weise, wie die klugen Phantasten meinen, sondern durch göttliche Mittel. Denn wo der himmlische Lehrer inwendig nicht lehrt, da hilft kein Auswendiglehren. „Es ist weder der da pflanzet oder begießt, Etwas, sondern der das Gedeihen dazu gibt," 1 Cor. 3, 7. Was ist es für ein hohes Geheimniß, daß St. Paulus spricht, 1 Cor. 2, 10. 11: „Gleichwie Niemand weiß, was im Menschen ist, ohne der Geist des Menschen: also weiß Niemand, was in Gott ist, ohne der Geist Gottes. Denn der Geist erforschet Alles, auch die Tiefen der Gottheit.

4. Von diesem Geheimniß sollen die Unverständigen, welche die klaren Zeugnisse von der Vereinigung Gottes mit dem Menschen läugnen, sehr viel verstehen! werden demnach nimmermehr schmecken den Strom des lebendigen Wassers, so von der Gläubigen Liebe fließt, Joh. 7, 38. St. Paulus schreibt, 2 Timoth. 1, 6, er solle das verborgene Fünklein, so er empfangen hat durch Auflegen seiner Hände, in ihm aufblasen und erwecken, daß es leuchte und brenne; wird vielleicht nach der Verständigen Meinung den Enthusiasmus gelehrt haben? Was ist's denn, daß die Epistel an die Hebräer, Cap. 6, 4. 5 sagt, daß „Etliche geschmeckt haben die himmlischen Gaben, das gütige Wort und die Kräfte der künftigen Welt?" Ist dieß auch Enthusiasmus? Was sagt hievon der 34. Psalm, V. 9? „Schmecket und sehet, wie freundlich der Herr ist." Was ist das Abendmahl und das verborgene Manna in der Offenbarung Johannis, Cap. 2, 17; Cap. 3, 20? Hast du auch der heiligen Jungfrau Maria Freude empfunden, welche sie hatte in Gott, ihrem Heilande? Was ist der Heilbrunn Jesajä, daraus man mit Freuden Wasser schöpft? Cap. 12, 3; dazu auch der Herr Christus ruft, Joh. 7, 37: „Wohlan, Alle, die ihr durstig seyd, kommt her zum Wasser!" Wo ist der Geist der Weisheit, des Verstandes, der Erkenntniß, der Stärke, des Raths, der Kraft und Furcht Gottes? wo hat er seine Werkstatt? Wahrlich bei den Lästerern und Verläumdern nicht; denn da ist weder Weisheit noch Verstand.

Das 3. Capitel.
Die Lehre von Christo ist eine thätige Lehre.

1. Wenn nun der Geist Gottes wirkt Liebe, Geduld, Gebet und Trost, was sind es für Wirkungen? Sind es bloße Worte ohne Kraft? Ist es nicht eine wirkliche, thätliche, kräftige Bewegung? Ist es nicht eine lebendige Lehre? Wo hat die betrübte Seele ihre Ruhe? Muß sie nicht in Gott einkehren und ruhen? Summa: die heilige Schrift und Gott in derselben will mit Geist, mit Glauben, mit Herz, mit Andacht und himmlischem Gemüth ergriffen seyn, also daß derselben Licht, Kraft, Leben, Trost, Stärke, Weisheit, Sieg und alle Gottesfülle, wie St. Paulus, Eph. 3, 19 redet, im Herzen, Geist, Glauben, Sinn und Gemüth empfunden werden, und Gott, der Vater, Sohn und heilige Geist im

Wort erkannt, geschmeckt, geliebt und gelobt werden, und durch's Wort im Glauben, im Herzen wohnen, und das ganze Reich Gottes im Menschen aufrichten. Hier helfen keines Menschen Künste, sondern durch den Glauben und den heiligen Geist erleuchtet werden, von oben herab geboren werden, den Schlüssel zu dem Schatzkasten Gottes, den heiligen Geist erbitten. Denn wo nicht unsere Sinne mit dem Strahl göttlichen Lichts erleuchtet und gereinigt werden, so können wir den eigentlichen Sinn und die Süßigkeit Gottes, der in der Schrift redet, nicht fassen noch begreifen. Die göttliche Erleuchtung, Weisheit, Friede, Liebe, das Reich Gottes läßt sich nicht als eine Wort- und Weltkunst lernen, durch die kluge Vernunft. Du mußt in die rechte Pfingstschule gehen, oder du bleibst ungeschickt zum Reiche Gottes.

2. Dazu ist nun hochnöthig, daß ein gottesfürchtiger Mensch sich selbst lerne recht erkennen und prüfen, wer in ihm das Regiment und die Herrschaft habe? Gewißlich hat St. Paulus solches empfunden in seinen Gliedern, wie er darüber klagt Röm. 7, 23; befiehlt auch, daß wir die Sünde in unserm sterblichen Leibe nicht sollen herrschen lassen, zu thun, was wir wollen, Röm. 6, 12; sondern wir sollen prüfen, ob Christus in uns sey, daran wir merken können, daß wir nicht verworfen oder untüchtige Glieder Christi seyen, 2 Cor. 13, 5. Darum sollen wir den alten Menschen ablegen, und den neuen Menschen anziehen, den äußerlichen Menschen laßen durch Kreuz und wahre Buße verwesen, auf daß der innerliche täglich erneuert werde. Wir sollen unterscheiden lernen die Früchte des Geistes und des Fleisches. Denn „was aus dem Fleisch geboren ist, das ist Fleisch; was aus dem Geist geboren ist, das ist Geist," Joh. 3, 6. Denn die Natur gebiert Kinder des Zorns, der Geist aber Kinder der Gnade. Die Vernunft muß gefangen genommen werden, der Glaube aber die Welt überwinden. Die Werke der Finsterniß müssen abgelegt, die Waffen des Lichts aber angethan werden, Röm. 13, 12. Der faule Baum muß abgehauen werden mit seinen argen Früchten, der gute Baum muß eingepflanzt werden, der gute Früchte bringe. Der Sünde muß abgestorben, und der Gerechtigkeit gelebt werden, 1 Petr. 2, 24. Unsere Gewissen müssen gereinigt werden von den todten Werken, Hebr. 9, 14, und dagegen die lebendige Tugend eingepflanzt werden. Das Sterben Christi müssen wir an unserm Leibe tragen, auf daß auch das Leben Christi an uns offenbar werde, 2 Cor. 4, 10. Das alte Jerusalem muß zerstört werden, und muß auf uns geschrieben werden der Name des neuen Jerusalems, Offenb. Joh. 3, 12. Das Reich des Satans muß untergehen, auf daß das Reich Gottes in uns erbauet werde. Das Otterngezüchte und der Schlangensame muß vertilgt werden, Gottes Same aber muß in uns wachsen. Der natürliche Mensch, der nichts vernimmt vom Geist Gottes, muß gedämpft werden, aber der geistige Mensch muß leben und Alles geistig ausrichten, 1 Cor. 2, 14. Das Bild des Satans muß ausgetrieben, Gottes Bild aber in uns verklärt werden. Wer dieses nicht versteht, wird nimmermehr die Buße recht verstehen, auch die Gnade Gottes nicht, auch die menschliche Schwachheit nicht, auch Gottes Erbarmung nicht, auch das neue geistige Leben nicht, und ist noch sehr weit vom wahren Christenthum, er lasse sich in seinem Hochmuth so viel dünken, als er wolle.

Das 4. Capitel.
Das Gebet ist höchst nöthig.

Hieraus siehst du nun, wie hochnöthig ein ernstes, andächtiges, unaufhörliches Gebet sey, wie dadurch der inwendige Mensch gestärkt, geheiligt, gereinigt, getröstet, erleuchtet, ganz in Gott gezogen, und Gott, dem Herrn, ganz vertraulich und geheim werde, wie ein heiliger Engel, welcher allezeit Gottes Angesicht sieht im Himmel. Summa: es sind im Gebet mehr Geheimnisse, denn auch der allerklügste Mensch begreifen oder verstehen kann;

wie im 20. Capitel dieses 2. Buchs aus dem alten geistreichen Lehrer Tauler angeführt worden. Und es ist ganz kindisch und lächerlich, daß die Unerfahrenen solche himmlische Sache verwerfen, die sie doch mit ihrem groben Unverstande den tausendsten Theil nicht erreichen können. Ja sie wissen nicht, was recht beten ist, viel weniger wissen sie, was suchen ist, am allerwenigsten wissen sie, was anklopfen ist. Ach wie sanft ruht die glaubige Seele in der Liebe Gottes, wenn ihr Gott auf ihr Anklopfen die Schätze Christi Jesu aufgethan hat! davon ein kleines Wörtlein in den Capiteln von der liebenden Seele in diesem Buch zu finden ist.

Das 5. Capitel.
Von der Gelegenheit, wodurch die Lehre vom Gebet in dieß zweite Buch gesetzt worden.

Diesem Schatze habe ich nachgeforscht, ob ich etwas davon finden möchte; die edle Perle habe ich gesucht in manchem Acker. Und daher ist es gekommen, als mir ungefähr vor 15 Jahren, da noch des Weigels Schriften das Licht nicht gesehen hatten, dieß Tractätlein in 12 Capiteln vom Gebet, von einem guten Freunde verehrt ward, und ich dasselbe andächtig, schriftmäßig und lehrhaftig befand, daß ich mir es belieben lassen, es mit in mein ander Buch zu setzen, die Umstände des Gebets damit zu erklären; wie nämlich durch's Gebet Alles, was an geistigen Gaben vonnöthen ist, muß wieder vom Vater des Lichts erbetet werden; was für großer Schaden entstehe, wenn man nicht fleißig bete, daß nämlich ein nichtbetender Mensch sein Allerbestes versäume in diesem kurzen Leben; wie das Gebet der rechte Weg sey zu allem Guten, darauf ein Mensch stets wandeln und sich üben solle; daß das Gebet weder an Zeit noch Ort, weder an Würdigkeit noch Unwürdigkeit der Personen gebunden sey ꝛc. Ich bitte aber die großen Heiligen, sie wollen mir die Sünde verzeihen, daß ich mich der apostolischen Regel bedient habe: „Prüfet Alles, das

Gute behaltet," 1 Thess. 5, 21. Sie wollen aber nach ihrer hohen Kunst nicht so närrisch argumentiren und schließen: „Dieser hat (und zwar unwissend) aus dem Weigel etwas angezogen, darum billigt er des Weigels Irrthum." Sind das nicht scharfsinnige Köpfe? Item, „das verstehe ich nicht: ergo so ist es nicht recht." St. Paulus hat aus den Heiden etwas angezogen: ergo so ist er mit heidnischen Irrthümern behaftet. Aber genug hievon. Wir müssen den herrlichen Lehrer Tauler im dritten Buch auch von den Calumnianten retten.

Verantwortung des dritten Buchs vom wahren Christenthum.

1. Jetzo kommen wir zu unserm inwendigen Schatz, welchen wir bisher gesucht haben durch die Buße, durch Betrachtung des Wortes Gottes, durch die Gerechtigkeit Christi, durch die Heiligung und Erneuerung, durch's Gebet und andre göttliche Mittel. Und so muß nun unsere glaubige Seele seyn und bleiben eine Wohnung Gottes, eine Werkstatt des heiligen Geistes, ein Besitz des Reiches Gottes, ein Haus des wahren Gottesdienstes, ein heiliges Bethaus im Geist und in der Wahrheit. Alle, die dieses verläugnen, haben eine Theologie, so das Herz und die Seele nicht angeht. Denn wo wollen sie doch das Reich Gottes hinsetzen? in oder außer dem Menschen? Wo soll der wahre Gottesdienst verrichtet werden? in oder außer dem Menschen? Wo soll Glaube, Liebe und Hoffnung entzündet werden? Wo sollen die Wirkungen des heiligen Geistes geschehen? die Erleuchtung, die Lebendigmachung, die Heiligung? Wo soll der Sieg des Glaubens über die Welt geschehen? vielleicht in Utopia? Wo soll das Subject seyn der Gaben des heiligen Geistes? Wo soll die Offenbarung der Gnade, des Trostes, der Freude, des Friedens geschehen? Wo soll das Licht der Gnade scheinen? Wo soll das Licht der Seele leuchten? Wo soll die Prüfung des Herzens seyn? Wo soll die Liebe Gottes geschmeckt werden? im leib-

lichen Munde, oder im Geist? Wo soll Gott durch sein Wort und seinen Geist, durch Andacht und Bewegung mit unsern Herzen reden? zu Rom oder zu Jerusalem? Wo soll man den heiligen Geist und seine Kennzeichen suchen? Wo soll die Ruhe der Seele seyn? Wo soll man die himmlischen Güter und den geistigen Reichthum suchen? Wo soll man das heilige und erneuerte Bild Gottes suchen? O ihr elenden Leute, die ihr von nichts zu sagen wisset, als von Secten! [1]) Dieß soll man wissen, aber jenes auch verstehen lernen, sonst ist eure Kunst des theologischen Namens nicht werth. Die Würdigkeit und Hoheit des Verdienstes Christi soll man treiben, die Herrlichkeit des Glaubens, die Heiligkeit des Lebens Christi, und sein holdseliges Exempel, und wie Christus eine Gestalt in uns gewinnen soll. Um solche recht theologische Sachen sollt ihr euch bekümmern.

2. Das Fundament und der Grund aber alles dessen, was ich im 3. Buch vom wahren Christenthum geschrieben habe, ist der Spruch des Herrn: „Sehet, das Reich Gottes ist inwendig in euch," Luc. 17, 21; und St. Paulus, Eph. 1, 13: „Da ihr glaubetet, seyd ihr mit dem heiligen Geist versiegelt worden." Das ist in unsern Herzen und Seelen geschehen. Davon schreibt Tauler: daß wir müssen zu unserm inwendigen Grunde des Herzens geführt werden, daselbst unsern inwendigen Schatz zu suchen; da werden wir ihn finden, da werden des Glaubens Kräfte sich offenbaren, die inwendige geistige Schönheit (decor internus). Da offenbart sich Gottes Kraft und Weisheit, da ist Erkenntniß menschlichen Elendes, da wird Gottes Erbarmung empfunden, das Licht der Gnade, die göttliche Liebe, göttliches Gespräch, Wirkung und alle Kräfte des Geistes, Kennzeichen der Beiwohnung Gottes, Ruhe der Seele, kräftige Gebete und Alles, was zum geistigen, göttlichen und himmlischen Wesen gehört, ja das ganze Reich Gottes, alle geistige Güter und aller himmlische Reichthum; wie dasselbe insonderheit durch dieselben Capitel im 3. Buch ausgeführt wird; und es ist ein jegliches Capitel ein Stücklein von dem Siegel des heiligen Geistes, und wenn dasselbe durch Gebet und Betrachtung eröffnet wird, so erzeigen sich mancherlei Güter dieses Schatzes und des Reiches Gottes, und ist keine Enthusiasterei, wie du elender Mensch meinest, sondern es ist eben das, was St. Paulus sagt ($\dot{\alpha}\nu\alpha\zeta\omega\pi\nu\rho\epsilon\tilde{\iota}\nu$), daß aus einem Fünklein ein Feuer kann aufgeblasen werden, und aus einem Senfkörnlein ein großer Baum werden. Es ist auch kein Schwenkfeldianismus, wie du meinst, sondern ein Christ ist allbereits durch Gottes Wort und hochwürdige Sacramente neu geboren, gläubig geworden und bekehrt; es mangelt nur die Praxis und Uebung des thätigen Glaubens. Es ist auch kein Osiandrismus, denn es ist nicht die wesentliche, sondern die gnadenreiche Gerechtigkeit Jesu Christi, die uns aus Gnaden geschenkt wird, welche in uns lauter Gnadenfrüchte wirkt. Es ist kein Papismus, denn es ist kein Verdienst, sondern Gnade. Es ist kein Weigelianismus, denn es ist hier die Kraft des lebendigen Wortes Gottes.

Darum fangen wir nun an, ein jedes Capitel d. 3. Buchs sonderlich zu bestätigen.

Bestätigung oder Verantwortung der Vorrede.

1. Nachdem der Sohn Gottes bezeugt, Joh. 7, 38, daß, „wer an ihn glaubet, von deß Leibe werden Ströme des lebendigen Wassers fließen; welches er sagt von dem Geist, welchen empfahen sollen, die an ihn glauben;" und nachdem 1 Joh. 2, 20. 27 geschrieben ist: „Ihr habt die Salbung empfangen, die euch Alles lehret;" und Jer. 31, 33: „Ich will mein Gesetz in ihr Herz geben, und in ihren Sinn schreiben:" so ist hoch vonnöthen, daß wir dieses Schatzes in uns wahrnehmen, daß wir ihn suchen, als eine köstliche Perle im Acker, durch Betrachtung des göttlichen Worts, durch innerliche Andacht, durch Wirkung des heili-

---

[1]) Was der Unwissende und Unerleuchtete nicht kennt, das belegt er mit dem Namen einer sonst bekannten Secte oder besondern Lehre, wenn sie auch ganz ungleich ist, als: Weigelianismus, Platonismus ꝛc.

gen Geistes. Soll aber solches geschehen, so muß die Liebe der Welt ausgezogen und die Liebe Gottes angezogen werden, und muß ein Gott ergebenes und Gott gelassenes Herz da seyn, fähig der Gnadengaben des heiligen Geistes, welche man Charismata nennt; und dieselben machen einen Unterschied unter den Gelehrten und Heiligen.

2. Die Heiligen lernen aus dem heiligen Geist, wie die Apostel. Unter derselben Zahl können auch wohl einfältige und vor der Welt ungelehrte Leute seyn, aber gottesfürchtige und andächtige. Die Weltgelehrten aber sind in der Welt in grossem Ansehen wegen ihrer hohen Vernunft und Weltweisheit; darum muß man diesen Unterschied wohl merken, damit man auf den rechten Grund der irdischen und himmlischen Weisheit komme. Denn St. Paulus beschreibt nicht ohne Ursache diesen Unterschied, 1 Cor. 1, 18 ff., indem er spricht: „Das Wort vom Kreuz ist eine Thorheit denen, die verloren werden; uns aber, die da selig werden, ist es Gottes Kraft; wie geschrieben stehet: Ich will umbringen die Weisheit der Weisen, und den Verstand der Verständigen will ich verwerfen. Wo sind die Klugen? wo sind die Schriftgelehrten? wo sind die Weisen? Hat nicht Gott die Weisheit dieser Welt zur Thorheit gemacht? Denn dieweil die Welt durch ihre Weisheit Gott in seiner Weisheit nicht erkannte, gefiel es Gott wohl, durch thörichte Predigt selig zu machen die, so daran glauben." Und im 2. Cap., V. 4 ff.: „Mein Wort und Predigt war nicht in klugen Reden menschlicher Weisheit, sondern in Beweisung des Geistes und der Kraft. Denn unsere Weisheit ist nicht eine Weisheit dieser Welt, auch nicht der Obersten dieser Welt, welche vergehet; sondern wir reden von der heimlichen, verborgenen Weisheit Gottes, welche er verordnet hat vor der Welt, welche keiner von den Obersten dieser Welt erkannt hat. Uns aber hat es Gott geoffenbaret durch seinen Geist; denn der Geist Gottes erforschet Alles, auch die Tiefen der Gottheit. Und wir haben nicht empfangen den Geist der Welt, sondern den Geist aus Gott; wir reden auch nicht mit Worten, welche menschliche Weisheit lehren kann, sondern mit Worten, die der heilige Geist lehret." Und im 3. Cap., V. 19. 20, und V. 16: „Der die Weisen erhaschet in ihrer Klugheit; denn der Herr weiß der Weisen Gedanken, daß sie eitel sind. Wisset ihr aber nicht, daß ihr ein Tempel Gottes seyd, und der Geist Gottes in euch wohnet? Denn der Tempel Gottes ist heilig, der seyd ihr." Allhier legt St. Paulus den Grund der Weisheit in den heiligen Geist, welchen wir empfangen haben, die wir zum Glauben bekehrt sind. Aus diesem Fundament folgt eine andre, himmlische Weisheit, und es macht nun der Glaube den Unterschied unter den Gelehrten und Heiligen, wie wir sehen an den ungläubigen Heiden und Juden. Gelehrt sind sie aus dem Weltgeist, aber heilig sind sie nicht, wegen des Unglaubens; denn sie mangeln des heiligen Geistes. Da hast du nun die zweierlei Schulen und Wege, zweierlei Weisheit zu lernen, davon ich in der Vorrede des 3. Buchs geschrieben habe. St. Paulus hat diesen Unterschied auch gerühmt, Ephes. 3, 19: „Christum lieb haben, ist besser, denn alles Wissen." Und der hohe Nutzen folgt bald darauf: „auf daß ihr erfüllet werdet mit allerlei Gottesfülle;" das ist, wie es Doctor Luther erklärt, daß Gott allein in euch regiere und wirke, und ihr sein Volk seyet. Siehe, ob Luther allhier auch ein Enthusiast ist?

Bestätigung oder Verantwortung

des 1. Capitels.

Schule der himmlischen Weisheit.

Der Herr spricht, Joh. 14, 21: „Wer mich lieb hat, dem will ich mich offenbaren." Hier ist die Schule der himmlischen Weisheit gezeigt. Wo soll die Offenbarung geschehen? Ohne Zweifel im Herzen. Wodurch? Durch die Liebe Christi. Was soll denn die Offenbarung seyn? Göttliche Weisheit und Erkenntniß. Ist nicht aus dieser Werkstatt des heiligen Geistes Alles hergeflossen, was je und je Andächtiges, Ernstliches, Geistreiches geredet und geschrieben worden? Und das hat nicht geschehen können, wenn man nicht in sein eigenes Herz eingekehrt ist, und sich von der Welt abgewendet hat. Sobald aber solches geschehen im Glauben und in der Liebe Christi, so hat sich der Geist Gottes mit seinen Gaben erzeigt. Da hat der Baum, am Wasser des göttlichen Worts gepflanzt, seine Frucht gebracht; da hat Gott, der Allmächtige, das Licht seines Angesichts über die Heiligen erhoben, und sie erleuchtet; obgleich die Gottlosen, Ps. 4, 7, gesagt haben: „Wie soll uns dieser weisen, was gut ist?" wie diese heilige Uebung in allen Psalmen zu spüren ist. Summa: du wirst aus Gottes Wort keinen Nutzen haben, wenn du es nicht in dir selbst andächtig betrachten wirst, du magst nun diese Uebung Enthusiasterei nennen, oder wie du willst.

Des 2. Capitels.
Einkehrung zu Gott.

Darum muß und kann es bei einem gläubigen Christen nicht anders seyn, denn daß der wahre, lebendige Glaube stets wieder einkehre in Gott zu seinem Ursprung; denn aus demselben nimmt er sein Leben, seine Stärke, seine Kraft und sein Licht, seine Ruhe und seinen Frieden; und das sind die Wirkungen Gottes in unsern Herzen durch den Glauben. Da siehe nun zu, daß du den lieben Gott mit deinem unruhigen Herzen und deinen fleischlichen Lüsten nicht verhinderst. Dahin gehen alle folgende Capitel, welche lauter Zeugnisse sind, aus Tauler und andern heiligen Vätern gezogen.

Des 3. Capitels.
Des Glaubens Beschaffenheit.

Daher siehest du, daß der Glaube nicht eine bloße Wissenschaft sey, sondern eine lebendige, thätige, wirksame Kraft, dadurch der heilige Geist seine Gaben wirkt (wie dieselben Wirkungen in diesem Capitel genugsam erklärt sind). Und wer dieselben nicht empfindet, wird nicht viel vom Glauben wissen.

Des 4. Capitels.
Der Christen Würdigkeit.

In welchem nun der Glaube seine Kraft erzeigt, denselben regiert er in äusserlichen Werken, so zum wahren Gottesdienst gehören, mit Anhörung göttlichen Worts, mit dem Gebrauch der hochwürdigen Sacramente und andern christlichen Liebeswerken. Darum ordnet auch der Glaube des Menschen Herz, Gottes Willen zu erkennen, und anzunehmen, was Gott, der Herr, zu des Glaubens Probe zuschickt; läßt ihm gefallen Alles, was Gott gefällt, und hält das für eine große Würdigkeit, wenn der Mensch den heiligen Willen Gottes duldet und leidet, welcher allezeit auf unsere Seligkeit gerichtet ist. Das sind denn edle Werkzeuge Gottes, und wenn es die Allerelendesten auf Erden wären. Die hält Gott, der Herr, theuer und werth, als seine Kleinode und Schätze. Dieß sind die Heiligen, die Gott höher achtet, denn alle Weltgelehrte, Ps. 16, 3. Die sind's, die in der Hand des Herrn ein fürstlicher Hut sind, und eine schöne Krone, wie der Prophet Jesajas, Cap. 62, 3 spricht. Eine solche Seele ist die schönste Creatur, Gottes Lust und eine Freude der Engel.

Des 5. Capitels.
Christliche Gelassenheit.

Welches denn am allermeisten geschieht, wenn die Armuth des Geistes, die herzgründliche Niedrigkeit und Demuth wahrhaftig im Geist und Gemüth eingewurzelt ist. Denn da hinein senkt sich Gott mit seiner Gnade, und hat ein Wohlgefallen an solcher Seele. Denn wer sich Gott ganz ergibt, dem gibt sich Gott ganz wieder. Und je mehr man seine eigene Nichtigkeit erkennt, je mehr Gottes Gnade und Erbarmung über einem Menschen ruhet. Und weil Gottes Wille so heilig ist, so freuen sich die Liebhaber Gottes, daß sie nach Gottes Willen Trübsal leiden. Daher der geistreiche Mann Tauler solche nachdenkliche Art zu reden führt, wie in diesem Capitel angezogen, welche kein ungeübter und fleischlicher Mensch so bald verstehen wird.

Des 6. Capitels.
Der Gläubigen Vereinigung.

1. Wenn sich nun des Menschen Herz und Gemüth dem heiligen und gnädigen Willen Gottes ganz ergeben hat, und an ihm allein hanget, so ist auch des Menschen Gemüth mit Gott vereinigt; wie St. Paulus sagt: „Wer dem Herrn anhanget, der ist Ein Geist mit ihm," 1 Cor. 6, 17. So erzeigt sich denn auch Gottes Liebe und Freude im Menschen, und des Menschen Geist empfindet solche göttliche Freude, daß er mit der heiligen Jungfrau Maria spricht: „Mein Geist freuet sich Gottes, meines Heilandes," Luc. 1, 47. Wie solche göttliche Bewegungen in den Propheten und Psalmen viel beschrieben sind, wie auch der heilige Augustinus und Andre solche göttliche Bewegungen empfunden haben, gleicher Weise auch das Hohe Lied Salomonis von lauter solchen geistigen und göttlichen Affecten zusammengesetzt ist. Welches auch oft unser lieber getreuer Gott die Gläubigen empfinden läßt, zum Vorschmack und Zeugniß des ewigen Lebens; wie solches der geistreiche Tauler eben mit den angezogenen Worten beschreibt; und ob sie dir gleich unbekannt sind, so sind es darum keine Lügen; und so du hievon nichts geschmeckt hast, so ist es eine Anzeige deiner Geistlosigkeit.

2. Du mußt aber lernen bedenken, warum Gott dem Menschen eine lebendige Seele, welche ein Geist ist, eingeblasen hat, nämlich auf daß sich Gott mit derselben vereinige; wie St. Paulus, Röm. 8, 16 sagt: „Der Geist Gottes gibt Zeugniß unserm Geist." Darum wird unsere Seele vom Herrn Christo genannt ein Licht, so in uns ist, auf daß sie Gott erleuchte. Sie hat die Kraft des Verstandes, auf daß sie von Gott gelehrt werde; die Kraft des Willens, auf daß sie Gott bewege und ziehe; die Kraft des Gedächtnisses, auf daß sie Gott erinnere; die innerlichen Sinne, auf daß sie Gott ergreifen können durch Gottes Gnade, ja schmecken die Freundlichkeit, Gütigkeit, Süßigkeit und Freude Gottes. Wer das nicht erkennt, ist wie ein Vieh, und erreicht das Ende seiner Schöpfung nicht.

3. Und das ist die Fülle Gottes, damit ein gläubiger Liebhaber Christi soll erfüllt werden, wie St. Paulus, Eph. 3, 19 lehrt. Und so wir sehen, daß die Gottlosen mit der Fülle und den Wirkungen des Satans erfüllt werden, mit aller Bosheit, welche wider Gott und seinen heiligen Willen streitet: sollte eine gläubige Seele nicht mit göttlichen Gaben und Wirkungen erfüllt werden? Und wenn die geistreichen Alten, nach ihrer Art, ihrem Verstand und Gaben, hohe Reden davon führen, so thun sie daran nicht unrecht; denn sie reden aus Erfahrung und lebendiger Uebung.

Des 7. Capitels.
Der Seele Würdigkeit.

Aus der Einwohnung Gottes entspringt der höchste himmlische Adel und die höchste Würdigkeit unserer Seele; denn Gott wirkt seine göttlichen Werke in unserer Seele. Und wenn wir Gott daran verhindern, so machen wir uns selbst unwerth der großen Freundlichkeit und Lieblichkeit Gottes, die alle Holdseligkeit und Lieblichkeit übertrifft. Das soll uns herzlich leid seyn, und wir sollen darüber trauern; denn der heilige Geist wird auch in uns darüber betrübt.

Des 8. Capitels.
Bereitung der Seele durch das Kreuz.

Gottes Wohnung ist ein zerbrochenes Herz, ein zerknirschter Geist, wie der Prophet Jesajas, Cap. 66, 2 sagt. Und ein solches Herz kann ohne Kreuz nicht bereitet werden. Denn die innerliche Sanftmuth kann nicht erlangt werden ohne die Erfahrung vieler Verachtung, und die Geduld kann nicht geübt werden ohne in vielen Unterdrückungen und vieler Gewalt. Das schickt der liebe Gott also zu, auf daß er seine Wohnung bereite. Denn siehe, welch eine edle Wohnung hat die ewige Gottheit in Christo, in so hoher Geduld, heiliger Demuth und Sanftmuth! Solches hat uns der Herr selber gezeigt.

Des 9. Capitels.
Die Reinigung des Herzens.

1. Wenn der Glaube recht geübt wird, und Gott allein anhangt, und alle Creaturen ausschließt, und ruhet allein in Gott: so ist das Herz gereinigt, so viel in dieser Schwachheit möglich ist; so wirkt dann Gottes Gnade in einem solchen Herzen. Bleibt aber das Herz an der Creatur hangen, so ist der Glaube und die Bekehrung von der Welt zu Gott nicht recht. Da muß man sich täglich üben, in Verschmähung der Welt, und davon ausgehen, um Vergebung der Sünden bitten, und sich täglich bessern. Es wird hier nicht von unserer Rechtfertigung vor Gott geredet, sondern wie eines Gerechtfertigten Leben seyn soll, daß er immer stärker und mannhafter werde in Christo. Und hier ist eine Probe beschrieben, ob auch der Glaube und die Bekehrung von der Welt zu Gott rechtschaffen sey. So ist auch hier eine Probe der Liebe, ob sie rechtschaffen sey, nach der Art der Liebe Gottes, welche sich über alle Menschen ergießt und gleich austheilt, auch alle Gaben, so Gott dem Menschen mittheilt, für ein allgemeines Gut achtet, und erkennt, daß die Gaben darum von Gott gegeben sind, daß ihrer der ganze Leib und alle Glieder genießen sollen und mögen. Die Ursache ist diese, daß solche Gaben von unserm einigen allgemeinen Haupt herfließen, zum Nutzen des ganzen allgemeinen geistigen Leibes Christi.

2. Darum thun diejenigen unrecht, die sich wegen solcher Gaben erheben, Andre verachten, die Gaben sich zu eigen machen, da sie doch von unserm allgemeinen Haupt dem ganzen Leibe gegeben sind. Und so wird ein jegliches Glied des Leibes Christi aller Gaben unsers Hauptes theilhaftig. Darum spricht Tauler: „Es muß wirklich und wesentlich Alles in mich fließen, was dieß Haupt in seinen Gliedern hat, im Himmel und auf Erden, in Engeln und Menschen." Denn so Christus selbst unser ist mit allen seinen Wohlthaten, so ist auch Alles unser, was er in seinen Gliedern wirkt, auch was die Heiligen zum Dienst der Kirche Gottes leisten können; wie 1 Cor. 3, 21. 22. 23 geschrieben ist: „Es ist Alles euer, es sey Paulus oder Apollos, es sey Kephas oder die Welt, es sey das Leben oder der Tod, es sey das Gegenwärtige oder das Zukünftige: Alles ist euer; ihr aber seyd Christi, Christus aber ist Gottes."

Des 10. Capitels.
Gnadenlicht.

Daß Gott, der Allmächtige, mit seinem Gnadenlicht uns inwendig erleuchtet, ist nicht so zu verstehen, als wenn dieß ohne Mittel, ohne Gottes Wort und den heiligen Geist geschähe; sondern wenn das Herz ist gläubig geworden, und mit dem heiligen Geist versiegelt, und der Mensch sich in der Andacht übt, und im Gebet: so erleuchtet ihn das göttliche Gnadenlicht weiter, macht ihn geistreicher und völliger in der Erkenntniß Christi und der himmlischen Geheimnisse. Da wird der Verstand höher geführt, da wird Herz, Sinn und Muth durch die Liebe entzündet, da wird ein Mensch immer mehr in das Bild Gottes verklärt; wie St. Paulus spricht, 2 Cor. 3, 18: „Es spiegelt sich des Herrn Klarheit in uns Allen mit aufgedecktem Angesicht, und wir werden verkläret in dasselbe Bild, von einer Klarheit zur andern, als vom Geist des Herrn." Welche nun dieß noch nicht verstehen, denen hängt noch die Decke des Unverstandes vor ihren Augen, und sie haben nie das Licht des Evangelii recht gesehen, noch den „hellen Schein, welchen Gott in unser Herz gegeben, daß durch das Wort Gottes entstünde die Erleuchtung von der Erkenntniß der Klarheit Gottes in dem Angesicht Jesu Christi," 2 Cor. 4, 6. Soll nun das Licht der Erkenntniß, oder des Angesichts Christi, in unsern Herzen nicht täglich heller und klarer werden, wie will denn das Bild Gottes täglich erneuert werden?

Des 11. Capitels.
Unterschied des göttlichen und natürlichen Lichts.

So nun Gottes Bild im Menschen täglich verklärt wird, von einer Klarheit in die andere, als vom Geist des Herrn: so leuchtet es auch in allen Kräften der Seele, in Gedanken, im Verstand, im Willen, in Affecten, in Worten und Werken, in Andacht, im Gebet, in Dankbarkeit, in der Liebe, in Sanftmuth, in Geduld, in der Furcht Gottes, im Urtheilen und Richten des Nächsten: das ist Alles des göttlichen Lichts Wirkung und Strahl. Was nun diesem Lichte zuwider ist, das ist gerichtet auf das äußerliche Ansehen, auf große Ehre, auf scheinbare, gleißnerische Werke, auf Richten und Verdammen des Nächsten, ohne alle Liebe. Das ist alles Finsterniß, denn es geht nicht aus dem Geist Gottes, sondern aus dem Geist dieser Welt, aus dem Fleisch und aus der betrüglichen, arglistigen Natur, die allezeit zu ihr selbst geneigt ist, und in allen Dingen ihre eigene Ehre und Lust sucht.

Des 12. Capitels.
Einkehrung in sich selbst.

1. Solches kann nicht gebessert und hergestellt werden, denn durch Selbsterkenntniß, durch sein selbst eignes Prüfen, oder Einkehrung in sein eigenes Herz, dazu St. Paulus ermahnt: „Ein Jeglicher prüfe sein selbst eigenes Werk, alsdann wird er an ihm selbst Ehre haben," Gal. 6, 4; und: „Versuchet euch selbst, ob ihr im Glauben und in Christo seyd," 2 Cor. 13, 5. Und das ist eine besondere, große Gottseligkeit, wenn man sich täglich untersucht und betrachtet, ob Einen auch in allen Dingen der heilige Geist treibe, und aus welchem Geist man rede und wirke. Nicht ohne Ursache spricht der Prophet, es soll sich ein Jeder vorsehen vor seinem eigenen Geist. Haben doch solches auch die Heiden, als Pythagoras und Andre, ihre Schüler gelehrt. Und was ist die rechte Andacht anders, denn daß man seine Sinne und Gedanken sammelt, sich von Creaturen absondert, Gott allein in's Herz fasset, zu dem Himmelskönig eingeht, dem lieben Gott ein Freudenopfer thut, in Gott ruht? Denn alle Unruhe unserer armen Seele kommt von den Creaturen, und es kann die Seele ihre Ruhe nicht haben, sie wende sich denn von denselben ab zu Gott, so wird sie Gott immer lieber und gar vertraut, also daß sie nicht leben kann, sie habe denn denselben gesucht und gefunden, mit dem geredet, den sie lieb hat.

2. Hat nicht der Herr Christus solches selbst zum Oeftern gethan, sich der Welt entzogen, in die Wüste begeben zur Ruhe? welches mehr eine himmlische Ruhe gewesen ist, als eine natürliche Ruhe. Darum spricht der Herr: „Gehe in dein Kämmerlein, und schleuß die Thür nach dir zu," Matth. 6, 6. Und wo dieß nicht seyn sollte, wo will man mit dem Hohen Lied Salomonis hin, und mit allen Betrachtungen und Herzensgesprächen? Was sind die reinen wiederkäuenden Thiere im Gesetz Mosis? Ist das nicht die Maria, Lazari Schwester, die zu den Füßen des Herrn saß, und das beste Theil erwählt hatte, davon der Herr sagt: „Eins ist Noth," Luc. 10, 42. Und wo wollen wir mit allen Lobpsalmen Davids hin, und mit dem langen 119. Psalm? Wirst du dein Herz zu Gott nicht richten und schicken, so wirst du nimmermehr wahrhaftigen Trost und himmlische Freude empfinden, wie du im 5. Psalm merken kannst.

Des 13. Capitels.
Empfindung der Liebe Gottes.

1. Ein jeglicher Liebhaber Christi soll wissen und lernen, daß die Liebe Gottes, davon die heilige Schrift so vielfältig redet, nicht ist ein lebloses, kraftloses, fruchtloses Wort und Werk, sondern die allersüßeste, lieblichste, freudenreichste Bewegung unsers Geistes und Gemüths, und eine Frucht des heiligen Geistes. Denn die Liebe Gottes ist ausgegossen in unser Herz durch den heiligen Geist," Röm. 5, 5. Wer ist so närrisch und unandächtig, der da meine, dieß sey nur ein bloßes Wort ohne Kraft und Leben? Ist denn der heilige Geist nicht ein Geist der Kraft Gottes? Daß du aber dieselbe Lebenskraft nicht empfindest, das ist deiner Grobheit, deines Unglaubens, deiner Gottlosigkeit Schuld. Hat diese Süßigkeit der Liebe Gottes nicht der heilige Mann empfunden, der da ausruft: „Herzlich lieb habe ich dich, Herr, Herr, meine Stärke, meine Burg," 2c. Ps. 18, 2. 3. Was ist's, daß die Kirche singt: „Daß wir hier mögen schmecken deine Süßigkeit im Herzen, und dürsten stets nach dir." Was ist es, daß der Herr Christus sagt: „Wer mich lieb hat, dem will ich mich offenbaren," Joh. 14, 21. Was ist diese Offenbarung anders, als eine kräftige Empfindung der Liebe, der Freundlichkeit und des kräftigen Trostes unsers Liebhabers Christi Jesu? Gott erbarme sich, daß uns die Frucht und Kraft der Liebe Gottes so unbekannt ist! Gewißlich, Gott wird Keinen kennen, der ihn nicht lieb hat, wie 1 Cor. 8, 3 geschrieben ist: „So Jemand Gott liebet, der ist von ihm erkannt." Ach! es ist ein hohes Werk, sich in der Liebe Gottes üben, so daß wohl St. Paulus allen Gläubigen wünschet: „daß sie erkennen mögen die Höhe, die Tiefe, die Breite, die Länge der Liebe Christi;" denn „Christum lieb haben, ist besser, denn alles Wissen," Eph. 3, 18. 19.

2. Dieweil nun diese hohe Gabe Gottes, so im Hohen Lied Salomonis so holdselig beschrieben ist, davon der Herr Christus auch redet, Joh. 16, 27: „Der Vater hat euch lieb, darum daß ihr mich liebet und glaubet;" und: „Wer mich liebet, der wird mein Wort halten, und mein Vater wird ihn lieben, und wir werden zu ihm kommen, und Wohnung bei ihm machen," C. 14, 23, so wenig bekannt ist, so wenig empfunden, so wenig geschmeckt wird: so ist es eine Anzeige, daß die Menschenkinder, sonderlich die diesem widersprechen, in der Weltliebe gar müssen ertrunken seyn; nach der Probe 1 Joh. 2, 15: „So Jemand die Welt lieb hat, in dem ist die Liebe des Vaters nicht." Dieß hat der alte Tauler nach seiner Art mit seinen Gleichnissen erklärt, und gebraucht dazu oft den Ausdruck der Vereinigung mit Gott; welches doch nicht anders ist, als was der Herr sagt: „Wir wollen zu ihm kommen, und Wohnung bei ihm machen." Und der heilige Evangelist Johannes nennt es, „die Gemeinschaft, so wir haben mit Gott, und Gott mit uns," 1 Joh. 1, 6. 7. Und so der Herr, der Allmächtige, unser Licht und Heil, unsers Lebens Kraft, unsere Stärke und unser Alles ist: ist er denn nicht in uns und mit uns vereinigt? Was ist's denn, daß St. Johannes sagt: „Gott ist die Liebe, und wer in der Liebe bleibet, der bleibet in Gott, und Gott in ihm," 1 Joh. 4, 16. Wehe dem Menschen, in dem Gott nicht ist, und der nicht in Gott ist, und der sich durch die Creaturliebe von der Gottesliebe läßt abreißen! Er wird diesen Schaden in Ewigkeit beweinen und beseufzen.

Des 14. Capitels.
Der Liebe Gottes Wirkung.

Um der Liebe Gottes willen muß ein Christ ein geduldiges Lamm seyn; denn die wahre Ruhe und der Friede des Herzens ist allein in Gott, und in seiner Gnade und Liebe. „Siehe zu," sagt Tauler, „daß du immerdar in aller Widerwärtigkeit ein Lämmlein bleibest, wie Christus."

Des 15. Capitels.

Probe der Einwohnung Gottes.

1. Aus der herzlichen und reinen Liebe Gottes entspringt ein innerliches Gespräch mit Gott, wie man liest im 18. Psalm. Denn gleichwie die Liebe und Freundschaft zwischen frommen Menschen ein Gespräch zwischen ihnen verursacht: also, wenn du Gott liebhast, und hinwieder seine Liebe empfindest, wirst du manch freundliches Wort in deinem Herzen von Gott vernehmen; welches nichts anders ist, als Gottes Trost, Freude, Friede, Stärke, Kraft, Erkenntniß, Licht, Verstand, Weisheit, Andacht, Gnade und dergleichen. Das sind die göttlichen Wirkungen in uns, und die Früchte des heiligen Geistes. „Daran erkennen wir," spricht der Evangelist, 1 Joh. 4, 13. 15, „daß wir in ihm bleiben, und er in uns, daß er uns von seinem Geist gegeben hat. Welcher nun bekennet, daß Jesus Gottes Sohn ist, in dem bleibet Gott, und er in Gott." Es muß ein alberner Christ seyn, der da meinet, Gott sey stillschweigend bei uns, und lebe nicht in uns, und bewege des Menschen Geist nicht. Was ist's benn, daß David sagt: „Ich rief zu dem Herrn, und er antwortete mir," Pf. 34, 5. Wo ist die Antwort geschehen? im Orient oder Occident? außer oder in seinem Herzen und Geist? Was ist denn das inwendige Zeugniß des heiligen Geistes, welches „unserm Geist Zeugniß gibt, daß wir Gottes Kinder sind, durch welchen wir rufen Abba, lieber Vater," Röm. 8, 16. Was ist es auch, daß der Prophet Hoseas, C. 2, 14 sagt: „Ich will sie locken, und in die Wüste führen, und freundlich mit ihnen reden," oder wie es in seiner Sprache lautet: „zu ihren Herzen reden."

2. Es redet der Herr im Wort nicht allein zu unsern Ohren, sondern er redet zu unsern Herzen. Wenn du des Herrn Stimme hörest: „Kommet her zu mir Alle," ꝛc. so redet der Herr mit deinem Herzen und Geist auswendig und inwendig. Wie oft fällt dir ein solch tröstliches Wort ein, dadurch Leib und Seele erfreut wird? Ja auf alle unsere Gedanken antwortet der Herzenskündiger im Geist und in der Wahrheit. Wie sagt der Herr zu Paulo, als er betet? „Laß dir an meiner Gnade genügen, denn meine Kraft ist in den Schwachen mächtig." 2 Cor. 12, 9. Derhalben so muß Christi Wort nicht außer und viel tausend Meilen Weges fern von uns seyn. Und eben das nennt Tauler das ewige Wort des Vaters, welches in unserer Seele redet. Es ist ja kein heiliger Gedanke in uns, welchen der heilige Geist nicht zuvor sehe und verstehe, Pf. 139, 2. Und wenn in Nöthen und Aengsten uns Gott seiner Zusage erinnert, da er spricht: „Fürchte dich nicht, ich bin bei dir; weiche nicht, ich bin dein Gott," Jes. 41, 10: wo redet er denn mit uns, außer oder in unsern Herzen? Ich sage dir, wird Gott sein Wort, so er uns geoffenbart hat in der heiligen Schrift, nicht auch in dir, mit dir und zu deinem Herzen reden: so wirst du keinen großen Nutzen vom Wort Gottes haben. In hohen Anfechtungen weist es sich aus, ob das Wort im Herzen leben müsse oder nicht? Denn so Gott die Kraft desselben ein wenig dem Herzen entzieht, o Gott! was können dann alle Bücher und Künste ausrichten? Wer kann Gott, dem Herrn, für die Kraft seines Wortes, so es in unserm Herzen wirkt, genugsam danken? Wer erkennt dieses? Was hat Gott mit den heiligen Märtyrern geredet in ihrer Anfechtung und Todesmarter? was redet er mit Stephano? wo geschah es, als er die herrliche Offenbarung sah? Apost. Gesch. 7, 55. 56. Wahrlich, wirst du Gott nicht selbst hören reden in seinem Wort, und hörst du Gottes Wort nicht als aus Gottes Munde, und nimmst es nicht zu Herzen: so wirst du nimmermehr eine Lebenskraft daraus empfinden.

Des 16., 17. und 18. Capitels.

Die Liebe der Welt hindert die Wirkung des heiligen Geistes in uns.

„Ich dürfte nicht etwas reden, das nicht Christus in mir wirkte," sagt St. Paulus, Röm. 15, 18. Soll aber Christus, unser einiges Haupt, in uns, als seinen Gliedern, wirken, so müssen wir sein Werk in uns nicht verhindern, und wohl unterscheiden lernen, was Gott in uns wirkt, auf daß wir nicht die Werke des Satans und unsers Fleisches Gott zuschreiben. Der heilige Geist wirkt in uns eine göttliche Traurigkeit über die Sünde, läßt keinen Menschen ein Gefallen an sich selbst haben, Röm. 15, 1, benimmt uns allen unsern Ruhm, unsere eigene Gerechtigkeit, und macht dieselbe wie eine Blume verwelken, und wirkt ein mitleidiges Erbarmen über aller Menschen Gebrechen. Ist es nicht also mit dir, so hast du den heiligen Geist nicht; das ist, du lässest dich denselben nicht regieren, verhinderst sein Werk in dir. Mißfällt dir aber die Welt mit ihrer Lust und Ueppigkeit, trauerst du darüber, so du wider deinen Willen dazu gezogen wirst, und gereuet dich, was du gehört und gesehen hast, und ist dir Alles leid, was Gott zuwider geschehen ist: so empfindest du den heiligen Geist in dir, welcher ist ein Geist der Furcht Gottes, der das Herz fromm macht, und vor Sünden behütet. Summa: lebt Christus und der Geist Gottes nicht in dir, so bist du des christlichen Namens nicht werth; denn du bist Christi wahres Glied nicht, und er ist dein geistiges Haupt nicht. So er dich nicht lebendig macht zu einem geistigen neuen Leben, so hast du auch von der Fülle seiner Salbung nichts empfangen; so bist du auch nicht Christi, denn du hast seinen Geist nicht; so bist du auch nicht Gottes Kind, denn du hast den kindlichen Geist des himmlischen Vaters nicht; so bist du nicht im Glauben Christo verlobet und vermählet, derowegen wirst du nicht eingehen in die ewige Freude der Hochzeit.

Des sechsten Buchs anderer Theil; darin enthalten

neun Sendschreiben

Herrn Johann Arnd's,

in welchen er die reine Lehre der Bücher vom wahren Christenthum wider allerhand falsche Anklagen gerettet, und deren eigentlichen Zweck zu erkennen gegeben.

Das erste Sendschreiben

Herrn Johann Arnd's,

an

Herrn D. Wolfgangum Frantzium, Profess. theol. zu Wittenberg.

Ehrwürdiger, hochachtbarer und hochgelehrter Herr Doctor, günstiger, vielgeliebter Herr und werther Freund: Daß E. E. mir diese Freundschaft bezeuget, und die Calumnien, so zu Danzig wider mein Büchlein vom wahren Christenthum ganz böslich ausgesprengt, mir wohlmeinend wissend gemacht, auch dawider ein wahrhaftig und gründlich Schreiben abgehen lassen, thue gegen dieselben mich herzlich bedanken, mit freundlichem Erbieten, solche brüderliche Treuherzigkeit, bestem Vermögen nach, hinwieder zu verschulden. Und weil ich vermerke, daß vielen Leute solche schädliche Nachrede albereit eingebildet seyn solle, habe ich in teutscher Sprache auf E. E. brüderliches Schreiben antworten wollen, damit Jedermann diese meine Entschuldigung lesen könne, ob E. E. belieben möchte, dieselbe als eine Apologiam und Errettung meiner Unschuld zu publiciren. Und ist zwar nicht ohne, daß ich vorlängst vermerket, daß sich die Welt wider solche eifrige Schriften heftig gesperret und aufgelehnet, sonderlich junge Leute, μὴ ἔχοντες ἕξιν, καὶ αἰσθητήρια γεγυμνασμένα πρὸς διάκρισιν καλοῦ τε καὶ κακοῦ, das ist: die nicht Gewohnheit haben, und geübte Sinne, zum Unterscheid des Guten und Bösen, Hebr. 5, 14. Weil ich aber ein freudig Gewissen habe vor dem Herrn, aller Herzen Kündiger, auch ein treueifriges Intent, der großen beharrlichen Unbußfertigkeit und Gottlosigkeit der Welt durch solche meine Büchlein zu widersprechen (ob Gott Etlichen, wo nicht Vielen, Gnade zur Buße hiedurch geben wollte): als habe ich viel solcher Ungewitter darüber ausgestanden, und in großer Geduld vorübergehen lassen. Dann ich wohl vermerket, daß etwas hierüber müßte gelitten seyn, sonderlich giftige Fersenstiche, weil der alten Schlange dadurch auf den Kopf getreten ist. Unterdessen habe ich erfahren, daß diese meine geringen Schriftlein bei hohen und niedrigen Standes Personen durch Gottes Gnade viel Nutzen geschaffet haben; derowegen auch etliche bei mir um Schutzschriften wider die Calumnianten angehalten, habe mich aber bis hieher nicht bewegen lassen, weil ich gewiß bin, daß, wer in Christo leben will, und dem heiligen Geist die Herrschaft in seinem Herzen gönnet, und nicht dem Fleisch oder dem Satan, denselben wird sein eigen Gewissen überzeugen, daß es also ist und seyn muß, und nicht anders, als die Büchlein melden, will er anders nicht mit einem Schein- und Heuchel- oder gefärbten Glauben in's Verderben fahren. Ach mein lieber Herr Doctor, sollte man nicht eifern wider die Bosheit, die nun so groß ist, daß sie in den Himmel steiget und schreiet; darauf entweder eine blutige und giftige Sündfluth, oder das Feuer zu Sodom, oder der Hunger zu Samaria und Jerusalem gehöret? Niemand will den Abgrund aller Bosheit, die Erbsünde, recht erkennen lernen. Niemand will erkennen, daß die Bosheit, so im Herzen ist, und herausgehet in die That, Werke des Satans, und daß der böse Geist selbst da ist, da seine Werke sind. Niemand will ablassen von seinen bösen Gedanken, wie der Prophet Jesajas, Cap. 55, V. 7 erfordert. Jedermann zärtelt und spielet mit seinen Sünden, da sie doch ein so heftig groß eingewurzeltes Gift, daß sie mit eisernen Griffeln und spitzigen Demanten in die Tafeln des Herzens geschrieben sind, Jer. 17, 1. Wahrlich, der Zorn Gottes wird sich mit schlechter Heuchelbuße nicht lassen abwenden. Wo ist das zerbrochene Herz? wo sind heiße Thränen? wo ist das einsame Vögelein auf dem Dache, das da wachet und seufzet? wo ist Jemand, der wider den Riß stünde, und sich zur Mauer mache wider den Zorn Gottes? Das wäre besser, als daß man unschuldige Leute und Bußprediger mit sectirischen, ketzerischen Namen beflecket, und um sich wirft mit Enthusiasterei, Weigelianern, Osiandristen, Schwenkfeldisten, Papisten. Mit solchen Teufelslarven wird man bei weitem nicht das Reich Gottes frommen Leuten aus dem Herzen reißen. Oder meinen sie, daß Christus, zur rechten Hand Gottes, sein Reich nicht mehr auf Erden habe in den Herzen der Gläubigen? Meine geringen Büchlein, als äußerliche Zeugnisse des inwendigen Reichs Gottes, können leichtlich aus den Händen der Menschen gerissen werden, aber das inwendige Zeugniß des Geistes lässet sich so leicht nicht ausreißen; es wäre denn, daß der Geist Christi, der von ihm zeuget, in den Gläubigen kraftlos oder ohnmächtig worden wäre. Und was plaget man sich doch mit der Enthusiasterei? Kann man auch derselben beschuldigt werden, wenn man mit der Schrift saget: Werdet voll Geistes, erfüllet mit aller Gottesfülle, Eph. 5, 18. Sind denn die Propheten und Apostel Enthusiasten gewesen, da sie voll Gottes und voll Geistes worden sind, da sie mit Kräften aus der Höhe angethan, und mit dem heiligen Geist getauft worden? Luc. 24, 49. War St. Stephanus auch ein Enthusiast, als er vor dem Rath zu Jerusalem voll heiligen Geistes ward, und sahe den Himmel offen, und die Herrlichkeit Gottes? Ap. Gesch. 7, 55. 56. Haben nicht alle Christen solche Verheißung, da der Herr spricht: Wir werden zu ihm kommen, und Wohnung bei ihm machen? Joh. 14, 23. Item: Wie viel mehr wird mein himmlischer Vater den heiligen Geist geben Allen, die ihn darum bitten? Luc. 11, 13. Haben wir nicht die herrlichen Mittel dazu, das Wort Gottes, das Gebet, das herzliche Verlangen nach Gott? davon in meinem Lehr- und Trostbüchlein das 4. Capitel, vom Wort Gottes, zu lesen. Ist das Enthusiasterei, wenn gelehret wird, man soll täglich in sich selbst gehen, sein Elend bedenken, die zukünftige Herrlichkeit betrachten, sich in Gott erfreuen? Saget nicht der Prophet: Ihr Uebelthäter, gehet in euer Herz, Jes. 46, 8. Der heilige David wird ein Enthusiast seyn, da er im 5. Psalm, V. 4 spricht: Frühe will ich mich zu dir schicken, und darauf merken. Was sind alle Meditationis und Soliloquia oder Herzensgespräche Augustini und anderer Heiligen Gottes auch zu dieser Zeit? Aber weil solche heilige Exercitia der Andacht vergessen und verloschen sind, muß es bei den ungelehrten Sophisten Enthusiasterei heißen. Was sagt aber der Herr? Gehe in dein Kämmerlein, schleuß die Thür nach dir zu, und bete im Verborgenen, Matth. 6, 6. Was ist die Zukunft des Reichs Gottes, darum wir täglich bitten? was hat man denn an dieser Lehre zu lästern? was plaget man sich denn auch mit den Weigelianern? Soll denn die apostolische Regel nicht mehr gelten: Prüfet Alles, das Gute behaltet? 1 Thess. 5, 21. Was gehen mich des Weigels Irrthümer an, darüber ich gegen vornehme Leute oft geklaget, daß er wider die Schrift die Justitiam imputativam (die zugerechnete Gerechtigkeit) spöttisch ausmachet, dadurch Abraham vor Gott ist gerecht erkannt, und St. Paulus will von keiner andern Gerechtigkeit wissen, als von der, die dem Glauben wird zugerechnet, Phil. 3, 9. Von der Person und menschlichen Natur Christi hat Weigel einen gefährlichen Irrthum, item von der Auferstehung unsers Fleisches, wider das 15. Capitel der ersten Epistel an die Corinther, und was der unschriftmäßigen Händel mehr seyn mögen, denn ich seiner Schriften wenig gelesen. Mit Osiandri Irrthum habe ich weniger als nichts zu thun, wie mein Lehr- und Trostbüchlein vom Glauben, von Vergebung der Sünden, von der Gerechtigkeit des Glaubens, neben andern meinen Schriften überflüssig bezeugen. Wider den Schwenkfeld habe ich die Kraft des göttlichen Worts in ermeldtem Büchlein deutlich genug asserirt, und die Lehre vom inwendigen neuen Menschen aus der Schrift angeführet. Man wolle doch um Gottes willen bedenken die Principia und Fundamenta meiner Büchlein vom wahren Christenthum, nämlich den unergründlichen Sündenfall, das verlorne Bild Gottes, die neue Creatur, das Leben Christi in den Gläubigen, den Streit des Fleisches und des Geistes, das zerbrochene Herz, die Nachfolge des Erempels Christi; und mögen sich meine Lästerer wohl bedenken, was und wen sie lästern, oder mögen die Gegenlehre beweisen, daß, die Christo angehören, ihr Fleisch nicht kreuzigen sollen sammt den Lüsten und Begierden, Gal. 5, 24; und daß der nicht eine neue Creatur seyn müsse, der in Christo Jesu seyn will, 2 Cor. 5, 17; und daß die, so zu Christo kommen sollen, sich nicht selbst verleugnen und ihr eigen Leben hassen dürfen, Luc. 9, 24; Matth. 10, 38. Item, daß die auch den Namen Gottes, des Herrn, wohl anrufen können, die nicht abtreten von der Ungerechtigkeit, 2 Tim. 2, 20. Item, daß ohne göttliche Traurigkeit eine Reue zur Seligkeit könne gewirket werden, 2 Cor. 7, 10, und daß die Liebe der Welt bei Gottes Liebe stehen könne, 1 Joh. 2, 15, und daß der ein wahrer Christ seyn könne, der die Früchte des Geistes nicht habe. Dieweil sie meine Büchlein verwerfen, so müssen sie auch meine Principia oder Grundsätze verwerfen, und dieweil dieselben bei ihnen falsch seyn müssen, so muß ja die Antithesis oder der Gegensatz bei ihnen wahr seyn. Meine Postille, Psalter, Catechismus und Auslegung der Passion sind öffentliche Zeugnisse und Verantwortungen meiner Unschuld wider meine Lästerer, welche ich dem gerechten Gerichte Gottes befehle, und mit ihnen nicht weiter zu zanken gedenke. E. E. wolle keinen Verdruß haben über meinem langen Schreiben, unterwerfe solches deroselben hochverständigen Censur, und bitte, auf meine Unkosten die Publication zu befördern. Erbiete mich zu allen möglichen brüderlichen Diensten, und befehle E. E. dem gnädigen Schutz des Allerhöchsten. Datum Zell, den 29. Mart. Anno 1620.

Das zweite Sendschreiben.

Gottes Gnade und mein Gebet zuvor. Ehrenvester, günstiger Herr und Freund!

Daß ihr wegen meiner Büchlein Anfechtung habt, ist mir leid. Ich bitte aber, ihr wollet nicht zu sehr eifern, sondern an den 37. Psalm denken. Ich für meine Person muß der tollen Heiligen lachen, daß sie ihr Geist in Harnisch gejaget hat. Ist mein Werk aus Menschen, so wird es nicht bestehen; ist es aber aus Gott, so werden sie es nicht dämpfen können, Ap. Gesch. 5, 38. 39. Wenn ich nach Art ihres kalten Maulgeschwätzes geschrieben hätte, nach der Welt Art, so hätten sie das Ihre lieb. Nun es aber wider die Welt ist, so hassen sie es, aber ohne alle Ursache und Verstand. Ich habe in meinem Büchlein den Abgrund der Bosheit menschlicher Herzen angegriffen, und dagegen die Aenderung und Besserung derselben gezeiget, nemlich die Regeneration oder Wiedergeburt. Wer es nun nicht will leiden, und sein eigen Herz daraus nicht will prüfen und erkennen lernen, noch herzliche Buße thun, demselben stehet es frei. Ich habe aus christlicher Liebe mittheilen wollen, was mir Gott gegeben, und weiß, daß es die Wahrheit ist, die den Menschen zu seiner Selbsterkenntniß und innerlichen Herzensbuße und Besserung führet. Sollte ich darum nicht etwas leiden? Ja, ich freue mich dessen, und will tausendmal lieber mehr leiden, als daß ich mein Pfündlein vergraben sollte. Wenn nun den Calumnianten etliche Reden in meinem Büchlein ungereimt vorgekommen wären, so sollten sie mein Gemüth und Meinung aus meinen andern Schriften zuvor erkundigt haben, ehe sie mich lästern. Gestehe ihnen demnach nicht, daß sie mir aus ihren verbitterten Herzen etwas aufdichten, das mir nie in den Sinn gekommen, und mein Wort, ihres Gefallens, nach ihrem Verstand deuten und zwacken. Ich will vor Gott das meine verantworten; sie sehen zu, wie sie ihre Lästerung verantworten wollen. Es haben meine Bücher einen unbeweglichen Grund und Fundament, welcher ist Christus, mit seinem Verdienst und Wohlthaten, derselbe ist kräftig und lebendig in allen seinen Gliedern. Daraus entspringt das Zeugniß des Gewissens aller Gläubigen, daß sie die Wahrheit bekennen müssen, dieselbe lieben und annehmen zu ihrer Bekehrung und Seligkeit; und ist eben das innerliche Zeugniß des heiligen Geistes, davon St. Paulus redet, Röm. 8, 16 und 1 Joh. 5, 10: Wer an den Sohn Gottes glaubet, der hat dieß Zeugniß bei ihm. Darum wird es so leicht nicht aus dem Herzen der Gläubigen gerissen werden, obgleich die Fladdergeister dawider pausten und rauschen. Die wahre Buße ist nicht ein Maulgeschwätz, so wenig als der wahre Glaube. Wo nun derselbe ist, da wird er sich nicht von solchen leichten Winden lassen wegblasen, sondern wird überwinden. Es stehet das Reich Gottes nicht in Worten, sondern in der Kraft, 1 Cor. 4, 20. Auch ist die wahre Theologie nicht ein zänkisch Maulgeschwätz, sondern eine wirkliche, lebendige, kräftige Gabe und Erleuchtung Gottes, Bewegung des Herzens durch den heiligen Geist; welche ein jeder wahrer Christ selbst empfindet und prüfet, daß es sey die Kraft Gottes in ihm. Von einer solchen Erleuchtung des Geistes Gottes, welcher in dem Glauben wirket und thätig ist, reden meine Bücher. Dessen sind die guten Herren nicht gewohnet, haben keine Praxis und geistliche Erfahrung. Hätten sie aber dieß Zeugniß des heiligen Geistes in ihnen selbst, so würden sie nicht also lästern und schmähen, sondern der Geist der Wahrheit würde sie anders leiten. Darum dauert mich ihre ungeistliche Geistlichkeit, denn sie offenbaren mit ihrem Schänden ihr Herz. Gott gebe, daß sie das Urtheil des Herrn nicht treffen möge: Herr, haben wir nicht in deinem Namen geweissaget? Matth. 7, 22. Mit welchen Worten der Herr strafet alle die, so die Frucht und lebendige Kraft des göttlichen Worts nicht allein nicht erkennen, sondern auch Andern, die es erkannt haben, aus dem Herzen reißen wollen. Was mögen doch diese Leute für ein Wort Gottes haben? Soll es nur ein tönend Erz oder klingende Schelle seyn? 1 Cor. 13, 1. Aber dieses ist in meinem Lehr- und Trostbüchlein genugsam ausgeführet. Sind demnach diese geringen Büchlein in vielen weitberühmten Städten nachgedruckt, als: anfänglich zu Jena, darnach zu Straßburg, und jetzo zu Mömpelgard und andern Orten. Daß aber diese hohen Geister sich dawider aufblähen, muß ein böser Wind seyn, der sie angewehet hat; und tröste mich damit, daß ich lauter allein das wahre Christenthum, welches nicht in äußerlichem Schein und Worten stehet, sondern in der neuen Geburt gesuchet habe; auch nichts anders, als das wahre Erkenntniß des menschlichen Elendes, welches der Tausendste nicht erkennet, noch wegen der angebornen Blindheit seines Herzens erkennen kann; auch nichts anders, als die wahre herzgründliche Bekehrung zu unserm Herrn Jesu Christo, und die wirkliche Nachfolgung seines heiligen Lebens, in allen meinen Schriften lehre, bezeuge und bekenne, nach Inhalt göttlichen Worts, und mir keines einigen Irrthums, sie haben Namen, wie sie wollen, bewußt bin; wie ich weiter hievon an einen vornehmen Theologum und Professorem zu Wittenberg geschrieben habe. Wer sich nun nicht will zu Christo, zu seinem Erkenntniß, und auf den Grund seines eigenen Herzens führen lassen, der bleibe in seiner Blindheit und Hoffart. Ich habe das Meine gethan, und will Gott die Lästerer befehlen, der wird sie richten. In meinem Herzen und Gewissen bin ich frei und gesichert, daß sie mir Unrecht und Gewalt thun. Ich muß aber auch erfahren, was des Satans Engel sey, der mit Fäusten schläget, die Christum lieb haben, 2 Cor. 12, 7. Ich habe mich in meinem Lehr- und Trostbüchlein genugsam verantwortet, auch in einem Schreiben nach Wittenberg. Begehre mich in kein weitläuftig Gezänke einzulassen; ich habe wohl mehr zu thun, und kann die Zeit besser anlegen. Der getreue, wahrhaftige und allein weise Gott, zu welches Ehren alle meine Sachen gerichtet sind, wird meine Ehre wohl retten. Dem habe ich's befohlen. Datum Zell, am 4. Mai, Anno 1620.

Das dritte Sendschreiben.

An

Herrn D. Johannem Gerhardum, damals Superintendent zu Heldburg, nachgehends aber Professor Theologiä zu Jena.

Euer E. freundlichem Gesuch zu willfahren, habe ich nicht umhin gekonnt, die von mir so oft verlangten drei übrigen Büchlein, welche ich von dem wahren Christenthum geschrieben, als das andere, dritte und vierte, endlich überzusenden, daß sie wenigstens zu einem Privatgebrauch dienen könnten. Und weil sie ja E. E. laut ihres Schreibens für eine sondere Wohlthat und Geschenk halten wollen, so sollen sie ihm hiemit verehret seyn, damit ich durch etwas Geringes einen großen Dank bei ihm verdienen möge. Es machen es E. E. nach der Art der Liebhaber, welche auch das allergeringste Geschenk, wenn es nur von lieber und gewogener Hand kommt, hoch zu schätzen pflegen. Es soll aber dieses ein Privat- und Hausgeschenk seyn, daß sie nicht durch öffentlichen Druck herauskommen; denn ich sehe, daß die Ausfertigung des ersten Buchs Einigen mißhage, deren Urtheile und Gedanken ich gern höher achte, als meine eigene; auch nicht übel nehme, daß man mir deßwegen einen Mißfallen bezeigen oder gar gehässig werden will, weil ich ja mir selber mit aller meiner Arbeit nicht gefallen kann. Man stehet zu Basel eine Grabschrift über den weiland sehr berühmten Mann, Adam von Bodenstein, welche der vortreffliche Theodorus Zwingerus, deßgleichen ich, da ich den freien Künsten noch oblag, an Gelahrtheit nicht gesehen, verfertiget, davon ich etliche Zeilen im Gedächtniß behalten habe, die also lauten:

Non omnibus, nec omnia mihi,
  Placuere; quinam ego omnibus?
    Non omnibus,
Non Eremita Spagyrus — — etc.
Num tu, viator, omnibus?
Deo placere cura. Abi.

Das ist: Wie nicht Allen, also auch mir, gefällt nicht Alles; wie sollte ich denn Allen gefallen können? Nicht Allen gefällt der einsiedlerische Alchymist 2c. Und du,

Wandersmann, wolltest Allen gefallen? Sorge nur, wie du Gott gefallen mögest. Gehe fort.

Und also bin ich auch gesinnet: genug, daß ich Gott durch Christum gefalle.

Indessen haben einige Leute in ihren an mich gegebenen sonderbaren Schreiben bekannt: daß, nachdem sie mein schlechtes Büchlein gelesen, sie nicht wenig in der Gottseligkeit zugenommen haben. So nun hiedurch ein desto größerer Eifer zur Gottseligkeit in ihnen erwecket, auch einige Fußstapfen zur Nachfolge des Lebens Christi ihnen gezeiget, und ihr Leben nach dem Exempel Christi eingerichtet worden, so habe ich Gott, der solches gethan, dafür zu danken. Denn ja dieß der Christen Hauptwerk seyn soll, also zu leben, wie der gelebet hat, an welchen sie glauben. Dannenhero ich nicht etwa geschrieben habe den noch unbekehrten Heiden, die die Salbung des Geistes nicht empfangen haben, und dahero auch keine besondere Regungen des heiligen Geistes empfinden, sondern den Christen, bei welchen die Bekehrung ihren täglichen Wachsthum und Stufen machen und haben muß; als womit das Brautbette und der Busen des Herzens dem Seelenbräutigam Christo, durch den heiligen Geist und die tägliche Uebung der Gottseligkeit und Buße, je mehr und mehr eröffnet, und der innere Mensch zu Erlangung desto größern Lichts und des Geistes Gaben von Tage zu Tage erneuert wird. Welches so man von dem Stande vor der Bekehrung, oder dem Werke der Bekehrung selbst, oder dero erstem Grade verstehen wollte, man sehr irren, und an den Klippen der Synergisten anstoßen würde. Von welchen Graden oder Stufen der Bekehrung und Erneuerung die liebenswürdige Disputation E. E. de Praedestinatione, das ist, von der Gnadenwahl, aus unserm Chemnitio sehr nett und mit allem Fleiß handelt. Wie viele Beweisthümer solcher Stufen der Bekehrung und des geistigen Wachsthums findet man sowohl beim Augustino, als Bernhardo, sonderlich in Libro Amorum, oder in der Erklärung des Hohen Liedes Salomonis von dem Kuß des Bräutigams! Also bezeuget auch der Tuicensis im Buch de Providentia ausdrücklich, und spricht: Ich empfinde in mir selbst etwas Göttliches, ein Licht und Flämmlein, so mich beweget ꝛc. Diese Dinge, welche mit der bösen Gewohnheit der Schreibbegier nichts gemein haben, könnten mich zur Ausfertigung meiner übrigen Büchlein gar wohl aufmuntern; allein, wie gesagt, ich mag Anderer Urtheilen, daß ich's auf's glimpflichste gebe, gerne weichen. Wobei man aber die Schriften so vieler Scribenten recht könne erkennen, davon habe ich an E. E. allbereit geschrieben; und werden sie wohl und weise thun, wenn sie dabei betrachten, wie der innerliche Mensch werde aufgerichtet, hingegen der äußerliche zernichtet, ingleichen die Salbung und Gabe des Geistes erwecket. Derowegen setze ich anjetzo dasjenige hinzu, welches das vornehmste und innerste Stück der Theologie ist: nemlich, daß man alle Art zu lehren und zu schreiben dahin anwenden müsse, daß man den Menschen in sich lehre, den Abgrund seines Elendes zu erkennen, darnach ihn zu Jesu Christo, dem Gnadenschatze, hinweise, wie nemlich derselbe inwendig ins Herz mit Glauben müsse gefasset und bewahret werden. Denn inwendig ist das Reich Gottes mit allen seinen Gütern; inwendig ist der Tempel Gottes; inwendig ist der wahre Gottesdienst; inwendig ist das rechte Bethaus im Geist und in der Wahrheit. Da ist die Schule des heiligen Geistes, da ist die Werkstatt der heiligen Dreieinigkeit, daraus Aechzen und Seufzen, Lehren, Tröstungen, Rath, Weisheit, Verstand, das gesammte Tugendchor und die ganze Gesellschaft guter Werke hervorgehet; nemlich aus der Gnadenquelle, die sich in einer gläubigen Seele hervorthut, und daraus entspringet. Von welchem herrlichen Stück und Kern der zur Uebung gebrachten Theologie ich in meinem ganzen dritten Büchlein deutlicher und weitläuftiger gehandelt habe.

Alldieweil ich nun diese meine Büchlein E. E. als ein Geschenk zu eigen gebe: so muß ich mit Wenigem erinnern, wohin bei deren Ausfertigung mein Absehen gerichtet sey. Ich hoffe aber, er werde mir diese Freiheit nicht übel nehmen, weil ich außer E. E. sonst Niemanden habe, der hierinnen mit mir gleich gesinnet sey, und sich um die Erneuerung des neuen Menschen rechtschaffen bekümmere. Das erste Büchlein bahnet und öffnet den Weg zum innern Menschen. Das andere führet etwas näher zu demselben, nemlich zum Geschmack der geistigen Dinge, durch die Geduld des Kreuzes. Das dritte lehret den Menschen in sich und in sein Innerstes einkehren, und zeiget, daß das Reich Gottes inwendig in uns sey. Das vierte aber leitet, durch die große Welt und das Buch der Natur, Gott, als den Urheber und Schöpfer der Natur, in das Innerste der menschlichen Herzen. Denn der Mensch, als ein kurzer Begriff des ganzen Weltkreises, die kleine Welt, ist der Hauptzweck und Mittelpunkt der großen Welt, darin Gott und die Natur Alles zusammenträgt; wie solches des Menschen selbst eigenes Gewissen bezeuget. Siehe da drei große Zeugen, die inwendig reden, und den Menschen inwendig überzeugen! Es benimmt aber diese Lehre gar nichts der Reinigkeit des Glaubens, so in den symbolischen Büchern der Augsburgischen Confession enthalten ist; dazu ich mit E. E. beständig bekenne, so ich auch, wenn es nöthig, wider alle Irrthümer, sie mögen auch Namen haben, wie sie wollen, zu vertheidigen bereit bin. Vielmehr zeiget sie die Uebung und den Gebrauch unsers Bekenntnisses, sie machet den rechten Saft und Kraft des innern Lebens daraus, und führet uns auf den inwendigen Menschen, und machet ihn Christo gleichförmig, daß Christus eine Gestalt in uns gewinne, d. i. daß wir innerlich in Christo werden wiedergeboren, und er in uns lebe, uns inwendig, als unser Leben, lebendig mache, als das Wort des Lebens inwendig in uns rede, als das Seelenlicht inwendig leuchte, als unser geistiger König und Erzbischof der Seelen sein Reich und Priesterthum inwendig verwalte; weil ja das Reich Gottes nicht stehet in Worten, sondern in der Kraft. Welche geistige Frucht, wenn sie von dem äußerlichen Bekenntniß nicht in meine Seele bringet, so ist zu besorgen, daß sie nicht recht könne gesättiget werden. Von Andern will ich nicht urtheilen. Indem ich aber hieran gedenke, ängste ich mich im Herzen, und gehe in mich, bedenkend, wie weit ich noch von dem Hafen entfernet sey. Denn Andere richte ich nicht, strafe sie auch nicht, und lehre sie nicht; sondern ich habe dieses mit ängstlichen Sorgen und Meditiren, blos zu meiner eigenen Wohlfahrt, untersuchen wollen. Nachdem mir aber Gott ein solches Pfündlein verliehen, mußte ich befürchten, daß, wenn ich die von mir verlangten Büchlein E. E. versagen wollte, Gott mich wegen des vergrabenen Pfündleins strafen würde.

Wenn nun der Herr, unser Gott, dermaleinst von mir, seinem geringsten Knecht, sein mir anvertrautes Pfündlein mit Wucher wiederfordern wird: so will ich vor dessen Angesicht nur E. E. als einen großen und reichen Wucher (weil ich nicht anders kann) darstellen. Denn ich zweifele nicht, E. E. werden nach denen ihm von Gott geschenkten lehrreichen Gemüths- und Verstandesgaben des heiligen Geistes diesen Handel besser ausführen, obschon viele Lästerungen denselben zu begleiten pflegen. Glaubet mir, der ich's selbst erfahren habe. Indessen hoffe ich, es werden die schweren Anfechtungen, die E. E. (wie aus dero Schreiben erhellet) so viele schlaflose Nächte verursachen, durch diese meine Gedanken etwas gemildert werden. Denn die, auf welche E. E. in ihrem Schreiben zielen, handeln die Sache nicht recht ab, und treiben dabei nicht die reine Lehre, sondern verwandeln mehrentheils die Werke des innern Menschen, welche aus einem freiwilligen Geist und innerlichen Sabbath herrühren, in lauter Gesetzwerke und knechtische Gebote, und machen sie verdienstlich, indem sie des Geistes der Liebe und der Kindschaft vergessen haben. Kinder verrichten ihre Geschäfte aus Trieb inniglicher Liebe, die Knechte aber aus Trieb und Hoffnung einer Belohnung. Kinder lieben den Vater freiwillig, und um sein selbst willen, weil er der Vater ist; die Knechte aber um des Lohns willen. Welche demnach auf die Belohnung sehen, die lieben nicht Gott, als einen Vater, sondern sich selbst, und sind von der Natur der Kinder weit entfernet. Daher machen sie sich auch verlustig der ihnen aus Gnaden zugedachten Erbschaft. Davon ich in meinem andern Buche mit Fleiß gehandelt habe, in dem Capitel von der edlen Tugend der Liebe, als deren Adel darin bestehet, daß sie nicht verdienstlich ist. Endlich mag vielleicht wohl etwas seyn, daran E. E. noch kein völliges Vergnügen haben, sonderlich in dem dritten Buche, als welches durchgehends von dem innern Menschen handelt. So gestehe ich gerne, daß ich noch nicht alle die verborgene Dinge oder tiefe Geheimnisse begreifen könne, welche einige Theosophi und Gottesgelehrte der Seele und ihrem innersten Grunde zuschreiben. Man weiß ja, daß etliche Blumen im Frühling, andere mitten im Sommer, noch andere im Herbst, ja einige auch gar im Winter bei'm Schnee hervorblühen. Also bin auch ich noch so weit nicht gekommen, daß ich die Tiefe der Seele, wie sie Taulerus heißet, sollte begriffen haben. Andere nennen es das göttliche Dunkel, so durch jenes Dunkel, in welches sich Moses (2 Mos. 20, 21) hinzu gemacht hat, sey vorgebildet worden. Denn weil Gott ein Licht ist, welches keine Creatur begreifen kann: so muß auch unser Sinn und Verstand bei diesem aufgehenden unaussprechlichen Lichte nur verdunkelt stehen, gleichwie das helle Mittagslicht den Nachteulen eine Dunkelheit ist. So ist demnach dieses Dunkel das unaussprechliche Licht. Denn gleichwie bei Aufgang der Sonne die Sterne verdunkelt werden: also, wenn das göttliche Licht in der Seele leuchtet, so gehen alle Kräfte der Seele unter, auf daß Gott allein in dem Gemüthe leuchte, wie die Sonne allein mitten am Himmel leuchtet. Aber diese hohen Sachen überlasse ich Andern, ich bin mit den mittelmäßigen zufrieden. Mich vergnüget, wenn ich nur meinen Jesum rechtschaffen liebe, welches alle Wissenschaft übertrifft. Aus diesem Brief werden E. E. meine Meinung verhoffentlich vollkommen verstanden haben. Ich wünsche, nebst herzlichem Gruße in Christo, daß E. E. alle Traurigkeit des Gemüths möge fahren lassen, sich in dem Herrn freuen, die Welt und den Teufel verachten, die Anfechtungen mit Geduld und Glauben überwinden, in der alleinigen Liebe Christi still und ruhig leben; denn dieses ist unser Reichthum, unsere Freude und Lust, unser Paradies, der Himmel und Alles. Gegeben zu Braunschweig, rc.

Das vierte Sendschreiben.
An
Herrn M. Antonium Buscherum,
Pastor zu St. Wilhadi in Staden.

Heil von der Quelle des Heils.

Ehrwürdiger Herr, in Christo geliebter Bruder.

Euer E. Schreiben ist mir recht angenehm gewesen, theils wegen der Liebe zur reinen Theologie, theils wegen des Geistes der Unterscheidung: indem ich ersehe, daß E. E. den Kern von der Schale, und die Spreu von dem Weizen wohl zu unterscheiden weiß. Der Herr vermehre in ihm seine ihm reichlich mitgetheilten Gaben; und zweifle ich nicht, er werde sich das apostolische (2 Tim. 1, 6) Erwecken alle Tage zu Gemüthe führen. Ich habe ganze Wagen voll Lästerungen erleiden müssen; alle meine, obwohl schlecht verfaßete Büchlein, haben durch Gottes Gnade an vielen, auch entfernten Orten, so großen Nutzen geschaffet, daß über dessen Freude alle solche Lästerungen nicht einmal fühle. Es schreiben dann und wann einige gottselige Männer an mich, deren Gottseligkeit (weil sie durch meine geringe Schriften guten Wachsthum bekommen) mich nicht wenig erfreuet; daher ich andere, unrechte Urtheile gar leicht verachten kann. Was des Weigelii Schriften betrifft, so ist, nach meinem Bedünken, viel Ungereimtes in denselben enthalten, und das, so ich nicht irre, der heiligen Schrift entgegen ist; sonderlich was er schreibet von der Auferstehung und Verklärung unsers Fleisches, ingleichen von dem Fleische Christi und viel andere Dinge mehr. Indessen aber habe ich sie darum nicht ganz und gar verworfen, sondern vielmehr gedacht an die Worte Pauli,

1 Theff. 5, 21: Prüfet Alles ꝛc. Ich habe auch wohl zuweilen etwas, so mich dünkte zur gottseligen Andacht gut zu seyn, meinen Schriften eingerücket, aber doch solches vorher gesäubert. Wenn mich meine stets an einander hangende Arbeit nicht hinderte, so könnte ich auch wohl zugleich etwas aus meinem Kopfe hervorbringen, dessen ich zwar zuweilen einen Versuch thue. Allein mein Alter, als welches an sich Krankheit genug ist, am meisten unter meinen gehäuften Amtsgeschäften, hält meine Feder zurück; denn ich gehe nun durch Gottes Gnade in's vier und sechszigste Jahr, und bin durch meine Arbeit fast ganz entkräftet. Empfehle mich demnach E. E. andächtigem Gebet, und grüße ihn nebst seinen Herrn Collegen, in Christo freundlich. Er lebe wohl.

Geschrieb. zu Zelle, den 19. Febr. 1619.

Das fünfte Sendschreiben.

Extract eines Antwortschreibens v. 28. Jan. 1621.

An den Durchl. Fürsten und Herrn, Herrn Augustum den Jüngern, Herzogen zu Braunschweig u. Lüneb. ꝛc.

Durchlauchtigster ꝛc.

Des D. Crameri Bibel, und was er etwa für Gedanken über die Offenbarung Johannis mag gehabt haben, ist mir nicht zu Gesicht gekommen. Sein Bedenken über meine Büchlein nehme ich wohl auf. Er irrt aber hierin, daß er meinet, das wahre Erkenntniß Christi schaffe nicht auch sofort eine Nachfolge Christi. Es ist ja das Erkenntniß Christi, als ein Geschenk, oder Baum, die Nachfolge aber dessen Frucht. Nach dieser Art hätte man verfahren müssen. Und wird noch einmal die Zeit kommen, da man über die Academien in Teutschland klagen wird, da sie diese hohe und seligmachende Gabe ohne Exempel gelehret haben. Denn es besteht ja das wahre Christenthum in zwei Stücken: (1) in der Lehre Reinigkeit, (2) in des Lebens Heiligkeit. Beides hat Christus gelehret, beides haben die Apostel fortgepflanzet. Denn sobald der Apostel Paulus den Grund des Glaubens geleget, ist er sofort in allen seinen Briefen auf die Uebung der Gottseligkeit gegangen. Den ersten Theil haben bisher unsere Lehrer auf den Academien überflüssig getrieben, ich aber und Andere, welches mit ihrer Erlaubniß sage, haben den andern Theil, als die Frucht, gewiesen, und davon gehandelt. Denn meine Büchlein lehren nichts anders, als was Christus sagt, Matth. 5, 3 ff.: Selig sind, die da geistig arm sind; selig sind die Sanftmüthigen; selig sind, die reines Herzens sind ꝛc. Was ist aber dieß anders, als das Leben Christi, in welchem er uns hat vorgeleuchtet? Darnach ist es ein großer Irrthum, wenn man vermeinet, dieses könne ohne vorhergehenden seligmachenden Glauben von den Christen geleistet werden. Aber ich muß so lange inne halten, bis die ganze Disputation werde durchgelesen haben, welches in wenig Tagen geschehen soll; da ich sie alsdenn, nebst den übrigen Sachen, E. Durchl. mit unterthänigem Dank wieder zurückschicken will.

Das sechste Sendschreiben.

Extract eines andern Antwortschreibens vom 29. Jan. 1621.

An obbemeldeten Herzog Augustum den Jüngern.

Durchlauchtigster ꝛc.

Euer Fürstl. Gnaden habe ich zwar am gestrigen Sonntage mit dem eilenden Boten geantwortet, damit er nicht ganz ledig zurückkäme. Nachdem er aber wegen der allzustrengen Kälte noch über Nacht allhier verbleiben müssen, habe ich dieses meinem Vorigen hinzuthun, und auf das von mir gefaßte Bedenken D. Crameri völliger antworten wollen. Es irret sich der gute Mann, daß er meinet, als habe ich in meinem Büchlein Christum, unsern Heiland, nur als ein Exempel, nicht aber als eine Gabe und ein Geschenk vorgetragen; denn das Gegentheil kann man lesen im 5. Cap. des ersten Buchs, vom Glauben; ingleichen Cap. 19 und Cap. 21 von dem wahren Gottesdienste; wie auch Cap. 34; hauptsächlich aber im 2. Buch, Cap. 1. 2. 3. 6. 8. 9. 10. In diesen Capiteln habe ich Christum, als das höchste, beste und größte Geschenk Gottes, des Vaters, also beschrieben, erläutert und gepriesen, daß ich mich von Herzen erfreuen würde, wenn ich sollte sehen, daß dieß beste Geschenk von Jemanden also, oder auch noch mehr, sollte gepriesen und erläutert seyn; denn dieses meine einzige Lust, Freude und Wonne ist. Hiezu kommt auch das 3. Cap. des dritten Buchs, von dem seligmachenden Glauben und dessen Eigenschaften. Wenn nun hievon die vornehmsten Capitel besonders sollten gedrucket werden, sollte das allertröstlichste Büchlein daraus erwachsen, welches mit allen andern, sie mögen aus neuen (unter welche er auch mich verächtlich zählet) oder alten Scribenten zusammengetragen seyn, einen Wettkampf anstellen möchte. Welches ich doch ohne eiteln Ruhm will gesagt haben, weil ich eine gerechte Sache habe. Dannenhero Herr D. Cramerus meines Namens wohl hätte schonen mögen. Allein ich muß es geschehen lassen, die Wahrheit redet das Wort für mich. Es hat aber dieser sonst hochgelahrte Mann die Absicht und den Zweck meiner Bücher nicht begriffen, welcher dieser ist: Erstlich habe ich die Gemüther der Studenten und Prediger wollen zurückziehen von der gar zu disputir- und streitsüchtigen Theologie, daraus fast wieder eine Theologia scholastica geworden ist. Zum andern habe ich mir vorgenommen, die Christgläubigen von dem todten Glauben ab- und zu dem fruchtbringenden anzuführen; drittens, sie von der bloßen Wissenschaft und Theorie zur wirklichen Uebung des Glaubens und der Gottseligkeit zu bringen; und viertens, zu zeigen, was das rechte christliche Leben sey, welches mit dem wahren Glauben übereinstimme, und was da bedeute, wenn der Apostel saget: Ich lebe, aber doch nun nicht ich, sondern Christus lebet in mir, Gal. 2, 20; welches Alles zu erklären mehr erfordert, als das bloße Exempel Christi. Derowegen dieses nicht die Absicht meiner Bücher ist, wie sich der Herr Doctor träumen lässet, daß ich, nach Art der Mönche, Christum nur als ein Exempel wollte vorgestellet haben, sondern daß der Glaube an Christum müsse aufwachsen, und seine Früchte bringen, damit wir nicht in dem Gerichte Gottes als unfruchtbare Bäume erfunden werden. Darnach hat der sonst gelehrte Mann nicht begriffen, was der heilige Bernhardus mit diesem schönen Spruch andeuten wollen: Christum sequendo citius apprehendes, quam legendo; das ist, man wird Christum eher ergreifen, wenn man ihm nachfolget, als wenn man von ihm lieset. Denn er meinet, Christo nachfolgen sey nur so viel, als seinem Exempel folgen. Es begreifet aber die Nachfolge Christi in sich den Glauben an Christum, und Alles, was zum Glauben gehöret: nemlich all sein Vertrauen, Trost, Hoffnung und Heil auf Christum setzen, ihn aufrichtig lieben, bekennen, sein Kreuz ihm geduldig nachtragen ꝛc. Wie es also der Heiland selber erkläret, Matth. 16, 24: Wer mir will nachfolgen, der nehme sein, d. i. mein Kreuz auf sich. Nun bedenke ein jeder redliche Biedermann, ob Christus allein durch Lesen ergriffen werden kann? Denn so wir wissen, daß Christus sey unsere Gerechtigkeit, Weisheit und Erlösung ꝛc., 1 Cor. 1, 30: so müssen ja die Uebungen des wahren Glaubens nothwendig bewerkstelliget werden. Und so wir erkennen, daß Christus nichts sey als lauter Liebe, Demuth, Sanftmuth, Geduld ꝛc., so wird gewiß Niemand, der solches nur lieset, Christum ergreifen, sondern er muß auch ihm Christi Exempel lassen belieben, seine süßeste Liebe schmecken, seine Gerechtigkeit umfassen, und ihm im Glauben zueignen, und ausüben, was Christus befohlen und verheißen hat. Ich, ich besorge, gnädigster Fürst und Herr, ich sorge, sage ich, daß viele große Theologen weniger von Christo haben, als man vermeinet, daß sie haben. Aber gnug hievon.

Das siebente Sendschreiben.

An Herrn Balthazar Mentzerum,
Professor Theol. zu Gießen.

Meinen herzlichen Gruß in Christo Jesu!

Wohlehrwürdiger, Hochachtbarer und Hochgelahrter ꝛc.

Euer E. sage ich unsterblichen Dank für das neulich an mich abgelassene sehr freundliche Schreiben, in welchem der Schwenkfeldischen Irrthümer halber einige Meldung geschehen. Gewißlich sind dergleichen Irrthümer nicht geringe; nemlich von der heiligen Schrift, von der Erfüllung des Gesetzes, von der Person Christi, von den beiden Sacramenten und von dem evangelischen Predigtamte: welche insgesammt theils in der Augsburgischen Confession, theils in der Formula Concordiae, nachdem die reine Lehre auf festen Fuß gesetzet, öffentlich verdammet und verworfen worden. Ich meines Orts habe, nach dem von Gott mir verliehenen Pfündlein, in meinen evangelischen Predigten, welche im öffentlichen Drucke sind, von der Frucht und Kraft der heiligen Schrift, als welche das lebendige Wort Gottes ist, an unterschiedlichen Stellen gehandelt, und mit vielen Gründen aus dem Munde Christi gelehret, daß dieser unvergängliche Same, wenn er nur einen guten Acker findet, nicht fruchlos sey. So habe ich auch wider den vollkommenen Gehorsam des Gesetzes, davon auch heut zu Tage einige Schwärmer träumen, hin und wieder, in Ansehung des verlornen Ebenbildes Gottes, und der auf's äußerste verderbten menschlichen Natur, deutlich und mit allem Fleiß geredet. Die reine Lehre von der Person Christi habe ich, nach der Richtschnur der Formula Concordiae, gar nicht schläfrig vertheidiget. Von den beiden Sacramenten habe mein Bekenntniß nach unsern symbolischen Büchern, sowohl in meiner Postille, als in der Catechismuserklärung, nicht ohne Eifer abgestattet. Was aber das evangelische Predigtamt betrifft, so habe ich auch an unterschiedlichen Orten die Christgläubigen beständig davon unterrichtet, daß es der heilige Geist durch seine schwachen Werkzeuge kräftig verrichte, und daß solche Kraft nicht an den Personen liege. Ja, ich habe gar, um einiger Laßdünkel böse Nachrede zu vermeiden, ein Büchlein herausgegeben, darin ich die meisten Stücke kürzlich wiederhole, und ein rechtgläubiges Bekenntniß anfüge von der hochheiligen Dreieinigkeit, von der Person Christi, von der geistigen Vereinigung Christi, des Haupts der Kirche, mit seinen gläubigen Gliedmaßen; daß ich das gänzliche Vertrauen habe, ich werde allen reinen, der Augsburgischen Confession zugethanen Lehrern, Gnüge gethan haben. Denn ich bin ja durch Gottes Gnade so unbedachtsam und unvorsichtig nicht, daß ich in so vielen Jahren nicht sollte gelernet haben das Gold von dem Koth zu unterscheiden, da, so Jemand, insonderheit ich, die Wohlfahrt der Seelen mir höchsten Fleißes angelegen seyn lasse. Daß aber Einige mich gar in bösen Verdacht ziehen wollen, dessen Ursach ist, daß sie meine Büchlein vom wahren Christenthum nur obenhin gelesen, und daher in die Gedanken gerathen, als wenn ich die Uebung des christlichen Lebens, auf welches ich so sehr bringe, ohne Absicht auf die hier benöthigten Mittel, als da sind das Wort Gottes und die heiligen Sacramente, triebe; in welchem Stücke sie sich aber sehr betrogen finden. Denn weil man nicht eher von einem Baum kann Früchte haben, er sey denn vorher gepflanzet: daher fordere ich auch alsdenn mit allem Ernst die Früchte der Gerechtigkeit, des Glaubens und der wahren Bekehrung oder Buße, nachdem man die Wahrheit aus dem Worte Gottes erkannt hat. Denn das wahre Christenthum bestehet nicht nur in der Lehre, und in Untersuchung und Widerlegung der Streitigkeiten und Irrthümer, wie wohl ihrer Viele sich einbilden, sondern auch in der Gottseligkeit, in der Besserung des Lebens, in wahrhaftiger und ernster Buße und deren Früchten, in Erkenntniß der Sünden, sonderlich der Erbsünde, als einer abscheulichen, sehr tiefen und gänzlichen Verderbung der menschlichen Natur, und aller deren Kräfte; ohne welcher genaues Erkenntniß keine wahre Buße oder Bekehrung, auch keine Besserung der so gar sehr verderbten Begierden des Herzens entspringen, noch das Bild Gottes jemalen neu aufgerichtet werden kann. Nachdem nun diese verborgene und innerliche Bosheit erkannt, welche unter Tausenden kaum Einer recht erkennet: so muß alsdenn gezeiget werden die Schwach- und Unvermögenheit der menschlichen Kräfte, welche aus dem angebornen Verderbniß, aus diesem aber die Eitelkeit des ganzen fleischlichen Lebens der Menschen herfließet. Darnach muß man den Glauben an Christum weisen, und die Eigenschaften des Glaubens erklären: deren vornehmste ist, daß er, mit Ausschließung aller Creaturen und menschlichen Verdienste, allein hange an der Gnade Gottes und dem Verdienst Christi; die andere aber, daß er den Menschen nach dem Ebenbilde Gottes erneure. Hierauf nun muß die Nachfolge des Lebens Christi vorgestellet werden, welche durch Wirkung des heiligen Geistes allein genug ist, die Gottseligkeit auszuüben und zu lieben. Endlich muß man auch bringen auf die ernstliche Betrachtung des göttlichen Worts, und dessen fleißiges Nachdenken, imgleichen, wie unser Heiland befiehlet, Lucas 8, 15, die Bewahrung des göttlichen Samens in einem reinen Herzen. Daher entsprießen letzlich die guten Werke und Früchte der Rechtfertigung, nämlich von den Bäumen, die recht gepflanzet und neu zugerichtet worden. Ist demnach der Gärtner Auslachens werth, wie heutiges Tages die Meisten sind, welche wollen Früchte haben, und doch keine Bäume pflanzen, und wollen durch das Gesetz erzwingen, was doch ein Werk göttlicher Gnade und des heiligen Geistes ist. Indem ich nun dieses treibe, und das andere Stück des wahren Christenthums abhandele, blos zu dem Ende, daß der gemeine Mann zum wenigsten im christlichen Leben recht unterrichtet, und von den sehr verderbten Sitten abgebracht werde: so muß ich von unverständigen Leuten, wider mein Verschulden, ein Enthusiast und Schwenkfelder heißen. Denn wenn ich lehrete, daß die Bekehrung des Menschen ohne Mittel, nemlich ohne das Wort Gottes geschähe: so hätten diese Unverständigen zu schmähen und zu lästern Ursach. Nun ich aber gottselig lehre, daß Gott sey in dem Worte, und durch das Wort wirke, auch durch's Wort in uns wohne, durch's Wort mit uns vereiniget werde, durch's Wort die Herzen erleuchte, tröste, Seufzer erwecke, das Feuer der Andacht hege, Seelengespräche eingebe, Herzensfreude und einen süßen Vorschmack des ewigen Lebens empfinden lasse: so fangen die solcher Sachen unerfahrnen Leute aus bloßer Unwissenheit des geistigen Lebens an, mich zu lästern, und der Enthusiasterei zu beschuldigen; damit sie sich aber selbst verrathen, daß sie den Nutzen und die Kraft des Worts nicht verstehen, noch einige Gemeinschaft mit Gott haben. Sie bedenken nicht, daß das rechte Christenleben sey geistig, welches nicht könne gelehret, gefördert und getrieben werden, es sey denn, daß der Grund vorher dazu geleget worden, und zwar durch das geoffenbarte Wort Gottes, durch Christi Verdienst und Exempel, durch die Wirkung des heiligen Geistes, durch den vorleuchtenden Glauben und die Rechtfertigung. Denn was hat man nicht für Sprüche heiliger Schrift, welche die Lehre des Glaubens und der Gottseligkeit mit einander verknüpfen! (1 Tim. 6, 3.) Gewißlich, sobald die Apostel den Grund der Lehren geleget, kommen sie alsofort auf das christliche Leben und die Gottseligkeit, als Früchte des heiligen Geistes; welche so sie versäumet werden, ist alle diejenige Mühe und Arbeit verloren, die, obgleich noch so eifrig, zur Erhaltung reiner Lehre angewandt wird. Es muß traun! bei der Reinigkeit der Lehre zugleich die Wiedergeburt getrieben werden, ohne welche alles theologische Wissen unfruchtbar ist, daraus keine Frucht der wahren Buße hervorkommen kann. Der Bau der Seelen und die Verbesserung der alten eingewurzelten Bosheit erfordert eine große Uebung der Gottseligkeit, ein Exempel und geistige Klugheit. Dannenhero setzet der Apostel, 2 Tim. 3, 16, Lehre und Besserung zusammen, ohne welche beide Stücke die wahre Kirche keinesweges kann erbauet werden.

Ich schreibe darum hievon so weitläuftig, damit E. E. mich desto eigentlicher verstehen, und ich desto deutlicher möge darthun, daß ich gegen die Kirche nichts gesündiget habe, sondern daß meine harten Censores und Richter vielmehr anzuklagen sind, weil sie meinen, man habe in der Kirche sonst mit nichts, als nur mit Disputiren zu thun. Es seyen demnach E. E. gänzlich versichert, daß ich von meiner Jugend an bis in das graue Alter (denn ich bin durch Gottes Gnade nunmehr fast aus meinem fünf und sechszigsten Jahre ausgetreten) keinem einzigen Irrthum, der wider die Augsburgische Confession und die Formulam Concordiae laufen, oder dem Worte Gottes entgegen seyn sollte, zugethan gewesen; und daß ich deßwegen aus meinem Vaterlande, dem Fürstenthum Anhalt, vertrieben worden, weil ich denen, so in Glaubenslehren mit uns streitig sind, nicht beipflichten konnte. Gleichwie ich nun vorhin in meinen Büchern vom wahren Christenthum öffentlich bezeuget habe, also bezeuge ich auch noch jetzo, daß ich solche meine Büchlein, und die alten teutschen Redensarten, daran ich mich ergötze, nicht anders wolle verstanden haben, als nach dem Worte Gottes, dem Glauben an Christum, und ohne Verletzung des Grundes der Rechtfertigung, so aus Gnaden geschieht. Meine Censores und Beurtheiler aber ermahne ich, daß sie auch zugleich mit mir in diese Fechtschule treten, und den Atheismum zu vertreiben mit mir sich bemühen, dabei sie doch nichts desto weniger ihre Controversien treiben können, ob sie schon das zerfallene Christenthum wieder aufzurichten sich zugleich werden angelegen seyn lassen. Beides erfordert die heilige Schrift, beides hat Christus gelehret, beides haben die Apostel fortgesetzt. Was ist aber für Aufrichtigkeit und theologische Klugheit bei denen zu finden, die aus einer Begierde zu widersprechen, und was recht geredet ist, zu verkehren, ihrem Glaubensgenossen und Bruder eines anmachen wollen? Ich weiß, daß Alles, was ich geschrieben, mit dem Grunde des Glaubens übereinstimme, wenn nur die Lästerung davon bleibet. Was noch übrig, kann E. E. aus meiner Repetitio apologetica, das ist, Wiederholung und Verantwortung der Lehre vom wahren Christenthum, ersehen. Ergebe E. E. dem allwaltenden Gott, nächst herzlichem Wunsche, daß E. E. bis in's späte Alter vergnüglich leben mögen.

Zelle, den 29. Octobr. Anno 1620.

Das achte Sendschreiben
Herrn Johann Arnd's,
an Herrn D. Petrum Piscatorem,
Theologiae Professorem zu Jena [1]).

Heil in unserm einigen Heilande!

Ehrwürdiger, Hochachtbarer und Hochgelahrter, Hochzuehrender Herr.

Ich habe vor etlichen Wochen mein Buch vom wahren Christenthum E. Ehrw. zugesandt, damit ich dero Gutachten und Privatcensur darüber bekäme, aus welchem Unterricht ich mich von mancherlei Argwohn losmachen, und in der künftigen Edition dieses und jenes genauer prüfen und examiniren könnte. Da ich aber durch anhaltende Bekümmernisse, deßgleichen durch den weiten und beschwerlichen Weg verhindert und abgehalten bin, auch selten Posten und Gelegenheit dorthin habe, so habe ich die Sache nicht nach Wunsch treiben können. Auch habe ich besorget, ich möchte E. Ehrw. oder dem ganzen Collegio der Herren Theologen beschwerlich seyn. Indeß aber, da ich sehe, es sey mir der gelehrten Theologen Gutachten und Rath nöthig: so nehme ich zu E. Ehrw. wiederum meine Zuflucht, ob ich gleich, wie Gott weiß, ungern Mühe und Verdruß mache, und bitte von Herzen, mir guten Rath zu ertheilen, wie ich den falschen Argwohn, den man wider mich gefasset,

---

[1]) Dieses und das folgende Sendschreiben, beide älter als die vorhergehenden, sind ursprünglich Lateinisch geschrieben, und nachher von andrer Hand übersetzt worden.

ablehnen möge. Ich will aber in diesem Briefe mit E. Ehrw. erstlich von der Sache selbst, hernach von meinen eigenen Umständen handeln, damit man das ganze Werk genauer könne einsehen, und verlasse mich hierin auf E. Ehrw. sonderbare Leutseligkeit und Frömmigkeit. Ich führe drei Fundamente an, damit mein Sinn und Reinigkeit in dem Artikel vom freien Willen, davon man hier mit mir handelt, wider die Synergie kund werde. 1. Habe ich aus dem Text meines Buchs über 20 Oerter aufgezeichnet, welche meine Meinung eröffnen, und wider die Synergie streiten. 2. Die Redensarten meines Buches, die anstößig scheinen möchten, erkläre ich nach meines Herzens aufrichtiger Meinung, und hoffe nicht, daß man aus einer bloßen Redensart wider den Sinn des ganzen Buches einen Irrthum erzwingen könne. Ich erbiete mich, dasjenige, was nicht bedachtsam genug geredet ist, nach E. Ehrw. Gutbefinden in der künftigen Auflage des Buches zu verbessern. 3. In einigen von den ersten Capiteln des andern Buches, davon ich den Anfang überschicke, sonderlich im 6. Capitel, vernichte ich gänzlich die menschlichen Kräfte in der Bekehrung, und zwar so deutlich, daß ich den menschlichen Kräften an und für sich selbst weder vor, noch in und nach der Bekehrung das Geringste zuschreibe. Denn ich weiß und lehre, daß die Gnade Gottes Alles in uns zur Seligkeit wirke und thue, nach dem Zeugniß der apostolischen Worte: Nicht ich, sondern die Gnade Gottes in mir. Hernach beweise ich die Gerechtigkeit des Glaubens aus Gnaden mit vielen Gründen in den ersten Capiteln eben dieses Buches, und zeige deutlich, daß in der Gerechtigkeit des Glaubens aus Gnaden unser höchster und einiger Trost bestehe. Diese drei Gründe, die ich mit meinen Worten aufgezeichnet und meinem Schreiben beigeleget habe, wolle E. E. belieben durchzulesen, und mir guten Rath und Instruction mitzutheilen; und ersuche sie zugleich, sie wollen mir nicht übel deuten, daß ich nach meiner vorigen Bitte so lange verzogen, wiederum an sie zu schreiben, woran sicherlich meine Trübsale Schuld sind. Ich rufe den großen Gott,

den Herzenskündiger, zum Zeugen an, daß ich nichts geschrieben habe aus einem Gemüth, das von der wahren Religion, der Augsburgischen Confession und Formula Concordiae abtrete, oder gesinnet sey, falsche Meinungen auszustreuen, weniger zu vertheidigen, die mit den symbolischen Büchern unserer Kirche stritten. Ich habe ein Mittel erfinden wollen wider die entsetzliche Bosheit unserer verderbten Zeit, und einen Weg zeigen, wie auch die Wiedergebornen nach der Bekehrung durch den Geist Gottes die angeborne Verderbniß des Herzens bändigen und zähmen könnten. Und ich schreibe nicht sowohl denen, die noch stehen in dem Stande vor der Bekehrung, als denen, welche Christum schon durch den Glauben erkannt haben, und doch heidnisch leben. Diese ermahne ich, daß sie die fleischlichen Lüste durch den heiligen Geist ablegen und tödten. Diesen zeige ich die Belohnung der Gottseligkeit und der Furcht des Herrn, nemlich die Erleuchtung des Geistes und die Vermehrung der geistigen Gaben Gottes. Diesen erkläre und recommendire ich die Natur des Glaubens, der die Herzen reiniget und den ganzen Menschen erneuert. Diesen preise ich an die kräftige Wirkung der göttlichen Gnade, dadurch die Wiedergeborenen gestärket und gefördert werden, daß sie die Werke des Fleisches kreuzigen und tödten, Christo im Leben nachfolgen, und in Christo immer heiliger leben können. Diesen Zweck habe ich mir vorgenommen bei dem so großen Verfall der Gottseligkeit und der Furcht Gottes, und bei der so freien Ausübung der Laster; damit nicht der Herr komme, und das Erdreich mit dem Bann schlage, wie der Prophet Malachias weissaget. Ich komme nun auf den andern Punct meines Briefes. Ich diene der Gemeine Christi schon 24 Jahr her, bin von Jugend auf in der wahren Religion erzogen, habe viel Elend erfahren, viel betrübte Verfolgung von denen Dissentirenden erduldet, bin aus meinem Vaterlande, dem Fürstenthume Anhalt, verstoßen, als die gegenseitige Partei überhand nahm, da ich sieben Jahr unter mancherlei Nachstellung in meinem Vaterlande gelehret, und wider die Bilderstürmerei geschrieben hatte. Als ich von da ausgestoßen, bin ich nach Quedlinburg berufen worden. Meine Schafe folgten mir häufig aus der Nachbarschaft nach, und verlangten von mir mein Amt, und ich habe auch sowohl denen in Quedlinburg, als diesen, neun Jahr gedienet. Da nun ein E. Edler Rath zu Braunschweig meine Treue erkannte, haben sie mich hieher an die Hauptkirche berufen, darin ich bereits acht Jahre biene. Ich kam hieher, da ein Aufruhr war, und täglich sehr zunahm, da denn des Magistrats Ansehen ganz darnieder lag. Ich habe mich höchlich verwundert über die beweinenswürdige Verwirrung der Republik, denn es schien, als wollte Alles zu Grund und Boden gehen. Da ich in die Stadt kam, hub ich an, von der Würde der Obrigkeit nach meinem Vermögen öffentlich zu lehren, darnach von den Strafen der Aufrührer, endlich erwies ich mit den bewährtesten Gründen, daß alles Unternehmen des Pöbels wider den Rath (man möchte es gleich beschönigen, wie man wollte) nichts als lauter Aufruhr sey. Ob nun gleich Viele auf einen andern Weg gebracht sind, so daß die Anzahl der Aufrührerischen allmählich weniger ward: so habe ich doch entsetzlichen Haß, sowohl bei den offenbaren als heimlichen Feinden des Magistrats, deren eine große Menge war, mir zugezogen. Als diese die Sache selbst nicht öffentlich und geradezu konnten verwerfen, so wandten sie allen Fleiß an, daß sie mich der Religion halben beim gemeinen Volk verdächtig machten, damit sie eine gerechte Sache wider mich hätten. Als sich der Aufruhr durch wunderbare Gerichte Gottes gelegt hatte, und Ruhe werden wollte, so aber sehr kurz war: so bin ich, kurz vor der Stadt unvermuthetem Ueberfall und Belagerung, nach Halberstadt von einem hochansehnlichen Rath berufen worden. Ich gab ihnen den Rath, daß, weil es ein ansehnlicher Ort wäre, sie möchten dieses Amt E. Ehrw. durch ihren Syndicum antragen, weil man daselbst mit den Jesuiten und Reformirten, deren mehr und mehr einschleichen, Vieles zu schaffen hätte. Da aber E. Ehrw. diesen Beruf ausschlugen, sind sie wieder zu mir gekommen. Ich, aus Verdruß der langwierigen Lästerungen und des Neides, gab mein Jawort, und versprach ihnen meine Dienste; doch so fern, wenn E. E. Rath hieselbst einwilligen würde. Was E. hiesiger hochansehnlicher Rath für Mühe angewandt, mich von meiner Zusage los zu machen und sie zu zernichten: das kann E. Ehrw. klar ersehen aus dieser einigen letzten Schrift (denn sie haben etliche Mal geschrieben), davon ich die Copie mitschicke. Als ich nun meine Dimission gar nicht erlangen konnte, und der Rath meinete, es könnte die Gemeine in diesen Trubeln meines geringen Dienstes nicht ohne Schaden entbehren: so bin ich wider Willen gezwungen worden, nach Halberstadt mein Weigerungsschreiben einzusenden, aber nicht ohne meinen großen Schaden. Denn alsobald ging die elende Belagerung an, die uns alle Tage den Tod dräuete; und wollte Gott, daß wir sie nicht von neuem zu besorgen hätten! Bei dieser Kriegsunruhe ist alle Zucht und Ehrbarkeit aufgehoben, und aller Gottlosigkeit und Bosheit die Thür und Thor aufgethan worden. Die wahre Buße ist in einen leeren Schein und Heuchelei verstellet; Haß, Neid, Mord hat die Oberhand, so gar, daß ich beginne meines Lebens müde zu werden. Die christliche Liebe ist gar verloschen, und wo diese nicht ist, da ist auch Gott nicht, der die Liebe selbst ist. Durch diesen Verfall des wahren Christenthums bin ich bewogen worden, von der Liebe zu schreiben, bei welcher Gelegenheit ich auf solche Gedanken gerathen bin, woraus diese meine Bücher erwachsen sind; darüber mir, ich weiß nicht, was für Böses beigemessen wird, weil ich aus Unbedacht einige Redensarten und Erinnerungen gebraucht habe. Wenn E. Ehrw. dieser meiner Arbeit nicht eine gelindere Censur verleihen wird, so scheinet es, daß ich von dem unsinnigen Pöbel, der vor aller Gottesfurcht einen Abscheu hat, wenn der Lärmen recht angehet, nichts Gewisseres zu gewarten habe, als in's Elend verstoßen zu werden. Ja der Rath selbst, dessen Ansehen ich durch meine Predigten mich eifrigst bemühe zu erhalten, wird zu thun haben, daß er sich maintenire. Denn die Bürger werden hier ganz entkräftet durch die achtjährigen Pressuren, und sind von neuem ungedulbig wider den unschuldigen Rath. Ich wollte zwar das Exilium (wenn nicht die Religion selbst darunter litte) mit allen Freuden annehmen, damit ich aus diesen Nöthen, die voll Furcht und Neid sind, loskäme; aber es kann ein Jeder leicht ermessen, was das für ein Elend sey einem Theologo, wegen falschen Verdachts eines Irrthums in der Religion verjagt werden. E. Ehrw. weiß den Unterschied unter theologischen Disputationibus und unter Ermahnungen, welche zum Volke zur Besserung des Lebens gerichtet werden. In jenen wird das Allergeringste accurat und genau in den Glaubensartikeln untersuchet; in diesen wird ohne Subtilität, wie es am leichtesten zu begreifen, das Hauptsächlichste vor Augen geleget, was die Verbesserung des Lebens betrifft. Ich kann Lutherum zum Zeugen anführen, der anders redet, wenn er disputiret, anders, wenn er die Laster strafet. Es stehen einige Oerter in der Kirchenpostille, von den guten Werken und von der Gnadenwahl, die er gebrauchet, die Buße und Lebensbesserung einzuschärfen, welche ich gewiß mich nicht unterstehen wollte, mit eben den Worten vorzutragen. Aus dieser vielleicht allzuweitläuftigen und verdrießlichen Erzählung wird E. Ehrw. den Zustand meiner Sachen erkennen, welche zu dem Ende geschiehet, damit E. E. von mir gelinder nach dero sonderbaren Leutseligkeit und Gottseligkeit urtheile, und mir eine solche Censur widerfahren lasse, die mein Leiden und Verfolgung mäßigen und lindern möge. Die Wahrheit der wahren Religion lieget mir so am Herzen, als Jemand auf der ganzen Welt, und ich vertheidige keine falsche Meinung; nur dahin bemühe ich mich, daß mit der wahren Religion auch ein christliches Leben übereinstimme. Werden E. E. sich dießmal gegen mich in meinem Elende gütig erzeigen, so werden sie mich ihnen zu einer unsterblichen Freundschaft verbindlich machen, die ich bei allen Rechtschaffenen öffentlich werde zu rühmen haben.

Von mir kann ich E. E. nichts anders versichern, als was einem redlichen Diener Jesu Christi in Lehre und Leben gebühret. Unser Syndicus würde in dieser Sache selbst geschrieben haben, wie er mir oft angeboten, er ist aber in wichtigen Angelegenheiten der Republik anitzo verreiset. Es würde auch zum Behuf meiner Sache dienlich seyn, wenn mein anderes Buch auf ihrer Academie gedruckt würde, welches ich deßwegen gerne E. E. Censur vor der Auflage übergeben möchte. Denn obgleich hier die ersten Blätter, die ich schicke, gedruckt sind: so wollte ich doch die darauf gewandten Kosten gern verschmerzen, und hoffe, das Buch würde abgehen, wenn man den Inhalt der Capitel, den ich schicke, ansehen wird. Er lebe wohl auf späte Jahre. Wenn es also gefällig ist, so will ich ehestens das Buch von neuem rein abgeschrieben schicken. Gegeben zu Braunschweig, den 14. Januar, in dem fatalen 1607. Jahre, welches E. E. glücklich und gesegnet zu seyn wünsche.

Das neunte Sendschreiben

Herrn Johann Arnd's,

gleichfalls an den

Herrn D. Petrum Piscatorem,

Theologiae Professorem zu Jena.

Heil und Friede!

Ehrwürdiger und Hochberühmter Herr.

Desselben Brief habe ich mit Freuden empfangen und gelesen, und daraus E. Ehrw. große Leutseligkeit und Gottseligkeit gesehen; dafür ich höchlich verbunden bin, werde auch nicht unterlassen, solches bei allen Rechtschaffenen zu rühmen, und mich bemühen, daß es E. Ehrw. niemals gereuen möge, solche Liebe und Treue an mir bewiesen zu haben. Uebrigens da ich die Sache tiefer einsehe, mißfällt mir nunmehro selbst die Redensart: „eine evangelische Zerknirschung." Ich meinte zwar, sie könnte entschuldiget werden, so fern durch die inbrünstige Betrachtung des Leidens und Lobes unsers Heilandes die göttliche Traurigkeit erwecket wird, welche wirket eine Reue, die Niemand gereuet. Weil aber der Tod Jesu Christi, so fern er den Zorn Gottes und die Sünde anzeiget, selbst eine Gesetzpredigt ist, welche dergleichen Zerknirschung oder Traurigkeit wirket, so wird vorgedachte Redensart billig verworfen. Doch scheinet Lutherus einigermaßen hierzu geneigt zu seyn, Tom. 1. Jen. Germ. von der Buße wider die Päbstler. Da aber hierdurch der Unterschied unter Gesetz und Evangelium scheinet verdunkelt zu werden, so mag vielmehr die Reue ganz allein ein Werk des Gesetzes bleiben. Was die Reformirten hievon glauben, ist nicht unbekannt. E. Ehrw. thun so wohl, und schicken mir ehestens ihre Disputation. Es stehet allerdings von dieser göttlichen Traurigkeit wohl zu fragen, ob sie einzig und allein aus dem Gesetz entstehe, oder aber aus Betrachtung der Leutseligkeit Gottes, und der unermeßlichen väterlichen Güte gegen uns, die wir doch beleidiget haben? Braunschweig den 21. Mart. 1607.

Des sechsten Buchs dritter Theil,

darin enthalten

Herrn Johann Arnd's

zweifaches Bedenken über die teutsche Theologie, was deren Kern und Inhalt, wie hoch dasselbe Büchlein zu halten sey ꝛc.[1]

Erstes Bedenken.

Allen, die Christum und sein heiliges Wort lieb haben, Gottes Erkenntniß, Friede und Freude im heiligen Geist!

1. Christliche und liebe Brüder, es ist weltkundig, daß innerhalb siebenzig Jahren viel hundert Bücher von der christlichen Religion, Lehre und Glauben, von unterschiedlichen Parteien geschrieben sind, also daß eines Menschen Leben nicht genug ist, dieselben alle zu erschöpfen. Was aber dem christlichen Leben und der wahren Buße damit gedient sey, die vor allen Dingen sollte getrieben, und ohne Unterlaß sollte gepredigt werden, gibt die Erfahrung; und es hat das Ansehen, als ob der Satan solche vieljährige Uneinigkeit in der Lehre erregt habe, die wahre Buße und das christliche Leben, in welchem das wahre Christenthum besteht, zu verhindern, wo nicht gar zu vertilgen, wie leider am Tage ist. Denn man sehe die Welt an, ob sie nicht von Tage zu Tage ärger wird, weil man sich gar auf Streitsachen, auf Schreiben und Wiederschreiben begibt. Dagegen ist im Anfang des Christenthums mehr auf die Buße und auf ein heiliges christliches Leben gedrungen worden, auf daß Christi Lehre in's Leben verwandelt würde, wie es denn seyn soll bei den wahren Christen. Derowegen ist es augenscheinlich, daß, womit man jetzo verhoffet die reine Lehre und christliche Religion zu erhalten, man sie dadurch immer mehr und mehr verliert, indem man die wahre Buße und das christliche Leben lässet also verlöschen, daß man schier nicht mehr weiß, was rechte Buße ist, und das neue Leben, welches ist das edle Leben Christi.

2. Daher ist es ein großer Fehler, daß man sich bemüht, die reine Lehre allein mit Schreiben und Disputiren in den Schulen und Kirchen zu erhalten, und des christlichen Lebens vergißt, da doch die reine Lehre nicht bleibt oder bleiben kann bei den Unbußfertigen, welche Christo, der ewigen Wahrheit und dem ewigen Licht, mit ihrem Leben widerstreben. Das heißt mit Worten für die Lehre streiten, und mit der That und dem Leben dawider streiten. Jenes sollte man thun, und dieses nicht lassen, sonst wird mit der einen Hand gebaut, mit der andern eingerissen. Und zwar 1) „was hat das Licht für Gemeinschaft mit der Finsterniß, und wie stimmet Christus mit Belial?" 2 Cor. 6, 14. Das ist, wie sollte Christi Lehre da rein bleiben, wo der Teufel das

[1] Man findet in den Ausgaben auch wohl: „über Taulers Teutsche Theologie;" allein Joh. Arnd, welcher dieses kleine Buch in verändertem Styl herausgegeben, hat es nie dem Tauler zugeschrieben, wie unter §. 16 aus den Worten zu ersehen, die aus Luther's Vorrede zu der von ihm besorgten Ausgabe genommen sind. Es ist in seiner ursprünglichen Gestalt von Neuem herausgegeben durch K. Grell, Berlin 1817.

Leben regiert? Oder wie sollte daselbst die Lehre Christi bleiben, wo Christus selbst nicht bleibt und sein Leben? Wären wir rechte Christen, nicht mit Worten, sondern mit der That und Wahrheit, das ewige Licht würde uns bald erleuchten, und im Glauben und in der Lehre einig machen. Unmöglich ist es, daß diejenigen mit dem Geist und Licht der ewigen Wahrheit können erleuchtet werden, welche dem Herrn Christo nicht folgen in ihrem Leben.

3. 2) Denn der Herr hat wahrlich nicht umsonst gesagt, Joh. 8, 12: „Ich bin das Licht der Welt. Wer mir nachfolget, wandelt nicht in der Finsterniß, sondern wird das Licht des Lebens haben." Dieß Nachfolgen ist von Christi Leben zu verstehen, und dieß Licht des Lebens, so die wahren Nachfolger Christi haben werden, ist das Licht der Erkenntniß Gottes und der reinen Lehre, über welche man sich so viele Jahre gezankt hat, da jeder Theil seine Lehre für die ewige Wahrheit, das ist, für Christum selbst ausgegeben; daß man wohl sieht, wie die Weissagung Christi erfüllt sey: „Hier ist Christus! hier ist Christus!" Matth. 24, 23. Wo ist aber Christus, ohne da, wo nicht allein sein Wort und seine Lehre, sondern auch sein Leben ist? Man hält billig das Wort und die Sacramente für Kennzeichen der Kirche; aber mit denselben decken sich viele falsche Christen, die viel Worte und Sacramente gebraucht haben, aber nicht um ein Härlein besser geworden sind. Darum muß man nothwendig auch das dritte Kennzeichen hinzuthun, nämlich die Liebe, welche nichts anders ist, denn das edle Leben Christi. „Daran," spricht der Herr, „wird man erkennen, daß ihr meine Jünger seyd," Joh. 13, 35.

4. 3) Was ist es nun, daß man so heftig streitet für Christi Lehre, und vergißt seines Lebens? Denn der Herr hat uns nicht allein befohlen, von ihm seine Lehre zu lernen, sondern auch sein Leben. „Lernet von mir," spricht er, „denn ich bin sanftmüthig, und von Herzen demüthig," Matth. 11, 29; als wollte er sagen: an diesen beiden Tugenden fanget an, und leget diesen Grund, und bauet euer ganzes Leben darauf. Hätte man nun so heftig Christi Leben dem Volk eingebildet, als man heftig für die Lehre gestritten, es ginge in allen Ständen besser zu. Gute und gründliche Streitbücher muß man haben, und es machen sich diejenigen wohl um die Kirche verdient, die falsche Lehre mit Grund göttlichen Worts widerlegen; ihr Lob wird auch wohl bleiben. Aber man muß es gleichwohl nicht allein auf Bücherschreiben setzen, sondern es muß auch das Volk zu wahrer Buße getrieben werden; und die, so Andere lehren, müssen selbst das Leben Christi an sich nehmen, auf daß sie nicht Andern den Weg zum Leben zeigen, und selbst nicht darauf wandeln. So müßte es auch mit dem Schreiben sein Maaß haben. Denn die große Menge der Bücher ist wider die Art des neuen Testaments, welches nicht in auswendigen Buchstaben besteht, sondern im Geist; der Geist aber ist Christi Leben, welches in der wahren Christen Herz geschrieben ist. Was plagt man sich denn mit den unzählig vielen Büchern? gleich als wenn der heilige Geist gar gestorben wäre, der die Herzen lehret und erleuchtet.

5. 4) Nicht vergeblich hat auch St. Paulus befohlen, Tit. 3, 9, daß er sich des Streits über dem Gesetz entschlagen sollte, davon beide, St. Paulus und Titus, auch hätten können große Streitbücher schreiben. Aber nein, er befiehlt den Lehrern der Kirche, einen Ketzer zu meiden, wenn er zwei- oder dreimal vermahnt ist; und setzt zur Ursache: „denn sie sind in verkehrten Sinn gegeben;" woraus abzunehmen, daß den Rotten und Secten mit Schreiben wenig Abbruch gethan wird, aber mit heiligem Leben, wahrer Buße, kräftigem Gebet möchten sie überwunden und getilgt werden. Denn der Teufel fragt viel nach Schreiben und Disputiren, wenn keine Kraft des Lebens, Tugend und Gebet dabei ist. Der Teufel hat nie einen scharfsinnigen Disputator geflohen, aber einen heiligen Mann hat er oft geflohen. Wird man nun nicht vom Leben Christi anfangen, und von wahrer Buße, und in Christi Fußstapfen treten: so wird nimmermehr das wahre Licht, die reine Lehre bei uns erhalten werden; wir

werden auch nimmermehr in der Lehre einig werden, und zankten wir uns auch bis an den jüngsten Tag. Ja, je weiter die wahre Buße und das edle Leben Christi von uns ist, je weiter und mehr wird die wahre Lehre, der wahre Glaube, der heilige Geist und das ewige Licht von uns weichen, bis wir endlich das ganze Christenthum gar verlieren, wo es nicht bei dem größten Haufen allbereits verloren ist. Denn es helfen keine Bücher zur Erhaltung reiner Lehre, wo das Leben nicht taugt, und wider die Lehre streitet; denn die Weisheit flieht die Gottlosen, „für und für aber gibt sie sich in die heiligen Seelen, und macht Propheten und Gottesfreunde," Weish. Sal. 7, 27. Ja ich will noch mehr sagen: Die wahren Schäflein Christi, die Christo im Leben folgen, in der That und Wahrheit, die läßt Christus, der einige gute, getreue Hirt, nicht verführet werden. Darum sie auch der vielen unzähligen Streitbücher nicht bedürfen; sie haben an wenigen und kurzen genug, und brauchen es nur zum Zeugniß ihres Herzens; denn sie haben das rechte Buch im Herzen, den heiligen Geist, welcher in ihren Herzen von Christo zeuget, und sie vor allem Irrthum bewahrt, so lange sie auf den Wegen des Herrn wandeln, das ist, im Leben Christo folgen. Die Herzen der Menschen sollten ihre Bücher seyn, „nicht mit Tinte geschrieben, sondern mit dem lebendigen Geist Gottes," 2 Cor. 3, 3. Das möchte ihnen besser helfen zur Seligkeit, denn wenn die Welt voller Bücher geschrieben würde. Wäre nun wahre Buße und das Leben Christi in uns, so würde auch das wahre Licht darauf folgen, daß wir außer der heiligen Bibel wenig Bücher bedürften.

6. 5) Denn es hat ja unser einiger Hoherpriester den heiligen Geist verheißen, der uns in alle Wahrheit leiten solle. Nun verwerfen wir diesen unsern himmlischen Doctor, indem wir unsere ganze Sache, und den Streit wider falsche Lehre, auf so unzählig viele Bücher setzen, daß wir über ihrer großen Menge sterben möchten; und das ist unsere Strafe. Darum die Klage Gottes im Propheten, Jer. 2, 13, nicht unbillig auf uns könnte gedeutet werden:

„Mich, die lebendige Quelle, verlassen sie, und graben sich hie und da Brunnen, die kein Wasser geben;" das ist, es sind Menschen, die mich im innern Grund ihres Herzens nicht suchen, sondern nur auswendig, und was in ihr Herz kommt, ist alles von außen, wie ein Regen oder zufälliges Wasser, das fault und stinkt, und in dem Grunde haben sie nichts; denn es quillt nicht aus dem Grunde des Herzens empor, sie behelfen sich mit Büchern und vielen Schriften, und eitel auswendigem Gottesdienst, und im innersten Grunde des Herzens, da es herausspringen soll, ist nichts. So sind geartet beide, falsche Propheten und falsche Christen; denn dasselbe Wasser, weil es nicht aus der lebendigen Quelle entspringt, bleibt nicht bei dem Menschen, sondern fährt hin, wie es hergekommen ist. Darum dürstet Niemand darnach, denn es ist nicht lebendiges Wasser aus dem innerlichen Grunde des Herzens, aus der Geistquelle und Liebesquelle entsprungen, sondern ist eine auswendige Pfütze und faules, zusammengeflossenes Wasser. Weil wir nun den Geist und Brunnen der Wahrheit verlassen, und auf so viel Bücher fallen, auch ganz und gar vom Leben Christi abweichen, daß fast nichts mehr vom wahren Christenthum übrig ist, denn der bloße Name: wie kann doch das wahre Licht bei uns bleiben? Es geht uns wegen der vielen Bücher, wie St. Paulus spricht, 2 Tim. 3, 7: „Lernen immerdar, und können nimmermehr zur Erkenntniß der Wahrheit kommen." Denn je mehr Bücher, je mehr Lernens. Und das heißt: immer Lernende.

7. 6) Nun aber ist die Wahrheit einig, und was einig ist, bedarf ja nicht vieler Bücher; und weil die Wahrheit einig ist, so muß auch zu dem Einigen ein einiger Weg seyn. Die einige Wahrheit aber ist Christus selbst, und er selbst ist auch der einige Weg dazu. Dieser einige Weg ist nun sein Leben; wer diesen Weg geht, der kommt zu der einigen Wahrheit, das ist, zu Christo selbst; wie der Herr Christus, Joh. 14, 6 spricht: „Ich bin der Weg, die Wahrheit und das Leben." Das meldet der Herr, daß er selbst die Wahrheit sey, und sey auch der Weg dazu. Gingen wir nun

diesen Weg, und folgten dem Herrn Christo im Leben nach, wir bedürften nicht viel Bücher und Wegweiser, und das einige Leben Christi wäre uns anstatt vieler tausend Bücher, und Christus, das ewige Licht, würde uns bald erleuchten und im Glauben einig machen.

8. 7) Denn St. Paulus spricht nicht ohne Ursache, Ephes. 5, 14: „Wache auf, der du schläfest, so wird dich Christus erleuchten." Das meint er also: daß die, so nicht aufwachen vom Schlaf dieser Welt, von der Weltsucht, von der Weltliebe, von dem Sündenschlaf, von der Fleischeslust, Augenlust, hoffärtigem Leben, vom Geiz ꝛc., daß diese nicht können erleuchtet werden, sondern bleiben in der Finsterniß, und fahren mit den falschen Propheten in die ewige Finsterniß. Darum ist es nichts, daß man falsche Lehre mit einem falschen Leben will vertreiben. O nein, kein Teufel treibt den andern aus! es ist das falsche Leben ja so wohl ein Teufel, als die falsche Lehre; darum wird keines das andre vertreiben. Ja, je mehr das falsche Christenthum zunehmen wird, je mehr wird auch falsche Lehre zunehmen; denn der Feind wird auf das falsche Leben, als auf bequemem Acker, wohl wissen falsche Lehre zu säen.

9. 8) Sehet das Exempel der Corinther an. Da sie nicht mehr folgten dem demüthigen Leben Christi und seinen Fußstapfen, sondern fingen an, sich ihrer Gaben zu erheben, und Einer über den Andern zu steigen: da kamen Spaltungen unter sie, und sie waren nicht mehr geistig, sondern fleischlich, und hätten bald Christum verloren; denn Einer war Paulisch, der Andre Apollisch, der Dritte Kephisch, 1 Cor. 1, 12. Und das machten ihre hohen Gaben, denen die Corinther nachstrebten. Paulus war hoch in der Erkenntniß, Apollos mächtig in Sprachen, Kephas oder Petrus gewaltig in Wundern, also daß sein Schatten Kranke heilte und Teufel austrieb. Denen wollten die Corinther nach, und es erhob sich immer Einer über den Andern in seinen Gaben, und diese Hoffart brachte Spaltungen. Welche hohe Erkenntniß hatten, waren Paulisch; welche begabt waren mit mancherlei Sprachen, waren Apollisch; welche die Gaben hatten, Wunder zu thun, waren Kephisch. Wo war aber da Christus? Ebenermaßen wie unsere Gelehrten jetzo, welche nur darauf denken, wie Einer den Andern in Gaben übertreffe. Denen müßte man thun, wie St. Paulus den Corinthern. Der führte sie herunter in das demüthigste Leben Christi, und sprach: „Kommt, ich will euch einen bessern Weg zeigen. Wenn ich mit Engel- und mit Menschenzungen redete, und hätte allen Glauben, alle Erkenntniß, wüßte alle Geheimnisse, und hätte der Liebe nicht: so wäre ich nichts, und wäre mir Alles nichts nütze," 1 Cor. 13, 1 ff. Darum, wer hoch in der Lehre seyn will, der richtet bald Spaltungen und Ketzerei an; wer aber hoch in der Liebe ist, richtet keine Ketzerei an. Das heißt: „Das Wissen bläset auf, aber die Liebe bessert," 1 Cor. 8, 1.

10. 9) Sehet das Exempel des Cornelius an, Ap. Gesch. 10. Wollte derselbe die reine, seligmachende Lehre haben, er mußte in wahrer Buße, in Fasten und Thränen Gott darum bitten; da ward ihm Petrus gesandt, der predigte ihm Christum. Und solches bezeugt St. Lucas von andern Völkern mehr. Ja sehet St. Pauli Exempel an: sollte er mit dem ewigen Licht erleuchtet werden, und mit den andern Aposteln, die er verfolgt hatte, einig werden im Glauben: so mußte er niedergeschlagen werden, und treten in das demüthige Leben Christi. Ja alle Propheten und Apostel haben diesen Weg wandeln müssen. Sollten die Apostel von oben herab den Geist Christi empfangen, so mußten sie das Leben Christi an sich nehmen, Alles verlassen, absagen Allem, was sie hatten, und sich selbst verläugnen. Das war Christo nachgefolgt, und darauf folgte das wahre Licht.

11. 10) Nicht vergeblich spricht der Herr, Joh. 8, 31: „So ihr bleiben werdet in meiner Rede, so seyd ihr meine rechten Jünger, und werdet die Wahrheit erkennen." Dieß Bleiben in der Rede Christi ist nicht allein von der Lehre zu verstehen, sondern vornehmlich vom Leben; denn die bleiben nicht in der Rede Christi, die mit ihrem Leben von seiner Lehre abweichen. Daraus ist offenbar, daß die, so nicht im

Leben Christo folgen, die können auch die Wahrheit nicht erkennen. Ja der Teufel, der die ganze Welt verführt, verblendet der Gottlosen Sinne, daß sie nicht sehen können das helle Licht des Evangelii, Offenb. Joh. 12, 9; 2 Cor. 4, 4. Und hinwieder kann er Niemand verführen, der im Leben und in den Wegen Christi wandelt. Ja wäre auch der Teufel selbst nebst Adam in diesem wahren demüthigen Leben Christi geblieben, es wäre nie Verführung in die Welt gekommen. Man sagt, man solle auf die Lehre sehen, und nicht auf das Leben. Der Herr Christus spricht: Nein, sondern „an ihren Früchten sollt ihr sie erkennen," Matth. 7, 16. 20; denn anders lehren und anders leben, ist eben das falsche Christenthum. Denn soll es recht seyn, und kein falsches Wesen, so muß das Leben eben das seyn, was die Lehre ist, und die Lehre muß auch das Leben seyn, so viel einem Menschen aus Gnaden möglich, oder es ist ein falsches, pharisäisches Wesen, Finsterniß und nicht Licht. Und das meint der Herr, wenn er sagt: „Ihr seyd meine rechten Jünger, so ihr bleibet in meiner Rede." Darum spricht er, Matth. 23, 2. 3: „Auf Mosis Stuhl sitzen die Pharisäer. Alles, was sie euch heißen, das thut, aber nach ihren Werken sollt ihr nicht thun." Da zeigt der Herr an, daß die Pharisäer anders gelehrt und anders gelebt haben; darum konnten sie Christum, das wahre Licht, nicht erkennen, und wurden vom Herrn achtmal verflucht.

12. 11) Darum sehet an alle Ketzerei und alle falschen Propheten, ob sie in den Wegen und dem Leben Christi gewandelt haben? Wahrlich nicht, sondern in den Wegen des Teufels. Warum sollte uns sonst der Herr auf ihr Leben gewiesen haben, daß wir sie an ihren Früchten erkennen sollen? Denn unmöglich ist es, daß Jemand könne das Licht des Lebens haben, der dem Herrn Christo nicht folgt. Es sagt Bernhardus: Flumina gratiae deorsum, non sursum fluunt: die Ströme der Gnade fließen unter sich, nicht über sich. Wie sollte nun die Gnade der rechten Erkenntniß unsers Gottes und der reinen, seligmachenden Lehre, bei den Menschen bleiben, die nicht in dem demüthigen Leben Christi, sondern in den Wegen Lucifers wandeln?

13. 12) Der Thurm zu Babel ist eine gewaltige Präfiguration (Vorbildung) in's neue Testament, und bedeutet den geistigen Stand, 1 B. Mos. 11, 4. Denn wie jene einen so hohen Thurm bauen wollten, daß er in den Himmel reichen sollte: also will ein jeder Gottloser mit seinen Büchern jetzo einen Thurm in den Himmel bauen, darauf man hinansteigen soll. Wie aber jenes aus eigener Klugheit vorgenommen war, also auch dieses. Und wie dort der Bauleute Sprache verwirrt ward, also hat jetzo Gott der geistigen Bauleute Sprache verwirrt, daß keiner den andern versteht; daher ist man zerstreut in so viel Secten, wie dort in viel Sprachen und Zungen. Wie aber dort die närrischen Leute gezwungen wurden, abzustehen von dem vorwitzigen und unnöthigen Bauen: also werden auch die geistigen Bauleute von ihrem Gebäude, aus Büchern und vielen Disputationen erbaut, abstehen müssen, und einen andern Weg suchen, wollen sie sich nicht selber nebst ihren Zuhörern um ihre Seligkeit bringen. Deßwegen ist's hohe Zeit, daß wir den lebendigen, thätigen und wirksamen Glauben (fidem operosam) und das edle Leben Christi in so vieler Leute Herz einzupflanzen anfangen, als Bücher und Buchstaben mit Tinte auf Papier geschrieben sind; das wäre apostolisch, und nicht babylonisch.

14. Wie du nun, lieber Leser, das edle Leben Christi an dich nehmen sollst, und den lebendigen, thätigen Glauben, ja Christum durch den Glauben in dir Alles sollst wirken lassen: das wird dich dieß Büchlein lehren, und dir den rechten Weg dazu zeigen. Du mußt es aber nicht einmal, sondern oft durchlesen, und auf den tiefsinnigen Verstand, der doch im Geist leicht und lieblich ist, gut Achtung geben. Denn je mehr du es lesen wirst, je besser es sich selbst erklären wird. Wenn aber dieß Büchlein und seine Lehre in dein Leben wird verwandelt werden, wie eine Blume in ihre Frucht: so wirst du bekennen müssen, daß es das rechte, wahre, lebendige Chri-

stenthum sey, und sey kein edleres, köstlicheres und lieblicheres Leben, denn eben dieses Leben Christi. Ich habe zwar eine kurze Erklärung über dieß Büchlein angefangen, mich selbst darin zu üben, und wo es nütze und noth seyn wird, will ich's gerne mittheilen. Es ist seit Anno 1534 in unserer teutschen Sprache nicht gedruckt, daß es beinahe untergegangen wäre. Solcher alten kurzen Büchlein, die zu einem heiligen Leben führen, liegen viele im Staube verborgen, wie Joseph im Kerker. Denn wahrlich vor Zeiten auch Leute gewesen sind; und diejenigen, so im Leben Christi gewandelt haben, sind stets die Erleuchtetsten gewesen, deren Exempel hernach die Mönche, Einsiedler und Karthäuser gemißbraucht haben. Wie aber Joseph durch einen Traum aus seinem Gefängniß erlöst ward: also werden durch göttliches Eingeben solche Büchlein auch gefunden, geliebt und hervorgezogen.

15. Da aber Joseph aus seinem Gefängniß erlöset ward, hatte er einen alten knechtischen Rock an. Also tritt dieser alte teutsche christliebende Theologus auch hervor in einem alten, groben, teutschen Bauernrock, das ist, in einer alten, groben, teutschen Sprache, und lehrt die Lehre Christi in's Leben verwandeln, oder wie Christus in uns leben und Adam in uns sterben soll, sonderlich wie der Mensch mit Gott solle vereinigt werden, welches ist des Menschen Vollkommenheit und der Endzweck der ganzen Theologie. An dieser Einigkeit liegt Alles. Denn diese Vereinigung mit Gott ist die neue Creatur, die neue Geburt, der Glaube, Christus in uns durch den Glauben, Christi Leben in uns, Christi Einwohnung, des heiligen Geistes Erleuchtung, das Reich Gottes in uns; dieß ist alles eins. Denn 1. wo der wahre Glaube ist, da ist Christus; denn Christus und der Glaube sind nicht geschieden. 2. Wo nun Christus ist, da ist auch sein Leben; denn Christus und sein Leben sind nimmermehr geschieden. 3. Wo nun Christi Leben ist, da ist lauter Liebe; denn Christi Liebe ist nichts denn Liebe. 4. Wo Christi Liebe ist, da ist der heilige Geist. 5. Wo aber der heilige Geist ist, da ist das Reich Gottes, welches ist Friede und Freude in dem heiligen Geist, Röm. 14, 17. 6. Hat nun ein Mensch Eins, so hat er Alles; hat er aber Eins nicht, so hat er Keines. Denn hat er von Christi Leben nichts, so hat er nichts von Christo, vom Glauben und von der neuen Geburt. 7. So aber Christus in dir wohnet, lebet und wirket: so ist all das Gute, so du thust, nicht dein, sondern deines einwohnenden Königs in dir, als in seinem neuen Jerusalem, und hast dir's nicht zuzuschreiben, verdienst auch nichts damit, denn es ist nicht dein, sondern es kommt Alles, was gut ist, von Gott in uns, nicht von uns in Gott, daß er unser Schuldner würde. Das ist die rechte und wahre Theologie, so dieser Theologus lehrt. Und wenn ihn unsere jetzige teutsche Zunge also sollte hören reden, sollte sie ihn wohl nicht kennen und verwerfen. Darum um der jetzigen wohlklingenden und liebkosenden Welt willen, die mehr auf Zierlichkeit der Rede sieht, denn auf den Geist Gottes und auf ein heiliges Leben, habe ich ein wenig seinen Rock verbessert und seine Zunge erleichtert. Wie aber unter der schweren Zunge Mosis ein gewaltiger Geist war: also ist es hier auch. Dieser Joseph aber lehrt dich nicht mit Potiphars Weibe buhlen, das ist, mit dieser Welt, 1 B. Mos. 39, 12; sondern er lehrt dich die Welt verlassen, und das höchste Gut suchen. Denn die bei ihrem Christenthum das Zeitliche suchen, ihren Geiz füllen, treiben fleischliche Lust, Augenlust, hoffärtiges Leben, die buhlen mit Potiphars Weibe, welches Joseph bei dem Rock ergriff; er aber ließ das Kleid fahren, und floh von ihr. Also meint jetzt die weltlustige, hoffärtige und fleischliche Welt auch, der himmlische Joseph, welcher ist Jesus Christus, solle weltlicher Weise mit ihnen buhlen, und sie greifen nach ihm; ein jeder hoffärtige, welt- und geldsüchtige Scribent will ihn haben, und spricht: Hier ist Christus! Matth. 24, 23. Ein jeder falsche, weltsüchtige Christ greift nach ihm, und spricht: Ich bin auch ein Christ. Aber nein, der himmlische Joseph läßt ihnen seinen Kleid, das ist, den äußerlichen Buchstaben, Schein,

Namen und Titel, er aber flieht von ihnen, und wird von ihnen nicht ergriffen, es sey denn, daß sie in das Leben und die Fußstapfen Christi treten, und darin wandeln.

16. Damit du aber, lieber Christ, vom Auctor dieses Büchleins Bericht haben mögest, so stehen in dem alten teutschen Exemplar, Anno 1520 zu Wittenberg gedruckt, diese Worte: „Dieß Büchlein hat der allmächtige, ewige Gott ausgesprochen durch einen weisen, verständigen, wahrhaften, gerechten Menschen, seinen Freund; der da vor Zeiten gewesen ist ein teutscher Herr, ein Priester und Custos in der teutschen Herren Hause zu Frankfurt, und lehret vielfältigen lieblichen Unterschied göttlicher Wahrheit, und sonderlich, wie, wo und wodurch man erkennen möge die wahrhaften, gerechten Gottesfreunde, und auch die ungerechten, freien, falschen Geister, die der heiligen Kirche gar schädlich sind." Hiermit, lieber Leser, nimm für dießmal vorlieb, verstehe mich recht, urtheile auch nicht zu früh. Ich befehle dich der Gnade Gottes, und bitte du Gott für mich.

Ein anderes und neueres Bedenken.

An die Liebhaber der wahren Gottseligkeit.

1. In Publicirung dieser und andrer meiner Büchlein, christliebender und gutherziger Leser, ist nicht meine Meinung, daß ich dadurch meinen Nutzen oder meine Ehre zu suchen begehre, viel weniger, daß ich nach jetzigem Brauch die Welt mit unnöthigen Büchern wolle helfen erfüllen, sondern daß ich männiglich zu dem einigen Buch des Lebens, unserm Herrn Jesu Christo führen möge, das rechte, wahre christliche Leben und die Gottseligkeit von ihm zu erlernen, wie er uns Matth. 11 befohlen hat: „Lernet von mir," und Matth. 16: „Will mir Jemand folgen, der verläugne sich selbst, und nehme sein Kreuz auf sich, und folge mir nach."

2. Ohne dieß Nachfolgen und Verläugnen seiner selbst kann Niemand Christi Jünger, Liebhaber, oder auch ein wahrer Christ seyn. Dasselbe aber, was es sey, und wie es geschehen müsse, lehren diese Büchlein ganz geistreich und augenscheinlich [1]). Du wirst demnach dir dieselben nicht lassen mißfallen, oder mein Vornehmen tadeln, bist du anders ein Liebhaber Christi und der wahren Gottseligkeit.

3. Du wirst in diesen Büchlein nicht viel Gezänk, unnützes Geschrei, unartige Affecte oder stachlichte Reden finden, sondern lauter reine Liebe, Verlangen nach dem höchsten, ewigen Gut, Absagen und Verschmähung der eiteln Welt, Aufopferung deines eigenen Willens, die Kreuzigung und Tödtung deines Fleisches, die Gleichförmigkeit mit Christo in Geduld, Sanftmuth, Demuth, Kreuz, Trübsal und Verfolgung; Summa, wie du dir selbst und der Welt absterben, und Christo leben sollest.

4. Es ist bis daher viel von der christlichen Lehre disputirt, gestritten und geschrieben worden, wenig aber vom christlichen Leben. Jenes lasse ich in seinem Werth, und strafe nichts denn den Mißbrauch; wie ich zur andern Zeit wider die streit- und zank-, wort- und windsüchtige Theologie geschrieben, und wider das viele unnütze und unnöthige Bücherschreiben und Disputiren, womit dem wahren Christenthum nicht viel gedient ist. Die heiligen Propheten und Apostel setzen allezeit Lehre und Leben zusammen, und haben beides mit einander fleißig getrieben. Denn was ist doch Lehre ohne Leben? Ein Baum ohne Früchte, ein Brunn ohne Wasser, Wolken ohne Regen. Was ist doch wahre Buße, als Aenderung des adamischen Lebens und Bekehrung von der Welt zu Gott? Was ist wahre Reue und der Glaube anders, denn der Welt absterben und Christo leben?

5. Es ist eine große Geduld und Langmuth Gottes, daß er manchem Ort so lange sein Wort läßt, da doch so große Unbußfertigkeit und Sicherheit im Schwange geht, und gar überhand genommen hat. Werden wir aber nicht rechtschaffene Buße

[1]) Nämlich die teutsche Theologie und eine Uebersetzung des Thomas von Kempis, auch andre geistliche Schriften, welche Arnd zusammen herausgab.

thun, so wird Gott sein Wort und die reine Lehre von uns nehmen, und wenn wir gleich in den Streitbüchern und Disputationen säßen bis über die Ohren. Mancher meint, er habe Christum wohl erkannt, wenn er von der Person Christi viel disputiren kann, und lebt doch nicht Christo; der verführt sich selbst. Denn wer Christi Demuth, Sanftmuth und Geduld in seinem Herzen nicht hat, noch empfindet, der kennt Christum noch nicht recht, hat ihn auch nicht recht geschmeckt; und wer Christi Lehre predigt, und sein edles Leben nicht, der predigt Christum nicht ganz, sondern nur halb.

6. Darum der heilige Apostel Paulus Lehre und Leben zusammen setzt, 2 Tim. 1, 13: „Halte an dem Vorbilde der heilsamen Worte, die du von mir gehöret hast, vom Glauben und von der Liebe in Christo." Und der heilige Apostel Petrus, 1 Epistel, Cap. 1, 5 bis 8 bezeugt: „So wir im Glauben, in Geduld, in Gottseligkeit und in der Liebe wandeln, das wird uns nicht lassen unfruchtbar seyn in der Erkenntniß Jesu Christi." Da lehrt uns der Apostel, daß die Erkenntniß Christi mehr bestehe in der Uebung, daß nämlich Christus in uns lebe, und wir in ihm, denn in der Wissenschaft und Theorie.

7. In dem lebendigen oder wirksamen und thätigen Glauben und in der Nachfolge des heiligen Lebens Christi besteht auch die wahre, lebendige Erkenntniß Christi. Christus ist die ewige Liebe des Vaters, und Gott ist die Liebe selbst; wie kannst du nun Gott und Christum recht erkennen, so du niemals die Liebe in deinem Herzen geschmeckt hast?

8. Solches lehren dich diese Büchlein, wie du nämlich das edle Leben Christi an dich nehmen, und den lebendigen Glauben, ja Christum durch den Glauben, in dir sollst lassen leben und Alles wirken. Und wenn du dieselben durch öfteres Lesen und stetige Uebung in dein Leben verwandeln wirst, wie eine Blume verwandelt wird in ihre Früchte: so wirst du bekennen müssen, daß es das rechte, wahre, lebendige Christenthum sey, und sey kein edleres, köstlicheres Leben, denn das heilige Leben Christi; wirst auch bekennen müssen, daß ein Christ müsse eine neue Creatur seyn, oder er gehöre Christo nicht an; wie St. Paulus spricht, 2 Cor. 6, 17: „Ist Jemand in Christo, der ist eine neue Creatur."

9. An dieser Erneuerung in Christo, an dieser geistigen, himmlischen, göttlichen παλιγγενεσία (Wiedergeburt) ist Alles gelegen; dieselbe ist schließlich der Endzweck der ganzen Gottesgelahrtheit und des ganzen Christenthums. Dieß ist die Vereinigung mit Gott, 1 Cor. 6, 17, die Vermählung mit unserm Himmelsbräutigam, Jesu Christo, Hos. 2, 19, der lebendige Glaube, die neue Geburt, Christi Einwohnung in uns, Christi edles Leben in uns, des heiligen Geistes Früchte in uns, die Erleuchtung und Heiligung, das Reich Gottes in uns; das ist alles Eins. Denn wo der wahre Glaube ist, da ist Christus mit aller seiner Gerechtigkeit, Heiligkeit, Verdienst, Gnade, Vergebung der Sünden, Kindschaft Gottes, Erbe des ewigen Lebens; das ist die neue Geburt, die da kommt aus dem Glauben an Christum.

10. Denn Christus und der Glaube vereinigen sich mit einander also, daß Alles, was Christus ist, unser wird durch den Glauben. Wo aber Christus wohnt durch den Glauben, da wirkt er auch ein heiliges Leben, und das ist das edle Leben Christi in uns. Wo aber Christi Leben ist, da ist lauter Liebe, und wo die Liebe ist, da ist der heilige Geist, und wo der heilige Geist ist, da ist das ganze Reich Gottes. Hat nun ein Mensch Eines, so hat er Alles; hat er aber Eines nicht, so hat er Keines. Denn hat er von Christi heiligem, edlem und neuem Leben nichts, so hat er nichts von Christo, vom Glauben und von der neuen Geburt. So aber Christus in dir wohnet, lebet und wirket, so ist all das Gute, so du thust, nicht dein, sondern deines einwohnenden Königs in dir, Ephes. 3, 20. Gottes Kraft ist's, die in uns wirket, darum hast du dir es nicht zuzuschreiben. Wie denn dieses der teutschen Theologie einiger Zweck und Ziel ist, daß der Mensch Alles, was gut ist, nicht ihm selbst, sondern Gott zuschreiben soll. Viel weniger

verdienst du etwas damit, weil es nicht dein ist, sondern Gottes, von welchem Alles kommt, was gut ist, nämlich aus Gott in uns, nicht aus uns in Gott, daß er unser Schuldner würde.

11. Zum andern ist aus diesem Büchlein zu ersehen, daß die wahre Erleuchtung und lebendige Erkenntniß Christi, ohne wahre Buße und Bekehrung zu Gott, ohne Nachfolge des heiligen Lebens Christi, ohne Verschmähung der Welt nicht erlangt werden könne. Denn

zum 1. „was hat das Licht für Gemeinschaft mit der Finsterniß?" 2 Cor. 6, 14. Unbußfertigkeit ist Finsterniß, darum hat das Licht der wahren Erkenntniß Christi mit derselben keine Gemeinschaft. Es ist demnach unmöglich, daß diejenigen mit dem Geist und Licht der ewigen Wahrheit können erleuchtet werden, die in der Finsterniß der Unbußfertigkeit leben. Denn

zum 2. also spricht der Herr, Joh. 12, 35: „Wandelt im Licht, dieweil ihr's habt, auf daß euch die Finsterniß nicht überfalle," und Joh. 8, 12: „Ich bin das Licht der Welt, wer mir nachfolget, wandelt nicht in der Finsterniß, sondern wird das Licht des Lebens haben." Dieß Nachfolgen ist von Christi Leben zu verstehen, und das Licht des Lebens, so die wahren Nachfolger Christi haben werden, ist das Licht der wahren Erkenntniß Gottes. Daraus ist offenbar, daß die nicht können mit dem Geist und Licht der ewigen Wahrheit erleuchtet werden, die Christo im Leben nicht folgen.

Zum 3. spricht die Weisheit Gottes, Weish. Sal. 7, 27: „Der heilige Geist fleucht die Ruchlosen, für und für aber gibt er sich in die heiligen Seelen, und machet Propheten und Gottesfreunde." So nun der heilige Geist, unser einiger und himmlischer Doctor, der uns in alle Wahrheit leitet, das einige Licht, so unsere Finsterniß erleuchtet, die Gottlosen fleucht: wie können sie denn erleuchtet werden? Darum sagt der Herr: „Die Welt kann den heiligen Geist nicht empfangen," Joh. 14, 17, verstehe, wegen ihrer Unbußfertigkeit. Darum klagt Gott, Jer. 2, 13: „Mich, die lebendige Quelle, verwerfen sie, und graben hie und da Brunnen, die kein Wasser geben."

Zum 4. spricht St. Paulus, Eph. 5, 14: „Wache auf, der du schläfest, so wird dich Christus erleuchten." Derhalben diejenigen, so nicht aufwachen von dem Sündenschlafe dieser Welt, von der Augenlust, Fleischeslust und dem hoffärtigen Leben, die können von Christo nicht erleuchtet werden.

Zum 5. spricht St. Petrus, Ap. Gesch. 2, 38: „Thut Buße, so werdet ihr empfahen die Gabe des heiligen Geistes." Derhalben kann der Geist Gottes, der die Herzen erleuchtet, ohne Buße nicht empfangen werden.

Zum 6. alle Propheten und Apostel haben müssen die Welt verschmähen, und sich selbst verläugnen, absagen Allem, was sie gehabt, haben sie wollen erleuchtet werden und den heiligen Geist von oben herab empfangen.

Zum 7. spricht der heilige Bernhardus: „Die Ströme der Gnade fließen unter sich, und nicht über sich." Wie sollte denn die Gnade des Lichtes und der Erkenntniß Gottes zu den Menschen kommen, die nicht im demüthigen Leben Christi wandeln, sondern in den Wegen Lucifers?

12. Summa: die Vereinigung mit Christo durch den lebendigen Glauben, die Erneuerung in Christo durch die Tödtung des alten Menschen ist der Zweck und das Ziel dieser Schriften. Denn so viel der Mensch ihm selber abstirbt, so viel lebt Christus in ihm. So viel die böse Natur abnimmt, so viel nimmt die Gnade im Menschen zu. So viel das Fleisch gekreuzigt wird, so viel wird der Geist lebendig gemacht. So viel die Werke der Finsterniß im Menschen gedämpft werden, so viel wird der Mensch erleuchtet. So viel der äußerliche Mensch verweset und getödtet wird, so viel wird der innere Mensch erneuert. So viel die fleischlichen Affecte und das ganze fleischliche Leben im Menschen stirbt, als eigene Liebe, eigene Ehre, Zorn, Geiz, Wollust, so viel lebt Christus in ihm. Je mehr die Welt vom Menschen ausgeht, als Augenlust, Fleischeslust, hof-

färtiges Leben, je mehr Gott, Christus und der heilige Geist in den Menschen eingehen und ihn besitzen. Und hinwieder: je mehr die Natur, das Fleisch, die Finsterniß, die Welt im Menschen herrschen, je weniger Gnade, Geist, Licht, Gott und Christus im Menschen ist. Dabei prüfe sich ein Jeder. Darum kann er ohne wahre Buße nicht recht erleuchtet werden.

13. Solcher alten kurzen Büchlein, die zu einem heiligen Leben führen, liegen viele im Staube verborgen, wie Joseph im Kerker. Denn wahrlich vor Zeiten auch Leute gewesen sind, die einen Hunger und Durst nach Christo gehabt haben, mehr denn jetzo die alte und kalte Welt. Und die, so dem edeln und heiligen Leben Christi in Einfalt, Lauterkeit des Herzens und in reiner Liebe nachgewandelt haben, sind stets die Erleuchtetsten gewesen. Wie aber Joseph durch einen Traum aus seinem Gefängniß erlöst ward: also werden durch Gottes Eingeben solche Büchlein gesucht, gefunden, geliebt und hervorgezogen. Und gleichwie Joseph, als er aus seinem Gefängniß erlöst ward, einen alten knechtischen Rock an sich trug: also tritt der alte teutsche Theologus auch hervor in einem groben teutschen Bauernrock, das ist, in einer alten, groben, teutschen Sprache, in welcher er doch sehr hohe, geistreiche, liebliche Dinge lehrt, nämlich Christi edles Leben an sich nehmen, die Lehre Christi in das ewige Leben verwandeln, wie Christus in uns leben und Adam in uns sterben soll. Und wenn ihn unsere jetzigen zarten teutschen Ohren sollten hören reden, sollten sie ihn wohl nicht kennen, und ihn mit seiner Sprache und Lehre verwerfen. Darum um der jetzigen wohlklingenden und liebklaffenden Welt willen, die mehr auf die Zärtlichkeit der Rede sieht, denn auf den Geist Gottes und auf ein heiliges Leben, habe ich ihm ein wenig seinen Rock verbessert und seine schwere Zunge erleichtert, auf daß der geistreiche Verstand ein wenig besser hervorleuchte. Denn gleichwie unter der schweren Zunge Mosis ein gewaltiger Geist verborgen war, also ist es auch hier.

14. Dieser Joseph aber lehrt dich nicht, mit Potiphars Weibe, das ist, mit dieser Welt buhlen, sondern er lehrt dich die Welt verschmähen und das höchste Gut suchen. Denn die in ihrem Christenthum das Zeitliche mehr suchen, denn Christum selbst, mehr lieben die Augenlust, des Fleisches Lust und hoffärtiges Leben, denn das Reich Gottes, die buhlen mit Potiphars Weibe, welches Joseph bei dem Rock ergriff; er aber ließ das Kleid fahren und floh von ihr. Also meint jetzo die hoffärtige, wollüstige und fleischliche Welt auch in allen Ständen, der himmlische Joseph, Christus Jesus, solle weltlicher Weise mit ihr buhlen. Ein jeder hoffärtige, geld- und weltsüchtige Bauchdiener greift nach ihm, will ihn halten, und spricht: Hier ist Christus! ich bin auch ein Christ! Aber nein, der himmlische Joseph läßt ihnen sein Kleid, das ist, den äußerlichen Buchstaben, Schein, Namen und Titel, er aber flieht von ihnen, und wird von ihnen nicht ergriffen, es sey denn, daß sie von Herzen Buße thun, das edle, demüthige Leben Christi annehmen und darin wandeln.

15. Ob dir nun das erste Büchlein dunkel und unverständlich wird vorkommen, wird dir's doch das andre erklären[1]). Du wirst auch in meinen Büchlein vom wahren Christenthum und meinem Paradiesgärtlein hierüber gute und nützliche Auslegung finden; dahin ich dich so lange will gewiesen haben, bis ein Mehreres erfolgt. Unterdessen nimm hiemit vorlieb, und bitte Gott für mich.

[1]) S. die obige Anmerkung.

Anhang.

I.
Des seligen Johann Arnd's
INFORMATORIUM BIBLICUM.

II.
Kurzer Bericht von dem Leben und seligen Absterben desselben.

III.
Desselben doppeltes Testament.

I.
INFORMATORIUM BIBLICUM
oder
Etliche Erinnerungspunkte vor Lesung der heiligen Schrift.

Durchlauchtige, hochgeborne Fürstin, gnädige Frau. Als E. F. G. geschehenem Gefallen nach, ich auf etliche Sprüche und Lehren bedacht gewesen, welche zur Erwekkung wahrer Gottseligkeit, als ein Denkmal zu Eingang unserer täglichen Handbibel möchten geschrieben werden, sind solche Sprüche und Erinnerungspunkte gleichsam wider mein Intent und Willen also erwachsen, daß sie deßwegen hiezu schier untauglich scheinen wollen. Weil ich aber theils aus etlichen unterschieblichen, bishero eingefallenen gottseligen Gesprächen, theils in dem sehr geringen Anfang meines Christenthums zuvor, und noch zur Zeit an mir selbst befunden, wie eine gottliebende Seele (unter so vielen, manchmal sehr scharfsinnigen Religionsstreiten, bei welchen der Tausendste zu keiner ganz festen Gewißheit und beständigen Ruhe seiner Seele gelangen kann) so sehnlich und gern einen kurzen, aber doch gewissen, satten und beständigen Grund ihrer Seligkeit haben und fassen möchte, bei welchem ein Mensch ruhig und christlich glauben und leben, selig und fröhlich abdrucken und absterben könnte: als habe ich dieß Wenige, so mir die Gnade Gottes dargereichet, zu Papier zu bringen, einen Weg als den andern nicht unterlassen wollen. Und gelebe ich gegen meinen Gott in dieser guten Zuversicht, wofern E. F. G. und andere Gott ergebene Herzen dieß Wenige durch Aufschlagung angezogener Sprüche wohl erwägen und fassen, und inskünftige durch öfteres Wiederlesen und gottselige Uebungen gemein machen werden, es werde solches zu Unterbauung einer beständigen ruhigen Gewißheit, Erweckung einer wahren Gottseligkeit, Aufrichtung des Reichs Gottes in uns, zu Lob und Heiligung seines Namens durch uns, mit freudiger Sättigung unserer Seelen gereichen, dahin es denn von mir in einfältigster christlichster Meinung geschehen. Die Gnade unsers Herrn Jesu Christi sey mit unserm Geist. Amen.

1. Zu fleißiger Uebung heiliger Schrift, des heiligen Buchs Gottes, soll ja einen jeden getauften Christen bewegen Gottes, seines Vaters, hin und her so oft wiederholter ernstlicher Befehl, 5 B. Mos. 6, 6; Cap. 11, 18; Sir. 6, 37; Cap. 14, 22. „Wohl dem, der stets mit Gottes Wort umgehet," ꝛc. Sir. 24, 38; Col. 3, 16; Ps. 1 und der ganze 119. Ps.; Jos. 1, 8. Könnte Gott wohl eifrigere Worte gebrauchen, da er also sagt: „Laß das Buch dieses Gesetzes nicht von deinem Munde kommen, sondern 1) betrachte es Tag und Nacht, 2) auf daß du thuest und haltest aller Dinge nach dem, das darin geschrieben stehet; alsdann wird dir es gelingen in Allem, was du thust, und wirst weislich handeln können."

2. Der Sohn Gottes befiehlt uns wiederum auch zu öftern Malen im neuen Testament, als Joh. 5, 39: „Forschet in der Schrift," ꝛc. „Haltet an mit Lesen, bis daß ich komme," 1 Tim. 4, 13. „Wer es aber liefet, der merke darauf," Matth. 24, 15.

3. Endlich beschließt der heilige Geist in der Offenb. Joh. also: „Selig ist, der da höret und liefet die Worte der Weissagung, und behält, was darin geschrieben ist," Offenb. Joh. 1, 3.

4. Welcher nun dieß heilige Buch Gottes nicht allen menschlichen Schriften also vorzieht, daß er solches allein vor andern täglich bis in seine Grube liest und übt, der gibt ein unfehlbares Zeugniß von sich, daß er seines Gottes, der heiligen Dreieinigkeit Gebot nicht hoch achte, und er also mit seiner Seligkeit in äußerster Gefahr stehe, die sich in Anfechtungen und am Ende seines Lebens mit seinem ewigen Schaden gewißlich finden wird.

5. Den Sabbath oder Sonntag hat Gott allein zu seinem Dienst abgesondert, geheiligt und gesegnet. Wer nun diesen ganzen Tag nicht mit heiligen Werken und Uebungen zubringt, der thut wissentlich und vorsätzlich wider seines Gottes Gebot.

6. Die Ursache so großer Blindheit und Gottlosigkeit bei den Christen ist diese, daß unter etlichen tausend Geistlichen und Weltlichen (Ezech. 22, 8 und Cap. 26), Gelehrten und Ungelehrten gar wenige ihre Sabbathe halten, Jes. 58, 13.

Unsere Krankheit.

7. Es hat sich ein Christ all sein Lebtag genug zu üben, daß er seinen angebornen Erbschaden und seine Erbsünde recht verstehen lerne. Matth. 15, 19 vergleicht Christus dein Herz einer vergifteten Wasserader: „Aus dem Herzen kommen hervor" ꝛc. Jes. 1, 6 wird dieser dein Erbschade beschrieben als eine gar verzweifelte Krankheit. Lies ferner mit Verwunderung Jes. 34, 13. 14. 15 und Cap. 13, 21. 22. Da malet dir der heilige Geist das Haus deines Herzens ab, als ein verwüstetes, zerstörtes Babel, als eine abscheuliche Kloake und Teufelsgrube, voll Dornen, Nesseln, Disteln, Drachen, Feldteufeln, Kobolden, Mardern, Eulen, Igeln, Feldgeistern ꝛc., welches Alles nichts anders ist, als die so viel tausendfältige Verwüstung, die so tiefe, unergründliche Vergiftung deiner Natur, und deren eingepflanzte thierische, viehische und teuflische Eigenschaften, da in eines Jeden Herz (Natur, Verstand und Willen) des Teufels Reich und alle seine Eigenschaften eingedruckt, und alle und jede Sünden, als ein fesselnder Schlangensamen, in einen Jeden gesäet und versenkt sind, obschon nicht alle Sünden mit einander bei einem Jeglichen auch in seinem äußerlichen Leben sichtbar und thätlich werden. Welches aber Keinen vor Gott, auch im Geringsten nicht, reiner und frömmer macht, weil er als ein Herz- und Nierenprüfer Alles richtet nach dem Herzen, als dem Samen, Grund und Brunnquell selbst, und nach dessen Erneuerung und Beschaffenheit.

Unser Arzt.

8. Christus Jesus, der wahrhaftige, hochgelobte Gott in Ewigkeit (1 Joh. 5, 20; Röm. 9, 5), der ganzen Schrift einiger Zweck und Kern, Ap. Gesch. 10, 43, ist uns gegeben zu einer Arznei und Reinigung wider solche unsere grundlose Verderbung (Zach. 13, 1; Röm. 5, 18), also daß in keinem Andern Heil und kein an-

derer Name ꝛc., Ap. Gesch. 4, 12. Der ist geworden unser Weg mit seinem Thun und Lehren, Ap. Gesch. 1, 1, die Wahrheit in seinem Wort, Joh. 6, 68, und das Leben, mit seinem theuern Verdienst. „Du bist erwürget, und hast uns erkauft mit deinem Blut," Offenb. Joh. 5, 9. „An ihm haben wir die Erlösung durch sein Blut," Eph. 1, 7. 14; Col. 1, 14. 20. Besiehe Jes. 45, 22; Cap. 53, 4. 5. Da liegt nun der einige Grund unserer Seligkeit, daß wir allein mit einem bloßen, lautern Glauben (als welchen Gott allein hiezu verordnet, Röm. 1, 17; Gal. 3, 11. 22; Hebr. 10, 38; Habac. 2, 4) empfangen solche Seligmachung und Gerechtigkeit, die uns aus Gnaden in Christo und durch Christum geschenkt wird, Phil. 3, 9; als nämlich die überschwängliche Vaterliebe Gottes, Eph. 1, 3. 5. 6, die hohe und vollkommene Versöhnung mit Gott, 1 Joh. 2, 2, durch den vollkommenen Gehorsam Christi in Erfüllung des Gesetzes, Gal. 3, 13; 2 Cor. 5, 21, die ewige Erlösung, Röm. 3, 24, die vollkommene, ewige Gerechtigkeit in Christo, die auch der heiligen Engel Gerechtigkeit übertrifft; denn Gott ist hier, der gerecht macht, Röm. 8, 33, das ist, der Gott (Jehovah) ist selber unsere Gerechtigkeit, Jer. 23, 6.

Der Bund Gottes mit der glaubigen Seele besteht aus zwei Stücken. Das erste steht auf Gott, das andere auf die glaubige Seele.

9. Diese unaussprechliche Gnade in Christo, wenn sie das Herz empfindet, ist so lebendig und kräftig in den Glaubigen, daß sie schon ein süßer Vorschmack ist des ewigen Lebens, Röm. 8, 24. Ich sage noch einmal, es kann nimmermehr mit einer Zunge ausgeredet werden, was das für eine göttliche Uebung sey, wenn eine glaubige Seele erkennt und empfindet, wie hoch, edel und theuer die Gerechtigkeit in Christo Jesu sey, die ihr durch den Glauben zugerechnet wird, Phil. 3, 8. 9, und was der neue Bund sey in Christo, Hos. 2, 19; Eph. 5, 25; Hebr. 8, 8. 12; Jer. 31, 31. 34. Denn in diesem Bund und Werk unserer Seligmachung verbindet sich Gott also gegen die Seele, und redet dieselbe gleichsam also an:

Der Bund an Gottes Seite.

10. Ich, der ewige, allmächtige Gott und Vater des Heilandes Jesu Christi, verbinde, verschwöre und verschreibe mich ganz kräftiglich mit dem allerheiligsten Versöhnblut meines Sohnes gegen dich (und alle Menschen auf Erden, die in Erkenntniß ihrer Sünden mit wahrer Zuversicht auf meinen Sohn Jesum Christum ihren Glauben sezen), daß ich dir alle deine Sünden vergeben, und aller deiner Missethat nimmermehr gedenken wolle; sondern spreche dich vom schweren Fluch des Gesetzes los, von der großen Gewalt des Teufels also frei, vor meinem Zorn also sicher, und vor mir also gerecht und selig, als wenn du selber das Gesetz erfüllt und für deine Sünden genug gethan hättest, ja als wenn du ohne Sünde geboren wärest, und nie eine Missethat begangen hättest. Und solches Alles um Jesu Christi, meines Sohnes willen, der für dich das Gesetz erfüllt, ein Fluch und Schuldopfer geworden, deine Sünden mit seinem göttlichen Blute abgewaschen, meinen Zorn versöhnt, Teufel, Hölle, Welt und Tod überwunden, und ewige Gerechtigkeit wiedergebracht hat. Und nicht allein das, sondern ich will und schaffe auch, daß du nun hinfort durch Christum eine unauflösliche Gemeinschaft mit uns, der ganzen heiligen Dreieinigkeit, haben sollst; also daß ich will ewig dein lieber Vater seyn, und du sollst ewiglich mein lieber Sohn, Tochter und Erbe seyn; und er, mein Sohn, dein Heiland, soll dein Mittler und Erlöser, und du sein erlöster Bruder, Schwester und Miterbe seyn; ja du sollst ihm in Kraft seines heiligen Geistes, den er dir mitgetheilt, als seine vertraute Braut ewig zu Einem Fleisch vertrauet und vereinigt seyn. Zu mehrer Urkund und Versicherung und zu Stärkung deines Glaubens habe ich dir, neben und zu dem Siegel des heiligen Geistes, auf dein Herz und Gewissen aufgedruckt und widerfahren lassen meine beiden großen Wundergeheimnisse und die kräf-

tigen Siegel meines neuen Bundes: erstlich die heilige Taufe, als das Sacrament der Wiedergeburt; darnach das heilige Abendmahl, als das Sacrament der wahren lebendigen Gemeinschaft, die du trägst mit dem Leib und Blut meines Sohnes, deines Bräutigams, Herrn, Heilandes und Erlösers. Solches rede, schreibe, gelobe, schwöre, bezeuge und versiegle Ich, der Herr, dein Gott, sammt meinem lieben Sohn und dem heiligen Geist, fest und ewig zu halten, und wider alle Vernunft und Höllenpforten an dir, so wahr ich lebe, mit der That zu erfüllen.

Der Bund an der Menschen Seite.

11. Doch solches Alles also und mit dem Bescheid, daß du nun forthin, so lange ich dir das Leben gebe, mir in Heiligkeit und Gerechtigkeit dienen, züchtig, gerecht und gottselig leben, deinem Erlöser Christo beständig nachfolgen, nicht dir, sondern ihm leben, wider dein Fleisch (darin die Welt und der Teufel ihr Reich und Sitz haben) mächtig streiten, in der Heiligung fortfahren, dich von der Befleckung des Fleisches und Geistes reinigen, meine Sacramente und Siegel würdig gebrauchen, eine gute Ritterschaft üben, Glauben und gutes Gewissen bis an's Ende behalten sollst. Dazu ich dir denn allezeit den Geist der Weisheit, des Verstandes, des Raths, der Stärke, der Erkenntniß und der Furcht des Herrn (so du mich ernstlich darum bitten und mir mit verdammlichen Gewissenssünden nicht widerstreben wirst) reichlich geben und verleihen will.

12. Würdest du aber aus Schwachheit einen oder den andern Fall thun, so soll dir solches, wofern du nur darin nicht verharrest, sondern dich durch meine Gnade wieder aufraffest, nicht verdammlich seyn; sondern du sollst durch tägliche Buße je länger je stärker werden an deinem Herrn Christo und in der Macht seiner Stärke, an ihm wachsen in allen Stücken, und ich will dich als eine lebendige Weinrebe reinigen, daß du immer mehr und mehr Frucht bringest, und erfüllet werdest mit Früchten der Gerechtigkeit, die durch Jesum Christum entstehen in dir, bis dir aus Gnaden beigelegt werde die Krone des ewigen Lebens. Actum in dem geheiligten Rath der heiligen Dreifaltigkeit, und geoffenbaret durch unser beider Mittler, Jesum Christum.

13. Es ist das hohe Verdienst Christi ein solch überschwänglicher Reichthum seiner Gnade über uns, Eph. 2, 7, ein solcher Reichthum seines herrlichen Erbes an den Heiligen, und eine solche überschwängliche Größe seiner Kraft an denen, die da glauben, Eph. 1, 7. 19, daß solches Verdienst nicht allein eine Bezahlung aller unserer Sünden ist (wie es unverständige, gottlose Leute verstümmeln, und sich hiedurch an ihrer Seligkeit übel verkürzen); sondern aus Christo, seinem Leiden, Tod und Auferstehen quillt als aus einem Heilbrunnen, und entspringt als eine lebendige Frucht und Kraft desselben, die neue Geburt oder Erneuerung und Heiligung, ohne welche Niemand Gott sehen kann, Hebr. 12, 14. Und eben daran erkennen wir, daß wir in ihm sind und bleiben, daß er uns auch von seinem heiligen Geist gegeben hat, 1 Joh. 4, 13. Es gilt auch nichts in Christo Jesu, als eine neue Creatur, Gal. 6, 15; und wo diese nicht erfolgt, so entsteht die schädliche, monströse Mißgeburt der Maulchristen, deren die Christenheit jetzo so voll wimmelt. Damit du aber sehest, wie bei allen denjenigen, so in Christo Jesu sind, ein rechtschaffenes Wesen erfolgen muß, Eph. 4, 21: so merke mit Fleiß, wie der heilige Geist die durch den Glauben ertheilte Seligmachung aus Gnaden durch Christum, und die daraus fließende Heiligung so unzertrennlich zusammensetze. „Es ist erschienen die heilsame Gnade Gottes," warum aber? was ist derselben Kraft und Frucht auch an dir? Die Antwort findet sich dabei: „daß wir sollen 1) verläugnen das ungöttliche Wesen und die weltlichen Lüste, und 2) züchtig, gerecht und gottselig leben;" züchtig gegen uns, gerecht gegen unsern Nebenmenschen, und gottselig gegen Gott; und das Alles „in dieser Welt," Tit. 2, 11. Siehe, hier hast du das ganze wahre Christenthum.

14. Christus hat unsere Sünden selbst geopfert an seinem Leibe, das ist eine große

Gnade. Was ist aber die fernere Kraft und Frucht derselben bei denen, die ihrer genießen? Daß wir auch 1) „der Sünde absterben, 2) der Gerechtigkeit leben," 1 Petr. 1, 24. „Wir halten dafür, daß Einer für Alle gestorben," 2 Cor. 5, 14. Lieber, warum ist er für Alle gestorben? Es steht gleich dabei: Er ist darum für Alle gestorben, „auf daß die, so da leben (und durch seinen Tod gerecht werden), forthin nicht ihnen, sondern (in der Gelassenheit) dem leben, der für sie gestorben und auferstanden ist." Wiederum: „Aus Gnaden seyd ihr selig worden durch den Glauben, und dasselbe nicht aus euch, Gottes Gabe ist es, nicht aus den Werken." Lieber, warum das? Daß wir (die Gerechtfertigten) „seyen sein Werk, geschaffen in Christo Jesu zu guten Werken, zu welchen uns Gott (durch solche Rechtfertigung) bereitet hat, daß wir darinnen wandeln sollen," Eph. 2, 8. 9. 10. Besiehe Phil. 3, 9. 10. 11, so die Nachfolgung Christi lehren, und dergleichen unzählbare Oerter der heiligen Schrift mehr.

15. In Summa: Christus hat gelitten für uns, und uns ein Vorbild gelassen, daß wir sollen nachfolgen seinen Fußstapfen, 1 Petr. 2, 21. Das soll und muß nun einmal seyn, wie sehr sich auch der eigene Wille dawider setzt, und menschliche Vernunft dawider Einwendung macht. Welches gelassene Vorbild sammt seiner Nachfolge uns der heilige Geist also vormalet.

Wie wir Christi Vorbilde mögen nachfolgen.

(Erwäge hier alle Sprüche wohl.)

16. Wie Christus beschnitten worden: also müssen auch die Menschen beschnitten werden mit der Beschneidung Christi. Wie aber? Durch Ablegung des sündlichen Leibes, den der Mensch trägt in seinem Fleisch, Col. 2, 11.

17. Wie Christus getauft ist, also sagt Christus: „Wer mir nachfolget in der Wiedergeburt," Matth. 19, 28. Wie Christus die Welt überwunden hat, Joh. 16, 33: also, wer von Gott geboren ist, überwindet die Welt, 1 Joh. 5, 4.

18. Wie Christus gekreuzigt ist, also, welche ihm angehören, die kreuzigen ihr Fleisch sammt den Lüsten und Begierden, Gal. 5, 24. Wie Christus gestorben ist, also werden sie auch durch Christum zu gleichem Tode gepflanzt, Röm. 6, 5, und sind ihnen selbst und der Welt, wie ein todter Leichnam, gekreuzigt, Gal. 6, 14, und abgestorben; wie Paulus von den Gläubigen zu Colossä sagt, und redet doch mit den Lebendigen, Col. 3, 3; Röm. 6, 11. „Wie sollten wir in der Sünde wollen leben, der wir abgestorben sind?" Röm. 6, 2.

19. Wie Christus begraben und auferstanden ist: also sind sie auch mit ihm begraben durch die Taufe in den Tod (daß nämlich bei den Getauften diese Frucht erfolge); nämlich daß, „gleichwie Christus ist auferwecket von den Todten, also sollen auch wir (nicht mehr in dem alten Leben, dem wir abgestorben sind, sondern) in einem neuen Leben wandeln," Röm. 6, 4.

Merke hier das Fundament des Gehorsams, nicht des Gesetzes, sondern des Glaubens, Röm. 6, 16.

20. Wie Christus gen Himmel gefahren ist: also vergessen und verlassen sie, was dahinten ist, Phil. 3, 13, und strecken sich nach dem, das droben ist, Col. 3, 2. Wie Christus den Teufel und sein Reich überwunden, und gesessen zur Rechten auf dem Stuhl Gottes: also überwinden sie ihn auch durch des Lammes Blut, Offenb. Joh. 12, 11; 1 Joh. 2, 13. 14. „Wer überwindet, dem will ich auch geben mit mir auf dem Stuhl zu sitzen, wie ich überwunden habe, und bin gesessen mit meinem Vater auf seinem Stuhl. Wer Ohren hat, der höre, was der Geist den Gemeinden sagt," Offenb. Joh. 3, 21.

In Summa:

Was ich gethan und gelitten hie
In meinem Leben spat und früh,
Das sollt ihr auch erfüllen.

21. Und solche Nachfolger Christi genießen der rechten lebendigen Kraft seines Verdienstes, erkennen ihn und die Kraft seiner Auferstehung, und die Gemeinschaft seines Leidens, indem sie seinem Tod ähn-

lich werden, damit sie auch entgegen kommen zur Auferstehung der Todten, Phil. 3, 10. 11.

22. Darum lasset uns immer aufsehen auf Jesum, den Anfänger und Vollender unsers Glaubens, Hebr. 12, 2, als auf das wesentliche Ebenbild Gottes, Col. 1, 15, durch welchen wir wiederum zum Bilde Gottes müssen erneuert werden, Col. 3, 10. Es war dein Herr Christus in der Lehre einfältig, und nicht wie die Schriftgelehrten, Matth. 7, 29. Sein Leben war eine stetswährende Verläugnung, Entäußerung, Absagung und Verzeihung seiner Herrschaft, seiner Allmacht, seiner Weisheit, seines eigenen Willens, seiner eigenen Liebe. Da wird nun nichts anders aus, du mußt ihm hierin nachfolgen, Matth. 16, 24; Luc. 9, 23.

23. Weil aber dieses (sonderlich bei den Angehenden und Ungeübten) schier einer starken Speise gleich sieht, so muß man ihnen diese Lehre und das Leben Christi etwas leichter vortragen, und zu einer Milchspeise also zubereiten, daß wir zu einem Christen und anfangenden Nachfolger Christi (nach Anleitung des andern Buchs vom wahren Christenthum, Cap. 11) sprechen: Es war dein Erlöser Christus demüthigen Herzens, sanftmüthigen Geistes, freundlich in Geberden, herzlich in Worten, gelinde in seiner Antwort, hat aller Menschen Seligkeit herzlich gesucht, Niemand verachtet noch verschmähet, war gnädig gegen die Sünder, barmherzig gegen die Armen, mitleidig gegen die Elenden, geduldig gegen seine Lästerer, hat sich an Niemand gerächt, jederzeit für seine Feinde gebeten, und ihnen Gutes gethan bis in den Tod. Lernet solches von mir, spricht Christus, Matth. 11, 29. Wer mir nicht nachfolget, der ist mein nicht werth, Matth. 10, 38. Was ich gethan habe und gelehrt, das sollt ihr thun und lehren. Wer nicht folgt, und seinen Willen thut, dem ist es nicht Ernst um den Herrn. Will aber Jemand mein Jünger werden und seyn, und mir nachfolgen, der verläugne sich auch selbst, nehme sein Kreuz auf sich täglich, und folge mir nach, Matth. 16, 24; Luc. 9, 23. Denn ohne diese Nachfolge Christi kann man sich Christi nicht getrösten.

24. Denn (nach der guten kurzen Theologie) „wer da saget, daß er in ihm sey und bleibe, der soll auch wandeln, gleichwie er gewandelt hat," 1 Joh. 2, 6; bis daß Christus eine Gestalt in dir gewinne, Gal. 4, 19. Durch diesen Weg (und keinen andern nimmermehr) wirst du den ewigen, wahren Gott kräftig erkennen, und den er gesandt hat, Jesum Christum, darin das ewige Leben besteht, Joh. 17, 3. Hier wirst du schmecken die himmlischen Gaben und die Kräfte der zukünftigen Welt, Hebr. 6, 4. Hiedurch wirst du essen von dem verborgenen Manna, und einen solchen neuen Namen (der Salbung, 1 Joh. 2, 27) bekommen, welchen Niemand kennt, denn der ihn empfähet, Offenb. Joh. 2, 17.

Der Schaden des Maulglaubens. Diese Worte merke man wohl.

25. Ein Maulglaube ist ein gefährliches Ding, er führt den Menschen unter der Hoffnung des ewigen Lebens (welches er durch seinen Maulglauben zu erlangen hofft) der ewigen Verdammniß zu, und ist des tausendlistigen Feindes, des Teufels, bisher verübter allerübelster Griff, seit die göttliche Lehre vom Glauben wieder so rein hervorgebracht worden, mit welchem er auch bei gottlosen Menschen eben so viel Schaden thut, als zuvor durch der Werke Gerechtigkeit nimmer. Darum gedenke, und habe diese vier sehr kleinen Sprüchlein bei der Hand und im Gedächtniß; denn mit denselben kannst du gewiß deinen Glauben prüfen und beurtheilen, 2 Cor. 13, 5.

26. 1) „Durch den Glauben wohnet Christus in unsern Herzen," Eph. 3, 17. Darum wirst du bei einem wahren Glauben keine Gemeinschaft finden mit den Werken der Finsterniß; denn wie stimmt Christus und Belial überein? 2 Cor. 6, 15.

27. 2) „Der Glaube ist der Sieg, der die Welt überwindet," 1 Joh. 5, 4, das ist, deine Fleischeslust, und anderes weltliche und hoffärtige Leben in dir, 1 Joh. 2, 16. Wo er ist, da wirst du nicht mehr wandeln nach dem Gelüsten deines Fleisches und nach dem Lauf der Welt, Eph. 2, 2, und dich der Welt Art, Gebrauch,

Gewohnheit und Uebung nicht mehr gleich stellen, Röm. 12, 2; 1 Pet. 1, 14.

28. 3) „Wer glaubet, der ist aus Gott geboren," 1 Joh. 5, 1. Wer aber aus Gott geboren ist, der thut nicht Sünde, 1 Joh. 3, 9. Und wer noch nicht recht thut, der ist noch nicht von Gott, und wer noch nicht seinen Bruder mit der That und Wahrheit lieb hat, 1 Joh. 3, 10. 15, sondern wer Sünde thut, der ist vom Teufel. Daran wird offenbar, wer die Kinder Gottes und die Kinder des Teufels sind, 1 Joh. 3, 7. 8. 10; Joh. 8, 39. 44.

29. 4) „Durch den Glauben werden unsere Herzen gereinigt," Ap. Gesch. 15, 9. Bei welchen nun das böse adamische Herz, der giftige Brunnquell selbst (wie es Christus, Matth. 15, 9 beschrieben) nicht gereinigt und geheiligt wird, da mangelt der rechte Glaube, und ohne diese Heiligung wird Niemand Gott sehen, Hebr. 12, 14. In Summa: Es trete ab von aller Ungerechtigkeit, wer nur den Namen Christi nennt, 2 Tim. 2, 19. Denn ohne ein heiliges Leben, ohne tägliches Wachsen in der Gottseligkeit, und ohne Vollbringung des Willens Gottes, sich viel des Glaubens, des christlichen Namens und Verdienstes Christi rühmen wollen, ist lauter Herr-Herr-Geschrei, leere Spreu, lose Maulbeere und nichtiges Laubwerk, um deßwillen Christus den Feigenbaum verflucht. Welcher Baum nur blühet oder Blätter trägt, der wird wahrlich in's Feuer geworfen werden, Matth. 3, 10; Joh. 15, 2. (Denn fromm leben, macht dich zu keinem Wiedertäufer, und gute, von Gott befohlene Werke machen dich auch zu keinem Papisten, sondern zu einem rechten, guten Christen.)

Frage: Wie man mit falscher Lehre umgehen soll?

30. Falscher Lehre soll und muß man widersprechen, Tit. 1, 9. Und ich glaube für ganz gewiß, wenn man hierin dem Rath Gottes gefolgt hätte, nach 2 Tim. 2, 16 und Tit. 3, 10, es hätte Gott großen Nutzen und Frucht hiezu verliehen. O wie ein köstliches Ding ist's, daß das Herz fest werde! sagt der heilige Geist, Hebr. 13, 9.

Es geht aber vorher: Man muß sich nicht lassen umtreiben 1) mit mancherlei Lehren; in seiner Sprache steht ποικίλαις, und das ist, wenn man die Glaubens- und Religionsartikel, wie ein Schneider ein Kleid, verstücket, verkippet und verpuzet, daß es toll, bunt, kraus und künstlich aussieht. 2) Durch fremde Lehrer, durch deren Bosheit oft der Verstand verkehrt, die Seele betrogen, oder doch sehr beunruhigt wird, Weish. Sal. 4, 11. Davor diejenigen, so des heiligen Geistes Rathe, 2 Joh. B. 10, folgen, gesichert und befreiet sind.

31. In so viel Religionsstreiten laß die verachtete Einfalt des Wortes Gottes deine einige Festung seyn, 2 Petr. 3, 17. Wortkriege und Schulgezänke gebären nur immer mehr Zank, helfen viel zu jetzt schwebendem ungöttlichen Wesen, 2 Tim. 2, 16. 23, und verrücken unsere Sinne von der Einfältigkeit in Christo Jesu, 2 Cor. 11, 3. Von der Einfältigkeit aber wirst du großen Nutzen und göttliche Erleuchtung erlangen, Psalm 119, 130; Psalm 116, 6; Matth. 6, 22.

Wer die besten Christen seyen?

32. Die ersten und besten Christen lobten Gott mit einfältigem Herzen, Ap. Gesch. 2, 42. Und es war dieß der Apostel (wie auch noch heute ihrer wahren Nachfolger) einiger Ruhm, daß sie in Einfältigkeit, und nicht in (jetzt überall so üblicher) fleischlicher Weisheit gewandelt haben, 2 Cor. 1, 12.

Was von unserm heftigen Disputiren zu halten sey?

33. Durch viel unabläßiges Disputiren, ohne wahre Erleuchtung und Leben, zur Erkenntniß Christi zu kommen, fehlet sehr Vielen. Der richtigste Weg steht beschrieben 2 Petr. 1, im 5. und etlichen folgenden Versen, welchen Paulus noch einen köstlichern Weg nennt, 1 Cor. 12, 31, und im folgenden 13. Cap. etwas andeutet.

Das Wort Gottes bleibt mir wahr, wenn ich schon nicht alle Teufelsausflüchte darüber verstopfen und bemeistern kann.

34. Ein verständiger Mensch hält fest an Gottes Wort, und dasselbe ist ihm gewiß, Sir. 32, 2. 3. Darum wie scheinbar und spitzfindig Andre so manchen Spruch zu verstreichen und zu verzwicken wissen, so gedenke doch allewege nur an das Sprüchlein Christi: „Das Wort, welches ich geredet habe, das wird euch richten am jüngsten Tage," Joh. 12, 48. Und durch dieß einige Mittel widerlegst und überwindest du der alten Schlange und ihrer ausgebrüteten pharisäischen Ottergezüchte vielfältige schlüpfrige Verdrehung, und ihre scharfen, schwarzen, zweigabligen und schnellstechenden Zungen, 1 Tim. 6, 3 ꝛc.

Wie man zu dem inwendigen Schatz kommen möge? Ist das Reich Gottes da, so ist auch Gott selbst da.

35. Sehet, das Reich Gottes ist inwendig in euch, sagt Christus, Luc. 17, 21. Darum wird dieser große Schatz, mit allen seinen Gütern, von den Wiedergebornen nicht außer, sondern in dem Grund ihrer Seelen je mehr und mehr gesucht, und durch (1) Bitten, (2) Suchen und (3) Anklopfen gefunden; und wird hiezu unter andern Vorbereitungen vornehmlich erfordert: stetige Uebung in der Gottseligkeit, 1 Tim. 4, 7, unablässiges Beten, 1 Thess. 5, 17, die Nachfolge Christi, die Verläugnung sein selbst, Luc. 9, 23. Dadurch wird man theilhaftig der göttlichen Natur, 2 Petr. 1, 4. Dadurch wird der innerliche Mensch von Tag zu Tag erneuert, und der Mensch wieder in das Ebenbild Gottes verklärt, von einer Klarheit in die andre, 2 Cor. 3, 18.

36. Der Mensch muß immerzu in einem geistigen Streit leben auf Erden, Hiob 7, 1. In der Gottseligkeit gibt es keinen einzigen Vacanztag. Der Kampf währt, wie bei Paulo, bis in die Grube hinein, Röm. 7, 21 ff., und solches wegen unseres Fleisches, als in welchem die Welt und das Reich des Teufels ihren Theil, Sitz und Stuhl behalten.

37. Wer nun hier wandelt (1) nach dem Gelüsten seines Fleisches, (2) nach dem Lauf dieser Welt, (3) nach dem Geist, der zu dieser Zeit sein Werk hat in den Kindern des Unglaubens, Eph. 2, 2. 3, der wird sterben, Röm. 8, 13. Darum merke zu Stärkung dieses Kampfs (so lieb dir deine Seligkeit) die schöne siebensache Verheißung der Ueberwinder, und suche sie nach einander auf in der Offenbarung Johannis, Cap. 2, 7. 11. 17. 26. 27. 28; Cap. 3, 5. 12. 21.

38. „Ringet darnach, daß ihr durch die enge Pforte eingehet; denn Viele werden (das sage ich, Jesus Christus, euch) darnach trachten, wie sie hinein kommen, und werden's nicht thun können," spricht der Sohn Gottes, Luc. 13, 24. Darum siehst du, daß freilich Keinen der Weg in den Himmel tragen wird. Es wird auch Keiner überwinden und selig werden ohne Kämpfen, ohne Ringen; Keiner mit Sicherheit und lachendem Munde, sondern mit Furcht und Zittern, Phil. 2, 12; Keiner mit Vollbringung seines Willens, oder Verzärtelung seines Fleisches; sondern bis auf's Blut widerstehen, Hebr. 12, 4, über dem Kämpfen wider die Sünde, ist in des heiligen Geistes Schule noch der ersten Schulrechte eins. Die schmerzliche Tödtung unsers Fleisches ist nur ein erster Grund und Anfang christlichen Lebens, Hebr. 6, 1. Darum leide dich als ein guter Kämpfer Jesu Christi, 2 Tim. 2, 3, und fahre fort mit der Heiligung in der Furcht Gottes, 2 Cor. 7, 1; denn wer überwindet, der wird Alles ererben.

Erinnerung.

39. Laß die schöne Predigt Christi deines Lebens einzige Regel seyn, nämlich das 5., 6. und 7. Capitel Matthäi; und behalte wider alle Versuchung und Einrede nur die letzten Worte aus selbiger Predigt, die also lauten: „Wer diese meine Rede höret, und thut sie (NB. und thut sie), den vergleiche ich einem klugen Manne. Wer aber diese meine Worte höret, und thut sie nicht, der ist gleich einem thörichten Manne, der sein Haus (wahren Christenthums und

ewiger Seligkeit) nur auf den Sand bauet," Matth. 7, 24. Mit welcher hochbedenklichen Rede ich auch diese Schrift will geendigt haben; mit angehängter Erinnerung, daß du, Gott liebender Leser, alle angezogenen Sprüche aufschlagest, und daraus erwägest, wie gründlich du von deiner Seligkeit berichtet worden, deßwegen nochmals selbige auswendig lernest, und in deinem bußfertigen Christenthum täglich zur Uebung bringest; so wirst du in einer Kürze einen solchen Grund deines Christenthums gefaßt haben, dessen du dich zeitlich und ewig erfreuen wirst. Dazu ich dir und Allen, denen ihre Gottseligkeit ein Ernst ist, die Einwohnung und Wirkung der heiligen Dreieinigkeit von Herzen mit Gebet und Seufzen wünsche. Amen.

Zuletzt, liebe Brüder, freuet euch, seyd vollkommen, tröstet euch, habt einerlei Sinn, seyd friedsam: so wird der Gott des Friedens und der Liebe mit euch seyn, 2 Cor. 13, 11. Amen.

II.

Kurzer Bericht von dem Leben und seligen Absterben Herrn Johann Arnd's.

Die Geburt dieses geistreichen und berühmten Mannes betreffend, so ist derselbe Anno 1555 den 27. December am Tage Johannis des Evangelisten zu Ballenstädt im Fürstenthum Anhalt zur Welt gekommen. Sein Vater ist gewesen Herr Jacobus Arnd, welcher Anno 1553 zum Predigtamt berufen und des Herrn Wolfgang, Fürsten zu Anhalt (welcher aus Liebe zum Worte Gottes öfters selbst gepredigt hat), Hofprediger am gemeldeten Orte geworden. Seine Mutter ist gewesen Frau Anna Schötings. Von diesen seinen christlichen Eltern ist er alsbald zur heiligen Taufe befördert, folgends christlich erzogen, und weil sich an ihm schöne Anlagen befunden, fleißig zur Schule gehalten worden. Sein Vater aber ist zeitig mit Tod abgegangen, nämlich Anno 1565. Daher er zwar an andre Orte sich zu begeben genöthigt worden, dennoch aber auch daselbst Gottes gnädige Fürsorge gespürt, indem seine göttliche Allmacht gute Leute erweckt, die sich seiner väterlich angenommen, und durch deren Beförderung er in Particularschulen zu Aschersleben, Halberstadt und Magdeburg eine Zeit lang sich aufgehalten und in seinem Studiren fleißig geübt hat. Anfänglich zwar gewann er das medicinische Studium lieb; aber da er in eine tödtliche Krankheit fiel, that er Gott ein Gelübde, daß, so ihn Gott gesund machen und bei'm Leben fristen würde, er sodann dem theologischen Studio und der heiligen Schrift obliegen wollte; welcher Zusage er auch hernach mit gesegnetem Fortgang rühmlich nachgekommen ist.

Anno 1576 ist er ferner auf hohe Schulen geschickt worden, und hat von der Zeit an deren vier nach einander mit besonderm Nutzen und Ruhm besucht, als: Helmstädt, Wittenberg, Basel und Straßburg, und sich sonderlich auf den beiden letzten eine geraume Zeit aufgehalten, auch andern Studiosis privatim Philosophica und Philologica mit rühmlichem Fleiß und Nutzen gelesen. Und was insonderheit Basel betrifft, so ist er daselbst einem polnischen Freiherrn vorgesetzt worden, wo ihm auch eine sonderbare Gefährlichkeit zugestoßen, indem er unversehens in den Rhein gekommen, darin er auch geblieben wäre, wenn er nicht aus Gottes gnädiger Schickung durch denselben seinen Untergebenen, der zu ihm hineingesprungen, ihn bei den Haaren ergriffen und wieder herausgezogen, wäre errettet worden. Weil er nun von Jugend auf, durch des heiligen Geistes Gnade, eine große Zuneigung, Lust und Liebe zu der heiligen Schrift und dem Predigtamt gehabt, auch neben dem Gebet und inständigem Fleiß all sein Studiren auf den einigen Zweck, wie er nämlich Gott im Himmel und dessen Kirche hier auf Erden fruchtbarlich dienen möchte, gerichtet: so hat er auch in solchen seinen Studien vermittelst göttlicher Hülfe dermaßen zugenommen, daß er es Andern weit zuvorgethan, wie der Erfolg ausweist, und seine in offenem Druck ausgegangenen geist-, lehr- und trostreichen Schriften klar bezeugen.

Nachdem er sich nun solchermaßen zum heiligen Werk des Herrn bereitet, hat ihm derselbe auch eine Thür geöffnet, welches geschehen Anno 1583 im 28. Jahr seines Alters, da er von Herrn Joachim Ernst, Fürsten zu Anhalt, zum heiligen Predigtamt berufen, und den 30. October desselben Jahres zu Berenburg, im Fürstenthum Anhalt, ordinirt worden, auch in selbigem Jahr mit Jungfer Anna Wagner in den heiligen Ehestand getreten. Und als er zu Ballenstädt in seinem Vaterlande, und zu Badeborn, sieben Jahre Gottes Wort nach heiliger Schrift, auch ungeänderter Augsburgischen Confession und Formula Concordiae, lauter und rein gelehrt, ist er von der dissentirenden Partei, deren Meinung er weder beipflichten können noch wollen, seines Amts entsetzt worden. Indem er nun das Fürstenthum also bei Sonnenschein räumen müssen, hat es Gott, der Herr, gar füglich geschickt, daß ihm eben zwei Vocationen, die eine nach Mansfeld, die andre nach Quedlinburg vorgefallen, unter welchen die Quedlinburgische vor sich gegangen, allda er zu St. Nicolai in der Neustadt neun Jahre Prediger gewesen. Von dannen ist er 1599 nach Braunschweig in die alte Stadt, an die St. Martinskirche berufen worden, und hat daselbst zehntehalb Jahre gelehrt. Indem er nun Anno 1605 sein erstes Buch vom wahren Christenthum an das Licht gab, und solches von Vielen mit großem Belieben aufgenommen und hin und wieder hoch gepriesen wurde: so erweckten solche Lobsprüche und der exemplarische Wandel des Herrn Arnd bei den Widrigen und Fleischlichgesinnten einen bittern Haß und Neid gegen ihn, so gar, daß verschiedene Prediger in Braunschweig sich nicht entblödeten, ihn mit vielerlei Verdacht von Ketzerei und irriger Glaubenslehre zu beladen, sein Buch vieler Irrthümer zu beschuldigen, und im Beichtstuhl sowohl als in öffentlichen Predigten die Leute zu warnen, sich vor Arnd's Gift und Lehre zu hüten; da er jedoch nichts anders suchte, als die Menschen zum lebendigen, thätigen Glauben und zu wirklicher Nachfolge des Lebens Christi zu bringen, auch sich zum erbaulichen Vorbilde eines rechtschaffenen Christenwandels zu stellen. Des Endes er Anno 1608 auf Vieler inständiges Begehren die versprochenen drei folgenden Bücher vom wahren Christenthum, die er vorher dem sel. Herrn Doctor Johann Gerhard (welcher Herrn Johann Arnd und seine Schriften jederzeit hoch gehalten) nach Jena zum Durchlesen zugesandt, und hernach zum Druck gelangen zu lassen verwilligt hat.

Weil es nun zu Braunschweig sehr unruhig war, ja auch noch größere Unruhe und Bedrängniß zu befahren gewesen, und ihm eben darauf Anno 1608 die Vocation zum Pastorat nach Eisleben, ohne allen Zweifel aus besondrer Schickung Gottes zugekommen, hat er lieber im Frieden als Unfrieden leben wollen, deßwegen dieselbe angenommen, und sich im Namen Gottes nach Eisleben begeben, allwo er dritthalb Jahre Pastor und Consistorii Assessor gewesen ist. Er wäre auch daselbst wohl geblieben, wenn nicht Anno 1611 die Vocation zur Generalsuperintendentur des Fürstenthums Lüneburg gekommen wäre, welche er denn, als einen göttlichen Beruf, nicht ausschlagen können, sondern endlich, nach genugsam gehabtem Bedenken, angenommen hat. Sonst hat er auch noch andere unterschiedene Vocationen an vornehme Orte gehabt, als: nach Nordhausen Anno 1594, in die Graffschaft Schwarzburg zum Superintendenten Anno 1597, nach Halberstadt Anno 1605, nach Grüningen Anno 1607, nach Weissenfels gleichergestalt zum Superintendenten Anno 1609, ingleichen nach Magdeburg zum Domprediger, und nach Hamburg; welche er aber alle mit Bescheidenheit ausgeschlagen hat, und also an den Orten, da er zu jenen Zeiten gewesen, gerne bleiben und ungern sich verändern wollen, wenn er nicht durch erhebliche und unumgängliche Ursachen dazu bewogen worden.

Bei welchen Gemeinden aber er sich durch göttliche Schickung bestellen lassen, da hat er allenthalben diesen unsterblichen Ruhm nachgelassen, daß er sein heiliges Amt mit sonderlichem Fleiß, Treue, Sorgfalt, Vorsichtigkeit, Weisheit und guter Ordnung geführt; daß er sowohl ob der reinen und unverfälschten Lehre gehalten, als auch zum Vorbild eines rechtschaffenen, Gott gefälligen und erbaulichen Christenwandels sich dargestellt. Doch ist er nicht vergnügt gewesen, nur seine anvertrauten Gemeinen, nach den von Gott verliehenen großen Gaben, im Predigen auf's fleißigste zu erbauen, sondern er hat auch Andern in Schriften zu dienen sich bemüht; daher er des Psalters Erklärung, eine Postille, vier Bücher vom wahren Christenthum, das Paradiesgärtlein und Anderes mehr ausgefertigt, welche Schriften so erbaulich und geistreich, daß sie bis anjetzo von Vielen, sowohl Gelehrten als Ungelehrten, mit Begierde und großem Nutzen gebraucht und gelesen werden.

Seinen Lebenswandel anlangend, so ist er mit allen Tugenden und Gaben eines getreuen Seelenhirten, rechtschaffenen Dieners und Nachfolgers Christi begabt gewesen. Bei ihm war eine gründliche Gelehrsamkeit, ein hoher Schatz lebendiger Erkenntniß Gottes und seines Heilandes, eine stete Lauterkeit in der evangelischen Wahrheit, die er in Predigten und Schriften wohl vertheidigt hat. Bei ihm befand sich die wahre Theologie, so da nicht ist ein bloßes künstliches Maulgeschwätze, oder ein kunstförmiges, zänkisches Disputiren, sondern eine stete Forschung in der heiligen Schrift, eine gründliche Erkenntniß Gottes und seines Heilandes, vergesellschaftet mit einer göttlichen und kräftigen Erleuchtung des Verstandes und heiliger Bewegung des Willens, dem erkannten Willen Gottes gleichförmig zu werden, durch beständige Uebung im thätigen Glauben und im wahren, ungefärbten Christenthum. Er führte seine Theologie nicht nur im Munde, in Worten und Schriften, sondern in der kräftigen That, wohl wissend, daß das bloße buchstäbliche und äußerliche Wissen, ohne die stete wirkliche Uebung, nur aufblähe. In seinen Amtsverrichtungen war er nicht minder vorsichtig, als fleißig und wachsam, und er hatte eine lebendige Erfahrung in allen Geschäften; daher er auch einen Segen nach dem andern in der Kirche Gottes einernten konnte. Er war ein brennendes und scheinendes Licht in der Gemeine des Herrn, und durch sein gutes Beispiel trachtete er mit Ernst, die Menschen zur thätigen Buße und wahren Erneuerung des Lebens zu bringen, damit sie unabläßig suchen möchten, dem heiligen Exempel Christi in seinen Fußstapfen nachzufolgen. Daher eiferte er immerfort wider den unkräftigen Heuchelglauben und wider den gefärbten Schein des Christenthums; hingegen trieb er auf den durch Liebe thätigen Glauben, der sich äußert durch die Erfüllung des Willens Gottes, die Vermeidung der Sünde und sündlichen Begierden, und durch die Ueberwindung der Welt, auch Verläugnung seiner selbst. In allen seinen Lehren war sein Hauptzweck, daß in allen Sachen ein Mensch Gottes Willen müßte seinem Willen vorziehen, die eigene Liebe dämpfen, des Fleisches schnöde Begierden tödten, die Wollust der Welt fliehen, sich selbst für den Geringsten achten, seine eigene Nichtigkeit erkennen, seinen Nächsten nicht vorwitzig richten und verurtheilen, sondern Gott und der Obrigkeit das Gericht und Urtheil befehlen, alles Widerwärtige geduldig leiden, seinen Nächsten inbrünstig und wirklich lieben, auch alle Creaturen und Sachen in der Welt zum Lobe und Preise Gottes gebrauchen. Er erhob sich nicht, wenn er gelobt, noch betrübte er sich, wenn er getadelt oder gescholten wurde; vielmehr war er willig, um allen Mißverstand aufzuheben, auf treuherzige Vermahnungen seine Reden, Schriften und Fehler zu corrigiren und zu ändern. Er suchte Jedermann zu dienen, und war Niemanden beschwerlich, viel weniger schädlich. In seinem Umgange erwies er sich freimüthig und liebreich, daher auch viele vornehme Leute, um seines Zuspruchs zu genießen und durch den äußerlichen Wandel seine herrlichen Gaben zu erkennen, zu ihm gereiset sind. Er war entfernt von aller Heuchelei und dem leidigen Geiz; dagegen bewies er christliche Mildigkeit an allen Dürftigen bei aller Gelegenheit, und gab willigst Almosen, wie er denn auch alles Beichtgeld, ehe er aus der Kirche gegangen, in den Armenkasten geworfen. Im Kreuz, in Verläumbung und Verfolgung erwies er eine großmüthige Geduld, und ließ nicht nach, die Ehre Gottes und die evangelische Wahrheit zu behaupten, und wider die fleischliche Sicherheit und Gottlosigkeit zu eifern; und befahl Alles dem gerechten Gerichte Gottes. An ihm erschien jederzeit ein anhaltender Fleiß, im Weinberge des Herrn zu vieler Seelen Erbauung zu arbeiten, und er hat die Heerde Christi nicht um schändlichen Gewinnes willen, sondern von Herzensgrund geweidet. In seinem Gebet war er inbrünstig, und beweinte oft unter dem Beten im Verborgenen das verkehrte Wesen der verderbten Christenheit. Er lehrte, daß die nicht erhörlich beten könnten, die nicht abließen von der Bosheit, Ungerechtigkeit und Unbußfertigkeit. Wiewohl nun sein Herz immer auf das Himmlische gezogen wurde, soll er doch bei müßigen Stunden auch das chymische Studium geliebt haben.

Seine Krankheit und Leibesschwachheit betreffend, hat er zwar den ganzen Winter und Frühling vor seinem seligen Ende große Mattigkeit empfunden, daneben auch nicht wohl schlafen können, aber gleichwohl sein Amt allezeit selber verrichtet, etliche wenige Tage ausgenommen. Am 3. Mai aber ist er allererst bettlägerig geworden, an welchem Tage er auch seine letzte Predigt gethan, und zwar aus dem 120. Psalm: „Wenn der Herr die Gefangenen Zions erlösen wird, so werden wir seyn wie die Träumenden" ic. Als er aus der Kirche gekommen, hat er alsbald zu seiner Hausfrau gesagt: Jetzt habe ich meine Leichpredigt gethan. Darauf er bettlägerig geworden, sich in die Stille begeben, auch sich aller Amts- und andern Sachen gänzlich entschlagen, jedoch, um die Seinigen nicht vor der Zeit zu betrüben, sich hart gehalten, und mit Worten sich's wenig merken lassen, daß er sterben würde, nichts desto weniger seine Seele seinem Heilande in anhaltendem Gebet inniglich empfohlen. Was es aber für eine Krankheit gewesen, ist dem lieben Gott bekannt. Nach menschlichem Urtheil hat es sich anfänglich angelassen, als wenn ihm ein hitziger Fluß in den Hals gefallen.

Und obwohl solches hernach sich ein wenig gelindert, also daß er etwas besser wieder reden können, ist doch die Lunge dadurch verletzt gewesen, daß er daher einen schweren Odem bekommen, und ist auch ein hitziges Fieber dazu getreten, daß er stets große Hitze empfunden, und dadurch gar schleunig von Kräften gekommen. Jedoch hat sich keine Anzeige einiger Ungeduld bei ihm hervorgethan, sondern in guter Gelassenheit hat er gegen die Aerzte bezeigt, daß ihn Gott durch die Krankheit von der sündlichen Welt bald abfordern würde. Immittelst ist für seine Genesung äußerste Sorge getragen, auch in Kirchen und Schulen dafür öffentlich gebetet worden. Und weil er wohl gefühlt, wie nahe sein Ende wäre, hat er den 9. Mai, des Morgens um 6 Uhr, seinen Beichtvater, Herrn Wilhelm Storch (der ihm auch hernach die Leichenpredigt aus 2 Tim. 4, 7 gehalten), zu sich fordern lassen, und das heilige Abendmahl begehrt, sich auch alsbald aufrichten lassen, und nicht lange darnach, auf dem Stuhl sitzend, seine Beichte mit Andacht gethan, und die heilige Absolution darauf erbeten, auch nachdem dieselbe gesprochen, das hochwürdige Abendmahl in Gegenwart seiner Collegen und Anderer empfangen. Und weil er immerzu je länger je schwächer geworden, hat ihm sein Beichtvater mit den vornehmsten Trostsprüchen der Schrift zugeredet, die er alle mit Andacht angehört und gemeiniglich selber beschlossen. Und wie ihn sein gedachter Beichtvater einmal also angeredet: „Ich zweifle nicht, gleichwie er bis daher nie einem einigen Irrthum, so Gottes Wort zuwider, zugethan gewesen, sondern allezeit bei dem reinen, klaren, lautern Wort Gottes, bei den Schriften der Propheten und Apostel, bei der ersten ungeänderten Augsburgischen Confession und Formula Concordiae (laut seines Testaments) fest und standhaft geblieben, und alle Gegenlehren ernstlich und herzlich gehasset und verworfen: also werde er, auch ohne mein Erinnern, bei derselben Lehre und Glauben bis an sein Ende, gleichergestalt, laut seines Testaments, bleiben," hat er solches mit einem etlichemal wie-

verhalten ꝛc. beantwortet. Er hat sich aber auch selber nit vielen Sprüchen und Gebeten dem lieben Gott befohlen. Unter andern hat er denselben Abend, als er verschieden, aus dem 143. Psalm also gebetet: „Herr, gehe nicht in's Gericht mit deinem Knecht" ꝛc. Darauf ihm denn geantwortet worden, es stände Joh. 5, 24: „Wer Christi Wort hörete, und glaubete dem, der ihn gesandt hätte, der hätte das ewige Leben, und käme nicht in's Gericht." Und darauf ist er alsbald ein wenig eingeschlafen, und als er wieder erwacht, hat er seine Augen aufgehoben, und aus dem 1. Cap. Johannis also gesagt: „Wir sahen seine Herrlichkeit, eine Herrlichkeit, als des eingebornen Sohnes vom Vater, voller Gnade und Wahrheit." Und weil ihn seine Hausfrau gefragt, wann er solche Herrlichkeit gesehen hätte? hat er geantwortet: „Jetzt habe ich sie gesehen; ei, welch eine Herrlichkeit ist das! die kein Auge gesehen, kein Ohr gehört, und in keines Menschen Herz gekommen ist, diese Herrlichkeit habe ich gesehen." Woraus denn offenbar ist, wie kräftig der heilige Geist in seinem Herzen gewohnt, und lauter Trost, Friede und Freude in demselben erweckt.

Denselben Abend, wie es acht geschlagen, hat er gefragt, wie viel es schlüge? Und wie es neun geschlagen, hat er abermal gefragt. Und als ihm geantwortet wurde: es schlüge neun, hat er bald darauf gesagt: Nun habe ich überwunden. Und das ist sein letztes Wort gewesen, denn darauf ist er still hingelegen bis halb zwölf, da er sanft und selig eingeschlafen, den 11. Mai 1621, als eben desselben Tages eine merkliche Sonnenfinsterniß mit einfiel, seines Alters im 66., seines Predigtamtes und Ehestandes aber, welchen er mit seiner Hausfrau zwar unfruchtbar, doch christlich und sehr friedlich geführt, im 38. Jahr; worauf er den 15. desselben Monats zu Zell in der Pfarrkirche mit christlichen und herrlichen Ceremonien zur Erde, welche unser Aller Mutter, bestattet worden; da denn Ihre fürstliche Durchlaucht zu Lüneburg mit ihrer hohen Gegenwart diese Prozession vornehmlich geziert, indem sie zu Bezeugung ihrer fürstlichen Gnade, womit sie dem theuern Lehrer im Leben zugethan gewesen, seinem verblichenen Körper das Geleite zu seiner Ruhestätte persönlich gegeben. Bei derselben ist sein Bildniß in ganzer Statur und Lebensgröße, ihm zu Ehren und Gedächtniß, in obgedachter Zellischen Pfarrkirche aufgerichtet worden.

Dies ist kürzlich der Bericht von der Geburt, dem christlichen Leben und seligen Absterben dieses hocherleuchteten Mannes, der ohne allen Zweifel nunmehr seiner Seele nach in dem Reich der ewigen Herrlichkeit lebt, wo die Lehrer leuchten wie des Himmels Glanz, und die, so Viele zur Gerechtigkeit gewiesen, wie die Sterne, immer und ewiglich. Indeß bleibt sein Gedächtniß bei uns im Segen, die wir wünschen, daß der Allerhöchste seine Gebeine in der Erde bewahren und sanft ruhen lassen wolle, bis an den Tag der großen Erscheinung unsers Herrn Jesu Christi, da er sie mit der Seele wieder vereinigen und zur ewigen Freude wird einführen. Gebe uns Gott, einem Jeden zu seiner Zeit, eine selige Nachfahrt, auf daß wir auch Alle dahin gelangen, um Christi willen. Amen.

III.
Des seligen Johann Arnd's doppeltes Testament.

Da in des seligen Herrn Johann Arnd's Lebenslauf gemeldet worden, wie er auf seinem Todbette bezeuget, daß er, nach seinen beiden Anno 1610 und 1616 errichteten Testamenten, bei der reinen evangelischen Lehre standhaft geblieben: so hat man davon die Auszüge, so weit dieselben sein Glaubensbekenntniß in sich halten, allhier einrücken wollen.

Das erste Testament.

Im Namen der heiligen hochgelobten Dreifaltigkeit, Gottes des Vaters, Gottes des Sohnes, und Gottes des heiligen Geistes, Amen! Nachdem ich, Johann Arnd,

Pfarrherr der Kirche St. Andreä, zu Eisleben, bei mir ernstlich betrachtet, daß ich ein sterblicher Mensch bin, und auch hingehen werde den Weg aller Welt, und daß der Tod nicht säumet, sondern allen Menschen auf den Fersen nachschleichet, auch zum öftern uns arme Menschen schnell und plötzlich übereilet, daß unser Leben abgerissen wird, wie eine Weberspule, als der König Hiskia, Jes. 38, klaget: so habe ich bei Zeiten wollen darauf bedacht sein, wie ich mein Haus bestelle, auf daß ich hernach mit Frieden und unbekümmertem Gemüth des Zeitlichen halben wohl abscheiden möge.

Und weil zu einem friedsamen Abschied aus dieser betrübten Welt auch gehöret die Verordnung des letzten Willens, wie der Prophet Jesaias, C. 38, zum Könige Hiskia saget: „So spricht der Herr, bestelle dein Haus, denn du wirst sterben;" so habe ich demselben auch bei Zeiten, ehe und vorbem ich mit Leibesschwachheit übereilet würde, bei guter Gesundheit, guter Vernunft und vollem Verstande nachkommen, und meinen letzten Willen nicht allein anordnen, sondern auch selbsten mit eigener Hand aufsetzen und verzeichnen, wie denn auch mit gewöhnlichem Siegel bekräftigen wollen.

Und wie ich ein Diener göttlichen Wortes und der Kirche Christi bin, und Anno 1583 von dem weiland Durchlauchtigen Hochgebornen Fürsten und Herrn, Herrn, Joachim Ernsten, Fürsten und Herrn zu Anhalt, hochlöblicher Gedächtniß, zum Predigtamt berufen, und am 30. October desselben Jahres zu Bernburg im Fürstenthum Anhalt ordiniret: so bezeuge und bekenne ich hiermit vor Gott, daß ich mein Lehramt allezeit, an denen Oertern und in denen Kirchen, denen ich unwürdig gedienet, als im Fürstenthum Anhalt, meinem lieben Vaterland, zu Ballenstätt und Badeborn, anfänglich 7 Jahr, hernach zu Quedlinburg zu St. Nicolai in der Neustadt 9 Jahr, darnach zu Braunschweig zu St. Martin zehnthalb Jahr, thun 27 Jahr, nach der Richtschnur des heiligen göttlichen Worts, nach den Schriften der Propheten und Apostel, rein und lauter geführet, auch nach der ersten und ungeänderten Augsburgischen Confession und der Formula Concordiae, wie mir obgedachte Kirchen dessen werden klare Zeugniß geben können, auch dessen schriftliche Urkunden und Zeugniß gegeben haben. Bekenne und bezeuge demnach hiemit nochmals vor Gott, meinem himmlischen Vater, vor meinem Erlöser und Seligmacher Jesu Christo, vor Gott, dem heiligen Geiste, meinem einigen und wahren Tröster, vor der heiligen christlichen Kirche und vor allen heiligen Engeln, daß ich nie einem einigen Irrthum, so Gottes Wort zuwider ist, zugethan gewest, habe mich auch allezeit zur ersten ungeänderten Augsburgischen Confession und Formula Concordiae wissentlich und wohlbedächtig bekannt, thue mich auch anjetzo noch beständiglich dazu bekennen, und bin nimmermehr gemeinet noch gesinnet, eine andere Lehre anzunehmen und zu propagiren; sondern bei dem reinen, lautern, klaren Wort Gottes, bei den Schriften der Propheten und Apostel, und bei den Libris symbolicis der Augsburgischen Confession bis an mein seliges Ende durch Gottes Gnade zu verharren. Denn ich weiß und hab's in vielem Kreuz, Anfechtungen und Verfolgungen erfahren, daß obgedachtes mein Bekenntniß die reine, lautere, unbetrügliche Wahrheit ist; und bitte den hochgetreuen Gott, meinen lieben Vater im Himmel, und meinen Erlöser Jesum Christum, er wolle in Kraft des heiligen Geistes mich in solcher Lehre, Glauben, Erkenntniß und Bekenntniß gnädiglich bis an mein letztes Seufzen erhalten. Und befehle hierauf im wahren Glauben und beständiger Hoffnung meine Seele meinem allerliebsten getreuen Heilande, Erlöser und Seligmacher Jesu Christo, und bitte denselben herzlich und demüthig, er wolle mir um seines heiligen, hohen Verdienstes willen gnädig sein, mir alle meine Sünden aus Gnaden vergeben, und derselben nimmermehr gedenken, mir einen seligen Abschied und Friedefahrt aus diesem Jammerthal gnädiglich verleihen, und mich in's Reich seiner ewigen Herrlichkeit aufnehmen. Meinen Leib aber verordne ich ehrlich von meinen hinterlassenen Güterlein zur Erden zu bestatten, ungezweifelter Hoffnung, mein Erlöser Jesus Christus, welchen ich weiß, daß er lebet, werde denselben am jüngsten Tage zur ewigen Freude und Herrlichkeit auferwecken. Meine zeitlichen hinterlassenen Güterlein aber ꝛc. Actum Eisleben, am Sonntage Misericordias Domini, war der 22. April Anno 1610.

Johann Arnd,
Prediger daselbst zu St. Andreä in Eisleben.

Das andere Testament.

Im Namen der heiligen hochgelobten Dreifaltigkeit, Gottes des Vaters, Gottes des Sohnes, Gottes des heiligen Geistes, Amen.

Ich, Johannes Arnd, des Fürstenthums Lüneburg Generalis Superintendens, habe bei mir bedacht und erwogen, nachdem ich ein ziemliches Alter durch Gottes sonderbarliche Gnade und Barmherzigkeit erreichet, und von meinem Geburtstage an, welcher ist der Tag Johannis Evangelistae, Anno 1555, in's 61. Jahr meines Alters, Gott Lob und Dank, getreten bin, daß mein Leben in Kürze zu Ende laufen möchte, und ich, wie alle andere sterbliche Menschen, den Weg aller Welt gehen werde, habe demnach mein Testament und letzten Willen bei guter Gesundheit und Vernunft, mit dieser meiner eigenen Handschrift, im Jahre und Tage, wie unten vermeldet, aufsetzen und verzeichnen wollen, thue das hiemit wissentlich und beständiglich, dergestalt und also: daß, was meinen Glauben, Lehre und Amt betrifft, ich, durch Gottes Gnade, gedenke beständiglich bis an mein seliges Ende zu verharren bei dem reinen, unverfälschten, heiligen Worte Gottes, so in der heiligen Bibel, in den Schriften der Propheten und Apostel verfasset, und dem menschlichen Geschlechte zum ewigen Heil und Seligkeit von Gott gnädiglich offenbaret ist. Und weil viel Rotten und Secten zu dieser Zeit eingerissen sind, deren Lehre wider die heilige Schrift streitet: so thue ich dieselbe hiemit als falsche Lehre, so dem Wort Gottes zuwider läuft, ausdrücklich verwerfen, wie meine ausgegangenen öffentlichen Schriften, die Postilla, der Psalter und Catechismus genugsam und überflüssig bezeugen. Bei welchem Erkenntniß und Bekenntniß ich, durch Gottes Gnade, bis an mein letztes seliges Stündlein festiglich zu verbleiben gedenke. Danke Gott meinem himmlischen Vater für seine Gnade, väterliche Liebe und göttliche Erkenntniß; danke auch Gott dem Sohne für seine theure Erlösung, Genugthuung und Bezahlung für meine Sünde; danke auch Gott dem heiligen Geist für seine Heiligung, Erleuchtung, ewigen und lebendigen Trost, und für alle Wohlthaten, so mir der hochgetreue Gott von Mutterleibe an und von Kind auf, an Leib und Seele gnädiglich und väterlich erzeiget hat. Und befehle meine Seele meinem Erlöser Jesu Christo in seine gnädigen, allmächtigen Hände, und meinen nichtigen Leib der Erden in der Stadtkirche allhier zu Zelle christlich und ehrlich zu bestatten und zu begraben, zur sanften Ruhe und fröhlichen Auferstehung an dem großen Tage der Erscheinung unsers Herrn Jesu Christi in seiner Herrlichkeit, und zur himmlischen Verklärung zum ewigen Leben. Amen. Damit meiner zeitlichen verlassenen Güterlein halber ꝛc. Actum Zell, am 2? Januarii, war der Sonntag Septuagesi..., Anno 1616.

Johann Arnd,
manu propria.

Register
über die Bücher
vom wahren Christenthum.

I.
Das Register über die Evangelia.

Am 1. Advent.
Lies die Vorrede des Autors auf das 1. Buch, und im 2. Buch das 5. Capitel, im 5. Buch des 2. Theils das 9. Capitel.

Am 2. Advent.
Im 1. Buch das 7. Capitel, im 1. Theil des 4. Buchs das 4. Capitel, im 5. Buch des 2. Theils das 10. Capitel.

Am 3. Advent.
Im 2. Buch das 47. und 48. Capitel, im 5. Buch des andern Theils das 1. Capitel.

Am 4. Advent.
Die Vorrede über das 2. Buch, und im 2. Buch das 3. Capitel.

Am heil. Christ-Tage.
Im 2. Buch das 28. und 29. Capitel; im 5. Buch des 2. Theils das 4. Capitel.

Am St. Stephans-Tage.
Im andern Buch das 30. und 31. Capitel; im 5. Buch des 1. Theils das 11. Capitel.

Am Tage St. Johannis des Evangelisten.
Im 2. Buch das 32 und 33. Capitel; im 5. Buch des 2. Theils das 7. und 8. Capitel.

Am Sonntage nach dem Christ-Tage.
Im 2. Buch das 4. Capitel, im 2. Theil des 4. Buchs das 27. Capitel, und im 5. Buch des 1. Theils das 11. Capitel.

Am Neujahrs-Tage.
Im 2. Buch das 1. und 2. Capitel.

Am Sonntage nach Neujahr.
Im 2. Buch das 44. 45. und 46. Capitel.

Am heil. drei König-Tage.
Im 2. Buch das 26. und 27. Capitel.

Am 1. Sonntage nach Epiphaniä.
Im 1. Buch das 35. 36. und 37. Capitel; im 5. Buch des 2. Theils das 3. Capitel.

Am 2. Sonntage nach Epiphaniä.
Im 2. Buch das 10. und 11. Capitel.

Am 3. Sonntage nach Epiphaniä.
Im 2. Buch das 50. Capitel, und im 3. Buch das 20. Capitel; im 5. Buch des 2. Theils das 13. Capitel.

Am 4. Sonntage nach Epiphaniä.
Im 1. Buch das 15. Capitel, im 1. Theil des 4. Buchs das 5. Capitel, und im 5. Buch des andern Theils das 13. Capitel.

Am 5. Sonntage nach Epiphaniä.
Im 1. Buch das 38. Capitel, und im 2. Buch das 12. Capitel.

Am 6. Sonntage nach Epiphaniä.
Im 1. Buch das 3. Capitel, und die Vorrede auf das 3. Buch.

Am Sonntage Septuagesimä.
Im 1. Buch das 21. Capitel und im 3. Buch das 8. Capitel; im 5. Buch des 1. Theils das 9. Capitel.

Am Sonntage Seragesimä.
Im 1. Buch das 6. Capitel, und die Vorrede auf das 4. Buch; im 5. Buch des 1. Theils das 4. Capitel.

Am Tage der Reinigung Mariä.
Im 2. Buch das 7. und 9. Capitel.

Am Fastnachts-Sonntage, Esto mihi oder Quinquagesimä.
Im 2. Buch das 13. 14. und 15. Capitel; im 5. Buch des 1. Theils das 6. Capitel.

Am 1. Fasten-Sonntage, Invocavit.
Im 1. Buch das 39. und 40. Capitel; im 2. Buch das 52. Capitel, im 4. Buch des 1. Theils das 5. und 11. Capitel, und im 2. Theil das 13. Cap.

Am 2. Fasten-Sonntage, Reminiscere.
Im 2. Buch das 40. und 49. Capitel; im 5. Buch des 1. Theils das 6. und 10. Capitel, und des 2. Theils das 13. Capitel.

Am 3. Fasten-Sonntage, Oculi.
Im 1. Buch das 10. und 41. Capitel; im 2. Buch das 54. Capitel, im 5. Buch des 2. Theils das 14. Capitel.

Am 4. Fasten-Sonntage, Lätare.
Im 2. Buch das 51. Capitel und im 3. Buch das 10. Capitel.

Am 5. Fasten-Sonntage, Judica.
Im 2. Buch das 16. 17. und 18. Capitel; im 5. Buch des 1. Theils das 23. und 11. Cap.

Am 6. Fasten-Sonntage, Palmarum.
Im 2. Buch das 19. 20. und 21. Capitel; im 5. Buch des 2. Theils das 9. Capitel.

Am Tage Mariä Verkündigung.
Im 2. Buch das 22. und 23. Capitel.

Am grünen Donnerstage.
Im 1. Buch das 30. Capitel, im 2. Buch das 11. und 21. Capitel, im 5. Buch des 2. Theils das 12. Capitel.

Am Charfreitage.
Im 2. Buch das 19. Capitel.

Am Oster-Sonntage.
Im 2. Buch das 53. 55. und 56. Capitel; im 5. Buch des 2. Theils das 1. Capitel.

Am Oster-Montage.
Im 3. Buch das 1. 2. und 3. Capitel.

Am Oster-Dienstage.
Im 3. Buch das 4. 5. und 6. Capitel.

Am 1. Sonntage nach Ostern, Quasimodogeniti.
Im 3. Buch das 7. und 9. Capitel.

Am 2. Sonntage nach Ostern, Misericordias Domini.
Im 2. Theil des 4. Buchs das 35. und 36. Cap.

Am 3. Sonntage nach Ostern, Jubilate.
Im 1. Buch das 13. 14. und 17. Capitel; im 5. Buch des 2. Theils das 11. Capitel.

Am 4. Sonntage nach Ostern, Cantate.
Im 3. Buch das 14. und 15. Capitel; im 5. Buch des 1. Theils das 9. Capitel.

Am 5. Sonntage nach Ostern, Vocem jucunditatis, oder Rogate.
Im 2. Buch das 34. Capitel; im 3. Buch das 19. Capitel, und im 5. Buch des 1. Theils das 10. Capitel.

Am Tage der Himmelfahrt Christi.
Im 1. Buch das 42. Capitel, und im 2. Buch das 58. Capitel.

Am 6. Sonntage nach Ostern, Exaudi.
Im 1. Buch das 15. Capitel, und im 2. Buch das 35. und 36. Capitel.

Am Pfingst-Sonntage.
Im 3. Buch das 16. 17. und 18. Capitel; im 5. Buch des 2. Theils das 5. und 8. Capitel.

Am Pfingst-Montage.
Im 2. Buch das 6. Capitel; im andern Theil des 4. Buchs das 5. und 6. Capitel; im 5. Buch des 4. Theils das 5. 6. und 9. Capitel, und des 2. Theils das 14. Capitel.

Am Pfingst-Dienstage.
Im 2. Buch das 24. und 25. Capitel.

Am Sonntage Trinitatis.
Im 1. Buch das 11. und 34. Capitel; im 5. Buch des 1. Theils das 1. 2. 3. und 6. Capitel, des andern Theils das 11. Capitel.

Am 1. Sonntage nach Trinitatis.
Im 3. Buch das 12. und 13. Capitel, im 1. Theil des 4. Buchs das 6. Capitel, im 5. Buch des 2. Theils das 15. Capitel.

Am 2. Sonntage nach Trinitatis.
Im 1. Buch das 28. Capitel, im 2. Theil des 4. Buchs das 17. und 18. Capitel, im 5. Buch des 2. Theils das 9. Capitel.

Am 3. Sonntage nach Trinitatis.
Im 1. Buch das 4. und 8. Capitel; im 3. Buch des 1. Theils das 6. und 7. Capitel, und des andern Theils das 6. Capitel.

Am 4. Sonntage nach Trinitatis.
Im 1. Buch das 13. Capitel, und im 3. Buch das 11. Capitel.

Am Tage Johannis des Täufers.
Im 1. Buch das 23. Capitel, und im 2. Theil des 4. Buchs das 32. Capitel.

Am 5. Sonntage nach Trinitatis.
Im 1. Theil des 4. Buchs das 3. Capitel und daselbst im 2. Theil des Buchs das 1. Cap.; im 5. Buch des 1. Theils das 10. Capitel.

Am Tage Mariä Heimsuchung.
Im 2. Theil des 4. Buchs das 23. 24. und 25. Capitel.

Am 6. Sonntage nach Trinitatis.
Im 2. Theil des 4. Buchs das 31. 32. und 33. Capitel; im 5. Buch des 1. Theils das 6. 7. und 8. Capitel.

Am 7. Sonntage nach Trinitatis.
Im 2. Buch das 41. 42. und 43. Capitel.

Am 8. Sonntage nach Trinitatis.
Im 1. Buch das 9. und 22. Capitel; im 5. Buch des 2. Theils das 15. Capitel.

Am 9. Sonntage nach Trinitatis.
Im 1. Buch das 20. Capitel, im 2. Theil des 4. Buchs das 2. und 3. Capitel, im 5. Buch des 1. Theils das 9. Capitel.

Am 10. Sonntage nach Trinitatis.
Im 2. Theil des 4. Buchs das 19. 20. und 21. Capitel, im 5. Buch des 2. Theils das 3. Capitel.

Am 11. Sonntage nach Trinitatis.
Im 1. Buch das 19. 31. und 33. Capitel, im 5. Buch des 1. Theils das 5. 6. 7. und 8. Cap.

Am 12. Sonntage nach Trinitatis.
Im 1. Buch das 2. Capitel, im 2. Theil des 4. Buchs das 39. Capitel.

Am 13. Sonntage nach Trinitatis.
Im 1. Buch das 25. und 26. Capitel, im 2. Theil des 4. Buchs das 22. Capitel, im 5. Buch des 1. Theils das 1. 2. 3. 8. und 9. Capitel.

Am 14. Sonntage nach Trinitatis.
Im 2. Buch das 37. 38. und 39. Capitel, im 5. Buch des 2. Theils das 6. Capitel.

Am 15. Sonntage nach Trinitatis.
Im 1. Buch das 16. Capitel, im 2. Theil des 4. Buchs das 15. Capitel, im 5. Buch des andern Theils das 10. Capitel.

Am 16. Sonntage nach Trinitatis.
Im 2. Buch das 57. Capitel.

Am 17. Sonntage nach Trinitatis.
Im 2. Theil des 4. Buchs das 40. Capitel.

Am 18. Sonntage nach Trinitatis.
Im 2. Buch das 24. Capitel, im 2. Theil des 4. Buchs das 12. und 14. Capitel, im 5. Buch des 2. Theils das 8. Capitel.

Am Tage Michaelis.
Im 1. Buch das 12. Capitel, im 3. Buch das 21. und 22. Capitel.

Am 19. Sonntage nach Trinitatis.
Im 2. Theil des 4. Buchs das 13. 26. und 27. Capitel, im 5. Buch des 1. Theils das 6. Capitel.

Am 20. Sonntage nach Trinitatis.
Im 1. Buch das 18. und 32. Capitel, im 5. Buch des 1. Theils das 6. und 9. Capitel, und des andern Theils das 7. 8. 9. 10. 14. und 15. Capitel.

Am 21. Sonntage nach Trinitatis.
Im 1. Buch das 5. Capitel und im 3. Buch das 23. Capitel.

Am 22. Sonntage nach Trinitatis.
Im 1. Buch das 27. und 29., im 2. Theil des 4. Buchs das 8. Capitel, im 5. Buch des 1. Theils das 7. Capitel.

Am 23. Sonntage nach Trinitatis.
Im 1. Buch das 1. Capitel, und im 2. Theil des 4. Buchs das 4. und 16. Capitel.

Am 24. Sonntage nach Trinitatis.
Im 2. Theil des 4. Buchs das 9. 10. und 11. Cap., im 5. Buch des 1. Theils das 9. Cap.

Am 25. Sonntage nach Trinitatis.
Im 1. Theil des 4. Buchs das 1. und 2. Capitel, im 2. Theil des 4. Buchs das 7. Capitel, und im 5. Buch des 1. Theils das 11. Capitel.

Am 26. Sonntage nach Trinitatis.
Im 2. Theil des 4. Buchs das 28. und 29. Capitel, im 5. Buch des 2. Theils das 10. 14. und 15. Capitel.

Am 27. Sonntage nach Trinitatis.
Die Vorrede auf das 4. Buch, und im 2. Theil des 4. Buchs das 30. und 38. Capitel.

II.
Das Catechismus-Register.

Darin gezeiget wird, wie die Hauptstücke des Catechismus in Johann Arnd's Büchern vom wahren Christenthum erklärt zu finden, und wie alle Capitel zu der Catechismus-Lehre zu gebrauchen sind.

Das 1. Hauptstück,
die zehn Gebote Gottes,
handeln von der Liebe Gottes, und von der Liebe des Nächsten.

Davon ist sonderlich zu lesen im 1. Buch das 7. 24. 25. 26. 27. 28. 29. 30. und 31. Capitel, und im 2. Buch das 24. 25. 26. 27. 28. 29. 30. 31. 32. und 33. Capitel; im 3. Buch das 13. 14. und 21. Capitel; im 2. Theil des 4. Buchs das 14. 15. 22. 23. 24. 25. 26. 27. 28. 29. 30. 31. 32. 33. 34. 35. 36. 37. und 38. Capitel; im 5. Buch des 1. Theils das 1. 2. und 8. Capitel und des 2. Theils das 3. Capitel.

Das 2. Hauptstück,
der christliche Glaube,
lehret, was und wie man recht glauben soll.

Davon ist sonderlich zu lesen im 1. Buch das 1. 2. 3. 4. 5. 6. 9. 10. 12. 13. 17. 18. 21. 23. 32. 33. 34. 35. 36. 37. 38. und 39. Capitel; im 3. Buch das 1. 2. 3. 4. 5. 6. 7. 8. 9. 10. 11. 12. 15. 16. 17. 18. und 22. Capitel; im 4. Buch alle 6 Capitel des 1. Theils, und im 2. Theil desselben Buchs das 1. 2. 3. 4. 5. 6. 7. 8. 9. 10. 11. 12. 13. 16. 17. 18. 19. 20. 21. 23. 39. und 40. Capitel; im 1. Theil des 5. Buchs das 6. 7. 8. Capitel, und im 2. Theil das 3. 4. 5. und 10. Capitel.

Das 3. Hauptstück,
das heilige Vater Unser,
lehret, wie wir andächtig beten sollen.

Davon ist sonderlich zu lesen im 1. Buch das 42. Capitel; im 2. Buch das 5. 20. 34. 35. 36. 37. 38. 39. 40. 41. 42. und 43. Cap.; im 3. Buch das 19. Capitel, im 1. Theil des 5. Buchs das 10. Capitel.

Das 4. Hauptstück,
das Sacrament der heiligen Taufe,
lehret, wie man soll geduldig leiden, sein Kreuz tragen, den alten Adam kreuzigen, sich selbst verläugnen, die Welt verschmähen &c.

Davon ist sonderlich zu lesen im 1. Buch das 14. 15. 16. und 41. Capitel; im 2. Buch das 44. 45. 46. 47. 48. 49. 50. 51. 52. 53. 54. und 55. Capitel; im 3. Buch das 23. Capitel; im 1. Theil des 5. Buchs das 1. 2. 3. 6. 7. 8. und 9. Capitel, und im 2. Theil das 11. Capitel.

Das 5. Hauptstück,

von der Buße, Beichte und Absolution,

lehret, wie man soll täglich Buße thun, sich demüthigen, die Sünd bereuen, und dann, neben dem wahren Glauben, den neuen Gehorsam üben, sein Leben bessern rc.

Davon ist sonderlich zu lesen im 1. Buch das 4. 8. 11. 19. 20. 22. und 40. Capitel; im 2. Buch das 7. 8. 9. 10. 11. 21. 22. und 23. Capitel; im 3. Buch das 20. Capitel; im 3. Theil des 5. Buchs das 6. Capitel.

Das 6. Hauptstück,

das Sacrament des Altars oder heil. Abendmahls,

lehret, wie ein Christ im Guten durch die Genießung des Leibes und Blutes Christi gestärkt und bekräftigt wird.

Davon nebst dem, was vom christlichen Glauben, sonderlich von dem andern Artikel zu finden, auch kann gelesen werden im 3. Buch das 1. Capitel, nebst allen Vorreden über die vier Bücher; im andern Theil des 5. Buchs das 5. 7. 9. 10. und 12. Capitel. Und sind solchergestalt alle fünf Bücher mit ihren Capiteln zur Catechismus-Postille nützlich zu gebrauchen.

III.

Das Register der Capitel aller sechs Bücher nach den Seitenzahlen.

Das erste Buch.

Cap.		Seite
	Vorrede	1
1.	Vom Bilde Gottes im Menschen	4
2.	Vom Fall Adams	7
3.	Von der Erneuerung in Christo	10
4.	Von wahrer Buße	14
5.	Vom wahren Glauben	17
6.	Wie Gottes Wort im Menschen erfüllt werde	19
7.	Wie das Gesetz Gottes in die Herzen geschrieben sey	22
8.	Ohne Buße hat Niemand sich Christi zu trösten	24
9.	Durch das unchristliche Leben wird Christus verläugnet	28
10.	Das Leben der jetzigen Weltkinder ist wider Christum	29
11.	Ein wahrer Christ muß Christo im Leben folgen	30
12.	Ein wahrer Christ muß der Welt absterben	34
13.	Um der Liebe Christi willen soll man der Welt absterben	37
14.	Ein Christ muß sein Leben hassen	40

Cap.		Seite
15.	Der alte Mensch muß sterben, der neue Mensch muß leben	43
16.	Der Streit des Geistes und des Fleisches	46
17.	Der Christen Erbe und Güter sind nicht in dieser Welt	48
18.	Das Zeitliche ist dem Ewigen nicht vorzuziehen	51
19.	Der Elendeste in seinem Herzen ist der Liebste bei Gott	54
20.	Wahre Reue bessert das Leben	57
21.	Vom wahren Gottesdienst	61
22.	Ein Christ wird an der Liebe erkannt	66
23.	Ein Christ muß sich vieler Gesellschaft entschlagen	68
24.	Von der Liebe Gottes und des Nächsten	70
25.	Von der Liebe des Nächsten insonderheit	74
26.	Warum der Nächste zu lieben sey?	76
27.	Warum die Feinde zu lieben seyen?	80
28.	Die Liebe des Schöpfers ist allen Creaturen vorzuziehen	83
29.	Ohne Versöhnung des Nächsten widerruft Gott seine Gnade	85
30.	Von den Früchten der Liebe	88
31.	Eigene Liebe verderbt die schönsten Gaben	92
32.	Gaben beweisen keinen Christen, sondern Glaube und Liebe	94
33.	Gott sieht die Person nicht an, sondern das Herz	96
34.	Ein Mensch kann nichts zur Seligkeit thun	97
35.	Ohne ein christliches Leben ist alle Weisheit umsonst	101
36.	Wer nicht in Christo lebt, schmeckt nicht die Kraft	103
37.	Wer Christo im Leben nicht folgt, bleibt in Finsterniß	108
38.	Das unchristliche Leben ist Ursache falscher Lehre	113
39.	Lauterkeit der Lehre ist nicht allein mit Disputiren zu erhalten	116
40.	Regeln eines christlichen Lebens	120
41.	Richtige Wiederholung des 1. Buchs	124
42.	Beschluß des ersten Buchs	132

Das andere Buch.

Cap.		Seite
	Vorrede	135
1.	Jesus Christus, Gottes Sohn, ist unser Arzt und Heilbrunnen	136
2.	Wie ein jeder Christ diesen Trost sich zueignen soll	139
3.	Unsere Gerechtigkeit besteht im Gehorsam Christi	144
4.	Der Glaube wirkt Früchte der Gerechtigkeit	147
5.	Ein wahrer Christ muß Gottes Wort in's Leben verwandeln	151
6.	In der Vereinigung mit Christo beruht der Menschen Seligkeit	155

Cap.		Seite	Cap.		Seite
7.	Nothwendiger Unterschied des alten und neuen Menschen	158	38.	Sieben Gehülfen unsers schwachen Gebets	249
8.	Wie freundlich uns Gott zur Buße locke	161	39.	Ein Gespräch der glaubgen Seele mit Gott	252
9.	Was Buße thun heiße, und wie sie geschehen müsse	165	40.	Ein Gespräch des Glaubens mit der Barmherzigkeit Gottes	254
10.	Von vier Eigenschaften der wahren Buße	171	41.	Von dem heilsamen Nutzen des Lobes Gottes	256
11.	Die Frucht der wahren Bekehrung ist eine neue Creatur	175	42.	Was den Menschen zum Lobe Gottes anmahnen soll	259
12.	Wie Christus der rechte Weg und Zweck sey der Gottseligkeit	176	43.	Gott loben ist des Menschen höchste Herrlichkeit	264
13.	Wie Jesus Christus das rechte Buch des Lebens sey	178	44.	Geduld überwindet alles Kreuz, und erwartet die Herrlichkeit	266
14.	Wie uns Christus der Welt Ehre verachten lehrt	180	45.	Gottes Trost in Trübsal wirkt in unsern Herzen Geduld	270
15.	Wie wir durch Christum die Berachtung tragen sollen	181	46.	Bewegende Ursachen zur Geduld, und Nutzen des heiligen Kreuzes	273
16.	Christen sollen ihre Ehre im Himmel suchen	184	47.	Sprüche, Exempel der Geduld, und Trost	275
17.	Wie wir durch Christum falsche Zungen überwinden sollen. Trost wider die Feinde und bösen Mäuler aus den Psalmen	186 189	48.	Keine Trübsal ist so groß, Gott hat Trost dagegen verordnet	278
18.	Wie durch die Schmerzen Christi die Wollust zu dämpfen sey	192	49.	Gottes unfehlbare Wahrheit soll in uns Geduld wirken	281
19.	Wie wir in Christo unsere Sünden anschauen sollen	194	50.	Hoffnung läst nicht zu Schanden werden	285
20.	Von der Kraft des Gebets in göttlichen Betrachtungen	196	51.	Trost wider den schwachen Glauben	288
21.	Von der Kraft der Demuth	199	52.	Trost, wie man sich in geistige Anfechtung schicken soll	292
22.	Alle Werke eines Christen sollen in Demuth geschehen	201	53.	Trost wider die hohen geistigen Anfechtungen	297
23.	Wer seine Nichtigkeit nicht erkennt, begeht Sünde	203	54.	Trost wider die innerliche Anfechtung des Satans	302
24.	Von der Liebe und ihrer Kraft und Lauterkeit	204	55.	Vom Verzug göttlicher Hülfe	305
25.	Zeichen, dabei man merken kann, ob die wahre Liebe Christi in uns sey	207	56.	Im Kreuz soll man Christi Exempel anschauen	307
26.	Fünferlei Beweise der Gnade und Güte Gottes	209	57.	Trost wider den zeitlichen Tod	308
27.	Wie sich Jesus der liebenden Seele offenbart	213	58.	Der Himmel und die ganze Welt sind dem Glauben unterworfen	314
28.	Wie das höchste Gut erkannt und in der Seele geschmeckt wird	214		Beschluß des andern Buchs	317
29.	Wie die Seele Gott anschaut als die mildeste Gütigkeit	216			
30.	Wie sich Gott der Seele offenbart als die höchste Schönheit	219			
31.	Wie die Seele Gott erkennt als die unendliche Allmacht	220			
32.	Wie die Seele Gott erkennt als die höchste Gerechtigkeit	222			
33.	Wie die Seele Gott sieht als die ewige Weisheit	224			
34.	Unterricht vom Gebet, wie das Herz dazu zu erwecken	226			
35.	Eines wahren Christen Kennzeichen ist das Gebet	238			
36.	Von dem Nutzen des Gebets und dessen Grund	240			
37.	Grund und Ursache, daß Gott unser Gebet erhört	243			

Das dritte Buch.

Cap.		Seite
	Vorrede	319
1.	Von dem inwendigen Schatz eines erleuchteten Menschen	321
2.	Durch welche Mittel ein Mensch zum Schatz kommen kann	324
3.	Im Glauben ist der Schatz des inwendigen Menschen	326
4.	Wie eine glaubige Seele Gott in ihr selbst suchen soll	330
5.	Wie ein Mensch kann in Gott gezogen werden	331
6.	Wie sich das höchste und ewige Gut oft in unserer Seele erzeigt	332
7.	Von der Seele Würdigkeit	334
8.	Gottes Beruf ist herzlich und gründlich	335
9.	Wie der wahre Glaube das Herz reinigt von den Creaturen	337
10.	Das natürliche Licht muß untergehen und das Gnadenlicht aufgehen	339

Cap.		Seite
11.	Gott ist allein der Seele Licht, und leuchtet von innen heraus	341
12.	Ein Christ soll in den Grund seines Herzens einkehren	342
13.	Gehet die Creaturliebe aus, so geht Gottes Liebe ein	344
14.	Eine christliche Seele muß mit Geduld bereitet werden	345
15.	Christus verrichtet sein Werk in dem glaubigen Herzen	346
16.	Wie der heilige Geist in unsern Seelen wirke	348
17.	Woran zu merken, ob der heilige Geist in unserer Seele sey	349
18.	Die Welt mit ihrer Kurzweil treibt aus den heiligen Geist	350
19.	Vom Gebet des Herzens und Verstand des Vater Unsers	352
20.	Demuth muß in den Grund des Herzens gelegt werden	353
21.	Ein Mensch soll seine Lust an Gott haben	355
22.	Wie unsere Werke Gott gefallen	356
23.	Vom Geheimniß des Kreuzes	359

Das vierte Buch.

Cap.		Seite
	Vorrede	363

Der erste Theil.

Cap.		Seite
1.	Vom ersten Tagewerk Gottes, dem Licht	364
2.	Vom andern Tagewerk Gottes, dem Himmel	369
3.	Vom dritten Tagewerk Gottes, der Scheidung der Wasser	371
4.	Vom vierten Tagewerk Gottes, Sonne, Mond und Sternen	383
5.	Vom fünften Tagewerk Gottes, dem Meer und den Wassern	395
6.	Vom sechsten Tagewerk Gottes, den Thieren und Menschen	405

Der andere Theil.

Cap.		Seite
1.	Daß Gott ein ewiges Wesen sey	412
2.	Daß Gott das höchste Gut sey	413
3.	Der Mensch ist edelste Creatur	414
4.	Daß der Mensch zu Gottes Bild erschaffen sey	415
5.	Gott gibt sich durch seine Liebe	416
6.	Wie der Mensch Gott verpflichtet sey	416
7.	Welche Dinge die Seele erfreuen	417
8.	Verbindlichkeit des Menschen gegen Gott	418
9.	Beweis der Unsterblichkeit der Seele	419
10.	Wie weislich Gott den Menschen erschaffen	420
11.	Der Mensch ist Gott hoch verpflichtet	420
12.	Womit der Mensch seiner Pflicht genug thue	421
13.	Gottes Liebe ist in allen seinen Werken	422
14.	Wie der Mensch Gott lieben soll	423

Cap.		Seite
15.	Daß alle Creaturen den Menschen ermahnen, Gott zu lieben	424
16.	Eine gemeine Regel und Lehre	425
17.	Gott zu lieben ist einem Christen nicht schwer	425
18.	Gott zu dienen ist des Menschen Nutzen	426
19.	Vergleichung der zweierlei Dienste	427
20.	Daß Gott alle Dinge in seiner Gewalt habe	428
21.	Dienst der Creaturen und Menschen	429
22.	Liebe Gottes fordert Liebe d. Nächsten	430
23.	Der Mensch ist Gottes Ebenbild	430
24.	Ein Mensch ist schuldig, den andern zu lieben	431
25.	Alle Menschen sind als Einer anzusehen	432
26.	Einigkeit ist die höchste Stärke	433
27.	Von der Natur der Liebe	434
28.	Von der Eigenschaft der Liebe	434
29.	Kein Ding in der Welt ꝛc.	435
30.	Die erste Liebe soll Gott gegeben werden	436
31.	Eigenliebe macht sich selbst zu Gott	436
32.	Die eigene Liebe ist die Wurzel alles Bösen	437
33.	Gottes Liebe und eigene Liebe	438
34.	Gottes Liebe wirkt Einigkeit	439
35.	Was aus eigener Liebe zu erkennen	439
36.	Von der Frucht der Liebe Gottes	440
37.	Von der Frucht der eigenen Liebe	442
38.	Von der letzten Frucht d. eigenen Liebe	443
39.	Wie wir Gott allein ehren sollen	443
40.	Eigene Ehre ist Gott zuwider	444
	Beschluß	445

Das fünfte Buch.
Erstes Büchlein.

Cap.		Seite
1.	Von der Unvollkommenheit des christlichen Lebens	447
2.	Von dem inwendigen neuen Menschen	450
3.	Von den geistigen Uebungen des neuen Menschen	452
4.	Vom Wort Gottes, als einem göttlichen Samen	454
5.	Von des innerlichen Menschen Speise und Nahrung	457
6.	Vom wahren, seligmachenden Glauben	460
7.	Von gnädiger Vergebung d. Sünden	463
8.	Von der Gerechtigkeit des Glaubens	466
9.	Vom neuen Leben und den Früchten der Gerechtigkeit	470
10.	Vom Gebet	473
11.	Von Kreuz und Verfolgung des heiligen christlichen Lebens	476

Zweites Büchlein.

Cap.		Seite
1.	Von der Vereinigung Gottes mit dem Menschen	478
2.	Die Vereinigung mit Gott bewiesen durch das Bild Gottes	480
3.	Durch das Wort Gottes wird der Mensch mit Gott vereinigt	481

III. Register der Capitel aller sechs Bücher.

Cap.		Seite
4.	Die Menschwerdung Christi	484
5.	Von der Einwohnung d. heil. Geistes	484
6.	Durch die Buße geschieht die Vereinigung	486
7.	Durch die geistige Ehe geschieht die Vereinigung mit Christo	487
8.	Liebe vereiniget Gott mit d. Menschen	491
9.	Vereinigung der christlichen Kirche mit Christo	491
10.	Die geistige Sehnsucht führt zur Vereinigung	493
11.	Die heilige Taufe befestigt die Vereinigung mit Gott	494
12.	Das heilige Abendmahl bestätigt die Gemeinschaft	496
13.	Lob Gottes verbindet mit Gott	498
14.	Vereinigung mit Gott ist die höchste Seligkeit	499
15.	Größtes Elend, von Gott geschieden zu seyn	500

Drittes Büchlein.

1.	Von der heiligen Dreieinigkeit	500
2.	Von dem Geheimniß der Menschwerdung Jesu Christi	503
3.	Von dem heiligen Geist, seinen Gaben und Wohlthaten	508

Das sechste Buch.

Vorrede an den christlichen Leser . 512

Erster Theil.

	Seite
Verantwortung des ersten Buchs vom wahren Christenthum. Cap. 1 — 42.	513
Verantwortung des andern Buchs vom wahren Christenthum. Cap. 1 — 5.	528
Verantwortung des dritten Buchs vom wahren Christenthum. Cap. 1 — 18	532

Anderer Theil.
Neun Sendschreiben.

Das erste Sendschreiben	541
Das zweite Sendschreiben	543
Das dritte Sendschreiben	545
Das vierte Sendschreiben	548
Das fünfte Sendschreiben	549
Das sechste Sendschreiben	549
Das siebente Sendschreiben	551
Das achte Sendschreiben	553
Das neunte Sendschreiben	556

Dritter Theil.

Erstes Bedenken über die teutsche Theologie	557
Anderes Bedenken über die teutsche Theologie	563

Anhang.

I. Informatorium biblicum	567
II. Des sel. Johann Arnd's Lebenslauf	575
III. Des seligen Johann Arnd's doppeltes Testament	579

Johann Arnd's,

gewesenen General-Superintendenten des Fürstenthums Lüneburg,

Paradiesgärtlein.

Neue, verbesserte Ausgabe.

Frankfurt am Main.
Druck und Verlag bei Heinrich Ludwig Brönner.
1844.

Vorrede

zu dieser neuen Ausgabe.

Mit dem Werk vom wahren Christenthum sollte auch das Paradiesgärtlein wieder erscheinen, welches dasselbe auch sonst zu begleiten pflegt, und auf welches es öfters hinweist, so wie umgekehrt das Gebetbuch auf jenes Lehrbuch. Es ist daher auf gleiche Art mit ihm behandelt worden, was Rechtschreibung, Ausdruck, Wortfügung und Druckfehler betrifft, und es ist dieser Blumensaat christlicher Bitten nichts genommen worden, was man mit Recht vermissen könnte. Diese Gebete haben allerdings bleibenden Werth, weil sie sich einfach und fest an den thätigen Glauben halten, den Betenden gründlich sein Bedürfniß erkennen lehren, ihn zur Demuth führen, zum Dank ermuntern, der Verheißung getrösten, oft sinnvoll erwecken und erbauen, fast durchgängig in Worten der heiligen Schrift reden, im Ganzen aber eine systematische Vollständigkeit besitzen, wie sie für verschiedene Personen und Umstände wünschenswerth ist. Arnd's Vorrede von der rechten Betkunst möge man nicht überschlagen; sie enthält wichtige Wahrheiten und Anweisungen. Wenn nun den wahren Gläubigen zugetraut werden darf, daß sie an dem hier geschonten Styl der ungebundenen Rede, ihrem treuherzigen, kräftigen Ernst und ihren begeisterten Ergüssen keinen Anstoß nehmen werden: so mußten dagegen die versificirten Stücke ganz umgeschaffen werden, wie man bei Vergleichung mit andern Ausgaben finden wird, obwohl Sprache, Reim und Sylbenmessung noch jetzt antik gehalten sind. Das Jubellied des heil. Bernhard, eines von Arnd sehr geschätzten Kirchenlehrers, ist mit Benutzung der Arndischen und Sintenis'schen Uebersetzung oder Nachahmung neu und möglichst treu verteutscht; nur daß der vierfache Reim, auf welchem eigentlich dieses fromme Spiel ruht, sich blos hier und da ohne Zwang und starke Abweichung wiedergeben ließ. Es durfte nicht fehlen, da der Autor selbst darauf verweist (3. Theil, 14. Gebet, am Schluß).

Auch darf nicht unerwähnt bleiben, daß dieses edle Büchlein mehrmals im Feuer unversehrt geblieben seyn soll, während des dreißigjährigen Kriegs und später, in Zeiten, wo man fragen konnte, ob die Evangelischen auch gottselig glaubten und beteten, und wo es vermuthlich nicht so leicht als heutiges Tags zu ersetzen war. Die Geschichten sind in alten Berichten weitläufig beschrieben. Was man davon denken will, steht einem Jeden frei. Die Feuerprobe, welche das Christenthum und die heilige Schrift seit achtzehn Jahrhunderten und schon vom alten Bunde her bestanden hat, ist ein viel größeres Wunder; übrigens aber kann Gott, zur Ehre seiner Wahrheit und zum Heil der Menschen, Großes und Kleines geschehen lassen, was im gemeinen Lauf der Natur nicht gegründet ist; und wie er allezeit durch Begebenheiten zu uns redet, so würden wir wohl manche derselben für außerordentlich erkennen, wenn für ihren Hintergrund uns die Augen geöffnet wären.

Die Hauptsache ist, daß das Wunder der christlichen Selbsterkenntniß und Erneuerung an dem Menschen vollbracht werde; und wenn dir, lieber Leser, dieses Büchlein dazu behülflich seyn kann, in welchem du, wo nicht alle, doch wohl einige, mehrere, vielleicht viele Gebete für dich und deinen Zustand geeignet finden wirst: so ist auch diese Arbeit an dir gesegnet, und ihre Absicht erreicht.

Frankfurt a. M., im Mai 1831.

M.

Johann Arnd's Vorrede,

in welcher der Grund der rechten Betkunst und die Ursache dieses Gebetbüchleins angezeigt wird.

———

Gleichwie es ein gar verkehrter und unwahrhafter Handel ist, ein Christ seyn wollen, und doch kein christliches Leben führen, den Glauben vorgeben, und doch keine Glaubensfrüchte beweisen; welchen Irrthum und Blindheit zu strafen, ich meine Büchlein vom wahren Christenthum geschrieben habe: also ist es auch gar ein spöttisch und sträflich Ding, beten, und erhört seyn wollen, und doch mit bösem Leben Gott widerstreben, mit Worten sich zu Gott nahen, und mit der That ihn von sich stoßen, mit dem Munde Gott ehren, und mit dem Leben ihn lästern. Diesen Irrthum und Blindheit zu eröffnen, damit doch Gott nicht also verspottet werde, habe ich dieses Gebetbüchlein gestellt, damit die wahren Beter sehen, daß Beten nicht des alten Menschen, sondern des neuen Menschen Werk sey; dieweil die meisten Leute also beten, daß sie immer fort und fort die Gebete auf alle Tage sprechen und lesen, und bleiben doch in ihrem alten Leben, nach dem alten Menschen, haben so lange Zeit gebetet, und doch den geringsten Affect nicht gebessert, oder in einer göttlichen Tugend zugenommen; bedenken nicht, daß ein heiliges Leben das beste und kräftigste Gebet sey, ja das lebendige, wirkliche Gebet, da man nicht mit Worten allein, sondern mit der That und Wahrheit betet, und zu Gott sich nahet; ja daß die stete Buße das rechte Herzensgebet sey, zu welchem sich Gott nahet, die Seufzer siehet, Gedanken erhöret, wie die Exempel der Schrift und gemeiner Erfahrung bezeugen. Denn die Bettage, so in vorfallenden Nöthen gehalten werden, müssen Bußtage seyn, wie die ninivitische Buße bezeugt. Und also sind alle Ermahnungen zum Gebet und die Verheißungen von der Erhörung des Gebets zu verstehen. Also spricht auch unser lieber Herr, Joh. 4: „Die wahren Anbeter werden den Vater im Geist und in der Wahrheit anrufen." Im Geist beten, heißt im Glauben und im geistigen neuen Leben beten, nicht im Fleisch, oder im alten fleischlichen Leben. In der Wahrheit beten, heißt mit bußfertigem, zerbrochenem Herzen beten in wahrer Bekehrung zu Gott. Darum, du einfältiger Mensch, der du alle Tage deine gewissen Gebete liesest: lerne doch, daß deine Bettage und Betstunden Bußtage und Bußstunden seyn müssen, so du anders willst erhört seyn. Denn ein solches Herz kann mit Gott reden, und mit einem solchen Herzen redet Gott gerne, in welchem stete Buße ist. Das ist eine große Herrlichkeit von Anfang der Welt her gewesen; denn unter andern großen Wohlthaten, und sonderlichen geistigen Herrlichkeiten, so das jüdische Volk, die Kirche und Kinder Gottes von dem barmherzigen und hochgetreuen Gott, unserm gnädigen, lieben Vater, empfangen haben, rühmt der Mann Gottes und große Prophet Moses auch die Erhörung des Gebets, 5 B. Mos. 4, da er spricht: „Wo ist ein solch Volk, zu dem sich die Götter so nahe thun, als der Herr, unser Gott, so oft wir ihn anrufen?" Und zwar hat Gott den Menschen vornehmlich dazu geschaffen, daß er mit demselben reden

1

und sich in ein gnädiges Gespräch einlassen wollen, wie denn von Anfang geschehen; ja, daß der Mensch hinwieder mit Gott reden und Gott fragen sollte, ihn anrufen, loben und preisen. Gott hat sein ganzes Herz durch Reden den Menschen geoffenbart, und will haben, daß solches der Mensch wieder thun soll. Ja, daß der Mensch anfänglich zum Gebet erschaffen sey, bezeugt sein eignes Gewissen; denn auch die Heiden bekennen, daß Beten gut sey, ob sie wohl nicht wissen, wen sie sollen anrufen, und wie sie beten sollen. Denn daher ist die Abgötterei der Heiden entstanden. Derhalben uns der liebe, getreue Gott selbst recht beten gelehrt in seinem Wort, durch die heiligen Erzväter und Propheten, und durch seinen lieben Sohn, unsern Herrn Jesum Christum, durch welchen er uns auch den Geist der Gnade und des Gebets verheißen und geschenkt hat. Und damit wir ja glauben sollten und könnten, wie sehr wohl unser gläubiges Gebet Gott, dem Herrn, gefiele, so hat er es uns so vielfältig geboten und befohlen, und so viel theure Verheißungen von Erhörung des Gebets gegeben, unter welchen eine der vornehmsten ist Jes. 65: „Ehe sie rufen, will ich hören, und wenn sie noch reden, will ich ihnen antworten." Und Luc. 11: „Bittet, so wird euch gegeben, suchet, so werdet ihr finden, klopfet an, so wird euch aufgethan; denn wer da bittet, der empfähet, wer da suchet, der findet, wer da anklopfet, dem wird aufgethan;" mit welchen Worten uns der Herr zugleich lehret und tröstet, daß kein gläubiges Gebet vergeblich geschehe und leer abgehe. Solches hat er uns mit seinem eigenen Exempel gelehrt, da er oft die ganze Nacht im Gebet verharret, nicht seinethalben, sondern uns zu gut; denn alle seine Worte und Werke sind unsere Arznei, und sind uns zu gut und zum Heil geschehen. Er ist ganz unser mit all seinem Gebet, seinen Worten und Werken. Und um des hohen Nutzens willen, so wir vom Gebet haben, sagt St. Paulus, 1 Thess. 4: „Seyd allezeit fröhlich, betet ohn Unterlaß, und seyd dankbar in allen Dingen; denn das ist der Wille Gottes an euch

Alle;" welcher Wille Gottes an uns Allen hoch in Acht zu nehmen ist. St. Augustinus und andre heilige Väter beschreiben das Gebet mit lieblichen Namen, und vergleichen dasselbe der Himmelsleiter, an welcher wir hinauf gen Himmel steigen, und die heiligen Engel mit uns wieder herab, sagen: wir umfahen Gott freundlich durch's Gebet, es sey ein Kuß des Friedens, welchen die gläubige Seele, als die geistige Braut, ihrem himmlischen Bräutigam Christo Jesu gibt; es sey ein innerlicher Seelen-Sabbath und Ruhetag, dadurch die liebende Seele in Gott ruht; es sey ein geistiges Lusthaus auf dem geistigen Berge Libanon, in welchem sich der himmlische Salomo, Christus, unser Herr, erfreue. Es sey eine Arznei unserer täglichen Gebrechen, eine Sänftigung unsers ungläubigen Herzens, eine tägliche Uebung aller christlichen Tugenden, ein Anfang und Segen aller unserer Werke, ein Sieg über alle unsere Feinde, eine Stärke der Schwachen, eine Freude der Traurigen, ein Mittel, dadurch alle christliche Tugenden und alle gute, vollkommene Gaben von oben herab erlangt werden; dadurch auch stets erweckt werden neue Kräfte, neue Stärke, neue Andacht und alles Gute. Solches bezeugen die Exempel. Denn durch's Gebet haben Moses, Samuel, David, Elias, Hiskia, Asa, Josaphat, Daniel gesiegt über alle Feinde. Durch's Gebet haben die Propheten und Apostel Todte erweckt, Gefangene erlöst, den heiligen Geist empfangen und mitgetheilt. Durch's Gebet kommen wir in der Heiligen Gemeinschaft und Gesellschaft, werden gleich den Engeln Gottes, und verrichten der Engel Amt. Durch's Gebet erlangen wir von Gott die himmlische Weisheit und die Gaben des heiligen Geistes. In Summa: Gott kann unserm Gebet kein himmlisches Gut versagen, auch sich selbst nicht; denn unser Herr Jesus Christus hat sich neben seinem himmlischen Vater und dem heiligen Geist uns verpflichtet, zu geben, was wir ihn bitten werden, ohne allen Unterschied, Nichts ausgenommen oder vorbehalten, wie die theure Verheißung, Joh. 16, 23, lautet; allein daß wir die rechte Ordnung halten, und zuerst um das Reich Gottes und nach Gottes Willen beten.

Gleichwie aber alle Dinge ihre Grade haben, ihr Auf- und Absteigen, ihr Ab- und Zunehmen: also hat auch das Gebet seine Grade. Der erste Grad ist, daß du vor allen Dingen Gott, dem Herrn, deine Sünden von Herzen, in Reue und Leid abbittest. Dabei muß es aber nicht bleiben, wie der gemeine Gebrauch ist, daß Jedermann gerne Vergebung der Sünden haben will, will sich aber nicht bessern, welches ein verkehrter Handel ist. Darum muß auch der andre Grad folgen, daß du mit dem Leben betest, und die christlichen Tugenden von Gott erbittest, und in's Herz pflanzest; sonst ist dein Gebet lauter Heuchelei und ein Gespötte. Das ist der andre Grad, beten mit dem Herzen und Munde, und mit heiligem Leben. Der dritte Grad ist, beten mit lauterm, kräftigem Seufzen, wie Hanna, 1 Sam. 1, und mit heißen Thränen, wie Maria Magdalena, deren Thränen ihr Gebet waren ohne Worte. Der vierte Grad ist, beten mit großer Freude und Frohlocken des Herzens, wie die Jungfrau Maria in ihrem Magnificat, Luc. 1. Der fünfte Grad ist, beten aus großer, feuriger Liebe. Die also beten, haben alle ihre Lebens- und Seelenkräfte in die Liebe gezogen und verwandelt, dieselben mit Gott vereinigt, daß sie vor Liebe nichts anders denken, hören, sehen, schmecken und empfinden, denn Gott in allen Dingen. Gott ist ihnen Alles in Allem; sie haben die Liebe Gottes überwunden und in sich gezogen; denen offenbart sich Gott, und kann ihnen nichts verbergen noch versagen, wie Joh. 14 geschrieben ist: „Wer mich liebet, dem werde ich mich offenbaren."

Hieraus nun sind die Grade des Gebets wohl abzunehmen, und sind angedeutet durch die Worte unsers Herrn Jesu Christi, Matth. 7 und Luc. 11: „Bittet, suchet, klopfet." Durch das Beten mußt du erst empfangen alle die Gaben, so zum neuen geistigen Leben und zum wahren Christenthum gehören, ohne welche Niemand recht beten kann. So du denn wirst fortfahren, und mit Thränen suchen, so wirst du in dem Heilbrunnen des Leidens Christi einen ewigen, unendlichen Schatz des himmlischen Gutes finden. Wirst du dann weiter mit großer Freude und heißer Liebe anklopfen, so wird dir dein Liebhaber die Thür seines himmlischen Reichthums aufthun und sprechen: „Komm her und siehe!" Du darfst aber nicht denken, daß diese Grade bei dir und in deinem Vermögen stehen, sondern es sind lauter Gaben Gottes, die du ihm auch abbitten mußt, wie die ersten drei Bitten des heiligen Vater-Unsers bezeugen, in welchen auch diese Grade angedeutet werden; denn Gottes Namen heiligen, geschieht mit heiligem Glauben und Leben, Gottes Reich ist Gerechtigkeit, Friede und Freude im heiligen Geist, Gottes Wille ist lauter Liebe.

Zu dem Ende habe ich dieses Betbüchlein gestellt, daß du vor allen Dingen deine Sünden erkennen und Gott abbitten, und die christlichen Tugenden selber von Gott erbitten sollst durch die Tugendgebete, damit das schöne Bild Gottes in dir aufgerichtet und des Satans Bild zerstört werde; denn ohne jenes erneuerte Bild Gottes wirst du kein rechter Beter werden.

Und obwohl das allerbeste Betbüchlein ist die gläubige, erleuchtete Seele, denn das rechte Gebet muß von innen heraus quellen: so muß doch solcher geistige Herzensquell durch Gottes Wort eröffnet, bewegt, herausgeführt, und vor allen Dingen das Bild Gottes erneuert werden in Gerechtigkeit und Heiligkeit, welches denn geschieht, wenn wir Gott um den Glauben und des Glaubens Früchte, um die christlichen Tugenden bitten und anrufen. Denn es gedenke nur Niemand, daß eine wahrhafte, rechtschaffene christliche Tugend in sein Herz kommen werde ohne Gebet. Es muß Alles, was zur Erneuerung des Bildes Gottes gehört, von Gott erbeten werden als ein ein himmlisches Gut, wie du aus dem letzten Capitel meines ersten, und aus dem 24. Capitel des andern Buchs vom wahren Christenthum wirst verstanden haben. Denn darum hat uns unser lieber Herr befohlen, daß wir sollen suchen, verstehe den verlorenen Schatz des Bildes und des Reiches Gottes, und dazu das Gebet verordnet.

Daraus folgt, daß wir Gott und alles Gute mit ihm ohne Gebet nicht finden können. Gott will sich zwar selbst gern uns mittheilen, aber nicht ohne Gebet; er will die Ehre der Anrufung von uns haben, darum hat er das Gebet befohlen und Erhörung verheißen. Er treibt uns selbst zum Gebet, auf daß wir viel Gutes von ihm mögen erlangen, so gütig ist er. Denn obwohl alle geistigen Güter in Christo wieder erlangt sind, die in Adam verloren gewesen, so kann ihrer doch Niemand theilhaftig werden, er bete denn. 2. Wer nicht betet, der verachtet Gottes Befehl, und begeht eine große Sünde wider das 1. und 2. Gebot Gottes. 3. Verachtet er Gottes theure Verheißung, und den göttlichen Eid, da Gott schwört, unser Gebet zu erhören. 4. Wer nicht fleißig betet, in demselben verlischt endlich der Glaube und alle Andacht. 5. Wer das Gebet verachtet, von dem weicht der heilige Geist und seine Gaben, sammt unserm Herrn Jesu Christo, und er geräth in ein gottloses, sicheres Leben. 6. Er macht sich unterwürfig der List des leidigen Satans. 7. Er ist in allen Dingen unglückselig. 8. Beraubt sich selbst des freundlichen Gesprächs mit Gott. Wenn du dich nun, die christliche Tugend zu erlangen, gutermaßen geübt hast, so wird das Weinen und das Thränengebet angehen; dazu gehören die Kreuz- und Trostgebete, neben den Danksagungen für das Leiden Christi. Darauf folgen Freudengebete; daraus wird endlich eine solche reine, brünstige, feurige Liebe wachsen und entspringen, welche also anklopft, daß dir Gott nichts wird versagen. Nimm zum Exempel den lieben David; wie bittet er um christliche Tugend und göttliche Erleuchtung im 119. Psalm! Wie weint er in den Bußpsalmen! Wie freut er sich, wie frohlockt er! Wie freudig, wie feurig, wie brünstig wird endlich seine Liebe, daß er nichts nach Himmel und Erde fragt, wenn er Gott allein habe! Siehe deinen Herrn Jesum Christum an; wie fleißig und emsig hat er oft gebetet die ganze Nacht, wie hat er geweinet und sich mit Thränen geopfert! Wie hat er sich auch im Gebet gefreut! Matth. 11. Wie hat er auch ein rechtes Liebesgebet gethan! Joh. 17.

Dazu habe ich in diesem Büchlein Anleitung geben wollen, und solches in fünf Classen abgetheilt.

Die erste begreift die Tugendgebete, nach den heiligen zehn Geboten Gottes; die werden gewißlich, so du ein wenig um sie arbeitest, die Mühe wohl belohnen. Ipsa etenim virtus sibimet pulcherrima merces. (Denn die Tugend ist sich selbst der schönste Lohn.)

Die andre Classe begreift die Dankgebete für die Wohlthaten Gottes; die werden dich höher führen und leiten zu mehrerer Erkenntniß Gottes, und die göttliche Liebe in dir anzünden.

Die dritte Classe enthält die Kreuz- und Trostgebete; dieselben werden dir die Thränenbrunnen eröffnen.

Die vierte enthält die Amtsgebete.

Die fünfte enthält die Lob- und Freudengebete. Und so du durch diese Classen recht gegangen bist, wirst du das Reich Gottes in dir empfinden, welches ist Gerechtigkeit, Friede und Freude im heiligen Geist. Denn also mußt du deinen Schatz im Acker und die köstliche Perle suchen.

Und damit du auch des Sonntags deine göttliche Uebung haben mögest, habe ich in einem besondern Register diese Gebete auf alle Sonn- und Festtag-Evangelia ausgetheilt, sonderlich weil die vornehmsten Hauptlehren unserer christlichen Religion und die Hauptsprüche der Schrift diesen Gebeten einverleibt sind, dazu denn auch das dritte Register, nach dem Alphabet gestellt, dient. Ich will dich hierneben freundlich erinnert haben, daß du keines unter diesen Gebetlein für vergeblich und unnöthig achtest, und vielleicht gedenkest: was ist nütze, zu beten und zu bitten um Verschwiegenheit, ich werde ja das Maul halten können; oder um christliche Mildigkeit, oder um Mäßigkeit, ich werde mich ja selbst prüfen können; oder wider den Geiz, wider den Zorn, wider den Neid und dergleichen, was soll ich dafür oder dawider viel Betens machen? Ach, mein frommer Christ! alle diese Dinge können dich in einer Stunde um Leib und Seele bringen, wo du ihnen so sehr nachhängst, und dieselben durch Gottes Gnade nicht dämpfest. Wie manchen Menschen bringt sein eigenes Maul in großes Unglück, wie Viele fallen durch Trunkenheit! Wie leicht kann man durch unzeitige Kargheit und Unbarmherzigkeit den Fluch und Zorn Gottes auf sich laden! Ich will geschweigen, welch ein Feuer oftmals unmäßiger Zorn und Rachgier anzünde. Wirst du aber diese Gebete in steter Uebung haben, so werden sie dir ein Gegengift und eine Arznei seyn wider viel schwere künftige Fälle, und es wird dein Gebet seine Wirkung und Kraft erreichen zur Zeit, wenn dir's nöthig seyn wird, und wenn du unversehens solchem Unglück auch unwissend am nächsten bist, und dich dessen am wenigsten versiehest. Denn der höllische Jäger hat sein Netz zu aller Zeit an allen Orten aufgestellt; darum verwahre dich durch das Gebet, es wird seine Wirkung haben zu rechter Zeit.

Ob auch Jemand sagen würde, die Gebete wären zu lang, sonderlich weil unser lieber Herr befohlen, Matth. 6: „Wenn ihr betet, sollt ihr nicht viel plappern, wie die Heiden, die da meinen, sie werden darum erhöret, daß sie viel Worte machen;" und darum habe auch der Herr das Gebet, so er uns selbst gelehrt, kurz gefaßt: darauf sage ich, daß der Herr das unnütze heuchlerische Plapperwerk, welches keinen Grund in Gottes Wort hat, und aus falscher, gleißnerischer Heuchelei entspringt, verworfen habe, nicht aber die Worte, so aus herzlicher Andacht und aus dem heiligen Geiste herfließen. Denn solche Worte wecken unser Herz auf, erheben unser Gemüth zu Gott, entzünden die Andacht, stärken den Glauben und die Hoffnung, und sind denen nützlich, die im Gebet verharren wollen mit Bitten, Suchen und Anklopfen, die auch wollen die Grade des Gebets durchgehen, und die Thränengebete, Liebesgebete und Freudengebete erlangen. Zum andern, sehet an die Psalmen Davids; unter denselben sind auch lange Gebete, aber nicht ohne Ursache; sehet an das Gebet Mose, 2 B. Mos. 15.; 5 B. Mos. 32; Jesaj. 26 u. 64; Dan. 9; Habac. 4; ja unsers Herrn Jesu Christi Gebet selbst, Joh. 17; das sind auch lange und sehr tröstliche Gebete, voll göttlicher Weisheit und brünstiger Andacht. Und endlich so steht es ja einem Jeden frei, nach seiner Andacht aus einem Gebet zwei oder drei zu machen, weil dieselben in gewisse Punkte verfaßt sind.

Zum Beschluß will ich männiglich gebeten haben, es wolle ja Niemand sein Gebet unterwegs lassen seiner Unwürdigkeit halben; sondern er bekehre sich von Herzen zu Gott, und bete nur getrost, und scheue sich nicht; Gott ist kein Anseher der Person, er hat Allen befohlen, zu beten, und hat auch Allen Erhörung zugesagt, und seinen gnädigen Willen genugsam gegen alle Menschen geoffenbart, daß er nemlich wolle, daß allen Menschen geholfen werde, und sie zur Erkenntniß der Wahrheit kommen mögen, 1 Tim. 2. Gott macht uns Alle würdig zum Gebet durch seinen Befehl und seine theure Verheißung, und hat unserm Gebet Kraft, Hülfe, Stärke und Sieg zugesagt; welche ich allen wahrhaftigen Anrufern, die den Vater im Geist und in der Wahrheit anbeten, neben der Gnade Gottes, dem heiligen Geist, und der Wirkung und Erfüllung ihres Gebets, von Herzen wünsche, daß ihnen Gott gebe ihre Bitte, die sie von ihm bitten, durch Jesum Christum, unsern Herrn. Amen.

Vom Nutzen und der Kraft des Gebets besiehe mit Fleiß das 20. Capitel und das 34. bis auf das 40. meines andern Buchs vom wahren Christenthum.

Erster Theil.

Tugendgebete nach den zehn Geboten.

Das erste Gebot.

1. Um wahre Erkenntniß Gottes.

Ewiger, wahrhaftiger, gerechter, lebendiger, heiliger Gott und Vater! Ich klage und bekenne dir mit betrübtem und demüthigem Geiste die große angeborene Blindheit und Finsterniß meines Herzens, daß ich dich von Natur nicht recht erkennen kann, auch zu deiner göttlichen Erkenntniß, in welcher doch das ewige Leben besteht, aus natürlicher fleischlicher Thorheit und Unwissenheit weder Lust noch Liebe trage. Ach vergib mir solche schädliche Thorheit, gnädiger Vater! und rechne mir dieselbe nicht zu. Nimm die schwere Strafe von mir, da du durch den Propheten Jesajas das Wehe schreiest über Alle, die dich nicht kennen wollen, und sprichst: Ein Ochse kennet seinen Herrn, und ein Esel die Krippe seines Herrn; aber Israel kennet es nicht, und mein Volk vernimmt es nicht. O wehe des sündlichen Volks, des boshaften Samens! Erleuchte mich aber mit deinem Wort und deinem heiligen Geist, daß ich in wahrem Glauben erkenne, daß du nach deinem Wesen in drei Personen ein einiger, wahrer, wesentlicher Gott anzubeten bist, und du, ewiger Vater, seyst die erste Person der heiligen Dreieinigkeit, der du von Ewigkeit her deinen eingebornen Sohn aus deinem göttlichen Wesen erzeugt, und uns denselben zum Heiland geschenkt hast. Ach! gib mir, lieber Vater, daß ich deine Allmacht erkenne, deine Barmherzigkeit preise, deine Gerechtigkeit fürchte, deiner Wahrheit glaube, deine Weisheit rühme. Ach! laß deine Allmacht seyn meinen Schutz, deine Barmherzigkeit meinen Trost, deine Gerechtigkeit meine Stärke, deine Wahrheit meinen Schirm, Schild und Sieg, deine Weisheit meine Regierung, deine Liebe meine Freude, deine Gnade mein Licht und Leben, dein Lob und deinen Preis meine Herrlichkeit. Gib mir deinen lieben Sohn Jesum Christum zu erkennen, daß er sey ein ewiger, allmächtiger Gott, gleichen göttlichen Wesens mit dir, und daß er in seiner angenommenen Menschheit sey die andre Person der heiligen Dreieinigkeit, und sey mein Herr und mein Gott, der Glanz deiner Herrlichkeit, und das Ebenbild deines Wesens, Licht vom Licht, wahrhaftiger Gott vom wahrhaftigen Gott, durch welchen du alle Dinge gemacht hast, welcher ist das Leben und Licht der Menschen, welchen du uns ganz und gar geschenkt hast, mit Allem, was er ist, Gott und Mensch, mit allen seinen ewigen Gütern und Wohlthaten; welcher ist durch seine Menschwerdung mein Bruder, durch sein Evangelium mein Prophet und Lehrer, durch seine Wunderwerke mein Arzt, durch Leiden und Sterben mein Erlöser, durch seine Auferstehung mein Sieg, und meine Gerechtigkeit durch seine Gerechtigkeit, durch seine Himmelfahrt meine Hoffnung, durch seine Herrlichkeit mein Preis und meine Ehre, durch seinen heiligen Geist meine Salbung, durch seine Wiederkunft meine Seligkeit. Ach mein Herr Jesu! du bist der Weg, die Wahrheit und das Leben; sey mir der Weg, den ich wandeln soll, sey mir die Wahrheit, die ich glaube, sey mir das Leben, das mich erhalte und selig mache. Gib mir auch, o gütiger, gnädiger Vater! zu erkennen deinen heiligen Geist, daß er sey die dritte Person der heiligen Dreieinigkeit, mit dir und deinem lieben Sohn ein ewiger, wahrer, wesentlicher Gott, von dir und deinem lieben Sohn ausgehend, und gesandt in die Herzen der Gläubigen, dieselben zu erleuchten, zu heiligen, zu trösten, und in alle Wahrheit zu leiten. Ach! laß denselben seyn mein Licht wider alle Finsterniß und allen Irrthum, meinen Trost in aller Traurigkeit, meine Heiligung wider alle Unreinigkeit, meine ewige Wahrheit wider alle Lügen des Satans und aller Irrlehrer. Laß deinen Geist, als einen Geist der Wiedergeburt, mich erneuern, zum Tempel Gottes heiligen, daß die heilige Dreieinigkeit zu mir komme und Wohnung bei mir mache, daß ich durch deinen Geist eine neue Creatur werde, daß mein Herr Christus in mir lebe, und daß meine Glieder Christi Glieder seyn mögen. Gib mir, o Gott! dich selbst zu erkennen nach deinem gnädigen Willen, daß ich deine Liebe, o Gott Vater! in meinem Herzen schmecke, die Freundlichkeit und Leutseligkeit meines Herrn Jesu Christi in mir empfinde, daß ich die Frucht seiner Menschwerdung, seines Worts, seines Leidens, seiner Auferstehung und Himmelfahrt allezeit in mir behalte, deines heiligen Geistes Trost, Licht, Friede und Freude in meinem Gewissen empfinde, und also den Vorschmack und Schatz meiner Seligkeit, und mein höchstes Gut, allezeit bei mir habe und in mir trage. Diese deine Erkenntniß, o Gott! ist das ewige Leben. Dich erkennen, ist die vollkommene Gerechtigkeit, und deine Macht wissen, ist eine Wurzel des ewigen Lebens. Durch diese Erkenntniß werden wir gerecht und selig; durch diese Erkenntniß theilst du dich uns selbst mit, mit allen deinen Gütern, dadurch wird unser Herz voll Gottes; durch diese Erkenntniß wird der Satan mit seiner Finsterniß, List und Lüge vertrieben, sein Reich zerstört, seine Gewalt überwunden, ihm sein Palast und Harnisch genommen; durch diese Erkenntniß wird der Mensch in seinem ganzen Leben regiert, zu Gottes Ehre und des Nächsten Nutzen, und zu seinem eigenen Heil. Wo diese Erkenntniß nicht ist, da erfüllt der Satan das Herz mit allerlei Finsterniß, Irrthum, Blindheit, Gottlosigkeit, und der Mensch wird Gottes Unehre und Schandfleck, ein unreines Gefäß des Zornes Gottes und ewiger Verdammniß. Davor wollest du, o Gott Vater! durch deine heilige Erkenntniß mich gnädiglich behüten in Ewigkeit, durch Jesum Christum, deinen lieben Sohn, unsern Herrn. Amen.

2. Um wahre Gottesfurcht.

Heiliger, barmherziger, gnädiger und lieber Vater! ich klage und bekenne dir mit Reue und Seufzen meines Herzens, daß ich durch die giftige Seuche der angeborenen Erbsünde also verderbt bin, daß von Natur keine Gottesfurcht vor meinen Augen ist, und daß ich wegen meiner tief verderbten, bösen Natur dich nicht kindlich fürchten, lieben noch ehren kann, auch mich leider nicht habe deine göttliche Furcht allezeit regieren lassen, sondern meine Gedanken sind mehrentheils ohne alle Gottesfurcht gewesen, und ganz eitel, wie auch meine Worte und Werke. Ach! wie oft habe ich dein Wort und Gebot vergessen und hintangesetzt, und mich nicht vor demselben gefürchtet! Wie oft habe ich den Lüsten der Welt und meines Fleisches mehr gefolgt, denn deinem Wort und Befehl! Ach, vergib mir, lieber Vater! solche Sicherheit und Verachtung deiner Gebote und Drohungen, und wende die schwere Strafe von mir ab, die du dräuest allen denen, die dich nicht fürchten, daß du dieselben verwerfen wollest, weil sie dein Wort verwerfen. Dieweil aber die Furcht Gottes die allerschönste Weisheit ist, dadurch ein Mensch Gott gefällt, so bitte ich dich von Herzen, du wollest erstlich die angeborene Sicherheit und Vermessenheit, auch Verachtung deiner Gebote und göttlichen Drohungen in meinem Herzen dämpfen und austilgen, und dagegen durch deinen heiligen Geist, weil er ein Geist der Furcht des Herrn ist, in mir deine göttliche kindliche Furcht erwecken, daß ich mich stets und an allen Orten, in allen meinen Gedanken, Worten und Werken, fürchten lerne vor deinem Zorn und deiner Ungnade; daß ich auch über alle und jede Sünden stete, wahre Reue und Leid in meinem Herzen habe, und daß mir viel mehr leid sey und schmerzlich wehe thue, daß ich dich beleidigt habe, denn daß ich gestraft werde. O mein Gott und Herr! laß mich erkennen, daß ich dich unbillig beleidigt habe, ich aber billig gestraft werde. Darum verleihe mir deine Gnade, daß ich allen Sünden von Herzen feind werde, als den Werken des Teufels, daß ich mich auch in allen Schwachheiten und Gebrechlichkeiten, in Kreuz und Anfechtung trösten möge deiner väterlichen Gnade und Barmherzigkeit, und dich nicht als meinen Feind, sondern als meinen Vater fürchte und liebe. Bewahre auch meine Seele und meinen innerlichen Menschen durch deine göttliche Furcht, daß ich nichts wider deinen heiligen Willen denke, rede und thue, sondern daß ich Alles denke, rede und thue als vor deinen heiligen Augen und deinem Angesicht; daß auch mein innerliches Auge allein auf dich gerichtet und gewandt sey, also daß ich alle meine Worte und Werke in deiner Furcht zuvor wohl bedenke, und in allen Dingen deine göttliche Weisheit, Allmacht und Hülfe zuvor demüthig anrufe; daß ich mich auch durch kein zeitliches Ding, Ehre, Reichthum, weltliche Freude, Lust oder Menschenfurcht von deiner göttlichen Furcht lasse abwenden, sondern daß ich stets eingedenk sey der gnädigen Verheißung, da du den Gottesfürchtigen zugesagt hast Errettung, Erbarmung, Segen, Gnade, Hülfe, Weisheit, Erhaltung, Heil und Trost; und daß mich deine göttliche Furcht, Gnade und Barmherzigkeit allezeit in meinem ganzen Leben regieren, leiten und führen möge, durch Jesum Christum, deinen lieben Sohn, unsern Herrn. Amen.

3. Um den wahren, seligmachenden Glauben.

Allmächtiger, barmherziger, wahrhaftiger und getreuer Gott! ich klage und bekenne dir demüthig, daß mein Herz von Natur mit Unglauben, Mißtrauen und Zweifel ganz vergiftet und verderbt ist, also daß ich dein wahrhaftiges Wort nicht recht zu Herzen genommen, noch mich gänzlich darauf verlassen habe. Ach! vergib mir, lieber Vater, solchen großen Unglauben und solches Mißtrauen, und wende die Strafe von mir ab, da du den Fluch dräuest allen denen, so sich auf Menschen und auf das Zeitliche verlassen. Und weil es unmöglich ist, ohne Glauben Gott zu gefallen, so bitte ich dich herzlich: reinige mein Herz durch den Glauben von allem Zweifel, Aberglauben, Abgötterei und nichtigem Vertrauen auf zeitliches Gut und Ehre, auf der Menschen Gunst und Hülfe, daran der Fluch hängt. Zünde aber in meinem Herzen an das Licht des wahren Glaubens, dadurch ich dich, als den einigen wahren Gott, recht möge erkennen, wie du dich in deinem Wort geoffenbart hast, und daß ich diesem deinem geoffenbarten Wort möge von Herzen glauben, deine Verheißung von deiner Gnade und Vergebung der Sünden, durch deinen lieben Sohn mir erworben, mit festem Vertrauen möge annehmen, mit meinem Gewissen darin ruhen, einen freudigen Zutritt zu dir dadurch haben, und dich mit ganzem Herzen anrufen. Gib, daß ich die drei Säulen des Glaubens festhalte: deine ewige Wahrheit, deine herzliche, väterliche Barmherzigkeit, und deine unendliche Allmacht, und mich darauf fest gründe. Auch bitte ich dich, lieber Vater, du wollest mir täglich meinen Glauben vermehren und stärken, auch die Schwachheit meines Glaubens mir aus Gnaden zu gut halten, das zerstoßene Rohr nicht zerbrechen, noch den glimmenden Tocht auslöschen, sondern das kleine Senfkorn als den Samen Gottes in mir wachsen lassen zu einem fruchtbaren Baum, der viel Früchte der Gerechtigkeit trage, zu Lob und Preis deines Namens; damit ich nicht blos und als ein unfruchtbarer Baum erfunden werde, der verflucht werde und ewig verdorre, und in's höllische Feuer geworfen werde. O Herr Jesu Christ! du bist der Weg, die Wahrheit und das Leben; der Weg mit deiner heiligen Lehre und deinem Leben, die Wahrheit in deiner ewigen Verheißung, das Leben in deinem heiligen Verdienst. Ich bitte dich, du ewiger

Weg, laß mich nicht von dir irre gehen; du ewige Wahrheit, laß mich nicht betrogen werden durch die Irrgeister, und laß mich nicht an deiner Verheißung zweifeln; du ewiges Leben, laß mich in keinem vergänglichen Dinge ruhen und das Leben suchen. Du allerschönster Bräutigam meiner Seele, vermähle dich mit mir durch den Glauben; du edler Gast, wohne in mir durch den Glauben; du bist doch ganz mein durch den Glauben mit allen deinen Wohlthaten und Gütern. O Gott, heiliger Geist! vereinige mich wieder mit Gott, meinem himmlischen Vater, durch den Glauben, bekehre mich wieder zu ihm, pflanze und pfropfe mich wieder ein durch den Glauben in den lebendigen Weinstock, meinen Herrn Jesum Christum, daß ich von ihm allein empfahe und schöpfe meine, ja seine Lebenskraft und Saft, alle meine Gerechtigkeit, Leben und Seligkeit; daß auch mein Glaube nicht möge ein todter Glaube seyn, sondern durch die Liebe thätig, und fruchtbar zu allen guten Werken. Erneuere in mir das Bild Gottes durch Gerechtigkeit des Glaubens und durch Heiligkeit meines Lebens, mache mich durch den Glauben zu einer neuen Creatur. Laß mich durch den Glauben allezeit dir, meinem lieben Gott, ein angenehmes Opfer bringen, wie Abel; in den Himmel aufgenommen werden durch den Glauben, wie Henoch; ein wahres Glied der Kirche seyn und in die Arche eingehen durch den Glauben, wie Noah; die abgöttische Welt verlassen und das himmlische Vaterland durch den Glauben suchen, wie Abraham; den Segen erlangen durch den Glauben, wie Jacob; im Lande der Verheißung des himmlischen Vaterlandes ruhen durch den Glauben, wie Joseph; durch den Glauben erwählen, lieber mit dem Volke Gottes Ungemach zu leiden, denn die zeitliche Ergötzung der Sünde zu haben, und die Schmach Christi höher achten, denn alle Schätze Egyptens, wie Moses; durch den Glauben mich keines Menschen Furcht, Tyrannei und Gewalt lassen von dir abwenden, wie Daniel; durch den Glauben das verborgene himmlische Manna essen, und das Wasser des Lebens trinken von dem Felsen des Heils, und durch das Angstmeer dieser Welt gehen, wie Israel; durch den Glauben die Mauern zu Jericho umstoßen, das ist, des Satans Reich zerstören, wie Josua; durch den Glauben des höllischen Löwen Rachen zuhalten, und des höllischen Feuers Flammen auslöschen, wie Daniel und seine Freunde; und endlich durch den Glauben Gottes Herrlichkeit sehen, und des Glaubens Ende, die ewige Seligkeit davonbringen, durch Jesum Christum, unsern Herrn. Amen.

Wider die Schwachheit des Glaubens besiehe das 51. Capitel des andern Buchs vom wahren Christenthum.

---

4. Um herzliche, brünstige Liebe.

O du liebreicher Gott! freundlicher und gnädiger Vater! du Ursprung und Brunn aller Liebe, Freundlichkeit, Güte, Gnade und Barmherzigkeit! ich klage und bekenne dir schmerzlich, daß in meinem Herzen alle deine göttliche Liebe, damit ich dich über alle Dinge lieben sollte, durch die Erbsünde so gar erloschen und erstorben ist, daß ich von Natur mehr geneigt bin zu mir selbst, zu meiner eigenen Liebe und zu der Liebe der Creaturen, als zu dir, meinem lieben Gott und Vater, und habe demnach dich, meinen allerliebsten Vater, und meinen Erlöser Jesum Christum, und den heiligen Geist, meinen wahren Tröster, nie rechtschaffen und über alle Dinge geliebt, da du doch das höchste und ewige Gut selber bist, welches über alle Dinge sollte geliebt werden. Ach! vergib mir solche meine schwere Sünde und große Thorheit, und wende die schwere Strafe von mir ab, da geschrieben steht: Wer Jesum Christum nicht lieb hat, der sey verflucht. Tilge aber in mir aus alle unordentliche Liebe, die Welt- und Creaturliebe, und die eigene Ehre, die Augenlust, die Fleischeslust, das hoffärtige Leben, welches die Herzen der Menschen von dir abreißt. Zünde dagegen in mir an durch deinen heiligen Geist die reine, unbefleckte Flamme deiner Liebe, daß ich dich um dein selbst willen, als das höchste Gut, als die ewige Liebe, als die höchste Freundlichkeit, als die holdseligste Lieblichkeit, als die überschwänglichste Gütigkeit, als die wesentlichste Heiligkeit, als die lauterste Wahrheit, Gerechtigkeit und Weisheit, ja als alles Gut und ewigen Ursprung alles Guten, von Herzen lieb habe, ohne alle Betrachtung einiger Belohnung, einiges Nutzens oder Vergeltung, sondern allein um dein selbst willen; daß ich dir auch Herz, Willen und Verstand unterwerfe, und mit Freuden deine Gebote halte, und deinen Willen gerne thue; denn darin besteht die wahre Liebe gegen dich. O Herr Jesu, die reine Liebe deines reinen Herzens entzünde mein kaltes Herz; die zarte Liebe deiner unbefleckten Seele erleuchte meine Seele; die Liebe deines edeln Gemüths erfülle meine Sinne und Gemüth; die Liebe deiner göttlichen Kraft stärke meine Leibes- und Seelenkräfte in deiner Liebe, daß ich auch um deiner Liebe willen Alles unterlasse, was dir mißfällt, und Alles thue und leide, um deiner Liebe willen, was dir gefällt, und darin verharre bis an's Ende. Denn dich also lieben, ist die allerschönste Weisheit, und wer sie siehet, der liebet sie, denn er siehet, wie große Wunder sie thut. Daß mich auch deine Liebe zu dir ziehe, mit dir vereinige, und mit dir, meinem Herrn, zu Einem Geist, Einem Leib und Einer Seele mache; daß ich allezeit an dich gedenke, von dir rede, nach dir hungere und dürste, und in deiner Liebe gesättigt werde, in dir bleibe, und du in mir; daß ich auch durch solche Liebe alle Menschen in dir und um deinetwillen wie mich selbst liebe; daß ich auch aus erbarmender Liebe meinen Feinden vergebe, und dieselben liebe, und für sie bitte, und denselben wohl thue, und sie mit Güte überwinde. Und das Alles um der großen Liebe willen meines lieben Vaters im Himmel, meines Erbarmers; um der vollkommenen Liebe willen Gottes, des Sohnes, meines Erlösers, und um der inbrünstigen, feurigen Liebe willen Gottes, des heiligen Geistes, meines einigen und wahren Trösters. Amen.

Von der edeln Tugend der Liebe und ihrer Kraft und Lauterkeit besiehe das 21. Cap. des andern Buchs vom wahren Christenthum.

---

5. Um wahre, beständige Hoffnung.

O Gott, du ewige Wahrheit, der du Glauben hältst ewiglich, an welchem nicht zu Schanden werden Alle, die auf dich hoffen! ich klage und bekenne dir, daß mein verderbtes Fleisch und Blut sehr am Zeitlichen hängt, immer sieht nach leiblichem und zeitlichem Trost, und vergißt oft deiner Verheißung, Allmacht und Barmherzigkeit! Ach! vergib mir diese schwere Sünde, und wende die harte Strafe von mir, da du dräuest, daß, die ihre Hoffnung auf's Zeitliche setzen, nicht sehen sollen den zukünftigen Trost. Tilge in mir aus alle falsche, betrügliche Hoffnung, die wie ein Rauch und dünner Reif verschwindet; benimm mir alle vergebliche und unnütze Sorgen; laß mich von Herzen glauben, daß du für mich sorgest und wachest; laß meines Herzens Vertrauen und Hoffnung allezeit auf dich gerichtet seyn, daß der liebreiche und süße Einfluß deiner Gnade und Güte in mir nicht verhindert, und meines Herzens Einkehren und Ruhe in dir nicht gestört werde; denn alle Hoffnung und Begierde, die in dir nicht ruhet, muß in ewiger Unruhe bleiben. Laß meine Hoffnung unter aller Widerwärtigkeit in dir allein, als einen Anker in einem festen Grunde haften, und deiner Hülfe ungezweifelt erwarten. Laß mein Herz empfinden, daß deine Barmherzigkeit grundlos, deine Güte unendlich, deine Verheißung wahrhaftig sey; daß dadurch meine Hoffnung befestigt werde, daß sie nicht wanke, mein Gebet versichert, daß es gewiß erhört sey, meine Zuversicht versiegelt, daß ich in deinem Schutz und Schirm behütet und sicher sey, als in einer Festung. Der Grund meiner Hoffnung, o Vater! ist die holdselige Menschwerdung deines lieben Sohnes, und sein heiliges und theures Verdienst, seine Auferstehung und Himmelfahrt, dadurch du uns zu einer lebendigen Hoffnung neu geboren hast, die mich auch gewißlich nicht wird lassen zu Schanden werden. Denn in Christo bin ich allbereit selig, mit ihm und in ihm bin ich allbereit auferstanden und gen Himmel gefahren, und in das himmlische Wesen gesetzt. Darum habe ich in Christo Jesu, meinem Herrn, schon das ewige Leben, und warte nur auf die Offenbarung der künftigen Herrlichkeit. Darum laß mich, o Gott! in allen Dingen, in allem Thun und Lassen, auf dich allein hoffen, daß du mir Alles allein seyst, was mein Herz wünschet. Laß mich auch in Trübsal über den Verzug deiner Hülfe nicht allzu sehr betrübt werden; denn je länger du verzeuchst, je herrlicher du hernach hilfst. Lindere mir aber mein Kreuz, auf daß ich nicht zu müde werde, und stärke mich allezeit mit deinem Trost, daß ich mit denen, die auf den Herrn hoffen, neue Kraft bekomme, und nicht falle, sondern ewiglich bleibe, wie der Berg Zion, durch Jesum Christum, unsern Herrn. Amen.

Wie und warum die Hoffnung nicht läßt zu Schanden werden, auch wie dieselbe geprüft werde, davon besiehe das 50. Capitel im andern Buch vom wahren Christenthum.

---

6. Um wahre Demuth.

O Herr Jesu! du allerdemüthigstes Herz! Ich bekenne und klage dir, daß ich von Natur zu eigener Ehre sehr geneigt bin, und der böse Geist mein Herz durch die Hoffart, welche ist ein Anfang aller Sünde, vergiftet hat, also daß ich mich oft mit eigener angemaßter Ehre gegen dich versündiget, und nicht bedacht habe, daß alle Ehre dir allein gebührt, und keiner Creatur, meinen Nächsten oft verachtet, meinen Kräften zu viel vertraut, und auf mich selbst zum öftern mich verlassen habe. Ach Herr! der du den Demüthigen Gnade gibst, und widerstrebest den Hoffärtigen: rechne mir diese Sünde nicht zu, und wende die schwere Strafe von mir, so du den Hoffärtigen gedräuet hast, daß du sie stürzen und zerstreuen wollest, und laß meine Ehrsucht durch deine heilige Demuth getilgt und bezahlt seyn. Lehre mich aber mein Elend erkennen, und die hohe Majestät Gottes fürchten; denn was bin ich, als eine Hand voll Erde und Asche, ein todtes Wesen, ein Gefäß voll Unsauberkeit, ein elender Wurm, eine sündliche Geburt, ein Kind des Zorns von Natur, in Sünden empfangen und geboren? In Mühseligkeit und Eitelkeit lebe ich, mit Schmerzen und erbärmlicher Gestalt sterbe ich; wer weiß, wie und wo mein Ende seyn wird? Ach! ich bin ein Abgrund des Elendes, blind in deiner Erkenntniß, stumm zu deinem Lobe, taub zu deinem Worte, lahm in deinen Wegen. Ich habe von mir nichts, denn Sünde, Tod und Verdammniß; was ich aber Gutes habe, das ist dein, und nicht mein. Denn was hat ein Mensch, das er nicht empfangen hat? Darum ist dein allein die Ehre, und nicht mein. Ich habe dir aber oft deine Ehre geraubt, und dieselbe mir durch Hoffart zugeeignet, mit fremdem Gute geprangt, als ein ungetreuer Knecht und ungerechter Haushalter. Ach fordere mich, lieber Gott! nicht zur Rechnung, ich kann nicht bestehen. Gib mir aber, daß ich demüthig sey im Herzen, einfältig in Worten, daß ich mich nicht hoch achte, sondern gering sey in meinen Augen. Pflanze in mein Herz wahre Demuth, daß ich dir in allen Dingen gehorsam sey, wozu du mich gebrauchen willst. Gib, daß ich die Werke meines Berufs in Einfalt des Herzens verrichten möge, und nicht auf meine, sondern auf deine Kraft und Hülfe sehe, und derselben mit Geduld erwarte. Hilf mir, daß ich das Meine, was du mir auferlegt hast, getreulich ausrichte, und nicht trachte nach dem, dazu ich nicht berufen bin. Laß mich nicht in solche Blindheit und Thorheit gerathen, daß ich große Dinge durch mein Vermögen mir getraue zu verrichten. Laß mich bedenken, daß ich meinen Schatz in irdischem Gefäße trage. Laß nicht in meinem Herzen aufsteigen eine Verachtung meines Nächsten, auch nicht des geringsten Menschen; denn durch die Demüthigen verrichtest du deine Geschäfte auf Erden und große Dinge, gibst denselben deine Gnade, daß sie deine heilsamen Werkzeuge seyen. Lehre mich durch Demuth Friede und Einigkeit erhalten, o Gott des Friedens! Lehre mich, o demüthiger Jesu! deinem Exempel folgen, der du dich unter Engel und Menschen und alle Creaturen gedemüthigt und erniedrigt hast, und dich einen Wurm genannt und ihm gleich geachtet, weil ein Wurm das geringste ist unter den Geschöpfen. Ach! laß dieß Wort in meinem Herzen Frucht bringen, da du sagst: Lernet von mir, denn ich bin sanftmüthig und von Herzen demüthig; nicht auswendig im Schein, sondern von Herzen. Ach du Herr der Herrlichkeit hast dich gedemüthigt, und der elende Wurm des menschlichen Herzens bläset sich auf! Ach du demüthiges Herz, du hast alle Ehre dieser Welt geflohen, und die deine Kinder seyn wollen, können der weltlichen Ehre nicht satt werden! Wann werde ich doch der Weltehre absterben, daß ich mich keiner Ehre würdig achte, von Niemand Ehre begehre, mich lerne für nichts achten, mir nicht selbst gefalle, sondern mir selbst mißfalle, mich selbst strafe, all mein Thun für Spreu achte, und wie ein unreines Tuch vor deinen Augen? Gib mir auch, daß ich mich den lobenden Mund der Heuchler nicht lasse betrügen, sondern bedenke, daß mir tausendmal mehr mangelt. Gib mir die Niedrigkeit meines Herzens zu einem Schatz und Grund aller Tugend, zur Nachfolge in deiner heiligen Demuth. Laß mich bedenken das Wort, das du sagst: Wer sich erniedrigt, wie dies Kind, der ist der Größte im Himmelreich. Deßgleichen, daß der Höchste das Niedrige ansieht im Himmel und auf Erden; und: Ich sehe an den, der zerbrochenen Geistes ist. Laß mich nicht einen Gräuel werden vor deinen Augen durch Hoffart, einen Gottesdieb durch Ehrgeiz, einen Nachfolger und Gesellen des gefallenen Morgensterns durch Hochmuth. Wende von mir hoffärtige Gedanken, stolze Gebärden, prächtige Worte, und schleuß mein Herz in dein demüthiges Herz, daß meine Seele in demselben ihre Ruhe und Wohnung habe ewiglich. Amen.

Von der Kraft der edeln Tugend der Demuth besiehe das 21. Capitel des andern Buchs vom wahren Christenthum.

7. Gebet wider die Hoffart.

Ach mein Herr Jesu Christe! du demüthiges, einfältiges und niedriges Herz! Welche niedrige Augen, welche demüthige Gebärden, welchen gelinden, sanftmüthigen, tröstlichen, holdseligen Mund hast du! Du begehrest keiner Ehre, du fleuchst alle Hoheit, dein ganzes Leben ist nichts denn Armuth, Verachtung und Schmerzen; dagegen ich, ach welch ein aufgeblasener, giftiger Wurm bin ich! Stolze Augen, hoffärtige Gebärden, prächtige Worte, das ist meine Begierde und Lust; Verachtung kann ich nicht leiden, und halte dieselbe für eine große Schmach, da ich doch nichts anders werth bin. Ich halte mich viel zu köstlich, viel zu herrlich, Schmach und Verachtung zu leiden. Ach! vergib mir diese meine Sünde und Thorheit, und nimm die Strafe von mir. Tilge aber allen Ehrgeiz in mir, daß ich nicht gleich werde dem Satan, der immer hoch seyn, auf Gottes Stuhl sitzen und angebetet seyn will. Dieses sein Bild hat er mir auch eingehaucht. Ach, mein Gott! lehre mich doch mein Elend erkennen. Ist doch der Mensch ein unreines Wesen, so lange er lebet. Ist doch Alles dein, und nicht mein, was ich habe. Bin ich reich, wie bald kannst du mich arm machen! Bin ich weise und verständig, wie bald kannst du mich zu einem Thoren machen, und das vernünftige Herz wegnehmen, und ein thierisches Herz mir geben, wie dem König zu Babel! Bin ich in großen Würden, wie bald kannst du Verachtung auf mich schütten! Stehe ich jetzo, ach wie bald kann ich fallen! Habe ich Gunst und Freundschaft, ach wie bald kann sie von mir abgewandt werden und abfallen, ja der Freund mein Feind werden! Bin ich stark, wie bald kann ich krank werden und sterben! Bin ich glückselig, wie bald kann sich das Glück wenden! Es ist nichts Beständiges, das ich habe; ich habe Nichts, darauf ich mich ungezweifelt verlassen könnte, denn dich allein. Ach mein Herr und Gott! gib mir, daß ich mein Herz von mir selbst und von allem Zeitlichen abwende zu dir allein. Ach! gib mir den giftigen Wurm zu erkennen, der in mir wohnt, der mich so vergiftet, die eigene Liebe, die eigene Ehre, den eigenen Willen. Mein Herz sollte zu dir allein gewendet seyn: so ist es von dir abgewandt zu mir selbst, auf meine eigene Liebe, auf meine eigene Ehre, auf meinen eigenen

Nutzen. Ich habe mich mir selbst zum Abgott gemacht. Ich schmeichle mir und meiner Natur immer selbst, ich liebkose mich selbst, ich liebe und ehre mich selbst; das ist der große Abgott, in meinem Herzen verborgen. Ach, mein Gott! erlöse mich davon. Gib, daß ich mich selbst hasse, verläugne, absage alle dem, das ich habe; sonst kann ich ja dein Jünger nicht seyn. Ach gib, daß ich nicht folge den Fußstapfen des hoffärtigen Satans, er wird mich sonst in die Hölle und in's Verderben führen. Hilf, daß ich folge deinen demüthigen Fußstapfen, der du sanftmüthig bist und von Herzen demüthig, auf daß ich in dir Ruhe finde für meine Seele. O du schmaler Weg des Kreuzes, der Armuth, Verachtung, Niedrigkeit, Schmach und des Todes, wie bist du so Wenigen bekannt, wie Wenige sind, die dich finden! da doch unser Herr Christus diesen Weg gegangen ist in seine Herrlichkeit, und die ganze Welt geht dagegen den breiten Weg des Reichthums, der Wollust, der Ehre, und fällt in die Hölle hinein. O Gott! behüte mich, und leite mich auf ewigem Wege. Amen.

8. Um wahre Geduld.

Ach Herr Gott! lieber Vater! barmherzig, gnädig, geduldig und von großer Güte und Treue; und o Herr Jesu Christe! du geduldiges Lamm Gottes! o Gott, heiliger Geist, du Geist des Trostes und Friedens! ich klage und bekenne dir meines Herzens angeborene Ungeduld und meinen Ungehorsam, daß ich oft wider deinen heiligen Willen gemurret und gezürnet habe. Ach! vergib mir solche schwere Sünde, und rechne mir dieselbe nicht zu. Wende die harte Strafe von mir ab, die du dräuest denen, die dein Joch nicht tragen wollen; denn dieselben können nimmermehr Ruhe finden für ihre Seele. Gib mir aber deine Gnade, daß ich im Kreuz dir allezeit möge gehorsam seyn, und ja nicht mit dir hadre, sondern erkenne, daß solche Trübsal durch deinen göttlichen Rath mir auferlegt worden, weil mir ohne deinen Willen kein Haar vom Haupte fallen kann, und daß ich demnach mit gütigem, geduldigem, dankbarem Herzen alles Leiden von der Hand deiner väterlichen Vorsehung aufnehmen möge, ja mich noch größerer Strafe würdig achten, weil mein Leiden viel geringer ist, denn meine Sünde, ja daß ich des Kreuzes nicht allein nicht müde werde, sondern mehr begehre zu leiden, was dein Wille ist, und was zu deinen Ehren und mir zum Nutzen gereichen soll. Ach! laß mich erkennen, daß du aus großer Liebe mir mein Kreuz zugeschickt hast, auf daß du mich demüthigest, mein Fleisch kreuzigest, meinen Glauben, meine Liebe und Hoffnung prüfest, mein Gebet durch Geduld und Beständigkeit bewährest, mich lehrest, tröstest, zum Reiche Gottes bereitest, im Himmel durch das Kreuz groß machest, und in deine Herrlichkeit einführest. Darum gib mir ein solches Herz, daß ich mein Kreuz lieb habe, dir dafür danke, mich desselben freue, daß ich dadurch dem Ebenbilde meines Herrn Jesu Christi gleich werde. O Herr Jesu! gib mir einen solchen Sinn, daß ich in allem meinem Leiden allezeit dein Bild anschauen möge, wie du mit großer Geduld dein Kreuz getragen, wie dein heiliges Haupt geschlagen, mit Dornen gekrönt und zerrissen, dein Angesicht verspeiet und verspottet, dein heiliger Leib gegeißelt, verwundet und getödtet worden ist. Ach wie hast du deinen Willen deinem himmlischen Vater in so großer Geduld aufgeopfert! Ach! laß mich dir auch meinen Willen ganz und gar aufopfern, denselben verläugnen, mich dir ganz ergeben, und mich freuen, daß dein Wille, der allezeit gut ist, und Alles gut macht, an mir möge erfüllt werden. Vertreibe aus meinem Herzen alle Ungeduld, Traurigkeit, Angst, Furcht und Kleinmüthigkeit, daß ich durch Geduld in dir stark werde, Alles zu überwinden, ja daß ich solche Schmerzen und Traurigkeit nach deinem Willen, und um deinen Willen, und durch deinen Willen, in dir, mit dir, durch dich, geduldig trage und leide, so lange dir's gefällt; daß ich's halte für meines Herrn Christi Schmerzen, ihn dafür liebe und lobe jetzt und in Ewigkeit.

Gib mir, Herr Jesu, Geduld, Alles zu leiden, was du willst; gib mir deine Sanftmuth, daß ich nicht wider dich murre; deine Demuth, daß ich mich aller Strafe würdig achte; deine Gnade, Alles zu erdulden, durch wahren Glauben alle meine Sorgen auf dich zu werfen, und deinen wahrhaftigen Verheißungen zu trauen; die Zuversicht, daß du mich auch mitten im Kreuz lieb habest; die Hoffnung, daß du mir mein Kreuz werdest helfen tragen und lindern. Tröste mich auch mit deinem heiligen Geist, mit dem Vorschmack und Anblick des ewigen Lebens, daß ich mich mehr umsehen möge nach innerlichem, himmlischem, denn nach äußerlichem Trost. Gib, daß ich mich nicht fürchte vor denen, die den Leib tödten können, die Seele aber nicht. Verleihe mir, daß ich mitten in Traurigkeit und Widerwärtigkeit ein ruhiges und stilles Herz behalten möge, auch Sanftmuth gegen meine Feinde übe; daß ich mich nicht räche, weder mit Worten, noch Werken, noch Begierden, auch nicht mit Gebärden. Gib mir wahre Beständigkeit im Glauben, daß ich bis an's Ende beharre und selig werde. Und weil keines Christen Leben, Zeit und Beruf ohne Kreuz seyn kann, du aber, o mein himmlischer Vater! deines armen Kindes Schwachheit kennest, so lege mir auf, was ich tragen kann, und mache mir's nicht zu schwer oder zu lange. Laß deine Gnade mich mit meiner Last heben und tragen. Gib mir Stärke, die Trübsal so lange zu dulden, bis dir's gefällt, mich zu erlösen, auf daß ich wohl bewährt, geläutert und gereinigt werde. Laß meinen Herrn Christum mit seiner Sanftmuth, Demuth und Geduld in mir leben, daß nicht ich, sondern er in mir lebe, der mein Leben ist. Gib mir auch gegen alle meine Beleidiger einen sanften Muth, eine erbarmende Liebe, daß ich mit ihm sagen kann: Vater, vergib ihnen! einen gelinden, holdseligen Mund, eine milde und hülfreiche Hand, daß ich mit dir und deiner Liebe ewig verbunden und vereinigt bleiben möge. Amen.

Von der Geduld besiehe das 44. Capitel bis auf das 49. im andern Buch vom wahren Christenthum.

Das andere Gebot.

9. Um brünstige Andacht und um die Gabe des Gebets.

Barmherziger, gnädiger, liebreicher Vater im Himmel! du hast mir befohlen, zu beten, dein lieber Sohn hat mich's gelehrt, und mit einem theuern Eide die Erhörung zugesagt, dein heiliger Geist erinnert mich oft in meinem Herzen des Gebets, und ich weiß, daß alle gute Gaben von oben herab kommen müssen, vom Vater des Lichts, und weiß auch, daß kein wahres, beständiges, gedeihliches Gut, es sey himmlisch oder irdisch, zeitlich oder ewig, ohne Gebet kann erlangt werden; weiß auch, daß es deine Ehre betrifft, und meine höchste Nothdurft erfordert; weiß auch, welch ein freundliches Gespräch das Gebet ist mit dir, und wie du antwortest durch Trost und heilige Gedanken, und daß keine Hülfe und wahrer Trost ohne Gebet könne erlangt werden; habe dessen so viel Exempel der Heiligen und meines Herrn Jesu Christi. Dennoch bin ich so träge zum Gebet, verlasse mich mehr auf meine Arbeit und Weisheit, denn auf deine Hülfe und Gnade. Ach! vergib mir solche Sicherheit und Thorheit, und Verachtung deiner göttlichen Verheißung; wende von mir die schwere Strafe, die du bräuest den Verächtern deiner Gnade, daß du sie wollest wieder verachten, und daß die, so einem Andern nacheilen, großes Herzeleid haben sollen, und gib mir den Geist der Gnade und des Gebets. Laß mich deine tröstliche Verheißung bedenken: Wer den Namen des Herrn anrufen wird, soll selig werden; ehe sie rufen, will ich hören, und wenn sie noch reden, will ich antworten; der Herr ist nahe bei denen, die ihn anrufen; was ihr den Vater in meinem Namen bitten werdet, das wird er euch geben; wer ist unter euch, der seinem Kinde einen Stein gäbe, wenn es um Brod bittet? Entzünde mein Herz mit inniger und brünstiger Andacht, und mit dem Licht deiner Gnade. Laß mein Gebet vor dir einen Wohlgeruch seyn, wie das Opfer Noäh. Erscheine mir, wie du dem Abraham erschienst in Gestalt dreier Männer, und gehe nicht vor deinem Knecht über. Segne mich in meinem Gebet, wie den Isaac; zeige mir die Himmelsleiter, wie dem Jacob; laß mich meine Hände zu dir aufheben, wie Moses; laß mein Gebet vor dir klingen, wie die Cimbeln am Kleide Aarons, und wie die Harfe Davids. Zünde in mir an den heiligen Durst nach dir, wie ein Hirsch schreiet nach frischem Wasser. Rühre und reinige meine unreinen Lippen mit dem himmlischen Feuer, wie dem Jesaja; laß mich vor dir weinen, wie Jeremias, und sprechen: Ach daß meine Augen Thränenquellen wären, und ich Wasser genug hätte in meinen Augen! Laß mich deine Herrlichkeit im Geist und Glauben sehen, wie Ezechiel; erhöre mich, wie den Daniel; öffne mir die Augen, wie dem Diener Elisä; laß mich mit Petro und Maria bitterlich weinen; erleuchte mein Herz, wie dem Schächer am Kreuz; laß mich die Kniee meines Herzens vor dir beugen, wie Manasse; thue mir mein Herz auf, wie der Lydia, daß ich aller zeitlichen Dinge in meinem Gebet vergesse. Ach Herr, aller Herzen Kündiger, der du Herzen und Nieren prüfest! du weißt, wie unbeständig menschliche Herzen und Gemüther sind, viel beweglicher denn Wasser, so vom Winde bewegt wird. Ach befestige meine Andacht, daß ich nicht durch so mancherlei Gedanken hin und her bewegt werde! Ach du kannst das Schifflein meines Herzens stille halten, befestigen und viel besser regieren, denn ich selbst; stehe auf, Herr! bedräue den Sturmwind und das unruhige Meer meines Herzens, daß es stille sey, in dir ruhe, dich ohne Hinderniß anschaue, mit dir vereinigt bleibe. Führe mich in die geistige Wüste, da ich nichts sehe noch höre von der Welt, denn dich allein, daß du mit mir allein reden mögest, daß ich dich freundlich küssen möge, und es Niemand sehe und mich höhne. Erneure mir Herz, Sinn und Gemüth, zünde in mir an dein Licht, daß es in mir leuchte, daß mein Herz brenne, und entzündet werde in deiner Liebe und Andacht. Nimm das steinerne Herz weg, daß ich empfinde deines Geistes Flamme, Liebe, Trost und freundliche Antwort. Ach nimm weg durch deine Gnade Alles, was meine Andacht hindert, es sey die Welt oder meines Fleisches Wille, als: Zorn, Rachgier, Ungeduld, Unglauben, Hoffart, Unversöhnlichkeit, Unbußfertigkeit. Laß deinen heiligen Geist in meinem Herzen seufzen, schreien, rufen, beten, loben, danken, zeugen, und meinem Geiste Zeugniß geben der Kindschaft Gottes. Laß ihn mein kaltes Herz mit seinem himmlischen Feuer anzünden, erwärmen und mich vertreten bei Gott mit unaussprechlichem Seufzen. Laß deinen heiligen Geist in mir wohnen, mich zum Tempel und Heiligthum Gottes machen, und mich erfüllen mit göttlicher Liebe, Licht, himmlischen Gedanken, Leben, Trost, Stärke, Freude und Friede. Laß deinen heiligen Geist den Tempel meines Herzens mit dem Weihrauch der göttlichen Andacht lieblich und wohlriechend machen. Laß uns durch deinen heiligen Geist, o Vater! mit deinem lieben Sohn Jesu Christo vereinigt werden, daß wir in ihm, durch ihn, mit ihm beten, als mit unserm Haupt. Laß uns auch durch den heiligen Geist mit allen gläubigen Herzen und der ganzen heiligen Kirche vereinigt werden, daß wir mit der ganzen Kirche, für die ganze Kirche, und in der Kirche, als in deinem Heiligthum beten, und im Namen Jesu Christi erhört werden. Amen.

Besiehe hiervon das 37. und 38. Capitel des andern Buchs vom wahren Christenthum.

---

10. Um Gottes Gnade und Barmherzigkeit, welche ist das Fundament unsers Gebets.

Ach du barmherziger, gnädiger, langmüthiger, gedultiger Gott und Vater! ich bekenne und klage dir mein Elend, daß ich mich durch meine vielfältigen Sünden von dir, von deiner Gnade und Liebe selbst abgewandt, und oft deine Gnade und Barmherzigkeit versäumt und verachtet habe. Ach vergib mir diese schwere Sünde! Wende die Strafe von mir ab, da du dräuest, du wollest mit Verstockung und Blindheit schlagen, und es sollen solche

Verächter nimmermehr zu deiner Ruhe kommen und dein Abendmahl schmecken. Ach sey mir gnädig, denn ich erkenne, daß ich so gar nichts bin außer dir, nichts denn Finsterniß und Irrthum, nichts denn ein todter Leichnam und eine Speise der Würmer, ein unreines Gefäß, ein Kind des Zorns und ewiger Verdammniß. Ich erkenne und bekenne: wo du mich mit deiner Gnade nicht erleuchtest, so muß ich ewig in der Finsterniß bleiben; wo du mich nicht lehrest, so bleibe ich unwissend in allen Dingen; wo du mich nicht leitest, so irre ich; wo du mich nicht reinigst, so bleibe ich ewig ein unreines Gefäß; wo du mich nicht lebendig machst mit deinem Geist und deiner Gnade, so bleibe ich ewig im Tode; wo du mich nicht selig machst, so bleibe ich ewig verdammt. Ach! ich bitte und flehe um deine Gnade, die Alles gut macht, was in mir die böse Natur verderbt hat. Laß deine Gnade Alles allein in mir wirken, und nicht meinen bösen Willen, mein Fleisch und Blut, mein böses Herz und meine Leidenschaften, sondern deinen Geist und deine Gnade; deine Gnade stärke meinen Glauben, erwecke meine Liebe, erhalte meine Hoffnung. Laß deine Gnade seyn meine Freude, meinen Ruhm, meinen Trost und mein Leben. Laß deine Gnade in mir wirken Sanftmuth, Demuth, Geduld, Gottesfurcht, Andacht und Gebet. Deine Gnade wirkt alles Gute, denn sie ist alles Gute; ohne deine Gnade kann und mag ich nicht leben, auch nicht selig werden. Ach! gib mir ein solches Herz, daß ich allein an deiner Gnade hange, daß ich mir allein an deiner Gnade genügen lasse, ob ich sonst in der Welt weder Gut noch Ehre habe; denn deine Gnade ist der höchste und theuerste Schatz. Deine Gnade beseelige mich mit geistigen, himmlischen Gütern; deine Gnade lehre mich, sie erleuchte mich, sie erhalte mich, sie heilige mich. Deine Gnade erfreue mich, und sey ein Licht meines Herzens, eine Regiererin meiner Gedanken, eine Rathgeberin in meinen Anschlägen, mein Trost in meiner Betrübniß, meine Freudigkeit in meinem Gewissen, meine Zuchtmeisterin in meinen Begierden, eine Mittlerin meiner Affecte, eine Hüterin meines Mundes, eine Pflegerin meiner Seele, eine Wärterin meines Leibes, eine Wächterin meiner Augen und Sinne. Laß mir deine Gnade vorleuchten in allen meinen Geschäften; denn was bin ich ohne deine Gnade? Ein dürres Holz, darin kein Saft ist, daraus keine gute Frucht wächst, welches nur in's Feuer gehört. Laß deine Gnade stets auf mich warten, und mich erhalten, daß ich nicht strauchle; laß mich deine Gnade aufnehmen, wenn ich zu dir komme; laß mich deine Gnade leiten, daß ich nicht irre, und laß sie mich wieder zurecht bringen, wenn ich irre gehe; laß mich deine Gnade zähmen und regieren, wenn ich aus Ungeduld zu viel rede und thue. Laß deine Gnade in mir viel Frucht bringen. Laß deine Gnade mich wieder aufrichten, wenn ich falle; laß deine Gnade mein Gewissen heilen, wenn es verwundet ist; laß deine Gnade mir freundlich begegnen, wenn ich dich anrufe. Laß mich Gnade finden, wenn ich dein Angesicht suche; laß mir deine Gnade aufthun, wenn ich anklopfe. Laß mich deine Gnade leiten und führen, wo ich gehe oder stehe, liege oder sitze, ob ich wache oder schlafe, lebe oder sterbe. Laß mir Gutes und Barmherzigkeit nachfolgen in diesem und im ewigen Leben, durch Jesum Christum, unsern Herrn. Amen.

11. Um christliche Dankbarkeit.

Ach du gnädiger, gütiger, übermilder Gott und Vater! wie groß ist deine Gnade, wie gütig ist dein mildes Vaterherz, wie groß sind deine Wohlthaten, deine Liebe, Güte und Barmherzigkeit gegen uns! Ich klage und bekenne dir, daß mein Herz von Natur so unverständig, so thierisch und verstockt ist, daß ich nie von Herzen erkannt habe deine Wohlthaten der Schöpfung und Erhaltung, der Erlösung und Heiligung. Ich habe dir nie von Herzen dafür gedankt, dir nie deine gebührende Ehre dafür gegeben. Ach! ich erkenne und bekenne, daß ich viel zu gering bin aller deiner Barmherzigkeit, die du an mir von Mutterleibe an gethan hast. Ich erkenne, daß ich deiner geringsten Wohlthat nicht werth bin, sondern vielmehr schuldig und werth bin deines Zorns und deiner Ungnade. Dennoch hast du mir Unwürdigen so große Barmherzigkeit erzeigt aus lauter Gnade und Güte. Ich habe es nicht verdient, kann's auch nicht verdienen, und werde es auch in Ewigkeit nicht verdienen können; deine Gnade ist es, was ich um und um bin. Du hättest wohl Macht, wegen meiner Undankbarkeit alle deine Gaben, leibliche und geistige, wieder zu nehmen; denn es ist dein Gut. Ach vergib mir solche große Undankbarkeit, und wende von mir die Strafe, die du bräuest, daß das Böse vom Hause des Undankbaren nicht lassen soll, und gib mir ein verständiges, dankbares Herz, daß ich erkennen möge, du seyest der Brunn und Ursprung aller guten und vollkommenen Gaben, und daß ich ohne dich nichts bin, denn ein todter, lebloser Schatten in all meinem Thun. Ach wie herzlich haben dir alle deine Heiligen gedankt und gesagt: Das ist ein köstlich Ding, dem Herrn danken, und deinen Namen loben, du Allerhöchster! und: So will ich dir ein Freudenopfer thun, und deinem Namen danken, daß er so tröstlich ist. Lobe den Herrn, meine Seele, und vergiß nicht, was er dir Gutes gethan hat. Gib, daß ich Alles mit dankbarem Herzen von deiner Hand empfange, und deine Gaben aus den Schätzen deiner Gnade und Barmherzigkeit aufnehme; daß ich auch erkennen lerne, daß du deine Güter und Gaben mir allein erhältst, und ich nicht selbst; daß ich dich auch darum bitte, liebe, ehre und preise; daß ich auch Alles, was du mir gibst, zu deines Namens Lob und Ehre gebrauche und anlege, und nicht mir, sondern dir die Ehre in allen Dingen gebe. Denn dieß ist die Dankbarkeit und Gerechtigkeit, die ich dir schuldig bin, weil Alles dein ist, und das ist die Wahrheit, daß ich dasselbe erkenne und preise, und so du etwas Gutes durch mich wirkst, daß ich's dir und nicht mir zuschreibe. Ich bin ein unnützer Knecht, ein unwürdiges Werkzeug deiner Gnade; nicht ich, sondern deine Gnade, die in mir ist, thut Alles durch mich. Gib mir auch, daß ich dankbar sey gegen die, durch welche du mir Gutes thust, und um deinetwillen sie liebe und ehre, und ihnen wieder durch deine Gnade diene, und von deinen Gütern Gutes thue, und für sie bitte; ja, daß ich auch um deinetwillen meine Feinde liebe, und ihnen Gutes thue. Laß die Undankbarkeit, welche das allerschändlichste Laster ist, in mir nicht einwurzeln, daß mich nicht der Fluch treffe; sondern laß die edle Tugend der Dankbarkeit, welche eine Mutter ist vieles Segens, allezeit bei mir bleiben, daß ich mit fröhlichem Herzen und Gewissen dich mit allen Engeln in Ewigkeit für alle deine Wohlthaten lobe und preise, durch Christum, unsern Herrn. Amen.

12. Gebet um den heiligen Geist und seine Gaben, und um die Heiligung.

Ach, heiliger, himmlischer, lieber Vater! ich klage und bekenne dir, daß ich von Natur ungeistlich, unheilig, ungöttlich bin, und mich mehr mein Fleisch und Blut und des bösen Geistes Trieb habe führen lassen, denn deinen heiligen Geist. Ach, vergib mir diese Sünde, und erbarme dich mein! Wende von mir die schwere Strafe, die du bräuest allen denen, so deinem heiligen Geist widerstreben; denn die den Geist Christi nicht haben, die sind nicht sein. Und die sind Gottes Kinder, die der Geist Gottes treibet. Darum gib mir deinen heiligen Geist, nach der Verheißung deines lieben Sohnes, da er spricht: Wenn ihr, die ihr böse seyd, euern Kindern könnet gute Gaben geben, wie vielmehr wird mein himmlischer Vater den heiligen Geist geben Allen, die ihn darum bitten? Laß diesen deinen werthen heiligen Geist Leib, Geist und Seele heiligen zum Gebet, und den Tempel meines Herzens reinigen von aller Unsauberkeit, und darin anzünden das Feuer der göttlichen Liebe und brünstigen Andacht; das Licht deiner göttlichen Erkenntniß, das Böse zu meiden; die Gnade des Verstandes, meines Berufs treulich zu warten; die himmlische Weisheit, das höchste Gut zu lieben; die Heiligkeit der Furcht Gottes, dir wohl zu gefallen; die Herzhaftigkeit der Kraft Gottes, mein Kreuz geduldig zu tragen; die Tapferkeit der göttlichen Stärke, zu überwinden den Teufel, die Welt und alle Menschenfurcht. Gib mir den Geist der Wahrheit, der mich lehre; den Geist des Trostes, der mich erquicke; den Geist der Freudigkeit, der mich erfreue; den Geist der Wiedergeburt, der mich erneuere; das Siegel Gottes, durch welches ich bekräftiget werde im Glauben; das Pfand des ewigen Erbes, welches meine Hoffnung stärke. Schreibe durch deinen göttlichen Finger dein Gesetz in die Tafel meines Herzens, deinen Willen in Liebe und Leid zu vollbringen. Gib mir den Geist der Kindschaft Gottes, der in meinem Herzen zeuge, daß ich Gottes Kind bin. Geuß aus deine Liebe in mein Herz durch deinen heiligen Geist; zünde durch denselben in mir an eine heilige Begierde nach himmlischen Dingen, und ein Verlangen nach dem ewigen Leben. O Herr, heiliger Geist! der du fleuchst die Ruchlosen für und für, aber dich gibst in die heiligen Seelen, daß du machest Propheten und Gottesfreunde, mache mein Herz zu einem lebendigen Opfer, das im Feuer deiner Liebe brenne, daß alle meine fleischliche Begierde durch dies heilige Feuer verzehrt werde. Komme in mein Herz, du göttliches Licht, du göttliches Feuer, du göttliche Liebe, du himmlischer Trost, du süßer Gast meiner Seele, du göttliche Zierde, du göttliche Kraft; treibe von mir Alles, was fleischlich ist, und gib mir dagegen, was göttlich ist; mache mich zur Wohnung und zum Heiligthum Gottes. Du himmlische Taube, der du über meinem Herrn Christo in seiner Taufe geruht hast, gib mir heilige, kindliche Einfalt des Herzens, daß sie mich behüte. Du göttliche Salbung und du Freudenöl, lehre und tröste mich. O eine selige Seele, die dich zum Einwohner hat! Denn du erleuchtest der Seele Finsterniß, du heilest die verwundete Seele, du tröstest die traurige Seele, du stärkest die schwache Seele, du erhältst die strauchelnde Seele, du lehrest die demüthige Seele, du erquickest die müde Seele, du gibst Kraft den Sterbenden, wenn Leib und Seele sich scheiden; du bleibest ewig bei der gläubigen Seele. Amen.

Das dritte Gebot.

13. Gebet um die Liebe des göttlichen Worts.

O Herr Jesus Christus! du ewiges Wort des Vaters, der du uns dein heiliges Evangelium aus dem Schooß deines himmlischen Vaters hervorgebracht und geoffenbaret hast: ich klage und bekenne dir von Herzen, daß ich dein Wort oft gering geachtet, ungern gehört, unfleißig gelernt, nicht gründlich betrachtet, nicht rechtschaffene Lust und Liebe dazu gehabt habe, sondern vielmehr die weltliche Eitelkeit demselben vorgezogen, da doch dein Wort ein theures, werthes Wort ist, der edelste Schatz, die höchste Weisheit, welche auch die Engel gelüstet einzuschauen. Ach! vergib mir solche meine Unachtsamkeit und Verachtung deines seligmachenden Worts; wende von mir ab die schwere Strafe, die du dräuest: Weil du mein Wort verworfen hast, will ich dich wieder verwerfen. Zünde aber in mir an ein heiliges Verlangen, einen heiligen Hunger nach dem Brod des Lebens, nach der edeln Seelenspeise, einen heiligen, feurigen Durst nach dem Wasser des Lebens; denn bei dir ist die lebendige Quelle, und in deinem Lichte sehen wir das Licht. Laß diesen edeln himmlischen Samen auf dem guten Acker meines Herzens hundertfältige Frucht bringen, an Weisheit, an Erleuchtung, an Trost. Ach! befeuchte das dürre Erdreich meines Herzens mit dem göttlichen Thau und Regen deines heiligen Geistes, daß dein Wort in mein Herz eindringe, und nicht leer wieder zu dir komme, sondern mein Herz grünend und blühend mache in deiner Liebe, in deiner Furcht, in deiner Erkenntniß, in allen christlichen Tugenden, und Alles ausrichte, dazu du es gesandt hast; daß es als dein unverweslicher Same mich zum neugebornen Kinde Gottes mache, daß du, o Gott Vater, Sohn und heiliger Geist, durch dein Wort zu mir kommest, und Wohnung bei mir machest. Ach! gib, daß ich aus deinem Worte dich und mich recht erkenne, mein Elend und deine Barmherzigkeit, meine Sünde und deine Gnade, meine Armuth und deinen Reichthum, meine Schwachheit und deine Stärke, meine Thorheit und deine Weisheit, meine Finsterniß und dein Licht. Ach! erleuchte die Finsterniß meines Herzens mit dem Glanz deines göttlichen Lichts. Erleuchte du meine Leuchte, Herr, mein Gott! mache meine Finsterniß licht. Ach! schreibe dein Wort durch den Finger deines heiligen Geistes in die Tafel meines Herzens, deine Erkenntniß, deine Liebe, deine Furcht, daß ich sie nimmermehr vergesse, noch aus meinem Herzen verliere. Ach, Herr Jesu! mein Lehrer, mein Meister, mein Prophet, laß mich das beste Theil erwählen, und mit Maria zu deinen Füßen sitzen, dein Wort lernen, den hohen Schatz in den Schrein meines Herzens fassen, sammeln und einschließen, daß ich's ewiglich bewahre, und Frucht bringe in Geduld. Ach! wohl den Menschen, die in deinem Hause wohnen; die loben dich immerdar. Wohl dem, den du erwählest und zu dir lässest, daß er wohne in deinen Höfen; der hat reichen Trost von deinem heiligen Tempel. Gib, daß ich deine theure Verheißung möge bedenken: Wer mein Wort wird halten, der wird den Tod nicht sehen ewiglich. Meine Schafe hören meine Stimme. Forschet in der Schrift, denn ihr meinet, ihr habet das ewige Leben darin, und sie ist es, die von mir zeuget. Wir haben ein festes prophetisches Wort, das da scheinet als ein Licht in der Finsterniß. Mein Wort soll nicht leer wieder zu mir kommen. Es ist eine Kraft Gottes, selig zu machen, die daran glauben. Wohl dem, der Lust hat am Gesetz des Herrn, und davon redet Tag und Nacht. Gib mir, Herr, daß ich mich deines Wortes freue, als über allerlei Reichthum. Oeffne mir die Augen, daß ich sehe die Wunder in deinem Gesetz. Gib mir Lust zu deinen Zeugnissen, und laß sie meine Rathsleute seyn. Zeige mir, Herr, den Weg deiner Rechte, daß ich sie bewahre bis an's Ende; neige mein Herz zu deinen Zeugnissen, und nicht zum Geiz. Wende meine Augen ab, daß sie nicht sehen nach unnützer Lehre, sondern erquicke mich auf deinen Wegen, und nimm ja nicht von mir das Wort der Wahrheit. Das ist mein Trost in meinem Elende, denn dein Wort erquicket mich. Laß das meinen Schatz seyn, daß ich deinen Befehl halte; laß das mein Erbe seyn, daß ich deinen Weg halte. Lehre mich heilsame Sitten und Erkenntniß. Laß das Gesetz deines Mundes mir lieber seyn, denn viel tausend Stück Goldes und Silbers. Wenn dein Gesetz nicht wäre mein Trost gewesen, so wäre ich vergangen in meinem Elend. Ich habe alles Dinges ein Ende gesehen, aber dein Gebot bleibet ewiglich. Laß dein Wort meinem Mund süßer seyn, denn Honig und Honigseim. Laß deine Zeugnisse mein ewiges Erbe seyn, denn sie sind meines Herzens Trost. Erhalte mich durch dein Wort, daß ich lebe, und laß mich nicht zu Schanden werden über meiner Hoffnung. Laß sich meine Augen sehnen nach deinem Heil, und nach dem Worte deiner Gerechtigkeit; handle mit deinem Knecht nach deiner Gnade, und lehre mich deine Rechte. Ich bin dein Knecht, unterweise mich, daß ich erkenne deine Zeugnisse. Laß mir dein Wort offenbar werden, daß es mich erfreue und klug mache; wende dich zu mir, und sey mir gnädig, wie du pflegest zu thun denen, die deinen Namen lieben. Die Gerechtigkeit deiner Zeugnisse ist ewig; unterweise mich, so lebe ich. Dein Heil ist ferne von den Gottlosen, denn sie achten deiner Rechte nicht. Großen Frieden haben die, so dein Gesetz lieben, und werden nicht straucheln. O Herr, dein Gesetz ist ohne Wandel, und erquicket die Seele. O Herr, dein Zeugniß ist gewiß, und macht die Albernen weise. Herr, deine Befehle sind richtig, und erfreuen das Herz. Herr, deine Gebote sind lauter, und erleuchten die Augen. Herr, deine Furcht ist rein, und bleibet ewiglich. Die Rechte des Herrn sind wahrhaftig, allesammt gerecht; sie sind köstlicher denn Gold und viel feines Gold; sie sind süßer denn Honig und Honigseim; auch wird dein Knecht durch sie erinnert, und wer sie hält, der hat großen Lohn.

14. Gebet um Weisheit.

Ach du ewiger, unvergänglicher, unsichtbarer und allein weiser Gott! Ach Herr Jesus Christus, du ewige Weisheit und himmlischer Rath Gottes! O Gott, heiliger Geist, du Brunn der göttlichen Weisheit! Ich bekenne und klage dir meines Herzens angeborene Blindheit und Thorheit, daß ich von Natur nicht tüchtig bin, etwas Gutes zu denken, oder Rath zu finden von mir selbst; habe auch keine Lust noch Liebe zu deiner göttlichen Weisheit, sondern habe mehr Gefallen an der fleischlichen Thorheit und Eitelkeit dieser Welt, welche die Weltkinder loben. Ach vergib mir diese Sünde, und wende die Strafe von mir, die du dräuest denen, so da sind wie Rosse und Mäuler, welchen man Zaum und Gebiß in's Maul legen muß, wenn sie nicht zu dir wollen. Du hast ja, o Gott, an Niemand Gefallen, er bleibe denn in der Weisheit. Ach Herr, führe du mich auf dem Wege der Weisheit, der du die Weisen regierest; denn in deiner Hand sind beide, wir selbst und unsere Rede, dazu alle Klugheit und Kunst in allerlei Geschäften. Laß die Weisheit, die aller Künste Meisterin ist, selbst mich lehren. Gib mir den Geist der Weisheit, der verständig ist, heilig, einig, mannichfaltig, scharf, behende, beredt, rein, klar, sanft, freundlich, ernst, frei, wohlthätig, leutselig, fest, gewiß, sicher, welcher sich in heilige Seelen gibt, und macht Propheten und Gottesfreunde, und Alles wohl regiert. Laß deine Weisheit, meine Braut seyn, und laß mich ihre Schönheit lieb gewinnen; denn sie ist herrlichen Adels, ihr Wesen ist bei Gott, und der Herr aller Dinge hat sie lieb. Sie ist der heimliche Rath in der Erkenntniß Gottes, und eine Angeberin seiner Werke; ihre Arbeit ist eitel Tugend, sie lehret Zucht, Gerechtigkeit und Stärke. Sie ist eine Trösterin in Sorgen und in Traurigkeit. Ein Jüngling hat durch sie Herrlichkeit bei dem Volke, und Ehre bei den Alten; sie macht einen unsterblichen Namen, und ein ewiges Gedächtniß bei den Nachkommen. O Gott! mein Vater und Herr aller Güte! der du alle Dinge durch dein Wort gemacht hast, und den Menschen durch deine Weisheit bereitet hast, daß er herrschen sollte über die Creaturen, daß er die Welt regieren sollte mit Gerechtigkeit, und richten mit rechtem Herzen: gib mir die Weisheit, die stets um deinen Thron ist; denn ich bin ein schwacher Mensch, und kurzen Lebens, und zu gering im Verstande des Rechten; und wenn Einer gleich unter den Menschenkindern vollkommen wäre, so gilt er doch nichts, wo er ohne die Weisheit ist, die von dir kommt. Sende sie herab aus deinem heiligen Himmel, von dem Thron deiner Herrlichkeit. Sende sie, daß sie bei mir sey, und mit mir arbeite, daß ich erkenne, was dir wohlgefällt; denn sie weiß Alles, und versteht es. Laß sie mich leiten in meinen Werken, und mich behüten durch ihre Heiligkeit: so werden dir meine Werke angenehm seyn, und ich werde dein Volk recht richten, und würdig seyn deines Raths. Denn welcher Mensch weiß Gottes Rath, und wer kann denken, was Gott will? Denn der sterblichen Menschen Gedanken sind mißlich, und ihre Anschläge sind gefährlich; denn der sterbliche Leib beschwert die Seele, und die irdische Hütte drückt den zerstreuten Sinn. Wir treffen das kaum, so auf Erden ist, und erfinden schwerlich, was unter Händen ist; wer will denn erforschen, was im Himmel ist? wer will Gottes Rath erfahren? es sey denn, daß du Weisheit gebest, und sendest deinen heiligen Geist aus der Höhe, daß also richtig werde das Thun auf Erden, und die Menschen lernen, was dir gefällt, und sie durch die Weisheit selig werden. Darum gib mir, lieber Vater, daß ich meines Herzens Gedanken zu dir richte, ehe ich etwas anfange, und um deinetwillen, in dir, zu dir, durch dich Alles thue, was dir wohlgefällt; daß ich in allen Dingen deinen Willen durch's Gebet erforsche, und mit dir rathschlage und Rath nehme; daß ich darnach erwähle, was recht ist und dir gefällt; daß ich auch andrer Leute Rath höre und nicht verachte, daß ich auch in meinem Beruf bleibe, und nicht außer demselben, noch über mein Vermögen etwas vornehme; auch lerne unterscheiden Zeit und Ort, Künftiges und Gegenwärtiges.

lehre mich auch alle Geister prüfen und unterscheiden, ihre Rathschläge beurtheilen, daß ich möge entfliehen den Stricken des Teufels und seiner Werkzeuge, und den Netzen des Irrthums; daß ich auf das Künftige denken, klüglich sorgen und verstehen möge, was gegenwärtig ist und was künftig werden kann; daß ich in allen Dingen dich fürchte, denn das ist die Wurzel und der Anfang der Weisheit; daß ich mich die Eitelkeit und Ehre dieser Welt nicht lasse betrügen, und daß ich in allen Dingen möge erkennen, was recht und gut ist; daß ich nicht aus Finsterniß Licht und aus Licht Finsterniß mache; daß ich möge in deiner Liebe bleiben, denn du liebest Niemand, ohne der in der Weisheit bleibt.

15. Gebet um Beständigkeit im Glauben.

Ach du starker, unwandelbarer, ewiger Gott und Vater, treu, wahrhaftig, gerecht, heilig und fromm! ich klage dir meines Herzens Unbeständigkeit. Wie leicht werde ich bewegt wie das Wasser, bald durch Furcht, bald durch Menschengunst, bald durch Ehre und Reichthum, bald durch Armuth und Verfolgung, bald durch Wollust und der Welt Aergerniß, daß ich von deinem Wort und Gebot abweiche. Ach! ich bekenne, daß mein Fleisch allzu schwach ist, obgleich der Geist willig ist. Vergib mir diese meine Sünde, und rechne mir sie nicht zu. Wende deine gerechte Strafe von mir, da du sagst: Die abweichen, an denen wird der Herr kein Gefallen haben, die wird er wegtreiben mit den Uebelthätern. Verlaß du mich nicht, ob ich dich gleich oft verlassen habe; verwirf mich nicht von deinem Angesicht, ob ich gleich oft dich und dein Wort verworfen habe; nimm deinen heiligen Geist nicht von mir, ob ich gleich denselben oft betrübt habe; sondern laß mich deinen gewissen, beständigen, freudigen Geist erhalten. Befestige mein Herz mit deiner göttlichen Kraft. Gib mir einen starken Muth, daß ich deine Liebe und Ehre allem Reichthum und aller Ehre dieser Welt und allen Creaturen vorziehe, daß ich mich vom Glauben, von der Geduld und allen christlichen Tugenden nicht lasse abwendig machen, sondern täglich darin zunehme. Gib mir deine Gnade, daß ich die Welt mit ihrer Lust überwinde, und die bösen Lüste meines Fleisches dämpfe; daß ich mich auch nicht bewegen lasse alle Undankbarkeit der Welt, und alle Verachtung, so ich leiden muß wegen der Gottseligkeit. Gib, daß ich mich auf deine theure Verheißung fest verlasse, da du sprichst: Meine Schafe soll Niemand aus meiner Hand reißen. Der Tröster soll ewiglich bleiben. Ich habe für dich gebeten, daß dein Glaube nicht aufhöre. Er ist getreu, der es verheißen hat. Gib mir ein tapferes, himmlisches Gemüth, daß ich das Zeitliche verachte und dem Ewigen nicht vorziehe, daß ich mich auch vor keiner Gewalt fürchte, so sich wider dich auflehnt. Gib mir, daß ich mich im Glück nicht überhebe, und im Unglück nicht verzage. Mache mich beherzt, daß ich das Gute vornehmen möge und hinausführe, und mich nicht davon abwenden lasse. Gib mir den Geist der Stärke, daß ich die Wahrheit liebe und bekenne, daß ich der Gerechtigkeit ohne Wanken beistehe, dieselbe bis an den Tod vertheidige und verantworte, daß ich darüber getrost und unverzagt leiden möge, was dein Wille ist; daß ich um Christi und seines heiligen Namens Bekenntnisses willen keine Gefahr fliehe, fürchte oder scheue, wie mein Herr Christus bezeugt hat vor Pontio Pilato ein gutes Zeugniß. Laß des Teufels List und Trug mich von dir und deiner göttlichen Wahrheit nicht abwenden. Gib, daß ich alle seine feurigen Pfeile überwinde. Laß mich auf den festen Grund Gottes erbaut seyn, welcher besteht und hat dieses Siegel: Gott kennet die Seinen. Bewahre mich durch deine göttliche Macht zur Seligkeit. Laß mich einhergehen in der Kraft des Herrn, meines Gottes, stark seyn im Herrn und in der Macht seiner Stärke. Gott, mein starker Hort, bewahre in mir das gute Werk, das du in mir hast angefangen, und vollführe du es, bis auf den Tag Jesu Christi. Du wollest mich vollbereiten, stärken, kräftigen, gründen, daß ich sey lauter und unanstößig im Glauben und heiligen Leben, erfüllt mit Früchten der Gerechtigkeit, die durch Jesum Christum entstehen, zum Lobe und Preise Gottes; daß ich möge eine gute Ritterschaft üben, behalten den Glauben und ein gutes Gewissen; daß ich meinen Lauf vollende, einen guten Kampf kämpfe, Glauben halte, daß mir möge die Krone der Gerechtigkeit beigelegt werden, welche der gerechte Richter, Jesus Christus, geben wird mir und Allen, die seine Erscheinung lieb haben.

16. Gebet um die Ruhe der Seele in Christo.

Ach du ewiger und einziger Friedefürst Jesus Christus! du allerseligste und höchste Ruhe aller gläubigen Seelen! du hast gesagt: Kommet zu mir, so werdet ihr Ruhe finden für eure Seelen; in der Welt habt ihr Angst, in mir habt ihr Freude. Ach! wie oft habe ich Ruhe gesucht in dieser Welt und im Zeitlichen, habe sie aber nicht gefunden; denn es kann die unsterbliche Seele nicht gesättigt, noch gestillt, noch gesänftigt werden, als mit unsterblichen Dingen, nämlich in dir, und mit dir, o du unsterblicher Gott! Wo du nicht bist, da ist keine Ruhe der Seele; denn alles Zeitliche eilt zum Untergang, und verschleißt wie ein Kleid; die Erde veraltet wie ein Gewand, sie verwandelt sich, und du, unwandelbarer Gott, wirst sie verwandeln; wie sollte denn meine unsterbliche Seele in den sterblichen, wandelbaren, flüchtigen Dingen Ruhe finden? Denn gleichwie du, lieber Gott, unser Schöpfer, in keiner Creatur ruhen wolltest, außer in dem Menschen (denn als du den Menschen geschaffen hattest, ruhetest du von deinen Werken): also kann des Menschen Seele in keiner Creatur ruhen, denn allein in dir, o Gott. Meine Seele kann nicht gesättigt werden, als mit dir, o Gott, der du alles Gut bist. Darum hungert und dürstet meine Seele nach dir, und kann nicht eher ruhen und gesättigt werden, sie habe denn dich selbst. Derhalben du, mein Herr Christus, wohl gesagt hast: Wen da dürstet, der komme zu mir. Du bist meiner Seele Ursprung, darum kann sie nirgend ruhen, denn in dir. Darum rufe meiner Seele, und sprich zu ihr: Komm, meine Taube, meine Taube in den Steinritzen und Felslöchern! Das sind deine Wunden, Herr Jesu, du Fels des Heils, in welchen meine Seele ruhet. Denn auch Thomas, dein Apostel, nicht eher ruhen konnte, er hatte denn seine Hand gelegt in deine Wundenmale. Das sind unsere Heilbrunnen, unsere Friedensbrunnen, unsere Liebebrunnen. Ach mein Herr Jesu! wie brünstig ist deine Liebe, wie rein ist sie, ohne alles Falsch, wie vollkommen, wie unbefleckt, wie groß, wie hoch, wie tief, wie gründlich! Ach! laß meine Seele in dieser deiner Liebe ruhen, in deinem Herzen, in welchem kein Falsch ist, noch Betrug; da ruht sie ohne Furcht, sanft und sicher. Ach! laß meine Sinne ruhen in dir, daß ich dich in mir höre freundlich reden, o du höchste Freundlichkeit! daß meine Augen dich schauen, o du höchste Schönheit! daß meine Ohren dich hören, o du höchste Lieblichkeit! daß mein Mund dich schmecke, o du höchste Süßigkeit! daß ich von dir empfinde den edeln Geruch des Lebens, o du edle Blume des Paradieses! Laß meine Arme dich mit Liebe umfahen, o du lieblichster Bräutigam! mein Herz in dir jauchzen, o meine Freude! meinen Willen dein allein mit Verlangen begehren, o meines Herzens einzige Lust! meinen Verstand dich allein erkennen, o du ewige Weisheit! alle meine Begierden in dir allein ruhen. O Jesu, meine Liebe, mein Friede, meine Freude, nimm weg aus meinem Herzen Alles, was du nicht selbst bist. Du bist mein Reichthum in meiner Armuth, du bist meine Ehre in meiner Verachtung, du bist mein Lob und mein Ruhm wider alle Verläumdung, du bist meine Stärke in meiner Schwachheit, du bist mein Leben in meinem Tode. Ach! wie sollte ich nicht in dir ruhen? bist du mir doch Alles! Du bist meine Gerechtigkeit wider meine Sünde, meine Weisheit wider meine Thorheit, meine Erlösung wider meine Verdammniß, meine Heiligung wider meine Unreinigkeit. Komme zu mir, und stille mein Herz, halte in mir deinen Sabbath. Laß mich hören, was du in mir redest. Laß mich empfinden, daß du in mir lebest, o mein Leben! wie du mich liebest, o meine Liebe! wie du mich tröstest, erquickest, erfreuest und erleuchtest, o mein Trost, o meine Erquickung, o meine Freude, o mein Licht! Laß mich dir mein ganzes Herz geben, dieweil du mir dein ganzes Herz gegeben hast. Laß mich von mir selbst ausgehen, auf daß du zu mir eingehest. Laß mich mein Herz ausleeren von der Welt, auf daß du mich mit himmlischen Gaben erfüllest. O Jesu! meines Herzens Ruhe, du heiliger Sabbath meiner Seele, bringe mich in die Ruhe der ewigen Seligkeit, da Freude ist die Fülle, und liebliches Wesen zu deiner Rechten ewiglich. Amen.

---

17. Gebet um die geistige Erquickung unserer Seelen durch das Wort und Sacrament.

Ach mein allerliebster Vater, mein Herr und mein Gott, meine höchste Lust und Freude, mein Leben und Erquickung meiner Seele! ich klage und bekenne dir, daß ich niemals einen solchen geistigen Hunger und Durst nach dir gehabt, als ich wohl gesollt, ob du mir gleich die Erquickung meiner Seele so reichlich und überflüssig angeboten hast. Ach wie groß ist deine Gnade, wie süß ist deine Liebe, wie lieblich deine Huld, wie tröstlich deine Barmherzigkeit! Ach mein Herr Jesu! wie liebreich ist dein Herz, wie theuer ist deine Erlösung, wie freundlich sind deine Reden, wie holdselig sind deine Lippen, wie heilsam sind deine Wunden! Ach Gott, heiliger Geist, wie milde bist du in Gaben, wie reich von Trost, wie überflüssig ist deine Güte, darnach ich nie einen rechtschaffenen Hunger und Durst gehabt! Ach vergib mir solche meine Gottlosigkeit, Verachtung und Sicherheit, und beraube mich nicht deines heiligen Worts und des Trostes meiner Seele, um meiner Undankbarkeit und Verachtung willen. Erwecke aber in mir einen innigen, herzlichen, heiligen Hunger und Durst nach dir und nach deinem Wort, daß ich mich weide mit deiner Erkenntniß, ergötze an deiner Liebe, erquicke mit deinem Trost, stärke mit deinem Gedächtniß, erfreue mit deiner Huld, dich umfahe mit meiner Seele, dich küsse in meinem Glauben, dir jauchze in meinem Herzen, dir singe in meinem Geist. Ach mein Herr Jesus Christus! du bist das wahre Himmelsbrod, das vermag allerlei Lust zu geben; du nährest eine jegliche Seele nach ihrem Willen; wie wir dein bedürfen, so bist du, und so schmeckest du uns. Deßwegen bitte ich dich, du wollest meine Seele nach ihrem Anliegen allezeit erquicken. Ist sie krank, so sey meiner armen Seele Arzt und Arznei; ist sie traurig, so sey ihre Freude; ist sie schwach, so sey ihre Stärke; ist sie erschrocken, so sey ihr Trost; ist sie unruhig, so sey ihr Friede; ist sie verlassen, so sey du ihre Zuflucht; klagt sie der böse Feind an, so sey du ihr Fürsprecher; betrübt sie die Sünde, so sey du ihre Gerechtigkeit; fühlt sie den Zorn Gottes, so sey du ihr Gnadenstuhl. Hungert sie, so weide sie als ein getreuer Hirte mit deinem Wort; ist sie schwach im Gebet, so sey du ihr Hoherpriester, und bitte für sie; ist sie in Finsterniß und im Tode, so sey du ihr Licht und Leben; wird sie verflucht, so sey du ihr Segen; wird sie verfolgt, so sey du ihr Schutz, Imanuel und Sieg. Ach mein getreuer Heiland! laß ja meiner Seele nicht entzogen werden den himmlischen Trost; laß sie schmecken dein gütiges Wort, die Kräfte der künftigen Welt, die Freude des ewigen Lebens, die Lieblichkeit deiner Güte; denn deine Güte ist besser denn Leben. Laß das meines Herzens Freude und Wonne seyn, wenn ich dich mit fröhlichem Munde loben kann. Laß dein Wort meiner Seele süßer seyn, denn Honig und Honigseim, und laß sie dadurch herzlich erfreut und getröstet werden, auch in ihrem letzten Abschied, daß sie mit Friede und Freude hinfahre in die ewige Herrlichkeit, durch dich, Jesum Christum, unsern Herrn. Amen.

---

18. Gebet für die Lehrer der Kirche.

Ach du Herr Jesus Christus, du ewiger Hoherpriester und Haupt deiner Kirche! du bist aufgefahren in die Höhe, und hast etliche unter deinen Dienern gesetzt zu Aposteln, etliche zu Propheten, etliche zu Evangelisten, etliche zu Hirten und Lehrern, daß durch sie dein geistiger Leib erbauet werde, bis wir Alle hinan kommen zu einerlei Glauben und Erkenntniß. Ich klage und bekenne dir, daß ich diese große Wohlthat und Gabe hiebevor nicht recht erkannt habe, die, welche du gesandt hast, nicht gehalten für deine Diener und für Haushalter über deine Geheimnisse, habe sie auch ihres Amts halben nicht desto lieber gehabt, und nicht bedacht, was du sagst: Wer euch höret, der höret mich; wer euch verachtet, der verachtet mich. Vergib mir diese Sünde, und rechne mir dieselbe nicht zu. Wende die Strafe von mir, die du dräuest denen, die deine Diener höhnen. Ich sage dir aber herzlichen Dank für deine getreuen Boten, die dein Heil verkündigen, Gutes predigen, Friede verkündigen, und bitte dich, du wollest an allen getreuen Dienern der Kirche und Lehrern deines Worts deine Verheißung erfüllen, da du sprichst: Ich lege meine Worte in deinen Mund, und bedecke dich unter dem Schatten meiner Hände, auf daß ich den Himmel pflanze, und die Erde gründe. Pflanze deinen geistigen Himmel, lieber Gott, mit glaubigen, leuchtenden Sternen, und ziere die Erde mit Pflanzen der Gerechtigkeit, zu deinem Lob und Preis. Schmücke die Lehrer der Kirche mit vielem Segen, daß sie einen Sieg nach dem andern erhalten, wider Sünde, Tod, Teufel, Hölle und Welt, daß man sehe, der gerechte Gott sey zu Zion. Gib auch, daß wir unsern Lehrern gehorchen und ihnen folgen, als die da wachen für unsere Seelen, und dafür Rechnung geben müssen, daß sie ihr Amt mit Freuden thun und nicht mit Seufzen; denn das ist uns nicht gut. Gib ihnen auch, daß sie ihr Amt willig thun, und die Heerde weiden, nicht gezwungen, nicht um schändlichen Gewinnstes willen, sondern von Herzensgrund, daß beide, sie und wir, mit ihnen die unvergängliche Krone der Ehre empfahen, wenn du als der Erzhirte erscheinen wirst. Gib, lieber Gott, deinem Donner Kraft, und dein Wort mit großen Schaaren Evangelisten, daß sie ihre Stimme erheben wie eine Posaune, und nicht schonen, sondern uns unsere Uebertretung verkündigen, und daß sie mächtig seyen, zu strafen, und kräftig, zu trösten. Hilf, daß sie die verlorenen Schafe suchen, die verwundeten heilen, die schwachen verbinden, die fetten behüten. Hilf, daß sie mit feurigen Zungen reden, daß es durch's Herz gehe, daß unsere Herzen zu dir bekehrt und von der Welt abgewendet werden, von der Augenlust, Fleischeslust und von dem hoffärtigen Leben; daß durch ihre Bußpredigten in uns heilsame Traurigkeit erweckt werde, die eine Reue wirke zur Seligkeit, die Niemand gereuet. Thue unsere Herzen auf, wie der Lydia, daß wir hören und verstehen, was sie uns in deinem Namen predigen. Sey durch's Wort kräftig, gib uns den heiligen Geist, der uns lehre und in alle Wahrheit leite. Lehre du inwendig, und erleuchte unsern Verstand. Tröste du inwendig im Herzen; denn so du inwendig nicht lehrest, so ist alle auswendige Lehre unfruchtbar. Darum, wenn Paulus pflanzet, und Apollos begießt, so gib du das Gedeihen dazu. Wehre und steure dem bösen Feind, daß er nicht Unkraut unter den Weizen säe; wecke uns auf, daß wir nicht schlafen und sicher seyen. Heiliger Vater, heilige uns in deiner Wahrheit; dein Wort ist die rechte Wahrheit, dein Wort ist die rechte Lehre, und Heiligkeit ist die Zierde deines Hauses ewiglich. Laß uns das Himmelsbrod deines Worts aufsammeln in die Gefäße unserer Seelen, daß wir ewig satt und selig werden. Amen.

---

19. Gebet wider die falschen Lehrer, und um Erhaltung reiner Lehre.

Ach heiliger, wahrhaftiger, gerechter Gott und Vater! wie ist dein Wort ein so großer, hochtheurer, werther Schatz, ein Licht auf unsern Wegen, eine Leuchte auf unsern Fußsteigen, außer welchem eitel Irrthum, Blindheit und Finsterniß ist, wie an Juden, Türken, Heiden und allen Irrglaubigen zu sehen. Ach heiliger Vater! heilige uns in deiner Wahrheit, dein Wort ist die Wahrheit. Ach mein Herr Jesus Christus, der du bist der Weg, die Wahrheit und das Leben! wende unsere Herzen ab von unnützer Lehre, und erquicke uns auf deinen Fußsteigen. Ach Gott heiliger Geist, du Geist der Wahrheit und getreuer Zeuge Jesu Christi! der du durch den Mund der Propheten und Apostel geredet hast, weil keine Weissagung aus menschlichem Willen je hervorgebracht ist, sondern die heiligen Menschen haben geredet, getrieben von dir: ach! gib Gnade, daß wir das feste prophetische Wort rein, lauter und unverfälscht behalten, wie es durch dein göttliches Eingeben von den heiligen Propheten und Aposteln geoffenbart ist, daß wir Acht darauf haben, als auf ein Licht, das da scheint in der Finsterniß, bis der Tag anbreche, und der Morgenstern in unsern Herzen aufgehe. Denn wenn dein Wort offenbar wird, so erfreut es das Herz, und macht klug die Einfältigen. Darum gib, daß wir in der Schrift forschen mögen, die von unserm Herrn Jesu Christo zeuget; denn wir haben das ewige Leben darin. O Gott Vater, du einiger, ewiger Ursprung unserer Seligkeit! o Gott Sohn, unsere einige, ewige Weißheit, Licht, Lehrer und Meister, über welchen der Vater vom Himmel gerufen: Dieß ist mein lieber Sohn, an welchem ich Wohlgefallen habe; den sollt ihr hören! o Gott heiliger Geist, der du uns in alle Wahrheit leitest! behüte uns vor falschen Lehrern und Irrgeistern, die von deinem Wort abführen. Denn Alles, was von deinem Wort abführet, das verführet, und ist falsch und ein Betrug; und falsche Lehre betrügt und tödtet die Seele, wie die listige Schlange, der Teufel, unsere ersten Eltern von dem Wort abführte, und mordete sie an Leib und Seele. Die Rede aber des Herrn ist lauter, wie durchläutertes Silber, im irdenen Tiegel bewähret siebenmal. Gib uns, lieber himmlischer Vater, den Geist des Verstandes, daß wir die Geister prüfen mögen, ob sie aus Gott sind, und die rechten Seelenhirten an deiner Stimme kennen lernen, und die dein Wort nicht recht führen, unterscheiden, fliehen und meiden mögen. Wehre und steure ihnen, du Erzhirte Jesus Christus, daß sie uns nicht wie die reißenden Wölfe zerreißen, die Schafe zerstreuen, deinen Weinberg verwüsten, und uns der edlen Weintrauben deines wahrhaftigen, beständigen, lebendigen, ewigen Trostes berauben; denn allein dein Wort tröstet die Seele, und errettet sie von der Verzweiflung. In aller falschen Lehre aber ist kein Trost noch Leben, darauf sich die arme Seele im Tod verlassen könnte. Denn sie brüten Basilisken-Eier, und weben Spinnewebe; isset man von ihren Eiern, so muß man sterben; zertritt man sie, so fährt eine Otter heraus. Dein Wort ist die rechte Lehre, Heiligkeit ist die Zierde deines Hauses ewiglich. Bei dir ist die lebendige Quelle, und in deinem Lichte sehen wir das Licht. Darum, o Herr, laß uns behalten das Wort deiner Geduld, auf daß wir auch behalten werden vor den Versuchungen und Trübsalen, die über den Erdkreis kommen sollen. Laß uns dein Wort nicht verwerfen, auf daß du uns nicht wieder verwerfest. Laß uns deinen Namen bekennen vor den Menschen, auf daß du uns wieder bekennest vor allen heiligen Engeln. Steure und wehre dem bösen Feind, und gib uns ein wachendes Herz, daß er nicht Unkraut unter den Weizen säe. Mache zu Schanden Alle, die deinem Wort widersprechen, und die Zungen, die sich wider dich setzen. Verstummen müssen falsche Mäuler, die da reden wider dein Wort stolz, steif und höhnisch. Sie müssen werden wie Spreu vor dem Winde, und der Engel des Herrn stoße sie weg. Ihre Wege müssen finster und schlüpfrig werden, und der Engel des Herrn verfolge sie. Denn ihre Lehre ist schädlich und erlogen, sie lassen sich auch nicht weisen, daß sie Gutes thäten. O Gott! bewahre uns vor diesem Geschlechte ewiglich; denn es wird allenthalben voll Gottloser, wo solche Leute unter den Menschen herrschen. Denn ihre Lehre ist eitel Sünde, und sie verharren in ihrer Hoffart, und predigen eitel Fluchen und Widersprechen; sie vernichten Alles, und reden übel davon, und reden, und lästern hoch her. Was sie reden, das muß vom Himmel herab geredet seyn; was sie sagen, das muß gelten auf Erden: darum fällt ihnen ihr Pöbel zu, und laufen ihnen zu mit Haufen, wie Wasser. Darum, du Hirte Israel, höre, erscheine, der du sitzest über den Cherubim; erwecke deine Gewalt, laß leuchten dein Antlitz über uns: so genesen wir. Du hast dir ja einen Weinberg gepflanzet, und seine Zweige ausgebreitet bis an das Meer. Laß nicht seinen Zaun zerbrochen werden, daß ihn zerreiße Alles, was vorüber geht. Laß ihn nicht zerwühlen die wilden Säue, und verderben die wilden Thiere. Gott Zebaoth! wende dich doch, schaue vom Himmel, und suche heim diesen Weinstock, und halte ihn im Bau, den deine rechte Hand gepflanzt hat, und den du dir festiglich erwählet hast. Siehe drein, und schilt, daß des Brennens und Reißens ein Ende werde. Deine Hand schütze das Volk deiner Rechten, und die Leute, die du dir festiglich erwählet hast: so wollen wir nicht von dir weichen. Laß uns leben, so wollen wir deinen Namen anrufen. Herr Gott Zebaoth, tröste uns, laß leuchten dein Antlitz über uns, so genesen wir.

Das vierte Gebot.

20. Gebet um Gehorsam für Alte und Junge.

Ach Herr Jesus Christus! du gehorsames Kind deines Vaters, der du deinem himmlischen Vater gehorsam gewesen bis zum Tode, ja zum Tode am Kreuz, und ihm deinen Willen ganz aufgeopfert, ihn vollkömmlich geliebt, ihm von Herzen vertraut, ihn kindlich gefürchtet, und uns ein Exempel des Gehorsams gelassen: ich klage und bekenne dir meines Herzens Ungehorsam und die Widerspenstigkeit meines Willens gegen Gott, meinen himmlischen Vater, und gegen alle die, so du mir vorgesetzt hast, und bitte, du wollest mir um deines vollkommenen Gehorsams willen, dadurch du deinen himmlischen Vater versöhnt und das ganze Gesetz für mich erfüllt hast, gnädig seyn, meinen Ungehorsam heilen und zudecken, und die Strafe von mir abwenden, da du dräuest, es solle den Ungehorsamen nicht wohl gehen, und sie sollen nicht lange leben auf Erden. Ich bitte dich aber, gib mir ein solch gehorsames Herz, daß ich deinen heiligen Willen, und nicht meinen eigenen Willen, in allen Dingen zu vollbringen herzlich begehre, deinem Wort und heiligen Evangelio, und allen deinen Geboten gehorsamlich nachzuleben; daß ich dir auch im Kreuz und Leiden gehorsam sey, nicht wider deinen Willen murre, daß ich auch dein Wort lieber habe, denn alles Zeitliche, ja denn meinen Leib und Leben. Gib mir auch, daß ich alle die, so mir vorgesetzt sind, erkenne für Vermittler deiner Ordnung, so du durch deine Vorsehung verordnet hast, daß wir unter denselben seyn und leben sollen, daß du uns durch dieselben regieren wollest. Gib, daß ich dieselben als deiner Majestät Diener liebe und ehre, im Herzen, in Worten und Werken, mit Geduld, und das Alles um deinetwillen; daß ich ihnen auch ihre Gebrechen zu gut halte, zudecke und entschuldige; daß ich auch ihre Strafe und Ermahnung, so sie kraft ihres Amts aus väterlichem Herzen verrichten, willig leide und geduldig annehme; daß ich meinen Willen und mein Urtheil ihnen demüthig unterwerfe, ihren Rath nicht verachte, ihre Gaben nicht verkleinere, sondern Alles nach deinem Willen, in Gehorsam und Sanftmuth, getreulich und einfältig, demüthig und freudig verrichte, was zu deines Namens Lob, Ehre und Preis, und zu meines Nächsten Nutzen gereicht; daß ich auch Alles in wahrem, beständigem Glauben und wahrer Gottesfurcht ausrichte, damit ich nicht aus Menschenfurcht und Gunst etwas wider deinen Willen und wider deinen Gehorsam thue, sondern lerne dir mehr gehorsam zu seyn, denn den Menschen; auf daß, gleichwie du durch deinen Gehorsam deinen lieben Vater geehret und gepriesen hast, auch ich durch meinen Gehorsam, nach deinem Wort, in allem meinem Thun, dich, sammt dem Vater und heiligen Geist, lobe, ehre und preise in alle Ewigkeit. Amen.

---

21. Gebet der Eltern für ihre Kinder.

Ach getreuer, lieber Gott und Vater, Schöpfer und Erhalter aller Creaturen! ich danke dir von Herzen für die Leibesfrüchte, so du mir durch deinen Segen gegeben hast, und bitte dich herzlich, weil du gesagt hast, du wollest deinen heiligen Geist geben Allen, die dich darum bitten: begnade auch meine armen Kinder mit deinem heiligen Geist, der in ihnen die wahre Furcht Gottes anzünde, welche ist der Weisheit Anfang, und die rechte Klugheit, von der es heißt: Wer darnach thut, deß Lob bleibet ewiglich. Beselige sie auch mit deiner wahren Erkenntniß. Behüte sie vor aller Abgötterei und falschen Lehre; laß sie in dem wahren, seligmachenden Glauben und in aller Gottseligkeit aufwachsen, und darin bis an's Ende verharren. Gib ihnen ein gläubiges, gehorsames, demüthiges Herz, auch rechte Weisheit und Verstand, daß sie wachsen und zunehmen an Alter und Gnade bei Gott und den Menschen. Ach! pflanze in ihr Herz die Liebe deines göttlichen Worts, daß sie seyen andächtig im Gebet und Gottesdienst, ehrerbietig gegen die Diener des Worts, und gegen Jedermann aufrichtig in Handlungen, schamhaftig in Gebärden, züchtig in Sitten, wahrhaftig in Worten, treu in Werken, fleißig in Geschäften, glückselig in Verrichtung ihres Berufs und Amts, verständig in Sachen, richtig in allen Dingen, sanftmüthig und freundlich gegen alle Menschen. Behüte sie vor allen Aergernissen dieser Welt, daß sie nicht verführt werden durch böse Gesellschaft; laß sie nicht in Schlemmen und Unzucht gerathen, daß sie ihr Leben nicht selbst verkürzen, auch Andre nicht beleidigen. Sey ihr Schutz in aller Gefahr, daß sie nicht plötzlich umkommen. Laß mich ja nicht Unehre und Schande, sondern Freude und Ehre an ihnen erleben, daß durch sie auch dein Reich vermehrt, und die Zahl der Gläubigen groß werde; daß sie auch im Himmel um deinen Tisch her sitzen mögen, als die himmlischen Oelzweige, und dich mit allen Auserwählten ehren, loben und preisen mögen, durch Jesum Christum, unsern Herrn. Amen.

Darauf bett den 127. und 128. Psalm.

22. Gebet frommer Kinder für ihre Eltern.

Ach gnädiger, barmherziger Gott, lieber Vater! der du bist der rechte Vater über Alles, das Kinder heißt, im Himmel und auf Erden: ich danke dir herzlich, daß du mir meine lieben Eltern, Vater und Mutter gegeben, und bis daher in guter Gesundheit und Wohlstand erhalten hast. Dir sey Lob, Ehre und Dank für diese deine große Wohlthat, und ich bitte dich, du wollest mir meinen Ungehorsam, womit ich mich gegen meine lieben Eltern oft versündigt habe, aus Gnaden vergeben, und die Strafe von mir abwenden, die du im vierten Gebote dräuest. Gib mir aber ein gehorsames und dankbares Herz gegen sie, daß ich sie ehre, fürchte, liebe, mit meinem Gehorsam und deiner göttlichen Furcht erfreue, daß ich sie für Gottes Ordnung erkenne, und ihre väterliche, wohlmeinende Strafe geduldig annehme. Lehre mich auch bedenken, wie sauer ich meiner Mutter geworden bin, und mit wie großer Mühe und Arbeit sie mich erzogen; laß mich dieselbe wieder ehren mit Gehorsam, Liebe, Demuth, Furcht in Worten und Werken, auf daß ich den Segen und nicht den Fluch ererbe, sondern ein langes Leben. Laß das Exempel des Gehorsams meines Herrn Jesu Christi immer vor meinen Augen stehen, welcher seinem Vater gehorsam gewesen bis zum Tode, ja zum Tode am Kreuz. Gib mir den Gehorsam Isaacs, die Furcht Jacobs, die Zucht Josephs, die Gottesfurcht des jungen Tobiä, und gib meinen lieben Eltern den Glauben Abrahams, den Segen Isaacs, den Schutz Jacobs, die Glückseligkeit Josephs und die Barmherzigkeit des alten Tobiä. Laß sie in einem feinen, geruhigen Leben, in Friede und Einigkeit alt werden. Lindere ihnen ihr Kreuz, und hilf es ihnen tragen. Erhöre ihr Gebet, und segne ihre Nahrung. Behüte sie vor allem Uebel des Leibes und der Seele, und wenn ihre Zeit vorhanden ist, so laß sie sanft und stille einschlafen, und nimm sie zu dir in's ewige Vaterland, durch Jesum Christum. Amen.

23. Gebet christlicher Eheleute.

Barmherziger, gnädiger Gott, lieber Vater! du hast uns nach deinem gnädigen

Willen und göttlicher Vorsehung in den heiligen Ehestand gesetzt, daß wir nach deiner Ordnung darin leben sollen. Darum trösten wir uns auch deines Segens, da dein Wort sagt: Wer eine Ehefrau findet, der findet etwas Gutes, und schöpfet Segen vom Herrn. Ach lieber Gott! laß uns ja in deiner göttlichen Furcht bei einander leben; denn wohl dem, der den Herrn fürchtet und große Lust hat an seinen Geboten; das Geschlecht der Frommen wird gesegnet seyn. Laß uns vor allen Dingen dein Wort lieb haben, und gerne hören und lernen, daß wir seyn mögen, wie ein Baum am Wasser gepflanzet, der seine Frucht bringt zu seiner Zeit, und seine Blätter verwelken nicht, und Alles, was er macht, das geräth wohl. Laß uns auch in Friede und Einigkeit leben, daß wir der drei schönen Dinge eines, so Gott und Menschen wohlgefallen [1]), bei uns haben und behalten mögen; denn daselbst hat der Herr auch verheißen Segen und Leben immer und ewiglich. Laß uns in unserm Ehestande Zucht und Ehrbarkeit lieb haben, und dawider nicht handeln, auf daß in unserm Hause Ehre wohne, und wir einen ehrlichen Namen haben mögen. Gib Gnade, daß wir unsere Kinder in der Furcht und Ermahnung zu deinen göttlichen Ehren auferziehen, daß du dir aus ihrem Munde ein Lob bereiten mögest. Gib ihnen ein gehorsames Herz, daß es ihnen möge wohl gehen, und sie lange leben auf Erden. Gib uns auch das tägliche Brod, und segne unsre Nahrung; verzäune unser Haus und Güter, wie die des heiligen Hiob, daß der böse Feind und seine Werkzeuge keinen Eingriff thun können. Behüte unser Haus, Habe und Güter vor Feuer und Wasser, vor Hagel und Ungewitter, vor Dieben und Mördern. Denn Alles, was wir haben, das hast du uns gegeben; darum wollest du es auch mächtig bewahren. Denn wo du nicht das Haus bauest, so arbeiten umsonst, die daran bauen; wo du, Herr, die Stadt nicht bewahrest, so wachet der Wächter umsonst; deinen Freunden aber gibst du es schlafend. Gib uns aber, lieber Gott, frommes, getreues und gehorsames Gesinde, und bewahre uns vor ungetreuen Dienstboten; denn du ordnest und regierest Alles, und bist ein Herr über Alles; belohnest auch alle Treue und Liebe, und strafest alle Untreue. Und wenn du uns ja, lieber Gott, Kreuz und Trübsal zusenden willst, so gib uns Geduld, daß wir uns gehorsam deiner väterlichen Ruthe unterwerfen, und mach es gnädig mit uns. Laß von dem Herrn unsern Gang gefördert werden, und habe du Lust an unsern Wegen. Fallen wir denn, so wirf uns nicht weg, sondern halte uns bei der Hand, und richte uns wieder auf. Lindere uns unser Kreuz, und tröste uns wieder, und verlaß uns nicht in unserer Noth. Gib auch, daß wir das Zeitliche nicht lieber haben, denn das Ewige. Denn wir haben ja nichts in die Welt gebracht, werden auch nichts mit hinaus bringen. Darum laß uns nicht dem leidigen Geiz, der Wurzel alles Uebels, nachhängen, sondern nachjagen dem Glauben und der Liebe, und ergreifen das ewige Leben, dazu wir berufen sind. Gott der Vater segne uns, und behüte uns! Gott der Sohn erleuchte sein Angesicht über uns, und sey uns gnädig! Gott der heilige Geist erhebe sein Angesicht über uns, und gebe uns Frieden! Die heilige Dreieinigkeit bewahre unsern Eingang und Ausgang, von nun an bis in Ewigkeit. Amen.

24. Gebet der Unterthanen für die Obrigkeit.

Ach Gott, du Herr aller Herren und König aller Könige! du Herrscher über den ganzen Erdkreis! der du alle Obrigkeit hast eingesetzt, und gesagt durch deinen Apostel: Es ist keine Obrigkeit, sie ist von Gott geordnet, und wer der Obrigkeit widerstrebet, der widerstrebet Gottes Ordnung: gib mir, lieber Vater, und lehre mich, daß ich die Obrigkeit für deine Ordnung erkenne, dieselbe fürchte, liebe und ehre, und verleihe Gnade, daß ich und alle Unterthanen durch sie mit Gerechtigkeit regiert werde, und von ihr Schutz habe, daß ich unter ihr ein stilles, geruhiges Leben führen möge, in aller Gottseligkeit und Ehrbarkeit. Und weil du, lieber Va-

---
[1]) Sirach 25, 1. 2.

ter, der Könige Herzen in deiner Hand hast, und leitest dieselben, wie die Wasserbäche, so regiere auch unsere liebe Obrigkeit mit deinem heiligen Geist, daß sie vor allen Dingen Gottes Wort lieb habe, die Thore weit machen, und die Thüren in der Welt hoch, daß bei ihnen und in ihren Landen der König der Ehren einziehe, der Herr Zebaoth, stark und mächtig im Streit; daß sie Pfleger und Säugammen seyen deiner heiligen christlichen Kirche, daß sie deinen lieben Sohn küssen, damit er nicht zürne, daß sie dem Herrn dienen mit Furcht, und sich freuen mit Zittern. Gib ihnen deine himmlische Weisheit, die um deinen Thron ist; denn durch dieselbe regieren die Könige, und die Rathsherren setzen das Recht. Gib, daß sie hören das Geschrei der Armen, und der Wittwen und Waisen Recht nicht beugen. Laß sie fürstliche Gedanken haben, und darüber halten. Gib ihnen die Glückseligkeit Davids, die Weisheit Salomos, die Sieghaftigkeit Josua, die Stärke Simsons. Gib ihnen die Liebe der Gerechtigkeit, beständigen Muth und Tapferkeit wider alle Ungerechtigkeit, glücklichen Fortgang ihrer Anschläge, getreue, verständige, kluge Räthe, gesundes und langes Leben. Behüte sie vor Heuchlern und Schmeichlern, vor Krieg und Blutvergießen. Schütze sie durch deine heiligen Engel; segne das Land, und schaffe unsern Gränzen Friede, durch Jesum Christum, unsern Herrn. Amen.

25. Gebet der Obrigkeit für die Unterthanen.

O du gewaltiger Herrscher des Erdbodens! Herr aller Herren, König aller Könige! ich danke dir von Herzen, daß du mich zur Obrigkeit über dieses Land und diese Unterthanen gesetzt hast. Du bist der Allerhöchste, und hast Gewalt über der Menschen Königreiche, und gibst sie, wem du willst; erhöhest auch die Niedrigen zu denselben. Deine Gewalt ist ewig, und dein Reich währet für und für, wogegen Alle, so auf Erden wohnen, für Nichts zu rechnen sind. Du machst es, wie du willst, beide mit den Kräften im Himmel, und mit denen, so auf Erden wohnen, und Niemand kann deiner Hand wehren, noch zu dir sagen: Was machst du? Denn all dein Thun ist Wahrheit, und deine Wege sind recht, und wer stolz ist, den kannst du wohl demüthigen. Du setzest auch einem jeden Lande seine Gränze; Sommer und Winter machest du. Darum gib mir, du gewaltiger Herrscher des ganzen Erdbodens, daß ich mich allezeit vor dir demüthige, und gedenke, daß ich auch unter Gott bin. Gib mir einen starken, festen Glauben, und Zuversicht auf deine Allmacht und Barmherzigkeit. Gib mir herzliche Liebe zu deinem reinen Wort, erhalte mich und meine anbefohlenen Unterthanen bei der seligmachenden Wahrheit des heiligen Evangelii. Laß meiner Lande Fundament seyn die zwei starken Säulen: wahre Religion und Gerechtigkeit, und gib, daß dein heiliger Gottesdienst eine Zierde und ein Schmuck und das höchste, edelste Kleinod sey meiner Lande, darüber du mich gesetzt hast. Gib mir den lieben, edeln Landfrieden; sey mein mächtiger Schutz und eine feurige Mauer um mich und meine Unterthanen her; und wenn das Land zittert, und Alle, die darin wohnen, so halte du seine Säulen fest. Gib meinen Unterthanen ein gehorsames Herz, und mir deine himmlische Weisheit, daß ich dieselben vernünftig und weislich regiere, die Unschuldigen errette, die Frommen schütze, die Bösen strafe, und Rache übe über alles Böse, daß ich eine Furcht sey der Bösen, und ein Lob und Preis der Frommen. Gib, daß ich erkenne, daß ich, o Gott, deiner Gerechtigkeit Statthalter und Amtmann sey, und daß du bei mir seyst im Gericht, und daß ich das Gericht nicht den Menschen halte, sondern dir, und demnach keine Person im Gericht ansehe. Gib mir Gnade, daß ich Recht schaffe ohne Ansehen der Person, den Armen und Waisen, und helfe den Elenden und Dürftigen zurecht, daß ich errette den Geringen und Armen, und erlöse ihn aus der Gottlosen Gewalt, daß die Grundfesten des Landes nicht fallen. Laß mich hören, daß der Herr redet, daß er Friede gesagt seinem Volk und seinen Heiligen, daß sie nicht auf eine Thorheit gerathen. Laß mir deine Hülfe nahe seyn, denn ich fürchte dich; daß in meinem Lande Ehre wohne, daß Güte und Treue einander begegnen, Gerechtigkeit und Friede sich küssen, daß Treue auf Erden wachse, und Gerechtigkeit vom Himmel schaue; daß uns der Herr Gutes thue, daß unser Land sein Gewächs gebe, daß Gerechtigkeit vor dir bleibe und im Schwange gehe. Ach getreuer Gott! behüte mich vor Sünden, auf daß ich nicht deinen gerechten Zorn verursache, und über meine Unterthanen die Strafe bringe, wie der König David sagt: Ich habe gesündigt, was haben diese Schafe gethan? Segne aber mein Land, und kröne es mit deinem Gut; denn deine Fußstapfen triefen von Fett. Gib mir, daß ich also regiere, daß mein Land nicht wider mich seufze, sondern daß dasselbe deines Lobes und Preises voll werden möge. Gelobet sey der Herr, der allein Wunder thut, und gelobet sey sein herrlicher Name ewiglich, und alle Lande müssen seiner Ehre voll werden. Amen! Amen!

---

26. Gebet eines schwangern Weibes, so Gott mit Leibesfrucht gesegnet hat.

Ach du allmächtiger, wunderthätiger, gnädiger Gott, Schöpfer und Erhalter Himmels und der Erde und aller Creaturen, der du über alle christliche Eheleute selbst den Segen gesprochen: Seyd fruchtbar und mehret euch; und abermal: Siehe, Kinder sind eine Gabe des Herrn, und Leibesfrucht ist ein Geschenk: ich danke dir, daß du mich dieses deines Segens und deiner Gabe in meinem Ehestand hast theilhaftig gemacht, und bitte dich, du wollest meine von dir bescheerte Leibesfrucht segnen, mit deinem heiligen Geist begnaden und beseligen, in die Zahl deiner lieben Kinder auf- und annehmen, und dieselbe theilhaftig machen der allerheiligsten Empfängniß deines lieben Sohnes, meines Herrn Jesu Christi, daß sie dadurch geheiligt und gereinigt werde von der giftigen Seuche der Erbsünde, darin sie empfangen ist. Ach Herr Gott! ich und meine Leibesfrucht sind beide von Natur Kinder des Zorns; aber du, lieber Vater, erbarm dich über uns, und entsündige meine Leibesfrucht mit Ysop, daß sie rein werde; wasche sie, daß sie schneeweiß werde. Stärk und erhalte dieselbe im Mutterleibe, bis zu Stunde, da sie soll an's Licht geboren werden. Es ist dir ja diese meine Leibesfrucht nicht verborgen, da sie gebildet ist im Mutterleibe; deine Hände haben sie ja bereitet, was sie um und um ist, du hast ihr Leben und Odem gegeben. Laß dein Aufsehen dieselbe bewahren. Behüte mich vor Furcht und Schrecken, und vor den bösen Geistern, die deiner Hände Werk gerne wollten verderben und zerbrechen. Gib ihr eine vernünftige Seele, und laß sie wachsen zu einem gesunden und unbefleckten Leibe, mit vollkommenen, gesunden Gliedern, und wenn Zeit und Stunde vorhanden ist, so entbinde mich in Gnaden. Gib mir Stärke und Kraft zur Geburt, befördere dieselbe mit deiner allmächtigen Hülfe, und lindere meine Schmerzen; denn es ist dein Werk, eine wunderthätige Kraft deiner Allmacht, ein Werk deiner Gnade und Barmherzigkeit. Gedenke an das Wort, das du sprachst: Du hast mich aus meiner Mutter Leib gezogen, auf dich bin ich geworfen von Mutterschooß an; du bist mein Gott von meiner Mutter Leibe an, du warst meine Zuversicht, da ich noch an meiner Mutter Brüsten war. Du bist ein Gott, der aller Menschen Noth weiß und siehet, und hast ja gesagt: Ein Weib, wenn sie gebieret, so hat sie Traurigkeit, denn ihre Stunde ist gekommen. Ach Herr! um dieses deines herzlichen Mitleidens und erbarmenden Herzens willen bitte ich, du wollest mir meine Angst, die du zuvorgesehen hast, lindern, und meiner lieben Leibesfrucht an's Licht helfen mit gesundem, lebendigem Leibe, und graden, wohlgebildeten Gliedern. Dir befehle ich sie in deine allmächtigen, väterlichen Hände, in deine Gnade und Barmherzigkeit, und lege sie dir, Herr Jesus Christus, in deine heiligen Arme, daß du auch diese meine Leibesfrucht segnest, wie du die Kindlein gesegnet hast, die sie zu dir brachten, da du sprachst: Lasset die Kindlein zu mir kommen, und wehret ihnen nicht, denn solcher ist das Himmelreich. Ach du getreuer Heiland, so bringe ich auch diese meine Leibesfrucht zu dir, lege du deine Gnadenhand auf sie; segne sie auch mit dem Finger deines heiligen Geistes, und begnade dieselbe, wenn sie auf diese Welt kommt, mit der heiligen, seligen Taufe; heilige und erneure sie zum ewigen Leben durch die Wiedergeburt, mache sie zu einer neuen Creatur, wasche und reinige sie mit deinem Blut. Laß sie auch ein Glied deines heiligen Leibes seyn, und deiner heiligen christlichen Kirche, daß aus ihrem Munde dir auch ein Lob zugerichtet werde, und sie ein Kind und Erbe des ewigen Lebens seyn und bleiben möge, durch dein heiliges bitteres Leiden und Sterben, und deinen heiligen Namen Jesus Christus. Amen.

---

27. Gebet einer Wittwe.

Ach du getreuer, hülfreicher, freundlicher und gnädiger Gott! der du dich selbst einen Vater der Waisen und einen Richter der Wittwen genannt hast; einen Vater der Waisen, dieweil sie keinen Vater auf Erden haben, der sie so herzlich liebet, wie seine leiblichen Kinder, der so emsig und fleißig für sie sorgt, wie ein leiblicher Vater, der ihnen ihre Nothdurft schafft, der sie erzieht, sie tröstet, sich über sie in Krankheit und Elend erbarmt, wie sich ein Vater über seine Kinder erbarmt. Dieß freundliche und holdselige Vateramt hast du dich erboten, auf dich zu nehmen; darum wirst du es auch an mir, an meinen und allen armen Waisen ganz väterlich und treulich verrichten, meine und alle arme Waisen väterlich lieben, versorgen, ernähren, erziehen, sie trösten, und dich über sie als ein lieber Vater erbarmen. Einen Richter der Wittwen hast du dich genannt, weil dieselben viel von der ungerechten Welt leiden müssen, und keinen Schutz noch Trost haben, und als Elende, Trostlose, Verlassene alle Wetter müssen über sich ergehen lassen. Darum bitte ich dich demüthig, weil du gesagt hast: Der Herr, der dich gemacht hat, ist dein Mann, der aller Welt Gott genannt wird; du wollest auch mich, als eine Trostlose und Verlassene, in deinen allmächtigen Schutz nehmen, und nicht zugeben, daß mir Gewalt und Leid von der bösen Welt geschehe, sondern mich und mein betrübtes Haus verwahren und umschränken mit deiner heiligen Verheißung: Du sollst die Wittwen nicht beleidigen, sie werden zu mir schreien, und ich werde ihr Gebet erhören, und dein Weib zur Wittwe, und deine Kinder zu Waisen machen. Laß dein Wort eine starke Mauer um mich und meine armen Waisen her seyn; erwecke fromme Herzen, die da bedenken, daß ein reiner und unbefleckter Gottesdienst sey, Wittwen und Waisen in ihrer Trübsal besuchen, das ist, mit Rath, Hülfe und Trost besuchen. Behüte mich, lieber Vater, vor den Lügenmäulern, vor falschen Zungen. Gib mir deine Gnade, daß ich in dieser meiner Einsamkeit meine Hoffnung auf dich allein setze, an dir all meinen Trost habe, dich mit wahrem Glauben und starker Zuversicht ergreife. Du wollest auch mein Mehl segnen, und meinen Kasten nicht lassen leer werden, wie der Wittwe zu Sarepta, die den Propheten Elias aufnahm, und meinen Oelkrug nicht lassen ausrinnen und vertrocknen, wie der armen Wittwe geschah, welche nach des Propheten Elisa Segen aus ihrem Krüglein alle ihre Gefäße füllte, und allein durch Gottes Wort und Segen mit ihren Kindern ernährt und erhalten wurde; auf daß ich erkenne, daß du mein Vater, Erhalter, Trost und Schutz bist, durch Jesum Christum, deinen lieben Sohn, unsern Herrn. Amen.

---

28. Gebet für die Amtswerke, und um göttliche Regierung.

Heiliger, barmherziger, allein weiser Gott und Vater, der du Alles nach deiner göttlichen Vorsichtigkeit und Weisheit ordnest und regierest, und deinen Knechten einem jeden sein Pfund vertrauest, unter welchen ich der geringste bin: siehe, ich bin zu gering aller der Barmherzigkeit und Treue, die du an mir thust. Denn wer bin ich, daß du mich hierher gebracht und in dies Amt gesetzt hast? Ich bitte dich demüthig, du wollest mir aus Gnaden vergeben, daß ich in diesem meinem Beruf zum öftern nachlässig gewesen bin, und nicht Alles nach deinem Wort und heiligen Willen verrichtet habe. Ach Herr! wende die Strafe von mir, da du sprichst: Verflucht sey, der des Herrn Werk nachlässig thut. Ach Herr, mein Gott, sey mir gnädig, und regiere mich hinfüro mit deinem heiligen Geist, daß ich die Werke meines Berufs und alle meine Sachen nach deinem göttlichen Wort richte, und darin vor allen Dingen suche die Ehre deines göttlichen Namens, die Beförderung deines Reichs und die Vollbringung deines heiligen Willens, und stets an das Wort gedenke: Wer mich ehret, den will ich wieder ehren. Gib mir den Geist des Raths, der Weisheit und des Verstandes, daß ich in meinen Rathschlägen nicht irre. Laß den Engel des großen Raths meinen Lehrmeister und Rathgeber seyn; denn welcher Mensch weiß Gottes Rath, und wer kann denken, was Gott will? Denn der sterblichen Menschen Gedanken sind mißlich, und unsere Anschläge sind gefährlich. Darum sende du deinen heiligen Geist aus der Höhe, der mich lehre, was dir gefällt, daß mein Thun auf Erden richtig werde. Erleuchte du meinen Verstand mit deinem göttlichen Licht; denn du erleuchtest meine Leuchte, du, Herr, mein Gott, machst meine Finsterniß licht. Sende deine Weisheit, daß sie bei mir sey und mit mir arbeite. Sende deinen Engel vor mir her, der zu allen meinen Geschäften mir den Weg bereite, und alle Hindernisse aus dem Wege räume, wie du diese Gnade erzeigt hast allen deinen getreuen Dienern von Anfang her. Mache mich auch tüchtig zu dem Amt und den Werken, die ich verrichten soll; denn das Vertrauen habe ich zu dir, nicht daß ich von mir selber tüchtig sey, Rath zu finden, sondern du wollest mich berathen, als ein Werkzeug und Gefäß deiner Gnade, daß ich die Gaben, so du mir vertraut hast, recht möge gebrauchen, dir zu Ehren und zum Nutzen meines Nächsten. Und weil ich weder Anfang, Mittel, noch Ende verstehe, wie ich mein Amt führen soll, so mache du, mein lieber Gott, den Anfang, regiere das Mittel, und segne das Ende, und gib einen glücklichen Fortgang und gedeihlichen Ausgang. Denn du hast Alles in deinen Händen, darum schaffe du, was ich vor oder hernach thun soll, und halte deine Hand über mir. Gib Gnade und Segen, daß mir Alles nach deinem Willen möge von Statten gehen, wie einem Joseph und Daniel. Wehre und steure des bösen Feindes List und Betrug, daß er mich an dem Guten, das ich thun soll, nicht verhindere, oder ihm schade. Halte selber, o du Hüter Israel, Wache und Hut über mich, und bewahre meinen Eingang und Ausgang, von nun an bis in Ewigkeit. Amen.

Das fünfte Gebot.
29. Gebet um Sanftmuth.

Ach Herr Jesus Christus! du übergütiges, sanftmüthiges, holdseliges, freundliches, mildes und liebreiches Herz! ich bekenne und klage dir, daß ich leider! von Natur zu Zorn und Rachgier geneigt bin, dich auch, o du Langmüthiger, und meinen Nächsten damit oft beleidigt habe. Ach! vergib mir solchen meinen ungerechten Zorn, Eifer, Rachgier und Feindschaft, damit ich mein Herz, ja Leib und Seele befleckt und verunreinigt, auch dem Satan und seinen Werken in mir Raum und Statt gegeben habe. Nimm die harte Strafe von mir, die du dräuest: daß die Zornigen und Todtschläger des höllischen Feuers schuldig sind, und das Reich Gottes nicht ererben sollen. Gib mir, o du sanftmüthiges Herz! deine heilige Sanftmuth, lehre mich meinen Zorn und alle böse Neigungen dämpfen, und durch Langmuth überwinden. Gib, daß dein Wort in mir kräftig sey, und mein Herz reinige und ändere, da du sprichst: Lernet von mir, denn ich bin sanftmüthig; und abermal: Selig sind die Sanftmüthigen, sie werden das Erdreich besitzen; selig sind die Friedfertigen, sie werden Gottes Kinder heißen; selig sind die Barmherzigen, sie werden Barmherzigkeit erlangen. Ach! besprenge mein Herz mit der Gelindigkeit deiner Sanftmuth, daß ich nach deinem Exempel gelinde sey gegen Jedermann, meine Beleidiger nicht wieder beleidige, meine Verfolger nicht wieder verfolge, nicht wieder schelte, wenn ich gescholten werde, nicht drohe, wenn ich leide, sondern es dem heimstelle, der da recht richtet, und dem die Rache gebe, der da sagt: Die Rache ist mein, ich will vergelten, spricht der Herr. Gib, daß ich aus wohlthätiger, gelinder Sanftmuth meine Feinde speise, wenn sie hungert, und sie tränke, wenn sie dürstet. Denn so thust du mir, o freundlicher, langmüthiger Herr Jesus Christus! Wie viel Gebrechen hältst du mir zu gut! wie viel Sünden vergibst du mir! deckest zu, heilest, duldest und trägst dieselben, und thust mir über das noch unzählig viel Gutes, und überwindest mich mit Wohlthaten und Güte, hörest nicht auf, mir Gutes zu thun, und lässest dich meine Undankbarkeit und Bosheit nicht von deiner Güte abwenden. Ach, gib mir auch ein solch freundliches, gütiges Herz, daß ich mich das Böse nicht lasse überwinden, sondern das Böse mit Gutem überwinde. Gib, daß ich meines Nächsten Schwachheit mit Gelindigkeit tragen möge, daß ich nicht Raum gebe dem Lästerer, auch, so mich Jemand beleidigt, ihm nicht fluche, noch Böses wünsche; sondern segne, die mir fluchen, für die bitte, so mich beleidigen, Gutes thue denen, so mich verfolgen, auf daß ich ein Kind sey unsers himmlischen Vaters, der seine Sonne läßt aufgehen und scheinen über Gute und Böse. Gib mir einen stillen, sanftmüthigen, friedfertigen, gewissen, neuen Geist, daß ich keinen Groll und Widerwillen in meinem Herzen behalte, daß ich die Sonne über meinem Zorn nicht lasse untergehen, daß ich mich nicht freue, wenn es meinen Feinden übel geht, sondern Mitleiden mit ihnen habe, und keine Feindschaft im Herzen, in Gebärden, Angesicht, Worten und Werken erscheinen lasse; gegen Jedermann seyn möge mit dem Herzen mitleidig, mit Worten freundlich, mit Gebärden holdselig, mit Werken wohlthätig, auf daß mein Gebet nicht verhindert, meine Hoffnung nicht zu Schanden, mein Gottesdienst nicht verwerflich werde, auf daß auch meine Schwachheit von Andern hinwieder mitleidig getragen werde. Ach! laß mich erkennen, daß ich noch viel größerer Schmach würdig bin, weil ich dich mit meinen Sünden in deiner Kreuzigung habe helfen schmähen, verspotten und verspeien. Vergib mir meine Sünde, und schleuß mein Herz in dein sanftmüthiges Herz, daß meine Seele in dir und in deinem Herzen ewig Ruhe finden möge. Amen.

---

30. Gebet wider den Zorn.

Ach du Herr Jesus Christus! du freundliches, langmüthiges, liebreiches, sanftmüthiges, geduldiges Lamm Gottes! du weißt und erkennest meine hochverderbte Natur besser denn ich selbst, wie sie durch den grimmigen Löwen, die alte giftige Schlange, den Satan, vergiftet und zerstört ist. Ach, wie ist dieser Affect unsers verderbten Herzens vor andern so heftig, so grimmig, so unsinnig! Wie bald ist doch ein Mensch zum Zorn zu bewegen, mit einem kleinen Lüftlein oder Wörtlein ist diese hitzige Leidenschaft aufgeblasen, also daß man oft im Augenblick vergißt, daß man ein Mensch ist, daß man sterblich ist! Im Augenblick ist erloschen alle Liebe, Barmherzigkeit, Sanftmuth, Geduld, Demuth, Langmuth, Gütigkeit, Freundlichkeit, Leutseligkeit, daran man sonst rechte, wahre Christen erkennt, und darin die Würde und der Adel menschlicher Natur besteht. Ach, wie bald ist durch den grimmigen Zorn aus dem schönen Bilde Gottes ein Bild des grimmigen Satans gemacht, Gottes Huld und Gnade verloren, der heilige Geist, der Geist des Friedens, betrübt, ja ausgestoßen, das Reich Gottes in unsern Herzen zerstört, welches ist Friede und Freude im heiligen Geist, die Seligkeit in die höchste Gefahr gesetzt, das Kennzeichen eines wahren Christen und Gliedes Christi verloren, der elende Leib gekränkt, die Kräfte der Gesundheit zerbrochen, Schlag, jäher Tod und viel andre Krankheiten verursacht, ja oft durch Zerrüttung der Sinne und Zerstreuung der Lebensgeister, die im Herzen wohnen, Wahnsinn erregt, sogar des ledigen Teufels Besitzung verursacht! Ach du freundlicher, gnädiger, langmüthiger Gott und Vater! lehre uns Bedachtsamkeit, daß wir zu solchem großen Unheil nicht Anlaß geben, und Leib und Seele durch den leidigen Zorn nicht in Gefahr stürzen. Gib uns Sanftmuth, daß wir die Sonne über unserm Zorn nicht lassen untergehen, daß wir auch nicht Raum geben dem Lästerer; daß wir mögen langsam seyn zum Zorn, denn des Menschen Zorn thut nicht, was vor Gott recht ist; so kann auch bei Zornigen keine Weisheit seyn, denn der Zorn verhindert Geist und Gemüth des Menschen, daß er nicht sehen und denken kann, was recht ist. So ist auch unter den Hoffärtigen und Ehrgeizigen immer Zorn und Zank. Ach! wir zürnen mit Andern so bald, und versehen es doch selber so leicht, daß wir selbst wohl alle Stunden Gnade und Erbarmung bedürfen. Ach, wie oft rächen wir uns selbst unbillig, ja unsinnig, und greifen dir in dein Gericht, und nehmen dir die Rache, so dir allein gebührt, daß sich oft deine Rache umwenden muß wider uns selbst! Ach, wie oft widerfährt uns etwas, das gar recht ist, nach deinem heimlichen Gericht und verborgenen Rath, darüber wir so hoch zürnen, dadurch du doch unsere Geduld und Demuth prüfen willst! Ach Gott! du bist allein gerecht, deine Rache ist billig; aber ich bin ungerecht, mein Urtheil ist oft unrecht, meine Rache ist sündhaft. O Herr Jesus Christus, du Brunn der Gütigkeit und Langmuth, du Richtschnur aller Tugend und Gelindigkeit! pflanze in mich deine Sanftmuth und Geduld, erneure und reinige mein Herz von den häßlichen Leidenschaften; gib mir ein menschliches Herz, und nimm das steinerne Herz hinweg; gib mir ein geistiges Herz, und nimm das fleischliche Herz hinweg. Laß uns deinem Exempel nachfolgen, wenn wir beleidigt werden, daß wir nicht wiederschelten, wenn wir gescholten werden, nicht drohen, wenn wir leiden, sondern es dir heimstellen, der du recht richtest. Laß uns deinem Exempel nach unsere Feinde lieben, und Gutes thun denen, die uns verfolgen, die segnen, die uns fluchen, für die bitten, die uns beleidigen; auf daß wir Kinder seyn mögen unsers lieben Vaters im Himmel, welcher seine Sonne läßt aufgehen über Gute und Böse, daß wir uns nicht lassen das Böse überwinden, sondern daß wir das Böse überwinden mit Gutem, um deines heiligen Namens willen. Amen.

31. Gebet für unsere Feinde.

Ach Herr Jesus Christus, du liebreiches, freundliches, sanftmüthiges Herz! du hast befohlen und gesagt: Liebet eure Feinde, segnet, die euch fluchen, thut wohl denen, die euch hassen, bittet für die, so euch beleidigen und verfolgen, auf daß ihr Kinder seyet eures Vaters im Himmel, der seine Sonne läßt aufgehen über Böse und Gute, und läßt regnen über Gerechte und Ungerechte. Ach himmlischer Vater! gib mir ein solches Herz, auf daß ich als dein Kind erfunden werde. Gib mir das Herz und den Sinn deines lieben Sohnes, meines Herrn Jesu Christi, daß ich auch mit ihm aus erbarmender Liebe sage: Vater, vergib ihnen! da er auch für die bat, ja sein Blut für die vergoß, die sein Blut vergossen. Ach mein Gott! tilge in mir aus allen Zorn, alle Rachgier und Ungeduld, daß ich allen meinen Feinden nicht allein gerne und von Herzen vergebe, ihnen nicht fluche, noch übel wolle, sondern sie segne, daß ich sie nicht hasse, sondern liebe, als deine Geschöpfe, für welche auch Christus, mein Herr, gestorben ist, und sein Blut für sie vergossen. Und wie du deine Sonne über sie lässest aufgehen, also gib mir, daß die Sonne meiner Liebe und Erbarmung über ihnen aufgehe, und daß der Regen meiner Gütigkeit auf sie fallen möge. Ach lieber Vater! gib ihnen wahre Buße und Bekehrung, daß sie dein Zorn und dein Gericht nicht übereile, daß sie nicht in ihrem Haß und Neid, Grimm und Zorn sterben. Lenke ihr Herz zur Sanftmuth und Demuth. Gib ihnen ein neues Herz, andern Sinn und Muth, mildere ihre Härtigkeit; du bist ja ein Gott aller lebendigen Geister, und hast aller Menschen Herzen in deiner Gewalt. Du kamst ja des Nachts im Traum zu Laban, dem Feinde Jacobs, und sprachst zu ihm: Hüte dich, daß du mit Jacob nicht anders denn freundlich redest. Du besänftigtest ja den zornigen Esau, daß er seinen Bruder Jacob freundlich und mit Thränen empfing. Du milbertest den Zorn Davids durch die Abigail, daß er den Nabel nicht erwürgte. Ach mein Gott! du zähmtest ja die Löwen, daß sie den Daniel nicht zerrissen, und hast ja gesagt: Die Wölfe werden bei den Lämmern wohnen, ein kleiner Knabe wird Löwen und Mastvieh mit einander treiben, und ein Entwöhnter wird seine Hand stecken in die Höhle des Basilisken; man wird nirgend verletzen noch verderben auf meinem heiligen Berge; denn das Land ist voll Erkenntniß des Herrn, wie mit Wasser des Meeres bedeckt. Auf diese deine Verheißung bitte ich: bekehre meine Feinde, daß sie nicht im Zorn umkommen. Ach mein Gott und Herr! lehre sie bedenken, wie schrecklich es sey, wegen eines zeitlichen Zorns deinen ewigen Zorn tragen zu müssen. Gib ihnen zu bedenken, daß sie durch den Zorn all ihr Gebet zur Sünde machen, und daß um ihrer Unversöhnlichkeit willen all ihr Opfer und Gottesdienst verworfen werde, wie das Opfer Kains. Lehre sie bedenken, daß der unbarmherzige Knecht in den ewigen Schuldthurm geworfen wird, ja, daß die, so vergeblich zürnen, Todtschläger sind, welche das ewige Leben nicht haben bei ihnen bleibend. Ach mein Gott und Herr! was ist mir mit ihrem zeitlichen und ewigen Schaden gedient? Ihr Zorn schadet ihnen selbst mehr denn mir, und ist ihr eigen Verderben und ihre Verdammniß; davor wollest du sie in Gnaden behüten. Mein Gott, es sagt ja dein Wort: Wenn Jemandes Wege dem Herrn gefallen, so macht er auch seine Feinde mit ihm zufrieden. Ach! vergib mir meine Sünde, erhalte mich in deiner göttlichen Furcht, denn du hast allein Gefallen an denen, die dich fürchten, und also werden mir auch meine Feinde versöhnt werden. Hilf, daß ich sie mit Liebe und Wohlthat überwinde, und feurige Kohlen auf ihr Haupt sammle, auf daß sie sich selbst erkennen, Buße thun, und nicht dem ewigen Feuer zu Theil werden. Davor wollest du sie, o barmherziger Gott! bewahren, durch Jesum Christum. Amen.

32. Gebet um christliche Barmherzigkeit gegen den Nächsten.

Ach du barmherziger, gnädiger, freundlicher, langmüthiger, geduldiger, liebreicher, holdseliger Vater im Himmel! ich klage und bekenne dir meines Herzens angeborne Unart und Härtigkeit, daß ich mich mit Unbarmherzigkeit und Unfreundlichkeit oft an meinem armen Nächsten versündigt habe, mich seines Elends und Unfalls nicht angenommen, kein rechtschaffenes, menschliches, christliches, brüderliches Mitleiden mit ihm gehabt, ihn in seinem Elend verlassen, nicht besucht, nicht getröstet, ihm nicht geholfen, und habe mich also von meinem Fleisch entzogen, darin ich nicht gethan als ein Kind Gottes; denn ich bin nicht barmherzig gewesen, wie du, mein Vater im Himmel, habe nicht bedacht, was mein Herr Christus sagt: Selig sind die Barmherzigen, denn sie werden Barmherzigkeit erlangen. Daraus denn gewißlich folgt: Unselig sind die Unbarmherzigen, denn sie werden keine Barmherzigkeit erlangen. Ich habe nicht bedacht das letzte Urtheil des jüngsten Gerichts: Gehet hin von mir, ihr Verfluchten, in das ewige Feuer; denn ich bin hungrig gewesen, und ihr habt mich nicht gespeiset, nackt, und ihr habt mich nicht gekleidet. Ach barmherziger Vater! vergib mir diese schwere Sünde, und rechne mir dieselbe nicht zu. Wende die schwere Strafe von mir ab, und laß kein unbarmherziges Gericht über mich ergehen, sondern nimm das barmherzige Herz deines lieben Sohnes an für meine Sünde, decke zu und vergiß meine Unbarmherzigkeit, um der Barmherzigkeit willen deines lieben Sohnes. Gib mir aber ein erbarmendes Herz, welches jammert meines Nächsten Elend, und laß mich bald und leicht zum Mitleiden bewogen werden, wie das edle Gemüth meines Herrn Jesu Christi ganz mitleidig ist, welchen unser Elend bald jammert und ihm zu Herzen geht. Denn wir haben nicht einen solchen Hohenpriester, der nicht könnte Mitleiden haben mit unserer Schwachheit; darum hat er müssen versucht werden in allen Dingen, gleichwie wir. Ach gib mir Gnade, daß ich meines Nächsten Kreuz und Elend helfe lindern, und nicht größer machen; daß ich ihn tröste in seiner Betrübniß, und Alle, so betrübten Geistes sind; mich erbarme über Fremdlinge, Wittwen und Waisen; daß ich gerne helfe, und nicht liebe mit der Zunge, sondern mit der That und Wahrheit. Der Sünder, sagt der weise Mann, verachtet seinen Nächsten; aber wohl dem, der sich des Elenden erbarmt. Gib mir ein solches Herz, o Vater, daß ich, gleichwie du, mit Gelindigkeit und vielem Erbarmen und Verschonen richte, auch keinen Ruhm suche in der scharfen Gerechtigkeit, sondern dieselbe nach Gelegenheit mildere mit Güte; denn die Barmherzigkeit rühmt sich wider das Gericht. Ach lieber Gott! du hast Gefallen an Barmherzigkeit, und nicht am Opfer. Ach! daß mich anziehen herzliches Erbarmen, Freundlichkeit, Demuth, Geduld, daß ich allen vergebe, wie mir Christus vergeben hat. Laß mich deine große Barmherzigkeit gegen mich erkennen; denn ich bin zu gering aller der Barmherzigkeit, die du von Mutterleibe an mir gethan hast. Deine Barmherzigkeit ist mir zuvorgekommen, da ich in Sünden lag, sie wartet auf mich, bis ich komme, sie umfähet mich, wenn ich komme, sie folgt mir nach, wo ich hingehe, und wird mich endlich zu sich aufnehmen in's ewige Leben. Amen.

---

33. Gebet um christliche Freundlichkeit gegen den Nächsten.

Ach du freundlicher, leutseliger Herr Jesus Christus! du Schönster unter den Menschenkindern! holdselig sind deine Lippen, lieblich ist deine Gestalt, ehrwürdig ist dein Angesicht, zierlich sind deine Gebärden, freudenreich deine Augen, hülfreich deine Hände, friedsam deine Füße, liebreich dein Herz, du Brunn der Gnade, du Gesegneter des Herrn! aller Ehren und Tugend voll, voll Gnade, voll Liebe! Du bist nie mürrisch noch gräulich gewesen gegen die Menschenkinder, du hast nie das zerstoßene Rohr zerbrochen, noch den glimmenden Tocht ausgelöscht. Ich klage dir meines Herzens Unart und Unfreundlichkeit gegen meinen Nächsten. Wie oft hat sich meine Gebärde gegen ihn verstellt! Wie oft hat sich die Bitterkeit meines Herzens gegen ihn durch meinen Mund ausgegossen! Wie oft ist der giftige Basiliske in meinen Augen gesessen! Wie oft habe ich zu meinem Bruder gesagt: Racha! und: du Narr! aus neidischem Herzen. Wie oft habe ich meinen Nächsten gehöhnt, und zu seiner Verachtung etwas erdichtet, mich schimpflich und spöttisch gegen ihn erzeigt, ja mit Mordpfeilen und giftigen Stichen ihn beleidigt und sein Herz verwundet! Ach! vergib mir solche schwere Sünde, und rechne mir dieselbe nicht zu; wende die Strafe von mir ab, denn damit habe ich Gott selbst gelästert; denn wer des Armen spottet, der lästert seinen Schöpfer. Auch bin ich damit der leidigen bösen Geister Art nachgefolgt, und ihren Spott, Grimm und Lästerung, ja das höllische Feuer verdient. Darum sey mir gnädig, und lehre mich heilsame Sitten und Erkenntniß, die dir wohlgefallen. Laß aus meinen Augen leuchten deiner heiligen Augen Lieblichkeit, aus meinem Munde deiner Lippen Holdseligkeit, aus meinem Angesicht deines Angesichts Freundlichkeit, daß sich mein armer Nächster meines Angesichts freue, meiner Lippen sich tröste, daß meine Zunge sey ein heilsamer Brunn des Lebens, und ein Balsam, der da heile die Wunden meines Nächsten; wie du solche Freundlichkeit mir täglich beweisest in deinem Wort, in welchem du mich tröstest, wie eine Mutter ihr Kindlein tröstet, und mir täglich mit holdseligen Lippen und

Worten zusprichst. Ach, wie freundlich bist du denen, die dich suchen, und den Seelen, die nach dir fragen! Du begegnest uns stets als ein freundlicher Bräutigam. Ach! mache mich deinem holdseligen Bilde auch ähnlich, daß ich mit Gelindigkeit verfahre gegen Jedermann, gegen Jeden handle mit Sanftmuth, und Jedermann begegne mit Gütigkeit, mit Rath erscheine denen, so mich bitten, mit Trost den Betrübten, mit Hülfe den Dürftigen, mit Freundlichkeit den Furchtsamen, mit Ehrerbietung den Tugendsamen; daß ich Niemand schade mit Worten, Niemand ärgere mit Reden, Niemand tödte mit meiner Zunge, Niemand betrübe mit meinen Lippen, Niemand erschrecklich sey mit meinen Gebärden, sondern mit Gelindigkeit trage die Schwachen, und durch Mitleiden und Erbarmen zudecke des Nächsten Gebrechen, in Betrachtung, daß ich auch ein Mensch bin; daß, wenn ich meiner Freunde Gebrechen erkenne, ich sie freundlich strafe, aber nicht hasse, sondern Geduld habe mit des Nächsten Schwachheit, Jedermann gerne höre, und freundlich antworte. Behüte mich ja vor dem grimmigen Zorn, daß sich meine Gebärden nicht verstellen, und dem grausamen höllischen Drachen ähnlich werden, sondern daß mein Angesicht erscheine als eines Engels Angesicht, voller Lieblichkeit und Holdseligkeit; denn das ist der beste Schmuck, eine rechtschaffene Schönheit, mit Tugend gezieret, und deine schöne Gestalt. O mein Erlöser Jesus Christus! mit dieser wollest du mich schmücken, bis ich gar in dein edles Bild vollkommen verklärt werde. Amen.

34. Gebet um christliche beständige Freundschaft.

Ach du allerliebster, du allergetreuester, du allerbeständigster, du allerwahrhaftigster Freund, Jesus Christus! der du dich mit ewiger Brüderschaft und Freundschaft mit uns verbunden und in Ewigkeit verlobt hast, in Gerechtigkeit und im Glauben: ach! wie untreu ist die Welt, wie falsch und verlogen ist die Freundschaft dieser Welt, wie unbeständig sind menschliche Herzen, und ändern sich mit dem Glück! Und weil ich ein Mensch bin, und meinen Kräften nichts zutrauen kann, ja auch oft Untreue und Falschheit meinem Nächsten bewiesen, so bitte ich um Gnade; rechne mir meine Unbeständigkeit nicht zu, laß mir nicht der Heuchler Lohn widerfahren, da du sagst: Der Herr hat Gräuel an den Blutgierigen und Falschen. Gib mir aber ein beständiges und getreues Herz gegen meine Freunde, daß ich sie in Kreuz und Armuth nicht verlasse, mich ihrer nicht schäme, wie du dich auch meiner nicht hast geschämt in meiner Armuth und in meinem Elend. Gib mir auch einen beständigen Freund, der es also mit mir meinen möge, wie mit sich selbst, und wie du es mit mir meinest, du mein liebster und ewiger Freund! mit dem ich reden möge, als mit mir selbst, ja als mit dir, du getreues Herz! Welch einen getreuen Freund hatte David an Jonathan und Husai, wie verbanden sich die Herzen mit einander! Ach, wie ist doch die höchste Freundschaft und Einigkeit in der heiligen Dreifaltigkeit! Wie hat Gott mit den Menschen Freundschaft gemacht durch deine Menschwerdung, o Herr Christus! und durch die Liebe des heiligen Geistes! Einen solchen Freund, o Herr Christus, gib mir, der dein Freund ist, der dich lieb hat, der mit dir Ein Herz und Ein Geist ist, der deinen Sinn hat, der mich nicht liebet mit der Zunge, sondern mit der That und Wahrheit, der sich meines Elends annimmt, als seines eigenen, der mich nicht liebt um Gutes, Ehre und Genießens willen, sondern von Herzensgrund, gleichwie du, mein Herr Christus, mich liebest um keines Nutzens willen, sondern aus lauter reiner Liebe und Erbarmung, ohne alle Vergeltung. Gib mir, o du höchster, werthester Freund! einen solchen wahren Freund, der meines Herzens und Sinnes sey, der mich nicht hasse um meiner Gebrechen willen, sondern mich freundlich schlage und strafe, und meine Gebrechen heile; das wird mir so wohl thun, als wenn man Balsam auf mein Haupt gösse; der auch meines Kreuzes nicht müde werde, dessen

Freundschaft auch nicht aufhöre, wenn Ehre, Gut und alles Zeitliche ein Ende hat, wenn mich die Welt verachtet, schmähet und verfolgt. O welch ein großer Schatz ist ein solcher Freund! Laß mich, o mein Herr und Gott! dich fürchten, daß ich einen solchen Freund bekommen möge; denn die Schrift sagt: Wer den Herrn fürchtet, der bekommt einen solchen Freund. Wehe dem, der allein ist! wenn er fällt, wer wird ihm wieder aufhelfen? Darum laß mich nicht ohne einen solchen Freund, o Herr, mein Gott! der mir aufhelfe, wenn ich falle, und lasse mich vor allen Dingen in deiner ewigen Liebe und Freundschaft bleiben ewiglich. Amen.

35. Gebet um Friede und Einigkeit.

Ach du holdseliger, freundlicher und leutseliger Gott! Gott des Friedens! Vater der Barmherzigkeit, und Gott alles Trostes! ich klage und bekenne dir meines Herzens Bosheit, daß ich sehr zu Zorn, Hader, Rachgier, Ehrgeiz und Hoffart geneigt bin, daraus eitel Unfriede und Uneinigkeit entsteht, und habe dich, du sanftmüthiger, langmüthiger, geduldiger Gott und Vater, oft beleidigt und meinen Nächsten betrübt. Ach vergib mir diese Sünde, und laß mich auch des Segens genießen, da du sagst: Selig sind die Friedfertigen, denn sie werden Gottes Kinder heißen. Diesen Fluch wende in Gnaden von mir ab; gib mir aber einen sanftmüthigen Geist, und die edle Langmuth, ein mildes, liebreiches und geduldiges Herz, freundliche Gebärden, holdselige Lippen, leutselige Beiwohnung und Gemeinschaft, daß ich Niemand beleidige, den edlen Frieden nicht störe, sondern so viel an u.... ist, mit allen Menschen Friede halte. Ach wie ist der Friede eine so edle Gabe! wie der köstliche Balsam, der vom Haupt Aarons herabfleußt in sein Kleid, wie der Thau, der von Hermon herabfällt auf die Berge Zion; daselbst hat der Herr verheißen Segen und Leben immer und ewiglich. Du heißest, o Herr Jesu! selbst Friedefürst; du hast die Friedfertigen deine Kinder genannt. So sind ohne Zweifel die Unfriedsamen des Teufels Kinder. Du hast uns im Frieden, durch Frieden, zum Frieden, mit Frieden berufen, da du sprachst: Friede sey mit euch! Die heiligen Engel haben uns diese edle Gabe gewünscht: Friede auf Erden, und den Menschen ein Wohlgefallen! Ach, wie heftig und herzlich bittest du, daß wir eins seyn mögen, gleichwie du mit deinem Vater, der Vater in dir, und du im Vater, also wir in dem Vater und dir, und du in uns! Ach, wie ist dis höchste Einigkeit in der heiligen Dreifaltigkeit! Darum, o du höchste Einigkeit, verbinde unsere Herzen in deiner Liebe, erweiche, lindere und sänftige alle harte Herzen. Erleuchte sie, daß sie alle Beleidigung bald vergessen und vergeben, wie du aus großer Güte bald vergissest und vergibst, und gereuet dich bald der Strafe. Ach gib, daß wir um des Friedens willen einander vergeben, wie du uns vergeben hast in Christo, auf daß unser Gebet nicht verhindert und zur Sünde werde. Ach laß uns den edeln Frieden lieber haben, denn unsere eigene Rachgier. Laß uns um des edeln Friedens willen nachgeben und weichen, daß wir diesen theuern Schatz bei uns behalten, und nicht von uns stoßen. Denn wehe dem Lande und Volk, von welchem Gott seinen Frieden hinwegnimmt; denn da nimmt er auch Gnade und Barmherzigkeit mit weg, daß sich Niemand über den Andern erbarmt, wie die Heiden, die von Christo und seinem sanftmüthigen Geist nichts wissen, sondern ergrimmen in ihrem Zorn wie Kain, der vom Teufel war; denn dieser ist ein Stifter alles Unfriedens. O Gott, wehre demselben, daß er nicht den Samen seines Zorns und seiner Uneinigkeit unter uns ausstreue, steure allen Friedhässigen und Friedestörern, zerstreue die Völker, die Krieg im Sinne haben, mache deren Rathschläge zu nichte, die Unfrieden stiften, die Böses im Sinne haben, und mit Unglück schwanger gehen. Laß uns den Frieden suchen und ihm nachjagen, du König des Friedens, und dein heilsamer, gesegneter Friede, o du heilige Dreieinigkeit, welcher höher ist, denn alle Vernunft, bewahre unsere Herzen und Sinne in Christo Jesu, unserm Herrn. Amen.

36. Gebet um den allgemeinen Frieden.

Barmherziger, gnädiger, gütiger Gott, Gott des Friedens, und Liebhaber des Lebens! wir erkennen und bekennen, welch ein großes Gut und hochtheurer Schatz der liebe Friede ist, ohne welchen kein Segen noch Gedeihen im Lande seyn kann, sondern eitel Verderben, Fluch und Schaden. Darum bitten wir dich von Herzen, du wollest alle christlichen Mächte vor Unfriede und Krieg, und diese Lande vor Verheerung und Verwüstung gnädig und mächtig bewahren, allen hohen Gewalthabern friedsame Gemüther, friedsame Rathschläge und friedfertige Räthe verleihen, welche vor allen Dingen Wahrheit und Frieden lieben. Ach gib uns gehorsame Herzen gegen dein Wort und unsere Obrigkeit, daß wir den edeln Frieden nicht selbst von uns treiben, sondern deiner herrlichen Verheißung theilhaftig werden, da du sprichst: Ihr sollt sicher in euerm Lande wohnen; ich will Frieden geben in euerm Lande, daß ihr schlafet, und und euch Niemand schrecke; ich will die bösen Thiere aus euerm Lande thun, und soll kein Schwert durch euer Land gehen. Ach Herr, erhebe dein Antlitz über uns, und gib uns Frieden; denn das ist ein herrliches Stück deines Segens. Ach Herr! treibe alle unsere Feinde zurück von unsern Gränzen, lege ihnen einen Ring in die Nase, und ein Gebiß in's Maul, und führe sie ihren Weg wieder hin, da sie hergekommen sind. Ach! laß uns hören dein gnädiges Wort, daß du Frieden zusagst deinem Volk und deinen Heiligen, auf daß sie nicht auf Thorheit gerathen. Laß deine Hülfe nahe seyn denen, die dich fürchten, daß in unserm Lande Ehre wohne, daß Güte und Treue einander begegnen, Gerechtigkeit und Friede sich küssen, daß Treue auf Erden wachse, und Gerechtigkeit vom Himmel schaue, daß uns der Herr Guts thue, damit unser Land sein Gewächs gebe, daß Gerechtigkeit vor dir bleibe und im Schwange gehe. Ach starker Gott! mache fest die Riegel unserer Thore, und segne deine Kinder darinnen. Schaffe unsern Gränzen Frieden, und sättige uns mit dem besten Waizen. Ach getreuer Gott! laß uns in Häusern des Friedens wohnen, in sichern Wohnungen, und in stolzer Ruhe. Nimm ja den Frieden nicht hinweg aus diesen Landen, sammt deiner Gnade und Barmherzigkeit. Du hast ja aller Könige und Fürsten Herzen in deiner Hand, und leitest sie wie die Wasserbäche; darum laß ihre Gemüther nicht uneins werden, sondern laß sie sich bald mit einander versöhnen, damit nicht Blut vergossen werde wie Wasser, daß das Land nicht voll Frevel und Ungerechtigkeit werde, Zucht und Ehre nicht ausgerottet, und der heilige Gottesdienst nicht vertilgt werde. Darum, o lieber Vater! sprich zu allen Königen und Fürsten: Friede sey mit euch! und laß deinen Frieden über ihren Landen ruhen, und laß uns Kinder des Friedens seyn. Habe du Gedanken des Friedens über uns, o lieber Gott, und nicht Gedanken des Leides, und gib uns das Gute, darauf wir hoffen. Denn du erhältst allein Frieden nach gewisser Zusage, darum verlassen wir uns auf dich; du bist der Herr, und Niemand mehr, der du das Licht machest, und schaffest Finsterniß, du machest den Frieden und schaffest das Uebel. Ach! gib uns gnädiglich, daß wir auf deine Gebote merken, auf daß du den Frieden ausbreitest, wie einen Wasserstrom. Ach Herr! es ist Alles gut und recht, was du thust; aber es sey immer Friede und Treue zu unserer Zeit. Du hast uns ja im Frieden berufen, lieber Vater, laß uns auch im Frieden leben. Denn du bist ja nicht ein Gott der Uneinigkeit, sondern ein Gott des Friedens. Darum gib, daß wir Frieden unter einander haben, auf daß du, o Gott des Friedens und der Liebe, bei uns bleibest. Ach lieber Vater! laß uns immer anschauen den schönen, lieblichen, himmlischen, göttlichen, ewigen Frieden, der in der ewigen Herrlichkeit bei dir ist. O du heilige Dreieinigkeit, bei dir ist der höchste Friede. Laß uns anschauen den schönen Frieden, welcher unter den heiligen Engeln ist. Laß uns anschauen die Einigkeit aller gläubigen Glieder der heiligen christlichen Kirche, unter dem einigen Haupt, unserm Herrn Jesu Christo, unserm Friedefürsten. Laß alle Menschen bedenken den schönen Segen, den du verheißen hast: Selig sind die Friedfertigen, sie werden Gottes Kinder heißen; selig sind die Sanftmüthigen, sie werden das Erdreich besitzen. Diesen Segen laß über uns walten, bis wir endlich in den ewigen Frieden aufgenommen werden, durch Jesum Christum, unsern Herrn. Amen.

---

37. Gebet wider den Neid.

Ach du gütiges, mildes, freigebiges, wohlthätiges Herz, Herr Jesus Christus! Es kommt ja alles Gute von dir, durch dich, aus dem Schatz deines ewigen, unvergänglichen Reichthums. Du theilest einem Jeden das Seine zu, nachdem du willst. Ist es doch dein Gut, und nicht mein Gut, was ein Andrer hat; habe ich's ihm doch nicht gegeben, sondern du hast es ihm und uns Allen aus Gnaden gegeben, was sie haben. Darum habe ich gar keine Ursache, meinen Nächsten zu beneiden wegen seiner Gaben; sind sie doch auch nicht sein, sondern dein. Ist es nicht eine große Untugend, deine Gaben hassen und beneiden, deine Mildigkeit und Geschenke mißgönnen? über welche ich mich billig freuen sollte, daß du deine Kirche, dein Erbe, deinen geistigen Leib so schön schmückest und zierest mit deinen Gaben; kann ich doch derselben auch genießen! Es ist ja ein begabter Mann ein Gemeingut; denn es ist ja eine Gemeinschaft der Heiligen, auf daß der ganze Leib Christi erbauet werde. Ach! welch eine große Sünde ist es, lieber wollen, daß du deine Wohlthaten behieltest und nicht austheiltest; und daß man sich nicht läßt wohlgefallen, und daran Genüge hat, wie du Alles nach deinem allein weisen Rath austheilest! Wir sollen dir, o Herr Christus, billig dafür danken, daß du Gaben empfangen hast für die Menschen; denn was du vom Vater empfangen hast, das gibst du uns wieder. Wer hat dir aber unter allen Menschenkindern etwas gegeben, das du ihm wieder vergelten müßtest? Du hast ja Alles, der Vater hat dir Alles in deine Hände gegeben, und du gibst uns Alles aus Gnaden; wir aber beneiden die, so etwas von deiner milden Hand empfangen!

Ach, welch ein teufliches Laster ist das! Der Teufel hat dir die Ehre im Himmel nicht gegönnt, und dir dieselbe rauben und auf deinem Stuhl sitzen wollen; was ist es denn Wunder, daß er auch keinem Menschen etwas Gutes gönnt, sondern er verderbete lieber und vergiftete alle deine Gaben, wenn er nur könnte. Er ist grundböse, der Brunn und Ursprung alles Bösen; darum kann er Niemand etwas Gutes gönnen. Du bist aber dagegen alles Gute, und der Brunn und ewige Ursprung alles Guten; darum gönnest du uns so viel Gutes. Ach mein Herr und Gott! laß mich ja dem Teufel durch den schändlichen Neid nicht gleich werden. Geuß in mein Herz deine Güte, deine Liebe, deine Treue, daß ich mich über deine Gaben, die du aus milder Güte unter uns austheilst, herzlich freue, und über alle Barmherzigkeit, die du an uns thust; daß ich ja einem Andern nicht, auch ein Andrer mir nicht meine Gaben verderbe, und mit Neid, Lügen, Lästerung und Verläumbung beschwere, sondern daß wir Alles, was du uns gegeben hast, dir zu Lob, Ehre und Preis gebrauchen, dich in deinen Wohlthaten erkennen, rühmen, ehren und preisen, in alle Ewigkeit. Amen.

Das sechste Gebot.

38. Gebet um Reinigkeit des Herzens.

Ach du edles, heiliges, reines, keusches, unbeflecktes, züchtiges Herz, Herr Jesus Christus, du Liebhaber der Reinigkeit, du Krone aller Ehre und Tugend! ich klage und bekenne dir meines Herzens angeborne Unreinigkeit, dadurch ich Leib und Seele oft befleckt habe, mit unreinen Gedanken, Worten und Werken. Ach! vergib mir, du reines, mildes, gütiges Herz, diese meine große Sünde, und wende die schwere Strafe von mir ab, so du den Unreinen dräuest. Denn so die selig sind, die reines Herzens sind, und Gott schauen werden, so werden die ohne Zweifel unselig seyn, die unreines Herzens sind, und werden Gott nicht schauen. Darum schaffe in mir, Gott, ein reines Herz, und verwirf mich nicht von deinem Angesicht, um meiner Unreinigkeit willen. Und weil ich erkenne, daß ich nicht anders kann züchtig leben, du gebest mir es denn, und solches zu erkennen ist auch eine große Gnade: so bitte ich dich demüthig, heilige und reinige mein Herz durch den Glauben, durch den heiligen Geist, durch die Buße und durch die neue Geburt, und stärke mich, daß ich den unreinen Geist in mir nicht lasse herrschen, oder mich von ihm einnehmen und besitzen lasse, wie ein unreines Haus, auf daß er nicht meine Seele beflecke, meine Gedanken vergifte, meinen Leib verunreinige. Lösche aus in mir die Flamme der Unzucht, umgürte meine Lenden und Nieren mit dem Gurt der Keuschheit, du keuscher, züchtiger und edler Bräutigam meiner Seele! Umfahe mein Herz mit deiner reinen Liebe, vereinige und vermähle meine Seele mit deinem keuschen Herzen. Erfülle mein Herz mit heiligen und reinen Gedanken, daß ich an deinem Leibe ein reines und unbeflecktes Glied sey und allezeit bleiben möge, damit ich nicht ein unreines Gefäß und Glied des Satans werde, ein Gefäß der Unehre und Schande, sondern ein Gefäß der Gnade und Ehre, und meine Gaben, die du in mich, als in ein Gefäß der Barmherzigkeit, gelegt hast, nicht verschütte und gar verliere; daß ich mich durch Zucht und Reinigkeit absondere von den unsaubern Geister, den Teufeln, und von allen unreinen Heiden, daß ich nicht ausgestoßen werde aus dem neuen himmlischen Jerusalem, sondern mit dir vereinigt bleibe, und Ein Geist, Ein Herz, Ein Leib mit dir sey, gleichwie du mich dazu in der heiligen Taufe gewaschen, geweihet und mit dem heiligen Geist gesalbt und geheiligt hast, zu deinem heiligen Tempel und zu deiner Wohnung. Ach! lehre mich bedenken, daß mein Herz ein Tempel und eine Wohnung sey des heiligen Geistes, daß ich Gottes Tempel nicht zerbreche, auf daß du mich nicht wieder zerbrechest, und daß ich ein Glied Christi bin, und aus mir selbst kein unehrliches Glied mache, und an meinem eigenen Leibe sündige. O du edler, keuscher, züchtiger Himmelsbräutigam, der du unter den Rosen der Reinigkeit weidest! weide meine Seele

mit deiner Erkenntniß und reinen Liebe, und treibe von mir alle unreine Gedanken, daß du mit deinem heiligen Geist in mir mögest wohnen, und die heiligen Engel bei mir bleiben mögen allezeit. Amen.

---

39. Gebet um Mäßigkeit und Nüchternheit.

Ach du heiliger und gerechter Gott! der du alle Dinge geordnet und in Zahl, Gewicht und Maaß gesetzt hast, auch befohlen, unser Herz nicht zu beschweren mit Fressen und Saufen, sondern allem unordentlichen Wesen uns zu entziehen: ich klage dir, daß ich oft meinen Leib beschwert habe mit Ueberfluß im Essen und Trinken, dadurch ich mich sehr versündigt habe an dir, meinem lieben Gott, an meinem Nächsten und an mir selbst. Vergib mir diese Sünde und dieses Aergerniß. Wende von mir die schwere Strafe, da du das Wehe dräuest den Säufern, und daß die Hölle ihren Rachen weit habe aufgesperrt, daß hinunterfahren beide, die Herrlichen und Fröhlichen. Ich bitte dich demüthig, o Herr Gott, Vater und Herr meines Lebens! behüte mich vor unzüchtigem Gesichte; wende von mir alle bösen Lüste; laß mich nicht in Schlemmen und Unkeuschheit gerathen, und behüte mich vor unverschämtem Herzen. Gib mir Lust und Liebe zur Mäßigkeit und Nüchternheit, auf daß mein Gebet nicht verhindert werde. Behüte mich vor dem bösen Laster der Trunkenheit, dadurch sich ein Mensch selbst zum unvernünftigen Vieh macht, dadurch deine Gaben, so du uns mehr zu unseres Leibes Nothdurft als zur Wollust geschaffen und gegeben hast, schändlich und ganz undankbar gemißbraucht werden zur Unehre deines Namens und zum Sündendienst; darüber die Creaturen seufzen und sich ängsten, und durch ihre Angst die Menschen bei ihrem Schöpfer verklagen, und wollten gerne frei seyn von dieser Eitelkeit und diesem Sündendienst, welchem sie wider ihren Willen unterworfen seyn müssen. Ach Gott, wie schwere Rechnung wird darauf folgen! Denn dadurch werden deine Güter verbracht, dadurch verliert und verderbt ein Mensch alle seine Gaben, die du ihm aus Gnade an Leib und Seele, an Ehre und Gut, an Weisheit und Verstand gegeben hast; dadurch wird alle Klugheit zerstört, der Verstand verfinstert, der heilige Geist vertrieben, Gottes Ungnade und Zorn erweckt, alle Amtsgeschäfte verhindert, versäumt, nachlässig und unweislich behandelt, alle Rathschläge der Weisheit zerrüttet, Unzucht erregt, viel Laster und Unrath gestiftet. Ach mein Gott! lehre mich solches bedenken, daß ich diesem Laster feind werde, dir mit Fasten und Beten dienen möge, und dir ein nüchternes Herz, nüchternen Geist und Seele allezeit in meinem Gebet opfere, damit meine Gaben täglich vermehrt werden, und mein Gebet dir allezeit möge wohl gefallen und gnädig erhört werden, durch Jesum Christum, unsern Herrn. Amen.

40. Gebet und Danksagung für die geistige Vermählung Christi mit unsern Seelen.

Ach Herr Jesus Christus! du Schönster unter den Menschenkindern, du holdseliger Bräutigam unserer Seele! du hast gesagt: Ich will mich mit dir verloben in Ewigkeit, ich will mich mit dir vertrauen in Gerechtigkeit und Gericht, ja im Glauben will ich mich mit dir verloben, und du sollst den Herrn erkennen. Ich danke dir von Herzen für deine inbrünstige, herzliche, heilige und reine Liebe, damit du mich allezeit geliebt hast. Du hast deine Liebe bewiesen in deiner heiligen Menschwerdung, da du menschliche Natur, das ist, menschlichen Leib und Seele in Einigkeit der Person angenommen, und mit deiner ewigen Gottheit unzertrennlich und unauflöslich in Ewigkeit vereinigt hast. Ach, welch eine tröstliche, liebliche und holdselige Vereinigung ist das, daß Gott Mensch, und Mensch Gott ist! Was könnte doch freundlicher und leutseliger seyn? Damit hast du bezeuget, daß du dich auch also mit mir und allen Gläubigen vereinigen wollest, daß wir mit dir Ein Fleisch und Bein, Ein Leib, Ein Geist und Herz werden sollen. Dazu hast du verordnet die heilige Taufe, und dadurch dich mit mir vereinigt, vermählt und verbunden, daß sie mir sey ein Bund eines guten Gewissens mit dir. Und weil du deine zarte, edle, menschliche Natur, die du angenommen, geheiligt hast, daß sie engelrein ist, ja mehr denn engelrein, ohne Makel und Sünde, lauter und unbefleckt, so hast du uns in der heiligen Taufe, weil du dich mit uns hast vermählen wollen, auch gereinigt durch das Wasserbad im Wort, und hast dir zugerichtet eine Gemeine, die heilig sey, die nicht habe einen Sündenflecken oder Runzel, sondern daß sie heilig sey und unsträflich. So rein und vollkommen rein hast du uns mit deinem Blut gewaschen (denn deine Reinigung ist vollkommen), daß kein Sündenflecken ist übergeblieben. Du hast uns auch mit dir durch den heiligen Geist vereinigt und zu Einem Leibe verbunden, und vereinigst uns auch mit dir durch das heilige Nachtmahl, durch Genießung deines heiligen Fleisches und Blutes, damit du dich uns gar zu eigen gibst, dein Leben, deinen Geist, dein Fleisch und Blut; ja deine Gottheit und Menschheit ist unser eigen, und du willst in uns seyn, und wir sollen in dir seyn. Du hast aus großer Liebe deinen heiligen Leib und dein Blut für uns geopfert am Stamm des Kreuzes. Weil du uns einmal lieb gewonnen, so hast du eine so beständige Liebe gegen uns, die stärker ist, denn der Tod; dein Eifer ist fest wie die Hölle, ihre Glut ist feurig und eine Flamme des Herrn, daß auch viel Wasser nicht mögen diese Liebe auslöschen, noch die Ströme sie ersäufen; und wenn Einer alles Gut in seinem Hause um die Liebe geben wollte, so gilt es Alles nichts. Ach, mein Freund, wie feurig ist dein Herz, wie wacker ist deine Liebe! Das ist die Stimme meines Freundes; siehe, er kommt und hüpfet auf den Bergen, und springet auf den Hügeln. Mein Freund ist gleich einem Reh oder jungen Hirsch. Mein Freund ist weiß und roth, auserkoren unter viel Tausenden. Sein Haupt ist wie das feinste Gold, seine Wangen wie die wachsenden Würzgärtlein. Seine Lippen sind wie Rosen, die mit fließender Myrrhe triefen. Seine Hände sind wie die goldenen Ringe voller Türkise. Sein Leib ist wie reines Elfenbein, mit Sapphiren geschmückt. Seine Beine sind wie Marmorsäulen, gegründet auf goldenen Füßen. Ach, du allerschönster Bräutigam! entzünde eine herzliche, innige, brünstige Gegenliebe in mir. Küsse mich mit dem Kuß deines Mundes. Erquicke mich mit Blumen deines edeln, lebendigen Geruchs, labe mich mit Aepfeln deiner Lieblichkeit. Lege deine linke Hand unter mein Haupt, und deine rechte Hand herze mich. Ach komm', mein Freund! in meinen Garten, und iß deiner edeln Früchte. Setze mich wie ein Siegel auf dein Herz, und wie ein Siegel auf deinen Arm; nimm weg aus meinem Herzen Alles, was deine Liebe in mir hindert. Entkleide meine Seele von aller Creatur- und Weltliebe; mache sie bloß und lauter von allen irdischen Dingen, daß du dich allein mit ihr vermählen und vereinigen könnest, daß du sie allein haben und besitzen mögest, und kein Andrer mit dir. Du schönster Hoherpriester im heiligen Schmuck! eine Jungfrau mußt du zur Gemahlin haben, die nicht mit der Welt und mit fremder Liebe befleckt ist; eine solche Seele nimmst du ganz an, und sie nimmt dich ganz an. Eine solche Seele hast du tausendmal lieber, denn ein lieber Buhle seinen Buhlen. Ueber eine solche Seele freuest du dich tausendmal mehr, denn sich ein Bräutigam freuet seiner Braut. Einer solchen Seele offenbarest du dich und dein ganzes Herz. Wer dich herzlich liebet, dem offenbarest du dich herzlich. Ach meine Seele! vergiß der ganzen Welt, und wende dich ganz zu deinem Bräutigam, so wird er Lust an deiner Schöne haben, so wird er sich mit dir recht vereinigen, und du wirst den Herrn erkennen. Er hat dir ja seine Liebe ganz gegeben, und dadurch sich mit dir ganz vereinigt; daß du dich aber mit ihm nicht ganz vereinigen kannst, das macht, daß du ihm deine Liebe nicht ganz gegeben hast. Ach, wie geht dieser liebste Bräutigam umher, und sucht eine liebende Seele, eine reine Jungfrau, mit welcher er sich vermählen möchte! Ach! er hat solche gläubige, heilige Seele so lieb, daß er tausend

Himmel verließe, und wohnete in einer solchen liebenden Seele. Mit derselben theilt er Alles gleich, Glück und Unglück, Leben und Tod. Er nimmt einer solchen Seele Kreuz auf sich, und trägt es, als wäre es sein eigen; er leidet mit ihr, arbeitet mit ihr, trauert mit ihr, weinet mit ihr. Er führt sie durch Kreuz und Trübsal, durch Hölle und Tod mit sich; und so wenig als Kreuz und Tod ihm seine menschliche Natur nehmen und von ihm abreißen können, so wenig können auch alle Trübsale, weder Schwert noch Hunger, weder Engel noch Fürstenthum, weder Hohes noch Tiefes, weder Gegenwärtiges noch Zukünftiges, weder Leben noch Tod, ihm eine solche Seele nehmen und von ihm scheiden; denn er hat sich mit derselben in Ewigkeit verlobt. Ach hilf, Herr Jesu! daß wir das erkennen, diese hohe Himmelsgesellschaft und königliche, ewige Vereinigung recht bedenken, und mit dir ewig verlobt, vermählt und vereinigt bleiben. Amen.

Das siebente Gebot.
11. Gebet um Gerechtigkeit.

Ach, du heiliger und gerechter Gott, der du auf deinem Stuhl sitzest, ein gerechter Richter! ich klage und bekenne dir, daß ich von Natur zu aller Ungerechtigkeit, Eigennutz, Eigenlob, Betrug und Falschheit geneigt bin, und habe deine Gerechtigkeit oft beleidigt und dawider gehandelt, wider mein Gewissen und wider meinen Nächsten, mehr auf mich und meinen Vortheil gesehen, als auf meinen armen Nächsten, auch oft ungerecht geurtheilt von meinem Nächsten, Lust gehabt zu seinem Schaden und Verderben, und sie nicht helfen verhüten. Ach! vergib mir solche meine Sünde, du gerechter Gott, der du aller Ungerechtigkeit feind bist, und ein Richter über alle gewaltsame Unbilligkeit. Wende die schwere Strafe von mir, da du sprichst: Ungerechtigkeit verwüstet alle Lande, und die Ungerechten sollen das Reich Gottes nicht erben. Auch miß mir nicht mit dem Maaß, damit ich Andern gemessen habe. Gib mir aber einen neuen, gewissen und beständigen Geist, der mich stets erinnere deiner Gebote, daß ich von denselben nicht abweiche; daß ich auch einen göttlichen Eifer habe wider alles ungerechte Wesen, wider alle Abgötterei, wider die Lästerung deines Namens, wider die Verläumbung meines Nächsten, wider alle Gewalt und Unbilligkeit; daß ich die Gerechtigkeit und Wahrheit helfe vertheidigen und schützen bis in den Tod, mich keines Menschen Furcht, Gunst oder Ungunst von der Gerechtigkeit lasse abwenden, keinem Heuchler und Liebkoser die Ohren aufthue, sondern Lust habe zur Aufrichtigkeit, und mit aufrichtigem Herzen dir dienen, auch mit redlichem Gemüth meinen Wandel unter den Leuten führen möge; daß ich, so viel an mir ist, beschütze und vertheidige die, so Gewalt leiden; daß ich auch nicht unter dem Schein der Gerechtigkeit meine eigenen Affecte herrschen lasse, keine Gewalt und Tyrannei übe; daß ich aus Erbarmen und Mitleiden, wenn es die Sache erfordert, Gelindigkeit gebrauche, und die Schärfe des Rechts mit Güte und Barmherzigkeit mildere; daß Güte und Treue einander begegnen, Gerechtigkeit und Friede sich küssen, daß Treue auf Erden wachse, und Gerechtigkeit vom Himmel schaue. Gib mir den Geist des Raths, der Erkenntniß, der Weisheit, des Verstandes, der Stärke, der Furcht Gottes, welcher über meinem Herrn Christo ruhete, daß ich nichts thue durch eigene Weisheit und Verstand, sondern durch deinen Rath; daß ich Niemand zu Gefallen die Wahrheit verschweige oder verläugne, auch Niemand zum Verdruß etwas thue, das nicht recht ist, sondern die Gerechtigkeit und Wahrheit liebe; daß mir Alles gefalle, was recht ist, und mißfalle, was unrecht ist; auf daß ich nicht den Lohn der Ungerechtigkeit empfahe, sondern in deiner heiligen Gerechtigkeit lebe und bleibe, auf daß ich an jenem Tage mit allen Auserwählten durch Christum die Krone der Gerechtigkeit ererben möge. Amen.

---

42. Gebet um christliche Mildigkeit.

Ach du gütiger, überreicher, milder Gott und Vater! der du uns täglich allerlei Gutes dargibst reichlich zu genießen, lässest nicht ab, uns Gutes zu thun, lässest dich unsere Undankbarkeit nicht abwenden von deiner Güte, und ist dir eine Lust, daß du uns Gutes thust: ich klage dir meines Herzens angeborne Kargheit und Unmildigkeit, daß ich leider! gegen meinen Nächsten ungütig bin, und ihm nicht so viel Gutes thue, als ich billig sollte. Wie oft habe ich mein Herz zugeschlossen, ob ich gleich gesehen habe meinen Bruder darben! Wie oft habe ich meine Ohren zugestopft, daß ich nicht gehört habe das Geschrei der Armen! Ach, verzeihe mir solche schwere Sünde, und wende die Strafe von mir, da du sagst in deinem Wort: Wer seine Ohren zustopft vor dem Schreien des Armen, der wird wieder schreien, und nicht erhört werden. Ach! schleuß ja dein Herz und deine milde Hand nicht wieder zu gegen mich. Gib mir aber ein freigebiges, mildes Herz, daß ich von Herzen freiwillig Gutes thue Jedermann, ohne Ansehen und Hoffnung der Wiedervergeltung, sondern allein aus reiner Liebe und um deiner Liebe und großen Güte und Wohlthat willen, die du an mir gethan hast und täglich thust. Laß mich erkennen, daß meine Güter nicht mein, sondern dein sind, und daß du mich zum Haushalter darüber gesetzt hast. Laß mich erkennen, daß ich nicht allein mit deinem Gut, welches dein, und nicht mein ist, schuldig bin, meinem Nächsten zu dienen, sondern auch mit meinem Leben. Ach! gib mir ein solches Herz, daß ich möge Schätze sammeln im Himmel, so die Diebe nicht stehlen, noch die Motten fressen; daß ich mir einen guten Grund lege auf's Zukünftige, daß ich den Segen des Ps. 41, 2. 3. 4 erlangen möge, da du verheißest Errettung zur bösen Zeit, Erquickung auf dem Siechbette, Erhaltung beim Leben, Wohlergehen auf Erden, Nichtgeben in die Hände der Feinde, und Hülfe in Krankheiten; wie auch, daß die Herrlichkeit des Herrn uns wird zu sich nehmen, und daß du die Wohlthaten behältst wie einen Siegelring. Darum verleihe mir Gnade, daß ich möge reichlich säen, auf daß ich reichlich einernte ohne Aufhören. Laß mich dein Wort bedenken, daß allezeit seliger sey Geben, denn Nehmen, und daß einen fröhlichen Geber Gott lieb habe, und mache, daß allerlei Segen bei bei ihm wohne. Lehre mich das Wort bedenken, das du sagst: Gebet, so wird euch gegeben; ein voll, gedrückt, gerüttelt und überflüssig Maaß wird man in euren Schooß geben. Gib mir ein solches Herz, daß ich glaube, daß die Mildigkeit und Erbarmung gegen die Armen sey ein dem Herrn geliehenes Geld, und er dafür wird wieder viel Gutes vergelten. Denn wie ein Schiff über's Meer fährt, und mit vielen Gütern beladen wiederkommt: also sind alle Almosen und Werke der Barmherzigkeit ein ausgesandtes Schiff, und werden mit vielen Gütern wiederkommen. Sie sind wie ein Same im Acker, der mit reichem Segen wieder hervorkommt. Hilf, daß ich sey wie ein fruchtbarer Baum, von welchem viel Leute die Früchte essen mögen. Laß mich ein Hündlein seyn, das dem armen Lazarus die Schwären leckt, auf daß ich in deinem Hause unter deinem Tisch auflesen möge die Brosamen deiner Barmherzigkeit, und in deinem Reich an deinem Tisch in jenem Leben mit dir essen und trinken möge in ewiger Freude und Herrlichkeit. Amen.

Das achte Gebot.
43. Gebet um Wahrheit.

Ach du wahrhaftiger Gott, der du Treue und Glauben hältst ewiglich! ach Herr Jesus Christus, der du bist die Wahrheit und das Leben! ach Gott heiliger Geist, du Geist der Wahrheit, der du uns in alle Wahrheit leitest! ich bekenne und klage dir, wie der Lügen- und Mordgeist mein Herz vergiftet hat, daß ich nicht allezeit Wahrheit und Frieden von Herzen geliebt habe. Ach! vergib mir diese meine Sünde, und wende die schwere Strafe von mir ab, da der Psalm sagt: Du bringest die Lügner um, der Herr hat Gräuel an den Blutgierigen und Falschen. Lehre mich bedenken, daß der Teufel ein Lügner ist, und ein Vater der Lüge, und ist in der Wahrheit nicht bestanden; wenn er Lügen redet, so redet er aus seinem Eigenen. Ach! behüte Herz und Mund vor dem Lügengeist, und gib mir den Geist der Wahrheit, der meinen Verstand erleuchte, daß, was ich mit demselben begreife, ich ohne alle Lüge, Falschheit und Irrthum verstehen und erkennen möge. Gib mir die Liebe der Wahrheit und ein wahrhaftiges Herz, daß ich mich selbst nach der Wahrheit richte und beurtheile, und mir selbst nicht schmeichle; daß ich kein falsches Herz habe, etwas zu denken oder zu wünschen wider die Wahrheit. Gib mir einen wahrhaftigen Mund, daß meine Lippen nicht trügen und falsch reden, und anders sagen, denn das Herz meinet, daß ich nicht verläumde oder Verläumder gerne höre. Laß mich treu und wahrhaftig seyn in meinen Zusagen, daß ich nicht etwas zusage, und doch den Willen nicht habe, dasselbe zu leisten. Gib mir Wahrheit, so in meinen Gebärden leuchte, daß ich keine heuchlerischen Sitten führe, die Hände küsse und im Herzen fluche; oder mit den Gebärden lüge und betrüge. Gib mir die Wahrheit meines Glaubens und Bekenntnisses, daß ich mit Freudigkeit dein Wort, die ewige Wahrheit, bekenne, dieselbe vertheidige und verantworte, auch keine Gefahr um der Wahrheit willen fliehe. Gib mir die Wahrheit aller christlichen Tugenden, daß ich nicht zum Schein, sondern von Herzen fromm sey, die Tugend ernstlich lieb habe, und daß mein Gottesdienst keine Heuchelei sey. Gib mir die Wahrheit im Gerichte, daß ich alle Dinge nach der Wahrheit beurtheile und richte, und von unrechten Urtheilen mich enthalte. Gib mir die Wahrheit in Gerechtigkeit, daß ich keine Person ansehe, sondern mit einem Jeden handle nach Wahrheit, Billigkeit und Gerechtigkeit; auf daß ich ein Kind der Wahrheit bleibe, dem Könige der Wahrheit diene, und von seinem Reich der ewigen Wahrheit nicht ausgeschlossen werde. Amen.

44. Gebet um Verschwiegenheit.

Ach, du unschuldiges Lamm Gottes, in dessen Munde kein Betrug erfunden ist, du zartes Herz und holdseliger Mund! ich klage und bekenne dir, daß ich oft mit meinem Mund gesündigt habe wider dich und meinen Nächsten, indem ich meine Zunge nicht allezeit zur Wahrheit und Gottes Lob, auch nicht zu meines Nächsten Erbauung gebraucht habe. Vergib mir diese große Sünde, und wende die schwere Strafe von mir ab, die du dräuest denen, so ihre Zunge mißbrauchen, dich dadurch verunehren und lästern, und dem Nächsten damit schaden, ihn ärgern und betrüben, daß dieselben kein Glück auf Erden haben sollen, sondern sollen verjagt und gestürzt werden. Gib mir aber einen stillen, sanften Geist, einen verschwiegenen Mund; lehre mich ein Schloß an meinen Mund legen, und ein festes Siegel auf mein Maul drücken, daß ich dadurch nicht zu Fall komme, und meine Zunge mich nicht verderbe. Herr Gott, Vater und Herr meines Lebens! laß mich nicht unter die Lästerer gerathen, und laß mich nicht unter ihnen verderben. O! daß ich meine Gedanken könnte im Zaum halten, und mein Herz mit Gottes Wort züchtigen, und daß ich mein nicht schonete, wo ich fehle, auf daß ich nicht Sünde anrichtete, und großen Irrthum stiftete, und viel Uebels beginge; damit ich nicht untergehen müßte vor meinen Feinden, und ihnen zum Spott werden. Ach, lieber Vater! lehre mich meine Zunge zähmen, und dieselbe regieren, daß ich mich nicht mit Worten vergreife, und wie die Gottlosen und Lästerer dadurch falle. Lehre mich bedenken, daß dein Wort sagt: Die Narren haben ihr Herz im Maul, aber die Weisen haben ihren Mund im Herzen. Wo viel Worte sind, da geht es ohne Sünde nicht ab; wer aber seine Lippen hält, der ist klug. Der Gerechten Zunge ist ein köstlich Silber. Ein wahrhafter Mund besteht ewiglich, aber die falsche Zunge besteht nicht lange. Falsche Mäuler sind dem Herrn ein Gräuel; die aber getreulich handeln, gefallen Gott wohl. Wer seinen Mund bewahrt, der bewahrt sein Leben; wer aber mit dem Maul herausfährt, der kommt in Schrecken. Eine heilsame Zunge ist ein Baum des Lebens, aber eine lügenhafte macht Herzeleid. Die Reden des Freundlichen sind Honigseim, trösten die Seele, und erfrischen die Gebeine. Mancher kommt zu großem Unglück durch sein eigen Maul. Ein loser Mensch strebt nach Unglück, und sein Maul brennt wie Feuer. Ein Böser achtet auf böse Mäuler, und ein Falscher gehorcht schädlichen Zungen. Ein bitterer Mensch trachtet nach Schaden; aber es wird ein gräulicher Engel über ihn kommen. Ein Narr, wenn er schwiege, würde weise geachtet, und verständig, wenn er das Maul hielte. Die Worte des Verläumders sind Schläge, und gehen durch's Herz. Tod und Leben sind in der Zunge Gewalt; wer sie liebet, der wird von ihrer Frucht essen. Wer seinen Mund und seine Zunge bewahret, der bewahret seine Seele vor Angst. Darum, o lieber Gott! lehre mich diese edle Tugend, die Verschwiegenheit. Thue aber meinen Mund auf, daß meine Lippen deinen Ruhm verkündigen; laß das meines Herzens Freude und Wonne seyn, wenn ich dich mit fröhlichem Munde loben soll, hier zeitlich und dort ewiglich. Amen.

Das neunte Gebot.
45. Gebet wider den Geiz.

Ach du gütiger, überreicher, milder, gnädiger, lieber Vater! ich bekenne und klage dir, daß der leidige Satan mein Herz mit dem schändlichen Geiz vergiftet und die Wurzel alles Uebels durch den Unglauben in mich leider! auch gepflanzt hat, daraus oft in meinem Herzen böse Früchte wachsen, als: Unbarmherzigkeit gegen den Nächsten, Vertrauen auf das Zeitliche, Begierde des unbeständigen Reichthums, mancherlei Versuchung und Stricke des Satans, viel thörichte und schädliche Lüste, welche des Menschen Herz versenken in Verderben und Verdammniß, und machen ihm viel Schmerzen. Ach, mein Gott und Vater! vergib mir solche große Sünde, weil ich mich dadurch von dir, meinem lieben Vater und Schöpfer, abgewendet habe zu den elenden Creaturen, und mit meinem Herzen von dir abgewichen bin, dich, die lebendige Quelle, verlassen, und die tödtliche

Mistlache gesucht habe. Ach! wende die schwere Strafe von mir ab; denn Geiz ist eine Abgötterei, und die sind verflucht, die mit ihren Herzen von dir weichen; die am Nichtigen hangen, verlassen deine Gnade. Reinige, o Gott, mein Herz von dieser Abgötterei, von diesem Fluch, und von der Liebe der Welt und alles zeitlichen Dinges, und verleihe mir Gnade, daß ich meine unsterbliche Seele nicht mit sterblichen, vergänglichen Dingen, als mit Koth und Unflath, beflecke und beschwere, welche ihre Lust, Liebe und Ruhe in dir allein haben sollte. Ach Gott! lehre mich bedenken, daß es ein großer Gewinn sey, gottselig seyn und sich genügen lassen; denn wir haben ja nichts in die Welt gebracht, darum offenbar ist, wir werden auch nichts hinaus bringen; wenn ich aber Nahrung und Kleider habe, so laß mir daran genügen, damit ich nicht vom Glauben irre gehe, und mir selbst viel Schmerzen mache. Laß mich als ein Kind Gottes, das zu himmlischen Dingen neugeboren ist, solche irdische Lüste fliehen, und nachjagen der Gerechtigkeit im Glauben, der Liebe, Geduld und Sanftmuth, daß ich kämpfe einen guten Kampf des Glaubens, und ergreife das ewige Leben, dazu ich berufen bin. Was du mir aber durch deinen Segen gegeben hast, damit laß mich zufrieden seyn, und gib, daß ich mein Herz nicht daran hänge und stolz werde, nicht hoffe auf den ungewissen Reichthum, sondern auf dich, den lebendigen Gott, der du uns reichlich allerlei zugenießen gibst; daß ich lerne Gutes thun, reich werde an guten Werken, gerne gebe und behülflich sey, daß ich nicht kärglich säe und kärglich einernte. Ach Herr! lehre mich bedenken, daß es ein Ende mit mir haben wird, und ich davon muß, und mein Leben ein Ziel hat. Ach wie gar nichts sind alle Menschen, die so sicher leben! Sie gehen dahin, wie ein Schemen, und machen sich viel vergebliche Unruhe; sie sammeln, und wissen nicht, wer es kriegen wird. Ach! laß mich meines Herzens Ruhe allein in dir haben, da die wahre Ruhe der Seele ist; denn im Zeitlichen ist eitel Unruhe. Die Liebe des Reichthums und der Creaturen sind schädliche, stachlichte Dornen, die das Herz stechen, verwunden und unruhig machen, den Samen des göttlichen Worts ersticken. Ach! laß mich in das Krüglein meines Herzens das rechte Himmelsbrod sammeln und bewahren, und dasselbe nicht mit Erde und Koth füllen. Laß mich meinen Schatz im Himmel haben, und nicht auf Erden; einen solchen, den mir die Diebe nicht stehlen, noch der Rost fressen kann. Laß mich meine unsterbliche Seele nicht mit sterblichem und vergänglichem Reichthum beschweren und füllen, sondern laß mich dieselbe weiden mit göttlicher, himmlischer, ewiger Speise, auf daß sie nicht von den irdischen Dingen als an einem schädlichen Gift sterbe, weil sie ewige Speise haben muß. Laß aber meine Seele mit ewigem, himmlischem Gut, ja mit dir, o Gott, allein vereinigt seyn und bleiben. Laß sie nicht mit dem Zeitlichen vereinigt seyn, auf daß sie nicht nach dem Abschied mit dem Satan, dem Gott dieser Welt, vereinigt bleibe. Ach mein Herr und Gott! laß mich deiner Allmacht vertrauen, daß du allein helfen kannst. Laß mich deine Weisheit bedenken, daß du Mittel und Wege weißt, wie du helfen kannst. Laß mich dein Vaterherz erkennen, daß du weißt, daß wir, deine Kinder, solches Alles bedürfen. Laß mich bedenken, daß du dich aller deiner Werke erbarmest, und hilfst beiden, Menschen und Vieh, und bist ein Gott alles lebendigen Fleisches. Es wartet Alles auf dich, daß du ihnen Speise gebest. Wenn du ihnen gibst, so sammeln sie, wenn du deine Hand aufthust, so werden sie mit Güte gesättigt. Dir sey Lob, Ehre und Preis in Ewigkeit. Amen.

Das zehnte Gebot.

46. Gebet wider die bösen Lüste des Fleisches, und daß ein Mensch seine Lust an Gott haben soll.

Ach du heiliger und gerechter Gott, der du liebest die Reinigkeit des Herzens, und hassest alle Unreinigkeit, hast uns auch berufen nicht zur Unreinigkeit, sondern zur Heiligung: ich klage und bekenne dir meines Herzens angeborne Unreinigkeit, so ein Brunn und die Hauptquelle aller

Sünden ist, und weiß, daß mein Inwendiges ein Gräuel ist vor deinen Augen. Denn befleckt ist mein Leib und meine Seele mit den fleischlichen Lüsten, die wider meine Seele streiten. Ach! das böse, unreine Herz macht alle meine Werke unrein, und befleckt sie, und du, Herr, aller Herzen Kündiger, willst alle meine Werke nach dem Herzen richten. Ich bin, o Herr, wie ein Unreiner, und alle meine Gerechtigkeit ist wie ein unfläthiges Kleid. Ach du heiliger Gott! verwirf mich nicht wegen meiner Unreinigkeit von deinem Angesicht, sondern verbirg dein Antlitz vor meinen Sünden, und tilge alle meine Missethat. Schaffe in mir, Gott, ein reines Herz und gib mir einen neuen, gewissen Geist. Du hast gesagt: Selig sind, die reines Herzens sind, sie werden Gott schauen. Daraus folgt, daß die unselig sind, die unreines Herzens sind, denn sie werden Gott nicht sehen. Und abermal: Befleißiget euch der Heiligkeit, ohne welche Niemand Gott sehen wird. Ach hilf mir, mein Gott! durch deine Gnade und deinen heiligen Geist, daß ich die bösen Lüste meines Herzens dämpfen und überwinden möge, daß in meiner Seele, als in einem schönen, klaren Spiegel, Gottes Bild erscheinen möge, und ich deiner göttlichen Natur theilhaftig werde, und du dich mit meinem Geist und meiner Seele mögest vereinigen, und Ein Geist mit mir werden, daß mich mein unreines Herz nicht von dir scheide und meine Seele sterbe. Denn eine jegliche böse Lust gebiert die Sünde, die Sünde aber den Tod. Ach! die böse Lust ist der verbotene Baum, wer davon isset, der wird sterben; und wenn die sündliche, fleischliche Lust vollbracht ist, so werden unsere Augen aufgethan, und wir sehen alsdann unsere Schande und Blöße. Ach behüte mich davor, du heiliger, gerechter Gott! gib mir die Stärke deines Geistes, daß ich mein Fleisch überwinde und zwinge, daß der Glaube und Geist in mir herrsche und den Sieg behalte. Gib mir, daß ich mein Fleisch kreuzige, sammt den Lüsten und Begierden. Auch so Alle, die ihr Fleisch kreuzigen, sammt den bösen Lüsten, Christo angehören, aber so Wenige sind, die dasselbe thun: ach! wie Wenige werden denn seyn, die Christo angehören! Darum gib mir, daß ich mich selbst hasse, selbst verläugne, absage alle dem, daß ich habe, und täglich meinem Fleisch und Blut und der Welt absterbe, auf daß der sündliche Leib aufhöre, und ich hinfort den Sünden nicht mehr diene, sondern dir, meinem lieben Gott, lebe. Ach mein Herr Christus! laß deine Dornenkrone und deine blutigen Striemen, deine Seelenangst und deine großen Schmerzen eine Arznei seyn meiner bösen Lüste. Laß mich erschrecken vor dem jüngsten Gericht, da alle Gedanken werden offenbar werden. Laß mich erschrecken vor der Höllenpein, die man bekommt für eine kurze Wollust; vor den unsaubern Geistern, die in solchem unreinen Hause ewig wohnen, wo es nicht gereinigt wird. Gib mir aber, daß ich meine Lust und Freude an dir haben möge, auf daß du mir Alles allein seyest und gebest, was mein Herz wünschet; daß ich mich in dir herzlich freuen möge, dich herzlich möge lieb haben, und dich, meinen Geliebten, in meinem Herzen und in meiner Seele allezeit bei mir wohnend haben möge; auf daß du dich für und für gebest in meine geheiligte Seele, sie erleuchtest, lehrest, leitest, tröstest, stärkest, heiligest, auf daß sie deine ewige Wohnung und dein Tempel seyn und bleiben möge. Amen.

47. Gebet um ein gutes Gewissen.

Ach Gott, aller Herzen Kündiger! wie hast du das Gewissen des Menschen so wunderbar gemacht, und verordnet zum Zeugen des Guten und Bösen, mit Furcht und Freudigkeit, mit Freude und Leid wunderlich begabt, daß es alle Menschen erinnere der Gerechtigkeit, und einen Jeden überzeuge, daß du ein gerechter Gott bist, vor welchem sich Jedermann fürchten müsse, daß du auch überall gegenwärtig seyest, vor welchem sich Niemand verbergen könne. Denn so man sich vor seinem eigenen Gewissen nicht kann verbergen, welches nur ein Richter und innerlicher, unbetrüglicher Zeuge ist eines einzigen menschlichen Herzens: wie sollte man sich vor dem allwissenden Gott verbergen, der ein Richter ist aller menschlichen Herzen? Ach, wie oft habe ich meinem eigenen Gewissen widerstrebt, demselben nicht gefolgt, ob es mich gleich erinnert, ermahnt und gestraft hat! Ich habe einen großen, schweren, unruhigen Zeugen wider mich selbst erweckt. Ach mein Gott! du wahrer und einziger Seelenarzt! der du heilest, die zerbrochenen Herzens sind, und verbindest ihre Schmerzen: heile mich, Herr! denn meine Gebeine sind erschrocken, und meine Seele ist sehr erschrocken. Ach! reinige mein Gewissen, Herr Jesu! mit deinem Blut von den todten Werken meiner Sünden, zu dienen dem lebendigen Gott. Heile die Wunden meines Gewissens, die mir schmerzlich wehe thun, geuß dein Gnadenöl hinein, den rechten Seelenbalsam, den heiligen Geist, der mich tröste, und mir die Seelenschmerzen lindere; daß ich nicht allzusehr erschrecke, daß nicht die Furcht vor deinem strengen Gericht mich in Verzweiflung stürze. Tilge aus die Handschrift, die wider mich ist, mit deinem Blute. Schreibe in die Tafeln meines Herzens und Gewissens, die ich zerbrochen habe, deine Gnade, Vergebung der Sünden, Gerechtigkeit, den Glauben, die Liebe, die lebendige Hoffnung, Geduld und Gebet, daß in meinem Gewissen, als in einem Spiegel, leuchte deine Gerechtigkeit, die aus Gnaden mir ist geschenkt durch den Glauben. Laß deine edeln Blutstropfen meine Seele zieren als die schönsten Rubinen. Die Kraft deines heiligen Opfers, Leidens und Todes erquicke mein Gewissen. Ach! du edler Weinstock, blühe in meinem Herzen und Gewissen, und vertreibe durch deinen Lebensgeruch alles Ungeziefer und höllisches Schlangengift, tödte den nagenden Herzwurm, und stille die Anklage der Sünde und des Gesetzes in mir. Laß mein Gewissen schmecken den rechten Freudenwein des heiligen Geistes, daß ich mich in dir allein erquicke und erfreue. O meines Herzens einige Freude und Ruhe! In mir selbst muß ich erschrecken und verzagen, in dir aber freuet und erquickt sich mein betrübtes Gewissen. Ach! laß mich empfinden, was der Psalm spricht: Darum freuet sich mein Herz, und meine Ehre ist fröhlich. Ach! laß mein Licht, das in mir ist, meinen Glauben, meine Liebe und Hoffnung, und deine Erkenntniß in mir, nicht finster werden und erlöschen, sondern laß es in dir und durch dich leuchten und helle werden, daß es mir Leib und Seele erleuchte wie ein Blitz, daß ich mit freudigem Geist vor dir erscheinen und bestehen möge vor deinem Angesicht. Ach, wie ist ein gutes Gewissen eine große Freudigkeit vor Gott und Menschen! Wie freudig sind die heiligen Märtyrer, so um der Gerechtigkeit und Wahrheit willen gelitten haben, zum Tode gegangen! Wer kann mich verklagen, wenn mich mein Gewissen lossspricht? Wer kann mich betrüben, wenn mich mein Gewissen erfreut? Dagegen aber, wer kann mich erfreuen, wenn mich mein Gewissen betrübt, ohne du allein, o meines Herzens Freude? Wer kann mich rechtfertigen, wenn mich mein Gewissen verdammt, denn du allein, o mein Erlöser Jesus Christus, in dessen Verdienst meine Gerechtigkeit besteht und gegründet ist? Ach mein Herr und mein Gott! laß mich diesen Schatz wohl bewahren, und wenn durch dein Blut mein Gewissen gereinigt ist, so laß mich durch deine Gnade dasselbe rein behalten, daß ich in dies geheiligte und reine Gefäß nichts Unreines lege, damit es nicht wieder befleckt und verunreinigt werde; sonst ist Leib und Seele befleckt. Laß mich aber einen guten Schatz hinein sammeln, welchen ich an jenem Tage hervorbringen möge, als Gutes aus dem guten Schatz meines Herzens. Ach du gerechter Gott, der du Herzen und Nieren prüfest, wie hast du dem Gewissen des Menschen beides, Himmel und Hölle zu erkennen gegeben, und die Unsterblichkeit der Seele! Denn ein gutes Gewissen ist der Himmel, und ein böses Gewissen ist die Hölle. So wunderlich hast du das Gewissen gemacht, daß ein jeder Mensch entweder seinen Himmel oder seine Hölle in ihm selbst haben und tragen muß. Und weil wir in diesem Leben mit Fleisch und Blut kämpfen müssen, auch wider die arge Welt, so hilf mir, lieber Gott, einen guten Kampf kämpfen, daß ich diese beiden edeln Schätze, den Glauben und das gute Gewissen, behalten möge. Laß mich durch die Ruhe meines Gewissens schmecken die Ruhe des ewigen Lebens, Friede und Freude in dir, o mein Herr und Gott, so wird mich keine Schmach der Welt betrüben, kein Verlust des Zeitlichen traurig machen, kein Verläumder beleidigen, keine Furcht erschrecken, keine Gewalt verletzen, keine Sünde verdammen, kein Teufel mit seinen feurigen Pfeilen überwinden. Amen.

48. Gebet um Erhaltung und Zunahme im Glauben, in christlichen Tugenden und heiligem Wandel.

Ach mein himmlischer Vater, von welchem alle gute Gaben und alle vollkommene Gaben von oben herab kommen, vom Vater des Lichts, der du in uns wirkest beides, das Wollen und Vollbringen, nach deinem Wohlgefallen! o Herr Jesus Christus, der du bist der Anfänger und Vollender des Glaubens! und o Gott heiliger Geist, der du wirkest Alles in Allem, nach deinem Wohlgefallen! ich bitte dich von Herzen, du wollest das gute Werk, das du in mir angefangen hast, vollführen, bis auf den Tag Jesu Christi, daß ich möge je mehr und mehr reich werden in allerlei Erkenntniß und Erfahrung, daß ich prüfen möge, was das Beste sey, auf daß ich sey lauter und unanstößig bis auf den Tag Christi, erfüllet mit Früchten der Gerechtigkeit, die durch Jesum Christum entstehen in mir zur Ehre und zum Lobe Gottes. Ach mein Gott! ich trage meinen Schatz in irdischem Gefäße; der Teufel, die Welt und mein eigen Fleisch plagen mich, und streiten wider meine Seele. Gib, daß ich ritterlich kämpfe, und den Sieg behalte, daß ich diese Feinde überwinde; daß ich meinen Leib gebe zum Opfer, das da heilig, lebendig und Gott wohlgefällig sey, und mich verändere durch Erneuerung meines Sinnes; daß ich prüfen möge, was da sey der gnädige, gute, wohlgefällige und vollkommene Gotteswille. Gib mir, o Herr Jesu! Kraft, nach dem Reichthum deiner Herrlichkeit, durch deinen Geist stark zu werden an dem inwendigen Menschen, daß du durch den Glauben in meinem Herzen wohnen mögest, und durch die Liebe eingewurzelt und gegründet zu seyn, daß ich lerne erkennen, wie hoch deine Liebe, wie tief, wie breit und lang dieselbe sey, und daß Christum lieb haben besser sey, denn alles Wissen, und ich erfüllet werde mit allerlei Gottesfülle. Ach mein liebster himmlischer Vater! es ist ja dein Wille, daß du keines verlierest von alle dem, was du deinem lieben Sohn gegeben hast; darum erhalte mich im Glauben, befestige mich in der Liebe, stärke mich in der Hoffnung; und wenn ich strauchle, so erhalte mich; wenn ich sinke, so reiche mir die Hand, und wenn ich aus menschlicher Schwachheit falle, so richte mich wieder auf; denn du hältst Alle, die da fallen, und richtest auf, die niedergeschlagen sind. Du speisest die Hungrigen, du lösest die Gefangenen, du machest die Blinden sehend, du behütest die Wittwen, du heilest, die zerbrochenen Herzens sind, und verbindest ihre Schmerzen. Ach du heilige Dreieinigkeit! komme zu mir, und mache Wohnung bei mir. Erfülle mich hier mit deiner Gnade, und dort mit deiner ewigen Herrlichkeit. Erhöre mein Gebet, gib mir deinen heiligen Geist, der mich mit deinem heiligen göttlichen Wort erleuchte, heilige, lehre, tröste, stärke, kräftige, gründe und erhalte zum ewigen Leben. Sende dein Licht und deine Wahrheit, daß sie mich leiten und bringen zu deinem heiligen Berge und zu deiner Wohnung. Laß mich einen guten Kampf kämpfen, daß ich den Glauben und ein gutes Gewissen behalten möge. Leite mich in deiner Wahrheit, und lehre mich; denn du ist der Gott, der mir hilft: täglich harre ich dein. Gedenke, Herr, an deine Barmherzigkeit und an deine Güte, die von der Welt her gewesen ist. Gedenke nicht der Sünden meiner Jugend, noch meiner Uebertretungen; gedenke aber mein nach deiner Barmherzigkeit, um deiner Güte willen. Ach Herr Jesu! gib mir wahre Buße, herzliche Reue und Leid über meine Sünden, eine göttliche Traurigkeit, die in mir wirke eine Reue zur Seligkeit, die Niemand gereuet; daß mein Herz bereitet werde, fähig zu seyn deines Trostes und der hochwürdigen Vergebung der Sünden. Gib mir den Geist der Liebe, der Sanftmuth, der Demuth, der Geduld, der

Das zehnte Gebot. Gebet um Erhaltung und Zunahme im Glauben.

Andacht, der Gottesfurcht, der Gnade und des Gebets, daß ich mit allen Heiligen besitzen möge dein Reich, ergreife deine Liebe und das ewige Leben. O Gott heiliger Geist! erleuchte mein Herz mit dem ewigen Lichte. Wende mein Herz ab von der Welt, von der Augenlust, Fleischeslust und hoffärtigem Leben, daß ich vergesse, was dahinten ist, und strecke mich nach dem, das davornen ist. Gib, daß ich den heiligen, hochgelobten Namen Gottes recht heilige, allezeit preise, nimmermehr lästere, in Verfolgung nicht verläugne, in Todesnoth bekenne. Gib, daß Gottes Reich in mir sey und bleibe, und des Teufels Reich zerstört werde. Behüte mich vor Lügen, vor Lästerung, vor Irrthum, Blindheit und Finsterniß. Wirke in mir Gerechtigkeit, Friede und Freude im heiligen Geist. Und der Friede Gottes, der höher ist, denn alle Vernunft, bewahre mein Herz und meine Sinne in Christo Jesu, meinem Herrn. Gib, daß ich den Willen Gottes gerne thue, und meinem fleischlichen Willen absage, und denselben tödte; und wenn mein letztes Stündlein kommt, so laß den ewigen Namen Jesu mein letztes Wort und Seufzen seyn, daß ich in ihm selig einschlafe und fröhlich am jüngsten Tage zum ewigen Leben möge auferstehen, durch Jesum Christum. Amen.

Ende des ersten Theils, oder der Tugendgebete.

Anderer Theil.

Dankgebete für die Wohlthaten Gottes, und unsers Herrn Jesu Christi, und des heiligen Geistes.

Wiederhole hier das 11. Gebet, um christliche Dankbarkeit, aus dem ersten Theil, aus dem andern Gebot.

1. Ein Morgensegen.

Barmherziger, gnädiger Gott, du Vater des ewigen Lichts und Trostes, dessen Güte und Treue alle Morgen neu ist! dir sey Lob, Ehre und Dank gesagt für das liebliche Tageslicht, und daß du mich in dieser finstern Nacht gnädig bewahret hast, mir einen sanften Schlaf und Ruhe verliehen. Laß mich nun auch in deiner Gnade und Liebe, unter deinem Schutz und Schirm wieder fröhlich aufstehen und das liebe Tageslicht nützlich und fröhlich gebrauchen. Vor allen Dingen aber erleuchte mich mit dem ewigen Licht, welches ist mein Herr Jesus Christus, daß er in mir leuchten möge mit seiner Gnade, mit seiner Erkenntniß. Bewahre in meinem Herzen das Licht meines Glaubens, mehre dasselbe, und stärke es, erwecke deine Liebe, befestige die Hoffnung, gib mir wahre Demuth und Sanftmuth, daß ich wandle in den Fußstapfen meines Herrn Jesu Christi, und laß deine göttliche Furcht in all meinem Thun vor meinen Augen seyn. Treibe von mir aus alle geistige Finsterniß und alle Blindheit meines Herzens. Behüte mich diesen Tag und allezeit vor Aberglauben und Abgötterei, vor Hoffart, vor Lästerung deines Namens, vor Verachtung deines Worts, vor Ungehorsam, vor dem leidigen Zorn, daß die Sonne diesen Tag nicht über meinem Zorn möge untergehen. Behüte mich vor Feindschaft, vor Haß und Neid, vor Unzucht, vor Ungerechtigkeit, vor Falschheit und Lügen, vor dem schädlichen Geiz, und vor aller bösen Lust und Vollbringung derselben. Erwecke in mir einen Hunger und Durst nach dir und deiner Gerechtigkeit. Lehre mich thun nach deinem Wohlgefallen, denn du bist mein Gott; dein guter Geist führe mich auf ebener Bahn. Laß mir begegnen das Heer deiner heiligen Engel, wie dem Jacob; thue ihnen Befehl, daß sie mich auf allen meinen Wegen behüten, mich auf den Händen tragen, daß ich meinen Fuß nicht an einen Stein stoße; daß ich stark werde, auf Löwen und Ottern zu gehen, und zu treten auf junge Löwen und Drachen. Ich befehle dir heute meine Gedanken, mein Herz, meine Sinne und alle meine Anschläge. Ich befehle dir meinen Mund und alle meine Worte. Ich befehle dir alle meine Werke, daß sie zu deines Namens Ehre gereichen, und zum Nutzen meines Nächsten. Mache mich zum Gefäß deiner Barmherzigkeit und zum Werkzeug deiner Gnade. Segne all mein Thun. Laß meinen Beruf glücklich fortgehen, und wehre allen denen, so ihn hindern. Behüte mich vor Verläumbung und vor den Mordpfeilen des Lügners. Ich befehle dir meinen Leib und meine Seele, meine Ehre und mein Gut. Laß mich deine Gnade und Güte allzeit behüten. Halte deine Hand über mich, ich gehe oder stehe, sitze oder wandle, wache oder schlafe. Behüte mich vor den Pfeilen, die des Tages fliegen, vor der Pestilenz, die im Finstern schleichet, vor der Seuche, die im Mittage verderbet. Segne meine Nahrung, gib mir, was dein Wille ist, zu meiner Nothdurft. Laß mich auch deine Gaben nicht mißbrauchen. Behüte uns Alle vor Krieg, Hunger und Pestilenz, und vor einem bösen schnellen Tod. Behüte meine Seele, und meinen Ausgang und Eingang, von nun an bis in Ewigkeit. Bescheere mir ein seliges Ende, und laß mich des jüngsten Tages und der Erscheinung der Herrlichkeit meines Herrn Jesu Christi mit Verlangen und Freuden warten. Gott der Vater segne mich und behüte mich! Gott der Sohn erleuchte sein Antlitz über mir, und sey mir gnädig! Gott der heilige Geist erhebe sein Antlitz über mich, und gebe mir seinen Frieden! Amen.

2. Ein Abendsegen.

Barmherziger, gnädiger Gott und Vater! ich sage dir Lob und Dank, daß du Tag und Nacht geschaffen, Licht und Finsterniß unterschieden, den Tag zur Arbeit, und die Nacht zur Ruhe, auf daß sich Menschen und Vieh erquicken. Ich lobe und preise dich in allen deinen Wohlthaten und Werken, daß du mich den vergangenen Tag hast vollenden lassen, durch deine göttliche Gnade und deinen Schutz, und desselben Last und Plage überwinden und zurücklegen lassen. Es ist ja genug, lieber Vater! daß ein jeder Tag seine eigene Plage habe; du hilfst ja immer eine Last nach der andern ablegen, bis wir endlich zur Ruhe und an den ewigen Tag kommen, da alle Plage und Beschwerde aufhören wird. Ich danke dir von Herzen für all das Gute, das ich diesen Tag von deiner Hand empfangen habe. Ach Herr! ich bin zu gering aller deiner Barmherzigkeit, die du an mir täglich thust. Ich danke dir auch für die Abwendung des Bösen, so mir diesen Tag hätte begegnen können, und daß du mich unter dem Schirm des Höchsten und Schatten des Allmächtigen bedeckt und behütet hast vor allem Unglück und vor schweren Sünden, und bitte dich herzlich und kindlich: vergib mir alle meine Sünden, die ich diesen Tag begangen habe, mit Gedanken, Worten und Werken. Viel Böses habe ich gethan, viel Gutes habe ich versäumt. Ach sey mir gnädig, mein Gott! sey mir gnädig! Laß heute alle meine Sünde mit mir absterben, und gib mir, daß ich immer gottesfürchtiger, heiliger, frömmer und gerechter wieder aufstehe; daß mein Schlaf nicht ein Sündenschlaf sey, sondern ein heiliger Schlaf, daß meine Seele und mein Geist in mir zu dir wache, mit dir rede und handle. Segne meinen Schlaf, wie des Erzvaters Jacob, da er die Himmelsleiter im Traum sah, und den Segen empfing, und die heiligen Engel sah; daß ich von dir rede, wenn ich mich zu Bette lege, an dich denke, wenn ich aufwache, daß dein Name und Gedächtniß immer in meinem Herzen bleibe, ich schlafe oder wache. Gib mir, daß ich nicht erschrecke vor dem Grauen der Nacht, daß ich mich nicht fürchten möge vor plötzlichem Schrecken, noch vor den Sturmwinden der Gottlosen, sondern süß schlafe. Behüte mich vor schrecklichen Träumen, vor Gespenstern und Nachtgeistern, vor dem Einbruch der Feinde, vor Feuer und Wasser. Siehe, der uns behütet, schläft nicht; siehe, der Hüter Israel schläfet nicht, noch schlummert er. Sey du, o Gott! mein Schatten über meiner rechten Hand, daß mich des Tages die Sonne nicht steche, noch der Mond des Nachts. Laß deine heiligen Wächter mich behüten, und deine Engel sich um mich her lagern und mir aushelfen. Dein heiliger Engel wecke mich zu rechter Zeit wieder auf, wie den Propheten Elias, da er schlief unter dem Wachholderbaum, wie Petrum, da er schlief im Gefängniß zwischen den Hütern. Laß mir die heiligen Engel erscheinen im Schlaf, wie dem Joseph und den Weisen aus Morgenland, auf daß ich erkenne, daß ich auch sey in der Gesellschaft der heiligen Engel; und wenn mein Stündlein vorhanden ist, so verleihe mir einen seligen Schlaf und eine selige Ruhe, in Jesu Christo, meinem Herrn. Amen.

3. Danksagung für das geoffenbarte Wort Gottes und die heiligen Sacramente.

Ach du getreuer, gnädiger und barmherziger Gott! ich danke dir für die große Gnade, Liebe und Treue, die du uns armen, elenden Menschen erzeigt hast durch die Offenbarung deines heiligen, göttlichen Worts, und die Einsetzung deiner hochwürdigen Sacramente. Der Geist des Herrn hat durch die Propheten geredet, und seine Rede ist durch ihren Mund geschehen; dadurch hast du dich uns zu erkennen gegeben, in welcher deiner Erkenntniß besteht das ewige Leben; dadurch hast du uns berufen zur Gemeinschaft deiner heiligen Kirche, und dein heiliges Evangelium ist eine Kraft Gottes, selig zu machen Alle, die daran glauben. Dadurch erweckst du in uns den Glauben, gibst uns den heiligen Geist, lässest uns Vergebung der Sünden verkündigen. Dadurch empfangen wir wahrhaftigen, lebendigen Trost in allem Kreuz, in Todesnoth; dadurch stillest du unser unruhiges Gewissen, dadurch erfreuest du unser trauriges Herz, dadurch speisest du unsere Seelen als mit dem rechten Himmelsbrod; dadurch machst du uns zu neuen Creaturen, dadurch kommst du zu uns, und machst Wohnung bei uns; dadurch linderst du unsere Todesnoth, daß wir den Tod nicht schmecken ewiglich; dadurch erleuchtest du unsere Seele, dadurch regierst und leitest du uns in unserm Beruf, und in dem Lauf unsers ganzen Lebens, als mit einer Leuchte auf unsern Wegen, und als mit einem Licht auf unsern Fußsteigen, daß unsere Tritte nicht gleiten. Ach Herr! wenn dein Wort nicht wäre mein Trost gewesen, so wäre ich vergangen in meinem Elende; denn es ist unsers Herzens Freude und Trost. Durch Gottes Wort werden wir geheiligt, und an Leib und Seele gesegnet. Darum, o Herr! wer dein Wort verwirft, der hat dich selbst verworfen und allen seinen zeitlichen und ewigen Segen, und kann mit nichten den Segen haben, sondern den ewigen Fluch; so verhält auch der Himmel seinen Thau, und das Erdreich sein Gewächs, so wird der Himmel Eisen, und die Erde Erz, und ist alle Mühe und Arbeit verloren. O Herr! ich danke dir für diesen edeln, theuern Schatz; denn das Gesetz des Herrn ist ohne Wandel, und erquicket die Seele; das Zeugniß des Herrn ist gewiß, und macht die Albernen weise; die Befehle des Herrn sind richtig, und erfreuen das Herz; die Gebote des Herrn sind lauter, und erleuchten die Augen. Die Furcht des Herrn ist rein, und bleibet ewiglich; die Rechte des Herrn sind wahrhaftig, allesammt gerecht; sie sind köstlicher denn Gold und viel feines Gold, sie sind süßer denn Honig und Honigseim; auch wird dein Knecht dadurch erfreuet, und wer sie hält, hat großen Lohn. Dein Wort, du Allerhöchster, ist ein Brunn der Weisheit, und das ewige Gebot ist ihre Quelle; wer dasselbe ehrt, der thut den rechten Gottesdienst, und wer es lieb hat, den hat Gott wieder lieb. Gottes Wort spricht: Ich bin wie die Cedern auf dem Libanon, und wie die Cypressen auf dem Gebirge Hermon. Ich bin aufgewachsen wie ein Palmbaum am Wasser, wie ein Rosenstock zu Jericho, wie ein schöner Oelbaum. Ich gebe einen lieblichen Geruch von mir, wie Zimmet, Myrrhen und Weihrauch. Kommet her Alle, die ihr mein begehret, und sättiget euch von meinen Früchten. Meine Predigt ist süßer denn Honig, und meine Gabe ist süßer denn Honigseim. Wer von mir isset, den hungert immer nach mir, und wer von mir trinket, den dürstet immer nach mir. Das ist das Buch des Bundes, mit dem höchsten Gott gemacht, nämlich das Gesetz Mosis; daraus ist geflossen die Weisheit, wie der Euphrat, wenn er groß ist, wie der Jordan in der Ernte, wie der Nil im Herbst. Es ist nie gewesen, der es ausgelernt hat, und wird nimmermehr werden, der es ausgründen mag; denn sein Sinn ist reicher denn irgend ein Meer, und sein Wort ist tiefer denn irgend ein Abgrund. Es fließen von ihm viel Bächlein in die Gärten; da werden die Bächlein zu großen Strömen, und die Ströme zu großen Wassern; denn seine Lehre leuchtet so weit als der lichte Tag, und scheinet frühe; auch schüttet sie Lehre und Weissagung aus, die ewig bleibt.

Für diesen hohen, theuern Schatz danke ich dir, Gott Vater, Sohn und heiliger Geist, hochgelobet in Ewigkeit! Amen.

4. Danksagung für die Liebe Gottes, auch Gebet um dieselbe.

Ach du barmherziger, gnädiger, leutseliger und freundlicher Gott! du Liebhaber der Menschen! ich danke dir von Grund meines Herzens für deine große, unaussprechliche, väterliche, herzliche Liebe, damit du, liebreicher Gott und Vater, mich allezeit geliebt hast. Du hast mich in deiner Liebe als in in deinem Herzen getragen, du denkst allezeit an mich, und vergissest mein nicht. Du sorgst für mich, hörst mein Gebet, zählst meine Thränen, siehst meine Seufzer, weißt alle meine Trübsal, erkennest mein Herz, und hast mir theure, werthe Verheißungen deiner Gnade und Hülfe, deines Trostes, der Vergebung der Sünden und des ewigen Lebens geoffenbart. Du hast mir deinen lieben Sohn geschenkt, und mich durch seine Menschwerdung lassen versichern deiner Huld und Gnade; durch sein heiliges Evangelium mich lassen lehren und trösten, durch sein Exempel mir Weg und Richtschnur eines heiligen Lebens gezeigt, durch sein Leiden und Sterben mich vom ewigen Tode erlöset; durch seine Auferstehung aus dem Tode gerissen, durch seine Himmelfahrt mir das Paradies eröffnet und eine Stätte im Himmel bereitet. Du hast mich durch deinen heiligen Geist erleuchtet, geheiliget, getröstet, gestärket, gelehret und erquicket, und mich durch ihn der Kindschaft Gottes und des ewigen Erbes versichert. Du hast mir nicht allein große Wohlthaten erzeigt, sondern dich mir selbst gegeben, mit deinem lieben Sohn und heiligen Geist. Wie kann ich dir für diese große Liebe genugsam danken? Sie ist größer denn Himmel und Erde; sie ist ewig, und hört nimmermehr auf; sie ist unendlich, höher denn der Himmel, breiter denn die Erde, tiefer denn der Abgrund, länger denn der Aufgang vom Niedergang. So hoch der Himmel über der Erde ist, lässest du deine Gnade walten über Alle, die dich fürchten. So ferne der Morgen ist vom Abend, lässest du unsere Uebertretung von dir seyn, und erbarmest dich über uns, wie sich ein Vater über seine Kinder erbarmet. Ach! gib mir ein solches Herz, daß ich deiner Liebe nimmermehr vergesse, darin gehe, liege, schlafe und wache, stehe und wandle, lebe und sterbe, in deiner Liebe wieder auferstehe, und darin ewig lebe. Denn deine Liebe ist das ewige Leben und die ewige Ruhe, und das ewige Leben ist nichts anders, denn deine ewige Liebe. Ach! laß dieselbe nimmermehr in meinem Herzen verlöschen, sondern immer größer werden, daß in meiner Seele nichts mehr sey, leuchte, lebe, scheine, denn deine Liebe; daß ich vor Liebe Thränen vergieße, wie Maria Magdalena, und dich mit Freuden aufnehme in das Haus meines Herzens, wie Zachäus. Ach! du hast Niemand jemals verschmähet, du Liebhaber der Menschen; verschmähe mich auch nicht. Ich bin zwar nicht werth, daß ich dich liebe, oder von dir geliebt werde, ich elender Wurm, ich unreines, todtes Wesen; mache du mich aber durch deine Liebe würdig. Neige mein Herz von aller Creaturliebe zu dir, auf daß du meine Liebe allein seyest, meine Freude, meine Hoffnung, meine Stärke, mein Licht, mein Heil, mein Leben, mein Arzt, meine Speise, mein Trank, mein Hirte, mein Schutz, meine Kraft, mein Schatz und ewiger Reichthum. O selig bin ich, wenn ich in deiner Liebe bleibe, damit du mich liebest! O heilig bin ich, wenn ich dich allezeit liebe! O unselig bin ich, wenn ich aus deiner Liebe falle! So verliere ich mein höchstes Gut, und komme von dem Licht in die Finsterniß, vom Leben in den ewigen Tod. O du reine göttliche Liebe! entzünde mein Herz, erleuchte meinen Verstand, heilige meinen Willen, erfreue mein Gedächtniß, und vereinige mich mit dir ewiglich. Amen.

5. Gebet um die Liebe Christi.

Ach mein Herr Jesus Christus! du edelster Liebhaber meiner Seele! verleihe mir deine Gnade, daß ich dich wieder von Herzen lieb habe, und spreche zu dir: Lieber Herr Jesu! laß mich in meinem Herzen nichts anders empfinden, denn deine Liebe. Nimm Alles aus meinem Herzen, was nicht deine Liebe ist; denn ich will nichts anders in meinem Herzen haben, denn deine Liebe. Ach wie freundlich, wie holdselig und süß ist deine Liebe! Wie erquickt sie meine Seele, wie ergötzt sie mein Herz! Ach! laß mich nichts anders denken, sehen, begehren, fühlen, empfinden, denn deine Liebe; denn sie ist Alles, sie hat Alles, sie begreift Alles, sie übertrifft Alles. Ach! ich begehre diesen edeln Schatz in mir ewig zu behalten. Laß mich auf dieser Hut stehen Tag und Nacht, und diesen Schatz fleißig und emsig bewahren, dafür sorgen, dafür beten; denn dies ist der Vorschmack des ewigen Lebens, der Vorhof des Paradieses. Ach mein Liebhaber! du bist um meiner Liebe willen verwundet; verwunde meine Seele mit deiner Liebe. Ach! dein köstliches Blut, aus großer Liebe vergossen, ist so edel, so durchbringend, daß es ein steinernes Herz wohl erweichen mag. Ach! laß dasselbe durch mein Herz dringen, auf daß auch deine Liebe mein Herz durchbringe; denn deine Liebe ist in deinem Blut. Ach! daß mein Herz sich aufthäte, zu empfahen und in sich zu trinken deine zarten und edeln Blutstropfen, die in deinem Todeskampf auf die Erde gefallen sind! Ach, daß sich die Brunnen meiner Augen aufthäten, und vor Liebe heiße Thränen vergössen, und ich dir so lange nachweinete, wie ein Kind, bis du mich holtest, auf deine Arme nähmest, dich mir zu schmecken gäbest, und dich mit mir vereinigtest durch die geistige, himmlische Vermählung, daß ich mit dir Ein Herz, Ein Geist und Ein Leib würde! Ach! ziehe mich nach dir, so laufe ich. Ach! daß ich dich küssen möchte in meinem Herzen, und aus deinem Munde deinen süßen Trost empfinden! Ach mein Trost, meine Stärke, mein Leben, mein Licht, mein Schatz, mein Heil, mein höchstes Gut, meine Liebe! vereinige mich mit dir; denn Alles, was ich ohne dich habe und außer dir, ist lauter Pein und Galle, Jammer und Herzeleid, eitel Unruhe und Sorge. Du aber bist meiner Seele einzige Ruhe, Friede und Freude; darum gib mir, daß deine edle, zarte Liebe immer und ewiglich in mir leuchte. Ach! das heilige Feuer deiner holdseligen Liebe entzünde mich durch und durch, das Feuer der Heiligkeit, das Freudenfeuer, die sanfte, liebliche Flamme, welche ohne alle Mühe, Sorge und Angst ist. Der edle Geruch deiner Liebe erquicke mich; ihr köstlicher Himmelsbalsam lindere und heile mein Herz, daß ich diesem edeln Geruch deiner Salbe unverhindert nachlaufe. Ach du schönster Liebhaber! was ist doch, das ich an deiner Liebe nicht habe? Sie ist ja meine Weide, mein volles Genüge, meine Speise und Trank, mein Himmelsbrod, mein süßer Wein, meine Freude, mein Friede, meine sanfte Ruhe, mein Leben, mein Licht, mein Heil, meine Seligkeit, mein Reichthum, meine Lust, meine Ehre, meine Zierde, mein Schmuck, meine Herrlichkeit. Ach! wenn ich deine Liebe verliere, was habe ich dann? Bin ich dann nicht nackt und bloß, arm und elend? Ach! so laß mich nach dir weinen, und dich mit Thränen suchen, wie Maria Magdalena, und nicht aufhören, bis ich dich finde; denn du hast mich je und je geliebt, darum hast du mich nach dir gezogen aus lauter Güte. Ach! laß deine Liebe mich allezeit leiten, daß sie bei mir bleibe, und mich wieder hole, wenn ich irre, mich lehre in meiner Unwissenheit, meine Weisheit sey in meiner Thorheit, mich bekehre, wenn ich sündige, mich halte, wenn ich strauchle, mich aufrichte, wenn ich falle, mich tröste, wenn ich betrübt bin, mich stärke, wenn ich schwach bin, den glimmenden Tocht meines Herzens anblase, wenn er verlöschen will, mich zu sich nehme, wenn ich abscheide, und mich ewiglich bei sich behalte. Amen.

6. Danksagung für die ewige Gnadenwahl in Christo.

Ach du barmherziger, gnädiger, gütiger Gott! wie hast du den Reichthum deiner Gnade in deinem lieben Sohn Jesu Christo so mild, so reichlich, so überflüssig für uns arme, unwürdige, verlorene und verdammte Menschen ausgetheilt, und bist all unserm Verdienst zuvorgekommen! Du hast uns geliebt in deinem Geliebten, ehe der Welt Grund gelegt ist. Deine Barmherzigkeit geht über alle Menschen; du willst nicht, daß Jemand verloren werde, sondern daß sich Jedermann zur Buße kehre und lebe. Du willst, daß allen Menschen geholfen werde, und sie zur Erkenntniß der Wahrheit kommen. Darum hast du deinen lieben Sohn der Welt geschenkt und geoffenbart, und in deiner ewigen Gnadenwahl verordnet, alle die selig zu machen, die an ihn glauben. Derhalben hast du ihn für die Sünden der Welt dahingegeben, und auf ihn, als das unschuldige Lamm Gottes und einzige Versöhnopfer, alle unsere Sünden gelegt, dieselben zu tragen, hinweg zu nehmen, und die Welt zu versöhnen; darum ist er eine Versöhnung für der ganzen Welt Sünden. Er ist gekommen, zu suchen und selig zu machen, was verloren ist. Nun waren alle Menschen verloren, darum ist er gekommen, alle Menschen selig zu machen. Derowegen hast du, getreuer Gott, das Evangelium allen Völkern verkündigen lassen, und dein lieber Sohn hat Alle zu sich gerufen, die mühselig und beladen sind, daß er sie erquicke. Du hast auch zugesagt, durch dein Wort in uns den Glauben zu erwecken; denn dein Wort soll nicht leer wieder zu dir kommen, sondern Alles ausrichten, dazu du es gesandt hast; und hast es gemacht zur Kraft Gottes, gerecht und selig zu machen, die daran glauben; hast auch zugesagt, die Gläubigen zu heiligen in der Liebe, auch dieselben zu erhalten im Glauben bis an's Ende, also daß deine Schafe Niemand soll aus deiner Hand reißen, und daß du das gute Werk, so du in uns hast angefangen, vollführen willst, bis auf den Tag Jesu Christi. Du hast auch deinen Gläubigen gnädigen Schutz verheißen wider den Teufel und die Welt, und so tröstliche Siegel deiner Gnade an dein Wort gehängt, die heilige Taufe und das Nachtmahl, daß wir an deiner Gnade nicht zweifeln sollen. Für die große Liebe, allgemeine Erlösung und Bezahlung unserer Sünden, für den allgemeinen Beruf, und für die Kraft deines göttlichen Worts, und den heiligen Geist, der in uns Glauben erweckt, weil der Glaube dein Werk ist; auch für die Erhaltung im Glauben, für die tröstliche Verheißung deiner ewigen Gnade, die nicht von uns weichen soll, obgleich Berge und Hügel hinfallen; auch für die tröstlichen Siegel der heiligen, hochwürdigen Sacramente danke ich dir von Herzen, und bitte, du wollest mich dabei erhalten, mich vor schweren Anfechtungen bewahren, und mein Herz sich gründen lassen auf deine unaussprechliche allgemeine Liebe, auf das allgemeine Verdienst meines Erlösers, auf die allgemeinen Verheißungen, für den Beruf und Trost der hochwürdigen Sacramente; welcher Wohlthaten du mich aus Gnaden auch hast theilhaftig gemacht, daran ich erkenne, daß ich dein auserwähltes Kind bin, in Christo vor der Welt aus lauter Gnade erwählet, und zur Kindschaft verordnet durch meinen Herrn Jesum Christum, in welchem du mich geliebet und mich mit deinem heiligen Geist versiegelt hast. Gib auch, daß ich heilig sey und unsträflich in der Liebe, zum Lobe deiner herrlichen Gnade, und versichere mein Herz nach deiner Verheißung, daß ich gewiß sey, daß mich weder Tod noch Leben, noch irgend eine Creatur scheiden kann von deiner Liebe in Christo Jesu, meinem Herrn. Amen.

7. Danksagung für die Schöpfung, Vorsehung und göttliche Regierung.

Allmächtiger, barmherziger Gott, Schöpfer und Erhalter Himmels und der Erde! ich danke dir von Herzen, daß du mich aus Liebe nach deinem Bilde geschaffen, dir zum Lob, Ehre und Preis, mit gesundem menschlichem Leibe und vernünftiger Seele. Ach mein Herr und Gott! wie schön, wie lieblich, wie heilig, wie gerecht hast du den Menschen anfänglich nach deinem Bilde erschaffen, seine Seele mit dem schönen Licht aller deiner göttlichen Tugenden erfüllt, seinen Verstand mit deiner vollkommenen Erkenntniß gezieret, seinen Willen mit vollkommenem Gehorsam, sein Herz mit vollkommener Liebe und Gerechtigkeit, ja den ganzen Menschen an Leib und Seele mit vollkommener Heiligkeit begabt und geschmückt, daß er dein heiliger Tempel, deine Wohnung, dein Sitz, deine Behausung seyn sollte in Ewigkeit! Ja, da der Mensch solche göttliche Herrlichkeit durch die Sünde verloren, hast du ihn zu solchem deinem Bilde wieder erneuert in deinem lieben Sohn, durch deinen heiligen Geist und durch die neue Geburt im Glauben, durch das Wort Gottes und die heiligen Sacramente. Dir sey ewig Lob und Dank für diese große Gnade, für die Schöpfung, für die Wiedergeburt und Erneuerung im heiligen Geist. Denn das sind mir starke und feste Gründe deiner großen Liebe. In dem allmächtigen Werk der Schöpfung haben deine Hände mich gemacht, was ich um und um bin; mit Haut und Fleisch hast du mich angezogen, mit Beinen und Adern hast du mich zusammengesetzt, Leben und Wohlthat hast du an mir gethan, und dein Aufsehen bewahret meinen Odem. Gedenke, Herr, an mich, daß ich deiner Hände Werk bin, daß du mich aus Lehm gemacht hast, und wirst mich wieder zu Erde machen. Du hast meine Nieren in deiner Gewalt, du warst über mir im Mutterleibe. Ich danke dir dafür, daß ich so wunderbarlich gemacht bin; wunderbar sind deine Werke, und das erkennet meine Seele wohl. Es war dir mein Gebein nicht verhohlen, da ich im Verborgenen gemacht ward, da ich gebildet ward unten in der Erde. Deine Augen sahen mich, da ich noch unbereitet war, und es waren alle Tage auf dein Buch geschrieben, die noch werden sollten, und deren keiner da war. Wie köstlich sind vor mir, Gott, deine Gedanken! wie ist ihrer so eine große Summe! sollte ich sie zählen, so würden ihrer mehr seyn, denn des Sandes. Wenn ich erwache, so bin ich noch bei dir. Ach du gütiger Gott! wie hast du mir zu gut so viel herrliche Creaturen geschaffen! Die heiligen Engel sind mir gegeben zu Leibwächtern und dienstbaren Geistern; die Sonne leuchtet und scheinet mir, die Luft

gibt mir Odem, das Feuer wärmt mich, das Wasser tränkt und reinigt mich, die Erde grünet und blühet mir, und bringt mir Speise, Arznei, Kleidung und so mancherlei Ergötzlichkeit, und es ist keine Creatur so schlecht und gering, sie zeigt mir den Schöpfer und seine Weisheit und Vorsichtigkeit. Es kann auch kein Sperling auf die Erde fallen ohne deinen Willen, viel weniger ein Mensch verderben; denn du hältst und trägst Alles mit deinem kräftigen Wort, du regierest Alles, du sorgest für Alles, vornehmlich aber für den Menschen, der in dir lebt und wandelt. Darum kann kein Haar von unserm Haupte fallen ohne deinen Willen. Denn so du die Sterne zählest und mit Namen nennst, so dir nicht verborgen ist, wie viel Sand am Meer, wie viel Tropfen im Regen sind, wie viel Tage der Welt werden sollen: so hast du auch die Tage meines Lebens, und was ein jeder Tag für Plage und Kreuz mit sich bringen soll, gezählt und abgemessen; hast auch verheißen, du wolltest bei mir seyn in meinem Kreuz und Elend, und mich herausreißen und zu Ehren machen. Dir sage ich Lob, Ehre und Dank für alle deine Wohlthaten. Lobet den Herrn, Himmel und Erde, Engel und Menschen, Sonne, Mond und alle leuchtende Sterne! Feuer, Luft, Wasser, Sturmwinde, die sein Wort ausrichten, Berge und Hügel, und alle fruchtbare Bäume, alle Vögel unter dem Himmel, alle Thiere im Walde und auf dem Felde! Könige, Fürsten, Jünglinge und Jungfrauen, Alte und Junge sollen loben den Namen des Herrn! Halleluja.

---

8. Danksagung für die holdselige Menschwerdung und Geburt unsers Herrn Jesu Christi.

O du holdseliger, freundlicher, leutseliger Gottessohn, Jesus Christus! du getreuer Liebhaber des menschlichen Geschlechts! dir sey ewig Lob, Ehre und Dank für deine gebenedeite Menschwerdung und Geburt, und für deine große Liebe und Freundlichkeit, daß du unser Fleisch und Blut an dich genommen, unser Bruder geworden bist, und Alles so hoch geehret, daß wir durch dich sind Gottes Kinder und Gottes Geschlecht geworden. Du großer König, Herr aller Herren, du höchster, mächtigster, gewaltigster, reichster Herr! wie hast du dir vermählt die niedrige, schwache, elende, armselige, menschliche Natur! wie hast du dieselbe so hoch erhöhet, daß du sie, wahrer Gott und Mensch, in Einigkeit deiner Person in den Thron und Rath der heiligen göttlichen Dreieinigkeit gebracht und gesetzt hast! Du hast menschlichen Leib und Seele an dich genommen, auf daß du uns an Leib und Seele hülfest und uns selig machtest. Die menschliche Natur war ganz verderbt durch die Sünde; siehe, wie ist sie in dir so hoch gereiniget und geheiliget! Sie war verflucht; siehe, wie ist sie in dir so hoch gesegnet, du gebenedeite Frucht des jungfräulichen Leibes! du Gesegneter des Herrn, in welchem alle Völker auf Erden gesegnet werden! Menschliche Natur war von Gott abgerissen; siehe, wie ist sie in dir so hoch mit Gott vereiniget! Menschliche Natur war vom Satan geschändet; siehe, wie ist sie in dir so hoch geehrt! Sie war unter dem Zorn Gottes; siehe, wie ist sie in dir so hoch geliebt! Ach! wie kann nun Gott mit uns zürnen, wie kann er unser Feind seyn, wie kann er uns verderben, so wir doch sein Fleisch und Blut sind? Niemand hat jemals sein eigen Fleisch gehasset. Wenn Gott ein Menschenfeind wäre, so wäre Gottes Sohn nicht Mensch geworden. Gleichwie nun das Band der Vereinigung göttlicher und menschlicher Natur unauflöslich ist in alle Ewigkeit: also hat Gott mit uns durch die Menschwerdung seines lieben Sohnes ein ewiges Bündniß gemacht, eine ewige Freundschaft, ewige Liebe, ewige Verdammniß, ewige Vereinigung, ewige Versöhnung, ewige Kindschaft, ewige Brüderschaft, ewigen Frieden zwischen Gott und Menschen gestiftet. Darum wurdest du, ewiger Gottes- und Menschensohn, unser Mittler, und hast beiderlei Naturen, göttliche und menschliche, angenommen, auf daß du zwischen Gott und uns handeln könntest, Gott versöhnen, unsere Noth erkennen und uns trösten könntest. Ach, du bist doch lauter Liebe, lauter Gnade, lauter Trost! Du bist das rechte Licht, das uns erleuchtet, der rechte Weg, der uns zum Vater führt, die ewige Wahrheit, die uns lehret, das ewige Leben, das uns lebendig macht, die ewige Liebe, dadurch Gottes Liebe zu uns kommt mit allen Gnadenschätzen, die ewige Gerechtigkeit in deinem Verdienst, dadurch wir selig werden, unser ewiger Hoherpriester, der uns segnet, der für uns bittet, der sich selbst für uns geopfert hat zum Versöhnopfer, zum Schuldopfer, zum Friede-Opfer; die vollkommene Zahlung und Genugthuung für unsere Sünden, ein gleichgeltendes, ja überflüssiges Lösegeld für unsere Missethat. Auf daß wir leben möchten, ist er das Leben selbst geworden; auf daß wir erleuchtet würden, ist das Licht selbst ein Mensch geworden; auf daß wir Trost hätten in unserm Elend, ist der Brunn alles Trostes vom Himmel in dieß Jammerthal geflossen; auf daß wir Gottes Kinder würden, ist Gottes Sohn Mensch geworden; auf daß wir selig würden, ist das Heil selbst Mensch geworden. Ach wie lieblich bist du mit deiner Gegenwart und Gemeinschaft, wie schön in deiner Gestalt, wie holdselig in Gebärden, wie freundlich in deiner Rede, du Schönster unter den Menschenkindern! Ach mein Freund! komme zu mir in mein Herz; mein Bruder! verschmähe mich nicht; mein Liebhaber! weiche nicht von mir; mein Bräutigam! umfahe mich mit deinem freundlichen Kuß; mein Herzgeliebter! vereinige dich mit mir; meine Liebe! schließe mich in dein Herz, und behalte mich ewig darin. Meine Liebe ist Mensch geworden, meine Liebe ist gekreuziget und für mich gestorben, auf daß sein Leben und Tod mich seiner Liebe versichere, mich mit ihm vereinige, daß ich in seiner Liebe lebe und sterbe, Ruhe, Friede, Trost, Sicherheit und ewige Seligkeit haben möge. Amen.

---

9. Danksagung für die heilige Taufe, und Gebet um ein heiliges neues Leben.

Ach Herr Jesus Christus! der du bist Anfang, Mittel und Ende unserer Seligkeit, und der du das Sacrament der heiligen Taufe gestiftet hast, auch dasselbe bezeuget in dem Werk der Erlösung, da aus deiner geöffneten Seite Blut und Wasser geflossen, daher St. Johannes sagt: Drei sind auf Erden, die da zeugen: der Geist, das Wasser und das Blut, und die Drei sind beisammen; hast auch dies Sacrament durch deine Taufe im Jordan, als durch dein eigenes Exempel, bestätigt und geheiligt: ich danke dir herzlich, daß du mich durch dieß Sacrament deiner heiligen christlichen Kirche einverleibt hast, und mich dadurch in die Gemeinschaft aller deiner himmlischen und ewigen Güter gesetzt, so du durch dein bitteres Leiden und Sterben erworben hast; hast mich dadurch von dem gräulichen Gift und Aussatz der Erbsünde gereinigt und abgewaschen, alle meine Sünde, Schuld und Missethat aus Gnaden vergeben, hast mich gereinigt durch das Wasserbad im Wort, und alle meine Uebertretung getilgt, daß nicht Eine ist übergeblieben, die mich könnte verdammen, so daß nun nichts Verdammliches mehr ist an denen, die in Christo Jesu sind; hast mich auch, weil die Sünde vergeben ist, erlöset vom ewigen Tode, und von Angst, Furcht und Schrecken des zeitlichen Todes, auch von der Gewalt des Teufels; weil du mich dir einverleibt hast, zu einem Gliede deines geistigen Leibes gemacht, mich in dein Gnadenreich versetzt, mich mit dir vermählet und in Ewigkeit verlobt hast. Und weil ich durch die Taufe dich angezogen, so bin ich mit deinem ganzen heiligen Gehorsam und Verdienst, deiner Gerechtigkeit, Heiligkeit und Unschuld, als mit dem Kleide des Heils und mit dem Rock der Gerechtigkeit bekleidet. Du hast mich durch das Bad der Wiedergeburt und Erneuerung im heiligen Geist neu geboren, aus einem Sünder einen Gerechten gemacht, indem ich auf deinen Tod getauft und der Frucht deines Todes theilhaftig geworden, deinem Gehorsam und Verdienst einverleibt, und demnach aus einem Kinde des Zorns ein Kind der Gnade geworden bin. Du hast mich aus einem armen, elenden, verlorenen Menschenkinde zum Gotteskinde gemacht, mir den heiligen Geist der Kindschaft gegeben, durch welchen wir rufen: Abba, lieber Vater! Du hast mich dadurch in deinen ewigen Gnadenbund aufgenommen, himmlischer Vater! und dich mit mir verbunden durch deine Verheißung, mein Vater zu seyn in Ewigkeit; hast mir auch geschenkt das Kindesrecht, nämlich das ewige, himmlische Erbe der Seligkeit. Du hast mir in der heiligen Taufe das höchste Gut geschenkt, deinen lieben Sohn, mit allen seinen Wohlthaten. Christus ist mein mit Allem, was er ist und hat. Was kann mir die Sünde thun? Ist doch Christus meine Gerechtigkeit! Was kann mir der Tod thun? Ist doch Christus mein Leben! Was kann mir der Teufel thun? Christus ist meine Stärke und mein Sieg! Was kann mir die Welt thun? Christus hat sie überwunden! Ja, mein Herr Christus hat mich schon selig gemacht, und mir alle Seligkeit geschenkt in der heiligen Taufe; darum warte ich in Gebuld der künftigen Herrlichkeit. Was kann mir Armuth, Elend, Kreuz, Verfolgung und Verachtung schaden? Bin ich doch schon selig! die Güter der Gnade habe ich alle in und mit Christo empfangen, und warte auf die Güter der Herrlichkeit. Weil ich auch, o mein Herr Jesus Christus! durch die Taufe mit dir gestorben und begraben bin, so hilf mir, so lange ich noch im Fleische lebe, daß ich nicht nach dem Fleische lebe, sondern daß meine Taufe täglich in mir fruchtbar sey, und wirke die Tödtung des Fleisches, daß ich täglich mit dir sterbe durch herzliche Reue und Leid; denn wer täglich an sich selbst stirbt, der hat allezeit einen neuen Anfang seines Lebens in dir. Und weil ich dir, mein Herr und Gott! einverleibt bin, als ein Pfropfreis an dem Baum des Lebens, so laß mich in dir, als eine Rebe am lebendigen Weinstock, Frucht bringen; nicht Früchte des alten Menschen, sondern des neuen Menschen, der neuen Creatur, Früchte des Geistes; und laß mich täglich bedenken, daß ich zu einem neuen Leben getauft bin; ja, daß ich dich habe angezogen, als ein Geschenk der ewigen Gerechtigkeit und Seligkeit, und als ein neues Leben, dadurch du in mir, und ich in dir leben und bleiben möge ewiglich. Ja hilf, daß ich nimmermehr vergesse des Bundes, den du mit mir gemacht hast, denselben nicht breche, denselben nicht verläugne, weder mit Herz noch Mund, noch mit einem gottlosen Leben, sondern mich dessen jederzeit freue und tröste, und darauf wider alle Anfechtung mich sicherlich verlasse, und in diesem Bunde, welcher ewig, fest und gewiß ist, auch ewig bleiben und selig werden möge. Amen.

10. Danksagung für die Einsetzung des heiligen Abendmahls, nebst Bitte um würdige Bereitung und heilsamen Gebrauch.

Ach du holdseliger, liebreicher, gütiger und freundlicher Herr Jesus Christus! welch eine große Liebe hast du uns durch die Stiftung des heiligen Abendmahls erzeigt, daß du uns mit deinem heiligen Leibe und Blute speisest und tränkest! Was kann Tröstlicheres gesagt werden, denn das Wort: Wer mein Fleisch isset, und mein Blut trinket, der bleibet in mir und ich in ihm? Was ist doch tröstlicher, denn in Christo bleiben? Was ist freundlicher, denn daß du in uns bleibest? Wenn wir in dir, und du in uns bleibest, was kann uns Tod und Teufel schaden? In dir sind wir ja sicher vor allem Unglück. Ach mein Gott und Herr! was bin ich, daß du dich mir gibst zur Speise und zum Trank? Ich bin Erde und Asche, ein unreines Gefäß, und du legst einen so edlen Schatz in mich. Daran erkenne ich deine große Liebe, weil du mir ein so großes Pfand der Liebe gibst, das ja nicht größer seyn kann, im Himmel und auf Erden. Das Pfand des Geistes hast du mir zwar gegeben, daran ich erkenne, daß ich ein Kind Gottes bin; aber im Abendmahl gibst du mir das Pfand deines Leibes und Blutes, daran erkenne ich, daß du mein Bruder bist, mein Fleisch und Blut. Welch einen herrlichen und großen Zeugen meiner Erlösung gibst du mir im heiligen Abendmahl! nämlich dein Blut, welches auf Erden zeuget von unserer Erlösung. Denn obwohl der heilige Geist auch dein Zeuge ist in unsern Herzen, so hast du uns doch auch einen äußerlichen Zeugen und ein Siegel geben wollen unserer Erlösung, nämlich dein Blut, welches auch zeuget und rufet in unsern Herzen. Dadurch hast du wollen zu Hülfe kommen unserm schwachen Glauben. Denn ob uns wohl dein Wort kräftig im Glauben stärkt, so wird doch der Trost kräftiger, wenn wir dieß Wort hören: Das ist mein Leib, der für euch gegeben, das ist mein Blut, welches für euch vergossen ist, zur Vergebung der Sünden. Darum, o mein Herz! was trauerst du, was zagest du, was fürchtest du Tod und Verdammniß? Ist doch dein Herr und Erlöser für dich gestorben, und gibt dir zum Pfande deiner Erlösung seinen heiligen Leib und Blut, auch zum Pfande seiner herzlichen Liebe und der Vereinigung mit dir, daß dich weder Tod noch Leben von ihm scheiden soll. Ach mein Gott und Herr! lehre mich bedenken, mit welch demüthigem Herzen ich diesen edeln Schatz empfangen soll. Ach! ich Unreiner komme zu dem Brunn aller Reinigkeit, ich Elender und Dürftiger komme zu dem Reichen, ich Sünder zu dem Gnadenquell, ich Kranker komme zu dem rechten Arzt, ich Hungriger und Durstiger zu dem rechten Himmelsbrod und Strom des Lebens. Du aber, du Allerheiligster! kommst zu dem Unheiligen. Wo hat man je so eine Wunderliebe gehört, daß der Herr aller Herren zu einem Bettler kommt? ja daß ein solcher armer, elender Mensch den Herrn Himmels und der Erde zu eigen haben soll, zur himmlischen Speise und Trank? Ach! laß mich ja diese Liebe nimmermehr vergessen; laß mich deines Leidens und Todes ohne Unterlaß eingedenk seyn, auf daß meine Seele dadurch gespeist und getränkt werde geistiger und himmlischer Weise, in's ewige Leben. Denn in deinem Leiden und Tode ist Alles, was meine Seele erquicken, und wornach sie hungern und dürsten kann. Ach! bereite mein Herz würdig durch wahren Glauben, durch wahre Buße, Liebe und Demuth, zu empfangen diesen großen Schatz. Welch eine schöne Hütte und welch herrlichen Tempel bereiteten Moses und Salomo dem Gnadenstuhl! Ach! schmücke meine Seele mit dem Lichte der Andacht, mit dem Golde des Glaubens, mit den schönen Teppichen der Liebe und Demuth, mit der Krone der Hoffnung; vermehre und stärke in mir alle geistige Gaben. Denn wie kann mein

Glaube besser gestärkt werden, als wenn mir Vergebung der Sünden durch Christi Blut versiegelt und in's Herz geschrieben wird? Wie kann in mir die Liebe Gottes und meines Nächsten besser vermehrt werden, denn daß mich mein Herr Christus durch seinen Leib und Blut mit sich und allen Gläubigen vereinigt, und Einen Leib aus uns macht? Wie kannst du mir, o lieber Herr! meine Hoffnung besser stärken und bekräftigen, denn daß du mich mit einer unsterblichen Speise in's ewige Leben speisest? Ach mein Herr und Gott! ich bitte dich demüthig, weil du mein Fleisch und Blut geworden bist, laß mich auch Alles, was dir wohlgefällt, lieben; deinen Willen laß meinen Willen seyn; was dir zuwider ist, laß mir auch zuwider seyn. Mein Fleisch und Blut ist dein Fleisch und Blut, und dein Fleisch und Blut ist mein Fleisch und Blut; darum laß mich's nicht zu Sünden mißbrauchen, sondern dir allein zu Ehren und Wohlgefallen damit handeln. Laß mich auch hinfüro durch Kraft deines Fleisches und Blutes williger und stärker werden, mein Kreuz zu tragen, geduldig zu seyn in Trübsal, demüthig in Verachtung, sanftmüthig in Beleidigung, brünstig und beständig in der Liebe, andächtig im Gebet; daß ich die Kraft deines Leibes und Blutes in meinem Leben, und die Frucht deiner Erlösung in meinem Glauben allezeit wirksam empfinden möge. Amen.

---

11. Gebet vor dem Empfang des heiligen Abendmahls.

Herr Jesus Christus, mein getreuer Hirt und Bischof meiner Seele! der du gesagt hast: Ich bin das Brod des Lebens; wer von mir isset, den wird nicht hungern, und wer an mich glaubet, den wird nimmermehr dürsten: ich komme zu dir, und bitte dich demüthig, du wollest mich durch wahren Glauben bereiten und zum würdigen Gast machen dieser himmlischen Mahlzeit, wollest mich, dein armes Schäflein, heute weiden auf deiner grünen Aue, und zum frischen Wasser des Lebens führen. Du wollest meine Seele erquicken, und mich auf rechter Straße führen, um deines Namens willen. Du wollest mich würdig machen zu deinem Tisch, und mir voll einschenken den Becher deiner Liebe und Gnade. Ich armes Schäflein komme zu deiner Weide, zum Brod des Lebens, zum lebendigen Brunnen. Ach du wahres, süßes Himmelsbrod! erwecke in mir einen geistigen Hunger und heiligen Durst, daß ich nach dir schreie, wie ein Hirsch schreiet nach frischem Wasser. Vor allen Dingen aber gib mir wahre, herzliche Reue und Leid über meine Sünden, und lege mir an das rechte hochzeitliche Kleid des Glaubens, durch welchen ich dein heiliges Verdienst ergreife, und dieses mein schönes Kleid festhalte und bewahre, damit ich nicht ein unwürdiger Gast sey. Gib mir ein demüthiges, versöhnliches Herz, daß ich meinen Feinden von Herzensgrund vergebe. Tilge aus meinem Herzen die Wurzel aller Bitterkeit und Feindseligkeit, pflanze dagegen in meine Seele Liebe und Barmherzigkeit, daß ich meinen Nächsten, ja alle Menschen in dir lieb habe. Ach du wahres Osterlamm! sey du meine Speise, laß mich dich genießen und essen mit den bittern Salzen der herzlichen Reue, und mit dem ungesäuerten Brod eines heiligen, bußfertigen Lebens. Ach! ich komme zu dir, mit vieler, großer Unsauberkeit beladen; ich bringe zu dir einen unreinen Leib und eine unreine Seele, voller Aussatz und Gräuel des alten Menschen. Ach reinige mich, du höchste Reinigkeit! Dein heiliger Leib, als er vom Kreuz abgenommen ward, wurde in reine Leinwand eingewickelt. Ach möchte ich dich mit so reinem Herzen aufnehmen, als es dir wohlgefällig ist! Ach daß ich dich mit heiliger Andacht umfahen und in meine Liebe einwickeln, dich mit den Myrrhen des zerbrochenen Herzens und Geistes salben sollte! Das Himmelsbrod mußte in einem goldenen Gefäß aufgehoben werden zum Gedächtniß, in der Lade des Bundes; ach möchte ich dich in einem ganz reinen Herzen bewahren! Ach mein Herr! du hast ja selbst gesagt: Die Starken bedürfen des Arztes nicht, sondern die Kranken; ach! ich bin krank, ich bedarf deiner, als meines himmlischen Seelenarztes. Du hast gesagt: Kommet her zu mir Alle, die ihr mühselig und beladen seyd, ich will euch erquicken. Ach Herr! ich komme, mit vielen Sünden beladen; nimm sie von mir, erledige mich dieser großen Bürde. Ich komme als ein Unreiner, reinige mich; als ein Blinder, erleuchte mich; als ein Armer, mache mich an meiner Seele reich; als ein Verlorener, suche mich; als ein Verdammter, mache mich selig. Ach Jesu, mein liebster Seelenbräutigam! führe mich von mir selber ab, und nimm mich auf zu dir, ja in dich. Denn in dir lebe ich, in mir selber sterbe ich; in dir bin ich gerecht, in mir bin ich eitel Sünde; in dir bin ich selig, in mir bin ich lauter Verdammniß. Ach du mein himmlischer Bräutigam! komme zu mir, ich will dich führen in die Kammer meines Herzens, da will ich dich küssen, auf daß mich Niemand höhne. Bringe mir mit die Süßigkeit deiner Liebe, den Geruch deines seligen, ewigen Lebens, den Geschmack deiner Gerechtigkeit, die Schönheit deiner Freundlichkeit, die Lieblichkeit deiner Güte, die Zierde deiner Demuth, die Frucht deiner Barmherzigkeit. Ach mein himmlischer Arzt! ich bringe zu dir eine todte Seele, mache sie lebendig; eine kranke Seele, heile sie; ein Herz, das leer ist von allen wahren, gründlichen Tugenden, erfülle es mit deiner Gnade, mit deinem Geist, mit deiner Liebe, mit deiner Sanftmuth, mit deiner Demuth, mit deiner Geduld. Ach du süßes Brod des Lebens! speise mich in's ewige Leben, daß mich in Ewigkeit nicht hungere, noch dürste. In dir habe ich volles Genüge, du bist mir Alles; bleibe ewig in mir, und laß mich ewig in dir bleiben, wie du gesagt hast: Wer mein Fleisch isset, und mein Blut trinket, der bleibet in mir, und ich in ihm, und ich werde ihn auferwecken am jüngsten Tage. Amen.

---

12. Danksagung nach empfangenem heiligen Abendmahl.

Ach du freundlicher, liebreicher, süßer Herr Jesus Christus! dir sage ich von Herzen Dank, daß du mich mit der köstlichen Speise und dem theuern Trank deines heiligen Leibes und Blutes gespeiset und erquicket hast. Ach! wer bin ich, daß du mich Unwürdigen gewürdigt hast, von deinem Tische zu essen? Ich danke dir für alle deine Liebe und Treue, für deine Menschwerdung, für dein heiliges, holdseliges Evangelium, für deinen Todeskampf und blutigen Schweiß, für all dein heiliges Leiden, für die Schläge, für die Schmach, für die erduldete Verspeiung, für die schmerzhafte Geißelung, für die schmerzlich scharfe Dornenkrone, für deine Wunden, für alle deine Schmerzen, für deine Thränen, für dein Seufzen, für deine Angst, für deine Kreuzigung, für den erbärmlichen Tod und für alle deine Wohlthaten, die du mir dadurch erworben; für die Erfüllung des Gesetzes, für die Vergebung der Sünden, für die vollkommene Bezahlung und Genugthuung wegen meiner Missethat, für die Versöhnung deines himmlischen Vaters, für die erworbene und geschenkte Gerechtigkeit, für die Heiligung durch den heiligen Geist, für das ewige Leben; welcher Wohlthaten du mich allein theilhaftig gemacht, und durch das hohe, theure Pfand deines Leibes und Blutes im Sacrament versichert hast. Ach wie könntest du mir doch ein höheres Pfand geben deiner Liebe, und eine größere Versicherung meiner Erlösung, der Vergebung der Sünden und des ewigen Lebens? Gib, daß ich deiner großen Liebe nimmermehr vergesse, deines heiligen Todes stets gedenke! Dein heiliger Leib und dein heiliges Blut heilige, segne, benedeie meinen Leib und meine Seele, und behüte mich vor allen Sünden! Ach mein Erlöser und Seligmacher! lebe du in mir, und ich in dir, bleibe du in mir und ich in dir; vertreibe aus meinem Herzen alle Untugend, behalte und besitze du allein das Haus meines Herzens. Meine arme Seele hat sich mit dir vermählet als deine Braut, und du hast dich mit ihr verlobet und vereiniget in Ewigkeit; sie ist nun eine Königin geworden, weil sie dich, den König aller Könige, zum Gemahl erlangt hat. Wie sollte sie sich wieder zur Dienstmagd machen so vieler Sünde und Unsauberkeit? Wie sollte sie sich ihres Adels wieder verlustig machen durch die Eitelkeit und Nichtigkeit der Sünde, und sich selbst unwürdig machen eines solchen königlichen Gatten? Ach! schmücke und ziere meine Seele mit geistigem Schmuck, mit himmlischer Schönheit, mit starkem Glauben, feuriger Liebe, brennender Hoffnung; mit edler Demuth, heiliger Geduld, brünstigem Gebet, holdseliger Sanftmuth, sehnlichem Verlangen nach dir allein und nach dem ewigen Leben; daß ich mit dir allein freundliche Gemeinschaft habe, ich esse oder trinke, schlafe oder wache, lebe oder sterbe; daß du bei mir und in mir, und ich bei dir und in dir ewig bleibe, stets mit dir esse und trinke, von dir rede, singe und sage, ohne Unterlaß an dich denke; daß ich möge in diesem Glauben einschlafen, am jüngsten Tage fröhlich auferstehen, und in die ewige Freude eingehen. Amen.

---

13. Eine Betrachtung der Person, die da litt, und der Ursachen des Leidens Jesu Christi.

Ach mein Gott und mein Herr! laß mich erkennen und bedenken die Person, so um meinetwillen gelitten hat. Ist er nicht der eingeborene Sohn Gottes, das allerliebste Kind Gottes? wie ist er denn dahingegeben in einen so schmählichen Tod? Ist er nicht der, von welchem der Vater vom Himmel gerufen: Dieß ist mein lieber Sohn, an welchem ich Wohlgefallen habe? Wie muß er denn jetzo seinen Zorn tragen? Ist er nicht der Herr der Herrlichkeit? wie trägt er denn jetzo solche Schmach? Ist er nicht der Allerstärkste? wie ist er denn so schwach geworden, daß er sich hat kreuzigen lassen? Ist er nicht ein ewiger, allmächtiger Gott? wie leidet er denn solche unaussprechliche Noth? Ist er nicht das unbefleckte und unschuldige Lamm Gottes, und wird zu einer solchen blutigen Schlachtbank geführt? Ach! der zarte Leib, der heilige und unbefleckte Leib, wie ist er verwundet! Ach! die heiligen Hände, damit er uns segnet, ach! die heiligen Füße, die auf dem Wege des Friedens gewandelt, wie sind sie durchgraben! Ach! der holdselige Mund und die rosinfarbenen Lippen, wie sind sie erbleichet! Ach sein heiliges, ehrwürdiges Haupt, wie ist es mit Dornen zerrissen! Ach sein liebreiches Herz, wie hat er uns dasselbe durch seine geöffnete Seite gezeigt! Ach das heilige, reine, zarte Herzensblut, das aus seiner Seite geflossen, wasche mich von allen Sünden! Ach seine freundlichen Augen, die klarer sind, denn die Sonne, wie sind sie so verdunkelt! wie sehen sie so kläglich! wie rinnen sie mit Wasser, als die Thränenquellen und Liebesbrünnlein! Ist es doch Alles kläglich und jämmerlich, was man an ihm sieht! Ach! er ist so gar zerschlagen, daß nichts Gesundes ist an seinem Leibe. Das sind die Strafen und Plagen meiner Sünden; meine Missethat hat ihn so verwundet. O des großen Geheimnisses, o der großen Liebe, daß meine Sünde an dem allerheiligsten Leibe Christi gestraft worden! Ja, durch ein solch heiliges Opfer mußte ich versöhnt werden; der Heilige trägt meine Unheiligkeit, der Gerechte meine Ungerechtigkeit, der Fromme trägt meine Bosheit, der Unschuldige trägt meine Schuld; der Herr gibt sich hin für seinen Knecht, der Sohn Gottes für die Menschenkinder, der König der Ehren legt auf sich unsere Schmach; Gott gibt sich hin für sein Geschöpf, der Erlöser für die Gefangenen, der aller Welt Gott ist, für die Verlorenen. Der Gesegnete, ja der Segen selbst, gibt sich hin für die Verfluchten, der Selige für die Verdammten, das Leben für die Todten. Ich habe gesündigt; was hat dieß unschuldige Lämmlein gethan? Ich bin gottlos gewesen; was hat dieser Gerechte mißgehandelt? Ach Herr! du bist um meiner Hoffart willen gedemüthigt, um meines Ungehorsams willen gegeißelt, um meiner Wollust willen voll Schmerzen und Wunden geschlagen. Ich habe den Tod verdient, und du mußt sterben; ich war verkauft durch die Sünde, und du bist mein Lösegeld geworden, und hast geleistet die allerhöchste Bezahlung für meine Sünde. Ach mein Herr Jesu! wie könnte die Sünde so groß seyn, die nicht mit diesem allertheuersten Schatz sollte bezahlt seyn? Wie könnte eine Uebelthat so gräulich seyn, die nicht durch solche große Schmach, Schmerzen und große Pein sollte gebüßt seyn? Wie könnten der Sünden so viel seyn, die nicht durch einen so großen Gehorsam, hohe Geduld, große Sanftmuth und tiefe Demuth dieser heiligen, hohen Person sollten hinweggenommen seyn? Ach mein Gott! wie kann dein Zorn so groß seyn, daß er durch solchen großen Gehorsam, durch solch Trauern, Zittern und Zagen, blutigen Schweiß und bittern Tod nicht sollte versöhnt seyn? Darum sey mir, o Gott! gnädig, und siehe nicht an meine Sünde, und nimm mich zu Gnaden an, und laß mich des theuern Blutvergießens deines lieben Sohnes Jesu Christi ewiglich genießen. Amen.

---

14. Eine Danksagung für das Leiden Jesu Christi und für die Versöhnung mit Gott.

Ach Herr Jesus Christus! du heiliges, zartes, unbeflecktes und unschuldiges Lämmlein Gottes! der du trägst die Sünden der Welt: ich danke dir von Herzen für dein allerheiligstes Leiden und deinen Tod, und für deine große Traurigkeit, da deine Seele betrübt war bis in den Tod, da aller Welt Traurigkeit auf dich gefallen war, aller menschlichen Herzen Angst, Furcht, Schrecken, Zittern und Zagen. Ach! wer kann dieses dein inwendiges Leiden, so du an deiner hochbetrübten Seele gelitten, ausdenken und ausreden? O Seelennoth! o Herzeleid! o Geistesangst! o Todeskampf! o blutiger Schweiß! mit was dankbarem Herzen soll ich dich aufnehmen? O Herr! du hast wahrhaftig für uns Alle den Tod schmecken müssen, und aller Menschen Todesangst empfunden. Dich hat der Stachel des Todes, die Sünde, recht gequält; ja aller Menschen Sünde, und die Kraft der Sünde, das ist, das Gesetz mit seinem Dräuen, mit seinem Schrecken, mit seinem Fluch. Dafür danke ich dir, du getreues Herz! Ich danke dir auch für dein kräftiges Gebet und demüthigen Fußfall, da du auf die Erde fielst auf dein Angesicht im Garten, und dich dem Willen deines himmlischen Vaters gar aufopfertest. Ich danke dir für deine Bande, da du als ein Uebelthäter um meinetwillen dich binden ließest, auf daß du mich von den Banden des ewigen Todes erlösetest. Ich danke dir für die Schläge, die du um meinetwillen gelitten, für die Geißelung, für die große Geduld, Sanftmuth und Demuth, damit du meinen Ungehorsam, Hoffart und Ehrgeiz, Zorn und Rachgier gebüßt und bezahlt hast. Ich danke dir, daß du dich um meinetwillen zum schmählichen Tode des Kreuzes hast lassen verurtheilen, und mich dadurch von dem strengen Gericht Gottes und schrecklichen letzten Urtheil hast erlöset. Ich danke dir für deine Dornenkrone, die du mir zu gut getragen, auf daß du mir die Krone der Ehren erwürbest. Ich danke dir für deine willige Kreuzigung, daß du dich so geduldig mit Händen und Füßen hast lassen an's Kreuz nageln, und bist ein Fluch geworden am Holz, auf daß du mich vom ewigen Fluch erlösetest. O du heiliges Opfer! o du unbefleckter Leib! o zartes Herz! wie haben dich meine Sünden zugerichtet und gekränkt! O du ehrwürdiges Haupt! wie bist du mit Dornen zerrissen! O du schönstes Angesicht! wie jämmerlich ist deine Gestalt! O ihr sonnenklaren Augen! wie sehet ihr so kläglich! O reine, züchtige Ohren! was müsset ihr für schreckliche Lästerung hören! O ihr hülfreichen, gebenedeieten Hände! wie seyd ihr durchgraben! O ihr Füße des Friedens, wie seyd ihr durchnagelt! O heiliger Leib, zarter Tempel Gottes! wie bist du so greulich verwundet, nackt und bloß, und voller blutigen Striemen! Hier hat Gott seines einigen Sohnes nicht verschonet, auch nicht mit dem allergeringsten Schmerz, auf daß er vollkömmlich zahlete mit innerlichen und äußerlichen Leiden. Ach Gott, wie groß ist dein Zorn wider die Sünde! Ach Christus, wie ist deine Liebe so groß! Inwendig leidet die Seele Angst, Schrecken und Pein, auswendig leidet der heilige Leib unausdenkliche Schmerzen, Leib und Seele schmecken der Hölle und des Todes Bitterkeit; darum schreiest du: Mein Gott! mein Gott! warum hast du mich verlassen? Dafür danke ich dir von Herzensgrund.

Ich danke dir auch herzlich für deine liebreiche Fürbitte für die, so dich gekreuzigt haben. Ach mein Gott und Herr! ich habe dich gekreuzigt mit meinen Sünden, und du hast für mich gebetet. Ich danke dir auch für die tröstlichen Worte: Heute wirst du mit mir im Paradiese seyn. Ich bitte dich, Herr, gedenke auch an mich in deinem ewigen Reich; öffne und zeige mir das Paradies in meiner letzten Noth. Ich danke dir auch für das Wort, das du sprachst zu Johannes: Siehe, dieß ist deine Mutter. Du wirst ja auch für mich sorgen, und mich in meinem Kreuz trösten. Ich sage dir auch herzlich Dank für die große Seelennoth, da du riefst: Mein Gott! mein Gott! warum hast du mich verlassen? Ach verlaß mich nicht in meiner letzten Noth, sondern laß mich empfinden, daß du mein Gott seyst, auch in meinen größten Nöthen. Ich danke dir für deinen heiligen Durst, da dich nach meiner Seligkeit gedürstet hat; stille meinen Durst mit dem Wasser des Lebens, und sey mir ein Brunn, der in's ewige Leben quillt. Ich danke dir innig für das tröstliche Wort: Es ist vollbracht! dadurch Alles erfüllt ist, was zu unserer Seligkeit gehört. Ich danke dir für dein letztes Wort am Kreuz: Vater, ich befehle meinen Geist in deine Hände! damit du deinen Geist aufgabst, und durch deinen unschuldigen Tod meine Sünde bezahlt hast. Ich danke dir für die heilige Wunde in deiner Seite, und für den theuern Schatz deines heiligen Blutes, so daraus geflossen, welches ist das Lösegeld und die Bezahlung unserer Sünden. O mein Herr Jesu! dieß ist die vollkommene Bezahlung, die gleichgeltende, ja die überflüssige Bezahlung für meine Sünden. Wie könnte eine Sünde so groß seyn, die durch ein solches Leiden und den Tod einer so hohen Person nicht sollte überflüssig bezahlt seyn? Wie könnten der Sünden so viel seyn, daß sie nicht durch dieß überwichtige Lösegeld sollten abgetragen seyn? Wie könnten die Sünden so schrecklich seyn, daß sie nicht durch diesen schrecklichen und schmählichen Tod sollten hinweggenommen seyn? Diese vollkommene Bezahlung, o Vater, hast du einmal angenommen für meine Sünden; du wirst ja hinfüro die Zahlung nicht von mir fordern, deiner Gerechtigkeit ist vollkommene Genüge geschehen, auf daß deine Barmherzigkeit reichlich über mich käme. Dieß Versöhnopfer ist ja heilig und unbefleckt, dadurch du vollkömmlich versöhnt bist; du wirst nun in Ewigkeit nicht mit mir zürnen. Laß auch mir deine Güte und Treue begegnen, Gerechtigkeit und Friede sich küssen. Ich bekenne auch mit allen Heiligen und sage: Im Herrn Herrn habe ich Gerechtigkeit und Stärke. Dir sey ewig Lob und Dank in alle Ewigkeit. Amen.

---

15. Eine andächtige Danksagung und Betrachtung des heiligen Leidens Jesu Christi.

O du heiliger und holdseliger Herr Jesu! wir danken dir für deine herzliche Traurigkeit, da deine Seele um unsertwillen betrübt war bis in den Tod, auf daß du die ewige Traurigkeit von uns abwendetest, und uns die ewige Freude erwürbest; für deinen demüthigen Fußfall, so du deinem himmlischen Vater thatst, da du auf die Erde fielst auf dein heiliges Angesicht, damit du für uns Gnade erlangtest und unsere Angesichter nicht beschämt würden.

Für dein allerheiligstes Gebet und heiligen Gehorsam, da du deinen Willen deinem himmlischen Vater ganz aufopfertest, und sprachst: Nicht was ich will, sondern was du willst; auf daß du unsern bösen Willen büßtest, heiletest, und uns in dem Willen Gottes heiligtest.

Für deinen herben Todeskampf, damit du dem Tode die Macht genommen hast, und ihn kraftlos gemacht und überwunden. Für deinen allerheiligsten, blutigen Schweiß, welcher mild aus deinem zarten Leibe gedrungen und auf die Erde gefallen, auf daß du unsern kalten Todesschweiß heiligtest, und die Angst des Todes in einen sanften Schlaf verwandeltest. O du unschuldiges, unbeflecktes Lamm Gottes! wir danken dir, daß du um unsertwillen bist

Gefangen, auf daß wir erlöst würden;

Gebunden, auf daß wir von Sünden befreit würden;

Fälschlich verklagt, auf daß wir vor dem strengen Gerichte Gottes losgezählt würden;

In dein heiliges Angesicht geschlagen, auf daß wir Friede hätten.

O du allergeduldigstes und sanftmüthigstes Herz! wir danken dir, daß du um unsertwillen bist

Verspottet, auf daß du uns gemacht würdest zur ewigen Weisheit;

Verspeiet, auf daß du uns von unsern Schanden erlösetest;

Gelästert, auf daß wir in dir zu Ehren gemacht würden;

Gegeißelt, auf daß du unsern Ungehorsam büßetest.

O du König der Ehren und Herr der Herrlichkeit! wir danken dir, daß du um unsertwillen bist zu Hohn und Schmach mit Purpur bekleidet, auf daß du uns das hochzeitliche Ehrenkleid erwürbest;

Mit Dornen gekrönet, auf daß du uns die Krone der Gerechtigkeit aufsetztest;

Hast ein Rohr in deine rechte Hand genommen, auf daß du das schwache Rohr nicht vollends zerbrächest;

Und damit lassen dein heiliges Haupt schlagen, auf daß wir unsere Häupter mit Freuden möchten aufrichten.

O du allerlieblichster und freundlichster Herr! wir danken dir von Herzen für deine Vorstellung vor dem Volk, da Pilatus sprach: Sehet, welch ein Mensch! auf daß dein himmlischer Vater unser Elend ansähe, und um deinetwillen sich unser erbarmete. Ach Vater! siehe, welch ein Mensch!

Du Allerliebster! du bist von deinem Volk verworfen und verläugnet worden, auf daß du deiner gläubigen Kirche zum Eckstein würdest.

Du bist um unsertwillen zum Tode verurtheilt, auf daß du uns von dem Urtheil des ewigen Todes losmachtest.

O du allergerechtester und demüthigster Knecht Gottes! du allergehorsamster Sohn Gottes, deines Vaters! wir danken dir, daß du dein Kreuz zu deinem heiligen Tode selbst hast getragen, auf daß du uns lehretest, unser Kreuz willig auf uns zu nehmen;

Bist daran mit Händen und Füßen angenagelt, auf daß du ein Opfer würdest für unsere Sünden;

Bist zwischen zween Mördern gekreuzigt, und unter die Uebelthäter gerechnet, da du doch Niemand Unrecht gethan, auch kein Betrug in deinem Munde erfunden worden, auf daß du uns durch deine Unschuld versöhnetest;

Hast auch große Lästerung und Schmach am Kreuz erlitten, auf daß du uns von der ewigen Schmach erlösetest.

O du Gesegneter des Herrn! wir danken dir, daß du ein Fluch am Holz bist geworden, auf daß in dir alle Völker auf Erden gesegnet würden. Du bist geworden als ein Wurm, und bist doch der Schönste unter den Menschenkindern, auf daß du uns vor Gott lieblich machtest. Du bist geworden der allerverachtetste unter den Menschen, auf daß du uns herrlich machtest. Du bist ganz trostlos am Kreuz gehangen, auf daß wir ewig getröstet würden. Du hast mit bloßem, blutigem Leibe sterben müssen, auf daß du uns mit dem Kleide des Heils und mit dem Rocke der Gerechtigkeit bekleidetest.

O du ewiger Hoherpriester und unser einiger Mittler! wir danken dir, daß du am Kreuz für uns gebetet, auf daß du dich mit starkem Geschrei und mit Thränen deinem himmlischen Vater für uns opfertest. Wir danken dir für das tröstliche Wort: Heute wirst du mit mir im Paradiese seyn; damit hast du das Paradies den armen Sündern aufgeschlossen. Denn dieß Wort ist der rechte Paradiesschlüssel. Wir danken dir für deine Angst und Noth, da du schriest: Mein Gott! mein Gott! warum hast du mich verlassen? auf daß wir von Gott nicht sollten ewig verlassen werden. Wir danken dir für deinen heiligen Durst am Kreuze, und für den herben Essigtrank, damit du uns vom ewigen Durst und von der Hölle Bitterkeit erlöset hast. Wir danken dir für dein tröstliches Wort: Es ist vollbracht! das ist, die

5*

Sünde ist nun getilgt, Gott ist versöhnt, die Schrift ist erfüllt, und es ist eine ewige Erlösung erfunden. Wir danken dir für deinen heiligen Tod, und für dein letztes Wort am Kreuze. Denn damit ist alle unsere Sünde bezahlt, das Leben wiedergebracht, und aller Gläubigen Seelen in Christo in die Hände des himmlischen Vaters überantwortet. Laß uns nun, o du allerliebreichster, gebenedeiter König! um deinen heiligen Leichnam mit Joseph von Arimathia bitten, denselben in eine reine Leinwand unsers Glaubens einwickeln, mit Myrrhen und Aloe salben, das ist, mit herzlicher Reue und Leid über unsere Sünden in unsere Andacht aufnehmen, und in ein neues, durch den Glauben gereinigtes Herz, als in ein neues Grab legen, daß er allein, und sonst Keiner mehr darin ruhe. Und versiegele du dieß Grab mit deinem heiligen Geist, daß dich Niemand, weder Welt noch Teufel, aus unserm Herzen stehle, daß wir dich nicht verlieren, sondern daß wir mit dir sterben, auferstehen, leben, gen Himmel zu dir fahren und ewig bei dir seyn und bleiben mögen. Amen.

16. Eine andere Danksagung für das Leiden Christi.

O Herr Jesus Christus! du getreuester Liebhaber meiner Seele! ich sage dir Lob und Dank, Ehre und Preis für deine große Liebe und Begierde, so du getragen hast, für mich zu leiden, da du freiwillig deinen Feinden entgegengingst und dich in ihre Hände gabst. Ich danke dir für die Bande, für die Schläge, für die Schmach, für die Verspeiung, für die Backenstreiche, so du im Hause Hannä und Caiphä gelitten, da du auch von Petro verläugnet, von den Hohenpriestern verdammt, mit verdecktem Angesicht verspottet, verspeiet und geschlagen bist; dafür sage ich dir Lob, Ehre und Dank, und bitte dich: gib mir auch ein willig Herz, um deinetwillen zu leiden, und mich dir ganz und gar aufzuopfern, zu deinen Ehren und deinem Wohlgefallen. Laß deine Liebe und Gnade mich erfüllen, und lösche dadurch in mir aus alle eigene Liebe; ja laß dadurch alle meine Sinne, Gedanken und Neigungen in dich gezogen, in dich eingeschlossen und mit dir vereinigt werden. O Herr Jesus Christus! ich danke dir für die Schande und Schmach, welche du für mich gelitten hast im Hause Pilati, und da du zu Herodes hin und wieder geführt und verklagt wurdest. Ich danke dir für deine große Geduld und Sanftmuth, und für die große Verachtung, so du im Hause Herodis gelitten, da man dich in einem weißen Kleide schmählich verspottet hat. Ach! pflanze in mich wahre Demuth, daß ich aller zeitlichen, eiteln Ehre und Herrlichkeit nicht achte, und gib, daß ich meine Nichtigkeit erkenne, und keine Beschwerung habe, ob ich von Andern verachtet werde. Verleihe mir Gnade, daß ich nicht nach weltlicher Ehre trachte, und keinen Verdruß habe, unbekannt zu seyn der Welt, und von derselben verschmähet und gering geachtet zu werden, sondern daß meine Freude sey, deine Schmach zu tragen. O Herr Jesus Christus! ich sage dir Lob, Ehre und Dank für die schmähliche Geißelung und die blutigen Striemen, auch für das spöttliche Purpurkleid, so du tragen mußtest, für die blutige Krönung mit Dornen, für die verächtliche Verspottung und Verspeiung, für die harten Schläge, für die schmähliche Vorstellung vor das Volk, da Pilatus sagte: Sehet, welch ein Mensch! Für die Verschmähung, da du von dem Volke verworfen und dir ein Mörder vorgezogen worden ist; für die Erduldung des peinlichen Bluturtheils, da du von Pilato zum Tode des Kreuzes bist verurtheilt und verdammt worden. Ich sage dir demüthigen Dank für die schmähliche Ausführung, da du dein Kreuz zu deinem Tode selbst tragen müssen, und bis auf die Schädelstätte als ein Uebelthäter dich um meinetwillen führen lassen; und bitte dich: gib mir Geduld, mein Kreuz zu tragen und die väterliche Züchtigung mit willigem Gehorsam aufzunehmen, daß ich in aller Widerwärtigkeit und Schmach dich lobe und dir Dank sage, und mich dir mit freudigem Herzen, in Verläugnung meiner selbst, aufopfere, und zu allem deinem Wohlgefallen ergebe. O Herr Jesus Christus! ich sage dir Lob und Dank, Ehre und Preis, für die Entblößung deines heiligen Leibes, für die schmähliche und schmerzhafte Kreuzigung, für die tiefen Wunden in deinen Händen und Füßen, für die Vergießung deines überköstlichen Blutes, auch für die große Schmach, da du zwischen zween Mördern aufgehenkt und am Kreuze schmählich gelästert und verhöhnt wurdest. Ich sage dir Lob und Dank für die heiligen sieben Worte, die du am Kreuze geredet hast, da du für deine Feinde gebeten, dem bußfertigen Schächer das Paradies verheißen, deine Mutter deinem Jünger Johannes befohlen. Ich bitte dich durch alle zarten Tropfen deines rosinfarbenen Blutes, und durch alle deine Angst, so du innerlich und äußerlich erlitten, du wollest mich entblößen von allen Creaturen, daß ich arm im Geiste dir nachfolge, den alten Adam ausziehe, und bekleidet werde mit dem weißen Kleide der Unschuld deines heiligen Gehorsams und deiner Gerechtigkeit; wollest mein Herz zu dir wenden, mir das Paradies zeigen, mich in meinem Kreuz trösten, und in mir alle böse Lust mit dir kreuzigen; mich mit den Nägeln der Liebe an dein Kreuz heften, daß deine Kreuzigung immer vor meinen Augen und in meinem Herzen schwebe, und mich dir ganz gleichförmig mache. O Herr Jesus Christus! ich sage dir Lob, Ehre und Dank für das ganze blutige Opfer deines zarten Leichnams am Kreuz, daran nichts Gesundes war, sondern der ganz zerschlagen war, voller Schmerzen und Krankheit, vom Haupt bis auf die Fußsohlen; auch für deine große Seelenangst, da du alles Trostes innerlich und äußerlich beraubt warst, also daß du schriest: Mein Gott! mein Gott! warum hast du mich verlassen? Ich sage dir Dank für deinen heiligen Durst, und für den herben, bittern Gallentrank, und für das tröstliche Wort: Es ist vollbracht! Auch für dein letztes Wort, da du mit lauter Stimme deinem himmlischen Vater deine Seele befahlst und deinen Geist aufgabst. Ich sage dir Dank für deinen bittern Tod, da dein Herz zerbrochen und deine Seele von deinem heiligen Leibe geschieden ist. Ich sage dir Dank für die Oeffnung deiner Seite, daraus Blut und Wasser geflossen. Ach! ich bitte dich durch deinen herben, bittern Tod, durch dein Blut und deine Wunden, du wollest mich derselben genießen lassen zur Vergebung aller meiner Sünden und zum ewigen Leben, und daß ich mit dir absterbe der Welt und allen bösen Lüsten, dir aber allein lebe, und aus deinen Wunden, als aus einem Heilbrunnen, erquickt werden möge; daß meine Seele, gewaschen und gereinigt durch dein Blut, ganz rein und unbefleckt abscheiden möge und mit dir ewig vereinigt bleibe. O Herr Jesus Christus! ich sage dir Lob, Ehre und Dank, daß dein heiliger, vom Kreuz abgenommener Leib mit Specerei und Salben eingemacht und in ein Grab gelegt worden, und bitte dich, du wollest meiner Seele Ruhe verleihen in deinen Wunden, und meinen Leib in der Erde, die du wieder geheiligt hast mit deinem Leichnam und Begräbniß, schlafen lassen, bis du ihn an jenem Tage wieder zum ewigen Leben auferweckest, und ich also mit dir, meinem Erlöser, lebe, und dich in meinem Fleisch anschauen und deiner Freude ewig genießen möge. Amen.

---

17. Danksagung für die sieghafte Auferstehung Jesu Christi, und für die Frucht derselben.

Herr Jesus Christus! du starker Löwe vom Stamme Juda, du unüberwindlicher Held, du mächtiger Siegesfürst, du starker Simson, du Sündentilger, du Ueberwinder des Todes, du Schlangentreter und Zerstörer der Hölle! ich sage dir herzlichen Dank für deine sieghafte, fröhliche Auferstehung, dadurch du dem Tode die Macht genommen und ein ewiges, unvergängliches Wesen wieder an's Licht gebracht. Du hast dich bewiesen als ein allmächtiger Herr, der da hat die Schlüssel der Hölle und des Todes, der da aufschleußt, daß Niemand zuschleußt; du warst todt, und siehe, nun lebest du von Ewigkeit zu Ewigkeit. Du hast dein Volk vom Tode errettet und aus der Hölle erlöset. Tod! wo ist dein Stachel? Hölle! wo ist dein Sieg?

Dir sey Dank, daß du uns den Sieg gegeben hast. Du bist dem Tode ein Gift gewesen, und der Hölle eine Pestilenz. Du hast den Tod verschlungen ewiglich, und alle unsere Thränen von unsern Augen abgewischt. Kommet, lasset uns zum Herrn gehen; er hat uns geschlagen, er wird uns wieder verbinden; er hat uns verwundet, er wird uns wieder heilen, er wird uns wieder aufrichten nach drei Tagen, er wird uns lebendig machen nach drei Tagen, daß wir vor ihm leben werden. Darum freuet sich mein Herz, und meine Seele ist fröhlich; denn Gott hat seine Seele nicht in der Hölle gelassen, und nicht zugegeben, daß sein Heiliger die Verwesung sähe. Du bist eine kleine Zeit von Gott verlassen gewesen, aber nun mit Ehren und Schmuck gekrönet. Du bist aus Angst und Gericht hinweggerückt: wer will deines Lebens Länge ausreden? Der Stein, den die Bauleute verworfen haben, ist zum Eckstein geworden, und das ist vom Herrn geschehen, und ist ein Wunder vor unsern Augen. Man singet mit Freuden in den Hütten der Gerechten: Die rechte Hand des Herrn ist erhöhet, die rechte Hand des Herrn behält den Sieg. Ich werde nicht sterben, sondern leben und des Herrn Werk verkündigen. Du hast getrunken vom Bach auf dem Wege, darum hast du dein Haupt emporgehoben. Du bist wahrhaftig die Auferstehung und das Leben; wer an dich glaubet, wird leben, ob er gleich stirbt. Du bist der Gläubigen Leben, darum können sie nimmermehr sterben; denn du, ihr Leben, stirbst nicht, darum können sie ihr Leben nicht verlieren. Ach mein Herr! du bist hervorgebrochen, wie die schöne Morgenröthe; majestätisch bist du auferstanden in einem Erdbeben; deine heiligen Engel eröffnen und zeigen uns das Grab, und sagen: Was suchet ihr den Lebendigen bei den Todten? Kommet her, sehet die Stätte, da der Herr gelegen. Ach welche schöne, fleißige Diener sind um dein Grab her, die heiligen Wächter, die auf ihren Herrn warten, wenn er aufsteht! Ach freundlicher Herr! du erscheinst den großen Sündern, Mariä Magdalenä und Petro, und sprichst: Gehe hin, und sage meinen Brüdern: Ich fahre auf zu meinem Vater und zu euerm Vater, zu meinem Gott und zu euerm Gott. Du wirst ein Pilgrim in Emmaus, und legst deinen betrübten Jüngern alle Schrift aus. Du kommst zu den Aposteln im verschlossenen Hause, zeigst ihnen Hände und Füße, deine Seite und Wundenmale, und heilst damit die Wunden ihres Unglaubens; issest mit ihnen aus Liebe, zum Zeugniß, daß du wahrhaftig lebest, auf daß du sie speisest mit den Früchten deiner Auferstehung. Denn du theilst diese Früchte aus durch deinen ewigen Frieden, welcher alle himmlische Güter in sich begreift: Gottes Huld und Gnade, Vergebung der Sünden, Gerechtigkeit, Sieg, Trost, ewige Freude, ewiges Leben; dagegen erweisest du, daß Sünde, Tod, Teufel, Zorn, Fluch, Hölle und Verdammniß überwunden und hinweg sind, sonst könnte kein Friede zu uns kommen. O liebreicher, holdseliger, tröstlicher, lebendiger, ewiger Friede, du edle Frucht der Auferstehung Jesu Christi! komme in mein Herz, erfreue meine Seele; denn über diesen Frieden wird man sich freuen, wie man sich freuet in der Ernte, wie man fröhlich ist, wenn man Beute austheilet. Du, mein Herr Christus! hast, als ein Siegesfürst, nach erhaltenem Sieg die rechte Beute der Unsterblichkeit ausgetheilt, die schönen Feierkleider der Verklärung, wie Simson bei seiner Hochzeit, da er die Philister schlug. Laß uns auch, o Herr! mit dir durch wahre Buße auferstehen. Laß uns Theil haben an der ersten Auferstehung, auf daß der andere Tod an uns nicht Macht habe. Stehe du in uns auf, lebe du in uns, siege und überwinde in uns Welt, Sünde, Tod, Teufel und Hölle; tröste unsere Seele in Angst und Traurigkeit durch dein Wort, und den Geist des Friedens. Erwecke auch am jüngsten Tage durch die Kraft deiner Auferstehung meinen Leib zum ewigen Leben. Im Grab lieg' ich ohn' alle Klag', und schlafe bis zum jüngsten Tag; dann wirst du ja mein Grab entdecken, und mich zur ew'gen Freud' erwecken. Da wirst du sagen: Wachet auf und rühmet, die ihr schlafet unter der Erde, denn mein Thau ist ein Thau eines grünen Feldes. Alsdann wird mein nichtiger, verweslicher, sterblicher Leib anziehen Unverweslichkeit, Unsterblichkeit, Kraft und Ehre, und wird ähnlich seyn deinem verklärten Leibe. Denn unser Leben ist in dir verborgen; wenn aber du, unser Leben, wirst offenbar werden, so werden wir auch mit dir offenbar werden in der Herrlichkeit. Amen.

18. Trostgebet von den Wunden unsers Herrn Jesu Christi.

Ach du mein liebreicher, freundlicher, holdseliger Herr Jesus Christus! der du um meiner Missethat willen verwundet und um meiner Sünde willen zerschlagen bist: du hast nicht allein deinem heiligen Apostel Thomas deine heiligen Wundenmale gezeigt an deinen Händen und Füßen und in deiner Seite, sondern auch mir, daß ich dieselben ohne Unterlaß solle anschauen im Glauben, dabei deine brünstige, herzliche, göttliche Liebe zu erkennen, mir stark einzubilden, in mich zu ziehen, und in meinem Herzen ewig zu behalten. Ich bitte dich, gib mir zu erkennen, wie groß deine Liebe gegen uns arme Menschen sey; denn deine heiligen Wunden sind Zeugen und Siegel deiner brünstigen Liebe. Drücke deine Wunden als ein Siegel in mein Herz; denn du hast mich durch deine Wunden in deine Hände und in dein Herz gezeichnet; und weil das Herz ist ein Sitz und eine Behausung deiner Liebe, so hast du dir deine Seite öffnen lassen, daß wir dadurch einen Einblick in dein Herz thun könnten. Deine heiligen Wunden sind gleichsam eine Handschrift deiner göttlichen Liebe, dadurch du dich gegen uns verschrieben und verpflichtet hast, unser Liebhaber zu seyn. Darum hast du die Handschrift des Gesetzes, die uns zuwider war, aus dem Mittel gethan und an's Kreuz geheftet, und uns dagegen eine andere Handschrift deiner Liebe gegeben, mit deinem Blut geschrieben, dadurch du dich mit uns in ewiger Liebe verbindest; und damit wir uns keines Betrugs und keiner Arglist zu befahren hätten, wie von andern Menschen, darum hast du dir lassen deine Seite öffnen, und zeigst uns dein Herz, und sprichst: Siehe, in diesem Herzen ist kein Betrug, noch Falsch, ich will dich nicht betrügen; darum behalte ich solche Liebeszeichen an meinem verklärten Leibe, zum gewissen Pfande, zur Versicherung und Handschrift meiner ewigen, unsterblichen Liebe, welche nimmermehr erlöschen soll. Ach mein Herr Jesu! ich danke dir von Herzen für den edeln Schatz meiner Erlösung, der aus deinen Wunden geflossen, welcher sonst nirgend zu finden ist, denn in deinen blutrothen Wunden. Ach Herr! deine große Liebe hat diese Heilbrunnen geöffnet, denn dieselben bezeugen deine überfließende Liebe. Wie sich große Ströme aus den wasserreichen Brunnen und Quellen ergießen auf das Erdreich, also haben sich die Ströme deiner Liebe aus deinen Brünnlein in uns, als in ein dürres Erdreich ergossen; das ist das rechte Wasser des Lebens, so aus dieser Lebensquelle entsprungen, unsere trostlosen Herzen zu erquicken. Ach Herr! es wäre genug, daß du für mich so große Angst und Schmerzen, auch den Tod erlitten. Du hast aber über das Alles mir zum Trost deine heiligen fünf Wundenmale an deinem heiligen Leibe behalten, zum Zeugniß meiner ewigen Erlösung und deiner brünstigen Liebe gegen mich, auf daß ich den Schatz meiner Seligkeit in dir und deinen Wunden suchen soll. Ach Herr! Herr! laß mein Herz ja seyn, da mein Schatz ist. Ach mein Herr Jesu! laß deine Wunden mein Trostbrunnen seyn. Wenn mir der Satan meine Sünden groß macht, mir den Zorn Gottes einbildet, und mir seine scheußlichen und greulichen Klauen zeigt, so komme du, Herr! und zeige mir deine Hände und Füße, und deine Seite, daß ich in diesem Trostspiegel anschauen möge das gnädige Vaterherz meines lieben Vaters im Himmel, und mich der ewigen Versöhnung getröste. Ach mein Herr Christus! wenn meine Noth und die Angst meines Herzens groß ist, so komme du, und zeige mir dein verwundetes Herz; denn darum hast du dir deine Seite lassen öffnen und mir dein Herz gezeigt, daß du dir meine Noth wollest lassen zu Herzen gehen, und Mitleiden mit mir haben. Denn du hast uns ja durch die herzliche Barmherzigkeit unsers Gottes besucht, als der Aufgang aus der Höhe; darum ist deine geöffnete Seite eine Gnadenthür, da hinein geht die angstbeladene und betrübte Seele, die der Satan mit feurigen Pfeilen verwundet. Darum ist dir ein Herzensstich gegeben, auf daß mich meine Herzensstiche nicht quälen sollten. Darum lindere mir mein Herzweh, o Christus! durch dein verwundetes Herz. O mein Herr Christus! laß deine Wundenmale mein Herz aufwärts ziehen nach dir. Denn du hast im Stande deiner Herrlichkeit deine klaren, hellleuchtenden Wundenmale behalten, und zeigst dieselben allen heiligen Engeln und Auserwählten Gottes, als ein Freudenschauspiel, sie damit zu erfreuen, und in deiner Liebe zu ergötzen. Darum zeuch auch mein Herz und meine Gedanken von dem Irdischen mit dem starken Liebesband deiner hellleuchtenden Wundenmale nach dir in die Höhe, und laß meine Liebe da wieder einfließen, daher deine Liebe gequollen und ausgeflossen ist. Ach mein Herr Jesus Christus! laß auch deine heiligen Wunden mein Herz reinigen, und die Sündenlust austreiben. Denn weil des Menschen Herz unrein ist von Natur, daher alle Sünden quellen, so hast du, o Herr! dein Herzensblut durch deine Seitenwunde vergossen, mein Herz damit zu reinigen, auf daß in meinem Herzen alle böse Lust sterbe und getilgt werde. Laß auch, o mein Herr Christus! deine heiligen Wunden mich bewegen und locken zur Liebe meines Nächsten. Denn weil du deine aufgespaltene Seite am Kreuz Freunden und Feinden vor Augen gestellt, auch für uns gestorben bist, da wir noch deine Feinde waren, so laß deine Wunden mich bewegen, daß ich auch meine Feinde liebe, daß ich gerne vergebe, nicht rachgierig sey; denn du, Herr! hast am Kreuz nicht geschrieen: Vater! räche dich an meinen Feinden, sondern vergib ihnen. Und woher kommt es, daß die Liebe so gar erkaltet, als daher, daß die Menschen deine heiligen Wunden, als Liebesbrunnen, nie recht erkannt, noch dir dafür gedankt und deine Liebe daraus getrunken haben? Laß mich auch, o mein Herr Jesu! in deinen Wunden meine Ruhe haben, wenn meine Seele sonst nirgend ruhen kann, wie die Taube Noäh, welche in der Sündfluth nirgend Ruhe fand, und kam wieder, und Noah streckte seine Hand aus, und nahm sie wieder in den Kasten zu sich. Und wenn meine Seele in dem Wasser großer Trübsal nirgend ruhen kann, so laß sie in deinen Wunden ruhen; und wenn meine Sünden aufwachen, und über mein Haupt gehen, und wie eine schwere Last mir zu schwer werden, daß kein Friede in meinen Gebeinen ist vor meinen Sünden, und ich heule vor Unruhe meines Herzens: so zeige mir, Herr, deine Wunden, so um meiner Sünden willen geschlagen sind, auf daß ich Frieden habe. Wenn mich der Satan mit feurigen Pfeilen der hohen Anfechtungen plagt und unruhig macht, so gib mir, o mein Herr Christus! daß ich mich in deinen Wunden verberge, als ein Täublein in den Steinritzen und in den Felslöchern. Ach mein Herr Christus! wenn ich weder vor geistiger Noth, noch vor leiblicher Angst und Krankheit ruhen noch schlafen kann, so gib mir, daß ich in deinen Wunden ruhe, wie ein Kind nirgend besser schläft, denn in seiner Mutter Schooß, und wie Johannes an der Brust Jesu lag. Denn du hast gesagt: Kommet her zu mir Alle, die ihr mühselig und beladen seyd, ich will euch erquicken, so werdet ihr Ruhe finden für eure Seelen. Das gib mir, mein Herr und mein Gott! um deiner heiligen fünf Wunden willen. Amen.

---

19. Ein Gebet um Buße und Vergebung der Sünden, aus dem Leiden Christi.

Ich danke dir, o treuer Gott,
Für deine Lieb' in meiner Noth,
Daß du der Sünden schwere Last
Aus Gnaden mir entnommen hast,
Und aufgelegt deinem lieben Sohn,
Der um sie litt Schmerz, Tod und Hohn.
Ich preise dich, Herr Jesu Christ,
Der du für Sünder worden bist

Ein Fluch, und selbst die Sünde ganz,
Gekrönet mit der Dornen Kranz,
Durchstochen mit so herber Pein
An den heiligen Gliedern dein.
Die Wundenmale, mir zu gut,
Stärken Hoffnung und Glaubensmuth.
Balsam für Seelenwunden fließt
Aus ihnen, wenn ein Sünder büßt.
Ich rühme dich ohn' Unterlaß,
Daß du verliehen sonder Maaß
Vergebung für die schwerste Schuld
Durch deine göttliche Geduld,
Wo man mit Glaubensaugen kehrt
Sein Herz zu dir, und recht dich ehrt,
Mit Gegenlieb' und Besserung
Und wahrem Durst nach Heiligung.
Drum bitt' ich, süßer Jesu mein,
Durch die schmerzlichen Wunden dein,
Daraus Versöhnung für dein Kind
Geflossen ist und täglich rinnt,
Durch dein vor Liebe blutend Herz:
Laß mich weinen mit rechtem Schmerz.
Der Sünd' ist viel, wie Sand am Meer,
Und eine Last, mir allzu schwer.
Doch wenn dir das mein Mund bekennt,
Und mich die Reu' im Herzen brennt:
Herr Jesu, so erhöre mich,
Und handle mit mir gnädiglich,
Nicht wie mein Thun verdienet hat;
Erbarm' dich meiner Missethat.
Tauche mich in dein Blut hinein,
So bin vor Gott ich wieder rein.
Ist doch in der durchbohrten Seit'
Ein heilend Bächlein mir bereit.
Nichts ist gesund an meinem Leib;
Von Sohlen bis auf's Haupt vertreib'
Eiterbeulen, Striemen und Wunden,
So nicht geheftet noch verbunden.
Heil' du mich, Herr, so werd' ich heil;
Hilf mir, so wird mir Hülf' zu Theil;
Was durch Sünden zerbrochen ist,
Mach' wieder ganz, Herr Jesu Christ!
Geplagter Leib, dürstender Mund,
Mach' mich an Seel' und Leib gesund!
Die Schläge, welche du erlitt'st,
Der Kampf, den du verlassen stritt'st,
Die müssen mir gleich Oel und Wein
In des Gewissens Wunden seyn.
Du sprichst es ja in deinem Wort,
Darauf ich trau' als meinen Hort:
Wenn deine Sünd' auch blutroth ist,

Sie wird schneeweiß zu dieser Frist,
Und sollte sie rosenfarb seyn,
Soll sie werden wie Wolle rein.
O süßer Heiland! Seelenfreund!
Laß bleiben mich mit dir vereint.
Mein Herz nur deine Wohnung sey,
Dazu dasselbe benedei';
Mach' deinem Sinn mich recht verwandt,
Zum Dienst gehorsam Fuß und Hand,
Zum Leiden willig Seel' und Leib;
In's Herz mit deinen Nägeln schreib'
All' deine Lieb' und dein Gebot;
Dein sey mein Leben und mein Tod.
Es sey mein Wesen und mein Gut,
Es sey mein Geist, mein Fleisch und Blut,
Geopferter, als Opfer dein;
So werd' ich ewig selig seyn.

20. Ein Trostgebet aus den Wunden Christi.

O Seligmacher, Jesu Christ,
Der du für mich verwundet bist,
Was du gelitten mit Geduld,
Das tilget meiner Sünden Schuld.
Was uns mit Gott versöhnen kann,
Hat dein Gehorsam treu gethan.
Für mich, ja für die ganze Welt
Hast du zum Bürgen dich gestellt;
Und deine Sühne nahm er an,
Als hätt' ich selbst genug gethan.
Nun willst du, o Herr Jesu rein,
Mein Erbtheil und mein eigen seyn!
Mein einiger Reichthum ist dein Blut,
Das macht vor Gott mich reich und gut.
Dein Leiden und Sterben ohne Schuld
Bringt mir des Vaters Lieb' und Huld.
O du, des Himmels Thür allein,
Durch die ich geh' zum Vater ein,
Laß ein den Sünder, der dich sucht,
Und zeig' ihm deines Trostes Frucht.
Vermehre meine Zuversicht,
Erscheine mir in deinem Licht,
Wie du für meine Sünden starbst,
Und mir Gerechtigkeit erwarbst,
Durch Tod, Urständ und Himmelfahrt,
Auf daß ich deiner Gegenwart
Versichert bleibe jederzeit,
Und in dir leb' in Ewigkeit.
Versiegl' in meinem Herzen hier,

Was du begonnen hast in mir,
Daß deines Geistes Wirkung klar
An mir erschein' und wunderbar,
Wenn mir der Tod das Siegel löst,
Den Leib du in die Erde fäst,
Und wenn ich wieder auf soll stehn,
Zu deinen Freuden einzugehn.
Daß nirgend anders wenden hin
Mich Augen, Herz, Gedank' und Sinn,
Denn auf dein Kreuz und deine Schmach,
Im Leben und am Todestag.
Behüte mich vor falscher Lehr',
Und jeglicher Versuchung wehr';
Auf daß ich unverrückt und still
Fortwandle, bis ich dort am Ziel
Dich, wahres Licht, in deinem Licht
Anschauen mag von Angesicht. Amen.

---

21. Trostgebet aus dem Leiden Christi.

O du heilig liebreiches Herz,
Wie bist du nun so voller Schmerz!
Wie fließen deine Wunden roth!
Wie schlägst du matt vor Angst und Noth!
Um meinetwillen littst du dieß;
Dein Leben war dir nimmer süß;
Auch nach dem Tod wirst du verwund't,
Läss'st fließen aus des Busens Grund
Blutigen Strom und Wasser rein,
Das Taufbad und den Lebenswein.
In Liebesgluth verbrennest du,
Zu schenken mir von Sünden Ruh'.
Dein Marterpfahl beweiset mir,
Wie lieb ich bin gewesen dir.
O blut'ger Leib! verwund'tes Herz!
Wie Wachs zerschmolzen einer Kerz'!
Ich bitt' durch deiner Seite Stich,
Mit bittrer Reu' zerschneide mich;
Thu' auf mein Herz in Buße dir,
Laß stets es schreien mit Begier:
Ach Jesu Christ! sey gnädig mir,
Verstoß' mich nicht im Zorn von dir!
Um meiner Sünden große Meng';
Ach handle mit mir nicht so streng!
O süßes Herz! o rothe Ros'!
Ach! mach' mein Herz vom Bösen los;
Geuß deine göttliche Gnade drein,
Mit deinem Blute wasch' es rein,
Erfüll' es ganz mit deiner Lieb';
Auf daß ich deinen Willen üb';

Und andre, was ist falsch an mir,
Und gib mich ganz zu eigen dir.
O Seele, thu' dich auf gar weit,
Empfah' das Blut aus Christi Seit',
Als einen lieblich kühlen Thau,
Der niedertrieft zur dürren Au.
Ach warme Liebe Christi, schaff',
Daß mein kalt Herz nicht suche Schlaf,
Es ruh' denn in den Wunden dein,
Und schmede deine Liebe rein,
Und trink' aus deiner süßen Brust,
Zu kosten wahre Seelenlust;
Bis ich darin entschlafen mag,
Zu schau'n den ew'gen Ruhetag.
O Füße, mir zum Heil durchbohrt,
Die ihr den rauhen Weg erkost,
Zu suchen, was verloren war,
Bleibt heut mir nah' und immerdar.
Wenn Satan und die Welt mich irrt,
Geht vor mir, wie ein guter Hirt,
Erhaltet mich auf rechter Bahn,
Und scheuchet der Verführung Wahn;
Daß ich mein Kreuz geduldig trag',
Und wandle meinem Heiland nach.
O heil'ge Hände, mir durchgraben,
Die Kraft und Sieg empfangen haben,
Von denen Kranke wurden heil,
Schenkt mir an eurem Segen Theil.
O Herr, laß Niemand reißen mich
Aus diesen Händen ewiglich.
Durch die fünf Wunden deiner Noth
Erhalte mich in Noth und Tod,
Laß fest mich glauben deinem Wort,
Und steh' mir bei, ein starker Hort.
Halt' rein die Treu', und deine Pein
An mir nicht laß verloren seyn.
O Wunden tief, verberget mich
Vor Gottes Zorn stets gnädiglich,
Daß ich durch euer Gnadenschrei'n
Zur Herrlichkeit mag gehen ein.
Herr, du bist meine Zuversicht;
Wenn mich der letzte Feind anficht;
In deine Wunden schließ' mich ein;
Dein will ich todt und lebend seyn.

---

22. Ein anderes Trostgebet.

O Gott Vater in Ewigkeit,
Voller Gnad' und Barmherzigkeit,
Sey mir gnädig durch deinen Sohn,

Gib ihm auch mich zum Schmerzenlohn.
Sieh' an sein Leiden, die Marter groß;
Von Schuld mach' durch sein Blut mich los.
Die Wunden, Striemen, Angst und Pein
Laß dir meine Versöhnung seyn.
Die Sünden alle mir vergib,
Schleuß mich in deines Sohnes Lieb',
Und laß mich künftig seyn dein Kind,
Wie deine Kinder rein gesinnt.
Leg' väterlich den Zorn bei Seit',
Sey mir zu helfen stets bereit;
Regiere mich mit Lindigkeit,
Und steh' mir mächtig bei im Streit
Durch den, der als der rechte Mann
Am Kreuz für mich den Sieg gewann,
Und durch die Urständ ward bewährt,
Als Siegesfürst und Sohn verklärt.
Was ich nicht bin, hab' ich in ihm;
Sein Blut löscht aus des Feuers Grimm;
Sein neues Leben schafft mich neu,
Daß ich des Himmels Erbe sey.
Dafür will ich stets danken dir,
Dich kindlich preisen für und für.

---

23. Danksagung für die fröhliche Himmelfahrt.

Herr Jesus Christus! du allmächtiger Siegesfürst! der du dich durch deine sieghafte und fröhliche Himmelfahrt gesetzt hast zur Rechten der Majestät und Kraft Gottes, und alle deine Feinde gelegt zum Schemel deiner Füße, nämlich Sünde, Tod, Teufel, Hölle und Welt: wie soll ich diesen Triumph, diesen Sieg, diese Herrlichkeit, diesen deinen hohen Namen genugsam und würdig rühmen und preisen? Denn nachdem du gemacht hast die Reinigung unserer Sünden durch dich selbst, hast du dich in dem Himmel gesetzt zur Rechten der Majestät Gottes, so viel besser geworden denn die Engel, so viel gar, einen höhern Namen du vor ihnen ererbt hast. Denn zu welchem Engel hat Gott jemals gesagt: Setze dich zu meiner Rechten! Dein himmlischer Vater hat dir Alles unter deine Füße gethan, nichts ausgenommen, denn sich selbst. Du hast dir unterthan gemacht die Engel, die Gewaltigen, die Fürstenthümer und die Kräfte. Auch hast du in diesem herrlichen Sieg ausgezogen die höllischen Fürstenthümer und Gewaltigen, sie öffentlich zur Schau getragen, und einen Triumph aus ihnen gemacht durch dich selbst. Du starker Gott fährest auf mit Jauchzen, und du Herr mit heller Posaune. Lobsinget unserm Gott; lobsinget ihm klüglich! Der Wagen Gottes ist viel tausendmal tausend. Du bist aufgefahren in die Höhe, und hast das Gefängniß gefangen geführt. Du hast Gaben empfangen für die Menschen, du bist erhöhet über alle Engel und Fürstenthümer, über alle Gewalt und Macht, und über Alles, das in dieser und jener Welt mag genannt werden. Gott hat dich zum Haupt gesetzt deiner Gemeine, die da ist dein Leib und die Fülle deß, der Alles in Allem erfüllet. Du bist unser ewiges, einiges Haupt, der seinen Leib und seine Glieder mit Leben, Licht, Trost, Kraft, Stärke, Sieg, Friede und Freude erfüllt. Du bist unser ewiger Hoherpriester, salbest uns mit deinem heiligen Geist, gibst Evangelisten, Apostel, Propheten, Hirten und Lehrer, auf daß dein geistiger Leib erbaut werde. Ach! sende solche Bauleute, die du mit dem Geist der Weisheit und des Verstandes erfüllt hast. Du hast ein ewiges Hohepriesterthum, darum kannst du allezeit selig machen, Gebet erhören derer, die zu dir kommen und zu dir rufen. Du hast uns durch deine Himmelfahrt den Weg gezeigt, den Himmel und das Paradies eröffnet, und die Stätte im Himmel bereitet. Weil du nun, als unser Haupt, im Himmel bist, so werden auch gewiß deine Glieder nicht draußen bleiben. Du wirst uns Alle nachholen, auf daß wir seyen, wo du bist, daß wir deine Herrlichkeit sehen. Dadurch ist unsere selige Hoffnung bestätigt, daß wir gewiß zu dir kommen werden; dadurch ist unsere Gerechtigkeit bekräftigt. Denn darum erscheinst du vor deinem himmlischen Vater, zum Zeugniß, daß du durch dein Blut in das Allerheiligste eingegangen bist, und eine ewige Erlösung erfunden, und die ewige Gerechtigkeit wiedergebracht hast. Zeuch uns nach dir, daß wir mit unsern Gemüthern bei dir im himmlischen Wesen und Leben wandeln und wohnen mögen;

daß wir auch allda unser Herz haben, da unser Schatz ist, und suchen, was droben, und nicht, das drunten ist; daß wir vergessen, was dahinten ist, und strecken uns nach dem, was zukünftig ist. Zeuch uns nach dir, so laufen wir. Gib uns Flügel der himmlischen Morgenröthe und des heiligen Verlangens nach dir, daß wir zu dir flehen: O! wann werde ich dahin kommen, daß ich dein Angesicht sehe, und mit dir auffahre zu deinem Vater und zu meinem Vater, zu deinem Gott und zu meinem Gott? Komme, Herr Jesu, und nimm mich zu dir! Amen.

---

24. Danksagung für die Sendung des heiligen Geistes.

Ach du mein freundlicher, holdseliger Herr Jesus Christus! wie kann ich dir genugsam danken für die hohe, herrliche, göttliche Gabe deines heiligen Geistes, welchen du verheißen hast, da du sprichst: Ich will Wasser gießen auf die Durstigen, und Ströme auf die Dürre; ich will meinen Geist ausgießen über alles Fleisch, daß sie sollen wachsen wie Gras am Wasser. Ihre Söhne und Töchter sollen weissagen, ihre Jünglinge sollen Gesichte sehen, und ihre Aeltesten sollen Träume haben. Du hast deinen heiligen Geist verglichen einem frischen Wasser: ach! erquicke und tränke unsere dürren Herzen mit demselben, daß unsere Seele grüne wie das Gras. Du hast deinen heiligen Geist in Feuerflammen herabgesandt, und der Apostel Zungen feurig gemacht, und sie mit dem heiligen Feuer des Geistes getauft: ach! erwärme, erleuchte, entzünde unsere Herzen im Glauben, in der Liebe, in Andacht, in Gebet, im Lobe Gottes. Laß dein Wort zum Feuer in unsern Herzen werden, daß es davon brenne und leuchte. Du hast deinen heiligen Geist in einem Winde und in einem lieblichen Brausen vom Himmel gesandt: wehe uns an, und mache uns mit dem Odem deines Mundes lebendig. Wie du deine Jünger anbliesest, und in der ersten Schöpfung einen lebendigen Odem dem Menschen einbliesest, und ihn zum natürlichen Leben lebendig machtest: also mache uns lebendig durch deinen heiligen Geist in das ewige Leben. Ach du liebliche Gottesflamme, erleuchte uns! Ach du lebendiges Wasser, erquicke uns! Du Odem Gottes, mache uns lebendig! O du heiliger Finger Gottes, schreibe dein lebendiges Wort in die Tafel unsers Herzens! O du Kraft aus der Höhe, stärke uns in unserer Schwachheit! O du himmlisches Freudenöl, tröste und erfreue uns in unserer Traurigkeit! Du liebreicher Himmelsthau, erquicke unsere verwelkten Herzen. Du gnädiger Regen, befeuchte unsere verborrten Herzen. O Herr Jesu! geuß über uns aus den Geist der Gnade und des Gebets, der in uns seufze, unserm schwachen Gebet zu Hülfe komme, der uns bei Gott vertrete mit unaussprechlichem Seufzen, der da Zeugniß gebe unserm Geist, daß wir Gottes Kinder sind. Denn er ist ja der Geist der Kindschaft, das Siegel Gottes, das Pfand unseres Erbes, mit welchem wir versiegelt sind bis auf den Tag unserer Erlösung, durch welchen wir rufen: Abba, lieber Vater! an welchem wir erkennen, daß du in uns bleibest, weil dein Geist in uns bleibet. Laß auch diesen deinen heiligen Geist mit siebenfältigen Gaben über uns ruhen. Denn uns zu gut ruhet über dir der Geist der Weisheit, des Verstandes, der Klugheit, des Raths, der Kraft, der Stärke, der Furcht Gottes. Er ist ein Geist des Friedens: laß uns durch ihn ein friedsames Herz und Gewissen haben. Er ist ein Geist der Liebe und Einigkeit: laß uns durch seine Kraft in Liebe und Einigkeit verbunden bleiben, daß er uns zu Einem Leibe, ja zu deinem Leibe, Herr Jesus Christus! als Glieder zusammen verbinde. Er ist ein Geist des Vaters und des Sohnes, denn der Vater und Sohn senden ihn; darum vereinigt er uns mit dem Vater und Sohn, und macht uns zum Tempel und zur Wohnung der heiligen Dreieinigkeit. Er ist ein Geist der Wiedergeburt, darum macht er uns zu neuen Creaturen. Derhalben, o heiliger Geist! wende unser Herz ab von der Welt zum himmlischen Leben, mache in uns neue göttliche Bewegungen, fange in uns an das ewige Leben, richte in uns auf das Reich Gottes, welches ist Gerechtigkeit, Friede und Freude im heiligen Geist. Erneure in uns das Bild Gottes, in rechtschaffener Gerechtigkeit und Heiligkeit, und wenn uns aller Trost dieser Welt verläßt, so bleibe du, unser wahrer und einiger Tröster, bei uns ewiglich, nach der Verheißung unsers Herrn Jesu Christi. Lehre, leite, führe, stärke, heile, erquicke und mache uns lebendig. Sey unser Fürsprecher, Beistand, Rath, Kraft, Trost, sey unserer Seelen Licht und Freude in aller Traurigkeit. Du bist ja unser himmlisches Freudenöl, mit welchem wir gesalbt sind. Du bist ja unsere himmlische Taube, mit dem Oelblatt göttlicher Gnade; ruhe über uns, wie über unserm Herrn Jesu Christo. Du bist ja unsere himmlische Salbung, die uns Alles lehrt. Sey unsers Geistes Stärke, daß wir durch dich die Lüste unsers Fleisches dämpfen, die Früchte aber des Geistes in uns wachsen mögen, Glaube, Liebe, Hoffnung, Demuth, Geduld, Andacht, Gebet und Gottesfurcht. O du einzige Freude unserer Seelen! hilf, daß wir dich nimmermehr betrüben, noch von uns treiben, sondern daß wir dich allezeit mögen bei uns behalten, wir schlafen oder wachen, gehen oder stehen, leben oder sterben, daß du in unsern Seelen ewig bleibest in diesem und jenem Leben. Denn du bist Gottes Siegel, damit uns Gott versiegelt hat ewiglich. Du Geist der Herrlichkeit Gottes! ruhe über uns, laß uns mit Stephano Gottes Herrlichkeit sehen, hier im Geist und Glauben, dort aber von Angesicht zu Angesicht. Amen.

---

25. Danksagung für die Offenbarung der heiligen Dreieinigkeit.

O du allerheiligste, hochgelobteste, unzertheilte Dreieinigkeit! du ewiges, unendliches, unbegreifliches, unerforschliches, geistiges, einiges Wesen, und dreifaltig in Personen! ich sage dir Lob, Ehre und Dank für die göttliche Offenbarung deiner heiligen Erkenntniß, in welcher das ewige Leben besteht, nämlich daß wir dich, Gott den Vater, und welchen du gesandt hast, Jesum Christum, deinen lieben Sohn, in Kraft des heiligen Geistes erkennen. O Gott Vater, dich erkenne, liebe, ehre, preise, bete ich an, als meinen allerliebsten Vater, der der rechte Vater ist über Alles, was Kinder heißt im Himmel und auf Erden. Dich hat dein lieber Sohn mir als meinen lieben Vater befohlen anzurufen, und gesagt: Was ihr den Vater in meinem Namen bitten werdet, das wird er euch geben; und: Ich fahre auf, zu meinem Vater und zu euerm Vater, zu meinem Gott und zu euerm Gott. Ach geliebter Vater! du hast mir zwei, edle, hohe Gaben gegeben, nämlich deinen lieben Sohn und den heiligen Geist; dir sey ewig Lob und Dank für die große und unaussprechliche Liebe. O Gott Sohn! von Ewigkeit her gezeugt, aus dem göttlichen Wesen des Vaters, Gott von Gott, wahrhaftiger Gott vom wahrhaftigen Gott, Licht vom Licht, du wesentliches Ebenbild deines himmlischen Vaters, und der Glanz seiner Herrlichkeit, du wahrhaftiger, ewiger Gott und ewiges Leben, du Anfang und Ende aller Dinge, durch welchen Alles geschaffen ist, beides das Sichtbare und Unsichtbare, beide die Throne und Herrschaften, durch welchen alle Dinge gemacht sind, und in welchem Alles besteht! du bist in der Fülle der Zeit Mensch geworden, und gesandt von deinem himmlischen Vater, zu suchen und selig zu machen, das verloren ist; bist mein Fleisch und Blut geworden, mein Bruder, mein Bräutigam, und hast dich mit mir verlobet in Ewigkeit, in Gericht und Gerechtigkeit, und im Glauben; bist mein Erlöser, Fürsprecher, Gnadenstuhl, Hoherpriester, Imanuel, König, Licht und Leben, Mittler, Nothhelfer, einiges Versöhnoser und Seligmacher, Gott und Mensch in Einer Person; du sitzest auf dem Stuhl der Herrlichkeit, zur Rechten der Majestät Gottes, hörest unser Gebet und Seufzen, bist bei uns alle Tage bis an das Ende der Welt. Dir sage ich für deine große Liebe, Leiden und Tod, Auferstehung und Himmelfahrt Lob, Ehre und Dank. O Gott heiliger Geist! ein ewiger, allmächtiger Gott, gleich ewig und allmächtig mit dem Vater und dem Sohn, der du ausgehest und gesandt wirst vom Vater und dem Sohn, als ein Geist des Vaters und des Sohnes, und machest uns zu Tempeln und Wohnungen der heiligen Dreieinigkeit; der du uns neu gebierst, erleuchtest, heiligest und tröstest: du bist unser einiger, allerliebster und allerhöchster Tröster, der bei uns bleibt ewiglich, wenn uns die ganze Welt und alle Creaturen verlassen. Dir sage ich Lob, Ehre und Dank für die Wiedergeburt, Erleuchtung und Heiligung. O du heilige Dreieinigkeit! unterschiedlich nach den Personen, unzertrennlich nach dem Wesen, Gott Vater, Sohn und heiliger Geist, Eines göttlichen Wesens, einer einigen, ewigen Gottheit! wir bekennen drei unterschiedliche Personen, gleich ewig, gleich allmächtig, gleich heilig, gleich herrlich, gleich unermeßlich. Darum singen wir mit den Seraphim: Heilig, heilig, heilig ist Gott, der Herr Zebaoth! Heilig ist Gott der Vater! Heilig ist Gott der Sohn! Heilig ist Gott der heilige Geist! und sagen mit St. Paulo: Von ihm, in ihm und durch ihn sind alle Dinge; ihm sey Ehre und Preis in Ewigkeit, Amen! O du heilige Dreieinigkeit! komme zu uns, und mache Wohnung bei uns; du bist ja über uns Alle, in uns Allen und durch uns Alle. O Herr Jesu! wer dich siehet, der siehet auch den Vater. Du bist im Vater, und der Vater in dir. Du hast unsere selige Taufe gestiftet, durch den Namen der heiligen Dreieinigkeit, und durch dieselbe den ewigen Gnadenbund mit uns erneuert. Du bist unser rechter Segen, in welchem und durch welchen wir auch im Namen der heiligen Dreieinigkeit gesegnet werden; wie Moses sagt: Der Herr segne dich und behüte dich! das ist: Gott der Vater segne und behüte uns als seine Kinder. Der Herr erleuchte sein Angesicht über dir, und sey dir gnädig! das ist: Gott der Sohn, der unser Licht und Gnadenstuhl ist, erleuchte uns durch seine Gnade. Der Herr erhebe sein Angesicht auf dich, und gebe dir Frieden! das ist: Gott der heilige Geist, in welchem wir Gottes väterliches Angesicht anschauen, und des ewigen Friedens genießen, befriedige unsere Herzen. Ach Gott Vater, du ewige Liebe und Barmherzigkeit, du unerschöpflicher Brunnen aller Gütigkeit! ach Gott Sohn, meine ewige Gerechtigkeit, Weisheit, Heiligkeit und Erlösung, mein Licht, mein Heil, mein Leben und meine Seligkeit! ach Gott heiliger Geist, mein einiger und ewiger Trost, mein Friede, meine Freude, Stärke und Kraft! vereinige mich mit dir, besitze und bewohne mein Herz, bewahre mich wie einen Augapfel im Auge, beschirme mich unter dem Schatten deiner Flügel, segne mich und erleuchte mich, tröste mich in meiner letzten Noth, nimm meine Seele zu dir, erwecke meinen Leib am jüngsten Tage zur ewigen Freude, und laß mich deine Herrlichkeit sehen ewiglich. Amen.

26. Danksagung für die heilige christliche Kirche, und Bitte, daß sie Gott erhalten und beschützen wolle.

Ach du gütiger, gnädiger, barmherziger Vater, du Liebhaber der Menschen: ich danke dir, daß du vom Anfang der Welt aus dem menschlichen Geschlechte dir allezeit eine heilige christliche Kirche gesammelt und berufen hast, welcher du dich in deinem heiligen Worte geoffenbart hast, welche dich, den Vater, den Sohn und den heiligen Geist recht erkannt, an dich geglaubt, dich angerufen, geehrt, gelobt und gepriesen hat, und daß du mit derselben einen ewigen Gnadenbund gemacht hast, daß du ihr gnädiger Gott seyn wollest, und ihre Sünden vergeben, um des theuern Verdienstes Christi, deines lieben Sohnes willen; welcher du auch deinen heiligen Geist verheißen, der sie erleuchte, lehre, stärke, tröste, heilige, in alle Wahrheit leite und darin erhalte, der sie erneuere, daß sie dir in heiligem Leben, in Weisheit und Gerechtigkeit diene; die du auch verheißen hast, aus Gnaden selig und heilig zu machen; zu welcher du gesagt hast durch deinen lieben Sohn: Fürchte dich nicht, du kleine Heerde, es ist des Vaters Wille, dir das Reich zu bescheiden; welcher du viel herrliche, gnadenreiche Verheißungen gegeben der Vereinigung mit dir: Ich will mich mit dir verloben in Ewigkeit; ich will mich mit dir vertrauen in Gericht und Gerechtigkeit, ja im Glauben will ich mich mit dir verloben, und du sollst den Herrn erkennen; und: Auf diesen Felsen will ich bauen meine Gemeine, und die Pforten der Hölle sollen sie nicht überwältigen; welche du dir gereinigt hast durch das Wasserbad im Wort, und dir zugerichtet eine Gemeine, die herrlich sey, die nicht habe einen Flecken oder Runzel, sondern daß sie heilig sey und unsträflich; welche du berufen hast, und sie verordnet, daß sie ähnlich seyn soll dem Ebenbilde deines lieben Sohnes; welche du auch hast gerecht gemacht, und auch herrlich machen wirst; welche du auch mit so vielen holdseligen Namen nennest, daß sie sey eine Braut deines lieben Sohnes Jesu Christi, und er ihr ewiger Bräutigam, sie sein geistiger Leib, und er ihr einiges, ewiges Haupt, von welchem sie alle Gaben und alle Fülle empfähet, Licht, Leben, Trost, Stärke, Kraft, Sieg; sein königliches Priesterthum, ein Volk des Eigenthums, das auserwählte Geschlecht, sein schönes Erbtheil und seine Liebliche, auf welche ihm das Loos gefallen, in welcher er allein König und Hoherpriester ist; seinen Schafstall, da er allein der Hirte ist, eine schöne Stadt Gottes und ein himmlisches Jerusalem, einen Pfeiler und Grundfeste der Wahrheit, auf den Eckstein Jesum Christum gegründet; einen Weinberg, darin Christus der lebendige Weinstock und wir seine Reben sind, welchen du deine Gegenwart verheißen hast bis an's Ende der Welt. Dafür danke ich dir von Herzen, daß du mich auch zur Gemeinschaft dieser deiner heiligen Kirche berufen hast, daß ich derselben Glied und Bürger bin des himmlischen Jerusalems, in der Gemeinschaft vieler tausend Heiligen; in welcher ich alle himmlische Güter und Gnadenschätze in Christo mit allen Heiligen gemein habe, nämlich Einen Erlöser und Seligmacher, Ein Haupt, Einen Hirten, Eine Taufe, Ein Nachtmahl, Einen Glauben, Einen Gott und Vater unser Aller, der da ist in uns Allen, durch uns Alle und über uns Allen; da alle Glieder der Gläubigen wahrhaftigen Trost, Licht, Leben, Erquickung, Weide und Schutz haben. Und wenn gleich die Welt unterginge, und die Berge mitten in's Meer sänken, dennoch soll die Stadt Gottes fein lustig bleiben mit ihren Brünnlein, da die heiligen Wohnungen des Höchsten sind; Gott ist bei ihr drinnen, und hilft ihr frühe, darum wird sie wohl bleiben. Hilf uns nun, und stärke uns, lieber Gott! daß wir in Kreuz und Verfolgung uns deiner Gegenwart getrösten, deinen Namen freudig bekennen, für deine Ehre ritterlich streiten, deinen Namen und Wort, so es seyn soll, mit unserm Blute bezeugen, und daß wir auch endlich aus dieser streitenden Kirche aufgenommen werden in die siegende Kirche, da aus Engeln und Menschen Eine Kirche wird werden, die dich in Ewigkeit loben und preisen wird. O selig sind, die in deinem Hause wohnen immer und ewiglich! Amen.

―――

27. Danksagung für den Schutz der heiligen Engel.

Ach du getreuer Gott! du Liebhaber, Beschirmer und Erhalter des menschlichen Geschlechts, du Herr der Heerschaaren, vor welchem stehen tausend mal tausend, und zehnmal hundert tausend dienen dir; durch welchen Alles geschaffen ist, beide das Sichtbare und das Unsichtbare, die Throne und die Herrschaften! wie hast du die Menschen so lieb, daß du ihnen von Kindheit auf zugeordnet hast deine heiligen Engel, die beständigen, demüthigen, freundlichen, Gott lobenden Engel, die gehorsamen, keuschen, lieblichen, wahrhaftigen, guten Geister, die schönen, glänzenden, himmlischen Feuerflammen, die starken Helden, das Heer Gottes, die heiligen Wächter, die sich um uns her lagern, die wir deinen Namen fürchten; welche unsre Engel allezeit sehen das Angesicht unsers Vaters im Himmel, die vor deinem Thron stehen; deren etlicher Namen du uns geoffenbart hast, als des Erzengels Gabriel, das heißt, Gottes Kraft; Michael, das ist: Wer ist wie Gott? Raphael, Gottes Arzt.

Mit welchen heiligen Engeln du die drei Stände, so du selbst geordnet hast auf Erden, beschützest; wie denn der Erzengel Gabriel, der vor Gott steht, der Jungfrau Maria den Gruß brachte, dem heiligen Priester Zacharias die Geburt Johannis des Täufers verkündigte, und dem heiligen Propheten Daniel die Zeit der Zukunft des Messias offenbarte, als ein herrlicher Kirchenengel; der große Fürst Michael, als ein Regenten- und Schutzengel, die Obrigkeiten und Lande schützt, auch für Gottes Volk streitet, und der Engel Raphael zum Hausengel verordnet ist, daher dem blinden Tobias half, und den Hausteufel Asmodi in der Wüste band. Ach lieber, getreuer Gott! was ist der Mensch, daß du ihn so hoch achtest? Dir sage ich ewig Lob und Dank für die Wohlthat, daß du diese dienstbaren Geister ausgesandt hast zu dienen denen, so die Seligkeit ererben sollen, und bitte dich, du wollest deinen Engeln über mir Befehl thun, daß sie mich behüten auf allen meinen Wegen, daß sie mich auf den Händen tragen, und ich meinen Fuß nicht an einen Stein stoße; daß ich möge gehen auf Löwen und Ottern, und treten auf junge Löwen und Drachen. Treibe von mir alle böse Geister, welche sind Lügner und Mörder von Anfang. Behüte mich vor ihrem Grimm und Wüthen, vor ihren Lügen und Lästerungen, vor ihrer List und ihrem Betrug, daß sie nicht ihr Unkraut unter den Weizen säen in mein Herz. Wehre den Lügengeistern in aller falschen Propheten Munde, dem Mordgeist in allen Tyrannen, dem Teufel der Hoffart und des Geizes im Hausstande. Laß deine heiligen Engel mich allezeit begleiten, wie den Jacob, schützen, wie den Propheten Elisa mit feurigen Wagen und Rossen, auch Brod und Wasser mir bringen, wie dem Elias, das ist, Rath und Trost. Laß sie bei mir seyn in meinem Kreuz, wie bei den drei Männern im feurigen Ofen, und bei dem Propheten Daniel in der Löwengrube, aus allen meinen Nöthen mich erretten und ausführen, wie den Lot aus dem Feuer zu Sodom, wie Petrum aus dem Gefängniß, wie Paulum aus dem Schiffbruch. Laß mein Haus und Hof, Kinder und Alles, was ich habe, durch deine heiligen Engel bewahrt werden, wie das Haus Hiobs, daß der Feind keinen Eingriff thun kann. Laß mich in deiner Furcht leben, dein Wort und Evangelium lieb haben, welches die Engel gelüstet einzuschauen. Gib mir wahre Buße in mein Herz, auf daß sich die Engel über mich freuen im Himmel. Zünde in mir an ein brünstiges Gebet und Lob deines Namens, daß ich eines Engels Amt möge verrichten, und mit ihnen singen: Heilig, heilig, heilig ist Gott, der Herr Zebaoth! Und endlich laß auch meine Seele von den Engeln in Abrahams Schooß getragen werden, und mache mich in der Auferstehung an jenem Tage deinen heiligen Engeln gleich, daß ich ihrer Gesellschaft ewig beiwohnen möge. Amen.

78. Danksagung, daß uns Gott in so mancherlei Gefahr erhalten und behütet hat.

Lobe den Herrn, meine Seele, und Alles, was in mir ist, seinen heiligen Namen; lobe den Herrn, meine Seele, und vergiß nicht, was er dir Gutes gethan hat! der dir alle deine Sünden vergibt, und heilet alle deine Gebrechen; der dein Leben vom Verderben errettet, der dich krönet mit Gnade und Barmherzigkeit. Mein Gott, ich danke dir, daß du meinen Gang erhalten hast auf deinen Fußsteigen, daß meine Tritte nicht haben gegleitet. Du hast deine wunderliche Güte an mir bewiesen wider die, so sich wider deine rechte Hand gesetzt haben, du Heiland derer, die dir vertrauen. Du hast mich behütet wie einen Augapfel im Auge, du hast mich beschirmet unter dem Schatten deiner Flügel, vor den Gottlosen, die mich verstören, vor meinen Feinden, die um und um nach meiner Seele trachten. Darum will ich schauen dein Antlitz in Gerechtigkeit; ich will satt werden, wenn ich erwache nach deinem Bilde. Du, Herr, erleuchtest meine Leuchte, der Herr, mein Gott, macht meine Finsterniß licht. Ach mein Gott! du haft mich in meiner Noth oft erhört, dein Name hat mich oft geschützt, du hast mir oft Hülfe gesandt vom Heiligthum, und mich aus Zion gestärkt; darum rühme ich, daß du mir hilfst, und in deinem Namen werfe ich Panier auf. Du hast mich mit deinem Segen überschüttet, und erfreuet mit Freuden deines Antlitzes. Du hast nicht verschmähet das Elend des Armen, und dein Antlitz vor mir nicht verborgen, und da ich zu dir schrie, hast du mir ausgeholfen. Du getreuer Hirt hast mir, deinem armen Schäflein, nie etwas mangeln lassen, hast mich allezeit auf grüner Aue deines göttlichen Worts geweidet, und zum frischen Trostbrunnen geführt. Du hast allezeit meine Seele erquicket, und mich auf rechter Straße geführt, um deines Namens willen. Und ob ich gleich im finstern Thal des Kreuzes und mancherlei Gefahr oft gewandelt habe, so habe ich doch kein Unglück gefürchtet; denn du bist allezeit bei mir gewesen, dein Stecken und Stab hat mich allezeit getröstet. Du hast vor mir einen Tisch bereitet gegen meine Feinde, du hast mein Haupt mit dem himmlischen Freudenöl deines heiligen Geistes gesalbt, und mir voll eingeschenkt deines göttlichen Trostes und Raths. Du hast mir Gutes und Barmherzigkeit mein Leben lang folgen lassen, und ich hoffe, ich werde auch bleiben in deinem Hause immer und ewiglich. Ach Herr! du hast meine Seele aus der Hölle geführt, du hast mich lebendig behalten, da Andre in die Hölle fuhren. Du hast mich unterwiesen und mir den Weg gezeigt, den ich habe wandeln sollen, du hast mich mit deinen Augen geleitet. Ach Gott! wie theuer ist deine Güte, daß Menschenkinder unter dem Schatten deiner Flügel trauen! Sie werden trunken von den reichen Gütern deines Hauses, du tränkest sie mit Wollust, als mit einem Strom; denn bei dir ist die lebendige Quelle, und in deinem Lichte sehen wir das Licht. Mein Gott, du hast mich erfahren lassen viel und große Angst, und hast mich wieder lebendig gemacht, und aus der Tiefe der Erde wieder heraus geholt. Darum sey nun zufrieden, meine Seele; der Herr thut dir Gutes. Denn du hast meine Seele aus dem Tode gerissen, meine Augen von den Thränen, meine Füße vom Gleiten. Ich will wandeln vor dem Herrn im Lande der Lebendigen. Wie soll ich dem Herrn vergelten alle seine Wohlthat, die er an mir thut? Ich will den heilsamen Kelch nehmen, und des Herrn Namen predigen. Ach mein Gott! wie oft hast du mich vor dem brüllenden Löwen, dem Teufel, bewahrt, daß er meine Seele nicht verschlungen! Wie oft hat der Satan mein begehrt, daß er mich sichten möchte, wie den Weizen! Du aber, mein Herr Jesus Christus, mein Fürsprecher, hast für mich gebetet, daß mein Glaube nicht aufgehört hat. Wie oft hast du mich von den Lügenmäulern und von den zänkischen Zungen errettet, die ihre Zungen schärfen wie ein Schwert! Wie oft hast du mich aus Noth und Gefahr errettet, und mich bedecket in deiner Hütte zur bösen Zeit, und mich heimlich verborgen in deinem Gezelt vor Jedermanns Trotz! Wie oft hast du mich vor Zorn, Rachgier und andern fleischlichen Lüsten behütet, daß ich nicht schrecklich gefallen bin! Ja, wie oft bin ich gefallen, und du hast mich nicht weggeworfen, sondern mich bei meiner Hand gehalten, und mich wieder aufgerichtet! Ach Gott! wie kann ich dir genugsam für deine gnädige Hülfe, Errettung, Stärke und Trost danken? Wie oft hast du deinen Engeln über mir Befehl gethan, daß sie mich behütet haben auf allen meinen Wegen, daß sie mich haben müssen auf den Händen tragen, und ich meinen Fuß nicht habe an einen Stein gestoßen! Gelobet seyst du, o mein Herr und Gott, der du allein Wunder thust! und gelobet sey dein heiliger Name ewiglich, und alle Lande müssen deiner Ehre voll werden. Amen! Amen!

29. Danksagung und Gebet für die Früchte des Landes.

Ach reicher, milder, gütiger und gnädiger Gott! wir erkennen und bekennen, daß leider! unsere ersten Eltern mit ihrem Ungehorsam verdient haben, daß du den

Erdboden und Acker verflucht hast, daß er uns muß Disteln und Dornen tragen unser Leben lang; ja, daß wir noch täglich mit unsern Sünden den Fluch häufen und vermehren, also daß auch ein fruchtbares Land nichts trägt, um der Sünden willen derer, die darauf wohnen; dadurch auch die schöne Gegend Sodom, die da war wie ein Lustgarten, verderbt und zu einem stinkenden Pfuhl geworden ist. Ach lieber Gott! unsere Missethat drückt uns hart; du wollest uns unsere Sünde vergeben und dem Fluch wehren. Gib uns vom Himmel fruchtbare Zeiten, und erfülle unser Herz mit Speise und Freude. Laß den Himmel über uns nicht eisern und die Erde nicht Erz werden, sondern gedenke an den Segen Noäh, wie du nach der Sündfluth den Erdboden wieder segnetest, daß, so lange die Erde steht, nicht aufhören soll Samen und Ernte, Frost und Hitze, Sommer und Winter, Tag und Nacht. Darum, du milder und freigebiger lieber Vater! schleuß den Himmel auf, und schütte Segen herab die Fülle; wehre dem Fresser, den Raupen, Käfern, dem Mehlthau und Brandkorn; rufe nicht der Dürre über Berg und Thal, sondern dem Segen und der Fruchtbarkeit. Schließ auf deine Schatzkammer, den Himmel, die Luft, die Erde und das Wasser, in welchen dein Reichthum verborgen, ja in welchen mehr Segen ist, denn alle Creaturen bedürfen. Gib uns zu rechter Zeit Frühregen und Spatregen, und behüte unsere Ernte vor Hagel und Ungewitter, schädlichem Gewässer, großer Dürre und reißenden, tobenden Winden. Laß die Erde grünen und blühen durch deines Wortes Kraft; denn in unserer Gewalt ist es nicht, ein grünes Gräslein aus der Erde zu bringen. Gedenke an deine Verheißung: Ich will den Himmel erhören, und der Himmel soll die Erde erhören, und die Erde soll Most und Korn erhören, und dieselben sollen Israel erhören. Ach lieber barmherziger Vater! theile unter uns aus deinen Segen, und wie durch deine Mildigkeit das Manna in der Wüste einem Jeden zugemessen ward, daß ein Jeder sein Theil empfing, also gib uns auch einem Jeden aus deiner milden Hand sein bescheidenes Theil, daß wir Alle ein gnädiges Auskommen haben, und daß wir deines Segens recht und christlich gebrauchen mögen in deiner Furcht, und dir kindlich dafür danken. Du erhörest ja Gebet, darum kommt alles Fleisch zu dir. Du machst fröhlich, was da lebet und webet, beide des Morgens und Abends. Du suchest das Land heim, und wässerst es, und machest es sehr reich. Gottes Brünnlein hat Wassers die Fülle. Darum laß unser Getreide wohl gerathen, und baue also selbst das Land. Tränke seine Furchen, und feuchte sein Gepflügtes; mache es weich mit Regen, und segne sein Gewächs. Kröne das Jahr mit deinem Gut, und laß deine Fußstapfen triefen von Fett, daß die Wohnungen in der Wüste auch fett seyen, daß sie triefen; daß die Hügel umher lustig seyen, die Anger voll Schafe seyen, die Auen dick stehen mit Korn, daß man jauchze und singe, und wir dich in allen deinen Werken und Wohlthaten loben, ehren und preisen, durch Jesum Christum, deinen lieben Sohn, unsern Herrn. Amen.

Ende des andern Theils, oder der Dankgebete.

Dritter Theil.
Kreuz- und Trostgebete.

1. Gebet um die Verschmähung der Welt.

Ach mein geliebter Herr Jesus Christus! du Herr der Herrlichkeit! wie habe ich diese elende, vergängliche Welt so lieb gehabt! Ach, was habe ich so sehr geliebt? Eine Blume, die verwelkt, Heu, das verdorret, einen Schatten, der dahin fleugt. Ach! wie habe ich meine Liebe und mein Herz an ein so Nichtiges und Flüchtiges gehängt, wie habe ich doch einen leblosen Schatten, der nichts ist, so sehr geliebt? Wie habe ich mir darum so viel vergebliche Unruhe gemacht, so viel Schmerzen, so viel Sorgen und Grämen? Was kann doch meiner unsterblichen Seele ein sterblich Ding helfen? Wo ist alle Herrlichkeit Salomons? Sie ist als eine Blume verwelkt. Wo ist seine Ehre, wenn ihn Gott nicht ehren wird? Gott ehren, ist des Menschen rechte Ehre. Wer mich ehret, den will ich wieder ehren. Welchen nun Gott nicht ehret an jenem Tage, wer will ihn ehren? Die Ehre dieser Welt fährt Niemand nach; aber wer Gott ehret, deß Ehre wird ewig bleiben. In Menschen Augen groß seyn, ist nichts, und währet eine kleine Zeit; aber vor Gott groß seyn, das ist, gottesfürchtig seyn, das währet ewiglich. Was hilft nun große Ehre auf Erden, wenn man vor Gott nicht geehrt ist? Wie sagt der Engel Gabriel zum Propheten Daniel? Du lieber Mann, du bist Gott lieb und werth. Ach mein Gott! laß mich nach dieser Ehre trachten, daß ich dir lieb seyn möge, und nicht nach der Ehre dieser Welt, dadurch ich dir unlieb und unwerth werde. Was schadet es, vor der Welt verachtet und verschmähet zu werden, wenn man von Gott geehrt wird? Laß mich, o Herr Christus! mit dir hier deine Schmach tragen, auf daß ich dort deiner Herrlichkeit theilhaftig werde. Gib mir, daß ich deine Schmach, o Herr Christus! größer achte, denn alle Schätze Egyptens, ja der ganzen Welt. Ach! was kann mir auch aller Reichthum helfen, wenn ich sterben soll? Werde ich auch etwas mitnehmen? Darum, o mein Gott und Herr! laß mich den ewigen Reichthum behalten, welchen ich nimmermehr verlieren kann, nämlich dich selbst, deine Gnade und Barmherzigkeit, dein heiliges Verdienst, o Herr Jesu! die Vergebung der Sünden, den heiligen Geist und das ewige Leben. Bleibt doch sonst Alles in der Welt, und vergeht mit der Welt: was wird mir es denn helfen, wenn ich gleich aller Welt Gut hätte? Was wird mir es denn schaden, wenn ich gleich nichts gehabt habe? Im Himmel ist mir aufgehoben das ewige, unvergängliche, unverwesliche und unbefleckte Erbe. Ach! was ist auch alle Lust dieser Welt und des sterblichen Fleisches? Ist es nicht der verbotene Baum, davon wir den Tod essen? Ist es nicht lauter Gift? Bringt es nicht Grämen, Schmerzen, Reue, böses Gewissen und einen nagenden Wurm, Weinen und Heulen? Wie sagen die Verdammten, B. d. Weish., Cap. 5: Was hilft uns nun Pracht, Reichthum und Hochmuth? Ist es doch Alles dahin geflohen wie ein Schatten, wie ein Geschrei, das vorüberfährt. Ach mein Herr Jesus Christus! laß mich meine Lust an dir haben, so wird meine Lust ewig bleiben. Laß mich meine

Freude an dir haben, so wird meine Ehre ewig seyn. Laß mich meinen Reichthum an dir haben, so ist mein Reichthum ewig. Laß mich meine Herrlichkeit an dir haben, so ist meine Herrlichkeit ewig. Ach mein Herr Jesus Christus! in dir habe ich tausendmal mehr Güter, denn ich in der Welt lassen muß. In dir habe ich viel größere Ehre, ob ich gleich von allen Menschen verachtet werde. In dir habe ich viel größere Liebe, ob mich gleich die ganze Welt hasset. An dir habe ich den allerbesten Freund und die höchste Freundschaft, ob ich gleich keinen Freund in der Welt habe. In dir habe ich viel mehr Segen, ob mich gleich die ganze Welt verflucht. In dir habe ich viel größere Freude, ob mich gleich die ganze Welt betrübt. Ja, in dir habe ich Alles, und du bist mir Alles; und wenn es möglich wäre, daß mein Leib tausendmal erwürgt würde, so bleibst du doch, Herr Christus! mein Leben, ja mein ewiges Leben, und mein ewiges Heil. Amen.

2. Gebet um Verläugnung seiner selbst.

Ach du edle und höchste Zierde aller Tugend, Herr Jesus Christus! wie hast du dich doch selbst in dieser Welt so hoch verläugnet, dich entäußert deiner göttlichen Herrschaft, und bist ein armer Knecht geworden! Du hast dich entäußert deiner göttlichen Herrlichkeit, und bist auf das äußerste verschmäht worden. Du hast dich entäußert deines ewigen Reichthums, und bist ganz arm geworden. Du hast dich entäußert deiner göttlichen Allmacht, und bist so schwach geworden. Du hast dich entäußert deiner göttlichen Weisheit, und bist für einen Unweisen gehalten worden. Du hast dich verziehen der Menschenfreundschaft, und bist von allen Menschen verlassen worden. Du hast dich entäußert deiner himmlischen Freude, und bist der Allertraurigste auf Erden geworden. Du hast dich deiner ewigen Gewalt entäußert, und hast Schläge erlitten. Du hast dich des ganzen Erdbodens verziehen, und hast nicht so viel gehabt, da du dein Haupt hinlegtest. Du hast dich nicht selbst geliebet, sondern uns; du hast dich nicht selbst geehrt, sondern deinen himmlischen Vater. Ja, du bist ein vollkommenes Exempel der Verläugnung seiner selbst. Du bist ein rechter Lehrer, nicht mit Worten, sondern mit der That; was du gelehrt hast von der Verläugnung seiner selbst, das hast du selbst gethan. Du sprichst: Wer mir folgen will, der verläugne sich selbst. Ach mein Herr! ich habe mich bis daher noch nicht selbst verläugnet, darum bin ich dir noch nie recht nachgefolgt. Du sprichst: Wer nicht sein eigen Leben hasset, der kann mein Jünger nicht seyn und zu mir kommen. Ach mein Herr! ich habe mich noch nie recht selbst gehasset, wie habe ich denn können zu dir kommen? Wie habe ich können dein rechter Jünger seyn? Ich habe mich selbst geliebt, geehrt, und meine Ehre in allen Dingen selbst gesucht, wie der Satan, der seine Ehre, Lust und Herrlichkeit allein sucht. Ach mein lieber Herr! gib mir ein ander Herz, ein neues, christliches Herz, das deinem Herzen gleichförmig sey, daß ich absage alle dem, was ich habe, und es dir allein aufopfere, daß alle eigene Liebe in mir sterbe, und ich allein liebe, was du liebst, und hasse, was du hassest. Laß mich ja meine Liebe keinem Andern geben, denn dir. Du hast dich, o Herr, deiner eigenen Liebe verziehen, und uns arme Menschen mehr geliebt, denn dich selbst. Du hast nicht allein das Gesetz mit deiner Liebe erfüllt, sondern weit übertroffen. Du, o Herr, bist ja das höchste Gut, der Edelste, der Schönste, der Lieblichste, der Reichste, der Freundlichste, der Gnädigste; ach! was sollte mir denn lieber seyn, denn du? Du sollst mir tausendmal lieber seyn, als mein Leben, als meine eigene Seele; denn was hilft mir mein Leben und meine Seele, wenn ich dich nicht habe? Was soll mir der Himmel, wenn ich den Herrn des Himmels nicht habe? Was soll mir der Erdboden, wenn ich den Herrn des Erdbodens nicht habe? Und was frage ich auch nach dem Himmel, wenn ich den Herrn des Himmels nur habe? Was frage ich nach der Erde, wenn ich den Herrn des Erdbodens habe? Was frage ich auch nach mir selbst, wenn ich Gott habe, der besser ist, denn ich selbst und Alles, was ich habe? Ach du demüthiges Herz, Christus Jesus! laß mich absagen aller eigenen Ehre, laß sie in mir sterben, wie sie in dir gestorben war. Ach! mir gebührt ja keine Ehre. Du bist gerecht, wir müssen uns schämen; dir allein die Ehre, uns aber Schmach und Schande. O laß uns mit den Heiligen im Himmel unsere Kronen abnehmen, und dir, o du unbeflecktes Lamm Gottes, zu Füßen legen, und sagen: Das Lamm, das erwürgt ist für die Sünden der Welt, ist würdig zu nehmen diese Kronen. Ihm gebührt allein Ehre, Macht und Stärke, Sieg, Herrlichkeit, Lob und Preis von Ewigkeit zu Ewigkeit. Du bist der Brunn alles Guten, alles Lichtes, aller Weisheit, Herrlichkeit, Macht, Stärke, der Ursprung aller lebendigen Creaturen, alles Reichthums; darum gebührt dir allein alle Ehre. Ach! laß mich nicht rauben, was dein allein ist, daß ich mich nicht selbst ehre und zum Gott mache, wie Lucifer, und dadurch zum Teufel werde. O ein erschrecklicher Fall! aus einem Engel ein Teufel werden, durch eigene Ehre und Hoffart! aus einem Menschen ein Wurm werden und ein unvernünftiges Thier, wie Nebucadnezar! Ach du geduldiges, sanftmüthiges Herz! laß mich auch meinem eigenen Willen absterben und absagen, wie du, mein lieber Herr, thatst, da du sprachst: Ich bin nicht gekommen, daß ich meinen Willen thue, sondern des Vaters, der mich gesandt hat; meine Speise ist, daß ich Gottes Willen thue. Ach laß mich durch deinen Willen meinen Willen brechen, laß mich meinen Willen deinem guten Willen mit ganzem Gehorsam unterwerfen; laß deinen Willen meine höchste Freude seyn, auch mitten im Kreuz. Ach mein Herr und Gott! laß deinen Willen auch meinen Willen seyn, daß da sey zwischen uns Ein Wille, Ein Geist, Ein Herz. Ich bin gewiß, daß es besser sey, mit deinem Willen in Kreuz und Trübsal zu seyn, in Traurigkeit, im Elende, denn mit meinem Willen in Herrlichkeit, Lust und Freude. Ja, wenn du mich gleich in die Hölle führest, und ich gebe mich ganz in deinen Willen, so weiß ich, daß dein Wille so gut, so heilsam, so hülfreich ist, daß er mich nicht wird in der Hölle lassen, sondern mich in den Himmel bringen. Mein Wille aber ist so böse und so verkehrt, daß er mich auch, so ich gleich im Himmel wäre, nicht würde darin lassen, sondern in die Hölle stürzen. Ach du edles Herz, Jesus Christus, du Brunn der ewigen Weisheit! laß mich auch absagen meinem eigenen Verstande und meiner Klugheit, daß ich mich nicht schäme, in dieser Welt für einen Thoren gehalten zu werden um deines Wortes willen, als der ich nichts mehr wisse, denn dich, meinen Herrn Christum, den Gekreuzigten. Laß das meine höchste Weisheit seyn, daß ich weiß, daß dein Wort die ewige Weisheit sey. Gib, daß ich mich ja nicht an dir, deinem Wort und Sacrament ärgere, und meiner Vernunft mehr folge, denn deiner Wahrheit. Laß mich auch um deinetwillen absagen aller Freundschaft der Welt; denn der Welt Freundschaft ist Gottes Feindschaft; auf daß ich allein deine Freundschaft o du liebster Freund! du bester Freund! du beständigster Freund! du getreuester, du höchster, du schönster Freund! allezeit und in Ewigkeit behalten möge. Amen.

---

3. Gebet um Selbsterkenntniß, und daß wir Gottes Tempel und Werkzeuge seyn mögen.

Ach mein lieber himmlischer Vater, von welchem alle Weisheit kommt und alle Erkenntniß! gib mir die Weisheit, daß ich mich selbst recht erkenne, wer ich von Natur sey, woher ich sey, und was ich seyn werde. Von Natur bin ich ein armer Sünder, voller Unreinigkeit, ein elender Wurm, denn ich bin in Sünden gezeugt; bin demnach im Elend, außer dem rechten Vaterlande, im Hause der Sünder, und werde dem Tode und den Würmern zu Theil werden. Aus Gnaden aber bin ich dein liebes Kind, von oben herab geboren, aus dem Wasser und heiligen Geist, bin hier im Reich der Gnade, und glaube, daß ich kommen werde in das Reich der Herrlichkeit. Ach mein Gott! ich danke dir, daß du mich nicht zu einem unvernünftigen Thier, zu einem grimmigen Löwen und

Bären geschaffen, sondern zu einem vernünftigen Menschen, und zu deinem Ebenbilde. Gib, daß ich freundlich, sanftmüthig, liebreich, gütig, barmherzig, demüthig und milde sey gegen Jedermann. Du hast mir, lieber Vater, eine unsterbliche Seele gegeben, gib mir Gnade, daß ich nicht sterbliche Dinge suche, noch meine unsterbliche Seele mit sterblichen Dingen beschwere; denn wer seine Seele mit sterblichen Dingen beschwert, der macht sie immer und ewig sterben, und versenkt sie in den ewigen Tod. Ach wie viel Feinde hat unsre arme Seele! und wenn wir dieselbe dem Herrn wiedergeben, der sie uns gegeben, so haben wir hier wohl gestritten. Ach mein Herr Jesus Christus! du hast mich durch dein Wort und deine Sacramente und durch deinen heiligen Geist zu einer neuen Creatur wiedergeboren; gib mir Gnade, daß ich in der neuen Geburt lebe, in Heiligkeit und Gerechtigkeit. Gib mir Gnade, daß ich bedenke, daß ich zum ewigen Leben geschaffen und erlöset bin, auf daß ich die zeitliche Wollust lerne verschmähen. Gib, daß ich bedenke, daß ich zu göttlichen, himmlischen Dingen erleuchtet und geheiligt bin, auf daß ich nicht irdisch gesinnt sey, sondern mein Fleisch lerne zwingen, daß es die göttlichen Werke in mir nicht verhindere. Gib, daß ich bedenke, daß du mich zu deinem Tempel und zu deiner Wohnung geheiligt hast, auf daß ich mich durch die fleischlichen Lüste nicht verunreinige, sondern thue, was dir wohlgefällt, und dein Werkzeug sey, dadurch du deinen heiligen Willen vollbringen mögest. Gib, daß in mir nichts sey, denn was dein ist, und was du in mir wirkest. O mein Gott! behalte und bewahre deinen Stuhl, deinen Sitz und deine Wohnung in meinem Herzen, auf daß ich in dir und du in mir ewig bleibest, auf daß nicht ich, sondern mein Herr Christus in mir lebe, und daß, was ich hier im Fleisch lebe, ich leben möge im Glauben des Sohnes Gottes, der mich geliebt hat, und sich selbst für mich dargegeben. Darum gib, daß ich als eine Rebe in dir, dem lebendigen Weinstock, bleiben und gute Früchte bringen möge; daß ich in dir grüne, wie ein Palmbaum, und wachse im Glauben wie eine Ceder auf dem geistigen Libanon; daß ich gepflanzt bleibe im Hause des Herrn, und in den Vorhöfen meines Gottes grünen möge; daß ich verkündige, wie du, o mein Herr und Gott! so fromm bist, und ist kein Unrecht an dir.

---

4. Gebet um die Nachfolge Christi.

Ach du holdseliger, freundlicher, liebreicher Herr Jesus Christus! du sanftmüthiges, demüthiges, geduldiges Herz! welch ein schönes, tugendreiches Exempel eines heiligen Lebens hast du uns gelassen, daß wir nachfolgen sollen deinen Fußstapfen! Du bist ein unbefleckter Spiegel aller Tugenden, ein vollkommenes Exempel der Heiligkeit, eine untadelhafte Regel der Frömmigkeit, eine gewisse Richtschnur der Gerechtigkeit. Ach wie ungleich ist doch mein sündliches Leben deinem heiligen Leben! Ich sollte in dir als eine neue Creatur leben, so lebe ich mehr in der alten Creatur, nämlich in Adam, als in dir, meinem lieben Herrn Jesu Christo. Ich sollte nach dem Geist leben, so lebe ich leider! nach dem Fleisch, und weiß doch, was die Schrift sagt: Wo ihr nach dem Fleisch lebet, so werdet ihr sterben. Ach du freundliches, geduldiges, langmüthiges Herz! vergib mir meine Sünden, decke zu meine Gebrechen, übersieh meine Missethat, verbirg deine heiligen, zarten Augen vor meiner Unreinigkeit, verwirf mich nicht von deinem Angesicht, verstoße mich nicht aus deinem Hause als einen Unreinen und Aussätzigen. Tilge aus meinem Herzen alle Hoffart, als des Teufels Unkraut, und pflanze mir ein die Demuth, als die Wurzel aller Tugend; reute zu Grund aus in mir alle Rachgier, und gib mir deine edle Sanftmuth. Ach du höchste Zierde aller Tugend! schmücke mein Herz mit reinem Glauben, mit feuriger Liebe, mit lebendiger Hoffnung, mit heiliger Andacht, mit kindlicher Furcht. O du meine einige Zuversicht! meine Liebe und meine Hoffnung! meine Ehre! meine Zierde! dein Leben ist ja nichts anders gewesen, denn Liebe, Sanftmuth und Demuth; darum laß dieß dein edles Leben in mir auch seyn; dein tugendhaftes Leben sey auch mein Leben. Laß mich Einen Geist, Einen Leib und Eine Seele mit dir seyn, auf daß ich in dir, und du in mir lebest. Lebe du in mir, und nicht ich selbst; laß mich dir leben, und nicht mir selbst. Gib, daß ich dich also kenne und lieb habe, daß ich auch also wandle, gleichwie du gewandelt hast. Bist du mein Licht, so leuchte in mir; bist du mein Leben, so lebe in mir; bist du meine Zierde, so schmücke mich schön; bist du meine Freude, so freue dich in mir; bin ich deine Wohnung, so besitze mich allein. Laß mich allein dein Werkzeug seyn, daß mein Leib, meine Seele und mein Geist heilig sey. Du ewiger Weg, leite mich; du ewige Wahrheit, lehre mich; du ewiges Leben, erquicke mich. Laß mich ja nicht des bösen Geistes Werkzeug seyn, daß er nicht seine Bosheit, Lüge, Hoffart, Geiz, Zorn, Unsauberkeit, durch mich und in mir übe und vollbringe; denn das ist des Satans Bild, davon du mich, o du schönes, vollkommenes Ebenbild Gottes! erlösen wollest. Erneuere aber an mir Geist, Seele und Leib täglich nach deinem Bilde, bis ich vollkommen werde. Laß mich der Welt absterben, auf daß ich dir lebe; laß mich mit dir auferstehen, auf daß ich mit dir gen Himmel fahre; laß mich mit dir gekreuzigt werden, auf daß ich zu dir in deine Herrlichkeit eingehen möge. Amen.

(Gebet um Gottes Barmherzigkeit, suche im andern Theil das 10. Gebet.)

5. Gebet um wahre Buße und Erkenntniß der Sünden.

Ach du heiliger, gerechter und barmherziger Gott! ich klage und bekenne dir mit reuigem, zerbrochenem, zerschlagenem Herzen und zerknirschtem Geist meine Uebertretung und Missethat. Ach Herr! viel sind meiner Sünden, wie Sand am Meer, sie gehen über mein Haupt, und wie eine schwere Last sind sie mir zu schwer geworden. Wie groß ist meine Missethat, daß sie gen Himmel steigt und schreiet! Willst du mit mir rechten, so kann ich dir auf tausend nicht eins antworten. Ach, welch eine unreine Masse bin ich! wie bin ich durch das tödtliche Gift der Erbsünde so jämmerlich an Seele und Leib verderbt! Siehe, ich bin aus sündlichem Samen gezeugt, und meine Mutter hat mich in Sünden empfangen; vom Haupt bis auf die Fußsohlen ist nichts Gesundes an mir. Ach Herr! wer will einen Reinen finden, da Keiner rein ist? Ach! ich bin ein böser Zweig aus einem giftigen Baum; alle meine Kräfte sind verderbt, mein Verstand ist verfinstert, mein Wille ist dir widerspenstig; ich erkenne dich nicht recht, ich liebe dich nicht von Herzen, ich vertraue dir nicht gänzlich, meines Herzens Dichten und Trachten ist böse von Jugend auf immerdar. Wie ein Brunn sein Wasser quillet, so quillt mein Herz die Sünde. Da geht heraus Verachtung, Lästerung, Hoffart, Lüge, eigene Liebe und Ehre, Ungehorsam, Feindschaft, Zorn, Rachgier, Ungeduld, Unzucht, Ungerechtigkeit, Geiz, allerlei böse Lüste, über welche du, o du gerechter Gott! das Urtheil gesprochen hast, daß, die das thun, sollen das Reich Gottes nicht erben. Ach mein Gott! mein Schöpfer und Erlöser! ich klage dir, daß ich zwar nach deinem Bilde geschaffen bin, aber dasselbe verloren habe, und bin geworden das Bild des Satans. Das ganze Reich des Satans ist leider! in mir mit aller Bosheit und Untugend, und ich bin ein Werkzeug des Satans geworden. Ach Herr, mein Gott! mein Elend ist größer, denn ich dir's klagen kann. Ich bin ein Gräuel in allem meinem Thun und Lassen, alle meine Gerechtigkeit ist wie ein unfläthig Kleid. Ich verwelke in meinen Sünden, wie die Blätter; meine Sünden werden mich auch noch dahinführen wie ein Wind. Ach Herr! ich habe alle deine Wohlthaten gemißbraucht, mit allen meinen Gliedern und Kräften des Leibes und der Seele dir widerstrebt, mit Leib und Seele habe ich der Sünde und dem Teufel gedient. Ach! ich bin aus deiner Gnade gefallen in den ewigen Zorn, aus der Seligkeit in die Verdammniß, aus dem Leben in den ewigen Tod, aus dem Himmel in die unterste

Hölle. Ach Herr! ich bin der verlorne Sohn, der seine Güter so schändlich verbracht hat; ich bin nicht werth, daß ich dein Kind heiße, ich wäre werth, daß du mich aus deinem Hause stießest, und nimmermehr wieder aufnähmest. Ich bin der Knecht, der dir, meinem Herrn, zehntausend Pfund schuldig ist, und habe in Ewigkeit nicht zu bezahlen. Ich bin der Mann, der unter die Mörder gefallen; die haben mich ausgezogen und des schönen Bildes Gottes beraubt, und haben mich an Leib und Seele so sehr verwundet, daß mich kein Mensch heilen kann. Darum hilf du mir, mein Gott und Herr! schaffe mir Beistand in dieser Noth, denn Menschenhülfe ist hier kein nütze. Bekehre du mich, Herr, so werde ich bekehret; hilf mir, so ist mir geholfen; denn du bist mein Ruhm. O Herr! wer kann das böse Herz ändern und ein neues schaffen? Du, Herr, allein, du getreuer Schöpfer in guten Werken. Wer kann die tiefen und abscheulichen Sündenwunden heilen? Du Herr und dein Wort, welches Alles heilt. Nimm weg das böse, steinerne Herz, und schaffe in mir, Gott, ein reines Herz, und gib mir einen neuen gewissen Geist. Verwirf mich nicht von deinem Angesicht, und nimm deinen heiligen Geist nicht von mir. Tröste mich wieder mit deiner Hülfe, und der freudige Geist erhalte mich. Ich bin das verlorene Schaf; wenn du mich nicht suchest, so irre ich ewiglich, und bleibe ewig verloren. Nimm mich auf deinen Rücken, und bringe mich zu deinem himmlischen Schafstall. Gib mir eine göttliche Traurigkeit, die da wirke eine heilsame Reue zur Seligkeit, die Niemand gereuet, und daß mein Herz durch den Glauben bereitet werde, fähig zu seyn deines Trostes und der hochwürdigen Vergebung der Sünden. Gib mir einen zerknirschten Geist, ein zerbrochenes, reuiges Herz. Laß meine Augen Thränenquellen werden, meine Sünden herzlich zu beweinen mit Petro und mit Maria Magdalena. O mein Herr und Gott! wenn ich Tag und Nacht weinete, so könnte ich mein Elend nicht genug beweinen, meine Sünde nicht genug beklagen, meinen Ungehorsam nicht genug beseufzen. Ach mein Gott! es reuet mich nicht so sehr, und thut mir nicht so wehe, daß ich Tod, Hölle und Verdammniß verdient habe (denn die habe ich billig verdient), als daß ich meinen Gott, meinen Schöpfer, meinen lieben Vater, meinen Erhalter, meinen Erlöser, meinen Seligmacher, meinen getreuen Hirten, meinen einigen, wahrhaftigen Tröster so hoch, so oft, so vielfältig, so gröblich, so schändlich beleidigt und erzürnt habe, und dir so undankbar gewesen bin für deine große Liebe und Treue, Wohlthat und Barmherzigkeit. Ach! wie werde ich bestehen vor deinem Angesichte, vor deinem gerechten Gericht, vor allen heiligen Engeln und Auserwählten? Ach! wo soll ich hingehen vor deinem Geist? wo soll ich hinfliehen vor deinem Angesicht? Deine rechte Hand wird mich doch an allen Orten finden und halten. Ich kann und weiß nicht mehr denn dieß Einige: Vater! ich habe gesündiget in dem Himmel und vor dir, und bin nicht werth, daß ich dein Kind heiße. Ach! ich habe mich der Kindschaft verlustig gemacht; ich habe aufgehört, dein Kind zu seyn durch meinen Ungehorsam, und habe all mein Kindesrecht verloren. Aber ich glaube, du habest noch nicht aufgehört, mein Vater zu seyn. Denn deine Barmherzigkeit ist groß, und währet von Ewigkeit zu Ewigkeit. Darum erbarme dich mein, und siehe nicht an meine Sünden, sondern deine unendliche, ewige Gnade und Barmherzigkeit, um deines lieben Sohnes Jesu Christi willen. Amen.

---

6. Gebet um Vergebung der Sünden.

Ach du barmherziger und gnädiger Gott! geduldig und von großer Gnade und Treue, der du durch deinen lieben Sohn alle Sünder zu dir rufst, dieselben zu erquicken! ich komme zu dir, und bringe nichts mit mir, denn eitel Sünde und Ungerechtigkeit, eine große, schwere Sündenlast, die über mein Haupt geht, und mir viel zu schwer ist. Ich bringe auch mit ein zerbrochenes und zerschlagenes Herz, das wirst du, Gott! nicht verachten, sondern

Gebet um Vergebung der Sünden.

dieß Opfer dir laſſen wohlgefallen. Ach Herr! du biſt ja barmherzig und gnädig, geduldig und von großer Gnade und Güte; du wirſt ja nicht ewiglich zürnen, noch immerdar Zorn halten. Du haſt ja zugeſagt, du wolleſt nicht mit uns handeln nach unſern Sünden, und uns nicht vergelten nach unſerer Miſſethat. Denn ſo hoch der Himmel über der Erde iſt, läſſeſt du deine Gnade walten über Alle, die dich fürchten; ſo fern der Abend iſt vom Morgen, läſſeſt du unſere Uebertretung von uns ſeyn. Wie ſich ein Vater über Kinder erbarmt, ſo erbarmt ſich der Herr über die, ſo ihn fürchten. Ach Herr! ſiehe an meinen Jammer und mein Elend, und vergib mir alle meine Sünden. Entſündige mich mit Yſop, daß ich rein werde, waſche mich, daß ich ſchneeweiß werde. Laß mich hören Freude und Wonne, daß die Gebeine fröhlich werden, die du zerſchlagen haſt. Verbirg dein Antlitz vor meinen Sünden, und tilge alle meine Miſſethat; denn ich erkenne meine Sünde, und meine Miſſethat iſt immer vor mir. Allein an dir habe ich geſündigt und übel vor dir gethan; auf daß du Recht behalteſt in deinem Wort, und rein bleibeſt, wenn du gerichtet wirſt. Ach Herr! gehe nicht in's Gericht mit deinem Knecht, denn vor dir iſt kein Lebendiger gerecht. So du willſt Sünde zurechnen, wer wird vor dir beſtehen? Ich hoffe auf den Herrn; denn bei dem Herrn iſt die Gnade, und viel Erlöſung bei ihm, und er wird Iſrael erlöſen aus allen ſeinen Sünden. Ach Herr! du heileſt ja, die zerbrochenen Herzens ſind, und verbindeſt ihre Schmerzen. Du haſt ja geſagt: Wenn deine Sünden gleich blutroth ſind, ſollen ſie doch ſchneeweiß werden, und wenn ſie ſind wie Roſinfarbe, ſollen ſie doch wie Wolle werden. Darum heile mich, reinige mich, verbinde mich, o du Gott meines Heils und mein Arzt! Du haſt ja geſagt: Mir haſt du Arbeit gemacht mit deinen Sünden, und Mühe mit deiner Miſſethat; ich, ich tilge deine Sünde um meinetwillen, und gedenke derſelben nimmermehr. Ach Herr! decke zu, tilge meine ſchwere Sünde, und laß mich nicht darin verderben. Ach mein Herr Jeſus Chriſtus! du haſt unſere Krankheit getragen und auf dich geladen unſere Schmerzen; du biſt um unſerer Miſſethat willen verwundet, und um unſerer Sünde willen zerſchlagen; die Strafe hat dein lieber Vater auf dich gelegt, auf daß wir Friede hätten, und durch deine Wunden ſind wir geheilet. Darum will ich nicht verzagen, ſondern mich feſt an dich halten, du, mein Erlöſer, du wirſt dich über mich erbarmen; denn es iſt ja viel Erbarmen und Vergebung bei dir. Du ſieheſt ja an den Elenden, und der zerbrochenen Geiſtes iſt, der ſich fürchtet vor deinem Wort. Ach mein Gott! es tröſtet mich herzlich dein theurer Eid: So wahr ich lebe, will ich nicht den Tod des Sünders, ſondern daß er ſich bekehre und lebe. Meineſt du, daß ich Gefallen habe am Tode des Gottloſen? Wenn ſich der Gottloſe bekehret, ſo ſoll es ihm nicht ſchaden, daß er iſt gottlos geweſen, und aller ſeiner Sünden, die er gethan, ſoll nimmermehr gedacht werden. Ach Herr! du haſt ja nicht allein zugeſagt, Sünde zu vergeben, ſondern auch gerecht zu machen, und die Gerechtigkeit zu ſchenken. Ach Herr! beides muß ich von deiner Hand empfangen, Vergebung meiner Sünden und die zugerechnete Gerechtigkeit meines Erlöſers. O Herr! zeuch mich an mit dem Rock des Heils, und bekleide mich mit dem Kleide der Gerechtigkeit. Ach Herr! nimm dich meiner Seele herzlich an, daß ſie nicht verderbe, und wirf alle meine Sünden hinter dich zurück. Ach! wo iſt doch ein ſolcher Gott, wie du biſt, der Miſſethat vergibt, und die Sünde nicht behält den Uebrigen ſeines Erbtheils? Du wirſt dich unſer erbarmen und unſere Sünden in die Tiefe des Meeres werfen. Gib mir, o Gott! einen feſten, ſtarken Glauben, daß ich mich auf dieſe deine Verheißung ſicherlich gründe, und deinen lieben Sohn im Glauben anſchaue. Denn wie Moſes in der Wüſte eine Schlange erhöhet hat, alſo iſt des Menſchen Sohn erhöhet worden, auf daß Alle, die an ihn glauben, nicht verloren werden, ſondern das ewige Leben haben. Ach mein lieber Gott! wie haſt du die Welt alſo geliebt, daß du ihr deinen eingebornen Sohn gegeben haft, auf daß Alle, die an ihn glauben, nicht verloren werden, sondern das ewige Leben haben! Denn du hast ja deinen Sohn nicht gesandt in die Welt, daß er die Welt richte, sondern daß die Welt durch ihn selig werde. Wer an ihn glaubt, der wird nicht gerichtet, und kommt nicht in's Gericht, sondern ist vom Tode zum Leben hindurchgedrungen. Ach wie groß und tröstlich ist deine Gnade, daß wir ohne unser Verdienst gerecht werden, aus deiner Gnade, durch die Erlösung, so durch Jesum Christum geschehen ist! welchen du hast vorgestellt zu einem Gnadenstuhl durch den Glauben in seinem Blut. Darum preisest du, o Gott! deine Liebe gegen uns, daß Christus für uns gestorben ist, da wir noch Sünder waren. Vielmehr werden wir nun vor dem Zorn behalten werden, dieweil wir durch sein Blut sind gerecht worden. Denn so du uns versöhnet hast durch den Tod seines Sohnes, da wir noch Feinde waren, vielmehr werden wir nun durch sein Leben selig werden, weil wir nun versöhnet sind. Darum, wo die Sünde mächtig ist, da ist deine Gnade noch mächtiger. Denn du hast deinen Sohn, meinen Herrn Christum Jesum, mir gemacht zur Weisheit, zur Gerechtigkeit, zur Heiligung und zur Erlösung. Ach mein Gott! du warst in Christo, und versöhntest die Welt durch ihn, und rechnest uns unsere Sünden nicht zu, sondern hast den, der von keiner Sünde wußte, für uns zur Sünde gemacht, auf daß wir würden die Gerechtigkeit in ihm. Darum wollen wir dir, o Vater! Dank sagen, daß du uns tüchtig gemacht hast zum Erbtheil der Heiligen im Licht, und uns errettet von der Herrschaft der Finsterniß, und versetzt in das Reich deines lieben Sohnes Jesu Christi, an welchem wir haben die Erlösung durch sein Blut, nämlich die Vergebung der Sünden. Ach mein Herr Jesus Christus! wie tröstlich ist das Wort, das du sagst: Die Starken bedürfen des Arztes nicht, sondern die Kranken! Ich bin gekommen, die Sünder zur Buße zu rufen, und nicht die Gerechten. Des Menschen Sohn ist gekommen, zu suchen und selig zu machen, das verloren ist. Freuet euch mit mir, denn ich habe mein Schaf wiedergefunden, das verloren war. Du, o mein Erlöser! hast auch die Anklage des Gesetzes und den Fluch hinweggenommen, und bist für uns ein Fluch geworden am Holz, auf daß du uns vom Fluch des Gesetzes erlösetest, und wir die Kindschaft empfingen. Du hast ausgetilgt die Handschrift, so wider uns war, und sie aus dem Mittel gethan, und an's Kreuz geheftet. Darum ist das gewißlich wahr, und ein theuer werthes Wort, daß du, mein Herr Jesus Christus! gekommen bist in die Welt, die Sünder selig zu machen. Und wir sind nicht mit vergänglichem Gold und Silber erlöset, sondern mit deinem theuern Blut, als eines unbefleckten Lammes. Darum hast du unsere Sünden selbst geopfert an deinem Leibe auf dem Holz, auf daß wir, der Sünde abgestorben, der Gerechtigkeit leben; durch welches Wunden wir sind heil geworden. Darum hat uns allein dein Blut, o Herr Jesus Christus! gereinigt von allen unsern Sünden, wie geschrieben ist: Ihr seyd geheiligt, ihr seyd abgewaschen, ihr seyd gerecht gemacht durch den Namen Jesu und durch den Geist eures Gottes. Darum haben wir einen Fürsprecher bei Gott, Jesum, den Gerechten, der gestorben ist für unsere und für der ganzen Welt Sünden. Ach mein himmlischer Vater! du erbarmest dich über Alles, denn du hast Gewalt über Alles, und übersiehest der Menschen Sünden, daß sie sich bessern sollen. Du gewaltiger Herrscher! du richtest Alles mit Gelindigkeit, und regierest uns mit viel Verschonen; denn du vermagst Alles, was du willst, und gibst deinen Kindern damit zu verstehen, sie sollten guter Hoffnung seyn, daß du wollest Buße annehmen für die Sünde. Ach mein geliebter Herr Jesus Christus! du Lamm Gottes, das da trägt die Sünden der Welt! erbarme dich mein, um deiner heiligen Menschwerdung willen, um deiner großen Liebe willen, um deiner heiligen Traurigkeit willen, da du in deinem Leiden zittertest und zagtest; um deines heiligen Todeskampfs und blutigen Schweißes willen, um deiner großen Schmach willen, um der harten Schläge willen, um der Verspottung und Verspeiung willen, so du erlitten; um deines heiligen Gehorsams willen bis zum Tode am Kreuz, um deiner hohen Geduld willen, um deiner edeln Sanftmuth willen, um deiner heiligen Fürbitte willen, um deines heiligen Angstgeschreies willen: Mein Gott! warum hast du mich verlassen? um deines heiligen Durstes willen am Kreuz, um deiner heiligen Wunden willen an Händen und Füßen und in deiner Seite, um aller deiner heiligen Blutstropfen willen, um deines bittern Todes willen. Ach Vater! um dieses hohen, theuern Schatzes willen, um dieses hohen Verdienstes willen vergiß meiner Sünde; denn die Bezahlung ist vollkommen, und wichtiger, denn alle meine Sünde; dieß heilige Verdienst wiegt alle meine Sünden auf. O Gott heiliger Geist! du einziger Tröster! zünde an diesen Trost, und bewahre ihn in meinem Herzen, daß ich ihn nimmermehr verliere, sondern darauf lebe und sterbe, und in diesem Glauben vor Gottes Angesicht erscheinen und die ewige Seligkeit erlangen möge. Amen.

---

7. Ein anderes Gebet um Vergebung der Sünden.

O heiliger und gerechter Gott! ein Gott, dem gottloses Leben nicht gefällt, deß Seele die Gottlosen hasset und den Uebelthätern feind ist, welcher Gräuel hat an den Blutgierigen und Falschen, der du die Lügner umbringest, daß, wer böse ist, nicht vor dir bleibet, der du gedräuet hast, ernstlich zu strafen, die deine Gebote übertreten: du hast mich ja gemacht zum Schäflein deiner Weide, und zum Erbtheil deines Volks berufen, mit deines Sohnes theuerm Blut erlöset, hast mich dein Wort hören und deinen Willen wissen lassen. Darum sollte ich dich billig über alle Dinge lieben, von ganzem Herzen, Seele und Gemüth, und meine Glieder begeben zum Opfer, das da lebendig, heilig und wohlgefällig wäre; dir sollte ich mein Leben lang dienen in Heiligkeit und Gerechtigkeit, und mich dieser Welt nicht gleich stellen, sondern mich verändern durch Erneuerung meines Sinnes. Aber ich bin leider! ungehorsam gewesen, habe dich nicht gefürchtet und geliebt, habe deinen Willen gewußt, mich aber nicht bereitet, noch gethan, was du befohlen hast. Ich habe aus meines Fleisches verderbter Eigenschaft, der Welt Aergerniß und des Teufels Anreizung wider dein Gesetz vielfältig gesündigt, dadurch ich dich, meinen Schöpfer und den Erhalter meines Lebens, zu Zorn und Strafe bewegt habe. Darum hast du meiner billig nicht verschonet; die Streiche habe ich wohl verdient, und Ursache genug gegeben, mir zu vergelten, wie ich es verdient habe. Solches erkenne und bekenne ich herzlich; du bist gerecht, wir müssen uns schämen; ja schämen muß ich mich in mein Herz, weil du in's Verborgene siehest, Herzen und Nieren prüfest. Ach Herr, gehe nicht in's Gericht mit deinem Knecht, denn unerträglich ist dein Zorn, welchen du den Sündern dräuest. So du willst Sünde zurechnen, Herr! wer wird bestehen? Aber, du Vater der Barmherzigkeit und Gott alles Trostes, bei dem viel Gnade und Erbarmung ist, sehr gnädig und von großer Geduld, von deß Güte Himmel und Erde voll ist: gedenke an deine Barmherzigkeit, die von der Welt her gewesen, und tilge alle meine Missethat durch deine überschwängliche Güte und große Gnade. Und weil ich nichts habe, darauf ich mich verlassen kann, damit ich vor deinem Richterstuhl bestehen und nicht zu Schanden werden möge, denn allein deinen lieben Sohn Jesum Christum und sein theures Verdienst, womit er mich von Sünden erlöset hat: so bringe ich denselben vor dich, weil du an ihm Wohlgefallen hast, und stelle ihn als einen Mittler zwischen dir und mir, und vor dein strenges Gericht. Siehe denselben an, lieber Vater! wie er sich um meiner Sünden willen hat verwunden lassen; siehe an seine unschuldigen, durchgrabenen Hände, wie er für mich gearbeitet; siehe an seine durchstochenen Füße, die für mich einen so sauern Gang gethan; betrachte seine verwundete Seite, aus welcher, als aus einem Heilbrunnen, Blut und Wasser zur Reinigung meiner Sünden geflossen ist. Siehe, wie schmerzlich er an seinem Leibe wegen meiner Sünden zerschlagen ist, gedenke an seine jämmerliche Gestalt, in welcher er sich am Kreuz für mich als der wahre Hohepriester geopfert hat, und sey mir gnädig, und laß mich seiner Genugthuung und Bezahlung ewig genießen. Erneuere mich aber durch deines Geistes Kraft, daß ich ein neuer Mensch werde, Lust habe an deinen Geboten, daß ich stark werde durch deinen Geist an dem inwendigen Menschen, im Glauben, in Liebe und Hoffnung, Demuth, Sanftmuth und Geduld; daß Christus durch den Glauben in mir wohne, durch die Liebe in mir lebe, durch die Hoffnung mich stärke, daß ich nicht zu Schanden, sondern zum ewigen Leben erhalten werde. Amen.

---

8. Gebet zu Gott dem Sohn um Vergebung der Sünden.

Herr Jesus Christus, mein ewiger Hoherpriester, Fürbitter, Mittler, Versöhner! wie treulich hast du die verlorenen Schafe gesucht, die Sünder zur Buße gerufen, am Kreuz für die Uebelthäter gebetet, deines Vaters Herz dadurch versöhnt, vertrittst auch noch alle bußfertige Sünder, und bittest deinem himmlischen Vater die Strafe ab. Siehe, ich bin von Natur ein Kind des Zorns, alles Dichten und Trachten meines Herzens ist nur böse immerdar. Ich weiß, daß in mir nichts Gutes wohnet; Wollen habe ich wohl, aber Vollbringen des Guten finde ich nicht; denn das Gute, so ich will, thue ich nicht, sondern das Böse, so ich nicht will, thue ich. Ach Herr! ich kann nicht merken, wie oft ich fehle, verzeihe mir meine verborgenen Fehler. Meine Sünden gehen über mein Haupt, und wie eine schwere Last sind sie mir zu schwer geworden. Aber, Herr Jesu! du hast sie von mir genommen und getragen; mein Erlöser, mein Heiland, mein Fürsprecher, mein Beistand und Helfer, erbarme dich mein! Zu dir allein habe ich Zuflucht. O du zerschlagener Fels, verbirg mich vor dem Grimme des Satans und

den Schrecken der Hölle, in die Steinritzen und Felslöcher deiner blutigen Wunden! Wende alle Plage von mir gnädiglich ab, daß ich nicht im Grimm verzehrt werde. Bleibe mein Fürsprecher am jüngsten Gericht, daß ich nicht darf hören die schreckliche Stimme: Weichet von mir, alle Uebelthäter; ich habe euch nie erkannt. Du aber, Herr, kennest mein Herz, daß es mit Reue und Traurigkeit zerbrochen und zerschlagen ist; dasselbe opfre ich dir, mit deinem Blute besprengt, das wirst du nicht verachten. Erfülle an mir deine theure Verheißung, da du sagst, es sollen Alle, die an dich glauben, nicht verloren werden, sondern das ewige Leben haben. Ach Herr! ich glaube, hilf meinem Unglauben. Laß mich nicht in meinen Sünden verderben, noch die Strafe ewiglich über mir bleiben. Die Strafe liegt ja auf dir, du hast sie erlitten, auf daß wir Friede hätten, und durch deine Wunden sind wir geheilet. Darauf will ich mich verlassen im Glauben, und hoffen, und warten des Glaubens Ende und die ewige Seligkeit. Amen.

(Gebet um den heiligen Geist, suche im andern Gebot das 12. Gebet.)

9. Gebet um die Freude des heiligen Geistes in Traurigkeit.

Ach du heiliger und gerechter Gott, ein Gott alles Trostes, des Friedens, der Freude, dessen Reich ist Gerechtigkeit, Friede und Freude im heiligen Geist! ich klage und bekenne dir, daß ich oft nach der weltlichen Lust und vergänglichen Freude dieser Welt begierig gewesen bin, dieselbe gesucht, geliebt, und ihr mehr denn billig nachgegangen, da ich meine Lust und Freude an dir, meinem lieben Gott, sollte gehabt haben. Ach! vergib mir solche Thorheit, und laß mein Herz nicht mehr dadurch befleckt und betrogen werden. Tilge aus meinem Herzen alle Augenlust, Fleischeslust und hoffärtiges Leben. Reinige mein Herz von aller üppigen Weltfreude, welche nichts denn den Tod gebiert, und in ein ewiges Heulen und Zähnklappen verwandelt wird. Zünde aber in mir an die ewige, wahrhafte himmlische Freude, welche ist ein Vorschmack des ewigen Lebens, und ein Stück vom Reich Gottes, so in uns ist, und eine edle Frucht und Gabe des heiligen Geistes, daß ich mich allezeit in dir und meinem Herrn Christo freuen möge. Laß mich empfinden, was der Psalm spricht: Du erfreuest mein Herz, ob jene gleich viel Wein und Korn haben [1]); und: Laß sich freuen Alle, die auf dich trauen, ewiglich laß sie rühmen, denn du beschirmest sie; fröhlich laß seyn in dir, die deinen Namen lieben [2]); und: Ich freue mich, und bin fröhlich in dir, und lobe deinen Namen, du Allerhöchster [3])! Laß mich empfinden, was der Psalm spricht: Ich hoffe aber darauf, daß du so gnädig bist, mein Herz freuet sich, daß du so gerne hilfst. Ich will dem Herrn singen, daß er so wohl an mir thut [4]); und: Vor dir ist Freude die Fülle, und liebliches Wesen zu deiner Rechten ewiglich [5]); und: Gib, daß ich mich freue in deiner Kraft, und sehr fröhlich sey in deiner Hülfe; erfreue mich mit Freuden deines Antlitzes [6]); und: Es müssen sich freuen und fröhlich seyn Alle, die nach dir fragen; und die dein Heil lieben, müssen allewege sagen: Der Herr sey hochgelobet [7]). Ach mein Gott! laß mich hören Freude und Wonne, daß die Gebeine fröhlich werden, die du zerschlagen hast. Tröste mich wieder mit deiner Hülfe, und der freudige Geist erhalte mich. Ach mein Gott! laß mich dir ein Freudenopfer thun, und deinem Namen danken, daß er so tröstlich ist. Ach mein Gott! laß mich hören, als in deinem Heiligthum, was du in mir redest, auf daß ich fröhlich werde. Ach mein Gott! deine Güte ist besser denn Leben, meine Lippen preisen dich. Daselbst wollte ich dich gerne loben mein Leben lang, und meine Hände in deinem Namen aufheben. Das wäre meines Herzens Freude und Wonne, daß ich dich mit fröhlichem Munde loben sollte. Ach Gott! laß mich empfinden, was der Psalm sagt: Die Gerechten müssen sich freuen und fröhlich seyn vor Gott, und von Herzen sich freuen [8]); und: Die Elenden sehen's, und freuen sich, und die Gott fürchten, denen wird das Herz leben [9]). Ach mein Gott! laß das meine Freude seyn, daß ich mich zu dir halte, und meine Zuversicht setze auf den Herrn, und verkündige alle dein Thun. Laß mich empfinden, wie lieblich deine Wohnungen sind, Herr Zebaoth, daß sich mein Leib und Seele freuen in dem lebendigen Gott. Laß mich erfahren, daß dem Gerechten das Licht immer müsse wieder aufgehen, und Freude den frommen Herzen. Laß mich mit Freuden Wasser schöpfen aus dem Heilbrunnen Jesu Christi. Gib, daß ich mich allezeit in dem Herrn freue, und meine Seele fröhlich sey in meinem Gott. Komme in mein Herz, du Himmelskönig! daß ich mich freue und jauchze mit der Tochter Zion. Ach mein Gott! weil du dich über uns freuest, wie sich ein Bräutigam seiner Braut freuet, so laß mich doch auch wieder in dir herzlich fröhlich seyn; auf daß ich mich dort in dir ewig freuen möge, wann du den neuen Himmel und die neue Erde voll Freude machen wirst, wann du uns trösten wirst, wie eine Mutter ihr Kindlein tröstet, wann unsere Gebeine werden grünen, wie das Gras. Dann wird unser Mund voll Lachens und unsere Zunge voll Rühmens seyn; dann wird ewige Freude über unserm Haupte seyn. Dann werden wir mit Freuden ernten, was wir mit Thränen gesäet haben. Laß uns dieser Freude ewig genießen, o du freudenreicher Gott und Vater, durch Jesum Christum, unsern Herrn. Amen.

10. Gebet um Begierde und Verlangen nach dem ewigen Leben.

Ach mein himmlischer Vater! der du mich, dein armes, elendes Kind, zum ewigen Leben erschaffen, und durch deinen lieben

[1]) Ps. 4, 8.
[2]) Ps. 5, 12.
[3]) Ps. 9, 3.
[4]) Ps. 13, 6.
[5]) Ps. 16, 11.
[6]) Ps. 21, 2. 7.
[7]) Ps. 40, 17.
[8]) Ps. 68, 4.
[9]) Ps. 69, 33.

Sohn dazu erkauft, und durch deinen heiligen Geist dazu geheiliget hast: ich klage und bekenne dir von Herzen, daß ich solches ewige, höchste, unaussprechliche Gut, das ewige Leben, aus menschlicher Blindheit nie recht erkannt, mich auch desselben nie rechtschaffen gefreut und getröstet habe, auch nie ein gründliches, inniges Verlangen darnach gehabt habe; sondern ich bin leider! bis daher allzu irdisch gesinnt gewesen, habe die Welt lieber gehabt, die Augenlust, die Fleischeslust und das hoffärtige Leben. Ach lieber Vater! vergib mir solche große Sünde und Thorheit. Tilge aus meinem Herzen alle Weltliebe, alle zeitliche Ehrsucht, alle fleischliche Wollust, welche die Seele beflecken, und wider dieselbe streiten. Gib, daß ich erkennen möge, wozu ich geschaffen, erlöset und geheiliget bin, daß ich dich, o Gott! das höchste Gut, vor allen Dingen suche, liebe, und von Herzen begehre, nichts anders wünsche und hoffe, denn dich und das ewige Leben, nach nichts Anderem seufze und Verlangen habe, denn nach dir allein. Zünde in mir an den heiligen Durst nach dem ewigen Leben, daß meine Seele nach dir schreie, wie ein Hirsch nach frischem Wasser. Laß mich auch keine Angst, Trübsal, Verfolgung und Elend abwenden von dieser Hoffnung. Denn ich weiß, daß mein Erlöser lebt, und die Hoffnung, so ich auf ihn gesetzt habe, wird mich nicht lassen zu Schanden werden. Gib, daß ich mich in allem Kreuz und Leiden des ewigen Lebens freue und tröste, und alle Trübsal dadurch lindere und überwinde. Denn was ist alles Leiden, ja der ärgste Tod, ja alle zeitliche Höllenangst gegen die ewige, unendliche Freude und Herrlichkeit des ewigen Lebens? Laß mich dieß Wort oft in meinem Herzen bedenken: In meines Vaters Hause sind viele Wohnungen, und ich gehe hin, euch die Stätte zu bereiten. Ach! ein schönes Haus muß seyn des allmächtigen Vaters Haus! ein Haus voll Herrlichkeit, ein Haus voll Licht und Klarheit, ein Haus voll Leben und Seligkeit, ein Haus voll Freude und Wonne, ein Haus voll Heiligkeit und Gerechtigkeit. Ach! wann werde ich aus dem finstern Hause dieser Welt und meines Leibes erlöst werden? Wann werde ich dahin kommen, daß ich Gottes Angesicht sehe? Gott sehen von Angesicht, ist die höchste Freude, das höchste Leben, die höchste Seligkeit. Wann werde ich meines Erlösers holdseliges, freundliches, liebliches Angesicht sehen? Du hast gesagt, mein Herr und Gott: Ich will zu euch kommen, und euch zu mir nehmen, auf daß ihr seyet, wo ich bin. Ach mein Herr! komme nur bald, und nimm mich zu dir, auf daß die Erlöseten seyen bei dem Erlöser, die Kinder bei ihrem Vater, die Geheiligten bei dem Allerheiligsten. Warum lässest du uns so lange in dieser Welt Jammerthal, in einem fremden Lande, da wir Pilger und nicht daheim sind? Führe uns doch in unsere rechte Heimat, in unser rechtes Vaterland, in unsers Vaters Haus, da du uns die Stätte bereitet hast, welche du uns so theuer erkauft. Du hast ja gesagt: Vater, ich will, daß, wo ich bin, auch die bei mir seyen, die du mir gegeben hast, auf daß sie meine Herrlichkeit sehen. Ach! der Vater hat mich dir auch gegeben, und hat dich mir gegeben; darum bin ich auch dein, und du bist mein: wer will uns denn scheiden? Sind wir doch Kinder deines Vaters durch dich; darum sind wir auch unsers rechten Vaters Erben, und deine Miterben; darum hast du uns das Pfand des ewigen Erbes, deinen heiligen Geist gegeben; daran erkennen wir, daß wir deine Kinder sind, an dem Geist, den du uns gegeben hast; mit welchem du uns versiegelt hast, bis auf den Tag unserer Erlösung, da du uns das unvergängliche, unverwelkliche, unbefleckte Erbe, das uns im Himmel aufgehoben und behalten ist, geben wirst. Ach! laß mir doch ein kleines Brosamlein dieses Erbes in mein Herz fallen, daß ich einen Vorschmack möge haben des ewigen Lebens, auf daß ich merken und erkennen möge, wie überköstlich und edel mein künftiges Erbgut sey. Ach du ewiger, heiliger, unsterblicher Gott! du kannst mit einem Tropfen deines himmlischen Gutes mehr erfreuen, denn alle sterbliche Creaturen mit aller ihrer Lust. Ach! die Freude und Lust, die aus dem Ewigen kommt, ist tausendmal edler, denn die, so aus dem Zeitlichen und Irdischen kommt; ja aller Welt Freude ist dagegen bittere Galle; wer diese himmlische Freude schmeckt, dem wird die ganze Welt bitter. Ach! wer einen Augenblick die Herrlichkeit Gottes sehen möchte, der würde der ganzen Welt auf einmal vergessen; denn Gott sehen, ist Leben und Seligkeit. Ich habe den Herrn gesehen, sagte der Erzvater Jacob, von Angesicht zu Angesicht, und meine Seele ist genesen. O du schönes Haus meines Vaters! O du liebliche Wohnung! O du schöne Stadt Gottes, so die Herrlichkeit Gottes erleuchtet! O du ewiger Tag! O ewiges Licht! O ewige Ruhe! O ewiges, liebliches Wesen! O freudenreiche Gesellschaft Gottes, der Engel und Menschen! O großer Friede! O ewige Freude! Gottes Wille und Wohlgefallen in Allen, Gottes Liebe in Allen, Gottes Freude und Friede in Allen. Aus der ewigen, vollkommenen, unendlichen Liebe Gottes wird immer neue Freude; denn ewige Liebe gebiert ewige Freude. O Gott! du bist selbst die ewige Liebe, die ewige Freude, das ewige Gut, das ewige Leben. Dein werden alle Auserwählte voll seyn, nämlich deiner Liebe, deiner Freude, deines Lichts; denn du wirst in ihnen leuchten, wie Mosis Angesicht leuchtete wegen der kurzen Beiwohnung der vierzig Tage; vielmehr werden wir von deiner Klarheit leuchten, weil wir ewig bei dir seyn werden. Deine Herrlichkeit wird in uns leuchten, deine Heiligkeit, deine Schönheit, deine Kraft und Stärke, dein Licht, deine Klarheit, deine Weisheit; damit wirst du uns zieren, erfüllen und erfreuen. Nicht außer uns, sondern in uns wird dieser Schatz seyn, und alles Gut, welches du selber bist; denn du wirst seyn Alles in Allem, und was die Auserwählten wünschen werden, das werden sie alles in dir haben, und dich selbst in ihnen. Da werden wir unsern Reichthum in uns selbst haben; wir werden in Gott, und Gott in uns seyn; in Gottes Liebe werden wir uns sehen eingeschlossen, und Gott in unserer Liebe. Wir werden uns alle in Christi liebreiches Herz eingeschlossen sehen, und Christum in uns. Wir werden in der Freude des heiligen Geistes leben und weben, und der heilige Geist in uns. Wir werden mit allen heiligen Engeln vereinigt seyn, und mit allen Auserwählten Ein Herz und Ein Geist seyn, und alles Leides dieser Welt vergessen, und werden ewiglich mit den Freuden des Angesichtes Gottes ergötzt werden.

Das ewige Leben ist:
Reichthum ohne Verlust,
Ehre ohne Beschämung,
Genüge ohne Mangel,
Gesundheit ohne Siechthum,
Liebe ohne Falsch,
Wollust ohne Eitelkeit,
Kraft ohne Schwachheit,
Freiheit ohne Knechtschaft,
Muße ohne Mühe,
Klarheit ohne Dunkel,
Höchst lieblich, höchst lustreich,
Beständigkeit ohne Aufhören,
Fülle ohne Dürftigkeit,
Sicherheit ohne Furcht,
Würde ohne Zittern,
Leben ohne Tod,
Ruhm ohne Neid,
Seligkeit ohne Beschwerde,
Weisheit ohne Irrthum,
Freude ohne Traurigkeit,
Sättigung ohne Ueberdruß,
Die edelste Gesellschaft,
Die friedsamste Gemeinschaft,
Der Gottheit Anschauen,
Holdester Genuß,
Liebeselige Vereinigung.

Ein Leben, selig, sicher, ruhig, schön, rein, keusch, heilig; kennt keinen Tod, weiß nichts von Trübsal; ein Leben ohne Wandel, ohne Schmerz, ohne Hunger, ohne Kälte, ohne Hitze, ohne Krankheit, ohne Sterben, ohne Anfechtung, ohne Ermüden, ohne Schwachheit, ohne Angst, ohne Verderben, ohne Störung, ohne Wechsel, ohne Aenderung. Ein Leben voller Zierde und vollkommenster Würde, Ehre, Herrlichkeit, Weisheit, Lob, Liebe, Süßigkeit, Lust, Heiterkeit, Fröhlichkeit, Sicherheit, Gesundheit, Stille, Glück, Freiheit, Eintracht, Fülle, Licht, Sättigung, Glanz, Freude, Vergnügen, Frohlocken, Unsterblichkeit, Anmuth, Glück, Heiligkeit, Seligkeit.

11. Gebet um ein seliges Ende.

Allerliebster Vater im Himmel, herzliebster Erlöser Jesus Christus, und o Gott heiliger Geist, du wahrer, einziger und höchster Trost! ach wie übel habe ich mein kurzes Leben zugebracht! wenig sind der Tage meines Lebens, und viel sind meiner Sünden, die wenigste Zeit habe ich dir gelebt, meine meiste und beste Zeit habe ich in Eitelkeit verzehrt. Ach wie viel Gutes habe ich versäumt, wie viel Böses dagegen gehäuft, und damit Leib und Seele befleckt! Ach vergib, liebster Vater, Alles aus Gnaden! Ach decke zu, herzliebster Erlöser, mit dem Kleide deiner Unschuld und Gerechtigkeit! Ach heile meine verwundete Seele mit deinem Trost, o heilsamer Tröster! Lehre mich bedenken, daß es ein Ende mit mir haben muß, daß mein Leben ein Ziel hat, und ich davon muß. Siehe, meine Tage sind einer Hand breit, und mein Leben ist wie nichts vor dir. Ach, wie gar nichts sind alle Menschen, die so sicher leben! Sie gehen dahin, wie ein Schatten, und sind wie ein Schemen. Sie sorgen und sammeln, und wissen nicht, wer es kriegen wird. Und nun, Herr, weß soll ich mich trösten? Ich hoffe auf dich, errette mich von allen meinen Sünden, und laß mich den Narren nicht ein Spott werden. Ich will schweigen, und meinen Mund nicht aufthun, du wirst es wohl machen. Denn ich bin dein Pilgrim und dein Bürger, wie alle meine Väter; ich bin ja ein Fremdling, und habe hier keine bleibende Statt, sondern ich suche die zukünftige. Ich bin wie ein Tagelöhner, der sich nach dem Schatten sehnt. Ich weiß, du hast alle meine Tage gezählt und auf dein Buch geschrieben, die noch kommen sollen, und deren noch keiner da ist. Ach! laß mich bedenken, daß mein Leben ein Durchgang ist durch dieß Jammerthal, eine Pilgerfahrt; laß mich auf diesem Wege nichts aufhalten. Ach mein lieber Vater! wenn nun meine Zeit vollendet ist, die du mir gesetzt hast, wenn meine Tage ihr Ziel erreicht haben, die du auf dein Buch geschrieben hast: so verleihe mir eine selige Frieden- und Freudenfahrt aus diesem Leben. Treibe von mir aus die Weltliebe und die Lust, länger zu leben. Gib mir ein williges und fröhliches Herz abzuscheiden; wehre aller Furcht und allem Schrecken. Behüte mich vor des Feindes Anfechtungen, waffne meine Seele mit den Waffen der Gerechtigkeit, mit dem Schilde des Glaubens und Helm des Heils. Denn du, o Herr Jesus Christus! bist meine Weisheit, Gerechtigkeit, Heiligung und Erlösung, mein Leben, mein Trost, mein Friede und meine Freude. Laß mich in Glauben, Liebe und Hoffnung abscheiden. Zünde in mir an einen heiligen Durst nach dem ewigen Leben, daß, wie ein Hirsch nach frischem Wasser schreiet, also meine Seele zu dir schreie, und nach dir, dem lebendigen Gott, dürste, und von Herzen spreche: Wann werde ich dahin kommen, daß ich dein Angesicht sehe? Laß mich daran gedenken, wie lieblich deine Wohnungen sind; laß Leib und Seele sich in dir, dem lebendigen Gott, freuen; laß meine arme Seele, als ein verschüchtertes Vögelein, ein Haus finden, da es ewig bleiben möge, deinen Altar, das ist, das bittere Leiden, Sterben und Verdienst meines Erlösers Jesu Christi. Herr Zebaoth! mein König und mein Gott, erfrische in mir das Gedächtniß des unschuldigen Todes Christi, meines Seligmachers. O mein Heiland Christus Jesus! zeige mir in meiner Schwachheit und Todesnoth dein Leiden, deine Wunden, deine Striemen, deine Dornenkrone, dein Kreuz und deinen Tod; zeige mir deine geöffnete Seite, deine durchgrabenen Hände und Füße, welche sind meine Freude- und Trostbrunnen. Laß mich hören in meinem Herzen die tröstlichen Worte, die du am Kreuz geredet hast: Heute wirst du mit mir im Paradiese seyn. Ach, mein einziger Arzt! heile mich, denn ich bin der Verwundete, so unter die Mörder gefallen; verbinde mir meine Wunden, heile meine Schmerzen durch deinen Todeskampf und blutigen Schweiß, lindere meine Todesangst durch deinen Tod, segne meinen Tod. Du bist die Auferstehung und das Leben, wer an dich glaubet, wird leben, ob er gleich stirbt. Der Gerechten Seelen sind in deiner Hand, und keine Qual des Todes rührt sie an. Selig sind die Todten, die im Herrn sterben, von nun an; sie ruhen von ihrer Arbeit. Ach Herr! laß meine Seele in dir die rechte Ruhe finden. Rufe mich zu dir, reiche mir deine Hand wie Petro auf dem Wasser, daß ich nicht versinke, und sprich: Komme zu mir, ich will dich erquicken. Rufe mich, Herr, denn es ist Abend mit mir geworden; lege mich in meine Schlafkammer. Rufe mich zu dir aus der Finsterniß in das Licht, aus dem Elend zum rechten Vaterlande, aus dem Sündendienst zur ewigen Freiheit und Gerechtigkeit, aus dem Tode zum Leben, von dem ungestümen Meer dieser Welt an das Ufer des rechten Vaterlandes. Führe mich durch das Angstmeer des zeitlichen Todes zum rechten gelobten Lande. Ach! erlöse mich aus diesem sündlichen, unreinen Leben; denn mich verlanget nach dem reinen, heiligen, göttlichen Leben, da keine Sünde, sondern lauter Gerechtigkeit ist. Führe mich aus diesem unruhigen Leben in die rechte, ewige, selige Ruhe, da keine Mühe und Arbeit, keine Krankheit, kein Tod, keine Sorge, keine Traurigkeit ist, da Gott Alles in Allem ist; da Gott unsere Speise, unser Kleid, unser Haus und unsere heilige Wohnung, unsere Lust, unsere Freude, unser Leben ist. Da werde ich einen herrlichen Wechsel haben, wenn ich für Trübsal, Jammer und Elend ererben werde die ewige, immerwährende Herrlichkeit, für diese zeitliche Traurigkeit ewige Freude, für diese Sterblichkeit die Unsterblichkeit, für diese Schwachheit die himmlische Kraft, für diese Krankheit ewige Gesundheit, für dieß zeitliche Leben das ewige Leben. Also ist Christus mein Leben, und Sterben ist mein Gewinn. Ach wie herzlich gerne will ich meinen sterblichen Leib ablegen, und einen unsterblichen Leib anziehen! Wie gerne will ich das Verwesliche ausziehen, und anziehen die Unverweslichkeit! Wie gerne will ich meinen schwachen Leib als ein Weizenkorn in die Erde säen, auf daß ich auferstehe in Kraft! Ich will gerne durch die Todesschmach in das Grab gelegt werden, auf daß ich auferstehe in Herrlichkeit. Ach sey nun zufrieden, meine Seele, denn der Herr thut dir Gutes! Er hat dich vom Tode errettet, deine Augen von Thränen, deine Füße vom Gleiten; ich werde nun wandeln im Lande der Lebendigen immer und ewiglich. Ach! thue mir nur bald auf die Thür des Lebens, Herr Jesus Christus! Du bist die Thür; so Jemand durch dich eingehet, der wird selig werden. Und weil ich soll zu dir, meinem Himmelsbräutigam, zur Hochzeit kommen, und du stehest in der Thür, und wartest auf mich: so schmücke mich zuvor schön, und lege mir an das hochzeitliche Kleid der Gerechtigkeit Jesu Christi und das weiße Feierkleid des ewigen Sabbaths, daß meine Seele rein und unbefleckt und ohne Makel vor dir erscheine, und laß mich hören dein Freudenwort: Komme her, du Gesegneter des Herrn, ererbe das Reich deines Vaters, so dir von Anfang bereitet ist, und gehe ein zu deines Herrn Freude. Amen.

12. Das heilige Vater-Unser tröstlich ausgelegt.

Ach mein herzliebster Vater im Himmel! welch eine große Liebe hast du mir erzeigt, daß ich dein Kind seyn soll, und du mein Vater seyn willst, daß du um deines lieben Sohnes, unsers Herrn Jesu Christi willen mich zum Kinde und Erben aller deiner himmlischen Güter angenommen hast. Gib mir ein kindliches Herz gegen dich, daß ich all mein Vertrauen auf dich setze, daß ich dich herzlich liebe, kindlich fürchte, demüthig ehre, und dir in allen Dingen gehorsam sey; daß ich meinen höchsten Trost, meine Lust und Freude an dir habe, und wenn ich arm und elend bin, krank und verfolgt werde, wenn ich in Todesnoth gerathe, so laß mich daran gedenken, daß ich einen Vater habe, der allmächtig, barmherzig, gnädig, geduldig und von großer Güte ist, der meiner nicht wird vergessen, so wenig als eine Mutter ihres Kindes vergessen kann; und wenn ich aus Schwachheit sündige, daß ich nicht verzage, sondern wieder komme, und spreche: Vater! ich habe gesündiget im Himmel und vor dir. Hilf auch, daß alle Menschen auf Erden mit mir dich, ihren Vater, erkennen, dich mit reinem Herzen anrufen, und mit Einem Munde loben, daß wir Alle unser Gebet zusammen thun, und Alle für einander bitten. Ach Vater! weil du im Himmel bist, so gib, daß ich auch meinen Wandel im Himmel habe, daß ich mein Herz nicht an das Zeitliche hänge, sondern erkenne, daß ich ein Fremdling und Pilger auf Erden bin, wie alle meine Väter. Siehe, du bist ja bei mir, ja du bist allgegenwärtig; du bist nicht ein Gott, der ferne ist, sondern ein Gott, der nahe ist, du bist ein Gott, der Himmel und Erden erfüllet, darum du an allen Orten und zu aller Zeit anzurufen bist. Ach Gott! wir, deine armen Kinder, sind auf Erden im Jammerthal, du aber im Himmel, in deiner herrlichen, heiligen Wohnung; wir seufzen zu dir, und hoffen zu dir, unserm Vater, zu kommen. Ach lieber Vater! weil du ein heiliger Gott bist, und dein Name heilig und hehr ist, so gib, daß ich und alle Menschen dich, Gott den Vater, Sohn und heiligen Geist, aus deinem Wort recht erkennen, den großen Namen deiner Allmacht, Barmherzigkeit, Gütigkeit, Gerechtigkeit, Weisheit und Wahrheit preisen; daß ich dich in meinem Herzen mit allen Gläubigen allezeit ehre, lobe und preise, daß dein Lob nimmermehr aus meinem Herzen und Munde komme, daß mein Verstand durch dich erleuchtet werde, mein Wille dich über alle Dinge liebe, daß ich ohne Unterlaß gedenke, mit herzlicher Danksagung und Freude, an deine Liebe und Treue, so du mir, deinem armen Kinde, erzeigt hast. Gib mir emsigen Fleiß, daß ich dich suche, gib mir Weisheit, daß ich dich finde, gib mir ein Leben, das dir gefalle, auf daß durch mich und alle Menschen dir allein alle Ehre in allen Dingen gegeben werde. Ach lieber Vater! weil dein Reich das höchste Gut ist, und der höchste Schatz, so laß es zu mir und zu allen Menschen kommen durch den heiligen Geist, daß du durch den Glauben in mir wohnest, dein Reich in mir habest, daß ich dich mit herzlicher Liebe umfasse, mit lebendiger Hoffnung dir anhange; damit ich aller Güter deines ewigen Reiches möge theilhaftig werden, deiner Gerechtigkeit, deines Friedens, der Freude im heiligen Geist; daß dadurch des Satans Reich, die Sünde und alle Werke des Satans in mir und aller Menschen Herzen zerstört werden, als: Hoffart, Geiz, Zorn und die unreinen Lüste des Fleisches, darin der Satan sein Reich hat. Ach lieber Vater! weil nichts Heiligeres, denn dein Name, nichts Köstlicheres, denn dein Reich, nichts Besseres, denn dein Wille ist: so gib mir, daß in meinem und aller Menschen Herzen dein Wille geschehen möge, daß ich von ganzem Herzen dein begehre, dich suche und erkenne, und thue Alles, was dir wohlgefällt. Darum richte und ordne mein ganzes Wesen und Leben, mein Thun und Lassen zu Lob und Preis deines Namens. Gib mir, daß ich wisse, wolle und könne Alles, was dir wohlgefällt, und was zu deinen Ehren und meinem Heile dient. O lieber Vater! mache mir einen rechten, graden, sichern Weg zu dir; es sey dir heimgestellt, wie du mich führen willt, durch Wohlfahrt oder Trübsal; daß ich in guten Tagen dich lobe und dir Dank sage, und mich nicht erhebe, hinwiederum in Widerwärtigkeit geduldig sey, und nicht verzage. Verleihe mir, daß mich nichts erfreue, als was mich zu dir führt, auch nichts betrübe, als was mich von dir abwendet. Gib mir, o mein Gott! daß ich Niemand begehre zu gefallen, als nach deinem Willen, und daß mir aus ganzem Herzen gefalle, was dir lieb und angenehm ist; auch daß ich Verdruß habe an aller zeitlichen Freude, welche ohne dich ist, und daß ich nichts begehre, so wider dich ist. Gib mir eine solche Lust zu dir, daß du mir Alles seyst, daß ich ohne dich nichts wünsche und begehre, daß ich fröhlich sagen möge: Herr, wenn ich nur dich habe, so frage ich nichts nach Himmel und Erde, und wenn mir gleich Leib und Seele verschmachtet, so bist du doch, Gott, allezeit meines Herzens Trost und mein Theil. Du bist mein Gut und mein Theil, du erhältst mein Erbtheil. Gib mir und allen Menschen auf Erden unser bescheiden

Theil, unser Maaß des täglichen Brods, ein genügsames Herz und deinen göttlichen Segen, der allen Mangel erstattet. Behüte mich vor der Wurzel alles Uebels, dem leidigen Geiz, daß mein Herz nicht an dem Zeitlichen hange, sondern daß ich erkenne, daß ich ein Haushalter über deine Güter bin, und dermaleinst werde zur Rechnung gefordert werden. Gib Friede und Einigkeit, fromme Obrigkeit und gehorsame Unterthanen. Schütze unsere Gränzen wider allen Anlauf der Feinde, und sey eine feurige Mauer mit deinen heiligen Engeln um uns her. Gib auch mir und allen Menschen wahre Buße, daß ich meine Sünden erkenne, schmerzlich bereue und beweine, und meinen lieben Herrn Jesum Christum ergreife, und um desselben willen vergib mir meine Sünden, und rechne mir dieselben nicht zu. Gib mir einen steten Vorsatz, mein Leben zu bessern, und nach deinem Willen durch deine Gnade zu leben. Tilge in mir aus alle Rachgier, gib mir ein versöhnliches Herz, daß ich mich nicht selbst räche, sondern mich selbst richte, und meine Schwachheit erkenne; mache mich freundlich, sanftmüthig und geduldig, daß ich meinem Nächsten besserlich sey in Worten und Werken. Führe auch mich und alle fromme Christen nicht in Versuchung; mache mich demüthig ohne alle Falschheit, fröhlich ohne alle Leichtfertigkeit, traurig ohne alle Zaghaftigkeit, rein, keusch, züchtig, ehrbar, redlich, tapfer und mannhaftig. Gib mir ein standhaftes Herz, daß mich nichts abwende von dir, weder böse Gedanken, noch böse Begierden, Anfechtung, List und Lügen des Satans, noch einige Trübsal. Gib mir, o Herr Jesus Christus! daß dein Leiden und Kreuz mein Fleisch kreuzige, und meinem Geist der höchste Trost und die höchste Süßigkeit sey. Gib mir Sieg und Stärke über Sünde, Tod, Teufel, Hölle und Welt, und erlöse mich und alle Menschen endlich von allem Uebel, sonderlich vom Unglauben und Geiz. Treibe von mir den Geist der Hoffart, und verleihe mir den Schatz der Demuth. Nimm von mir allen Zorn, Rachgier, Neid und Ungeduld. Gib mir ein beständiges, tapferes Gemüth, behüte mich vor Lügen, vor Schmähung und Verläumdung des Nächsten, vor Heuchelei, vor Verachtung der Armen. Behüte mich vor Gotteslästerungen; wende von mir ab Irrthum, Blindheit und Finsterniß des Herzens. Gib mir Werke der Barmherzigkeit, geistige Armuth, Friede, Fröhlichkeit, Sanftmuth, Reinigkeit des Herzens, Geduld in aller Widerwärtigkeit, einen heiligen Hunger und Durst nach der Gerechtigkeit, und Barmherzigkeit gegen alle Elende. Gib mir, daß ich meinen Mund und meine Lippen bewahre, daß ich nicht etwas rede wider dich oder meinen Nächsten. Gib, daß ich verachte die vergängliche Freude und Wollust dieser Welt, und daß ich von Herzen suche deine himmlischen Güter und die ewige Freude. Denn das ist alles dein Reich, es ist alles deine Kraft, es ist alles deine Herrlichkeit in Ewigkeit. Amen.

---

13. Gebet um die Heiligung des Namens Gottes.

Ach du heiliger und gerechter Gott, vor dessen Herrlichkeit die Seraphim ihre Angesichter zudecken, und singen: Heilig, heilig, heilig ist Gott, der Herr Zebaoth! ach, laß mich durch rechtschaffene Heiligung deines Namens dieß Amt der heiligen Engel auch verrichten! Hilf, daß ich mit allen Menschen deine Allmacht erkenne, deine Barmherzigkeit liebe, deiner Wahrheit von Herzen traue, deine Gerechtigkeit fürchte, deine Heiligkeit anbete, deine Weisheit preise, deinen Geboten gehorche, deiner Hülfe mich tröste, deiner Güte mich freue. Gib, daß ich in keinem Ding meine eigene Ehre und meinen Ruhm suche, sondern in allen Dingen von Herzen meine und getreulich suche deine Ehre und das Lob deines heiligen Namens, auf daß du allein in allen Dingen geehrt, gerühmt, gelobt und gepriesen werdest. Gib, daß ich dein Wort lieb habe über Gold und viel feines Gold, und dich nach deinem Wesen und Willen recht daraus erkenne, daß ich auch diesem deinem Wort von Herzen glaube, heilig und gerecht, als dein Kind, darnach lebe, und vor allem Irrthum und falscher Lehre dadurch bewahrt werde. Gib, daß ich meine Lust an dir habe; so hast du mir verheißen zu geben, was mein Herz wünschet. Gib, daß ich dir für alle deine Wohlthaten des Leibes und der Seele danke, dich herzlich und kindlich fürchte, ehre und liebe, in allen Nöthen mit starker Zuversicht dich anrufe, deinen heiligen Namen und dein Wort in Liebe und Leid freudig bekenne, und bis an das Ende im wahren Glauben und heiligen Leben beständig bleibe, dich mit allen Engeln und Auserwählten hier zeitlich und dort ewig lobe und preise. Amen.

---

41. Gebet von dem Namen Jesu, zur Heiligung des Namens Gottes.

Ach mein lieblichster Herr Jesus Christus! du leutseliger Menschenfreund! ich danke dir nicht allein für deine Menschwerdung und Geburt, sondern auch für deinen freudenreichen und hülfreichen, seligmachenden Namen. O du holdseliger, süßer, freundlicher, trostreicher, herzerfreuender Name Jesus! wie könntest du doch tröstlicher lauten, denn ein Seligmacher? denn in diesem Namen ist aller Trost begriffen. Du bist wahrhaftig das Manna, welches allerlei Lust und Freude mit sich bringt, und in sich begreift allen geistigen Geschmack und Geruch. Du bist der Gläubigen Paradies, eine Freude des Himmels, ein Jauchzen der Engel, eine Zierde der Menschen, ein Lustgarten der Seelen, ein Brunn der Weisheit, eine Sonne der Gerechtigkeit, ein Licht der Welt, eine Freude des Herzens, ein Trost der Betrübten, eine Hoffnung der Traurigen, eine Zuflucht der Verlassenen, eine Hülfe in allen Nöthen. Wer hat dich, o Herr Jesu, hieher gebracht, als deine Liebe und mein Elend? Du hast nicht um deinetwillen, sondern um meinetwillen diesen holdseligen Namen mitgebracht; ihn hast du mir zum Schatz in mein Herz gelegt, zum Trost, zum Segen, zum Leben, zum Frieden, zur Freude, zur Weisheit, Gerechtigkeit, Heiligung und Erlösung, zur Arznei wider meine Sünden und wider alles Böse; denn dein Name begreift alles Gute in sich, und ist alles Gut. Ich heiße mit Namen ein Sünder; du heißest Jesus, ein Sündentilger und Seligmacher. Mein Name heißt ein Kind des Zorns von Natur; dein Name heißt Jesus, ein Gnadenkind. Ich heiße ein Kind des Todes; dein Name heißt Jesus, ein Name des Lebens. Ich heiße ein Kind der Verdammniß; dein Name heißt Jesus, ein Name der Seligkeit. Ich bin ein Kind des Jammers und Elends; dein Name Jesus ist ein Name der Herrlichkeit. Der Name Jesus heilige mich. Der Name Jesus segne mich, stärke mich, erleuchte mich. Der Name Jesus sey mein Schutz, mein Schild, meine Vestung. Der Name Jesus sey mein Sieg über alle meine Feinde. Der Name Jesus sey meine Zierde, mein Schmuck, meine Krone, meine Freude und mein Licht. Der Name Jesus sey meine Speise, mein Trank, meine Arznei. Der Name Jesus sey meine Weisheit, mein Verstand, mein Wille, mein Gedächtniß. Der Name Jesus sey meine Zuversicht, mein Glaube, meine Liebe, meine Hoffnung, meine Geduld, mein Gebet, meine Andacht, meine Furcht, meine Erkenntniß, mein Rath, meine Kraft, meine Beständigkeit, meines Herzens Dankbarkeit, meine Freundlichkeit, meine Barmherzigkeit, meine Gerechtigkeit, meines Herzens Reinigkeit, meine Sanftmuth, meine Demuth, meine Ruhe, meiner Seele Erquickung. Der Name Jesus sey mir der Weg zum Himmelreich, die Wahrheit und das Leben. Der Name Jesus sey mein seliger Abschied, meines zeitlichen Lebens Ende, und des ewigen Lebens Anfang. Der Name Jesus sey mir Alles, denn er ist Alles, ich finde in ihm Alles, ich habe und besitze in ihm Alles; denn also hat es Gott gefallen, daß in ihm alle Fülle wohnen sollte. Ich begehre ohne ihn nichts; ohne ihn begehre ich keinen Reichthum, keine Ehre, keine Herrlichkeit, keine Kunst, keine Weisheit; denn er soll mein Reichthum seyn, meine Ehre, meine Herrlichkeit, er soll meine Kunst und Weisheit seyn, er soll mein Himmel und meine Seligkeit seyn; und wenn meine Seele von diesem meinem Leibe abscheidet, so soll sie diesen Namen Jesus als einen Schmuck und eine edle Krone mitbringen vor Gottes Angesicht. Wenn ich diesen edeln Schatz behalte, so verliere ich nichts, wenn ich gleich die ganze Welt, Himmel und Erde verlöre. Denn dieser Name ist besser denn Himmel und Erde; ja dieser Name ist der rechte, ewige Himmel, voll aller Seligkeit; er ist das rechte Paradies, darin alle Lust, Freude und Lieblichkeit ist; er ist der rechte Gnadenstuhl voller Barmherzigkeit; er ist der Allerliebreichste, in welchem alle Liebe Gottes ist, und aller Engel Freude; er ist das rechte Heiligthum, darin Gott wohnt. Er ist der Thron der heiligen Dreieinigkeit, er ist Gottes Haus, und die Pforte des Himmels. In diesem Namen begehre ich zu leben und zu sterben, aufzustehen, gen Himmel zu fahren und selig zu werden; denn in diesem Namen bin ich in Gott, bei Gott und mit Gott, und bleibe bei ihm ewiglich. Amen.

Besiehe in der dritten Classe das 9. und 11. Gebet, und zweierlei Lobsprüche des Namens Jesu, und den Jubilus Bernhardi, Lateinisch und Teutsch, am Ende.

---

15. Gebet um das Reich Christi.

Herr Jesus Christus! du König der Ehren, der Gnaden und der Herrlichkeit! ich klage und bekenne dir in wahrer Reue und Leid, daß ich im Reich des Satans mit den Werken der Finsterniß dem Fürsten dieser Welt gedient, ja daß der böse Feind sein Reich in mir gehabt, und mich gefangen gehalten, durch die Sünde, zu seinem Muthwillen. Ach mein Herr Jesu! wie schrecklich ist das, daß der starke Gewappnete seinen Palast in dem armen Menschen also besitzt und bewohnet. Ich danke dir aber von Herzen, daß du mich tüchtig gemacht hast zum Erbtheil der Heiligen im Licht, und hast mich errettet von der Herrschaft der Finsterniß, und versetzt in dein Reich, darin ich habe die Erlösung durch dein Blut, nämlich die Vergebung der Sünden. Du hast ausgeführt deine Gefangenen aus der Grube, darin kein Wasser ist, durch das Blut des ewigen Testaments, und hast einen neuen, ewigen Bund mit mir gemacht. Hilf, daß ich darin beständig bleiben möge. Sammle ihrer auch immer mehr und mehr zu deinem Reich; bestätige und erweitere dasselbe, daß Viele dazu bekehrt werden. Schreibe uns als deine Bürger in dein himmlisches Buch, ja in deine Hände, und erhalte uns, daß wir ewig deine Reichsgenossen seyn und bleiben mögen, die wir dir in der Taufe unsere Namen gegeben, in deinen Bund getreten, und dir gehuldigt haben. Ach! komme, du König der Gnaden, zu mir in mein Herz, komme sanftmüthig, und sänftige mein Herz von aller Unruhe. Du bist gekommen arm; komme und mache mich geistig arm und demüthig, daß ich Leid trage um meiner Sünden willen, hungere und dürste nach deiner Gerechtigkeit, auf daß ich in dir ewig reich werde. Komme als ein Gerechter zu mir elenden Sünder, und mache mich gerecht. Bekleide mich mit deiner Gerechtigkeit, denn du bist mir von Gott gemacht zur Gerechtigkeit, zur Heiligung und zur Erlösung. Komme, du König des Friedens, gib mir ein friedsames, ruhiges Gewissen, und richte in mir an deinen ewigen Frieden und ewige Ruhe; mache mich sanftmüthig, barmherzig und reines Herzens. Komme, du König der Gnaden, erfülle mich hier in diesem Leben mit deiner Gnade, auf daß du mich dort mit deiner ewigen Herrlichkeit erfüllen mögest. Regiere mich in diesem deinem Gnadenreich mit deinem heiligen Geist; ja richte dein Reich in mir auf, welches ist Gerechtigkeit, Friede und Freude im heiligen Geist. Erleuchte mein Herz, reinige meine Empfindungen, heilige meine Gedanken, daß sie andächtig und dir wohlgefällig seyen. Schleuß mich ein in deine Gnade, daß ich daraus nimmermehr fallen möge. Komme zu uns, du heilige Dreieinigkeit, mache uns zu deiner Wohnung und zu deinem Tempel, und zünde in uns an das Licht deiner Erkenntniß, Glauben, Liebe, Hoffnung, Demuth, Geduld, Gebet, Beständigkeit, Gottesfurcht. Gib uns, daß wir mit unserm Gemüth stets im Himmel wohnen, und nach deiner Herrlichkeit uns sehnen. Und weil du, Herr, in dieser Welt auch führest und übest das Reich deiner göttlichen Gewalt und Allmacht: so sey auch deines geistigen Reichs und deiner Kirche mächtiger Schutzherr. Sey bei uns, Herr Jesus Christus, nach deiner Verheißung, alle Tage, bis an das Ende der Welt. Laß deine Kinder und deine Kirche nicht Waisen, denn sie haben sonst keinen Vater auf Erden. Herr, unser Herrscher, laß deinen Namen herrlich werden in allen Landen, daß man dir danke im Himmel. Richte zu dein Lob aus dem Munde der jungen Kinder und Säuglinge, auf daß du vertilgest den Feind und den Rachgierigen. Du bist, o Herr Christus! der Schönste unter den Menschenkindern, holdselig sind deine Lippen, darum seget dich Gott ewiglich. Gürte dein Schwert an deine Seite, du Held, und schmücke dich schön. Es müsse dir gelingen in deinem Schmuck; zeuch einher, der Wahrheit zu gut, die Elenden bei dem Recht zu erhalten, so wird deine rechte Hand Wunder thun. Scharf sind deine Pfeile, daß auch Könige vor dir niederfallen, mitten unter den Feinden des Königs. Gott, dein Stuhl bleibet immer und ewig; das Scepter deines Reichs ist ein gerades Scepter. Du liebest Gerechtigkeit, und hassest gottloses Wesen; darum hat dich, o Gott! dein Gott gesalbt mit Freudenöl, über alle deine Mitgenossen. Deine Kleider sind eitel Myrrhen, Aloe und Kezia, wenn du aus deinem elfenbeinernen Palast hervortrittst in deiner schönen Pracht. Du bist der König der Ehren, stark und mächtig, der Herr mächtig im Streit. Machet die Thore weit, und die Thüren in der Welt hoch, daß der König der Ehren einziehe. Zu dir hat Gott gesagt: Setze dich zu meiner Rechten, bis daß ich deine Feinde lege zum Schemel deiner Füße. Der Herr wird das Scepter deines Reichs senden aus Zion; herrsche unter deinen Feinden. Nach deinem Sieg wird dir dein Volk willig opfern im heiligen Schmuck; deine Kinder werden dir geboren, wie der Thau aus der Morgenröthe. Der Herr hat geschworen, und wird ihn nicht gereuen, du bist ein Priester ewiglich nach der Weise Melchisedek. Gelobet sey, der da kommt im Namen des Herrn. Der Herr ist Gott, der uns erleuchtet. O Herr! hilf, o Herr! laß wohlgelingen. Du hast hinweggenommen Sünde, Fluch und Tod, und hast uns gesegnet mit ewigem Segen in himmlischen Gütern. Gib deinem Volke Kraft, Stärke und Sieg wider alle geistige und leibliche Feinde. Und weil du auch bist ein König der Herrlichkeit, so mache uns auch des Reichs der Herrlichkeit theilhaftig. Wann du kommen wirst in deiner großen Kraft und Herrlichkeit, und alle heilige Engel mit dir, und wirst sitzen auf dem Stuhl deiner Herrlichkeit, so erfülle an uns dieß Freudenwort: Vater! ich will, daß, wo ich bin, auch die bei mir seyen, die du mir gegeben hast, auf daß sie meine Herrlichkeit sehen; und: Kommet her, ihr Gesegneten meines Vaters, ererbet das Reich, das euch von Anbeginn bereitet ist. Amen.

---

16. Gebet um die Vollbringung des heiligen Willens Gottes.

Dazu gehören auch die ersten drei Gebete dieses dritten Theils, von Verschmähung der Welt, von der Nachfolge Christi, und von Verläugnung seiner selbst.

O du heiliger, gerechter, gütiger und allein weiser Gott! ich danke dir von Herzen, daß du uns deinen väterlichen, guten, gnädigen Willen in deinem Wort geoffenbart hast. Ach, wie hast du doch ein so gnädiges Vaterherz gegen uns, wie hast du uns in Christo zur Kindschaft erwählt und geliebt in deinem Geliebten! Wie gerne wolltest du doch, daß allen Menschen geholfen würde, und sie zur Erkenntniß der Wahrheit kämen! Du willst ja nicht, daß Jemand verloren werde, sondern daß sich Jedermann zur Buße kehre und lebe. Ach lieber Vater! wie herzlich leid ist mir's, daß ich oft deinem ganz väterlichen, gnädigen, guten, liebreichen Willen widerstrebt habe! Vergib mir solchen meinen Ungehorsam, und rechne mir denselben nicht zu. Nimm aber an zur Bezahlung den vollkommenen Gehorsam deines lieben Sohnes Jesu Christi, welcher deinen heiligen Willen vollkömmlich erfüllt hat. Gib mir, daß ich gesinnet sey gleichwie mein Herr Christus. Gib mir ein gehorsames Herz, deinen Willen zu thun, daß mir Alles wohlgefalle, was dir wohlgefällt. Gib, daß ich erkennen möge, daß das meine höchste Seligkeit sey, zu wollen, was du willst, und daß das meine höchste Unseligkeit sey, nicht zu wollen, was du willst. Denn so ich nicht will, was du willst, so will ich mein eignes Uebel und Verderben; darum behüte mich vor meinem eigenen Willen, und daß ich auch nicht des Satans Willen vollbringen möge, und des bösen Feindes Werkzeug sey; sondern heilige meinen Willen, meine Seele, meinen Geist und meinen Leib durch und durch, daß ich ein Werkzeug und Gefäß deines heiligen Geistes und der Gnade sey, und nicht ein Gefäß des Zorns und ein Werkzeug des Satans. Gib mir ein solches Herz, daß ich mich freue, deinen Willen zu vollbringen, und mich dir ganz und gar zu ergeben in Liebe und Leid, im Leben und Tod; daß ich mich nicht überhebe in guten Tagen, und im Kreuz nicht verzage. Gib, daß dein Wille meine Freude und mein Wohlgefallen sey, und daß ich gewiß glaube, es müsse mir Alles zum Besten und zur Seligkeit gedeihen, was mir nach deinem Willen widerfährt. Gib mir Geduld, deinen göttlichen Willen in allen Dingen zu leiden und zu thun, wie David sprach: Werde ich Gnade finden vor dem Herrn, so wird er mich wieder holen; wird er aber sagen: Ich habe nicht Lust zu David: siehe, hier bin ich, er thue, wie es ihm gefällt. Also sprach auch der geduldige Mann Hiob: Der Herr hat es gegeben, der Herr hat es genommen, der Name des Herrn sey gebenedeiet. Haben wir das Gute empfangen von der Hand des Herrn, warum wollten wir das Böse nicht auch annehmen? Ach barmherziger Gott! gib mir auch, daß ich Alles in deinen Willen stelle; und wenn ich etwas bitte, das wider deinen Willen ist, so wollest du mir meine Schwachheit und Thorheit zu gut halten, und meinen Willen hindern, dagegen aber durch mich, und in mir, und an mir deinen Willen vollbringen; daß ich also mit meinem Willen seyn möge, wie die heiligen Engel im Himmel, deine Heerschaaren, die deinen Willen mit Freuden thun und ausrichten, durch den allerheiligsten Willen meines Erlösers Jesu Christi. Amen.

17. Gebet um zeitliche und ewige Wohlfahrt.

Allmächtiger, barmherziger Gott, lieber Vater! ich danke dir demüthig, daß du mich armen Sünder zu deiner Erkenntniß hast kommen lassen, und deinen lieben Sohn, Jesum Christum, unsern einigen Erlöser, Heiland und Trost, mir geoffenbaret, und für mich armen, verdammten Menschen hast lassen leiden und sterben, auf daß ich durch seinen Tod und sein Verdienst ewiglich lebe. Ich bitte dich, lieber Vater, du wollest mir um seines heiligen bittern Leidens und Sterbens willen gnädig und barmherzig seyn, und mir alle meine Sünden vergeben, wollest mich in diesem Glauben und Trost bis an meine letzte Stunde gnädiglich erhalten, und mich mit deinem heiligen Geist erleuchten, daß ich in dieser Erkenntniß von Tage zu Tage möge wachsen und zunehmen, und mein ganzes Leben nach deinem göttlichen Willen christlich möge zubringen. Auch wollest du, lieber Vater, bei mir bleiben, Leib und Seele heiligen zu deiner Wohnung und deinem Tempel, und mich zum ewigen Leben gnädiglich erhalten. Auch wollest du, lieber Vater, meinen Beruf und meine Nahrung segnen, und mir deine Gnade geben, daß ich darin möge thun, was recht ist, und Glauben und gutes Gewissen behalten. Gib mir ein genügsames Herz, daß ich mir an deinem Segen und deinen Gaben, so du aus Gnaden bescheerest, genügen lasse. Denn es ist ein großer Gewinn, gottselig seyn und sich genügen lassen. Das Wenige, das ein Gerechter hat, ist besser, denn das große Gut vieler

Gottlosen. Du, Herr, kennest die Tage der Frommen, und ihr Gut wird ewiglich bleiben, sie werden nicht zu Schanden in der bösen Zeit, und in der Theurung werden sie genug haben. Von dem Herrn wird eines frommen Mannes Gang gefördert, und der Herr hat Lust zu seinen Wegen; fällt er, so wird er nicht weggeworfen, sondern der Herr hält ihn bei der Hand. Des Herrn Auge siehet auf die, so ihn fürchten, und die auf seine Güte hoffen, daß er ihre Seele vom Tode errette, und ernähre sie in der Theurung. Du wollest auch, lieber Gott und Vater, unsere fromme Obrigkeit und unser liebes Vaterland segnen und behüten vor falscher Lehre, vor Krieg, Pestilenz und theurer Zeit; wollest auch mich, mein Weib und Kinder, und alle fromme Christen an Leib und Seele segnen und behüten, und mein ganzes Haus und Alles, was ich habe, durch den Schutz deiner heiligen Engel, vor den unreinen, schädlichen und lügenhaften Teufeln und bösen Geistern, und allen ihren Werkzeugen, gnädiglich schützen und bewahren, durch Jesum Christum, unsern Herrn. Amen.

18. Gebet wider die Anfechtung des Satans.

Barmherziger und gnädiger Gott, der du uns in deinem Wort so treulich warnest vor des Teufels Trug und List, und befiehlst uns, nüchtern zu seyn und zu wachen, weil der Teufel umhergeht, wie ein brüllender Löwe, und suchet, welchen er verschlinge; und: Wachet und betet, daß ihr nicht in Anfechtung fallet; der Geist ist willig, aber das Fleisch ist schwach: ich klage und bekenne dir, daß ich oft durch meine Sicherheit und Nachlässigkeit dem Satan Ursache gegeben habe, mich zu versuchen, mein Gewissen zu ängsten und zu plagen, ihm auch Thür und Fenster aufgethan. Ich bitte dich herzlich, vergib mir diese meine Sicherheit, und gib mir christliche Vorsichtigkeit und Klugheit, daß mich der Satan, der sich in einen Engel des Lichts verstellen kann, nicht mit seiner List, wie die Eva, betrüge, und abführe von der Einfalt in Christo Jesu; daß er mich nicht möge sichten wie den Weizen, daß er mich nicht durch Geiz, Hoffart und Wollust, als durch seine Stricke, in große Sünden, in's Verderben und in Verzweiflung stürze. Ach! stärke mich mit deinem Geist, daß mein Glaube nicht aufhöre; laß den glimmenden Tocht meines Glaubens nicht verlöschen, noch das zerbrochene Rohr vollends zerbrechen. Sey du mein Licht und mein Heil, daß ich mich nicht fürchte; sey du meines Lebens Kraft, daß mir nicht graue. Laß mich unter dem Schirm des Höchsten sitzen, und unter dem Schatten des Allmächtigen bleiben. O du meine Zuversicht, meine Stärke, meine Burg, mein Gott, auf den ich hoffe! du hast der höllischen Schlange den Kopf zertreten, du hast ja den Fürsten dieser Welt überwunden, er hat nichts an mir und allen deinen Gliedern. Du hast ja, o Herr Christus! dem starken Gewappneten seinen Harnisch genommen, darauf er sich verließ, und den Raub ausgetheilt. Du hast dem Starken seine Gefangenen losgemacht, und dem Riesen seinen Raub genommen. Du hast uns errettet von der Herrschaft der Finsterniß, und versetzt in dein Reich; an dir haben wir ja die Erlösung durch dein Blut, nämlich die Vergebung der Sünden. Du hast ausgezogen die Fürstenthümer und die Gewaltigen, und sie zur Schau getragen öffentlich, und einen Triumph aus ihnen gemacht durch dich selbst. Du hast durch den Tod die Macht genommen dem, der des Todes Gewalt hat, das ist, dem Teufel, und hast erlöset die, so durch Furcht des Todes im ganzen Leben Knechte seyn mußten. Du hast allen Gläubigen Macht gegeben über Schlangen und Scorpionen, und über alle Gewalt des Feindes, und gesagt: Auf Löwen und Ottern wirst du gehen, und treten auf junge Löwen und Drachen. Ach mein Gott und Herr! laß mich stark seyn in dir, und in der Macht deiner Stärke. Lege mir an den Harnisch Gottes, daß ich bestehen kann gegen die listigen Anläufe des Teufels; stärke mich, daß ich gerüstet sey, wenn das böse Stündlein kommt, daß ich Alles wohl ausrichten und das Feld behalten möge. Umgürte meine Lenden mit Wahrheit, ziehe mich an mit dem Panzer der Gerechtigkeit, und rüste mich aus mit dem Evangelio des Friedens, auf daß ich bereit sey. Gib mir den Schild des Glaubens, damit ich auslöschen kann alle feurige Pfeile des Bösewichts. Setze mir auf den Helm des Heils, und gib mir in die Hand das Schwert des Geistes, welches ist das Wort Gottes. Die Waffen aber, o Gott! mußt du selber in mir recht führen, du mußt meine Hand lehren streiten, durch dich muß ich siegen und überwinden. Der Herr ist mein Sieg, du bist getreu, und wirst mich nicht lassen versuchen über mein Vermögen, sondern wirst machen, daß die Versuchung ein solches Ende gewinne, daß ich es kann ertragen. Sey du mir nur nicht schrecklich, meine Zuversicht in der Noth; deine Wahrheit ist mein Schirm und Schild. Ach Herr! in mir ist keine Kraft, zu widerstehen den mächtigen Feinden, sondern meine Augen sehen nach dir. Laß deine Kraft in mir Schwachen mächtig seyn. Herr, auf dich traue ich, laß mich nimmermehr zu Schanden werden; errette mich durch deine Gerechtigkeit, neige deine Ohren zu mir, eilend hilf mir; sey mir ein starker Fels und eine Burg, daß du mir helfest; denn du bist mein Fels und meine Burg. Um deines Namens willen wollest du mich leiten und führen. Du wollest mich aus dem Netze ziehen, das sie mir gestellt haben; denn du bist meine Stärke. In deine Hände befehle ich meinen Geist; du hast mich erlöset, du getreuer Gott. Ich hoffe darauf, daß du so gnädig bist, mein Herz freuet sich, daß du so gerne hilfst. Ich will dem Herrn singen, daß er so wohl an mir thut. Behüte mich, Herr, wie einen Augapfel im Auge, beschirme mich unter dem Schatten deiner Flügel. Wenn mir Angst ist, so rufe ich den Herrn an, und schreie zu meinem Gott, so höret er meine Stimme von seinem Tempel, und mein Geschrei kommt vor ihn zu seinen Ohren. Gib mir, o Herr, den Schild des Heils, deine rechte Hand stärke mich; und wenn du dich demüthigest, machst du mich groß. Meine Augen sehen stets zu dem Herrn, denn er wird meinen Fuß aus dem Netze ziehen. Wende dich zu mir, und sey mir gnädig. Der Herr ist meine Stärke und mein Schild; auf ihn hoffet mein Herz, und mir ist geholfen, und mein Herz ist fröhlich, und ich werde ihm danken mit einem Liede. Der Herr wird seinem Volke Kraft geben, der Herr wird sein Volk segnen mit Frieden. Da ich den Herrn suchte, antwortete er mir, und errettete mich aus aller meiner Furcht. Welche ihn ansehen und anlaufen, deren Angesicht wird nicht zu Schanden. Da dieser Elende rief, hörete es der Herr, und half ihm aus allen seinen Nöthen. Der Engel des Herrn lagert sich um die her, so ihn fürchten, und hilft ihnen aus. Wenn die Gerechten schreien, so höret es der Herr, und errettet sie aus aller ihrer Noth. Verwirf mich, Herr, nicht von deinem Angesicht, und nimm deinen heiligen Geist nicht von mir. Tröste mich wieder mit deiner Hülfe, und der freudige Geist erhalte mich. Mein lieber Gott und Vater, du wollest deine Barmherzigkeit und Güte nicht von mir wenden. Laß deine Güte und Treue mich allewege behüten. Denn es hat mich umgeben Leiden ohne Zahl, es haben mich meine Sünden ergriffen, daß ich nicht sehen kann; ihrer ist mehr, denn ich Haare auf meinem Haupt habe, und mein Herz hat mich verlassen. Ich bin arm und elend, der Herr aber sorget für mich; du bist mein Helfer und Erretter; mein Gott, verziehe nicht. Wirf dein Anliegen auf den Herrn, der wird dich versorgen, und den Gerechten nicht ewig in Unruhe lassen. Sey mir gnädig, Gott, sey mir gnädig! denn auf dich trauet meine Seele, und unter dem Schatten deiner Flügel habe ich Zuflucht, bis das Unglück vorübergehe. Ich rufe zu Gott, dem Allerhöchsten, zu Gott, der meines Jammers ein Ende macht. Schaffe uns Beistand in der Noth, denn Menschenhülfe ist hier kein nütze. Du lässest mich erfahren viel und große Angst, und machest mich wieder lebendig, und holest mich aus der Tiefe der Erde herauf. Wenn ich nur dich habe, so frage ich nichts nach Himmel und Erde, und wenn mir gleich Leib und Seele verschmachtet, so bist du doch, Gott, allezeit meines Herzens Trost und mein Theil. In der Zeit der Noth suche ich den Herrn; meine Hand ist des Nachts ausgereckt, und läßt nicht ab; denn meine Seele will sich nicht trösten lassen. Wenn ich betrübt bin, so denke ich an Gott; wenn mein Herz in Aengsten ist, so rede ich. Meine Augen hältst du, daß sie wachen; ich bin so ohnmächtig, daß ich nicht reden kann; mein Geist muß forschen. Wird denn der Herr ewiglich verstoßen, und keine Gnade mehr erzeigen? Ist es denn ganz und gar aus mit seiner Güte, und hat die Verheißung ein Ende? Hat denn Gott vergessen, gnädig zu seyn, und seine Barmherzigkeit vor Zorn verschlossen? Aber ich sprach: Ich muß das leiden, die rechte Hand des Herrn kann Alles ändern. Gott, tröste uns, laß leuchten dein Antlitz über uns, so genesen wir. Du speisest mich mit Thränenbrod, und tränkest mich mit großem Maaß voll Thränen. Thue ein Zeichen an mir, daß mir's wohl gehe, daß es sehen, die mich hassen, und sich schämen müssen, daß du mir beistehest, Herr, und tröstest mich. Ich hatte viel Bekümmerniß in meinem Herzen, aber deine Tröstungen ergötzten meine Seele. Meine Seele ist voll Jammers, und mein Leben ist nahe bei der Hölle; ich bin geachtet gleich denen, die zur Hölle fahren, ich bin wie ein Mann, der keine Hülfe hat. Dein Grimm drücket mich, und du drängest mich mit allen deinen Fluthen; ich leide dein Schrecken, daß ich schier verzage. Ich bin wie eine Rohrdommel in der Wüste, wie ein Käuzlein in den verstörten Städten. Ich wache, und bin wie ein einsamer Vogel auf dem Dache, vor deinem Dräuen und Zorn, daß du mich aufgehoben und zu Boden gestoßen hast. Ach Herr! du wendest dich ja zum Gebet der Verlassenen, und verschmähest ihr Gebet nicht. Das werde geschrieben auf die Nachkommen, daß du das Seufzen der Gefangenen erhörest, und los machest die Kinder des Todes. Stricke des Todes hatten mich umfangen, Angst der Hölle hatte mich getroffen, ich kam in Jammer und Noth; aber ich rufe an den Namen des Herrn: Herr, errette meine Seele, denn du bist gnädig, und unser Gott ist barmherzig. Die mit Thränen säen, werden mit Freuden ernten; sie gehen hin und weinen, und tragen edeln Samen, und kommen wieder mit Freuden, und bringen ihre Garben. Meine Seele wartet auf den Herrn von einer Morgenwache bis zur andern. Israel hoffe auf den Herrn; denn bei dem Herrn ist die Gnade und viel Erlösung bei ihm, und er wird Israel erlösen aus allen seinen Sünden.

Besiehe das 52. bis 56. Capitel von Anfechtungen, im andern Buch des wahren Christenthums.

19. Gebet in allerlei Trübsal und Anfechtung.

Ach du barmherziger, gnädiger Gott! Vater der Barmherzigkeit, und Gott alles Trostes! ich klage und bekenne dir mit reuigem, zerbrochenem Herzen ganz demüthig, daß ich nicht allein diese Trübsal, sondern viel größere Strafe mit meinen Sünden wohl verdient habe. Darum will ich deinen Zorn tragen, denn ich habe wider dich gesündigt. Ich erkenne und weiß auch, daß du mir diese Trübsal hast zugeschickt, und daß sie von deiner Hand herkommt. Ach Herr! laß deine Hand nicht zu schwer über mich seyn, daß ich nicht vergehe. Ich will den Kelch gerne trinken, den du mir, lieber Vater, hast eingeschenkt. Laß es mir nicht einen Kelch seyn deines Zorns, sondern deiner Gnade. Sey, lieber Vater, eingedenk meiner Schwachheit, und strafe mich nicht in deinem Zorn, und züchtige mich nicht in deinem Grimm. Sey mir gnädig, denn ich bin schwach; übe nicht deine Gewalt wider mich, der ich ein dürrer Halm bin; ich kann deine Gewalt und deinen Zorn nicht ertragen. Ich fürchte mich vor deiner hohen Majestät, und beuge die Kniee meines Herzens vor dir, und bitte um Gnade, laß mich in diesem Unglück nicht verderben. Ach Vater! so es ja dein Wille ist, daß ich dieß Kreuz tragen soll, so vollbringe deinen heiligen Willen an mir, nicht mir zum Verderben, sondern mir zum Besten und zu meiner Seligkeit. Du hast ja nicht Lust an unserm Verderben, und hast auch deinen lieben Sohn nicht gesandt, die Menschen zu verderben, sondern zu erhalten. Ach lieber Vater! erhalte mich unter diesem Kreuz. Du hast mich verwundet, heile mich wieder; du hast mich getödtet, mache mich wieder lebendig; du hast mich in die Hölle geführt, führe mich wieder heraus. Laß mir das Licht deiner Gnade wieder aufgehen in der Finsterniß, daß ich meine Lust an deiner Gnade sehe. Du hast meine Wunden mit scharfem Wein gewaschen, lindere mir dieselben mit deinem Gnadenöl. Laß meinen schwachen Glauben, als einen glimmenden Tocht, nicht auslöschen; zerbrich nicht vollends das zerstoßene Rohr. Gib, daß ich dich im Kreuz so lieb habe, als in guten Tagen, und das Vertrauen zu dir habe, du werdest mitten im Kreuz dein Vaterherz gegen mich behalten. Stärke meine Hoffnung, daß sie nicht zweifle, meine Geduld, daß sie nicht wanke und zage. Mache mir diesen bittern Kelch heilsam und süß, daß ich denselben von deiner Hand annehme, und deinen Namen anrufe. Ach, lieber Vater! du hast ja gesagt: Kann auch eine Mutter ihres Kindes vergessen, daß sie sich nicht erbarme über den Sohn ihres Leibes? und ob sie gleich desselben vergäße, will ich doch dein nimmermehr vergessen; in die Hände habe ich dich gezeichnet. Dieses deines Worts wollest du, Herr, eingedenk seyn, und meiner nicht vergessen. Ach stärke meine Hoffnung, lieber Vater! denn du hast gesagt: Es sollen nicht zu Schanden werden Alle, die auf dich hoffen. Herr, auf dich traue ich, laß mich nimmermehr zu Schanden werden. Errette mich durch deine Gerechtigkeit; neige deine Ohren zu mir, eilend hilf mir; sey mir ein starker Fels und eine Burg, daß du mir helfest, denn du bist mein Fels und meine Burg. Um deines Namens willen wollest du mich leiten und führen. Du wollest mich aus dem Netze ziehen, das sie mir gestellt haben, denn du bist meine Stärke. Ich begehre dein, Herr, darum wollest du mir aushelfen; ich kenne deinen Namen, darum wollest du mich schützen; ich rufe

dich an, du wollest mich erhören. Sey du bei mir in meiner Noth, reiße mich heraus, und mache mich zu Ehren; sättige mich mit langem Leben, und zeige mir dein ewiges Heil. Amen.

20. Gebet in großen Nöthen und Gefahren.

Allmächtiger, starker, hülfreicher Gott und Vater, unser einziger Trost und unsere einzige Zuflucht! du weißt und siehest, daß wir jetzo in großer Noth und Gefahr sind, und weder Rath, Hülfe, noch Trost wissen; denn in unserer Macht steht es nicht, aus solcher großen Noth uns selbst zu erretten. Wir wissen nicht, was wir thun sollen, sondern unsere Augen sehen nach dir. Dein Name heißt Herr Zebaoth, groß von Rath und mächtig von That. Deine Hand hat ja den Himmel ausgebreitet, und deine Hände haben das Trockne bereitet. Herr, Herr, die Wasserwellen sind groß, du aber Herr, bist noch größer in der Höhe. Ach Gott! du bist ja unsere einzige Zuversicht und Stärke in den großen Nöthen, die uns getroffen haben. Du hast ja gesagt durch den Mund Davids: Wenn gleich die Welt unterginge, und die Berge mitten in's Meer sänken, wenn gleich das Meer wüthete und wallete, und von seinem Ungestüm die Berge einfielen, dennoch soll die Stadt Gottes fein lustig bleiben mit ihren Brünnlein, da die Wohnungen des Höchsten sind. Gott ist bei ihr drinnen, und hilft ihr frühe, darum wird sie wohl bleiben. Ach Herr! unser Herz hält dir vor dein Wort: Ihr sollet mein Angesicht suchen; darum suchen wir nun, Herr, dein Antlitz. Verbirg dein Antlitz nicht vor uns, verstoße nicht im Zorn deine Kinder; denn du bist unsere Hülfe. Laß uns nicht, und thue nicht deine Hand von uns ab, Gott, unser Heil! denn alle Hülfe hat uns verlassen; nimm du uns aber auf, Herr! Wir hoffen aber doch, daß wir sehen werden das Gute des Herrn im Lande der Lebendigen. Darum wollen wir getrost seyn und unverzagt, und des Herrn harrens; du, unser Gott, wirst uns erhören.

Du haſt ja geſagt: Bei dem Herrn findet man Hülfe, und deinen Segen über dein Volk, Sela. Darum laß uns, o lieber Gott und Vater, bei dir Hülfe finden. Du haſt ja geſagt: Da dieſer Elende rief, hörete es der Herr, und half ihm aus allen seinen Nöthen. Laß deine Engel ſich um uns her lagern, die wir dich fürchten, und laß uns aushelfen. Sey uns gnädig, Gott, ſey uns gnädig, denn auf dich trauet unſere Seele, und unter dem Schatten deiner Flügel haben wir Zuflucht, bis das Unglück vorübergehe. Wir rufen zu Gott, dem Allerhöchſten, zu Gott, der unſers Jammers ein Ende macht. Gott, ſende vom Himmel, und hilf uns; Gott, ſende deine Gnade und Treue. Ach Gott! du wirſt ja nicht ewig zürnen, ſondern Gnade erzeigen. Es wird ja nicht gar aus ſeyn mit deiner Güte, und deine Verheißung wird ja kein Ende haben. Du wirſt ja nicht vergeſſen haben, gnädig zu ſeyn, und deine Barmherzigkeit vor Zorn verſchloſſen haben. Deine rechte Hand kann ja Alles ändern, deine Hand iſt ja nicht verkürzt. Du biſt ja der Gott, der Wunder thut, du haſt deine Macht bewieſen an den Völkern. Tröſte uns, Gott, unſer Heiland, und laß ab von deiner Ungnade über uns. Willſt du denn ewiglich über uns zürnen, und deinen Zorn gehen laſſen für und für? Willſt du uns denn nicht wieder erquicken, daß ſich dein Volk über dich erfreuen möge? Herr, erzeige uns deine Gnade, und hilf uns. Herr, kehre dich doch wieder zu uns, und ſey deinen Knechten gnädig. Fülle uns frühe mit deiner Gnade, ſo wollen wir rühmen und fröhlich ſeyn unſer Leben lang. Erfreue uns nun wieder, nachdem du uns ſo lange plageſt, nachdem wir ſo lange Unglück leiden. Und der Herr, unſer Gott, ſey uns freundlich, und fördere das Werk unſerer Hände. Ach Herr, unſer Gott! ſchaffe uns Beiſtand in der Noth, denn Menſchenhülfe iſt hier kein nütze. Du haſt ja geſagt: Er begehret mein, ſo will ich ihm aushelfen; er kennet meinen Namen, darum will ich ihn ſchützen; er ruft mich an, ſo will ich ihn erhören; ich bin bin bei ihm in der Noth, ich will ihn herausreißen und zu

Ehren machen, ich will ihn ſättigen mit langem Leben, und will ihm zeigen mein Heil. Ach Herr! unſere Miſſethaten haben es ja verdient, aber hilf doch um deines Namens willen. Du biſt ja Iſraels Troſt und ihr Nothhelfer. Du biſt ja noch unter uns, Herr, und wir heißen nach deinem Namen. Verlaß uns nicht, ſo wollen wir dir ein Freudenopfer thun, und deinem Namen danken, daß er ſo tröſtlich iſt. Amen.

---

21. Gebet in Krankheiten.

Ach du barmherziger, gnädiger Gott und Vater! ich klage und bekenne dir, daß ich bis daher mein Leben, ſo du mir verliehen haſt, übel habe zugebracht, nicht zu deinen Ehren, ſondern zu Vollbringung meiner Fleiſchesluſt. Ich habe mehr mir ſelber und der Welt gelebt, denn dir. Ach Herr! wie herzlich leid iſt mir's, daß ich die kurze Zeit meines Lebens ſo übel angelegt habe! Darum erkenne ich nun, daß du mich um meiner Sünden willen heimſuchſt, und mir dieſe Krankheit zuſchickſt, auf daß du mich zur Buße rufeſt. Du richteſt mich billig, Herr, und züchtigeſt mich, auf daß ich nicht mit der gottloſen Welt verdammt werde. Du erinnerſt mich durch dieſe Krankheit meiner Sterblichkeit, und willſt mich lehren, daß mein Leben ein Ziel hat, und ich davon muß. Ach, wie gar nichts ſind doch alle Menſchen, die ſo ſicher leben! Sie gehen dahin, und ſind wie ein Schatten; ſie ſammeln und ſorgen, und wiſſen nicht, wer es kriegen wird. Und nun, Herr, weß ſoll ich mich tröſten? Errette mich von meinen Sünden. Ach Herr! ich weiß, daß mein Leben in deiner Hand ſteht; du haſt alle meine Tage auf dein Buch geſchrieben, die noch kommen ſollen, und deren noch keiner da iſt. Es war dir mein Gebein nicht verborgen, da ich gebildet ward in Mutterleibe. Weil es nun dein Wille iſt, daß ich krank ſeyn ſoll, ſo laß mich dieſen deinen Willen gerne leiden. Ach Herr! deine Pfeile ſtecken in mir, und deine Hand drücket mich; es iſt nichts Geſundes an meinem Leibe vor deinem Dräuen, und iſt kein Friede in meinen Gebeinen vor meinen Sünden. Denn meine Sünden gehen über mein Haupt, und wie eine schwere Last sind sie mir zu schwer geworden. Mein Herz bebet, meine Kraft hat mich verlassen, und das Licht meiner Augen ist nicht bei mir; denn ich bin zu Leiden gemacht, und mein Schmerz ist immer vor mir. Ach mein Gott! bewahre meine Seele vor allen Anfechtungen. Laß diese meine leibliche Krankheit seyn eine Arznei meiner Seele, daß meine Seele dadurch gesund werde. Bewahre mein Herz und meine Sinne in und durch den Frieden meines Herrn Jesu Christi; bedecke mich mit deinem Schirm und Schild wider alle feurige Pfeile des Teufels. Du weißt ja, Herr, daß ich deiner Hände Werk bin, daß du mich aus Lehm gemacht hast; wir sind Thon, du bist unser Töpfer. Ach wie bald bin ich zerbrochen! Darum schone meiner, o lieber Herr! Du wirst ja nicht verwerfen und im Zorn zerbrechen das Werk deiner Hände. Du hast mich ja aus Mutterleibe gezogen, und bist meine Zuversicht gewesen, da ich noch an meiner Mutter Brüsten war. Du bist der Ursprung und Herr meines Lebens, und hast Macht, es wieder zu nehmen, wenn du willst. Ist es nun dein Wille, so thue die Barmherzigkeit an mir, wie an dem Könige Hiskia, welchem du fünfzehn Jahre zu seinem Leben zusetztest. Siehe, um Trost ist mir sehr bange; nimm dich meiner Seele herzlich an, daß sie nicht verderbe, und wirf alle meine Sünden hinter dich zurück. Ist mir diese Krankheit nicht zum Tode gesandt, so richte mich wieder auf, und heile mich, Herr, denn ich bin sehr schwach. O du himmlischer Arzt, Herr Jesus Christus! nimm mich in deine Pflege, lindere meine Schmerzen, und heile mich durch deine Wunden; laß dein bitteres Leiden und Sterben meine Arznei seyn. Herr, laß mich deines Kleides Saum anrühren, das ist, dein Wort und Sacrament, darein du dich verkleidest, und heile mich, daß ich durch deine Kraft, die von dir ausgeht, gesund werde. Ist es aber dein Wille, daß ich durch diese Krankheit dahingehen soll den Weg aller Welt: wohlan, so bin ich nicht besser denn meine Väter; so laß, Herr, deinen Diener in Frieden fahren, wie du gesagt hast; denn meine Augen haben deinen Heiland gesehen, welchen du bereitet hast vor allen Völkern, ein Licht, zu erleuchten die Heiden, und zum Preis deines Volks Israel. Amen.

---

22. Drei kurze Gebete in Todesnoth.

Das erste Gebet, zu Gott dem Vater.

Allmächtiger Gott, Vater der Barmherzigkeit, und Gott alles Trostes, erbarme dich mein, wie sich ein Vater über seine Kinder erbarmet. Gedenke an das theure Wort, das du gesagt hast: Meine Barmherzigkeit ist groß. Gedenke, daß dein lieber Sohn Jesus Christus um meinetwillen ist Mensch geworden. Gedenke, daß du die Welt also geliebt hast, daß du deinen einzigen Sohn hast gegeben, auf daß Alle, die an ihn glauben, nicht verloren werden, sondern das ewige Leben haben. In diesem Glauben kommt meine Seele zu dir, und bringt mit sich deinen lieben Sohn Jesum Christum, welchen du mir geschenkt hast; um desselben willen wollest du an mich denken, und mich zu Gnaden annehmen. Dir befehle ich meine Seele, laß mich, dein liebes Kind, ewiglich in deiner Gnade bleiben, und thue Barmherzigkeit an mir, weil ich noch lebe, und wenn ich sterbe, um deines lieben Sohnes, unsers Herrn Jesu Christi willen. Amen.

Das andere Gebet in Todesnoth, zu Gott dem Sohn.

Herr Jesus Christus, mein einziger Trost und meine einzige Hülfe! der du meine Krankheit hast getragen, und bist um meiner Sünden willen verwundet; du Lamm Gottes, der du trägst die Sünden der Welt! sey du meine Gerechtigkeit, meine Heiligung und meine Erlösung. Heile meine Schmerzen durch deine Wunden. Laß dein unschuldiges Blut an mir nicht verloren seyn; nimm deinen heiligen Geist nicht von mir. Verlaß mich nicht in meiner letzten Noth, sondern hilf mir bald hindurch zum ewigen Leben. Gedenke daran, daß ich dein armes Schäflein bin, und du mein getreuer Hirte. Nimm mich auf deine Arme, und trage mich in das freudenreiche Paradies. Laß mich auch dein freundliches Angesicht und deine Herrlichkeit sehen. Amen.

Das dritte Gebet, zu Gott dem heiligen Geist.

O Gott heiliger Geist, du einziger Trost aller Betrübten! stärke und tröste mein kleinmüthiges und trauriges Herz, bewahre meinen Glauben, den du in mir wirkest, und laß den glimmenden Tocht nicht auslöschen. Behüte mich vor des bösen Feindes Anfechtung. Laß mein Herz vor dem Tode nicht erschrecken noch verzagen; wehre aller Ungeduld, mache mich willig, Gott, meinem Herrn, gehorsam zu seyn. Hilf mir mein Leben selig und fröhlich beschließen. Bewahre mein Herz und meine Sinne in dem Frieden meines Herrn Jesu Christi. Und wenn ich nicht mehr reden kann, so bewahre und versiegle das Gedächtniß des heiligen Namens Jesu in meinem Herzen, und laß mich in demselben selig einschlafen. Amen.

---

23. Gebet um Geduld in großem Kreuz.

Ach treuer, gnädiger, barmherziger, Gott, geduldig und von großer Güte! ich erkenne, daß du mir dieß Kreuz auferlegt und zugeschickt hast aus Liebe, und nicht aus Haß. Denn welche du, Herr, lieb hast, die züchtigest du, und stäupest einen jeglichen Sohn, den du aufnimmst. Du verletzest und verbindest; du zerschmeißest, und deine Hand heilet; du tödtest und machest lebendig, erniedrigest und erhöhest, führest in die Hölle und wieder heraus. Du führst ja deine Heiligen wunderlich. So du willst lebendig machen, tödtest du zuvor; so du willst zu Ehren bringen, demüthigst du zuerst; so du willst erfreuen, so betrübst du zuvor. Du züchtigst die Deinen wohl, aber du gibst sie dem Tode nicht. Du hast mir, lieber Vater, den Geduldspiegel deines lieben Sohnes vorgestellt, und befohlen, seinen Fußstapfen nachzufolgen. Ach! ich armer Knecht bin ja nicht besser denn mein Herr. Er ist durch Leiden in seine Herrlichkeit eingegangen. Gib mir, daß ich ihm also folge, und durch Trübsal in das Reich Gottes eingehe. Gib mir, daß ich bedenke, daß Alle, die in Christo Jesu wollen gottselig leben, müssen Verfolgung leiden. Ach! laß mich deine Züchtigung erdulden; denn dadurch erweisest du dich als ein Vater gegen seine Kinder. Ach lieber Vater! wie kann sich meine Vernunft in dieses dein Regiment so gar nicht schicken, daß ich geduldig sey in Trübsal, fröhlich in Hoffnung! da ich doch das Joch Christi trage, welches ich willig, ja mit Freuden tragen sollte, und nicht gezwungen. Alle Züchtigung, wenn sie da ist, dünket mich nicht Freude zu seyn, sondern Trübsal, da sie doch hernach gibt eine friedsame Frucht der Gerechtigkeit denen, die dadurch geübt sind. Darum gib mir Geduld, o freundlicher Vater! laß die Anfechtungen dein Wort nicht aus meinem Herzen reißen, noch den Glauben schwächen, das Gebet dämpfen, Ungeduld und Unfriede in meinem Herzen erwecken. Ach hülfreicher Gott! laß mich nicht wider dich murren; greife mich auch, lieber Vater! nicht zu hart an; gedenke, daß ich Staub und Asche bin, daß meine Kraft nicht steinern, noch mein Fleisch eisern ist. Ach Herr Jesus Christus, getreuer Hoherpriester! du bist ja in Allem versucht, worin wir versucht werden; du wirst ja mit meiner Schwachheit Mitleiden haben. Laß mich Barmherzigkeit und Gnade finden zu dieser Zeit, da mir's Noth ist; stärke meine milden Hände, erhalte die strauchelnden Kniee, daß ich nicht wanke. Sage zu meinem verzagten Herzen: Dein Gott ist König. Du bist ja allein der Müden Kraft, der Schwachen Stärke, ein Schatten vor der Sonnenhitze, eine Zuflucht vor dem Ungewitter. Und weil es ja dein Wille ist, daß ich hier eine kleine Zeit leiden und traurig seyn soll, so verleihe Geduld, und stärke mich, zu überwinden Alles, was mir der Satan und die Welt durch dein Verhängniß zu Leide thun. Laß mich durch Stilleseyn und Hoffen stark seyn, daß mir geholfen werde, daß ich im Glauben darreiche Tugend, in der Tugend Geduld, in der Geduld Gottseligkeit; damit mein Glaube rechtschaffen und viel köstlicher erfunden werde, denn das vergängliche Gold, durch's Feuer bewähret. O Gott heiliger Geist! du liebliches Freudenöl! erfreue mein Herz, und laß mich im Glauben anschauen die künftige Herrlichkeit, deren dieser Zeit Leiden nicht werth ist. Du bist der Geist der Herrlichkeit, welcher über allen Verfolgten und Verschmäheten ruht; du wirst mein Leid in Freude, mein Kreuz in Ehre, meine Schmach in Herrlichkeit verwandeln; das glaube ich, dazu hilf mir ewiglich. Amen.

---

24. Kreuzgebet, wenn Gott mit der Hülfe lange verzieht.

Barmherziger, himmlischer Vater! ich erinnere dich in meinem langwierigen Kreuz deiner gnädigen Verheißung und Zusage, da du sprichst: Rufe mich an in der Zeit der Noth, so will ich dich erretten, so sollst du mich preisen. Befiehl dem Herrn deine Wege, und hoffe auf ihn, er wird es wohl machen. Wirf dein Anliegen auf den Herrn, der wird dich versorgen, und den Gerechten nicht ewiglich in Unruhe lassen. Hoffet auf ihn allezeit, liebe Leute; schüttet euer Herz vor ihm aus, denn Gott ist unsere Zuversicht. Ach Herr! du hast ja zugesagt, zu erhören; dein Wort spricht ja: Du gibst ihm seines Herzens Wunsch, und weigerst nicht, was sein Mund bittet. Er bittet dich um's Leben, so gibst du ihm langes Leben immer und ewiglich. Welche ihn ansehen und anlaufen, deren Angesicht wird nicht zu Schanden. Er begehret mein, so will ich ihm aushelfen; er kennet meinen Namen, darum will ich ihn schützen; er rufet mich an, so will ich ihn erhören; ich bin bei ihm in der Noth, ich will ihn herausreißen und zu Ehren machen. Der Herr ist nahe Allen, die ihn anrufen, die ihn mit Ernst anrufen; er thut, was die Gottesfürchtigen begehren, höret ihr Schreien und hilft ihnen. Wahrlich, wahrlich, ich sage euch, was ihr den Vater in meinem Namen bitten werdet, das wird er euch geben. Bittet, so werdet ihr nehmen; suchet, so werdet ihr finden; klopfet an, so wird euch aufgethan. Denn wer da bittet, der nimmt; wer da suchet, der findet; wer da anklopfet, dem wird aufgethan. Höret doch, was der ungerechte Richter spricht: Ich will dieser Wittwe helfen, daß sie mich nicht mehr überlaufe. Sollte Gott seine Auserwählten nicht hören, so Tag und Nacht zu ihm schreien, ob er auch Geduld darüber hat? Wahrlich, ich sage euch, er wird sie erhören, und wird sie bald erhören. Ach gnädigster Vater, dein Wort spricht ja: Wenn die Gerechten schreien, so höret es der Herr, und errettet sie aus aller ihrer Noth. Der Herr ist nahe bei denen, so zerbrochenen Herzens sind, und hilft denen, so zerschlagene Gemüther haben. Der Gerechte muß viel leiden, aber der Herr hilft ihm aus dem Allen. Ich habe dich einen kleinen Augenblick verlassen, aber mit großer Barmherzigkeit will ich dich wieder sammeln. Ich habe mein Angesicht im Augenblick des Zorns ein wenig vor dir verborgen, aber mit ewiger Gnade will ich mich dein erbarmen. Ach lieber Gott, gnädiger Vater! mich lässest du erfahren viel und große Angst, mein Leben hat abgenommen vor Trübniß, und meine Zeit vor Seufzen; das Gesicht vergehet mir, daß ich so lange harren muß auf meinen Gott. Ach Herr! wie lange willst du meiner so gar vergessen? Wie lange verbirgst du dein Antlitz vor mir? Wie lange soll ich sorgen in meiner Seele, und mich ängsten in meinem Herzen täglich? Wirst du denn, Herr, ewiglich verstoßen und keine Gnade mehr erzeigen? Ist es denn ganz und gar aus mit deiner Güte, und hat die Verheißung ein Ende? Hat denn Gott vergessen, gnädig zu seyn, und seine Barmherzigkeit vor Zorn verschlossen? Aber, Herr, ich will das gerne leiden, deine rechte Hand kann Alles ändern. Nach dir, Herr, verlanget mich; mein Gott, ich hoffe auf dich; laß mich nicht zu Schanden werden, daß sich meine Feinde nicht freuen über mich. Denn Keiner wird zu Schanden, der dein harret; aber zu Schanden müssen sie werden, die losen Verächter. Ach Herr! du bist ja getreu, laß mich nicht versucht werden über mein Vermögen, sondern mache, daß die Versuchung und mein Kreuz ein solches Ende gewinne, daß ich es kann ertragen. Du bist ja der allmächtige Herr, deß Hand nicht verkürzt ist, dir ist ja nichts unmöglich. Herr Zebaoth ist dein Name, groß von Rath und mächtig von That. Du bist ja der Trost Israels und ihr Nothhelfer. Warum stellest du dich als ein Held, der verzagt ist, und als ein Riese, der nicht helfen kann? Du bist ja doch unter uns, und wir heißen nach deinem Namen; verlaß uns nicht. O Herr, nach allen diesen deinen Verheißungen und wahrhaftigen Worten laß mir Elenden und Armen, der ich lange vor deiner Gnadenthür gewartet und angeklopft habe, Gnade, Hülfe und Trost widerfahren: so will ich dir ein Freudenopfer thun, und deinem Namen danken, daß er so tröstlich ist. Amen.

---

25. Gebet um Trost.

O du Vater aller Barmherzigkeit, und Gott alles Trostes! dessen Zorn einen Augenblick währet, der du Lust hast zum Leben, und die Menschen sehr lieb hast, bei welchem seine Heiligen in Gnaden sind, deß Thun lauter Güte und Treue ist: siehe, ich bin in großen Aengsten, Traurigkeit hat mich überfallen, und Leiden ohne Zahl, nicht allein äußerlich, sondern auch in meinem Geiste innerlich, und es wäre kein Wunder, daß ich vor Leid verginge. Ach! siehe, um Trost ist mir sehr bange; nimm dich meiner Seele herzlich an, daß sie nicht verderbe, daß der böse Feind dein Wort nicht aus meinem Herzen reiße, und mich nicht überrede, an deiner Liebe und Gnade zu zweifeln, oder dir nicht zu vertrauen. Ach! meine Seele ist voll Jammers, und mein Leben nahe bei der Hölle. Ich leide deine Schrecken, daß ich schier verzage. Ach Herr! ich leide Noth, lindere mir's, erleuchte mich mit deinem Licht und Trost, daß ich in deinem Lichte sehen möge das Licht und dein freundliches Angesicht. Laß mich saugen und satt werden von den Brüsten deines Trostes, und erquicke mich, ehe ich hinfahre, und nicht mehr hier bin. Ach Herr Jesus Christus! du hast alle müde Seelen zu dir gerufen, sie zu erquicken; ach, ich bin mühselig und beschwert, äußerlich und innerlich. Du bist ja auch zur Zeit deines Leidens traurig gewesen, hast gezittert, gezagt, warst bis in den Tod betrübt, hast vor Angst blutigen Schweiß geschwitzt, bist durch einen Engel vom Himmel gestärkt worden. Darum, um deiner heiligen Seelenangst willen, mache mich deines Trostes theilhaftig, und laß mich nicht verzagen. Ach Herr! du bist ja in deinem höchsten Leiden mit Galle und Essig getränkt worden; mildere mir meinen bittern Kreuztrank. Ja, weil du nach deiner Auferstehung deine betrübten Jünger besucht, ihnen deine Hände und Füße als Trostspiegel gezeigt hast, so erscheine mir auch freundlich und tröstlich. Und ob ich ja mit Petro fiele, mit Thoma zweifelte, so bitte ich, Herr, du wollest mich nicht lassen irre gehen, sondern dieß verlorene Schaf suchen, mir deine Wunden zeigen in deinen Händen und Füßen und in deiner Seite, daß ich nicht ungläubig, sondern gläubig sey, und daß ich mit Thoma sagen möge: Mein Herr und mein Gott! Und wenn der Satan mir seine feurigen Pfeile in's Herz schießt, daß ich ihm wieder die Nägel und den Speer, damit deine Wunden geöffnet wurden, in's Herz schießen und ihn überwinden möge. O Gott heiliger Geist! du Stärke der Schwachen, Trost der Betrübten, Kraft der Müden, aller Traurigen Fürsprecher, Beistand, Versicherung und Unterpfand! ach stehe mir bei, wenn mich der Satan mit Unglauben und Verzweiflung angreift, daß ich an deiner Gnade verzagen soll; darüber sich mein Herz ängstigt, und mit der Anfechtung kämpft, mir aber solcher Kampf viel zu schwer wird: so stehe mir bei, du wahrer und höchster Tröster in aller Noth! Sey du meine Stärke, mein Sieg, meine Kraft, mein Licht, mein Heil, daß ich durch dich überwinde, und die Krone des ewigen Lebens davonbringe. Amen, Amen.

26. Geistige Seelenarznei, wider die abscheuliche Seuche der Pestilenz und andere Strafen, in vier Capitel verfaßt.

1. Daß diese Plage eine scharfe Zornruthe Gottes sey.
2. Wie diese Plage durch wahre Buße abzuwenden sey.
3. Wie man dawider beten soll, öffentlich und in Häusern; mit beigefügten sonderlichen Gebeten.
4. Wie sich diejenigen, so damit durch Gottes Verhängniß heimgesucht werden, trösten sollen.

Das 1. Capitel.

Daß diese Plage eine scharfe Zornruthe Gottes sey.

Solches bezeugt Gott, der Herr, selbst im 3. B. Mos. im 26. Cap., da er also dräuet: Werdet ihr mir nicht gehorchen, so will ich euch heimsuchen mit Schrecken, Schwulst und Fieber, daß eure Angesichte verfallen, und eure Leiber verschmachten. So ihr aber über das noch nicht mir gehorchet, so will ich es noch siebenmal mehr machen, euch zu strafen, um eure Sünde, daß ich euern Stolz und eure Halsstarrigkeit breche, &c. Und ob ihr euch in eure Städte versammelt, will ich doch die Pestilenz unter euch senden.

Im 4. B. Mose im 14. Cap.

Wie lange lästert mich dieß Volk? und wie lange wollen sie nicht an mich glauben, durch allerlei Zeichen, die ich unter ihnen gethan habe? So will ich sie mit Pestilenz schlagen.

Im 5. B. Mose im 28. Cap.

Wenn du nicht gehorchen wirst der Stimme des Herrn, deines Gottes, so werden alle diese Flüche über dich kommen und dich treffen. Der Herr wird dir die Sterbedrüse anhängen, und dich vertilgen. Der Herr wird dich schlagen mit Schwulst, Fieber, Hitze, Brunst, Dürre, giftiger Luft, Gelbsucht, und wird dich verfolgen, bis er dich umbringe. Der Herr wird dich schlagen mit Drüsen Egypti.

Jerem. im 14. Cap.

Ob sie mir gleich Brandopfer und Speisopfer bringen, so gefallen sie mir doch nicht, sondern ich will sie mit Schwert, Hunger und Pestilenz aufreiben.

Jerem. im 29. Cap.

Siehe, ich will unter sie schicken Schwert, Hunger und Pestilenz, und will mit ihnen umgehen, wie mit den bösen Feigen, davor Einem ekelt zu essen. Darum, daß sie meinen Worten nicht gehorchen, spricht der Herr; der ich meine Knechte, die Propheten, stets zu euch gesandt habe; aber ihr wollet nicht hören, spricht der Herr.

Jerem. im 34. Cap.

Ihr gehorchet mir nicht, daß ihr ein Freijahr ausrufet, ein Jeglicher seinem Bruder und seinem Nächsten. Siehe, so rufe ich, spricht der Herr, euch ein Freijahr aus zum Schwert, zur Pestilenz und zum Hunger.

Ezechiel im 14. Cap.

Wenn ein Land an mir sündigt, und mich dazu verschmähet, so will ich meine Hand wider dasselbe ausstrecken, und den Vorrath des Brodes hinwegnehmen, und will Theurung hinein schicken, und meinen Grimm über dasselbe ausschütten und Blut stürzen, also daß ich beide, Menschen und Vieh ausrotte. Und wenn Noah, Daniel und Hiob darinnen wären, so wahr ich lebe, spricht der Herr Herr, würden sie weder Söhne noch Töchter, sondern allein ihre eigene Seele durch ihre Gerechtigkeit erretten. Denn so spricht der Herr Herr: Wenn ich meine vier bösen Strafen, als Schwert, Hunger, böse Thiere und Pestilenz über Jerusalem schicken werde, so werdet ihr erfahren, daß ich es nicht ohne Ursache gethan habe.

Ezechiel im 33. Cap.

O! ihr fahret immer fort mit Morden, und übet Gräuel: Einer schändet dem Andern sein Weib, und meinet, ihr wollet das Land besitzen. So spricht der Herr Herr: So wahr ich lebe, sollen Alle, so in der Wüste wohnen, durch's Schwert fallen, und was auf dem Felde ist, will ich den Thieren zu fressen geben, und die in den Festungen und Höhlen sind, sollen an der Pestilenz sterben; denn ich will das Land wüste machen, und seiner Hoffart und Macht ein Ende machen.

Amos im 4. Cap.

Ich schicke Pestilenz unter euch, gleicher Weise wie in Egypten; darum will ich dir weiter also thun, Israel. So schicke dich, Israel, und begegne deinem Gott; denn siehe, er ist es, der die Berge machet, und den Wind schaffet, und zeiget dem Menschen, was er reden soll.

Offenb. Joh. im 6. Cap.

Siehe, ein fahl Pferd, und der darauf saß, deß Name hieß der Tod, und die Hölle folgete ihm nach. Und ihnen ward Macht gegeben, zu tödten den vierten Theil auf Erden, mit Schwert, Hunger, mit dem Tode (oder Pestilenz) und durch die Thiere auf Erden.

Exempel dieser Strafe.

Im andern Buch Mose im 9. Capitel, schlägt Gott, der Herr, die Egypter, um des Ungehorsams willen Pharao, mit einer sehr harten Pestilenz, daß ihr Vieh haufenweise starb.

Im vierten Buch Mose im 25. Capitel, schlug Gott, der Herr, das Volk um der Hurerei willen mit Pestilenz, daß an der Plage getödtet wurden vier und zwanzig tausend.

Im 2. Buch Samuelis im 24. Capitel, schlug Gott, der Herr, das Volk Israel mit der Pestilenz, um der Hoffart willen des Königs David, daß er wider Gottes Befehl das Volk zählen ließ, daß in drei Tagen siebenzig tausend starben.

Im 2. Buch der Könige im 19. Capitel, schlug der Engel des Herrn das ganze Lager des Königs Sanherib, um der Gotteslästerung willen, in Einer Nacht hundert und fünf und achtzig tausend Mann.

Diese Zeugnisse, Drohungen und Exempel halten uns vor den Zorn Gottes, davor wir billig erschrecken sollen, und nicht so sicher seyn. Aber wir müssen leider! aus dem 90. Psalm klagen: Wer glaubt es aber, daß du so sehr zürnest, und wer fürchtet sich vor solchem deinem Grimm? Lerne doch hier hören und sehen, daß aus der Verachtung Gottes, aus der schändlichen Hoffart, Unzucht, Lästerung, Geiz, Unbarmherzigkeit, Bedrängniß der Armen und Unbußfertigkeit eitel Pestilenz und Gift wird, welches als das Feuer zu Sodom, als Schwefel und Pech über uns fällt, und unsere Leiber verzehret.

Das 2. Capitel.
Wie diese Plage durch wahre Buße abzuwenden sey.

Bußgebet, aus Jerem. im 14. Capitel.

Ach Herr! unsere Missethaten haben es ja verdienet; aber hilf doch, um deines Namens willen; denn unser Ungehorsam ist groß, damit wir wider dich gesündiget haben. Du bist der Trost Israel und ihr Nothhelfer. Du bist ja unter uns, Herr, und wir heißen nach deinem Namen; verlaß uns nicht. Ach Herr! meine Augen fließen mit Thränen Tag und Nacht, und hören nicht auf. Gehe ich hinaus, so sehe ich die Erschlagenen; komme ich in die Stadt, so liegen sie da vor Hunger verschmachtet. Hast du uns denn, o Herr! verworfen, und hast einen Ekel an uns? Warum hast du uns so geschlagen, daß uns Niemand heilen kann? Wir hofften, es sollte Friede werden, so kommt nichts Gutes. Wir hofften, wir sollten heil werden, so ist eitel Schaden da. Herr, wir kennen unser gottloses Wesen, und unserer Väter Missethat; denn wir haben wider dich gesündiget. Ach Herr! um deines Namens willen laß uns nicht geschändet werden; laß den Thron deiner Herrlichkeit nicht verspottet werden; gedenke doch, und laß deinen Bund mit uns nicht aufhören. Es ist ja doch unter der Heiden Götzen keiner, der Regen kann geben; so kann auch der Himmel nicht regnen; du bist ja doch der Herr, auf den wir hoffen, denn du kannst solches Alles thun. Ach Herr! vergib uns die Verachtung deines Worts. Wir haben deiner ersten Drohung nicht geglaubt, noch uns davor gefürchtet. Wir haben nicht nach deinem Wort gelebt, unser Herz und Gemüth nicht geändert, noch uns von ganzem Herzen zu dir gewendet. Darum ist dein Wort über und unter uns zu Feuer geworden, und verzehrt uns. Wir haben einen Ekel davor gehabt, darum machst du uns auch zum Scheusal und Ekel. Vergib uns unsere Hoffart und unsern Uebermuth; denn derselbe ist unter uns zu Gift und Pestilenz geworden, und macht unsere Leiber abscheulich, voller Beulen und Drüsen. Vergib uns die große und überhäufte Gotteslästerung; dieselbe ist unter uns zum Fluch geworden, und frißt unsere Leiber hinweg als ein Fluch. Vergib uns unsere große Unbarmherzigkeit, und den unersättlichen Geiz, und die Bedrängniß der Armen; denn dieselbe ist zu einem giftigen Drachen geworden, der uns vergiftet und hinwegräumt. Vergib uns unsere Heuchelei, daß wir unter dem Schein des christlichen Namens ärger leben, denn die Heiden, und keine christlichen Werke thun. Darum gebrauchst du nun ein solchen Ernst wider uns, und eine solche scharfe Ruthe, damit man die Spötter und Narren straft, und reißest uns aus unsern Häusern hinweg. Vergib uns alle Gräuel der Unzucht, damit wir das Land und unsere Häuser befleckt haben. Darum hast du dieselbe lassen zu lauter Gift werden, die uns auffrißt, daß wir das Land nicht besitzen mögen.

Also forsche und sehe ein Jeglicher sein Wesen und Leben, und schone seiner selbst nicht; schmeichle und heuchle sich Keiner selbst in seinen Sünden; denn das ist keine rechte Buße, und ein Solcher, der sich selbst liebkoset, und der Beste seyn will, der kann auch nicht recht beten. Wer kein rechter Büßer ist, ist auch kein rechter Beter. Darum vermahnt Jeremias, der heilige Prophet, in den Klagliedern im 3. Cap.: Wie murren die Leute? Ein Jeglicher murre wider seine Sünden. Lasset uns forschen und suchen unser Wesen, und uns zum Herrn bekehren. Lasset uns unser Herz sammt den Händen aufheben zu Gott im Himmel. Wir, wir haben gesündigt, und sind ungehorsam gewesen; darum hast du uns billig nicht verschonet, sondern mit Zorn überschüttet. Jerem. 3: Kehre wieder, du abtrünniges Israel, spricht der Herr, so will ich mein Antlitz nicht gegen euch verstellen; denn ich bin barmherzig, und will nicht ewiglich zürnen. Allein erkenne deine Missethat, daß du wider den Herrn, deinen Gott, gesündiget hast. Jerem. 18: Plötzlich rede ich wider ein Volk und Königreich, daß ich es ausrotten, zerbrechen und verderben will. Wo es sich aber bekehret von seiner Bosheit, dawider ich rede, so soll mich auch gereuen das Uebel, das ich ihm gedachte zu thun. Joel im 2 Cap.: Bekehret euch zu mir von ganzem Herzen, mit Fasten, Weinen, Klagen; zerreißet eure Herzen, und nicht eure Kleider, und bekehret euch zum Herrn, euerm Gott; denn er ist gnädig, barmherzig, geduldig und von großer Güte, und gereuet ihn bald der Strafe. Im andern Buch der Chron. im 7. Cap. verheißt Gott, wenn er unter sein Volk Pestilenz kommen lasse, und sie sich demüthigen und sein Angesicht suchen, und sich wenden von ihren bösen Wegen, so wolle er sie hören im Himmel, ihre Sünden wegnehmen, und sie heilen. Also hat David die Pestilenz abgewandt, 2. Sam. 24, und im 1. Buch der Chron. im 22. Cap. Denn Gott sandte einen Engel gen Jerusalem, sie zu verderben, und im Verderben sah der Herr darein, und reuete ihn das Uebel, und sprach zum Engel, dem Verderber: Es ist genug, laß deine Hand ab. David aber sah den Engel, der das Volk schlug, und sprach zum Herrn: Siehe, ich habe gesündigt, ich habe die Missethat gethan; was haben diese Schafe gethan? Laß deine Hand wider mich und meines Vaters Haus seyn. David aber bauete dem Herrn einen Altar, und opferte Dankopfer; und da er betete, erhörte ihn der Herr durch's Feuer vom Himmel, und der Herr ward dem Lande versöhnet, und die Plage hörte auf von Israel. Also wandte der König Hiskia, wie wir Jesaj. 38 lesen, seine pestliche Krankheit ab; denn er weinte sehr und betete. Da sandte der Herr den Propheten Jesajas zu ihm, und ließ ihm sagen: So spricht der Herr: Ich habe dein Gebet erhöret, und deine Thränen gesehen. Und Hiskia sprach: O, wie will ich noch reden, daß er mir zugesagt hat, und thut es auch! Ich werde mich scheuen all mein Lebtage vor solcher Betrübniß meiner Seele. Siehe, um Trost war mir sehr bange, du aber hast dich meiner Seele herzlich angenommen, daß sie nicht verdürbe; denn du wirfst alle meine Sünden hinter dich zurück. Herr, davon lebet man, und das Leben meines Geistes stehet ganz und gar in demselben. Du lässest mich entschlafen, und machst mich lebendig. In dieser herzlichen Reue, Leid und Abbitte mußt du Zuflucht haben im wahren Glauben zu dem einzigen Gnadenthron, unserm Herrn Jesu Christo, welchen Gott hat vorgestellt zu einem Gnadenstuhl, durch den Glauben in seinem Blut. Denn um desselben willen ist Gott gnädig und barmherzig; derselbe bittet für uns, wenn wir zu ihm fliehen; um desselben willen erhört uns Gott; um desselben willen lindert Gott die Strafen, und nimmt die Plagen hinweg, vergibt die Sünde, und läßt sich der Strafe bald gereuen. Er ist unser Mittler, Versöhnopfer, Fürsprecher, Hoherpriester, Erlöser und Nothhelfer, und wird uns nicht verderben lassen. Im 5. Buch Mosis, im 4. Cap.: Wenn du den Herrn, deinen Gott, suchen wirst, so wirst du ihn finden, wo du ihn von ganzem Herzen und von ganzer Seele suchen wirst. Wenn du dich ängsten wirst, und dich treffen werden alle diese Dinge, in den letzten Tagen, so wirst du dich bekehren zu dem Herrn, deinem Gott; denn der Herr, dein Gott, ist ein barmherziger Gott. Er wird dich nicht lassen verderben, auch nicht vergessen des Bundes, den er mit dir gemacht hat.

Das 3. Capitel.
Wie man wider diese giftige Seuche beten soll, öffentlich und in den Häusern.

Da ist nun erstlich vonnöthen, daß du vor Augen hast die tröstlichen und gnädigen Verheißungen, daß Gott das Gebet, wenn es aus bußfertigem, glaubigem Herzen geht, gnädig erhören wolle. Ps. 145: Der Herr ist nahe Allen, die ihn anrufen, Allen, die ihn mit Ernst anrufen; er thut, was die Gottesfürchtigen begehren; er hört ihr Schreien, und hilft ihnen. Ps. 18, 7; Ps. 77, 4; Ps. 34, 6. 7. 16. 19; Ps. 138, 3. 7; Joel 3, 5; Röm. 10, 12.

Zum andern siehe auch an die Exempel, wie durch's Gebet diese Plage ist abgewendet worden: 4. Mos. 16, 46; C. 21, 7. 8; Joh. 3, 14. 15. Die Pestilenz ist die feurige Schlange, so uns jetzt beißet; darum sollen wir Christum, den Schlangentreter, im Glauben ansehen, auf daß wir genesen. Darauf soll man folgende Gebete täglich sprechen:

Das erste Gebet in Sterbensläuften.

Ewiger, allmächtiger und gerechter Gott, der du in deinem Wort gedräuet hast, du wollest die, so deiner Stimme nicht gehorchen, mit giftiger Luft schlagen, und mit Pestilenz heimsuchen, und ihnen die Sterbedrüse anhängen: wir erkennen und bekennen, daß wir mit dem giftigen Gestank unserer vielfältigen und schweren Sünden nicht allein zu der jetzigen schleichenden Seuche der aufliegenden Pestilenz, sondern auch zu dem brennenden Feuer deines grimmigen Zorns, auch zu dem ewigen Tode Ursache gegeben. Uns reuet aber solch Uebel von Grund unsers Herzens, und wir müssen uns nun schämen, daß wir gesündiget, Unrecht gethan, gottlos gewesen, abtrünnig geworden, und von deinen Geboten und Rechten gewichen sind. Gleicherweise aber, wie dort Aaron Feuer nahm, und Räuchwerk darauf legte, und mitten unter die Gemeine, da eine Plage war ausgegangen, lief und räucherte, und zwischen den Todten und Lebendigen stand, daß der Plage gewehrt ward: also auch wir, die du uns zum auserwählten Geschlecht und königlichen Priesterthum gemacht hast, kommen jetzt vor dich, und bringen das Räuchwerk unsers Gebets, welches vor dir sein müsse wie ein Rauchopfer, unserer Hände Aufheben wie ein Abendopfer; und legen zuvörderst auf in solchem Räuchwerk durch einen wahren, zuversichtlichen Glauben den süßesten Geruch des allerheiligsten Opfers deines Sohnes Jesu Christi, der sich selbst dargegeben für uns zur Gabe und Opfer, Gott zum süßen Geruch; und zweifeln nicht, barmherziger, himmlischer Vater, du werdest den lieblichen Geruch riechen, und wie dort zu Noah Zeiten die

Erde nicht mehr verfluchen um der Menschen willen. Ach Herr! strafe uns nicht in deinem Zorn, und züchtige uns nicht in deinem Grimm. So denn dein Begehr nach Kranken ist, so siehe an deinen Sohn, der fürwahr unsere Krankheit trug, und lud auf sich unsere Schmerzen. Auf ihn ist die Strafe gelegt, auf daß wir Friede hätten. Herr, du bist unsere Zuversicht, und unsere Burg, und unser Gott, auf den wir hoffen. Laß uns unter dem Schirm des Höchsten sitzen, und unter dem Schatten des Allmächtigen bleiben. Errette uns von dem Strick des Jägers und von der schädlichen Pestilenz. Decke uns mit deinen Fittigen, und unsere Zuversicht sey unter deinen Flügeln. Deine Wahrheit ist Schirm und Schild; daß wir nicht erschrecken müssen vor dem Grauen der Nacht, vor den Pfeilen, die des Tages fliegen; vor der Pestilenz, die im Finstern schleichet, und vor der Seuche, die im Mittage verderbet. Gnädiger, gütiger Vater! unsere Zeit steht in deinen Händen, Leben und Tod steht in deiner Gewalt; du bist unser Leben, und die Länge unsers Alters. Wir setzen auf dich den festen Glauben, ob tausend fallen zu unserer Seite, und zehn tausend zu unserer Rechten, so werde es uns nicht treffen, denn du, Herr, bist unsere Zuversicht, der Höchste ist unsere Zuflucht. Es wird uns kein Uebel begegnen, und keine Plage wird unserer Hütte nahen. Du hast ja deinen Engeln befohlen über uns, daß sie uns auf den Händen tragen, und wir unsern Fuß nicht an einen Stein stoßen. O Herr Jesus Christus! du eingeborener Gottessohn, unser einiger getreuer Mittler und Nothhelfer, wir begehren dein, so wirst du uns ja aushelfen. Wir kennen deinen Namen, darum wirst du uns schützen; wir rufen dich an, so wirst du uns erhören. Du bist bei uns in der Noth, du willst uns herausreißen. Du wirst uns sättigen mit langem Leben, und wirst uns zeigen dein Heil. O Herr Gott heiliger Geist, du höchster Tröster! erhalte, sichere und stärke uns Gesunde, tröste alle Erschrockene und Furchtsame, besuche und erquicke alle Verstoßene und Verlassene, heile und mache gesund alle Angesteckte und Niederliegende. Und da du ja Etliche durch diese Krankheit abfordern und hinnehmen willst, so verleihe ihnen doch ein glaubiges Ende und eine fröhliche, friedliche Simeonsheimfahrt in das ewige Vaterland. O du heilige Dreieinigkeit! lehre uns bedenken, daß wir sterben müssen, auf daß wir klug werden. Kehre dich doch wieder zu uns, und sey deinen Knechten gnädig. Erfreue uns nun wieder, nachdem du uns so lange plagest, nachdem wir so lange Unglück leiden. Fülle uns frühe mit deiner Gnade, so wollen wir rühmen und fröhlich seyn unser Leben lang. Ja, wir wollen deinen heiligen Namen preisen, hier in der Gemeine, die in Christo Jesu ist, und dort mit allen Engeln und Auserwählten in ewiger Freude und Seligkeit, der du bist ein einiger und wahrer Gott, gelobet und gebenedeiet von Ewigkeit zu Ewigkeit. Amen.

---

2. Ein andres Gebet.

Er begehret mein, darum will ich ihm aushelfen. Er kennet meinen Namen, darum will ich ihn schützen.

O Herr Gott, himmlischer Vater! du bist gerecht in allen deinen Werken; wir haben gesündigt, sind gottlos gewesen, und haben Unrecht gethan, und bekennen aus Herzensgrund, daß wir deinen gerechten Zorn und diese scharfe Ruthe mit unserm unbußfertigen Leben auf uns böslich gebracht, und noch wohl Aergeres verdient hätten. Aber du, unser Gott, bist gnädig, geduldig, barmherzig und von großer Güte, der du nicht handelst mit uns nach unsern Sünden, vergiltst uns auch nicht nach unserer Missethat; du lässest dich des Uebels, so du wider dein Volk redest, bald gereuen. Ach lieber Vater! wenn du zürnest, so erzeigst du Gnade und Hülfe denen, die dich anrufen. Darum, o Gott und Vater! zu dir heben wir, deine elenden Kinder auf Erden, unsere Hände auf. Vor dir, Vater, beugen wir die Kniee unsers Herzens, und liegen vor dir mit unserm Gebet, nicht auf unsere Gerechtigkeit, sondern auf deine große Barmherzigkeit.

Ach Herr, höre! Ach Herr sey gnädig! Ach Herr, merke auf, und thue es! Vergib uns unsere Sünden, und wende ab deinen grimmigen Zorn und die erschreckliche Plage der Pestilenz. Halte uns vor des Satans Pfeilen unter dem Schatten deiner Flügel, und beschirme uns durch den Schutz deiner heiligen Engel, um dein selbst und um des Verdienstes deines lieben Sohnes, Jesu Christi, unsers Mittlers willen: so wollen wir, durch Kraft des heiligen Geistes, dich unser Leben lang loben und preisen, der mit dir und dem Sohn ein wahrer, allmächtiger Gott lebet und regieret in Ewigkeit. Amen.

3. Ein kurzes Gebet für Kinder in Sterbensläuften.

O lieber Vater im Himmel! ich bitte dich, du wollest meinen lieben Vater, Mutter, mich und unser Haus und die ganze Stadt gnädiglich durch deine lieben Engel behüten, damit der böse Geist uns nicht vergifte. Und so es ja dein väterlicher Wille wäre, daß du mich durch diese Hand wolltest vor größerem Unglück hinwegraffen, so stärke mich durch deinen Geist, und behüte mir meine Sinne, und nimm mich in einem seligen Stündlein aus diesem Jammerthal, um deines lieben Sohnes willen, welcher des Todes Gift und der Hölle Plage ist, hochgelobet in Ewigkeit. Amen.

4. Herzliches Gebet um Linderung und Abwendung dieser Ruthe.

Barmherziger Gott, himmlischer Vater! ich erkenne und bekenne von Grund meines Herzens, daß ich leider! schwer gesündigt habe, also daß ich mich billig schäme, und meine Augen nicht gen Himmel erheben darf. Darum ich denn deinen gerechten feurigen Zorn billig trage, und nicht allein diese abscheuliche Plage, sondern auch, so du mit mir in's Gericht gehen wolltest, das ewige Feuer gar wohl verdient habe. Aber ich komme in der Zeit der Gnade und am Tage des Heils zuvor, und thue vor dir, liebster Vater! einen kindlichen, demüthigen Fußfall, und bitte dich ganz demüthig, du wollest, um meines lieben Herrn Jesu Christi willen, mir elenden Sünder gnädig seyn, mit seinem Blute meine Sünden auslöschen, und die abscheuliche Seuche von mir abwenden oder lindern, mich und die Meinen, meine liebe Obrigkeit, Prediger und Nachbarn, unter den gnadenreichen Schatten deiner allmächtigen Flügel fassen. Herr, meine Stärke, Herr, mein Fels, meine Burg, mein Erretter, mein Gott, mein Hort, auf den ich traue, mein Schild und Horn meines Heils und mein Schutz! errette mich vom Strick des Jägers und von der schädlichen Pestilenz. Laß diese Plage meiner Hütte nicht nahen. Behüte mich vor Furcht, Grauen und Schrecken. Wende von mir ab die Pfeile, die des Tages fliegen, die Pestilenz, so im Finstern schleichet, und die Seuche, so im Mittage verderbet. Laß deine heiligen Engel um mich seyn, daß sie mich auf allen meinen Wegen behüten. Ach Herr! sey gnädig, ach Herr! merke auf, und thue es, und verzeuch nicht; denn du bist der Herr, mein Arzt, der rechte Meister zu helfen, der alle Hülfe thut, so auf Erden geschieht. Du bist ja unser Vater und Erlöser, von Alters her ist das dein Name. Wenn Trübsal da ist, so gedenkest du ja der Barmherzigkeit. Auf dich will ich schauen, und des Gottes meines Heils erwarten. Mein Gott wird mich hören, ich werde meine Lust an deiner Gnade sehen. Heile mich, Herr, so werde ich heil, hilf mir, so wird mir geholfen; denn du bist mein Ruhm. So will ich dir ein Freudenopfer thun, und deinem Namen danken, daß er so tröstlich ist. Amen.

Das 4. Capitel.
Wie sich diejenigen, so mit dieser Seuche heimgesucht werden, trösten sollen.

Erstlich gibt uns unser lieber Gott durch diese schwere Strafe unsere Sünden zu erkennen, und treibt uns mit dieser Ruthe zur Buße, zum Gebet und zur Demuth, daß wir vor ihm einen kindlichen, demüthigen Fußfall thun sollen, um gnädige Vergebung der Sünden bitten, und uns in der Zeit der Gnade, am Tage des Heils, weil uns der freundliche, liebliche Gnadenschooß Jesu Christi, die Gnadenthür und goldene Himmelspforte noch weit offen stehen, bekehren sollen, und um Abwendung oder Linderung der Strafe heftig, emsig, ohne Unterlaß bitten sollen. Und in solcher demüthigen Abbitte sollen wir uns trösten der theuern Verheißungen, Jesaj. 1: Wenn eure Sünde gleich blutroth wäre, soll sie doch schneeweiß werden. Ezech. 18 und 33: So wahr ich lebe, spricht der Herr, will ich nicht den Tod des Gottlosen, sondern daß er sich bekehre und lebe. Da wir denn oft und viel bebenken sollen diesen theuern Eid Gottes. Deßgleichen 2 Petr. 3: Gott hat Geduld mit uns, und will nicht, daß Jemand verloren werde, sondern daß sich Jedermann zur Buße bekehre.

Zum andern sollen wir uns auf solche tröstliche Verheißungen von ganzem Herzen wenden zu unserm Mittler und Erlöser Jesu Christo, in welchem alle Verheißungen Gottes Ja und Amen sind. Da sollen wir in starkem Glauben betrachten, daß uns der Sohn Gottes von seinem himmlischen Vater gegeben ist zu einem Arzt, zu einem Heilbrunnen, zu einer Zuflucht in aller Trübsal, zu einem Nothhelfer, zu einer Arznei wider allen menschlichen Jammer und Elend, wider alle Krankheit und Seuche, und wider den Tod, und ihn demüthig anrufen, und sprechen:

Das 5. Gebet.

Ach herzliebster Herr Jesus Christus! ich weiß in dieser meiner großen Noth nirgend hin zu fliehen, denn zu dir, meinem einzigen Heiland und Gnadenthron, welchen mir Gott, mein himmlischer Vater, hat vorgestellt. So hast du auch alle betrübte Herzen zu dir gerufen, und gesagt: Kommet her zu mir Alle, die ihr mühselig und beladen seyd, ich will euch erquicken. Ach Herr! handle mit mir nach deiner großen Liebe und Treue, wie du von Anfang mit allen armen Sündern gehandelt hast, so zu dir gekommen sind. Breite deine Hand über mich, und bedecke mich, daß mich diese Seuche nicht tödtlich vergifte. Strecke deine Hand aus, und rühre mich an, und heile mich, wie du den Aussätzigen anrührtest und heiltest. Erfreue mich auch mit deiner Hülfe, und tröste mich mit deiner Gnade; denn du bist ja von deinem himmlischen Vater gesandt, die zerbrochenen Herzen zu verbinden, und zu trösten alle Traurigen; daß ich auch sagen kann mit deinen Heiligen: Das weiß ich fürwahr, wer Gott dienet, der wird nach der Anfechtung getröstet, und aus der Trübsal erlöset, und nach der Züchtigung findet er Gnade. Denn du, lieber Gott, hast nicht Lust zu unserm Verderben; denn nach dem Ungewitter lässest du die Sonne scheinen, und nach dem Heulen und Weinen überschüttest du uns mit Freuden; und: Des Herrn Zorn währet einen Augenblick; den Abend lang währet das Weinen, aber des Morgens kommt die Freude; und: Die mit Thränen säen, werden mit Freuden ernten; sie gehen hin, und weinen, und tragen edeln Samen, und kommen wieder mit Freuden, und bringen ihre Garben; und: Ich habe dich einen kleinen Augenblick verlassen, aber mit ewiger Gnade will ich mich über dich erbarmen. Gib mir, Herr Jesus Christus, daß ich solchen Verheißungen festiglich glaube, und in deinem Namen gnädig erhört werde. Amen.

Zum dritten sollen wir uns hierauf geduldig in die gnädigen Hände des allmächtigen Gottes ergeben, und wissen, daß denen, die Gott lieben, alle Dinge müssen zum Besten dienen, auch die Pestilenz selbst. Denn Gott kann es mit seinen Kindern nicht böse meinen. Wenn wir nur das höchste Gut, Gott, unsern himmlischen Vater, und unsern Herrn Jesum Christum sammt dem heiligen Geist behalten, so verlieren wir nichts, ob wir gleich Leib, Gut und Ehre verlieren. Herr, wenn ich nur dich habe, so frage ich nichts nach Himmel und Erde, und wenn mir gleich Leib und Seele verschmachtet, so bist du doch, Gott, meines Herzens Trost und mein Theil. Der Herr ist mein Gut und mein Theil, du erhältst mein Erbtheil. Du thust mir kund den Weg zum Leben, vor dir ist Freude die Fülle und liebliches Wesen zu deiner Rechten immer und ewiglich. Ich hoffe auch, daß ich sehen werde das Gute des Herrn im Lande der Lebendigen. Harre des Herrn, sey getrost und unverzagt, und harre des Herrn. Sey nun wieder zufrieden, meine Seele, der Herr thut dir Gutes. Er hat deine Seele vom Tode gerettet, deine Augen von den Thränen, deine Füße vom Gleiten. Ich will wandeln vor dem Herrn im Lande der Lebendigen. Der Tod seiner Heiligen ist werth gehalten vor dem Herrn.

Zum vierten: gleichwie wir nicht allzu vermessen und allzu sicher seyn sollen, und diese Ruthe des Zorns Gottes gering achten und in den Wind schlagen, und uns selbst muthwillig in Gefahr begeben: also sollen wir auch nicht allzu furchtsam, kleinmüthig und verzagt seyn. Wider Furcht und Schrecken aber mußt du dich verwahren mit einem festen und starken Glauben, und mußt diese Zuversicht zu Gott haben: der Herr habe seinen Engeln befohlen, daß sie dich behüten auf allen deinen Wegen, und daß ohne Gottes Willen keine Pestilenz dich vergiften oder tödten kann; so wenig als das Feuer im glühenden Ofen die drei Männer verbrennen konnte, Dan. 3, oder die Löwen den Propheten Daniel verschlingen konnten, Dan. 6, und der Wallfisch den Jonas verdauen konnte, Jon. 2. Darum sagt der 112. Psalm: Der Gerechte ist getrost, und fürchtet sich nicht. Wenn eine Plage kommen will, so fürchtet er sich nicht; sein Herz hofft unverzagt auf den Herrn; sein Herz ist getrost, und fürchtet sich nicht. Den Fluch Bileams kann Gott in Segen verwandeln, und der Löwe, der Simson fressen wollte, mußte des andern Tages seine Speisekammer seyn und süßen Honig geben, Richt. 14. Und so wenig der Würgengel die Israeliten, deren Pfosten und Ueberschwellen mit dem Blut des Osterlammes bestrichen waren, beschädigen konnte, so wenig kann der Teufel die Christen, deren Herzen mit Christi Blut, als des wahren Osterlamms, besprengt sind, beschädigen, oder ohne Gottes Willen mit Gift beleidigen, wie das Exempel des heiligen Hiob bezeugt. So sollen wir auch der Furcht und dem Schrecken wehren mit stetem Gebet, und folgende Psalmen dawider beten: den 6., den 23., den 27., den 90., den 91., und den 121. Denn darum spricht der heilige David im 18. Psalm: Wenn mir angst ist, so rufe ich den Herrn an. Dieß ist die beste Arznei wider die Furcht.

Zum fünften sollen wir uns auch wider die Furcht trösten der Gegenwart Gottes. Jesaj. 41: Fürchte dich nicht, ich bin bei dir; weiche nicht, ich bin dein Gott; ich stärke dich, ich helfe dir, ich errette dich auch durch die rechte Hand meiner Gerechtigkeit; und im 23. Psalm: Ob ich schon wandle im finstern Thal, fürchte ich doch kein Unglück; denn du bist bei mir, dein Stecken und Stab trösten mich. Röm. 8: Ist Gott für uns, wer mag wider uns seyn?

Zum sechsten sollen wir uns dessen in unserm Kreuz von Herzen trösten, daß, ob wir wohl mit zeitlicher Trübsal heimgesucht, oder aber auch durch diese giftige Seuche mit hinweggerafft werden, Gott, der himmlische Vater, seinen gerechten Zorn in seinem lieben Sohn Jesu Christo in Gnade verwandelt habe. Denn durch ihn ist ja Gottes Zorn versöhnt; er hat für unsere Sünden gebüßt und bezahlt, und den verschlossenen Himmel wieder eröffnet, Gnade, Leben, Heil und Seligkeit, die hochwürdige Kindschaft Gottes, den heiligen Geist erworben; welche ewige Güter wir alle in diesem Leben empfangen haben durch den Glauben, welche besser sind, denn Himmel und Erde, welche weit besser sind, denn dieß zeitliche Leben. Herr, deine Güte ist besser, denn Leben. Und es kann uns diese Güter weder Pestilenz noch Tod nehmen, und keine Creatur kann uns scheiden von der Liebe Gottes in Christo Jesu, unserm Herrn. Und weil wir des Herrn Christi Schäflein sind, so soll uns Niemand aus seiner allmächtigen Hand reißen, und wir sollen nimmermehr umkommen; ja die Pforten der Hölle sollen uns nicht überwältigen. Der Herr behütet uns wie einen Augapfel im Auge, er beschirmt uns unter dem Schatten seiner Flügel. Und wenn wir gleich sterben, so wird unsere Seele in ein Bündlein des Lebens eingebunden; wie unser lieber Herr sagt: Wer an mich glaubet, der wird leben, ob er gleich stirbt; und St. Paulus: Leben wir, so leben wir dem Herrn; sterben wir, so sterben wir dem Herrn; darum, wir leben oder sterben, so sind wir des Herrn. So trifft unser lieber Gott einen guten Wechsel mit uns, daß, gleichwie Christus unser Leben ist, so muß Sterben unser Gewinn seyn. Also gewinnen wir in Christo für dieß elende Leben das ewige Freudenleben; für diesen nichtigen Leib einen unsterblichen, verklärten Leib; für dieß Jammerthal den ewigen Freudensaal; für dieses zeitliche Erbe das unbefleckte, unverwelkliche, unverwesliche Erbe im Himmel; für das Anschauen dieser steten Trübsal das Ansehen der Herrlichkeit Gottes und die Beiwohnung aller heiligen Engel und Auserwählten. Dazu uns Gott helfe, durch Christum Jesum, unsern Herrn. Amen.

---

6. Trostgebet eines Kranken.

Ach du barmherziger, heiliger, gerechter und wahrhaftiger Gott! ich bekenne, daß ich mit meinen unzähligen Sünden deinen gerechten Zorn verursacht habe. Du bist gerecht, und deine Gerichte sind auch gerecht. Ach, wie herzlich reuet es mich, daß ich dich, meinen allerliebsten Vater, so oft und viel erzürnt habe, und für deine großen Wohlthaten so undankbar gewesen bin! Ach Herr! zürne nicht so hart, und gedenke nicht ewig der Sünde. Gedenke an deine Barmherzigkeit und an deine Güte, die von der Welt her gewesen ist. Gedenke nicht der Sünden meiner Jugend, noch meiner Uebertretung; gedenke aber mein nach deiner Barmherzigkeit, um deiner Güte willen. Ach Herr! es ist dein gerechter Zorn, welchen ich billig trage; denn ich habe wider dich gesündigt; ich wende aber das Angesicht meines Glaubens zu dem einzigen Gnadenstuhl, meinem Herrn Jesu Christo, und beuge die Kniee meines Herzens vor dir, und bitte um Gnade und Vergebung. O Herr, laß mich Gnade finden, und Barmherzigkeit erlangen. Erbarme dich mein, und nimm diese Plage von mir. Wie zur Zeit Davids, da du den Engel, den Verderber, ließest aufhören zu würgen: also laß deinen Zorn mich nicht so plötzlich verzehren. Ach Herr! Herr! meine Sünden haben mich also vergiftet, meine Missethat ist die rechte Pestilenz, die mich also verderbet. Ach vergib, Herr! vergib, und heile mich von dieser Seuche, der du durch dein Wort Alles heilest: Ach Herr! du heiltest alle die, so nach deinem Befehl die eherne Schlange ansahen; ich sehe an mit glaubigen Augen den gekreuzigten Jesum: laß meine Seele genesen. O Herr! mein nichtiger Leib ist voller Sünde, darum ist er auch voll Krankheit und Schmerzen; erbarme dich über mich armen Lazarus, der vor deiner Thür liegt voller Schwären, und begehrt sich zu sättigen von deinen Gnadenbrosamen. Ach Herr! Herr! siehe an deinen lieben Sohn, der meine Krankheit getragen, meine Schmerzen auf sich geladen, und um meiner Sünden willen verwundet ist. Du hast ja, lieber Vater, Lust zum Leben, du bist ja mein Licht und mein Heil, und meines Lebens Kraft. Laß mich dieß Gift nicht wie ein Schlachtschaf auffressen. Bedecke mich, Herr, mit deinem allmächtigen Schirm und mit dem Schatten deiner Gnadenflügel. Bezeichne mich mit dem Blute Jesu Christi, des unbefleckten Lammes, daß der Würgengel vorübergehe. Stärke mich, Herr, mit deinem Geist und deiner Kraft, und gib mir einen starken, festen Glauben, daß ich zu dir spreche: Meine Zuversicht, meine Burg, mein Gott, auf den ich hoffe. Errette mich von dem Strick des Jägers und von der schädlichen Pestilenz. Laß deine Wahrheit meinen Schirm und Schild seyn. Laß mich nicht erschrecken vor dem Grauen der Nacht, vor den Pfeilen, die des Tages fliegen, vor der Pestilenz, die im Finstern schleichet, vor der Seuche, die im Mittage verderbet. Befiehl deinen Engeln über mir, daß sie mich behüten auf allen Wegen, daß sie mich auf den Händen tragen, und ich meinen Fuß nicht an einen Stein stoße. Ach Herr! Herr! hilf mir aus, denn ich begehre dein. Ach Herr! ich kenne deinen Namen, darum schütze mich. Ach Herr! ich rufe dich an, darum erhöre mich. Ach Herr! sey bei mir in meiner Noth, reiße mich heraus mit deiner allmächtigen Hand, mache mich zu Ehren, und zeige mir dein ewiges Heil. Amen! Amen!

---

7. Ein Trostgebet in großer Krankheit und Todesnoth.

Ich bitte dich, Herr Jesu Christ!
Der du unser Erlöser bist:
Gedenke doch der schweren Pein,
Der Angst, der Noth, des Jammers dein;
Gedenk' an deinen blut'gen Schweiß,
An deiner Liebe Thränen heiß;
Vergib dadurch all meine Schuld,
Und schleuß mich ein in deine Huld;
Durch die sehr große Marter dein
Behüt' mich vor der Hölle Pein.
Und wie der Schächer zur rechten Hand
Bußfertig Gnade bei dir fand,
Also bitt' ich: nimm meine Reu'
Barmherzig an nach deiner Treu',
Dadurch du dein unschuldig Blut
Vergossen hast mit sanftem Muth.
Laß kräftig stärken mich dein Leiden,
Weil ich von dieser Welt soll scheiden.
O Menschheit bloß! o Marter groß!
O Wundensaft! o Blutes Kraft!
O heil'ger Tod! hilf mir aus Noth;
O Todesangst und Bitterkeit!
Hilf mir zur ew'gen Seligkeit!

---

8. Ein andres Trostgebet.

Ach Herr, mein Erbarmer und mein gnädiger Vater! der du tödtest und lebendig machst, der du in die Hölle führest und wieder heraus, der du arm und reich machst, der du erniedrigest und erhöhest: siehe, du bist ja mein Heil und meine Stärke; tröste mich, mein Gott, laß mich mit Freuden Wasser schöpfen aus deinem Heilbrunnen, meine durstige Seele zu erquicken. Ich warte, Herr, auf dich, meines Herzens Lust und Zuversicht stehet zu deinem Namen und zu deinem Gedächtniß. Von Herzen begehre ich dein des Nachts, dazu mit meinem Geist in mir wache ich zu dir, und wollte gerne sehen den Herrn der Herrlichkeit. Denn deine Todten werden leben, und mit ihrem Leichnam auferstehen. Wachet auf, und rühmet, die ihr schlafet unter der Erde; denn dein Thau ist ein Thau eines grünen Feldes. Gehe hin, mein Volk, in deine Kammer, und schleuß die Thür nach dir zu; verbirg dich einen kleinen Augenblick, bis der Zorn vorübergehe. Meine Zeit ist dahin, und von mir aufgeräumt, wie eine Hirtenhütte, und ich reiße mein Leben ab wie ein Weber. Ich winsele wie ein Kranich und eine Schwalbe, und girre wie eine Taube. Meine Augen wollen mir brechen, Herr; ich leide Noth, lindere mir's. Siehe, um Trost ist mir sehr bange. Ach Herr! nimm dich meiner Seele herzlich an, daß sie nicht verderbe, und wirf alle meine Sünden hinter dich zurück. Ich freue mich in dem Herrn, und meine Seele ist fröhlich in meinem Gott; denn er hat mich angezogen mit Kleidern des Heils, und mit dem Rock der Gerechtigkeit bekleidet, wie ein Bräutigam mit priesterlichem Schmuck sich zieret, und wie eine Braut in ihrem Geschmeide pranget. Denn gleichwie ein Gewächs aus der Erde wächst, und Samen im Garten aufgeht: also wird Gerechtigkeit und Lob vor allen Heiden aufgehen aus dem Herrn Herrn. Ach Herr, mein Gott! laß sich doch deine große, herzliche Barmherzigkeit nicht so hart gegen mich halten; bist du doch mein Vater und mein Erlöser, von Alters her ist das dein Name. Es ist von der Welt her nie mit Ohren gehört, es ist auch in keines Menschen Herz gekommen, es hat auch kein Auge gesehen, ohne dich, o Gott! was denen bereitet ist, die auf dich harren. Aber, mein Herr, du bist ja unser Vater, wir sind Thon, du bist unser Töpfer, und wir Alle sind deiner Hände Werk. Herr, zürne nicht so sehr, und gedenke nicht ewig der Sünde; gedenke aber, daß ich dein Kind bin. Die Angst meines Herzens ist groß, führe mich aus meinen Nöthen. Siehe an meinen Jammer und mein Elend, und vergib mir alle meine Sünden. Du wirst, o Herr! mich, dein armes Schäflein, nimmer lassen umkommen, und Niemand wird mich aus deiner Hand reißen. O Herr Jesu! dir lebe ich, dir sterbe ich, dein bin ich todt und lebendig. Mache mich ewig selig. Amen!

---

27. Der heilige christliche Glaube, gebetweise tröstlich ausgelegt.

Der erste Artikel.

Von der Schöpfung.

Ich glaube an dich, o Gott, mein himmlischer Vater! und setze alle meine Hoffnung, meines Herzens Trost und einzige Zuversicht auf deine lautere Gnade und Barmherzigkeit, indem ich weiß, daß du allein, und kein anderes Wesen außer dir, wie heilig und mächtig es immer sey, in meinen Nöthen mir helfen könne. Denn obgleich durch Mittel Hülfe geschieht, so schaffest du es doch, du lieber Vater, der alle Hülfe thut, so auf Erden geschieht; denn du bist allein Gott, das höchste, ewige Gut, ein überfließender Brunn aller Güte, und der höchsten, reinsten und süßesten Liebe, ja die Liebe selbst. Und weil du unser Vater bist, so glaube ich, daß du ein ganz väterliches Herz gegen mich habest, mir von Herzen gerne helfen und mich in keiner Noth verlassen wollest. Denn du bist ja ein Vater der Barmherzigkeit und Gott alles Trostes, der uns tröstet in aller unserer Trübsal, der nimmermehr aufhört, unser Vater zu seyn. Darum, wenn ich in Kreuz und Trübsal bin, so tröste und freue ich mich deiner, meines herzgeliebten Vaters. Ja, wenn Krankheit und Tod kommt, so weiß ich, du werdest meiner so wenig vergessen, als eine Mutter ihres Kindes vergessen kann. Denn du bist der rechte Vater über Alles, was Kinder heißt im Himmel und auf Erden; und wenn mich Vater und Mutter verlassen, so nimmst du, Herr, mich auf, und lässest deine Gnade über mich walten, so hoch der Himmel über der Erde ist, und erbarmest dich über mich, wie sich ein Vater über Kinder erbarmt. Ich glaube auch von Herzen, daß du ein allmächtiger Gott bist, der mich könne ernähren, versorgen, erhalten, schützen, erretten von allen meinen Feinden, sie seyen Teufel oder Menschen; denn es ist nichts so mächtig, du bist ja noch mächtiger; es ist ja nichts so groß, so hoch, so herrlich, so stark, du bist noch größer, höher, herrlicher und stärker. Du sagst ja selbst: Fürchte dich nicht, ich bin mit dir; weiche nicht, ich bin dein Gott; ich stärke dich, ich helfe dir, ich errette dich durch die rechte Hand meiner Gerechtigkeit. Wenn du durch's Feuer und Wasser gehst, so bin ich bei dir, daß dich die Flamme nicht anzünde, noch die Fluth ersäufe. Du allmächtiger Gott umgreifst den Himmel mit einer Spanne; du fassest die Wasser, das große Meer, mit einer Faust; du wiegest die Berge in deiner Hand, als in einer Wage; vor dir sind alle Inseln und alle Haiden wie ein Stäublein, wie ein Tropfen Wasser, der im Eimer bleibt, wie ein Scherflein, so auf der Wage liegt. Vor dir fürchtet sich Alles, was auf dem Erdboden lebet. Denn wenn du sprichst, so geschieht es, und wenn du etwas gebeutst, so steht es da. Der du zur Finsterniß sprichst: Werde licht! und zur Welt: Werde geschaffen! Du rufest dem, das nichts ist, daß es etwas werden muß, zum Lobe deiner Herrlichkeit. Der Himmel ist dein Stuhl, und die Erde deiner Füße Schemel; dich können aller Himmel Himmel nicht begreifen. Tausendmal tausend stehen vor dir, und zehnmal hundert tausend dienen dir. Du siehest von deinem festen Thron auf aller Menschen Kinder; du lenkest ihnen allen das Herz, und merkest auf alle ihre Gedanken, hörest ihre Worte, und siehest ihre Werke. Gott! wer ist wie du, ein mächtiger Gott, ein großer König über den ganzen Erdboden? und deine Wahrheit ist um dich her. Dich lobet alles Himmelsheer, und alle Creaturen müssen dir dienen und dich anbeten. Ich glaube auch, o mein Gott und Vater! daß du so barmherzig bist, groß von Rath und mächtig von That, und deine Barmherzigkeit ist so groß, als du selber bist. Du siehest auf das Niedrige im Himmel und auf Erden, und kennest die Stolzen von ferne. Vor dir kann sich kein Weiser rühmen seiner Weisheit, kein Reicher seines Reichthums, kein

Starker seiner Stärke; denn du bist Alles allein, dir gebührt aller Ruhm des Weisheit, der Stärke, des Reichthums. Darum wende ich mich zu dir in wahrer Demuth; denn ich bin doch allenthalben unselig, wo ich mich nicht zu dir wende. Dein begehre ich allein, der du allein das höchste Gut und die höchste Seligkeit bist. Denn wenn ich schon aller Welt Trost, Freude und Lust habe, so ist es doch ohne dich eitel Hölle und Verdammniß, und fleucht davon, wie ein Schatten. Darum ist außer dir, o mein Gott und Vater! kein wahrer Trost, keine beständige Freude, kein rechtes und wahres Leben. Und weil du, o mein Gott und Vater! ein Schöpfer Himmels und der Erde bist, so hast du alle Creaturen in deiner Hand, daß mir dieselben keinen Schaden thun können ohne deinen väterlichen Willen. Darum sprichst du, Jes. 51: Ich bin dein Tröster; wer bist du denn, daß du dich vor Menschen fürchtest, die doch sterben, und vor Menschenkindern, die wie Heu verzehrt werden; und vergissest des Herrn, der dich gemacht hat, der den Himmel ausbreitet, und die Erde gründet, der dich bedecket unter dem Schatten seiner Flügel? Darum bin ich nur allein von dir, unserm lieben Vater und Schöpfer, gewärtig alles Guten, alles Trostes und gnädigen Schutzes, und des ewigen Lebens. Denn alle Dinge kommen von dir, und du hast dich uns ganz und gar gegeben, mit Allem, was du bist und hast, mit Himmel und Erde, sammt allen Creaturen, daß sie uns dienen und nütze seyn müssen, und uns fördern zum ewigen Leben, sammt allen irdischen Kräften, welche von dir allein, als dem Schöpfer, herkommen, und durch dein Wort geschaffen sind. Wiewohl nun, lieber Vater, Himmel und Erde schöne Geschöpfe und Werke deiner Hände sind, und die Erde voll ist deiner Güte: so setze ich doch mein Vertrauen auf keine Creatur, sondern auf dich allein, meinen lieben Vater, Schöpfer und Erhalter Himmels und der Erde, und spreche mit dem heiligen David: Herr, wenn ich nur dich habe, so frage ich nichts nach Himmel und Erde, und wenn mir gleich Leib und Seele verschmachtet, so bist du doch, Gott, meines Herzens Trost und mein Theil. Denn wenn ich gleich alle geschaffene Dinge hätte, und hätte den Schöpfer und Erhalter aller Dinge nicht, so müßte ich doch mit den vergänglichen Dingen vergehen, und hätte keine beständige Seligkeit. In dir, o mein Gott! der du das höchste, ewige, unvergängliche Gut bist, ist allein die ewige, beständige Seligkeit. Habe ich nun, o mein Gott! einen solchen Vater an dir, der ein Schöpfer und Erhalter ist Himmels und der Erde, und aller Creaturen: so wirst du mich ja auch erhalten. Hast du die Tage der Welt gezählt, so hast du auch meine Tage gezählt, und einem jeden seine Nothdurft zugeordnet. Du hast mir auch mein Maaß deines Segens und Himmelsbrodes zugemessen, wie den Kindern Israel in der Wüste; denn du, unser himmlischer Vater, weißt, daß wir solches Alles bedürfen. Weil ich nun an dich, o mein Gott und Vater! glaube, so wünsche ich mich mit dir zu vereinigen, auf daß ich dich selbst habe bei mir, o du mein höchstes Gut! und nicht außer mir; daß ich sagen könne: Ich trage und habe allezeit bei mir und in mir mein höchstes und einziges Gut, und meinen höchsten Schatz, in welchem und an welchem ich Alles habe.

Der andere Artikel.

Von der Erlösung.

Ich glaube auch von ganzem Herzen an dich, o mein Herr Jesus Christus! und bekenne, daß du der eingeborene Sohn Gottes bist, wahrer, allmächtiger Gott von Ewigkeit, das wesentliche Ebenbild deines Vaters, und der Glanz seiner Herrlichkeit. Du bist aus Liebe Mensch geworden, und hast unser Fleisch und Blut an dich genommen, und mit deiner ewigen, göttlichen Natur persönlich vereinigt in Ewigkeit, und hast den Tempel deines Leibes mit deiner göttlichen Herrlichkeit erfüllt; welches meine höchste Freude und Trost ist, und es kann nimmermehr einem christlichen Menschen größere Freude widerfahren, denn daß Gott die Menschen so lieb hat, daß er selbst Mensch geworden. Ach wie haſt du, o Gott, die Menſchen ſo lieb, daß du uns zu Gottes Geſchlecht macheſt, und theilhaftig deiner göttlichen Natur! Darum heißeſt du, o lieber Herr Chriſtus! Imanuel, das iſt, Gott mit uns, und unſer einziger Mittler zwiſchen Gott und Menſchen. Und damit wir uns deiner allezeit zu tröſten hätten, haſt du dir einen ſo holdſeligen Namen gegeben, daß du heißeſt Jeſus Chriſtus, unſer Heiland und Seligmacher, ein Geſalbter, ein König und Hoherprieſter; und haſt uns Alle nach deinem Namen Chriſten nennen laſſen, das iſt, Geſalbte des Herrn; denn du haſt uns mit deinem heiligen Geiſt geſalbt zum geiſtigen königlichen Prieſterthum, und zum künftigen ewigen Reich, zu Königen und Prieſtern, auf welches zukünftige Reich wir im Glauben warten. Darum biſt du, o Herr Jeſus Chriſtus! vom heiligen Geiſt in Mutterleibe empfangen, auf daß du nach deiner heiligen menſchlichen Natur geſalbt würdeſt über alle Maaße mit dem heiligen Geiſt und mit allen Gaben des Geiſtes, auf daß wir von deiner Fülle Alle nehmen und empfangen möchten. Auch biſt du vom heiligen Geiſt darum empfangen, auf daß du wäreſt der Allerheiligſte, ohne alle Sünde, und wir Alle in dir geheiligt würden, und die menſchliche Natur wiederum in dir gereinigt, erneuert, geſegnet, vom Fluch erlöst, und mit dem heiligen Geiſt erfüllt würde. O der heiligſten Empfängniß, die uns den Segen wiedergebracht hat! Darum biſt du auch von der Jungfrau Maria geboren wider und über alle Natur, auf daß du würdeſt ein wahrhaftiger Menſch und eines Menſchen Sohn, auf daß du uns zu Gottes Kindern machteſt; auf daß du würdeſt der Jungfrau Sohn, der verheißene Weibesſame, der Same Abrahams, der Sohn Davids, das rechte Gewächs Davids, der ſchöne Sprößling aus der Wurzel Iſai, auf welchem ruhet der Geiſt des Herrn, als auf dem rechten Hohenprieſter, der uns Gott ſollte verſöhnen mit dem Opfer ſeines heiligen Leibes und Blutes, welche du von der Jungfrau Maria angenommen, auf daß du ein reines Opfer würdeſt für unſere Sünden, ja, auf daß ich in dir und durch

dich neu geboren und eine neue Creatur würde, durch einen reinen, jungfräulichen Glauben, der dir allein anhanget, dadurch ich ein Kind Gottes geworden bin. Ich glaube auch, daß du um meiner Sünden willen gelitten haſt, auf daß ich in Ewigkeit um meiner Sünden willen nicht leiden dürfte. Gib mir aber, daß ich, als dein Glied, mit dir geduldig leide, als mit meinem Haupt, eine kleine Zeit in dieſer Welt, auf daß ich mit dir zur ewigen Herrlichkeit erhoben werde. Ich danke dir für das Kreuz, ſo du mir aufgelegt haſt, auf daß ich unter die Kreuzbrüder und unter die Zahl der Heiligen komme. Du biſt gekreuzigt worden, du getreuer Heiland, auf daß du für uns ein Fluch würdeſt, wie geſchrieben ſteht: Verflucht ſey, der am Holz hängt; auf daß du den Fluch hinwegnähmeſt, und uns davon erlöſeteſt, auf daß der Fluch an deinem heiligen Leibe vertilgt und aufgehoben, und in Segen verwandelt würde, und an allen Gläubigen aufhörete. Du biſt, o Herr Chriſtus! eines ſo ſchmählichen Todes am Holz geſtorben, daß du meine ewige Schmach von mir nähmeſt, und ich nicht dürfte an jenem Tage auferſtehen zur ewigen Schmach und Schande. Du biſt am Holz ein Wurm geworden, auf daß ich kein verfluchter Wurm in Ewigkeit werden ſollte. Du biſt gekreuzigt, auf daß ich täglich dein ſanftes Joch auf mich nehmen ſollte, und dir nachfolgen, und mein Fleiſch kreuzigen, ſammt den Lüſten und Begierden. Du biſt geſtorben, auf daß du büßeteſt die Strafe unſerer Sünden. Denn der Tod iſt der Sünden Sold; darum mußteſt du den Tod für uns leiden, daß in dir und durch dich der Tod überwunden und kraftlos gemacht würde, auf daß der Tod verſchlungen würde in den Sieg, und daß dein Tod, o Herr Chriſtus! unſer Leben würde. Du biſt einmal für mich geſtorben, auf daß ich nicht immer und ewig ſtürbe des ewigen Todes. Darum verleihe mir Gnade, daß ich mit dir der Sünde abſterbe, und dir allein lebe, als ein lebendiges Glied an deinem Leibe. Du biſt geſtorben, auf daß du dein ewiges Teſtament beſtätigteſt, in welchem die Vergebung der Sünden uns vermacht und verheißen ist; denn ein Testament muß durch den Tod dessen bestätigt werden, der es gestiftet hat. Du bist auch begraben nach der Schrift, wie der Prophet sagt: Begraben wie ein Gottloser, und gestorben wie ein Reicher; denn du hast alle unsere Sündenschmach mit dir in's Grab genommen, und also unsere Schmach getragen und aufgehoben. Darum gib mir Gnade, daß ich auch mit dir begraben werde in deinen Tod, daß ich meinen Sünden und der Welt absterbe, auf daß ich als ein Glied mit dir vereinigt bleibe. Du bist begraben worden, auf daß du mein Grab zu einem sanften Ruhebette machtest. Du bist auch niedergefahren zur Hölle, als ein Siegesfürst und Ueberwinder der Höllenpforten und aller höllischen Macht, auf daß mich die Hölle nicht verriegelte ewiglich, und ich fröhlich sagen könnte: Tod, wo ist dein Stachel? Hölle, wo ist dein Sieg? Darum danke ich dir, o du Zerstörer der Hölle! der du dem Riesen seinen Raub genommen, und dem Starken seine Gefangenen los gemacht hast. Gib mir auch, o mein Herr Christus! in meinen Anfechtungen wahren, beständigen Trost, daß ich nicht verzage; denn du tödtest und machst lebendig, du führst in die Hölle und wieder heraus. Du hast gesagt: Ich will mein Volk aus der Hölle erlösen und vom Tode erretten. Du bist auch am dritten Tage auferstanden von den Todten, als ein Fürst des Lebens, als ein starker Simson, der die Ketten der Hölle und die Bande des Todes zerrissen, und die Pforten der Hölle ausgehoben und davongetragen, das Gefängniß gefangen geführt. Denn es war unmöglich, daß dein heiliger Leib sollte vom Tode gefangen gehalten werden, weil derselbe auch mitten im Tode mit der ewigen Gottheit ist vereinigt geblieben. Darum hat dich der Tod nicht behalten können, nach dem Vorbilde des Propheten Jonas; und also hast du uns Alle mit dir aus dem Tode gerissen, der du sprichst: Ich lebe, und ihr sollt auch leben; ich bin die Auferstehung und das Leben. Gib mir aber, daß ich auch mit dir auferstehe von Sünden, und Theil habe an der ersten Auferstehung, auf daß der andere Tod über mich keine Macht habe, und ich in einem neuen himmlischen Leben wandeln möge; auf daß ich mit dir ewig lebe, und mit dir, meinem Haupte, vereinigt bleibe. Du bist auch aufgefahren gen Himmel, und hast das Gefängniß-gefangen geführt, und hast ausgezogen die Fürstenthümer und die Gewaltigen, sie öffentlich zur Schau getragen, und einen Triumph aus ihnen gemacht durch dich selbst. Du bist gen Himmel gefahren, auf daß du erschienest vor dem Angesicht Gottes für uns, ein getreuer Hoherpriester und Mittler, der für uns bittet, zu welchem wir auch treten mit aller Freudigkeit. Du hast durch deine Himmelfahrt Gaben empfangen für die Menschen, darum wir dich auch getrost anrufen dürfen. Gib mir, o Herr Jesus Christus! daß ich auch mit dir geistig gen Himmel fahre, nach himmlischen Dingen trachte, und mein Herz nicht an die Welt hänge, auf daß ich mit dir, als mit meinem Haupt, ewig vereinigt bleibe. Du sitzest auch zur rechten Hand Gottes, auf dem Stuhl und Thron deiner Herrlichkeit, da dich alle Engel Gottes anbeten; erhöhet über alle Engel, über alle Fürstenthümer, über alle Gewalt und Kraft, über Alles, was in dieser und jener Welt mag genannt werden; und Gott hat dich gesetzt zum Haupt seiner Gemeine, welche ist dein Leib, nämlich die Fülle deß, der Alles in Allem erfüllet, auf daß du seyst ein allgemeiner Hoherpriester, welcher ein ewiges Hohespriesterthum hat; seyst auch ein König aller Könige und Herr aller Herren, ein Herr über Tod und Leben, über Sünde und Gerechtigkeit; auf daß du auch bei uns seyst in unsern Nöthen, als unser lieber Jmanuel, für uns streitest, in uns siegest und überwindest, wie du sprichst: Wer überwindet, dem will ich geben zu sitzen auf meinem Stuhl, gleichwie ich überwunden habe, und bin gesessen auf meines Vaters Stuhl. Ich glaube auch, daß du kommen wirst, zu richten die Lebendigen und die Todten, und wir werden dich sehen kommen sichtbarlicher Weise in den Wolken, mit allen heiligen Engeln; denn du wirst sitzen auf dem Stuhl deiner Herrlichkeit, und öffentlich sehen lassen beine ewige Gewalt, welche ihrer Viele jetzo lästern; und es werden dich sehen Aller Augen, und die dich durchstochen haben. Dann werden heulen alle Geschlechter auf Erden; da wird man hören das Feldgeschrei der heiligen Engel, die Stimme des Erzengels und die Posaune Gottes, ja deine Stimme selbst, dadurch die Todten werden auferweckt und alle vor Gericht gestellt werden; da du das letzte Urtheil fällen wirst über die zu deiner linken Hand: Gehet hin, ihr Verfluchten, in das ewige höllische Feuer! zu denen aber zur rechten Hand: Kommet her, ihr Gesegneten meines Vaters, und ererbet das Reich, das euch von Anbeginn bereitet ist! O hilf mir, du gerechter Richter! daß ich deinem strengen Gericht und schrecklichen Urtheil entfliehen und zu deinem ewigen Reich eingehen möge. Amen.

Der dritte Artikel.

Von der Heiligung.

Ich glaube auch an dich, o Gott heiliger Geist! daß du mit dem Vater und Sohn Ein wahrer, allmächtiger Gott seyst, vom Vater und Sohn ausgehend, die dritte Person der einigen Gottheit, unser einiger und wahrer Tröster, der du uns ein fröhliches Herz und Gewissen machst, und in unsern Herzen Zeugniß gibst, daß wir Gottes Kinder sind; der du hülfst unserer Schwachheit, seufzest in unsern Herzen; und wenn wir nicht wissen, was wir beten sollen, so kommst du unserer Schwachheit zu Hülfe, und vertrittst uns bei Gott mit unaussprechlichem Seufzen. Denn du bist ein Geist der Gnade und des Gebets, du bist der Geist unsers Herrn Jesu Christi, durch welchen wir rufen: Abba, lieber Vater! Du tröstest uns mit wahrhaftigem, beständigem, lebendigem und ewigem Trost, als der Geist der Wahrheit. Du erleuchtest unsere Herzen, daß wir erkennen den überschwänglichen Reichthum der Gnade Gottes, dadurch wir gerecht und selig werden aus lauter Gnaden, ohne all unser Verdienst, allein um unsers Herrn Jesu Christi willen, durch den Glauben, welchen du in uns wirkest, auf daß wir durch denselben dieses unaussprechlichen Schatzes theilhaftig würden. Du bist das rechte Freudenöl und die himmlische Salbung, die uns Alles lehret; wie uns unser lieber Herr Jesus Christus verheißen hat, daß er uns, als ein Hoherpriester, von seinem Geist geben wolle, wie er spricht: Wer an mich glaubet, von deß Leibe sollen Ströme des lebendigen Wassers fließen. Du bist unser inwendiger himmlischer Lehrer und Meister, welchen wir durch unsern Herrn Jesum Christum bekommen haben, auf daß du uns in alle Wahrheit leitetest. Durch dich sind wir Christen, das ist, Gesalbte des Herrn geworden, durch dich sind wir Christi Glieder geworden; denn wer den Geist Christi nicht hat, der ist nicht sein, und die sind Gottes Kinder, die der Geist Gottes treibet. Du bist's, der uns inwendig tröstet, wenn uns die Welt betrübt, der uns inwendig erfreuet, wenn uns die Welt verfolgt. Du bist das Siegel Gottes, dabei uns Gott kennt, wenn uns die Welt nicht mehr kennen will; du bist das Pfand unsers ewigen Erbes, wenn wir die Welt verlassen müssen. Ich glaube auch, daß eine heilige christliche Kirche sey, die Einen Gott bekennt und glaubt, die da hat Einen Herrn, Einen Glauben, Eine Taufe, Einen Gott und Vater unser Aller, welcher Kirche einiger Bräutigam allein Christus ist, und sie seine einige geistige Braut, die ihm allein von Herzen anhanget und durch den Glauben vermählt ist, mit welcher sich unser himmlischer Bräutigam in Ewigkeit verlobt hat, im Glauben, in Gericht und Gerechtigkeit, die auch den Herrn erkennet. Ich glaube auch, daß diese Kirche sey Christi geistiger Leib, und er sey ihr einiges Haupt, und daß er dieses seines Leibes einiger Heiland sey, und habe sich selbst für sie gegeben, habe sie geheiligt und gereinigt durch das Wasserbad im Wort, auf daß er sie sich zurichte, eine Gemeine, die herrlich sey, die nicht habe einen Flecken oder eine Runzel, oder deß etwas, sondern daß sie heilig sey und unsträflich; die durch Christum vollkommen geheiligt, versöhnt, gereinigt ist, also daß Gott, der Vater, keine Sünde und Unreinigkeit mehr an ihr sieht, um der hohen, theuern und überflüssigen Bezahlung Christi willen, und ist um dieses ihres Bräutigams willen Gottes liebe Tochter, wie sie der heilige Geist im 45. Psalm nennt: Die Braut steht zu deiner Rechten in eitel köstlichem Golde. Höre, Tochter! schaue darauf, und neige dein Ohr; vergiß deines Volks und deines Vaters Hauses, so wird der König Lust an deiner Schöne haben; denn er ist dein Herr, und sollst ihn anbeten. Der Königs Tochter ist ganz schön inwendig, sie ist mit goldenen Stücken gekleidet. Dieß sind die klugen Jungfrauen, die ihre Lampen geschmückt haben, und ihrem Bräutigam entgegengehen, ihn mit Freuden empfangen, und mit ihm eingehen in die himmlische, ewige, hochzeitliche Freude. Unter dieser Zahl und Gemeinschaft der Heiligen begehre ich auch zu seyn; da wollte ich gerne seyn ein Glied des Leibes Christi, ein Bürger des himmlischen Jerusalems, in der Gemeinschaft vieler tausend Heiligen, da der schöne, innerliche, heilige, reine Gottesdienst des Herrn ist, im Geist und in der Wahrheit; und wie unser ewiger König und Hoherpriester ewig ist, so muß auch die Kirche, sein königliches Priesterthum, nicht untergehen, sondern wider alle Pforten der Hölle erhalten werden. Ich glaube auch eine Gemeinschaft der Heiligen, nämlich daß alle wahre Glieder der heiligen christlichen Kirche alle Güter, Schätze und Wohlthaten Christi gemein haben. Und obwohl in dieser Welt Unterschiede der Menschen sind, hohen und niedrigen Standes Personen, Arme und Reiche, die in Würden und die in Verachtung sind: so glaube ich doch, daß sie nur Einen Christum haben, Einen Seligmacher, Einen Erlöser und Heiland; der Arme hat eben das Wort, die Taufe, das Nachtmahl, welches der Reiche hat; denn bei Gott ist kein Ansehen der Person. Und also haben wir alle geistige Güter gemein durch den Glauben. Ich glaube auch, daß diejenigen sind in der Gemeinschaft der Heiligen, welche ihr Kreuz, Leiden, Traurigkeit, Schmach, Verachtung und Verfolgung unter einander gemein haben, durch Mitleiden und Anziehung herzlichen Erbarmens. Denn das Glied, so seines Mitglieds Schmerzen nicht fühlt, ist ein todtes Glied; darum muß ein Glied des andern Last tragen, auf daß wir das Gesetz Christi erfüllen (das ist, das Gesetz der herzlichen Liebe), der unser Kreuz auf sich genommen und gesagt hat: Dein Kreuz mein Kreuz, deine Verachtung meine Verachtung, deine Armuth meine Armuth. Ach welch einen großen Heiligen haben wir in der Gemeinschaft des heiligen Kreuzes, nämlich unsern Herrn Jesum Christum, den Sohn Gottes! Darum will ich mich nicht dieser Gemeinschaft der Heiligen entziehen. Ich glaube auch, daß in der heiligen christlichen Kirche, wo sie ist, Vergebung der Sünden sey, ein Reich der Gnade, und der rechte Ablaß, und daß außer solcher Christenheit kein Heil noch Vergebung der Sünden sey, und glaube, daß Niemand selig sey, er sey denn oder werde ein lebendiges Glied des Leibes Christi, ihm eingepflanzt durch den Glauben. Ich glaube auch, daß in dieser Kirche nicht Einmal Vergebung der Sünden gegeben werde, sondern so oft man dieselbe begehrt; denn Christus ist in dieser Kirche der rechte himmlische Arzt, der täglich und alle Augenblicke die Gebrechen seiner Glieder heilt. Denn der Herr heilt, die zerbrochenen Herzens sind, und lindert ihre Schmerzen. Er richtet auf, die niedergeschlagen sind. Der himmlische Samariter führt täglich die Verwundeten in seine Herberge, und befiehlt, ihrer zu pflegen. Er sucht täglich die verlorenen Schafe, heilt die Verwundeten, wartet der Kranken, pflegt der Schwachen; denn er ist nicht mürrisch noch gräulich; das zerbrochene Rohr zerbricht er nicht, und löscht nicht aus den glimmenden Tocht. Sein Blut ist die köstlichste Arznei und die allerkräftigste Reinigung unserer Sünden, die allerlieblichste Herzstärkung und das herrlichste Labsal, der allerheilsamste Kühltrank in der großen Hitze der Anfechtung und Todesnoth, und ist für der ganzen Welt Sünde vergossen, auf daß zu allen Zeiten alle arme Sünder dessen genießen können. Darum hat er die Sünder nicht Einmal gerufen, sondern ruft bis an's Ende der Welt, und hat nicht wenige gerufen, sondern alle. Wohlan Alle, die ihr durstig seyd, kommt her zum Wasser des Lebens, und trinket umsonst. Ich glaube auch eine Auferstehung des Fleisches, daß mein Herr Jesus Christus diesen meinen Leib, ob er gleich in der Erde vermodert und zu Staub geworden ist, werde wieder auferwecken; und daß ich, wie der heilige Hiob sagt, in meinem Fleische Gott sehen werde. Da wird das Freudenwort erfüllt werden: Wachet auf und rühmet, die ihr schlafet unter der Erde; denn mein Thau ist ein Thau eines grünen Feldes. Der Herr wird den Tod verschlingen ewiglich, und die Schmach seines Volks aufheben in allen Landen, und alle unsere Thränen von unsern Augen abwischen. Alsdann wird das Verwesliche anziehen die Unverweslichkeit, und das Sterbliche die Unsterblichkeit; und obwohl ist gesäet worden ein natürlicher, schwacher, verachteter Leib, so wird doch in Ehre, Kraft und Herrlichkeit auferstehen ein neuer, geistiger Leib; und wie ich getragen habe das Bild des Irdischen, so werde ich auch tragen das Bild des Himmlischen, und werde den Engeln Gottes gleich seyn, und ähnlich dem verklärten Leibe unsers Herrn Jesu Christi, und Gottes Licht, Klarheit und Herrlichkeit wird meinen Leib, als Gottes Tempel, erleuchten und erfüllen. Denn dieser mein sterblicher Leib ist von Sünden erlöst, warum sollte er denn im Tode bleiben? Dieser mein Leib und meine Seele sind zum ewigen Leben erschaffen, erlöst und geheiligt, warum sollten sie denn im Tode bleiben? Dieser mein Leib ist ein Glied des Leibes Christi, durch den heiligen Geist und das Sacrament mit Christo vereinigt, mit ihm verbunden, ihm einverleibt, mit dem lebendigmachenden Geist Christi gesalbt; darum ist es unmöglich, daß er kann im Tode bleiben. So ist auch dieser Leib in diesem Leben ein Tempel des heiligen Geistes; vielmehr wird er in jenem Leben eine Wohnung Gottes seyn in der Verklärung. Und letztlich kann der Tod so stark nicht seyn, daß er uns von Christo scheiden sollte. Ich glaube auch ein ewiges Leben, da alle Angst, Trübsal, Jammer, Elend, Armuth, Verachtung, Verfolgung, Krankheit und Tod ein Ende nehmen wird, daß dieß Wort wird erfüllt werden: Eure Traurigkeit soll zur Freude werden, also daß dieser Zeit Leiden nicht werth ist der Herrlichkeit, die an uns soll offenbar werden; da solche Lieblichkeit seyn wird, die kein Ohr gehört, solche Herrlichkeit, die kein Auge gesehen, solche Freude, die in keines Menschen Herz gekommen ist, welche Gott bereitet hat denen, die ihn lieb haben und auf ihn harren, nämlich:

Freude ohne Leid,
Licht ohne Finsterniß,
Reichthum ohne Armuth,
Alle Genüge ohne Arbeit,
Liebe ohne Haß,
Lust ohne Eitelkeit,
Ehre ohne Neid,
Gesundheit ohne Krankheit,
Herrlichkeit ohne Verdruß,
Ewiges Leben ohne Tod.

---

28. Gebet wider die Furcht des jüngsten Tages.

Ach mein Herr Jesus Christus! du wahrhaftiger Prophet! du hast uns das Ende der Welt verkündigt, die Zeichen geoffenbart, und, wie wir uns dazu bereiten sollen, gelehrt. Ach mein König und Herr! laß mich alle Tage auf deine Zukunft mit Freuden warten; denn du wirst plötzlich kommen, wie ein Blitz, und unversehens, wie ein Dieb in der Nacht, und in deiner Zukunft werden die Himmel zergehen mit großem Krachen, und die Elemente vor Hitze zerschmelzen. Wir warten aber eines neuen Himmels und einer neuen Erde, darin Gerechtigkeit wohnen wird. Ach mein Herr und Gott! es wohnt wahrhaftig in dieser Erde der Fluch und alles Elend und Jammer; mache es einmal mit dieser Welt ein Ende, und mache uns zu des neuen Himmels Einwohnern und zu der neuen Erde Besitzern, darin keine Sünde und kein Tod mehr seyn wird. Laß uns demnach nicht erschrecken vor den Zeichen des jüngsten Tages, die mit Haufen hereinbringen, sondern richte unsere Häupter auf mit deinem Trost und mit lebendiger Hoffnung; denn wir sind ja durch deine Auferstehung und Himmelfahrt neu geboren zu einer lebendigen Hoffnung, zu einem unbefleckten, unverwelklichen und unverweslichen Erbe, das uns im neuen Himmel ist aufgehoben, die durch deine Macht bewahrt werden zur Seligkeit. Ach! wer wollte sich nicht freuen des neuen, schönen Erbes? Wir sind ja nicht zu dieser elenden Welt erkauft, die Erlösung ist ewig, es muß ein ewiges Erbe und eine ewige Wohnung seyn, dazu wir so theuer erkauft sind. Ach! laß uns als die Kinder des ewigen Lichts und des unvergänglichen Erbes dir mit Freuden entgegenlaufen, und sagen: Der Vater kommt, und will uns heim holen in's rechte, ewige Erbe, in unsers himmlischen Vaters Haus, da uns die Stätte bereitet ist. Laß uns dir, o Herr Jesu! unserm schönen Bräutigam, entgegengehen, als die klugen Jungfrauen, mit geschmückten Lampen, als die Knechte, die auf ihren Herrn warten, wenn er aufbrechen wird von der Hochzeit, und die Fakkeln des Glaubens und der Hoffnung in unsern Händen haben, nüchtern seyn, mäßig, emsig im Gebet, wachend in wahrer Buße, bereit, diese arge, unreine Welt zu verlassen, und ein besseres Reich einzunehmen. O! laß uns gerne ausgehen aus diesem unsaubern Sodom, und laß uns nicht einmal zurücke sehen, daß es uns nicht gehe, wie Lot's Weibe, die zur Salzsäule ward. O laß uns fliegen wie Adler zu dir, Herr Christus! der du unsere rechte Speise bist. Ach du liebliche Sommerzeit! willst du nicht bald anbrechen? Es ist lange Winter gewesen, und die Kälte dieser Welt hat uns beleidigt, nämlich der geistige Frost des Unglaubens und der ganz erloschenen Liebe. Ach mein Herr, der du bist der Anfänger und Vollender des Glaubens! stärke meinen Glauben; denn du hast gesagt: Wann des Menschen Sohn kommen wird, wird er auch Glauben finden auf Erden. Komme, o Herr! Glaube und Liebe ist verloschen, der Winter hat zu lange gewähret, und wenn du die Tage nicht wirst verkürzen, so wird kein Mensch selig. Ach du schöne Ernte der Auferstehung der Gerechten, welche schöne Garben wirst du hervorbringen! Die mit Thränen gesäet haben, werden mit Freuden ernten; sie haben den edeln Thränensamen getragen, darum bringen sie nun ihre Garben mit Freuden. Ach! laß deine Schnitter, deine heiligen Engel, deinen Weizen in deine Scheune sammeln. Ach mein Herr und Gott! laß mich auch mit gesammelt und in ein Bündlein des Lebens eingebunden werden. Hilf mir, daß ich dich mit Freuden sehe kommen in den Wolken, als auf einem schönen Wagen, und um dich her das herrliche Geleite der himmlischen Heerschaaren. Das Anschauen deines freundlichen Angesichts wird den Gläubigen alle Furcht benehmen, du wirst uns in einem Augenblick verwandeln, aus der Sterblichkeit in die Unsterblichkeit, aus der Schwachheit in die Kraft, aus irdischen, natürlichen Leibern in himmlische, geistige Körper, daß uns kein Feuer noch Wasser, noch irgend ein Element wird schaden können; und ob gleich Himmel und Erde im Feuer vergehen werden, so werden wir doch hindurchfahren, wie wir jetzo durch die Luft gehen; denn den verklärten Leibern kann nichts schaden, noch dieselben hindern. Du wirst mich auch, dein armes Kind, an jenem Tage nicht richten. Denn wer an den Sohn Gottes glaubt, der hat das ewige Leben, und kommt nicht in's Gericht, sondern ist vom Tode zum Leben hindurchgedrungen. Du hast uns ja deinen gnädigen und freundlichen Urtheilsspruch geoffenbart: Kommet her, ihr Gesegneten meines Vaters, ererbet das Reich, welches euch von Anbeginn bereitet ist. O ein gnädiges, freundliches und trostreiches Wort! Hilf, o gnädiger, barmherziger Herr! daß ich mit allen Auserwählten dasselbe mit Freuden und Jauchzen anhören, und mit dir in deine Herrlichkeit eingehen möge. Amen.

29. Gebet wider die Feinde um Sieg.

Ach du starker, gewaltiger und unüberwindlicher Herr Jesus Christus! du mit Recht genannt wunderbar, Rath, Kraft, Held, ewiger Vater, Friedefürst! sey du meine Stärke, mein Schild, mein Schutz; denn du, Herr, bist der Schild für mich, der mich zu Ehren setzet und mein Haupt aufrichtet. Ach Herr! gib mir einen starken Heldenmuth, daß ich mich nicht fürchte vor viel hundert Tausend, die sich umher wider mich legen. Auf, Herr! und hilf mir, mein Gott! denn du schlägst alle meine Feinde auf den Backen, und zerschmetterst der Gottlosen Zähne. Bei dem Herrn findet man Hülfe, und deinen Segen über dein Volk, Sela. O Gott! tröste mich mit Kraft, und lehre meine Hand streiten, und meinen Arm einen ehernen Bogen spannen. Gib mir den Schild deines Heils, deine rechte Hand stärke mich. Rüste mich zum Streit, und wirf unter mich, die sich wider mich setzen. Gib mir meine Feinde in die Flucht, daß ich meine Hasser verstöre. Sie müssen werden wie Spreu vor dem Winde, und der Engel des Herrn stoße sie weg. Ihre Wege müssen finster und schlüpferig werden, und der Engel des Herrn verfolge sie. Er müsse unversehens überfallen werden, und sein Netz, das er gestellt hat, müsse ihn fahen. Aber meine Seele müsse sich freuen des Herrn, und fröhlich seyn auf seine Hülfe. Alle meine Gebeine müssen sagen: Herr, wer ist bir gleich, der du den Elenden errettest von dem, der ihm zu stark ist, und den Elenden und Armen von seinen Tücken? Durch dich, Herr, wollen wir unsere Feinde zerstoßen. In deinem Namen wollen wir untertreten, die sich wider uns setzen. Denn ich verlasse mich nicht auf meinen Bogen, und mein Schwert kann mir nicht helfen; sondern du hilfst uns von unsern Feinden, und machest zu Schanden, die uns hassen. Gott ist unsere Zuversicht und Stärke, eine Hülfe in den großen Nöthen, die uns betroffen haben. Darum fürchten wir uns nicht, wenn gleich die Welt unterginge, und die Berge mitten in's Meer sänken; dennoch soll die Stadt Gottes fein lustig bleiben mit ihren Brünnlein, da die heiligen Wohnungen des Höchsten sind. Gott ist bei ihr drinnen, darum wird sie wohl bleiben; Gott hilft ihr frühe. Die Heiden müssen verzagen, und die Königreiche fallen; das Erdreich muß vergehen, wenn er sich hören läßt. Der Herr Zebaoth ist mit uns, der Gott Jacob ist unser Schutz, Sela. Der den Kriegen steuert in aller Welt, der Bogen zerbricht, Spieße zerschlägt, und Wagen mit Feuer verbrennet. Schaffe uns Beistand in der Noth, denn Menschenhülfe ist hier kein nütze. Mit Gott wollen wir Thaten thun, er wird unsere Feinde untertreten. Es stehe Gott auf, daß seine Feinde zerstreuet werden, und die ihn hassen, vor ihm fliehen. Vertreibe sie, wie der Rauch vertrieben wird vom Winde; wie das Wachs zerschmilzt vom Feuer, so müssen umkommen die Gottlosen vor Gott. Die Gerechten aber müssen sich freuen, und fröhlich seyn, und von Herzen sich freuen. Herr, mache alle Gottlosen zu Koth, die da sagen: Wir wollen Gottes Häuser einnehmen. Gott, mache sie wie einen Wirbel, wie Stoppeln vor dem Winde; wie ein Feuer den Wald verbrennt, und wie eine Flamme den Berg anzündet, also verfolge sie mit deinem Wetter, und erschrecke sie mit deinem Ungewitter: so werden sie erkennen, daß du mit deinem Namen heißest Herr allein, und der Höchste in aller Welt. Amen.

30. Gebet um göttlichen Schutz wider die Feinde und Verfolger.

Herr, allmächtiger Gott, Herr Zebaoth, meine Stärke, Herr, mein Fels, meine Burg, mein Erretter, mein Gott, mein Hort, auf den ich traue, mein Schild und Horn meines Heils, und mein Schutz! ich will dich, o mein Herr und Gott! loben und anrufen, so werde ich von allen meinen Feinden errettet. Ach Herr, du bist ja der Armen Schutz, ein Schutz zur Zeit der Noth; darum hoffen auf dich, die deinen Namen kennen. Beweise deine wunderliche Güte, du Heiland derer, die dir vertrauen, wider die, so sich wider deine rechte Hand setzen. Behüte mich wie einen Augapfel im Auge, beschirme mich unter dem Schatten deiner Flügel, vor den Gottlosen, die mich verstören, vor meinen Feinden, die um und um nach meiner Seele trachten. Ach mein Herr und Gott! bedecke mich in deiner Hütte zur bösen Zeit; verbirg mich heimlich in deinem Gezelt, und erhöhe mich auf einen Felsen. Denn auf dich traue ich, Herr, mein Gott! laß mich nimmermehr zu Schanden werden. Errette mich durch deine Gerechtigkeit, neige deine Ohren zu mir, eilend hilf mir. Sey mir ein starker Fels und eine Burg, daß du mir helfest. Ach, wie groß ist deine Güte, die du verborgen hast denen, die dich fürchten, und erzeigest denen, die vor den Leuten auf dich trauen! Du verbirgst sie heimlich vor Jedermanns Trotz; du bedeckest sie in der Hütte vor den zänkischen Zungen. Lobet den Herrn, alle seine Heiligen; die Gläubigen behütet der Herr, und vergilt denen reichlich, so Hochmuth üben. Es müssen sich schämen und zu Schanden werden, die nach meiner Seele stehen. Es müssen zurücke kehren und zu Schanden werden, die mir übel wollen. Sie müssen werden wie Spreu vor dem Winde, und der Engel des Herrn stoße sie weg. Aber meine Seele müsse sich freuen des Herrn, und fröhlich seyn über seiner Hülfe. Alle meine Gebeine müssen sagen: Herr, wer ist dir gleich? der du den Elenden errettest von dem, der ihm zu stark ist, und den Armen von seinen Räubern. Ach mein Gott! laß mich nicht von den Stolzen untergetreten werden, und die Hand des Gottlosen stürze mich nicht. Denn ich bin arm und elend, der Herr aber sorget für mich. Du bist mein Helfer und Erretter; mein Gott, verzeuch nicht. Denn vor ihrer Macht halte ich mich zu dir, denn Gott ist mein Schutz. Ich will von deiner Macht singen, und des Morgens rühmen deine Güte; denn du bist meine Zuflucht in meiner Noth. Ich will dir, mein Gott, lobsingen; denn du bist mein Schutz und mein gnädiger Gott. Darum werde ich bleiben wie ein grüner Oelbaum im Hause Gottes; ich verlasse mich auf Gottes Güte immer und ewiglich. Ich danke dir ewiglich, denn du kannst es wohl machen, und will harren auf deinen Namen, denn deine Heiligen haben Freude daran. Freuen und fröhlich müssen seyn, die nach dir fragen, und die dein Heil lieben, immer sagen: Hochgelobet sey Gott! Denn du bist meine Zuversicht, Herr, Herr, meine Hoffnung von Jugend an. Auf dich habe ich mich verlassen von Mutterleibe an, du hast mich aus meiner Mutter Schooß gezogen, mein Ruhm ist immer vor dir. Ich gehe einher in der Kraft des Herrn; ich preise deine Gerechtigkeit allein. Du lässest mich erfahren viel und große Angst, und machest mich wieder lebendig, und holest mich wieder aus der Tiefe der Erde herauf. Du leitest mich nach deinem Rath, und nimmst mich endlich mit Ehren an. Thue ein Zeichen an mir, daß mir's wohlgehe, daß es sehen, die mich hassen, und sich schämen müssen, daß du mir beistehest, Herr, und tröstest mich. Herr Zebaoth, wer ist, wie du, ein allmächtiger Gott? und deine Wahrheit ist um dich her. Du herrschest über das ungestüme Meer, du stillest seine Wellen, wenn sie sich erheben. Du zerstreuest die Feinde mit deinem starken Arm. Du hast einen gewaltigen Arm, stark ist deine Hand, und hoch ist deine Rechte. Gerechtigkeit und Gericht ist deines Stuhles Festung, Gnade und Wahrheit sind vor deinem Angesicht. Du bist der Ruhm meiner Stärke, und durch deine Gnade wirst du mein Horn erhöhen; denn du bist mein Schild, und der Heilige in Israel ist mein König. Laß mich deine Hand erhalten, und dein Arm stärke mich. Laß die Feinde mich nicht überwältigen, und die Ungerechtigkeit mich nicht dämpfen. Wende deine Gnade nicht von mir, und deine Wahrheit erhalte mich ewiglich. Amen.

---

31. Trost und Gebet wider böse Mäuler und Verläumder, aus den Psalmen.

Ach du sanftmüthiger, geduldiger Herr Jesus Christus! wie bist du mit dem giftigen Otterngezüchte der Pharisäer geplagt gewesen! ja wie wirst du noch gelästert von allen Irrlehrern und Gottlosen! Wie hat dich die alte Schlange, der Teufel, in die Ferse gestochen! Ja, wie manchen Mordstich gibt sie dir noch in deinen Gliedern! Denn der Satan geht aus, zu streiten mit den Uebrigen deines Samens; das ist die alte Feindschaft zwischen deinem Samen und der Schlange. Darum weiß ich, daß ich davor auch nicht sicher werde seyn können, wie alle deine Glieder, und solches ist nicht das geringste Kreuz derer, die dir angehören. Ach Herr! ich weiß, daß du eine solche Geißel über mich verhängest zu meinem Besten, wie David sagt: Vielleicht hat es ihn der Herr geheißen: Fluche David. Du willst aber dadurch meine Gedulb, Demuth und mein Gebet prüfen, und die Sanftmuth und Demuth in mich pflanzen. Ach Herr! errette mich von den Lügenmäulern, und laß mich dawider Trost und Arznei aus deinem Wort erlangen und zu Herzen nehmen.

1. Die erste Arznei ist Gottes Schild.

Du, Herr, bist der Schild für mich, der mich zu Ehren setzet, und mein Haupt aufrichtet. Auf, Herr! und hilf mir, mein Gott! benn bu schlägst alle meine Feinde auf den Backen, und zerschmetterst der Gottlosen Zähne. Ps. 3.

2. Gottes Regierung.

Liebe Herren! wie lange soll meine Ehre geschändet werden? Wie habt ihr das Eitle so lieb, und die Lügen so gern? Erkennet doch, daß der Herr seine Heiligen wunderlich führet; der Herr höret, wenn ich ihn anrufe. Ps. 4.

3. Rache Gottes wider die Verläumder und Feinde der Gläubigen.

Du bringest die Lügner um, der Herr hat einen Gräuel an den Blutgierigen und Falschen. In ihrem Munde ist nichts Gewisses, ihr Inwendiges ist Herzeleid, ihr Rachen ist ein offenes Grab, mit ihren Zungen heucheln sie. Schuldige sie Gott, daß sie fallen von ihrem Vornehmen. Laß sich freuen Alle, die auf dich trauen; ewiglich laß sie rühmen, denn du beschirmest sie; fröhlich laß seyn in dir, die deinen Namen lieben. Denn du, Herr, segnest die Gerechten; du krönest sie mit Gnaden, als mit einem Schilde. Ps. 5.

4. Lästerer werden bald zu Schanden.

Es müssen alle meine Feinde zu Schanden werden, und sehr erschrecken, sich zurücke kehren und zu Schanden werden plötzlich. Ps. 6.

5. Verläumber fallen in ihre eigene Grube.

Auf dich traue ich, Herr, mein Gott! hilf mir von allen meinen Verfolgern, und errette mich, daß sie nicht wie Löwen meine Seele erhaschen und zerreißen, weil kein Erretter da ist. Siehe, der hat Böses im Sinn, mit Unglück ist er schwanger, er wird aber einen Fehl gebären. Er hat eine Grube gegraben und ausgeführt, und ist in die Grube gefallen, die er gemacht hat. Sein Unglück wird auf seinen Kopf kommen, und sein Frevel auf seinen Scheitel fallen. Ps. 7.

6. Schirm Gottes.

Behüte mich wie einen Augapfel im Auge, beschirme mich unter dem Schatten deiner Flügel, vor den Gottlosen, die mich verstören, vor meinen Feinden, die um und um nach meiner Seele stehen. Ps. 17.

7. Gott dämpft die Lügner.

Ich will den Herrn loben und anrufen, so werde ich von meinen Feinden erlöset. Wenn mir angst ist, so rufe ich ben Herrn an, und schreie zu meinem Gott: so erhöret er meine Stimme von seinem Tempel, und mein Geschrei kommt vor ihn zu seinen Ohren. Ps. 18.

8. Schutz Gottes.

Der Herr ist mein Licht und mein Heil, vor wem sollte ich mich fürchten? Der Herr ist meines Lebens Kraft, vor wem sollte mir grauen? Darum, so die Bösen, meine Widersacher und Feinde, an mich wollen, mein Fleisch zu fressen, müssen sie anlaufen und fallen. Wenn sich schon ein Heer wider mich leget, so fürchtet sich bennoch mein Herz nicht; wenn sich Krieg wider mich erhebet, so verlasse ich mich auf ihn. Denn er bedeckt mich in seiner Hütte zur bösen Zeit; er verbirgt mich heimlich in seinem Gezelt, und erhöhet mich auf einen Felsen. Herr, weise mir deine Wege, und leite mich auf richtiger Bahn, um meiner Feinde willen. Gib mich nicht in den Willen meiner Feinde; denn es stehen falsche Zeugen wider mich, und thun mir Unrecht ohne Scheu. Ich glaube aber doch, daß ich sehen werde das Gute des Herrn im Lande der Lebendigen. Harre des Herrn, sey getrost und unverzagt, und harre des Herrn. Ps. 27.

9. Gottes Hut und Wacht wider böse Zungen.

Ich aber, Herr, hoffe auf dich, und spreche: Du bist mein Gott, meine Zeit steht in deinen Händen. Errette mich von der Hand meiner Feinde, und von denen, die mich verfolgen. Verstummen müssen falsche Mäuler, die da reden wider den Gerechten steif, stolz und höhnisch. Wie groß ist deine Güte, die du verborgen hast denen, die dich fürchten, und erzeigest denen, die vor den Leuten auf dich trauen! Du verbirgst sie heimlich bei dir vor Jedermanns Trotz, du bedeckest sie in deiner Hütte vor den zänkischen Zungen. Ps. 31.

10. Gottes Rache.

Sie müssen werden wie Spreu vor dem Winde, und der Engel des Herrn stoße sie weg. Ihre Wege müssen finster und schlüpferig werden, und der Engel des Herrn verfolge sie. Ps. 35.

11. Lästerer fallen in ihr eigen Schwert.

Erzürne dich nicht über die Bösen, sey nicht neidisch über die Uebelthäter; denn wie das Gras werden sie bald abgehauen, und wie das grüne Kraut werden sie verwelken. Der Gottlose dräuet dem Gerechten, und beißt die Zähne zusammen über ihn. Aber der Herr lachet sein; denn er sieht, daß sein Tag kommt. Die Gottlosen ziehen das Schwert aus, und spannen ihren Bogen, daß sie fällen den Elenden und Armen, und schlachten die Frommen. Aber ihr Schwert wird in ihr Herz gehen, und ihr Bogen wird zerbrechen. Der Gottlose lauert auf den Gerechten, und gedenkt ihn zu tödten; aber der Herr läßt ihn nicht in seinen Händen, und verdammt ihn nicht, wenn er gerichtet wird. Ich habe gesehen einen Gottlosen, der war trotzig, und breitete sich aus, und grünete wie ein Lorbeerbaum. Da man vorüberging, siehe, da war er dahin; ich fragte nach ihm, da ward er nirgend gefunden. Ps. 37.

12. Geduld überwindet die Lästerer.

Ich aber muß seyn wie ein Tauber, der nicht höret, und wie ein Stummer, der seinen Mund nicht aufthut. Ich bin wie Einer, der nicht höret, und der keine Widerrede in seinem Munde hat. Denn ich bin zu Leiden gemacht, und mein Schmerz ist immer vor mir. Ps. 38.

13. Gott die Rache zu befehlen; schreckliches Urtheil der Verläumder.

Wirf dein Anliegen auf den Herrn, der wird dich versorgen, und wird den Gerechten nicht ewig in Unruhe lassen. Aber, Gott, du wirst sie hinunter stoßen in die tiefe Grube. Die Blutgierigen und Falschen werden ihr Leben nicht zur Hälfte bringen; ich aber hoffe auf dich. Ps. 55.

14. Im Gebet und Lobe Gottes ist der Sieg. Gott streitet selbst wider die Verläumder.

Sey mir gnädig, Gott, sey mir gnädig! denn auf dich trauet meine Seele, und unter dem Schatten deiner Flügel habe ich Zuflucht, bis das Unglück vorübergehe. Ich rufe zu Gott, dem Allerhöchsten, zu Gott, der meines Jammers ein Ende macht. Er sendet vom Himmel, und hilft mir von der Schmach meines Versenkers, Sela. Gott sendet seine Güte und Treue. Ich liege mit meiner Seele unter den Löwen; Menschenkinder sind Feuerflammen, ihre Zähne sind Spieße und Pfeile, und ihre Zungen scharfe Schwerter. Erhebe dich, Gott, über den Himmel, und deine Ehre über alle Welt. Sie stellen meinem Gange Netze, und drücken meine Seele nieder; sie graben vor mir eine Grube, und fallen selbst darein, Sela. Mein Herz ist bereit,

Gott, mein Herz ist bereit, daß ich singe und lobe. Wache auf, meine Ehre, wache auf, Psalter und Harfe! Frühe will ich aufwachen, Herr, ich will dir danken unter den Völkern, ich will dir lobsingen unter den Leuten; denn deine Güte ist, so weit der Himmel ist, und deine Wahrheit, so weit die Wolken gehen. Erhebe dich, Gott, über den Himmel, und deine Ehre über alle Welt. Ps. 57.

15. Verläumder sind des Teufels Jäger und Jagdhunde.

Behüte mein Leben vor den grausamen Feinden; denn sie schärfen ihre Zungen wie ein Schwert, mit ihren giftigen Worten zielen sie wie mit Pfeilen, daß sie heimlich schießen den Frommen; plötzlich schießen sie auf ihn ohne alle Scheu. Aber Gott wird sie plötzlich schießen, daß es ihnen wehe thun wird. Ihre eigene Zunge wird sie fällen, daß ihrer spotten wird, wer sie siehet. Ps. 64.

16. Gottes Kraft erhält uns wider die Lügenmäuler.

Meine Feinde reden wider mich, und die auf meine Seele halten, berathen sich mit einander, und sprechen: Gott hat ihn verlassen, jaget nach, und ergreifet ihn, denn da ist kein Erretter. Ich gehe einher in der Kraft des Herrn Herrn. Ich preise deine Gerechtigkeit allein. Gott, du hast mich von Jugend auf gelehret, darum verkündige ich deine Wunder. Auch verlaß mich nicht, Gott, im Alter, wann ich grau werde; bis ich deinen Arm verkünte Kindeskindern, und deine Kraft Allen, die noch kommen sollen. Denn du lässest mich erfahren viel und große Angst, und machest mich wieder lebendig, und holest mich aus der Tiefe der Erde herauf. Du machest mich sehr groß, und tröstest mich wieder. Ps. 71.

17. Gott bedeckt uns mit seinem Schatten vor den Mordpfeilen der bösen Mäuler.

Ich hebe meine Augen auf zu den Bergen, von welchen mir Hülfe kommt; meine Hülfe kommt vom Herrn, der Himmel und Erde gemacht hat. Er wird deinen Fuß nicht gleiten lassen, und der dich behütet, schläfet nicht; siehe, der Hüter Israel schläfet nicht, noch schlummert er. Der Herr behütet dich, der Herr ist dein Schatten über deiner rechten Hand, daß dich des Tages die Sonne nicht steche, noch der Mond des Nachts. Der Herr behüte dich vor allem Uebel, er behüte deine Seele; der Herr behüte deinen Eingang und Ausgang, von nun an bis in Ewigkeit. Amen. Ps. 121.

18. Gott bewahre uns vor List der falschen Zungen.

Errette mich, Herr, von den bösen Menschen, behüte mich vor den freveln Leuten, die Böses gedenken in ihrem Herzen, und täglich Krieg erregen. Sie schärfen ihre Zungen wie eine Schlange, Otterngift ist unter ihren Lippen. Bewahre mich, Herr, vor der Hand der Gottlosen, behüte mich vor den freveln Leuten, die meinen Gang gedenken umzustoßen. Die Hoffärtigen legen mir Stricke, und breiten mir Seile aus zum Netze, und stellen mir Fallen an den Weg. Ich aber sage zum Herrn: Du bist mein Gott; Herr, vernimm die Stimme meines Flehens. Herr, Herr, meine starke Hülfe, du beschirmest mein Haupt zur Zeit des Streits. Herr, laß dem Gottlosen seine Begierde nicht, stärke seinen Muthwillen nicht, sie möchten sich's erheben, Sela. Ps. 140.

19. Strafe der Lügenmäuler.

Das Unglück, davon meine Feinde rathschlagen, müsse auf ihren Kopf fallen. Er wird sie mit Feuer tief in die Erde schlagen, daß sie nimmermehr aufstehen. Ein böses Maul wird kein Glück haben auf Erden; ein freveler, böser Mensch wird verjagt und gestürzt werden. Denn ich weiß, daß der Herr wird des Elenden Sache und des Armen Recht ausführen. Auch werden die Gerechten deinem Namen danken, und die Frommen werden vor deinem Angesichte bleiben. Ps. 149.

20. In Verfolgung will uns Niemand kennen, denn Gott allein.

Ich schreie zum Herrn mit meiner Stimme, ich schütte meine Rede vor ihm aus, und zeige an vor ihm meine Noth. Wenn mein Geist in Aengsten ist, so nimmst du dich meiner an. Sie legen mir Stricke auf dem Wege, da ich auf gehe. Schaue zur Rechten, und siehe, da will mich Niemand kennen; ich kann nicht entfliehen; Niemand nimmt sich meiner Seele an. Herr, zu dir schreie ich, und sage: Du bist meine Zuversicht, mein Theil im Lande der Lebendigen. Merke auf meine Klage, denn ich werde sehr geplagt; errette mich von meinen Verfolgern, denn sie sind mir zu mächtig. Die Gerechten werden sich zu mir sammeln, wenn du mir wohlthust. Amen. Ps. 142.

Wie wir durch Christum und aller Heiligen Exempel die Verläumdung und falsche Zungen überwinden sollen, davon besiehe das 17. Capitel des zweiten Buchs vom wahren Christenthum.

---

32. Gebet in Kriegsnoth, und wider den Türken*).

Herr, allmächtiger Gott, du starker, unüberwindlicher König aller Könige und Herr aller Herren! der du gesagt hast, es solle nicht ein Haar von unserm Haupt fallen ohne deinen Willen; der du den Kriegen steuerst in aller Welt, Bogen zerbrichst, Spieße zerschlägst, und Wagen mit Feuer verbrennest: sey unsere Hülfe, unser Schutz und unsere Stärke, unser Fels und unsere Burg, und errette uns und die ganze Christenheit von dem grausamen Türken und von allen blutgierigen Feinden. Verlaß dein Erbtheil nicht, welches nach dem heiligen Namen Christi genannt ist. Laß deine Ehre groß werden in der Höhe und in der ganzen Welt, Friede auf Erden, und an den Menschen ein Wohlgefallen. Laß Kirchen und Schulen nicht verstört, Land und Leute nicht verderbt und verwüstet werden, wo deine Ehre wohnet. Gib aller christlichen Obrigkeit und ihren Unterthanen beständigen Frieden und Einigkeit. Laß Güte und Treue einander in unserm Lande begegnen, Gerechtigkeit und Friede sich küssen. Laß Treue auf Erden wachsen, und Gerechtigkeit vom Himmel schauen. Deine Hülfe ist ja nahe denen, die dich fürchten; daß in unsern Landen Ehre wohne, daß uns der Herr Gutes thue, damit unser Land sein Gewächs gebe, daß Gerechtigkeit bei uns bleibe, und im Schwange gehe. Befiehl deinen Engeln, daß sie um unser liebes Vaterland, Leib, Ehre und Gut sich lagern, und eine Wagenburg schlagen. Sey du eine feurige Mauer um uns her, und beschütze uns, daß wir nicht durch der Feinde Schwert fallen, beraubt, verheert, vertrieben, an Leib, Gut und Ehre gehöhnet und geschändet werden. Gib, daß wir uns nicht verlassen auf Wagen und Rosse, sondern auf deinen heiligen Namen, welcher ist eine feste Burg, dahin der Gerechte wird fliehen, und errettet werden. Gib uns Herz und Muth wider unsere Feinde. Rüste uns mit deiner Macht; denn mit dir können wir Kriegsvolk zerschmeißen, und mit dir, unserm Gott, über die Mauer springen; denn du bist ein Schild Allen, die dir vertrauen. Gott rüste uns mit Kraft, und lehre unsere Hand streiten wider unsere Feinde. Gib uns den Schild deines Heils, deine rechte Hand stärke uns. Du kannst uns rüsten mit Stärke zum Streit, du kannst unter uns werfen, die sich wider uns setzen. Du gibst unsere Feinde in die Flucht, daß wir unsere Hasser verstören, daß wir sie zerstoßen, wie Staub vor dem Winde, daß wir sie wegräumen, wie Koth auf der Gasse. Darum zeuch uns an mit deiner Kraft, und laß uns in dir stark seyn, und in der Macht deiner Stärke. Zerstreue die Völker, die Krieg im Sinne haben; mache ihre bösen, listigen Anschläge zu nichte, und ihre Klugheit zu Thorheit. Du bist ja herrlicher und mächtiger denn die Raubeberge. Die Stolzen müssen beraubt werden und entschlafen, und alle Krieger müssen die Hand lassen sinken. Von deinem Schelten, Gott Jacob, sinken in den Schlaf beide, Roß und Wagen. Du bist erschrecklich, wer kann vor dir bestehen, wenn du zürnest? Wenn du das Urtheil hören lässest vom Himmel, so erschrickt das Erdreich und wird stille; wenn Gott sich

---

*) Diese historisch wichtige Beziehung ist in jüngster Zeit für einzelne christliche Länder wieder bedeutend geworden.

aufmacht, zu richten, daß er helfe allen Elenden auf Erden. Wenn Menschen wider dich wüthen, so legest du Ehre ein, und wenn sie noch mehr wüthen, bist du auch noch gerüstet; der du den Fürsten den Muth nimmst, und schrecklich bist unter den Königen auf Erden. Ach Gott! wie lange soll der Widerwärtige schmähen, und der Feind deinen Namen so gar verlästern? Du bist ja unser König von Alters her, der alle Hülfe thut, so auf Erden geschieht. Du zertrennest das Meer durch deine Kraft, und zerbrichst die Köpfe der Drachen im Wasser. Du zerschlägst die Köpfe der Wallfische, und gibst sie zur Speise dem Volk in der Einöde. Du setzest ja einem jeglichen Lande seine Grenzen. So gedenke doch, daß der Feind den Herrn schmähet, und ein thöricht Volk lästert deinen Namen. Du wollest nicht dem Thiere geben die Seele deiner Turteltaube, und deiner elenden Thiere nicht so gar vergessen. Laß den Geringen nicht mit Schanden davongehen, denn die Armen und Elenden rühmen deinen Namen. Mache dich auf, Gott, und führe aus deine Sache. Gedenke an die Schmach, die dir täglich von den Thoren widerfährt. Stürze ihre Macht und Gewalt, darauf sie sich verlassen, wie den Pharao, daß sie fliehen müssen, wie Sissera. Nimm ihnen Herz und Muth, mache sie feig und verzagt, laß sie Furcht und Schrecken überfallen, wie die Midianiter. Schlage sie mit Blindheit, wie die Syrer zu Elisä Zeiten. Laß sie werden wie Spreu vor dem Winde, und der Engel des Herrn stoße sie weg. Beschirme unsere Gränze, vertreibe sie aus unsern Landen, wie der Rauch vom Winde vertrieben wird, und wie Wachs vom Feuer verschmilzt. Laß uns fröhlich singen: Die rechte Hand des Herrn ist erhöhet, die rechte Hand des Herrn behält den Sieg. Es müssen alle unsere Feinde zu Schanden werden, und sehr erschrecken, sich zurücke kehren, und zu Schanden werden plötzlich. Amen.

33. Gebet in theurer Zeit und Hungersnoth.

Allmächtiger, barmherziger, gütiger Gott, Schöpfer Himmels und der Erde! du erhörest Gebet, darum kommt alles Fleisch zu dir. Ach Herr! wir haben diese theure Zeit sehr wohl verdient; denn du hast gedräuet, es soll ein fruchtbar Land nichts tragen, um der Sünde willen derer, die darauf wohnen. Ach Herr! unsere Missethat drückt uns hart, du wollest uns unsere Sünde vergeben. Erhöre uns nach deiner wunderlichen Gerechtigkeit, Gott, unser Heil, der du bist die Zuversicht Aller auf Erden, und ferne am Meer. Ach Herr! thue auf deine milde, allmächtige Hand, und sättige Alles, was da lebet, mit Wohlgefallen. Du kannst ja rufen dem, das nichts ist, auf daß es etwas sey, zu Lobe deinem Namen, und deiner tröstlichen Gnade; denn deine Brünnlein haben Wasser die Fülle. Ach Herr! suche das Land heim, und wässere es, und mache es sehr reich; laß das Getreide wohl gerathen, und baue selbst das Land, tränke seine Furchen, und segne sein Gepflügtes, mache es weich mit Regen, und segne sein Gewächs. Kröne das Jahr mit deinem Gut; laß deine Fußstapfen triefen von Fett. Mache fröhlich Alles, was da lebet, beide des Morgens und Abends. Denn du, Herr, unser Gott, bist groß, und von großer Kraft, und ist unbegreiflich, wie du regierest. Du kannst den Himmel mit Wolken bedecken, du gibst Regen auf Erden, du lässest Gras wachsen auf den Bergen, du gibst dem Vieh sein Futter, den jungen Raben, die dich anrufen. Herr, du hilfst beiden, Menschen und Vieh. Du lässest Brunnen quellen in den Gründen, daß die Wasser zwischen den Bergen hinfließen, daß alle Thiere auf dem Felde trinken, und das Wild seinen Durst lösche. An denselben sitzen die Vögel des Himmels, und singen unter den Zweigen. Du feuchtest die Berge von oben her, du machest das Land voll Früchte, die du schaffest. Du lässest Gras wachsen für das Vieh, und Saat zu Nutz den Menschen; daß du Brod aus der Erde bringest, und daß der Wein erfreue des Menschen Herz, und seine Gestalt schön werde vom Oel, und das Brod des Menschen Herz stärke. Herr, wie sind deine Werke so groß und viel! du hast sie alle weislich geordnet, und die Erde ist voll deiner Güte. Ach Herr! thue auf die Fenster des Himmels, und schütte herab Segen die Fülle. Ach Herr Jesu! du speisetest ja in der Wüste etliche tausend Mann mit wenig Broden, und ließest die übrigen Brocken aufheben. Ach Herr! theile nun die übrigen Bröcklein aus unter die Hungrigen, deine Hand ist ja nicht verkürzt. Es wartet Alles auf dich, daß du ihnen Speise gebest zu seiner Zeit. Wenn du ihnen gibst, so sammeln sie, wenn du deine Hand aufthust, so werden sie mit Gut gesättigt. Verbirgst du dein Antlitz, so erschrecken sie, du nimmst weg ihren Odem, so vergehen sie, und werden zu Staub. Du lässest aus deinen Odem, so werden sie geschaffen, und verneuerst die Gestalt der Erde. Darum, o Herr! stärke und speise uns mit deiner lebendigen Kraft, als mit dem rechten Himmelsbrod. Denn der Mensch lebt nicht vom Brod allein, sondern von einem jeglichen Wort, das aus deinem Munde gehet. Nimm deine Kraft und deinen Segen nicht hinweg vom Brod, sondern segne unsere Speise, und sättige unsern Leib mit Wenigem, wie Elisa hundert Mann speisete mit zwanzig Broden. Tröste und speise alle Hungrige, und ernähre sie in der Theurung, der du die Vögel des Himmels speisest, und keinen lässest Hungers sterben. Gib allen Armen Geduld, Herr, und laß sie an deiner allmächtigen Hülfe nicht verzagen; vermehre ihr Brod, wie das Mehl der Wittwe zu Sarepta. Speise auch unsere Seele mit deinem göttlichen Wort, laß uns dasselbe süßer seyn, denn Honig und Honigseim; bis wir endlich in deinem Reich, über deinem Tisch, mit dir essen und trinken, das ist, dein Antlitz schauen in Gerechtigkeit, und satt werden, wenn wir erwachen nach deinem Bilde. Amen.

34. Gebet in großem Ungewitter und Donner.

Allmächtiger, ewiger Gott, barmherziger, lieber Vater! der du gewaltig, schrecklich und herrlich bist, wenn du deine Macht in den Wolken hören lässest: wir arme, schwache, furchtsame und blöde Creaturen erkennen deine Gewalt und große, herrliche Macht. Du bewegest die Erde, daß sie bebet von deinem Donner, und die Grundfesten der Berge regen sich. Vom Glanz vor dir her trennen sich die Wolken; denn der Herr donnert im Himmel, und der Höchste lässet seinen Donner aus. Deine Blitze leuchten auf dem Erdboden, das Erdreich siehet's und erschrickt. Berge zerschmelzen wie Wachs vor dem Herrn, vor dem Herrscher des ganzen Erdbodens, Herr, von deinem Schelten, von dem Odem und Schnauben deiner Nase. Herr, wir sehen und hören deine Gewalt, stark ist dein Arm, und hoch ist deine Rechte. Wir loben, preisen und fürchten dieselbe, und erschrecken billig vor deiner Macht, und vor deinem Zorn, erkennen auch, daß wir mit unsern Sünden wohl verdient hätten, daß du uns mit deinem Grimm verderbetest und zerschmettertest. Aber weil wir deine armen Geschöpfe und Kinder sind, und sonst nirgend vor deinem Zorn hinfliehen können, denn zu deiner grundlosen, holdseligen, väterlichen Gnade und Barmherzigkeit: so rufen wir aus diesem Elend und Jammerthal zu dir in den Himmel, und bitten um Hülfe und Gnade, durch deinen lieben Sohn Jesum Christum. Ach Herr Gott, der du bist ein Vater der Barmherzigkeit und Gott alles Trostes! strafe uns nicht in deinem Zorn, und züchtige uns nicht in deinem Grimm. Laß uns deine Blitze, die da leuchten, nicht beschädigen, unser Haus und Hof nicht anzünden, noch die harten Donnerschläge sie zerschmettern. Sey du bei uns in der Noth, und behüte uns vor einem bösen schnellen Tod. Tröste, stärke und erhalte uns in wahrem Glauben und herzlicher, kindlicher Zuversicht, und im Vertrauen auf deine große Gnade und Barmherzigkeit. Bedecke mit deiner allmächtigen Hand unfern Leib und unser Leben, Haus und Hof, Vieh und Früchte auf dem Felde, und Alles, was wir haben. Beschirme dieselben vor Schloßen, Hagel und Wasserfluthen. Bedecke uns mit deinen Gnadenflügeln, bis dein Zorn und das schreckliche Ungewitter vorübergehe. Ach Herr! es müssen ja Donner und Blitz, Feuer und Wasser, Hagel und Sturmwinde deinen Befehl ausrichten; aber sey uns gnädig, und verschone uns. Ach Herr! wer ist dir gleich, der so herrlich, löblich, heilig, schrecklich und wunderthätig ist? Beweise uns, daß du der rechte Nothhelfer bist, ein Schutz zur Zeit der Noth, und laß uns dein Vaterherz wieder sehen, durch den heiligen und starken Namen Jesum Christum, welchem mit dir und dem heiligen Geist sey Ehre, Herrlichkeit, Lob und Preis in alle Ewigkeit. Amen.

---

35. Danksagung nach dem Ungewitter.

Allmächtiger, ewiger Gott, barmherziger, lieber Vater! wir arme, schwache und blöde Creaturen haben deine große Gewalt und herrliche Macht gesehen und gehört. Wir loben, preisen und fürchten dieselben, und sind erschrocken vor deinem Zorn; wir haben erkannt, daß du nicht allein ein gewaltiger, allmächtiger Herr und Gott bist, sondern auch ein gnädiger Vater, von großer Barmherzigkeit. Wir danken dir, daß du unser Gebet in dieser unserer Noth erhört hast, und bist mitten in deinem Zorn eingedenk gewesen deiner Gnade. Herr, wenn Trübsal da ist, so gedenkest du der Barmherzigkeit; du hast an uns gedacht, wie an Noah in der Sündfluth im Kasten, ja du hast uns auch in deiner Arche eingeschlossen und erhalten, und bist bei uns gewesen in unserer Noth, wie bei deinen Jüngern im Schiff. Du hast uns gnädig bewahrt vor dem schrecklichen Feuer und Blitzen, du hast an uns erfüllt deine Verheißung: Wenn du durch's Feuer gehst, will ich bei dir seyn, daß dich die Flamme nicht anzünde; wenn du durch's Wasser gehst, bin ich bei dir, daß dich die Fluth nicht ersäufe. Du hast unsern Glauben nicht lassen sinken, sondern uns deine allmächtige Hand gereicht, wie Petro auf dem Meer, und uns herausgezogen. Du hast mit deinem allmächtigen, gnädigen Schirm und Schatten unsern Leib und unser Leben, Haus und Hof und Alles, was wir haben, bedeckt, bis dein Zorn und Wetter ist vorübergegangen. Du bist unsere Zuflucht und unser Nothhelfer gewesen, hast uns dein Vaterherz und freundlich Angesicht wieder sehen lassen. Dafür danken wir dir, loben, ehren und preisen deinen herrlichen, löblichen, wunderthätigen Namen, und bitten, du wollest unser unwürdiges, armes, geringes Lob- und Dankopfer gnädig annehmen, welches wir dir auf dem wahren, hohen und allerheiligsten Altar des theuern Verdienstes Jesu Christi opfern. Auch wollest du uns deine Gnade geben, daß wir deiner allmächtigen Hülfe nicht vergessen, sondern dieses Andenken zu wahrer Buße, zu unsers Lebens Besserung, und zur Erinnerung des jüngsten Tages gebrauchen, und desselben mit Freuden erwarten; und unsern Herrn Jesum Christum mit Frohlocken, wenn er kommen wird in seiner großen Herrlichkeit, aufnehmen und empfangen, welchem sey Ehre und Preis, Kraft, Ruhm und Herrlichkeit in Ewigkeit. Amen.

---

36. Gebet um Trost in leiblicher Armuth.

Barmherziger, gnädiger Gott! lieber Vater! du hast mir dieß Kreuz der leiblichen Armuth aufgelegt, ohne Zweifel mir zum Besten. Gib mir Geduld, dieß Kreuz recht zu tragen, und deinem gnädigen Willen mich gehorsam zu unterwerfen. Denn es kommt Alles von dir, Glück und Unglück, Armuth und Reichthum, Leben und Tod. Du machest arm und machest reich; du erniedrigest und erhöhest. Zeige mir aber, du getreuer Gott, Mittel und Wege, wie ich mich und die Meinen ernähren möge, und segne meinen Beruf und meine Arbeit. Du hast ja gesagt, daß sich alle Armen von ihrer Hände Arbeit nähren sollen. Laß diesen Segen auch über mich kommen; laß mich aus deiner milden Vaterhand auch essen, und mit den Meinen gespeiset werden, wie die Vögel unter dem Himmel, die weder säen noch ernten, und du, himmlischer Vater, nähreſt sie doch. Du kleideſt und schmückeſt jährlich die Lilien und Blumen auf dem Felde mit neuen Gewändern, ja du gibſt einem jeden jährlich einen neuen Leib nach seiner Art; du wirſt ja meiner und der Meinen nicht vergessen; denn du, himmlischer Vater, weißt, daß wir deß Alles bedürfen. Darnach lehre mich zuvörderſt suchen dein Reich und deine Gerechtigkeit, so wirſt du mir, nach deiner Verheißung, auch die zeitliche Nothdurft zuwerfen. Und weil ich auf Erden keinen zeitlichen Trost habe, denn des Armen iſt Niemand Freund: so sey du mein Trost, der du der Armen und Geringen Zuflucht und Stärke genannt wirſt. Laß mir meine Armuth nicht Anleitung geben zum Bösen und zu verbotenen Mitteln, sondern zu deſto ſtärkerm Glauben und Vertrauen auf dich, und zu allen chriſtlichen Tugenden, zur Demuth, Sanftmuth, Geduld, Gebet, Hoffnung und Beſtändigkeit. Gib, daß ich Niemand mit meiner Armuth beschwerlich sey, sondern erwecke mir freiwillige Wohlthäter, die du lieb haſt, und verleihe, daß allerlei Gnade bei ihnen wohne. Ach lieber Gott! ein Armer iſt wie ein Frembling auf Erden, welchen Niemand kennen will, deß ſich Niemand annimmt. Das iſt aber mein Trost, daß du gesagt haſt: Ihr sollt die Waisen und die Wittwen und die Fremblinge lieb haben, und ihnen Speise und Kleider geben, und euch fürchten vor dem Herrn, euerm Gott. So iſt auch das mein Trost, daß geschrieben ſteht: Der Herr hebet den Dürftigen aus dem Staube, und erhöhet den Armen aus dem Koth, daß er ihn setze unter die Fürsten und ihn den Stuhl der Ehren erben lasse. Du, lieber Vater, haſt es also geordnet, daß Reiche und Arme müssen unter einander seyn; du aber, Herr, haſt sie Alle gemacht. Darum, lieber Vater, nimm dich auch meiner an, und laß mir nicht Unrecht noch Gewalt geschehen, daß ich nicht unterdrückt werde. Du sagſt ja: Es iſt besser ein Armer, der in Frömmigkeit gehet, denn ein Reicher, der in verkehrten Wegen gehet. Laß mich eingedenk seyn, was der alte Tobias zu seinem Sohne sagt: Wir sind wohl arm, aber wir werden viel Gutes haben, so wir Gott fürchten, die Sünde meiden und Gutes thun; und was David sagt: Das Wenige, das ein Gerechter hat, iſt besser, denn das große Gut vieler Gottlosen; ich bin jung gewesen, und alt geworden, und habe noch nie gesehen den Gerechten verlassen, oder seinen Samen nach Brod gehen. Dieser Verheißung getröſte ich mich, und lasse mich wohl begnügen; denn es iſt besser, wenig mit Gerechtigkeit, denn viel Einkommens mit Unrecht. Denn wir haben nichts in die Welt gebracht, werden auch nichts mit hinaus nehmen. Darum bitte ich um ein solches Herz, welches ſich mehr um den ewigen Reichthum bekümmert, als um zeitliches Gut; du wirſt mir mein bescheiden Theil wohl geben. Laß mich folgen der schönen Lehre des weisen Hauspredigers Sirach, da er sagt: Vertraue Gott, und bleibe in deinem Beruf; denn es iſt dem Herrn gar leicht, einen Armen reich zu machen. Laß mich anschauen das Erempel meines Erlöſers Jeſu Chriſti, da er spricht: Die Vögel unter dem Himmel haben ihre Neſter, und die Füchse ihre Gruben, aber des Menschen Sohn hat nicht so viel, da er sein Haupt hinlege. Du, Herr, biſt mein Gut und mein Theil, du erhältſt mein Erbtheil. Du erfreueſt mein Herz, ob Jene gleich viel Wein und Korn haben. Ich bin arm und elend, der Herr aber sorget für mich. Ich hoffe auch, daß ich sehen werde das Gute des Herrn im Lande des Lebendigen. Seyd getroſt und unverzagt, Alle die ihr des Herrn harret. Amen.

37. Gebet und Trost der Vertriebenen und Verfolgten um des Bekenntnisses der Wahrheit willen.

Ach du getreuer Gott! du einzige Zuflucht der Verlassenen! erhöre uns nach deiner wunderlichen Gerechtigkeit, Gott, unser Heil, der du bist die Zuversicht Aller auf Erden und ferne am Meer. Du bist unsere Zuflucht für und für; ehe denn die Berge wurden, und die Erde und die Welt geschaffen wurden, bist du, Gott, von Ewigkeit zu Ewigkeit. Erbarme dich unsers Elendes; siehe, die Welt wird uns nirgend leiden, wir werden verfolgt, und haben nirgend eine bleibende Stätte, und wird an uns erfüllt, was unser Erlöser Christus Jesus uns zuvorgesagt hat: Siehe, ich sende euch wie Schaafe mitten unter die Wölfe; ihr müsset gehasset werden von Jedermann um meines Namens willen; wer aber beharret bis an's Ende, der wird selig. Ach laß uns, lieber Vater! in wahrer Geduld und Beständigkeit ausharren, und weil du gesagt hast: Wenn sie euch in einer Stadt verfolgen, so fliehet in eine andere: so haben wir diese Hoffnung zum Trost, du habest uns mit diesen Worten die Herberge bestellt, und werdest bei uns seyn auf unserer Flucht, wie bei dem Kindlein Jesu, und wie bei dem Erzvater Jacob, da ihm das Heer Gottes begegnete. Ach Herr Jesus Christus! laß dein Exempel unsern Trost seyn, da du sprichst: So euch die Welt hasset, so wisset, daß sie mich vor euch gehasset hat; der Jünger ist nicht über seinen Meister. Ich habe euch von der Welt erwählet, darum hasset euch die Welt. Darum gib Geduld, weil es nicht anders seyn kann; und weil alle die, so in Christo Jesu wollen gottselig leben, Verfolgung leiden müssen: so gib Gnade, daß wir das Kreuz geduldig auf uns nehmen, und bedenken das Exempel der heiligen Apostel, wie davon St. Paulus sagt: Ich halte dafür, Gott habe uns Apostel für die Allergeringsten dargestellt, als dem Tode übergeben; denn wir sind ein Schauspiel geworden der Welt, und den Engeln, und den Menschen. Bis auf diese Stunde leiden wir Hunger und Durst, und sind nackt, und werden geschlagen, haben nirgend eine gewisse Stätte. Man schilt uns, so segnen wir; man verfolgt uns, so dulden wir's; man lästert uns, so flehen wir; wir sind stets als ein Fluch der Welt und ein Fegopfer aller Leute. Laß, o Herr Christus! dein Wort unsern Trost seyn, da du sprichst: Selig sind, die um der Gerechtigkeit willen verfolgt werden, denn das Himmelreich ist ihr. Selig seyd ihr, wenn euch die Menschen um meinetwillen schmähen und verfolgen, und reden allerlei Uebels wider euch, so sie daran lügen. Seyd fröhlich und getrost, es wird euch im Himmel wohl belohnt werden. Denn also haben sie verfolgt die Propheten, die vor euch gewesen sind. Ach Herr Gott! laß auch das Wort des heiligen Apostels Paulus unsern Trost seyn: Wir werden verfolgt, aber wir werden nicht verlassen; und abermal: Wir müssen durch viel Trübsale in's Reich Gottes eingehen. Laß uns auch an die freundlichen Worte St. Petri gedenken, da er spricht: Freuet euch, daß ihr mit Christo leidet, auf daß ihr auch zur Zeit der Offenbarung seiner Herrlichkeit Freude und Wonne haben möget. Selig seyd ihr, wenn ihr geschmähet werdet über den Namen Christi; denn der Geist der Herrlichkeit Gottes ruhet auf euch; bei ihnen ist er verlästert, aber bei euch ist er gepriesen. Ach Gott! wie ist allen deinen freudigen Bekennern dieß ein großer Trost, da du sagst: Wer euch antastet, der tastet meinen Augapfel an. Darum hoffen wir Alle, deine Pilgrime, und die wir in's Elend getrieben werden, du werdest uns behüten wie einen Augapfel im Auge, und beschirmen unter dem Schatten deiner Flügel, und an allen Orten bei uns seyn, uns begleiten und versorgen. Denn die Erde ist des Herrn, und was darinnen ist, der Erdboden, und was darauf wohnet. Herr, deine Gnade gehet, so weit der Himmel ist, und deine Wahrheit, so weit die Wolken gehen. Zähle unsere Flucht, fasse unsere Thränen in deinen Sack; ohne Zweifel, du zählest sie. Wohl dem, deß Hülfe der Gott Jacob ist, deß Hoffnung auf den Herrn, seinen Gott, stehet, der Himmel, Erde, Meer und Alles, was darinnen ist, gemacht hat, der

Glauben hält ewiglich, der Recht schaffet denen, so Gewalt leiden, der die Hungrigen speiset. Der Herr erlöset die Gefangenen; der Herr macht die Blinden sehend; der Herr richtet auf, die niedergeschlagen sind; der Herr liebt die Gerechten; der Herr behütet die Fremdlinge und Waisen, und erhält die Wittwen, und kehret zurücke den Weg der Gottlosen. Der Herr ist König ewiglich, dein Gott Zion für und für. Halleluja!

———

Die vierte Classe begreift die Amtsgebete. Diese sind in den vorhergehenden Theilen oder Classen hin und wieder enthalten, und können unten im Register aufgesucht werden. Der folgende vierte Theil enthält daher die fünfte Classe von Gebeten.

Vierter Theil.

Lob- und Freudengebete, zur Ehre und zum Preis des Namens Gottes.

Ermunterung zum Lobe Gottes.

Heilig, heilig, heilig ist der Herr Zebaoth! alle Lande sind seiner Ehre voll. Der Herr ist meine Stärke und mein Lobgesang, und ist mein Heil. Das ist mein Gott, ich will ihn preisen; er ist meines Vaters Gott, ich will ihn erheben. Herr, wer ist dir gleich unter den Göttern? Wer ist dir gleich, der so mächtig, heilig, schrecklich, löblich und wunderthätig ist? Herr, du bist würdig zu nehmen Preis, Ehre und Kraft; denn du hast alle Dinge geschaffen, und durch deinen Willen haben sie das Wesen. Das Lamm, das erwürgt ist, ist würdig zu nehmen Kraft, Stärke, Ehre, Preis und Lob. Und alle Creaturen, die im Himmel und auf Erden, und unter der Erde, und im Meer, und Alles, was darinnen ist, hörte ich sagen zu dem, der auf dem Stuhle saß, und zu dem Lamm: Lob und Ehre und Preis und Gewalt von Ewigkeit zu Ewigkeit! Amen.

Vom Nutzen und der Kraft der Lobgesänge und des Lobes Gottes besiehe das 41., 42. und 43. Capitel des andern Buchs vom wahren Christenthum.

---

1. Ein Lob Gottes wegen seiner Allmacht und Barmherzigkeit.

Ich will singen von der Gnade des Herrn ewiglich, und seine Wahrheit verkündigen mit meinem Munde für und für. Und sage also, daß eine ewige Gnade wird aufgehen, und du wirst deine Wahrheit treulich halten im Himmel. Und die Himmel, Herr, werden deine Wunder preisen, und deine Wahrheit in der Gemeine der Heiligen. Denn wer mag in den Wolken dem Herrn gleich gelten, und gleich seyn unter den Kindern der Götter dem Herrn? Gott ist sehr mächtig in der Versammlung der Heiligen, und wunderbar über Alle, die um ihn sind. Herr Zebaoth, wer ist, wie du, ein mächtiger Gott? und deine Wahrheit ist um dich her. Du herrschest über das ungestüme Meer, du stillest seine Wellen, wenn sie sich erheben. Himmel und Erde ist dein, du hast gegründet den Erdboden und was darinnen ist, Mitternacht und Mittag hast du geschaffen, Thabor und Hermon jauchzen in deinem Namen. Du hast einen gewaltigen Arm, stark ist deine Hand, und hoch ist deine Rechte. Gerechtigkeit und Gericht ist deines Stuhles Vestung, Gnade und Wahrheit sind vor deinem Angesicht. Wohl dem Volk, das jauchzen kann! Herr, sie werden im Lichte deines Antlitzes wandeln. Sie werden in deinem Namen täglich fröhlich seyn, und in deiner Gerechtigkeit herrlich seyn, denn du bist der Ruhm ihrer Stärke, und durch deine Gnade wirst du unser Horn erhöhen. Denn der Herr ist unser Schild, und der Heilige in Israel ist unser König. Gott ist mein König von Alters her, der alle Hülfe thut, so auf Erden geschieht. Du zertrennest das Meer durch deine Kraft, und zerbrichst die Köpfe der Drachen im Wasser. Du lässest Brunnen quellen und Bäche, du lässest versiegen starke Ströme. Tag und Nacht ist dein, du machest, daß beide, Sonne und Gestirn, ihren gewissen Lauf haben. Du setzest einem jeglichen Lande seine Grenze, Sommer und Winter machest du. Herr, die Wasserströme erheben ihr Brausen, die Wasserströme heben empor ihre Wellen, die Wasserwogen im Meer sind groß, und brausen sehr; der Herr aber ist noch größer in der Höhe. Kommet herzu, lasset uns dem Herrn frohlocken, und jauchzen dem Hort unsers Heils. Lasset uns mit Danken vor sein Angesicht kommen, und mit Psalmen ihm jauchzen. Denn der Herr ist ein großer Gott, und ein großer König über alle Götter. Denn in seiner Hand ist, was die Erde bringt, und die hohen Berge sind auch sein. Denn sein ist das Meer, und er hat es gemacht, und seine Hände haben das Trockene bereitet. Kommet, lasset uns anbeten, und knieen, und niederfallen vor dem Herrn, der uns gemacht hat; denn er ist unser Gott, und wir das Volk seiner Weide, und Schafe seiner Heerde. Singet dem Herrn ein neues Lied, singet dem Herrn, alle Welt. Singet dem Herrn, und lobet seinen Namen, prediget einen Tag nach dem andern sein Heil. Erzählet unter den Heiden seine Ehre, unter allen Völkern seine Wunder. Denn der Herr ist groß, und hoch zu loben, wunderbar über alle Götter. Denn alle Götter der Völker sind Götzen, aber der Herr hat den Himmel gemacht. Es stehet herrlich und prächtig vor ihm, und gehet gewaltig und löblich zu in seinem Heiligthum. Ihr Völker, bringet her dem Herrn, bringet her dem Herrn Ehre und Macht. Bringet her dem Herrn Ehre seines Namens; betet an den Herrn im heiligen Schmuck; es fürchte ihn alle Welt. Berge zerschmelzen wie Wachs vor dem Herrn, dem Herrscher des ganzen Erdbodens. Die Himmel verkündigen seine Gerechtigkeit, und alle Völker seine Ehre. Man danke seinem großen und wunderbaren Namen, der da heilig ist. Erhebet den Herrn, unsern Gott, betet an zu seinem Fußschemel, denn er ist heilig. Alles, was er will, das thut er, im Himmel, auf Erden, im Meer und in allen Tiefen. Der die Wolken läßt aufgehen vom Ende der Erde, der die Blitze sammt dem Regen macht; der den Wind aus heimlichen Orten kommen läßt, der große Wunder thut allein; der den Himmel ordentlich gemacht hat, der die Erde auf's Wasser ausgebreitet hat; denn seine Güte währet ewiglich.

---

2. Ein Lob der Allmacht, Barmherzigkeit und Gerechtigkeit Gottes.

Ich will dich erhöhen, mein Gott, du König, und deinen Namen loben immer und ewiglich. Der Herr ist groß und sehr löblich, und seine Größe ist unaussprechlich. Kindeskinder werden deine Werke preisen, und von deiner Gewalt sagen. Ich will reden von deiner herrlichen, schönen Pracht, und von deinen Wundern, daß man soll reden von deinen herrlichen Thaten, und daß man erzähle deine Herrlichkeit; daß man preise deine große Güte, und deine Gerechtigkeit rühme. Gnädig und barmherzig ist der Herr, geduldig und von großer Güte. Der Herr ist Allen gütig, und erbarmet sich aller seiner Werke. Es sollen dir danken, Herr, alle deine Werke, und deine Heiligen dich loben, und die Ehre deines Königreichs rühmen, und von der Gewalt reden; daß den Menschenkindern deine Gewalt kund werde, und die herrliche Pracht deines Königreichs. Dein Reich ist ein ewiges Reich, und deine Herrschaft währet für und für. Der Herr erhält Alle, die da fallen, und richtet auf, die da niedergeschlagen sind. Aller Augen warten auf dich, und du gibst ihnen ihre Speise zu seiner Zeit; du thust deine Hand auf, und erfüllest Alles, was da lebet, mit Wohlgefallen. Der Herr ist gerecht in allen seinen Wegen, und heilig in allen seinen Werken. Der Herr ist nahe Allen, die ihn anrufen, Allen, die ihn mit Ernst anrufen. Er thut, was die Gottesfürchtigen begehren, und höret ihr Schreien, und hilft ihnen. Der Herr behütet Alle, die ihn lieben, und wird vertilgen alle Gottlosen. Mein Mund soll des Herrn Lob sagen, und alles Fleisch lobe seinen herrlichen Namen immer und ewiglich. Wohl dem, deß Hülfe der Gott

Jacob ist, deß Hoffnung auf den Herrn, seinen Gott, stehet, der Himmel, Erde, Meer und Alles, was darinnen ist, gemacht hat; der Glauben hält ewiglich, der Recht schaffet denen, so Gewalt leiden, der die Hungrigen speiset. Der Herr erlöset die Gefangenen, der Herr macht die Blinden sehend, der Herr richtet auf, die niedergeschlagen sind. Der Herr liebet die Gerechten, der Herr behütet die Fremdlinge und Waisen, und erhält die Wittwen, und kehret zurücke den Weg der Gottlosen. Der Herr ist König ewiglich, dein Gott Zion für und für, Halleluja! Lobet den Herrn, denn unsern Gott loben, ist ein köstlich Ding; solch Lob ist lieblich und schön. Er heilet, die zerbrochenen Herzens sind, und verbindet ihre Schmerzen. Er zählet die Sterne, und nennet sie alle mit Namen; unser Herr ist groß, und von großer Kraft, und ist unbegreiflich, wie er regieret. Der Herr richtet auf die Elenden, und stößet die Gottlosen zu Boden. Singet um einander dem Herrn mit Danken, lobet unsern Gott mit Harfen; der den Himmel mit Wolken bedeckt, und gibt den Regen auf Erden; der Gras auf den Bergen wachsen läßt, der dem Vieh sein Futter gibt, den jungen Raben, die ihn anrufen. Er hat nicht Lust an der Stärke des Rosses, noch Gefallen an Jemandes Beinen. Der Herr hat Gefallen an denen, die ihn fürchten und auf seine Güte hoffen. Preise, Jerusalem, den Herrn, lobe, Zion, deinen Gott; denn er macht fest die Riegel deiner Thore, und segnet deine Kinder darin. Er schafft deinen Grenzen Friede, und sättiget dich mit dem besten Weizen. Er sendet seine Rede auf Erden, sein Wort läuft schnell. Er gibt Schnee wie Wolle, er streuet Reif wie Asche. Er wirft seine Schloßen wie Bissen; wer kann bleiben vor seinem Frost? Er spricht, so zerschmilzt es; er läßt seinen Wind wehen, so thauet es auf. Er zeiget Jacob sein Wort und Israel seine Rechte. Der Herr hat Wohlgefallen an seinem Volk, er hilft seinen Elenden herrlich. Die Heiligen sollen fröhlich seyn und preisen; ihr Mund soll Gott erhöhen, und sollen scharfe Schwerter in ihren Händen haben; daß sie Rache üben unter den Heiden, Strafe unter den Völkern, ihre Könige zu binden mit Ketten, und ihre Edeln mit eisernen Fesseln; daß sie ihnen thun das Recht, davon geschrieben ist. Solche Ehre werden alle seine Heiligen haben. Halleluja!

---

3. Ein Lob Gottes, von der Herrlichkeit des Schöpfers.

Lobe den Herrn, meine Seele! Herr, mein Gott, du bist sehr herrlich, du bist schön und prächtig geschmückt. Licht ist dein Kleid, das du an hast; du breitest aus den Himmel wie einen Teppich; du wölbest es oben mit Wasser, du fährest auf den Wolken wie auf einem Wagen, und gehest auf den Fittigen des Windes. Der du machest deine Engel zu Winden, und deine Diener zu Feuerflammen; der du das Erdreich gründest auf seinen Boden, daß es bleibet immer und ewiglich. Mit der Tiefe deckest du es, als mit einem Kleide, und Wasser stehen über den Bergen. Aber von deinem Schelten fliehen sie, von deinem Donner fahren sie dahin. Die Berge gehen hoch hervor, und die Breiten setzen sich herunter, zum Ort, den du ihnen gegründet hast. Du hast eine Grenze gesetzt, darüber kommen sie nicht, und müssen nicht wiederum das Erdreich bedecken. Du lässest Brunnen quellen in den Gründen, daß die Wasser zwischen den Bergen hinfließen; daß alle Thiere auf dem Felde trinken, und das Wild seinen Durst lösche. An denselben sitzen die Vögel des Himmels, und singen unter den Zweigen. Du feuchtest die Berge von oben her, du machest das Land voll Früchte, die du schaffest. Du lässest Gras wachsen für das Vieh, und Saat zu Nutz den Menschen, daß du Brod aus der Erde bringest; und daß der Wein erfreue des Menschen Herz, und seine Gestalt schön werde vom Oel, und das Brod des Menschen Herz stärke. Daß die Bäume des Herrn voll Safts stehen, die Cedern des Libanon, die er gepflanzt hat; daselbst nisten die Vögel, und die Reiher wohnen auf

10

den Tannen. Die hohen Berge sind der Gemsen Zuflucht, und die Steinklüfte der Kaninchen. Du machest den Mond, das Jahr darnach zu theilen, die Sonne weiß ihren Niedergang. Du machest Finsterniß, daß es Nacht wird; da regen sich alle wilde Thiere, die jungen Löwen, die da brüllen nach Raub, und ihre Speise suchen von Gott. Wenn aber die Sonne aufgehet, heben sie sich davon, und legen sich in ihre Löcher. So geht denn der Mensch an sein Ackerwerk und an seine Arbeit, bis auf den Abend. Herr, wie sind deine Werke so groß und viel! du hast sie alle weislich geordnet, die Erde ist voll deiner Güte. Das Meer, das so groß und weit ist, da wimmelt es ohne Zahl, beide kleine und große Thiere; daselbst gehen die Schiffe, da sind Wallfische, daß sie darin scherzen. Es wartet Alles auf dich, daß du ihnen Speise gebest zu seiner Zeit. Wenn du ihnen gibst, so sammeln sie; wenn du deine Hand aufthust, so werden sie mit Güte gesättigt. Verbirgst du dein Angesicht, so erschrecken sie; du nimmst weg ihren Odem, so vergehen sie, und werden wieder zu Staub. Du lässest aus deinen Odem, so werden sie geschaffen, und erneuerst die Gestalt der Erde. Die Ehre des Herrn ist ewig, der Herr hat Wohlgefallen an seinen Werken. Er schauet die Erde an, so bebet sie; er rühret die Berge an, so rauchen sie. Ich will dem Herrn singen mein Leben lang, und meinen Gott loben, so lange ich hier bin. Du machest fröhlich, was da webet, beide des Morgens und Abends. Du suchest das Land heim, und wässerst es, und machest es sehr reich. Gottes Brünnlein hat Wassers die Fülle. Du lässest ihr Getreide wohl gerathen; denn also bauest du das Land. Du tränkest seine Furchen, und segnest sein Gepflügtes; mit Regen machest du es weich, und segnest sein Gewächse. Du krönest das Jahr mit deinem Gut, und deine Fußstapfen triefen vom Fett. Die Hügel sind lustig umher, die Anger sind voll Schafe; die Auen stehen dick mit Korn, daß man jauchzet und singet.

4. Ein Lob Gottes wegen seiner wunderbaren Vorsehung und Regierung.

Freuet euch des Herrn, ihr Gerechten, die Frommen sollen ihn schön preisen. Der Herr macht zu nichte der Heiden Rath, und wendet die Gedanken der Völker. Aber des Herrn Rath bleibt ewiglich, seines Herzens Gedanken für und für. Der Herr schauet vom Himmel, und siehet alle Menschenkinder; von seinem festen Thron sieht er auf Alle, die auf Erden wohnen. Er lenket ihnen Allen das Herz, und merket auf alle ihre Werke. Einem Könige hilft nicht seine große Macht, ein Riese wird nicht errettet durch seine große Kraft. Rosse helfen auch nicht, und ihre große Stärke errettet nicht. Siehe, des Herrn Auge siehet auf die, so ihn fürchten, die auf seine Güte hoffen; daß er ihre Seele errette vom Tode, und ernähre sie in der Theurung. Unsere Seele harret auf den Herrn, er ist unsere Hülfe und Schild. Denn unser Herz freuet sich sein, und wir trauen auf seinen heiligen Namen. Erhebe dich, du Richter der Welt, vergilt den Hoffärtigen, was sie verdienen. Wie lange sollen sie sagen: Der Herr siehet es nicht, der Gott Jacob achtet's nicht? Merket doch, ihr Narren unter dem Volk, und ihr Thoren, wann wollt ihr klug werden? Der das Ohr gepflanzt hat, sollte der nicht hören? Der das Auge gemacht hat, sollte der nicht sehen? Der die Heiden züchtiget, sollte der nicht strafen? der die Menschen lehret, was sie wissen? Aber der Herr weiß die Gedanken der Menschen, daß sie eitel sind; der Herr wird sein Volk nicht verstoßen, noch sein Erbe verlassen. Denn Recht muß doch Recht bleiben, und dem werden alle fromme Herzen beifallen. Ich hatte viel Bekümmerniß in meinem Herzen, aber deine Tröstungen ergötzten meine Seele. Herr, du erforschest und kennest mich; ich sitze oder stehe, so weißt du es; du verstehest meine Gedanken von ferne. Ich gehe oder liege, so bist du um mich, und siehest alle meine Wege. Denn siehe, es ist kein Wort auf meiner Zunge, das du, Herr, nicht alles wissest. Du schaffest es, was ich vor und hernach thue, und hältst deine Hand über mir. Solch Erkenntniß ist mir zu wunderlich und zu hoch, ich kann es nicht begreifen. Wo soll ich hingehen vor deinem Geist, und wo soll ich hinfliehen vor deinem Angesicht? Führe ich gen Himmel, so bist du da; bettete ich mir in die Hölle, siehe, so bist du auch da. Nähme ich Flügel der Morgenröthe, und bliebe am äußersten Meer, so würde mich doch deine Hand daselbst führen, und deine Rechte mich halten. Spreche ich: Finsterniß möge mich bedecken; so muß die Nacht auch Licht um mich seyn. Denn auch Finsterniß nicht finster ist bei dir, und die Nacht leuchtet wie der Tag; Finsterniß ist wie das Licht. Denn du hast meine Nieren in deiner Gewalt, du warst über mir in Mutterleibe. Ich danke dir darüber, daß ich wunderbarlich gemacht bin; wunderbar sind deine Werke, und das erkennet meine Seele wohl. Es war dir mein Gebein nicht verholen, da ich im Verborgenen gemacht ward, da ich gebildet ward unten in der Erde. Deine Augen sahen mich, da ich noch unbereitet war, und waren alle Tage auf dein Buch geschrieben, die noch werden sollten, und der keiner da war. Wie köstlich sind vor mir deine Gedanken! wie ist ihrer eine so große Summe! Sollte ich sie zählen, so würden ihrer mehr seyn, denn des Sandes. Wenn ich aufwache, bin ich noch bei dir. Erforsche mich, Gott, und erfahre mein Herz, prüfe mich, und erfahre, wie ich's meine; und siehe, ob ich auf bösem Wege bin, und leite mich auf ewigem Wege.

5. **Ein Lobpsalm, in welchem Gott, der Herr, um Schutz und Errettung angerufen wird.**

Herzlich lieb habe ich dich, Herr, meine Stärke, Herr, mein Fels, meine Burg, mein Erretter, mein Gott, mein Hort, auf den ich traue, mein Schild und Horn meines Heils, und mein Schutz. Ich will den Herrn loben und anrufen, so werde ich von allen meinen Feinden erlöset. Behüte mich wie einen Augapfel im Auge, beschirme mich unter dem Schatten deiner Flügel. Ich hoffe darauf, daß du so gnädig bist, mein Herz freuet sich, daß du so gerne hilfst. Ich will dem Herrn singen, daß er so wohl an mir thut. Ich danke dem Herrn von ganzem Herzen, und erzähle alle deine Wunder. Ich freue mich, und bin fröhlich in dir, und lobe deinen Namen, du Allerhöchster. Der Herr ist des Armen Schutz, ein Schutz zur Zeit der Noth; darum hoffen auf dich, die deinen Namen kennen. Denn du verlässest die nicht, die dich, Herr, suchen. Ich danke dem Herrn um seiner Gerechtigkeit willen, und will loben den Namen des Herrn, des Allerhöchsten. Herr, unser Herrscher, wie herrlich ist dein Name in allen Landen, da man dir danket im Himmel! Aus dem Munde der jungen Kinder und Säuglinge hast du dir ein Lob zugerichtet, um deiner Feinde willen, daß du vertilgest den Feind und den Rachgierigen. Der Herr erhöre dich in der Noth, der Name des Gottes Jacob schütze dich. Er sende dir Hülfe vom Heiligthum, und stärke dich aus Zion. Er gebe dir, was dein Herz wünschet, und erfülle alle deine Anschläge. Wir rühmen uns, daß du uns hilfst, und in deinem Namen werfen wir Panier auf. Der Herr gewähre dich aller deiner Bitte; er erhöre dich in seinem heiligen Himmel, seine rechte Hand hilft gewaltig. Jene verlassen sich auf Wagen und Rosse, wir aber denken an den Namen des Herrn, unsers Gottes. Herr, erhebe dich in deiner Kraft, so wollen wir singen und loben deine Macht. Der Herr ist mein Licht und mein Heil, vor wem sollte ich mich fürchten? Der Herr ist meines Lebens Kraft, vor wem sollte mir grauen? Darum, wenn die Bösen, meine Widersacher und Feinde, an mich wollen, mein Fleisch zu fressen, müssen sie anlaufen und fallen. Wenn sich schon ein Heer wider mich legt, so fürchtet sich dennoch mein Herz nicht; wenn sich Krieg wider mich erhebt, so verlasse ich mich auf ihn. Denn er decket mich in seiner Hütte zur bösen Zeit; er verbirgt mich heimlich in seinem Gezelt, und erhöhet mich auf einem Felsen; und wird nun erhöhen mein Haupt über meine Feinde, die um mich sind. So will ich in seiner Hütte Lob opfern; ich will singen und Lob sagen dem Herrn. Herr, weise mir deine Wege, und leite mich auf richtiger Bahn, um meiner Feinde willen. Gib mich nicht in den Willen meiner Feinde; denn es stehen falsche Zeugen wider mich, und thun mir Unrecht ohne Scheu. Ich glaube aber doch, daß ich sehen werde das Gute des Herrn, im Lande der Lebendigen. Harre des Herrn, sey getrost und unverzagt, und harre des Herrn. Der Herr ist meine Stärke und mein Schild, auf ihn hoffet mein Herz, und mir ist geholfen, und mein Herz ist fröhlich, und ich will ihm danken mit einem Liede. Hilf deinem Volk, und segne dein Erbe, und weide sie, und erhöhe sie ewiglich. Meine Seele harret nur auf Gott; denn er ist meine Hoffnung, er ist mein Hort, meine Hülfe und mein Schutz, daß ich nicht fallen werde. Bei Gott ist mein Heil, meine Ehre; der Fels meiner Stärke, meine Zuversicht ist auf Gott. Hoffet auf ihn allezeit, liebe Leute; schüttet euer Herz vor ihm aus; Gott ist unsere Zuversicht. Gott hat ein Wort geredet, das habe ich etlichemal gehöret, daß Gott allein mächtig ist. Verlasset euch nicht auf Fürsten, sie sind Menschen, sie können ja nicht helfen; denn des Menschen Geist muß davon, und er muß wieder zu Erde werden; alsdann sind verloren alle seine Anschläge. Es ist gut, auf den Herrn vertrauen, und sich nicht verlassen auf Menschen; es ist gut, auf den Herrn vertrauen, und sich nicht verlassen auf Fürsten. Man stößt mich, daß ich fallen soll, aber der Herr hilft mir. Der Herr ist meine Macht, und mein Psalm, und mein Heil. Man singet mit Freuden vom Sieg in den Hütten der Gerechten: Die Rechte des Herrn behält den Sieg, die Rechte des Herrn ist erhöhet, die Rechte des Herrn behält den Sieg. Ich werde nicht sterben, sondern leben, und des Herrn Werk verkündigen. Der Herr züchtiget mich, aber er übergibt mich dem Tode nicht. Thut mir auf die Thore der Gerechtigkeit, daß ich da hinein gehe, und dem Herrn danke. Das ist das Thor des Herrn, die Gerechten werden da hineineingehen. Ich danke dir, daß du mich bemüthigest und hilfst mir.

6. Ein Lob der Herrlichkeit, Majestät und Freundlichkeit Gottes.

O du ewiger, wahrer, lebendiger Gott, der du mich zu deinem Lob geschaffen hast! gib mir, daß ich dich würdiglich lobe. Du bist ja der Herrlichste, der Löblichste, der Gerechteste, der Allerschönste, der Allergütigste, der Allerfreundlichste, ja du bist der Allerwahrhaftigste. Du bist gerecht in allen deinen Werken, und heilig in allen deinen Wegen; du bist der Allerweiseste, dir sind alle deine Werke von Ewigkeit her bewußt; du bist der Allerstärkste, dir mag Niemand widerstehen. Herr Zebaoth ist dein Name, groß von Rath, und mächtig von That; deine Augen sehen auf alle Menschenkinder. Du bist allgegenwärtig, du erfüllest Himmel und Erde. Du bist unendlich; siehest, hörest, regierest Alles; du hältst und trägst Alles mit deinem kräftigen Wort. Du bist erschrecklich; wenn du das Urtheil hören lässest, so erschrickt das Erdreich und wird stille. Du legest Ehre ein auf Erden, du legest Ehre ein unter den Völkern; du nimmst den Fürsten den Muth, und bist erschrecklich unter den Königen auf Erden. Du bist erschrecklich, wenn du zürnest; wer kann vor dir bestehen, wenn du zornig bist? Die Heiden müssen vor dir verzagen, und die Königreiche fallen; das Erdreich muß vergehen, wenn du dich hören lässest. Du bist auch sehr barmherzig, gnädig, geduldig und von großer Güte, und gereuet dich bald der Strafe; du zürnest nicht ewiglich, und gedenkest nicht ewig der Sünden. So groß deine Allmacht ist, so groß ist auch deine Barmherzigkeit; deine Allmacht ist unendlich, und deine Barmherzigkeit hat kein Ende. O ewiges Heil! o ewige Liebe! o ewige Süßigkeit! laß mich dich sehen, laß mich dich empfinden, laß mich dich schmecken. O ewige Lieblichkeit! o ewiger Trost! o ewige Freude! laß mich in dir ruhen; in dir finde ich Alles, was mir in diesem Elend mangelt; du bist alle Fülle, und was du nicht bist, das ist eitel Armuth, Jammer und Elend; das Leben ohne dich ist der bittere Tod. Deine Güte ist besser denn Leben. Ach du überköstlicher Schatz! du ewiges Gut! du liebliches Leben! wann werde ich vollkömmlich mit dir vereinigt werden, daß ich dich in mir vollkömmlich schmecke, und dich in mir vollkömmlich sehe? Heiliger Gott, unsterblicher Gott, gerechter Gott, allweiser Gott, du ewiger König! dir sey Lob, Ehre und Preis in alle Ewigkeit. Amen.

7. Ein Lobpsalm, in welchem die Wahrheit Gottes und seine Werke, auch seine Güte und Gnade gepriesen werden.

Freuet euch des Herrn, ihr Gerechten; die Frommen sollen ihn schön preisen. Danket dem Herrn mit Harfen, singet ihm ein neues Lied, machet es gut auf Saitenspiel mit Schalle. Denn des Herrn Wort ist wahrhaftig, und was er zusagt, das hält er gewiß. Er liebet Gerechtigkeit und Gericht; die Erde ist voll der Güte des Herrn. Der Himmel ist durch das Wort des Herrn gemacht, und alle sein Heer durch den Geist seines Mundes. Er hält das Wasser im Meer zusammen, und legt die Tiefe in's Verborgene. Alle Welt fürchte den Herrn, und vor ihm scheue sich Alles, was auf dem Erdboden wohnet. Denn so er spricht, so geschieht es; so er gebeut, so stehet es da. Der Herr macht zu nichte der Heiden Rath, und wendet die Gedanken der Völker. Aber der Rath des Herrn bleibet ewiglich, seines Herzens Gedanken für und für. Wohl dem Volk, deß der Herr sein Gott ist, das er zu seinem Erbe erwählt hat. Herr, deine Güte reichet, so weit der Himmel ist, und deine Wahrheit, so weit die Wolken gehen. Deine Gerechtigkeit stehet wie die Berge Gottes, und deine Rechte wie große Tiefen. Herr, du hilfst beiden, Menschen und Vieh. Sende dein Licht und deine Wahrheit, daß sie mich leiten und bringen zu deinem heiligen Berge und zu deiner Wohnung; daß ich hinein gehe zum Altar Gottes, zu dem Gott, der meine Freude und Wonne ist, und dir, Gott, auf der Harfe danke, mein Gott! Ich will Gottes Wort rühmen, auf Gott will ich hoffen, und mich nicht fürchten; was sollte mir Fleisch thun? Ich danke dem Herrn von ganzem Herzen, im Rath der Frommen und in der Gemeine. Groß sind die Werke des Herrn; wer ihrer achtet, der hat eitel Lust daran. Was er ordnet, das ist löblich und herrlich, und seine Gerechtigkeit bleibt ewiglich. Er hat ein Gedächtniß gestiftet seiner Wunder, der gnädige und barmherzige Herr. Er gibt Speise denen, so ihn fürchten, er gedenket ewiglich an seinen Bund. Er lässet verkündigen seinem Volk seine gewaltigen Thaten, daß er ihm gebe das Erbe der Heiden. Die Werke seiner Hände sind Wahrheit und Recht, alle seine Gebote sind rechtschaffen. Sie werden erhalten immer und ewiglich, und geschehen treulich und reblich. Er sendet eine Erlösung seinem Volk; er verheißet, daß sein Bund ewiglich bleiben soll. Heilig und hehr ist sein Name. Die Furcht des Herrn ist der Weisheit Anfang. Das ist eine feine Klugheit; wer darnach thut, deß Lob bleibet ewiglich.

8. Ein Lob Gottes, daß er das Gebet so gnädig erhört.

Ich will den Herrn loben allezeit, sein Lob soll immerdar in meinem Munde seyn. Meine Seele soll sich rühmen des Herrn, daß es die Elenden hören und sich freuen. Preiset mit mir den Herrn, und lasset uns mit einander seinen Namen erhöhen. Da ich den Herrn suchte, antwortete er mir, und errettete mich aus aller meiner Furcht. Welche ihn ansehen und anlaufen, deren Angesicht wird nicht zu Schanden. Da dieser Elende rief, hörete es der Herr, und half ihm aus allen seinen Nöthen. Der Engel des Herrn lagert sich um die her, so ihn fürchten, und hilft ihnen aus. Schmecket und sehet, wie freundlich der Herr ist; wohl Allen, die auf ihn trauen. Die Augen des Herrn merken auf die Gerechten, und seine Ohren auf ihr Schreien. Wenn die Gerechten schreien, so höret es der Herr, und errettet sie aus aller ihrer Noth. Der Herr ist nahe bei denen, die zerbrochenen Herzens sind, und hilft denen, die zerschlagene Gemüther haben. Der Herr hat nicht verachtet noch verschmähet das Elend des Armen, und sein Antlitz vor ihm nicht verborgen, und da er zu ihm schrie, hörete er. Du siehest ja und schauest an Elend und Jammer; es stehet in deinen Händen, die Armen befehlen es dir, du bist der Waisen Helfer. Das Verlangen der Elenden hörest du, Herr, ihr Herz ist gewiß, daß dein Ohr darauf merke. Gott, erhöre mein Gebet, merke auf die Rede meines Mundes; so will ich dir ein Freudenopfer thun, und deinem Namen danken, daß er so tröstlich ist. Laß dir wohlgefallen die Rede meines Mundes, und das Gespräch meines Herzens vor dir, Herr, mein Hort und mein Erlöser. Gott, man lobet dich in der Stille zu Zion, dir bezahlet man Gelübde; du erhörest mein Gebet, darum kommt alles Fleisch zu dir. Unsere Missethat drücket uns hart, du wollest uns unsere Sünden vergeben. Wohl dem, den du erwählest und zu dir lässest; der hat reichen Trost von deinem Hause, deinem heiligen Tempel. Erhöre uns nach der wunderlichen Gerechtigkeit, Gott, unser Heil, der du bist eine Zuversicht Aller auf Erden und ferne am Meer. Gelobet sey Gott, der mein Gebet nicht verwirft, noch seine Güte von mir wendet. Ich will den Namen Gottes loben mit einem Liede, und ihn hoch ehren mit Dank; das wird dem Herrn besser gefallen, denn ein Farren, das Hörner und Klauen hat. Es lobe ihn Himmel und Erde, und Alles, was sich darinnen reget. Es müssen sich freuen und fröhlich seyn, die nach dir fragen, und die dein Heil lieben, immer sagen: Der Herr sey hochgelobt. Gelobet sey der Herr, der Gott Israel, der allein Wunder thut, und gelobet sey sein herrlicher Name ewiglich, und alle Lande müssen seiner Ehre voll werden. Amen, Amen. Das ist meine Freude, daß ich mich zu Gott halte, und meine Zuversicht setze auf den Herrn; daß ich verkündige alle dein Thun. Er wendet sich zum Gebet der Verlassenen, und verschmähet ihr Gebet nicht. Das werde geschrieben auf die Nachkommen, und das Volk, das geschaffen soll werden, wird den Herrn loben. Herr, du hast deinen Namen über Alles herrlich gemacht durch dein Wort. Wenn ich dich anrufe, so erhöre mich, und gib meiner Seele große Kraft. Es danken dir, Herr, alle Könige auf Erden, daß sie hören die Rede deines Mundes. Denn der Herr ist hoch, und siehet auf das Niedrige, und kennet die Stolzen von ferne. Wie soll ich dem Herrn vergelten alle seine Wohlthat, die er an mir thut? Ich will den heilsamen Kelch nehmen, und den Namen des Herrn predigen, loben und preisen. Amen.

9. Ein Lob unsers Herrn Jesu Christi, wegen seiner Liebe und Wohlthaten.

O Jesus Christus, meine Liebe, meine Freude, mein Licht, mein Heil, mein Schmuck, mein König, mein Hirt, mein Bräutigam, mein ewiger Hoherpriester, mein Leben, meine Weisheit, mein Friede und Ruhe meiner Seele, meine Gerechtigkeit, meine Heiligung, meine Erlösung, mein Opfer, mein Fürsprecher, mein Gnadenthron, mein einiger Mittler, mein einiger Nothhelfer, meine einige Hoffnung, mein höchster Schatz, mein starker Schutz, und meine einige Zuflucht: wie soll ich dich würdig loben? O du Glanz der Herrlichkeit Gottes! du allerschönstes, wesentliches Ebenbild des Vaters! heilig, gerecht und selig bin ich in dir, ohne dich ungerecht, unheilig und verdammt; unselig bin ich, wo ich bin, wo du nicht bei mir und in mir bist. Komme, meine Freude, in mein Herz, und erfreue mich; komme, du Trost aller Heiden, und tröste mich. Komme, meine Liebe, und erquicke mich; komme, mein Leben, und stärke mich; komme, mein Licht, und erleuchte mich; komme, meine Süßigkeit, daß ich deine Freundlichkeit schmecke. Komme, du schöne, edle Gestalt, daß ich dich sehe; komme, meine Lieblichkeit, daß ich dich höre; komme, du edle Blume, daß ich dich rieche; komme, du zarte Bewegung, daß ich dich empfinde. Dein edler Anblick bewege mich, dein holdseliges Anschauen erfreue mich, dein edler Geruch erquicke mich, dein heiliges Gedächtniß entzünde mich, deine edle Liebe sättige mich, deine Inwohnung belustige mich. Ach du edle Demuth, du heilige Sanftmuth! vereinige mein Herz und Gemüth mit dir; das wird der köstlichste Schmuck seyn meiner Seele. Du bist mir theurer denn alle Demanten, köstlicher denn alle Rubinen, lieblicher denn alle Perlen. O du immerblühende Rose! O du Paradies aller geistigen, himmlischen Wollust! O du allersüßeste Frucht aus dem Lustgarten Gottes! Laß mich dich ewig schmecken; küsse mich mit dem Kuß deines Mundes. O du ewiges Wort des Vaters! rede in mir, auf daß die ganze Welt in mir schweige. O du ewige Klarheit! leuchte in mir. O du ewige Wahrheit! lehre mich. O du heilsamer Arzt! heile mich. O du himmlischer Schatz! zeuch mein Herz nach dir. O du himmlischer Noah! strecke deine Hand aus, und nimm das arme Täublein meiner Seele zu dir; denn es kann nirgend Ruhe finden. Wie lieblich sind deine Wohnungen, Herr Zebaoth! meine Seele verlanget und sehnet sich nach den Vorhöfen des Herrn; mein Leib und Seele freuen sich in dem lebendigen Gott. Denn der Vogel hat ein Haus gefunden, und die Schwalbe ihr Nest, da sie Junge hecken, deinen Altar, Herr Zebaoth, mein König und mein Gott. Wohl denen, die in deinem Hause wohnen, die loben dich immerdar. Wohl den Menschen, die dich für ihre Stärke halten, und von Herzen dir nachwandeln. O Herr Jesu, wie lieblich ist deine Menschwerdung, wie wunderbar ist dein Name, wie großmächtig deine Werke, wie heilig dein Wort, wie tröstlich dein Leiden, wie sieghaftig deine Auferstehung, wie herrlich deine Himmelfahrt, wie groß ist deine Ehre, wie hoch und erhaben ist dein königlicher Stuhl, da dich alle Engel Gottes anbeten! Wie unaussprechlich ist deine Gewalt! wer wollte dich nicht fürchten, du König der Ehren? Machet die Thore weit, und die Thüren in der Welt hoch, daß der König der Ehren einziehe. Wer ist derselbe König der Ehren? Es ist der Herr, stark und mächtig, der Herr mächtig im Streit. Machet die Thore weit, und die Thüren in der Welt hoch, daß der König der Ehren einziehe. Wer ist derselbe König der Ehren? Es ist der Herr Zebaoth, er ist der König der Ehren, Sela. Gelobet sey, der da kommt im Namen des Herrn. Der Herr ist Gott, der uns erleuchtet. Danket dem Herrn, denn er ist freundlich, und seine Güte währet ewiglich.

10. Ein Lob Gottes, daß er so gütig, gnädig und barmherzig ist.

Ich freue mich, o du freudenreicher Gott und Vater! ich bin fröhlich über deiner Güte, daß du mein Elend ansiehest, und erkennest meine Seele in der Noth. Laß leuchten dein Antlitz über deinen Knecht, hilf mir durch deine Güte. Wie groß ist deine Güte, die du verborgen hast denen, die dich fürchten, und erzeigest denen, die vor den Leuten auf dich trauen! Du verbirgst sie heimlich bei dir vor Jedermanns Trotz; du verdeckest sie in der Hütte vor den zänkischen Zungen. Gelobet sey der Herr, daß er hat seine wunderliche Güte an mir bewiesen. Denn ich sprach in meinem Zagen: Ich bin von deinen Augen verstoßen; dennoch hörtest du die Stimme meines Flehens, da ich zu dir schrie. Wie theuer ist deine Güte, Gott, daß Menschenkinder unter dem Schatten deiner Flügel trauen! Sie werden trunken von den reichen Gütern deines Hauses, du tränkest sie mit Wollust, als mit einem Strom. Denn bei dir ist die lebendige Quelle, und in deinem Lichte sehen wir das Licht. Breite deine Güte über die, die dich kennen, und deine Gerechtigkeit über die Frommen. Herr, mein Gott, groß sind deine Wunder, und deine Gedanken, die du an uns beweisest. Dir ist nichts gleich, ich will sie verkündigen, und davon sagen, wiewohl sie nicht zu zählen sind. Du aber, Herr, wollest deine Barmherzigkeit nicht von mir wenden; laß deine Güte und Treue mich allezeit behüten. Es müssen sich freuen und fröhlich seyn Alle, die nach dir fragen, und die dein Heil lieben, müssen sagen allewege: Der Herr sey hochgelobt. Denn ich bin arm und elend, der Herr aber sorget für mich. Du bist mein Helfer und Erretter; mein Gott, verzeuch nicht. Gott sendet seine Güte und Treue; er sendet vom Himmel, und hilft mir. Mein Herz ist bereit, Gott, mein Herz ist bereit, daß ich singe und lobe. Wache auf, meine Ehre, wache auf, Psalter und Harfe! frühe will ich aufwachen. Denn deine Güte ist, so hoch der Himmel ist, und deine Wahrheit, so weit die Wolken gehen. Erhebe dich, Gott, über den Himmel, und deine Ehre über alle Welt. Gott, du bist mein Gott, frühe wache ich zu dir. Es dürstet meine Seele nach dir, in einem trockenen und dürren Lande, da kein Wasser ist; daselbst sehe ich nach dir in deinem Heiligthum, wollte gerne schauen deine Macht und Ehre; denn deine Güte ist besser denn Leben, meine Lippen preisen dich. Daselbst wollte ich dich gerne loben mein Lebenlang, und meine Hände in deinem Namen aufheben; das wäre meines Herzens Freude und Wonne, wenn ich dich mit fröhlichem Munde loben sollte. Wenn ich mich zu Bette lege, so denke ich an dich, und wenn ich erwache, so rede ich von dir; denn du bist mein Helfer, und unter dem Schatten deiner Flügel ruhe ich. Meine Seele hanget dir an, deine rechte Hand hält mich. Barmherzig und gnädig ist der Herr, geduldig und von großer Güte. Er wird nicht immerdar hadern, noch ewiglich Zorn halten. Er handelt nicht mit uns nach unsern Sünden, und vergilt uns nicht nach unserer Missethat. Denn so hoch der Himmel über der Erde ist, läßt er seine Gnade walten über alle die, so ihn fürchten. So ferne der Abend ist vom Morgen, läßt er unsere Uebertretung von uns seyn. Wie sich ein Vater über Kinder erbarmet, so erbarmet sich der Herr über die, so ihn fürchten. Die Gnade des Herrn währet von Ewigkeit zu Ewigkeit über die, so ihn fürchten, und seine Gerechtigkeit auf Kindeskind. Gutes und Barmherzigkeit werden mir folgen mein Leben lang, und ich werde bleiben im Hause des Herrn immerdar. Amen.

---

11. Ein Lobspruch Jesu Christi.

Mein süßer Trost, Herr Jesu Christ!
Gib Gnade mir zu aller Frist,
Daß ich mag loben den Namen dein,
Mach' mich dazu würdig und rein.
Du bist ja der Stern aus Jacob,
Kein Ende hat dein heilig Lob.
Gesegneter König von Zion,
Dein Name gibt gar süßen Ton.
Du bist das neue Morgenroth,
Das Adams Sünde senkt in Tod;
Der Trost Aller, die Menschen sind,
Der Jeden macht zu Gottes Kind.
Darum, du König edler Art,
Gib bald, was du mir aufgespart.
Reich bist du ja in Himmel und Erd'
An Schätzen, hoher Ehre werth.
Hilf, o Herr! daß die Seele mein
Deine geliebte Braut mag seyn;
Jesu, du selbst das höchste Gut,
Erleuchte mir Herz, Sinn und Muth;
Beweise deine Kraft an mir,
Daß ich allein mag leben dir.
Traurig bin ich gar oft und viel,
Und kann mir selbst nicht geben Ziel,
Wie ich mein Leben zu dir schick';
O leite mich mit deinem Blick,
Und weil du ja mein Heiland heißt,
Gib Trost und Frieden meinem Geist;
Ja, weil ich Niemand hab', als dich,
Erbarm' dich, Helfer, über mich!
Gesegnet ist, wer früh dich sucht,
Du edle Paradiesesfrucht.
Zu dir ruft manches Hevenskind,
Die mit Sünden beschweret sind,
Und du erleichterst gern ihr Joch,
Weil Liebe dich vom Himmel zog;
Und Alles rühmt dich, Jesu Christ,
Daß du der Welt Erlöser bist.
Du, Bräutigam, bist schön fürwahr!
Viel schöner denn die Sonne klar;
Dein Leib der höchsten Gottheit Thron;
Alle Engel preisen Gottes Sohn.
Auch sagt es keine Zunge nach,
Wie dich Gott, ehe denn ein Tag,
Gezeuget hat von Ewigkeit,
Daß du sollst helfen unserm Leid;
Darum du nun bist Mensch geboren,
Von einer Jungfrau auserkoren,
Die Preis vor andern haben soll,
Denn sie ist aller Gnaden voll.
Du grüner Busch, den Moses fand
Voll Flammen, und ist nicht verbrannt,
Uns dürre Bäume mache grün,
Laß uns von deiner Flamme glüh'n.
Du Aarons holder Blüthenstab,
Mit Blüth' und Früchten uns begab'.

Auf dich steht unsre Hoffnung ganz,
O Christus, aller Tugend Glanz;
Du schön gestirnte Himmelsau,
Von dir fließt aller Gnaden Thau.
Salomo hat dich wohl gekannt,
In seiner Weisheit oft genannt;
David singt von dir klug und hell,
Lieblich mit Psalmen Israel.
Du Brunn der ewigen Wissenschaft,
Du Licht von wunderbarer Kraft,
Wie vielmal spricht die Schrift von dir,
Der ewig war, und Mensch allhier!
Des Vaters Wohlgefallen du bist,
Weil deine Lust an Menschen ist.
Ich aber bin elend und arm,
O Freundlichster, dich mein erbarm'!
Andacht und Tugend sind klein bei mir;
O heil'ger Herr, das klag' ich dir.
Elend bin ich zu dieser Zeit,
Nur du kannst geben Freudigkeit.
Darum, du Gnadenquelle voll,

Kehr' dich zu mir, so wird mir wohl;
Mein Herz in großer Wonne schwebt,
Wenn's deine Macht zu dir erhebt.
Ach, laß mich seyn dein liebes Kind,
Das bei dir Trost und Frieden find't!
Ach Herz, thu' dich ihm recht ergeben,
So wird er geistig in dir leben;
Dann ist mir wohl zu jeder Frist,
Weil Christus allzeit bei mir ist.
Nun weich' hinaus seit diesem Tag
Alles, was mich dran irren mag.
Denn allen Dienst, Geist, Seel' und Leben
Will dem Geliebten ich ergeben;
Jesus Christus ist er genannt,
Den reinen Herzen wohl bekannt.
Ach Lieblichster! nimm meiner wahr,
Und hilf mir zu der Engel Schaar;
Hilf, daß ich dort auf Edens Au'n
Dich, meinen Gott, mag fröhlich schau'n,
Und loben deinen heil'gen Namen
In alle Ewigkeiten. Amen.

Jubilus Sti Bernhardi de nomine Jesu.

1.

Jesu dulcis memoria,
Dans cordi vera gaudia;
Sed super mel et omnia
Ejus dulcis praesentia.

2.

Nil canitur suavius,
Nil auditur jucundius,
Nil cogitatur dulcius,
Quam Jesus, Dei filius.

3.

Jesu, spes poenitentibus,
Quam pius es petentibus!
Quam bonus es quaerentibus!
Sed quid invenientibus!

4.

Jesu, dulcedo cordium,
Fons vivus, lumen mentium,
Excedens omne gaudium,
Et omne desiderium.

Lobgesang des heiligen Bernhard vom Namen Jesu.

1.

Wer, süßer Jesu, dein gedenkt,
Mit Freude wird sein Herz getränkt;
Doch ist kein Seim und nichts der Art,
Wie deine süße Gegenwart.

2.

Nichts Lieblichers man singen kann,
Nichts Wonnigeres höret man,
Nichts Süßeres zu denken ist,
Als der Sohn Gottes, Jesus Christ.

3.

Du Hoffnung deß, der bessert sich,
Wie freundlich dem, der bittet dich!
Wie gütig dem, der suchet dich!
Aber was dem, der findet dich!

4.

Jesu, der Herzen süße Wonn',
O Lebensquelle, Geistersonn',
O mehr denn alle Fröhlichkeit,
Und über alle Wünsche weit!

5.

Nec lingua valet dicere,
Nec litera exprimere;
Expertus potest credere,
Quid sit Jesum diligere.

6.

Jesum quaero in lectulo,
Clauso cordis cubiculo;
Privatim et in publico
Quaeram amore sedulo.

7.

Cum Maria diluculo
Jesum quaeram in tumulo,
Clamore cordis querulo,
Mente quaeram, non oculo.

8.

Tumbam perfundam fletibus,
Locum replens gemitibus,
Jesu provolvar pedibus,
Strictis haerens amplexibus.

9.

Jesu, rex admirabilis,
Et triumphator nobilis,
Dulcedo ineffabilis,
Totus desiderabilis.

10.

Mane nobiscum, Domine,
Et nos illustra lumine,
Pulsa mentis caligine,
Mundum replens dulcedine.

11.

Quando cor nostrum visitas,
Tunc lucet ei veritas,
Mundi vilescit vanitas,
Et intus fervet charitas.

12.

Amor Jesu dulcissimus,
Et vere suavissimus,
Plus millies gratissimus,
Quam dicere sufficimus.

13.

Hoc probat ejus passio,
Et sanguinis effusio,
Per quam nobis redemtio
Datur et Dei visio.

5.

Die Zunge kann es sagen nicht,
Noch eines Schreibers Wort es spricht,
Es glaubt es der erfahrne Geist
Allein, was Jesum lieben heißt.

6.

Auf meinem Lager sucht mein Sinn,
In meines Herzens Kammer ihn;
Daheim und draußen öffentlich
Such' ich ihn liebend emsiglich.

7.

Mit Marien bei'm Dämmerschein
Such' ich Jesum im Grabe sein,
Durch meines Herzens kläglich Schrei'n,
Mit Augen nicht, im Geist allein.

8.

Will Thränen schütten auf die Gruft,
Mit Seufzern füllen hier die Luft,
Zu Jesu Füßen fallen hin,
Und unablöslich halten ihn.

9.

Jesu, der wunderbar regiert,
Ob allen Feinden triumphirt,
Unaussprechbare Süßigkeit,
Dich wünsch' ich ganz und allezeit.

10.

Bleib', Herr, bei uns, und weiche nicht,
Erleuchte uns mit deinem Licht,
Vertreib' der Seele Dunkelheit,
Erfüll' die Welt mit Fröhlichkeit.

11.

Wenn Jesus unser Herz besucht,
Dann glänzet ihm der Wahrheit Zucht,
Wird matt der Erde Eitelkeit,
Und innen brennt nur Zärtlichkeit.

12.

Die Liebe Jesu ist so süß,
Und so holdselig ihr Genieß,
Daß tausendmal sie holder minnt,
Als wir zu sagen fähig sind.

13.

Das zeiget uns sein Leiden groß,
Da er sein theures Blut vergoß,
Dadurch uns der Erlösung Stand
Und Gott zu schau'n ward zugewandt.

14.

Jesum omnes agnoscite,
Amorem ejus poscite;
Jesum ardenter quaerite,
Quaerendo inardescite.

15.

Sic amantem diligite,
Amoris vicem reddite;
In hunc odorem currite,
Et vota votis reddite.

16.

Jesus auctor clementiae,
Totius spes laetitiae,
Dulcoris fons et gratiae,
Verae cordis laetitiae.

17.

Jesu mi bone, sentiam
Amoris tui copiam;
Da mihi per praesentiam
Tuam videre gloriam.

18.

Quum digne loqui nequeam
De te, tamen non sileam.
Amor facit ut audeam,
Quum solum de te gaudeam.

19.

Tua, Jesu, dilectio
Grata mentis refectio,
Replens sine fastidio,
Dans famem desiderio.

20.

Qui te gustant, esuriunt;
Qui bibunt, adhuc sitiunt;
Desiderare nesciunt
Nisi Jesum, quem diligunt.

21.

Quem tuus amor ebriat,
Novit quid Jesus sapiat,
Quam felix est qui sentiat!
Cor est ultra quod cupiat.

22.

Jesu, decus angelicum,
In aure dulce canticum,
In ore mel mirificum,
In corde nectar caelicum.

14.

Erkennet Jesum allzumal,
Verlangt nach seiner Liebe Strahl;
Sucht Jesum brennend von Begier,
Suchend entbrennet mehr von ihr.

15.

So liebet den, der euch geliebt,
Gebt Liebe dem, der Liebe gibt;
Lauft nach der Spur, die er euch zeigt,
Der Neigung brünstig zugeneigt.

16.

Der Ursprung er der Gütigkeit,
Die Hoffnung aller Seligkeit,
Der Wonnen und der Gnaden Quell,
Macht wahrhaft in dem Herzen hell.

17.

Mein guter Jesus, gib mir viel
Von deiner Liebe das Gefühl;
Gib mir in Gegenwärtigkeit
Zu schauen deine Herrlichkeit.

18.

Ob würdig auch mein Mund nicht spricht
Von dir, doch will ich schweigen nicht.
Die Liebe macht mich also dreist,
Weil du alleine mich erfreust.

19.

Deine Liebe, o Jesus Christ,
Der Seele holdes Labsal ist;
Sie sättigt ohne Ueberdruß,
Und macht uns hungrig im Genuß.

20.

Wer von dir ißt, den hungert doch;
Wer von dir trinkt, den dürstet noch;
Er wünscht sich nichts mehr in der Welt,
Weil Jesus ihm allein gefällt.

21.

Wer deiner Liebe trunken ist,
Der weiß, wie süß du, Jesu, bist.
Wie glücklich, der dich recht erfährt!
Das Herz hat mehr, als es begehrt.

22.

Jesu, du Zierde engelschön,
Im Ohr ein holdes Lobgetön,
Ein Wunderhonig in dem Mund,
Ein Himmelstrank im Herzensgrund.

23.

Desidero te millies;
Mi Jesu, quando venies?
Me laetum quando facies?
Me de te quando saties?

24.

Amor tuus continuus
Mihi languor assiduus;
Mihi Jesus mellifluus
Fructus vitae perpetuus.

25.

Jesu, summa benignitas,
Mihi cordis jucunditas,
Incomprehensa bonitas,
Tua me stringat charitas.

26.

Bonum mihi deligere
Jesum, nil ultra quaerere,
Mihi prorsus deficere,
Ut illi queam vivere.

27.

O Jesu mi dulcissime,
Spes suspirantis animae,
Te quaerunt piae lacrimae,
Te clamor mentis intimae.

28.

Quocumque loco fuero,
Meum Jesum desidero;
Quam laetus, quum invenero!
Quam felix, quum tenuero!

29.

Tunc amplexus, tunc oscula,
Quae vincunt mellis pocula;
Tunc felix Christi copula;
Sed in his parva morula.

30.

Jam quod quaesivi video;
Quod concupivi teneo;
Amore Jesu langueo,
Et corde totus ardeo.

31.

Jesus quum sic diligitur,
Hoc amor non exstinguitur,
Tepescit, nec emoritur,
Plus crescit et accenditur.

23.

Ich seufze tausendmal nach dir;
Mein Jesu, wann erscheinst du mir?
Wann wirst du mich erfreudigen?
Wann mich mit dir ersättigen?

24.

Die Liebe dein, die nie vergeht,
Macht stets mich schmachten, früh und spät;
In Jesu mein Verlangen sucht
Die ewig süße Lebensfrucht.

25.

Jesu, du höchste Mildigkeit,
Und meines Herzens Freudigkeit,
Du unbegriffne Gütigkeit,
Umfahe mich mit Zärtlichkeit.

26.

Jesum lieben, ist heilsam sehr,
Und außer ihm nichts suchen mehr,
Und wenn ich gänzlich mir entsag',
Auf daß ich ihm nur leben mag.

27.

Mein Jesu, Allersüßester,
Du Seelenhoffnung Seufzender,
Die frommen Zähren suchen dich,
Das Herz zu dir schreit inniglich.

28.

Und wo ich bin, da sehnt mein Sinn
Sich stets zu meinem Jesu hin;
Wie fröhlich, könnt' ich finden ihn!
Wie selig, könnt' ich halten ihn!

29.

Das Herzen dann, das Küssen sein,
Ist lieblicher als Honigwein;
Dann ist ein glücklicher Verein.
Doch ach, der Augenblick wie klein!

30.

Was ich gesucht, das seh' ich nun;
Was ich begehrt, das hab' ich nun.
Vor Jesu Liebe bin ich schwach,
Es flammt mein ganzes Herz ihm nach.

31.

Wenn Jesus also wird geliebt,
Wird drum die Liebe nicht getrübt,
Sie wird nicht lau und nicht verzehrt,
Ihr Wachsthum nur und Brand gemehrt.

32.

Hic amor ardet jugiter,
Dulcescit mirabiliter,
Sapit delectabiliter,
Delectat et feliciter.

33.

Hic amor missus caelitus
Haeret mihi medullitus,
Mentem incendit penitus,
Hoc delectatur spiritus.

34.

O beatum incendium,
Et ardens desiderium!
O dulce refrigerium,
Amare Dei filium!

35.

Jesu, flos matris virginis,
Amor nostrae dulcedinis,
Tibi laus, honor numinis,
Regnum beatitudinis.

36.

Veni, veni, rex optime,
Pater immensae gloriae,
Effulge menti clarius,
Jam exspectate saepius.

37.

Jesu, sole serenior,
Et balsamo suavior,
Omni dulcore dulcior,
Prae cunctis amabilior.

38.

Cujus gustus sic adficit,
Cujus odor sic reficit,
In quo mens mea deficit,
Solus amanti sufficit.

39.

Tu mentis delectatio,
Amoris consummatio,
Tu mea gloriatio,
Jesu, mundi salvatio.

40.

Mi dilecte, revertere,
Consors paternae dexterae;
Hostem vicisti prospere,
Jam caeli regno fruere.

32.

Solch Lieben lodert immerdar,
Versüßet sich ganz wunderbar,
Schmeckt köstlich über alle Kost,
Ergötzt und macht den Muth getrost.

33.

Solch Lieben, himmelher gesandt,
Greift mir in's Mark mit starker Hand,
Setzt gründlich meine Seel' in Brand,
Und schafft Vergnügen dem Verstand.

34.

O du glückselig heiße Brunst,
Und feurige, gewünschte Gunst!
O kühlend Labsal, das es gibt,
Wenn man den Sohn des Höchsten liebt!

35.

Jesu, der Mutter-Jungfrau Blum',
Und lieblich Evangelium,
Dir sey der Gottheit Lob und Ruhm,
Ein ewig Reich dein Eigenthum.

36.

Komm', komm', o bester König, her,
Du Vater ungemeßner Ehr',
Erleuchte mich mit hellerm Schein,
Ich warte schon so lange dein.

37.

Jesu, klarer denn Sonnenlicht,
Dir gleicht der beste Balsam nicht,
Süßer denn alle Süßigkeit,
Liebwerther, als was Liebe beut.

38.

Deß Wohlgeschmack mich so entzückt,
Deß Wohlgeruch mich so erquickt,
Vor dessen Macht mein Herz erliegt,
Der Liebenden allein genügt.

39.

Du bist der Seele Vollgenuß,
Des Liebesglückes Ueberfluß;
Mein Ruhm ist nur auf dich gestellt,
Jesu, du Heil der ganzen Welt.

40.

Kehr' heim, o Freund, zu deinem Sohn,
Und theile dort des Vaters Thron;
Den Feind hast du der Macht entsetzt,
Genuß des Himmels Herrschaft jetzt.

41.

Sequar quocumque ieris,
Mihi tolli non poteris,
Quum meum cor abstuleris,
Jesu, laus nostri generis.

42.

Caeli cives, occurrite,
Portas vestras attollite,
Triumphatori dicite:
Ave, Jesu, rex inclyte!

43.

Rex virtutum, rex gloriae,
Rex insignis victoriae,
Jesu, largitor veniae,
Honor caelestis patriae.

44.

Tu fons misericordiae,
Tu vere lumen patriae,
Pelle nubem tristitiae,
Dans nobis lucem gloriae.

45.

Te caeli chorus praedicat,
Et tuas laudes replicat.
Jesus orbem laetificat,
Et nos Deo pacificat.

46.

Jesus in pace imperat,
Quae omnes sensus superat;
Hanc mea mens desiderat,
Et ea frui properat.

47.

Jesus ad patrem rediit,
Caeleste numen subiit.
Cor meum a me transiit,
Post Jesum simul abiit.

48.

Quem prosequamur laudibus,
Votis, hymnis et precibus,
Ut nos donet caelestibus
Cum ipso frui sedibus.
Amen.

41.

Wohin du gehst, da folg' ich hin,
Nichts kann dich fürder mir entzieh'n,
Nachdem du mir mein Herz geraubt,
Du Stolz der Menschheit, die dir glaubt.

42.

Ihr Himmelsbürger, steht bereit,
Und macht ihm eure Thore weit;
Zum Sieger sprecht voll Dankbegier:
Willkommen, Ehrenkönig, hier!

43.

Du König aller Tugenden,
Begnadiger der Sündigen,
Jesu, der herrlich überwand,
Schmück' nun dein himmlisch Vaterland.

44.

Du Brunnquell der Barmherzigkeit,
Zur Heimath strahlendes Geleit,
Die Wolke scheuch' der Traurigkeit,
Gib uns das Licht der Seligkeit.

45.

Das Chor des Himmels preist dein Lob,
Und wiedertönt, was dich erhob.
Jesus macht fröhlich alle Welt,
Hat uns den Frieden hergestellt.

46.

Er herrscht im Frieden uns geneigt,
Der alles Denken übersteigt;
Nach solchem strebt mein Geist hinan,
Eilt, ob er ihn genießen kann.

47.

Jesus empor zum Vater fuhr,
Zu Gott führt' ihn der Himmel Spur.
Ihm nach entwich mein liebend Herz,
Und ging mit Jesu himmelwärts.

48.

Es folg' ihm unser Lobgetön,
Gelübde, Preisgesang und Fleh'n,
Daß er uns schenke nach der Zeit
Mit ihm des Himmels Herrlichkeit.
Amen.

Den Nutzen und Gebrauch dieses Betbüchleins

zeigt an das dreifache Register.

Das erste Register weist die Ordnung der Gebete nach ihren Classen.
Das andere ist gerichtet auf den Gottesdienst in der Kirche, auf die Sonn- und Festtags-Evangelien.
Das dritte ist gerichtet auf die Erkenntniß Gottes nach allen Artikeln unserer christlichen Religion, nach dem Alphabet.

Erstes Register.

Seite

Johann Arnd's Vorrede, in welcher der Grund der rechten Betkunst und die Ursache dieses Gebetbüchleins angezeigt wird 1

Erste Classe.

Tugendgebete nach den zehn Geboten.

Nach dem ersten Gebot.

1. Gebet um wahre Erkenntniß Gottes . 6
2. Gebet um wahre Gottesfurcht . . . 7
3. Gebet um den wahren, seligmachenden Glauben 8
4. Gebet um herzliche, brünstige Liebe . 9
5. Gebet um wahre, beständige Hoffnung 10
6. Gebet um wahre Demuth 11
7. Gebet wider die Hoffart 12
8. Gebet um wahre Geduld 13

Nach dem andern Gebot.

9. Gebet um brünstige Andacht und um die Gabe des Gebets 14
10. Gebet um Gottes Gnade und Barmherzigkeit, welche ist das Fundament unseres Gebets 15
11. Gebet um christliche Dankbarkeit . . 16
12. Gebet um den heiligen Geist und seine Gaben, und um die Heiligung . . 17

Nach dem dritten Gebot.

13. Gebet um die Liebe des göttlichen Worts 18
14. Gebet um Weisheit 20
15. Gebet um Beständigkeit im Glauben . 21

Seite

16. Gebet um die Ruhe der Seele in Christo 22
17. Gebet um die geistige Erquickung unserer Seelen durch das Wort und Sacrament 23
18. Gebet für die Lehrer der Kirche . . 23
19. Gebet wider die falschen Lehrer und um Erhaltung reiner Lehre . . . 24

Nach dem vierten Gebot.

20. Gebet um Gehorsam für Alte und Junge 26
21. Gebet der Eltern für ihre Kinder . 26
22. Gebet frommer Kinder für ihre Eltern 27
23. Gebet christlicher Eheleute 27
24. Gebet der Unterthanen für die Obrigkeit 28
25. Gebet der Obrigkeit für die Unterthanen 29
26. Gebet eines schwangern Weibes, so Gott mit Leibesfrucht gesegnet hat . 30
27. Gebet einer Wittwe 31
28. Gebet für die Amtswerke, und um göttliche Regierung 31

Nach dem fünften Gebot.

29. Gebet um Sanftmuth 32
30. Gebet wider den Zorn 33
31. Gebet für unsere Feinde 34
32. Gebet um christliche Barmherzigkeit gegen den Nächsten 35
33. Gebet um christliche Freundlichkeit gegen den Nächsten 36
34. Gebet um christliche beständige Freundschaft 37
35. Gebet um Friede und Einigkeit . . 38
36. Gebet um den allgemeinen Frieden . 39
37. Gebet wider den Neid 40

Nach dem sechsten Gebot.

38. Gebet um Reinigkeit des Herzens 40
39. Gebet um Mäßigkeit und Nüchternheit . 41
40. Gebet und Danksagung für die geistige Vermählung Christi mit unserer Seele . 42

Nach dem siebenten Gebot.

41. Gebet um Gerechtigkeit 43
42. Gebet um christliche Mildigkeit . . 44

Nach dem achten Gebot.

43. Gebet um Wahrheit 45
44. Gebet um Verschwiegenheit . . . 45

Nach dem neunten Gebot.

45. Gebet wider den Geiz 46

Nach dem zehnten Gebot.

46. Gebet wider die bösen Lüste des Fleisches, und daß ein Mensch seine Lust an Gott haben soll 47
47. Gebet um ein gutes Gewissen . . . 48
48. Gebet um Erhaltung und Zunahme im Glauben, in christlichen Tugenden und heiligem Wandel 50

Andere Classe.

Dankgebete für die Wohlthaten Gottes, und unsers Herrn Jesu Christi, und des heiligen Geistes.

1. Ein Morgensegen 52
2. Ein Abendsegen 53
3. Danksagung für das geoffenbarte Wort Gottes und die heiligen Sacramente 54
4. Danksagung für die Liebe Gottes, auch Gebet um dieselbe . . . 55
5. Gebet um die Liebe Christi . . . 56
6. Danksagung für die ewige Gnadenwahl in Christo 57
7. Danksagung für die Schöpfung, Vorsehung und göttliche Regierung . 57
8. Danksagung für die holdselige Menschwerdung und Geburt unsers Herrn Jesu Christi 58
9. Danksagung für die heilige Taufe, und Gebet um ein heiliges neues Leben 59
10. Danksagung für die Einsetzung des heiligen Abendmahls, nebst Bitte um würdige Bereitung und heilsamen Gebrauch 61
11. Gebet vor dem Empfang des heiligen Abendmahls 62
12. Danksagung nach empfangenem heiligen Abendmahl 63
13. Eine Betrachtung der Person, die da litt, und der Ursachen des Leidens Jesu Christi 64
14. Eine Danksagung für das Leiden Jesu Christi und für die Versöhnung mit Gott 65
15. Eine andächtige Danksagung und Betrachtung des heiligen Leidens Christi 66
16. Eine andere Danksagung für das Leiden Christi 68
17. Danksagung für die sieghafte Auferstehung Jesu Christi, und für die Frucht derselben 69
18. Trostgebet von den Wunden unsers Herrn Jesu Christi 71
19. Ein Gebet um Buße und Vergebung der Sünden aus dem Leiden Christi . 72
20. Ein Trostgebet aus den Wunden Christi 73
21. Ein Trostgebet aus dem Leiden Christi 74
22. Ein anderes Trostgebet 74
23. Danksagung für die fröhliche Himmelfahrt 75
24. Danksagung für die Sendung des heiligen Geistes 76
25. Danksagung für die Offenbarung der heiligen Dreieinigkeit 77
26. Danksagung für die heilige christliche Kirche, und Bitte, daß sie Gott erhalten und beschützen wolle . . . 78
27. Danksagung für den Schutz der heiligen Engel 79
28. Danksagung, daß uns Gott in so mancherlei Gefahr erhalten und behütet hat 80
29. Danksagung und Gebet für die Früchte des Landes 81

Dritte Classe.
Kreuz= und Trostgebete.

1. Gebet um die Verschmähung der Welt 83
2. Gebet um Verläugnung seiner selbst . 84
3. Gebet um Selbsterkenntniß, und daß wir Gottes Tempel und Werkzeuge seyn mögen 85
4. Gebet um die Nachfolge Christi . . 86
5. Gebet um wahre Buße und Erkenntniß der Sünden 87
6. Gebet um Vergebung der Sünden . 88
7. Ein anderes Gebet um Vergebung der Sünden 91
8. Gebet zu Gott dem Sohn um Vergebung der Sünden 92
9. Gebet um die Freude des heiligen Geistes in Traurigkeit 92
10. Gebet um Begierde und Verlangen nach dem ewigen Leben . . . 93
11. Gebet um ein seliges Ende . . . 96
12. Das heilige Vater=Unser tröstlich ausgelegt 97
13. Gebet um die Heiligung des Namens Gottes 99
14. Gebet von dem Namen Jesu, zur Heiligung des Namens Gottes . . 100
15. Gebet um das Reich Christi . . 101
16. Gebet um die Vollbringung des heiligen Willens Gottes 102
17. Gebet um zeitliche und ewige Wohlfahrt 103
18. Gebet wider die Anfechtung des Satans 104

		Seite
19.	Gebet in allerlei Trübsal und Anfechtung	106
20.	Gebet in großen Nöthen und Gefahren	107
21.	Gebet in Krankheiten	108
22.	Drei kurze Gebete in Todesnoth	109
23.	Gebet um Geduld in großem Kreuz	110
24.	Kreuzgebet, wenn Gott mit der Hülfe lange verzieht	111
25.	Gebet um Trost	112
26.	Geistige Seelenarznei wider die abscheuliche Seuche der Pestilenz und andere Strafen, in vier Kapitel verfaßt:	
	Das erste Kapitel, daß diese Plage eine scharfe Zornruthe Gottes sey	113
	Das zweite Kapitel, wie diese Plage durch wahre Buße abzuwenden sey	114
	Das dritte Kapitel, wie man wider diese giftige Seuche beten soll, öffentlich und in den Häusern	116
	Das vierte Kapitel, wie sich diejenigen, so mit dieser Seuche heimgesucht werden, trösten sollen	118
27.	Der heilige christliche Glaube, gebetsweise tröstlich ausgelegt:	
	Der erste Artikel, von der Schöpfung	123
	Der andere Artikel, von der Erlösung	124
	Der dritte Artikel, von der Heiligung	127
28.	Gebet wider die Furcht des jüngsten Tages	129
29.	Gebet wider die Feinde um Sieg	131
30.	Gebet um göttlichen Schutz wider die Feinde und Verfolger	131
31.	Trost und Gebet wider böse Mäuler und Verläumder, aus den Psalmen	132
32.	Gebet in Kriegsnoth und wider den Türken	136
33.	Gebet in theurer Zeit und Hungersnoth	137
34.	Gebet in großem Ungewitter und Donner	138
35.	Danksagung nach dem Ungewitter	139
36.	Gebet um Trost in leiblicher Armuth	139
37.	Gebet und Trost der Vertriebenen und Verfolgten um des Bekenntnisses der Wahrheit willen	141

Vierte Classe.

Amtsgebete. Aus dem dritten und vierten Gebot.

	Seite
Gebet wider die falschen Lehrer und um Erhaltung reiner Lehre	24
Gebet um Weisheit	20
Gebet um den heiligen Geist und seine Gaben, und um die Heiligung	17
Gebet der Eltern für ihre Kinder	26
Gebet frommer Kinder für ihre Eltern	27
Gebet christlicher Eheleute	27
Gebet der Unterthanen für die Obrigkeit	28
Gebet der Obrigkeit für die Unterthanen	29
Gebet eines schwangern Weibes, so Gott mit Leibesfrucht gesegnet hat	30
Gebet einer Wittwe	31
Gebet um Friede und Einigkeit, aus dem fünften Gebot	38
Gebet um den allgemeinen Frieden, aus dem fünften Gebot	39
Gebet um Gerechtigkeit, aus dem siebenten Gebot	43
Gebet um ein gutes Gewissen, aus dem zehnten Gebot	48
Gebet um zeitliche und ewige Wohlfahrt, aus der dritten Classe	103
Gebet wider die Feinde um Sieg, desgleichen	131
Gebet in großen Nöthen und Gefahren, desgleichen	107

Fünfte Classe.

Lob- und Freudengebete, zur Ehre und zum Preis des Namens Gottes.

		Seite
1.	Ein Lob Gottes wegen seiner Allmacht und Barmherzigkeit	143
2.	Ein Lob der Allmacht, Barmherzigkeit und Gerechtigkeit Gottes	144
3.	Ein Lob Gottes, von der Herrlichkeit des Schöpfers	145
4.	Ein Lob Gottes wegen seiner wunderbaren Vorsehung und Regierung	146
5.	Ein Lobpsalm, in welchem Gott, der Herr, um Schutz und Errettung angerufen wird	147
6.	Ein Lob der Herrlichkeit, Majestät und Freundlichkeit Gottes	148
7.	Ein Lobpsalm, in welchem die Wahrheit Gottes und seine Werke, auch seine Güte und Gnade gepriesen werden	149
8.	Ein Lob Gottes, daß er das Gebet so gnädig erhört	149
9.	Ein Lob unsers Herrn Jesu Christi, wegen seiner Liebe und Wohlthaten	150
10.	Ein Lob Gottes, daß er so gütig, gnädig und barmherzig ist	151
11.	Ein Lobspruch Jesu Christi	152
	Lobgesang des heiligen Bernhard vom Namen Jesu	153

Zweites Register.

Am ersten Sonntage des Advents.

	Seite
Aus der dritten Classe, Gebet um das Reich Christi	101

Am andern Sonntage des Advents.

	Seite
Aus der dritten Classe, Gebet wider die Furcht des jüngsten Gerichts	129

Am dritten Sonntage des Advents.

	Seite
Aus dem dritten Gebot, Gebet um Beständigkeit im Glauben	21

Am vierten Sonntage des Advents.

Aus der andern Classe, Danksagung für das geoffenbarte Wort Gottes und die heiligen Sacramente	54
Deßgleichen, für die heilige Taufe	59

Auf Weihnachten.

Aus der andern Classe, Danksagung für die Menschwerdung und Geburt unsers Herrn Jesu Christi	58
Deßgleichen, Danksagung für die Liebe Gottes, auch Gebet um dieselbe	55
Gebet um die Liebe Christi	56

Auf's Neue Jahr.

Aus der dritten Classe, Gebet von dem Namen Jesu	100
Aus der zweiten Classe, Danksagung, daß uns Gott in so mancherlei Gefahr erhalten hat	80
Gebet um den allgemeinen Frieden, aus dem fünften Gebot	39
Aus der dritten Classe, Gebet um zeitliche und ewige Wohlfahrt	103
Zwei Lobsprüche Christi, wegen seiner Liebe und Wohlthaten, aus der fünften Classe	150. 151

Am Tage der heiligen drei Könige.

Aus der andern Classe, Danksagung für die ewige Gnadenwahl in Christo	57
Deßgleichen, für die heilige christliche Kirche	78
Deßgleichen, für Gottes Wort und Sacramente	54

Am 1. Sonntage nach der heiligen drei Könige.

Aus dem vierten Gebot, Gebet um ein gehorsames Herz	26
Gebet der Eltern für ihre Kinder	26
Gebet frommer Kinder für ihre Eltern	27
Aus dem dritten Gebot, Gebet um Weisheit	20

Am 2. Sonntage nach der heiligen drei Könige.

Aus dem sechsten Gebot, Gebet und Danksagung für die geistige Vermählung Christi mit unseren Seelen	42
Gebet in leiblicher Armuth	139
Aus der dritten Classe, Gebet in allerlei Trübsal und Anfechtung	106
Gebet christlicher Eheleute, aus dem vierten Gebot	27
Aus dem siebenten Gebot, Gebet um christliche Mildigkeit	44

Am 3. Sonntage nach der heiligen drei Könige.

Aus dem ersten Gebot, Gebet um den wahren, seligmachenden Glauben	8

Am 4. Sonntage nach der heiligen drei Könige.

Aus dem dritten Gebot, Gebet um die Liebe des göttlichen Worts	18
Aus der zweiten Classe, Danksagung für die heilige christliche Kirche, und Bitte, daß sie Gott erhalten und schützen wolle	78
Aus dem dritten Gebot, Gebet wider die falschen Lehrer	24
Aus der dritten Classe, Gebet wider die Feinde um Sieg	131
Deßgleichen, wider den Türken	136
Ein Lob Gottes, wegen Schutzes und Errettung, aus der fünften Classe	147

Am 5. Sonntage nach der heiligen drei Könige.

Aus der dritten Classe, Gebet um die Heiligung des Namens Gottes	99
Aus dem dritten Gebot, Gebet um die Liebe des göttlichen Worts	18
Aus dem sechsten Gebot, Gebet um die Reinigkeit des Herzens	40
Aus dem zehnten Gebot, Gebet wider die böse Lust des Fleisches, und daß man seine Lust an Gott haben solle	47

Am Sonntage Septuagesimä.

Aus dem zweiten Gebot, Gebet um die Gnade und Barmherzigkeit Gottes	15
Aus der zweiten Classe, für die heilige christliche Kirche, und daß sie Gott erhalten wolle	78

Am Sonntage Sexagesimä.

Aus dem dritten Gebot, um Beständigkeit im Glauben	21
Aus dem zehnten Gebot, wider die böse Lust des Fleisches	47
Gebet um Selbsterkenntniß	85
Aus dem sechsten Gebot, um Reinigkeit des Herzens	40
Aus dem zehnten Gebot, Gebet um Erhaltung und Zunahme im Glauben, allen christlichen Tugenden und herzlicher Liebe	50

Am Fastnachts-Sonntage.

Aus der andern Classe, Gebet um die Liebe Christi	56
Deßgleichen, Danksagung für die Liebe Gottes	55

Am Sonntage Invocavit.

Aus der dritten Classe, Gebet wider die Anfechtung des Satans	104

Am Sonntage Reminiscere.

Aus dem ersten Gebot, Gebet um den wahren Glauben	8
Aus dem zweiten Gebot, um wahre Andacht und Gebet	14

Am Sonntage Oculi.

	Seite
Aus der dritten Classe, Trost und Gebet wider die bösen Mäuler und Verläumder	132
Aus dem fünften Gebot, um Friede und Einigkeit	38
Deßgleichen, um den allgemeinen Frieden	39
Aus dem achten Gebot, um Wahrheit	45
Ein Lob Gottes, wegen Schutz und Errettung, aus der fünften Classe	147
Gebet um den göttlichen Schutz wider die Feinde, aus der dritten Classe	31
Aus dem andern Gebot, Gebet um ein dankbares Herz	16

Am Sonntage Lätare.

Aus der andern Classe, Danksagung und Gebet für die Früchte des Landes	81
Aus dem neunten Gebot, Gebet wider den Geiz	46
Aus dem sechsten Gebot, um Mäßigkeit und Nüchternheit	41
Aus der dritten Classe, wider die Hungersnoth	137

Am Sonntage Judica.

Aus dem dritten Gebot, um die Liebe des göttlichen Worts	18
Aus dem achten Gebot, um Wahrheit	45
Aus dem zehnten Gebot, um ein gutes Gewissen	48
Aus der dritten Classe, wider die Verläumder	132

Am Sonntage Palmarum.

Aus der dritten Classe, um das Reich Christi	101
Aus dem ersten Gebot, um Demuth	11
Aus der fünften Classe, vom Lobe Gottes	143

Am grünen Donnerstage.

Aus der zweiten Classe, vom Abendmahl	61

Am stillen Freitage.

Aus der zweiten Classe, vom Leiden Christi	64
Von den Wunden Christi	73
Trostgebet aus dem Leiden Christi	74

Am heiligen Ostertage.

Aus der zweiten Classe, von der Auferstehung	69

Am Oster-Montage.

Aus dem ersten Gebot, von der wahren Erkenntniß Gottes	6

Am Oster-Dienstage.

Aus der zweiten Classe, von den Früchten der Auferstehung	69

Am ersten Sonntage nach Ostern bis Exaudi.

Aus der dritten Classe, Gebet um Geduld in großem Kreuz	110
Gebet in allerlei Trübsal	106
Gebet um Trost der Vertriebenen	141
Gebet, wenn Gott mit der Hülfe lange verzieht	111
Gebet um Trost	112
Gebet um Vollbringung des heiligen Willens Gottes	102
Gebet in großen Nöthen	107
Ein Lob Gottes, darin Gott um Schutz angerufen wird, aus der fünften Classe	147

Am ersten Pfingst-Feiertage.

Aus der zweiten Classe, Danksagung für die Sendung des heiligen Geistes	76

Am zweiten Pfingst-Feiertage.

Aus der zweiten Classe, Danksagung für die Liebe Gottes	55
Gebet um die Liebe Christi	56

Am dritten Pfingst-Feiertage.

Aus der zweiten Classe, Danksagung für die heilige christliche Kirche	78
Deßgleichen, Gebet wider die falschen Lehrer	24
Ein Lob Gottes, wegen seiner Weisheit und Barmherzigkeit, aus der fünften Classe	144

Am Sonntage Trinitatis.

Aus der ersten Classe, von der Erkenntniß Gottes	6
Aus der zweiten Classe, Danksagung für die Offenbarung der heiligen Dreieinigkeit	77
Ein Lob der Allmacht Gottes, aus der fünften Classe	144
Aus der dritten Classe, Auslegung unsers heiligen christlichen Glaubens	126
Aus der zweiten Classe, Danksagung für die Schöpfung	57
Aus der fünften Classe, ein Lob Gottes, von der Herrlichkeit des Schöpfers	145
Ein Lob Gottes, wegen seiner Herrlichkeit und Majestät, aus der fünften Classe	148

Am 1. Sonntage nach Trinitatis.

Aus der dritten Classe, Gebet um Verschmähung der Welt	83
Aus dem ersten Gebot, wider die Hoffart	12
Aus dem sechsten Gebot, um Mäßigkeit und Nüchternheit	41
Aus dem siebenten Gebot, um christliche Mildigkeit	44

Am 2. Sonntage nach Trinitatis.

Aus dem neunten Gebot, Gebet wider den Geiz	46
Aus dem zehnten Gebot, wider die böse Lust des Fleisches	47
Aus der zweiten Classe, Danksagung für die ewige Gnadenwahl in Christo	57

Am 3. Sonntage nach Trinitatis.

Aus dem zweiten Gebot, um die Gnade und Barmherzigkeit Gottes	15

	Seite
Aus dem ersten Gebot, um herzliche, brünstige Liebe	9
Aus der zweiten Classe, Danksagung für die Liebe Gottes	55
Aus der fünften Classe, ein Lob Gottes, daß er so gnädig ist	151
Aus der dritten Classe, drei Gebete um wahre Buße, und um Vergebung der Sünden	91—94

Am 4. Sonntage nach Trinitatis.

Aus dem fünften Gebot, um Barmherzigkeit gegen den Nächsten	35
Deßgleichen, um beständige Freundschaft und wider den Neid	37
Aus dem siebenten Gebot, um Mildigkeit und Verschwiegenheit	45
Gebet für unsere Feinde, aus dem fünften Gebot	34

Am 5. Sonntage nach Trinitatis.

Aus dem dritten Gebot, Gebet um die Liebe des göttlichen Worts	18
Aus dem ersten Gebot, um den Glauben	8
Aus dem vierten Gebot, um Gehorsam	26

Am 6. Sonntage nach Trinitatis.

Aus dem fünften Gebot, um Sanftmuth	32
Deßgleichen, wider den Zorn	33
Gebet für unsere Feinde	34
Um Barmherzigkeit gegen den Nächsten	35
Und wider den Neid	40
Um Geduld, aus dem ersten Gebot	13
Um Friede, Freundschaft und Freundlichkeit aus dem fünften Gebot	36—38
Gebet um Selbsterkenntniß	85

Am 7. Sonntage nach Trinitatis.

Um Dankbarkeit, aus dem zweiten Gebot	16
Wider den Geiz, aus dem neunten Gebot	46
Aus der dritten Classe, Gebet in theurer Zeit	137
Um Mäßigkeit, im sechsten Gebot	41
Aus der fünften Classe, ein Lob des Schöpfers	145

Am 8. Sonntage nach Trinitatis.

Aus dem dritten Gebot, um die Liebe des göttlichen Worts	18
Danksagung für die Offenbarung des göttlichen Worts, aus der andern Classe	54
Gebet für die Lehrer der Kirche, aus dem dritten Gebot	23
Deßgleichen, Gebet wider die falschen Lehrer	24
Aus der dritten Classe, um die Nachfolge Christi	86
Aus der fünften Classe, ein Lob Gottes, wegen seiner Gnadenwerke und Wahrheit	149

Am 9. Sonntage nach Trinitatis.

Aus dem siebenten Gebot, um christliche Mildigkeit	44

	Seite
Gebet um Selbsterkenntniß, aus der dritten Classe	85
Um die Furcht Gottes, aus dem ersten Gebot	7
Um ein gutes Gewissen, aus dem zehnten Gebot	48

Am 10. Sonntage nach Trinitatis.

Aus der dritten Classe, Gebet um wahre Buße und Erkenntniß der Sünden	87
Deßgleichen, wider die Feinde und wider den Türken	136

Am 11. Sonntage nach Trinitatis.

Aus dem zweiten Gebot, um wahre Andacht, und um die Gabe des Gebets	14
Aus dem ersten Gebot, um Demuth und wider die Hoffart	11. 12
Gebet um Vergebung der Sünden, aus der dritten Classe	88
Ein Lob Gottes, daß er das Gebet erhört, aus der fünften Classe	149

Am 12. Sonntage nach Trinitatis.

Aus der zweiten Classe, Danksagung für die Schöpfung	57
Aus dem zweiten Gebot, Gebet um den heiligen Geist und seine Gaben	17

Am 13. Sonntage nach Trinitatis.

Aus der dritten Classe, um Vergebung der Sünden	91
Aus dem dritten Gebot, um Erquickung der Seele durch das Wort	23
Aus dem fünften Gebot, um Barmherzigkeit gegen den Nächsten	35

Am 14. Sonntage nach Trinitatis.

Aus dem zweiten Gebot, um die Gnade und Barmherzigkeit Gottes	15
Deßgleichen, um ein dankbares Herz	16
Aus der fünften Classe, ein Lob Gottes, daß er so gnädig ist	151

Am 15. Sonntage nach Trinitatis.

Aus dem neunten Gebot, wider den Geiz	46
Gebet in leiblicher Armuth, aus der dritten Classe	139
Aus dem ersten Gebot, um einen starken Glauben	8
Aus der dritten Classe, um Verschmähung der Welt	83
Aus der fünften Classe, vom Lobe des Schöpfers. Deßgleichen, ein Lob Gottes von seiner Vorsehung	145. 146

Am 16. Sonntage nach Trinitatis.

Aus dem vierten Gebot, Gebet einer Wittwe	31
Aus der dritten Classe, Gebet um das ewige Leben, in Krankheit und Todesnoth, um ein seliges Ende	93. 96

Am 17. Sonntage nach Trinitatis.
Um christliche Demuth, aus dem ersten Gebot. Deßgleichen, wider die Hoffart 11. 12
Um der Seele Ruhe und Sabbath, aus dem dritten Gebot 22

Am 18. Sonntage nach Trinitatis.
Aus dem ersten Gebot, um wahre Erkenntniß Gottes. Deßgleichen, um die Liebe Gottes 6. 9
Ein Lob Gottes, wegen seiner Wahrheit, aus der fünften Classe 149

Am 19. Sonntage nach Trinitatis.
Aus der dritten Classe, um wahre Buße und Erkenntniß der Sünden . . . 87

Am 20. Sonntage nach Trinitatis.
Aus der zweiten Classe, Danksagung für die heil. christliche Kirche. Deßgleichen, für die ewige Gnadenwahl . . 78. 57
Aus dem sechsten Gebot, Danksagung für die geistige Vermählung unserer Seele mit Christo 42
Aus dem ersten Gebot, um den Glauben . 8

Am 21. Sonntage nach Trinitatis.
Aus der dritten Classe, Gebet in Krankheit. Deßgleichen, aus der geistigen Seelenarznei 108. 113
Von Glauben und Hoffnung, aus dem ersten Gebot 8. 10
Um Erhaltung und Zunahme im Glauben und allen christlichen Tugenden, aus dem neunten Gebot 50

Am 22. Sonntage nach Trinitatis.
Um Vergebung der Sünden, aus dem Leiden Christi, aus der zweiten Classe . 72
Deßgleichen, um Vergebung der Sünden, aus der dritten Classe 88
Aus der dritten Classe, um wahre Buße . 87
Aus dem fünften Gebot, um Barmherzigkeit gegen den Nächsten . . 35
Aus der fünften Classe, ein Lob der Barmherzigkeit Gottes 144

Am 23. Sonntage nach Trinitatis.
Aus dem vierten Gebot, Gebet der Obrigkeit und Unterthanen . . . 28. 29
Um allgemeinen Frieden, aus dem fünften Gebot 39
Aus dem siebenten Gebot, um Gerechtigkeit 43
Aus dem achten Gebot, um Wahrheit . 45

Am 24. Sonntage nach Trinitatis.
Aus dem ersten Gebot, um den Glauben . 8
Aus der zweiten Classe, Danksagung für die Schöpfung 57
Aus der dritten Classe, Gebet in Krankheit, aus der geistigen Seelenarznei . 113

Am 25. Sonntage nach Trinitatis.
Aus der dritten Classe, Gebet in Kriegsnoth, und wider die Feinde . . 136. 131

Danksagung für Gottes Wort, aus der zweiten Classe 54
Deßgleichen, für die Kirche . . . 78
Deßgleichen, Danksagung, daß uns Gott in so mancherlei Gefahr erhalten . 80
Aus dem ersten Gebot, um wahre Erkenntniß Gottes 6
Gebet in großen Röthen, aus der dritten Classe 107

Am 26. Sonntage nach Trinitatis.
Aus der dritten Classe, um die Begierde des ewigen Lebens. Deßgleichen, wider die Furcht des jüngsten Tages . . 93. 129

Sonstige gewöhnliche Festtage.
Am St. Andreas-Tage.
Aus der dritten Classe, Gebet um Verschmähung der Welt und Nachfolge Christi 83. 86

Am St. Thomas-Tage.
Gebet und Trost aus den Wunden Christi, aus der zweiten Classe 73

Am Tage St. Pauli Bekehrung.
Aus der dritten Classe, Gebet um Buße . 87
Aus der zweiten Classe, Danksagung für das geoffenbarte Wort Gottes . . 54

Am Tage der Reinigung Mariä.
Von Reinigkeit des Herzens, aus dem sechsten Gebot 40
Gebet um ein seliges Ende, aus der dritten Classe 96

Am St. Matthäi-Tage.
Gebet um Vergebung der Sünden, aus der dritten Classe. Deßgleichen, in allerlei Trübsal 88. 106

Verkündigung Mariä.
Aus der zweiten Classe, Danksagung für die Menschwerdung Christi . . 58

Philippi und Jacobi.
Aus dem ersten Gebot, um wahre Erkenntniß Gottes 6
Aus der dritten Classe, um das ewige Leben 93

Am Tage St. Johannis des Täufers.
Aus dem dritten Gebot, für die Lehrer der Kirche 23
Aus der dritten Classe, um das Reich Christi 101

Am Tage Petri und Pauli.
Aus der zweiten Classe, Danksagung für die christliche Kirche 78
Um wahre Erkenntniß Gottes, aus dem ersten Gebot 6

Heimsuchung Mariä.
Danksagung für die Menschwerdung Christi, aus der zweiten Classe . . 58
Deßgleichen, Gebet um die Liebe Christi . 56

Am Tage Jacobi.

Aus der dritten Classe, Gebet in Trübsal.
Desgleichen, um Verläugnung seiner
selbst 106. 84

Am Tage Bartholomäi.

Gebet um Demuth, aus dem ersten Gebot   11

Am Tage St. Matthäi.

Aus der dritten Classe, um wahre Buße .   87

Am Tage Michaelis.

Aus der zweiten Classe, Danksagung für
den Schutz der heiligen Engel . . .   79
Desgleichen, Danksagung, daß uns Gott
in so mancherlei Gefahr erhalten . .   83

Am Tage Simonis und Judä.

Gebet um die Liebe Gottes und des Nächsten, aus dem ersten Gebot. Desgleichen,
für die Lehrer der Kirche, aus dem dritten Gebot 9. 23

Drittes Register.

A.

Andacht und brünstiges Gebet . . .   14
Abendmahl 61. 62. 63
Auferstehung Christi   69
Anfechtung des Satans 104
Abendsegen   53
Auslegung des Glaubens 123
Armuth 139

B.

Barmherzigkeit und Gnade Gottes . . 143
Barmherzigkeit gegen den Nächsten . .   35
Beständigkeit im Glauben   21
Buße und Erkenntniß der Sünden . .   87

D.

Demuth   11
Dankbarkeit   16
Heilige Dreieinigkeit   77
Donnerwetter 138

E.

Erkenntniß Gottes   6
Erkenntniß unserer selbst   85
Eltern-Gebet   26
Einigkeit und Friede   88
Ewiges Leben und Verlangen darnach .   93
Seliges Ende   96
Engel-Schutz   79
Erhaltung in Gefahr   80
Eheleute, Ehestand   27
Exilium, Verfolgung 141

F.

Furcht Gottes   7
Freundlichkeit   36
Friede und Einigkeit   38

Allgemeiner Friede   39
Früchte des Landes   81
Wider die Feinde um Sieg 131
Freundschaft   37
Für die Feinde bitten   34
Freude des heiligen Geistes in Traurigkeit   92

G.

Glauben   8
Gnade Gottes   15
Gnadenwahl in Christo   57
Gehorsam   25
Geduld   13
Geburt Jesu Christi   58
Gerechtigkeit   43
Gutes Gewissen   48
Wider den Geiz   46

H.

Hoffnung   10
Heiliger Geist und seine Gaben . . .   17
Heiligen Geistes Sendung   76
Himmelfahrt Christi   75
Wider die Hoffart   12
Hungersnoth 137

J.

Vom Namen Jesu 100
Jüngster Tag, wider dessen Furcht . . 129

K.

Kirche und deren Erhaltung   78
Krankheiten 106. 113
Kriegsnoth 136
Kinder-Gebet   27

L.

Liebe Gottes und des Nächsten . . .   9
Um die Liebe Christi   56
Liebe Gottes   55
Leiden und Tod Christi   64
Betrachtung der Person, die da litt, und
    Danksagung   65
Lob und Preis Gottes wegen seiner Wohl-
    thaten 150
Lehrer der Kirche   23
Falsche Lehrer   24
Wider die böse Lust des Fleisches, und daß
    man seine Lust an Gott haben soll .   47
Heiliges Leben und Wandel   50

M.

Menschwerdung und Geburt Christi . .   58
Mäßigkeit und Nüchternheit   41
Mildigkeit   44
Morgensegen   52

N.

Namen Gottes heiligen 100
Nachfolge Christi   86
Wider den Neid   40
Noth und Gefahr 107

O.

Obrigkeit   28

Register.

P.
Pestilenz, Seelenarznei dawider ... 113

R.
Reinigkeit des Herzens ... 40
Ruhe der Seele in Gott ... 22
Reich Christi und Gottes ... 101

S.
Sanftmuth ... 32
Seelen-Erquickung ... 23
Seelenruhe in Christo ... 22
Schöpfung ... 57
Schwangerer Frauen Gebet ... 30
Sieg wider die Feinde ... 131
Sünden-Erkenntniß ... 87
Schutz wider die Feinde ... 131

T.
Taufe ... 59
Traurigkeit, Gebet um die Freude des heiligen Geistes ... 92
Trübsal ... 106
Todesnoth ... 109
Jüngster Tag ... 129
Wider den Türken ... 136

V.
Vater-Unser ausgelegt ... 97
Vergebung der Sünden ... 88
Vorsehung Gottes ... 146
Verschmähung der Welt ... 83
Verläugnung seiner selbst ... 84
Vermählung unserer Seele mit Christo ... 42
Verschwiegenheit ... 45
Verläumder ... 132
Unterthanen-Gebet ... 28

W.
Wahrheit ... 45
Weisheit und Verstand ... 20
Willen Gottes thun ... 102
Wittwen-Gebet ... 31
Wort Gottes lieb haben ... 18
Für Gottes Wort und Sacramente Danksagung ... 54
Wohlfahrt, zeitliche und ewige ... 103
Wunden Christi ... 73

Z.
Wider den Zorn ... 33
Wachsen und Zunehmen in allen Tugenden ... 59

Verlag von H. L. Brönner in Frankfurt a. M.

Starck's, J. F., tägliches Handbuch in guten und bösen Tagen. Enthaltend: Gebete, Aufmunterungen und Lieder, zum Gebrauch gesunder, betrübter, kranker und sterbender Christen. Mit dem Anhange: Gebetbuch für Schwangere ꝛc. ꝛc. gr. 8. 11 ggr. od. 45 kr.

☞ Alle anderwärts erschienene Ausgaben von Starck's Handbuch sind unerlaubte Nachdrücke, die vorstehende allein ist die rechtmäßige Originalausgabe.

Starck's, J. F., Morgen- und Abendandachten frommer Christen auf alle Tage im Jahr, wie solche aus der Quelle des göttlichen Worts fließen. Mit S. J. Baumgartens Vorrede. Sechste verbesserte Ausgabe. gr. 8. Rthlr. 1. 12 ggr. oder fl. 2. 42 kr.

Luther's großer Kathechismus. Ein christliches Lehr- und Erbauungsbuch. In jetziger Mundart nach dem Original bearbeitet. Zweite Aufl. 8. geh. 9 ggr. od. 36 kr.

Fresenius, Dr. J. P., auserlesene heilige Reden über die Sonn- und Festtags-Evangelien durch's ganze Jahr. Auf's neue herausgegeben von Dr. J. F. von Meyer. gr. 8. Rthlr. 2. 8 ggr. oder fl. 4.

—— **Beicht- und Communionbuch.** Achte Aufl. 12. 12 ggr. od. 54 kr.

Hollaz, D., evangelische Gnadenordnung. Neue verbesserte Ausgabe. 8. geh. 9 ggr. od. 36 kr.

Heuhöfer's christliches Glaubensbekenntniß. Zweite Aufl., vermehrt mit einer geschichtlichen Rechtfertigung der Rückkehr zur Evangelischen Kirche. 8. geh. 6 ggr. od. 27 kr.

Liederkrone. Eine Sammlung der besten ältern geistlichen und erwecklichen Lieder. 12. geh. 12 ggr. od. 54 kr.

Die Bibel oder die ganze heil. Schrift alten und neuen Testamentes, nach der deutschen Uebersetzung Dr. M. Luthers. Mit einer Anleitung, wie die heilige Schrift zur Erbauung zu lesen von Dr. J. P. Fresenius.

In klein Octav-Format } Nonpareille Schrift	.	16 ggr. fl. 1. 4 kr.
Ausgabe auf fein Velinpapier }		Rthlr. 1. 16 ggr. fl. 2. 48 kr.
—— in Mittel-Octav-Format } Petit Schrift	.	Rthlr. 1. — ggr. fl. 1. 45 kr.
Ausgabe auf fein Velinpapier }		Rthlr. 2. 8 ggr. fl. 4. — kr.
—— groß Octav-Ausgabe } Garmond Schrift	.	Rthlr. 1. 12 ggr. fl. 2. 24 kr.
Auf Velinpapier }		Rthlr. 2. 8 ggr. fl. 4. — kr.
Das neue Testament. Kleine Ausgabe 18. geh.	.	8 ggr. fl. — 36 kr.
Auf Velinpapier	.	12 ggr. fl. — 54 kr.
—— mit den Psalmen	.	12 ggr. fl. — 48 kr.
Auf Velinpapier	.	16 ggr. fl. 1. 12 kr.
—— mit Psalter und Sirach. In Octav	.	8 ggr. fl. — 32 kr.
—— in Octav. Kleine Schrift. Velinpapier	.	15 ggr. fl. 1. — kr.
—— in Octav. Grober Druck	.	9 ggr. fl. — 36 kr.
—— mit Psalter " "	.	13 ggr. fl. — 54 kr.
—— in groß Octav	.	6 ggr. fl. — 24 kr.
Auf Velinpapier	.	12 ggr. fl. — 48 kr.
Die Psalmen. Kleine Ausgabe 18. geh.	.	4 ggr. fl. — 15 kr.
Auf Velinpapier	.	5 ggr. fl. — 20 kr.
—— mit größerer Schrift	.	5 ggr. fl. — 20 kr.
—— in Octav. Grober Druck	.	4 ggr. fl. — 16 kr.

Bei Bedarf größerer Parthien werden ermäßigte Preise gestellt.